SIGMUND FREUD

DIE TRAUMDEUTUNG
UND ANDERE SCHRIFTEN

SIGMUND FREUD

DIE TRAUMDEUTUNG
UND ANDERE SCHRIFTEN

Lizenzausgabe mit freundlicher Genehmigung
der Wunderkammer Verlag GmbH, Neu-Isenburg 2010
für Zweitausendeins, Postfach, D-60381 Frankfurt am Main

Umschlaggestaltung: Sabine Kauf, Publicontor, Hamburg.
Das Umschlagmotiv wurde von Hartmut Müller-Stauffenberg / ullstein bild fotografiert.
Es zeigt eine Szene aus der Ausstellung
„PSYCHOanalyse – Sigmund Freud zum 150. Geburtstag",
die 2006 im Jüdischen Museum Berlin stattfand.

Dieses Buch gibt es nur bei Zweitausendeins im Versand:
Postfach, D-60381, Frankfurt am Main,
Telefon: (069) 4 20 80 00, Fax: (069) 41 50 03.
Internet: www.Zweitausendeins.de, E-Mail: Service@Zweitausendeins.de.
Oder in den Zweitausendeins-Läden in Aachen, Augsburg, Bamberg, 2 x in Berlin,
in Bochum, Bonn, Braunschweig, Bremen, Darmstadt, Dortmund, Dresden, Düsseldorf,
Duisburg, Erfurt, Essen, Frankfurt am Main, Freiburg, Gelsenkirchen, Göttingen, Gütersloh,
2 x in Hamburg, in Hannover, Herford, Karlsruhe, Kiel, Koblenz, Köln, Konstanz, Leipzig,
Ludwigsburg, Mannheim, Marburg, Mönchengladbach, München, Münster, Neustadt/
Weinstraße, Nürnberg, Oldenburg, Osnabrück, Speyer, Stuttgart, Trier, Tübingen, Ulm,
Würzburg, Wuppertal-Barmen.

In der Schweiz über buch 2000, Postfach 89, CH-8910 Affoltern a. A.

ISBN 978-3-86150-834-2

INHALT DES ERSTEN BANDES

Neue Folge der Vorlesungen zur Einführung in die

SIGMUND FREUD

Sigmund Freud ist mit seinen kulturtheoretischen und anthropologischen Überzeugungen in einem doppelten Sinn der Theoretiker des zwanzigsten Jahrhunderts geworden: Zum einen führt er die abendländische Tradition von klassischer Antike, Judentum und Christentum fort, zum anderen reagiert Freud auf den Verlust religiöser Gewißheit ebenso wie auf die sexuelle Heuchelei des viktorianischen Zeitalters und die Erfahrungen massenhaften Sterbens und Tötens im Ersten Weltkrieg mitsamt der darauf folgenden unheilbaren individuellen und kollektiven seelischen Verwundungen. In seinem Werk liegt somit eine Theorie der notwendig immer wieder verletzten menschlichen Selbstverhältnisse vor. Die am Ende daraus erwachsende Anthropologie entfaltete sich auf sachlogisch miteinander verbundenen Feldern: einer Theorie des Unbewußten, einer Theorie des Traums als verdorbenen Textes, einer Theorie der (kindlichen) Sexualität, einer Theorie des Todestriebs sowie schließlich einer Theorie des Unbehagens in der Kultur und endlich einer am Beispiel des Judentums orientierten Theorie traumatischer Entwicklung des ethischen Fortschritts. Damit steht Freud in einer wenn auch pessimistisch gewendeten Form aufklärerischen Geschichtsdenkens.

Immanuel Kant hatte schon 1784 in Grundzügen vorgegeben, was Sigmund Freud 1930 im *Unbehagen in der Kultur* statuierte, nämlich das Faktum, daß die Natur den Menschen einerseits dazu treibt, jenseits der Gesellschaft, ja gegen sie zu leben, ihn aber andererseits, um des eigenen Überlebens willen, dazu zwingt, auf sie angewiesen zu sein: *„Der Mensch hat"*, stellt Kant dogmatisch fest, *„eine Neigung, sich zu vergesellschaften; weil er in einem solchen Zustande sich mehr als Mensch, d. i. die Entwicklung seiner Naturanlagen, fühlt. Er hat aber auch einen großen Hang, sich zu vereinzeln (isolieren); weil er in sich zugleich die ungesellige Eigenschaft antrifft, alles bloß nach seinem Sinne richten zu wollen, und daher allerwärts Widerstand erwartet, so wie er von sich selbst weiß, daß er seinerseits zum Widerstande gegen andere geneigt ist. "*[1]

---

[1] Kant, Immanuel: *Idee zu einer allgemeinen Geschichte in weltbürgerlicher Absicht.* Abs. 4. Satz (IV 9), in: Kant, Werke, Bd. 9, Darmstadt 1964, S. 38.

Freud vertiefte diese am Anfang der bürgerlichen Gesellschaft gestellte Diagnose Kants. Zunächst in seiner schon von der Erfahrung des Ersten Weltkrieges düster eingefärbten Schrift *Jenseits des Lustprinzips* im Jahre 1920. Zehn Jahre später legte er mit dem *Unbehagen in der Kultur* eine ausgearbeitete Theorie der Zivilisation vor. Sein Biograph Peter Gay beschreibt Freud daher als jemanden, der einem „altmodischen Liberalismus" anhing, der – so Freuds eigene Worte – „das blöde Volk" verachtete und sich ansonsten jedenfalls nicht besonders für Politik interessierte. Gleichwohl: Die 1930 erschienene Schrift *Das Unbehagen in der Kultur* sollte sich als ein Traktat erweisen, der den Vergleich mit klassischen Beispielen politischer Philosophie nicht zu scheuen braucht, mehr noch: von diesen zehrt und in ihrer Tradition argumentiert.

Das Unbewußte

Freuds Konzeption des „Unbewußten" korrigiert eine der Grundvoraussetzungen nicht nur des abendländischen Denkens: daß sich menschliche Existenz zuerst und vor allem in einer bewußten, um sich selbst wissenden Stellungnahme zum eigenen Leben auslegt. Zwar wussten Philosophie und Kunst von Anbeginn, daß nicht nur vernünftige Überlegungen, sondern auch Leidenschaften das menschliche Leben steuern, doch war auch diese Einsicht noch an die Überzeugung gebunden, daß diese Leidenschaften den von ihnen Getriebenen – wenn auch quälend – bewußt waren. An diesem Punkt setzt mit Freuds Denken ein revolutionärer Bruch ein: Von nun ab ist bekannt, daß vernünftige Überlegungen von unzugänglichen Motiven geleitet werden und daß es Leidenschaften gibt, die sich – jedenfalls zunächst – jedem Wissen entziehen. Unter Hinweis auf Kopernikus und Darwin hat Freud eine Dezentrierungsbewegung im Lauf der menschlichen Geschichte angenommen: Ebenso wie Kopernikus das naive Vertrauen des mittelalterlichen Menschen, die Erde stünde im Mittelpunkt des Kosmos, gekränkt und Darwin den biblischen Auserwähltheitsglauben an die herausgehobene Rolle der letztgeschaffenen Menschen erschüttert habe, so habe er den naiven Glauben an die bestimmende und zentrale Rolle des Bewußtseins im menschlichen Lebensvollzug in Frage gestellt. Die Überzeugung von der Existenz und bestimmenden Funktion des Unbewußten macht den Kern, das Zentrum der Psychoanalyse aus.

Der Traum

Es war, darauf fußend, eine Theorie der Träume als „verdorbener Texte", die den Weg zur Erkenntnis individueller und gesellschaftlicher Pathologien ebnete: Zwar sind psychische Krankheiten ebenso wie Träume als sinnvolle Gebilde anzusehen, sie sind aber nicht als ahnungsvolle Selbstentwürfe, sondern als Artikulationen einer durch gesellschaftliche Zensur beeinträchtigten Wunscherfüllung zu verstehen. In der Deutung von Träumen sieht Freud den Königsweg zu jenen auch praktisch fruchtbaren Einsichten, die die neue, von ihm geschaffene psychotherapeutische Technik der freien Assoziation erreichen möchte. Wenn es durch das psychoanalytische Verfahren der therapeutischen Aufklärung erst einmal möglich ist, das Irrationale zu erkennen, scheinen die weiteren Schritte nur noch in kontrollierter Anwendung, in Technik zu bestehen. Diesen „Nachweis" will Freud in seiner Schrift *Die Traumdeutung* (1900) erbringen, nämlich: *„daß es eine psychologische Technik gibt, welche gestattet, Träume zu deuten, und daß bei Anwendung dieses Verfahrens jeder Traum sich als ein sinnvolles psychisches Gebilde herausstellt, welches an angebbarer Stelle in das seelische Treiben des Wachens einzureihen ist."*[2] Indem Freud Träume im Gegensatz zur Antike und Moderne weder als Eingebungen der Götter noch als Reaktion auf somatische Reize interpretiert, sondern als Ausdruck des Seelenlebens der Subjekte sowie als Ausdruck von Erfüllungs- oder Vermeidungsbestrebungen verstehen will, kann er den „Wunsch" als ihre wesentliche Quelle identifizieren. Träume stellen demnach den individuellen Niederschlag eines gesellschaftlichen Kommunikationsverbots dar. Wünsche, die geächtet, und Formen sexueller Befriedigung, die verboten sind, werden nicht nur aus dem gemeinsamen Leben der Individuen, sondern auch noch aus ihrem bewußten Sein verbannt. Die Aufklärung der Sprache des Traumes folgt bei alledem der Logik der Entschlüsselung von Bilderrätseln. Das Entschlüsseln der unverständlichen Zeichen und ihrer ursprünglichen Bedeutung in der psychoanalytischen Kur wird damit zum Kern einer maßvollen Hoffnung auf Emanzipation und Autonomie. Die Einsicht in die kausale Wirksamkeit undurchschauter psychischer Zwänge ermöglicht im besten Fall eine gelingende Auseinandersetzung mit der Realität: *„Wo Es war, soll Ich werden!"*[3] Unter „Es" versteht Freud hier das zunächst unbewußte, nicht eingestandene Drängen von Wünschen und Begierden. Demgegenüber gilt das „Ich" mit seinem Bewußtsein und der Fähigkeit, die Realität sachgemäß wahrzunehmen, als die Fähigkeit eines Menschen, zwischen seinen Wünschen und seinem Begehren hier und den Zwängen und Normen

---

[2] S. 29. [Alle Seitenzahlen beziehen sich auf diese Ausgabe.]
[3] S. 11006.

der Gesellschaft dort so zu vermitteln, daß er weder seine Wünsche dem Zwang der Gesellschaft opfern und diesen Verzicht neurotisch verarbeiten noch seine Wünsche ohne Rücksicht auf sich selbst und auf Kosten anderer durchsetzen muß.

Die Sexualität

Es war Freuds Theorie der Sexualität, durch die sich ein breites Publikum provoziert sah und sieht. Freud hatte in der ersten seiner *Drei Abhandlungen zur Sexualtheorie* behauptet, daß es die große Nähe der kindlichen Sexualität zu gesellschaftlich geächteten Formen „sexueller Abirrungen" sei, die deren Wahrnehmung erschwere. Einem photographischen Negativ gleich läßt sich dieser Feststellung entnehmen, welchen Wesens die menschliche Sexualität, genauer gesagt, ihre Äußerung im „Geschlechtstrieb", tatsächlich ist: Er existiert bereits in der Kindheit und erwacht nicht erst in der Pubertät, äußert sich keineswegs nur in Form von heterosexuellem Verliebtsein und strebt als Ziel keineswegs nur den heterosexuellen Koitus im Sinne eines Eindringens des männlichen Gliedes in die weibliche Scheide an. Sexualität wird von Freud als „erweiterte" vorgestellt: Sie ist allemal mehr und anderes als der noch zu Freuds Zeiten in der bürgerlichen Gesellschaft geltende normative Begriff eines auf heterosexuell genitale Vereinigung gerichteten Begehrens. Da nach Freuds Überzeugung die „*Entscheidung*" über das „*endgültige Sexualverhalten*" erst in der Pubertät fällt, sind dessen bestimmende Faktoren teils konstitutioneller, „*teils aber akzidenteller*" Art. Akzidentell sind alle Verhaltensweisen, die – anders als etwa hormonelle Vorgänge in der Pubertät – keinem natürlichen Programm, sondern sozialen Erfahrungen entspringen. Als Beispiele für solche sozialen, nicht auf Konstitution und Körperchemie rückführbaren Elemente nennt Freud die „*narzißtische Objektwahl*" sowie die „*Festhaltung der erotischen Bedeutung der Analzone.*"[4] Die Fülle beobachtbarer Verhaltens- und Einstellungsweisen gilt als Beweis dafür, daß „*wir uns die Verknüpfung des Sexualtriebes mit dem Sexualobjekt als eine zu innige vorgestellt haben.*"[5] Das führt dann zu der allen herkömmlichen Meinungen zuwiderlaufenden Überzeugung, daß der Geschlechtstrieb „*wahrscheinlich zunächst unabhängig von seinem Objekt*"[6] ist. Insgesamt gilt damit, daß der „Sexualtrieb" aus mehre-

---

[4] Band II, S. 231.
[5] ebd., S. 232.
[6] ebd., S. 233.

ren Motiven, aus *„Komponenten zusammengesetzt"*[7] ist. Unter *„Trieb"* aber sei nichts anderes zu verstehen *„als die psychische Repräsentanz einer kontinuierlich fließenden, innersomatischen Reizquelle, zum Unterschied vom ,Reiz', der durch vereinzelte und von außen kommende Erregungen hergestellt wird. Trieb ist so einer der Begriffe der Abgrenzung des Seelischen vom Körperlichen."*[8] Daraus folgt, daß es ebenso viele Triebformen wie innersomatische Reizquellen geben kann. Die behauptete Abfolge von oraler, analer und genitaler Phase hat hier ihren Ursprung. Die Reizquellen selbst sieht Freud in engster Verbindung mit besonders reizbaren Zonen von Haut und Schleimhäuten, also mit *„erogenen Zonen"*, deren besondere Betonung ihm vor allem im Falle der sogenannten sexuellen Perversionen auffielen.

Anders als vermutet, ist Freud nicht an einer Pathologisierung der Homosexualität interessiert und mithin auch nicht daran, deren Entstehung zu erklären, im Gegenteil. Wenn, wie Freud meint, alle Menschen der gleichgeschlechtlichen Objektwahl fähig sind, besteht das eigentlich erklärungsbedürftige Phänomen nicht in der Homo-, sondern in der Heterosexualität: *„Im Sinne der Psychoanalyse ist also auch das ausschließlich sexuelle Interesse des Mannes für das Weib ein der Aufklärung bedürftiges Problem und keine Selbstverständlichkeit, der eine im Grunde chemische Anziehung zu unterlegen ist."*[9]

Der Todestrieb

Freilich ist es gegenwärtig, Jahre nach der sexuellen Revolution der 1960er Jahre, aller Skepsis zum Trotz nicht Freuds Theorie der (unterdrückten) sexuellen Triebe, sondern seine weitaus weniger durchgearbeitete Theorie des *„Todestriebs"*, die Widerwillen und Widerstand provoziert. Sie gilt inzwischen als wesentlich anstößiger und „falscher" als seine Vorstellungen über die menschliche Sexualität.

Es war Sigmund Freud, der schon früh, im Jahre 1915, unter den Eindruck des Schocks über einen neuartigen Krieg, der so nicht absehbar war, in geradezu prophetischer Weise gesehen hat, was der später sogenannte „Erste Weltkrieg" für die Menschheit bedeuten würde. In der kurzen Studie *Zeitgemäßes über Krieg und Tod* gab er dem bisher schwer vorstellbar Neuen dieses Krieges Ausdruck, schon vor den mörderischen Materialschlachten zwischen Deutschland und Frankreich, wohl auch vor dem ersten Einsatz von Giftgas: *„Der Krieg, an den*

---

[7] ebd., S. 244.
[8] ebd., S. 248.
[9] ebd., S. 231.

wir nicht glauben wollten, brach nun aus und er brachte die – Enttäuschung. Er ist nicht nur blutiger und verlustreicher als einer der Kriege vorher, infolge der mächtig vervollkommneten Waffen des Angriffs und der Verteidigung, sondern mindestens ebenso grausam, erbittert, schonungslos wie irgendein früherer. Er setzt sich über alle Einschränkungen hinaus, zu denen man sich in friedlichen Zeiten verpflichtet, die man das Völkerrecht genannt hatte, anerkennt nicht die Vorrechte des Verwundeten und des Arztes, die Unterscheidung des friedlichen und des kämpfenden Teiles der Bevölkerung, die Ansprüche des Privateigentums."[10]

Freud war bei seinen späteren, weiterführenden Überlegungen, in denen er mit dem Konzept eines *„Todestriebs"* arbeitet, bewußt, daß diese Gedanken rein spekulativ sind. In kühnen Gedankengängen, die seinerzeit aktuelle Untersuchungen an Einzellern mit phylogenetischen Überlegungen zur Herausbildung des Reizschutzes bei lebenden Organismen verbinden, entwickelt er ein Bild des lebendigen Organismus, der in seinen Grundstrukturen von den Pantoffeltierchen bis zum bewußten Menschen reicht: Organismen bilden Sinnesorgane aus, um der Außenwelt selektiv Proben zu entnehmen und zu bewerten. Beinahe wichtiger sind indes Mechanismen des Reizschutzes. Als Grenzorgan nimmt das menschliche Bewußtsein mithin selektiv verarbeitete Reize aus der Außenwelt, aber auch Reize aus dem Innern des Organismus wahr – die aus dem Inneren rührenden Reize entsprechen demnach der „Arbeitsweise" lebender Systeme, also ihrer Eigenlogik, mehr als die selektiv aufgenommenen Außenreize. Überschreiten die als unlustvoll empfundenen „Innenreize" einen gewissen Intensitätsgrad, entwickelt der Organismus die Neigung, sie so zu behandeln, als ob sie von außen kämen. Aber auch diese Mechanismen folgen noch der Logik des in Frage stehenden Lustprinzips. Es gebe aber auch traumatische Neurosen, deren Eigentümlichkeit darin besteht, daß vor dem Ansturm äußerer Reize der Reizschutz durchbrochen wird. Die sich ständig wiederholenden Angstträume von Kriegsneurotikern – und hier spielt die Erfahrung des Weltkriegs mit hinein –, die ja nicht als Wunscherfüllung gewertet werden können, fungieren so als nachgeholte *„Reizbewältigung unter Angstentwicklung"*[11]; das gilt jedenfalls dann, wenn das Ausbleiben der Angst die Ursache der traumatischen Neurose war. Die Entwicklung von Angst mag indes dem Realitäts-, mit Sicherheit aber nicht dem Lustprinzip entsprechen, womit nun eine Instanz gefunden wäre, die dem Lustprinzip zwar nicht widerspricht, *„doch unabhängig von ihm ist und ursprünglicher scheint als die Absicht des Lustgewinns und der Unlustvermeidung."*[12] Dieses Realitätsprinzip dient zwar auch dem Prinzip der Lustgewinnung, äußert sich jedoch zunächst

---

[10] ebd., S. 480.
[11] ebd., S. 352.
[12] ebd.

als Fähigkeit zum *„Aufschub der Befriedigung"* und duldet daher auf dem *„langen Umwege zur Lust"* Unlusterfahrungen, die schließlich im Dienste des Überlebens des ganzen Organismus stehen. Die metapsychologische Spekulation führt endlich zu der Annahme, daß alles Leben, das ja aus dem Anorganischen, aus Leblosem entstanden sei, eine Tendenz zur Rückkehr ins Anorganische aufweise, eine Vermutung, die dem damals schon bekannten zweiten thermischen Hauptsatz entspricht und sich in einer Art Axiom artikulieren läßt: *„Das Ziel alles Lebens ist der Tod."*[13] Dem korrespondiert ein weiteres Axiom: *„Das Leblose war früher da als das Lebende."*[14] So findet man am Ende bei Freud einen scharfen Dualismus – zwischen dem Eros, der Sexualität, d. h. dem Fortpflanzungstrieb hier sowie allen anderen Trieben, zumal den Selbsterhaltungstrieben, dort, die aber ihrerseits, sofern sie in Gestalt eines psychischen Objekts, als „Ich" auftreten, zum Gegenstand des Begehrens werden können: Das Lustprinzip scheint, das ist das paradoxe Ende der gesamten Spekulation, *„geradezu im Dienste der Todestriebe zu stehen."*[15]

Eine Anthropologie des Politischen

Nicht zuletzt ist Freuds Anthropologie eine Anthropologie des Politischen. Bei aller Anerkennung der gesellschaftsanalytischen Kraft von Freuds Kulturtheorie ist ihr immer wieder vorgeworfen worden, mit ihrem letztlich auf Individuen und allenfalls Gruppen bezogenen Ansatz gesellschaftliche Strukturprobleme nicht angemessen begreifen zu können. Die (prognostische) Kraft der Freudschen Kulturtheorie bezüglich des Scheiterns des Kommunismus widerlegt diesen Vorwurf jedoch. Freuds zentraler Text über das *Unbehagen in der Kultur* erschien 1930. Ging es Freud 1920/21 zunächst noch darum, sich anhand der „Massenpsychologie" mit dem Menschen zu befassen, insofern er nicht als vereinzeltes Individuum auftrat, sondern als *„Mitglied eines Stammes, eines Volkes, einer Kaste, eines Standes, einer Institution oder als Bestandteil eines Menschenhaufens, der sich zu einer gewissen Zeit für einen bestimmten Zweck zur Masse organisiert"*[16], so ist *Das Unbehagen in der Kultur* tatsächlich ein politischer Traktat, der sich nicht zuletzt mit dem Kommunismus kritisch auseinandersetzt. Aufgrund seiner an Hobbes anschließenden pessimistischen Grundhaltung kritisiert Freud aber nicht

---

[13] ebd., S. 357.
[14] ebd.
[15] ebd., S. 377.
[16] ebd., S. 417.

nur die kommunistische Ideologie, sondern alle fortschrittsgläubigen politischen Programme. Er ist von der Existenz einer von Natur angelegten *„Aggressionslust"* ebenso überzeugt wie von der Unfähigkeit der meisten Menschen, diese Aggressionslust aus eigenen Kräften zu bändigen. Dies vermögen nur jene gesellschaftlichen Institutionen zu leisten, die Möglichkeiten eröffnen, die Aggressionslust zu sublimieren, d.h. in individuell oder sozial sinnvolle Tätigkeiten zu überführen. Unter dieser Voraussetzung kann die politisch gewollte Aufhebung des Privateigentums, die im definierten Sinn Aggressionslust bindet, nur destruktiv wirken.

Die Neigung zur Aggression sei zudem nicht durch das Privateigentum entstanden, sondern habe bereits geherrscht, als dieses in Urzeiten noch sehr ärmlich ausgefallen sei, was sich deutlich auch noch in den Kinderstuben der Gegenwart zeige: *„kaum daß das Eigentum seine anale Urform aufgegeben hat, bildet* (es, M. B.) *den Bodensatz aller zärtlichen und Liebesbeziehungen unter den Menschen, vielleicht mit alleiniger Ausnahme der einer Mutter zu ihrem männlichen Kind."*[17] Versteht man wie Freud unter Eigentum das *„persönliche Anrecht auf dingliche Güter"*, so kann dessen Aufhebung den Wunsch nach einem *„Vorrecht aus sexuellen Beziehungen"* gleichwohl nicht zum Verschwinden bringen, einen Wunsch, der *„die Quelle der stärksten Mißgunst und der heftigsten Feindseligkeit unter den sonst gleichgestellten Menschen werden muß."*[18]

Daß das *Unbehagen in der Kultur* mehr als nur ein kulturanthropologischer Beitrag, nämlich eine ausdrücklich politische Schrift ist, wird nicht zuletzt daran deutlich, daß sich Freud hier ausdrücklich und keineswegs nur nebenbei mit der Möglichkeit und Wünschbarkeit einer kommunistischen Gesellschaft auseinandersetzt. Im Anschluß an Hobbes' Glaubensbekenntnis *„Homo Homini Lupus"* setzt sich Freud mit der Ideologie des Kommunismus auseinander, dem er folgende Grundannahmen unterstellt: die Menschen seien im Grundsatz gut und ihren Mitmenschen wohlgesonnen, und es sei die Institution des Privateigentums gewesen, die diese im Grundsatz gute Natur verdorben habe. (Dies war bereits die Grundannahme Rousseaus.) Privateigentum aber verleihe Einzelnen Macht und führe sie damit in Versuchung, ihre Nächsten zu misshandeln, was jene, die vom Besitz ausgeschlossen sind, zwinge, sich gegen ihre Unterdrücker aufzulehnen. Eine konsequente Aufhebung des Privateigentums, so Freuds Rekonstruktion des kommunistischen Programms, läßt alle Menschen an allen Gütern teilhaben und damit die Quelle der Aggression verschwinden: *„Wenn man das Privateigentum aufhebt, alle Güter gemeinsam macht und alle Menschen an deren*

---

[17] ebd., S. 552.
[18] ebd.

Genuß teilnehmen läßt, werden Übelwollen und Feindseligkeit unter den Menschen verschwin-
den. Da alle Bedürfnisse befriedigt sind, wird keiner Grund haben" – so noch immer
Freuds Resümee – *„in dem anderen seinen Feind zu sehen; der notwendigen Arbeit werden*
sich alle bereitwillig unterziehen."[19]

Ende der Zwanziger Jahre, als diese Zeilen geschrieben wurden, hatte Stalin
in der Sowjetunion längst die Macht übernommen und die revolutionäre Partei-
diktatur durch eine totalitäre Tyrannei ersetzt. Die ausgehenden Zwanziger und
der Beginn der Dreißiger Jahre waren durch das Ende der „Neuen Ökonomischen Politik" und die so genannte „Entkulakisierung", also durch eine weitere,
als Kampf gegen vermeintliche Großbauern getarnte gewaltsame Kollektivie-
rung der Landwirtschaft gekennzeichnet – eine Politik, die nicht nur zu zehn-
tausendfachen Morden und hunderttausendfachen Deportationen, sondern
auch zu Hungersnöten unvorstellbaren Ausmaßes führte. In seiner Kritik des
kommunistischen Programm räumt Freud freimütig ein, sich nicht um die wirtschaftliche Kritik am Kommunismus zu kümmern und auch nicht untersuchen
zu können, ob die Abschaffung des Privateigentums grundsätzlich vorteilhaft
und zweckdienlich sei oder nicht. Er vergißt auch nicht, darauf hinzuweisen,
daß er selbst aufgrund der Erfahrungen einer von Armut geprägten Kindheit
und Jugend nicht die geringste Sympathie für die Ungleichheit des Besitzes habe,
wendet jedoch ein, daß schon die Natur durch die ungleichmäßige Verteilung
körperlicher Ausstattung und geistiger Begabung eine Ungerechtigkeit hervorgebracht habe, gegen die keine Abhilfe möglich sei.

Freuds Kritik am Kommunismus ist, wie er selbst erklärt, psychologischer
oder evtl. genauer: anthropologischer Natur. Freud ist von der Existenz einer
von Natur angelegten *„Aggressionslust"* ebenso überzeugt wie von der Unfähigkeit der meisten Menschen, diese Aggressionslust aus eigenen Kräften zu
bändigen. Dies vermögen nur jene gesellschaftlichen Institutionen zu leisten,
die Möglichkeiten eröffnen, die Aggressionslust zu sublimieren. Unter dieser
Voraussetzung kann die politisch gewollte Aufhebung des Privateigentums nur
destruktiv wirken: *„Mit der Aufhebung des Privateigentums entzieht man der menschlichen*
Aggressionslust eines ihrer Werkzeuge, gewiß ein starkes", aber, wie Freud einräumt,
„gewiß nicht das stärkste."[20] Demnach sei es zwar politisch möglich, das Sexualleben völlig zu befreien, indem man die Familie als *„Keimzelle der Kultur"* beseitigt,
gleichwohl läßt sich nicht vorhersehen, welchen Gang die Kulturentwicklung
nehmen werde, auf jeden Fall dürfe man erwarten, *„daß der unzerstörbare Zug der*
menschlichen Natur ihr auch dorthin folgen"[21] werde.

---

[19] ebd.
[20] ebd.
[21] ebd.

Die von Freud aufgebotenen historischen Beispiele für die Unmöglichkeit, die anthropologisch angelegte menschliche Aggressionslust weltanschaulich einzuhegen, beziehen sich vor allem auf das Christentum, dem Freud vorhält, gerade seiner Liebespredigt wegen mit Notwendigkeit gegenüber Andersgläubigen intolerant geworden zu sein. In Konsequenz dieses Gedankenganges wird es verständlich, *„daß der Versuch, eine neue kommunistische Kultur in Rußland aufzurichten, in der Verfolgung der Bourgeois seine psychologische Unterstützung findet."*[22] Freud fragt sich daher besorgt und – angesichts des Terrors, der nach 1930 von Stalin und seinen abertausenden von Handlangern mit mörderischen Konsequenzen ins Werk gesetzt wurde – im Rückblick völlig zu Recht *„was die Sowjets anfangen werden, nachdem sie ihre Bourgeois ausgerottet haben."*[23] Eine kulturbildende Antwort auf die notwendig selbstzerstörerischen Kräfte scheint allein ein menschheitsgeschichtliches Bildungsprogramm, ein *„Fortschritt in der Geistigkeit"*[24] zu verheißen. Diesen Fortschritt sieht Freud in der dramatischen Entwicklung der jüdischen Religion.

Die jüdische Religion

Hat Sigmund Freud, was ihm in der Zeit des Nationalsozialismus sogar eigene Schüler wie C. G. Jung vorgeworfen haben, eine „jüdische" Theorie entworfen? Ist es wirklich denkbar, daß ein Wissenschaftsmodell, das ja allgemeine humanwissenschaftliche Gültigkeit beansprucht, einem durchaus partikularen Kontext entstammt? Ist es denkbar, daß der Beitrag des Judentums zur europäischen Kultur – das Christentum und weitere theologische Aspekte ausdrücklich ausgeklammert – nicht zuletzt in der Psychoanalyse bestand?

Freud selbst äußerte sich in zwei zentralen Schriften zu Fragen speziell der jüdischen Religion: im *Moses des Michelangelo* aus dem Jahr 1914 sowie dem *Mann Moses*, der 1939 publiziert wurde. Zumal im *Mann Moses* wiederholte Freud seine bereits in *Totem und Tabu* vertretene These vom Entstehen des Über-Ich und der Moral aus der Erfahrung eines kollektiven Vatermords. Darüber hinaus entfaltete er jedoch in dieser Schrift sowohl eine allgemeine Theorie des Monotheismus und des Christentums. Freuds Spekulation, daß Moses als Vertreter des ägyptischen Sonnengottes als übermäßig fordernde Gestalt von den widerstrebenden Israeliten erst umgebracht und dann einer anderen Gründergestalt im Dienste

---

[22] ebd., S. 553.
[23] ebd.
[24] ebd., S. 853.

eines Hirtengottes amalgamiert worden, habe durch ein transgenerational über-
tragenes Schuldbewußtsein mit langer, latenter Wirksamkeit dazu geführt, eine
auf Triebverzicht gegründete Ethik auszubilden.

Unter Rückgriff auf die kulturanthropologische Studie *Totem und Tabu* aus
dem Jahre 1913 läßt sich festhalten, daß Inzesttabu und Exogamieverbot die
ersten Anfänge einer sozialen Ordnung überhaupt darstellen. Wirksam werden
dabei die verinnerlichten Ansprüche des ermordeten Vaters sowie der egalitäre
Anspruch der Brüderhorde, einen verbindlichen Modus des Zusammenlebens
zu finden. Die im *Mann Moses* entfaltete Spekulation zielt nun darauf, diese Konstellation für die Verinnerlichung einer vergeistigten und auf weisheitlich-uni-
versalistischen Elementen beruhenden Religion plausibel zu machen. Die Juden
und nicht nur die Juden partizipieren demnach zwanghaft an Erinnerungsspuren an jenen frühen, Schuldbewußtsein und sozialen Konsens bewirkenden
Mordgedanken, die für Freud eingestandenermaßen nur schwer greifbar sind.
Damit wird das Judentum für Freud zur idealtypischen Religion, einer Religion,
die im Ideal ethischer Vollkommenheit gipfelt und die Kraft zum Triebverzicht
aus ihrer Verschmelzung mit dem kollektiven Narzissmus des Auserwähltheits-
glaubens zieht. Demgegenüber sieht Freud das Christentum mit seiner Lehre
nicht vom getöteten Vater, sondern vom getöteten Sohn als Regression. Die
dem Christentum zugrundeliegende Annahme, daß das die Welt heilende Opfer
nicht Gott selbst – wie Freud meint –, sondern Gottes Sohn gewesen sei, stelle
in der vom Apostel Paulus gestifteten Religion eine Vermittlung von Wahn und
historischer Wahrheit dar. Im Glauben an die erlösende Kraft des Todes des
Sohnes wird eine fortwährende Verdrängung des ursprünglichen Vatermordes
deutlich.

Freuds späte Studie über den *Mann Moses* enthält den Kern einer allgemeinen
Theorie der Kultur, Moral und Religion, die weit über frühere Schriften, etwa
Das Unbehagen in der Kultur hinausgeht. Trotz der auch hier noch beibehaltenen
These vom Vatermord als Urszene aller kulturellen Entwicklung muß Freud
nämlich die Frage beantworten, wie und warum nun ausgerechnet die biblische
Religion zum entscheidenden Motor der abendländischen Moralentwicklung
werden konnte und warum die Juden bis zu Freuds eigener Zeit allen Anfechtungen zum Trotz an diesem Glauben festhielten. Zudem hatte er das Problem
zu lösen, ob jenseits dieser religiös begründeten Moral eine autonome, auf Einsicht beruhende Ethik überhaupt denkbar und möglich ist. Freud argumentiert
dementsprechend strukturell, historisch-genetisch und ethisch-systematisch.
Wenn man wie er davon ausgeht, daß Ethik vor allem Triebverzicht bedeutet,
dann gilt, daß Triebverzicht und die auf ihn gegründete Ethik den wesentlichen
Inhalt der Religion ausmachen.

Am Ende schlägt die pessimistische Kulturtheorie des Religionskritikers Freud in eine universalhistorische Anthropologie der Religion um, die ihm – am Vorabend des Zweiten Weltkriegs – als einziger Faktor erschien, der die destruktiven Kräfte der menschlichen Gattung aufhalten könnte.

Heute erlebt Freuds Theorie – mindestens als eine physiologische Theorie des Unbewußten, die ausgerechnet durch die neuere Hirnforschung bestätigt wird – als tiefenpsychologische Theorie eine gewisse Renaissance; die Vorwürfe der Unwissenschaftlichkeit, die jahrelang erhoben wurden, ebben in dieser Hinsicht ab. Umstrittener ist nach wie vor Freuds Kulturtheorie, wobei seine pessimistischen Prognosen erstaunlich präzise eingetroffen sind. So kann Freuds Kulturtheorie auch noch heute als ein Seismograph, als ein Frühwarnsystem gesellschaftlicher Fehlentwicklungen gelten.

DIE TRAUMDEUTUNG

Flectere si nequeo superos,
Acheronta movebo.

VORBEMERKUNG

Indem ich hier die Darstellung der Traumdeutung versuche, glaube ich den Umkreis neuropathologischer Interessen nicht überschritten zu haben. Denn der Traum erweist sich bei der psychologischen Prüfung als das erste Glied in der Reihe abnormer psychischer Gebilde, von deren weiteren Gliedern die hysterische Phobie, die Zwangs- und die Wahnvorstellung den Arzt aus taktischen Gründen beschäftigen müssen. Auf eine ähnliche praktische Bedeutung kann der Traum – wie sich zeigen wird – Anspruch nicht erheben; um so größer ist aber sein theoretischer Wert als Paradigma, und wer sich die Entstehung der Traumbilder nicht zu erklären weiß, wird sich auch um das Verständnis der Phobien, Zwangs- und Wahnideen, eventuell um deren therapeutische Beeinflussung, vergeblich bemühen.

Derselbe Zusammenhang aber, dem unser Thema seine Wichtigkeit verdankt, ist auch für die Mängel der vorliegenden Arbeit verantwortlich zu machen. Die Bruchflächen, welche man in dieser Darstellung so reichlich finden wird, entsprechen ebenso vielen Kontaktstellen, an denen das Problem der Traumbildung in umfassendere Probleme der Psychopathologie eingreift, die hier nicht behandelt werden konnten und denen, wenn Zeit und Kraft ausreichen und weiteres Material sich einstellt, spätere Bearbeitungen gewidmet werden sollen.

Eigentümlichkeiten des Materials, an dem ich die Traumdeutung erläutere, haben mir auch diese Veröffentlichung schwer gemacht. Es wird sich aus der Arbeit selbst ergeben, warum alle in der Literatur erzählten oder von Unbekannten zu sammelnden Träume für meine Zwecke unbrauchbar sein mußten; ich hatte nur die Wahl zwischen den eigenen Träumen und denen meiner in psychoanalytischer Behandlung stehenden Patienten. Die Verwendung des letzteren Materials wurde mir durch den Umstand verwehrt, daß hier die Traumvorgänge einer unerwünschten Komplikation durch die Einmengung neurotischer Charaktere unterlagen. Mit der Mitteilung meiner eigenen Träume aber erwies sich als untrennbar verbunden, daß ich von den Intimitäten meines psychischen Lebens fremden Einblicken mehr eröffnete, als mir lieb sein konnte und als sonst einem Autor, der nicht Poet, sondern Naturforscher ist, zur Aufgabe fällt.

Das war peinlich, aber unvermeidlich; ich habe mich also darein gefügt, um nicht auf die Beweisführung für meine psychologischen Ergebnisse überhaupt verzichten zu müssen. Natürlich habe ich doch der Versuchung nicht widerstehen können, durch Auslassungen und Ersetzungen manchen Indiskretionen die Spitze abzubrechen; sooft dies geschah, gereichte es dem Werte der von mir verwendeten Beispiele zum entschiedensten Nachteile. Ich kann nur die Erwartung aussprechen, daß die Leser dieser Arbeit sich in meine schwierige Lage versetzen werden, um Nachsicht mit mir zu üben, und ferner, daß alle Personen, die sich in den mitgeteilten Träumen irgendwie betroffen finden, wenigstens dem Traumleben Gedankenfreiheit nicht werden versagen wollen.

Vorwort zur zweiten Auflage

Daß von diesem schwer lesbaren Buche noch vor Vollendung des ersten Jahrzehntes eine zweite Auflage notwendig geworden ist, verdanke ich nicht dem Interesse der Fachkreise, an die ich mich in den vorstehenden Sätzen gewendet hatte. Meine Kollegen von der Psychiatrie scheinen sich keine Mühe gegeben zu haben, über das anfängliche Befremden hinauszukommen, welches meine neuartige Auffassung des Traumes erwecken konnte, und die Philosophen von Beruf, die nun einmal gewohnt sind, die Probleme des Traumlebens als Anhang zu den Bewußtseinszuständen mit einigen – meist den nämlichen – Sätzen abzuhandeln, haben offenbar nicht bemerkt, daß man gerade an diesem Ende allerlei hervorziehen könne, was zu einer gründlichen Umgestaltung unserer psychologischen Lehren führen muß. Das Verhalten der wissenschaftlichen Buchkritik konnte nur zur Erwartung berechtigen, daß Totgeschwiegenwerden das Schicksal dieses meines Werkes sein müsse; auch die kleine Schar von wakkeren Anhängern, die meiner Führung in der ärztlichen Handhabung der Psychoanalyse folgen und nach meinem Beispiel Träume deuten, um diese Deutungen in der Behandlung von Neurotikern zu verwerten, hätte die erste Auflage des Buches nicht erschöpft. So fühle ich mich denn jenem weiteren Kreise von Gebildeten und Wißbegierigen verpflichtet, deren Teilnahme mir die Aufforderung verschafft hat, die schwierige und für so vieles grundlegende Arbeit nach neun Jahren von neuem vorzunehmen. Ich freue mich, sagen zu können, daß ich wenig zu verändern fand. Ich habe hie und da neues Material eingeschaltet, aus meiner vermehrten Erfahrung einzelne Einsichten hinzugefügt, an einigen wenigen Punkten Umarbeitungen versucht; alles Wesentliche über den Traum und seine Deutung sowie über die daraus ableitbaren psychologischen Lehrsätze ist aber ungeändert geblieben; es hat wenigstens subjektiv die Probe der Zeit bestanden. Wer meine anderen Arbeiten (über Ätiologie und Mechanismus der Psychoneurosen) kennt, weiß, daß ich niemals Unfertiges für fertig ausgegeben und mich stets bemüht habe, meine Aussagen nach meinen fortschreitenden Einsichten abzuändern; auf dem Gebiete des Traumlebens durfte ich bei meinen ersten Mitteilungen stehenbleiben. In den langen Jahren meiner Arbeit an den Neurosenproblemen bin ich wiederholt ins Schwanken geraten und an manchem irre geworden; dann war es immer wieder die *Traumdeutung*, an der ich meine Sicherheit wiederfand. Meine zahlreichen wissenschaftlichen Gegner zeigen also einen sicheren Instinkt, wenn sie mir gerade auf das Gebiet der Traumforschung nicht folgen wollen. Auch das Material dieses Buches, diese zum größten Teil durch die Ereignisse entwerteten oder überholten eigenen Träume, an denen ich die Regeln der Traumdeutung erläutert hatte, erwies bei der Revision ein Beharrungsvermögen, das sich eingreifenden Änderungen widersetzte. Für mich hat dieses Buch nämlich noch eine andere subjektive Bedeutung, die ich erst nach seiner Beendigung verstehen konnte. Es erwies sich mir als ein Stück meiner Selbstanalyse, als meine Reaktion auf den Tod meines Vaters, also auf das bedeutsamste Ereignis, den einschneidendsten Verlust im Leben eines Mannes. Nachdem ich dies erkannt hatte, fühlte ich mich unfähig, die Spuren dieser Einwirkung zu verwischen. Für den Leser mag es aber gleichgültig sein, an welchem Material er Träume würdigen und deuten lernt. Wo ich eine unabweisbare Bemerkung nicht in den alten Zusammenhang einfügen konnte, habe ich ihre Herkunft von der zweiten Bearbeitung durch eckige Klammern angedeutet.[*]

Berchtesgaden, im Sommer 1908.

Vorwort zur dritten Auflage

Während zwischen der ersten und der zweiten Auflage dieses Buches ein Zeitraum von neun Jahren verstrichen ist, hat sich das Bedürfnis einer dritten bereits nach wenig mehr als einem Jahre bemerkbar gemacht. Ich darf mich dieser Wandlung freuen; wenn ich aber vorhin die Vernachlässigung meines Werkes von Seite der Leser nicht als Beweis für dessen Unwert gelten lassen wollte, kann ich das nunmehr zutage getretene Interesse auch nicht als Beweis für seine Trefflichkeit verwerten. Der Fortschritt wissenschaftlicher Erkenntnis hat auch die *Traumdeutung* nicht unberührt gelassen. Als ich sie 1899 niederschrieb, bestand die Sexualtheorie noch nicht, war die Analyse der komplizierteren Formen von

---

[*] Diese wurden in den folgenden Auflagen wieder fallengelassen.

Psychoneurosen noch in ihren Anfängen. Die Deutung der Träume sollte ein Hilfsmittel werden, um die psychologische Analyse der Neurosen zu ermöglichen; seither hat das vertiefte Verständnis der Neurosen auf die Auffassung des Traumes zurückgewirkt. Die Lehre von der Traumdeutung selbst hat sich nach einer Richtung weiterentwickelt, auf welche in der ersten Auflage dieses Buches nicht genug Akzent gefallen war. Durch eigene Erfahrung wie durch die Arbeiten von W. Stekel und anderen habe ich seither den Umfang und die Bedeutung der Symbolik im Traume (oder vielmehr im unbewußten Denken) richtiger würdigen gelernt. So hat sich im Laufe dieser Jahre vieles angesammelt, was Berücksichtigung verlangte, Ich habe versucht, diesen Neuerungen durch zahlreiche Einschaltungen in den Text und Anfügung von Fußnoten Rechnung zu tragen. Wenn diese Zusätze nun gelegentlich den Rahmen der Darstellung zu sprengen drohen oder wenn es doch nicht an allen Stellen gelungen ist, den früheren Text auf das Niveau unserer heutigen Einsichten zu heben, so bitte ich für diese Mängel des Buches um Nachsicht, da sie nur Folgen und Anzeichen der nunmehr beschleunigten Entwicklung unseres Wissens sind. Ich getraue mich auch vorherzusagen, nach welchen anderen Richtungen spätere Auflagen der Traumdeutung – falls sich ein Bedürfnis nach solchen ergeben würde – von der vorliegenden abweichen werden. Dieselben müßten einerseits einen engeren Anschluß an den reichen Stoff der Dichtung, des Mythus, des Sprachgebrauchs und der Folklore suchen, anderseits die Beziehungen des Traumes zur Neurose und zur Geistesstörung noch eingehender, als es hier möglich war, behandeln.

Herr Otto Rank hat mir bei der Auswahl der Zusätze wertvolle Dienste geleistet und die Revision der Druckbogen allein besorgt. Ich bin ihm und vielen anderen für ihre Beiträge und Berichtigungen zu Dank verpflichtet.

Wien, im Frühjahr 1911.

Vorwort zur vierten Auflage

Im Vorjahre (1913) hat Dr. A. A. Brill in New York eine englische Übersetzung dieses Buches zustande gebracht. (*The Interpretation of Dreams*. G. Allen & Co., London.)

Herr Dr. Otto Rank hat diesmal nicht nur die Korrekturen besorgt, sondern auch den Text um zwei selbständige Beiträge bereichert. (Anhang zu Kapitel VI.)

Wien, im Juni 1914.

Vorwort zur fünften Auflage

Das Interesse für die Traumdeutung hat auch während des Weltkrieges nicht geruht und noch vor Beendigung desselben eine neue Auflage notwendig gemacht. In dieser konnte aber die neue Literatur seit 1914 nicht voll berücksichtigt werden; soweit sie fremdsprachig war, kam sie überhaupt nicht zu meiner und Dr. Ranks Kenntnis.

Eine ungarische Übersetzung der Traumdeutung, von den Herren Dr. Hollös und Dr. Ferenczi besorgt, ist dem Erscheinen nahe. In meinen 1916/17 veröffentlichten *Vorlesungen zur Einführung in die Psychoanalyse* (bei H. Heller, Wien) ist das elf Vorlesungen umfassende Mittelstück einer Darstellung des Traumes gewidmet, welche elementarer zu sein bestrebt ist und einen innigeren Anschluß an die Neurosenlehre herzustellen beabsichtigt. Sie hat im ganzen den Charakter eines Auszugs aus der Traumdeutung, obwohl sie an einzelnen Stellen Ausführlicheres bietet.

Zu einer gründlichen Umarbeitung dieses Buches, welche es auf das Niveau unserer heutigen psychoanalytischen Anschauungen heben, dafür aber seine historische Eigenart vernichten würde, konnte ich mich nicht entschließen. Ich meine aber, es hat in nahezu zwanzigjähriger Existenz seine Aufgabe erledigt.

Budapest-Steinbruch, im Juli 1918.

Vorwort zur sechsten Auflage

Die Schwierigkeiten, unter denen gegenwärtig das Buchgewerbe steht, haben zur Folge gehabt, daß diese neue Auflage weit später erschienen ist, als dem Bedarf entsprochen hätte, und daß sie – zum ersten Male – als unveränderter Abdruck der ihr vorhergehenden auftritt. Nur das Literaturverzeichnis am Ende des Buches ist von Dr. O. Rank vervollständigt und fortgeführt worden.

Meine Annahme, dieses Buch hätte in nahezu zwanzigjähriger Existenz seine Aufgabe erledigt, hat also keine Bestätigung gefunden. Ich könnte vielmehr sagen, daß es eine neue Aufgabe zu erfüllen hat. Handelte es sich früher darum, einige Aufklärungen über das Wesen des Traumes zu geben, so wird es jetzt ebenso wichtig, den hartnäckigen Mißverständnissen zu begegnen, denen diese Aufklärungen ausgesetzt sind.

Wien, im April 1921.

Vorwort zur achten Auflage

In den Zeitraum zwischen der letzten, siebenten Auflage dieses Buches (1922) und der heutigen Erneuerung fällt die Ausgabe meiner Gesammelten Schriften, veranstaltet vom Internationalen Psychoanalytischen Verlag in Wien. In diesen bildet der wiederhergestellte Text der ersten Auflage den zweiten Band, alle späteren Zusätze sind im dritten Band vereinigt. Die in der gleichen Zwischenzeit erschienenen Übersetzungen schließen an die selbständige Erscheinungsform des Buches an, so die französische von I. Meyerson 1926 unter dem Titel *La science des rêves* (in der Bibliothéque de Philosophie contemporaine), die schwedische von John Landquist 1927 (*Drömtydning*) und die spanische von Luis López-Ballesteros y de Torres, die den VI. und VII. Band der *Obras Completas* füllt. Die ungarische Übersetzung, die ich bereits 1918 für nahe bevorstehend hielt, liegt auch heute nicht vor. Auch in der hier vorliegenden Revision der *Traumdeutung* habe ich das Werk im wesentlichen als historisches Dokument behandelt und nur solche Änderungen an ihm vorgenommen, als mir durch die Klärung und Vertiefung meiner eigenen Meinungen nahegelegt waren. Im Zusammenhang mit dieser Einstellung, habe ich es endgültig aufgegeben, die Literatur der Traumprobleme seit dem ersten Erscheinen der Traumdeutung in dies Buch aufzunehmen, und die entsprechenden Abschnitte früherer Auflagen weggelassen. Ebenso sind die beiden Aufsätze *Traum und Dichtung* und *Traum und Mythus* entfallen, die Otto Rank zu den früheren Auflagen beigesteuert hatte.

Wien, im Dezember 1929.

I
DIE WISSENSCHAFTLICHE LITERATUR
DER TRAUMPROBLEME

Auf den folgenden Blättern werde ich den Nachweis erbringen, daß, es eine psychologische Technik gibt, welche gestattet, Träume zu deuten, und daß bei Anwendung dieses Verfahrens jeder Traum sich als ein sinnvolles psychisches Gebilde herausstellt, welches an angebbarer Stelle in das seelische Treiben des Wachens einzureihen ist. Ich werde ferner versuchen, die Vorgänge klarzulegen, von denen die Fremdartigkeit und Unkenntlichkeit des Traumes herrührt, und aus ihnen einen Rückschluß auf die Natur der psychischen Kräfte ziehen, aus deren Zusammen- oder Gegeneinanderwirken der Traum hervorgeht. So weit gelangt, wird meine Darstellung abbrechen, denn sie wird den Punkt erreicht haben, wo das Problem des Träumens in umfassendere Probleme einmündet, deren Lösung an anderem Material in Angriff genommen werden muß.

Eine Übersicht über die Leistungen früherer Autoren sowie über den gegenwärtigen Stand der Traumprobleme in der Wissenschaft stelle ich voran, weil ich im Verlaufe der Abhandlung nicht häufig Anlaß haben werde, darauf zurückzukommen. Das wissenschaftliche Verständnis des Traumes ist nämlich trotz mehrtausendjähriger Bemühung sehr wenig weit gediehen. Dies wird von den Autoren so allgemein zugegeben, daß es überflüssig scheint, einzelne Stimmen anzuführen. In den Schriften, deren Verzeichnis ich zum Schlusse meiner Arbeit anfüge, finden sich viele anregende Bemerkungen und reichlich interessantes Material zu unserem Thema, aber nichts oder wenig, was das Wesen des Traumes träfe oder eines seiner Rätsel endgültig löste. Noch weniger ist natürlich in das Wissen der gebildeten Laien übergegangen.

Welche Auffassung der Traum in den Urzeiten der Menschheit bei den primitiven Völkern gefunden und welchen Einfluß er auf die Bildung ihrer Anschauungen von der Welt und von der Seele genommen haben mag, das ist ein Thema von so hohem Interesse, daß ich es nur ungern von der Bearbeitung in diesem Zusammenhange ausschließe. Ich verweise auf die bekannten Werke von *Sir J. Lubbock, H. Spencer, E. B. Tylor* u. a. und füge nur hinzu, daß uns die Tragweite dieser Probleme und Spekulationen erst begreiflich werden kann, nachdem wir die uns vorschwebende Aufgabe der „Traumdeutung" erledigt haben.

Ein Nachklang der urzeitlichen Auffassung des Traumes liegt offenbar der Traumschätzung bei den Völkern des klassischen Altertums zugrunde.[1] Es war bei ihnen Voraussetzung, daß die Träume mit der Welt übermenschlicher Wesen, an die sie glaubten, in Beziehung stünden und Offenbarungen von seiten der Götter und Dämonen brächten. Ferner drängte sich ihnen auf, daß die Träume eine für den Träumer bedeutsame Absicht hätten, in der Regel, ihm die Zukunft zu verkünden.

Die außerordentliche Verschiedenheit in dem Inhalt und dem Eindruck der Träume machte es allerdings schwierig, eine einheitliche Auffassung derselben durchzuführen, und nötigte zu mannigfachen Unterscheidungen und Gruppenbildungen der Träume, je nach ihrem Wert und ihrer Zuverlässigkeit. Bei den einzelnen Philosophen des Altertums war die Beurteilung des Traumes natürlich nicht unabhängig von der Stellung, die sie der Mantik überhaupt einzuräumen bereit waren.

In den beiden den Traum behandelnden Schriften des *Aristoteles* ist der Traum bereits Objekt der Psychologie geworden. Wir hören, der Traum sei nicht gottgesandt, nicht göttlicher Natur, wohl aber dämonischer, da ja die Natur dämonisch, nicht göttlich ist, d. h. der Traum entstammt keiner übernatürlichen Offenbarung, sondern folgt aus den Gesetzen des allerdings mit der Gottheit verwandten menschlichen Geistes. Der Traum wird definiert als die Seelentätigkeit des Schlafenden, insofern er schläft.

Aristoteles kennt einige der Charaktere des Traumlebens, z. B. daß der Traum kleine, während des Schlafes eintretende Reize ins Große umdeutet („man glaubt, durch ein Feuer zu gehen und heiß zu werden, wenn nur eine ganz unbedeutende Erwärmung dieses oder jenes Gliedes stattfindet"), und zieht aus diesem Verhalten den Schluß, daß die Träume sehr wohl die ersten bei Tag nicht bemerkten Anzeichen einer beginnenden Veränderung im Körper dem Arzt verraten könnten.[2]

Die Alten vor *Aristoteles* haben den Traum bekanntlich nicht für ein Erzeugnis der träumenden Seele gehalten, sondern für eine Eingebung von göttlicher Seite, und die beiden gegensätzlichen Strömungen, die wir in der Schätzung des Traumlebens als jederzeit vorhanden auffinden werden, machten sich bereits bei ihnen geltend. Man unterschied wahrhafte und wertvolle Träume, dem Schläfer

---

[1] Das Folgende nach Büchsenschütz' sorgfältiger Darstellung (1868).

[2] Über die Beziehung des Traumes zu den Krankheiten handelt der griechische Arzt Hippokrates in einem Kapitel seines berühmten Werkes.

gesandt, um ihn zu warnen oder ihm die Zukunft zu verkünden, von eiteln, trügerischen und nichtigen, deren Absicht es war, ihn in die Irre zu führen oder ins Verderben zu stürzen.

Gruppe (*Griechische Mythologie und Religionsgeschichte.* S. 390) gibt eine solche Einteilung der Träume nach Makrobius und Artemidoros wieder: „Man teilte die Träume in zwei Klassen. Die eine sollte nur durch die Gegenwart (oder Vergangenheit) beeinflußt, für die Zukunft aber bedeutungslos sein; sie umfaßte die ἐνύπνια, *insomnia* die unmittelbar die gegebene Vorstellung oder ihr Gegenteil wiedergeben, z. B. den Hunger oder dessen Stillung, und die φαντάσματα, welche die gegebene Vorstellung phantastisch erweitern, wie z. B. der Alpdruck, *ephialtes*. Die andere Klasse dagegen galt als bestimmend für die Zukunft; zu ihr gehören: 1) die direkte Weissagung, die man im Traume empfängt (χρηματισμός, *oraculum*), 2) das Voraussagen eines bevorstehenden Ereignisses (ὅραμα, *visio*), 3) der symbolische, der Auslegung bedürftige Traum (ὄνειρος, *somnium*). Diese Theorie hat sich viele Jahrhunderte hindurch erhalten."

Mit dieser wechselnden Einschätzung der Träume stand die Aufgabe einer „Traumdeutung" im Zusammenhange. Da man von den Träumen im allgemeinen wichtige Aufschlüsse erwartete, aber nicht alle Träume unmittelbar verstand und nicht wissen konnte, ob nicht ein bestimmter unverständlicher Traum doch Bedeutsames ankündigte, war der Anstoß zu einer Bemühung gegeben, welche den unverständlichen Inhalt des Traums durch einen einsichtlichen und dabei bedeutungsvollen ersetzen konnte. Als die größte Autorität in der Traumdeutung galt im späteren Altertum *Artemidoros* aus Daldis, dessen ausführliches Werk uns für die verloren gegangenen Schriften des nämlichen Inhaltes entschädigen muß.[3]

Die vorwissenschaftliche Traumauffassung der Alten stand sicherlich im vollsten Einklange mit ihrer gesamten Weltanschauung, welche als Realität in die Außenwelt zu projizieren pflegte, was nur innerhalb des Seelenlebens Realität hatte. Sie trug überdies dem Haupteindruck Rechnung, welchen das Wachleben durch die am Morgen übrigbleibende Erinnerung von dem Traum empfängt, denn in dieser Erinnerung stellt sich der Traum als etwas Fremdes, das gleichsam aus einer anderen Welt herrührt, dem übrigen psychischen Inhalte entgegen. Es

---

[3] Die weiteren Schicksale der Traumdeutung im Mittelalter siehe bei Diepgen (1912) und in den Spezialuntersuchungen von M.Förster (1910 u. 1911), Gotthard (1912) u. a. Über die Traumdeutung bei den Juden handeln Almoli (1848), Amram (1901), Löwinger (1908), sowie neuestens, mit Berücksichtigung des psychoanalytischen Standpunktes, Lauer (1913). Kenntnis der arabischen Traumdeutung vermitteln Drexl (1909), F. Schwarz (1913) und der Missionär Tfinkdji (1913), der japanischen Miura und Iwaya, der chinesischen Secker, der indischen Negelein.

wäre übrigens irrig zu meinen, daß die Lehre von der übernatürlichen Herkunft der Träume in unseren Tagen der Anhänger entbehrt; von allen pietistischen und mystischen Schriftstellern abgesehen – die ja recht daran tun, die Reste des ehemals ausgedehnten Gebietes des übernatürlichen besetzt zu halten, solange sie nicht durch naturwissenschaftliche Erklärung erobert sind –, trifft man doch auch auf scharfsinnige und allem Abenteuerlichen abgeneigte Männer, die ihren religiösen Glauben an die Existenz und an das Eingreifen übermenschlicher Geisteskräfte gerade auf die Unerklärbarkeit der Traumerscheinungen zu stützen versuchen (*Haffner*). Die Wertschätzung des Traumlebens von seiten mancher Philosophenschulen, z. B. der Schellingianer, ist ein deutlicher Nachklang der im Altertum unbestrittenen Göttlichkeit des Traumes, und auch über die divinatorische, die Zukunft verkündende Kraft des Traumes ist die Erörterung nicht abgeschlossen, weil die psychologischen Erklärungsversuche zur Bewältigung des angesammelten Materials nicht ausreichen, so unzweideutig auch die Sympathien eines jeden, der sich der wissenschaftlichen Denkungsart ergeben hat, zur Abweisung einer solchen Behauptung hinneigen mögen.

Eine Geschichte unserer wissenschaftlichen Erkenntnis der Traumprobleme zu schreiben ist darum so schwer, weil in dieser Erkenntnis, so wertvoll sie an einzelnen Stellen geworden sein mag, ein Fortschritt längs gewisser Richtungen nicht zu bemerken ist.

Es ist nicht zur Bildung eines Unterbaus von gesicherten Resultaten gekommen, auf dem dann ein nächstfolgender Forscher weitergebaut hätte, sondern jeder neue Autor faßt die nämlichen Probleme von neuem und wie vom Ursprung her wieder an. Wollte ich mich an die Zeitfolge der Autoren halten und von jedem einzelnen im Auszug berichten, welche Ansichten über die Traumprobleme er geäußert, so müßte ich darauf verzichten, ein übersichtliches Gesamtbild vom gegenwärtigen Stande der Traumerkenntnis zu entwerfen; ich habe es darum vorgezogen, die Darstellung an die Themata anstatt an die Autoren anzuknüpfen, und werde bei jedem der Traumprobleme anführen, was an Material zur Lösung desselben in der Literatur niedergelegt ist.

Da es mir aber nicht gelungen ist, die gesamte, so sehr verstreute und auf anderes übergreifende Literatur des Gegenstands zu bewältigen, so muß ich meine Leser bitten, sich zu bescheiden, wenn nur keine grundlegende Tatsache und kein bedeutsamer Gesichtspunkt in meiner Darstellung verlorengegangen ist.

Bis vor kurzem haben die meisten Autoren sich veranlaßt gesehen, Schlaf und Traum in dem nämlichen Zusammenhang abzuhandeln, in der Regel auch die Würdigung analoger Zustände, welche in die Psychopathologie reichen, und traumähnlicher Vorkommnisse (wie der Halluzinationen, Visionen usw.)

anzuschließen. Dagegen zeigt sich in den jüngsten Arbeiten das Bestreben, das Thema eingeschränkt zu halten und etwa eine einzelne Frage aus dem Gebiet des Traumlebens zum Gegenstande zu nehmen. In dieser Veränderung möchte ich einen Ausdruck der Überzeugung sehen, daß in so dunkeln Dingen Aufklärung und Übereinstimmung nur durch eine Reihe von Detailuntersuchungen zu erzielen sein dürften. Nichts anderes als eine solche Detailuntersuchung, und zwar speziell psychologischer Natur, kann ich hier bieten. Ich hatte wenig Anlaß, mich mit dem Problem des Schlafs zu befassen, denn dies ist ein wesentlich physiologisches Problem, wenngleich in der Charakteristik des Schlafzustands die Veränderung der Funktionsbedingungen für den seelischen Apparat mit enthalten sein muß. Es bleibt also auch die Literatur des Schlafs hier außer Betracht.

Das wissenschaftliche Interesse an den Traumphänomenen an sich führt zu den folgenden, zum Teil ineinanderfließenden Fragestellungen:

A
Beziehung des Traumes zum Wachleben

Das naive Urteil des Erwachten nimmt an, daß der Traum – wenn er schon nicht aus einer anderen Welt stammt – doch den Schläfer in eine andere Welt entrückt hatte. Der alte Physiologe *Burdach*, dem wir eine sorgfältige und feinsinnige Beschreibung der Traumphänomene verdanken, hat dieser Überzeugung in einem viel bemerkten Satze Ausdruck gegeben (S. 474): „... nie wiederholt sich das Leben des Tages mit seinen Anstrengungen und Genüssen, seinen Freuden und Schmerzen, vielmehr geht der Traum darauf aus, uns davon zu befreien. Selbst wenn unsere ganze Seele von einem Gegenstande erfüllt war, wenn tiefer Schmerz unser Inneres zerrissen oder eine Aufgabe unsere ganze Geisteskraft in Anspruch genommen hatte, gibt uns der Traum entweder etwas ganz Fremdartiges, oder er nimmt aus der Wirklichkeit nur einzelne Elemente zu seinen Kombinationen, oder er geht nur in die Tonart unserer Stimmung ein und symbolisiert die Wirklichkeit." – *I. H. Fichte* (Bd. 1, 541) spricht im selben Sinne direkt von *Ergänzungsträumen* und nennt diese eine von den geheimen Wohltaten selbstheilender Natur des Geistes. – In ähnlichem Sinne äußert sich noch L. Strümpell in der mit Recht von allen Seiten hochgehaltenen Studie über die Natur und Entstehung der Träume (S. 16): „Wer träumt, ist der Welt des wachen Bewußtseins abgekehrt...". (S. 17): „Im Traume geht das Gedächtnis für den geordneten Inhalt des wachen Bewußtseins und dessen normales Verhalten so gut wie ganz verloren...". (S. 19): „Die fast erinnerungslose Abgeschiedenheit der Seele im Traum von dem regelmäßigen Inhalte und Verlaufe des wachen Lebens..."

Die überwiegende Mehrheit der Autoren hat aber für die Beziehung des Traumes zum Wachleben die entgegengesetzte Auffassung vertreten. So *Haffner* (S. 245): „Zunächst setzt der Traum das Wachleben fort. Unsere Träume schließen sich stets an die kurz zuvor im Bewußtsein gewesenen Vorstellungen an. Eine genaue Beobachtung wird beinahe immer einen Faden finden, in welchem der Traum an die Erlebnisse des vorhergehenden Tages anknüpfte." *Weygandt* (S. 6) widerspricht direkt der oben zitierten Behauptung *Burdachs*, „denn es läßt sich oft, anscheinend in der überwiegenden Mehrzahl der Träume beobachten, daß dieselben uns gerade ins gewöhnliche Leben zurückführen, statt uns davon zu befreien".

Maury (*Le sommeil et les rêves* S. 51) sagt in einer knappen Formel: „*nous rêvons de ce que nous avons vu, dit, désiré ou fait*"; *Jessen* in seiner 1855 erschienenen *Psychologie* (S. 530) etwas ausführlicher: „Mehr oder weniger wird der Inhalt der Träume stets bestimmt durch die individuelle Persönlichkeit, durch das Lebensalter, Geschlecht, Stand, Bildungsstufe, gewohnte Lebensweise und durch die Ereignisse und Erfahrungen des ganzen bisherigen Lebens."

Am unzweideutigsten nimmt zu dieser Frage der Philosoph *J. G. E. Maaß* (*Über die Leidenschaften,* 1805) Stellung: „Die Erfahrung bestätigt unsere Behauptung, daß wir am häufigsten von den Dingen träumen, auf welche unsere wärmsten Leidenschaften gerichtet sind. Hieraus sieht man, daß unsere Leidenschaften auf die Erzeugung unserer Träume Einfluß haben müssen. Der Ehrgeizige träumt von den (vielleicht nur in seiner Einbildung) errungenen oder noch zu erringenden Lorbeeren, indes der Verliebte sich in seinen Träumen mit dem Gegenstand seiner süßen Hoffnungen beschäftigt ... Alle sinnlichen Begierden und Verabscheuungen, die im Herzen schlummern, können, wenn sie durch irgendeinen Grund angeregt werden, bewirken, daß aus den mit ihnen vergesellschafteten Vorstellungen ein Traum entsteht oder daß sich diese Vorstellungen in einen bereits vorhandenen Traum einmischen." (Mitgeteilt von *Winterstein*, im Zbl. für Psychoanalyse 1912.)

Nicht anders dachten die Alten über die Abhängigkeit des Trauminhaltes vom Leben. Ich zitiere nach *Radestock* (S. 134): Als Xerxes vor seinem Zuge gegen Griechenland von diesem seinem Entschluß durch guten Rat abgelenkt, durch Träume aber immer wieder dazu angefeuert wurde, sagte schon der alte rationelle Traumdeuter der Perser, Artabanos, treffend zu ihm, daß die Traumbilder meist das enthielten, was der Mensch schon im Wachen denke.

Im Lehrgedicht des *Lucretius, De rerum natura,* findet sich (IV, 962) die Stelle:

> *„Et quo quisque fere studio devinctus adhaeret,*
> *aut quibus in rebus multum sumus ante morati*
> *atque in ea ratione fuit contenta magis mens,*
> *in somnis eadem plerumque videmur obire;*
> *causidici causas agere et componere leges,*
> *induperatores pugnare ac proelia obire, ... etc. etc.“**

Cicero (*De Divinatione* II) sagt ganz ähnlich, wie so viel später *Maury*: „*Maximeque reliquiae earum rerum moventur in anirnis et agitantur, de quibus vigilantes aut cogitavimus aut egimus.“***

Der Widerspruch dieser beiden Ansichten über die Beziehung von Traumleben und Wachleben scheint in der Tat unauflösbar. Es ist darum am Platze, der Darstellung von *F. W. Hildebrandt* (1875) zu gedenken, welcher meint, die Eigentümlichkeiten des Traums ließen sich überhaupt nicht anders beschreiben als durch eine „Reihe von Gegensätzen, welche scheinbar bis zu Widersprüchen sich zuspitzen". „Den ersten dieser Gegensätze bilden einerseits die strenge Abgeschiedenheit oder Abgeschlossenheit des Traumes von dem wirklichen und wahren Leben, und anderseits das stete Hinübergreifen des einen in das andere, die stete Abhängigkeit des einen von dem andern. – Der Traum ist etwas von der wachend erlebten Wirklichkeit durchaus Gesondertes, man möchte sagen, ein in sich selbst hermetisch abgeschlossenes Dasein, von dem wirklichen Leben getrennt durch eine unübersteigliche Kluft. Er macht uns von der Wirklichkeit los, löscht die normale Erinnerung an dieselbe in uns aus und stellt uns in eine andere Welt und in eine ganz andere Lebensgeschichte, die im Grunde nichts mit der wirklichen zu schaffen hat ..." *Hildebrandt* führt dann aus, wie mit dem Einschlafen unser ganzes Sein mit seinen Existenzformen „wie hinter einer unsichtbaren Falltür" verschwindet. Man macht dann etwa im Traum eine Seereise nach St. Helena, um dem dort gefangenen Napoleon etwas Vorzügliches in Moselweinen anzubieten. Man wird von dem Exkaiser aufs liebenswürdigste empfangen und bedauert fast, die interessante Illusion durch das Erwachen gestört zu sehen. Nun aber vergleicht man die Traumsituation mit der Wirklichkeit. Man war nie Weinhändler und hat's auch nie werden wollen.

---

* [„Welchem Geschäfte man nun im Geist am eifrigsten obliegt, / Oder wobei sich zuvor das Gemüt am meisten verweilt hat, / Sich der Verstand darauf mit strengerem Fleiße verwendet, / Ebendasselbe kommt gewöhnlich uns wieder im Traum vor. / Rechtsgelehrte verfassen Gesetz' und führen Prozesse; / Feldherrn ordnen das Heer und liefern blutige Schlachten ..." (Übers. v. Karl Ludwig von Knebel, 1831.)]

** [„... besonders aber wälzen und tummeln sich in den Seelen die Reste derjenigen Gegenstände umher, die wir wachend gedacht und getrieben haben." – *Von der Weissagung*, II. Buch. Übers v. G. H. Moser.]

Man hat nie eine Seereise gemacht und würde St. Helena am wenigsten zum Ziel einer solchen nehmen. Gegen Napoleon hegt man durchaus keine sympathische Gesinnung, sondern einen grimmigen patriotischen Haß. Und zu alledem war der Träumer überhaupt noch nicht unter den Lebenden, als Napoleon auf der Insel starb; eine persönliche Beziehung zu ihm zu knüpfen lag außerhalb des Bereiches der Möglichkeit. So erscheint das Traumerlebnis als etwas eingeschobenes Fremdes zwischen zwei vollkommen zueinander passenden und einander fortsetzenden Lebensabschnitten.

„Und dennoch", setzt *Hildebrandt* fort „ebenso wahr und richtig ist das scheinbare Gegenteil. Ich meine, mit dieser Abgeschlossenheit und Abgeschiedenheit geht doch die innigste *Beziehung* und Verbindung Hand in Hand. Wir dürfen geradezu sagen: Was der Traum auch irgend biete, er nimmt das Material dazu aus der Wirklichkeit und aus dem Geistesleben, welches an dieser Wirklichkeit sich abwickelt ... Wie wunderlich er's damit treibe, er kann doch eigentlich niemals von der realen Welt los, und seine sublimsten wie possenhaftesten Gebilde müssen immer ihren Grundstoff entlehnen von dem, was entweder in der Sinnenwelt uns vor Augen getreten ist oder in unserem wachen Gedankengange irgendwie bereits Platz gefunden hat, mit anderen Worten, von dem, was wir äußerlich oder innerlich bereits erlebt haben."

B
Das Traummaterial – Das Gedächtnis im Traum

Daß alles Material, das den Trauminhalt zusammensetzt, auf irgendeine Weise vom Erlebten abstammt, also im Traum reproduziert, erinnert wird, dies wenigstens darf uns als unbestrittene Erkenntnis gelten. Doch wäre es ein Irrtum anzunehmen, daß ein solcher Zusammenhang des Trauminhaltes mit dem Wachleben sich mühelos als augenfälliges Ergebnis der angestellten Vergleichung ergeben muß. Derselbe muß vielmehr aufmerksam gesucht werden und weiß sich in einer ganzen Reihe von Fällen für lange Zeit zu verbergen. Der Grund hiefür liegt in einer Anzahl von Eigentümlichkeiten, welche die Erinnerungsfähigkeit im Traume zeigt und die, obwohl allgemein bemerkt, sich doch bisher jeder Erklärung entzogen haben. Es wird der Mühe lohnen, diese Charaktere eingehend zu würdigen.

Es kommt zunächst vor, daß im Trauminhalt ein Material auftritt, welches man dann im Wachen nicht als zu seinem Wissen und Erleben gehörig anerkennt. Man erinnert wohl, daß man das Betreffende geträumt, aber erinnert nicht, daß und wann man es erlebt hat. Man bleibt dann im unklaren darüber, aus welcher Quelle der Traum geschöpft hat, und ist wohl versucht, an eine selbständig produzierende Tätigkeit des Traumes zu glauben, bis oft nach langer Zeit ein neues Erlebnis die verloren gegebene Erinnerung an das frühere Erlebnis wiederbringt und damit die Traumquelle aufdeckt. Man muß dann zugestehen, daß man im Traum etwas gewußt und erinnert hatte, was der Erinnerungsfähigkeit im Wachen entzogen war.[4]

Ein besonders eindrucksvolles Beispiel dieser Art erzählt *Delboeuf* aus seiner eigenen Traumerfahrung. Er sah im Traum den Hof seines Hauses mit Schnee bedeckt und fand zwei kleine Eidechsen halb erstarrt und unter dem Schnee begraben, die er als Tierfreund aufnahm, erwärmte und in die für sie bestimmte kleine Höhle im Gemäuer zurückbrachte. Außerdem steckte er ihnen einige Blätter von einem kleinen Farnkraut zu, das auf der Mauer wuchs und das sie, wie er wußte, sehr liebten. Im Traum kannte er den Namen der Pflanze: *Asplenium ruta muralis*. – Der Traum ging dann weiter, kehrte nach einer Einschaltung zu den Eidechsen zurück und zeigte *Delboeuf* zu seinem Erstaunen zwei neue Tierchen, die sich über die Reste des Farns hergemacht hatten. Dann wandte er den Blick aufs freie Feld, sah eine fünfte, eine sechste Eidechse den Weg zu dem Loch in der Mauer nehmen, und endlich war die ganze Straße bedeckt von einer Prozession von Eidechsen, die alle in derselben Richtung wanderten usw.

Delboeufs Wissen umfaßte im Wachen nur wenige lateinische Pflanzennamen und schloß die Kenntnis eines *Asplenium* nicht ein. Zu seinem großen Erstaunen mußte er sich überzeugen, daß ein Farn dieses Namens wirklich existiert. *Asplenium ruta muraria* war seine richtige Bezeichnung, die der Traum ein wenig entstellt hatte. An ein zufälliges Zusammentreffen konnte man wohl nicht denken; es blieb aber für *Delboeuf* rätselhaft, woher er im Traume die Kenntnis des Namens *Asplenium* genommen hatte.

Der Traum war im Jahre 1862 vorgefallen; sechzehn Jahre später erblickt der Philosoph bei einem seiner Freunde, den er besucht, ein kleines Album mit getrockneten Blumen, wie sie als Erinnerungsgaben in manchen Gegenden der Schweiz an die Fremden verkauft werden. Eine Erinnerung steigt in ihm auf, er öffnet das Herbarium, findet in demselben das *Asplenium* seines Traumes und erkennt seine eigene Handschrift in dem beigefügten lateinischen Namen. Nun ließ sich der Zusammenhang herstellen. Eine Schwester dieses Freundes hatte im Jahre 1860 – zwei Jahre vor dem Eidechsentraum – auf der Hochzeitsreise *Delboeuf* besucht. Sie hatte damals dieses für ihren Bruder bestimmte Album bei sich, und *Delboeuf* unterzog sich der Mühe, unter dem Diktat eines Botanikers zu jedem der getrockneten Pflänzchen den lateinischen Namen hinzuzuschreiben.

---

[4] Vaschide (1911) behauptet auch, es sei oft bemerkt worden, daß man im Traume fremde Sprachen geläufiger und reiner spreche als im Wachen.

Die Gunst des Zufalls, welche dieses Beispiel so sehr mitteilenswert macht, gestattete *Delboeuf*, noch ein anderes Stück aus dem Inhalt dieses Traums auf seine vergessene Quelle zurückzuführen. Eines Tages im Jahre 1877 fiel ihm ein alter Band einer illustrierten Zeitschrift in die Hände, in welcher er den ganzen Eidechsenzug abgebildet sah, wie er ihn 1862 geträumt hatte. Der Band trug die Jahreszahl 1861, und *Delboeuf* wußte sich zu erinnern, daß er von dem Erscheinen der Zeitschrift an zu ihren Abonnenten gehört hatte.

Daß der Traum über Erinnerungen verfügt, welche dem Wachen unzugänglich sind, ist eine so merkwürdige und theoretisch bedeutsame Tatsache, daß ich durch Mitteilung noch anderer „hypermnestischer" Träume die Aufmerksamkeit für sie verstärken möchte. *Maury* erzählt, daß ihm eine Zeitlang das Wort Mussidan bei Tag in den Sinn zu kommen pflegte. Er wußte, daß es der Name einer französischen Stadt sei, aber weiter nichts. Eines Nachts träumte ihm von einer Unterhaltung mit einer gewissen Person, die ihm sagte, sie käme aus Mussidan, und auf seine Frage, wo die Stadt liege, zur Antwort gab: Mussidan sei eine Kreisstadt im *Département de la Dordogne*. Erwacht, schenkte *Maury* der im Traume erhaltenen Auskunft keinen Glauben; das geographische Lexikon belehrte ihn aber, daß sie vollkommen richtig war. In diesem Falle ist das Mehrwissen des Traumes bestätigt, die vergessene Quelle dieses Wissens aber nicht aufgespürt worden.

Jessen erzählt (S. 551) ein ganz ähnliches Traumvorkommnis aus älteren Zeiten: „Dahin gehört u. a. der Traum des älteren Scaliger (*Hennings*, 1784, S. 300), welcher ein Gedicht zum Lobe der berühmten Männer in Verona schrieb und dem ein Mann, welcher sich Brugnolus nannte, im Traume erschien und sich beklagte, daß er vergessen sei. Obgleich Scaliger sich nicht erinnerte, je etwas von ihm gehört zu haben, so machte er doch Verse auf ihn, und sein Sohn erfuhr nachher in Verona, daß ehemals ein solcher Brugnolus als Kritiker daselbst berühmt gewesen sei."

Einen hypermnestischen Traum, welcher sich durch die besondere Eigentümlichkeit auszeichnet, daß sich in einem darauffolgenden Traum die Agnoszierung der zuerst nicht erkannten Erinnerung vollzieht, erzählt der *Marquis d'Hervey de St. Denis* (nach *Vaschide*, S. 232 f.): „Ich träumte einmal von einer jungen Frau mit goldblondem Haar, die ich mit meiner Schwester plaudern sah, während sie ihr eine Stickereiarbeit zeigte. Im Traume kam sie mir sehr bekannt vor, ich meinte sogar, sie zu wiederholten Malen gesehen zu haben. Nach dem Erwachen habe ich dieses Gesicht noch lebhaft vor mir, kann es aber absolut nicht erkennen. Ich schlafe nun wieder ein, das Traumbild wiederholt sich. In diesem neuen Traume spreche ich nun die blonde Dame an und frage sie, ob ich nicht schon das Vergnügen gehabt, sie irgendwo zu treffen. ‚Gewiß‘, antwortet die Dame, ‚erinnern Sie sich nur an das Seebad von Pornic.‘ Sofort wachte ich wieder auf und weiß mich nun mit aller Sicherheit an die Einzelheiten zu besinnen, mit denen dieses anmutige Traumgesicht verknüpft war."

Derselbe Autor (bei *Vaschide*, S. 233) berichtet: Ein ihm bekannter Musiker hörte einmal im Traum eine Melodie, die ihm völlig neu erschien. Erst mehrere Jahre später fand er dieselbe in einer alten Sammlung von Musikstücken aufgezeichnet, die vorher in der Hand gehabt zu haben er sich noch immer nicht erinnert.

An einer mir leider nicht zugänglichen Stelle (*Proceedings of the Society for Psychical Research*) soll *Myers* 1892 eine ganze Sammlung solcher hypermnestischer Träume veröffentlicht haben. Ich meine, jeder, der sich mit Träumen beschäftigt, wird es als ein sehr gewöhnliches Phänomen anerkennen müssen, daß der Traum Zeugnis für Kenntnisse und Erinnerungen ablegt, welche der Wachende nicht zu besitzen vermeint. In den psychoanalytischen Arbeiten mit Nervösen, von denen ich später berichten werde, komme ich jede Woche mehrmals in die Lage, den Patienten aus ihren Träumen zu beweisen, daß sie Zitate, obszöne Worte u. dgl. eigentlich sehr gut kennen und daß sie sich ihrer im Traume bedienen, obwohl sie sie im wachen Leben vergessen haben. Einen harmlosen Fall von Traumhypermnesie will ich hier noch mitteilen, weil sich bei ihm die Quelle, aus welcher die nur dem Traum zugängliche Kenntnis stammte, sehr leicht auffinden ließ.

Ein Patient träumte in einem längeren Zusammenhange, daß er sich in einem Kaffeehaus eine „*Kontuszówka*" geben lasse, fragte aber nach der Erzählung, was das wohl sei; er habe den Namen nie gehört. Ich konnte antworten, *Kontuszówka* sei ein polnischer Schnaps, den er im Traume nicht erfunden haben könne, da mir der Name von Plakaten her schon lange bekannt sei. Der Mann wollte mir zuerst keinen Glauben schenken. Einige Tage später, nachdem er seinen Traum im Kaffeehaus hatte zur Wirklichkeit werden lassen, bemerkte er den Namen auf einem Plakate, und zwar an einer Straßenecke, welche er seit Monaten wenigstens zweimal im Tage hatte passieren müssen.

Ich habe selbst an eigenen Träumen erfahren, wie sehr man mit der Aufdeckung der Herkunft einzelner Traumelemente vom Zufalle abhängig bleibt. So verfolgte mich durch Jahre vor der Abfassung dieses Buches das Bild eines sehr einfach gestalteten Kirchturmes, den gesehen zu haben ich mich nicht erinnern konnte. Ich erkannte ihn dann plötzlich, und zwar mit voller Sicherheit, auf einer kleinen Station zwischen Salzburg und Reichenhall. Es war in der zweiten Hälfte der neunziger Jahre, und ich hatte die Strecke im Jahre 1886 zum erstenmal befahren. In späteren Jahren, als ich mich bereits intensiv mit dem Studium der Träume beschäftigte, wurde das häufig wiederkehrende Traumbild einer gewissen merkwürdigen Lokalität mir geradezu lästig. Ich sah in bestimmter örtlicher Beziehung zu meiner Person, zu meiner Linken, einen dunklen Raum, aus dem mehrere groteske Sandsteinfiguren hervorleuchteten. Ein Schimmer von Erinnerung, dem ich nicht recht glauben wollte, sagte mir, es sei ein Eingang in einen Bierkeller; es gelang mir aber weder aufzuklären, was dieses Traumbild bedeuten wolle, noch woher es stamme. Im Jahre 1907 kam ich zufällig nach Padua, das ich zu meinem Bedauern seit 1895 nicht wieder hatte besuchen können. Mein erster Besuch in der schönen Universitätsstadt war unbefriedigend geblieben, ich hatte die Fresken Giottos in der Madonna dell'Arena nicht besichtigen können und machte mitten auf der dahin führenden Straße kehrt, als man mir mitteilte, das Kirchlein sei an diesem Tage gesperrt. Bei meinem zweiten Besuche, zwölf Jahre später, gedachte ich mich zu entschädigen und suchte vor allem den Weg zur Madonna dell' Arena auf. An der zu ihr führenden Straße, linker Hand von meiner Wegrichtung, wahrscheinlich an der Stelle, wo ich 1895 umgekehrt war, entdeckte ich die Lokalität, die ich so oft im Traume gesehen hatte, mit den in ihr enthaltenen Sandsteinfiguren. Es war in der Tat der Eingang in einen Restaurationsgarten.

Eine der Quellen, aus welcher der Traum Material zur Reproduktion bezieht, zum Teil solches, das in der Denktätigkeit des Wachens nicht erinnert und nicht verwendet wird, ist das Kindheitsleben. Ich werde nur einige der Autoren anführen, die dies bemerkt und betont haben: *Hildebrandt* (S. 23): „Ausdrücklich ist schon zugegeben worden, daß der Traum bisweilen mit wunderbarer Reproduktionskraft uns ganz abgelegene und selbst vergessene Vorgänge aus fernster Zeit treu vor die Seele zurückführt."

Strümpell (S. 40): „Die Sache steigert sich noch mehr, wenn man bemerkt, wie der Traum mitunter gleichsam aus den tiefsten und massenhaftesten Verschüttungen, welche die spätere Zeit auf die frühesten Jugenderlebnisse gelagert hat, die Bilder einzelner Lokalitäten, Dinge, Personen ganz unversehrt und mit ursprünglicher Frische wieder hervorzieht. Dies beschränkt sich nicht bloß auf solche Eindrücke, die bei ihrer Entstehung ein lebhaftes Bewußtsein gewonnen oder sich mit starken psychischen Werten verbunden haben und nun später im Traum als eigentliche Erinnerungen wiederkehren, an denen das erwachte Bewußtsein sich erfreut. Die Tiefe des Traumgedächtnisses umfaßt vielmehr auch solche Bilder von Personen, Dingen, Lokalitäten und Erlebnissen der frühesten Zeit, die entweder nur ein geringes Bewußtsein oder keinen psychischen Wert besaßen oder längst das eine wie das andere verloren hatten und deshalb auch sowohl im Traum wie nach dem Erwachen als gänzlich fremd und unbekannt erscheinen, bis ihr früher Ursprung entdeckt wird."

Volkelt (S.119): „Besonders bemerkenswert ist es, wie gern Kindheits- und Jugenderinnerungen in den Traum eingehen. Woran wir längst nicht mehr denken, was längst für uns alle Wichtigkeit verloren: der Traum mahnt uns daran unermüdlich."

Die Herrschaft des Traumes über das Kindheitsmaterial, welches bekanntlich zum größten Teil in die Lücken der bewußten Erinnerungsfähigkeit fällt, gibt Anlaß zur Entstehung von interessanten hypermnestischen Träumen, von denen ich wiederum einige Beispiele mitteilen will.

Maury erzählt (*Le sommeil*, S. 92), daß er von seiner Vaterstadt Meaux als Kind häufig nach dem nahe gelegenen Trilport gekommen war, wo sein Vater den Bau einer Brücke leitete. In einer Nacht versetzt ihn der Traum nach Trilport und läßt ihn wieder in den Straßen der Stadt spielen. Ein Mann nähert sich ihm, der eine Art Uniform trägt. *Maury* fragt ihn nach seinem Namen; er stellt sich vor, er heiße C ... und sei Brückenwächter. Nach dem Erwachen fragt der an der Wirklichkeit der Erinnerung noch zweifelnde *Maury* eine alte Dienerin, die seit der Kindheit bei ihm ist, ob sie sich an einen Mann dieses Namens erinnern kann. „Gewiß", lautet die Antwort, „er war der Wächter der Brücke, die Ihr Vater damals gebaut hat."

Ein ebenso schön bestätigtes Beispiel von der Sicherheit der im Traume auftretenden Kindheitserinnerung berichtet *Maury* von einem Herrn. F ..., der als Kind in Montbrison aufgewachsen war. Dieser Mann beschloß, fünfundzwanzig Jahre nach seinem Weggang, die Heimat und alte, seither nicht gesehene Freunde der Familie wieder zu besuchen. In der Nacht vor seiner Abreise träumt er, daß er am Ziele ist und in der Nähe von Montbrison einem ihm vom Ansehen unbekannten Herrn begegnet, der ihm sagt, er sei der Herr T., ein Freund seines Vaters. Der Träumer wußte, daß er einen Herrn dieses Namens als Kind gekannt hatte, erinnerte sich aber im Wachen nicht mehr an sein Aussehen. Einige Tage später nun wirklich in Montbrison angelangt, findet er die für unbekannt gehaltene Lokalität des Traumes wieder und begegnet einem Herrn, den er sofort als den T. des Traumes erkennt. Die wirkliche Person war nur stärker gealtert, als sie das Traumbild gezeigt hatte.

Ich kann hier einen eigenen Traum erzählen, in dem der zu erinnernde Eindruck durch eine Beziehung ersetzt ist. Ich sah in einem Traum eine Person, von der ich im Traum wußte, es sei der Arzt meines heimatlichen Ortes. Ihr Gesicht war nicht deutlich, sie vermengte sich aber mit der Vorstellung eines meiner Gymnasiallehrer, den ich noch heute gelegentlich treffe. Welche Beziehung die beiden Personen verknüpfe, konnte ich dann im Wachen nicht ausfindig machen. Als ich aber meine Mutter nach dem Arzt dieser meiner ersten Kinderjahre fragte, erfuhr ich, daß er einäugig gewesen war, und einäugig ist auch der Gymnasiallehrer, dessen Person die des Arztes im Traum gedeckt hatte. Es waren achtunddreißig Jahre her, daß ich den Arzt nicht mehr gesehen, und ich habe meines Wissens im wachen Leben niemals an ihn gedacht, obwohl eine Narbe am Kinn mich an seine Hilfeleistung hätte erinnern können.

Es klingt, als sollte ein Gegengewicht gegen die übergroße Rolle der Kindheitseindrücke im Traumleben geschaffen werden, wenn mehrere Autoren behaupten, in den meisten Träumen ließen sich Elemente aus den allerjüngsten Tagen nachweisen. *Robert* (S. 46) äußert sogar: Im allgemeinen beschäftigt sich der normale Traum nur mit den Eindrücken der letztvergangenen Tage. Wir werden allerdings erfahren, daß die von *Robert* aufgebaute Theorie des Traumes eine solche Zurückdrängung der ältesten und Vorschiebung der jüngsten Eindrücke gebieterisch fordert. Die Tatsache aber, der *Robert* Ausdruck gibt, besteht, wie ich nach eigenen Untersuchungen versichern kann, zu Recht. Ein amerikanischer Autor, *Nelson*, meint, am häufigsten fänden sich im Traum Eindrücke vom Tage vor dem Traumtag oder vom dritten Tag vorher verwertet, als ob die Eindrücke des dem Traum unmittelbar vorhergehenden Tages nicht abgeschwächt – nicht abgelegen – genug wären.

Es ist mehreren Autoren, die den intimen Zusammenhang des Trauminhaltes mit dem Wachleben nicht bezweifeln mochten, aufgefallen, daß Eindrücke, welche das wache Denken intensiv beschäftigen, erst dann im Traume auftreten, wenn sie von der Tagesgedankenarbeit einigermaßen zur Seite gedrängt worden sind. So träumt man in der Regel von einem lieben Toten nicht die erste Zeit, solange die Trauer den Überlebenden ganz ausfüllt (*Delage*). Indes hat eine der letzten Beobachterinnen, *Miß Hallam*, auch Beispiele vom gegenteiligen Verhalten gesammelt und vertritt für diesen Punkt das Recht der psychologischen Individualität.

Die dritte, merkwürdigste und unverständlichste Eigentümlichkeit des Gedächtnisses im Traum zeigt sich in der Auswahl des reproduzierten Materials, indem nicht wie im Wachen nur das Bedeutsamste, sondern im Gegenteil auch das Gleichgültigste, Unscheinbarste der Erinnerung wert gehalten wird. Ich lasse hierüber jene Autoren zu Worte kommen, welche ihrer Verwunderung den kräftigsten Ausdruck gegeben haben.

Hildebrandt (S. 11): „Denn das ist das Merkwürdige, daß der Traum seine Elemente in der Regel nicht aus den großen und tiefgreifenden Ereignissen, nicht aus den mächtigen und treibenden Interessen des vergangenen Tages, sondern aus den nebensächlichen Zugaben, sozusagen aus den wertlosen Brokken der jüngst verlebten oder weiter rückwärts liegenden Vergangenheit nimmt. Der erschütternde Todesfall in unserer Familie, unter dessen Eindrücken wir spät einschlafen, bleibt ausgelöscht aus unserem Gedächtnisse, bis ihn der erste wache Augenblick mit betrübender Gewalt in dasselbe zurückkehren läßt. Dagegen die Warze auf der Stirn eines Fremden, der uns begegnete und an den wir keinen Augenblick mehr dachten, nachdem wir an ihm vorübergegangen waren, die spielt eine Rolle in unserem Traume ...“

Strümpell (S. 39): „... solche Fälle, wo die Zerlegung eines Traumes Bestandteile desselben auffindet, die zwar aus den Erlebnissen des vorigen oder vorletzten Tages stammen, aber doch so unbedeutend und wertlos für das wache Bewußtsein waren, daß sie kurz nach dem Erleben der Vergessenheit anheimfielen. Dergleichen Erlebnisse sind etwa zufällig gehörte Äußerungen oder oberflächlich bemerkte Handlungen eines anderen, rasch vorübergegangene Wahrnehmungen von Dingen oder Personen, einzelne kleine Stücke aus einer Lektüre u. dgl."

Havelock Ellis (S. 727): *„The profound emotions of waking life, the questions and problems on which we spread our chief voluntary mental energy, are not those which usually present themselves at once to dream consciousness. It is, so far as the immediate past is concerned, mostly the trifling, the incidental, the forgotten impressions of daily life which reappear in our dreams. The psychic activities that are awake most intensely are those that sleep most profoundly."*

Binz (S. 44) nimmt gerade die in Rede stehenden Eigentümlichkeiten des Gedächtnisses im Traume zum Anlaß, seine Unbefriedigung mit den von ihm selbst unterstützten Erklärungen des Traumes auszusprechen: „Und der natürliche Traum stellt uns ähnliche Fragen. Warum träumen wir nicht immer die Gedächtniseindrücke der letztverlebten Tage, sondern tauchen oft ein, ohne irgend erkennbares Motiv, in weit hinter uns liegende, fast erloschene Vergangenheit? Warum empfängt im Traum das Bewußtsein so oft den Eindruck *gleichgültiger* Erinnerungsbilder, während die Gehirnzellen da, wo sie die reizbarsten Aufzeichnungen des Erlebten in sich tragen, meist stumm und starr liegen, es sei denn, daß eine akute Auffrischung während des Wachens sie kurz vorher erregt hatte?"

Man sieht leicht ein, wie die sonderbare Vorliebe des Traumgedächtnisses für das Gleichgültige und darum Unbeachtete an den Tageserlebnissen zumeist dazu führen mußte, die Abhängigkeit des Traumes vom Tagesleben überhaupt zu verkennen und dann wenigstens den Nachweis derselben in jedem einzelnen Falle zu erschweren. So war es möglich, daß Miß *Whiton Calkin*s bei der statistischen Bearbeitung ihrer (und ihres Gefährten) Träume doch elf Prozent der Anzahl übrig behielt, in denen eine Beziehung zum Tagesleben nicht ersichtlich war. Sicherlich hat *Hildebrandt* mit der Behauptung recht, daß sich alle Traumbilder uns genetisch erklären würden, wenn wir jedesmal Zeit und Sammlung genug darauf verwendeten, ihrer Herkunft nachzuspüren. Er nennt dies freilich „ein äußerst mühseliges und undankbares Geschäft. Denn es liefe ja meistens darauf hinaus, allerlei psychisch ganz wertlose Dinge in den abgelegensten Winkeln der Gedächtniskammer aufzustöbern, allerlei völlig indifferente Momente längst vergangener Zeit aus der Verschüttung, die ihnen vielleicht schon die nächste Stunde brachte, wieder zutage zu fördern". Ich muß aber doch bedauern, daß der scharfsinnige Autor sich von der Verfolgung des so unscheinbar beginnenden Weges abhalten ließ; er hätte ihn unmittelbar zum Zentrum der Traumerklärung geleitet.

Das Verhalten des Traumgedächtnisses ist sicherlich höchst bedeutsam für jede Theorie des Gedächtnisses überhaupt. Es lehrt, daß „Nichts, was wir geistig einmal besessen, ganz und gar verlorengehen kann" (*Scholz*, S. 34). Oder, wie *Delboeuf* es ausdrückt, *„que toute impression même la plus insignifiante, laisse une trace inaltérable, indéfiniment susceptible de reparaître au jour"*, ein Schluß, zu welchem so viele andere, pathologische Erscheinungen des Seelenlebens gleichfalls drängen. Man halte sich nun diese außerordentliche Leistungsfähigkeit des Gedächtnisses im Traum vor Augen, um den Widerspruch lebhaft zu empfinden, den gewisse später zu erwähnende Traumtheorien aufstellen müssen, welche die Absurdität und Inkohärenz der Träume durch ein partielles Vergessen des uns bei Tag Bekannten erklären wollen.

Man könnte etwa auf den Einfall geraten, das Phänomen des Träumens überhaupt auf das des Erinnerns zu reduzieren, im Traum die Äußerung einer auch nachts nicht rastenden Reproduktionstätigkeit sehen, die sich Selbstzweck ist. Mitteilungen wie die von *Pilcz* (1899) würden hierzu stimmen, denen zufolge feste Beziehungen zwischen der Zeit des Träumens und dem Inhalt der Träume nachweisbar sind in der Weise, daß im tiefen Schlaf Eindrücke aus den ältesten Zeiten, gegen Morgen aber rezente Eindrücke vom Traum reproduziert werden. Es wird aber eine solche Auffassung von vornherein unwahrscheinlich durch die Art, wie der Traum mit dem zu erinnernden Material verfährt. Strümpell macht mit Recht darauf aufmerksam, daß Wiederholungen von Erlebnissen im Traume nicht vorkommen. Der Traum macht wohl einen Ansatz dazu, aber das folgende Glied bleibt aus; es tritt verändert auf, oder an seiner Stelle erscheint ein ganz fremdes. Der Traum bringt nur Bruchstücke von Reproduktionen. Dies ist sicherlich so weit die Regel, daß es eine theoretische Verwertung gestattet. Indes kommen Ausnahmen vor, in denen ein Traum ein Erlebnis ebenso vollständig wiederholt, wie unsere Erinnerung im Wachen es vermag. *Delboeuf* erzählt von einem seiner Universitätskollegen, daß er im Traume eine gefährliche Wagenfahrt, bei welcher er einem Unfall nur wie durch ein Wunder entging, mit all ihren Einzelheiten wieder durchgemacht habe. Miß *Calkins* (1893) erwähnt zweier Träume, welche die genaue Reproduktion eines Erlebnisses vom Vortag zum Inhalt hatten, und ich selbst werde späterhin Anlaß nehmen, ein mir bekanntgewordenes Beispiel von unveränderter Traumwiederkehr eines Kindererlebnisses mitzuteilen.[5]

---

[5] Aus späterer Erfahrung füge ich hinzu, daß gar nicht so selten harmlose und unwichtige Beschäftigungen des Tages vom Traume wiederholt werden, etwa: Koffer packen, in der

C
Traumreize und Traumquellen

Was man unter Traumreizen und Traumquellen verstehen soll, das kann durch eine Berufung auf die Volksrede „Träume kommen vom Magen" verdeutlicht werden. Hinter der Aufstellung dieser Begriffe verbirgt sich eine Theorie, die den Traum als Folge einer Störung des Schlafes erfaßt. Man hätte nicht geträumt, wenn nicht irgendetwas Störendes im Schlaf sich geregt hätte, und der Traum ist die Reaktion auf diese Störung.

Die Erörterungen über die erregenden Ursachen der Träume nehmen in den Darstellungen der Autoren den breitesten Raum ein. Daß das Problem sich erst ergeben konnte, seitdem der Traum ein Gegenstand der biologischen Forschung geworden war, ist selbstverständlich. Die Alten, denen der Traum als göttliche Sendung galt, brauchten nach einer Reizquelle für ihn nicht zu suchen; aus dem Willen der göttlichen oder dämonischen Macht erfloß der Traum, aus deren Wissen oder Absicht sein Inhalt. Für die Wissenschaft erhob sich alsbald die Frage, ob der Anreiz zum Träumen stets der nämliche sei oder ein vielfacher sein könne, und damit die Erwägung, ob die ursächliche Erklärung des Traumes der Psychologie oder vielmehr der Physiologie anheimfalle. Die meisten Autoren scheinen anzunehmen, daß die Ursachen der Schlafstörung, also die Quellen des Träumens, mannigfaltiger Art sein können und daß Leibreize ebenso wie seelische Erregungen zur Rolle von Traumerregern gelangen. In der Bevorzugung der einen oder der anderen unter den Traumquellen, in der Herstellung einer Rangordnung unter ihnen je nach ihrer Bedeutsamkeit für die Entstehung des Traumes gehen die Ansichten weit auseinander.

Wo die Aufzählung der Traumquellen vollständig ist, da ergeben sich schließlich vier Arten derselben, die auch zur Einteilung der Träume verwendet worden sind: *1) Äußere (objektive) Sinneserregung. 2) Innere (subjektive) Sinneserregung. 3) Innerer (organischer) Leibreiz. 4) Rein psychische Reizquellen.*

Ad 1) Die äußeren Sinnesreize

Der jüngere Strümpell, der Sohn des Philosophen, dessen Werk über den Traum uns bereits mehrmals als Wegweiser in die Traumprobleme diente, hat bekannt-

---

Küche Speisen zubereiten u. dgl. Bei solchen Träumen betont der Träumer selbst aber nicht den Charakter der Erinnerung, sondern den der „Wirklichkeit". „Ich habe das alles am Tage wirklich getan."

lich die Beobachtung eines Kranken mitgeteilt, der mit allgemeiner Anästhesie der Körperdecken und Lähmung mehrerer der höheren Sinnesorgane behaftet war. Wenn man bei diesem Manne die wenigen noch offenen Sinnespforten von der Außenwelt abschloß, verfiel er in Schlaf. Wenn wir einschlafen wollen, pflegen wir alle eine Situation anzustreben, die jener im Strümpellschen Experimente ähnlich ist. Wir verschließen die wichtigsten Sinnespforten, die Augen, und suchen von den anderen Sinnen jeden Reiz oder jede Veränderung der auf sie wirkenden Reize abzuhalten. Wir schlafen dann ein, obwohl uns unser Vorhaben nie völlig gelingt. Wir können weder die Reize vollständig von den Sinnesorganen fernhalten noch die Erregbarkeit unserer Sinnesorgane völlig aufheben. Daß wir durch stärkere Reize jederzeit zu erwecken sind, darf uns beweisen, „daß die Seele auch im Schlaf in fortdauernder Verbindung mit der außerleiblichen Welt" geblieben ist. Die Sinnesreize, die uns während des Schlafes zukommen, können sehr wohl zu Traumquellen werden.

Von solchen Reizen gibt es nun eine große Reihe, von den unvermeidlichen an, die der Schlafzustand mit sich bringt oder nur gelegentlich zulassen muß, bis zum zufälligen Weckreiz, welcher geeignet oder dazu bestimmt ist, dem Schlafe ein Ende zu machen. Es kann stärkeres Licht in die Augen dringen, ein Geräusch sich vernehmbar machen, ein riechender Stoff die Nasenschleimhaut erregen. Wir können im Schlaf durch ungewollte Bewegungen einzelne Körperteile entblößen und so der Abkühlungsempfindung aussetzen oder durch Lageveränderung uns selbst Druck- und Berührungsempfindungen erzeugen. Es kann uns eine Fliege stechen, oder ein kleiner nächtlicher Unfall kann mehrere Sinne zugleich bestürmen. Die Aufmerksamkeit der Beobachter hat eine ganze Reihe von Träumen gesammelt, in welchen der beim Erwachen konstatierte Reiz und ein Stück des Trauminhalts so weit übereinstimmten, daß der Reiz als Traumquelle erkannt werden konnte.

Eine Sammlung solcher auf objektive – mehr oder minder akzidentelle – Sinnesreizung zurückgehender Träume führe ich hier nach *Jessen* (S. 527) an:

„Jedes undeutlich wahrgenommene Geräusch erweckt entsprechende Traumbilder, das Rollen des Donners versetzt uns mitten in eine Schlacht, das Krähen eines Hahns kann sich in das Angstgeschrei eines Menschen verwandeln, das Knarren einer Tür Träume von räuberischen Einbrüchen hervorrufen."

„Wenn wir des Nachts unsere Bettdecke verlieren, so träumen wir vielleicht, daß wir nackt umhergehen oder daß wir ins Wasser gefallen sind. Wenn wir schräg im Bett liegen und die Füße über den Rand desselben herauskommen, so träumt uns vielleicht, daß wir am Rande eines schrecklichen Abgrundes stehen oder daß wir von einer steilen Höhe hinabstürzen. Kommt unser Kopf zufällig unter das Kopfkissen, so hängt ein großer Felsen über uns und steht im Begriff, uns unter seiner Last zu begraben. Anhäufungen des Samens erzeugen wollü-stige Träume, örtliche Schmerzen die Idee erlittener Mißhandlungen, feindlicher Angriffe oder geschehender Körperverletzungen..."

„Meier (*Versuch einer Erklärung des Nachtwandelns*. Halle 1758, S. 33) träumte einmal, daß er von einigen Personen überfallen würde, welche ihn der Länge nach auf den Rücken auf die Erde hinlegten und ihm zwischen die große und die nächste Zehe einen Pfahl in die Erde schlugen. Indem er sich dies im Traum vorstellte, erwachte er und fühlte, daß ihm ein Strohhalm zwischen den Zehen stecke. Demselben soll nach Hennings (*Von den Träumen und Nachtwandlern*. Weimar 1784, S. 258) ein anderes Mal, als er sein Hemd am Halse etwas fest zusammengesteckt hatte, geträumt haben, daß er gehenkt würde. Hoffbauer träumte in seiner Jugend von einer hohen Mauer hinabzufallen und bemerkte beim Erwachen, daß die Bettstelle auseinandergegangen und daß er wirklich gefallen war ... Gregory berichtet, er habe einmal beim Zubettegehen eine Flasche mit heißem Wasser an die Füße gelegt und darauf im Traum eine Reise auf die Spitze des Ätna gemacht, wo er die Hitze des Erdbodens fast unerträglich gefunden. Ein anderer träumte nach einem auf den Kopf gelegten Blasenpflaster, daß er von einem Haufen von Indianern skalpiert werde; ein dritter, der in einem feuchten Hemde schlief, glaubte durch einen Strom gezogen zu werden. Ein im Schlaf eintretender Anfall von Podagra ließ einen Kranken glauben, er sei in den Händen der Inquisition und erdulde die Qualen der Folter (Macnish)."

Das auf die Ähnlichkeit zwischen Reiz und Trauminhalt gegründete Argument läßt eine Verstärkung zu, wenn es gelingt, bei einem Schlafenden durch planmäßige Anbringung von Sinnesreizen dem Reiz entsprechende Träume zu erzeugen. Solche Versuche hat nach *Macnish* schon Girou de Buzareingues angestellt. „Er ließ seine Knie unbedeckt und träumte, daß er in der Nacht auf einem Postwagen reise. Er bemerkt dabei, daß Reisende wohl wissen würden, wie in einer Kutsche die Knie des Nachts kalt würden. Ein anderes Mal ließ er den Kopf hinten unbedeckt und träumte, daß er einer religiösen Zeremonie in freier Luft beiwohne. Es war nämlich in dem Lande, in welchem er lebte, Sitte, den Kopf stets bedeckt zu tragen, ausgenommen bei solchen Veranlassungen wie die eben genannte."

Maury teilt neue Beobachtungen von an ihm selbst erzeugten Träumen mit. (Eine Reihe anderer Versuche brachte keinen Erfolg.)

1) Er wird an Lippen und Nasenspitze mit einer Feder gekitzelt. – Träumt von einer schrecklichen Tortur; eine Pechlarve wird ihm aufs Gesicht gelegt, dann weggerissen, so daß die Haut mitgeht.

2) Man wetzt eine Schere an einer Pinzette. – Er hört Glocken läuten, dann Sturmläuten und ist in die Junitage des Jahres 1848 versetzt.

3) Man läßt ihn Kölnerwasser riechen. – Er ist in Kairo im Laden von Johann Maria Farina. Daran schließen sich tolle Abenteuer, die er nicht reproduzieren kann.

4) Man kneipt ihn leicht in den Nacken. – Er träumt, daß man ihm ein Blasenpflaster auflegt und denkt an einen Arzt, der ihn als Kind behandelt hat.

5) Man nähert ein heißes Eisen seinem Gesicht. Er träumt von den „Heizern"[6], die sich ins Haus eingeschlichen haben und die Bewohner zwingen, ihr Geld herauszugeben, indem sie ihnen die Füße ins Kohlenbecken stecken. Dann tritt die Herzogin von Abrantes auf, deren Sekretär er im Traume ist.

6) Man gießt ihm einen Tropfen Wasser auf die Stirne. – Er ist in Italien, schwitzt heftig und trinkt den weißen Wein von Orvieto.

7) Man läßt wiederholt durch ein rotes Papier das Licht einer Kerze auf ihn fallen. – Er träumt vom Wetter, von Hitze und befindet sich wieder in einem Seesturm, den er einmal auf dem Kanal La Manche mitgemacht.

Andere Versuche, Träume experimentell zu erzeugen, rühren von *d'Hervey*, *Weygandt* (1893) u. a. her. Von mehreren Seiten ist die „auffällige Fertigkeit des Traumes bemerkt worden, plötzliche Eindrücke aus der Sinneswelt dergestalt in seine Gebilde zu verweben, daß sie in diesen eine allmählich schon vorbereitete und eingeleitete Katastrophe bilden" (*Hildebrandt*). „In jüngeren Jahren", erzählt dieser Autor, „bediente ich mich zuzeiten, um regelmäßig in bestimmter Morgenstunde aufzustehen, des bekannten, meist an Uhrwerken angebrachten Weckers. Wohl zu hundertmalen ist mirs begegnet, daß der Ton dieses Instrumentes in einen vermeintlich sehr langen und zusammenhängenden Traum dergestalt hineinpaßte, als ob dieser ganze Traum eben nur auf ihn angelegt sei und in ihm seine eigentliche logisch unentbehrliche Pointe, sein natürlich gewiesenes Endziel fände." Ich werde drei dieser Weckerträume noch in anderer Absicht zitieren.

Volkelt (S. 108 f.) erzählt: „Einem Komponisten träumte einmal, er halte Schule und wolle eben seinen Schülern etwas klarmachen. Schon ist er damit fertig und wendet sich an einen der Knaben mit der Frage: ‚*Hast du mich verstanden?*' Dieser schreit wie ein Besessener: ‚*Oh ja.*' Ungehalten hierüber verweist er ihm das Schreien. Doch schon schreit die ganze Klasse: ‚*Orja.*' Hierauf: ‚*Eurjo.*' Und endlich: ‚*Feuerjo!*' Und nun erwacht er von wirklichem Feuerjogeschrei auf der Straße."

Garnier (*Traité des facultés de l'âme,* 1865) bei *Radestock* berichtet, daß Napoleon I. durch die Explosion der Höllenmaschine aus einem Traum geweckt wurde, den er im Wagen schlafend hatte und der ihn den Übergang über den Taglia-

---

[6]   *Chauffeurs* hießen Banden von Räubern in der Vendée, die sich dieser Tortur bedienten.

mento und die Kanonade der Österreicher wieder erleben ließ, bis er mit dem Ausruf aufschreckte: „Wir sind unterminiert."

Zur Berühmtheit gelangt ist ein Traum, den *Maury* erlebt hat (*Le sommeil*. S. 161). Er war leidend und lag in seinem Zimmer zu Bett; seine Mutter saß neben ihm. Er träumte nun von der Schreckensherrschaft zur Zeit der Revolution, machte greuliche Mordszenen mit und wurde dann endlich selbst vor den Gerichtshof zitiert. Dort sah er Robespierre, Marat, Fouquier-Tinville und alle die traurigen Helden jener gräßlichen Epoche, stand ihnen Rede, wurde nach allerlei Zwischenfällen, die sich in seiner Erinnerung nicht fixierten, verurteilt und dann, von einer unübersehbaren Menge begleitet, auf den Richtplatz geführt. Er steigt aufs Schafott, der Scharfrichter bindet ihn aufs Brett; es kippt um; das Messer der Guillotine fällt herab; er fühlt, wie sein Haupt vom Rumpf getrennt wird, wacht in der entsetzlichsten Angst auf – und findet, daß der Bettaufsatz herabgefallen war und seine Halswirbel, wirklich ähnlich wie das Messer der Guillotine, getroffen hatte.

An diesen Traum knüpft sich eine interessante, von *Le Lorrain* (1894) und *Egger* (1895) in der *Revue philosophique* eingeleitete Diskussion, ob und wie es dem Träumer möglich werde, in dem kurzen Zeitraum, der zwischen der Wahrnehmung des Weckreizes und dem Erwachen verstreicht, eine anscheinend so überaus reiche Fülle von Trauminhalt zusammenzudrängen.

Beispiele dieser Art lassen die objektiven Sinnesreizungen während des Schlafes als die am besten sichergestellte unter den Traumquellen erscheinen. Sie ist es auch, die in der Kenntnis des Laien einzig und allein eine Rolle spielt. Fragt man einen Gebildeten, der sonst der Traumliteratur fremd geblieben ist, wie die Träume zustande kommen, so wird er zweifellos mit der Berufung auf einen ihm bekanntgewordenen Fall antworten, in dem ein Traum durch einen nach dem Erwachen erkannten objektiven Sinnesreiz aufgeklärt wurde. Die wissenschaftliche Betrachtung kann dabei nicht haltmachen; sie schöpft den Anlaß zu weiteren Fragen aus der Beobachtung, daß der während des Schlafes auf die Sinne einwirkende Reiz im Traume ja nicht in seiner wirklichen Gestalt auftritt, sondern durch irgendeine andere Vorstellung vertreten wird, die in irgendwelcher Beziehung zu ihm steht. Die Beziehung aber, die den Traumreiz und den Traumerfolg verbindet, ist nach den Worten Maurys *„une affinité quelconque, mais qui n'est pas unique et exclusive"* (*Analogies*, 1853, 72). Man höre z. B. drei der Weckerträume *Hildebrandts*; man wird sich dann die Frage vorzulegen haben, warum derselbe Reiz so verschiedene und warum er gerade diese Traumerfolge hervorrief:

„Also ich gehe an einem Frühlingsmorgen spazieren und schlendre durch die grünenden Felder weiter bis zu einem benachbarten Dorfe, dort sehe ich die

Bewohner in Feierkleidern, das Gesangbuch unter dem Arm, zahlreich der Kirche zuwandern. Richtig! Es ist ja Sonntag und der Frühgottesdienst wird bald beginnen. Ich beschließe, an diesem teilzunehmen, zuvor aber, weil ich etwas echauffiert bin, auf dem die Kirche umgebenden Friedhofe mich abzukühlen. Während ich hier verschiedene Grabschriften lese, höre ich den Glöckner den Turm hinansteigen und sehe nun in der Höhe des letzteren die kleine Dorfglocke, die das Zeichen zum Beginn der Andacht geben wird. Noch eine ganze Weile hängt sie bewegungslos da, dann fängt sie an zu schwingen – und plötzlich ertönen ihre Schläge hell und durchdringend – so hell und durchdringend, daß sie meinem Schlaf ein Ende machen. Die Glockentöne aber kommen von dem Wecker."

„Eine zweite Kombination. Es ist heller Wintertag; die Straßen sind hoch mit Schnee bedeckt. Ich habe meine Teilnahme an einer Schlittenfahrt zugesagt, muß aber lange warten, bis die Meldung erfolgt, der Schlitten stehe vor der Tür. Jetzt erfolgen die Vorbereitungen zum Einsteigen – der Pelz wird angelegt, der Fußsack hervorgeholt – und endlich sitze ich auf meinem Platze. Aber noch verzögert sich die Abfahrt, bis die Zügel den harrenden Rossen das fühlbare Zeichen geben. Nun ziehen diese an; die kräftig geschüttelten Schellen beginnen ihre wohlbekannte Janitscharenmusik mit einer Mächtigkeit, die augenblicklich das Spinngewebe des Traumes zerreißt. Wieder ist's nichts anderes als der schrille Ton der Weckerglocke."

„Noch das dritte Beispiel! Ich sehe ein Küchenmädchen mit einigen Dutzend aufgetürmter Teller den Korridor entlang zum Speisezimmer schreiten. Die Porzellansäule in ihren Armen scheint mir in Gefahr das Gleichgewicht zu verlieren. Nimm dich in acht, warne ich, die ganze Ladung wird zur Erde fallen. Natürlich bleibt der obligate Widerspruch nicht aus: man sei dergleichen schon gewohnt usw., während dessen ich noch immer mit Blicken der Besorgnis die Wandelnde begleite. Richtig, an der Türschwelle erfolgt ein Straucheln, – das zerbrechliche Geschirr fällt und rasselt und prasselt in hundert Scherben auf dem Fußboden umher. Aber – das endlos sich fortsetzende Getön ist doch, wie ich bald merke, kein eigentliches Rasseln, sondern ein richtiges Klingeln – und mit diesem Klingeln hat, wie nunmehr der Erwachende erkennt, nur der Wecker seine Schuldigkeit getan."

Die Frage, warum die Seele im Traum die Natur des objektiven Sinnesreizes verkenne, ist von *Strümpell* – und fast ebenso von *Wundt* – dahin beantwortet worden, daß sie sich gegen solche im Schlaf angreifende Reize unter den Bedingungen der Illusionsbildung befindet. Ein Sinneseindruck wird von uns *erkannt*, *richtig gedeutet*, d. h. unter die Erinnerungsgruppe eingereiht, in die er nach allen vorausgegangenen Erfahrungen gehört, wenn der Eindruck stark, deutlich, dauerhaft genug ist und wenn uns die für diese Überlegung erforderliche Zeit zu Gebote steht. Sind diese Bedingungen nicht erfüllt, so verkennen wir das Objekt, von dem der Eindruck herrührt; wir bilden auf Grund desselben eine Illusion. „Wenn jemand auf freiem Felde spazierengeht und einen entfernten Gegenstand undeutlich wahrnimmt, kann es kommen, daß er denselben zuerst für ein Pferd hält." Bei näherem Zusehen kann die Deutung einer ruhenden Kuh sich aufdrängen, und endlich kann sich die Vorstellung mit Bestimmtheit in die einer Gruppe von sitzenden Menschen auflösen. Ähnlich unbestimmter Natur sind nun die Eindrücke, welche die Seele im Schlafe durch äußere Reize empfängt; sie bildet auf Grund derselben Illusionen, indem durch den Eindruck eine größere oder kleinere Anzahl von Erinnerungsbildern wachgerufen wird, durch welche der Eindruck seinen psychischen Wert bekommt. Aus welchem der vielen in Betracht kommenden Erinnerungskreise die zugehörigen Bilder geweckt werden und welche der möglichen Assoziationsbeziehungen dabei in Kraft treten, dies bleibt auch nach Strümpell unbestimmbar und gleichsam der Willkür des Seelenlebens überlassen.

Wir stehen hier vor einer Wahl. Wir können zugeben, daß die Gesetzmäßigkeit in der Traumbildung wirklich nicht weiter zu verfolgen ist, und somit verzichten zu fragen, ob die Deutung der durch den Sinneseindruck hervorgerufenen Illusion nicht noch anderen Bedingungen unterliegt. Oder wir können auf die Vermutung geraten, daß die im Schlaf angreifende objektive Sinnesreizung als Traumquelle nur eine bescheidene Rolle spielt und daß andere Momente die Auswahl der wachzurufenden Erinnerungsbilder determinieren. In der Tat, wenn man die experimentell erzeugten Träume *Maurys* prüft, die ich in dieser Absicht so ausführlich mitgeteilt habe, so ist man versucht zu sagen, der angestellte Versuch deckt eigentlich nur eines der Traumelemente nach seiner Herkunft, und der übrige Trauminhalt erscheint vielmehr zu selbständig, zu sehr im einzelnen bestimmt, als daß er durch die eine Anforderung, er müsse sich mit dem experimentell eingeführten Element vertragen, aufgeklärt werden könnte. Ja man beginnt selbst an der Illusionstheorie und an der Macht des objektiven Eindrucks, den Traum zu gestalten, zu zweifeln, wenn man erfährt, daß dieser Eindruck gelegentlich die allersonderbarste und entlegenste Deutung im Traume erfährt. So erzählt z. B. *Simon* (1888) einen Traum, in dem er riesenhafte Personen bei Tische sitzen sah und deutlich das furchtbare Geklapper hörte, das ihre aufeinanderschlagenden Kiefer beim Kauen erzeugten. Als er erwachte, hörte er den Hufschlag eines vor seinem Fenster vorbeigaloppierenden Pferdes. Wenn hier der Lärm der Pferdehufe gerade Vorstellungen aus dem Erinnerungskreis von *Gullivers Reisen*, Aufenthalt bei den Riesen von Brobdingnag und bei den tugendhaften Pferdewesen wachgerufen hat – wie ich ohne alle Unterstützung von Seite des Autors etwa deuten möchte –, sollte die Auswahl dieses für den Reiz so ungewöhnlichen Erinnerungskreises nicht außerdem durch andere Motive erleichtert gewesen sein?[7]

Ad 2) Innere (subjektive) Sinneserregung

Allen Einwendungen zum Trotz wird man zugeben müssen, daß die Rolle objektiver Sinneserregungen während des Schlafs als Traumerreger unbestritten feststeht, und wenn diese Reize ihrer Natur und Häufigkeit nach vielleicht unzureichend erscheinen, um alle Traumbilder zu erklären, so wird darauf hingewiesen, nach anderen, aber ihnen analog wirkenden Traumquellen zu suchen. Ich weiß nun nicht, wo zuerst der Gedanke aufgetaucht ist, neben den äußeren Sinnesreizen die inneren (subjektiven) Erregungen in den Sinnesorganen in Anspruch zu nehmen; es ist aber Tatsache, daß dies in allen neueren Darstellungen der Traumätiologie mehr oder minder nachdrücklich geschieht. „Eine wesentliche Rolle spielen ferner, wie ich glaube", sagt *Wundt*, „bei den Traumillusionen jene subjektiven Gesichts- und Gehörsempfindungen, die uns aus dem wachen Zustande als Lichtchaos des dunkeln Gesichtsfeldes, als Ohrenklingen, Ohrensausen usw. bekannt sind, unter ihnen namentlich die subjektiven Netzhauterregungen. So erklärt sich die merkwürdige Neigung des Traumes, ähnliche oder ganz übereinstimmende Objekte in der Mehrzahl dem Auge vorzuzaubern. Zahllose Vögel, Schmetterlinge, Fische, bunte Perlen, Blumen u. dgl. sehen wir vor uns ausgebreitet. Hier hat der Lichtstaub des dunkeln Gesichtsfeldes phantastische Gestalt angenommen, und die zahlreichen Lichtpunkte, aus denen derselbe besteht, werden von dem Traum in ebenso vielen Einzelbildern verkörpert, die wegen der Beweglichkeit des Lichtchaos als *bewegte* Gegenstände angeschaut werden. – Hierin wurzelt wohl auch die große Neigung des Traumes zu den mannigfachsten Tiergestalten, deren Formenreichtum sich der besonderen Form der subjektiven Lichtbilder leicht anschmiegt."

Die subjektiven Sinneserregungen haben als Quelle der Traumbilder offenbar den Vorzug, daß sie nicht wie die objektiven vom äußeren Zufall abhängig sind. Sie stehen sozusagen der Erklärung zu Gebote, sooft diese ihrer bedarf. Sie

---

[7] Riesenhafte Personen im Traume lassen annehmen, daß es sich um eine Szene aus der Kindheit des Träumers handelt. Die obige Deutung auf eine Reminiszenz aus *Gullivers Reisen* ist übrigens ein gutes Beispiel dafür, wie eine Deutung nicht sein soll. Der Traumdeuter soll nicht seinen eigenen Witz spielen lassen und die Anlehnung an die Einfälle des Träumers hintansetzen.

stehen aber hinter den objektiven Sinnesreizen darin zurück, daß sie jener Bestätigung ihrer Rolle als Traumerreger, welche Beobachtung und Experiment bei den letzteren ergeben, nur schwer oder gar nicht zugänglich sind. Den Haupterweis für die traumerregende Macht subjektiver Sinneserregungen erbringen die sogenannten hypnagogischen Halluzinationen, die von *Joh. Müller* als „phantastische Gesichtserscheinungen" beschrieben worden sind. Es sind dies oft sehr lebhafte, wechselvolle Bilder, die sich in der Periode des Einschlafens, bei vielen Menschen ganz regelmäßig, einzustellen pflegen und auch nach dem Öffnen der Augen eine Weile bestehen bleiben können. *Maury*, der ihnen im hohen Grade unterworfen war, hat ihnen eine eingehende Würdigung zugewendet und ihren Zusammenhang, ja vielmehr ihre Identität mit den Traumbildern (wie übrigens schon Joh. Müller) behauptet. Für ihre Entstehung, sagt *Maury*, ist eine gewisse seelische Passivität, ein Nachlaß der Aufmerksamkeitsspannung erforderlich (S. 59 f.). Es genügt aber, daß man auf eine Sekunde in solche Lethargie verfalle, um bei sonstiger Disposition eine hypnagogische Halluzination zu sehen, nach der man vielleicht wieder aufwacht, bis das sich mehrmals wiederholende Spiel mit dem Einschlafen endigt. Erwacht man dann nach nicht zu langer Zeit, so gelingt es nach *Maury* häufig, im Traum dieselben Bilder nachzuweisen, die einem als hypnagogische Halluzinationen vor dem Einschlafen vorgeschwebt haben (S. 134 f.). So erging es *Maury* einmal mit einer Reihe von grotesken Gestalten mit verzerrten Mienen und sonderbaren Frisuren, die ihn mit unglaublicher Aufdringlichkeit in der Periode des Einschlafens belästigten und von denen er nach dem Erwachen sich erinnerte geträumt zu haben. Ein andermal, als er gerade an Hungergefühl litt, weil er sich schmale Diät auferlegt hatte, sah er hypnagogisch eine Schüssel und eine mit einer Gabel bewaffnete Hand, die sich etwas von der Speise in der Schüssel holte. Im Traume befand er sich an einer reichgedeckten Tafel und hörte das Geräusch, das die Speisenden mit ihren Gabeln machten. Ein andermal, als er mit gereizten und schmerzenden Augen einschlief, hatte er die hypnagogische Halluzination von mikroskopisch kleinen Zeichen, die er mit großer Anstrengung einzeln entziffern mußte; nach einer Stunde aus dem Schlafe geweckt, erinnerte er sich an einen Traum, in dem ein aufgeschlagenes Buch, mit sehr kleinen Lettern gedruckt, vorkam, welches er mühselig hatte durchlesen müssen.

Ganz ähnlich wie diese Bilder können auch Gehörshalluzinationen von Worten, Namen usw. hypnagogisch auftreten und dann im Traum sich wiederholen, als Ouvertüre gleichsam, welche die Leitmotive der mit ihr beginnenden Oper ankündigt.

Auf den nämlichen Wegen wie *Joh. Müller* und *Maury* wandelt ein neuerer Beobachter der hypnagogischen Halluzinationen, *G. Trumbull Ladd*. Er brachte es durch Übung dahin, daß er sich zwei bis fünf Minuten nach dem allmählichen Einschlafen jäh aus dem Schlaf reißen konnte, ohne die Augen zu öffnen, und hatte dann die Gelegenheit, die eben entschwindenden Netzhautempfindungen mit den in der Erinnerung überlebenden Traumbildern zu vergleichen. Er versichert, daß sich jedesmal eine innige Beziehung zwischen beiden erkennen ließ in der Weise, daß die leuchtenden Punkte und Linien des Eigenlichts der Netzhaut gleichsam die Umrißzeichnung, das Schema für die psychisch wahrgenommenen Traumgestalten brachten. Einem Traum z. B., in welchem er deutlich gedruckte Zeilen vor sich sah, die er las und studierte, entsprach eine Anordnung der leuchtenden Punkte in der Netzhaut in parallelen Linien. Um es mit seinen Worten zu sagen: Die klar bedruckte Seite, die er im Traum gelesen, löste sich in ein Objekt auf, das seiner wachen Wahrnehmung erschien wie ein Stück eines reellen bedruckten Blattes, das man aus allzu großer Entfernung, um etwas deutlich auszunehmen, durch ein Löchelchen in einem Stück Papier ansieht. Ladd meint, ohne übrigens den zentralen Anteil des Phänomens zu unterschätzen, daß kaum ein visueller Traum in uns abläuft, der sich nicht an das Material der inneren Erregungszustände der Netzhaut anlehnte. Besonders gilt dies für die Träume kurz nach dem Einschlafen im dunkeln Zimmer, während für die Träume am Morgen nahe dem Erwachen das objektive, im erhellten Zimmer ins Auge dringende Licht die Reizquelle abgebe. Der wechselvolle, unendlich abänderungsfähige Charakter der Eigenlichterregung entspricht genau der unruhigen Bilderflucht, die unsere Träume uns vorführen. Wenn man den Beobachtungen von *Ladd* Bedeutung beimißt, wird man die Ergiebigkeit dieser subjektiven Reizquelle für den Traum nicht gering anschlagen können, denn Gesichtsbilder machen bekanntlich den Hauptbestandteil unserer Träume aus. Der Beitrag von anderen Sinnesgebieten bis auf den des Gehörs ist geringfügiger und inkonstant.

Ad 3) Innerer, organischer Leibreiz

Wenn wir auf dem Wege sind, die Traumquellen nicht außerhalb, sondern innerhalb des Organismus zu suchen, so müssen wir uns daran erinnern, daß fast alle unsere inneren Organe, die im Zustande der Gesundheit uns kaum Kunde von ihrem Bestand geben, in Zuständen von Reizung – die wir so heißen – oder in Krankheiten eine Quelle von meist peinlichen Empfindungen für uns werden, welche den Erregern der von außen anlangenden Schmerz- und Empfindungsreize gleichgestellt werden muß. Es sind sehr alte Erfahrungen, welche z. B. *Strümpell* zu der Aussage veranlassen (S. 107): „Die Seele gelangt im Schlaf zu einem viel tieferen und breiteren Empfindungsbewußtsein von ihrer Leiblichkeit als im Wachen und ist genötigt, gewisse Reizeindrücke zu empfangen und auf sich wirken zu lassen, die aus Teilen und Veränderungen ihres Körpers herstammen, von denen sie im Wachen nichts wußte." Schon *Aristoteles* erklärt es für sehr wohl möglich, daß man im Traum auf beginnende Krankheitszustände aufmerksam gemacht würde, von denen man im Wachen noch nichts merkt (kraft der Vergrößerung, die der Traum den Eindrücken angedeihen läßt, siehe oben S. 10), und ärztliche Autoren, deren Anschauung es sicherlich fernelag, an eine prophetische Gabe des Traumes zu glauben, haben wenigstens für die Krankheitsankündigung diese Bedeutung des Traumes gelten lassen. (Vgl. *M. Simon*, S. 31, und viele ältere Autoren.[8])

Es scheint an beglaubigten Beispielen für solche diagnostische Leistungen des Traumes auch aus neuerer Zeit nicht zu fehlen. So z.B. berichtet *Tissié* nach *Artigues* (*Essai sur la valeur sémélogique du rêve*) die Geschichte einer dreiundvierzigjährigen Frau, die durch einige Jahre in scheinbar voller Gesundheit von Angstträumen heimgesucht wurde und bei der ärztlichen Untersuchung dann eine beginnende Herzaffektion aufwies, welcher sie alsbald erlag.

Ausgebildete Störungen der inneren Organe wirken offenbar bei einer ganzen Reihe von Personen als Traumerreger. Allgemein wird auf die Häufigkeit der Angstträume bei Herz- und Lungenkranken hingewiesen, ja diese Beziehung des Traumlebens wird von vielen Autoren so sehr in den Vordergrund gedrängt, daß ich mich hier mit der bloßen Verweisung auf die Literatur (*Radestock, Spitta, Maury, M. Simon, Tissié*) begnügen kann. *Tissié* meint sogar, daß die erkrankten Organe dem Trauminhalt das charakteristische Gepräge aufdrücken. Die Träume der Herzkranken sind gewöhnlich sehr kurz und enden mit schreckhaftem Erwachen; fast immer spielt im Inhalt derselben die Situation des Todes unter gräßlichen Umständen eine Rolle. Die Lungenkranken träumen vom Ersticken, Gedränge, Flucht und sind in auffälliger Zahl dem bekannten Alptraum unterworfen, den übrigens Börner durch Lagerung aufs Gesicht, durch

---

[8] Außer dieser diagnostischen Verwertung der Träume (z.B. bei Hippokrates) muß man ihrer therapeutischen Bedeutung im Altertum gedenken. Bei den Griechen gab es Traumorakel, welche gewöhnlich Genesung suchende Kranke aufzusuchen pflegten. Der Kranke ging in den Tempel des Apollo oder des Äskulap, dort wurde er verschiedenen Zeremonien unterworfen, gebadet, gerieben, geräuchert, und so in Exaltation versetzt, legte man ihn im Tempel auf das Fell eines geopferten Widders. Er schlief ein und träumte von Heilmitteln, die ihm in natürlicher Gestalt oder in Symbolen und Bildern gezeigt wurden, welche dann die Priester deuteten. Weiteres über die Heilträume der Griechen bei Lehmann (Bd. 1, 74), Bouché–Leclerq, Hermann *Gottesd. Altert. D. Gr.* § 41, Privataltert. § 38, 16, Böttinger in Sprengels Beitr. Z. Gesch. d. Med. II S. 163ff., W. Lloyd *Magnetism and Mesmerism in antiquity*, London, 1877, Döllinger, *Heidentum und Judentum* S.130.

Verdeckung der Respirationsöffnungen experimentell hat hervorrufen können. Bei Digestionsstörungen enthält der Traum Vorstellungen aus dem Kreise des Genießens und des Ekels. Der Einfluß sexueller Erregung endlich auf den Inhalt der Träume ist für die Erfahrung eines jeden einzelnen greifbar genug und leiht der ganzen Lehre von der Traumerregung durch Organreiz ihre stärkste Stütze.

Es ist auch, wenn man die Literatur des Traumes durcharbeitet, ganz unverkennbar, daß einzelne der Autoren (*Maury, Weygandt,*) durch den Einfluß ihrer eigenen Krankheitszustände auf den Inhalt ihrer Träume zur Beschäftigung mit den Traumproblemen geführt worden sind.

Der Zuwachs an Traumquellen aus diesen unzweifelhaft festgestellten Tatsachen ist übrigens nicht so bedeutsam, als man meinen möchte. Der Traum ist ja ein Phänomen, das sich bei Gesunden – vielleicht bei allen, vielleicht allnächtlich – einstellt und daß Organerkrankung offenbar nicht zu seinen unentbehrlichen Bedingungen zählt. Es handelt sich für uns aber nicht darum, woher besondere Träume rühren, sondern was für die gewöhnlichen Träume normaler Menschen die Reizquelle sein mag.

Indes bedarf es jetzt nur eines Schrittes weiter, um auf eine Traumquelle zu stoßen, die reichlicher fließt als jede frühere und eigentlich für keinen Fall zu versiegen verspricht. Wenn es sichergestellt ist, daß das Körperinnere im kranken Zustande zur Quelle der Traumreize wird, und wenn wir zugeben, daß die Seele im Schlafzustande, von der Außenwelt abgelenkt, dem Innern des Leibes größere Aufmerksamkeit zuwenden kann, so liegt es nahe anzunehmen, daß die Organe nicht erst zu erkranken brauchen, um Erregungen, die irgendwie zu Traumbildern werden, an die schlafende Seele gelangen zu lassen. Was wir im Wachen dumpf als Gemeingefühl nur seiner Qualität nach wahrnehmen und wozu nach der Meinung der Ärzte alle Organsysteme ihre Beiträge leisten, das würde nachts, zur kräftigen Einwirkung gelangt und mit seinen einzelnen Komponenten tätig, die mächtigste und gleichzeitig die gewöhnlichste Quelle für die Erweckung der Traumvorstellungen ergeben. Es erübrigte dann noch die Untersuchung, nach welchen Regeln sich die Organreize in Traumvorstellungen umsetzen.

Wir haben hier jene Theorie der Traumentstehung berührt, welche die bevorzugte bei allen ärztlichen Autoren geworden ist. Das Dunkel, in welches der Kern unseres Wesens, das *„moi splanchnique“*, wie *Tissié* es nennt, für unsere Kenntnisse gehüllt ist, und das Dunkel der Traumentstehung entsprechen einander zu gut, um nicht in Beziehung zueinander gebracht zu werden. Der Ideengang, welcher die vegetative Organempfindung zum Traumbildner macht, hat überdies für den Arzt den anderen Anreiz, daß er Traum und Geistesstörung, die soviel Übereinstimmung in ihren Erscheinungen zeigen, auch ätiologisch vereinigen läßt, denn Alterationen des Gemeingefühls und Reize, die von den inneren Organen ausgehen, werden auch einer weitreichenden Bedeutung für die Entstehung der Psychosen bezichtigt. Es ist darum nicht zu verwundern, wenn die Leibreiztheorie sich auf mehr als einen Urheber, der sie selbständig angegeben, zurückführen läßt.

Für eine Reihe von Autoren wurde der Gedankengang maßgebend, den der Philosoph *Schopenhauer* im Jahre 1851 entwickelt hat. Das Weltbild entsteht in uns dadurch, daß unser Intellekt die ihn von außen treffenden Eindrücke in die Formen der Zeit, des Raums und der Kausalität umgießt. Die Reize aus dem Inneren des Organismus, vom sympathischen Nervensystem her, äußern bei Tag höchstens einen unbewußten Einfluß auf unsere Stimmung. Bei Nacht aber, wenn die übertäubende Wirkung der Tageseindrücke aufgehört hat, vermögen jene aus dem Innern heraufdringenden Eindrücke sich Aufmerksamkeit zu verschaffen – ähnlich wie wir bei Nacht die Quelle rieseln hören, die der Lärm des Tages unvernehmbar machte. Wie anders aber soll der Intellekt auf diese Reize reagieren, als indem er seine ihm eigentümliche Funktion vollzieht? Er wird also die Reize zu raum- und zeiterfüllenden Gestalten, die sich am Leitfaden der Kausalität bewegen, umformen, und so entsteht der Traum. In die nähere Beziehung zwischen Leibreizen und Traumbildern versuchten dann *Scherner* und nach ihm *Volkelt* einzudringen, deren Würdigung wir uns auf den Abschnitt über die Traumtheorien aufsparen.

In einer besonders konsequent durchgeführten Untersuchung hat der Psychiater *Krauß* die Entstehung des Traumes wie der Delirien und Wahnideen von dem nämlichen Element, der *organisch bedingten Empfindung,* abgeleitet. Es lasse sich kaum eine Stelle des Organismus denken, welche nicht der Ausgangspunkt eines Traumes oder Wahnbildes werden könne. Die organisch bedingte Empfindung „läßt sich aber in zwei Reihen trennen: 1) in die der Totalstimmungen (Gemeingefühle), 2) in die spezifischen, den Hauptsystemen des vegetativen Organismus immanenten Sensationen, wovon wir fünf Gruppen unterschieden haben, *a)* die Muskelempfindungen, *b)* die pneumatischen, *c)* die gastrischen, *d)* die sexuellen und *e)* die peripherischen".

Den Hergang der Traumbilderentstehung auf Grund der Leibreize nimmt Krauß folgendermaßen an: Die geweckte Empfindung ruft nach irgendeinem Assoziationsgesetz eine ihr verwandte Vorstellung wach und verbindet sich mit ihr zu einem organischen Gebilde, gegen welches sich aber das Bewußtsein anders verhält als normal. Denn dies schenkt der Empfindung selbst keine Aufmerksamkeit, sondern wendet sie ganz den begleitenden Vorstellungen zu, was zugleich der Grund ist, warum dieser Sachverhalt so lange verkannt werden konnte. Krauß findet für den Vorgang auch den besonderen Ausdruck der *Transsubstantiation* der Empfindungen in Traumbilder.

Der Einfluß der organischen Leibreize auf die Traumbildung wird heute nahezu allgemein angenommen, die Frage nach dem Gesetz der Beziehung zwischen beiden sehr verschiedenartig, oftmals mit dunklen Auskünften, beantwortet. Es ergibt sich nun auf dem Boden der Leibreiztheorie die besondere Aufgabe der Traumdeutung, den Inhalt eines Traums auf die ihn verursachenden organischen Reize zurückzuführen, und wenn man nicht die von *Scherner* aufgefundenen Deutungsregeln anerkennt, steht man oft vor der mißlichen Tatsache, daß die organische Reizquelle sich eben durch nichts anderes als durch den Inhalt des Traumes verrät.

Ziemlich übereinstimmend hat sich aber die Deutung verschiedener Traumformen gestaltet, die man als „typische" bezeichnet hat, weil sie bei so vielen Personen mit ganz ähnlichem Inhalt wiederkehren. Es sind dies die bekannten Träume vom Herabfallen von einer Höhe, vom Zahnausfallen, vom Fliegen und von der Verlegenheit, daß man nackt oder schlecht bekleidet ist. Letzterer Traum soll einfach von der im Schlaf gemachten Wahrnehmung herrühren, daß man die Bettdecke abgeworfen hat und nun entblößt daliegt. Der Traum vom Zahnausfallen wird auf „Zahnreiz" zurückgeführt, womit aber nicht ein krankhafter Erregungszustand der Zähne gemeint zu sein braucht. Der Traum zu fliegen ist nach Strümpell das von der Seele gebrauchte adäquate Bild, womit sie das von den auf- und niedersteigenden Lungenflügeln ausgehende Reizquantum deutet, wenn gleichzeitig das Hautgefühl des Thorax schon bis zur Bewußtlosigkeit herabgesunken ist. Durch den letzteren Umstand wird die an die Vorstellungsform des Schwebens gebundene Empfindung vermittelt. Das Herabfallen aus der Höhe soll darin seinen Anlaß haben, daß bei eingetretener Bewußtlosigkeit des Hautdruckgefühls entweder ein Arm vom Körper herabsinkt oder ein eingezogenes Knie plötzlich gestreckt wird, wodurch das Gefühl des Hautdrucks wieder bewußt wird, der Übergang zum Bewußtwerden aber als Traum vom Niederfallen sich psychisch verkörpert (*Strümpell*, S. 118). Die Schwäche dieser plausiblen Erklärungsversuche liegt offenbar darin, daß sie ohne weiteren Anhalt die oder jene Gruppe von Organempfindungen aus der seelischen Wahrnehmung verschwinden oder sich ihr aufdrängen lassen, bis die für die Erklärung günstige Konstellation hergestellt ist. Ich werde übrigens später Gelegenheit haben, auf die typischen Träume und ihre Entstehung zurückzukommen. *M. Simon* hat versucht, aus der Vergleichung einer Reihe von ähnlichen Träumen einige Regeln für den Einfluß der Organreize auf die Bestimmung ihrer Traumerfolge abzuleiten. Er sagt (S. 34): Wenn im Schlaf irgendein Organapparat, der normalerweise am Ausdruck eines Affektes beteiligt ist, durch irgendeinen anderen Anlaß sich in dem Erregungszustande befindet, in den er sonst bei jenem Affekt versetzt wird, so wird der dabei entstehende Traum Vorstellungen enthalten, die dem

Affekt angepaßt sind.

Eine andere Regel lautet (S. 35): Wenn ein Organapparat sich im Schlafe in Tätigkeit, Erregung oder Störung befindet, so wird der Traum Vorstellungen bringen, welche sich auf die Ausübung der organischen Funktion beziehen, die jener Apparat versieht.

Mourly Vold hat es unternommen, den von der Leibreiztheorie supponierten Einfluß auf die Traumerzeugung für ein einzelnes Gebiet experimentell zu erweisen. Er hat Versuche gemacht, die Stellungen der Glieder des Schlafenden zu verändern, und die Traumerfolge mit seinen Abänderungen verglichen. Er teilt folgende Sätze als Ergebnis mit.

1) Die Stellung eines Gliedes im Traum entspricht ungefähr der in der Wirklichkeit, d. h. man träumt von einem statischen Zustand des Gliedes, welcher dem realen entspricht.

2) Wenn man von der Bewegung eines Gliedes träumt, so ist diese immer so, daß eine der bei ihrer Vollziehung vorkommenden Stellungen der wirklichen entspricht.

3) Man kann die Stellung des eigenen Gliedes im Traum auch einer fremden Person zuschieben.

4) Man kann auch träumen, daß die betreffende Bewegung gehindert ist.

5) Das Glied in der betreffenden Stellung kann im Traum als Tier oder Ungeheuer erscheinen, wobei eine gewisse Analogie beider hergestellt wird.

6) Die Stellung eines Gliedes kann im Traum Gedanken anregen, die zu diesem Glied irgendeine Beziehung haben, so z. B. träumt man bei Beschäftigung mit den Fingern von Zahlen.

Ich würde aus solchen Ergebnissen schließen, daß auch die Leibreiztheorie die scheinbare Freiheit in der Bestimmung der zu erweckenden Traumbilder nicht gänzlich auszulöschen vermag.[9]

Ad 4) Psychische Reizquellen

Als wir die Beziehungen des Traums zum Wachleben und die Herkunft des Traummaterials behandelten, erfuhren wir, es sei die Ansicht der ältesten wie der neuesten Traumforscher, daß die Menschen von dem träumen, was sie bei Tag treiben und was sie im Wachen interessiert. Dieses aus dem Wachleben in den Schlaf sich fortsetzende Interesse wäre nicht nur ein psychisches Band, das den

---

[9] Näheres über die seither in zwei Bänden veröffentlichten Traumprotokolle dieses Forschers siehe unten.

Traum ans Leben knüpft, sondern ergibt uns auch eine nicht zu unterschätzende Traumquelle, die neben dem im Schlaf interessant Gewordenen – den während des Schlafes einwirkenden Reizen – ausreichen sollte, die Herkunft aller Traumbilder aufzuklären. Wir haben aber auch den Widerspruch gegen obige Behauptung gehört, nämlich daß der Traum den Schläfer von den Interessen des Tages abzieht und daß wir – meistens – von den Dingen, die uns bei Tag am meisten ergriffen haben, erst dann träumen, wenn sie für das Wachleben den Reiz der Aktualität verloren haben. So erhalten wir in der Analyse des Traumlebens bei jedem Schritt den Eindruck, daß es unstatthaft ist, allgemeine Regeln aufzustellen, ohne durch ein „oft", „in der Regel", „meistens" Einschränkungen vorzusehen und auf die Gültigkeit der Ausnahmen vorzubereiten.

Wenn das Wachinteresse nebst den inneren und äußeren Schlafreizen zur Deckung der Traumätiologie ausreichte, so müßten wir imstande sein, von der Herkunft aller Elemente eines Traums befriedigende Rechenschaft zu geben; das Rätsel der Traumquellen wäre gelöst, und es bliebe noch die Aufgabe, den Anteil der psychischen und der somatischen Traumreize in den einzelnen Träumen abzugrenzen. In Wirklichkeit ist diese vollständige Auflösung eines Traums noch in keinem Falle gelungen, und jedem, der dies versucht hat, sind – meist sehr reichlich – Traumbestandteile übriggeblieben, über deren Herkunft er keine Aussage machen konnte. Das Tagesinteresse als psychische Traumquelle trägt offenbar nicht so weit, als man nach den zuversichtlichen Behauptungen, daß jeder im Traum sein Geschäft weiter betreibe, erwarten sollte.

Andere psychische Traumquellen sind nicht bekannt. Es lassen also alle in der Literatur vertretenen Traumerklärungen – mit Ausnahme etwa der später zu erwähnenden von *Scherner* – eine große Lücke offen, wo es sich um die Ableitung des für den Traum am meisten charakteristischen Materials von Vorstellungsbildern handelt. In dieser Verlegenheit hat die Mehrzahl der Autoren die Neigung entwickelt, den psychischen Anteil an der Traumerregung, dem so schwer beizukommen ist, möglichst zu verkleinern. Sie unterscheiden zwar als Haupteinteilung den *Nervenreiz-* und den *Assoziationstraum*, welch letzterer ausschließlich in der Reproduktion seine Quelle findet (*Wundt*, S. 657), aber sie können den Zweifel nicht loswerden, „ob sie sich ohne anstoßgebenden Leibreiz einstellen" (*Volkelt*, S. 127). Auch die Charakteristik des reinen Assoziationstraumes versagt: „In den eigentlichen Assoziationsträumen kann von einem solchen festen Kern nicht mehr die Rede sein. Hier dringt die lose Gruppierung auch in den Mittelpunkt des Traumes ein. Das ohnedies von Vernunft und Verstand freigelassene Vorstellungsleben ist hier auch von jenen gewichtvolleren Leib- und Seelenerregungen nicht mehr zusammengehalten und so seinem eigenen bunten Schieben und Treiben, seinem eigenen lockeren Durcheinandertaumeln überlassen." (*Volkelt*, S. 118.) Eine Verkleinerung des psychischen Anteils an der Traumerregung versucht dann *Wundt* (S. 656), indem er ausführt, daß man die „Phantasmen des Traumes wohl mit Unrecht als reine Halluzinationen ansehe. Wahrscheinlich sind die meisten Traumvorstellungen in Wirklichkeit Illusionen, indem sie von den leisen Sinneseindrücken ausgehen, die niemals im Schlafe erlöschen." Weygandt hat sich diese Ansicht angeeignet und sie verallgemeinert (S. 17). Er behauptet für alle Traumvorstellungen, daß „ihre nächste Ursache Sinnesreize sind, daran erst schließen sich reproduktive Assoziationen". Noch weiter in der Verdrängung der psychischen Reizquellen geht Tissié (S.183): „*Les rêves d'origine absolument psychique n'existent pas*", und anderswo (S. 6): „*Les pensées de nos rêves nous viennent du dehors.*"

Diejenigen Autoren, welche wie der einflußreiche Philosoph *Wundt* eine Mittelstellung einnehmen, versäumen nicht anzumerken, daß in den meisten Träumen somatische Reize und die unbekannten oder als Tagesinteresse erkannten psychischen Anreger des Traumes zusammenwirken.

Wir werden später erfahren, daß das Rätsel der Traumbildung durch die Aufdeckung einer unvermuteten psychischen Reizquelle gelöst werden kann. Vorläufig wollen wir uns über die Überschätzung der nicht aus dem Seelenleben stammenden Reize zur Traumbildung nicht verwundern. Nicht nur daß diese allein leicht aufzufinden und selbst durchs Experiment zu bestätigen sind; es entspricht auch die somatische Auffassung der Traumentstehung durchwegs der heute in der Psychiatrie herrschenden Denkrichtung. Die Herrschaft des Gehirns über den Organismus wird zwar nachdrücklichst betont, aber alles, was eine Unabhängigkeit des Seelenlebens von nachweisbaren organischen Veränderungen oder eine Spontaneität in dessen Äußerungen erweisen könnte, schreckt den Psychiater heute so, als ob dessen Anerkennung die Zeiten der Naturphilosophie und des metaphysischen Seelenwesens wiederbringen müßte. Das Mißtrauen des Psychiaters hat die Psyche gleichsam unter Kuratel gesetzt und fordert nun, daß keine ihrer Regungen ein ihr eigenes Vermögen verrate. Doch zeugt dies Benehmen von nichts anderem als von einem geringen Zutrauen in die Haltbarkeit der Kausalverkettung, die sich zwischen Leiblichem und Seelischem erstreckt. Selbst wo das Psychische sich bei der Erforschung als der primäre Anlaß eines Phänomens erkennen läßt, wird ein tieferes Eindringen die Fortsetzung des Weges bis zur organischen Begründung des Seelischen einmal zu finden wissen. Wo aber das Psychische für unsere derzeitige Erkenntnis die Endstation bedeuten müßte, da braucht es darum nicht geleugnet zu werden.

D
Warum man den Traum nach dem Erwachen vergißt?

Daß der Traum am Morgen „zerrinnt", ist sprichwörtlich. Freilich ist er der Erinnerung fähig. Denn wir kennen den Traum ja nur aus der Erinnerung an ihn nach dem Erwachen; aber wir glauben sehr oft, daß wir ihn nur unvollständig erinnern, während in der Nacht mehr von ihm da war; wir können beobachten, wie eine des Morgens noch lebhafte Traumerinnerung im Laufe des Tages bis auf kleine Brocken dahinschwindet; wir wissen oft, daß wir geträumt haben, aber nicht, was wir geträumt haben, und wir sind an die Erfahrung, daß der Traum dem Vergessen unterworfen ist, so gewöhnt, daß wir die Möglichkeit nicht als absurd verwerfen, daß auch der bei Nacht geträumt haben könnte, der am Morgen weder vom Inhalt noch von der Tatsache des Träumens etwas weiß. Anderseits kommt es vor, daß Träume eine außerordentliche Haltbarkeit im Gedächtnisse zeigen. Ich habe bei meinen Patienten Träume analysiert, die sich ihnen vor fünfundzwanzig und mehr Jahren ereignet hatten, und kann mich an einen eigenen Traum erinnern, der durch mindestens siebenunddreißig Jahre vom heutigen Tag getrennt ist und doch an seiner Gedächtnisfrische nichts eingebüßt hat. Dies alles ist sehr merkwürdig und zunächst nicht verständlich.

Über das Vergessen der Träume handelt am ausführlichsten *Strümpell*. Dieses Vergessen ist offenbar ein komplexes Phänomen, denn *Strümpell* führt es nicht auf einen einzigen, sondern auf eine ganze Reihe von Gründen zurück.

Zunächst sind für das Vergessen der Träume alle jene Gründe wirksam, die im Wachleben das Vergessen herbeiführen. Wir pflegen als Wachende eine Unzahl von Empfindungen und Wahrnehmungen alsbald zu vergessen, weil sie zu schwach waren, weil die an sie geknüpfte Seelenerregung einen zu geringen Grad hatte. Dasselbe ist rücksichtlich vieler Traumbilder der Fall; sie werden vergessen, weil sie zu schwach waren, während stärkere Bilder aus ihrer Nähe erinnert werden. Übrigens ist das Moment der Intensität für sich allein sicher nicht entscheidend für die Erhaltung der Traumbilder; *Strümpell* gesteht wie auch andere Autoren (*Calkins*) zu, daß man häufig Traumbilder rasch vergißt, von denen man weiß, daß sie sehr lebhaft waren, während unter den im Gedächtnis erhaltenen sich sehr viele schattenhafte, sinnesschwache Bilder befinden. Ferner pflegt man im Wachen leicht zu vergessen, was sich nur einmal ereignet hat, und besser zu merken, was man wiederholt wahrnehmen konnte. Die meisten Traumbilder sind aber einmalige Erlebnisse[10]; diese Eigentümlichkeit wird

---

[10] Periodisch wiederkehrende Träume sind wiederholt bemerkt worden, vgl. die Sammlung von Chabaneix.

gleichmäßig zum Vergessen aller Träume beitragen. Weit bedeutsamer ist dann ein dritter Grund des Vergessens. Damit Empfindungen, Vorstellungen, Gedanken usw. eine gewisse Erinnerungsgröße erlangen, ist es notwendig, daß sie nicht vereinzelt bleiben, sondern Verbindungen und Vergesellschaftungen passender Art eingehen. Löst man einen kleinen Vers in seine Worte auf und schüttelt diese durcheinander, so wird es sehr schwer, ihn zu merken. „Wohlgeordnet und in sachgemäßer Folge hilft ein Wort dem anderen, und das Ganze steht sinnvoll in der Erinnerung leicht und lange fest. Widersinniges behalten wir im allgemeinen ebenso schwer und ebenso selten wie das Verworrene und Ordnungslose." Nun fehlt den Träumen in den meisten Fällen Verständlichkeit und Ordnung. Die Traumkompositionen entbehren an sich der Möglichkeit ihres eigenen Gedächtnisses und werden vergessen, weil sie meistens schon in den nächsten Zeitmomenten auseinanderfallen. – Zu diesen Ausführungen stimmt allerdings nicht ganz, was *Radestock* (1879, 168) bemerkt haben will, daß wir gerade die sonderbarsten Träume am besten behalten.

Noch wirkungsvoller für das Vergessen des Traumes erscheinen *Strümpell* andere Momente, die sich aus dem Verhältnis von Traum und Wachleben ableiten. Die Vergeßlichkeit der Träume für das wache Bewußtsein ist augenscheinlich nur das Gegenstück zu der früher erwähnten Tatsache, daß der Traum (fast) nie geordnete Erinnerungen aus dem Wachleben, sondern nur Einzelheiten aus demselben übernimmt, die er aus ihren gewohnten psychischen Verbindungen reißt, in denen sie im Wachen erinnert werden. Die Traumkomposition hat somit keinen Platz in der Gesellschaft der psychischen Reihen, mit denen die Seele erfüllt ist. Es fehlen ihr alle Erinnerungshilfen. „Auf diese Weise hebt sich das Traumgebilde gleichsam von dem Boden unseres Seelenlebens ab und schwebt im psychischen Raum wie eine Wolke am Himmel, die der neu belebte Atem rasch verweht." (S. 87) Nach derselben Richtung wirkt der Umstand, daß mit dem Erwachen sofort die herandrängende Sinneswelt die Aufmerksamkeit mit Beschlag belegt, so daß vor dieser Macht die wenigsten Traumbilder standhalten können. Diese weichen vor den Eindrücken des jungen Tages wie der Glanz der Gestirne vor dem Licht der Sonne.

An letzter Stelle ist als förderlich für das Vergessen der Träume der Tatsache zu gedenken, daß die meisten Menschen ihren Träumen überhaupt wenig Interesse entgegenbringen. Wer sich z. B. als Forscher eine Zeitlang für den Traum interessiert, träumt währenddessen auch mehr als sonst, das heißt wohl: er erinnert seine Träume leichter und häufiger.

Zwei andere Gründe des Vergessens der Träume, die *Bonatelli* (bei *Benini*) zu den Strümpellschen hinzugefügt, sind wohl bereits in diesen enthalten, nämlich: 1) daß die Veränderung des Gemeingefühls zwischen Schlafen und Wachen der wechselseitigen Reproduktion ungünstig ist und 2) daß die andere Anordnung des Vorstellungsmaterials im Traume diesen sozusagen unübersetzbar fürs Wachbewußtsein macht.

Nach all diesen Gründen fürs Vergessen wird es, wie *Strümpell* selbst hervorhebt, erst recht merkwürdig, daß soviel von den Träumen doch in der Erinnerung behalten wird. Die fortgesetzten Bemühungen der Autoren, das Erinnern der Träume in Regeln zu fassen, kommen einem Eingeständnis gleich, daß auch hier etwas rätselhaft und ungelöst geblieben ist. Mit Recht sind einzelne Eigentümlichkeiten der Erinnerung an den Traum neuerdings besonders bemerkt worden, z. B. daß man einen Traum, den man am Morgen für vergessen hält, im Laufe des Tages aus Anlaß einer Wahrnehmung erinnern kann, die zufällig an den – doch vergessenen – Inhalt des Traums anrührt (*Radestock, Tissié*). Die gesamte Erinnerung an den Traum unterliegt aber einer Einwendung, die geeignet ist, ihren Wert in kritischen Augen recht ausgiebig herabzusetzen. Man kann zweifeln, ob unsere Erinnerung, die soviel vom Traum wegläßt, das, was sie erhalten hat, nicht verfälscht.

Solche Zweifel an der Exaktheit der Reproduktion des Traumes spricht auch *Strümpell* aus: „Dann geschieht es eben leicht, daß das wache Bewußtsein unwillkürlich manches in die Erinnerung des Traumes einfügt: man bildet sich ein, allerlei geträumt zu haben, was der gewesene Traum nicht enthielt."

Besonders entschieden äußert sich *Jessen* (S. 547): „Außerdem ist aber bei der Untersuchung und Deutung zusammenhängender und folgerichtiger Träume der, wie es scheint, bisher wenig beachtete Umstand sehr in Betracht zu ziehen, daß es dabei fast immer mit der Wahrheit hapert, weil wir, wenn wir einen gehabten Traum in unser Gedächtnis zurückrufen, ohne es zu bemerken oder zu wollen, die Lücken der Traumbilder ausfüllen und ergänzen. Selten und vielleicht niemals ist ein zusammenhängender Traum so zusammenhängend gewesen, wie er uns in der Erinnerung erscheint. Auch dem wahrheitsliebendsten Menschen ist es kaum möglich, einen gehabten merkwürdigen Traum ohne allen Zusatz und ohne alle Ausschmückung zu erzählen: das Bestreben des menschlichen Geistes, alles im Zusammenhange zu erblicken, ist so groß, daß er bei der Erinnerung eines einigermaßen unzusammenhängenden Traumes die Mängel des Zusammenhanges unwillkürlich ergänzt."

Fast wie eine Übersetzung dieser Worte Jessens klingen die doch gewiß selbständig konzipierten Bemerkungen von *V. Egger*: „ *...l'observation des rêves a ses difficultés spéciales et le seul moyen d'éviter toute erreur en pareille matière est de confier au papier sans le moindre retard ce que l'on vient d'éprouver et de remarquer; sinon, l'oubli vient vite ou total ou partiel; l'oubli total est sans gravité; mais l'oubli partiel est perfide; car si l'on se met ensuite à raconter ce que l'on n'a pas oublié, on est exposé à compléter par imagination les* *fragments incohérents et disjoints fourni par la mémoire ...; on devient artiste à son insu, et le récit périodiquement répété s'impose à la créance de son auteur, qui, de bonne foi, le présente comme un fait authentique, dûment établi selon les bonnes méthodes ..."*

Ganz ähnlich *Spitta* (S. 338), der anzunehmen scheint, daß wir überhaupt erst bei dem Versuch, den Traum zu reproduzieren, die Ordnung in die lose miteinander assoziierten Traumelemente einführen – „aus dem *Nebeneinander* ein *Hintereinander, Auseinander* machen, also den Prozeß der logischen Verbindung, der im Traum fehlt, hinzufügen".

Da wir nun eine andere als eine objektive Kontrolle für die Treue unserer Erinnerung nicht besitzen, diese aber beim Traum, der unser eigenes Erlebnis ist und für den wir nur die Erinnerung als Quelle kennen, nicht möglich ist, welcher Wert bleibt da unserer Erinnerung an den Traum noch übrig?

E
Die psychologischen Besonderheiten des Traumes

Wir gehen in der wissenschaftlichen Betrachtung des Traumes von der Annahme aus, daß der Traum ein Ergebnis unserer eigenen Seelentätigkeit ist; doch erscheint uns der fertige Traum als etwas Fremdes, zu dessen Urheberschaft zu bekennen es uns so wenig drängt, daß wir ebenso gerne sagen: „Mir hat geträumt" wie: „Ich habe geträumt." Woher rührt diese „Seelenfremdheit" des Traumes? Nach unseren Erörterungen über die Traumquellen sollten wir meinen, sie sei nicht durch das Material bedingt, das in den Trauminhalt gelangt; dies ist ja zum größten Teile dem Traumleben wie dem Wachleben gemeinsam. Man kann sich fragen, ob es nicht Abänderungen der psychischen Vorgänge im Traume sind, welche diesen Eindruck hervorrufen, und kann so eine psychologische Charakteristik des Traumes versuchen.

Niemand hat die Wesensverschiedenheit von Traum- und Wachleben stärker betont und zu weitgehenderen Schlüssen verwendet als *G. Th. Fechner* in einigen Bemerkungen seiner *Elemente der Psychophysik.* (1889, Bd. 2, 520-1). Er meint, „weder die einfache Herabdrückung des bewußten Seelenlebens unter die Hauptschwelle" noch die Abziehung der Aufmerksamkeit von den Einflüssen der Außenwelt genüge, um die Eigentümlichkeiten des Traumlebens dem wachen Leben gegenüber aufzuklären. Er vermutet vielmehr, daß auch der *Schauplatz der Träume ein anderer ist als der des wachen Vorstellungslebens.* „Sollte der Schauplatz der psychophysischen Tätigkeit während des Schlafens und des Wachens derselbe sein, so könnte der Traum meines Erachtens bloß eine auf einem niederen Grade der Intensität sich haltende Fortsetzung des wachen Vorstellungslebens sein und müßte übrigens dessen Stoff und dessen Form teilen. Aber es verhält sich ganz anders."

Was *Fechner* mit einer solchen Umsiedlung der Seelentätigkeit meint, ist wohl nicht klar geworden; auch hat kein anderer, soviel ich weiß, den Weg weiter verfolgt, dessen Spur er in jener Bemerkung aufgezeigt. Eine anatomische Deutung im Sinne der physiologischen Gehirnlokalisation oder selbst mit Bezug auf die histologische Schichtung der Hirnrinde wird man wohl auszuschließen haben. Vielleicht aber erweist sich der Gedanke einmal als sinnreich und fruchtbar, wenn man ihn auf einen seelischen Apparat bezieht, der aus mehreren hintereinander eingeschalteten Instanzen aufgebaut ist.

Andere Autoren haben sich damit begnügt, die eine oder die andere der greifbaren psychologischen Besonderheiten des Traumlebens hervorzuheben und etwa zum Ausgangspunkt weiter reichender Erklärungsversuche zu machen.

Es ist mit Recht bemerkt worden, daß eine der Haupteigentümlichkeiten des Traumlebens schon im Zustand des Einschlafens auftritt und als den Schlaf einleitendes Phänomen zu bezeichnen ist. Das Charakteristische des wachen Zustandes ist nach *Schleiermacher* (1862, 351), daß die Denktätigkeit in *Begriffen* und nicht in *Bildern* vor sich geht. Nun denkt der Traum hauptsächlich in Bildern, und man kann beobachten, daß mit der Annäherung an den Schlaf in demselben Maße, in dem die gewollten Tätigkeiten sich erschwert zeigen, *ungewollte Vorstellungen* hervortreten, die alle in die Klasse der Bilder gehören. Die Unfähigkeit zu solcher Vorstellungsarbeit, die wir als absichtlich gewollte empfinden, und das mit dieser *Zerstreuung* regelmäßig verknüpfte Hervortreten von Bildern, dies sind zwei Charaktere, die dem Traum verbleiben und die wir bei der psychologischen Analyse desselben als wesentliche Charaktere des Traumlebens anerkennen müssen. Von den Bildern – den hypnagogischen Halluzinationen – haben wir erfahren, daß sie selbst dem Inhalt nach mit den Traumbildern identisch sind.[11]

Der Traum denkt also vorwiegend in visuellen Bildern, aber doch nicht ausschließlich. Er arbeitet auch mit Gehörsbildern und in geringerem Ausmaße mit den Eindrücken der anderen Sinne. Vieles wird auch im Traum einfach gedacht oder vorgestellt (wahrscheinlich also durch Wortvorstellungsreste vertreten), ganz wie sonst im Wachen. Charakteristisch für den Traum sind aber doch nur jene Inhaltselemente, welche sich wie Bilder verhalten, d. h. den Wahrnehmun-

---

[11] H. Silberer hat an schönen Beispielen gezeigt, wie sich selbst abstrakte Gedanken im Zustande der Schläfrigkeit in anschaulich-plastische Bilder umsetzen, die das nämliche ausdrücken wollen. (Jahrbuch von Bleuler-Freud Bd. I,1909). Ich werde auf diese Befunde in anderem Zusammenhange zurückkommen.

gen ähnlicher sind als den Erinnerungsvorstellungen. Mit Hinwegsetzung über alle die dem Psychiater wohlbekannten Diskussionen über das Wesen der Halluzination können wir mit allen sachkundigen Autoren aussagen, daß der Traum *halluziniert*, daß er Gedanken durch Halluzinationen ersetzt. In dieser Hinsicht besteht kein Unterschied zwischen visuellen und akustischen Vorstellungen; es ist bemerkt worden, daß die Erinnerung an eine Tonfolge, mit der man einschläft, sich beim Versinken in den Schlaf in die Halluzination derselben Melodie verwandelt, um beim Zusichkommen, das mit dem Einnicken mehrmals abwechseln kann, wieder der leiseren und qualitativ anders gearteten Erinnerungsvorstellung Platz zu machen.

Die Verwandlung der Vorstellung in Halluzination ist nicht die einzige Abweichung des Traumes von einem etwa ihm entsprechenden Wachgedanken. Aus diesen Bildern gestaltet der Traum eine Situation, er stellt etwas als gegenwärtig dar, er *dramatisiert* eine Idee, wie *Spitta* (S. 145) sich ausdrückt. Die Charakteristik dieser Seite des Traumlebens wird aber erst vollständig, wenn man hinzunimmt, daß man beim Träumen – in der Regel, die Ausnahmen fordern eine besondere Aufklärung – nicht zu denken, sondern zu erleben vermeint, die Halluzinationen also mit vollem Glauben aufnimmt. Die Kritik, man habe nichts erlebt, sondern nur in eigentümlicher Form gedacht – geträumt –, regt sich erst beim Erwachen. Dieser Charakter scheidet den echten Schlaftraum von der Tagträumerei, die niemals mit der Realität verwechselt wird.

Burdach hat die bisher betrachteten Charaktere des Traumlebens in folgenden Sätzen zusammengefaßt (S. 476.): „Zu den wesentlichen Merkmalen des Traumes gehört *a)* daß die subjektive Tätigkeit unserer Seele als objektiv erscheint, indem das Wahrnehmungsvermögen die Produkte der Phantasie so auffaßt, als ob es sinnliche Rührungen wären;

b) der Schlaf ist eine Aufhebung der Eigenmächtigkeit. Daher gehört eine gewisse Passivität zum Einschlafen ... Die Schlummerbilder werden durch den Nachlaß der Eigenmächtigkeit bedingt."

Es handelt sich nun um den Versuch, die Gläubigkeit der Seele gegen die Traumhalluzinationen, die erst nach Einstellung einer gewissen eigenmächtigen Tätigkeit auftreten können, zu erklären. *Strümpell* führt aus, daß die Seele sich dabei korrekt und ihrem Mechanismus gemäß benimmt. Die Traumelemente sind keineswegs bloße Vorstellungen, sondern *wahrhafte* und *wirkliche Erlebnisse der Seele*, wie sie im Wachen durch Vermittlung der Sinne auftreten (S. 34). Während die Seele wachend in Wortbildern und in der Sprache vorstellt und denkt, stellt sie vor und denkt im Traum in wirklichen Empfindungsbildern (S. 35). Überdies kommt im Traum ein Raumbewußtsein hinzu, indem, wie im Wachen, Empfindungen und Bilder in einen äußeren Raum versetzt werden (S. 36). Man muß also zugestehen, daß sich die Seele im Traume ihren Bildern und Wahrnehmungen gegenüber in derselben Lage befindet wie im Wachen (S. 43). Wenn sie dabei dennoch irre geht, so rührt dies daher, daß ihr im Schlafzustand das Kriterium fehlt, welches allein zwischen von außen und von innen gegebenen Sinneswahrnehmungen unterscheiden kann. Sie kann ihre Bilder nicht den Proben unterziehen, welche allein deren objektive Realität erweisen. Sie vernachlässigt *außerdem* den Unterschied zwischen *willkürlich* vertauschbaren Bildern und anderen, wo diese Willkür wegfällt. Sie irrt, weil sie das Gesetz der Kausalität nicht auf den Inhalt ihres Traumes anwenden kann (S. 50). Kurz, ihre Abkehrung von der Außenwelt enthält auch den Grund für ihren Glauben an die subjektive Traumwelt.

Zum selben Schlusse gelangt nach teilweise abweichenden psychologischen Entwicklungen *Delboeuf.* Wir schenken den Traumbildern den Realitätsglauben, weil wir im Schlafe keine anderen Eindrücke zum Vergleiche haben, weil wir von der Außenwelt abgelöst sind. Aber nicht etwa darum glauben wir an die Wahrheit unserer Halluzinationen, weil uns im Schlafe die Möglichkeit entzogen ist, Proben anzustellen. Der Traum kann uns alle diese Prüfungen vorspiegeln, uns etwa zeigen, daß wir die gesehene Rose berühren, und wir träumen dabei doch. Es gibt nach *Delboeuf* kein stichhaltiges Kriterium dafür, ob etwas ein Traum ist oder wache Wirklichkeit, außer – und dies nur in praktischer Allgemeinheit – der Tatsache des Erwachens. Ich erkläre alles für Täuschung, was zwischen Einschlafen und Erwachen erlebt worden ist, wenn ich durch das Erwachen merke, daß ich ausgekleidet in meinem Bette liege. Während des Schlafes habe ich die Traumbilder für wahr gehalten infolge der nicht einzuschläfernden *Denkgewohnheit,* eine Außenwelt anzunehmen, zu der ich mein Ich in Gegensatz bringe.[12]

---

[12] Einen ähnlichen Versuch wie Delboeuf, die Traumtätigkeit zu erklären durch die Abänderung, welche eine abnorm eingeführte Bedingung an der sonst korrekten Funktion des intakten seelischen Apparats zur Folge haben muß, hat Haffner unternommen, diese Bedingung aber in etwas anderen Worten beschrieben. Das erste Kennzeichen des Traums ist nach ihm die Ort- und Zeitlosigkeit, d. i. die Emanzipation der Vorstellung von der dem Individuum zukommenden Stelle in der örtlichen und zeitlichen Ordnung. Mit diesem verbindet sich der zweite Grundcharakter des Traums, die Verwechslung der Halluzinationen, Imaginationen und Phantasiekombinationen mit äußeren Wahrnehmungen. „Da die Gesamtheit der höheren Seelenkräfte, insbesondere Begriffsbildung, Urteil und Schlußfolgerung einerseits und die freie Selbstbestimmung anderseits, an die sinnlichen Phantasiebilder sich anschließen und diese jederzeit zur Unterlage haben, so nehmen auch diese Tätigkeiten an der Regellosigkeit der Traumvorstellungen teil. Sie nehmen teil, sagen wir, denn an und für sich ist unsere Urteilskraft, wie unsere Willenskraft, im Schlafe in keiner Weise alteriert. Wir sind der Tätigkeit nach ebenso scharfsinnig und ebenso frei wie im wachen Zustande. Der Mensch kann auch im Traume nicht gegen die Denkgesetze an sich verstoßen, d. h. nicht das ihm als entgegengesetzt sich Darstellende identisch setzen usw. Er kann auch im Traume nur das begehren, was er als ein Gutes sich vorstellt (*sub ratione boni*). Aber in dieser Anwendung der Gesetze des Denkens

Wird so die Abwendung von der Außenwelt zu dem bestimmenden Momente für die Ausprägung der auffälligsten Charaktere des Traumlebens erhoben, so verlohnt es sich, einige feinsinnige Bemerkungen des alten *Burdach* anzuführen, welche auf die Beziehung der schlafenden Seele zur Außenwelt Licht werfen und dazu angetan sind, vor einer Überschätzung der vorstehenden Ableitungen zurückzuhalten. „Der Schlaf erfolgt nur unter der Bedingung", sagt *Burdach*, „daß die Seele nicht von Sinnesreizen angeregt wird, ... aber es ist nicht sowohl der Mangel an Sinnesreizen die Bedingung des Schlafes, als vielmehr der Mangel an Interesse dafür[13]; mancher sinnliche Eindruck ist selbst notwendig, insofern er zur Beruhigung der Seele dient, wie denn der Müller nur dann schläft, wenn er das Klappern seiner Mühle hört, und der, welcher aus Vorsicht ein Nachtlicht zu brennen für nötig hält, im Dunkeln nicht einschlafen kann." (S.457)

„Die Seele isoliert sich im Schlafe gegen die Außenwelt und zieht sich von der Peripherie ... zurück ... Indes ist der Zusammenhang nicht ganz unterbrochen; wenn man nicht im Schlafe selbst, sondern erst nach dem Erwachen hörte und fühlte, so könnte man überhaupt nicht geweckt werden. Noch mehr wird die Fortdauer der Sensation dadurch bewiesen, daß man nicht immer durch die bloß sinnliche Stärke eines Eindruckes, sondern durch die psychische Beziehung desselben geweckt wird; ein gleichgültiges Wort weckt den Schlafenden nicht, ruft man ihn aber beim Namen, so erwacht er ..., die Seele unterscheidet also im Schlafe zwischen den Sensationen ... Daher kann man denn auch durch den Mangel eines Sinnesreizes, wenn dieser sich auf eine für die Vorstellung wichtige Sache bezieht, geweckt werden; so erwacht man vom Auslöschen eines Nachtlichtes und der Müller vom Stillstande seiner Mühle, also vom Aufhören der Sinnestätigkeit, und dies setzt voraus, daß diese perzipiert worden ist, aber als gleichgültig, oder vielmehr befriedigend, die Seele nicht aufgestört hat." (S. 460 ff.)

Wenn wir selbst von diesen nicht geringzuschätzenden Einwendungen absehen wollen, so müssen wir doch zugestehen, daß die bisher gewürdigten und aus der Abkehrung von der Außenwelt abgeleiteten Eigenschaften des Traumlebens die Fremdartigkeit desselben nicht voll zu decken vermögen. Denn im anderen

---

und Wollens wird der menschliche Geist im Traume irregeführt durch die Verwechslung einer Vorstellung mit einer anderen. So kommt es, daß wir im Traum die größten Widersprüche setzen und begehen, während wir anderseits die scharfsinnigsten Urteilsbildungen und die konsequentesten Schlußfolgerungen vollziehen, die tugendhaftesten und heiligsten Entschließungen fassen können. Mangel an Orientierung ist das ganze Geheimnis des Fluges, mit welchem unsere Phantasie im Traume sich bewegt, und Mangel an kritischer Reflexion, sowie an Verständigung mit anderen, ist die Hauptquelle der maßlosen Extravaganzen unserer Urteile wie unserer Hoffnungen und Wünsche im Traum."

[13] Man vergleiche hierzu das *„désintérêt"*, in dem Claparède (1905) den Mechanismus des Einschlafens findet.

Falle müßte es möglich sein, die Halluzinationen des Traumes in Vorstellungen, die Situationen des Traumes in Gedanken zurückzuverwandeln und damit die Aufgabe der Traumdeutung zu lösen. Nun verfahren wir nicht anders, wenn wir nach dem Erwachen den Traum aus der Erinnerung reproduzieren, und ob uns diese Rückübersetzung ganz oder nur teilweise gelingt, der Traum behält seine Rätselhaftigkeit unverringert bei.

Die Autoren nehmen auch alle unbedenklich an, daß im Traume noch andere und tiefer greifende Veränderungen mit dem Vorstellungsmaterial des Wachens vorgefallen sind. Eine derselben sucht *Strümpell* in folgender Erörterung herauszugreifen (S. 27): „Die Seele verliert mit dem Aufhören der sinnlich tätigen Anschauung und des normalen Lebensbewußtseins auch den Grund, in welchem ihre Gefühle, Begehrungen, Interessen und Handlungen wurzeln. Auch diejenigen geistigen Zustände, Gefühle, Interessen, Wertschätzungen, welche im Wachen den Erinnerungsbildern anhaften, unterliegen ... einem verdunkelnden Drucke, infolgedessen sich ihre Verbindung mit den Bildern auflöst, die Wahrnehmungsbilder von Dingen, Personen, Lokalitäten, Begebenheiten und Handlungen des wachen Lebens werden einzeln sehr zahlreich reproduziert, aber keines derselben bringt seinen *psychischen Wert* mit. Dieser ist von ihnen abgelöst, und sie schwanken deshalb in der Seele nach eigenen Mitteln umher ..."

Diese Entblößung der Bilder von ihrem psychischen Wert, die selbst wiederum auf die Abwendung von der Außenwelt zurückgeführt wird, soll nach *Strümpell* einen Hauptanteil an dem Eindruck der Fremdartigkeit haben, mit dem sich der Traum in unserer Erinnerung dem Leben gegenüberstellt.

Wir haben gehört, daß schon das Einschlafen den Verzicht auf eine der seelischen Tätigkeiten, nämlich auf die willkürliche Leitung des Vorstellungsablaufs, mit sich bringt. Es wird uns so die ohnedies naheliegende Vermutung aufgedrängt, daß der Schlafzustand sich auch über die seelischen Verrichtungen erstrecken möge. Die eine oder andere dieser Verrichtungen wird etwa ganz aufgehoben; ob die übrigbleibenden ungestört weiterarbeiten, ob sie unter solchen Umständen normale Arbeit leisten können, kommt jetzt in Frage. Der Gesichtspunkt taucht auf, daß man die Eigentümlichkeiten des Traumes erklären könne durch die psychische Minderleistung im Schlafzustande, und nun kommt der Eindruck, den der Traum unserem wachen Urteil macht, einer solchen Auffassung entgegen. Der Traum ist unzusammenhängend, vereinigt ohne Anstoß die ärgsten Widersprüche, läßt Unmöglichkeiten zu, läßt unser bei Tag einflußreiches Wissen beiseite, zeigt uns ethisch und moralisch stumpfsinnig. Wer sich im Wachen so benehmen würde, wie es der Traum in seinen Situationen vorführt, den würden wir für wahnsinnig halten; wer im Wachen so spräche oder solche Dinge mitteilen wollte, wie sie im Trauminhalt vorkommen, der würde uns den Eindruck eines Verworrenen oder eines Schwachsinnigen machen. Somit glauben wir nur dem Tatbestand Worte zu leihen, wenn wir die psychische Tätigkeit im Traum nur sehr gering anschlagen und insbesondere die höheren intellektuellen Leistungen als im Traum aufgehoben oder wenigstens schwer geschädigt erklären.

Mit ungewöhnlicher Einmütigkeit – von den Ausnahmen wird an anderer Stelle die Rede sein – haben die Autoren solche Urteile über den Traum gefällt, die auch unmittelbar zu einer bestimmten Theorie oder Erklärung des Traumlebens hinleiten. Es ist an der Zeit, daß ich mein eben ausgesprochenes Resumé durch eine Sammlung von Aussprüchen verschiedener Autoren – Philosophen und Ärzte – über die psychologischen Charaktere des Traumes ersetze:

Nach *Lemoine* ist die *Inkohärenz* der Traumbilder der einzig wesentliche Charakter des Traumes.

Maury pflichtet dem bei; er sagt (*Le sommeil*, S. 163): „*Il n'y a pas de rêves absolument raisonnables et qui ne contiennent quelque incohérence, quelque anachronisme, quelque absurdité.*"

Nach *Hegel* bei *Spitta* fehlt dem Traum aller objektive verständige Zusammenhang.

Dugas sagt: „*Le rêve c'est l'anarchie psychique affective et mentale, c'est le jeu des fonctions livrées a elles-mêmes et s'exerçant sans contrôle et sans but; dans le rêve l'esprit est un automate spirituel.* "

„Die Auflockerung, Lösung und Durcheinandermischung des im Wachen durch die logische Gewalt des zentralen Ich zusammengehaltenen Vorstellungslebens" räumt selbst *Volkelt* ein (S. 14), nach dessen Lehre die psychische Tätigkeit während des Schlafes keineswegs zwecklos erscheint.

Die *Absurdität* der im Traume vorkommenden Vorstellungsverbindungen kann man kaum schärfer verurteilen, als es schon *Cicero* (*De Divinatione*, II) tat: „*Nihil tam praepostere, tam incondite, tam monstruose cogitari potest, quod non possimus somniare.*"*

Fechner sagt (Bd. 2, S. 522): „Es ist, als ob die psychologische Tätigkeit aus dem Gehirne eines Vernünftigen in das eines Narren übersiedelt."

Radestock (S. 145): „In der Tat scheint es unmöglich, in diesem tollen Treiben feste Gesetze zu erkennen. Der strengen Polizei des vernünftigen, den wachen Vorstellungslauf leitenden Willens und der Aufmerksamkeit sich entziehend, wirbelt der Traum in tollem Spiel alles kaleidoskopartig durcheinander."

Hildebrandt (S. 45): „Welche wunderlichen Sprünge erlaubt sich der Träumende z. B. bei seinen Verstandesschlüssen! Mit welcher Unbefangenheit sieht er die bekanntesten Erfahrungssätze geradezu auf den Kopf gestellt! Welche

---

* [„Es läßt sich nichts so Verkehrtes, so Regelloses, so Ungeheueres erdenken, was wir nicht träumen können." – *Von der Weissagung*, II. Buch. Übers v. G. H. Moser.]

lächerlichen Widersprüche kann er in den Ordnungen der Natur und der Gesellschaft vertragen, bevor ihm, wie man sagt, die Sache zu bunt wird und die Überspannung des Unsinnes das Erwachen herbeiführt! Wir multiplizieren gelegentlich ganz harmlos: Drei mal drei macht zwanzig; es wundert uns gar nicht, daß ein Hund uns einen Vers hersagt, daß ein Toter auf eigenen Füßen nach seinem Grabe geht, daß ein Felsstück auf dem Wasser schwimmt; wir gehen alles Ernstes in höherem Auftrage nach dem Herzogtum Bernburg oder dem Fürstentum Liechtenstein, um die Kriegsmarine des Landes zu beobachten, oder lassen uns von Karl dem Zwölften kurz vor der Schlacht bei Pultawa als Freiwillige anwerben."

Binz (S. 33) mit dem Hinweis auf die aus diesen Eindrücken sich ergebende Traumtheorie: „Unter zehn Träumen sind mindestens neun absurden Inhaltes. Wir koppeln in ihnen Personen und Dinge zusammen, welche nicht die geringsten Beziehungen zueinander haben. Schon im nächsten Augenblick, wie in einem Kaleidoskop, ist die Gruppierung eine andere geworden, womöglich noch unsinniger und toller, als sie es schon vorher war; und so geht das wechselnde Spiel des unvollkommen schlafenden Gehirns weiter, bis wir erwachen, mit der Hand nach der Stirne greifen und uns fragen, ob wir in der Tat noch die Fähigkeit des vernünftigen Vorstellens und Denkens besitzen."

Maury (*Le sommeil*, S. 50) findet für das Verhältnis der Traumbilder zu den Gedanken des Wachens einen für den Arzt sehr eindrucksvollen Vergleich: „*La production de ces images que chez l'homme éveillé fait le plus souvent naître la volonté, correspond, pour l'intelligence, a ce que sont pour la motilité certains mouvements que nous offrent la chorée et les affections paralytiques ...*" Im übrigen ist ihm der Traum „*toute une série de dégradations de la faculté pensante et raisonnante*" (S. 27). Es ist kaum nötig, die Äußerungen der Autoren anzuführen, welche den Satz von *Maury* für die einzelnen höheren Seelenleistungen wiederholen.

Nach *Strümpell* treten im Traum – selbstverständlich auch dort, wo der Unsinn nicht augenfällig ist – sämtliche logischen, auf Verhältnissen und Beziehungen beruhenden Operationen der Seele zurück (S. 26). Nach *Spitta* (S. 148) scheinen im Traum die Vorstellungen dem Kausalitätsgesetz völlig entzogen zu sein. *Radestock* u. a. betonen die dem Traum eigene Schwäche des Urteils und des Schlusses. Nach *Jodl* (S. 123) gibt es im Traum keine Kritik, keine Korrektur einer Wahrnehmungsreihe durch den Inhalt des Gesamtbewußtseins. Derselbe Autor äußert: „Alle Arten der Bewußtseinstätigkeit kommen im Traume vor, aber unvollständig, gehemmt, gegeneinander isoliert." Die Widersprüche, in welche sich der Traum gegen unser waches Wissen setzt, erklärt *Stricker* (mit vielen anderen) daraus, daß Tatsachen im Traum vergessen oder logische Beziehungen zwischen Vorstellungen verlorengegangen sind (S. 98) usw., usw.

Von den Autoren, die im allgemeinen so ungünstig über die psychischen Leistungen im Traume urteilen, wird indes zugegeben, daß ein gewisser Rest von seelischer Tätigkeit dem Traume verbleibt. *Wundt*, dessen Lehren für so viele andere Bearbeiter der Traumprobleme maßgebend geworden sind, gesteht dies ausdrücklich zu. Man könnte nach der Art und Beschaffenheit des im Traume sich äußernden Restes von normaler Seelentätigkeit fragen. Es wird nun ziemlich allgemein zugegeben, daß die Reproduktionsfähigkeit, das Gedächtnis, im Traum am wenigsten gelitten zu haben scheint, ja eine gewisse Überlegenheit gegen die gleiche Funktion des Wachens aufweisen kann, obwohl ein Teil der Absurditäten des Traumes durch die Vergeßlichkeit eben dieses Traumlebens erklärt werden soll. Nach *Spitta* ist es das *Gemütsleben* der Seele, was vom Schlaf nicht befallen wird und dann den Traum dirigiert. Als „Gemüt" bezeichnet er „die konstante Zusammenfassung der Gefühle als des innersten subjektiven Wesens des Menschen" (S. 84 f.).

Scholz (S. 37) erblickt eine der im Traume sich äußernden Seelentätigkeiten in der *„allegorisierenden Umdeutung"*, welcher das Traummaterial unterzogen wird. *Siebeck* konstatiert auch im Traum die *„ergänzende Deutungsfähigkeit"* der Seele (S. 11), welche von ihr gegen alles Wahrnehmen und Anschauen geübt wird. Eine besondere Schwierigkeit hat es für den Traum mit der Beurteilung der angeblich höchsten psychischen Funktion, der des Bewußtseins. Da wir vom Traum nur durchs Bewußtsein etwas wissen, kann an dessen Erhaltung kein Zweifel sein; doch meint *Spitta*, es sei im Traum nur das Bewußtsein erhalten, nicht auch das *Selbst*bewußtsein. *Delboeuf* gesteht ein, daß er diese Unterscheidung nicht zu begreifen vermag.

Die Assoziationsgesetze, nach denen sich die Vorstellungen verknüpfen, gelten auch für die Traumbilder, ja ihre Herrschaft kommt im Traume reiner und stärker zum Ausdruck. *Strümpell* (S. 70): „Der Traum verläuft entweder ausschließlich, wie es scheint, nach den Gesetzen nackter Vorstellungen oder organischer Reize mit solchen Vorstellungen, das heißt, ohne daß Reflexion und Verstand, ästhetischer Geschmack und sittliches Urteil etwas dabei vermögen." Die Autoren, deren Ansichten ich hier reproduziere, stellen sich die Bildung der Träume etwa folgenderart vor: Die Summe der im Schlaf einwirkenden Sensationsreize aus den verschiedenen, an anderer Stelle angeführten Quellen wecken in der Seele zunächst eine Anzahl von Vorstellungen, die sich als Halluzinationen (nach *Wundt* richtiger Illusionen wegen ihrer Abkunft von den äußeren und inneren Reizen) darstellen. Diese verknüpfen sich untereinander nach den bekannten Assoziationsgesetzen und rufen ihrerseits nach denselben Regeln eine neue Reihe von Vorstellungen (Bildern) wach. Das ganze Material wird dann vom noch tätigen Rest der ordnenden und denkenden Seelenvermögen, so gut es eben gehen will, verarbeitet (vgl. etwa *Wundt* und *Weygandt*). Es ist bloß noch nicht gelungen, die Motive einzusehen, welche darüber entscheiden, daß die Erweckung der nicht von außen stammenden Bilder nach diesem oder nach jenem Assoziationsgesetz vor sich gehe.

Es ist aber wiederholt bemerkt worden, daß die Assoziationen, welche die Traumvorstellungen untereinander verbinden, von ganz besonderer Art und verschieden von den im wachen Denken tätigen sind. So sagt *Volkelt* (S. 15): „Im Traume jagen und haschen sich die Vorstellungen nach zufälligen Ähnlichkeiten und kaum wahrnehmbaren Zusammenhängen. Alle Träume sind von solchen nachlässigen, zwanglosen Assoziationen durchzogen." *Maury* legt auf diesen Charakter der Vorstellungsbindung, der ihm gestattet, das Traumleben in engere Analogie mit gewissen Geistesstörungen zu bringen, den größten Wert. Er anerkennt zwei Hauptcharaktere des „*délire*":

1) une action spontanée et comme automatique de l'esprit;

2) une association vicieuse et irrégulier des idées (S. 126). Von *Maury* selbst rühren zwei ausgezeichnete Traumbeispiele her, in denen der bloße Gleichklang der Worte die Verknüpfung der Traumvorstellungen vermittelt. Er träumte einmal, daß er eine Pilgerfahrt (*pélerinage*) nach Jerusalem oder Mekka unternehme, dann befand er sich nach vielen Abenteuern beim Chemiker Pelletier, dieser gab ihm nach einem Gespräch eine Schaufel (*pelle*) von Zink, und diese wurde in einem darauffolgenden Traumstück sein großes Schlachtschwert (S. 137). Ein andermal ging er im Traum auf der Landstraße und las auf den Meilensteinen die *Kilo*meter ab, darauf befand er sich bei einem Gewürzkrämer, der eine große Waage hatte, und ein Mann legte *Kilo*gewichte auf die Waagschale, um *Maury* abzuwägen; dann sagte ihm der Gewürzkrämer: „Sie sind nicht in Paris, sondern auf der Insel *Gilolo*." Es folgten darauf mehrere Bilder, in welchen er die Blume *Lo*belia sah, dann den General *Lo*pez, von dessen Tod er kurz vorher gelesen hatte; endlich erwachte er, eine Partie *Lo*tto spielend.[14]

Wir sind aber wohl gefaßt darauf, daß diese Geringschätzung der psychischen Leistungen des Traumes nicht ohne Widerspruch von anderer Seite geblieben ist. Zwar scheint der Widerspruch hier schwierig. Es will auch nicht viel bedeuten, wenn einer der Herabsetzer des Traumlebens versichert (*Spitta*, S. 118), daß dieselben psychologischen Gesetze, die im Wachen herrschen, auch den Traum regieren, oder wenn ein anderer (*Dugas*) ausspricht „*le rêve n'est pas déraison ni même irraison pure*", solange beide sich nicht die Mühe nehmen, diese Schätzung mit der von ihnen beschriebenen psychischen Anarchie und Auflösung aller Funk-

---

[14] An späterer Stelle wird uns der Sinn solcher Träume, die von Worten mit gleichen Anfangsbuchstaben und ähnlichem Anlaute erfüllt sind, zugänglich werden.

tionen im Traum in Einklang zu bringen. Aber anderen scheint die Möglichkeit gedämmert zu haben, daß der Wahnsinn des Traumes vielleicht doch nicht ohne Methode sei, vielleicht nur Verstellung wie der des Dänenprinzen, auf dessen Wahnsinn sich das hier zitierte, einsichtsvolle Urteil bezieht. Diese Autoren müssen es vermieden haben, nach dem Anschein zu urteilen, oder der Anschein, den der Traum ihnen bot, war ein anderer.

So würdigt *Havelock Ellis* den Traum, ohne bei seiner scheinbaren Absurdität verweilen zu wollen, als *„an archaic world of vast emotions and imperfect thoughts"*, deren Studium uns primitive Entwicklungsstufen des psychischen Lebens kennen lehren könnte.

J. Sully (S. 362) vertritt dieselbe Auffassung des Traumes in einer noch weiter ausgreifenden und tiefer eindringenden Weise. Seine Aussprüche verdienen um so mehr Beachtung, wenn wir hinzunehmen, daß er wie vielleicht kein anderer Psychologe von der verhüllten Sinnigkeit des Traumes überzeugt war. *„Now our dreams are a means of conserving these successive personalities. When asleep we go back to the old ways of looking at things and of feeling about them, to impulses and activities which long ago dominated us."*

Ein Denker wie *Delboeuf* behauptet – freilich ohne den Beweis gegen das widersprechende Material zu führen und darum eigentlich mit Unrecht: *„Dans le sommeil, hormis la perception, toutes les facultés de l'esprit, intelligence, imagination, mémoire, volonté, moralité, restent intactes dans leur essence; seulement, elles s'appliquent à des objets imaginaires et mobiles. Le songeur est un acteur qui joue à volonté les fous et les sages, les bourreaux et les victimes, les nains et les géants, les démons et les anges."* (S. 222.) Am energischesten scheint die Herabsetzung der psychischen Leistung im Traum der Marquis d'Hervey bestritten zu haben, gegen den *Maury* lebhaft polemisiert und dessen Schrift ich mir trotz aller Bemühung nicht verschaffen konnte. *Maury* sagt über ihn (S. 19): *„M. le Marquis d'Hervey prête à l'intelligence durant le sommeil, toute sa liberté d'action et d'attention et il ne semble faire consister le sommeil que dans l'occlusion des sens, dans leur fermeture au monde extérieur; en sorte que l'homme qui dort ne se distingue guerre, selon sa manière de voir, de l'homme qui laisse vaguer sa pensée en se bouchant les sens; toute la différence qui sépare alors la pensée ordinaire de celle du dormeur c'est que, chez celui-ci, l'idée prend une forme visible, objective et ressemble, à s'y méprendre, à la sensation déterminée par les objets extérieurs; le souvenir revêt l'apparence du fait présent."*

Maury fügt aber hinzu: *„qu'il y a une difference de plus et capitale à savoir que les facultés intellectuelles de l'homme endormi n'offrent pas l'équilibre qu'elles gardent chez l'homme éveillé."*

Bei Vaschide (S. 146 f.), der uns eine bessere Kenntnis des Buches von d'Hervey vermittelt, finden wir, daß sich dieser Autor in folgender Art über die scheinbare Inkohärenz der Träume äußert. *„L'image du rêve est la copie de l'idée. Le* *principal est l'idée; la vision n'est qu'accessoire. Ceci établi, il faut savoir suivre la manche des idées, il faut savoir analyser le tissu des rêves; l'incohérence devient alors compréhensible, les conceptions les plus fantasques deviennent des faits simples et parfaitement logiques.*" Und: „*Les rêves les plus bizarres trouvent même une explication des plus logiques quand on sait les analyser.*"

J. Stärcke hat darauf aufmerksam gemacht, daß eine ähnliche Auflösung der Trauminkohärenz von einem alten Autor, Wolf Davidson, der mir unbekannt war, 1799 verteidigt worden ist (S. 136): „Die sonderbaren Sprünge unserer Vorstellungen im Traume haben alle ihren Grund in dem Gesetze der Assoziation, nur daß diese Verbindung manchmal sehr dunkel in der Seele vorgeht, so daß wir oft einen Sprung der Vorstellung zu beobachten glauben, wo doch keiner ist."

Die Skala der Würdigung des Traumes als psychisches Produkt hat in der Literatur einen großen Umfang; sie reicht von der tiefsten Geringschätzung, deren Ausdruck wir kennengelernt haben, durch die Ahnung eines noch nicht enthüllten Wertes bis zur Überschätzung, die den Traum weit über die Leistungen des Wachlebens stellt. Hildebrandt, der, wie wir wissen, in drei Antinomien die psychologische Charakteristik des Traumlebens entwirft, faßt im dritten dieser Gegensätze die Endpunkte dieser Reihe zusammen (S. 19 f.): „Es ist der zwischen einer *Steigerung,* einer nicht selten bis zur *Virtuosität* sich erhebenden *Potenzierung,* und anderseits einer entschiedenen, oft bis unter das Niveau des Menschlichen führenden *Herabminderung* und *Schwächung* des Seelenlebens."

„Was das erstere betrifft, wer könnte nicht aus eigener Erfahrung bestätigen, daß in dem Schaffen und Weben des Traumgenius bisweilen eine Tiefe und Innigkeit des Gemütes, eine Zartheit der Empfindung, eine Klarheit der Anschauung, eine Feinheit der Beobachtung, eine Schlagfertigkeit des Witzes zutage tritt, wie wir solches alles als konstantes Eigentum während des wachen Lebens zu besitzen bescheidentlich in Abrede stellen würden? Der Traum hat eine wunderbare Poesie, eine treffliche Allegorie, einen unvergleichlichen Humor, eine köstliche Ironie. Er schauet die Welt in einem eigentümlich idealisierenden Lichte und potenziert den Effekt ihrer Erscheinungen oft im sinnigsten Verständnisse des ihnen zum Grunde liegenden Wesens. Er stellt uns das irdisch Schöne in wahrhaft himmlischem Glanze, das Erhabene in höchster Majestät, das erfahrungsgemäß Furchtbare in der grauenvollsten Gestalt, das Lächerliche mit unbeschreiblich drastischer Komik vor Augen; und bisweilen sind wir nach dem Erwachen irgendeines dieser Eindrücke noch so voll, daß es uns vorkommen will, dergleichen habe die wirkliche Welt uns noch nie und niemals geboten."

Man darf sich fragen, ist es wirklich das nämliche Objekt, dem jene geringschätzigen Bemerkungen und diese begeisterte Anpreisung gilt? Haben die einen die blödsinnigen Träume, die anderen die tiefsinnigen und feinsinnigen übersehen? Und wenn beiderlei vorkommt, Träume, die solche und die jene Beurteilung verdienen, scheint es da nicht müßig, nach einer psychologischen Charakteristik des Traumes zu suchen, genügt es nicht zu sagen, im Traume sei alles möglich, von der tiefsten Herabsetzung des Seelenlebens bis zu einer im Wachen ungewohnten Steigerung desselben? So bequem diese Lösung wäre, sie hat dies eine gegen sich, daß den Bestrebungen aller Traumforscher die Voraussetzung zugrunde zu liegen scheint, es gäbe eine solche in ihren wesentlichen Zügen allgemeingültige Charakteristik des Traumes, welche über jene Widersprüche hinweghelfen müßte.

Es ist unstreitig, daß die psychischen Leistungen des Traumes bereitwilligere und wärmere Anerkennung gefunden haben in jener, jetzt hinter uns liegenden, intellektuellen Periode, da die Philosophie und nicht die exakten Naturwissenschaften die Geister beherrschte. Aussprüche, wie die von *Schubert*, daß der Traum eine Befreiung des Geistes von der Gewalt der äußeren Natur sei, eine Loslösung der Seele von den Fesseln der Sinnlichkeit, und ähnliche Urteile von dem jüngeren *Fichte*[15] u. a., welche sämtlich den Traum als einen Aufschwung des Seelenlebens zu einer höheren Stufe darstellen, erscheinen uns heute kaum begreiflich; sie werden in der Gegenwart auch nur bei Mystikern und Frömmlern wiederholt.[16] Mit dem Eindringen naturwissenschaftlicher Denkweise ist eine Reaktion in der Würdigung des Traumes einhergegangen. Gerade die ärztlichen Autoren sind am ehesten geneigt, die psychische Tätigkeit im Traume für geringfügig und wertlos anzuschlagen während Philosophen und nicht zünftige Beobachter – Amateurpsychologen –, deren Beiträge gerade auf diesem Gebiete nicht zu vernachlässigen sind, im besseren Einvernehmen mit den Ahnungen des Volkes, meist an dem psychischen Wert der Träume festgehalten haben. Wer zur Geringschätzung der psychischen Leistung im Traume neigt, der bevorzugt begreiflicherweise in der Traumätiologie die somatischen Reizquellen; für den, welcher der träumenden Seele den größeren Teil ihrer Fähigkeiten im Wachen belassen hat, entfällt natürlich jedes Motiv, ihr nicht auch selbständige Anregungen zum Träumen zuzugestehen.

Unter den Überleistungen, welche man auch bei nüchterner Vergleichung versucht sein kann, dem Traumleben zuzuschreiben, ist die des Gedächtnisses die auffälligste; wir haben die sie beweisenden, gar nicht seltenen Erfahrungen ausführlich behandelt. Ein anderer, von alten Autoren häufig gepriesener Vorzug

---

[15] Vgl. Haffner und Spitta.
[16] Der geistreiche Mystiker Du Prel, einer der wenigen Autoren, denen ich die Vernachlässigung in früheren Auflagen dieses Buches abbitten möchte, äußert, nicht das Wachen, sondern der Traum sei die Pforte zur Metaphysik, soweit sie den Menschen betrifft (*Philosophie der Mystik*, S. 59).

des Traumlebens, daß es sich souverän über Zeit- und Ortsentfernungen hinwegzusetzen vermöge, ist mit Leichtigkeit als eine Illusion zu erkennen. Dieser Vorzug ist, wie *Hildebrandt* bemerkt, eben ein illusorischer Vorzug; das Träumen setzt sich über Zeit und Raum nicht anders hinweg als das wache Denken, und eben weil es nur eine Form des Denkens ist. Der Traum sollte sich in bezug auf die Zeitlichkeit noch eines anderen Vorzugs erfreuen, noch in anderem Sinne vom Ablauf der Zeit unabhängig sein. Träume, wie der oben S. 49. mitgeteilte *Maurys* von seiner Hinrichtung durch die Guillotine, scheinen zu beweisen, daß der Traum in eine sehr kurze Spanne Zeit weit mehr Wahrnehmungsinhalt zu drängen vermag, als unsere psychische Tätigkeit im Wachen Denkinhalt bewältigen kann. Diese Folgerung ist indes mit mannigfaltigen Argumenten bestritten worden; seit den Aufsätzen von *Le Lorrain* und *Egger* „über die scheinbare Dauer der Träume" hat sich hierüber eine interessante Diskussion angesponnen, welche in dieser heikeln und tiefreichenden Frage wahrscheinlich noch nicht die letzte Aufklärung erreicht hat.[17]

Daß der Traum die intellektuellen Arbeiten des Tages aufzunehmen und zu einem bei Tag nicht erreichten Abschluß zu bringen vermag, daß er Zweifel und Probleme löst, bei Dichtern und Komponisten die Quelle neuer Eingebungen werden kann, scheint nach vielfachen Berichten und nach der von *Chabaneix* (1897) angestellten Sammlung unbestreitbar zu sein. Aber wenn auch nicht die Tatsache, so unterliegt doch deren Auffassung vielen, ans Prinzipielle streifenden Zweifeln.[18] Endlich bildet die behauptete divinatorische Kraft des Traumes ein Streitobjekt, an welchem schwer überwindliche Bedenken mit hartnäckig wiederholten Versicherungen zusammentreffen. Man vermeidet es – und wohl mit Recht –, alles Tatsächliche an diesem Thema abzuleugnen, weil für eine Reihe von Fällen die Möglichkeit einer natürlichen psychologischen Erklärung vielleicht nahe bevorsteht.

F
Die ethischen Gefühle im Traume

Aus Motiven, welche erst nach Kenntnisnahme meiner eigenen Untersuchungen über den Traum verständlich werden können, habe ich von dem Thema der Psychologie des Traumes das Teilproblem abgesondert, ob und inwieweit die moralischen Dispositionen und Empfindungen des Wachens sich ins Traumle-

---

[17] Weitere Literatur und kritische Erörterung dieser Probleme in der Pariser Dissertation der Tobowolska (1900)

[18] Vgl. die Kritik bei H. Ellis, *World of Dreams*, S. 268.

ben erstrecken. Der nämliche Widerspruch in der Darstellung der Autoren, den wir für alle anderen seelischen Leistungen mit Befremden bemerken mußten, macht uns auch hier betroffen. Die einen versichern mit ebensolcher Entschiedenheit, daß der Traum von den sittlichen Anforderungen nichts weiß, wie die andern, daß die moralische Natur des Menschen auch fürs Traumleben erhalten bleibt.

Die Berufung auf die allnächtliche Traumerfahrung scheint die Richtigkeit der ersteren Behauptung über jeden Zweifel zu erheben. *Jessen* sagt (S. 553): „Auch besser und tugendhafter wird man nicht im Schlafe, vielmehr scheint das Gewissen in den Träumen zu schweigen, indem man kein Mitleid empfindet und die schwersten Verbrechen, Diebstahl, Mord und Totschlag mit völliger Gleichgültigkeit und ohne nachfolgende Reue verüben kann."

Radestock (S. 146): „Es ist zu berücksichtigen, daß die Assoziationen im Traume ablaufen und die Vorstellungen sich verbinden, ohne daß Reflexion und Verstand, ästhetischer Geschmack und sittliches Urteil etwas dabei vermögen; das Urteil ist höchst schwach, und es herrscht *ethische Gleichgültigkeit* vor."

Volkelt (S. 23): „Besonders zügellos aber geht es, wie jeder weiß, im Traume in geschlechtlicher Beziehung zu. Wie der Träumende selbst aufs äußerste schamlos und jedes sittlichen Gefühls und Urteils verlustig ist, so sieht er auch alle anderen und selbst die verehrtesten Personen mitten in Handlungen, die er im Wachen auch nur in Gedanken mit ihnen zusammenzubringen sich scheuen würde."

Den schärfsten Gegensatz hierzu bilden Äußerungen wie die von *Schopenhauer*, daß jeder im Traum in vollster Gemäßheit seines Charakters handelt und redet. K. Ph. Fischer[19] behaupte, daß die subjektiven Gefühle und Bestrebungen oder Affekte und Leidenschaften in der Willkür des Traumlebens sich offenbaren, daß die moralischen Eigentümlichkeiten der Personen in ihren Träumen sich spiegeln.

Haffner (S. 251): „Seltene Ausnahmen abgerechnet, ... wird ein tugendhafter Mensch auch im Traum tugendhaft sein; er wird den Versuchungen widerstehen, dem Haß, dem Neid, dem Zorn und allen Lastern sich verschließen; der Mann der Sünde aber wird auch in seinen Träumen in der Regel die Bilder finden, die er im Wachen vor sich hatte."

Scholz (S. 36): „Im Traum ist Wahrheit, trotz aller Maskierung in Hoheit oder Erniedrigung erkennen wir unser eigenes Selbst wieder ... Der ehrliche Mann kann auch im Traume kein entehrendes Verbrechen begehen, oder wenn es doch der Fall ist, so entsetzt er sich darüber, als über etwas seiner Natur Fremdes.

---

[19] *Grundzüge des Systems der Anthropologie.* Erlangen 1850. (Nach Spitta.)

Der römische Kaiser, der einen seiner Untertanen hinrichten ließ, weil diesem geträumt hatte, er habe dem Kaiser den Kopf abschlagen lassen, hatte darum so unrecht nicht, wenn er dies damit rechtfertigte, daß, wer so träume, auch ähnliche Gedanken im Wachen haben müsse. Von etwas, das in unserem Innern keinen Raum haben kann, sagen wir deshalb auch bezeichnenderweise: Es fällt mir auch im Traum nicht ein."

Im Gegensatz hiezu meint *Plato*, diejenigen seien die besten, denen das, was andere wachend tun, nur im Traume einfalle.

Pfaff[20] sagt geradezu in Abänderung eines bekannten Sprichwortes: „Erzähle mir eine Zeitlang deine Träume, und ich will dir sagen, wie es um dein Inneres steht."

Die kleine Schrift von *Hildebrandt*, der ich bereits so zahlreiche Zitate entnommen habe, der formvollendetste und gedankenreichste Beitrag zur Erforschung der Traumprobleme, den ich in der Literatur gefunden, rückt gerade das Problem der Sittlichkeit im Traume in den Mittelpunkt ihres Interesses. Auch für Hildebrandt steht es als Regel fest: Je reiner das Leben, desto reiner der Traum; je unreiner jenes, desto unreiner dieser.

Die sittliche Natur des Menschen bleibt auch im Traume bestehen: „Aber während kein noch so handgreiflicher Rechnungsfehler, keine noch so romantische Umkehr der Wissenschaft, kein noch so scherzhafter Anachronismus verletzt oder uns auch nur verdächtig wird, so geht uns doch der Unterschied zwischen Gut und Böse, zwischen Recht und Unrecht, zwischen Tugend und Laster nie verloren. Wie vieles auch von dem, was am Tage mit uns geht, in den Schlummerstunden weichen mag – Kants kategorischer Imperativ hat sich als untrennbarer Begleiter so an unsere Fersen geheftet, daß wir ihn auch schlafend nicht loswerden. ... Erklären aber läßt sich (diese Tatsache) eben nur daraus, daß das Fundamentale der Menschennatur, das sittliche Wesen, zu fest gefügt ist, um an der Wirkung der kaleidoskopischen Durchschüttelung teilzunehmen, welcher Phantasie, Verstand, Gedächtnis und sonstige Fakultäten gleichen Ranges im Traume unterliegen." (S. 45 f.)

In der weiteren Diskussion des Gegenstandes sind nun merkwürdige Verschiebungen und Inkonsequenzen bei beiden Gruppen von Autoren hervorgetreten. Strenggenommen wäre für alle diejenigen, welche meinen, im Traum zerfalle die sittliche Persönlichkeit des Menschen, das Interesse an den unmoralischen Träumen mit dieser Erklärung zu Ende. Sie könnten den Versuch, den Träumer für seine Träume verantwortlich zu machen, aus der Schlechtigkeit seiner Träume auf eine böse Regung in seiner Natur zu schließen, mit derselben

---

[20] *Das Traumleben und seine Deutung.* 1868 (bei Spitta, S. 192).

Ruhe ablehnen wie den anscheinend gleichwertigen Versuch, aus der Absurdität seiner Träume die Wertlosigkeit seiner intellektuellen Leistungen im Wachen zu erweisen. Die anderen, für die sich „der kategorische Imperativ" auch in den Traum erstreckt, hätten die Verantwortlichkeit für unmoralische Träume ohne Einschränkung anzunehmen; es wäre ihnen nur zu wünschen, daß eigene Träume von solch verwerflicher Art sie nicht an der sonst festgehaltenen Wertschätzung der eigenen Sittlichkeit irremachen müßten.

Nun scheint es aber, daß niemand von sich selbst so recht sicher weiß, inwieweit er gut oder böse ist, und daß niemand die Erinnerung an eigene unmoralische Träume verleugnen kann. Denn über jenen Gegensatz in der Beurteilung der Traummoralität hinweg zeigen sich bei den Autoren beider Gruppen Bemühungen, die Herkunft der unsittlichen Träume aufzuklären, und es entwickelt sich ein neuer Gegensatz, je nachdem deren Ursprung in den Funktionen des psychischen Lebens oder in somatisch bedingten Beeinträchtigungen desselben gesucht wird. Die zwingende Gewalt der Tatsächlichkeit läßt dann Vertreter der Verantwortlichkeit wie der Unverantwortlichkeit des Traumlebens in der Anerkennung einer besonderen psychischen Quelle für die Immoralität der Träume zusammentreffen.

Alle die, welche die Sittlichkeit im Traume fortbestehen lassen, hüten sich doch davor, die volle Verantwortlichkeit für ihre Träume zu übernehmen. *Haffner* sagt (S. 250): „Wir sind für Träume nicht verantwortlich, weil unserem Denken und Wollen die Basis entrückt ist, auf welcher unser Leben allein Wahrheit und Wirklichkeit hat... Es kann eben darum kein Traumwollen und Traumhandeln Tugend oder Sünde sein." Doch ist der Mensch für den sündhaften Traum verantwortlich, sofern er ihn indirekt verursacht. Es erwächst für ihn die Pflicht, wie im Wachen, so ganz besonders vor dem Schlafengehen seine Seele sittlich zu reinigen.

Viel tiefer reicht die Analyse dieses Gemenges von Ablehnung und von Anerkennung der Verantwortlichkeit für den sittlichen Inhalt der Träume bei *Hildebrandt*. Nachdem er ausgeführt, daß die dramatische Darstellungsweise des Traumes, die Zusammendrängung der kompliziertesten Überlegungsvorgänge in das kleinste Zeiträumchen, und die auch von ihm zugestandene Entwertung und Vermengung der Vorstellungselemente im Traume gegen den unsittlichen Anschein der Träume in Abzug gebracht werden muß, gesteht er, daß es doch den ernstesten Bedenken unterliege, alle Verantwortung für Traumsünden und Schulden schlechthin zu leugnen.

(S. 49): „Wenn wir irgendeine ungerechte Anklage, namentlich eine solche, die sich auf unsere Absichten und Gesinnungen bezieht, recht entschieden zurückweisen wollen, so gebrauchen wir wohl die Redensart: Das sei uns nicht im Traume eingefallen. Damit sprechen wir allerdings einerseits aus, daß wir das Traumgebiet für das fernste und letzte halten, auf welchem wir für unsere Gedanken einzustehen hätten, weil dort diese Gedanken mit unserem wirklichen Wesen nur so lose und locker zusammenhängen, daß sie kaum noch als die unsrigen betrachtet werden dürfen; aber indem wir eben auch auf diesem Gebiete das Vorhandensein solcher Gedanken ausdrücklich zu leugnen uns veranlaßt fühlen, so geben wir doch indirekt damit zugleich zu, daß unsere Rechtfertigung nicht vollkommen sein würde, wenn sie nicht bis dort hinüber reichte. Und ich glaube, wir reden hier, wenn auch unbewußt, die Sprache der Wahrheit."

(S. 51 ff.): „Es läßt sich nämlich keine Traumtat denken, deren erstes Motiv nicht irgendwie als Wunsch, Gelüste, Regung vorher durch die Seele des Wachenden gezogen wäre." Von dieser ersten Regung müsse man sagen: Der Traum erfand es nicht – er bildete es nur nach und spann's nur aus, er bearbeitete nur ein Quentlein historischen Stoffes, das er bei uns vorgefunden hatte, in dramatischer Form; er setzte das Wort des Apostels in Szene: Wer seinen Bruder haßt, der ist ein Totschläger. Und während man das ganze, breit ausgeführte Gebilde des lasterhaften Traums nach dem Erwachen, seiner sittlichen Stärke bewußt, belächeln kann, so will jener ursprüngliche Bildungsstoff sich doch keine lächerliche Seite abgewinnen lassen. Man fühlt sich für die Verirrungen des Träumenden verantwortlich, nicht für die ganze Summe, aber doch für einen gewissen Prozentsatz. „Kurz, verstehen wir in diesem schwer anzufechtenden Sinne das Wort Christi: Aus dem Herzen kommen arge Gedanken – dann können wir auch kaum der Überzeugung uns erwehren, daß jede im Traum begangene Sünde ein dunkles Minimum wenigstens von Schuld mit sich führe."

In den Keimen und Andeutungen böser Regungen, die als Versuchungsgedanken tagsüber durch unsere Seelen ziehen, findet also *Hildebrandt* die Quelle für die Immoralität der Träume, und er steht nicht an, diese immoralischen Elemente bei der sittlichen Wertschätzung der Persönlichkeit einzurechnen. Es sind dieselben Gedanken und die nämliche Schätzung derselben, welche, wie wir wissen, die Frommen und Heiligen zu allen Zeiten klagen ließ, sie seien arge Sünder.[21]

An dem allgemeinen Vorkommen dieser *kontrastierenden* Vorstellungen – bei den meisten Menschen und auch auf anderem als ethischem Gebiete – besteht wohl kein Zweifel. Die Beurteilung derselben ist gelegentlich eine minder ernst-

---

[21] Es ist nicht ohne Interesse zu erfahren, wie sich die heilige Inquisition zu unserem Problem gestellt. Im *Tractatus de Officio sanctissimae Inquisitionis* des Thomas Carena, 1659, ist folgende Stelle: „Spricht jemand im Traum Ketzereien aus, so sollen die Inquisitoren daraus Anlaß nehmen, seine Lebensführung zu untersuchen, denn im Schlafe pflegt das wiederzukommen, was unter Tags jemand beschäftigt hat." (Dr. Ehniger, S. Urban, Schweiz.)

hafte gewesen. Bei *Spitta* findet sich folgende hierher gehörige Äußerung von *A. Zeller* (Artikel „Irre" in der *Allgemeinen Enzyklopädie der Wissenschaften* von *Ersch* und *Gruber*) zitiert (S. 194): „So glücklich ist selten ein Geist organisiert, daß er zu allen Zeiten volle Macht besäße und nicht immer wieder nicht allein unwesentliche, sondern auch völlig fratzenhafte und widersinnige Vorstellungen den stetigen, klaren Gang seiner Gedanken unterbrächen, ja die größten Denker haben sich über dieses traumartige, neckende und peinliche Gesindel von Vorstellungen zu beklagen gehabt, da es ihre tiefsten Betrachtungen und ihre heiligste und ernsthafteste Gedankenarbeit stört."

Ein helleres Licht fällt auf die psychologische Stellung dieser Kontrastgedanken aus einer weiteren Bemerkung von *Hildebrandt,* daß der Traum uns wohl bisweilen in Tiefen und Falten unseres Wesens blicken lasse, die uns im Zustand des Wachens meist verschlossen bleiben (S. 55). Dieselbe Erkenntnis verrät *Kant* an einer Stelle der *Anthropologie,* wenn er meint, der Traum sei wohl dazu da, um uns die verborgenen Anlagen zu entdecken und uns zu offenbaren, nicht was wir sind, sondern was wir hätten werden können, wenn wir eine andere Erziehung gehabt hätten; *Radestock* (S. 84) mit den Worten, daß der Traum uns oft nur offenbart, was wir uns nicht gestehen wollen, und daß wir ihn darum mit Unrecht einen Lügner und Betrüger schelten. *J. E. Erdmann* äußert: „Mir hat nie ein Traum offenbart, was von einem Menschen zu halten sei, allein was ich von ihm halte und wie ich hinsichtlich seiner gesinnt bin, das habe ich bereits einigemal aus einem Traume gelernt zu meiner eigenen großen Überraschung." Und ähnlich meint *I. H. Fichte*: „Der Charakter unserer Träume bleibt ein weit treuerer Spiegel unserer Gesamtstimmung, als was wir davon durch die Selbstbeobachtung des Wachens erfahren." Wir werden aufmerksam gemacht, daß das Auftauchen dieser unserem sittlichen Bewußtsein fremden Antriebe nur analog ist zu der uns bereits bekannten Verfügung des Traumes über anderes Vorstellungsmaterial, welches dem Wachen fehlt oder darin eine geringfügige Rolle spielt, durch Bemerkungen, wie die von *Benini: „Certe nostre inclinazioni che si credevano soffocate e spente da un pezzo, si ridestano; passioni vecchie e sepolte rivivono; cose e persone a cui non pensiamo mai, ci vengono dinanzi."* (S. 149), und von *Volkelt*: „Auch Vorstellungen, die in das wache Bewußtsein fast unbeachtet eingegangen sind und von ihm vielleicht nie wieder der Vergessenheit entzogen würden, pflegen sehr häufig dem Traum ihre Anwesenheit in der Seele kundzutun" (S. 105). Endlich ist es hier am Platze, uns zu erinnern, daß nach *Schleiermacher* schon das Einschlafen vom Hervortreten *ungewollter* Vorstellungen (Bilder) begleitet war.

Als *„ungewollte Vorstellungen"* dürfen wir nun dies ganze Vorstellungsmaterial zusammenfassen, dessen Vorkommen in den unmoralischen wie in den absurden Träumen unser Befremden erregt. Ein wichtiger Unterschied liegt nur darin, daß die ungewollten Vorstellungen auf sittlichem Gebiet den Gegensatz zu unserem sonstigen Empfinden erkennen lassen, während die anderen uns bloß fremdartig erscheinen. Es ist bisher kein Schritt geschehen, der uns ermöglichte, diese Verschiedenheit durch tiefer gehende Erkenntnis aufzuheben.

Welche Bedeutung hat nun das Hervortreten ungewollter Vorstellungen im Traume, welche Schlüsse für die Psychologie der wachenden und der träumenden Seele lassen sich aus diesem nächtlichen Auftauchen kontrastierender ethischer Regungen ableiten? Hier ist eine neue Meinungsverschiedenheit und eine abermals verschiedene Gruppierung der Autoren zu verzeichnen. Den Gedankengang von *Hildebrandt* und anderen Vertretern seiner Grundansicht kann man wohl nicht anderswohin fortsetzen, als daß den unmoralischen Regungen auch im Wachen eine gewisse Macht innewohne, die zwar gehemmt ist, bis zur Tat vorzudringen, und daß im Schlaf etwas wegfalle, was, gleichfalls wie eine Hemmung wirksam, uns gehindert habe, die Existenz dieser Regung zu bemerken. Der Traum zeigte so das wirkliche, wenn auch nicht das ganze Wesen des Menschen und gehörte zu den Mitteln, das verborgene Seeleninnere für unsere Kenntnis zugänglich zu machen. Nur von solchen Voraussetzungen her kann *Hildebrandt* dem Traum die Rolle eines *Warners* zuweisen, der uns auf verborgene sittliche Schäden unserer Seele aufmerksam macht, wie er nach dem Zugeständnis der Ärzte auch bisher unbemerkte körperliche Leiden dem Bewußtsein verkünden kann. Und auch *Spitta* kann von keiner anderen Auffassung geleitet sein, wenn er auf die Erregungsquellen hinweist, die z. B. zur Zeit der Pubertät der Psyche zufließen, und den Träumer tröstet, er habe alles getan, was in seinen Kräften steht, wenn er im Wachen einen streng tugendhaften Lebenswandel geführt und sich bemüht, die sündigen Gedanken, sooft sie kommen, zu unterdrücken, sie nicht reifen und zur Tat werden zu lassen. Nach dieser Auffassung könnten wir die „*ungewollten*" Vorstellungen als die während des Tages „*unterdrückten*" bezeichnen und müßten in ihrem Auftauchen ein echtes psychisches Phänomen erblicken.

Nach anderen Autoren hätten wir kein Recht zu letzterer Folgerung. Für *Jessen* stellen die ungewollten Vorstellungen im Traume wie im Wachen und in Fieber- und anderen Delirien „den Charakter einer zur Ruhe gelegten Willenstätigkeit und eines *gewissermaßen mechanischen* Prozesses von Bildern und Vorstellungen durch innere Bewegungen dar" (S. 360). Ein unmoralischer Traum beweise weiter nichts für das Seelenleben des Träumers, als daß dieser von dem betreffenden Vorstellungsinhalt irgendwie einmal Kenntnis gewonnen habe, gewiß nicht eine ihm eigene Seelenregung. Bei einem anderen Autor, *Maury*, könnte man in Zweifel geraten, ob nicht auch er dem Traumzustand die Fähigkeit zuschreibt, die seelische Tätigkeit nach ihren Komponenten zu zerlegen, anstatt sie planlos zu zerstören. Er sagt von den Träumen, in denen man sich über die Schranken der Moralität hinaussetzt: „*Ce sont nos penchants qui parlent et qui nous font agir, sans que la conscience nous retienne, bien que parfois elle nous avertisse. J'ai mes défauts et mes penchants vicieux; à l'état de veille, je tâche de lutter contre eux, et il m'arrive assez souvent de n'y pas succomber. Mais dans mes songes j'y succombe toujours ou pour mieux dire j'agis par leur impulsion, sans crainte et sans remords. ... Evidemment les visions qui se déroulent devant ma pensée et qui constituent le rêve, me sont suggérées par les incitations que je ressens et que ma volonté absente ne cherche pas à refouler.*" (S. 113.)

Wenn man an die Fähigkeit des Traumes glaubte, eine wirklich vorhandene, aber unterdrückte oder versteckte unmoralische Disposition des Träumers zu enthüllen, so könnte man dieser Meinung schärferen Ausdruck nicht geben als mit den Worten *Maurys* (S. 165): „*En rêve l'homme se révèle donc tout entier à soi-même dans sa nudité et sa misère natives. Dès qu'il suspend l'exercice de sa volonté, il devient le jouet de toutes les passions contre lesquelles, à l'état de veille, la conscience, le sentiment de l'honneur, la crainte nous défendent.* An anderer Stelle findet er das treffende Wort (S. 462): „*Dans le songe, c'est surtout l'homme instinctif qui se révèle. L'homme revient pour ainsi dire à l'état de nature quand il rêve; mais moins les idées acquises ont pénètre dans son esprit, plus les penchants en désaccord avec elles conservent encore sur lui l'influence dans le rêve.*" Er führt dann als Beispiel an, daß seine Träume ihn nicht selten als Opfer gerade jenes Aberglaubens zeigen, den er in seinen Schriften am heftigsten bekämpft hat.

Der Wert all dieser scharfsinnigen Bemerkungen für eine psychologische Erkenntnis des Traumlebens wird aber bei *Maury* dadurch beeinträchtigt, daß er in den von ihm so richtig beobachteten Phänomenen nichts als Beweise für den *automatisme psychologique* sehen will, der nach ihm das Traumleben beherrscht. Diesen Automatismus faßt er als vollen Gegensatz zur psychischen Tätigkeit.

Eine Stelle in den *Studien über das Bewußtsein* von *Stricker* lautet: „Der Traum besteht nicht einzig und allein aus Täuschungen; wenn man sich z. B. im Traum vor Räubern fürchtet, so sind die Räuber zwar imaginär, die Furcht aber ist real." So wird man darauf aufmerksam gemacht, daß die Affektentwicklung im Traume die Beurteilung nicht zuläßt, welche man dem übrigen Trauminhalt schenkt, und das Problem wird vor uns aufgerollt, was an den psychischen Vorgängen im Traum real sein mag, das heißt einen Anspruch auf Einreihung unter die psychischen Vorgänge des Wachens beanspruchen darf?

G
Traumtheorien und Funktion des Traumes

Eine Aussage über den Traum, welche möglichst viele der beobachteten Charaktere desselben von einem Gesichtspunkte aus zu erklären versucht und gleichzeitig die Stellung des Traumes zu einem umfassenderen Erscheinungsgebiet bestimmt, wird man eine Traumtheorie heißen dürfen. Die einzelnen Traumtheorien werden sich darin unterscheiden, daß sie den oder jenen Charakter des Traumes zum wesentlichen erheben, Erklärungen und Beziehungen an ihn anknüpfen lassen. Eine Funktion, d. i. ein Nutzen oder eine sonstige Leistung des Traumes, wird nicht notwendig aus der Theorie ableitbar sein müssen, aber unsere auf die Teleologie gewohnheitsgemäß gerichtete Erwartung wird doch jenen Theorien entgegenkommen, die mit der Einsicht in eine Funktion des Traumes verbunden sind.

Wir haben bereits mehrere Auffassungen des Traumes kennengelernt, die den Namen von Traumtheorien in diesem Sinne mehr oder weniger verdienten. Der Glaube der Alten, daß der Traum eine Sendung der Götter sei, um die Handlungen der Menschen zu lenken, war eine vollständige Theorie des Traumes, die über alles am Traum Wissenswerte Auskunft erteilte. Seitdem der Traum ein Gegenstand der biologischen Forschung geworden ist, kennen wir eine größere Anzahl von Traumtheorien, aber darunter auch manche recht unvollständige.

Wenn man auf Vollzähligkeit verzichtet, kann man etwa folgende lockere Gruppierung der Traumtheorien versuchen, je nach der zugrunde gelegten Annahme über Maß und Art der psychischen Tätigkeit im Traum:

1) Solche Theorien, welche die volle psychische Tätigkeit des Wachens sich in den Traum fortsetzen lassen, wie die von *Delboeuf.* Hier schläft die Seele nicht, ihr Apparat bleibt intakt, aber unter die vom Wachen abweichenden Bedingungen des Schlafzustandes gebracht, muß sie bei normalem Funktionieren andere Ergebnisse liefern als im Wachen. Bei diesen Theorien fragt es sich, ob sie imstande sind, die Unterschiede des Traumes von dem Wachdenken sämtlich aus den Bedingungen des Schlafzustandes abzuleiten. Überdies fehlt ihnen ein möglicher Zugang zu einer Funktion des Traumes; man sieht nicht ein, wozu man träumt, warum der komplizierte Mechanismus des seelischen Apparats weiterspielt, auch wenn er in Verhältnisse versetzt wird, für die er nicht berechnet scheint. Traumlos schlafen oder, wenn störende Reize kommen, aufwachen, blieben die einzig zweckmäßigen Reaktionen anstatt der dritten, der des Träumens.

2) Solche Theorien, welche im Gegenteile für den Traum eine Herabsetzung der psychischen Tätigkeit, eine Auflockerung der Zusammenhänge, eine Verarmung an anspruchsfähigem Material annehmen. Diesen Theorien zufolge müßte eine ganz andere psychologische Charakteristik des Schlafes gegeben werden als etwa nach *Delboeuf*. Der Schlaf erstreckt sich weit über die Seele, er besteht nicht bloß in einer Absperrung der Seele von der Außenwelt, er dringt vielmehr in ihren Mechanismus ein und macht ihn zeitweilig unbrauchbar. Wenn ich einen Vergleich mit psychiatrischem Material heranziehen darf, so möchte ich sagen, die ersteren Theorien konstruieren den Traum wie eine Paranoia, die zweiterwähnten machen ihn zum Vorbilde des Schwachsinns oder einer Amentia.

Die Theorie, daß im Traumleben nur ein Bruchteil der durch den Schlaf lahmgelegten Seelentätigkeit zum Ausdruck komme, ist die bei ärztlichen Schriftstellern und in der wissenschaftlichen Welt überhaupt weit bevorzugte. Soweit ein allgemeineres Interesse für Traumerklärung vorauszusetzen ist, darf man sie wohl als die *herrschende* Theorie des Traumes bezeichnen. Es ist hervorzuheben, mit welcher Leichtigkeit gerade diese Theorie die ärgste Klippe jeder Traumerklärung, nämlich das Scheitern an einem der durch den Traum verkörperten Gegensätze, vermeidet. Da ihr der Traum das Ergebnis eines partiellen Wachens ist („ein allmähliches, partielles und zugleich sehr anomalisches Wachen", sagt *Herbarts Psychologie* über den Traum), so kann sie durch eine Reihe von Zuständen von immer weitergehender Erweckung bis zur vollen Wachheit die ganze Reihe von der Minderleistung des Traums, die sich durch Absurdität verrät, bis zur voll konzentrierten Denkleistung decken.

Wem die physiologische Darstellungsweise unentbehrlich geworden ist oder wissenschaftlicher dünkt, der wird diese Theorie des Traums in der Schilderung von *Binz* ausgedrückt finden (S. 43):

„Dieser Zustand (von Erstarrung) aber geht in den frühen Morgenstunden nur allmählich seinem Ende entgegen. Immer geringer werden die in dem Gehirneiweiß aufgehäuften Ermüdungsstoffe, und immer mehr von ihnen wird zerlegt oder von dem rastlos treibenden Blutstrom fortgespült. Da und dort leuchten schon einzelne Zellenhaufen wach geworden hervor, während ringsumher noch alles in Erstarrung ruht. Es tritt nun die *isolierte Arbeit der Einzelgruppen* vor unser umnebeltes Bewußtsein, und zu ihr fehlt die Kontrolle anderer, der Assoziation vorstehender Gehirnteile. Darum fügen die geschaffenen Bilder, welche meist den materiellen Eindrücken nahe liegender Vergangenheit entsprechen, sich wild und regellos aneinander. Immer größer wird die Zahl der frei werdenden Gehirnzellen, immer geringer die Unvernunft des Traumes."

Man wird die Auffassung des Träumens als eines unvollständigen, partiellen Wachens, oder Spuren von ihrem Einflusse, sicherlich bei allen modernen Physiologen und Philosophen finden. Am ausführlichsten ist sie bei *Maury* dargestellt. Dort hat es oft den Anschein, als stellte sich der Autor das Wachsein oder Eingeschlafensein nach anatomischen Regionen verschiebbar vor, wobei ihm allerdings eine anatomische Provinz und eine bestimmte psychische Funktion aneinander gebunden erscheinen. Ich möchte hier aber nur andeuten, daß, wenn die Theorie des partiellen Wachens sich bestätigte, über den feineren Ausbau derselben sehr viel zu verhandeln wäre.

Eine Funktion des Traumes kann sich bei dieser Auffassung des Traumlebens natürlich nicht herausstellen. Vielmehr wird das Urteil über die Stellung und Bedeutung des Traumes konsequenterweise durch die Äußerung von *Binz* gegeben (S.35): „Alle Tatsachen, wie wir sehen, drängen dahin, den Traum als einen *körperlichen*, in allen Fällen unnützen, in vielen Fällen geradezu krankhaften Vorgang zu kennzeichnen..."

Der Ausdruck „körperlich" mit Beziehung auf den Traum, der seine Hervorhebung dem Autor selbst verdankt, weist wohl nach mehr als einer Richtung. Er bezieht sich zunächst auf die Traumätiologie, die ja *Binz* besonders nahelag, wenn er die experimentelle Erzeugung von Träumen durch Darreichung von Giften studierte. Es liegt nämlich im Zusammenhange dieser Art von Traumtheorien, die Anregung zum Träumen womöglich ausschließlich von somatischer Seite ausgehen zu lassen. In extremster Form dargestellt, lautete es so: Nachdem wir durch Entfernung der Reize uns in Schlaf versetzt haben, wäre zum Träumen kein Bedürfnis und kein Anlaß bis zum Morgen, wo das allmähliche Erwachen durch die neu anlangenden Reize sich in dem Phänomen des Träumens spiegeln könnte. Nun gelingt es aber nicht, den Schlaf reizlos zu halten; es kommen, ähnlich wie Mephisto von den Lebenskeimen klagt, von überall her Reize an den Schlafenden heran, von außen, von innen, von all den Körpergebieten sogar, um die man sich als Wachender nie gekümmert hat. So wird der Schlaf gestört, die Seele bald an dem, bald an jenem Zipfelchen wach gerüttelt und funktioniert dann ein Weilchen mit dem geweckten Teil, froh, wieder einzuschlafen. Der Traum ist die Reaktion auf die durch den Reiz verursachte Schlafstörung, übrigens eine rein überflüssige Reaktion.

Den Traum, der doch immerhin eine Leistung des Seelenorgans bleibt, als einen körperlichen Vorgang zu bezeichnen, hat aber auch noch einen anderen Sinn. Es ist die *Würde* eines psychischen Vorgangs, die damit dem Traume abgesprochen werden soll. Das in seiner Anwendung auf den Traum bereits sehr alte Gleichnis von den „zehn Fingern eines der Musik ganz unkundigen Menschen, die über die Tasten des Instrumentes hinlaufen" veranschaulicht vielleicht am besten, welche Würdigung die Traumleistung bei den Vertretern der exakten Wissenschaft zumeist gefunden hat. Der Traum wird in dieser Auffassung etwas ganz und gar Undeutbares; denn wie sollten die zehn Finger des unmusikalischen Spielers ein Stück Musik produzieren können?

Es hat der Theorie des partiellen Wachens schon frühzeitig nicht an Einwänden gefehlt. *Burdach* meinte (S. 508 f.): „Wenn man sagt, der Traum sei ein partielles Wachen, so wird damit erstlich weder das Wachen noch das Schlafen erklärt, zweitens nichts anderes gesagt, als daß einige Kräfte der Seele im Traume tätig sind, während andere ruhen. Aber solche Ungleichheit findet während des ganzen Lebens statt ...“

An die herrschende Traumtheorie, welche im Traum einen „körperlichen“ Vorgang sieht, lehnt sich eine sehr interessante Auffassung des Traumes an, die erst 1886 von *Robert* ausgesprochen wurde und die bestechend wirkt, weil sie für das Träumen eine Funktion, einen nützlichen Erfolg, anzugeben weiß. *Robert* nimmt zur Grundlage seiner Theorie zwei Tatsachen der Beobachtung, bei denen wir bereits in der Würdigung des Traummaterials verweilt haben (vgl. S. 42), nämlich daß man so häufig von den nebensächlichsten Eindrücken des Tages träumt und daß man so selten die großen Interessen des Tages mit hinübernimmt. *Robert* behauptet als ausschließlich richtig: Es werden nie Dinge, die man voll ausgedacht hat, zu Traumerregern, immer nur solche, die einem unfertig im Sinne liegen oder den Geist flüchtig streifen (S. 10). – „Darum kann man meistens den Traum sich nicht erklären, weil die Ursachen desselben eben *die nicht zum genügenden Erkennen des Träumenden gekommenen Sinneseindrücke des verflossenen Tages* sind.“ Die Bedingung, daß ein Eindruck in den Traum gelange, ist also, entweder daß dieser Eindruck in seiner Verarbeitung gestört wurde oder daß er als allzu unbedeutend auf solche Verarbeitung keinen Anspruch hatte.

Der Traum stellt sich *Robert* nun dar „als ein körperlicher Ausscheidungsprozeß, der in seiner geistigen Reaktionserscheinung zum Erkennen gelangt“. *Träume sind Ausscheidungen von im Keime erstickten Gedanken.* „Ein Mensch, dem man die Fähigkeit nehmen würde zu träumen, müßte in gegebener Zeit geistesgestört werden, weil sich in seinem Hirn eine Unmasse unfertiger, unausgedachter Gedanken und seichter Eindrücke ansammeln würde, unter deren Wucht dasjenige ersticken müßte, was dem Gedächtnisse als fertiges Ganzes einzuverleiben wäre.“ Der Traum leistet dem überbürdeten Gehirn die Dienste eines Sicherheitsventils. *Die Träume haben heilende, entlastende Kraft.* (S. 32.)

Es wäre mißverständlich, an *Robert* die Frage zu richten, wie denn durch das Vorstellen im Traum eine Entlastung der Seele herbeigeführt werden kann. Der Autor schließt offenbar aus jenen beiden Eigentümlichkeiten des Traummaterials, daß während des Schlafes eine solche Ausstoßung von wertlosen Eindrücken *irgendwie* als somatischer Vorgang vollzogen werde und das Träumen sei kein besonderer psychischer Prozeß, sondern nur die Kunde, die wir von jener

Aussonderung erhalten. Übrigens ist eine Ausscheidung nicht das einzige, was nachts in der Seele vorgeht. *Robert* fügt selbst hinzu, daß überdies die Anregungen des Tages ausgearbeitet werden, und „was sich von dem unverdaut im Geiste liegenden Gedankenstoff nicht ausscheiden läßt, wird durch der *Phantasie entlehnte Gedankenfäden zu einem abgerundeten Ganzen verbunden* und so dem Gedächtnisse als unschädliches Phantasiegemälde eingereiht". (S. 23.)

In den schroffsten Gegensatz zur herrschenden Theorie tritt die *Roberts* aber in der Beurteilung der Traumquellen. Während dort überhaupt nicht geträumt würde, wenn nicht die äußeren und inneren Sensationsreize die Seele immer wieder weckten, liegt der Antrieb zum Träumen nach der Theorie *Roberts* in der Seele selbst, in ihrer Überladung, die nach Entlastung verlangt, und *Robert* urteilt vollkommen konsequent, daß die im körperlichen Befinden liegenden traumbedingenden Ursachen einen untergeordneten Raum einnehmen und einen Geist, in dem kein dem wachen Bewußtsein entnommener Stoff zur Traumbildung wäre, keinesfalls zum Träumen veranlassen könnten. Zugegeben sei bloß, daß die im Traume aus den Tiefen der Seele heraus sich entwickelnden Phantasiebilder durch die Nervenreize beeinflußt werden können. (S. 48.) So ist der Traum nach *Robert* doch nicht so ganz abhängig vom Somatischen, er ist zwar kein psychischer Vorgang, hat keine Stelle unter den psychischen Vorgängen des Wachens, er ist ein allnächtlicher somatischer Vorgang am Apparat der Seelentätigkeit und hat eine Funktion zu erfüllen, diesen Apparat vor Überspannung zu behüten, oder wenn man das Gleichnis wechseln darf: die Seele auszumisten.

Auf die nämlichen Charaktere des Traumes, die in der Auswahl des Traummaterials deutlich werden, stützt ein anderer Autor, *Yves Delage*, seine eigene Theorie, und es ist lehrreich zu beobachten, wie durch eine leise Wendung in der Auffassung derselben Dinge ein Endergebnis von ganz anderer Tragweite gewonnen wird.

Delage hatte an sich selbst, nachdem er eine ihm teure Person durch den Tod verloren, die Erfahrung gemacht, daß man von dem *nicht* träumt, was einen tagsüber ausgiebig beschäftigt hat, oder erst dann, wenn es anderen Interessen tagsüber zu weichen beginnt. Seine Nachforschungen bei anderen Personen bestätigten ihm die Allgemeinheit dieses Sachverhalts. Eine schöne Bemerkung dieser Art, wenn sie sich als allgemein richtig herausstellte, macht Delage über das Träumen junger Eheleute: „*S'ils ont été fortement épris, presque jamais ils n'ont rêvé l'un de l'autre avant le mariage ou pendant la lune de miel; et s'ils ont rêvé d'amour c'est pour être infidèles avec quelque personne indifférente ou odieuse.*" Wovon träumt man nun aber? *Delage* erkennt das in unseren Träumen vorkommende Material als bestehend aus Bruchstücken und Resten von Eindrücken der letzten Tage und früherer Zeiten. Alles, was in unseren Träumen auftritt, was wir zuerst geneigt sein mögen, als Schöpfung des Traumlebens anzusehen, erweist sich bei genauerer Prüfung als unerkannte Reproduktion, als *„souvenir inconscient"*. Aber dieses Vorstellungsmaterial zeigt einen gemeinsamen Charakter, es rührt von Eindrücken her, die unsere Sinne wahrscheinlich stärker betroffen haben als unseren Geist oder von denen die Aufmerksamkeit sehr bald nach ihrem Auftauchen wieder abgelenkt wurde. Je weniger bewußt und dabei je stärker ein Eindruck gewesen ist, desto mehr Aussicht hat er, im nächsten Traum eine Rolle zu spielen.

Es sind im wesentlichen dieselben zwei Kategorien von Eindrücken, die nebensächlichen und die unerledigten, wie sie *Robert* hervorhebt, aber *Delage* wendet den Zusammenhang anders, indem er meint, diese Eindrücke werden nicht, weil sie gleichgültig sind, traumfähig, sondern weil sie unerledigt sind. Auch die nebensächlichen Eindrücke sind gewissermaßen nicht voll erledigt worden, auch sie sind ihrer Natur nach als neue Eindrücke *„autant de ressorts tendus"*, die sich während des Schlafes entspannen werden. Noch mehr Anrecht auf eine Rolle im Traum als der schwache und fast unbeachtete Eindruck wird ein starker Eindruck haben, der zufällig in seiner Verarbeitung aufgehalten wurde oder mit Absicht zurückgedrängt worden ist. Die tagsüber durch Hemmung und Unterdrückung aufgespeicherte psychische Energie wird nachts die Triebfeder des Traums. Im Traum kommt das psychisch Unterdrückte zum Vorschein.[22]

Leider bricht der Gedankengang von *Delage* an dieser Stelle ab; er kann einer selbständigen psychischen Tätigkeit im Traum nur die geringste Rolle einräumen, und so schließt er sich mit seiner Traumtheorie unvermittelt wieder an die herrschende Lehre vom partiellen Schlafen des Gehirns an: *„En somme le rêve est le produit de la pensée errante, sans but et sans direction, se fixant successivement sur les souvenirs, qui ont gardé assez d'intensité pour se placer sur sa route et l'arrêter au passage, établissant entre eux un lien tantôt faible et indécis, tantôt plus fort et plus serré, selon que l'activité actuelle du cerveau est plus ou moins abolie par le sommeil."*

3) Zu einer dritten Gruppe kann man jene Theorien des Traumes vereinigen, welche der träumenden Seele die Fähigkeit und Neigung zu besonderen psychischen Leistungen zuschreiben, die sie im Wachen entweder gar nicht oder nur in unvollkommener Weise ausführen kann. Aus der Betätigung dieser Fähigkeiten ergibt sich zumeist eine nützliche Funktion des Traumes. Die Wertschätzungen, welche der Traum bei älteren psychologischen Autoren gefunden hat, gehören meist in diese Reihe. Ich will mich aber damit begnügen, an deren statt

---

[22] Ganz ähnlich äußert sich der Dichter Anatole France (*Le lys rouge*): *„Ce que nous voyons la nuit, ce sont les restes malheureux de ce que nous avons négligé dans la veille. Le rêve est souvent la revanche des choses qu'on méprise ou le reproche des êtres abandonnés."*

die Äußerung von *Burdach* anzuführen, derzufolge der Traum „die Naturtätigkeit der Seele ist, welche nicht durch die Macht der Individualität beschränkt, nicht durch Selbstbewußtsein gestört, nicht durch Selbstbestimmung gerichtet wird, sondern die in freiem Spiele sich ergehende Lebendigkeit der sensibeln Zentralpunkte ist" (S. 486).

Dieses Schwelgen im freien Gebrauch der eigenen Kräfte stellen sich *Burdach* u. a. offenbar als einen Zustand vor, in welchem die Seele sich erfrischt und neue Kräfte für die Tagesarbeit sammelt, also etwa nach Art eines Ferienurlaubs. *Burdach* zitiert und akzeptiert darum auch die liebenswürdigen Worte, in denen der Dichter *Novalis* das Walten des Traumes preist: „Der Traum ist eine Schutzwehr gegen die Regelmäßigkeit und Gewöhnlichkeit des Lebens, eine freie Erholung der gebundenen Phantasie, wo sie alle Bilder des Lebens durcheinanderwirft und die beständige Ernsthaftigkeit des erwachsenen Menschen durch ein fröhliches Kinderspiel unterbricht; ohne die Träume würden wir gewiß früher alt, und so kann man den Traum, wenn auch nicht als unmittelbar von oben gegeben, doch als eine köstliche Aufgabe, als einen freundlichen Begleiter auf der Wallfahrt zum Grabe betrachten."

Die erfrischende und heilende Tätigkeit des Traumes schildert noch eindringlicher *Purkinje* (1846, 456): „Besonders würden die produktiven Träume diese Funktionen vermitteln. Es sind leichte Spiele der Imagination, die mit den Tagesbegebenheiten keinen Zusammenhang haben. Die Seele will die Spannungen des wachen Lebens nicht fortsetzen, sondern sie auflösen, sich von ihnen erholen. Sie erzeugt zuvörderst denen des Wachens entgegengesetzte Zustände. Sie heilt Traurigkeit durch Freude, Sorgen durch Hoffnungen und heitere zerstreuende Bilder, Haß durch Liebe und Freundlichkeit, Furcht durch Mut und Zuversicht; den Zweifel beschwichtigt sie durch Überzeugung und festen Glauben, vergebliche Erwartung durch Erfüllung. Viele wunde Stellen des Gemütes, die der Tag immerwährend offen erhalten würde, heilt der Schlaf, indem er sie zudeckt und vor neuer Aufregung bewahrt. Darauf beruht zum Teil die schmerzenheilende Wirkung der Zeit." Wir empfinden es alle, daß der Schlaf eine Wohltat für das Seelenleben ist, und die dunkle Ahnung des Volksbewußtseins läßt sich offenbar das Vorurteil nicht rauben, daß der Traum einer der Wege ist, auf denen der Schlaf seine Wohltaten spendet.

Der originellste und weitgehendste Versuch, den Traum aus einer besonderen Tätigkeit der Seele, die sich erst im Schlafzustande frei entfalten kann, zu erklären, ist der von *Scherner* 1861 unternommene. Das Buch *Scherners*, in einem schwülen und schwülstigen Stil geschrieben, von einer nahezu trunkenen Begeisterung für den Gegenstand getragen, die abstoßend wirken muß, wenn sie nicht mit sich fortzureißen vermag, setzt einer Analyse solche Schwierigkeiten entgegen, daß wir bereitwillig nach der klareren und kürzeren Darstellung greifen, in welcher der Philosoph *Volkelt* die Lehren *Scherners* uns vorführt. „Es blitzt und leuchtet wohl aus den mystischen Zusammenballungen, aus all dem Pracht- und Glanzgewoge ein ahnungsvoller Schein von Sinn heraus, allein hell werden hiedurch des Philosophen Pfade nicht." Solche Beurteilung findet die Darstellung *Scherners* selbst bei seinem Anhänger.

Scherner gehört nicht zu den Autoren, welche der Seele gestatten, ihre Fähigkeiten unverringert ins Traumleben mitzunehmen. Er führt selbst aus, wie im Traum die Zentralität, die Spontanenergie des Ichs entnervt wird, wie infolge dieser Dezentralisation Erkennen, Fühlen, Wollen und Vorstellen verändert werden und wie den Überbleibseln dieser Seelenkräfte kein wahrer Geistcharakter, sondern nur noch die Natur eines Mechanismus zukommt. Aber dafür schwingt sich im Traum die als *Phantasie* zu benennende Tätigkeit der Seele, frei von aller Verstandesherrschaft und damit der strengen Maße ledig, zur unbeschränkten Herrschaft auf. Sie nimmt zwar die letzten Bausteine aus dem Gedächtnis des Wachens, aber führt aus ihnen Gebäude auf, die von den Gebilden des Wachens himmelweit verschieden sind, sie zeigt sich im Traume nicht nur reproduktiv, sondern auch *produktiv.* Ihre Eigentümlichkeiten verleihen dem Traumleben seine besonderen Charaktere. Sie zeigt eine Vorliebe für das *Ungemessene, Übertriebene, Ungeheuerliche.* Zugleich aber gewinnt sie durch die Befreiung von den hinderlichen Denkkategorien eine größere Schmiegsamkeit, Behendigkeit, Wendungslust; sie ist aufs feinste empfindsam für die zarten Stimmungsreize des Gemüts, für die wühlerischen Affekte, sie bildet sofort das innere Leben in die äußere plastische Anschaulichkeit hinein. Der Traumphantasie *fehlt die Begriffssprache;* was sie sagen will, muß sie anschaulich hinmalen, und da der Begriff hier nicht schwächend einwirkt, malt sie es in Fülle, Kraft und Größe der Anschauungsform hin. Ihre Sprache wird hiedurch, so deutlich sie ist, weitläufig, schwerfällig, unbeholfen. Besonders erschwert wird die Deutlichkeit ihrer Sprache dadurch, daß sie die Abneigung hat, ein Objekt durch sein eigentliches Bild auszudrücken, und lieber ein *fremdes Bild* wählt, insofern dieses nur dasjenige Moment des Objekts, an dessen Darstellung ihr liegt, durch sich auszudrücken imstande ist. Das ist die *symbolisierende Tätigkeit* der Phantasie ... Sehr wichtig ist ferner, daß die Traumphantasie die Gegenstände nicht erschöpfend, sondern nur in ihrem Umriß und diesen in freiester Weise nachbildet. Ihre Malereien erscheinen daher wie genial hingehaucht. Die Traumphantasie bleibt aber nicht bei der bloßen Hinstellung des Gegenstandes stehen, sondern sie ist innerlich genötigt, das Traum-Ich mehr oder weniger mit ihm zu verwickeln und so eine Handlung zu erzeugen. Der Gesichtsreiztraum z. B. malt Goldstücke auf die Straße; der Träumer sammelt sie, freut sich, trägt sie davon.

Das Material, an welchem die Traumphantasie ihre künstlerische Tätigkeit vollzieht, ist nach *Scherner* vorwiegend das der bei Tag so dunkeln, organischen Leibreize (vgl. S. 54 unten), so daß in der Annahme der Traumquellen und Traumerreger die allzu phantastische Theorie *Scherners* und die vielleicht über- nüchterne Lehre *Wundts* und anderer Physiologen, die sich sonst wie Antipoden zueinander verhalten, sich hier völlig decken. Aber während nach der physiolo- gischen Theorie die seelische Reaktion auf die inneren Leibreize mit der Erwek- kung von irgend zu ihnen passenden Vorstellungen erschöpft ist, die dann einige andere Vorstellungen auf dem Wege der Assoziation sich zu Hilfe rufen, und mit diesem Stadium die Verfolgung der psychischen Vorgänge des Traums been- digt scheint, geben die Leibreize nach *Scherner* der Seele nur ein Material, das sie ihren phantastischen Absichten dienstbar machen kann. Die Traumbildung fängt für *Scherner* dort erst an, wo sie für den Blick der anderen versiegt.

Zweckmäßig wird man freilich nicht finden können, was die Traumphantasie mit den Leibreizen vornimmt. Sie treibt ein neckendes Spiel mit ihnen, stellt sich die Organquelle, aus der die Reize im betreffenden Traum stammen, in irgend- einer plastischen Symbolik vor. Ja *Scherner* meint, worin *Volkelt* und andere ihm nicht folgen, daß die Traumphantasie eine bestimmte Lieblingsdarstellung für den ganzen Organismus habe; diese wäre das *Haus*. Sie scheint sich aber zum Glück für ihre Darstellungen nicht an diesen Stoff zu binden; sie kann auch umgekehrt ganze Reihen von Häusern benützen, um ein einzelnes Organ zu bezeichnen, z. B. sehr lange Häuserstraßen für den Eingeweidereiz. Andere Male stellen einzelne Teile des Hauses wirklich einzelne Körperteile dar, so z. B. im Kopfschmerztraum die Decke eines Zimmers (welche der Träumer mit ekelhaf- tigen krötenartigen Spinnen bedeckt sieht) den Kopf.

Von der Haussymbolik ganz abgesehen, werden beliebige andere Gegen- stände zur Darstellung der den Traumreiz ausschickenden Körperteile verwen- det. „So findet die atmende Lunge in dem flammenerfüllten Ofen mit seinem luftartigen Brausen ihr Symbol, das Herz in hohlen Kisten und Körben, die Harnblase in runden, beutelförmigen oder überhaupt nur ausgehöhlten Gegen- ständen. Der männliche Geschlechtsreiztraum läßt den Träumer den oberen Teil einer Klarinette, daneben den gleichen Teil einer Tabakspfeife, daneben wieder einen Pelz auf der Straße finden. Klarinette und Tabakspfeife stellen die annä- hernde Form des männlichen Gliedes, der Pelz das Schamhaar dar. Im weibli- chen Geschlechtstraum kann sich die Schrittenge der zusammenschließenden Schenkel durch einen schmalen, von Häusern umschlossenen Hof, die weibliche Scheide durch einen mitten durch den Hofraum führenden, schlüpfrig weichen, sehr schmalen Fußpfad symbolisieren, den die Träumerin wandeln muß, um etwa einen Brief zu einem Herrn zu tragen." (*Volkelt*, S. 34.) Besonders wichtig ist es, daß am Schlusse eines solchen Leibreiztraumes die Traumphantasie sich sozusagen demaskiert, indem sie das erregende Organ oder dessen Funktion unverhüllt hinstellt. So schließt der „Zahnreiztraum" gewöhnlich damit, daß der Träumer sich einen Zahn aus dem Munde nimmt.

Die Traumphantasie kann ihre Aufmerksamkeit aber nicht bloß der Form des erregenden Organs zuwenden, sie kann ebensowohl die in ihm enthaltene Substanz zum Objekt der Symbolisierung nehmen. So führt z. B. der Eingeweidereiztraum durch kotige Straßen, der Harnreiztraum an schäumendes Wasser. Oder der Reiz als solcher, die Art seiner Erregtheit, das Objekt, das er begehrt, werden symbolisch dargestellt, oder das Traum-Ich tritt in konkrete Verbindung mit den Symbolisierungen des eigenen Zustandes, z. B. wenn wir bei Schmerzreizen uns mit beißenden Hunden oder tobenden Stieren verzweifelt balgen oder die Träumerin sich im Geschlechtstraum von einem nackten Manne verfolgt sieht. Von all dem möglichen Reichtum in der Ausführung abgesehen, bleibt eine symbolisierende Phantasietätigkeit als die Zentralkraft eines jeden Traumes bestehen. In den Charakter dieser Phantasie näher einzudringen, der so erkannten psychischen Tätigkeit ihre Stellung in einem System philosophischer Gedanken anzuweisen, versuchte dann *Volkelt* in seinem schön und warm geschriebenen Buch, das aber allzu schwer verständlich für jeden bleibt, der nicht durch frühe Schulung für das ahnungsvolle Erfassen philosophischer Begriffsschemen vorbereitet ist.

Eine nützliche Funktion ist mit der Betätigung der symbolisierenden Phantasie *Scherners* in den Träumen nicht verbunden. Die Seele spielt träumend mit den ihr dargebotenen Reizen. Man könnte auf die Vermutung kommen, daß sie unartig spielt. Man könnte aber auch an uns die Frage richten, ob unsere eingehende Beschäftigung mit der *Schernerschen* Theorie des Traumes zu irgendetwas Nützlichem führen kann, deren Willkürlichkeit und Losgebundenheit von den Regeln aller Forschung doch allzu augenfällig scheint. Da wäre es denn am Platze, gegen eine Verwerfung der Lehre *Scherners* vor aller Prüfung als allzu hochmütig ein Veto einzulegen. Diese Lehre baut sich auf dem Eindruck auf, den jemand von seinen Träumen empfing, der ihnen große Aufmerksamkeit schenkte und der persönlich sehr wohl veranlagt scheint, dunkeln seelischen Dingen nachzuspüren. Sie handelt ferner von einem Gegenstand, der den Menschen durch Jahrtausende rätselhaft wohl, aber zugleich inhalts- und beziehungsreich erschienen ist und zu dessen Erhellung die gestrenge Wissenschaft, wie sie selbst bekennt, nicht viel anderes beigetragen hat, als daß sie im vollen Gegensatz zur populären Empfindung dem Objekte Inhalt und Bedeutsamkeit abzusprechen versuchte. Endlich wollen wir uns ehrlich sagen, daß es den Anschein hat, wir könnten bei den Versuchen, den Traum aufzuklären, der Phantastik nicht leicht entgehen.

Es gibt auch Ganglienzellenphantastik; die S. 87 zitierte Stelle eines nüchternen und exakten Forschers wie *Binz*, welche schildert, wie die Aurora des Erwachens über die eingeschlafenen Zellhaufen der Hirnrinde hinzieht, steht an Phantastik und an – Unwahrwahrscheinlichkeit hinter den *Schernerschen* Deutungsversuchen nicht zurück. Ich hoffe zeigen zu können, daß hinter den letzteren etwas Reelles steckt, das allerdings nur verschwommen erkannt worden ist und nicht den Charakter der Allgemeinheit besitzt, auf den eine Theorie des Traumes Anspruch erheben kann. Vorläufig kann uns die *Schernersche* Theorie des Traumes in ihrem Gegensatz zur medizinischen etwa vor Augen führen, zwischen welchen Extremen die Erklärung des Traumlebens heute noch unsicher schwankt.

H
Beziehungen zwischen Traum und Geisteskrankheiten

Wer von der Beziehung des Traumes zu den Geisteseörungen spricht, kann dreierlei meinen: 1) ätiologische und klinische Beziehungen, etwa wenn ein Traum einen psychotischen Zustand vertritt, einleitet oder nach ihm erübrigt, 2) Veränderungen, die das Traumleben im Falle der Geisteskrankheit erleidet, 3) Innere Beziehungen zwischen Traum und Psychosen, Analogien, die auf Wesensverwandtschaft hindeuten. Diese mannigfachen Beziehungen zwischen den beiden Reihen von Phänomenen sind in früheren Zeiten der Medizin – und in der Gegenwart von neuem wieder– ein Lieblingsthema ärztlicher Autoren gewesen, wie die bei *Spitta, Radestock, Maury* und *Tissié* gesammelte Literatur des Gegenstandes lehrt. Jüngst hat *Sante de Sanctis* diesem Zusammenhange seine Aufmerksamkeit zugewendet.[23] Dem Interesse unserer Darstellung wird es genügen, den bedeutsamen Gegenstand bloß zu streifen.

Zu den klinischen und ätiologischen Beziehungen zwischen Traum und Psychosen will ich folgende Beobachtungen als Paradigmata mitteilen. *Hohnbaum* berichtet (bei *Krauß*), daß der erste Ausbruch des Wahnsinns sich öfters von einem ängstlichen, schreckhaften Traum herschrieb und daß die vorherrschende Idee mit diesem Traume in Verbindung stand. *Sante de Sanctis* bringt ähnliche Beobachtungen von Paranoischen und erklärt den Traum in einzelnen derselben für „*vraie cause déterminante de la folie*“. Die Psychose kann mit dem wirksamen, die wahnhafte Aufklärung enthaltenden Traum mit einem Schlag ins Leben treten oder sich durch weitere Träume, die noch gegen Zweifel anzukämpfen

---

[23] Spätere Autoren, die solche Beziehungen behandeln, sind: Féré, Ideler, Lasègue, Pichon, Regis, Vespa, Gießle, Kazowsky, Pachantoni u. a.

haben, langsam entwickeln. In einem Falle von *de Sanctis* schlossen sich an den ergreifenden Traum leichte hysterische Anfälle, dann in weiterer Folge ein ängstlich-melancholischer Zustand. *Féré* (bei *Tissié*) berichtet von einem Traum, der eine hysterische Lähmung zur Folge hatte. Hier wird uns der Traum als Ätiologie der Geistesstörung vorgeführt, obwohl wir dem Tatbestand ebenso Rechnung tragen, wenn wir aussagen, die geistige Störung habe ihre erste Äußerung am Traumleben gezeigt, sei im Traum zuerst durchgebrochen. In anderen Beispielen enthält das Traumleben die krankhaften Symptome, oder die Psychose bleibt aufs Traumleben eingeschränkt. So macht *Thomayer* auf *Angstträume* aufmerksam, die als Äquivalente von epileptischen Anfällen aufgefaßt werden müssen. *Allison* hat nächtliche Geisteskrankheit *(nocturnal insanity)* beschrieben (nach *Radestock*), bei der die Individuen tagsüber anscheinend vollkommen gesund sind, während bei Nacht regelmäßig Halluzinationen, Tobsuchtsanfälle u. dgl. auftreten. Ähnliche Beobachtungen bei *de Sanctis* (paranoisches Traumäquivalent bei einem Alkoholiker, Stimmen, die die Ehefrau der Untreue beschuldigen); bei *Tissié*. *Tissié* bringt aus neuerer Zeit eine reiche Anzahl von Beobachtungen, in denen Handlungen pathologischen Charakters (aus Wahnvoraussetzungen, Zwangsimpulse) sich aus Träumen ableiten. *Guislain* beschreibt einen Fall, in dem der Schlaf durch ein intermittierendes Irresein ersetzt war.

Es ist wohl kein Zweifel, daß eines Tages neben der Psychologie des Traumes eine Psychopathologie des Traumes die Ärzte beschäftigen wird.

Besonders deutlich wird es häufig in Fällen von Genesung nach Geisteskrankheit, daß bei gesunder Funktion am Tage das Traumleben noch der Psychose angehören kann. *Gregory* soll auf dieses Vorkommen zuerst aufmerksam gemacht haben (nach *Krauß*). *Macario* (bei *Tissié*) erzählt von einem Maniacus, der eine Woche nach seiner völligen Herstellung in Träumen die Ideenflucht und die leidenschaftlichen Antriebe seiner Krankheit wieder erlebte.

Über die Veränderungen, welche das Traumleben bei dauernd Psychotischen erfährt, sind bis jetzt nur sehr wenige Untersuchungen angestellt worden. Dagegen hat die innere Verwandtschaft zwischen Traum und Geistesstörung, die sich in so weitgehender Übereinstimmung der Erscheinungen beider äußert, frühzeitig Beachtung gefunden. Nach *Maury* hat zuerst *Cabanis* in seinen *Rapports du physique et du moral* auf sie hingewiesen, nach ihm *Lélut, J. Moreau* und ganz besonders der Philosoph *Maine de Biran*. Sicherlich ist die Vergleichung noch älter. *Radestock* leitet das Kapitel, in dem er sie behandelt, mit einer Sammlung von Aussprüchen ein, welche Traum und Wahnsinn in Analogie bringen. *Kant* sagt an einer Stelle: „Der Verrückte ist ein Träumer im Wachen." *Krauß:* „Der Wahnsinn ist ein Traum innerhalb des Sinnenwachseins." *Schopenhauer* nennt den Traum einen kurzen Wahnsinn und den Wahnsinn einen langen Traum. *Hagen* bezeichnet das Delirium als Traumleben, welches nicht durch Schlaf, sondern durch Krankheiten herbeigeführt ist. *Wundt* äußert in der *Physiologischen Psychologie*: „In der Tat können wir im Traum fast alle Erscheinungen, die uns in den Irrenhäusern begegnen, selber durchleben."

Die einzelnen Übereinstimmungen, auf Grund deren eine solche Gleichstellung sich dem Urteil empfiehlt, zählt *Spitta* (übrigens sehr ähnlich wie *Maury*) in folgender Reihe auf: „1) Aufhebung oder doch Retardation des Selbstbewußtseins, infolgedessen Unkenntnis über den Zustand als solchen, also Unmöglichkeit des Erstaunens, Mangel des moralischen Bewußtseins, 2) Modifizierte Perzeption der Sinnesorgane, und zwar im Traum verminderte, im Wahnsinn im allgemeinen sehr gesteigerte, 3) Verbindung der Vorstellungen untereinander lediglich nach den Gesetzen der Assoziation und Reproduktion, also automatische Reihenbildung, daher Unproportionalität der Verhältnisse zwischen den Vorstellungen (Übertreibungen, Phantasmen) und aus alledem resultierend: 4) Veränderung beziehungsweise Umkehrung der Persönlichkeit und zuweilen der Eigentümlichkeiten des Charakters (Perversitäten)."

Radestock fügt noch einige Züge hinzu, Analogien im Material: „Im Gebiet des Gesichts- und Gehörsinnes und des Gemeingefühls findet man die meisten Halluzinationen und Illusionen. Die wenigsten Elemente liefern wie beim Traum der Geruch- und Geschmacksinn. – Dem Fieberkranken steigen in den Delirien wie dem Träumenden Erinnerungen aus langer Vergangenheit auf; was der Wachende und Gesunde vergessen zu haben schien, dessen erinnert sich der Schlafende und Kranke." – Die Analogie von Traum und Psychose erhält erst dadurch ihren vollen Wert, daß sie sich wie eine Familienähnlichkeit in die feinere Mimik und bis auf einzelne Auffälligkeiten des Gesichtsausdruckes erstreckt.

„Dem von körperlichen und geistigen Leiden Gequälten gewährt der Traum, was die Wirklichkeit versagte: Wohlsein und Glück; so heben sich auch bei dem Geisteskranken die lichten Bilder von Glück, Größe, Erhabenheit und Reichtum. Der vermeintliche Besitz von Gütern und die imaginäre Erfüllung von Wünschen, deren Verweigerung oder Vernichtung eben einen psychischen Grund des Irreseins abgaben, machen häufig den Hauptinhalt des Deliriums aus. Die Frau, die ein teures Kind verloren, deliriert in Mutterfreuden, wer Vermögensverluste erlitten, hält sich für außerordentlich reich, das betrogene Mädchen sieht sich zärtlich geliebt."

(Diese Stelle *Radestocks* ist die Abkürzung einer feinsinnigen Ausführung von *Griesinger* (S. 111), die mit aller Klarheit die *Wunscherfüllung* als einen dem Traum und der Psychose gemeinsamen Charakter des Vorstellens enthüllt. Meine eigenen Untersuchungen haben mich gelehrt, daß hier der Schlüssel zu einer psychologischen Theorie des Traumes und der Psychosen zu finden ist.)

„Barocke Gedankenverbindungen und Schwäche des Urteils sind es, welche den Traum und den Wahnsinn hauptsächlich charakterisieren." Die *Überschätzung* der eigenen geistigen Leistungen, die dem nüchternen Urteil als unsinnig erscheinen, findet sich hier wie dort; dem *rapiden Vorstellungsverlauf* des Traumes entspricht die *Ideenflucht* der Psychose. Bei beiden fehlt jedes *Zeitmaß*. Die *Spaltung der Persönlichkeit* im Traume, welche z. B. das eigene Wissen auf zwei Personen verteilt, von denen die fremde das eigene Ich im Traume korrigiert, ist völlig gleichwertig der bekannten Persönlichkeitsteilung bei halluzinatorischer Paranoia; auch der Träumer hört die eigenen Gedanken von fremden Stimmen vorgebracht. Selbst für die konstanten Wahnideen findet sich eine Analogie in den stereotyp wiederkehrenden pathologischen Träumen (*rêve obsédant*). – Nach der Genesung von einem Delirium sagen die Kranken nicht selten, daß ihnen die ganze Zeit ihrer Krankheit wie ein oft nicht unbehaglicher Traum erscheint, ja sie teilen uns mit, daß sie gelegentlich noch während der Krankheit geahnt haben, sie seien nur in einem Traume befangen, ganz wie es oft im Schlaftraum vorkommt.

Nach alledem ist es nicht zu verwundern, wenn *Radestock* seine wie vieler anderer Meinung in den Worten zusammenfaßt, daß „der Wahnsinn, eine anormale krankhafte Erscheinung, als eine Steigerung des periodisch wiederkehrenden normalen Traumzustandes zu betrachten ist". (S. 228.)

Noch inniger vielleicht, als es durch diese Analogie der sich äußernden Phänomene möglich ist, hat *Krauß* die Verwandtschaft von Traum und Wahnsinn in der Ätiologie (vielmehr: in den Erregungsquellen) begründen wollen. Das beiden gemeinschaftliche Grundelement ist nach ihm, wie wir gehört haben, die organisch bedingte Empfindung, die Leibreizsensation, das durch Beiträge von allen Organen her zustande gekommene Gemeingefühl (vgl. *Peisse*, bei *Maury*, S. 52).

Die nicht zu bestreitende, bis in charakteristische Einzelheiten reichende Übereinstimmung von Traum und Geistesstörung gehört zu den stärksten Stützen der medizinischen Theorie des Traumlebens, nach welcher sich der Traum als unnützer und störender Vorgang und als Ausdruck einer herabgesetzten Seelentätigkeit darstellt. Man wird indes nicht erwarten können, die endgültige Aufklärung über den Traum von den Seelenstörungen her zu empfangen, wo es allgemein bekannt ist, in welch unbefriedigendem Zustand unsere Einsicht in den Hergang der letzteren sich befindet. Wohl aber ist es wahrscheinlich, daß eine veränderte Auffassung des Traumes unsere Meinungen über den inneren Mechanismus der Geistesstörungen mitbeeinflussen muß, und so dürfen wir sagen, daß wir an der Aufklärung der Psychosen arbeiten, wenn wir uns bemühen, das Geheimnis des Traumes aufzuhellen.

Zusatz 1909

Es bedarf einer Rechtfertigung, daß ich die Literatur der Traumprobleme nicht auch über den Zeitabschnitt vom ersten Erscheinen bis zur zweiten Auflage dieses Buches fortgeführt habe. Dieselbe mag dem Leser wenig befriedigend erscheinen; ich bin nichtsdestoweniger durch sie bestimmt worden. Die Motive, die mich überhaupt zu einer Darstellung der Behandlung des Traumes in der Literatur veranlaßt hatten, waren mit der vorstehenden Einleitung erschöpft; eine Fortsetzung dieser Arbeit hätte mich außerordentliche Bemühung gekostet und – sehr wenig Nutzen oder Belehrung gebracht. Denn der in Rede stehende Zeitraum von neun Jahren hat weder an tatsächlichem Material noch an Gesichtspunkten für die Auffassung des Traumes Neues oder Wertvolles gebracht. Meine Arbeit ist in den meisten seither veröffentlichten Publikationen unerwähnt und unberücksichtigt geblieben; am wenigsten Beachtung hat sie natürlich bei den sogenannten „Traumforschern" gefunden, die von der dem wissenschaftlichen Menschen eigenen Abneigung, etwas Neues zu erlernen, hiemit ein glänzendes Beispiel gegeben haben, *„Les savants ne sont pas curieux",* meint der Spötter *Anatole France.* Wenn es in der Wissenschaft ein Recht zur Revanche gibt, so wäre ich wohl berechtigt, auch meinerseits die Literatur seit dem Erscheinen dieses Buches zu vernachlässigen. Die wenigen Berichterstattungen, die sich in wissenschaftlichen Journalen gezeigt haben, sind so voll von Unverstand und Mißverständnissen, daß ich den Kritikern mit nichts anderem als mit der Aufforderung, dieses Buch noch einmal zu lesen, antworten könnte. Vielleicht dürfte die Aufforderung auch lauten: es überhaupt zu lesen.

In den Arbeiten jener Ärzte, welche sich zur Anwendung des psychoanalytischen Heilverfahrens entschlossen haben, und anderer sind reichlich Träume veröffentlicht und nach meinen Anweisungen gedeutet worden. Soweit diese Arbeiten über die Bestätigung meiner Aufstellungen hinausgehen, habe ich deren Ergebnisse in den Zusammenhang meiner Darstellung eingetragen. Ein zweites Literaturverzeichnis am Ende stellt die wichtigsten Veröffentlichungen seit dem ersten Erscheinen dieses Buches zusammen. Das reichhaltige Buch von *Sante de Sanctis* über die Träume, dem bald nach seinem Erscheinen eine Übersetzung ins Deutsche zuteil geworden ist, hat sich mit meiner *Traumdeutung* zeitlich gekreuzt, so daß ich von ihm ebensowenig Notiz nehmen konnte wie der italienische Autor von mir. Ich mußte dann leider urteilen, daß seine fleißige Arbeit überaus arm an Ideen sei, so arm, daß man aus ihr nicht einmal die Möglichkeit der bei mir behandelten Probleme ahnen könnte.

Ich habe nur zweier Erscheinungen zu gedenken, die nahe an meine Behandlung der Traumprobleme streifen. Ein jüngerer Philosoph, *H. Swoboda,* der es unternommen hat, die Entdeckung der biologischen Periodizität (in Reihen von 23 und 28 Tagen), die von *Wilh. Fließ* herrührt, auf das psychische Geschehen auszudehnen, hat in einer phantasievollen Schrift[24] mit diesem Schlüssel unter anderem auch das Rätsel der Träume lösen wollen. Die Bedeutung der Träume wäre dabei zu kurz gekommen; das Inhaltsmaterial derselben würde sich durch das Zusammentreffen all jener Erinnerungen erklären, die in jener Nacht gerade eine der biologischen Perioden zum ersten- oder *n*-tenmal vollenden. Eine persönliche Mitteilung des Autors ließ mich zuerst annehmen, daß er selbst diese Lehre nicht mehr ernsthaft vertreten wolle. Es scheint, daß ich mich in diesem Schluß geirrt habe; ich werde an anderer Stelle einige Beobachtungen zu der Aufstellung *Swobodas* mitteilen, die mir aber ein überzeugendes Ergebnis nicht gebracht haben. Bei weitem erfreulicher war mir der Zufall, an unerwarteter Stelle eine Auffassung des Traumes zu finden, die sich mit dem Kern der meinigen völlig deckt. Die Zeitverhältnisse schließen die Möglichkeit aus, daß jene Äußerung durch die Lektüre meines Buches beeinflußt worden sei; ich muß also in ihr die einzige in der Literatur nachweisbare Übereinstimmung eines unabhängigen Denkers mit dem Wesen meiner Traumlehre begrüßen. Das Buch, in dem sich die von mir ins Auge gefaßte Stelle über das Träumen findet, ist 1900 in zweiter Auflage unter dem Titel *Phantasien eines Realisten* von *Lynkeus* veröffentlicht worden.[25]

Zusatz 1914

Die vorstehende Rechtfertigung ist im Jahre 1909 niedergeschrieben worden. Seither hat sich die Sachlage allerdings geändert; mein Beitrag zur „Traumdeutung" wird in der Literatur nicht mehr übersehen. Allein die neue Situation macht mir die Fortsetzung des vorstehenden Berichts erst recht unmöglich. Die *Traumdeutung* hat eine ganze Reihe neuer Behauptungen und Probleme gebracht, die nun von den Autoren in verschiedenster Weise erörtert worden sind. Ich kann diese Arbeiten doch nicht darstellen, ehe ich meine eigenen Ansichten entwickelt habe, auf welche die Autoren sich beziehen. Was mir an dieser neuesten Literatur wertvoll erschien, habe ich darum im Zusammenhange meiner nun folgenden Ausführungen gewürdigt.

---

[24] H. Swoboda, *Die Perioden des menschlichen Organismus*, 1904.
[25] Man vgl. *Josef Popper-Lynkeus und die Theorie des Traumes* (1923).

II
DIE METHODE DER TRAUMDEUTUNG:
DIE ANALYSE EINES TRAUMMUSTERS

Die Überschrift, die ich meiner Abhandlung gegeben habe, läßt erkennen, an welche Tradition in der Auffassung der Träume ich anknüpfen möchte. Ich habe mir vorgesetzt zu zeigen, daß Träume einer Deutung fähig sind, und Beiträge zur Klärung der eben behandelten Traumprobleme werden sich mir nur als etwaiger Nebengewinn bei der Erledigung meiner eigentlichen Aufgabe ergeben können. Mit der Voraussetzung, daß Träume deutbar sind, trete ich sofort in Widerspruch zu der herrschenden Traumlehre, ja zu allen Traumtheorien mit Ausnahme der *Schernerschen*, denn „einen Traum deuten" heißt, seinen „Sinn" angeben, ihn durch etwas ersetzen, was sich als vollwichtiges, gleichwertiges Glied in die Verkettung unserer seelischen Aktionen einfügt. Wie wir erfahren haben, lassen aber die wissenschaftlichen Theorien des Traumes für ein Problem der Traumdeutung keinen Raum, denn der Traum ist für sie überhaupt kein seelischer Akt, sondern ein somatischer Vorgang, der sich durch Zeichen am seelischen Apparat kundgibt. Anders hat sich zu allen Zeiten die Laienmeinung benommen. Sie bedient sich ihres guten Rechts, inkonsequent zu verfahren, und obwohl sie zugesteht, der Traum sei unverständlich und absurd, kann sie sich doch nicht entschließen, dem Traume jede Bedeutung abzusprechen. Von einer dunkeln Ahnung geleitet, scheint sie doch anzunehmen, der Traum habe einen Sinn, wiewohl einen verborgenen, er sei zum Ersatze eines anderen Denkvorganges bestimmt und es handle sich nur darum, diesen Ersatz in richtiger Weise aufzudecken, um zur verborgenen Bedeutung des Traumes zu gelangen.

Die Laienwelt hat sich darum von jeher bemüht, den Traum zu „deuten", und dabei zwei im Wesen verschiedene Methoden versucht. Das erste dieser Verfahren faßt den Trauminhalt als Ganzes ins Auge und sucht denselben durch einen anderen, verständlichen und in gewissen Hinsichten analogen Inhalt zu ersetzen. Dies ist die *symbolische* Traumdeutung; sie scheitert natürlich von vornherein an jenen Träumen, welche nicht bloß unverständlich, sondern auch verworren erscheinen. Ein Beispiel für ihr Verfahren gibt etwa die Auslegung, welche der biblische Josef dem Traume des Pharao angedeihen ließ. Sieben fette Kühe, nach denen sieben magere kommen, welche die ersteren aufzehren, das ist ein symbolischer Ersatz für die Vorhersagung von sieben Hungerjahren im Lande Ägypten, welche allen Überfluß aufzehren, den sieben fruchtbare Jahre geschaffen haben. Die meisten der artifiziellen Träume, welche von Dichtern geschaffen wurden, sind für solche symbolische Deutung bestimmt, denn sie geben den vom Dichter gefaßten Gedanken in einer Verkleidung wieder, die zu den aus der Erfahrung bekannten Charakteren unseres Träumens passend gefunden wird.[26] Die Meinung, der Traum beschäftige sich vorwiegend mit der Zukunft, deren Gestaltung er im voraus ahne – ein Rest der einst den Träumen zuerkannten prophetischen Bedeutung – wird dann zum Motiv, den durch symbolische Deutung gefundenen Sinn des Traumes durch: ein „es wird" ins Futurum zu versetzen.

Wie man den Weg zu einer solchen symbolischen Deutung findet, dazu läßt sich eine Unterweisung natürlich nicht geben. Das Gelingen bleibt Sache des witzigen Einfalls, der unvermittelten Intuition, und darum konnte die Traumdeutung mittels Symbolik sich zu einer Kunstübung erheben, die an eine besondere Begabung gebunden schien.[27] Von solchem Anspruch hält sich die andere der populären Methoden der Traumdeutung völlig ferne. Man könnte sie als die „Chiffriermethode" bezeichnen, da sie den Traum wie eine Art von Geheimschrift behandelt, in der jedes Zeichen nach einem feststehenden Schlüssel in ein anderes Zeichen von bekannter Bedeutung übersetzt wird. Ich habe z. B. von einem Brief geträumt, aber auch von einem Leichenbegängnis u. dgl., ich sehe nun in einem „Traumbuch" nach und finde, daß „Brief" mit „Verdruß", „Leichenbegängnis" mit „Verlobung" zu übersetzen ist. Es bleibt mir dann überlassen, aus den Schlagworten, die ich entziffert habe, einen Zusammenhang herzustellen, den ich wiederum als zukünftig hinnehme. Eine interessante Abänderung dieses Chiffrierverfahrens, durch welche dessen Charakter als rein mechanische

---

[26] In einer Novelle *Gradiva* des Dichters *W. Jensen* entdeckte ich zufällig mehrere artifizielle Träume, die vollkommen korrekt gebildet waren und sich deuten ließen, als wären sie nicht erfunden, sondern von realen Personen geträumt worden. Der Dichter bestätigte auf Anfrage von meiner Seite, daß ihm meine Traumlehre fremd geblieben war. Ich habe diese Übereinstimmung zwischen meiner Forschung und dem Schaffen des Dichters als Beweis für die Richtigkeit meiner Traumanalyse verwertet. (*Der Wahn und die Träume in W. Jensens ‚Gradiva'*, erstes Heft der von mir herausgegebenen *Schriften zur angewandten Seelenkunde*, 1907, dritte Auflage 1924.)

[27] Aristoteles hat sich dahin geäußert, der beste Traumdeuter sei der, welcher Ähnlichkeiten am besten auffasse: denn die Traumbilder seien, wie die Bilder im Wasser, durch die Bewegung verzerrt, und der treffe am besten, der in dem verzerrten Bild das Wahre zu erkennen vermöge (Büchsenschütz, S. 65).

Übertragung einigermaßen korrigiert wird, zeigt sich in der Schrift über Traumdeutung des Artemidoros aus Daldis.[28] Hier wird nicht nur auf den Trauminhalt, sondern auch auf die Person und die Lebensumstände des Träumers Rücksicht genommen, so daß das nämliche Traumelement für den Reichen, den Verheirateten, den Redner andere Bedeutung hat als für den Armen, den Ledigen und etwa den Kaufmann. Das Wesentliche an diesem Verfahren ist nun, daß die Deutungsarbeit nicht auf das Ganze des Traumes gerichtet wird, sondern auf jedes Stück des Trauminhalts für sich, als ob der Traum ein Konglomerat wäre, in dem jeder Brocken Gestein eine besondere Bestimmung verlangt. Es sind sicherlich die unzusammenhängenden und verworrenen Träume, von denen der Antrieb zur Schöpfung der Chiffriermethode ausgegangen ist.[29]

---

[28] Artemidoros aus Daldis, wahrscheinlich zu Anfang des zweiten Jahrhunderts unserer Zeitrechnung geboren, hat uns die vollständigste und sorgfältigste Bearbeitung der Traumdeutung in der griechisch-römischen Welt überliefert. Er legte, wie Th. Gomperz hervorhebt, Wert darauf, die Deutung der Träume auf Beobachtung und Erfahrung zu gründen, und sonderte seine Kunst strenge von anderen, trügerischen Künsten. Das Prinzip seiner Deutungskunst ist nach der Darstellung von Gomperz identisch mit der Magie, das Prinzip der Assoziation. Ein Traumding bedeutet das, woran es erinnert. Wohlverstanden, woran es den Traumdeuter erinnert! Eine nicht zu beherrschende Quelle der Willkür und Unsicherheit ergibt sich dann aus dem Umstand, daß das Traumelement den Deuter an verschiedene Dinge und jeden an etwas anderes erinnern kann. Die Technik, die ich im folgenden auseinandersetze, weicht von der antiken in dem einen wesentlichen Punkte ab, daß sie dem Träumer selbst die Deutungsarbeit auferlegt. Sie will nicht berücksichtigen, was dem Traumdeuter, sondern was dem Träumer zu dem betreffenden Element des Traumes einfällt. – Nach neueren Berichten des Missionars Tfinkdji (*Anthropo* 1913) nehmen aber auch die modernen Traumdeuter des Orients die Mitwirkung des Träumers ausgiebig in Anspruch. Der Gewährsmann erzählt von den Traumdeutern bei den mesopotamischen Arabern: *„Pour interpréter exactement un songe, les oniromanciens les plus habiles s'informent de ceux qui les consultent de toutes les circonstances qu'ils regardent nécessaires pour la bonne explication ... En un mot, nos oniromanciens ne laissent aucune circonstance leur échapper et ne donnent l'interprétation désirée avant d'avoir parfaitement saisi et reçu toutes les interrogations désirables."* Unter diesen Fragen befinden sich regelmäßig solche um genaue Angaben über die nächsten Familienangehörigen (Eltern, Frau, Kinder) sowie die typische Formel: *„habuistine in hac nocte copulam conjugalem ante vel post somnium?"* – *„L'idée dominante dans l'interprétation des songes consiste à expliquer le rêve par son opposé."*

[29] Dr. Alfred Robitsek macht mich darauf aufmerksam, daß die orientalischen Traumbücher, von denen die unsrigen klägliche Abklatsche sind, die Deutung der Traumelemente meist nach dem Gleichklang und der Ähnlichkeit der Worte vornehmen. Da diese Verwandtschaften bei der Übersetzung in unsere Sprache verlorengehen müssen, würde daher die Unbegreiflichkeit der Ersetzungen in unseren populären „Traumbüchern" stammen. – Über diese außerordentliche Bedeutung des Wortspiels und der Wortspielerei in den alten orientalischen Kulturen mag man sich aus den Schriften Hugo Wincklers unterrichten. Das schönste Beispiel einer Traumdeutung, welches uns aus dem Altertum überliefert ist, beruht auf einer Wortspielerei. Artemidoros erzählt (S. 255): „Es scheint mir aber auch Aristandros dem Alexandros von Makedonien eine gar glückliche Auslegung gegeben zu haben, als dieser Tyros eingeschlossen hielt und belagerte und wegen des großen Zeitverlustes, unwillig und betrübt, das Gefühl hatte, er sehe einen

104

Für die wissenschaftliche Behandlung des Themas kann die Unbrauchbarkeit beider populärer Deutungsverfahren des Traumes keinen Moment lang zweifelhaft sein. Die symbolische Methode ist in ihrer Anwendung beschränkt und keiner allgemeinen Darlegung fähig. Bei der Chiffriermethode käme alles darauf an, daß der „Schlüssel", das Traumbuch, verläßlich wäre, und dafür fehlen alle Garantien. Man wäre versucht, den Philosophen und Psychiatern recht zu geben und mit ihnen das Problem der Traumdeutung als eine imaginäre Aufgabe zu streichen.[30]

Allein ich bin eines Bessern belehrt worden. Ich habe einsehen müssen, daß hier wiederum einer jener nicht seltenen Fälle vorliegt, in denen ein uralter, hartnäckig festgehaltener Volksglaube der Wahrheit der Dinge näher gekommen zu sein scheint als das Urteil der heute geltenden Wissenschaft. Ich muß behaupten, daß der Traum wirklich eine Bedeutung hat und daß ein wissenschaftliches Verfahren der Traumdeutung möglich ist. Zur Kenntnis dieses Verfahrens bin ich auf folgende Weise gelangt:

Seit Jahren beschäftige ich mich mit der Auflösung gewisser psychopathologischer Gebilde, der hysterischen Phobien, der Zwangsvorstellungen u. a. in therapeutischer Absicht; seitdem ich nämlich aus einer bedeutsamen Mitteilung von *Josef Breuer* weiß, daß für diese als Krankheitssymptome empfundenen Bildungen Auflösung und Lösung in eines zusammenfällt.[31] Hat man eine solche pathologische Vorstellung auf die Elemente zurückführen können, aus denen sie im Seelenleben des Kranken hervorgegangen ist, so ist diese auch zerfallen, der Kranke von ihr befreit. Bei der Ohnmacht unserer sonstigen therapeutischen Bestrebungen und angesichts der Rätselhaftigkeit dieser Zustände erschien es mir verlockend, auf dem von *Breuer* eingeschlagenen Wege trotz aller Schwierigkeiten bis zur vollen Aufklärung vorzudringen. Wie sich die Technik des Verfahrens schließlich gestaltet hat und welches die Ergebnisse der Bemühung gewesen sind, darüber werde ich ein anderes Mal ausführlich Bericht zu

---

Satyros auf seinem Schilde tanzen; zufällig befand sich Aristandros in der Nähe von Tyros und im Geleite des Königs, der die Syrier bekriegte. Indem er nun das Wort Satyros in σά und τυρος; zerlegte, bewirkte er, daß der König die Belagerung nachdrücklicher in Angriff nahm, so daß er Herr der Stadt wurde." (Σά – Τύρος – dein ist Tyros.) – Übrigens hängt der Traum so innig am sprachlichen Ausdruck, daß *Ferenczi* mit Recht bemerken kann, jede Sprache habe ihre eigene Traumsprache. Ein Traum ist in der Regel unübersetzbar in andere Sprachen und ein Buch wie das vorliegende, meinte ich, darum auch. Nichtsdestoweniger ist es zuerst Dr. *A. A. Brill* in New York, dann anderen nach ihm, gelungen, Übersetzungen der *Traumdeutung* zu schaffen.

[30] Nach Abschluß meines Manuskriptes ist mir eine Schrift von Stumpf zugegangen, die in der Absicht zu erweisen, der Traum sei sinnvoll und deutbar, mit meiner Arbeit zusammentrifft. Die Deutung geschieht aber mittels einer allegorisierenden Symbolik ohne Gewähr für Allgemeingültigkeit des Verfahrens.

[31] Breuer und Freud, *Studien über Hysterie*, Wien 1895. 4. Auflage., 1922.

erstatten haben. Im Verlaufe dieser psychoanalytischen Studien geriet ich auf die Traumdeutung. Die Patienten, die ich verpflichtet hatte, mir alle Einfälle und Gedanken mitzuteilen, die sich ihnen zu einem bestimmten Thema aufdrängten, erzählten mir ihre Träume und lehrten mich so, daß ein Traum in die psychische Verkettung eingeschoben sein kann, die von einer pathologischen Idee her nach rückwärts in der Erinnerung zu verfolgen ist. Es lag nun nahe, den Traum selbst wie ein Symptom zu behandeln und die für letztere ausgearbeitete Methode der Deutung auf ihn anzuwenden.

Dazu bedarf es nun einer gewissen psychischen Vorbereitung des Kranken. Man strebt zweierlei bei ihm an, eine Steigerung seiner Aufmerksamkeit für seine psychischen Wahrnehmungen und eine Ausschaltung der Kritik, mit der er die ihm auftauchenden Gedanken sonst zu sichten pflegt. Zum Zwecke seiner Selbstbeobachtung mit gesammelter Aufmerksamkeit ist es vorteilhaft, daß er eine ruhige Lage einnimmt und die Augen schließt; den Verzicht auf die Kritik der wahrgenommenen Gedankenbildungen muß man ihm ausdrücklich auferlegen. Man sagt ihm also, der Erfolg der Psychoanalyse hänge davon ab, daß er alles beachtet und mitteilt, was ihm durch den Sinn geht, und nicht etwa sich verleiten läßt, den einen Einfall zu unterdrücken, weil er ihm unwichtig oder nicht zum Thema gehörig, den anderen, weil er ihm unsinnig erscheint. Er müsse sich völlig unparteiisch gegen seine Einfälle verhalten; denn gerade an der Kritik läge es, wenn es ihm sonst nicht gelänge, die gesuchte Auflösung des Traums, der Zwangsidee u. dgl. zu finden.

Bei den psychoanalytischen Arbeiten habe ich gemerkt, daß die psychische Verfassung des Mannes, welcher nachdenkt, eine ganz andere ist als die desjenigen, welcher seine psychischen Vorgänge beobachtet. Beim Nachdenken tritt eine psychische Aktion mehr ins Spiel als bei der aufmerksamsten Selbstbeobachtung, wie es auch die gespannte Miene und die in Falten gezogene Stirne des Nachdenklichen im Gegensatz zur mimischen Ruhe des Selbstbeobachters erweist. In beiden Fällen muß eine Sammlung der Aufmerksamkeit vorhanden sein, aber der Nachdenkende übt außerdem eine Kritik aus, infolge deren er einen Teil der ihm aufsteigenden Einfälle verwirft, nachdem er sie wahrgenommen hat, andere kurz abbricht, so daß er den Gedankenwegen nicht folgt, welche sie eröffnen würden, und gegen noch andere Gedanken weiß er sich so zu benehmen, daß sie überhaupt nicht bewußt, also vor ihrer Wahrnehmung unterdrückt werden. Der Selbstbeobachter hingegen hat nur die Mühe, die Kritik zu unterdrücken; gelingt ihm dies, so kommt ihm eine Unzahl von Einfällen zum Bewußtsein, die sonst unfaßbar geblieben wären. Mit Hilfe dieses für die Selbstwahrnehmung neu gewonnenen Materials läßt sich die Deutung der pathologischen Ideen sowie der Traumgebilde vollziehen. Wie man sieht, handelt es sich darum, einen psychischen Zustand herzustellen, der mit dem vor dem Einschlafen (und sicherlich auch mit dem hypnotischen) eine gewisse Analogie in der Verteilung der psychischen Energie (der beweglichen Aufmerksamkeit) gemein hat. Beim Einschlafen treten die „ungewollten Vorstellungen" hervor durch den Nachlaß einer gewissen willkürlichen (und gewiß auch kritischen) Aktion, die wir auf den Ablauf unserer Vorstellungen einwirken lassen; als den Grund dieses Nachlasses pflegen wir „Ermüdung" anzugeben; die auftauchenden ungewollten Vorstellungen verwandeln sich in visuelle und akustische Bilder.[32] Bei dem Zustand, den man zur Analyse der Träume und pathologischen Ideen benützt, verzichtet man absichtlich und willkürlich auf jene Aktivität und verwendet die ersparte psychische Energie (oder ein Stück derselben) zur aufmerksamen Verfolgung der jetzt auftauchenden ungewollten Gedanken, die ihren Charakter als Vorstellungen (dies der Unterschied gegen den Zustand beim Einschlafen) beibehalten. *Man macht so die „ungewollten" Vorstellungen zu „gewollten".*

Die hier geforderte Einstellung auf anscheinend „freisteigende" Einfälle mit Verzicht auf die sonst gegen diese geübte Kritik scheint manchen Personen nicht leicht zu werden. Die „ungewollten Gedanken" pflegen den heftigsten Widerstand, der sie am Auftauchen hindern will, zu entfesseln. Wenn wir aber unserem großen Dichterphilosophen Fr. *Schiller* Glauben schenken, muß eine ganz ähnliche Einstellung auch die Bedingung der dichterischen Produktion enthalten. An einer Stelle seines Briefwechsels mit *Körner*, deren Aufspürung *Otto Rank* zu danken ist, antwortet Schiller auf die Klage seines Freundes über seine mangelnde Produktivität: „Der Grund deiner Klage liegt, wie mir scheint, in dem Zwange, den dein Verstand deiner Imagination auflegt. Ich muß hier einen Gedanken hinwerfen und ihn durch ein Gleichnis versinnlichen. Es scheint nicht gut und dem Schöpfungswerke der Seele nachteilig zu sein, wenn der Verstand die zuströmenden Ideen, gleichsam an den Toren schon, zu scharf mustert. Eine Idee kann, isoliert betrachtet, sehr unbeträchtlich und sehr abenteuerlich sein, aber vielleicht wird sie durch eine, die nach ihr kommt, wichtig, vielleicht kann sie in einer gewissen Verbindung mit anderen, die vielleicht ebenso abgeschmackt scheinen, ein sehr zweckmäßiges Glied abgeben: – Alles das kann der Verstand nicht beurteilen, wenn er sie nicht so lange festhält, bis er sie in Verbindung mit diesen anderen angeschaut hat. Bei einem schöpferischen Kopfe hingegen, deucht mir, hat der Verstand seine Wache von den Toren zurückgezogen, die Ideen stürzen *pêle-mêle* herein, und alsdann erst übersieht und mustert er den

---

[32] H. Silberer hat aus der direkten Beobachtung dieser Umsetzung von Vorstellungen in Gesichtsbilder wichtige Beiträge zur Deutung der Träume gewonnen. (Jahrbuch f. psychoanalyt. Forschungen I u. II, 1909 u. ff.)

großen Haufen. – Ihr Herren Kritiker, und wie Ihr Euch sonst nennt, schämt oder fürchtet Euch vor dem augenblicklichen, vorübergehenden Wahnwitze, der sich bei allen eigenen Schöpfern findet und dessen längere oder kürzere Dauer den denkenden Künstler von dem Träumer unterscheidet. Daher Eure Klagen der Unfruchtbarkeit, weil Ihr zu früh verwerft und zu strenge sondert." (Brief vom 1. Dezember 1788.)

Und doch ist ein „solches Zurückziehen der Wache von den Toren des Verstandes", wie *Schiller* es nennt, ein derartiges sich in den Zustand der kritiklosen Selbstbeobachtung Versetzen keineswegs schwer.

Die meisten meiner Patienten bringen es nach der ersten Unterweisung zustande; ich selbst kann es sehr vollkommen, wenn ich mich dabei durch Niederschreiben meiner Einfälle unterstütze. Der Betrag von psychischer Energie, um den man so die kritische Tätigkeit herabsetzt und mit welchem man die Intensität der Selbstbeobachtung erhöhen kann, schwankt erheblich je nach dem Thema, welches von der Aufmerksamkeit fixiert werden soll.

Der erste Schritt bei der Anwendung dieses Verfahrens lehrt nun, daß man nicht den Traum als Ganzes, sondern nur die einzelnen Teilstücke seines Inhalts zum Objekt der Aufmerksamkeit machen darf. Frage ich den noch nicht eingeübten Patienten: Was fällt Ihnen zu diesem Traum ein? So weiß er in der Regel nichts in seinem geistigen Blickfelde zu erfassen. Ich muß ihm den Traum zerstückt vorlegen, dann liefert er mir zu jedem Stück eine Reihe von Einfällen, die man als die „Hintergedanken" dieser Traumpartie bezeichnen kann. In dieser ersten wichtigen Bedingung weicht also die von mir geübte Methode der Traumdeutung bereits von der populären, historisch und sagenhaft berühmten Methode der Deutung durch Symbolik ab und nähert sich der zweiten, der „Chiffriermethode". Sie ist wie diese eine Deutung *en detail*, nicht *en masse*; wie diese faßt sie den Traum von vornherein als etwas Zusammengesetztes, als ein Konglomerat von psychischen Bildungen auf.

Im Verlaufe meiner Psychoanalysen bei Neurotikern habe ich wohl bereits über tausend Träume zur Deutung gebracht, aber dieses Material möchte ich hier nicht zur Einführung in die Technik und Lehre der Traumdeutung verwenden. Ganz abgesehen davon, daß ich mich dem Einwand aussetzen würde, es seien ja die Träume von Neuropathen, die einen Rückschluß auf die Träume gesunder Menschen nicht gestatten, nötigt mich ein anderer Grund zu deren Verwerfung. Das Thema, auf welches diese Träume zielen, ist natürlich immer die Krankheitsgeschichte, welche der Neurose zugrunde liegt. Hiedurch würde für jeden Traum ein überlanger Vorbericht und ein Eindringen in das Wesen und die ätiologischen Bedingungen der Psychoneurosen erforderlich, Dinge, die an und für sich neu und im höchsten Grade befremdlich sind und so die Aufmerksamkeit vom Traumproblem ablenken würden. Meine Absicht geht vielmehr dahin, in der Traumauflösung eine Vorarbeit für die Erschließung der schwierigeren Probleme der Neurosenpsychologie zu schaffen. Verzichte ich aber auf die Träume der Neurotiker, mein Hauptmaterial, so darf ich gegen den Rest nicht allzu wählerisch verfahren. Es bleiben nur noch jene Träume, die mir gelegentlich von gesunden Personen meiner Bekanntschaft erzählt worden sind oder die ich als Beispiele in der Literatur über das Traumleben verzeichnet finde. Leider geht mir bei all diesen Träumen die Analyse ab, ohne welche ich den Sinn des Traumes nicht finden kann. Mein Verfahren ist ja nicht so bequem wie das der populären Chiffriermethode, welche den gegebenen Trauminhalt nach einem fixierten Schlüssel übersetzt; ich bin vielmehr gefaßt darauf, daß derselbe Trauminhalt bei verschiedenen Personen und in verschiedenem Zusammenhang auch einen anderen Sinn verbergen mag. Somit bin ich auf meine eigenen Träume angewiesen als auf ein reichliches und bequemes Material, das von einer ungefähr normalen Person herrührt und sich auf mannigfache Anlässe des täglichen Lebens bezieht. Man wird mir sicherlich Zweifel in die Verläßlichkeit solcher „Selbstanalysen" entgegensetzen. Die Willkür sei dabei keineswegs ausgeschlossen. Nach meinem Urteil liegen die Verhältnisse bei der Selbstbeobachtung eher günstiger als bei der Beobachtung anderer; jedenfalls darf man versuchen, wie weit man in der Traumdeutung mit der Selbstanalyse reicht. Andere Schwierigkeiten habe ich in meinem eigenen Innern zu überwinden. Man hat eine begreifliche Scheu, soviel Intimes aus seinem Seelenleben preiszugeben, weiß sich dabei auch nicht gesichert vor der Mißdeutung der Fremden. Aber darüber muß man sich hinaussetzen können. „*Tout psychologiste*, schreibt *Delboeuf*, *est obligé de faire l'aveu même de ses faiblesses s'il croît par là jeter du jour sur quelque problème obscur.*" Und auch beim Leser, darf ich annehmen, wird das anfängliche Interesse an den Indiskretionen, die ich begehen muß, sehr bald der ausschließlichen Vertiefung in die hiedurch beleuchteten psychologischen Probleme Platz machen.[33]

Ich werde also einen meiner eigenen Träume hervorsuchen und an ihm meine Deutungsweise erläutern. Jeder solche Traum macht einen Vorbericht nötig. Nun muß ich aber den Leser bitten, für eine ganze Weile meine Interessen zu den seinigen zu machen und sich mit mir in die kleinsten Einzelheiten meines Lebens zu versenken, denn solche Übertragung fordert gebieterisch das Interesse für die versteckte Bedeutung der Träume.

---

[33] Immerhin will ich es nicht unterlassen, in Einschränkung des oben Gesagten anzugeben, daß ich fast niemals die mir zugängliche vollständige Deutung eines eigenen Traumes mitgeteilt habe. Ich hatte wahrscheinlich recht, der Diskretion der Leser nicht zuviel zuzutrauen.

Vorbericht

Im Sommer 1895 hatte ich eine junge Dame psychoanalytisch behandelt, die mir und den Meinigen freundschaftlich sehr nahestand. Man versteht es, daß solche Vermengung der Beziehungen zur Quelle mannigfacher Erregungen für den Arzt werden kann, zumal für den Psychotherapeuten. Das persönliche Interesse des Arztes ist größer, seine Autorität geringer. Ein Mißerfolg droht die alte Freundschaft mit den Angehörigen des Kranken zu lockern. Die Kur endete mit einem teilweisen Erfolg, die Patientin verlor ihre hysterische Angst, aber nicht alle ihre somatischen Symptome. Ich war damals noch nicht recht sicher in den Kriterien, welche die endgültige Erledigung einer hysterischen Krankengeschichte bezeichnen, und mutete der Patientin eine Lösung zu, die ihr nicht annehmbar erschien. In solcher Uneinigkeit brachen wir der Sommerzeit wegen die Behandlung ab. – Eines Tages besuchte mich ein jüngerer Kollege, einer meiner nächsten Freunde, der die Patientin – Irma – und ihre Familie in ihrem Landaufenthalt besucht hatte. Ich fragte ihn, wie er sie gefunden habe, und bekam die Antwort: Es geht ihr besser, aber nicht ganz gut. Ich weiß, daß mich die Worte meines Freundes Otto oder der Ton, in dem sie gesprochen waren, ärgerten. Ich glaubte einen Vorwurf herauszuhören, etwa daß ich der Patientin zu viel versprochen hätte, und führte – ob mit Recht oder Unrecht – die vermeintliche Parteinahme Ottos gegen mich auf den Einfluß von Angehörigen der Kranken zurück, die, wie ich annahm, meine Behandlung nie gerne gesehen hatten. Übrigens wurde mir meine peinliche Empfindung nicht klar, ich gab ihr auch keinen Ausdruck. Am selben Abend schrieb ich noch die Krankengeschichte Irmas nieder, um sie, wie zu meiner Rechtfertigung, dem Dr. M., einem gemeinsamen Freunde, der damals tonangebenden Persönlichkeit in unserem Kreise, zu übergeben. In der auf diesen Abend folgenden Nacht (wohl eher am Morgen) hatte ich den nachstehenden Traum, der unmittelbar nach dem Erwachen fixiert wurde.[34]

Traum vom 23./24. Juli 1895

Eine große Halle – viele Gäste, die wir empfangen. – Unter ihnen Irma, die ich sofort beiseite nehme, um gleichsam ihren Brief zu beantworten, ihr Vorwürfe zu machen, daß sie die „Lösung" noch nicht akzeptiert. Ich sage ihr: Wenn du noch Schmerzen hast, so ist es wirklich nur deine Schuld. – Sie antwortet: Wenn du wüßtest, was ich für Schmerzen jetzt habe

---

[34] Es ist dies der erste Traum, den ich einer eingehenden Deutung unterzog.

im Hals, Magen und Leib, es schnürt mich zusammen. – Ich erschrecke und sehe sie an. Sie sieht bleich und gedunsen aus; ich denke, am Ende übersehe ich da doch etwas Organisches. Ich nehme sie zum Fenster und schaue ihr in den Hals. Dabei zeigt sie etwas Sträuben wie die Frauen, die ein künstliches Gebiß tragen. Ich denke mir, sie hat es doch nicht nötig. – Der Mund geht dann auch gut auf, und ich finde rechts einen großen Fleck, und anderwärts sehe ich an merkwürdigen krausen Gebilden, die offenbar den Nasenmuscheln nachgebildet sind, ausgedehnte weißgraue Schorfe. – Ich rufe schnell Dr. M. hinzu, der die Untersuchung wiederholt und bestätigt ... Dr. M. sieht ganz anders aus als sonst; er ist sehr bleich, hinkt, ist am Kinn bartlos ... Mein Freund Otto steht jetzt auch neben ihr, und Freund Leopold perkutiert sie über dem Leibchen und sagt: Sie hat eine Dämpfung links unten, weist auch auf eine infiltrierte Hautpartie an der linken Schulter hin (was ich trotz des Kleides wie er spüre) ... M. sagt: Kein Zweifel, es ist eine Infektion, aber es macht nichts; es wird noch Dysenterie hinzukommen und das Gift sich ausscheiden ... Wir wissen auch unmittelbar, woher die Infektion rührt. Freund Otto hat ihr unlängst, als sie sich unwohl fühlte, eine Injektion gegeben mit einem Propylpräparat, Propylen ... Propionsäure Trimethylamin (dessen Formel ich fettgedruckt vor mir sehe) ... Man macht solche Injektionen nicht so leichtfertig ... Wahrscheinlich war auch die Spritze nicht rein.

Dieser Traum hat vor vielen anderen eines voraus. Es ist sofort klar, an welche Ereignisse des letzten Tages er anknüpft und welches Thema er behandelt. Der Vorbericht gibt hierüber Auskunft. Die Nachricht, die ich von Otto über Irmas Befinden erhalten, die Krankengeschichte, an der ich bis tief in die Nacht geschrieben, haben meine Seelentätigkeit auch während des Schlafes beschäftigt. Trotzdem: dürfte niemand, der den Vorbericht und den Inhalt des Traumes zur Kenntnis genommen hat, ahnen können, was der Traum bedeutet. Ich selbst weiß es auch nicht. Ich wundere mich über die Krankheitssymptome, welche Irma im Traum mir klagt, da es nicht dieselben sind, wegen welcher ich sie behandelt habe. Ich lächle über die unsinnige Idee einer Injektion mit Propionsäure und über den Trost, den Dr. M. ausspricht. Der Traum scheint mir gegen sein Ende hin dunkler und gedrängter, als er zu Beginn ist. Um die Bedeutung von alledem zu erfahren, muß ich mich zu einer eingehenden Analyse entschließen.

Analyse

Die Halle – viele Gäste, die wir empfangen. Wir wohnten in diesem Sommer auf der Bellevue, einem einzelnstehenden Hause auf einem der Hügel, die sich an den Kahlenberg anschließen. Dies Haus war ehemals zu einem Vergnügungslokal bestimmt, hat hievon die ungewöhnlich hohen, hallenförmigen Räume. Der

Traum ist auch auf der Bellevue vorgefallen, und zwar wenige Tage vor dem Geburtsfeste meiner Frau. Am Tage hatte meine Frau die Erwartung ausgesprochen, zu ihrem Geburtstag würden mehrere Freunde, und darunter auch Irma, als Gäste zu uns kommen. Mein Traum antizipiert also diese Situation: Es ist der Geburtstag meiner Frau, und viele Leute, darunter Irma, werden von uns als Gäste in der großen Halle der Bellevue empfangen.

Ich mache Irma Vorwürfe, daß sie die Lösung nicht akzeptiert hat; ich sage: Wenn du noch Schmerzen hast, ist es deine eigene Schuld. Das hätte ich ihr auch im Wachen sagen können, oder habe es ihr gesagt. Ich hatte damals die (später als unrichtig erkannte) Meinung, daß meine Aufgabe sich darin erschöpfe, den Kranken den verborgenen Sinn ihrer Symptome mitzuteilen; ob sie diese Lösung dann annehmen oder nicht, wovon der Erfolg abhängt, dafür sei ich nicht mehr verantwortlich. Ich bin diesem jetzt glücklich überwundenen Irrtum dankbar dafür, daß er mir die Existenz zu einer Zeit erleichtert, da ich in all meiner unvermeidlichen Ignoranz Heilerfolge produzieren sollte. – Ich merke aber an dem Satz, den ich im Traume zu Irma spreche, daß ich vor allem nicht schuld sein will an den Schmerzen, die sie noch hat. Wenn es Irmas eigene Schuld ist, dann kann es nicht meine sein. Sollte in dieser Richtung die Absicht des Traums zu suchen sein?

Irmas Klagen; Schmerzen im Hals, Leib und Magen, es schnürt sie zusammen. Schmerzen im Magen gehörten zum Symptomkomplex meiner Patientin, sie waren aber nicht sehr vordringlich; sie klagte eher über Empfindungen von Übelkeit und Ekel. Schmerzen im Hals, im Leib, Schnüren in der Kehle spielten bei ihr kaum eine Rolle. Ich wundere mich, warum ich mich zu dieser Auswahl der Symptome im Traum entschlossen habe, kann es auch für den Moment nicht finden.

Sie sieht bleich und gedunsen aus. Meine Patientin war immer rosig. Ich vermute, daß sich hier eine andere Person ihr unterschiebt.

Ich erschrecke im Gedanken, daß ich doch eine organische Affektion übersehen habe. Wie man mir gerne glauben wird, eine nie erlöschende Angst beim Spezialisten, der fast ausschließlich Neurotiker sieht und der so viele Erscheinungen auf Hysterie zu schieben gewohnt ist, welche andere Ärzte als organisch behandeln. Anderseits beschleicht mich – ich weiß nicht woher – ein leiser Zweifel, ob mein Erschrecken ganz ehrlich ist. Wenn die Schmerzen Irmas organisch begründet sind, so bin ich wiederum zu deren Heilung nicht verpflichtet. Meine Kur beseitigt ja nur hysterische Schmerzen. Es kommt mir also eigentlich vor, als sollte ich einen Irrtum in der Diagnose wünschen; dann wäre der Vorwurf des Mißerfolgs auch beseitigt.

Ich nehme sie zum Fenster, um ihr in den Hals zu sehen. Sie sträubt sich ein wenig wie die Frauen, die falsche Zähne tragen. Ich denke mir, sie hat es ja doch nicht nötig. Bei

Irma hatte ich niemals Anlaß, die Mundhöhle zu inspizieren. Der Vorgang im Traum erinnert mich an die vor einiger Zeit vorgenommene Untersuchung einer Gouvernante, die zunächst den Eindruck von jugendlicher Schönheit gemacht hatte, beim Öffnen des Mundes aber gewisse Anstalten traf, um ihr Gebiß zu verbergen. An diesen Fall knüpfen sich andere Erinnerungen an ärztliche Untersuchungen und an kleine Geheimnisse, die dabei, keinem von beiden zur Lust, enthüllt werden. – *Sie hat es doch nicht nötig*, ist wohl zunächst ein Kompliment für Irma; ich vermute aber noch eine andere Bedeutung. Man fühlt es bei aufmerksamer Analyse, ob man die zu erwartenden Hintergedanken erschöpft hat oder nicht. Die Art, wie Irma beim Fenster steht, erinnert mich plötzlich an ein anderes Erlebnis. Irma besitzt eine intime Freundin, die ich sehr hochschätze. Als ich eines Abends bei ihr einen Besuch machte, fand ich sie in der im Traum reproduzierten Situation beim Fenster, und ihr Arzt, derselbe Dr. M., erklärte, daß sie einen diphtheritischen Belag habe. Die Person des Dr. M. und der Belag kehren ja im Fortgang des Traumes wieder. Jetzt fällt mir ein, daß ich in den letzten Monaten allen Grund bekommen habe, von dieser anderen Dame anzunehmen, sie sei gleichfalls hysterisch. Ja, Irma selbst hat es mir verraten. Was weiß ich aber von ihren Zuständen? Gerade das eine, daß sie an hysterischem Würgen leidet wie meine Irma im Traum. Ich habe also im Traum meine Patientin durch ihre Freundin ersetzt. Jetzt erinnere ich mich, ich habe oft mit der Vermutung gespielt, diese Dame könnte mich gleichfalls in Anspruch nehmen, sie von ihren Symptomen zu befreien. Ich hielt es aber dann selbst für unwahrscheinlich, denn sie ist von sehr zurückhaltender Natur. Sie *sträubt* sich, wie es der Traum zeigt. Eine andere Erklärung wäre, *daß sie es nicht nötig hat*; sie hat sich wirklich bisher stark genug gezeigt, ihre Zustände ohne fremde Hilfe zu beherrschen. Nun sind nur noch einige Züge übrig, die ich weder bei der Irma noch bei ihrer Freundin unterbringen kann: *bleich, gedunsen, falsche Zähne*. Die falschen Zähne führten mich auf jene Gouvernante; ich fühle mich nun geneigt, mich mit *schlechten* Zähnen zu begnügen. Dann fällt mir eine andere Person ein, auf welche jene Züge anspielen können. Sie ist gleichfalls nicht meine Patientin, und ich möchte sie nicht zur Patientin haben, da ich gemerkt habe, daß sie sich vor mir geniert, und ich sie für keine gefügige Kranke halte. Sie ist für gewöhnlich bleich, und als sie einmal eine besonders gute Zeit hatte, war sie gedunsen.[35] Ich habe also meine Patientin

---

[35] Auf diese dritte Person läßt sich auch die noch unaufgeklärte Klage über *Schmerzen* im Leib zurückführen. Es handelt sich natürlich um meine eigene Frau; die Leibschmerzen erinnern mich an einen der Anlässe, bei denen ihre Scheu mir deutlich wurde. Ich muß mir eingestehen, daß ich Irma und meine Frau in diesem Traume nicht sehr liebenswürdig behandle, aber zu meiner Entschuldigung sei bemerkt, daß ich beide am Ideal der braven, gefügigen Patientin messe.

Irma mit zwei anderen Personen verglichen, die sich gleichfalls der Behandlung sträuben würden. Was kann es für Sinn haben, daß ich sie im Traume mit ihrer Freundin vertauscht habe? Etwa, daß ich sie vertauschen möchte; die andere erweckt entweder bei mir stärkere Sympathien, oder ich habe eine höhere Meinung von ihrer Intelligenz. Ich halte nämlich Irma für unklug, weil sie meine Lösung nicht akzeptiert. Die andere wäre klüger, würde also eher nachgeben. *Der Mund geht dann auch gut auf,* sie würde mehr erzählen als Irma.[36]

Was ich im Halse sehe: einen weißen Fleck und verschorfte Nasenmuscheln. Der weiße Fleck erinnert an Diphtheritis und somit an Irmas Freundin, außerdem aber an die schwere Erkrankung meiner ältesten Tochter vor nahezu zwei Jahren und an all den Schreck jener bösen Zeit. Die Schorfe an den Nasenmuscheln mahnen an eine Sorge um meine eigene Gesundheit. Ich gebrauchte damals häufig Kokain, um lästige Nasenschwellungen zu unterdrücken, und hatte vor wenigen Tagen gehört, daß eine Patientin, die es mir gleichtat, sich eine ausgedehnte Nekrose der Nasenschleimhaut zugezogen hatte. Die Empfehlung des Kokains, die 1885 von mir ausging, hat mir auch schwerwiegende Vorwürfe eingetragen. Ein teurer, 1895 schon verstorbener Freund hatte durch den Mißbrauch dieses Mittels seinen Untergang beschleunigt.

Ich rufe schnell Dr. M. hinzu, der die Untersuchung wiederholt. Das entspräche einfach der Stellung, die M. unter uns einnahm. Aber das „schnell" ist auffällig genug, um eine besondere Erklärung zu fordern. Es erinnert mich an ein trauriges ärztliches Erlebnis. Ich hatte einmal durch die fortgesetzte Ordination eines Mittels, welches damals noch als harmlos galt (Sulfonal), eine schwere Intoxikation bei einer Kranken hervorgerufen und wandte mich dann eiligst an den erfahrenen älteren Kollegen um Beistand. Daß ich diesen Fall wirklich im Auge habe, wird durch einen Nebenumstand erhärtet. Die Kranke, welche der Intoxikation erlag, führte denselben Namen wie meine älteste Tochter. Ich hatte bis jetzt niemals daran gedacht; jetzt kommt es mir beinahe wie eine Schicksalsvergeltung vor. Als sollte sich die Ersetzung der Personen in anderem Sinne fortsetzen; diese Mathilde für jene Mathilde; Aug' um Aug', Zahn um Zahn. Es ist, als ob ich alle Gelegenheiten hervorsuchte, aus denen ich mir den Vorwurf mangelnder ärztlicher Gewissenhaftigkeit machen kann.

Dr. M. ist bleich, ohne Bart am Kinn und hinkt. Davon ist so viel richtig, daß sein schlechtes Aussehen häufig die Sorge seiner Freunde erweckt. Die beiden ande-

---

[36] Ich ahne, daß die Deutung dieses Stücks nicht weit genug geführt ist, um allem verborgenen Sinn zu folgen. Wollte ich die Vergleichung der drei Frauen fortsetzen, so käme ich weit ab. – Jeder Traum hat mindestens eine Stelle, an welcher er unergründlich ist, gleichsam einen Nabel, durch den er mit dem Unerkannten zusammenhängt.

ren Charaktere müssen einer anderen Person angehören. Es fällt mir mein im Auslande lebender älterer Bruder ein, der das Kinn rasiert trägt und dem, wenn ich mich recht erinnere, der M. des Traumes im ganzen ähnlich sah. Über ihn kam vor einigen Tagen die Nachricht, daß er wegen einer arthritischen Erkrankung in der Hüfte hinke. Es muß einen Grund haben, daß ich die beiden Personen im Traume zu einer einzigen verschmelze. Ich erinnere mich wirklich, daß ich gegen beide aus ähnlichen Gründen mißgestimmt war. Beide hatten einen gewissen Vorschlag, den ich ihnen in der letzten Zeit gemacht hatte, zurückgewiesen.

Freund Otto steht jetzt bei der Kranken, und Freund Leopold untersucht sie und weist eine Dämpfung links unten nach. Freund Leopold ist gleichfalls Arzt, ein Verwandter von Otto. Das Schicksal hat die beiden, da sie dieselbe Spezialität ausüben, zu Konkurrenten gemacht, die man beständig miteinander vergleicht. Sie haben mir beide Jahre hindurch assistiert, als ich noch eine öffentliche Ordination für nervenkranke Kinder leitete. Szenen, wie die im Traum reproduzierte, haben sich dort oftmals zugetragen. Während ich mit Otto über die Diagnose eines Falles debattierte, hatte Leopold das Kind neuerdings untersucht und einen unerwarteten Beitrag zur Entscheidung beigebracht. Es bestand eben zwischen ihnen eine ähnliche Charakterverschiedenheit wie zwischen dem Inspektor Bräsig und seinem Freunde Karl. Der eine tat sich durch „Fixigkeit" hervor, der andere war langsam, bedächtig, aber gründlich. Wenn ich im Traume Otto und den vorsichtigen Leopold einander gegenüberstelle, so geschieht es offenbar, um Leopold herauszustreichen. Es ist ein ähnliches Vergleichen wie oben zwischen der unfolgsamen Patientin Irma und ihrer für klüger gehaltenen Freundin. Ich merke jetzt auch eines der Gleise, auf denen sich die Gedankenverbindung im Traume fortschiebt: vom kranken Kind zum Kinderkraninstitut, – *Die Dämpfung links unten* macht mir den Eindruck, als entspräche sie allen Details eines einzelnen Falls, in dem mich Leopold durch seine Gründlichkeit frappiert hat. Es schwebt mir außerdem etwas vor wie eine metastatische Affektion, aber es könnte auch eine Beziehung zu der Patientin sein, die ich an Stelle von Irma haben möchte. Diese Dame imitiert nämlich, soweit ich es übersehen kann, eine Tuberkulose.

Eine infiltrierte Hautpartie an der linken Schulter. Ich weiß sofort, das ist mein eigener Schulterrheumatismus, den ich regelmäßig verspüre, wenn ich bis tief in die Nacht wach geblieben bin. Der Wortlaut im Traume klingt auch so zweideutig: was ich ... wie er *spüre.* Am eigenen Körper spüre, ist gemeint. Übrigens fällt mir auf, wie ungewöhnlich die Bezeichnung „infiltrierte Hautpartie" klingt. An die „Infiltration links hinten oben" sind wir gewöhnt; die bezöge sich auf die Lunge und somit wieder auf Tuberkulose.

Trotz des Kleides. Das ist allerdings nur eine Einschaltung. Die Kinder im Krankeninstitut untersuchten wir natürlich entkleidet; es ist irgendein Gegensatz zur Art, wie man erwachsene weibliche Patienten untersuchen muß. Von einem hervorragenden Kliniker pflegte man zu erzählen, daß er seine Patienten stets nur durch die Kleider physikalisch untersucht habe. Das Weitere ist mir dunkel, ich habe, offen gesagt, keine Neigung, mich hier tiefer einzulassen.

Dr. M. sagt: Es ist eine Infektion, aber es macht nichts. Es wird noch Dysenterie hinzukommen und das Gift sich ausscheiden. Das erscheint mir zuerst lächerlich, muß aber doch, wie alles andere, sorgfältig zerlegt werden. Näher betrachtet, zeigt es doch eine Art von Sinn. Was ich an der Patientin gefunden habe, war eine lokale Diphtheritis. Aus der Zeit der Erkrankung meiner Tochter erinnere ich mich an die Diskussion über Diphtheritis und Diphtherie. Letztere ist die Allgemeininfektion, die von der lokalen Diphtheritis ausgeht. Eine solche Allgemeininfektion weist Leopold durch die Dämpfung nach, welche also an metastatische Herde denken läßt. Ich glaube zwar, daß gerade bei Diphtherie derartige Metastasen nicht vorkommen. Sie erinnern mich eher an Pyämie.

Es macht nichts, ist ein Trost. Ich meine, er fügt sich folgendermaßen ein: Das letzte Stück des Traumes hat den Inhalt gebracht, daß die Schmerzen der Patientin von einer schweren organischen Affektion herrühren. Es ahnt mir, daß ich auch damit nur die Schuld von mir abwälzen will. Für den Fortbestand diphtheritischer Leiden kann die psychische Kur nicht verantwortlich gemacht werden. Nun geniert es mich doch, daß ich Irma ein so schweres Leiden andichte, einzig und allein, um mich zu entlasten. Es sieht so grausam aus. Ich brauche also eine Versicherung des guten Ausgangs, und es scheint mir nicht übel gewählt, daß ich den Trost gerade der Person des Dr. M. in den Mund lege. Ich erhebe mich aber hier über den Traum, was der Aufklärung bedarf. Warum ist dieser Trost aber so unsinnig?

Dysenterie: Irgendeine fernliegende theoretische Vorstellung, daß Krankheitsstoffe durch den Darm entfernt werden können. Will ich mich damit über den Reichtum des Dr. M. an weit hergeholten Erklärungen, sonderbaren pathologischen Verknüpfungen lustig machen? Zu Dysenterie fällt mir noch etwas anderes ein. Vor einigen Monaten hatte ich einen jungen Mann mit merkwürdigen Stuhlbeschwerden übernommen, den andere Kollegen als einen Fall von „Anämie mit Unterernährung" behandelt hatten. Ich erkannte, daß es sich um eine Hysterie handle, wollte meine Psychotherapie nicht an ihm versuchen und schickte ihn auf eine Seereise. Nun bekam ich vor einigen Tagen einen verzweifelten Brief von ihm aus Ägypten, daß er dort einen neuen Anfall durchgemacht, den der Arzt für Dysenterie erklärt habe. Ich vermute zwar, die Diagnose ist nur ein Irrtum des unwissenden Kollegen, der sich von der Hysterie äffen läßt; aber ich konnte mir doch die Vorwürfe nicht ersparen, daß ich den Kranken in die Lage versetzt, sich zu einer hysterischen Darmaffektion etwa noch eine organische zu holen. Dysenterie klingt ferner an Diphtherie an, welcher Name ††† im Traum nicht genannt wird.

Ja, es muß so sein, daß ich mich mit der tröstlichen Prognose: Es wird noch Dysenterie hinzukommen usw. über Dr. M. lustig mache, denn ich entsinne mich, daß er einmal vor Jahren etwas ganz Ähnliches von einem Kollegen lachend erzählt hat. Er war zur Konsultation mit diesem Kollegen bei einem Schwerkranken berufen worden und fühlte sich veranlaßt, dem anderen, der sehr hoffnungsfreudig schien, vorzuhalten, daß er beim Patienten Eiweiß im Harn finde. Der Kollege ließ sich aber nicht irremachen, sondern antwortete beruhigt: Das macht nichts, Herr Kollege, der Eiweiß wird sich schon ausscheiden! – Es ist mir also nicht mehr zweifelhaft, daß in diesem Stück des Traumes ein Hohn auf die der Hysterie unwissenden Kollegen enthalten ist. Wie zur Bestätigung fährt mir jetzt durch den Sinn: Weiß denn Dr. M., daß die Erscheinungen bei seiner Patientin, der Freundin Irmas, welche eine Tuberkulose befürchten lassen, auch auf Hysterie beruhen? Hat er diese Hysterie erkannt, oder ist er ihr „aufgesessen"?

Welches Motiv kann ich aber haben, diesen Freund so schlecht zu behandeln? Das ist sehr einfach: Dr. M. ist mit meiner „Lösung" bei Irma so wenig einverstanden wie Irma selbst. Ich habe also in diesem Traum bereits an zwei Personen Rache genommen, an Irma mit den Worten: Wenn du noch Schmerzen hast, ist es deine eigene Schuld, und an Dr. M. mit dem Wortlaut der ihm in den Mund gelegten unsinnigen Tröstung.

Wir wissen unmittelbar, woher die Infektion rührt. Dies unmittelbare Wissen im Traume ist merkwürdig. Eben vorhin wußten wir es noch nicht, da die Infektion erst durch Leopold nachgewiesen wurde.

Freund Otto hat ihr, als sie sich unwohl fühlte, eine Injektion gegeben. Otto hatte wirklich erzählt, daß er in der kurzen Zeit seiner Anwesenheit bei Irmas Familie ins benachbarte Hotel geholt wurde, um dort jemandem, der sich plötzlich unwohl fühlte, eine Injektion zu machen. Die Injektionen erinnern mich wieder an den unglücklichen Freund, der sich mit Kokain vergiftet hat Ich hatte ihm das Mittel nur zur internen Anwendung während der Morphiumentziehung geraten; er machte sich aber unverzüglich Kokaininjektionen.

Mit einem Propylpräparat ... Propylen ... Propionsäure. Wie komme ich nur dazu? Am selben Abend, nach welchem ich an der Krankengeschichte geschrieben und darauf geträumt hatte, öffnete meine Frau eine Flasche Likör, auf welcher „Ananas" [37] zu lesen stand und die ein Geschenk unseres Freundes Otto war. Er hatte nämlich die Gewohnheit, bei allen möglichen Anlässen zu schenken; hof-

---

[37] „Ananas" enthält übrigens einen merkwürdigen Anklang an den Familiennamen meiner Patientin Irma.

fentlich wird er einmal durch eine Frau davon kuriert. Diesem Likör entströmte ein solcher Fuselgeruch, daß ich mich weigerte, davon zu kosten. Meine Frau meinte: Diese Flasche schenken wir den Dienstleuten, und ich, noch vorsichtiger, untersagte es mit der menschenfreundlichen Bemerkung, sie sollen sich auch nicht vergiften. Der Fuselgeruch (Amyl ...) hat nun offenbar bei mir die Erinnerung an die ganze Reihe: Propyl, Methyl usw. geweckt, die für den Traum die Propylenpräparate lieferte. Ich habe dabei allerdings eine Substitution vorgenommen, Propyl geträumt, nachdem ich Amyl gerochen, aber derartige Substitutionen sind vielleicht gerade in der organischen Chemie gestattet.

Trimethylamin. Von diesem Körper sehe ich im Traume die chemische Formel, was jedenfalls eine große Anstrengung meines Gedächtnisses bezeugt, und zwar ist die Formel fett gedruckt, als wollte man aus dem Kontext etwas als ganz besonders wichtig herausheben. Worauf führt mich nun Trimethylamin, auf das ich in solcher Weise aufmerksam gemacht werde? Auf ein Gespräch mit einem anderen Freunde, der seit Jahren um all meine keimenden Arbeiten weiß, wie ich um die seinigen. Er hatte mir damals gewisse Ideen zu einer Sexualchemie mitgeteilt und unter anderem erwähnt, eines der Produkte des Sexualstoffwechsels glaube er im Trimethylamin zu erkennen. Dieser Körper führt mich also auf die Sexualität, auf jenes Moment, dem ich für die Entstehung der nervösen Affektionen, welche ich heilen will, die größte Bedeutung beilege. Meine Patientin Irma ist eine jugendliche Witwe; wenn es mir darum zu tun ist, den Mißerfolg der Kur bei ihr zu entschuldigen, werde ich mich wohl am besten auf diese Tatsache berufen, an welcher ihre Freunde gern ändern möchten. Wie merkwürdig übrigens ein solcher Traum gefügt ist! Die andere, welche ich an Irmas Statt im Traume zur Patientin habe, ist auch eine junge Witwe.

Ich ahne, warum die Formel Trimethylamin im Traume sich so breitgemacht hat. Es kommt soviel Wichtiges in diesem einen Wort zusammen: Trimethylamin ist nicht nur eine Anspielung auf das übermächtige Moment der Sexualität, sondern auch auf eine Person, an deren Zustimmung ich mich mit Befriedigung erinnere, wenn ich mich mit meinen Ansichten verlassen fühle. Sollte dieser Freund, der in meinem Leben eine so große Rolle spielt, in dem Gedankenzusammenhang des Traumes weiter nicht vorkommen? Doch; er ist ein besonderer Kenner der Wirkungen, welche von Affektionen der Nase und ihrer Nebenhöhlen ausgehen, und hat der Wissenschaft einige höchst merkwürdige Beziehungen der Nasenmuscheln zu den weiblichen Sexualorganen eröffnet. (Die drei krausen Gebilde im Hals bei Irma.) Ich habe Irma von ihm untersuchen lassen, ob ihre Magenschmerzen etwa nasalen Ursprungs sind. Er leidet aber selbst an Naseneiterungen, die mir Sorge bereiten, und darauf spielt wohl die Pyämie an, die mir bei den Metastasen des Traumes vorschwebt.

Man macht solche Injektionen nicht so leichtfertig. Hier wird der Vorwurf der Leicht-fertigkeit unmittelbar gegen Freund Otto geschleudert. Ich glaube, etwas Ähn-liches habe ich mir am Nachmittage gedacht, als er durch Wort und Blick seine Parteinahme gegen mich zu bezeugen schien. Es war etwa: Wie leicht er sich beeinflussen läßt; wie leicht er mit seinem Urteil fertig wird. – Außerdem deutet mir der obenstehende Satz wiederum auf den verstorbenen Freund, der sich so rasch zu Kokaininjektionen entschloß. Ich hatte Injektionen mit dem Mittel, wie gesagt, gar nicht beabsichtigt. Bei dem Vorwurf, den ich gegen Otto erhebe, leichtfertig mit jenen chemischen Stoffen umzugehen, merke ich, daß ich wieder die Geschichte jener unglücklichen Mathilde berühre, aus der derselbe Vorwurf gegen mich hervorgeht. Ich sammle hier offenbar Beispiele für meine Gewis-senhaftigkeit, aber auch fürs Gegenteil. *Wahrscheinlich war auch die Spritze nicht rein.* Noch ein Vorwurf gegen Otto, der aber anderswoher stammt. Gestern traf ich zufällig den Sohn einer zweiundachtzigjährigen Dame, der ich täglich zwei Morphiuminjektionen geben muß. Sie ist gegenwärtig auf dem Lande, und ich hörte über sie, daß sie an einer Venenentzündung leide. Ich dachte sofort daran, es handle sich um ein Infiltrat durch Verunreinigung der Spritze. Es ist mein Stolz, daß ich ihr in zwei Jahren nicht ein einziges Infiltrat gemacht habe; es ist freilich meine beständige Sorge, ob die Spritze auch rein ist. Ich bin eben gewis-senhaft. Von der Venenentzündung komme ich wieder auf meine Frau, die in einer Schwangerschaft an Venenstauungen gelitten, und nun tauchen in meiner Erinnerung drei ähnliche Situationen, mit meiner Frau, mit Irma und der ver-storbenen Mathilde auf, deren Identität mir offenbar das Recht gegeben hat, die drei Personen im Traum füreinander einzusetzen.

Ich habe nun die Traumdeutung vollendet.[38] Während dieser Arbeit hatte ich Mühe, mich all der Einfälle zu erwehren, zu denen der Vergleich zwischen dem Trauminhalt und den dahinter versteckten Traumgedanken die Anregung geben mußte. Auch ist mir unterdes der „Sinn" des Traumes aufgegangen. Ich habe eine Absicht gemerkt, welche durch den Traum verwirklicht wird und die das Motiv des Träumens gewesen sein muß. Der Traum erfüllt einige Wünsche, wel-che durch die Ereignisse des letzten Abends (die Nachricht Ottos, die Nieder-schrift der Krankengeschichte) in mir rege gemacht worden sind. Das Ergebnis des Traumes ist nämlich, daß ich nicht schuld bin an dem noch vorhandenen Leiden Irmas und daß Otto daran schuld ist. Nun hat mich Otto durch seine Bemerkung über Irmas unvollkommene Heilung geärgert, der Traum rächt mich

---

[38] Wenn ich auch, wie begreiflich, nicht alles mitgeteilt habe, was mir zur Deutungsarbeit einge-fallen ist.

an ihm, indem er den Vorwurf auf ihn selbst zurückwendet. Von der Verantwortung für Irmas Befinden spricht der Traum mich frei, indem er dasselbe auf
andere Momente (gleich eine ganze Reihe von Begründungen) zurückführt. Der
Traum stellt einen gewissen Sachverhalt so dar, wie ich ihn wünschen möchte;
sein Inhalt ist also eine Wunscherfüllung, sein Motiv ein Wunsch.

Soviel springt in die Augen. Aber auch von den Details des Traumes wird
mir manches unter dem Gesichtspunkte der Wunscherfüllung verständlich. Ich
räche mich nicht nur an Otto für seine voreilige Parteinahme gegen mich, indem
ich ihm eine voreilige ärztliche Handlung zuschiebe (die Injektion), sondern ich
nehme auch Rache an ihm für den schlechten Likör, der nach Fusel duftet, und
ich finde im Traum einen Ausdruck, der beide Vorwürfe vereint: die Injektion
mit einem Propylenpräparat. Ich bin noch nicht befriedigt, sondern setze meine
Rache fort, indem ich ihm seinen verläßlicheren Konkurrenten gegenüberstelle.
Ich scheine damit zu sagen: Der ist mir lieber als du. Otto ist aber nicht der einzige, der die Schwere meines Zorns zu fühlen hat. Ich räche mich auch an der
unfolgsamen Patientin, indem ich sie mit einer klügeren, gefügigeren vertausche.
Ich lasse auch dem Dr. M. seinen Widerspruch nicht ruhig hingehen, sondern
drücke ihm in einer deutlichen Anspielung meine Meinung aus, daß er der Sache
als ein Unwissender gegenübersteht („*Es wird Dysenterie hinzukommen etc.*"). Ja, mir
scheint, ich appelliere von ihm weg an einen anderen, Besserwissenden (meinen
Freund, der mir vom Trimethylamin erzählt hat), wie ich von Irma an ihre Freundin, von Otto an Leopold mich gewendet habe. Schafft mir diese Personen weg,
ersetzt sie mir durch drei andere meiner Wahl, dann bin ich der Vorwürfe ledig,
die ich nicht verdient haben will! Die Grundlosigkeit dieser Vorwürfe selbst wird
mir im Traume auf die weitläufigste Art erwiesen. Irmas Schmerzen fallen nicht
mir zur Last, denn sie ist selbst schuld an ihnen, indem sie meine Lösung anzunehmen verweigert. Irmas Schmerzen gehen mich nichts an, denn sie sind organischer Natur, durch eine psychische Kur gar nicht heilbar. Irmas Leiden erklären
sich befriedigend durch ihre Witwenschaft (Trimethylamin!), woran ich ja nichts
ändern kann. Irmas Leiden ist durch eine unvorsichtige Injektion von seiten
Ottos hervorgerufen worden mit einem dazu nicht geeigneten Stoff, wie ich sie
nie gemacht hätte. Irmas Leiden rührt von einer Injektion mit unreiner Spritze
her wie die Venenentzündung meiner alten Dame, während ich bei meinen Injektionen niemals etwas anstelle. Ich merke zwar, diese Erklärungen für Irmas Leiden, die darin zusammentreffen, mich zu entlasten, stimmen untereinander nicht
zusammen, ja sie schließen einander aus. Das ganze Plaidoyer – nichts anderes ist
dieser Traum – erinnert lebhaft an die Verteidigung des Mannes, der von seinem
Nachbarn angeklagt war, ihm einen Kessel in schadhaftem Zustande zurückgegeben zu haben. Erstens habe er ihn unversehrt zurückgebracht, zweitens war der

Kessel schon durchlöchert, als er ihn entlehnte, drittens hat er nie einen Kessel vom Nachbarn entlehnt. Aber um so besser; wenn nur eine dieser drei Verteidigungsarten als stichhaltig erkannt wird, muß der Mann freigesprochen werden.

Es spielen in den Traum noch andere Themata hinein, deren Beziehung zu meiner Entlastung von Irmas Krankheit nicht so durchsichtig ist: Die Krankheit meiner Tochter und die einer gleichnamigen Patientin, die Kokainschädlichkeit, die Affektion meines in Ägypten reisenden Patienten, die Sorge um die Gesundheit meiner Frau, meines Bruders, des Dr. M., meine eigenen Körperbeschwerden, die Sorge um den abwesenden Freund, der an Naseneiterungen leidet. Doch wenn ich all das ins Auge fasse, fügt es sich zu einem einzigen Gedankenkreis zusammen, etwa mit der Etikette: Sorge um die Gesundheit, eigene und fremde, ärztliche Gewissenhaftigkeit. Ich erinnere mich an eine unklare peinliche Empfindung, als mir Otto die Nachricht von Irmas Befinden brachte. Aus dem im Traume mitspielenden Gedankenkreis möchte ich nachträglich den Ausdruck für diese flüchtige Empfindung einsetzen. Es ist, als ob er mir gesagt hätte: Du nimmst deine ärztlichen Pflichten nicht ernsthaft genug, bist nicht gewissenhaft, hältst nicht, was du versprichst. Daraufhin hätte sich mir jener Gedankenkreis zur Verfügung gestellt, damit ich den Nachweis erbringen könne, in wie hohem Grade ich gewissenhaft bin, wie sehr mir die Gesundheit meiner Angehörigen, Freunde und Patienten am Herzen liegt. Bemerkenswerterweise sind unter diesem Gedankenmaterial auch peinliche Erinnerungen, die eher für die meinem Freund Otto zugeschriebene Beschuldigung als für meine Entschuldigung sprechen. Das Material ist gleichsam unparteiisch, aber der Zusammenhang dieses breiteren Stoffes, auf dem der Traum ruht, mit dem engeren Thema des Traums, aus dem der Wunsch hervorgegangen ist, an Irmas Krankheit unschuldig zu sein, ist doch unverkennbar.

Ich will nicht behaupten, daß ich den Sinn dieses Traumes vollständig aufgedeckt habe, daß seine Deutung eine lückenlose ist.

Ich könnte noch lange bei ihm verweilen, weitere Aufklärungen aus ihm entnehmen und neue Rätsel erörtern, die er aufwerfen heißt. Ich kenne selbst die Stellen, von denen aus weitere Gedankenzusammenhänge zu verfolgen sind; aber Rücksichten, wie sie bei jedem eigenen Traum in Betracht kommen, halten mich von der Deutungsarbeit ab. Wer mit dem Tadel für solche Reserve rasch bei der Hand ist, der möge nur selbst versuchen, aufrichtiger zu sein als ich. Ich begnüge mich für den Moment mit der einen neu gewonnenen Erkenntnis: Wenn man die hier angezeigte Methode der Traumdeutung befolgt, findet man, daß der Traum wirklich einen Sinn hat und keineswegs der Ausdruck einer zerbröckelten Hirntätigkeit ist, wie die Autoren wollen. *Nach vollendeter Deutungsarbeit läßt sich der Traum als eine Wunscherfüllung erkennen.*

III
DER TRAUM IST EINE WUNSCHERFÜLLUNG

Wenn man einen engen Hohlweg passiert hat und plötzlich auf einer Anhöhe angelangt ist, von welcher aus die Wege sich teilen und die reichste Aussicht nach verschiedenen Richtungen sich öffnet, darf man einen Moment lang verweilen und überlegen, wohin man zunächst sich wenden soll. Ähnlich ergeht es uns, nachdem wir diese erste Traumdeutung überwunden haben. Wir stehen in der Klarheit einer plötzlichen Erkenntnis. Der Traum ist nicht vergleichbar dem unregelmäßigen Ertönen eines musikalischen Instruments, das anstatt von der Hand des Spielers, von dem Stoß einer äußeren Gewalt getroffen wird, er ist nicht sinnlos, nicht absurd, setzt nicht voraus, daß ein Teil unseres Vorstellungsschatzes schläft, während ein anderer zu erwachen beginnt. Er ist ein vollgültiges psychisches Phänomen, und zwar eine Wunscherfüllung; er ist einzureihen in den Zusammenhang der uns verständlichen seelischen Aktionen des Wachens; eine hoch komplizierte geistige Tätigkeit hat ihn aufgebaut. Aber eine Fülle von Fragen bestürmt uns im gleichen Moment, da wir uns dieser Erkenntnis freuen wollen. Wenn der Traum laut Angabe der Traumdeutung einen erfüllten Wunsch darstellt, woher rührt die auffällige und befremdende Form, in welcher diese Wunscherfüllung ausgedrückt ist? Welche Veränderung ist mit den Traumgedanken vorgegangen, bis sich aus ihnen der manifeste Traum, wie wir ihn beim Erwachen erinnern, gestaltete? Auf welchem Wege ist diese Veränderung vor sich gegangen? Woher stammt das Material, das zum Traum verarbeitet worden ist? Woher rühren manche der Eigentümlichkeiten, die wir an den Traumgedanken bemerken konnten, wie z. B., daß sie einander widersprechen dürfen? Kann der Traum uns etwas Neues über unsere inneren psychischen Vorgänge lehren, kann sein Inhalt Meinungen korrigieren, an die wir tagsüber geglaubt haben? Ich schlage vor, alle diese Fragen einstweilen beiseite zu lassen und einen einzigen Weg weiter zu verfolgen. Wir haben erfahren, daß der Traum einen Wunsch als erfüllt darstellt. Unser nächstes Interesse soll es sein zu erkunden, ob dies ein allgemeiner Charakter des Traumes ist oder nur der zufällige Inhalt jenes Traumes („von Irmas Injektion"), mit dem unsere Analyse begonnen hat, denn selbst wenn wir uns darauf gefaßt machen, daß jeder Traum einen Sinn und psychischen Wert hat, müssen wir noch die Möglichkeit offen lassen, daß dieser Sinn nicht in jedem Traume der nämliche sei. Unser erster Traum war eine Wunscherfüllung; ein anderer stellt sich vielleicht als eine erfüllte Befürchtung heraus; ein dritter mag eine Reflexion zum Inhalt haben, ein vierter einfach eine Erinnerung reproduzieren. Gibt es also noch andere Wunschträume oder gibt es vielleicht nichts anderes als Wunschträume?

Es ist leicht zu zeigen, daß die Träume häufig den Charakter der Wunscherfüllung unverhüllt erkennen lassen, so daß man sich wundern mag, warum die Sprache der Träume nicht schon längst ein Verständnis gefunden hat. Da ist z. B. ein Traum, den ich mir beliebig oft, gleichsam experimentell, erzeugen kann. Wenn ich am Abend Sardellen, Oliven oder sonst stark gesalzene Speisen nehme, bekomme ich in der Nacht Durst, der mich weckt. Dem Erwachen geht aber ein Traum voraus, der jedesmal den gleichen Inhalt hat, nämlich daß ich trinke. Ich schlürfe Wasser in vollen Zügen, es schmeckt mir so köstlich, wie nur ein kühler Trunk schmecken kann, wenn man verschmachtet ist, und dann erwache ich und muß wirklich trinken. Der Anlaß dieses einfachen Traumes ist der Durst, den ich ja beim Erwachen verspüre. Aus dieser Empfindung geht der Wunsch hervor zu trinken, und diesen Wunsch zeigt mir der Traum erfüllt. Er dient dabei einer Funktion, die ich bald errate. Ich bin ein guter Schläfer, nicht gewöhnt, durch ein Bedürfnis geweckt zu werden. Wenn es mir gelingt, meinen Durst durch den Traum, daß ich trinke, zu beschwichtigen, so brauche ich nicht aufzuwachen, um ihn zu befriedigen. Es ist also ein Bequemlichkeitstraum. Das Träumen setzt sich an Stelle des Handelns wie auch sonst im Leben. Leider ist das Bedürfnis nach Wasser, um den Durst zu löschen, nicht mit einem Traum zu befriedigen, wie mein Rachedurst gegen Freund Otto und Dr. M., aber der gute Wille ist der gleiche. Derselbe Traum hat sich unlängst einigermaßen modifiziert. Da bekam ich schon vor dem Einschlafen Durst und trank das Wasserglas leer, das auf dem Kästchen neben meinem Bett stand. Einige Stunden später kam in der Nacht ein neuer Durstanfall, der seine Unbequemlichkeiten im Gefolge hatte. Um mir Wasser zu verschaffen, hätte ich aufstehen und mir das Glas holen müssen, welches auf dem Nachtkästchen meiner Frau stand. Ich träumte also zweckentsprechend, daß meine Frau mir aus einem Gefäß zu trinken gibt; dies Gefäß war ein etruskischer Aschenkrug, den ich mir von einer italienischen Reise heimgebracht und seither verschenkt hatte. Das Wasser in ihm schmeckte aber so salzig (von der Asche offenbar), daß ich erwachen mußte. Man merkt, wie bequem der Traum es einzurichten versteht; da Wunscherfüllung seine einzige Absicht ist, darf er vollkommen egoistisch sein. Liebe zur Bequemlichkeit ist mit Rücksicht auf andere wirklich nicht vereinbar. Die Einmengung des Aschenkruges ist wahrscheinlich wieder eine Wunscherfüllung; es tut mir leid, daß ich dies Gefäß nicht mehr besitze, wie übrigens auch das Wasserglas auf seiten meiner Frau mir nicht zugänglich ist. Der Aschenkrug paßt sich auch der nun stärker gewordenen Sensation des salzigen Geschmacks an, von der ich weiß, daß sie mich zum Erwachen zwingen wird.[39]

Solche Bequemlichkeitsträume waren bei mir in juvenilen Jahren sehr häufig. Von jeher gewöhnt, bis tief in die Nacht zu arbeiten, war mir das zeitige Erwachen immer eine Schwierigkeit. Ich pflegte dann zu träumen, daß ich außer Bett bin und beim Waschtisch stehe. Nach einer Weile konnte ich mich der Einsicht nicht verschließen, daß ich noch nicht aufgestanden war, hatte aber doch dazwischen eine Weile geschlafen. Denselben Trägheitstraum in besonders witziger Form kenne ich von einem jungen Kollegen, der meine Schlafneigung zu teilen scheint. Die Zimmerfrau, bei der er in der Nähe des Spitals wohnte, hatte den strengen Auftrag, ihn jeden Morgen rechtzeitig zu wecken, aber auch ihre liebe Not, wenn sie den Auftrag ausführen wollte. Eines Morgens war der Schlaf besonders süß. Die Frau rief ins Zimmer: Herr Pepi, stehen S' auf, Sie müssen ins Spital. Daraufhin träumte der Schläfer ein Zimmer im Spital, ein Bett, in dem er lag, und eine Kopftafel, auf der zu lesen stand: Pepi H *cand. med.*, zweiundzwanzig Jahre. Er sagte sich träumend: Wenn ich also schon im Spital bin, brauche ich nicht erst hinzugehen, wendete sich um und schlief weiter. Er hatte sich dabei das Motiv seines Träumens unverhohlen eingestanden.

Ein anderer Traum, dessen Reiz gleichfalls während des Schlafes selbst einwirkte: Eine meiner Patientinnen, die sich einer ungünstig verlaufenen Kieferoperation hatte unterziehen müssen, sollte nach dem Wunsche der Ärzte Tag und Nacht einen Kühlapparat auf der kranken Wange tragen. Sie pflegte ihn aber wegzuschleudern, sobald sie eingeschlafen war. Eines Tages bat man mich, ihr darüber Vorwürfe zu machen; sie hatte den Apparat wiederum auf den

---

[39] Das Tatsächliche der Durstträume war auch Weygandt bekannt, der S. 41 darüber äußert: „Gerade die Durstempfindung wird am präzisesten von allen aufgefaßt: sie erzeugt stets eine Vorstellung des Durstlöschens. – Die Art, wie sich der Traum das Durstlöschen vorstellt, ist mannigfaltig und wird nach einer naheliegenden Erinnerung spezialisiert. Eine allgemeine Erscheinung ist auch hier, daß sich sofort nach der Vorstellung des Durstlöschens eine Enttäuschung über die geringe Wirkung der vermeintlichen Erfrischungen einstellt." Er übersieht aber das Allgemeingültige in der Reaktion des Traumes auf den Reiz. – Wenn andere Personen, die in der Nacht vom Durst befallen werden, erwachen, ohne vorher zu träumen, so bedeutet dies keinen Einwand gegen mein Experiment, sondern charakterisiert diese anderen als schlechtere Schläfer. –Vgl. dazu Jesaias, 29, 8: „Denn gleich wie einem Hungrigen träumet, daß er esse, wenn er aber aufwacht, so ist seine Seele noch leer; und wie einem Durstigen träumet, daß er trinke, wenn er aber aufwacht, ist er matt und durstig"...

Boden geworfen. Die Kranke verantwortete sich: „Diesmal kann ich wirklich, nichts dafür; es war die Folge eines Traums, den ich bei Nacht gehabt. Ich war im Traum in einer Loge in der Oper und interessierte mich lebhaft für die Vorstellung. Im Sanatorium aber lag der Herr Karl Meyer und jammerte fürchterlich vor Kieferschmerzen. Ich habe gesagt, da ich die Schmerzen nicht habe, brauche ich auch den Apparat nicht; darum habe ich ihn weggeworfen." Dieser Traum der armen Dulderin klingt wie die Darstellung einer Redensart, die sich einem in unangenehmen Lagen über die Lippen drängt: Ich wüßte mir wirklich ein besseres Vergnügen. Der Traum zeigt dieses bessere Vergnügen. Herr Karl Meyer, dem die Träumerin ihre Schmerzen zuschob, war der indifferenteste junge Mann ihrer Bekanntschaft, an den sie sich erinnern konnte.

Nicht schwieriger ist es, die Wunscherfüllung in einigen anderen Träumen aufzudecken, die ich von Gesunden gesammelt habe. Ein Freund, der meine Traumtheorie kennt und sie seiner Frau mitgeteilt hat, sagt mir eines Tages: „Ich soll dir von meiner Frau erzählen, daß sie gestern geträumt hat, sie hätte die Periode bekommen. Du wirst wissen, was das bedeutet." Freilich weiß ich's; wenn die junge Frau geträumt hat, daß sie die Periode hat, so ist die Periode ausgeblieben. Ich kann mir's denken, daß sie gerne noch einige Zeit ihre Freiheit genossen hätte, ehe die Beschwerden der Mütterlichkeit beginnen. Es war eine geschickte Art, die Anzeige von ihrer ersten Gravidität zu machen. Ein anderer Freund schreibt, seine Frau habe unlängst geträumt, daß sie an ihrer Hemdenbrust Milchflecken bemerke. Dies ist auch eine Graviditätsanzeige, aber nicht mehr vom ersten Mal; die junge Mutter wünscht sich, für das zweite Kind mehr Nahrung zu haben als seinerzeit fürs erste.

Eine junge Frau, die Wochen hindurch bei der Pflege ihres infektiös erkrankten Kindes vom Verkehr abgeschnitten war, träumt nach glücklicher Beendigung der Krankheit von einer Gesellschaft, in der sich A. Daudet, Bourget, M. Prévost u. a. befinden, die sämtlich sehr liebenswürdig gegen sie sind und sie vortrefflich amüsieren. Die betreffenden Autoren tragen auch im Traum die Züge, welche ihnen ihre Bilder geben; M. Prévost, von dem sie ein Bild nicht kennt, sieht dem – Desinfektionsmanne gleich, der am Tag vorher die Krankenzimmer gereinigt und sie als erster Besucher nach langer Zeit betreten hatte. Man meint den Traum lückenlos übersetzen zu können: Jetzt wäre es einmal Zeit für etwas Amüsanteres als diese ewigen Krankenpflegen.

Vielleicht wird diese Auslese genügen, um zu erweisen, daß man sehr häufig und unter den mannigfaltigsten Bedingungen Träume findet, die sich nur als Wunscherfüllungen verstehen lassen und die ihren Inhalt unverhüllt zur Schau tragen. Es sind dies zumeist kurze und einfache Träume, die von den verworrenen und überreichen Traumkompositionen, die wesentlich die Aufmerksamkeit der Autoren auf sich gezogen haben, wohltuend abstechen. Es verlohnt sich aber, bei diesen einfachen Träumen noch zu verweilen. Die allereinfachsten Formen von Träumen darf man wohl bei Kindern erwarten, deren psychische Leistungen sicherlich minder kompliziert sind als die Erwachsener. Die Kinderpsychologie ist nach meiner Meinung dazu berufen, für die Psychologie der Erwachsenen ähnliche Dienste zu leisten wie die Untersuchung des Baues oder der Entwicklung niederer Tiere für die Erforschung der Struktur der höchsten Tierklassen. Es sind bis jetzt wenig zielbewußte Schritte geschehen, die Psychologie der Kinder zu solchem Zwecke auszunützen.

Die Träume der kleinen Kinder sind häufig simple Wunscherfüllungen und dann im Gegensatz zu den Träumen Erwachsener gar nicht interessant. Sie geben keine Rätsel zu lösen, sind aber natürlich unschätzbar für den Erweis, daß der Traum seinem innersten Wesen nach eine Wunscherfüllung bedeutet. Bei meinem Materiale von eigenen Kindern konnte ich einige Beispiele von solchen Träumen sammeln.

Einem Ausfluge nach dem schönen Hallstatt im Sommer 1896 von Aussee aus verdanke ich zwei Träume, den einen von meiner damals achteinhalbjährigen Tochter, den anderen von einem fünfeinvierteljährigen Knaben. Als Vorbericht muß ich angeben, daß wir in diesem Sommer auf einem Hügel bei Aussee wohnten, von wo aus wir bei schönem Wetter eine herrliche Dachsteinaussicht genossen. Mit dem Fernrohr war die Simony-Hütte gut zu erkennen. Die Kleinen bemühten sich wiederholt, sie durchs Fernrohr zu sehen; ich weiß nicht, mit welchem Erfolg. Vor der Partie hatte ich den Kindern erzählt, Hallstatt läge am Fuße des Dachsteins. Sie freuten sich sehr auf den Tag. Von Hallstatt aus gingen wir ins Echerntal, das mit seinen wechselnden Ansichten die Kinder sehr entzückte. Nur eines, der fünfjährige Knabe, wurde allmählich mißgestimmt. Sooft ein neuer Berg in Sicht kam, fragte er: Ist das der Dachstein? worauf ich antworten mußte: Nein, nur ein Vorberg. Nachdem sich diese Frage einige Male wiederholt hatte, verstummte er ganz; den Stufenweg zum Wasserfall wollte er überhaupt nicht mitmachen. Ich hielt ihn für ermüdet. Am nächsten Morgen kam er aber ganz selig auf mich zu und erzählte: Heute nacht habe ich geträumt, daß wir auf der Simony-Hütte gewesen sind. Ich verstand ihn nun; er hatte erwartet, als ich vom Dachstein sprach, daß er auf dem Ausfluge nach Hallstatt den Berg besteigen und die Hütte zu Gesicht bekommen werde, von der beim Fernrohr so viel die Rede war. Als er dann merkte, daß man ihm zumute, sich mit Vorbergen und einem Wasserfall abspeisen zu lassen, fühlte er sich getäuscht und wurde verstimmt. Der Traum entschädigte ihn dafür. Ich versuchte Details des Traumes zu erfahren; sie waren ärmlich. „Man geht sechs Stunden lang auf Stufen hinauf", wie er es gehört hatte.

Auch bei dem achteinhalbjährigen Mädchen waren auf diesem Ausflug Wünsche rege geworden, die der Traum befriedigen mußte. Wir hatten den zwölfjährigen Knaben unserer Nachbarn nach Hallstatt mitgenommen, einen vollendeten Ritter, der, wie mir schien, sich bereits aller Sympathien des kleinen Frauenzimmers erfreute. Sie erzählte nun am nächsten Morgen folgenden Traum: Denk' dir, ich hab' geträumt, daß der Emil einer von uns ist, Papa und Mama zu euch sagt und im großen Zimmer mit uns schläft wie unsere Buben. Dann kommt die Mama ins Zimmer und wirft eine Handvoll großer Schokoladestangen in blauem und grünem Papier unter unsere Betten. Die Brüder, die sich also nicht kraft erblicher Übertragung auf Traumdeutung verstehen, erklärten ganz wie unsere Autoren: Dieser Traum ist ein Unsinn. Das Mädchen trat wenigstens für einen Teil des Traumes ein, und es ist wertvoll für die Theorie der Neurosen zu erfahren, für welchen: Daß der Emil ganz bei uns ist, das ist ein Unsinn, aber das mit den Schokoladestangen nicht. Mir war gerade das letztere dunkel. Die Mama lieferte mir hiefür die Erklärung. Auf dem Wege vom Bahnhof nach Hause hatten die Kinder vor dem Automaten haltgemacht und sich gerade solche Schokoladestangen in metallisch glänzendem Papier gewünscht, die der Automat nach ihrer Erfahrung zu verkaufen hatte. Die Mama hatte mit Recht gemeint, jener Tag habe genug Wunscherfüllungen gebracht, und diesen Wunsch für den Traum übriggelassen. Mir war die kleine Szene entgangen. Den von meiner Tochter proskribierten Teil des Traumes verstand ich ohne weiteres. Ich hatte selbst gehört, wie der artige Gast auf dem Wege die Kinder aufgefordert hatte zu warten, bis der Papa oder die Mama nachkommen. Aus dieser zeitweiligen Zugehörigkeit machte der Traum der Kleinen eine dauernde Adoption. Andere Formen des Beisammenseins als die im Traum erwähnten, die von den Brüdern hergenommen sind, kannte ihre Zärtlichkeit noch nicht. Warum die Schokoladestangen unter die Betten geworfen wurden, ließ sich ohne Ausfragen des Kindes natürlich nicht aufklären.

Einen ganz ähnlichen Traum wie den meines Knaben habe ich von befreundeter Seite erfahren. Er betraf ein achtjähriges Mädchen. Der Vater hatte mit mehreren Kindern einen Spaziergang nach Dornbach in der Absicht unternommen, die Rohrer-Hütte zu besuchen, kehrte aber um, weil es zu spät geworden war, und versprach den Kindern, sie ein anderes Mal zu entschädigen. Auf dem Rückweg kamen sie an der Tafel vorbei, welche den Weg zum Hameau anzeigt. Die Kinder verlangten nun, auch aufs Hameau geführt zu werden, mußten sich aber aus demselben Grund wiederum auf einen anderen Tag vertrösten lassen. Am nächsten Morgen kam das achtjährige Mädchen dem Papa befriedigt entgegen: Papa, heut' hab ich geträumt, du warst mit uns bei der Rohrer-Hütte und auf dem Hameau. Ihre Ungeduld hatte also die Erfüllung des vom Papa geleisteten Versprechens antizipiert.

Ebenso aufrichtig ist ein anderer Traum, den die landschaftliche Schönheit Aussees bei meinem damals dreieinvierteljährigen Töchterchen erregt hat. Die Kleine war zum erstenmal über den See gefahren, und die Zeit der Seefahrt war ihr zu rasch vergangen. An der Landungsstelle wollte sie das Boot nicht verlassen und weinte bitterlich. Am nächsten Morgen erzählte sie: Heute nacht bin ich auf dem See gefahren. Hoffen wir, daß die Dauer dieser Traumfahrt sie besser befriedigt hat.

Mein ältester, derzeit achtjähriger Knabe träumt bereits die Realisierung seiner Phantasien. Er ist mit dem Achilleus in einem Wagen gefahren, und der Diomedes war Wagenlenker. Er hat sich natürlich tags vorher für die Sagen Griechenlands begeistert, die der älteren Schwester geschenkt worden sind.

Wenn man mir zugibt, daß das Sprechen aus dem Schlaf der Kinder gleichfalls dem Kreis des Träumens angehört, so kann ich im folgenden einen der jüngsten Träume meiner Sammlung mitteilen. Mein jüngstes Mädchen, damals neunzehn Monate alt, hatte eines Morgens erbrochen und war darum den Tag über nüchtern erhalten worden. In der Nacht, die diesem Hungertag folgte, hörte man sie erregt aus dem Schlaf rufen: *Anna F-eud, Er(d)beer, Hochbeer, Eier(s) peis, Papp.* Ihren Namen gebrauchte sie damals, um die Besitzergreifung auszudrücken; der Speisezettel umfaßte wohl alles, was ihr als begehrenswerte Mahlzeit erscheinen mußte; daß die Erdbeeren darin in zwei Varietäten vorkamen, war eine Demonstration gegen die häusliche Sanitätspolizei und hatte seinen Grund in dem von ihr wohl bemerkten Nebenumstand, daß die Kinderfrau ihre Indisposition auf allzu reichlichen Erdbeergenuß geschoben hatte; für dies ihr unbequeme Gutachten nahm sie also im Traume ihre Revanche.[40]

Wenn wir die Kindheit glücklich preisen, weil sie die sexuelle Begierde noch nicht kennt, so wollen wir nicht verkennen, eine wie reiche Quelle der Enttäuschung, Entsagung und damit der Traumanregung der andere der großen Lebenstriebe für sie werden kann.[41] Hier ein zweites Beispiel dafür. Mein zweiundzwanzigmonatiger Neffe hat zu meinem Geburtstage die Aufgabe bekom-

---

[40] Dieselbe Leistung wie bei der jüngsten Enkelin vollbringt dann der Traum kurz nachher bei der Großmutter, deren Alter das des Kindes ungefähr zu 70 Jahren ergänzt. Nachdem sie einen Tag lang durch die Unruhe ihrer Wanderniere zum Hungern gezwungen war, träumt sie dann, offenbar mit Versetzung in die glückliche Zeit des blühenden Mädchentums, daß sie für beide Hauptmahlzeiten „ausgebeten", zu Gast geladen ist und jedesmal die köstlichsten Bissen vorgesetzt bekommt.

[41] Eingehendere Beschäftigung mit dem Seelenleben der Kinder belehrt uns freilich, daß sexuelle Triebkräfte in infantiler Gestaltung in der psychischen Tätigkeit des Kindes eine genügend große, nur zu lange übersehene Rolle spielen, und läßt uns an dem Glücke der Kindheit, wie die Erwachsenen es späterhin konstruieren, einigermaßen zweifeln. (Vgl. des Verfassers *Drei Abhandlungen zur Sexualtheorie*, 1905 und 6. Aufl.1926)

men, mir zu gratulieren und als Geschenk ein Körbchen mit Kirschen zu überreichen, die um diese Zeit des Jahres noch zu den Primeurs zählen. Es scheint
ihm hart anzukommen, denn er wiederholt unaufhörlich: Kirschen sind d(r)in,
und ist nicht zu bewegen, das Körbchen aus den Händen zu geben. Aber er weiß
sich zu entschädigen. Er pflegte bisher jeden Morgen seiner Mutter zu erzählen,
daß er vom „weißen Soldat" geträumt, einem Gardeoffizier im Mantel, den er
einst auf der Straße bewunderte. Am Tag nach dem Geburtstagsopfer erwacht
er freudig mit der Mitteilung, die nur einem Traum entstammen kann: *He(r)man
alle Kirschen aufgessen!*[42]

---

[42] Es soll nicht unerwähnt bleiben, daß sich bei kleinen Kindern bald kompliziertere und minder durchsichtige Träume einzustellen pflegen und daß anderseits Träume von so einfachem
infantilen Charakter unter Umstanden auch bei Erwachsenen häufig vorkommen. Wie reich
an ungeahntem Inhalt Träume von Kindern im Alter von vier bis fünf Jahren bereits sein
können, zeigen die Beispiele in meiner *Analyse der Phobie eines fünfjährigen Knaben* (Jahrbuch von
Bleuler – Freud, I, 1909 und in Jungs *Über Konflikte der kindlichen Seele* (ebenda II. Bd. 1919)
Analytisch gedeutete Kinderträume siehe noch bei v. Hug-Hellmuth, Putnam, van Raalte,
Spielrein, Tausk; andere bei Bianchieri, Busemann, Doglia und Bianchieri und besonders bei
Wiggam, der die Wunscherfüllungstendenz derselben betont. Anderseits scheinen sich bei
Erwachsenen Träume vom infantilen Typus besonders häufig wieder einzustellen, wenn sie
unter ungewöhnliche Lebensbedingungen versetzt werden. So berichtet Otto Nordenskjöld
in seinem Buche *Antarctic* 1904 über die mit ihm überwinternde Mannschaft (Bd. I, 336 f.):
„Sehr bezeichnend für die Richtung unserer innersten Gedanken waren unsere Träume, die
nie lebhafter und zahlreicher waren als gerade jetzt. Selbst diejenigen unserer Kameraden, die
sonst nur ausnahmsweise träumten, hatten jetzt des Morgens, wenn wir unsere letzten Erfahrungen aus dieser Phantasiewelt miteinander austauschten, lange Geschichten zu erzählen. Alle
handelten sie von jener äußeren Welt, die uns jetzt so fern lag, waren aber oft unseren jetzigen
Verhältnissen angepaßt. Ein besonders charakteristischer Traum bestand darin, daß sich einer
der Kameraden auf die Schulbank zurückversetzt glaubte, wo ihm die Aufgabe zuteil wurde,
ganz kleinen Miniaturseehunden, die eigens für Unterrichtszwecke angefertigt waren, die Haut
abzuziehen. Essen und Trinken waren übrigens die Mittelpunkte, um die sich unsere Träume
am häufigsten drehten. Einer von uns, der nächtlicherweise darin exzellierte, auf große Mittagsgesellschaften zu gehen, war seelenfroh, wenn er des Morgens berichten konnte, ‚daß er
ein Diner von drei Gängen eingenommen habe'; ein anderer träumte vom Tabak, von ganzen
Bergen Tabak; wieder andere von dem Schiff, das mit vollen Segeln auf dem offenen Wasser
daherkam. Noch ein anderer Traum verdient der Erwähnung: Der Briefträger kommt mit der
Post und gibt eine lange Erklärung, warum diese so lange habe auf sich warten lassen, er habe
sie verkehrt abgeliefert und erst nach großer Mühe sei es ihm gelungen, sie wieder zu erlangen.
Natürlich beschäftigte man sich im Schlaf mit noch unmöglicheren Dingen, aber der Mangel
an Phantasie in fast allen Träumen, die ich selbst träumte oder erzählen hörte, war ganz auffallend. Es würde sicher von großem psychologischem Interesse sein, wenn alle diese Träume
aufgezeichnet würden. Man wird aber leicht verstehen können, wie ersehnt der Schlaf war,
da er uns alles bieten konnte, was ein jeder von uns am glühendsten begehrte." Nach Du Prel
(S. 231) zitiere ich noch: „Mungo Park, auf einer Reise in Afrika dem Verschmachten nahe,
träumte ohne Aufhören von wasserreichen Tälern und Auen seiner Heimat. So sah sich auch
der von Hunger gequälte Trenck in der Sternschanze zu Magdeburg von üppigen Mahlzeiten

Wovon die Tiere träumen, weiß ich nicht. Ein Sprichwort, dessen Erwähnung ich einem meiner Hörer danke, behauptet es zu wissen, denn es stellt die Frage auf: *Wovon träumt die Gans?* und beantwortet sie: *Vom Kukuruz (Mais).*[43] Die ganze Theorie, daß der Traum eine Wunscherfüllung sei, ist in diesen zwei Sätzen enthalten.[44]

Wir bemerken jetzt, daß wir zu unserer Lehre von dem verborgenen Sinn des Traumes auch auf dem kürzesten Wege gelangt wären, wenn wir nur den Sprachgebrauch befragt hätten. Die Sprachweisheit redet zwar manchmal verächtlich genug vom Traum – man meint, sie wolle der Wissenschaft recht geben, wenn sie urteilt: Träume sind Schäume – aber für den Sprachgebrauch ist der Traum doch vorwiegend der holde Wunscherfüller. „Das hätt' ich mir in meinen kühnsten Träumen nicht vorgestellt", ruft entzückt, wer in der Wirklichkeit seine Erwartungen übertroffen findet.

---

umgeben, und George Back, Teilnehmer der ersten Expedition Franklins, als er infolge furchtbarer Entbehrungen dem Hungertode nahe war, träumte stets und gleichmäßig von reichen Mahlzeiten."

[43] Ein ungarisches, von *Ferenczi* angezogenes Sprichwort behauptet vollständiger, daß „das Schwein von Eicheln, die Gans von Mais träumt". Ein jüdisches Sprichwort lautet: „Wovon träumt das Huhn? – Von Hirse." (*Sammlung jüd. Sprichw. u. Redensarten*, herausg. v. Bernstein 2. Aufl., S. 116.)

[44] Es liegt mir fern zu behaupten, daß noch niemals ein Autor vor mir daran gedacht habe, einen Traum von einem Wunsch abzuleiten. (Vgl. die ersten Sätze des nächsten Abschnittes.) Wer auf solche Andeutungen Wert legt, könnte schon aus dem Altertum den unter dem ersten Ptolemäus lebenden Arzt Herophilos anführen, der nach Büchsenschütz (S. 33) drei Arten von Träumen unterschied: gottgesandte, natürliche, welche entstehen, indem die Seele sich ein Bild dessen schafft, was ihr zuträglich ist und was eintreten wird, und gemischte, die von selbst durch Annäherung von Bildern entstehen, wenn wir das sehen, was wir wünschen. Aus der Beispielsammlung von Scherner weiß J. Stärcke einen Traum hervorzuheben, der vom Autor selbst als Wunscherfüllung bezeichnet wird (S. 239). Scherner sagt: „Den wachen Wunsch der Träumerin erfüllte die Phantasie sofort einfach darum, weil er im Gemüte derselben lebhaft bestand." Dieser Traum steht unter den „Stimmungsträumen"; in seiner Nähe befinden sich Träume für „männliches und weibliches Liebessehnen" und für „verdrießliche Stimmung". Es ist, wie man sieht, keine Rede davon, daß Scherner dem Wünschen für den Traum eine andere Bedeutung zuschrieb als irgendeinem sonstigen Seelenzustand des Wachens, geschweige denn, daß er den Wunsch mit dem Wesen des Traumes in Zusammenhang gebracht hätte.

IV
DIE TRAUMENTSTELLUNG

Wenn ich nun die Behauptung aufstelle, daß Wunscherfüllung der Sinn eines jeden Traumes sei, also daß es keine anderen als Wunschträume geben kann, so bin ich des entschiedensten Widerspruches im vorhinein sicher. Man wird mir entgegenhalten: Daß es Träume gibt, welche als Wunscherfüllungen zu verstehen sind, ist nicht neu, sondern längst von den Autoren bemerkt worden. (Vgl. *Radestock*, S. 137–8, *Volkelt*, S. 110–11, *Purkinje*, S. 456, *Tissié*, S. 70, *M. Simon*, S. 42 über die Hungerträume des eingekerkerten Baron Trenck, und die Stelle bei *Griesinger*, S. 89.)[45] Daß es aber nichts anderes geben soll als Wunscherfüllungsträume, das ist wieder eine ungerechtfertigte Verallgemeinerung, die sich zum Glück leicht zurückweisen läßt. Es kommen doch reichlich genug Träume vor, welche den peinlichsten Inhalt erkennen lassen, aber keine Spur irgendeiner Wunscherfüllung. Der pessimistische Philosoph *Eduard v. Hartmann* steht wohl der Wunscherfüllungstheorie am fernsten. Er äußert in seiner *Philosophie des Unbewußten* (Stereotypausgabe S. 344): „Was den Traum betrifft, so treten mit ihm alle Plackereien des wachen Lebens auch in den Schlafzustand hinüber, nur das einzige nicht, was den Gebildeten einigermaßen mit dem Leben aussöhnen kann: wissenschaftlicher und Kunstgenuß. Aber auch minder unzufriedene Beobachter haben hervorgehoben, daß im Traum Schmerz und Unlust häufiger sei als Lust, so *Scholz* (S. 33), *Volkelt* (S. 80) u. a. Ja, die Damen *Sarah Weed* und *Florence Hallam* haben aus der Bearbeitung ihrer Träume einen ziffernmäßigen Ausdruck für das überwiegen der Unlust in den Träumen entnommen. Sie bezeichnen 57,2 Prozent der Träume als peinlich und nur 28,6 Prozent als positiv angenehm. Außer diesen Träumen, welche die mannigfaltigen peinlichen Gefühle des Lebens in den Schlaf fortsetzen, gibt es auch Angstträume, in denen uns diese entsetzlichste aller Unlustempfindungen schüttelt, bis wir erwachen, und von solchen Angstträumen werden gerade die Kinder so leicht heimgesucht (vgl.

---

[45] Schon der Neuplatoniker Plotin sagt: „Wenn die Begierde sich regt, dann kommt die Phantasie und präsentiert uns gleichsam das Objekt derselben." (Du Prel, S. 276.)

Debacker, über den *pavor nocturnus*), bei denen wir die Wunschträume unverhüllt gefunden haben.

Wirklich scheinen gerade die Angstträume eine Verallgemeinerung des Satzes, den wir aus den Beispielen des vorigen Abschnittes gewonnen haben, der Traum sei eine Wunscherfüllung, unmöglich zu machen, ja diesen Satz als Absurdität zu brandmarken.

Dennoch ist es nicht sehr schwer, sich diesen anscheinend zwingenden Einwänden zu entziehen. Man wolle bloß beachten, daß unsere Lehre nicht auf der Würdigung des manifesten Trauminhalts beruht, sondern sich auf den Gedankeninhalt bezieht, welcher durch die Deutungsarbeit hinter dem Traume erkannt wird. Stellen wir manifesten und latenten Trauminhalt einander gegenüber. Es ist richtig, daß es Träume gibt, deren manifester Inhalt von der peinlichsten Art ist. Aber hat jemand versucht, diese Träume zu deuten, den latenten Gedankeninhalt derselben aufzudecken? Wenn aber nicht, dann treffen uns die beiden Einwände nicht mehr; es bleibt immerhin möglich, daß auch peinliche und Angstträume sich nach der Deutung als Wunscherfüllungen enthüllen.[46]

Bei wissenschaftlicher Arbeit ist es oft von Vorteil, wenn die Lösung des einen Problems Schwierigkeiten bereitet, ein zweites hinzuzunehmen, etwa wie man zwei Nüsse leichter miteinander als einzeln aufknackt. So stehen wir nicht nur vor der Frage: Wie können peinliche und Angstträume Wunscherfüllungen sein, sondern wir können auch aus unseren bisherigen Erörterungen über den Traum eine zweite Frage aufwerfen: Warum zeigen die Träume indifferenten Inhalts, welche sich als Wunscherfüllungen ergeben, diesen ihren Sinn nicht unverhüllt? Man nehme den weitläufig behandelten Traum von Irmas Injektion, er ist keineswegs peinlicher Natur, er ist durch die Deutung als eklatante Wunscherfüllung zu erkennen. Wozu bedarf es aber überhaupt einer Deutung? Warum sagt der Traum nicht direkt, was er bedeutet? Tatsächlich macht auch der Traum von Irmas Injektion zunächst nicht den Eindruck, daß er einen Wunsch des Träumers als erfüllt darstellt. Der Leser wird diesen Eindruck nicht bekom-

---

[46] Es ist ganz unglaublich, mit welcher Hartnäckigkeit sich Leser und Kritiker dieser Erwägung verschließen und die grundlegende Unterscheidung von manifestem und latentem Trauminhalt unbeachtet lassen. – Keine der in der Literatur niedergelegten Äußerungen kommt aber dieser meiner Aufstellung so sehr entgegen wie eine Stelle in J. Sullys Aufsatz: *The Dream as a Revelation* deren Verdienst dadurch nicht geschmälert werden soll, daß ich sie erst hier anführe: „*It would seem, then, after all, that dreams are not the utter nonsense they have been said to be by such authorities as Chaucer, Shakespeare and Milton. The chaotic aggregations of our night-fancy have significance and communicate new knowledge. Like some letter in cypher, the dreaminscription when scrutinized closely loses its first look of balderdash and takes on the aspect of a serious, intelligible message. Or, to vary the figure slightly, we may say that, like some palimpsest, the dream discloses beneath its worthless surface-characters traces of an old and precious communication.*“

men haben, aber auch ich selbst wußte es nicht, ehe ich die Analyse angestellt hatte. Heißen wir dieses der Erklärung bedürftige Verhalten des Traumes: *die Tatsache der Traumentstellung*, so erhebt sich also die zweite Frage: Wovon rührt diese Traumentstellung her?

Wenn man hierüber seine ersten Einfälle befragt, könnte man auf verschiedene mögliche Lösungen geraten, z. B. daß während des Schlafes ein Unvermögen bestehe, den Traumgedanken einen entsprechenden Ausdruck zu schaffen. Allein die Analyse gewisser Träume nötigt uns, für die Traumentstellung eine andere Erklärung zuzulassen. Ich will dies an einem zweiten Traum von mir selbst zeigen, welcher wiederum vielfache Indiskretionen erfordert, aber für dies persönliche Opfer durch eine gründliche Aufhellung des Problems entschädigt.

Vorbericht

Im Frühjahr 1897 erfuhr ich, daß zwei Professoren unserer Universität mich für die Ernennung zum *Prof. extraord.* vorgeschlagen hatten. Diese Nachricht kam mir überraschend und erfreute mich lebhaft als Ausdruck einer durch persönliche Beziehungen nicht aufzuklärenden Anerkennung von seiten zweier hervorragender Männer. Ich sagte mir aber sofort, daß ich an dieses Ereignis keine Erwartungen knüpfen dürfe. Das Ministerium hatte in den letzten Jahren Vorschläge solcher Art unberücksichtigt gelassen, und mehrere Kollegen, die mir an Jahren voraus waren und an Verdiensten mindestens gleichkamen, warteten seitdem vergebens auf ihre Ernennung. Ich hatte keinen Grund anzunehmen, daß es mir besser ergehen würde. Ich beschloß also bei mir, mich zu trösten. Ich bin, soviel ich weiß, nicht ehrgeizig, übe meine ärztliche Tätigkeit mit zufriedenstellendem Erfolge aus, auch ohne daß mich ein Titel empfiehlt. Es handelte sich übrigens gar nicht darum, ob ich die Trauben für süß oder sauer erklärte, da sie unzweifelhaft zu hoch für mich hingen.

Eines Abends besuchte mich ein befreundeter Kollege, einer von denjenigen, deren Schicksal ich mir zur Warnung hatte dienen lassen. Seit längerer Zeit ein Kandidat für die Beförderung zum Professor, die den Arzt in unserer Gesellschaft zum Halbgott für seine Kranken erhebt, und minder resigniert als ich, pflegte er von Zeit zu Zeit seine Vorstellung in den Bureaus des hohen Ministeriums zu machen, um seine Angelegenheit zu fördern. Von einem solchen Besuche kam er zu mir. Er erzählte, daß er diesmal den hohen Herrn in die Enge getrieben und ihn geradeheraus befragt habe, ob an dem Aufschub seiner Ernennung wirklich – konfessionelle Rücksichten die Schuld trügen. Die Antwort hatte gelautet, daß allerdings – bei der gegenwärtigen Strömung – Se.

Exzellenz vorläufig nicht in der Lage sei usw. „Nun weiß ich wenigstens, woran ich bin", schloß mein Freund seine Erzählung, die mir nichts Neues brachte, mich aber in meiner Resignation bestärken mußte. Dieselben konfessionellen Rücksichten sind nämlich auch auf meinen Fall anwendbar.

Am Morgen nach diesem Besuch hatte ich folgenden Traum, der auch durch seine Form bemerkenswert war. Er bestand aus zwei Gedanken und zwei Bildern, so daß ein Gedanke und ein Bild einander ablösten. Ich setze aber nur die erste Hälfte des Traumes hieher, da die andere mit der Absicht nichts zu tun hat, welcher die Mitteilung des Traumes dienen soll.

I. ... *Freund R. ist mein Onkel. – Ich empfinde große Zärtlichkeit für ihn.*

II. *Ich sehe sein Gesicht etwas verändert vor mir. Es ist wie in die Länge gezogen, ein gelber Bart, der es umrahmt, ist besonders deutlich hervorgehoben.*

Dann folgen die beiden anderen Stücke, wieder ein Gedanke und ein Bild, die ich übergehe.

Die Deutung dieses Traumes vollzog sich folgendermaßen:

Als mir der Traum im Laufe des Vormittags einfiel, lachte ich auf und sagte: Der Traum ist ein Unsinn. Er ließ sich aber nicht abtun und ging mir den ganzen Tag nach, bis ich mir endlich am Abend Vorwürfe machte: „Wenn einer deiner Patienten zur Traumdeutung nichts zu sagen wüßte als: Das ist ein Unsinn, so würdest du es ihm verweisen und vermuten, daß sich hinter dem Traum eine unangenehme Geschichte versteckt, welche zur Kenntnis zu nehmen er sich ersparen will. Verfahr' mit dir selbst ebenso; deine Meinung, der Traum sei ein Unsinn, bedeutet nur einen inneren Widerstand gegen die Traumdeutung. Laß dich nicht abhalten." Ich machte mich also an die Deutung.

„*R. ist mein Onkel.*" Was kann das heißen? Ich habe doch nur einen Onkel gehabt, den Onkel Josef.[47] Mit dem war's allerdings eine traurige Geschichte. Er hatte sich einmal, es sind mehr als dreißig Jahre her, in gewinnsüchtiger Absicht zu einer Handlung verleiten lassen, welche das Gesetz schwer bestraft, und wurde dann auch von der Strafe getroffen. Mein Vater, der damals aus Kummer in wenigen Tagen grau wurde, pflegte immer zu sagen, Onkel Josef sei nie ein schlechter Mensch gewesen, wohl aber ein Schwachkopf; so drückte er sich aus. Wenn also Freund R. mein Onkel Josef ist, so will ich damit sagen: R. ist

---

[47] Es ist merkwürdig, wie sich hier meine Erinnerung – im Wachen – für die Zwecke der Analyse einschränkt. Ich habe fünf von meinen Onkeln gekannt, einen von ihnen geliebt und geehrt. In dem Augenblicke aber, da ich den Widerstand gegen die Traumdeutung überwunden habe, sage ich mir: Ich habe doch nur einen Onkel gehabt, den, der eben im Traum gemeint ist.

ein Schwachkopf. Kaum glaublich und sehr unangenehm! Aber da ist ja jenes Gesicht, das ich im Traum sehe, mit den länglichen Zügen und dem gelben Bart. Mein Onkel hatte wirklich so ein Gesicht, länglich, von einem schönen blonden Bart umrahmt. Mein Freund R. war intensiv schwarz, aber wenn die Schwarzhaarigen zu ergrauen anfangen, so büßen sie für die Pracht ihrer Jugendjahre. Ihr schwarzer Bart macht Haar für Haar eine unerfreuliche Farbenwandlung durch; er wird zuerst rotbraun, dann gelbbraun, dann erst definitiv grau. In diesem Stadium befindet sich jetzt der Bart meines Freundes R., übrigens auch schon der meinige, wie ich mit Mißvergnügen bemerke. Das Gesicht, das ich im Traum sehe, ist gleichzeitig das meines Freundes R. und das meines Onkels. Es ist wie eine Mischphotographie von Galton, der, um Familienähnlichkeiten zu eruieren, mehrere Gesichter auf die nämliche Platte photographieren ließ. Es ist also kein Zweifel möglich, ich meine wirklich, daß Freund R. ein Schwachkopf ist – wie mein Onkel Josef.

Ich ahne noch gar nicht, zu welchem Zweck ich diese Beziehung hergestellt, gegen die ich mich unausgesetzt sträuben muß. Sie ist doch nicht sehr tiefgehend, denn der Onkel war ein Verbrecher, mein Freund R. ist unbescholten. Etwa bis auf die Bestrafung dafür, daß er mit dem Rad einen Lehrbuben niedergeworfen. Sollte ich diese Untat meinen? Das hieße die Vergleichung ins Lächerliche ziehen. Da fällt mir aber ein anderes Gespräch ein, das ich vor einigen Tagen mit meinem anderen Kollegen N., und zwar über das gleiche Thema hatte. Ich traf N. auf der Straße; er ist auch zum Professor vorgeschlagen, wußte von meiner Ehrung und gratulierte mir dazu. Ich lehnte entschieden ab. „Gerade Sie sollten sich den Scherz nicht machen, da Sie den Wert des Vorschlags an sich selbst erfahren haben." Er darauf wahrscheinlich nicht ernsthaft: „Das kann man nicht wissen. Gegen mich liegt ja etwas Besonderes vor. Wissen Sie nicht, daß eine Person einmal eine gerichtliche Anzeige gegen mich erstattet hat? Ich brauche Ihnen nicht zu versichern, daß die Untersuchung eingestellt wurde; es war ein gemeiner Erpressungsversuch; ich hatte noch alle Mühe, die Anzeigerin selbst vor Bestrafung zu retten. Aber vielleicht macht man im Ministerium diese Angelegenheit gegen mich geltend, um mich nicht zu ernennen. Sie aber, Sie sind unbescholten." Da habe ich ja den Verbrecher, gleichzeitig aber auch die Deutung und Tendenz meines Traumes. Mein Onkel Josef stellt mir da beide nicht zu Professoren ernannten Kollegen dar, den einen als Schwachkopf, den anderen als Verbrecher. Ich weiß jetzt auch, wozu ich diese Darstellung brauche. Wenn für den Aufschub der Ernennung meiner Freunde R. und N. „konfessionelle" Rücksichten maßgebend sind, so ist auch meine Ernennung in Frage gestellt; wenn ich aber die Zurückweisung der beiden auf andere Gründe schieben kann, die mich nicht treffen, so bleibt mir die Hoffnung ungestört. So verfährt mein

Traum; er macht den einen, R., zum Schwachkopf, den anderen, N., zum Verbrecher; ich bin aber weder das eine noch das andere; unsere Gemeinsamkeit ist aufgehoben, ich darf mich auf meine Ernennung zum Professor freuen und bin der peinlichen Anwendung entgangen, die ich aus R.s Nachricht, was ihm der hohe Beamte bekannt, für meine eigene Person hätte machen müssen.

Ich muß mich mit der Deutung dieses Traumes noch weiter beschäftigen. Er ist für mein Gefühl noch nicht befriedigend erledigt, ich bin noch immer nicht über die Leichtigkeit beruhigt, mit der ich zwei geachtete Kollegen degradiere, um mir den Weg zur Professur frei zu halten. Meine Unzufriedenheit mit meinem Vorgehen hat sich allerdings bereits ermäßigt, seitdem ich den Wert der Aussagen im Traum zu würdigen weiß. Ich würde gegen jedermann bestreiten, daß ich R. wirklich für einen Schwachkopf halte und daß ich N.s Darstellung jener Erpressungsaffäre nicht glaube. Ich glaube ja auch nicht, daß Irma durch eine Infektion Ottos mit einem Propylenpräparat gefährlich krank geworden ist; es ist, hier wie dort, nur mein *Wunsch, daß es sich so verhalten möge*, den mein Traum ausdrückt. Die Behauptung, in welcher sich mein Wunsch realisiert, klingt im zweiten Traum minder absurd als im ersten; sie ist hier mit geschickter Benützung tatsächlicher Anhaltspunkte geformt, etwa wie eine gutgemachte Verleumdung, an der „etwas daran ist", denn Freund R. hatte seinerzeit das Votum eines Fachprofessors gegen sich, und Freund N. hat mir das Material für die Anschwärzung arglos selbst geliefert. Dennoch, ich wiederhole es, scheint mir der Traum weiterer Aufklärung bedürftig.

Ich entsinne mich jetzt, daß der Traum noch ein Stück enthielt, auf welches die Deutung bisher keine Rücksicht genommen hat. Nachdem mir eingefallen, R. ist mein Onkel, empfinde ich im Traum warme Zärtlichkeit für ihn. Wohin gehört diese Empfindung? Für meinen Onkel Josef habe ich zärtliche Gefühle natürlich niemals gehabt. Freund R. ist mir seit Jahren lieb und teuer; aber käme ich zu ihm und drückte ihm meine Zuneigung in Worten aus, die annähernd dem Grad meiner Zärtlichkeit im Traume entsprechen, so wäre er ohne Zweifel erstaunt. Meine Zärtlichkeit gegen ihn erscheint mir unwahr und übertrieben, ähnlich wie mein Urteil über seine geistigen Qualitäten, das ich durch die Verschmelzung seiner Persönlichkeit mit der des Onkels ausdrücke; aber in entgegengesetztem Sinne übertrieben. Nun dämmert mir aber ein neuer Sachverhalt. Die Zärtlichkeit des Traumes gehört nicht zum latenten Inhalt, zu den Gedanken hinter dem Traume; sie steht im Gegensatz zu diesem Inhalt; sie ist geeignet, mir die Kenntnis der Traumdeutung zu verdecken. Wahrscheinlich ist gerade dies ihre Bestimmung. Ich erinnere mich, mit welchem Widerstand ich an die Traumdeutung ging, wie lange ich sie aufschieben wollte und den Traum für baren Unsinn erklärte. Von meinen psychoanalytischen Behandlungen her weiß ich, wie ein solches Verwerfungsurteil zu deuten ist. Es hat keinen Erkenntniswert, sondern bloß den einer Affektäußerung. Wenn meine kleine Tochter einen Apfel nicht mag, den man ihr angeboten hat, so behauptet sie, der Apfel schmeckt bitter, ohne ihn auch nur gekostet zu haben. Wenn meine Patienten sich so benehmen wie die Kleine, so weiß ich, daß es sich bei ihnen um eine Vorstellung handelt, welche sie *verdrängen* wollen. Dasselbe gilt für meinen Traum. Ich mag ihn nicht deuten, weil die Deutung etwas enthält, wogegen ich mich sträube. Nach vollzogener Traumdeutung erfahre ich, wogegen ich mich gesträubt hatte; es war die Behauptung, daß R. ein Schwachkopf ist. Die Zärtlichkeit, die ich gegen R. empfinde, kann ich nicht auf die latenten Traumgedanken, wohl aber auf dies mein Sträuben zurückführen. Wenn mein Traum im Vergleich zu seinem latenten Inhalt in diesem Punkte entstellt, und zwar ins Gegensätzliche entstellt ist, so dient die im Traum manifeste Zärtlichkeit dieser Entstellung oder, mit anderen Worten, die Entstellung erweist sich hier als absichtlich, als ein Mittel der *Verstellung*. Meine Traumgedanken enthalten eine Schmähung für R., damit ich diese nicht merke, gelangt in den Traum das Gegenteil, ein zärtliches Empfinden für ihn.

Es könnte dies eine allgemeingültige Erkenntnis sein. Wie die Beispiele in Abschnitt III gezeigt haben, gibt es ja Träume, welche unverhüllte Wunscherfüllungen sind. Wo die Wunscherfüllung unkenntlich, verkleidet ist, da müßte eine Tendenz zur Abwehr gegen diesen Wunsch vorhanden sein, und infolge dieser Abwehr könnte der Wunsch sich nicht anders als entstellt zum Ausdruck bringen. Ich will zu diesem Vorkommnis aus dem psychischen Binnenleben das Seitenstück aus dem sozialen Leben suchen. Wo findet man im sozialen Leben eine ähnliche Entstellung eines psychischen Akts? Nur dort, wo es sich um zwei Personen handelt, von denen die eine eine gewisse Macht besitzt, die zweite wegen dieser Macht eine Rücksicht zu nehmen hat. Diese zweite Person entstellt dann ihre psychischen Akte, oder, wie wir auch sagen können, sie *verstellt* sich. Die Höflichkeit, die ich alle Tage übe, ist zum guten Teil eine solche Verstellung; wenn ich meine Träume für den Leser deute, bin ich zu solchen Entstellungen genötigt. Über den Zwang zu solcher Entstellung klagt auch der Dichter:

> „Das Beste, was du wissen kannst,
> darfst du den Buben doch nicht sagen."

In ähnlicher Lage befindet sich der politische Schriftsteller, der den Machthabern unangenehme Wahrheiten zu sagen hat. Wenn er sie unverhohlen sagt, wird der Machthaber seine Äußerung unterdrücken, nachträglich, wenn es sich um mündliche Äußerung handelt, präventiv, wenn sie auf dem Wege des Drucks kundgegeben werden soll. Der Schriftsteller hat die Zensur zu fürchten, er ermäßigt und entstellt darum den Ausdruck seiner Meinung. Je nach der Stärke und Empfindlichkeit dieser Zensur sieht er sich genötigt, entweder bloß gewisse Formen des Angriffs einzuhalten oder in Anspielungen anstatt in direkten Bezeichnungen zu reden, oder er muß seine anstößige Mitteilung hinter einer harmlos erscheinenden Verkleidung verbergen, er darf z. B. von Vorfällen zwischen zwei Mandarinen im Reich der Mitte erzählen, während er die Beamten des Vaterlandes im Auge hat. Je strenger die Zensur waltet, desto weitgehender wird die Verkleidung, desto witziger oft die Mittel, welche den Leser doch auf die Spur der eigentlichen Bedeutung leiten.[48]

---

[48] Frau Dr. H. v. Hug-Hellmuth hat im Jahre 1915 (Internat. Zeitschr. f. ärztl. Psychoanalyse III) einen Traum mitgeteilt, der vielleicht wie kein anderer geeignet ist, meine Namengebung zu rechtfertigen. Die Traumentstellung arbeitet in diesem Beispiel mit demselben Mittel wie die Briefzensur, um die Stellen auszulöschen, die ihr anstößig erscheinen. Die Briefzensur macht solche Stellen durch Überstreichen unlesbar, die Traumzensur ersetzt sie durch ein unverständliches Gemurmel.

Zum Verständnis des Traumes sei mitgeteilt, daß die Träumerin, eine hochangesehene, feingebildete Dame, fünfzig Jahre zählt, Witwe eines vor ungefähr zwölf Jahren verstorbenen höheren Offiziers und Mutter erwachsener Söhne ist, deren einer zur Zeit des Traumes im Felde steht.

Und nun der Traum von den „Liebesdiensten". „Sie geht ins Garnisonsspital Nr. 1 und sagt dem Posten beim Tor, sie müsse den Oberarzt ... (sie nennt einen ihr unbekannten Namen) sprechen, da sie im Spital Dienst tun wolle. Dabei betont sie das Wort ‚Dienst' so, daß der Unteroffizier sofort merkt, es handle sich um ‚Liebesdienste'. Da sie eine alte Frau ist, läßt er sie nach einigem Zögern passieren. Statt aber zum Oberarzt zu kommen, gelangt sie in ein großes, düsteres Zimmer, in dem viele Offiziere und Militärärzte an einem langen Tisch stehen und sitzen. Sie wendet sich mit ihrem Antrag an einen Stabsarzt, der sie nach wenigen Worten schon versteht. Der Wortlaut ihrer Rede im Traum ist: ‚Ich und zahlreiche andere Frauen und junge Mädchen Wiens sind bereit, den Soldaten, Mannschaft und Offiziere ohne Unterschied, ...' Hier folgt im Traum ein Gemurmel. Daß dasselbe aber von allen Anwesenden richtig verstanden wird, zeigen ihr die teils verlegenen, teils hämischen Mienen der Offiziere. Die Dame fährt fort: ‚Ich weiß, daß unser Entschluß befremdend klingt, aber es ist uns bitterernst. Der Soldat im Feld wird auch nicht gefragt, ob er sterben will oder nicht. ' Ein minutenlanges peinliches Schweigen folgt. Der Stabsarzt legt ihr den Arm um die Mitte und sagt: ‚Gnädige Frau, nehmen Sie den Fall, es würde tatsächlich dazu kommen, ...' (Gemurmel). Sie entzieht sich seinem Arm mit dem Gedanken: Es ist doch einer wie der andere, und erwidert: ‚Mein Gott, ich bin eine alte Frau und werde vielleicht gar nicht in die Lage kommen. Übrigens, eine Bedingung müßte eingehalten werden: die Berücksichtigung des Alters; daß nicht eine ältere Frau einem ganz jungen Burschen ... (Gemurmel); das wäre entsetzlich.' – Der Stabsarzt: ‚Ich verstehe vollkommen. ' Einige Offiziere, darunter einer, der sich in jungen Jahren um sie beworben hatte, lachen hell auf, und die Dame wünscht zu dem ihr bekannten Oberarzt geführt zu werden, damit alles ins reine gebracht werde. Dabei fällt ihr zur größten Bestürzung ein, daß sie seinen Namen nicht kennt. Der Stabsarzt weist sie trotzdem sehr höflich und respektvoll an, über eine sehr schmale eiserne Wendeltreppe, die direkt von dem Zimmer aus in die oberen Stockwerke führt, in den zweiten Stock zu gehen. Im Hinaufsteigen hört sie einen Offizier sagen: ‚Das ist ein kolossaler Entschluß, gleichgültig, ob eine jung oder alt ist; alle Achtung!

Die bis ins einzelne durchzuführende Übereinstimmung zwischen den Phänomenen der Zensur und denen der Traumentstellung gibt uns die Berechtigung, ähnliche Bedingungen für beide vorauszusetzen. Wir dürfen also als die Urheber der Traumgestaltung zwei psychische Mächte (Strömungen, Systeme) im Einzelmenschen annehmen, von denen die eine den durch den Traum zum Ausdruck gebrachten Wunsch bildet, während die andere eine Zensur an diesem Traumwunsch übt und durch diese Zensur eine Entstellung seiner Äußerung erzwingt. Es fragt sich nur, worin die Machtbefugnis dieser zweiten Instanz besteht, kraft deren sie ihre Zensur ausüben darf. Wenn wir uns erinnern, daß die latenten Traumgedanken vor der Analyse nicht bewußt sind, der von ihnen ausgehende manifeste Trauminhalt aber als bewußt erinnert wird, so liegt die Annahme nicht ferne, das Vorrecht der zweiten Instanz sei eben die Zulassung zum Bewußtsein. Aus dem ersten System könne nichts zum Bewußtsein gelangen, was nicht vorher die zweite Instanz passiert habe, und die zweite Instanz lasse nichts passieren, ohne ihre Rechte auszuüben und die ihr genehmen Abänderungen am Bewußtseinswerber durchzusetzen. Wir verraten dabei eine ganz bestimmte Auffassung vom „Wesen" des Bewußtseins; das Bewußtwerden ist für uns ein besonderer psychischer Akt, verschieden und unabhängig von dem Vorgang des Gesetzt- oder Vorgestelltwerdens, und das Bewußtsein erscheint uns als ein Sinnesorgan, welches einen anderwärts gegebenen Inhalt wahrnimmt. Es läßt sich zeigen, daß die Psychopathologie dieser Grundannahmen schlechterdings nicht entraten kann. Eine eingehendere Würdigung derselben dürfen wir uns für eine spätere Stelle vorbehalten.

Wenn ich die Vorstellung der beiden psychischen Instanzen und ihrer Beziehungen zum Bewußtsein festhalte, ergibt sich für die auffällige Zärtlichkeit, die ich im Traum für meinen Freund R. empfinde, der in der Traumdeutung so herabgesetzt wird, eine völlig kongruente Analogie aus dem politischen Leben der Menschen. Ich versetze mich in ein Staatsleben, in welchem ein auf seine Macht eifersüchtiger Herrscher und eine rege öffentliche Meinung miteinander ringen. Das Volk empöre sich gegen einen ihm mißliebigen Beamten und verlange dessen Entlassung; um nicht zu zeigen, daß er dem Volkswillen Rechnung tragen muß, wird der Selbstherrscher dem Beamten gerade dann eine hohe Auszeichnung verleihen, zu der sonst kein Anlaß vorläge. So zeichnet meine zweite, den Zugang zum Bewußtsein beherrschende Instanz Freund R. durch einen Erguß von übergroßer Zärtlichkeit aus, weil die Wunschbestrebungen des ersten

---

Mit dem Gefühle, einfach ihre Pflicht zu tun, geht sie eine endlose Treppe hinauf. Dieser Traum wiederholt sich innerhalb weniger Wochen noch zweimal mit – wie die Dame bemerkt – ganz unbedeutenden und recht sinnlosen Abänderungen."

Systems ihn aus einem besonderen Interesse, dem sie gerade nachhängen, als einen Schwachkopf beschimpfen möchten.[49]

Vielleicht werden wir hier von der Ahnung erfaßt, daß die Traumdeutung imstande sei, uns Aufschlüsse über den Bau unseres seelischen Apparats zu geben, welche wir von der Philosophie bisher vergebens erwartet haben. Wir folgen aber nicht dieser Spur, sondern kehren, nachdem wir die Traumentstellung aufgeklärt haben, zu unserem Ausgangsproblem zurück. Es wurde gefragt, wie denn die Träume mit peinlichem Inhalt als Wunscherfüllungen aufgelöst werden können. Wir sehen nun, dies ist möglich, wenn eine Traumentstellung stattgefunden hat, wenn der peinliche Inhalt nur zur Verkleidung eines erwünschten dient. Mit Rücksicht auf unsere Annahmen über die zwei psychischen Instanzen können wir jetzt auch sagen, die peinlichen Träume enthalten tatsächlich etwas, was der zweiten Instanz peinlich ist, was aber gleichzeitig einen Wunsch der ersten Instanz erfüllt. Sie sind insofern Wunschträume, als ja jeder Traum von der ersten Instanz ausgeht, die zweite sich nur abwehrend, nicht schöpferisch gegen den Traum verhält.[50] Beschränken wir uns auf eine Würdigung dessen, was die zweite Instanz zum Traum beiträgt, so können wir den Traum niemals verstehen. Es bleiben dann alle Rätsel bestehen, welche von den Autoren am Traum bemerkt worden sind.

Daß der Traum wirklich einen geheimen Sinn hat, der eine Wunscherfüllung ergibt, muß wiederum für jeden Fall durch die Analyse erwiesen werden. Ich greife darum einige Träume peinlichen Inhalts heraus und versuche deren Analyse. Es sind zum Teil Träume von Hysterikern, die einen langen Vorbericht und stellenweise ein Eindringen in die psychischen Vorgänge bei der Hysterie erfordern. Ich kann dieser Erschwerung der Darstellung aber nicht aus dem Wege gehen.

---

[49] Solche heuchlerische Träume sind weder bei mir noch bei anderen seltene Vorkommnisse. Während ich mit der Bearbeitung eines gewissen wissenschaftlichen Problems beschäftigt bin, sucht mich mehrere Nächte kurz nacheinander ein leicht verwirrender Traum heim, der die Versöhnung mit einem längst beiseite geschobenen Freunde zum Inhalt hat. Beim vierten oder fünften Male gelingt es mir endlich, den Sinn dieser Träume zu erfassen. Er liegt in der Aufmunterung, doch den letzten Rest von Rücksicht für die betreffende Person aufzugeben, sich von ihr völlig frei zu machen, und hatte sich in so heuchlerischer Weise ins Gegenteil verkleidet. Von einer Person habe ich einen „heuchlerischen Ödipustraum" mitgeteilt, in dem sich die feindseligen Regungen und Todeswünsche der Traumgedanken durch manifeste Zärtlichkeit ersetzen. („Typisches Beispiel eines verkappten Ödipustraumes.") Eine andere Art von heuchlerischen Träumen wird an anderer Stelle (siehe Abschnitt VI „Die Traumarbeit" erwähnt werden.

[50] Späterhin werden wir auch den Fall kennenlernen, daß im Gegenteile der Traum einen Wunsch dieser zweiten Instanz zum Ausdruck bringt.

Wenn ich einen Psychoneurotiker in analytische Behandlung nehme, werden seine Träume regelmäßig, wie bereits erwähnt, zum Thema unserer Besprechungen. Ich muß ihm dabei alle die psychologischen Aufklärungen geben, mit deren Hilfe ich selbst zum Verständnis seiner Symptome gelangt bin, und erfahre dabei eine unerbittliche Kritik, wie ich sie von den Fachgenossen wohl nicht schärfer zu erwarten habe. Ganz regelmäßig erhebt sich der Widerspruch meiner Patienten gegen den Satz, daß die Träume sämtlich Wunscherfüllungen seien. Hier einige Beispiele von dem Material an Träumen, welche mir als Gegenbeweise vorgehalten werden.

„Sie sagen immer, der Traum ist ein erfüllter Wunsch", beginnt eine witzige Patientin. „Nun will ich Ihnen einen Traum erzählen, dessen Inhalt ganz im Gegenteil dahin geht, daß mir ein Wunsch nicht erfüllt wird. Wie vereinen Sie das mit Ihrer Theorie?" Der Traum lautet wie folgt:

„Ich will ein Souper geben, habe aber nichts vorrätig als etwas geräucherten Lachs. Ich denke daran, einkaufen zu gehen, erinnere mich aber, daß es Sonntag nachmittag ist, wo alle Läden gesperrt sind. Ich will nun einigen Lieferanten telephonieren, aber das Telephon ist gestört. So muß ich auf den Wunsch, ein Souper zu geben, verzichten."

Ich antwortete natürlich, daß über den Sinn dieses Traumes nur die Analyse entscheiden kann, wenngleich ich zugebe, daß er für den ersten Anblick vernünftig und zusammenhängend erscheint und dem Gegenteil einer Wunscherfüllung ähnlich sieht. „Aus welchem Material ist aber dieser Traum hervorgegangen? Sie wissen, daß die Anregung zu einem Traum jedesmal in den Erlebnissen des letzten Tages liegt."

Analyse

Der Mann der Patientin, ein biederer und tüchtiger Großfleischhauer, hat ihr tags vorher erklärt, er werde zu dick und wolle darum eine Entfettungskur beginnen. Er werde früh aufstehen, Bewegung machen, strenge Diät halten und vor allem keine Einladungen zu Soupers mehr annehmen. – Von dem Manne erzählt sie lachend weiter, er habe am Stammtisch die Bekanntschaft eines Malers gemacht, der ihn durchaus abkonterfeien wolle, weil er einen so ausdrucksvollen Kopf noch nicht gefunden habe. Ihr Mann habe aber in seiner derben Manier erwidert, er bedanke sich schön und er sei ganz überzeugt, ein Stück vom Hintern eines schönen jungen Mädchens sei dem Maler lieber als sein ganzes Gesicht.[51] Sie sei jetzt sehr verliebt in ihren Mann und necke sich

---

[51] Dem Maler sitzen. Goethe: „Und wenn er keinen Hintern hat, / Wie kann der Edle sitzen?"

mit ihm herum. Sie hat ihn auch gebeten, ihr keinen Kaviar zu schenken. – Was soll das heißen?

Sie wünscht es sich nämlich schon lange, jeden Vormittag eine Kaviarsemmel essen zu können, gönnt sich aber die Ausgabe nicht. Natürlich bekäme sie den Kaviar sofort von ihrem Mann, wenn sie ihn darum bitten würde. Aber sie hat ihn im Gegenteil gebeten, ihr keinen Kaviar zu schenken, damit sie ihn länger damit necken kann.

(Diese Begründung erscheint mir fadenscheinig. Hinter solchen unbefriedigenden Auskünften pflegen sich uneingestandene Motive zu verbergen. Man denke an die Hypnotisierten *Bernheims*, die einen posthypnotischen Auftrag ausführen, und, nach ihren Motiven befragt, nicht etwa antworten: Ich weiß nicht, warum ich das getan habe, sondern eine offenbar unzureichende Begründung erfinden müssen. So ähnlich wird es wohl mit dem Kaviar meiner Patientin sein. Ich merke, sie ist genötigt, sich im Leben einen unerfüllten Wunsch zu schaffen. Ihr Traum, zeigt ihr auch die Wunschverweigerung als eingetroffen. Wozu braucht sie aber einen unerfüllten Wunsch?)

Die bisherigen Einfälle haben zur Deutung des Traumes nicht ausgereicht. Ich dringe nach Weiterem. Nach einer kurzen Pause, wie sie eben der Überwindung eines Widerstandes entspricht, berichtet sie ferner, daß sie gestern einen Besuch bei einer Freundin gemacht, auf die sie eigentlich eifersüchtig ist, weil ihr Mann diese Frau immer so sehr lobt. Zum Glück ist diese Freundin sehr dürr und mager, und ihr Mann ist ein Liebhaber voller Körperformen. Wovon sprach nun diese magere Freundin? Natürlich von ihrem Wunsch, etwas stärker zu werden. Sie fragte sie auch: „Wann laden Sie uns wieder einmal ein? Man ißt immer so gut bei Ihnen."

Nun ist der Sinn des Traumes klar. Ich kann der Patientin sagen: „Es ist geradeso, als ob Sie sich bei der Aufforderung gedacht hätten: Dich werde ich natürlich einladen, damit du dich bei mir anessen, dick werden und meinem Mann noch besser gefallen kannst. Lieber geb' ich kein Souper mehr. Der Traum sagt Ihnen dann, daß Sie kein Souper geben können, erfüllt also Ihren Wunsch, zur Abrundung der Körperformen Ihrer Freundin nichts beizutragen. Daß man von den Dingen, die man in Gesellschaften vorgesetzt bekommt, dick wird, lehrt Sie ja der Vorsatz Ihres Mannes, im Interesse seiner Entfettung Soupereinladungen nicht mehr anzunehmen." Es fehlt jetzt nur noch irgendein Zusammentreffen, welches die Lösung bestätigt. Es ist auch der geräucherte Lachs im Trauminhalt noch nicht abgeleitet. „Wie kommen Sie zu dem im Traum erwähnten Lachs?" „Geräucherter Lachs ist die Lieblingsspeise dieser Freundin", antwortet sie. Zufällig kenne ich die Dame auch und kann bestätigen, daß sie sich den Lachs ebensowenig vergönnt wie meine Patientin den Kaviar.

Derselbe Traum läßt auch noch eine andere und feinere Deutung zu, die durch einen Nebenumstand selbst notwendig gemacht wird. Die beiden Deutungen widersprechen einander nicht, sondern überdecken einander und ergeben ein schönes Beispiel für die gewöhnliche Doppelsinnigkeit der Träume wie aller anderen psychopathologischen Bildungen. Wir haben gehört, daß die Patientin gleichzeitig mit ihrem Traum von der Wunschverweigerung bemüht war, sich einen versagten Wunsch im Realen zu verschaffen (die Kaviarsemmel). Auch die Freundin hatte einen Wunsch geäußert, nämlich dicker zu werden, und es würde uns nicht wundern, wenn unsere Dame geträumt hätte, der Freundin gehe der Wunsch nicht in Erfüllung. Es ist nämlich ihr eigener Wunsch, daß der Freundin ein Wunsch – nämlich der nach Körperzunahme – nicht in Erfüllung gehe. Anstatt dessen träumt sie aber, daß ihr selbst ein Wunsch nicht erfüllt wird. Der Traum erhält eine neue Deutung, wenn sie im Traum nicht sich, sondern die Freundin meint, wenn sie sich an die Stelle der Freundin gesetzt oder, wie wir sagen können, sich mit ihr *identifiziert* hat.

Ich meine, dies hat sie wirklich getan, und als Anzeichen dieser Identifizierung hat sie sich den versagten Wunsch im Realen geschaffen. Was hat aber die hysterische Identifizierung für Sinn? Das aufzuklären bedarf einer eingehenderen Darstellung. Die Identifizierung ist ein für den Mechanismus der hysterischen Symptome höchst wichtiges Moment; auf diesem Wege bringen es die Kranken zustande, die Erlebnisse einer großen Reihe von Personen, nicht nur die eigenen, in ihren Symptomen auszudrücken, gleichsam für einen ganzen Menschenhaufen zu leiden und alle Rollen eines Schauspiels allein mit ihren persönlichen Mitteln darzustellen. Man wird mir einwenden, dies sei die bekannte hysterische Imitation, die Fähigkeit Hysterischer, alle Symptome, die ihnen bei anderen Eindruck machen, nachzuahmen, gleichsam ein zur Reproduktion gesteigertes Mitleiden. Damit ist aber nur der Weg bezeichnet, auf dem der psychische Vorgang bei der hysterischen Imitation abläuft; etwas anderes ist der Weg und der seelische Akt, der diesen Weg geht. Letzterer ist um ein geringes komplizierter, als man sich die Imitation der Hysterischen vorzustellen liebt; er entspricht einem unbewußten Schlußprozeß, wie ein Beispiel klarstellen wird. Der Arzt, welcher eine Kranke mit einer bestimmten Art von Zuckungen unter anderen Kranken auf demselben Zimmer im Krankenhause hat, zeigt sich nicht erstaunt, wenn er eines Morgens erfährt, daß dieser besondere hysterische Anfall Nachahmung gefunden hat. Er sagt sich einfach: Die anderen haben ihn gesehen und nachgemacht; das ist psychische Infektion. Ja, aber die psychische Infektion geht etwa auf folgende Weise zu. Die Kranken wissen in der Regel mehr voneinander als der Arzt über jede von ihnen, und sie kümmern sich umeinander, wenn die ärztliche Visite vorüber ist. Die eine bekomme heute ihren Anfall; es wird alsbald den anderen bekannt, daß ein Brief von Hause, Auffrischung des Liebeskummers u. dgl. davon die Ursache ist. Ihr Mitgefühl wird rege, es vollzieht sich in ihnen folgender, nicht zum Bewußtsein gelangender Schluß: Wenn man von solcher Ursache solche Anfälle haben kann, so kann ich auch solche Anfälle bekommen, denn ich habe dieselben Anlässe. Wäre dies ein des Bewußtseins fähiger Schluß, so würde er vielleicht in die *Angst* ausmünden, den gleichen Anfall zu bekommen; er vollzieht sich aber auf einem anderen psychischen Terrain, endet daher in der Realisierung des gefürchteten Symptoms. Die Identifizierung ist also nicht simple Imitation, sondern *Aneignung* auf Grund des gleichen ätiologischen Anspruches; sie drückt ein „gleichwie" aus und bezieht sich auf ein im Unbewußten verbleibendes Gemeinsames.

Die Identifizierung wird in der Hysterie am häufigsten benützt zum Ausdruck einer sexuellen Gemeinsamkeit. Die Hysterika identifiziert sich in ihren Symptomen am ehesten − wenn auch nicht ausschließlich − mit solchen Personen, mit denen sie im sexuellen Verkehr gestanden hat oder welche mit den nämlichen Personen wie sie selbst sexuell verkehren. Die Sprache trägt einer solchen Auffassung gleichfalls Rechnung. Zwei Liebende sind „Eines". In der hysterischen Phantasie wie im Traum genügt es für die Identifizierung, daß man an sexuelle Beziehungen denkt, ohne daß sie darum als real gelten müssen. Die Patientin folgt also bloß den Regeln der hysterischen Denkvorgänge, wenn sie ihrer Eifersucht gegen die Freundin (die sie als unberechtigt übrigens selbst erkennt) Ausdruck gibt, indem sie sich im Traum an ihre Stelle setzt und sich durch die Schaffung eines Symptoms (des versagten Wunsches) mit ihr identifiziert. Man möchte den Vorgang noch sprachlich in folgender Weise erläutern: Sie setzt sich an die Stelle der Freundin im Traum, weil diese sich bei ihrem Mann an ihre Stelle setzt, weil sie deren Platz in der Wertschätzung ihres Mannes einnehmen möchte.[52]

In einfacherer Weise und doch auch nach dem Schema, daß die Nichterfüllung des einen Wunsches die Erfüllung eines anderen bedeutet, löste sich der Widerspruch gegen meine Traumlehre bei einer anderen Patientin, der witzigsten unter all meinen Träumerinnen. Ich hatte ihr an einem Tage auseinandergesetzt, daß der Traum eine Wunscherfüllung sei; am nächsten Tage brachte sie mir einen

---

[52] Ich bedaure selbst die Einschaltung solcher Stücke aus der Psychopathologie der Hysterie, welche, infolge ihrer fragmentarischen Darstellung und aus allem Zusammenhang gerissen, doch nicht sehr aufklärend wirken können. Wenn sie auf die innigen Beziehungen des Themas vom Traum zu den Psychoneurosen hinzuweisen vermögen, so haben sie die Absicht erfüllt, in der ich sie aufgenommen habe.

Traum, daß sie mit ihrer Schwiegermutter nach dem gemeinsamen Landaufenthalt fahre. Nun wußte ich, daß sie sich heftig gesträubt hatte, den Sommer in der Nähe der Schwiegermutter zu verbringen, wußte auch, daß sie der von ihr gefürchteten Gemeinschaft in den letzten Tagen durch die Miete eines vom Sitz der Schwiegermutter weit entfernten Landaufenthalts glücklich ausgewichen war. Jetzt machte der Traum diese erwünschte Lösung rückgängig; war das nicht der schärfste Gegensatz zu meiner Lehre von der Wunscherfüllung durch den Traum? Gewiß, man brauchte nur die Konsequenz aus diesem Traum zu ziehen, um seine Deutung zu haben. Nach diesem Traum hatte ich unrecht; *es war also ihr Wunsch, daß ich unrecht haben sollte, und diesen zeigte* ihr der Traum erfüllt. Der Wunsch, daß ich unrecht haben sollte, der sich an dem Thema der Landwohnung erfüllte, bezog sich aber in Wirklichkeit auf einen anderen und ernsteren Gegenstand. Ich hatte um die nämliche Zeit aus dem Material, welches ihre Analyse ergab, geschlossen, daß in einer gewissen Periode ihres Lebens etwas für ihre Erkrankung Bedeutsames vorgefallen sein müsse. Sie hatte es in Abrede gestellt, weil es sich nicht in ihrer Erinnerung vorfand. Wir kamen bald darauf, daß ich recht hatte. Ihr Wunsch, daß ich unrecht haben möge, verwandelt in den Traum, daß sie mit ihrer Schwiegermutter aufs Land fahre, entsprach also dem berechtigten Wunsch, daß jene damals erst vermuteten Dinge sich nie ereignet haben möchten.

Ohne Analyse, nur vermittels einer Vermutung, gestattete ich mir ein kleines Vorkommnis bei einem Freunde zu deuten, der durch die acht Gymnasialklassen mein Kollege gewesen war. Er hörte einmal in einem kleinen Kreise einen Vortrag von mir über die Neuigkeit, daß der Traum eine Wunscherfüllung sei, ging nach Hause, träumte, *daß er alle seine Prozesse verloren habe* – er war Advokat –, und beklagte sich bei mir darüber. Ich half mir mit der Ausflucht: Man kann nicht alle Prozesse gewinnen, dachte aber bei mir: Wenn ich durch acht Jahre als Primus in der ersten Bank gesessen, während er irgendwo in der Mitte der Klasse den Platz gewechselt, sollte ihm aus diesen Knabenjahren der Wunsch ferne geblieben sein, daß ich mich auch einmal gründlich blamieren möge?

Ein anderer Traum von mehr düsterem Charakter wurde mir gleichfalls von einer Patientin als Einspruch gegen die Theorie des Wunschtraumes vorgetragen. Die Patientin, ein junges Mädchen, begann: Sie erinnern sich, daß meine Schwester jetzt nur einen Buben hat, den Karl; den älteren, Otto, hat sie verloren, als ich noch in ihrem Hause war. Otto war mein Liebling, ich habe ihn eigentlich erzogen. Den Kleinen habe ich auch gern, aber natürlich lange nicht so sehr wie den Verstorbenen. Nun träume ich diese Nacht, *daß ich den Karl tot vor mir liegen sehe. Er liegt in seinem kleinen Sarg, die Hände gefaltet, Kerzen ringsherum, kurz ganz so wie damals der kleine Otto, dessen Tod mich so erschüttert hat.* Nun sagen Sie mir, was soll das heißen? Sie kennen mich ja; bin ich eine so schlechte Person, daß ich meiner Schwester den Verlust des einzigen Kindes wünschen sollte, das sie noch besitzt? Oder heißt der Traum, daß ich lieber den Karl tot wünschte als den Otto, den ich um so viel lieber gehabt habe?

Ich versicherte ihr, daß diese letzte Deutung ausgeschlossen sei. Nach kurzem Besinnen konnte ich ihr die richtige Deutung des Traumes sagen, die ich dann von ihr bestätigen ließ. Es gelang mir dies, weil mir die ganze Vorgeschichte der Träumerin bekannt war.

Frühzeitig verwaist, was das Mädchen im Hause ihrer um vieles älteren Schwester aufgezogen worden und begegnete unter den Freunden und Besuchern des Hauses auch dem Manne, der einen bleibenden Eindruck auf ihr Herz machte. Es schien eine Weile, als ob diese kaum ausgesprochenen Beziehungen mit einer Heirat enden sollten, aber dieser glückliche Ausgang wurde durch die Schwester vereitelt, deren Motive nie eine völlige Aufklärung gefunden haben. Nach dem Bruch mied der von unserer Patientin geliebte Mann das Haus; sie selbst machte sich einige Zeit nach dem Tod des kleinen Otto, an den sie ihre Zärtlichkeit unterdessen gewendet hatte, selbständig. Es gelang ihr aber nicht, sich von der Abhängigkeit frei zu machen, in welche sie durch ihre Neigung zu dem Freund ihrer Schwester geraten war. Ihr Stolz gebot ihr, ihm auszuweichen; es war ihr aber unmöglich, ihre Liebe auf andere Bewerber zu übertragen, die sich in der Folge einstellten. Wenn der geliebte Mann, der dem Literatenstand angehörte, irgendwo einen Vortrag angekündigt hatte, war sie unfehlbar unter den Zuhörern zu finden, und auch sonst ergriff sie jede Gelegenheit, ihn am dritten Orte aus der Ferne zu sehen. Ich erinnerte mich, daß sie mir tags vorher erzählt hatte, der Professor ginge in ein bestimmtes Konzert und sie wolle auch dorthin gehen, um sich wieder einmal seines Anblicks zu erfreuen. Das war am Tag vor dem Traum; an dem Tag, an dem sie mir den Traum erzählte, sollte das Konzert stattfinden. Ich konnte mir so die richtige Deutung leicht konstruieren und fragte sie, ob ihr irgendein Ereignis einfalle, das nach dem Tod des kleinen Otto eingetreten sei. Sie antwortete sofort: Gewiß, damals ist der Professor nach langem Ausbleiben wiedergekommen, und ich habe ihn an dem Sarg des kleinen Otto wieder einmal gesehen. Es war genauso, wie ich es erwartet hatte. Ich deutete also den Traum in folgender Art: „Wenn jetzt der andere Knabe stürbe, würde sich dasselbe wiederholen. Sie würden den Tag bei Ihrer Schwester zubringen, der Professor käme sicherlich hinauf, um zu kondolieren, und unter den nämlichen Verhältnissen wie damals würden Sie ihn wiedersehen. Der Traum bedeutet nichts als diesen Ihren Wunsch nach Wiedersehen, gegen den Sie innerlich ankämpfen. Ich weiß, daß Sie das Billett für das heutige Konzert in der Tasche tragen. Ihr Traum ist ein Ungeduldstraum, er hat das Wiedersehen, das heute stattfinden soll, um einige Stunden verfrüht."

Zur Verdeckung ihres Wunsches hatte sie offenbar eine Situation gewählt, in welcher solche Wünsche unterdrückt zu werden pflegen, eine Situation, in der man von Trauer so sehr erfüllt ist, daß man an Liebe nicht denkt. Und doch ist es sehr gut möglich, daß auch in der realen Situation, welche der Traum getreulich kopierte, am Sarge des ersten, von ihr stärker geliebten Knaben sie die zärtliche Empfindung für den lange vermißten Besucher nicht hatte unterdrücken können.

Eine andere Aufklärung fand ein ähnlicher Traum einer anderen Patientin, die sich in früheren Jahren durch raschen Witz und heitere Laune hervorgetan hatte und diese Eigenschaften jetzt wenigstens noch in ihren Einfällen während der Behandlung bewies. Dieser Dame kam es im Zusammenhange eines längeren Traumes vor, daß sie ihre einzige, fünfzehnjährige Tochter in einer Schachtel tot daliegen sah. Sie hatte nicht übel Lust, aus dieser Traumerscheinung einen Einwand gegen die Wunscherfüllungstheorie zu machen, ahnte aber selbst, daß das Detail der Schachtel den Weg zu einer anderen Auffassung des Traumes anzeigen müsse.[53] Bei der Analyse fiel ihr ein, daß in der Gesellschaft abends vorher die Rede auf das englische Wort „*box*" gekommen war und auf die mannigfaltigen Übersetzungen desselben im Deutschen als: Schachtel, Loge, Kasten, Ohrfeige usw. Aus anderen Bestandstücken desselben Traumes ließ sich nun ergänzen, daß sie die Verwandtschaft des englischen „*box*" mit dem deutschen „Büchse" erraten habe und dann von der Erinnerung heimgesucht worden sei, daß „Büchse" auch als vulgäre Bezeichnung des weiblichen Genitals gebraucht werde. Mit einiger Nachsicht für ihre Kenntnisse in der topographischen Anatomie konnte man also annehmen, daß das Kind in der „Schachtel" eine Frucht im Mutterleibe bedeute. Soweit aufgeklärt, leugnete sie nun nicht, daß das Traumbild wirklich einem Wunsch von ihr entspreche. Wie so viele junge Frauen war sie keineswegs glücklich, als sie in die Gravidität geriet, und gestand sich mehr als einmal den Wunsch ein, daß ihr das Kind im Mutterleibe absterben möge; ja in einem Wutanfalle nach einer heftigen Szene mit ihrem Manne schlug sie mit den Fäusten auf ihren Leib los, um das Kind darin zu treffen. Das tote Kind war also wirklich eine Wunscherfüllung, aber die eines seit fünfzehn Jahren beseitigten Wunsches, und es ist nicht zu verwundern, wenn man die Wunscherfüllung nach so verspätetem Eintreffen nicht mehr erkennt. Unterdessen hat sich eben zu viel geändert.

---

[53] Ähnlich wie im Traum vom vereitelten Souper der geräucherte Lachs.

Die Gruppe, zu welcher die beiden letzten Träume gehören, die den Tod lieber Angehöriger zum Inhalt haben, soll bei den typischen Träumen nochmals Berücksichtigung finden. Ich werde dort an neuen Beispielen zeigen können, daß trotz des unerwünschten Inhalts alle diese Träume als Wunscherfüllungen gedeutet werden müssen. Keinem Patienten, sondern einem intelligenten Rechtsgelehrten meiner Bekanntschaft verdanke ich folgenden Traum, der mir wiederum in der Absicht erzählt wurde, mich von voreiliger Verallgemeinerung in der Lehre vom Wunschtraum zurückzuhalten: *„Ich träume“*, berichtet mein Gewährsmann, *„daß ich, eine Dame am Arm, vor mein Haus komme. Dort wartet ein geschlossener Wagen, ein Herr tritt auf mich zu, legitimiert sich als Polizeiagent und fordert mich auf, ihm zu folgen. Ich bitte nur noch um die Zeit, meine Angelegenheiten zu ordnen. Glauben Sie, daß es vielleicht ein Wunsch von mir ist, verhaftet zu werden?“* – Gewiß nicht, muß ich zugeben. Wissen Sie vielleicht, unter welcher Beschuldigung Sie verhaftet wurden? – „Ja, ich glaube wegen Kindesmords.“ – Kindesmord? Sie wissen doch, daß dieses Verbrechen nur eine Mutter an ihrem Neugeborenen begehen kann? – „Das ist richtig.“ [54] – Und unter welchen Umständen haben Sie geträumt; was ist am Abend vorher vorgegangen? – „Das möchte ich Ihnen nicht gerne erzählen, es ist eine heikle Angelegenheit.“ – Ich brauche es aber, sonst müssen wir auf die Deutung des Traums verzichten. – „Also hören Sie. Ich habe die Nacht nicht zu Hause, sondern bei einer Dame zugebracht, die mir sehr viel bedeutet. Als wir am Morgen erwachten, ging neuerdings etwas zwischen uns vor. Dann schlief ich wiederum ein und träumte, was Sie wissen.“ – Es ist eine verheiratete Frau? – „Ja.“ – Und Sie wollen kein Kind mit ihr erzeugen? – „Nein, nein, das könnte uns verraten.“ – Sie üben also nicht normalen Koitus? – „Ich gebrauche die Vorsicht, mich vor der Ejakulation zurückzuziehen.“ – Darf ich annehmen, Sie hätten das Kunststück in dieser Nacht mehrere Male ausgeführt und seien nach der Wiederholung am Morgen ein wenig unsicher gewesen, ob es Ihnen gelungen ist? – „Das könnte wohl sein.“ – Dann ist Ihr Traum eine Wunscherfüllung. Sie erhalten durch ihn die Beruhigung, daß Sie kein Kind erzeugt haben, oder was nahezu das gleiche ist, Sie hätten ein Kind umgebracht. Die Mittelglieder kann ich Ihnen leicht nachweisen. Erinnern Sie sich, vor einigen Tagen sprachen wir über die Ehenot und über die Inkonsequenz, daß es gestattet ist, den Koitus so zu halten, daß keine Befruchtung zustande kommt, während jeder Eingriff, wenn einmal Ei und Same sich getroffen und einen Fötus gebildet haben, als Verbre

---

[54] Es ereignet sich häufig, daß ein Traum unvollständig erzählt wird und daß erst während der Analyse die Erinnerung an diese ausgelassenen Stücke des Traumes auftaucht. Diese nachträglich eingefügten Stücke ergeben regelmäßig den Schlüssel zur Traumdeutung. Vergleiche weiter unten über das Vergessen der Träume.

chen bestraft wird. Im Anschluß daran gedachten wir auch der mittelalterlichen Streitfrage, in welchem Zeitpunkt eigentlich die Seele in den Fötus hineinfahre, weil der Begriff des Mordes erst von da an zulässig wird. Sie kennen gewiß auch das schaurige Gedicht von Lenau, welches Kindermord und Kinderverhütung gleichstellt. – „An Lenau habe ich merkwürdigerweise heute vormittag wie zufällig gedacht." – Auch ein Nachklang Ihres Traums. Und nun will ich Ihnen noch eine kleine Nebenwunscherfüllung in Ihrem Traum nachweisen. Sie kommen mit der Dame am Arm vor Ihr Haus. Sie *führen* sie also heim, anstatt daß Sie in Wirklichkeit die Nacht in deren Hause zubringen. Daß die Wunscherfüllung, die den Kern des Traumes bildet, sich in so unangenehmer Form verbirgt, hat vielleicht mehr als einen Grund. Aus meinem Aufsatz über die Ätiologie der Angstneurose könnten Sie erfahren, daß ich den *coitus interruptus* als eines der ursächlichen Momente für die Entstehung der neurotischen Angst in Anspruch nehme. Es würde dazu stimmen, wenn Ihnen nach mehrmaligem Koitus dieser Art eine unbehagliche Stimmung verbliebe, die nun als Element in die Zusammensetzung Ihres Traumes eingeht. Dieser Verstimmung bedienen Sie sich auch, um sich die Wunscherfüllung zu verhüllen. Übrigens ist auch die Erwähnung des Kindesmords nicht erklärt. Wie kommen Sie zu diesem spezifisch weiblichen Verbrechen? – „Ich will Ihnen gestehen, daß ich vor Jahren einmal in eine solche Angelegenheit verflochten war. Ich war schuld daran, daß ein Mädchen sich durch eine Fruchtabtreibung vor den Folgen eines Verhältnisses mit mir zu schützen versuchte. Ich hatte mit der Ausführung des Vorsatzes gar nichts zu tun, war aber lange Zeit in begreiflicher Angst, daß die Sache entdeckt würde." – Ich verstehe, diese Erinnerung ergab einen zweiten Grund, warum Ihnen die Vermutung, Sie hätten Ihr Kunststück schlecht gemacht, peinlich sein mußte.

Ein junger Arzt, welcher in meinem Kolleg diesen Traum erzählen hörte, muß sich von ihm betroffen gefühlt haben, denn er beeilte sich, ihn nachzuträumen, dessen Gedankenform auf ein anderes Thema anzuwenden. Er hatte tags vorher sein Einkommenbekenntnis übergeben, welches vollkommen aufrichtig gehalten war, da er nur wenig zu bekennen hatte. Er träumte nun, ein Bekannter komme aus der Sitzung der Steuerkommission zu ihm und teile ihm mit, daß alle anderen Steuerbekenntnisse unbeanstandet geblieben seien, das seinige aber habe allgemeines Mißtrauen erweckt und werde ihm eine empfindliche Steuerstrafe eintragen. Der Traum ist eine lässig verhüllte Wunscherfüllung, für einen Arzt von großem Einkommen zu gelten. Er erinnert übrigens an die bekannte Geschichte von jenem jungen Mädchen, welchem abgeraten wird, ihrem Freier zuzusagen, weil er ein jähzorniger Mensch sei und sie in der Ehe sicherlich mit Schlägen traktieren werde. Die Antwort des Mädchens lautet: Schlüg' er mich erst! Ihr Wunsch, verheiratet zu sein, ist so lebhaft, daß sie die in Aussicht gestellte Unannehmlichkeit, die mit dieser Ehe verbunden sein soll, mit in den Kauf nimmt und selbst zum Wunsch erhebt.

Fasse ich die sehr häufig vorkommenden Träume solcher Art, die meiner Lehre direkt zu widersprechen scheinen, indem sie das Versagen eines Wunsches oder das Eintreffen von etwas offenbar Ungewünschtem zum Inhalt haben, als „*Gegenwunschträume*" zusammen, so sehe ich, daß sie sich allgemein auf zwei Prinzipien zurückführen lassen, von denen das eine noch nicht erwähnt worden ist, obwohl es im Leben wie im Träumen der Menschen eine große Rolle spielt. Die eine Triebkraft dieser Träume ist der Wunsch, daß ich unrecht haben soll. Diese Träume ereignen sich regelmäßig im Laufe meiner Behandlungen, wenn sich der Patient im Widerstand gegen mich befindet, und ich kann mit großer Sicherheit darauf rechnen, einen solchen Traum hervorzurufen, nachdem ich dem Kranken die Lehre, der Traum sei eine Wunscherfüllung, zuerst vorgetragen habe.[55] Ja, ich darf erwarten, daß es manchem meiner Leser ebenso ergehen wird; er wird sich bereitwillig im Traume einen Wunsch versagen, um sich nur den Wunsch, daß ich unrecht haben möge, zu erfüllen. Der letzte Kurtraum dieser Art, den ich mitteilen will, zeigt wiederum das nämliche. Ein junges Mädchen, welches sich die Fortsetzung meiner Behandlung mühsam erkämpft hat, gegen den Willen ihrer Angehörigen und der zu Rate gezogenen Autoritäten, träumt: *Zu Hause verbiete man ihr, weiter zu mir zu kommen. Sie beruft sich dann bei mir auf ein ihr gegebenes Versprechen, sie im Notfalle auch umsonst zu behandeln, und ich sage ihr: In Geldsachen kann ich keine Rücksicht üben.*

Es ist wirklich nicht leicht, hier die Wunscherfüllung nachzuweisen, aber in all solchen Fällen findet sich außer dem einen Rätsel noch ein anderes, dessen Lösung auch das erste lösen hilft. Woher stammen die Worte, die sie mir in den Mund legt? Ich habe ihr natürlich nie etwas Ähnliches gesagt, aber einer ihrer Brüder, und gerade jener, der den größten Einfluß auf sie hat, war so liebenswürdig, über mich diesen Ausspruch zu tun. Der Traum will also erreichen, daß der Bruder recht behalte, und diesem Bruder recht verschaffen will sie nicht nur im Traume; es ist der Inhalt ihres Lebens und das Motiv ihres Krankseins.

Ein Traum, welcher der Theorie von der Wunscherfüllung auf den ersten Blick besondere Schwierigkeit bereitet, ist von einem Arzt (Aug. Stärcke) geträumt und gedeutet worden:

„*Ich habe und sehe an meinem linken Zeigefinger einen syphilitischen Primäraffekt an der letzten Phalange.*"

---

[55] Ähnliche „Gegenwunschträume" wurden mir in den letzten Jahren wiederholt von meinen Hörern berichtet als deren Reaktion auf ihr erstes Zusammentreffen mit der „Wunschtheorie des Traumes".

Man wird sich vielleicht von der Analyse dieses Traums durch die Erwägung abhalten lassen, daß er ja bis auf seinen unerwünschten Inhalt klar und kohärent erscheint. Allein, wenn man die Mühe einer Analyse nicht scheut, erfährt man, daß „Primäraffekt" gleichzusetzen ist einer „*prima affectio*" (erste Liebe) und daß das widerliche Geschwür nach den Worten Stärckes „sich als Vertreter von mit großem Affekt belegten Wunscherfüllungen" erweist.[56]

Das andere Motiv der Gegenwunschträume liegt so nahe, daß man leicht in Gefahr kommt, es zu übersehen, wie mir selbst durch längere Zeit geschehen ist. In der Sexualkonstitution so vieler Menschen gibt es eine masochistische Komponente, die durch die Verkehrung ins Gegenteil der aggressiven, sadistischen entstanden ist. Man heißt solche Menschen „ideelle" Masochisten, wenn sie die Lust nicht in dem ihnen zugefügten körperlichen Schmerz, sondern in der Demütigung und seelischen Peinigung suchen. Es leuchtet ohne weiteres ein, daß diese Personen Gegenwunsch- und Unlustträume haben können, die für sie doch nichts anderes als Wunscherfüllungen sind, Befriedigung ihrer masochistischen Neigungen. Ich setze einen solchen Traum hieher: Ein junger Mann, der in früheren Jahren seinen älteren Bruder, dem er homosexuell zugetan war, sehr gequält hat, träumt nun nach gründlicher Charakterwandlung einen aus drei Stücken bestehenden Traum: *I. Wie ihn sein älterer Bruder „sekkiert". II. Wie zwei Erwachsene in homosexueller Absicht miteinander schön tun. III. Der Bruder hat das Unternehmen verkauft, dessen Leitung er sich für seine Zukunft vorbehalten hat.* Aus letzterem Traume erwacht er mit den peinlichsten Gefühlen, und doch ist es ein masochistischer Wunschtraum, dessen Übersetzung lauten könnte: es geschähe mir ganz recht, wenn der Bruder mir jenen Verkauf antäte, zur Strafe für alle Quälereien, die er von mir ausgestanden hat.

Ich hoffe, die vorstehenden Beispiele werden genügen, um es – bis auf weiteren Einspruch – glaubwürdig erscheinen zu lassen, daß auch die Träume mit peinlichem Inhalt als Wunscherfüllung aufzulösen sind.[57] Es wird auch niemand eine Äußerung des Zufalls darin erblicken, daß man bei der Deutung dieser Träume jedesmal auf Themata gerät, von denen man nicht gerne spricht oder an die man nicht gerne denkt. Das peinliche Gefühl, welches solche Träume erwekken, ist wohl einfach identisch mit dem Widerwillen, der uns von der Behandlung oder Erwägung solcher Themata – meist mit Erfolg – abhalten möchte und welcher von jedem von uns überwunden werden muß, wenn wir uns genötigt sehen, es doch in Angriff zu nehmen. Dieses im Traum also wiederkehrende

---

[56] Zentralblatt für Psychoanalyse II, 1911/1912.

[57] Ich verweise darauf, daß dies Thema hier nicht erledigt ist und noch später behandelt werden wird.

Unlustgefühl schließt aber das Bestehen eines Wunsches nicht aus; es gibt bei jedem Menschen Wünsche, die er anderen nicht mitteilen möchte, und Wünsche, die er sich selbst nicht eingestehen will. Anderseits finden wir uns berechtigt, den Unlustcharakter all dieser Träume mit der Tatsache der Traumentstellung in Zusammenhang zu bringen und zu schließen, diese Träume seien gerade darum so entstellt und die Wunscherfüllung in ihnen bis zur Unkenntlichkeit verkleidet, weil ein Widerwillen, eine Verdrängungsabsicht gegen das Thema des Traumes oder gegen den aus ihm geschöpften Wunsch besteht. Die Traumentstellung erweist sich also tatsächlich als ein Akt der Zensur. Allem, was die Analyse der Unlustträume zutage gefördert hat, tragen wir aber Rechnung, wenn wir unsere Formel, die das Wesen des Traumes ausdrücken soll, in folgender Art verändern: *Der Traum ist die (verkleidete) Erfüllung eines (unterdrückten, verdrängten) Wunsches.*[58]

Nun erübrigen noch die Angstträume als besondere Unterart der Träume mit peinlichem Inhalt, deren Auffassung als Wunschträume bei den Unaufgeklärten die geringste Bereitwilligkeit begegnen wird. Doch kann ich die Angstträume hier ganz kurz abtun; es ist nicht eine neue Seite des Traumproblems, die sich uns in ihnen zeigen würde, sondern es handelt sich bei ihnen um das Verständnis

---

[58] Ein großer unter den lebenden Dichtern, der, wie mir gesagt wurde, von Psychoanalyse und Traumdeutung nichts wissen will, findet doch aus eigenem eine fast identische Formel für das Wesen des Traumes: „Unbefugtes Auftauchen unterdrückter Sehnsuchtswünsche unter falschem Antlitz und Namen." C. Spitteler, *Meine frühesten Erlebnisse* (Süddeutsche Monatshefte, Oktober 1913). Vorgreifend führe ich hier die von *Otto Rank* herrührende Erweiterung und Modifikation der obigen Grundformel an: „Der Traum stellt regelmäßig auf der Grundlage und mit Hilfe verdrängten infantil-sexuellen Materials aktuelle, in der Regel auch erotische Wünsche in verhüllter und symbolisch eingekleideter Form als erfüllt dar." („Ein Traum, der sich selbst deutet.")

Ich habe an keiner Stelle gesagt, daß ich diese Ranksche Formel zur meinigen gemacht habe. Die kürzere, im Text enthaltene Fassung scheint mir zu genügen. Aber daß ich die Ranksche Modifikation überhaupt erwähnte, hat genügt, um der Psychoanalyse den ungezählte Male wiederholten Vorwurf einzutragen: sie behaupte, alle Träume haben sexuellen Inhalt. Wenn man diesen Satz so versteht, wie er verstanden werden will, so beweist er nur, wie wenig Gewissenhaftigkeit Kritiker bei ihren Geschäften zu verbrauchen pflegen und wie gerne Gegner die klarsten Äußerungen übersehen, wenn sie ihrer Neigung zur Aggression nicht taugen, denn wenige Seiten vorher hatte ich die mannigfaltigen Wunscherfüllungen der Kinderträume erwähnt (eine Landpartie oder Seefahrt zu machen, eine versäumte Mahlzeit nachzuholen usw.), an anderen Stellen von den Hungerträumen, den Träumen auf Durstreiz, auf Exkretionsreiz, von den reinen Bequemlichkeitsträumen gehandelt. Selbst Rank stellt keine absolute Behauptung auf. Er sagt „in der Regel auch erotische Wünsche", und dies ist für die meisten Träume Erwachsener durchaus zu bestätigen.

Anders sieht es aus, wenn man „sexuell" in dem nun in der Psychoanalyse gebräuchlichen Sinne von „Eros" gebraucht. Aber das interessante Problem, ob nicht alle Träume von „libidinösen" Triebkräften (im Gegensatz zu „destruktiven") geschaffen werden, haben die Gegner kaum vor Augen gehabt.

der neurotischen Angst überhaupt. Die Angst, die wir im Traume empfinden, ist nur scheinbar durch den Inhalt des Traumes erklärt. Wenn wir den Trauminhalt der Deutung unterziehen, merken wir, daß die Traumangst durch den Inhalt des Traumes nicht besser gerechtfertigt wird als etwa die Angst einer Phobie durch die Vorstellung, an welcher die Phobie hängt. Es ist z. B. zwar richtig, daß man aus dem Fenster stürzen kann und darum Ursache hat, sich beim Fenster einer gewissen Vorsicht zu befleißen, aber es ist nicht zu verstehen, warum bei der entsprechenden Phobie die Angst so groß ist und den Kranken weit über ihre Anlässe hinaus verfolgt. Dieselbe Aufklärung erweist sich dann als gültig für die Phobie wie für den Angsttraum. Die Angst ist beide Male an die sie begleitende Vorstellung nur *angelötet* und stammt aus anderer Quelle.

Wegen dieses intimen Zusammenhangs der Traumangst mit der Neurosenangst muß ich hier bei der Erörterung der ersteren auf die letztere verweisen. In einem kleinen Aufsatze über die „Angstneurose" (Neurologisches Zentralblatt 1895) habe ich seinerzeit behauptet, daß die neurotische Angst aus dem Sexualleben stammt und einer von ihrer Bestimmung abgelenkten, nicht zur Verwendung gelangten Libido entspricht. Diese Formel hat sich seither immer mehr als stichhaltig erwiesen. Aus ihr läßt sich nun der Satz ableiten, daß die Angstträume Träume sexuellen Inhalts sind, deren zugehörige Libido eine Verwandlung in Angst erfahren hat. Es wird sich späterhin die Gelegenheit ergeben, diese Behauptung durch die Analyse einiger Träume bei Neurotikern zu unterstützen. Auch werde ich bei weiteren Versuchen, mich einer Theorie des Traums zu nähern, nochmals auf die Bedingung der Angstträume und deren Verträglichkeit mit der Wunscherfüllungstheorie zu sprechen kommen.

V
DAS TRAUMMATERIAL UND DIE TRAUMQUELLEN

Als wir aus der Analyse des Traums von Irmas Injektion ersehen hatten, daß der Traum eine Wunscherfüllung ist, nahm uns zunächst das Interesse gefangen, ob wir hiemit einen allgemeinen Charakter des Traums aufgedeckt haben, und wir brachten vorläufig jede andere wissenschaftliche Neugierde zum Schweigen, die sich in uns während jener Deutungsarbeit geregt haben mochte. Nachdem wir jetzt auf dem einen Wege zum Ziel gelangt sind, dürfen wir zurückkehren und einen neuen Ausgangspunkt für unsere Streifungen durch die Probleme des Traumes wählen, sollten wir darüber auch das noch keineswegs voll erledigte Thema der Wunscherfüllung für eine Weile aus den Augen verlieren.

Seitdem wir durch Anwendung unseres Verfahrens der Traumdeutung einen *latenten* Trauminhalt aufdecken können, der an Bedeutsamkeit den *manifesten* Trauminhalt weit hinter sich läßt, muß es uns drängen, die einzelnen Traumprobleme von neuem aufzunehmen, um zu versuchen, ob sich für uns nicht Rätsel und Widersprüche befriedigend lösen, die, solange man nur den manifesten Trauminhalt kannte, unangreifbar erschienen sind.

Die Angaben der Autoren über den Zusammenhang des Traums mit dem Wachleben sowie über die Herkunft des Traummaterials sind im einleitenden Abschnitt ausführlich mitgeteilt worden. Wir erinnern uns auch jener drei Eigentümlichkeiten des Traumgedächtnisses, die so vielfach bemerkt, aber nicht erklärt worden sind:

1. Daß der Traum die Eindrücke der letzten Tage deutlich bevorzugt (*Robert, Strümpell, Hildebrandt* auch *Weed-Hallam*);

2. daß er eine Auswahl nach anderen Prinzipien als unser Wachgedächtnis trifft, indem er nicht das Wesentliche und Wichtige, sondern das Nebensächliche und Unbeachtete erinnert;

3. daß er die Verfügung über unsere frühesten Kindheitseindrücke besitzt und selbst Einzelheiten aus dieser Lebenszeit hervorholt, die uns wiederum als trivial erscheinen und im Wachen für längst vergessen gehalten worden sind.[59]

---

[59] Es ist klar, daß die Auffassung Roberts, der Traum sei dazu bestimmt, unser Gedächtnis von den

Diese Besonderheiten in der Auswahl des Traummaterials sind von den Autoren natürlich am manifesten Trauminhalte beobachtet worden.

A
Das Rezente und das Indifferente im Traum

Wenn ich jetzt in betreff der Herkunft der im Trauminhalt auftretenden Elemente meine eigene Erfahrung zu Rate ziehe, so muß ich zunächst die Behauptung aufstellen, daß in jedem Traum eine Anknüpfung an die Erlebnisse des *letztabgelaufenen* Tages aufzufinden ist. Welchen Traum immer ich vornehme, einen eigenen oder fremden, jedesmal bestätigt sich mir diese Erfahrung. In Kenntnis dieser Tatsache kann ich etwa die Traumdeutung damit beginnen, daß ich zuerst nach dem Erlebnis des Tages forsche, welches den Traum angeregt hat; für viele Fälle ist dies sogar der nächste Weg. An den beiden Träumen, die ich, im vorigen Abschnitt einer genauen Analyse unterzogen habe (von Irmas Injektion, von meinem Onkel mit dem gelben Bart), ist die Beziehung zum Tag so augenfällig, daß sie keiner weiteren Beleuchtung bedarf. Um aber zu zeigen, wie regelmäßig sich diese Beziehung erweisen läßt, will ich ein Stück meiner eigenen Traumchronik daraufhin untersuchen. Ich teile die Träume nur so weit mit, als ich es zur Aufdeckung der gesuchten Traumquelle bedarf.

1. *Ich mache einen Besuch in einem Hause, wo ich nur mit Schwierigkeiten vorgelassen werde usw., lasse eine Frau unterdessen auf mich warten.*

Quelle: Gespräch mit einer Verwandten am Abend, daß eine Anschaffung, die sie verlangt, warten müsse, bis usw.

2. *Ich habe eine Monographie über eine gewisse* (unklar) *Pflanzenart geschrieben.*

Quelle: Am Vormittag im Schaufenster einer Buchhandlung eine Monographie gesehen über die Gattung Zyklamen.

3. *Ich sehe zwei Frauen auf der Straße, Mutter und Tochter, von denen die letztere meine Patientin war.*

Quelle: Eine in Behandlung stehende Patientin hat mir abends mitgeteilt, welche Schwierigkeiten ihre Mutter einer Fortsetzung der Behandlung entgegenstellt.

4. *In der Buchhandlung von S. und R. nehme ich ein Abonnement auf eine periodische Publikation, die jährlich zwanzig Gulden kostet.*

---

wertlosen Eindrücken des Tages zu entlasten, nicht mehr zu halten ist, wenn im Traume einigermaßen häufig gleichgültige Erinnerungsbilder aus unserer Kindheit auftreten. Man müßte den Schluß ziehen, daß der Traum die ihm zufallende Aufgabe sehr ungenügend zu erfüllen pflegt.

Quelle: Meine Frau hat mich am Tage daran erinnert, daß ich ihr zwanzig Gulden vom Wochengelde noch schuldig bin.

5. *Ich erhalte eine Zuschrift vom sozialdemokratischen Komitee, in der ich als Mitglied behandelt werde.*

Quelle: Zuschriften erhalten gleichzeitig vom liberalen Wahl*komitee* und vom Präsidium des humanitären Vereins, dessen *Mitglied* ich wirklich bin.

6. *Ein Mann auf einem steilen Fels mitten im Meer, in Böcklinscher Manier.*

Quelle: *Dreyfus* auf der *Teufelsinsel*, gleichzeitig Nachrichten von meinen Verwandten in *England* usw.

Man könnte die Frage aufwerfen, ob die Traumanknüpfung unfehlbar an die Ereignisse des letzten Tages erfolgt oder ob sie sich auf Eindrücke eines längeren Zeitraumes der jüngsten Vergangenheit erstrecken kann. Dieser Gegenstand kann prinzipielle Bedeutsamkeit wahrscheinlich nicht beanspruchen, doch möchte ich mich für das ausschließliche Vorrecht des letzten Tages vor dem Traume (des Traumtages) entscheiden. Sooft ich zu finden vermeinte, daß ein Eindruck vor zwei oder drei Tagen die Quelle des Traumes gewesen sei, konnte ich mich doch bei genauerer Nachforschung überzeugen, daß jener Eindruck am Vortage wieder erinnert worden war, daß also eine nachweisbare Reproduktion am Vortage sich zwischen dem Ereignistage und der Traumzeit eingeschoben hatte, und konnte außerdem den rezenten Anlaß nachweisen, von dem die Erinnerung an den älteren Eindruck ausgegangen sein konnte.

Hingegen konnte ich mich nicht davon überzeugen, daß zwischen dem erregenden Tageseindruck und dessen Wiederkehr im Traume ein regelmäßiges Intervall von biologischer Bedeutsamkeit (als erstes dieser Art nennt H. *Swoboda* achtzehn Stunden) eingeschoben ist.[60]

---

[60] H. Swoboda hat, wie in den Ergänzungen zum ersten Abschnitt mitgeteilt, die von W. Fließ gefundenen biologischen Intervalle von 23 und 28 Tagen in weitem Ausmaß auf das seelische Geschehen übertragen und insbesondere behauptet, daß diese Zeiten für das Auftauchen der Traumelemente in den Träumen entscheidend sind. Die Traumdeutung würde nicht wesentlich abgeändert, wenn sich solches nachweisen ließe, aber für die Herkunft des Traummaterials ergäbe sich eine neue Quelle. Ich habe nun neuerdings einige Untersuchungen an eigenen Träumen angestellt, um die Anwendbarkeit der „Periodenlehre" auf das Traummaterial zu prüfen, und habe hiezu besonders auffällige Elemente des Trauminhaltes gewählt, deren Auftreten im Leben sich zeitlich mit Sicherheit bestimmen ließ.

I. Traum vom 1./2. Oktober 1910.

Bruchstück) ... *Irgendwo in Italien, Drei Töchter zeigen mir kleine Kostbarkeiten, wie in einem Antiquarladen, setzen sich mir dabei auf den Schoß. Bei einem der Stücke sage ich: Das haben Sie ja von mir. Ich sehe dabei deutlich eine kleine Profilmaske mit den scharfgeschnittenen Zügen Savonarolas.*

Wann habe ich zuletzt das Bild *Savonarolas* gesehen? Ich war nach dem Ausweis meines Reisetagebuches am 4. und 5. September in Florenz; dort dachte ich daran, meinem Reisebegleiter das Medaillon mit den Zügen des fanatischen Mönches im Pflaster der Piazza Signoria an der Stelle, wo er den Tod durch Verbrennen fand, zu zeigen, und ich meine, am 3. vormittags, machte ich ihn auf dasselbe aufmerksam. Von diesem Eindruck bis zur Wiederkehr im Traume sind allerdings 27+1 Tage verflossen, eine „weibliche Periode", nach Fließ. Zum Unglück für die Beweiskraft dieses Beispiels muß ich aber erwähnen, *daß an dem Traumtage selbst* der tüchtige, aber düster blickende Kollege bei mir war (das erstemal seit meiner Rückkunft), für den ich vor Jahren schon den Scherznamen „Rabbi Savonarola" aufgebracht habe. Er stellte mir einen Unfallkranken vor, der in dem Pontebbazug verunglückt war, in dem ich selbst acht Tage vorher gereist war, und leitete so meine Gedanken zur letzten Italienreise zurück. Das Erscheinen des auffälligen Elementes „*Savonarola*" im Trauminhalt ist durch diesen Besuch des Kollegen am Traumtage aufgeklärt, das achtundzwanzigtägige Intervall wird seiner Bedeutung für dessen Herleitung verlustig.

II. Traum vom 10./11. Oktober.

Ich arbeite wieder einmal Chemie im Universitätslaboratorium. Hofrat L. lädt mich ein, an einen Ort zu kommen, und geht auf dem Korridor voran, eine Lampe oder sonst ein Instrument wie scharfsinnig(?) (scharfsichtig?) in der erhobenen Hand vor sich hintragend, in eigentümlicher Haltung mit vorgestrecktem Kopf. Wir kommen dann über einen freien Platz ...(Rest vergessen).

Das Auffälligste in diesem Trauminhalt ist die Art, wie Hofrat L. die Lampe (oder Lupe) vor sich hinträgt, das Auge spähend in die Weite gerichtet L. habe ich viele Jahre lang nicht mehr gesehen, aber ich weiß jetzt schon, er ist nur eine Ersatzperson für einen anderen, größeren, für den Archimedes nahe bei der Arethusaquelle in Syrakus, der genauso wie er im Traume dasteht und so den Brennspiegel handhabt, nach dem Belagerungsheer der Römer spähend. Wann habe ich dieses Denkmal zuerst (und zuletzt) gesehen? Nach meinen Aufzeichnungen war es am 17. September abends, und von diesem Datum bis zum Traume sind tatsächlich 13+10 = 23 Tage verstrichen, eine „männliche Periode" nach Fließ.

Leider hebt das Eingehen auf die Deutung des Traumes auch hier ein Stück von der Unerläßlichkeit dieses Zusammenhangs auf. Der Traumanlaß war die am Traumtag erhaltene Nachricht, daß die Klinik, in deren Hörsaal ich als Gast meine Vorlesungen abhalte, demnächst anderswohin verlegt werden solle. Ich nahm an, daß die neue Lokalität sehr unbequem gelegen sei, sagte mir, es werde dann sein, als ob ich überhaupt keinen Hörsaal zur Verfügung habe, und von da an müßten meine Gedanken bis in den Beginn meiner Dozentenzeit zurückgegangen sein, als ich wirklich keinen Hörsaal hatte und mit meinen Bemühungen, mir einen zu verschaffen, auf geringes Entgegenkommen bei den hochvermögenden Herren Hofräten und Professoren stieß. Ich ging damals zu L. der gerade die Würde des Dekans bekleidete und den ich für einen Gönner hielt, um ihm meine Not zu klagen. Er versprach mir Abhilfe, ließ aber dann nichts weiter von sich hören. Im Traum ist er der Archimedes, der mir gibt, που στώ, und mich selbst in die andere Lokalität geleitet. Daß den Traumgedanken weder Rachsucht noch Größenbewußtsein fremd sind, wird der Deutungskundige leicht erraten, Ich muß aber urteilen, daß ohne diesen Traumanlaß der Archimedes kaum in den Traum dieser Nacht gelangt wäre; es bleibt mir unsicher, ob der starke und noch rezente Eindruck der Statue in Siracusa sich nicht auch bei einem anderen Zeitintervall geltend gemacht hätte.

III. Traum vom 2./3. Oktober 1910.

(Bruchstück) ... *Etwas von Prof. Oser, der selbst das Menü für mich gemacht hat, was sehr beruhigend wirkt* (anderes vergessen).

Auch *H. Ellis*, der dieser Frage Aufmerksamkeit geschenkt hat, gibt an, daß er eine solche Periodizität der Reproduktion in seinen Träumen „trotz des Achtens darauf" nicht finden konnte. Er erzählt einen Traum, in welchem er sich in Spanien befand und nach einem Ort: *Daraus*, *Varaus* oder *Zaraus* fahren wollte. Erwacht, konnte er sich an einen solchen Ortsnamen nicht erinnern und legte den Traum beiseite. Einige Monate später fand er tatsächlich den Namen *Zaraus* als den einer Station zwischen San Sebastian und Bilbao, welche er 250 Tage vor dem Traum mit dem Zuge passiert hatte.

Ich meine also, es gibt für jeden Traum einen Traumerreger aus jenen Erlebnissen, über die „man noch keine Nacht geschlafen hat".

Die Eindrücke der jüngsten Vergangenheit (mit Ausschluß des Tages vor der Traumnacht) zeigen also keine andersartige Beziehung zum Trauminhalte als andere Eindrücke aus beliebig ferner liegenden Zeiten. Der Traum kann sein Material aus jeder Zeit des Lebens wählen, wofern nur von den Erlebnissen des Traumtages (den „rezenten" Eindrücken) zu diesen früheren ein Gedankenfaden reicht.

Woher aber die Bevorzugung der rezenten Eindrücke? Wir werden zu Vermutungen über diesen Punkt gelangen, wenn wir einen der erwähnten Träume einer genaueren Analyse unterziehen. Ich wähle den

Traum von der botanischen Monographie.

Ich habe eine Monographie über eine gewisse Pflanze geschrieben. Das Buch liegt vor mir, ich blättere eben eine eingeschlagene farbige Tafel um. Jedem Exemplar ist ein getrocknetes Spezimen der Pflanze beigebunden, ähnlich wie aus einem Herbarium.

Der Traum ist die Reaktion auf eine Verdauungsstörung dieses Tages, die mich erwägen ließ, ob ich mich nicht wegen Bestimmung einer Diät an einen Kollegen wenden solle. Daß ich im Traum den im Sommer verstorbenen Oser dazu bestimme, knüpft an den sehr kurz vorher (1. Oktober) erfolgten Tod eines anderen von mir hochgeschätzten Universitätslehrers an. Wann ist aber Oser gestorben, und wann habe ich seinen Tod erfahren? Nach dem Ausweis des Zeitungsblattes am 22. August; da ich damals in Holland weilte, wohin ich die Wiener Zeitung regelmäßig nachsenden ließ, muß ich die Todesnachricht am 24. oder 25. August gelesen haben. Dieses Intervall entspricht aber keiner Periode mehr, es umfaßt 7+30+2 = 39 Tage oder vielleicht 40 Tage. Ich kann mich nicht besinnen, in der Zwischenzeit von Oser gesprochen oder an ihn gedacht zu haben.

Solche für die Periodenlehre nicht mehr ohne weitere Bearbeitung brauchbare Intervalle ergeben sich nun aus meinen Träumen ungleich häufiger als die regulären. Konstant finde ich nur die im Text behauptete Beziehung zu einem Eindrucke des Traumtages selbst.

Analyse

Ich habe am Vormittage im Schaufenster einer Buchhandlung ein neues Buch gesehen, welches sich betitelt: Die Gattung Zyklamen – offenbar eine *Monographie* über diese Pflanze.

Zyklamen ist die *Lieblingsblume* meiner Frau. Ich mache mir Vorwürfe, daß ich so selten daran denke, ihr *Blumen mitzubringen,* wie sie sich's wünscht. – Bei dem Thema: *Blumen mitbringen* erinnere ich mich einer Geschichte, welche ich unlängst im Freundeskreise erzählt und als Beweis für meine Behauptung verwendet habe, daß Vergessen sehr häufig die Ausführung einer Absicht des Unbewußten sei und immerhin einen Schluß auf die geheime Gesinnung des Vergessenden gestatte. Eine junge Frau, welche daran gewöhnt war, zu ihrem Geburtstage einen Strauß von ihrem Manne vorzufinden, vermißt dieses Zeichen der Zärtlichkeit an einem solchen Festtag und bricht darüber in Tränen aus. Der Mann kommt hinzu, weiß sich ihr Weinen nicht zu erklären, bis sie ihm sagt: Heute ist mein Geburtstag. Da schlägt er sich vor die Stirne, ruft aus: Entschuldige, hab' ich doch ganz daran vergessen, und will fort, ihr *Blumen* zu holen. Sie läßt sich aber nicht trösten, denn sie sieht in der Vergeßlichkeit ihres Mannes einen Beweis dafür, daß sie in seinen Gedanken nicht mehr dieselbe Rolle spielt wie einstens. – Diese Frau L. ist meiner Frau vor zwei Tagen begegnet, hat ihr mitgeteilt, daß sie sich wohlfühlt, und sich nach mir erkundigt. Sie stand in früheren Jahren in meiner Behandlung.

Ein neuer Ansatz: Ich habe wirklich einmal etwas Ähnliches geschrieben wie eine *Monographie* über eine Pflanze, nämlich einen Aufsatz über die *Cocapflanze,* welcher die Aufmerksamkeit von K. Koller auf die anästhesierende Eigenschaft des Kokains gelenkt hat. Ich hatte diese Verwendung des Alkaloids in meiner Publikation selbst angedeutet, aber war nicht gründlich genug, die Sache weiter zu verfolgen. Dazu fällt mir ein, daß ich am Vormittag des Tages nach dem Traume (zu dessen Deutung ich erst abends Zeit fand) des Kokains in einer Art von Tagesphantasie gedacht habe. Wenn ich je Glaukom bekommen sollte, würde ich nach Berlin reisen und mich dort bei meinem Berliner Freunde von einem Arzt, den er mir empfiehlt, inkognito operieren lassen. Der Operateur, der nicht wüßte, an wem er arbeitet, würde wieder einmal rühmen, wie leicht sich diese Operationen seit der Einführung des Kokains gestaltet haben; ich würde durch keine Miene verraten, daß ich an dieser Entdeckung selbst einen Anteil habe. An diese Phantasie schlossen sich Gedanken an, wie unbequem es doch für den Arzt sei, ärztliche Leistungen von seiten der Kollegen für seine Person in Anspruch zu nehmen. Den Berliner Augenarzt, der mich nicht kennt, würde ich wie ein anderer entlohnen können. Nachdem dieser Tagtraum mir in den Sinn gekommen, merke ich erst, daß sich die Erinnerung an ein bestimmtes Erlebnis hinter ihm verbirgt. Kurz nach der Entdeckung Kollers war nämlich mein Vater an Glaukom erkrankt; er wurde von meinem Freunde, dem Augenarzt Dr. Königstein, operiert, Dr. Koller besorgte die Kokainanästhesie und machte dann die Bemerkung, daß bei diesem Falle alle die drei Personen sich vereinigt fänden, die an der Einführung des Kokains Anteil gehabt haben.

Meine Gedanken gehen nun weiter, wann ich zuletzt an diese Geschichte des Kokains erinnert worden bin. Es war dies vor einigen Tagen, als ich die Festschrift in die Hand bekam, mit deren Erscheinen dankbare Schüler das Jubiläum ihres Lehrers und Laboratoriumsvorstandes gefeiert hatten. Unter den Ruhmestiteln des Laboratoriums fand ich auch angeführt, daß dort die Entdeckung der anästhesierenden Eigenschaft des Kokains durch K. Koller vorgefallen sei. Ich bemerke nun plötzlich, daß mein Traum mit einem Erlebnis des Abends vorher zusammenhängt. Ich hatte gerade Dr. Königstein nach Hause begleitet, mit dem ich in ein Gespräch über eine Angelegenheit geraten war, die mich jedesmal, wenn sie berührt wird, lebhaft erregt. Als ich mich in dem Hausflur mit ihm aufhielt, kam Professor Gärtner mit seiner jungen Frau hinzu. Ich konnte mich nicht enthalten, die beiden darüber zu beglückwünschen, wie *blühend* sie aussehen. Nun ist Professor *Gärtner* einer der Verfasser der Festschrift, von der ich eben sprach, und konnte mich wohl an diese erinnern. Auch die Frau L., deren Geburtstagsenttäuschung ich unlängst erzählte, war im Gespräch mit Dr. Königstein, in anderem Zusammenhange allerdings, erwähnt worden.

Ich will versuchen, auch die anderen Bestimmungen des Trauminhalts zu deuten. Ein *getrocknetes Spezimen* der Pflanze liegt der Monographie bei, als ob es ein *Herbarium* wäre. Ans Herbarium knüpft sich eine Gymnasialerinnerung. Unser Gymnasialdirektor rief einmal die Schüler der höheren Klassen zusammen, um ihnen das Herbarium der Anstalt zur Durchsicht und zur Reinigung zu übergeben. Es hatten sich kleine *Würmer* eingefunden – Bücherwurm. Zu meiner Hilfeleistung scheint er nicht Zutrauen gezeigt zu haben, denn er überließ mir nur wenige Blätter. Ich weiß noch heute, daß Kruziferen darauf waren. Ich hatte niemals ein besonders intimes Verhältnis zur Botanik. Bei meiner botanischen Vorprüfung bekam ich wiederum eine Kruzifere zur Bestimmung und – erkannte sie nicht. Es wäre mir schlecht ergangen, wenn nicht meine theoretischen Kenntnisse mir herausgeholfen hätten. – Von den Kruziferen gerate ich auf die Kompositen. Eigentlich ist auch die Artischocke eine Komposite, und zwar die, welche ich *meine Lieblingsblume* heißen könnte. Edler als ich, pflegt meine Frau mir diese Lieblingsblume vom Markte heimzubringen.

Ich sehe die Monographie *vor mir liegen*, die ich geschrieben habe. Auch dies ist nicht ohne Bezug. Mein visueller Freund schrieb mir gestern aus Berlin: „Mit deinem Traumbuche beschäftige ich mich sehr viel. *Ich sehe es fertig vor mir liegen und blättere darin.*" Wie habe ich ihn um diese Sehergabe beneidet! Wenn ich es doch auch schon fertig vor mir liegen sehen könnte!

Die zusammengelegte farbige Tafel. Als ich Student der Medizin war, litt ich viel unter dem Impuls, nur aus *Monographien* lernen zu wollen. Ich hielt mir damals, trotz meiner beschränkten Mittel, mehrere medizinische Archive, deren *farbige Tafeln* mein Entzücken waren. Ich war stolz auf diese Neigung zur Gründlichkeit. Als ich dann selbst zu publizieren begann, mußte ich auch die Tafeln für meine Abhandlungen zeichnen, und ich weiß, daß eine derselben so kümmerlich ausfiel, daß mich ein wohlwollender Kollege ihretwegen verhöhnte. Dazu kommt noch, ich weiß nicht recht wie, eine sehr frühe Jugenderinnerung. Mein Vater machte sich einmal den Scherz, mir und meiner ältesten Schwester ein Buch mit *farbigen Tafeln* (Beschreibung einer Reise in Persien) zur Vernichtung zu überlassen. Es war erziehlich kaum zu rechtfertigen. Ich war damals fünf Jahre, die Schwester unter drei Jahren alt, und das Bild, wie wir Kinder überselig dieses Buch zerpflücken (*wie eine Artischocke, Blatt für Blatt, muß ich sagen*), ist nahezu das einzige, was mir aus dieser Lebenszeit in plastischer Erinnerung geblieben ist. Als ich dann Student wurde, entwickelte sich bei mir eine ausgesprochene Vorliebe, Bücher zu sammeln und zu besitzen (analog der Neigung, aus Monographien zu studieren, eine *Liebhaberei*, wie sie in den Traumgedanken betreffs Zyklamen und Artischocke bereits vorkommt). Ich wurde ein *Bücherwurm* (vgl. *Herbarium*). Ich habe diese erste Leidenschaft meines Lebens, seitdem ich über mich nachdenke, immer auf diesen Kindereindruck zurückgeführt, oder vielmehr, ich habe erkannt, daß diese Kinderszene eine „Deckerinnerung" für meine spätere Bibliophilie ist.[61] Natürlich habe ich auch frühzeitig erfahren, daß man durch Leidenschaften leicht in Leiden gerät. Als ich siebzehn Jahre alt war, hatte ich ein ansehnliches Konto beim Buchhändler und keine Mittel, es zu begleichen, und mein Vater ließ es kaum als Entschuldigung gelten, daß sich meine Neigungen auf nichts Böseres geworfen hatten. Die Erwähnung dieses späteren Jugenderlebnisses bringt mich aber sofort zu dem Gespräch mit meinem Freunde Dr. Königstein zurück. Denn um dieselben Vorwürfe wie damals, daß ich meinen *Liebhabereien* zuviel nachgebe, handelte es sich auch im Gespräch am Abend des Traumtages. Aus Gründen, die nicht hieher gehören, will ich die Deutung dieses Traumes nicht verfolgen, sondern bloß den Weg angeben, welcher zu ihr führt. Während der Deutungsarbeit bin ich an das Gespräch mit Dr. Königstein erinnert worden, und zwar von mehr als einer Stelle aus. Wenn ich

---

[61] Vgl. meinen Aufsatz *Über Deckerinnerungen* in der Monatszeitschrift für Psychiatrie und Neurologie, 1899.

mir vorhalte, welche Dinge in diesem Gespräch berührt worden sind, so wird der Sinn des Traumes mir verständlich. Alle angefangenen Gedankengänge, von den Liebhabereien meiner Frau und meinen eigenen, vom Kokain, von den Schwierigkeiten ärztlicher Behandlung unter Kollegen, von meiner Vorliebe für monographische Studien und meiner Vernachlässigung gewisser Fächer wie der Botanik, dies alles erhält dann seine Fortsetzung und mündet in irgendeinen der Fäden der vielverzweigten Unterredung ein. Der Traum bekommt wieder den Charakter einer Rechtfertigung, eines Plaidoyers für mein Recht, wie der erstanalysierte Traum von Irmas Injektion; ja er setzt das dort begonnene Thema fort und erörtert es an einem neuen Material, welches im Intervall zwischen beiden Träumen hinzugekommen ist. Selbst die scheinbar indifferente Ausdrucksform des Traumes bekommt einen Akzent. Es heißt jetzt: Ich bin doch der Mann, der die wertvolle und erfolgreiche Abhandlung (über das Kokain) geschrieben hat, ähnlich wie ich damals zu meiner Rechtfertigung vorbrachte: Ich bin doch ein tüchtiger und fleißiger Student; in beiden Fällen also: Ich darf mir das erlauben. Ich kann aber auf die Ausführung der Traumdeutung hier verzichten, weil mich zur Mitteilung des Traumes nur die Absicht bewogen hat, an einem Beispiele die Beziehung des Trauminhalts zu dem erregenden Erlebnis des Vortages zu untersuchen. Solange ich von diesem Traume nur den manifesten Inhalt kenne, wird mir nur eine Beziehung des Traumes zu einem Tageseindruck augenfällig; nachdem ich die Analyse gemacht habe, ergibt sich eine zweite Quelle des Traumes in einem anderen Erlebnis desselben Tages. Der erste der Eindrücke, auf welche sich der Traum bezieht, ist ein gleichgültiger, ein Nebenumstand. Ich sehe im Schaufenster ein Buch, dessen Titel mich flüchtig berührt, dessen Inhalt mich kaum interessieren dürfte. Das zweite Erlebnis hatte einen hohen psychischen Wert; ich habe mit meinem Freund, dem Augenarzt, wohl eine Stunde lang eifrig gesprochen, ihm Andeutungen gemacht, die uns beiden nahegehen mußten, und Erinnerungen in mir wachgerufen, bei denen die mannigfaltigsten Erregungen meines Innern mir bemerklich wurden. Überdies wurde dieses Gespräch unvollendet abgebrochen, weil Bekannte hinzukamen. Wie stehen nun die beiden Eindrücke des Tages zueinander und zu dem in der Nacht erfolgenden Traum?

Im Trauminhalte finde ich nur eine Anspielung auf den gleichgültigen Eindruck und kann so bestätigen, daß der Traum mit Vorliebe Nebensächliches aus dem Leben in seinem Inhalt aufnimmt. In der Traumdeutung hingegen führt alles auf das wichtige, mit Recht erregende Erlebnis hin. Wenn ich den Sinn des Traumes, wie es einzig richtig ist, nach dem latenten, durch die Analyse zutage geförderten Inhalt beurteile, so bin ich unversehens zu einer neuen und wichtigen Erkenntnis gelangt. Ich sehe das Rätsel zerfallen, daß der Traum sich nur mit den wertlosen Brocken des Tageslebens beschäftigt; ich muß auch der Behauptung widersprechen, daß das Seelenleben des Wachens sich in den Traum nicht fortsetzt und der Traum dafür psychische Tätigkeit an läppisches Material verschwendet. Das Gegenteil ist wahr; was uns bei Tage in Anspruch genommen hat, beherrscht auch die Traumgedanken, und wir geben uns die Mühe zu träumen nur bei solchen Materien, welche uns bei Tage Anlaß zum Denken geboten hätten.

Die naheliegendste Erklärung dafür, daß ich doch vom gleichgültigen Tageseindruck träume, während der mit Recht aufregende mich zum Traume veranlaßt hat, ist wohl die, daß hier wieder ein Phänomen der Traumentstellung vorliegt, welche wir oben auf eine als Zensur waltende psychische Macht zurückgeführt haben. Die Erinnerung an die Monographie über die Gattung Zyklamen erfährt eine Verwendung, als ob sie eine *Anspielung* auf das Gespräch mit dem Freunde wäre, ganz ähnlich wie im Traum von dem verhinderten Souper die Erwähnung der Freundin durch die Anspielung „geräucherter Lachs" vertreten wird. Es fragt sich nur, durch welche Mittelglieder kann der Eindruck der Monographie zu dem Gespräche mit dem Augenarzt in das Verhältnis der Anspielung treten, da eine solche Beziehung zunächst nicht ersichtlich ist. In dem Beispiele vom verhinderten Souper ist die Beziehung von vornherein gegeben; „geräucherter Lachs" als die Lieblingsspeise der Freundin gehört ohne weiteres zu dem Vorstellungskreise, den die Person der Freundin bei der Träumenden anzuregen vermag. In unserem neuen Beispiel handelt es sich um zwei gesonderte Eindrücke, die zunächst nichts gemeinsam haben, als daß sie am nämlichen Tage erfolgen. Die Monographie fällt mir am Vormittag auf, das Gespräch führe, ich dann am Abend. Die Antwort, welche die Analyse an die Hand gibt, lautet: Solche erst nicht vorhandene Beziehungen zwischen den beiden Eindrücken werden nachträglich vom Vorstellungsinhalt des einen zum Vorstellungsinhalt des anderen angesponnen. Ich habe die betreffenden Mittelglieder bereits bei der Niederschrift der Analyse hervorgehoben. An die Vorstellung der Monographie über Zyklamen würde sich ohne Beeinflussung von anderswoher wohl nur die Idee knüpfen, daß diese die Lieblingsblume meiner Frau ist, etwa noch die Erinnerung an den vermißten Blumenstrauß der Frau L. Ich glaube nicht, daß diese Hintergedanken genügt hätten, einen Traum hervorzurufen.

> „There needs no ghost, my lord, come from the grave
> To tell us this"

heißt es im *Hamlet*. Aber siehe da, in der Analyse werde ich daran erinnert, daß der Mann, der unser Gespräch störte, *Gärtner* hieß, daß ich seine Frau *blühend* fand; ja ich besinne mich eben jetzt nachträglich, daß eine meiner Patientinnen, die den schönen Namen *Flora* trägt, eine Weile im Mittelpunkt unseres Gespräches stand. Es muß so zugegangen sein, daß sich über diese Mittelglieder aus dem botanischen Vorstellungskreis die Verknüpfung der beiden Tageserlebnisse, des gleichgültigen und des aufregenden, vollzog. Dann stellten sich, weitere Beziehungen ein, die des Kokains, welche mit Fug und Recht zwischen der Person des Dr. Königstein und einer botanischen Monographie, die ich geschrieben habe, vermitteln kann, und befestigten diese Verschmelzung der beiden Vorstellungskreise zu einem, so daß nun ein Stück aus dem ersten Erlebnis als Anspielung auf das zweite verwendet werden konnte.

Ich bin darauf gefaßt, daß man diese Aufklärung als eine willkürliche oder als eine gekünstelte anfechten wird. Was wäre geschehen, wenn Professor Gärtner mit seiner blühenden Frau nicht hinzugetreten wäre, wenn die besprochene Patientin nicht *Flora*, sondern *Anna* hieße? Und doch ist die Antwort leicht. Wenn sich nicht diese Gedankenbeziehungen ergeben hätten, so wären wahrscheinlich andere ausgewählt worden. Es ist so leicht, derartige Beziehungen herzustellen, wie ja die Scherz- und Rätselfragen, mit denen wir uns den Tag erheitern, zu beweisen vermögen. Der Machtbereich des Witzes ist ein uneingeschränkter. Um einen Schritt weiter zu gehen: wenn sich zwischen den beiden Eindrücken des Tages keine genug ausgiebigen Mittelbeziehungen hätten herstellen lassen, so wäre der Traum eben anders ausgefallen; ein anderer gleichgültiger Eindruck des Tages, wie sie in Scharen an uns herantreten und von uns vergessen werden, hätte für den Traum die Stelle der „Monographie" übernommen, wäre in Verbindung mit dem Inhalt des Gesprächs gelangt und hätte dieses im Trauminhalt vertreten. Da kein anderer als der von der Monographie dieses Schicksal hatte, so wird er wohl der für die Verknüpfung passendste gewesen sein. Man braucht sich nie wie Hänschen Schlau bei *Lessing* darüber zu wundern, „daß nur die Reichen in der Welt das meiste Geld besitzen".

Der psychologische Vorgang, durch welchen nach unserer Darlegung das gleichgültige Erlebnis, zur Stellvertretung für das psychisch wertvolle gelangt, muß uns noch bedenklich und befremdend erscheinen. In einem späteren Abschnitt werden wir uns vor der Aufgabe sehen, die Eigentümlichkeiten dieser scheinbar inkorrekten Operation unserem Verständnis näherzubringen. Hier haben wir es nur mit dem Erfolge des Vorganges zu tun, zu dessen Annahme wir durch ungezählte und regelmäßig wiederkehrende Erfahrungen bei der Traumanalyse gedrängt werden. Der Vorgang ist aber so, als ob eine *Verschiebung* – sagen wir: des psychischen Akzentes – auf dem Wege jener Mittelglieder zustande käme, bis anfangs schwach mit Intensität geladene Vorstellungen durch Übernahme der Ladung von den anfänglich intensiver besetzten zu einer Stärke gelangen, welche sie befähigt, den Zugang zum Bewußtsein zu erzwingen. Solche Verschiebungen wundern uns keineswegs, wo es sich um die Anbringung von Affektgrößen oder überhaupt um motorische Aktionen handelt. Daß die einsam gebliebene Jungfrau ihre Zärtlichkeit auf Tiere überträgt, der Junggeselle leidenschaftlicher Sammler wird, daß der Soldat einen Streifen farbigen Zeuges, die Fahne, mit seinem Herzblute verteidigt, daß im Liebesverhältnis ein um Sekunden verlängerter Händedruck Seligkeit erzeugt, oder im *Othello* ein verlorenes Schnupftuch einen Wutausbruch, das sind sämtlich Beispiele von psychischen Verschiebungen, die uns unanfechtbar erscheinen. Daß aber auf demselben Wege und nach denselben Grundsätzen eine Entscheidung darüber gefällt wird, was in unser Bewußtsein gelangt und was ihm vorenthalten bleibt, also was wir denken, das macht uns den Eindruck des Krankhaften, und wir heißen es Denkfehler, wo es im Wachleben vorkommt. Verraten wir hier als das Ergebnis später anzustellender Betrachtungen, daß der psychische Vorgang, den wir in der Traumverschiebung erkannt haben, sich zwar nicht als ein krankhaft gestörter, wohl aber als ein vom normalen verschiedener, als ein Vorgang von mehr *primärer* Natur herausstellen wird.

Wir deuten somit die Tatsache, daß der Trauminhalt Reste von nebensächlichen Erlebnissen aufnimmt, als eine Äußerung der *Traumentstellung* (durch Verschiebung) und erinnern daran, daß wir in der Traumentstellung eine Folge der zwischen zwei psychischen Instanzen bestehenden Durchgangszensur erkannt haben. Wir erwarten dabei, daß die Traumanalyse uns regelmäßig die wirkliche, psychisch bedeutsame Traumquelle aus dem Tagesleben aufdekken wird, deren Erinnerung ihren Akzent auf die gleichgültige Erinnerung verschoben hat. Durch diese Auffassung haben wir uns in vollen Gegensatz zu der Theorie von *Robert* gebracht, die für uns unverwendbar geworden ist. Die Tatsache, welche *Robert* erklären wollte, besteht eben nicht; ihre Annahme beruht auf einem Mißverständnis, auf der Unterlassung, für den scheinbaren Trauminhalt den wirklichen Sinn des Traumes einzusetzen. Man kann noch weiterhin gegen die Lehre von *Robert* einwenden: Wenn der Traum wirklich die Aufgabe hätte, unser Gedächtnis durch besondere psychische Arbeit von den „Schlacken" der Tageserinnerung zu befreien, so müßte unser Schlafen gequälter sein und auf angestrengtere Arbeit verwendet werden, als wir es von unserem wachen Geistesleben behaupten können. Denn die Anzahl der indifferenten Eindrücke des Tages, vor denen wir unser Gedächtnis zu schützen hätten, ist offenbar unermeßlich groß; die Nacht würde nicht hinreichen, die Summe zu bewältigen. Es ist sehr viel wahrscheinlicher, daß das Vergessen der gleichgültigen Eindrücke ohne aktives Eingreifen unserer seelischen Mächte vor sich geht.

Dennoch verspüren wir eine Warnung, von dem Robertschen Gedanken ohne weitere Berücksichtigung Abschied zu nehmen. Wir haben die Tatsache unerklärt gelassen, daß einer der indifferenten Eindrücke des Tages – und zwar des letzten Tages – regelmäßig einen Beitrag zum Trauminhalte liefert. Die Beziehungen zwischen diesem Eindruck und der eigentlichen Traumquelle im Unbewußten bestehen nicht immer von vornherein; wie wir gesehen haben, werden sie erst nachträglich, gleichsam zum Dienste der beabsichtigten Verschiebung, während der Traumarbeit hergestellt. Es muß also eine Nötigung vorhanden sein, Verbindungen gerade nach der Richtung des rezenten, obwohl gleichgültigen, Eindruckes anzubahnen: dieser muß eine besondere Eignung durch irgendeine Qualität dazu bieten. Sonst wäre es ja ebenso leicht durchführbar, daß die Traumgedanken ihren Akzent auf einen unwesentlichen Bestandteil ihres eigenen Vorstellungskreises verschieben.

Folgende Erfahrungen können uns hier auf den Weg zur Aufklärung leiten. Wenn uns ein Tag zwei oder mehr Erlebnisse gebracht hat, welche Träume anzuregen würdig sind, so vereinigt der Traum die Erwähnung beider zu einem einzigen Ganzen; er gehorcht einem *Zwang, eine Einheit aus ihnen zu gestalten*; z. B.: Ich stieg eines Nachmittags im Sommer in ein Eisenbahncoupé ein, in welchem ich zwei Bekannte traf, die einander aber fremd waren. Der eine war ein einflußreicher Kollege, der andere ein Angehöriger einer vornehmen Familie, in welcher ich ärztlich beschäftigt war. Ich machte die beiden Herren miteinander bekannt; ihr Verkehr ging aber die lange Fahrt über mich, so daß ich bald mit dem einen, bald mit dem anderen einen Gesprächsstoff zu behandeln hatte. Den Kollegen bat ich, einem gemeinsamen Bekannten, der eben seine ärztliche Praxis begonnen hatte, seine Empfehlung zuzuwenden. Der Kollege erwiderte, er sei von der Tüchtigkeit des jungen Mannes überzeugt, aber sein unscheinbares Wesen werde ihm den Eingang in vornehme Häuser nicht leicht werden lassen. Ich erwiderte: Gerade darum bedarf er der Empfehlung. Bei dem anderen Mitreisenden erkundigte ich mich bald darauf nach dem Befinden seiner Tante – der Mutter einer meiner Patientinnen – welche damals schwerkrank daniederlag. In der Nacht nach dieser Reise träumte ich, mein junger Freund, für den ich die Protektion erbeten hatte, befinde sich in einem eleganten Salon und halte vor einer ausgewählten Gesellschaft, in die ich alle mir bekannten vornehmen und reichen Leute versetzt hatte, mit weltmännischen Gesten eine Trauerrede auf die (für den Traum bereits verstorbene) alte Dame, welche die Tante des zweiten Reisegenossen war. (Ich gestehe offen, daß ich mit dieser Dame nicht in guten Beziehungen gestanden hatte.) Mein Traum hatte also wiederum Verknüpfungen zwischen beiden Eindrücken des Tages aufgefunden und mittels derselben eine einheitliche Situation komponiert.

Aufgrund vieler ähnlicher Erfahrungen muß ich den Satz aufstellen, daß für die Traumarbeit eine Art von Nötigung besteht, alle vorhandenen Traumreizquellen zu einer Einheit im Traume zusammenzusetzen.[62]

Ich will jetzt die Frage in Erörterung ziehen, ob die traumerregende Quelle, auf welche die Analyse hinführt, jedesmal ein rezentes (und bedeutsames) Ereignis sein muß oder ob ein inneres Erlebnis, also die Erinnerung an ein psychisch wertvolles Ereignis, ein Gedankengang, die Rolle des Traumerregers übernehmen kann. Die Antwort, die sich aus zahlreichen Analysen auf das bestimmteste ergibt, lautet im letzteren Sinne. Der Traumerreger kann ein innerer Vorgang sein, der gleichsam durch die Denkarbeit am Tage rezent geworden ist. Es wird jetzt wohl der richtige Moment sein, die verschiedenen Bedingungen, welche die Traumquellen erkennen lassen, in einem Schema zusammenzustellen. Die Traumquelle kann sein:

a) Ein rezentes und psychisch bedeutsames Erlebnis, welches im Traume direkt vertreten ist.[63]

b) Mehrere rezente, bedeutsame Erlebnisse, die durch den Traum zu einer Einheit vereinigt werden.[64]

c) Ein oder mehrere rezente und bedeutsame Erlebnisse, die im Trauminhalt durch die Erwähnung eines gleichzeitigen, aber indifferenten Erlebnisses vertreten werden.[65]

d) Ein inneres bedeutsames Erlebnis (Erinnerung, Gedankengang), welches dann im Traume *regelmäßig* durch die Erwähnung eines rezenten, aber indifferenten Eindruckes vertreten wird.[66]

Wie man sieht, wird für die Traumdeutung durchwegs die Bedingung festgehalten, daß ein Bestandteil des Trauminhalts einen rezenten Eindruck des Vortages wiederholt. Dieser zur Vertretung im Traume bestimmte Anteil kann entweder dem Vorstellungskreise des eigentlichen Traumerregers selbst angehören – und zwar entweder als wesentlicher oder als unwichtiger Bestandteil desselben – oder er rührt aus dem Bereiche eines indifferenten Eindruckes her, der durch mehr oder minder reichliche Verknüpfung mit dem Kreis des Traumerregers in Beziehung gebracht worden ist. Die scheinbare Mehrheit der Bedingungen kommt hier nur durch die Alternative zustande, daß eine Verschiebung *unter-*

---

[62] Die Neigung der Traumarbeit, gleichzeitig als interessant Vorhandenes in einer Behandlung zu verschmelzen, ist bereits von mehreren Autoren bemerkt worden, z. B. von Delage (S. 41). Delboeuf: rapprochement forcé (S. 237).

[63] Traum von Irmas Injektion; Traum vom Freund, der mein Onkel ist.

[64] Traum von der Trauerrede des jungen Arztes.

[65] Traum von der botanischen Monographie.

[66] Solcherart sind die meisten Träume meiner Patienten während der Analyse.

blieben oder vorgefallen ist, und wir merken hier, daß diese Alternative uns dieselbe Leichtigkeit bietet, die Kontraste des Traumes zu erklären, wie der medizinischen Theorie des Traumes die Reihe vom partiellen bis zum vollen Wachen der Gehirnzellen.

Man bemerkt an dieser Reihe ferner, daß das psychisch wertvolle, aber nicht rezente Element (der Gedankengang, die Erinnerung) für die Zwecke der Traumbildung durch ein rezentes, aber psychisch indifferentes Element ersetzt werden kann, wenn dabei nur die beiden Bedingungen eingehalten werden, daß 1) der Trauminhalt eine Anknüpfung an das rezent Erlebte erhält; 2) der Traumerreger ein psychisch wertvoller Vorgang bleibt. In einem einzigen Falle *(a)* werden beide Bedingungen durch denselben Eindruck erfüllt. Zieht man noch in Erwägung, daß dieselben indifferenten Eindrücke, welche für den Traum verwertet werden, solange sie rezent sind, diese Eignung einbüßen, sobald sie einen Tag (oder höchstens mehrere) älter geworden sind, so muß man sich zur Annahme entschließen, daß die Frische eines Eindruckes ihm an sich einen gewissen psychischen Wert für die Traumbildung verleiht, welcher der Wertigkeit affektbetonter Erinnerungen oder Gedankengänge irgendwie gleichkommt. Wir werden erst bei späteren psychologischen Überlegungen erraten können, worin dieser Wert *rezenter* Eindrücke für die Traumbildung begründet sein kann.[67]

Nebenbei wird hier unsere Aufmerksamkeit darauf gelenkt, daß zur Nachtzeit und von unserem Bewußtsein unbemerkt wichtige Veränderungen mit unserem Erinnerungs- und Vorstellungsmaterial vor sich gehen können. Die Forderung, eine Nacht über eine Angelegenheit zu schlafen, ehe man sich endgültig über sie entscheidet, ist offenbar vollberechtigt. Wir merken aber, daß wir an diesem Punkte aus der Psychologie des Träumens in die des Schlafens übergegriffen haben, ein Schritt, zu welchem sich der Anlaß noch öfter ergeben wird.[68]

---

[67] Vgl. im Abschnitt VII über die „Übertragung".

[68] Einen wichtigen Beitrag, der die Rolle des Rezenten für die Traumbildung betrifft, bringt O. Pötzl in einer an Anknüpfungen überreichen Arbeit Experimentell erregte Traumbilder in ihren Beziehungen zum indirekten Sehen. (Zeitschr. f.ür die ges. Neurologie und Psychiatrie XXXVII, 1917.) Pötzl ließ von verschiedenen Versuchspersonen in Zeichnung fixieren, was sie von einem tachistoskopisch exponierten Bild bewußt aufgefaßt hatten. Er kümmerte sich dann um den Traum der Versuchsperson in der folgenden Nacht und ließ geeignete Anteile dieses Traumes gleichfalls durch eine Zeichnung darstellen. Es ergab sich dann unverkennbar, daß die nicht von der Versuchsperson aufgefaßten Einzelheiten des exponierten Bildes Material für die Traumbildung geliefert hatten, während die bewußt wahrgenommenen und in der Zeichnung nach der Exposition fixierten im manifesten Trauminhalt nicht wieder erschienen waren. Das von der Traumarbeit aufgenommene Material wurde von ihr in der bekannten „willkürlichen", richtiger: selbstherrlichen Art im Dienste der traumbildenden Tendenzen verarbeitet. Die Anregungen der Pötzlschen Untersuchung gehen weit über die Absichten einer Traumdeutung, wie sie in diesem Buche versucht wird, hinaus. Es sei noch mit einem Wort

Es gibt nun einen Einwand, welcher die letzten Schlußfolgerungen umzu-stoßen droht. Wenn indifferente Eindrücke nur, solange sie rezent sind, in den Trauminhalt gelangen können, wie kommt es, daß wir im Trauminhalt auch Ele-mente aus früheren Lebensperioden vorfinden, die zur Zeit, da sie rezent waren – nach Strümpells Worten – keinen psychischen Wert besaßen, also längst ver-gessen sein sollten, Elemente also, die weder frisch noch psychisch bedeutsam sind? Dieser Einwand ist voll zu erledigen, wenn man sich auf die Ergebnisse der Psychoanalyse bei Neurotikern stützt. Die Lösung lautet nämlich, daß die Verschiebung, welche das psychisch wichtige Material durch indifferentes ersetzt (für das Träumen wie für das Denken), hier bereits in jenen frühen Lebenspe-rioden stattgefunden hat und seither im Gedächtnis fixiert worden ist. Jene ursprünglich indifferenten Elemente sind eben nicht mehr indifferent, seitdem sie durch Verschiebung die Wertigkeit vom psychisch bedeutsamen Material übernommen haben. Was wirklich indifferent geblieben ist, kann auch nicht mehr im Traume reproduziert werden.

Aus den vorstehenden Erörterungen wird man mit Recht schließen, daß ich die Behauptung aufstelle, es gebe keine indifferenten Traumerreger, also auch keine harmlosen Träume. Dies ist in aller Strenge und Ausschließlichkeit meine Meinung, abgesehen von den Träumen der Kinder und etwa den kurzen Traum-reaktionen auf nächtliche Sensationen. Was man sonst träumt, ist entweder manifest als psychisch bedeutsam zu erkennen, oder es ist entstellt und dann erst nach vollzogener Traumdeutung zu beurteilen, worauf es sich wiederum als bedeutsam zu erkennen gibt. Der Traum gibt sich nie mit Kleinigkeiten ab; um Geringes lassen wir uns im Schlaf nicht stören.[69] Die scheinbar harmlosen Träume erweisen sich als arg, wenn man sich um ihre Deutung bemüht; wenn man mir die Redensart gestattet, sie haben es „faustdick hinter den Ohren". Da dies wiederum ein Punkt ist, bei dem ich Widerspruch erwarten darf, und da ich gerne die Gelegenheit ergreife, die Traumentstellung bei ihrer Arbeit zu zeigen, will ich eine Reihe von „*harmlosen Träumen*" aus meiner Sammlung hier der Ana-lyse unterziehen.

---

darauf hingewiesen, wie weit diese neue Art, die Traumbildung experimentell zu studieren, von der früheren groben Technik absteht, die darin bestand, schlafstörende Reize in den Traumin-halt einzuführen.

[69] H. Ellis, der liebenswürdige Kritiker der *Traumdeutung*, schreibt (S. 169): „Da ist der Punkt, von dem an viele von uns nicht mehr imstande sein werden, F. weiter zu folgen." Allein H. Ellis hat keine Analysen von Träumen angestellt und will nicht glauben, wie unberechtigt das Urteilen nach dem manifesten Trauminhalt ist.

I

Eine kluge und feine junge Dame, die aber auch im Leben zu den Reservierten, zu den „stillen Wassern" gehört, erzählt: *Ich habe geträumt, daß ich auf den Markt zu spät komme und beim Fleischhauer sowie bei der Gemüsefrau nichts bekomme.* Gewiß ein harmloser Traum, aber so sieht ein Traum nicht aus; ich lasse ihn mir detailliert erzählen. Dann lautet der Bericht folgendermaßen: *Sie geht auf den Markt mit ihrer Köchin, die den Korb trägt. Der Fleischhauer sagt ihr, nachdem sie etwas verlangt hat: Das ist nicht mehr zu haben, und will ihr etwas anderes geben mit der Bemerkung: Das ist auch gut. Sie lehnt ab und geht zur Gemüsefrau, die will ihr ein eigentümliches Gemüse verkaufen, das in Bündeln zusammengebunden ist, aber schwarz von Farbe. Sie sagt: Das kenne ich nicht, das nehme ich nicht.*

Die Tagesanknüpfung des Traumes ist einfach genug. Sie war wirklich zu spät auf den Markt gegangen und hatte nichts mehr bekommen. *Die Fleischbank war schon geschlossen*, drängt sich einem als Beschreibung des Erlebnisses auf. Doch halt, ist das nicht eine recht gemeine Redensart, die – oder vielmehr deren Gegenteil – auf eine Nachlässigkeit in der Kleidung eines Mannes geht? Die Träumerin hat diese Worte übrigens nicht gebraucht, ist ihnen vielleicht ausgewichen; suchen wir nach der Deutung der im Traume enthaltenen Einzelheiten.

Wo etwas im Traum den Charakter einer Rede hat, also gesagt oder gehört wird, nicht bloß gedacht – was sich meist sicher unterscheiden läßt – das stammt von Reden des wachen Lebens her, die freilich als Rohmaterial behandelt, zerstükkelt, leise verändert, vor allem aber aus dem Zusammenhange gerissen worden sind.[70] Man kann bei der Deutungsarbeit von solchen Reden ausgehen. Woher stammt also die Rede des Fleischhauers: *Das ist nicht mehr zu haben?* Von mir selbst; ich hatte ihr einige Tage vorher erklärt, „daß die ältesten Kindererlebnisse *nicht mehr* als solche *zu haben sind*, sondern durch ‚Übertragungen' und Träume in der Analyse ersetzt werden". Ich bin also der Fleischhauer, und sie lehnt diese Übertragungen alter Denk- und Empfindungsweisen auf die Gegenwart ab. – Woher rührt ihre Traumrede: *Das kenne ich nicht, das nehme ich nicht?* Diese ist für die Analyse zu zerteilen. „*Das kenne ich nicht*" hat sie selbst tags vorher zu ihrer Köchin gesagt, mit der sie einen Streit hatte, damals aber hinzugefügt: *Benehmen Sie sich anständig.* Hier wird eine Verschiebung greifbar; von den beiden Sätzen, die sie gegen ihre Köchin gebraucht, hat sie den bedeutungslosen in den Traum genommen; der unterdrückte aber: „Benehmen Sie sich anständig!"

---

[70] Vergleiche über die Reden im Traum im Abschnitt über die Traumarbeit. Ein einziger der Autoren scheint die Herkunft der Traumreden erkannt zu haben, Delboeuf (S. 226), indem er sie mit „clichés" vergleicht.

stimmt allein zum übrigen Trauminhalt. So könnte man jemandem zurufen, der unanständige Zumutungen wagt und vergißt, „die Fleischbank zuzuschließen". Daß wir der Deutung wirklich auf die Spur gekommen sind, beweist dann der Zusammenklang mit den Anspielungen, die in der Begebenheit mit der Gemüsefrau niedergelegt sind. Ein Gemüse, das in Bündeln zusammengebunden verkauft wird (länglich ist, wie sie nachträglich hinzufügt), und dabei schwarz, was kann das anderes sein als die Traumvereinigung von Spargel und schwarzem Rettich? Spargel brauche ich keinem und keiner Wissenden zu deuten, aber auch das andere Gemüse – als Zuruf: Schwarzer, rett'dich! – scheint mir auf das nämliche sexuelle Thema hinzuweisen, das wir gleich anfangs errieten, als wir für die Traumerzählung einsetzen wollten: die Fleischbank war geschlossen. Es kommt nicht darauf an, den Sinn dieses Traumes vollständig zu erkennen; soviel steht fest, daß er sinnreich ist und keineswegs harmlos.[71]

II

Ein anderer harmloser Traum derselben Patientin, in gewisser Hinsicht ein Gegenstück zum vorigen: *Ihr Mann fragt: Soll man das Klavier nicht stimmen lassen? Sie: Es lohnt nicht, es muß ohnedies neu beledert werden.* Wiederum die Wiederholung eines realen Ereignisses vom Vortag. Ihr Mann hat so gefragt und sie so ähnlich geantwortet. Aber was bedeutet es, daß sie es träumt? Sie erzählt zwar vom Klavier, es sei ein *ekelhafter Kasten*, der einen *schlechten Ton* gibt, ein Ding, das ihr Mann schon vor der Ehe besessen hat[72] usw., aber den Schlüssel zur Lösung ergibt doch erst die Rede: *Es lohnt nicht.* Diese stammt von einem gestern gemachten Besuch bei ihrer Freundin. Dort wurde sie aufgefordert, ihre Jacke abzulegen, und weigerte sich mit den Worten: Danke, *es lohnt nicht*, ich muß gleich gehen. Bei dieser Erzählung muß mir einfallen, daß sie gestern während der Analysenarbeit plötzlich an ihre Jacke griff, an der sich ein Knopf geöffnet hatte. Es ist also, als

---

71 Für Wißbegierige bemerke ich, daß hinter dem Traume sich eine Phantasie verbirgt von unanständigem, sexuell provozierendem Benehmen meinerseits und von Abwehr von Seite der Dame. Wem diese Deutung unerhört erscheinen sollte, den mahne ich an die zahlreichen Fälle, wo Ärzte solche Anklagen von hysterischen Frauen erfahren haben, bei denen die nämliche Phantasie nicht entstellt und als Traum aufgetreten, sondern unverhüllt bewußt und wahnhaft geworden ist. – Mit diesem Traume trat die Patientin in die psychoanalytische Behandlung ein. Ich lernte erst später verstehen, daß sie mit ihm das initiale Trauma wiederholte, von dem ihre Neurose ausging, und habe seither das gleiche Verhalten bei anderen Personen gefunden, die in ihrer Kindheit sexuellen Attentaten ausgesetzt waren und nun gleichsam deren Wiederholung im Traume herbeiwünschten.

72 Eine Ersetzung durch das Gegenteil, wie uns nach der Deutung klar werden wird

wollte sie sagen: Bitte, sehen Sie nicht hin, *es lohnt nicht.* So ergänzt sich der *Kasten* zum *Brustkasten*, und die Deutung des Traumes führt direkt in die Zeit ihrer körperlichen Entwicklung, da sie anfing, mit ihren Körperformen unzufrieden zu sein. Es führt auch wohl in frühere Zeiten, wenn wir auf das *„Ekelhaft"* und den *„schlechten Ton"* Rücksicht nehmen und uns daran erinnern, wie häufig die kleinen Hemisphären des weiblichen Körpers – als Gegensatz und als Ersatz – für die großen eintreten – in der Anspielung und im Traum.

III

Ich unterbreche diese Reihe, indem ich einen kurzen harmlosen Traum eines jungen Mannes einschiebe. Er hat geträumt, daß *er wieder seinen Winterrock anzieht, was schrecklich ist.* Anlaß dieses Traumes ist angeblich die plötzlich wieder eingetretene Kälte. Ein feineres Urteil wird indes bemerken, daß die beiden kurzen Stücke des Traumes nicht gut zueinander passen, denn in der Kälte den schweren oder dicken Rock tragen, was könnte daran „schrecklich" sein. Zum Schaden für die Harmlosigkeit dieses Traumes bringt auch der erste Einfall bei der Analyse die Erinnerung, daß eine Dame ihm gestern vertraulich gestanden, daß ihr letztes Kind einem geplatzten Kondom seine Existenz verdankt. Er rekonstruiert nun seine Gedanken bei diesem Anlasse: Ein dünner Kondom ist gefährlich, ein dicker schlecht. Der Kondom ist der „Überzieher" mit Recht, man zieht ihn ja über; so heißt man auch einen leichten Rock. Ein Ereignis wie das von der Dame berichtete wäre für den unverheirateten Mann allerdings „schrecklich".

Nun wieder zurück zu unserer harmlosen Träumerin.

IV

Sie steckt eine Kerze in den Leuchter; die Kerze ist aber gebrochen, so daß sie nicht gut steht. Die Mädchen in der Schule sagen, sie sei ungeschickt; das Fräulein aber, es sei nicht ihre Schuld.

Ein realer Anlaß auch hier; sie hat gestern wirklich eine Kerze in den Leuchter gesteckt; die war aber nicht gebrochen. Hier ist eine durchsichtige Symbolik verwendet worden. Die Kerze ist ein Gegenstand, der die weiblichen Genitalien reizt; wenn sie gebrochen ist, so daß sie nicht gut steht, so bedeutet dies die Impotenz des Mannes (*„es sei nicht ihre Schuld"*). Ob nur die sorgfältig erzogene und allem Häßlichen fremd gebliebene junge Frau diese Verwendung der Kerze kennt? Zufällig kann sie noch angeben, durch welches Erlebnis sie zu dieser

Kenntnis gekommen ist. Bei einer Kahnfahrt auf dem Rhein fährt ein Boot an ihnen vorüber, in dem Studenten sitzen, welche mit großem Behagen ein Lied singen oder brüllen:

> „Wenn die Königin von Schweden,
> bei geschlossenen Fensterläden
> mit Apollokerzen ...“[*]

Das letzte Wort hört oder versteht sie nicht. Ihr Mann muß ihr die verlangte Aufklärung geben. Diese Verse sind dann im Trauminhalt ersetzt durch eine harmlose Erinnerung an einen Auftrag, den sie einmal im Pensionat *ungeschickt* ausführte, und zwar vermöge des Gemeinsamen: *geschlossene Fensterläden*. Die Verbindung des Themas von der Onanie mit der Impotenz ist klar genug. „Apollo“ im latenten Trauminhalt verknüpft diesen Traum mit einem früheren, in dem von der jungfräulichen Pallas die Rede war. Alles wahrlich nicht harmlos.

V

Damit man sich die Schlüsse aus den Träumen auf die wirklichen Lebensverhältnisse der Träumer nicht zu leicht vorstelle, füge ich noch einen Traum an, der gleichfalls harmlos scheint und von derselben Person herrührt. *Ich habe etwas geträumt,* erzählt sie, *was ich bei Tag wirklich getan habe, nämlich einen kleinen Koffer so voll mit Büchern gefüllt, daß ich Mühe hatte, ihn zu schließen, und ich habe es so geträumt, wie es wirklich vorgefallen ist.* Hier legt die Erzählerin selbst das Hauptgewicht auf die Übereinstimmung von Traum und Wirklichkeit. Alle solchen Urteile über den Traum, Bemerkungen zum Traum, gehören nun, obwohl sie sich einen Platz im wachen Denken geschaffen haben, doch regelmäßig in den latenten Trauminhalt, wie uns noch spätere Beispiele bestätigen werden. Es wird uns also gesagt, das, was der Traum erzählt, ist am Tag vorher wirklich vorgefallen. Es wäre nun zu weitläufig, mitzuteilen, auf welchem Wege man zum Einfalle kommt, bei der Deutung das Englische zur Hilfe zu nehmen. Genug, es handelt sich wieder um eine kleine *box*, die so angefüllt worden ist, daß nichts mehr hineinging. Wenigstens nichts Arges diesmal.

In all diesen „harmlosen“ Träumen schlägt das sexuelle Moment als Motiv der Zensur so sehr auffällig vor. Doch ist dies ein Thema von prinzipieller Bedeutung, welches wir zur Seite stellen müssen.

---

[*] [Verse aus einem Studentenlied. Das fehlende Wort lautet „onaniert“.]

B
Das Infantile als Traumquelle

Als dritte unter den Eigentümlichkeiten des Trauminhaltes haben wir mit allen Autoren (bis auf Robert) angeführt, daß im Traume Eindrücke aus den frühesten Lebensaltern erscheinen können, über welche das Gedächtnis im Wachen nicht zu verfügen scheint. Wie selten oder wie häufig sich dies ereignet, ist begreiflicherweise schwer zu beurteilen, weil die betreffenden Elemente des Traumes nach dem Erwachen nicht in ihrer Herkunft erkannt werden. Der Nachweis, daß es sich hier um Eindrücke der Kindheit handelt, muß also auf objektivem Wege erbracht werden, wozu sich die Bedingungen nur in seltenen Fällen zusammenfinden können. Als besonders beweiskräftig wird von A. *Maury* die Geschichte eines Mannes erzählt, welcher eines Tages sich entschloß, nach zwanzigjähriger Abwesenheit seinen Heimatsort aufzusuchen. In der Nacht vor der Abreise träumte er, er sei in einer ihm ganz unbekannten Ortschaft und begegne daselbst auf der Straße einem unbekannten Herrn, mit dem er sich unterhalte. In seine Heimat zurückgekehrt, konnte er sich nun überzeugen, daß diese unbekannte Ortschaft in nächster Nähe seiner Heimatstadt wirklich existiere, und auch der unbekannte Mann des Traumes stellte sich als ein dort lebender Freund seines verstorbenen Vaters heraus. Wohl ein zwingender Beweis dafür, daß er beide, Mann wie Ortschaft, in seiner Kindheit gesehen hatte. Der Traum ist übrigens als Ungeduldstraum zu deuten, wie der des Mädchens, welches das Billet für den Konzertabend in der Tasche trägt; des Kindes, welchem der Vater den Ausflug nach dem Hameau versprochen hat; u. dgl. Die Motive, welche dem Träumer gerade diesen Eindruck aus seiner Kindheit reproduzieren, sind natürlich ohne Analyse nicht aufzudecken.

Einer meiner Kolleghörer, welcher sich rühmte, daß seine Träume nur sehr selten der Traumentstellung unterliegen, teilte mir mit, daß er vor einiger Zeit im Traume gesehen, *sein ehemaliger Hofmeister befinde sich im Bette der Bonne*, die bis zu seinem elften Jahre im Hause gewesen war. Die Örtlichkeit für diese Szene fiel ihm noch im Traume ein. Lebhaft interessiert teilte er den Traum seinem älteren Bruder mit, der ihm lachend die Wirklichkeit des Geträumten bestätigte. Er erinnere sich sehr gut daran, denn er sei damals sechs Jahre alt gewesen. Das Liebespaar pflegte ihn, den älteren Knaben, durch Bier betrunken zu machen, wenn die Umstände einem nächtlichen Verkehre günstig waren. Das kleinere, damals dreijährige Kind – unser Träumer – das im Zimmer der Bonne schlief, wurde nicht als Störung betrachtet. Noch in einem anderen Falle läßt es sich mit Sicherheit ohne Beihilfe der Traumdeutung feststellen, daß der Traum Elemente aus der Kindheit enthält, wenn nämlich der Traum ein sogenannter *perennierender* ist, der, in der Kindheit zuerst geträumt, später immer wieder von Zeit zu Zeit während des Schlafes des Erwachsenen auftritt. Zu den bekannten Beispielen dieser Art kann ich einige aus meiner Erfahrung hinzufügen, wenngleich ich an mir selbst einen solchen perennierenden Traum nicht kennengelernt habe. Ein Arzt in den Dreißigern erzählte mir, daß in seinem Traumleben von den ersten Zeiten seiner Kindheit an bis zum heutigen Tage häufig ein gelber Löwe erscheint, über den er die genaueste Auskunft zu geben vermag. Dieser ihm aus Träumen bekannte Löwe fand sich nämlich eines Tages *in natura* als ein lange verschollener Gegenstand aus Porzellan vor, und der junge Mann hörte damals von seiner Mutter, daß dieses Objekt das begehrteste Spielzeug seiner frühen Kinderzeit gewesen war, woran er sich selbst nicht mehr erinnern konnte.

Wendet man sich nun von dem manifesten Trauminhalt zu den Traumgedanken, welche erst die Analyse aufdeckt, so kann man mit Erstaunen die Mitwirkung von Kindheitserlebnissen auch bei solchen Träumen konstatieren, deren Inhalt keine derartige Vermutung erweckt hätte. Dem geehrten Kollegen vom „gelben Löwen" verdanke ich ein besonders liebenswürdiges und lehrreiches Beispiel eines solchen Traumes. Nach der Lektüre von Nansens Reisebericht über seine Polarexpedition träumte er, in einer Eiswüste galvanisiere er den kühnen Forscher wegen einer Ischias, über welche dieser klage! Zur Analyse dieses Traumes fiel ihm eine Geschichte aus seiner Kindheit ein, ohne welche der Traum allerdings unverständlich bliebe. Als er ein drei- oder vierjähriges Kind war, hörte er eines Tages neugierig zu, wie die Erwachsenen von Entdeckungsreisen sprachen, und fragte dann den Papa, ob das eine schwere Krankheit sei. Er hatte offenbar *Reisen* mit „*Reißen*" verwechselt, und der Spott seiner Geschwister sorgte dafür, daß ihm das beschämende Erlebnis nicht in Vergessenheit geriet.

Ein ganz ähnlicher Fall ist es, wenn ich in der Analyse des Traumes von der Monographie über die Gattung Zyklamen auf eine erhalten gebliebene Jugenderinnerung stoße, daß der Vater dem fünfjährigen Knaben ein mit farbigen Tafeln ausgestattetes Buch zur Zerstörung überläßt. Man wird etwa den Zweifel aufwerfen, ob diese Erinnerung wirklich an der Gestaltung des Trauminhalts Anteil genommen hat, ob nicht vielmehr die Arbeit der Analyse eine Beziehung erst nachträglich herstellt. Aber die Reichhaltigkeit und Verschlungenheit der Assoziationsverknüpfungen bürgt für die erstere Auffassung: Zyklamen – Lieblingsblume – Lieblingsspeise – Artischocke; zerpflücken wie eine Artischocke, Blatt für Blatt (eine Wendung, die einem anläßlich der Teilung des chinesischen Reiches täglich ans Ohr schlägt); – Herbarium – Bücherwurm, dessen Lieblingsspeise Bücher sind. Außerdem kann ich versichern, daß der letzte Sinn des Traumes, den ich hier nicht ausgeführt habe, zum Inhalt der Kinderszene in intimster Beziehung steht.

Bei einer anderen Reihe von Träumen wird man durch die Analyse belehrt, daß der Wunsch selbst, der den Traum erregt hat, als dessen Erfüllung der Traum sich darstellt, aus dem Kinderleben stammt, so daß man zu seiner Überraschung *im Traum das Kind mit seinen Impulsen weiterlebend findet.*

Ich setze an dieser Stelle die Deutung eines Traumes fort, aus dem wir bereits einmal neue Belehrung geschöpft haben, ich meine den Traum: Freund R. ist mein Onkel. Wir haben dessen Deutung so weit gefördert, daß uns das Wunschmotiv, zum Professor ernannt zu werden, greifbar entgegentrat, und wir erklärten uns die Zärtlichkeit des Traumes für Freund R. als eine Oppositions- und Trotzschöpfung gegen die Schmähung der beiden Kollegen, die in den Traumgedanken enthalten war. Der Traum war mein eigener; ich darf darum dessen Analyse mit der Mitteilung fortsetzen, daß mein Gefühl durch die erreichte Lösung noch nicht befriedigt war. Ich wußte, daß mein Urteil über die in den Traumgedanken mißhandelten Kollegen im Wachen ganz anders gelautet hatte; die Macht des Wunsches, ihr Schicksal in betreff der Ernennung nicht zu teilen, erschien mir zu gering, um den Gegensatz zwischen wacher und Traumschätzung voll aufzuklären. Wenn mein Bedürfnis, mit einem anderen Titel angeredet zu werden, so stark sein sollte, so beweist dies einen krankhaften Ehrgeiz, den ich nicht an mir kenne, den ich ferne von mir glaube. Ich weiß nicht, wie andere, die mich zu kennen glauben, in diesem Punkt über mich urteilen würden; vielleicht habe ich auch wirklich Ehrgeiz besessen; aber wenn, so hat er sich längst auf andere Objekte als auf Titel und Rang eines *Professor extraordinarius* geworfen.

Woher dann also der Ehrgeiz, der mir den Traum eingegeben hat? Da fällt mir ein, was ich so oft in der Kindheit erzählen gehört habe, daß bei meiner Geburt eine alte Bäuerin der über den Erstgeborenen glücklichen Mutter prophezeit, daß sie der Welt einen großen Mann geschenkt habe. Solche Prophezeiungen müssen sehr häufig vorfallen; es gibt so viel erwartungsfrohe Mütter und so viel alte Bäuerinnen oder andere alte Weiber, deren Macht auf Erden vergangen ist und die sich darum der Zukunft zugewendet haben. Es wird auch nicht der Schade der Prophetin gewesen sein. Sollte meine Größensehnsucht aus dieser Quelle stammen? Aber da besinne ich mich eben eines anderen Eindrucks aus späteren Jugendjahren, der sich zur Erklärung noch besser eignen würde: Es war eines Abends in einem der Wirtshäuser im Prater, wohin die Eltern den elf- oder zwölfjährigen Knaben mitzunehmen pflegten, daß uns ein Mann auffiel, der von Tisch zu Tisch ging und für ein kleines Honorar Verse über ein ihm aufgegebenes Thema improvisierte. Ich wurde abgeschickt, den Dichter an unseren Tisch zu bestellen, und er erwies sich dem Boten dankbar. Ehe er nach seiner Aufgabe fragte, ließ er einige Reime über mich fallen und erklärte es in seiner Inspiration für wahrscheinlich, daß ich noch einmal „Minister" werde. An den Eindruck dieser zweiten Prophezeiung kann ich mich noch sehr wohl erinnern. Es war die Zeit des Bürgerministeriums, der Vater hatte kurz vorher die Bilder der bürgerlichen Doktoren Herbst, Giskra, Unger, Berger u. a. nach Hause gebracht, und wir hatten diesen Herren zur Ehre illuminiert. Es waren sogar Juden unter ihnen; jeder fleißige Judenknabe trug also das Minister- portefeuille in seiner Schultasche. Es muß mit den Eindrücken jener Zeit sogar zusammenhängen, daß ich bis kurz vor der Inskription an der Universität willens war, Jura zu studieren, und erst im letzten Moment umsattelte. Dem Mediziner ist ja die Ministerlaufbahn überhaupt verschlossen. Und nun mein Traum? Ich merke es erst jetzt, daß er mich aus der trüben Gegenwart in die hoffnungsfrohe Zeit des Bürgerministeriums zurückversetzt und meinen Wunsch von damals nach seinen Kräften erfüllt. Indem ich die beiden gelehrten und achtenswerten Kollegen, weil sie Juden sind, so schlecht behandle, den einen, als ob er ein Schwachkopf, den anderen, als ob er ein Verbrecher wäre, indem ich so verfahre, benehme ich mich, als ob ich der Minister wäre, habe ich mich an die Stelle des Ministers gesetzt. Welch gründliche Rache an Seiner Exzellenz! Er verweigert es, mich zum *Professor extraordinarius* zu ernennen, und ich setze mich dafür im Traum an seine Stelle.

In einem anderen Falle konnte ich merken, daß der Wunsch, welcher den Traum erregt, obzwar ein gegenwärtiger, doch eine mächtige Verstärkung aus tiefreichenden Kindererinnerungen bezieht. Es handelt sich hier um eine Reihe von Träumen, denen die Sehnsucht, nach Rom zu kommen, zugrunde liegt. Ich werde diese Sehnsucht wohl noch lange Zeit durch Träume befriedigen müssen, denn um die Zeit des Jahres, welche mir für eine Reise zur Verfügung steht, ist der Aufenthalt in Rom aus Rücksichten der Gesundheit zu meiden.[73] So träume ich denn einmal, daß ich vom Coupéfenster aus Tiber und Engelsbrücke sehe; dann setzt sich der Zug in Bewegung, und es fällt mir ein, daß ich die Stadt ja gar nicht betreten habe. Die Aussicht, die ich im Traume sah, war einem bekann- ten Stiche nachgebildet, den ich tags zuvor im Salon eines Patienten flüchtig bemerkt hatte. Ein andermal führt mich jemand auf einen Hügel und zeigt mir Rom vom Nebel halb verschleiert und noch so ferne, daß ich mich über die Deutlichkeit der Aussicht wundere. Der Inhalt dieses Traumes ist reicher, als ich hier ausführen möchte. Das Motiv, „das gelobte Land von ferne sehen", ist darin leicht zu erkennen. Die Stadt, die ich so zuerst im Nebel gesehen habe, ist – Lübeck; der Hügel findet sein Vorbild in – *Gleichenberg*. In einem dritten Traum bin ich endlich in Rom, wie mir der Traum sagt. Ich sehe aber zu meiner

---

[73] Ich habe seither längst erfahren, daß auch zur Erfüllung solcher lange für unerreichbar gehal- tenen Wünsche nur etwas Mut erfordert wird, und bin dann ein eifriger Rompilger geworden.

Enttäuschung eine keineswegs städtische Szenerie, *einen kleinen Fluß mit dunklem Wasser, auf der einen Seite desselben schwarze Felsen, auf der anderen Wiesen mit großen weißen Blumen. Ich bemerke einen Herrn Zucker* (den ich oberflächlich kenne) *und beschließe, ihn um den Weg in die Stadt zu fragen.* Es ist offenbar, daß ich mich vergebens bemühe, eine Stadt im Traume zu sehen, die ich im Wachen nicht gesehen habe. Wenn ich das Landschaftsbild des Traums in seine Elemente zersetze, so deuten die weißen Blumen auf das mir bekannte *Ravenna*, das wenigstens eine Zeitlang als Italiens Hauptstadt Rom den Vorrang genommen hatte. In den Sümpfen um Ravenna haben wir die schönsten Seerosen mitten im schwarzen Wasser gefunden; der Traum läßt sie auf Wiesen wachsen wie die Narzissen in unserm *Aussee*, weil es damals so mühselig war, sie aus dem Wasser zu holen. Der dunkle Fels, so nahe am Wasser, erinnert lebhaft an das Tal der *Tepl* bei *Karlsbad*. „*Karlsbad*" setzt mich nun in den Stand, mir den sonderbaren Zug zu erklären, daß ich Herrn Zucker um den Weg frage. Es sind hier in dem Material, aus dem der Traum gesponnen ist, zwei jener lustigen jüdischen Anekdoten zu erkennen, die soviel tiefsinnige, oft bittere Lebensweisheit verbergen und die wir in Gesprächen und Briefen so gerne zitieren. Die eine ist die Geschichte von der „*Konstitution*", des Inhalts, wie ein armer Jude ohne Fahrbillet den Einlaß in den Eilzug nach Karlsbad erschleicht, dann ertappt, bei jeder Revision vom Zuge gewiesen und immer härter behandelt wird, und der dann einem Bekannten, welcher ihn auf einer seiner Leidensstationen antrifft, auf die Frage, wohin er reise, zur Antwort gibt: „Wenn's meine Konstitution aushält – nach *Karlsbad*." Nahe dabei ruht im Gedächtnis eine andere Geschichte, von einem des Französischen unkundigen Juden, dem eingeschärft wird, in Paris nach dem Wege zur Rue Richelieu zu fragen. Auch *Paris* war lange Jahre hindurch ein Ziel meiner Sehnsucht, und die Seligkeit, in welcher ich zuerst den Fuß auf das Pflaster von Paris setzte, nahm ich als Gewähr, daß ich auch die Erfüllung anderer Wünsche erreichen werde. Das Um-den-Weg-Fragen ist ferner eine direkte Anspielung an *Rom*, denn nach Rom führen bekanntlich alle Wege. Übrigens deutet der Name Zucker wiederum auf *Karlsbad*, wohin wir doch alle mit der *konstitutionellen* Krankheit Diabetes Behafteten schicken. Der Anlaß dieses Traumes war der Vorschlag meines Berliner Freundes, uns zu Ostern in Prag zu treffen. Aus den Dingen, die ich mit ihm zu besprechen hatte, würde sich eine weitere Beziehung zu „Zucker" und „Diabetes" ergeben.

Ein vierter Traum, kurz nach dem letzterwähnten, bringt mich wieder nach Rom. Ich sehe eine Straßenecke vor mir und wundere mich darüber, daß dort so viele deutsche Plakate angeschlagen sind. Tags vorher hatte ich meinem Freund in prophetischer Voraussicht geschrieben, Prag dürfte für deutsche Spaziergänger kein bequemer Aufenthaltsort sein. Der Traum drückte also gleichzeitig den

Wunsch aus, ihn in Rom zu treffen anstatt in einer böhmischen Stadt, und das wahrscheinlich aus der Studentenzeit stammende Interesse daran, daß in Prag der deutschen Sprache mehr Duldung gewährt sein möge. Die tschechische Sprache muß ich übrigens in meinen ersten Kinderjahren verstanden haben, da ich in einem kleinen Orte Mährens mit slawischer Bevölkerung geboren bin. Ein tschechischer Kindervers, den ich in meinem siebzehnten Jahre gehört, hat sich meinem Gedächtnis mühelos so eingeprägt, daß ich ihn noch heute hersagen kann, obwohl ich keine Ahnung von seiner Bedeutung habe. Es fehlt also auch diesen Träumen nicht an mannigfaltigen Beziehungen zu den Eindrücken meiner ersten Lebensjahre.

Auf meiner letzten Italienreise, die mich unter anderem am Trasimener See vorbeiführte, fand ich endlich, nachdem ich den Tiber gesehen und schmerzlich bewegt achtzig Kilometer weit von Rom umgekehrt war, die Verstärkung auf, welche meine Sehnsucht nach der ewigen Stadt aus Jugendeindrücken bezieht. Ich erwog gerade den Plan, ein nächstes Jahr an Rom vorbei nach Neapel zu reisen, als mir ein Satz einfiel, den ich bei einem unserer klassischen Schriftsteller[74] gelesen haben muß: „Es ist fraglich, wer eifriger in seiner Stube auf und ab lief, nachdem er den Plan gefaßt, nach Rom zu gehen, der Konrektor *Winckelmann* oder der Feldherr *Hannibal*." Ich war ja auf den Spuren Hannibals gewandelt; es war mir so wenig wie ihm beschieden, Rom zu sehen, und auch er war nach *Kampanien* gezogen, nachdem alle Welt in Rom ihn erwartet hatte. Hannibal, mit dem ich diese Ähnlichkeit erreicht hatte, war aber der Lieblingsheld meiner Gymnasialjahre gewesen; wie so viele in jenem Alter, hatte ich meine Sympathien während der punischen Kriege nicht den Römern, sondern dem Karthager zugewendet. Als dann im Obergymnasium das erste Verständnis für die Konsequenzen der Abstammung aus landesfremder Rasse erwuchs und die antisemitischen Regungen unter den Kameraden mahnten, Stellung zu nehmen, da hob sich die Gestalt des semitischen Feldherrn noch höher in meinen Augen. *Hannibal* und *Rom* symbolisierten dem Jüngling den Gegensatz zwischen der Zähigkeit des Judentums und der Organisation der katholischen Kirche. Die Bedeutung, welche die antisemitische Bewegung seither für unser Gemütsleben gewonnen hat, verhalf dann den Gedanken und Empfindungen jener früheren Zeit zur Fixierung. So ist der Wunsch, nach Rom zu kommen, für das Traumleben zum Deckmantel und Symbol für mehrere andere heiß ersehnte Wünsche geworden, an deren Verwirklichung man mit der Ausdauer und Ausschließlichkeit des Puniers arbeiten möchte und deren Erfüllung zeitweilig vom Schicksal ebensowenig begünstigt scheint wie der Lebenswunsch Hannibals, in Rom einzuziehen.

---

[74] Der Schriftsteller, bei dem ich diese Stelle las, muß wohl Jean Paul gewesen sein.

179

Und nun stoße ich erst auf das Jugenderlebnis, das in all diesen Empfindungen und Träumen noch heute seine Macht äußert. Ich mochte zehn oder zwölf Jahre gewesen sein, als mein Vater begann, mich auf seine Spaziergänge mitzunehmen und mir in Gesprächen seine Ansichten über die Dinge dieser Welt zu eröffnen. So erzählte er mir einmal, um mir zu zeigen, in wieviel bessere Zeiten ich gekommen sei als er: „Als ich ein junger Mensch war, bin ich in deinem Geburtsort am Samstag in der Straße spazierengegangen, schön gekleidet, mit einer neuen Pelzmütze auf dem Kopf. Da kommt ein Christ daher, haut mir mit einem Schlag die Mütze in den Kot und ruft dabei: Jud, herunter vom Trottoir!" „Und was hast du getan?" „Ich bin auf den Fahrweg gegangen und habe die Mütze aufgehoben", war die gelassene Antwort. Das schien mir nicht heldenhaft von dem großen starken Mann, der mich Kleinen an der Hand führte. Ich stellte dieser Situation, die mich nicht befriedigte, eine andere gegenüber, die meinem Empfinden besser entsprach, die Szene, in welcher Hannibals Vater, Hamilkar Barkas[75], seinen Knaben vor dem Hausaltar schwören läßt, an den Römern Rache zu nehmen. Seitdem hatte Hannibal einen Platz in meinen Phantasien.

Ich meine, daß ich diese Schwärmerei für den karthagischen General noch ein Stück weiter in meine Kindheit zurück verfolgen kann, so daß es sich auch hier nur um die Übertragung einer bereits gebildeten Affektrelation auf einen neuen Träger handeln dürfte. Eines der ersten Bücher, das dem lesefähigen Kind in die Hände fiel, war Thiers' „Konsulat und Kaiserreich"; ich erinnere mich, daß ich meinen Holzsoldaten kleine Zettel mit den Namen der kaiserlichen Marschälle auf den flachen Rücken geklebt und daß damals schon Masséna (als Jude: Menasse) mein erklärter Liebling war.[76] (Diese Bevorzugung wird wohl auch durch den Zufall des gleichen Geburtsdatums, genau hundert Jahre später, aufzuklären sein) Napoleon selbst schließt sich durch den Übergang über die Alpen an Hannibal an. Und vielleicht ließe sich die Entwicklung dieses Kriegerideals noch weiter zurück in die Kindheit verfolgen bis auf Wünsche, die der bald freundschaftliche, bald kriegerische Verkehr während der ersten drei Jahre mit einem um ein Jahr älteren Knaben bei dem schwächeren der beiden Gespielen hervorrufen mußte.

Je tiefer man sich in die Analyse der Träume einläßt, desto häufiger wird man auf die Spur von Kindheitserlebnissen geführt, welche im latenten Trauminhalt eine Rolle als Traumquellen spielen.

---

[75] In der ersten Auflage stand hier der Name: Hasdrubal, ein befremdender Irrtum, dessen Aufklärung ich in meiner *Psychopathologie des Alltagslebens* gegeben habe.

[76] Die jüdische Abstammung des Marschalls wird übrigens bezweifelt.

Wir haben gehört, daß der Traum sehr selten Erinnerungen so reproduziert, daß sie unverkürzt und unverändert den alleinigen manifesten Trauminhalt bilden. Immerhin sind einige Beispiele für dieses Vorkommen sichergestellt, zu denen ich einige neue hinzufügen kann, die sich wiederum auf Infantilszenen beziehen. Bei einem meiner Patienten brachte einmal ein Traum eine kaum entstellte Wiedergabe eines sexuellen Vorfalles, die sofort als getreue Erinnerung erkannt wurde. Die Erinnerung daran war im Wachen zwar nie völlig verloren gewesen, aber doch stark verdunkelt worden, und ihre Neubelebung war ein Erfolg der vorausgegangenen analytischen Arbeit. Der Träumer hatte mit zwölf Jahren einen bettlägerigen Kollegen besucht, der sich wahrscheinlich nur zufällig bei einer Bewegung im Bette entblößte. Beim Anblick seiner Genitalien von einer Art Zwang ergriffen, entblößte er sich selbst und faßte das Glied des anderen, der ihn aber unwillig und verwundert ansah, worauf er verlegen wurde und abließ. Diese Szene wiederholte ein Traum dreiundzwanzig Jahre später auch mit allen Einzelheiten der in ihr vorkommenden Empfindungen, veränderte sie aber dahin, daß der Träumer anstatt der aktiven die passive Rolle übernahm, während die Person des Schulkollegen durch eine der Gegenwart angehörige ersetzt wurde. In der Regel freilich ist die Infantilszene im manifesten Trauminhalt nur durch eine Anspielung vertreten und muß durch Deutung aus dem Traum entwickelt werden. Die Mitteilung solcher Beispiele kann nicht sehr beweiskräftig ausfallen, weil ja für diese Kindererlebnisse meistens jede andere Gewähr fehlt; sie werden, wenn sie in ein frühes Alter fallen, von der Erinnerung nicht mehr anerkannt. Das Recht, überhaupt aus Träumen auf solche Kindererlebnisse zu schließen, ergibt sich bei der psychoanalytischen Arbeit aus einer ganzen Reihe von Momenten, die in ihrem Zusammenwirken verläßlich genug erscheinen. Zum Zwecke der Traumdeutung aus ihrem Zusammenhange gerissen, werden solche Zurückführungen auf Kindererlebnisse vielleicht wenig Eindruck machen, besonders da ich nicht einmal alles Material mitteile, auf welches sich die Deutung stützt. Indes will ich mich darum von der Mitteilung nicht abhalten lassen.

I

Bei einer meiner Patientinnen haben alle Träume den Charakter des „*Gehetzten*"; sie hetzt sich, um zurechtzukommen, den Eisenbahnzug nicht zu versäumen u. dgl. In einem Traume soll sie ihre Freundin besuchen; *die Mutter hat ihr gesagt, sie soll fahren, nicht gehen; sie läuft aber und fällt dabei in einem fort.* – Das bei der Analyse auftauchende Material gestattet, die Erinnerung an Kinderhetzereien zu erkennen (man weiß, was der Wiener „*eine Hetz*" nennt), und gibt speziell für den einen Traum die Zurückführung auf den bei Kindern beliebten Scherz, den Satz: „*Die Kuh rannte, bis sie fiel*" so rasch auszusprechen, als ob er ein einziges Wort wäre, was wiederum ein „Hetzen" ist. Alle diese harmlosen Hetzereien unter kleinen Freundinnen werden erinnert, weil sie andere, minder harmlose, ersetzen.

II

Von einer anderen folgender Traum: Sie ist in einem großen Zimmer, in dem allerlei Maschinen stehen, etwa so, wie sie sich eine orthopädische Anstalt vorstellt. Sie hört, daß ich keine Zeit habe und daß sie die Behandlung gleichzeitig mit fünf anderen machen muß. Sie sträubt sich aber und will sich in das für sie bestimmte Bett – oder was es ist – nicht legen. Sie steht in einem Winkel und wartet, daß ich sage, es ist nicht wahr. Die anderen lachen sie unterdes aus, es sei Faxerei von ihr. – Daneben, als ob sie viele kleine Quadrate machen würde.

Der erste Teil dieses Trauminhalts ist eine Anknüpfung an die Kur und Übertragung auf mich. Der zweite enthält die Anspielung an die Kinderszene; mit der Erwähnung des Bettes sind die beiden Stücke aneinandergelötet. Die *orthopädische Anstalt* geht auf eine meiner Reden zurück, in der ich die Behandlung ihrer Dauer wie ihrem Wesen nach mit einer *orthopädischen* verglichen hatte. Ich mußte ihr zu Anfang der Behandlung mitteilen, *daß ich vorläufig wenig Zeit für sie habe*, ihr aber später eine ganze Stunde täglich widmen würde. Dies machte die alte Empfindlichkeit in ihr rege, die ein Hauptcharakterzug der zur Hysterie bestimmten Kinder ist. Sie sind unersättlich nach Liebe. Meine Patientin war die jüngste von sechs Geschwistern (daher: *mit fünf anderen*) und als solche der Liebling des Vaters, scheint aber gefunden zu haben, daß der geliebte Vater ihr noch zu wenig Zeit und Aufmerksamkeit widme. – Daß *sie wartet, bis ich sage, es ist nicht wahr*, hat folgende Ableitung: Ein kleiner Schneiderjunge hatte ihr ein Kleid gebracht und sie ihm dafür das Geld mitgegeben. Dann fragte sie ihren Mann, ob sie das Geld nochmals bezahlen müsse, wenn er es verliere. Der Mann, um sie zu *necken*, versicherte: ja (die *Neckerei* im Trauminhalt), und sie fragte immer wieder von neuem *und wartete darauf, daß er endlich sage, es ist nicht wahr*. Nun läßt sich für den latenten Trauminhalt der Gedanke konstruieren, ob sie mir wohl das Doppelte bezahlen müsse, wenn ich ihr die doppelte Zeit widme, ein Gedanke, der geizig oder *schmutzig* ist. (Die Unreinlichkeit der Kinderzeit wird sehr häufig vom Traum durch Geldgeiz ersetzt; das Wort „schmutzig" bildet dabei die Brücke 1.) Wenn all das vom *Warten, bis ich sage* usw., das Wort „schmutzig" im Traum umschreiben soll, so stimmt das *Im-Winkel-Stehen* und das *Sich-nicht-ins-*

Bett-Legen dazu als Bestandteil einer Kinderszene, in der sie das Bett schmutzig gemacht hätte, zur Strafe in den Winkel gestellt wird unter der Androhung, daß sie der Papa nicht mehr liebhaben werde, die Geschwister sie auslachen usw. Die *kleinen Quadrate* zielen auf ihre kleine Nichte, die ihr die Rechenkunst gezeigt, wie man in neun Quadrate, glaube ich, Zahlen so einschreibt, daß sie addiert nach allen Richtungen fünfzehn ergeben.

III

Der Traum eines Mannes: *Er sieht zwei Knaben, die sich balgen, und zwar Faßbinderknaben, wie er aus den herumliegenden Gerätschaften schließt; einer der Knaben hat den anderen niedergeworfen, der liegende Knabe hat Ohrringe mit blauen Steinen. Er eilt dem Missetäter mit erhobenem Stock nach, um ihn zu züchtigen. Dieser flüchtet zu einer Frau, die bei einem Bretterzaun steht, als ob sie seine Mutter wäre. Es ist eine Taglöhnersfrau, die dem Träumer den Rücken zuwendet. Endlich kehrt sie sich um und schaut ihn mit einem gräßlichen Blick an, so daß er erschreckt davonläuft. An ihren Augen sieht man vom unteren Lid das rote Fleisch vorstehen.*

Der Traum hat triviale Begebenheiten des Vortags reichlich verwertet. Er hat gestern wirklich zwei Knaben auf der Straße gesehen, von denen einer den anderen hinwarf. Als er hinzueilte, um zu schlichten, ergriffen sie die Flucht. – *Faßbinderknaben*: wird erst durch einen nachfolgenden Traum erklärt, in dessen Analyse er die Redensart gebrauchte: *Dem Faß den Boden ausschlagen.* – *Ohrringe mit blauen Steinen* tragen nach seiner Beobachtung meist die Prostituierten. So fügt sich ein bekannter Klapphornvers von *zwei Knaben* an: Der andere Knabe, der hieß Marie (d. h war ein Mädchen). – *Die stehende Frau*: Nach der Szene mit den beiden Knaben ging er am Donauufer spazieren und benützte die Einsamkeit dort, *um gegen einen Bretterzaun zu urinieren.* Auf dem weiteren Weg lächelte ihn eine anständig gekleidete ältere Dame sehr freundlich an und wollte ihm ihre Adreßkarte überreichen.

Da die Frau im Traume so steht wie er beim Urinieren, so handelt es sich um ein urinierendes Weib, und dazu gehört dann der gräßliche „*Anblick*", das *Vorstehen des roten Fleisches*, was sich nur auf die beim Kauern klaffenden Genitalien beziehen kann, die, in der Kinderzeit gesehen, in der späteren Erinnerung als „*wildes Fleisch*", als „*Wunde*" wieder auftreten. Der Traum vereinigt zwei Anlässe, bei denen der kleine Knabe die Genitalien kleiner Mädchen sehen konnte, beim *Hinwerfen* und bei deren *Urinieren*, und wie aus dem anderen Zusammenhange hervorgeht, bewahrt er die Erinnerung an eine *Züchtigung* oder Drohung des Vaters wegen der von dem Buben bei diesen Anlässen bewiesenen sexuellen Neugierde.

IV

Eine ganze Summe von Kindererinnerungen, zu einer Phantasie notdürftig vereinigt, findet sich hinter folgendem Traum einer älteren Dame.

Sie geht in Hetze aus, Kommissionen zu machen. Auf dem Graben sinkt sie dann, wie zusammengebrochen, in die Knie. Viele Leute sammeln sich um sie, besonders die Fiakerkutscher; aber niemand hilft ihr auf. Sie macht viele vergebliche Versuche; endlich muß es gelungen sein, denn man setzt sie in einen Fiaker, der sie nach Hause bringen soll; durchs Fenster wirft man ihr einen großen, schwer gefüllten Korb nach (ähnlich einem Einkaufskorb).

Es ist dieselbe, die in ihren Träumen immer gehetzt wird, wie sie als Kind gehetzt hat. Die erste Situation des Traumes ist offenbar von dem Anblick eines gestürzten Pferdes hergenommen, wie auch das „Zusammenbrechen" auf Wettrennen deutet. Sie war in jungen Jahren *Reiterin*, in noch jüngeren wahrscheinlich auch *Pferd*. Zu dem *Hinstürzen* gehört die erste Kindheitserinnerung an den siebzehnjährigen Sohn des Portiers, der, auf der Straße von epileptischen Krämpfen befallen, im Wagen nach Hause gebracht wurde. Davon hat sie natürlich nur gehört, aber die Vorstellung von epileptischen Krämpfen, vom „*Hinfallenden*" hat große Macht über ihre Phantasie gewonnen und später ihre eigenen hysterischen Anfälle in ihrer Form beeinflußt. – Wenn eine Frauenperson vom Fallen träumt, so hat das wohl regelmäßig einen sexuellen Sinn, sie wird eine „*Gefallene*"; für unseren Traum wird diese Deutung am wenigsten zweifelhaft sein, denn sie fällt auf dem *Graben*, jenem Platze von Wien, der als Korso der Prostitution bekannt ist. Der *Einkaufskorb* gibt mehr als eine Deutung; als Korb erinnert er an die vielen *Körbe*, die sie zuerst ihren Freiern ausgeteilt und später, wie sie meint, sich auch selbst geholt hat. Dazu gehört dann auch, daß ihr *niemand aufhelfen will*, was sie selbst als Verschmähtwerden auslegt. Ferner erinnert der *Einkaufskorb* an Phantasien, die der Analyse bereits bekannt geworden sind, in denen sie tief unter ihrem Stande geheiratet hat und nun selbst zu Markte einkaufen geht. Endlich aber könnte der Einkaufskorb als Zeichen einer *dienenden Person* gedeutet werden. Dazu kommen nun weitere Kindheitserinnerungen, an eine *Köchin*, die weggeschickt wurde, weil sie stahl; die ist auch so *in die Knie gesunken und hat gefleht*. Sie war damals zwölf Jahre alt. Dann an ein Stubenmädchen, das weggeschickt wurde, weil es sich mit dem *Kutscher* des Hauses abgab, der sie übrigens später heiratete. Diese Erinnerung ergibt uns also eine Quelle für die *Kutscher* im Traum (die sich im Gegensatz zur Wirklichkeit der Gefallenen nicht annehmen). Es bleibt aber noch das *Nachwerfen* des Korbs, und zwar *durchs Fenster*, zu erklären. Das mahnt sie an das *Expedieren* des Gepäcks auf der Eisenbahn, an das „*Fensterln*" auf dem Lande, an kleine Eindrücke von dem Landaufenthalte, wie ein Herr einer Dame *blaue Pflaumen durchs Fenster* in ihr Zimmer wirft, wie ihre kleine

Schwester sich gefürchtet, weil ein vorübergehender Trottel durchs Fenster ins Zimmer sah. Und nun taucht dahinter eine dunkle Erinnerung aus dem zehnten Lebensjahre auf, von einer Bonne, die auf dem Lande Liebesszenen mit einem Diener des Hauses aufführte, von denen das Kind doch etwas gemerkt haben konnte, und die mitsamt ihrem Liebhaber *„expediert"*, *„hinausgeworfen"* wurde (im Traum der Gegensatz: *„hineingeworfen"*), eine Geschichte, der wir uns auch von mehreren anderen Wegen her genähert hatten. Das Gepäck, der Koffer einer dienenden Person, wird aber in Wien geringschätzig als die *„sieben Zwetschken"* bezeichnet. *„Pack' deine sieben Zwetschken zusammen und geh'."*

An solchen Träumen von Patienten, deren Analyse zu dunkel oder gar nicht mehr erinnerten Kindereindrücken, oft aus den ersten drei Lebensjahren, führt, hat meine Sammlung natürlich überreichen Vorrat. Es ist aber mißlich, Schlüsse aus ihnen zu ziehen, die für den Traum im allgemeinen gelten sollen; es handelt sich ja regelmäßig um neurotische, speziell hysterische Personen, und die Rolle, welche den Kinderszenen in diesen Träumen zufällt, könnte durch die Natur der Neurose und nicht durch das Wesen des Traums bedingt sein. Indes begegnet es mir bei der Deutung meiner eigenen Träume, die ich doch nicht wegen grober Leidenssymptome unternehme, ebensooft, daß ich im latenten Trauminhalt unvermutet auf eine Infantilszene stoße und daß mir eine ganze Serie von Träumen mit einemmal in die von einem Kindererlebnis ausgehenden Bahnen einmündet. Beispiele hiefür habe ich schon erbracht, und ich werde noch bei verschiedenen Anlässen weitere erbringen. Vielleicht kann ich den ganzen Abschnitt nicht besser beschließen als durch Mitteilung einiger Träume, in denen rezente Anlässe und langvergessene Kindererlebnisse mitsammen als Traumquellen auftreten.

I

Nachdem ich gereist bin, müde und hungrig das Bett aufgesucht habe, melden sich im Schlafe die großen Bedürfnisse des Lebens und ich träume: *Ich gehe in eine Küche, um mir Mehlspeise geben zu lassen. Dort stehen drei Frauen, von denen eine die Wirtin ist und etwas in der Hand dreht, als ob sie Knödel machen würde. Sie antwortet, daß ich warten soll, bis sie fertig ist* (nicht deutlich als Rede). *Ich werde ungeduldig und gehe beleidigt weg. Ich ziehe einen Überrock an; der erste, den ich versuche, ist mir aber zu lang. Ich ziehe ihn wieder aus, etwas überrascht, daß er Pelzbesatz hat. Ein zweiter, den ich anziehe, hat einen langen Streifen mit türkischer Zeichnung eingesetzt. Ein Fremder mit langem Gesicht und kurzem Spitzbart kommt hinzu und hindert mich am Anziehen, indem er ihn für den seinen erklärt. Ich zeige ihm nun, daß er über und über türkisch gestickt ist. Er fragt: Was gehen Sie die türkischen (Zeichnungen, Streifen ...) an? Wir sind aber dann ganz freundlich miteinander.*

In der Analyse dieses Traums fällt mir ganz unerwartet der erste Roman ein, den ich, vielleicht dreizehnjährig, gelesen, d. h. mit dem Ende des ersten Bandes begonnen habe. Den Namen des Romans und seines Autors habe ich nie gewußt, aber der Schluß ist mir nun in lebhafter Erinnerung. Der Held verfällt in Wahnsinn und ruft beständig die drei Frauennamen, die ihm im Leben das größte Glück und das Unheil bedeutet haben. *Pélagie* ist einer dieser Namen. Noch weiß ich nicht, was ich mit diesem Einfall in der Analyse beginnen werde. Da tauchen zu den drei Frauen die drei Parzen auf, die das Geschick des Menschen spinnen, und ich weiß, daß eine der drei Frauen, die Wirtin im Traum, die Mutter ist, die das Leben gibt, mitunter auch, wie bei mir, dem Lebenden die erste Nahrung. An der Frauenbrust treffen sich Liebe und Hunger. Ein junger Mann, erzählt die Anekdote, der ein großer Verehrer der Frauenschönheit wurde, äußerte einmal, als die Rede auf die schöne Amme kam, die ihn als Säugling genährt: es tue ihm leid, die gute Gelegenheit damals nicht besser ausgenützt zu haben. Ich pflege mich der Anekdote zur Erläuterung für das Moment der *Nachträglichkeit* in dem Mechanismus der Psychoneurosen zu bedienen. – Die eine der Parzen also reibt die Handflächen aneinander, als ob sie Knödel machen würde. Eine sonderbare Beschäftigung für eine Parze, welche dringend der Aufklärung bedarf! Diese kommt nun aus einer anderen und früheren Kindererinnerung. Als ich sechs Jahre alt war und den ersten Unterricht bei meiner Mutter genoß, sollte ich glauben, daß wir aus Erde gemacht sind und darum zur Erde zurückkehren müssen. Es behagte mir aber nicht, und ich zweifelte die Lehre an. Da rieb die Mutter die Handflächen aneinander – ganz ähnlich wie beim Knödelmachen, nur daß sich kein Teig zwischen ihnen befindet – und zeigte mir die schwärzlichen Epidermisschuppen, die sich dabei abreiben, als eine Probe der Erde, aus der wir gemacht sind, vor. Mein Erstaunen über diese Demonstration *ad oculos* war grenzenlos, und ich ergab mich in das, was ich später in den Worten ausgedrückt hören sollte: „Du bist der Natur einen Tod schuldig.“[77] So sind es also wirklich Parzen, zu denen ich in die Küche gehe, wie so oft in den Kinderjahren, wenn ich hungrig war und die Mutter beim Herd mich mahnte zu warten, bis das Mittagessen fertig sei. Und nun die *Knödel*! Wenigstens einer meiner Universitätslehrer, aber gerade der, dem ich meine *histologischen* Kenntnisse (*Epidermis*) verdanke, wird sich bei dem Namen *Knödl* an eine Person erinnern,

---

[77] Beide zu diesen Kinderszenen gehörigen Affekte, das Erstaunen und die Ergebenheit ins Unvermeidliche, fanden sich in einem Traum kurz vorher, der mir zuerst die Erinnerung an dieses Kindererlebnis wiederbrachte.

die er belangen mußte, weil sie ein *Plagiat* an seinen Schriften begangen hatte. Ein Plagiat begehen, sich aneignen, was man bekommen kann, auch wenn es einem andern gehört, leitet offenbar zum zweiten Teil des Traumes, in dem ich wie der *Überrockdieb* behandelt werde, der eine Zeitlang in den Hörsälen sein Wesen trieb. Ich habe den Ausdruck *Plagiat* niedergeschrieben, absichtslos, weil er sich mir darbot, und nun merke ich, daß er als Brücke zwischen verschiedenen Stücken des manifesten Trauminhalts dienen kann. Die Assoziationskette Pélagie – Plagiat –Plagiostomen[78] (Haifische) – Fischblase verbindet den alten Roman mit der Affäre *Knödl* und mit den Überziehern, die ja offenbar ein Gerät der sexuellen Technik bedeuten B. (Vgl. *Maurys* Traum von Kilo – Lotto) Eine höchst gezwungene und unsinnige Verbindung zwar, aber doch keine, die ich im Wachen herstellen könnte, wenn sie nicht schon durch die Traumarbeit hergestellt wäre. Ja, als ob dem Drang, Verbindungen zu erzwingen, gar nichts heilig wäre, dient nun der teure Name *Brücke* (Wortbrücke siehe oben) dazu, mich an dasselbe Institut zu erinnern, in dem ich meine glücklichsten Stunden als Schüler verbracht, sonst ganz bedürfnislos

> („So wird's Euch an der Weisheit *Brüsten*
> mit jedem Tage mehr gelüsten"),

im vollsten Gegensatz zu den Begierden, die mich, während ich träume, plagen. Und endlich taucht die Erinnerung an einen anderen teuren Lehrer auf, dessen Name wiederum an etwas Eßbares anklingt (*Fleischl*, wie *Knödl*), und an eine traurige Szene, in der *Epidermisschuppen* eine Rolle spielen (die Mutter – Wirtin) und *Geistesstörung* (der Roman) und ein Mittel aus der lateinischen *Küche*, das den Hunger benimmt, das Kokain.

So könnte ich den verschlungenen Gedankenwegen weiter folgen und das in der Analyse fehlende Stück des Traums voll aufklären, aber ich muß es unterlassen, weil die persönlichen Opfer, die es erfordern würde, zu groß sind. Ich greife nur einen der Fäden auf, der direkt zu einem der dem Gewirre zugrunde liegenden Traumgedanken führen kann. Der Fremde mit langem Gesicht und Spitzbart, der mich am Anziehen hindern will, trägt die Züge eines Kaufmannes in Spalato, bei dem meine Frau reichlich *türkische* Stoffe eingekauft hat. Er hieß *Popovic*, ein verdächtiger Name, der auch dem Humoristen Stettenheim zu einer andeutungsvollen Bemerkung Anlaß gegeben hat. („Er nannte mir seinen Namen und drückte mir errötend die Hand.") übrigens derselbe Mißbrauch mit Namen wie oben mit *Pélagie, Knödl, Brücke, Fleischl*. Daß solche Namenspielerei

---

[78] Die Plagiostomen ergänze ich nicht willkürlich; sie mahnen mich an eine ärgerliche Gelegenheit von Blamage vor demselben Lehrer.

Kinderunart ist, darf man ohne Widerspruch behaupten; wenn ich mich in ihr ergehe, ist es aber ein Akt der Vergeltung, denn mein eigener Name ist unzählige Male solchen schwachsinnigen Witzeleien zum Opfer gefallen. *Goethe* bemerkt einmal, wie empfindlich man für seinen Namen ist, mit dem man sich verwachsen fühlt wie mit seiner *Haut*, als *Herder* auf seinen Namen dichtete:

> „Der du von *Göttern* abstammst, von Gothen oder vom Kote" –
> „So seid ihr Götterbilder auch zu Staub."

Ich merke, daß die Abschweifung über den Mißbrauch von Namen nur diese Klage vorbereiten sollte. Aber brechen wir hier ab. – Der Einkauf in Spalato mahnt mich an einen anderen Einkauf in Cattaro, bei dem ich allzu zurückhaltend war und die Gelegenheit zu schönen Erwerbungen versäumte. (Die Gelegenheit bei der Amme versäumt, s. o.) Einer der Traumgedanken, die dem Träumer der Hunger eingibt, lautet nämlich: *Man soll sich nichts entgehen lassen, nehmen, was man haben kann, auch wenn ein kleines Unrecht dabei mitläuft; man soll keine Gelegenheit versäumen, das Leben ist so kurz, der Tod unvermeidlich.* Weil es auch sexuell gemeint ist und weil die Begierde vor dem Unrecht nicht haltmachen will, hat dieses *carpe diem* die Zensur zu fürchten und muß sich hinter einem Traum verbergen. Dazu kommen nun alle Gegengedanken zu Wort, die Erinnerung an die Zeit, da die *geistige Nahrung* dem Träumer allein genügte, alle Abhaltungen und selbst die Drohungen mit den ekelhaften sexuellen Strafen.

II

Ein zweiter Traum erfordert einen längeren *Vorbericht*:

Ich bin auf den Westbahnhof gefahren, um meine Ferienreise nach Aussee anzutreten, gehe aber schon zum früher abgehenden Ischler Zug auf den Perron. Dort sehe ich nun den Grafen Thun dastehen, der wiederum zum Kaiser nach Ischl fährt. Er war trotz des Regens im offenen Wagen angekommen, direkt durch die Eingangstür für Lokalzüge hinausgetreten und hatte den Türhüter, der ihn nicht kannte und ihm das Billet abnehmen wollte, mit einer kurzen Handbewegung ohne Erklärung von sich gewiesen. Ich soll dann, nachdem er im Ischler Zuge abgefahren ist, den Perron wieder verlassen und in den Wartesaal zurückgehen, setze es aber mühselig durch, daß ich bleiben darf. Ich vertreibe mir die Zeit damit aufzupassen, wer da kommen wird, um sich auf dem Protektionswege ein Coupé anweisen zu lassen; nehme mir vor, dann Lärm zu schlagen, d. h. gleiches Recht zu verlangen. Unterdes singe ich mir etwas vor, was ich dann als die Arie aus Figaros Hochzeit erkenne:

„Will der Herr Graf ein Tänzelein wagen, Tänzelein wagen,
Soll er's nur sagen, ich spiel' ihm eins auf."

(Ein anderer hätte den Gesang vielleicht nicht erkannt.)

Ich war den ganzen Abend in übermütiger, streitlustiger Stimmung gewesen, hatte Kellner und Kutscher gefrozzelt, hoffentlich ohne ihnen wehe zu tun; nun gehen mir allerlei freche und revolutionäre Gedanken durch den Kopf, wie sie zu den Worten Figaros passen und zur Erinnerung an die Komödie von *Beaumarchais*, die ich in der *Comédie française* aufführen gesehen. Das Wort von den großen Herren, die sich die Mühe gegeben haben, geboren zu werden; das Herrenrecht, das der Graf Almaviva bei Susanne zur Geltung bringen will; die Scherze, die unsere bösen oppositionellen Tagschreiber mit dem Namen des Grafen Thun anstellen, indem sie ihn Graf Nichtsthun nennen. Ich beneide ihn wirklich nicht; er hat jetzt einen schweren Gang zum Kaiser, und ich bin der eigentliche Graf Nichtsthun; ich gehe auf Ferien. Allerlei lustige Ferienvorsätze dazu. Es kommt nun ein Herr, der mir als Regierungsvertreter bei den medizinischen Prüfungen bekannt ist und der sich durch seine Leistungen in dieser Rolle den schmeichelhaften Beinamen „des Regierungsbeischläfers" zugezogen hat. Er verlangt unter Berufung auf seine amtliche Eigenschaft ein Halbcoupé erster Klasse, und ich höre den Beamten zu einem andern sagen: Wo geben wir den Herrn mit der halben Ersten hin? Eine nette Bevorzugung; ich zahle meine erste Klasse ganz. Ich bekomme dann auch ein Coupé für mich, aber nicht in einem durchgehenden Wagen, so daß mir die Nacht über kein Abort zur Verfügung steht. Meine Klage beim Beamten hat keinen Erfolg; ich räche mich, indem ich ihm den Vorschlag mache, in diesem Coupé wenigstens ein Loch im Boden anbringen zu lassen, für etwaige Bedürfnisse der Reisenden. Ich erwache auch wirklich um dreiviertel drei Uhr morgens mit Harndrang aus nachstehendem *Traum*:

Menschenmenge, Studentenversammlung. – Ein Graf (Thun oder Taaffe) redet. Aufgefordert, etwas über die Deutschen zu sagen, erklärt er mit höhnischer Gebärde für ihre Lieblingsblume den Huflattich und steckt dann etwas wie ein zerfetztes Blatt, eigentlich ein zusammengeknülltes Blattgerippe ins Knopfloch. Ich fahre auf, fahre also auf[79], wundere mich aber doch über diese meine Gesinnung. Dann undeutlicher: Als ob es die Aula wäre, die Zugänge besetzt, und man müßte fliehen. Ich bahne mir den Weg durch eine Reihe von schön eingerichteten Zimmern, offenbar Regierungszimmern, mit Möbeln in einer Farbe zwischen braun und violett, und komme endlich in einen Gang, in dem eine Haushälterin, ein älteres dickes Frauenzimmer, sitzt. Ich vermeide es, mit ihr zu

---

[79] Diese Wiederholung hat sich, scheinbar aus Zerstreutheit, in den Text des Traumes eingeschlichen und wird von mir belassen, da die Analyse zeigt, daß sie ihre Bedeutung hat

sprechen; sie hält mich aber offenbar für berechtigt, hier zu passieren, denn sie fragt, ob sie mit der Lampe mitgehen soll. Ich deute oder sage ihr, sie soll auf der Treppe stehenbleiben, und komme mir dabei sehr schlau vor, daß ich die Kontrolle am Ende vermeide. So bin ich drunten und finde einen schmalen, steil aufsteigenden Weg, den ich gehe.

Wieder undeutlich ... Als ob jetzt die zweite Aufgabe käme, aus der Stadt wegzukommen, wie früher aus dem Haus. Ich fahre in einem Einspänner und gebe ihm Auftrag, zu einem Bahnhof zu fahren. „Auf der Bahnstrecke selbst kann ich nicht mit Ihnen fahren", sage ich, nachdem er einen Einwand gemacht hat, als ob ich ihn übermüdet hätte. Dabei ist es, als wäre ich schon eine Strecke mit ihm gefahren, die man sonst mit der Bahn fährt. Die Bahnhöfe sind besetzt; ich überlege, ob ich nach Krems oder Znaim soll, denke aber, dort wird der Hof sein, und entscheide mich für Graz oder so etwas. Nun sitze ich im Waggon, der ähnlich einem Stadtbahnwagen ist, und habe im Knopfloch ein eigentümlich geflochtenes, langes Ding, daran violettbraune Veilchen aus starrem Stoff, was den Leuten sehr auffällt. Hier bricht die Szene ab.

Ich bin wieder vor dem Bahnhofe, aber zu zweit mit einem älteren Herrn, erfinde einen Plan, um unerkannt zu bleiben, sehe diesen Plan aber auch schon ausgeführt. Denken und Erleben ist gleichsam eins. Er stellt sich blind, wenigstens auf einem Auge, und ich halte ihm ein männliches Uringlas vor (das wir in der Stadt kaufen mußten oder gekauft haben). Ich bin also ein Krankenpfleger und muß ihm das Glas geben, weil er blind ist. Wenn der Kondukteur uns so sieht, muß er uns als unauffällig entkommen lassen. Dabei ist die Stellung des Betreffenden und sein urinierendes Glied plastisch gesehen. Darauf das Erwachen mit Harndrang.

Der ganze Traum macht etwa den Eindruck einer Phantasie, die den Träumer in das Revolutionsjahr 1848 versetzt, dessen Andenken ja durch das Jubiläum des Jahres 1898 erneuert war, wie überdies durch einen kleinen Ausflug in die *Wachau*, bei dem ich Emmersdorf[80] kennengelernt hatte, den Ruhesitz des Studentenführers Fischhof, auf den einige Züge des manifesten Trauminhalts weisen mögen. Die Gedankenverbindung führt mich dann nach England, in das Haus meines Bruders, der seiner Frau scherzhaft vorzuhalten pflegte „*Fifty years ago*" nach dem Titel eines Gedichtes von Lord Tennyson, worauf die Kinder zu rektifizieren gewöhnt waren: *Fifteen years ago*. Diese Phantasie, die sich an die Gedanken anschließt, welche der Anblick des Grafen Thun hervorgerufen hatte, ist aber nur wie die Fassade italienischer Kirchen ohne organischen Zusammenhang dem Gebäude dahinter vorgesetzt; anders als diese Fassaden ist sie übrigens lückenhaft, verworren, und Bestandteile aus dem Inneren drängen sich an

---

[80] Ein Irrtum, aber diesmal keine Fehlleistung! Ich erfuhr später, daß das Emmersdorf der Wachau nicht identisch ist mit dem gleichnamigen Asyl des Revolutionärs Fischhof.

vielen Stellen durch. Die erste Situation des Traumes ist aus mehreren Szenen zusammengebraut, in die ich sie zerlegen kann. Die hochmütige Stellung des Grafen im Traum ist kopiert nach einer Gymnasialszene aus meinem *fünfzehnten Jahr*. Wir hatten gegen einen mißliebigen und ignoranten Lehrer eine Verschwörung angezettelt, deren Seele ein Kollege war, der sich seitdem *Heinrich VIII. von England* zum Vorbilde genommen zu haben scheint. Die Führung des Hauptschlags fiel mir zu, und eine Diskussion über die Bedeutung der Donau für Osterreich (*Wachau!*) war der Anlaß, bei dem es zur offenen Empörung kam. Ein Mitverschworener war der einzige aristokratische Kollege, den wir hatten, wegen seiner auffälligen Längenentwicklung die „*Giraffe*" genannt, und der stand, vom Schultyrannen, dem Professor der *deutschen Sprache*, zur Rede gestellt, so da wie der Graf im Traume. Das Erklären der *Lieblingsblume* und *Ins-Knopfloch-Stecken* von etwas, was wieder eine Blume sein muß (was an die Orchideen erinnert, die ich einer Freundin am selben Tag gebracht hatte, und außerdem an eine Rose von Jericho), mahnt auffällig an die Szene aus den Königsdramen Shakespeares, die den Bürgerkrieg der *roten* und der *weißen* Rose eröffnet; die Erwähnung Heinrichs VIII. hat den Weg zu dieser Reminiszenz gebahnt. Dann ist es nicht weit von den Rosen zu den roten und weißen Nelken. (Dazwischen schieben sich in der Analyse zwei Verslein ein, eines *deutsch*, das andere *spanisch*:

> Rosen, Tulpen, Nelken,
> alle Blumen welken.
> *Isabelita, no llores,*
> *que se marchitan las flores.*

Das *Spanische* vom „Figaro" her.) Die weißen Nelken sind bei uns in Wien das Abzeichen der *Antisemiten*, die roten das der *Sozialdemokraten* geworden. Dahinter eine Erinnerung an eine antisemitische Herausforderung während einer Eisenbahnfahrt im schönen Sachsenlande (*Angelsachsen*). Die dritte Szene, welche Bestandteile für die Bildung der ersten Traumsituation abgegeben hat, fällt in meine erste Studentenzeit. In einem *deutschen* Studentenverein gab es eine Diskussion über das Verhältnis der Philosophie zu den Naturwissenschaften. Ich grüner Junge, der materialistischen Lehre voll, drängte mich vor, um einen höchst einseitigen Standpunkt zu vertreten. Da erhob sich ein überlegener älterer Kollege, der seitdem seine Fähigkeit erwiesen hat, Menschen zu lenken und Massen zu organisieren, der übrigens auch einen Namen aus dem Tierreich trägt, und machte uns tüchtig herunter; auch er habe in seiner Jugend die Schweine gehütet und sei dann reuig ins Vaterhaus zurückgekehrt. *Ich fuhr auf* (wie im Traum), wurde *saugrob* und antwortete, seitdem ich wüßte, daß er die *Schweine* gehütet, *wunderte ich mich nicht* mehr über den Ton seiner Reden. (Im Traum *wundere* ich mich über meine deutschnationale Gesinnung.) Großer Aufruhr; ich wurde von vielen Seiten aufgefordert, meine Worte zurückzunehmen, blieb aber standhaft. Der Beleidigte war zu verständig, um das Ansinnen einer *Herausforderung*, das man an ihn richtete, anzunehmen, und ließ die Sache auf sich beruhen.

Die übrigen Elemente der Traumszene stammen aus tieferen Schichten. Was soll es bedeuten, daß der Graf den „Huflattich" proklamiert? Hier muß ich meine Assoziationsreihe befragen. *Huflattich – lattice – Salat – Salathund* (der Hund, der anderen nicht gönnt, was er doch selber nicht frißt). Hier sieht man durch auf einen Vorrat an Schimpfwörtern: *Giraffe, Schwein, Sau, Hund*; ich wüßte auch auf dem Umweg über einen Namen zu einem Esel zu gelangen und damit wieder zu einem Hohn auf einen akademischen Lehrer. Außerdem übersetze ich mir – ich weiß nicht, ob mit Recht –*Huflattich* mit „*pisse-en-lit*". Die Kenntnis kommt mir aus dem *Germinal* Zolas, in dem die Kinder aufgefordert werden, solchen Salat mitzubringen. Der Hund – *chien* – enthält in seinem Namen einen Anklang an die größere Funktion (*chier*, wie *pisser* für die kleinere). Nun werden wir bald das Unanständige in allen drei Aggregatzuständen beisammen haben; denn im selben *Germinal*, der mit der künftigen Revolution genug zu tun hat, ist ein ganz eigentümlicher Wettkampf beschrieben, der sich auf die Produktion gasförmiger Exkretionen, *flatus* genannt, bezieht.[81] Und nun muß ich bemerken, wie der Weg zu diesem *flatus* seit langem angelegt ist, von den *Blumen* aus über das *spanische* Verslein, die *Isabelita*, zu *Isabella* und *Ferdinand*, über *Heinrich VIII.*, die *englische* Geschichte zum Kampf der Armada gegen *England*, nach dessen siegreicher Beendigung die Engländer eine Medaille prägten mit der Inschrift: *Flavit et dissipati sunt*, da der Sturmwind die spanische Flotte zerstreut hatte.[82] Diesen Spruch gedachte ich aber zur halb scherzhaft gemeinten Überschrift des Kapitels „Therapie" zu nehmen, wenn ich je dazu gelangen sollte, ausführliche Kunde von meiner Auffassung und Behandlung der Hysterie zu geben.

Von der zweiten Szene des Traumes kann ich eine so ausführliche Auflösung nicht geben, und zwar aus Rücksichten der Zensur. Ich setze mich nämlich an die Stelle eines hohen Herrn jener Revolutionszeit, der auch ein Abenteuer mit einem *Adler* gehabt, an *incontinentia alvi* gelitten haben soll u. dgl., und ich glaube,

---

[81] Nicht im *Germinal*, sondern in *La terre*. Ein Irrtum, der mir erst nach der Analyse bemerklich wird. – Ich mache übrigens auf die identischen Buchstaben in Huflattich und flatus aufmerksam.

[82] Der ungebetene Biograph, den ich gefunden habe, Dr. Fritz Wittels, hält mir vor, daß ich in obigem Denkspruch den Namen Jehovah ausgelassen habe. Auf der englischen Denkmünze ist der Gottesname in hebräischen Buchstaben enthalten, und zwar auf dem Hintergrund einer Wolke, aber in solcher Art, daß man ihn ebensowohl zum Bild als zur Inschrift gehörig auffassen kann.

ich wäre nicht berechtigt, hier die Zensur zu *passieren*, obwohl ein *Hofrat* (*Aula, consiliarius aulicus*) mir den größeren Teil jener Geschichten erzählt hat. Die Reihe von Zimmern im Traum verdankt ihre Anregung dem Salonwagen Seiner Exzellenz, in den ich einen Moment hineinblicken konnte; sie bedeutet aber, wie so häufig im Traum, *Frauenzimmer* (ärarische Frauenzimmer). Mit der Person der Haushälterin statte ich einer geistreichen älteren Dame schlechten Dank für die Bewirtung und die vielen guten Geschichten ab, die mir in ihrem Hause geboten worden sind. – Der Zug mit der Lampe geht auf *Grillparzer* zurück, der ein reizendes Erlebnis ähnlichen Inhaltes notiert und dann in *Hero und Leander* (des *Meeres* und der Liebe *Wellen* – die Armada und der *Sturm*) verwendet hat.[83]

Auch die detaillierte Analyse der beiden übrigen Traumstücke muß ich zurückhalten; ich werde nur jene Elemente herausgreifen, die zu den beiden Kinderszenen führen, um derentwillen ich den Traum überhaupt aufgenommen habe. Man wird mit Recht vermuten, daß es sexuelles Material ist, welches mich zu dieser Unterdrückung nötigt; man braucht sich aber mit dieser Aufklärung nicht zufriedenzugeben. Man macht doch sich selbst aus vielem kein Geheimnis, was man vor anderen als Geheimnis behandeln muß, und hier handelt es sich nicht um die Gründe, die mich nötigen, die Lösung zu verbergen, sondern um die Motive der inneren Zensur, welche den eigentlichen Inhalt des Traums vor mir selbst verstecken. Ich muß also darum sagen, daß die Analyse diese drei Traumstücke als impertinente Prahlereien, als Ausfluß eines lächerlichen, in meinem wachen Leben längst unterdrückten Größenwahns erkennen läßt, der sich mit einzelnen Ausläufern bis in den manifesten Trauminhalt wagt (*ich komme mir schlau vor*), allerdings die übermütige Stimmung des Abends vor dem Träumen trefflich verstehen läßt. Prahlerei zwar auf allen Gebieten; so geht die Erwähnung von *Graz* auf die Redensart „Was kostet Graz?", in der man sich gefällt, wenn man sich überreich mit Geld versehen glaubt. Wer an Meister *Rabelais'* unübertroffene Schilderung von dem Leben und Taten des Gargantua und seines Sohnes Pantagruel denken will, wird auch den angedeuteten Inhalt des ersten Traumstücks unter die Prahlereien einreihen können. Zu den zwei versprochenen Kinderszenen gehört aber folgendes: Ich hatte für diese Reise einen *neuen* Koffer gekauft, dessen Farbe, ein *Braunviolett*, im Traum mehrmals auftritt (*violettbraune Veilchen aus starrem Stoff* neben einem Ding, das man „Mädchenfän-

---

[83] An diesem Teil des Traumes hat H. *Silberer* in einer inhaltsreichen Arbeit (*Phantasie und Mythos*, 1910) zu zeigen versucht, daß die Traumarbeit nicht nur die latenten Traumgedanken, sondern auch die psychischen Vorgänge bei der Traumbildung wiederzugeben vermöge. („Das funktionale Phänomen".) Ich meine aber, er übersieht dabei, daß die „psychischen Vorgänge bei der Traumbildung" für mich ein Gedankenmaterial sind, wie alles andere. In diesem übermütigen Traum bin ich offenbar stolz darauf, diese Vorgänge entdeckt zu haben.

ger" heißt – die Möbel in den Regierungszimmern). Daß man mit etwas *Neuem* den Leuten *auffällt*, ist ein bekannter Kinderglaube. Nun ist mir folgende Szene aus meinem Kinderleben erzählt worden, deren Erinnerung ersetzt ist durch die Erinnerung an die Erzählung. Ich soll – im Alter von zwei Jahren – noch gelegentlich das *Bett naß* gemacht haben, und als ich dafür Vorwürfe zu hören bekam, den Vater durch das Versprechen *getröstet* haben, daß ich ihm in N. (der nächsten größeren Stadt) ein neues, schönes *rotes* Bett kaufen werde. (Daher im Traum die Einschaltung, daß wir das Glas *in der Stadt gekauft haben* oder *kaufen mußten*; was man versprochen hat, *muß* man halten.) (Man beachte übrigens die Zusammenstellung des männlichen Glases und des weiblichen Koffers, *box*. Der ganze Größenwahn des Kindes ist in diesem Versprechen enthalten. Die Bedeutung der Harnschwierigkeiten des Kindes für den Traum ist uns bereits bei einer früheren Traumdeutung aufgefallen. Aus den Psychoanalysen an Neurotischen haben wir auch den intimen Zusammenhang des Bettnässens mit dem Charakterzug des Ehrgeizes erkannt.

Dann gab es aber einmal einen anderen häuslichen Anstand, als ich sieben oder acht Jahre alt war, an den ich mich sehr wohl erinnere. Ich setzte mich abends vor dem Schlafengehen über das Gebot der Diskretion hinweg, Bedürfnisse nicht im Schlafzimmer der Eltern in deren Anwesenheit zu verrichten, und der Vater ließ in seiner Strafrede darüber die Bemerkung fallen: Aus dem Buben wird nichts werden. Es muß eine furchtbare Kränkung für meinen Ehrgeiz gewesen sein, denn Anspielungen an diese Szene kehren immer in meinen Träumen wieder und sind regelmäßig mit Aufzählung meiner Leistungen und Erfolge verknüpft, als wollte ich sagen: Siehst du, ich bin doch etwas geworden. Diese Kinderszene gibt nun den Stoff für das letzte Bild des Traumes, in dem natürlich zur Rache die Rollen vertauscht sind. Der ältere Mann, offenbar der Vater, da die Blindheit auf einem Auge sein einseitiges Glaukom bedeutet[84], uriniert jetzt vor mir, wie ich damals vor ihm. Mit dem Glaukom mahne ich ihn an das Kokain, das ihm bei der Operation zugute kam, als hätte ich damit mein Versprechen erfüllt. Außerdem mache ich mich über ihn lustig; weil er blind ist, muß ich ihm das Glas vorhalten und schwelge in Anspielungen an meine Erkenntnisse in der Lehre von der Hysterie, auf die ich stolz bin.[85]

---

[84] Andere Deutung: Er ist einäugig wie Odhin, der Göttervater. – Odhins Trost. – Der Trost aus der Kinderszene, daß ich ihm ein neues Bett kaufen werde.

[85] Dazu einiges Deutungsmaterial: Das Vorhalten des Glases erinnert an die Geschichte vom Bauern, der beim Optiker Glas nach Glas versucht, aber nicht lesen kann. – (Bauernfänger – Mädchenfänger im vorigen Traumstück.) – Die Behandlung des schwachsinnig gewordenen Vaters bei den Bauern in Zolas „La terre": – Die traurige Genugtuung, daß der Vater in seinen letzten Lebenstagen wie ein Kind das Bett beschmutzt; daher bin ich im Traum sein

Wenn die beiden Urinierszenen aus der Kindheit bei mir ohnedies mit dem Thema der Größensucht eng verbunden sind, so kam ihrer Erweckung auf der Reise nach Aussee noch der zufällige Umstand zugute, daß mein Coupé kein Klosett besaß und ich vorbereitet sein mußte, während der Fahrt in Verlegenheit zu kommen, was dann am Morgen auch eintraf. Ich erwachte dann mit den Empfindungen des körperlichen Bedürfnisses. Ich meine, man könnte geneigt sein, diesen Empfindungen die Rolle des eigentlichen Traumerregers zuzuweisen, würde aber einer anderen Auffassung den Vorzug geben, nämlich daß die Traumgedanken erst den Harndrang hervorgerufen haben. Es ist bei mir ganz ungewöhnlich, daß ich durch irgendein Bedürfnis im Schlaf gestört werde, am wenigsten um die Zeit dieses Erwachens, drei Viertel drei Uhr morgens. Einem weiteren Einwand begegne ich durch die Bemerkung, daß ich auf anderen Reisen unter bequemeren Verhältnissen fast niemals den Harndrang nach frühzeitigem Erwachen verspürt habe. Übrigens kann ich diesen Punkt auch ohne Schaden unentschieden lassen.

Seitdem ich ferner durch Erfahrungen bei der Traumanalyse aufmerksam gemacht worden bin, daß auch von Träumen, deren Deutung zunächst vollstän-

---

Krankenpfleger. – „Denken und Erleben sind hier gleichsam eins" erinnert an ein stark revolutionäres Buchdrama von Oskar Panizza, in dem Gottvater als paralytischer Greis schmählich genug behandelt wird; dort heißt es: Wille und Tat sind bei ihm eines, und er muß von seinem Erzengel, einer Art Ganymed, abgehalten werden zu schimpfen und zu fluchen, weil diese Verwünschungen sich sofort erfüllen würden. – Das Plänemachen ist ein aus späterer Zeit der Kritik stammender Vorwurf gegen den Vater, wie überhaupt der ganze rebellische, majestätsbeleidigende und die hohe Obrigkeit verhöhnende Inhalt des Traums auf Auflehnung gegen den Vater zurückgeht. Der Fürst heißt Landesvater, und der Vater ist die älteste, erste, für das Kind einzige Autorität, aus deren Machtvollkommenheit im Laufe der menschlichen Kulturgeschichte die anderen sozialen Obrigkeiten hervorgegangen sind (insofern nicht das „Mutterrecht" zur Einschränkung dieses Satzes nötigt). – Die Fassung im Traum, „Denken und Erleben sind eins", zielt auf die Erklärung der hysterischen Symptome, zu der auch das männliche Glas eine Beziehung hat. Einem Wiener brauchte ich das Prinzip des „Gschnas" nicht auseinanderzusetzen; es besteht darin, Gegenstände von seltenem und wertvollem Ansehen aus trivialem, am liebsten komischem und wertlosem Material herzustellen, z. B. Rüstungen aus Kochtöpfen, Strohwischen und Salzstangeln, wie es unsere Künstler an ihren lustigen Abenden lieben. Ich hatte nun gemerkt, daß die Hysterischen es ebenso machen; neben dem, was ihnen wirklich zugestoßen ist, gestalten sie sich unbewußt gräßliche oder ausschweifende Phantasiebegebenheiten, die sie aus dem harmlosesten und banalsten Material des Erlebens aufbauen. An diesen Phantasien hängen erst die Symptome, nicht an den Erinnerungen der wirklichen Begebenheiten, seien diese nun ernsthaft oder gleichfalls harmlos. Diese Aufklärung hatte mir über viele Schwierigkeiten hinweggeholfen und machte mir viel Freude. Ich konnte sie mit dem Traumelement des „männlichen Glases" andeuten, weil mir von dem letzten „Gschnasabend" erzählt worden war, es sei dort ein Giftbecher der Lucrezia Borgia ausgestellt gewesen, dessen Kern und Hauptbestandteil ein Uringlas für Männer, wie es in den Spitälern gebräuchlich ist, gebildet hätte.

dig erscheint, weil Traumquellen und Wunscherreger leicht nachweisbar sind – daß auch von solchen Träumen wichtige Gedankenfäden ausgehen, die bis in die früheste Kindheit hineinreichen, habe ich mich fragen müssen, ob nicht auch in diesem Zug eine wesentliche Bedingung des Träumens gegeben ist. Wenn ich diesen Gedanken verallgemeinern dürfte, so käme jedem Traum in seinem manifesten Inhalt eine Anknüpfung an das rezent Erlebte zu, in seinem latenten Inhalt aber eine Anknüpfung an das älteste Erlebte, von dem ich bei der Analyse der Hysterie wirklich zeigen kann, daß es im guten Sinne bis auf die Gegenwart rezent geblieben ist. Diese Vermutung erscheint aber noch recht schwer erweislich; ich werde auf die wahrscheinliche Rolle frühester Kindheitserlebnisse für die Traumbildung noch in anderem Zusammenhange (Abschnitt VII) zurückkommen müssen. Von den drei eingangs betrachteten Besonderheiten des Traumgedächtnisses hat sich uns die eine – die Bevorzugung des Nebensächlichen im Trauminhalt – durch ihre Zurückführung auf die *Traumentstellung* befriedigend gelöst. Die beiden anderen, die Auszeichnung des Rezenten wie des Infantilen haben wir bestätigen, aber nicht aus den Motiven des Träumens ableiten können. Wir wollen diese beiden Charaktere, deren Erklärung oder Verwertung uns erübrigt, im Gedächtnis behalten; sie werden anderswo ihre Einreihung finden müssen, entweder in der Psychologie des Schlafzustandes oder bei jenen Erwägungen über den Aufbau des seelischen Apparats, die wir später anstellen werden, wenn wir gemerkt haben, daß man durch die Traumdeutung wie durch eine Fensterlücke in das Innere desselben einen Blick werfen kann.

Ein anderes Ergebnis der letzten Traumanalysen will ich aber gleich hier hervorheben. Der Traum erscheint häufig *mehrdeutig*; es können nicht nur, wie Beispiele zeigen, mehrere Wunscherfüllungen nebeneinander in ihm vereinigt sein; es kann auch ein Sinn, eine Wunscherfüllung die andere decken, bis man zuunterst auf die Erfüllung eines Wunsches aus der ersten Kindheit stößt, und auch hier wieder die Erwägung, ob in diesem Satze das „häufig" nicht richtiger durch „regelmäßig" zu ersetzen ist.[86]

---

[86] Die Übereinanderschichtung der Bedeutungen des Traums ist eines der heikelsten, aber auch inhaltsreichsten Probleme der Traumdeutung. Wer an diese Möglichkeit vergißt, wird leicht irregehen und zur Aufstellung unhaltbarer Behauptungen über das Wesen des Traums verleitet werden. Doch sind über dieses Thema noch viel zu wenige Untersuchungen angestellt worden. Bisher hat nur die ziemlich regelmäßige Symbolschichtung im Harnreiztraume eine gründliche Würdigung durch O. Rank erfahren.

C
Die somatischen Traumquellen

Wenn man den Versuch macht, einen gebildeten Laien für die Probleme des Traumes zu interessieren, und in dieser Absicht die Frage an ihn richtet, aus welchen Quellen wohl nach seiner Meinung die Träume herrühren, so merkt man zumeist, daß der Gefragte im gesicherten Besitz dieses Teils der Lösung zu sein vermeint. Er gedenkt sofort des Einflusses, den gestörte oder beschwerte Verdauung („Träume kommen aus dem Magen"), zufällige Körperlage und kleine Erlebnisse während des Schlafens auf die Traumbildung äußern, und scheint nicht zu ahnen, daß nach Berücksichtigung all dieser Momente etwas der Erklärung Bedürftiges noch erübrigt.

Welche Rolle für die Traumbildung die wissenschaftliche Literatur den somatischen Reizquellen zugesteht, haben wir im einleitenden Abschnitt ausführlich auseinandergesetzt, so daß wir uns hier nur an die Ergebnisse dieser Untersuchung zu erinnern brauchen. Wir haben gehört, daß dreierlei somatische Reizquellen unterschieden werden, die von äußeren Objekten ausgehenden objektiven Sinnesreize, die nur subjektiv begründeten inneren Erregungszustände der Sinnesorgane und die aus dem Körperinnern stammenden Leibreize, und wir haben die Neigung der Autoren bemerkt, neben diesen somatischen Reizquellen etwaige psychische Quellen des Traumes in den Hintergrund zu drängen oder ganz auszuschalten. Bei der Prüfung der Ansprüche, welche zugunsten von somatischen Reizquellen erhoben werden, haben wir erfahren, daß die Bedeutung der objektiven Sinnesorganerregungen – teils zufällige Reize während des Schlafes, teils solche, die sich auch vom schlafenden Seelenleben nicht fernehalten lassen – durch zahlreiche Beobachtungen sichergestellt wird und durch das Experiment eine Bestätigung erfährt daß die Rolle der subjektiven Sinneserregungen durch die Wiederkehr der hypnagogischen Sinnesbilder in den Träumen dargetan erscheint und daß die im weitesten Umfang angenommene Zurückführung unserer Traumbilder und Traumvorstellungen auf inneren Leibreiz zwar nicht in ihrer ganzen Breite beweisbar ist, aber sich an die allbekannte Beeinflussung anlehnen kann, welche der Erregungszustand der Digestions-, Harn- und Sexualorgane auf den Inhalt unserer Träume ausübt.

„Nervenreiz" und „Leibreiz" wären also die somatischen Quellen des Traumes, d. h. nach mehreren Autoren die einzigen Quellen des Traumes überhaupt.

Wir haben aber auch bereits einer Reihe von Zweifeln Gehör geschenkt, welche nicht sowohl die Richtigkeit als vielmehr die Zulänglichkeit der somatischen Reiztheorie anzugreifen schienen.

So sicher sich alle Vertreter dieser Lehre bezüglich deren tatsächlichen Grundlagen fühlen mußten – zumal soweit die akzidentellen und äußeren Nervenreize in Betracht kommen, die im Trauminhalt wiederzufinden keinerlei Mühe erfordert – so blieb doch keiner der Einsicht ferne, daß der reiche Vorstellungsinhalt der Träume eine Ableitung aus den äußeren Nervenreizen allein nicht wohl zulasse. Miß *Mary Whiton Calkins* hat ihre eigenen Träume und die einer zweiten Person durch sechs Wochen hindurch von diesem Gesichtspunkte aus geprüft und nur 13,2 Prozent, respektive 6,7 Prozent, gefunden, in denen das Element äußerer Sinneswahrnehmung nachweisbar war; nur zwei Fälle der Sammlung ließen sich auf organische Empfindungen zurückführen. Die Statistik bestätigt uns hier, was uns bereits eine flüchtige Überschau unserer eigenen Erfahrungen hatte vermuten lassen.

Man beschied sich vielfach, den „Nervenreiztraum" als eine gut erforschte Unterart des Traumes vor anderen Traumformen hervorzuheben. Spitta trennte die Träume in *Nervenreiz- und Assoziationstraum*. Es war aber klar, daß die Lösung unbefriedigend blieb, solange es nicht gelang, das Band zwischen den somatischen Traumquellen und dem Vorstellungsinhalt des Traumes nachzuweisen.

Neben den ersten Einwand, der Unzulänglichkeit in der Häufigkeit der äußeren Reizquellen, stellt sich so als zweiter die Unzulänglichkeit in der Aufklärung des Traums, die durch die Einführung dieser Art von Traumquellen zu erreichen ist. Die Vertreter der Lehre sind uns zwei solcher Aufklärungen schuldig, erstens, warum der äußere Reiz im Traum nicht in seiner wirklichen Natur erkannt, sondern regelmäßig verkannt wird (vergleiche die Weckerträume), und zweitens, warum das Resultat der Reaktion der wahrnehmenden Seele auf diesen verkannten Reiz so unbestimmbar wechselvoll ausfallen kann. Als Antwort auf diese Frage haben wir von *Strümpell* gehört, daß die Seele infolge ihrer Abwendung von der Außenwelt während des Schlafes nicht imstande ist, die richtige Deutung des objektiven Sinnesreizes zu geben, sondern genötigt wird, auf Grund der nach vielen Richtungen unbestimmten Anregung Illusionen zu bilden, in seinen Worten ausgedrückt (S. 108):

„Sobald durch einen äußeren oder inneren Nervenreiz während des Schlafes in der Seele eine Empfindung oder ein Empfindungskomplex, ein Gefühl, überhaupt ein psychischer Vorgang entsteht und von der Seele perzipiert wird, so ruft dieser Vorgang aus dem der Seele vom Wachen her verbliebenen Erfahrungskreise Empfindungsbilder, also frühere Wahrnehmungen, entweder nackt oder mit zugehörigen psychischen Werten hervor, Er sammelt gleichsam um sich eine größere oder kleinere Anzahl solcher Bilder, durch welche der vom Nervenreiz herrührende Eindruck seinen psychischen Wert bekommt. Man sagt gewöhnlich auch hier, wie es der Sprachgebrauch für das wache Verhalten tut, daß die Seele im Schlaf die Nervenreizeindrücke *deute*. Das Resultat dieser Deutung ist der sogenannte *Nervenreiztraum*, d. h. ein Traum; dessen Bestandteile dadurch bedingt sind, daß ein Nervenreiz nach den Gesetzen der Reproduktion seine psychische Wirkung im Seelenleben vollzieht."

In allem Wesentlichen mit dieser Lehre identisch ist die Äußerung von *Wundt*, die Vorstellungen des Traumes gehen jedenfalls zum größten Teil von Sinnesreizen aus, namentlich auch von solchen des allgemeinen Sinnes, und sind daher zumeist phantastische Illusionen, wahrscheinlich nur zum kleineren Teil reine, zu Halluzinationen gesteigerte Erinnerungsvorstellungen. Für das Verhältnis des Trauminhalts zu den Traumreizen, welches sich nach dieser Theorie ergibt, findet *Strümpell* das treffliche Gleichnis (S. 84), es sei, wie „wenn die zehn Finger eines der Musik ganz unkundigen Menschen über die Tasten des Instrumentes hinlaufen". Der Traum erschiene so nicht als ein seelisches Phänomen, aus psychischen Motiven entsprungen, sondern als der Erfolg eines physiologischen Reizes, der sich in psychischer Symptomatologie äußert, weil der vom Reiz betroffene Apparat keiner anderen Äußerung fähig ist. Auf eine ähnliche Voraussetzung ist z. B. die Erklärung der Zwangsvorstellungen aufgebaut, die *Meynert* durch das berühmte Gleichnis vom Zifferblatt, auf dem einzelne Zahlen stärker gewölbt vorspringen, zu geben versuchte.

So beliebt die Lehre von den somatischen Traumreizen geworden ist und so bestechend sie erscheinen mag, so ist es doch leicht, den schwachen Punkt in ihr aufzuweisen. Jeder somatische Traumreiz, welcher im Schlafe den seelischen Apparat zur Deutung durch Illusionsbildung auffordert, kann ungezählt viele solcher Deutungsversuche anregen, also in ungemein verschiedenen Vorstellungen seine Vertretung im Trauminhalt erreichen.[87] Die Lehre von *Strümpell* und *Wundt* ist aber unfähig, irgendein Motiv anzugeben, welches die Beziehung zwischen dem äußeren Reiz und der zu seiner Deutung gewählten Traumvorstellung regelt, also die „sonderbare Auswahl" zu erklären, welche die Reize „oft genug bei ihrer produktiven Wirksamkeit treffen". (*Lipps, Grundtatsachen des Seelenlebens*, S. 170.) Andere Einwendungen richten sich gegen die Grundvoraussetzung der ganzen Illusionslehre, daß die Seele im Schlaf nicht in der Lage sei, die wirkliche Natur der objektiven Sinnesreize zu erkennen. Der alte Physiologe *Burdach* beweist uns, daß die Seele auch im Schlafe sehr wohl fähig ist, die an sie gelangenden Sinneseindrücke richtig zu deuten und der richtigen Deutung

---

[87] Ich möchte jedermann raten, die in zwei Bänden gesammelten, ausführlichen und genauen Protokolle experimentell erzeugter Träume von Mourly Vold durchzulesen, um sich zu überzeugen, wie wenig Aufklärung der Inhalt des einzelnen Traums in den angegebenen Versuchsbedingungen findet und wie gering überhaupt der Nutzen solcher Experimente für das Verständnis der Traumprobleme ist.

gemäß zu reagieren, indem er ausführt, daß man gewisse, dem Individuum wichtig erscheinende Sinneseindrücke von der Vernachlässigung während des Schlafes ausnehmen kann (Amme und Kind) und daß man durch den eigenen Namen weit sicherer geweckt wird als durch einen gleichgültigen Gehörseindruck, was ja voraussetzt, daß die Seele auch im Schlafe zwischen den Sensationen unterscheidet (Abschnitt I). *Burdach* folgert aus diesen Beobachtungen, daß während des Schlafzustandes nicht eine Unfähigkeit, die Sinnesreize zu deuten, sondern ein *Mangel an Interesse* für sie anzunehmen ist. Die nämlichen Argumente, die *Burdach* 1830 verwendet, kehren dann zur Bekämpfung der somatischen Reiztheorie unverändert bei *Lipps* im Jahre 1883 wieder. Die Seele erscheint uns demnach so wie der Schläfer in der Anekdote, der auf die Frage „Schläfst du?" antwortet „nein", nach der zweiten Anrede, „dann leih mir zehn Gulden", aber sich hinter der Ausrede verschanzt: „Ich schlafe."

Die Unzulänglichkeit der Lehre von den somatischen Traumreizen läßt sich auch auf andere Weise dartun. Die Beobachtung zeigt, daß ich durch äußere Reize nicht zum Träumen genötigt werde, wenngleich diese Reize im Trauminhalt erscheinen, sobald und für den Fall, daß ich träume. Gegen einen Haut- oder Druckreiz etwa, der mich im Schlafe befällt, stehen mir verschiedene Reaktionen zu Gebote. Ich kann ihn überhören und dann beim Erwachen finden, daß z. B. ein Bein unbedeckt oder ein Arm gedrückt war; die Pathologie zeigt mir ja die zahlreichsten Beispiele, daß verschiedenartige und kräftig erregende Empfindungs- und Bewegungsreize während des Schlafes wirkungslos bleiben. Ich kann die Sensation während des Schlafes verspüren, gleichsam durch den Schlaf hindurch, wie es in der Regel mit schmerzhaften Reizen geschieht, aber ohne den Schmerz in einen Traum zu verweben; und ich kann drittens auf den Reiz erwachen, um ihn zu beseitigen.[88] Erst eine vierte mögliche Reaktion ist, daß ich durch den Nervenreiz zum Traum veranlaßt werde; die anderen Möglichkeiten werden aber mindestens ebenso häufig vollzogen wie die der Traumbildung. Diese könnte nicht geschehen, wenn nicht das *Motiv des Träumens außerhalb der somatischen Reizquellen läge.*

In gerechter Würdigung jener oben aufgedeckten Lücke, in der Erklärung des Traums durch somatische Reize haben nun andere Autoren – *Scherner*, dem der Philosoph *Volkelt* sich anschloß – die Seelentätigkeiten, welche aus den somatischen Reizen die bunten Traumbilder entstehen lassen, näher zu bestim-

---

[88] Vgl. hiezu K. Landauer, *Handlungen des Schlafenden* (Zeitschr. f.d. gesamte Neurologie und Psychiatrie, XXXIX,1918). Es gibt für jeden Beobachter sichtbare, sinnvolle Handlungen des Schlafenden. Der Schläfer ist nicht absolut verblödet, im Gegenteil: er vermag logisch und willensstark zu handeln.

men gesucht, also doch wieder das Wesen des Träumens ins Seelische und in eine psychische Aktivität verlegt. *Scherner* gab nicht nur eine poetisch nachempfundene, glühend belebte Schilderung der psychischen Eigentümlichkeiten, die sich bei der Traumbildung entfalten, er glaubte auch das Prinzip erraten zu haben, nach dem die Seele mit den ihr dargebotenen Reizen verfährt. In freier Betätigung der ihrer Tagesfesseln entledigten Phantasie strebt nach *Scherner* die Traumarbeit dahin, die Natur des Organs, von dem der Reiz ausgeht, und die Art dieses Reizes *symbolisch* darzustellen. Es ergibt sich so eine Art von Traumbuch als Anleitung zur Deutung der Träume, mittels dessen aus Traumbildern auf Körpergefühle, Organzustände und Reizzustände geschlossen werden darf. „So drückt das Bild der Katze die ärgerliche Mißstimmung des Gemütes aus, das Bild des hellen und glatten Gebäcks die Leibesnacktheit." Der menschliche Leib als Ganzes wird von der Traumphantasie als Haus vorgestellt, das einzelne Körperorgan durch einen Teil des Hauses. In den „Zahnreizträumen" entspricht dem Mundorgan ein hochgewölbter Hausflur und dem Hinabfall des Schlundes zur Speiseröhre eine Treppe, „im ‚Kopfschmerztraum' wird zur Bezeichnung der Höhenstellung des Kopfes die Decke eines Zimmers gewählt, welche mit ekelhaften, krötenartigen Spinnen bedeckt ist." „Diese Symbole werden vom Traum in mehrfacher Auswahl für das nämliche Organ verwendet; so findet die atmende Lunge in dem flammenerfüllten Ofen mit seinem Brausen ihr Symbol, das Herz in hohlen Kisten und Körben, die Harnblase in runden, beutelförmigen oder überhaupt nur ausgehöhlten Gegenständen." „Besonders wichtig ist es, daß am Schlusse des Traumes öfters das erregende Organ oder dessen Funktion unverhüllt hingestellt wird, und zwar zumeist an dem eigenen Leib des Träumers. So endet der ‚Zahnreiztraum' gewöhnlich damit, daß der Träumer sich einen Zahn aus dem Munde zieht." Man kann nicht sagen, daß diese Theorie der Traumdeutung viel Gunst bei den Autoren gefunden hat. Sie erschien vor allem extravagant; man hat selbst gezögert, das Stück Berechtigung herauszufinden, das sie nach meinem Urteil beanspruchen darf. Sie führt, wie man sieht, zur Wiederbelebung der Traumdeutung mittels *Symbolik*, deren sich die Alten bedienten, nur daß das Gebiet, aus welchem die Deutung geholt werden soll, auf den Umfang der menschlichen Leiblichkeit beschränkt wird. Der Mangel einer wissenschaftlich faßbaren Technik bei der Deutung muß die Anwendbarkeit der *Schernerschen* Lehre schwer beeinträchtigen. Willkür in der Traumdeutung scheint keineswegs ausgeschlossen, zumal da auch hier ein Reiz sich in mehrfachen Vertretungen im Trauminhalt äußern kann; so hat bereits *Scherners* Anhänger *Volkelt* die Darstellung des Körpers als Haus nicht bestätigen können. Es muß auch Anstoß erregen, daß hier wiederum der Seele die Traumarbeit als nutz- und ziellose Betätigung auferlegt ist, da sich doch nach der in Rede stehenden Lehre die

Seele damit begnügt, über den sie beschäftigenden Reiz zu phantasieren, ohne daß etwas wie eine Erledigung des Reizes in der Ferne winkte.

Von einem Einwand aber wird die *Schernersche* Lehre der Symbolisierung von Leibreizen durch den Traum schwer getroffen. Diese Leibreize sind jederzeit vorhanden, die Seele ist für sie nach allgemeiner Annahme während des Schlafens zugänglicher als im Wachen. Man versteht dann nicht, warum die Seele nicht kontinuierlich die Nacht hindurch träumt, und zwar jede Nacht von allen Organen. Will man sich diesem Einwand durch die Bedingung entziehen, es müßten vom Auge, Ohr, von den Zähnen, Därmen usw. besondere Erregungen ausgehen, um die Traumtätigkeit zu wecken, so steht man vor der Schwierigkeit, diese Reizsteigerungen als objektiv zu erweisen, was nur in einer geringen Zahl von Fällen möglich ist. Wenn der Traum vom Fliegen eine Symbolisierung des Auf- und Niedersteigens der Lungenflügel bei der Atmung bedeutet so müßte entweder dieser Traum, wie schon *Strümpell* bemerkt, weit häufiger geträumt werden oder eine gesteigerte Atmungtätigkeit während dieses Traumes nachweisbar sein. Es ist noch ein dritter Fall möglich, der wahrscheinlichste von allen, daß nämlich zeitweise besondere Motive wirksam sind, um den gleichmäßig vorhandenen viszeralen Sensationen Aufmerksamkeit zuzuwenden, aber dieser Fall führt bereits über die *Schernersche* Theorie hinaus.

Der Wert der Erörterungen von *Scherner* und *Volkelt* liegt darin, daß sie auf eine Reihe von Charakteren des Trauminhalts aufmerksam machen, welche der Erklärung bedürftig sind und neue Erkenntnisse zu verdecken scheinen. Es ist ganz richtig, daß in den Träumen Symbolisierungen von Körperorganen und Funktionen enthalten sind, daß Wasser im Traum häufig auf Harnreiz deutet, daß das männliche Genitale durch einen aufrecht stehenden Stab oder eine Säule dargestellt werden kann usw. In Träumen, welche ein sehr bewegtes Gesichtsfeld und leuchtende Farben zeigen, im Gegensatz zu der Mattigkeit anderer Träume, kann man die Deutung als „Gesichtsreiztraum" kaum abweisen, ebensowenig den Beitrag der Illusionsbildung in Träumen bestreiten, welche Lärm und Stimmengewirr enthalten. Ein Traum wie der von *Scherner,* daß zwei Reihen schöner blonder Knaben auf einer Brücke einander gegenüberstehen, sich gegenseitig angreifen, dann wieder ihre alte Stellung einnehmen, bis endlich der Träumer sich auf eine Brücke setzt und einen langen Zahn aus seinem Kiefer zieht; oder ein ähnlicher von *Volkelt*, in dem zwei Reihen von Schubladen eine Rolle spielen und der wiederum mit dem Ausziehen eines Zahnes endigt: dergleichen bei beiden Autoren in großer Fülle mitgeteilte Traumbildungen lassen es nicht zu, daß man die *Schernersche* Theorie als müßige Erfindung beiseite wirft, ohne nach ihrem guten Kern zu forschen. Es stellt sich dann die Aufgabe, für die vermeintliche Symbolisierung des angeblichen Zahnreizes eine andersartige Aufklärung zu erbringen.

Ich habe es die ganze Zeit über, welche uns die Lehre von den somatischen Traumquellen beschäftigte, unterlassen, jenes Argument geltend zu machen, welches sich aus unseren Traumanalysen ableitet. Wenn wir durch ein Verfahren, das andere Autoren auf ihr Material an Träumen nicht angewendet hatten, erweisen konnten, daß der Traum einen ihm eigenen Wert als psychische Aktion besitzt, daß ein Wunsch das Motiv seiner Bildung wird und daß die Erlebnisse des Vortages das nächste Material für seinen Inhalt abgeben, so ist jede andere Traumlehre, welche ein so wichtiges Untersuchungsverfahren vernachlässigt und dementsprechend den Traum als eine nutzlose und rätselhafte psychische Reaktion auf somatische Reize erscheinen läßt, auch ohne besondere Kritik gerichtet. Es müßte denn, was sehr unwahrscheinlich ist, zwei ganz verschiedene Arten von Träumen geben, von denen die eine nur uns, die andere nur den früheren Beurteilern des Traumes untergekommen ist. Es erübrigt nur noch, den Tatsachen, auf welche sich die gebräuchliche Lehre von den somatischen Traumreizen stützt, eine Unterbringung innerhalb unserer Traumlehre zu verschaffen.

Den ersten Schritt hiezu haben wir bereits getan, als wir den Satz aufstellten, daß die Traumarbeit unter dem Zwange stehe, alle gleichzeitig vorhandenen Traumanregungen zu einer Einheit zu verarbeiten. Wir sahen, daß, wenn zwei oder mehr eindrucksfähige Erlebnisse vom Vortage übriggeblieben sind, die aus ihnen sich ergebenden Wünsche in einem Traume vereinigt werden, desgleichen, daß zum Traummaterial der psychisch wertvolle Eindruck und die indifferenten Erlebnisse des Vortages zusammentreten, vorausgesetzt, daß sich kommunizierende Vorstellungen zwischen beiden herstellen lassen. Der Traum erscheint somit als Reaktion auf alles, was in der schlafenden Psyche gleichzeitig als aktuell vorhanden ist. Soweit wir also das Traummaterial bisher analysiert haben, erkannten wir es als eine Sammlung von psychischen Resten, Erinnerungsspuren, denen wir (wegen der Bevorzugung des rezenten und des infantilen Materials) einen psychologisch derzeit unbestimmbaren Charakter von Aktualität zusprechen mußten. Es schafft uns nun nicht viel Verlegenheit vorherzusagen, was geschehen wird, wenn zu diesen Erinnerungsaktualitäten neues Material an Sensationen während des Schlafzustandes hinzutritt. Diese Erregungen erlangen wiederum eine Wichtigkeit für den Traum dadurch, daß sie aktuell sind; sie werden mit den anderen psychischen Aktualitäten vereinigt, um das Material für die Traumbildung abzugeben. Die Reize während des Schlafes werden, um es anders zu sagen, in eine Wunscherfüllung verarbeitet, deren andere Bestandteile die uns bekannten psychischen Tagesreste sind. Diese Vereinigung *muß* nicht vollzogen werden; wir haben ja gehört, daß gegen körperliche Reize während des Schlafes mehr als eine Art des Verhaltens möglich ist. Wo sie vollzogen wird, da ist es eben gelungen, ein Vorstellungsmaterial für den Trauminhalt zu finden, welches für beiderlei Traumquellen, die somatischen wie die psychischen, eine Vertretung darstellt.

Das Wesen des Traumes wird nicht verändert, wenn zu den psychischen Traumquellen somatisches Material hinzutritt; er bleibt eine Wunscherfüllung, gleichgültig wie deren Ausdruck durch das aktuelle Material bestimmt wird.

Ich will hier gerne Raum lassen für eine Reihe von Eigentümlichkeiten, welche die Bedeutung äußerer Reize für den Traum veränderlich gestalten können. Ich stelle mir vor, daß ein Zusammenwirken individueller, physiologischer und zufälliger, in den jeweiligen Umständen gegebener Momente darüber entscheidet, wie man sich in den einzelnen Fällen von intensiverer objektiver Reizung während des Schlafes benehmen wird; die habituelle akzidentelle Schlaftiefe im Zusammenhalt mit der Intensität des Reizes wird es das eine Mal ermöglichen, den Reiz so zu unterdrücken, daß er im Schlaf nicht stört, ein anderes Mal dazu nötigen aufzuwachen oder den Versuch unterstützen, den Reiz durch Verwebung in einen Traum zu überwinden. Der Mannigfaltigkeit dieser Konstellationen entsprechend, werden äußere objektive Reize bei dem einen häufiger oder seltener im Traum zum Ausdruck kommen als bei dem anderen. Bei mir, der ich ein ausgezeichneter Schläfer bin und hartnäckig daran festhalte, mich durch keinen Anlaß im Schlaf stören zu lassen, ist die Einmengung äußerer Erregungsursachen in die Träume sehr selten, während psychische Motive mich doch offenbar sehr leicht zum Träumen bringen. Ich habe eigentlich nur einen einzigen Traum aufgezeichnet, in dem eine objektive, schmerzhafte Reizquelle zu erkennen ist, und gerade in diesem Traum wird es sehr lehrreich werden nachzusehen, welchen Traumerfolg der äußere Reiz hat.

Ich reite auf einem grauen Pferd, zuerst zaghaft und ungeschickt, als ob ich nur angelehnt wäre. Da begegne ich einem Kollegen P., der im Lodenanzug hoch zu Roß sitzt und mich an etwas mahnt (wahrscheinlich, daß ich schlecht sitze). Nun finde ich mich auf dem höchst intelligenten Roß immer mehr zurecht, sitze bequem und merke, daß ich oben ganz heimisch bin. Als Sattel habe ich eine Art Polster, das den Raum zwischen Hals und Kruppe des Pferdes vollkommen ausfüllt. Ich reite so knapp zwischen zwei Lastwagen hindurch. Nachdem ich die Straße eine Strecke weit geritten bin, kehre ich um und will absteigen, zunächst vor einer kleinen offenen Kapelle, die in der Straßenfront liegt. Dann steige ich wirklich vor einer ihr nahe stehenden ab; das Hotel ist in derselben Straße; ich könnte das Pferd allein hingehen lassen, ziehe es aber vor, es bis dahin zu führen. Es ist, als ob ich mich schämen würde, dort als Reiter anzukommen. Vor dem Hotel steht ein Hotelbursche, der mir einen Zettel zeigt, der von mir gefunden wurde, und mich darum verspottet. Auf dem Zettel steht, zweimal unterstrichen: Nichts essen, und dann ein zweiter Vorsatz (undeutlich) wie: nichts arbeiten; dazu eine dumpfe Idee, daß ich in einer fremden Stadt bin, in der ich nichts arbeite.

Dem Traum wird man zunächst nicht anmerken, daß er unter dem Einflusse, unter dem Zwange vielmehr, eines Schmerzreizes entstanden ist. Ich hatte aber tags vorher an Furunkeln gelitten, die mir jede Bewegung zur Qual machten, und zuletzt war ein Furunkel an der Wurzel des Skrotum zur Apfelgröße herangewachsen, hatte mir bei jedem Schritt die unerträglichsten Schmerzen bereitet, und fieberhafte Müdigkeit, Eßunlust, die trotzdem festgehaltene schwere Arbeit des Tages hatten sich mit den Schmerzen vereint, um meine Stimmung zu stören. Ich war nicht recht fähig, meinen ärztlichen Aufgaben nachzukommen, aber bei der Art und bei dem Sitz des Übels ließ sich an eine andere Verrichtung denken, für die ich sicherlich so untauglich gewesen wäre wie für keine andere, und diese ist das Reiten. Gerade in diese Tätigkeit versetzt mich nun der Traum; es ist die energischste Negation des Leidens, die der Vorstellung zugänglich ist. Ich kann überhaupt nicht reiten, träume auch sonst nicht davon, bin überhaupt nur einmal auf einem Pferd gesessen und damals ohne Sattel, und es behagte mir nicht. Aber in diesem Traum reite ich, als ob ich keinen Furunkel am Damm hätte, *nein gerade weil ich keinen haben will.* Mein Sattel ist der Beschreibung gemäß der Breiumschlag, der mir das Einschlafen ermöglicht hat. Wahrscheinlich habe ich durch die ersten Stunden des Schlafes – so verwahrt – nichts von meinem Leiden verspürt. Dann meldeten sich die schmerzhaften Empfindungen und wollten mich aufwecken, da kam der Traum und sagte beschwichtigend: „Schlaf doch weiter, du wirst doch nicht aufwachen! Du hast ja gar keinen Furunkel, denn du reitest ja auf einem Pferd, und mit einem Furunkel an der Stelle kann man doch nicht reiten!" Und es gelang ihm so; der Schmerz wurde übertäubt, und ich schlief weiter.

Der Traum hat sich aber nicht damit begnügt, mir durch die hartnäckige Festhaltung einer mit dem Leiden unverträglichen Vorstellung, den Furunkel „abzusuggerieren", wobei er sich benommen wie der halluzinatorische Wahnsinn der Mutter, die ihr Kind verloren hat[89], oder des Kaufmannes, den Verluste um sein Vermögen gebracht haben; sondern die Einzelheiten der abgeleugneten Sensation und des zu ihrer Verdrängung gebrauchten Bildes dienen ihm auch als Material, um das, was sonst in der Seele aktuell vorhanden ist, an die Situation des Traumes anzuknüpfen und zur Darstellung zu bringen. Ich reite ein *graues* Pferd, die Farbe des Pferdes entspricht genau dem pfeffer- und salzfarbigen Dress, in dem ich dem Kollegen P. zuletzt auf dem Lande begegnet bin. *Scharfgewürzte* Nahrung ist mir als die Ursache der Furunkulose vorgehalten worden, immerhin als Ätiologie dem *Zucker* vorzuziehen, an den man bei Furunkulose denken kann. Freund P. liebt es, sich mir gegenüber aufs *hohe Roß* zu setzen, seit-

---

[89] Vergleiche die Stelle bei Griesinger und die Bemerkung in meinem zweiten Aufsatz über die Abwehr-Neuropsychosen, Neurologisches Zentralblatt 1896.

dem er mich bei einer Patientin abgelöst, mit der ich große *Kunststücke* ausgeführt hatte (ich sitze im Traum auf dem Pferd zuerst wie ein *Kunstreiter* tangential), die mich aber wirklich, wie das Roß in der Anekdote den Sonntagsreiter, geführt hat, wohin sie wollte. So kommt das Roß zur symbolischen Bedeutung einer Patientin (es ist im Traum *höchst intelligent*). „*Ich fühle mich ganz heimisch oben*" geht auf die Stellung, die ich in dem Hause innehatte, ehe ich durch P. ersetzt wurde. „*Ich habe gemeint, Sie sitzen oben fest im Sattel*", hat mir mit Beziehung auf dasselbe Haus einer meiner wenigen Gönner unter den großen Ärzten dieser Stadt vor kurzem gesagt. Es war auch ein *Kunststück*, mit solchen Schmerzen acht bis zehn Stunden täglich Psychotherapie zu treiben, aber ich weiß, daß ich ohne volles körperliches Wohlbefinden meine besonders schwierige Arbeit nicht lange fortsetzen kann, und der Traum ist voll düsterer Anspielungen auf die Situation, die sich dann ergeben muß (der *Zettel*, wie ihn die Neurastheniker haben und dem Arzte vorzeigen): – *Nicht arbeiten und nicht essen.* Bei weiterer Deutung sehe ich, daß es der Traumarbeit gelungen ist, von der Wunschsituation des Reitens den Weg zu finden zu sehr frühen Kinderstreitszenen, die sich zwischen mir und einem jetzt in England lebenden, übrigens um ein Jahr älteren Neffen abgespielt haben mußten. Außerdem hat er Elemente aus meinen Reisen in Italien aufgenommen; die Straße im Traum ist aus Eindrücken von Verona und von Siena zusammengesetzt. Noch tiefer gehende Deutung führt zu sexuellen Traumgedanken, und ich erinnere mich, was bei einer Patientin, die nie in Italien war, die Traumanspielungen an das schöne Land bedeuten sollten (*gen Italien – Genitalien*), nicht ohne Anknüpfung gleichzeitig an das Haus, in dem ich vor Freund P. Arzt war, und an die Stelle, an welcher mein Furunkel sitzt.

In einem anderen Traume gelang es mir auf ähnliche Weise, eine *diesmal* von einer Sinnesreizung drohende Schlafstörung abzuwehren, aber es war nur ein Zufall, der mich in den Stand setzte, den Zusammenhang des Traumes mit dem zufälligen Traumreiz zu entdecken und solcherart den Traum zu verstehen. Eines Morgens erwachte ich, es war im Hochsommer, in einem tirolischen Höhenort, mit dem Wissen, geträumt zu haben: *Der Papst ist gestorben.* Die Deutung dieses kurzen, nicht visuellen Traumes gelang mir nicht. Ich erinnerte mich nur der einen Anlehnung für den Traum, daß in der Zeitung kurze Zeit vorher ein leichtes Unwohlsein Sr. Heiligkeit gemeldet worden war. Aber im Laufe des Vormittags fragte meine Frau: „Hast du heute morgens das fürchterliche Glockenläuten gehört?" Ich wußte nichts davon, daß ich es gehört hatte, aber ich verstand jetzt meinen Traum. Er war die Reaktion meines Schlafbedürfnisses auf den Lärm gewesen, durch den die frommen Tiroler mich wecken wollten. Ich rächte mich an ihnen durch die Folgerung, die den Inhalt des Traumes bildet, und schlief nun ganz ohne Interesse für das Geläute weiter.

Unter den in den vorstehenden Abschnitten erwähnten Träumen fänden sich bereits mehrere, die als Beispiele für die Verarbeitung sogenannter Nervenreize dienen können. Der Traum vom Trinken in vollen Zügen ist ein solcher; in ihm ist der somatische Reiz anscheinend die einzige Traumquelle, der aus der Sensation entspringende Wunsch – der Durst – das einzige Traummotiv. Ähnlich ist, es in anderen einfachen Träumen, wenn der somatische Reiz für sich allein einen Wunsch zu bilden vermag. Der Traum der Kranken, die nachts den Kühlapparat von der Wange abwirft, zeigt eine ungewöhnliche Art, auf Schmerzensreize mit Wunscherfüllung zu reagieren; es scheint, daß es der Kranken vorübergehend gelungen war, sich analgisch zu machen, wobei sie ihre Schmerzen einem Fremden zuschob.

Mein Traum von den drei Parzen ist ein offenbarer Hungertraum, aber er weiß das Nahrungsbedürfnis bis auf die Sehnsucht des Kindes nach der Mutterbrust zurückzuschieben und die harmlose Begierde zur Decke für eine ernstere, die sich nicht so unverhüllt äußern darf, zu benützen. Im Traume vom Grafen Thun konnten wir sehen, auf welchen Wegen ein akzidentell gegebenes körperliches Bedürfnis mit den stärksten aber auch stärkst unterdrückten Regungen des Seelenlebens in Verbindung gebracht wird. Und wenn, wie in dem von Garnier berichteten Falle, der Erste Konsul das Geräusch der explodierenden Höllenmaschine in einen Schlachtentraum verwebt, ehe er davon erwacht, so offenbart sich darin ganz besonders klar das Bestreben, in dessen Dienst die Seelentätigkeit sich überhaupt um die Sensationen während des Schlafes kümmert. Ein junger Advokat, der, voll von seinem ersten großen Konkurs, des Nachmittags einschläft, benimmt sich ganz ähnlich wie der große Napoleon. Er träumt von einem gewissen G. Reich in *Hussiatyn*, den er aus einem Konkurs kennt, aber *Hussiatyn* drängt sich weiter gebieterisch auf; er muß erwachen und hört seine Frau, die an einem Bronchialkatarrh leidet, heftig – husten.

Halten wir diesen Traum des ersten Napoleon, der übrigens ein ausgezeichneter Schläfer war, und jenen anderen des langschläfrigen Studenten zusammen, der von seiner Zimmerfrau geweckt, er müsse ins Spital, sich in ein Spitalsbett träumt und dann mit der Motivierung weiterschläft: Wenn ich schon im Spital bin, brauche ich ja nicht aufzustehen, um hinzugehen. Der letztere ist ein offenbarer Bequemlichkeitstraum, der Schläfer gesteht sich das Motiv seines Träumens unverhohlen ein, deckt aber damit eines der Geheimnisse des Träumens überhaupt auf. In gewissem Sinne sind alle Träume – *Bequemlichkeitsträume*; sie dienen der Absicht, den Schlaf fortzusetzen, anstatt zu erwachen. Der *Traum ist der Wächter des Schlafes, nicht sein Störer*. Gegen die psychisch erweckenden Momente werden wir diese Auffassung an anderer Stelle rechtfertigen; ihre Anwendbarkeit auf die Rolle der objektiven äußeren Reize können wir hier bereits begründen. Die Seele kümmert sich entweder überhaupt nicht um die Anlässe zu Sensationen während des Schlafens, wenn sie dies gegen die Intensität und die von ihr wohlverstandene Bedeutung dieser Reize vermag; oder sie verwendet den Traum dazu, diese Reize in Abrede zu stellen, oder drittens, wenn sie dieselben anerkennen muß, so sucht sie jene Deutung derselben auf, welche die aktuelle Sensation als einen Teilbestand einer gewünschten und mit dem Schlafen verträglichen Situation hinstellt. Die aktuelle Sensation wird in einen Traum verflochten, *um ihr die Realität zu rauben*. Napoleon darf weiter schlafen; es ist ja nur eine Traumerinnerung an den Kanonendonner von Arcole, was ihn stören will.[90]

Der Wunsch zu schlafen (auf den sich das bewußte Ich eingestellt hat und der nebst der Traumzensur und der später zu erwähnenden „sekundären Bearbeitung" dessen Beitrag zum Träumen darstellt) muß so als Motiv der Traumbildung jedesmal eingerechnet werden, und jeder gelungene Traum ist eine Erfüllung desselben. Wie dieser allgemeine, regelmäßig vorhandene und sich gleichbleibende Schlafwunsch sich zu den anderen Wünschen stellt, von denen bald der, bald jener durch den Trauminhalt erfüllt werden, dies wird Gegenstand einer anderen Auseinandersetzung sein. In dem Schlafwunsch haben wir aber jenes Moment aufgedeckt, welches die Lücke in der *Strümpell-Wundtschen* Theorie auszufüllen, die Schiefheit und Launenhaftigkeit in der Deutung des äußeren Reizes aufzuklären vermag. Die richtige Deutung, deren die schlafende Seele sehr wohl fähig ist, nähme ein tätiges Interesse in Anspruch, stellte die Anforderung, dem Schlaf ein Ende zu machen; es werden darum von den überhaupt möglichen Deutungen nur solche zugelassen, die mit der absolutistisch geübten Zensur des Schlafwunsches vereinbar sind. Etwa: Die Nachtigall ist's und nicht die Lerche. Denn wenn's die Lerche ist, so hat die Liebesnacht ihr Ende gefunden. Unter den nun zulässigen Deutungen des Reizes wird dann jene ausgewählt, welche die beste Verknüpfung mit den in der Seele lauernden Wunschregungen erwerben kann. So ist alles eindeutig bestimmt und nichts der Willkür überlassen. Die Mißdeutung ist nicht Illusion, sondern – wenn man so will – Ausrede. Hier ist aber wiederum, wie bei dem Ersatz durch Verschiebung zu Diensten der Traumzensur, ein Akt der Beugung des normalen, psychischen Vorganges zuzugeben.

Wenn die äußeren Nerven- und inneren Leibreize intensiv genug sind, um sich psychische Beachtung zu erzwingen, so stellen sie – falls überhaupt Träumen und nicht Erwachen ihr Erfolg ist – einen festen Punkt für die Traumbildung dar, einen Kern im Traummaterial, zu dem eine entsprechende Wunscherfüllung

---

[90] Der Inhalt dieses Traumes wird in den zwei Quellen, aus denen ich ihn kenne, nicht übereinstimmend erzählt.

in ähnlicher Weise gesucht wird, wie die vermittelnden Vorstellungen zwischen zwei psychischen Traumreizen. Es ist insofern für eine Anzahl von Träumen richtig, daß in ihnen das somatische Element den Trauminhalt kommandiert. In diesem extremen Falle wird selbst behufs der Traumbildung ein gerade nicht aktueller Wunsch geweckt. Der Traum kann aber nicht anders als einen Wunsch in einer Situation als erfüllt darstellen; er ist gleichsam vor die Aufgabe gestellt zu suchen, welcher Wunsch durch die nun aktuelle Sensation als erfüllt dargestellt werden kann. Ist dies aktuelle Material von schmerzlichem oder peinlichem Charakter, so ist es doch darum zur Traumbildung nicht unbrauchbar. Das Seelenleben verfügt auch über Wünsche, deren Erfüllung Unlust hervorruft, was ein Widerspruch scheint, aber durch die Berufung auf das Vorhandensein zweier psychischer Instanzen und die zwischen ihnen bestehende Zensur erklärlich wird.

Es gibt, wie wir gehört haben, im Seelenleben *verdrängte* Wünsche, die dem ersten System angehören, gegen deren Erfüllung das zweite System sich sträubt. Es gibt ist nicht etwa historisch gemeint, daß es solche Wünsche gegeben und diese dann vernichtet worden sind; sondern die Lehre von der Verdrängung, deren man in der Psychoneurotik bedarf, behauptet, daß solche verdrängte Wünsche noch existieren, gleichzeitig aber eine Hemmung, die auf ihnen lastet. Die Sprache trifft das Richtige, wenn sie vom „*Unterdrücken*" solcher Impulse redet. Die psychische Veranstaltung, damit solche unterdrückte Wünsche zur Realisierung durchdringen, bleibt erhalten und gebrauchsfähig. Ereignet es sich aber, daß solch ein unterdrückter Wunsch doch vollzogen wird, so äußert sich die überwundene Hemmung des zweiten (bewußtseinsfähigen) Systems als Unlust. Um nun diese Erörterung zu schließen: wenn Sensationen mit Unlustcharakter im Schlafe aus somatischen Quellen vorhanden sind, so wird diese Konstellation von der Traumarbeit benützt, um die Erfüllung eines sonst unterdrückten Wunsches – mit mehr oder weniger Beibehalt der Zensur – darzustellen.

Dieser Sachverhalt ermöglicht eine Reihe von Angstträumen, während eine andere Reihe dieser der Wunschtheorie ungünstigen Traumbildungen einen anderen Mechanismus erkennen läßt. Die Angst in den Träumen kann nämlich eine psychoneurotische sein, aus psychosexuellen Erregungen stammen, wobei die Angst verdrängter Libido entspricht. Dann hat diese Angst wie der ganze Angsttraum die Bedeutung eines neurotischen Symptoms, und wir stehen an der Grenze, wo die wunscherfüllende Tendenz des Traumes scheitert. In anderen Angstträumen aber ist die Angstempfindung somatisch gegeben (etwa wie bei Lungen- und Herzkranken bei zufälliger Atembehinderung), und dann wird sie dazu benützt, solchen energisch unterdrückten Wünschen zur Erfüllung als Traum zu verhelfen, deren Träumen aus psychischen Motiven die gleiche Angstentbindung zur Folge gehabt hätte. Es ist nicht schwer, die beiden scheinbar gesonderten Fälle zu vereinigen. Von zwei psychischen Bildungen, einer Affektneigung und einem Vorstellungsinhalt, die innig zusammengehören, hebt die eine, die aktuell gegeben ist, auch im Traum die andere; bald die somatisch gegebene Angst den unterdrückten Vorstellungsinhalt, bald der aus der Verdrängung befreite, mit sexueller Erregung einhergehende Vorstellungsinhalt die Angstentbindung. Von dem einen Fall kann man sagen, daß ein somatisch gegebener Affekt psychisch gedeutet wird; im anderen Falle ist alles psychisch gegeben, aber der unterdrückt gewesene Inhalt ersetzt sich leicht durch eine zur Angst passende somatische Deutung. Die Schwierigkeiten, die sich hier für das Verständnis ergeben, haben mit dem Traum nur wenig zu tun; sie rühren daher, daß wir mit diesen Erörterungen die Probleme der Angstentwicklung und der Verdrängung streifen.

Zu den kommandierenden Traumreizen aus der inneren Leiblichkeit gehört unzweifelhaft die körperliche Gesamtstimmung. Nicht daß sie den Trauminhalt liefern könnte, aber sie nötigt den Traumgedanken eine Auswahl aus dem Material auf, welches zur Darstellung im Trauminhalt dienen soll, indem sie den einen Teil dieses Materials, als zu ihrem Wesen passend, nahelegt, den anderen fernehält. Überdies ist ja wohl diese Allgemeinstimmung vom Tage her mit den für den Traum bedeutsamen psychischen Resten verknüpft. Dabei kann diese Stimmung selbst im Traume erhalten bleiben oder überwunden werden, so daß sie, wenn unlustvoll, ins Gegenteil umschlägt.

Wenn die somatischen Reizquellen während des Schlafes – die Schlafsensationen also – nicht von ungewöhnlicher Intensität sind, so spielen sie nach meiner Schätzung für die Traumbildung eine ähnliche Rolle wie die als rezent verbliebenen, aber indifferenten Eindrücke des Tages. Ich meine nämlich, sie werden zur Traumbildung herangezogen, wenn sie sich zur Vereinigung mit dem Vorstellungsinhalt der psychischen Traumquellen eignen, im anderen Falle aber nicht. Sie werden wie ein wohlfeiles, allezeit bereitliegendes Material behandelt, welches zur Verwendung kommt, sooft man dessen bedarf, anstatt daß ein kostbares Material die Art seiner Verwendung selbst mit vorschreibt. Der Fall ist etwa ähnlich, wie wenn der Kunstgönner dem Künstler einen seltenen Stein, einen Onyx bringt, aus ihm ein Kunstwerk zu gestalten. Die Größe des Steins, seine Farbe und Fleckung helfen mit entscheiden, welcher Kopf oder welche Szene in ihm dargestellt werden soll, während bei gleichmäßigem und reichlichem Material von Marmor oder Sandstein der Künstler allein der Idee nachfolgt, die sich in seinem Sinn gestaltet. Auf diese Weise allein scheint mir die Tatsache verständlich, daß jener Trauminhalt, der von den nicht ins Ungewohnte gesteigerten Reizen aus unserer Leiblichkeit geliefert wird, doch nicht in allen Träumen und nicht in jeder Nacht im Traume erscheint.[91]

Vielleicht wird ein Beispiel, das uns wieder zur Traumdeutung zurückführt, meine Meinung am besten erläutern. Eines Tages mühte ich mich ab zu verstehen, was die Empfindung von Gehemmtsein, nicht von der Stelle können, nicht fertig werden u. dgl., die so häufig geträumt wird und die der Angst so nahe verwandt ist, wohl bedeuten mag. In der Nacht darauf hatte ich folgenden Traum: *Ich gehe in sehr unvollständiger Toilette aus einer Wohnung im Parterre über die Treppe in ein höheres Stockwerk. Dabei überspringe ich jedesmal drei Stufen, freue mich, daß ich so flink Treppen steigen kann. Plötzlich sehe ich, daß ein Dienstmädchen die Treppen herab - und also mir entgegenkommt. Ich schäme mich, will mich eilen, und nun tritt jenes Gehemmtsein auf, ich klebe an den Stufen und komme nicht von der Stelle.*

Analyse

Die Situation des Traumes ist der alltäglichen Wirklichkeit entnommen. Ich habe in einem Hause in Wien zwei Wohnungen, die nur durch die Treppe außen verbunden sind. Im Hochparterre befinden sich meine ärztliche Wohnung und mein Arbeitszimmer, ein Stock höher die Wohnräume. Wenn ich in später Stunde unten meine Arbeit vollendet habe, gehe ich über die Treppe ins Schlafzimmer. An dem Abend vor dem Traum hatte ich diesen kurzen Weg wirklich in etwas derangierter Toilette gemacht, d. h. ich hatte Kragen, Krawatte und Manschetten abgelegt; im Traum war daraus ein höherer, aber, wie gewöhnlich, unbestimmter Grad von Kleiderlosigkeit geworden. Das Überspringen von Stufen ist meine gewöhnliche Art, die Treppe zu gehen, übrigens eine bereits im Traum anerkannte Wunscherfüllung, denn mit der Leichtigkeit dieser Leistung hatte ich mich ob des Zustands meiner Herzarbeit getröstet. Ferner ist diese Art, die Treppe zu gehen, ein wirksamer Gegensatz zu der Hemmung in der zweiten Hälfte des Traums. Sie zeigt mir – was des Beweises nicht bedurfte –, daß der Traum keine Schwierigkeit hat, sich motorische Aktionen in aller Vollkommenheit ausgeführt vorzustellen; man denke an das Fliegen im Traum!

Die Treppe, über die ich gehe, ist aber nicht die meines Hauses; ich erkenne sie zunächst nicht, erst die mir entgegenkommende Person klärt mich über die

---

[91] Rank hat in einer Reihe von Arbeiten gezeigt, daß gewisse, durch Organreiz hervorgerufene Weckträume (die Harnreiz-und Pollutionsträume) besonders geeignet sind, den Kampf zwischen dem Schlafbedürfnis und den Anforderungen des organischen Bedürfnisses sowie den Einfluß des letzteren auf den Trauminhalt zu demonstrieren.

gemeinte Örtlichkeit auf. Diese Person ist das Dienstmädchen der alten Dame, die ich täglich zweimal besuche, um ihr Injektionen zu machen; die Treppe ist auch ganz ähnlich jener, die ich zweimal im Tage dort zu ersteigen habe.

Wie gelangt nun diese Treppe und diese Frauenperson in meinen Traum? Das Schämen, weil man nicht voll angekleidet ist, hat unzweifelhaft sexuellen Charakter; das Dienstmädchen, von dem ich träume, ist älter als ich, mürrisch und keineswegs anreizend. Zu diesen Fragen fällt mir nun nichts anderes ein als das Folgende: Wenn ich in diesem Hause den Morgenbesuch mache, werde ich gewöhnlich auf der Treppe von Räuspern befallen; das Produkt der Expektoration gerät auf die Stiege. In diesen beiden Stockwerken befindet sich nämlich kein Spucknapf, und ich vertrete den Standpunkt, daß die Reinhaltung der Treppe nicht auf meine Kosten erfolgen darf, sondern durch die Anbringung eines Spucknapfes ermöglicht werden soll. Die Hausmeisterin, eine gleichfalls ältliche und mürrische Person, aber von reinlichen Instinkten, wie ich ihr zuzugestehen bereit bin, nimmt in dieser Angelegenheit einen anderen Standpunkt ein. Sie lauert mir auf, ob ich mir wieder die besagte Freiheit erlauben werde, und wenn sie das konstatiert hat, höre ich sie vernehmlich brummen. Auch versagt sie mir dann für Tage die gewohnte Hochachtung, wenn wir uns begegnen. Am Vortag des Traumes bekam nun die Partei der Hausmeisterin eine Verstärkung durch das Dienstmädchen. Ich hatte eilig, wie immer, meinen Besuch bei der Kranken abgemacht, als die Dienerin mich im Vorzimmer stellte und die Bemerkung von sich gab: „Herr Doktor hätten sich heute schon die Stiefel abputzen können, ehe Sie ins Zimmer kommen. Der rote Teppich ist wiederum ganz schmutzig von Ihren Füßen." Dies ist der ganze Anspruch, den Treppe und Dienstmädchen geltend machen können, um in meinem Traum zu erscheinen.

Zwischen meinem über-die-Treppe-Fliegen und dem Auf-der-Treppe-Spukken besteht ein inniger Zusammenhang. Rachenkatarrh wie Herzbeschwerden sollen beide die Strafen für das Laster des Rauchens darstellen, wegen dessen ich natürlich auch bei meiner Hausfrau nicht den Ruf der größten Nettigkeit genieße, in dem einen Haus so wenig wie in dem anderen, die der Traum zu einem Gebilde verschmilzt.

Die weitere Deutung des Traumes muß ich verschieben, bis ich berichten kann, woher der typische Traum von der unvollständigen Bekleidung rührt. Ich bemerke nur als vorläufiges Ergebnis des mitgeteilten Traumes, daß die Traumsensation der gehemmten Bewegung überall dort hervorgerufen wird, wo ein gewisser Zusammenhang ihrer bedarf. Ein besonderer Zustand meiner Motilität im Schlafe kann nicht die Ursache dieses Trauminhalts sein, denn einen Moment vorher sah ich mich ja wie zur Sicherung dieser Erkenntnis leichtfüßig über die Stufen eilen.

D
Typische Träume

Wir sind im allgemeinen nicht imstande, den Traum eines anderen zu deuten, wenn derselbe uns nicht die hinter dem Trauminhalt stehenden unbewußten Gedanken ausliefern will, und dadurch wird die praktische Verwertbarkeit unserer Methode der Traumdeutung schwer beeinträchtigt.[92] Nun gibt es aber, so recht im Gegensatz zu der sonstigen Freiheit des einzelnen, sich seine Traumwelt in individueller Besonderheit auszustatten und dadurch dem Verständnis der anderen unzugänglich zu machen, eine gewisse Anzahl von Träumen, die fast jedermann in derselben Weise geträumt hat, von denen wir anzunehmen gewohnt sind, daß sie auch bei jedermann dieselbe Bedeutung haben. Ein besonderes Interesse wendet sich diesen typischen Träumen auch darum zu, weil sie vermutlich bei allen Menschen aus den gleichen Quellen stammen, also besonders gut geeignet scheinen, uns über die Quellen der Träume Aufschluß zu geben.

Wir werden also mit ganz besonderen Erwartungen darangehen, unsere Technik der Traumdeutung an diesen typischen Träumen zu versuchen, und uns nur sehr ungern eingestehen, daß unsere Kunst sich gerade an diesem Material nicht recht bewährt. Bei der Deutung der typischen Träume versagen in der Regel die Einfälle des Träumers, die uns sonst zum Verständnis des Traumes geleitet haben, oder sie werden unklar und unzureichend, so daß wir unsere Aufgabe mit ihrer Hilfe nicht lösen können.

Woher dies rührt und wie wir diesem Mangel unserer Technik abhelfen, wird sich an einer späteren Stelle unserer Arbeit ergeben. Dann wird dem Leser auch verständlich werden, warum ich hier nur einige aus der Gruppe der typischen Träume behandeln kann und die Erörterung der anderen auf jenen späteren Zusammenhang verschiebe.

α) Der Verlegenheitstraum der Nacktheit

Der Traum, daß man nackt oder schlecht bekleidet in Gegenwart Fremder sei, kommt auch mit der Zutat vor, man habe sich dessen gar nicht geschämt u. dgl. Unser Interesse gebührt aber dem Nacktheitstraum nur dann, wenn man in ihm Scham und Verlegenheit empfindet, entfliehen oder sich verbergen will und

---

[92] Der Satz, daß unsere Methode der Traumdeutung unanwendbar wird, wenn wir nicht über das Assoziationsmaterial des Träumers verfügen, fordert die Ergänzung, daß unsere Deutungsarbeit in einem Falle von diesen Assoziationen unabhängig ist, nämlich dann, wenn der Träumer symbolische Elemente im Trauminhalt verwendet hat. Wir bedienen uns dann, strenggenommen, einer zweiten, auxiliären Methode der Traumdeutung.

dabei der eigentümlichen Hemmung unterliegt, daß man nicht von der Stelle kann und sich unvermögend fühlt, die peinliche Situation zu verändern. Nur in dieser Verbindung ist der Traum typisch; der Kern seines Inhalts mag sonst in allerlei andere Verknüpfungen einbezogen werden oder mit individuellen Zutaten versetzt sein. Es handelt sich im wesentlichen um die peinliche Empfindung von der Natur der Scham, daß man seine Nacktheit, meist durch Lokomotion, verbergen möchte und es nicht zustande bringt. Ich glaube, die allermeisten meiner Leser werden sich in dieser Situation im Traume bereits befunden haben.

Für gewöhnlich ist die Art und Weise der Entkleidung wenig deutlich. Man hört etwa erzählen, ich war im Hemd, aber dies ist selten ein klares Bild; meist ist die Unbekleidung so unbestimmt, daß sie durch eine Alternative in der Erzählung wiedergegeben wird: „Ich war im Hemd oder im Unterrock". In der Regel ist der Defekt der Toilette nicht so arg, daß die dazugehörige Scham gerechtfertigt schiene. Für den, der den Rock des Kaisers getragen hat, ersetzt sich die Nacktheit häufig durch eine vorschriftswidrige Adjustierung. „Ich bin ohne Säbel auf der Straße und sehe Offiziere näher kommen, oder ohne Halsbinde, oder trage eine karierte Zivilhose" u. dgl.

Die Leute, vor denen man sich schämt, sind fast immer Fremde mit unbestimmt gelassenen Gesichtern. Niemals ereignet es sich im typischen Traum, daß man wegen der Kleidung, die einem selbst solche Verlegenheit bereitet, beanstandet oder auch nur bemerkt wird. Die Leute machen ganz im Gegenteil gleichgültige, oder wie ich es in einem besonders klaren Traum wahrnehmen konnte, feierlich steife Mienen. Das gibt zu denken.

Die Schamverlegenheit des Träumers und die Gleichgültigkeit der Leute ergeben mitsammen einen Widerspruch, wie er im Traume häufig vorkommt. Zu der Empfindung des Träumenden würde doch nur passen, daß die Fremden ihn erstaunt ansehen und verlachen oder sich über ihn entrüsten. Ich meine aber, dieser anstößige Zug ist durch die Wunscherfüllung beseitigt worden, während der andere, durch irgendwelche Macht gehalten, stehenblieb, und so stimmen die beiden Stücke dann schlecht zueinander. Wir besitzen ein interessantes Zeugnis dafür, daß der Traum in seiner durch Wunscherfüllung partiell entstellten Form das richtige Verständnis nicht gefunden hat. Er ist nämlich die Grundlage eines Märchens geworden, welches uns allen in der Andersenschen Fassung (*Des Kaisers neue Kleider*) bekannt ist und in der jüngsten Zeit durch *L. Fulda* im *Talisman* poetischer Verwertung zugeführt worden ist. Im Andersenschen Märchen wird von zwei Betrügern erzählt, die für den Kaiser ein kostbares Gewand weben, das aber nur den Guten und Treuen sichtbar sein soll. Der Kaiser geht mit diesem unsichtbaren Gewand bekleidet aus, und durch die prüfsteinartige Kraft des Gewebes erschreckt, tun alle Leute, als ob sie die Nacktheit des Kaisers nicht merken.

Letzteres ist aber die Situation unseres Traumes. Es gehört wohl nicht viel Kühnheit dazu anzunehmen, daß der unverständliche Trauminhalt eine Anregung gegeben hat, um eine Einkleidung zu erfinden, in welcher die vor der Erinnerung stehende Situation sinnreich wird. Dieselbe ist dabei ihrer ursprünglichen Bedeutung beraubt und fremden Zwecken dienstbar gemacht worden. Aber wir werden hören, daß solches Mißverständnis des Trauminhalts durch die bewußte Denktätigkeit eines zweiten psychischen Systems häufig vorkommt und als ein Faktor für die endgültige Traumgestaltung anzuerkennen ist; ferner, daß bei der Bildung von Zwangsvorstellungen und Phobien ähnliche Mißverständnisse – gleichfalls innerhalb der nämlichen psychischen Persönlichkeit – eine Hauptrolle spielen. Es läßt sich auch für unseren Traum angeben, woher das Material für die Umdeutung genommen wird. Der Betrüger ist der Traum, der Kaiser der Träumer selbst, und die moralisierende Tendenz verrät eine dunkle Kenntnis davon, daß es sich im latenten Trauminhalt um unerlaubte, der Verdrängung geopferte Wünsche handelt. Der Zusammenhang, in welchem solche Träume während meiner Analysen bei Neurotikern auftreten, läßt nämlich keinen Zweifel darüber, daß dem Traume eine Erinnerung aus der frühesten Kindheit zugrunde liegt. Nur in unserer Kindheit gab es die Zeit, daß wir in mangelhafter Bekleidung von unseren Angehörigen wie von fremden Pflegepersonen, Dienstmädchen, Besuchern gesehen wurden, und wir haben uns damals unserer Nacktheit nicht geschämt.[93] An vielen Kindern kann man noch in späteren Jahren beobachten, daß ihre Entkleidung wie berauschend auf sie wirkt, anstatt sie zur Scham zu leiten. Sie lachen, springen herum, schlagen sich auf den Leib, die Mutter oder wer dabei ist, verweist es ihnen, sagt: „Pfui, das ist eine Schande, das darf man nicht." Die Kinder zeigen häufig Exhibitionsgelüste; man kann kaum durch ein Dorf in unseren Gegenden gehen, ohne daß man einem zwei- bis dreijährigen Kleinen begegnete, welches vor dem Wanderer, vielleicht ihm zu Ehren, sein Hemdchen hochhebt. Einer meiner Patienten hat in seiner bewußten Erinnerung eine Szene aus seinem achten Lebensjahr bewahrt, wie er nach der Entkleidung vor dem Schlafengehen im Hemd zu seiner kleinen Schwester im nächsten Zimmer hinaustanzen will und wie die dienende Person es ihm verwehrt. In der Jugendgeschichte von Neurotikern spielt die Entblößung vor Kindern des anderen Geschlechts eine große Rolle; in der Paranoia ist der Wahn, beim An- und Auskleiden beobachtet zu werden, auf diese Erlebnisse zurückzuführen; unter den pervers Gebliebenen ist eine Klasse, bei denen der infantile Impuls zum Symptom erhoben worden ist, die der *Exhibitionisten*.

---

[93] Das Kind tritt aber auch im Märchen auf, denn dort ruft plötzlich ein kleines Kind: „Aber er hat ja gar nichts an."

Diese der Scham entbehrende Kindheit erscheint unserer Rückschau später als ein Paradies, und das Paradies selbst ist nichts anderes als die Massenphantasie von der Kindheit des einzelnen. Darum sind auch im Paradies die Menschen nackt und schämen sich nicht voreinander, bis ein Moment kommt, in dem die Scham und die Angst erwachen, die Vertreibung erfolgt, das Geschlechtsleben und die Kulturarbeit beginnt. In dieses Paradies kann uns nun der Traum allnächtlich zurückführen; wir haben bereits der Vermutung Ausdruck gegeben, daß die Eindrücke aus der ersten Kindheit (der prähistorischen Periode bis etwa zum vollendeten dritten Jahr) an und für sich, vielleicht ohne daß es auf ihren Inhalt weiter ankäme, nach Reproduktion verlangen, daß deren Wiederholung eine Wunscherfüllung ist. Die Nacktheitsträume sind also Exhibitionsträume.[94]

Den Kern des Exhibitionstraumes bildet die eigene Gestalt, die nicht als die eines Kindes, sondern wie in der Gegenwart gesehen wird, und die mangelhafte Bekleidung, welche durch die Überlagerung so vieler späterer Negligéerinnerungen oder der Zensur zuliebe undeutlich ausfällt; dazu kommen nun die Personen, vor denen man sich schämt. Ich kenne kein Beispiel, daß die tatsächlichen Zuschauer bei jenen infantilen Exhibitionen im Traume wieder auftreten. Der Traum ist eben fast niemals eine einfache Erinnerung. Merkwürdigerweise werden jene Personen, denen unser sexuelles Interesse in der Kindheit galt, in allen Reproduktionen des Traums, der Hysterie und der Zwangsneurose ausgelassen; erst die Paranoia setzt die Zuschauer wieder ein und schließt, obwohl sie unsichtbar geblieben sind, mit fanatischer Überzeugung auf ihre Gegenwart. Was der Traum für sie einsetzt, „viele fremde Leute", die sich nicht um das gebotene Schauspiel kümmern, ist geradezu der *Wunschgegensatz* zu jener einzelnen, wohlvertrauten Person, der man die Entblößung bot. „Viele fremde Leute" finden sich in Träumen übrigens auch häufig in beliebigem anderen Zusammenhang; sie bedeuten immer als Wunschgegensatz „Geheimnis".[95] Man merkt, wie auch die Restitution des alten Sachverhalts, die in der Paranoia vor sich geht, diesem Gegensatze Rechnung trägt. Man ist nicht mehr allein, man wird ganz gewiß beobachtet, aber die Beobachter sind „viele, fremde, merkwürdig unbestimmt gelassene Leute".

Außerdem kommt im Exhibitionstraum die Verdrängung zur Sprache. Die peinliche Empfindung des Traums ist ja die Reaktion des zweiten psychischen Systems dagegen, daß der von ihr verworfene Inhalt der Exhibitionsszene den-

---

[94] Eine Anzahl interessanter Nacktheitsträume bei Frauen, die sich ohne Schwierigkeiten auf die infantile Exhibitionslust zurückführen ließen, aber in manchen Zügen von dem oben behandelten typischen Nacktheitstraum abweichen, hat Ferenczi mitgeteilt.

[95] Dasselbe bedeutet, aus begreiflichen Gründen, im Traume die Anwesenheit der „ganzen Familie".

noch zur Vorstellung gelangt ist. Um sie zu ersparen, hätte die Szene nicht wieder belebt werden dürfen.

Von der Empfindung des Gehemmtseins werden wir später nochmals handeln. Sie dient im Traum vortrefflich dazu, den *Willenskonflikt*, das *Nein*, darzustellen. Nach der unbewußten Absicht soll die Exhibition fortgesetzt, nach der Forderung der Zensur unterbrochen werden.

Die Beziehungen unserer typischen Träume zu den Märchen und anderen Dichtungsstoffen sind gewiß weder vereinzelte noch zufällige. Gelegentlich hat ein scharfes Dichterauge den Umwandlungsprozeß, dessen Werkzeug sonst der Dichter ist, analytisch erkannt und ihn in umgekehrter Richtung verfolgt, also die Dichtung auf den Traum zurückgeführt. Ein Freund macht mich auf folgende Stelle aus *Gottfried Kellers Grünem Heinrich* aufmerksam: „Ich wünsche ihnen nicht, lieber Lee, daß Sie jemals die ausgesuchte pikante Wahrheit in der Lage des Odysseus, wo er nackt und mit Schlamm bedeckt vor Nausikaa und ihren Gespielen erscheint, so recht aus Erfahrung empfinden lernen! Wollen Sie wissen, wie das zugeht? Halten wir das Beispiel einmal fest. Wenn Sie einst getrennt von Ihrer Heimat und allem, was Ihnen lieb ist, in der Fremde umherschweifen und Sie haben viel gesehen und viel erfahren, haben Kummer und Sorge, sind wohl gar elend und verlassen, so wird es Ihnen des Nachts unfehlbar träumen, daß Sie sich Ihrer Heimat nähern; Sie sehen sie glänzen und leuchten in den schönsten Farben, holde, feine und liebe Gestalten treten Ihnen entgegen; da entdecken Sie plötzlich, daß Sie zerfetzt, nackt und staubbedeckt umhergehen. Eine namenlose Scham und Angst faßt Sie, Sie suchen sich zu bedecken, zu verbergen und erwachen im Schweiße gebadet. Dies ist, solange es Menschen gibt, der Traum des kummervollen, umhergeworfenen Mannes, und so hat Homer jene Lage aus dem tiefsten und ewigen Wesen der Menschheit herausgenommen."

Das tiefste und ewige Wesen der Menschheit, auf dessen Erweckung der Dichter in der Regel bei seinen Hörern baut, das sind jene Regungen des Seelenlebens, die in der später prähistorisch gewordenen Kinderzeit wurzeln. Hinter den bewußtseinsfähigen und einwandfreien Wünschen des Heimatlosen brechen im Traum die unterdrückten und unerlaubt gewordenen Kinderwünsche hervor, und darum schlägt der Traum, den die Sage von der Nausikaa objektiviert, regelmäßig in einen Angsttraum um.

Mein eigener auf S. 211 erwähnter Traum von dem Eilen über die Treppe, das sich bald nachher in ein An-den-Stufen-Kleben verwandelt, ist gleichfalls ein Exhibitionstraum, da er die wesentlichen Bestandstücke eines solchen aufweist. Er müßte sich also auf Kindererlebnisse zurückführen lassen, und die Kenntnis derselben müßte einen Aufschluß darüber geben, inwiefern das Benehmen des Dienstmädchens gegen mich, ihr Vorwurf, daß ich den Teppich schmutzig gemacht habe, ihr zur Stellung verhilft, die sie im Traum einnimmt. Ich kann die gewünschten Aufklärungen nun wirklich beibringen. In einer Psychoanalyse lernt man die zeitliche Annäherung auf sachlichen Zusammenhang umdeuten; zwei Gedanken, die, anscheinend zusammenhanglos, unmittelbar aufeinander folgen, gehören zu einer Einheit, die zu erraten ist, ebenso wie ein *a* und ein *b*, die ich nebeneinander hinschreibe, als eine Silbe: *ab* ausgesprochen werden sollen. Ähnlich mit der Aufeinanderbeziehung der Träume. Der erwähnte Traum von der Treppe ist aus einer Traumreihe herausgegriffen, deren andere Glieder mir der Deutung nach bekannt sind. Der von ihnen eingeschlossene Traum muß in denselben Zusammenhang gehören. Nun liegt jenen anderen einschließenden Träumen die Erinnerung an eine Kinderfrau zugrunde, die mich von irgendeinem Termin der Säuglingszeit bis zum Alter von zweieinhalb Jahren betreut hat, von der mir auch eine dunkle Erinnerung im Bewußtsein geblieben ist. Nach den Auskünften, die ich unlängst von meiner Mutter eingeholt habe, war sie alt und häßlich, aber sehr klug und tüchtig; nach den Schlüssen, die ich aus meinen Träumen ziehen darf, hat sie mir nicht immer die liebevollste Behandlung angedeihen und mich harte Worte hören lassen, wenn ich der Erziehung zur Reinlichkeit kein genügendes Verständnis entgegenbrachte. Indem also das Dienstmädchen dieses Erziehungswerk fortzusetzen sich bemüht, erwirbt sie den Anspruch, von mir als Inkarnation der prähistorischen Alten im Traum behandelt zu werden. Es ist wohl anzunehmen, daß das Kind dieser Erzieherin, trotz ihrer schlechten Behandlung, seine Liebe geschenkt hat.[96]

β) Die Träume vom Tod teurer Personen

Eine andere Reihe von Träumen, die typisch genannt werden dürfen, sind die mit dem Inhalt, daß ein teurer Verwandter, Eltern oder Geschwister, Kinder usw. gestorben ist. Man muß sofort von diesen Träumen zwei Klassen unterscheiden, die einen, bei welchen man im Traum von Trauer unberührt bleibt, so daß man sich nach dem Erwachen über seine Gefühllosigkeit wundert, die anderen, bei denen man tiefen Schmerz über den Todesfall empfindet, ja ihn selbst in heißen Tränen während des Schlafes äußert.

Die Träume der ersten Gruppe dürfen wir beiseite lassen; sie haben keinen Anspruch, als typisch zu gelten. Wenn man sie analysiert, findet man, daß sie

---

[96] Eine Überdeutung dieses Traumes: Auf der Treppe spucken, das führte, da „Spuken" eine Tätigkeit der Geister ist, bei loser Übersetzung zum „esprit d'escalier". Treppenwitz heißt soviel als Mangel an Schlagfertigkeit. Den habe ich mir wirklich vorzuwerfen. Ob aber die Kinderfrau es an „Schlagfertigkeit" hat fehlen lassen?

etwas anderes bedeuten, als sie enthalten, daß sie dazu bestimmt sind, irgendeinen anderen Wunsch zu verdecken. So der Traum der Tante, die den einzigen Sohn ihrer Schwester aufgebahrt vor sich sieht. (S. 145f.) Das bedeutet nicht, daß sie dem kleinen Neffen den Tod wünscht, sondern verbirgt nur, wie wir erfahren haben, den Wunsch, eine gewisse geliebte Person nach langer Entbehrung wiederzusehen, dieselbe, die sie früher einmal nach ähnlich langer Pause bei der Leiche eines anderen Neffen wiedergesehen hatte. Dieser Wunsch, welcher der eigentliche Inhalt des Traumes ist, gibt keinen Anlaß zur Trauer, und darum wird auch im Traum keine Trauer verspürt. Man merkt es hier, daß die im Traum enthaltene Empfindung nicht zum manifesten Trauminhalt gehört, sondern zum latenten, daß der Affektinhalt des Traumes von der Entstellung frei geblieben ist, welche den Vorstellungsinhalt betroffen hat.

Anders die Träume, in denen der Tod einer geliebten verwandten Person vorgestellt und dabei schmerzlicher Affekt verspürt wird. Diese bedeuten, was ihr Inhalt besagt, den Wunsch, daß die betreffende Person sterben möge, und da ich hier erwarten darf, daß sich die Gefühle aller Leser und aller Personen, die Ähnliches geträumt haben, gegen meine Auslegung sträuben werden, muß ich den Beweis auf der breitesten Basis anstreben.

Wir haben bereits einen Traum erläutert, aus dem wir lernen konnten, daß die Wünsche, welche sich in Träumen als erfüllt darstellen, nicht immer aktuelle Wünsche sind. Es können auch verflossene, abgetane, überlagerte und verdrängte Wünsche sein, denen wir nur wegen ihres Wiederauftauchens im Traum doch eine Art von Fortexistenz zusprechen müssen. Sie sind nicht tot wie die Verstorbenen nach unserem Begriff, sondern wie die Schatten der Odyssee, die, sobald sie Blut getrunken haben, zu einem gewissen Leben erwachen. In jenem Traum vom toten Kind in der Schachtel handelte es sich um einen Wunsch, der vor fünfzehn Jahren aktuell war und von damals her unumwunden eingestanden wurde. Es ist vielleicht für die Theorie des Traumes nicht gleichgültig, wenn ich hinzufüge, daß selbst diesem Wunsche eine Erinnerung aus der frühesten Kindheit zugrunde lag. Die Träumerin hatte als kleines Kind – wann, ist nicht sicher festzustellen – gehört, daß ihre Mutter in der Schwangerschaft, deren Frucht sie wurde, in eine schwere Verstimmung verfallen war und dem Kinde in ihrem Leibe sehnlichst den Tod gewünscht hatte. Selbst erwachsen und gravid geworden, folgte sie nur dem Beispiele der Mutter.

Wenn jemand unter Schmerzensäußerungen davon träumt, sein Vater oder seine Mutter, Bruder oder Schwester seien gestorben, so werde ich diesen Traum niemals als Beweis dafür verwenden, daß er ihnen *jetzt* den Tod wünscht. Die Theorie des Traumes fordert nicht so viel; sie begnügt sich zu schließen, daß er ihnen – irgendeinmal in der Kindheit – den Tod gewünscht habe. Ich fürchte aber, diese Einschränkung wird noch wenig zur Beruhigung der Beschwerdenführer beitragen; diese dürften ebenso energisch die Möglichkeit bestreiten, daß sie je so gedacht haben, wie sie sich sicher fühlen, nicht in der Gegenwart solche Wünsche zu hegen. Ich muß darum ein Stück vom untergegangenen Kinderseelenleben nach den Zeugnissen, die die Gegenwart noch aufweist, wieder herstellen.[97]

Fassen wir zunächst das Verhältnis der Kinder zu ihren Geschwistern ins Auge. Ich weiß nicht, warum wir voraussetzen, es müsse ein liebevolles sein, da doch die Beispiele von Geschwisterfeindschaft unter Erwachsenen in der Erfahrung eines jeden sich drängen und wir so oft feststellen können, diese Entzweiung rühre noch aus der Kindheit her oder habe von jeher bestanden. Aber auch sehr viele Erwachsene, die heute an ihren Geschwistern zärtlich hängen und ihnen beistehen, haben in ihrer Kindheit in kaum unterbrochener Feindschaft mit ihnen gelebt. Das ältere Kind hat das jüngere mißhandelt, angeschwärzt, es seiner Spielsachen beraubt; das jüngere hat sich in ohnmächtiger Wut gegen das ältere verzehrt, es beneidet und gefürchtet, oder seine ersten Regungen von Freiheitsdrang und Rechtsbewußtsein haben sich gegen den Unterdrücker gewendet. Die Eltern sagen, die Kinder vertragen sich nicht, und wissen den Grund hiefür nicht zu finden. Es ist nicht schwer zu sehen, daß auch der Charakter des braven Kindes ein anderer ist, als wir ihn bei einem Erwachsenen zu finden wünschen. Das Kind ist absolut egoistisch, es empfindet seine Bedürfnisse intensiv und strebt rücksichtslos nach ihrer Befriedigung, insbesondere gegen seine Mitbewerber, andere Kinder, und in erster Linie gegen seine Geschwister. Wir heißen das Kind aber darum nicht „schlecht", wir heißen es „schlimm"; es ist unverantwortlich für seine bösen Taten vor unserem Urteil wie vor dem Strafgesetz. Und das mit Recht; denn wir dürfen erwarten, daß noch innerhalb von Lebenszeiten, die wir der Kindheit zurechnen, in dem kleinen Egoisten die altruistischen Regungen und die Moral erwachen werden, daß, mit Meynert zu reden, ein sekundäres Ich das primäre überlagern und hemmen wird. Wohl entsteht die Moralität nicht gleichzeitig auf der ganzen Linie, auch ist die Dauer der morallosen Kindheitsperiode bei den einzelnen Individuen verschieden lang. Wo die Entwicklung dieser Moralität ausbleibt, sprechen wir gerne von „Degeneration"; es handelt sich offenbar um eine Entwicklungshemmung. Wo der primäre Charakter durch die spätere Entwicklung bereits überlagert ist, kann er durch die Erkrankung an Hysterie wenigstens partiell wieder freigelegt werden. Die Über-

---

[97] Vgl. hiezu: *Analyse der Phobie eines fünfjährigen Knaben* im Jahrbuch für psychoanalytische und psychopathologische Forschungen. Bd. I, 1909 und *Über Infantile Sexualtheorien* in *Sammlung kleiner Schriften zur Neurosenlehre*, zweite Folge.

einstimmung des sogenannten hysterischen Charakters mit dem eines schlimmen Kindes ist geradezu auffällig. Die Zwangsneurose hingegen entspricht einer Übermoralität, als verstärkende Belastung dem sich wieder regenden primären Charakter auferlegt.

Viele Personen also, die heute ihre Geschwister lieben und sich durch ihr Hinsterben beraubt fühlen würden, tragen von früher her böse Wünsche gegen dieselben in ihrem Unbewußten, welche sich in Träumen zu realisieren vermögen. Es ist aber ganz besonders interessant, kleine Kinder bis zu drei Jahren oder wenig darüber in ihrem Verhalten gegen jüngere Geschwister zu beobachten. Das Kind war bisher das einzige; nun wird ihm angekündigt, daß der Storch ein neues Kind gebracht hat. Das Kind mustert den Ankömmling und äußert dann entschieden: „Der Storch soll es wieder mitnehmen."[98]

Ich bekenne mich in allem Ernst zur Meinung, daß das Kind abzuschätzen weiß, welche Benachteiligung es von dem Fremdling zu erwarten hat. Von einer mir nahestehenden Dame, die sich heute mit ihrer um vier Jahre jüngeren Schwester sehr gut verträgt, weiß ich, daß sie die Nachricht von deren Ankunft mit dem Vorbehalt beantwortet hat: „Aber meine rote Kappe werde ich ihr doch nicht geben." Sollte das Kind erst später zu dieser Erkenntnis kommen, so wird seine Feindseligkeit in diesem Zeitpunkt erwachen. Ich kenne einen Fall, daß ein nicht dreijähriges Mädchen den Säugling in der Wiege zu erwürgen versuchte, von dessen weiterer Anwesenheit ihr nichts Gutes ahnte. Der Eifersucht sind Kinder um diese Lebenszeit in aller Stärke und Deutlichkeit fähig. Oder das kleine Geschwisterehen ist wirklich bald wieder verschwunden, das Kind hat wieder alle Zärtlichkeit im Hause auf sich vereinigt, nun kommt ein neues vom Storch geschickt; ist es da nicht korrekt, daß unser Liebling den Wunsch in sich erschaffen sollte, der neue Konkurrent möge dasselbe Schicksal haben wie der frühere, damit es ihm selbst wieder so gut gehe wie vorhin und in der Zwischenzeit?[99] Natürlich ist dieses Verhalten des Kindes gegen die Nachgeborenen in normalen Verhältnissen eine einfache Funktion des Altersunterschieds. Bei einem gewissen Intervall werden sich in dem älteren Mädchen bereits die

---

[98] Der 3½ jährige Hans, dessen Phobie Gegenstand der Analyse in der vorhin erwähnten Veröffentlichung ist, ruft im Fieber kurz nach der Geburt einer Schwester: „Ich will aber kein Schwesterchen haben." In seiner Neurose, 1½ Jahre später, gesteht er den Wunsch, daß die Mutter das Kleine beim Baden in die Wanne fallen lassen möge, damit es sterbe, unumwunden ein. Dabei ist Hans ein gutartiges, zärtliches Kind, welches bald auch diese Schwester liebgewinnt und sie besonders gern protegiert.

[99] Solche in der Kindheit erlebte Sterbefälle mögen in der Familie bald vergessen worden sein, die psychoanalytische Erforschung zeigt doch, daß sie für die spätere Neurose sehr bedeutungsvoll geworden sind.

mütterlichen Instinkte gegen das hilflose Neugeborene regen. Empfindungen von Feindseligkeit gegen die Geschwister müssen im Kindesalter noch weit häufiger sein, als sie der stumpfen Beobachtung Erwachsener auffallen.[100]

Bei meinen eigenen Kindern, die einander rasch folgten, habe ich die Gelegenheit zu solchen Beobachtungen versäumt; ich hole sie jetzt bei meinem kleinen Neffen nach, dessen Alleinherrschaft nach fünfzehn Monaten durch das Auftreten einer Mitbewerberin gestört wurde. Ich höre zwar, daß der junge Mann sich sehr ritterlich gegen das Schwesterchen benimmt, ihr die Hand küßt und sie streichelt; ich überzeuge mich aber, daß er schon vor seinem vollendeten zweiten Jahr seine Sprachfähigkeit dazu benützt, um Kritik an der ihm doch nur überflüssig erscheinenden Person zu üben. Sooft die Rede auf sie kommt, mengt er sich ins Gespräch und ruft unwillig: Zu k(l)ein, zu k(l)ein. In den letzten Monaten, seitdem das Kind sich durch vortreffliche Entwicklung dieser Geringschätzung entzogen hat, weiß er seine Mahnung, daß sie so viel Aufmerksamkeit nicht verdient, anders zu begründen. Er erinnert bei allen geeigneten Anlässen daran: Sie hat keine Zähne.[101] Von dem ältesten Mädchen einer anderen Schwester haben wir alle die Erinnerung bewahrt, wie das damals sechsjährige Kind sich eine halbe Stunde lang von allen Tanten bestätigen ließ: „Nicht wahr, das kann die Lucie noch nicht verstehen?" Lucie war die um zweieinhalb Jahre jüngere Konkurrentin.

Den gesteigerter Feindseligkeit entsprechenden Traum vom Tod der Geschwister habe ich z. B. bei keiner meiner Patientinnen vermißt. Ich fand nur eine Ausnahme, die sich leicht in eine Bestätigung der Regel umdeuten ließ. Als ich einst einer Dame während einer Sitzung diesen Sachverhalt erklärte, der mir bei dem Symptom an der Tagesordnung in Betracht zu kommen schien, antwortete sie zu meinem Erstaunen, sie habe solche Träume nie gehabt. Ein anderer Traum fiel ihr aber ein, der angeblich damit nichts zu schaffen hatte, ein Traum,

---

[100] Beobachtungen, die sich auf das ursprünglich feindselige Verhalten von Kindern gegen Geschwister und einen Elternteil beziehen, sind seither in großer Anzahl gemacht und in der psychoanalytischen Literatur niedergelegt worden. Besonders echt und naiv hat der Dichter Spitteler diese typische kindliche Einstellung aus seiner frühesten Kindheit geschildert: „Übrigens war noch ein zweiter Adolf da. Ein kleines Geschöpf, von dem man behauptete, er wäre mein Bruder, von dem ich aber nicht begriff, wozu er nützlich sei; noch weniger, weswegen man solch ein Wesen aus ihm mache wie von mir selber. Ich genügte für mein Bedürfnis, was brauchte ich einen Bruder? Und nicht bloß unnütz war er, sondern mitunter sogar hinderlich. Wenn ich die Großmutter belästigte, wollte er sie ebenfalls belästigen, wenn ich im Kinderwagen gefahren wurde, saß er gegenüber und nahm mir die Hälfte Platz weg, so daß wir uns mit den Füßen stoßen mußten."

[101] In die nämlichen Worte kleidet der dreieinhalbjährige Hans die vernichtende Kritik seiner Schwester. Er nimmt an, daß sie wegen des Mangels der Zähne nicht sprechen kann.

den sie mit vier Jahren zuerst, als damals Jüngste, und dann wiederholt geträumt hatte. *„Eine Menge Kinder, alle ihre Brüder, Schwestern, Cousins und Cousinen tummelten sich auf einer Wiese. Plötzlich bekamen sie Flügel, flogen auf und waren weg.“* Von der Bedeutung dieses Traumes hatte sie keine Ahnung; es wird uns nicht schwerfallen, einen Traum vom Tod aller Geschwister in seiner ursprünglichen, durch die Zensur wenig beeinflußten Form darin zu erkennen. Ich getraue mich, folgende Analyse unterzuschieben. Bei dem Tode eines aus der Kinderschar – die Kinder zweier Brüder wurden in diesem Falle in geschwisterlicher Gemeinschaft aufgezogen – wird unsere noch nicht vierjährige Träumerin eine weise erwachsene Person gefragt haben: was wird denn aus den Kindern, wenn sie tot sind? Die Antwort wird gelautet haben: Dann bekommen sie Flügel und werden Engerl. Im Traum nach dieser Aufklärung haben nun die Geschwister alle Flügel wie die Engel, und – was die Hauptsache ist – sie fliegen weg. Unsere kleine Engelmacherin bleibt allein, man denke, das einzige von einer solchen Schar! Daß sich die Kinder auf einer Wiese tummeln, von der sie wegfliegen, deutet kaum mißverständlich auf Schmetterlinge hin, als ob dieselbe Gedankenverbindung das Kind geleitet hätte, welche die Alten bewog, die Psyche mit Schmetterlingsflügeln zu bilden.

Vielleicht wirft nun jemand ein, die feindseligen Impulse der Kinder gegen ihre Geschwister seien wohl zuzugeben, aber wie käme das Kindergemüt zu der Höhe von Schlechtigkeit, dem Mitbewerber oder stärkeren Spielgenossen den Tod zu wünschen, als ob alle Vergehen nur durch die Todesstrafe zu sühnen seien? Wer so spricht, erwägt nicht, daß die Vorstellung des Kindes vom „Totsein“ mit der unsrigen das Wort und dann nur noch wenig anderes gemein hat. Das Kind weiß nichts von den Greueln der Verwesung, vom Frieren im kalten Grab, vom Schrecken des endlosen Nichts, das der Erwachsene, wie alle Mythen vom Jenseits zeugen, in seiner Vorstellung so schlecht verträgt. Die Furcht vor dem Tode ist ihm fremd, darum spielt es mit dem gräßlichen Wort und droht einem anderen Kind: „Wenn du das noch einmal tust, wirst du sterben, wie der Franz gestorben ist“, wobei es die arme Mutter schaudernd überläuft, die vielleicht nicht daran vergessen kann, daß die größere Hälfte der erdgeborenen Menschen ihr Leben nicht über die Jahre der Kindheit bringt. Noch mit acht Jahren kann das Kind, von einem Gang durch das Naturhistorische Museum heimgekehrt, seiner Mutter sagen: „Mama, ich habe dich so lieb; wenn du einmal stirbst, lasse ich dich ausstopfen und stelle dich hier im Zimmer auf, damit ich dich immer, immer sehen kann!“ So wenig gleicht die kindliche Vorstellung vom Gestorbensein der unsrigen.[102]

---

[102] Von einem hochbegabten zehnjährigen Knaben hörte ich nach dem plötzlichen Tode seines

Gestorben sein heißt für das Kind, welchem ja überdies die Szenen des Leidens vor dem Tode zu sehen erspart wird, so viel als „fort sein", die Überlebenden nicht mehr stören. Es unterscheidet nicht, auf welche Art diese Abwesenheit zustande kommt, ob durch Verreisen, Entlassung, Entfremdung oder Tod.[103] Wenn in den prähistorischen Jahren eines Kindes seine Kinderfrau weggeschickt worden und einige Zeit darauf seine Mutter gestorben ist, so liegen für seine Erinnerung, wie man sie in der Analyse aufdeckt, beide Ereignisse in einer Reihe übereinander. Daß das Kind die Abwesenden nicht sehr intensiv vermißt, hat manche Mutter zu ihrem Schmerz erfahren, wenn sie nach mehrwöchentlicher Sommerreise in ihr Haus zurückkehrte und auf ihre Erkundigung hören mußte: Die Kinder haben nicht ein einziges Mal nach der Mama gefragt. Wenn sie aber wirklich in jenes „unentdeckte Land" verreist ist, „von des Bezirk kein Wanderer wiederkehrt", so scheinen die Kinder sie zunächst vergessen zu haben, und erst *nachträglich* beginnen sie, sich an die Tote zu erinnern.

Wenn das Kind also Motive hat, die Abwesenheit eines anderen Kindes zu wünschen, so mangelt ihm jede Abhaltung, diesen Wunsch in die Form zu kleiden, es möge tot sein, und die psychische Reaktion auf den Todeswunschtraum beweist, daß trotz aller Verschiedenheit im Inhalt der Wunsch beim Kinde doch irgendwie das nämliche ist wie der gleichlautende Wunsch des Erwachsenen.

Wenn nun der Todeswunsch des Kindes gegen seine Geschwister erklärt wird durch den Egoismus des Kindes, der es die Geschwister als Mitbewerber auffassen läßt, wie soll sich der Todeswunsch gegen die Eltern erklären, die für das Kind die Spender von Liebe und Erfüller seiner Bedürfnisse sind, deren Erhaltung es gerade aus egoistischen Motiven wünschen sollte?

Zur Lösung dieser Schwierigkeit leitet uns die Erfahrung, daß die Träume vom Tode der Eltern überwiegend häufig, den Teil des Elternpaares betreffen, der das Geschlecht des Träumers teilt, daß also der Mann zumeist vom Tode des

---

Vaters zu meinem Erstaunen folgende Äußerung: Daß der Vater gestorben ist, verstehe ich, aber warum er nicht zum Nachtmahl nach Hause kommt, kann ich mir nicht erklären. – Weiteres Material zu diesem Thema findet sich in der von Frau Dr. v. Hug-Hellmuth redigierten Rubrik *Kinderseele* von *Imago, Zeitschrift für Anwendung der Psychoanalyse auf die Geisteswissenschaften.*

[103] Die Beobachtung eines psychoanalytisch geschulten Vaters erhascht auch den Moment, in dem sein geistig hochentwickeltes vierjähriges Töchterchen den Unterschied zwischen „fortsein" und „totsein" anerkennt. Das Kind machte Schwierigkeiten beim Essen und fühlte sich von einer der Aufwärterinnen in der Pension unfreundlich beobachtet. „Die Josefine soll tot sein", äußerte sie darum gegen den Vater. „Warum gerade tot sein?" fragte der Vater beschwichtigend. „Ist es nicht genug, wenn sie weggeht?" „Nein", antwortete das Kind, „dann kommt sie wieder." Für die uneingeschränkte Eigenliebe (den Narzißmus) des Kindes ist jede Störung ein crimen laesae majestatis, und wie die drakonische Gesetzgebung setzt das Gefühl des Kindes auf alle solche Vergehen nur die eine nicht dosierbare Strafe.

Vaters, das Weib vom Tode der Mutter träumt. Ich kann dies nicht als regelmäßig hinstellen, aber das Überwiegen in dem angedeuteten Sinne ist so deutlich, daß es eine Erklärung durch ein Moment von allgemeiner Bedeutung fordert.[104] Es verhält sich – grob ausgesprochen – so, als ob eine sexuelle Vorliebe sich frühzeitig geltend machen würde, als ob der Knabe im Vater, das Mädchen in der Mutter den Mitbewerber in der Liebe erblickte, durch dessen Beseitigung ihm nur Vorteil erwachsen kann.

Ehe man diese Vorstellung als ungeheuerlich verwirft, möge man auch hier die realen Beziehungen zwischen Eltern und Kindern ins Auge fassen. Man hat zu sondern, was die Kulturforderung der Pietät von diesem Verhältnis verlangt und was die tägliche Beobachtung als tatsächlich ergibt. In der Beziehung zwischen Eltern und Kindern liegen mehr als nur ein Anlaß zur Feindseligkeit verborgen; die Bedingungen für das Zustandekommen von Wünschen, welche vor der Zensur nicht bestehen, sind im reichsten Ausmaße gegeben. Verweilen wir zunächst bei der Relation zwischen Vater und Sohn. Ich meine, die Heiligkeit, die wir den Vorschriften des Dekalogs zuerkannt haben, stumpft unseren Sinn für die Wahrnehmung der Wirklichkeit ab. Wir getrauen uns vielleicht kaum zu merken, daß der größere Teil der Menschheit sich über die Befolgung des vierten Gebots hinaussetzt. In den tiefsten wie in den höchsten Schichten der menschlichen Gesellschaft pflegt die Pietät gegen die Eltern vor anderen Interessen zurückzutreten. Die dunklen Nachrichten, die in Mythologie und Sage aus der Urzeit der menschlichen Gesellschaft auf uns gekommen sind, geben von der Machtfülle des Vaters und von der Rücksichtslosigkeit, mit der sie gebraucht wurde, eine unerfreuliche Vorstellung. Kronos verschlingt seine Kinder, etwa wie der Eber den Wurf des Mutterschweins, und Zeus entmannt den Vater[105] und setzt sich als Herrscher an seine Stelle. Je unumschränkter der Vater in der alten Familie herrschte, desto mehr muß der Sohn als berufener Nachfolger in die Lage des Feindes gerückt, desto größer muß seine Ungeduld geworden sein, durch den Tod des Vaters selbst zur Herrschaft zu gelangen. Noch in unserer bürgerlichen Familie pflegt der Vater durch die Verweigerung der Selbstbestimmung und der dazu nötigen Mittel an den Sohn dem natürlichen Keim zur Feindschaft, der in dem Verhältnisse liegt, zur Entwicklung zu verhelfen. Der Arzt kommt oft genug in die Lage zu bemerken, daß der Schmerz über den Verlust des Vaters

---

[104] Der Sachverhalt wird häufig durch das Auftreten einer Straftendenz verhüllt, welche in moralischer Reaktion mit dem Verlust des geliebten Elternteils droht.

[105] Wenigstens in einigen mythologischen Darstellungen. Nach anderen wird die Entmannung nur von Kronos an seinem Vater Uranos vollzogen. Über die mythologische Bedeutung dieses Motivs vgl. Otto Rank, *Der Mythus von der Geburt des Helden*, 5. Heft der „Schriften zur angew. Seelenkunde“, 1909 und *Das Inzestmotiv in Dichtung und Sage*, 1912, Kap. IX, 2.

beim Sohne die Befriedigung über die endlich erlangte Freiheit nicht unterdrük-ken kann. Den Rest der in unserer heutigen Gesellschaft arg antiquierten *potestas patris familias* pflegt jeder Vater krampfhaft festzuhalten, und jeder Dichter ist der Wirkung sicher, der wie *Ibsen* den uralten Kampf zwischen Vater und Sohn in den Vordergrund seiner Fabeln rückt. Die Anlässe zu Konflikten zwischen Tochter und Mutter ergeben sich, wenn die Tochter heranwächst und in der Mutter die Wächterin findet, während sie nach sexueller Freiheit begehrt, die Mutter aber durch das Aufblühen der Tochter gemahnt wird, daß für sie die Zeit gekommen ist, sexuellen Ansprüchen zu entsagen. Alle diese Verhältnisse liegen offenkundig da vor jedermanns Augen. Sie fördern uns aber nicht bei der Absicht, die Träume vom Tod der Eltern zu erklären, welche sich bei Personen finden, denen die Pietät gegen die Eltern längst etwas Unantastbares geworden ist. Auch sind wir durch die vorhergehenden Erörterungen darauf vorbereitet, daß sich der Todeswunsch gegen die Eltern aus der frühesten Kindheit herleiten wird.

Mit einer alle Zweifel ausschließenden Sicherheit bestätigt sich diese Vermutung für die Psychoneurotiker bei den mit ihnen vorgenommenen Analysen. Man lernt hiebei, daß sehr frühzeitig die sexuellen Wünsche des Kindes erwachen – soweit sie im keimenden Zustande diesen Namen verdienen – und daß die erste Neigung des Mädchens dem Vater, die ersten infantilen Begierden des Knaben der Mutter gelten. Der Vater wird somit für den Knaben, die Mutter für das Mädchen zum störenden Mitbewerber, und wie wenig für das Kind dazugehört, damit diese Empfindung zum Todeswunsch führe, haben wir bereits für den Fall der Geschwister ausgeführt. Die sexuelle Auswahl macht sich in der Regel bereits bei den Eltern geltend; ein natürlicher Zug sorgt dafür, daß der Mann die kleinen Töchter verzärtelt, die Frau den Söhnen die Stange hält, während beide, wo der Zauber des Geschlechts ihr Urteil nicht verstört, mit Strenge für die Erziehung der Kleinen wirken. Das Kind bemerkt die Bevorzugung sehr wohl und lehnt sich gegen den Teil des Elternpaares auf, der sich ihr widersetzt. Liebe bei dem Erwachsenen zu finden ist ihm nicht nur die Befriedigung eines besonderen Bedürfnisses, sondern bedeutet auch, daß in allen anderen Stücken seinem Willen nachgegeben wird. So folgt es dem eigenen sexuellen Triebe und erneuert gleichzeitig die von den Eltern ausgehende Anregung, wenn es seine Wahl zwischen den Eltern im gleichen Sinne wie diese trifft.

Von den Zeichen dieser infantilen Neigungen seitens der Kinder pflegt man die meisten zu übersehen, einige kann man auch nach den ersten Kinderjahren bemerken. Ein achtjähriges Mädchen meiner Bekanntschaft benützt die Gelegenheit, wenn die Mutter vom Tische abberufen wird, um sich als ihre Nachfolgerin zu proklamieren. „Jetzt will ich die Mama sein. Karl, willst du noch Gemüse? Nimm doch, ich bitte dich" usw. Ein besonders begabtes und lebhaftes Mädchen von vier Jahren, an der dies Stück Kinderpsychologie besonders durchsichtig ist, äußert direkt: „Jetzt kann das Muatterl einmal fortgehen, dann muß das Vaterl mich heiraten, und ich will seine Frau sein." Im Kinderleben schließt dieser Wunsch durchaus nicht aus, daß das Kind auch seine Mutter zärtlich liebe. Wenn der kleine Knabe neben der Mutter schlafen darf, sobald der Vater verreist ist, und nach dessen Rückkehr ins Kinderzimmer zurück muß zu einer Person, die ihm weit weniger gefällt, so mag sich leicht der Wunsch bei ihm gestalten, daß der Vater immer abwesend sein möge, damit er seinen Platz bei der lieben, schönen Mama behalten kann, und ein Mittel zur Erreichung dieses Wunsches ist es offenbar, wenn der Vater tot ist, denn das eine hat ihn seine Erfahrung gelehrt: „Tote" Leute, wie der Großpapa z. B., sind immer abwesend, kommen nie wieder.

Wenn sich solche Beobachtungen an kleinen Kindern der vorgeschlagenen Deutung zwanglos fügen, so ergeben sie allerdings nicht die volle Überzeugung, welche die Psychoanalysen erwachsener Neurotiker dem Arzte aufdrängen. Die Mitteilung der betreffenden Träume erfolgt hier mit solchen Einleitungen, daß ihre Deutung als Wunschträume unausweichlich wird. Ich finde eines Tages eine Dame betrübt und verweint. Sie sagt: Ich will meine Verwandten nicht mehr sehen, es muß ihnen ja vor mir grausen. Dann erzählt sie fast ohne Übergang, daß sie sich an einen Traum erinnert, dessen Bedeutung sie natürlich nicht kennt. Sie hat ihn mit vier Jahren geträumt, er lautet folgendermaßen: *Ein Luchs oder Fuchs geht auf dem Dache spazieren, dann fällt etwas herunter oder sie fällt herunter, und dann trägt man die Mutter tot aus dem Hause, wobei sie schmerzlich weint.* Ich habe ihr kaum mitgeteilt, daß dieser Traum den Wunsch aus ihrer Kindheit bedeuten muß, die Mutter tot zu sehen, und daß sie dieses Traumes wegen meinen muß, die Verwandten grausen sich vor ihr, so liefert sie bereits etwas Material, den Traum aufzuklären. „Luchsaug" ist ein Schimpfwort, mit dem sie einmal als ganz kleines Kind von einem Gassenjungen belegt wurde; ihrer Mutter ist, als das Kind drei Jahre alt war, ein Ziegelstein vom Dach auf den Kopf gefallen, so daß sie heftig blutete.

Ich hatte einmal Gelegenheit, ein junges Mädchen, das verschiedene psychische Zustände durchmachte, eingehend zu studieren. In einer tobsüchtigen Verworrenheit, mit der die Krankheit begann, zeigte die Kranke eine ganz besondere Abneigung gegen ihre Mutter, schlug und beschimpfte sie, sobald sie sich dem Bette näherte, während sie gegen eine um vieles ältere Schwester zu derselben Zeit liebevoll und gefügig blieb. Dann folgte ein klarer, aber etwas apathischer Zustand mit sehr gestörtem Schlaf; in dieser Phase begann ich die Behandlung und analysierte ihre Träume. Eine Unzahl derselben handelte mehr oder minder verhüllt vom Tode der Mutter; bald wohnte sie dem Leichenbegängnis einer alten Frau bei, bald sah sie sich und ihre Schwester in Trauerkleidern bei Tische sitzen; es blieb über den Sinn dieser Träume kein Zweifel. Bei noch weiter fortschreitender Besserung traten hysterische Phobien auf; die quälendste darunter war, daß der Mutter etwas geschehen sei. Von wo immer sie sich befand, mußte sie dann nach Hause eilen, um sich zu überzeugen, daß die Mutter noch lebe. Der Fall war nun, zusammengehalten mit meinen sonstigen Erfahrungen, sehr lehrreich; er zeigte in gleichsam mehrsprachiger Übersetzung verschiedene Reaktionsweisen des psychischen Apparats auf dieselbe erregende Vorstellung. In der Verworrenheit, die ich als Überwältigung der zweiten psychischen Instanz durch die sonst unterdrückte erste auffasse, wurde die unbewußte Feindseligkeit gegen die Mutter motorisch mächtig; als dann die erste Beruhigung eintrat, der Aufruhr unterdrückt, die Herrschaft der Zensur wiederhergestellt war, blieb dieser Feindseligkeit nur mehr das Gebiet des Träumens offen, um den Wunsch nach ihrem Tod zu verwirklichen; als das Normale sich noch weiter gestärkt hatte, schuf es als hysterische Gegensatzreaktion und Abwehrerscheinung die übermäßige Sorge um die Mutter. In diesem Zusammenhange ist es nicht mehr unerklärlich, warum die hysterischen Mädchen so oft überzärtlich an ihren Müttern hängen.

Ein andermal hatte ich Gelegenheit, tiefe Einblicke in das unbewußte Seelenleben eines jungen Mannes zu tun, der, durch Zwangsneurose fast existenzunfähig, nicht auf die Straße gehen konnte, weil ihn die Sorge quälte, er bringe alle Leute, die an ihm vorbeigingen, um. Er verbrachte seine Tage damit, die Beweisstücke für sein Alibi in Ordnung zu halten, falls die Anklage wegen eines der in der Stadt vorgefallenen Morde gegen ihn erhoben werden sollte. Überflüssig zu bemerken, daß er ein ebenso moralischer wie fein gebildeter Mensch war. Die – übrigens zur Heilung führende – Analyse deckte als die Begründung dieser peinlichen Zwangsvorstellung Mordimpulse gegen seinen etwas überstrengen Vater auf, die sich, als er sieben Jahre alt war, zu seinem Erstaunen bewußt geäußert hatten, aber natürlich aus weit früheren Kindesjahren stammten. Nach der qualvollen Krankheit und dem Tode des Vaters trat im 31. Lebensjahre der Zwangsvorwurf auf, der sich in Form jener Phobie auf Fremde übertrug. Wer imstande war, seinen eigenen Vater von einem Berggipfel in den Abgrund stoßen zu wollen, dem ist allerdings zuzutrauen, daß er auch das Leben Fernerstehender nicht schone; der tut darum recht daran, sich in seine Zimmer einzuschließen.

Nach meinen bereits zahlreichen Erfahrungen spielen die Eltern im Kinderseelenleben aller späteren Psychoneurotiker die Hauptrolle, und Verliebtheit gegen den einen, Haß gegen den andern Teil des Elternpaares gehören zum eisernen Bestand des in jener Zeit gebildeten und für die Symptomatik der späteren Neurose so bedeutsamen Materials an psychischen Regungen. Ich glaube aber nicht, daß die Psychoneurotiker sich hierin von anderen normal verbleibenden Menschenkindern scharf sondern, indem sie absolut Neues und ihnen Eigentümliches zu schaffen vermögen. Es ist bei weitem wahrscheinlicher und wird durch gelegentliche Beobachtungen an normalen Kindern unterstützt, daß, sie auch mit diesen verliebten und feindseligen Wünschen gegen ihre Eltern uns nur durch die Vergrößerung kenntlich machen, was minder deutlich und weniger intensiv in der Seele der meisten Kinder vorgeht. Das Altertum hat uns zur Unterstützung dieser Erkenntnis einen Sagenstoff überliefert, dessen durchgreifende und allgemeingültige Wirksamkeit nur durch eine ähnliche Allgemeingültigkeit der besprochenen Voraussetzung aus der Kinderpsychologie verständlich wird.

Ich meine die Sage vom König Ödipus und das gleichnamige Drama des *Sophokles*. Ödipus, der Sohn des Laïos, Königs von Theben, und der Jokaste, wird als Säugling ausgesetzt, weil ein Orakel dem Vater verkündet hatte, der noch ungeborene Sohn werde sein Mörder sein. Er wird gerettet und wächst als Königssohn an einem fremden Hofe auf, bis er, seiner Herkunft unsicher, selbst das Orakel befragt und von ihm den Rat erhält, die Heimat zu meiden, weil er der Mörder seines Vaters und der Ehegemahl seiner Mutter werden müßte. Auf dem Wege von seiner vermeintlichen Heimat weg trifft er mit König Laïos zusammen und erschlägt ihn in rasch entbranntem Streit. Dann kommt er vor Theben, wo er die Rätsel der den Weg sperrenden Sphinx löst und zum Dank dafür von den Thebanern zum König gewählt und mit Jokastes Hand beschenkt wird. Er regiert lange Zeit in Frieden und Würde und zeugt mit der ihm unbekannten Mutter zwei Söhne und zwei Töchter, bis eine Pest ausbricht, welche eine neuerliche Befragung des Orakels von seiten der Thebaner veranlaßt. Hier setzt die Tragödie des *Sophokles* ein. Die Boten bringen den Bescheid, daß die Pest aufhören werde, wenn der Mörder des Laïos aus dem Lande getrieben sei. Wo aber weilt der?

> „Wo findet sich
> die schwer erkennbar dunkle Spur der alten Schuld?"

Die Handlung des Stückes besteht nun in nichts anderem als in der schrittweise gesteigerten und kunstvoll verzögerten Enthüllung – der Arbeit einer Psychoanalyse vergleichbar – daß Ödipus selbst der Mörder des Laïos, aber auch der Sohn des Ermordeten und der Jokaste ist. Durch seine unwissentlich verübten Greuel erschüttert, blendet sich Ödipus und verläßt die Heimat. Der Orakelspruch ist erfüllt.

König Ödipus ist eine sogenannte Schicksalstragödie; ihre tragische Wirkung soll auf dem Gegensatz zwischen dem übermächtigen Willen der Götter und dem vergeblichen Sträuben der vom Unheil bedrohten Menschen beruhen;

Ergebung in den Willen der Gottheit, Einsicht in die eigene Ohnmacht soll der tief ergriffene Zuschauer aus dem Trauerspiele lernen. Folgerichtig haben moderne Dichter es versucht, eine ähnliche tragische Wirkung zu erzielen, indem sie den nämlichen Gegensatz mit einer selbsterfundenen Fabel verwoben. Allein die Zuschauer haben ungerührt zugesehen, wie trotz alles Sträubens schuldloser Menschen ein Fluch oder Orakelspruch sich an ihnen vollzog; die späteren Schicksalstragödien sind ohne Wirkung geblieben.

Wenn der *König Ödipus* den modernen Menschen nicht minder zu erschüttern weiß als den zeitgenössischen Griechen, so kann die Lösung wohl nur darin liegen, daß die Wirkung der griechischen Tragödie nicht auf dem Gegensatz zwischen Schicksal und Menschenwillen ruht, sondern in der Besonderheit des Stoffes zu suchen ist, an welchem dieser Gegensatz erwiesen wird. Es muß eine Stimme in unserem Innern geben, welche die zwingende Gewalt des Schicksals im *Ödipus* anzuerkennen bereit ist, während wir Verfügungen wie in der „Ahnfrau" oder in anderen Schicksalstragödien als willkürliche zurückzuweisen vermögen. Und ein solches Moment, ist in der Tat in der Geschichte des Königs Ödipus enthalten. Sein Schicksal ergreift uns nur darum, weil es auch das unsrige hätte werden können, weil das Orakel vor unserer Geburt denselben Fluch über uns verhängt hat wie über ihn. Uns allen vielleicht war es beschieden, die erste sexuelle Regung auf die Mutter, den ersten Haß und gewalttätigen Wunsch gegen den Vater zu richten; unsere Träume überzeugen uns davon. König Ödipus, der seinen Vater Laïos erschlagen und seine Mutter Jokaste geheiratet hat, ist nur die Wunscherfüllung unserer Kindheit. Aber glücklicher als er, ist es uns seitdem, insofern wir nicht Psychoneurotiker geworden sind, gelungen, unsere sexuellen Regungen von unseren Müttern abzulösen, unsere Eifersucht gegen unsere Väter zu vergessen. Vor der Person, an welcher sich jener urzeitliche Kindheitswunsch erfüllt hat, schaudern wir zurück mit dem ganzen Betrag der Verdrängung, welche diese Wünsche in unserem Innern seither erlitten haben. Während der Dichter in jener Untersuchung die Schuld des Ödipus ans Licht bringt, nötigt er uns zur Erkenntnis unseres eigenen Innern, in dem jene Impulse, wenn auch unterdrückt, noch immer vorhanden sind. Die Gegenüberstellung, mit der uns der Chor verläßt:

> „ ... sehet, das ist Ödipus,
> der entwirrt die hohen Rätsel und der erste war an Macht,
> dessen Glück die Bürger alle priesen und beneideten;
> Seht, in welches Mißgeschickes grause Wogen er versank!"

Diese Mahnung trifft uns selbst und unseren Stolz, die wir seit den Kinderjahren so weise und so mächtig geworden sind in unserer Schätzung. Wie Ödipus leben wir in Unwissenheit der die Moral beleidigenden Wünsche, welche die Natur uns aufgenötigt hat, und nach deren Enthüllung möchten wir wohl alle den Blick abwenden von den Szenen unserer Kindheit.[106]

Daß die Sage von Ödipus einem uralten Traumstoff entsprossen ist, welcher jene peinliche Störung des Verhältnisses zu den Eltern durch die ersten Regungen der Sexualität zum Inhalte hat, dafür findet sich im Texte der *Sophoklei-schen* Tragödie selbst ein nicht mißzuverstehender Hinweis. Jokaste tröstet den noch nicht aufgeklärten, aber durch die Erinnerung der Orakelsprüche besorgt gemachten Ödipus durch die Erwähnung eines Traums, den ja so viele Menschen träumen, ohne daß er, meint sie, etwas bedeute:

> *„Denn viele Menschen sahen auch in Träumen schon*
> *Sich zugesellt der Mutter*: doch wer alles dies
> Für nichtig achtet, trägt die Last des Lebens leicht.“

Der Traum, mit der Mutter sexuell zu verkehren, wird ebenso wie damals auch heute vielen Menschen zuteil, die ihn empört und verwundert erzählen. Er ist, wie begreiflich, der Schlüssel der Tragödie und das Ergänzungsstück zum Traum vom Tod des Vaters. Die Ödipus-Fabel ist die Reaktion der Phantasie auf diese beiden typischen Träume, und wie die Träume von Erwachsenen mit Ablehnungsgefühlen erlebt werden, so muß die Sage Schreck und Selbstbestrafung in ihren Inhalt mit aufnehmen. Ihre weitere Gestaltung rührt wiederum von einer mißverständlichen sekundären Bearbeitung des Stoffes her, welche ihn einer theologisierenden Absicht dienstbar zu machen sucht. (Vgl. den Traumstoff von der Exhibition.) Der Versuch, die göttliche Allmacht mit der menschlichen Verantwortlichkeit zu vereinigen, muß natürlich an diesem Material wie an jedem andern mißlingen.

Auf demselben Boden wie *König Ödipus* wurzelt eine andere der großen tragischen Dichterschöpfungen, der *Hamlet Shakespeares.* Aber in der veränderten Behandlung des nämlichen Stoffes offenbart sich der ganze Unterschied im Seelenleben der beiden weit auseinanderliegenden Kulturperioden, das säkulare Fort-

---

[106] Keine der Ermittlungen der psychoanalytischen Forschung hat so erbitterten Widerspruch, ein so grimmiges Sträuben und – so ergötzliche Verrenkungen der Kritik hervorgerufen wie dieser Hinweis auf die kindlichen, im Unbewußten erhalten gebliebenen Inzestneigungen. Die letzte Zeit hat selbst einen Versuch gebracht, den Inzest, allen Erfahrungen trotzend, nur als „symbolisch“ gelten zu lassen. Eine geistreiche Überdeutung des Ödipusmythus gibt, auf einer Briefstelle Schopenhauers fußend, *Ferenczi* in der „Imago“ I, 1912. – Der hier zuerst in der Traumdeutung berührte „Ödipuskomplex“ hat durch weitere Studien eine ungeahnt große Bedeutung für das Verständnis der Menschheitsgeschichte und der Entwicklung von Religion und Sittlichkeit gewonnen.

schreiten der Verdrängung im Gemütsleben der Menschheit. Im *Ödipus* wird die zugrundeliegende Wunschphantasie des Kindes wie im Traum ans Licht gezogen und realisiert; im *Hamlet* bleibt sie verdrängt, und wir erfahren von ihrer Existenz – dem Sachverhalt bei einer Neurose ähnlich – nur durch die von ihr ausgehenden Hemmungswirkungen. Mit der überwältigenden Wirkung des moderneren Dramas hat es sich eigentümlicherweise als vereinbar gezeigt, daß man über den Charakter des Helden in voller Unklarheit verbleiben könne. Das Stück ist auf die Zögerung Hamlets gebaut, die ihm zugeteilte Aufgabe der Rache zu erfüllen; welches die Gründe oder Motive dieser Zögerung sind, gesteht der Text nicht ein; die vielfältigsten Deutungsversuche haben es nicht anzugeben vermocht. Nach der heute noch herrschenden, durch *Goethe* begründeten Auffassung stellt Hamlet den Typus des Menschen dar, dessen frische Tatkraft durch die überwuchernde Entwicklung der Gedankentätigkeit gelähmt wird („Von des Gedankens Blässe angekränkelt"). Nach anderen hat der Dichter einen krankhaften, unentschlossenen, in das Bereich der Neurasthenie fallenden Charakter zu schildern versucht. Allein die Fabel des Stückes lehrt, daß Hamlet uns keineswegs als eine Person erscheinen soll, die des Handelns überhaupt unfähig ist. Wir sehen ihn zweimal handelnd auftreten, das einemal in rasch auffahrender Leidenschaft, wie er den Lauscher hinter der Tapete niederstößt, ein anderesmal planmäßig, ja selbst arglistig, indem er mit der vollen Unbedenklichkeit des Renaissanceprinzen die zwei Höflinge in den ihm selbst zugedachten Tod schickt. Was hemmt ihn also bei der Erfüllung der Aufgabe, die der Geist seines Vaters ihm gestellt hat? Hier bietet sich wieder die Auskunft, daß es die besondere Natur dieser Aufgabe ist. Hamlet kann alles, nur nicht die Rache an dem Mann vollziehen, der seinen Vater beseitigt und bei seiner Mutter dessen Stelle eingenommen hat, an dem Mann, der ihm die Realisierung seiner verdrängten Kinderwünsche zeigt. Der Abscheu, der ihn zur Rache drängen sollte, ersetzt sich so bei ihm durch Selbstvorwürfe, durch Gewissensskrupel, die ihm vorhalten, daß er, wörtlich verstanden, selbst nicht besser sei als der von ihm zu strafende Sünder. Ich habe dabei ins Bewußte übersetzt, was in der Seele des Helden unbewußt bleiben muß; wenn jemand Hamlet einen Hysteriker nennen will, kann ich es nur als Folgerung aus meiner Deutung anerkennen. Die Sexualabneigung stimmt sehr wohl dazu, die Hamlet dann im Gespräch mit Ophelia äußert, die nämliche Sexualabneigung, die von der Seele des Dichters in den nächsten Jahren immer mehr Besitz nehmen sollte, bis zu ihren Gipfeläußerungen im *Timon von Athen*. Es kann natürlich nur das eigene Seelenleben des Dichters gewesen sein, das uns im *Hamlet* entgegentritt; ich entnehme dem Werk von *Georg Brandes* über *Shakespeare* (1896) die Notiz, daß das Drama unmittelbar nach dem Tode von *Shakespeares* Vater (1601), also in der frischen Trauer um ihn, in der Wiederbelebung, dürfen wir annehmen, der auf den Vater bezüglichen Kindheitsempfindungen gedichtet worden ist. Bekannt ist auch, daß *Shakespeares* früh verstorbener Sohn den Namen Hamnet (identisch mit Hamlet) trug. Wie *Hamlet* das Verhältnis des Sohnes zu den Eltern behandelt, so ruht der in der Zeit nahestehende *Macbeth* auf dem Thema der Kinderlosigkeit. Wie übrigens jedes neurotische Symptom, wie selbst der Traum der Überdeutung fähig ist, ja dieselbe zu seinem vollen Verständnis fordert, so wird auch jede echte dichterische Schöpfung aus mehr als aus einem Motiv und einer Anregung in der Seele des Dichters hervorgegangen sein und mehr als eine Deutung zulassen. Ich habe hier nur die Deutung der tiefsten Schicht von Regungen in der Seele des schaffenden Dichters versucht.[107]

Ich kann die typischen Träume vom Tode teurer Verwandter nicht verlassen, ohne daß ich deren Bedeutung für die Theorie des Traumes überhaupt noch mit einigen Worten beleuchte. Diese Träume zeigen uns den recht ungewöhnlichen Fall verwirklicht, daß der durch den verdrängten Wunsch gebildete Traumgedanke jeder Zensur entgeht und unverändert in den Traum übertritt. Es müssen besondere Verhältnisse sein, die solches Schicksal ermöglichen. Ich finde die Begünstigung für diese Träume in folgenden zwei Momenten: Erstens gibt es keinen Wunsch, von dem wir uns ferner glauben; wir meinen, das zu wünschen könnte „uns auch im Traume nicht einfallen", und darum ist die Traumzensur gegen dieses Ungeheuerliche nicht gerüstet, ähnlich etwa wie die Gesetzgebung Solons keine Strafe für den Vatermord aufzustellen wußte. Zweitens aber kommt dem verdrängten und nicht geahnten Wunsch gerade hier besonders häufig ein Tagesrest entgegen in Gestalt einer Sorge um das Leben der teuren Person. Diese Sorge kann sich nicht anders in den Traum eintragen, als indem sie sich des gleichlautenden Wunsches bedient; der Wunsch aber kann sich mit der am Tage rege gewordenen Sorge maskieren. Wenn man meint, daß dies alles einfacher zugeht, daß man eben bei Nacht und im Traum nur fortsetzt, was man bei Tag angesponnen hat, so läßt man die Träume vom Tode teurer Personen eben außer allem Zusammenhang mit der Traumerklärung und hält ein sehr wohl reduzierbares Rätsel überflüssigerweise fest.

Lehrreich ist es auch, die Beziehung dieser Träume zu den Angstträumen zu verfolgen. In den Träumen vom Tode teurer Personen hat der verdrängte

---

[107] Die Obenstehenden Andeutungen zum analytischen Verständnis des *Hamlet* hat dann E. Jones vervollständigt und gegen andere in der Literatur niedergelegte Auffassungen verteidigt. (*Das Problem des Hamlet und der Ödipuskomplex*, 1910.) An der oben gemachten Voraussetzung, daß der Autor der Werke Shakespeares der Mann aus Stratford war, bin ich seither allerdings irre geworden. Weitere Bemühungen um die Analyse des *Macbeth* in meinem Aufsatze *Einige Charaktertypen aus der psychoanalytischen Arbeit*, Imago IV, 1916 und bei L. Jekels, *Shakespears Macbeth*, Imago, V, 1917.

Wunsch einen Weg gefunden, auf dem er sich der Zensur – und der durch sie bedingten Entstellung – entziehen kann. Die nie fehlende Begleiterscheinung ist dann, daß schmerzliche Empfindungen im Traume verspürt werden. Ebenso kommt der Angsttraum nur zustande, wenn die Zensur ganz oder teilweise überwältigt wird, und anderseits erleichtert es die Überwältigung der Zensur, wenn Angst als aktuelle Sensation aus somatischen Quellen bereits gegeben ist. Es wird so handgreiflich, in welcher Tendenz die Zensur ihres Amtes waltet, die Traumentstellung ausübt; es geschieht, *um die Entwicklung von Angst oder anderen Formen peinlichen Affekts zu verhüten.*

Ich habe im vorstehenden von dem Egoismus der Kinderseele gesprochen und knüpfe nun daran mit der Absicht, hier einen Zusammenhang ahnen zu lassen, daß die Träume auch diesen Charakter bewahrt haben. Sie sind sämtlich absolut egoistisch, in allen tritt das liebe Ich auf, wenn auch verkleidet. Die Wünsche, die in ihnen erfüllt werden, sind regelmäßig Wünsche dieses Ichs; es ist nur ein täuschender Anschein, wenn je das Interesse für einen anderen einen Traum hervorgerufen haben sollte. Ich will einige Beispiele, welche dieser Behauptung widersprechen, der Analyse unterziehen.

I

Ein noch nicht vierjähriger Knabe erzählt: Er hat eine große garnierte Schüssel gesehen, worauf ein großes Stück Fleisch gebraten war, und das Stück war auf einmal ganz – nicht zerschnitten – aufgegessen. Die Person, die es gegessen hat, hat er nicht gesehen.[108]

Wer mag der fremde Mensch sein, von dessen üppiger Fleischmahlzeit unser Kleiner träumt? Die Erlebnisse des Traumtages müssen uns darüber aufklären. Der Knabe bekommt seit einigen Tagen nach ärztlicher Vorschrift Milchdiät; am Abend des Traumtages war er aber unartig, und da wurde ihm zur Strafe die Abendmahlzeit entzogen. Er hat schon früher einmal eine solche Hungerkur durchgemacht und sich sehr tapfer dabei benommen. Er wußte, daß er nichts bekommen würde, getraute sich aber auch nicht mit einem Worte anzudeuten, daß er Hunger hat. Die Erziehung fängt an, bei ihm zu wirken; sie äußert sich bereits im Traum, der einen Anfang von Traumentstellung zeigt. Es ist kein Zweifel, daß er selbst die Person ist, deren Wünsche auf eine so reiche Mahlzeit,

---

[108] Auch das Große, Überreiche, Übermäßige und Übertriebene der Träume könnte ein Kindheitscharakter sein. Das Kind kennt keinen sehnlicheren Wunsch als groß zu werden, von allem so viel zu bekommen wie die Großen; es ist schwer zu befriedigen, kennt kein Genug, verlangt unersättlich nach Wiederholung dessen, was ihm gefallen oder geschmeckt hat. Maßhalten, sich bescheiden, resignieren lernt es erst durch die Kultur der Erziehung. Bekanntlich neigt auch der Neurotiker zur Maßlosigkeit und Unmäßigkeit.

und zwar eine Bratenmahlzeit, zielen. Da er aber weiß, daß diese ihm verboten ist, wagt er es nicht, wie die hungrigen Kinder es im Traum tun (vgl. den Erdbeertraum meiner kleinen Anna), sich selbst zur Mahlzeit hinzusetzen. Die Person bleibt anonym.

II

Ich träume einmal, daß ich in der Auslage einer Buchhandlung ein neues Heft jener Sammlung im Liebhabereinband sehe, die ich sonst zu kaufen pflege (Künstlermonographien, Monographien zur Weltgeschichte, berühmte Kunststätten usw.). *Die neue Sammlung nennt sich: Berühmte Redner (oder Reden), und das Heft.1 derselben trägt den Namen Dr. Lecher.*

In der Analyse wird es mir unwahrscheinlich, daß mich der Ruhm Dr. Lechers, des Dauerredners der deutschen Obstruktion im Parlamente, während meiner Träume beschäftige. Der Sachverhalt ist der, daß ich vor einigen Tagen neue Patienten zur psychischen Kur aufgenommen habe und nun zehn bis elf Stunden täglich zu sprechen genötigt, bin. Ich bin also selbst so ein Dauerredner.

III

Ich träume ein andermal, daß ein mir bekannter Lehrer an unserer Universität sagt: *Mein Sohn, der Myop.* Dann folgt ein Dialog, aus kurzen Reden und Gegenreden bestehend. Es folgt aber dann ein drittes Traumstück, in dem ich und meine Söhne vorkommen, und für den latenten Trauminhalt sind Vater und Sohn, Professor M., nur Strohmänner, die mich und meinen Ältesten decken. Ich werde diesen Traum wegen einer anderen Eigentümlichkeit noch weiter unten behandeln.

IV

Ein Beispiel von wirklich niedrigen egoistischen Gefühlen, die sich hinter zärtlicher Sorge verbergen, gibt folgender Traum.

Mein Freund Otto schaut schlecht aus, ist braun im Gesicht und hat vortretende Augen.

Otto ist mein Hausarzt, in dessen Schuld ich hoffnungslos verbleibe, weil er seit Jahren die Gesundheit meiner Kinder überwacht, sie erfolgreich behandelt, wenn sie erkranken, und sie überdies zu allen Gelegenheiten, die einen Vorwand abgeben können, beschenkt. Er war am Traumtage zu Besuch, und da bemerkte meine Frau, daß er müde und abgespannt aussehe. Nachts kommt mein Traum und leiht ihm einige der Zeichen der Basedowschen Krankheit. Wer sich in der

Traumdeutung von meinen Regeln frei macht, der wird diesen Traum so verstehen, daß ich um die Gesundheit meines Freundes besorgt bin und daß diese Besorgnis sich im Traum realisiert. Es wäre ein Widerspruch nicht nur gegen die Behauptung, daß der Traum eine Wunscherfüllung ist, sondern auch gegen die andere, daß er nur egoistischen Regungen zugänglich ist. Aber wer so deutet, möge mir erklären, warum ich bei Otto die Basedowsche Krankheit befürchte, zu welcher Diagnose sein Aussehen auch nicht den leisesten Anlaß gibt? Meine Analyse liefert hingegen folgendes Material aus einer Begebenheit, die sich vor sechs Jahren zugetragen hat. Wir fuhren, eine kleine Gesellschaft, in der sich auch Professor R. befand, in tiefer Dunkelheit durch den Wald von N., einige Stunden weit von unserem Sommeraufenthalt entfernt. Der nicht ganz nüchterne Kutscher warf uns mit dem Wagen einen Abhang hinunter, und es war noch glücklich, daß wir alle heil davonkamen. Wir waren aber genötigt, im nächsten Wirtshause zu übernachten, wo die Kunde von unserem Unfall große Sympathie für uns erweckte. Ein Herr, der die unverkennbaren Zeichen des Morbus Basedowii an sich trug – übrigens nur Bräunung der Gesichtshaut und vortretende Augen, ganz wie im Traum, keine Struma, stellte sich ganz zu unserer Verfügung und fragte, was er für uns tun könne. Professor R. in seiner bestimmten Art antwortete: Nichts anderes, als daß Sie mir ein Nachthemd leihen. Darauf der Edle: Das tut mir leid, das kann ich nicht, und ging von dannen.

Zur Fortsetzung der Analyse fällt mir ein, daß Basedow nicht nur der Name eines Arztes ist, sondern auch der eines berühmten Pädagogen. (Im Wachen fühle ich mich jetzt dieses Wissens nicht recht sicher.) Freund Otto ist aber diejenige Person, die ich gebeten habe, für den Fall, daß mir etwas zustößt, die körperliche Erziehung meiner Kinder, speziell in der Pubertätszeit (daher das Nachthemd), zu überwachen. Indem ich nun Freund Otto im Traum mit den Krankheitssymptomen jenes edlen Helfers sehe, will ich offenbar sagen: Wenn mir etwas zustößt, wird von ihm ebensowenig etwas für die Kinder zu haben sein, wie damals von Herrn Baron L. trotz seiner liebenswürdigen Anerbietungen. Der egoistische Einschlag dieses Traumes dürfte nun wohl aufgedeckt sein.[109]

---

[109] Als Ernest Jones in einem wissenschaftlichen Vortrag vor einer amerikanischen Gesellschaft vom Egoismus der Träume sprach, erhob eine gelehrte Dame gegen diese unwissenschaftliche Verallgemeinerung den Einwand, der Autor könne doch nur über die Träume von Österreichern urteilen und dürfe über die Träume von Amerikanern nichts aussagen. Sie sei für ihre Person sicher, daß alle ihre Träume streng altruistische seien. Zur Entschuldigung dieser rassestolzen Dame sei übrigens bemerkt, daß man den Satz, die Träume seien durchaus egoistisch, nicht mißverstehen darf. Da alles, was überhaupt im vorbewußten Denken vorkommt, in den Traum (Inhalt wie latente Traumgedanken) übertreten kann, ist diese Möglichkeit auch den

Wo steckt aber hier die Wunscherfüllung? Nicht in der Rache an Freund Otto, dessen Schicksal es nun einmal ist, in meinen Träumen schlecht behandelt zu werden, sondern in folgender Beziehung. Indem ich Otto als Baron L. im Traum darstellte, habe ich gleichzeitig meine eigene Person mit einer anderen identifiziert, nämlich mit der des Professors R., denn ich fordere ja etwas von Otto, wie in jener Begebenheit R. von Baron L. gefordert hat. Und daran liegt es. Professor R., dem ich mich sonst wirklich nicht zu vergleichen wage, hat ähnlich wie ich seinen Weg außerhalb der Schule selbständig verfolgt und ist erst in späten Jahren zu dem längst verdienten Titel gelangt. Ich will also wieder einmal Professor werden! Ja selbst das „in späten Jahren" ist eine Wunscherfüllung, denn es besagt, daß ich lange genug lebe, um meine Knaben selbst durch die Pubertät zu geleiten.

γ) Andere typische Träume

Von anderen typischen Träumen, in denen man mit Behagen fliegt oder mit Angstgefühlen fällt, weiß ich nichts aus eigener Erfahrung und verdanke alles, was ich über sie zu sagen habe, den Psychoanalysen. Aus den Auskünften, die man dort erhält, muß man schließen, daß auch diese Träume Eindrücke der Kinderzeit wiederholen, nämlich sich auf die Bewegungsspiele beziehen, die für das Kind eine so außerordentliche Anziehung haben. Welcher Onkel hat nicht schon ein Kind fliegen lassen, indem er, die Arme ausstreckend, durchs Zimmer mit ihm eilte, oder Fallen mit ihm gespielt, indem er es auf den Knien schaukelte und das Bein plötzlich streckte oder es hochhob und plötzlich tat, als ob er ihm die Unterstützung entziehen wollte. Die Kinder jauchzen dann und verlangen unermüdlich nach Wiederholung, besonders wenn etwas Schreck und Schwindel mit dabei ist; dann schaffen sie sich nach Jahren die Wiederholung im Traum, lassen aber im Traum die Hände weg, die sie gehalten haben, so daß sie nun frei schweben und fallen. Die Vorliebe aller kleinen Kinder für solche Spiele wie für Schaukeln und Wippen ist bekannt; wenn sie dann gymnastische Kunststücke im Zirkus sehen, wird die Erinnerung von neuem aufgefrischt.[110] Bei manchen

---

altruistischen Regungen offen. In derselben Weise wird eine zärtliche oder verliebte Regung für eine andere Person, die im Unbewußten vorhanden ist, im Traume erscheinen können. Das Richtige an obigem Satz schränkt sich also auf die Tatsache ein, daß man unter den unbewußten Anregungen des Traumes sehr häufig egoistische Tendenzen findet, die im Wachleben überwunden scheinen.

[110] Die analytische Untersuchung hat uns erraten lassen, daß an der Vorliebe der Kinder für gymnastische Darstellungen und an deren Wiederholung im hysterischen Anfall außer der Organlust noch ein anderes Moment beteiligt ist, das (oft unbewußte) Erinnerungsbild des (an Menschen oder Tieren) beobachteten Sexualverkehrs.

Knaben besteht dann der hysterische Anfall nur aus Reproduktionen solcher Kunststücke, die sie mit großer Geschicklichkeit ausführen. Nicht selten sind bei diesen an sich harmlosen Bewegungsspielen auch sexuelle Empfindungen wachgerufen worden.[111] Um es mit einem bei uns gebräuchlichen, all diese Veranstaltungen deckenden Worte zu sagen: es ist das „Hetzen" in der Kindheit, welches die Träume vom Fliegen, Fallen, Schwindel u. dgl. wiederholen, dessen Lustgefühle jetzt in Angst verkehrt sind. Wie aber jede Mutter weiß, ist auch das Hetzen der Kinder in der Wirklichkeit häufig genug in Zwist und Weinen ausgegangen.

Ich habe also guten Grund, die Erklärung abzulehnen, daß der Zustand unserer Hautgefühle während des Schlafes, die Sensationen von der Bewegung unserer Lungen u. dgl. die Träume vom Fliegen und Fallen hervorrufen. Ich sehe, daß diese Sensationen selbst aus der Erinnerung reproduziert sind, auf welche der Traum sich bezieht, daß sie also Trauminhalt sind und nicht Traumquellen.

Ich verhehle mir aber keineswegs, daß ich für diese Reihe von typischen Träumen eine volle Aufklärung nicht erbringen kann. Mein Material hat mich gerade hiebei im Stiche gelassen. Den allgemeinen Gesichtspunkt, daß alle die Haut- und Bewegungssensationen dieser typischen Träume wachgerufen werden, sobald irgendein psychisches Motiv ihrer bedarf, und daß sie vernachlässigt werden können, wenn ihnen ein solches Bedürfnis nicht entgegenkommt, muß ich festhalten. Auch die Beziehung zu den infantilen Erlebnissen scheint mir aus den Andeutungen, die ich in der Analyse der Psychoneurotiker erhalten habe, sicher hervorzugehen. Aber welche anderen Bedeutungen sich im Laufe des Lebens an die Erinnerung jener Sensationen geknüpft haben mögen – vielleicht bei jeder Person andere trotz der typischen Erscheinung dieser Träume – weiß ich nicht anzugeben und möchte gerne in die Lage kommen, diese Lücke durch sorgfältige Analyse von guten Beispielen auszufüllen. Wer sich darüber verwundert, daß ich trotz der Häufigkeit gerade der Träume vom Fliegen, Fallen, Zahnausziehen u. dgl. mich über Mangel an Material beklage, dem bin ich die Aufklärung schuldig, daß ich an mir selbst solche Träume nicht erfahren habe, seitdem

---

[111] Ein junger, von Nervosität völlig freier Kollege teilt mir hiezu mit: „Ich weiß aus eigener Erfahrung, daß ich früher beim Schaukeln, und zwar in dem Moment, wo die Abwärtsbewegung die größte Wucht hat, ein eigentümliches Gefühl in den Genitalien bekam, das ich, obwohl es mir eigentlich nicht angenehm war, doch als Lustgefühl bezeichnen muß." – Von Patienten habe ich oftmals gehört, daß die ersten Erektionen mit Lustgefühl, die sie erinnern, in der Knabenzeit beim Klettern aufgetreten sind. – Aus den Psychoanalysen ergibt sich mit aller Sicherheit, daß häufig die ersten sexuellen Regungen in den Rauf- und Ringspielen der Kinderjahre wurzeln.

ich dem Thema der Traumdeutung Aufmerksamkeit schenke. Die Träume der Neurotiker, die mir sonst zu Gebote stehen, sind aber nicht alle und oft nicht bis an das Ende ihrer verborgenen Absicht deutbar; eine gewisse psychische Macht, die beim Aufbau der Neurose beteiligt war und bei deren Auflösung wieder zur Wirksamkeit gebracht wird, stellt sich der Deutung bis zum letzten Rätsel entgegen.

δ) Der Prüfungstraum

Jeder, der mit der Maturitätsprüfung seine Gymnasialstudien abgeschlossen hat, klagt über die Hartnäckigkeit, mit welcher der Angsttraum, daß er durchgefallen sei, die Klasse wiederholen müsse u. dgl., ihn verfolgt. Für den Besitzer eines akademischen Grades ersetzt sich dieser typische Traum durch einen anderen, der ihm vorhält, daß er beim Rigorosum nicht bestanden habe, und gegen den er vergeblich noch im Schlaf einwendet, daß er ja schon seit Jahren praktiziere, Privatdozent sei oder Kanzleileiter. Es sind die unauslöschlichen Erinnerungen an die Strafen, die wir in der Kindheit für verübte Untaten erlitten haben, die sich so an den beiden Knotenpunkten unserer Studien, an dem „*dies irae, dies illa*" der strengen Prüfungen in unserem Inneren wieder geregt haben. Auch die „Prüfungsangst" der Neurotiker findet in dieser Kinderangst ihre Verstärkung. Nachdem wir aufgehört haben, Schüler zu sein, sind es nicht mehr wie zuerst die Eltern und Erzieher oder später die Lehrer, die unsere Bestrafung besorgen; die unerbittliche Kausalverkettung des Lebens hat unsere weitere Erziehung übernommen, und nun träumen wir von der Matura oder von dem Rigorosum – und wer hat damals nicht selbst als Gerechter gezagt? – sooft wir erwarten, daß der Erfolg uns bestrafen werde, weil wir etwas nicht recht gemacht, nicht ordentlich zustande gebracht haben, sooft wir den Druck einer Verantwortung fühlen.

Eine weitere Aufklärung der Prüfungsträume danke ich einer Bemerkung von Seite eines kundigen Kollegen, der einmal in einer wissenschaftlichen Unterhaltung hervorhob, daß seines Wissens der Maturatraum nur bei Personen vorkomme, die diese Prüfung bestanden haben, niemals bei solchen, die an ihr gescheitert sind. Der ängstliche Prüfungstraum, der, wie sich immer mehr bestätigt, dann auftritt, wenn man vom nächsten Tage eine verantwortliche Leistung und die Möglichkeit einer Blamage erwartet, würde also eine Gelegenheit aus der Vergangenheit herausgesucht haben, bei welcher sich die große Angst als unberechtigt erwies und durch den Ausgang widerlegt wurde. Es wäre dies ein sehr auffälliges Beispiel von Mißverständnis des Trauminhalts durch die wache Instanz. Die als Empörung gegen den Traum aufgefaßte Einrede: Aber ich bin ja schon Doktor u. dgl., wäre in Wirklichkeit der Trost, den der Traum spendet und der also lauten würde: Fürchte dich doch nicht vor morgen; denke daran, welche Angst du vor der Maturitätsprüfung gehabt hast, und es ist dir doch nichts geschehen. Heute bist du ja schon Doktor usw. Die Angst aber, die wir dem Traume anrechnen, stammte aus den Tagesresten.

Die Proben auf diese Erklärung, die ich bei mir und anderen anstellen konnte, haben, wenngleich sie nicht zahlreich genug waren, gut gestimmt. Ich bin z. B. als Rigorosant in gerichtlicher Medizin durchgefallen; niemals hat dieser Gegenstand mir im Traume zu schaffen gemacht, während ich häufig genug in Botanik, Zoologie oder Chemie geprüft wurde, in welchen Fächern ich mit gut begründeter Angst zur Prüfung gegangen, der Strafe aber durch Gunst des Schicksals oder des Prüfers entgangen bin. Im Gymnasialprüfungstraume werde ich regelmäßig aus Geschichte geprüft, wo ich damals glänzend bestanden habe, aber allerdings nur, weil mein liebenswürdiger Professor – der einäugige Helfer eines anderen Traumes – nicht übersehen hatte, daß auf dem Prüfungszettel, den ich ihm zurückgab, die mittlere von drei Fragen mit dem Fingernagel durchgestrichen war, zur Mahnung, daß er auf dieser Frage nicht bestehen solle. Einer meiner Patienten, der von der Matura zurückgetreten war und sie später nachgetragen hatte, dann aber bei der Offiziersprüfung durchgefallen und nicht Offizier geworden ist, berichtet mir, daß er oft genug von der ersteren, aber nie von der letzteren Prüfung träumt.

Die Prüfungsträume setzen der Deutung bereits jene Schwierigkeit entgegen, die ich vorhin als charakteristisch für die meisten der typischen Träume angegeben habe. Das Material an Assoziationen welches uns der Träumer zur Verfügung stellt, reicht für die Deutung nur selten aus. Man muß sich das bessere Verständnis solcher Träume aus einer größeren Reihe von Beispielen zusammentragen. Vor kurzem gewann ich den sicheren Eindruck, daß die Einrede: Du bist ja schon Doktor u. dgl., nicht nur den Trost verdeckt, sondern auch einen Vorwurf andeutet. Derselbe hätte gelautet: Du bist jetzt schon so alt, schon so weit im Leben und machst noch immer solche Dummheiten, Kindereien. Dies Gemenge von Selbstkritik und Trost würde dem latenten Inhalt der Prüfungsträume entsprechen. Es ist dann nicht weiter auffällig, wenn die Vorwürfe wegen der „Dummheiten" und „Kindereien" sich in den zuletzt analysierten Beispielen auf die Wiederholung beanstandeter sexueller Akte bezogen.

W. *Stekel*, von dem die erste Deutung des „Maturatraumes" herrührt, vertritt die Meinung, daß er sich regelmäßig auf sexuelle Erprobung und sexuelle Reife beziehe. Meine Erfahrung hat dies oft bestätigen können.

VI
DIE TRAUMARBEIT

Alle anderen bisherigen Versuche, die Traumprobleme zu erledigen, knüpften direkt an den in der Erinnerung gegebenen manifesten Trauminhalt an und bemühten sich, aus diesem die Traumdeutung zu gewinnen oder, wenn sie auf eine Deutung verzichteten, ihr Urteil über den Traum durch den Hinweis auf den Trauminhalt zu begründen. Nur wir allein stehen einem anderen Sachverhalt gegenüber; für uns schiebt sich zwischen den Trauminhalt und die Resultate unserer Betrachtung ein neues psychisches Material ein: der durch unser Verfahren gewonnene *latente* Trauminhalt oder die Traumgedanken. Aus diesem letzteren, nicht aus dem manifesten Trauminhalt entwickelten wir die Lösung des Traumes. An uns tritt darum auch als neu eine Aufgabe heran, die es vordem nicht gegeben hat, die Aufgabe, die Beziehungen des manifesten Trauminhalts zu den latenten Traumgedanken zu untersuchen und nachzuspüren, durch welche Vorgänge aus den letzteren der erstere geworden ist.

Traumgedanken und Trauminhalt liegen vor uns wie zwei Darstellungen desselben Inhaltes in zwei verschiedenen Sprachen, oder besser gesagt, der Trauminhalt erscheint uns als eine Übertragung der Traumgedanken in eine andere Ausdrucksweise, deren Zeichen und Fügungsgesetze wir durch die Vergleichung von Original und Übersetzung kennenlernen sollen. Die Traumgedanken sind uns ohne weiteres verständlich, sobald wir sie erfahren haben. Der Trauminhalt ist gleichsam in einer Bilderschrift gegeben, deren Zeichen einzeln in die Sprache der Traumgedanken zu übertragen sind. Man würde offenbar in die Irre geführt, wenn man diese Zeichen nach ihrem Bilderwert anstatt nach ihrer Zeichenbeziehung lesen wollte. Ich habe etwa ein Bilderrätsel (Rebus) vor mir: ein Haus, auf dessen Dach ein Boot zu sehen ist, dann ein einzelner Buchstabe, dann eine laufende Figur, deren Kopf wegapostrophiert ist, u. dgl. Ich könnte nun in die Kritik verfallen, diese Zusammenstellung und deren Bestandteile für unsinnig zu erklären. Ein Boot gehört nicht auf das Dach eines Hauses, und eine Person ohne Kopf kann nicht laufen; auch ist die Person größer als das Haus, und wenn das Ganze eine Landschaft darstellen soll, so fügen sich die einzelnen Buchstaben nicht ein, die ja in freier Natur nicht vorkommen. Die richtige Beurteilung des Rebus ergibt sich offenbar erst dann, wenn ich gegen das Ganze und die Einzelheiten desselben keine solchen Einsprüche erhebe, sondern mich bemühe, jedes Bild durch eine Silbe oder ein Wort zu ersetzen, das nach irgendwelcher Beziehung durch das Bild darstellbar ist. Die Worte, die sich so zusammenfinden, sind nicht mehr sinnlos, sondern können den schönsten und sinnreichsten Dichterspruch ergeben. Ein solches Bilderrätsel ist nun der Traum, und unsere Vorgänger auf dem Gebiete der Traumdeutung haben den Fehler begangen, den Rebus als zeichnerische Komposition zu beurteilen. Als solche erschien er ihnen unsinnig und wertlos.

A
Die Verdichtungsarbeit

Das erste, was dem Untersucher bei der Vergleichung von Trauminhalt und Traum-gedanken klar wird, ist, daß hier eine großartige *Verdichtungsarbeit* geleistet wurde. Der Traum ist knapp, armselig, lakonisch im Vergleich zu dem Umfang und zur Reichhaltigkeit der Traumgedanken. Der Traum füllt niedergeschrieben eine halbe Seite; die Analyse, in der die Traumgedanken enthalten sind, bedarf das sechs-, acht-, zwölffache an Schriftraum. Die Relation ist für verschiedene Träume wech-selnd; sie ändert, soweit ich es kontrollieren konnte, niemals ihren Sinn. In der Regel unterschätzt man das Maß der statthabenden Kompression, indem man die ans Licht gebrachten Traumgedanken für das vollständige Material hält, während wei-tere Deutungsarbeit neue hinter dem Traum versteckte Gedanken enthüllen kann. Wir haben bereits anführen müssen, daß man eigentlich niemals sicher ist, einen Traum vollständig gedeutet zu haben; selbst wenn die Auflösung befriedigend und lückenlos erscheint, bleibt es doch immer möglich, daß sich noch ein anderer Sinn durch denselben Traum kundgibt. Die *Verdichtungsquote* ist also – strenggenommen – unbestimmbar. Man könnte gegen die Behauptung, daß aus dem Mißverhält-nis zwischen Trauminhalt und Traumgedanken der Schluß zu ziehen sei, es finde eine ausgiebige Verdichtung des psychischen Materials bei der Traumbildung statt, einen Einwand geltend machen, der für den ersten Eindruck recht bestechend scheint. Wir haben ja so oft die Empfindung, daß wir sehr viel die ganze Nacht hindurch geträumt und dann das meiste wieder vergessen haben. Der Traum, den wir beim Erwachen erinnern, wäre dann bloß ein Rest der gesamten Traumarbeit, welche wohl den Traumgedanken an Umfang gleichkäme, wenn wir sie eben voll-ständig erinnern könnten. Daran ist ein Stück sicherlich richtig; man kann sich nicht mit der Beobachtung täuschen, daß ein Traum am getreuesten reproduziert wird, wenn man ihn bald nach dem Erwachen zu erinnern versucht, und daß seine Erinnerung gegen den Abend hin immer mehr und mehr lückenhaft wird. Zum andern Teil aber läßt sich erkennen, daß die Empfindung, man habe sehr viel mehr geträumt, als man reproduzieren kann, sehr häufig auf einer Illusion beruht, deren Entstehung späterhin erläutert werden soll. Die Annahme einer Verdichtung in der Traumarbeit wird überdies von der Möglichkeit des Traumvergessens nicht berührt, denn sie wird durch die Vorstellungsmassen erwiesen, die zu den einzelnen erhalten gebliebenen Stücken des Traumes gehören. Ist tatsächlich ein großes Stück des Traumes für die Erinnerung verlorengegangen, so bleibt uns hiedurch etwa der Zugang zu einer neuen Reihe von Traumgedanken versperrt. Es ist eine durch nichts zu rechtfertigende Erwartung, daß die untergegangenen Traumstücke sich gleichfalls nur auf jene Gedanken bezogen hätten, die wir bereits aus der Analyse der erhalten gebliebenen kennen.[112]

Angesichts der überreichen Menge von Einfällen, welche die Analyse zu jedem einzelnen Element des Trauminhaltes beibringt, wird sich bei manchem Leser der prinzipielle Zweifel regen, ob man denn all das, was einem bei der Analyse nachträglich einfällt, zu den Traumgedanken rechnen darf, d. h. annehmen darf, all diese Gedanken seien schon während des Schlafzustandes tätig gewesen und hätten an der Traumbildung mitgewirkt? Ob nicht vielmehr während des Analysierens neue Gedankenverbindungen entstehen, die an der Traumbildung unbeteiligt waren? Ich kann diesem Zweifel nur bedingt beitreten. Daß einzelne Gedankenverbindungen erst während der Analyse entstehen, ist allerdings richtig; aber man kann sich jedesmal überzeugen, daß solche neue Verbindungen sich nur zwischen Gedanken herstellen, die schon in den Traumgedanken in anderer Weise verbunden sind; die neuen Verbindungen sind gleichsam Nebenschließungen, Kurzschlüsse, ermöglicht durch den Bestand anderer und tiefer liegender Verbindungswege. Für die Überzahl der bei der Analyse aufgedeckten Gedankenmassen muß man zugestehen, daß sie schon bei der Traumbildung tätig gewesen sind, denn wenn man sich durch eine Kette solcher Gedanken, die außer Zusammenhang mit der Traumbildung scheinen, durchgearbeitet hat, stößt man dann plötzlich auf einen Gedanken, der, im Trauminhalt vertreten, für die Traumdeutung unentbehrlich ist und doch nicht anders als durch jene Gedankenkette zugänglich war. Man vergleiche hiezu etwa den Traum von der botanischen Monographie, der als das Ergebnis einer erstaunlichen Verdichtungsleistung erscheint, wenngleich ich seine Analyse nicht vollständig mitgeteilt habe.

---

[112] Hinweise auf die Verdichtung im Traum finden sich bei zahlreichen Autoren. Du Prel äußert an einer Stelle (S. 85), es sei absolut sicher, daß ein Verdichtungsprozeß der Vorstellungsreihe stattgefunden habe.

Wie soll man sich aber dann den psychischen Zustand während des Schlafens, der dem Träumen vorangeht, vorstellen? Bestehen alle die Traumgedanken nebeneinander, oder werden sie nacheinander durchlaufen, oder werden mehrere gleichzeitige Gedankengänge von verschiedenen Zentren aus gebildet, die dann zusammentreffen? Ich meine, es liegt noch keine Nötigung vor, sich von dem psychischen Zustand bei der Traumbildung eine plastische Vorstellung zu schaffen. Vergessen wir nur nicht, daß es sich um unbewußtes Denken handelt und daß der Vorgang leicht ein anderer sein kann als der, welchen wir beim absichtlichen, von Bewußtsein begleiteten Nachdenken in uns wahrnehmen. Die Tatsache aber, daß die Traumbildung auf einer Verdichtung beruht, steht unerschütterlich fest. Wie kommt diese Verdichtung nun zustande?

Wenn man erwägt, daß von den aufgefundenen Traumgedanken nur die wenigsten durch eines ihrer Vorstellungselemente im Traum vertreten sind, so sollte man schließen, die Verdichtung geschehe auf dem Wege der *Auslassung*, indem der Traum nicht eine getreuliche Übersetzung oder eine Projektion Punkt für Punkt der Traumgedanken, sondern eine höchst unvollständige und lückenhafte Wiedergabe derselben sei. Diese Einsicht ist, wie wir bald finden werden, eine sehr mangelhafte. Doch fußen wir zunächst auf ihr und fragen uns weiter: Wenn nur wenige Elemente aus den Traumgedanken in den Trauminhalt gelangen, welche Bedingungen bestimmen die Auswahl derselben?

Um hierüber Aufschluß zu bekommen, wendet man nun seine Aufmerksamkeit den Elementen des Trauminhalts zu, welche die gesuchten Bedingungen ja erfüllt haben müssen. Ein Traum, zu dessen Bildung eine besonders starke Verdichtung beigetragen, wird für diese Untersuchung das günstigste Material sein.

I

Ich wähle den auf S. 158 ff. mitgeteilten
Traum von der botanischen Monographie.

Trauminhalt: *Ich habe eine Monographie über eine (unbestimmt gelassene) Pflanzenart geschrieben. Das Buch liegt vor mir, ich blättere eben eine eingeschlagene farbige Tafel um. Dem Exemplar ist ein getrocknetes Spezimen der Pflanze beigebunden.*

Das augenfälligste Element dieses Traums ist die *botanische Monographie*. Diese stammt aus den Eindrücken des Traumtages; in einem Schaufenster einer Buchhandlung hatte ich tatsächlich eine Monographie über die Gattung „Zyklamen" gesehen. Die Erwähnung dieser Gattung fehlt im Trauminhalt, in dem nur die Monographie und ihre Beziehung zur Botanik übriggeblieben sind. Die „botanische Monographie" erweist sofort ihre Beziehung zu der *Arbeit über Kokain*, die ich einmal geschrieben habe; vom Kokain aus geht die Gedankenverbindung

einerseits zur Festschrift und zu gewissen Vorgängen in einem Universitätslaboratorium, anderseits zu meinem Freund, dem Augenarzt Dr. Königstein, der
an der Verwertung des Kokains seinen Anteil gehabt hat. An die Person des Dr.
K. knüpft sich weiter die Erinnerung an das unterbrochene Gespräch, das ich
abends zuvor mit ihm geführt, und die vielfältigen Gedanken über die Entloh-
nung ärztlicher Leistungen unter Kollegen. Dieses Gespräch ist nun der eigentliche aktuelle Traumerreger; die Monographie über Zyklamen ist gleichfalls eine
Aktualität, aber indifferenter Natur; wie ich sehe, erweist sich die „botanische
Monographie" des Traumes als ein *mittleres Gemeinsames* zwischen beiden Erlebnissen des Tages, von dem indifferenten Eindruck unverändert übernommen,
mit dem psychisch bedeutsamen Erlebnis durch ausgiebigste Assoziationsver-
bindungen verknüpft.

Aber nicht nur die zusammengesetzte Vorstellung „botanische Monographie", sondern auch jedes ihrer Elemente *„botanisch"* und *„Monographie"* gesondert geht durch mehrfache Verbindungen tiefer und tiefer in das Gewirre der
Traumgedanken ein. Zu *„botanisch"* gehören die Erinnerungen an die Person des
Professors *Gärtner*, an seine *blühende* Frau, an meine Patientin, die *Flora* heißt, und
an die Dame, von der ich die Geschichte mit den vergessenen *Blumen* erzählt
habe. *Gärtner* führt neuerdings auf das Laboratorium und auf das Gespräch
mit Königstein; in dasselbe Gespräch gehört die Erwähnung der beiden Patientinnen. Von der Frau mit den Blumen zweigt ein Gedankenweg zu den *Lieb-
lingsblumen* meiner Frau ab, dessen anderer Ausgang im Titel der bei Tag flüchtig
gesehenen Monographie liegt. Außerdem erinnert *„botanisch"* an eine Gymna-
sialepisode und an ein Examen der Universitätzeit, und ein neues, in jenem
Gespräch angeschlagenes Thema, das meiner Liebhabereien, knüpft sich durch
Vermittlung meiner scherzhaft so genannten *Lieblingsblume*, der Artischocke, an
die von den vergessenen Blumen ausgehende Gedankenkette an; hinter „Artischocke" steckt die Erinnerung an Italien einerseits und an eine Kinderszene
anderseits, mit der ich meine seither intim gewordenen Beziehungen zu Büchern
eröffnet habe. „Botanisch" ist also ein wahrer Knotenpunkt, in welchem für den
Traum zahlreiche Gedankengänge zusammentreffen, die, wie ich versichern
kann, in jenem Gespräch mit Fug und Recht in Zusammenhang gebracht worden sind. Man befindet sich hier mitten in einer Gedankenfabrik, in der wie im
Weber-Meisterstück

> „Ein Tritt tausend Fäden regt,
> Die Schifflein herüber, hinüber schießen,
> Die Fäden ungesehen fließen,
> Ein Schlag tausend Verbindungen schlägt."

„*Monographie*" im Traume rührt wiederum an zwei Themata, an die Einseitigkeit meiner Studien und an die Kostspieligkeit meiner Liebhabereien.

Aus dieser ersten Untersuchung holt man sich den Eindruck, daß die Elemente „botanisch" und „Monographie" darum in den Trauminhalt Aufnahme gefunden haben, weil sie mit den meisten Traumgedanken die ausgiebigsten Berührungen aufweisen können, also *Knotenpunkte* darstellen, in denen sehr viele der Traumgedanken zusammentreffen, weil sie mit Bezug auf die Traumdeutung *vieldeutig* sind. Man kann die dieser Erklärung zugrunde liegende Tatsache auch anders aussprechen und dann sagen: Jedes der Elemente des Trauminhaltes erweist sich als *überdeterminiert*, als mehrfach in den Traumgedanken vertreten.

Wir erfahren mehr, wenn wir die übrigen Bestandteile des Traumes auf ihr Vorkommen in den Traumgedanken prüfen, Die *farbige Tafel*, die ich aufschlage, geht (vgl. die Analyse S. 161) auf ein neues Thema, die Kritik der Kollegen an meinen Arbeiten, und auf ein bereits im Traum vertretenes, meine Liebhabereien, außerdem auf die Kindererinnerung, in der ich ein Buch mit farbigen Tafeln zerpflücke, das getrocknete Exemplar der Pflanze rührt an das Gymnasialerlebnis vom Herbarium und hebt diese Erinnerung besonders hervor. Ich sehe also, welcher Art die Beziehung zwischen Trauminhalt und Traumgedanken ist: Nicht nur die Elemente des Traums sind durch die Traumgedanken *mehrfach* determiniert, sondern die einzelnen Traumgedanken sind auch im Traum durch mehrere Elemente vertreten. Von einem Element des Traums führt der Assoziationsweg zu mehreren Traumgedanken, von einem Traumgedanken zu mehreren Traumelementen. Die Traumbildung erfolgt also nicht so, daß der einzelne Traumgedanke oder eine Gruppe von solchen eine Abkürzung für den Trauminhalt liefert und dann der nächste Traumgedanke eine nächste Abkürzung als Vertretung, etwa wie aus einer Bevölkerung Volksvertreter gewählt werden, sondern die ganze Masse der Traumgedanken unterliegt einer gewissen Bearbeitung, nach welcher die meist- und bestunterstützten Elemente sich für den Eintritt in den Trauminhalt herausheben, etwa der Wahl durch Listenskrutinium analog. Welchen Traum immer ich einer ähnlichen Zergliederung unterziehe, ich finde stets die nämlichen Grundsätze bestätigt, daß die Traumelemente aus der ganzen Masse der Traumgedanken gebildet werden und daß jedes von ihnen in bezug auf die Traumgedanken mehrfach determiniert erscheint.

Es ist gewiß nicht überflüssig, diese Relation von Trauminhalt und Traumgedanken an einem neuen Beispiel zu erweisen, welches sich durch besonders kunstvolle Verschlingung der wechselseitigen Beziehungen auszeichnet. Der Traum rührt von einem Patienten her, den ich wegen Angst in geschlossenen Räumen behandle. Es wird sich bald ergeben, weshalb ich mich veranlaßt finde, diese ausnehmend geistreiche Traumleistung in folgender Weise zu überschreiben:

II
„Ein schöner Traum"

Er fährt mit großer Gesellschaft in die X-Straße, in der sich ein bescheidenes Einkehrwirts-
haus befindet (was nicht richtig ist). *In den Räumen desselben wird Theater gespielt; er ist*
bald Publikum, bald Schauspieler. Am Ende heißt es, man müsse sich umziehen, um wieder
in die Stadt zu kommen. Ein Teil des Personals wird in die Parterreräume verwiesen, ein
anderer in die des ersten Stockes. Dann entsteht ein Streit. Die oben ärgern sich, daß die unten
noch nicht fertig sind, so daß sie nicht herunter können. Sein Bruder ist oben, er unten, und er
ärgert sich über den Bruder, daß man so gedrängt wird. (Diese Partie ist unklar.) *Es war*
übrigens schon beim Ankommen bestimmt und eingeteilt, wer oben und wer unten sein soll,
Dann geht er allein über die Anhöhe, welche die X-Straße gegen die Stadt hin macht, und geht
so schwer, so mühselig, daß er nicht von der Stelle kommt. Ein älterer Herr gesellt sich zu ihm
und schimpft über den König von Italien. Am Ende der Anhöhe geht er dann viel leichter.

Die Beschwerden beim Steigen waren so deutlich, daß er nach dem Erwachen eine Weile zweifelte, ob es Traum oder Wirklichkeit war. Dem manifesten
Inhalt nach wird man diesen Traum kaum loben können. Die Deutung will ich
regelwidrig mit jenem Stück beginnen, welches vom Träumer als das deutlichste
bezeichnet wurde.

Die geträumte und wahrscheinlich im Traum verspürte Beschwerde, das mühselige Steigen unter Dyspnoe, ist eines der Symptome, die der Patient vor Jahren
wirklich gezeigt hatte, und wurde damals im Verein mit anderen Erscheinungen
auf eine (wahrscheinlich hysterisch vorgetäuschte) Tuberkulose bezogen. Wir
kennen bereits diese dem Traum eigentümliche Sensation der Gehhemmung aus
den Exhibitionsträumen und finden hier wieder, daß sie als ein allezeit bereitliegendes Material zu Zwecken irgendwelcher anderen Darstellung verwendet
wird. Das Stück des Trauminhalts, welches beschreibt, wie das Steigen anfänglich schwer war und am Ende der Anhöhe leicht wurde, erinnerte mich bei der
Erzählung des Traums an die bekannte meisterhafte Introduktion der *Sappho* von
Alphonse Daudet. Dort trägt ein junger Mann die Geliebte die Treppen hinauf,
anfänglich wie federleicht; aber je weiter er steigt, desto schwerer lastet sie auf
seinen Armen, und diese Szene ist vorbildlich für den Verlauf des Verhältnisses,
durch dessen Schilderung *Daudet* die Jugend mahnen will, eine ernstere Neigung
nicht an Mädchen von niedriger Herkunft und zweifelhafter Vergangenheit zu
verschwenden.[113] Obwohl ich wußte, daß mein Patient vor kurzem ein Liebesverhältnis mit einer Dame vom Theater unterhalten und gelöst hatte, erwartete

---

[113] Man denke zur Würdigung dieser Darstellung des Dichters an die im Abschnitt über Symbolik
mitgeteilte Bedeutung der Stiegenträume

ich doch nicht, meinen Deutungseinfall berechtigt zu finden. Auch war es ja in der *Sappho* umgekehrt wie im Traum; in letzterem war das Steigen anfänglich schwer und späterhin leicht; im Roman diente es der Symbolik nur, wenn das, was zuerst leichtgenommen wurde, sich am Ende als eine schwere Last erwies. Zu meinem Erstaunen bemerkte der Patient, die Deutung stimme sehr wohl zum Inhalte des Stückes, das er am Abend vorher im Theater gesehen. Das Stück hieß *Rund um Wien* und behandelte den Lebenslauf eines Mädchens, das, zuerst anständig, dann zur Demimonde übergeht, Verhältnisse mit hochstehenden Personen anknüpft, dadurch „*in die Höhe kommt*", endlich aber immer mehr „*herunterkommt*". Das Stück hatte ihn auch an ein anderes vor Jahren gespieltes erinnert, welches den Titel trug *Von Stufe zu Stufe* und auf dessen Ankündigung eine aus mehreren Stufen bestehende *Stiege* zu sehen war.

Nun die weitere Deutung.

In der X-Straße hatte die Schauspielerin gewohnt, mit welcher er das letzte, beziehungsreiche Verhältnis unterhalten. Ein Wirtshaus gibt es in dieser Straße nicht. Allein, als er der Dame zuliebe einen Teil des Sommers in Wien verbrachte, war er in einem kleinen Hotel in der Nähe *abgestiegen*. Beim Verlassen des Hotels sagte er dem Kutscher: Ich bin froh, daß ich wenigstens kein Ungeziefer bekommen habe! (Übrigens auch eine seiner Phobien.) Der Kutscher darauf: Wie kann man aber da absteigen! Das ist ja gar kein Hotel, eigentlich nur ein *Einkehrwirtshaus*.

An das Einkehrwirtshaus knüpft sich ihm sofort die Erinnerung eines Zitates:

> „Bei einem Wirte wundermild,
> Da war ich jüngst zu Gaste."

Der Wirt im *Uhlandschen* Gedicht ist aber ein *Apfelbaum*. Nun setzt ein zweites Zitat die Gedankenkette fort:

> FAUST (mit der Jungen tanzend)
> Einst hatt' ich einen *schönen Traum*;
> Da sah ich einen *Apfelbaum*,
> Zwei schöne Äpfel glänzten dran,
> Sie reizten mich, ich *stieg hinan*.
> DIE SCHÖNE
> Der Äpfelchen begehrt ihr sehr,
> Und schon vom Paradiese her.
> Von Freuden fühl' ich mich bewegt,
> Daß auch mein Garten solche trägt.

Es ist nicht der leiseste Zweifel möglich, was unter dem Apfelbaum und den Äpfelchen gemeint ist. Ein schöner Busen stand auch obenan unter den Reizen, durch welche die Schauspielerin meinen Träumer gefesselt hatte.

Wir hatten nach dem Zusammenhang der Analyse allen Grund anzunehmen, daß der Traum auf einen Eindruck aus der Kindheit zurückgehe. Wenn dies richtig war, so mußte er sich auf die Amme des jetzt bald dreißigjährigen Mannes beziehen. Für das Kind ist der Busen der Amme tatsächlich das Einkehrwirtshaus. Die Amme sowohl als die *Sappho Daudets* erscheinen als Anspielung auf die vor kurzem verlassene Geliebte.

Im Trauminhalt erscheint auch der (ältere) Bruder des Patienten, und zwar ist dieser *oben*, er selbst *unten*. Dies ist wieder eine *Umkehrung* des wirklichen Verhältnisses, denn der Bruder hat, wie mir bekannt ist, seine soziale Position verloren, mein Patient sie erhalten. Der Träumer vermied bei der Reproduktion des Trauminhaltes zu sagen: Der Bruder sei oben, er selbst „parterre" gewesen. Es wäre eine zu deutliche Äußerung geworden, denn man sagt bei uns von einer Person, sie ist „parterre", wenn sie Vermögen und Stellung eingebüßt hat, also in ähnlicher Übertragung, wie man „*heruntergekommen*" gebraucht. Es muß nun einen Sinn haben, daß an dieser Stelle im Traum etwas *umgekehrt* dargestellt ist. Die Umkehrung muß auch für eine andere Beziehung zwischen Traumgedanken und Trauminhalt gelten. Es liegt der Hinweis darauf vor, wie diese Umkehrung vorzunehmen ist. Offenbar am Ende des Traumes, wo es sich mit dem Steigen wiederum *umgekehrt* verhält wie in der *Sappho*. Dann ergibt sich leicht, welche Umkehrung gemeint ist: In der *Sappho* trägt der Mann das zu ihm in sexuellen Beziehungen stehende Weib; in den Traumgedanken handelt es sich also umgekehrt um ein Weib, das den Mann trägt, und da dieser Fall sich nur in der Kindheit ereignen kann, bezieht es sich wieder auf die Amme, die schwer an dem Säugling trägt. Der Schluß des Traumes trifft es also, die Sappho und die Amme in der nämlichen Andeutung darzustellen.

Wie der Name Sappho vom Dichter nicht ohne Beziehung auf eine lesbische Gewohnheit gewählt ist, so deuten die Stücke des Traumes, in denen Personen *oben* und *unten* beschäftigt sind, auf Phantasien sexuellen Inhalts, die den Träumer beschäftigen und als unterdrückte Gelüste nicht außer Zusammenhang mit seiner Neurose stehen. Daß es Phantasien und nicht Erinnerungen der tatsächlichen Vorgänge sind, die so im Traum dargestellt werden, zeigt die Traumdeutung selbst nicht an; dieselbe liefert uns nur einen Gedankeninhalt und überläßt es uns, dessen Realitätswert festzustellen. Wirkliche und phantasierte Begebenheiten erscheinen hier – und nicht nur hier, auch bei der Schöpfung wichtigerer psychischer Gebilde als der Träume – zunächst als gleichwertig. Große Gesellschaft bedeutet, wie wir bereits wissen, Geheimnis. Der Bruder ist nichts anderes als der in die Kindheitsszene durch „Zurückphantasieren" eingetragene Vertreter aller späteren Nebenbuhler beim Weibe. Die Episode von dem Herrn, der auf den König von Italien schimpft, bezieht sich durch Vermittlung eines rezenten und an sich gleichgültigen Erlebnisses wiederum auf das Eindrängen von Personen niederen Standes in höhere Gesellschaft. Es ist, als ob der Warnung, welche *Daudet* dem Jüngling erteilt, eine ähnliche, für das saugende Kind gültige an die Seite gestellt werden sollte.[114]

Um ein drittes Beispiel für das Studium der Verdichtung bei der Traumbildung bereitzuhaben, teile ich die partielle Analyse eines anderen Traumes mit, den ich einer älteren, in psychoanalytischer Behandlung stehenden Dame verdanke. Den schweren Angstzuständen entsprechend, an denen die Kranke litt, enthielten ihre Träume überreichlich sexuelles Gedankenmaterial, dessen Kenntnisnahme sie anfangs ebensosehr überraschte wie erschreckte. Da ich die Traumdeutung nicht bis zum Ende führen kann, scheint das Traummaterial in mehrere Gruppen ohne sichtbaren Zusammenhang zu zerfallen.

III
„Der Käfertraum"

Trauminhalt: Sie besinnt sich, daß sie zwei Maikäfer in einer Schachtel hat, denen sie die Freiheit geben muß, weil sie sonst ersticken. Sie öffnet die Schachtel, die Käfer sind ganz matt; einer fliegt zum geöffneten Fenster hinaus, der andere aber wird vom Fensterflügel zerquetscht, während sie das Fenster schließt, wie irgend jemand von ihr verlangt (Äußerungen des Ekels).

Analyse: Ihr Mann ist verreist, die vierzehnjährige Tochter schläft im Bette neben ihr. Die Kleine macht sie am Abend aufmerksam, daß eine Motte in ihr Wasserglas gefallen ist; sie versäumt es aber, sie herauszuholen, und bedauert das arme Tierchen am Morgen. In ihrer Abendlektüre war erzählt, wie Buben eine Katze in siedendes Wasser werfen, und die Zuckungen des Tieres geschildert. Dies sind die beiden an sich gleichgültigen Traumanlässe. Das Thema von der Grausamkeit gegen Tiere beschäftigt sie weiter. Ihre Tochter war vor Jahren, als sie in einer gewissen Gegend im Sommer wohnten, sehr grausam gegen das Getier. Sie legte sich eine Schmetterlingssammlung an und verlangte von ihr *Arsenik* zur Tötung der Schmetterlinge. Einmal kam es vor, daß ein Nachtfalter

---

[114] Die phantastische Natur der auf die Amme des Träumers bezüglichen Situation wird durch den objektiv erhobenen Umstand erwiesen, daß die Amme in diesem Fall die Mutter war. Ich erinnere übrigens an das auf erwähnte Bedauern des jungen Mannes der Anekdote, die Situation bei seiner Amme nicht besser ausgenützt zu haben, welches wohl die Quelle dieses Traumes ist.

mit der Nadel durch den Leib noch lange im Zimmer herumflog; ein andermal fanden sich einige Raupen, die zur Verpuppung aufbewahrt wurden, verhungert. Dasselbe Kind pflegte in noch zarterem Alter *Käfern* und Schmetterlingen die Flügel auszureißen; heute würde sie vor all diesen grausamen Handlungen zurückschrecken; sie ist so gutmütig geworden.

Dieser Widerspruch beschäftigt sie. Er erinnert an einen anderen Widerspruch, den zwischen *Aussehen* und Gesinnung, wie er in *Adam Bede* von der Eliot dargestellt ist. Ein schönes, aber eitles und ganz dummes Mädchen, daneben ein häßliches, aber edles. Der *Aristokrat*, der das Gänschen verführt; der Arbeiter, der adelig fühlt und sich ebenso benimmt. Man kann das den Leuten nicht ansehen. Wer würde *ihr* ansehen, daß sie von sinnlichen Wünschen geplagt wird?

In demselben Jahre, als die Kleine ihre Schmetterlingssammlung anlegte, litt die Gegend arg unter der *Maikäferplage*. Die Kinder wüteten gegen die Käfer, *zerquetschten* sie grausam. Sie hat damals einen Menschen gesehen, der den Maikäfern die Flügel ausriß und die Leiber dann verspeiste. Sie selbst ist im *Mai* geboren, hat auch im *Mai* geheiratet. Drei Tage nach der Hochzeit schrieb sie den Eltern einen Brief nach Hause, wie glücklich sie sei. Sie war es aber keineswegs.

Am Abend vor dem Traum hatte sie in alten Briefen gekramt und verschiedene ernste und komische Briefe den Ihrigen vorgelesen, so einen höchst lächerlichen Brief eines Klavierlehrers, der ihr als Mädchen den Hof gemacht hatte, auch den eines *aristokratischen* Verehrers.[115]

Sie macht sich Vorwürfe, daß eine ihrer Töchter ein schlechtes Buch von *Maupassant* in die Hand bekommen.[116] Das *Arsenik*, das ihre Kleine verlangt, erinnert sie an die *Arsenikpillen*, die dem Duc de Mora im *Nabab* die Jugendkraft wiedergeben.

Zu „Freiheit geben" fällt ihr die Stelle aus der *Zauberflöte* ein:

> „Zur Liebe kann ich dich nicht zwingen,
> Doch geb ich dir die Freiheit nicht."

Zu den „Maikäfern" noch die Rede des Käthchens:[117]

> „Verliebt ja wie ein *Käfer* bist du mir."

---

[115] Dies der eigentliche Traumerreger.

[116] Zu ergänzen: Solche Lektüre sei Gift für ein junges Mädchen. Sie selbst hat in ihrer Jugend viel aus verbotenen Büchern geschöpft.

[117] Ein weiterer Gedankengang führt zur Penthesilea desselben Dichters: Grausamkeit gegen den Geliebten.

Dazwischen *Tannhäuser:* „Weil du von böser Lust beseelt –
Sie lebt in Angst und Sorge um den abwesenden Mann. Die Furcht, daß ihm
auf der Reise etwas *zustoße,* äußert sich in zahlreichen Phantasien des Tages.
Kurz vorher hatte sie in ihren unbewußten Gedanken während der Analyse eine
Klage über seine „Greisenhaftigkeit" gefunden. Der Wunschgedanke, welchen
dieser Traum verhüllt, läßt sich vielleicht am besten erraten, wenn ich erzähle,
daß sie mehrere Tage vor dem Traum plötzlich mitten in ihren Beschäftigungen
durch den gegen ihren Mann gerichteten Imperativ erschreckt wurde: *Häng' dich
auf.* Es ergab sich, daß sie einige Stunden vorher irgendwo gelesen hatte, beim
Erhängen stelle sich eine kräftige Erektion ein. Es war der Wunsch nach dieser
Erektion, der in dieser schreckenerregenden Verkleidung aus der Verdrängung
wiederkehrte. „Häng' dich auf" besagte so viel als „Verschaff dir eine Erektion
um jeden Preis". Die Arsenikpillen des Dr. Jenkins im *Nabab* gehören hieher;
es war der Patientin aber auch bekannt, daß man das stärkste Aphrodisiakum,
Kanthariden, durch *Zerquetschen* von Käfern bereitet (sog. spanische Fliegen). Auf
diesen Sinn zielt der Hauptbestandteil des Trauminhalts.

Das *Fenster* öffnen und schließen ist eine der ständigen Differenzen mit
ihrem Manne. Sie selbst schläft aerophil, der Mann aerophob. Die *Mattigkeit* ist
das Hauptsymptom, über das sie in diesen Tagen zu klagen hatte.

In allen drei hier mitgeteilten Träumen habe ich durch die Schrift hervorgehoben, wo eines der Traumelemente in den Traumgedanken wiederkehrt, um
die mehrfache Beziehung der ersteren augenfällig zu machen. Da aber für keinen
dieser Träume die Analyse bis zum Ende geführt ist, verlohnt es sich wohl, auf
einen Traum mit ausführlicher mitgeteilter Analyse einzugehen, um die Überdeterminierung des Trauminhalts an ihm zu erweisen. Ich wähle hiefür den Traum
von Irmas Injektion. Wir werden an diesem Beispiel mühelos erkennen, daß
die Verdichtungsarbeit bei der Traumbildung sich mehr als nur eines Mittels
bedient.

Die Hauptperson des Trauminhalts ist die Patientin Irma, die mit den ihr
im Leben zukommenden Zügen gesehen wurde und also zunächst sich selbst
darstellt. Die Stellung aber, in welcher ich sie beim Fenster untersuche, ist von
einer Erinnerung an eine andere Person hergenommen, von jener Dame, mit
der ich meine Patientin vertauschen möchte, wie die Traumgedanken zeigen.
Insofern Irma einen diphtheritischen Belag erkennen läßt, bei dem die Sorge um
meine älteste Tochter erinnert wird, gelangt sie zur Darstellung dieses meines
Kindes, hinter welchem, durch die Namensgleichheit mit ihm verknüpft, die
Person einer durch Intoxikation verlorenen Patientin sich verbirgt. Im weiteren
Verlauf des Traums wandelt sich die Bedeutung von Irmas Persönlichkeit (ohne
daß ihr im Traum gesehenes Bild sich änderte); sie wird zu einem der Kinder,

die wir in der öffentlichen Ordination des Kinder-Krankeninstituts untersuchen, wobei meine Freunde die Verschiedenheit ihrer geistigen Anlagen erweisen. Der Übergang wurde offenbar durch die Vorstellung meiner kindlichen Tochter vermittelt. Durch das Sträuben beim Mundöffnen wird dieselbe Irma zur Anspielung auf eine andere, einmal von mir untersuchte Dame, ferner in demselben Zusammenhang auf meine eigene Frau. In den krankhaften Veränderungen, die ich in ihrem Hals entdecke, habe ich überdies Anspielungen auf eine ganze Reihe von noch anderen Personen zusammengetragen.

All diese Personen, auf die ich bei der Verfolgung von „Irma" gerate, treten im Traum nicht leibhaftig auf; sie verbergen sich hinter der Traumperson „Irma", welche so zu einem Sammelbild mit allerdings widerspruchsvollen Zügen ausgestaltet wird. Irma wird zur Vertreterin dieser anderen, bei der Verdichtungsarbeit hingeopferten Personen, indem ich an ihr all das vorgehen lasse, was mich Zug für Zug an diese Personen erinnert.

Ich kann mir eine *Sammelperson* auch auf andere Weise für die Traumverdichtung herstellen, indem ich aktuelle Züge zweier oder mehrerer Personen zu einem Traumbilde vereinige. Solcherart ist der Dr. M. meines Traumes entstanden, er trägt den Namen des Dr. M., spricht und handelt wie er; seine leibliche Charakteristik und sein Leiden sind die einer anderen Person, meines ältesten Bruders; ein einziger Zug, das blasse Aussehen, ist doppelt determiniert, indem er in der Realität beiden Personen gemeinsam ist. Eine ähnliche Mischperson ist der Dr. R. meines Onkeltraums. Hier aber ist das Traumbild noch auf andere Weise bereitet. Ich habe nicht Züge, die dem einen eigen sind, mit den Zügen des anderen vereinigt und dafür das Erinnerungsbild eines jeden um gewisse Züge verkürzt, sondern ich habe das Verfahren eingeschlagen, nach welchem Galton seine Familienporträts erzeugt, nämlich beide Bilder aufeinander projiziert, wobei die gemeinsamen Züge verstärkt hervortreten, die nicht zusammenstimmenden einander auslöschen und im Bilde undeutlich werden. Im Onkeltraum hebt sich so als verstärkter Zug aus der zwei Personen gehörigen und darum verschwommenen Physiognomie der *blonde* Bart hervor, der überdies eine Anspielung auf meinen Vater und auf mich enthält, vermittelt durch die Beziehung zum Ergrauen.

Die Herstellung von Sammel- und Mischpersonen ist eines der Hauptarbeitsmittel der Traumverdichtung. Es wird sich bald der Anlaß ergeben, sie in einem anderen Zusammenhange zu behandeln.

Der Einfall „Dysenterie" im Injektionstraum ist gleichfalls mehrfach determiniert, einerseits durch den paraphasischen Gleichklang mit Diphtherie, anderseits durch die Beziehung auf den von mir in den Orient geschickten Patienten, dessen Hysterie verkannt wird.

Als ein interessanter Fall von Verdichtung erweist sich auch die Erwähnung von *„Propylen"* im Traum. In den Traumgedanken war nicht *„Propylen"*, sondern *„Amylen"* enthalten. Man könnte meinen, daß hier eine einfache Verschiebung bei der Traumbildung Platz gegriffen hat. So ist es auch, allein diese Verschiebung dient den Zwecken der Verdichtung, wie folgender Nachtrag zur Traumanalyse zeigt. Wenn meine Aufmerksamkeit bei dem Worte *„Propylen"* noch einen Moment haltmacht, so fällt mir der Gleichklang mit dem Worte *„Propyläen"* ein. Die *Propyläen* befinden sich aber nicht nur in Athen, sondern auch in München. In dieser Stadt habe ich ein Jahr vor dem Traum meinen damals schwerkranken Freund aufgesucht, dessen Erwähnung durch das bald auf *Propylen* folgende *Trimethylamin* des Traumes unverkennbar wird.

Ich gehe über den auffälligen Umstand hinweg, daß hier und anderswo bei der Traumanalyse Assoziationen von der verschiedensten Wertigkeit wie gleichwertig zur Gedankenverbindung benützt werden, und gebe der Versuchung nach, mir den Vorgang bei der Ersetzung von *Amylen* in den Traumgedanken durch *Propylen* in dem Trauminhalt gleichsam plastisch vorzustellen.

Hier befinde sich die Vorstellungsgruppe meines Freundes Otto, der mich nicht versteht, mir unrecht gibt und mir nach Amylen duftenden Likör schenkt; dort durch Gegensatz verbunden die meines Berliner Freundes, der mich versteht, mir recht geben würde und dem ich soviel wertvolle Mitteilungen, auch über die Chemie der Sexualvorgänge, verdanke.

Was aus der Gruppe Otto meine Aufmerksamkeit besonders erregen soll, ist durch die rezenten, den Traum erregenden Anlässe bestimmt; das *Amylen* gehört zu diesen ausgezeichneten, für den Trauminhalt prädestinierten Elementen. Die reiche Vorstellungsgruppe „Wilhelm" wird geradezu durch den Gegensatz zu Otto belebt und die Elemente in ihr hervorgehoben, welche an die bereits erregten in Otto anklingen. In diesem ganzen Traum rekurriere ich ja von einer Person, die mein Mißfallen erregt, auf eine andere, die ich ihr nach Wunsch entgegenstellen kann, rufe ich Zug für Zug den Freund gegen den Widersacher auf. So erweckt das Amylen bei Otto auch in der anderen Gruppe Erinnerungen aus dem Kreis der Chemie; das Trimethylamin, von mehreren Seiten her unterstützt, gelangt in den Trauminhalt. Auch „Amylen" könnte unverwandelt in den Trauminhalt kommen, es unterliegt aber der Einwirkung der Gruppe „Wilhelm", indem aus dem ganzen Erinnerungsumfang, den dieser Name deckt, ein Element hervorgesucht wird, welches eine doppelte Determinierung für Amylen ergeben kann. In der Nähe von Amylen liegt für die Assoziation „Propylen"; aus dem Kreise „Wilhelm" kommt ihm München mit den Propyläen entgegen. In Propylen-Propyläen treffen beide Vorstellungskreise zusammen. Wie durch einen Kompromiß gelangt dieses mittlere Element dann in den Trauminhalt.

Es ist hier ein mittleres Gemeinsames geschaffen worden, welches mehrfache Determinierung zuläßt. Wir greifen so mit Händen, daß die mehrfache Determinierung das Durchdringen in den Trauminhalt erleichtern muß. Zum Zwecke dieser Mittelbildung ist unbedenklich eine Verschiebung der Aufmerksamkeit von dem eigentlich Gemeinten zu einem in der Assoziation Naheliegenden vorgenommen worden.

Das Studium des Injektionstraums gestattet uns bereits, einige Übersicht über die Verdichtungsvorgänge bei der Traumbildung zu gewinnen. Wir konnten die Auswahl der mehrfach in den Traumgedanken vorkommenden Elemente, die Bildung neuer Einheiten (Sammelpersonen, Mischgebilde) und die Herstellung von mittleren Gemeinsamen als Einzelheiten der Verdichtungsarbeit erkennen. Wozu die Verdichtung dient und wodurch sie gefordert wird, werden wir uns erst fragen, wenn wir die psychischen Vorgänge bei der Traumbildung im Zusammenhange erfassen wollen. Begnügen wir uns jetzt mit der Feststellung der Traumverdichtung als einer bemerkenswerten Relation zwischen Traumgedanken und Trauminhalt.

Am greifbarsten wird die Verdichtungsarbeit des Traums, wenn sie Worte und Namen zu ihren Objekten gewählt hat. Worte werden vom Traum überhaupt häufig wie Dinge behandelt und erfahren dann dieselben Zusammensetzungen wie die Dingvorstellungen. Komische und seltsame Wortschöpfungen sind das Ergebnis solcher Träume.

1. Als mir einmal ein Kollege einen von ihm verfaßten Aufsatz überschickte, in welchem eine physiologische Entdeckung der Neuzeit nach meinem Urteil überschätzt und vor allem in überschwenglichen Ausdrücken abgehandelt war, da träumte ich die nächste Nacht einen Satz, der sich offenbar auf diese Abhandlung bezog: *„Das ist ein wahrhaft norekdaler Stil."* Die Auflösung des Wortgebildes bereitete mir anfänglich Schwierigkeiten; es war nicht zweifelhaft, daß es den Superlativen „kolossal, pyramidal" parodistisch nachgeschaffen war; aber woher es stammte, war nicht leicht zu sagen. Endlich zerfiel mir das Ungetüm in die beiden Namen *Nora* und *Ekdal* aus zwei bekannten Schauspielen von *Ibsen*. Von demselben Autor, dessen letztes Opus ich im Traum also kritisierte, hatte ich vorher einen Zeitungsaufsatz über Ibsen gelesen.

2. Eine meiner Patientinnen teilt mir einen kurzen Traum mit, der in eine unsinnige Wortkombination ausläuft. Sie befindet sich mit ihrem Manne bei einer Bauernfestlichkeit und sagt dann: *„Das wird in einen allgemeinen ‚Maistollmütz'* ausgehen."* Dabei im Traum der dunkle Gedanke, das sei eine Mehlspeise aus Mais, eine Art Polenta. Die Analyse zerlegt das Wort in *Mais – toll – mannstoll – Olmütz,* welche Stücke sich sämtlich als Rest einer Konversation bei Tisch mit ihren Verwandten erkennen lassen. Hinter *Mais* verbergen sich außer der

Anspielung auf die eben eröffnete Jubiläumsausstellung die Worte: *Meißen* (eine *Meißner* Porzellanfigur, die einen Vogel darstellt), *Miß* (die Engländerin ihrer Verwandten war nach *Olmütz* gereist), *mies* = ekel, übel im scherzhaft gebrauchten jüdischen Jargon, und eine lange Kette von Gedanken und Anknüpfungen ging von jeder der Silben des Wortklumpens ab.

3. Ein junger Mann, bei dem ein Bekannter spät abends angeläutet hat, um eine Besuchskarte abzugeben, träumt in der darauffolgenden Nacht: *Ein Geschäftsmann wartet spät abends, um den Zimmertelegraphen zu richten. Nachdem er weggegangen ist, läutet es noch immer, nicht kontinuierlich, sondern nur in einzelnen Schlägen. Der Diener holt den Mann wieder, und der sagt: Es ist doch merkwürdig, daß auch Leute, die sonst tutelrein sind, solche Angelegenheiten nicht zu behandeln verstehen.*

Der indifferente Traumanlaß deckt, wie man sieht, nur eines der Elemente des Traumes. Zur Bedeutung ist er überhaupt nur gekommen, indem er sich an ein früheres Erlebnis des Träumers angereiht hat, das, an sich auch gleichgültig, von seiner Phantasie mit stellvertretender Bedeutung ausgestattet wurde. Als Knabe, der mit seinem Vater wohnte, schüttete er einmal schlaftrunken ein Glas Wasser auf den Boden, so daß das Kabel des Zimmertelegraphen durchtränkt wurde und das *kontinuierliche* Läuten den Vater im Schlaf störte. Da das kontinuierliche Läuten dem Naßwerden entspricht, so werden dann *„einzelne Schläge"* zur Darstellung des *Tropfenfallens* verwendet. Das Wort *„tutelrein"* zerlegt sich aber nach drei Richtungen und zielt damit auf drei der in den Traumgedanken vertretenen Materien: *„Tutel"* = *Kuratel* bedeutet Vormundschaft; *Tutel* (vielleicht *„Tuttel"*) ist eine vulgäre Bezeichnung der weiblichen Brust, und Bestandteil „rein" übernimmt die ersten Silben des Zimmertelegraphen um *„zimmerrein"* zu bilden, was mit dem Naßmachen des Fußbodens viel zu tun hat und überdies an einen der in der Familie des Träumers vertretenen Namen anklingt.[118]

---

[118] Die nämliche Zerlegung und Zusammensetzung der Silben – eine wahre Silbenchemie – dient uns im Wachen zu mannigfachen Scherzen. „Wie gewinnt man auf die billigste Art Silber? Man begibt sich in eine Allee, in der Silberpappeln stehen, gebietet Schweigen, dann hört das „Pappeln" (Schwätzen) auf, und das Silber wird frei." Der erste Leser und Kritiker dieses Buches hat mir den Einwand gemacht, den die späteren wahrscheinlich wiederholen werden, „daß der Träumer oft zu witzig erscheine". Das ist richtig, solange es nur auf den Träumer bezogen wird, involviert einen Vorwurf nur dann, wenn es auf den Traumdeuter übergreifen soll. In der wachen Wirklichkeit kann ich wenig Anspruch auf das Prädikat „witzig" erheben; wenn meine Träume witzig erscheinen, so liegt es nicht an meiner Person, sondern an den eigentümlichen psychologischen Bedingungen unter denen der Traum gearbeitet wird, und hängt mit der Theorie des Witzigen und Komischen intim zusammen. Der Traum wird witzig, weil ihm der gerade und nächste Weg zum Ausdruck seiner Gedanken gesperrt ist; er wird es notgedrungen. Die Leser können sich überzeugen, daß Träume meiner Patienten den Eindruck des Witzigen (Witzelnden) im selben und im höheren Grade machen wie die meinen. Immerhin gab mir dieser Vorwurf Anlaß, die Technik des Witzes mit der Traumarbeit zu vergleichen,

4. In einem längeren wüsten Traum von mir, der eine Schiffsreise zum scheinbaren Mittelpunkt hat, kommt es vor, daß die nächste Station *Hearsing* heißt, die nächst weitere aber *Fließ*. Letzteres ist der Name meines Freundes in B., der oft das Ziel meiner Reise gewesen ist. *Hearsing* aber ist kombiniert aus den Ortsnamen unserer Wiener Lokalstrecke, die so häufig auf *ing* ausgehen: Hietzing, Liesing, Mödling (Medelitz, *meae deliciae* der alte Name, also „*meine Freud*"), und dem englischen *Hearsay* = Hörensagen, was auf Verleumdung deutet und die Beziehung zu dem indifferenten Traumerreger des Tages herstellt, einem Gedicht in den *Fliegenden Blättern* von einem verleumderischen Zwerg, „*Sagter Hatergesagt*". Durch Beziehung der Endsilbe „*ing*" zum Namen *Fließ* gewinnt man „*Vlissingen*", wirklich die Station der Seereise, die mein Bruder berührt, wenn er von England zu uns auf Besuch kommt. Der englische Name von *Vlissingen* lautet aber *Flushing*, was in englischer Sprache Erröten bedeutet und an die Patienten mit „*Errötensangst*" mahnt, die ich behandle, auch an eine rezente Publikation *Bechterews* über diese Neurose, die mir Anlaß zu ärgerlichen Empfindungen gegeben hat.

5. Ein anderes Mal habe ich einen Traum, der aus zwei gesonderten Stücken besteht. Das erste ist das lebhaft erinnerte Wort „*Autodidasker*", das andere deckt sich getreu mit einer vor Tagen produzierten, kurzen und harmlosen Phantasie des Inhalts, daß ich dem Professor N., wenn ich ihn nächstens sehe, sagen muß: „Der Patient, über dessen Zustand ich Sie zuletzt konsultiert habe, leidet wirklich nur an einer Neurose, ganz wie Sie vermutet haben." Das neugebildete „*Autodidasker*" hat nun nicht nur der Anforderung zu genügen, daß es komprimierten Sinn enthält oder vertritt, es soll auch dieser Sinn in gutem Zusammenhange mit meinem aus dem Wachen wiederholten Vorsatze stehen, dem Professor N. jene Genugtuung zu geben.

Nun zerlegt sich *Autodidasker* leicht in *Autor*, *Autodidakt* und *Lasker*, an den sich der Name *Lassalle* schließt. Die ersten dieser Worte führen zu der – dieses Mal bedeutsamen – Veranlassung des Traumes: Ich hatte meiner Frau mehrere Bände eines bekannten Autors mitgebracht, mit dem mein Bruder befreundet ist und der, wie ich erfahren habe, aus demselben Orte stammt wie ich (*J. J. David*). Eines Abends sprach sie mit mir über den tiefen Eindruck, den ihr die ergreifend traurige Geschichte eines verkommenen Talents in einer der Davidschen Novellen gemacht hatte, und unsere Unterhaltung wendete sich darauf den Spuren von Begabung zu, die wir an unseren eigenen Kindern wahrnehmen. Unter der Herrschaft des eben Gelesenen äußerte sie eine Besorgnis, die sich

---

was in dem 1905 veröffentlichten Buche *Der Witz und seine Beziehung zum Unbewußten* geschehen ist.

auf die Kinder bezog, und ich tröstete sie mit der Bemerkung, daß gerade solche Gefahren durch die Erziehung abgewendet werden können. In der Nacht ging mein Gedankengang weiter, nahm die Besorgnisse meiner Frau auf und verwob allerlei anderes damit. Eine Äußerung, die der Dichter gegen meinen Bruder in bezug auf das Heiraten getan hatte, zeigte meinen Gedanken einen Nebenweg, der zur Darstellung im Traum führen konnte. Dieser Weg leitete nach Breslau, wohin eine uns sehr befreundete Dame geheiratet hatte. Für die Besorgnis, am Weibe zugrunde zu gehen, die den Kern meiner Traumgedanken bildete, fand ich in Breslau die Exempel *Lasker* und *Lassalle* auf, die mir gleichzeitig die beiden Arten dieser Beeinflussung zum Unheil darzustellen gestatteten.[119] Das „*cherchez la femme*", in dem sich diese Gedanken zusammenfassen lassen, bringt mich in anderem Sinn auf meinen noch unverheirateten Bruder, der *Alexander* heißt. Nun merke ich, daß *Alex*, wie wir den Namen abkürzen, fast wie eine Umstellung von *Lasker* klingt und daß dieses Moment mitgewirkt haben muß, meinen Gedanken die Umwegsrichtung über Breslau mitzuteilen.

Die Spielerei mit Namen und Silben, die ich hier treibe, enthält aber noch einen weiteren Sinn. Sie vertritt den Wunsch eines glücklichen Familienlebens für meinen Bruder, und zwar auf folgendem Weg: In dem Künstlerroman *L'œvre*, der meinen Traumgedanken inhaltlich naheliegen mußte, hat der Dichter bekanntlich sich selbst und sein eigenes Familienglück episodisch mitgeschildert und tritt darin unter dem Namen *Sandoz* auf. Wahrscheinlich hat er bei der Namensverwandlung folgenden Weg eingeschlagen: *Zola* gibt umgekehrt (wie die Kinder so gerne zu tun pflegen) *Aloz*. Das war ihm wohl noch zu unverhüllt; darum ersetzte sich ihm die Silbe Al, die auch den Namen Alexander einleitet, durch die dritte Silbe desselben Namens *sand*, und so kam Sandoz zustande. So ähnlich entstand also auch mein *Autodidasker*. Meine Phantasie, daß ich Professor N. erzähle, der von uns beiden gesehene Kranke leide nur an einer Neurose, ist auf folgende Weise in den Traum gekommen. Kurz vor Schluß meines Arbeitsjahrs bekam ich einen Patienten, bei dem mich meine Diagnostik im Stiche ließ. Es war ein schweres organisches Leiden, vielleicht eine Rückenmarksveränderung, anzunehmen, aber nicht zu beweisen. Eine Neurose zu diagnostizieren wäre verlockend gewesen und hätte allen Schwierigkeiten ein Ende bereitet, wenn nicht die sexuelle Anamnese, ohne die ich keine Neurose anerkennen will, vom Kranken so energisch in Abrede gestellt worden wäre. In meiner Verlegenheit rief ich den Arzt zur Hilfe, den ich menschlich am meisten verehre (wie andere auch) und vor dessen Autorität ich mich am ehesten beuge. Er hörte meine Zweifel

---

[119] Lasker starb an progressiver Paralyse, also an den Folgen der beim Weib erworbenen Infektion (Lues); Lassalle, wie bekannt, im Duell wegen einer Dame.

an, hieß sie berechtigt und meinte dann: „Beobachten Sie den Mann weiter, es wird Neurose sein." Da ich weiß, daß er meine Ansichten über die Ätiologie der Neurosen nicht teilt, hielt ich meinen Widerspruch zurück, verbarg aber nicht meinen Unglauben. Einige Tage später machte ich dem Kranken die Mitteilung, daß ich mit ihm nichts anzufangen wisse, und riet ihm, sich an einen anderen zu wenden. Da begann er zu meiner höchsten Überraschung, mich um Verzeihung zu bitten, daß er mich belogen habe; er habe sich so sehr geschämt, und nun enthüllte er mir gerade das Stück sexueller Ätiologie, das ich erwartet hatte und dessen ich zur Annahme einer Neurose bedurfte. Mir war es eine Erleichterung, aber auch gleichzeitig eine Beschämung; ich mußte mir zugestehen, daß mein Consiliarius, durch die Berücksichtigung der Anamnese unbeirrt, richtiger gesehen hatte. Ich nahm mir vor, es ihm zu sagen, wenn ich ihn wiedersehe, ihm zu sagen, daß er recht gehabt habe und ich unrecht.

Gerade das tue ich nun im Traum. Aber was für Wunscherfüllung soll es denn sein, wenn ich bekenne, daß ich unrecht habe? Gerade das ist mein Wunsch; ich möchte unrecht haben mit meinen Befürchtungen, respektive ich möchte, daß meine Frau, deren Befürchtungen ich in den Traumgedanken mir angeeignet habe, unrecht behält. Das Thema, auf welches sich das Recht- oder Unrechtbehalten im Traum bezieht, ist von dem für die Traumgedanken wirklich Interessanten nicht weitab gelegen. Dieselbe Alternative der organischen oder der funktionellen Schädigung durch das Weib, eigentlich durch das Sexualleben: Tabes-Paralyse oder Neurose, an welch letztere sich die Art des Untergangs von Lassalle lockerer anreiht.

Professor N. spielt in diesem festgefügten (und bei sorgfältiger Deutung ganz durchsichtigen) Traum nicht nur wegen dieser Analogie und wegen meines Wunsches, unrecht zu behalten, eine Rolle – auch nicht wegen seiner nebenhergehenden Beziehungen zu Breslau und zur Familie unserer dorthin verheirateten Freundin – sondern auch wegen folgender kleiner Begebenheit, die sich an unsere Konsultation anschloß. Nachdem er mit jener Vermutung die ärztliche Aufgabe erledigt hatte, wandte sich sein Interesse persönlichen Dingen zu. „Wieviel Kinder haben Sie jetzt?" – „Sechs." – Eine Gebärde von Respekt und Bedenklichkeit. – „Mädel, Buben?" – „Drei und drei, das ist mein Stolz und mein Reichtum." „Nun geben Sie acht, mit den Mädeln geht es ja gut, aber die Buben machen einem später Schwierigkeiten in der Erziehung." – Ich wendete ein, daß sie bis jetzt recht zahm geblieben sind; offenbar behagte mir diese zweite Diagnose über die Zukunft meiner Buben ebensowenig wie die früher gefällte, daß mein Patient nur eine Neurose habe. Diese beiden Eindrücke sind also durch Kontiguität, durch das Erleben in einem Zuge verbunden, und wenn ich die Geschichte von der Neurose in den Traum nehme, ersetze ich durch sie die Rede über die Erziehung, die noch mehr Zusammenhang mit den Traum-gedanken aufweist, da sie so nahe an die später geäußerten Besorgnisse meiner Frau rührt. So findet selbst meine Angst, daß N. mit den Bemerkungen über die Erziehungsschwierigkeiten bei den Buben recht behalten möge, Eingang in den Trauminhalt, indem sie sich hinter der Darstellung meines Wunsches, daß ich mit solchen Befürchtungen unrecht haben möge, verbirgt. Dieselbe Phantasie dient unverändert der Darstellung beider gegensätzlicher Glieder der Alternative.

6. Marcinowski: „Heute früh erlebte ich zwischen Traum und Wachen eine sehr hübsche Wortverdichtung. Im Ablauf einer Fülle von kaum erinnerbaren Traumbruchstücken stutzte ich gewissermaßen über ein Wort, das ich halb wie geschrieben, halb wie gedruckt vor mir sehe. Es lautet: *„erzefilisch"* und gehört zu einem Satz, der außerhalb jedes Zusammenhanges völlig isoliert in mein bewuß-tes Erinnern hinüberglitt; er lautete: *Das wirkt erzefilisch auf die Geschlechtsempfindung.* Ich wußte sofort, daß es eigentlich *„erzieherisch"* heißen solle, schwankte auch einigemal hin und her, ob es nicht richtiger *„erzifilisch"* heiße. Dabei fiel mir das Wort Syphilis ein, und ich zerbrach mir, noch im Halbschlaf zu analysieren beginnend, den Kopf, wie das wohl in meinen Traum hineinkäme, da ich weder persönlich noch von Berufs wegen irgendwelche Berührungspunkte mit dieser Krankheit habe. Dann fiel mir ein *„erzehlerisch"*, das e erklärend und zu gleicher Zeit erklärend, daß ich gestern abend von unserer „Erzieherin" veranlaßt wurde, über das Problem der Prostitution zu sprechen, und ich hatte ihr dabei tatsäch-lich, um „erzieherisch" auf ihr nicht ganz normal entwickeltes Empfindungs-leben einzuwirken, das Buch von *Hesse Über die Prostitution gegeben*, nachdem ich ihr mancherlei über das Problem erzählt hatte. Und nun wurde mir auf einmal klar, daß das Wort „Syphilis" nicht im wörtlichen Sinne zu nehmen sei, sondern für Gift stand, in Beziehung natürlich zum Geschlechtsleben. Der Satz lautet also in der Übersetzung ganz logisch: „Durch meine Erzählung habe ich auf meine Erzieherin erzieherisch auf deren Empfindungsleben einwirken wollen, aber habe die Befürchtung, daß es zu gleicher Zeit vergiftend wirken könne. *Erzefilisch = erzäh – erzieh – erzefilisch."*

Die Wortverbildungen des Traumes ähneln sehr den bei der Paranoia bekann-ten, die aber auch bei Hysterie und Zwangsvorstellungen nicht vermißt werden. Die Sprachkünste der Kinder, die zu gewissen Zeiten die Worte tatsächlich wie Objekte behandeln, auch neue Sprachen und artifizielle Wortfügungen erfinden, sind für den Traum wie für die Psychoneurosen hier die gemeinsame Quelle.

Die Analyse unsinniger Wortbildungen im Traume ist besonders dazu geeig-net, die Verdichtungsleistung der Traumarbeit aufzuzeigen. Man möge aus der hier verwendeten geringen Auswahl von Beispielen nicht den Schluß ziehen, daß solches Material selten oder gar nur ausnahmsweise zur Beobachtung kommt. Es ist vielmehr sehr häufig, allein die Abhängigkeit der Traumdeutung von der psychoanalytischen Behandlung hat die Folge, daß die wenigsten Beispiele angemerkt und mitgeteilt werden und daß die mitgeteilten Analysen meist nur für den Kenner der Neurosenpathologie verständlich sind. So ein Traum von Dr. v. Karpinska Internat. Zeitschrift f. Psychoanalyse II, 1914), der die sinnlose Wortbildung „*Svingnum elvi*" enthält. Erwähnenswert ist noch der Fall, daß im Traum ein an sich nicht bedeutungsloses Wort erscheint, das aber, seiner eigentlichen Bedeutung entfremdet, verschiedene andere Bedeutungen zusammenfaßt, zu denen es sich wie ein „sinnloses" Wort verhält. Dies ist in dem Traum von der „Kategorie" eines zehnjährigen Knaben der Fall, den V. *Tausk* (*Zur Psychologie der Kindersexualität*, Internat. Zeitschr. f. PsA I, 1913) mitteilt. „*Kategorie*" bedeutet hier das weibliche Genitale und „*kategorieren*" soviel wie urinieren.

Wo in einem Traum Reden vorkommen, die ausdrücklich als solche von Gedanken unterschieden werden, da gilt als ausnahmslose Regel, daß Traumrede von erinnerter Rede im Traummaterial abstammt. Der Wortlaut der Rede ist entweder unversehrt erhalten oder leise im Ausdruck verschoben; häufig ist die Traumrede aus verschiedenen Redeerinnerungen zusammengestückelt; der Wortlaut dabei das sich Gleichgebliebene, der Sinn womöglich mehr- oder andersdeutig verändert. Die Traumrede dient nicht selten als bloße Anspielung auf das Ereignis, bei dem die erinnerte Rede vorfiel.[120]

B
Die Verschiebungsarbeit

Eine andere, wahrscheinlich nicht minder bedeutsame Relation mußte uns bereits auffallen, während wir die Beispiele für die Traumverdichtung sammelten. Wir konnten bemerken, daß die Elemente, welche im Trauminhalt sich als die wesentlichen Bestandteile hervordrängen, in den Traumgedanken keineswegs die gleiche Rolle spielen. Als Korrelat dazu kann man auch die Umkehrung dieses Satzes aussprechen. Was in den Traumgedanken offenbar der wesentliche Inhalt ist, braucht im Traum gar nicht vertreten zu sein. Der Traum ist gleich-

---

[120] Bei einem an Zwangsvorstellungen leidenden jungen Manne mit übrigens intakten und hoch entwickelten intellektuellen Funktionen fand ich unlängst die einzige Ausnahme von dieser Regel. Die Reden, die in seinen Träumen vorkamen, stammten nicht von gehörten oder selbst gehaltenen Reden ab, sondern entsprachen dem unentstellten Wortlaute seiner Zwangsgedanken, die ihm im Wachen nur abgeändert zum Bewußtsein kamen.

sam *anders zentriert*, sein Inhalt um andere Elemente als Mittelpunkt geordnet als die Traumgedanken. So z. B. ist im Traum von der botanischen Monographie Mittelpunkt des Trauminhalts offenbar das Element „botanisch"; in den Traumgedanken handelt es sich um die Komplikationen und Konflikte, die sich aus verpflichtenden Leistungen zwischen Kollegen ergeben, in weiterer Folge um den Vorwurf, daß ich meinen Liebhabereien allzu große Opfer zu bringen pflege, und das Element „botanisch" findet in diesem Kern der Traumgedanken überhaupt keine Stelle, wenn es nicht durch eine Gegensätzlichkeit locker damit verbunden ist, denn Botanik hatte niemals einen Platz unter meinen Lieblingsstudien. In dem Sapphotraum meines Patienten ist das *Auf- und Niedersteigen, Oben- und Untensein* zum Mittelpunkt gemacht; der Traum handelt aber von den Gefahren sexueller Beziehungen zu niedrigstehenden Personen, so daß nur eines der Elemente der Traumgedanken, dies aber in ungebührlicher Verbreiterung, in den Trauminhalt eingegangen scheint. Ähnlich ist im Traum von den Maikäfern, welcher die Beziehungen der Sexualität zur Grausamkeit zum Thema hat, zwar das Moment der Grausamkeit im Trauminhalt wieder erschienen, aber in andersartiger Verknüpfung und ohne Erwähnung des Sexuellen, also aus dem Zusammenhang gerissen und dadurch zu etwas Fremdem umgestaltet. In dem Onkeltraum wiederum scheint der blonde Bart, der dessen Mittelpunkt bildet, außer aller Sinnbeziehung zu den Größenwünschen, die wir als den Kern der Traumgedanken erkannt haben. Solche Träume machen dann mit gutem Recht einen *„verschobenen"* Eindruck. Im vollen Gegensatz zu diesen Beispielen zeigt dann der Traum von Irmas Injektion, daß bei der Traumbildung die einzelnen Elemente auch wohl den Platz behaupten können, den sie in den Traumgedanken einnehmen. Die Kenntnisnahme dieser neuen, in ihrem Sinne durchaus inkonstanten Relation zwischen Traumgedanken und Trauminhalt ist zunächst geeignet, unsere Verwunderung zu erregen. Wenn wir bei einem psychischen Vorgang des Normallebens finden, daß eine Vorstellung aus mehreren anderen herausgegriffen wurde und für das Bewußtsein besondere Lebhaftigkeit erlangt hat, so pflegen wir diesen Erfolg als Beweis dafür anzusehen, daß der siegenden Vorstellung eine besonders hohe psychische Wertigkeit (ein gewisser Grad von Interesse) zukommt. Wir machen nun die Erfahrung, daß diese Wertigkeit der einzelnen Elemente in den Traumgedanken für die Traumbildung nicht erhalten bleibt oder nicht in Betracht kommt. Es ist ja kein Zweifel darüber, welches die höchstwertigen Elemente der Traumgedanken sind; unser Urteil sagt es uns unmittelbar. Bei der Traumbildung können diese wesentlichen, mit intensivem Interesse betonten Elemente nun so behandelt werden, als ob sie minderwertig wären, und an ihre Stelle treten im Traum andere Elemente, die in den Traumgedanken sicherlich minderwertig waren. Es macht zunächst den Eindruck, als käme die psychische Intensität[121] der einzelnen Vorstellungen für die Traumauswahl überhaupt nicht in Betracht, sondern bloß die mehr oder minder vielseitige Determinierung derselben. Nicht was in den Traumgedanken wichtig ist, kommt in den Traum, sondern was in ihnen mehrfach enthalten, könnte man meinen; das Verständnis der Traumbildung wird aber durch diese Annahme nicht sehr gefördert, denn von vornherein wird man nicht glauben können, daß die beiden Momente der mehrfachen Determinierung und der eigenen Wertigkeit bei der Traumauswahl anders als gleichsinnig wirken können. Jene Vorstellungen, welche in den Traumgedanken die wichtigsten sind, werden wohl auch die am häufigsten in ihnen wiederkehrenden sein, da von ihnen wie von Mittelpunkten die einzelnen Traumgedanken ausstrahlen. Und doch kann der Traum diese intensiv betonten und vielseitig unterstützten Elemente ablehnen und andere Elemente, denen nur die letztere Eigenschaft zukommt, in seinen Inhalt aufnehmen.

Zur Lösung dieser Schwierigkeit wird man einen anderen Eindruck verwenden, den man bei der Untersuchung der Überdeterminierung des Trauminhalts empfangen hat. Vielleicht hat schon mancher Leser dieser Untersuchung bei sich geurteilt, die Überdeterminierung der Traumelemente sei kein bedeutsamer Fund, weil sie ein selbstverständlicher ist. Man geht ja bei der Analyse von den Traumelementen aus und verzeichnet alle Einfälle, die sich an dieselben knüpfen; kein Wunder dann, daß in dem so gewonnenen Gedankenmaterial eben diese Elemente sich besonders häufig wiederfinden. Ich könnte diesen Einwand nicht gelten lassen, werde aber selbst etwas ihm ähnlich Klingendes zur Sprache bringen: Unter den Gedanken, welche die Analyse zutage fördert, finden sich viele, die dem Kern des Traumes ferner stehen und die sich wie künstliche Einschaltungen zu einem gewissen Zwecke ausnehmen. Der Zweck derselben ergibt sich leicht; gerade sie stellen eine Verbindung, oft eine gezwungene und gesuchte Verbindung zwischen Trauminhalt und Traumgedanken her, und wenn diese Elemente aus der Analyse ausgemerzt würden, entfiele für die Bestandteile des Trauminhalts oftmals nicht nur die Überdeterminierung, sondern überhaupt eine genügende Determinierung durch die Traumgedanken. Wir werden so zum Schlusse geleitet, daß die mehrfache Determinierung, die für die Traumauswahl entscheidet, wohl nicht immer ein primäres Moment der Traumbildung, sondern oft ein sekundäres Ergebnis einer uns noch unbekannten psychischen Macht ist. Sie muß aber bei alledem für das Eintreten der einzelnen Elemente in den Traum von Bedeutung sein, denn wir können beobachten, daß sie mit einem gewissen Aufwand hergestellt wird, wo sie sich aus dem Traummaterial nicht

---

[121] Psychische Intensität, Wertigkeit, Interessebetonung einer Vorstellung ist natürlich von sinnlicher Intensität, Intensität des Vorgestellten, gesondert zu halten.

ohne Nachhilfe ergibt. Es liegt nun der Einfall nahe, daß bei der Traumarbeit eine psychische Macht sich äußert, die einerseits die psychisch hochwertigen Elemente ihrer Intensität entkleidet und anderseits *auf dem Wege der Überdeterminierung* aus minderwertigen neue Wertigkeiten schafft, die dann in den Trauminhalt gelangen. Wenn das so zugeht, so hat bei der Traumbildung eine *Übertragung* und *Verschiebung* der *psychischen Intensitäten* der einzelnen Elemente stattgefunden, als deren Folge die Textverschiedenheit von Trauminhalt und Traumgedanken erscheint. Der Vorgang, den wir so supponieren, ist geradezu das wesentliche Stück der Traumarbeit: er verdient den Namen *Traumverschiebung*. *Traumverschiebung* und *Traumverdichtung* sind die beiden Werkmeister, deren Tätigkeit wir die Gestaltung des Traumes hauptsächlich zuschreiben dürfen.

Ich denke, wir haben es auch leicht, die psychische Macht, die sich in den Tatsachen der Traumverschiebung äußert, zu erkennen. Der Erfolg dieser Verschiebung ist, daß der Trauminhalt dem Kern der Traumgedanken nicht mehr gleichsieht, daß der Traum nur eine Entstellung des Traumwunsches im Unbewußten wiedergibt. Die Traumentstellung aber ist uns bereits bekannt; wir haben sie auf die Zensur zurückgeführt, welche die eine psychische Instanz im Gedankenleben gegen eine andere ausübt. Die Traumverschiebung ist eines der Hauptmittel zur Erzielung dieser Entstellung. *Is fecit cui profuit.* Wir dürfen annehmen, daß die Traumverschiebung durch den Einfluß jener Zensur, der endopsychischen Abwehr, zustande kommt.[122]

---

[122] Da ich die Zurückführung der Traumentstellung auf die Zensur als den Kern meiner Traumauffassung bezeichnen darf, schalte ich hier das letzte Stück jener Erzählung *Träumen wie Wachen* aus den *Phantasien eines Realisten* von „Lynkeus" (Wien, 2. Aufl., 1900) ein, in dem ich diesen Hauptcharakter meiner Lehre wiederfinde:

„Von einem Manne, der die merkwürdige Eigenschaft hat, niemals Unsinn zu träumen."

– – –

„Deine herrliche Eigenschaft, zu träumen wie zu wachen, beruht auf deinen Tugenden, auf deiner Güte, deiner Gerechtigkeit, deiner Wahrheitsliebe; es ist die moralische Klarheit deiner Natur, die mir alles an dir verständlich macht."

„Wenn ich es aber recht bedenke," erwiderte der andere, „so glaube ich beinahe, alle Menschen seien so wie ich beschaffen und gar niemand träume jemals Unsinn! Ein Traum, an den man sich so deutlich erinnert, daß man ihn nacherzählen kann, der also kein Fiebertraum ist, hat immer Sinn, und es kann auch gar nicht anders sein! Denn was miteinander in Widerspruch steht, könnte sich ja nicht zu einem Ganzen gruppieren. Daß Zeit und Raum oft durcheinandergerüttelt werden, benimmt dem wahren Inhalt des Traumes gar nichts, denn sie sind beide gewiß ohne Bedeutung für seinen wesentlichen Inhalt gewesen. Wir machen es ja oft im Wachen auch so; denke an das Märchen, an so viele kühne und sinnvolle Phantasiegebilde, zu denen nur ein Unverständiger sagen würde: Das ist widersinnig! Denn das ist nicht möglich."

„Wenn man nur die Träume immer richtig zu deuten wüßte, so wie du das eben mit dem meinen getan hast!" sagte der Freund.

In welcher Weise die Momente der Verschiebung, Verdichtung und Überdeterminierung bei der Traumbildung ineinanderspielen, welches der übergeordnete und welches der nebensächliche Faktor wird, das würden wir späteren Untersuchungen vorbehalten. Vorläufig können wir als eine zweite Bedingung, der die in den Traum gelangenden Elemente genügen müssen, angeben, *daß sie der Zensur des Widerstandes entzogen seien.* Die Traumverschiebung aber wollen wir von nun an als unzweifelhafte Tatsache bei der Traumdeutung in Rechnung ziehen.

C
Die Darstellungsmittel des Traums

Außer den beiden Momenten der Traum*verdichtung* und Traum*verschiebung*, die wir bei der Verwandlung des latenten Gedankenmaterials in den manifesten Trauminhalt als wirksam aufgefunden haben, werden wir bei der Fortführung dieser Untersuchung noch zwei weiteren Bedingungen begegnen, die unzweifelhaften Einfluß auf die Auswahl des in den Traum gelangenden Materials üben. Vorher möchte ich, selbst auf die Gefahr hin, daß wir auf unserem Wege haltzumachen scheinen, einen ersten Blick auf die Vorgänge bei der Ausführung der Traumdeutung werfen. Ich verhehle mir nicht, daß es am ehesten gelingen würde, dieselben klarzustellen und ihre Zuverlässigkeit gegen Einwendungen zu sichern, wenn ich einen einzelnen Traum zum Muster nehme, seine Deutung entwickle, wie ich es in Abschnitt II bei dem Traum von Irmas Injektion gezeigt habe, dann aber die Traumgedanken, die ich aufgedeckt habe, zusammenstelle und nun die Bildung des Traums aus ihnen rekonstruiere, also die Analyse der Träume durch eine Synthese derselben ergänze. Diese Arbeit habe ich an mehreren Beispielen zu meiner eigenen Belehrung vollzogen; ich kann sie aber hier nicht aufnehmen, weil mannigfache und von jedem billig Denkenden gutzuheißende Rücksichten auf das psychische Material zu dieser Demonstration mich daran verhindern. Bei der Analyse der Träume störten diese Rücksichten weniger, denn die Analyse durfte unvollständig sein und behielt ihren Wert, wenn sie

---

„Das ist gewiß keine leichte Aufgabe, aber es müßte bei einiger Aufmerksamkeit dem Träumenden selbst wohl immer gelingen. – Warum es meistens nicht gelingt? Es scheint bei Euch etwas Verstecktes in den Träumen zu liegen, etwas Unkeusches eigener und höherer Art, eine gewisse Heimlichkeit in Eurem Wesen, die schwer auszudenken ist; und darum scheint Euer Träumen so oft ohne Sinn, sogar ein Widersinn zu sein. Es ist aber im tiefsten Grunde durchaus nicht so; ja, es kann gar nicht so sein, denn es ist immer derselbe Mensch, ob er wacht oder träumt."

auch nur ein Stück weit in das Gewebe des Traumes hineinführte. Von der Synthese wüßte ich es nicht anders, als daß sie, um zu überzeugen, vollständig sein muß. Eine vollständige Synthese könnte ich nur von Träumen solcher Personen geben, die dem lesenden Publikum unbekannt sind. Da aber nur Patienten, Neurotiker, mir dazu die Mittel bieten, so muß dies Stück Darstellung des Traums einen Aufschub erfahren, bis ich – an anderer Stelle – die psychologische Aufklärung der Neurosen so weit führen kann, daß der Anschluß an unser Thema herzustellen ist.[123]

Aus meinen Versuchen, Träume aus den Traumgedanken synthetisch herzustellen, weiß ich, daß das bei der Deutung sich ergebende Material von verschiedenartigem Wert ist. Den einen Teil desselben bilden die wesentlichen Traumgedanken, die also den Traum voll ersetzen und allein zu dessen Ersatz hinreichen würden, wenn es für den Traum keine Zensur gäbe. Dem anderen Teil ist man gewohnt, geringe Bedeutung zuzuschreiben. Man legt auch keinen Wert auf die Behauptung, daß alle diese Gedanken an der Traumbildung beteiligt gewesen seien, vielmehr können sich Einfälle unter ihnen finden, welche an Erlebnisse nach dem Traume, zwischen den Zeitpunkten des Träumens und des Deutens, anknüpfen. Dieser Anteil umfaßt alle die Verbindungswege, die vom manifesten Trauminhalt bis zu den latenten Traumgedanken geführt haben, aber ebenso die vermittelnden und annähernden Assoziationen, durch welche man während der Deutungsarbeit zur Kenntnis dieser Verbindungswege gekommen ist.

Uns interessieren an dieser Stelle ausschließlich die wesentlichen Traumgedanken. Diese enthüllen sich zumeist als ein Komplex von Gedanken und Erinnerungen vom allerverwickeltsten Aufbau mit allen Eigenschaften der uns aus dem Wachen bekannten Gedankengänge. Nicht selten sind es Gedankenzüge, die von mehr als einem Zentrum ausgehen, aber der Berührungspunkte nicht entbehren; fast regelmäßig steht neben einem Gedankengang sein kontradiktorisches Widerspiel, durch Kontrastassoziation mit ihm verbunden.

Die einzelnen Stücke dieses komplizierten Gebildes stehen natürlich in den mannigfaltigsten logischen Relationen zueinander. Sie bilden Vorder- und Hintergrund, Abschweifungen und Erläuterungen, Bedingungen, Beweisgänge und Einsprüche. Wenn dann die ganze Masse dieser Traumgedanken der Pressung der Traumarbeit unterliegt, wobei die Stücke gedreht, zerbröckelt und zusammengeschoben werden, etwa wie treibendes Eis, so entsteht die Frage, was aus den logischen Banden wird, welche bishin das Gefüge gebildet hatten. Welche

---

[123] Ich habe die vollständige Analyse und Synthese zweier Träume seither in dem *Bruchstück einer Hysterie-Analyse*, 1905 gegeben. Als die vollständigste Deutung eines längeren Traumes muß die Analyse von O. Rank, *Ein Traum, der sich selbst deutet*, anerkannt werden.

Darstellung erfahren im Traum das „Wenn, weil, gleichwie, obgleich, entweder–oder" und alle anderen Präpositionen, ohne die wir Satz und Rede nicht verstehen können?

Man muß zunächst darauf antworten, der Traum hat für diese logischen Relationen unter den Traumgedanken keine Mittel der Darstellung zur Verfügung. Zumeist läßt er all diese Präpositionen unberücksichtigt und übernimmt nur den sachlichen Inhalt der Traumgedanken zur Bearbeitung. Der Traumdeutung bleibt es überlassen, den Zusammenhang wiederherzustellen, den die Traumarbeit vernichtet hat.

Es muß am psychischen Material liegen, in dem der Traum gearbeitet ist, wenn ihm diese Ausdrucksfähigkeit abgeht. In einer ähnlichen Beschränkung befinden sich ja die darstellenden Künste, Malerei und Plastik im Vergleich zur Poesie, die sich der Rede bedienen kann, und auch hier liegt der Grund des Unvermögens in dem Material, durch dessen Bearbeitung die beiden Künste etwas zum Ausdruck zu bringen streben. Ehe die Malerei zur Kenntnis der für sie gültigen Gesetze des Ausdrucks gekommen war, bemühte sie sich noch, diesen Nachteil auszugleichen. Aus dem Munde der gemalten Personen ließ man auf alten Bildern Zettelchen heraushängen, welche als Schrift die Rede brachten, die im Bilde darzustellen der Maler verzweifelte.

Vielleicht wird sich hier ein Einwand erheben, der für den Traum den Verzicht auf die Darstellung logischer Relationen bestreitet. Es gibt ja Träume, in welchen die kompliziertesten Geistesoperationen vor sich gehen, begründet und widersprochen, gewitzelt und verglichen wird wie im wachen Denken. Allein auch hier trügt der Schein; wenn man auf die Deutung solcher Träume eingeht, erfährt man, daß das alles *Traummaterial* ist, *nicht Darstellung intellektueller Arbeit im Traum.* Der *Inhalt* der Traumgedanken ist durch das scheinbare Denken des Traumes wiedergegeben, nicht die *Beziehung der Traumgedanken zueinander,* in deren Feststellung das Denken besteht. Ich werde hiefür Beispiele erbringen. Am leichtesten ist es aber zu konstatieren, daß alle Reden, die in Träumen vorkommen und die ausdrücklich als solche bezeichnet werden, unveränderte oder nur wenig modifizierte Nachbildungen von Reden sind, die sich ebenso in den Erinnerungen des Traummaterials vorfinden. Die Rede ist oft nur eine Anspielung auf ein in den Traumgedanken enthaltenes Ereignis; der Sinn des Traumes ein ganz anderer.

Allerdings werde ich nicht bestreiten, daß auch kritische Denkarbeit, die nicht einfach Material aus den Traumgedanken wiederholt, ihren Anteil an der Traumbildung nimmt. Den Einfluß dieses Faktors werde ich zu Ende dieser Erörterung beleuchten müssen. Es wird sich dann ergeben, daß diese Denkarbeit nicht durch die Traumgedanken, sondern durch den in gewissem Sinne bereits fertigen Traum hervorgerufen wird.

Es bleibt also vorläufig dabei, daß die logischen Relationen zwischen den Traumgedanken im Traume eine besondere Darstellung nicht finden. Wo sich z. B. Widerspruch im Traum findet, da ist es entweder Widerspruch gegen den Traum oder Widerspruch aus dem Inhalt eines der Traumgedanken; einem Widerspruch zwischen den Traumgedanken entspricht der Widerspruch im Traum nur in höchst indirekt vermittelter Weise.

Wie es aber endlich der Malerei gelungen ist, wenigstens die Redeabsicht der dargestellten Personen, Zärtlichkeit, Drohung, Verwarnung u. dgl. anders zum Ausdruck zu bringen als durch den flatternden Zettel, so hat sich auch für den Traum die Möglichkeit ergeben, einzelnen der logischen Relationen zwischen seinen Traumgedanken durch eine zugehörige Modifikation der eigentümlichen Traumdarstellung Rücksicht zuzuwenden. Man kann die Erfahrung machen, daß die verschiedenen Träume in dieser Berücksichtigung verschieden weit gehen; während sich der eine Traum über das logische Gefüge seines Materials völlig hinaussetzt, sucht ein anderer dasselbe möglichst vollständig anzudeuten. Der Traum entfernt sich hierin mehr oder weniger weit von dem ihm zur Bearbeitung vorliegenden Text. Ähnlich wechselnd benimmt sich der Traum übrigens auch gegen das zeitliche Gefüge der Traumgedanken, wenn ein solches im Unbewußten hergestellt ist (wie z. B. im Traum von Irmas Injektion.)

Durch welche Mittel vermag aber die Traumarbeit die schwer darstellbaren Relationen im Traummaterial anzudeuten? Ich werde versuchen, sie einzeln aufzuzählen.

Zunächst wird der Traum dem unleugbar vorhandenen Zusammenhang zwischen allen Stücken der Traumgedanken dadurch im ganzen gerecht, daß er dieses Material in einer Zusammenfassung als Situation oder Vorgang vereinigt. Er gibt *logischen Zusammenhang* wieder als *Gleichzeitigkeit*; er verfährt darin ähnlich wie der Maler, der alle Philosophen oder Dichter zum Bild einer Schule von Athen oder des Parnaß zusammenstellt, die niemals in einer Halle oder auf einem Berggipfel beisammen gewesen sind, wohl aber für die denkende Betrachtung eine Gemeinschaft bilden.

Diese Darstellungsweise setzt der Traum ins einzelne fort. Sooft er zwei Elemente nahe beieinander zeigt, bürgt er für einen besonders innigen Zusammenhang zwischen ihren Entsprechenden in den Traumgedanken. Es ist wie in unserem Schriftsystem: *ab* bedeutet, daß die beiden Buchstaben in einer Silbe ausgesprochen werden sollen: *a* und *b* nach einer freien Lücke, läßt *a* als den letzten Buchstaben des einen Worts und *b* als den ersten eines anderen Worts erkennen. Demzufolge bilden sich die Traumkombinationen nicht aus beliebigen, völlig disparaten Bestandteilen des Traummaterials, sondern aus solchen, die auch in den Traumgedanken in innigerem Zusammenhange stehen.

Die *Kausalbeziehungen* darzustellen hat der Traum zwei Verfahren, die im Wesen auf dasselbe hinauslaufen. Die häufigere Darstellungsweise, wenn die Traumgedanken etwa lauten: Weil dies so und so war, mußte dies und jenes geschehen, besteht darin, den Nebensatz als Vortraum zu bringen und dann den Hauptsatz als Haupttraum anzufügen. Wenn ich recht gedeutet habe, kann die Zeitfolge auch die umgekehrte sein. Stets entspricht dem Hauptsatz der breiter ausgeführte Teil des Traumes.

Ein schönes Beispiel von solcher Darstellung der Kausalität hat mir einmal eine Patientin geliefert, deren Traum ich späterhin vollständig mitteilen werde. Er bestand aus einem kurzen Vorspiel und einem sehr weitläufigen Traumstück das im hohen Grade zentriert war und etwa überschrieben werden konnte: „Durch die Blume." Der Vortraum lautete so: *Sie geht in die Küche zu den beiden Mägden und tadelt sie, daß sie nicht fertig werden „mit dem bißl Essen". Dabei sieht sie sehr viel grobes Küchengeschirr zum Abtropfen umgestürzt in der Küche stehen, und zwar in Haufen aufeinander gestellt. Die beiden Mägde gehen Wasser holen und müssen dabei wie in einen Fluß steigen, der bis ans Haus oder in den Hof reicht.*

Dann folgt der Haupttraum, der sich so einleitet: *Sie steigt von hoch herab, über eigentümlich gebildete Geländer, und freut sich, daß ihr Kleid dabei nirgends hängenbleibt* usw. Der Vortraum bezieht sich nun auf das elterliche Haus der Dame. Die Worte in der Küche hat sie wohl oft so von ihrer Mutter gehört. Die Haufen von rohem Geschirr stammen aus der einfachen Geschirrhandlung, die sich in demselben Hause befand. Der andere Teil des Traumes enthält eine Anspielung auf den Vater, der sich viel mit Dienstmädchen zu schaffen machte und dann bei einer Überschwemmung – das Haus stand nahe am Ufer des Flusses – sich eine tödliche Erkrankung holte. Der Gedanke, der sich hinter diesem Vortraum verbirgt, heißt also: Weil ich aus diesem Hause, aus so kleinlichen und unerquicklichen Verhältnissen stamme. Der Haupttraum nimmt denselben Gedanken wieder auf und bringt ihn in durch Wunscherfüllung verwandelter Form: Ich bin von hoher Abkunft. Eigentlich also: Weil ich von so niedriger Abkunft bin, war mein Lebenslauf so und so.

Soviel ich sehe, bedeutet eine Teilung des Traums in zwei ungleiche Stücke nicht jedesmal eine kausale Beziehung zwischen den Gedanken der beiden Stücke. Oft scheint es, als ob in den beiden Träumen dasselbe Material von verschiedenen Gesichtspunkten aus dargestellt würde; sicherlich gilt dies für die in eine Pollution auslaufende Traumreihe einer Nacht, in welcher das somatische Bedürfnis sich einen fortschreitend deutlicheren Ausdruck erzwingt. Oder die beiden Träume sind aus gesonderten Zentren im Traummaterial hervorgegangen und überschneiden einander im Inhalt, so daß in dem einen Traum Zentrum ist, was im anderen als Andeutung mitwirkt und umgekehrt. In einer gewissen

Anzahl von Träumen bedeutet aber die Spaltung in kürzeren Vor- und längeren Nachtraum tatsächlich kausale Beziehung zwischen beiden Stücken. Die andere Darstellungsweise des Kausalverhältnisses findet Anwendung bei minder umfangreichem Material und besteht darin, daß ein Bild im Traume, sei es einer Person oder einer Sache, sich in ein anderes verwandelt. Nur wo wir diese Verwandlung im Traume vor sich gehen sehen, wird der kausale Zusammenhang ernstlich behauptet; nicht wo wir bloß merken, es sei an Stelle des einen jetzt das andere gekommen. Ich sagte, die beiden Verfahren, Kausalbeziehung darzustellen, liefen auf dasselbe hinaus; in beiden Fällen wird die *Verursachung* dargestellt durch ein *Nacheinander*; einmal durch das Aufeinanderfolgen der Träume, das andere Mal durch die unmittelbare Verwandlung eines Bildes in ein anderes. In den allermeisten Fällen freilich wird die Kausalrelation überhaupt nicht dargestellt, sondern fällt unter das auch im Traumvorgang unvermeidliche Nacheinander der Elemente.

Die Alternative „Entweder – Oder" kann der Traum überhaupt nicht ausdrücken; er pflegt die Glieder derselben wie gleichberechtigt in einen Zusammenhang aufzunehmen. Ein klassisches Beispiel hiefür enthält der Traum von Irmas Injektion. In dessen latenten Gedanken heißt es offenbar: Ich bin unschuldig an dem Fortbestand von Irmas Schmerzen; die Schuld liegt *entweder* an ihrem Sträuben gegen die Annahme der Lösung, *oder* daran, daß sie unter ungünstigen sexuellen Bedingungen lebt, die ich nicht ändern kann, *oder* ihre Schmerzen sind überhaupt nicht hysterischer, sondern organischer Natur. Der Traum vollzieht aber alle diese einander fast ausschließenden Möglichkeiten und nimmt keinen Anstoß, aus dem Traumwunsch eine vierte solche Lösung hinzuzufügen. Das Entweder – Oder habe ich dann nach der Traumdeutung in den Zusammenhang der Traumgedanken eingesetzt.

Wo aber der Erzähler bei der Reproduktion des Traumes ein Entweder – Oder gebrauchen möchte: Es war entweder ein Garten oder ein Wohnzimmer usw., da kommt in den Traumgedanken nicht etwa eine Alternative, sondern ein „und", eine einfache Anreihung, vor. Mit Entweder – Oder beschreiben wir zumeist einen noch auflösbaren Charakter von Verschwommenheit an einem Traumelemente. Die Deutungsregel für diesen Fall lautet: Die einzelnen Glieder der scheinbaren Alternative sind einander gleichzusetzen und durch „und" zu verbinden. Ich träume z. B., nachdem ich längere Zeit vergeblich auf die Adresse meines in Italien weilenden Freundes gewartet habe, daß ich ein Telegramm erhalte, welches mir diese Adresse mitteilt. Ich sehe sie in blauem Druck auf den Papierstreifen des Telegramms; das erste Wort ist verschwommen,

etwa *via,*
oder *Villa,* } das zweite deutlich: *Sezerno,*
oder sogar (*Casa*).

Das zweite Wort, das an italienische Namen anklingt und mich an unsere ety-
mologischen Besprechungen erinnert, drückt auch meinen Ärger aus, daß er
seinen Aufenthalt so lange vor mir *geheimgehalten*; jedes der Glieder aber des Ter-
navorschlages zum ersten Wort läßt sich bei der Analyse als selbständiger und
gleichberechtigter Ausgangspunkt der Gedankenverkettung erkennen.

In der Nacht vor dem Begräbnis meines Vaters träume ich von einer bedruckten Tafel, einem Plakat oder Anschlagezettel – etwa wie die das Rauchverbot
verkündenden Zettel in den Wartesälen der Eisenbahnen – auf dem zu lesen
ist, entweder:

Man bittet, die Augen zuzudrücken,

oder:

Man bittet, ein Auge zuzudrücken,

was ich in folgender Form darzustellen gewohnt bin:

$$\text{Man bittet, } \frac{die}{ein} \text{ Auge(n) zuzudrücken.}$$

Jede der beiden Fassungen hat ihren besonderen Sinn und führt in der Traumdeutung auf besondere Wege. Ich hatte das Zeremoniell möglichst einfach gewählt,
weil ich wußte, wie der Verstorbene über solche Veranstaltungen gedacht hatte.
Andere Familienmitglieder waren aber mit solch puritanischer Einfachheit nicht
einverstanden; sie meinten, man werde sich vor den Trauergästen schämen müssen. Daher bittet der eine Wortlaut des Traumes, „ein Auge zuzudrücken", d. h.
Nachsicht zu üben. Die Bedeutung der Verschwommenheit, die wir mit einem
Entweder – Oder beschrieben, ist hier besonders leicht zu erfassen. Es ist der
Traumarbeit nicht gelungen, einen einheitlichen, aber dann zweideutigen Wort-
laut für die Traumgedanken herzustellen. So sondern sich die beiden Hauptge-
dankenzüge schon im Trauminhalt voneinander. In einigen Fällen drückt die
Zweiteilung des Traumes in zwei gleich große Stücke die schwer darstellbare
Alternative aus.

Höchst auffällig ist das Verhalten des Traumes gegen die Kategorie von
Gegensatz und *Widerspruch.* Dieser wird schlechtweg vernachlässigt, das „Nein"
scheint für den Traum nicht zu existieren. Gegensätze werden mit besonderer Vorliebe zu einer Einheit zusammengezogen oder in einem dargestellt. Der
Traum nimmt sich ja auch die Freiheit, ein beliebiges Element durch seinen

Wunschgegensatz darzustellen, so daß man zunächst von keinem eines Gegenteils fähigen Element weiß, ob es in dem Traumgedanken positiv oder negativ
enthalten ist.[124] In dem einen der letzterwähnten Träume, dessen Vordersatz wir
bereits gedeutet haben („weil ich von solcher Abkunft bin"), steigt die Träumerin über ein Geländer herab und hält dabei einen blühenden Zweig in den
Händen. Da ihr zu diesem Bilde einfällt, wie der Engel einen Lilienstengel auf
den Bildern von Mariä Verkündigung (sie heißt selbst Maria) in der Hand trägt
und wie die weißgekleideten Mädchen bei der Fronleichnamsprozession gehen,
während die Straßen mit grünen Zweigen geschmückt sind, so ist der blühende
Zweig im Traume ganz gewiß eine Anspielung auf sexuelle Unschuld. Der Zweig
ist aber dicht mit roten Blüten besetzt, von denen jede einzelne einer Kamelie
gleicht. Am Ende ihres Weges, heißt es im Traum weiter, sind die Blüten schon
ziemlich abgefallen; dann folgen unverkennbare Anspielungen auf die Periode.
Somit ist der nämliche Zweig, der getragen wird wie eine Lilie und wie von
einem unschuldigen Mädchen, gleichzeitig eine Anspielung auf die *Kameliendame*,
die, wie bekannt, stets eine weiße Kamelie trug, zur Zeit der Periode aber eine
rote. Der nämliche Blütenzweig („des Mädchens Blüten" in den Liedern von der
Müllerin bei *Goethe*) stellt die sexuelle Unschuld dar und auch ihr Gegenteil. Der
nämliche Traum auch, welcher die Freude ausdrückt, daß es ihr gelungen, unbe-
fleckt durchs Leben zu gehen, läßt an einigen Stellen (wie an der vom Abfallen
der Blüten) den gegensätzlichen Gedankengang durchschimmern, daß sie sich
verschiedene Sünden gegen die sexuelle Reinheit habe zuschulden kommen lassen (in der Kindheit nämlich). Wir können bei der Analyse des Traums deutlich
die beiden Gedankengänge unterscheiden, von denen der tröstliche oberflächlich, der vorwurfsvolle tiefer gelagert scheint, die einander schnurstracks zuwiderlaufen und deren gleiche aber gegenteilige Elemente durch die nämlichen
Traumelemente Darstellung gefunden haben.

Einer einzigen unter den logischen Relationen kommt der Mechanismus der
Traumbildung im höchsten Ausmaße zugute. Es ist dies die Relation der Ähnlichkeit, Übereinstimmung, Berührung, das „*Gleichwie*", die im Traume wie keine

---

[124] Aus einer Arbeit von K. Abel, *Der Gegensinn der Urworte* (siehe mein Referat im Jahrbuch f. PsA.
II, 1910), erfuhr ich die überraschende, auch von anderen Sprachforschern bestätigte Tatsache,
daß die ältesten Sprachen sich in diesem Punkte ganz ähnlich benehmen wie der Traum. Sie
haben anfänglich nur ein Wort für die beiden Gegensätze an den Enden einer Qualitäten-
oder Tätigkeitsreihe (starkschwach, altjung, fernnah, binden-trennen) und bilden gesonderte
Bezeichnungen für die beiden Gegensätze erst sekundär durch leichte Modifikationen des
gemeinsamen Urworts. Abel weist diese Verhältnisse im großen Ausmaße im Altägyptischen
nach, zeigt aber deutliche Reste derselben Entwicklung auch in den semitischen und indoger-
manischen Sprachen auf.

andere mit mannigfachen Mitteln dargestellt werden kann.[125] Die im Traummaterial vorhandenen Deckungen oder Fälle von „Gleichwie" sind ja die ersten Stützpunkte der Traumbildung, und ein nicht unbeträchtliches Stück der Traumarbeit besteht darin, neue solche Deckungen zu schaffen, wenn die vorhandenen der Widerstandszensur wegen nicht in den Traum gelangen können. Das Verdichtungsbestreben der Traumarbeit kommt der Darstellung der Ähnlichkeitsrelation zu Hilfe.

Ähnlichkeit, Übereinstimmung, Gemeinsamkeit wird vom Traum ganz allgemein dargestellt durch Zusammenziehung zu einer *Einheit*, welche entweder im Traummaterial bereits vorgefunden oder neu gebildet wird. Den ersten Fall kann man als *Identifizierung*, den zweiten als *Mischbildung* benennen. Die Identifizierung kommt zur Anwendung, wo es sich um Personen handelt; die Mischbildung, wo Dinge das Material der Vereinigung sind, doch werden Mischbildungen auch von Personen hergestellt. Örtlichkeiten werden oft wie Personen behandelt. Die Identifizierung besteht darin, daß nur eine der durch ein Gemeinsames verknüpften Personen im Trauminhalt zur Darstellung gelangt, während die zweite oder die anderen Personen für den Traum unterdrückt scheinen. Diese eine deckende Person geht aber im Traum in alle die Beziehungen und Situationen ein, welche sich von ihr oder von den gedeckten Personen ableiten. Bei der Mischbildung, die sich auf Personen erstreckt, sind bereits im Traumbild Züge, die den Personen eigentümlich, aber nicht gemeinsam sind, vorhanden, so daß durch die Vereinigung dieser Züge eine neue Einheit, eine Mischperson, bestimmt erscheint. Die Mischung selbst kann auf verschiedenen Wegen zustande gebracht werden. Entweder die Traumperson hat von der einen ihrer Beziehungspersonen den Namen – wir wissen dann in einer Art, die dem Wissen im Wachen ganz analog ist, daß diese oder jene Person gemeint ist – während die visuellen Züge der anderen Person angehören; oder das Traumbild selbst ist aus visuellen Zügen, die sich in Wirklichkeit auf beide verteilen, zusammengesetzt. Anstatt durch visuelle Züge kann der Anteil der zweiten Person auch vertreten werden durch die Gebärden, die man ihr zuschreibt, die Worte, die man sie sprechen läßt, oder die Situation, in welche man sie versetzt. Bei der letzteren Art der Kennzeichnung beginnt der scharfe Unterschied zwischen Identifizierung und Mischpersonbildung sich zu verflüchtigen. Es kann aber auch vorkommen, daß die Bildung einer solchen Mischperson mißlingt. Dann wird die Szene des Traums der einen Person zugeschrieben, und die andere – in der Regel wichtigere – tritt als sonst unbeteiligte Anwesende daneben hin. Der Träumer erzählt etwa: Meine

---

[125] Vergleiche die Bemerkung des Aristoteles über die Eignung zum Traumdeuter (s. oben S. 103, Anm. 27).

Mutter war auch dabei (*Stekel*). Ein solches Element des Trauminhalts ist dann einem Determinativum in der Hieroglyphenschrift zu vergleichen, welches nicht zur Aussprache, sondern zur Erläuterung eines anderen Zeichens bestimmt ist.

Das Gemeinsame, welches die Vereinigung der beiden Personen rechtfertigt, d. h. veranlaßt, kann im Traume dargestellt sein oder fehlen. In der Regel dient die Identifizierung oder Mischpersonbildung eben dazu, die Darstellung dieses Gemeinsamen zu ersparen. Anstatt zu wiederholen: *A* ist mir feindlich gesinnt, *B* aber auch, bilde ich im Traum eine Mischperson aus *A* und *B* oder stelle mir *A* vor in einer andersartigen Aktion, welche uns *B* charakterisiert. Die so gewonnene Traumperson tritt mir im Traum in irgendwelcher neuen Verknüpfung entgegen, und aus dem Umstande, daß sie sowohl *A* als auch *B* bedeutet, schöpfe ich dann die Berechtigung, in die betreffende Stelle der Traumdeutung einzusetzen, was den beiden gemeinsam ist, nämlich das feindselige Verhältnis zu mir. Auf solche Weise erziele ich oft eine ganz außerordentliche Verdichtung für den Trauminhalt; ich kann mir die direkte Darstellung sehr komplizierter Verhältnisse, die mit einer Person zusammenhängen, ersparen, wenn ich zu dieser Person eine andere gefunden habe, die auf einen Teil dieser Beziehungen den gleichen Anspruch hat. Es ist leicht zu verstehen, inwiefern diese Darstellung durch Identifizierung auch dazu dienen kann, die Widerstandszensur zu umgehen, welche die Traumarbeit unter so harte Bedingungen setzt. Der Anstoß für die Zensur mag gerade in jenen Vorstellungen liegen, welche im Material mit der einen Person verknüpft sind; ich finde nun eine zweite Person, welche gleichfalls Beziehungen zu dem beanstandeten Material hat, aber nur zu einem Teil desselben. Die Berührung in jenem nicht zensurfreien Punkte gibt mir jetzt das Recht, eine Mischperson zu bilden, die nach beiden Seiten hin durch indifferente Züge charakterisiert ist. Diese Misch- oder Identifizierungsperson ist nun als zensurfrei zur Aufnahme in den Trauminhalt geeignet, und ich habe durch Anwendung der Traumverdichtung den Anforderungen der Traumzensur genügt.

Wo im Traum auch ein Gemeinsames der beiden Personen dargestellt ist, da ist dies gewöhnlich ein Wink, nach einem anderen verhüllten Gemeinsamen zu suchen, dessen Darstellung durch die Zensur unmöglich gemacht wird. Es hat hier gewissermaßen zugunsten der Darstellbarkeit eine Verschiebung in betreff des Gemeinsamen stattgefunden. Daraus, daß mir die Mischperson mit einem indifferenten Gemeinsamen im Traum gezeigt wird, soll ich ein anderes, keineswegs indifferentes Gemeinsame in den Traumgedanken erschließen.

Die Identifizierung oder Mischpersonbildung dient demnach im Traum verschiedenen Zwecken, erstens der Darstellung eines beiden Personen Gemeinsamen, zweitens der Darstellung einer *verschobenen* Gemeinsamkeit, drittens aber noch, um eine bloß *gewünschte* Gemeinsamkeit zum Ausdruck zu bringen. Da das Herbeiwünschen einer Gemeinsamkeit zwischen zwei Personen häufig mit einem *Vertauschen* derselben zusammenfällt, so ist auch diese Relation im Traum durch Identifizierung ausgedrückt. Ich wünsche im Traume von Irmas Injektion, diese Patientin mit einer anderen zu vertauschen, wünsche also, daß die andere meine Patientin sein möge, wie es die eine ist; der Traum trägt diesem Wunsche Rechnung, indem er mir eine Person zeigt, die Irma heißt, die aber in einer Position untersucht wird, wie ich sie nur bei der anderen zu sehen Gelegenheit hatte. Im Onkeltraum ist diese Vertauschung zum Mittelpunkt des Traums gemacht; ich identifiziere mich mit dem Minister, indem ich meine Kollegen nicht besser als er behandle und beurteile.

Es ist eine Erfahrung, von der ich keine Ausnahme gefunden habe, daß jeder Traum die eigene Person behandelt. Träume sind absolut egoistisch. Wo im Trauminhalt nicht mein Ich, sondern nur eine fremde Person vorkommt, da darf ich ruhig annehmen, daß mein Ich durch Identifizierung hinter jener Person versteckt ist. Ich darf mein Ich ergänzen. Andere Male, wo mein Ich im Traum erscheint, lehrt mich die Situation, in der es sich befindet, daß hinter dem Ich eine andere Person sich durch Identifizierung verbirgt. Der Traum soll mich dann mahnen, in der Traumdeutung etwas, was dieser Person anhängt, das verhüllte Gemeinsame, auf mich zu übertragen. Es gibt auch Träume, in denen mein Ich nebst anderen Personen vorkommt, die sich durch Lösung der Identifizierung wiederum als mein Ich enthüllen. Ich soll dann mit meinem Ich vermittels dieser Identifizierungen gewisse Vorstellungen vereinigen, gegen deren Aufnahme sich die Zensur erhoben hat. Ich kann also mein Ich in einem Traum mehrfach darstellen, das eine Mal direkt, das andere Mal vermittels der Identifizierung mit fremden Personen. Mit mehreren solchen Identifizierungen läßt sich ein ungemein reiches Gedankenmaterial verdichten.[126] Daß das eigene Ich in einem Traume mehrmals vorkommt oder in verschiedenen Gestaltungen auftritt, ist im Grunde nicht verwunderlicher, als daß es in einem bewußten Gedanken mehrmals und an verschiedenen Stellen oder in anderen Beziehungen enthalten ist, z. B. im Satze: Wenn *ich* daran denke, was für gesundes Kind *ich* war.

Durchsichtiger noch als bei Personen gestaltet sich die Auflösung der Identifizierungen bei mit Eigennamen bezeichneten Örtlichkeiten, da hier die Störung durch das im Traume übermächtige Ich entfällt. In einem meiner Romträume heißt der Ort, an dem ich mich befinde, Rom; ich erstaune aber über die Menge von deutschen Plakaten an einer Straßenecke. Letzteres ist eine Wunscherfül-

---

[126] Wenn ich im Zweifel bin, hinter welcher der im Traum auftretenden Personen ich mein Ich zu suchen habe, so halte ich mich an folgende Regel: Die Person, die Träume einem Affekt unterliegt, den ich als Schlafender verspüre, die verbirgt mein Ich.

lung, zu der mir sofort Prag einfällt; der Wunsch selbst mag aus einer heute überwundenen deutschnationalen Periode der Jugendzeit stammen. Um die Zeit, da
ich träumte, war in Prag ein Zusammentreffen mit meinem Freunde in Aussicht
genommen; die Identifizierung von Rom und Prag erklärt sich also durch eine
gewünschte Gemeinsamkeit; ich möchte meinen Freund lieber in Rom treffen
als in Prag, für diese Zusammenkunft Prag und Rom vertauschen.

Die Möglichkeit, Mischbildungen zu schaffen, steht obenan unter den Zügen,
welche den Träumen so oft ein phantastisches Gepräge verleihen, indem durch
sie Elemente in den Trauminhalt eingeführt werden, welche niemals Gegenstand der Wahrnehmung sein konnten. Der psychische Vorgang bei der Mischbildung im Traume ist offenbar der nämliche, wie wenn wir im Wachen einen
Zentauren oder Drachen uns vorstellen oder nachbilden. Der Unterschied liegt
nur darin, daß bei der phantastischen Schöpfung im Wachen der beabsichtigte
Eindruck des Neugebildes selbst das Maßgebende ist, während die Mischbildung des Traumes durch ein Moment, welches außerhalb ihrer Gestaltung liegt,
das Gemeinsame in den Traumgedanken, determiniert wird. Die Mischbildung
des Traumes kann in sehr mannigfacher Weise ausgeführt werden, In der kunst-
losesten Ausführung werden nur die Eigenschaften des einen Dinges dargestellt,
und diese Darstellung ist von einem Wissen begleitet, daß sie auch für ein anderes Objekt gelte. Eine sorgfältigere Technik vereinigt Züge des einen wie des
anderen Objektes zu einem neuen Bilde und bedient sich dabei geschickt der
etwa in der Realität gegebenen Ähnlichkeiten zwischen beiden Objekten. Das
Neugebildete kann gänzlich absurd ausfallen oder selbst als phantastisch gelungen erscheinen, je nachdem Material und Witz bei der Zusammensetzung es
ermöglichen. Sind die Objekte, welche zu einer Einheit verdichtet werden sollen,
gar zu disparat, so begnügt sich die Traumarbeit oft damit, ein Mischgebilde mit
einem deutlicheren Kern zu schaffen, an den sich undeutlichere Bestimmungen anfügen. Die Vereinigung zu einem Bilde ist hier gleichsam nicht gelungen;
die beiden Darstellungen überdecken einander und erzeugen etwas wie einen
Wettstreit der visuellen Bilder. Wenn man sich die Bildung eines Begriffes aus
individuellen Wahrnehmungsbildern vorführen wollte, könnte man zu ähnlichen
Darstellungen in einer Zeichnung gelangen.

Es wimmelt natürlich in den Träumen von solchen Mischgebilden; einige Beispiele habe ich in den bisher analysierten Träumen bereits mitgeteilt; ich werde
nun weitere hinzufügen. In dem Traum auf S. 269, welcher den Lebenslauf der
Patientin „durch die Blume" oder „verblümt" beschreibt, trägt das Traum-Ich
einen blühenden Zweig in der Hand, der, wie wir erfahren haben, gleichzeitig Unschuld und sexuelle Sündigkeit bedeutet. Der Zweig erinnert durch die
Art, wie die Blüten stehen, außerdem an *Kirsch*blüten; die Blüten selbst, einzeln

genommen, sind *Kamelien*, wobei dazu das Ganze noch den Eindruck eines *exotischen* Gewächses macht. Das Gemeinsame an den Elementen dieses Mischgebildes ergibt sich aus den Traumgedanken. Der blühende Zweig ist aus Anspielungen an Geschenke zusammengesetzt, durch welche sie bewogen wurde oder werden sollte, sich gefällig zu erweisen. So in der Kindheit die *Kirschen*, in späteren Jahren ein *Kamelien*stock; das *Exotische* ist eine Anspielung auf einen vielgereisten Naturforscher, welcher mit einer Blumenzeichnung um ihre Gunst werben wollte. Eine andere Patientin schafft sich im Traum ein Mittelding aus *Badekabinen* im Seebad, ländlichen *Aborthäuschen* und den *Bodenkammern* unserer städtischen Wohnhäuser. Den beiden ersten Elementen ist die Beziehung auf menschliche Nacktheit und Entblößung gemeinsam; es läßt sich aus der Zusammensetzung mit dem dritten Element schließen, daß (in ihrer Kindheit) auch die Bodenkammer der Schauplatz von Entblößung war. Ein Träumer schafft sich eine Mischlokalität aus zwei Örtlichkeiten, in denen „*Kur*" gemacht wird, aus meinem Ordinationszimmer und dem öffentlichen Lokal, in dem er zuerst seine Frau kennengelernt hat. Ein Mädchen träumt, nachdem der ältere Bruder versprochen hat, sie mit Kaviar zu regalieren, von diesem Bruder, daß dessen Beine von den *schwarzen Kaviarperlen übersät* sind. Die Elemente „*Ansteckung*" im moralischen Sinn und die Erinnerung an einen *Ausschlag* der Kindheit, der die Beine mit *roten* anstatt mit schwarzen Pünktchen übersät erscheinen ließ, haben sich hier mit den *Kaviarperlen* zu einem neuen Begriff vereinigt, dessen, „*was sie von ihrem Bruder bekommen hat*". Teile des menschlichen Körpers werden in diesem Traum behandelt wie Objekte, wie auch in sonstigen Träumen. In einem von *Ferenczi* mitgeteilten Traume kam ein Mischgebilde vor, das aus der Person eines *Arztes* und aus einem *Pferde* zusammengesetzt war und überdies ein *Nachthemd* anhatte. Das Gemeinsame dieser drei Bestandteile ergab sich aus der Analyse, nachdem das Nachthemd als Anspielung auf den Vater der Träumerin in einer Kindheitsszene erkannt war. Es handelte sich in allen drei Fällen um Objekte ihrer geschlechtlichen Neugierde. Sie war als Kind von ihrer Kindsfrau öfters in das militärische Gestüt mitgenommen worden, wo sie Gelegenheit hatte, ihre – damals noch ungehemmte – Neugierde ausgiebig zu befriedigen.

Ich habe vorhin behauptet, daß der Traum kein Mittel hat, die Relation des Widerspruches, Gegensatzes, das „Nein" auszudrücken. Ich gehe daran, dieser Behauptung zum ersten Male zu widersprechen. Ein Teil der Fälle, die sich als „Gegensatz" zusammenfassen lassen, findet seine Darstellung einfach durch Identifizierung, wie wir gesehen haben, wenn nämlich mit der Gegenüberstellung ein Vertauschen, an die Stelle setzen, verbunden werden kann. Davon haben wir wiederholt Beispiele erwähnt. Ein anderer Teil der Gegensätze in den Traumgedanken, der etwa unter die Kategorie „*Umgekehrt, im Gegenteile*" fällt, gelangt zu seiner Darstellung im Traum auf folgende merkwürdige, beinahe witzig zu nennende Weise. Das „Umgekehrt" gelangt nicht für sich in den Trauminhalt, sondern äußert seine Anwesenheit im Material dadurch, daß ein aus sonstigen Gründen naheliegendes Stück des schon gebildeten Trauminhaltes – gleichsam nachträglich – umgekehrt wird. Der Vorgang ist leichter zu illustrieren als zu beschreiben. Im schönen Traum von „*Auf und nieder*" ist die Traumdarstellung des Steigens *umgekehrt* wie das Vorbild in den Traumgedanken, nämlich die Introduktionsszene der *Sappho Daudets*; es geht im Traume anfangs schwer, später leicht, während in der Szene das Steigen anfangs leicht, später immer schwerer wird. Auch das „Oben" und „Unten" in bezug auf den Bruder ist im Traum verkehrt dargestellt. Dies deutet auf eine Relation von Umkehrung oder Gegensatz, die zwischen zwei Stücken des Materials in den Traumgedanken besteht und die wir darin gefunden haben, daß in der Kindheitsphantasie des Träumers er von seiner Amme getragen wird, umgekehrt wie im Roman der Held die Geliebte trägt. Auch mein Traum von Goethes Angriff gegen Herrn M. (s. unten) enthält ein solches „Umgekehrt", das erst redressiert werden muß, ehe man auf die Deutung des Traumes gelangen kann. Im Traum hat Goethe einen jungen Mann, Herrn M. angegriffen; in der Realität, wie sie die Traumgedanken enthalten, ist ein bedeutender Mann, mein Freund, von einem unbekannten jungen Autor angegriffen worden. Im Traum rechne ich vom Sterbedatum Goethes an; in der Wirklichkeit ging die Rechnung vom Geburtsjahr des Paralytikers aus. Der Gedanke, der in dem Traummaterial maßgebend ist, ergibt sich als der Widerspruch dagegen, daß Goethe behandelt werden soll, als sei er ein Verrückter. Umgekehrt, sagt der Traum, wenn du das Buch nicht verstehst, bist du der Schwachsinnige, nicht der Autor. In all diesen Träumen von Umkehrung scheint mir überdies eine Beziehung auf die verächtliche Wendung („einem die *Kehrseite* zeigen") enthalten zu sein (die Umkehrung in bezug auf den Bruder im Sapphotraum). Es ist ferner bemerkenswert, wie häufig die Umkehrung gerade in Träumen gebraucht wird, die von verdrängten homosexuellen Regungen eingegeben sind.

Die Umkehrung, Verwandlung ins Gegenteil, ist übrigens eines der beliebtesten, der vielseitigsten Verwendung fähigen Darstellungsmittel der Traumarbeit. Sie dient zunächst dazu, der Wunscherfüllung gegen ein bestimmtes Element der Traumgedanken Geltung zu verschaffen. Wäre es doch umgekehrt gewesen! ist oftmals der beste Ausdruck für die Reaktion des Ichs gegen ein peinliches Stück Erinnerung. Ganz besonders wertvoll wird die Umkehrung aber im Dienste der Zensur, indem sie ein Maß von Entstellung des Darzustellenden zustande bringt, welches das Verständnis des Traumes zunächst geradezu lähmt. Man darf darum, wenn ein Traum seinen Sinn hartnäckig verweigert, jedesmal den Versuch der Umkehrung mit bestimmten Stücken seines manifesten Inhaltes wagen, worauf nicht selten alles sofort klar wird.

Neben der inhaltlichen Umkehrung ist die zeitliche nicht zu übersehen. Eine häufigere Technik der Traumentstellung besteht darin, den Ausgang der Begebenheit oder den Schluß des Gedankengangs zu Eingang des Traums darzustellen und am Ende desselben die Voraussetzungen des Schlusses oder die Ursachen des Geschehens nachzutragen. Wer nicht an dieses technische Mittel der Traumentstellung gedacht hat, steht dann der Aufgabe der Traumdeutung ratlos gegenüber.[127]

Ja in manchen Fällen erhält man den Sinn des Traumes erst, wenn man an dem Trauminhalt eine mehrfache Umkehrung, nach verschiedenen Relationen, vorgenommen hat. So z. B. verbirgt sich im Traume eines jungen Zwangsneurotikers die Erinnerung an den infantilen Todeswunsch gegen den gefürchteten Vater hinter folgendem Wortlaut: *Sein Vater schimpft mit ihm, weil er so spät nach Hause kommt.* Allein der Zusammenhang der psychoanalytischen Kur und die Einfälle des Träumers beweisen, daß es zunächst lauten muß: *Er ist böse auf den Vater*, und sodann, daß ihm der Vater auf alle Fälle *zu früh* (d. h. zu bald) nach Hause kam. Er hätte es vorgezogen, daß der Vater überhaupt nicht nach Hause gekommen wäre, was mit dem Todeswunsch gegen den Vater identisch ist. Der Träumer hatte sich nämlich als kleiner Knabe während einer längeren Abwesenheit des Vaters eine sexuelle Aggression gegen eine andere Person zuschulden kommen lassen und war mit der Drohung gestraft worden: „Na wart', bis der Vater zurückkommt!"

Will man die Beziehungen zwischen Trauminhalt und Traumgedanken weiter verfolgen, so nimmt man jetzt am besten den Traum selbst zum Ausgangspunkt und stellt sich die Frage, was gewisse formale Charaktere der Traumdarstellung in bezug auf die Traumgedanken bedeuten. Zu diesen formalen Charakteren, die uns im Traume auffallen müssen, gehören vor allem die Unterschiede in der

---

[127] Derselben Technik der zeitlichen Umkehrung bedient sich manchmal der hysterische Anfall, um seinen Sinn dem Zuschauer zu verbergen. Ein hysterisches Mädchen hat z. B. in einem Anfalle einen kleinen Roman darzustellen, den sie sich im Anschluß an eine Begegnung in der Stadtbahn im Unbewußten phantasiert hat. Wie der Betreffende, durch die Schönheit ihres Fußes angezogen, sie, während sie liest, anspricht, wie sie dann mit ihm geht und eine stürmische Liebesszene erlebt. Ihr Anfall setzt mit der Darstellung dieser Liebesszene durch die Körperzuckungen ein (dabei Lippenbewegungen fürs Küssen, Verschränkung der Arme für die Umarmung), darauf eilt sie ins andere Zimmer, setzt sich auf einen Stuhl, hebt das Kleid, um den Fuß zu zeigen, tut, als ob sie in einem Buche lesen würde, und spricht mich an (gibt mir Antwort). Vgl. hiezu die Bemerkung Artemidorus': „Bei der Auslegung von Traumgeschichten muß man sie einmal vom Anfang gegen das Ende, das andere Mal vom Ende gegen den Anfang hin ins Auge fassen ..."

sinnlichen Intensität der einzelnen Traumgebilde und in der Deutlichkeit einzelner Traumpartien oder ganzer Träume untereinander verglichen. Die Unterschiede in der Intensität der einzelnen Traumgebilde umfassen eine ganze Skala von einer Schärfe der Ausprägung, die man – wiewohl ohne Gewähr – geneigt ist, über die der Realität zu stellen, bis zu einer ärgerlichen Verschwommenheit, die man als charakteristisch für den Traum erklärt, weil sie eigentlich mit keinem der Grade der Undeutlichkeit, die wir gelegentlich an den Objekten der Realität wahrnehmen, vollkommen zu vergleichen ist. Gewöhnlich bezeichnen wir überdies den Eindruck, den wir von einem undeutlichen Traumobjekt empfangen, als „flüchtig“, während wir von den deutlicheren Traumbildern meinen, daß sie auch durch längere Zeit der Wahrnehmung standgehalten haben. Es fragt sich nun, durch welche Bedingungen im Traummaterial diese Unterschiede in der Lebhaftigkeit der einzelnen Stücke des Trauminhalts hervorgerufen werden.

Man hat hier zunächst gewissen Erwartungen entgegenzutreten, die sich wie unvermeidlich einstellen. Da zu dem Material des Traums auch wirkliche Sensationen während des Schlafes gehören können, wird man wahrscheinlich voraussetzen, daß diese oder die von ihnen abgeleiteten Traumelemente im Trauminhalt durch besondere Intensität hervorstechen, oder umgekehrt, daß, was im Traum ganz besonders lebhaft ausfällt, auf solche reale Schlafsensationen zurückführbar sein wird. Meine Erfahrung hat dies aber niemals bestätigt. Es ist nicht richtig, daß die Elemente des Traums, welche Abkömmlinge von realen Eindrücken während des Schlafes (Nervenreizen) sind, sich vor den anderen, die aus Erinnerungen stammen, durch Lebhaftigkeit auszeichnen. Das Moment der Realität geht für die Intensitätsbestimmung der Traumbilder verloren.

Ferner könnte man an der Erwartung festhalten, daß die sinnliche Intensität (Lebhaftigkeit) der einzelnen Traumbilder eine Beziehung habe zur psychischen Intensität der ihnen entsprechenden Elemente in den Traumgedanken. In den letzteren fällt Intensität mit psychischer Wertigkeit zusammen; die intensivsten Elemente sind keine anderen als die bedeutsamsten, welche den Mittelpunkt der Traumgedanken bilden. Nun wissen wir zwar, daß gerade diese Elemente der Zensur wegen meist keine Aufnahme in den Trauminhalt finden. Aber es könnte doch sein, daß ihre sie vertretenden nächsten Abkömmlinge im Traum einen höheren Intensitätsgrad aufbringen, ohne daß sie darum das Zentrum der Traumdarstellung bilden müßten. Auch diese Erwartung wird indes durch die vergleichende Betrachtung von Traum und Traummaterial zerstört. Die Intensität der Elemente hier hat mit der Intensität der Elemente dort nichts zu schaffen; es findet zwischen Traummaterial und Traum tatsächlich eine völlige *„Umwertung aller psychischen Werte“* statt. Gerade in einem flüchtig hingehauchten, durch kräftigere Bilder verdeckten Element des Traums kann man oft einzig und

allein einen direkten Abkömmling dessen entdecken, was in den Traumgedanken übermäßig dominierte.

Die Intensität der Elemente des Traumes zeigt sich anders determiniert, und
zwar durch zwei voneinander unabhängige Momente. Zunächst ist es leicht zu
sehen, daß jene Elemente besonders intensiv dargestellt sind, durch welche die
Wunscherfüllung sich ausdrückt. Dann aber lehrt die Analyse, daß von den lebhaftesten Elementen des Traums auch die meisten Gedankengänge ausgehen, daß
die lebhaftesten gleichzeitig die best determinierten sind. Es ist keine Änderung
des Sinnes, wenn wir den letzten, empirisch gewonnenen Satz in nachstehender
Form aussprechen: Die größte Intensität zeigen jene Elemente des Traums, für
deren Bildung die ausgiebigste *Verdichtungsarbeit* in Anspruch genommen wurde.
Wir dürfen dann erwarten, daß diese Bedingung und die andere der Wunscherfüllung auch in einer einzigen Formel ausgedrückt werden können.

Das Problem, das ich jetzt behandelt habe, die Ursachen der größeren und
geringeren Intensität oder Deutlichkeit der einzelnen Traumelemente, möchte
ich vor Verwechslung mit einem anderen Problem schützen, welches sich auf
die verschiedene Deutlichkeit ganzer Träume oder Traumabschnitte bezieht.
Dort ist der Gegensatz von Deutlichkeit: Verschwommenheit, hier Verworrenheit. Es ist allerdings unverkennbar, daß in beiden Skalen die steigenden und fallenden Qualitäten einander im Vorkommen begleiten. Eine Partie des Traums,
die uns klar erscheint, enthält zumeist intensive Elemente; ein unklarer Traum
ist im Gegenteil aus wenig intensiven Elementen zusammengesetzt. Doch ist
das Problem, welches die Skala vom anscheinend Klaren bis zum Undeutlich-
Verworrenen bietet, weit komplizierter als das der Lebhaftigkeitsschwankungen
der Traumelemente; ja ersteres entzieht sich aus später anzuführenden Gründen
hier noch der Erörterung. In einzelnen Fällen merkt man nicht ohne Überraschung, daß der Eindruck von Klarheit oder Undeutlichkeit, den man von einem
Traum empfängt, überhaupt nichts für das Traumgefüge bedeutet, sondern aus
dem Traummaterial als ein Bestandteil desselben herrührt. So erinnere ich mich
an einen Traum, der mir nach dem Erwachen so besonders gut gefügt, lückenlos
und klar erschien, daß ich noch in der Schlaftrunkenheit mir vorsetzte, eine neue
Kategorie von Träumen zuzulassen, die nicht dem Mechanismus der Verdichtung und Verschiebung unterlegen waren, sondern als „Phantasien während des
Schlafens" bezeichnet werden durften. Nähere Prüfung ergab, daß dieser rare
Traum dieselben Risse und Sprünge in seinem Gefüge zeigte wie jeder andere;
ich ließ darum die Kategorie der Traumphantasien auch wieder fallen.[128] Der
reduzierte Inhalt des Traums war aber, daß ich meinem Freunde eine schwie-

---

[128] Ich weiß heute nicht, ob mit Recht.

rige und lange gesuchte Theorie der Bisexualität vortrug, und die wunscherfüllende Kraft des Traumes hatte es zu verantworten, daß uns diese Theorie (die übrigens im Traum nicht mitgeteilt wurde) klar und lückenlos erschien. Was ich also für ein Urteil über den fertigen Traum gehalten hatte, war ein Stück, und zwar das wesentliche Stück des Trauminhalts. Die Traumarbeit griff hier gleichsam in das erste wache Denken über und übermittelte mir als *Urteil* über den Traum jenes Stück des Traummaterials, dessen genaue Darstellung im Traum ihr nicht gelungen war. Ein vollkommenes Gegenstück hiezu erlebte ich einmal bei einer Patientin, die einen in die Analyse gehörigen Traum zuerst überhaupt nicht erzählen wollte, „weil er so undeutlich und verworren sei", und endlich unter wiederholten Protesten gegen die Sicherheit ihrer Darstellung angab, es seien im Traum mehrere Personen vorgekommen, sie, ihr Mann und ihr Vater, und als ob sie nicht gewußt hätte, ob ihr Mann ihr Vater sei oder wer eigentlich ihr Vater sei oder so ähnlich. Die Zusammenstellung dieses Traumes mit ihren Einfällen in der Sitzung ergab als unzweifelhaft, daß es sich um die ziemlich alltägliche Geschichte eines Dienstmädchens handle, welches bekennen mußte, daß sie ein Kind erwarte, und nun Zweifel zu hören bekomme, „wer eigentlich der Vater (des Kindes)".[129] Die Unklarheit, die der Traum zeigte, war also auch hier ein Stück aus dem traumerregenden Material. Ein Stück dieses Inhalts war in der Form des Traumes dargestellt worden. *Die Form des Traumes oder des Träumens wird in ganz überraschender Häufigkeit zur Darstellung des verdeckten Inhaltes verwendet.*

Glossen über den Traum, anscheinend harmlose Bemerkungen zu demselben, dienen oft dazu, ein Stück des Geträumten in der raffiniertesten Weise zu verhüllen, während sie es doch eigentlich verraten. So z. B. wenn ein Träumer äußert: Hier ist der Traum *verwischt*, und die Analyse eine infantile Reminiszenz an das Belauschen einer Person ergibt, die sich nach der Defäkation reinigt. Oder in einem anderen Falle, der ausführliche Mitteilung verdient: Ein junger Mann hat einen sehr deutlichen Traum, der ihn an bewußtgebliebene Phantasien seiner Knabenjahre mahnt: Er befindet sich abends in einem Sommerhotel, irrt sich in der Zimmernummer und kommt in einen Raum, in dem sich eine ältere Dame und ihre zwei Töchter entkleiden, um zu Bette zu gehen. Er setzt fort: *Dann sind einige Lücken im Traum*, da fehlt etwas, und am Ende war ein Mann im Zimmer, der mich hinauswerfen wollte, mit dem ich ringen mußte. Er bemüht sich vergebens, den Inhalt und die Absicht jener knabenhaften Phantasie zu erinnern, auf die der Traum offenbar anspielt. Aber man wird endlich aufmerksam, daß der gesuchte Inhalt durch die Äußerung über die undeutliche Stelle

---

[129] Begleitende hysterische Symptome: Ausbleiben der Periode und große Verstimmung, das Hauptleiden dieser Kranken.

des Traumes bereits gegeben ist. Die „Lücken" sind die Genitalöffnungen der zu Bette gehenden Frauen: „da fehlt etwas" beschreibt den Hauptcharakter des weiblichen Genitales. Er brannte in jenen jungen Jahren vor Wißbegierde, ein weibliches Genitale zu sehen, und war noch geneigt, an der infantilen Sexualtheorie, die dem Weibe ein männliches Glied zuschreibt, festzuhalten.

In ganz ähnliche Form kleidete sich eine analoge Reminiszenz eines anderen Träumers ein. Er träumt: *Ich gehe mit Frl. K. in das Volksgartenrestaurant ..., dann kommt eine dunkle Stelle, eine Unterbrechung ..., dann befinde ich mich in einem Bordellsalon, in dem ich zwei oder drei Frauen sehe, eine in Hemd und Höschen.*

Analyse: Frl. K. ist die Tochter seines früheren Chefs, wie er selbst zugibt, ein Schwesterersatz. Er hatte nur selten Gelegenheit, mit ihr zu sprechen, aber einmal fiel eine Unterhaltung zwischen ihnen vor, in der „man sich gleichsam in seiner Geschlechtlichkeit erkannte, als ob man sagen würde: Ich bin ein Mann und du ein Weib". Im angegebenen Restaurant war er nur einmal in Begleitung der Schwester seines Schwagers, eines Mädchens, das ihm vollkommen gleichgültig war. Ein andermal begleitete er eine Gesellschaft von drei Damen bis zum Eingange in dieses Restaurant. Die Damen waren seine Schwester, seine Schwägerin und die bereits erwähnte Schwester seines Schwagers, alle drei ihm höchst gleichgültig, aber alle drei der Schwesterreihe angehörig. Ein Bordell hat er nur selten besucht, vielleicht zwei- oder dreimal in seinem Leben.

Die Deutung stützte sich auf die „dunkle Stelle", „Unterbrechung" im Traume und behauptete, daß er in knabenhafter Wissbegierde einigemal, allerdings nur selten, das Genitale seiner um einige Jahre jüngeren Schwester inspiziert habe. Einige Tage später stellte sich die bewußte Erinnerung an die vom Traume angedeutete Untat ein.

Alle Träume derselben Nacht gehören ihrem Inhalt nach zu dem nämlichen Ganzen; ihre Sonderung in mehrere Stücke, deren Gruppierung und Anzahl, all das ist sinnreich und darf als ein Stück Mitteilung aus den latenten Traumgedanken aufgefaßt werden. Bei der Deutung von Träumen, die aus mehreren Hauptstücken bestehen, oder überhaupt solchen, die derselben Nacht angehören, darf man auch an die Möglichkeit nicht vergessen, daß diese verschiedenen und aufeinanderfolgenden Träume dasselbe bedeuten, die nämlichen Regungen in verschiedenem Material zum Ausdruck bringen. Der zeitlich vorangehende dieser homologen Träume ist dann häufig der entstelltere, schüchterne, der nachfolgende ist dreister und deutlicher.

Schon der biblische Traum des Pharao von den Ähren und von den Kühen, den Josef deutete, war von dieser Art. Er findet sich bei *Josephus* (*Jüdische Altertümer*, Buch II, Kapitel 5) ausführlicher als in der Bibel berichtet. Nachdem der König den ersten Traum erzählt hat, sagt er: „Nach diesem ersten Traumgesicht wachte ich beunruhigt auf und dachte nach, was dasselbe wohl bedeuten möge, schlief jedoch hierüber allmählich wieder ein und hatte nun einen noch viel seltsameren Traum, der mich noch mehr in Furcht und Verwirrung gesetzt hat." Nach Anhören der Traumerzählung sagt Josef: „Dein Traum, o König, ist dem Anschein nach wohl ein zweifacher, allein beide Gesichte haben nur eine Bedeutung."

Jung, der in seinem *Beitrag zur Psychologie des Gerüchtes* erzählt, wie der versteckt erotische Traum eines Schulmädchen von ihren Freundinnen ohne Deutung verstanden und in Abänderungen weitergeführt wurde, bemerkt zu einer dieser Traumerzählungen, „daß der Schlußgedanke einer langen Reihe von Traumbildern genau das enthält, was schon im ersten Bild der Serie darzustellen versucht worden war. Die Zensur schiebt den Komplex so lange wie möglich weg durch immer wieder erneute symbolische Verdeckungen, Verschiebungen, Wendungen ins Harmlose usw." (Zentralblatt f. Psychoanalyse I, 1910. S. 87) *Scherner* hat diese Eigentümlichkeit der Traumdarstellung gut gekannt und beschreibt sie im Anschluß an seine Lehre von den Organreizen als ein besonderes Gesetz (S. 166): „Endlich aber beobachtet die Phantasie in allen von bestimmten Nervenreizen ausgehenden symbolischen Traumbildungen das gemeingültige Gesetz, daß sie bei Beginn des Traumes nur in den fernsten und freiesten Andeutungen des Reizobjektes malt, am Schlusse aber, wo der malerische Erguß sich erschöpft hatte, den Reiz selbst, respektive sein betreffendes Organ oder dessen Funktion in Nacktheit hinstellt, womit der Traum, seinen organischen Anlaß selbst bezeichnend, das Ende erreicht ..."

Eine schöne Bestätigung dieses *Schernerschen* Gesetzes hat *Otto Rank* in seiner Arbeit: *Ein Traum, der sich selbst deutet*, geliefert. Der von ihm dort mitgeteilte Traum eines Mädchens setzte sich aus zwei auch zeitlich gesonderten Träumen einer Nacht zusammen, von denen der zweite mit einer Pollution abschloß. Dieser Pollutionstraum gestattete eine bis ins einzelne durchgeführte Deutung unter weitgehendem Verzicht auf die Beiträge der Träumerin, und die Fülle der Beziehungen zwischen den beiden Trauminhalten ermöglichte es zu erkennen, daß der erste Traum in schüchterner Darstellung dasselbe zum Ausdruck brachte wie der zweite, so daß dieser, der Pollutionstraum, zur vollen Aufklärung des ersteren verholfen hatte. Rank erörtert von diesem Beispiele aus mit gutem Recht die Bedeutung der Pollutionsträume für die Theorie des Träumens überhaupt.

In solche Lage, Klarheit oder Verworrenheit des Traums auf Sicherheit oder Zweifel im Traummaterial umdeuten zu können, kommt man aber nach meiner Erfahrung nur in wenigen Fällen. Ich werde späterhin den bisher nicht erwähnten Faktor bei der Traumbildung aufzudecken haben, von dessen Einwirkung diese Qualitätenskala des Traumes wesentlich abhängt.

In manchen Träumen, die ein Stück weit eine gewisse Situation und Szenerie festhalten, kommen Unterbrechungen vor, die mit folgenden Worten beschrieben werden: „Es ist dann aber, als wäre es gleichzeitig ein anderer Ort, und dort ereignete sich dies und jenes." Was in solcher Weise die Haupthandlung des Traumes unterbricht, die nach einer Weile wieder fortgesetzt werden kann, das stellt sich im Traummaterial als ein Nebensatz, als ein eingeschobener Gedanke heraus. Die Kondition in den Traumgedanken wird im Traum durch Gleichzeitigkeit dargestellt (wenn – wann).

Was bedeutet die so häufig im Traum erscheinende Sensation der gehemmten Bewegung, die so nahe an Angst streift? Man will gehen und kommt nicht von der Stelle, will etwas verrichten und stößt fortwährend auf Hindernisse. Der Eisenbahnzug will sich in Bewegung setzen, und man kann ihn nicht erreichen; man hebt die Hand, um eine Beleidigung zu rächen, und sie versagt usw. Wir sind dieser Sensation im Traume schon bei den Exhibitionsträumen begegnet, haben ihre Deutung aber noch nicht ernstlich versucht. Es ist bequem aber unzureichend, zu antworten, im Schlaf bestehe motorische Lähmung, die sich durch die erwähnte Sensation bemerkbar macht. Wir dürfen fragen: Warum träumt man dann nicht beständig von solchen gehemmten Bewegungen?, und wir dürfen erwarten, daß diese im Schlaf jederzeit hervorzurufende Sensation irgendwelchen Zwecken der Darstellung diene und nur durch das im Traummaterial gegebene Bedürfnis nach dieser Darstellung erweckt werde.

Das Nichts-zustande-Bringen tritt im Traum nicht immer als Sensation, sondern auch einfach als Stück des Trauminhalts auf. Ich halte einen solchen Fall für besonders geeignet, uns über die Bedeutung dieses Traumrequisits aufzuklären. Ich werde verkürzt einen Traum mitteilen, in dem ich der Unredlichkeit beschuldigt erscheine. *Die Örtlichkeit ist ein Gemenge aus einer Privatheilanstalt und mehreren anderen Lokalen. Ein Diener erscheint, um mich zu einer Untersuchung zu rufen. Im Traum weiß ich, daß etwas vermißt wird und daß die Untersuchung wegen des Verdachts erfolgt, daß ich mir das Verlorene angeeignet.* Die Analyse zeigt, daß Untersuchung zweideutig zu nehmen ist und ärztliche Untersuchung mit einschließt. *Im Bewußtsein meiner Unschuld und meiner Konsiliarfunktion in diesem Hause gehe ich ruhig mit dem Diener. An einer Türe empfängt uns ein anderer Diener und sagt, auf mich deutend: Den haben Sie mitgebracht, der ist ja ein anständiger Mensch. Ich gehe dann ohne Diener in einen großen Saal, in dem Maschinen stehen, der mich an ein Inferno mit seinen höllischen Strafaufgaben erinnert. An einem Apparat sehe ich einen Kollegen eingespannt, der allen Grund hätte, sich um mich zu bekümmern; er beachtet mich aber nicht. Es heißt dann, daß ich jetzt gehen kann. Da finde ich meinen Hut nicht und kann doch nicht gehen.*

Es ist offenbar die Wunscherfüllung des Traums, daß ich als ehrlicher Mann anerkannt werde und gehen darf; in den Traumgedanken muß also allerlei Material vorhanden sein, das den Widerspruch dagegen enthält. Daß ich gehen darf, ist das Zeichen meiner Absolution; wenn also der Traum am Ende ein Ereignis bringt, das mich im Gehen aufhält, so liegt es wohl nahe zu schließen, daß durch diesen Zug das unterdrückte Material des Widerspruchs sich zur Geltung bringt. Daß ich den Hut nicht finde, bedeutet also: Du bist doch kein ehrlicher Mensch. Das Nicht-zustande-Bringen des Traums ist ein *Ausdruck des Widerspruches, ein „Nein"*, wonach also die frühere Behauptung zu korrigieren ist, daß der Traum das Nein nicht auszudrücken vermag.[130]

In anderen Träumen, welche das Nicht-zustande-Kommen der Bewegung nicht bloß als Situation, sondern als Sensation enthalten, ist derselbe Widerspruch durch die Sensation der Bewegungshemmung kräftiger ausgedrückt, als ein Wille, dem ein Gegenwille sich widersetzt. Die Sensation der Bewegungshemmung stellt also einen *Willenskonflikt* dar. Wir werden später hören, daß gerade die motorische Lähmung im Schlaf zu den fundamentalen Bedingungen des psychischen Vorgangs während des Träumens gehört. Der auf die motorischen Bahnen übertragene Impuls ist nun nichts anderes als der Wille, und daß wir sicher sind, im Schlaf diesen Impuls als gehemmt zu empfinden, macht den ganzen Vorgang so überaus geeignet zur Darstellung des *Wollens* und des „*Nein*", das sich ihm entgegensetzt. Nach meiner Erklärung der Angst begreift es sich auch leicht, daß die Sensation der Willenshemmung der Angst so nahesteht und sich im Traume so oft mit ihr verbindet. Die Angst ist ein libidinöser Impuls, der vom Unbewußten ausgeht und vom Vorbewußten gehemmt wird.[131] Wo also im Traume die Sensation der Hemmung mit Angst verbunden ist, da muß es sich um ein Wollen handeln, das einmal fähig war, Libido zu entwickeln, um eine sexuelle Regung.

Was die häufig während eines Traums auftauchende Urteilsäußerung: „Das ist ja nur ein Traum", bedeute und welcher psychischen Macht sie zuzuschreiben sei, werde ich an anderer Stelle (s. unten) erörtern. Ich nehme hier vorweg, daß sie zur Entwertung des Geträumten dienen soll. Das in der Nähe liegende interessante Problem, was dadurch ausgedrückt wird, wenn ein gewisser Inhalt

---

[130] Eine Beziehung zu einem Kindheitserlebnis ergibt sich in der vollständigen Analyse durch folgende Vermittlung: – Der Mohr hat seine Schuldigkeit getan, der Mohr kann gehen. Und dann die Scherzfrage: Wie alt ist der Mohr, wenn er seine Schuldigkeit getan hat? Ein Jahr, dann kann er gehen. (Ich soll so viel wirres schwarzes Haar mit zur Welt gebracht haben, daß mich die junge Mutter für einen kleinen Mohren erklärte.) – Daß ich den Hut nicht finde, ist ein mehrsinnig verwertetes Tageserlebnis. Unser im Aufbewahren geniales Stubenmädchen hatte ihn versteckt. – Auch die Ablehnung trauriger Todesgedanken verbirgt sich hinter diesem Traumende: Ich habe meine Schuldigkeit noch lange nicht getan; ich darf noch nicht gehen. – Geburt und Tod wie in dem kurz vorher erfolgten Traume von Goethe und dem Paralytiker.

[131] Dieser Satz hält neueren Einsichten nicht mehr stand.

im Traum selbst als „geträumt" bezeichnet wird, das Rätsel des „Traumes im Traume", hat *W. Stekel* durch die Analyse einiger überzeugender Beispiele in ähnlichem Sinne gelöst. Das „Geträumte" des Traumes soll wiederum entwertet, seiner Realität beraubt werden; was nach dem Erwachen aus dem „Traum im Traume" weiter geträumt wird, das will der Traumwunsch an die Stelle der ausgelöschten Realität setzen. Man darf also annehmen, daß das „*Geträumte*" die Darstellung der Realität, die wirkliche Erinnerung, der fortsetzende Traum im Gegenteil die Darstellung des bloß vom Träumer Gewünschten enthält. Der Einschluß eines gewissen Inhalts in einen „Traum im Traume" ist also gleichzusetzen dem Wunsche, daß das so als Traum Bezeichnete nicht hätte geschehen sollen. Mit anderen Worten: wenn eine bestimmte Begebenheit von der Traumarbeit selbst in einen Traum gesetzt wird, so bedeutet dies die entschiedenste Bestätigung der Realität dieser Begebenheit, die stärkste *Bejahung* derselben. Die Traumarbeit verwendet das Träumen selbst als eine Form der Ablehnung und bezeugt damit die Einsicht, daß der Traum eine Wunscherfüllung ist.

D
Die Rücksicht auf Darstellbarkeit

Wir haben es bisher mit der Untersuchung zu tun gehabt, wie der Traum die Relationen zwischen den Traumgedanken darstellt, griffen dabei aber mehrfach auf das weitere Thema zurück, welche Veränderung das Traummaterial überhaupt für die Zwecke der Traumbildung erfährt. Wir wissen nun, daß das Traummaterial, seiner Relationen zum guten Teile entblößt, einer Kompression unterliegt, während gleichzeitig Intensitätsverschiebungen zwischen seinen Elementen eine psychische Umwertung dieses Materials erzwingen. Die Verschiebungen, die wir berücksichtigt haben, erwiesen sich als Ersetzungen einer bestimmten Vorstellung durch eine andere ihr in der Assoziation irgendwie nahestehende, und sie wurden der Verdichtung dienstbar gemacht, indem auf solche Weise anstatt zweier Elemente ein mittleres Gemeinsames zwischen ihnen zur Aufnahme in den Traum gelangte. Von einer anderen Art der Verschiebung haben wir noch keine Erwähnung getan. Aus den Analysen erfährt man aber, daß eine solche besteht und daß sie sich in einer *Vertauschung des sprachlichen Ausdruckes* für den betreffenden Gedanken kundgibt. Es handelt sich beide Male um Verschiebung längs einer Assoziationskette, aber der gleiche Vorgang findet in verschiedenen psychischen Sphären statt, und das Ergebnis dieser Verschiebung ist das eine Mal, daß ein Element durch ein anderes substituiert wird, während im anderen Falle ein Element seine Wortfassung gegen eine andere vertauscht.

Diese zweite Art der bei der Traumbildung vorkommenden Verschiebungen hat nicht nur großes theoretisches Interesse, sondern ist auch besonders gut geeignet, den Anschein phantastischer Absurdität, mit dem der Traum sich verkleidet, aufzuklären. Die Verschiebung erfolgt in der Regel nach der Richtung, daß ein farbloser und abstrakter Ausdruck des Traumgedankens gegen einen bildlichen und konkreten eingetauscht wird. Der Vorteil, und somit die Absicht dieses Ersatzes, liegt auf der Hand. Das Bildliche ist für den Traum *darstellungsfähig*, läßt sich in eine Situation einfügen, wo der abstrakte Ausdruck der Traumdarstellung ähnliche Schwierigkeiten bereiten würde wie etwa ein politischer Leitartikel einer Zeitung der Illustration. Aber nicht nur die Darstellbarkeit, auch die Interessen der Verdichtung und der Zensur können bei diesem Tausche gewinnen. Ist erst der abstrakt ausgedrückt unbrauchbare Traumgedanke in eine bildliche Sprache umgeformt, so ergeben sich zwischen diesem neuen Ausdruck und dem übrigen Traummaterial leichter als vorher die Berührungen und Identitäten, welcher die Traumarbeit bedarf und die sie schafft, wo sie nicht vorhanden sind, denn die konkreten Termini sind in jeder Sprache ihrer Entwicklung zufolge anknüpfungsreicher als die begrifflichen. Man kann sich vorstellen, daß ein gutes Stück der Zwischenarbeit bei der Traumbildung, welche die gesonderten Traumgedanken auf möglichst knappen und einheitlichen Ausdruck im Traume zu reduzieren sucht, auf solche Weise, durch passende sprachliche Umformung, der einzelnen Gedanken vor sich geht. Der eine Gedanke, dessen Ausdruck etwa aus anderen Gründen feststeht, wird dabei verteilend und auswählend auf die Ausdrucksmöglichkeiten des anderen einwirken, und dies vielleicht von vornherein, ähnlich wie bei der Arbeit des Dichters. Wenn ein Gedicht in Reimen entstehen soll, so ist die zweite Reimzeile an zwei Bedingungen gebunden; sie muß den ihr zukommenden Sinn ausdrücken, und ihr Ausdruck muß den Gleichklang mit der ersten Reimzeile finden. Die besten Gedichte sind wohl die, wo man die Absicht, den Reim zu finden, nicht merkt, sondern wo beide Gedanken von vornherein durch gegenseitige Induzierung den sprachlichen Ausdruck gewählt haben, der mit leichter Nachbearbeitung den Gleichklang entstehen läßt.

In einigen Fällen dient die Ausdrucksvertauschung der Traumverdichtung noch auf kürzerem Wege, indem sie eine Wortfügung finden läßt, welche als zweideutig mehr als einem der Traumgedanken Ausdruck gestattet. Das ganze Gebiet des Wortwitzes wird so der Traumarbeit dienstbar gemacht. Man darf sich über die Rolle, welche dem Worte bei der Traumbildung zufällt, nicht wundern. Das Wort, als der Knotenpunkt mehrfacher Vorstellungen, ist sozusagen eine prädestinierte Vieldeutigkeit, und die Neurosen (Zwangsvorstellungen, Phobien) benützen die Vorteile, die das Wort so zur Verdichtung und Verkleidung bietet, nicht minder ungescheut wie der Traum.[132] Daß die Traumentstellung bei der Verschiebung des Ausdrucks mitprofitiert, ist leicht zu zeigen. Es ist ja irreführend, wenn ein zweideutiges Wort anstatt zweier eindeutiger gesetzt wird, und der Ersatz der alltäglich nüchternen Ausdrucksweise durch eine bildliche hält unser Verständnis auf, besonders da der Traum niemals aussagt, ob die von ihm gebrachten Elemente wörtlich oder im übertragenen Sinne zu deuten sind, direkt oder durch Vermittlung eingeschobener Redensarten auf das Traummaterial bezogen werden sollen. Es ist im allgemeinen bei der Deutung eines jeden Traumelements zweifelhaft, ob es:

a) im positiven oder negativen Sinne genommen werden soll (Gegensatzrelation);

b) historisch zu deuten ist (als Reminiszenz);

c) symbolisch, oder ob

d) seine Verwertung vom Wortlaute ausgehen soll.

Trotz dieser Vielseitigkeit darf man sagen, daß die Darstellung der Traumarbeit, die *ja nicht beabsichtigt, verstanden* zu werden, dem Übersetzer keine größeren Schwierigkeiten zumutet als etwa die alten Hieroglyphenschreiber ihren Lesern.

Beispiele von Darstellungen im Traume, die nur durch Zweideutigkeit des Ausdrucks zusammengehalten werden, habe ich bereits mehrere angeführt („Der Mund geht gut auf" im Injektionstraum; „Ich kann doch nicht gehen" im letzten Traum, S. 285, usw.). Ich werde nun einen Traum mitteilen, in dessen Analyse die Verbildlichung des abstrakten Gedankens eine größere Rolle spielt. Der Unterschied solcher Traumdeutung von der Deutung mittels Symbolik läßt sich noch immer scharf bestimmen; bei der symbolischen Traumdeutung wird der Schlüssel der Symbolisierung vom Traumdeuter willkürlich gewählt; in unseren Fällen von sprachlicher Verkleidung sind diese Schlüssel allgemein bekannt und durch feststehende Sprachübungen gegeben. Verfügt man über den richtigen Einfall zur rechten Gelegenheit, so kann man Träume dieser Art auch unabhängig von den Angaben des Träumers ganz oder stückweise auflösen.

Eine mir befreundete Dame träumt: Sie befindet sich in der Oper. Es ist eine Wagner-Vorstellung, die bis ¾ 8 Uhr morgens gedauert hat. Im Parkett und Parterre stehen Tische, an denen gespeist und getrunken wird. Ihr eben von der Hochzeitsreise heimgekehrter Vetter sitzt an einem solchen Tische mit seiner jungen Frau; neben ihnen ein Aristokrat. Von diesem heißt es, die junge Frau habe sich ihn von der Hochzeitsreise mitgebracht, ganz offen, etwa wie man einen Hut von der Hochzeitsreise mitbringt. Inmitten des Parketts befindet sich ein hoher Turm, der oben eine Plattform trägt, die von einem eisernen Gitter umgeben ist. Dort

---

[132] *Der Witz und seine Beziehung zum Unbewußten*, 1905, und die „Wortbrücken" in den Lösungen neurotischer Symptome.

hoch oben ist der Dirigent mit den Zügen Hans Richters; er läuft beständig hinter seinem Gitter herum, schwitzt furchtbar und leitet von diesem Posten aus das unten um die Basis des Turms angeordnete Orchester. Sie selbst sitzt mit einer (mir bekannten) Freundin in einer Loge. Ihre jüngere Schwester will ihr aus dem Parkett ein großes Stück Kohle hinaufreichen mit der Motivierung, sie habe doch nicht gewußt, daß es so lange dauern werde, und müsse jetzt wohl erbärmlich frieren. (Etwa als ob die Logen während der langen Vorstellung geheizt werden müßten.)

Der Traum ist wohl unsinnig genug, obwohl sonst gut auf eine Situation gebracht. Der Turm mitten im Parkett, von dem aus der Dirigent das Orchester leitet; vor allem aber die Kohle, die ihr die Schwester hinaufreicht! Ich habe von diesem Traume absichtlich keine Analyse verlangt; mit etwas Kenntnis von den persönlichen Beziehungen der Träumerin gelang es mir, Stücke von ihm selbständig zu deuten. Ich wußte, daß sie viel Sympathie für einen Musiker gehabt hatte, dessen Laufbahn vorzeitig durch Geisteskrankheit unterbrochen worden war. Ich entschloß mich also, den Turm im Parkett wörtlich zu nehmen. Dann kam heraus, daß der Mann, den sie an Hans Richters Stelle zu sehen gewünscht hätte, die übrigen Mitglieder des Orchesters *turmhoch* überragt. Dieser Turm ist als ein *Mischgebilde* durch *Apposition* zu bezeichnen; mit seinem Unterbau stellt er die Größe des Mannes dar, mit dem Gitter oben, hinter dem er wie ein Gefangener oder wie ein Tier im Käfig (Anspielung auf den Namen des Unglücklichen)[133] herumläuft, das spätere Schicksal desselben. „Narrenturm" wäre etwa das Wort, in dem die beiden Gedanken hätten zusammentreffen können.

Nachdem so die Darstellungsweise des Traums aufgedeckt war, konnte man versuchen, die zweite scheinbare Absurdität, die mit den Kohlen, die ihr von der Schwester gereicht werden, mit demselben Schlüssel aufzulösen. „Kohle" mußte „heimliche Liebe" bedeuten.

> „*Kein Feuer*, keine *Kohle* kann brennen so heiß
> als wie *heimliche Liebe*,
> von der niemand was weiß."

Sie selbst und ihre Freundin waren *sitzengeblieben*; die jüngere Schwester, die noch Aussicht hat zu heiraten, reicht ihr die Kohle hinauf, „weil sie doch nicht gewußt habe, *daß es so lange dauern wird*". Was so lange dauern wird, ist im Traume nicht gesagt; in einer Erzählung würden wir ergänzen: die Vorstellung; im Traume dürfen wir den Satz für sich ins Auge fassen, ihn für zweideutig erklären und hinzufügen, „bis sie heiratet". Die Deutung „heimliche Liebe" wird dann unterstützt durch die Erwähnung des Vetters, der mit seiner Frau im Parkett sitzt, und

---

[133] Hugo Wolf.

durch die dieser letzteren angedichtete *offene Liebschaft*. Die Gegensätze zwischen heimlicher und offener Liebe, zwischen ihrem Feuer und der Kälte der jungen Frau beherrschen den Traum. Hier wie dort übrigens ein „*Hochstehender*" als Mittelwort zwischen dem Aristokraten und dem zu großen Hoffnungen berechtigenden Musiker.

Mit den vorstehenden Erörterungen haben wir endlich ein drittes Moment aufgedeckt, dessen Anteil bei der Verwandlung der Traumgedanken in den Trauminhalt nicht gering anzuschlagen ist: *Die Rücksicht auf die Darstellbarkeit in dem eigentümlichen psychischen Material, dessen sich der Traum bedient*, also zumeist in visuellen Bildern. Unter den verschiedenen Nebenanknüpfungen an die wesentlichen Traumgedanken wird diejenige bevorzugt werden, welche eine visuelle Darstellung erlaubt, und die Traumarbeit scheut nicht die Mühe, den spröden Gedanken etwa zuerst in eine andere sprachliche Form umzugießen, sei diese auch die ungewöhnlichere, wenn sie nur die Darstellung ermöglicht und so der psychologischen Bedrängnis des eingeklemmten Denkens ein Ende macht. Diese Umlagerung des Gedankeninhalts in eine andere Form kann sich aber gleichzeitig in den Dienst der Verdichtungsarbeit stellen und Beziehungen zu einem anderen Gedanken schaffen, die sonst nicht vorhanden wären. Dieser andere Gedanke mag etwa selbst zum Zwecke des Entgegenkommens vorher seinen ursprünglichen Ausdruck verändert haben.

Herbert Silberer[134] hat einen guten Weg gezeigt, wie man die bei der Traumbildung vor sich gehende Umsetzung der Gedanken in Bilder direkt beobachten und somit dies eine Moment der Traumarbeit isoliert studieren kann. Wenn er sich im Zustande der Ermüdung und Schlaftrunkenheit eine Denkanstrengung auferlegte, so ereignete es sich ihm häufig, daß der Gedanke entschlüpfte und dafür ein Bild auftrat, in dem er nun den Ersatz des Gedankens erkennen konnte. Silberer nennt diesen Ersatz nicht ganz zweckmäßig einen „autosymbolischen". Ich gebe hier einige Beispiele aus der Arbeit von Silberer wieder, auf welche ich wegen gewisser Eigenschaften der beobachteten Phänomene noch an anderer Stelle zurückkommen werde.

„Beispiel Nr. 1. Ich denke daran, daß ich vorhabe, in einem Aufsatze eine holprige Stelle auszubessern.

Symbol: Ich sehe mich ein Stück Holz glatthobeln."

„Beispiel Nr. 5. Ich suche mir den Zweck gewisser metaphysischer Studien, die ich eben zu betreiben vorhabe, zu vergegenwärtigen. Dieser Zweck besteht darin, so denke ich mir, daß man sich auf der Suche nach den Daseinsgründen zu immer höheren Bewußtseinsformen oder Daseinsschichten durcharbeitet.

---

[134] Jahrb. V. Bleuler-Freud I, 1909.

Symbol: Ich fahre mit einem langen Messer unter eine Torte, wie um ein Stück davon zu nehmen.

Deutung: Meine Bewegung mit dem Messer bedeutet das ‚Durcharbeiten‘, von dem die Rede ist. Die Erklärung des Symbolgrundes ist die folgende: Es fällt mir bei Tisch hie und da das Zerschneiden und Vorlegen einer Torte zu, ein Geschäft, welches ich mit einem langen, biegsamen Messer verrichte, was einige Sorgfalt erheischt. Insbesondere ist das reinliche Herausheben der geschnittenen Tortenteile mit gewissen Schwierigkeiten verbunden; das Messer muß behutsam *unter* die betreffenden Stücke geschoben werden (das langsame ‚Durcharbeiten‘, um zu den Gründen zu gelangen). Es liegt aber noch mehr Symbolik in dem Bild. Die Torte des Symbols war nämlich eine Dobos-Torte, also eine Torte, bei welcher das schneidende Messer durch verschiedene *Schichten* zu dringen hat (die Schichten des Bewußtseins und Denkens).“

„Beispiel Nr. 9. Ich verliere in einem Gedankengang den Faden. Ich gebe mir Mühe, ihn wiederzufinden, muß aber erkennen, daß mir der Anknüpfungspunkt vollends entfallen ist.

Symbol: Ein Stück Schriftsatz, dessen letzte Zeilen herausgefallen sind.“

Angesichts der Rolle, welche Witzworte, Zitate, Lieder und Sprichwörter im Gedankenleben der Gebildeten spielen, wäre es vollkommen der Erwartung gemäß, wenn Verkleidungen solcher Art überaus häufig für Darstellung der Traumgedanken verwendet werden wollten. Was bedeuten z. B. im Traume Wagen, von denen jeder mit anderem Gemüse angefüllt ist? Es ist der Wunschgegensatz von „Kraut und Rüben“, also „Durcheinander“, und bedeutet demnach „Unordnung“. Ich habe mich gewundert, daß mir dieser Traum nur ein einziges Mal berichtet worden ist.[135] Nur für wenige Materien hat sich eine allgemein gültige Traumsymbolik herausgebildet, auf Grund allgemein bekannter Anspielungen und Wortersetzungen. Ein gutes Teil dieser Symbolik hat übrigens der Traum mit den Psychoneurosen, den Sagen und Volksgebräuchen gemeinsam.

Ja, wenn man genauer zusieht, muß man erkennen, daß die Traumarbeit mit dieser Art von Ersetzung überhaupt nichts Originelles leistet. Zur Erreichung ihrer Zwecke, in diesem Falle der zensurfreien Darstellbarkeit, wandelt sie eben nur die Wege, die sie im unbewußten Denken bereits gebahnt vorfindet, bevorzugt sie jene Umwandlungen des verdrängten Materials, die als Witz und Anspielung auch bewußtwerden dürfen und mit denen alle Phantasien der Neurotiker erfüllt sind. Hier eröffnet sich dann plötzlich ein Verständnis für die Traumdeutungen *Scherners*, deren richtigen Kern ich an anderer Stelle verteidigt

---

[135] Diese Darstellung ist mir wirklich nicht wieder begegnet, so daß ich an der Berechtigung der Deutung irre geworden bin.

habe. Die Phantasiebeschäftigung mit dem eigenen Körper ist keineswegs dem Traume allein eigentümlich oder für ihn charakteristisch. Meine Analysen haben mir gezeigt, daß sie im unbewußten Denken der Neurotiker ein regelmäßiges Vorkommnis ist und auf sexuelle Neugierde zurückgeht, deren Gegenstand die Genitalien des anderen, aber doch auch des eigenen Geschlechts für den heranwachsenden Jüngling oder für die Jungfrau werden. Wie aber *Scherner* und *Volkelt* ganz zutreffend hervorheben, ist das Haus nicht der einzige Vorstellungskreis, der zur Symbolisierung der Leiblichkeit verwendet wird – im Traume so wenig wie im unbewußten Phantasieren der Neurose. Ich kenne Patienten, die allerdings die architektonische Symbolik des Körpers und der Genitalien (reicht doch das sexuelle Interesse weit über das Gebiet der äußeren Genitalien hinaus) beibehalten haben, denen Pfeiler und Säulen Beine bedeuten (wie im Hohen Lied), die jedes Tor an eine der Körperöffnungen („Loch"), die jede Wasserleitung an den Harnapparat denken läßt usw. Aber ebenso gerne wird der Vorstellungskreis des Pflanzenlebens oder der Küche zum Versteck sexueller Bilder gewählt[136]; im ersteren Falle hat der Sprachgebrauch, der Niederschlag von Phantasievergleichungen ältester Zeiten, reichlich vorgearbeitet (der „Weinberg" des Herrn, der „Samen", der „Garten" des Mädchens im Hohen Lied). In scheinbar harmlosen Anspielungen an die Verrichtungen der Küche lassen sich die häßlichsten wie die intimsten Einzelheiten des Sexuallebens denken und träumen, und die Symptomatik der Hysterie wird geradezu undeutbar, wenn man vergißt, daß sich sexuelle Symbolik hinter dem Alltäglichen und Unauffälligen als seinem besten Versteck verbergen kann. Es hat seinen guten sexuellen Sinn, wenn neurotische Kinder kein Blut und kein rohes Fleisch sehen wollen, bei Eiern und Nudeln erbrechen, wenn die dem Menschen natürliche Furcht vor der Schlange beim Neurotiker eine ungeheuerliche Steigerung erfährt, und überall, wo die Neurose sich solcher Verhüllung bedient, wandelt sie die Wege, die einst in alten Kulturperioden die ganze Menschheit begangen hat und von deren Existenz unter leichter Verschüttung heute noch Sprachgebrauch, Aberglaube und Sitte Zeugnis ablegen.

Ich füge hier den angekündigten Blumentraum einer Patientin ein, in dem ich alles, was sexuell zu deuten ist, unterstreiche. Der schöne Traum wollte der Träumerin nach der Deutung gar nicht mehr gefallen.

a) Vortraum: *Sie geht in die Küche, zu den beiden Mädchen und tadelt sie, daß sie nicht fertig werden „mit dem bissel Essen", und sieht dabei soviel umgestürztes Geschirr zum Abtropfen stehen, grobes Geschirr in Haufen zusammengestellt.* Späterer Zusatz: *Die*

---

[136] Reichliches Belegmaterial hiezu in den drei Ergänzungsbänden von Ed. Fuchs' *Illustr. Sittengeschichte* (Privatdrucke bei A. Langen, München)

beiden Mädchen gehen Wasser holen und müssen dabei wie in einen Fluß steigen, der bis ins Haus oder in den Hof reicht.[137]

b) Haupttraum:[138] *Sie steigt von hoch herab*[139] *über eigentümliche Geländer oder Zäune, die zu großen Carreaus vereinigt sind und aus Flechtwerk von kleinen Quadraten bestehen.*[140] *Es ist eigentlich nicht zum Steigen eingerichtet; sie hat immer Sorge, daß sie Platz für den Fuß findet, und freut sich, daß ihr Kleid dabei nirgends hängenbleibt, daß sie im Gehen so anständig bleibt.*[141] *Dabei trägt sie einen großen Ast in der Hand*[142]*, eigentlich wie einen Baum, der dick mit roten Blüten besetzt ist, verzweigt und ausgebreitet.*[143] *Dabei ist die Idee Kirschblüten, sie sehen aber auch aus wie gefüllte Kamelien, die freilich nicht auf Bäumen wachsen. Während des Herabgehens hat sie zuerst einen, dann plötzlich zwei, später wieder einen.*[144] *Wie sie unten anlangt, sind die unteren Blüten schon ziemlich abgefallen. Sie sieht dann, unten angelangt, einen Hausknecht, der einen ebensolchen Baum, sie möchte sagen – kämmt, d. h. mit einem Holz dicke Haarbüschel, die wie Moos von ihm herabhängen, rauft. Andere Arbeiter haben solche Äste aus einem Garten abgehauen und auf die Straße geworfen, wo sie herumliegen, so daß viele Leute sich davon nehmen. Sie fragt aber, ob das recht ist, ob man sich auch einen nehmen kann.*[145] *Im Garten steht ein junger Mann (von ihr bekannter Persönlichkeit, ein Fremder), auf den sie zugeht, um ihn zu fragen, wie man solche Äste in ihren eigenen Garten umsetzen könne.*[146] *Er umfängt sie, worauf sie sich sträubt und ihn fragt, was ihm einfällt, ob man sie denn so umfangen darf. Er sagt, das ist kein Unrecht, das ist erlaubt.*[147] *Er erklärt sich dann bereit, mit ihr in den anderen Garten zu gehen, um ihr das Einsetzen zu zeigen, und sagt ihr etwas, was sie nicht recht versteht: Es fehlen mir ohnedies drei Meter – (später sagt sie: Quadratmeter) oder drei Klafter Grund. Es ist, als ob er für seine Bereitwilligkeit etwas von ihr verlangen würde, als ob er die Absicht hätte, sich in ihrem Garten zu entschädigen, oder als wollte er irgendein Gesetz betrügen, einen Vorteil davon haben, ohne daß sie einen Schaden hat. Ob er ihr dann wirklich etwas zeigt, weiß sie nicht.*

---

[137] Zur Deutung dieses als „kausal" zu nehmenden Vortraumes siehe S. 269 f.

[138] Ihr Lebenslauf.

[139] Hohe Abkunft, Wunschgegensatz zum Vortraume.

[140] Mischgebilde, das zwei Lokalitäten vereinigt, den sogenannten Boden des Vaterhauses, auf dem sie mit dem Bruder spielte, dem Gegenstande ihrer späteren Phantasien, und den Hof eines schlimmen Onkels, der sie zu necken pflegte.

[141] Wunschgegensatz zu einer realen Erinnerung vom Hofe des Onkels, daß sie sich im Schlafe zu entblößen pflegte.

[142] Wie der Engel in der Verkündigung Mariä einen Lilienstengel.

[143] Die Erklärung dieses Mischgebildes siehe S. 272: Unschuld, Periode, Kameliendame.

[144] Auf die Mehrheit der ihrer Phantasie dienenden Personen.

[145] Ob man sich auch einen herunterreißen darf, i. e. masturbieren.

[146] Der Ast hat längst die Vertretung des männlichen Genitales übernommen, enthält übrigens eine sehr deutliche Anspielung an den Familiennamen.

[147] Bezieht sich wie das Nächstfolgende auf eheliche Vorsichten.

Der vorstehende, wegen seiner symbolischen Elemente hervorgehobene Traum ist ein „biographischer" zu nennen. Solche Träume kommen in den Psychoanalysen häufig vor, aber vielleicht nur selten außerhalb derselben.[148]

Ich habe natürlich gerade an solchem Material Überfluß, aber dessen Mitteilung würde zu tief in die Erörterung neurotischer Verhältnisse führen. Alles leitete zum gleichen Schluß, daß man keine besondere symbolisierende Tätigkeit der Seele bei der Traumarbeit anzunehmen braucht, sondern daß der Traum sich solcher Symbolisierungen, welche im unbewußten Denken bereits fertig enthalten sind, bedient, weil sie wegen ihrer Darstellbarkeit, zumeist auch wegen ihrer Zensurfreiheit, den Anforderungen der Traumbildung besser genügen.

E
Die Darstellung durch Symbole im Traume –
Weitere typische Träume

Die Analyse des letzten biographischen Traums steht als Beweis dafür, daß ich die Symbolik im Traume von Anfang an erkannt habe. Zur vollen Würdigung ihres Umfangs und ihrer Bedeutung gelangte ich aber erst allmählich durch vermehrte Erfahrung und unter dem Einfluß der Arbeiten *W. Stekels*[149], über die eine Äußerung hier am Platze ist.

Dieser Autor, der der Psychoanalyse vielleicht ebensoviel geschadet als genützt hat, brachte eine große Anzahl von unvermuteten Symbolübersetzungen vor, die anfänglich nicht geglaubt wurden, später aber größtenteils Bestätigung fanden und angenommen werden mußten. *Stekels* Verdienst wird durch die Bemerkung nicht geschmälert, daß die skeptische Zurückhaltung der anderen nicht ungerechtfertigt war. Denn die Beispiele, auf welche er seine Deutungen stützte, waren häufig nicht überzeugend, und er hatte sich einer Methode bedient, die als wissenschaftlich unzuverlässig zu verwerfen ist. *Stekel* fand seine Symboldeutungen auf dem Wege der Intuition, kraft eines ihm eigenen Vermögens, die Symbole unmittelbar zu verstehen. Eine solche Kunst ist aber nicht allgemein vorauszusetzen, ihre Leistungsfähigkeit ist jeder Kritik entzogen, und ihre Ergebnisse haben daher auf Glaubwürdigkeit keinen Anspruch. Es ist ähnlich, als wollte man die Diagnose der Infektionskrankheiten auf die Geruch-

---

[148] Ein analoger „biographischer" Traum ist der unter den Beispielen zur Traumsymbolik als dritter mitgeteilte ferner der von Rank ausführlich mitgeteilte *Traum, der sich selbst deutet*; einen anderen, der „verkehrt" gelesen werden muß, siehe bei Stekel S. 486.

[149] W. Stekel, *Die Sprache des Traumes*, 1911.

seindrücke am Krankenbette gründen, obwohl es unzweifelhaft Kliniker gab, denen der bei den meisten verkümmerte Geruchssinn mehr leistete als anderen und die wirklich imstande waren, einen Abdominaltyphus nach dem Geruch zu diagnostizieren.

Die fortschreitende Erfahrung der Psychoanalyse hat uns Patienten auffinden lassen, die ein solches unmittelbares Verständnis der Traumsymbolik in überraschender Weise an den Tag legten. Häufig waren es an Dementia praecox Leidende, so daß eine Zeitlang die Neigung bestand, alle Träumer mit solchem Symbolverständnis dieser Affektion zu verdächtigen. Allein das trifft nicht zu, es handelt sich um eine persönliche Begabung oder Eigentümlichkeit ohne ersichtliche pathologische Bedeutung.

Wenn man sich mit der ausgiebigen Verwendung der Symbolik für die Darstellung sexuellen Materials im Traume vertraut gemacht hat, muß man sich die Frage vorlegen, ob nicht viele dieser Symbole wie die „Sigel" der Stenographie mit ein für allemal festgelegter Bedeutung auftreten, und sieht sich vor der Versuchung, ein neues Traumbuch nach der Chiffriermethode zu entwerfen. Dazu ist zu bemerken: Diese Symbolik gehört nicht dem Traume zu eigen an, sondern dem unbewußten Vorstellen, speziell des Volkes, und ist in Folklore, in den Mythen, Sagen, Redensarten, in der Spruchweisheit und in den umlaufenden Witzen eines Volkes vollständiger als im Traume aufzufinden. Wir müßten also die Aufgabe der Traumdeutung weit überschreiten, wenn wir der Bedeutung des Symbols gerecht werden und die zahlreichen, großenteils noch ungelösten Probleme erörtern wollten, welche sich an den Begriff des Symbols knüpfen.[150] Wir wollen uns hier darauf beschränken zu sagen, daß die Darstellung durch ein Symbol zu den indirekten Darstellungen gehört, daß wir aber durch allerlei Anzeichen gewarnt werden, die Symboldarstellung unterschiedslos mit den anderen Arten indirekter Darstellung zusammenzuwerfen, ohne noch diese unterscheidenden Merkmale in begrifflicher Klarheit erfassen zu können. In einer Reihe von Fällen ist das Gemeinsame zwischen dem Symbol und dem Eigentlichen, für welches es eintritt, offenkundig, in anderen ist es versteckt; die Wahl des Symbols erscheint dann rätselhaft. Gerade diese Fälle müssen auf den letzten Sinn der Symbolbeziehung Licht werfen können; sie weisen darauf hin, daß dieselbe genetischer Natur ist. Was heute symbolisch verbunden ist, war wahrscheinlich in Urzeiten durch begriffliche und sprachliche Identität ver-

---

[150] Vgl. die Arbeiten von Bleuler und seinen Züricher Schülern, Maeder, Abraham u. a. über Symbolik, und die nichtärztlichen Autoren, auf welche sie sich beziehen (Kleinpaul u. a.). Das Zutreffendste, was über diesen Gegenstand geäußert worden ist, findet sich in der Schrift von O. Rank und H. Sachs, *Die Bedeutung der Psychoanalyse für die Geisteswissenschaften*, 1913, Kapitel 1. Ferner E. Jones, *Die Theorie der Symbolik*, Int. Zeitschr. f. PsA, V. 1919.

eint.[151] Die Symbolbeziehung scheint ein Rest und Merkzeichen einstiger Identität. Dabei kann man beobachten, daß die Symbolgemeinschaft in einer Anzahl von Fällen über die Sprachgemeinschaft hinausreicht, wie bereits *Schubert* (1814) behauptet hat.[152] Eine Anzahl von Symbolen ist so alt wie die Sprachbildung überhaupt, andere werden aber in der Gegenwart fortlaufend neu gebildet (z. B. das Luftschiff, der Zeppelin).

Der Traum bedient sich nun dieser Symbolik zur verkleideten Darstellung seiner latenten Gedanken. Unter den so verwendeten Symbolen sind nun allerdings viele, die regelmäßig oder fast regelmäßig das nämliche bedeuten wollen. Nur möge man der eigentümlichen Plastizität des psychischen Materials eingedenk bleiben. Ein Symbol kann oft genug im Trauminhalt nicht symbolisch, sondern in seinem eigentlichen Sinne zu deuten sein; andere Male kann ein Träumer sich aus speziellem Erinnerungsmaterial das Recht schaffen, alles mögliche als Sexualsymbol zu verwenden, was nicht allgemein so verwendet wird. Wo ihm zur Darstellung eines Inhalts mehrere Symbole zur Auswahl bereitstehen, wird er sich für jenes Symbol entscheiden, das überdies noch Sachbeziehungen zu seinem sonstigen Gedankenmaterial aufweist, also eine individuelle Motivierung neben der typisch gültigen gestattet.

Wenn die neueren Forschungen über den Traum seit *Scherner* die Anerkennung der Traumsymbolik unabweisbar gemacht haben – selbst *H. Ellis* bekennt sich dazu, es sei ein Zweifel nicht möglich, daß unsere Träume von Symbolik erfüllt seien, so ist doch zuzugeben, daß die Aufgabe einer Traumdeutung durch die Existenz der Symbole im Traume nicht nur erleichtert, sondern auch erschwert wird. Die Technik der Deutung nach den freien Einfällen des Träumers läßt uns für die symbolischen Elemente des Trauminhaltes meist im Stich; eine Rückkehr zur Willkür des Traumdeuters, wie sie im Altertum geübt wurde und in den verwilderten Deutungen von *Stekel* wieder aufzuleben scheint, ist aus Motiven wissenschaftlicher Kritik ausgeschlossen. Somit nötigen uns die im Trauminhalt vorhandenen, symbolisch aufzufassenden Elemente zu einer kombinierten Technik, welche sich einerseits auf die Assoziationen des Träumers

---

[151] Diese Auffassung würde eine außerordentliche Unterstützung in einer von Dr. Hans Sperber vorgetragenen Lehre finden. Sperber (*Über den Einfluß sexueller Momente auf Entstehung und Entwicklung der Sprache*, Imago I, 1912) meint, daß die Urworte sämtlich sexuelle Dinge bezeichneten und dann diese sexuelle Bedeutung verloren, indem sie auf andere Dinge und Tätigkeiten übergingen, die mit den sexuellen verglichen wurden.

[152] So tritt z. B. das auf dem Wasser fahrende Schiff in den Harnträumen ungarischer Träumer auf, obwohl dieser Sprache die Bezeichnung „schiffen" für „urinieren" fremd ist (*Ferenczi*). In den Träumen von Franzosen und anderen Romanen dient das Zimmer zur symbolischen Darstellung der Frau, obwohl diese Völker nichts dem deutschen „Frauenzimmer" Analoges kennen.

stützt, anderseits das Fehlende aus dem Symbolverständnis des Deuters einsetzt. Kritische Vorsicht in der Auflösung der Symbole und sorgfältiges Studium derselben an besonders durchsichtigen Traumbeispielen müssen zusammentreffen, um den Vorwurf der Willkürlichkeit in der Traumdeutung zu entkräften. Die Unsicherheiten, die unserer Tätigkeit als Deuter des Traumes noch anhaften, rühren zum Teil von unserer unvollkommenen Erkenntnis her, die durch weitere Vertiefung fortschreitend gehoben werden kann, zum anderen Teil hängen sie gerade von gewissen Eigenschaften der Traumsymbole ab. Dieselben sind oft viel- und mehrdeutig, so daß, wie in der chinesischen Schrift, erst der Zusammenhang die jedesmal richtige Auffassung ermöglicht. Mit dieser Vieldeutigkeit der Symbole verbindet sich dann die Eignung des Traumes, Überdeutungen zuzulassen, in einem Inhalt verschiedene, oft ihrer Natur nach sehr abweichende Gedankenbildungen und Wunschregungen darzustellen.

Nach diesen Einschränkungen und Verwahrungen führe ich an: Der Kaiser und die Kaiserin (König und Königin) stellen wirklich zumeist die Eltern des Träumers dar, Prinz oder Prinzessin ist er selbst. Dieselbe hohe Autorität wie dem Kaiser wird aber auch großen Männern zugestanden, darum erscheint in manchen Träumen z. B. Goethe als Vatersymbol. (*Hitschmann*) – Alle in die Länge reichenden Objekte, Stöcke, Baumstämme, Schirme (des der Erektion vergleichbaren Aufspannens wegen!), alle länglichen und scharfen Waffen: Messer, Dolche, Piken, wollen das männliche Glied vertreten. Ein häufiges, nicht recht verständliches Symbol desselben ist die Nagelfeile (des Reibens und Schabens wegen?). – Dosen, Schachteln, Kästen, Schränke, Öfen entsprechen dem Frauenleib, aber auch Höhlen, Schiffe und alle Arten von Gefäßen. – Zimmer im Traume sind zumeist Frauenzimmer, die Schilderung ihrer verschiedenen Eingänge und Ausgänge macht an dieser Auslegung gerade nicht irre.[153] Das Interesse, ob das Zimmer „offen" oder „verschlossen" ist, wird in diesem Zusammenhange leicht verständlich. (Vgl. den Traum Doras im *Bruchstück einer Hysterie-Analyse*.) Welcher Schlüssel das Zimmer aufsperrt, braucht dann nicht ausdrücklich gesagt

---

[153] „Ein in einer Pension wohnender Patient träumt, er begegne jemand vom Dienstpersonal und frage sie, welche Nummer sie habe; sie antwortet zu seiner Überraschung: 14. Tatsächlich hat er Beziehungen zu dem in Rede stehenden Mädchen angeknüpft und auch mehrmals Zusammenkünfte mit ihr in seinem Schlafzimmer gehabt. Sie befürchtete begreiflicherweise, daß die Wirtin sie im Verdacht habe, und machte ihm am Tage vor dem Traum den Vorschlag, sich mit ihr in einem der unbewohnten Zimmer zu treffen. In Wirklichkeit hatte dieses Zimmer die Nummer 14, während im Traum das Weib diese Nummer trägt. Ein deutlicherer Beleg für die Identifizierung von Frau und Zimmer läßt sich kaum denken." (Ernest Jones, Intern. Zeitschrift f. Psychoanalyse II,1914) (Vgl. Artemidorus, *Symbolik der Träume* (übersetzt von F. S. Krauss, Wien, 1881, 110): „So z. B. bedeutet die Schlafstube die Gattin, falls eine solche im Hause ist.")

zu werden; die Symbolik von Schloß und Schlüssel hat *Uhland* im Lied vom *Grafen Eberstein* zur anmutigsten Zote gedient. – Der Traum, durch eine Flucht von Zimmern zu gehen, ist ein Bordell- oder Haremstraum. Er wird aber, wie *H. Sachs* an schönen Beispielen gezeigt hat, zur Darstellung der Ehe (Gegensatz) verwendet. – Eine interessante Beziehung zur infantilen Sexualforschung ergibt sich, wenn der Träumer von zwei Zimmern träumt, die früher eines waren, oder ein ihm bekanntes Zimmer einer Wohnung im Traume in zwei geteilt sieht oder das Umgekehrte. In der Kindheit hat man das weibliche Genitale (den Popo) für einen einzigen Raum gehalten (die infantile Kloakentheorie) und erst später erfahren, daß diese Körperregion zwei gesonderte Höhlungen und Öffnungen umfaßt. – Stiegen, Leitern, Treppen, respektive das Steigen auf ihnen, und zwar sowohl aufwärts als abwärts, sind symbolische Darstellungen des Geschlechtsaktes.[154] – Glatte Wände, über die man klettert, Fassaden von Häusern, an denen man sich – häufig unter starker Angst – herabläßt, entsprechen aufrechten menschlichen Körpern, wiederholen im Traum wahrscheinlich die Erinnerung an das Emporklettern des kleinen Kindes an Eltern und Pflegepersonen. Die „glatten" Mauern sind Männer; an den „Vorsprüngen" der Häuser hält man sich nicht selten in der Traumangst fest. – Tische, gedeckte Tische und Bretter sind gleichfalls Frauen, wohl des Gegensatzes wegen, der hier die Körperwölbungen aufhebt. „Holz" scheint überhaupt nach seinen sprachlichen Beziehungen ein Vertreter des weiblichen Stoffes (Matcrie) zu sein. Der Name der Insel Madeira bedeutet im Portugiesischen: Holz. Da „Tisch und Bett" die Ehe ausmachen, wird im Traum häufig der erstere für das letztere gesetzt und, soweit es angeht, der sexuelle Vorstellungskomplex auf den Eßkomplex transponiert. – Von Kleidungsstücken ist der Hut einer Frau sehr häufig mit Sicherheit als Genitale, und zwar des Mannes, zu deuten. Ebenso der Mantel, wobei es dahingestellt bleibt,

---

[154] Ich wiederhole hierüber, was ich an anderer Stelle (*Die zukünftigen Chancen der psychoanalytischen Therapie*, Zentralbl. f. Psychoanalyse I, 1910) geäußert habe: „Vor einiger Zeit wurde es mir bekannt, daß ein uns ferner stehender Psychologe sich an einen von uns mit der Bemerkung gewendet, wir überschätzten doch gewiß die geheime sexuelle Bedeutung der Träume. Sein häufigster Traum sei, eine Stiege hinaufzusteigen, und da sei doch gewiß nichts Sexuelles dahinter. Durch diesen Einwand aufmerksam gemacht, haben wir dem Vorkommen von Stiegen, Treppen, Leitern im Traum Aufmerksamkeit geschenkt und konnten bald feststellen, daß die Stiege (und was ihr analog ist) ein sicheres Koitussymbol darstellt. Die Grundlage der Vergleichung ist nicht schwer aufzufinden; in rhythmischen Absätzen, unter zunehmender Atemnot kommt man auf eine Höhe und kann dann in ein paar raschen Sprüngen wieder unten sein. So findet sich der Rhythmus des Koitus im Stiegensteigen wieder. Vergessen wir nicht, den Sprachgebrauch heranzuziehen. Er zeigt uns, daß das „Steigen" (ohne weiteres als Ersatzbezeichnung der sexuellen Aktion gebraucht wird. Man pflegt zu sagen, der Mann ist ein „Steiger," „nachsteigen". Im Französischen heißt die Stufe der Treppe „la marche:" „un vieux marcheur" deckt sich ganz mit unserem „ein alter Steiger."

welcher Anteil an dieser Symbolverwendung dem Wortanklang zukommt. In Träumen der Männer findet man häufig die Krawatte als Symbol des Penis, wohl nicht nur darum, weil sie lange herabhängt und für den Mann charakteristisch ist, sondern auch, weil man sie nach seinem Wohlgefallen auswählen kann, eine Freiheit, die beim Eigentlichen dieses Symbols von der Natur verwehrt ist.[155] Personen, die dies Symbol im Traume verwenden, treiben im Leben oft großen Luxus mit Krawatten und besitzen förmliche Sammlungen von ihnen. – Alle komplizierten Maschinerien und Apparate der Träume sind mit großer Wahrscheinlichkeit Genitalien – in der Regel männliche, in deren Beschreibung sich die Traumsymbolik so unermüdlich wie die Witzarbeit erweist.

Ganz unverkennbar ist es auch, daß alle Waffen und Werkzeuge zu Symbolen des männlichen Gliedes verwendet werden: Pflug, Hammer, Flinte, Revolver, Dolch, Säbel usw. – Ebenso sind viele Landschaften der Träume, besonders solche mit Brücken oder mit bewaldeten Bergen, unschwer als Genitalbeschreibungen zu erkennen. *Marcinowski* hat eine Reihe von Beispielen gesammelt, in denen die Träumer ihre Träume durch Zeichnungen erläuterten, welche die darin vorkommenden Landschaften und Räumlichkeiten darstellen sollten. Diese Zeichnungen machen den Unterschied von manifester und latenter Bedeutung im Traume sehr anschaulich. Während sie, arglos betrachtet, Pläne, Landkarten u. dgl. zu bringen scheinen, enthüllen sie sich einer eindringlicheren Untersuchung als Darstellungen des menschlichen Körpers, der Genitalien usw. und ermöglichen erst nach dieser Auffassung das Verständnis des Traumes. (Vgl. hiezu *Pfisters* Arbeiten über Kryptographie und Vexierbilder.) Auch darf man bei unverständlichen Wortneubildungen an Zusammensetzung aus Bestandteilen mit sexueller Bedeutung denken. – Auch Kinder bedeuten im Traume oft nichts anderes als Genitalien, wie ja Männer und Frauen gewohnt sind, ihr Genitale liebkosend als ihr „Kleines" zu bezeichnen. Den „kleinen Bruder" hat *Stekel* richtig als den Penis erkannt. Mit einem kleinen Kinde spielen, den Kleinen schlagen usw. sind häufig Traumdarstellungen der Onanie. – Zur symbolischen Darstellung der Kastration dient der Traumarbeit: die Kahlheit, das Haarschneiden, der Zahnausfall und das Köpfen. Als Verwahrung gegen die Kastration ist es aufzufassen, wenn eines der gebräuchlichen Penissymbole im Traume in Doppel- oder Mehrzahl vorkommt. Auch das Auftreten der Eidechse im Traume – eines Tie-

---

[155] Vgl. im Zentrabl. Psychoanal., Bd. 2, 675, die Zeichnung einer 19jährigen Manischen: ein Mann mit einer Schlange als Krawatte, die sich einem Mädchen entgegenwendet. Dazu die Geschichte *Der Schamhaftige* (Anthropophyteia, VI, 334): In eine Badestube trat eine Dame ein, und dort befand sich ein Herr, der kaum das Hemd anzulegen vermochte; er war sehr beschämt, deckte sich aber sofort den Hals mit dem Vorderteil des Hemdes zu und sagte: „Bitte um Verzeihung, bin ohne Krawatte."

res, dem der abgerissene Schwanz nachwächst – hat dieselbe Bedeutung. (Vgl. oben den Eidechsentraum – Von den Tieren, die in Mythologie und Folklore als Genitalsymbole verwendet werden, spielen mehrere auch im Traum diese Rolle: der Fisch, die Schnecke, die Katze, die Maus (der Genitalbehaarung wegen), vor allem aber das bedeutsamste Symbol des männlichen Gliedes, die Schlange. Kleine Tiere, Ungeziefer sind die Vertreter von kleinen Kindern, z. B. der unerwünschten Geschwister; mit Ungeziefer behaftet sein ist oft gleichzusetzen der Gravidität. – Als ein ganz rezentes Traumsymbol des männlichen Genitales ist das Luftschiff zu erwähnen, welches sowohl durch seine Beziehung zum Fliegen wie gelegentlich durch seine Form solche Verwendung rechtfertigt.

Eine Reihe anderer, zum Teil noch nicht genügend verifizierter Symbole hat *Stekel* angegeben und durch Beispiele belegt. Die Schriften von *Stekel*, besonders sein Buch: *Die Sprache des Traumes*, enthalten die reichste Sammlung von Symbolauflösungen, die zum Teil scharfsinnig erraten sind und sich bei der Nachprüfung als richtig erwiesen haben, z. B. in dem Abschnitt über die Symbolik des Todes. Die mangelhafte Kritik des Verfassers und seine Neigung zu Verallgemeinerungen um jeden Preis machen aber andere seiner Deutungen zweifelhaft oder unverwendbar, so daß bei dem Gebrauch dieser Arbeiten Vorsicht dringend anzuraten ist. Ich beschränke mich darum auf die Hervorhebung weniger Beispiele.

Rechts und *Links* sollen nach *Stekel* im Traum ethisch aufzufassen sein. „Der rechte Weg bedeutet immer den Weg des Rechtes, der linke den des Verbrechens. So kann der linke Homosexualität, Inzest, Perversion, der rechte die Ehe, Verkehr mit einer Dirne usw. darstellen. Immer gewertet von dem individuell moralischen Standpunkt des Träumers" (*Stekel*, S. 466 ff.). Die *Verwandten* überhaupt spielen im Traume meistens die Rolle von Genitalien. Hier kann ich in dieser Bedeutung nur den Sohn, die Tochter, die jüngere Schwester bestätigen, soweit also das Anwendungsgebiet des „Kleinen" reicht. Dagegen erkennt man an gesicherten Beispielen die *Schwestern* als Symbole der Brüste, die *Brüder* als solche der großen Hemisphären. Das Nichteinholen eines Wagens löst *Stekel* als das Bedauern über eine nicht einzuholende Altersdifferenz. Das *Gepäck*, mit dem man reist, sei die Sündenlast, von der man gedrückt wird. Gerade das Reisegepäck erweist sich aber häufig als unverkennbares Symbol der eigenen Genitalien. Auch den häufig in Träumen vorkommenden Zahlen hat *Stekel* fixierte Symbolbedeutungen zugewiesen, doch erscheinen diese Auflösungen weder genügend sichergestellt noch allgemein gültig, wenngleich die Deutung im einzelnen Falle meist als wahrscheinlich anerkannt werden darf. Die Dreizahl ist übrigens ein mehrseitig sichergestelltes Symbol des männlichen Genitales. Eine der Verallgemeinerungen, welche *Stekel* aufstellt, bezieht sich auf die doppelsinnige Bedeutung der Genitalsymbole. „Wo gäbe es ein Symbol, das – wenn es die Phantasie nur einigermaßen erlaubt – nicht männlich und weiblich zugleich gebraucht werden könnte!" Der eingeschobene Satz nimmt allerdings viel von der Sicherheit dieser Behauptung zurück, denn die Phantasie erlaubt es eben nicht immer. Ich halte es aber doch für nicht überflüssig, auszusprechen, daß nach meinen Erfahrungen der allgemeine Satz *Stekels* vor der Anerkennung einer größeren Mannigfaltigkeit zurückzutreten hat. Außer Symbolen, die ebenso häufig für das männliche wie für das weibliche Genitale stehen, gibt es solche, die vorwiegend oder fast ausschließlich eines der Geschlechter bezeichnen, und noch andere, von denen nur die männliche oder nur die weibliche Bedeutung bekannt ist. Lange, feste Gegenstände und Waffen als Symbole des weiblichen Genitales zu gebrauchen oder hohle (Kasten, Schachteln, Dosen usw.) als Symbole des männlichen, gestattet eben die Phantasie nicht.

Es ist richtig, daß die Neigung des Traumes und der unbewußten Phantasien, die Sexualsymbole bisexuell zu verwenden, einen archaischen Zug verrät, da in der Kindheit die Verschiedenheit der Genitalien unbekannt ist und beiden Geschlechtern das nämliche Genitale zugesprochen wird. Man kann aber auch zur irrigen Annahme eines bisexuellen Sexualsymbols verleitet werden, wenn man daran vergißt, daß in manchen Träumen eine allgemeine Geschlechtsverkehrung vorgenommen wird, so daß das Männliche durch Weibliches dargestellt wird und umgekehrt. Solche Träume drücken z. B. den Wunsch einer Frau aus, lieber ein Mann zu sein.

Die Genitalien können auch im Traum durch andere Körperteile vertreten werden, das männliche Glied durch die Hand oder den Fuß, die weibliche Genitalöffnung durch den Mund, das Ohr, selbst das Auge. Die Sekrete des menschlichen Körpers – Schleim, Tränen, Harn, Sperma usw. – können im Traum füreinander gesetzt werden. Diese im ganzen richtige Aufstellung von W. *Stekel* hat eine berechtigte kritische Einschränkung durch Bemerkungen von *R. Reitler* erfahren (Internationale Zeitschrift f. Psychoanalyse I, 1913). Es handelt sich im wesentlichen um Ersetzung der bedeutungsvollen Sekrete wie des Samens durch ein indifferentes.

Diese in hohem Grade unvollständigen Andeutungen mögen genügen, um andere zu sorgfältigerer Sammelarbeit anzuregen.[156] Eine weit ausführlichere Darstellung der Traumsymbolik habe ich in meinen *Vorlesungen zur Einführung in die Psychoanalyse* (1916/17) versucht.

---

[156] Bei aller Verschiedenheit der Schernerschen Auffassung von der Traumsymbolik und der hier entwickelten muß ich doch hervorheben, daß Scherner als der eigentliche Entdecker der Symbolik im Traume anerkannt werden sollte und daß die Erfahrungen der Psychoanalyse sein für phantastisch gehaltenes, vor langen Jahren (1861) veröffentlichtes Buch nachträglich zu Ehren gebracht haben.

Ich werde nun einige Beispiele von der Verwendung solcher Symbole in Träumen anfügen, welche zeigen sollen, wie unmöglich es wird, zur Deutung des Traums zu gelangen, wenn man sich der Traumsymbolik verschließt, wie unabweisbar sich aber eine solche auch in vielen Fällen aufdrängt. An derselben Stelle möchte ich aber nachdrücklich davor warnen, die Bedeutung der Symbole für die Traumdeutung zu überschätzen, etwa die Arbeit der Traumübersetzung auf Symbolübersetzung einzuschränken und die Technik der Verwertung von Einfällen des Träumers aufzugeben. Die beiden Techniken der Traumdeutung müssen einander ergänzen; praktisch wie theoretisch verbleibt aber der Vorrang dem zuerst beschriebenen Verfahren, das den Äußerungen des Träumers die entscheidende Bedeutung beilegt, während die von uns vorgenommene Symbolübersetzung als Hilfsmittel hinzutritt.

1. Der Hut als Symbol des Mannes
(Des männlichen Genitales)
(Teilstück aus dem Traum einer jungen, infolge von
Versuchungsangst agoraphobischen Frau)

„Ich gehe im Sommer auf der Straße spazieren, trage einen Strohhut von eigentümlicher Form, dessen Mittelstück nach oben aufgebogen ist, dessen Seitenteile nach abwärts hängen (Beschreibung hier stockend),[157] *und zwar so, daß der eine tiefer steht als der andere. Ich bin heiter und in sicherer Stimmung, und wie ich an einem Trupp junger Offiziere vorbeigehe, denke ich mir: Ihr könnt mir alle nichts anhaben.“*

Da sie zu dem Hut im Traume keinen Einfall produzieren kann, sage ich ihr: Der Hut ist wohl ein männliches Genitale mit seinem empor gerichteten Mittelstück und den beiden herabhängenden Seitenteilen. Daß der Hut ein Mann sein soll, ist vielleicht sonderbar, aber man sagt ja auch: „Unter die Haube kommen!" Absichtlich enthalte ich mich der Deutung jenes Details über das ungleiche Herabhängen der beiden Seitenteile, obwohl gerade solche Einzelheiten in ihrer Determinierung der Deutung den Weg weisen müssen. Ich setze fort: Wenn sie also einen Mann mit so prächtigem Genitale hat, braucht sie sich vor den Offizieren nicht zu fürchten, d. h. nichts von ihnen zu wünschen, da sie sonst wesentlich durch ihre Versuchungsphantasien vom Gehen ohne Schutz und Begleitung abgehalten wird. Diese letztere Aufklärung ihrer Angst hatte ich ihr schon zu wiederholten Malen, auf anderes Material gestützt, geben können.

---

[157] Aus *Nachträge zur Traumdeutung*, Zentralbl. f. Psychoanalyse I, Nr. 5/6, 1911.

Es ist nun sehr beachtenswert, wie sich die Träumerin nach dieser Deutung benimmt. Sie zieht die Beschreibung des Huts zurück und will nicht gesagt haben, daß die beiden Seitenteile nach abwärts hingen. Ich bin des Gehörten zu sicher, um mich beirren zu lassen, und beharre dabei. Sie schweigt eine Weile und findet dann den Mut zu fragen, was es bedeute, daß bei ihrem Manne ein Hoden tiefer stehe als der andere, und ob es bei allen Männern so sei. Damit war dies sonderbare Detail des Hutes aufgeklärt und die ganze Deutung von ihr akzeptiert.

Das Hutsymbol war mir längst bekannt, als mir die Patientin diesen Traum mitteilte. Aus anderen, aber minder durchsichtigen Fällen glaubte ich zu entnehmen, daß der Hut auch für ein weibliches Genitale stehen kann.[158]

2. Das Kleine ist das Genitale –
Das Überfahrenwerden ist ein Symbol des Geschlechtsverkehres
(Ein anderer Traum derselben agoraphobischen Patientin)

Ihre Mutter schickt ihre kleine Tochter weg, damit sie allein gehen muß. Sie fährt dann mit der Mutter in der Eisenbahn und sieht ihre Kleine direkt auf den Schienenweg zugehen, so daß sie überfahren werden muß. Man hört die Knochen krachen (dabei ein unbehagliches Gefühl, aber kein eigentliches Entsetzen). Dann sieht sie sich aus dem Waggonfenster um, ob man nicht hinten die Teile sieht. Dann macht sie ihrer Mutter Vorwürfe, daß sie die Kleine allein hat gehen lassen.

Analyse: Die vollständige Deutung des Traumes ist hier nicht leicht zu geben, Er stammt aus einem Zyklus von Träumen und kann nur im Zusammenhange mit diesen anderen voll verstanden werden. Es ist eben nicht leicht, das für den Erweis der Symbolik benötigte Material genügend isoliert zu bekommen. – Die Kranke findet zuerst, daß die Eisenbahnfahrt historisch zu deuten ist, als Anspielung auf eine Fahrt von einer Nervenheilanstalt weg, in deren Leiter sie natürlich verliebt war. Die Mutter holte sie von dort ab, der Arzt erschien auf dem Bahnhof und überreichte ihr einen Strauß Blumen zum Abschied; es war ihr unangenehm, daß die Mutter Zeugin dieser Huldigung sein mußte. Hier erscheint also die Mutter als Störerin ihrer Liebesbestrebungen, welche Rolle der strengen Frau während ihrer Mädchenjahre wirklich zugefallen war. – Der

---

[158] Vgl. ein solches Beispiel in der Mitteilung von Kirchgraber (Zentralbl. f. PsA. III,1912 S. 95). Von Stekel (1 Jahrbuch, Bd. I, 1909, S. 475) wird ein Traum mitgeteilt, in welchem der Hut mit schiefstehender Feder in der Mitte den (impotenten) Mann symbolisiert.

nächste Einfall bezieht sich auf den Satz: sie sieht sich um, ob man nicht die Teile von hinten sieht. In der Traumfassade müßte man natürlich an die Teile des überfahrenen und zermalmten Töchterchens denken. Der Einfall weist aber nach ganz anderer Richtung. Sie erinnert, daß sie einmal den Vater im Badezimmer nackt von rückwärts gesehen, kommt auf die Geschlechtsunterschiede zu sprechen und hebt hervor, daß man beim Manne die Genitalien noch von rückwärts sehen könne, beim Weibe aber nicht. In diesem Zusammenhange deutet sie nun selbst, daß das Kleine das Genitale sei, ihre Kleine (sie hat eine vierjährige Tochter) ihr eigenes Genitale. Sie macht der Mutter den Vorwurf, daß sie verlangt hätte, sie solle so leben, als ob sie kein Genitale hätte, und findet diesen Vorwurf in dem einleitenden Satz des Traumes wieder: Die Mutter schickte ihre Kleine weg, damit sie allein gehen mußte. In ihrer Phantasie bedeutet das Alleingehen auf der Straße keinen Mann, keine sexuelle Beziehung haben (*coire* = zusammengehen), und das mag sie nicht. Nach allen ihren Angaben hat sie wirklich als Mädchen unter der Eifersucht der Mutter infolge ihrer Bevorzugung durch den Vater gelitten.

Die tiefere Deutung dieses Traumes ergibt sich aus einem anderen Traum derselben Nacht, in dem sie sich mit ihrem Bruder identifiziert. Sie war wirklich ein bubenhaftes Mädel, mußte oft hören, daß an ihr ein Bub verlorengegangen sei. Zu dieser Identifizierung mit dem Bruder wird es dann besonders klar, daß das „Kleine" das Genitale bedeutet. Die Mutter droht ihm (ihr) mit der Kastration, die nichts anderes als Bestrafung für das Spielen mit dem Gliede sein kann, und somit zeigt die Identifizierung, daß sie selbst als Kind onaniert hat, was ihre Erinnerung bisher nur vom Bruder bewahrt hatte. Eine Kenntnis des männlichen Genitales, die ihr später verlorenging, muß sie nach den Angaben dieses zweiten Traums damals früh erworben haben. Ferner deutet der zweite Traum auf die infantile Sexualtheorie hin, daß die Mädel durch Kastration aus Buben hervorgehen. Nachdem ich ihr diese Kindermeinung vorgetragen, findet sie sofort eine Bestätigung hiefür in der Kenntnis der Anekdote, daß der Bub das Mädel fragt: Abgeschnitten? worauf das Mädel antwortet: Nein, immer so g'west.

Das Wegschicken der Kleinen, des Genitales, im ersten Traum, bezieht sich also auch auf die Kastrationsdrohung. Schließlich grollt sie der Mutter, daß sie sie nicht als Knaben geboren hat.

Daß das „Überfahrenwerden" sexuellen Verkehr symbolisiert, würde aus diesem Traume nicht evident, wenn man es nicht aus zahlreichen anderen Quellen sicher wüßte.

3. Darstellung des Genitales durch Gebäude, Stiegen, Schachte
(Traum eines durch seinen Vaterkomplex gehemmten jungen Mannes)

„Er geht mit seinem Vater an einem Ort spazieren, der gewiß der Prater ist, denn man sieht die Rotunde, vor dieser einen kleineren Vorbau, an dem ein Fesselballon angebracht ist, der aber ziemlich schlaff scheint. Sein Vater fragt ihn, wozu das alles ist; er wundert sich darüber, erklärt es ihm aber. Dann kommen sie in einen Hof, in dem eine große Platte von Blech ausgebreitet liegt. Sein Vater will sich ein großes Stück davon abreißen, sieht sich aber vorher um, ob es nicht jemand bemerken kann. Er sagt ihm, er braucht es doch nur dem Aufseher zu sagen, dann kann er sich ohne weiteres davon nehmen. Aus diesem Hof führt eine Treppe in einen Schacht hinunter, dessen Wände weich ausgepolstert sind, etwa wie ein Lederfauteuil. Am Ende dieses Schachtes ist eine längere Plattform, und dann beginnt ein neuer Schacht..."

Analyse: Dieser Träumer gehörte einem therapeutisch nicht günstigen Typus von Kranken an, die bis zu einem gewissen Punkt der Analyse überhaupt keine Widerstände machen und sich von da an fast unzugänglich erweisen. Diesen Traum deutete er fast selbständig. Die Rotunde, sagte er, ist mein Genitale, der Fesselballon davor mein Penis, über dessen Schlaffheit ich zu klagen habe. Man darf also eingehender übersetzen, die Rotunde sei das – vom Kind regelmäßig zum Genitale gerechnete – Gesäß, der kleinere Vorbau der Hodensack. Im Traum fragt ihn der Vater, was das alles ist, d. h. nach Zweck und Verrichtung der Genitalien. Es liegt nahe, diesen Sachverhalt umzukehren, so daß er der fragende Teil wird. Da eine solche Befragung des Vaters in Wirklichkeit nie stattgefunden hat, muß man den Traumgedanken als Wunsch auffassen oder ihn etwa konditionell nehmen: „Wenn ich den Vater um sexuelle Aufklärung gebeten hätte." Die Fortsetzung dieses Gedankens werden wir bald an anderer Stelle finden.

Der Hof, in dem das Blech ausgebreitet liegt, ist nicht in erster Linie symbolisch zu fassen, sondern stammt aus dem Geschäftslokal des Vaters. Aus Gründen der Diskretion habe ich das „Blech" für das andere Material, mit dem der Vater handelt, eingesetzt, ohne sonst etwas am Wortlaut des Traumes zu ändern. Der Träumer ist in das Geschäft des Vaters eingetreten und hat an den eher unkorrekten Praktiken, auf denen der Gewinn zum Teil beruht, gewaltigen Anstoß genommen. Daher dürfte die Fortsetzung des obigen Traumgedankens lauten: „(Wenn ich ihn gefragt hätte), würde er mich betrogen haben, wie er seine Kunden betrügt." Für das *Abreißen*, welches der Darstellung der geschäftlichen Unredlichkeit dient, gibt der Träumer selbst die zweite Erklärung, es bedeute die Onanie. Dies ist uns nicht nur längst bekannt (siehe oben, S. 294, Anm. 145), sondern stimmt auch sehr gut dazu, daß das Geheimnis der Onanie durch das Gegenteil ausgedrückt ist (man darf es ja offen tun). Es entspricht dann allen

Erwartungen, daß die onanistische Tätigkeit wieder dem Vater zugeschoben wird, wie die Befragung in der ersten Traumszene. Den Schacht deutet er sofort unter Berufung auf die weiche Polsterung der Wände als Vagina. Daß das Herabsteigen wie sonst das Aufsteigen den Koitusverkehr in der Vagina beschreiben will, setze ich aus anderer Kenntnis ein (vgl. meine Bemerkung im Zentralbl. f. Psychoanalyse I, 1, 1910).

Die Einzelheiten, daß auf den ersten Schacht eine längere Plattform folgt und dann ein neuer Schacht, erklärt er selbst biographisch. Er hat eine Zeitlang koitiert, dann den Verkehr infolge von Hemmungen aufgegeben und hofft ihn jetzt mit Hilfe der Kur wieder aufnehmen zu können. Der Traum wird aber gegen Ende undeutlicher, und dem Kundigen muß es plausibel erscheinen, daß sich schon in der zweiten Traumszene der Einfluß eines anderen Themas geltend mache, auf welches das Geschäft des Vaters, sein betrügerisches Vorgehen, die erste als Schacht dargestellte Vagina deuten, so daß man eine Beziehung auf die Mutter annehmen kann.

4. Das männliche Genitale durch Personen,
das weibliche durch eine Landschaft symbolisert
(Traum einer Frau aus dem Volke, deren Mann Wachmann ist,
mitgeteilt von *B. Dattner*)

„... Dann sei jemand in die Wohnung eingebrochen und sie habe angstvoll nach einem Wachmann gerufen. Dieser aber sei mit zwei „Pülchern" einträchtig in eine Kirche[159] gegangen, zu der mehrere Stufen[160] emporführten; hinter der Kirche sei ein Berg[161] gewesen und oben ein dichter Wald.[162] Der Wachmann sei mit einem Helm, Ringkragen und Mantel[163] versehen gewesen. Er habe einen braunen Vollbart gehabt. Die beiden Vaganten, die friedlich mit dem Wachmann gegangen seien, hätten sackartig aufgebundene Schürzen um die Lenden gehabt.[164] Vor der Kirche habe zum Berg ein Weg geführt. Dieser sei beiderseits mit Gras und Gestrüpp verwachsen gewesen, das immer dichter wurde und auf der Höhe des Berges ein ordentlicher Wald geworden sei."

---

[159] Oder Kapelle = Vagina.
[160] Symbol des Koitus.
[161] Mons veneris.
[162] *Crines pubis.*
[163] Dämonen in Mänteln und Kapuzen sind nach der Aufklärung eines Fachmannes phallischer Natur.
[164] Die beiden Hälften des Hodensackes.

5. Kastrationsträume bei Kindern

a) „Ein Knabe von drei Jahren und fünf Monaten, dem die Wiederkehr des Vaters aus dem Felde sichtlich unbequem ist, erwacht eines Morgens verstört und aufgeregt und wiederholt immerfort die Frage: *Warum hat Papi seinen Kopf auf einem Teller getragen? Heute nacht hat Papi seinen Kopf auf einem Teller getragen.*"

b) „Ein heute an schwerer Zwangsneurose leidender Student erinnert, daß er im sechsten Lebensjahr wiederholt folgenden Traum gehabt hat: *Er geht zum Friseur, um sich die Haare schneiden zu lassen. Da kommt eine große Frau mit strengen Zügen auf ihn zu und schlägt ihm den Kopf ab. Die Frau erkennt er als die Mutter.*"

6. Zur Harnsymbolik

Die hier reproduzierten Zeichnungen stammen aus einer Reihe von Bildern, die *Ferenczi* in einem ungarischen Witzblatt (Fidibusz) aufgefunden und in ihrer Brauchbarkeit zur Illustration der Traumtheorie erkannt hat. *O. Rank* hat das (siehe S. 309) als „*Traum der französischen Bonne*" überschriebene Blatt bereits in seiner Arbeit über die Symbolschichtung im Wecktraum usw. verwertet.

Erst das letzte Bild, welches das Erwachen der Bonne infolge des Geschreis des Kindes enthält, zeigt uns, daß die früheren sieben die Phasen eines Traumes darstellen. Das erste Bild anerkennt den Reiz, der zum Erwachen führen sollte. Der Knabe hat ein Bedürfnis geäußert und verlangt die entsprechende Hilfeleistung. Der Traum vertauscht aber die Situation im Schlafzimmer mit der eines Spazierganges. Im zweiten Bild hat sie den Knaben bereits an eine Straßenecke gestellt, er uriniert, und – sie darf weiterschlafen. Der Weckreiz hält aber an, ja er verstärkt sich; der Knabe, der sich nicht beachtet findet, brüllt immer kräftiger. Je dringender er das Erwachen und die Hilfeleistung seiner Bonne fordert, desto mehr steigert deren Traum seine Versicherung, daß alles in Ordnung sei und daß sie nicht zu erwachen brauche. Er übersetzt dabei den Weckreiz in die Dimensionen des Symbols. Der Wasserstrom, welchen der urinierende Knabe liefert, wird immer mächtiger. Im vierten Bilde trägt er bereits einen Kahn, dann eine Gondel, ein Segelschiff, endlich ein großes Dampfschiff! Der Kampf zwischen dem eigensinnigen Schlafbedürfnis und dem unermüdlichen Weckreiz ist hier in geistreichster Weise von einem mutwilligen Künstler verbildlicht.

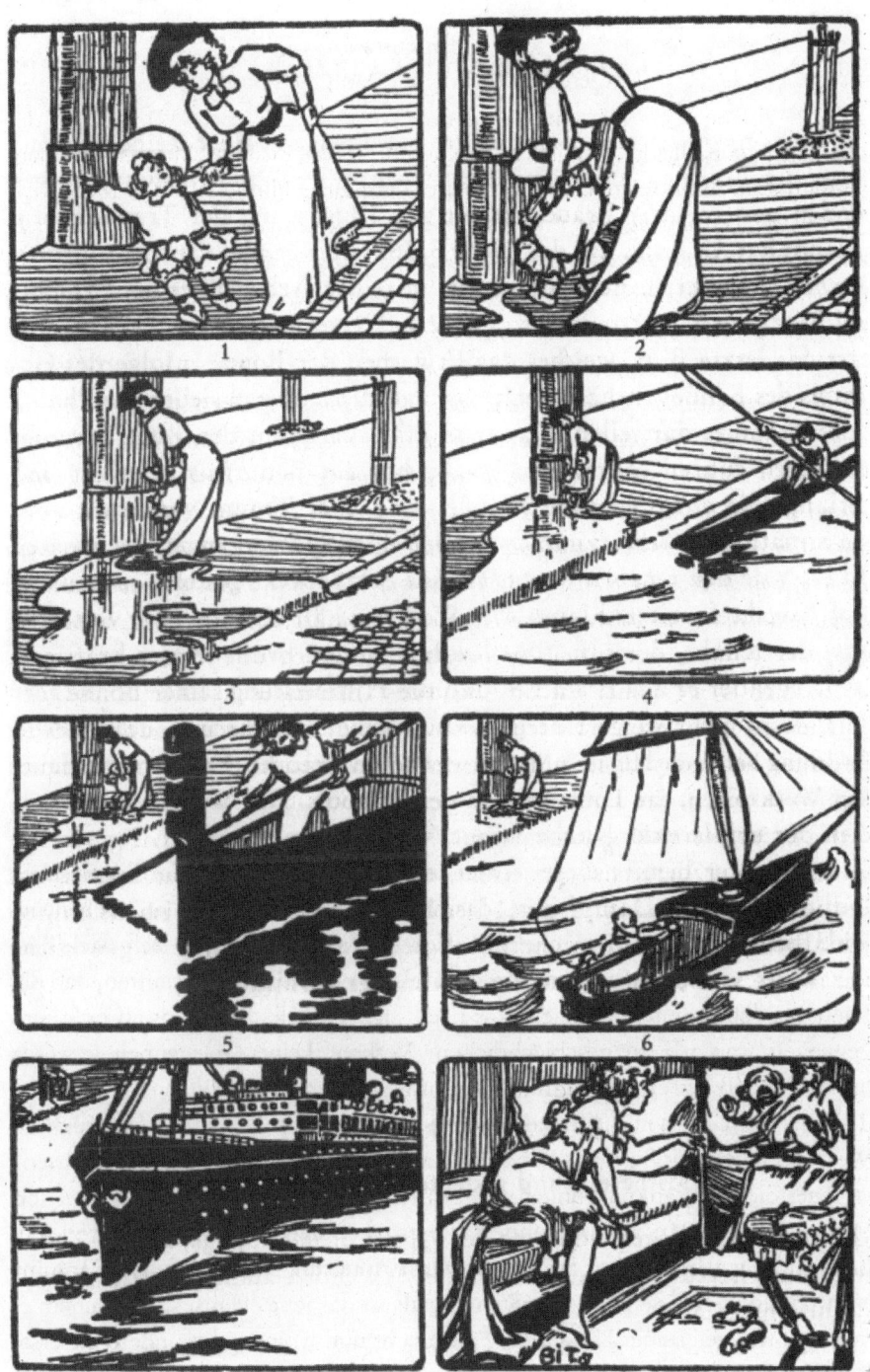

Traum der französichen Bonne

7. Ein Stiegentraum
(Mitgeteilt und gedeutet von *Otto Rank*)

„Demselben Kollegen, von dem der (unten S. 324f.) Zahnreiztraum herrührt, verdanke ich den folgenden ähnlich durchsichtigen Pollutionstraum:

‚Ich jage im Stiegenhaus die T r e p p e *hinunter einem kleinen Mädchen, das mir irgend etwas getan hat, nach, um es zu bestrafen. Unten am Ende der Stiege hält mir jemand (eine erwachsene weibliche Person?) das Kind auf; ich fasse es, weiß aber nicht, ob ich es geschlagen habe, denn plötzlich befand ich mich mitten auf der S t i e g e, wo ich das Kind (gleichsam wie in der Luft) koitierte. Eigentlich war es kein Koitus, sondern ich rieb nur mein Genitale an ihrem äußeren Genitale, wobei ich dieses sowie ihren seitwärts zurückgelegten Kopf überaus deutlich sah. Während des Sexualaktes sah ich links über mir (auch wie in der Luft) zwei kleine Gemälde hängen, Landschaften, die ein Haus im Grünen darstellten. Auf dem einen kleineren stand unten an Stelle der Namenssignatur des Malers mein eigener Vorname, als wäre es für mich zum Geburtstagsgeschenk bestimmt. Dann hing noch ein Zettel vor beiden Bildern, worauf stand, daß billigere Bilder auch zur Verfügung, stehen; (ich sehe mich dann höchst undeutlich so wie oben auf dem Treppenabsatz im Bette liegen) und erwache durch die Empfindung der Nässe, welche von der erfolgten Pollution herrührt.‘*

Deutung: Der Träumer war am Abend des Traumtages im Laden eines Buchhändlers gewesen, wo er während der Wartezeit einige der ausgestellten Bilder besichtigt hatte, die ähnliche Motive wie die Traumbilder darstellten. Bei einem kleinen Bildchen, das ihm besonders gefallen hatte, trat er näher und sah nach dem Namen des Malers, der ihm jedoch völlig unbekannt war.

Am selben Abend hatte er später in Gesellschaft von einem böhmischen Dienstmädchen erzählen gehört, das sich gerühmt hatte, ihr außereheliches Kind sei ‚auf der Stiege gemacht worden‘. Der Träumer hatte sich nach dem Detail dieses nicht alltäglichen Vorkommnisses erkundigt und erfahren, daß das Dienstmädchen mit ihrem Verehrer nach Hause in die Wohnung ihrer Eltern gegangen war, wo zu geschlechtlichem Verkehr keine Gelegenheit gewesen wäre, und daß der erregte Mann den Koitus auf der Stiege vollzogen hatte. Der Träumer hatte dazu in scherzhafter Anspielung auf den boshaften Ausdruck für Weinfälscherei geäußert: das Kind sei wirklich ‚auf der Kellerstiege gewachsen‘.

Dies die Tagesanknüpfungen, die ziemlich aufdringlich im Trauminhalt vertreten sind und vom Träumer ohne weiteres reproduziert werden. Ebenso leicht produziert er aber ein altes Stück infantiler Erinnerung, das ebenfalls im Traume Verwendung gefunden hat. Das Stiegenhaus ist das jenes Hauses, in welchem er den größten Teil seiner Kinderjahre verbracht und wo er insbesondere die erste bewußte Bekanntschaft mit den Sexualproblemen gemacht hatte. In diesem Stiegenhaus hatte er häufig gespielt und war dabei unter anderem auch rittlings längs des Geländers hinuntergerutscht, wobei er sexuelle Erregung verspürt hatte. Im Traume eilt er nun ebenfalls ungemein rasch über die Stiege hinunter, so rasch, daß er nach eigener deutlicher Angabe die einzelnen Stufen gar nicht berührt, sondern, wie man zu sagen pflegt, hinunter*fliegt* oder rutscht. Mit Bezug auf das infantile Erlebnis scheint dieser Beginn des Traumes den Moment der sexuellen Erregung darzustellen. – In diesem Stiegenhaus und der dazugehörigen Wohnung hatte der Träumer aber auch mit den Nachbarskindern häufig sexuelle Raufspiele getrieben, wobei er sich in ähnlicher Weise befriedigt hatte, wie es im Traume geschieht.

Weiß man aus Freuds sexualsymbolischen Forschungen (s. Zentralbl. f PsA, Heft 1, S. 2 f), daß die Stiege und das Stiegensteigen im Traume fast regelmäßig den Koitus symbolisieren, so wird der Traum völlig durchsichtig. Seine Triebkraft ist, wie ja auch sein Effekt, die Pollution, zeigt, rein libidinöser Natur. Im Schlafzustand erwacht die sexuelle Erregung (im Traume dargestellt durch das Hinuntereilen – rutschen – über die Stiege), deren sadistischer Einschlag auf Grund der Raufspiele in der Verfolgung und Überwältigung des Kindes angedeutet ist. Die libidinöse Erregung steigert sich und drängt zur sexuellen Aktion (dargestellt im Traume durch das Fassen des Kindes und seine Beförderung in die Mitte der Stiege). Bis daher wäre der Traum rein sexualsymbolisch und für den wenig geübten Traumdeuter völlig undurchsichtig. Aber der überstarken libidinösen Erregung genügt diese symbolische Befriedigung nicht, welche die Ruhe des Schlafes gewährleistet hätte. Die Erregung führt zum Orgasmus, und damit wird die ganze Stiegensymbolik als Vertretung des Koitus entlarvt. – Wenn Freud als einen der Gründe für die sexuelle Verwertung des Stiegensymbols den rhythmischen Charakter beider Aktionen hervorhebt, so scheint dieser Traum besonders deutlich dafür zu sprechen, da nach ausdrücklicher Angabe des Träumers die Rhythmik seines Sexualaktes, das Auf- und Niederreiben, das im ganzen Traum am deutlichsten ausgeprägte Element gewesen war. Noch eine Bemerkung über die beiden Bilder, die, abgesehen von ihrer realen Bedeutung, auch in symbolischem Sinne als „Weibsbilder" gelten, was schon daraus hervorgeht, daß es sich um ein großes und ein kleines Bild handelt, ebenso wie im Trauminhalt ein großes (erwachsenes) und ein kleines Mädchen vorkommen. Daß auch billigere Bilder zur Verfügung stehen, führt zum Prostituiertenkomplex, wie andererseits der Vorname des Träumers auf dem kleinen Bilde und der Gedanke, es sei ihm zum Geburtstag bestimmt, auf den Elternkomplex hinweisen (auf der Stiege geboren = im Koitus erzeugt). Die undeutliche Schlußszene, wo der Träumer sich selbst oben auf dem Treppenabsatze im Bette liegen sieht und Nässe verspürt, scheint über die infantile Onanie hinaus noch weiter in die Kindheit zurückzuweisen und vermutlich lustvolle Szenen von Bettnässen zum Vorbild zu haben."

8. Ein modifizierter Stiegentraum

Ich mache einem meiner Patienten, einem schwerkranken Abstinenten, dessen Phantasie an seine Mutter fixiert ist und der wiederholt vom Treppensteigen in Begleitung der Mutter geträumt hat, die Bemerkung, daß mäßige Masturbation ihm wahrscheinlich weniger schädlich wäre als seine erzwungene Enthaltsamkeit. Diese Beeinflussung provoziert folgenden Traum:

„Sein Klavierlehrer mache ihm Vorwürfe, daß er sein Klavierspiel vernachlässige, die ,Etüden' von Moscheles sowie den ,Gradus ad Parnassum' von Clementi nicht übt."

Er bemerkt hiezu, der Gradus sei ja auch eine Stiege und die Klaviatur selbst sei eine Stiege, weil sie eine Skala enthalte.

Man darf sagen, es gibt keinen Vorstellungskreis, der sich der Darstellung sexueller Tatsachen und Wünsche verweigern würde.

9. Wirklichkeitsgefühl und Darstellung der Wiederholung

Ein jetzt 35jähriger Mann erzählt einen gut erinnerten Traum, den er mit vier Jahren gehabt haben will: *Der Notar, bei dem das Testament des Vaters hinterlegt war* – er hatte den Vater im Alter von drei Jahren verloren – *brachte zwei große Kaiserbirnen, von denen er eine zum Essen bekam. Die andere lag auf dem Fensterbrett des Wohnzimmers.* Er erwachte mit der Überzeugung von der Realität des Geträumten und verlangte hartnäckig von der Mutter die zweite Birne; sie liege doch auf dem Fensterbrett. Die Mutter lachte darüber.

Analyse: Der Notar war ein jovialer alter Herr, der, wie er sich zu erinnern glaubt, wirklich einmal Birnen mitbrachte. Das Fensterbrett war so, wie er es im Traume sah. Anderes will ihm dazu nicht einfallen; etwa noch, daß die Mutter kürzlich ihm einen Traum erzählt. Sie hat zwei Vögel auf ihrem Kopfe sitzen, fragt sich, wann sie fortfliegen werden, aber sie fliegen nicht fort, sondern der eine fliegt zu ihrem Munde und saugt aus ihm.

Das Versagen der Einfälle des Träumers gibt uns das Recht, die Deutung durch Symbolersetzung zu versuchen. Die beiden Birnen – *pommes ou poires* – sind die Brüste der Mutter, die ihn genährt hat; das Fensterbrett der Vorsprung des Busens, analog den Balkonen im Häusertraum (vgl. S. 299). Sein Wirklichkeitsgefühl nach dem Erwachen hat recht, denn die Mutter hat ihn wirklich gesäugt, sogar weit über die gebräuchliche Zeit hinaus, und die Mutterbrust wäre noch immer zu haben. Der Traum ist zu übersetzen: Mutter, gib (zeig') mir die Brust wieder, an der ich früher einmal getrunken habe. Das „früher" wird durch das Essen der einen Birne dargestellt, das „wieder" durch das Verlangen nach der anderen. Die zeitliche *Wiederholung* eines Akts wird im Traum regelmäßig zur *zahlenmäßigen Vermehrung* eines Objektes.

Es ist natürlich sehr auffällig, daß die Symbolik bereits im Traume eines Vier-jährigen eine Rolle spielt, aber dies ist nicht Ausnahme, sondern Regel. Man darf sagen, der Träumer verfügt über die Symbolik *von allem Anfang an.*

Wie frühzeitig sich der Mensch, auch außerhalb des Traumlebens, der sym-bolischen Darstellung bedient, mag folgende unbeeinflußte Erinnerung einer jetzt 27jährigen Dame lehren: *Sie ist zwischen drei und vier Jahre alt. Das Kinder-mädchen treibt sie, ihren um elf Monate jüngeren Bruder und eine im Alter zwischen beiden stehende Cousine auf den Abort, damit sie dort vor dem Spaziergang ihre kleinen Geschäfte verrichten. Sie setzt sich als die älteste auf den Sitz, die beiden anderen auf Töpfe. Sie fragt die Cousine: Hast du auch ein Portemonnaie? Der Walter hat ein Würstchen, ich hab ein Portemonnaie. Antwort der Cousine: ja, ich hab' auch ein Portemonnaie. Das Kinder-mädchen hat lachend zugehört und erzählt die Unterhaltung der Mama, die mit einer scharfen Zurechtweisung reagiert.*

Es sei hier ein Traum eingeschaltet, dessen hübsche Symbolik eine Deutung mit geringer Nachhilfe der Träumerin gestattete:

10. „Zur Frage der Symbolik in den Träumen Gesunder"[165]

„Ein von den Gegnern der Psychoanalyse häufig – zuletzt auch von *Havelock Ellis* [166] – vorgebrachter Einwand lautet, daß die Traumsymbolik vielleicht ein Produkt der neurotischen Psyche sei, aber keineswegs für die normale Gültigkeit habe. Während nun die psychoanalytische Forschung zwischen normalem und neurotischem Seelenleben überhaupt keine prinzipiellen, sondern nur quantita-tive Unterschiede kennt, zeigt die Analyse der Träume, in denen ja bei Gesunden und Kranken in gleicher Weise die verdrängten Komplexe wirksam sind, die volle Identität der Mechanismen wie der Symbolik. Ja die unbefangenen Träume Gesunder enthalten oft eine viel einfachere, durchsichtigere und mehr charakte-ristische Symbolik als die neurotischer Personen, in denen sie infolge der stärker wirkenden Zensur und der hieraus resultierenden weitergehenden Traument-stellung häufig gequält, dunkel und schwer zu deuten ist. Der in folgendem mit-geteilte Traum diene zur Illustrierung dieser Tatsache. Er stammt von einem nicht neurotischen Mädchen von eher prüdem und zurückhaltendem Wesen; im Laufe des Gespräches erfahre ich, daß sie verlobt ist, daß sich aber der Heirat

[165] Alfred Robitsek im Zentralbl. f. PsA. II, 1912, S. 340.
[166] *The World of Dreams*, London 1911, S. 168.

Hindernisse entgegenstellen, die sie zu verzögern geeignet sind. Sie erzählt mir spontan folgenden Traum:

,I arrange the centre of a table with flowers for a birthday.' (Ich richte die Mitte eines Tisches mit Blumen für einen Geburtstag her.) Auf Fragen gibt sie an, sie sei im Traume wie in ihrem Heim gewesen (das sie zur Zeit nicht besitzt) und habe ein *Glücksgefühl* empfunden.

Die „populäre" Symbolik ermöglicht mir, den Traum für mich zu übersetzen. Er ist der Ausdruck ihrer bräutlichen Wünsche: der Tisch mit dem Blumenmittelstück ist symbolisch für sie selbst und das Genitale; sie stellt ihre Zukunftswünsche erfüllt dar, indem sie sich bereits mit dem Gedanken an die Geburt eines Kindes beschäftigt; die Hochzeit liegt also längst hinter ihr.

Ich mache sie darauf aufmerksam, daß *,the centre of a table'* ein ungewöhnlicher Ausdruck sei, was sie zugibt, kann hier aber natürlich nicht direkt weiterfragen. Ich vermied es sorgfältig, ihr die Bedeutung der Symbole zu suggerieren, und fragte sie nur, was ihr zu den einzelnen Teilen des Traumes in den Sinn komme. Ihre Zurückhaltung wich im Verlaufe der Analyse einem deutlichen Interesse an der Deutung und einer Offenheit, die der Ernst des Gespräches ermöglichte. – Auf meine Frage, was für Blumen es gewesen seien, antwortete sie zunächst: *,expensive flowers; one has to pay for them'* (teuere Blumen, für die man zahlen muß), dann, es seien *,lilies of the valley, violets and pinks or carnations'* gewesen (Maiglöckchen, wörtlich: Lilien vom Tale, Veilchen und Nelken). Ich nahm an, daß das Wort *Lilie* in diesem Traume in seiner populären Bedeutung als Keuschheitssymbol erscheine; sie bestätigte diese Annahme, indem ihr zu *,Lilie' ,purity'* (Reinheit) einfiel. *,Valley'*, das Tal, ist ein häufiges weibliches Traumsymbol; so wird das zufällige Zusammentreffen der beiden Symbole in dem englischen Namen für Maiglöckchen zur Traumsymbolik, zur Betonung ihrer kostbaren Jungfräulichkeit – *expensive flowers, one has to pay for them* – verwendet und zum Ausdruck der Erwartung, daß der Mann ihren Wert zu würdigen wissen werde. Die Bemerkung *expensive flowers* etc. hat, wie sich zeigen wird, bei jedem der drei Blumensymbole eine andere Bedeutung.

Den geheimen Sinn der scheinbar recht asexuellen *,violets'* suchte ich mir – recht kühn, wie ich meinte – mit einer unbewußten Beziehung zum französischen *,viol'* zu erklären. Zu meiner Überraschung assoziierte die Träumerin *,violate'*, das englische Wort für vergewaltigen. Die zufällige große Wortähnlichkeit von *violet* und *violate* – in der englischen Aussprache unterscheiden sie sich nur durch eine Akzentverschiedenheit der letzten Silbe – wird vom Traume benutzt, um ,durch die Blume' den Gedanken an die Gewaltsamkeit der Defloration (auch dieses Wort benutzt die Blumensymbolik), vielleicht auch einen masochistischen Zug des Mädchens zum Ausdruck zu bringen. Ein schönes Beispiel für die Wortbrücken, über welche die Wege zum Unbewußten führen. Das ,*one has to pay for them*' bedeutet hier das Leben, mit dem sie das Weib- und Mutterwerden bezahlen muß.

Bei ,*pinks*', die sie dann ,*carnations*' nennt, fällt mir die Beziehung dieses Wortes zum „Fleischlichen" auf. Ihr Einfall dazu lautete aber ,*colour*' (Farbe). Sie fügte hinzu, daß *carnations* die Blumen seien, welche ihr von ihrem Verlobten häufig und in großen Mengen geschenkt werden. Zu Ende des Gespräches gesteht sie plötzlich spontan, sie habe mir nicht die Wahrheit gesagt, es sei ihr nicht ,*colour*', sondern ,*incarnation*' (Fleischwerdung) eingefallen, welches Wort ich erwartet hatte; übrigens ist auch ,colour' als Einfall nicht entlegen, sondern durch die Bedeutung von carnation – Fleischfarbe, also durch den Komplex determiniert. Diese Unaufrichtigkeit zeigt, daß der Widerstand an dieser Stelle am größten war, entsprechend dem Umstand, daß die Symbolik hier am durchsichtigsten ist, der Kampf zwischen Libido und Verdrängung bei diesem phallischen Thema am stärksten war. Die Bemerkung, daß diese Blumen häufige Geschenke des Verlobten seien, ist neben der Doppelbedeutung von *carnation* ein weiterer Hinweis auf ihren phallischen Sinn im Traume. Der Tagesanlaß des Blumengeschenkes wird benutzt, um den Gedanken von sexuellem Geschenk und Gegengeschenk auszudrücken: sie schenkt ihre Jungfräulichkeit und erwartet dafür ein reiches Liebesleben. Auch hier dürfte das ,*expensive flowers, one has to pay for them*' eine – wohl wirkliche, finanzielle – Bedeutung haben. – Die Blumensymbolik des Traumes enthält also das jungfräulich weibliche, das männliche Symbol und die Beziehung auf die gewaltsame Defloration. Es sei darauf hingewiesen, daß die sexuelle Blumensymbolik, die ja auch sonst sehr verbreitet ist, die menschlichen Sexualorgane durch die Blüten, die Sexualorgane der Pflanzen symbolisiert; das Blumenschenken unter Liebenden hat vielleicht überhaupt diese unbewußte Bedeutung.

Der Geburtstag, den sie im Traume vorbereitet, bedeutet wohl die Geburt eines Kindes. Sie identifiziert sich mit dem Bräutigam, stellt ihn dar, wie er sie für eine Geburt herrichtet, also koitiert. Der latente Gedanke könnte lauten: Wenn ich er wäre, würde ich nicht warten, sondern die Braut deflorieren, ohne sie zu fragen, Gewalt brauchen; darauf deutet ja auch das *violate*. So kommt auch die sadistische Libidokomponente zum Ausdruck.

In einer tieferen Schicht des Traumes dürfte das ,*I arrange etc.*' eine autoerotische, also infantile Bedeutung haben.

Sie hat auch eine nur im Traume mögliche Erkenntnis ihrer körperlichen Dürftigkeit; sie sieht sich flach wie einen Tisch; um so mehr wird die Kostbarkeit des ,*centre*' (sie nennt es ein andermal ,*centre piece of flowers*'), ihre Jungfräulichkeit, hervorgehoben. Auch das Horizontale des Tisches dürfte ein Element zum

Symbol beitragen. – Beachtenswert ist die Konzentration des Traumes; nichts ist überflüssig, jedes Wort ist ein Symbol.

Sie bringt später einen Nachtrag zum Traume: *I decorate the flowers with green crinkled paper.* (Ich verziere die Blumen mit grünem, gekräuseltem Papier.) Sie fügt hinzu, es sei *fancy paper* (Phantasiepapier), mit dem man die gewöhnlichen Blumentöpfe verkleide. Sie sagt weiter: *to hide untidy things, whatever was to be seen, which was not pretty to the eye; there is a gap, a little space in the flowers.* Also: um unsaubere Dinge zu verbergen, die nicht hübsch anzusehen sind; ein Spalt, ein kleiner Zwischenraum in den Blumen. *The paper looks like velvet or moss* (das Papier sieht wie Samt oder Moos aus). Zu *decorate* assoziiert sie *decorum*, wie ich es erwartet hatte. Die grüne Farbe sei vorherrschend; sie assoziiert dazu *hope* (Hoffnung), wieder eine Beziehung zur Gravidität. – In diesem Teile des Traumes herrscht nicht die Identifizierung mit dem Manne, sondern es kommen Gedanken von Scham und Offenheit zur Geltung. Sie macht sich schön für ihn, gesteht sich körperliche Fehler ein, deren sie sich schämt und die sie zu korrigieren sucht. Die Einfälle Samt, Moos sind ein deutlicher Hinweis, daß es sich um die *crines pubis* handelt.

Der Traum ist ein Ausdruck von Gedanken, die das wache Denken des Mädchens kaum kennt; Gedanken, die sich mit der Sinnenliebe und ihren Organen beschäftigen; sie wird „für einen Geburtstag zugerichtet", d. h. koitiert; die Furcht vor der Defloration, vielleicht auch das lustbetonte Leiden kommen zum Ausdruck; sie gesteht sich ihre körperlichen Mängel ein, überkompensiert diese durch Überschätzung des Wertes ihrer Jungfräulichkeit. Ihre Scham entschuldigt die sich zeigende Sinnlichkeit damit, daß diese ja das Kind zum Ziel hat. Auch materielle Erwägungen, die der Liebenden fremd sind, finden ihren Ausdruck. Der Affekt des einfachen Traumes – das Glücksgefühl – zeigt an, daß hier starke Gefühlskomplexe ihre Befriedigung gefunden haben."

Ferenczi hat mit Recht darauf aufmerksam gemacht, wie leicht gerade „Träume von Ahnungslosen" den Sinn der Symbole und die Bedeutung der Träume erraten lassen. (Int. Zeitschr. f. PsA. IV, 1916/17).

Die nachstehende Analyse des Traumes einer historischen Persönlichkeit unserer Tage schalte ich hier ein, weil in ihm ein Gegenstand, der sich auch sonst zur Vertretung des männlichen Gliedes eignen würde, durch eine hinzugefügte Bestimmung aufs deutlichste als phallisches Symbol gekennzeichnet wird. Die „unendliche Verlängerung" einer Reitgerte kann nicht leicht anderes als die Erektion bedeuten. Überdies gibt dieser Traum ein schönes Beispiel dafür, wie ernsthafte und dem Sexuellen fernabliegende Gedanken durch infantil-sexuelles Material zur Darstellung gebracht werden.

11. Ein Traum Bismarcks
(Von *Dr. Hanns Sachs*)

„In seinen *Gedanken und Erinnerungen* teilt Bismarck (Bd. II der Volksausgabe, S. 222) einen Brief mit, den er am 18. Dezember 1881 an Kaiser Wilhelm schrieb. Dieser Brief enthält folgende Stelle: ‚Eurer Majestät Mitteilung ermutigt mich zur Erzählung eines Traumes, den ich Frühjahr 1863 in den schwersten Konfliktstagen hatte, aus denen ein menschliches Auge keinen gangbaren Ausweg sah. Mir träumte und ich erzählte es sofort am Morgen meiner Frau und anderen Zeugen, daß ich auf einem schmalen Alpenpfad ritt, rechts Abgrund, links Felsen; der Pfad wurde schmäler, so daß das Pferd sich weigerte, und Umkehr und Absitzen wegen Mangel an Platz unmöglich; da schlug ich mit meiner Gerte in der linken Hand gegen die glatte Felswand und rief Gott an; die Gerte wurde unendlich lang, die Felswand stürzte wie eine Kulisse und eröffnete einen breiten Weg mit dem Blick auf Hügel und Waldland wie in Böhmen, preußische Truppen mit Fahnen und in mir noch im Traum der Gedanke, wie ich das schleunig Eurer Majestät melden könnte. Dieser Traum erfüllte sich, und ich erwachte froh und gestärkt aus ihm …'

Die Handlung des Traumes zerfällt in zwei Abschnitte: im ersten Teil gerät der Träumer in Bedrängnis, aus der er dann im zweiten auf wunderbare Weise erlöst wird. Die schwierige Lage, in der sich Roß und Reiter befinden, ist eine leicht kenntliche Traumdarstellung der kritischen Situation des Staatsmannes, die er am Abend vor dem Traume, über die Probleme seiner Politik nachdenkend, besonders bitter empfunden haben mochte. Mit der zur Darstellung gelangten gleichnisweisen Wendung schildert Bismarck selbst in der oben wiedergegebenen Briefstelle die Trostlosigkeit seiner damaligen Position; sie war ihm also durchaus geläufig und naheliegend. Nebstdem haben wir wohl auch ein schönes Beispiel von Silberers ‚funktionalem Phänomen' vor uns. Die Vorgänge im Geiste des Träumers, der bei jeder von seinen Gedanken versuchten Lösung auf unübersteigliche Hindernisse stößt, seinen Geist aber trotzdem nicht von der Beschäftigung mit den Problemen losreißen kann und darf, sind sehr treffend durch den Reiter gegeben, der weder vorwärts noch rückwärts kann. Der Stolz, der ihm verbietet, an ein Nachgeben oder Zurücktreten zu denken, kommt im Traume durch die Worte ‚Umkehren oder absitzen … unmöglich' zum Ausdruck. In seiner Eigenschaft als stets angestrengt Tätiger, der sich für fremdes Wohl plagt, lag es für Bismarck nahe, sich mit einem Pferde zu vergleichen, und er hat dies auch bei verschiedenen Gelegenheiten getan, z.B. in seinem bekannten Ausspruch: ‚Ein wackeres Pferd stirbt in seinen Sielen'. So ausgelegt bedeuten die Worte, daß ‚das Pferd sich weigerte', nichts anderes, als daß der übermüdete das Bedürfnis empfinde, sich von den Sorgen der Gegenwart abzuwenden, oder anders ausgedrückt, daß er im Begriffe stehe, sich von den Fesseln des Realitätsprinzips durch Schlaf und Traum zu befreien. Der Wunscherfüllung, die dann im zweiten Teil so stark zu Wort kommt, wird dann auch hier schon präludiert durch das Wort ‚Alpenpfad‘. Bismarck wußte damals wohl schon, daß er seinen nächsten Urlaub in den Alpen – nämlich in Gastein – zubringen werde; der Traum, der ihn dahin versetzte, befreite ihn also mit einem Schlage von allen lästigen Staatsgeschäften. Im zweiten Teil werden die Wünsche des Träumers auf doppelte Weise – unverhüllt und greifbar, daneben noch symbolisch – als erfüllt dargestellt. Symbolisch durch das Verschwinden des hemmenden Felsens, an dessen Stelle ein breiter Weg – also der gesuchte Ausweg in bequemster Form – erscheint, unverhüllt durch den Anblick der vorrückenden preußischen Truppen. Man braucht zur Erklärung dieser prophetischen Vision durchaus nicht mystische Zusammenhänge zu konstruieren; die Freudsche Wunscherfüllungstheorie genügt vollständig. Bismarck ersehnte schon damals, als den besten Ausgang aus den inneren Konflikten Preußens einen siegreichen Krieg mit Österreich. Wenn er die preußischen Truppen in Böhmen, also in Feindesland, mit ihren Fahnen sieht, so stellt ihm der Traum dadurch diesen Wunsch als erfüllt dar, wie es Freud postuliert. Individuell bedeutsam ist nur, daß der Träumer, mit dem wir uns hier beschäftigen, sich mit der Traumerfüllung nicht begnügte, sondern auch die reale zu erzwingen wußte. Ein Zug, der jedem Kenner der psychoanalytischen Deutungstechnik auffallen muß, ist die Reitgerte, die ‚unendlich lang‘ wird. Gerte, Stock, Lanze und Ähnliches sind uns als phallische Symbole geläufig; wenn aber diese Gerte noch die auffallendste Eigenschaft des Phallus, die Ausdehnungsfähigkeit, besitzt, so kann kaum ein Zweifel bestehen. Die Übertreibung des Phänomens durch die Verlängerung ins ‚Unendliche‘ scheint auf die infantile Überbesetzung zu deuten. Das In-die-Hand-Nehmen der Gerte ist eine deutliche Anspielung auf die Masturbation, wobei natürlich nicht an die aktuellen Verhältnisse des Träumers, sondern an weit zurückliegende Kinderlust zu denken ist. Sehr wertvoll ist hier die von Dr. *Stekel* gefundene Deutung, nach der *links* im Traume das Unrecht, das Verbotene, die Sünde bedeutet, was auf die gegen ein Verbot betriebene Kinderonanie sehr gut anwendbar wäre. Zwischen dieser tiefsten, infantilen Schicht und der obersten, die sich mit den Tagesplänen des Staatsmannes beschäftigt, läßt sich noch eine Mittelschicht nachweisen, die mit beiden anderen in Beziehung steht. Der ganze Vorgang der wunderbaren Befreiung aus einer Not durch das Schlagen auf den Fels mit der Heranziehung Gottes als Helfer erinnert auffällig an eine biblische Szene, nämlich wie Moses für die dürstenden Kinder Israels aus dem Felsen Wasser schlägt. Die genaue Bekanntschaft mit dieser Stelle dürfen wir bei dem aus einem bibelgläubigen, protestantischen Hause hervorgegangenen Bismarck ohne weiteres annehmen. Mit dem Anführer Moses, dem das Volk, das er befreien will, mit Auflehnung, Haß und Undank lohnt, konnte sich Bismarck in der Konfliktszeit unschwer vergleichen. Dadurch wäre also die Anlehnung an die aktuellen Wünsche gegeben. Anderseits enthält die Bibelstelle manche Einzelheiten, die für die Masturbationsphantasie sehr gut verwertbar sind. Gegen das Gebot Gottes greift Moses zum Stock, und für diese Übertretung straft ihn der Herr, indem er ihm verkündet, daß er sterben müsse, ohne das gelobte Land zu betreten. Das verbotene Ergreifen des – im Traume unzweideutig phallischen – Stockes, das Erzeugen von Flüssigkeit durch das Schlagen damit und die Todesdrohung – damit haben wir alle Hauptmomente der infantilen Masturbation beisammen. Interessant ist die Bearbeitung, die jene beiden heterogenen Bilder, von denen eines aus der Psyche des genialen Staatsmannes, das andere aus den Regungen der primitiven Kinderseele stammt, durch Vermittlung der Bibelstelle zusammengeschweißt hat, wobei es ihr gelungen ist, alle peinlichen Momente wegzuwischen. Daß das Ergreifen des Stockes eine verbotene, aufrührerische Handlung ist, wird nur mehr durch die ‚linke' Hand, mit der es geschieht, symbolisch angedeutet. Im manifesten Trauminhalt wird aber dabei Gott angerufen, wie um recht ostentativ jeden Gedanken an ein Verbot oder eine Heimlichkeit abzuweisen. Von den beiden Verheißungen Gottes an Moses, daß er das verheißene Land sehen, nicht betreten werde, wird die eine sehr deutlich als erfüllt dargestellt (‚Blick auf Hügel und Waldland'), die andere, höchst peinliche, gar nicht erwähnt. Das Wasser ist wahrscheinlich der sekundären Bearbeitung, welche die Vereinheitlichung dieser Szene mit der vorigen erfolgreich anstrebte, zum Opfer gefallen, statt dessen stürzt der Fels selber.

Den Schluß einer infantilen Masturbationsphantasie, in der das Verbotsmotiv vertreten ist, müßten wir so erwarten, daß das Kind wünscht, die Autoritätspersonen seiner Umgebung möchten nichts von dem Geschehenen erfahren. Im Traume ist dieser Wunsch durch das Gegenteil, den Wunsch, das Vorgefallene dem König sogleich zu melden, ersetzt. Diese Umkehrung schließt sich aber ausgezeichnet und ganz unauffällig der in der obersten Schicht der Traumgedanken und in einem Teile des manifesten Trauminhaltes enthaltenen Siegesphantasie an. Ein solcher Sieges- und Eroberungstraum ist oft der Deckmantel eines erotischen Eroberungswunsches; einzelne Züge des Traumes, wie z. B., daß dem Eindringenden ein Widerstand entgegengesetzt wird, nach Anwendung der sich verlängernden Gerte aber ein breiter Weg erscheint, dürften dahin deuten, doch reichten sie nicht hin, um daraus eine bestimmte, den Traum durchziehende Gedanken- und Wunschrichtung zu ergründen. Wir sehen hier ein Musterbeispiel einer durchaus gelungenen Traumentstellung. Das Anstößige wurde überarbeitet, daß es nirgends über das Gewebe hinausragt, das als schützende Decke darübergebreitet ist. Die Folge davon ist, daß jede Entbindung von Angst hintertrieben werden konnte. Es ist ein Idealfall von gelungener Wunscherfüllung ohne Zensurverletzung, so daß wir begreifen können, daß der Träumer aus solchem Traum ‚froh und gestärkt' erwachte."

Ich schließe mit dem

12. Traum eines Chemikers,

eines jungen Mannes, der sich bemühte, seine onanistischen Gewohnheiten gegen den Verkehr mit dem Weibe aufzugeben.

Vorbericht: Am Tage vor dem Traume hat er einem Studenten Aufschluß über die Grignardsche Reaktion gegeben, bei welcher Magnesium unter katalytischer Jodeinwirkung in absolut reinem Äther aufzulösen ist. Zwei Tage vorher gab es bei der nämlichen Reaktion eine Explosion, bei der sich ein Arbeiter die Hand verbrannte.

Traum: I) *Er soll Phenylmagnesiumbromid machen, sieht die Apparatur besonders deutlich, hat aber sich selbst fürs Magnesium substituiert. Er ist nun in eigentümlich schwankender Verfassung, sagt sich immer: Es ist das Richtige, es geht, meine Füße lösen sich schon auf, meine Knie werden weich. Dann greift er hin, fühlt an seine Füße, nimmt inzwischen (er weiß nicht wie) seine Beine aus dem Kolben heraus, sagt sich wieder: Das kann nicht sein. – Ja doch, es ist richtig gemacht. Dabei erwacht er partiell, wiederholt sich den Traum, weil er ihn mir erzählen will. Er fürchtet sich direkt vor der Auflösung des Traumes, ist während dieses Halbschlafes sehr erregt und wiederholt sich beständig: Phenyl, Phenyl.*

TRAUM: II) *Er ist mit seiner ganzen Familie in ***ing, soll um ½ 12 Uhr beim Rendezvous am Schottentor mit jener gewissen Dame sein, wacht aber erst um ½ 12 Uhr auf. Er sagt sich: Es ist jetzt zu spät; bis du hinkommst, ist es ½ 1 Uhr. Im nächsten Moment sieht er die ganze Familie um den Tisch versammelt, besonders deutlich die Mutter und das Stubenmädchen mit dem Suppentopf. Er sagt sich dann: Nun, wenn wir schon essen, kann ich ja nicht mehr fort.*

Analyse: Er ist sicher, daß schon der erste Traum eine Beziehung zur Dame seines Rendezvous hat (der Traum ist in der Nacht vor der erwarteten Zusammenkunft geträumt). Der Student, dem er die Auskunft gab, ist ein besonders ekelhafter Kerl; er sagte ihm: Das ist nicht das Richtige, weil das Magnesium noch ganz unberührt war, und jener antwortete, als ob ihm gar nichts daran läge: Das ist halt nicht das Richtige. Dieser Student muß er selbst sein – er ist so gleichgültig gegen seine *Analyse*, wie jener für seine *Synthese* –, das Er im Traume, das die Operation vollzieht, aber ich. Wie ekelhaft muß er mir mit seiner Gleichgültigkeit gegen den Erfolg erscheinen!

Anderseits ist er dasjenige, womit die Analyse (Synthese) gemacht wird. Es handelt sich um das Gelingen der Kur. Die Beine im Traume erinnern an einen Eindruck von gestern abends. Er traf in der Tanzstunde mit einer Dame zusammen, die er erobern will; er drückte sie so fest an sich, daß sie einmal aufschrie. Als er mit dem Druck gegen ihre Beine aufhörte, fühlte er ihren kräftigen Gegendruck auf seinen Unterschenkeln bis oberhalb der Knie, an den im Traume erwähnten Stellen. In dieser Situation ist also das Weib das Magnesium in der Retorte, mit dem es endlich geht. Er ist feminin gegen mich, wie er viril gegen das Weib ist. Geht es mit der Dame, so geht es auch mit der Kur. Das Sichbefühlen und die Wahrnehmungen an seinen Knien deuten auf die Onanie und entsprechen seiner Müdigkeit vom Tage vorher. – Das Rendezvous war wirklich für ½ 12 Uhr verabredet. Sein Wunsch, es zu verschlafen und bei den häuslichen Sexualobjekten (d. h. bei der Onanie) zu bleiben, entspricht seinem Widerstande.

Zur Wiederholung des Namens Phenyl berichtet er: Alle diese Radikale auf yl haben ihm immer sehr gefallen, sie sind sehr bequem zu gebrauchen: Benzyl, Azetyl usw. Das erklärt nun nichts, aber als ich ihm das Radikal: Schlehmil vorschlage, lacht er sehr und erzählt, daß er während des Sommers ein Buch von *Prévost* gelesen, und in diesem war im Kapitel: *Les exclus de l'amour*, allerdings von den *„Schlemiliés"* die Rede, bei deren Schilderung er sich sagte: Das ist mein Fall. – Schlemihlerei wäre es auch gewesen, wenn er das Rendezvous versäumt hätte.

Es scheint, daß die sexuelle Traumsymbolik bereits eine direkte experimentelle Bestätigung gefunden hat. Phil. Dr. *K. Schrötter* hat 1912 über Anregung von *H. Swoboda* bei tief hypnotisierten Personen Träume durch einen suggestiven Auftrag erzeugt, der einen großen Teil des Trauminhalts festlegte. Wenn die Suggestion den Auftrag brachte, vom normalen oder abnormen Sexualverkehr zu träumen, so führte der Traum diese Aufträge aus, indem er an Stelle des sexuellen Materials die aus der psychoanalytischen Traumdeutung bekannten Symbole einsetzte. So z. B. erschien nach der Suggestion, vom homosexuellen Verkehr mit einer Freundin zu träumen, im Traume diese Freundin mit einer schäbigen Reisetasche in der Hand, worauf ein Zettel klebte, bedruckt mit den Worten: „Nur für Damen." Der Träumerin war angeblich von Symbolik im Traume und Traumdeutung niemals etwas bekanntgegeben worden. Leider wird die Einschätzung dieser bedeutsamen Untersuchung durch die unglückliche Tatsache gestört, daß Dr. *Schrötter* bald nachher durch Selbstmord endete. Von seinen Traumexperimenten berichtet bloß eine vorläufige Mitteilung im Zentralblatt für Psychoanalyse.

Ähnliche Ergebnisse hat 1923 *G. Roffenstein* veröffentlicht. Besonders interessant erscheinen aber Versuche, die *Betlheim* und *Hartmann* angestellt haben, weil bei ihnen die Hypnose ausgeschaltet war. Diese Autoren (*Über Fehlreaktionen bei der Korsakoffschen Psychose*, Archiv für Psychiatrie Bd. 72, 1924) haben Kranken mit solcher Verworrenheit Geschichten grob sexuellen Inhalts erzählt und die Entstellungen beachtet, welche bei der Reproduktion des Erzählten auftraten. Es zeigte sich, daß dabei die aus der Traumdeutung bekannten Symbole zum Vorschein kamen (Stiegen steigen, stechen und schießen als Symbole des Koitus, Messer und Zigarette als Penissymbole). Ein besonderer Wert wird dem Erscheinen des Symbols der Stiege beigelegt, weil, wie die Autoren mit Recht bemerken, „eine derartige Symbolisierung einem bewußten Entstellungswunsch unerreichbar wäre".

Erst nachdem wir die Symbolik im Traume gewürdigt haben, können wir in der oben S. 240 abgebrochenen Behandlung der *typischen Träume* fortfahren. Ich halte es für gerechtfertigt, diese Träume im groben in zwei Klassen einzuteilen, in solche, die wirklich jedesmal den gleichen Sinn haben, und zweitens in solche, die trotz des gleichen oder ähnlichen Inhalts doch die verschiedenartigsten Deutungen erfahren müssen. Von den typischen Träumen der ersten Art habe ich den Prüfungstraum bereits eingehender behandelt.

Wegen des ähnlichen Affekteindruckes verdienen die Träume vom Nichterreichen eines Eisenbahnzuges den Prüfungsträumen angereiht zu werden. Ihre Aufklärung rechtfertigt dann diese Annäherung. Es sind Trostträume gegen eine andere im Schlaf empfundene Angstregung, die Angst zu sterben. „Abreisen" ist eines der häufigsten und am besten zu begründenden Todessymbole. Der Traum sagt dann tröstend: Sei ruhig, du wirst nicht sterben (abreisen), wie der Prüfungstraum beschwichtigte: Fürchte nichts; es wird dir auch diesmal nichts geschehen. Die Schwierigkeit im Verständnis beider Arten von Träumen rührt daher, daß die Angstempfindung gerade an den Ausdruck des Trostes geknüpft ist.

Der Sinn der „*Zahnreizträume*", die ich bei meinen Patienten oft genug zu analysieren hatte, ist mir lange Zeit entgangen, weil sich zu meiner Überraschung der Deutung derselben regelmäßig allzu große Widerstände entgegenstellten.

Endlich ließ die übergroße Evidenz keinen Zweifel daran, daß bei Männern nichts anderes als das Onaniegelüste der Pubertätszeit die Triebkraft dieser Träume abgebe. Ich will zwei solcher Träume analysieren, von denen einer gleichzeitig ein „Flugtraum" ist. Beide rühren von derselben Person her, einem jungen Manne mit starker, aber im Leben gehemmter Homosexualität:

Er befindet sich bei einer „Fidelio-Vorstellung im Parkett der Oper, neben L., einer ihm sympathischen Persönlichkeit, deren Freundschaft er gern erwerben möchte. Plötzlich fliegt er schräg hinweg über das Parkett bis ans Ende, greift sich dann in den Mund und zieht sich zwei Zähne aus.

Den Flug beschreibt er selbst, als ob er in die Luft „geworfen" würde. Da es sich um eine Vorstellung des *Fidelio* handelt, liegt das Dichterwort nahe:

„Wer ein holdes Weib errungen – "

Aber das Erringen auch des holdesten Weibes gehört nicht zu den Wünschen des Träumers. Zu diesen stimmen zwei andere Verse besser:

„Wem der *große Wurf* gelungen,
Eines Freundes Freund zu sein ..."

Der Traum enthält nun diesen „großen Wurf", der aber nicht allein Wuncher-füllung ist. Es verbirgt sich hinter ihm auch die peinliche Überlegung, daß er mit seinen Werbungen um Freundschaft schon so oft Unglück gehabt hat, „hinaus-geworfen" wurde, und die Furcht, dieses Schicksal könnte sich bei dem jungen Manne, neben dem er die *Fidelio*-Vorstellung genießt, wiederholen. Und nun schließt sich daran das für den feinsinnigen Träumer beschämende Geständnis an, daß er einst nach einer Abweisung von Seite eines Freundes aus Sehnsucht zweimal hintereinander in sinnlicher Erregung onaniert hat.

Der andere Traum: *Zwei ihm bekannte Universitätsprofessoren behandeln ihn an meiner Statt. Der eine tut irgend etwas an seinem Gliede; er hat Angst vor einer Operation. Der andere stößt mit einer eisernen Stange gegen seinen Mund, so daß er ein oder zwei Zähne verliert. Er ist mit vier seidenen Tüchern gebunden.*

Der sexuelle Sinn dieses Traumes ist wohl nicht zweifelhaft. Die seidenen Tücher entsprechen einer Identifizierung mit einem ihm bekannten Homose-xuellen. Der Träumer, der niemals einen Koitus ausgeführt, auch nie in der Wirklichkeit geschlechtlichen Verkehr mit Männern gesucht hat, stellt sich den sexuellen Verkehr nach dem Vorbilde der ihm einst vertrauten Pubertätsonanie vor.

Ich meine, daß auch die häufigen Modifikationen des typischen Zahnreiztrau-mes, z. B. daß ein anderer dem Träumer den Zahn auszieht und ähnliches, durch die gleiche Aufklärung verständlich werden.[167] Rätselhaft mag es aber scheinen, wieso der „Zahnreiz" zu dieser Bedeutung gelangen kann. Ich mache hier auf die so häufige Verlegung von unten nach oben aufmerksam, die im Dienste der

---

[167] Das Ausreißen eines Zahnes durch einen anderen ist zumeist als Kastration zu deuten (ähnlich wie das Haarschneiden durch den Friseur; Stekel). Es ist zu unterscheiden zwischen Zahnreiz-träumen und Zahnarztträumen überhaupt, wie solche z. B. Coriat (Zentralbl. f. PsA. III, 440) mitgeteilt hat.

Sexualverdrängung steht und vermöge welcher in der Hysterie allerlei Sensationen und Intentionen, die sich an den Genitalien abspielen sollten, wenigstens an anderen einwandfreien Körperteilen realisiert werden können. Ein Fall von solcher Verlegung ist es auch, wenn in der Symbolik des unbewußten Denkens die Genitalien durch das Angesicht ersetzt werden. Der Sprachgebrauch tut dabei mit, indem er „Hinterbacken" als Homologe der Wangen anerkennt, „Schamlippen" neben den Lippen nennt, welche die Mundspalte einrahmen. Die Nase wird in zahlreichen Anspielungen dem Penis gleichgestellt, die Behaarung hier und dort vervollständigt die Ähnlichkeit. Nur ein Gebilde steht außer jeder Möglichkeit von Vergleichung, die Zähne, und gerade dies Zusammentreffen von Übereinstimmung und Abweichung macht die Zähne für die Zwecke der Darstellung unter dem Drucke der Sexualverdrängung geeignet.

Ich will nicht behaupten, daß nun die Deutung des Zahnreiztraums als Onanietraum, an deren Berechtigung ich nicht zweifeln kann, voll durchsichtig geworden ist.[168] Ich gebe so viel, als ich zur Erklärung weiß, und muß einen Rest unaufgelöst lassen. Aber ich muß auch auf einen anderen im sprachlichen Ausdruck enthaltenen Zusammenhang hinweisen. In unseren Landen existiert eine unfeine Bezeichnung für den masturbatorischen Akt: sich einen ausreißen oder sich einen herunterreißen.[169] Ich weiß nicht zu sagen, woher diese Redeweisen stammen, welche Verbildlichung ihnen zugrunde liegt, aber zur ersteren von den beiden würde sich der „Zahn" sehr gut fügen.

Da die Träume vom Zahnziehen oder Zahnausfall im Volksglauben auf den Tod eines Angehörigen gedeutet werden, die Psychoanalyse ihnen aber solche Bedeutung höchstens im oben angedeuteten parodistischen Sinn zugestehen kann, schalte ich hier einen von *Otto Rank* zur Verfügung gestellten „Zahnreiztraum" ein:

„Zum Thema der Zahnreizträume ist mir von einem Kollegen, der sich seit einiger Zeit für die Probleme der Traumdeutung lebhafter zu interessieren beginnt, der folgende Bericht zugekommen:

‚Mir träumte kürzlich, ich sei beim Zahnarzt, der mir einen rückwärtigen Zahn des Unterkiefers ausbohrt. Er arbeitet so lange herum, bis der Zahn unbrauchbar geworden ist. Dann faßt er ihn mit der Zange und zieht ihn mit einer spielenden Leichtigkeit heraus, die mich in Verwunderung setzt. Er sagt, ich solle mir nichts daraus machen, denn das sei gar nicht der eigentlich behandelte Zahn, und legt ihn auf den Tisch, wo der Zahn (wie mir nun*

---

[168] Nach einer Mitteilung von C. G. Jung haben die Zahnreizträume bei Frauen die Bedeutung von Geburtsträumen. E. Jones hat eine gute Bestätigung hiefür erbracht. Das Gemeinsame dieser Deutung mit der oben vertretenen liegt darin, daß es sich in beiden Fällen (Kastration – Geburt) um die Ablösung eines Teiles vom Körperganzen handelt.

[169] Vgl. hiezu den „biographischen" Traum auf S. 294.

scheint, ein oberer Schneidezahn) in mehrere Schichten zerfällt. Ich erhebe mich vom Operationsstuhl, trete neugierig näher und stelle interessiert eine medizinische Frage. Der Arzt erklärt mir, während er die einzelnen Teilstücke des auffallend weißen Zahnes sondert und mit einem Instrument zermalmt (pulverisiert), daß das mit der Pubertät zusammenhängt und daß die Zähne nur vor der Pubertät so leicht herausgehen; bei Frauen sei das hiefür entscheidende Moment die Geburt eines Kindes.

Ich merke dann (wie ich glaube im Halbschlaf), daß dieser Traum von einer Pollution begleitet war, die ich aber nicht mit Sicherheit an eine bestimmte Stelle des Traumes einzureihen weiß; am ehesten scheint sie mir noch beim Herausziehen des Zahnes eingetreten zu sein.

Ich träume dann weiter einen mir nicht mehr erinnerlichen Vorgang, der damit abschloß, daß ich, Hut und Rock in der Hoffnung, man werde mir die Kleidungsstücke nachbringen, irgendwo (möglicherweise in der Garderobe des Zahnarztes) zurücklassend und bloß mit dem Überrock bekleidet, mich beeilte, einen abgehenden Zug noch zu erreichen. Es gelang mir auch im letzten Moment, auf den rückwärtigen Waggon aufzuspringen, wo bereits jemand stand. Ich konnte jedoch nicht mehr in das Innere des Wagens gelangen, sondern mußte in einer unbequemen Stellung, aus der ich mich mit schließlichem Erfolg zu befreien versuchte, die Reise mitmachen. Wir fahren durch einen großen Tunnel, wobei in der Gegenrichtung zwei Züge wie durch unseren Zug hindurchfahren, als ob dieser der Tunnel wäre. Ich schaue wie von außen durch ein Waggonfenster hinein.'

Als Material zu einer Deutung dieses Traumes ergeben sich folgende Erlebnisse und Gedanken des Vortages:

I. Ich stehe tatsächlich seit kurzem in zahnärztlicher Behandlung und habe zur Zeit des Traumes kontinuierlich Schmerzen in dem Zahn des Unterkiefers, der im Traume angebohrt wird und an dem der Arzt auch in Wirklichkeit schon länger herumarbeitet, als mir lieb ist. Am Vormittag des Traumtages war ich neuerlich wegen der Schmerzen beim Arzt gewesen, der mir nahegelegt hatte, einen anderen als den behandelten Zahn im selben Kiefer ziehen zu lassen, von dem wahrscheinlich der Schmerz herrühren dürfte. Es handelte sich um einen eben durchbrechenden ‚Weisheitszahn'. Ich hatte bei der Gelegenheit auch eine darauf bezügliche Frage an sein ärztliches Gewissen gestellt.

II. Am Nachmittag desselben Tages war ich genötigt, einer Dame gegenüber meine üble Laune mit den Zahnschmerzen entschuldigen zu müssen, worauf sie mir erzählte, sie habe Furcht, sich eine Wurzel ziehen zu lassen, deren Krone fast gänzlich abgebröckelt sei. Sie meinte, das Ziehen wäre bei den Augenzähnen besonders schmerzhaft und gefährlich, obwohl ihr andererseits eine Bekannte gesagt habe, daß es bei den Zähnen des Oberkiefers (um einen solchen handelte es sich bei ihr) leichter gehe. Diese Bekannte habe ihr auch erzählt, ihr sei einmal in der Narkose ein falscher Zahn gezogen worden, eine Mitteilung, welche ihre

Scheu vor der notwendigen Operation nur vermehrt habe. Sie fragte mich dann, ob unter Augenzähnen Backen- oder Eckzähne zu verstehen seien und was über diese bekannt sei. Ich machte sie einerseits auf den abergläubischen Einschlag in all diesen Meinungen aufmerksam, ohne jedoch die Betonung des richtigen Kernes mancher volkstümlichen Anschauungen zu versäumen. Sie weiß darauf von einem ihrer Erfahrung nach sehr alten und allgemein bekannten Volksglauben zu berichten, der behauptet: *Wenn eine Schwangere Zahnschmerzen hat, so bekommt sie einen Buben.*

III. Dieses Sprichwort interessierte mich mit Rücksicht auf die von Freud in seiner Traumdeutung mitgeteilte typische Bedeutung der Zahnreizträume als Onanieersatz, da ja auch in dem Volksspruch der Zahn und das männliche Genitale (Bub) in eine gewisse Beziehung gebracht werden. Ich las also am Abend desselben Tages die betreffende Stelle in der Traumdeutung nach und fand dort unter anderem die im folgenden wiedergegebenen Ausführungen, deren Einfluß auf meinen Traum ebenso leicht zu erkennen ist wie die Einwirkung der beiden vorgenannten Erlebnisse. Freud schreibt von den Zahnreizträumen, ‚daß bei Männern nichts anderes als das Onaniegelüste der *Pubertätszeit* die Triebkraft dieser Träume abgebe.‘ Ferner: ‚Ich meine, daß auch die häufigen Modifikationen des typischen Zahnreiztraumes, z. B. daß ein anderer dem Träumer den Zahn auszieht und ähnliches, durch die gleiche Aufklärung verständlich werden. Rätselhaft mag es aber scheinen, wieso der Zahnreiz zu dieser Bedeutung gelangen kann. Ich mache hier auf die so häufige *Verlegung von unten nach oben* (im vorliegenden Traume auch vom Unterkiefer in den Oberkiefer) aufmerksam, die im Dienste der Sexualverdrängung steht und vermöge welcher in der Hysterie allerlei Sensationen und Intentionen, die sich an den Genitalien abspielen sollten, wenigstens an anderen einwandfreien Körperstellen realisiert werden können.‘ ‚Aber ich muß auch auf einen anderen im sprachlichen Ausdruck enthaltenen Zusammenhang hinweisen. In unseren Landen existiert eine unfeine Bezeichnung für den masturbatorischen Akt: sich einen ausreißen oder sich einen herunterreißen.‘ Dieser Ausdruck war mir schon in früher Jugend als Bezeichnung für die Onanie geläufig, und von hier aus wird der geübte Traumdeuter unschwer den Zugang zum Kindheitsmaterial, das diesem Traume zugrunde liegen mag, finden. Ich erwähne nur noch, daß die Leichtigkeit, mit der im Traum der Zahn, der sich nach dem Ziehen in einen oberen Schneidezahn verwandelt, herausgeht, mich an einen Vorfall meiner Kinderzeit erinnert, wo ich mir einen wackligen oberen Vorderzahn leicht und schmerzlos *selbst ausriß*. Dieses Ereignis, das mir heute noch in allen Einzelheiten deutlich erinnerlich ist, fällt in dieselbe frühe Zeit, in die bei mir die ersten bewußten Onanieversuche zurückgehen (Deckerinnerung).

Der Hinweis Freuds auf eine Mitteilung von *C. Jung*, wonach die Zahnreiz-träume *bei Frauen die Bedeutung von Geburtsträumen* haben sowie der Volksglaube von der Bedeutung des Zahnschmerzes bei Schwangeren haben die Gegen-überstellung der weiblichen Bedeutung gegenüber der männlichen (Pubertät) im Traume veranlaßt. Dazu erinnere ich mich eines früheren Traumes, wo mir, bald nachdem ich aus der Behandlung eines Zahnarztes entlassen worden war, träumte, daß mir die eben eingesetzten Goldkronen herausfielen, worüber ich mich wegen des bedeutenden Kostenaufwandes, den ich damals noch nicht ganz verschmerzt hatte, im Traume sehr ärgerte. Dieser Traum wird mir jetzt im Hinblick auf ein gewisses Erlebnis als Anpreisung der materiellen Vorzüge der Masturbation gegenüber der in jeder Form ökonomisch nachteiligeren Objekt-liebe verständlich (Goldkronen), und ich glaube, daß die Mitteilung jener Dame über die Bedeutung des Zahnschmerzes bei Schwangeren diese Gedankengänge in mir wieder wachrief.

So weit die ohne weiteres einleuchtende und, wie ich glaube, auch einwand-freie Deutung des Kollegen, der ich nichts hinzuzufügen habe als etwa den Hin-weis auf den wahrscheinlichen Sinn des zweiten Traumteiles, der über die Wort-brücken: Zahn – (ziehen – Zug; reißen – reisen) den allem Anschein nach unter Schwierigkeiten vollzogenen Übergang des Träumers von der Masturbation zum Geschlechtsverkehr (Tunnel, durch den die Züge in verschiedenen Richtungen hinein- und herausfahren) sowie die Gefahren desselben (Schwangerschaft; Überzieher) darstellt.

Dagegen scheint mir der Fall theoretisch nach zwei Richtungen interessant. Erstens ist es beweisend für den von Freud aufgedeckten Zusammenhang, daß die Ejakulation im Traume beim Akt des Zahnziehens erfolgt. Sind wir doch genötigt, die Pollution, in welcher Form immer sie auftreten mag, als eine masturbatorische Befriedigung anzusehen, welche ohne Zuhilfenahme mechani-scher Reizungen zustande kommt. Dazu kommt, daß in diesem Falle die pollu-tionistische Befriedigung nicht, wie sonst, an einem wenn auch nur imaginierten Objekt erfolgt, sondern objektlos, wenn man so sagen darf, rein autoerotisch ist und höchstens einen leisen homosexuellen Einschlag (Zahnarzt) erkennen läßt.

Der zweite Punkt, der mir der Hervorhebung wert erscheint, ist folgender: Es liegt der Einwand nahe, daß die Freudsche Auffassung hier ganz überflüssi-gerweise geltend gemacht zu werden suche, da doch die Erlebnisse des Vorta-ges allein vollkommen hinreichen, uns den Inhalt des Traumes verständlich zu machen. Der Besuch beim Zahnarzt, das Gespräch mit der Dame und die Lektüre der *Traumdeutung* erklärten hinreichend, daß der auch nachts durch Zahnschmer-zen beunruhigte Schläfer diesen Traum produziere; wenn man durchaus wolle, sogar zur Beseitigung des schlafstörenden Schmerzes (mittels der Vorstellung von der Entfernung des schmerzenden Zahnes bei gleichzeitiger Übertönung der gefürchteten Schmerzempfindung durch Libido). Nun wird man aber selbst bei den weitestgehenden Zugeständnissen in dieser Richtung die Behauptung nicht ernsthaft vertreten wollen, daß die Lektüre der Freudschen Aufklärungen den Zusammenhang von Zahnziehen und Masturbationsakt in dem Träumer hergestellt oder auch nur wirksam gemacht haben könnte, wenn er nicht, wie der Träumer selbst eingestanden hat (‚sich einen ausreißen'), längst vorgebildet gewesen wäre. Was vielmehr diesen Zusammenhang neben dem Gespräch mit der Dame belebt haben mag, ergibt die spätere Mitteilung des Träumers, daß er bei der Lektüre der *Traumdeutung* aus begreiflichen Gründen an diese typische Bedeutung der Zahnreizträume nicht recht glauben mochte und den Wunsch hegte zu wissen, ob dies für alle derartigen Träume zutreffe. Der Traum bestätigt ihm nun das wenigstens für seine eigene Person und zeigt ihm so, warum er daran zweifeln mußte. Der Traum ist also auch in dieser Hinsicht die Erfüllung eines Wunsches, nämlich sich von der Tragweite und der Haltbarkeit dieser Freudschen Auffassung zu überzeugen."

Zur zweiten Gruppe von typischen Träumen gehören die, in denen man fliegt oder schwebt, fällt, schwimmt u. dgl. Was bedeuten diese Träume? Das ist allgemein nicht zu sagen. Sie bedeuten, wie wir hören werden, in jedem Falle etwas anderes, nur das Material an Sensationen, das sie enthalten, stammt allemal aus derselben Quelle.

Aus den Auskünften, die man durch die Psychoanalysen erhält, muß man schließen, daß auch diese Träume Eindrücke der Kinderzeit wiederholen, nämlich sich auf die Bewegungsspiele beziehen, die für das Kind eine so außerordentliche Anziehung haben. Welcher Onkel hat nicht schon ein Kind fliegen lassen, indem er, die Arme ausstreckend, durchs Zimmer mit ihm eilte, oder Fallen mit ihm gespielt, indem er es auf den Knien schaukelte und das Bein plötzlich streckte oder es hochhob und plötzlich tat, als ob er ihm die Unterstützung entziehen wollte. Die Kinder jauchzen dann und verlangen unermüdlich nach Wiederholung, besonders wenn etwas Schreck und Schwindel mit dabei ist; dann schaffen sie sich nach Jahren die Wiederholung im Traume, lassen aber im Traume die Hände weg, die sie gehalten haben, so daß sie nun frei schweben und fallen. Die Vorliebe aller kleinen Kinder für solche Spiele wie für Schaukeln und Wippen ist bekannt; wenn sie dann gymnastische Kunststücke im Zirkus sehen, wird die Erinnerung von neuem aufgefrischt. Bei manchen Knaben besteht dann der hysterische Anfall nur aus Reproduktionen solcher Kunststücke, die sie mit großer Geschicklichkeit ausführen. Nicht selten sind bei diesen an sich harmlosen Bewegungsspielen auch sexuelle Empfindungen wachgerufen worden. Um es mit einem bei uns gebräuchlichen, all diese Veranstaltungen deckenden Worte zu sagen: es ist das „Hetzen" in der Kindheit, welches die Träume vom Fliegen, Fallen, Schwindel u. dgl. wiederholen, dessen Lustgefühle jetzt in Angst verkehrt sind. Wie aber jede Mutter weiß, ist auch das Hetzen der Kinder in Wirklichkeit häufig genug in Zwist und Weinen ausgegangen.

Ich habe also guten Grund, die Erklärung abzulehnen, daß der Zustand unserer Hautgefühle während des Schlafes, die Sensationen von der Bewegung unserer Lungen u. dgl. die Träume vom Fliegen und Fallen hervorrufen. Ich sehe, daß diese Sensationen selbst aus der Erinnerung reproduziert sind, auf welche der Traum sich bezieht, daß sie also Trauminhalt sind und nicht Traumquellen.[170]

Dieses gleichartige und aus der nämlichen Quelle stammende Material von Bewegungsempfindungen wird nun zur Darstellung der allermannigfaltigsten Traumgedanken verwendet. Die meist lustbetonten Träume vom Fliegen oder Schweben erfordern die verschiedensten Deutungen, ganz spezielle bei einigen Personen, Deutungen von selbst typischer Natur bei anderen. Eine meiner Patientinnen pflegte sehr häufig zu träumen, daß sie über die Straße in einer gewissen Höhe schwebe, ohne den Boden zu berühren. Sie war sehr klein gewachsen und scheute jede Beschmutzung, die der Verkehr mit Menschen mit sich bringt. Ihr Schwebetraum erfüllte ihr beide Wünsche, indem er ihre Füße vom Erdboden abhob und ihr Haupt in höhere Regionen ragen ließ. Bei anderen Träumerinnen hatte der Fliegetraum die Bedeutung der Sehnsucht: Wenn ich ein Vöglein wär'; andere wurden so nächtlicherweise zu Engeln, in der Entbehrung, bei Tage so genannt zu werden. Die nahe Verbindung des Fliegens mit der Vorstellung des Vogels macht es verständlich, daß der Fliegetraum bei Männern meist eine grobsinnliche Bedeutung hat. Wir werden uns auch nicht verwundern zu hören, daß dieser oder jener Träumer jedesmal sehr stolz auf sein Fliegenkönnen ist.

Dr. *Paul Federn* (Wien) hat die bestechende Vermutung ausgesprochen, daß ein guter Teil dieser Fliegeträume Erektionsträume sind, da das merkwürdige und die menschliche Phantasie unausgesetzt beschäftigende Phänomen der Erektion als Aufhebung der Schwerkraft imponieren muß. (Vgl. hiezu die geflügelten Phallen der Antike.)

Es ist bemerkenswert, daß der nüchterne und eigentlich jeder Deutung abgeneigte Traumexperimentator *Mourly Vold* gleichfalls die erotische Deutung der Fliege-(Schwebe-)Träume vertritt (*Über den Traum* Bd. II, S. 791). Er nennt die Erotik das „wichtigste Motiv zum Schwebetraum", beruft sich auf das starke Vibrationsgefühl im Körper, welches diese Träume begleitet, und auf die häufige Verbindung solcher Träume mit Erektionen oder Pollutionen.

---

[170] Der Absatz über die Bewegungsträume ist des Zusammenhanges halber hier wiederholt. Vgl. S. 237 f.

Die Träume vom *Fallen* tragen häufiger den Angstcharakter. Ihre Deutung unterliegt bei Frauen keiner Schwierigkeit, da sie fast regelmäßig die symbolische Verwendung des Fallens akzeptieren, welches die Nachgiebigkeit gegen eine erotische Versuchung umschreibt. Die infantilen Quellen des Falltraumes haben wir noch nicht erschöpft; fast alle Kinder sind gelegentlich gefallen und wurden dann aufgehoben und geliebkost; wenn sie nachts aus dem Bettchen gefallen waren, von ihrer Pflegeperson in ihr Bett genommen.

Personen, die häufig vom *Schwimmen* träumen, mit großem Behagen die Wellen teilen usw., sind gewöhnlich Bettnässer gewesen und wiederholen nun im Traume eine Lust, auf die sie seit langer Zeit zu verzichten gelernt haben. Zu welcher Darstellung sich die Träume vom Schwimmen leicht bieten, werden wir bald an dem einen oder dem anderen Beispiele erfahren.

Die Deutung der Träume vom *Feuer* gibt einem Verbot der Kinderstube recht, welches die Kinder nicht „zündeln" heißt, damit sie nicht nächtlicherweile das Bett nässen sollen. Es liegt nämlich auch ihnen die Reminiszenz an die *enuresis nocturna* der Kinderjahre zugrunde. In dem *Bruchstück einer Hysterie-Analyse* (1905) habe ich die vollständige Analyse und Synthese eines solchen Feuertraumes im Zusammenhange mit der Krankengeschichte der Träumerin gegeben und gezeigt, zur Darstellung welcher Regungen reiferer Jahre sich dieses infantile Material verwenden läßt.

Man könnte noch eine ganze Anzahl von „typischen" Träumen anführen, wenn man darunter die Tatsache der häufigen Wiederkehr des gleichen manifesten Trauminhalts bei verschiedenen Träumern versteht, so z. B.: Die Träume vom Gehen durch enge Gassen, vom Gehen durch eine ganze Flucht von Zimmern, die Träume vom nächtlichen Räuber, dem auch die Vorsichtsmaßregeln der Nervösen vor dem Schlafengehen gelten, die von Verfolgung durch wilde Tiere (Stiere, Pferde) oder von Bedrohung mit Messern, Dolchen, Lanzen, die beide letztere für den manifesten Trauminhalt von Angstleidenden charakteristisch sind, u. dgl. Eine Untersuchung, die sich speziell mit diesem Material beschäftigen würde, wäre sehr dankenswert. Ich habe an ihrer Statt zwei Bemerkungen zu bieten, die sich aber nicht ausschließlich auf typische Träume beziehen.

Je mehr man sich mit der Lösung von Träumen beschäftigt, desto bereitwilliger muß man anerkennen, daß die Mehrzahl der Träume Erwachsener sexuelles Material behandelt und erotische Wünsche zum Ausdruck bringt. Nur wer wirklich Träume analysiert, d. h. vom manifesten Inhalt derselben zu den latenten Traumgedanken vordringt, kann sich ein Urteil hierüber bilden, nie wer sich damit begnügt, den manifesten Inhalt zu registrieren (wie z. B. *Näcke* in seinen Arbeiten über sexuelle Träume). Stellen wir gleich fest, daß diese Tatsache uns nichts Überraschendes bringt, sondern in voller Übereinstimmung mit unseren Grundsätzen der Traumerklärung steht. Kein anderer Trieb hat seit der Kindheit so viel Unterdrückung erfahren müssen wie der Sexualtrieb in seinen zahlreichen Komponenten[171], von keinem anderen erübrigen so viele und so starke unbewußte Wünsche, die nun im Schlafzustande traumerzeugend wirken. Man darf bei der Traumdeutung diese Bedeutung sexueller Komplexe niemals vergessen, darf sie natürlich auch nicht zur Ausschließlichkeit übertreiben.

An vielen Träumen wird man bei sorgfältiger Deutung feststellen können, daß sie selbst bisexuell zu verstehen sind, indem sie eine unabweisbare Überdeutung ergeben, in welcher sie homosexuelle, d. h. der normalen Geschlechtsbetätigung der träumenden Person entgegengesetzte Regungen realisieren. Daß aber alle Träume bisexuell zu deuten seien, wie *W. Stekel*[172] und *Alf. Adler*[173] behaupten, scheint mir eine ebenso unbeweisbare wie unwahrscheinliche Verallgemeinerung, welche ich nicht vertreten möchte. Ich wüßte vor allem den Augenschein nicht wegzuschaffen, daß es zahlreiche Träume gibt, welche andere als – im weitesten Sinne – erotische Bedürfnisse befriedigen, die Hunger- und Durstträume, Bequemlichkeitsträume usw. Auch die ähnlichen Aufstellungen, „daß hinter jedem Traum die Todesklausel zu finden sei" *(Stekel)*, daß jeder Traum ein „Fortschreiten von der weiblichen zur männlichen Linie" erkennen lasse *(Adler)*, scheinen mir das Maß des in der Traumdeutung Zulässigen weit zu überschreiten. – Die Behauptung, daß *alle Träume eine sexuelle Deutung erfordern*, gegen welche in der Literatur unermüdlich polemisiert wird, ist meiner Traumdeutung fremd. Sie ist in sieben Auflagen dieses Buches nicht zu finden und steht in greifbarem Widerspruch zu anderem Inhalt desselben.

Daß die auffällig *harmlosen* Träume durchwegs grobe erotische Wünsche verkörpern, haben wir bereits an anderer Stelle behauptet und könnten wir durch zahlreiche neue Beispiele erhärten. Aber auch viele indifferent scheinende Träume, denen man nach keiner Richtung etwas Besonderes anmerken würde, führen sich nach der Analyse auf unzweifelhaft sexuelle Wunschregungen oft unerwarteter Art zurück. Wer würde z. B. bei nachfolgendem Traume einen sexuellen Wunsch vor der Deutungsarbeit vermuten? Der Träumer erzählt: *Zwischen zwei stattlichen Palästen steht etwas zurücktretend ein kleines Häuschen, dessen Tore geschlossen sind. Meine Frau führt mich das Stück der Straße bis zu dem Häuschen hin, drückt die Tür ein, und dann schlüpfe ich rasch und leicht in das Innere eines schräg aufsteigenden Hofes.*

---

[171] Vgl. des Verf. *Drei Abhandlungen zur Sexualtheorie*, 1905.

[172] *Die Sprache des Traumes*, 1911.

[173] *Der psychische Hermaphroditismus im Leben und in der Neurose,* Fortschritte der Medizin, 1910, Nr. 16 und spätere Arbeiten im Zentralbl. PsA., I, 1910-11.

Wer einige Übung im übersetzen von Träumen hat, wird allerdings sofort daran gemahnt werden, daß das Eindringen in enge Räume, das Öffnen verschlossener Türen zur gebräuchlichsten sexuellen Symbolik gehört, und wird mit Leichtigkeit in diesem Traume eine Darstellung eines Koitusversuches von rückwärts (zwischen den beiden stattlichen Hinterbacken des weiblichen Körpers) finden. Der enge, schräg aufsteigende Gang ist natürlich die Scheide; die der Frau des Träumers zugeschobene Hilfeleistung nötigt zur Deutung, daß in Wirklichkeit nur die Rücksicht auf die Ehefrau die Abhaltung von einem solchen Versuche besorgt, und eine Erkundigung ergibt, daß am Traumtag ein junges Mädchen in den Haushalt des Träumers eingetreten ist, welches sein Wohlgefallen erregt und ihm den Eindruck gemacht hat, als würde es sich gegen eine derartige Annäherung nicht zu sehr sträuben. Das kleine Haus zwischen den zwei Palästen ist von einer Reminiszenz an den Hradschin in Prag hergenommen und weist somit auf das nämliche aus dieser Stadt stammende Mädchen hin.

Wenn ich gegen Patienten die Häufigkeit des Ödipustraumes, mit der eigenen Mutter geschlechtlich zu verkehren, betone, so bekomme ich zur Antwort: Ich kann mich an einen solchen Traum nicht erinnern. Gleich darauf steigt aber die Erinnerung an einen anderen, unkenntlichen und indifferenten Traum auf, der sich bei dem Betreffenden häufig wiederholt hat, und die Analyse zeigt, daß dies ein Traum des gleichen Inhalts, nämlich wiederum ein Ödipustraum ist. Ich kann versichern, daß die verkappten Träume vom Sexualverkehre mit der Mutter um ein Vielfaches häufiger sind als die aufrichtigen.[174]

---

[174] Ein typisches Beispiel eines solchen verkappten Ödipustraumes habe ich in Nr. 1 des Zentralblattes für Psychoanalyse veröffentlicht. (s. unten); ein anderes mit ausführlicher Deutung O. Rank ebendort Nr. 4. Über andere verkappte Ödipusträume, in denen die Symbolik des Auges hervortritt; siehe Rank (Internat. Zeitschrift für Psychoanalyse I, 1913). Daselbst auch Arbeiten über „Augenträume" und Augensymbolik von *Eder, Ferenczi, Reitler*. Die Blendung in der Ödipussage wie anderwärts als Stellvertretung der Kastration. – Den Alten war übrigens auch die symbolische Deutung der unverhüllten Ödipusträume nicht fremd. (Vgl. *O. Rank*, 1910, 534): „So ist von Julius Cäsar ein Traum vom geschlechtlichen Verkehr mit der Mutter überliefert, den die Traumdeuter als günstiges Vorzeichen für die Besitzergreifung der Erde (Mutter – Erde) auslegten. Ebenso bekannt ist das den Tarquiniern gegebene Orakel, demjenigen von ihnen werde die Herrschaft Roms zufallen, der zuerst die Mutter küsse *(osculum matri tulerit)*, was Brutus als Hinweis auf die Mutter-Erde auffaßte *(terram osculo contigit, scilicet quod ea communis mater omnium mortalium esset.* Livius I, LVI). – Vgl. hiezu den Traum des Hippias bei Herodot VI, 107: „Die Barbaren aber führte Hippias nach Marathon, nachdem er in der vergangenen Nacht folgendes Traumgesicht gehabt: Es deuchte dem Hippias, er schliefe bei seiner eigenen Mutter. Aus diesem Traume schloß er nun, er würde heimkommen nach Athen und seine Herrschaft wieder erhalten und im Vaterlande sterben in seinen alten Tagen." Diese Mythen und Deutungen weisen auf eine richtige psychologische Erkenntnis hin. Ich habe gefunden, daß die Personen, die sich von der Mutter bevorzugt oder ausgezeichnet wissen, im Leben jene besondere Zuversicht zu sich selbst, jenen unerschütterlichen

Es gibt Träume von Landschaften oder Örtlichkeiten, bei denen im Traume noch die Sicherheit betont wird: Da war ich schon einmal. Dieses *„déjà vu"* hat aber im Traum eine besondere Bedeutung. Diese Örtlichkeit ist dann immer das Genitale der Mutter; in der Tat kann man von keiner anderen mit solcher Sicherheit behaupten, daß man „dort schon einmal war". Ein einziges Mal brachte mich ein Zwangsneurotiker durch die Mitteilung eines Traumes in Verlegenheit, in dem es hieß, er besuche eine Wohnung, in der er schon zweimal gewesen sei. Gerade dieser Patient hatte mir aber längere Zeit vorher als Begebenheit aus seinem sechsten Lebensjahre erzählt, er habe damals einmal das Bett der Mutter geteilt und die Gelegenheit dazu mißbraucht, den Finger ins Genitale der Schlafenden einzuführen.

Einer großen Anzahl von Träumen, die häufig angsterfüllt sind, oft das Passieren von engen Räumen oder den Aufenthalt im Wasser zum Inhalt haben, liegen Phantasien über das Intrauterinleben, das Verweilen im Mutterleibe und den Geburtsakt zugrunde. Im folgenden gebe ich den Traum eines jungen Mannes wieder, der in der Phantasie schon die intrauterine Gelegenheit zur Belauschung eines Koitus zwischen den Eltern benutzt.

„Er befindet sich in einem tiefen Schacht, in dem ein Fenster ist wie im Semmeringtunnel. Durch dieses sieht er zuerst leere Landschaft, und dann komponiert er ein Bild hinein, welches dann auch sofort da ist und die Leere ausfüllt. Das Bild stellt einen Acker dar, der vom Instrument tief aufgewühlt wird, und die schöne Luft, die Idee der gründlichen Arbeit,

---

Optimismus bekunden, die nicht selten als heldenhaft erscheinen und den wirklichen Erfolg erzwingen.

Typisches Beispiel eines verkappten Ödipustraumes:

Ein Mann träumt: Er hat ein geheimes Verhältnis mit einer Dame, die ein anderer heiraten will. Er ist besorgt, daß dieser andere das Verhältnis entdecken könnte, so daß aus der Heirat nichts werde, und benimmt sich darum sehr zärtlich gegen den Mann; er schmiegt sich an ihn und küßt ihn. – Die Tatsachen im Leben des Träumers berühren den Inhalt dieses Traumes nur in einem Punkte. Er unterhält ein geheimes Verhältnis mit einer verheirateten Frau, und eine vieldeutige Äußerung ihres Mannes, mit dem er befreundet ist, hat den Verdacht bei ihm geweckt, daß dieser etwas gemerkt haben könnte. Aber in der Wirklichkeit spielt noch etwas anderes mit, dessen Erwähnung im Traume vermieden wird und das doch allein den Schlüssel zum Verständnis des Traumes gibt. Das Leben des Ehemannes ist durch ein organisches Leiden bedroht. Seine Frau ist auf die Möglichkeit seines plötzlichen Todes vorbereitet, und unser Träumer beschäftigt sich bewußt mit dem Vorsatze, nach dem Hinscheiden des Mannes die junge Witwe zur Frau zu nehmen. Durch diese äußere Situation findet sich der Träumer in die Konstellation des Ödipustraumes versetzt; sein Wunsch kann den Mann töten, um die Frau zum Weib zu gewinnen; sein Traum gibt diesem Wunsch in heuchlerischer Entstellung Ausdruck. Anstatt des Verheiratetseins mit dem anderen setzt er ein, daß ein anderer sie erst heiraten will, was seiner eigenen geheimen Absicht entspricht, und die feindseligen Wünsche gegen den Mann verbergen sich hinter demonstrativen Zärtlichkeiten, die aus der Erinnerung an seinen kindlichen Verkehr mit dem Vater stammen.

die dabei ist, die blauschwarzen Schollen machen einen schönen Eindruck. Dann kommt er weiter, sieht eine Pädagogik aufgeschlagen ... und wundert sich, daß den sexuellen Gefühlen (des Kindes) darin so viel Aufmerksamkeit geschenkt wird, wobei er an mich denken muß.“

Ein schöner Wassertraum einer Patientin, der zu einer besonderen Verwendung in der Kur gelangte, ist folgender:

In ihrem Sommeraufenthalt am See stürzt sie sich ins dunkle Wasser, dort, wo sich der blasse Mond im Wasser spiegelt.

Träume dieser Art sind Geburtsträume; zu ihrer Deutung gelangt man, wenn man die im manifesten Traume mitgeteilte Tatsache umkehrt, also anstatt: sich ins Wasser stürzen – aus dem Wasser herauskommen, d. h.: geboren werden.[175] Die Lokalität, aus der man geboren wird, erkennt man, wenn man an den mutwilligen Sinn von *„la lune“* im Französischen denkt. Der blasse Mond ist dann der weiße Popo, aus dem das Kind hergekommen zu sein bald errät. Was soll es nun heißen, daß die Patientin sich wünscht, in ihrem Sommeraufenthalt „geboren zu werden“? Ich befrage die Träumerin, die ohne zu zögern antwortet: Bin ich nicht durch die Kur wie neugeboren? So wird dieser Traum zur Einladung, die Behandlung an jenem Sommerorte fortzusetzen, d. h. sie dort zu besuchen; er enthält vielleicht auch eine ganz schüchterne Andeutung des Wunsches, selbst Mutter zu werden.[176]

Einen anderen Geburtraum entnehme ich samt seiner Deutung einer Arbeit von *E. Jones: „Sie stand am Meeresufer und beaufsichtigte einen kleinen Knaben, welcher der ihrige zu sein schien, während er ins Wasser watete. Dies tat er so weit, bis das Wasser ihn bedeckte, so daß sie nur noch seinen Kopf sehen konnte, wie er sich an der Oberfläche auf und nieder bewegte. Die Szene verwandelte sich dann in die gefüllte Halle eines Hotels. Ihr Gatte verließ sie, und sie trat in ein Gespräch mit einem Fremden.*

Die zweite Hälfte des Traumes enthüllte sich ohne weiteres bei der Analyse als Darstellung einer Flucht von ihrem Gatten und Anknüpfung intimer Beziehungen zu einer dritten Person. Der erste Teil des Traumes war eine offenkundige Geburtsphantasie. In den Träumen wie in der Mythologie wird die Entbindung eines Kindes aus dem Fruchtwasser gewöhnlich mittels Umkehrung als Eintritt des Kindes ins Wasser dargestellt; neben vielen anderen bieten die

---

[175] Über die mythologische Bedeutung der Wassergeburt siehe Rank: *Der Mythus von der Geburt des Helden,* 1909.

[176] Die Bedeutung der Phantasien und unbewußten Gedanken über das Leben im Mutterleibe habe ich erst spät würdigen gelernt. Sie enthalten sowohl die Aufklärung für die sonderbare Angst so vieler Menschen, lebendig begraben zu werden, als auch die tiefste unbewußte Begründung des Glaubens an ein Fortleben nach dem Tode, welches nur die Projektion in die Zukunft dieses unheimlichen Lebens vor der Geburt darstellt. Der Geburtsakt ist übrigens das erste Angsterlebnis und somit Quelle und Vorbild des Angstaffekts.

Geburt des Adonis, Osiris, Moses und Bacchus gut bekannte Beispiele hiefür. Das Auf- und Niedertauchen des Kopfes im Wasser erinnert die Patientin sogleich an die Empfindung der Kindesbewegungen, welche sie während ihrer einzigen Schwangerschaft kennengelernt hatte. Der Gedanke an den ins Wasser steigenden Knaben erweckt eine Träumerei, in welcher sie sich selbst sah, wie sie ihn aus dem Wasser herauszog, ihn in die Kinderstube führte, ihn wusch und kleidete und schließlich in ihr Haus führte.

Die zweite Hälfte des Traumes stellt also Gedanken dar, welche das Fortlaufen betreffen, das zu der ersten Hälfte der verborgenen Traumgedanken in Beziehung steht; die erste Hälfte des Traumes entspricht dem latenten Inhalt der zweiten Hälfte, der Geburtsphantasie. Außer der früher erwähnten Umkehrung greifen weitere Umkehrungen in jeder Hälfte des Traumes Platz. In der ersten Hälfte geht das Kind in das Wasser und dann baumelt sein Kopf; in den zugrundeliegenden Traumgedanken tauchen erst die Kindesbewegungen auf, und dann verläßt das Kind das Wasser (eine doppelte Umkehrung). In der zweiten Hälfte verläßt ihr Gatte sie; in den Traumgedanken verläßt sie ihren Gatten." (Übersetzt von O. Rank.)

Einen weiteren Geburtstraum erzählt *Abraham* von einer jungen, ihrer ersten Entbindung entgegensehenden Frau. Von einer Stelle des Fußbodens im Zimmer führt ein unterirdischer Kanal, direkt ins Wasser (Geburtsweg – Fruchtwasser). Sie hebt eine Klappe im Fußboden auf, und sogleich erscheint ein in einen bräunlichen Pelz gekleidetes Geschöpf, das beinahe einem Seehund gleicht. Dieses Wesen entpuppt sich als der jüngere Bruder der Träumerin, zu dem sie von jeher in einem mütterlichen Verhältnisse gestanden hatte.

Rank hat an einer Reihe von Träumen gezeigt, daß die Geburtsträume sich derselben Symbolik bedienen wie die Harnreizträume. Der erotische Reiz wird in ihnen als Harnreiz dargestellt; die Schichtung der Bedeutung in diesen Träumen entspricht einem Bedeutungswandel des Symbols seit der Kindheit.

Wir dürfen hier auf das Thema zurückgreifen, das wir (S. 212) abgebrochen hatten, auf die Rolle organischer, schlafstörender Reize für die Traumbildung. Träume, die unter diesen Einflüssen zustande gekommen sind, zeigen uns nicht nur die Wunscherfüllungstendenz und den Bequemlichkeitscharakter ganz offen, sondern sehr häufig auch eine völlig durchsichtige Symbolik, da nicht selten ein Reiz zum Erwachen führt, *dessen Befriedigung in symbolischer Einkleidung im Traume bereits vergeblich versucht worden war.* Dies gilt für die Pollutionsträume wie für die durch Harn- und Stuhldrang ausgelösten. „Der eigentümliche Charakter der Pollutionsträume gestattet uns nicht nur, gewisse, bereits als typisch erkannte, aber doch heftig bestrittene Sexualsymbole direkt zu entlarven, sondern vermag uns auch zu überzeugen, daß manche scheinbar harmlose Traumsituation auch nur das symbolische Vorspiel einer grob sexuellen Szene ist, die jedoch meistens nur in den relativ seltenen Pollutionsträumen zu direkter Darstellung gelangt, während sie oft genug in einen Angsttraum umschlägt, der gleichfalls zum Erwachen führt."

Die Symbolik der *Harnreizträume* ist besonders durchsichtig und seit jeher erraten worden. Schon Hippokrates vertrat die Auffassung, daß es eine Störung der Blase bedeutet, wenn man von Fontänen und Brunnen träumt (*H. Ellis*). *Scherner* hat die Mannigfaltigkeit der Harnreizsymbolik studiert und auch bereits behauptet, daß „der stärkere Harnreiz stets in die Reizung der Geschlechtssphäre und deren symbolische Gebilde umschlägt ... Der Harnreiztraum ist oft der Repräsentant des Geschlechtstraumes zugleich."

O. Rank, dessen Ausführungen in seiner Arbeit über die „Symbolschichtung im Wecktraum" ich hier gefolgt bin, hat es sehr wahrscheinlich gemacht, daß eine große Anzahl von „Harnreizträumen" eigentlich durch sexuellen Reiz verursacht werden, der sich zunächst auf dem Wege der Regression in der infantilen Form der Urethralerotik zu befriedigen sucht. Besonders lehrreich sind dann jene Fälle, in denen der so hergestellte Harnreiz zum Erwachen und zur Blasenentleerung führt, worauf aber trotzdem der Traum fortgesetzt wird und sein Bedürfnis nun in unverhüllten erotischen Bildern äußert.[177]

In ganz analoger Weise decken die *Darmreizträume* die dazugehörige Symbolik auf und bestätigen dabei den auch völkerpsychologisch reichlich belegten Zusammenhang von Gold und Kot.[178] „So träumt z. B. eine Frau zur Zeit, da sie wegen einer *Darmstörung* in ärztlicher Behandlung steht, von einem Schatzgräber, der in der Nähe einer kleinen Holzhütte, die wie ein ländlicher *Abort* aussieht, einen *Schatz* vergräbt. Ein zweiter Teil des Traumes hat zum Inhalt, wie sie ihrem Kind, einem kleinen Mäderl, das sich beschmutzt hat, den Hintern abwischt."

Den *Geburtsträumen* schließen sich die Träume von „*Rettungen*" an. Retten, besonders aus dem Wasser retten, ist gleichbedeutend mit gebären, wenn es von einer Frau geträumt wird, modifiziert aber diesen Sinn, wenn der Träumer ein Mann ist. (Siehe einen solchen Traum bei *Pfister: Ein Fall von psychoanalytischer*

---

[177] „Die gleichen Symboldarstellungen, die im infantilen Sinne dem vesikalen Traume zugrunde liegen, erscheinen im ‚rezenten' Sinne in exquisit sexueller Bedeutung: Wasser Urin = Sperma = Geburtswasser; Schiff = ‚schiffen' (urinieren) = Fruchtbilder (Kasten); naß werden = Enuresis = Koitus = Gravidität; schwimmen = Urinfülle = Aufenthalt des Ungeborenen; Regen = Urinieren = Befruchtungssymbol; Reisen (fahren = Aussteigen) = Aufstehen aus dem Bett = Geschlechtlich verkehren (fahren, Hochzeitsreise); Urinieren = sexuelle Entleerung (Pollution)." Rank l c.

[178] Freud, *Charakter und Analerotik*; Rank, *Die Symbolschichtung usw.*; Dattner, Internat. Zeitschrift f. PsA. I; Reik, Internat. Zeitschr. III, 1915.

Seelsorge und Seelenheilung, Evangelische Freiheit, 1909.) – Über das Symbol des „Rettens" vgl. meinen Vortrag: *Die zukünftigen Chancen der psychoanalytischen Therapie.* Zentralblatt f. Psychoanalyse Nr. 1, 1910, sowie: *Beiträge zur Psychologie des Liebeslebens, I. Über einen besonderen Typus der Objektwahl beim Manne,* Jahrbuch f. PsA., Bd. II, 1910.[179] Die Räuber, nächtlichen Einbrecher und Gespenster, vor denen man sich vor dem Zubettgehen fürchtet und die auch gelegentlich den Schlafenden heimsuchen, entstammen einer und derselben infantilen Reminiszenz. Es sind die nächtlichen Besucher, die das Kind aus dem Schlafe geweckt haben, um es auf den Topf zu setzen, damit es das Bett nicht nässe, oder die die Decke gehoben haben, um sorgsam nachzuschauen, wie es während des Schlafens die Hände hält. Aus den Analysen einiger dieser Angstträume habe ich noch die Person des nächtlichen Besuchers zur Agnoszierung bringen können. Der Räuber war jedesmal der Vater, die Gespenster werden wohl eher weiblichen Personen im weißen Nachtgewande entsprechen.

F
Beispiele – Rechnen und Reden im Traum

Ehe ich nun das vierte der die Traumbildung beherrschenden Momente an die ihm gebührende Stelle setze, will ich aus meiner Traumsammlung einige Beispiele heranziehen, welche teils das Zusammenwirken der drei uns bekannten Momente erläutern, teils Beweise für frei hingestellte Behauptungen nachtragen oder unabweisbare Folgerungen aus ihnen ausführen können. Es ist mir ja in der vorstehenden Darstellung der Traumarbeit recht schwer geworden, meine Ergebnisse an Beispielen zu erweisen. Die Beispiele für die einzelnen Sätze sind nur im Zusammenhang einer Traumdeutung beweiskräftig; aus dem Zusammenhang gerissen, büßen sie ihre Schönheit ein, und eine auch nur wenig vertiefte Traumdeutung wird bald so umfangreich, daß sie den Faden der Erörterung, zu deren Illustrierung sie dienen soll, verlieren läßt. Dieses technische Motiv mag entschuldigen, wenn ich nun allerlei aneinanderreihe, was nur durch die Beziehung auf den Text des vorstehenden Abschnittes zusammengehalten wird.

Zunächst einige Beispiele von besonders eigentümlichen oder von ungewöhnlichen Darstellungsweisen im Traume. Im Traume einer Dame heißt es: *Ein Stubenmädchen steht auf der Leiter wie zum Fensterputzen und hat einen Schimpansen*

---

[179] Ferner Rank, *Belege zur Rettungsphantasie* (Zentralblatt f. PsA., I, 1911, s. 331); Reik, *Zur Rettungssymbolik* (ebenda, S. 499); Rank, *Die „Geburts-Rettungsphantasie"* in: *Traum und Dichtung* (Internat. Zeitschr. f. PsA., II, 1914).

und eine Gorillakatze (später korrigiert: *Angorakatze*) *bei sich. Sie wirft die Tiere auf die Träumerin; der Schimpanse schmiegt sich an die letztere an, und das ist sehr ekelhaft.* Dieser Traum hat seinen Zweck durch ein höchst einfaches Mittel erreicht, indem er nämlich eine Redensart wörtlich nahm und nach ihrem Wortlaute darstellte. „Affe" wie Tiernamen überhaupt sind Schimpfwörter, und die Traumsituation besagt nichts anderes als „*mit Schimpfworten um sich werfen*". Diese selbe Sammlung wird alsbald weitere Beispiele für die Anwendung dieses einfachen Kunstgriffes bei der Traumarbeit bringen.

Ganz ähnlich verfährt ein anderer Traum: *Eine Frau mit einem Kind, das einen auffällig mißbildeten Schädel hat; von diesem Kinde hat sie gehört, daß es durch die Lage im Mutterleibe so geworden. Man könnte den Schädel, sagt der Arzt, durch Kompression in eine bessere Form bringen, allein das würde dem Gehirn schaden. Sie denkt, da es ein Bub ist, schadet es ihm weniger.* – Dieser Traum enthält die plastische Darstellung des abstrakten Begriffs: „Kindereindrücke", den die Träumerin in den Erklärungen zur Kur gehört hat.

Einen etwas anderen Weg schlägt die Traumarbeit im folgenden Beispiel ein. Der Traum enthält die Erinnerung an einen Ausflug zum Hilmteich bei Graz: *Es ist ein schreckliches Wetter draußen; ein armseliges Hotel, von den Wänden tropft das Wasser, die Betten sind feucht.* (Letzteres Stück des Inhalts ist minder direkt im Traum, als ich es bringe.) Der Traum bedeutet „*überflüssig*". Das Abstraktum, das sich in den Traumgedanken fand, ist zunächst etwas gewaltsam äquivok gemacht worden, etwa durch „überfließend" ersetzt oder durch „flüssig und überflüssig", und dann durch eine Häufung gleichartiger Eindrücke zur Darstellung gebracht. Wasser draußen, Wasser innen an den Wänden, Wasser als Feuchtigkeit in den Betten, alles flüssig und „über"flüssig. Daß zu Zwecken der Darstellung im Traume die Orthographie weit hinter dem Wortklang zurücktritt, wird uns nicht gerade wundernehmen, wenn sich z. B. der Reim ähnliche Freiheiten gestatten darf. In einem weitläufigen von *Rank* mitgeteilten und sehr eingehend analysierten Traum eines jungen Mädchens wird erzählt, daß sie zwischen Feldern spazierengeht, wo sie schöne Gerste- und Korn*ähren* abschneidet. Ein Jugendfreund kommt ihr entgegen, und sie will es vermeiden, ihn anzutreffen. Die Analyse zeigt, daß es sich um einen *Kuß in Ehren* handelt. Die Ähren, die nicht abgerissen, sondern abgeschnitten werden sollen, dienen in diesem Traum als solche und in ihrer Verdichtung mit *Ehre, Ehrungen* zur Darstellung einer ganzen Reihe von anderen Gedanken.

Dafür hat die Sprache in anderen Fällen dem Traume die Darstellung seiner Gedanken sehr leicht gemacht, da sie über eine ganze Reihe von Worten verfügt, die ursprünglich bildlich und konkret gemeint waren und gegenwärtig im abgeblaßten, abstrakten Sinne gebraucht werden. Der Traum braucht diesen Worten nur ihre frühere volle Bedeutung wiederzugeben oder in dem Bedeutungswandel des Wortes ein Stück weit herabzusteigen. Z. B., es träumt jemand, daß sein Bruder in einem *Kasten* steckt; bei der Deutungsarbeit ersetzt sich der Kasten durch einen *„Schrank"*, und der Traumgedanke lautet nun, daß dieser Bruder sich *„einschränken"* solle, an seiner Statt nämlich. Ein anderer Träumer steigt auf einen Berg, von dem aus er eine ganz außerordentlich weite *Aussicht* hat. Er identifiziert sich dabei mit einem Bruder, der eine *„Rundschau"* herausgibt, welche sich mit den Beziehungen zum fernsten Osten beschäftigt.

In einem Traum des *Grünen Heinrich* wälzt sich ein übermütiges Pferd im schönsten Hafer, von dem jedes Korn aber „ein süßer Mandelkern, eine Rosine und ein neuer Pfennig" ist, „zusammen in rote Seide gewickelt und mit einem Endchen Schweinsborste eingebunden". Der Dichter (oder der Träumer) gibt uns sofort die Deutung dieser Traumdarstellung, denn das Pferd fühlt sich angenehm gekitzelt, so daß es ruft: *Der Hafer sticht mich.*

Besonders ausgiebigen Gebrauch vom Redensart- und Wortwitztraum macht (nach *Henzen*) die altnordische Sagaliteratur, in der sich kaum ein Traumbeispiel ohne Doppelsinn oder Wortspiel findet.

Es wäre eine besondere Arbeit, solche Darstellungsweisen zu sammeln und nach den ihnen zugrundeliegenden Prinzipien zu ordnen. Manche dieser Darstellungen sind fast witzig zu nennen. Man hat den Eindruck, daß man sie niemals selbst erraten hätte, wenn der Träumer sie nicht mitzuteilen wüßte:

1) Ein Mann träumt, *man frage ihn nach einem Namen, an den er sich aber nicht besinnen könne.* Er erklärt selbst, das wolle heißen: *Es fällt mir nicht im Traume ein.*

2) Eine Patientin erzählt einen Traum, in welchem *alle handelnden Personen besonders groß waren.* Das will heißen, setzt sie hinzu, daß es sich um eine Begebenheit aus meiner frühen Kindheit handeln muß, denn damals sind mir natürlich alle Erwachsenen so ungeheuer groß erschienen. Ihre eigene Person trat in diesem Trauminhalt nicht auf.

Die Verlegung in die Kindheit wird in anderen Träumen auch anders ausgedrückt, indem Zeit in Raum übersetzt wird. Man sieht die betreffenden Personen und Szenen wie weit entfernt am Ende eines langen Weges oder so, als ob man sie mit einem verkehrt gerichteten Opernglas betrachten würde.

3) Ein im Wachleben zu abstrakter und unbestimmter Ausdrucksweise geneigter Mann, sonst mit gutem Witz begabt, träumt in gewissem Zusammenhange, *daß er auf einen Bahnhof gehe, wie eben ein Zug ankomme. Dann werde aber der Perron an den stehenden Zug angenähert,* also eine absurde Umkehrung des wirklichen Vorganges. Dieses Detail ist auch nichts anderes als ein Index, der daran mahnt, daß etwas

anderes im Trauminhalt umgekehrt werden solle. Die Analyse desselben Traumes führt zu Erinnerungen an Bilderbücher, in denen Männer dargestellt waren, die auf dem Kopfe standen und auf den Händen gingen.

4) Derselbe Träumer berichtet ein anderes Mal von einem kurzen Traum, der fast an die Technik eines Rebus erinnert. Sein Onkel gibt *ihm im Automobil einen Kuß.* Er fügt unmittelbar die Deutung hinzu, die ich nie gefunden hätte, das heiße: *Autoerotismus.* Ein Scherz im Wachen hätte ebenso lauten können.

5) Der Träumer *zieht eine Frau hinter dem Bett hervor.* Das heißt: Er gibt ihr den *Vorzug.*

6) Der Träumer sitzt *als Offizier an einer Tafel dem Kaiser gegenüber.* Er bringt sich in *Gegensatz* zum Vater.

7) Der Träumer *behandelt eine andere Person wegen eines Knochenbruches.* Die Analyse erweist diesen Bruch als Darstellung eines *Ehebruches* u. dgl.

8) Die Tageszeiten vertreten im Trauminhalt sehr häufig Lebenszeiten der Kindheit. So bedeutet z. B. um ¼ 6 Uhr früh bei einem Träumer das Alter von 5 Jahren und 3 Monaten, den bedeutungsvollen Zeitpunkt der Geburt eines jüngeren Bruders.

9) Eine andere Darstellung von Lebenszeiten im Traume: *Eine Frau geht mit zwei kleinen Mädchen, die 1¼ Jahre auseinander sind.* Die Träumerin findet keine Familie ihrer Bekanntschaft, für die das zuträfe. Sie deutet selbst, daß beide Kinder ihre eigene Person darstellen und daß der Traum sie mahnt, die beiden traumatischen Ereignisse ihrer Kindheit seien um soviel voneinander entfernt. (3½ und 4 ¾ Jahre.)

10) Es ist nicht zu verwundern, daß Personen, die in psychoanalytischer Behandlung stehen, häufig von dieser träumen und alle die Gedanken und Erwartungen, die sie erregt, im Traume ausdrücken müssen. Das für die Kur gewählte Bild ist in der Regel das einer Fahrt, meist im *Automobil,* als einem neuartigen und komplizierten Vehikel; im Hinweis auf die Schnelligkeit des Automobils kommt dann der Spott des Behandelten auf seine Rechnung. Soll das „ *Unbewußte*" als Element der Wachgedanken im Traume Darstellung finden, so ersetzt es sich ganz zweckmäßigerweise durch *„unterirdische"* Lokalitäten, die andere Male, ganz ohne Beziehung zur analytischen Kur, den Frauenleib oder den Mutterleib

bedeutet hatten. „*Unten*" im Traume bezieht sich sehr häufig auf die *Genitalien*, das gegensätzliche „*oben*" auf Gesicht, Mund oder Brust. Mit *wilden Tieren* symbolisiert die Traumarbeit in der Regel leidenschaftliche Triebe, sowohl die des Träumers als auch die anderer Personen, vor denen der Träumer sich fürchtet, also mit einer ganz geringfügigen Verschiebung die Personen selbst, welche die Träger dieser Leidenschaften sind. Von hier ist es nicht weit zu der an den Totemismus anklingenden Darstellung des gefürchteten *Vaters* durch böse Tiere, Hunde, wilde Pferde. Man könnte sagen, die wilden Tiere dienen zur Darstellung der vom Ich gefürchteten, durch Verdrängung bekämpften Libido. Auch die Neurose selbst, die „kranke Person", wird oft vom Träumer abgespalten und als selbständige Person im Traume veranschaulicht.

11) (*H. Sachs*) „Aus der *Traumdeutung* wissen wir, daß die Traumarbeit verschiedene Wege kennt, um ein Wort oder eine Redewendung sinnlich-anschaulich darzustellen. Sie kann sich z. B. den Umstand, daß der darzustellende Ausdruck zweideutig ist, zunutze machen und, den Doppelsinn als „Weiche" benutzend, statt der ersten in den Traumgedanken vorkommenden Bedeutung die zweite in den manifesten Trauminhalt aufnehmen.

Dies ist bei dem kleinen, im folgenden mitgeteilten Traume geschehen, und zwar unter geschickter Benutzung der dazu tauglichen rezenten Tageseindrücke als Darstellungsmaterial.

Ich hatte am Traumtage an einer Erkältung gelitten und deshalb am Abend beschlossen, das Bett, wenn irgend möglich, während der Nacht nicht zu verlassen. Der Traum ließ mich scheinbar nur meine Tagesarbeit fortsetzen; ich hatte mich damit beschäftigt, Zeitungsausschnitte in ein Buch zu kleben, wobei ich bestrebt war, jedem Ausschnitt den passenden Platz anzuweisen. Der Traum lautete:

Ich bemühe mich, einen Ausschnitt in das Buch zu kleben; er geht aber nicht auf die Seite, was mir großen Schmerz verursacht.

Ich erwachte und mußte konstatieren, daß der Schmerz des Traums als realer Leibschmerz andauere, der mich denn auch zwang, meinem Vorsatz untreu zu werden. Der Traum hatte mir als „Hüter des Schlafes" die Erfüllung meines Wunsches, im Bette zu bleiben, durch die Darstellung der Worte „er geht aber nicht auf die Seite" vorgetäuscht.

Man darf geradezu sagen, die Traumarbeit bediene sich zur visuellen Darstellung der Traumgedanken aller ihr zugänglichen Mittel, ob sie der Wachkritik erlaubt oder unerlaubt erscheinen mögen, und setzt sich dadurch dem Zweifel wie dem Gespött aller jener aus, die von Traumdeutung nur gehört und sie nicht selbst geübt haben. An solchen Beispielen ist besonders das Buch von *Stekel, Die*

Sprache des Traumes, reich, doch vermeide ich es, von dort die Belege zu entnehmen, weil, die Kritiklosigkeit und technische Willkür des Autors auch den nicht in Vorurteilen Befangenen unsicher machen.

12) Aus einer Arbeit von *V. Tausk, Kleider und Farben im Dienste der Traumdarstellung* (Int. Zeitschr. f. PsA. II, 1914)

a) A. träumt, *er sehe seine frühere Gouvernante im schwarzen Lüsterkleid, das über dem Gesäß straff anliegt.* – Das heißt, er erklärt diese Frau für *lüstern.*

b) C. sieht im Traum auf der *X-er Landstraße ein Mädchen, von weißem Licht umflossen und mit einer weißen Bluse bekleidet.* Der Träumer hat auf jener Landstraße mit einem Fräulein *Weiß* die ersten Intimitäten ausgetauscht.

c) Frau D. träumt, *sie sehe den alten Blasel (einen 80jährigen Wiener Schauspieler) in voller Rüstung auf dem Diwan liegen. Dann springt er über Tische und Stühle, zieht seinen Degen, sieht sich dabei im Spiegel und fuchtelt mit dem Degen in der Luft herum, als kämpfe er gegen einen eingebildeten Feind.*

Deutung: Die Träumerin hat ein altes Blasenleiden. Sie liegt bei der Analyse auf dem Diwan, und wenn sie sich im Spiegel sieht, dann kommt sie sich insgeheim trotz ihrer Jahre und ihrer Krankheit noch sehr rüstig vor.

13) Die „*große Leistung*" im Traume.

Der männliche Träumer sieht sich als *gravides Weib im Bette liegend. Der Zustand wird ihm sehr beschwerlich. Er ruft aus: Da will ich doch lieber ...* (in der Analyse ergänzt er, nach einer Erinnerung an eine Pflegeperson: Steine klopfen*). Hinter seinem Bett hängt eine Landkarte, deren unterer Rand durch eine Holzleiste gespannt erhalten wird. Er reißt diese Leiste herunter, indem er sie an beiden Enden packt, wobei sie aber nicht quer bricht, sondern in zwei Längshälften zersplittert. Damit hat er sich erleichtert und auch die Geburt befördert.*

Er deutet ohne Hilfe das Herunterreißen der *Leiste* als eine große „*Leistung*", durch welche er sich aus seiner unbehaglichen Situation (in der Kur) befreit, indem er sich aus seiner weiblichen Einstellung herausreißt ... Das absurde Detail, daß die Holzleiste nicht nur bricht, sondern der Länge nach splittert, findet seine Erklärung, indem der Träumer erinnert, daß die Verdoppelung im Verein mit der Zerstörung eine Anspielung auf die Kastration enthält. Der Traum stellt sehr häufig die Kastration im trotzigen Wunschgegensatz durch das Vorhandensein von zwei Penissymbolen dar. Die „Leiste" ist ja auch eine den Genitalien nahe liegende Körperregion. Er fügt dann die Deutung zusammen, er überwinde die Kastrationsdrohung, welche ihn in die weibliche Einstellung gebracht hat.[180]

---

[180] Internat. Zeitschr.f. PsA., II, 1914.

14) In einer von mir französisch durchgeführten Analyse ist ein Traum zu deuten, in dem ich als Elefant erscheine. Ich muß natürlich fragen, wie ich zu dieser Darstellung komme. *„Vous me trompez"*, antwortet der Träumer (trompe = Rüssel).

Der Traumarbeit gelingt oft auch die Darstellung von sehr sprödem Material, wie es etwa Eigennamen sind, durch gezwungene Verwertung sehr entlegener Beziehungen. *In einem meiner Träume hat mir der alte Brücke eine Aufgabe gestellt. Ich fertige ein Präparat an und klaube etwas heraus, was wie zerknülltes Silberpapier aussieht.* (Von diesem Traume noch später mehr.) Der nicht leicht auffindbare Einfall dazu ergibt: „Stanniol", und nun weiß ich, daß ich den Autornamen *Stannius* meine, den eine von mir in früheren Jahren mit Ehrfurcht betrachtete Abhandlung über das Nervensystem der Fische trägt. Die erste wissenschaftliche Aufgabe, die mir mein Lehrer gestellt, bezog sich wirklich auf das Nervensystem eines Fisches, des Ammocoetes. Letzterer Name war im Bilderrätsel offenbar gar nicht zu gebrauchen.

Ich will mir nicht versagen, hier noch einen Traum mit sonderbarem Inhalt einzuschalten, der auch noch als Kindertraum bemerkenswert ist und sich durch die Analyse sehr leicht aufklärt. Eine Dame erzählt: Ich kann mich erinnern, daß ich als Kind wiederholt geträumt habe, *der liebe Gott habe einen zugespitzten Papierhut auf dem Kopfe.* Einen solchen Hut pflegte man mir nämlich sehr oft bei Tische aufzusetzen, damit ich nicht auf die Teller der anderen Kinder hinschauen könne, wieviel sie von dem betreffenden Gericht bekommen haben. Da ich gehört habe, Gott sei allwissend, so bedeutet der Traum, ich wisse alles auch trotz des aufgesetzten Hutes.

Worin die Traumarbeit besteht und wie sie mit ihrem Material, den Traumgedanken, umspringt, läßt sich in lehrreicher Weise an den Zahlen und Rechnungen zeigen, die in Träumen vorkommen. Geträumte Zahlen gelten überdies dem Aberglauben als besonders verheißungsvoll. Ich werde also einige Beispiele solcher Art aus meiner Sammlung heraussuchen.

Aus dem Traum einer Dame, kurz vor Beendigung ihrer Kur:

1. *Sie will irgend etwas bezahlen; ihre Tochter nimmt ihr 3 fl. 65 kr. aus der Geldtasche; sie sagt aber: Was tust du? Es kostet ja nur 21 kr.* Dieses Stückchen Traum war mir durch die Verhältnisse der Träumerin ohne weitere Aufklärung ihrerseits verständlich. Die Dame war eine Fremde, die ihre Tochter in einem Wiener Erziehungsinstitute untergebracht hatte und die meine Behandlung fortsetzen konnte, solange ihre Tochter in Wien blieb. In drei Wochen war deren Schuljahr zu Ende, und damit endete auch die Kur. Am Tage vor dem Traum hatte ihr die Institutsvorsteherin nahegelegt, ob sie sich nicht entschließen könnte, das

Kind noch ein weiteres Jahr bei ihr zu lassen. Sie hatte dann offenbar bei sich diese Anregung dahin fortgesetzt, daß sie in diesem Falle auch die Behandlung um ein Jahr verlängern könnte. Darauf bezieht sich nun der Traum, denn ein Jahr ist gleich *365* Tagen, die drei Wochen bis zum Abschluß des Schuljahres und der Kur lassen sich ersetzen durch *21* Tage (wenngleich nicht ebenso viele Behandlungsstunden). Die Zahlen, die in den Traumgedanken bei Zeiten standen, werden im Traum Geldwerten beigesetzt, nicht ohne daß damit ein tieferer Sinn zum Ausdruck käme, denn „*Time is money*", Zeit hat Geldwert. *365* Kreuzer sind dann allerdings *3* Gulden *65* Kreuzer. Die Kleinheit der im Traum erscheinenden Summen ist offenkundige Wunscherfüllung; der Wunsch hat die Kosten der Behandlung wie des Lehrjahres im Institut verkleinert.

2. Zu komplizierteren Beziehungen führen die Zahlen in einem anderen Traum. Eine junge, aber schon seit einer Reihe von Jahren verheiratete Dame erfährt, daß eine ihr fast gleichalterige Bekannte, Elise L., sich eben verlobt hat. Daraufhin träumt sie: *Sie sitzt mit ihrem Manne im Theater, eine Seite des Parketts ist ganz unbesetzt. Ihr Mann erzählt ihr, Elise L. und ihr Bräutigam hätten auch gehen wollen, hätten aber nur schlechte Sitze bekommen, 3 für 1 fl. 50 kr., und die konnten sie ja nicht nehmen. Sie meint, es wäre auch kein Unglück gewesen.*

Woher rühren die *1 fl. 50 kr.*? Aus einem eigentlich indifferenten Anlaß des Vortages. Ihre Schwägerin hatte von ihrem Manne *150 fl.* zum Geschenk bekommen und sich beeilt, sie loszuwerden, indem sie sich einen Schmuck dafür kaufte. Wir wollen anmerken, daß 150 fl. *100mal* mehr ist als 1 fl. 50 kr. Woher die *3*, die bei den Theatersitzen steht? Dafür ergibt sich nur die eine Anknüpfung, daß die Braut um ebensoviel Monate – *drei* – jünger ist als sie. Zur Auflösung des Traumes führt dann die Erkundigung, was der Zug im Traum, daß eine Seite des Parketts leer bleibt, bedeuten kann. Derselbe ist eine unveränderte Anspielung auf eine kleine Begebenheit, die ihrem Manne guten Grund zur Neckerei gegeben hat. Sie hatte sich vorgenommen, zu einer der angekündigten Theatervorstellungen der Woche zu gehen, und war so vorsorglich, mehrere Tage vorher Karten zu nehmen, für die sie Vorkaufsgebühr zu zahlen hatte. Als sie dann ins Theater kamen, fanden sie, daß die eine Seite des Hauses fast leer war; sie hätte es *nicht* nötig gehabt, *sich so sehr zu beeilen*.

Ich werde jetzt den Traum durch die Traumgedanken ersetzen: „Ein *Unsinn* war es doch, so früh zu heiraten, ich hätte es *nicht nötig gehabt, mich so zu beeilen*. An dem Beispiele der Elise L. sehe ich, daß ich noch immer einen Mann bekommen hätte. Und zwar einen *hundertmal* besseren (Mann, Schatz), wenn ich nur *gewartet* hätte (Gegensatz zu dem *Beeilen* der Schwägerin). *Drei* solche Männer hätte ich für das Geld (die Mitgift) kaufen können!" Wir werden darauf aufmerksam, daß in diesem Traum die Zahlen in weit höherem Grade Bedeutung und Zusammenhang verändert haben als im vorher behandelten. Die Umwandlungs- und Entstellungsarbeit des Traumes ist hier ausgiebiger gewesen, was wir so deuten, daß diese Traumgedanken bis zu ihrer Darstellung ein besonders hohes Maß von innerpsychischem Widerstand zu überwinden hatten. Wir wollen auch nicht übersehen, daß in diesem Traum ein absurdes Element enthalten ist, nämlich daß *zwei* Personen *drei* Sitze nehmen sollen. Wir greifen in die Deutung der Absurdität im Traume über, wenn wir anführen, daß dieses absurde Detail des Trauminhaltes den meistbetonten der Traumgedanken darstellen soll: Ein *Unsinn* war es, so früh zu heiraten. Die in einer ganz nebensächlichen Beziehung der beiden verglichenen Personen enthaltene 3 (3 Monate Unterschied im Alter) ist dann geschickt zur Produktion des für den Traum erforderlichen Unsinns verwendet worden. Die Verkleinerung der realen 150 fl. auf 1 fl. 50 entspricht der Geringschätzung des Mannes (oder Schatzes) in den unterdrückten Gedanken der Träumerin.

3. Ein anderes Beispiel führt uns die Rechenkunst des Traumes vor, die ihm soviel Mißachtung eingetragen hat. Ein Mann träumt: *Er sitzt bei B...* (einer Familie seiner früheren Bekanntschaft) *und sagt: Es war ein Unsinn, daß Sie mir die Mali nicht gegeben haben. Darauf fragt er das Mädchen: Wie alt sind Sie denn? Antwort: Ich bin 1882 geboren. – Ah, dann sind Sie 28 Jahre alt.*

Da der Traum im Jahre 1898 vorfällt, so ist das offenbar schlecht gerechnet, und die Rechenschwäche des Träumers darf der des Paralytikers an die Seite gestellt werden, wenn sie sich etwa nicht anders aufklären läßt. Mein Patient gehörte zu jenen Personen, deren Gedanken kein Frauenzimmer, das sie sehen, in Ruhe lassen können. Seine Nachfolgerin in meinem Ordinationszimmer war einige Monate hindurch regelmäßig eine junge Dame, der er begegnete, nach der er sich häufig erkundigte und mit der er durchaus höflich sein wollte. Diese war es, deren Alter er auf *28* Jahre schätzte. Soviel zur Aufklärung des Resultats der scheinbaren Rechnung. *1882* war aber das Jahr, in dem er geheiratet hatte. Er hatte es nicht unterlassen können, auch mit den beiden anderen weiblichen Personen, die er bei mir traf, Gespräche anzuknüpfen, den beiden keineswegs jugendlichen Mädchen, die ihm abwechselnd die Tür zu öffnen pflegten, und als er die Mädchen wenig zutraulich fand, sich die Erklärung gegeben, sie hielten ihn wohl für einen älteren „*gesetzten*" Herrn.

Einen anderen Zahlentraum, der durch durchsichtige Determinierung oder vielmehr Überdeterminierung ausgezeichnet ist, verdanke ich mitsamt seiner Deutung Herrn *B. Dattner:*

„Mein Hausherr, Sicherheitswachmann in Magistratsdiensten, träumt, er stünde auf der Straße Posten, was eine Wunscherfüllung ist. Da kommt ein Inspektor auf ihn zu, der auf

dem Ringkragen die Nummer 22 und 62 oder 26 trägt. Jedenfalls aber seien mehrere Zweier darauf gewesen.

Schon die Zerteilung der Zahl *2262* bei der Wiedergabe des Traumes läßt darauf schließen, daß die Bestandteile eine gesonderte Bedeutung haben. Sie hätten gestern im Amt über die Dauer ihrer Dienstzeit gesprochen, fällt ihm ein. Ursache gab ein Inspektor, der mit *62* Jahren in Pension gegangen sei. Der Träumer hat erst *22* Dienstjahre und braucht noch *2* Jahre *2* Monate, um eine 90%ige Pension zu erreichen. Der Traum spiegelt ihm nun zuerst die Erfüllung eines langgehegten Wunsches, den Inspektorsrang, vor. Der Vorgesetzte mit der *2262* auf dem Kragen ist er selbst, er versieht seinen Dienst auf der Straße, auch ein Lieblingswunsch, hat seine *2* Jahre und *2* Monate abgedient und kann nun wie der *62*jährige Inspektor mit voller Pension aus dem Amte scheiden.“[181]

Wenn wir diese und ähnliche (später folgende) Beispiele zusammenhalten, dürfen wir sagen: Die Traumarbeit rechnet überhaupt nicht, weder richtig noch falsch; sie fügt nur Zahlen, die in den Traumgedanken vorkommen und als Anspielungen auf ein nicht darstellbares Material dienen können, in der Form einer Rechnung zusammen. Sie behandelt dabei die Zahlen in genau der nämlichen Weise als Material zum Ausdruck ihrer Absichten wie alle anderen Vorstellungen, wie auch die Namen und die als Wortvorstellungen kenntlichen Reden.

Denn die Traumarbeit kann auch keine Rede neu schaffen. Soviel von Rede und Gegenrede in den Träumen vorkommen mag, die sich sinnig oder unvernünftig sein können, die Analyse zeigt uns jedesmal, daß der Traum dabei nur Bruchstücke von wirklich geführten oder gehörten Reden den Traumgedanken entnommen hat und höchst willkürlich mit ihnen verfahren ist. Er hat sie nicht nur aus ihrem Zusammenhange gerissen und zerstückt, das eine Stück aufgenommen, das andere verworfen, sondern auch oft neu zusammengefügt, so daß die zusammenhängend scheinende Traumrede bei der Analyse in drei oder vier Brocken zerfällt. Bei dieser Neuverwendung hat er oft den Sinn, den die Worte in den Traumgedanken hatten, beiseite gelassen und dem Wortlaut einen völlig neuen Sinn abgewonnen.[182] Bei näherem Zusehen unterscheidet man an der

---

[181] Analysen von anderen Zahlenträumen siehe bei Jung, Marcinowski und anderen. Dieselben setzen oft sehr komplizierte Zahlenoperationen voraus, die aber vom Träumer mit verblüffender Sicherheit vollzogen werden. Vgl. auch Jones, *Unbewußte Zahlenbehandlung* (Zentralbl. f.PsA., II, 1912, S. 241f.).

[182] In der gleichen Weise wie der Traum verfährt auch die Neurose. Ich kenne eine Patientin, die daran leidet, daß sie Lieder oder Städte von solchen unwillkürlich und widerwillig hört (halluziniert), ohne deren Bedeutung für ihr Seelenleben verstehen zu können. Sie ist übrigens gewiß nicht paranoisch. Die Analyse zeigt dann, daß sie den Text dieser Lieder mittels gewisser Lizenzen mißbräuchlich verwendet hat. „Leise, leise, fromme Weise.“ Das bedeutet für ihr Unbewußtes: Fromme *Waise*, und diese ist sie selbst. „O du selige, o du fröhliche“ ist der

Traumrede deutlichere, kompakte Bestandteile von anderen, die als Bindemittel dienen und wahrscheinlich ergänzt worden sind, wie wir ausgelassene Buchstaben und Silben beim Lesen ergänzen. Die Traumrede hat so den Aufbau eines Brecciengesteines, in dem größere Brocken verschiedenen Materials durch eine erhärtete Zwischenmasse zusammengehalten werden.

In voller Strenge richtig ist diese Beschreibung allerdings nur für jene Reden im Traum, die etwas vom sinnlichen Charakter der Rede haben und als „Reden" beschrieben werden. Die anderen, die nicht gleichsam als gehört oder als gesagt empfunden werden (keine akustische oder motorische Mitbetonung im Traum haben), sind einfach Gedanken, wie sie in unserer wachen Denktätigkeit vorkommen und unverändert in viele Träume übergehen. Für das indifferent gehaltene Redematerial des Traumes scheint auch die Lektüre eine reich fließende und schwer zu verfolgende Quelle abzugeben. Alles aber, was im Traum als Rede irgendwie auffällig hervortritt, unterwirft sich der Zurückführung auf reale, selbst gehaltene oder gehörte Rede.

Beispiele für die Ableitung solcher Traumreden haben wir bereits bei der Analyse von Träumen gefunden, die zu anderen Zwecken mitgeteilt worden sind. So in dem „harmlosen Markttraum" auf S. 170, in dem die Rede: *Das ist nicht mehr zu haben*, dazu dient, mich mit dem Fleischhauer zu identifizieren, während ein Stück der anderen Rede: *Das kenne ich nicht, das nehme ich nicht*, geradezu die Aufgabe erfüllt, den Traum harmlos zu machen. Die Träumerin hatte nämlich am Vortage irgendwelche Zumutung ihrer Köchin mit den Worten zurückgewiesen: Das kenne ich nicht, *benehmen Sie sich anständig*, und nun von dieser Rede das indifferent klingende erste Stück in den Traum genommen, um mit ihm auf das spätere Stück anzuspielen, das in die Phantasie, welche dem Traum zugrunde lag, sehr wohl gepaßt, aber dieselbe auch verraten hätte.

Ein ähnliches Beispiel an Stelle vieler, die ja alle das nämliche ergeben:

Anfang eines Weihnachtsliedes; indem sie es nicht bis zu „Weihnachtszeit" fortsetzt, macht sie daraus ein Brautlied u. dgl. – Derselbe Entstellungsmechanismus kann sich übrigens auch ohne Halluzination im bloßen Einfall durchsetzen. Warum wird einer meiner Patienten von der Erinnerung an ein Gedicht heimgesucht, das er in jungen Jahren lernen mußte:
„Nächtlich am Busento lispeln ..."
Weil sich seine Phantasie mit einem Stück dieses Zitats:
„Nächtlich am Busen" begnügt.
Es ist bekannt, daß der parodistische Witz auf dieses Stückchen Technik nicht verzichtet hat. Die Fliegenden Blätter brachten einst unter ihren Illustrationen zu deutschen „Klassikern" auch ein Bild zum Schillerschen „Siegesfest", zu dem das Zitat vorzeitig abgeschlossen war.
„Und des frisch erkämpften Weibes / Freut sich der Atrid und strickt."
Fortsetzung:
„Um den Reiz des schönen Leibes / Seine Arme hochbeglückt."

Ein großer Hof, in dem Leichen verbrannt werden. Er sagt: Da geh' ich weg, das kann ich nicht sehen. (Keine deutliche Rede.) *Dann trifft er zwei Fleischhauerbuben und fragt: Na hat's geschmeckt? Der eine antwortet: Na, nöt gut war's. Als ob es Menschenfleisch gewesen wäre.*

Der harmlose Anlaß dieses Traumes ist folgender: Er macht nach dem Nacht-mahl mit seiner Frau einen Besuch bei den braven, aber keineswegs *appetitlichen* Nachbarsleuten. Die gastfreundliche alte Dame befindet sich eben bei ihrem Abendessen und *nötigt* ihn (man gebraucht dafür scherzhaft unter Männern ein zusammengesetztes, sexuell bedeutsames Wort), davon zu kosten. Er lehnt ab, er habe keinen Appetit mehr. *„Aber gehn S' weg, das werden Sie noch vertragen"* oder so ähnlich. Er muß also kosten und rühmt dann das Gebotene vor ihr. *„Das ist aber gut."* Mit seiner Frau wieder allein, schimpft er dann sowohl über die Aufdringlichkeit der Nachbarin als auch über die Qualität der gekosteten Speise. „Das kann ich nicht sehen", das auch im Traum nicht als eigentliche Rede auf-tritt, ist ein Gedanke, der sich auf die körperlichen Reize der einladenden Dame bezieht, und zu übersetzen wäre, daß er diese zu schauen nicht begehrt.

Lehrreicher wird sich die Analyse eines anderen Traumes gestalten, den ich wegen der sehr deutlichen Rede, die seinen Mittelpunkt bildet, schon an dieser Stelle mitteile, aber erst bei der Würdigung der Affekte im Traume aufklären werde. Ich träumte sehr klar: *Ich bin nachts ins Brückesche Laboratorium gegangen und öffne auf ein leises Klopfen an der Tür dem (verstorbenen) Professor Fleischl, der mit mehreren Fremden eintritt und sich nach einigen Worten an seinen Tisch setzt. Dann folgt ein zweiter Traum: Mein Freund Fl. ist im Juli unauffällig nach Wien gekommen; ich begegne ihm auf der Straße im Gespräch mit meinem (verstorbenen) Freunde P. und gehe mit ihnen irgendwo-hin, wo sie einander wie an einem kleinen Tisch gegenübersitzen, ich an der schmalen Seite des Tischchens vorne. Fl. erzählt von seiner Schwester und sagt: In drei viertel Stunden war sie tot, und dann etwas wie: Das ist die Schwelle. Da P. ihn nicht versteht, wendet sich Fl. an mich und fragt mich, wieviel von seinen Dingen ich P. denn mitgeteilt habe. Darauf ich, von merkwürdigen Affekten ergriffen, Fl. mitteilen will, daß P. (ja gar nichts wissen kann, weil er) gar nicht am Leben ist. Ich sage aber, den Irrtum selbst bemerkend: Non vixit. Ich sehe dann P. durchdringend an, unter meinem Blicke wird er bleich, verschwommen, seine Augen werden krankhaft blau – und endlich löst er sich auf. Ich bin ungemein erfreut darüber, verstehe jetzt, daß auch Ernst Fleischl nur eine Erscheinung, ein Revenant war, und finde es ganz wohl möglich, daß eine solche Person nur so lange besteht, als man es mag, und daß sie durch den Wunsch des anderen beseitigt werden kann.*

Dieser schöne Traum vereinigt so viele der am Trauminhalt rätselhaften Cha-raktere – die Kritik während des Traumes selbst, daß ich meinen Irrtum, *Non vixit* zu sagen anstatt *Non vivit*, selbst bemerke, den unbefangenen Verkehr mit Verstorbenen, die der Traum selbst für verstorben erklärt, die Absurdität der

Schlußfolgerung und die hohe Befriedigung, die dieselbe mir bereitet, daß ich „für mein Leben gern" die volle Lösung dieser Rätsel mitteilen möchte. Ich bin aber in Wirklichkeit unfähig, das zu tun – was ich nämlich im Traum tue –, die Rücksicht auf so teure Personen meinem Ehrgeiz aufzuopfern. Bei jeder Verhüllung wäre aber der mir wohlbekannte Sinn des Traumes zuschanden geworden. So begnüge ich mich denn, zuerst hier und dann an späterer Stelle einige Elemente des Traums zur Deutung herauszugreifen.

Das Zentrum des Traumes bildet eine Szene, in der ich P. durch einen Blick vernichte. Seine Augen werden dabei so merkwürdig und unheimlich blau, und dann löst er sich auf. Diese Szene ist die unverkennbare Nachbildung einer wirklich erlebten. Ich war Demonstrator am physiologischen Institut, hatte den Dienst in den Frühstunden, und Brücke hatte erfahren, daß ich einige Male zu spät ins Schülerlaboratorium gekommen war. Da kam er einmal pünktlich zur Eröffnung und wartete mich ab. Was er mir sagte, war karg und bestimmt; es kam aber gar nicht auf die Worte an. Das überwältigende waren die fürchterlichen blauen Augen, mit denen er mich ansah und vor denen ich verging – wie P. im Traum, der zu meiner Erleichterung die Rollen verwechselt hat. Wer sich an die bis ins hohe Greisenalter wunderschönen Augen des großen Meisters erinnern kann und ihn je im Zorn gesehen hat, wird sich in die Affekte des jugendlichen Sünders von damals leicht versetzen können.

Es wollte mir aber lange nicht gelingen, das „*Non vixit*" abzuleiten, mit dem ich im Traum jene Justiz übe, bis ich mich besann, daß diese zwei Worte nicht als gehörte oder gerufene, sondern als gesehene so hohe Deutlichkeit im Traum besessen hatten. Dann wußte ich sofort, woher sie stammten. Auf dem Postament des Kaiser-Josef-Denkmals in der Wiener Hofburg sind die schönen Worte zu lesen:

> „Saluti patriae vixit
> non diu sed totus.[183]"

Aus dieser Inschrift habe ich herausgeklaubt, was zu der einen, feindseligen Gedankenreihe in meinen Traumgedanken paßte und was heißen sollte: Der Kerl hat ja gar nichts dreinzureden, er lebt ja gar nicht. Und nun mußte ich mich erinnern, daß der Traum wenige Tage nach der Enthüllung des Fleischldenkmals in den Arkaden der Universität geträumt worden war, wobei ich das Denkmal Brückes wiedergesehen hatte und (im Unbewußten) mit Bedauern erwo-

---

[183] Die Inschrift lautet richtig: *Saluti publicae vixit non diu sed totus.* Das Motiv der Fehlleistung: *patriae* für *publicae* hat Wittels wahrscheinlich zutreffend erraten.

gen haben muß, wie mein hochbegabter und ganz der Wissenschaft ergebener Freund P. durch einen allzufrühen Tod seinen begründeten Anspruch auf ein Denkmal in diesen Räumen verloren. So setzte ich ihm dies Denkmal im Traum; mein Freund P. hieß mit dem Vornamen *Josef*.[184]

Nach den Regeln der Traumdeutung wäre ich nun noch immer nicht berechtigt, das *non vivit*, das ich brauche, durch *non vixit*, das mir die Erinnerung an das Josefsmonument zur Verfügung stellt, zu ersetzen. Ein anderes Element der Traumgedanken muß dies durch seinen Beitrag ermöglicht haben. Es heißt mich nun etwas darauf achten, daß in der Traumszene eine feindselige und eine zärtliche Gedankenströmung gegen meinen Freund P. zusammentreffen, die erstere oberflächlich, die letztere verdeckt, und in den nämlichen Worten: *Non vixit* ihre Darstellung erreichen. Weil er sich um die Wissenschaft verdient gemacht hat, errichte ich ihm ein Denkmal; aber weil er sich eines bösen Wunsches schuldig gemacht hat (der am Ende des Traumes ausgedrückt ist), darum vernichte ich ihn. Ich habe da einen Satz von ganz besonderem Klang gebildet, bei dem mich ein Vorbild beeinflußt haben muß. Wo findet sich nur eine ähnliche Antithese, ein solches Nebeneinanderstellen zweier entgegengesetzter Reaktionen gegen dieselbe Person, die beide den Anspruch erheben, voll berechtigt zu sein, und doch einander nicht stören wollen? An einer einzigen Stelle, die sich aber dem Leser tief einprägt; in der Rechtfertigungsrede des Brutus in *Shakespeares Julius Cäsar*: „Weil Cäsar mich liebte, wein' ich um ihn; weil er glücklich war, freue ich mich; weil er tapfer war, ehr' ich ihn, aber weil er herrschsüchtig war, erschlug ich ihn." Ist das nicht der nämliche Satzbau und Gedankengegensatz wie in dem Traumgedanken, den ich aufgedeckt habe? Ich spiele also den Brutus im Traum. Wenn ich nur von dieser überraschenden Kollateralverbindung noch eine andere bestätigende Spur im Trauminhalt auffinden könnte! Ich denke, dies könnte folgende sein: Mein Freund Fl. kommt im *Juli* nach Wien. Diese Einzelheit findet gar keine Stütze in Wirklichkeit. Mein Freund ist im Monat *Juli* meines Wissens niemals in Wien gewesen. Aber der Monat *Juli* ist nach *Julius Cäsar* benannt und könnte darum sehr wohl die von mir gesuchte Anspielung auf den Zwischengedanken, daß ich den Brutus spiele, vertreten.[185]

Merkwürdigerweise habe ich nun wirklich einmal den Brutus gespielt. Ich habe die Szene Brutus und Cäsar aus *Schillers* Gedichten vor einem Auditorium von Kindern aufgeführt, und zwar als vierzehnjähriger Knabe im Verein mit

---

[184] Als Beitrag zur Überdeterminierung: Meine Entschuldigung für mein Zuspätkommen lag darin, daß ich nach langer Nachtarbeit am Morgen den weiten Weg von der Kaiser Josef-Straße in die Währinger Straße zu machen hatte.

[185] Dazu noch Cäsar – Kaiser.

meinem um ein Jahr älteren Neffen, der damals aus England zu uns gekommen war – auch so ein Revenant –, denn es war der Gespiele meiner ersten Kinderjahre, der mit ihm wieder auftauchte. Bis zu meinem vollendeten dritten Jahre waren wir unzertrennlich gewesen, hatten einander geliebt und miteinander gerauft, und diese Kinderbeziehung hat, wie ich schon einmal angedeutet, über all meine späteren Gefühle im Verkehr mit Altersgenossen entschieden. Mein Neffe John hat seither sehr viele Inkarnationen gefunden, die bald diese, bald jene Seite seines in meiner unbewußten Erinnerung unauslöschlich fixierten Wesens wiederbelebten. Er muß mich zeitweilig sehr schlecht behandelt haben, und ich muß Mut bewiesen haben gegen meinen Tyrannen, denn es ist mir in späteren Jahren oft eine kurze Rechtfertigungsrede wiedererzählt worden, mit der ich mich verteidigte, als mich der Vater – sein Großvater – zur Rede stellte: Warum schlägst du John? Sie lautete in der Sprache des noch nicht Zweijährigen: *Ich habe ihn ge(sch)lagt, weil er mich ge(sch)lagt hat.* Diese Kinderszene muß es sein, die *non vivit* zum *non vixit* ablenkt, denn in der Sprache späterer Kinderjahre heißt ja das *Schlagen – Wichsen*; die Traumarbeit verschmäht es nicht, sich solcher Zusammenhänge zu bedienen. Die in der Realität so wenig begründete Feindseligkeit gegen meinen Freund P., der mir vielfach überlegen war und darum auch eine Neuausgabe des Kindergespielen abgeben konnte, geht sicherlich auf die komplizierte infantile Beziehung zu John zurück.

Ich werde also auf diesen Traum noch zurückkommen.

G
Absurde Träume – Die intellektuellen Leistungen im Traum

Bei unseren bisherigen Traumdeutungen sind wir so oft auf das Element der *Absurdität* im Trauminhalt gestoßen, daß wir die Untersuchung nicht länger aufschieben wollen, woher dasselbe rührt und was es etwa bedeutet. Wir erinnern uns ja, daß die Absurdität der Träume den Gegnern der Traumschätzung ein Hauptargument bot, um im Traum nichts anderes als ein sinnloses Produkt einer reduzierten und zerbröckelten Geistestätigkeit zu sehen.

Ich beginne mit einigen Beispielen, in denen die Absurdität des Trauminhalts nur ein Anschein ist, der bei besserer Vertiefung in den Sinn des Traumes sofort verschwindet. Es sind einige Träume, die – wie man zuerst meint, zufällig – vom toten Vater handeln.

I

Der Traum eines Patienten, der seinen Vater vor sechs Jahren verloren:
Dem Vater ist ein großes Unglück widerfahren. Er ist mit dem Nachtzug gefahren, da ist eine Entgleisung erfolgt, die Sitze sind zusammengekommen, und ihm ist der Kopf quer zusammengedrückt worden. Er sieht ihn dann auf dem Bette liegen, mit einer Wunde über dem Augenbrauenrand links, die vertikal verläuft. Er wundert sich darüber, daß der Vater verunglückt ist (da er doch schon tot ist, wie er bei der Erzählung ergänzt). Die Augen sind so klar.

Nach der herrschenden Beurteilung der Träume hätte man sich diesen Trauminhalt so aufzuklären: Der Träumer hat zuerst, während er sich den Unfall seines Vaters vorstellt, vergessen, daß dieser schon seit Jahren im Grabe ruht; im weiteren Verlaufe des Träumens wacht diese Erinnerung auf und bewirkt, daß er sich über den eigenen Traum noch selbst träumend verwundert. Die Analyse lehrt aber, daß es vor allem überflüssig ist, nach solchen Erklärungen zu greifen. Der Träumer hatte bei einem Künstler eine *Büste* des Vaters bestellt, die er zwei Tage vor dem Traume in Augenschein genommen hat. Diese ist es, die ihm *verunglückt* vorkommt. Der Bildhauer hat den Vater nie gesehen, er arbeitet nach ihm vorgelegten Photographien. Am Tage vor dem Traume selbst hat der pietätvolle Sohn einen alten Diener der Familie ins Atelier geschickt, ob auch der dasselbe Urteil über den marmornen Kopf fällen wird, nämlich, daß *er zu schmal in der Querrichtung* von Schläfe zu Schläfe ausgefallen ist. Nun folgt das Erinnerungsmaterial, das zum Aufbau dieses Traums beigetragen hat. Der Vater hatte die Gewohnheit, wenn geschäftliche Sorgen oder Schwierigkeiten in der Familie ihn quälten, sich beide Hände gegen die Schläfen zu drücken, als ob er seinen Kopf, der ihm zu weit würde, zusammenpressen wollte. – Als Kind von vier Jahren war unser Träumer zugegen, wie das Losgehen einer zufällig geladenen Pistole dem Vater die Augen schwärzte (*die Augen sind so klar*). – An der Stelle, wo der Traum die Verletzung des Vaters zeigt, trug der Lebende, wenn er nachdenklich oder traurig war, eine tiefe Längsfurche zur Schau. Daß diese Furche im Traum durch eine Wunde ersetzt ist, deutet auf die zweite Veranlassung des Traumes hin. Der Träumer hatte sein kleines Töchterchen photographiert; die Platte war ihm aus der Hand gefallen und zeigte, als er sie aufhob, einen Sprung, der wie eine senkrechte Furche über die Stirne der Kleinen lief und bis zum Augenbrauenbogen reichte. Da konnte er sich abergläubischer Ahnungen nicht erwehren, denn einen Tag vor dem Tode der Mutter war ihm die photographische Platte mit deren Abbild gesprungen.

Die Absurdität dieses Traumes ist also bloß der Erfolg einer Nachlässigkeit des sprachlichen Ausdrucks, der die Büste und die Photographie von der Person nicht unterscheiden will. Wir sind alle gewöhnt, so zu reden: Findest du den Vater nicht getroffen? Freilich wäre der Anschein der Absurdität in diesem Traume leicht zu vermeiden gewesen. Wenn man schon nach einer einzigen Erfahrung urteilen dürfte, so möchte man sagen, dieser Anschein von Absurdität ist ein zugelassener oder gewollter.

II

Ein zweites, ganz ähnliches Beispiel aus meinen eigenen Träumen: (Ich habe meinen Vater im Jahre 1896 verloren.)

Der Vater hat nach seinem Tode eine politische Rolle bei den Magyaren gespielt, sie politisch geeinigt, wozu ich ein kleines undeutliches Bild sehe: *eine Menschenmenge wie im Reichstag; eine Person, die auf einem oder zwei Stühlen steht, andere um ihn herum. Ich erinnere mich daran, daß er auf dem Totenbette Garibaldi so ähnlich gesehen hat, und freue mich, daß diese Verheißung doch wahr geworden ist.*

Das ist doch absurd genug. Es ist zur Zeit geträumt, da die Ungarn durch parlamentarische *Obstruktion* in den gesetzlosen Zustand gerieten und jene Krise durchmachten, aus der Koloman Széll sie befreite. Der geringfügige Umstand, daß die im Traum gesehene Szene aus so kleinen Bildern besteht, ist nicht ohne Bedeutung für die Aufklärung dieses Elements. Die gewöhnliche visuelle Traumdarstellung unserer Gedanken ergibt Bilder, die uns etwa den Eindruck der Lebensgröße machen; mein Traumbild ist aber die Reproduktion eines in den Text einer illustrierten Geschichte Österreichs eingeschobenen Holzschnittes, der Maria Theresia auf dem Reichstage von Preßburg darstellt, die berühmte Szene des *„Moriamur pro rege nostro“.*[186] Wie dort Maria Theresia, so steht im Traume der Vater von der Menge umringt; er steht aber auf einem oder zwei Stühlen, also als *Stuhlrichter.* (Er hat sie geeinigt: – hier vermittelt die Redensart: Wir werden *keinen* Richter brauchen.) Daß er auf dem Totenbette Garibaldi so ähnlich sah, haben wir Umstehenden wirklich alle bemerkt. Er hatte *postmortale* Temperatursteigerung, seine Wangen glühten rot und röter ... unwillkürlich setzen wir fort:

> „Und hinter ihm, in wesenlosem Scheine lag,
> was uns alle bändigt, das Gemeine.“

---

[186] Ich weiß nicht mehr, bei welchem Autor ich einen Traum erwähnt gefunden habe, in dem es von ungewöhnlich kleinen Gestalten wimmelte und als dessen Quelle sich einer der Stiche Jacques Callots herausstellte, die der Träumer bei Tag betrachtet hatte. Diese Stiche enthalten allerdings eine Unzahl sehr kleiner Figuren; eine Reihe derselben behandelt die Greuel des Dreißigjährigen Krieges.

Diese Erhebung unserer Gedanken bereitet uns darauf vor, daß wir gerade mit dem „Gemeinen" zu tun bekommen sollen. Das *„postmortale"* der Temperaturerhöhung entspricht den Worten *„nach seinem Tode"* im Trauminhalt. Das Quälendste seiner Leiden war die völlige Darmlähmung (*Obstruktion*) der letzten Wochen gewesen. An diese knüpfen allerlei unehrerbietige Gedanken an. Einer meiner Altersgenossen, der seinen Vater noch als Gymnasiast verlor, bei welchem Anlaß ich ihm dann tief erschüttert meine Freundschaft antrug, erzählte mir einmal höhnend von dem Schmerz einer Verwandten, deren Vater auf der Straße gestorben und nach Hause gebracht worden war, wo sich dann bei der Entkleidung der Leiche fand, daß im Moment des Todes oder *postmortal* eine *Stuhlentleerung* stattgefunden hatte. Die Tochter war so tief unglücklich darüber, daß ihr dieses häßliche Detail die Erinnerung an den Vater stören mußte. Hier sind wir nun zu dem Wunsch vorgedrungen, der sich in diesem Traume verkörpert. *Nach seinem Tode rein und groß vor seinen Kindern dastehen,* wer möchte das nicht wünschen? Wohin ist die Absurdität dieses Traumes geraten? Ihr Anschein ist nur dadurch zustande gekommen, daß eine völlig zulässige Redensart, bei welcher wir gewöhnt sind, über die Absurdität hinwegzusehen, die zwischen ihren Bestandteilen vorhanden sein mag, im Traume getreulich dargestellt wird. Auch hier können wir den Eindruck nicht abweisen, daß der Anschein der Absurdität ein gewollter, absichtlich hervorgerufener ist.

Die Häufigkeit, mit welcher im Traume tote Personen wie lebend auftreten, handeln und mit uns verkehren, hat eine ungebührliche Verwunderung hervorgerufen und sonderbare Erklärungen erzeugt, aus denen unser Unverständnis für den Traum sehr auffällig erhellt. Und doch ist die Aufklärung dieser Träume eine sehr naheliegende. Wie oft kommen wir in die Lage, uns zu denken: *Wenn* der Vater noch leben würde, was würde er dazu sagen? Dieses *Wenn* kann der Traum nicht anders darstellen als durch die Gegenwart in einer bestimmten Situation. So träumt z. B. ein junger Mann, dem sein Großvater ein großes Erbe hinterlassen hat, bei einer Gelegenheit von Vorwurf wegen einer bedeutenden Geldausgabe, der Großvater sei wieder am Leben und fordere Rechenschaft von ihm. Was wir für die Auflehnung gegen den Traum halten, der Einspruch aus unserem besseren Wissen, daß der Mann doch schon gestorben sei, ist in Wirklichkeit der Trostgedanke, daß der Verstorbene das nicht zu erleben brauchte, oder die Befriedigung darüber, daß er nichts mehr dreinzureden hat.

Eine andere Art von Absurdität, die sich in Träumen von toten Angehörigen findet, drückt nicht Spott und Hohn aus, sondern dient der äußersten Ablehnung, der Darstellung eines verdrängten Gedankens, den man gerne als das Allerundenkbarste hinstellen möchte. Träume dieser Art erscheinen nur auflösbar, wenn man sich erinnert, daß der Traum zwischen Gewünschtem und

Realem keinen Unterschied macht. So träumt z. B. ein Mann, der seinen Vater in dessen Krankheit gepflegt und unter dessen Tod schwer gelitten hatte, eine Zeit nachher folgenden unsinnigen Traum: *Der Vater war wieder am Leben und sprach mit ihm wie sonst, aber* (das Merkwürdige war)*, er war doch gestorben und wußte es nur nicht.* Man versteht diesen Traum, wenn man nach „er war doch gestorben" einsetzt: infolge des Wunsches des Träumers und zu „er wußte es nicht" ergänzt: daß der Träumer diesen Wunsch hatte. Der Sohn hatte während der Krankenpflege wiederholt den Vater tot gewünscht, d. h. den eigentlich erbarmungsvollen Gedanken gehabt, der Tod möge doch endlich dieser Qual ein Ende machen. In der Trauer nach dem Tode wurde selbst dieser Wunsch des Mitleidens zum unbewußten Vorwurf, als ob er durch ihn wirklich beigetragen hätte, das Leben des Kranken zu verkürzen. Durch Erweckung der frühesten infantilen Regungen gegen den Vater wurde es möglich, diesen Vorwurf als Traum auszudrücken, aber gerade wegen der weltenweiten Gegensätzlichkeit zwischen dem Traumerreger und dem Tagesgedanken mußte dieser Traum so absurd ausfallen.[187]

Die Träume von geliebten Toten stellen der Traumdeutung überhaupt schwierige Aufgaben, deren Lösung nicht immer befriedigend gelingt. Den Grund hiefür mag man in der besonders stark ausgeprägten Gefühlsambivalenz suchen, welche das Verhältnis des Träumers zum Toten beherrscht. Es ist sehr gewöhnlich, daß in solchen Träumen der Verstorbene zunächst als lebend behandelt wird, daß es dann plötzlich heißt, er sei tot, und daß er in der Fortsetzung des Traumes doch wieder lebt. Das wirkt verwirrend. Ich habe endlich erraten, daß dieser Wechsel von Tod und Leben die *Gleichgültigkeit* des Träumers darstellen soll („Es ist mir dasselbe, ob er lebt oder gestorben ist"). Natürlich ist diese Gleichgültigkeit keine reale, sondern eine gewünschte, sie soll die sehr intensiven, oft gegensätzlichen Gefühlseinstellungen des Träumers verleugnen helfen und wird so zur Traumdarstellung seiner *Ambivalenz.* Für andere Träume, in denen man mit Toten verkehrt, hat oft folgende Regel orientierend gewirkt: Wenn im Traume nicht daran gemahnt wird, daß der Tote – tot ist, so stellt sich der Träumer dem Toten gleich, er träumt von seinem eigenen Tod. Die plötzlich im Traume auftretende Besinnung oder Verwunderung: Aber, der ist ja längst gestorben, ist eine Verwahrung gegen diese Gemeinschaft und lehnt die Todesbedeutung für den Träumer ab. Aber ich gestehe den Eindruck zu, daß die Traumdeutung Träumen dieses Inhalts noch lange nicht alle ihre Geheimnisse entlockt hat.

---

[187] Vgl. hierzu *Formulierungen über die zwei Prinzipien des psychischen Geschehens,* Jahrbuch f. PsA., III, 1911.

III

In dem Beispiel, das ich jetzt ausführe, kann ich die Traumarbeit dabei ertappen, wie sie eine Absurdität, zu der im Material gar kein Anlaß ist, absichtlich fabriziert. Es stammt aus dem Traume, den mir die Begegnung mit dem Grafen Thun vor meiner Ferialreise eingegeben hat. *„Ich fahre in einem Einspänner und gebe Auftrag, zu einem Bahnhof zu fahren. ‚Auf der Bahnstrecke selbst kann ich natürlich nicht mit Ihnen fahren', sage ich, nachdem er einen Einwand gemacht, als ob ich ihn übermüdet hätte; dabei ist es so, als wäre ich schon eine Strecke mit ihm gefahren, die man sonst mit der Bahn fährt."* Zu dieser verworrenen und unsinnigen Geschichte gibt die Analyse folgende Aufklärungen: Ich hatte am Tage einen Einspänner genommen, der mich nach Dornbach in eine entlegene Straße führen sollte. Er kannte aber den Weg nicht und fuhr nach Art dieser guten Leute immer weiter, bis ich es merkte und ihm den Weg zeigte, wobei ich ihm einige spöttische Bemerkungen nicht ersparte. Von diesem Kutscher spinnt sich eine Gedankenverbindung zu den Aristokraten an, mit der ich später noch zusammentreffen werde. Vorläufig nur die Andeutung, daß uns bürgerlichem Plebs die Aristokratie dadurch auffällig wird, daß sie sich mit Vorliebe an die Stelle des Kutschers setzt. Graf Thun lenkt ja auch den Staatswagen von Österreich. Der nächste Satz im Traum bezieht sich aber auf meinen Bruder, den ich also mit dem Einspännerkutscher identifiziere. Ich hatte ihm heuer die gemeinsame Italienfahrt abgesagt (*„Auf der Bahnstrecke selbst kann ich mit ihnen nicht fahren."*), und diese Absage war eine Art Bestrafung für seine sonstige Klage, daß ich ihn auf diesen Reisen zu *übermüden* pflege (was unverändert in den Traum gelangt), indem ich ihm zu rasche Ortsveränderung, zuviel des Schönen an einem Tage, zumute. Mein Bruder hatte mich an diesem Abend zum Bahnhof begleitet, war aber kurz vorher bei der Stadtbahnstation Westbahnhof ausgesprungen, um mit der Stadtbahn nach Purkersdorf zu fahren. Ich hatte ihm bemerkt, er könne noch eine Weile länger bei mir bleiben, indem er nicht mit der Stadtbahn, sondern mit der Westbahn nach Purkersdorf fahre. Davon ist in den Traum gekommen, daß ich mit dem *Wagen* eine Strecke gefahren bin, *die man sonst mit der Bahn fährt*. In Wirklichkeit war es umgekehrt (und *„Umgekehrt ist auch gefahren"*); ich hatte meinem Bruder gesagt: Die Strecke, die du mit der Stadtbahn fährst, kannst du auch in meiner Gesellschaft in der Westbahn fahren. Die ganze Traumverwirrung richte ich dadurch an, daß ich anstatt „Stadtbahn" – „Wagen" in den Traum einsetze, was allerdings zur Zusammenziehung des Kutschers mit dem Bruder gute Dienste leistet. Dann bekomme ich im Traume etwas Unsinniges heraus, was bei der Erklärung kaum entwirrbar scheint, und beinahe einen Widerspruch mit einer früheren Rede von mir (*„Auf der Bahnstrecke selbst kann ich mit Ihnen nicht fahren"*) herstellt. Da ich aber Stadtbahn und Einspännerwagen überhaupt nicht zu verwechseln brauche, muß ich diese ganze rätselhafte Geschichte im Traum absichtlich so gestaltet haben.

In welcher Absicht aber? Wir sollen nun erfahren, was die Absurdität im Traume bedeutet und aus welchen Motiven sie zugelassen oder geschaffen wird. Die Lösung des Geheimnisses im vorliegenden Falle ist folgende: Ich brauche im Traume eine Absurdität und etwas Unverständliches in Verbindung mit dem „Fahren", weil ich in den Traumgedanken ein gewisses Urteil habe, das nach Darstellung verlangt. An einem Abende bei jener gastfreundlichen und geistreichen Dame, die in einer anderen Szene des nämlichen Traumes als „Haushälterin" auftritt, hatte ich zwei Rätsel gehört, die ich nicht auflösen konnte. Da sie der übrigen Gesellschaft bekannt waren, machte ich mit meinen erfolglosen Bemühungen, die Lösung zu finden, eine etwas lächerliche Figur. Es waren zwei Äquivoke mit „Nachkommen" und „Vorfahren". Sie lauteten, glaube ich, so:

> „Der Herr befiehlt's,
> Der Kutscher tut's.
> Ein jeder hat's,
> Im Grabe ruht's." (*Vorfahren.*)

Verwirrend wirkte es, daß das zweite Rätsel zur einen Hälfte identisch mit dem ersten war:

> „Der Herr befiehlt's,
> Der Kutscher tut's.
> Nicht jeder hat's,
> In der Wiege ruht's." (*Nachkommen.*)

Als ich nun den Grafen Thun so großmächtig *vorfahren* sah, in die Figaro-Stimmung geriet, die das Verdienst der hohen Herren darin findet, daß sie sich die Mühe gegeben haben, geboren zu werden (*Nachkommen* zu sein), wurden diese beiden Rätsel zu Zwischengedanken für die Traumarbeit. Da man Aristokraten leicht mit Kutschern verwechseln kann und man dem Kutscher früher einmal in unseren Landen „Herr Schwager" zu sagen pflegte, konnte die Verdichtungsarbeit meinen Bruder in dieselbe Darstellung einbeziehen. Der Traumgedanke aber, der dahinter gewirkt hat, lautet: *Es ist ein Unsinn, auf seine Vorfahren stolz zu sein. Lieber bin ich selber ein Vorfahr, ein Ahnherr.* Wegen dieses Urteils: Es ist ein Unsinn, also der Unsinn im Traum. Jetzt löst sich wohl auch das letzte Rätsel dieser dunklen Traumstelle, daß ich mit dem Kutscher schon *vorher gefahren*, mit ihm schon *vorgefahren*.

Der Traum wird also dann absurd gemacht, wenn in den Traumgedanken als eines der Elemente des Inhalts das Urteil vorkommt: Das *ist ein Unsinn*, wenn überhaupt Kritik und Spott einen der unbewußten Gedankenzüge des Träumers motivieren. Das Absurde wird somit eines der Mittel, durch welches die Traumarbeit den Widerspruch darstellt, wie die Umkehrung einer Materialbeziehung zwischen Traumgedanken und Trauminhalt, wie die Verwertung der motorischen Hemmungsempfindung. Das Absurde des Traumes ist aber nicht mit einem einfachen „Nein" zu übersetzen, sondern soll die Disposition der Traumgedanken wiedergeben, gleichzeitig mit dem Widerspruch zu höhnen oder zu lachen. Nur in dieser Absicht liefert die Traumarbeit etwas Lächerliches. Sie verwandelt hier wiederum *ein Stück des latenten Inhalts in eine manifeste Form.*[188]

Eigentlich sind wir einem überzeugenden Beispiel von solcher Bedeutung eines absurden Traumes schon begegnet. Jener ohne Analyse gedeutete Traum von der Wagner-Vorstellung, die bis morgens ¾ 8 Uhr dauert, bei der das Orchester von einem Turme aus dirigiert wird usw. will offenbar besagen: Das ist eine *verdrehte* Welt und eine *verrückte* Gesellschaft. Wer's verdient, den trifft es nicht, und wer sich nichts daraus macht, der hat's, womit sie ihr Schicksal im Vergleich zu dem ihrer Cousine meint. Daß sich uns Beispiele für die Absurdität der Träume zunächst solche vom toten Vater dargeboten haben, ist auch keineswegs ein Zufall. Hier finden sich die Bedingungen für die Schöpfungen absurder Träume in typischer Weise zusammen. Die Autorität, die dem Vater eigen ist, hat frühzeitig die Kritik des Kindes hervorgerufen; die strengen Anforderungen, die er gestellt, haben das Kind veranlaßt, zu seiner Erleichterung auf jede Schwäche des Vaters scharf zu achten; aber die Pietät, mit der die Person des Vaters besonders nach seinem Tode für unser Denken umgeben ist, verschärft die Zensur, welche die Äußerungen dieser Kritik vom Bewußtwerden abdrängt.

IV

Ein neuer absurder Traum vom toten Vater:

Ich erhalte eine Zeitschrift vom Gemeinderat meiner Geburtsstadt, betreffend die Zahlungskosten für eine Unterbringung im Spital im Jahre 1851, die wegen eines Anfalls bei mir notwendig war. Ich mache mich darüber lustig, denn erstens war ich 1851 noch nicht am Leben, zweitens ist mein Vater, auf den es sich beziehen kann, schon tot. Ich gehe zu ihm ins Nebenzimmer, wo er auf dem Bette liegt, und erzähle es ihm. Zu meiner Überraschung

---

[188] Die Traumarbeit parodiert also den ihr als lächerlich bezeichneten Gedanken, indem sie etwas Lächerliches in Beziehung mit ihm erschafft. So ähnlich verfährt Heine, wenn er die schlechten Verse des Bayerkönigs verspotten will. Er tut es in noch schlechteren: Herr Ludwig ist ein großer Poet, / Und singt er, so stürzt Apollo / Vor ihm auf die Knie und bittet und fleht, / „Halt ein, ich werde sonst toll, oh."

erinnert er sich, daß er damals 1851 einmal betrunken war und eingesperrt oder verwahrt werden mußte. Es war, als er für das Haus T... gearbeitet. Du hast also auch getrunken, frage ich. Bald darauf hast du geheiratet? Ich rechne, daß ich ja 1856 geboren bin, was mir als unmittelbar folgen vorkommt.

Die Aufdringlichkeit, mit welcher dieser Traum seine Absurditäten zur Schau trägt, werden wir nach den letzten Erörterungen nur als ein Zeichen einer besonders erbitterten und leidenschaftlichen Polemik in den Traumgedanken übersetzen. Mit um so größerer Verwunderung konstatieren wir aber, daß in diesem Traum die Polemik offen betrieben und der Vater als diejenige Person bezeichnet ist, die zum Ziele des Gespötts gemacht wird. Solche Offenheit scheint unseren Voraussetzungen über die Zensur bei der Traumarbeit zu widersprechen. Zur Aufklärung dient aber, daß hier der Vater nur eine vorgeschobene Person ist, während der Streit mit einer anderen geführt wird, die im Traume durch eine einzige Anspielung zum Vorschein kommt. Während sonst der Traum von Auflehnung gegen andere Personen handelt, hinter denen sich der Vater verbirgt, ist es hier umgekehrt; der Vater wird ein Strohmann zur Deckung anderer, und der Traum darf darum so unverhüllt sich mit seiner sonst geheiligten Person beschäftigen, weil dabei ein sicheres Wissen mitspielt, daß er nicht in Wirklichkeit gemeint ist. Man erfährt diesen Sachverhalt aus der Veranlassung des Traums. Er erfolgte nämlich, nachdem ich gehört hatte, ein älterer Kollege, dessen Urteil für unantastbar gilt, äußere sich abfällig und verwundert darüber, daß einer meiner Patienten die psychoanalytische Arbeit bei mir jetzt schon ins *fünfte Jahr* fortsetze. Die einleitenden Sätze des Traumes deuten in durchsichtiger Verhüllung darauf hin, daß dieser Kollege eine Zeitlang die Pflichten übernommen, die der Vater nicht mehr erfüllen konnte (*Zahlungskosten, Unterbringung im Spitale*); und als unsere freundschaftlichen Beziehungen sich zu lösen begannen, geriet ich in denselben Empfindungskonflikt, der im Falle einer Mißhelligkeit zwischen Vater und Sohn durch die Rolle und die früheren Leistungen des Vaters erzwungen wird. Die Traumgedanken wehren sich nun erbittert gegen den Vorwurf, daß ich *nicht schneller vorwärtskomme*, der von der Behandlung dieses Patienten her sich dann auch auf anderes erstreckt. Kennt er denn jemanden, der das schneller machen kann? Weiß er nicht, daß Zustände dieser Art sonst überhaupt unheilbar sind und lebenslange dauern? Was sind *vier* bis fünf *Jahre* gegen die Dauer eines ganzen Lebens, zumal wenn dem Kranken die Existenz während der Behandlung so sehr erleichtert worden ist?

Das Gepräge der Absurdität wird in diesem Traume zum guten Teile dadurch erzeugt, daß Sätze aus verschiedenen Gebieten der Traumgedanken ohne vermittelnden Übergang aneinandergereiht werden. So verläßt der Satz: *Ich gehe zu ihm ins Nebenzimmer* usw., das Thema, aus dem die vorigen Sätze geholt sind, und reproduziert getreulich die Umstände, unter denen ich dem Vater meine eigenmächtige Verlobung mitgeteilt habe. Er will mich also an die vornehme Uneigennützigkeit mahnen, die der alte Mann damals bewies, und diese in Gegensatz zu dem Benehmen eines anderen, einer neuen Person, bringen. Ich merke hier, daß der Traum darum den Vater verspotten darf, weil dieser in den Traumgedanken in voller Anerkennung anderen als Muster vorgehalten wird. Es liegt im Wesen jeder Zensur, daß man von den unerlaubten Dingen das, was unwahr ist, eher sagen darf als die Wahrheit. Der nächste Satz, daß er sich erinnert, *einmal betrunken und darum eingesperrt* gewesen zu sein, enthält nichts mehr, was sich in der Realität auf den Vater bezieht. Die von ihm gedeckte Person ist hier niemand geringerer als der große – Meynert, dessen Spuren ich mit so hoher Verehrung gefolgt bin und dessen Benehmen gegen mich nach einer kurzen Periode der Bevorzugung in unverhüllte Feindseligkeit umschlug. Der Traum erinnert mich an seine eigene Mitteilung, er habe in jungen Jahren einmal der Gewohnheit gefrönt, sich mit *Chloroform zu berauschen*, und habe darum die *Anstalt aufsuchen* müssen, und an ein zweites Erlebnis mit ihm kurz vor seinem Ende. Ich hatte einen erbitterten literarischen Streit mit ihm geführt in Sachen der männlichen Hysterie, die er leugnete, und als ich ihn als Todkranken besuchte und nach seinem Befinden fragte, verweilte er bei der Beschreibung seiner Zustände und schloß mit den Worten: „Sie wissen, ich war immer einer der schönsten Fälle von männlicher Hysterie." So hatte er zu meiner Genugtuung und zu meinem Erstaunen zugegeben, wogegen er sich so lange hartnäckig gesträubt. Daß ich aber in dieser Szene des Traumes Meynert durch meinen Vater verdecken kann, hat seinen Grund nicht in einer zwischen beiden Personen aufgefundenen Analogie, sondern ist die knappe, aber völlig zureichende Darstellung eines Konditionalsatzes in den Traumgedanken, der ausführlich lautet: Ja, wenn ich zweite Generation, der Sohn eines Professors oder Hofrats, wäre, dann wäre ich freilich rascher vorwärtsgekommen. Im Traume mache ich nun meinen Vater zum Hofrat und Professor. Die gröbste und störendste Absurdität des Traumes liegt in der Behandlung der Jahreszahl *1851*, die mir von *1856* gar nicht verschieden vorkommt, *als würde die Differenz von fünf Jahren gar nichts bedeuten.* Gerade das soll aber aus den Traumgedanken zum Ausdruck gebracht werden. *Vier bis fünf Jahre*, das ist der Zeitraum, während dessen ich die Unterstützung des eingangs erwähnten Kollegen genoß, aber auch die Zeit, während welcher ich meine Braut auf die Heirat warten ließ, und durch ein zufälliges, von den Traumgedanken gern ausgenütztes Zusammentreffen auch die Zeit, während welcher ich jetzt meinen vertrautesten Patienten auf die völlige Heilung warten lasse. „*Was sind fünf Jahre?*" fragten die Traumgedanken. „*Das ist für mich keine Zeit, das kommt nicht in Betracht.* Ich habe Zeit genug vor mir, und wie jenes endlich geworden ist, was Ihr auch nicht glauben wolltet, so werde ich auch dies zustande bringen." Außerdem aber ist die Zahl *51*, vom Jahrhundert abgelöst, noch anders, und zwar im gegensätzlichen Sinne determiniert; sie kommt darum auch mehrmals im Traume vor. *51* ist das Alter, in dem der Mann besonders gefährdet erscheint, in dem ich Kollegen plötzlich habe sterben sehen, darunter einen, der nach langem Harren einige Tage vorher zum Professor ernannt worden war.

V

Ein anderer absurder Traum, der mit Zahlen spielt.

Einer meiner Bekannten, Herr M., ist von keinem Geringeren als von Goethe in einem Aufsatze angegriffen worden, wie wir alle meinen, mit ungerechtfertigt großer Heftigkeit. Herr M. ist durch diesen Angriff natürlich vernichtet. Er beklagt sich darüber bitter bei einer Tischgesellschaft; seine Verehrung für Goethe hat aber unter dieser persönlichen Erfahrung nicht gelitten. Ich suche mir die zeitlichen Verhältnisse, die mir unwahrscheinlich vorkommen, ein wenig aufzuklären. Goethe ist 1832 gestorben; da sein Angriff auf M. natürlich früher erfolgt sein muß, so war Herr M. damals ein ganz junger Mann. Es kommt mir plausibel vor, daß er achtzehn Jahre alt war. Ich weiß aber nicht sicher, welches Jahr wir gegenwärtig schreiben, und so versinkt die ganze Berechnung im Dunkel. Der Angriff ist übrigens in dem bekannten Aufsatz von Goethe „Natur" enthalten.

Wir werden bald die Mittel in der Hand haben, den Blödsinn dieses Traumes zu rechtfertigen. Herr M., den ich aus einer *Tischgesellschaft* kenne, hatte mich unlängst aufgefordert, seinen Bruder zu untersuchen, bei dem sich Zeichen von *paralytischer Geistesstörung* bemerkbar machen. Die Vermutung war richtig; es ereignete sich bei diesem Besuch das Peinliche, daß der Kranke ohne jeden Anlaß im Gespräch den Bruder durch Anspielung auf dessen *Jugendstreiche* bloßstellte. Den Kranken hatte ich nach seinem Geburtsjahre gefragt und ihn wiederholt zu kleinen Berechnungen veranlaßt, um seine Gedächtnisschwächung klarzulegen; Proben, die er übrigens noch recht gut bestand. Ich merke schon, daß ich mich im Traume benehme wie ein Paralytiker. (*Ich weiß nicht sicher, welches Jahr wir schreiben.*) Anderes Material des Traumes stammt aus einer anderen rezenten Quelle. Ein mir befreundeter Redakteur einer medizinischen Zeitschrift hatte eine höchst ungnädige, eine „*vernichtende*" Kritik über das letzte Buch meines Freundes Fl. in Berlin in sein Blatt aufgenommen, die ein recht *jugendlicher* und wenig urteilsfähiger Referent verfaßt hatte. Ich glaubte, ein Recht zur Einmengung zu haben, und stellte den Redakteur zur Rede, der die Aufnahme der Kritik lebhaft bedauerte, aber eine Remedur nicht versprechen wollte. Daraufhin brach ich meine Beziehungen zur Zeitschrift ab und hob in meinem Absagebriefe die

Erwartung hervor, *daß unsere persönlichen Beziehungen unter diesem Vorfall nicht leiden würden.* Die dritte Quelle dieses Traumes ist die damals frische Erzählung einer Patientin von der psychischen Erkrankung ihres Bruders, der mit dem Ausrufe „*Natur, Natur*" in Tobsucht verfallen war. Die Ärzte hatten gemeint, der Ausruf stamme aus der Lektüre jenes schönen Aufsatzes von Goethe und deute auf die Überarbeitung des Erkrankten bei seinen naturphilosophischen Studien. Ich zog es vor, an den sexuellen Sinn zu denken, in dem auch die Mindergebildeten bei uns von der „Natur" reden, und daß der Unglückliche sich später an den Genitalien verstümmelte, schien mir wenigstens nicht unrecht zu geben. *18 Jahre* war das Alter dieses Kranken, als sich jener Tobsuchtsanfall einstellte.

Wenn ich noch hinzufüge, daß das so hart kritisierte Buch meines Freundes („Man fragt sich, ist der Autor verrückt oder ist man es selbst", hatte ein anderer Kritiker geäußert) sich mit den *zeitlichen Verhältnissen* des Lebens beschäftigt und auch *Goethes* Lebensdauer auf ein Vielfaches einer für die Biologie bedeutsamen Zahl zurückführt, so ist es leicht einzusehen, daß ich mich im Traume an die Stelle meines Freundes setze. (*Ich suche mir die zeitlichen Verhältnisse ... ein wenig aufzuklären.*) Ich benehme mich aber wie ein Paralytiker, und der Traum schwelgt in Absurdität. Das heißt also, die Traumgedanken sagen ironisch: „Natürlich, er ist der Narr, der Verrückte, und Ihr seid die genialen Leute, die es besser verstehen. Vielleicht aber doch umgekehrt?" Und diese Umkehrung ist nun ausgiebig im Trauminhalt vertreten, indem Goethe den jungen Mann angegriffen hat, was absurd ist, während leicht ein ganz junger Mensch noch heute den unsterblichen Goethe angreifen könnte, und indem ich vom *Sterbejahre* Goethes an rechne, während ich den Paralytiker von seinem *Geburtsjahr* an rechnen ließ.

Ich habe aber auch versprochen zu zeigen, daß kein Traum von anderen als egoistischen Regungen eingegeben wird. Somit muß ich rechtfertigen, daß ich in diesem Traume die Sache meines Freundes zu der meinigen mache und mich an seine Stelle setze. Meine kritische Überzeugung im Wachen reicht hiefür nicht aus. Nun spielt aber die Geschichte des 18jährigen Kranken und die verschiedenartige Deutung seines Ausrufs „*Natur*" auf den Gegensatz an, in den ich mich mit meiner Behauptung einer sexuellen Ätiologie für die Psychoneurosen zu den meisten Ärzten gebracht habe. Ich kann mir sagen: So wie deinem Freunde, so wird es auch dir mit der Kritik ergehen, ist dir zum Teil auch bereits so ergangen, und nun darf ich das „Er" in den Traumgedanken durch ein „Wir" ersetzen. „Ja, ihr habt recht, wir zwei sind die Narren." Daß „*mea res agitur*", daran mahnt mich energisch die Erwähnung des kleinen, unvergleichlich schönen Aufsatzes von Goethe, denn der Vortrag dieses Aufsatzes in einer populären Vorlesung war es, der mich schwankenden Abiturienten zum Studium der Naturwissenschaft drängte.

VI

Ich bin es schuldig geblieben, noch von einem anderen Traume, in dem mein Ich nicht vorkommt, zu zeigen, daß er egoistisch ist. Ich erwähnte auf S. 235 einen kurzen Traum, daß Professor M. sagt: *„Mein Sohn, der Myop ...“*, und gab an, das sei nur ein Vortraum zu einem anderen, in dem ich eine Rolle spiele. Hier ist der fehlende Haupttraum, der uns eine absurde und unverständliche Wortbildung zur Aufklärung bietet:

Wegen irgendwelcher Vorgänge in der Stadt Rom ist es notwendig, die Kinder zu flüchten, was auch geschieht. Die Szene ist dann vor einem Tore, Doppeltor nach antiker Art (die Porta Romana in Siena, wie ich noch im Traume weiß). Ich sitze auf dem Rand eines Brunnens und bin sehr betrübt, weine fast. Eine weibliche Person – Wärterin, Nonne – bringt die zwei Knaben heraus und übergibt sie dem Vater, der nicht ich bin. Der ältere der beiden ist deutlich mein Ältester, das Gesicht des anderen sehe ich nicht; die Frau, die den Knaben bringt, verlangt zum Abschied einen Kuß von ihm. Sie zeichnet sich durch eine rote Nase aus. Der Knabe verweigert ihr den Kuß, sagt aber, ihr zum Abschied die Hand reichend: Auf Geseres, und zu uns beiden (oder zu einem von uns): Auf Ungeseres. Ich habe die Idee, daß letzteres einen Vorzug bedeutet.

Dieser Traum baut sich auf einem Knäuel von Gedanken auf, die durch ein im Theater gesehenes Schauspiel *Das neue Ghetto* angeregt wurden. Die Judenfrage, die Sorge um die Zukunft der Kinder, denen man ein Vaterland nicht geben kann, die Sorge, sie so zu erziehen, daß sie freizügig werden können, sind in den zugehörigen Traumgedanken leicht zu erkennen.

„An den Wassern Babels saßen wir und weinten.“ – Siena ist wie Rom durch seine schönen Brunnen berühmt: für Rom muß ich im Traume mir irgendeinen Ersatz aus bekannten Örtlichkeiten suchen. Nahe der Porta Romana von Siena sahen wir ein großes, hell erleuchtetes Haus. Wir erfuhren, daß es das *Manicomio*, die Irrenanstalt sei. Kurz vor dem Traume hatte ich gehört, daß ein Glaubensgenosse seine mühselig erworbene Anstellung an einer staatlichen Irrenanstalt hatte aufgeben müssen.

Unser Interesse erweckt die Rede: *Auf Geseres*, wo man nach der im Traume festgehaltenen Situation erwarten mußte: Auf Wiedersehen, und ihr ganz sinnloser Gegensatz: *Auf Ungeseres*.

Geseres ist nach den Auskünften, die ich mir bei Schriftgelehrten geholt habe, ein echt hebräisches Wort, abgeleitet von einem Verbum *goiser*, und läßt sich am besten durch „anbefohlene Leiden, Verhängnis“ wiedergeben. Nach der Verwendung des Wortes im Jargon sollte man meinen, es bedeute „Klagen und Jammern“. *Ungeseres* ist meine eigenste Wortbildung und zieht meine Aufmerksamkeit zuerst auf sich, macht mich aber zunächst ratlos. Die kleine Bemerkung zu Ende des Traumes, daß *Ungeseres* einen Vorzug gegen *Geseres* bedeute, öffnet den Einfällen und damit dem Verständnis die Pforten. Ein solches Verhältnis findet ja beim Kaviar statt; der *ungesalzene* wird höher geschätzt als der *gesalzene* Kaviar fürs Volk, „noble Passionen": darin liegt eine scherzhafte Anspielung an eine der Personen meines Haushaltes verborgen, von der ich hoffe, daß sie, jünger als ich, die Zukunft meiner Kinder in acht nehmen wird. Dazu stimmt es dann, daß eine andere Person meines Haushaltes, unsere brave Kinderfrau, in der Wärterin (oder Nonne) vom Traum wohl kenntlich gezeigt wird. Zwischen dem Paar *gesalzen – ungesalzen* und *Geseres – Ungeseres* fehlt es aber noch an einem vermittelnden Übergang. Dieser findet sich in „*gesäuert* und *ungesäuert*"; bei ihrem fluchtartigen Auszug aus Ägypten hatten die Kinder Israels nicht die Zeit, ihren Brotteig gären zu lassen, und essen zur Erinnerung daran noch heute ungesäuertes Brot zur Osterzeit. Hier kann ich auch den plötzlichen Einfall unterbringen, der mir während dieses Stückes der Analyse gekommen ist. Ich erinnerte mich, wie wir in den letzten *Oster*tagen in den Straßen der uns fremden Stadt Breslau herumspazierten, mein Freund aus Berlin und ich. Ein kleines Mädchen fragte mich um den Weg in eine gewisse Straße; ich mußte mich entschuldigen, daß ich ihn nicht wisse, und äußerte dann zu meinem Freunde: „Hoffentlich beweist die Kleine später im Leben mehr Scharfblick bei der Auswahl der Personen, von denen sie sich leiten läßt." Kurz darauf fiel mir ein Schild in die Augen: Dr. *Herodes*, Sprechstunde ... Ich meinte: „Hoffentlich ist der Kollege nicht gerade Kinderarzt." Mein Freund hatte mir unterdessen seine Ansichten über die biologische Bedeutung der *bilateralen Symmetrie* entwickelt und einen Satz mit der Einleitung begonnen: „Wenn wir das eine Auge mitten auf der Stirne trügen wie der *Zyklop*..." Das führt nun zur Rede des Professors im Vortraum: *Mein Sohn, der Myop.* Und nun bin ich zur Hauptquelle für das *Geseres* geführt worden. Vor vielen Jahren, als dieser Sohn des Professors M., der heute ein selbständiger Denker ist, noch auf der *Schulbank* saß, erkrankte er an einer Augenaffektion, die der Arzt für besorgniserweckend erklärte. Er meinte, solange sie *einseitig* bleibe, habe sie nichts zu bedeuten, sollte sie aber auch auf das *andere Auge* übergreifen, so wäre es ernsthaft. Das Leiden heilte auf dem einen Auge schadlos ab; kurz darauf stellten sich aber die Zeichen für die Erkrankung des zweiten wirklich ein. Die entsetzte Mutter ließ sofort den Arzt in die Einsamkeit ihres Landaufenthalts kommen. Der schlug sich aber jetzt auf die andere Seite. „*Was machen Sie für Geseres?*" herrschte er die Mutter an. „Ist es auf der *einen* Seite gut geworden, so wird es auch auf der *anderen* gut werden." Und so ward es auch.

Und nun die Beziehung zu mir und den Meinigen. Die *Schulbank*, auf der der Sohn des Professors M. seine erste Weisheit erlernt, ist durch Schenkung der Mutter in das Eigentum meines Ältesten übergegangen, dem ich im Traume die Abschiedsworte in den Mund lege. Der eine der Wünsche, die sich an diese Übertragung knüpfen lassen, ist nun leicht zu erraten. Diese Schulbank soll aber auch durch ihre Konstruktion das Kind davor schützen, *kurzsichtig* und *einseitig* zu werden. Daher im Traum *Myop* (dahinter *Zyklop*) und die Erörterungen über *Bilateralität*. Die Sorge, um die Einseitigkeit ist eine mehrdeutige; es kann neben der körperlichen Einseitigkeit die der intellektuellen Entwicklung gemeint sein. Ja, scheint es nicht, daß die Traumszene in ihrer Tollheit gerade dieser Sorge widerspricht? Nachdem das Kind nach *der einen Seite hin* sein Abschiedswort gesprochen, ruft es nach *der anderen hin* das Gegenteil davon, wie um das Gleichgewicht herzustellen. *Es handelt gleichsam in Beachtung der bilateralen Symmetrie!*

So ist der Traum oft am tiefsinnigsten, wo er am tollsten erscheint. Zu allen Zeiten pflegten die, welche etwas zu sagen hatten und es nicht gefahrlos sagen konnten, gerne die Narrenkappe aufzusetzen. Der Hörer, für den die untersagte Rede bestimmt war, duldete sie eher, wenn er dabei lachen und sich mit dem Urteil schmeicheln konnte, daß das Unliebsame offenbar etwas Närrisches sei. Ganz so wie in Wirklichkeit der Traum, verfährt im Schauspiel der Prinz, der sich zum Narren verstellen muß, und darum kann man auch vom Traume aussagen, was Hamlet, wobei er die eigentlichen Bedingungen durch witzig-unverständliche ersetzt, von sich behauptet: „Ich bin nur toll bei Nord-Nord-West; weht der Wind aus Süden, so kann ich einen Reiher von einem Falken unterscheiden."[189]

Ich habe also das Problem der Absurdität des Traumes dahin aufgelöst, daß die Traumgedanken niemals absurd sind – wenigstens nicht von den Träumen geistesgesunder Menschen – und daß die Traumarbeit absurde Träume und Träume mit einzelnen absurden Elementen produziert, wenn ihr in den Traumgedanken Kritik, Spott und Hohn zur Darstellung in ihrer Ausdrucksform vorliegt. Es liegt mir nur daran zu zeigen, daß die Traumarbeit überhaupt durch das Zusammenwirken der drei erwähnten Momente – und eines vierten noch zu erwähnenden – erschöpft ist, daß sie sonst nichts leistet als eine Übersetzung der Traumgedanken unter Beachtung der vier ihr vorgeschriebenen Bedingungen und daß die Frage, ob die Seele im Traume mit all ihren geistigen Fähigkeiten arbeitet oder nur mit einem Teile derselben, schief gestellt ist und an den tatsächlichen Verhältnissen abgleitet. Da es aber reichlich Träume gibt, in deren Inhalt geurteilt, kritisiert und anerkannt wird, in denen Verwunderung

---

[189] Dieser Traum gibt auch ein gutes Beispiel für den allgemein gültigen Satz, daß die Träume derselben Nacht, wenngleich in der Erinnerung getrennt, auf dem Boden des nämlichen Gedankenmaterials erwachsen sind. Die Traumsituation, daß ich meine Kinder aus der Stadt Rom flüchte, ist übrigens durch die Rückbeziehung auf einen analogen, in meine Kindheit fallenden Vorgang entstellt. Der Sinn ist, daß ich Verwandte beneide, denen sich bereits vor vielen Jahren ein Anlaß geboten hat, ihre Kinder auf einen anderen Boden zu versetzen.

über ein einzelnes Element des Traumes auftritt, Erklärungsversuche gemacht und Argumentationen angestellt werden, muß ich die Einwendungen, die aus solchen Vorkommnissen sich ableiten, an ausgewählten Beispielen erledigen.

Meine Erwiderung lautet: *Alles, was sich als scheinbare Betätigung der Urteilsfunktion in den Träumen vorfindet, ist nicht etwa als Denkleistung der Traumarbeit aufzufassen, sondern gehört dem Material der Traumgedanken an und ist von dorther als fertiges Gebilde in den manifesten Trauminhalt gelangt.* Ich kann meinen Satz zunächst noch überbieten. Auch von den Urteilen, die man *nach dem Erwachen* über den erinnerten Traum fällt, den Empfindungen, die die Reproduktion dieses Traumes in uns hervorruft, gehört ein guter Teil dem latenten Trauminhalt an und ist in die Deutung des Traumes einzufügen.

I) Ein auffälliges Beispiel hiefür habe ich bereits angeführt. Eine Patientin will ihren Traum nicht erzählen, weil er *zu unklar* ist. Sie hat eine Person im Traume gesehen und weiß nicht, *ob es der Mann oder der Vater war*. Dann folgt ein zweites Traumstück, in dem ein „*Misttrügerl*" vorkommt, an das folgende Erinnerung sich anschließt. Als junge Hausfrau äußerte sie einmal scherzhaft vor einem jungen Verwandten, der im Hause verkehrte, daß ihre nächste Sorge die Anschaffung eines neuen Misttrügerls sein müsse. Sie bekam am nächsten Morgen ein solches zugeschickt, das aber mit Maiglöckchen gefüllt war. Dieses Stück Traum dient der Darstellung der Redensart „Nicht auf meinem eigenen Mist gewachsen". Wenn man die Analyse vervollständigt, erfährt man, daß es sich in den Traumgedanken um die Nachwirkung einer in der Jugend gehörten Geschichte handelt, daß ein Mädchen ein Kind bekommen, von dem *es unklar war, wer eigentlich der Vater sei*. Die Traumdarstellung greift also hier ins Wachdenken über und läßt eines der Elemente der Traumgedanken durch ein im Wachen gefälltes Urteil über den ganzen Traum vertreten sein.

II) Ein ähnlicher Fall: Einer meiner Patienten hat einen Traum, der ihm interessant vorkommt, denn er sagt sich unmittelbar nach dem Erwachen: *Das muß ich dem Doktor erzählen.* Der Traum wird analysiert und ergibt die deutlichsten Anspielungen auf ein Verhältnis, das er während der Behandlung begonnen und von dem er sich vorgenommen hatte, *mir nichts zu erzählen.*[190]

---

[190] Die noch im Traume enthaltene Mahnung oder der Vorsatz: *Das muß ich dem Doktor erzählen*, bei Träumen während der psychoanalytischen Behandlung entspricht regelmäßig einem großen Widerstand gegen die Beichte des Traums und wird nicht selten von Vergessen des Traumes gefolgt.

III) Ein drittes Beispiel aus meiner eigenen Erfahrung:

Ich gehe mit P. durch eine Gegend, in der Häuser und Gärten vorkommen, ins Spital. Dabei die Idee, daß ich diese Gegend schon mehrmals im Traume gesehen habe. Ich kenne mich nicht sehr gut aus; er zeigt mir einen Weg, der durch eine Ecke in eine Restauration führt (Saal, nicht Garten); dort frage ich nach Frau Doni und höre, sie wohnt im Hintergrunde in einer kleinen Kammer mit drei Kindern. Ich gehe hin und treffe schon vorher eine undeutliche Person mit meinen zwei kleinen Mädchen, die ich dann mit mir nehme, nachdem ich eine Weile mit ihnen gestanden bin. Eine Art Vorwurf gegen meine Frau, daß sie sie dort gelassen.

Beim Erwachen fühle ich dann große *Befriedigung*, die ich damit motiviere, daß ich jetzt aus der Analyse erfahren werde, was es bedeutet: *Ich habe schon davon geträumt.*[191] Die Analyse lehrt mich aber nichts darüber; sie zeigt mir nur, daß die Befriedigung zum latenten Trauminhalt und nicht zu einem Urteile über den Traum gehört. Es ist die *Befriedigung darüber, daß ich in meiner Ehe Kinder bekommen habe.* P. ist eine Person, mit der ich ein Stück weit im Leben den gleichen Weg gegangen bin, die mich dann sozial und materiell weit überholt hat, die aber in ihrer Ehe kinderlos geblieben ist. Die beiden Anlässe des Traumes können den Beweis durch eine vollständige Analyse ersetzen. Tags zuvor las ich in der Zeitung die Todesanzeige einer Frau *Dona A...y* (woraus ich *Doni* mache), die im *Kindbett* gestorben; ich hörte von meiner Frau, daß die Verstorbene von derselben Hebamme gepflegt worden sei wie sie selbst bei unseren beiden Jüngsten. Der Name *Dona* war mir aufgefallen, denn ich hatte ihn kurz vorher in einem englischen Romane zum erstenmal gefunden. Der andere Anlaß des Traums ergibt sich aus dem Datum desselben; es war die Nacht vor dem Geburtstage meines ältesten, wie es scheint, dichterisch begabten Knaben.

IV) Dieselbe Befriedigung verbleibt mir nach dem Erwachen aus dem absurden Traum, daß der Vater nach seinem Tode eine politische Rolle bei den Magyaren gespielt, und motiviert sich durch die Fortdauer der Empfindung, die den letzten Satz des Traumes begleitete: *„Ich erinnere mich daran, daß er auf dem Totenbett Garibaldi so ähnlich gesehen, und freue mich darüber, daß es doch wahr geworden ist ... (Dazu eine vergessene Fortsetzung.)* Aus der Analyse kann ich nun einsetzen, was in diese Traumlücke gehört. Es ist die Erwähnung meines zweiten Knaben, dem ich den Vornamen einer großen historischen Persönlichkeit gegeben habe, die mich in den Knabenjahren, besonders seit meinem Aufenthalte in England, mächtig angezogen. Ich hatte das Jahr der Erwartung über den Vorsatz, gerade diesen Namen zu verwenden, wenn es ein Sohn würde, und begrüßte mit ihm hoch

---

[191] Ein Thema, über welches sich eine weitläufige Diskussion in den letzten Jahrgängen der Revue philosophique angesponnen hat (Paramnesie im Traume).

befriedigt schon den eben Geborenen. Es ist leicht zu merken, wie die unterdrückte Größensucht des Vaters sich in seinen Gedanken auf die Kinder überträgt; ja man wird gerne glauben, daß dies einer der Wege ist, auf denen die im Leben notwendig gewordene Unterdrückung derselben vor sich geht. Sein Anrecht, in den Zusammenhang dieses Traumes aufgenommen zu werden, erwarb der Kleine dadurch, daß ihm damals der nämliche – beim Kind und beim Sterbenden leicht verzeihliche – Unfall widerfahren war, die Wäsche zu beschmutzen. Vergleiche hiezu die Anspielung *„Stuhlrichter"* und den Wunsch des Traumes: Vor seinen Kindern groß und rein dazustehen.

V) Wenn ich nun Urteilsäußerungen, die im Traum selbst verbleiben, sich nicht ins Wachen fortsetzen oder sich dahin verlegen, heraussuchen soll, so werde ich's als große Erleichterung empfinden, daß ich mich hiefür solcher Träume bedienen darf, die bereits in anderer Absicht mitgeteilt worden sind. Der Traum von Goethe, der Herrn M. angegriffen hat, scheint eine ganze Anzahl von Urteilsakten zu enthalten. *Ich suche mir die zeitlichen Verhältnisse, die mir unwahrscheinlich vorkommen, ein wenig aufzuklären.* Sieht das nicht einer kritischen Regung gegen den Unsinn gleich, daß Goethe einen jungen Mann meiner Bekanntschaft literarisch angegriffen haben soll? *„Es kommt mir plausibel vor,* daß er 18 Jahre alt war." Das klingt doch ganz wie das Ergebnis einer allerdings schwachsinnigen Berechnung; und *„Ich weiß nicht sicher, welches Jahr wir schreiben",* wäre ein Beispiel von Unsicherheit oder Zweifel im Traum.

Nun weiß ich aber aus der Analyse dieses Traums, daß diese scheinbar erst im Traume vollzogenen Urteilsakte in ihrem Wortlaute eine andere Auffassung zulassen, durch welche sie für die Traumdeutung unentbehrlich werden und gleichzeitig jede Absurdität vermieden wird. Mit dem Satzes *„Ich suche mir die zeitlichen Verhältnisse ein wenig aufzuklären",* setze ich mich an die Stelle meines Freundes, der wirklich die zeitlichen Verhältnisse des Lebens aufzuklären sucht. Der Satz verliert hiemit die Bedeutung eines Urteils, welches sich gegen den Unsinn der vorhergehenden Sätze sträubt. Die Einschaltung, *„die mir unwahrscheinlich vorkommen",* gehört zusammen mit dem späteren *„Es kommt mir plausibel vor".* Ungefähr mit den gleichen Worten habe ich der Dame, die mir die Krankengeschichte ihres Bruders erzählte, erwidert: *„Es kommt mir unwahrscheinlich vor,* daß der Ausruf ‚Natur, Natur' etwas mit Goethe zu tun hatte: *es ist mir viel plausibler,* daß er die Ihnen bekannte sexuelle Bedeutung gehabt hat." Es ist hier allerdings ein Urteil gefällt worden, aber nicht im Traum, sondern in der Realität, bei einer Veranlassung, die von den Traumgedanken erinnert und verwertet wird. Der Trauminhalt eignet sich dieses Urteil an wie irgendein anderes Bruchstück der Traumgedanken.

Die Zahl *18*, mit der das Urteil im Traume unsinnigerweise in Verbindung gesetzt ist, bewahrt noch die Spur des Zusammenhangs, aus dem das reale Urteil gerissen wurde. Endlich, daß *„ich nicht sicher bin, welches Jahr wir schreiben"*, soll nichts anderes als meine Identifizierung mit dem Paralytiker durchsetzen, in dessen Examen sich dieser eine Anhaltspunkt wirklich ergeben hatte.

Bei der Auflösung der scheinbaren Urteilsakte des Traumes kann man sich an die eingangs gegebene Regel für die Ausführung der Deutungsarbeit mahnen lassen, daß man den im Traume hergestellten Zusammenhang der Traumbestandteile als einen unwesentlichen Schein beiseite lassen und jedes Traumelement für sich der Zurückführung unterziehen möge. Der Traum ist ein Konglomerat, das für die Zwecke der Untersuchung wieder zerbröckelt werden soll. Man wird aber anderseits aufmerksam gemacht, daß sich in den Träumen eine psychische Kraft äußert, welche diesen scheinbaren Zusammenhang herstellt, also das durch die Traumarbeit gewonnene Material einer *sekundären Bearbeitung* unterzieht. Wir haben hier Äußerungen jener Macht vor uns, die wir als das vierte der bei der Traumbildung beteiligten Momente später würdigen werden.

VI) Ich suche nach anderen Beispielen von Urteilsarbeit in den bereits mitgeteilten Träumen. In dem absurden Traum von der Zuschrift des Gemeinderats frage ich: *Bald darauf hast du geheiratet? Ich rechne, daß ich ja 1856 geboren bin, was mir unmittelbar folgend vorkommt.* Das kleidet sich ganz in die Form einer *Schlußfolge.* Der Vater hat bald nach dem Anfall im Jahre 1851 geheiratet; ich bin ja der Älteste, 1856 geboren; also das stimmt. Wir wissen, daß dieser Schluß durch die Wunscherfüllung verfälscht ist, daß der in den Traumgedanken herrschende Satz lautet: *vier oder fünf Jahre, das ist kein Zeitraum, das ist nicht zu rechnen.* Aber jedes Stück dieser Schlußfolge ist nach Inhalt wie nach Form aus den Traumgedanken anders zu determinieren: Es ist der Patient, über dessen Geduld der Kollege sich beschwert, der unmittelbar nach Beendigung der Kur zu heiraten gedenkt. Die Art, wie ich mit dem Vater im Traume verkehre, erinnert an ein *Verhör* oder ein *Examen*, und damit an einen Universitätslehrer, der in der Inskriptionsstunde ein vollständiges Nationale aufzunehmen pflegte: Geboren, wann? 1856. – Patre? Darauf sagte man den Vornamen des Vaters mit lateinischer Endung, und wir Studenten nahmen an, der Hofrat ziehe aus dem Vornamen des Vaters *Schlüsse*, die ihm der Vorname des Inskribierten nicht jedesmal gestattet hätte. Somit wäre das *Schlußziehen* des Traumes nur die Wiederholung des *Schlußziehens*, das als ein Stück Material in den Traumgedanken auftritt. Wir erfahren hieraus etwas Neues. Wenn im Trauminhalte ein Schluß vorkommt, so kommt er ja sicherlich aus den Traumgedanken; in diesen mag er aber enthalten sein als ein Stück des erinnerten Materials, oder er kann als logisches Band eine Reihe von Traumgedanken miteinander verknüpfen. In jedem Falle stellt der Schluß im Traume einen Schluß aus den Traumgedanken dar.[192]

Die Analyse dieses Traumes wäre hier fortzusetzen. An das Verhör des Professors reiht sich die Erinnerung an den (zu meiner Zeit lateinisch abgefaßten) Index des Universitätsstudenten. Ferner an meinen Studiengang. Die *fünf Jahre*, die für das medizinische Studium vorgesehen sind, waren wiederum zu wenig für mich. Ich arbeitete unbekümmert in weitere Jahre hinein, und im Kreise meiner Bekannten hielt man mich für verbummelt, zweifelte man, daß ich *„fertig"* werden würde. Da entschloß ich mich *schnell*, meine Prüfungen zu machen, und wurde doch fertig: *trotz des Aufschubs*. Eine neue Verstärkung der Traumgedanken, die ich meinen Kritikern trotzig entgegenhalte. „Und wenn ihr es auch nicht glauben wollt, weil ich mir Zeit lasse; ich werde doch fertig, ich komme doch zum *Schluß*. Es ist schon oft so gegangen."

Derselbe Traum enthält in seinem Anfangsstück einige Sätze, denen man den Charakter einer Argumentation nicht gut absprechen kann. Und diese Argumentation ist nicht einmal absurd, sie könnte ebensowohl dem wachen Denken angehören. *Ich mache mich im Traume über die Zuschrift des Gemeinderates lustig, denn erstens war ich 1851 noch nicht auf der Welt, zweitens ist mein Vater, auf den es sich beziehen kann, schon tot.* Beides ist nicht nur an sich richtig, sondern deckt sich auch völlig mit den wirklichen Argumenten, die ich im Falle einer derartigen Zuschrift in Anwendung bringen würde. Wir wissen aus der früheren Analyse, daß dieser Traum auf dem Boden von tief erbitterten und hohngetränkten Traumgedanken erwachsen ist; wenn wir außerdem noch die Motive zur Zensur als recht starke annehmen dürfen, so werden wir verstehen, daß die Traumarbeit eine *tadellose Widerlegung einer unsinnigen Zumutung* nach dem in den Traumgedanken enthaltenen Vorbild zu schaffen allen Anlaß hat. Die Analyse zeigt uns aber, daß der Traumarbeit hier doch keine freie Nachschöpfung auferlegt worden ist, sondern daß Material aus den Traumgedanken dazu verwendet werden mußte. Es ist, als kämen in einer algebraischen Gleichung außer den Zahlen ein + und − ein Potenz- und ein Wurzelzeichen vor und jemand, der diese Gleichung abschreibt, ohne sie zu verstehen, nähme die Operationszeichen wie die Zahlen in seine Abschrift hinüber, würfe aber dann beiderlei durcheinander. Die beiden Argumente lassen sich auf folgendes Material zurückführen. Es ist mir peinlich zu denken, daß manche der Voraussetzungen, die ich meiner psychologischen Auflösung der Psychoneurosen zugrunde lege, wenn sie erst bekannt geworden

---

[192] Diese Ergebnisse korrigieren in einigen Punkten meine früheren Angaben über die Darstellung der logischen Relationen. Letztere beschreiben das allgemeine Verhalten der Traumarbeit, berücksichtigen aber nicht die feinsten und sorgfältigsten Leistungen derselben.

sind, Unglauben und Gelächter hervorrufen werden. So muß ich behaupten, daß bereits Eindrücke aus dem zweiten Lebensjahr, mitunter auch schon aus dem ersten, eine bleibende Spur im Gemütsleben der später Kranken zurücklassen und – obwohl von der Erinnerung vielfach verzerrt und übertrieben – die erste und unterste Begründung für ein hysterisches Symptom abgeben können. Patienten, denen ich dies an passender Stelle auseinandersetze, pflegen die neugewonnene Aufklärung zu parodieren, indem sie sich bereit erklären, nach Erinnerungen aus der Zeit zu suchen, *da sie noch nicht am Leben waren.* Eine ähnliche Aufnahme dürfte nach meiner Erwartung die Aufdeckung der ungeahnten Rolle finden, welche bei weiblichen Kranken *der Vater* in den frühesten sexuellen Regungen spielt. (Vgl. die Auseinandersetzung S. 226f.) Und doch ist nach meiner gut begründeten Überzeugung beides wahr. Ich denke zur Bekräftigung an einzelne Beispiele, bei denen der Tod des Vaters in ein sehr frühes Alter des Kindes fiel, und spätere sonst unerklärbare Vorfälle bewiesen, daß das Kind doch Erinnerungen an die ihm so früh entschwundene Person unbewußt bewahrt hatte. Ich weiß, daß meine beiden Behauptungen auf *Schlüssen* beruhen, deren Gültigkeit man anfechten wird. Es ist also eine Leistung der Wunscherfüllung, wenn gerade das Material *dieser Schlüsse,* deren Beanstandung ich fürchte, von der Traumarbeit zur Herstellung *einwandfreier Schlüsse* verwendet wird.

VII) In einem Traume, den ich bisher nur gestreift habe, wird eingangs die Verwunderung über das auftauchende Thema deutlich ausgesprochen.

Der alte Brücke muß mir irgendeine Aufgabe gestellt haben; sonderbar genug bezieht sie sich auf Präparation meines eigenen Untergestells, Becken und Beine, das ich vor mir sehe wie im Seziersaal, doch ohne den Mangel am Körper zu spüren, auch ohne Spur von Grauen. Louise N. steht dabei und macht die Arbeit mit mir. Das Becken ist ausgeweidet, man sieht bald die obere, bald die untere Ansicht desselben, was sich vermengt. Dicke, fleischrote Knollen (bei denen ich noch im Traume an Hämorrhoiden denke) sind zu sehen. Auch mußte etwas sorgfältig ausgeklaubt werden, was darüber lag und zerknülltem Silberpapier glich.[193] *Dann war ich wieder im Besitz meiner Beine und machte einen Weg durch die Stadt, nahm aber (aus Müdigkeit) einen Wagen. Der Wagen fuhr zu meinem Erstaunen in ein Haustor hinein, das sich öffnete und ihn durch einen Gang passieren ließ, der, am Ende abgeknickt, schließlich weiter ins Freie führte.*[194] *Schließlich wanderte ich mit einem alpinen Führer, der meine Sachen trug, durch wechselnde Landschaften. Auf einer Strecke trug er mich mit Rücksicht auf meine müden Beine. Der Boden war sumpfig; wir gingen am Rand hin; Leute saßen*

---

[193] Stanniol, Anspielung auf Stannius, Nervensystem der Fische.

[194] Die Örtlichkeit im Flur meines Wohnhauses, wo die Kinderwagen der Parteien stehen; sonst aber mehrfach überbestimmt.

am Boden, ein Mädchen unter ihnen, wie Indianer oder Zigeuner. Vorher hatte ich auf dem schlüpfrigen Boden mich selbst weiter bewegt unter steter Verwunderung, daß ich es nach der Präparation so gut kann. Endlich kamen wir zu einem kleinen Holzhaus, das in ein offenes Fenster ausging. Dort setzte mich der Führer ab und legte zwei bereitstehende Holzbretter auf das Fensterbrett, um so den Abgrund zu überbrücken, der vom Fenster aus zu überschreiten war. Ich bekam jetzt wirklich Angst für meine Beine. Anstatt des erwarteten Überganges sah ich aber zwei erwachsene Männer auf Holzbänken liegen, die an den Wänden der Hütte waren, und wie zwei Kinder schlafend neben ihnen. Als ob nicht die Bretter, sondern die Kinder den Übergang ermöglichen sollten. Ich erwache mit Gedankenschreck.

Wer sich nur einmal einen ordentlichen Eindruck von der Ausgiebigkeit der Traumverdichtung geholt hat, der wird sich leicht vorstellen können, welche Anzahl von Blättern die ausführliche Analyse dieses Traumes einnehmen muß. Zum Glück für den Zusammenhang entlehne ich dem Traume aber bloß das eine Beispiel für die Verwunderung im Traum, die sich in der Einschaltung *sonderbar genug* kundgibt. Ich gehe auf den Anlaß des Traumes ein. Es ist ein Besuch jener Dame Louise N., die auch im Traum der Arbeit assistiert. „Leih mir etwas zum Lesen." Ich biete ihr *She* von Rider Haggard an. „Ein *sonderbares* Buch, aber voll von verstecktem Sinn", will ich ihr auseinandersetzen; „das ewig Weibliche, die Unsterblichkeit unserer Affekte – ". Da unterbricht sie mich: „Das kenne ich schon. Hast du nichts Eigenes?" „Nein, meine eigenen unsterblichen Werke sind noch nicht geschrieben." – „Also wann erscheinen denn deine sogenannten letzten Aufklärungen, die, wie du versprichst, auch für uns lesbar sein werden?" fragt sie etwas anzüglich. Ich merkte jetzt, daß mich ein anderer durch ihren Mund mahnen läßt, und verstumme. Ich denke an die Überwindung, die es mich kostet, auch nur die Arbeit über den Traum, in der ich soviel vom eigenen intimen Wesen preisgeben muß, in die Öffentlichkeit zu schicken.

> „Das Beste, was du wissen kannst,
> darfst du den Buben doch nicht sagen."

Die Präparation *am eigenen Leib,* die mir im Traume aufgetragen wird, ist also die mit der Mitteilung der Träume verbundene *Selbstanalyse.* Der alte Brücke kommt mit Recht hiezu; schon in diesen ersten Jahren wissenschaftlicher Arbeit traf es sich, daß ich einen Fund liegenließ, bis sein energischer Auftrag mich zur Veröffentlichung zwang. Die weiteren Gedanken aber, die sich an die Unterredung mit Louise N. anspinnen, greifen zu tief, um bewußtzuwerden; sie erfahren eine Ablenkung über das Material, das in mir nebstbei durch die Erwähnung der *She* von *Rider Haggard* geweckt worden ist. Auf dieses Buch und auf ein zweites desselben Autors, *Heart of the world,* geht das Urteil *sonderbar genug,* und zahlreiche Elemente des Traumes sind den beiden phantastischen Romanen entnommen.

Der sumpfige Boden, über den man getragen wird, der Abgrund, der mittels der mitgebrachten Bretter zu überschreiten ist, stammen aus der *She*; die Indianer, das Mädchen, das Holzhaus aus *Heart of the world*. In beiden Romanen ist eine Frau die Führerin, in beiden handelt es sich um gefährliche Wanderungen, in *She* um einen abenteuerlichen Weg ins Unentdeckte, kaum je Betretene. Die müden Beine sind nach einer Notiz, die ich bei dem Traume finde, reale Sensation jener Tage gewesen. Wahrscheinlich entsprach ihnen eine müde Stimmung und die zweifelnde Frage: Wie weit werden mich meine Beine noch tragen? In der *She* endet das Abenteuer damit, daß die Führerin, anstatt sich und den anderen die Unsterblichkeit zu holen, im geheimnisvollen Zentralfeuer den Tod findet. Eine solche Angst hat sich unverkennbar in den Traumgedanken geregt. Das „*Holz-haus*" ist sicherlich auch der *Sarg*, also das Grab. Aber in der Darstellung dieses unerwünschtesten aller Gedanken durch eine Wunscherfüllung hat die Traumarbeit ihr Meisterstück geleistet. Ich war nämlich schon einmal in einem Grab, aber es war ein ausgeräumtes Etruskergrab bei Orvieto, eine schmale Kammer mit zwei Steinbänken an den Wänden, auf denen die Skelette von zwei Erwachsenen gelagert waren. Genauso sieht das Innere des Holzhauses im Traum aus, nur ist Stein durch Holz ersetzt. Der Traum scheint zu sagen: „Wenn du schon im Grabe weilen sollst, so sei es das Etruskergrab", und mit dieser Unterschiebung verwandelt er die traurigste Erwartung in eine recht erwünschte Leider kann er, wie wir hören werden, nur die den Affekt begleitende Vorstellung in ihr Gegenteil verkehren, nicht immer auch den Affekt selbst. So wache ich denn mit „Gedankenschreck" auf, nachdem sich noch die Idee Darstellung erzwungen, daß vielleicht die Kinder erreichen werden, was dem Vater versagt geblieben, eine neuerliche Anspielung an den sonderbaren Roman, in dem die Identität einer Person durch eine Generationsreihe von zweitausend Jahren festgehalten wird.

VIII) In dem Zusammenhang eines anderen Traumes findet sich gleichfalls ein Ausdruck der Verwunderung über das im Traume Erlebte, aber verknüpft mit einem so auffälligen, weit hergeholten und beinahe geistreichen Erklärungsversuche, daß ich bloß seinetwegen den ganzen Traum der Analyse unterwerfen müßte, auch wenn der Traum nicht noch zwei andere Anziehungspunkte für unser Interesse besäße. Ich reise in der Nacht vom 18. auf den 19. Juli auf der Südbahnstrecke und höre im Schlaf: *„Hollthurn, zehn Minuten" ausrufen. Ich denke sofort an Holothurien – ein naturhistorisches Museum – daß hier ein Ort ist, wo sich tapfere Männer erfolglos gegen die Übermacht ihres Landesherrn gewehrt haben. – Ja, die Gegenreformation in Österreich! – Als ob es ein Ort in Steiermark oder Tirol wäre. Nun sehe ich undeutlich ein kleines Museum, in dem die Reste oder Erwerbungen dieser Männer aufbewahrt werden. Ich möchte aussteigen, verzögere es aber. Es stehen Weiber mit Obst auf dem Perron,* *sie kauern auf dem Boden und halten die Körbe so einladend hin. – Ich habe gezögert aus Zweifel, ob wir noch Zeit haben, und jetzt stehen wir noch immer. – Ich bin plötzlich in einem anderen Coupé, in dem Leder und Sitze so schmal sind, daß man mit dem Rücken direkt an die Lehne stößt.[195] Ich wundere mich darüber, aber ich kann ja im schlafenden Zustande umgestiegen sein. Mehrere Leute, darunter ein englisches Geschwisterpaar; eine Reihe Bücher deutlich auf einem Gestell an der Wand. Ich sehe Wealth of nations, Matter and Motion (von Maxwell), dick und in braune Leinwand gebunden. Der Mann fragt die Schwester nach einem Buch von Schiller, ob sie das vergessen hat. Es sind die Bücher bald wie die meinen, bald die der beiden. Ich möchte mich da bestätigend oder unterstützend ins Gespräch mengen ... Ich wache, am ganzen Körper schwitzend, auf, weil alle Fenster geschlossen sind. Der Zug hält in Marburg.*

Während der Niederschrift fällt mir ein Traumstück ein, das die Erinnerung übergehen wollte. *Ich sage dem Geschwisterpaare auf ein gewisses Werk: It is from ..., korrigiere mich aber: It is by ... Der Mann bemerkt zur Schwester: Er hat es ja richtig gesagt.*

Der Traum beginnt mit dem Namen der Station, der mich wohl unvollkommen geweckt haben muß. Ich ersetze diesen Namen, der Marburg lautete, durch Hollthurn. Daß ich Marburg beim ersten oder vielleicht bei einem späteren Ausrufen gehört habe, beweist die Erwähnung Schillers im Traum, der ja in Marburg, wenngleich nicht im steirischen, geboren ist.[196] Nun reiste ich diesmal, obwohl erster Klasse, unter sehr unangenehmen Verhältnissen. Der Zug war überfüllt, in dem Coupé hatte ich einen Herrn und eine Dame angetroffen, die sehr vornehm schienen und nicht die Lebensart besaßen oder es nicht der Mühe wert hielten, ihr Mißvergnügen über den Eindringling irgendwie zu verbergen. Mein höflicher Gruß wurde nicht erwidert; obwohl Mann und Frau nebeneinander saßen (gegen die Fahrtrichtung), beeilte sich die Frau doch, den Platz ihr gegenüber am Fenster vor meinen Augen mit einem Schirm zu belegen; die Türe wurde sofort geschlossen, demonstrative Reden über das Öffnen der Fenster gewechselt. Wahrscheinlich sah man mir den Lufthunger bald an. Es war eine heiße Nacht und die Luft im allseitig geschlossenen Coupé bald zum Ersticken. Nach meinen Reiseerfahrungen kennzeichnet ein so rücksichtslos übergreifendes Benehmen Leute, die ihre Karte nicht oder nur halb bezahlt haben. Als der Kondukteur

---

[195] Diese Beschreibung ist für mich selbst nicht verständlich, aber ich folge dem Grundsatze, den Traum in jenen Worten wiederzugeben, die mir beim Niederschreiben einfallen. Die Wortfassung ist selbst ein Stück der Traumdarstellung.

[196] Schiller ist nicht in einem Marburg, sondern in Marbach geboren, wie jeder deutsche Gymnasiast weiß und wie auch ich wußte. Es ist dies wieder einer jener Irrtümer (vgl. oben S. 180, Anm. 75), die sich als Ersatz für eine absichtliche Verfälschung an anderer Stelle einschleichen und deren Aufklärung ich in der *Psychopathologie des Alltagslebens* versucht habe.

kam und ich mein teuer erkauftes Billet vorzeigte, tönte es aus dem Munde der Dame unnahbar und wie drohend: Mein Mann hat Legitimation. Sie war eine stattliche Erscheinung mit mißvergnügten Zügen, im Alter nicht weit von der Zeit des Verfalls weiblicher Schönheit; der Mann kam überhaupt nicht zu Worte, er saß regungslos da. Ich versuchte zu schlafen. Im Traum nehme ich fürchterliche Rache an meinen unliebenswürdigen Reisegefährten; man würde nicht ahnen, welche Beschimpfungen und Demütigungen sich hinter den abgerissenen Brocken der ersten Traumhälfte verbergen. Nachdem dies Bedürfnis befriedigt war, machte sich der zweite Wunsch geltend, das Coupé zu wechseln. Der Traum wechselt so oft die Szene, und ohne daß der mindeste Anstoß an der Veränderung genommen wird, daß es nicht im geringsten auffällig gewesen wäre, wenn ich mir alsbald meine Reisegesellschaft durch eine angenehmere aus meiner Erinnerung ersetzt hätte. Hier aber tritt ein Fall ein, daß irgend etwas den Wechsel der Szene beanstandete und es für notwendig hielt, ihn zu erklären. Wie kam ich plötzlich in ein anderes Coupé? Ich konnte mich doch nicht erinnern, umgestiegen zu sein. Da gab es nur eine Erklärung: *ich mußte im schlafenden Zustande den Wagen verlassen haben*, ein seltenes Vorkommnis, wofür aber doch die Erfahrung des Neuropathologen Beispiele liefert. Wir wissen von Personen, die Eisenbahnfahrten in einem Dämmerzustand unternehmen, ohne durch irgendein Anzeichen ihren abnormen Zustand zu verraten, bis sie an irgendeiner Station der Reise voll zu sich kommen und dann die Lücke in ihrer Erinnerung bestaunen. Für einen solchen Fall von „*automatisme ambulatoire*" erkläre ich also noch im Traume den meinigen.

Die Analyse gestattet, eine andere Auflösung zu geben. Der Erklärungsversuch, der mich so frappiert, wenn ich ihn der Traumarbeit zuschreiben müßte, ist nicht originell, sondern aus der Neurose eines meiner Patienten kopiert. Ich erzählte bereits an anderer Stelle von einem hochgebildeten und im Leben weichherzigen Manne, der kurz nach dem Tode seiner Eltern begann, sich mörderischer Neigungen anzuklagen, und nun unter den Vorsichtsmaßregeln litt, die er zur Sicherung gegen dieselben treffen mußte. Es war ein Fall von schweren Zwangsvorstellungen bei voll erhaltener Einsicht. Zuerst wurde ihm das Passieren der Straße durch den Zwang verleidet, sich von allen Begegnenden Rechenschaft abzulegen, wohin sie verschwunden seien; entzog sich einer plötzlich seinem verfolgenden Blick, so blieb ihm die peinliche Empfindung und die Möglichkeit in Gedanken, er könnte ihn beseitigt haben. Es war unter anderem eine Kainsphantasie dahinter, denn „alle Menschen sind Brüder". Wegen der Unmöglichkeit, diese Aufgabe zu erledigen, gab er das Spazierengehen auf und verbrachte sein Leben eingekerkert zwischen seinen vier Wänden. In sein Zimmer gelangten aber durch die Zeitung beständig Nachrichten von Mordtaten, die draußen geschehen waren, und sein Gewissen wollte ihm in der Form des

Zweifels nahelegen, daß er der gesuchte Mörder sei. Die Gewißheit, daß er ja seit Wochen seine Wohnung nicht verlassen habe, schützte ihn eine Weile gegen diese Anklagen, bis ihm eines Tages die Möglichkeit durch den Sinn fuhr, daß er sein *Haus im bewußtlosen Zustand verlassen* und so den Mord begangen haben könne, ohne etwas davon zu wissen. Von da an schloß er die Haustür ab, übergab den Schlüssel der alten Haushälterin und verbot ihr eindringlich, denselben auch nicht auf sein Verlangen in seine Hände gelangen zu lassen.

Daher stammt also der Erklärungsversuch, daß ich im bewußtlosen Zustande umgestiegen bin – er ist aus dem Material der Traumgedanken fertig in den Traum eingetragen worden und soll im Traume offenbar dazu dienen, mich mit der Person jenes Patienten zu identifizieren. Die Erinnerung an ihn wurde in mir durch naheliegende Assoziation geweckt. Mit diesem Manne hatte ich einige Wochen vorher die letzte Nachtreise gemacht. Er war geheilt, begleitete mich in die Provinz zu seinen Verwandten, die mich beriefen; wir hatten ein Coupé für uns, ließen alle Fenster die Nacht hindurch offen und hatten uns, solange ich wach blieb, vortrefflich unterhalten. Ich wußte, daß feindselige Impulse gegen seinen Vater aus seiner Kindheit in sexuellem Zusammenhange die Wurzel seiner Erkrankung gewesen waren. Indem ich mich also mit ihm identifizierte, wollte ich mir etwas Analoges eingestehen. Die zweite Szene des Traums löst sich auch wirklich in eine übermütige Phantasie auf, daß meine beiden ältlichen Reisegefährten sich darum so abweisend gegen mich benehmen, weil ich sie durch mein Kommen an dem beabsichtigten nächtlichen Austausch von Zärtlichkeiten gehindert habe. Diese Phantasie aber geht auf eine frühe Kinderszene zurück, in der das Kind, wahrscheinlich von sexueller Neugierde getrieben, in das Schlafzimmer der Eltern eindringt und durch das Machtwort des Vaters daraus vertrieben wird.

Ich halte es für überflüssig, weitere Beispiele zu häufen. Sie würden alle nur bestätigen, was wir aus den bereits angeführten entnommen haben, daß ein Urteilsakt im Traume nur die Wiederholung eines Vorbilds aus den Traumgedanken ist. Zumeist eine übel angebrachte, in unpassendem Zusammenhange eingefügte Wiederholung, gelegentlich aber, wie in unseren letzten Beispielen, eine so geschickt verwendete, daß man zunächst den Eindruck einer selbständigen Denktätigkeit im Traume empfangen kann. Von hier aus könnten wir unser Interesse jener psychischen Tätigkeit zuwenden, die zwar nicht regelmäßig bei der Traumbildung mitzuwirken scheint, die aber, wo sie es tut, bemüht ist, die nach ihrer Herkunft disparaten Traumelemente widerspruchsfrei und sinnvoll zu verschmelzen. Wir empfinden es aber vorher noch als dringlich, uns mit den Affektäußerungen zu beschäftigen, die im Traum auftreten, und dieselben mit den Affekten zu vergleichen, welche die Analyse in den Traumgedanken aufdeckt.

H
Die Affekte im Traume

Eine scharfsinnige Bemerkung von *Stricker* hat uns aufmerksam gemacht, daß die Affektäußerungen des Traums nicht die geringschätzige Art der Erledigung gestatten, mit der wir erwacht den Trauminhalt abzuschütteln pflegen: „Wenn ich mich im Traume vor Räubern fürchte, so sind die Räuber zwar imaginär, aber die Furcht ist real", und ebenso geht es, wenn ich mich im Traume freue. Nach dem Zeugnis unserer Empfindung ist der im Traum erlebte Affekt keineswegs minderwertig gegen den im Wachen erlebten von gleicher Intensität, und energischer als mit seinem Vorstellungsinhalte erhebt der Traum mit seinem Affektinhalt den Anspruch, unter die wirklichen Erlebnisse unserer Seele aufgenommen zu werden. Wir bringen diese Einreihung nun im Wachen nicht zustande, weil wir einen Affekt nicht anders psychisch zu würdigen verstehen als in der Verknüpfung mit einem Vorstellungsinhalt. Passen Affekt und Vorstellung der Art und der Intensität nach nicht zueinander, so wird unser waches Urteil irre. An den Träumen hat immer Verwunderung erregt, daß Vorstellungsinhalte nicht die Affektwirkung mit sich bringen, die wir als notwendig im wachen Denken erwarten würden. *Strümpell* äußerte, im Traume seien die Vorstellungen von ihren psychischen Werten entblößt. Es fehlt im Traume aber auch nicht am gegenteiligen Vorkommen, daß intensive Affektäußerung bei einem Inhalte auftritt, der zur Entbindung von Affekt keinen Anlaß zu bieten scheint. Ich bin im Traume in einer gräßlichen, gefahrvollen, ekelhaften Situation, verspüre aber dabei nichts von Furcht oder Abscheu; hingegen entsetze ich mich andere Male über harmlose und freue mich über kindische Dinge. Dieses Rätsel des Traumes verschwindet uns so plötzlich und so vollständig wie vielleicht kein anderes der Traumrätsel, wenn wir vom manifesten Trauminhalt zum latenten übergehen. Wir werden mit seiner Erklärung nichts zu schaffen haben, denn es besteht nicht mehr. Die Analyse lehrt uns, *daß die Vorstellungsinhalte Verschiebungen und Ersetzungen erfahren haben, während die Affekte unverrückt geblieben sind.* Kein Wunder, daß der durch die Traumentstellung veränderte Vorstellungsinhalt zum erhalten gebliebenen Affekt dann nicht mehr paßt; aber auch keine Verwunderung mehr, wenn die Analyse den richtigen Inhalt an seine frühere Stelle eingesetzt hat.[197]

---

[197] Wenn ich nicht sehr irre, so zeigt der erste Traum, den ich von meinem 20 Monate alten Enkel erfahren konnte, den Tatbestand, daß es der Traumarbeit gelungen ist, ihren Stoff in eine Wunscherfüllung zu verwandeln, während der dazugehörige Affekt sich auch im Schlafzustand unverändert durchsetzt. Das Kind ruft in der Nacht vor dem Tage, an dem sein Vater ins Feld abrücken soll, heftig schluchzend: Papa, Papa – Bebi. Das kann nur heißen: Papa und Bebi bleiben beisammen, während das Weinen den bevorstehenden Abschied anerkennt. Das Kind war

An einem psychischen Komplex, welcher die Beeinflussung der Widerstands-zensur erfahren hat, sind die Affekte der resistente Anteil, der uns allein den Fingerzeig zur richtigen Ergänzung geben kann. Deutlicher noch als beim Traum enthüllt sich dies Verhältnis bei den Psychoneurosen. Der Affekt hat hier immer recht, wenigstens seiner Qualität nach; seine Intensität ist ja durch Verschiebungen der neurotischen Aufmerksamkeit zu steigern. Wenn der Hysteriker sich wundert, daß er sich vor einer Kleinigkeit so sehr fürchten muß, oder der Mann mit Zwangsvorstellungen, daß ihm aus einer Nichtigkeit ein so peinlicher Vorwurf erwächst, so gehen beide irre, indem sie den Vorstellungsinhalt – die Kleinigkeit oder die Nichtigkeit – für das Wesentliche nehmen, und sie wehren sich erfolglos, indem sie diesen Vorstellungsinhalt zum Ausgangspunkt ihrer Denkarbeit machen. Die Psychoanalyse zeigt ihnen dann den richtigen Weg, indem sie im Gegenteile den Affekt als berechtigt anerkennt und die zu ihm gehörige, durch eine Ersetzung verdrängte Vorstellung aufsucht. Voraussetzung ist dabei, daß Affektentbindung und Vorstellungsinhalt nicht diejenige unauflösbare organische Einheit bilden, als welche wir sie zu behandeln gewöhnt sind, sondern daß beide Stücke aneinandergelötet sein können, so daß sie durch Analyse voneinander lösbar sind. Die Traumdeutung zeigt, daß dies in der Tat der Fall ist.

Ich bringe zuerst ein Beispiel, in dem die Analyse das scheinbare Ausbleiben des Affekts bei einem Vorstellungsinhalte aufklärt, der Affektentbindung erzwingen sollte.

I

Sie sieht in einer Wüste drei Löwen, von denen einer lacht, fürchtet sich aber nicht vor ihnen. Dann muß sie doch vor ihnen geflüchtet sein, denn sie will auf einen Baum klettern, findet aber ihre Cousine, die französische Lehrerin ist, schon oben usw.

Dazu bringt die Analyse folgendes Material: Der indifferente Anlaß zum Traum ist ein Satz ihrer englischen Aufgabe geworden: Die Mähne ist der Schmuck des Löwen. Ihr Vater trug einen solchen Bart, der wie eine *Mähne* das Gesicht umrahmte. Ihre englische Sprachlehrerin heißt Miß *Lyons* (lions = Löwen). Ein Bekannter hat ihr die Balladen von *Loewe* zugeschickt. Das sind also die drei Löwen; warum sollte sie sich vor ihnen fürchten? – Sie hat eine

damals sehr wohl imstande, den Begriff der Trennung auszudrücken. „Fort" (durch ein eigentümlich betontes, lange gezogenes o o oh ersetzt) war eines seiner ersten Worte gewesen, und es hatte mehrere Monate vor diesem ersten Traum mit all seinen Spielsachen „fort" aufgeführt, was auf die früh gelungene Selbstüberwindung, die Mutter fortgehen zu lassen, zurückging.

Erzählung gelesen, in welcher ein Neger, der die anderen zum Aufstand aufgehetzt, mit Bluthunden gejagt wird und zu seiner Rettung auf einen Baum klettert. Dann folgen in übermütigster Stimmung Erinnerungsbrocken wie die: Die Anweisung, wie man Löwen fängt, aus den *Fliegenden Blättern*: Man nehme eine Wüste und siebe sie durch, dann bleiben die Löwen übrig. Ferner die höchst lustige, aber nicht sehr anständige Anekdote von einem Beamten, der gefragt wird, warum er sich denn nicht um die Gunst seines Chefs ausgiebiger bemühe, und der zur Antwort gibt, er habe sich wohl bemüht, da hineinzukriechen, aber sein Vordermann *war schon oben*. Das ganze Material wird verständlich, wenn man erfährt, daß die Dame am Traumtage den Besuch des Vorgesetzten ihres Mannes empfangen hatte. Er war sehr höflich mit ihr, küßte ihr die Hand, und *sie fürchtete sich gar nicht vor ihm*, obwohl er ein sehr „*großes Tier*" ist und in der Hauptstadt ihres Landes die Rolle eines „*Löwen der Gesellschaft*" spielt. Dieser Löwe ist also vergleichbar dem Löwen im *Sommernachtstraum*, der sich als Schnock, der Schreiner, demaskiert, und so sind alle Traumlöwen, vor denen man sich nicht fürchtet.

II

Als zweites Beispiel ziehe ich den Traum jenes Mädchens heran, das den kleinen Sohn der Schwester als Leiche im Sarg liegen sah, dabei aber, wie ich jetzt hinzufüge, keinen Schmerz und keine Trauer verspürte. Wir wissen aus der Analyse, warum nicht. Der Traum verhüllte nur ihren Wunsch, den geliebten Mann wiederzusehen; der Affekt mußte auf den Wunsch abgestimmt sein und nicht auf dessen Verhüllung. Es war also zur Trauer gar kein Anlaß.

In einer Anzahl von Träumen bleibt der Affekt wenigstens noch in Verbindung mit jenem Vorstellungsinhalte, welcher den zu ihm passenden ersetzt hat. In anderen geht die Auflockerung des Komplexes weiter. Der Affekt erscheint völlig gelöst von seiner zugehörigen Vorstellung und findet sich irgendwo anders im Traume untergebracht, wo er in die neue Anordnung der Traumelemente hineinpaßt. Es ist dann ähnlich, wie wir's bei den Urteilsakten des Traumes erfahren haben. Findet sich in den Traumgedanken ein bedeutsamer Schluß, so enthält auch der Traum einen solchen; aber der Schluß im Traume kann auf ein ganz anderes Material verschoben sein. Nicht selten erfolgt diese Verschiebung nach dem Prinzip der Gegensätzlichkeit.

Die letztere Möglichkeit erläutere ich an folgendem Traumbeispiele, das ich der erschöpfendsten Analyse unterzogen habe.

III

Ein Schloß am Meere, später liegt es nicht direkt am Meer, sondern an einem schmalen Kanal, der ins Meer führt. Ein Herr P. ist der Gouverneur. Ich stehe mit ihm in einem großen drei-fenstrigen Salon, vor dem sich Mauervorsprünge wie Festungszinnen erheben. Ich bin etwa als freiwilliger Marineoffizier der Besatzung zugeteilt. Wir befürchten das Eintreffen von feindli-chen Kriegsschiffen, da wir uns im Kriegszustand befinden. Herr P. hat die Absicht wegzugehen; er erteilt mir Instruktionen, was in dem befürchteten Falle zu geschehen hat. Seine kranke Frau befindet sich mit den Kindern im gefährdeten Schloß. Wenn das Bombardement beginnt, soll der große Saal geräumt werden. Er atmet schwer und will sich entfernen; ich halte ihn zurück und frage, auf welche Weise ich ihm nötigenfalls Nachricht zukommen lassen soll. Darauf sagt er noch etwas, sinkt aber gleich darauf tot um. Ich habe ihn wohl mit den Fragen überflüs-sigerweise angestrengt. Nach seinem Tode, der mir weiter keinen Eindruck macht, Gedanken, ob die Witwe im Schlosse bleiben wird, ob ich dem Oberkommando den Tod anzeigen und als der nächste im Befehl die Leitung des Schlosses übernehmen soll. Ich stehe nun am Fenster und mustere die vorbeifahrenden Schiffe; es sind Kauffahrer, die auf dem dunklen Wasser rapid vor-beisausen, einige mit mehreren Kaminen, andere mit bauschiger Decke (die ganz ähnlich ist wie die Bahnhofsbauten im – nicht erzählten – Vortraum). *Dann steht mein Bruder neben mir, und wir schauen beide aus dem Fenster auf den Kanal. Bei einem Schiff erschrek-ken wir und rufen: Da kommt das Kriegsschiff. Es zeigt sich aber, daß nur dieselben Schiffe zurückkehren, die ich schon kenne. Nun kommt ein kleines Schiff, komisch abgeschnitten, so daß es mitten in seiner Breite endigt; auf Deck sieht man eigentümliche becher- oder dosenartige Dinge. Wir rufen wie aus einem Munde: Das ist das Frühstücksschiff.*

Die rasche Bewegung der Schiffe, das tiefdunkle Blau des Wassers, der braune Rauch der Kamine, das alles ergibt zusammen einen hochgespannten, düsteren Eindruck.

Die Örtlichkeiten in diesem Traume sind aus mehreren Reisen an die *Adria* zusammengetragen (Miramare, Duino, Venedig, Aquileja). Eine kurze, aber genuß-reiche Osterfahrt nach *Aquileja* mit meinem Bruder, wenige Wochen vor dem Traume, war mir noch in frischer Erinnerung. Auch der *Seekrieg* zwischen Ame-rika und Spanien und an ihn geknüpfte Besorgnisse um das Schicksal meiner in Amerika lebenden Verwandten spielen mit hinein. An zwei Stellen dieses Traums treten Affektwirkungen hervor. An der einen Stelle bleibt ein zu erwartender Affekt aus, es wird ausdrücklich hervorgehoben, daß mir der Tod des Gouver-neurs keinen Eindruck macht; an einer anderen Stelle, wie ich das Kriegsschiff zu sehen glaube, erschrecke ich und verspüre im Schlaf alle Sensationen des Schrek-kens. Die Unterbringung der Affekte ist in diesem gut gebauten Traum so erfolgt, daß jeder auffällige Widerspruch vermieden ist. Es ist ja kein Grund, daß ich beim Tode des Gouverneurs erschrecken sollte, und es ist wohl angebracht, daß ich als Kommandant des Schlosses bei dem Anblicke des Kriegsschiffes erschrecke. Nun weist aber die Analyse nach, daß Herr P. nur ein Ersatzmann für mein eigenes Ich ist (im Traum bin ich sein Ersatzmann). Ich bin der Gouverneur, der plötzlich stirbt. Die Traumgedanken handeln von der Zukunft der Meinigen nach meinem vorzeitigen Tode. Kein anderer peinlicher Gedanke findet sich in den Traumgedanken. Der Schreck, der im Traume an den Anblick des Kriegsschiffes gelötet ist, muß von dort losgemacht und hieher gesetzt werden. Umgekehrt zeigt die Analyse, daß die Region der Traumgedanken, aus der das Kriegsschiff genommen ist, mit den heitersten Reminiszenzen erfüllt ist. Es war ein Jahr vorher in Venedig, wir standen an einem zauberhaft schönen Tag an den Fenstern unseres Zimmers auf der Riva Schiavoni und schauten auf die blaue Lagune, in der heute mehr Bewegung zu finden war als sonst. Es wurden englische Schiffe erwartet, die feierlich empfangen werden sollten, und plötzlich rief meine Frau heiter wie ein Kind: *„Da kommt das englische Kriegsschiff!"* Im Traume erschrecke ich bei den nämlichen Worten; wir sehen wieder, daß Rede im Traum von Rede im Leben abstammt. Daß auch das Element *„englisch"* in dieser Rede für die Traumarbeit nicht verlorengegangen ist, werde ich alsbald zeigen. Ich verkehre also hier zwischen Traumgedanken und Trauminhalt Fröhlichkeit in Schreck und brauche nur anzudeuten, daß ich mit dieser Verwandlung selbst ein Stück des latenten Trauminhalts zum Ausdruck bringe. Das Beispiel beweist aber, daß es der Traumarbeit freisteht, den Affektanlaß aus seinen Verbindungen in den Traumgedanken zu lösen und beliebig anderswo im Trauminhalte einzufügen.

Ich ergreife die nebstbei sich bietende Gelegenheit, das *„Frühstücksschiff"*, dessen Erscheinen im Traume eine rationell festgehaltene Situation so unsinnig abschließt, einer näheren Analyse zu unterziehen. Wenn ich das Traumobjekt besser ins Auge fasse, so fällt mir nachträglich auf, daß es schwarz war und durch sein Abschneiden in seiner größten Breite an diesem Ende eine weitgehende Ähnlichkeit mit einem Gegenstand erzielte, der uns in den Museen etruskischer Städte interessant geworden war. Es war dies eine rechteckige Tasse aus schwarzem Ton, mit zwei Henkeln, auf der Dinge wie Kaffee- oder Teetassen standen, nicht ganz unähnlich einem unserer modernen Service für den *Frühstückstisch*. Auf Befragen erfuhren wir, das sei die Toilette einer etruskischen Dame mit den Schminke- und Puderbüchsen darauf; und wir sagten uns im Scherz, es wäre nicht übel, so ein Ding der Hausfrau mitzubringen. Das Traumobjekt bedeutet also – *schwarze Toilette*, Trauer, und spielt direkt auf einen Todesfall an. Mit dem anderen Ende mahnt das Traumobjekt an den „Nachen" vom Stamme νέχυς, wie mein sprachgelehrter Freund mir mitgeteilt, auf den in Vorzeiten die Leiche gelegt und dem Meer zur Bestattung überlassen wurde. Hieran reiht sich, warum im Traume die Schiffe zurückkehren.

„Still, auf gerettetem Boot, treibt in den Hafen der Greis."

Es ist die Rückfahrt nach dem Schiffbruch, das Frühstücksschiff ist ja wie in seiner Breite abgebrochen. Woher aber der Name „Frühstücks"-schiff? Hier kommt nun das „Englische" zur Verwendung, das wir bei den Kriegsschiffen erübrigt haben. Frühstück = *breakfast, Fastenbrecher*. Das Brechen gehört wieder zum *Schiffbruch*, das Fasten schließt sich der schwarzen Toilette an.

An diesem Frühstücksschiffe ist aber nur der Name vom Traume neugebildet. Das Ding hat existiert und mahnt mich an eine der heitersten Stunden der letzten Reise. Der Verpflegung in Aquileja mißtrauend, hatten wir uns von Görz Eßwaren mitgenommen, eine Flasche des vorzüglichsten Istrianer Weins in Aquileja eingekauft, und während der kleine Postdampfer durch den Kanal delle Mee langsam in die öde Lagunenstrecke nach *Grado* fuhr, nahmen wir, die einzigen Passagiere, in heiterster Laune auf Deck das Frühstück ein, das uns schmeckte wie selten eines zuvor. Das war also das „*Frühstücksschiff*", und gerade hinter dieser Reminiszenz frohesten Lebensgenusses verbirgt der Traum die betrübendsten Gedanken an eine unbekannte und unheimliche Zukunft.

Die Ablösung der Affekte von den Vorstellungsmassen, die ihre Entbindung hervorgerufen haben, ist das Auffälligste, was ihnen bei der Traumbildung widerfährt, aber weder die einzige noch die wesentlichste Veränderung, die sie auf dem Wege von den Traumgedanken zum manifesten Traum erleiden. Vergleicht man die Affekte in den Traumgedanken mit denen im Traume, so wird eines sofort klar: Wo sich im Traume ein Affekt findet, da findet er sich auch in den Traumgedanken, aber nicht umgekehrt. Der Traum ist im allgemeinen affektärmer als das psychische Material, aus dessen Bearbeitung er hervorgegangen ist. Wenn ich die Traumgedanken rekonstruiert habe, so übersehe ich, wie in ihnen regelmäßig die intensivsten Seelenregungen nach Geltung ringen, zumeist im Kampfe mit anderen, die ihnen scharf zuwiderlaufen. Blicke ich dann auf den Traum zurück, so finde ich ihn nicht selten farblos, ohne jeden intensiveren Gefühlston. Es ist durch die Traumarbeit nicht bloß der Inhalt, sondern auch oft der Gefühlston meines Denkens auf das Niveau des Indifferenten gebracht. Ich könnte sagen, durch die Traumarbeit wird eine *Unterdrückung der Affekte* zustande gebracht. Man nehme z. B. den Traum von der botanischen Monographie. Ihm entspricht im Denken ein leidenschaftlich bewegtes Plaidoyer für meine Freiheit, so zu handeln, wie ich handle, mein Leben so einzurichten, wie es mir einzig und allein richtig scheint. Der daraus hervorgegangene Traum klingt gleichgültig: Ich habe eine Monographie geschrieben, sie liegt vor mir, ist mit farbigen Tafeln versehen, getrocknete Pflanzen sind jedem Exemplare beigelegt. Es ist wie die Ruhe eines Leichenfeldes; man verspürt nichts mehr vom Toben der Schlacht.

Es kann auch anders ausfallen, in den Traum selbst können lebhafte Affekt-äußerungen eingehen; aber wir wollen zunächst bei der unbestreitbaren Tatsa-che verweilen, daß so viele Träume indifferent erscheinen, während man sich in die Traumgedanken nie ohne tiefe Ergriffenheit versetzen kann.

Die volle theoretische Aufklärung dieser Affektunterdrückung während der Traumarbeit ist hier nicht zu geben; sie würde das sorgfältigste Eindringen in die Theorie der Affekte und in den Mechanismus der Verdrängung voraussetzen. Ich will nur zwei Gedanken hier eine Erwähnung gönnen. Die Affektentbindung bin ich – aus anderen Gründen – genötigt, mir als einen zentrifugalen, gegen das Körperinnere gerichteten Vorgang vorzustellen, analog den motorischen und sekretorischen Innervationsvorgängen. Wie nun im Schlafzustande die Aus-sendung motorischer Impulse gegen die Außenwelt aufgehoben erscheint, so könnte auch die zentrifugale Erweckung von Affekten durch das unbewußte Denken während des Schlafes erschwert sein. Die Affektregungen, die während des Ablaufs der Traumgedanken zustande kommen, wären also an und für sich schwache Regungen und darum die in den Traum gelangenden auch nicht stärker. Nach diesem Gedankengange wäre die „Unterdrückung der Affekte" überhaupt kein Erfolg der Traumarbeit, sondern eine Folge des Schlafzustandes. Es mag so sein, aber es kann unmöglich alles sein. Wir müssen auch daran denken, daß jeder zusammengesetztere Traum sich auch als das Kompromißergebnis eines Widerstreits psychischer Mächte enthüllt hat. Einerseits haben die wunschbil-denden Gedanken gegen den Widerspruch einer zensurierenden Instanz anzu-kämpfen, anderseits haben wir oft gesehen, daß im unbewußten Denken selbst ein jeder Gedankenzug mit seinem kontradiktorischen Gegenteil zusammenge-spannt war. Da alle diese Gedankenzüge affektfähig sind, so werden wir im gan-zen und großen kaum irregehen, wenn wir die Affektunterdrückung auffassen als Folge der Hemmung, welche die Gegensätze gegeneinander und die Zensur gegen die von ihr unterdrückten Strebungen übt. *Die Affekthemmung wäre dann der zweite Erfolg der Traumzensur, wie die Traumentstellung deren erster war.*

Ich will ein Traumbeispiel einfügen, in dem der indifferente Empfindungs-ton des Trauminhaltes durch die Gegensätzlichkeit in den Traumgedanken auf-geklärt werden kann. Ich habe folgenden kurzen Traum zu erzählen, den jeder Leser mit Ekel zur Kenntnis nehmen wird:

IV

Eine Anhöhe, auf dieser etwas wie ein Abort im Freien, eine sehr lange Bank, an deren Ende ein großes Abortloch. Die ganz hintere Kante dicht besetzt mit Häufchen Kot von allen

Größen und Stufen der Frische. Hinter der Bank ein Gebüsch. Ich uriniere auf die Bank; ein langer Harnstrahl spült alles rein, die Kotpatzen lösen sich leicht ab und fallen in die Öffnung. Als ob am Ende noch etwas übrigbliebe.

Warum empfand ich bei diesem Traume keinen Ekel?

Weil, wie die Analyse zeigt, an dem Zustandekommen dieses Traumes die angenehmsten und befriedigendsten Gedanken mitgewirkt hatten. Mir fällt in der Analyse sofort der *Augiasstall* ein, den Herkules reinigt. Dieser Herkules bin ich. Die Anhöhe und das Gebüsch gehören nach Aussee, wo jetzt meine Kinder weilen. Ich habe die Kindheitsätiologie der Neurosen aufgedeckt und dadurch meine eigenen Kinder vor Erkrankung bewahrt. Die Bank ist (bis auf das Abortloch natürlich) die getreue Nachahmung eines Möbels, das mir eine anhängliche Patientin zum Geschenk gemacht hat. Sie mahnt mich daran, wie meine Patienten mich ehren. Ja selbst das Museum menschlicher Exkremente ist einer herzerfreuenden Deutung fähig. Sosehr ich mich dort davor ekle, im Traume ist es eine Reminiszenz an das schöne Land Italien, in dessen kleinen Städten bekanntlich die W.C. nicht anders ausgestattet sind. Der Harnstrahl, der alles rein abspült, ist eine unverkennbare Größenanspielung. So löscht Gulliver bei den Liliputanern den großen Brand; er zieht sich dadurch allerdings das Mißfallen der allerkleinsten Königin zu. Aber auch Gargantua, der Übermensch bei Meister Rabelais, nimmt so seine Rache an den Parisern, indem er auf Notre-Dame reitend seinen Harnstrahl auf die Stadt richtet. In den Garnierschen Illustrationen zum Rabelais habe ich gerade gestern vor dem Schlafengehen geblättert. Und merkwürdig wieder ein Beweis, daß ich der Übermensch bin! Die Plattform von Notre-Dame war mein Lieblingsaufenthalt in Paris; jeden freien Nachmittag pflegte ich auf den Türmen der Kirche zwischen den Ungetümen und Teufelsfratzen dort herumzuklettern. Daß aller Kot vor dem Strahle so rasch verschwindet, das ist das Motto: *Afflavit et dissipati sunt*, mit dem ich einmal den Abschnitt über Therapie der Hysterie überschreiben werde.

Und nun die wirksame Veranlassung des Traums. Es war ein heißer Nachmittag im Sommer gewesen, ich hatte in den Abendstunden meine Vorlesung über den Zusammenhang der Hysterie mit den Perversionen gehalten, und alles, was ich zu sagen wußte, mißfiel mir so gründlich, kam mir alles Werts entkleidet vor. Ich war müde, ohne Spur von Vergnügen an meiner schweren Arbeit, sehnte mich weg von diesem Wühlen im menschlichen Schmutz, nach meinen Kindern und dann nach den Schönheiten Italiens. In dieser Stimmung ging ich vom Hörsaal in ein Café, um dort in freier Luft einen bescheidenen Imbiß zu nehmen, denn die Eßlust hatte mich verlassen. Aber einer meiner Hörer ging mit mir; er bat um die Erlaubnis dabeizusitzen, während ich meinen Kaffee trank und an meinem Kipfel würgte, und begann mir Schmeicheleien zu sagen. Wieviel er bei mir gelernt und daß er jetzt alles mit anderen Augen ansehe, daß ich den *Augiasstall* der Irrtümer und Vorurteile in der Neurosenlehre gereinigt, kurz, daß ich ein sehr großer Mann sei. Meine Stimmung paßte schlecht zu seinem Lobgesang; ich kämpfte mit dem Ekel, ging früher heim, um mich loszumachen, blätterte noch vor dem Schlafengehen im Rabelais und las eine Novelle von C. F. Meyer *Die Leiden eines Knaben.*

Aus diesem Material war der Traum hervorgegangen, die Novelle von Meyer brachte die Erinnerung an Kindheitsszenen hinzu (vgl. den Traum vom Grafen Thun, letztes Bild). Die Tagesstimmung von Ekel und Überdruß setzte sich im Traume insofern durch, als sie fast sämtliches Material für den Trauminhalt beistellen durfte. Aber in der Nacht wurde die ihr gegensätzliche Stimmung von kräftiger und selbst übermäßiger Selbstbetonung rege und hob die erstere auf. Der Trauminhalt mußte sich so gestalten, daß er in demselben Material dem Kleinheitswahn wie der Selbstüberschätzung den Ausdruck ermöglichte. Bei dieser Kompromißbildung resultierte ein zweideutiger Trauminhalt, aber auch durch gegenseitige Hemmung der Gegensätze ein indifferenter Empfindungston.

Nach der Theorie der Wunscherfüllung wäre dieser Traum nicht ermöglicht worden, wenn nicht der gegensätzliche, zwar unterdrückte, aber mit Lust betonte Gedankenzug des Größenwahns zu dem des Ekels hinzugetreten wäre. Denn Peinliches soll im Traume nicht dargestellt werden; das Peinliche aus unseren Tagesgedanken kann nur dann den Eintritt in den Traum erringen, wenn es seine Einkleidung gleichzeitig einer Wunscherfüllung leiht.

Die Traumarbeit kann mit den Affekten der Traumgedanken noch etwas anderes vornehmen, als sie zuzulassen oder zum Nullpunkt herabzudrücken, Sie kann dieselben in ihr *Gegenteil verkehren.* Wir haben bereits die Deutungsregel kennengelernt, daß jedes Element des Traums für die Deutung auch sein Gegenteil darstellen kann, ebensowohl wie sich selbst. Man weiß nie im vorhinein, ob das eine oder das andere zu setzen ist; erst der Zusammenhang entscheidet hierüber. Eine Ahnung dieses Sachverhaltes hat sich offenbar dem Volksbewußtsein aufgedrängt; die Traumbücher verfahren bei der Deutung der Träume sehr häufig nach dem Prinzip des Kontrasts. Solche Verwandlung ins Gegenteil wird durch die innige assoziative Verkettung ermöglicht, die in unserem Denken die Vorstellung eines Dings an die seines Gegensatzes fesselt. Wie jede andere Verschiebung dient sie den Zwecken der Zensur, ist aber auch häufig das Werk der Wunscherfüllung, denn die Wunscherfüllung besteht ja in nichts anderem als in der Ersetzung eines unliebsamen Dings durch sein Gegenteil. Ebenso wie die Dingvorstellungen können also auch die Affekte der Traumgedanken im Traume ins Gegenteil verkehrt erscheinen, und es ist wahrscheinlich, daß diese Affektverkehrung zumeist von der Traumzensur bewerkstelligt wird. *Affektunterdrückung wie Affektverkehrung* dienen ja auch im sozialen Leben, das uns die geläufige Analogie zur Traumzensur gezeigt hat, vor allem der Verstellung. Wenn ich mündlich mit der Person verkehre, vor der ich mir Rücksicht auferlegen muß, während ich ihr Feindseliges sagen möchte, so ist es beinahe wichtiger, daß ich die Äußerungen meines Affekts vor ihr verberge, als daß ich die Wortfassung meiner Gedanken mildere. Spreche ich zu ihr in nicht unhöflichen Worten, begleite diese aber mit einem Blick oder einer Gebärde des Hasses und der Verachtung, so ist die Wirkung, die ich bei dieser Person erziele, nicht viel anders, als wenn ich ihr meine Verachtung ohne Schonung ins Gesicht geworfen hätte. Die Zensur heißt mich also vor allem meine Affekte unterdrücken, und wenn ich ein Meister in der Verstellung bin, werde ich den entgegengesetzten Affekt heucheln, lächeln, wo ich zürnen, und mich zärtlich stellen, wo ich vernichten möchte.

Wir kennen bereits ein ausgezeichnetes Beispiel solcher Affektverkehrung im Traum im Dienste der Traumzensur. Im Traum „von des Onkels Bart" empfinde ich große Zärtlichkeit für meinen Freund R., während und weil die Traumgedanken ihn einen Schwachkopf schelten. Aus diesem Beispiele von Verkehrung der Affekte haben wir uns den ersten Hinweis auf die Existenz einer Traumzensur geholt.

Es ist auch hier nicht nötig anzunehmen, daß die Traumarbeit einen derartigen Gegenaffekt ganz von neuem schafft; sie findet ihn gewöhnlich im Materiale der Traumgedanken bereitliegend und erhöht ihn bloß mit der psychischen Kraft der Abwehrmotive, bis er für die Traumbildung überwiegen kann. Im letzterwähnten Onkeltraum stammt der zärtliche Gegenaffekt wahrscheinlich aus infantiler Quelle (wie die Fortsetzung des Traumes nahelegt), denn das Verhältnis Onkel und Neffe ist durch die besondere Natur meiner frühesten Kindererlebnisse bei mir die Quelle aller Freundschaften und alles Hasses geworden.

Ein ausgezeichnetes Beispiel einer solchen Affektverkehrung gibt ein von *Ferenczi* berichteter Traum): *„Ein älterer Herr wird bei Nacht von seiner Frau geweckt, die ängstlich darüber wurde, daß er im Schlafe so laut und unbändig lachte. Der Mann erzählte später, folgenden Traum gehabt zu haben: Ich lag in meinem Bette, ein bekannter Herr trat ein, ich wollte das Licht aufdrehen, konnte es aber nicht, versuchte es immer wieder – vergebens. Daraufhin stieg meine Frau aus dem Bette, um mir zu helfen, aber auch sie vermochte nichts auszurichten; weil sie sich aber vor dem Herrn wegen ihres Negligés genierte, gab sie es schließlich auf und legte sich wieder ins Bett; all dies war so komisch, daß ich darüber fürchterlich lachen mußte. Die Frau sagte: „Was lachst du, was lachst du?", ich aber lachte nur weiter, bis ich erwachte. –* Tags darauf war der Herr äußerst niedergeschlagen, hatte Kopfschmerzen – vom vielen Lachen, das mich erschüttert hat, meinte er.

Analytisch betrachtet, schaut der Traum minder lustig aus. Der „bekannte Herr", der eintritt, ist in den latenten Traumgedanken das am Vortage geweckte Bild des Todes als des „großen Unbekannten". Der alte Herr, der an Arteriosklerose leidet, hatte am Vortage Grund, ans Sterben zu denken. Das unbändige Lachen vertritt die Stelle des Weinens und Schluchzens bei der Idee, daß er sterben muß. Es ist das Lebenslicht, das er nicht mehr aufdrehen kann. Dieser traurige Gedanke mag sich an vor kurzem beabsichtigte, aber mißlungene Beischlafversuche angeknüpft haben, bei denen ihm auch die Hilfe seiner Frau im Negligé nichts half; er merkte, daß es mit ihm schon abwärts geht. Die Traumarbeit verstand es, die traurige Idee der Impotenz und des Sterbens in eine komische Szene und das Schluchzen in Lachen umzuwandeln."

Es gibt eine Klasse von Träumen, die auf die Bezeichnung als „heuchlerische" einen besonderen Anspruch haben und die Theorie der Wunscherfüllung auf eine harte Probe stellen. Ich wurde auf sie aufmerksam, als Frau Dr. M. Hilferding in der „Wiener Psychoanalytischen Vereinigung" den im Nachstehenden abgedruckten Traumbericht *Roseggers* zur Diskussion brachte.

Rosegger (in *Waldheimat*, 2. Band) erzählt in der Geschichte *Fremd gemacht* (S. 303): „Ich erfreue mich sonst eines gesunden Schlummers, aber ich habe die Ruhe von so mancher Nacht eingebüßt, ich habe neben meinem bescheidenen Studenten- und Literatendasein den Schatten eines veritabeln Schneiderlebens durch die langen Jahre geschleppt, wie ein Gespenst, ohne seiner loswerden zu können.

Es ist nicht wahr, daß ich mich tagsüber in Gedanken so häufig und lebhaft mit meiner Vergangenheit beschäftigt hätte. Ein der Haut eines Philisters entsprungener Welt- und Himmelsstürmer hat anderes zu tun. Aber auch an seine nächtlichen Träume wird der flotte Bursche kaum gedacht haben; erst später, als ich gewohnt worden war, über alles nachzudenken, oder auch, als sich der Philister in mir wieder ein wenig zu regen begann, fiel es mir auf, wieso ich denn – wenn ich überhaupt träumte – allemal der Schneidergesell war und daß ich solchergestalt schon so lange Zeit bei meinem Lehrmeister unentgeltlich in der Werkstatt arbeitete. Ich war mir, wenn ich so neben ihm saß und nähte und bügelte, sehr wohl bewußt, daß ich eigentlich nicht mehr dorthin gehöre, daß ich mich als Städter mit anderen Dingen zu befassen habe; doch hatte ich stets Ferien, war stets auf der Sommerfrische, und so saß ich zur Aushilfe beim Lehrmeister. Es war mir oft gar unbehaglich, ich bedauerte den Verlust der Zeit, in welcher ich mich besser und nützlicher zu beschäftigen gewußt hätte. Vom Lehrmeister mußte ich mir mitunter, wenn etwas nicht ganz nach Maß und Schnitt ausfallen wollte, eine Rüge gefallen lassen; von einem Wochenlohn jedoch war gar niemals die Rede. Oft, wenn ich mit gekrümmtem Rücken in der dunklen Werkstatt so dasaß, nahm ich mir vor, die Arbeit zu kündigen und mich fremd zu machen. Einmal tat ich's sogar, jedoch der Meister nahm keine Notiz davon, und nächstens saß ich doch wieder bei ihm und nähte.

Wie mich nach solch langweiligen Stunden das Erwachen beglückte! Und da nahm ich mir vor, wenn dieser zudringliche Traum sich wieder einmal einstellen sollte, ihn mit Energie von mir zu werfen und laut auszurufen: es ist nur Gaukelspiel, ich liege im Bette und will schlafen ... Und in der nächsten Nacht saß ich doch wieder in der Schneiderwerkstatt.

So ging es Jahre in unheimlicher Regelmäßigkeit fort. Da war es einmal, als wir, der Meister und ich, beim Alpelhofer arbeiteten, bei jenem Bauern, wo ich in die Lehre eingetreten war, daß sich mein Meister ganz besonders unzufrieden mit meinen Arbeiten zeigte. ‚Möcht' nur wissen, wo du deine Gedanken hast!‘ sagte er und sah mich etwas finster an. Ich dachte, das Vernünftigste wäre, wenn ich jetzt aufstünde, dem Meister bedeutete, daß ich nur aus Gefälligkeit bei ihm sei, und wenn ich dann davonginge. Aber ich tat es nicht. Ich ließ es mir gefallen, als der Meister einen Lehrling aufnahm und mir befahl, demselben auf der Bank Platz zu machen. Ich rückte in den Winkel und nähte. An demselben Tage wurde auch noch ein Geselle aufgenommen, bigott, es war der Böhm, der vor neunzehn Jahren bei uns gearbeitet hatte und damals auf dem Wege vom Wirtshause in den Bach gefallen war. Als er sich setzen wollte, war kein Platz da. Ich blickte den Meister fragend an, und dieser sagte zu mir: ‚Du hast ja doch keinen Schick zur Schneiderei, *du kannst gehen, du bist fremd gemacht.*‘ – So übermächtig war hierüber mein Schreck, daß ich erwachte.

Das Morgengrauen schimmerte zu den klaren Fenstern herein in mein trautes Heim. Gegenstände der Kunst umgaben mich; im stilvollen Bücherschrank harrte meiner der ewige Homer, der gigantische Dante, der unvergleichliche Shakespeare, der glorreiche Goethe – die Herrlichen, die Unsterblichen alle. Vom Nebenzimmer her klangen die hellen Stimmchen der erwachenden und mit ihrer Mutter schäkernden Kinder. Mir war zumute, als hätte ich dieses idyllisch süße, dieses friedensmilde und poesiereiche, helldurchgeistigte Leben, in welchem ich das beschauliche menschliche Glück so oft und tief empfand, von neuem wiedergefunden. Und doch wurmte es mich, daß ich mit der Kündigung meinem Meister nicht zuvorgekommen, sondern von ihm abgedankt worden war.

Und wie merkwürdig ist mir das: Mit jener Nacht, da mich der Meister ‚fremd gemacht‘ hatte, genieße ich Ruhe, träume nicht mehr von meiner in ferner Vergangenheit liegenden Schneiderzeit, die in ihrer Anspruchslosigkeit ja so heiter war und die doch einen so langen Schatten in meine späteren Lebensjahre hereingeworfen hat."

In dieser Traumreihe des Dichters, der in seinen jungen Jahren Schneider-geselle gewesen war, fällt es schwer, das Walten der Wunscherfüllung zu erkennen. Alles Erfreuliche liegt im Tagesleben, während der Traum den gespenstigen Schatten einer endlich überwundenen unerfreulichen Existenz fortzuschleppen scheint. Eigene Träume von ähnlicher Art haben mich in den Stand gesetzt, einige Aufklärung über solche Träume zu geben. Ich habe als junger Doktor lange Zeit im chemischen Institut gearbeitet, ohne es in den dort erforderten Künsten zu etwas bringen zu können, und denke darum im Wachen niemals gern an diese unfruchtbare und eigentlich beschämende Episode meines Lernens. Dagegen ist es bei mir ein wiederkehrender Traum geworden, daß ich im Laboratorium arbeite, Analysen mache, Verschiedenes erlebe usw.; diese Träume sind ähnlich unbehaglich wie die Prüfungsträume und niemals sehr deutlich. Bei der Deutung eines dieser Träume wurde ich endlich auf das Wort „*Analyse*" aufmerksam, das mir den Schlüssel zum Verständnis bot. Ich bin ja seither „Analytiker" geworden, mache Analysen, die sehr gelobt werden, allerdings *Psychoanalysen*. Ich verstand nun: wenn ich auf diese Art von Analysen im Tagesleben stolz geworden bin, mich vor mir selbst rühmen möchte, wie weit ich es gebracht habe, hält mir nächtlicherweile der Traum jene anderen mißglückten Analysen vor, auf die stolz zu sein ich keinen Grund hatte; es sind Strafträume des Emporkömmlings, wie die des Schneidergesellen, der ein gefeierter Dichter geworden war. Wie wird es aber dem Traume möglich, sich in dem Konflikt zwischen Parvenüstolz und Selbstkritik in den Dienst der letzteren zu stellen und eine vernünftige Warnung anstatt einer unerlaubten Wunscherfüllung zum Inhalt zu nehmen? Ich erwähnte schon, daß die Beantwortung dieser Frage Schwierigkeiten macht. Wir können erschließen, daß zunächst eine übermütige Ehrgeizphantasie die Grundlage des Traumes bildete; an ihrer Statt ist aber ihre Dämpfung und Beschämung in den Trauminhalt gelangt. Man darf daran erinnern, daß es masochistische Tendenzen im Seelenleben gibt, denen man eine solche Umkehrung zuschreiben darf. Ich könnte nichts dagegen haben, wenn man diese Art von Träumen als *Strafträume* von den *Wunscherfüllungsträumen* abtrennte. Ich würde darin keine Einschränkung der bisher vertretenen Theorie des Traumes erblicken, sondern bloß ein sprachliches Entgegenkommen für die Auffassung, welcher das Zusammenfallen von Gegensätzen fremdartig erscheint. Genaueres Eingehen auf einzelne dieser Träume läßt aber noch anderes erkennen. In dem deutlichen Beiwerk eines meiner Laboratoriumsträume hatte ich gerade jenes Alter, welches mich in das düsterste und erfolgloseste Jahr meiner ärztlichen Laufbahn versetzte; ich hatte noch keine Stellung und wußte nicht, wie ich mein Leben erhalten sollte, aber dabei fand sich plötzlich, daß ich die Wahl zwischen mehreren Frauen hatte, die ich heiraten sollte! Ich war also wieder jung und vor allem, sie war wieder jung, die Frau, die alle diese schweren Jahre mit mir geteilt hatte. Somit war einer der unablässig nagenden Wünsche des alternden Mannes als der unbewußte Traumerreger verraten. Der in anderen psychischen Schichten tobende Kampf zwischen der Eitelkeit und der Selbstkritik hatte zwar den Trauminhalt bestimmt, aber der tiefer wurzelnde Jugendwunsch hatte ihn allein als Traum möglich gemacht. Man sagt sich auch manchmal im Wachen: Es ist ja sehr gut heute, und es war einmal eine harte Zeit; aber es war doch schön damals; du warst ja noch so jung.[198]

Eine andere Gruppe von Träumen, die ich bei mir selbst häufig gefunden und als heuchlerisch erkannt habe, hat zum Inhalt die Versöhnung mit Personen, zu denen die freundschaftlichen Beziehungen längst erloschen sind. Die Analyse deckt dann regelmäßig einen Anlaß auf, der mich auffordern könnte, den letzten Rest von Rücksicht auf diese ehemaligen Freunde beiseite zu setzen und sie wie Fremde oder wie Feinde zu behandeln. Der Traum aber gefällt sich darin, die gegensätzliche Relation auszumalen.

Bei der Beurteilung von Träumen, die ein Dichter mitteilt, darf man oft genug annehmen, daß er solche als störend empfundene und für unwesentlich erachtete Einzelheiten des Trauminhalts von der Mitteilung ausgeschlossen hat. Seine Träume geben uns dann Rätsel auf, die bei exakter Wiedergabe des Trauminhalts bald zu lösen wären.

O. Rank machte mich auch aufmerksam, daß im Grimmschen Märchen vom tapferen Schneiderlein oder „Sieben auf einen Streich" ein ganz ähnlicher Traum eines Emporkömmlings erzählt wird. Der Schneider, der Heros und Schwiegersohn des Königs geworden ist, träumt eines Nachts bei der Prinzessin, seiner Gemahlin, von seinem Handwerk; diese, mißtrauisch geworden, bestellt nun Bewaffnete für die nächste Nacht, die das aus dem Traum Gesprochene anhören und sich der Person des Träumers versichern sollen. Aber das Schneiderlein ist gewarnt und weiß jetzt den Traum zu korrigieren.

Die Komplikation der Aufhebungs-, Subtraktions- und Verkehrungsvorgänge, durch welche endlich aus den Affekten der Traumgedanken die des Traumes werden, läßt sich an geeigneten Synthesen vollständig analysierter Träume gut überblicken. Ich will hier noch einige Beispiele der Affektregung im Traume behandeln, die etwa einige der besprochenen Fälle als realisiert erweisen.

---

[198] Seitdem die Psychoanalyse die Person in ein Ich und ein Über-Ich zerlegt hat (*Massenpsychologie und Ich-Analyse*, 1921), ist es leicht, in diesen Strafträumen Wunscherfüllungen des Über-Ichs zu erkennen.

V

In dem Traume von der sonderbaren Aufgabe, die mir der alte Brücke stellt, mein eigenes Becken zu präparieren, *vermisse ich im Traume selbst das dazugehörige Grauen.* Dies ist nun Wunscherfüllung in mehr als einem Sinne. Die Präparation bedeutet die Selbstanalyse, die ich gleichsam durch die Veröffentlichung des Traumbuches vollziehe, die mir in Wirklichkeit so peinlich war, daß ich den Druck des bereitliegenden Manuskripts um mehr als ein Jahr aufgeschoben habe. Es regt sich nun der Wunsch, daß ich mich über diese abhaltende Empfindung hinaussetzen möge, darum verspüre ich im Traume kein Grauen. Das „Grauen" im anderen Sinne möchte ich auch gerne vermissen; es graut bei mir schon ordentlich, und dies Grau der Haare mahnt mich gleichfalls, nicht länger zurückzuhalten. Wir wissen ja, daß am Schlusse des Traums der Gedanke zur Darstellung durchdringt, ich würde es den Kindern überlassen müssen, in der schwierigen Wanderung ans Ziel zu kommen.

In den zwei Träumen, die den Ausdruck der Befriedigung in die nächsten Augenblicke nach dem Erwachen verlegen, ist diese Befriedigung das eine Mal motiviert durch die Erwartung, ich werde jetzt erfahren, was es heißt, „ich habe schon davon geträumt", und bezieht sich eigentlich auf die Geburt der ersten Kinder, das andere Mal durch die Überzeugung, es werde jetzt eintreffen, „was sich durch ein Vorzeichen angekündigt hat", und diese Befriedigung ist die nämliche, die seinerzeit den zweiten Sohn begrüßt hat. Es sind hier im Traume die Affekte verblieben, die in den Traumgedanken herrschen, aber es geht wohl in keinem Traume so ganz einfach zu. Vertieft man sich ein wenig in beide Analysen, so erfährt man, daß diese der Zensur nicht unterliegende Befriedigung einen Zuzug aus einer Quelle erhält, welche die Zensur zu fürchten hat und deren Affekt sicherlich Widerspruch erregen würde, wenn er sich nicht durch den gleichartigen, gerne zugelassenen Befriedigungsaffekt aus der erlaubten Quelle decken, sich gleichsam hinter ihm einschleichen würde. Ich kann dies leider nicht an dem Traumbeispiel selbst erweisen, aber ein Beispiel aus anderer Sphäre wird meine Meinung verständlich machen. Ich setze folgenden Fall: Es gäbe in meiner Nähe eine Person, die ich hasse, so daß in mir eine lebhafte Regung zustande kommt, mich zu freuen, wenn ihr etwas widerfährt. Dieser Regung gibt aber das Moralische in meinem Wesen nicht nach; ich wage es nicht, den Unglückswunsch zu äußern, und nachdem ihr unverschuldet etwas zugestoßen ist, unterdrücke ich meine Befriedigung darüber und nötige mich zu Äußerungen und Gedanken des Bedauerns. Jedermann wird sich schon in solcher Lage befunden haben. Nun ereigne es sich aber, daß die gehaßte Person sich durch eine Überschreitung eine wohlverdiente Unannehmlichkeit zuziehe; dann darf ich meiner Befriedigung darüber freien Lauf lassen, daß sie von der gerechten Strafe getroffen worden ist, und äußere mich darin übereinstimmend mit vielen anderen, die unparteiisch sind. Ich kann aber die Beobachtung machen, daß meine Befriedigung intensiver ausfällt als die der anderen; sie hat einen Zuzug aus der Quelle meines Hasses erhalten, der bis dahin von der inneren Zensur verhindert war, Affekt zu liefern, unter den geänderten Verhältnissen aber nicht mehr gehindert wird. Dieser Fall trifft in der Gesellschaft allgemein zu, wo antipathische Personen oder Angehörige einer ungern gesehenen Minorität eine Schuld auf sich laden. Ihre Bestrafung entspricht dann gewöhnlich nicht ihrem Verschulden, sondern dem Verschulden vermehrt um das bisher effektlose Übelwollen, das sich gegen sie richtet. Die Strafenden begehen dabei zweifellos eine Ungerechtigkeit; sie werden aber an der Wahrnehmung derselben gehindert durch die Befriedigung, welche ihnen die Aufhebung einer lange festgehaltenen Unterdrückung in ihrem Inneren bereitet. In solchen Fällen ist der Affekt seiner Qualität nach zwar berechtigt, aber nicht sein Ausmaß; und die in dem einen Punkt beruhigte Selbstkritik vernachlässigt nur zu leicht die Prüfung des zweiten Punktes. Wenn einmal die Türe geöffnet ist, so drängen sich leicht mehr Leute durch, als man ursprünglich einzulassen beabsichtigte.

Der auffällige Zug des neurotischen Charakters, daß affektfähige Anlässe bei ihm eine Wirkung erzielen, die, qualitativ berechtigt, quantitativ über das Maß hinausgeht, erklärt sich auf diese Weise, soweit er überhaupt eine psychologische Erklärung zuläßt. Der Überschuß rührt aber aus unbewußt gebliebenen, bis dahin unterdrückten Affektquellen her, die mit dem realen Anlaß eine assoziative Verbindung herstellen können und für deren Affektentbindung die einspruchsfreie und zugelassene Affektquelle die erwünschte Bahnung eröffnet. Wir werden so aufmerksam gemacht, daß wir zwischen der unterdrückten und der unterdrückenden seelischen Instanz nicht ausschließlich die Beziehungen gegenseitiger Hemmung ins Auge fassen dürfen. Ebensoviel Beachtung verdienen die Fälle, in denen die beiden Instanzen durch Zusammenwirken, durch gegenseitige Verstärkung, einen pathologischen Effekt zustande bringen. Diese andeutenden Bemerkungen über psychische Mechanik wolle man nun zum Verständnis der Affektäußerungen des Traumes verwenden. Eine Befriedigung, die sich im Traume kundgibt und die natürlich alsbald an ihrer Stelle in den Traumgedanken aufzufinden ist, ist durch diesen Nachweis allein nicht immer vollständig aufgeklärt. In der Regel wird man für sie eine zweite Quelle in den Traumgedanken aufzusuchen haben, auf welcher der Druck der Zensur lastet und die unter diesem Drucke nicht Befriedigung, sondern den gegenteiligen Affekt ergeben hätte, die aber durch die Anwesenheit der ersten Traumquelle in den Stand gesetzt wird, ihren Befriedigungsaffekt der Verdrängung zu entziehen und als Verstärkung zu der Befriedigung aus anderer Quelle stoßen zu lassen. So erscheinen die Affekte im Traume als zusammengefaßt aus mehreren Zuflüssen und als überdeterminiert in bezug auf das Material der Traumgedanken; *Affektquellen, die den nämlichen Affekt liefern können, treten bei der Traumarbeit zur Bildung desselben zusammen.*[199]

Ein wenig Einblick in diese verwickelten Verhältnisse erhält man durch die Analyse des schönen Traumes, in dem *„Non vixit"* den Mittelpunkt bildet. In diesem Traum sind die Affektäußerungen von verschiedener Qualität an zwei Stellen des manifesten Inhalts zusammengedrängt. Feindselige und peinliche Regungen (im Traume selbst heißt es „von merkwürdigen Affekten ergriffen") überlagern einander dort, wo ich den gegnerischen Freund mit den beiden Worten vernichte. Am Ende des Traumes bin ich ungemein erfreut und urteile dann anerkennend über eine im Wachen als absurd erkannte Möglichkeit, daß es nämlich Revenants gibt, die man durch den bloßen Wunsch beseitigen kann.

Ich habe die Veranlassung dieses Traumes noch nicht mitgeteilt. Sie ist eine wesentliche und führt tief in das Verständnis des Traumes hinein. Ich hatte von meinem Freunde in Berlin (den ich mit Fl. bezeichnet habe) die Nachricht bekommen, daß er sich einer Operation unterziehen werde und daß in Wien lebende Verwandte mir die weiteren Auskünfte über sein Befinden geben würden. Diese ersten Nachrichten nach der Operation lauteten nicht erfreulich und machten mir Sorge. Ich wäre am liebsten selbst zu ihm gereist, aber ich war gerade zu jener Zeit mit einem schmerzhaften Leiden behaftet, das mir jede Bewegung zur Qual machte. Aus den Traumgedanken erfahre ich nun, daß ich für das Leben des teuren Freundes fürchtete. Seine einzige Schwester, die ich nie gekannt, war, wie ich wußte, in jungen Jahren nach kürzester Krankheit gestorben. (Im Traum: *Fl. erzählt von seiner Schwester und sagt: in drei viertel Stunden war sie tot.*) Ich muß mir eingebildet haben, daß seine eigene Natur nicht viel resistenter sei, und mir vorgestellt, daß ich auf weit schlimmere Nachrichten nun endlich doch reise – und zu *spät* komme, worüber ich mir ewige Vorwürfe machen könnte.[200] Dieser Vorwurf wegen des Zuspätkommens ist zum Mittelpunkt des Traumes geworden, hat sich aber in einer Szene dargestellt, in der der verehrte Meister meiner Studentenjahre Brücke mir mit einem fürchterlichen Blicke seiner blauen Augen den Vorwurf macht. Was diese Ablenkung der Szene zustande gebracht, wird sich bald ergeben; die Szene selbst kann der Traum nicht so reproduzie-

---

[199] Analog habe ich die außerordentlich starke Lustwirkung der tendenziösen Witze erklärt.

[200] Diese Phantasie aus den unbewußten Traumgedanken ist es, die gebieterisch *non vivit* anstatt *non vixit* verlangt. „Du bist zu spät gekommen, er lebt nicht mehr." Daß auch die manifeste Situation des Traumes auf non vivit zielt, ist angegeben worden.

ren, wie ich sie erlebt habe. Er läßt zwar dem anderen die blauen Augen, aber er gibt mir die vernichtende Rolle, eine Umkehrung, die offenbar das Werk der Wunscherfüllung ist. Die Sorge um das Leben des Freundes, der Vorwurf, daß ich nicht zu ihm hinreise, meine Beschämung (*er ist „unauffällig"*, – zu mir – *nach Wien gekommen*), mein Bedürfnis, mich durch meine Krankheit für entschuldigt zu halten, das alles setzt den Gefühlssturm zusammen, der, im Schlaf deutlich verspürt, in jener Region der Traumgedanken tobt.

An der Traumveranlassung war aber noch etwas anderes, was auf mich eine ganz entgegengesetzte Wirkung hatte. Bei den ungünstigen Nachrichten aus den ersten Tagen der Operation erhielt ich auch die Mahnung, von der ganzen Angelegenheit mit niemandem zu sprechen, die mich beleidigte, weil sie ein überflüssiges Mißtrauen in meine Verschwiegenheit zur Voraussetzung hatte. Ich wußte zwar, daß dieser Auftrag nicht von meinem Freunde ausging, sondern einer Ungeschicklichkeit oder Überängstlichkeit des vermittelnden Boten entsprach, aber ich wurde von dem versteckten Vorwurf sehr peinlich berührt, weil er – nicht ganz unberechtigt war. Andere Vorwürfe als solche, an denen „etwas daran ist", haften bekanntlich nicht, haben keine aufregende Kraft. Zwar nicht in der Sache meines Freundes, aber früher einmal in viel jüngeren Jahren hatte ich zwischen zwei Freunden, die beide auch mich zu meiner Ehrung so nennen wollten, überflüssigerweise etwas ausgeplaudert, was der eine über den anderen gesagt hatte. Auch die Vorwürfe, die ich damals zu hören bekam, habe ich nicht vergessen. Der eine der beiden Freunde, zwischen denen ich damals den Unfriedenstifter machte, war Professor Fleischl, der andere kann durch den Vornamen Josef, den auch mein im Traume auftretender Freund und Gegner P. führte, ersetzt werden.

Von dem Vorwurf, daß ich nichts für mich zu behalten vermöge, zeugen im Traume die Elemente *unauffällig* und die Frage Fl.s, wieviel *von seinen Dingen ich P. denn mitgeteilt habe.* Die Einmengung dieser Erinnerung an die seinerzeitige Indiskretion und ihre Folgen ist es aber, welche den Vorwurf des Zuspätkommens aus der Gegenwart in die Zeit, da ich im Brückeschen Laboratorium lebte, verlegt, und indem ich die zweite Person in der Vernichtungsszene des Traums durch einen Josef ersetze, lasse ich diese Szene nicht nur den einen Vorwurf darstellen, daß ich zu spät komme, sondern auch den von der Verdrängung stärker betroffenen, daß ich kein Geheimnis bewahre. Die Verdichtungs- und Verschiebungsarbeit des Traumes, sowie deren Motive, werden hier augenfällig.

Der in der Gegenwart geringfügige Ärger über die Mahnung, nichts zu verraten, holt sich aber Verstärkungen aus in der Tiefe fließenden Quellen und schwillt so zu einem Strom feindseliger Regungen gegen in Wirklichkeit geliebte Personen an. Die Quelle, welche die Verstärkung liefert, fließt im Infantilen.

Ich habe schon erzählt, daß meine warmen Freundschaften wie meine Feindschaften mit Gleichalterigen auf meinen Kinderverkehr mit einem um ein Jahr älteren Neffen zurückgehen, in dem er der Überlegene war, ich mich frühzeitig zur Wehre setzen lernte, wir unzertrennlich miteinander lebten und einander liebten, dazwischen, wie Mitteilungen älterer Personen bezeugen, uns rauften und *verklagten.* Alle meine Freunde sind in gewissem Sinne Inkarnationen dieser ersten Gestalt, die „früh sich einst dem trüben Blick gezeigt", *Revenants.* Mein Neffe selbst kam in den Jünglingsjahren wieder, und damals führten wir Cäsar und Brutus miteinander auf. Ein intimer Freund und ein gehaßter Feind waren mir immer notwendige Erfordernisse meines Gefühlslebens; ich wußte beide mir immer von neuem zu verschaffen, und nicht selten stellte sich das Kindheitsideal so weit her, daß Freund und Feind in dieselbe Person zusammenfielen, natürlich nicht mehr gleichzeitig oder in mehrfach wiederholter Abwechslung, wie es in den ersten Kinderjahren der Fall gewesen sein mag.

Auf welche Weise bei so bestehenden Zusammenhängen ein rezenter Anlaß zum Affekt bis auf den infantilen zurückgreifen kann, um sich durch ihn für die Affektwirkung zu ersetzen, das möchte ich hier nicht verfolgen. Es gehört der Psychologie des unbewußten Denkens an und fände seine Stelle in einer psychologischen Aufklärung der Neurosen. Nehmen wir für unsere Zwecke der Traumdeutung an, daß sich eine Kindererinnerung einstellt oder eine solche phantastisch gebildet wird etwa folgenden Inhalts: Die beiden Kinder geraten in Streit miteinander um ein Objekt – welches, lassen wir dahingestellt, obwohl die Erinnerung oder Erinnerungstäuschung ein ganz bestimmtes im Auge hat –; ein jeder behauptet, *er sei früher gekommen,* habe also das Vorrecht darauf; es kommt zur Schlägerei, Macht geht vor Recht; nach den Andeutungen des Traums könnte ich gewußt haben, daß ich im Unrecht bin (*den Irrtum selbst bemerkend*); ich bleibe aber diesmal der Stärkere, behaupte das Schlachtfeld, der Unterlegene eilt zum Vater, respektive Großvater, verklagt mich, und ich verteidige mich mit den mir durch die Erzählung des Vaters bekannten Worten: *Ich habe ihn gelagt, weil er mich gelagt hat,* so ist diese Erinnerung oder wahrscheinlicher Phantasie, die sich mir während der Analyse des Traums – ohne weitere Gewähr, ich weiß selbst nicht wie – aufdrängt, ein Mittelstück der Traumgedanken, das die in den Traumgedanken waltenden Affektregungen, wie eine Brunnenschale die zugeleiteten Gewässer, sammelt. Von hier aus fließen die Traumgedanken in folgenden Wegen: Es geschieht dir ganz recht, daß du mir den Platz hast räumen müssen; warum hast du mich vom Platze verdrängen wollen? Ich brauche dich nicht, ich werde mir schon einen anderen verschaffen, mit dem ich spiele usw. Dann eröffnen sich die Wege, auf denen diese Gedanken wieder in die Traumdarstellung einmünden. Ein solches „*Ôte-toi que je m'y mette*" mußte ich seinerzeit meinem verstorbenen Freunde Josef zum Vorwurf machen. Er war in meine Fußstapfen als Aspirant im Brückeschen Laboratorium getreten, aber dort war das Avancement langwierig. Keiner der beiden Assistenten rückte von der Stelle, die Jugend wurde ungeduldig. Mein Freund, der seine Lebenszeit begrenzt wußte und den kein intimes Verhältnis an seinen Vordermann band, gab seiner Ungeduld gelegentlich lauten Ausdruck. Da dieser Vordermann ein Schwerkranker war, konnte der Wunsch, ihn beseitigt zu wissen, außer dem Sinn: durch eine Beförderung, auch eine anstößige Nebendeutung zulassen. Natürlich war bei mir einige Jahre vorher der nämliche Wunsch, eine freigewordene Stelle einzunehmen, noch viel lebhafter gewesen; wo immer es in der Welt Rangordnung und Beförderung gibt, ist ja der Weg für der Unterdrückung bedürftige Wünsche eröffnet. *Shakespeares* Prinz Hal kann sich nicht einmal am Bett des kranken Vaters der Versuchung entziehen, einmal zu probieren, wie ihm die Krone steht. Aber der Traum straft, wie begreiflich, diesen rücksichtslosen Wunsch nicht an mir, sondern an ihm.[201]

„Weil er herrschsüchtig war, darum erschlug ich ihn." Weil er nicht erwarten konnte, daß ihm der andere den Platz räume, darum ist er selbst hinweggeräumt worden. Diese Gedanken hege ich unmittelbar, nachdem ich in der Universität der Enthüllung des dem anderen gesetzten Denkmals beigewohnt habe. Ein Teil meiner im Traume verspürten Befriedigung deutet sich also: Gerechte Strafe; es ist dir recht geschehen.

Bei dem Leichenbegängnis dieses Freundes machte ein junger Mann die unpassend scheinende Bemerkung: Der Redner habe so gesprochen, als ob jetzt die Welt ohne den einen Menschen nicht mehr bestehen könne. Es regte sich in ihm die Auflehnung des wahrhaften Menschen, dem man den Schmerz durch Übertreibung stört. Aber an diese Rede knüpfen sich die Traumgedanken an: Es ist wirklich niemand unersetzlich; wie viele habe ich schon zum Grabe geleitet; ich aber lebe noch, ich habe sie alle überlebt, ich behaupte den Platz. Ein solcher Gedanke im Moment, da ich fürchte, meinen Freund nicht mehr unter den Lebenden anzutreffen, wenn ich zu ihm reise, läßt nur die weitere Entwicklung zu, daß ich mich freue, wieder jemanden zu überleben, daß nicht *ich* gestorben bin, sondern *er*; daß ich den Platz behaupte wie damals in der phantasierten Kinderszene. Diese aus dem Infantilen kommende Befriedigung darüber, daß ich den Platz behaupte, deckt den Hauptanteil des in den Traum aufgenommenen Affekts. Ich freue mich darüber, daß ich überlebe, ich äußere das mit dem naiven

---

[201] Es wird aufgefallen sein, daß der Name Josef eine so große Rolle in meinen Träumen spielt (siehe den Onkeltraum). Hinter den Personen, die so heißen, kann sich mein Ich im Traume besonders leicht verbergen, denn Josef hieß auch der aus der Bibel bekannte Traumdeuter.

Egoismus der Anekdote zwischen Ehegatten: „Wenn eines von uns stirbt, übersiedle ich nach Paris." Es ist für meine Erwartung so selbstverständlich, daß nicht ich der eine bin.

Man kann sich's nicht verbergen, daß schwere Selbstüberwindung dazugehört, seine Träume zu deuten und mitzuteilen. Man muß sich als den einzigen Bösewicht enthüllen unter all den Edlen, mit denen man das Leben teilt. Ich finde es also ganz begreiflich, daß die *Revenants* nur so lange bestehen, als man sie mag, und daß sie durch den Wunsch beseitigt werden können. Das ist also das, wofür mein Freund Josef gestraft worden ist. Die Revenants sind aber die aufeinanderfolgenden Inkarnationen meines Kindheitsfreundes; ich bin also auch befriedigt darüber, daß ich mir diese Person immer wieder ersetzt habe, und auch für den, den ich jetzt zu verlieren im Begriffe bin, wird sich der Ersatz schon finden. Es ist niemand unersetzlich.

Wo bleibt hier aber die Traumzensur? Warum erhebt sie nicht den energischsten Widerspruch gegen diesen Gedankengang der rohesten Selbstsucht und verwandelt die an ihm haftende Befriedigung nicht in schwere Unlust? Ich meine, weil andere einwurfsfreie Gedankenzüge über die nämlichen Personen gleichfalls in Befriedigung ausgehen und mit ihrem Affekt jenen aus der verbotenen infantilen Quelle decken. In einer anderen Schicht von Gedanken habe ich mir bei jener feierlichen Denkmalenthüllung gesagt: Ich habe so viele teure Freunde verloren, die einen durch Tod, die anderen durch Auflösung der Freundschaft; es ist doch schön, daß sie sich mir ersetzt haben, daß ich den einen gewonnen habe, der mir mehr bedeutet, als die anderen konnten, und den ich jetzt in dem Alter, wo man nicht mehr leicht neue Freundschaften schließt, für immer festhalten werde. Die Befriedigung, daß ich diesen Ersatz für die verlorenen Freunde gefunden habe, darf ich ungestört in den Traum hinübernehmen, aber hinter ihr schleicht sich die feindselige Befriedigung aus infantiler Quelle mit ein. Die infantile Zärtlichkeit hilft sicherlich die heute berechtigte verstärken; aber auch der infantile Haß hat sich seinen Weg in die Darstellung gebahnt.

Im Traume ist aber außerdem ein deutlicher Hinweis auf einen anderen Gedankengang enthalten, der in Befriedigung auslaufen darf. Mein Freund hat kurz vorher nach langem Warten ein Töchterchen bekommen. Ich weiß, wie sehr er seine früh verlorene Schwester betrauert hat, und schreibe ihm, auf dieses Kind würde er die Liebe übertragen, die er zur Schwester empfunden; dieses kleine Mädchen würde ihn den unersetzlichen Verlust endlich vergessen machen.

So knüpft auch diese Reihe wieder an den Zwischengedanken des latenten Trauminhalts an von dem die Wege nach entgegengesetzten Richtungen auseinandergehen: Es ist niemand unersetzlich. Sieh', nur *Revenants*; alles was man verloren hat, kommt wieder. Und nun werden die assoziativen Bande zwischen den widerspruchsvollen Bestandteilen der Traumgedanken enger angezogen durch den zufälligen Umstand, daß die kleine Tochter meines Freundes denselben Namen trägt wie meine eigene kleine Jugendgespielin, die mit mir gleichalterige Schwester meines ältesten Freundes und Gegners. Ich habe den Namen „Pauline" mit Befriedigung gehört, und um auf dieses Zusammentreffen anzuspielen, habe ich im Traum einen Josef durch einen anderen Josef ersetzt und fand es unmöglich, den gleichen Anlaut in den Namen Fleischl und Fl. zu unterdrücken. Von hier aus läuft dann ein Gedankenfaden zur Namengebung bei meinen eigenen Kindern. Ich hielt darauf, daß ihre Namen nicht nach der Mode des Tages gewählt, sondern durch das Andenken an teure Personen bestimmt sein sollten. Ihre Namen machen die Kinder zu „*Revenants*". Und schließlich, ist Kinder haben nicht für uns alle der einzige Zugang zur *Unsterblichkeit*?

Über die Affekte des Traums werde ich nur noch wenige Bemerkungen von einem anderen Gesichtspunkte aus anfügen. In der Seele des Schlafenden kann eine Affektneigung – was wir Stimmung heißen – als dominierendes Element enthalten sein und dann den Traum mitbestimmen. Diese Stimmung kann aus den Erlebnissen und Gedankengängen des Tages hervorgehen, sie kann somatische Quellen haben in beiden Fällen wird sie von ihr entsprechenden Gedankengängen begleitet sein. Daß dieser Vorstellungsinhalt der Traumgedanken das eine Mal primär die Affektneigung bedingt, das andere Mal sekundär durch die somatisch zu erklärende Gefühlsdisposition geweckt wird, bleibt für die Traumbildung gleichgültig. Dieselbe steht alle Male unter der Einschränkung, daß sie nur darstellen kann, was Wunscherfüllung ist, und daß sie nur dem Wunsche ihre psychische Triebkraft entlehnen kann. Die aktuell vorhandene Stimmung wird dieselbe Behandlung erfahren wie die aktuell während des Schlafes auftauchende Sensation, die entweder vernachlässigt wird oder im Sinne einer Wunscherfüllung umgedeutet. Peinliche Stimmungen während des Schlafes werden zu Triebkräften des Traumes, indem sie energische Wünsche wecken, die der Traum erfüllen soll. Das Material, an dem sie haften, wird so lange umgearbeitet, bis es zum Ausdruck der Wunscherfüllung verwendbar ist. Je intensiver und je dominierender das Element der peinlichen Stimmung in den Traumgedanken ist, desto sicherer werden die stärkst unterdrückten Wunschregungen die Gelegenheit, zur Darstellung zu kommen, benützen, da sie durch die aktuelle Existenz der Unlust, die sie sonst aus eigenem erzeugen müßten, den schwereren Teil der Arbeit für ihr Durchdringen zur Darstellung bereits erledigt finden, und mit diesen Erörterungen streifen wir wieder das Problem der Angstträume, die sich als der Grenzfall für die Traumleistung herausstellen werden.

I
Die sekundäre Bearbeitung

Wir wollen endlich an die Hervorhebung des vierten der bei der Traumbildung beteiligten Momente gehen.

Setzt man die Untersuchung des Trauminhalts in der vorhin eingeleiteten Weise fort, indem man auffällige Vorkommnisse im Trauminhalt auf ihre Herkunft aus den Traumgedanken prüft, so stößt man auch auf Elemente, für deren Aufklärung es einer völlig neuen Annahme bedarf. Ich erinnere an die Fälle, wo man sich im Traume wundert, ärgert, sträubt, und zwar gegen ein Stück des Trauminhalts selbst. Die meisten dieser Regungen von Kritik im Traum sind nicht gegen den Trauminhalt gerichtet, sondern erweisen sich als übernommene und passend verwendete Teile des Traummaterials, wie ich an geeigneten Beispielen dargelegt habe. Einiges der Art fügt sich aber einer solchen Ableitung nicht; man kann das Korrelat dazu im Traummaterial nicht auffinden. Was bedeutet z. B. die im Traum nicht gar seltene Kritik: Das ist ja nur ein Traum? Dies ist eine wirkliche Kritik des Traums, wie ich sie im Wachen üben könnte. Gar nicht selten ist sie auch nur die Vorläuferin des Erwachens; noch häufiger geht ihr selbst ein peinliches Gefühl vorher, das sich nach der Konstatierung des Traumzustandes beruhigt. Der Gedanke: „Das ist ja nur ein Traum" während des Traumes beabsichtigt aber dasselbe, was er auf offener Bühne im Munde der schönen Helena von *Offenbach* besagen sollte; er will die Bedeutung des eben Erlebten herabdrücken und die Duldung des Weiteren ermöglichen. Er dient zur Einschläferung einer gewissen Instanz, die in dem gegebenen Moment alle Veranlassung hätte, sich zu regen und die Fortsetzung des Traums – oder der Szene – zu verbieten. Es ist aber bequemer, weiterzuschlafen – und den Traum zu dulden, „weil's doch nur ein Traum ist". Ich stelle mir vor, daß die verächtliche Kritik: Es ist ja nur ein Traum, dann im Traum auftritt, wenn die niemals ganz schlafende Zensur sich durch den bereits zugelassenen Traum überrumpelt fühlt. Es ist zu spät, ihn zu unterdrücken, somit begegnet sie mit jener Bemerkung der Angst, oder der peinlichen Empfindung, welche sich auf den Traum hin erhebt. Es ist eine Äußerung des *esprit d'escalier* von seiten der psychischen Zensur.

An diesem Beispiel haben wir aber einen einwandfreien Beweis dafür, daß nicht alles, was der Traum enthält, aus den Traumgedanken stammt, sondern daß eine psychische Funktion, die von unserem wachen Denken nicht zu unterscheiden ist, Beiträge zum Trauminhalt liefern kann. Es fragt sich nun, kommt dies nur ganz ausnahmsweise vor, oder kommt der sonst nur als Zensur tätigen psychischen Instanz ein regelmäßiger Anteil an der Traumbildung zu?

Man muß sich ohne Schwanken für das letztere entscheiden. Es ist unzweifelhaft, daß die zensurierende Instanz, deren Einfluß wir bisher nur in Einschränkungen und Auslassungen im Trauminhalte erkannten, auch Einschaltungen und Vermehrungen desselben verschuldet. Diese Einschaltungen sind oft leicht kenntlich; sie werden zaghaft berichtet, mit einem „als ob" eingeleitet, haben an und für sich keine besonders hohe Lebhaftigkeit und sind stets an Stellen angebracht, wo sie zur Verknüpfung zweier Stücke des Trauminhalts, zur Anbahnung eines Zusammenhangs zwischen zwei Traumpartien dienen können. Sie zeigen eine geringere Haltbarkeit im Gedächtnis als die echten Abkömmlinge des Traummaterials; unterliegt der Traum dem Vergessen, so fallen sie zuerst aus, und ich hege die starke Vermutung, daß unsere häufige Klage, wir hätten soviel geträumt, das meiste davon vergessen und nur Bruchstücke behalten auf dem alsbaldigen Ausfall gerade dieser Kittgedanken beruht. Bei vollständiger Analyse verraten sich diese Einschaltungen manchmal dadurch, daß sich zu ihnen kein Material in den Traumgedanken findet. Doch muß ich bei sorgfältiger Prüfung diesen Fall als den selteneren bezeichnen; zumeist lassen sich die Schaltgedanken immerhin auf Material in den Traumgedanken zurückführen, welches aber weder durch seine eigene Wertigkeit noch durch Überdeterminierung Anspruch auf Aufnahme in den Traum erheben könnte. Die psychische Funktion bei der Traumbildung, die wir jetzt betrachten, erhebt sich, wie es scheint, nur im äußersten Falle zu Neuschöpfungen; solange es noch möglich ist, verwertet sie, was sie Taugliches im Traummaterial auswählen kann.

Was dieses Stück der Traumarbeit auszeichnet und verrät, ist seine Tendenz. Diese Funktion verfährt ähnlich, wie es der Dichter boshaft vom Philosophen behauptet: mit ihren Fetzen und Flicken stopft sie die Lücken im Aufbau des Traums. Die Folge ihrer Bemühung ist, daß der Traum den Anschein der Absurdität und Zusammenhangslosigkeit verliert und sich dem Vorbilde eines verständlichen Erlebnisses annähert. Aber die Bemühung ist nicht jedesmal vom vollen Erfolge gekrönt. Es kommen so Träume zustande, die für die oberflächliche Betrachtung tadellos logisch und korrekt erscheinen mögen; sie gehen von einer möglichen Situation aus, führen dieselbe durch widerspruchsfreie Veränderungen fort und bringen es, wiewohl dies am seltensten, zu einem nicht befremdenden Abschluß. Diese Träume haben die tiefgehendste Bearbeitung durch die dem wachen Denken ähnliche psychische Funktion erfahren; sie scheinen einen Sinn zu haben, aber dieser Sinn ist von der wirklichen Bedeutung des Traums auch am weitesten entfernt. Analysiert man sie, so überzeugt man sich, daß hier die sekundäre Bearbeitung des Traums am freiesten mit dem Material umgesprungen ist, am wenigsten von dessen Relationen beibehalten hat. Es sind das Träume, die sozusagen schon einmal gedeutet worden sind, ehe wir sie im

Wachen der Deutung unterziehen. In anderen Träumen ist diese tendenziöse Bearbeitung nur ein Stück weit gelungen; so weit scheint Zusammenhang zu herrschen, dann wird der Traum unsinnig oder verworren, vielleicht um sich noch ein zweites Mal in seinem Verlaufe zum Anschein des Verständigen zu erheben. In anderen Träumen hat die Bearbeitung überhaupt versagt; wir stehen wie hilflos einem sinnlosen Haufen von Inhaltsbrocken gegenüber.

Ich möchte dieser vierten den Traum gestaltenden Macht, die uns ja bald als eine bekannte erscheinen wird – sie ist in Wirklichkeit die einzige uns auch sonst vertraute unter den vier Traumbildnern –, ich möchte diesem vierten Momente also die Fähigkeit, schöpferisch neue Beiträge zum Traume zu liefern, nicht peremptorisch absprechen. Sicherlich aber äußert sich auch ihr Einfluß, wie der der anderen, vorwiegend in der Bevorzugung und Auswahl von bereits gebildetem psychischen Material in den Traumgedanken. Es gibt nun einen Fall, in dem ihr die Arbeit, an den Traum gleichsam eine Fassade anzubauen, zum größeren Teil dadurch erspart bleibt, daß im Material der Traumgedanken ein solches Gebilde, seiner Verwendung harrend, bereits fertig vorgefunden wird. Das Element der Traumgedanken, das ich im Auge habe, pflege ich als „*Phantasie*" zu bezeichnen; ich gehe vielleicht Mißverständnissen aus dem Wege, wenn ich sofort als das Analoge aus dem Wachleben den *Tagtraum*[202] namhaft mache. Die Rolle dieses Elements in unserem Seelenleben ist von den Psychiatern noch nicht erschöpfend erkannt und aufgedeckt worden; M. Benedikt hat mit dessen Würdigung einen, wie mir scheint, vielversprechenden Anfang gemacht. Dem unbeirrten Scharfblick der Dichter ist die Bedeutung des Tagtraums nicht entgangen; allgemein bekannt ist die Schilderung, die *A. Daudet* im *Nabab* von den Tagträumen einer der Nebenfiguren des Romans entwirft. Das Studium der Psychoneurosen führt zur überraschenden Erkenntnis, daß diese Phantasien oder Tagträume die nächsten Vorstufen der hysterischen Symptome – wenigstens einer ganzen Reihe von ihnen – sind; nicht an den Erinnerungen selbst, sondern an den auf Grund der Erinnerungen aufgebauten Phantasien hängen erst die hysterischen Symptome. Das häufige Vorkommen bewußter Tagesphantasien bringt diese Bildungen unserer Kenntnis nahe; wie es aber bewußt solche Phantasien gibt, so kommen überreichlich unbewußte vor, die wegen ihres Inhalts und ihrer Abkunft vom verdrängten Material unbewußt bleiben müssen. Eine eingehendere Vertiefung in die Charaktere dieser Tagesphantasien lehrt uns, mit wie gutem Rechte diesen Bildungen derselbe Name zugefallen ist, den unsere nächtlichen Denkproduktionen tragen, der Name: *Träume*. Sie haben einen wesentlichen Teil ihrer Eigenschaften mit den Nachtträumen gemein; ihre Untersuchung hätte uns

---

[202] Réve, petit roman; day-dream, story.

eigentlich den nächsten und besten Zugang zum Verständnis der Nachtträume eröffnen können.

Wie die Träume sind sie Wunscherfüllungen; wie die Träume basieren sie zum guten Teil auf den Eindrücken infantiler Erlebnisse; wie die Träume erfreuen sie sich eines gewissen Nachlasses der Zensur für ihre Schöpfungen. Wenn man ihrem Aufbau nachspürt, so wird man inne, wie das Wunschmotiv, das sich in ihrer Produktion betätigt, das Material, aus dem sie gebaut sind, durcheinandergeworfen, umgeordnet und zu einem neuen Ganzen zusammengefügt hat. Sie stehen zu den Kindheitserinnerungen, auf die sie zurückgehen, etwa in demselben Verhältnis wie manche Barockpaläste Roms zu den antiken Ruinen, deren Quadern und Säulen das Material für den Bau in modernen Formen hergegeben haben.

In der „sekundären Bearbeitung", die wir unserem vierten traumbildenden Moment gegen den Trauminhalt zugeschrieben haben, finden wir dieselbe Tätigkeit wieder, die sich bei der Schöpfung der Tagträume ungehemmt von anderen Einflüssen äußern darf. Wir könnten ohne weiteres sagen, dies unser viertes Moment sucht aus dem ihm dargebotenen Material etwas wie einen Tagtraum zu gestalten. Wo aber ein solcher Tagtraum bereits im Zusammenhange der Traumgedanken gebildet ist, da wird dieser Faktor der Traumarbeit sich seiner mit Vorliebe bemächtigen und dahin wirken, daß er in den Trauminhalt gelange. Es gibt solche Träume, die nur in der Wiederholung einer Tagesphantasie, einer vielleicht unbewußt gebliebenen, bestehen, so z. B. der Traum des Knaben, daß er mit den Helden des Trojanischen Krieges im Streitwagen fährt. In meinem Traume „*Autodidasker*" ist wenigstens das zweite Traumstück die getreue Wiederholung einer an sich harmlosen Tagesphantasie über meinen Verkehr mit dem Professor N. Es rührt aus der Komplikation der Bedingungen her, denen der Traum bei seinem Entstehen zu genügen hat, daß häufiger die vorgefundene Phantasie nur ein Stück des Traumes bildet oder daß nur ein Stück von ihr zum Trauminhalt hin durchdringt. Im ganzen wird dann die Phantasie behandelt wie jeder andere Bestandteil des latenten Materials; sie ist aber oft im Traume noch als Ganzes kenntlich. In meinen Träumen kommen oft Partien vor, die sich durch einen von den übrigen verschiedenen Eindruck hervorheben. Sie erscheinen mir wie fließend, besser zusammenhängend und dabei flüchtiger als andere Stücke desselben Traums; ich weiß, dies sind unbewußte Phantasien, die im Zusammenhange in den Traum gelangten, aber ich habe es nie erreicht, eine solche Phantasie zu fixieren. Im übrigen werden diese Phantasien wie alle anderen Bestandteile der Traumgedanken zusammengeschoben, verdichtet, die eine durch die andere überlagert u. dgl.; es gibt aber Übergänge von dem Falle, wo sie fast unverändert den Trauminhalt oder wenigstens die Traumfassade bilden dürfen, bis zu dem entgegengesetzten Fall, wo sie nur durch eines ihrer Elemente oder eine entfernte Anspielung an ein solches im Trauminhalt vertreten sind. Es bleibt offenbar auch für das Schicksal der Phantasien in den Traumgedanken maßgebend, welche Vorteile sie gegen die Ansprüche der Zensur und des Verdichtungszwanges zu bieten vermögen.

Bei meiner Auswahl von Beispielen für die Traumdeutung bin ich Träumen, in denen unbewußte Phantasien eine erhebliche Rolle spielen, möglichst ausgewichen, weil die Einführung dieses psychischen Elements weitläufige Erörterungen aus der Psychologie des unbewußten Denkens erfordert hätte. Gänzlich umgehen kann ich jedoch die „Phantasie" auch in diesem Zusammenhange nicht, da sie häufig voll in den Traum gelangt und noch häufiger deutlich durch ihn durchschimmert. Ich will etwa noch einen Traum anführen, der aus zwei verschiedenen, gegensätzlichen und einander an einzelnen Stellen deckenden Phantasien zusammengesetzt erscheint, von denen die eine die oberflächliche ist, die andere gleichsam zur Deutung der ersteren wird.[203] Der Traum lautet – es ist der einzige, über den ich keine sorgfältigen Aufzeichnungen besitze – ungefähr so: Der Träumer – ein unverheirateter junger Mann – sitzt in seinem, richtig gesehenen, Stammwirtshause; da erscheinen mehrere Personen, ihn abzuholen, darunter eine, die ihn verhaften will. Er sagt zu seinen Tischgenossen: Ich zahle später, ich komme wieder zurück. Aber die rufen hohnlächelnd: Das kennen wir schon, das sagt ein jeder. Ein Gast ruft ihm noch nach: Da geht wieder einer dahin. Er wird dann in ein enges Lokal geführt, wo er eine Frauensperson mit einem Kinde auf dem Arm findet. Einer seiner Begleiter sagt: Das ist der Herr Müller. Ein Kommissär, oder sonst eine Amtsperson, blättert in einem Packen von Zetteln oder Schriften und wiederholt dabei: Müller, Müller, Müller. Endlich stellt er an ihn eine Frage, die er mit ja beantwortet. Er sieht sich dann nach der Frauensperson um und merkt, daß sie einen großen Bart bekommen hat.

Die beiden Bestandteile sind hier leicht zu sondern. Das Oberflächliche ist eine *Verhaftungsphantasie*, sie scheint uns von der Traumarbeit neu gebildet. Dahinter aber wird als das Material, das von der Traumarbeit eine leichte Umformung erfahren hat, die *Phantasie der Verheiratung* sichtbar, und die Züge, die beiden

---

[203] Ein gutes Beispiel eines solchen, durch Übereinanderlagerung mehrerer Phantasien entstandenen Traums habe ich im *Bruchstück einer Hysterie-Analyse* 1905 analysiert. Übrigens habe ich die Bedeutung solcher Phantasien für die Traumbildung unterschätzt, solange ich vorwiegend meine eigenen Träume bearbeitete, denen seltener Tagträume, meist Diskussionen und Gedankenkonflikte, zugrunde liegen. Bei anderen Personen ist *die volle Analogie des nächtlichen Traumes mit dem Tagtraume* oft viel leichter zu erweisen. Es gelingt häufig bei Hysterischen eine Attacke durch einen Traum zu ersetzen; man kann sich dann leicht überzeugen, daß für beide psychische Bildungen die Tagtraumphantasie die nächste Vorstufe ist.

gemeinsam sein können, treten wieder wie bei einer Galtonschen Mischphotographie besonders deutlich hervor. Das Versprechen des bisherigen Junggesellen, seinen Platz am Stammtische wieder aufzusuchen, der Unglaube der durch viele Erfahrungen gewitzigten Kneipgenossen, der Nachruf: Da geht (heiratet) wieder einer dahin, das sind auch für die andere Deutung leicht verständliche Züge. Ebenso das Jawort, das man der Amtsperson gibt. Das Blättern in einem Stoß von Papieren, wobei man denselben Namen wiederholt, entspricht einem untergeordneten, aber gut kenntlichen Zug aus den Hochzeitsfeierlichkeiten, dem Vorlesen der stoßweise angelangten Glückwunschtelegramme, die ja alle auf denselben Namen lauten. In dem persönlichen Auftreten der Braut in diesem Traum hat sogar die Heiratsphantasie den Sieg über die sie deckende Verhaftungsphantasie davongetragen. Daß diese Braut am Ende einen Bart zur Schau trägt, konnte ich durch eine Erkundigung – zu einer Analyse kam es nicht – aufklären. Der Träumer war tags zuvor mit einem Freunde, der ebenso ehefeindlich ist wie er, über die Straße gegangen und hatte diesen Freund auf eine brünette Schönheit aufmerksam gemacht, die ihnen entgegenkam. Der Freund aber hatte bemerkt: Ja, wenn diese Frauen nur nicht mit den Jahren Bärte bekämen wie ihre Väter.

Natürlich fehlt es auch in diesem Traume nicht an Elementen, bei denen die Traumentstellung tiefer gehende Arbeit verrichtet hat. So mag die Rede: „Ich werde später zahlen" auf das zu befürchtende Benehmen des Schwiegervaters in betreff der Mitgift zielen. Offenbar halten den Träumer allerlei Bedenken ab, sich mit Wohlgefallen der Heiratsphantasie hinzugeben. Eines dieser Bedenken, daß man mit der Heirat seine Freiheit verliert, hat sich in der Umwandlung zu einer Verhaftungsszene verkörpert.

Wenn wir nochmals darauf zurückkommen wollen, daß die Traumarbeit sich gerne einer fertig vorgefundenen Phantasie bedient, anstatt eine solche erst aus dem Material der Traumgedanken zusammenzusetzen, so lösen wir mit dieser Einsicht vielleicht eines der interessantesten Rätsel des Traumes. Ich habe auf S. 49. den Traum von *Maury* erzählt, der, von einem Brettchen im Genick getroffen, mit einem langen Traum, einem kompletten Roman aus den Zeiten der großen Revolution, erwacht. Da der Traum für zusammenhängend ausgegeben wird und ganz auf die Erklärung des Weckreizes angelegt ist, von dessen Eintreffen der Schläfer nichts ahnen konnte, so scheint nur die eine Annahme übrigzubleiben, daß der ganze reiche Traum in dem kurzen Zeitraume zwischen dem Auffallen des Brettes auf Maurys Halswirbel und seinem durch diesen Schlag erzwungenen Erwachen komponiert worden und stattgefunden haben muß. Wir würden uns nicht getrauen, der Denkarbeit im Wachen eine solche Raschheit zuzuschreiben, und gelangten so dazu, der Traumarbeit eine bemerkenswerte Beschleunigung des Ablaufs als Vorrecht zuzugestehen.

Gegen diese rasch populär gewordene Folgerung haben neuere Autoren (*Le Lorrain* und *Egger* u. a.) lebhaften Einspruch erhoben. Sie zweifeln teils die Exaktheit des Traumberichts von seiten Maurys an, teils versuchen sie darzutun, daß die Raschheit unserer wachen Denkleistungen nicht hinter dem zurückbleibt, was man der Traumleistung ungeschmälert lassen kann. Die Diskussion rollt prinzipielle Fragen auf, deren Erledigung mir nicht nahe bevorzustehen scheint. Ich muß aber bekennen, daß die Argumentation, z. B. *Eggers*, gerade gegen den Guillotinentraum *Maurys* mir keinen überzeugenden Eindruck gemacht hat. Ich würde folgende Erklärung dieses Traumes vorschlagen: Wäre es denn so sehr unwahrscheinlich, daß der Traum *Maurys* eine Phantasie darstellt, die in seinem Gedächtnis seit Jahren fertig aufbewahrt war und in dem Momente geweckt – ich möchte sagen: *angespielt* – wurde, da er den Weckreiz erkannte? Es entfällt dann zunächst die ganze Schwierigkeit, eine so lange Geschichte mit all ihren Einzelheiten in dem überaus kurzen Zeitraum, der hier dem Träumer zur Verfügung steht, zu komponieren; sie war bereits komponiert. Hätte das Holz *Maurys* Nakken im Wachen getroffen, so wäre etwa Raum für den Gedanken gewesen: Das ist ja geradeso, als ob man guillotiniert würde. Da er aber im Schlaf von dem Brette getroffen wird, so benützt die Traumarbeit den anlangenden Reiz rasch zur Herstellung einer Wunscherfüllung, als ob sie denken würde (dies ist durchaus figürlich zu nehmen): „Jetzt ist eine gute Gelegenheit, die Wunschphantasie wahr zu machen, die ich mir zu der und der Zeit bei der Lektüre gebildet habe." Daß der geträumte Roman gerade ein solcher ist, wie ihn der Jüngling unter mächtig erregenden Eindrücken zu bilden pflegt, scheint mir nicht bestreitbar. Wer hätte sich nicht gefesselt gefühlt – und zumal als Franzose und Kulturhistoriker – durch die Schilderungen aus der Zeit des Schreckens, in der der Adel, Männer und Frauen, die Blüte der Nation, zeigte, wie man mit heiterer Seele sterben kann, die Frische ihres Witzes und die Feinheit ihrer Lebensformen bis zur verhängnisvollen Abberufung festhielt? Wie verlockend, sich da mitten hinein zu phantasieren als einer der jungen Männer, die sich mit einem Handkuß von der Dame verabschieden, um unerschrocken das Gerüst zu besteigen! Oder wenn der Ehrgeiz das Hauptmotiv des Phantasierens gewesen ist, sich in eine jener gewaltigen Individualitäten zu versetzen, die nur durch die Macht ihrer Gedanken und ihrer flammenden Beredsamkeit die Stadt beherrschen, in der damals das Herz der Menschheit krampfhaft schlägt, die Tausende von Menschen aus Überzeugung in den Tod schicken und die Umwandlung Europas anbahnen, dabei selbst ihrer Häupter nicht sicher sind und sie eines Tages unter das Messer der Guillotine legen, etwa in die Rolle der Girondisten oder des Heros Danton? Daß die Phantasie Maurys eine solche ehrgeizige gewesen ist, darauf scheint der in der Erinnerung erhaltene Zug hinzuweisen „von einer unübersehbaren Menschenmenge begleitet".

Diese ganze, seit langem fertige Phantasie braucht aber während des Schlafes auch nicht durchgemacht zu werden; es genügt, wenn sie sozusagen „angetupft" wird. Ich meine das folgendermaßen: Wenn ein paar Takte angeschlagen werden und jemand wie im *Don Juan* dazu sagt: Das ist aus *Figaros Hochzeit* von *Mozart*, so wogt es in mir mit einem Male von Erinnerungen, aus denen sich im nächsten Moment nichts einzelnes zum Bewußtsein erheben kann. Das Schlagwort dient als Einbruchsstation, von der aus ein Ganzes gleichzeitig in Erregung versetzt wird. Nicht anders brauchte es im unbewußten Denken zu sein. Durch den Weckreiz wird die psychische Station erregt, die den Zugang zur ganzen Guillotinenphantasie eröffnet. Diese wird aber nicht noch im Schlaf durchlaufen, sondern erst in der Erinnerung des Erwachten. Erwacht, erinnert man jetzt in ihren Einzelheiten die Phantasie, an die als Ganzes im Traum gerührt wurde. Man hat dabei kein Mittel zur Versicherung, daß man wirklich etwas Geträumtes erinnert. Man kann dieselbe Erklärung, daß es sich um fertige Phantasien handelt, die durch den Weckreiz als Ganzes in Erregung gebracht werden, noch für andere auf den Weckreiz eingestellte Träume verwenden, z. B. für den Schlachtentraum Napoleons vor der Explosion der Höllenmaschine. Unter den Träumen, welche *Justine Tobowolska* in ihrer Dissertation über die scheinbare Zeitdauer im Traume gesammelt hat, erscheint mir jener der beweisendste, den *Macario* (1857) von einem Bühnendichter, Casimir Bonjour, berichtet.[204] Dieser Mann wollte eines Abends der ersten Aufführung eines seiner Stücke beiwohnen, war aber so ermüdet, daß er auf seinem Sitz hinter den Kulissen gerade in dem Momente einnickte, als sich der Vorhang hob. In seinem Schlaf machte er nun alle fünf Akte seines Stückes durch und beobachtete alle die verschiedenartigen Zeichen von Ergriffenheit, welche die Zuhörer bei den einzelnen Szenen äußerten. Nach der Beendigung der Vorstellung hörte er dann ganz selig, wie sein Name unter den lebhaftesten Beifallsbezeigungen verkündet wurde. Plötzlich wachte er auf. Er wollte weder seinen Augen noch seinen Ohren trauen, die Vorstellung war nicht über die ersten Verse der ersten Szene hinausgekommen; er konnte nicht länger als zwei Minuten geschlafen haben. Es ist wohl nicht zu gewagt, für diesen Traum zu behaupten, daß das Durcharbeiten der fünf Akte des Bühnenstücks und das Achten auf das Verhalten des Publikums bei den einzelnen Stellen keiner Neuproduktion während des Schlafes zu entstammen braucht, sondern eine bereits vollzogene Phantasiearbeit in dem angegebenen Sinne wiederholen kann. Die *Tobowolska* hebt mit anderen Autoren als gemeinsame Charaktere der Träume mit beschleunigtem Vorstellungsablauf hervor, daß sie besonders kohärent erscheinen, gar nicht wie andere Träume, und daß die Erinnerung an

---

[204] Tobowolska, S. 53.

sie weit eher eine summarische als eine detaillierte ist. Dies wären aber gerade die Kennzeichen, welche solchen fertigen, durch die Traumarbeit angerührten Phantasien zukommen müßten, ein Schluß, welchen die Autoren allerdings nicht ziehen. Ich will nicht behaupten, daß alle Weckträume diese Erklärung zulassen oder daß das Problem des beschleunigten Vorstellungsablaufs im Traume auf diese Weise überhaupt wegzuräumen ist.

Es ist unvermeidlich, daß man sich hier um das Verhältnis dieser sekundären Bearbeitung des Trauminhalts zu den Faktoren der Traumarbeit bekümmere. Geht es etwa so vor sich, daß die traumbildenden Faktoren, das Verdichtungsbestreben, der Zwang, der Zensur auszuweichen, und die Rücksicht auf Darstellbarkeit in den psychischen Mitteln des Traumes, vorerst aus dem Material einen vorläufigen Trauminhalt bilden und daß dieser dann nachträglich umgeformt wird, bis er den Ansprüchen einer zweiten Instanz möglichst genügt? Dies ist kaum wahrscheinlich. Man muß eher annehmen, daß die Anforderungen dieser Instanz von allem Anfang an eine der Bedingungen abgeben, denen der Traum genügen soll, und daß diese Bedingung ebenso wie die der Verdichtung, der Widerstandszensur und der Darstellbarkeit gleichzeitig auf das große Material der Traumgedanken induzierend und auswählend einwirken. Unter den vier Bedingungen der Traumbildung ist aber die letzterkannte jedenfalls die, deren Anforderungen für den Traum am wenigsten zwingend erscheinen. Die Identifizierung dieser psychischen Funktion, welche die sogenannte sekundäre Bearbeitung des Trauminhaltes vornimmt, mit der Arbeit unseres wachen Denkens ergibt sich mit hoher Wahrscheinlichkeit aus folgender Erwägung: Unser waches (vorbewußtes) Denken benimmt sich gegen ein beliebiges Wahrnehmungsmaterial ganz ebenso wie die in Frage stehende Funktion gegen den Trauminhalt. Es ist ihm natürlich, in einem solchen Material Ordnung zu schaffen, Relationen herzustellen, es unter die Erwartung eines intelligibeln Zusammenhangs zu bringen. Wir gehen darin eher zu weit; die Kunststücke der Taschenspieler äffen uns, indem sie sich auf diese unsere intellektuelle Gewohnheit stützen. In dem Bestreben, die gebotenen Sinneseindrücke verständlich zusammenzusetzen, begehen wir oft die seltsamsten Irrtümer oder fälschen selbst die Wahrheit des uns vorliegenden Materials. Die hieher gehörigen Beweise sind zu sehr allgemein bekannt, um breiter Anführung zu bedürfen. Wir lesen über sinnstörende Druckfehler hinweg, indem wir das Richtige illusionieren. Ein Redakteur eines vielgelesenen französischen Journals soll die Wette gewagt haben, er werde in jeden Satz eines langen Artikels durch den Druck einschalten lassen, „von vorne" oder „von hinten", ohne daß einer der Leser es bemerken würde. Er gewann die Wette. Ein komisches Beispiel von falschem Zusammenhange ist mir vor Jahren bei der Zeitungslektüre aufgefallen. Nach jener Sitzung der französischen Kammer, in welcher Dupuy durch das beherzte Wort: „*La séance continue*" den Schreck über das Platzen der von einem Anarchisten in den Saal geworfenen Bombe aufhob, wurden die Besucher der Galerie als Zeugen über ihre Eindrücke von dem Attentat vernommen. Unter ihnen befanden sich zwei Leute aus der Provinz, deren einer erzählte, unmittelbar nach Schluß einer Rede habe er wohl eine Detonation vernommen, aber gemeint, es sei im Parlament Sitte, jedesmal, wenn ein Redner geendigt, einen Schuß abzufeuern. Der andere, der wahrscheinlich schon mehrere Redner angehört hatte, war in dasselbe Urteil verfallen, jedoch mit der Abänderung, daß solches Schießen eine Anerkennung sei, die nur nach besonders gelungenen Reden erfolge. Es ist also wohl keine andere psychische Instanz als unser normales Denken, welche an den Trauminhalt mit dem Anspruch herantritt, er müsse verständlich sein, ihn einer ersten Deutung unterzieht und dadurch das volle Mißverständnis desselben herbeiführt. Für unsere Deutung bleibt es Vorschrift, den scheinbaren Zusammenhang im Traum, als seiner Herkunft nach verdächtig, in allen Fällen unbeachtet zu lassen und vom Klaren wie vom Verworrenen den gleichen Weg des Rückgangs zum Traummaterial einzuschlagen.

Wir merken aber dabei, wovon die oben, S. 281, erwähnte Qualitätenskala der Träume von der Verworrenheit bis zur Klarheit wesentlich abhängt. Klar erscheinen uns jene Traumpartien, an denen die sekundäre Bearbeitung etwas ausrichten konnte, verworren jene anderen, wo die Kraft dieser Leistung versagt hat. Da die verworrenen Traumpartien so häufig auch die minder lebhaft ausgeprägten sind, so dürfen wir den Schluß ziehen, daß die sekundäre Traumarbeit auch für einen Beitrag zur plastischen Intensität der einzelnen Traumgebilde verantwortlich zu machen ist.

Soll ich für die definitive Gestaltung des Traums, wie sie sich unter der Mitwirkung des normalen Denkens ergibt, irgendwo ein Vergleichsobjekt suchen, so bietet sich mir kein anderes als jene rätselhaften Inschriften, mit denen die Fliegenden Blätter so lange ihre Leser unterhalten haben. Für einen gewissen Satz, des Kontrastes halber dem Dialekt angehörig und von möglichst skurriler Bedeutung, soll die Erwartung erweckt werden, daß er eine lateinische Inschrift enthalte. Zu diesem Zwecke werden die Buchstabenelemente der Worte aus ihrer Zusammenfügung zu Silben gerissen und neu angeordnet. Hie und da kommt ein echt lateinisches Wort zustande, an anderen Stellen glauben wir Abkürzungen solcher Worte vor uns zu haben, und an noch anderen Stellen der Inschrift lassen wir uns mit dem Anscheine von verwitterten Partien oder von Lücken der Inschrift über die Sinnlosigkeit der vereinzelt stehenden Buchstaben hinwegtäuschen. Wenn wir dem Scherze nicht aufsitzen wollen, müssen wir uns über alle Requisite einer Inschrift hinwegsetzen, die Buchstaben ins Auge fassen und sie unbekümmert um die gebotene Anordnung zu Worten unserer Muttersprache zusammensetzen.

Die sekundäre Bearbeitung ist jenes Moment der Traumarbeit, welches von den meisten Autoren bemerkt und in seiner Bedeutung gewürdigt worden ist. In heiterer Verbildlichung schildert *H. Ellis* dessen Leistung (Einleitung, S. 10):

„Wir können uns die Sache tatsächlich so denken, daß das Schlafbewußtsein zu sich sagt: Hier kommt unser Meister, das Wachbewußtsein, der ungeheuer viel Wert auf Vernunft, Logik u. dgl. legt. Schnell! Faß die Dinge an, bringe sie in Ordnung, jede Anordnung genügt – ehe er eintritt, um vom Schauplatze Besitz zu ergreifen."

Die Identität dieser Arbeitsweise mit der des wachen Denkens wird besonders klar von *Delacroix* behauptet:

„*Cette fonction d'interprétation n'est pas particulière au rêve; c'est le même travail de coordination logique que nous faisons sur nos sensations pendant la veille.*"

J. Sully vertritt dieselbe Auffassung. Ebenso *Tobowolska*:

„*Sur ces successions incohérentes d'hallucinations, l'esprit s'efforce de faire le même travail de coordination logique qu'il fait pendant la veille sur les sensations. Il relie entre elles par un lien imaginaire toutes ces images décousues et bouche les écarts trop grands qui se trouvaient entre elles.*" (S. 93.)

Einige Autoren lassen diese ordnende und deutende Tätigkeit noch während des Träumens beginnen und im Wachen fortgesetzt werden. So *Paulhan* (S. 546):

„*Cependant j'ai souvent pensé qu'il pouvait y avoir une certaine déformation, ou plutôt reformation, du rêve dans le souvenir ... La tendance systématisante de l'imagination pourrait fort bien achever après le réveil ce qu'elle a ébauché pendant le sommeil. De la Sorte, la rapidité réelle de la pensée serait augmentée en apparence par les perfectionnements dus à l'imagination éveillé.*"

Leroy et Tobowolska (S. 592):

„*Dans le rêve, au contraire, l'interprétation et la coordination se font non seulement à l'aide des données du rêve, mais encore à l'aide de celles de la veille...*"

Es konnte dann nicht ausbleiben, daß dieses einzig erkannte Moment der Traumbildung in seiner Bedeutung überschätzt wurde, so daß man ihm die ganze Leistung, den Traum geschaffen zu haben, zuschob. Diese Schöpfung sollte sich im Moment des Erwachens vollziehen, wie es *Goblot* und noch weitergehend *Foucault* annehmen, die dem Wachdenken die Fähigkeit zuschreiben, aus den im Schlaf auftauchenden Gedanken den Traum zu bilden.

Leroy et Tobowolska (1901) sagen über diese Auffassung:

„*On a cru pouvoir placer le rêve au moment du réveil, et ils ont attribué à la pensée de la veille la fonction de construire le rêve avec les images présentés dans la pensée du sommeil.*"

An die Würdigung der sekundären Bearbeitung schließe ich die eines neuen Beitrags zur Traumarbeit, den feinsinnige Beobachtungen von *H. Silberer* aufgezeigt haben. Silberer hat, wie an anderer Stelle erwähnt, die Umsetzung von Gedanken in Bilder gleichsam in flagranti erhascht, indem er sich in Zuständen von Müdigkeit und Schlaftrunkenheit zu geistiger Tätigkeit nötigte. Dann entschwand ihm der bearbeitete Gedanke, und an seiner Statt stellte sich eine Vision ein, welche sich als der Ersatz des meist abstrakten Gedankens erwies. Bei diesen Versuchen ereignete es sich nun, daß das auftauchende, einem Traumelement gleichzusetzende Bild etwas anderes darstellte als den der Bearbeitung harrenden Gedanken, nämlich die Ermüdung selbst, die Schwierigkeit oder Unlust zu dieser Arbeit, also den subjektiven Zustand und die Funktionsweise der sich mühenden Person anstatt des Gegenstands ihrer Bemühung. Silberer nannte diesen bei ihm recht häufig eintretenden Fall das *„funktionale* Phänomen" zum Unterschiede von dem zu erwartenden *„materialen"*.

Z. B.: „Ich liege eines Nachmittags äußerst schläfrig auf meinem Sofa, zwinge mich aber, über ein philosophisches Problem nachzudenken. Ich suche nämlich die Ansichten *Kants* und *Schopenhauers* über die Zeit zu vergleichen. Es gelingt mir infolge meiner Schlaftrunkenheit nicht, die Gedankengänge beider nebeneinander festzuhalten, was zum Vergleich nötig wäre. Nach mehreren vergeblichen Versuchen präge ich mir noch einmal die Kantische Ableitung mit aller Willenskraft ein, um sie dann auf die Schopenhauersche Problemstellung anzuwenden. Hierauf lenke ich meine Aufmerksamkeit der letzteren zu; als ich jetzt auf Kant zurückgreifen will, zeigt es sich, daß er mir wieder entschwunden ist, vergebens bemühe ich mich, ihn von neuem hervorzuholen. Diese vergebliche Bemühung, die in meinem Kopf irgendwo verlegten Kant-Akten sogleich wiederzufinden, stellt sich mir nun bei geschlossenen Augen plötzlich wie im Traumbild als anschaulich-plastisches Symbol dar: *Ich verlange eine Auskunft von einem mürrischen Sekretär, der, über einen Schreibtisch gebeugt, sich durch mein Drängen nicht stören läßt. Sich halb aufrichtend, blickt er mich unwillig und abweisend an."*

Andere Beispiele, die sich auf das Schwanken zwischen Schlaf und Wachen beziehen.

„Beispiel Nr. 2. – Bedingungen: Morgens beim Erwachen. In einer gewissen Schlaftiefe (Dämmerzustand) über einen vorherigen Traum nachdenkend, ihn gewissermaßen nach- und austräumend, fühle ich mich dem Wachbewußtsein näher kommend, ich will jedoch in dem Dämmerzustand noch verbleiben.

Szene: *Ich schreite mit einem Fuß über einen Bach, ziehe ihn aber alsbald wieder zurück, trachte, herüben zu bleiben."*

„Beispiel Nr. 6. – Bedingungen wie im Beispiele Nr. 4. (Er will noch ein wenig liegen bleiben, ohne zu verschlafen.) Ich will mich noch ein wenig dem Schlafe hingeben.

Szene: Ich verabschiede mich von jemand und vereinbare mit ihm (oder ihr), ihn (sie) bald wieder zu treffen."

Das „funktionale" Phänomen, die „Darstellung des Zuständlichen anstatt des Gegenständlichen", beobachtete Silberer wesentlich unter den zwei Verhältnissen des Einschlafens und des Aufwachens. Es ist leicht zu verstehen, daß nur der letztere Fall für die Traumdeutung in Betracht kommt. Silberer hat an guten Beispielen gezeigt, daß die Endstücke des manifesten Inhalts vieler Träume, an die das Erwachen unmittelbar anschließt, nichts anderes darstellen als den Vorsatz oder den Vorgang des Erwachens selbst. Dieser Absicht dient: das überschreiten einer Schwelle („Schwellensymbolik"), das Verlassen eines Raums, um einen anderen zu betreten, das Abreisen, Heimkommen, die Trennung von einem Begleiter, das Eintauchen in Wasser und anderes. Ich kann allerdings die Bemerkung nicht unterdrücken, daß ich die auf Schwellensymbolik zu beziehenden Elemente des Traumes in eigenen Träumen wie in denen der von mir analysierten Personen ungleich seltener angetroffen habe, als man nach den Mitteilungen von Silberer erwarten sollte.

Es ist keineswegs undenkbar oder unwahrscheinlich, daß diese „Schwellensymbolik" auch für manche Elemente mitten im Zusammenhange eines Traumes aufklärend würde, z. B. an Stellen, wo es sich um Schwankungen der Schlaftiefe und Neigung, den Traum abzubrechen, handelte. Doch sind gesicherte Beispiele für dieses Vorkommen noch nicht erbracht. Häufiger scheint der Fall der Überdeterminierung vorzuliegen, daß eine Traumstelle, welche ihren materialen Inhalt aus dem Gefüge der Traumgedanken bezieht, überdies zur Darstellung von etwas Zuständlichem an der seelischen Tätigkeit verwendet wurde.

Das sehr interessante funktionale Phänomen Silberers hat ohne Verschulden seines Entdeckers viel Mißbrauch herbeigeführt, indem die alte Neigung zur abstrakt-symbolischen Deutung der Träume eine Anlehnung an dasselbe gefunden hat. Die Bevorzugung der „funktionalen Kategorie" geht bei manchen so weit, daß sie vom funktionalen Phänomen sprechen, wo immer intellektuelle Tätigkeiten oder Gefühlsvorgänge im Inhalt der Traumgedanken vorkommen, obwohl dieses Material nicht mehr und nicht weniger Anrecht hat, als Tagesrest in den Traum einzugehen, als alles andere.

Wir wollen anerkennen, daß die Silbererschen Phänomene einen zweiten Beitrag zur Traumbildung von Seite des Wachdenkens darstellen, welcher allerdings minder konstant und bedeutsam ist als der erste, unter dem Namen „sekundäre Bearbeitung" eingeführte. Es hatte sich gezeigt, daß ein Stück der bei Tage tätigen Aufmerksamkeit auch während des Schlafzustandes dem Traume zugewendet bleibt, ihn kontrolliert, kritisiert und sich die Macht vorbehält, ihn zu unterbrechen. Es hat uns nahegelegen, in dieser wachgebliebenen seelischen

Instanz den Zensor zu erkennen, dem ein so starker eindämmender Einfluß auf die Gestaltung des Traumes zufällt. Was die Beobachtungen von Silberer dazugeben, ist die Tatsache, daß unter Umständen eine Art von Selbstbeobachtung dabei mittätig ist und ihren Beitrag zum Trauminhalt liefert. Über die wahrscheinlichen Beziehungen dieser selbstbeobachtenden Instanz, die besonders bei philosophischen Köpfen vordringlich werden mag, zur endopsychischen Wahrnehmung, zum Beachtungswahn, zum Gewissen und zum Traumzensor geziemt es sich, an anderer Stelle zu handeln.[205]

Ich gehe nun daran, diese ausgedehnten Erörterungen über die Traumarbeit zu resümieren. Wir fanden die Fragestellung vor, ob die Seele alle ihre Fähigkeiten in ungehemmter Entfaltung an die Traumbildung verwende oder nur einen in seiner Leistung gehemmten Bruchteil derselben. Unsere Untersuchungen leiten uns dazu, solche Fragestellung überhaupt als den Verhältnissen inadäquat zu verwerfen. Sollen wir aber bei der Antwort auf demselben Boden bleiben, auf den uns die Frage drängt, so müssen wir beide einander scheinbar durch Gegensatz ausschließenden Auffassungen bejahen. Die seelische Arbeit bei der Traumbildung zerlegt sich in zwei Leistungen: die Herstellung der Traumgedanken und die Umwandlung derselben zum Trauminhalt. Die Traumgedanken sind völlig korrekt und mit allem psychischen Aufwand, dessen wir fähig sind, gebildet; sie gehören unserem nicht bewußtgewordenen Denken an, aus dem durch eine gewisse Umsetzung auch die bewußten Gedanken hervorgehen. So viel an ihnen auch wissenswert und rätselhaft sein möge, diese Rätsel haben doch keine besondere Beziehung zum Traume und verdienen nicht, unter den Traumproblemen behandelt zu werden.[206] Hingegen ist jenes andere Stück Arbeit, welches

---

[205] *Zur Einführung des Narzißmus.* Jahrbuch der Psychoanalyse VI, 1914.

[206] Ich fand es früher einmal so außerordentlich schwierig, die Leser an die Unterscheidung von manifestem Trauminhalt und latenten Traumgedanken zu gewöhnen. Immer wieder wurden Argumente und Einwendungen aus dem ungedeuteten Traum, wie ihn die Erinnerung bewahrt hat, geschöpft und die Forderung der Traumdeutung überhört. Nun, da sich wenigstens die Analytiker damit befreundet haben, für den manifesten Traum seinen durch Deutung gefundenen Sinn einzusetzen, machen sich viele von ihnen einer anderen Verwechslung schuldig, an der sie ebenso hartnäckig festhalten. Sie suchen das Wesen des Traums in diesem latenten Inhalt und übersehen dabei den Unterschied zwischen latenten Traumgedanken und Traumarbeit. Der Traum ist im Grunde nichts anderes als eine *besondere Form unseres Denkens*, die durch die Bedingungen des Schlafzustandes ermöglicht wird. *Die Traumarbeit* ist es, die diese Form herstellt, und sie allein ist das Wesentliche am Traum, die Erklärung seiner Besonderheit. Ich sage dies zur Würdigung der berüchtigten „prospektiven Tendenz" des Traums. Daß der Traum sich mit den Lösungsversuchen der unserem Seelenleben vorliegenden Aufgaben beschäftigt, ist nicht merkwürdiger, als daß unser bewußtes Wachleben sich so beschäftigt, und fügt nur hiezu, daß diese Arbeit auch im Vorbewußten vor sich gehen kann, was uns ja bereits bekannt ist.

die unbewußten Gedanken in den Trauminhalt verwandelt, dem Traumleben eigentümlich und für dasselbe charakteristisch. Diese eigentliche Traumarbeit entfernt sich nun von dem Vorbild des wachen Denkens viel weiter, als selbst die entschiedensten Verkleinerer der psychischen Leistung bei der Traumbildung gemeint haben. Sie ist nicht etwa nachlässiger, inkorrekter, vergeßlicher, unvollständiger als das wache Denken; sie ist etwas davon qualitativ völlig Verschiedenes und darum zunächst nicht mit ihm vergleichbar. Sie denkt, rechnet, urteilt überhaupt nicht, sondern sie beschränkt sich darauf umzuformen. Sie läßt sich erschöpfend beschreiben, wenn man die Bedingungen ins Auge faßt, denen ihr Erzeugnis zu genügen hat. Dieses Produkt, der Traum, soll vor allem der Zensur entzogen werden, und zu diesem Zwecke bedient sich die Traumarbeit der *Verschiebung der psychischen Intensitäten* bis zur Umwertung aller psychischen Werte; es sollen Gedanken ausschließlich oder vorwiegend in dem Material visueller und akustischer Erinnerungsspuren wiedergegeben werden, und aus dieser Anforderung erwächst für die Traumarbeit die *Rücksicht auf Darstellbarkeit*, der sie durch neue Verschiebungen entspricht. Es sollen (wahrscheinlich) größere Intensitäten hergestellt werden, als in den Traumgedanken nächtlich zur Verfügung stehen, und diesem Zwecke dient die ausgiebige *Verdichtung*, die mit den Bestandteilen der Traumgedanken vorgenommen wird. Auf die logischen Relationen des Gedankenmaterials entfällt wenig Rücksicht; sie finden schließlich in *formalen* Eigentümlichkeiten der Träume eine versteckte Darstellung. Die Affekte der Traumgedanken unterliegen geringeren Veränderungen als deren Vorstellungsinhalt. Sie werden in der Regel unterdrückt; wo sie erhalten bleiben, von den Vorstellungen abgelöst und nach ihrer Gleichartigkeit zusammengesetzt. Nur ein Stück der Traumarbeit, die in ihrem Ausmaß inkonstante Überarbeitung durch das zum Teil geweckte Wachdenken, fügt sich etwa der Auffassung, welche die Autoren für die gesamte Tätigkeit der Traumbildung geltend machen wollten.

VII
ZUR PSYCHOLOGIE DER TRAUMVORGÄNGE

Unter den Träumen, die ich durch Mitteilung von seiten anderer erfahren habe, befindet sich einer, der jetzt einen ganz besonderen Anspruch auf unsere Beachtung erhebt. Er ist mir von einer Patientin erzählt worden, die ihn selbst in einer Vorlesung über den Traum kennengelernt hat; seine eigentliche Quelle ist mir unbekannt geblieben. Jener Dame aber hat er durch seinen Inhalt Eindruck gemacht, denn sie hat es nicht versäumt, ihn „nachzuträumen", d. h. Elemente des Traums in einem eigenen Traum zu wiederholen, um durch diese Übertragung eine Übereinstimmung in einem bestimmten Punkte auszudrücken.

Die Vorbedingungen dieses vorbildlichen Traumes sind folgende: Ein Vater hat tage- und nächtelang am Krankenbett seines Kindes gewacht. Nachdem das Kind gestorben, begibt er sich in einem Nebenzimmer zur Ruhe, läßt aber die Tür geöffnet, um aus seinem Schlafraum in jenen zu blicken, worin die Leiche des Kindes aufgebahrt liegt, von großen Kerzen umstellt. Ein alter Mann ist zur Wache bestellt worden und sitzt neben der Leiche, Gebete murmelnd. Nach einigen Stunden Schlafs träumt der Vater, *daß das Kind an seinem Bette steht, ihn am Arme faßt und ihm vorwurfsvoll zuraunt: Vater, siehst du denn nicht, daß ich verbrenne?* Er erwacht, merkt einen hellen Lichtschein, der aus dem Leichenzimmer kommt, eilt hin, findet den greisen Wächter eingeschlummert, die Hüllen und einen Arm der teuren Leiche verbrannt durch eine Kerze, die brennend auf sie gefallen war.

Die Erklärung dieses rührenden Traumes ist einfach genug und wurde auch von dem Vortragenden, wie meine Patientin erzählt, richtig gegeben. Der helle Lichtschein drang durch die offenstehende Tür ins Auge des Schlafenden und regte denselben Schluß bei ihm an, den er als Wachender gezogen hätte, es sei durch Umfallen einer Kerze ein Brand in der Nähe der Leiche entstanden. Vielleicht hatte selbst der Vater die Besorgnis mit in den Schlaf hinübergenommen, daß der greise Wächter seiner Aufgabe nicht gewachsen sein dürfte.

Auch wir finden an dieser Deutung nichts zu verändern, es sei denn, daß wir die Forderung hinzufügten, der Inhalt des Traumes müsse überdeterminiert und die Rede des Kindes aus Reden zusammengesetzt sein, die es im Leben wirklich geführt und die an dem Vater wichtige Ereignisse anknüpfen. Etwa die Klage: *Ich verbrenne*, an das Fieber, in dem das Kind gestorben, und die Worte: *Vater, siehst du denn nicht?* an eine andere uns unbekannte, aber affektreiche Gelegenheit.

Nachdem wir aber den Traum als einen sinnvollen, in den Zusammenhang des psychischen Geschehens einfügbaren Vorgang erkannt haben, werden wir uns verwundern dürfen, daß unter solchen Verhältnissen überhaupt ein Traum zustande kam, wo das rascheste Erwachen geboten war. Wir werden dann aufmerksam, daß auch dieser Traum einer Wunscherfüllung nicht entbehrt. Im Traum benimmt sich das tote Kind wie ein lebendes, es mahnt selbst den Vater, kommt an sein Bett und zieht ihn am Arm, wie es wahrscheinlich in jener Erinnerung tat, aus welcher der Traum das erste Stück der Rede des Kindes geholt hat. Dieser Wunscherfüllung zuliebe hat der Vater nun seinen Schlaf um einen Moment verlängert. Der Traum erhielt das Vorrecht vor der Überlegung im Wachen, weil er das Kind noch einmal lebend zeigen konnte. Wäre der Vater zuerst erwacht und hätte dann den Schluß gezogen, der ihn ins Leichenzimmer führte, so hätte er gleichsam das Leben des Kindes um diesen einen Moment verkürzt.

Es kann kein Zweifel darüber sein, durch welche Eigentümlichkeit dieser kleine Traum unser Interesse fesselt. Wir haben uns bisher vorwiegend darum gekümmert, worin der geheime Sinn der Träume besteht, auf welchem Weg derselbe gefunden wird und welcher Mittel sich die Traumarbeit bedient hat, ihn zu verbergen. Die Aufgaben der Traumdeutung standen bis jetzt im Mittelpunkte unseres Blickfeldes. Und nun stoßen wir auf diesen Traum, welcher der Deutung keine Aufgabe stellt, dessen Sinn unverhüllt gegeben ist, und werden aufmerksam, daß dieser Traum noch immer die wesentlichen Charaktere bewahrt, durch die ein Traum auffällig von unserem wachen Denken abweicht und unser Bedürfnis nach Erklärung rege macht. Nach der Beseitigung alles dessen, was die Deutungsarbeit angeht, können wir erst merken, wie unvollständig unsere Psychologie des Traumes geblieben ist.

Ehe wir aber mit unseren Gedanken diesen neuen Weg einschlagen, wollen wir haltmachen und zurückschauen, ob wir auf unserer Wanderung bis hieher nichts Wichtiges unbeachtet gelassen haben. Denn wir müssen uns klar darüber werden, daß die bequeme und behagliche Strecke unseres Weges hinter uns liegt. Bisher haben alle Wege, die wir gegangen sind, wenn ich nicht sehr irre, ins Lichte, zur Aufklärung und zum vollen Verständnis geführt; von dem Moment an, da wir in die seelischen Vorgänge beim Träumen tiefer eindringen wollen, werden alle Pfade ins Dunkel münden. Wir können es unmöglich dahin bringen, den Traum als psychischen Vorgang *aufzuklären*, denn erklären heißt auf Bekanntes zurückführen, und es gibt derzeit keine psychologische Kenntnis, der wir unterordnen könnten, was sich aus der psychologischen Prüfung der Träume als Erklärungsgrund erschließen läßt. Wir werden im Gegenteil genötigt sein, eine Reihe von neuen Annahmen aufzustellen, die den Bau des seelischen Apparats und das Spiel der in ihm tätigen Kräfte mit Vermutungen streifen und die wir bedacht sein müssen, nicht zu weit über die erste logische Angliederung auszuspinnen, weil sonst ihr Wert sich ins Unbestimmbare verläuft. Selbst wenn wir keinen Fehler im Schließen begehen und alle logisch sich ergebenden Möglichkeiten in Rechnung ziehen, droht uns die wahrscheinliche Unvollständigkeit im Ansatz der Elemente mit dem völligen Fehlschlagen der Rechnung. Einen Aufschluß über die Konstruktion und Arbeitsweise des Seeleninstruments wird man durch die sorgfältigste Untersuchung des Traums oder einer anderen *vereinzelten* Leistung nicht gewinnen oder wenigstens nicht begründen können, sondern wird zu diesem Zwecke zusammentragen müssen, was sich bei dem vergleichenden Studium einer ganzen Reihe von psychischen Leistungen als konstant erforderlich heraus stellt. So werden die psychologischen Annahmen, die wir aus der Analyse der Traumvorgänge schöpfen, gleichsam an einer Haltestelle warten müssen, bis sie den Anschluß an die Ergebnisse anderer Untersuchungen gefunden haben, die von einem anderen Angriffspunkte her zum Kern des nämlichen Problems vordringen wollen.

A
Das Vergessen der Träume

Ich meine also, wir wenden uns vorher zu einem Thema, aus dem sich ein bisher unbeachteter Einwand ableitet, der doch geeignet ist, unseren Bemühungen um die Traumdeutung den Boden zu entziehen. Es ist uns von mehr als einer Seite vorgehalten worden, daß wir den Traum, den wir deuten wollen, eigentlich gar nicht kennen, richtiger, daß wir keine Gewähr dafür haben, ihn so zu kennen, wie er wirklich vorgefallen ist.

Was wir vom Traum erinnern und woran wir unsere Deutungskünste üben, das ist erstens verstümmelt durch die Untreue unseres Gedächtnisses, welches in ganz besonders hohem Grade zur Bewahrung des Traumes unfähig scheint, und hat vielleicht gerade die bedeutsamsten Stücke seines Inhalts eingebüßt. Wir finden uns ja so oft, wenn wir unseren Träumen Aufmerksamkeit schenken wollen, zur Klage veranlaßt, daß wir viel mehr geträumt haben und leider davon nichts mehr wissen als dies eine Bruchstück, dessen Erinnerung selbst uns eigentümlich unsicher vorkommt. Zweitens aber spricht alles dafür, daß unsere Erinnerung den Traum nicht nur lückenhaft, sondern auch ungetreu und verfälscht wiedergibt. So wie man einerseits daran zweifeln kann, ob das Geträumte wirklich so unzusammenhängend und verschwommen war, wie wir es im Gedächtnis haben, so läßt sich anderseits in Zweifel ziehen, ob ein Traum so zusammenhängend gewesen ist, wie wir ihn erzählen, ob wir bei dem Versuch der Reproduktion nicht vorhandene oder durch Vergessen geschaffene Lücken mit willkürlich gewähltem, neuem Material ausfüllen, den Traum ausschmük-ken, abrunden, zurichten, so daß jedes Urteil unmöglich wird, was der wirkliche Inhalt unseres Traumes war. Ja, bei einem Autor (Spitta)[207] haben wir die Mut-maßung gefunden, daß alles, was Ordnung und Zusammenhang ist, überhaupt erst bei dem Versuch, sich den Traum zurückzurufen, in ihn hineingetragen wird. So sind wir in Gefahr, daß man uns den Gegenstand selbst aus der Hand winde, dessen Wert zu bestimmen wir unternommen haben.

Wir haben bei unseren Traumdeutungen bisher diese Warnungen überhört. Ja wir haben im Gegenteil in den kleinsten, unscheinbarsten und unsichersten Inhaltsbestandteilen des Traumes die Aufforderung zur Deutung nicht minder vernehmlich gefunden als in dessen deutlich und sicher erhaltenen. Im Traum von Irmas Injektion hieß es: Ich rufe *schnell* den Doktor M. herbei, und wir nahmen an, auch dieser Zusatz wäre nicht in den Traum gelangt, wenn er nicht eine besondere Ableitung zuließe. So kamen wir zur Geschichte jener unglückli-chen Patientin, an deren Bett ich „schnell" den älteren Kollegen berief. In dem scheinbar absurden Traum, der den Unterschied von einundfünfzig und sechs-undfünfzig als *quantité négligeable* behandelt, war die Zahl einundfünfzig mehrmals erwähnt. Anstatt dies selbstverständlich oder gleichgültig zu finden, haben wir daraus auf einen zweiten Gedankengang in dem latenten Trauminhalt geschlos-sen, der zur Zahl einundfünfzig hinführt, und die Spur, die wir weiterverfolg-ten, führte uns zu Befürchtungen, welche einundfünfzig Jahre als Lebensgrenze hinstellen, im schärfsten Gegensatz zu einem dominierenden Gedankenzug, der prahlerisch mit den Lebensjahren um sich wirft. In dem Traume „*Non vixit*" fand sich als unscheinbares Einschiebsel, das ich anfangs übersah, die Stelle: „*Da P. ihn nicht versteht, fragt mich Fl.*" usw. Als dann die Deutung stockte, griff ich auf diese Worte zurück und fand von ihnen aus den Weg zu der Kinderphantasie, die in den Traumgedanken als intermediärer Knotenpunkt auftritt. Es, geschah dies mittels der Zeilen des Dichters:

> „Selten habt ihr mich *verstanden,*
> Selten auch verstand ich Euch,
> Nur wenn wir im *Kot* uns fanden,
> So verstanden wir uns gleicht..."

---

[207] Das gleiche bei Foucault und Tannery.

Jede Analyse könnte mit Beispielen belegen, wie gerade die geringfügigsten Züge des Traumes zur Deutung unentbehrlich sind und wie die Erledigung der Aufgabe verzögert wird, indem sich die Aufmerksamkeit solchen erst spät zuwendet. Die gleiche Würdigung haben wir bei der Traumdeutung jeder Nuance des sprachlichen Ausdrucks geschenkt, in welchem der Traum uns vorlag; ja, wenn uns ein unsinniger oder unzureichender Wortlaut vorgelegt wurde, als ob es der Anstrengung nicht gelungen wäre, den Traum in die richtige Fassung zu übersetzen, haben wir auch diese Mängel des Ausdrucks respektiert. Kurz, was nach der Meinung der Autoren eine willkürliche, in der Verlegenheit eilig zusammengebraute Improvisation sein soll, das haben wir behandelt wie einen heiligen Text. Dieser Widerspruch bedarf der Aufklärung.

Sie lautet zu unseren Gunsten, ohne darum den Autoren unrecht zu geben. Vom Standpunkte unserer neugewonnenen Einsichten über die Entstehung des Traums vereinigen sich die Widersprüche ohne Rest. Es ist richtig, daß wir den Traum beim Versuch der Reproduktion entstellen; wir finden darin wieder, was wir als die sekundäre und oft mißverständliche Bearbeitung des Traumes durch die Instanz des normalen Denkens bezeichnet haben. Aber diese Entstellung ist selbst nichts anderes als ein Stück der Bearbeitung, welcher die Traumgedanken gesetzmäßig infolge der Traumzensur unterliegen. Die Autoren haben hier das manifest arbeitende Stück der Traumentstellung geahnt oder bemerkt; uns verschlägt es wenig, da wir wissen, daß eine weit ausgiebigere Entstellungsarbeit, minder leicht faßbar, den Traum bereits von den verborgenen Traumgedanken her zum Objekt erkoren hat. Die Autoren irren nur darin, daß sie die Modifikation des Traums bei seinem Erinnern und In-Worte-Fassen für willkürlich, also für nicht weiter auflösbar und demnach für geeignet halten, uns in der Erkenntnis des Traumes irrezuleiten. Sie unterschätzen die Determinierung im Psychischen. Es gibt da nichts Willkürliches. Es läßt sich ganz allgemein zeigen, daß ein zweiter Gedankenzug sofort die Bestimmung des Elements übernimmt, welches vom ersten unbestimmt gelassen wurde. Ich will mir z. B. ganz willkürlich eine Zahl einfallen lassen; es ist nicht möglich; die Zahl, die mir einfällt, ist durch Gedanken in mir, die meinem momentanen Vorsatz fernestehen mögen, eindeutig und notwendig bestimmt.[208] Ebensowenig willkürlich sind die Veränderungen, die der Traum bei der Redaktion des Wachens erfährt. Sie bleiben in assoziativer Verknüpfung mit dem Inhalt, an dessen Stelle sie sich setzen, und dienen dazu, uns den Weg zu diesem Inhalt zu zeigen, der selbst wieder der Ersatz eines anderen sein mag.

Ich pflege bei den Traumanalysen mit Patienten folgende Probe auf diese Behauptung nie ohne Erfolg anzustellen. Wenn mir der Bericht eines Traums

---

[208] Vergleiche *Psychopathologie des Alltagslebens*. 1. Aufl. 1901 u. 1904. 11. Aufl. 1929.

zuerst schwer verständlich erscheint, so bitte ich den Erzähler, ihn zu wiederholen. Das geschieht dann selten mit den nämlichen Worten. Die Stellen aber, an denen er den Ausdruck verändert hat, die sind mir als die schwachen Stellen der Traumverkleidung kenntlich gemacht worden, die dienen mir wie Hagen das gestickte Zeichen an Siegfrieds Gewand. Dort kann die Traumdeutung ansetzen. Der Erzähler ist durch meine Aufforderung gewarnt worden, daß ich besondere Mühe zur Lösung des Traumes anzuwenden gedenke; er schützt also rasch, unter dem Drange des Widerstands, die schwachen Stellen der Traumverkleidung, indem er einen verräterischen Ausdruck durch einen fernerabliegenden ersetzt. Er macht mich so auf den von ihm fallengelassenen Ausdruck aufmerksam. Aus der Mühe, mit der die Traumlösung verteidigt wird, darf ich auch auf die Sorgfalt schließen, die dem Traum sein Gewand gewebt hat.

Minder recht haben die Autoren, wenn sie dem Zweifel, mit dem unser Urteil der Traumerzählung begegnet, so sehr viel Raum machen. Dieser Zweifel entbehrt nämlich einer intellektuellen Gewähr; unser Gedächtnis kennt überhaupt keine Garantien, und doch unterliegen wir viel öfter, als objektiv gerechtfertigt ist, dem Zwange, seinen Angaben Glauben zu schenken. Der Zweifel an der richtigen Wiedergabe des Traums oder einzelner Traumdaten ist wieder nur ein Abkömmling der Traumzensur, des Widerstands gegen das Durchdringen der Traumgedanken zum Bewußtsein. Dieser Widerstand hat sich mit den von ihm durchgesetzten Verschiebungen und Ersetzungen nicht immer erschöpft, er heftet sich dann noch an das Durchgelassene als Zweifel. Wir verkennen diesen Zweifel um so leichter, als er die Vorsicht gebraucht, niemals intensive Elemente des Traums anzugreifen, sondern bloß schwache und undeutliche. Wir wissen aber jetzt bereits, daß zwischen Traumgedanken und Traum eine völlige Umwertung aller psychischen Werte stattgefunden hat; die Entstellung war nur möglich durch Wertentziehung, sie äußert sich regelmäßig darin und begnügt sich gelegentlich damit. Wenn zu einem undeutlichen Element des Trauminhalts noch der Zweifel hinzutritt, so können wir, dem Fingerzeige folgend, in diesem einen direkteren Abkömmling eines der verfemten Traumgedanken erkennen. Es ist damit wie nach einer großen Umwälzung in einer der Republiken des Altertums oder der Renaissance. Die früher herrschenden edlen und mächtigen Familien sind nun verbannt, alle hohen Stellungen mit Emporkömmlingen besetzt; in der Stadt geduldet sind nur noch ganz verarmte und machtlose Mitglieder oder entfernte Anhänger der Gestürzten. Aber auch diese genießen nicht die vollen Bürgerrechte, sie werden mißtrauisch überwacht. An der Stelle des Mißtrauens im Beispiel steht in unserem Falle der Zweifel. Ich verlange darum bei der Analyse eines Traums, daß man sich von der ganzen Skala der Sicherheitsschätzung frei mache, die leiseste Möglichkeit, daß etwas der oder jener Art im Traum vorgekommen sei, behandle wie die volle Gewißheit. Solange jemand bei der Verfolgung eines Traumelements sich nicht zum Verzicht auf diese Rücksicht entschlossen, so lange stockt hier die Analyse. Die Geringschätzung für das betreffende Element hat bei dem Analysierten die psychische Wirkung, daß ihm von den ungewollten Vorstellungen hinter demselben nichts einfallen will. Solche Wirkung ist eigentlich nicht selbstverständlich; es wäre nicht widersinnig, wenn jemand sagte: Ob dies oder jenes im Traume enthalten war, weiß ich nicht sicher; es fällt mir aber dazu folgendes ein. Niemals sagt er so, und gerade diese die Analyse störende Wirkung des Zweifels läßt ihn als einen Abkömmling und als ein Werkzeug des psychischen Widerstands entlarven. Die Psychoanalyse ist mit Recht mißtrauisch. Eine ihrer Regeln lautet: *Was immer die Fortsetzung der Arbeit stört, ist ein Widerstand.*[209]

Auch das Vergessen der Träume bleibt so lange unergründlich, als man nicht die Macht der psychischen Zensur zu seiner Erklärung mit heranzieht. Die Empfindung, daß man in einer Nacht sehr viel geträumt und davon nur wenig behalten hat, mag in einer Reihe von Fällen einen anderen Sinn haben, etwa den, daß die Traumarbeit die Nacht hindurch spürbar vor sich gegangen ist und nur den einen kurzen Traum hinterlassen hat. Sonst ist an der Tatsache, daß man den Traum nach dem Erwachen immer mehr vergißt, ein Zweifel nicht möglich. Man vergißt ihn oft trotz peinlicher Bemühungen, ihn zu merken. Ich meine aber, so wie man in der Regel den Umfang dieses Vergessens überschätzt, so überschätzt man auch die mit der Lückenhaftigkeit des Traumes verbundene Einbuße an seiner Kenntnis. Alles, was das Vergessen am Trauminhalt gekostet hat, kann man oft durch die Analyse wieder hereinbringen; wenigstens in einer ganzen Anzahl von Fällen kann man von einem einzelnen stehengebliebenen Brocken aus zwar nicht den Traum – aber an dem liegt ja auch nichts –, doch die Traumgedanken alle auffinden. Es verlangt einen größeren Aufwand an Aufmerksamkeit und Selbstüberwindung bei der Analyse; das ist alles, zeigt

---

[209] Der hier so peremptorisch aufgestellte Satz: „Was immer die Fortsetzung der Arbeit stört, ist ein Widerstand", könnte leicht mißverstanden werden. Er hat natürlich nur die Bedeutung einer technischen Regel, einer Mahnung für den Analytiker. Es soll nicht in Abrede gestellt werden, daß sich während einer Analyse verschiedene Vorfälle ereignen können, die man der Absicht des Analysierten nicht zur Last legen kann. Es kann der Vater des Patienten sterben, ohne daß dieser ihn umgebracht hätte, es kann auch ein Krieg ausbrechen, der der Analyse ein Ende macht. Aber hinter der offenkundigen Übertreibung jenes Satzes steckt doch ein neuer und guter Sinn. Wenn auch das störende Ereignis real und vom Patienten unabhängig ist, so hängt es doch oftmals nur von diesem ab, wieviel störende Wirkung ihm eingeräumt wird, und der Widerstand zeigt sich unverkennbar in der bereitwilligen und übermäßigen Ausnützung einer solchen Gelegenheit.

aber doch an, daß beim Vergessen des Traums eine feindselige Absicht nicht gefehlt hat.[210]

Einen überzeugenden Beweis für die tendenziöse, dem Widerstand dienende Natur des Traumvergessens[211] gewinnt man bei den Analysen aus der Würdigung einer Vorstufe des Vergessens. Es kommt gar nicht selten vor, daß mitten in der Deutungsarbeit plötzlich ein ausgelassenes Stück des Traumes auftaucht, das als bisher vergessen bezeichnet wird. Dieser der Vergessenheit entrissene Traumteil ist nun jedesmal der wichtigste; er liegt auf dem kürzesten Wege zur Traumlösung und war darum dem Widerstande am meisten ausgesetzt. Unter den Traumbeispielen, die ich in den Zusammenhang dieser Abhandlung eingestreut habe, trifft es sich einmal, daß ich so ein Stück Trauminhalt nachträglich einzuschalten habe. Es ist dies ein Reisetraum, der Rache nimmt an zwei unliebenswürdigen Reisegefährten, den ich wegen seines zum Teil grob unflätigen

---

[210] Als Beispiel für die Bedeutung von Zweifel und Unsicherheit im Traum bei gleichzeitigem Einschrumpfen des Trauminhalts auf ein einzelnes Element entnehme ich meinen *Vorlesungen zur Einführung in die Psychoanalyse* (1916) folgenden Traum, dessen Analyse nach kurzem zeitlichen Aufschub doch gelungen ist:

Eine skeptische Patientin hat einen längeren Traum, in dem es vorkommt, daß ihr gewisse Personen von meinem Buche über den *Witz erzählen und es sehr loben. Dann wird etwas erwähnt von einem Kanal, vielleicht ein anderes Buch, in dem Kanal vorkommt, oder sonst etwas mit Kanal ... sie weiß es nicht ... es ist ja ganz unklar.*

Nun werden Sie gewiß zu glauben geneigt sein, daß das Element Kanal sich der Deutung entziehen wird, weil es selbst so unbestimmt ist. Sie haben mit der vermuteten Schwierigkeit recht, aber es ist nicht darum schwer, weil es undeutlich ist, sondern es ist undeutlich aus einem anderen Grunde, demselben, der auch die Deutung schwermacht. Der Träumerin fällt zu Kanal nichts ein; ich weiß natürlich auch nichts zu sagen. Eine Weile später, in Wahrheit am nächsten Tage, erzählt sie, es sei ihr etwas eingefallen, was *vielleicht* dazugehört. Auch ein Witz nämlich, den sie erzählen gehört hat. Auf einem Schiff zwischen Dover und Calais unterhält sich ein bekannter Schriftsteller mit einem Engländer, welcher in einem gewissen Zusammenhange den Satz zitiert: *Du sublime au ridicule il n'y a qu'un pas.* Der Schriftsteller antwortet: *Oui, le pas de Calais*, womit er sagen will, daß er Frankreich großartig und England lächerlich findet. Der Pas de Calais ist aber doch ein *Kanal*, der Ärmelkanal nämlich, Canal la Manche. Ob ich meine, daß dieser Einfall etwas mit dem Traum zu tun hat? Gewiß, meine ich, er gibt wirklich die Lösung des rätselhaften Traumelements. Oder wollen Sie bezweifeln, daß dieser Witz bereits vor dem Traum als das Unbewußte des Elements „Kanal" vorhanden war, können Sie annehmen, daß er nachträglich hinzugefunden wurde? Der Einfall bezeugt nämlich die Skepsis, die sich bei ihr hinter aufdringlicher Bewunderung verbirgt, und der Widerstand ist wohl der gemeinsame Grund für beides, sowohl, daß ihr der Einfall so zögernd gekommen, als auch dafür, daß das entsprechende Traumelement so unbestimmt ausgefallen ist. Blicken Sie hier auf das Verhältnis des Traumelements zu seinem Unbewußten. Es ist wie ein Stückchen dieses Unbewußten, wie eine Anspielung darauf; durch seine Isolierung ist es ganz unverständlich geworden.

[211] Vgl. über die Absicht beim Vergessen überhaupt meine kleine Abhandlung über den „psychischen Mechanismus der Vergeßlichkeit" in der Monatsschrift für Psychiatrie und Neurologie (1898).

Inhalts fast ungedeutet gelassen habe. Das ausgelassene Stück lautet: *Ich sage auf ein Buch von Schiller: It is from... Korrigiere mich aber, den Irrtum selbst bemerkend: It is by ... Der Mann bemerkt hierauf zu seiner Schwester: „Er hat es ja richtig gesagt."*[212]

Die Selbstkorrektur im Traum, die manchen Autoren so wunderbar erschienen ist, verdient wohl nicht, uns zu beschäftigen. Ich werde lieber für den Sprachirrtum im Traum das Vorbild aus meiner Erinnerung aufzeigen. Ich war neunzehnjährig zum erstenmal in England und einen Tag lang am Strande der Irish Sea. Ich schwelgte natürlich im Fang der von der Flut zurückgelassenen Seetiere und beschäftigte mich gerade mit einem Seestern (der Traum beginnt mit: Hollthurn-Holothurien), als ein reizendes kleines Mädchen zu mir trat und mich fragte: *Is it a starfish? Is it alive?* Ich antwortete: *Yes he is alive*, schämte mich aber dann der Inkorrektheit und wiederholte den Satz richtig. An Stelle des Sprachfehlers, den ich damals begangen habe, setzte nun der Traum einen anderen, in den der Deutsche ebenso leicht verfällt. „Das Buch ist von Schiller", soll man nicht mit *from*..., sondern mit *by* ... übersetzen. Daß die Traumarbeit diesen Ersatz vollzieht, weil *from* durch den Gleichklang mit dem deutschen Eigenschaftswort *fromm* eine großartige Verdichtung ermöglicht, das nimmt uns nach allem, was wir von den Absichten der Traumarbeit und von ihrer Rücksichtslosigkeit in der Wahl der Mittel gehört haben, nicht mehr wunder. Was will aber die harmlose Erinnerung vom Meeresstrand im Zusammenhang des Traums besagen? Sie erläutert an einem möglichst unschuldigen Beispiel, daß ich das *Geschlechtswort* am unrechten Platz gebrauche, also das *Geschlechtliche (he)* dort anbringe, wo es nicht hingehört. Dies ist allerdings einer der Schlüssel zur Lösung des Traumes. Wer dann noch die Ableitung des Buchtitels „*Matter and Motion*" angehört hat (*Molière* im *Malade Imaginaire*: La *ma*tière est-elle laudable? – *a motion of the bowels*), der wird sich das Fehlende leicht ergänzen können.

Ich kann übrigens den Beweis, daß das Vergessen des Traums zum großen Teil Widerstandsleistung ist, durch eine *demonstratio ad oculos* erledigen. Ein Patient erzählt, er habe geträumt, aber den Traum spurlos vergessen; dann gilt er eben als nicht vorgefallen. Wir setzen die Arbeit fort, ich stoße auf einen Widerstand, mache dem Kranken etwas klar, helfe ihm durch Zureden und Drängen, sich mit irgendeinem unangenehmen Gedanken zu versöhnen, und kaum ist das gelungen, so ruft er aus: Jetzt weiß ich auch wieder, was ich geträumt habe. Derselbe Widerstand, der ihn an diesem Tage in der Arbeit gestört hat, hat ihn

---

[212] Solche Korrekturen im Gebrauche fremder Sprachen sind in Träumen nicht selten, werden aber häufiger fremden Personen zugeschoben. Maury träumte einmal zur Zeit, da er Englisch lernte, daß er einer anderen Person die Mitteilung, er habe sie gestern besucht, mit den Worten machte: *I called for you yesterday*. Der andere erwiderte richtig: Es heißt: *I called on you yesterday*.

auch den Traum vergessen lassen. Durch die Überwindung dieses Widerstandes habe ich den Traum zur Erinnerung gefördert.

Ebenso kann sich der Patient, bei einer gewissen Stelle der Arbeit angelangt, an einen Traum erinnern, der vor drei, vier oder mehr Tagen vorgefallen ist und bis dahin in der Vergessenheit geruht hat.[213]

Die psychoanalytische Erfahrung hat uns noch einen anderen Beweis dafür geschenkt, daß das Vergessen der Träume weit mehr vom Widerstand als von der Fremdheit zwischen dem Wach- und dem Schlafzustand, wie die Autoren meinen, abhängt. Es ereignet sich mir wie anderen Analytikern und den in solcher Behandlung stehenden Patienten nicht selten, daß wir, durch einen Traum aus dem Schlafe geweckt, wie wir sagen möchten, unmittelbar darauf im vollen Besitze unserer Denktätigkeit den Traum zu deuten beginnen. Ich habe in solchen Fällen oftmals nicht geruht, bis ich das volle Verständnis des Traumes gewonnen hatte, und doch konnte es geschehen, daß ich nach dem Erwachen die Deutungsarbeit ebenso vollständig vergessen hatte wie den Trauminhalt, obwohl ich wußte, daß ich geträumt und daß ich den Traum gedeutet hatte. Viel häufiger hatte der Traum das Ergebnis der Deutungsarbeit mit in die Vergessenheit gerissen, als es der geistigen Tätigkeit gelungen war, den Traum für die Erinnerung zu halten. Zwischen dieser Deutungsarbeit und dem Wachdenken besteht aber nicht jene psychische Kluft, durch welche die Autoren das Traumvergessen ausschließend erklären wollen. – Wenn Morton Prince gegen meine Erklärung des Traumvergessens einwendet, es sei nur ein Spezialfall der Amnesie für abgespaltene seelische Zustände (*dissociated states*) und die Unmöglichkeit, meine Erklärung für diese spezielle Amnesie auf andere Typen von Amnesie zu übertragen, mache sie auch für ihre nächste Absicht wertlos, so erinnert er den Leser daran, daß er in all seinen Beschreibungen solcher dissoziierter Zustände niemals den Versuch gemacht hat, die dynamische Erklärung für diese Phänomene zu finden. Er hätte sonst entdecken müssen, daß die Verdrängung (resp. der durch sie geschaffene Widerstand) ebensowohl die Ursache dieser Abspaltungen wie der Amnesie für ihren psychischen Inhalt ist.

Daß die Träume ebensowenig vergessen werden wie andere seelische Akte und daß sie auch in bezug auf ihr Haften im Gedächtnis den anderen seelischen Leistungen ungeschmälert gleichzustellen sind, zeigt mir eine Erfahrung, die ich bei der Abfassung dieses Manuskripts machen konnte. Ich hatte in meinen Notizen reichlich eigene Träume aufbewahrt, die ich damals aus irgendeinem

---

[213] E. Jones beschreibt den analogen, häufig vorkommenden Fall, daß während der Analyse eines Traums ein zweiter derselben Nacht erinnert wird, der bis dahin vergessen war, ja nicht einmal vermutet wurde.

Grunde nur sehr unvollständig oder auch überhaupt nicht der Deutung unterziehen konnte. Bei einigen derselben habe ich nun ein bis zwei Jahre später den Versuch, sie zu deuten, unternommen, in der Absicht, mir Material zur Illustration meiner Behauptungen zu schaffen. Dieser Versuch gelang mir ausnahmslos; ja ich möchte behaupten, die Deutung ging so lange Zeit später leichter vor sich als damals, solange die Träume frische Erlebnisse waren, wofür ich als mögliche Erklärung angeben möchte, daß ich seither über manche Widerstände in meinem Inneren weggekommen bin, die mich damals störten. Ich habe bei solchen nachträglichen Deutungen die damaligen Ergebnisse an Traumgedanken mit den heutigen, meist viel reichhaltigeren, verglichen und das Damalige unter dem Heutigen unverändert wiedergefunden. Ich trat meinem Erstaunen hierüber rechtzeitig in den Weg, indem ich mich besann, daß ich ja bei meinen Patienten längst in Übung habe, Träume aus früheren Jahren, die sie mir gelegentlich erzählen, deuten zu lassen, als ob es Träume aus der letzten Nacht wären, nach demselben Verfahren und mit demselben Erfolg. Bei der Besprechung der Angstträume werde ich zwei Beispiele von solch verspäteter Traumdeutung mitteilen. Als ich diesen Versuch zum ersten Male, anstellte, leitete mich die berechtigte Erwartung, daß der Traum sich auch hierin nur verhalten werde wie ein neurotisches Symptom. Wenn ich nämlich einen Psychoneurotiker, eine Hysterie etwa, mittels Psychoanalyse behandle, so muß ich für die ersten, längst überwundenen Symptome seines Leidens ebenso Aufklärung schaffen wie für die noch heute bestehenden, die ihn zu mir geführt haben, und finde erstere Aufgabe nur leichter zu lösen als die heute dringende. Schon in den 1895 publizierten Studien über Hysterie konnte ich die Aufklärung eines ersten hysterischen Anfalles mitteilen, den die mehr als vierzigjährige Frau in ihrem fünfzehnten Lebensjahre gehabt hatte.[214]

In loserer Anreihung will ich hier noch einiges vorbringen, was ich über die Deutung der Träume zu bemerken habe und was vielleicht den Leser orientieren wird, der mich durch Nacharbeit an seinen eigenen Träumen kontrollieren will.

Es wird niemand erwarten dürfen, daß ihm die Deutung seiner Träume mühelos in den Schoß falle. Schon zur Wahrnehmung endoptischer Phänomene und anderer für gewöhnlich der Aufmerksamkeit entzogener Sensationen bedarf es der Übung, obwohl kein psychisches Motiv sich gegen diese Gruppe von Wahrnehmungen sträubt. Es ist erheblich schwieriger, der „ungewollten

---

[214] Träume, die in den ersten Kindheitsjahren vorgefallen sind und sich nicht selten in voller sinnlicher Frische durch Dezennien im Gedächtnis erhalten haben, gelangen fast immer zu einer großen Bedeutung für das Verständnis der Entwicklung und der Neurose des Träumers. Ihre Analyse schützt den Arzt gegen Irrtümer und Unsicherheiten, die ihn auch theoretisch verwirren könnten.

Vorstellungen" habhaft zu werden. Wer dies verlangt, wird sich mit den Erwartungen erfüllen müssen, die in dieser Abhandlung regegemacht werden, und wird in Befolgung der hier gegebenen Regeln jede Kritik, jede Voreingenommenheit, jede affektive oder intellektuelle Parteinahme während der Arbeit bei sich niederzuhalten bestrebt sein. Er wird der Vorschrift eingedenk bleiben, die *Claude Bernard* für den Experimentator im physiologischen Laboratorium aufgestellt hat: *Travailler comme une bête*, d. h. so ausdauernd, aber auch so unbekümmert um das Ergebnis. Wer diese Ratschläge befolgt, der wird die Aufgabe allerdings nicht mehr schwierig finden. Die Deutung eines Traumes vollzieht sich auch nicht immer in einem Zuge; nicht selten fühlt man seine Leistungsfähigkeit erschöpft, wenn man einer Verkettung von Einfällen gefolgt ist, der Traum sagt einem nichts mehr an diesem Tage; man tut dann gut, abzubrechen und an einem nächsten zur Arbeit zurückzukehren. Dann lenkt ein anderes Stück des Trauminhalts die Aufmerksamkeit auf sich, und man findet den Zugang zu einer neuen Schicht von Traumgedanken. Man kann das die „fraktionierte" Traumdeutung heißen.

Am schwierigsten ist der Anfänger in der Traumdeutung zur Anerkennung der Tatsache zu bewegen, daß seine Aufgabe nicht voll erledigt ist, wenn er eine vollständige Deutung des Traums in Händen hat, die sinnreich, zusammenhängend ist und über alle Elemente des Trauminhalts Auskunft gibt. Es kann außerdem eine andere, eine Überdeutung, desselben Traumes möglich sein, die ihm entgangen ist. Es ist wirklich nicht leicht, sich von dem Reichtum an unbewußten, nach Ausdruck ringenden Gedankengängen in unserem Denken eine Vorstellung zu machen und an die Geschicklichkeit der Traumarbeit zu glauben, durch mehrdeutige Ausdrucksweise jedesmal gleichsam sieben Fliegen mit einem Schlage zu treffen, wie der Schneidergeselle im Märchen. Der Leser wird immer geneigt sein, dem Autor vorzuwerfen, daß er seinen Witz überflüssig vergeude; wer sich selbst Erfahrung erworben hat, wird sich eines Besseren belehrt finden.

Anderseits kann ich aber der Behauptung nicht beipflichten, die zuerst von *H. Silberer* aufgestellt worden ist, daß jeder Traum – oder auch nur zahlreiche und gewisse Gruppen von Träumen – zwei verschiedene Deutungen erfordern, die sogar in fester Beziehung zueinander stehen. Die eine dieser Deutungen, die Silberer die *psychoanalytische* nennt, gibt dem Traume einen beliebigen, zumeist infantil-sexuellen Sinn; die andere, bedeutsamere, von ihm die *anagogische* geheißen, zeigt die ernsthafteren, oft tiefsinnigen Gedanken auf, welche die Traumarbeit als Stoff übernommen hat. Silberer hat diese Behauptung nicht durch Mitteilung einer Reihe von Träumen, die er nach beiden Richtungen analysiert hätte, erwiesen. Ich muß dagegen einwenden, daß eine solche Tatsache nicht besteht. Die meisten Träume verlangen doch keine Überdeutung und sind insbesondere einer anagogischen Deutung nicht fähig. Die Mitwirkung einer Tendenz, welche die grundlegenden Verhältnisse der Traumbildung verschleiern und das Interesse von ihren Triebwurzeln ablenken möchte, ist bei der Silbererschen Theorie ebensowenig zu verkennen wie bei anderen theoretischen Bemühungen der letzten Jahre. Für eine Anzahl von Fällen konnte ich die Angaben von Silberer bestätigen; die Analyse zeigte mir dann, daß die Traumarbeit die Aufgabe vorgefunden hatte, eine Reihe von sehr abstrakten und einer direkten Darstellung unfähigen Gedanken aus dem Wachleben in einen Traum zu verwandeln. Sie suchte diese Aufgabe zu lösen, indem sie sich eines anderen Gedankenmaterials bemächtigte, welches in lockerer, oft allegorisch zu nennender Beziehung zu den abstrakten Gedanken stand und dabei der Darstellung geringere Schwierigkeiten bereitete. Die abstrakte Deutung eines so entstandenen Traumes wird vom Träumer unmittelbar gegeben; die richtige Deutung des unterschobenen Materials muß mit den bekannten technischen Mitteln gesucht werden.

Die Frage, ob jeder Traum zur Deutung gebracht werden kann, ist mit Nein zu beantworten. Man darf nicht vergessen, daß man bei der Deutungsarbeit die psychischen Mächte gegen sich hat, welche die Entstellung des Traumes verschulden. Es wird so eine Frage des Kräfteverhältnisses, ob man mit seinem intellektuellen Interesse, seiner Fähigkeit zur Selbstüberwindung, seinen psychologischen Kenntnissen und seiner Übung in der Traumdeutung den inneren Widerständen den Herrn zeigen kann. Ein Stück weit ist das immer möglich, so weit wenigstens, um die Überzeugung zu gewinnen, daß der Traum eine sinnreiche Bildung ist, und meist auch, um eine Ahnung dieses Sinns zu gewinnen. Recht häufig gestattet ein nächstfolgender Traum, die für den ersten angenommene Deutung zu versichern und weiterzuführen. Eine ganze Reihe von Träumen, die sich durch Wochen oder Monate zieht, ruht oft auf gemeinsamem Boden und ist dann im Zusammenhange der Deutung zu unterwerfen. Von aufeinanderfolgenden Träumen kann man oft merken, wie der eine zum Mittelpunkte nimmt, was in dem nächsten nur in der Peripherie angedeutet wird, und umgekehrt, so daß die beiden einander auch zur Deutung ergänzen. Daß die verschiedenen Träume derselben Nacht ganz allgemein von der Deutungsarbeit wie ein Ganzes zu behandeln sind, habe ich bereits durch Beispiele erwiesen.

In den bestgedeuteten Träumen muß man oft eine Stelle im Dunkel lassen, weil man bei der Deutung merkt, daß dort ein Knäuel von Traumgedanken anhebt, der sich nicht entwirren will, aber auch zum Trauminhalt keine weiteren Beiträge geliefert hat. Dies ist dann der Nabel des Traums, die Stelle, an der er dem Unerkannten aufsitzt. Die Traumgedanken, auf die man bei der Deutung gerät, müssen ja ganz allgemein ohne Abschluß bleiben und nach allen Seiten hin in die netzartige Verstrickung unserer Gedankenwelt auslaufen. Aus einer dichteren Stelle dieses Geflechts erhebt sich dann der Traumwunsch wie der Pilz aus seinem Mycelium.

Wir kehren zu den Tatsachen des Traumvergessens zurück. Wir haben es nämlich versäumt, einen wichtigen Schluß aus ihnen zu ziehen. Wenn das Wachleben die unverkennbare Absicht zeigt, den Traum, der bei Nacht gebildet worden ist, zu vergessen, entweder als Ganzes unmittelbar nach dem Erwachen oder stückweise im Laufe des Tages, und wenn wir als den Hauptbeteiligten bei diesem Vergessen den seelischen Widerstand gegen den Traum erkennen, der doch schon in der Nacht das Seinige gegen den Traum getan hat, so liegt die Frage nahe, was eigentlich gegen diesen Widerstand die Traumbildung überhaupt ermöglicht hat. Nehmen wir den grellsten Fall, in dem das Wachleben den Traum wieder beseitigt, als ob er gar nicht vorgefallen wäre. Wenn wir dabei das Spiel der psychischen Kräfte in Betracht ziehen, so müssen wir aussagen, der Traum wäre überhaupt nicht zustande gekommen, wenn der Widerstand bei Nacht gewaltet hätte wie bei Tag. Unser Schluß ist, daß dieser während der Nachtzeit einen Teil seiner Macht eingebüßt hatte; wir wissen, er war nicht aufgehoben, denn wir haben seinen Anteil an der Traumbildung in der Traumentstellung nachgewiesen. Aber die Möglichkeit drängt sich uns auf, daß er des Nachts verringert war, daß durch diese Abnahme des Widerstands die Traumbildung möglich wurde, und wir verstehen so leicht, daß er, mit dem Erwachen in seine volle Kraft eingesetzt, sofort wieder beseitigt, was er, solange er schwach war, zulassen mußte. Die beschreibende Psychologie lehrt uns ja, daß die Hauptbedingung der Traumbildung der Schlafzustand der Seele ist; wir könnten nun die Erklärung hinzufügen: *der Schlafzustand ermöglicht die Traumbildung, indem er die endopsychische Zensur herabsetzt.*

Wir sind gewiß in Versuchung, diesen Schluß als den einzig möglichen aus den Tatsachen des Traumvergessens anzusehen und weitere Folgerungen über die Energieverhältnisse des Schlafens und des Wachens aus ihm zu entwickeln. Wir wollen aber vorläufig hierin innehalten. Wenn wir uns in die Psychologie des Traums ein Stück weiter vertieft haben, werden wir erfahren, daß man sich die Ermöglichung der Traumbildung auch noch anders vorstellen kann. Der Widerstand gegen das Bewußtwerden der Traumgedanken kann vielleicht auch umgangen werden, ohne daß er an sich eine Herabsetzung erfahren hätte. Es ist auch plausibel, daß beide der Traumbildung günstigen Momente, die Herabsetzung sowie die Umgehung des Widerstandes, durch den Schlafzustand gleichzeitig ermöglicht werden. Wir brechen hier ab, um nach einer Weile hier fortzusetzen.

Es gibt eine andere Reihe von Einwendungen gegen unser Verfahren bei der Traumdeutung, um die wir uns jetzt bekümmern müssen. Wir gehen ja so vor, daß wir alle sonst das Nachdenken beherrschenden Zielvorstellungen fallenlassen, unsere Aufmerksamkeit auf ein einzelnes Traumelement richten und dann notieren, was uns an ungewollten Gedanken zu demselben einfällt. Dann greifen wir einen nächsten Bestandteil des Trauminhalts auf, wiederholen an ihm dieselbe Arbeit und lassen uns, unbekümmert um die Richtung, nach der die Gedanken treiben, von ihnen weiterführen, wobei wir – wie man zu sagen pflegt – vom Hundertsten ins Tausendste geraten. Dabei hegen wir die zuversichtliche Erwartung, am Ende ganz ohne unser Dazutun auf die Traumgedanken zu geraten, aus denen der Traum entstanden ist. Dagegen wird die Kritik nun etwa folgendes einzuwenden haben: Daß man von einem einzelnen Element des Traumes irgendwohin gelangt, ist nichts Wunderbares. An jede Vorstellung läßt sich assoziativ etwas knüpfen; es ist nur merkwürdig, daß man bei diesem ziellosen und willkürlichen Gedankenablauf gerade zu den Traumgedanken geraten soll. Wahrscheinlich ist das eine Selbsttäuschung; man folgt der Assoziationskette von dem einen Elemente aus, bis man sie aus irgendeinem Grunde abreißen merkt; wenn man dann ein zweites Element aufnimmt, so ist es nur natürlich, daß die ursprüngliche Unbeschränktheit der Assoziation jetzt eine Einengung erfährt. Man hat die frühere Gedankenkette noch in Erinnerung und wird darum bei der Analyse der zweiten Traumvorstellung leichter auf einzelne Einfälle stoßen, die auch mit den Einfällen aus der ersten Kette irgend etwas gemein haben. Dann bildet man sich ein, einen Gedanken gefunden zu haben, der einen Knotenpunkt zwischen zwei Traumelementen darstellt. Da man sich sonst jede Freiheit der Gedankenverbindung gestattet und eigentlich nur die Übergänge von einer Vorstellung zur anderen ausschließt, die beim normalen Denken in Kraft treten, so wird es schließlich nicht schwer, aus einer Reihe von „Zwischengedanken" etwas zusammenzubrauen, was man die Traumgedanken benennt und ohne jede Gewähr, da diese sonst nicht bekannt sind, für den psychischen Ersatz des Traumes ausgibt. Es ist aber alles Willkür und witzig erscheinende Ausnützung des Zufalls dabei, und jeder, der sich dieser unnützen Mühe unterzieht, kann zu einem beliebigen Traume auf diesem Wege eine ihm beliebige Deutung herausgrübeln.

Wenn uns solche Einwände wirklich vorgerückt werden, so können wir uns zur Abwehr auf den Eindruck unserer Traumdeutungen berufen, auf die überraschenden Verbindungen mit anderen Traumelementen, die sich während der Verfolgung der einzelnen Vorstellungen ergeben, und auf die Unwahrscheinlichkeit, daß etwas, was den Traum so erschöpfend deckt und aufklärt wie eine unserer Traumdeutungen, anders gewonnen werden könne, als indem man vorher hergestellten psychischen Verbindungen nachfährt. Wir könnten auch zu unserer Rechtfertigung heranziehen, daß das Verfahren bei der Traumdeutung identisch ist mit dem bei der Auflösung der hysterischen Symptome, wo die Richtigkeit des Verfahrens durch das Auftauchen und Schwinden der Symptome zu ihrer Stelle gewährleistet wird, wo also die Auslegung des Textes an den ein-geschalteten Illustrationen einen Anhalt findet. Wir haben aber keinen Grund, dem Problem, wieso man durch Verfolgung einer sich willkürlich und ziellos weiterspinnenden Gedankenkette zu einem präexistenten Ziele gelangen könne, aus dem Wege zu gehen, da wir dieses Problem zwar nicht zu lösen, aber voll zu beseitigen vermögen.

Es ist nämlich nachweisbar unrichtig, daß wir uns einem ziellosen Vorstel-lungsablauf hingeben, wenn wir, wie bei der Traumdeutungsarbeit, unser Nach-denken fallen – und die ungewollten Vorstellungen auftauchen lassen. Es läßt sich zeigen, daß wir immer nur auf die uns bekannten Zielvorstellungen ver-zichten können und daß mit dem Aufhören dieser sofort unbekannte – wie wir ungenau sagen: unbewußte – Zielvorstellungen zur Macht kommen, die jetzt den Ablauf der ungewollten Vorstellungen determiniert halten. Ein Denken ohne Zielvorstellungen läßt sich durch unsere eigene Beeinflussung unseres See-lenlebens überhaupt nicht herstellen; es ist mir aber auch unbekannt, in welchen Zuständen psychischer Zerrüttung es sich sonst herstellt.[215] Die Psychiater haben

---

[215] Ich bin erst später darauf aufmerksam gemacht worden, daß Ed. v. Hartmann in diesem psy-chologisch bedeutsamen Punkte die nämliche Anschauung vertritt: „Gelegentlich der Erörte rung der Rolle des Unbewußten im künstlerischen Schaffen (*Philos. D. Unbew.* Bd. I Abschn. B. Kap. V) hat Eduard v. Hartmann das Gesetz der von unbewußten Zielvorstellungen geleiteten Ideenassoziation mit klaren Worten ausgesprochen, ohne sich jedoch der Tragweite dieses Gesetzes bewußt zu sein. Ihm ist es darum zu tun, zu erweisen, daß jede Kombination sinn-licher Vorstellungen, wenn sie nicht rein dem Zufall anheimgestellt wird, sondern zu einem bestimmten Ziele führen soll, der Hilfe des Unbewußten bedarf und daß das bewußte Inter-esse an einer bestimmten Gedankenverbindung ein Antrieb für das Unbewußte ist, unter den unzähligen möglichen Vorstellungen die zweckentsprechende herauszufinden. Es ist das Unbewußte, welches den Zwecken des Interesses gemäß wählt: *und das gilt für die Ideenassozia-tion beim abstrakten Denken als sinnlichem Vorstellen oder künstlerischem Kombinieren und beim witzigen Einfall.* Daher ist eine Einschränkung der Ideenassoziation auf die hervorrufende und die hervorgerufene Vorstellung im Sinne der reinen Assoziationspsychologie nicht aufrechtzuer-halten. Eine solche Einschränkung wäre nur dann tatsächlich gerechtfertigt, wenn Zustände im menschlichen Leben vorkommen, in denen der Mensch nicht nur von jedem bewußten Zweck, sondern auch von der Herrschaft oder Mitwirkung jedes unbewußten Interesses, jeder Stimmung frei ist. Dies ist aber ein kaum jemals vorkommender Zustand, denn auch, *wenn man seine Gedankenfolge anscheinend völlig dem Zufall anheimgibt oder wenn man sich ganz den unwillkürlichen Träumen der Phantasie überläßt, so walten doch immer zu der einen Stunde andere Hauptinteressen, maßge-bende Gefühle und Stimmungen im Gemüt als zu der anderen, und diese werden allemal einen Einfluß auf die Ideenassoziation üben.* Bei halbunbewußten Träumen kommen immer nur solche Vorstellungen, die dem augenblicklichen (unbewußten) Hauptinteresse entsprechen. Die Hervorhebung des Einflusses der Gefühle und Stimmungen auf die freie Gedankenfolge läßt nun das methodi-sche Verfahren der Psychoanalyse auch vom Standpunkte der Hartmannschen Psychologie als

hier viel zu früh auf die Festigkeit des psychischen Gefüges verzichtet. Ich weiß, daß ein ungeregelter, der Zielvorstellungen entbehrender Gedankenablauf im Rahmen der Hysterie und der Paranoia ebensowenig vorkommt wie bei der Bildung oder bei der Auflösung der Träume. Er tritt vielleicht bei den endogenen psychischen Affektionen überhaupt nicht ein; selbst die Delirien der Verworrenen sind nach einer geistreichen Vermutung von Leuret sinnvoll und werden nur durch Auslassungen für uns unverständlich. Ich habe die nämliche Überzeugung gewonnen, wo mir Gelegenheit zur Beobachtung geboten war. Die Delirien sind das Werk einer Zensur, die sich keine Mühe mehr gibt, ihr Walten zu verbergen, die anstatt ihre Mitwirkung zu einer nicht mehr anstößigen Umarbeitung zu leihen, rücksichtslos ausstreicht, wogegen sie Einspruch erhebt, wodurch dann das Übriggelassene zusammenhanglos wird. Diese Zensur verfährt ganz analog der russischen Zeitungszensur an der Grenze, welche ausländische Journale nur von schwarzen Strichen durchsetzt in die Hände der zu behütenden Leser gelangen läßt.

Das freie Spiel der Vorstellungen nach beliebiger Assoziationsverkettung kommt vielleicht bei destruktiven organischen Gehirnprozessen zum Vorschein; was bei den Psychoneurosen für solches gehalten wird, läßt sich allemal durch Einwirkung der Zensur auf eine Gedankenreihe aufklären, welche von verborgen gebliebenen Zielvorstellungen in den Vordergrund geschoben wird.[216] Als ein untrügliches Zeichen der von Zielvorstellungen freien Assoziation hat man es betrachtet, wenn die auftauchenden Vorstellungen (oder Bilder) untereinander durch die Bande der sogenannten oberflächlichen Assoziation verknüpft erscheinen, also durch Assonanz, Wortzweideutigkeit, zeitliches Zusammentreffen ohne innere Sinnbeziehung, durch alle die Assoziationen, die wir im Witz und beim Wortspiel zu verwerten uns gestatten. Dieses Kennzeichen trifft für die Gedankenverbindungen, die uns von den Elementen des Trauminhalts zu den Zwischengedanken und von diesen zu den eigentlichen Traumgedanken führen, zu; wir haben bei vielen Traumanalysen Beispiele davon gefunden, die unser Befremden wecken mußten. Keine Anknüpfung war da zu locker, kein Witz zu verwerflich, als daß er nicht die Brücke von einem Gedanken zum andern hätte bilden dürfen. Aber das richtige Verständnis solcher Nachsichtigkeit liegt nicht ferne. *Jedesmal, wenn ein psychisches Element mit einem anderen durch eine anstößige und*

---

durchaus gerechtfertigt erscheinen." (N. E. Pohorilles, in Internat. Zeitschr. f. ärztl. PsA, I, 1913, S. 605) – Du Prel schließt aus der Tatsache, daß ein Name, auf den wir uns vergeblich besinnen, uns oft plötzlich wieder unvermittelt einfällt, es gebe ein unbewußtes und dennoch zielgerichtetes Denken, dessen Resultat alsdann ins Bewußtsein tritt (*Philos. D. Mystik*, S. 107).

[216] Vgl. hiezu die glänzende Bestätigung dieser Behauptung, die C. G. Jung durch Analysen bei Dementia praecox erbracht hat (*Über die Psychologie der Dementia Praecox*, 1907).

oberflächliche Assoziation verbunden ist, existiert auch eine korrekte und tiefergebende Verknüpfung zwischen den beiden, welche dem Widerstande der Zensur unterliegt.

Druck der Zensur, nicht Aufhebung der Zielvorstellungen ist die richtige Begründung für das Vorherrschen der oberflächlichen Assoziationen. Die oberflächlichen Assoziationen ersetzen in der Darstellung die tiefen, wenn die Zensur diese normalen Verbindungswege ungangbar macht. Es ist, wie wenn ein allgemeines Verkehrshindernis, z. B. eine Überschwemmung, im Gebirge die großen und breiten Straßen unwegsam werden läßt; der Verkehr wird dann auf unbequemen und steilen Fußpfaden aufrechterhalten, die sonst nur der Jäger begangen hatte.

Man kann hier zwei Fälle voneinander trennen, die im wesentlichen eins sind. Entweder die Zensur richtet sich nur gegen den Zusammenhang zweier Gedanken, die, voneinander losgelöst, dem Einspruch entgehen. Dann treten die beiden Gedanken nacheinander ins Bewußtsein; ihr Zusammenhang bleibt verborgen; aber dafür fällt uns eine oberflächliche Verknüpfung zwischen beiden ein, an die wir sonst nicht gedacht hätten und die in der Regel an einer anderen Ecke des Vorstellungskomplexes ansetzt, als von welcher die unterdrückte, aber wesentliche Verbindung ausgeht. Oder aber, beide Gedanken unterliegen an sich wegen ihres Inhalts der Zensur; dann erscheinen beide nicht in der richtigen, sondern in modifizierter, ersetzter Form, und die beiden Ersatzgedanken sind so gewählt, daß sie durch eine oberflächliche Assoziation die wesentliche Verbindung wiedergeben, in der die von ihnen ersetzten stehen. *Unter dem Druck der Zensur hat hier in beiden Fällen eine Verschiebung stattgefunden von einer normalen, ernsthaften Assoziation auf eine oberflächliche, absurd erscheinende.*

Weil wir von diesen Verschiebungen wissen, vertrauen wir uns bei der Traumdeutung auch den oberflächlichen Assoziationen ganz ohne Bedenken an.[217]

Von den beiden Sätzen, daß mit dem Aufgeben der bewußten Zielvorstellungen die Herrschaft über den Vorstellungsablauf an verborgene Zielvorstellungen übergeht und daß oberflächliche Assoziationen nur ein Verschiebungsersatz sind für unterdrückte tiefergehende, macht die Psychoanalyse bei Neurosen den ausgiebigsten Gebrauch; ja, sie erhebt die beiden Sätze zu Grundpfeilern ihrer Technik. Wenn ich einem Patienten auftrage, alles Nachdenken fahrenzulassen

---

[217] Dieselben Erwägungen gelten natürlich auch für den Fall, daß die oberflächlichen Assoziationen im Trauminhalt bloßgelegt werden, wie z. B. in den beiden von Maury mitgeteilten Träumen (pélerinage – Pelletier – pelle; Kilometer – Kilogramm – Gilolo – Lobelia – Lopez – Lotto). Aus der Arbeit mit Neurotikern weiß ich, welche Reminiszenz sich so darzustellen liebt. Es ist das Nachschlagen im Konversationslexikon (Lexikon überhaupt), aus dem ja die meisten in der Zeit der Pubertätsneugierde ihr Bedürfnis nach Aufklärung der sexuellen Rätsel gestillt haben.

und mir zu berichten, was immer ihm dann in den Sinn kommt, so halte ich die Voraussetzung fest, daß er die Zielvorstellungen der Behandlung nicht fahren- lassen kann, und halte mich für berechtigt zu folgern, daß das scheinbar Harm- loseste und Willkürlichste, das er mir berichtet, im Zusammenhang mit seinem Krankheitszustande steht. Eine andere Zielvorstellung, von der dem Patienten nichts ahnt, ist die meiner Person. Die volle Würdigung sowie der eingehende Nachweis der beiden Aufklärungen gehört demnach in die Darstellung der psy- choanalytischen Technik als therapeutischer Methode. Wir haben hier einen der Anschlüsse erreicht, bei denen wir das Thema der Traumdeutung vorsätzlich fallenlassen.[218]

Eines nur ist richtig und bleibt von den Einwendungen bestehen, nämlich, daß wir nicht alle Einfälle der Deutungsarbeit auch in die nächtliche Traumarbeit zu versetzen brauchen. Wir machen ja beim Deuten im Wachen einen Weg, der von den Traumelementen zu den Traumgedanken rückläuft. Die Traumarbeit hat den umgekehrten Weg genommen, und es ist gar nicht wahrscheinlich, daß diese Wege in umgekehrter Richtung gangbar sind. Es erweist sich vielmehr, daß wir bei Tag über neue Gedankenverbindungen Schachte führen, welche die Zwischengedanken und die Traumgedanken bald an dieser, bald an jener Stelle treffen. Wir können sehen, wie sich das frische Gedankenmaterial des Tages in die Deutungsreihen einschiebt, und wahrscheinlich nötigt auch die Wider- standssteigerung, die seit der Nachtzeit eingetreten ist, zu neuen und ferneren Umwegen. Die Zahl oder Art der Kollateralen aber, die wir so bei Tag anspin- nen, ist psychologisch völlig bedeutungslos, wenn diese uns nur den Weg zu den gesuchten Traumgedanken führen.

B
Die Regression

Nun aber, da wir uns gegen die Einwendungen verwahrt oder wenigstens ange- zeigt haben, wo unsere Waffen zur Abwehr ruhen, dürfen wir es nicht länger verschieben, in die psychologischen Untersuchungen einzutreten, für die wir uns längst gerüstet haben. Wir stellen die Hauptergebnisse unserer bisherigen Untersuchung zusammen. Der Traum ist ein vollwichtiger psychischer Akt; seine Triebkraft ist alle Male ein zu erfüllender Wunsch; seine Unkenntlichkeit

---

[218] Die hier vorgetragenen, damals sehr unwahrscheinlich klingenden Sätze haben später durch die „diagnostischen Assoziationsstudien" Jungs und seiner Schüler eine experimentelle Rechtferti- gung und Verwertung erfahren.

als Wunsch und seine vielen Sonderbarkeiten und Absurditäten rühren von dem Einfluß der psychischen Zensur her, den er bei der Bildung erfahren hat; außer der Nötigung, sich dieser Zensur zu entziehen, haben bei seiner Bildung mitgewirkt eine Nötigung zur Verdichtung des psychischen Materials, eine Rücksicht auf Darstellbarkeit in Sinnesbildern und – wenn auch nicht regelmäßig – eine Rücksicht auf ein rationelles und intelligibles Äußere des Traumgebildes. Von jedem dieser Sätze führt der Weg weiter zu psychologischen Postulaten und Mutmaßungen; die gegenseitige Beziehung des Wunschmotivs und der vier Bedingungen, sowie dieser untereinander, ist zu untersuchen; der Traum ist in den Zusammenhang des Seelenlebens einzureihen.

Wir haben einen Traum an die Spitze dieses Abschnittes gestellt, um uns an die Rätsel zu mahnen, deren Lösung noch aussteht. Die Deutung dieses Traumes vom brennenden Kind bereitete uns keine Schwierigkeiten, wenngleich sie nicht in unserem Sinne vollständig gegeben war. Wir fragten uns, warum hier überhaupt geträumt wurde, anstatt zu erwachen, und erkannten als das eine Motiv des Träumers den Wunsch, das Kind als lebend vorzustellen. Daß noch ein anderer Wunsch dabei eine Rolle spielt, werden wir nach späteren Erörterungen einsehen können. Zunächst also ist es die Wunscherfüllung, der zuliebe der Denkvorgang des Schlafens in einen Traum verwandelt wurde.

Macht man diese rückgängig, so bleibt nur noch ein Charakter übrig, welcher die beiden Arten des psychischen Geschehens voneinander scheidet. Der Traumgedanke hätte gelautet: Ich sehe einen Schein aus dem Zimmer, in dem die Leiche liegt. Vielleicht ist eine Kerze umgefallen, und das Kind brennt! Der Traum gibt das Resultat dieser Überlegung unverändert wieder, aber dargestellt in einer Situation, die gegenwärtig und mit den Sinnen wie ein Erlebnis des Wachens zu erfassen ist Das ist aber der allgemeinste und auffälligste psychologische Charakter des Träumens; ein Gedanke, in der Regel der gewünschte, wird im Traume objektiviert, als Szene dargestellt oder, wie wir meinen, erlebt.

Wie soll man nun diese charakteristische Eigentümlichkeit der Traumarbeit erklären oder – bescheidener ausgedrückt – in den Zusammenhang der psychischen Vorgänge einfügen?

Bei näherem Zusehen merkt man wohl, daß in der Erscheinungsform dieses Traumes zwei voneinander fast unabhängige Charaktere ausgeprägt sind. Der eine ist die Darstellung als gegenwärtige Situation mit Weglassung des „vielleicht"; der andere die Umsetzung des Gedankens in visuelle Bilder und in Rede.

Die Umwandlung, welche die Traumgedanken dadurch erfahren, daß die in ihnen ausgedrückte Erwartung ins Präsens gesetzt wird, scheint vielleicht gerade an diesem Traume nicht sehr auffällig. Es hängt dies mit der besonderen, eigentlich nebensächlichen Rolle der Wunscherfüllung in diesem Traume zusammen. Nehmen wir einen anderen Traum vor, in dem sich der Traumwunsch nicht von der Fortsetzung der Wachgedanken in den Schlaf absondert, z. B. den von Irmas Injektion. Hier ist der zur Darstellung gelangende Traumgedanke ein Optativ: Wenn doch der Otto an der Krankheit Irmas schuld sein möchte! Der Traum verdrängt den Optativ und ersetzt ihn durch ein simples Präsens: Ja, Otto ist schuld an der Krankheit Irmas. Das ist also die erste der Verwandlungen, die auch der entstellungsfreie Traum mit den Traumgedanken vornimmt. Bei dieser ersten Eigentümlichkeit des Traumes werden wir uns nicht lange aufhalten. Wir erledigen sie durch den Hinweis auf die bewußte Phantasie, auf den Tagtraum, der mit seinem Vorstellungsinhalt ebenso verfährt. Wenn *Daudets* M. Joyeuse beschäftigungslos durch die Straßen von Paris irrt, während seine Töchter glauben müssen, er habe eine Anstellung und sitze in seinem Bureau, so träumt er von den Vorfällen, die ihm zur Protektion und zu einer Anstellung verhelfen sollen, gleichfalls im Präsens. Der Traum gebraucht also das Präsens in derselben Weise und mit demselben Rechte wie der Tagtraum. Das Präsens ist die Zeitform, in welcher der Wunsch als erfüllt dargestellt wird.

Dem Traume allein zum Unterschiede vom Tagtraume eigentümlich ist aber der zweite Charakter, daß der Vorstellungsinhalt nicht gedacht, sondern in sinnliche Bilder verwandelt wird, denen man dann Glauben schenkt und die man zu erleben meint. Fügen wir gleich hinzu, daß nicht alle Träume die Umwandlung von Vorstellung in Sinnesbild zeigen; es gibt Träume, die nur aus Gedanken bestehen, denen man die Wesenheit der Träume darum doch nicht bestreiten wird. Mein Traum: „*Autodidasker*" – die Tagesphantasie mit Professor N." ist ein solcher, in den sich kaum mehr sinnliche Elemente einmengten, als wenn ich seinen Inhalt bei Tag gedacht hätte. Auch gibt es in jedem längeren Traum Elemente, welche die Umwandlung ins Sinnliche nicht mitgemacht haben, die einfach gedacht oder gewußt werden, wie wir es vom Wachen her gewöhnt sind. Ferner wollen wir gleich hier daran denken, daß solche Verwandlung von Vorstellungen in Sinnesbilder nicht dem Traume allein zukommt, sondern ebenso der Halluzination, den Visionen, die etwa selbständig in der Gesundheit auftreten oder als Symptome der Psychoneurosen. Kurz, die Beziehung, die wir hier untersuchen, ist nach keiner Richtung eine ausschließliche; es bleibt aber bestehen, daß dieser Charakter des Traums, wo er vorkommt, uns als der bemerkenswerteste erscheint, so daß wir ihn nicht aus dem Traumleben weggenommen denken könnten. Sein Verständnis erfordert aber weit ausgreifende Erörterungen.

Unter allen Bemerkungen zur Theorie des Träumens, welche man bei den Autoren finden kann, möchte ich eine als anknüpfenswert hervorheben. Der große *G. Th. Fechner* spricht in seiner *Psychophysik* (II. Teil, S. 520) im Zusammenhange einiger Erörterungen, die er dem Traume widmet, die Vermutung aus, *daß der Schauplatz der Träume ein anderer sei als der des wachen Vorstellungslebens.* Keine andere Annahme gestatte es, die besonderen Eigentümlichkeiten des Traumlebens zu begreifen.

Die Idee, die uns so zur Verfügung gestellt wird, ist die einer *psychischen Lokalität.* Wir wollen ganz beiseite lassen, daß der seelische Apparat, um den es sich hier handelt, uns auch als anatomisches Präparat bekannt ist, und wollen der Versuchung sorgfältig aus dem Wege gehen, die psychische Lokalität etwa anatomisch zu bestimmen. Wir bleiben auf psychologischem Boden und gedenken nur der Aufforderung zu folgen, daß wir uns das Instrument, welches den Seelenleistungen dient, vorstellen wie etwa ein zusammengesetztes Mikroskop, einen photographischen Apparat u. dgl. Die psychische Lokalität entspricht dann einem Orte innerhalb eines Apparats, an dem eine der Vorstufen des Bildes zustande kommt. Beim Mikroskop und Fernrohr sind dies bekanntlich zum Teil ideelle Örtlichkeiten, Gegenden, in denen kein greifbarer Bestandteil des Apparats gelegen ist. Für die Unvollkommenheiten dieser und aller ähnlichen Bilder Entschuldigung zu erbitten, halte ich für überflüssig. Diese Gleichnisse sollen uns nur bei einem Versuch unterstützen, der es unternimmt, uns die Komplikation der psychischen Leistung verständlich zu machen, indem wir diese Leistung zerlegen und die Einzelleistung den einzelnen Bestandteilen des Apparats zuweisen. Der Versuch, die Zusammensetzung des seelischen Instruments aus solcher Zerlegung zu erraten, ist meines Wissens noch nicht gewagt worden. Er scheint mir harmlos. Ich meine, wir dürfen unseren Vermutungen freien Lauf lassen, wenn wir dabei nur unser kühles Urteil bewahren, das Gerüste nicht für den Bau halten. Da wir nichts anderes benötigen als Hilfsvorstellungen zur ersten Annäherung an etwas Unbekanntes, so werden wir die rohesten und greifbarsten Annahmen zunächst allen anderen vorziehen.

Wir stellen uns also den seelischen Apparat vor als ein zusammengesetztes Instrument, dessen Bestandteile wir *Instanzen* oder der Anschaulichkeit zuliebe *Systeme* heißen wollen. Dann bilden wir die Erwartung, daß diese Systeme vielleicht eine konstante räumliche Orientierung gegeneinander haben, etwa wie die verschiedenen Linsensysteme des Fernrohres hintereinanderstehen. Strenggenommen, brauchen wir die Annahme einer wirklich *räumlichen* Anordnung der psychischen Systeme nicht zu machen. Es genügt uns, wenn eine feste Reihenfolge dadurch hergestellt wird, daß bei gewissen psychischen Vorgängen die Systeme in einer bestimmten *zeitlichen* Folge von der Erregung durchlaufen werden. Die Folge mag bei anderen Vorgängen eine Abänderung erfahren; eine solche Möglichkeit wollen wir uns offen lassen. Von den Bestandteilen des Apparates wollen wir von nun an der Kürze halber als „ψ-Systeme" sprechen.

Das erste, das uns auffällt, ist nun, daß dieser aus ψ-Systemen zusammengesetzte Apparat eine Richtung hat. All unsere psychische Tätigkeit geht von (inneren oder äußeren) Reizen aus und endigt in Innervationen. Somit schreiben wir dem Apparat ein sensibles und ein motorisches Ende zu; an dem sensiblen Ende befindet sich ein System, welches die Wahrnehmungen empfängt, am motorischen Ende ein anderes, welches die Schleusen der Motilität eröffnet. Der psychische Vorgang verläuft im allgemeinen vom Wahrnehmungsende zum Motilitätsende. Das allgemeinste Schema des psychischen Apparats hätte also folgendes Ansehen (Fig. 1):

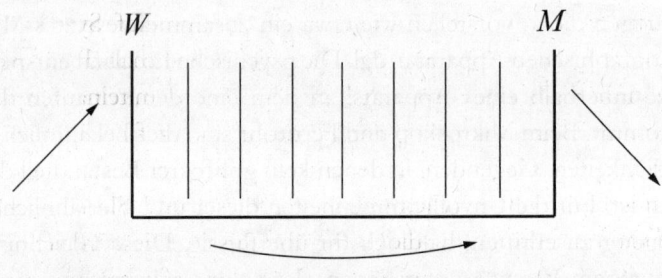

Fig. 1

Das ist aber nur die Erfüllung der uns längst vertrauten Forderung, der psychische Apparat müsse gebaut sein wie ein Reflexapparat. Der Reflexvorgang bleibt das Vorbild auch aller psychischen Leistung.

Wir haben nun Grund, am sensiblen Ende eine erste Differenzierung eintreten zu lassen. Von den Wahrnehmungen, die an uns herankommen, verbleibt in unserem psychischen Apparat eine Spur, die wir „*Erinnerungsspur*" heißen können. Die Funktion, die sich auf diese Erinnerungsspur bezieht, heißen wir ja „Gedächtnis". Wenn wir Ernst mit dem Vorsatz machen, die psychischen Vorgänge an Systeme zu knüpfen, so kann die Erinnerungsspur nur bestehen in bleibenden Veränderungen an den Elementen der Systeme. Nun bringt es, wie schon von anderer Seite ausgeführt, offenbar Schwierigkeiten mit sich, wenn ein und dasselbe System an seinen Elementen Veränderungen getreu bewahren und doch neuen Anlässen zur Veränderung immer frisch und aufnahmefähig entgegentreten soll. Nach dem Prinzip, das unseren Versuch leitet, werden wir also diese beiden Leistungen auf verschiedene Systeme verteilen. Wir nehmen an, daß ein vorderstes System des Apparats die Wahrnehmungsreize aufnimmt, aber nichts von ihnen bewahrt, also kein Gedächtnis hat, und daß hinter diesem ein zweites System liegt, welches die momentane Erregung des ersten in Dauerspuren umsetzt. Dann wäre dies das Bild unseres psychischen Apparats (Fig. 2):

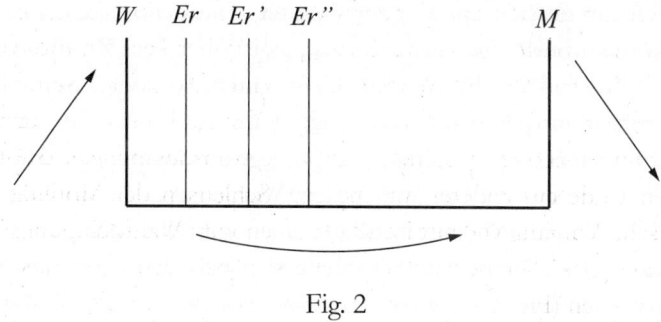

Fig. 2

Es ist bekannt, daß wir von den Wahrnehmungen, die auf System W einwirken, noch etwas anderes als bleibend bewahren als den Inhalt derselben. Unsere Wahrnehmungen erweisen sich auch als im Gedächtnis miteinander verknüpft, und zwar vor allem nach ihrem einstigen Zusammentreffen in der Gleichzeitigkeit. Wir heißen das die Tatsache der *Assoziation*. Es ist nun klar, wenn das W-System überhaupt kein Gedächtnis hat, daß es auch die Spuren für die Assoziation nicht aufbewahren kann; die einzelnen W-Elemente wären in ihrer Funktion unerträglich behindert, wenn sich gegen eine neue Wahrnehmung ein Rest früherer Verknüpfung geltend machen würde. Wir müssen also als die Grundlage der Assoziation vielmehr die Erinnerungssysteme annehmen. Die Tatsache der Assoziation besteht dann darin, daß infolge von Widerstandsverringerungen und Bahnungen von einem der Er-Elemente die Erregung sich eher nach einem zweiten als nach einem dritten Er-Element fortpflanzt.

Bei näherem Eingehen ergibt sich die Notwendigkeit, nicht eines, sondern mehrere solcher Er-Elemente anzunehmen, in denen dieselbe, durch die W-Elemente fortgepflanzte Erregung eine verschiedenartige Fixierung erfährt. Das erste dieser Er-Systeme wird jedenfalls die Fixierung der Assoziation durch Gleichzeitigkeit enthalten, in den weiter entfernt liegenden wird dasselbe Erregungsmaterial nach anderen Arten des Zusammentreffens angeordnet sein, so daß etwa Beziehungen der Ähnlichkeit u. a. durch diese späteren Systeme dargestellt würden. Es wäre natürlich müßig, die psychische Bedeutung eines solchen Systems in Worten angeben zu wollen. Die Charakteristik desselben läge in der Innigkeit seiner Beziehungen zu Elementen des Erinnerungsrohmaterials, d. h., wenn wir auf eine tiefergreifende Theorie hinweisen wollen, in den Abstufungen des Leitungswiderstandes nach diesen Elementen hin.

Eine Bemerkung allgemeiner Natur, die vielleicht auf Bedeutsames hinweist, wäre hier einzuschalten. Das W-System, welches keine Fähigkeiten hat, Veränderungen zu bewahren, also kein Gedächtnis, ergibt für unser Bewußtsein die ganze Mannigfaltigkeit der sinnlichen Qualitäten. Umgekehrt sind unsere Erin-

nerungen, die am tiefsten uns eingeprägten nicht ausgenommen, an sich unbewußt. Sie können bewußtgemacht werden; es ist aber kein Zweifel, daß sie im
unbewußten Zustand alle ihre Wirkungen entfalten. Was wir unseren Charakter
nennen, beruht ja auf den Erinnerungsspuren unserer Eindrücke, und zwar sind
gerade die Eindrücke, die am stärksten auf uns gewirkt hatten, die unserer ersten
Jugend, solche, die fast nie bewußt werden. Werden aber Erinnerungen wieder
bewußt, so zeigen sie keine sinnliche Qualität oder eine sehr geringfügige im
Vergleiche zu den Wahrnehmungen. Ließe sich nun bestätigen, *daß Gedächtnis
und Qualität für das Bewußtsein an den ψ-Systemen einander ausschließen, so eröffnete sich
in die Bedingungen der Neuronerregung ein vielversprechender Einblick.*[219]

Was wir bisher über die Zusammensetzung des psychischen Apparats am
sensiblen Ende angenommen haben, erfolgte ohne Rücksicht auf den Traum
und die aus ihm ableitbaren psychologischen Aufklärungen. Für die Erkenntnis
eines anderen Stückes des Apparats wird uns aber der Traum zur Beweisquelle.
Wir haben gesehen, daß es uns unmöglich wurde, die Traumbildung zu erklären,
wenn wir nicht die Annahme zweier psychischer Instanzen wagen wollten, von
denen die eine die Tätigkeit der anderen einer Kritik unterzieht, als deren Folge
sich die Ausschließung vom Bewußtwerden ergibt.

Die kritisierende Instanz, haben wir geschlossen, unterhält nähere Beziehungen zum Bewußtsein als die kritisierte. Sie steht zwischen dieser und dem
Bewußtsein wie ein Schirm. Wir haben ferner Anhaltspunkte gefunden, die kritisierende Instanz mit dem zu identifizieren, was unser waches Leben lenkt und
über unser willkürliches, bewußtes Handeln entscheidet. Ersetzen wir nun diese
Instanzen im Sinne unserer Annahmen durch Systeme, so wird durch die letzter-
wähnte Erkenntnis das kritisierende System ans motorische Ende gerückt. Wir
tragen nun die beiden Systeme in unser Schema ein und drücken in den ihnen
verliehenen Namen ihre Beziehung zum Bewußtsein aus (Fig. 3):

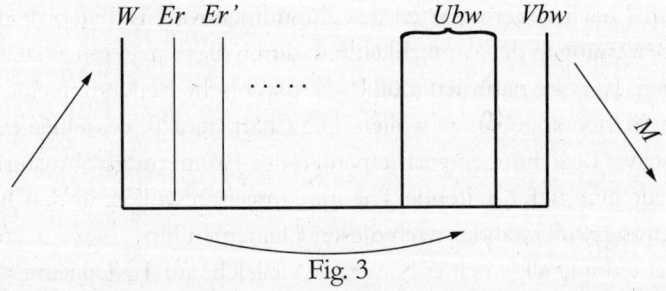

Fig. 3

---

[219] Ich habe später gemeint, das Bewußtsein entstehe geradezu an *Stelle* der Erinnerungsspur.
(Siehe zuletzt: *Notiz über den „Wunderblock"*, 1925).

Das letzte der Systeme am motorischen Ende heißen wir das *Vorbewußte*, um anzudeuten, daß die Erregungsvorgänge in demselben ohne weitere Aufhaltung zum Bewußtsein gelangen können, falls noch gewisse Bedingungen erfüllt sind, z. B. die Erreichung einer gewissen Intensität, eine gewisse Verteilung jener Funktion, die man Aufmerksamkeit zu nennen hat u. dgl. Es ist gleichzeitig das System, welches die Schlüssel zur willkürlichen Motilität innehat. Das System dahinter heißen wir das *Unbewußte*, weil es keinen Zugang zum Bewußtsein hat, außer durch das Vorbewußte, bei welchem Durchgang sein Erregungsvorgang sich Abänderungen gefallen lassen muß.[220]

In welches dieser Systeme verlegen wir nun den Anstoß zur Traumbildung? Der Vereinfachung zuliebe in das System *Ubw*. Wir werden zwar in späteren Erörterungen hören, daß dies nicht ganz richtig ist, daß die Traumbildung genötigt ist, an Traumgedanken anzuknüpfen, die dem System des Vorbewußten angehören. Wir werden aber auch an anderer Stelle, wenn wir vom Traumwunsch handeln, erfahren, daß die Triebkraft für den Traum vom *Ubw* beigestellt wird und wegen dieses letzteren Moments wollen wir das unbewußte System als den Ausgangspunkt der Traumbildung annehmen. Diese Traumerregung wird nun wie alle anderen Gedankenbildungen das Bestreben äußern, sich ins *Vbw* fortzusetzen und von diesem aus den Zugang zum Bewußtsein zu gewinnen.

Die Erfahrung lehrt uns, daß den Traumgedanken tagsüber dieser Weg, der durchs Vorbewußte zum Bewußtsein führt, durch die Widerstandszensur verlegt ist. In der Nacht schaffen sie sich den Zugang zum Bewußtsein, aber es erhebt sich die Frage, auf welchem Wege und dank welcher Veränderung. Würde dies den Traumgedanken dadurch ermöglicht, daß nachts der Widerstand absinkt, der an der Grenze zwischen Unbewußtem und Vorbewußtem wacht, so bekämen wir Träume in dem Material unserer Vorstellungen, die nicht den halluzinatorischen Charakter zeigen, der uns jetzt interessiert.

Das Absinken der Zensur zwischen den beiden Systemen *Ubw* und *Vbw* kann uns also nur solche Traumbildungen erklären wie *Autodidasker*, aber nicht Träume wie den vom *brennenden Kinde*, den wir uns als Problem an den Eingang dieser Untersuchungen gestellt haben.

Was im halluzinatorischen Traum vor sich geht, können wir nicht anders beschreiben, als indem wir sagen: Die Erregung nimmt einen *rückläufigen* Weg. Anstatt gegen das motorische Ende des Apparats pflanzt sie sich gegen das sensible fort und langt schließlich beim System der Wahrnehmungen an. Heißen wir

---

[220] Die weitere Ausführung dieses linear aufgerollten Schemas wird mit der Annahme zu rechnen haben, daß das auf *Vbw* folgende System dasjenige ist, dem wir das Bewußtsein zuschreiben müssen, daß also *W = Bw.*

die Richtung, nach welcher sich der psychische Vorgang aus dem Unbewußten im Wachen fortsetzt, die *progrediente*, so dürfen wir vom Traum aussagen, er habe *regredienten* Charakter.[221]

Diese Regression ist dann sicherlich eine der psychologischen Eigentümlichkeiten des Traumvorganges; aber wir dürfen nicht vergessen, daß sie dem Träumen nicht allein zukommt. Auch das absichtliche Erinnern und andere Teilvorgänge unseres normalen Denkens entsprechen einem Rückschreiten im psychischen Apparat von irgendwelchem komplexen Vorstellungsakt auf das Rohmaterial der Erinnerungsspuren, die ihm zugrunde liegen. Während des Wachens aber reicht dieses Zurückgreifen niemals über die Erinnerungsbilder hinaus; es vermag die halluzinatorische Belebung der Wahrnehmungsbilder nicht zu erzeugen. Warum ist dies im Traume anders? Als wir von der Verdichtungsarbeit des Traumes sprachen, konnten wir der Annahme nicht ausweichen, daß durch die Traumarbeit die an den Vorstellungen haftenden Intensitäten von einer zur anderen voll übertragen werden. Wahrscheinlich ist es diese Abänderung des sonstigen psychischen Vorgangs, welche es ermöglicht, das System der *W* bis zur vollen sinnlichen Lebhaftigkeit in umgekehrter Richtung, von den Gedanken her, zu besetzen.

Ich hoffe, wir sind weit davon entfernt, uns über die Tragweite dieser Erörterungen zu täuschen. Wir haben nichts anderes getan als für ein nicht zu erklärendes Phänomen einen Namen gegeben. Wir heißen es Regression, wenn sich im Traum die Vorstellung in das sinnliche Bild rückverwandelt, aus dem sie irgendeinmal hervorgegangen ist. Auch dieser Schritt verlangt aber Rechtfertigung. Wozu die Namengebung, wenn sie uns nichts Neues lehrt? Nun ich meine, der Name „Regression" dient uns insoferne, als er die uns bekannte Tatsache an das Schema des mit einer Richtung versehenen seelischen Apparats knüpft. An dieser Stelle verlohnt es sich aber zum ersten Male, ein solches Schema aufgestellt zu haben. Denn eine andere Eigentümlichkeit der Traumbildung wird uns ohne neue Überlegung allein mit Hilfe des Schemas einsichtig werden. Wenn wir den Traumvorgang als eine Regression innerhalb des von uns angenommenen seelischen Apparats ansehen, so erklärt sich uns ohne weiteres die empirisch festgestellte Tatsache, daß alle Denkrelationen der Traumgedanken bei der Traumarbeit verlorengehen oder nur mühseligen Ausdruck finden. Diese Denkrelationen sind nach unserem Schema nicht in den ersten *Er*-Systemen, sondern in weiter nach vorn liegenden enthalten und müssen bei der Regression bis auf die

---

[221] Die erste Andeutung des Moments der Regression findet sich bereits bei *Albertus Magnus*. Die imaginatio, heißt es bei ihm, baut aus den aufbewahrten Bildern der sinnfälligen Objekte den Traum auf. Der Prozeß vollzieht sich umgekehrt wie im Wachen (nach Diepgen, S. 14). *Hobbes* sagt (im *Leviathan*, 1651): „*In sum, our dreams are the reverse of our waking imaginations, the motion, when we are awake, beginning at one end, and when we dream at another.* (Nach H. Ellis, S. 112.)

Wahrnehmungsbilder ihren Ausdruck einbüßen. *Das Gefüge der Traumgedanken wird bei der Regression in sein Rohmaterial aufgelöst.*

Durch welche Veränderung wird aber die bei Tag unmögliche Regression ermöglicht? Hier wollen wir es bei Vermutungen bewenden lassen. Es muß sich wohl um Veränderungen in den Energiebesetzungen der einzelnen Systeme handeln, durch welche sie wegsamer oder unwegsamer für den Ablauf der Erregung werden; aber in jedem derartigen Apparat könnte der nämliche Effekt für den Weg der Erregung durch mehr als eine Art von solchen Abänderungen zustande gebracht werden. Man denkt natürlich sofort an den Schlafzustand und an Besetzungsänderungen, die er am sensiblen Ende des Apparats hervorruft. Bei Tag gibt es eine kontinuierlich laufende Strömung von dem ψ-System der W her zur Motilität; diese hat bei Nacht ein Ende und könnte einer Rückströmung der Erregung kein Hindernis mehr bereiten. Es wäre dies die „Abschließung von der Außenwelt", welche in der Theorie einiger Autoren die psychologischen Charaktere des Traumes aufklären soll. Indes wird man bei der Erklärung der Regression des Traums Rücksicht auf jene anderen Regressionen nehmen müssen, die in krankhaften Wachzuständen zustande kommen. Bei diesen Formen läßt natürlich die eben gegebene Auskunft im Stiche. Es kommt zur Regression trotz der ununterbrochenen sensiblen Strömung in progredienter Richtung.

Für die Halluzinationen der Hysterie, der Paranoia, die Visionen geistesnormaler Personen kann ich die Aufklärung geben, daß sie tatsächlich Regressionen entsprechen, d. h. in Bilder verwandelte Gedanken sind, und daß nur solche Gedanken diese Verwandlung erfahren, welche mit unterdrückten oder unbewußt gebliebenen Erinnerungen in intimem Zusammenhange stehen. Zum Beispiel einer meiner jüngsten Hysteriker, ein zwölfjähriger Knabe, wird am Einschlafen gehindert durch *„grüne Gesichter mit roten Augen"*, vor denen er sich entsetzt. Quelle dieser Erscheinung ist die unterdrückte, aber einstens bewußte Erinnerung an einen Knaben, den er vor vier Jahren oftmals sah und der ihm ein abschreckendes Bild vieler Kinderunarten bot, darunter auch jener der Onanie, aus der er sich selbst jetzt einen nachträglichen Vorwurf macht. Die Mama hatte damals bemerkt, daß der ungezogene Junge eine *grünliche Gesichtsfarbe* habe und *rote* (d. h. rotgeränderte) Augen. Daher das Schreckgespenst, das übrigens nur dazu bestimmt ist, ihn an eine andere Vorhersage der Mama zu erinnern, daß solche Jungen blödsinnig werden, in der Schule nichts erlernen können und früh sterben. Unser kleiner Patient läßt den einen Teil der Prophezeiung eintreffen; er kommt im Gymnasium nicht weiter und fürchtet sich, wie das Verhör seiner ungewollten Einfälle zeigt, entsetzlich vor dem zweiten Teil. Die Behandlung hat allerdings nach kurzer Zeit den Erfolg, daß er schläft, seine Ängstlichkeit verliert und sein Schuljahr mit einem Vorzugszeugnis abschließt.

Hier kann ich die Auflösung einer Vision anreihen, die mir eine vierzigjährige Hysterika aus ihren gesunden Tagen erzählt hat. Eines Morgens schlägt sie die Augen auf und sieht ihren Bruder im Zimmer, der sich doch, wie sie weiß, in der Irrenanstalt befindet. Ihr kleiner Sohn schläft im Bette neben ihr. Damit das Kind *nicht erschrickt* und in *Krämpfe verfällt*, wenn es den Onkel sieht, zieht sie die Bettdecke über dasselbe, und dann verschwindet die Erscheinung. Die Vision ist die Umarbeitung einer Kindererinnerung der Dame, die zwar bewußt war, aber mit allem unbewußten Material in ihrem Innern in intimster Beziehung stand. Ihre Kinderfrau hatte ihr erzählt, daß die sehr früh verstorbene Mutter (sie selbst war zur Zeit des Todesfalles erst eineinhalb Jahre alt) an epileptischen oder hysterischen Krämpfen gelitten hatte, und zwar seit einem Schreck, den ihr der Bruder (der *Onkel* meiner Patientin) dadurch verursachte, daß er ihr als Gespenst mit einer *Bettdecke* über dem Kopf erschien. Die Vision enthält dieselben Elemente wie die Erinnerung: Die Erscheinung des Bruders, die Bettdecke, den Schreck und seine Wirkung. Diese Elemente sind aber zu neuem Zusammenhange angeordnet und auf andere Personen übertragen. Das offenkundige Motiv der Vision, der durch sie ersetzte Gedanke, ist die Besorgnis, daß ihr kleiner Sohn, der seinem Onkel physisch so ähnlich war, das Schicksal desselben teilen könnte.

Beide hier angeführten Beispiele sind nicht frei von aller Beziehung zum Schlafzustande und darum vielleicht zu dem Beweise ungeeignet, für den ich sie brauche. Ich verweise also auf meine Analyse einer halluzinierenden Paranoika[222] und auf die Ergebnisse meiner noch nicht veröffentlichten Studien über die Psychologie der Psychoneurosen um zu bekräftigen, daß man in diesen Fällen von regredienter Gedankenverwandlung den Einfluß einer unterdrückten oder unbewußt gebliebenen Erinnerung, meist einer infantilen, nicht übersehen darf. Diese Erinnerung zieht gleichsam den mit ihr in Verbindung stehenden, an seinem Ausdruck durch die Zensur verhinderten Gedanken in die Regression als in jene Form der Darstellung, in der sie selbst psychisch vorhanden ist. Ich darf hier als ein Ergebnis der Studien über Hysterie anführen, daß die infantilen Szenen (seien sie nun Erinnerungen oder Phantasien), wenn es gelingt, sie bewußtzumachen, halluzinatorisch gesehen werden und erst beim Mitteilen diesen Charakter abstreifen. Es ist auch bekannt, daß selbst bei Personen, die sonst im Erinnern nicht visuell sind, die frühesten Kindererinnerungen den Charakter der sinnlichen Lebhaftigkeit bis in späte Jahre bewahren.

Wenn man sich nun erinnert, welche Rolle in den Traumgedanken den infantilen Erlebnissen oder den auf sie gegründeten Phantasien zufällt, wie häufig

---

[222] *Weitere Bemerkungen über die Abwehrneuropsychosen.* Neurologisches Zentralblatt, 1896, Nr. 10.

Stücke derselben im Trauminhalt wiederauftauchen, wie die Traumwünsche selbst häufig aus ihnen abgeleitet sind, so wird man auch für den Traum die Wahrscheinlichkeit nicht abweisen, daß die Verwandlung von Gedanken in visuelle Bilder mit die Folge der *Anziehung* sein möge, welche die nach Neubelebung strebende, visuell dargestellte Erinnerung auf den nach Ausdruck ringenden, vom Bewußtsein abgeschnittenen Gedanken ausübt. Nach dieser Auffassung ließe sich der Traum auch beschreiben als der durch Übertragung auf Rezentes veränderte Ersatz der infantilen Szene. *Die Infantilszene kann ihre Erneuerung nicht durchsetzen; sie muß sich mit der Wiederkehr als Traum begnügen.*

Der Hinweis auf die gewissermaßen vorbildliche Bedeutung der Infantilszenen (oder ihrer phantastischen Wiederholungen) für den Trauminhalt macht eine der Annahmen *Scherners* und seiner Anhänger über die inneren Reizquellen überflüssig. *Scherner* nimmt einen Zustand von „Gesichtsreiz", von innerer Erregung im Sehorgan an, wenn die Träume eine besondere Lebhaftigkeit ihrer visuellen Elemente oder einen besonderen Reichtum an solchen erkennen lassen. Wir brauchen uns gegen diese Annahme nicht zu sträuben, dürfen uns etwa damit begnügen, einen solchen Erregungszustand bloß für das psychische Wahrnehmungssystem des Sehorgans zu statuieren, werden aber geltend machen, daß dieser Erregungszustand ein durch die Erinnerung hergestellter, die Auffrischung der seinerzeit aktuellen Seherregung ist. Ich habe aus eigener Erfahrung kein gutes Beispiel für solchen Einfluß einer infantilen Erinnerung zur Hand; meine Träume sind überhaupt weniger reich an sinnlichen Elementen, als ich die anderer schätzen muß; aber in dem schönsten und lebhaftesten Traume dieser letzten Jahre wird es mir leicht, die halluzinatorische Deutlichkeit des Trauminhalts auf sinnliche Qualitäten rezenter und kürzlich erfolgter Eindrücke zurückzuführen. Ich habe auf S. 380. einen Traum erwähnt, in dem die tiefblaue Farbe des Wassers, die braune Farbe des Rauchs aus den Kaminen der Schiffe und das düstere Braun und Rot der Bauwerke, die ich sah, mir einen tiefen Eindruck hinterließen. Wenn irgendeiner, so mußte dieser Traum auf Gesichtsreiz gedeutet werden. Und was hatte mein Sehorgan in diesen Reizzustand versetzt? Ein rezenter Eindruck, der sich mit einer Reihe früherer zusammentat. Die Farben, die ich sah, waren zunächst die des Ankersteinbaukastens, mit dem die Kinder am Tage vor meinem Traume ein großartiges Bauwerk aufgeführt hatten, um es meiner Bewunderung zu zeigen. Da fanden sich das nämliche düstere Rot an den großen, das Blau und Braun an den kleinen Steinen. Dazu gesellten sich die Farbeneindrücke der letzten italienischen Reisen, das schöne Blau des Isonzo und der Lagune und das Braun des Karstes. Die Farbenschönheit des Traums war nur eine Wiederholung der in der Erinnerung gesehenen.

Fassen wir zusammen, was wir über die Eigentümlichkeit des Traums, seinen Vorstellungsinhalt in sinnliche Bilder umzugießen, erfahren haben. Wir haben diesen Charakter der Traumarbeit nicht etwa erklärt, auf bekannte Gesetze der Psychologie zurückgeführt, sondern haben ihn als auf unbekannte Verhältnisse hindeutend herausgegriffen und durch den Namen des *„regredienten"* Charakters ausgezeichnet. Wir haben gemeint, diese Regression sei wohl überall, wo sie vorkommt, eine Wirkung des Widerstands, der sich dem Vordringen des Gedankens zum Bewußtsein auf dem normalen Wege entgegensetzt, sowie der gleichzeitigen Anziehung, welche als sinnesstark vorhandene Erinnerungen auf ihn ausüben.[223] Beim Traume käme vielleicht zur Erleichterung der Regression hiezu das Aufhören der progredienten Tagesströmung von den Sinnesorganen, welches Hilfsmoment bei den anderen Formen von Regression durch Verstärkung der anderen Regressionsmotive wettgemacht werden muß. Wir wollen auch nicht vergessen, uns zu merken, daß bei diesen pathologischen Fällen von Regression wie im Traume der Vorgang der Energieübertragung ein anderer sein dürfte als bei den Regressionen des normalen seelischen Lebens, da durch ihn eine volle halluzinatorische Besetzung der Wahrnehmungssysteme ermöglicht wird. Was wir bei der Analyse der Traumarbeit als die „Rücksicht auf Darstellbarkeit" beschrieben haben, dürfte auf die *auswählende Anziehung* der von den Traumgedanken berührten, visuell erinnerten Szenen zu beziehen sein.

Über die Regression wollen wir noch bemerken, daß sie in der Theorie der neurotischen Symptombildung eine nicht minder wichtige Rolle wie in der des Traumes spielt. Wir unterscheiden dann eine dreifache Art der Regression: *a) eine topische* im Sinne des hier entwickelten Schemas der ψ-Systeme, *b) eine zeitliche*, insofern es sich um ein Rückgreifen auf ältere psychische Bildungen handelt, und *c) eine formale*, wenn primitive Ausdrucks- und Darstellungsweisen die gewohnten ersetzen. Alle drei Arten von Regression sind aber im Grunde eines und treffen in den meisten Fällen zusammen, denn das zeitlich ältere ist zugleich das formal primitive und in der psychischen Topik dem Wahrnehmungsende näher.

Wir können auch das Thema der Regression im Traume nicht verlassen, ohne einem Eindruck Worte zu leihen, der sich uns bereits wiederholt aufgedrängt hat und der nach einer Vertiefung in das Studium der Psychoneurosen neuerdings verstärkt zurückkehren wird: Das Träumen sei im ganzen ein Stück

---

[223] In einer Darstellung der Lehre von der Verdrängung wäre auszuführen, daß ein Gedanke durch das Zusammenwirken zweier ihn beeinflussenden Momente in die Verdrängung gerät. Er wird von der einen Seite (der Zensur des *Bw*) weggestoßen, von der anderen (dem *Ubw*) angezogen, also ähnlich wie man auf die Spitze der großen Pyramide gelangt.

Regression zu den frühesten Verhältnissen des Träumers, ein Wiederbeleben seiner Kindheit, der in ihr herrschend gewesenen Triebregungen und verfügbar gewesenen Ausdrucksweisen. Hinter dieser individuellen Kindheit wird uns dann ein Einblick in die phylogenetische Kindheit, in die Entwicklung des Menschengeschlechts, versprochen, von der die des einzelnen tatsächlich eine abgekürzte, durch die zufälligen Lebensumstände beeinflußter Wiederholung ist. Wir ahnen, wie treffend die Worte Fr. *Nietzsches* sind, daß sich im Traume „ein uraltes Stück Menschtum fortübt, zu dem man auf direktem Wege kaum mehr gelangen kann", und werden zur Erwartung veranlaßt, durch die Analyse der Träume zur Kenntnis der archaischen Erbschaft des Menschen zu kommen, das seelisch Angeborene in ihm zu erkennen. Es scheint, daß Traum und Neurose uns mehr von den seelischen Altertümern bewahrt haben, als wir vermuten konnten, so daß die Psychoanalyse einen hohen Rang unter den Wissenschaften beanspruchen darf, die sich bemühen, die ältesten und dunkelsten Phasen des Menschheitsbeginnes zu rekonstruieren.

Leicht möglich, daß dieses erste Stück unserer psychologischen Verwertung des Traumes uns selbst nicht sonderlich befriedigt. Wir wollen uns damit trösten, daß wir ja genötigt sind, ins Dunkle hinaus zu bauen. Sind wir nicht völlig in die Irre geraten, so müssen wir von einem anderen Angriffspunkte her in ungefähr die nämliche Region geraten, in welcher wir uns dann vielleicht besser zurechtfinden werden.

C
Zur Wunscherfüllung

Der vorangestellte Traum vom brennenden Kinde gibt uns einen willkommenen Anlaß, Schwierigkeiten, auf welche die Lehre von der Wunscherfüllung stößt, zu würdigen. Wir haben es gewiß alle mit Befremden aufgenommen, daß der Traum nichts anderes als eine Wunscherfüllung sein soll, und nicht etwa allein wegen des Widerspruchs, der vom Angsttraum ausgeht. Nachdem uns die ersten Aufklärungen durch die Analyse belehrt hatten, hinter dem Traum verberge sich Sinn und psychischer Wert, so wäre unsere Erwartung keineswegs auf eine so eindeutige Bestimmung dieses Sinnes gefaßt gewesen. Nach der korrekten, aber kärglichen Definition des *Aristoteles* ist der Traum das in den Schlafzustand – insoferne man schläft – fortgesetzte Denken. Wenn nun unser Denken bei Tage so verschiedenartige psychische Akte schafft, Urteile, Schlußfolgerungen, Widerlegungen, Erwartungen, Vorsätze u. dgl., wodurch soll es bei Nacht genötigt sein, sich allein auf die Erzeugung von Wünschen einzuschränken? Gibt es nicht vielmehr reichlich Träume, die einen andersartigen psychischen Akt in Traumgestalt verwandelt bringen, z. B. eine Besorgnis, und ist nicht gerade der vorangestellte, ganz besonders durchsichtige Traum des Vaters ein solcher? Er zieht auf den Lichtschein hin, der ihm auch schlafend ins Auge fällt, den besorgten Schluß, daß eine Kerze umgefallen sei und die Leiche in Brand gesteckt haben könne; diesen Schluß verwandelt er in einen Traum, indem er ihn in eine sinnfällige Situation und in das Präsens einkleidet. Welche Rolle spielt dabei die Wunscherfüllung, und ist denn die Übermacht des vom Wachen her sich fortsetzenden oder durch den neuen Sinneseindruck angeregten Gedankens darin irgendwie zu verkennen?

Das ist alles richtig und nötigt uns, auf die Rolle der Wunscherfüllung im Traume und auf die Bedeutung der in den Schlaf sich fortsetzenden Wachgedanken näher einzugehen.

Gerade die Wunscherfüllung hat uns bereits zu einer Scheidung der Träume in zwei Gruppen veranlaßt. Wir haben Träume gefunden, die sich offen als Wunscherfüllung gaben; andere, deren Wunscherfüllung unkenntlich, oft mit allen Mitteln versteckt war. In den letzteren erkannten wir die Leistungen der Traumzensur. Die unentstellten Wunschträume fanden wir hauptsächlich bei Kindern; kurze, offenherzige Wunschträume schienen – ich lege Nachdruck auf diesen Vorbehalt – auch bei Erwachsenen vorzukommen.

Wir können nun fragen, woher jedesmal der Wunsch stammt, der sich im Traume verwirklicht. Aber auf welchen Gegensatz oder auf welche Mannigfaltigkeit beziehen wir dieses „Woher"? Ich meine, auf den Gegensatz zwischen dem bewußt gewordenen Tagesleben und einer unbewußt gebliebenen psychischen Tätigkeit, die sich erst zur Nachtzeit bemerkbar machen kann. Ich finde eine dreifache Möglichkeit für die Herkunft eines Wunsches. Er kann 1) bei Tage erregt worden sein und infolge äußerer Verhältnisse keine Befriedigung gefunden haben; es erübrigt dann für die Nacht ein anerkannter und unerledigter Wunsch; 2) er kann bei Tage aufgetaucht sein, aber Verwerfung gefunden haben; es erübrigt uns dann ein unerledigter, aber unterdrückter Wunsch; oder 3) er kann außer Beziehung mit dem Tagesleben sein und zu jenen Wünschen gehören, die erst nachts aus dem Unterdrückten in uns rege werden. Wenn wir unser Schema des psychischen Apparats vornehmen, so lokalisieren wir einen Wunsch der ersten Art in das System Vbw; vom Wunsch der zweiten Art nehmen wir an, daß er aus dem System Vbw in das Ubw zurückgedrängt worden ist, und wenn überhaupt, nur dort sich erhalten hat; und von der Wunschregung der dritten Art glauben wir, daß sie überhaupt unfähig ist, das System des Ubw, zu überschreiten. Haben nun Wünsche aus diesen verschiedenen Quellen den gleichen Wert für den Traum, die gleiche Macht, einen Traum anzuregen? Eine Überschau über die Träume, die uns für die Beantwortung dieser Frage zu Gebote stehen, mahnt uns zunächst, als vierte Quelle des Traumwunsches hinzuzufügen die aktuellen, bei Nacht sich erhebenden Wunschregungen (z. B. auf den Durstreiz, das sexuelle Bedürfnis). Sodann wird uns wahrscheinlich, daß die Herkunft des Traumwunsches an seiner Fähigkeit, einen Traum anzuregen, nichts ändert. Ich erinnere an den Traum der Kleinen, welcher die bei Tage unterbrochene See-fahrt fortsetzt, und an die nebenstehenden Kinderträume; sie werden durch einen unerfüllten, aber nicht unterdrückten Wunsch vom Tage erklärt. Beispiele dafür, daß ein bei Tage unterdrückter Wunsch sich im Traume Luft macht, sind überaus reichlich nachzuweisen; ein einfachstes solcher Art könnte ich hier nach-tragen. Eine etwas spottlustige Dame, deren jüngere Freundin sich verlobt hat, beantwortet tagsüber die Anfragen der Bekannten, ob sie den Bräutigam kenne und was sie von ihm halte, mit uneingeschränkten Lobsprüchen, bei denen sie ihrem Urteil Schweigen auferlegt, denn sie hätte gern die Wahrheit gesagt: *Er ist ein Dutzendmensch.* Nachts träumt sie, daß dieselbe Frage an sie gerichtet wird, und antwortet mit der Formel: *Bei Nachbestellungen genügt die Angabe der Nummer.* Endlich, daß in allen Träumen, die der Entstellung unterlegen sind, der Wunsch aus dem Unbewußten stammt und bei Tag nicht vernehmbar werden konnte, haben wir als das Ergebnis zahlreicher Analysen erfahren. So scheinen zunächst alle Wünsche für die Traumbildung von gleichem Wert und gleicher Macht. Ich kann hier nicht beweisen, daß es sich doch eigentlich anders verhält, aber ich neige sehr zur Annahme einer strengeren Bedingtheit des Traumwunsches. Die Kinderträume lassen ja keinen Zweifel darüber, daß ein bei Tage unerledigter Wunsch der Traumerreger sein kann. Aber es ist nicht zu vergessen, das ist dann der Wunsch eines Kindes, eine Wunschregung von der dem Infantilen eigenen Stärke. Es ist mir durchaus zweifelhaft, ob ein am Tage nicht erfüllter Wunsch bei einem Erwachsenen genügt, um einen Traum zu schaffen. Es scheint mir vielmehr, daß wir mit der fortschreitenden Beherrschung unseres Trieblebens durch die denkende Tätigkeit auf die Bildung oder Erhaltung so intensiver Wün-sche, wie das Kind sie kennt, als unnütz immer mehr verzichten. Es mögen sich dabei ja individuelle Verschiedenheiten geltend machen, der eine den infantilen Typus der seelischen Vorgänge länger bewahren als ein anderer, wie ja solche Unterschiede auch für die Abschwächung des ursprünglich deutlich visuellen Vorstellens bestehen. Aber im allgemeinen, glaube ich, wird beim Erwachsenen der unerfüllt vom Tage übriggebliebene Wunsch nicht genügen, einen Traum zu schaffen. Ich gebe gerne zu, daß die aus dem Bewußten stammende Wunschre-gung einen Beitrag zur Anregung des Traumes liefern wird, aber wahrscheinlich auch nicht mehr. Der Traum entstünde nicht, wenn der vorbewußte Wunsch sich nicht eine Verstärkung von anderswoher zu holen wüßte.

Aus dem Unbewußten nämlich. *Ich stelle mir vor, daß der bewußte Wunsch nur dann zum Traumerreger wird, wenn es ihm gelingt, einen gleichlautenden unbewußten zu wecken, durch den er sich verstärkt.* Diese unbewußten Wünsche betrachte ich, nach den Andeutungen aus der Psychoanalyse der Neurosen, als immer rege, jederzeit bereit, sich Ausdruck zu verschaffen, wenn sich ihnen Gelegenheit bietet, sich mit einer Regung aus dem Bewußten zu alliieren, ihre große Intensität auf deren geringere zu übertragen.[224] Es muß dann zum Anschein kommen, als hätte allein der bewußte Wunsch sich im Traume realisiert; allein eine kleine Auffälligkeit in der Gestaltung dieses Traums wird uns ein Fingerzeig werden, dem mächtigen Helfer aus dem Unbewußten auf die Spur zu kommen. Diese immer regen, sozusagen unsterblichen Wünsche unseres Unbewußten, welche an die Titanen der Sage erinnern, auf denen seit Urzeiten die schweren Gebirgsmassen lasten, die einst von den siegreichen Göttern auf sie gewälzt wurden und die unter den Zuckungen ihrer Glieder noch jetzt von Zeit zu Zeit erbeben; – diese in der Verdrängung befindlichen Wünsche, sage ich, sind aber selbst infantiler Herkunft, wie wir durch die psychologische Erforschung der Neurosen erfahren. Ich möchte also den früher ausgesprochenen Satz, die Herkunft des Traumwunsches sei gleichgültig, beseitigen und durch einen anderen ersetzen, der lautet: *Der Wunsch, welcher sich im Traume darstellt, muß ein infantiler sein.* Er stammt dann beim Erwachsenen aus dem *Ubw;* beim Kind, wo es die Sonderung und Zensur zwischen *Vbw* und *Ubw* noch nicht gibt oder wo sie sich erst allmählich herstellt, ist es ein unerfüllter, unverdrängter Wunsch des Wachlebens. Ich weiß, diese Anschauung ist nicht allgemein zu erweisen; aber ich behaupte, sie ist häufig zu erweisen, auch wo man es nicht vermutet hätte, und ist nicht allgemein zu widerlegen.

Die aus dem bewußten Wachleben erübrigten Wunschregungen lasse ich also für die Traumbildung in den Hintergrund treten. Ich will ihnen keine andere Rolle zugestehen als etwa dem Material an aktuellen Sensationen während des Schlafes für den Trauminhalt. Ich bleibe auf der Linie, die mir dieser Gedankengang vorschreibt, wenn ich jetzt die anderen psychischen Anregungen in Betracht ziehe, die vom Tagesleben übrigbleiben und die nicht Wünsche sind.

---

[224] Sie teilen diesen Charakter der Unzerstörbarkeit mit allen anderen wirklich unbewußten, d. h. dem System *Ubw* allein angehörigen seelischen Akten. Diese sind ein für allemal gebahnte Wege, die nie veröden und den Erregungsvorgang immer wieder zur Abfuhr leiten, sooft die unbewußte Erregung sie wiederbesetzt. Um mich eines Gleichnisses zu bedienen: es gibt für sie keine andere Art der Vernichtung als für die Schatten der odysseischen Unterwelt, die zum neuen Leben erwachen, sobald sie Blut getrunken haben. Die vom vorbewußten System abhängigen Vorgänge sind in ganz anderem Sinne zerstörbar. Auf diesem Unterschiede ruht die Psychotherapie der Neurosen.

Es kann uns gelingen, den Energiebesetzungen unseres wachen Denkens ein vorläufiges Ende zu machen, wenn wir beschließen, den Schlaf aufzusuchen. Wer das gut kann, der ist ein guter Schläfer; der erste Napoleon soll ein Muster dieser Gattung gewesen sein. Aber es gelingt uns nicht immer und nicht immer vollständig. Unerledigte Probleme, quälende Sorgen, eine Übermacht von Eindrücken setzen die Denktätigkeit auch während des Schlafes fort und unterhalten seelische Vorgänge in dem System, das wir als das Vorbewußte bezeichnet haben. Wenn uns um eine Einteilung dieser in den Schlaf sich fortsetzenden Denkregungen zu tun ist, so können wir folgende Gruppen derselben aufstellen: 1. Das während des Tages durch zufällige Abhaltung nicht zu Ende Gebrachte, 2. das durch Erlahmen unserer Denkkraft Unerledigte, das Ungelöste, 3. das bei Tag Zurückgewiesene und Unterdrückte. Dazu gesellt sich als eine mächtige 4. Gruppe, was durch die Arbeit des Vorbewußten tagsüber in unserem *Ubw* regegemacht worden ist, und endlich können wir als 5. Gruppe anfügen: die indifferenten und darum unerledigt gebliebenen Eindrücke des Tages.

Die psychischen Intensitäten, welche durch diese Reste des Tageslebens in den Schlafzustand eingeführt werden, zumal aus der Gruppe des Ungelösten, braucht man nicht zu unterschätzen. Sicherlich ringen diese Erregungen auch zur Nachtzeit nach Ausdruck, und ebenso sicher dürfen wir annehmen, daß der Schlafzustand die gewohnte Fortführung des Erregungsvorganges im Vorbewußten und deren Abschluß durch das Bewußtwerden unmöglich macht. Insofern wir unserer Denkvorgänge auf dem normalen Wege bewußtwerden können, auch zur Nachtzeit, insoferne schlafen wir eben nicht. Was für Veränderung der Schlafzustand im System *Vbw* hervorruft, weiß ich nicht anzugeben;[225] aber es ist unzweifelhaft, daß die psychologische Charakteristik des Schlafes wesentlich in den Besetzungsveränderungen gerade dieses Systems zu suchen ist, das auch den Zugang zu der im Schlaf gelähmten Motilität beherrscht. Im Gegensatze dazu wüßte ich von keinem Anlaß aus der Psychologie des Traums, der uns annehmen hieße, daß der Schlaf anders als sekundär in den Verhältnissen des Systems *Ubw* etwas verändere. Der nächtlichen Erregung im *Vbw* bleibt also kein anderer Weg als der, den die Wuscherregungen aus dem *Ubw* nehmen; sie muß die Verstärkung aus dem *Ubw* suchen und die Umwege der unbewußten Erregungen mitmachen. Wie stellen sich aber die vorbewußten Tagesreste zum Traume? Es ist kein Zweifel, daß sie reichlich in den Traum eindringen, daß sie den Trauminhalt benützen, um sich auch zur Nachtzeit dem Bewußtsein aufzu-

---

[225] Ein weiteres Eindringen in die Kenntnis der Verhältnisse des Schlafzustandes und der Bedingungen der Halluzination habe ich in dem Aufsatz *Metapsychologische Ergänzung zur Traumlehre* (Int. Zeitschr. F. PsA. IV, 1916/18) versucht.

drängen; ja sie dominieren gelegentlich den Trauminhalt, nötigen ihn, die Tages-arbeit fortzusetzen; es ist auch sicher, daß die Tagesreste jeden anderen Charak-ter ebensowohl haben können wie den der Wünsche; aber es ist dabei höchst lehrreich und für die Lehre von der Wunscherfüllung geradezu entscheidend zu sehen, welcher Bedingung sie sich fügen müssen, um in den Traum Aufnahme zu finden. Greifen wir eines der früheren Traumbeispiele heraus, z. B. den Traum, der mir Freund Otto mit den Zeichen der Basedowschen Krankheit erscheinen läßt. Ich hatte am Tage eine Besorgnis gebildet, zu der mir das Aussehen Ottos Anlaß gab, und die Sorge ging mir nahe, wie alles, was diese Person betrifft. Sie folgte mir auch, darf ich annehmen, in den Schlaf. Wahrscheinlich wollte ich ergründen, was ihm fehlen könnte. Zur Nachtzeit fand diese Sorge Ausdruck in dem Traume, den ich mitgeteilt habe, dessen Inhalt erstens unsinnig war und zweitens keiner Wunscherfüllung entsprach. Ich begann aber nachzuforschen, woher der unangemessene Ausdruck der bei Tag verspürten Besorgnis rühre, und durch die Analyse fand ich einen Zusammenhang, indem ich ihn mit einem Baron L., mich selbst aber mit Professor R. identifizierte. Warum ich gerade diesen Ersatz des Tagesgedanken hatte wählen müssen, dafür gab es nur eine Erklärung. Zu der Identifizierung mit Professor R. mußte ich im *Ubw* immer bereit sein, da durch sie einer der unsterblichen Kinderwünsche, der Wunsch der Größensucht, sich erfüllte. Häßliche, der Verwerfung bei Tag sichere Gedanken gegen meinen Freund hatten die Gelegenheit benützt, sich zur Darstellung mit einzuschleichen, aber auch die Sorge des Tages war zu einer Art von Ausdruck durch einen Ersatz im Trauminhalt gekommen. Der Tagesgedanke, der an sich kein Wunsch, sondern im Gegenteil eine Besorgnis war, mußte sich auf irgend-einem Wege die Anknüpfung an einen infantilen, nun unbewußten und unter-drückten Wunsch verschaffen, der ihn dann, wenn auch gehörig zugerichtet, für das Bewußtsein „entstehen" ließ. Je dominierender diese Sorge war, desto gewaltsamer durfte die herzustellende Verbindung sein; zwischen dem Inhalt des Wunsches und dem der Besorgnis brauchte ein Zusammenhang gar nicht zu bestehen und bestand auch keiner in unserem Beispiele.

Vielleicht ist es zweckmäßig, dieselbe Frage auch in der Form einer Untersu-chung zu behandeln, wie sich der Traum benimmt, wenn ihm in den Traumge-danken ein Material geboten wird, das einer Wunscherfüllung durchwegs wider-spricht, also begründete Sorgen, schmerzliche Erwägungen, peinliche Einsichten. Die Mannigfaltigkeit der möglichen Erfolge läßt sich dann folgenderart gliedern: *a*) Es gelingt der Traumarbeit, alle peinlichen Vorstellungen durch gegenteilige zu ersetzen und die dazugehörigen unlustigen Affekte zu unterdrücken. Das ergibt dann einen reinen Befriedigungstraum, eine greifbare „Wunscherfüllung", an der weiter nichts zu erörtern scheint. *b*) Die peinlichen Vorstellungen gelangen, mehr oder weniger abgeändert, aber doch gut kenntlich, in den manifesten Trauminhalt. Dies ist der Fall, der die Zweifel an der Wunschtheorie des Traumes weckt und weiterer Untersuchung bedarf. Solche Träume peinlichen Inhalts können entweder indifferent empfunden werden oder auch den ganzen peinlichen Affekt mitbringen, der durch ihren Vorstellungsinhalt gerechtfertigt scheint, oder selbst unter Angstentwicklung zum Erwachen führen.

Die Analyse weist dann nach, daß auch diese Unlustträume Wunscherfüllungen sind. Ein unbewußter und verdrängter Wunsch, dessen Erfüllung vom Ich des Träumers nicht anders als peinlich empfunden werden könnte, hat sich der Gelegenheit bedient, die ihm durch das Besetztbleiben der peinlichen Tagesreste geboten wird, hat ihnen seine Unterstützung geliehen und sie durch diese traumfähig gemacht. Aber während im Falle *a* der unbewußte Wunsch mit dem bewußten zusammenfiel, wird im Falle *b* der Zwiespalt zwischen dem Unbewußten und dem Bewußten – dem Verdrängten und dem Ich bloßgelegt, und die Situation des Märchens von den drei Wünschen, welche die Fee dem Ehepaar freigibt, verwirklicht. Die Befriedigung über die Erfüllung des verdrängten Wunsches kann so groß ausfallen, daß sie den an den Tagesresten hängenden peinlichen Affekten das Gleichgewicht hält; der Traum ist dann in seinem Gefühlston indifferent, obwohl er einerseits die Erfüllung eines Wunsches, anderseits die einer Befürchtung ist. Oder es kann geschehen, daß das schlafende Ich einen noch ausgiebigeren Anteil an der Traumbildung nimmt, daß es auf die zustande gekommene Befriedigung des verdrängten Wunsches mit einer heftigen Empörung reagiert und selbst dem Traume unter Angst ein Ende macht. Es ist also nicht schwer zu erkennen, daß die Unlust- und die Angstträume im Sinne der Theorie ebensosehr Wunscherfüllungen sind wie die glatten Befriedigungsträume.

Unlustträume können auch „*Strafträume*" sein. Es ist zuzugeben, daß man durch ihre Anerkennung zur Theorie des Traums in gewissem Sinne etwas Neues hinzufügt. Was durch sie erfüllt wird, ist gleichfalls ein unbewußter Wunsch, der nach einer Bestrafung des Träumers für eine verdrängte unerlaubte Wunschregung. Insofern fügen sich die Träume der hier vertretenen Forderung, daß die Triebkraft zur Traumbildung von einem dem Unbewußten angehörigen Wunsche beigestellt werden mußte. Eine feinere psychologische Zergliederung läßt aber den Unterschied von den anderen Wunschträumen erkennen. In den Fällen der Gruppe *b* gehörte der unbewußte, traumbildende Wunsch dem Verdrängten an, bei den Strafträumen ist es gleichfalls ein unbewußter Wunsch, den wir aber nicht dem Verdrängten, sondern dem „Ich" zurechnen müssen. Die Strafträume weisen also auf die Möglichkeit einer noch weiter gehenden Beteiligung, des *Ichs* an der Traumbildung hin. Der Mechanismus der Traumbildung wird überhaupt weit durchsichtiger, wenn man anstatt des Gegensatzes von „Bewußt" und „Unbewußt" den von „Ich" und „Verdrängt" einsetzt. Dies kann nicht ohne Rücksicht auf die Vorgänge bei der Psychoneurose geschehen und ist darum in diesem Buche nicht durchgeführt worden. Ich bemerke nur, daß die Strafträume nicht allgemein an die Bedingung peinlicher Tagesreste geknüpft sind. Sie entstehen vielmehr am leichtesten unter der gegensätzlichen Voraussetzung, daß die Tagesreste Gedanken befriedigender Natur sind, die aber unerlaubte Befriedigungen ausdrücken. Von diesen Gedanken gelangt dann nichts in den manifesten Traum als ihr direkter Gegensatz, ähnlich wie es in den Träumen der Gruppe *a* der Fall war. Der wesentliche Charakter der Strafträume bliebe also, daß bei ihnen nicht der unbewußte Wunsch aus dem Verdrängten (dem System *Ubw*) zum Traumbildner wird, sondern der gegen ihn reagierende, dem Ich angehörige, wenn auch unbewußte (d. h. vorbewußte) Strafwunsch.[226]

Ich will einiges von dem hier Vorgebrachten an einem eigenen Traum erläutern, vor allem die Art, wie die Traumarbeit mit einem Tagesrest peinlicher Erwartungen verfährt:

„*Undeutlicher Anfang. Ich sage meiner Frau, ich habe eine Nachricht für sie, etwas ganz Besonderes. Sie erschrickt und will nichts hören. Ich versichere ihr, im Gegenteil, etwas, was sie sehr freuen wird, und beginne zu erzählen, daß das Offizierskorps unseres Sohnes eine Summe Geldes geschickt hat (5000 K?), etwas von Anerkennung ... Verteilung ... Dabei bin ich mit ihr in ein kleines Zimmer gegangen, wie eine Vorratskammer, um etwas herauszusuchen. Plötzlich sehe ich meinen Sohn erscheinen, er ist nicht in Uniform, sondern eher im enganliegenden Sportkostüm (wie ein Seehund?), mit kleiner Kappe. Er steigt auf einen Korb, der sich seitlich neben einem Kasten befindet, wie um etwas auf diesen Kasten zu legen. Ich rufe ihn an; keine Antwort. Mir scheint, er hat das Gesicht oder die Stirn verbunden, er richtet sich etwas im Munde, schiebt sich etwas ein. Auch haben seine Haare einen grauen Schimmer. Ich denke: Sollte er so erschöpft sein? Und hat er falsche Zähne? Ehe ich ihn wieder anrufen kann, erwache ich ohne Angst, aber mit Herzklopfen. Meine Nachtuhr zeigt die Stunde 2½.*"

Die Mitteilung einer vollständigen Analyse ist auch diesmal unmöglich. Ich beschränke mich auf die Hervorhebung einiger entscheidender Punkte. Den Anlaß zum Traum hatten peinigende Erwartungen des Tages gegeben; von dem an der Front Kämpfenden waren wieder einmal Nachrichten durch länger als eine Woche ausgeblieben. Es ist leicht zu ersehen, daß im Trauminhalt die Überzeugung Ausdruck findet, daß er verwundet oder gefallen ist. Zu Anfang des Traumes merkt man das energische Bemühen, die peinlichen Gedanken durch ihr Gegenteil zu ersetzen. Ich habe etwas Hocherfreuliches mitzuteilen, etwas von Geldsendung, Anerkennung, Verteilung. (Die Geldsumme stammt aus

---

[226] Hier ist die Stelle für die Einfügung des später von der Psychoanalyse erkannten *Über-Ichs*.

einem erfreulichen Vorkommnis in der ärztlichen Praxis, will also überhaupt vom Thema ablenken.) Aber diese Bemühung mißlingt. Die Mutter ahnt etwas Schreckliches und will mich nicht anhören. Die Verkleidungen sind auch zu dünn, überall schimmert die Beziehung zu dem, was unterdrückt werden soll, durch. Wenn der Sohn gefallen ist, werden seine Kameraden seine Habseligkeiten zurückschicken; ich werde, was er hinterläßt, an die Geschwister und andere zu verteilen haben; Anerkennungen werden häufig dem Offizier nach seinem „Heldentod" verliehen. Der Traum geht also daran, direkt zum Ausdruck zu bringen, was er zunächst verleugnen wollte, wobei sich die wunscherfüllende Tendenz noch durch Entstellungen bemerkbar macht. (Der Wechsel der Örtlichkeit im Traume ist wohl als Schwellensymbolik nach *Silberer* zu verstehen. Wir ahnen freilich nicht, was ihm die dazu erforderliche Triebkraft leiht. Der Sohn erscheint aber nicht als einer, der „fällt", sondern als einer, der „steigt". Er ist ja auch ein kühner Bergsteiger gewesen. Er ist nicht in Uniform, sondern im Sportkostüm, d. h. an die Stelle des jetzt gefürchteten Unfalles ist ein früherer getreten, den er im Sport erlitten, als er auf einer Skitour fiel und sich den Oberschenkel brach. Aber die Art, wie er kostümiert ist, so daß er einem Seehund gleicht, erinnert sofort an einen Jüngeren, an unseren kleinen drolligen Enkel; das graue Haar mahnt an dessen vom Kriege arg hergenommenen Vater, unseren Schwiegersohn. Was soll das? Aber genug damit; die Örtlichkeit eine Speisekammer, der Kasten, von dem er sich etwas holen will (etwas darauflegen im Traum), das sind unverkennbare Anspielungen an einen eigenen Unfall, den ich mir zugezogen, als ich über zwei und noch nicht drei Jahre alt war. Ich stieg in der Speisekammer auf einen Schemel, um mir etwas Gutes zu holen, was auf einem Kasten oder Tisch lag. Der Schemel kippte um und traf mich mit seiner Kante hinter dem Unterkiefer. Ich hätte mir auch alle Zähne ausschlagen können. Eine Mahnung meldet sich dabei: Das geschieht dir recht, wie eine feindselige Regung gegen den wackeren Krieger. Die Vertiefung der Analyse läßt mich dann die versteckte Regung finden, die sich an dem gefürchteten Unfall des Sohnes befriedigen könnte. Es ist der Neid gegen die Jugend, den der Gealterte im Leben gründlich erstickt zu haben glaubt, und es ist unverkennbar, daß gerade die Stärke der schmerzlichen Ergriffenheit, wenn ein solches Unglück sich wirklich ereignete, zu ihrer Linderung eine solche verdrängte Wunscherfüllung aufspürt.

Ich kann es nun scharf bezeichnen, was der unbewußte Wunsch für den Traum bedeutet. Ich will zugeben, daß es eine ganze Klasse von Träumen gibt, zu denen die *Anregung* vorwiegend oder selbst ausschließlich aus den Resten des Tageslebens stammt, und ich meine, selbst mein Wunsch, endlich einmal Professor extraordinarius zu werden, hätte mich jene Nacht in Ruhe schlafen lassen können, wäre nicht die Sorge um die Gesundheit meines Freundes vom Tage her noch rührig gewesen. Aber diese Sorge hätte noch keinen Traum gemacht; die Triebkraft, die der Traum bedurfte, mußte von einem Wunsche beigesteuert werden; es war Sache der Besorgnis, sich einen solchen Wunsch als Triebkraft des Traumes zu verschaffen. Um es in einem Gleichnis zu sagen: Es ist sehr wohl möglich, daß ein Tagesgedanke die Rolle des Unternehmers für den Traum spielt; aber der Unternehmer, der, wie man sagt, die Idee hat und den Drang, sie in Tat umzusetzen, kann doch ohne Kapital nichts machen; er braucht einen Kapitalisten, der den Aufwand bestreitet, und dieser Kapitalist, der den psychischen Aufwand für den Traum beistellt, ist alle Male und unweigerlich, was immer auch der Tagesgedanke sein mag, ein *Wunsch aus dem Unbewußten.*

Andere Male ist der Kapitalist selbst der Unternehmer; das ist für den Traum sogar der gewöhnlichere Fall. Es ist durch die Tagesarbeit ein unbewußter Wunsch angeregt worden, und der schafft nun den Traum. Auch für alle anderen Möglichkeiten des hier als Beispiel verwendeten wirtschaftlichen Verhältnisses bleiben die Traumvorgänge parallel; der Unternehmer kann selbst eine Kleinigkeit an Kapital mitbringen; es können mehrere Unternehmer sich an denselben Kapitalisten wenden; es können mehrere Kapitalisten gemeinsam das für die Unternehmer Erforderliche zusammensteuern. So gibt es auch Träume, die von mehr als einem Traumwunsche getragen werden, und dergleichen Variationen mehr, die leicht zu übersehen sind und uns kein Interesse mehr bieten. Was an dieser Erörterung über den Traumwunsch noch unvollständig ist, werden wir erst später ergänzen können.

Das *tertium comparationis* der hier gebrauchten Gleichnisse, die in zugemessener Menge zur freien Verfügung gestellte Quantität, läßt noch feinere Verwendung zur Beleuchtung der Traumstruktur zu. In den meisten Träumen läßt sich ein mit besonderer sinnlicher Intensität ausgestattetes Zentrum erkennen, wie auf S. 262 ausgeführt. Das ist in der Regel die direkte Darstellung der Wunscherfüllung, denn, wenn wir die Verschiebungen der Traumarbeit rückgängig machen, finden wir die psychische Intensität der Elemente in den Traumgedanken durch die sinnliche Intensität der Elemente im Trauminhalt ersetzt. Die Elemente in der Nähe der Wunscherfüllung haben mit deren Sinn oft nichts zu tun, sondern erweisen sich als Abkömmlinge peinlicher, dem Wunsch zuwiderlaufender Gedanken. Durch den oft künstlich hergestellten Zusammenhang mit dem zentralen Element haben sie aber so viel Intensität abbekommen, daß sie zur Darstellung fähig geworden sind. So diffundiert die darstellende Kraft der Wunscherfüllung über eine gewisse Sphäre von Zusammenhang, innerhalb deren alle Elemente, auch die an sich mittellosen, zur Darstellung gehoben werden. Bei

Träumen mit mehreren treibenden Wünschen gelingt es leicht, die Sphären der einzelnen Wunscherfüllungen voneinander abzugrenzen, oft auch die Lücken im Traume als Grenzzonen zu verstehen.

Wenn wir auch die Bedeutung der Tagesreste für den Traum durch die vorstehenden Bemerkungen eingeschränkt haben, so verlohnt es doch der Mühe, ihnen noch einige Aufmerksamkeit zu schenken. Sie müssen doch ein notwendiges Ingrediens der Traumbildung sein, wenn uns die Erfahrung mit der Tatsache überraschen kann, daß jeder Traum eine Anknüpfung an einen rezenten Tageseindruck, oft der gleichgültigsten Art, mit in seinem Inhalt erkennen läßt. Die Notwendigkeit für diesen Zusatz zur Traummischung vermochten wir noch nicht einzusehen. Sie ergibt sich auch nur, wenn man an der Rolle des unbewußten Wunsches festhält und dann die Neurosenpsychologie um Auskunft befragt. Aus dieser erfährt man, daß die unbewußte Vorstellung als solche überhaupt unfähig ist, ins Vorbewußte einzutreten, und daß sie dort nur eine Wirkung zu äußern vermag, indem sie sich mit einer harmlosen, dem Vorbewußten bereits angehörigen Vorstellung in Verbindung setzt, auf sie ihre Intensität überträgt und sich durch sie decken läßt. Es ist dies die Tatsache der Übertragung, welche für so viele auffällige Vorfälle im Seelenleben der Neurotiker die Aufklärung enthält. Die Übertragung kann die Vorstellung aus dem Vorbewußten, welche somit zu einer unverdient großen Intensität gelangt, unverändert lassen oder ihr selbst eine Modifikation durch den Inhalt der übertragenden Vorstellung aufdrängen. Man verzeihe mir die Neigung zu Gleichnissen aus dem täglichen Leben, aber ich bin versucht zu sagen, die Verhältnisse liegen für die verdrängte Vorstellung ähnlich wie in unserem Vaterlande für den amerikanischen Zahnarzt, der seine Praxis nicht ausüben darf, wenn er sich nicht eines rite promovierten Doktors der Medizin als Aushängeschild und Deckung vor dem Gesetz bedient. Und ebenso wie es nicht gerade die beschäftigtesten Ärzte sind, die solche Alliancen mit dem Zahntechniker eingehen, so werden auch im Psychischen nicht jene vorbewußten oder bewußten Vorstellungen zur Deckung einer verdrängten erkoren, die selbst genügend von der im Vorbewußten tätigen Aufmerksamkeit auf sich gezogen haben. Das Unbewußte umspinnt mit seinen Verbindungen vorzugsweise jene Eindrücke und Vorstellungen des Vorbewußten, die entweder als indifferent außer Beachtung geblieben sind oder denen diese Beachtung durch Verwerfung alsbald wieder entzogen wurde. Es ist ein bekannter Satz aus der Assoziationslehre, durch alle Erfahrung bestätigt, daß Vorstellungen, die eine sehr innige Verbindung nach der einen Seite angeknüpft haben, sich wie ablehnend gegen ganze Gruppen von neuen Verbindungen verhalten; ich habe einmal den Versuch gemacht, eine Theorie der hysterischen Lähmungen auf diesen Satz zu begründen.

Wenn wir annehmen, daß das nämliche Bedürfnis zur Übertragung von den verdrängten Vorstellungen aus, das uns die Analyse der Neurosen kennen lehrt, sich auch im Traume geltend macht, so erklären sich auch mit einem Schlage zwei der Rätsel des Traumes, daß jede Traumanalyse eine Verwebung eines rezenten Eindrucks nachweist und daß dies rezente Element oft von der gleichgültigsten Art ist. Wir fügen hinzu, was wir bereits an anderer Stelle gelernt haben, daß diese rezenten und indifferenten Elemente als Ersatz der allerältesten aus den Traumgedanken darum so häufig in den Trauminhalt gelangen, weil sie gleichzeitig von der Widerstandszensur am wenigsten zu befürchten haben. Während aber die Zensurfreiheit uns nur die Bevorzugung der trivialen Elemente aufklärt, läßt die Konstanz der rezenten Elemente auf die Nötigung zur Übertragung durchblicken. Dem Anspruch des Verdrängten auf noch assoziationsfreies Material genügen beide Gruppen von Eindrücken, die indifferenten, weil sie zu ausgiebigen Verbindungen keinen Anlaß geboten haben, die rezenten, weil dazu noch die Zeit gefehlt hat

Wir sehen so, daß die Tagesreste, denen wir die indifferenten Eindrücke jetzt zurechnen dürfen, nicht nur vom *Ubw* etwas entlehnen, wenn sie an der Traumbildung Anteil gewinnen, nämlich die Triebkraft, über die der verdrängte Wunsch verfügt, sondern daß sie auch dem Unbewußten etwas Unentbehrliches bieten, die notwendige Anheftung zur Übertragung. Wollten wir hier in die seelischen Vorgänge tiefer eindringen, so müßten wir das Spiel der Erregungen zwischen Vorbewußtem und Unbewußtem schärfer beleuchten, wozu wohl das Studium der Psychoneurosen drängt, aber gerade der Traum keinen Anhalt bietet.

Nur noch eine Bemerkung über die Tagesreste. Es ist kein Zweifel, daß sie die eigentlichen Störer des Schlafes sind, und nicht der Traum, der sich vielmehr bemüht, den Schlaf zu hüten. Hierauf werden wir noch später zurückkommen.

Wir haben bisher den Traumwunsch verfolgt, ihn aus dem Gebiet des *Ubw* abgeleitet und sein Verhältnis zu den Tagesresten zergliedert, die ihrerseits Wünsche sein können oder psychische Regungen irgendwelcher anderen Art oder einfach rezente Eindrücke. Wir haben so Raum geschaffen für die Ansprüche, die man zugunsten der traumbildenden Bedeutung der wachen Denkarbeit in all ihrer Mannigfaltigkeit erheben kann. Es wäre nicht einmal unmöglich, daß wir auf Grund unserer Gedankenreihe selbst jene extremen Fälle aufklären, in denen der Traum als Fortsetzer der Tagesarbeit eine ungelöste Aufgabe des Wachens zum glücklichen Ende bringt. Es mangelt uns nur an einem Beispiel solcher Art, um durch dessen Analyse die infantile oder verdrängte Wunschquelle aufzudecken, deren Heranziehung die Bemühung der vorbewußten Tätigkeit so erfolgreich verstärkt hat. Wir sind aber um keinen Schritt der Lösung des Rätsels näher gekommen, warum das Unbewußte im Schlafe nichts anderes bieten kann als die

Triebkraft zu einer Wunscherfüllung? Die Beantwortung dieser Frage muß ein Licht auf die psychische Natur des Wünschens werfen; sie soll an der Hand des Schemas vom psychischen Apparat gegeben werden.

Wir zweifeln nicht daran, daß auch dieser Apparat seine heutige Vollkommenheit erst über den Weg einer langen Entwicklung erreicht hat. Versuchen wir es, ihn in eine frühere Stufe seiner Leistungsfähigkeit zurückzuversetzen. Anderswie zu begründende Annahmen sagen uns, daß der Apparat zunächst dem Bestreben folgte, sich möglichst reizlos zu erhalten, und darum in seinem ersten Aufbau das Schema des Reflexapparats annahm, das ihm gestattete, eine von außen an ihn anlangende sensible Erregung alsbald auf motorischem Wege abzuführen. Aber die Not des Lebens stört diese einfache Funktion; ihr verdankt der Apparat auch den Anstoß zur weiteren Ausbildung. In der Form der großen Körperbedürfnisse tritt die Not des Lebens zuerst an ihn heran. Die durch das innere Bedürfnis gesetzte Erregung wird sich einen Abfluß in die Motilität suchen, die man als „Innere Veränderung" oder als „Ausdruck der Gemütsbewegung" bezeichnen kann. Das hungrige Kind wird hilflos schreien oder zappeln. Die Situation bleibt aber unverändert, denn die vom inneren Bedürfnis ausgehende Erregung entspricht nicht einer momentan stoßenden, sondern einer kontinuierlich wirkenden Kraft. Eine Wendung kann erst eintreten, wenn auf irgendeinem Wege, beim Kinde durch fremde Hilfeleistung, die Erfahrung des *Befriedigungserlebnisses* gemacht wird, das den inneren Reiz aufhebt. Ein wesentlicher Bestandteil dieses Erlebnisses ist das Erscheinen einer gewissen Wahrnehmung (der Nahrung im Beispiel), deren Erinnerungsbild von jetzt an mit der Gedächtnisspur der Bedürfniserregung assoziiert bleibt. Sobald dies Bedürfnis ein nächstesmal auftritt, wird sich, dank der hergestellten Verknüpfung, eine psychische Regung ergeben, welche das Erinnerungsbild jener Wahrnehmung wieder besetzen und die Wahrnehmung selbst wieder hervorrufen, also eigentlich die Situation der ersten Befriedigung wiederherstellen will. Eine solche Regung ist das, was wir einen Wunsch heißen; das Wiedererscheinen der Wahrnehmung ist die Wunscherfüllung, und die volle Besetzung der Wahrnehmung von der Bedürfniserregung her der kürzeste Weg zur Wunscherfüllung. Es hindert uns nichts, einen primitiven Zustand des psychischen Apparats anzunehmen, in dem dieser Weg wirklich so begangen wird, das Wünschen also in ein Halluzinieren ausläuft. Diese erste psychische Tätigkeit zielt also auf eine *Wahrnehmungsidentität*, nämlich auf die Wiederholung jener Wahrnehmung, welche mit der Befriedigung des Bedürfnisses verknüpft ist.

Eine bittere Lebenserfahrung muß diese primitive Denktätigkeit zu einer zweckmäßigeren, sekundären modifiziert haben. Die Herstellung der Wahrnehmungsidentität auf dem kurzen regredienten Wege im Innern des Apparats hat an anderer Stelle nicht die Folge, welche mit der Besetzung derselben Wahrnehmung von außen her verbunden ist. Die Befriedigung tritt nicht ein, das Bedürfnis dauert fort. Um die innere Besetzung der äußeren gleichwertig zu machen, müßte dieselbe fortwährend aufrechterhalten werden, wie es in den halluzinatorischen Psychosen und in den Hungerphantasien auch wirklich geschieht, die ihre psychische Leistung in der Festhaltung des gewünschten Objekts erschöpfen. Um eine zweckmäßigere Verwendung der psychischen Kraft zu erreichen, wird es notwendig, die volle Regression aufzuhalten, so daß sie nicht über das Erinnerungsbild hinausgeht und von diesem aus andere Wege suchen kann, die schließlich zur Herstellung der gewünschten Identität von der Außenwelt her führen.[227] Diese Hemmung sowie die darauf folgende Ablenkung der Erregung wird zur Aufgabe eines zweiten Systems, welches die willkürliche Motilität beherrscht, d. h. an dessen Leistung sich erst die Verwendung der Motilität zu vorher erinnerten Zwecken anschließt. All die komplizierte Denktätigkeit aber, welche sich vom Erinnerungsbild bis zur Herstellung der Wahrnehmungsidentität durch die Außenwelt fortspinnt, stellt doch nur einen durch die Erfahrung notwendig gewordenen *Umweg zur Wunscherfüllung* dar.[228] Das Denken ist doch nichts anderes als der Ersatz des halluzinatorischen Wunsches, und wenn der Traum eine Wunscherfüllung ist, so wird das eben selbstverständlich, da nichts anderes als ein Wunsch unseren seelischen Apparat zur Arbeit anzutreiben vermag. Der Traum, der seine Wünsche auf kurzem regredienten Wege erfüllt, hat uns hiemit nur eine Probe der primären, als unzweckmäßig verlassenen Arbeitsweise des psychischen Apparats aufbewahrt. In das Nachtleben scheint verbannt, was einst im Wachen herrschte, als das psychische Leben noch jung und untüchtig war, etwa wie wir in der Kinderstube die abgelegten primitiven Waffen der erwachsenen Menschheit, Pfeil und Bogen, wiederfinden. *Das Träumen ist ein Stück des überwundenen Kinderseelenlebens.* In den Psychosen werden diese sonst im Wachen unterdrückten Arbeitsweisen des psychischen Apparats sich wiederum Geltung erzwingen und dann ihre Unfähigkeit zur Befriedigung unserer Bedürfnisse gegen die Außenwelt an den Tag legen.[229]

Die unbewußten Wunschregungen streben offenbar auch bei Tag sich geltend zu machen, und die Tatsache der Übertragung sowie die Psychosen belehren uns, daß sie auf dem Wege durch das System des Vorbewußten zum

---

[227] Mit anderen Worten: es wird die Einsetzung einer „Realitätsprüfung" als notwendig erkannt.

[228] Von der Wunscherfüllung des Traumes rühmt Le Lorrain mit Recht „*Sans fatigue sérieuse, sans être obligé de recourir à cette lutte opiniâtre et longue qui use et corrode les jouissances poursuivies.*"

[229] Ich habe diesen Gedankengang an anderer Stelle (*Formulierungen über die zwei Prinzipien des psychischen Geschehens*) weiter ausgeführt und als die beiden Prinzipien das Lust- und das Realitätsprinzip hingestellt.

Bewußtsein und zur Beherrschung der Motilität durchdringen möchten. In der Zensur zwischen *Ubw* und *Vbw*, deren Annahme uns der Traum geradezu aufnötigt, haben wir also den Wächter unserer geistigen Gesundheit zu erkennen und zu ehren. Ist es nun nicht eine Unvorsichtigkeit des Wächters, daß er zur Nachtzeit seine Tätigkeit verringert, die unterdrückten Regungen des *Ubw* zum Ausdrucke kommen läßt, die halluzinatorische Regression wieder ermöglicht? Ich denke nicht, denn wenn sich der kritische Wächter zur Ruhe begibt – wir haben die Beweise dafür, daß er doch nicht tief schlummert –, so schließt er auch das Tor zur Motilität. Welche Regungen aus dem sonst gehemmten *Ubw* sich auch auf dem Schauplatz tummeln mögen, man kann sie gewähren lassen, sie bleiben harmlos, weil sie nicht imstande sind, den motorischen Apparat in Bewegung zu setzen, welcher allein die Außenwelt verändernd beeinflussen kann. Der Schlafzustand garantiert die Sicherheit der zu bewachenden Festung. Minder harmlos gestaltet es sich, wenn die Kräfteverschiebung nicht durch den nächtlichen Nachlaß im Kräfteaufwand der kritischen Zensur, sondern durch pathologische Schwächung derselben oder durch pathologische Verstärkung der unbewußten Erregungen hergestellt wird, solange das Vorbewußte besetzt und die Tore zur Motilität offen sind. Dann wird der Wächter überwältigt, die unbewußten Erregungen unterwerfen sich das *Vbw*, beherrschen von ihm aus unser Reden und Handeln oder erzwingen sich die halluzinatorische Regression und lenken den nicht für sie bestimmten Apparat vermöge der Anziehung, welche die Wahrnehmungen auf die Verteilung unserer psychischen Energie ausüben. Diesen Zustand heißen wir Psychose.

Wir befinden uns da auf dem besten Wege, an dem psychologischen Gerüste weiterzubauen, das wir mit der Einfügung der beiden Systeme *Ubw* und *Vbw* verlassen haben. Wir haben aber noch Motive genug, bei der Würdigung des Wunsches als einziger psychischer Triebkraft für den Traum zu verweilen. Wir haben die Aufklärung entgegengenommen, daß der Traum darum jedesmal eine Wunscherfüllung ist, weil er eine Leistung des Systems *Ubw* ist, welches kein anderes Ziel seiner Arbeit als Wunscherfüllung kennt und über keine anderen Kräfte als die der Wunschregungen verfügt. Wenn wir nun auch nur einen Moment länger an dem Recht festhalten wollen, von der Traumdeutung aus so weitgreifende psychologische Spekulationen auszuführen, so obliegt uns die Verpflichtung zu zeigen, daß wir durch sie den Traum in einen Zusammenhang einreihen, welcher auch andere psychische Bildungen umfassen kann. Wenn ein System des *Ubw* – oder etwas ihm für unsere Erörterungen Analoges – existiert, so kann der Traum nicht dessen einzige Äußerung sein; jeder Traum mag eine Wunscherfüllung sein, aber es muß noch andere Formen abnormer Wunscherfüllungen geben als die Träume. Und wirklich gipfelt die Theorie aller psychoneurotischen Symptome in dem einen Satz, *daß auch sie als Wunscherfüllungen des Unbewußten aufgefaßt werden müssen.*[230] Der Traum wird durch unsere Aufklärung nur das erste Glied einer für den Psychiater höchst bedeutungsvollen Reihe, deren Verständnis die Lösung des rein psychologischen Anteils der psychiatrischen Aufgabe bedeutet.[231] Von anderen Gliedern dieser Reihe von Wunscherfüllungen, z. B. von den hysterischen Symptomen, kenne ich aber einen wesentlichen Charakter, den ich am Traume noch vermisse. Ich weiß nämlich aus den im Laufe dieser Abhandlung oftmals angedeuteten Untersuchungen, daß zur Bildung eines hysterischen Symptoms beide Strömungen unseres Seelenlebens zusammentreffen müssen. Das Symptom ist nicht bloß der Ausdruck eines realisierten unbewußten Wunsches; es muß noch ein Wunsch aus dem Vorbewußten dazukommen, der sich durch das nämliche Symptom erfüllt, so daß das Symptom *mindestens* zweifach determiniert wird, je einmal von einem der im Konflikt befindlichen Systeme her. Einer weiteren Überdeterminierung sind – ähnlich wie beim Traum – keine Schranken gesetzt. Die Determinierung, die nicht dem *Ubw*, entstammt, ist, soviel ich sehe, regelmäßig ein Gedankenzug der Reaktion gegen den unbewußten Wunsch, z. B. eine Selbstbestrafung. Ich kann also ganz allgemein sagen, ein hysterisches Symptom entsteht nur dort, *wo zwei gegensätzliche Wunscherfüllungen, jede aus der Quelle eines anderen psychischen Systems, in einem Ausdruck zusammentreffen können.* (Vgl. hiezu meine letzten Formulierungen der Entstehung hysterischer Symptome in dem Aufsatz *Hysterische Phantasien und ihre Beziehung zur Bisexualität,* 1908). Beispiele würden hier wenig fruchten, da nur die vollständige Enthüllung der vorliegenden Komplikation Überzeugung erwecken kann. Ich lasse es darum bei der Behauptung und bringe ein Beispiel bloß seiner Anschaulichkeit, nicht seiner Beweiskraft wegen. Das hysterische Erbrechen also bei einer Patientin erwies sich einerseits als die Erfüllung einer unbewußten Phantasie aus den Pubertätsjahren, nämlich des Wunsches, fortwährend gravid zu sein, ungezählt viele Kinder zu haben, wozu später die Erweiterung trat: von möglichst vielen Männern. Gegen diesen unbändigen Wunsch hatte sich eine mächtige Abwehrregung erhoben. Da die Patientin aber durch das Erbrechen ihre Körperfülle und ihre Schönheit verlieren konnte, so daß kein Mann mehr an ihr Gefallen fand, so war das Symptom auch dem strafenden Gedankengang recht und durfte, von beiden Seiten zugelassen, zur Realität werden. Es ist dieselbe Manier, auf eine Wunscherfüllung einzugehen, welche der Partherkönigin

---

[230] Korrekter gesagt: Ein Anteil des Symptoms entspricht der unbewußten Wunscherfüllung, ein anderer der Reaktionsbildung gegen dieselbe.

[231] Hughlings Jackson hatte geäußert: „Findet das Wesen des Traumes, und ihr werdet alles, was man über das Irresein wissen kann, gefunden haben." („*Find out all about dreams and you will have found out all about insanity.*")

gegen den Triumvir Crassus beliebte. Sie meinte, er habe den Feldzug aus Gold-
gier unternommen; so ließ sie der Leiche geschmolzenes Gold in den Rachen
gießen. „Hier hast du, was du dir gewünscht hast." Vom Traum wissen wir bis
jetzt nur, daß er eine Wunscherfüllung des Unbewußten ausdrückt; es scheint,
daß das herrschende, vorbewußte System diese gewähren läßt, nachdem es ihr
gewisse Entstellungen aufgenötigt hat. Man ist auch wirklich nicht imstande, allgemein einen dem Traumwunsch gegensätzlichen Gedankenzug nachzuweisen,
der sich wie sein Widerpart im Traume verwirklicht. Nur hie und da sind uns in
den Traumanalysen Anzeichen von Reaktionsschöpfungen begegnet, z. B. die
Zärtlichkeit für Freund R. im Onkeltraum. Wir können aber die hier vermißte
Zutat aus dem Vorbewußten an anderer Stelle auffinden. Der Traum darf einen
Wunsch aus dem *Ubw* nach allerlei Entstellungen zum Ausdruck bringen, während sich das herrschende System auf den Wunsch zu schlafen zurückgezogen
hat und diesen Wunsch durch Herstellung der ihm möglichen Besetzungsänderungen innerhalb des psychischen Apparats realisiert, endlich ihn die ganze
Dauer des Schlafes über festhält.[232]

Dieser festgehaltene Wunsch des Vorbewußten zu schlafen, wirkt nun ganz
allgemein erleichternd auf die Traumbildung. Denken wir an den Traum des
Vaters, den der Lichtschein aus dem Totenzimmer zur Folgerung anregt, die Leiche könne in Brand geraten sein. Wir haben als die eine der psychischen Kräfte,
die den Ausschlag dafür geben, daß der Vater im Traume diesen Schluß zieht,
anstatt sich durch den Lichtschein wecken zu lassen, den Wunsch aufgewie-
sen, der das Leben des im Traume vorgestellten Kindes um den einen Moment
verlängert. Andere aus dem Verdrängten stammende Wünsche entgehen uns
wahrscheinlich, weil wir die Analyse dieses Traumes nicht machen können. Aber
als zweite Triebkraft dieses Traumes dürfen wir das Schlafbedürfnis des Vaters
hinzunehmen; so wie durch den Traum das Leben des Kindes, so wird auch
der Schlaf des Vaters um einen Moment verlängert. Den Traum gewähren lassen, heißt diese Motivierung, sonst muß ich erwachen. Wie bei diesem Traume,
so leiht auch bei allen anderen der Schlafwunsch dem unbewußten Wunsch
seine Unterstützung. Wir haben auf S. 123 f. von Träumen berichtet, die sich
offenkundig als Bequemlichkeiträume geben. Eigentlich haben alle Träume
Anspruch auf diese Bezeichnung. Bei den Weckträumen, die den äußeren Sinnesreiz so verarbeiten, daß er mit der Fortsetzung des Schlafens verträglich wird,
ihn in einen Traum verweben, um ihm die Ansprüche zu entreißen, die er als
Mahnung an die Außenwelt erheben könnte, ist die Wirksamkeit des Wunsches

---

[232] Diesen Gedanken entlehne ich der Schlaftheorie von Liébeault, des Erweckers der hypnotischen Forschung in unseren Tagen (1889).

weiterzuschlafen, am leichtesten zu erkennen. Derselbe muß aber ebenso seinen Anteil an der Gestattung aller anderen Träume haben, die nur von innen her als Wecker am Schlafzustand rütteln können. Was das *Vbw* in manchen Fällen dem Bewußtsein mitteilt, wenn der Traum es zu arg treibt: Aber laß doch und schlaf weiter, es ist ja nur ein Traum, das beschreibt, auch ohne daß es laut wird, ganz allgemein das Verhalten unserer herrschenden Seelentätigkeit gegen das Träumen. Ich muß die Folgerung ziehen, *daß wir den ganzen Schlafzustand über ebenso sicher wissen, daß wir träumen, wie wir es wissen, daß wir schlafen.* Es ist durchaus notwendig, den Einwand dagegen geringzuschätzen, daß unser Bewußtsein auf das eine Wissen nie gelenkt wird, auf das andere nur bei bestimmtem Anlaß, wenn sich die Zensur wie überrumpelt fühlt. Dagegen gibt es Personen, bei denen die nächtliche Festhaltung des Wissens, daß sie schlafen und träumen, ganz offenkundig wird und denen also eine bewußte Fähigkeit, das Traumleben zu lenken, eigen scheint. Ein solcher Träumer ist z. B. mit der Wendung, die ein Traum nimmt, unzufrieden, er bricht ihn, ohne aufzuwachen, ab und beginnt ihn von neuem, um ihn anders fortzusetzen, ganz wie ein populärer Schriftsteller auf Verlangen seinem Schauspiel einen glücklicheren Ausgang gibt. Oder er denkt sich ein anderes Mal im Schlafe, wenn ihn der Traum in eine sexuell erregende Situation versetzt hat: „Das will ich nicht weiterträumen, um mich in einer Pollution zu erschöpfen, sondern hebe es mir lieber für eine reale Situation auf."

Der Marquis d'Hervey (*Vaschide*, S. 139) behauptete, eine solche Macht über seine Träume gewonnen zu haben, daß er ihren Ablauf nach Belieben beschleunigen und ihnen eine ihm beliebige Richtung geben konnte. Es scheint, daß bei ihm der Wunsch zu schlafen einem anderen vorbewußten Wunsch Raum gegönnt hatte, dem, seine Träume zu beobachten und sich an ihnen zu ergötzen. Mit einem solchen Wunschvorsatz ist der Schlaf ebensowohl verträglich wie mit einem Vorbehalt als Bedingung des Erwachens (Ammenschlaf). Es ist auch bekannt, daß das Interesse am Traum bei allen Menschen die Anzahl der nach dem Erwachen erinnerten Träume erheblich steigert. Über andere Beobachtungen von Lenkung der Träume sagt *Ferenczi* (1911) „Der Traum bearbeitet den das Seelenleben gerade beschäftigenden Gedanken von allen Seiten her, läßt das eine Traumbild bei drohender Gefahr des Mißlingens der Wunscherfüllung fallen, versucht es mit einer neuen Art der Lösung, bis es ihm endlich gelingt, eine die beiden Instanzen des Seelenlebens kompromissuell befriedigende Wunscherfüllung zu schaffen."

D
Das Wecken durch den Traum – Die Funktion des Traumes –
Der Angsttraum

Seitdem wir wissen, daß das Vorbewußte über die Nacht auf den Wunsch zu schlafen eingestellt ist, können wir den Traumvorgang mit Verständnis weiterverfolgen. Wir fassen aber zunächst unsere bisherige Kenntnis desselben zusammen. Es seien also von der Wacharbeit Tagesreste übriggeblieben, denen sich die Energiebesetzung nicht völlig entziehen ließ. Oder es sei durch die Wacharbeit tagsüber einer der unbewußten Wünsche rege geworden, oder es treffe beides zusammen; wir haben die hier mögliche Mannigfaltigkeit bereits erörtert. Schon im Laufe des Tages oder erst mit Herstellung des Schlafzustands hat der unbewußte Wunsch sich den Weg zu den Tagesresten gebahnt, seine Übertragung auf sie bewerkstelligt. Es entsteht nun ein auf das rezente Material übertragener Wunsch, oder der unterdrückte rezente Wunsch hat sich durch Verstärkung aus dem Unbewußten neu belebt. Er möchte nun auf dem normalen Wege der Gedankenvorgänge durch das *Vbw*, dem er mit einem Bestandteil ja angehört, zum Bewußtsein vordringen. Aber er stößt auf die Zensur, die noch besteht und deren Einfluß er jetzt unterliegt. Hier nimmt er die Entstellung an, die schon durch die Übertragung auf das Rezente angebahnt war. Bis jetzt ist er nun auf dem Wege, etwas Ähnliches zu werden wie eine Zwangsvorstellung, eine Wahnidee u. dgl., nämlich ein durch Übertragung verstärkter, durch Zensur im Ausdruck entstellter Gedanke. Nun aber gestattet der Schlafzustand des Vorbewußten nicht das weitere Vordringen; wahrscheinlich hat sich das System durch Herabsetzung seiner Erregungen gegen das Eindringen geschützt. Der Traumvorgang schlägt also den Weg der Regression ein, der gerade durch die Eigentümlichkeit des Schlafzustandes eröffnet ist, und folgt dabei der Anziehung, welche Erinnerungsgruppen auf ihn ausüben, die zum Teil selbst nur als visuelle Besetzungen, nicht als Übersetzung in die Zeichen der späteren Systeme vorhanden sind. Auf dem Wege zur Regression erwirbt er Darstellbarkeit. Von der Kompression werden wir später handeln. Er hat jetzt das zweite Stück seines mehrmals geknickten Verlaufes zurückgelegt. Das erste Stück spann sich progredient von den unbewußten Szenen oder Phantasien zum Vorbewußten; das zweite Stück strebt von der Zensurgrenze an wieder zu den Wahrnehmungen hin. Wenn der Traumvorgang aber Wahrnehmungsinhalt geworden ist, so hat er das ihm durch Zensur und Schlafzustand im *Vbw* gesetzte Hindernis gleichsam umgangen. Es gelingt ihm, Aufmerksamkeit auf sich zu ziehen und vom Bewußtsein bemerkt zu werden. Das Bewußtsein nämlich, das uns ein Sinnesorgan für die Auffassung psychischer Qualitäten bedeutet, ist im Wachen von zwei

Stellen her erregbar. Von der Peripherie des ganzen Apparats, dem Wahrnehmungssystem, in erster Linie; außerdem von den Lust- und Unlusterregungen, die sich als fast einzige psychische Qualität bei den Energieumsetzungen im Innern des Apparats ergeben. Alle Vorgänge in den ψ-Systemen sonst, auch die im *Vbw*, entbehren jeder psychischen Qualität und sind darum kein Objekt des Bewußtseins, insofern sie ihm nicht Lust oder Unlust zur Wahrnehmung liefern. Wir werden uns zur Annahme entschließen müssen, daß *diese Lust- und Unlustentbindungen automatisch den Ablauf der Besetzungsvorgänge regulieren.* Es hat sich aber später die Notwendigkeit herausgestellt, zur Ermöglichung feinerer Leistungen den Vorstellungsablauf unabhängiger von den Unlustzeichen zu gestalten. Zu diesem Zwecke bedurfte das *Vbw*-System eigener Qualitäten, die das Bewußtsein anziehen könnten, und erhielt sie höchst wahrscheinlich durch die Verknüpfung der vorbewußten Vorgänge mit dem nicht qualitätslosen Erinnerungssystem der Sprachzeichen. Durch die Qualitäten dieses Systems wird jetzt das Bewußtsein, das vorher nur Sinnesorgan für die Wahrnehmungen war, auch zum Sinnesorgan für einen Teil unserer Denkvorgänge. Es gibt jetzt gleichsam zwei Sinnesoberflächen, die eine dem Wahrnehmen, die andere den vorbewußten Denkvorgängen zugewendet.

Ich muß annehmen, daß die dem *Vbw* zugewendete Sinnesfläche des Bewußtseins durch den Schlafzustand weit unerregbarer gemacht wird als die gegen die *W*-Systeme gerichtete. Das Aufgeben des Interesses für die nächtlichen Denkvorgänge ist ja auch zweckmäßig. Es soll im Denken nichts vorfallen; das *Vbw* verlangt zu schlafen. Ist der Traum aber einmal Wahrnehmung geworden, so vermag er durch die jetzt gewonnenen Qualitäten das Bewußtsein zu erregen. Diese Sinneserregung leistet das, worin überhaupt ihre Funktion besteht; sie dirigiert einen Teil der im *Vbw* verfügbaren Besetzungsenergie als Aufmerksamkeit auf das Erregende. So muß man also zugeben, daß der Traum jedesmal *weckt*, einen Teil der ruhenden Kraft des *Vbw* in Tätigkeit versetzt. Er erfährt nun von dieser jene Beeinflussung, die wir als sekundäre Bearbeitung mit Rücksicht auf Zusammenhang und Verständlichkeit bezeichnet haben. Das will sagen, der Traum wird von ihr behandelt wie jeder andere Wahrnehmungsinhalt; er wird denselben Erwartungsvorstellungen unterzogen, soweit sein Material sie eben zuläßt. Soweit bei diesem dritten Stück des Traumvorganges eine Ablaufsrichtung in Betracht kommt, ist es wieder die progrediente.

Zur Verhütung von Mißverständnissen wird ein Wort über die zeitlichen Eigenschaften dieser Traumvorgänge wohl angebracht sein. Ein sehr anziehender Gedankengang *Goblots*, der offenbar durch das Rätsel des *Mauryschen* Guillotinentraumes angeregt ist, sucht darzutun, daß der Traum keine andere Zeit in Anspruch nimmt als die der Übergangsperiode zwischen Schlafen und

Erwachen. Das Erwachen braucht Zeit; in dieser Zeit fällt der Traum vor. Man meint, das letzte Bild des Traumes war so stark, daß es zum Erwachen nötigte. In Wirklichkeit war es nur darum so stark, weil wir bei ihm dem Erwachen schon so nahe waren. „*Un rêve c'est un réveil qui commence.*"

Es ist schon von *Dugas* hervorgehoben worden, daß *Goblot* viel Tatsächliches beseitigen muß, um seine These allgemein zu halten. Es gibt auch Träume, aus denen man nicht erwacht, z. B. manche, in denen man träumt, daß man träumt. Nach unserer Kenntnis der Traumarbeit können wir unmöglich zugeben, daß sie sich nur über die Periode des Erwachens erstrecke. Es muß uns im Gegenteil wahrscheinlich werden, daß das erste Stück der Traumarbeit bereits am Tage, noch unter der Herrschaft des Vorbewußten beginnt. Das zweite Stück derselben, die Veränderung durch die Zensur, die Anziehung durch die unbewußten Szenen, das Durchdringen zur Wahrnehmung, das geht wohl die ganze Nacht hindurch fort, und insofern dürften wir immer recht haben, wenn wir eine Empfindung angeben, wir hätten die ganze Nacht geträumt, auch wenn wir nicht zu sagen wissen, was. Ich glaube aber nicht, daß es notwendig ist, anzunehmen, die Traumvorgänge hielten bis zum Bewußtwerden wirklich die zeitliche Folge ein, die wir beschrieben haben; es sei zuerst der übertragene Traumwunsch vorhanden, dann gehe die Entstellung durch die Zensur vor sich, darauf folge die Richtungsänderung der Regression usw. Wir haben eine solche Sukzession bei der Beschreibung herstellen müssen; in Wirklichkeit handelt es sich wohl vielmehr um gleichzeitiges Erproben dieser und jener Wege, um ein Hin- und Herwogen der Erregung, bis endlich durch deren zweckmäßigste Anhäufung gerade die eine Gruppierung die bleibende wird. Ich möchte selbst nach gewissen persönlichen Erfahrungen glauben, daß die Traumarbeit oft mehr als einen Tag und eine Nacht braucht, um ihr Ergebnis zu liefern, wobei dann die außerordentliche Kunst im Aufbau des Traums alles Wunderbare verliert. Selbst die Rücksicht auf die Verständlichkeit als Wahrnehmungsereignis kann meiner Meinung nach zur Wirkung kommen, ehe der Traum das Bewußtsein an sich zieht. Von da an erfährt der Vorgang allerdings eine Beschleunigung, da der Traum ja jetzt dieselbe Behandlung erfährt wie etwas anderes Wahrgenommenes. Es ist wie mit einem Feuerwerk, das stundenlang hergerichtet und dann in einem Moment entzündet wird.

Durch die Traumarbeit gewinnt der Traumvorgang nun entweder die genügende Intensität, um das Bewußtsein auf sich zu ziehen und das Vorbewußte zu wecken, ganz unabhängig von der Zeit und Tiefe des Schlafes; oder seine Intensität ist dazu nicht genügend, und er muß bereit bleiben, bis ihm unmittelbar vor dem Erwachen die beweglicher gewordene Aufmerksamkeit entgegenkommt. Die meisten Träume scheinen mit vergleichsweise geringen psychischen Intensitäten zu arbeiten, denn sie warten das Erwachen ab. Es erklärt sich so aber auch, daß wir in der Regel etwas Geträumtes wahrnehmen, wenn man uns plötzlich aus tiefem Schlafe reißt. Der erste Blick dabei wie beim spontanen Erwachen trifft den von der Traumarbeit geschaffenen Wahrnehmungsinhalt, der nächste dann den von außen gegebenen.

Das größere theoretische Interesse wendet sich aber den Träumen zu, die mitten im Schlafe zu wecken vermögen. Man darf der sonst überall nachweisbaren Zweckmäßigkeit gedenken und sich fragen, warum dem Traum, also dem unbewußten Wunsch, die Macht gelassen wird, den Schlaf, also die Erfüllung des vorbewußten Wunsches, zu stören. Es muß das wohl an Energierelationen liegen, in welche uns die Einsicht fehlt. Besäßen wir diese, so würden wir wahrscheinlich finden, daß das Gewährenlassen des Traums und der Aufwand einer gewissen detachierten Aufmerksamkeit für ihn eine Ersparnis an Energie darstellt gegen den Fall, daß das Unbewußte nachts ebenso in Schranken gehalten werden sollte wie tagsüber. Wie die Erfahrung zeigt, bleibt das Träumen, selbst wenn es mehrmals in einer Nacht den Schlaf unterbricht, mit dem Schlafen vereinbar. Man erwacht für einen Moment und schläft sofort wieder ein. Es ist, wie wenn man schlafend eine Fliege wegscheucht; man erwacht *ad hoc.* Wenn man wieder einschläft, hat man die Störung beseitigt. Die Erfüllung des Schlafwunsches ist, wie bekannte Beispiele vom Ammenschlaf u. dgl. zeigen, ganz gut mit der Unterhaltung eines gewissen Aufwands von Aufmerksamkeit nach einer bestimmten Richtung vereinbar.

Hier verlangt aber ein Einwand gehört zu werden, der auf einer besseren Kenntnis der unbewußten Vorgänge fußt. Wir haben selbst die unbewußten Wünsche als immer rege bezeichnet. Trotzdem seien sie bei Tag nicht stark genug, sich vernehmbar zu machen. Wenn aber der Schlafzustand besteht und der unbewußte Wunsch die Kraft gezeigt hat, einen Traum zu bilden und mit ihm das Vorbewußte zu wecken, warum versiegt diese Kraft, nachdem der Traum zur Kenntnis genommen worden ist? Sollte der Traum sich nicht vielmehr fortwährend erneuern, gerade wie die störende Fliege es liebt, immer wieder nach ihrer Vertreibung wiederzukehren? Mit welchem Recht haben wir behauptet, daß der Traum die Schlafstörung beseitigt?

Es ist ganz richtig, daß die unbewußten Wünsche immer rege bleiben. Sie stellen Wege dar, die immer gangbar sind, sooft ein Erregungsquantum sich ihrer bedient. Es ist sogar eine hervorragende Besonderheit unbewußter Vorgänge, daß sie unzerstörbar bleiben. Im Unbewußten ist nichts zu Ende zu bringen, ist nichts vergangen oder vergessen. Man bekommt hievon den stärksten Eindruck beim Studium der Neurosen, speziell der Hysterie. Der unbewußte Gedankenweg, der zur Entladung im Anfall führt, ist sofort wieder gangbar, wenn sich genug Erregung angesammelt hat. Die Kränkung, die vor dreißig Jahren vorgefallen ist, wirkt, nachdem sie sich den Zugang zu den unbewußten Affektquellen verschafft hat, alle die dreißig Jahre wie eine frische. Sooft ihre Erinnerung angerührt wird, lebt sie wieder auf und zeigt sich mit Erregung besetzt, die sich in einem Anfall motorische Abfuhr verschafft. Gerade hier hat die Psychotherapie einzugreifen. Ihre Aufgabe ist es, für die unbewußten Vorgänge eine Erledigung und ein Vergessen zu schaffen. Was wir nämlich geneigt sind, für selbstverständlich zu halten, und für einen primären Einfluß der Zeit auf die seelischen Erinnerungsreste erklären, das Abblassen der Erinnerungen und die Affektschwäche der nicht mehr rezenten Eindrücke, das sind in Wirklichkeit sekundäre Veränderungen, die durch mühevolle Arbeit zustande kommen. Es ist das Vorbewußte, welches diese Arbeit leistet, *und die Psychotherapie kann keinen anderen Weg einschlagen, als das Ubw der Herrschaft des Vbw zu unterwerfen.* Für den einzelnen unbewußten Erregungsvorgang gibt es also zwei Ausgänge. Entweder er bleibt sich selbst überlassen, dann bricht er endlich irgendwo durch und schafft seiner Erregung für dies eine Mal einen Abfluß in die Motilität, oder er unterliegt der Beeinflussung des Vorbewußten, und seine Erregung wird durch dasselbe *gebunden* anstatt *abgeführt. Letzteres aber geschieht beim Traumvorgang.* Die Besetzung, die dem zur Wahrnehmung gewordenen Traum von seiten des *Vbw* entgegenkommt, weil sie durch die Bewußtseinserregung hingelenkt worden ist, bindet die unbewußte Erregung des Traumes und macht sie als Störung unschädlich. Wenn der Träumer für einen Augenblick erwacht, so hat er wirklich die Fliege weggescheucht, die den Schlaf zu stören drohte. Es kann uns jetzt ahnen, daß es wirklich zweckmäßiger und wohlfeiler war, den unbewußten Wunsch gewähren zu lassen, ihm den Weg zur Regression freizugeben, damit er einen Traum bilde, und dann diesen Traum durch einen kleinen Aufwand von vorbewußter Arbeit zu binden und zu erledigen, als das Unbewußte auch die ganze Zeit des Schlafens über im Zaume zu halten. Es stand ja zu erwarten, daß der Traum, auch wenn er ursprünglich kein zweckmäßiger Vorgang war, im Kräftespiel des seelischen Lebens sich einer Funktion bemächtigt haben würde. Wir sehen, welches diese Funktion ist. Er hat die Aufgabe übernommen, die freigelassene Erregung des *Ubw* wieder unter die Herrschaft des Vorbewußten zu bringen; er führt dabei die Erregung des *Ubw* ab, dient ihm als Ventil und sichert gleichzeitig gegen einen geringen Aufwand an Wachtätigkeit den Schlaf des Vorbewußten. So stellt er sich als ein Kompromiß, ganz wie die anderen psychischen Bildungen seiner Reihe, gleichzeitig in den Dienst der beiden Systeme, indem er beider Wünsche, insoweit sie miteinander verträglich sind, erfüllt. Ein Blick auf die Seite 89 mitgeteilte *Robertsche* „Ausscheidungstheorie" wird zeigen, daß wir diesem Autor in der Hauptsache, in der Bestimmung der Funktion des

Traumes, recht geben müssen, während wir in den Voraussetzungen und in der Würdigung des Traumvorgangs von ihm abweichen.[233]

Die Einschränkung, *insofern beide Wünsche miteinander verträglich sind*, enthält einen Hinweis auf die möglichen Fälle, in denen die Funktion des Traums zum Scheitern gelangt. Der Traumvorgang wird zunächst als Wunscherfüllung des Unbewußten zugelassen; wenn diese versuchte Wunscherfüllung am Vorbewußten so intensiv rüttelt, daß dies seine Ruhe nicht mehr bewahren kann, so hat der Traum das Kompromiß gebrochen, das andere Stück seiner Aufgabe nicht mehr erfüllt. Er wird dann sofort abgebrochen und durch das volle Erwachen ersetzt Es ist eigentlich auch hier nicht die Schuld des Traums, wenn er, sonst Hüter des Schlafes, als Störer desselben auftreten muß, und braucht uns gegen seine Zweckmäßigkeit nicht einzunehmen. Es ist dies nicht der einzige Fall im Organismus, daß eine sonst zweckmäßige Einrichtung unzweckmäßig und störend wird, sobald an den Bedingungen ihres Entstehens etwas geändert ist, und dann dient die Störung wenigstens dem neuen Zweck, die Veränderung anzuzeigen und die Regulierungsmittel des Organismus wider sie wachzurufen. Ich habe natürlich den Fall des Angsttraumes im Auge, und um nicht dem Anscheine recht zu geben, daß ich diesem Zeugen gegen die Theorie der Wunscherfüllung ausweiche, wo immer ich auf ihn stoße, will ich der Erklärung des Angsttraumes wenigstens mit Andeutungen näher treten.

---

[233] Ist dies die einzige Funktion, die wir dem Traume zugestehen können? Ich kenne keine andere. A. Maeder hat zwar den Versuch gemacht, andere, „sekundäre" Funktionen für den Traum in Anspruch zu nehmen. Er ging von der richtigen Beobachtung aus, daß manche Träume Lösungsversuche von Konflikten enthalten, die späterhin wirklich durchgeführt werden, sich also wie Vorübungen zu Wachtätigkeiten verhalten. Er brachte darum das Träumen in Parallele zu dem Spielen der Tiere und der Kinder, welches als vorübende Betätigung mitgebrachter Instinkte und als Vorbereitung für späteres ernsthaftes Tun aufzufassen ist, und stellte eine fonction ludique des Träumens auf. Kurze Zeit vor Maeder war die „vorausdenkende" Funktion des Traumes auch von Alf. Adler betont worden. (In einer von mir 1905 veröffentlichten Analyse wurde ein als Vorsatz aufzufassender Traum jede Nacht bis zu seiner Ausführung wiederholt.)

Allein eine leichte Überlegung muß uns lehren, daß diese „sekundäre" Funktion des Traumes im Rahmen einer Traumdeutung keine Anerkennung verdient. Das Vorausdenken, Fassen von Vorsätzen, Entwerfen von Lösungsversuchen, die dann eventuell im Wachleben verwirklicht werden können, dies und viel anderes sind Leistungen der unbewußten und vorbewußten Tätigkeit des Geistes, welche sich als „Tagesrest" in den Schlafzustand fortsetzen und dann mit einem unbewußten Wunsch zur Traumbildung zusammentreten kann. Die vorausdenkende Funktion des Traumes ist also vielmehr eine Funktion des vorbewußten Wachdenkens, deren Ergebnis uns durch die Analyse der Träume oder auch anderer Phänomene verraten werden kann. Nachdem man so lange den Traum mit seinem manifesten Inhalt zusammenfallen ließ, muß man sich jetzt auch davor hüten, den Traum mit den latenten Traumgedanken zu verwechseln.

Daß ein psychischer Vorgang, der Angst entwickelt, darum doch eine Wunscherfüllung sein kann, enthält für uns längst keinen Widerspruch mehr. Wir wissen uns das Vorkommnis so zu erklären, daß der Wunsch dem einen System, dem *Ubw*, angehört, während das System des *Vbw* diesen Wunsch verworfen und unterdrückt hat.[234] Die Unterwerfung des *Ubw* durch das *Vbw* ist auch bei völliger psychischer Gesundheit keine durchgreifende; das Maß dieser Unterdrückung ergibt den Grad unserer psychischen Normalität. Neurotische Symptome zeigen uns an, daß sich die beiden Systeme im Konflikt miteinander befinden, sie sind die Kompromißergebnisse dieses Konflikts, die ihm ein vorläufiges Ende setzen. Sie gestatten einerseits dem *Ubw* einen Ausweg für den Abfluß seiner Erregung, dienen ihm als Ausfallstor, und geben doch anderseits dem *Vbw* die Möglichkeit, das *Ubw* einigermaßen zu beherrschen. Lehrreich ist es z. B., die Bedeutung einer hysterischen Phobie oder der Platzangst in Betracht zu ziehen. Ein Neurotiker sei unfähig, allein über die Straße zu gehen, was wir mit Recht als „Symptom" anführen. Man hebe nun dieses Symptom auf, indem man ihn zu dieser Handlung nötigt, für die er sich unfähig glaubt. Es erfolgt dann ein Angstanfall, wie auch oft ein Angstanfall auf der Straße die Veranlassung für die Herstellung der Platzangst geworden ist. Wir erfahren so, daß das Symptom konstituiert worden ist, um den Aus-

---

[234] „Ein zweites, weit wichtigeres und tiefer reichendes Moment, welches der Laie gleichfalls vernachlässigt, ist das folgende. Eine Wunscherfüllung müßte gewiß Lust bringen, aber es fragt sich auch, wem? Natürlich dem, der den Wunsch hat. Vom Träumer ist uns aber bekannt, daß er zu seinen Wünschen ein ganz besonderes Verhältnis unterhält. Er verwirft sie, zensuriert sie, kurz, er mag sie nicht. Eine Erfüllung derselben kann ihm also keine Lust bringen, sondern nur das Gegenteil davon. Die Erfahrung zeigt dann, daß dieses Gegenteil, was noch zu erklären ist, in der Form der Angst auftritt. Der Träumer kann also in seinem Verhältnis zu seinen Traumwünschen nur einer Summation von zwei Personen gleichgestellt werden, die doch durch eine starke Gemeinsamkeit verbunden sind. Anstatt aller weiteren Ausführungen biete ich Ihnen ein bekanntes Märchen, in welchem Sie die nämlichen Beziehungen wiederfinden werden: Eine gute Fee verspricht einem armen Menschenpaar, Mann und Frau, die Erfüllung ihrer drei ersten Wünsche. Sie sind selig und nehmen sich vor, diese drei Wünsche sorgfältig auszuwählen. Die Frau läßt sich aber durch den Duft von Bratwürstchen aus der nächsten Hütte verleiten, sich ein solches Paar Würstchen herzuwünschen. Flugs sind sie auch da; das ist die erste Wunscherfüllung. Nun wird der Mann böse und wünscht in seiner Erbitterung, daß die Würste der Frau an der Nase hängen mögen. Das vollzieht sich auch, und die Würste sind von ihrem neuen Standort nicht wegzubringen; das ist nun die zweite Wunscherfüllung, aber der Wunsch ist der des Mannes; der Frau ist diese Wunscherfüllung sehr unangenehm. Sie wissen, wie es im Märchen weitergeht. Da die beiden im Grunde doch eines sind, Mann und Frau, muß der dritte Wunsch lauten, daß die Würstchen von der Nase der Frau weggehen mögen. Wir könnten dieses Märchen noch mehrmals in anderem Zusammenhange verwerten; hier diene es uns nur als Illustration der Möglichkeit, daß die Wunscherfüllung des einen zur Unlust für den anderen führen kann, wenn die beiden miteinander nicht einig sind." (*Vorlesungen zur Einführung in die Psychoanalyse*, 14. Vorlesung.)

bruch der Angst zu verhüten; die Phobie ist der Angst wie eine Grenzfestung vorgelegt.

Unsere Erörterung läßt sich nicht weiterführen, wenn wir nicht auf die Rolle der Affekte bei diesen Vorgängen eingehen, was aber hier nur unvollkommen möglich ist. Stellen wir also den Satz auf, daß die Unterdrückung des *Ubw* vor allem darum notwendig wird, weil der sich selbst überlassene Vorstellungsablauf im *Ubw* einen Affekt entwickeln würde, der ursprünglich den Charakter der Lust hatte, aber seit dem Vorgang der *Verdrängung* den Charakter der Unlust trägt. Die Unterdrückung hat den Zweck, aber auch den Erfolg, diese Unlustentwicklung zu verhüten. Die Unterdrückung erstreckt sich auf den Vorstellungsinhalt des *Ubw*, weil vom Vorstellungsinhalt her die Entbindung der Unlust erfolgen könnte. Eine ganz bestimmte Annahme über die Natur der Affektentwicklung ist hier zugrunde gelegt. Dieselbe wird als eine motorische oder sekretorische Leistung angesehen, zu welcher der Innervationsschlüssel in den Vorstellungen des *Ubw* gelegen ist. Durch die Beherrschung von seiten des *Vbw* werden diese Vorstellungen gleichsam gedrosselt, an der Aussendung der Affekt entwickelnden Impulse gehemmt. Die Gefahr, wenn die Besetzung von seiten des *Vbw* aufhört, besteht also darin, daß die unbewußten Erregungen solchen Affekt entbinden, der – infolge der früher stattgehabten Verdrängung – nur als Unlust, als Angst, verspürt werden kann.

Diese Gefahr wird durch das Gewährenlassen des Traumvorganges entfesselt. Die Bedingungen für deren Realisierung liegen darin, daß Verdrängungen stattgefunden haben und daß die unterdrückten Wunschregungen stark genug werden können. Sie stehen also ganz außerhalb des psychologischen Rahmens der Traumbildung. Wäre es nicht, daß unser Thema durch dies eine Moment, die Befreiung des *Ubw* während des Schlafs, mit dem Thema der Angstentwicklung zusammenhinge, so könnte ich auf die Besprechung des Angsttraumes verzichten und mir alle ihm anhängenden Dunkelheiten hier ersparen.

Die Lehre vom Angsttraum gehört, wie ich schon wiederholt ausgesprochen habe, in die Neurosenpsychologie. Wir haben weiter nichts mit ihr zu schaffen, nachdem wir einmal ihre Berührungsstelle mit dem Thema des Traumvorgangs aufgezeigt haben. Ich kann nur noch eines tun. Da ich behauptet habe, daß die neurotische Angst aus sexuellen Quellen stammt, kann ich Angstträume der Analyse unterziehen, um das sexuelle Material in deren Traumgedanken nachzuweisen.

Aus guten Gründen verzichte ich hier auf alle die Beispiele, die mir neurotische Patienten in reicher Fülle bieten, und bevorzuge Angstträume von jugendlichen Personen.

Ich selbst habe seit Jahrzehnten keinen eigentlichen Angsttraum mehr gehabt. Aus meinem siebenten oder achten Jahre erinnere ich mich an einen solchen, den ich etwa dreißig Jahre später der Deutung unterworfen habe. Er war sehr lebhaft und zeigte mir *die geliebte Mutter mit eigentümlich ruhigem, schlafendem Gesichtsausdruck, die von zwei (oder drei) Personen mit Vogelschnäbeln ins Zimmer getragen und aufs Bett gelegt wird.* Ich erwachte weinend und schreiend und störte den Schlaf der Eltern. Die – eigentümlich drapierten – überlangen Gestalten mit Vogelschnäbeln hatte ich den Illustrationen der *Philippsonschen* Bibel entnommen; ich glaube, es waren Götter mit Sperberköpfen von einem ägyptischen Grabrelief. Sonst aber liefert mir die Analyse die Erinnerung an einen ungezogenen Hausmeistersjungen, der mit uns Kindern auf der Wiese vor dem Hause zu spielen pflegte; und ich möchte sagen, er hieß *Philipp.* Es ist mir dann, als hätte ich von dem Knaben zuerst das vulgäre Wort gehört, welches den sexuellen Verkehr bezeichnet und von den Gebildeten nur durch ein lateinisches, durch *„coitieren"* ersetzt wird, das aber durch die Auswahl der Sperberköpfe deutlich genug gekennzeichnet ist. Ich muß die sexuelle Bedeutung des Wortes aus der Miene des welterfahrenen Lehrmeisters erraten haben. Der Gesichtsausdruck der Mutter im Traume war vom Angesicht des Großvaters kopiert, den ich einige Tage vor seinem Tode im Koma schnarchend gesehen hatte. Die Deutung der sekundären Bearbeitung im Traume muß also gelautet haben, daß die *Mutter stirbt,* auch das *Grabrelief* stimmt dazu. In dieser Angst erwachte ich und ließ nicht ab, bis ich die Eltern geweckt hatte. Ich erinnere mich, daß ich mich plötzlich beruhigte, als ich die Mutter zu Gesicht bekam, als ob ich der Beruhigung bedurft hätte: sie ist also nicht gestorben. Diese sekundäre Deutung des Traums ist aber schon unter dem Einfluß der entwickelten Angst geschehen. Nicht daß ich ängstlich war, weil ich geträumt hatte, daß die Mutter stirbt; sondern ich deutete den Traum in der vorbewußten Bearbeitung so, weil ich schon unter der Herrschaft der Angst stand. Die Angst aber läßt sich mittels der Verdrängung zurückführen auf ein dunkles offenkundig sexuelles Gelüste, das in dem visuellen Inhalt des Traums seinen guten Ausdruck gefunden hatte.

Ein siebenundzwanzigjähriger Mann, der seit einem Jahr schwer leidend ist, hat zwischen elf und dreizehn Jahren wiederholt unter schwerer Angst geträumt, *daß ein Mann mit einer Hacke ihm nachsetzt; er möchte laufen, ist aber wie gelähmt und kommt nicht von der Stelle.* Das ist wohl ein gutes Muster eines sehr gemeinen und sexuell unverdächtigen Angsttraums. Bei der Analyse gerät der Träumer zuerst auf eine der Zeit nach spätere Erzählung seines Onkels, daß er auf der Straße von einem verdächtigen Individuum nächtlich angefallen wurde, und schließt selbst aus diesem Einfall, daß er zur Zeit des Traums von einem ähnlichen Erlebnis gehört haben kann. Zur *Hacke* erinnert er, daß er sich in jener Lebenszeit einmal beim Holzverkleinern mit der *Hacke* an der Hand verletzt hatte. Er gerät dann unvermittelt auf sein Verhältnis zu seinem jüngeren Bruder, den er zu mißhandeln und hinzuwerfen pflegte, erinnert sich speziell eines Males, wo er ihn mit dem Stiefel an dem Kopf traf, so daß er blutete und die Mutter dann äußerte: Ich habe Angst, er wird ihn noch einmal umbringen. Während er so beim Thema der *Gewalttat* festgehalten scheint, taucht ihm plötzlich eine Erinnerung aus dem neunten Lebensjahr auf. Die Eltern waren spät nach Hause gekommen, gingen, während er sich schlafend stellte, zu Bette, und er hörte dann ein Keuchen und andere Geräusche, die ihm unheimlich vorkamen, konnte auch die Lage der beiden im Bette erraten. Seine weiteren Gedanken zeigen, daß er zwischen dieser Beziehung der Eltern und seinem Verhältnis zu seinem jüngeren Bruder eine Analogie hergestellt hatte. Er subsumierte, was bei den Eltern vorfiel, unter den Begriff: *Gewalttat* und *Rauferei*. Ein Beweis für diese Auffassung war ihm, daß er oft *Blut im Bette der Mutter* bemerkt habe.

Daß der sexuelle Verkehr Erwachsener den Kindern, die ihn bemerken, unheimlich vorkommt und Angst in ihnen erweckt, ist, möchte ich sagen, Ergebnis der täglichen Erfahrung. Ich habe für diese Angst die Erklärung gegeben, daß es sich um eine sexuelle Erregung handelt, die von ihrem Verständnis nicht bewältigt wird, auch wohl darum auf Ablehnung stößt, weil die Eltern in sie verflochten sind, und die darum sich in Angst verwandelt. In einer noch früheren Lebensperiode stößt die sexuelle Regung für den gegengeschlechtlichen Teil des Elternpaares noch nicht auf Verdrängung und äußert sich frei, wie wir gehört haben.

Auf die bei Kindern so häufigen nächtlichen Angstanfälle mit Halluzinationen (den *pavor nocturnus*) würde ich dieselbe Erklärung unbedenklich anwenden. Es kann sich auch da nur um unverstandene und abgelehnte sexuelle Regungen handeln, bei deren Aufzeichnung sich auch wahrscheinlich eine zeitliche Periodizität herausstellen würde, da eine Steigerung der sexuellen Libido ebensowohl durch zufällige erregende Eindrücke als auch durch die spontanen, schubweise eintreffenden Entwicklungsvorgänge erzeugt werden kann.

Mir fehlt es an dem erforderlichen Beobachtungsmaterial, um diese Erklärung durchzuführen.[235] Den Kinderärzten scheint es dagegen an dem Gesichtspunkte zu fehlen, der allein das Verständnis der ganzen Reihe von Phänomenen sowohl nach der somatischen als auch nach der psychischen Seite gestattet. Als ein komisches Beispiel, wie nahe man, durch die Scheuklappen der medizinischen Mythologie geblendet, am Verständnis solcher Fälle vorbeigehen kann, möchte ich den Fall anführen, den ich in der These über den *pavor nocturnus* von *Debacker* gefunden habe.

---

[235] Dieses Material ist seither von der psychoanalytischen Literatur in reichlichem Ausmaß beigestellt worden.

Ein dreizehnjähriger Knabe von schwacher Gesundheit begann ängstlich und verträumt zu werden, sein Schlaf wurde unruhig und fast jede Woche einmal durch einen schweren Anfall von Angst mit Halluzinationen unterbrochen. Die Erinnerung an diese Träume war immer sehr deutlich. Er konnte also erzählen, daß der Teufel ihn angeschrien habe: Jetzt haben wir dich, jetzt haben wir dich, und dann roch es nach Pech und Schwefel, und das Feuer verbrannte seine Haut. Aus diesem Traum schreckte er dann auf, konnte zuerst nicht schreien, bis die Stimme frei wurde und man ihn deutlich sagen hörte: „Nein, nein, nicht mich, ich hab' ja nichts getan", oder auch: „Bitte, nicht, ich werd' es nie mehr tun." Einige Male sagte er auch: „Albert hat das nicht getan." Er vermied es später, sich auszukleiden, „weil das Feuer ihn nur ergreife, wenn er ausgekleidet sei". Mitten aus diesen Teufelsträumen, die seine Gesundheit in Gefahr brachten, wurde er aufs Land geschickt, erholte sich dort im Verlaufe von eineinhalb Jahren und gestand dann einmal, fünfzehn Jahre alt: *„Je n'osais pas l'avouer, mais j'éprouvais continuellement des picotements et des surexcitations aux p a r t i e s*[236]*, à la fin, cela m'énervait tant que plusieurs fois, j'ai pensé me jeter par la fenêtre du dortoir."*

Es ist wahrlich nicht schwer zu erraten, 1) daß der Knabe in früheren Jahren masturbiert, es wahrscheinlich geleugnet hatte und mit schweren Strafen für seine Unart bedroht worden war. (Sein Geständnis: *Je ne le ferai plus*; sein Leugnen: *Albert n'a jamais fait ça*); 2) daß unter dem Andrang der Pubertät die Versuchung zu masturbieren in dem Kitzel an den Genitalien wieder erwachte; daß aber jetzt 3) ein Verdrängungskampf in ihm losbrach, der die Libido unterdrückte und sie in Angst verwandelte, welche Angst nachträglich die damals angedrohten Strafen aufnahm.

Hören wir dagegen die Folgerungen unseres Autors (S. 69): „Es geht aus dieser Beobachtung hervor, daß

1) der Einfluß der Pubertät bei einem Knaben von geschwächter Gesundheit einen Zustand von großer Schwäche herbeiführen und daß es dabei zu einer *sehr erheblichen Gehirnanämie*[237] kommen kann.

2) Diese Gehirnanämie erzeugt eine Charakterveränderung, dämonomanische Halluzinationen und sehr heftige nächtliche, vielleicht auch tägliche Angstzustände.

3) Die Dämonomanie und die Selbstvorwürfe des Knaben gehen auf die Einflüsse der religiösen Erziehung zurück, die als Kind auf ihn gewirkt hatten.

4) Alle Erscheinungen sind infolge eines längeren Landaufenthalts durch körperliche Übung und Wiederkehr der Kräfte nach abgelaufener Pubertät verschwunden.

---

[236] Von mir hervorgehoben; übrigens nicht mißverständlich.

[237] Meine Hervorhebung.

5) Vielleicht darf man der Heredität und der alten Syphilis des Vaters einen prädisponierenden Einfluß auf die Entstehung des Gehirnzustandes beim Kinde zuschreiben."

Das Schlußwort: „*Nous avons fait entrer cette observation dans le cadre des délires apy-rétiques d'inanition, car c'est à l'ischémie cérébrale que nous rattachons cet état particulier.*"

E
Der Primär-und der Sekundärvorgang
Die Verdrängung

Indem ich den Versuch wagte, tiefer in die Psychologie der Traumvorgänge ein-zudringen, habe ich eine schwierige Aufgabe unternommen, welcher auch meine Darstellungskunst kaum gewachsen ist. Die Gleichzeitigkeit eines so komplizier-ten Zusammenhangs durch ein Nacheinander in der Beschreibung wiederzuge-ben und dabei bei jeder Aufstellung voraussetzungslos zu erscheinen will meinen Kräften zu schwer werden. Es rächt sich nun an mir, daß ich bei der Darstellung der Traumpsychologie nicht der historischen Entwicklung meiner Einsichten fol-gen kann. Mir waren die Gesichtspunkte für die Auffassung des Traums durch vorhergegangene Arbeiten über die Psychologie der Neurosen gegeben, auf die ich mich hier nicht beziehen soll und doch immer wieder beziehen muß, während ich in umgekehrter Richtung vorgehen und vom Traume aus den Anschluß an die Psychologie der Neurosen erreichen möchte. Ich kenne alle Beschwerden, die sich hieraus für den Leser ergeben; aber ich weiß kein Mittel, sie zu vermeiden.

Unbefriedigt von dieser Sachlage, verweile ich gerne bei einem anderen Gesichtspunkte, der mir den Wert meiner Bemühung zu heben scheint. Ich fand ein Thema vor, das von den schärfsten Widersprüchen in den Meinungen der Autoren beherrscht war, wie die Einführung des ersten Abschnittes gezeigt hat. Nach unserer Bearbeitung der Traumprobleme ist für die meisten dieser Wider-sprüche Raum geschaffen worden. Nur zweien der geäußerten Ansichten, daß der Traum ein sinnloser und ein somatischer Vorgang sei, mußten wir selbst ent-schieden widersprechen; sonst aber haben wir allen einander widersprechenden Meinungen an irgendeiner Stelle des verwickelten Zusammenhangs recht geben und nachweisen können, daß sie etwas Richtiges herausgefunden hatten. Daß der Traum die Anregungen und Interessen des Wachlebens fortsetzt, hat sich durch die Aufdeckung der verborgenen *Traumgedanken* ganz allgemein bestätigt. Diese beschäftigen sich nur mit dem, was uns wichtig scheint und uns mächtig interessiert. Der Traum gibt sich nie mit Kleinigkeiten ab. Aber auch das Gegen-teil haben wir gelten lassen, daß der Traum die gleichgültigen Abfälle des Tages aufklaubt und sich eines großen Tagesinteresses nicht eher bemächtigen kann, als bis es sich der Wacharbeit einigermaßen entzogen hat. Wir fanden dies gültig für den *Trauminhalt*, der den Traumgedanken einen durch Entstellung veränderten Ausdruck gibt. Der Traumvorgang, sagten wir, bemächtigt sich aus Gründen der Assoziationsmechanik leichter des frischen oder des gleichgültigen Vorstellungsmaterials, welches von der wachen Denktätigkeit noch nicht mit Beschlag belegt ist, und aus Gründen der Zensur überträgt er die psychische Intensität von dem Bedeutsamen, aber auch Anstößigen, auf das Indifferente. Die Hypermnesie des Traums und die Verfügung über das Kindheitsmaterial sind zu Grundpfeilern unserer Lehre geworden; in unserer Traumtheorie haben wir dem aus dem Infantilen stammenden Wunsch die Rolle des unentbehrlichen Motors für die Traumbildung zugeschrieben. An der experimentell nachgewiesenen Bedeutung der äußeren Sinnesreize während des Schlafes zu zweifeln, konnte uns natürlich nicht einfallen, aber wir haben dies Material in dasselbe Verhältnis zum Traumwunsch gesetzt wie die von der Tagesarbeit erübrigten Gedankenreste. Daß der Traum den objektiven Sinnesreiz nach Art einer Illusion deutet, brauchen wir nicht zu bestreiten; aber wir haben das von den Autoren unbestimmt gelassene Motiv für diese Deutung hinzugefügt. Die Deutung erfolgt so, daß das wahrgenommene Objekt für die Schlafstörung unschädlich und für die Wunscherfüllung verwendbar wird. Den subjektiven Erregungszustand der Sinnesorgane während des Schlafes, der durch *Trumbull Ladd* nachgewiesen scheint, lassen wir zwar nicht als besondere Traumquelle gelten, aber wir wissen ihn durch regrediente Belebung der hinter dem Traum wirkenden Erinnerungen zu erklären. Auch den inneren organischen Sensationen, die gern zum Angelpunkt der Traumerklärung genommen werden, ist in unserer Auffassung eine, wenngleich bescheidenere Rolle verblieben. Sie stellen uns – die Sensationen des Fallens, Schwebens, Gehemmtseins – ein allezeit bereites Material dar, dessen sich die Traumarbeit zum Ausdruck der Traumgedanken, sooft es not tut, bedient.

Daß der Traumvorgang ein rapider, momentaner ist, erscheint uns richtig für die Wahrnehmung des vorgebildeten Trauminhalts durch das Bewußtsein; für die vorhergehenden Stücke des Traumvorgangs haben wir einen langsamen, wogenden Ablauf wahrscheinlich gefunden. Zum Rätsel des überreichen, in den kürzesten Moment zusammengedrängten Trauminhalts konnten wir den Beitrag liefern, daß es sich dabei um das Aufgreifen bereits fertiger Gebilde des psychischen Lebens handle. Daß der Traum von der Erinnerung entstellt und verstümmelt wird, fanden wir richtig, aber nicht hinderlich, da dies nur das letzte manifeste Stück einer von Anfang der Traumbildung an wirksamen Entstellungsarbeit ist. In dem erbitterten und einer Versöhnung scheinbar unfähigen Streite, ob das Seelenleben nachts schlafe oder über all seine Leistungsfähigkeit wie bei

Tag verfüge, haben wir beiden Teilen recht und doch keinem ganz recht geben können. In den Traumgedanken fanden wir die Beweise einer höchst komplizierten, mit fast allen Mitteln des seelischen Apparats arbeitenden, intellektuellen Leistung; doch ist es nicht abzuweisen, daß diese Traumgedanken bei Tag entstanden sind, und es ist unentbehrlich anzunehmen, daß es einen Schlafzustand des Seelenlebens gibt. So kam selbst die Lehre vom partiellen Schlaf zur Geltung; aber nicht in dem Zerfall der seelischen Zusammenhänge haben wir die Charakteristik des Schlafzustandes gefunden, sondern in der Einstellung des den Tag beherrschenden psychischen Systems auf den Wunsch zu schlafen. Die Ablenkung von der Außenwelt bewahrte auch für unsere Auffassung ihre Bedeutung; sie hilft, wenn auch nicht als einziges Moment, die Regression der Traumdarstellung ermöglichen. Der Verzicht auf die willkürliche Lenkung des Vorstellungsablaufes ist unbestreitbar; aber das psychische Leben wird darum nicht ziellos, denn wir haben gehört, daß nach dem Aufgeben der gewollten Zielvorstellungen ungewollte zur Herrschaft gelangen. Die lockere Assoziationsverknüpfung im Traume haben wir nicht nur anerkannt, sondern ihrer Herrschaft einen weit größeren Umfang zugewiesen, als geahnt werden konnte; wir haben aber gefunden, daß sie nur der erzwungene Ersatz für eine andere, korrekte und sinnvolle ist. Gewiß nannten auch wir den Traum absurd; aber Beispiele konnten uns lehren, wie klug der Traum ist, wenn er sich absurd stellt. Von den Funktionen, die dem Traume zuerkannt worden sind, trennt uns kein Widerspruch. Daß der Traum die Seele wie ein Ventil entlaste und daß nach *Roberts* Ausdruck allerlei Schädliches durch das Vorstellen im Traume unschädlich gemacht wird, trifft nicht nur genau mit unserer Lehre von der zweifachen Wunscherfüllung durch den Traum zusammen, sondern wird für uns sogar nach seinem Wortlaut verständlicher als bei *Robert*. Das freie Sichergehen der Seele im Spiele ihrer Fähigkeiten findet sich bei uns wieder in dem Gewährenlassen des Traums durch die vorbewußte Tätigkeit. Die „Rückkehr auf den embryonalen Standpunkt des Seelenlebens im Traume" und die Bemerkung von *Havelock Ellis, „an archaic world of vast emotions and imperfect thoughts",* erscheinen uns als glückliche Vorwegnahmen unserer Ausführungen, die *primitive,* bei Tag unterdrückte Arbeitsweisen an der Traumbildung beteiligt sein lassen; die Behauptung von *Sully,* „der Traum bringe unsere früheren sukzessive entwickelten Persönlichkeiten wieder, unsere alte Art, die Dinge anzusehen, Impulse und Reaktionsweisen, die uns vor langen Zeiten beherrscht haben", konnten wir im vollen Umfange zu der unsrigen machen; wie bei *Delage* wird bei uns das *„Unterdrückte"* zur Triebfeder des Träumens.

Die Rolle, welche *Scherner* der Traumphantasie zuschreibt und die Deutungen *Scherners* selbst haben wir in vollem Umfange anerkannt, aber ihnen gleichsam eine andere Lokalität im Problem anweisen müssen. Nicht der Traum bildet die Phantasie, sondern an der Bildung der Traumgedanken hat die unbewußte Phantasietätigkeit den größten Anteil. Wir bleiben *Scherner* für den Hinweis auf die Quelle der Traumgedanken verpflichtet; aber fast alles, was er der Traumarbeit zuschreibt, ist der Tätigkeit des bei Tag regsamen Unbewußten zuzurechnen, welche die Anregungen für die Träume nicht minder ergibt als die für die neurotischen Symptome. Die Traumarbeit mußten wir von dieser Tätigkeit als etwas gänzlich Verschiedenes und weit mehr Gebundenes absondern. Endlich haben wir die Beziehung des Traums zu den Seelenstörungen keineswegs aufgegeben, sondern sie auf neuem Boden fester begründet.

Durch das Neue in unserer Traumlehre wie durch eine höhere Einheit zusammengehalten, finden wir also die verschiedenartigsten und widersprechendsten Ergebnisse der Autoren unserem Gebäude eingefügt, manche derselben anders gewendet, nur wenige gänzlich verworfen. Aber auch unser Aufbau ist noch unfertig. Von den vielen Unklarheiten abgesehen, die wir durch unser Vordringen in das Dunkel der Psychologie auf uns gezogen haben, scheint auch noch ein neuer Widerspruch uns zu bedrücken. Wir haben einerseits die Traumgedanken durch völlig normale geistige Arbeit entstehen lassen, anderseits aber eine Reihe von ganz abnormen Denkvorgängen unter den Traumgedanken, und von ihnen aus zum Trauminhalt, aufgefunden, welche wir dann bei der Traumdeutung wiederholen. Alles, was wir die „Traumarbeit" geheißen haben, scheint sich von den uns als korrekt bekannten Vorgängen so weit zu entfernen, daß die härtesten Urteile der Autoren über die niedrige psychische Leistung des Träumens uns wohl angebracht dünken müssen.

Hier schaffen wir vielleicht nur durch noch weiteres Vordringen Aufklärung und Abhilfe. Ich will eine der Konstellationen herausgreifen, die zur Traumbildung führen:

Wir haben erfahren, daß der Traum eine Anzahl von Gedanken ersetzt, die aus unserem Tagesleben stammen und vollkommen logisch gefügt sind. Wir können darum nicht bezweifeln, daß diese Gedanken unserem normalen Geistesleben entstammen. Alle Eigenschaften, welche wir an unseren Gedankengängen hochschätzen, durch welche sie sich als komplizierte Leistungen hoher Ordnung kennzeichnen, finden wir an den Traumgedanken wieder. Es besteht aber keine Nötigung anzunehmen, daß diese Gedankenarbeit während des Schlafes vollzogen wurde, was unsere bisher festgehaltene Vorstellung vom psychischen Schlafzustand arg beirren würde. Diese Gedanken können vielmehr sehr wohl vom Tage stammen, sich von ihrem Anstoß an, unserem Bewußtsein unbemerkt, fortgesetzt haben und fanden sich dann mit dem Einschlafen als fertig vor. Wenn wir aus dieser Sachlage etwas entnehmen sollen, so ist es höchstens der Beweis, *daß die kompliziertesten Denkleistungen ohne Mittun des Bewußtseins möglich sind*, was wir ohnedies aus jeder Psychoanalyse eines Hysterischen oder einer Person mit Zwangsvorstellungen erfahren mußten. Diese Traumgedanken sind an sich sicherlich nicht bewußtseinsunfähig; wenn sie uns tagsüber nicht bewußt worden sind, so mag dies verschiedene Gründe haben. Das Bewußtwerden hängt mit der Zuwendung einer bestimmten psychischen Funktion, der Aufmerksamkeit, zusammen, die, wie es scheint, nur in bestimmter Quantität aufgewendet wird, welche von dem betreffenden Gedankengang durch andere Ziele abgelenkt sein mochte. Eine andere Art, wie solche Gedankengänge dem Bewußtsein vorenthalten werden können, ist folgende: Von unserem bewußten Nachdenken her wissen wir, daß wir bei Anwendung der Aufmerksamkeit einen bestimmten Weg verfolgen. Kommen wir auf diesem Wege an eine Vorstellung, welche der Kritik nicht standhält, so brechen wir ab; wir lassen die Aufmerksamkeitsbesetzung fallen. Es scheint nun, daß der begonnene und verlassene Gedankengang sich dann fortspinnen kann, ohne daß sich ihm die Aufmerksamkeit wieder zuwendet, wenn er nicht an einer Stelle eine besonders hohe Intensität erreicht, welche die Aufmerksamkeit erzwingt. Eine anfängliche, etwa mit Bewußtsein erfolgte Verwerfung durch das Urteil als unrichtig oder als unbrauchbar für den aktuellen Zweck des Denkakts kann also die Ursache sein, daß ein Denkvorgang vom Bewußtsein unbemerkt sich bis zum Einschlafen fortsetzt.

Resümieren wir, daß wir einen solchen Gedankengang einen *vorbewußten* heißen, ihn für völlig korrekt halten und daß er ebensowohl ein bloß vernachlässigter, wie ein abgebrochener, unterdrückter sein kann. Sagen wir auch frei heraus, in welcher Weise wir uns den Vorstellungsablauf veranschaulichen. Wir glauben, daß von einer Zielvorstellung aus eine gewisse Erregungsgröße, die wir „Besetzungsenergie" heißen, längs der durch diese Zielvorstellung ausgewählten Assoziationswege verschoben wird. Ein „vernachlässigter" Gedankengang hat eine solche Besetzung nicht erhalten; von einem „unterdrückten" oder „verworfenen" ist sie wieder zurückgezogen worden; beide sind ihren eigenen Erregungen überlassen. Der zielbesetzte Gedankengang wird unter gewissen Bedingungen fähig, die Aufmerksamkeit des Bewußtseins auf sich zu ziehen, und erhält dann durch dessen Vermittlung eine „Überbesetzung". Unsere Annahmen über die Natur und Leistung des Bewußtseins werden wir ein wenig später klarlegen müssen.

Ein so im Vorbewußten angeregter Gedankengang kann spontan erlöschen oder sich erhalten. Den ersteren Ausgang stellen wir uns so vor, daß seine Energie nach allen von ihm ausgehenden Assoziationsrichtungen diffundiert, die ganze Gedankenkette in einen erregten Zustand versetzt, der für eine Weile anhält, dann aber abklingt, indem die abfuhrbedürftige Erregung sich in ruhende Besetzung umwandelt. Tritt dieser erste Ausgang ein, so hat der Vorgang weiter keine Bedeutung für die Traumbildung. Es lauern aber in unserem Vorbewußten andere Zielvorstellungen, die aus den Quellen unserer unbewußten und immer regen Wünsche stammen. Diese können sich der Erregung in dem sich selbst überlassenen Gedankenkreise bemächtigen, stellen die Verbindung zwischen ihm und dem unbewußten Wunsche her, *übertragen* ihm die dem unbewußten Wunsch eigene Energie, und von jetzt an ist der vernachlässigte oder unterdrückte Gedankengang imstande, sich zu erhalten, obwohl er durch diese Verstärkung keinen Anspruch auf den Zugang zum Bewußtsein erhält. Wir können sagen, der bisher vorbewußte Gedankengang *ist ins Unbewußte gezogen* worden.

Andere Konstellationen zur Traumbildung wären, daß der vorbewußte Gedankengang von vornherein in Verbindung mit dem unbewußten Wunsche stand und darum auf Abweisung von seiten der herrschenden Zielbesetzung stieß oder daß ein unbewußter Wunsch aus anderen (etwa somatischen) Gründen rege geworden ist und ohne Entgegenkommen eine Übertragung auf die vom *Vbw* nicht besetzten psychischen Reste sucht. Alle drei Fälle treffen endlich in einem Ergebnis zusammen, daß ein Gedankenzug im Vorbewußten zustande kommt, der, von der vorbewußten Besetzung verlassen, vom unbewußten Wunsch her Besetzung gefunden hat.

Von da an erleidet der Gedankenzug eine Reihe von Umwandlungen, die wir nicht mehr als normale psychische Vorgänge anerkennen und die ein uns befremdendes Resultat, eine psychopathologische Bildung, ergeben. Wir wollen dieselben herausheben und zusammenstellen:

1) Die Intensitäten der einzelnen Vorstellungen werden nach ihrem ganzen Betrage abflußfähig und übergehen von einer Vorstellung auf die andere, so daß einzelne mit großer Intensität versehene Vorstellungen gebildet werden. Indem sich dieser Vorgang mehrmals wiederholt, kann die Intensität eines ganzen Gedankenzugs schließlich in einem einzigen Vorstellungselement gesammelt sein. Dies ist die Tatsache der *Kompression* oder *Verdichtung*, die wir während der Traumarbeit kennengelernt haben. Sie trägt die Hauptschuld an dem befremdenden Eindruck des Traums, denn etwas ihr Analoges ist uns aus dem normalen und dem Bewußtsein zugänglichen Seelenleben ganz unbekannt. Wir haben auch hier Vorstellungen, die als Knotenpunkte oder als Endergebnisse ganzer Gedankenketten eine große psychische Bedeutung besitzen, aber diese Wertigkeit äußert sich in keinem für die innere Wahrnehmung *sinnfälligen* Charakter; das in ihr Vorgestellte wird darum in keiner Weise intensiver. Im Verdichtungsvorgang setzt sich aller psychische Zusammenhang in die *Intensität* des Vorstellungsinhalts um. Es ist der nämliche Fall, wie wenn ich in einem Buch ein Wort, dem ich einen überragenden Wert für die Auffassung des Textes beilege, gesperrt oder fett drucken lasse. In der Rede würde ich dasselbe Wort laut und langsam sprechen und nachdrücklich betonen. Das erstere Gleichnis führt

unmittelbar zu einem der Traumarbeit entlehnten Beispiele (*Trimethylamin* im Traum von Irmas Injektion). Die Kunsthistoriker machen uns darauf aufmerksam, daß die ältesten historischen Skulpturen ein ähnliches Prinzip befolgen, indem sie die Ranggröße der dargestellten Personen durch die Bildgröße zum Ausdruck bringen. Der König wird zwei- oder dreimal so groß gebildet als sein Gefolge oder der überwundene Feind. Ein Bildwerk aus der Römerzeit wird sich zu demselben Zweck feinerer Mittel bedienen. Es wird die Figur des Imperators in die Mitte stellen, ihn hoch aufgerichtet zeigen, besondere Sorgfalt auf die Durchbildung seiner Gestalt verwenden, die Feinde zu seinen Füßen legen, ihn aber nicht mehr als Riesen unter Zwergen erscheinen lassen. Indes ist die Verbeugung des Untergebenen vor seinem Vorgesetzten in unserer Mitte noch heute ein Nachklang jenes alten Darstellungsprinzips.

Die Richtung, nach welcher die Verdichtungen des Traumes fortschreiten, ist einerseits durch die korrekten vorbewußten Relationen der Traumgedanken, anderseits durch die Anziehung der visuellen Erinnerungen im Unbewußten vorgeschrieben. Der Erfolg der Verdichtungsarbeit erzielt jene Intensitäten, die zum Durchbruch gegen die Wahrnehmungssysteme erfordert werden.

2) Es werden wiederum durch freie Übertragbarkeit der Intensitäten und im Dienste der Verdichtung *Mittelvorstellungen* gebildet, Kompromisse gleichsam (vgl. die zahlreichen Beispiele). Gleichfalls etwas Unerhörtes im normalen Vorstellungsablauf, bei dem es vor allem auf die Auswahl und Festhaltung des „richtigen" Vorstellungselements ankommt. Dagegen ereignen sich Misch- wie Kompromißbildungen außerordentlich häufig, wenn wir für die vorbewußten Gedanken den sprachlichen Ausdruck suchen, und werden als Arten des „Versprechens" angeführt.

3) Die Vorstellungen, die einander ihre Intensitäten übertragen, stehen in den *lockersten Beziehungen* zueinander und sind durch solche Arten von Assoziationen verknüpft, welche von unserem Denken verschmäht und nur dem witzigen Effekt zur Ausnützung überlassen werden. Insbesondere gelten Gleichklangs- und Wortlautassoziationen als den anderen gleichwertig.

4) Einander widersprechende Gedanken streben nicht danach, einander aufzuheben, sondern bestehen nebeneinander, setzen sich oft, *als ob kein Widerspruch* bestünde, zu Verdichtungsprodukten zusammen oder bilden Kompromisse, die wir unserem Denken nie verzeihen würden, in unserem Handeln aber oft gutheißen.

Dies wären einige der auffälligsten abnormen Vorgänge, denen im Laufe der Traumarbeit die vorher rationell gebildeten Traumgedanken unterzogen werden. Man erkennt als den Hauptcharakter derselben, daß aller Wert darauf gelegt wird, die besetzende Energie beweglich und abfuhrfähig zu machen; der Inhalt und die eigene Bedeutung der psychischen Elemente, an denen diese Besetzungen haften, wird zur Nebensache. Man könnte noch meinen, die Verdichtung und Kompromißbildung geschehe nur im Dienste der Regression, wenn es sich darum handelt, Gedanken in Bilder zu verwandeln. Allein die Analyse – und noch deutlicher die Synthese – solcher Träume, die der Regression auf Bilder entbehren, z. B. des Traumes „Autodidasker – Gespräch mit Professor N." ergeben die nämlichen Verschiebungs- und Verdichtungsvorgänge wie die anderen.

So können wir uns also der Einsicht nicht verschließen, daß an der Traumbildung zweierlei wesensverschiedene psychische Vorgänge beteiligt sind; der eine schafft vollkommen korrekte, dem normalen Denken gleichwertige Traumgedanken; der andere verfährt mit denselben auf eine höchst befremdende, inkorrekte Weise. Den letzteren haben wir schon im Abschnitt VI als die eigentliche Traumarbeit abgesondert. Was haben wir nun zur Ableitung dieses letzteren psychischen Vorgangs vorzubringen?

Wir könnten hier eine Antwort nicht geben, wenn wir nicht ein Stück weit in die Psychologie der Neurosen, speziell der Hysterie, eingedrungen wären. Aus dieser aber erfahren wir, daß die nämlichen inkorrekten psychischen Vorgänge – und noch andere nicht aufgezählte – die Herstellung der hysterischen Symptome beherrschen. Auch bei der Hysterie finden wir zunächst eine Reihe von völlig korrekten, unseren bewußten ganz gleichwertigen Gedanken, von deren Existenz in dieser Form wir aber nichts erfahren können, die wir erst nachträglich rekonstruieren. Wenn sie irgendwo zu unserer Wahrnehmung durchgedrungen sind, so ersehen wir aus der Analyse des gebildeten Symptoms, daß diese normalen Gedanken eine abnorme Behandlung erlitten haben und *mittels Verdichtung, Kompromißbildung, über oberflächliche Assoziationen, unter Deckung der Widersprüche, eventuell auf dem Wege der Regression in das Symptom übergeführt wurden.* Bei der vollen Identität zwischen den Eigentümlichkeiten der Traumarbeit und der psychischen Tätigkeit, welche in die psychoneurotischen Symptome ausläuft, werden wir uns für berechtigt halten, die Schlüsse, zu denen uns die Hysterie nötigt, auf den Traum zu übertragen.

Aus der Lehre von der Hysterie entnehmen wir den Satz, *daß solche abnorme psychische Bearbeitung eines normalen Gedankenzugs nur dann vorkommt, wenn dieser zur Übertragung eines unbewußten Wunsches geworden ist, der aus dem Infantilen stammt und sich in der Verdrängung befindet.* Diesem Satz zuliebe haben wir die Theorie des Traums auf die Annahme gebaut, daß der treibende Traumwunsch allemal aus dem Unbewußten stammt, was, wie wir selbst zugestanden, sich nicht allgemein nachweisen, wenn auch nicht zurückweisen läßt. Um aber sagen zu können, was die „*Verdrängung*" ist, mit deren Namen wir schon so oft gespielt haben, müssen wir ein Stück an unserm psychologischen Gerüste weiterbauen.

Wir hatten uns in die Fiktion eines primitiven psychischen Apparats vertieft, dessen Arbeit durch das Bestreben geregelt wird, Anhäufung von Erregung zu vermeiden und sich möglichst erregungslos zu erhalten. Er war darum nach dem Schema eines Reflexapparats gebaut; die Motilität, zunächst der Weg zur inneren Veränderung des Körpers, war die ihm zu Gebote stehende Abfuhrbahn. Wir erörterten dann die psychischen Folgen eines Befriedigungserlebnisses und hätten dabei schon die zweite Annahme einfügen können, daß Anhäufung der Erregung – nach gewissen uns nicht bekümmernden Modalitäten – als Unlust empfunden wird und den Apparat in Tätigkeit versetzt, um das Befriedigungsergebnis, bei dem die Verringerung der Erregung als Lust verspürt wird, wieder herbeizuführen. Eine solche, von der Unlust ausgehende, auf die Lust zielende Strömung im Apparat heißen wir einen Wunsch; wir haben gesagt, nichts anderes als ein Wunsch sei imstande, den Apparat in Bewegung zu bringen, und der Ablauf der Erregung in ihm werde automatisch durch die Wahrnehmungen von Lust und Unlust geregelt. Das erste Wünschen dürfte ein halluzinatorisches Besetzen der Befriedigungserinnerung gewesen sein. Diese Halluzination erwies sich aber, wenn sie nicht bis zur Erschöpfung festgehalten werden sollte, als untüchtig, das Aufhören des Bedürfnisses, also die mit der Befriedigung verbundene Lust, herbeizuführen.

Es wurde so eine zweite Tätigkeit – in unserer Ausdrucksweise die Tätigkeit eines zweiten Systems – notwendig, welche nicht gestattete, daß die Erinnerungsbesetzung zur Wahrnehmung vordringe und von dort aus die psychischen Kräfte binde, sondern die vom Bedürfnisreiz ausgehende Erregung auf einen Umweg leite, der endlich über die willkürliche Motilität die Außenwelt so verändert, daß die reale Wahrnehmung des Befriedigungsobjekts eintreten kann. So weit haben wir das Schema des psychischen Apparats bereits verfolgt; die beiden Systeme sind der Keim zu dem, was wir als *Ubw* und *Vbw* in den voll ausgebildeten Apparat einsetzen.

Um die Außenwelt zweckmäßig durch die Motilität verändern zu können, bedarf es der Anhäufung einer großen Summe von Erfahrungen in den Erinnerungssystemen und einer mannigfachen Fixierung der Beziehungen, die durch verschiedene Zielvorstellungen in diesem Erinnerungsmaterial hervorgerufen werden. Wir gehen nun in unseren Annahmen weiter. Die vielfach tastende, Besetzungen aussendende und wieder einziehende Tätigkeit des zweiten Systems bedarf einerseits der freien Verfügung über alles Erinnerungsmaterial; anderseits wäre es überflüssiger Aufwand, wenn sie große Besetzungsquantitäten auf die einzelnen Denkwege schickte, die dann unzweckmäßig abströmen und die für die Veränderung der Außenwelt notwendige Quantität verringern würden. Der Zweckmäßigkeit zuliebe postuliere ich also, daß es dem zweiten System gelingt, die Energiebesetzungen zum größeren Anteil in Ruhe zu erhalten und nur einen kleineren Teil zur Verschiebung zu verwenden. Die Mechanik dieser Vorgänge ist mir ganz unbekannt; wer mit diesen Vorstellungen Ernst machen wollte, müßte die physikalischen Analogien heraussuchen und sich einen Weg zur Veranschaulichung des Bewegungsvorgangs bei der Neuronerregung bahnen. Ich halte nur an der Vorstellung fest, daß die Tätigkeit des ersten ψ-Systems auf *freies Abströmen der Erregungsquantitäten* gerichtet ist und daß das zweite System durch die von ihm ausgehenden Besetzungen eine *Hemmung* dieses Abströmens, eine Verwandlung in ruhende Besetzung, wohl unter Niveauerhöhung, herbeiführt. Ich nehme also an, daß der Ablauf der Erregung unter der Herrschaft des zweiten Systems an ganz andere mechanische Verhältnisse geknüpft wird als unter der Herrschaft des ersten. Hat das zweite System seine probende Denkarbeit beendigt, so hebt es auch die Hemmung und Stauung der Erregungen auf und läßt dieselben zur Motilität abfließen.

Es ergibt sich nun eine interessante Gedankenfolge, wenn man die Beziehungen dieser Abflußhemmung durch das zweite System zur Regulierung durch das Unlustprinzip ins Auge faßt. Suchen wir uns das Gegenstück zum primären Befriedigungserlebnis auf, das *äußere Schreckerlebnis*. Es wirke ein Wahrnehmungsreiz auf den primitiven Apparat ein, der die Quelle einer Schmerzerregung ist. Es werden dann so lange ungeordnete motorische Äußerungen erfolgen, bis eine derselben den Apparat der Wahrnehmung und gleichzeitig dem Schmerz entzieht, und diese wird bei Wiederauftreten der Wahrnehmung sofort wiederholt werden (etwa als Fluchtbewegung), bis die Wahrnehmung wieder verschwunden ist. Es wird aber hier keine Neigung übrigbleiben, die Wahrnehmung der Schmerzquelle halluzinatorisch oder anderswie wiederzubesetzen. Vielmehr wird im primären Apparat die Neigung bestehen, dies peinliche Erinnerungsbild sofort, wenn es irgendwie geweckt wird, wieder zu verlassen, weil ja das überfließen seiner Erregung auf die Wahrnehmung Unlust hervorrufen würde (genauer: hervorzurufen beginnt). Die Abwendung von der Erinnerung, die nur eine Wiederholung der einstigen Flucht vor der Wahrnehmung ist, wird auch dadurch erleichtert, daß die Erinnerung nicht wie die Wahrnehmung genug Qualität besitzt, um das Bewußtsein zu erregen und hiedurch neue Besetzung an sich zu ziehen. Diese mühelos und regelmäßig erfolgende Abwendung des psychischen Vorgangs von der Erinnerung des einst Peinlichen gibt uns das Vorbild und das erste Beispiel der *psychischen Verdrängung*. Es ist allgemein bekannt, wieviel von dieser Abwendung vom Peinlichen, von der Taktik des Vogels Strauß, noch im normalen Seelenleben des Erwachsenen nachweisbar geblieben ist.

Zufolge des Unlustprinzips ist das erste ψ-System also überhaupt unfähig, etwas Unangenehmes in den Denkzusammenhang zu ziehen. Das System kann nichts anderes als wünschen. Bliebe es so, so wäre die Denkarbeit des zweiten Systems gehindert, welches die Verfügung über alle in der Erfahrung niedergelegten Erinnerungen braucht. Es eröffnen sich nun zwei Wege; entweder macht sich die Arbeit des zweiten Systems vom Unlustprinzip völlig frei, setzt ihren Weg fort, ohne sich um die Erinnerungsunlust zu kümmern; oder sie versteht es, die Unlusterinnerung in solcher Weise zu besetzen, daß die Unlustentbindung dabei vermieden wird. Wir können die erste Möglichkeit zurückweisen, denn das Unlustprinzip zeigt sich auch als Regulator für den Erregungsablauf des zweiten Systems; somit werden wir auf die zweite gewiesen, daß dies System eine Erinnerung so besetzt, daß der Abfluß von ihr gehemmt wird, also auch der einer motorischen Innervation vergleichbare Abfluß zur Entwicklung der Unlust. Zur Hypothese, daß die Besetzung durch das zweite System gleichzeitig eine Hemmung für den Abfluß der Erregung darstellt, werden wir also von zwei Ausgangspunkten her geleitet, von der Rücksicht auf das Unlustprinzip und von dem Prinzip des kleinsten Innervationsaufwands. Halten wir aber daran fest – es ist der Schlüssel zur Verdrängungslehre –, *daß das zweite System nur dann eine Vorstellung besetzen kann, wenn es imstande ist, die von ihr ausgehende Unlustentwicklung zu hemmen.* Was sich etwa dieser Hemmung entzöge, bliebe auch für das zweite System unzugänglich, würde dem Unlustprinzip zufolge alsbald verlassen werden. Die Hemmung der Unlust braucht indes keine vollständige zu sein; ein Beginn derselben muß zugelassen werden, da es dem zweiten System die Natur der Erinnerung und etwa deren mangelnde Eignung für den vom Denken gesuchten Zweck anzeigt.

Den psychischen Vorgang, welchen das erste System allein zuläßt, werde ich jetzt *Primärvorgang* nennen; den, der sich unter der Hemmung des zweiten ergibt, *Sekundärvorgang.* Ich kann noch an einem anderen Punkte zeigen, zu welchem Zwecke das zweite System den Primärvorgang korrigieren muß. Der Primärvorgang strebt nach Abfuhr der Erregung, um mit der so gesammelten Erregungsgröße eine *Wahrnehmungsidentität* herzustellen; der Sekundärvorgang hat diese Absicht verlassen und an ihrer Statt die andere aufgenommen, eine *Denkidentität* zu erzielen. Das ganze Denken ist nur ein Umweg von der als Zielvorstellung genommenen Befriedigungserinnerung bis zur identischen Besetzung derselben Erinnerung, die auf dem Wege über die motorischen Erfahrungen wieder erreicht werden soll. Das Denken muß sich für die Verbindungswege zwischen den Vorstellungen interessieren, ohne sich durch die Intensitäten derselben beirren zu lassen. Es ist aber klar, daß die Verdichtungen von Vorstellungen, Mittel- und Kompromißbildungen in der Erreichung dieses Identitätsziels hinderlich sind; indem sie die eine Vorstellung für die andere setzen, lenken sie vom Wege ab, der von der ersteren weitergeführt hätte. Solche Vorgänge werden also im sekundären Denken sorgfältig vermieden. Es ist auch nicht schwer zu übersehen, daß das Unlustprinzip dem Denkvorgang, welchem es sonst die wichtigsten Anhaltspunkte bietet, auch Schwierigkeiten in der Verfolgung der Denkidentität in den Weg legt. Die Tendenz des Denkens muß also dahin gehen, sich von der ausschließlichen Regulierung durch das Unlustprinzip immer mehr zu befreien und die Affektentwicklung durch die Denkarbeit auf ein Mindestes, das noch als Signal verwertbar ist, einzuschränken Durch eine neuerliche Überbesetzung, die das Bewußtsein vermittelt, soll diese Verfeinerung der Leistung erzielt werden. Wir wissen aber, daß diese selbst im normalen Seelenleben selten vollständig gelingt und daß unser Denken der Fälschung durch die Einmengung des Unlustprinzips immer zugänglich bleibt.

Aber nicht dies ist die Lücke in der Funktionstüchtigkeit unseres seelischen Apparats, durch welche es möglich wird, daß Gedanken, die sich als Ergebnisse der sekundären Denkarbeit darstellen, dem primären psychischen Vorgang verfallen, mit welcher Formel wir jetzt die zum Traume und zu den hysterischen Symptomen führende Arbeit beschreiben können. Der Fall von Unzulänglichkeit ergibt sich durch das Zusammentreffen zweier Momente aus unserer Entwicklungsgeschichte, von denen das eine ganz dem seelischen Apparat anheimfällt und einen maßgebenden Einfluß auf das Verhältnis der beiden Systeme ausgeübt hat, das andere im wechselnden Betrage zur Geltung kommt und Triebkräfte organischer Herkunft ins Seelenleben einführt. Beide stammen aus dem Kinderleben und sind ein Niederschlag der Veränderung, die unser seelischer und somatischer Organismus seit den infantilen Zeiten erfahren hat.

Wenn ich den einen psychischen Vorgang im Seelenapparat den *primären* benannt habe, so tat ich dies nicht allein mit Rücksicht auf die Rangordnung und Leistungsfähigkeit, sondern durfte auch die zeitlichen Verhältnisse bei der Namengebung mitsprechen lassen. Ein psychischer Apparat, der nur den Primärvorgang besäße, existiert zwar unseres Wissens nicht und ist insofern eine theoretische Fiktion; aber soviel ist tatsächlich, daß die Primärvorgänge in ihm von Anfang an gegeben sind, während die sekundären erst allmählich im Laufe des Lebens sich ausbilden, die primären hemmen und überlagern und ihre volle Herrschaft über sie vielleicht erst mit der Lebenshöhe erreichen. Infolge dieses verspäteten Eintreffens der sekundären Vorgänge bleibt der Kern unseres Wesens, aus unbewußten Wunschregungen bestehend, unfaßbar und unhemmbar für das Vorbewußte, dessen Rolle ein für allemal darauf beschränkt wird, den aus dem Unbewußten stammenden Wunschregungen die zweckmäßigsten Wege anzuweisen. Diese unbewußten Wünsche stellen für alle späteren seelischen Bestrebungen einen Zwang dar, dem sie sich zu fügen haben, den etwa abzuleiten und auf höher stehende Ziele zu lenken sie sich bemühen dürfen. Ein großes Gebiet des Erinnerungsmaterials bleibt auch infolge dieser Verspätung der vorbewußten Besetzung unzugänglich.

Unter diesen aus dem Infantilen stammenden, unzerstörbaren und unhemmbaren Wunschregungen befinden sich nun auch solche, deren Erfüllungen in das Verhältnis des Widerspruchs zu den Zielvorstellungen des sekundären Denkens getreten sind. Die Erfüllung dieser Wünsche würde nicht mehr einen Lust-, sondern einen Unlustaffekt hervorrufen, *und eben diese Affektverwandlung macht das Wesen dessen aus, was wir als „Verdrängung" bezeichnen*. Auf welchem Wege, durch welche Triebkräfte eine solche Verwandlung vor sich gehen kann, darin besteht das Problem der Verdrängung, das wir hier nur zu streifen brauchen. Es genügt uns festzuhalten, daß eine solche Affektverwandlung im Laufe der Entwicklung vorkommt (man denke nur an das Auftreten des anfänglich fehlenden Ekels im Kinderleben) und daß sie an die Tätigkeit des sekundären Systems geknüpft ist. Die Erinnerungen, von denen aus der unbewußte Wunsch die Affektentbindung hervorruft, waren dem *Vbw* niemals zugänglich; darum ist deren Affektentbindung auch nicht zu hemmen. Eben wegen dieser Affektentwicklung sind diese Vorstellungen jetzt auch nicht von den vorbewußten Gedanken her zugänglich, auf die sie ihre Wunschkraft übertragen haben. Vielmehr tritt das Unlustprinzip in Kraft und veranlaßt, daß das *Vbw* sich von diesen Übertragungsgedanken abwendet. Dieselben werden sich selbst überlassen, „verdrängt", und somit wird das Vorhandensein eines infantilen, dem *Vbw* von Anfang an entzogenen Erinnerungsschatzes zur Vorbedingung der Verdrängung.

Im günstigsten Falle nimmt die Unlustentwicklung ein Ende, sowie den Übertragungsgedanken im *Vbw* die Besetzung entzogen ist, und dieser Erfolg kennzeichnet das Eingreifen des Unlustprinzips als zweckmäßig. Anders aber, wenn der verdrängte unbewußte Wunsch eine organische Verstärkung erfährt, die er seinen Übertragungsgedanken leihen, wodurch er sie in den Stand setzen kann, mit ihrer Erregung den Versuch zum Durchdringen zu machen, auch wenn sie von der Besetzung des *Vbw* verlassen worden sind. Es kommt dann zum Abwehrkampf, indem das *Vbw* den Gegensatz gegen die verdrängten Gedanken verstärkt (Gegenbesetzung), und in weiterer Folge zum Durchdringen der Übertragungsgedanken, welche Träger des unbewußten Wunsches sind, in irgendeiner Form von Kompromiß durch Symptombildung. Von dem Moment aber, da die verdrängten Gedanken von der unbewußten Wunscherregung kräftig besetzt, von der vorbewußten Besetzung dagegen verlassen sind, unterliegen sie dem primären psychischen Vorgang, zielen sie nur auf motorische Abfuhr oder, wenn der Weg frei ist, auf halluzinatorische Belebung der gewünschten Wahrnehmungsidentität. Wir haben früher empirisch gefunden, daß die beschriebenen inkorrekten Vorgänge sich nur mit Gedanken abspielen, die in der Verdrängung stehen. Wir erfassen jetzt ein weiteres Stück des Zusammenhangs. Diese inkorrekten Vorgänge sind die im psychischen Apparat *primären*; sie treten überall dort ein, wo Vorstellungen von der vorbewußten Besetzung verlassen, sich selbst überlassen werden und sich mit der ungehemmten, nach Abfluß strebenden Energie vom Unbewußten her erfüllen können. Einige andere Beobachtungen kommen hinzu, die Auffassung zu stützen, daß diese inkorrekt genannten Vorgänge nicht wirklich Fälschungen der normalen, Denkfehler, sind, sondern die von einer Hemmung befreiten Arbeitsweisen des psychischen Apparats. So sehen wir, daß die Überleitung der vorbewußten Erregung auf die Motilität nach denselben Vorgängen geschieht und daß die Verknüpfung der vorbewußten Vorstellungen mit Worten leicht die nämlichen, der Unaufmerksamkeit zugeschriebenen Verschiebungen und Vermengungen zeigt. Endlich möchte sich ein Beweis für den Arbeitszuwachs, der bei der Hemmung dieser primären Verlaufsweisen notwendig wird, aus der Tatsache ergeben, daß wir einen *komischen* Effekt, einen durch *Lachen* abzuführenden Überschuß erzielen, *wenn wir diese Verlaufsweisen des Denkens zum Bewußtsein vordringen lassen.*

Die Theorie der Psychoneurosen behauptet mit ausschließender Sicherheit, daß es nur sexuelle Wunschregungen aus dem Infantilen sein können, welche in den Entwicklungsperioden der Kindheit die Verdrängung (Affektverwandlung) erfahren haben, in späteren Entwicklungsperioden dann einer Erneuerung fähig sind, sei es infolge der sexuellen Konstitution, die sich ja aus der ursprünglichen Bisexualität herausbildet, sei es infolge ungünstiger Einflüsse des sexuellen Lebens, und die somit die Triebkräfte für alle psychoneurotische Symptombildung abgeben. Nur durch die Einführung dieser sexuellen Kräfte sind die in der Theorie der Verdrängung noch aufweisbaren Lücken zu schließen. Ich will es dahingestellt sein lassen, ob die Forderung des Sexuellen und Infantilen auch für die Theorie des Traums erhoben werden darf; ich lasse diese hier unvollendet, weil ich schon durch die Annahme, der Traumwunsch stamme jedesmal aus dem Unbewußten, einen Schritt weit über das Beweisbare hinausgegangen bin.[238] Ich will auch nicht weiter untersuchen, worin der Unterschied im Spiel der

---

[238] Es sind hier wie an anderen Stellen Lücken in der Bearbeitung des Themas, die ich absichtlich belassen habe, weil deren Ausfüllung einerseits einen zu großen Aufwand, anderseits die Anlehnung an ein dem Traume fremdes Material erfordern würde. So habe ich es z. B. vermieden anzugeben, ob ich mit dem Worte „unterdrückt" einen anderen Sinn verbinde als mit dem Worte „verdrängt". Es dürfte nur klar geworden sein, daß letzteres die Zugehörigkeit zum Unbewußten stärker als das erstere betont. Ich bin auf das naheliegende Problem nicht eingegangen, warum die Traumgedanken die Entstellung durch die Zensur auch für den Fall erfahren, daß sie auf die progrediente Fortsetzung zum Bewußtsein verzichten und sich für den Weg der Regression entscheiden, u. dgl. Unterlassungen mehr. Es kam mir vor allem darauf an, einen Eindruck von den Problemen zu erwecken, zu denen die weitere Zergliederung

psychischen Kräfte bei der Traumbildung und bei der Bildung der hysterischen Symptome gelegen ist; es fehlt uns ja hiezu die genauere Kenntnis des einen der in Vergleich zu bringenden Glieder. Aber auf einen anderen Punkt lege ich Wert und schicke das Bekenntnis voraus, daß ich nur dieses Punktes wegen all die Erörterungen über die beiden psychischen Systeme, ihre Arbeitsweisen und die Verdrängung hier aufgenommen habe. Es kommt jetzt nämlich nicht darauf an, ob ich die in Rede stehenden psychologischen Verhältnisse annähernd richtig oder, wie bei so schwierigen Dingen leicht möglich, schief und lückenhaft aufgefaßt habe. Wie immer die Deutung der psychischen Zensur, der korrekten und der abnormen Bearbeitung des Trauminhalts sich verändern mag, es bleibt gültig, daß solche Vorgänge bei der Traumbildung wirksam sind und daß sie die größte Analogie im wesentlichen mit den bei der hysterischen Symptombildung erkannten Vorgängen zeigen. Nun ist der Traum kein pathologisches Phänomen; er hat keine Störung des psychischen Gleichgewichts zur Voraussetzung; er hinterläßt keine Schwächung der Leistungsfähigkeit. Der Einwand, daß meine Träume und die meiner neurotischen Patienten nicht auf die Träume gesunder Menschen schließen lassen, dürfte wohl ohne Würdigung abzuweisen sein. Wenn wir also aus den Phänomenen auf deren Triebkräfte schließen, so erkennen wir, daß der psychische Mechanismus, dessen sich die Neurose bedient, nicht erst durch eine das Seelenleben ergreifende krankhafte Störung geschaffen wird, sondern in dem normalen Aufbau des seelischen Apparats bereitliegt. Die beiden psychischen Systeme, die Übergangszensur zwischen ihnen, die Hemmung und Überlagerung der einen Tätigkeit durch die andere, die Beziehungen beider zum Bewußtsein – oder was eine richtigere Deutung der tatsächlichen Verhältnisse an deren Statt ergeben mag –; das alles gehört zum normalen Aufbau unseres Seeleninstruments, und der Traum zeigt uns einen der Wege, die zur

---

der Traumarbeit führt, und die anderen Themata anzudeuten, mit denen dieses auf dem Wege zusammentrifft. Die Entscheidung, an welcher Stelle die Verfolgung abgebrochen werden soll, ist mir dann nicht immer leicht geworden. – Daß ich die Rolle des sexuellen Vorstellungslebens für den Traum nicht erschöpfend behandelt und die Deutung von Träumen mit offenkundig sexuellem Inhalt vermieden habe, beruht auf einer besonderen Motivierung, die sich vielleicht mit der Erwartung der Leser nicht deckt. Es liegt gerade meinen Anschauungen und den Lehrmeinungen, die ich in der Neuropathologie vertrete, völlig ferne, das Sexualleben als ein Pudendum anzusehen, das weder den Arzt noch den wissenschaftlichen Forscher zu bekümmern hat. Auch finde ich die sittliche Entrüstung lächerlich, durch welche der Übersetzer des Artemidoros aus Daldis über die Symbolik der Träume sich bewegen ließ, das dort enthaltene Kapitel über sexuelle Träume der Kenntnis der Leser zu unterschlagen. Für mich war allein die Einsicht maßgebend, daß ich mich bei der Erklärung sexueller Träume tief in die noch ungeklärten Probleme der Perversion und der Bisexualität verstricken müßte, und so sparte ich mir dies Material für einen anderen Zusammenhang.

Kenntnis der Struktur desselben führen. Wenn wir uns mit einem Minimum von völlig gesichertem Erkenntniszuwachs begnügen wollen, so werden wir sagen, der Traum beweist uns, *daß das Unterdrückte auch beim normalen Menschen fortbesteht und psychischer Leistungen fähig bleibt.* Der Traum ist selbst eine der Äußerungen dieses Unterdrückten; nach der Theorie ist er es in allen Fällen, nach der greifbaren Erfahrung wenigstens in einer großen Anzahl, welche die auffälligen Charaktere des Traumlebens gerade am deutlichsten zur Schau trägt. Das seelisch Unterdrückte, welches im Wachleben durch *die gegensätzliche Erledigung der Widersprüche* am Ausdruck gehindert und von der inneren Wahrnehmung abgeschnitten wurde, findet im Nachtleben und unter der Herrschaft der Kompromißbildungen Mittel und Wege, sich dem Bewußtsein aufzudrängen.

„Flectere si nequeo superos, Acheronta movebo. "*

Die Traumdeutung aber ist die Via regia zur Kenntnis des Unbewußten im Seelenleben.

Indem wir der Analyse des Traums folgen, bekommen wir ein Stück weit Einsicht in die Zusammensetzung dieses allerwunderbarsten und allergeheimnisvollsten Instruments, freilich nur ein kleines Stück weit, aber es ist damit der Anfang gemacht, um von anderen – pathologisch zu heißenden – Bildungen her weiter in die Zerlegung desselben vorzudringen. Denn die Krankheit – wenigstens die mit Recht funktionell genannte – hat nicht die Zertrümmerung dieses Apparats, die Herstellung neuer Spaltungen in seinem Innern zur Voraussetzung; sie ist *dynamisch* aufzuklären durch Stärkung und Schwächung der Komponenten des Kräftespiels, von dem so viele Wirkungen während der normalen Funktion verdeckt sind. An anderer Stelle könnte noch gezeigt werden, wie die Zusammensetzung des Apparats aus den beiden Instanzen eine Verfeinerung auch der normalen Leistung gestattet, die einer einzigen unmöglich wäre.[239]

---

* [Kann ich die höheren Mächte nicht beugen, bewege ich doch die Unterwelt. (Vergil, Aeneis, VII, 312.)]

[239] Der Traum ist nicht das einzige Phänomen, welches die Psychopathologie auf die Psychologie zu begründen gestattet. In einer kleinen, noch nicht abgeschlossenen Reihe von Aufsätzen in der *Monatsschrift für Psychiatrie und Neurologie* (*Über den psychischen Mechanismus der Vergeßlichkeit,* 1898; *Über Deckerinnerungen,* 1899) suche ich eine Anzahl von alltäglichen psychischen Erscheinungen als Stützen der nämlichen Erkenntnis zu deuten. Diese und weitere Aufsätze über Vergessen, Versprechen, Vergreifen usw. sind seither als *Psychopathologie des Alltagslebens* gesammelt erschienen. (1904).

F
Das Unbewußte und das Bewußtsein – Die Realität

Wenn wir genauer zusehen, ist es nicht der Bestand von *zwei Systemen* nahe dem motorischen Ende des Apparats, sondern von *zweierlei Vorgängen* oder *Ablaufsarten der Erregung*, deren Annahme uns durch die psychologischen Erörterungen der vorstehenden Abschnitte nahegelegt wurde. Es gälte uns gleich; denn unsere Hilfsvorstellungen fallenzulassen, müssen wir immer bereit sein, wenn wir uns in der Lage glauben, sie durch etwas anderes zu ersetzen, was der unbekannten Wirklichkeit besser angenähert ist. Versuchen wir es jetzt, einige Anschauungen richtigzustellen, die sich mißverständlich bilden konnten, solange wir die beiden Systeme im nächsten und rohesten Sinne als zwei Lokalitäten innerhalb des seelischen Apparats im Auge hatten, Anschauungen, die ihren Niederschlag in den Ausdrücken „verdrängen" und „durchdringen" zurückgelassen haben. Wenn wir also sagen, ein unbewußter Gedanke strebe nach Übersetzung ins Vorbewußte, um dann zum Bewußtsein durchzudringen, so meinen wir nicht, daß ein zweiter, an neuer Stelle gelegener Gedanke gebildet werden soll, eine Umschrift gleichsam, neben welcher das Original fortbesteht; und auch vom Durchdringen zum Bewußtsein wollen wir jede Idee einer Ortsveränderung sorgfältig ablösen. Wenn wir sagen, ein vorbewußter Gedanke wird verdrängt und dann vom Unbewußten aufgenommen, so könnten uns diese dem Vorstellungskreis des Kampfes um ein Terrain entlehnten Bilder zur Annahme verlocken, daß wirklich in der einen psychischen Lokalität eine Anordnung aufgelöst und durch eine neue in der anderen Lokalität ersetzt wird. Für diese Gleichnisse setzen wir ein, was dem realen Sachverhalt besser zu entsprechen scheint, daß eine Energiebesetzung auf eine bestimmte Anordnung verlegt oder von ihr zurückgezogen wird, so daß das psychische Gebilde unter die Herrschaft einer Instanz gerät oder ihr entzogen ist Wir ersetzen hier wiederum eine topische Vorstellungsweise durch eine dynamische; nicht das psychische Gebilde erscheint uns als das Bewegliche, sondern dessen Innervation.[240]

Dennoch halte ich es für zweckmäßig und berechtigt, die anschauliche Vorstellung der beiden Systeme weiter zu pflegen. Wir weichen jedem Mißbrauch dieser Darstellungsweise aus, wenn wir uns erinnern, daß Vorstellungen, Gedanken, psychische Gebilde im allgemeinen überhaupt nicht in organischen Elementen des Nervensystems lokalisiert werden dürfen, sondern sozusagen zwi-

---

[240] Diese Auffassung erfuhr eine Ausgestaltung und Abänderung, nachdem man als den wesentlichen Charakter einer vorbewußten Vorstellung die Verbindung mit Wortvorstellungsresten erkannt hatte (*Das Unbewußte*, 1915).

schen ihnen, wo Widerstände und Bahnungen das ihnen entsprechende Korrelat bilden. Alles, was Gegenstand unserer inneren Wahrnehmung werden kann, ist *virtuell,* wie das durch den Gang der Lichtstrahlen gegebene Bild im Fernrohr. Die Systeme aber, die selbst nichts Psychisches sind und nie unserer psychischen Wahrnehmung zugänglich werden, sind wir berechtigt anzunehmen gleich den Linsen des Fernrohrs, die das Bild entwerfen. In der Fortsetzung dieses Gleichnisses entspräche die Zensur zwischen zwei Systemen der Strahlenbrechung beim Übergang in ein neues Medium.

Wir haben bisher Psychologie auf eigene Faust getrieben; es ist Zeit, sich nach den Lehrmeinungen umzusehen, welche die heutige Psychologie beherrschen, und deren Verhältnis zu unseren Aufstellungen zu prüfen. Die Frage des Unbewußten in der Psychologie ist nach dem kräftigen Worte von *Lipps* (1897) weniger *eine* psychologische Frage als *die* Frage der Psychologie. Solange die Psychologie diese Frage durch die Worterklärung erledigte, das „Psychische" sei eben das „Bewußte", und „unbewußte psychische Vorgänge" ein greifbarer Widersinn, blieb eine psychologische Verwertung der Beobachtungen, welche ein Arzt an abnormen Seelenzuständen gewinnen konnte, ausgeschlossen. Erst dann treffen der Arzt und der Philosoph zusammen, wenn beide anerkennen, unbewußte psychische Vorgänge seien „der zweckmäßige und wohlberechtigte Ausdruck für eine feststehende Tatsache". Der Arzt kann nicht anders, als die Versicherung, „das Bewußtsein sei der unentbehrliche Charakter des Psychischen", mit Achselzucken zurückweisen, und etwa, wenn sein Respekt vor den Äußerungen der Philosophen noch stark genug ist, annehmen, sie behandelten nicht dasselbe Objekt und trieben nicht die gleiche Wissenschaft. Denn auch nur eine einzige verständnisvolle Beobachtung des Seelenlebens eines Neurotikers, eine einzige Traumanalyse muß ihm die unerschütterliche Überzeugung aufdrängen, daß die kompliziertesten und korrektesten Denkvorgänge, denen man doch den Namen psychischer Vorgänge nicht versagen wird, vorfallen können, ohne das Bewußtsein der Person zu erregen.[241] Gewiß erhält der Arzt von diesen unbewußten Vorgängen nicht eher Kunde, als bis sie eine Mitteilung oder Beobachtung zulassende Wirkung auf das Bewußtsein ausgeübt haben.

---

[241] Ich freue mich, auf einen Autor hinweisen zu können, der aus dem Studium des Traums den nämlichen Schluß über das Verhältnis der bewußten zur unbewußten Tätigkeit gezogen hat. Du Prel sagt: „Die Frage, was die Seele ist, erheischt offenbar eine Voruntersuchung darüber, ob Bewußtsein und Seele identisch seien. Gerade diese Vorfrage nun wird vom Traume verneint, welcher zeigt, daß der Begriff der Seele über den des Bewußtseins hinausragt, wie etwa die Anziehungskraft eines Gestirns über seine Leuchtsphäre" (S. 47). „Es ist eine Wahrheit, die man nicht ausdrücklich genug hervorheben kann, daß Bewußtsein und Seele nicht Begriffe von gleicher Ausdehnung sind" (S. 306).

Aber dieser Bewußtseinseffekt kann einen von dem unbewußten Vorgang ganz abweichenden psychischen Charakter zeigen, so daß die innere Wahrnehmung unmöglich den einen als den Ersatz des anderen erkennen kann. Der Arzt muß sich das Recht wahren, durch einen *Schlußprozeß* vom Bewußtseinseffekt zum unbewußten psychischen Vorgang vorzudringen; er erfährt auf diesem Wege, daß der Bewußtseinseffekt nur eine entfernte psychische Wirkung des unbewußten Vorgangs ist und daß letzterer nicht als solcher bewußtgeworden ist, auch daß er bestanden und gewirkt hat, ohne sich noch dem Bewußtsein irgendwie zu verraten.

Die Rückkehr von der Überschätzung der Bewußtseinseigenschaft wird zur unerläßlichen Vorbedingung für jede richtige Einsicht in den Hergang des Psychischen. Das Unbewußte muß nach dem Ausdrucke von *Lipps* als allgemeine Basis des psychischen Lebens angenommen werden. Das Unbewußte ist der größere Kreis, der den kleineren des Bewußten in sich einschließt; alles Bewußte hat eine unbewußte Vorstufe, während das Unbewußte auf dieser Stufe stehenbleiben und doch den vollen Wert einer psychischen Leistung beanspruchen kann. Das Unbewußte ist das eigentlich reale Psychische, *uns nach seiner inneren Natur so unbekannt wie das Reale der Außenwelt und uns durch die Daten des Bewußtseins ebenso unvollständig gegeben wie die Außenwelt durch die Angaben unserer Sinnesorgane.*

Wenn der alte Gegensatz von Bewußtleben und Traumleben durch die Einsetzung des unbewußten Psychischen in die ihm gebührende Stellung entwertet ist, so werden eine Reihe von Traumproblemen abgestreift, welche frühere Autoren noch eingehend beschäftigt haben. So manche Leistungen, über deren Vollziehung im Traume man sich wundern konnte, sind nun nicht mehr dem Traum anzurechnen, sondern dem auch bei Tage arbeitenden unbewußten Denken. Wenn der Traum mit einer symbolisierenden Darstellung des Körpers, nach *Scherner,* zu spielen scheint, so wissen wir, dies ist die Leistung gewisser unbewußter Phantasien, die wahrscheinlich sexuellen Regungen nachgeben und die nicht nur im Traum, sondern auch in den hysterischen Phobien und anderen Symptomen zum Ausdruck kommen. Wenn der Traum Arbeiten des Tages fortführt und erledigt und selbst wertvolle Einfälle ans Licht fördert, so haben wir hievon nur die Traumverkleidung abzuziehen als Leistung der Traumarbeit und als Marke der Hilfeleistung dunkler Mächte der Seelentiefen (vgl. den Teufel in Tartinis Sonatentraum). Die intellektuelle Leistung selbst fällt denselben Seelenkräften zu, die tagsüber alle solche vollbringen. Wir neigen wahrscheinlich in viel zu hohem Maße zur Überschätzung des bewußten Charakters auch der intellektuellen und künstlerischen Produktion. Aus den Mitteilungen einiger höchstproduktiver Menschen, wie *Goethe* und *Helmholtz,* erfahren wir doch eher, daß das Wesentliche und Neue ihrer Schöpfungen ihnen einfallsartig gegeben wurde und fast fertig zu ihrer Wahrnehmung kam. Die Mithilfe der bewußten Tätigkeit in anderen Fällen hat nichts Befremdendes, wo eine Anstrengung aller Geisteskräfte vorlag. Aber es ist das viel mißbrauchte Vorrecht der bewußten Tätigkeit, daß sie uns alle anderen verdecken darf, wo immer sie mittut.

Es verlohnt sich kaum der Mühe, die historische Bedeutung der Träume als ein besonderes Thema aufzustellen. Wo ein Häuptling etwa durch einen Traum zu einem kühnen Unternehmen bestimmt wurde, dessen Erfolg verändernd in die Geschichte eingegriffen hat, da ergibt sich ein neues Problem nur so lange, als man den Traum wie eine fremde Macht anderen vertrauteren Seelenkräften gegenüberstellt, nicht mehr, wenn man den Traum als eine *Form des Ausdrucks* für Regungen betrachtet, auf denen bei Tage ein Widerstand lastete und die sich bei Nacht Verstärkung aus tiefliegenden Erregungsquellen holen konnten.[242] Die Achtung aber, mit der dem Traum bei den alten Völkern begegnet wurde, ist eine auf richtige psychologische Ahnung gegründete Huldigung vor dem Ungebändigten und Unzerstörbaren in der Menschenseele, dem Dämonischen, welches den Traumwunsch hergibt und das wir in unserem Unbewußten wiederfinden.

Ich sage nicht ohne Absicht, *in unserem Unbewußten*, denn was wir so heißen, deckt sich nicht mit dem Unbewußten der Philosophen, auch nicht mit dem Unbewußten bei *Lipps*. Dort soll es bloß den Gegensatz zu dem Bewußten bezeichnen; daß es außer den bewußten Vorgängen auch unbewußte psychische gibt, ist die heiß bestrittene und energisch verteidigte Erkenntnis. Bei *Lipps* hören wir von dem weiter reichenden Satz, daß alles Psychische als unbewußt vorhanden ist, einiges davon dann auch als bewußt. Aber nicht zum Erweis für *diesen* Satz haben wir die Phänomene des Traums und der hysterischen Symptombildung herangezogen; die Beobachtung des normalen Tageslebens reicht allein hin, ihn über jeden Zweifel festzustellen. Das Neue, was uns die Analyse der psychopathologischen Bildungen und schon ihres ersten Gliedes, der Träume, gelehrt, besteht darin, daß das Unbewußte – also das Psychische – als Funktion zweier gesonderter Systeme vorkommt und schon im normalen Seelenleben so vorkommt. Es gibt also *zweierlei Unbewußtes*, was wir von den Psychologen noch nicht gesondert finden. Beides ist Unbewußtes im Sinne der Psychologie; aber in unserem ist das eine, das wir *Ubw* heißen, auch *bewußtseinsunfähig*, während das andere, *Vbw*, von uns darum so genannt wird, weil dessen Erregungen, zwar auch nach Einhaltung gewisser Regeln, vielleicht erst unter Überstehung einer neuen Zensur, aber doch ohne Rücksicht auf das *Ubw*-System zum Bewußtsein gelangen können. Die Tatsache, daß die Erregungen, um zum Bewußtsein zu

---

[242] Vgl. hiezu den (oben) mitgeteilten Traum (Σὰ Τύρος) Alexanders des Großen bei der Belagerung von Tyrus.

kommen, eine unabänderliche Reihenfolge, einen Instanzenzug durchzumachen haben, der uns durch ihre Zensurveränderung verraten wurde, diente uns zur Aufstellung eines Gleichnisses aus der Räumlichkeit. Wir beschrieben die Beziehungen der beiden Systeme zueinander und zum Bewußtsein, indem wir sagten, das System *Vbw* stehe wie ein Schirm zwischen dem System *Ubw* und dem Bewußtsein. Das System *Vbw* sperre nicht nur den Zugang zum Bewußtsein, es beherrsche auch den Zugang zur willkürlichen Motilität und verfüge über die Aussendung einer mobilen Besetzungsenergie, von der uns ein Anteil als Aufmerksamkeit vertraut ist.[243] Auch von der Unterscheidung Ober- und *Unterbewußtsein*, die in der neueren Literatur der Psychoneurosen so beliebt geworden ist, müssen wir uns fernhalten, da gerade sie die Gleichstellung des Psychischen und des Bewußten zu betonen scheint.

Welche Rolle verbleibt in unserer Darstellung dem einst allmächtigen, alles andere verdeckenden Bewußtsein? Keine andere als *die eines Sinnesorgans zur Wahrnehmung psychischer Qualitäten*. Nach dem Grundgedanken unseres schematischen Versuchs können wir die Bewußtseinswahrnehmung nur als die eigene Leistung eines besonderen Systems auffassen, für welches sich die Abkürzungsbezeichnung *Bw* empfiehlt. Dies System denken wir uns in seinen mechanischen Charakteren ähnlich wie die Wahrnehmungssysteme *W*, also erregbar durch Qualitäten und unfähig, die Spur von Veränderungen zu bewahren, also ohne Gedächtnis. Der psychische Apparat, der mit dem Sinnesorgan der *W*-Systeme der Außenwelt zugekehrt ist, ist selbst Außenwelt für das Sinnesorgan des *Bw*, dessen teleologische Rechtfertigung in diesem Verhältnisse ruht. Das Prinzip des Instanzenzugs, welches den Bau des Apparats zu beherrschen scheint, tritt uns hier nochmals entgegen. Das Material an Erregungen fließt dem *Bw*-Sinnesorgan von zwei Seiten her zu, von dem *W*-System her, dessen durch Qualitäten bedingte Erregung wahrscheinlich eine neue Verarbeitung durchmacht, bis sie zur bewußten Empfindung wird, und aus dem Innern des Apparats selbst, dessen quantitative Vorgänge als Qualitätenreihe der Lust und Unlust empfunden werden, wenn sie bei gewissen Veränderungen angelangt sind.

Die Philosophen, welche innewurden, daß korrekte und hoch zusammengesetzte Gedankenbildungen auch ohne Dazutun des Bewußtseins möglich sind, haben es dann als Schwierigkeit erfunden, dem Bewußtsein eine Verrichtung zuzuschreiben; es erschien ihnen als überflüssige Spiegelung des vollendeten

---

[243] Vgl. hiezu meine *Bemerkungen über den Begriff des Unbewußten in der Psychoanalyse* (englisch in Proceedings of the Society for Psychical Research, Bd. 26), in denen die deskriptive, dynamische und systematische Bedeutung des vieldeutigen Wortes „unbewußt" voneinander geschieden werden.

psychischen Vorgangs. Die Analogie unseres *Bw*-Systems mit den Wahrnehmungssystemen entreißt uns dieser Verlegenheit. Wir sehen, daß die Wahrnehmung durch unsere Sinnesorgane die Folge hat, eine Aufmerksamkeitsbesetzung auf die Wege zu leiten, nach denen die ankommende Sinneserregung sich verbreitet; die qualitative Erregung des *W*-Systems dient der mobilen Quantität im psychischen Apparat als Regulator ihres Ablaufs. Dieselbe Verrichtung können wir für das überlagernde Sinnesorgan des *Bw*-Systems in Anspruch nehmen. Indem es neue Qualitäten wahrnimmt, leistet es einen neuen Beitrag zur Lenkung und zweckmäßigen Verteilung der mobilen Besetzungsquantitäten. Mittels der Lust- und Unlustwahrnehmung beeinflußt es den Verlauf der Besetzungen innerhalb des sonst unbewußt und durch Quantitätsverschiebungen arbeitenden psychischen Apparats. Es ist wahrscheinlich, daß das Unlustprinzip die Verschiebungen der Besetzung zunächst automatisch regelt; aber es ist sehr wohl möglich, daß das Bewußtsein dieser Qualitäten eine zweite und feinere Regulierung hinzutut, die sich sogar der ersteren widersetzen kann und die Leistungsfähigkeit des Apparats vervollkommnet, indem sie ihn gegen seine ursprüngliche Anlage in den Stand setzt, auch was mit Unlustentbindung verknüpft ist, der Besetzung und Bearbeitung zu unterziehen. Aus der Neurosenpsychologie erfährt man, daß diesen Regulierungen durch die Qualitätserregung der Sinnesorgane eine große Rolle bei der Funktiontätigkeit des Apparats zugedacht ist. Die automatische Herrschaft des primären Unlustprinzips und die damit verbundene Einschränkung der Leistungsfähigkeit wird durch die sensiblen Regulierungen, die selbst wieder Automatismen sind, gebrochen. Man erfährt, daß die Verdrängung, die, ursprünglich zweckmäßig, doch in schädlichen Verzicht auf Hemmung und seelische Beherrschung ausläuft, sich so viel leichter an Erinnerungen als an Wahrnehmungen vollzieht, weil bei ersteren der Besetzungszuwachs durch die Erregung der psychischen Sinnesorgane ausbleiben muß. Wenn ein abzuwehrender Gedanke einerseits nicht bewußt wird, weil er der Verdrängung unterlegen ist, so kann er andere Male nur darum verdrängt werden, weil er aus anderen Gründen der Bewußtseinswahrnehmung entzogen wurde. Es sind das Winke, deren sich die Therapie bedient, um vollzogene Verdrängungen rückgängig zu machen.

Der Wert der Überbesetzung, welche durch den regulierenden Einfluß des *Bw*-Sinnesorgans auf die mobile Quantität hergestellt wird, ist im teleologischen Zusammenhang durch nichts besser dargetan als durch die Schöpfung einer neuen Qualitätenreihe und somit einer neuen Regulierung, welche das Vorrecht des Menschen vor den Tieren ausmacht. Die Denkvorgänge sind nämlich an sich qualitätslos bis auf die sie begleitenden Lust- und Unlusterregungen, die ja als mögliche Störung des Denkens in Schranken gehalten werden sollen. Um ihnen eine Qualität zu verleihen, werden sie beim Menschen mit den Worterinnerungen assoziiert, deren Qualitätsreste genügen, um die Aufmerksamkeit des Bewußtseins auf sich zu ziehen und von ihm aus dem Denken eine neue mobile Besetzung zuzuwenden.

Die ganze Mannigfaltigkeit der Bewußtseinsprobleine läßt sich erst bei der Zergliederung der hysterischen Denkvorgänge übersehen. Man empfängt dann den Eindruck, daß auch der Übergang vom Vorbewußten zur Bewußtseinsbesetzung mit einer Zensur verknüpft ist, ähnlich der Zensur zwischen *Ubw* und *Vbw*. Auch diese Zensur setzt erst bei einer gewissen quantitativen Grenze ein, so daß ihr wenig intensive Gedankenbildungen entgehen. Alle möglichen Fälle der Abhaltung von dem Bewußtsein sowie des Durchdringens zu demselben unter Einschränkungen finden sich im Rahmen der psychoneurotischen Phänomene vereinigt; sämtlich weisen sie auf den innigen und zweiseitigen Zusammenhang zwischen Zensur und Bewußtsein hin. Mit der Mitteilung zweier derartiger Vorkommnisse will ich diese psychologischen Erörterungen beschließen.

Ein Konsilium im Vorjahre führte mich zu einem intelligent und unbefangen blickenden Mädchen. Ihr Aufzug ist befremdend; wo doch sonst die Kleidung des Weibes bis in die letzte Falte beseelt ist, trägt sie einen Strumpf herabhängend und zwei Knöpfe der Bluse offen. Sie klagt über Schmerzen in einem Bein und entblößt unaufgefordert eine Wade. Ihre Hauptklage aber lautet wörtlich: Sie hat ein Gefühl im Leib, als ob *etwas darin stecken* würde, was sich *hin und her bewegt* und sie durch und durch *erschüttert*. Manchmal wird ihr dabei der ganze Leib wie *steif*. Mein mitanwesender Kollege sieht mich dabei an; er findet die Klage nicht mißverständlich. Merkwürdig erscheint uns beiden, daß die Mutter der Kranken sich dabei nichts denkt; sie muß sich ja wiederholt in der Situation befunden haben, welche ihr Kind beschreibt. Das Mädchen selbst hat keine Ahnung von dem Belang ihrer Rede, sonst würde sie dieselbe nicht im Munde führen. Hier ist es gelungen, die Zensur so abzublenden, daß eine sonst im Vorbewußten verbleibende Phantasie wie harmlos in der Maske einer Klage zum Bewußtsein zugelassen wird.

Ein anderes Beispiel: Ich beginne eine psychoanalytische Behandlung mit einem vierzehnjährigen Knaben, der an *tic convulsif*, hysterischem Erbrechen, Kopfschmerz u. dgl. leidet, indem ich ihm versichere, er werde nach dem Augenschluß Bilder sehen oder Einfälle bekommen, die er mir mitteilen soll. Er antwortet in Bildern. Der letzte Eindruck, ehe er zu mir gekommen ist, lebt in seiner Erinnerung visuell auf. Er hatte mit seinem Onkel ein Brettspiel gespielt und sieht jetzt das Brett vor sich. Er erörtert verschiedene Stellungen, die günstig sind oder ungünstig, Züge, die man nicht machen darf. Dann sieht er auf dem Brett einen Dolch liegen, einen Gegenstand, den sein Vater besitzt, den aber seine Phantasie auf das Brett verlegt. Dann liegt eine Sichel auf dem Brett, dann kommt eine Sense hinzu, und jetzt tritt das Bild eines alten Bauern auf, der das Gras vor dem entfernten heimatlichen Hause mit der Sense mäht. Nach wenigen Tagen habe ich das Verständnis für diese Aneinanderreihung von Bildern gewonnen. Unerfreuliche Familienverhältnisse haben den Knaben in Aufregung gebracht. Ein harter, jähzorniger Vater, der mit der Mutter in Unfrieden lebte, dessen Erziehungsmittel Drohungen waren; die Scheidung des Vaters von der weichen und zärtlichen Mutter; die Wiederverheiratung des Vaters, der eines Tages eine junge Frau als die neue Mama nach Hause brachte. In den ersten Tagen nachher brach die Krankheit des vierzehnjährigen Knaben aus. Es ist die unterdrückte Wut gegen den Vater, die jene Bilder zu verständlichen Anspielungen zusammengesetzt hat. Eine Reminiszenz aus der Mythologie hat das Material gegeben. Die Sichel ist die, mit der Zeus den Vater entmannte, die Sense und das Bild des Bauern schildern den Kronos, den gewalttätigen Alten, der seine Kinder frißt und an dem Zeus so unkindlich Rache nimmt. Die Heirat des Vaters war eine Gelegenheit, ihm die Vorwürfe und Drohungen zurückzugeben, die das Kind früher einmal von ihm gehört hatte, weil es mit den Genitalien *spielte* (das Brettspiel; die verbotenen Züge; der Dolch, mit dem man umbringen kann). Hier sind es lang verdrängte Erinnerungen und deren unbewußt gebliebene Abkömmlinge, die auf dem ihnen eröffneten Umwege sich als scheinbar *sinnlose* Bilder ins Bewußtsein schleichen.

So würde ich also den theoretischen Wert der Beschäftigung mit dem Traum in den Beiträgen zur psychologischen Erkenntnis und in der Vorbereitung für das Verständnis der Psychoneurosen suchen. Wer vermag zu ahnen, zu welcher Bedeutung sich eine gründliche Bekanntschaft mit dem Bau und den Leistungen des Seelenapparats noch erheben kann, wenn schon der heutige Stand unseres Wissens eine glückliche therapeutische Beeinflussung der an sich heilbaren Formen von Psychoneurosen gestattet? Und der praktische Wert dieser Beschäftigung, höre ich fragen, für die Seelenkenntnis, die Aufdeckung der verborgenen Charaktereigenschaften der einzelnen? Haben denn die unbewußten Regungen, die der Traum offenbart, nicht den Wert von realen Mächten im Seelenleben? Ist die ethische Bedeutung der unterdrückten Wünsche gering anzuschlagen, die, wie sie Träume schaffen, eines Tages anderes schaffen können?

Ich fühle mich nicht berechtigt, auf diese Fragen zu antworten. Meine Gedanken haben diese Seite des Traumproblems nicht weiter verfolgt. Ich meine nur, jedenfalls hatte der römische Kaiser unrecht, welcher einen Untertanen hinrichten ließ, weil dieser geträumt hatte, daß er den Imperator ermordet. Er hätte sich zuerst darum bekümmern sollen, was dieser Traum bedeutete; sehr wahrscheinlich war es nicht dasselbe, was er zur Schau trug. Und selbst wenn ein Traum, der anders lautete, diese majestätsverbrecherische Bedeutung hätte, wäre es noch am Platze, des Wortes von *Plato* zu gedenken, daß der Tugendhafte sich begnügt, von dem zu träumen, was der Böse im Leben tut. Ich meine also, am besten gibt man die Träume frei. Ob den unbewußten Wünschen *Realität* zuzuerkennen ist, kann ich nicht sagen. Allen Übergangs- und Zwischengedanken ist sie natürlich abzusprechen. Hat man die unbewußten Wünsche, auf ihren letzten und wahrsten Ausdruck gebracht, vor sich, so muß man wohl sagen, daß die *psychische* Realität eine besondere Existenzform ist, welche mit der *materiellen* Realität nicht verwechselt werden sollt. Es erscheint dann ungerechtfertigt, wenn die Menschen sich sträuben, die Verantwortung für die Immoralität ihrer Träume zu übernehmen. Durch die Würdigung der Funktionsweise des seelischen Apparats und die Einsicht in die Beziehung zwischen Bewußtem und Unbewußtem wird das ethisch Anstößige unseres Traum- und Phantasielebens meist zum Verschwinden gebracht.

„Was der Traum uns an Beziehungen zur Gegenwart (Realität) kundgetan hat, wollen wir dann auch im Bewußtsein aufsuchen und dürfen uns nicht wundern, wenn wir das Ungeheuer, das wir unter dem Vergrößerungsglas der Analyse gesehen haben, dann als Infusionstierchen wiederfinden." (*H. Sachs*).

Für das praktische Bedürfnis der Charakterbeurteilung des Menschen genügt zumeist die Tat und die bewußt sich äußernde Gesinnung. Die Tat vor allem verdient in die erste Reihe gestellt zu werden, denn viele zum Bewußtsein durchgedrungene Impulse werden noch durch reale Mächte des Seelenlebens vor ihrem Einmünden in die Tat aufgehoben; ja, sie begegnen oft darum keinem psychischen Hindernis auf ihrem Wege, weil das Unbewußte ihrer anderweitigen Verhinderung sicher ist. Es bleibt auf alle Fälle lehrreich, den viel durchwühlten Boden kennenzulernen, auf dem unsere Tugenden sich stolz erheben. Die nach allen Richtungen hin dynamisch bewegte Komplikation eines menschlichen Charakters fügt sich höchst selten der Erledigung durch eine einfache Alternative, wie unsere überjährte Morallehre es möchte.

Und der Wert des Traums für die Kenntnis der Zukunft? Daran ist natürlich nicht zu denken. Man möchte dafür einsetzen: für die Kenntnis der Vergangenheit. Denn aus der Vergangenheit stammt der Traum in jedem Sinne. Zwar entbehrt auch der alte Glaube, daß der Traum uns die Zukunft zeigt, nicht völlig des Gehalts an Wahrheit. Indem uns der Traum einen Wunsch als erfüllt vorstellt, führt er uns allerdings in die Zukunft; aber diese vom Träumer für gegenwärtig genommene Zukunft ist durch den unzerstörbaren Wunsch zum Ebenbild jener Vergangenheit gestaltet.

ZUR PSYCHOPATHOLOGIE DES ALLTAGSLEBENS (ÜBER VERGESSEN, VERSPRECHEN, VERGREIFEN, ABERGLAUBE UND IRRTUM)

Nun ist die Luft von solchem Spuk so voll,
Daß niemand weiß, wie er ihn meiden soll.
Faust, II. Teil, V. Akt

I
Vergessen von Eigennamen

Im Jahrgang 1898 der *Monatsschrift für Psychiatrie und Neurologie* habe ich unter dem Titel *Zum psychischen Mechanismus der Vergesslichkeit* einen kleinen Aufsatz veröffentlicht, dessen Inhalt ich hier wiederholen und zum Ausgang für weitere Erörterungen nehmen werde. Ich habe dort den häufigen Fall des zeitweiligen Vergessens von Eigennamen an einem prägnanten Beispiel aus meiner Selbstbeobachtung der psychologischen Analyse unterzogen und bin zum Ergebnis gelangt, daß dieser gewöhnliche und praktisch nicht sehr bedeutsame Einzelvorfall von Versagen einer psychischen Funktion – des Erinnerns – eine Aufklärung zuläßt, welche weit über die gebräuchliche Verwertung des Phänomens hinausführt.

Wenn ich nicht sehr irre, würde ein Psycholog, von dem man die Erklärung forderte, wie es zugehe, daß einem so oft ein Name nicht einfällt, den man doch zu kennen glaubt, sich begnügen, zu antworten, daß Eigennamen dem Vergessen leichter unterliegen als andersartiger Gedächtnisinhalt. Er würde die plausibeln Gründe für solche Bevorzugung der Eigennamen anführen, eine anderweitige Bedingtheit des Vorganges aber nicht vermuten.

Für mich wurde zum Anlaß einer eingehenderen Beschäftigung mit dem Phänomen des zeitweiligen Namenvergessens die Beobachtung gewisser Einzelheiten, die sich zwar nicht in allen Fällen, aber in einzelnen deutlich genug erkennen lassen. In solchen Fällen wird nämlich nicht nur *vergessen*, sondern auch *falsch erinnert*. Dem sich um den entfallenen Namen Bemühenden kommen andere – *Ersatznamen* – zum Bewußtsein, die zwar sofort als unrichtig erkannt werden, sich aber doch mit großer Zähigkeit immer wieder aufdrängen. Der Vorgang, der zur Reproduktion des gesuchten Namens führen soll, hat sich gleichsam *verschoben* und so zu einem unrichtigen Ersatz geführt. Meine Voraussetzung ist nun, daß diese Verschiebung nicht psychischer Willkür überlassen ist, sondern gesetzmäßige und berechenbare Bahnen einhält. Mit anderen Worten, ich vermute, daß der oder die Ersatznamen in einem aufspürbaren Zusammenhang mit dem gesuchten Namen stehen, und hoffe, wenn es mir gelingt, diesen Zusammenhang nachzuweisen, dann auch Licht über den Hergang des Namenvergessens zu verbreiten.

In dem 1898 von mir zur Analyse gewählten Beispiele war es der Name des Meisters, welcher im Dom von Orvieto die großartigen Fresken von den „letzten Dingen" geschaffen, den zu erinnern ich mich vergebens bemühte. Anstatt des gesuchten Namens – *Signorelli* – drängten sich mir zwei andere Namen von Malern auf – *Botticelli* und *Boltraffio* –, die mein Urteil sofort und entschieden als unrichtig abwies. Als mir der richtige Name von fremder Seite mitgeteilt wurde, erkannte ich ihn sogleich und ohne Schwanken. Die Untersuchung, durch welche Einflüsse und auf welchen Assoziationswegen sich die Reproduktion in solcher Weise – von *Signorelli* auf *Botticelli* und *Boltraffio* – verschoben hatte, führte zu folgenden Ergebnissen:

a) Der Grund für das Entfallen des Namens *Signorelli* ist weder in einer Besonderheit dieses Namens selbst noch in einem psychologischen Charakter des Zusammenhanges zu suchen, in welchen derselbe eingefügt war. Der vergessene Name war mir ebenso vertraut wie der eine der Ersatznamen – *Botticelli* – und ungleich vertrauter als der andere der Ersatznamen – *Boltraffio* –, von dessen Träger ich kaum etwas anderes anzugeben wüßte, als seine Zugehörigkeit zur mailändischen Schule. Der Zusammenhang aber, in dem sich das Namenvergessen ereignete, erscheint mir harmlos und führt zu keiner weiteren Aufklärung: Ich machte mit einem Fremden eine Wagenfahrt von Ragusa in Dalmatien nach einer Station der Herzegowina; wir kamen auf das Reisen in Italien zu sprechen, und ich fragte meinen Reisegefährten, ob er schon in Orvieto gewesen und dort die berühmten Fresken des *** besichtigt habe.

b) Das Namenvergessen erklärt sich erst, wenn ich mich an das in jener Unterhaltung unmittelbar vorhergehende Thema erinnere, und gibt sich als eine *Störung des neu auftauchenden Themas durch das vorhergehende* zu erkennen. Kurz ehe ich an meinen Reisegefährten die Frage stellte, ob er schon in Orvieto gewesen, hatten wir uns über die Sitten der in *Bosnien* und in der *Herzegowina* lebenden Türken unterhalten. Ich hatte erzählt, was ich von einem unter diesen Leuten praktizierenden Kollegen gehört hatte, daß sie sich voll Vertrauen in den Arzt und voll Ergebung in das Schicksal zu zeigen pflegen. Wenn man ihnen ankündigen muß, daß es für den Kranken keine Hilfe gibt, so antworten sie: *„Herr,* was ist da zu sagen? Ich weiß, wenn er zu retten wäre, hättest du ihn gerettet!" – Erst in diesen Sätzen finden sich die Worte und Namen: *Bosnien, Herzegowina, Herr* vor, welche sich in eine Assoziationsreihe zwischen *Signorelli* und *Botticelli* – *Boltraffio* einschalten lassen.

c) Ich nehme an, daß der Gedankenreihe von den Sitten der Türken in Bosnien etc. die Fähigkeit, einen nächsten Gedanken zu stören, darum zukam, weil ich ihr meine Aufmerksamkeit entzogen hatte, ehe sie noch zu Ende gebracht war. Ich erinnere mich nämlich, daß ich eine zweite Anekdote erzählen wollte, die nahe bei der ersten in meinem Gedächtnis ruhte. Diese Türken schätzen den Sexualgenuss über alles und verfallen bei sexuellen Störungen in eine Verzweiflung, welche seltsam gegen ihre Resignation bei Todesgefahr absticht. Einer der Patienten meines Kollegen hatte ihm einmal gesagt: „Du weißt ja, *Herr,* wenn *das* nicht mehr geht, dann hat das Leben keinen Wert." Ich unterdrückte die

Mitteilung dieses charakteristischen Zuges, weil ich das heikle Thema nicht im Gespräch mit einem Fremden berühren wollte. Ich tat aber noch mehr; ich lenkte meine Aufmerksamkeit auch von der Fortsetzung der Gedanken ab, die sich bei mir an das Thema „Tod und Sexualität" hätten knüpfen können. Ich stand damals unter der Nachwirkung einer Nachricht, die ich wenige Wochen vorher während eines kurzen Aufenthaltes in *Trafoi* erhalten hatte. Ein Patient, mit dem ich mir viele Mühe gegeben, hatte wegen einer unheilbaren sexuellen Störung seinem Leben ein Ende gemacht. Ich weiß bestimmt, daß mir auf jener Reise in die Herzegowina dieses traurige Ereignis und alles, was damit zusammenhängt, nicht zur bewußten Erinnerung kam. Aber die Übereinstimmung *Trafoi –Boltraffio* nötigt mich anzunehmen, daß damals diese Reminiszenz trotz der absichtlichen Ablenkung meiner Aufmerksamkeit in mir zur Wirksamkeit gebracht worden ist.

d) Ich kann das Vergessen des Namens *Signorelli* nicht mehr als ein zufälliges Ereignis auffassen. Ich muß den Einfluß eines *Motivs* bei diesem Vorgang anerkennen. Es waren Motive, die mich veranlaßten, mich in der Mitteilung meiner Gedanken (über die Sitten der Türken usw.) zu unterbrechen, und die mich ferner beeinflußten, die daran sich knüpfenden Gedanken, die bis zur Nachricht in Trafoi geführt hätten, in mir vom Bewußtwerden auszuschließen. Ich *wollte* also etwas vergessen, ich hatte etwas *verdrängt*. Ich wollte allerdings etwas anderes vergessen als den Namen des Meisters von Orvieto; aber dieses andere brachte es zustande, sich mit dessen Namen in assoziative Verbindung zu setzen, so daß mein Willensakt das Ziel verfehlte, und ich *das eine wider Willen* vergaß, während ich *das andere mit Absicht* vergessen wollte. Die Abneigung, zu erinnern, richtete sich gegen den einen Inhalt; die Unfähigkeit, zu erinnern, trat an einem anderen hervor. Es wäre offenbar ein einfacherer Fall, wenn Abneigung und Unfähigkeit, zu erinnern, denselben Inhalt beträfen. – Die Ersatznamen erscheinen mir auch nicht mehr so völlig unberechtigt wie vor der Aufklärung; sie mahnen mich (nach Art eines Kompromisses) ebenso sehr an das, was ich vergessen, wie an das, was ich erinnern wollte, und zeigen mir, daß meine Absicht, etwas zu vergessen, weder ganz gelungen noch ganz mißglückt ist.

e) Sehr auffällig ist die Art der Verknüpfung, die sich zwischen dem gesuchten Namen und dem verdrängten Thema (von Tod und Sexualität usw., in dem die Namen Bosnien, Herzegowina, Trafoi vorkommen) hergestellt hat. Das hier eingeschaltete, aus der Abhandlung des Jahres 1898 wiederholte Schema sucht diese Verknüpfung anschaulich darzustellen.

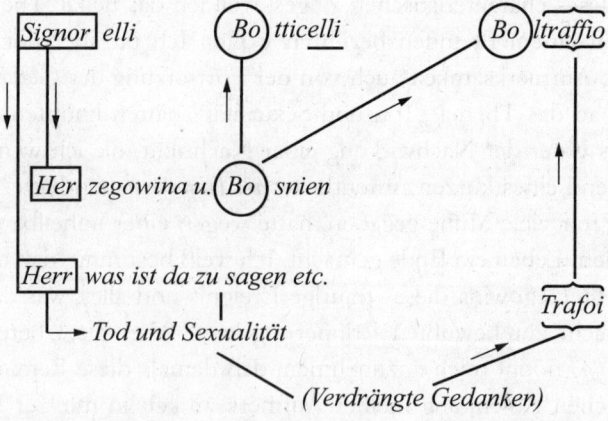

(Verdrängte Gedanken)

Der Name Signorelli ist dabei in zwei Stücke zerlegt worden. Das eine Silben-paar ist in einem der Ersatznamen unverändert wiedergekehrt(*elli*), das andere hat durch die Übersetzung *Signor – Herr* mehrfache und verschiedenartige Bezie-hungen zu den im verdrängten Thema enthaltenen Namen gewonnen, ist aber dadurch für die Reproduktion verloren gegangen. Sein Ersatz hat so stattgefun-den, als ob eine Verschiebung längs der Namenverbindung „Herzegowina und Bosnien" vorgenommen worden wäre, ohne Rücksicht auf den Sinn und auf die akustische Abgrenzung der Silben zu nehmen. Die Namen sind also bei diesem Vorgang ähnlich behandelt worden wie die Schriftbilder eines Satzes, der in ein Bilderrätsel (Rebus) umgewandelt werden soll. Von dem ganzen Hergang, der anstatt des Namens Signorelli auf solchen Wegen die Ersatznamen geschaffen hat, ist dem Bewußtsein keine Kunde gegeben worden. Eine Beziehung zwi-schen dem Thema, in dem der Name Signorelli vorkam, und dem zeitlich ihm vorangehenden verdrängten Thema, welche über diese Wiederkehr gleicher Sil-ben (oder vielmehr Buchstabenfolgen) hinausginge, scheint *zunächst* nicht auf-findbar zu sein.

Es ist vielleicht nicht überflüssig, zu bemerken, daß die von den Psycholo-gen angenommenen Bedingungen der Reproduktion und des Vergessens, die in gewissen Relationen und Dispositionen gesucht werden, durch die vorste-hende Aufklärung einen Widerspruch nicht erfahren. Wir haben nur für gewisse Fälle zu all den längst anerkannten Momenten, die das Vergessen eines Namens bewirken können, noch ein *Motiv* hinzugefügt und überdies den Mechanismus des Fehlerinnerns klargelegt. Jene Dispositionen sind auch für unseren Fall unentbehrlich, um die Möglichkeit zu schaffen, daß das verdrängte Element sich assoziativ des gesuchten Namens bemächtige und es mit sich in die Verdrän-gung nehme. Bei einem anderen Namen mit günstigeren Reproduktionsbedingungen wäre dies vielleicht nicht geschehen. Es ist ja wahrscheinlich, daß ein unterdrücktes Element allemal bestrebt ist, sich irgendwo anders zur Geltung zu bringen, diesen Erfolg aber nur dort erreicht, wo ihm geeignete Bedingungen entgegenkommen. Andere Male gelingt die Unterdrückung ohne Funktionsstörung, oder, wie wir mit Recht sagen können, ohne *Symptome*.

Die Zusammenfassung der Bedingungen für das Vergessen eines Namens mit Fehlerinnern ergibt also: 1.) eine gewisse Disposition zum Vergessen desselben, 2.) einen kurz vorher abgelaufenen Unterdrückungsvorgang, 3.) die Möglichkeit, eine *äußerliche* Assoziation zwischen dem betreffenden Namen und dem vorher unterdrückten Element herzustellen. Letztere Bedingung wird man wahrscheinlich nicht sehr hoch veranschlagen müssen, da bei den geringen Ansprüchen an die Assoziation eine solche in den allermeisten Fällen durchzusetzen sein dürfte. Eine andere und tiefer reichende Frage ist es, ob eine solche äußerliche Assoziation wirklich die genügende Bedingung dafür sein kann, daß das verdrängte Element die Reproduktion des gesuchten Namens störe, ob nicht doch notwendig ein intimerer Zusammenhang der beiden Themata erforderlich wird. Bei oberflächlicher Betrachtung würde man letztere Forderung abweisen wollen und das zeitliche Aneinanderstoßen bei völlig disparatem Inhalt für genügend halten. Bei eingehender Untersuchung findet man aber immer häufiger, daß die beiden durch eine äußerliche Assoziation verknüpften Elemente (das verdrängte und das neue) außerdem einen inhaltlichen Zusammenhang besitzen, und auch in dem Beispiel *Signorelli* läßt sich ein solcher erweisen.

Der Wert der Einsicht, die wir bei der Analyse des Beispiels *Signorelli* gewonnen haben, hängt natürlich davon ab, ob wir diesen Fall für ein typisches oder für ein vereinzeltes Vorkommnis erklären müssen. Ich muß nun behaupten, daß das Namenvergessen mit Fehlerinnern ungemein häufig so zugeht, wie wir es im Falle *Signorelli* aufgelöst haben. Fast allemal, da ich dies Phänomen bei mir selbst beobachten konnte, war ich auch imstande, es mir in der vorerwähnten Weise als durch Verdrängung motiviert zu erklären. Ich muß auch noch einen anderen Gesichtspunkt zugunsten der typischen Natur unserer Analyse geltend machen. Ich glaube, daß man nicht berechtigt ist, die Fälle von Namenvergessen mit Fehlerinnern prinzipiell von solchen zu trennen, in denen sich unrichtige Ersatznamen nicht eingestellt haben. Diese Ersatznamen kommen in einer Anzahl von Fällen spontan; in anderen Fällen, wo sie nicht spontan aufgetaucht sind, kann man sie durch Anstrengung der Aufmerksamkeit zum Auftauchen zwingen, und sie zeigen dann die nämlichen Beziehungen zum verdrängten Element und zum gesuchten Namen, wie wenn sie spontan gekommen wären. Für das Bewußtwerden der Ersatznamen scheinen zwei Momente maßgebend zu sein, erstens die Bemühung der Aufmerksamkeit, zweitens eine innere Bedingung, die am psychischen Material haftet. Ich könnte letztere in der größeren oder geringeren Leichtigkeit suchen, mit welcher sich die benötigte äußerliche Assoziation zwischen den beiden Elementen herstellt. Ein guter Teil der Fälle von Namenvergessen *ohne* Fehlerinnern schließt sich so den Fällen mit Ersatznamenbildung an, für welche der Mechanismus des Beispieles „Signorelli" gilt. Ich werde mich aber gewiß nicht der Behauptung erkühnen, daß alle Fälle von Namenvergessen in die nämliche Gruppe einzureihen seien. Es gibt ohne Zweifel Fälle von Namenvergessen, die weit einfacher zugehen. Wir werden den Sachverhalt wohl vorsichtig genug dargestellt haben, wenn wir aussprechen: *Neben dem einfachen Vergessen von Eigennamen kommt auch ein Vergessen vor, welches durch Verdrängung motiviert ist.*

II
Vergessen von fremdsprachigen Worten

Der gebräuchliche Sprachschatz unserer eigenen Sprache scheint innerhalb der Breite normaler Funktion gegen das Vergessen geschützt. Anders steht es bekanntlich mit den Vokabeln einer fremden Sprache. Die Disposition zum Vergessen derselben ist für alle Redeteile vorhanden, und ein erster Grad von Funktionsstörung zeigt sich in der Ungleichmäßigkeit unserer Verfügung über den fremden Sprachschatz, je nach unserem Allgemeinbefinden und dem Grade unserer Ermüdung. Dieses Vergessen geht in einer Reihe von Fällen nach demselben Mechanismus vor sich, den uns das Beispiel „Signorelli" enthüllt hat. Ich werde zum Beweise hierfür eine einzige, aber durch wertvolle Eigentümlichkeiten ausgezeichnete Analyse mitteilen, die den Fall des Vergessens eines nicht substantivischen Wortes aus einem lateinischen Zitat betrifft. Man gestatte mir, den kleinen Vorfall breit und anschaulich vorzutragen.

Im letzten Sommer erneuerte ich – wiederum auf der Ferienreise – die Bekanntschaft eines jungen Mannes von akademischer Bildung, der, wie ich bald merkte, mit einigen meiner psychologischen Publikationen vertraut war. Wir waren im Gespräch – ich weiß nicht mehr wie – auf die soziale Lage des Volksstammes gekommen, dem wir beide angehören, und er, der Ehrgeizige, erging sich in Bedauern darüber, daß seine Generation, wie er sich äußerte, zur Verkümmerung bestimmt sei, ihre Talente nicht entwickeln und ihre Bedürfnisse nicht befriedigen könne. Er schloß seine leidenschaftlich bewegte Rede mit dem bekannten *Vergilschen* Vers, in dem die unglückliche *Dido* ihre Rache an *Aeneas* der Nachwelt überträgt: „*Exoriare ...* ", vielmehr er wollte so schließen, denn er brachte das Zitat nicht zustande und suchte eine offenkundige Lücke der Erinnerung durch Umstellung von Worten zu verdecken: „*Exoriar(e) ex nostris ossi-*

bus ultor!" Endlich sagte er geärgert: „Bitte, machen Sie nicht ein so spöttisches Gesicht, als ob Sie sich an meiner Verlegenheit weiden würden, und helfen Sie mir lieber. An dem Vers fehlt etwas. Wie heißt er eigentlich vollständig?"

Gerne, erwiderte ich und zitierte, wie es richtig lautet:

„Exoriar(e) a l i q u i s nostris ex ossibus ultor!"

„Zu dumm, ein solches Wort zu vergessen. Übrigens von Ihnen hört man ja, daß man nichts ohne Grund vergißt. Ich wäre doch zu neugierig, zu erfahren, wie ich zum Vergessen dieses unbestimmten Pronomen *aliquis* komme."

Ich nahm diese Herausforderung bereitwilligst an, da ich einen Beitrag zu meiner Sammlung erhoffte. Ich sagte also: „Das können wir gleich haben. Ich muß Sie nur bitten, mir *aufrichtig* und *kritiklos* alles mitzuteilen, was Ihnen einfällt, wenn Sie ohne bestimmte Absicht Ihre Aufmerksamkeit auf das vergessene Wort richten."[1]

„Gut, also da komme ich auf den lächerlichen Einfall, mir das Wort in folgender Art zu zerteilen: *a* und *liquis*."

„Was soll das?" – „Weiß ich nicht." – „Was fällt Ihnen weiter dazu ein?" – „Das setzt sich so fort: *Reliquien – Liquidation – Flüssigkeit – Fluid.* Wissen Sie jetzt schon etwas?"

„Nein, noch lange nicht. Aber fahren Sie fort."

„Ich denke", fuhr er höhnisch lachend fort, „an *Simon* von *Trient,* dessen Reliquien ich vor zwei Jahren in einer Kirche in Trient gesehen habe. Ich denke an die Blutbeschuldigung, die gerade jetzt wieder gegen die Juden erhoben wird, und an die Schrift von *Kleinpaul,* der in all diesen angeblichen Opfern Inkarnationen, sozusagen Neuauflagen des Heilands sieht."

„Der Einfall ist nicht ganz ohne Zusammenhang mit dem Thema, über das wir uns unterhielten, ehe Ihnen das lateinische Wort entfiel."

„Richtig. Ich denke ferner an einen Zeitungsartikel in einem italienischen Journal, den ich kürzlich gelesen. Ich glaube, er war überschrieben: Was der hl. *Augustinus* über die Frauen sagt. Was machen Sie damit?"

„Ich warte."

„Also jetzt kommt etwas, was ganz gewiß außer Zusammenhang mit unserem Thema steht."

„Enthalten Sie sich gefälligst jeder Kritik und –"

„Ich weiß schon. Ich erinnere mich eines prächtigen alten Herrn, den ich vorige Woche auf der Reise getroffen. Ein wahres *Original.* Er sieht aus wie ein großer Raubvogel. Er heißt, wenn Sie es wissen wollen, *Benedikt."*

---

[1] · Dies ist der allgemeine Weg, um Vorstellungselemente, die sich verbergen, dem Bewußtsein zuzuführen. Vgl. meine *Traumdeutung* (8. Aufl., S. 71).

„Doch wenigstens eine Aneinanderreihung von Heiligen und Kirchenvätern: Der heilige *Simon, St. Augustinus, St. Benediktus*. Ein Kirchenvater hieß, glaube ich, *Origines*. Drei dieser Namen sind übrigens auch Vornamen wie *Paul* im Namen *Kleinpaul*."

„Jetzt fällt mir der heilige *Januarius* ein und sein Blutwunder – ich finde, das geht mechanisch so weiter."

„Lassen Sie das; der heilige *Januarius* und der heilige *Augustinus* haben beide mit dem Kalender zu tun. Wollen Sie mich nicht an das Blutwunder erinnern?"

„Das werden Sie doch kennen? In einer Kirche zu Neapel wird in einer Phiole das Blut des heiligen *Januarius* aufbewahrt, welches durch ein Wunder an einem bestimmten Festtag wieder *flüssig* wird. Das Volk hält viel auf dieses Wunder und wird sehr aufgeregt, wenn es sich verzögert, wie es einmal zur Zeit einer französischen Okkupation geschah. Da nahm der kommandierende General – oder irre ich mich? war es Garibaldi? – den geistlichen Herrn beiseite und bedeutete ihm mit einer sehr verständlichen Gebärde auf die draußen aufgestellten Soldaten, er *hoffe*, das Wunder werde sich sehr bald vollziehen. Und es vollzog sich wirklich ..."

„Nun und weiter? Warum stocken Sie?"

„Jetzt ist mir allerdings etwas eingefallen ... das ist aber zu intim für die Mitteilung ... Ich sehe übrigens keinen Zusammenhang und keine Nötigung, es zu erzählen."

„Für den Zusammenhang würde ich sorgen. Ich kann Sie ja nicht zwingen zu erzählen, was Ihnen unangenehm ist; dann verlangen Sie aber auch nicht von mir zu wissen, auf welchem Wege Sie jenes Wort *aliquis* vergessen haben."

„Wirklich? Glauben Sie? Also ich habe plötzlich an eine Dame gedacht, von der ich leicht eine Nachricht bekommen könnte, die uns beiden recht unangenehm wäre."

„Daß ihr die Periode ausgeblieben ist?"

„Wie können Sie das erraten?"

„Das ist nicht mehr schwierig. Sie haben mich genügend darauf vorbereitet. Denken Sie an die *Kalenderheiligen, an das Flüssigwerden des Blutes zu einem bestimmten Tage, den Aufruhr, wenn das Ereignis nicht eintritt, die deutliche Drohung, daß das Wunder vor sich gehen muß, sonst ...* Sie haben ja das Wunder des heiligen Januarius zu einer prächtigen Anspielung auf die Periode der Frau verarbeitet."

„Ohne daß ich es gewußt hätte. Und Sie meinen wirklich, wegen dieser ängstlichen Erwartung hätte ich das Wörtchen *aliquis* nicht reproduzieren können?"

„Das scheint mir unzweifelhaft. Erinnern Sie sich doch an Ihre Zerlegung in *a-liquis* und an die Assoziationen: *Reliquien, Liquidation, Flüssigkeit*. Soll ich noch den als *Kind hingeopferten* heiligen Simon, auf den Sie von den Reliquien her kamen, in den Zusammenhang einflechten?"

„Tun Sie das lieber nicht. Ich hoffe, Sie nehmen diese Gedanken, wenn ich sie wirklich gehabt habe, nicht für Ernst. Ich will Ihnen dafür gestehen, daß die Dame eine Italienerin ist, in deren Gesellschaft ich auch Neapel besucht habe. Kann das aber nicht alles Zufall sein?"

„Ich muß es Ihrer eigenen Beurteilung überlassen, ob Sie sich alle diese Zusammenhänge durch die Annahme eines Zufalls aufklären können. Ich sage Ihnen aber, jeder ähnliche Fall, den Sie analysieren wollen, wird Sie auf ebenso merkwürdige „Zufälle" führen."[2]

Ich habe mehrere Gründe, diese kleine Analyse, für deren Überlassung ich meinem damaligen Reisegenossen Dank schulde, zu schätzen. Erstens, weil mir in diesem Falle gestattet war, aus einer Quelle zu schöpfen, die mir sonst versagt ist. Ich bin zumeist genötigt, die Beispiele von psychischer Funktionsstörung im täglichen Leben, die ich hier zusammenstelle, meiner Selbstbeobachtung zu entnehmen. Das weit reichere Material, das mir meine neurotischen Patienten liefern, suche ich zu vermeiden, weil ich den Einwand fürchten muß, die betreffenden Phänomene seien eben Erfolge und Äußerungen der Neurose. Es hat also besonderen Wert für meine Zwecke, wenn sich eine nervengesunde fremde Person zum Objekt einer solchen Untersuchung erbietet. In anderer Hinsicht wird mir diese Analyse bedeutungsvoll, indem sie einen Fall von Wortvergessen *ohne* Ersatzerinnern beleuchtet und meinen vorhin aufgestellten Satz bestätigt, daß das Auftauchen oder Ausbleiben von unrichtigen Ersatzerinnerungen eine wesentliche Unterscheidung nicht begründen kann.[3]

---

[2] Diese kleine Analyse hat viel Aufmerksamkeit in der Literatur gefunden und lebhafte Diskussionen hervorgerufen. *E. Bleuler* hat gerade an ihr die Glaubwürdigkeit psychoanalytischer Deutungen mathematisch zu erfassen versucht und ist zum Schluß gelangt, daß sie mehr Wahrscheinlichkeitswert hat als Tausende von unangefochtenen medizinischen „Erkenntnissen" und daß sie ihre Sonderstellung nur dadurch bekommt, daß man noch nicht gewohnt ist, in der Wissenschaft mit psychologischen Wahrscheinlichkeiten zu rechnen. (*Das autistisch-undisziplinierte Denken in der Medizin und seine Überwindung.* Berlin 1919).

[3] Feinere Beobachtung schränkt den Gegensatz zwischen der Analyse „Signorelli" und der von *aliquis* betreffs der Ersatzerinnerungen um einiges ein. Auch hier scheint nämlich das Vergessen von einer Ersatzbildung begleitet zu sein. Als ich an meinen Partner nachträglich die Frage stellte, ob ihm bei seinen Bemühungen, das fehlende Wort zu erinnern, nicht irgend etwas zum Ersatz eingefallen sei, berichtete er, daß er zunächst die Versuchung verspürt habe, ein *ab* in den Vers zu bringen: *nostris ab ossibus* (vielleicht das unverknüpfte Stück von *a-liquis*) und dann, daß sich ihm das *exoriare* besonders deutlich und hartnäckig aufgedrängt habe. Als Skeptiker setzte er hinzu, offenbar weil es das erste Wort des Verses war. Als ich ihn bat, doch auf die Assoziationen von *exoriare* aus zu achten, gab er mir Exorzismus an. Ich kann mir also sehr wohl denken, daß die Verstärkung von *exoriare* in der Reproduktion eigentlich den Wert einer

Der Hauptwert des Beispiels *aliquis* ist aber in einem anderen seiner Unterschiede von dem Falle „Signorelli" gelegen. Im letzteren Beispiel wird die Reproduktion des Namens gestört durch die Nachwirkung eines Gedankenganges, der kurz vorher begonnen und abgebrochen wurde, dessen Inhalt aber in keinem deutlichen Zusammenhang mit dem neuen Thema stand, in dem der Name Signorelli enthalten war. Zwischen dem verdrängten und dem Thema des vergessenen Namens bestand bloß die Beziehung der zeitlichen Kontiguität; dieselbe reichte hin, damit sich die beiden durch eine äußerliche Assoziation in Verbindung setzen konnten.[4] Im Beispiel *aliquis* hingegen ist von einem solchen unabhängigen verdrängten Thema, welches unmittelbar vorher das bewußte Denken beschäftigt hätte und nun als Störung nachklänge, nichts zu merken. Die Störung der Reproduktion erfolgt hier aus dem Inneren des angeschlagenen Themas heraus, indem sich unbewußt ein Widerspruch gegen die im Zitat dargestellte Wunschidee erhebt. Man muß sich den Hergang in folgender Art konstruieren: Der Redner hat bedauert, daß die gegenwärtige Generation seines Volkes in ihren Rechten verkürzt wird; eine neue Generation, weissagt er wie Dido, wird die Rache an den Bedrängern übernehmen. Er hat also den Wunsch nach Nachkommenschaft ausgesprochen. In diesem Momente fährt ihm ein widersprechender Gedanke dazwischen. „Wünschest du dir Nachkommenschaft wirklich so lebhaft? Das ist nicht wahr. In welche Verlegenheit kämest

---

solchen Ersatzbildung hatte. Dieselbe wäre über die Assoziation: *Exorzismus* von den Namen der *Heiligen* her erfolgt. Indes sind dies Feinheiten, auf die man keinen Wert zu legen braucht. (P. *Wilson*: *The imperceptible Obvious,* Revista de Psiquiatria, Lima, Januar 1922, betont dagegen, daß der Verstärkung von *exoriare* ein hoher aufklärender Wert zukomme, da Exorzismus der beste symbolische Ersatz für den verdrängten Gedanken an die Beseitigung des gefürchteten Kindes durch Abortus wäre. Ich kann diese Berichtigung, welche die Verbindlichkeit der Analyse nicht schädigt, dankend annehmen.) – Es erscheint nun aber wohl möglich, daß das Auftreten irgendeiner Art von Ersatzerinnerung ein konstantes, vielleicht auch nur ein charakteristisches und verräterisches Zeichen des tendenziösen, durch Verdrängung motivierten Vergessens ist. Diese Ersatzbildung bestände auch dort, wo das Auftauchen unrichtiger Ersatzbildungen ausbleibt, in der Verstärkung eines Elementes, welches dem vergessenen benachbart ist. Im Falle „Signorelli" war z. B., solange mir der Name des Malers unzugänglich blieb, die visuelle Erinnerung an den Zyklus von Fresken und an sein in der Ecke eines Bildes angebrachtes Selbstportrait *überdeutlich*, jedenfalls weit intensiver als visuelle Erinnerungsspuren sonst bei mir auftreten. In einem anderen Falle, der gleichfalls in der Abhandlung von 1898 mitgeteilt ist, hatte ich von der Adresse eines mir unbequemen Besuches in einer fremden Stadt den Straßennamen hoffnungslos vergessen, die Hausnummer aber wie zum Spott – überdeutlich gemerkt, während sonst das Erinnern von Zahlen mir die größte Schwierigkeit bereitet.

[4] Ich möchte für das Fehlen eines inneren Zusammenhanges zwischen den beiden Gedankenkreisen im Falle Signorelli nicht mit voller Überzeugung einstehen. Bei sorgfältiger Verfolgung der verdrängten Gedanken über das Thema von Tod und Sexualleben stößt man doch auf eine Idee, die sich mit dem Thema der Fresken von Orvieto nahe berührt.

du, wenn du jetzt die Nachricht erhieltest, daß du von der einen Seite, die du kennst, Nachkommen zu erwarten hast? Nein, keine Nachkommenschaft – wiewohl wir sie für die Rache brauchen." Dieser Widerspruch bringt sich nun zur Geltung, indem er genau wie im Beispiel Signorelli eine äußerliche Assoziation zwischen einem seiner Vorstellungselemente und einem Elemente des beanstandeten Wunsches herstellt, und zwar diesmal auf eine höchst gewaltsame Weise durch einen gekünstelt erscheinenden Assoziationsumweg. Eine zweite wesentliche Übereinstimmung mit dem Beispiel Signorelli ergibt sich daraus, daß der Widerspruch aus verdrängten Quellen stammt und von Gedanken ausgeht, welche eine Abwendung der Aufmerksamkeit hervorrufen würden. – Soviel über die Verschiedenheit und über die innere Verwandtschaft der beiden Paradigmata des Namenvergessens. Wir haben einen zweiten Mechanismus des Vergessens kennengelernt, die Störung eines Gedankens durch einen aus dem Verdrängten kommenden inneren Widerspruch. Wir werden diesem Vorgang, der uns als der leichter verständliche erscheint, im Laufe dieser Erörterungen noch wiederholt begegnen.

III
Vergessen von Namen und Wortfolgen

Erfahrungen, wie die eben erwähnte, über den Hergang des Vergessens eines Stückes aus einer fremdsprachigen Wortfolge können die Wißbegierde rege machen, ob denn das Vergessen von Wortfolgen in der Muttersprache eine wesentlich andere Aufklärung erfordere. Man pflegt zwar nicht verwundert zu sein, wenn man eine auswendig gelernte Formel oder ein Gedicht nach einiger Zeit nur ungetreu, mit Abänderungen und Lücken reproduzieren kann. Da aber dieses Vergessen das im Zusammenhang Erlernte nicht gleichmäßig betrifft, sondern wiederum einzelne Stücke daraus loszubröckeln scheint, könnte es sich der Mühe verlohnen, einzelne Beispiele von solcher fehlerhaft gewordenen Reproduktion analytisch zu untersuchen.

Ein jüngerer Kollege, der im Gespräche mit mir die Vermutung äußerte, das Vergessen von Gedichten in der Muttersprache könnte wohl ähnlich motiviert sein wie das Vergessen einzelner Elemente in einer fremdsprachigen Wortfolge, erbot sich zugleich zum Untersuchungsobjekt. Ich fragte ihn, an welchem Gedichte er die Probe machen wolle, und er wählte *Die Braut von Korinth*, welches Gedicht er sehr liebe und wenigstens strophenweise auswendig zu kennen glaube. Zu Beginn der Reproduktion traf sich ihm eine eigentlich auffällige Unsicherheit. „Heißt es: ,*Von* Korinthus *nach* Athen gezogen' ", fragte er,

511

„oder ‚*Nach* Korinthus *von* Athen gezogen'?" Auch ich war einen Moment lange schwankend, bis ich lachend bemerkte, daß der Titel des Gedichtes *Die Braut von Korinth* ja keinen Zweifel darüber lasse, welchen Weg der Jüngling ziehe. Die Reproduktion der ersten Strophe ging dann glatt oder wenigstens ohne auffällige Verfälschung vor sich. Nach der ersten Zeile der zweiten Strophe schien der Kollege eine Weile zu suchen; er setzte bald fort und rezitierte also:

> Aber wird er auch willkommen scheinen,
> Jetzt, wo jeder Tag was Neues bringt?
> Denn er ist noch Heide mit den Seinen
> Und sie sind Christen und – getauft.

Ich hatte schon vorher wie befremdet aufgehorcht; nach dem Schlusse der letzten Zeile waren wir beide einig, daß hier eine Entstellung stattgefunden habe. Da es uns aber nicht gelang, dieselbe zu korrigieren, eilten wir zur Bibliothek, um Goethes Gedichte zur Hand zu nehmen, und fanden zu unserer Überraschung, daß die zweite Zeile dieser Strophe einen völlig anderen Wortlaut habe, der vom Gedächtnis des Kollegen gleichsam herausgeworfen und durch etwas anscheinend Fremdes ersetzt worden war. Es hieß richtig:

> Aber wird er auch willkommen scheinen,
> *Wenn er teuer nicht die Gunst erkauft.*

Auf „erkauft" reimte „getauft" und es schien mir sonderbar, daß die Konstellation: Heide, Christen und getauft, ihn bei der Wiederherstellung des Textes so wenig gefördert hatte. „Können Sie sich erklären", fragte ich den Kollegen, „daß Sie in dem Ihnen angeblich so wohl vertrauten Gedichte die Zeile so vollständig gestrichen haben, und haben Sie eine Ahnung, aus welchem Zusammenhang Sie den Ersatz holen konnten?"

Er war imstande, Aufklärung zu geben, obwohl er es offenbar nicht sehr gern tat. „ Die Zeile: Jetzt, wo jeder Tag was Neues bringt, kommt mir bekannt vor; ich muß diese Worte vor kurzem mit Bezug auf meine Praxis gebraucht haben, mit deren Aufschwung ich, wie Sie wissen, gegenwärtig sehr zufrieden bin. Wie dieser Satz aber dahinein gehört? Ich wüßte einen Zusammenhang. Die Zeile ‚wenn er teuer nicht die Gunst erkauft' war mir offenbar nicht angenehm. Es hängt das mit einer Bewerbung zusammen, die ein erstes Mal abgeschlagen worden ist, und die ich jetzt mit Rücksicht auf meine sehr gebesserte materielle Lage zu wiederholen gedenke. Ich kann Ihnen nicht mehr sagen, aber es kann mir doch gewiß nicht lieb sein, wenn ich jetzt angenommen werde, mich daran zu erinnern, daß eine Art von Berechnung damals wie nun den Ausschlag gegeben hat."

Das erschien mir einleuchtend, auch ohne daß ich die näheren Umstände zu wissen brauchte. Aber ich fragte weiter: „Wie kommen Sie überhaupt dazu, sich und Ihre privaten Verhältnisse in den Text der *Braut von Korinth* zu mengen? Bestehen vielleicht in Ihrem Falle solche Unterschiede der Religionsbekenntnisse, wie sie im Gedichte zur Bedeutung kommen?"

> (Keimt ein Glaube neu,
> wird oft Lieb' und Treu
> wie ein böses Unkraut ausgerauft.)

Ich hatte nicht richtig geraten, aber es war merkwürdig zu erfahren, wie die eine wohlgezielte Frage den Mann plötzlich hellsehend machte, so daß er mir als Antwort bringen könnte, was ihm sicherlich bis dahin selbst unbekannt geblieben war. Er sah mich mit einem gequälten und auch unwilligen Blick an, murmelte eine spätere Stelle des Gedichtes vor sich hin:

> Sieh sie an genau[5]!
> Morgen ist sie grau.

und fügte kurz hinzu: „Sie ist etwas älter als ich." Um ihm nicht noch mehr Pein zu bereiten, brach ich die Erkundigung ab. Die Aufklärung erschien mir zureichend. Aber es war gewiß überraschend, daß die Bemühung, eine harmlose Fehlleistung des Gedächtnisses auf ihren Grund zurückzuführen, an so fern liegende, intime und mit peinlichem Affekt besetzte Angelegenheiten des Untersuchten rühren mußte.

Ein anderes Beispiel von Vergessen in der Wortfolge eines bekannten Gedichtes will ich nach *C. G. Jung*[6] und mit den Worten des Autors anführen.

„Ein Herr will das bekannte Gedicht rezitieren: ‚Ein Fichtenbaum steht einsam usw.' In der Zeile: ‚Ihn schläfert' bleibt er rettungslos stecken, er hat ‚mit weißer Decke' total vergessen. Dieses Vergessen in einem so bekannten Vers schien mir auffallend, und ich ließ ihn nun reproduzieren, was ihm zu ‚mit weißer Decke' einfiel. Es entstand folgende Reihe: ‚Man denkt bei weißer Decke an ein Totentuch – ein Leintuch, mit dem man einen Toten zudeckt – (Pause) – jetzt fällt mir ein naher Freund ein – sein Bruder ist jüngst ganz plötzlich gestorben – er soll an einem Herzschlag gestorben sein – er war eben *auch* sehr korpulent – mein Freund ist *auch* korpulent und ich habe schon gedacht, es könnte ihm *auch*

---

[5] Der Kollege hat übrigens die schöne Stelle des Gedichtes sowohl in ihrem Wortlaut wie nach ihrer Anwendung etwas abgeändert. Das gespenstische Mädchen sagt seinem Bräutigam: Meine Kette hab' ich dir gegeben; / Deine Locke nehm' ich mit mir fort. / Sieh sie an genau! / Morgen bist du grau, / Und nur braun erscheinst du wieder dort.

[6] C. G. Jung, *Über die Psychologie der Dementia praecox*, 1907, Seite 64.

so gehen – er gibt sich wahrscheinlich zu wenig Bewegung – als ich von dem Todesfall hörte, ist mir plötzlich angst geworden, es könnte mir *auch* so gehen, da wir in unserer Familie sowieso Neigung zur Fettsucht haben, und auch mein Großvater an einem Herzschlag gestorben ist; ich finde mich auch zu korpulent und habe deshalb in diesen Tagen mit einer Entfettungskur begonnen.' "

„Der Herr hat sich also unbewußt sofort mit dem Fichtenbaum identifiziert", bemerkt *Jung*, „der vom weißen Leichentuch umhüllt ist."

Das nachstehende Beispiel von Vergessen einer Wortfolge, das ich meinem Freunde *S. Ferenczi* in Budapest verdanke, bezieht sich, anders als die vorigen, auf eine selbstgeprägte Rede, nicht auf einen vom Dichter übernommenen Satz. Es mag uns auch den nicht ganz gewöhnlichen Fall vorführen, daß sich das Vergessen in den Dienst unserer Besonnenheit stellt, wenn ihr die Gefahr droht, einem augenblicklichen Gelüste zu erliegen. Die Fehlleistung gelangt so zu einer nützlichen Funktion. Wenn wir wieder ernüchtert sind, geben wir dann jener inneren Strömung recht, welche sich vorhin nur durch ein Versagen – ein Vergessen, eine psychische Impotenz – äußern konnte.

„In einer Gesellschaft fällt das Wort ,*Tout comprendre c'est tout pardonner*'. Ich bemerke dazu, daß der erste Teil des Satzes genügt; das ,Pardonnieren' sei eine Überhebung, man überlasse das Gott und den Geistlichen. Ein Anwesender findet diese Bemerkung sehr gut; das macht mich verwegen und – wahrscheinlich um die gute Meinung des wohlwollenden Kritikers zu sichern – sage ich, daß mir unlängst etwas Besseres eingefallen sei. Wie ich es aber erzählen will – fällt es mir nicht ein. – Ich ziehe mich sofort zurück und schreibe die Deckeinfälle auf. – Zuerst kommt der Name des Freundes und der Straße in Budapest, die die Zeugen der Geburt jenes (gesuchten) Einfalles waren; dann der Name eines anderen Freundes, *Max*, den wir gewöhnlich *Maxi* nennen. Das führt mich zum Worte *Maxime* und zur Erinnerung, daß es sich damals (wie im eingangs erwähnten Falle) um die Abänderung einer bekannten Maxime handelte. Seltsamerweise fällt mir dazu nicht eine Maxime, sondern folgendes ein: *Gott schuf den Menschen nach seinem Bilde*, und dessen veränderte Fassung: *der Mensch schuf Gott nach dem seinigen*. Daraufhin taucht sofort die Erinnerung an das Gesuchte auf: Mein Freund sagte damals zu mir in der Andrássystraße: *Nichts Menschliches ist mir fremd*, worauf ich – auf die psychoanalytischen Erfahrungen anspielend – sagte: *Du solltest weitergehen und bekennen, daß dir nichts Tierisches fremd ist.*

Nachdem ich aber endlich die Erinnerung an das Gesuchte hatte, konnte ich es in der Gesellschaft, in der ich mich gerade befand, erst recht nicht erzählen. Die junge Gattin des Freundes, den ich an die Animalität des Unbewußten erinnert hatte, war auch unter den Anwesenden, und ich mußte wissen, daß sie zur Kenntnisnahme solcher unerfreulicher Einsichten gar nicht vorbereitet war.

Durch das Vergessen ist mir eine Reihe unangenehmer Fragen ihrerseits und eine aussichtslose Diskussion erspart worden, und gerade das muß das Motiv der ‚temporären Amnesie' gewesen sein.

Es ist interessant, daß sich als Deckeinfall ein Satz einstellte, in dem die Gottheit zu einer menschlichen Erfindung degradiert wird, während im gesuchten Satze auf das Tierische im Menschen hingewiesen wurde. Also die *capitis diminutio* ist das Gemeinsame. Das Ganze ist offenbar nur die Fortsetzung des durch das Gespräch angeregten Gedankenganges über das Verstehen und Verzeihen.

Daß sich in diesem Falle das Gesuchte so rasch einstellte, verdanke ich vielleicht auch dem Umstand, daß ich mich aus der Gesellschaft, in der es zensuriert war, sofort in ein menschenleeres Zimmer zurückzog."

Ich habe seither zahlreiche andere Analysen in Fällen von Vergessen oder fehlerhafter Reproduktion einer Wortfolge angestellt und bin durch das übereinstimmende Ergebnis dieser Untersuchungen der Annahme geneigt worden, daß der in den Beispielen *„aliquis"* und „Braut von Korinth" nachgewiesene Mechanismus des Vergessens fast allgemeine Gültigkeit hat. Es ist meist nicht sehr bequem, solche Analysen mitzuteilen, da sie wie die vorstehend erwähnten stets zu intimen und für den Analysierten peinlichen Dingen hinleiten; ich werde die Zahl solcher Beispiele darum auch nicht weiter vermehren. Gemeinsam bleibt all diesen Fällen ohne Unterschied des Materials, daß das Vergessene oder Entstellte auf irgendeinem assoziativen Wege mit einem unbewußten Gedankeninhalt in Verbindung gebracht wird, von welchem die als Vergessen sichtbar gewordene Wirkung ausgeht.

Ich wende mich nun wiederum zu dem Vergessen von Namen, wovon wir bisher weder die Kasuistik noch die Motive erschöpfend betrachtet haben. Da ich gerade diese Art von Fehlleistung bei mir zuzeiten reichlich beobachten kann, bin ich um Beispiele hiefür nicht verlegen. Die leisen Migränen, an denen ich noch immer leide, pflegen sich Stunden vorher durch Namenvergessen anzukündigen, und auf der Höhe des Zustandes, während dessen ich die Arbeit aufzugeben nicht genötigt bin, bleiben mir häufig alle Eigennamen aus. Nun könnten gerade Fälle wie der meinige zu einer prinzipiellen Einwendung gegen unsere analytischen Bemühungen Anlaß geben. Soll man aus solchen Beobachtungen nicht folgern müssen, daß die Verursachung der Vergeßlichkeit und speziell des Namenvergessens in Zirkulations- und allgemeinen Funktionsstörungen des Großhirns gelegen ist, und sich darum psychologische Erklärungsversuche für diese Phänomene ersparen? Ich meine keineswegs; das hieße den in allen Fällen gleichartigen Mechanismus eines Vorgangs mit dessen variabeln und nicht notwendig erforderlichen Begünstigungen verwechseln. An Stelle einer Auseinandersetzung will ich aber ein Gleichnis zur Erledigung des Einwandes bringen.

Nehmen wir an, ich sei so unvorsichtig gewesen, zur Nachtzeit in einer menschenleeren Gegend der Großstadt spazieren zu gehen, werde überfallen und meiner Uhr und Börse beraubt. An der nächsten Polizeiwachstelle erstatte ich dann die Meldung mit den Worten: Ich bin in dieser und jener Straße gewesen, dort haben *Einsamkeit* und *Dunkelheit* mir Uhr und Börse weggenommen. Obwohl ich in diesen Worten nichts gesagt hätte, was nicht richtig wäre, liefe ich doch Gefahr, nach dem Wortlaut meiner Meldung für nicht ganz richtig im Kopfe gehalten zu werden. Der Sachverhalt kann in korrekter Weise nur so beschrieben werden, daß, von der Einsamkeit des Ortes *begünstigt*, unter dem *Schutze* der Dunkelheit *unbekannte* Täter mich meiner Kostbarkeiten beraubt haben. Nun denn, der Sachverhalt beim Namenvergessen braucht kein anderer zu sein; durch Ermüdung, Zirkulationsstörung und Intoxikation begünstigt, raubt mir eine unbekannte psychische Macht die Verfügung über die meinem Gedächtnis zustehenden Eigennamen, dieselbe Macht, welche in anderen Fällen dasselbe Versagen des Gedächtnisses bei voller Gesundheit und Leistungsfähigkeit zustande bringen kann.

Wenn ich die an mir selbst beobachteten Fälle von Namenvergessen analysiere, so finde ich fast regelmäßig, daß der vorenthaltene Name eine Beziehung zu einem Thema hat, welches meine Person nahe angeht, und starke, oft peinliche Affekte in mir hervorzurufen vermag. Nach der bequemen und empfehlenswerten Übung der Züricher Schule (*Bleuler, Jung, Riklin*) kann ich dasselbe auch in der Form ausdrücken : Der entzogene Name habe einen „persönlichen Komplex" in mir gestreift. Die Beziehung des Namens zu meiner Person ist eine unerwartete, meist durch oberflächliche Assoziation (Wortzweideutigkeit, Gleichklang) vermittelte; sie kann allgemein als eine Seitenbeziehung gekennzeichnet werden. Einige einfache Beispiele werden die Natur derselben am besten erläutern:

1) Ein Patient bittet mich, ihm einen Kurort an der Riviera zu empfehlen. Ich weiß einen solchen Ort ganz nahe bei Genua, erinnere auch den Namen des deutschen Kollegen, der dort praktiziert, aber den Ort selbst kann ich nicht nennen, so gut ich ihn auch zu kennen glaube. Es bleibt mir nichts anderes übrig, als den Patienten warten zu heißen und mich rasch an die Frauen meiner Familie zu wenden. „Wie heißt doch der Ort neben Genua, wo Dr. N. seine kleine Anstalt hat, in der die und jene Frau so lange in Behandlung war?" „Natürlich, gerade du mußtest diesen Namen vergessen. *Nervi* heißt er." Mit *Nerven* habe ich allerdings genug zu tun.

2) Ein anderer spricht von einer nahen Sommerfrische und behauptet, es gebe dort außer den zwei bekannten ein drittes Wirtshaus, an welches sich für ihn eine gewisse Erinnerung knüpfe; den Namen werde er mir sogleich sagen.

Ich bestreite die Existenz dieses dritten Wirtshauses und berufe mich darauf, daß ich sieben Sommer hindurch in jenem Orte gewohnt habe, ihn also besser kennen muß als er. Durch den Widerspruch gereizt, hat er sich aber schon des Namens bemächtigt. Das Gasthaus heißt: der *Hochwartner*. Da muß ich freilich nachgeben, ja ich muß bekennen, daß ich sieben Sommer lang in der nächsten Nähe dieses von mir verleugneten Wirtshauses gewohnt habe. Warum sollte ich hier Namen und Sache vergessen haben? Ich meine, weil der Name gar zu deutlich an den eines Wiener Fachkollegen anklingt, wiederum den „professionellen" Komplex in mir anrührt.

3) Ein andermal, im Begriffe auf dem Bahnhof von *Reichenhall* eine Fahrkarte zu lösen, will mir der sonst sehr vertraute Name der nächsten großen Bahnstation, die ich schon so oft passiert habe, nicht einfallen. Ich muß ihn allen Ernstes auf dem Fahrplan suchen. Er lautet: *Rosenheim*. Dann weiß ich aber sofort, durch welche Assoziation er mir abhanden gekommen ist. Eine Stunde vorher hatte ich meine Schwester in ihrem Wohnorte ganz nahe bei Reichenhall besucht; meine Schwester heißt *Rosa*, also auch ein *Rosenheim*. Diesen Namen hat mir der „Familienkomplex" weggenommen.

4) Das geradezu räuberische Wirken des „Familienkomplexes" kann ich dann in einer ganzen Anzahl von Beispielen verfolgen. Eines Tages kam ein junger Mann in meine Ordination, jüngerer Bruder einer Patientin, den ich ungezählte Male gesehen hatte, und dessen Person ich mit dem Vornamen zu bezeichnen gewohnt war. Als ich dann von seinem Besuch erzählen wollte, hatte ich seinen, wie ich wußte, keineswegs ungewöhnlichen Vornamen vergessen und konnte ihn durch keine Hilfe zurückrufen. Ich ging dann auf die Straße, um Firmenschilder zu lesen, und erkannte den Namen, sowie er mir das erstemal entgegentrat. Die Analyse belehrte mich darüber, daß ich zwischen dem Besucher und meinem eigenen Bruder eine Parallele gezogen hatte, die in der verdrängten Frage gipfeln wollte: Hätte sich mein Bruder im gleichen Falle ähnlich oder vielmehr entgegengesetzt benommen? Die äußerliche Verbindung zwischen den Gedanken über die fremde und über die eigene Familie war durch den Zufall ermöglicht worden, daß die Mütter hier und dort den gleichen Vornamen: Amalia tragen. Ich verstand dann auch nachträglich die Ersatznamen: Daniel und Franz, die sich mir aufgedrängt hatten, ohne mich aufzuklären. Es sind dies, wie auch Amalia, Namen aus den Räubern von *Schiller*, an welche sich ein Scherz des Wiener Spaziergängers *Daniel Spitzer* knüpft.

5) Ein andermal kann ich den Namen eines Patienten nicht finden, der zu meinen Jugendbeziehungen gehört. Die Analyse führt über einen langen Umweg, ehe sie mir den gesuchten Namen liefert. Der Patient hatte die Angst geäußert, das Augenlicht zu verlieren; dies rief die Erinnerung an einen jungen

Mann wach, der durch einen Schuß blind geworden war; daran knüpfte sich wieder das Bild eines anderen Jünglings, der sich angeschossen hatte, und dieser letztere trug denselben Namen wie der erste Patient, obwohl er nicht mit ihm verwandt war. Den Namen fand ich aber erst, nachdem mir die Übertragung einer ängstlichen Erwartung von diesen beiden juvenilen Fällen auf eine Person meiner eigenen Familie bewußt geworden war.

Ein beständiger Strom von „Eigenbeziehung" geht so durch mein Denken, von dem ich für gewöhnlich keine Kunde erhalte, der sich mir aber durch solches Namenvergessen verrät. Es ist, als wäre ich genötigt, alles, was ich über fremde Personen höre, mit der eigenen Person zu vergleichen, als ob meine persönlichen Komplexe bei jeder Kenntnisnahme von anderen rege würden. Dies kann unmöglich eine individuelle Eigenheit meiner Person sein; es muß vielmehr einen Hinweis auf die Art, wie wir überhaupt „Anderes" verstehen, enthalten. Ich habe Gründe anzunehmen, daß es bei anderen Individuen ganz ähnlich zugeht wie bei mir.

Das Schönste dieser Art hat mir als eigenes Erlebnis ein Herr Lederer berichtet. Er traf auf seiner Hochzeitsreise in Venedig mit einem ihm oberflächlich bekannten Herrn zusammen, den er seiner jungen Frau vorstellen mußte. Da er aber den Namen des Fremden vergessen hatte, half er sich das erstemal mit einem unverständlichen Gemurmel. Als er dann dem Herrn, wie in Venedig unausweichlich, ein zweitesmal begegnete, nahm er ihn beiseite und bat ihn, ihm doch aus der Verlegenheit zu helfen, indem er ihm seinen Namen sage, den er leider vergessen habe. Die Antwort des Fremden zeugte von überlegener Menschenkenntnis: Ich glaube es gern, daß Sie sich meinen Namen nicht gemerkt haben. Ich heiße wie Sie: *Lederer!* – Man kann sich einer leicht unangenehmen Empfindung nicht erwehren, wenn man seinen eigenen Namen bei einem Fremden wiederfindet. Ich verspürte sie unlängst recht deutlich, als sich mir in der ärztlichen Sprechstunde ein Herr S. Freud vorstellte. (Übrigens nehme ich Notiz von der Versicherung eines meiner Kritiker, daß er sich in diesem Punkte entgegengesetzt wie ich verhalte).

6) Die Wirksamkeit der Eigenbeziehung erkennt man auch in folgendem von *Jung*[7] mitgeteilten Beispiel:

„Ein Herr Y. verliebte sich erfolglos in eine Dame, welche bald darauf einen Herrn X. heiratete. Trotzdem nun Herr Y. den Herrn X. schon seit geraumer Zeit kennt und sogar in geschäftlichen Verbindungen mit ihm steht, vergißt er immer und immer wieder dessen Namen, so daß er sich mehreremal bei anderen Leuten danach erkundigen mußte, als er mit Herrn X. korrespondieren wollte."

---

[7] *Dementia praecox*, S. 52.

Indes ist die Motivierung des Vergessens in diesem Falle durchsichtiger als in den vorigen, welche unter der Konstellation der Eigenbeziehung stehen. Das Vergessen scheint hier direkte Folge der Abneigung des Herrn Y. gegen seinen glücklicheren Rivalen; er will nichts von ihm wissen: „nicht gedacht soll seiner werden".

7) Das Motiv zum Vergessen eines Namens kann auch ein feineres sein, in einem sozusagen „sublimierten" Groll gegen dessen Träger bestehen. So schreibt ein Fräulein I. v. K. aus Budapest:

„Ich habe mir eine kleine Theorie zurechtgelegt. Ich habe nämlich beobachtet, daß Menschen, die Talent zur Malerei, für Musik keinen Sinn haben, und umgekehrt. Vor einiger Zeit sprach ich hierüber mit jemandem, indem ich sagte: ‚Meine Beobachtung hat bisher immer zugetroffen, einen Fall ausgenommen.' Als ich mich an den Namen dieser Person erinnern wollte, hatte ich ihn hoffnungslos vergessen, trotzdem ich wußte, daß sein Träger einer meiner intimsten Bekannten ist. Als ich nach einigen Tagen den Namen zufällig nennen hörte, wußte ich natürlich sofort, daß vom Zerstörer meiner Theorie die Rede war. Der Groll, den ich unbewußt gegen ihn hegte, äußerte sich durch das Vergessen seines mir sonst so geläufigen Namens."

8) Auf etwas anderem Wege führte die Eigenbeziehung zum Vergessen eines Namens in dem folgenden von *Ferenczi* mitgeteilten Falle, dessen Analyse besonders durch die Aufklärung der Ersatzeinfälle (wie Botticelli–Boltraffio zu Signorelli) lehrreich wird.

„Einer Dame, die etwas von Psychoanalyse gehört hat, will der Name des Psychiaters Jung nicht einfallen. Dafür stellen sich folgende Einfälle ein: *Kl. (ein Name) – Wilde – Nietzsche – Hauptmann.*

Ich sage ihr den Namen nicht und fordere sie auf, an jeden einzelnen Einfall frei zu assoziieren.

‚Bei Kl. denkt sie sofort an Frau Kl. und daß sie eine gezierte, affektierte Person sei, die aber für ihr Alter sehr gut aussehe: ‚sie wird *nicht alt.*' Als gemeinsamen Oberbegriff von Wilde und Nietzsche nennt sie ‚*Geisteskrankheit.*' Dann sagt sie spöttisch: ‚sie *Freudianer* werden so lange die Ursachen der Geisteskrankheiten suchen, bis Sie selbst *geisteskrank* werden.' Dann: ‚Ich kann *Wilde* und *Nietzsche* nicht ausstehen. Ich verstehe sie nicht. Ich höre, sie waren beide homosexuell; *Wilde* hat sich mit *jungen* Leuten abgegeben.' (Trotzdem sie in diesem Satze den richtigen Namen – allerdings ungarisch – schon ausgesprochen hat, kann sie sich seiner immer noch nicht erinnern.)

Zu *Hauptmann* fällt ihr *Halbe,* dann *Jugend* ein, und jetzt erst, nachdem ich ihre Aufmerksamkeit auf das Wort *Jugend* lenke, weiß sie, daß sie den Namen *Jung* gesucht hat.

Allerdings hat diese Dame, die im Alter von 39 Jahren den Gatten verlor und keine Aussicht hat, sich wieder zu verheiraten, Grund genug, der Erinnerung an alles, was an *Jugend* oder *Alter* gemahnt, auszuweichen. Auffallend ist die rein inhaltliche Assoziierung der Deckeinfälle zu dem gesuchten Namen und das Fehlen von Klangassoziationen."

9) Noch anders und sehr fein motiviert ist ein Beispiel von Namenvergessen, welches sich der Betreffende selbst aufgeklärt hat:

„Als ich Prüfung aus Philosophie als Nebengegenstand machte, wurde ich vom Examinator nach der Lehre *Epikurs* gefragt, und dann weiter, ob ich wisse, wer dessen Lehre in späteren Jahrhunderten wieder aufgenommen habe. Ich antwortete mit dem Namen *Pierre Gassendi*, den ich gerade zwei Tage vorher im Café als Schüler *Epikurs* hatte nennen hören. Auf die erstaunte Frage, woher ich das wisse, gab ich kühn die Antwort, daß ich mich seit langem für *Gassendi* interessiert habe. Daraus ergab sich ein *magna cum laude* fürs Zeugnis, aber leider auch für später eine hartnäckige Neigung, den Namen *Gassendi* zu vergessen. Ich glaube, mein schlechtes Gewissen ist schuld daran, wenn ich diesen Namen allen Bemühungen zum Trotz jetzt nicht behalten kann. Ich hätte ihn ja auch damals nicht wissen sollen."

Will man die Intensität der Abneigung gegen die Erinnerung an diese Prüfungsepisode bei unserem Gewährsmann richtig würdigen, so muß man erfahren haben, wie hoch er seinen Doktortitel anschlägt, und für wieviel anderes ihm dieser Ersatz bieten muß.

10) Ich schalte hier noch ein Beispiel von Vergessen eines Städtenamens ein, welches vielleicht nicht so einfach ist wie die vorher angeführten, aber jedem mit solchen Untersuchungen Vertrauteren glaubwürdig und wertvoll erscheinen wird. Der Name einer italienischen Stadt entzieht sich der Erinnerung infolge seiner weitgehenden Klangähnlichkeit mit einem weiblichen Vornamen, an den sich vielerlei affektvolle, in der Mitteilung wohl nicht erschöpfend ausgeführte Erinnerungen knüpfen. *S. Ferenczi* (Budapest), der diesen Fall von Vergessen an sich selbst beobachtete, hat ihn behandelt, wie man einen Traum oder eine neurotische Idee analysiert, und dies gewiß mit Recht.

„Ich war heute bei einer befreundeten Familie, es kamen oberitalienische Städte zur Sprache. Da erwähnt jemand, daß diese den österreichischen Einfluß noch erkennen lassen. Man zitiert einige dieser Städte; auch ich will eine nennen, ihr Name fällt mir aber nicht ein, obzwar ich weiß, daß ich dort zwei sehr angenehme Tage verlebte, was nicht gut zu Freuds Theorie des Vergessens stimmt. – Statt des gesuchten Städtenamens drängen sich mir folgende Einfälle auf: *Capua – Brescia – Der Löwe von Brescia.*

Diesen ‚Löwen' sehe ich in Gestalt einer Marmorstatue wie gegenständlich vor mir stehen, merke aber sofort, daß er weniger dem Löwen auf dem Freiheitsdenkmal zu Brescia (das ich nur im Bilde gesehen habe), als jenem anderen marmornen Löwen ähnelt, den ich am *Grabdenkmal* der in den *Tuilerien gefallenen Schweizer Gardisten in Luzern* gesehen habe, und dessen Reproduktion *en miniature* auf meinem Bücherschrank steht. Endlich fällt mir der gesuchte Name doch ein: es ist Verona.

Ich weiß auch sofort, wer an dieser Amnesie schuld war. Niemand anderer als eine frühere Bedienstete der Familie, bei der ich gerade zu Gaste war. Sie hieß *Veronika,* auf ungarisch *Verona,* und war mir wegen ihrer abstoßenden Physiognomie wie auch wegen ihrer *heiseren, kreischenden Stimme* und unleidlichen Konfidenz (wozu sie sich durch die lange Dienstzeit berechtigt glaubte) sehr antipathisch. Auch die *tyrannische Art,* wie sie seinerzeit die Kinder des Hauses behandelte, war mir unausstehlich. Nun wußte ich auch, was die Ersatzeinfälle bedeuteten.

An *Capua* assoziiere ich sofort *caput mortuum.* Ich verglich Veronikas Kopf sehr oft mit einem *Totenschädel.* – Das ungarische Wort *kapzsi* (geldgierig) gab sicher auch eine Determinierung für die Verschiebung her. Natürlich finde ich auch jene viel direkteren Assoziationswege, die *Capua* und *Verona* als geographische Begriffe und als italienische Worte mit gleichem Rhythmus miteinander verbinden. Das gleiche gilt von *Brescia;* aber auch hier finden sich verschlungene Seitenwege der Ideenverknüpfung.

Meine Antipathie war seinerzeit so heftig, daß ich Veronika förmlich ekelhaft fand und mehreremal mein Erstaunen darüber äußerte, daß sie doch ein Liebesleben haben und geliebt werden konnte; ‚sie zu küssen‘ – sagte ich –, muß ja einen *Brechreiz* hervorrufen.‘ Und doch war sie sicher längst in Beziehung zu bringen zur Idee der *gefallenen* Schweizer Gardisten.

Brescia wird, wenigstens hier in Ungarn, nicht mit dem Löwen, sondern einem anderen *wilden Tier* zusammen sehr oft genannt. Der bestgehaßte Name in diesem Lande wie auch in Oberitalien ist der des Generals *Haynau,* der kurzweg die *Hyäne von Brescia* genannt wird. Vom gehaßten Tyrannen Haynau führt also der eine Gedankenfaden über Brescia zur Stadt Verona, der andere über die Idee des *Totengräbertieres mit der heiseren Stimme* (der das Auftauchen eines *Grabdenkmals* mitbestimmt) zum Totenschädel und zum unangenehmen Organ der durch mein Unbewußtes so arg beschimpften Veronika, die seinerzeit in diesem Hause beinahe so tyrannisch gehaust hat, wie der österreichische General nach den ungarischen und italienischen Freiheitskämpfen.

An *Luzern* knüpft sich der Gedanke an den Sommer, den Veronika mit ihrer Dienstherrschaft am Vierwaldstätter See *in der Nähe von Luzern* verbrachte; an die *„Schweizer Garde‘* wiederum die Erinnerung, daß sie nicht nur die Kinder, sondern auch die erwachsenen Mitglieder der Familie zu tyrannisieren verstand und sich in der Rolle der *Garde-*Dame gefiel.

Ich bemerke ausdrücklich, daß diese meine Antipathie gegen V. – bewußt – zu den längst überwundenen Dingen gehört. Sie hat sich inzwischen äußerlich wie in ihren Manieren sehr zu ihrem Vorteil verändert, und ich kann ihr (wozu ich allerdings selten Gelegenheit habe) mit aufrichtiger Freundlichkeit begegnen. Mein Unbewußtes hält, wie gewöhnlich, zäher an den Eindrücken fest, es ist ‚nachträglich‘ und nachtragend.

Die *Tuilerien* sind eine Anspielung auf eine zweite Persönlichkeit, eine ältere französische Dame, die die Frauen des Hauses bei vielen Anlässen tatsächlich ‚*gardiert*‘ hat, und die von groß und klein geachtet – wohl ein wenig auch *gefürchtet* wird. Ich war eine Zeitlang ihr *élève* in französischer Konversation. Zum Worte *élève* fällt mir noch ein, daß ich, als ich beim Schwager meines heutigen Gastgebers in Nordböhmen auf Besuch war, viel darüber lachen mußte, daß die dortige Landbevölkerung die Eleven der dortigen Forstakademie ‚*Löwen*‘ nannte. Auch diese lustige Erinnerung mag an der Verschiebung von der Hyäne zum Löwen beteiligt gewesen sein.“

11) Auch das nachstehende Beispiel[8] kann zeigen, wie ein zurzeit die Person beherrschender Eigenkomplex ein Namenvergessen an weit abliegender Stelle hervorruft:

„Zwei Männer, ein älterer und ein jüngerer, die vor sechs Monaten gemeinsam in Sizilien gereist sind, tauschen Erinnerungen an jene schönen und inhaltsreichen Tage aus. ‚Wie hat nur der Ort geheißen‘, fragt der Jüngere, ‚an dem wir übernachtet haben, um die Partie nach Selinunt zu machen ? *Calatafimi*, nicht wahr?‘ – Der Ältere weist dies zurück: ‚Gewiß nicht, aber ich habe den Namen ebenfalls vergessen, obwohl ich mich an alle Einzelheiten des Aufenthaltes dort sehr gut erinnere. Es reicht bei mir hin, daß ich merke, ein anderer habe einen Namen vergessen; sogleich wird auch bei mir das Vergessen induziert. Wollen wir den Namen nicht suchen? Mir fällt aber kein anderer ein als *Caltanisetta*, der doch gewiß nicht der richtige ist.‘ – ‚Nein‘, sagt der Jüngere, ‚der Name fängt mit *w* an oder es kommt ein *w* darin vor.‘ – ‚Ein *w* gibt es doch im Italienischen nicht‘, mahnt der Ältere. – ‚Ich meinte ja auch nur ein *v* und habe nur *w* gesagt, weil ich’s von meiner Muttersprache her so gewohnt bin.‘ – Der Ältere sträubt sich gegen das *v*. Er meint: ‚Ich glaube, ich habe überhaupt schon viele sizilianische Namen vergessen; es wäre an der Zeit, Versuche zu machen. Wie heißt z. B. der hochgelegene Ort, der im Altertum *Enna* geheißen hat? – Ah, ich weiß schon: *Castrogiovanni*.‘ – Im nächsten Moment hat der Jüngere auch den verlorenen Namen wiedergefunden. Er ruft: *Castelvetrano* und freut sich, das behauptete *v* nachweisen zu können. Der Ältere vermißt noch eine Weile das Bekanntheitsgefühl; nachdem

---

8 Zentralblatt für Psychoanalyse, I, 9, 1911.

er aber den Namen akzeptiert hat, soll er Auskunft darüber geben, weshalb er ihm entfallen war. Er meint: ‚Offenbar weil die zweite Hälfte *vetrano* an – *Veteran* anklingt. Ich weiß schon, daß ich nicht gern ans *Altern* denke und in sonderbarer Weise reagiere, wenn ich daran gemahnt werde. So z. B. habe ich unlängst einem hochgeschätzten Freund in der merkwürdigsten Einkleidung vorgehalten, daß er ‚längst über die Jahre der Jugend hinaus sei‘, weil dieser früher einmal mitten unter den schmeichelhaftesten Äußerungen über mich auch behauptete: ‚Ich sei kein junger Mann mehr.‘ Daß sich der Widerstand bei mir gegen die zweite Hälfte des Namens *Castelvetrano* gerichtet hat, geht ja auch daraus hervor, daß der Anlaut desselben in dem Ersatznamen *Caltanisetta* wiedergekehrt war.‘ – ‚Und der Name *Caltanisetta* selbst?‘ fragt der Jüngere. – ‚Der ist mir immer wie ein Kosenamen für ein junges Weib erschienen‘, gesteht der Ältere ein.

Einige Zeit später setzt er hinzu: ‚Der Name für *Enna* war ja auch ein Ersatzname. Und nun fällt mir auf, daß dieser mit Hilfe einer Rationalisierung vordringende Namen *Castrogiovanni* genau so an *giovane*–jung anklingt, wie der verlorene Name *Castelvetrano* an *Veteran* – alt.‘

Der Ältere glaubt so für sein Namenvergessen Rechenschaft gegeben zu haben. Aus welchem Motiv der Jüngere zum gleichen Ausfallsphänomen gekommen war, wurde nicht untersucht.“

Neben den Motiven des Namenvergessens verdient auch der Mechanismus desselben unser Interesse. In einer großen Reihe von Fällen wird ein Name vergessen, nicht weil er selbst solche Motive wachruft, sondern weil er durch Gleichklang und Lautähnlichkeit an einen anderen streift, gegen den sich diese Motive richten. Man versteht, daß durch solche Lockerung der Bedingungen eine außerordentliche Erleichterung für das Zustandekommen des Phänomens geschaffen wird. So in den folgenden Beispielen:

12) Dr. Ed. Hitschmann: „Herr N. will die Buchhandlungsfirma *Gilhofer & Ranschburg* jemandem angeben. Es fällt ihm aber trotz allen Nachdenkens nur der Name Ranschburg ein, trotzdem ihm die Firma sonst sehr geläufig ist. Mit einer leichten Unbefriedigung darüber nach Hause kommend, ist ihm die Sache wichtig genug, um den anscheinend bereits schlafenden Bruder nach der ersten Hälfte des Firmanamens zu fragen. Derselbe nennt ihn anstandslos. Darauf fällt Herrn N. sofort zu ‚Gilhofer‘ das Wort ‚Gallhof‘ ein. Zum ‚Gallhof‘ hatte er einige Monate vorher in Gesellschaft eines anziehenden Mädchens einen erinnerungsreichen Spaziergang gemacht. Das Mädchen hatte ihm als Andenken einen Gegenstand geschenkt, auf dem geschrieben steht: ‚Zur Erinnerung an die schönen *Gallhofer* Stunden.‘ In den letzten Tagen vor dem Namenvergessen wurde dieser Gegenstand, scheinbar zufällig, beim raschen Zuschieben der Lade durch N. stark beschädigt, was er – mit dem Sinne von Symptomhandlungen vertraut – nicht ohne Schuldgefühl konstatierte. Er war in diesen Tagen in etwas ambivalenter Stimmung zu der Dame, die er zwar liebte, deren Ehewunsch er aber zaudernd gegenüberstand." (Internat. Zeitschr. f. Psychoanalyse I, 1913.)

13) Dr. Hanns Sachs: „In einem Gespräche über Genua und seine nächste Umgebung will ein junger Mann auch den Ort *Pegli* nennen, kann den Namen aber erst mit Mühe, durch angestrengtes Nachdenken, erinnern. Im Nachhausegehen denkt er an das peinliche Entgleiten dieses ihm sonst vertrauten Namens und wird dabei auf das ganz ähnlich klingende Wort *Peli* geführt. Er weiß, daß eine Südsee-Insel so heißt, deren Bewohner ein paar merkwürdige Gebräuche bewahrt haben. Er hat darüber vor kurzem in einem ethnologischen Werk gelesen und sich damals vorgenommen, diese Mitteilungen für eine eigene Hypothese zu verwerten. Dann fällt ihm ein, daß Peli auch der Schauplatz eines Romanes ist, den er mit Interesse und Vergnügen gelesen hat, nämlich von ‚Van Zantens glücklichste Zeit' von *Laurids Bruun*. – Die Gedanken, die ihn an diesem Tage fast unaufhörlich beschäftigt hatten, knüpften sich an einen Brief, den er am selben Morgen von einer ihm sehr teuren Dame erhalten hatte; dieser Brief läßt ihn befürchten, daß er auf ein verabredetes Zusammentreffen werde verzichten müssen. Nachdem er den ganzen Tag in übelster Laune zugebracht hatte, war er am Abend mit dem Vorsatz ausgegangen, sich nicht länger mit dem ärgerlichen Gedanken abzuplagen, sondern die ihm in Aussicht stehende und von ihm äußerst hoch geschätzte Geselligkeit möglichst ungetrübt zu genießen. Es ist klar, daß durch das Wort *Pegli* sein Vorsatz arg gefährdet werden konnte, da dieses mit *Peli* lautlich so eng zusammenhängt; *Peli* aber, da es durch das ethnologische Interesse die Ich-Beziehung gewonnen hatte, verkörpert nicht nur Van Zantens, sondern auch seine eigene ‚glücklichste Zeit' und deshalb auch die Befürchtungen und Sorgen, die er tagsüber genährt hatte. Es ist charakteristisch, daß diese einfache Deutung erst gelang, nachdem ein zweiter Brief die Zweifel in eine fröhliche Gewißheit baldigen Wiedersehens umgewandelt hatte."

Erinnert man sich bei diesem Beispiel an das ihm sozusagen benachbarte, in welchem der Ortsnamen Nervi nicht erinnert werden kann (Beispiel 1), so sieht man, wie sich der Doppelsinn eines Wortes durch die Klangähnlichkeit zweier Worte ersetzen läßt.

14) Als 1915 der Krieg mit Italien ausbrach, konnte ich an mir die Beobachtung machen, daß meinem Gedächtnis plötzlich eine ganze Anzahl von Namen italienischer Örtlichkeiten entzogen war, über die ich sonst leicht verfügt hatte. Wie so viele andere Deutsche hatte ich es mir zur Gewohnheit gemacht, einen Teil der Ferien auf italienischem Boden zuzubringen, und konnte nicht daran zweifeln, daß dies massenhafte Namenvergessen der Ausdruck der begreiflichen Verfeindung mit Italien war, die nun an die Stelle der früheren Vorliebe trat.

Neben diesem direkt motivierten Namenvergessen machte sich aber auch ein indirektes bemerkbar, welches auf denselben Einfluß zurückzuführen war. Ich neigte auch dazu, nichtitalienische Ortsnamen zu vergessen, und fand bei der Untersuchung dieser Vorfälle, daß diese Namen irgendwie durch entfernten Anklang mit den verpönten feindlichen zusammenhingen. So quälte ich mich eines Tages mit dem Erinnern des mährischen Städtenamens *Bisenz*. Als er mir endlich einfiel, wußte ich sofort, daß dieses Vergessen auf Rechnung des *Palazzo Bisenzi* in Orvieto zu setzen sei. In diesem Palazzo befindet sich das Hotel Belle Arti, wo ich bei jedem meiner Aufenthalte in Orvieto gewohnt hatte. Die liebsten Erinnerungen waren natürlich durch die veränderte Gefühlseinstellung am stärksten geschädigt worden.

Es ist auch zweckmäßig, daß wir uns durch einige Beispiele daran mahnen lassen, in den Dienst wie verschiedener Absichten sich die Fehlleistung des Namenvergessens stellen kann.

15) A. J. Storfer („Namenvergessen zur Sicherung eines Vorsatzvergessens"): „Eine Basler Dame wird eines Morgens verständigt, daß ihre Jugendfreundin *Selma X.* aus Berlin, die eben auf ihrer Hochzeitsreise begriffen ist, auf der Durchreise in Basel angekommen ist; die Berliner Freundin soll nur einen Tag in Basel bleiben, und die Baslerin eilt daher sofort ins Hotel. Als die Freundinnen auseinandergehen, verabreden sie, nachmittags wieder zusammenzukommen und bis zur Abreise der Berlinerin beisammen zu bleiben. – Nachmittags *vergißt* die Baslerin das Rendezvous. Die Determination dieses Vergessens ist mir nicht bekannt, doch sind ja gerade in dieser Situation (Zusammentreffen mit einer *eben verheirateten Jugendfreundin*) mehrerlei typische Konstellationen möglich, die eine Hemmung gegen die Wiederholung der Zusammenkunft bedingen können. Das Interessante an diesem Falle ist eine *fernere* Fehlleistung, die eine unbewußte Sicherung der ersten darstellt. Zur Zeit, da sie wieder mit der Freundin aus Berlin zusammenkommen sollte, befand sich die Baslerin an einem anderen Orte in Gesellschaft. Es kam auf die vor kurzem erfolgte Heirat der Wiener Opernsängerin *Kurz* die Rede. Die Basler Dame äußerte sich in kritischer Weise (!) über diese *Ehe*, als sie aber den Namen der Sängerin aussprechen wollte, fiel ihr zu ihrer größten Verlegenheit der *Vorname* nicht ein. (Bekanntlich neigt man gerade bei einsilbigen Familiennamen besonders dazu, den Vornamen mitzunennen.) Die Basler Dame ärgerte sich um so mehr über die Gedächtnisschwäche, als sie die Sängerin Kurz oft singen gehört hatte und der (ganze) Name ihr sonst geläufig war. Ohne daß vorher jemand anderer den entfallenen Vornamen genannt hätte, nahm das Gespräch eine andere Wendung. – Am Abend desselben Tages befindet sich unsere Basler Dame in einer mit der nachmittägigen zum Teil identischen Gesellschaft. Es kommt zufällig wieder auf die Ehe der Wiener Sängerin die Rede und die Dame nennt ohne jede Schwierigkeit den Namen „*Selma Kurz*'. Dem folgt auch gleich ihr Ausruf: ‚Ach, jetzt fällt mir ein: ich habe ganz vergessen, daß ich heute nachmittag eine Verabredung mit meiner Freundin Selma hatte.' Ein Blick auf die Uhr zeigte, daß die Freundin schon abgereist sein mußte." (Internat. Zeitschr. f. Psychoanalyse, II, 1914.)

Wir sind vielleicht noch nicht vorbereitet, dieses schöne Beispiel nach all seinen Beziehungen zu würdigen. Einfacher ist das nachfolgende, in dem zwar nicht ein Name, aber ein fremdsprachliches Wort aus einem in der Situation liegenden Motiv vergessen wird. (Wir bemerken schon, daß wir dieselben Vorgänge behandeln, ob sie sich nun auf Eigennamen, Vornamen, fremdsprachliche Worte oder Wortfolgen beziehen.) Hier vergißt ein junger Mann das englische Wort für Gold, das mit dem deutschen identisch ist, um Anlaß zu einer ihm erwünschten Handlung zu finden.

16) Dr. Hanns Sachs: „Ein junger Mann lernt in einer gemeinsamen Pension eine Engländerin kennen, die ihm gefällt. Als er sich am ersten Abend ihrer Bekanntschaft in ihrer Muttersprache, die er so ziemlich beherrscht, mit ihr unterhält und dabei das englische Wort für ‚Gold' verwenden will, fällt ihm trotz angestrengten Suchens das Vokabel nicht ein. Dagegen drängen sich ihm als Ersatzworte das französische *or*, das lateinische *aurum* und das griechische *chrysos* hartnäckig auf, so daß er nur mit Mühe imstande ist, sie abzuweisen, obgleich er bestimmt weiß, daß sie mit dem gesuchten Worte keine Verwandtschaft haben. Er findet schließlich keinen anderen Weg, sich verständlich zu machen, als den, einen goldenen Ring, den die Dame an der Hand trägt, zu berühren; sehr beschämt erfährt er nun von ihr, daß das langgesuchte Wort für Gold genau so laute wie das deutsche, nämlich: *gold*. Der hohe Wert einer solchen, durch das Vergessen herbeigeführten Berührung liegt nicht bloß in der unanstößigen Befriedigung des Ergreifungs- oder Berührungstriebes, die ja auch bei anderen, von Verliebten eifrig ausgenutzten Anlässen möglich ist, sondern noch viel mehr darin, daß sie eine Aufklärung über die Aussichten der Bewerbung ermöglicht. Das Unbewußte der Dame wird, besonders wenn es dem Gesprächspartner gegenüber sympathisch eingestellt ist, den hinter der harmlosen Maske verborgenen erotischen Zweck des Vergessens erraten; die Art und Weise, wie sie die Berührung aufnimmt und die Motivierung gelten läßt, kann so ein beiden Teilen unbewußtes, aber sehr bedeutungsvolles Mittel der Verständigung über die Chancen des eben begonnenen *Flirts* werden."

17) Ich teile noch nach *J. Stärcke* eine interessante Beobachtung von Vergessen und Wiederauffinden eines Eigennamens mit, die sich dadurch auszeichnet, daß mit dem Namenvergessen die Fälschung der Wortfolge eines Gedichtes wie im Beispiel der *Braut von Korinth* verbunden ist.

„Ein alter Jurist und Sprachgelehrter, Z., erzählt in Gesellschaft, daß er in seiner Studentenzeit in Deutschland einen Studenten gekannt hat, der außerordentlich dumm war, und über dessen Dummheit er manche Anekdote zu erzählen weiß. Er kann sich aber an den Namen dieses Studenten nicht erinnern, glaubt, daß dieser Name mit *W* anfängt, nimmt dies aber später wieder zurück. Er erinnert sich, daß dieser dumme Student später *Weinhändler* geworden ist. Dann erzählt er wieder eine Anekdote von der Dummheit desselben Studenten, verwundert sich noch einmal darüber, daß sein Name ihm nicht einfällt, und sagt dann: ‚Er war ein solcher Esel, daß ich noch nicht begreife, daß ich ihm mit Wiederholen Lateinisch habe eintrichtern können.‘ Einen Augenblick später erinnert er sich, daß der gesuchte Name ausgeht auf ... *man.* Jetzt fragen wir ihn, ob ihm ein anderer Name, der auf *man* ausgeht, einfällt, und er sagt: *Erdmann.* ‚Wer ist denn das?‘ – ‚Das war auch ein Student aus dieser Zeit.‘ – Seine Tochter bemerkt aber, daß es auch einen Professor Erdmann gibt. Bei genauerer Erörterung zeigt sich, daß dieser Professor Erdmann vor kurzem eine von Z. eingesandte Arbeit nur in verkürzter Form in eine von ihm redigierte Zeitschrift hat aufnehmen lassen und zum Teil damit nicht einverstanden war, usw., und daß Z. das als ziemlich unangenehm empfunden hat. (Überdies vernahm ich später, daß Z. in früheren Jahren wohl einmal die Aussicht gehabt hat, Professor in demselben Fache zu werden, worin jetzt Professor E. doziert, und daß dieser Name also auch in dieser Hinsicht vielleicht eine empfindliche Saite berührt.)

Jetzt fällt ihm plötzlich der Name des dummen Studenten ein: *Lindeman!* Weil er sich schon früher erinnert hatte, daß der Name auf ... *man* ausgeht, war also *Linde* noch länger verdrängt geblieben. Auf die Frage, was ihm bei *Linde* einfällt, sagt er zuerst: ‚Dabei fällt mir gar nichts ein.‘ Auf mein Drängen, daß ihm bei diesem Worte doch wohl etwas einfallen wird, sagt er, indem er aufwärts blickt und mit der Hand eine Gebärde in der Luft macht: ‚Nun ja, eine Linde, das ist ein schöner Baum.‘ Weiter will ihm dabei nichts einfallen. Alle schweigen und jedermann verfolgt seine Lektüre und andere Beschäftigung, bis Z. einige Augenblicke später in träumerischem Tone folgendes zitiert:

> Steht er mit festen
> Gefügigen Knochen
> Auf der *Erde,*
> So reicht er nicht auf,
> Nur mit der *Linde*
> Oder der *Rebe*
> Sich zu vergleichen.

Ich stieß einen Triumphschrei aus: ‚Da haben wir den Erdmann‘, sagte ich. Jener Mann, der ‚auf der Erde steht‘, das ist also der Erde-Mann oder *Erdmann,* kann nicht aufreichen, sich mit der *Linde* (*Lindeman*) oder der *Rebe* (*Weinhändler*) zu vergleichen. Mit anderen Worten: jener *Lindeman*, der dumme Student, der später Weinhändler geworden ist, war schon ein Esel, aber der *Erdmann* ist ein noch viel größerer Esel, kann sich mit diesem Lindeman noch nicht vergleichen.' – Eine solche im Unbewußten gehaltene Hohn- oder Schmährede ist etwas sehr Gewöhnliches, darum kam es mir vor, daß die Hauptursache des Namenvergessens jetzt wohl gefunden war.

Ich fragte jetzt, aus welchem Gedichte die zitierten Zeilen stammten. Z. sagte, daß es ein Gedicht von *Goethe* sei, er glaubte, daß es anfängt:

> Edel sei der Mensch
> Hilfreich und gut!

und daß weiter auch darin vorkommt:

> Und hebt er sich aufwärts,
> So spielen mit ihm die Winde.

Am nächsten Tag suchte ich dieses Gedicht von *Goethe* auf, und es zeigte sich, daß der Fall noch hübscher (aber auch komplizierter) war, als er erst zu sein schien.

a) Die ersten zitierten Zeilen lauten (vgl. oben):

> Steht er mit festen
> *Markigen* Knochen.

Gefügige Knochen wäre eine ziemlich fremdartige Kombination. Darauf will ich aber nicht näher eingehen.

b) Die folgenden Zeilen dieser Strophe lauten (vgl. oben):

> Auf der *wohlbegründeten*
> *Dauernden* Erde,
> Reicht er nicht auf,
> Nur mit der *Eiche*
> Oder der Rebe
> Sich zu vergleichen.

Es kommt also im ganzen Gedicht keine Linde vor! Der Wechsel von Linde statt Eiche hat (in seinem Unbewußten) nur stattgefunden, um das Wortspiel ‚Erde–Linde–Rebe' zu ermöglichen.

c) Dieses Gedicht heißt: *Grenzen der Menschheit* und enthält eine Vergleichung zwischen der Allmacht der Götter und der geringen Macht des Menschen. Das Gedicht, dessen Anfang lautet:

Edel sei der Mensch,
Hilfreich und gut!

ist aber ein anderes Gedicht, das einige Seiten weiter steht. Es heißt: *Das Göttliche*, und enthält ebenso Gedanken über Götter und Menschen. Weil hierauf nicht näher eingegangen worden ist, kann ich höchstens vermuten, daß auch Gedanken über Leben und Tod, über das Zeitliche und das Ewige und über das eigene schwache Leben und den künftigen Tod beim Entstehen dieses Falles eine Rolle gespielt haben."[9]

In manchen dieser Beispiele werden alle Feinheiten der psychoanalytischen Technik in Anspruch genommen, um ein Namenvergessen aufzuklären. Wer mehr von solcher Arbeit kennenlernen will, den verweise ich auf eine Mitteilung von *E. Jones* (London), die aus dem Englischen übersetzt ist.[10]

18) Ferenczi hat bemerkt, daß das Namenvergessen auch als hysterisches Symptom auftreten kann. Es zeigt dann einen Mechanismus, der sich von dem der Fehlleistung weit entfernt. Wie diese Unterscheidung gemeint ist, soll aus seiner Mitteilung ersichtlich werden:

„Ich habe jetzt eine Patientin, ein alterndes Fräulein, in Behandlung, der auch die gebräuchlichsten und ihr bestbekannten Eigennamen nicht einfallen wollen, obwohl sie sonst ein gutes Gedächtnis hat. Bei der Analyse stellte sich heraus, daß sie durch dieses Symptom ihre Unwissenheit dokumentieren will. Diese demonstrative Hervorkehrung ihrer Ignoranz ist aber eigentlich ein Vorwurf gegen ihre Eltern, die ihr keine höhere Schulbildung zuteil werden ließen. Auch ihr quälender Zwang zum Reinemachen (,Hausfrauenpsychose') entspringt zum Teil aus derselben Quelle. Sie will damit ungefähr sagen: Ihr habt einen Dienstboten aus mir gemacht."

Ich könnte die Beispiele von Namenvergessen vermehren und die Diskussion derselben sehr viel weiter führen, wenn ich nicht vermeiden wollte, fast alle Gesichtspunkte, die für spätere Themata in Betracht kommen, schon hier beim ersten zu erörtern. Doch darf ich mir gestatten, die Ergebnisse der hier mitgeteilten Analysen in einigen Sätzen zusammenzufassen:

Der Mechanismus des Namenvergessens (richtiger: des Entfallens, zeitweiligen Vergessens) besteht in der Störung der intendierten Reproduktion des Namens durch eine fremde und derzeit nicht bewußte Gedankenfolge. Zwischen dem

---

[9] Aus der holländischen Ausgabe dieses Buches unter dem Titel: *De invloed van ans onbewuste in ans dagelijksche leven*, Amsterdam 1916, deutsch abgedruckt in Internat. Zeitschr. f. Psychoanalyse, IV, 1916.

[10] *Analyse eines Falles von Namenvergessen.* Zentralblatt für Psychoanalyse, II, 1911.

gestörten Namen und dem störenden Komplex besteht entweder ein Zusammenhang von vornherein, oder ein solcher hat sich, oft auf gekünstelt erscheinenden Wegen, durch oberflächliche (äußerliche) Assoziationen hergestellt.

Unter den störenden Komplexen erweisen sich die der Eigenbeziehung (die persönlichen, familiären, beruflichen) als die wirksamsten.

Ein Name, der infolge von Mehrdeutigkeit mehreren Gedankenkreisen (Komplexen) angehört, wird häufig im Zusammenhange der einen Gedankenfolge durch seine Zugehörigkeit zum anderen, stärkeren Komplex gestört.

Unter den Motiven dieser Störungen leuchtet die Absicht hervor, die Erwekkung von Unlust durch Erinnern zu vermeiden.

Man kann im allgemeinen zwei Hauptfälle des Namenvergessens unterscheiden, wenn der Name selbst an Unangenehmes rührt, oder wenn er mit anderem in Verbindung gebracht ist, dem solche Wirkung zukäme, so daß Namen um ihrer selbst willen oder wegen ihrer näheren oder entfernteren Assoziationsbeziehungen in der Reproduktion gestört werden können.

Ein Überblick dieser allgemeinen Sätze läßt uns verstehen, daß das zeitweilige Namenvergessen als die häufigste unserer Fehlleistungen zur Beobachtung kommt.

19) Wir sind indes weit davon entfernt, alle Eigentümlichkeiten dieses Phänomens verzeichnet zu haben. Ich will noch darauf hinweisen, daß das Namenvergessen in hohem Grade ansteckend ist. In einem Gespräche zweier Personen reicht es oft hin, daß die eine äußere, sie habe diesen oder jenen Namen vergessen, um ihn auch bei der zweiten Person entfallen zu lassen. Doch stellt sich dort, wo das Vergessen induziert ist, der vergessene Name leichter wieder ein. Dieses „kollektive" Vergessen, streng genommen ein Phänomen der Massenpsychologie, ist noch nicht Gegenstand der analytischen Untersuchung geworden. In einem einzigen, aber besonders schönen Fall hat *Th. Reik* eine gute Erklärung dieses merkwürdigen Vorkommens geben können.[11]

„In einer kleinen Gesellschaft von Akademikern, in der sich auch zwei Studentinnen der Philosophie befanden, sprach man von den zahlreichen Fragen, welche der Ursprung des Christentums der Kulturgeschichte und Religionswissenschaft aufgibt. Die eine der jungen Damen, welche sich am Gespräch beteiligte, erinnerte sich, in einem englischen Roman, den sie kürzlich gelesen hatte, ein anziehendes Bild der vielen religiösen Strömungen, welche jene Zeit bewegten, gefunden zu haben. Sie fügte hinzu, in dem Roman werde das ganze Leben Christi von der Geburt bis zu seinem Tode geschildert, doch wollte ihr der Name der

---

[11] *Über kollektives Vergessen.* Internat. Zeitschr. f. Psychoanalyse, VI, 1920. (Auch in *Reik, Der eigene und der fremde Gott*, 1923.)

Dichtung nicht einfallen (die visuelle Erinnerung an den Umschlag des Buches und an das typographische Bild des Titels war überdeutlich). Auch drei von den anwesenden Herren behaupteten, den Roman zu kennen, und bemerkten, daß auch ihnen sonderbarerweise der Name nicht zur Verfügung stehe ..."

Nur die junge Dame unterzog sich der Analyse zur Aufklärung dieses Namenvergessens. Der Titel des Buches lautete: *Ben Hur* (von *Lewis Wallace*). Ihre Ersatzeinfälle waren: *Ecce homo – homo sum – quo vadis?* gewesen. Das Mädchen verstand selbst, daß sie den Namen vergessen, „weil er einen Ausdruck enthält, den ich und jedes andere junge Mädchen – noch dazu in Gesellschaft junger Leute – nicht gern gebrauchen wird." Diese Erklärung fand durch die sehr interessante Analyse eine weitere Vertiefung. In dem einmal berührten Zusammenhang hat ja auch die Übersetzung von *homo, Mensch*, eine anrüchige Bedeutung. *Reik* schließt nun: „Die junge Dame behandelt das Wort so, als ob sie sich mit dem Aussprechen jenes verdächtigen Titels vor jungen Männern zu den Wünschen bekannt hätte, die sie als ihrer Persönlichkeit nicht gemäß und als peinlich abgewiesen hat. Kürzer gesagt: unbewußt setzt sie das Aussprechen von ‚Ben Hur' einem sexuellen Angebot gleich und ihr Vergessen entspricht demnach der Abwehr einer unbewußten Versuchung dieser Art. Wir haben Grund zur Annahme, daß ähnlich unbewußte Vorgänge das Vergessen der jungen Männer bedingt haben. Ihr Unbewußtes hat das Vergessen des Mädchens in seiner wirklichen Bedeutung erfaßt und es ... gleichsam gedeutet ... Das Vergessen der Männer stellt eine Rücksicht auf solch abweisendes Verhalten dar ... Es ist so, als hätte ihnen ihre Gesprächspartnerin durch ihre plötzliche Gedächtnisschwäche einen deutlichen Wink gegeben, den die Männer unbewußt wohl verstanden hätten."

Es kommt auch ein fortgesetztes Namenvergessen vor, bei dem ganze Ketten von Namen dem Gedächtnis entzogen werden. Hascht man, um einen entfallenen Namen wiederzufinden, nach anderen, mit denen jener in fester Verbindung steht, so entfliehen nicht selten auch diese neuen als Anhalt aufgesuchten Namen. Das Vergessen springt so von einem zum anderen über, wie um die Existenz eines nicht leicht zu beseitigenden Hindernisses zu beweisen.

IV
Über Kindheits- und Deckerinnerungen

In einer zweiten Abhandlung (1899 in der Monatsschrift für Psychiatrie und Neurologie veröffentlicht) habe ich die tendenziöse Natur unseres Erinnerns an unvermuteter Stelle nachweisen können. Ich bin von der auffälligen Tatsache ausgegangen, daß die frühesten Kindheitserinnerungen einer Person häufig bewahrt zu haben scheinen, was gleichgültig und nebensächlich ist, während von wichtigen, eindrucksvollen und affektreichen Eindrücken dieser Zeit (häufig, gewiß nicht allgemein!) sich im Gedächtnis des Erwachsenen keine Spur vorfindet. Da es bekannt ist, daß das Gedächtnis unter den ihm dargebotenen Eindrücken eine Auswahl trifft, stände man hier vor der Annahme, daß diese Auswahl im Kindesalter nach ganz anderen Prinzipien vor sich geht, als zur Zeit der intellektuellen Reife. Eingehende Untersuchung weist aber nach, daß diese Annahme überflüssig ist. Die indifferenten Kindheitserinnerungen verdanken ihre Existenz einem Verschiebungsvorgang; sie sind der Ersatz in der Reproduktion für andere wirklich bedeutsame Eindrücke, deren Erinnerung sich durch psychische Analyse aus ihnen entwickeln läßt, deren direkte Reproduktion aber durch einen Widerstand gehindert ist. Da sie ihre Erhaltung nicht dem eigenen Inhalt, sondern einer assoziativen Beziehung ihres Inhaltes zu einem anderen, verdrängten, verdanken, haben sie auf den Namen „Deckerinnerungen", mit welchem ich sie ausgezeichnet habe, begründeten Anspruch.

Die Mannigfaltigkeiten in den Beziehungen und Bedeutungen der Deckerinnerungen habe ich in dem erwähnten Aufsatz nur gestreift, keineswegs erschöpft. An dem dort ausführlich analysierten Beispiel habe ich eine Besonderheit der *zeitlichen* Relation zwischen der Deckerinnerung und dem durch sie gedeckten Inhalt besonders hervorgehoben. Der Inhalt der Deckerinnerung gehörte dort nämlich einem der ersten Kinderjahre an, während die durch sie im Gedächtnis vertretenen Gedankenerlebnisse, die fast unbewußt geblieben waren, in späte Jahre des Betreffenden fielen. Ich nannte diese Art der Verschiebung eine *rückgreifende* oder *rückläufige*. Vielleicht noch häufiger begegnet man dem entgegengesetzten Verhältnis, daß ein indifferenter Eindruck der jüngsten Zeit sich als Deckerinnerung im Gedächtnis festsetzt, der diese Auszeichnung nur der Verknüpfung mit einem früheren Erlebnis verdankt, gegen dessen direkte Reproduktion sich Widerstände erheben. Dies wären *vorgreifende* oder *vorgeschobene* Deckerinnerungen. Das Wesentliche, was das Gedächtnis bekümmert, liegt hier der Zeit nach *hinter* der Deckerinnerung. Endlich wird der dritte noch mögliche Fall nicht vermißt, daß die Deckerinnerung nicht nur durch ihren Inhalt, sondern auch durch Kontiguität in der Zeit mit dem von ihr gedeckten Eindruck verknüpft ist, also die *gleichzeitige* oder *anstoßende* Deckerinnerung.

Ein wie großer Teil unseres Gedächtnisschatzes in die Kategorie der Deckerinnerungen gehört, und welche Rolle bei verschiedenen neurotischen Denkvorgängen diesen zufällt, das sind Probleme, in deren Würdigung ich weder dort eingegangen bin, noch hier eintreten werde. Es kommt mir nur darauf an, die Gleichartigkeit zwischen dem Vergessen von Eigennamen mit Fehlerinnern und der Bildung der Deckerinnerungen hervorzuheben.

Auf den ersten Anblick sind die Verschiedenheiten der beiden Phänomene weit auffälliger als ihre etwaigen Analogien. Dort handelt es sich um Eigennamen, hier um komplette Eindrücke, um entweder in der Realität oder in Gedanken Erlebtes; dort um ein manifestes Versagen der Erinnerungsfunktion, hier um eine Erinnerungsleistung, die uns befremdend erscheint; dort um eine momentane Störung – denn der eben vergessene Name kann vorher hundert Male richtig reproduziert worden sein und es von morgen an wieder werden –, hier um dauernden Besitz ohne Ausfall, denn die indifferenten Kindheitserinnerungen scheinen uns durch ein langes Stück unseres Lebens begleiten zu können. Das Rätsel scheint in diesen beiden Fällen ganz anders orientiert zu sein. Dort ist es das Vergessen, hier das Merken, was unsere wissenschaftliche Neugierde rege macht. Nach einiger Vertiefung merkt man, daß trotz der Verschiedenheit im psychischen Material und in der Zeitdauer der beiden Phänomene die Übereinstimmungen weit überwiegen. Es handelt sich hier wie dort um das Fehlgehen des Erinnerns; es wird nicht das vom Gedächtnis reproduziert, was korrekterweise reproduziert werden sollte, sondern etwas anderes zum Ersatz. Dem Falle des Namenvergessens fehlt nicht die Gedächtnisleistung in der Form der Ersatznamen. Der Fall der Deckerinnerungsbildung beruht auf dem Vergessen von anderen, wichtigeren Eindrücken. In beiden Fällen gibt uns eine intellektuelle Empfindung Kunde von der Einmengung einer Störung, nur jedesmal in anderer Form. Beim Namenvergessen *wissen* wir, daß die Ersatznamen *falsch* sind; bei den Deckerinnerungen *verwundern* wir uns, daß wir sie überhaupt besitzen. Wenn dann die psychologische Analyse nachweist, daß die Ersatzbildung in beiden Fällen auf die nämliche Weise durch Verschiebung längs einer oberflächlichen Assoziation zustande gekommen ist, so tragen gerade die Verschiedenheiten im Material, in der Zeitdauer und in der Zentrierung der beiden Phänomene dazu bei, unsere Erwartung zu steigern, daß wir etwas Wichtiges und Allgemeingültiges aufgefunden haben. Dieses Allgemeine würde lauten, daß das Versagen und Irregehen der reproduzierenden Funktion weit häufiger, als wir vermuten, auf die Einmengung eines parteiischen Faktors, einer *Tendenz* hinweist, welche die eine Erinnerung begünstigt, während sie einer anderen entgegenzuarbeiten bemüht ist.

Das Thema der Kindheitserinnerungen erscheint mir so bedeutsam und interessant, daß ich ihm noch einige Bemerkungen widmen möchte, die über die bisherigen Gesichtspunkte hinausgehen.

Wie weit zurück in die Kindheit reichen die Erinnerungen? Es sind mir einige Untersuchungen über diese Frage bekannt, so von *V. et C. Henri*[12] und *Potwin*[13];

---

[12] *Enquête sur les premiers souvenirs de l'enfance.* L'année psychologique, III, 1897.
[13] *Study of early memories.* Psycholog. Review, 1901.

dieselben ergeben, daß große individuelle Verschiedenheiten bei den Untersuchten bestehen, indem einzelne ihre erste Erinnerung in den sechsten Lebensmonat verlegen, andere von ihrem Leben bis zum vollendeten sechsten, ja achten Lebensjahr nichts wissen. Aber womit hängen diese Verschiedenheiten im Verhalten der Kindheitserinnerungen zusammen, und welche Bedeutung kommt ihnen zu? Es ist offenbar nicht ausreichend, das Material für diese Fragen durch Sammelerkundigung herbeizuschaffen; es bedarf dann noch einer Bearbeitung desselben, an der die auskunftgebende Person beteiligt sein muß.

Ich meine, wir nehmen die Tatsache der infantilen Amnesie, des Ausfalls der Erinnerungen für die ersten Jahre unseres Lebens viel zu gleichmütig hin und versäumen es, ein seltsames Rätsel in ihr zu finden. Wir vergessen, welch hoher intellektueller Leistungen und wie komplizierter Gefühlsregungen ein Kind von etwa vier Jahren fähig ist, und sollten uns geradezu verwundern, daß das Gedächtnis späterer Jahre von diesen seelischen Vorgängen in der Regel so wenig bewahrt hat, zumal da wir allen Grund zur Annahme haben, daß diese selben vergessenen Kindheitsleistungen nicht etwa spurlos an der Entwicklung der Person abgeglitten sind, sondern einen für alle späteren Zeiten bestimmenden Einfluß ausgeübt haben. Und trotz dieser unvergleichlichen Wirksamkeit sind sie vergessen worden! Es weist dies auf ganz speziell geartete Bedingungen des Erinnerns (im Sinne der bewußten Reproduktion) hin, die sich unserer Erkenntnis bisher entzogen haben. Es ist sehr wohl möglich, daß das Kindheitsvergessen uns den Schlüssel zum Verständnis jener Amnesien liefern kann, die nach unseren neueren Erkenntnissen der Bildung aller neurotischen Symptome zugrunde liegen.

Von den erhaltenen Kindheitserinnerungen erscheinen uns einige gut begreiflich, andere befremdend oder unverständlich. Es ist nicht schwer, einige Irrtümer in betreff beider Arten zu berichtigen. Unterzieht man die erhaltenen Erinnerungen eines Menschen einer analytischen Prüfung, so kann man leicht feststellen, daß eine Gewähr für die Richtigkeit derselben nicht besteht. Einige der Erinnerungsbilder sind sicherlich gefälscht, unvollständig oder zeitlich und räumlich verschoben. Die Angaben der untersuchten Personen, wie ihre erste Erinnerung rühre etwa aus dem zweiten Lebensjahr her, sind offenbar unverläßlich. Es gelingt bald auch Motive zu finden, welche die Entstellung und Verschiebung des Erlebten verständlich machen, aber auch beweisen, daß nicht einfache Gedächtnisuntreue die Ursache dieser Erinnerungsfehler sein kann. Starke Mächte aus der späteren Lebenszeit haben die Erinnerungsfähigkeit der Kindheitserlebnisse gemodelt, dieselben Mächte wahrscheinlich, an denen es liegt, daß wir uns allgemein dem Verständnis unserer Kindheitsjahre so weit entfremdet haben.

Das Erinnern der Erwachsenen geht bekanntlich an verschiedenem psychischen Material vor sich. Die einen erinnern in Gesichtsbildern, ihre Erinnerungen haben visuellen Charakter; andere Individuen können kaum die dürftigsten Umrisse des Erlebten in der Erinnerung reproduzieren; man nennt solche Personen *Auditifs* und *Moteurs* im Gegensatz zu den *Visuels* nach *Charcots* Vorschlag. Im Träumen verschwinden diese Unterschiede, wir träumen alle vorwiegend in Gesichtsbildern. Aber ebenso bildet sich diese Entwicklung für die Kindheitserinnerungen zurück; diese sind plastisch visuell auch bei jenen Personen, deren späteres Erinnern des visuellen Elements entbehren muß. Das visuelle Erinnern bewahrt somit den Typus des infantilen Erinnerns. Bei mir sind die frühesten Kindheitserinnerungen die einzigen von visuellem Charakter; es sind geradezu plastisch herausgearbeitete Szenen, nur den Darstellungen auf der Bühne vergleichbar. In diesen Szenen aus der Kindheit, ob sie sich nun als wahr oder als verfälscht erweisen, sieht man regelmäßig auch die eigene kindliche Person in ihren Umrissen und mit ihrer Kleidung. Dieser Umstand muß Befremden erregen; erwachsene Visuelle sehen nicht mehr ihre Person in ihren Erinnerungen an spätere Erlebnisse.[14] Es widerspricht auch allen unseren Erfahrungen anzunehmen, daß die Aufmerksamkeit des Kindes bei seinen Erlebnissen auf sich selbst anstatt ausschließlich auf die äußeren Eindrücke gerichtet wäre. Man wird so von verschiedenen Seiten her zur Vermutung gedrängt, daß wir in den sogenannten frühesten Kindheitserinnerungen nicht die wirkliche Erinnerungsspur, sondern eine spätere Bearbeitung derselben besitzen, eine Bearbeitung, welche die Einflüsse mannigfacher späterer psychischer Mächte erfahren haben mag. Die „Kindheitserinnerungen" der Individuen rücken so ganz allgemein zur Bedeutung von „Deckerinnerungen" vor und gewinnen dabei eine bemerkenswerte Analogie mit den in Sagen und Mythen niedergelegten Kindheitserinnerungen der Völker.

Wer eine Anzahl von Personen mit der Methode der Psychoanalyse seelisch untersucht hat, hat bei dieser Arbeit reichlich Beispiele von Deckerinnerungen jeder Art gesammelt. Die Mitteilung dieser Beispiele wird aber gerade durch die vorhin erörterte Natur der Beziehungen der Kindheitserinnerungen zum späteren Leben außerordentlich erschwert; um eine Kindheitserinnerung als Deckerinnerung würdigen zu lassen, müßte man oft die ganze Lebensgeschichte der betreffenden Person zur Darstellung bringen. Es ist nur selten, wie im nachstehenden hübschen Beispiel, möglich, eine einzelne Kindheitserinnerung aus ihrem Zusammenhang für die Mitteilung herauszuheben.

Ein vierundzwanzigjähriger Mann hat folgendes Bild aus seinem fünften Lebensjahr bewahrt. Er sitzt im Garten eines Sommerhauses auf einem Stühl-

---

[14] Ich behaupte dies nach einigen von mir eingeholten Erkundigungen.

chen neben der Tante, die bemüht ist, ihm die Kenntnis der Buchstaben beizubringen. Die Unterscheidung von *m* und *n* bereitet ihm Schwierigkeiten und er
bittet die Tante, ihm doch zu sagen, woran man erkennt, was das eine und was
das andere ist. Die Tante macht ihn aufmerksam, daß das *m* doch um ein ganzes
Stück, um den dritten Strich, mehr habe als das *n*. – Es fand sich kein Anlaß, die
Zuverlässigkeit dieser Kindheitserinnerung zu bestreiten; ihre Bedeutung hatte
sie aber erst später erworben, als sie sich geeignet zeigte, die symbolische Vertretung für eine andere Wißbegierde des Knaben zu übernehmen. Denn, so
wie er damals den Unterschied zwischen *m* und *n* wissen wollte, so bemühte er
sich später, den Unterschied zwischen Knaben und Mädchen zu erfahren, und
wäre gewiß einverstanden gewesen, daß gerade diese Tante seine Lehrmeisterin
werde. Er fand dann auch heraus, daß der Unterschied ein ähnlicher sei, daß der
Bub wiederum ein ganzes Stück mehr habe als das Mädchen, und zur Zeit dieser
Erkenntnis weckte er die Erinnerung an die entsprechende kindliche Wißbegierde.

Ein anderes Beispiel aus späteren Kindheitsjahren: Ein in seinem Liebesleben
arg gehemmter Mann, jetzt über vierzig Jahre alt, ist das älteste von neun Kindern. Bei der Geburt des jüngsten Geschwisterchens war er fünfzehn Jahre, er
behauptet aber steif und fest, daß er niemals eine Gravidität der Mutter bemerkt
hatte. Unter dem Drucke meines Unglaubens stellte sich bei ihm die Erinnerung
ein, er habe einmal im Alter von elf oder zwölf Jahren gesehen, daß die Mutter
sich vor dem Spiegel hastig den *Rock aufband*. Dazu ergänzte er jetzt zwanglos,
sie sei von der Straße gekommen und von unerwarteten Wehen befallen worden. Das *Aufbinden* des Rockes ist aber eine Deckerinnerung für die *Entbindung*.
Der Verwendung solcher „Wortbrücken" werden wir in noch anderen Fällen
begegnen.

An einem einzigen Beispiel möchte ich noch zeigen, welchen Sinn eine Kindheitserinnerung durch analytische Bearbeitung gewinnen kann, die vorher keinen Sinn zu enthalten schien. Als ich in meinem dreiundvierzigsten Jahr begann,
mein Interesse den Resten der Erinnerung an die eigene Kindheit zuzuwenden,
fiel mir eine Szene auf, die mir seit langem – wie ich meinte, seit jeher – von Zeit
zu Zeit zum Bewußtsein gekommen war, und die nach guten Merkzeichen vor
das vollendete dritte Lebensjahr verlegt werden durfte. Ich sah mich fordernd
und heulend vor einem Kasten stehen, dessen Tür mein um zwanzig Jahre älterer Halbbruder geöffnet hielt, und dann trat plötzlich meine Mutter, schön und
schlank, wie von der Straße zurückkehrend, ins Zimmer. In diese Worte hatte
ich die plastisch gesehene Szene gefaßt, mit der ich sonst nichts anzufangen
wußte. Ob mein Bruder den Kasten – in der ersten Übersetzung des Bildes hieß
es „Schrank" – öffnen oder schließen wollte, warum ich dabei weinte, und was

die Ankunft der Mutter damit zu tun habe, das alles war mir dunkel; ich war versucht, mir die Erklärung zu geben, daß es sich um die Erinnerung an eine Hänselei des älteren Bruders handle, die durch die Mutter unterbrochen wurde. Solche Mißverständnisse einer im Gedächtnis bewahrten Kindheitsszene sind nichts Seltenes; man erinnert sich einer Situation, aber dieselbe ist nicht zentriert, man weiß nicht, auf welches Element derselben der psychische Akzent zu setzen ist. Analytische Bemühung führte mich zu einer ganz unerwarteten Auffassung des Bildes. Ich hatte die Mutter vermißt, war auf den Verdacht gekommen, daß sie in diesem Schrank oder Kasten eingesperrt sei, und forderte darum den Bruder auf, den Kasten aufzusperren. Als er mir willfahrte und ich mich überzeugte, die Mutter sei nicht im Kasten, fing ich zu schreien an; dies ist der von der Erinnerung festgehaltene Moment, auf den alsbald das meine Sorge oder Sehnsucht beschwichtigende Erscheinen der Mutter folgte. Wie kam aber das Kind zu der Idee, die abwesende Mutter im Kasten zu suchen? Gleichzeitige Träume wiesen dunkel auf eine Kinderfrau hin, von welcher noch andere Reminiszenzen erhalten waren, wie z. B. daß sie mich gewissenhaft anzuhalten pflegte, ihr die kleinen Münzen abzuliefern, die ich als Geschenke erhalten hatte, ein Detail, das selbst wieder auf den Wert einer Deckerinnerung für Späteres Anspruch machen kann. So beschloß ich denn, mir diesmal die Deutungsaufgabe zu erleichtern, und meine jetzt alte Mutter nach jener Kinderfrau zu befragen. Ich erfuhr allerlei, darunter, daß die kluge, aber unredliche Person während des Wochenbettes der Mutter große Hausdiebstähle verübt hatte und auf Betreiben meines Halbbruders dem Gerichte übergeben worden war. Diese Auskunft gab mir das Verständnis der Kinderszene wie durch eine Art von Erleuchtung. Das plötzliche Verschwinden der Kinderfrau war mir nicht gleichgültig gewesen; ich hatte mich gerade an diesen Bruder mit der Frage gewendet, wo sie sei, wahrscheinlich, weil ich gemerkt hatte, daß ihm eine Rolle bei ihrem Verschwinden zukomme, und er hatte ausweichend und wortspielerisch, wie seine Art immer war, geantwortet: sie ist „eingekastelt". Diese Antwort verstand ich nun nach kindlicher Weise, ließ aber zu fragen ab, weil nichts mehr zu erfahren war. Als mir nun kurze Zeit darauf die Mutter abging, argwöhnte ich, der schlimme Bruder habe mit ihr dasselbe angestellt wie mit der Kinderfrau, und nötigte ihn, mir den Kasten zu öffnen. Ich verstehe nun auch, warum in der Übersetzung der visuellen Kinderszene die Schlankheit der Mutter betont ist, die mir als neu wiederhergestellt aufgefallen sein muß. Ich bin zweieinhalb Jahre älter als die damals geborene Schwester, und als ich drei Jahre alt wurde, fand das Zusammenleben mit dem Halbbruder ein Ende.[15]

---

[15] Wer sich für das Seelenleben dieser Kinderjahre interessiert, wird leicht die tiefere Bedingtheit

V
Das Versprechen

Wenn das gebräuchliche Material unserer Rede in der Muttersprache gegen das Vergessen geschützt erscheint, so unterliegt dessen Anwendung um so häufiger einer anderen Störung, die als „Versprechen" bekannt ist. Das beim normalen Menschen beobachtete Versprechen macht den Eindruck der Vorstufe für die unter pathologischen Bedingungen auftretenden sogenannten „Paraphasien".

Ich befinde mich hier ausnahmsweise in der Lage, eine Vorarbeit würdigen zu können. Im Jahre 1895 haben *Meringer* und *C. Mayer* eine Studie über *Versprechen und Verlesen* publiziert, deren Gesichtspunkte fernab von den meinigen. Der eine der Autoren, der im Texte das Wort führt, ist nämlich Sprachforscher und ist von linguistischen Interessen zur Untersuchung veranlaßt worden, den Regeln nachzugehen, nach denen man sich verspricht. Er hoffte aus diesen Regeln auf das Vorhandensein „eines gewissen geistigen Mechanismus" schließen zu können, „in welchem die Laute eines Wortes, eines Satzes, und auch die Worte untereinander in ganz eigentümlicher Weise verbunden und verknüpft sind" (S. 10).

Die Autoren gruppieren die von ihnen gesammelten Beispiele des „Versprechens" zunächst nach rein deskriptiven Gesichtspunkten als *Vertauschungen* (z. B. die Milo von Venus anstatt Venus von Milo), *Vorklänge* oder *Antizipationen* (z. B. „es war mir auf der Schwest ... auf der Brust so schwer"), *Nachklänge, Postpositionen* (z. B. „Ich fordere Sie auf, auf das Wohl unseres Chefs aufzustoßen" für anzustoßen), *Kontaminationen* (z. B. „Er setzt sich auf den Hinterkopf" aus: „Er setzt sich einen Kopf auf" und: „Er stellt sich auf die Hinterbeine"), *Substitutionen* (z. B. „Ich gebe die Präparate in den Briefkasten" statt Brütkasten), zu welchen Hauptkategorien noch einige minder wichtige (oder für unsere

---

der an den großen Bruder gestellten Anforderung erraten. Das noch nicht dreijährige Kind hat verstanden, daß das letzthin angekommene Schwesterchen im Leib der Mutter gewachsen ist. Es ist gar nicht einverstanden mit diesem Zuwachs und mißtrauisch besorgt, daß der Mutterleib noch weitere Kinder bergen könnte. Der Schrank oder Kasten ist ihm ein Symbol des Mutterleibes. Es verlangt also in diesen Kasten zu schauen und wendet sich hiefür an den großen Bruder, der, wie aus anderem Material hervorgeht, an Stelle des Vaters zum Rivalen des Kleinen geworden ist. Gegen diesen Bruder richtet sich außer dem begründeten Verdacht, daß er die vermißte Kinderfrau „einkasteln" ließ, auch noch der andere, daß er irgendwie das kürzlich geborene Kind in den Mutterleib hineinpraktiziert hat. Der Affekt der Enttäuschung, wie der Kasten leer gefunden wird, geht nun von der oberflächlichen Motivierung des kindlichen Verlangens aus. Für die tiefere Strebung steht er an falscher Stelle. Dagegen ist die hohe Befriedigung über die Schlankheit der rückkehrenden Mutter erst aus dieser tieferen Schicht voll verständlich.

Zwecke minder bedeutsame) hinzugefügt werden. Es macht bei dieser Gruppierung keinen Unterschied, ob die Umstellung, Entstellung, Verschmelzung usw. einzelne Laute des Wortes, Silben oder ganze Worte des intendierten Satzes betrifft.

Zur Erklärung der beobachteten Arten des Versprechens stellt *Meringer* eine verschiedene psychische Wertigkeit der Sprachlaute auf. Wenn wir den ersten Laut eines Wortes, das erste Wort eines Satzes innervieren, wendet sich bereits der Erregungsvorgang den späteren Lauten, den folgenden Worten, zu, und soweit diese Innervationen miteinander gleichzeitig sind, können sie einander abändernd beeinflussen. Die Erregung des psychisch intensiveren Lautes klingt vor oder hallt nach und stört so den minderwertigen Innervationsvorgang. Es handelt sich nun darum, zu bestimmen, welche die höchstwertigen Laute eines Wortes sind. *Meringer* meint: „Wenn man wissen will, welchem Laute eines Wortes die höchste Intensität zukommt, so beobachte man sich beim Suchen nach einem vergessenen Wort, z. B. einem Namen. Was zuerst wieder ins Bewußtsein kommt, hatte jedenfalls die größte Intensität vor dem Vergessen (S. 160). Die hochwertigen Laute sind also der Anlaut der Wurzelsilbe und der Wortanlaut und der oder die betonten Vokale" (S. 162).

Ich kann nicht umhin, hier einen Widerspruch zu erheben. Ob der Anlaut des Namens zu den höchstwertigen Elementen des Wortes gehöre oder nicht, es ist gewiß nicht richtig, daß er im Falle des Wortvergessens zuerst wieder ins Bewußtsein tritt; die obige Regel ist also unbrauchbar. Wenn man sich bei der Suche nach einem vergessenen Namen beobachtet, so wird man verhältnismäßig häufig die Überzeugung äußern müssen, er fange mit einem bestimmten Buchstaben an. Diese Überzeugung erweist sich nun ebensooft als unbegründet wie als begründet. Ja, ich möchte behaupten, man proklamiert in der Mehrzahl der Fälle einen falschen Anlaut. Auch in unserem Beispiel „Signorelli" ist bei dem Ersatznamen der Anlaut und sind die wesentlichen Silben verloren gegangen; gerade das minderwertige Silbenpaar *elli* ist im Ersatznamen *Botticelli* der Erinnerung wiedergekehrt. Wie wenig die Ersatznamen den Anlaut des entfallenen Wortes respektieren, mag z. B. folgender Fall lehren:

Eines Tages ist es mir unmöglich, den Namen des kleinen Landes zu erinnern, dessen Hauptort *Monte Carlo* ist. Die Ersatznamen für ihn lauten: *Piemont, Albanien, Montevideo, Colico.*

Für Albanien tritt bald *Montenegro* ein, und dann fällt mir auf, daß die Silbe *Mont* (*Mon* ausgesprochen) doch allen Ersatznamen bis auf den letzten zukommt. Es wird mir so erleichtert, vom Namen des Fürsten Albert aus das vergessene *Monaco* aufzufinden. *Colico* ahmt die Silbefolge und Rhythmik des vergessenen Namens ungefähr nach.

ZUR PSYCHOPATHOLOGIE DES ALLTAGSLEBENS

Wenn man der Vermutung Raum gibt, daß ein ähnlicher Mechanismus wie der fürs Namenvergessen nachgewiesene auch an den Erscheinungen des Versprechens Anteil haben könne, so wird man zu einer tiefer begründeten Beurteilung der Fälle von Versprechen geführt. Die Störung in der Rede, welche sich als Versprechen kundgibt, kann erstens verursacht sein durch den Einfluß eines anderen Bestandteils derselben Rede, also durch das Vorklingen oder Nachhallen, oder durch eine zweite Fassung innerhalb des Satzes oder des Zusammenhanges, den auszusprechen man intendiert – hierher gehören alle oben *Meringer* und *Mayer* entlehnten Beispiele –; zweitens aber könnte die Störung analog dem Vorgang im Falle *Signorelli* zustande kommen durch Einflüsse *außerhalb* dieses Wortes, Satzes oder Zusammenhanges, von Elementen her, die auszusprechen man nicht intendiert, und von deren Erregung man erst durch eben die Störung Kenntnis erhält. In der Gleichzeitigkeit der Erregung läge das Gemeinsame, in der Stellung innerhalb oder außerhalb desselben Satzes oder Zusammenhanges das Unterscheidende für die beiden Entstehungsarten des Versprechens. Der Unterschied erscheint zunächst nicht so groß, als er für gewisse Folgerungen aus der Symptomatologie des Versprechens in Betracht kommt. Es ist aber klar, daß man nur im ersteren Falle Aussicht hat, aus den Erscheinungen des Versprechens Schlüsse auf einen Mechanismus zu ziehen, der Laute und Worte zur gegenseitigen Beeinflussung ihrer Artikulation miteinander verknüpft, also Schlüsse, wie sie der Sprachforscher aus dem Studium des Versprechens zu gewinnen hoffte. Im Falle der Störung durch Einflüsse außerhalb des nämlichen Satzes oder Redezusammenhanges würde es sich vor allem darum handeln, die störenden Elemente kennenzulernen, und dann entstände die Frage, ob auch der Mechanismus dieser Störung die zu vermutenden Gesetze der Sprachbildung verraten kann. Man darf nicht behaupten, daß *Meringer* und *Mayer* die Möglichkeit der Sprechstörung durch „kompliziertere psychische Einflüsse", durch Elemente außerhalb desselben Wortes, Satzes oder derselben Redefolge übersehen haben. Sie mußten ja bemerken, daß die Theorie der psychischen Ungleichwertigkeit der Laute streng genommen nur für die Aufklärung der Lautstörungen, sowie der Vor- und Nachklänge ausreicht. Wo sich die Wortstörungen nicht auf Lautstörungen reduzieren lassen, z. B. bei den Substitutionen und Kontaminationen von Worten, haben auch sie unbedenklich die Ursache des Versprechens *außerhalb* des intendierten Zusammenhanges gesucht und diesen Sachverhalt durch schöne Beispiele erwiesen. Ich zitiere folgende Stellen:

(S. 62.) „Ru. erzählt von Vorgängen, die er in seinem Innern für ‚Schweinereien' erklärt. Er sucht aber nach einer milden Form und beginnt: ‚Dann aber sind Tatsachen zum *Vorschwein* gekommen' ... *Mayer* und ich waren anwesend und Ru. bestätigte, daß er ‚Schweinereien' gedacht hatte. Daß sich dieses

540

gedachte Wort bei ‚Vorschein' verriet und plötzlich wirksam wurde, findet in der Ähnlichkeit der Wörter seine genügende Erklärung."

(S. 73.) „Auch bei den Substitutionen spielen wie bei den Kontaminationen und in wahrscheinlich viel höherem Grade die ‚schwebenden' oder ‚vagierenden' Sprachbilder eine große Rolle. Sie sind, wenn auch unter der Schwelle des Bewußtseins, so doch noch in wirksamer Nähe, können leicht durch eine Ähnlichkeit des zu sprechenden Komplexes herangezogen werden und führen dann eine Entgleisung herbei oder kreuzen den Zug der Wörter. Die ‚schwebenden' oder ‚vagierenden' Sprachbilder sind, wie gesagt, oft die Nachzügler von kürzlich abgelaufenen Sprachprozessen (Nachklänge)."

(S. 97.) „Eine Entgleisung ist auch durch Ähnlichkeit möglich, wenn ein anderes ähnliches Wort nahe unter der Bewußtseinsschwelle liegt, *ohne daß es gesprochen zu werden bestimmt wäre.* Das ist der Fall bei den Substitutionen. – So hoffe ich, daß man beim Nachprüfen meine Regeln wird bestätigen müssen. Aber dazu ist notwendig, daß man (wenn ein anderer spricht) *sich Klarheit darüber verschafft, an was alles der Sprecher gedacht hat.*[16] Hier ein lehrreicher Fall. Klassendirektor Li. sagte in unserer Gesellschaft: ‚Die Frau würde mir Furcht ein*l*agen.' Ich wurde stutzig, denn das *l* schien mir unerklärlich. Ich erlaubte mir, den Sprecher auf seinen Fehler ‚ein*l*agen' für ‚ein*j*agen' aufmerksam zu machen, worauf er sofort antwortete: ‚Ja, das kommt daher, weil ich dachte: ich wäre nicht in der Lage' usw."

„Ein anderer Fall. Ich frage R. v. Schid., wie es seinem kranken Pferd gehe. Er antwortete: ‚Ja, das *draut* ... dauert vielleicht noch einen Monat.' Das ‚draut' mit seinem *r* war mir unverständlich, denn das *r* von ‚dauert' konnte unmöglich so gewirkt haben. Ich machte also R. v. S. aufmerksam, worauf er erklärte, er habe gedacht, ‚das ist eine *traurige* Geschichte.' Der Sprecher hatte also zwei Antworten im Sinne und diese vermengten sich."

Es ist wohl unverkennbar, wie nahe die Rücksichtnahme auf die „vagierenden" Sprachbilder, die unter der Schwelle des Bewußtseins stehen und nicht zum Gesprochenwerden bestimmt sind, und die Forderung, sich zu erkundigen, an was der Sprecher alles gedacht habe, an die Verhältnisse bei unseren „Analysen" herankommen. Auch wir suchen unbewußtes Material, und zwar auf dem nämlichen Wege, nur daß wir von den Einfällen des Befragten bis zur Auffindung des störenden Elementes einen längeren Weg durch eine komplexe Assoziationsreihe zurückzulegen haben.

Ich verweile noch bei einem anderen interessanten Verhalten, für das die Beispiele *Meringers* Zeugnis ablegen. Nach der Einsicht des Autors selbst ist es irgendeine Ähnlichkeit eines Wortes im intendierten Satze mit einem anderen

---

[16] Von mir hervorgehoben.

nicht intendierten, welche dem letzteren gestattet, sich durch die Verursachung einer Entstellung, Mischbildung, Kompromißbildung (Kontamination) im Bewußtsein zur Geltung zu bringen:

> jagen, dauert, Vorschein.
> lagen, traurig, ... schwein.

Nun habe ich in meiner Schrift über die *Traumdeutung*[17] dargetan, welchen Anteil die *Verdichtungs*arbeit an der Entstehung des sogenannten manifesten Trauminhaltes aus den latenten Traumgedanken hat. Irgendeine Ähnlichkeit der Dinge oder der Wortvorstellungen zwischen zwei Elementen des unbewußten Materials wird da zum Anlaß genommen, um ein Drittes, eine Misch- oder Kompromißvorstellung zu schaffen, welche im Trauminhalt ihre beiden Komponenten vertritt, und die infolge dieses Ursprungs so häufig mit widersprechenden Einzelbestimmungen ausgestattet ist. Die Bildung von Substitutionen und Kontaminationen beim Versprechen ist somit ein Beginn jener Verdichtungsarbeit, die wir in eifrigster Tätigkeit am Aufbau des Traumes beteiligt finden.

In einem kleinen für weitere Kreise bestimmten Aufsatz (*Neue Freie Presse* vom 23. August 1900: *Wie man sich versprechen kann*) hat *Meringer* eine besondere praktische Bedeutung für gewisse Fälle von Wortvertauschungen in Anspruch genommen, für solche nämlich, in denen man ein Wort durch sein Gegenteil dem Sinne nach ersetzt. „Man erinnert sich wohl noch der Art, wie vor einiger Zeit der Präsident des österreichischen Abgeordnetenhauses die Sitzung *eröffnete*: ‚Hohes Haus! Ich konstatiere die Anwesenheit von soundsoviel Herren und erkläre somit die Sitzung für *geschlossen*!‘ Die allgemeine Heiterkeit machte ihn erst aufmerksam, und er verbesserte den Fehler. Im vorliegenden Falle wird die Erklärung wohl diese sein, daß der Präsident sich *wünschte*, er wäre schon in der Lage, die Sitzung, von der wenig Gutes zu erwarten stand, zu schließen, aber – eine häufige Erscheinung – der Nebengedanke setzte sich wenigstens teilweise durch und das Resultat war ‚geschlossen‘ für ‚eröffnet‘, also das Gegenteil dessen, was zu sprechen beabsichtigt war. Aber vielfältige Beobachtung hat mich belehrt, daß man gegensätzliche Worte überhaupt sehr häufig miteinander vertauscht; sie sind eben schon in unserem Sprachbewußtsein assoziiert, liegen hart nebeneinander und werden leicht irrtümlich aufgerufen."

Nicht in allen Fällen von Gegensatzvertauschung wird es so leicht, wie hier im Beispiel des Präsidenten, wahrscheinlich zu machen, daß das Versprechen in Folge eines Widerspruchs geschieht, der sich im Innern des Redners gegen den geäußerten Satz erhebt. Wir haben den analogen Mechanismus in der Ana-

---

[17] *Die Traumdeutung*. Leipzig und Wien, 1900. 8. Aufl. 1930.

lyse des Beispiels *aliquis* gefunden; dort äußerte sich der innere Widerspruch im Vergessen eines Wortes anstatt seiner Ersetzung durch das Gegenteil. Wir wollen aber zur Ausgleichung des Unterschiedes bemerken, daß das Wörtchen *aliquis* eines ähnlichen Gegensatzes, wie ihn „schließen" und „eröffnen" ergeben, eigentlich nicht fähig ist, und daß „eröffnen" als gebräuchlicher Bestandteil des Redeschatzes dem Vergessen nicht unterworfen sein kann.

Zeigen uns die letzten Beispiele von *Meringer* und *Mayer*, daß die Sprechstörung ebensowohl durch den Einfluß vor- und nachklingender Laute und Worte desselben Satzes entstehen kann, die zum Ausgesprochenwerden bestimmt sind, wie durch die Einwirkung von Worten außerhalb des intendierten Satzes, *deren Erregung sich sonst nicht verraten hätte*, so werden wir zunächst erfahren wollen, ob man die beiden Klassen von Versprechen scharf sondern, und wie man ein Beispiel der einen von einem Falle der anderen Klasse unterscheiden kann. An dieser Stelle der Erörterung muß man aber der Äußerungen *Wundts* gedenken, der in seiner umfassenden Bearbeitung der Entwicklungsgesetze der Sprache (*Völkerpsychologie*, I. Band, I. Teil, S. 371 u. ff., 1900) auch die Erscheinungen des Versprechens behandelt. Was bei diesen Erscheinungen und anderen, ihnen verwandten niemals fehlt, das sind nach *Wundt* gewisse psychische Einflüsse. „Dahin gehört zunächst als positive Bedingung der ungehemmte Fluß der von den gesprochenen Lauten angeregten *Laut- und Wortassoziationen*. Ihm tritt der Wegfall oder der Nachlaß der diesen Lauf hemmenden Wirkungen des Willens und der auch hier als Willensfunktion sich betätigenden Aufmerksamkeit als negatives Moment zur Seite. Ob jenes Spiel der Assoziation darin sich äußert, daß ein kommender Laut antizipiert oder die vorausgegangenen reproduziert, oder ein gewohnheitsmäßig eingeübter zwischen andere eingeschaltet wird, oder endlich darin, daß ganz andere Worte, die mit den gesprochenen Lauten in assoziativer Beziehung stehen, auf diese herüberwirken – alles dies bezeichnet nur Unterschiede in der Richtung und allenfalls in dem Spielraum der stattfindenden Assoziationen, nicht in der allgemeinen Natur derselben. Auch kann es in manchen Fällen zweifelhaft sein, welcher Form man eine bestimmte Störung zuzurechnen, oder ob man sie nicht mit größerem Rechte *nach dem Prinzip der Komplikation der Ursachen*[18] auf ein Zusammentreffen mehrerer Motive zurückzuführen habe." (S. 380 und 381.)

Ich halte diese Bemerkungen *Wundts* für vollberechtigt und sehr instruktiv. Vielleicht könnte man mit größerer Entschiedenheit als *Wundt* betonen, daß das positiv begünstigende Moment der Sprechfehler – der ungehemmte Fluß der Assoziationen – und das negative – der Nachlaß der hemmenden Aufmerksam-

---

[18] Von mir hervorgehoben.

keit – regelmäßig miteinander zur Wirkung gelangen, so daß beide Momente nur zu verschiedenen Bestimmungen des nämlichen Vorganges werden. Mit dem Nachlaß der hemmenden Aufmerksamkeit tritt eben der ungehemmte Fluß der Assoziationen in Tätigkeit; noch unzweifelhafter ausgedrückt: *durch* diesen Nachlaß.

Unter den Beispielen von Versprechen, die ich selbst gesammelt, finde ich kaum eines, bei dem ich die Sprechstörung einzig und allein auf das, was *Wundt* „Kontaktwirkung der Laute" nennt, zurückführen müßte. Fast regelmäßig entdecke ich überdies einen störenden Einfluß von etwas *außerhalb* der intendierten Rede, und das Störende ist entweder ein einzelner, unbewußt gebliebener Gedanke, der sich durch das Versprechen kundgibt und oft erst durch eingehende Analyse zum Bewußtsein gefördert werden kann, oder es ist ein allgemeineres psychisches Motiv, welches sich gegen die ganze Rede richtet.

1) Ich will gegen meine Tochter, die beim Einbeißen in einen Apfel ein garstiges Gesicht geschnitten hat, zitieren:

> Der Affe gar possierlich ist,
> Zumal wenn er vom Apfel frißt.

Ich beginne aber: Der *Apfe* ... Dies scheint eine Kontamination von *„Affe"* und *„Apfel"* (Kompromißbildung) oder kann auch als Antizipation des vorbereiteten „Apfel" aufgefaßt werden. Der genauere Sachverhalt ist aber der: Ich hatte das Zitat schon einmal begonnen und mich das erstemal dabei nicht versprochen. Ich versprach mich erst bei der Wiederholung, die sich als notwendig ergab, weil die Angesprochene, von anderer Seite mit Beschlag belegt, nicht zuhörte. Diese Wiederholung, die mit ihr verbundene Ungeduld, des Satzes ledig zu werden, muß ich in die Motivierung des Sprechfehlers, der sich als eine Verdichtungsleistung darstellt, mit einrechnen.

2) Meine Tochter sagt: Ich schreibe der Frau *Schresinger* ... Die Frau heißt *Schlesinger*. Dieser Sprechfehler hängt wohl mit einer Tendenz zur Erleichterung der Artikulation zusammen, denn das *l* ist nach wiederholtem *r* schwer auszusprechen. Ich muß aber hinzufügen, daß sich dieses Versprechen bei meiner Tochter ereignete, nachdem ich ihr wenige Minuten zuvor „Apfe" anstatt „Affe" vorgesagt hatte. Nun ist das Versprechen in hohem Maße ansteckend, ähnlich wie das Namenvergessen, bei dem *Meringer* und *Mayer* diese Eigentümlichkeit bemerkt haben. Einen Grund für diese psychische Kontagiosität weiß ich nicht anzugeben.

3) „Ich klappe zusammen wie ein *Tassenmescher – Taschenmesser*", sagt eine Patientin zu Beginn der Behandlungsstunde, die Laute vertauschend, wobei ihr wieder die Artikulationsschwierigkeit („Wiener Weiber Wäscherinnen waschen weiße Wäsche" – „Fischflosse" und ähnliche Prüfworte) zur Entschuldigung dienen kann. Auf den Sprechfehler aufmerksam gemacht, erwidert sie prompt: „Ja, das ist nur, weil Sie heute ‚Ernscht' gesagt haben." Ich hatte sie wirklich mit der Rede empfangen: „Heute wird es also Ernst" (weil es die letzte Stunde vor dem Urlaub werden sollte) und hatte das „Ernst" scherzhaft zu „Ernscht" verbreitert. Im Laufe der Stunde verspricht sie sich immer wieder von neuem, und ich merke endlich, daß sie mich nicht bloß imitiert, sondern daß sie einen besonderen Grund hat, im Unbewußten bei dem Worte Ernst als Namen zu verweilen.[19]

4) „Ich bin so verschnupft, ich kann nicht durch die *Ase natmen – Nase atmen"* – passiert derselben Patientin ein anderes Mal. Sie weiß sofort, wie sie zu diesem Sprechfehler kommt. „Ich steige jeden Tag in der *Hasenauerstraße* in die Tramway, und heute früh ist mir während des Wartens auf den Wagen eingefallen, wenn ich eine Französin wäre, würde ich *Asenauer* aussprechen, denn die Franzosen lassen das *H* im Anlaut immer weg." Sie bringt dann eine Reihe von Reminiszenzen an Franzosen, die sie kennengelernt hat, und langt nach weitläufigen Umwegen bei der Erinnerung an, daß sie als vierzehnjähriges Mädchen in dem kleinen Stück *Kurmärker und Picarde* die Picarde gespielt und damals gebrochen Deutsch gesprochen hat. Die Zufälligkeit, daß in ihrem Logierhaus ein Gast aus Paris angekommen ist, hat die ganze Reihe von Erinnerungen wachgerufen. Die Lautvertauschung ist also Folge der Störung durch einen unbewußten Gedanken aus einem ganz fremden Zusammenhang.

5) Ähnlich ist der Mechanismus des Versprechens bei einer anderen Patientin, die mitten in der Reproduktion einer längst verschollenen Kindererinnerung von ihrem Gedächtnis verlassen wird. An welche Körperstelle die vorwitzige und lüsterne Hand des anderen gegriffen hat, will ihr das Gedächtnis nicht mitteilen. Sie macht unmittelbar darauf einen Besuch bei einer Freundin und unterhält sich mit ihr über Sommerwohnungen. Gefragt, wo denn ihr Häuschen in M. gelegen sei, antwortet sie: an der *Berglende* anstatt *Berglehne*.

6) Eine andere Patientin, die ich nach Abbruch der Stunde frage, wie es ihrem Onkel geht, antwortet: „Ich weiß nicht, ich sehe ihn jetzt nur *in flagranti*." Am nächsten Tage beginnt sie: „Ich habe mich recht geschämt, Ihnen eine so dumme Antwort gegeben zu haben. Sie müssen mich natürlich für eine ganz ungebil-

---

[19] Sie stand nämlich, wie sich zeigte, unter dem Einfluß von unbewußten Gedanken über Schwangerschaft und Kinderverhütung. Mit den Worten: „zusammengeklappt wie ein Taschenmesser", welche sie bewußt als Klage vorbrachte, wollte sie die Haltung des Kindes im Mutterleibe beschreiben. Das Wort „Ernst" in meiner Anrede hatte sie an den Namen (S. Ernst) einer bekannten Wiener Firma in der Kärntnerstraße gemahnt, welche sich als Verkaufsstätte von Schutzmitteln gegen die Konzeption zu annoncieren pflegt.

dete Person halten, die beständig Fremdwörter verwechselt. Ich wollte sagen: *en passant.*" Wir wußten damals noch nicht, woher sie die unrichtig angewendeten Fremdworte genommen hatte. In derselben Sitzung aber brachte sie als Fortsetzung des vortägigen Themas eine Reminiszenz, in welcher das Ertapptwerden *in flagranti* die Hauptrolle spielte. Der Sprechfehler am Tage vorher hatte also die damals noch nicht bewußt gewordene Erinnerung antizipiert.

7) Gegen eine andere muß ich an einer gewissen Stelle der Analyse die Vermutung aussprechen, daß sie sich zu der Zeit, von welcher wir eben handeln, ihrer Familie geschämt und ihrem Vater einen uns noch unbekannten Vorwurf gemacht habe. Sie erinnert sich nicht daran, erklärt es übrigens für unwahrscheinlich. Sie setzt aber das Gespräch mit Bemerkungen über ihre Familie fort: „Man muß ihnen das eine lassen: Es sind doch besondere Menschen, sie haben alle *Geiz* – ich wollte sagen *Geist.*" Das war denn auch wirklich der Vorwurf, den sie aus ihrem Gedächtnis verdrängt hatte. Daß sich in dem Versprechen gerade jene Idee durchdrängt, die man zurückhalten will, ist ein häufiges Vorkommnis (Vgl. den Fall von *Meringer*: zum Vorschwein gekommen). Der Unterschied liegt nur darin, daß die Person bei *Meringer* etwas zurückhalten will, was ihr bewußt ist, während meine Patientin das Zurückgehaltene nicht weiß, oder wie man auch sagen kann, nicht weiß, daß sie etwas und was sie zurückhält.

8) Auf absichtliche Zurückhaltung geht auch das nachstehende Beispiel von Versprechen zurück. Ich treffe einmal in den Dolomiten mit zwei Damen zusammen, die als Touristinnen verkleidet sind. Ich begleite sie ein Stück weit, und wir besprechen die Genüsse, aber auch die Beschwerden der touristischen Lebensweise. Die eine der Damen gibt zu, daß diese Art, den Tag zu verbringen, manches Unbequeme hat. „Es ist wahr", sagt sie, daß es gar nicht angenehm ist, wenn man so in der Sonne den ganzen Tag marschiert hat und Bluse und Hemd ganz durchgeschwitzt sind." In diesem Satze hat sie einmal eine kleine Stockung zu überwinden. Dann setzt sie fort: „Wenn man aber dann nach *Hose* kommt und sich umkleiden kann ..." Ich meine, es bedurfte keines Examens, um dieses Versprechen aufzuklären. Die Dame hatte offenbar die Absicht gehabt, die Aufzählung vollständiger zu halten und zu sagen: Bluse, Hemd und Hose. Dies dritte Wäschestück zu nennen, unterdrückte sie dann aus Gründen der Wohlanständigkeit. Aber im nächsten, inhaltlich unabhängigen Satz setzte sich das unterdrückte Wort als Verunstaltung des ähnlichen Wortes „nach *Hause*" wider ihren Willen durch.

9) „Wenn Sie Teppiche kaufen wollen, so gehen Sie nur zu Kaufmann in der Matthäusgasse. Ich glaube, ich kann Sie dort auch empfehlen", sagt mir eine Dame. Ich wiederhole: „Also bei *Matthäus* ... bei *Kaufmann* will ich sagen." Es sieht aus wie Folge von Zerstreutheit, wenn ich den einen Namen an Stelle des anderen wiederhole. Die Rede der Dame hat mich auch wirklich zerstreut gemacht, denn sie hat meine Aufmerksamkeit auf anderes gelenkt, was mir weit wichtiger ist als Teppiche. In der Matthäusgasse steht nämlich das Haus, in dem meine Frau als Braut gewohnt hatte. Der Eingang des Hauses war in einer anderen Gasse, und nun merke ich, daß ich deren Namen vergessen habe und ihn mir erst auf einem Umweg bewußt machen muß. Der Name Matthäus, bei dem ich verweile, ist mir also ein Ersatzname für den vergessenen Namen der Straße. Er eignet sich besser dazu als der Name Kaufmann, denn Matthäus ist ausschließlich ein Personenname, was Kaufmann nicht ist, und die vergessene Straße heißt auch nach einem Personennamen: *Radetzky*.

10) Folgenden Fall könnte ich ebenso gut bei den später zu besprechenden „Irrtümern" unterbringen, führe ihn aber hier an, weil die Lautbeziehungen, auf Grund deren die Wortersetzung erfolgt, ganz besonders deutlich sind. Eine Patientin erzählt mir ihren Traum: Ein Kind hat beschlossen, sich durch einen Schlangenbiß zu töten. Es führt den Entschluß aus. Sie sieht zu, wie es sich in Krämpfen windet usw. Sie soll nun die Tagesanknüpfung für diesen Traum finden. Sie erinnert sofort, daß sie gestern abends eine populäre Vorlesung über erste Hilfe bei Schlangenbissen mitangehört hat. Wenn ein Erwachsener und ein Kind gleichzeitig gebissen worden sind, so soll man zuerst die Wunde des Kindes behandeln. Sie erinnert auch, welche Vorschriften für die Behandlung der Vortragende gegeben hat. Es käme sehr viel darauf an, hatte er auch geäußert, von welcher Art man gebissen worden ist. Hier unterbreche ich sie und frage: Hat er denn nicht gesagt, daß wir nur sehr wenige giftige Arten in unserer Gegend haben, und welche die gefürchteten sind? „Ja, er hat die *Klapper*schlange hervorgehoben". Mein Lachen macht sie dann aufmerksam, daß sie etwas Unrichtiges gesagt hat. Sie korrigiert jetzt aber nicht etwa den Namen, sondern sie nimmt ihre Aussage zurück. „Ja so, die kommt ja bei uns nicht vor; er hat von der Viper gesprochen. Wie gerate ich nur auf die Klapperschlange?" Ich vermutete, durch die Einmengung der Gedanken, die sich hinter ihrem Traum verborgen hatten. Der Selbstmord durch Schlangenbiß kann kaum etwas anderes sein als eine Anspielung auf die schöne *Kleopatra*. Die weitgehende Lautähnlichkeit der beiden Worte, die Übereinstimmung in den Buchstaben *Kl..p..r* in der nämlichen Reihenfolge und in dem betonten *a* sind nicht zu verkennen. Die gute Beziehung zwischen den Namen *Klapper*schlange und *Kleopatra* erzeugt bei ihr eine momentane Einschränkung des Urteils, derzufolge sie an der Behauptung, der Vortragende habe sein Publikum in Wien in der Behandlung von Klapperschlangenbissen unterwiesen, keinen Anstoß nimmt. Sie weiß sonst so gut wie ich, daß diese Schlange nicht zur Fauna unserer Heimat gehört. Wir wollen es ihr nicht verübeln, daß sie an die Versetzung der Klapperschlange nach Ägypten ebensowenig Bedenken knüpfte, denn wir sind gewohnt, alles Außereuropä-ische, Exotische zusammenzuwerfen, und ich selbst mußte mich einen Moment besinnen, ehe ich die Behauptung aufstellte, daß die Klapperschlange nur der neuen Welt angehört.

Weitere Bestätigungen ergeben sich bei Fortsetzung der Analyse. Die Träu-merin hat gestern zum erstenmal die in der Nähe ihrer Wohnung aufgestellte *Antonius*gruppe von *Straßer* besichtigt. Dies war also der zweite Traumanlaß (der erste der Vortrag über Schlangenbisse). In der Fortsetzung ihres Traumes wiegte sie ein Kind in ihren Armen, zu welcher Szene ihr das Gretchen einfällt. Weitere Einfälle bringen Reminiszenzen an „*Arria* und *Messalina*". Das Auftauchen so vieler Namen von Theaterstücken in den Traumgedanken läßt bereits vermuten, daß bei der Träumerin in früheren Jahren eine geheimgehaltene Schwärmerei für den Beruf der Schauspielerin bestand. Der Anfang des Traumes: „Ein Kind hat beschlossen, sein Leben durch einen Schlangenbiß zu enden", bedeutet wirklich nichts anderes als: Sie hat sich als Kind vorgenommen, einst eine berühmte Schauspielerin zu werden. Von dem Namen *Messalina* zweigt endlich der Gedan-kenweg ab, der zu dem wesentlichen Inhalt dieses Traumes führt. Gewisse Vor-fälle der letzten Zeit haben in ihr die Besorgnis erweckt, daß ihr einziger Bruder eine nicht standesgemäße Ehe mit einer Nicht-*Arierin*, eine *Mésalliance* eingehen könnte.

11) Ein völlig harmloses oder vielleicht uns nicht genügend in seinen Moti-ven aufgeklärtes Beispiel will ich hier wiedergeben, weil es einen durchsichtigen Mechanismus erkennen läßt:

Ein in Italien reisender Deutscher bedarf eines Riemens, um seinen schad-haft gewordenen Koffer zu umschnüren. Das Wörterbuch liefert ihm für Rie-men das italienische Wort *coreggia*. Dieses Wort werde ich mir leicht merken, meint er, indem ich an den Maler (*Correggio*) denke. Er geht dann in einen Laden und verlangt: una *ribera*.

Es war ihm anscheinend nicht gelungen, das deutsche Wort in seinem Gedächtnis durch das italienische zu ersetzen, aber seine Bemühung war doch nicht gänzlich ohne Erfolg geblieben. Er wußte, daß er sich an den Namen eines Malers halten müsse, und so geriet er nicht auf jenen Malernamen, der an das italienische Wort anklingt, sondern an einen anderen, der sich dem deutschen Worte Riemen annähert. Ich hätte dieses Beispiel natürlich ebensowohl beim Namenvergessen wie hier beim Versprechen unterbringen können.

Als ich Erfahrungen von Versprechen für die erste Auflage dieser Schrift sammelte, ging ich so vor, daß ich alle Fälle, die ich beobachten konnte, darunter also auch die minder eindrucksvollen, der Analyse unterzog. Seither haben man-che andere sich der amüsanten Mühe, Versprechen zu sammeln und zu analysieren, unterzogen und mich so in den Stand gesetzt, Auswahl aus einem reicheren Material zu schöpfen.

12) Ein junger Mann sagt zu seiner Schwester: „Mit den D. bin ich jetzt ganz zerfallen, ich grüße sie nicht mehr." Sie antwortet: „Überhaupt eine saubere *Lippschaft.*" Sie wollte sagen: *Sipp*schaft, aber sie drängte noch zweierlei in dem Sprechirrtum zusammen, daß ihr Bruder einst selbst mit der Tochter dieser Familie einen Flirt begonnen hatte, und daß es von dieser hieß, sie habe sich in letzter Zeit in eine ernsthafte unerlaubte *Liebschaft* eingelassen.

13) Ein junger Mann spricht eine Dame auf der Straße mit den Worten an: „Wenn Sie gestatten, mein Fräulein, möchte ich Sie be*gleit-digen.*" Er dachte offenbar, er möchte sie gern *begleiten,* fürchtete aber, sie mit dem Antrag zu *beleidigen.* Daß diese beiden einander widerstreitenden Gefühlsregungen in einem Worte – eben dem Versprechen – Ausdruck fanden, weist darauf hin, daß die eigentlichen Absichten des jungen Mannes jedenfalls nicht die lautersten waren und ihm dieser Dame gegenüber selbst beleidigend erscheinen mußten. Während er aber gerade dies vor ihr zu verbergen sucht, spielt ihm das Unbewußte den Streich, seine eigentliche Absicht zu verraten, wodurch er aber andererseits der Dame gleichsam die konventionelle Antwort: „Ja, was glauben Sie denn von mir, wie können Sie mich denn so *beleidigen*" vorwegnimmt. (Mitgeteilt von *O. Rank.*)

Eine Anzahl von Beispielen entnehme ich einem Aufsatz von *W. Stekel* aus dem *Berliner Tageblatt* vom 4. Jänner 1904, betitelt *Unbewußte Geständnisse.*

14) „Ein unangenehmes Stück meiner unbewußten Gedanken enthüllt das folgende Beispiel. Ich schicke voraus, daß ich in meiner Eigenschaft als Arzt niemals auf meinen Erwerb bedacht bin und immer nur das Interesse des Kranken im Auge habe, was ja eine selbstverständliche Sache ist. Ich befinde mich bei einer Kranken, der ich nach schwerer Krankheit in einem Rekonvaleszentenstadium meinen ärztlichen Beistand leiste. Wir haben schwere Tage und Nächte mitgemacht. Ich bin glücklich, sie besser zu finden, male ihr die Wonnen eines Aufenthaltes in Abbazia aus und gebrauche dabei den Nachsatz: ‚wenn Sie, was ich hoffe, das Bett bald *nicht* verlassen werden –.' Offenbar entsprang das einem egoistischen Motiv des Unbewußten, diese wohlhabende Kranke noch länger behandeln zu dürfen, einem Wunsche, der meinem wachen Bewußtsein vollkommen fremd ist und den ich mit Entrüstung zurückweisen würde."

15) Ein anderes Beispiel (*W. Stekel*): „Meine Frau nimmt eine Französin für die Nachmittage auf und will, nachdem man sich über die Bedingungen geeinigt hatte, ihre Zeugnisse zurückbehalten. Die Französin bittet, sie behalten zu dürfen, mit der Motivierung: *„Je cherche encore pour les après-midis, pardon, pour les avant-midis."* Offenbar hatte sie die Absicht, sich noch anderweitig umzusehen und vielleicht bessere Bedingungen zu erhalten – eine Absicht, die sie auch ausgeführt hat."

16) (Dr. Stekel:) „Ich soll einer Frau die Leviten lesen, und ihr Mann, auf dessen Bitte das geschieht, steht lauschend hinter der Tür. Am Ende meiner Predigt, die einen sichtlichen Eindruck gemacht hatte, sagte ich: ‚Küss' die Hand, gnädiger Herr!' Dem Kundigen hatte ich damit verraten, daß die Worte an die Adresse des Herrn gerichtet waren, daß ich sie um seinetwillen gesprochen hatte."

17) Dr. Stekel berichtet von sich selbst, daß er zu einer Zeit zwei Patienten aus Triest in Behandlung gehabt habe, die er immer verkehrt zu begrüßen pflegte. „Guten Morgen, Herr Peloni", sagte ich zu Askoli, – „Guten Morgen, Herr Askoli", zu Peloni. Er war anfangs geneigt, dieser Verwechslung keine tiefere Motivierung zuzuschreiben, sondern sie durch die mehrfachen Gemeinsamkeiten der beiden Herren zu erklären. Er ließ sich aber leicht überzeugen, daß die Namenvertauschung hier einer Art Prahlerei entsprach, indem er durch sie jeden seiner italienischen Patienten wissen lassen konnte, er sei nicht der einzige Triestiner, der nach Wien gekommen sei, um seinen ärztlichen Rat zu suchen.

18) Dr. Stekel selbst in einer stürmischen Generalversammlung: „Wir *streiten* (schreiten) nun zu Punkt 4 der Tagesordnung."

19) Ein Professor in seiner Antrittsvorlesung: „Ich bin nicht *geneigt* (geeignet), die Verdienste meines sehr geschätzten Vorgängers zu schildern."

20) Dr. Stekel zu einer Dame, bei welcher er Basedowsche Krankheit vermutet: „Sie sind um einen *Kropf* (Kopf) größer als Ihre Schwester."

21) Dr. Stekel berichtet: „Jemand will das Verhältnis zweier Freunde schildern, von denen einer als Jude charakterisiert werden soll. Er sagt: ‚Sie lebten zusammen wie *Kastor* und *Pollak*.' Das war durchaus kein *Witz*, der Redner hatte das Versprechen selbst nicht bemerkt und wurde erst von mir darauf aufmerksam gemacht."

22) Gelegentlich ersetzt ein Versprechen eine ausführliche Charakteristik. Eine junge Dame, die das Regiment im Hause führt, erzählt mir von ihrem leidenden Manne, er sei beim Arzt gewesen, um ihn nach der ihm zuträglichen Diät zu befragen. Der Arzt habe aber gesagt, darauf käme es nicht an. „Er kann essen und trinken was *ich* will."

Die folgenden zwei Beispiele von *Th. Reik* (Intern. Zeitschr. f. Psychoanalyse, III, 1915) stammen aus Situationen, in denen sich Versprechen besonders leicht ereignen, weil in ihnen mehr zurückgehalten werden muß, als gesagt werden kann.

23) Ein Herr spricht einer jungen Dame, deren Gatte kürzlich gestorben ist, sein Beileid aus und setzt hinzu: „Sie werden Trost finden, indem Sie sich völlig ihren Kindern *widwen*." Der unterdrückte Gedanke wies auf andersartigen Trost hin: eine junge schöne *Witwe* wird bald neue Sexualfreuden genießen.

24) Derselbe Herr unterhält sich mit derselben Dame in einer Abendgesellschaft über die großen Vorbereitungen, welche in Berlin zum Osterfeste getroffen werden, und fragt: „Haben Sie heute die Auslage bei Wertheim gesehen? Sie ist ganz *dekolletiert.*" Er hatte seiner Bewunderung über die Dekolletage der schönen Frau nicht laut Ausdruck geben dürfen, und nun setzte sich der verpönte Gedanke durch, indem er die Dekoration einer Warenauslage in eine Dekolletage verwandelte, wobei das Wort Auslage unbewußt doppelsinnig verwendet wurde.

Dieselbe Bedingung trifft auch für eine Beobachtung zu, über welche *Dr. Hanns Sachs* ausführliche Rechenschaft zu geben versucht:

25) „Eine Dame erzählt mir von einem gemeinsamen Bekannten, er sei, als sie ihn das letztemal sah, so elegant angezogen gewesen wie immer, besonders habe er hervorragend schöne, braune Halbschuhe getragen. Auf meine Frage, wo sie ihn denn getroffen habe, berichtete sie: ,Er hat an meiner Haustür geläutet und ich hab' ihn durch die heruntergelassenen Rouleaux gesehen. Ich habe aber weder geöffnet noch sonst ein Lebenszeichen gegeben, denn ich wollte nicht, daß er es erfährt, daß ich schon in der Stadt bin.' Ich denke mir beim Zuhören, daß sie mir dabei etwas verschweigt, am wahrscheinlichsten wohl, daß sie deswegen nicht geöffnet habe, weil sie nicht allein und nicht in der Toilette war, um Besuche zu empfangen, und frage ein wenig ironisch: ,Also durch die geschlossenen Jalousien hindurch haben Sie seine Hausschuhe – seine Halbschuhe bewundern können?' In ,Hausschuhe' kommt der von der Äußerung abgehaltene Gedanke an ihr *Haus*kleid zum Ausdruck. Das Wort ,Halb' wurde anderseits wieder deswegen zu beseitigen versucht, weil gerade in diesem Worte der Kern der verpönten Antwort: ,sie sagen mir nur die *halbe* Wahrheit und verschweigen, daß Sie *halb* angezogen waren' enthalten ist. Befördert wurde das Versprechen auch dadurch, daß wir unmittelbar vorher von dem Eheleben des betreffenden Herrn, von seinem ,häuslichen Glück' gesprochen hatten, was wohl die Verschiebung auf seine Person mitdeterminierte. Schließlich muß ich gestehen, daß vielleicht mein Neid mitgewirkt hat, wenn ich diesen eleganten Herrn in Hausschuhen auf der Straße stehen ließ; ich selbst habe mir erst vor kurzem braune Halbschuhe gekauft, die keineswegs mehr ,hervorragend schön' sind."

Kriegszeiten wie die gegenwärtigen bringen eine Reihe von Versprechen hervor, deren Verständnis wenig Schwierigkeiten macht.

26) „Bei welcher Waffe befindet sich Ihr Herr Sohn?" wird eine Dame gefragt. Sie antwortet: „Bei den 42er Mör*d*ern."

27) Leutnant Henrik *Haiman* schreibt aus dem Felde: „Ich werde aus der Lektüre eines fesselnden Buches herausgerissen, um für einen Moment den Aufklärungstelephonisten zu vertreten. Auf die Leitungsprobe der Geschützstation reagiere ich mit: Kontrolle richtig, *Ruhe*. Reglementmäßig sollte es lauten: Kontrolle richtig, Schluß. Meine Abweichung erklärt sich durch den Ärger über die Störung im Lesen." (Intern. Zeitschr. f. Psychoanalyse, IV, 1916/17.)

28) Ein Feldwebel instruiert die Mannschaft, ihre Adressen genau nach Hause anzugeben, damit die *Gespeck*stücke nicht verloren gehen.

29) Das nachstehende, hervorragend schöne und durch seinen tieftraurigen Hintergrund bedeutsame Beispiel verdanke ich der Mitteilung von Dr. L. *Czeszer*, der während seines Aufenthaltes in der neutralen Schweiz zu Kriegszeiten diese Beobachtung gemacht und sie erschöpfend analysiert hat. Ich gebe seine Zuschrift mit unwesentlichen Auslassungen im folgenden wieder:

„Ich gestatte mir, einen Fall von ‚Versprechen' mitzuteilen, der Herrn Professor M. N. in O. bei einem seiner im eben verflossenen Sommersemester abgehaltenen Vorträge über die Psychologie der Empfindungen unterlief. Ich muß voraussenden, daß diese Vorlesungen in der Aula der Universität unter großem Zudrang der französischen internierten Kriegsgefangenen und im übrigen der meist aus entschieden ententefreundlich gesinnten Französisch-Schweizern bestehenden Studentenschaft gehalten wurden. In O. wird, wie in Frankreich selbst, das Wort *boche* jetzt allgemein und ausschließlich zur Bezeichnung der Deutschen gebraucht. Bei öffentlichen Kundgebungen aber, sowie bei Vorlesungen u. dgl. bestreben sich höhere Beamte, Professoren und sonst verantwortliche Personen, aus Neutralitätsgründen das ominöse Wort zu vermeiden.

Professor N. nun war gerade im Zuge, die praktische Bedeutung der Affekte zu besprechen, und beabsichtigte, ein Beispiel zu zitieren für die zielbewußte Ausbeutung eines Affekts, um eine an sich uninteressante Muskelarbeit mit Lustgefühlen zu laden und so intensiver zu gestalten. Er erzählte also, natürlich in französischer Sprache, die gerade damals von hiesigen Blättern aus einem alldeutschen Blatte abgedruckte Geschichte von einem deutschen Schulmeister, der seine Schüler im Garten arbeiten ließ und, um sie zu intensiverer Arbeit anzufeuern, sie aufforderte, sich vorzustellen, daß sie statt jeder Erdscholle einen französischen Schädel einschlügen. Beim Vortrag seiner Geschichte sagte N. natürlich jedesmal, wo von Deutschen die Rede war, ganz korrekt *Allemand* und nicht *boche*. Doch als es zur Pointe der Geschichte kam, trug er die Worte des Schulmeisters folgenderweise vor: ‚*Imaginez-vous, qu'en chaque moche vous écrasez le crâne d'un Français.*' Also statt *motte – moche!*

Sieht man da nicht förmlich, wie der korrekte Gelehrte vom Anfang der Erzählung sich zusammennimmt, um ja nicht der Gewohnheit und vielleicht

DAS VERSPRECHEN

auch der Versuchung nachzugeben und das sogar durch einen Bundeserlaß ausdrücklich verpönte Wort von dem Katheder der Universitätsaula fallen zu lassen! Und gerade im Augenblick, wo er glücklich das letztemal ganz korrekt *instituteur allemand*' gesagt hat und innerlich aufatmend zum unverfänglichen Schlusse eilt, klammert sich die mühsam zurückgedrängte Vokabel an den Gleichklang des Wortes *motte* und – das Unheil ist geschehen. Die Angst vor der politischen Taktlosigkeit, vielleicht eine zurückgedrängte Lust, das gewohnte und von allen erwartete Wort doch zu gebrauchen, sowie der Unwille des geborenen Republikaners und Demokraten gegen jeden Zwang in der freien Meinungsäußerung interferieren mit der auf die korrekte Wiedergabe des Beispiels gerichteten Hauptabsicht. Die interferierende Tendenz ist dem Redner bekannt und er hat, wie nicht anders anzunehmen ist, unmittelbar vor dem Versprechen an sie gedacht.

Sein Versprechen hat Professor N. nicht bemerkt, wenigstens hat er es nicht verbessert, was man doch meist geradezu automatisch tut. Dagegen wurde der Lapsus von der meist französischen Zuhörerschaft mit wahrer Genugtuung aufgenommen und wirkte vollkommen wie ein beabsichtigter Wortwitz. Ich aber folgte diesem anscheinend harmlosen Vorgang mit wahrer innerer Erregung. Denn wenn ich mir auch aus naheliegenden Gründen versagen mußte, dem Professor die sich nach psychoanalytischer Methode aufdrängenden Fragen zu stellen, so war doch dieses Versprechen für mich ein schlagender Beweis für die Richtigkeit Ihrer Lehre von der Determinierung der Fehlhandlungen und den tiefen Analogien und Zusammenhängen zwischen dem Versprechen und dem Witz."

30) Unter den betrübenden Eindrücken der Kriegszeit entstand auch das Versprechen, welches ein heimgekehrter österreichischer Offizier, Oberleutnant T., berichtet:

„Während mehrerer Monate meiner italienischen Kriegsgefangenschaft waren wir, eine Zahl von 200 Offizieren, in einer engen Villa untergebracht. In dieser Zeit starb einer unserer Kameraden an der Grippe. Der Eindruck, der durch diesen Vorfall hervorgerufen wurde, war naturgemäß ein tiefgehender; denn die Verhältnisse, in denen wir uns befanden, das Fehlen ärztlichen Beistands, die Hilflosigkeit unserer damaligen Existenz ließen ein Umsichgreifen der Seuche mehr denn wahrscheinlich werden. – Wir hatten den Toten in einem Kellerraume aufgebahrt. Am Abend, als ich mit einem Freunde einen Rundgang um unser Haus angetreten hatte, äußerten wir beide den Wunsch, die Leiche zu sehen. Mir als dem Voranschreitenden bot sich beim Eintritt in den Keller ein Anblick, der mich heftig erschrecken ließ; denn ich war nicht vorbereitet gewesen, die Bahre so nahe beim Eingang aufgestellt zu finden und aus

553

solcher Nähe in das durch spielende Kerzenlichter in Unruhe versetzte Antlitz schauen zu müssen. Noch unter diesem nachwirkenden Bilde setzten wir dann den Rundgang fort. An einer Stelle, von wo sich dem Auge die Ansicht des im vollen Mondenscheine schwimmenden Parkes, einer hellbestrahlten Wiese und dahintergelegter, leichter Nebelschleier zeigte, gab ich der damit verknüpften Vorstellung Ausdruck, einen Reigen Elfen unter dem Saume der anschließenden Kiefern tanzen zu sehen.

Am folgenden Nachmittag begruben wir den toten Gefährten. Der Weg von unserem Kerker bis zum Friedhof des kleinen, benachbarten Ortes war für uns gleicherweise bitter und entwürdigend; denn halbwüchsige, johlende Burschen, eine spöttische, höhnende Bevölkerung, derbe, schreiende Lärmer hatten diesen Anlaß benützt, um unverhohlen ihren von Neugierde und Haß gemischten Gefühlen Ausdruck zu verleihen. Die Empfindung, selbst in diesem wehrlosen Zustand nicht ungekränkt bleiben zu können, der Abscheu vor der bekundeten Roheit beherrschten mich bis zum Abend mit Erbitterung. Zur gleichen Stunde wie tags zuvor, in der nämlichen Begleitung begingen wir auch diesmal den Kiesweg rund um das Wohnhaus; und an dem Kellergitter vorüberkommend, hinter dem die Leiche gelegen hatte, überfiel mich die Erinnerung des Eindrucks, den ihr Anblick in mir hinterlassen hatte. An der Stelle, von der sich mir dann wiederum der erhellte Park darbot, unter dem gleichen Vollmondlichte, hielt ich an und äußerte zu meinem Begleiter: ‚Wir könnten uns hier ins *Grab* – – Gras setzen und eine Serenade *sinken*!‘ – Erst beim zweiten Versprechen wurde ich aufmerksam; das erstemal hatte ich verbessert, ohne des Sinnes im Fehler bewußt geworden zu sein. Nun überlegte ich und reihte aneinander: ‚ins Grab – sinken!‘ Blitzartig folgten diese Bilder: im Mondschein tanzende, schwebende Elfen; der aufgebahrte Kamerad, der erweckte Eindruck; einzelne Szenen vom Begräbnis, die Empfindung des gehabten Ekels und der gestörten Trauer; Erinnerung an einzelne Gespräche über die aufgetretene Seuche, Furchtäußerungen mehrerer Offiziere. Später entsann ich mich des Umstandes, daß es der Todestag meines Vaters sei, was für mich meines sonst sehr schlechten Datengedächtnisses wegen auffallend wurde.

Beim nachherigen Überdenken wurde mir klar: das Zusammentreffen äußerer Bedingungen zwischen beiden Abenden, die gleiche Stunde, Beleuchtung, der nämliche Ort und Begleiter. Ich erinnerte mich des Unbehagens, das ich empfunden hatte, als die Besorgnis einer Ausbreitung der Grippe erörtert wurde; aber zugleich auch des inneren Verbotes, mich Furcht anwandeln zu lassen. Auch die Wortstellung: ‚wir könnten ins Grab sinken‘ wurde mir darauf in ihrer Bedeutung bewußt, wie ich auch die Überzeugung gewann, nur die zuerst stattgehabte Korrektur von ‚Grab‘ in ‚Gras‘, die noch ohne Deutlichkeit geschehen war, habe auch das zweite Versprechen: ,singen' in ,sinken' zur Folge gehabt, um dem unterdrückten Komplex endgültige Wirkung zu sichern.

Ich füge bei, daß ich zu jener Zeit an beängstigenden Träumen litt, in denen ich eine mir sehr nahestehende Angehörige wiederholt krank, einmal selbst tot sah. Ich hatte noch knapp vor meiner Gefangennahme die Nachricht erhalten, daß die Grippe gerade in der Heimat dieser Angehörigen mit besonderer Heftigkeit wüte, hatte ihr auch meine lebhaften Befürchtungen geäußert. Seither war ich ohne Verbindung geblieben. Monate später empfing ich die Kunde, daß sie zwei Wochen vor dem geschilderten Ereignis ein Opfer der Epidemie geworden sei!"

31) Das nachstehende Beispiel von Versprechen beleuchtet blitzähnlich einen der schmerzlichen Konflikte, die das Los des Arztes sind. Ein wahrscheinlich dem Tode verfallener Mann, dessen Diagnose aber noch nicht feststeht, ist nach Wien gekommen, um hier die Lösung seines Knotens abzuwarten, und hat einen Jugendfreund, der ein bekannter Arzt geworden ist, gebeten, seine Behandlung zu übernehmen, worauf dieser nicht ohne Widerstreben schließlich einging. Der Kranke soll in einer Heilanstalt Aufenthalt nehmen und der Arzt schlägt das Sanatorium „Hera" vor. „Das ist doch eine Anstalt nur für bestimmte Zwecke (eine Entbindungsanstalt)", wendet der Kranke ein. „O nein", ereifert sich der Arzt: „In der ,Hera' kann man jeden Patienten *umbringen* – unterbringen, meine ich." Er sträubt sich dann heftig gegen die Deutung seines Versprechens. „Du wirst doch nicht glauben, daß ich feindselige Impulse gegen dich habe?" Eine Viertelstunde später sagte er zu der ihn hinausbegleitenden Dame, die die Pflege des Kranken übernommen hat: „Ich kann nichts finden und glaube ja noch immer nicht daran. Aber wenn es so sein sollte, bin ich für eine tüchtige Dosis Morphium, und dann ist Ruhe." Es kommt heraus, daß der Freund ihm die Bedingung gestellt hat, daß er seine Leiden durch ein Medikament abkürze, sobald es feststeht, daß ihm nicht mehr zu helfen ist. Der Arzt hatte also wirklich die Aufgabe übernommen, den Freund umzubringen.

32) Auf ein ganz besonders lehrreiches Beispiel von Versprechen möchte ich nicht verzichten, obwohl es sich nach Angabe meines Gewährsmannes vor etwa 20 Jahren zugetragen hat. „Eine Dame äußerte einmal in einer Gesellschaft – man hört es den Worten an, daß sie im Eifer und unter dem Drucke allerlei geheimer Regungen zustande gekommen sind: ,Ja, eine Frau muß schön sein, wenn sie den Männern gefallen soll. Da hat es ein Mann viel besser; wenn er nur seine *fünf* geraden Glieder hat, mehr braucht er nicht!' Dieses Beispiel gestattet uns einen guten Einblick in den intimen Mechanismus eines Versprechens durch *Verdichtung* oder einer *Kontamination* (vgl. S. 538). Es liegt nahe, anzunehmen, daß hier zwei sinnähnliche Redeweisen verschmolzen sind:

wenn er seine *vier geraden Glieder* hat
wenn er seine *fünf Sinne* beisammen hat.

Oder aber das Element *gerade* ist das Gemeinsame zweier Redeintentionen gewesen, die gelautet haben:

wenn er nur seine *geraden* Glieder hat
alle *fünf gerade* sein lassen.

Es hindert uns auch nichts anzunehmen, daß *beide* Redensarten, die von den fünf Sinnen und die von den geraden fünf mit gewirkt haben, um in den Satz von den geraden Gliedern zunächst eine Zahl und dann die geheimsinnige fünf anstatt der simpeln vier einzuführen. Diese Verschmelzung wäre aber gewiß nicht erfolgt, wenn sie nicht in der als Versprechen resultierenden Form einen eigenen guten Sinn hätte, den einer zynischen Wahrheit, wie sie von einer Frau allerdings nicht ohne Bemäntelung bekannt werden darf. – Endlich wollen wir nicht versäumen, aufmerksam zu machen, daß die Rede der Dame ihrem Wortlaut nach ebensowohl einen vortrefflichen Witz wie ein lustiges Versprechen bedeuten kann. Es hängt nur davon ab, ob sie diese Worte mit bewußter Absicht oder – mit unbewußter Absicht gesprochen hat. Das Benehmen der Rednerin in unserem Falle widerlegte allerdings die bewußte Absicht und schloß den Witz aus."

Die Annäherung eines Versprechens an einen Witz kann so weit gehen wie in dem von *O. Rank* mitgeteilten Falle, in dem die Urheberin des Versprechens es schließlich selbst als Witz belacht:

33) „Ein jung verheirateter Ehemann, dem seine um ihr mädchenhaftes Aussehen besorgte Frau den häufigen Geschlechtsverkehr nur ungern gestattet, erzählte mir folgende, nachträglich auch ihn und seine Frau höchst belustigende Geschichte: Nach einer Nacht, in welcher er das Abstinenzgebot seiner Frau wieder einmal übertreten hat, rasiert er sich morgens in ihrem gemeinsamen Schlafzimmer und benützt dabei – wie schon öfter aus Bequemlichkeit – die auf dem Nachtkästchen liegende *Puderquaste* seiner noch ruhenden Gattin. Die um ihren Teint äußerst besorgte Dame hatte ihm auch dies schon mehrmals verwiesen und ruft ihm darum geärgert zu.: ‚Du puderst *mich* ja schon wieder mit *deiner* Quaste!' Durch des Mannes Gelächter auf ihr Versprechen aufmerksam gemacht (sie wollte sagen: *du puderst dich* schon wieder *mit meiner* Quaste), lacht sie schließlich belustigt mit („pudern' ist ein jedem Wiener geläufiger Ausdruck für koitieren, die Quaste als phallisches Symbol kaum zweifelhaft)." (Internat. Zeitschr. f. Psychoanalyse, I, 1913.)

34) An die Absicht eines Witzes könnte man auch in folgendem Falle denken (*A. J. Storfer*):

Frau B., die an einem Leiden, offenbar psychogenen Ursprungs, laboriert, wird wiederholt nahegelegt, den Psychoanalytiker X. zu konsultieren. Sie lehnt es stets mit der Bemerkung ab, so eine Behandlung sei doch nie etwas Rechtes, der Arzt würde doch alles fälschlicherweise auf sexuelle Dinge zurückführen. Schließlich ist sie einmal doch bereit, dem Rate Folge zu leisten und sie fragt: „Nun gut, wann *ordinärt* also dieser Dr. X.?"

Die Verwandtschaft zwischen Witz und Versprechen bekundet sich auch darin, daß das Versprechen oft nichts anderes ist als eine Verkürzung:

35) Ein junges Mädchen hat nach dem Verlassen der Schule den herrschenden Zeitströmungen Rechnung getragen, indem sie sich zum Studium der Medizin inskribierte. Nach wenigen Semestern hatte sie die Medizin mit der Chemie vertauscht. Von dieser Schwenkung erzählt sie einige Jahre später in folgender Rede: „Ich hab' mich ja im allgemeinen beim Sezieren nicht gegraust, aber wie ich einmal an einer Leiche die Nägel von den Fingern abziehen sollte, da habe ich die Lust an der ganzen – *Chemie* verloren."

36) Ich reihe hier einen anderen Fall von Versprechen an, dessen Deutung wenig Kunst erfordert. „Der Professor bemüht sich in der Anatomie um die Erklärung der Nasenhöhle, eines bekanntlich sehr schwierigen Abschnittes der Eingeweidelehre. Auf seine Frage, ob die Hörer seine Ausführungen erfaßt haben, wird ein allgemeines ‚Ja' vernehmlich. Darauf bemerkt der bekannt selbstbewußte Professor: ‚Ich glaube kaum, denn die Leute, welche die Nasenhöhle verstehen, kann man selbst in einer Millionenstadt wie Wien *an einem Finger*, pardon, an den Fingern einer Hand wollte ich sagen, abzählen.'"

37) Derselbe Anatom ein andermal: „Beim weiblichen Genitale hat man trotz vieler *Versuchungen* – pardon, *Versuche* ...'"

38) Herrn *Dr. Alf. Robitsek* in Wien verdanke ich den Hinweis auf zwei von einem altfranzösischen Autor bemerkte Fälle von Versprechen, die ich unübersetzt wiedergeben werde. *Brantôme* (1527–1614) *Vies des Damen galantes*, Discours second: *„Si ay-je cogneu une très belle et honneste dame de par le monde, qui, devisant avec un honneste gentilhomme de la cour des affaires de la guerre durant ces civiles, elle luy dit:, J'ay ouy dire que le roy a faiet rompre tous les c... de ce pays là. Elle vouloit dire les ponts. Pensez que, venant de coucher d'avec son mary, ou songeant à son amant, elle avoit encor ce nom frais en la bouche; et le gentilhomme s'en eschauffer en amours d'elle pour ce mot.'"*

„Une autre dame que j'ai cogneue, entretenant une autre grand dame plus qu'elle, et luy louant et exaltant ses beautez, elle luy dit après: ‚Non, madame, ce que je vous en dis: ce n'est point pour vous a d u l t é r e r; voulant dire a d u l a t er, comme elle le rhabilla ainsi: pensez qu'elle songeoit à adultérer.'"

39) Es gibt natürlich auch modernere Beispiele für die Entstehung sexueller Zweideutigkeiten durch Versprechen: Frau F. erzählt über ihre erste Stunde in einem Sprachkurs: „Es ist ganz interessant, der Lehrer ist ein netter junger Engländer. Er hat mir gleich in der ersten Stunde durch die *Bluse* (korrigiert sich: durch die *Blume*) zu verstehen gegeben, daß er mir lieber Einzelunterricht erteilen möchte." (*Storfer.*)

Bei dem psychotherapeutischen Verfahren, dessen ich mich zur Auflösung und Beseitigung neurotischer Symptome bediene, ist sehr häufig die Aufgabe gestellt, aus den wie zufällig vorgebrachten Reden und Einfällen des Patienten einen Gedankeninhalt aufzuspüren, der zwar sich zu verbergen bemüht ist, aber doch nicht umhin kann, sich in mannigfaltigster Weise unabsichtlich zu verraten. Dabei leistet oft das Versprechen die wertvollsten Dienste, wie ich an den überzeugendsten und andererseits sonderbarsten Beispielen dartun könnte. Die Patienten sprechen z. B. von ihrer Tante und nennen sie konsequent, ohne das Versprechen zu bemerken, „meine Mutter", oder bezeichnen ihren Mann als ihren „Bruder". Sie machen mich auf diese Weise aufmerksam, daß sie diese Personen miteinander „identifiziert", in eine Reihe gebracht haben, welche für ihr Gefühlsleben die Wiederkehr desselben Typus bedeutet. Oder: ein junger Mann von 20 Jahren stellt sich mir in der Sprechstunde mit den Worten vor: „Ich bin der Vater des N. N., den Sie behandelt haben. – Pardon, ich will sagen, der Bruder; er ist ja um vier Jahre älter als ich." Ich verstehe, daß er durch dieses Versprechen ausdrücken will, daß er wie der Bruder durch die Schuld des Vaters erkrankt sei, wie der Bruder Heilung verlange, daß aber der Vater derjenige ist, dem die Heilung am dringlichsten wäre. Andere Male reicht eine ungewöhnlich klingende Wortfügung, eine gezwungen erscheinende Ausdrucksweise hin, um den Anteil eines verdrängten Gedankens an der anders motivierten Rede des Patienten aufzudecken.

In groben wie in solchen feineren Redestörungen, die sich eben noch dem „Versprechen" subsumieren lassen, finde ich also nicht den Einfluß von Kontaktwirkungen der Laute, sondern den von Gedanken außerhalb der Redeintention maßgebend für die Entstehung des Versprechens und hinreichend zur Aufhellung des zustande gekommenen Sprechfehlers. Die Gesetze, nach denen die Laute verändernd aufeinander einwirken, möchte ich nicht anzweifeln; sie scheinen mir aber nicht wirksam genug, um für sich allein die korrekte Ausführung der Rede zu stören. In den Fällen, die ich genauer studiert und durchschaut habe, stellen sie bloß den vorgebildeten Mechanismus dar, dessen sich ein ferner gelegenes psychisches Motiv bequemerweise bedient, ohne sich aber an den Machtbereich dieser Beziehungen zu binden. *In einer großen Reihe von Substitutionen wird beim Versprechen von solchen Lautgesetzen völlig abgesehen.* Ich befinde mich hierbei in voller Übereinstimmung mit *Wundt*, der gleichfalls die Bedingungen des Versprechens als zusammengesetzte und weit über die Kontaktwirkungen der Laute hinausgehende vermutet.

Wenn ich diese „entfernteren psychischen Einflüsse" nach *Wundts* Ausdruck für gesichert halte, so weiß ich andererseits von keiner Abhaltung, um auch zuzugeben, daß bei beschleunigter Rede und einigermaßen abgelenkter Aufmerksamkeit die Bedingungen fürs Versprechen sich leicht auf das von *Meringer* und *Mayer* bestimmte Maß einschränken können. Bei einem Teile der von diesen Autoren gesammelten Beispiele ist wohl eine kompliziertere Auflösung wahrscheinlicher. Ich greife etwa den vorhin angeführten Fall heraus:

> Es war mir auf der *Schwest...*
> *Brust* so schwer.

Geht es hier wohl so einfach zu, daß das *schwe* das gleichwertige *Bru* als Vorklang verdrängt? Es ist kaum abzuweisen, daß die Laute *schwe* außerdem durch eine besondere Relation zu dieser Vordringlichkeit befähigt werden. Diese könnte dann keine andere sein als die Assoziation: *Schwester – Bruder*, etwa noch: *Brust der Schwester*, die zu anderen Gedankenkreisen hinüberleitet. Dieser hinter der Szene unsichtbare Helfer verleiht dem sonst harmlosen *schwe* die Macht, deren Erfolg sich als Sprechfehler äußert.

Für anderes Versprechen läßt sich annehmen, daß der Anklang an obszöne Worte und Bedeutungen das eigentlich Störende ist. Die absichtliche Entstellung und Verzerrung der Worte und Redensarten, die bei unartigen Menschen so beliebt ist, bezweckt nichts anderes, als beim harmlosen Anlaß an das Verpönte zu mahnen, und diese Spielerei ist so häufig, daß es nicht wunderbar wäre, wenn sie sich auch unabsichtlich und wider Willen durchsetzen sollte. Beispiele wie: *Eischeißweibchen* für *Eiweißscheibchen*, *Apopos* Fritz für *Apropos*, *Lokuskapitäl* für *Lotuskapitäl* etc. vielleicht noch die Alab*üs*ter*b*achse (Alabasterbüchse) der hl. Magdalena gehören wohl in diese Kategorie.[20] – „Ich fordere Sie auf, auf das

---

[20] Bei einer meiner Patientinnen setzte sich das Versprechen als Symptom so lange fort, bis es auf den Kinderstreich, das Wort *ruinieren* durch *urinieren* zu ersetzen, zurückgeführt war. – An die Versuchung, durch den Kunstgriff des Versprechens zum freien Gebrauch unanständiger und unerlaubter Worte zu kommen, knüpfen sich *Abrahams* Beobachtungen über Fehlleistungen „mit *überkompensierender Tendenz*" (Intern. Zeitschr. f. Psychoanalyse VIII, 1922). Eine Patientin mit leichter Neigung, die Anfangssilbe von Eigennamen durch Stottern zu verdoppeln, hatte den Namen *Protagoras* in Protragoras verändert. Kurz vorher hatte sie anstatt *Alexandros* – *A*-alexandros gesagt. Die Erkundigung ergab, daß sie als Kind besonders gerne die Unart gepflegt hatte, die anlautenden Silben *a* und *po* zu wiederholen, eine Spielerei, die nicht selten das Stottern der Kinder einleitet. Beim Namen Protagoras verspürte sie nun die Gefahr, das *r* der ersten Silbe auszulassen und Po-potagoras zu sagen. Zum Schutz dagegen hielt sie aber dieses *r* krampfhaft fest und schob noch ein weiteres *r* in die zweite Silbe ein. In ähnlicher Weise entstellte sie andere Male die Worte *parterre* und *Kondolenz* zu partrerre und *K*odolenz, um den in ihrer Assoziation naheliegenden Worten *pater* und *Kondom* auszuweichen. Ein anderer Patient *Abrahams* bekannte sich zur Neigung, anstatt *Angina* jedesmal *Angora* zu sagen, sehr

Wohl unseres Chefs *auf*zustoßen," ist kaum etwas anderes als eine unbeabsichtigte Parodie als Nachklang einer beabsichtigten. Wenn ich der Chef wäre, zu dessen Feierlichkeit der Festredner diesen Lapsus beigetragen hätte, würde ich wohl daran denken, wie klug die Römer gehandelt haben, als sie den Soldaten des triumphierenden Imperators gestatteten, den inneren Einspruch gegen den Gefeierten in Spottliedern laut zu äußern. – *Meringer* erzählt von sich selbst, daß er zu einer Person, die als die älteste der Gesellschaft mit dem vertraulichen Ehrennamen „Senexl" oder „altes Senexl" angesprochen wurde, einmal gesagt habe: „Prost, Senex altesl!" Er erschrak selbst über diesen Fehler (S. 50). Wir können uns vielleicht seinen Affekt deuten, wenn wir daran mahnen, wie nahe „*Altesl*" an den Schimpf „*alter Esel*" kommt. Auf die Verletzung der Ehrfurcht vor dem Alter (d. i., auf die Kindheit reduziert: vor dem Vater) sind große innere Strafen gesetzt.

Ich hoffe, die Leser werden den Wertunterschied dieser Deutungen, die sich durch nichts beweisen lassen, und der Beispiele, die ich selbst gesammelt und durch Analysen erläutert habe, nicht vernachlässigen. Wenn ich aber im stillen immer noch an der Erwartung festhalte, auch die scheinbar einfachen Fälle von Versprechen würden sich auf Störung durch eine halb unterdrückte Idee *außerhalb* des intendierten Zusammenhanges zurückführen lassen, so verlockt mich dazu eine sehr beachtenswerte Bemerkung von *Meringer*. Dieser Autor sagt, es ist merkwürdig, daß niemand sich versprochen haben will. Es gibt sehr gescheite und ehrliche Menschen, welche beleidigt sind, wenn man ihnen sagt, sie hätten sich versprochen. Ich getraue mich nicht, diese Behauptung so allgemein zu nehmen, wie sie durch das „niemand" von *Meringer* hingestellt wird. Die Spur Affekt aber, die am Nachweis des Versprechens hängt und offenbar von der Natur des Schämens ist, hat ihre Bedeutung. Sie ist gleichzusetzen dem Ärger, wenn wir einen vergessenen Namen nicht erinnern, und der Verwunderung über die Haltbarkeit einer scheinbar belanglosen Erinnerung, und weist allemal auf die Beteiligung eines Motivs am Zustandekommen der Störung hin.

Das Verdrehen von Namen entspricht einer Schmähung, wenn es absichtlich geschieht, und dürfte in einer ganzen Reihe von Fällen, wo es als unabsichtliches Versprechen auftritt, dieselbe Bedeutung haben. Jene Person, die nach *Mayers* Bericht einmal „*Freuder*" sagte anstatt *Freud*, weil sie kurz darauf den Namen

---

wahrscheinlich, weil er die Versuchung fürchtete, *Angina* durch *Vagina* zu ersetzen. Diese Versprechungen kommen also dadurch zustande, daß an Stelle der entstellenden eine abwehrende Tendenz die Oberhand behält, und *Abraham* macht mit Recht auf die Analogie dieses Vorganges mit der Symptombildung bei Zwangsneurosen aufmerksam.

„*Breuer*" vorbrachte (S. 38), ein andermal von einer *Freuer-Breud*schen Methode (S. 28) sprach, war wohl ein Fachgenosse und von dieser Methode nicht sonderlich entzückt. Einen gewiß nicht anders aufzuklärenden Fall von Namensentstellung werde ich weiter unten beim Verschreiben mitteilen.[21]

In diesen Fällen mengt sich als störendes Moment eine Kritik ein, welche beiseite gelassen werden soll, weil sie gerade in dem Zeitpunkt der Intention des Redners nicht entspricht.

Umgekehrt muß die Namenersetzung, die Aneignung des fremden Namens, die Identifizierung mittels des Namenversprechens, eine Anerkennung bedeuten, die im Augenblick aus irgendwelchen Gründen im Hintergrunde verbleiben soll. Ein Erlebnis dieser Art erzählt *S. Ferenczi* aus seinen Schuljahren:

---

[21] Man kann auch bemerken, daß gerade Aristokraten besonders häufig die Namen von Ärzten, die sie konsultiert haben, entstellen, und darf daraus schließen, daß sie dieselben innerlich geringschätzen, trotz der Höflichkeit, mit welcher sie ihnen zu begegnen pflegen. – ich zitiere hier einige treffende Bemerkungen über das Namenvergessen aus der englischen Bearbeitung unseres Themas durch *Dr. E. Jones*, damals in Toronto (*The Psychopathology of Everyday Life*. American Journal of Psychology, Oct. 1911):

„Wenige Leute können sich einer Anwandlung von Ärger erwehren, wenn sie finden, daß man ihren Namen vergessen hat, besonders dann, wenn sie von der betreffenden Person gehofft oder erwartet hatten, sie würde den Namen behalten haben. Sie sagen sich sofort ohne Überlegung, daß die Person den Namen nicht vergessen hätte, wenn man einen stärkeren Eindruck bei ihr hinterlassen hätte; denn der Name ist ein wesentlicher Bestandteil der Persönlichkeit. Anderseits gibt es wenig Dinge, die schmeichelhafter empfunden werden, als wenn man von einer hohen Persönlichkeit, wo man es nicht erwartet hätte, mit seinem Namen angeredet wird. Napoleon, ein Meister in der Kunst, Menschen zu behandeln, gab während des unglücklichen Feldzuges von 1814 eine erstaunliche Probe seines Gedächtnisses nach dieser Richtung. Als er sich in einer Stadt bei *Graonne* befand, erinnerte er sich, daß er deren Bürgermeister *De Bussy* etwa 20 Jahre vorher in einem bestimmten Regiment kennengelernt hatte; die Folge war, daß der entzückte *De Bussy* sich seinem Dienst mit schrankenloser Hingebung widmete. Dementsprechend gibt es auch kein verläßlicheres Mittel, einen Menschen zu beleidigen, als indem man so tut, als habe man seinen Namen vergessen; man drückt damit aus, die Person sei einem so gleichgültig, daß man sich nicht die Mühe zu nehmen brauche, sich ihren Namen zu merken. Dieser Kunstgriff spielt auch in der Literatur eine gewisse Rolle. So heißt es in *Turgenjews Rauch* einmal: ‚Sie finden Baden noch immer amüsant, Herr – Litvinov?' Ratmirov pflegte Litvinovs Namen immer zögernd auszusprechen, als ob er sich erst auf ihn besinnen müßte. Dadurch, wie durch die hochmütige Art, wie er seinen Hut beim Gruß lüftete, wollte er Litvinov in seinem Stolze kränken. An einer anderen Stelle in *Väter und Söhne* schreibt der Dichter: ‚Der Gouverneur lud Kirsanov und Bazarov zum Balle ein und wiederholte diese Einladung einige Minuten später, wobei er sie als Brüder zu betrachten schien und Kisarov ansprach.' Hier ergibt das Vergessen der früheren Einladung, die Irrung in den Namen und die Unfähigkeit, die beiden jungen Männer auseinanderzuhalten, geradezu eine Häufung von kränkenden Momenten. Namenentstellung hat dieselbe Bedeutung wie Namenvergessen, es ist ein erster Schritt gegen das Vergessen hin."

„In der ersten Gymnasialklasse habe ich (zum erstenmal in meinem Leben) öffentlich (d. h. vor der ganzen Klasse) ein Gedicht rezitieren müssen. Ich war gut vorbereitet und war bestürzt, gleich beim Beginne durch eine Lachsalve gestört zu werden. Der Professor erklärte mir dann diesen sonderbaren Empfang: ich sagte nämlich den Titel des Gedichtes *Aus der Ferne* ganz richtig, nannte aber als Autor nicht den wirklichen Dichter, sondern – mich selber. Der Name des Dichters ist *Alexander* (Sándor) *Petöfi.* Die Gleichheit des Vornamens mit meinem eigenen begünstigte die Verwechslung; die eigentliche Ursache derselben aber war sicherlich die, daß ich mich damals in meinen geheimen Wünschen mit dem gefeierten Dichterhelden identifizierte. Ich hegte für ihn auch bewußt eine an Anbetung grenzende Liebe und Hochachtung. Natürlich steckt auch der ganze leidige Ambitionskomplex hinter dieser Fehlleistung."

Eine ähnliche Identifizierung mittels des vertauschten Namens wurde mir von einem jungen Arzt berichtet, der sich zaghaft und verehrungsvoll dem berühmten *Virchow* mit den Worten vorstellte: *Dr. Virchow.* Der Professor wendete sich erstaunt zu ihm und fragte: „Ah, heißen Sie auch *Virchow?*" Ich weiß nicht, wie der junge Ehrgeizige das Versprechen rechtfertigte, ob er die anmutende Ausrede fand, er sei sich so klein neben dem großen Namen vorgekommen, daß ihm sein eigener entschwinden mußte, oder ob er den Mut hatte zu gestehen, er hoffe auch noch einmal ein so großer Mann wie *Virchow* zu werden, der Herr Geheimrat möge ihn darum nicht so geringschätzig behandeln. Einer dieser beiden Gedanken – oder vielleicht gleichzeitig beide – mag den jungen Mann bei seiner Vorstellung in Verwirrung gebracht haben.

Aus höchst persönlichen Motiven muß ich es in der Schwebe lassen, ob eine ähnliche Deutung auch auf den nun anzuführenden Fall anwendbar ist. Auf dem internationalen Kongreß in Amsterdam 1907 war die von mir vertretene Hysterielehre Gegenstand einer lebhaften Diskussion. Einer meiner energischsten Gegner soll sich in seiner Brandrede gegen mich wiederholt in der Weise versprochen haben, daß er sich an meine Stelle setzte und in meinem Namen sprach. Er sagte z. B.: „*Breuer* und *ich* haben bekanntlich nachgewiesen", während er nur beabsichtigen konnte zu sagen: *Breuer* und *Freud.* Der Name dieses Gegners zeigt nicht die leiseste Klangähnlichkeit mit dem meinigen. Wir werden durch dieses Beispiel wie durch viele andere Fälle von Namenvertauschung beim Versprechen daran gemahnt, daß das Versprechen jener Erleichterung, die ihm der Gleichklang gewährt, völlig entbehren und sich nur auf verdeckte inhaltliche Beziehungen gestützt durchsetzen kann.

In anderen und weit bedeutsameren Fällen ist es Selbstkritik, innerer Widerspruch gegen die eigene Äußerung, was zum Versprechen, ja zum Ersatz des Intendierten durch seinen Gegensatz nötigt. Man merkt dann mit erstaunen, wie der Wortlaut einer Beteuerung die Absicht derselben aufhebt, und wie der Sprechfehler die innere Unaufrichtigkeit bloßgelegt hat.[22] Das Versprechen wird hier zu einem mimischen Ausdrucksmittel, freilich oftmals für den Ausdruck dessen, was man nicht sagen wollte, zu einem Mittel des Selbstverrats. So z. B. wenn ein Mann, der in seinen Beziehungen zum Weibe den sogenannten normalen Verkehr nicht bevorzugt, in ein Gespräch über ein für kokett erklärtes Mädchen mit den Worten einfällt: „Im Umgang mit mir würde sie sich das *Koëttieren* schon abgewöhnen." Kein Zweifel, daß es nur das andere Wort *koitieren* sein kann, dessen Einwirkung auf das intendierte *kokettieren* solche Abänderung zuzuschreiben ist. Oder im folgenden Falle: „Wir haben einen Onkel, der schon seit Monaten sehr beleidigt ist, weil wir ihn nie besuchen. Den Umzug in eine neue Wohnung nehmen wir zum Anlaß, um nach langer Zeit einmal bei ihm zu erscheinen. Er freut sich anscheinend sehr mit uns und sagt beim Abschied so recht gefühlvoll: ‚Von nun an hoffe ich euch noch *seltener* zu sehen als bisher.'"

Die zufällige Gunst des Sprachmaterials läßt oft Beispiele von Versprechen entstehen, denen die geradezu niederschmetternde Wirkung einer Enthüllung oder der volle komische Effekt eines Witzes zukommt.

So in nachstehendem von *Dr. Reitler* beobachteten und mitgeteilten Falle:

„‚Diesen neuen, reizenden Hut haben Sie wohl sich selbst aufge*patzt*?' sagte eine Dame in bewunderndem Tone zu einer anderen. – Die Fortsetzung des beabsichtigten Lobes mußte nunmehr unterbleiben; denn die im stillen geübte Kritik, der Hutauf*putz* sei eine ‚*Patzerei*', hatte sich denn doch viel zu deutlich in dem unliebsamen Versprechen geäußert, als daß irgendwelche Phrasen konventioneller Bewunderung noch glaubwürdig erschienen wären."

Milder, aber doch auch unzweideutig ist die Kritik in folgendem Beispiel:

„Eine Dame machte bei einer Bekannten einen Besuch und wurde durch die wortreichen, weitschweifigen Erörterungen der Betreffenden sehr ungeduldig und müde. Endlich gelang es ihr, aufzubrechen, sich zu verabschieden, als sie, von der sie ins Vorzimmer begleitenden Bekannten mit einem neuerlichen Wortschwall aufgehalten wurde und nun, schon im Weggehen begriffen, vor der Tür stehen und neuerdings zuhören mußte. Endlich unterbrach sie sie mit der Frage: ‚Sind Sie im *Vorzimmer* zu Hause?' Erst an der erstaunten Miene bemerkte sie ihr Versprechen. Sie wollte, durch das lange Stehen im *Vorzimmer* ermüdet, das Gespräch mit der Frage: ‚Sind Sie *Vormittag* zu Hause?' abbrechen und verriet so ihre Ungeduld über den neuerlichen Aufenthalt."

---

[22] Durch solche Versprechen brandmarkt z. B. *Anzengruber* im *G'wissenswurm* den heuchlerischen Erbschleicher.

Einer Mahnung zur Selbstbesinnung entspricht das nächste von *Dr. Max Graf* erlebte Beispiel:

„In der Generalversammlung des Journalistenvereines ‚Concordia‘ hält ein junges, stets geldbedürftiges Mitglied eine heftige Oppositionsrede und sagt in seiner Erregung: ‚Die Herren *Vorschuß*mitglieder‘ (anstatt *Vor*stands- oder Aus-*schuß*mitglieder). Dieselben haben das Recht, Darlehen zu bewilligen, und auch der junge Redner hat ein Darlehensgesuch eingebracht.“

An dem Beispiel „Vorschwein“ haben wir gesehen, daß ein Versprechen leicht zustande kommt, wenn man sich bemüht hat, Schimpfworte zu unter-drücken. Man macht sich dann eben auf diesem Wege Luft:

Ein Photograph, der sich vorgenommen hat, im Verkehr mit seinen unge-schickten Angestellten der Zoologie auszuweichen, sagt zu einem Lehrling, der eine große, ganz volle Schale ausgießen will und dabei natürlich die Hälfte auf den Boden schüttet: „Aber *Mensch, schöpsen* Sie doch zuerst etwas davon ab!“ Und bald darauf zu einer Gehilfin, die durch ihre Unvorsichtigkeit ein Dutzend wertvoller Platten gefährdet hat, im Fluß einer längeren Brandrede: „Aber sind Sie denn so *hornverbrannt* ...“

Das nachstehende Beispiel zeigt einen ernsthaften Fall von Selbstverrat durch Versprechen. Einige Nebenumstände berechtigen seine vollständige Wie-dergabe aus der Mitteilung von *A. A. Brill* im „Zentralbl. f. Psychoanalyse“, II. Jahrg.[23]

„Eines Abends gingen *Dr. Frink* und ich spazieren und besprachen einige Angelegenheiten der New Yorker Psychoanalytischen Gesellschaft. Wir begeg-neten einem Kollegen, Herrn Dr. R., den ich seit Jahren nicht gesehen hatte, und von dessen Privatleben ich nichts wußte. – Wir freuten uns sehr, uns wieder zu treffen, und gingen auf meine Aufforderung in ein Kaffeehaus, wo wir uns zwei Stunden lang angeregt unterhielten. Er schien von mir Näheres zu wis-sen, denn nach der gewöhnlichen Begrüßung erkundigte er sich nach meinem kleinen Kinde und erklärte mir, daß er von Zeit zu Zeit über mich von einem gemeinsamen Freunde höre und sich für meine Tätigkeit interessiere, nachdem er darüber in den medizinischen Zeitschriften gelesen hatte. – Auf meine Frage, ob er verheiratet sei, gab er eine verneinende Auskunft und fügte hinzu: ‚Wozu soll ein Mensch wie ich heiraten?‘

Beim Verlassen des Kaffeehauses wandte er sich plötzlich an mich: ‚Ich möchte wissen, was Sie in folgendem Falle tun würden: Ich kenne eine Kran-kenpflegerin, die als Mitschuldige in einen Ehescheidungsprozeß verwickelt war. Die Ehefrau klagte ihren Mann auf Scheidung und bezeichnete die Pflegerin als

---

[23] Im „Zentralbl. f. Psychoanalyse“ irrtümlicherweise *E. Jones* zugeschrieben.

Mitschuldige und *er* bekam die Scheidung.'[24] – Ich unterbrach ihn: ‚sie wollen sagen, *sie* bekam die Scheidung.' – Er verbesserte sofort: ‚Natürlich, *sie* bekam die Scheidung', und erzählte weiter, daß die Pflegerin sich derart über den Prozeß und Skandal aufgeregt habe, daß sie zu trinken begann, schwer nervös wurde usw., und fragte mich um meinen Rat, wie er sie behandeln solle.

Sobald ich den Fehler korrigiert hatte, bat ich ihn, ihn zu erklären, aber ich bekam die gewöhnlichen erstaunten Antworten: ob es nicht eines jeden Menschen gutes Recht sei, sich zu versprechen, daß das nur ein Zufall sei, nichts dahinter zu suchen sei usw. Ich erwiderte, daß jedes Fehlsprechen begründet sein müsse, und daß ich versucht wäre zu glauben, daß er selbst der Held der Geschichte sei, wenn er mir nicht früher mitgeteilt hätte, daß er unvermählt sei, denn dann wäre das Versprechen durch den Wunsch erklärt, seine Frau und nicht er hätte den Prozeß verlieren sollen, damit er nicht (nach unserem Eherecht) Alimente zu zahlen brauche und in der Stadt New York wieder heiraten könne. Er lehnte meine Vermutung hartnäckig ab, bestärkte sie aber gleichzeitig durch eine übertriebene Affektreaktion, deutliche Zeichen von Erregung und danach Gelächter. Auf meinen Appell, die Wahrheit im Interesse der wissenschaftlichen Klarstellung zu sagen, bekam ich die Antwort: ‚Wenn Sie nicht eine Lüge hören wollen, müssen Sie an mein Junggesellentum glauben, und daher ist Ihre psychoanalytische Erklärung durchaus falsch.' – Er fügte noch hinzu, daß solch ein Mensch, der jede Kleinigkeit beachte, direkt gefährlich sei. Plötzlich fiel ihm ein anderes Rendezvous ein, und er verabschiedete sich.

Wir beide, *Dr. Frink* und ich, waren dennoch von meiner Auflösung seines Versprechens überzeugt, und ich beschloß, durch Erkundigung den Beweis oder Gegenbeweis zu erhalten. – Einige Tage später besuchte ich einen Nachbar, einen alten Freund des Dr. R., der mir vollinhaltlich meine Erklärung bestätigen konnte. Der Prozeß hatte vor wenigen Wochen stattgefunden und die Pflegerin war als Mitschuldige vorgeladen worden. – Dr. R. ist jetzt von der Richtigkeit der *Freud*schen Mechanismen fest überzeugt."

Der Selbstverrat ist ebenso unzweifelhaft in folgendem von *O. Rank* mitgeteilten Falle:

„Ein Vater, der keinerlei patriotisches Gefühl besitzt und seine Kinder auch von diesem ihm überflüssig erscheinenden Empfinden frei erziehen will, tadelt seine Söhne wegen ihrer Teilnahme an einer patriotischen Kundgebung und weist ihre Berufung auf das gleiche Verhalten des Onkels mit den Worten

---

[24] „Nach unseren (amerikanischen) Gesetzen wird die Ehescheidung nur ausgesprochen, wenn bewiesen wird, daß der eine Teil die Ehe gebrochen hat, und zwar wird die Scheidung nur dem betrogenen Teile bewilligt."

zurück: ‚Gerade dem sollt ihr nicht nacheifern; der ist ja ein *Idiot.*‘ Das über diesen ungewohnten Ton des Vaters erstaunte Gesicht der Kinder macht ihn aufmerksam, daß er sich versprochen habe, und entschuldigend bemerkt er: Ich wollte natürlich sagen: *Patriot.*“

Als Selbstverrat wird auch von der Partnerin des Gesprächs ein Versprechen gedeutet, das *J. Stärcke* (l. c.) berichtet, und zu dem er eine treffende, wenn auch die Aufgabe der Deutung überschreitende Bemerkung hinzufügt.

„Eine Zahnärztin hatte mit ihrer Schwester verabredet, daß sie bei ihr einmal nachsehen würde, ob sie zwischen zwei Backenzähnen wohl *Kontakt* hätte (d. h. ob die Backenzähne mit ihren Seitenflächen einander berühren, so daß keine Nahrungsreste dazwischen bleiben können). Ihre Schwester beklagte sich jetzt darüber, daß sie auf diese Untersuchung so lange warten mußte, und sagte im Scherze: ‚Jetzt behandelt sie wohl eine Kollegin, aber ihre Schwester muß noch immer warten.‘ – Die Zahnärztin untersucht sie jetzt, findet wirklich ein kleines Loch in dem einen Backenzahn und sagt: ‚Ich dachte nicht, daß es so schlimm war; ich dachte, daß du nur *kein Kontant hättest* ... *kein Kontakt hättest.*‘ – ‚siehst du wohl‘, rief ihre Schwester lachend, ‚daß es nur wegen deiner Habsucht ist, daß du mich soviel länger warten läßt als deine zahlenden Patienten?!‘ –

(„Ich darf selbstverständlich meine eigenen Einfälle nicht den ihrigen hinzufügen oder daraus Schlüsse ziehen, aber beim Vernehmen dieser Versprechung ging mein Gedankengang sofort dahin, daß diese zwei lieben und geistreichen jungen Frauen unverheiratet sind und auch sehr wenig mit jungen Männern umgehen, und ich fragte mich selbst, ob sie mehr Kontakt mit jungen Leuten haben würden, wenn sie mehr Kontant hätten.“)

Den Wert eines Selbstverrates hat auch nachstehendes, von *Th. Reik* (l. c.) mitgeteiltes Versprechen:

„Ein junges Mädchen sollte einem ihr unsympathischen jungen Manne verlobt werden. Um die beiden jungen Leute einander näherzubringen, verabredeten deren Eltern eine Zusammenkunft, der auch Braut und Bräutigam in spe beiwohnten. Das junge Mädchen besaß Selbstüberwindung genug, ihren Freier, der sich sehr galant gegen sie benahm, ihre Abneigung nicht merken zu lassen. Doch auf die Frage ihrer Mutter, wie ihr der junge Mann gefiele, antwortete sie höflich: ‚Gut. Er ist sehr *liebenswidrig!*‘“

Nicht minder aber ein anderes, das *O. Rank* als „witziges Versprechen“ beschreibt.

„Einer verheirateten Frau, die gern Anekdoten hört und von der man behauptet, daß sie auch außerehelichen Werbungen nicht abhold sei, wenn sie durch entsprechende Geschenke unterstützt werden, erzählt ein junger Mann, der sich auch um ihre Gunst bewirbt, nicht ohne Absicht die folgende altbekannte Geschichte. Von zwei Geschäftsfreunden bemüht sich der eine um die Gunst der etwas spröden Frau seines Kompagnons; schließlich will sie ihm diese gegen ein Geschenk von tausend Gulden gewähren. Als nun ihr Mann verreisen will, borgt sich sein Kompagnon von ihm tausend Gulden aus und verspricht sie noch am nächsten Tage seiner Frau zurückzustellen. Natürlich gibt er dann diesen Betrag als vermeintlichen Liebeslohn der Frau, die sich schließlich noch entdeckt glaubt, als ihr zurückgekehrter Mann die tausend Gulden verlangt und zum Schaden noch den Schimpf hat. – Als der junge Mann in der Erzählung dieser Geschichte bei der Stelle angelangt war, wo der Verführer zum Kompagnon sagt: ‚Ich werde das Geld morgen deiner Frau *zurückgeben*‘, unterbrach ihn seine Zuhörerin mit den vielsagenden Worten: ‚sagen Sie, haben Sie mir das nicht schon – *zurückgegeben*? Ah, pardon, ich wollte sagen – erzählt?‘ – Sie könnte ihre Bereitwilligkeit, sich unter denselben Bedingungen hinzugeben, kaum deutlicher kundgeben, ohne sie direkt auszusprechen." (Internat. Zeitschr. f. Psychoanalyse, I, 1914.)

Einen schönen Fall von solchem Selbstverrat mit harmlosem Ausgang berichtet *V. Tausk* unter dem Titel *Der Glauben der Väter*. „Da meine Braut Christin war", erzählte Herr A., „und nicht zum Judentum übertreten wollte, mußte ich selbst vom Judentum zum Christentum übertreten, um heiraten zu können. Ich wechselte die Konfession nicht ohne inneren Widerstand, aber das Ziel schien mir den Konfessionswechsel zu rechtfertigen, und dies um so eher, als ich nur eine äußere Zugehörigkeit zum Judentum, keine religiöse Überzeugung, da ich eine solche nicht besaß, abzulegen hatte. Ich habe mich trotzdem später immer zum Judentum bekannt und wenige meiner Bekannten wissen, daß ich getauft bin. Aus dieser Ehe entstammen zwei Söhne, die christlich getauft wurden. Als die Knaben entsprechend herangewachsen waren, erfuhren sie von ihrer jüdischen Abstammung, damit sie sich nicht, durch antisemitische Einflüsse der Schule bestimmt, aus diesem überflüssigen Grunde gegen den Vater kehrten. – Vor einigen Jahren wohnte ich mit den Kindern, die damals die Volksschule besuchten, zur Sommerfrische in D. bei einer Lehrerfamilie. Als wir eines Tages mit unseren, übrigens freundlichen Wirtsleuten bei der Jause saßen, machte die Frau des Hauses, da sie von der jüdischen Herkunft ihrer Sommerpartei nichts ahnte, einige recht scharfe Ausfälle gegen die Juden. Ich hätte nun tapfer die Situation deklarieren sollen, um meinen Söhnen das Beispiel vom ‚Mut der Überzeugung‘ zu geben, fürchtete aber die unerquicklichen Auseinandersetzungen, die einem solchen Bekenntnis zu folgen pflegen. Außerdem bangte mir davor, die gute Unterkunft, die wir gefunden hatten, eventuell verlassen zu müssen und mir und meinen Kindern so die ohnehin kurz bemessene Erholungszeit zu verderben, falls unsere Wirtsleute ihr Benehmen gegen uns, weil wir Juden waren, in unfreundlicher Weise verändern sollten. Da ich jedoch erwarten durfte, daß meine Knaben in freimütiger Weise und unbefangen die folgenschwere Wahrheit verraten würden, wenn sie noch länger dem Gespräche beiwohnten, wollte ich sie aus der Gesellschaft entfernen, indem ich sie in den Garten schickte. ‚Geht in den Garten, *Juden* –‘, sagte ich und korrigierte schnell: ‚*Jungen*‘. Womit ich also durch eine Fehlleistung meinem ‚Mut der Überzeugung‘ zum Ausdruck verhalf. Die anderen hatten zwar aus diesem Versprechen keine Konsequenzen gezogen, weil sie ihm keine Bedeutung zumaßen, ich aber mußte die Lehre ziehen, daß der ‚Glauben der Väter‘ sich nicht ungestraft verleugnen läßt, wenn man ein Sohn ist und Söhne hat." (Internat. Zeitschr. f. Psychoanalyse, IV, 1916.)

Keineswegs harmlos wirkt folgender Fall von Versprechen, den ich nicht mitteilen würde, wenn ihn nicht der Gerichtsbeamte selbst während des Verhörs für diese Sammlung aufgezeichnet hätte:

Ein des *Einbruchs* beschuldigter Volkswehrmann sagt aus: „Ich wurde seither aus dieser militärischen *Diebs*stellung noch nicht entlassen, gehöre also derzeit noch der Volkswehr an."

Erheiternd wirkt das Versprechen, wenn es als Mittel benützt wird, um während eines Widerspruches zu bestätigen, was dem Arzte in der psychoanalytischen Arbeit sehr willkommen sein mag. Bei einem meiner Patienten hatte ich einst einen Traum zu deuten, in welchem der Name *Jauner* vorkam. Der Träumer kannte eine Person dieses Namens, es ließ sich aber nicht finden, weshalb diese Person in den Zusammenhang des Traumes aufgenommen war, und darum wagte ich die Vermutung, es könne bloß wegen des Namens, der an den Schimpf *Gauner* anklinge, geschehen sein. Der Patient widersprach rasch und energisch, versprach sich aber dabei und bestätigte meine Vermutung, indem er sich der Ersetzung ein zweitesmal bediente. Seine Antwort lautete: „Das erscheint mir doch zu *je*wagt." Als ich ihn auf das Versprechen aufmerksam machte, gab er meiner Deutung nach.

Wenn im ernsthaften Wortstreit ein solches Versprechen, welches die Redeabsicht in ihr Gegenteil verkehrt, sich dem einen der beiden Streiter ereignet, so setzt es ihn sofort in Nachteil gegen den anderen, der es selten versäumt, sich seiner verbesserten Position zu bedienen.

Es wird dabei klar, daß die Menschen ganz allgemein dem Versprechen wie anderen Fehlleistungen dieselbe Deutung geben, wie ich sie in diesem Buche vertrete, auch wenn sie sich in der Theorie nicht für diese Auffassung einsetzen, und wenn sie für ihre eigene Person nicht geneigt sind, auf die mit der Duldung der Fehlleistungen verbundene Bequemlichkeit zu verzichten. Die Heiterkeit und der Hohn, die solches Fehlgehen der Rede im entscheidenden Moment mit Gewißheit hervorrufen, zeugen gegen die angeblich allgemein zugelassene

Konvention, ein Versprechen sei ein Lapsus linguae und psychologisch bedeutungslos. Es war kein geringerer als der deutsche Reichskanzler Fürst *Bülow*, der durch solchen Einspruch die Situation zu retten versuchte, als ihm der Wortlaut seiner Verteidigungsrede für seinen Kaiser (November 1907) durch ein Versprechen ins Gegenteil umschlug.

„Was nun die Gegenwart, die neue Zeit Kaiser Wilhelms II., angeht, so kann ich nur wiederholen, was ich vor einem Jahre gesagt habe, *daß es unbillig und ungerecht wäre, von einem Ring verantwortlicher Ratgeber um unseren Kaiser zu sprechen* ... (Lebhafte Zurufe: Unverantwortlicher), *unverantwortlicher* Ratgeber zu sprechen. Verzeihen Sie den Lapsus linguae." (Heiterkeit.)

Indes, der Satz des Fürsten *Bülow* war durch die Häufung der Negationen einigermaßen undurchsichtig ausgefallen; die Sympathie für den Redner und die Rücksicht auf seine schwierige Stellung wirkten dahin, daß dies Versprechen nicht weiter gegen ihn ausgenützt wurde. Schlimmer erging es ein Jahr später an demselben Orte einem anderen, der zu einer *rückhaltlosen* Kundgebung an den Kaiser auffordern wollte und dabei durch ein böses Versprechen an andere in seiner loyalen Brust wohnende Gefühle gemahnt wurde:

„*Lattmann* (Deutschnational): Wir stellen uns bei der Frage der Adresse auf den Boden der *Geschäftsordnung* des Reichstages. Danach hat der Reichstag das Recht, eine solche Adresse an den Kaiser einzureichen. Wir glauben, daß der einheitliche Gedanke und der Wunsch des deutschen Volkes dahin geht, eine *einheitliche Kundgebung* auch in dieser Angelegenheit zu erreichen, und wenn wir das in einer Form tun können, die den monarchischen Gefühlen durchaus Rechnung trägt, so sollen wir das auch *rückgratlos* tun. (Stürmische Heiterkeit, die minutenlang anhält.) Meine Herren, es hieß nicht rückgratlos, sondern *rückhaltlos* (Heiterkeit), und solche rückhaltlose Äußerung des Volkes, das wollen wir hoffen, nimmt auch unser Kaiser in dieser schweren Zeit entgegen."

Der *Vorwärts* vom 12. November 1908 versäumte es nicht, die psychologische Bedeutung dieses Versprechens aufzuzeigen: „Nie ist wohl je in einem Parlament von einem Abgeordneten in unfreiwilliger Selbstbezichtigung seine und der Parlamentsmehrheit Haltung gegenüber dem Monarchen so treffend gekennzeichnet worden, wie das dem Antisemiten *Lattmann* gelang, als er am zweiten Tage der Interpellation mit feierlichem Pathos in das Bekenntnis entgleiste, er und seine Freunde wollten dem Kaiser *rückgratlos* ihre Meinung sagen. – Stürmische Heiterkeit auf allen Seiten erstickte die weiteren Worte des Unglücklichen, der es noch für notwendig hielt, ausdrücklich entschuldigend zu stammeln, er meine eigentlich ,*rückhaltlos*'."

Ich füge noch ein Beispiel an, in dem das Versprechen den geradezu unheimlichen Charakter einer Prophezeiung bekam: Im Frühjahr 1923 erregte es in der internationalen Finanzwelt großes Aufsehen, daß der ganz junge Bankier X., von den „neuen Reichen" in W. wohl einer der Neuesten, jedenfalls der Reichste und der an Jahren Jüngste, nach kurzem Majoritätskampfe in den Besitz der Aktienmajorität der ***Bank gelangte, was auch zur Folge hatte, daß in einer bemerkenswerten Generalversammlung die alten Leiter dieses Instituts, Finanz-leute alten Schlages, nicht wiedergewählt wurden und der junge X. Präsident der Bank wurde. In der Abschiedsrede, die dann das Verwaltungsratmitglied Dr. Y. für den nicht wiedergewählten alten Präsidenten hielt, fiel manchem Zuhörer ein wiederholtes peinliches Versprechen des Redners auf. Er sprach immerfort vom *dahinscheidenden* (statt: dem ausscheidenden) Präsidenten. – Es ereignete sich dann, daß der nicht wiedergewählte alte Präsident einige Tage nach dieser Ver-sammlung starb. Er hatte aber das Alter von 80 Jahren überschritten! (*Storfer.*)

Ein schönes Beispiel von Versprechen, welches nicht so sehr den Verrat des Redners als die Orientierung des außer der Szene stehenden Hörers bezweckt, findet sich im *Wallenstein* (*Piccolomini*, I. Aufzug, 5. Auftritt) und zeigt uns, daß der Dichter, der sich hier dieses Mittels bedient, Mechanismus und Sinn des Versprechens wohl gekannt hat. Max Piccolomini hat in der vorhergehenden Szene aufs leidenschaftlichste für den Herzog Partei genommen und dabei von den Segnungen des Friedens geschwärmt, die sich ihm auf seiner Reise enthüllt, während er die Tochter Wallensteins ins Lager begleitete. Er läßt seinen Vater und den Abgesandten des Hofes, Questenberg, in voller Bestürzung zurück. Und nun geht der fünfte Auftritt weiter:

> QUESTENBERG: O weh uns! Steht es so?
> Freund, und wir lassen ihn in diesem Wahn
> Dahingehen, rufen ihn nicht gleich
> Zurück, daß wir die Augen auf der Stelle
> Ihm öffnen?
> OCTAVIO (*aus einem tiefen Nachdenken zu sich kommend*):
> *Mir* hat er sie jetzt geöffnet,
> Und mehr erblick' ich, als mich freut.
> QUESTENBERG: Was ist, Freund?
> OCTAVIO: Fluch über diese Reise!
> QUESTENBERG: Wieso? Was ist es?
> OCTAVIO: Kommen Sie! Ich muß
> Sogleich die unglückselige Spur verfolgen,
> Mit meinen Augen sehen – kommen Sie –
> (*will ihn fortführen*).
> QUESTENBERG: Was denn? Wohin?
> OCTAVIO (*pressiert*): Zu ihr!
> QUESTENBERG: Zu –
> OCTAVIO (*korrigiert sich*): Zum Herzog! Gehen wir! usw.

Dies kleine Versprechen „zu ihr" anstatt „zu ihm" soll uns verraten, daß der Vater das Motiv der Parteinahme seines Sohnes durchschaut hat, während der Höfling klagt: „daß er in lauter Rätseln zu ihm rede."

Ein anderes Beispiel von poetischer Verwertung des Versprechens hat *Otto Rank* bei *Shakespeare* entdeckt. Ich zitiere *Ranks* Mitteilung nach dem Zentralblatt für Psychoanalyse, I, 3:

„Ein dichterisch überaus fein motiviertes und technisch glänzend verwertetes Versprechen, welches wie das von *Freud* im *Wallenstein* aufgezeigte verrät, daß die Dichter Mechanismus und Sinn dieser Fehlleistung wohl kennen und deren Verständnis auch beim Zuhörer voraussetzen, findet sich in *Shakespeares Kaufmann von Venedig* (III. Aufzug, 2. Szene). Die durch den Willen ihres Vaters an die Wahl eines Gatten durch das Los gefesselte Porzia ist bisher allen ihren unliebsamen Freiern durch das Glück des Zufalls entronnen. Da sie endlich in Bassanio den Bewerber gefunden hat, dem sie wirklich zugetan ist, muß sie fürchten, daß auch er das falsche Los ziehen werde. Sie möchte ihm nun am liebsten sagen, daß er auch in diesem Fall ihrer Liebe sicher sein könne, ist aber durch ihr Gelübde daran gehindert. In diesem inneren Zwiespalt läßt sie der Dichter zu dem willkommenen Freier sagen:

> Ich bitt' Euch, wartet; ein, zwei Tage noch,
> Bevor Ihr wagt: denn wählt Ihr falsch, so büße
> Ich Euern Umgang ein; darum verzieht.
> Ein Etwas sagt mir *(doch es ist nicht Liebe)*,
> Ich möcht' Euch nicht verlieren; – – –
> – – – Ich könnt' Euch leiten
> Zur rechten Wahl, dann bräch' ich meinen Eid;
> Das will ich nicht; so könnt Ihr mich verfehlen.
> Doch wenn Ihr's tut, macht Ihr mich sündlich wünschen,
> Ich hätt' ihn nur gebrochen. O, der Augen,
> Die mich so übersehn und mich geteilt!
> *Halb bin ich Euer, die andre Hälfte Euer –*
> *Mein wollt ich sagen*; doch wenn mein, dann Euer,
> Und so ganz Euer.
>
> (Nach der Übersetzung von *Schlegel* und *Tieck*.)

Gerade das, was sie ihm also bloß leise andeuten möchte, weil sie es eigentlich ihm überhaupt verschweigen sollte, daß sie nämlich schon vor der Wahl ganz die Seine sei und ihn liebe, das läßt der Dichter mit bewundernswertem psychologischen Feingefühl in dem Versprechen sich offen durchdrängen und weiß durch diesen Kunstgriff die unerträgliche Ungewißheit des Liebenden sowie die gleichgestimmte Spannung des Zuhörers über den Ausgang der Wahl zu beruhigen."

Bei dem Interesse, welches solche Parteinahme der großen Dichter für unsere Auffassung des Versprechens verdient, halte ich es für gerechtfertigt, ein drittes solches Beispiel anzuführen, welches von *E. Jones* mitgeteilt worden ist[25]:

„*Otto Rank* macht in einem unlängst publizierten Aufsatz auf ein schönes Beispiel aufmerksam, in welchem *Shakespeare* eine seiner Gestalten, die Porzia, ein ‚Versprechen‘ begehen läßt, durch welches ihre geheimen Gedanken einem aufmerksamen Hörer offenbar werden. Ich habe die Absicht, ein ähnliches Beispiel aus *The Egoist*, dem Meisterwerke des größten englischen Romanschriftstellers, George *Meredith,* zu erzählen. Die Handlung des Romans ist kurz folgende: Sir Willoughby Patterne, ein von seinem Kreise sehr bewunderter Aristokrat, verlobt sich mit einer Miß Konstantia Durham. Sie entdeckt in ihm einen intensiven Egoismus, den er jedoch vor der Welt geschickt verbirgt, und geht, um der Heirat zu entrinnen, mit einem Kapitän namens Oxford durch. Einige Jahre später verlobt er sich mit einer Miß Klara Middleton. Der größte Teil des Buches ist nun mit der ausführlichen Beschreibung des Konfliktes erfüllt, der in Klara Middletons Seele entsteht, als sie in ihrem Verlobten denselben hervorstechenden Charakterzug entdeckt. Äußere Umstände und ihr Ehrbegriff fesseln sie an ihr gegebenes Wort, während ihr Bräutigam ihr immer verächtlicher erscheint. Teilweise macht sie Vernon Whitford, dessen Vetter und Sekretär (den sie zuletzt auch heiratet), zum Vertrauten. Er jedoch hält sich aus Loyalität Patterne gegenüber und aus anderen Motiven zurück.

In einem Monolog über ihren Kummer spricht Klara folgendermaßen: ‚Wenn doch ein edler Mann mich sehen könnte, wie ich bin, und es nicht zu gering erachtete, mir zu helfen! Oh! befreit zu werden aus diesem Kerker von Dornen und Gestrüpp. Ich kann mir allein meinen Weg nicht bahnen. Ich bin ein Feigling. Ein Fingerzeig[26] – ich glaube, er würde mich verändern. Zu einem Kameraden könnt' ich fliehn, blutig zerrissen und umbraust von Verachtung und Geschrei ... Konstantia begegnete einem Soldaten. Vielleicht betete sie, und ihr Gebet ward erhört. Sie tat nicht recht. Aber, oh, wie lieb' ich sie darum. Sein Name war Harry Oxford ... Sie schwankte nicht, sie riß die Ketten, sie ging offen zu dem andern über. Tapferes Mädchen, wie denkst du über mich? Ich aber habe keinen Harry *Whitford,* ich bin allein.' – –

Die plötzliche Erkenntnis, daß sie einen anderen Namen für *Oxford* gebraucht habe, traf sie wie ein Faustschlag und übergoß sie mit flammender Röte.

---

[25] *Ein Beispiel von literarischer Verwertung des Versprechens.* Zentralbl. f. Psychoanalyse, I, 10.

[26] Anmerkung des Übersetzers: Ich wollte ursprünglich das Original *beckoning of a finger* mit „leiser Wink" übersetzen, bis mir klar wurde, daß ich durch Unterschlagung des Wortes „Finger" den Satz einer psychologischen Feinheit beraube.

Die Tatsache, daß die Namen beider Männer mit ‚*ford*‘ endigen, erleichtert das Verwechseln der beiden offensichtlich und würde von vielen als ein hinreichender Grund dafür angesehen werden. Der wahre tieferliegende Grund jedoch ist von dem Dichter klar ausgeführt.

An einer anderen Stelle kommt dasselbe Versprechen wieder vor. Es folgt ihm jene spontane Unschlüssigkeit und jener plötzliche Wechsel des Themas, mit denen uns die Psychoanalyse und *Jungs* Werk über die Assoziationen vertraut machen, und die nur eintreten, wenn ein halbbewußter Komplex berührt wird. Patterne sagt in patronisierendem Tone von Whitford: ‚Falscher Alarm! Der gute alte Vernon ist gar nicht imstande, etwas Ungewöhnliches zu tun.‘ Klara antwortet: ‚Wenn aber nun *Oxford – Whitford* ... da – Ihre Schwäne kommen gerade den See durchsegelnd; wie schön sie aussehen, wenn sie indigniert sind! Was ich Sie eben fragen wollte: Männer, die Zeugen einer offensichtlichen Bewunderung für jemand anderen sind, werden wohl natürlicherweise entmutigt?‘ Sir Willoughby traf eine plötzliche Erleuchtung, er richtete sich steif auf.

Noch an einer anderen Stelle verrät Klara durch ein anderes Versprechen ihren geheimen Wunsch nach einer innigeren Verbindung mit Vernon Whitford. Zu einem Burschen sprechend, sagt sie: ‚Sage abends dem Mr. *Vernon* – sage abends dem Mr. Whitford usw.‘‘[27]

Die hier vertretene Auffassung des Versprechens hält übrigens der Probe an dem Kleinsten stand. Ich habe wiederholt zeigen können, daß die geringfügigsten und naheliegendsten Fälle von Redeirrung ihren guten Sinn haben und die nämliche Lösung zulassen wie die auffälligeren Beispiele. Eine Patientin, die ganz gegen meinen Willen, aber mit starkem eigenen Vorsatz einen kurzen Ausflug nach Budapest unternimmt, rechtfertigt sich vor mir, sie gehe ja nur für drei *Tage* dahin, verspricht sich aber und sagt: nur für drei *Wochen*. Sie verrät, daß sie mir zum Trotze lieber drei Wochen als drei Tage in jener Gesellschaft bleiben will, die ich als unpassend für sie erachte. – Ich soll mich eines Abends entschuldigen, daß ich meine Frau nicht vom Theater abgeholt, und sage: „Ich war zehn Minuten *nach 10 Uhr* beim Theater.“ Man korrigiert mich: „Du willst sagen: *vor 10 Uhr*.“ Natürlich wollte ich *vor 10 Uhr* sagen. *Nach 10 Uhr* wäre ja keine Entschuldigung. Man hatte mir gesagt, auf dem Theaterzettel stehe: Ende *vor 10 Uhr*. Als ich beim Theater anlangte, fand ich das Vestibül verdunkelt und das Theater entleert. Die Vorstellung war eben früher zu Ende gewesen,

---

[27] Andere Beispiel von Versprechen, die nach des Dichters Absicht als sinnvoll, meist als Selbstverrat, aufgefaßt werden sollen, finden sich bei *Shakespeare* in *Richard II.* (II, 2), bei *Schiller* im *Don Carlos* (II, 8, Versprechen der Eboli). Es wäre gewiß ein leichtes, diese Liste zu vervollständigen.

und meine Frau hatte nicht auf mich gewartet Als ich auf die Uhr sah, fehlten noch fünf Minuten zu 10 Uhr. Ich nahm mir aber vor, meinen Fall zu Hause günstiger darzustellen und zu sagen, es hätten noch zehn Minuten zur zehnten Stunde gefehlt. Leider verdarb mir das Versprechen die Absicht und stellte meine Unaufrichtigkeit bloß, indem es mich selbst mehr bekennen ließ, als ich zu bekennen hatte.

Man gelangt von hier aus zu jenen Redestörungen, die nicht mehr als Versprechen beschrieben werden, weil sie nicht das einzelne Wort, sondern Rhythmus und Ausführung der ganzen Rede beeinträchtigen, wie z. B. das Stammeln und Stottern der Verlegenheit. Aber hier wie dort ist es der innere Konflikt, der uns durch die Störung der Rede verraten wird. Ich glaube wirklich nicht, daß jemand sich versprechen würde in der Audienz bei Seiner Majestät, in einer ernstgemeinten Liebeswerbung, in einer Verteidigungsrede um Ehre und Namen vor den Geschworenen, kurz in all den Fällen, *in denen man ganz dabei ist*, wie wir so bezeichnend sagen. Selbst bis in die Schätzung des Stils, den ein Autor schreibt, dürfen wir und sind wir gewöhnt, das Erklärungsprinzip zu tragen, welches wir bei der Ableitung des einzelnen Sprechfehlers nicht entbehren können. Eine klare und unzweideutige Schreibweise belehrt uns, daß der Autor hier mit sich einig ist, und wo wir gezwungenen und gewundenen Ausdruck finden, der, wie so richtig gesagt wird, nach mehr als einem Scheine schielt, da können wir den Anteil eines nicht genugsam erledigten, komplizierenden Gedankens erkennen oder die erstickte Stimme der Selbstkritik des Autors heraushören.[28]

Seit dem ersten Erscheinen dieses Buches haben fremdsprachige Freunde und Kollegen begonnen, dem Versprechen, das sie in den Ländern ihrer Zunge beobachten konnten, ihre Aufmerksamkeit zuzuwenden. Sie haben, wie zu erwarten stand, gefunden, daß die Gesetze der Fehlleistung vom Sprachmaterial unabhängig sind, und haben dieselben Deutungen vorgenommen, die hier an Beispielen von Deutsch redenden Personen erläutert wurden. Ich führe nur ein Beispiel anstatt ungezählt vieler an:

Dr. *A. A. Brill* (New York) berichtet von sich: *„A friend described to me a nervous patient and wished to know whether I could benefit him. I remarked, I believe that in time I could remove all his symptoms by psycho-analysis because it is a d u r ab l e case wishing to say ‚c u r a b l e'!"* (*A contribution to the Psychopathology of Everyday Life*. Psychotherapy, Vol. III, Nr. 1, 1909.)

Schließlich will ich für diejenigen Leser, die eine gewisse Anstrengung nicht scheuen und denen die Psychoanalyse nicht fremd ist, ein Beispiel anfügen, aus

---

[28] *Ce qu'on conçoit bien / S'annonce clairement / El les mots pour le dire / Arrivent aisément. – Boileau, Art poétique.*

dem zu ersehen ist, in welche seelischen Tiefen auch die Verfolgung eines Versprechens führen kann.

Dr. *L. Jekels* berichtet: „Am 11. Dezember werde ich von einer mir befreundeten Dame in polnischer Sprache etwas herausfordernd und übermütig mit den Worten apostrophiert: ,*Warum habe ich heute gesagt, daß ich zwölf Finger habe?*' – Sie reproduziert nun über meine Aufforderung die Szene, in der die Bemerkung gefallen ist. Sie habe sich angeschickt, mit der Tochter auszugehen, um einen Besuch zu machen, habe ihre Tochter, eine in Remission befindliche Dementia praecox, aufgefordert, die Bluse zu wechseln, was diese im anstoßenden Zimmer auch getan hat. Als die Tochter wieder eintrat, fand sie die Mutter mit dem Reinigen der Nägel beschäftigt; und da entwickelte sich folgendes Gespräch:

Tochter: ,Nun siehst du, ich bin schon fertig und du noch nicht!'

Mutter: ,Du hast ja aber auch nur *eine* Bluse und ich *zwölf* Nägel.'

Tochter: ,Was?'

Mutter (ungeduldig): ,Nun natürlich, *ich habe ja doch zwölf Finger.*'

Die Frage eines die Erzählung mitanhörenden Kollegen, was ihr zu zwölf einfalle, wird ebenso prompt wie bestimmt beantwortet: ,*Zwölf ist für mich kein Datum (von Bedeutung).*'

Zu Finger wird unter einem leichten Zögern die Assoziation geliefert: ,In der Familie meines Mannes kamen sechs Finger an den Füßen (im Polnischen gibt es keinen eigenen Ausdruck für Zehe) vor. Als unsere Kinder zur Welt kamen, wurden sie sofort darauf untersucht, ob sie nicht sechs Finger haben.' Aus äußeren Ursachen wurde an diesem Abend die Analyse nicht fortgesetzt.

Am nächsten Morgen, dem 12. Dezember, besucht mich die Dame und erzählt mir sichtlich erregt: ,Denken Sie, was mir passiert ist; seit etwa 20 Jahren gratuliere ich dem alten Onkel meines Mannes zu seinem Geburtstag, der heute fällig ist, schreibe ihm immer am 11. einen Brief; und diesmal habe ich es vergessen und mußte soeben telegraphieren.'

Ich erinnere mich und die Dame, mit welcher Bestimmtheit sie am gestrigen Abend die Frage des Kollegen nach der Zahl Zwölf, die doch eigentlich sehr geeignet war, ihr den Geburtstag in Erinnerung zu bringen, abgetan hat mit der Bemerkung, der Zwölfte sei für sie kein Datum von Bedeutung.

Nun gesteht sie, dieser Onkel ihres Mannes sei ein Erbonkel, auf dessen Erbschaft sie eigentlich immer gerechnet habe, ganz besonders in ihrer jetzigen bedrängten finanziellen Lage.

So sei er, respektive sein Tod, ihr sofort in den Sinn gekommen, als ihr vor einigen Tagen eine Bekannte aus Karten prophezeit habe, sie werde viel Geld bekommen. Es schoß ihr sofort durch den Kopf, der Onkel sei der einzige, von dem sie, respektive ihre Kinder, Geld erhalten könnten; auch erinnerte sie sich bei dieser Szene augenblicklich, daß schon die Frau dieses Onkels versprochen habe, die Kinder der Erzählerin testamentarisch zu bedenken; nun ist sie aber ohne Testament gestorben; vielleicht hat sie ihrem Manne den bezüglichen Auftrag gegeben.

Der Todeswunsch gegen den Onkel muß offenbar sehr intensiv aufgetreten sein, wenn sie der ihr prophezeienden Dame gesagt hat: ‚sie verleiten die Leute dazu, andere umzubringen.'

In diesen vier oder fünf Tagen, die zwischen der Prophezeiung und dem Geburtstage des Onkels lagen, suchte sie stets in den im Wohnorte des Onkels erscheinenden Blättern die auf seinen Tod bezügliche Parte.

Kein Wunder somit, daß bei so intensivem Wunsche nach seinem Tode die Tatsache und das Datum seines demnächst zu feiernden Geburtstages so stark unterdrückt wurden, daß es nicht bloß zum Vergessen eines sonst seit Jahren ausgeführten Vorsatzes gekommen ist, sondern auch, daß sie nicht einmal durch die Frage des Kollegen ins Bewußtsein gebracht wurden.

In dem Lapsus ‚zwölf Finger' hat sich nun die unterdrückte Zwölf durchgesetzt und hat die Fehlleistung mitbestimmt.

Ich meine: *mit*bestimmt, denn die auffällige Assoziation zu ‚Finger' läßt uns noch weitere Motivierungen ahnen; sie erklärt uns auch, warum der Zwölfer gerade diese so harmlose Redensart von den zehn Fingern verfälscht hat.

Der Einfall lautete: ‚In der Familie meines Mannes kamen sechs Finger an den Füßen vor.'

Sechs Zehen sind Merkmale einer gewissen Abnormität, somit sechs Finger *ein* abnormes Kind und zwölf Finger *zwei* abnorme Kinder.

Und tatsächlich traf dies in diesem Falle zu.

Die in sehr jungem Alter verheiratete Frau hatte als einzige Erbschaft nach ihrem Manne, der stets als exzentrischer, abnormer Mensch galt und sich nach kurzer Ehe das Leben nahm, zwei Kinder, die wiederholt von Ärzten als väterlicherseits schwer hereditär belastet und abnorm bezeichnet wurden.

Die ältere Tochter ist nach einem schweren katatonen Anfall vor kurzem nach Hause zurückgekehrt; bald nachher erkrankte auch die jüngere, in der Pubertät befindliche Tochter an einer schweren Neurose.

Daß die Abnormität der Kinder hier zusammengestellt wird mit dem Sterbewunsche gegen den Onkel und sich mit diesem ungleich stärker unterdrückten und psychisch valenteren Element verdichtet, läßt uns als zweite Determinierung dieses Versprechens den *Todeswunsch gegen die abnormen Kinder* annehmen.

Die prävalierende Bedeutung des Zwölfers als Sterbewunsch erhellt aber schon daraus, daß in der Vorstellung der Erzählenden der Geburtstag des Onkels sehr innig assoziiert war mit dem Todesbegriffe. Denn ihr Mann hat sich am

13. das Leben genommen, also einen Tag nach dem Geburtstag ebendesselben Onkels, dessen Frau zu der jungen Witwe gesagt hatte: ‚Gestern gratulierte er noch so herzlich und lieb – und heute!‘

Ferner will ich noch hinzufügen, daß die Dame auch genug reale Gründe hatte, den Kindern den Tod zu wünschen, von denen sie gar keine Freude erfuhr, sondern nur Kummer und arge Einschränkungen ihrer Selbstbestimmung zu leiden hatte, und denen zuliebe sie auf jegliches Liebesglück verzichtet hatte.

Auch diesmal war sie außerordentlich bemüht, jeglichen Anlaß zur Verstimmung der Tochter, mit der sie zu Besuch ging, zu vermeiden; und man kann sich vorstellen, welchen Aufwand an Geduld und Selbstverleugnung einer Dementia praecox gegenüber dies verlangt, und wie viele Wutregungen dabei unterdrückt werden müssen.

Demzufolge würde der Sinn der Fehlleistung lauten:

Der Onkel soll sterben, diese abnormen Kinder sollen sterben (sozusagen diese ganze abnorme Familie), und ich soll das Geld von ihnen haben.

Diese Fehlleistung besitzt nach meiner Ansicht mehrere Merkmale einer ungewöhnlichen Struktur, und zwar:

a) Das Vorhandensein von zwei Determinanten, die in einem Element verdichtet sind.

b) Das Vorhandensein der zwei Determinanten spiegelt sich in der Doppelung des Versprechens (zwölf Nägel, zwölf Finger).

c) Auffällig ist, daß die eine Bedeutung des Zwölfers, nämlich die die Abnormität der Kinder ausdrückenden zwölf Finger, eine indirekte Darstellung repräsentiert; die psychische Abnormität wird hier durch die physische, das Oberste durch das Unterste dargestellt.‘[29]

VI
Verlesen und Verschreiben

Daß für die Fehler im Lesen und Schreiben die nämlichen Gesichtspunkte und Bemerkungen Geltung haben wie für die Sprechfehler, ist bei der inneren Verwandtschaft dieser Funktionen nicht zu verwundern. Ich werde mich hier darauf beschränken, einige sorgfältig analysierte Beispiele mitzuteilen, und keinen Versuch unternehmen, das Ganze der Erscheinungen zu umfassen.

---

[29] Internat. Zeitschrift f. Psychoanalyse, I, 1913.

A. Verlesen

1) Ich durchblättere im Kaffeehaus eine Nummer der *Leipziger Illustrierten*, die ich schräg vor mir halte, und lese als Unterschrift eines sich über eine Seite erstreckenden Bildes: Eine Hochzeitsfeier *in der Odyssee*. Aufmerksam geworden und verwundert rücke ich mir das Blatt zurecht und korrigiere jetzt: Eine Hochzeitsfeier *an der Ostsee*. Wie komme ich zu diesem unsinnigen Lesefehler? Meine Gedanken lenken sich sofort auf ein Buch von *Ruths, Experimentaluntersuchungen über Musikphantome usw.*[30], das mich in der letzten Zeit viel beschäftigt hat, weil es nahe an die von mir behandelten psychologischen Probleme streift. Der Autor verspricht für nächste Zeit ein Werk, welches *Analyse und Grundgesetze der Traumphänomene* heißen wird. Kein Wunder, daß ich, der ich eben eine *Traumdeutung* veröffentlicht habe, mit größter Spannung diesem Buch entgegensehe. In der Schrift *Ruths* über Musikphantome fand ich vorn im Inhaltsverzeichnis die Ankündigung des ausführlichen induktiven Nachweises, daß die althellenischen Mythen und Sagen ihre Hauptwurzeln in Schlummer- und Musikphantomen, in Traumphänomenen und auch in Delirien haben. Ich schlug damals sofort im Texte nach, um herauszufinden, ob er auch um die Zurückführung der Szene, wie *Odysseus* vor *Nausikaa* erscheint, auf den gemeinen Nacktheitstraum wisse. Mich hatte ein Freund auf die schöne Stelle in *G. Kellers Grünem Heinrich* aufmerksam gemacht, welche diese Episode der *Odyssee* als Objektivierung der Träume des fern von der Heimat irrenden Schiffers aufklärt, und ich hatte die Beziehung zum Exhibitionstraum der Nacktheit hinzugefügt (8. Aufl., S. 170). Bei *Ruths* entdeckte ich nichts davon. Mich beschäftigen in diesem Falle offenbar Prioritätsgedanken.

2) Wie kam ich dazu, eines Tages aus der Zeitung zu lesen: „*Im Faß* durch Europa", anstatt: *zu Fuß?* Diese Auflösung bereitete mir lange Zeit Schwierigkeiten. Die nächsten Einfälle deuteten allerdings: Es müsse das Faß des Diogenes gemeint sein, und in einer Kunstgeschichte hatte ich unlängst etwas über die Kunst zur Zeit Alexanders gelesen. Es lag dann nahe, an die bekannte Rede Alexanders zu denken: „Wenn ich nicht Alexander wäre, möchte ich Diogenes sein." Auch schwebte mir etwas von einem gewissen *Hermann Zeitung* vor, der in eine Kiste verpackt sich auf Reisen begeben hatte. Aber weiter wollte sich der Zusammenhang nicht herstellen, und es gelang mir nicht, die Seite in der Kunstgeschichte wieder aufzuschlagen, auf welcher mir jene Bemerkung ins Auge gefallen war. Erst Monate später fiel mir das beiseite geworfene Rätsel plötzlich wieder ein, und diesmal zugleich mit seiner Lösung. Ich erinnerte

---

[30] Darmstadt 1898 bei H. L. Schlapp.

mich an die Bemerkung in einem Zeitungsartikel, was für sonderbare Arten der *Beförderung* die Leute jetzt wählten, um nach Paris zur Weltausstellung zu kommen, und dort war auch, wie ich glaube, scherzhaft mitgeteilt worden, daß irgendein Herr die Absicht habe, sich von einem anderen Herrn in einem *Faß* nach Paris rollen zulassen. Natürlich hätten diese Leute kein anderes Motiv, als durch solche Torheiten Aufsehen zu machen. *Hermann Zeitung* war in der Tat der Name desjenigen Mannes, der für solche außergewöhnliche Beförderungen das erste Beispiel gegeben hatte. Dann fiel mir ein, daß ich einmal einen Patienten behandelt, dessen krankhafte Angst vor der Zeitung sich als Reaktion gegen den krankhaften *Ehrgeiz* auflöste, sich gedruckt und als berühmt in der Zeitung erwähnt zu sehen. Der mazedonische Alexander war gewiß einer der ehrgeizigsten Männer, die je gelebt. Er klagte ja, daß er keinen Homer finden werde, der seine Taten besinge. Aber wie konnte ich nur *nicht daran denken*, daß ein anderer *Alexander* mir näher stehe, daß Alexander der Name meines jüngeren Bruders ist! Ich fand nun sofort den anstößigen und der Verdrängung bedürftigen Gedanken in betreff dieses Alexanders und die aktuelle Veranlassung für ihn. Mein Bruder ist Sachverständiger in Dingen, die Tarife und *Transporte* angehen, und sollte zu einer gewissen Zeit für seine Lehrtätigkeit an einer kommerziellen Hochschule den Titel Professor erhalten. Für die gleiche *Beförderung* bin ich an der Universität seit mehreren Jahren vorgeschlagen, ohne sie erreicht zu haben. Unsere Mutter äußerte damals ihr Befremden darüber, daß ihr kleiner Sohn eher Professor werden sollte als ihr großer. So stand es zur Zeit, als ich die Lösung für jenen Leseirrtum nicht finden konnte. Dann erhoben sich Schwierigkeiten auch bei meinem Bruder; seine Chancen, Professor zu werden, fielen noch unter die meinigen. Da aber wurde mir plötzlich der Sinn jenes Verlesens offenbar; es war, als hätte die Minderung in den Chancen des Bruders ein Hindernis beseitigt. Ich hatte mich so benommen, als läse ich die Ernennung des Bruders in der Zeitung, und sagte mir dabei: „Merkwürdig, daß man wegen solcher Dummheiten (wie er sie als Beruf betreibt) in der Zeitung stehen (d. h. zum Professor ernannt werden) kann!" Die Stelle über die hellenistische Kunst im Zeitalter Alexanders schlug ich dann ohne Mühe auf und überzeugte mich zu meinem Erstaunen, daß ich während des vorherigen Suchens wiederholt auf derselben Seite gelesen und jedesmal wie unter der Herrschaft einer negativen Halluzination den betreffenden Satz übergangen hatte. Dieser enthielt übrigens gar nichts, was mir Aufklärung brachte, was des Vergessens wert gewesen wäre. Ich meine, das Symptom des Nichtauffindens im Buche ist nur zu meiner Irreführung geschaffen worden. Ich sollte die Fortsetzung der Gedankenverknüpfung dort suchen, wo meiner Nachforschung ein Hindernis in den Weg gelegt war, also in irgendeiner Idee über den mazedonischen Alexander, und sollte so vom gleichnamigen

Bruder sicherer abgelenkt werden. Dies gelang auch vollkommen; ich richtete alle meine Bemühungen darauf, die verlorene Stelle in jener Kunstgeschichte wieder aufzufinden. Der Doppelsinn des Wortes *„Beförderung"* ist in diesem Falle die Assoziationsbrücke zwischen den zwei Gedankenkreisen, dem unwichtigen, der durch die Zeitungsnotiz angeregt wird, und dem interessanteren, aber anstößigen, der sich hier als Störung des zu Lesenden geltend machen darf. Man ersieht aus diesem Beispiel, daß es nicht immer leicht wird, Vorkommnisse wie diesen Lesefehler aufzuklären. Gelegentlich ist man auch genötigt, die Lösung des Rätsels auf eine günstigere Zeit zu verschieben. Je schwieriger sich aber die Lösungsarbeit erweist, desto sicherer darf man erwarten, daß der endlich aufgedeckte störende Gedanke von unserem bewußten Denken als fremdartig und gegensätzlich beurteilt werden wird.

3) Ich erhalte eines Tages einen Brief aus der Nähe Wiens, der mir eine erschütternde Nachricht mitteilt. Ich rufe auch sofort meine Frau an und fordere sie zur Teilnahme daran auf, daß *die* arme Wilhelm M. so schwer erkrankt und von den Ärzten aufgegeben ist. An den Worten, in welche ich mein Bedauern kleide, muß aber etwas falsch geklungen haben, denn meine Frau wird mißtrauisch, verlangt den Brief zu sehen und äußert als ihre Überzeugung, so könne es nicht darin stehen, denn niemand nenne eine Frau nach dem Namen des Mannes, und überdies sei der Korrespondentin der Vorname der Frau sehr wohl bekannt. Ich verteidige meine Behauptung hartnäckig und verweise auf die so gebräuchlichen Visitenkarten, auf denen eine Frau sich selbst mit dem Vornamen des Mannes bezeichnet. Ich muß endlich den Brief zur Hand nehmen, und wir lesen darin tatsächlich „der arme W. M.", ja sogar, was ich ganz übersehen hatte: „der arme *Dr.* W. M." Mein Versehen bedeutete also einen sozusagen krampfhaften Versuch, die traurige Neuigkeit von dem Manne auf die Frau zu überwälzen. Der zwischen Artikel, Beiwort und Name eingeschobene Titel paßte schlecht zu der Forderung, es müßte die Frau gemeint sein. Darum wurde er auch beim Lesen beseitigt. Das Motiv dieser Verfälschung war aber nicht, daß mir die Frau weniger sympathisch wäre als der Mann, sondern das Schicksal des armen Mannes hatte meine Besorgnisse um eine andere, mir nahe stehende Person rege gemacht, welche eine der mir bekannten Krankheitsbedingungen mit diesem Falle gemeinsam hatte.

4) Ärgerlich und lächerlich ist mir ein Verlesen, dem ich sehr häufig unterliege, wenn ich in den Ferien in den Straßen einer fremden Stadt spaziere. Ich lese dann jede Ladentafel, die dem irgendwie entgegenkommt, als *Antiquitäten*. Hierin äußert sich die Abenteuerlust des Sammlers.

5) Bleuler erzählt in seinem bedeutsamen Buche *Affektivität, Suggestibilität, Paranoia* (1906), S. 121: „Beim Lesen hatte ich einmal das intellektuelle Gefühl, zwei Zeilen weiter unten meinen Namen zu sehen. Zu meinem Erstaunen finde ich nur das Wort ‚Blutkörperchen'. Unter vielen Tausenden von mir analysierten Verlesungen des peripheren wie des zentralen Gesichtsfeldes ist dieses der krasseste Fall. Wenn ich etwa meinen Namen zu sehen glaubte, so war das Wort, das dazu Anlaß gab, meinem Namen meist viel ähnlicher, in den meisten Fällen mußten geradezu alle Buchstaben des Namens in der Nähe vorhanden sein, bis mir ein solcher Irrtum begegnen konnte. In diesem Falle ließ sich aber der Beziehungswahn und die Illusion sehr leicht begründen: Was ich gerade las, war das Ende einer Bemerkung über eine Art schlechten Stils von wissenschaftlichen Arbeiten, von der ich mich nicht frei fühlte."

6) H. Sachs: „‚An dem, was die Leute frappiert, geht er in seiner *Steifleinenheit* vorüber.' Dies Wort fiel mir aber auf und ich entdeckte bei näherem Hinsehen, daß es *Stilfeinheit* hieß. Die Stelle fand sich in einer überschwenglich lobenden Auslassung eines von mir verehrten Autors über einen Historiker, der mir unsympathisch ist, weil er das ‚Deutsch- Professorenhafte' zu stark hervorkehrt."

7) Über einen Fall von Verlesen im Betriebe der philologischen Wissenschaft berichtet Dr. Marcell *Eibenschütz* im Zentralblatt für Psychoanalyse, I, 5/6: „Ich beschäftige mich mit der Überlieferung des *Buches der Märtyrer*, eines mittelhochdeutschen Legendenwerkes, das ich in den *Deutschen Texten des Mittelalters*, herausgegeben von der Preußischen Akademie der Wissenschaften, edieren soll. Über das bisher noch ungedruckte Werk war recht wenig bekannt; es bestand eine einzige Abhandlung darüber von *J. Haupt, Über das mittelhochdeutsche Buch der Märtyrer*, Wiener Sitzungsberichte, 1867, 70. Bd., S. 101 ff. – *Haupt* legte seiner Arbeit nicht eine alte Handschrift zugrunde, sondern eine aus neuerer Zeit (XIX. Jahrhundert) stammende Abschrift der Haupthandschrift *C* (Klosterneuburg), eine Abschrift, die in der Hofbibliothek aufbewahrt wird. Am Ende dieser Abschrift steht folgende Subskription:

Anno Domini MDCCCL in vigilia exaltacionis sancte crucis ceptus est iste liber et in vigilia pasce anni subsequentis finitus cum adiutorio omnipotentis per me Hartmanum de Krasna tunc temporis ecclesie niwenburgensis custodem.

Haupt teilt nun in seiner Abhandlung diese Subscriptio mit, in der Meinung, daß sie vom Schreiber von *C* selbst herrühre, und läßt *C*, mit konsequenter Verlesung der römisch geschriebenen Jahreszahl 1850, im Jahre 1350 geschrieben sein, trotzdem daß er die Subscriptio vollständig richtig kopiert hat, trotzdem daß sie in der Abhandlung am angeführten Orte vollständig richtig (nämlich MDCCCL) abgedruckt ist.

Die Mitteilung *Haupts* bildete für mich eine Quelle von Verlegenheiten. Zunächst stand ich als blutjunger Anfänger in der gelehrten Wissenschaft ganz unter der Autorität *Haupts* und las lange Zeit aus der vollkommen klar und richtig gedruckt vor mir liegenden Subscriptio wie *Haupt* 1350 statt 1850; doch in der von mir benutzten Haupthandschrift *C* war keine Spur irgendeiner Subscriptio zu finden, es stellte sich ferner heraus, daß im ganzen XIV. Jahrhundert zu Klosterneuburg kein Mönch namens Hartmann gelebt hatte. Und als endlich der Schleier von meinen Augen sank, da hatte ich auch schon den ganzen Sachverhalt erraten, und die weiteren Nachforschungen bestätigen meine Vermutung: die vielgenannte Subscriptio steht nämlich *nur* in der von *Haupt* benutzten Abschrift und rührt von ihrem Schreiber her, P. Hartman Zeibig, geb. zu Krasna in Mähren, Augustinerchorherr zu Klosterneuburg, der im Jahre 1850 als Kirchenschatzmeister des Stiftes die Handschrift *C* abgeschrieben und sich am Ende seiner Abschrift in altertümlicher Weise selbst nennt. Die mittelalterliche Diktion und die alte Orthographie der Subscriptio haben wohl bei dem *Wunsche Haupts*, über das von ihm behandelte Werk möglichst viel mitteilen zu können, also auch die Handschrift *C* zu datieren, mitgeholfen, daß er statt 1850 immer 1350 las. (Motiv der Fehlhandlung.)"

8) In den *Witzigen und Satirischen Einfällen* von *Lichtenberg* findet sich eine Bemerkung, die wohl einer Beobachtung entstammt und fast die ganze Theorie des Verlesens enthält: Er las immer *Agamemnon* statt *„angenommen"*, so sehr hatte er den *Homer* gelesen.

In einer übergroßen Anzahl von Fällen ist es nämlich die Bereitschaft des Lesers, die den Text verändert und etwas, worauf er eingestellt oder womit er beschäftigt ist, in ihn hineinliest. Der Text selbst braucht dem Verlesen nur dadurch entgegenzukommen, daß er irgendeine Ähnlichkeit im Wortbild bietet, die der Leser in seinem Sinne verändern kann. Flüchtiges Hinschauen, besonders mit unkorrigiertem Auge, erleichtert ohne Zweifel die Möglichkeit einer solchen Illusion, ist aber keineswegs eine notwendige Bedingung für sie.

9) Ich glaube, die Kriegszeit, die bei uns allen gewisse feste und langanhaltende Präokkupationen schuf, hat keine andere Fehlleistung so sehr begünstigt wie gerade das Verlesen. Ich konnte eine große Anzahl von solchen Beobachtungen machen, von denen ich leider nur einige wenige bewahrt habe. Eines Tages greife ich nach einem der Mittags- oder Abendblätter und finde darin groß gedruckt: *Der Friede von Görz*. Aber nein, es heißt ja nur: *Die Feinde vor Görz*. Wer gerade zwei Söhne als Kämpfer auf diesem Kriegsschauplatze hat, mag sich leicht so verlesen. Ein anderer findet in einem gewissen Zusammenhange eine *alte Brotkarte* erwähnt, die er bei besserer Aufmerksamkeit gegen *alte Brokate* eintauschen muß. Es ist immerhin mitteilenswert, daß er sich in einem Hause, wo er oft gern gesehener Gast ist, bei der Hausfrau durch die Abtretung von Brotkarten beliebt zu machen pflegt. Ein Ingenieur, dessen Ausrüstung der im

Tunnel während des Baues herrschenden Feuchtigkeit nie lang gewachsen ist, liest zu seinem Erstaunen in einer Annonce Gegenstände aus *„Schundleder"* angepriesen. Aber Händler sind selten so aufrichtig; was da zum Kaufe empfohlen wird, ist *Seehundleder.*

Der Beruf oder die gegenwärtige Situation des Lesers bestimmt auch das Ergebnis seines Verlesens. Ein Philologe, der wegen seiner letzten trefflichen Arbeiten im Streite mit seinen Fachgenossen liegt, liest *„Sprachstrategie"* anstatt *Schachstrategie.* Ein Mann, der in einer fremden Stadt spazieren geht, gerade um die Stunde, auf welche seine durch eine Kur hergestellte Darmtätigkeit reguliert ist, liest auf einem großen Schilde im ersten Stock eines hohen Warenhauses: *„Klosetthaus"*; seiner Befriedigung darüber mengt sich doch ein Befremden über die ungewöhnliche Unterbringung der wohltätigen Anstalt bei. Im nächsten Moment ist die Befriedigung doch geschwunden, denn die Tafelaufschrift heißt richtiger: *Korsetthaus.*

10) In einer zweiten Gruppe von Fällen ist der Anteil des Textes am Verlesen ein bei weitem größerer. Er enthält etwas, was die Abwehr des Lesers rege macht, eine ihm peinliche Mitteilung oder Zumutung, und erfährt darum durch das Verlesen eine Korrektur im Sinne der Abweisung oder Wunscherfüllung. Es ist dann natürlich unabweisbar anzunehmen, daß der Text zunächst richtig aufgenommen und beurteilt wurde, ehe er diese Korrektur erfuhr, wenngleich das Bewußtsein von dieser ersten Lesung nichts erfahren hat. Das Beispiel 3 auf den vorstehenden Seiten ist von dieser Art; ein anderes von höchster Aktualität teile ich hier nach Dr. *M. Eitingon* (z. Z. im Kriegsspital in Igló, Internat. Zeitschr. f. Psychoanalyse, II, 1915) mit.

„Leutnant X., der sich mit einer kriegstraumatischen Neurose in unserem Spital befindet, liest mir eines Tages den Schlußvers der letzten Strophe eines Gedichtes des so früh gefallenen Dichters *Walter Heymann*[31] in sichtlicher Ergriffenheit folgendermaßen vor:

> Wo aber steht's geschrieben, frag' ich, daß von allen
> Ich übrig bleiben soll, ein andrer für mich fallen?
> Wer immer von euch fällt, der stirbt gewiß für mich;
> Und ich soll übrig bleiben? *warum denn nicht?*

Durch mein Befremden aufmerksam gemacht, liest er dann, etwas betreten, richtig:

> Und ich soll übrig bleiben? warum denn *ich* ?

---

[31] W. Heymann: *Kriegsgedichte und Feldpostbriefe,* S. 11: *Den Ausziehenden.*

Dem Fall X. verdanke ich einigen analytischen Einblick in das psychische Material dieser ‚Traumatischen Neurosen des Krieges‘, und da war es mir möglich, trotz der unserer Art zu arbeiten so wenig günstigen Verhältnisse eines Kriegslazaretts mit starkem Belag und wenig Ärzten, ein wenig über die als ‚Ursache‘ hochbewerteten Granatexplosionen hinauszusehen.

Es bestanden auch in diesem Falle die schweren Tremores, die den ausgesprochenen Fällen dieser Neurosen eine auf den ersten Blick frappante Ähnlichkeit verleihen, Ängstlichkeit, Weinerlichkeit, Neigung zu Wutanfällen mit konvulsiven, infantilmotorischen Entäußerungen und zu Erbrechen (‚bei geringsten Aufregungen‘).

Gerade des letzteren Symptoms Psychogeneität, zunächst im Dienste sekundären Krankheitsgewinnes, mußte sich jedem aufdrängen: Das Erscheinen des Spitalskommandanten, der von Zeit zu Zeit die Genesenden sich ansieht, auf der Abteilung, die Phrase eines Bekannten auf der Straße: ‚sie schauen ja prächtig aus, sind gewiß schon gesund‘, genügen zur prompten Auslösung eines Brechanfalls.

‚Gesund ... wieder einrücken ... warum denn ich? ...‘“

11) Andere Fälle von „Kriegs“-Verlesen hat Dr. *Hanns Sachs* mitgeteilt: „Ein naher Bekannter hatte mir wiederholt erklärt, er werde, wenn die Reihe an ihn komme, keinen Gebrauch von seiner durch ein Diplom bestätigten Fachausbildung machen, sondern auf den dadurch begründeten Anspruch auf entsprechende Verwendung im Hinterlande verzichten und zum Frontdienst einrücken. Kurz bevor der Termin wirklich herankam, teilte er mir eines Tages in knappster Form, ohne weitere Begründung mit, er habe die Nachweise seiner Fachbildung an zuständiger Stelle vorgelegt und werde infolgedessen demnächst seine Zuteilung für eine industrielle Tätigkeit erhalten. Am nächsten Tage trafen wir uns in einem Amtslokal. Ich stand gerade vor einem Pulte und schrieb; er trat heran, sah mir eine Weile über die Schulter und sagte dann: ‚Ach, das Wort da oben heißt ‚*Druckbogen*‘ – ich habe es für ‚*Drückeberger*‘ gelesen.‘“ (Internat. Zeitschr. f. Psychoanalyse, IV. 1916/17.)

12) „In der Tramway sitzend, dachte ich darüber nach, daß manche meiner Jugendfreunde, die immer als zart und schwächlich gegolten hatten, jetzt die allerhärtesten Strapazen zu ertragen imstande sind, denen ich ganz bestimmt erliegen würde. Mitten in diesem unerfreulichen Gedankenzuge las ich im Vorüberfahren mit halber Aufmerksamkeit die großen schwarzen Lettern einer Firmentafel: ‚*Eisenkonstitution*‘. Einen Augenblick später fiel mir ein, daß dieses Wort für eine Geschäftsaufschrift nicht recht passe; mich rasch umdrehend, erhaschte ich noch einen Blick auf die Inschrift und sah, daß sie richtig ‚*Eisenkonstruktion*‘ lautete.“ (l. c.)

13) „In den Abendblättern stand die inzwischen als unrichtig erkannte Reu-
terdepesche, daß *Hughes* zum Präsidenten der Vereinigten Staaten gewählt sei.
Anschließend daran erschien ein kurzer Lebenslauf des angeblich Gewählten
und in diesem stieß ich auf die Mitteilung, daß *Hughes* in *Bonn* Universitätsstu
dien absolviert habe. Es schien mir sonderbar, daß dieses Umstandes in den
wochenlangen Zeitungsdebatten, die dem Wahltag vorangegangen waren, keine
Erwähnung geschehen war. Nochmalige Überprüfung ergab denn auch, daß
nur von der *‚Brown‘*-Universität die Rede war. Dieser krasse Fall, bei dem für
das Zustandekommen des Verlesens eine ziemlich große Gewaltsamkeit notwendig war, erklärt sich außer aus der Flüchtigkeit bei der Zeitungslektüre vor
allem daraus, daß mir die Sympathie des neuen Präsidenten für die Mittelmächte
als Grundlage künftiger guter Beziehungen nicht bloß aus politischen, sondern
auch darüber hinaus aus persönlichen Gründen wünschenswert schien." (l. c.)

B. Verschreiben

1) Auf einem Blatte, welches kurze tägliche Aufzeichnungen meist von geschäft-
lichem Interesse enthält, finde ich zu meiner Überraschung mitten unter den
richtigen Daten des Monats September eingeschlossen das verschriebene Datum
„Donnerstag den 20. Okt." Es ist nicht schwierig, diese Antizipation aufzuklären, und zwar als Ausdruck eines Wunsches. Ich bin wenige Tage vorher frisch
von der Ferienreise zurückgekehrt und fühle mich bereit für ausgiebige ärztliche Beschäftigung, aber die Anzahl der Patienten ist noch gering. Bei meiner
Ankunft fand ich einen Brief von einer Kranken vor, die sich für den 20. *Oktober*
ankündigte. Als ich die gleiche Tageszahl im September niederschrieb, kann ich
wohl gedacht haben: „Die X. sollte doch schon da sein; wie schade um den vollen Monat!" und in diesem Gedanken rückte ich das Datum vor. Der störende
Gedanke ist in diesem Falle kaum ein anstößiger zu nennen; dafür weiß ich auch
sofort die Auflösung des Schreibfehlers, nachdem ich ihn erst bemerkt habe.
Ein ganz analoges und ähnlich motiviertes Verschreiben wiederhole ich dann im
Herbst des nächsten Jahres. – *E. Jones* hat ähnliche Verschreibungen im Datum
studiert und sie in den meisten Fällen leicht als motivierte erkannt.

2) Ich erhalte die Korrektur meines Beitrags zum *Jahresbericht für Neurologie
und Psychiatrie* und muß natürlich mit besonderer Sorgfalt die Autornamen revidieren, die, weil verschiedenen Nationen angehörig, dem Setzer die größten
Schwierigkeiten zu bereiten pflegen. Manchen fremd klingenden Namen finde
ich wirklich noch zu korrigieren, aber einen einzigen Namen hat merkwürdiger
Weise der Setzer *gegen* mein Manuskript verbessert und zwar mit vollem Rechte.

Ich hatte nämlich *Buckrhard* geschrieben, woraus der Setzer *Burckhard* erriet. Ich hatte die Abhandlung eines Geburtshelfers über den Einfluß der Geburt auf die Entstehung der Kinderlähmungen selbst als verdienstlich gelobt, wüßte auch nichts gegen deren Autor zu sagen, aber den gleichen Namen wie er trägt auch ein Schriftsteller in Wien, der mich durch eine unverständige Kritik über meine *Traumdeutung* geärgert hat. Es ist gerade so, als hätte ich mir bei der Niederschrift des Namens *Burckhard,* der den Geburtshelfer bezeichnete, etwas Arges über den anderen B., den Schriftsteller, gedacht, denn Namenverdrehen bedeutet häufig genug, wie ich schon beim Versprechen erwähnt habe, Schmähung.[32]

3) Diese Behauptung wird sehr schön durch eine Selbstbeobachtung von *A. J. Storfer* bekräftigt, in welcher der Autor mit rühmenswerter Offenheit die Motive klarlegt, die ihn den Namen eines vermeintlichen Konkurrenten falsch erinnern und dann entstellt niederschreiben hießen:

„Im Dezember 1910 sah ich im Schaufenster einer Züricher Buchhandlung das damals neue Buch von Dr. Eduard *Hitschmann* über die Freudsche Neurosenlehre. Ich arbeitete damals gerade am Manuskript eines Vortrags, den ich demnächst in einem akademischen Verein über die Grundzüge der Freudschen Psychologie halten sollte. In der damals schon niedergeschriebenen Einleitung des Vortrags hatte ich auf die historische Entwicklung der Freudschen Psychologie aus Forschungen auf einem angewandten Gebiete, auf gewisse, daraus folgende Schwierigkeiten einer zusammenfassenden Darstellung der Grundzüge hingewiesen, und darauf, daß noch keine allgemeine Darstellung bestehe. Als ich das Buch (des mir bis dahin unbekannten Autors) im Schaufenster sah, dachte ich zunächst nicht daran, es zu kaufen. Einige Tage nachher beschloß ich aber, es zu tun. Das Buch war nicht mehr im Schaufenster. Ich nannte dem Buchhändler das vor kurzem erschienene Buch; als Autor nannte ich ‚Dr. Eduard *Hartmann*‘. Der Buchhändler verbesserte: ‚sie meinen wohl *Hitschmann*‘, und brachte mir das Buch.

Das unbewußte Motiv der Fehlleistung war naheliegend. Ich hatte es mir gewissermaßen zum Verdienst angerechnet, die Grundzüge der psychoanalytischen Lehren zusammengefaßt zu haben und habe offenbar das Buch Hitschmanns als Minderer meines Verdienstes mit Neid und Ärger angesehen. Die Abänderung des Namens sei ein Akt der unbewußten Feindseligkeit, sagte ich

[32] Vgl. etwa die Stelle im *Julius Cäsar,* III, 3:
CINNA: Ehrlich, mein Name ist Cinna.
BÜRGER: Reißt ihn in Stücke! er ist ein Verschworener.
CINNA: Ich bin Cinna der Poet! Ich bin nicht Cinna der Verschworene.
BÜRGER: Es tut nichts; sein Name ist Cinna, reißt ihm den Namen aus dem Herzen und laßt ihn laufen.

586

mir nach der *Psychopathologie des Alltagslebens*. Mit dieser Erklärung gab ich mich damals zufrieden.

Einige Wochen später notierte ich mir jene Fehlleistung. Bei dieser Gelegenheit warf ich auch die Frage auf, warum ich Eduard Hitschmann gerade in Eduard Hartmann umgeändert hatte. Sollte mich bloß die Namensähnlichkeit auf den Namen des bekannten Philosophen geführt haben? Meine erste Assoziation war die Erinnerung an einen Ausspruch, den ich einmal von Professor *Hugo v. Meltzl*, einem begeisterten Schopenhauerverehrer, gehört hatte und der ungefähr so lautete: ,Eduard v. Hartmann ist der verhunzte, der auf seine linke Seite umgestülpte Schopenhauer'. Die affektive Tendenz, durch die das Ersatzgebilde für den vergessenen Namen determiniert war, war also: ,Ach, an diesem Hitschmann und seiner zusammenfassenden Darstellung wird wohl nicht viel daran sein; er verhält sich wohl zu Freud wie Hartmann zu Schopenhauer.'

Ich hatte also diesen Fall eines determinierten Vergessens mit Ersatzeinfall niedergeschrieben.

Nach einem halben Jahre kam mir das Blatt, auf dem ich die Aufzeichnung gemacht hatte, in die Hand. Da bemerkte ich, daß ich statt Hitschmann durchwegs *Hintschmann* geschrieben hatte." (Internat. Zeitschr. f. Psychoanalyse, II, 1914).

4) Ein anscheinend ernsterer Fall von Verschreiben, den ich vielleicht mit ebensoviel Recht dem „Vergreifen" einordnen könnte: Ich habe die Absicht, mir aus der Postsparkasse die Summe von 300 Kronen kommen zu lassen, die ich einem zum Kurgebrauch abwesenden Verwandten schicken will. Ich bemerke dabei, daß mein Konto auf 4380 K lautet und nehme mir vor, es jetzt auf die runde Summe von 4000 K herunterzusetzen, die in der nächsten Zeit nicht angegriffen werden soll. Nachdem ich den Scheck ordnungsmäßig ausgeschrieben und die der Zahl entsprechenden Ziffern ausgeschnitten habe, merke ich plötzlich, daß ich nicht *380* K, wie ich wollte, sondern gerade *438* bestellt habe, und erschrecke über die Unzuverlässigkeit meines Tuns. Den Schreck erkenne ich bald als unberechtigt; ich bin ja jetzt nicht ärmer geworden, als ich vorher war. Aber ich muß eine ganze Weile darüber nachsinnen, welcher Einfluß hier meine erste Intention gestört hat, ohne sich meinem Bewußtsein anzukündigen. Ich gerate zuerst auf falsche Wege, will die beiden Zahlen, 380 und 438, voneinander abziehen, weiß aber dann nicht, was ich mit der Differenz anfangen soll. Endlich zeigt mir ein plötzlicher Einfall den wahren Zusammenhang. 438 entspricht ja *zehn Prozent* des ganzen Konto von 4380 K! 10% Rabatt hat man aber beim *Buchhändler!* Ich besinne mich, daß ich vor wenigen Tagen eine Anzahl medizinischer Werke, die ihr Interesse für mich verloren haben, ausgesucht, um sie dem Buchhändler gerade für 300 K anzubieten. Er fand die Forderung zu hoch und versprach, in den nächsten Tagen endgültige Antwort zu sagen. Wenn er mein Angebot annimmt, so hat er mir gerade die Summe ersetzt, welche ich für den Kranken verausgaben soll. Es ist nicht zu verkennen, daß es mir um diese Ausgabe leid tut. Der Affekt bei der Wahrnehmung meines Irrtums läßt sich besser verstehen als Furcht, durch solche Ausgaben arm zu werden. Aber beides, das Bedauern wegen dieser Ausgabe und die an sie geknüpfte Verarmungsangst, sind meinem Bewußtsein völlig fremd; ich habe das Bedauern nicht verspürt, als ich jene Summe zusagte, und fände die Motivierung desselben lächerlich. Ich würde mir eine solche Regung wahrscheinlich gar nicht zutrauen, wenn ich nicht durch die Übung in Psychoanalysen bei Patienten mit dem Verdrängten im Seelenleben ziemlich vertraut wäre, und wenn ich nicht vor einigen Tagen einen Traum gehabt hätte, welcher die nämliche Lösung erforderte.[33]

5) Nach W. *Stekel* zitiere ich folgenden Fall, für dessen Authentizität ich gleichfalls einstehen kann: „Ein geradezu unglaubliches Beispiel von Verschreiben und Verlesen ist in der Redaktion eines verbreiteten Wochenblattes vorgekommen. Die betreffende Leitung wurde öffentlich als ‚käuflich‘ bezeichnet; es galt, einen Artikel der Abwehr und Verteidigung zu schreiben. Das geschah auch – mit großer Wärme und großem Pathos. Der Chefredakteur des Blattes las den Artikel, der Verfasser selbstverständlich mehrmals im Manuskript, dann noch im Bürstenabzug, alle waren sehr befriedigt. Plötzlich meldet sich der Korrektor und macht auf einen kleinen Fehler aufmerksam, der der Aufmerksamkeit aller entgangen war. Dort stand es ja deutlich: ‚Unsere Leser werden uns das Zeugnis ausstellen, daß wir immer in *eigennützigster* Weise für das Wohl der Allgemeinheit eingetreten sind.‘ Selbstverständlich sollte es *uneigennützigster* Weise heißen. Aber die wahren Gedanken brachen mit elementarer Gewalt durch die pathetische Rede."

6) Einer Leserin des *Pester Lloyd*, Frau *Kata Levy* in Budapest, ist kürzlich eine ähnlich unbeabsichtigte Aufrichtigkeit in einer Äußerung aufgefallen, die sich das Blatt am 11. Oktober 1918 aus Wien hatte telegraphieren lassen:

„Als zweifellos darf auf Grund des absoluten Vertrauensverhältnisses, das während des ganzen Krieges zwischen uns und dem deutschen Verbündeten geherrscht hat, vorausgesetzt werden, daß die beiden Mächte in jedem Falle zu einer einmütigen Entschließung gelangen würden. Es ist überflüssig, noch ausdrücklich zu erwähnen, daß auch in der gegenwärtigen Phase ein reges und *lückenhaftes* Zusammenarbeiten der verbündeten Diplomatien stattfindet."

---

[33] Es ist dies jener Traum, den ich in einer kurzen Abhandlung: *Über den Traum*, (Nr. VIII der *Grenzfragen des Nerven- und Seelenlebens*, hg. von Löwenfeld und Kurella, 1901) zum Paradigma genommen habe.

Nur wenige Wochen später konnte man sich über dieses „Vertrauensverhältnis" freimütiger äußern, brauchte man nicht mehr zum Verschreiben (oder Verdrucken) zu flüchten.

7) Ein in Europa weilender Amerikaner, der seine Frau in schlechtem Einvernehmen verlassen hat, glaubt, daß er sich nun mit ihr versöhnen könne, und fordert sie auf, ihm zu einem bestimmten Termin über den Ozean nachzukommen: „Es wäre schön", schreibt er, „wenn Du wie ich mit der ‚*Mauretania*' fahren könntest." Das Blatt, auf dem dieser Satz steht, getraut er sich dann aber nicht abzuschicken. Er zieht es vor, es neu zu schreiben. Denn er will nicht, daß sie die Korrektur bemerke, die an dem Namen des Schiffes notwendig geworden war. Er hatte nämlich anfänglich „*Lusitania*" geschrieben.

Dies Verschreiben bedarf keiner Erläuterung, es ist ohne weiteres deutbar. Doch läßt die Gunst des Zufalles noch einiges hinzufügen: Seine Frau war vor dem Kriege zum erstenmal nach Europa gefahren, nach dem Tode ihrer einzigen Schwester. Wenn ich nicht irre, ist die „*Mauretania*" das überlebende Schwesterschiff der während des Krieges versenkten „*Lusitania*".

8) Ein Arzt hat ein Kind untersucht und schreibt nun ein Rezept für dasselbe nieder, in welchem *Alcohol* vorkommt. Die Mutter belästigt ihn während dieser Tätigkeit mit törichten und überflüssigen Fragen. Er nimmt sich innerlich fest vor, sich jetzt darüber nicht zu ärgern, führt diesen Vorsatz auch durch, hat sich aber während der Störung verschrieben. Auf dem Rezept steht anstatt *Alcohol* zu lesen *Achol*.[34]

9) Der stofflichen Verwandtschaft wegen reihe ich hier einen Fall an, den *E. Jones* von *A. A. Brill* berichtet. Letzterer hatte sich, obwohl sonst völlig abstinent, von einem Freunde verleiten lassen, etwas Wein zu trinken. Am nächsten Morgen gab ihm ein heftiger Kopfschmerz Anlaß, diese Nachgiebigkeit zu bedauern. Er hatte den Namen einer Patientin niederzuschreiben, die *Ethel* hieß, und schrieb anstatt dessen *Ethyl*.[35] Es kam dabei wohl auch in Betracht, daß die betreffende Dame selbst mehr zu trinken pflegte, als ihr gut tat.

Da ein Verschreiben des Arztes beim Rezeptieren eine Bedeutung beansprucht, die weit über den sonstigen praktischen Wert der Fehlleistungen hinausgeht, bediene ich mich des Anlasses, um die einzige bis jetzt publizierte Analyse von solchem ärztlichen Verschreiben ausführlich mitzuteilen:

10) Dr. Ed. *Hitschmann* (Ein wiederholter Fall von Verschreiben bei der Rezeptierung): „Ein Kollege erzählte mir, es sei ihm im Laufe der Jahre mehrmals passiert, daß er sich beim Verschreiben eines bestimmten Medikaments

---

[34] Etwa: Keine Galle.
[35] Athylalkohol.

für weibliche Patienten vorgeschrittenen Alters irrte. Zweimal verschrieb er die zehnfache Dosis und mußte nachher, da ihm dies plötzlich einfiel, unter größter Angst, der Patientin geschadet zu haben und selbst in größte Unannehmlichkeit zu kommen, eiligst die Zurückziehung des Rezepts anstreben. Diese sonderbare Symptomhandlung verdient durch genauere Darstellung der einzelnen Fälle und durch Analyse klargelegt zu werden.

Erster Fall: Der Arzt verschreibt einer an der Schwelle des Greisenalters stehenden armen Frau gegen spastische Obstipation zehnfach zu starke Belladonna-Zäpfchen. Er verläßt das Ambulatorium und etwa eine Stunde später fällt ihm zu Hause, während er Zeitung liest und frühstückt, plötzlich sein Irrtum ein; es überfällt ihn Angst, er eilt zunächst ins Ambulatorium zurück, um die Adresse der Patientin zu requirieren, und von dort in ihre weit entlegene Wohnung. Er findet das alte Weiblein noch mit unausgeführtem Rezept, worüber er höchst erfreut und beruhigt heimkehrt. Er entschuldigt sich vor sich selbst nicht ohne Berechtigung damit, daß ihm der gesprächige Chef der Ambulanz während der Rezeptur über die Schulter geschaut und ihn gestört hatte.

Zweiter Fall: Der Arzt muß sich aus seiner Ordination von einer koketten und pikant schönen Patientin losreißen, um ein älteres Fräulein ärztlich aufzusuchen. Er benützt ein Automobil, da er nicht viel Zeit für diesen Besuch übrig hat; denn er soll um eine bestimmte Stunde, nahe von ihrer Wohnung, ein geliebtes junges Mädchen heimlich treffen. Auch hier ergibt sich die Indikation für Belladonna wegen analoger Beschwerden wie im ersten Falle. Es wird wieder der Fehler begangen, das Medikament zehnfach zu stark zu rezeptieren. Die Patientin bringt einiges nicht zum Gegenstand gehörige Interessante vor, der Arzt aber verrät Ungeduld, wenn er sie auch mit Worten verleugnet, und verläßt die Patientin, so daß er reichlich zurecht zum Rendezvous erscheint. Etwa zwölf Stunden nachher, gegen sieben Uhr morgens, erwacht der Arzt; der Einfall seines Verschreibens und Angst treten fast gleichzeitig in sein Bewußtsein, und er sendet rasch zu der Kranken, in der Hoffnung, daß das Medikament noch nicht aus der Apotheke geholt sei, und bittet um Rückstellung des Rezepts, um es zu revidieren. Er erhält jedoch das bereits ausgeführte Rezept zurück und begibt sich mit einer gewissen stoischen Resignation und dem Optimismus des Erfahrenen in die Apotheke, wo ihn der Provisor damit beruhigt, daß er selbstverständlich (oder vielleicht auch durch ein Versehen?) das Medikament in einer geringeren Dosis verabreicht habe.

Dritter Fall: Der Arzt will seiner greisen Tante, Schwester seiner Mutter, die Mischung von Tinct. belladonnae und Tinct. opii in harmloser Dosis verschreiben. Das Rezept wird sofort durch das Mädchen in die Apotheke getragen. Ganz kurze Zeit später fällt dem Arzt ein, daß er anstatt tinctura ‚extractum‘

geschrieben habe, und gleich darauf telephoniert der Apotheker, über diesen Irrtum interpellierend. Der Arzt entschuldigt sich mit der erlogenen Ausrede, er hätte das Rezept noch nicht vollendet gehabt, es sei ihm durch die unerwartet rasche Wegnehmung des Rezepts vom Tische die Schuld abgenommen.

Die auffällig gemeinsamen Punkte dieser drei Irrtümer in der Verschreibung sind darin gelegen, daß es dem Arzte nur bei diesem einen Medikament bisher passiert ist, daß es sich jedesmal um eine weibliche Patientin im vorgeschrittenen Alter handelte und daß die Dosis immer zu stark war. Bei der kurzen Analyse stellte es sich heraus, daß das Verhältnis des Arztes zur Mutter von entscheidender Bedeutung sein mußte. Es fiel ihm nämlich ein, daß er einmal – und zwar höchstwahrscheinlich vor diesen Symptomhandlungen – seiner gleichfalls greisen Mutter dasselbe Rezept verschrieben hatte, und zwar in der Dosis von 0.03, obwohl die gewöhnliche 0.02 ihm geläufiger war, um ihr radikal zu helfen, wie er sich dachte. Die Reaktion der zarten Mutter auf dieses Medikament war Kopfkongestion und unangenehme Trockenheit im Rachen. Sie beklagte sich darüber mit einer halb scherzhaften Anspielung auf die gefährlichen Ordinationen, die von einem Sohne ausgehen können. Auch sonst hat die Mutter, übrigens Arztenstochter, gegen gelegentlich vom ärztlichen Sohne empfohlene Medikamente ähnlich ablehnende, halb scherzhafte Einwendungen erhoben und vom Vergiften gesprochen.

Soweit Referent die Beziehungen dieses Sohnes zu seiner Mutter durchschaut, ist er zwar ein instinktiv liebevolles Kind, aber in der geistigen Schätzung der Mutter und im persönlichen Respekt keineswegs übertrieben. Mit dem um ein Jahr jüngeren Bruder und der Mutter in gemeinsamem Haushalt lebend, empfindet er dieses Zusammensein seit Jahren für seine erotische Freiheit als Hemmung, wobei wir allerdings aus psychoanalytischer Erfahrung wissen, daß solche Begründungen zum Vorwand für inneres Gebundensein gern mißbraucht werden. Der Arzt akzeptierte die Analyse unter ziemlicher Befriedigung über die Aufklärung und meinte lächelnd, das Wort Belladonna = schöne Frau könnte auch eine erotische Beziehung bedeuten. Er hat das Medikament früher gelegentlich auch selbst verwendet." (Internat. Zeitschr. f. Psychoanalyse, I, 1913.)

Ich möchte urteilen, daß solche ernsthaften Fehlleistungen auf keinem anderen Wege zustande kommen als die harmlosen, die wir sonst untersuchen.

11) Für ganz besonders harmlos wird man das nachstehende, von *S. Ferenczi* berichtete Verschreiben halten. Man kann es als Verdichtungsleistung infolge von Ungeduld deuten (vergl. das Versprechen: Der Apfe, S. 544 und wird diese Auffassung verteidigen dürfen, bis nicht etwa eine eingehende Analyse des Vorfalls ein stärkeres störendes Moment nachgewiesen hätte:

„Hiezu paßt die Anek*tode*" – schreibe ich einmal in mein Notizbuch. Natürlich meinte ich *Anekdote*, und zwar von einem zum Tode verurteilten Zigeuner, der sich die Gnade erbat, selber den Baum zu wählen, auf den er gehängt werden soll. (Er fand trotz eifrigen Suchens keinen passenden Baum.)

12) Andere Male kann im Gegensatz hierzu der unscheinbarste Schreibfehler gefährlichen geheimen Sinn zum Ausdruck bringen. Ein Anonymus berichtet:

„Ich schließe einen Brief mit den Worten: ,Herzlichste Grüße an Ihre Frau Gemahlin und *ihren* Sohn.' Knapp bevor ich das Blatt ins Kuvert stecke, bemerke ich den Irrtum im Anfangsbuchstaben bei ,ihren Sohn' und verbessere ihn. Auf dem Heimweg von dem letzten Besuche bei diesem Ehepaar hatte meine Begleiterin bemerkt, der Sohn sehe einem Hausfreund frappant ähnlich und sei auch sicher sein Kind."

13) Eine Dame richtet an ihre Schwester einige beglückwünschende Zeilen zum Einzug in deren neue und geräumige Wohnung. Eine dabei anwesende Freundin bemerkt, daß die Schreiberin eine falsche Adresse auf den Brief gesetzt hat, und zwar nicht die der eben verlassenen Wohnung, sondern die der ersten, längst aufgegebenen, welche die Schwester als eben verheiratete Frau bezogen hatte. Sie macht die Schreiberin darauf aufmerksam. „Sie haben recht, muß diese zugeben, aber wie komme ich darauf? Warum habe ich das getan?" Die Freundin meint: „Wahrscheinlich gönnen Sie ihr die schöne große Wohnung nicht, die sie jetzt bekommen soll, während Sie sich selbst im Raum beengt fühlen, und versetzen sie darum in die erste Wohnung zurück, in der sie es auch nicht besser hatte." – „Gewiß gönne ich ihr die neue Wohnung nicht", gesteht die andere ehrlich zu. Sie setzt dann fort: „Wie schade, daß man bei diesen Dingen immer so gemein ist!"

14) E. *Jones* teilt folgendes, ihm von *A. A. Brill* überlassene Beispiel von Verschreiben mit: Ein Patient richtete an Dr. *Brill* ein Schreiben, in welchem er sich bemühte, seine Nervosität auf die Sorge und Erregung über den Geschäftsgang während einer Baumwollkrise zurückzuführen. In diesem Schreiben hieß es: *„my trouble is all due to that damned frigid wave; there isn't even any seed."* Er meinte mit *„wave"* natürlich eine Welle, Strömung auf dem Geldmarkt; in Wirklichkeit schrieb er aber nicht *wave*, sondern *wife*. Auf dem Grunde seines Herzens ruhten Vorwürfe gegen seine Frau wegen ihrer ehelichen Kälte und ihrer Kinderlosigkeit, und er war nicht weit entfernt von der Erkenntnis, daß die ihm aufgezwungene Entbehrung einen großen Anteil an der Verursachung seines Leidens habe.

15) Dr. *R. Wagner* erzählt von sich im Zentralblatt für Psychoanalyse, I, 12: „Beim Durchlesen eines alten Kollegienheftes fand ich, daß mir in der Geschwindigkeit des Mitschreibens ein kleiner Lapsus unterlaufen war. Statt ,Epithel' hatte ich nämlich ,E*d*ithel' geschrieben. Mit Betonung der ersten Silbe gibt das das

Diminutivum eines Mädchennamens. Die retrospektive Analyse ist einfach genug. Zur Zeit des Verschreibens war die Bekanntschaft zwischen mir und der Trägerin dieses Namens nur eine ganz oberflächliche, und erst viel später wurde daraus ein intimer Verkehr. Das Verschreiben ist also ein hübscher Beweis für den Durchbruch der unbewußten Neigung zu einer Zeit, wo ich selbst eigentlich davon noch keine Ahnung hatte, und die gewählte Form des Diminutivums charakterisiert gleichzeitig die begleitenden Gefühle."

16) Frau Dr. *v. Hug-Hellmuth*: „Ein Arzt verordnet einer Patientin *Levitico-* statt *Levico*wasser. Dieser Irrtum, der einem Apotheker willkommenen Anlaß zu abfälligen Bemerkungen gegeben hatte, kann leicht einer milderen Auffassung begegnen, wenn man nach den möglichen Beweggründen aus dem Unbewußten forscht und ihnen, sind sie auch nur subjektive Annahme eines diesem Arzte Fernstehenden, eine gewisse Wahrscheinlichkeit nicht von vornherein abspricht: Dieser Arzt erfreute sich, trotzdem er seinen Patienten ihre wenig rationelle Ernährung in ziemlich derben Worten vorhielt, ihnen sozusagen die *Leviten* las, starken Zuspruchs, so daß sein Wartezimmer vor und in der Ordinationsstunde dicht besetzt war, was den Wunsch des Arztes rechtfertigte, das Ankleiden der absolvierten Patienten möge sich möglichst rasch, *vite, vite* vollziehen. Wie ich mich richtig zu erinnern glaubte, war seine Gattin aus Frankreich gebürtig, was die etwas kühn scheinende Annahme, daß er sich bei seinem Wunsche nach größerer Geschwindigkeit seiner Patienten gerade der französischen Sprache bediente, einigermaßen rechtfertigt. Übrigens ist es eine bei vielen Personen anzutreffende Gewohnheit, solchen Wünschen in fremder Sprache Worte zu verleihen, wie mein eigener Vater uns Kinder bei Spaziergängen gern durch den Zuruf ‚*Avanti gioventù*' oder ‚*Marchez au pas*' zur Eile drängte, dagegen wieder ein schon recht bejahrter Arzt, bei dem ich als junges Mädchen wegen eines Halsübels in Behandlung stand, meine ihm allzu raschen Bewegungen durch ein beschwichtigendes ‚*Piano, piano*' zu hemmen suchte. So erscheint es mir recht gut denkbar, daß auch jener Arzt dieser Gewohnheit huldigte; und so ‚verschreibt' er Levitico- – statt Levicowasser." (Zentralblatt für Psychoanalyse, II, 5.)

Andere Beispiele aus der Jugenderinnerung der Verfasserin ebendaselbst (*französisch* statt französisch – Verschreiben des Namens *Karl*).

17) Ein Verschreiben, das sich inhaltlich mit einem bekannten schlechten Witz deckt, bei dem aber die Witzabsicht sicherlich ausgeschlossen war, danke ich der Mitteilung eines Herrn J. G., von dem ein anderer Beitrag bereits Erwähnung gefunden hat: „Als Patient eines (Lungen-)Sanatoriums erfahre ich zu meinem Bedauern, daß bei einem nahen Verwandten dieselbe Krankheit konstatiert wurde, die mich zur Aufsuchung einer Heilanstalt genötigt hat. In einem Briefe lege ich nun meinem Verwandten nahe, zu einem Spezialisten zu gehen, einem bekannten Professor, bei dem ich selbst in Behandlung stehe, und von dessen medizinischer Autorität ich überzeugt bin, während ich anderseits allen Grund habe, seine Unhöflichkeit zu beklagen; denn der betreffende Professor hat mir – erst kurze Zeit vorher – die Ausstellung eines Zeugnisses verweigert, das für mich von großer Wichtigkeit war. In der Antwort auf meinen Brief werde ich von meinem Verwandten auf einen Schreibfehler aufmerksam gemacht, der mich, da ich seine Ursache augenblicklich erkannte, außerordentlich erheiterte. Ich hatte in meinem Schreiben folgenden Passus verwendet: ‚... übrigens rate ich Dir, ohne Verzögerung Prof. X. zu *in*sultieren.' Natürlich hatte ich *kon*sultieren schreiben wollen. – Es bedarf vielleicht des Hinweises darauf, daß meine Latein- und Französischkenntnisse die Erklärung ausschalten, daß es sich um einen aus Unwissenheit resultierenden Fehler handelte."

18) Auslassungen im Schreiben haben natürlich Anspruch auf dieselbe Beurteilung wie Verschreibungen. Im Zentralblatt für Psychoanalyse, I, 12, hat Dr. jur. *B. Dattner* ein merkwürdiges Beispiel einer „historischen Fehlleistung" mitgeteilt. In einem der Gesetzesartikel über finanzielle Verpflichtungen der beiden Staaten, welche in dem Ausgleich zwischen Österreich und Ungarn im Jahre 1867 vereinbart wurden, ist das Wort *effektiv* in der ungarischen Übersetzung weggeblieben, und *Dattner* macht es wahrscheinlich, daß die unbewußte Strömung der ungarischen Gesetzesredaktoren, Österreich möglichst wenig Vorteile zuzugestehen, an dieser Auslassung beteiligt gewesen sei.

Wir haben auch allen Grund anzunehmen, daß die so häufigen Wiederholungen derselben Worte beim Schreiben und Abschreiben – Perseverationen – gleichfalls nicht bedeutungslos sind. Setzt der Schreiber dasselbe Wort, das er bereits geschrieben hat, noch ein zweites Mal hin, so zeigt er damit wohl, daß er von diesem Worte nicht so leicht losgekommen ist, daß er an dieser Stelle mehr hätte äußern können, was er aber unterlassen hat, oder ähnliches. Die Perseveration beim Abschreiben scheint die Äußerung eines „auch, auch ich" zu ersetzen. Ich habe lange gerichtsärztliche Gutachten in der Hand gehabt, welche Perseverationen von seiten des Abschreibers an besonders ausgezeichneten Stellen aufwiesen, und hätte sie gern so gedeutet, als ob der seiner unpersönlichen Rolle Überdrüssige die Glosse einfügen würde: Ganz mein Fall, oder ganz so wie bei uns.

19) Es steht ferner nichts im Wege, die Druckfehler als „Verschreibungen" des Setzers zu behandeln und sie als größtenteils motiviert aufzufassen. Eine systematische Sammlung solcher Fehlleistungen, die recht amüsant und lehrreich ausfallen könnte, habe ich nicht angelegt. *Jones* hat in seiner hier mehrfach erwähnten Arbeit den „Misprints" einen besonderen Absatz gewidmet. Auch die Entstellungen in Telegrammen lassen sich gelegentlich als Verschreibungen des Telegraphisten verstehen. In den Sommerferien trifft mich ein Telegramm meines Verlags, dessen Text mir unbegreiflich ist. Es lautet:

„Vorräte erhalten, Einladung X. dringend." Die Lösung des Rätsels geht von dem darin erwähnten Namen X. aus. X. ist doch der Autor, zu dessen Buch ich eine Einleitung schreiben soll. Aus dieser Einleitung ist die Einladung geworden. Dann darf ich mich aber erinnern, daß ich vor einigen Tagen eine Vorrede zu einem anderen Buch an den Verlag abgeschickt habe, deren Eintreffen mir also so bestätigt wird. Der richtige Text hat sehr wahrscheinlich so geheißen:

„Vorrede erhalten, Einleitung X. dringend." Wir dürfen annehmen, daß er einer Bearbeitung durch den Hungerkomplex des Telegraphisten zum Opfer gefallen ist, wobei übrigens die beiden Hälften des Satzes in innigeren Zusammenhang gebracht wurden, als vom Absender beabsichtigt war. Nebstbei ein schönes Beispiel von „sekundärer Bearbeitung", wie sie in den meisten Träumen nachweisbar ist.[36]

H. *Silberer* erörtert in der Internat. Zeitschrift für Psychoanalyse, VIII, 1922, die Möglichkeit „tendenziöser Druckfehler."

Gelegentlich sind von anderen Druckfehler aufgezeigt worden, denen man eine Tendenz nicht leicht streitig machen kann, so von *Storfer* im Zentralblatt für Psychoanalyse, II, 1914: *Der politische Druckfehlerteufel* und ibid. III, 1915, die kleine Notiz, die ich hier abdrucke:

20) „Ein politischer Druckfehler findet sich in der Nummer des *März* vom 25. April d. J. In einem Briefe aus Argyrokastron wurden Äußerungen von Zographos, dem Führer der aufständischen Epiroten in Albanien (oder wenn man will: dem Präsidenten der unabhängigen Regierung des Epirus) wiedergegeben. Unter anderem heißt es: ‚Glauben Sie mir; ein autonomer Epirus läge im ureigensten Interesse des Fürsten Wied. Auf ihn könnte er sich *stürzen* ...' Daß die Annahme der Stütze, die ihm die Epiroten anbieten, seinen Sturz bedeuten würde, weiß wohl der Fürst von Albanien auch ohne jenen fatalen Druckfehler."

21) Ich las selbst vor kurzem in einer unserer Wiener Tageszeitungen einen Aufsatz *Die Bukowina unter rumänischer Herrschaft*, dessen Überschrift man zum mindesten als verfrüht erklären durfte, denn damals hatten sich die Rumänen noch nicht zu ihrer Feindseligkeit bekannt. Es hätte nach dem Inhalt unzweifelhaft *russisch* anstatt rumänisch heißen müssen, aber auch dem Zensor scheint die Zusammenstellung so wenig befremdend gewesen zu sein, daß er selbst diesen Druckfehler übersah.

Es ist schwer, nicht an einen „politischen" Druckfehler zu denken, wenn man in dem gedruckten Zirkular der rühmlich bekannten (ehemaligen k. k.

---

[36] Vgl. *Traumdeutung*, Abschnitt über die Traumarbeit.

Hof-)Buchdruckerei *Karl Prochaska* in Teschen folgende orthographische Verschreibung liest:

„P. T. Durch den Machtspruch der Entente wurde durch die Bestimmung des Olsaflusses als Grenze nicht nur Schlesien, sondern auch Teschen in zwei Teile geteilt, von welchen einer Polen, der andere der Tschecho-Slovakei zu*vi*el."

In amüsanter Weise mußte sich *Th. Fontane* einmal gegen einen allzu sinnreichen Druckfehler zur Wehre setzen. Er schrieb am 29. März 1860 an den Verleger Julius Springer:

Sehr geehrter Herr!

Es scheint mir nicht beschieden, meine kleinen Wünsche in Erfüllung gehen zu sehen. Ein Einblick in den Korrekturbogen[37], den ich beischließe, wird Ihnen sagen, was ich meine. Auch hat man mir nur einen Bogen geschickt, wiewohl ich zwei, aus angegebenen Gründen, brauche. Auch die Wiedereinsendung des ersten Bogens zu nochmaliger Durchsicht – *namentlich der englischen Wörter und Sätze halber* – ist nicht erfolgt. Mir liegt sehr daran. Seite 27 heißt es z. B. im heutigen Korrekturbogen in einer Szene zwischen John Knox und der Königin: „worauf Maria *aa*srief." Solchen fulminanten Sachen gegenüber will man gern die Beruhigung haben, daß der Fehler auch wirklich beseitigt ist. Es ist dies unglückliche „aas" statt „aus" um so schlimmer, als kein Zweifel ist, daß sie (die Königin) ihn im stillen wirklich so genannt haben wird. Mit bekannter Hochachtung

Ihr ergebenster Th. Fontane.

Wundt gibt eine bemerkenswerte Begründung für die leicht zu bestätigende Tatsache, daß wir uns leichter verschreiben als versprechen (l. c. S. 374). „Im Verlaufe der normalen Rede ist fortwährend die Hemmungsfunktion des Willens dahin gerichtet, Vorstellungsverlauf und Artikulationsbewegung miteinander in Einklang zu bringen. Wird die den Vorstellungen folgende Ausdrucksbewegung durch mechanische Ursachen verlangsamt wie beim Schreiben ..., so treten daher solche Antizipationen besonders leicht ein."

Die Beobachtung der Bedingungen, unter denen das Verlesen auftritt, gibt Anlaß zu einem Zweifel, den ich nicht unerwähnt lassen möchte, weil er nach meiner Schätzung der Ausgangspunkt einer fruchtbaren Untersuchung werden kann. Es ist jedermann bekannt, wie häufig beim Vorlesen die Aufmerksamkeit des Lesenden den Text verläßt und sich eigenen Gedanken zuwendet. Die Folge

---

[37] Es handelt sich um den Druck des 1860 bei Julius Springer erschienenen Buches *Jenseits des Tweed. Bilder und Briefe aus Schottland.*

dieses Abschweifens der Aufmerksamkeit ist nicht selten, daß er überhaupt nicht anzugeben weiß, was er gelesen hat, wenn man ihn im Vorlesen unterbricht und befragt. Er hat dann wie automatisch gelesen, aber er hat fast immer richtig vorgelesen. Ich glaube nicht, daß die Lesefehler sich unter solchen Bedingungen merklich vermehren. Von einer ganzen Reihe von Funktionen sind wir auch gewohnt anzunehmen, daß sie automatisch, also von kaum bewußter Aufmerksamkeit begleitet, am exaktesten vollzogen werden. Daraus scheint zu folgen, daß die Aufmerksamkeitsbedingung der Sprech-, Lese- und Schreibfehler anders zu bestimmen ist, als sie bei *Wundt* lautet (Wegfall oder Nachlaß der Aufmerksamkeit). Die Beispiele, die wir der Analyse unterzogen haben, gaben uns eigentlich nicht das Recht, eine quantitative Verminderung der Aufmerksamkeit anzunehmen; wir fanden, was vielleicht nicht ganz dasselbe ist, eine Störung der Aufmerksamkeit durch einen fremden, Anspruch erhebenden Gedanken.

*

Zwischen „Verschreiben" und „Vergessen" darf man den Fall einschalten, daß jemand eine Unterschrift anzubringen vergißt. Ein nicht unterschriebener Scheck ist soviel wie ein vergessener. Für die Bedeutung eines solchen Vergessens will ich eine Stelle aus einem Roman anführen, die Dr. *H. Sachs* aufgefallen ist:

„Ein sehr lehrreiches und durchsichtiges Beispiel, mit welcher Sicherheit die Dichter den Mechanismus der Fehl- und Symptomhandlungen im Sinne der Psychoanalyse zu verwenden wissen, enthält der Roman von *John Galsworthy: The Island Pharisees*. Im Mittelpunkte steht das Schwanken eines jungen Mannes, der dem reichen Mittelstand angehört, zwischen tiefem sozialen Mitgefühl und den gesellschaftlichen Konventionen seiner Klasse. Im XXVI. Kapitel wird geschildert, wie er auf einen Brief eines jungen Vagabunden reagiert, den er, durch seine originelle Lebensauffassung angezogen, einigemal unterstützt hatte. Der Brief enthält keine direkte Bitte um Geld, aber die Schilderung einer großen Notlage, die keine andere Deutung zuläßt. Der Empfänger weist zunächst den Gedanken von sich, das Geld an einen Unverbesserlichen wegzuwerfen, statt damit wohltätige Anstalten zu unterstützen. ‚Eine helfende Hand, ein Stück von sich selbst, ein kameradschaftliches Nicken einem Mitgeschöpf zu geben, ohne Rücksicht auf einen Anspruch, nur weil es ihm eben schlecht ging, welch ein sentimentaler Unsinn! Irgendwo muß der Scheidestrich gezogen werden!' Aber während er diese Schlußfolgerung vor sich hinmurmelte, fühlte er, wie seine Aufrichtigkeit Einspruch erhob: ‚Schwindler! Du willst dein Geld behalten, das ist alles!'

Er schreibt daraufhin einen freundlichen Brief, der mit den Worten endigt: ‚Ich schließe einen Scheck bei. Aufrichtig Ihr Richard Shelton.'

‚Bevor er noch den Scheck geschrieben hatte, lenkte eine Motte, die um die Kerze schwirrte, seine Aufmerksamkeit ab; er ging daran, sie zu fangen und im Freien loszulassen, darüber vergaß er aber, daß der Scheck nicht in den Brief eingeschlossen war.' Der Brief wird auch wirklich, so wie er ist, befördert.

Das Vergessen ist aber noch feiner motiviert als durch die Durchsetzung der scheinbar überwundenen selbstsüchtigen Tendenz, sich die Ausgabe zu ersparen.

Shelton fühlt sich auf dem Landsitz seiner künftigen Schwiegereltern mitten zwischen seiner Braut, ihrer Familie und deren Gästen vereinsamt; durch seine Fehlhandlung wird angedeutet, daß er sich nach seinem Schützling sehnt, der durch seine Vergangenheit und Lebensauffassung den vollsten Gegensatz zu der ihn umgebenden tadellosen, nach ein und derselben Konvention gleichförmig abgestempelten Umgebung bildet. Tatsächlich kommt dieser, der ohne die Unterstützung sich auf seinem Posten nicht mehr halten kann, einige Tage nachher an, um sich Aufklärung über die Gründe der Abwesenheit des angekündigten Schecks zu verschaffen."

VII
Vergessen von Eindrücken und Vorsätzen

Wenn jemand geneigt sein sollte, den Stand unserer gegenwärtigen Kenntnis vom Seelenleben zu überschätzen, so brauchte man ihn nur an die Gedächtnisfunktion zu mahnen, um ihn zur Bescheidenheit zu zwingen. Keine psychologische Theorie hat es noch vermocht, von dem fundamentalen Phänomen des Erinnerns und Vergessens im Zusammenhange Rechenschaft zugeben; ja, die vollständige Zergliederung dessen, was man tatsächlich beobachten kann, ist noch kaum in Angriff genommen. Vielleicht ist uns heute das Vergessen rätselhafter geworden als das Erinnern, seitdem uns das Studium des Traumes und pathologischer Ereignisse gelehrt hat, daß auch das plötzlich wieder im Bewußtsein auftauchen kann, was wir für längst vergessen geschätzt haben.

Wir sind allerdings im Besitze einiger weniger Gesichtspunkte, für welche wir allgemeine Anerkennung erwarten. Wir nehmen an, daß das Vergessen ein spontaner Vorgang ist, dem man einen gewissen zeitlichen Ablauf zuschreiben kann. Wir heben hervor, daß beim Vergessen eine gewisse Auswahl unter den dargebotenen Eindrücken stattfindet und ebenso unter den Einzelheiten eines jeden Eindrucks oder Erlebnisses. Wir kennen einige der Bedingungen für die Haltbarkeit im Gedächtnis und für die Erweckbarkeit dessen, was sonst vergessen würde. Bei unzähligen Anlässen im täglichen Leben können wir aber bemerken, wie unvollständig und unbefriedigend unsere Erkenntnis ist. Man höre zu, wie zwei Personen, die gemeinsam äußere Eindrücke empfangen, z. B. eine Reise miteinander gemacht haben, eine Zeitlang später ihre Erinnerungen austauschen. Was dem einen fest im Gedächtnis geblieben ist, das hat der andere oft vergessen, als ob es nicht geschehen wäre, und zwar ohne daß man ein Recht zur Behauptung hätte, der Eindruck sei für den einen psychisch bedeutsamer gewesen als für den anderen. Eine ganze Anzahl der die Auswahl fürs Gedächtnis bestimmenden Momente entzieht sich offenbar noch unserer Kenntnis.

In der Absicht, zur Kenntnis der Bedingungen des Vergessens einen kleinen Beitrag zu liefern, pflege ich die Fälle, in denen mir das Vergessen selbst widerfährt, einer psychologischen Analyse zu unterziehen. Ich beschäftige mich in der Regel nur mit einer gewissen Gruppe dieser Fälle, mit jenen nämlich, in denen das Vergessen mich in Erstaunen setzt, weil ich nach meiner Erwartung das Betreffende wissen sollte. Ich will noch bemerken, daß ich zur Vergeßlichkeit im allgemeinen (für Erlebtes, nicht für Gelerntes!) nicht neige, und daß ich durch eine kurze Periode meiner Jugend auch außergewöhnlicher Gedächtnisleistungen nicht unfähig war. In meiner Schulknabenzeit war es mir selbstverständlich, die Seite des Buches, die ich gelesen hatte, auswendig hersagen zu können, und kurz vor der Universität war ich imstande, populäre Vorträge wissenschaftlichen Inhalts unmittelbar nachher fast wortgetreu niederzuschreiben. In der Spannung vor dem letzten medizinischen Rigorosum muß ich noch Gebrauch von dem Reste dieser Fähigkeit gemacht haben, denn ich gab in einigen Gegenständen den Prüfern wie automatisch Antworten, die sich getreu mit dem Texte des Lehrbuches deckten, welchen ich doch nur einmal in der größten Hast durchflogen hatte.

Die Verfügung über den Gedächnisschatz ist seither bei mir immer schlechter geworden, doch habe ich mich bis in die letzte Zeit hinein überzeugt, daß ich mit Hilfe eines Kunstgriffes weit mehr erinnern kann, als ich mir sonst zutraue. Wenn z. B. ein Patient in der Sprechstunde sich darauf beruft, daß ich ihn schon einmal gesehen habe, und ich mich weder an die Tatsache noch an den Zeitpunkt erinnern kann, so helfe ich mir, indem ich rate, d. h. mir rasch eine Zahl von Jahren, von der Gegenwart an gerechnet, einfallen lasse. Wo Aufschreibungen oder die sichere Angabe des Patienten eine Kontrolle meines Einfalles ermöglichen, da zeigt es sich, daß ich selten um mehr als ein Halbjahr bei über zehn Jahren geirrt habe.[38] Ähnlich, wenn ich einen entfernteren Bekannten treffe, den ich aus Höflichkeit nach seinen kleinen Kindern frage. Erzählt er von den

---

[38] Gewöhnlich pflegen dann im Laufe der Besprechung die Einzelheiten des damaligen ersten Besuches bewußt aufzutauchen.

Fortschritten derselben, so suche ich mir einfallen zu lassen, wie alt das Kind jetzt ist, kontrolliere durch die Auskunft des Vaters und gehe höchstens um einen Monat, bei älteren Kindern um ein Vierteljahr fehl, obwohl ich nicht angeben kann, welche Anhaltspunkte ich für diese Schätzung hatte. Ich bin zuletzt so kühn geworden, daß ich meine Schätzung immer spontan vorbringe, und laufe dabei nicht Gefahr, den Vater durch die Bloßstellung meiner Unwissenheit über seinen Sprößling zu kränken. Ich erweitere so mein bewußtes Erinnern durch Anrufen meines jedenfalls weit reichhaltigeren unbewußten Gedächtnisses.

Ich werde also über *auffällige* Beispiele von Vergessen, die ich zumeist an mir selbst beobachtet, berichten. Ich unterscheide Vergessen von Eindrücken und Erlebnissen, also von Wissen, und Vergessen von Vorsätzen, also Unterlassungen. Das einförmige Ergebnis der ganzen Reihe von Beobachtungen kann ich voranstellen: *In allen Fällen erwies sich das Vergessen als begründet durch ein Unlustmotiv.*

A) Vergessen von Eindrücken und Kenntnissen

1) In einem Sommer gab mir meine Frau einen an sich harmlosen Anlaß zu heftigem Ärger. Wir saßen an der Table d'hôte einem Herrn aus Wien gegenüber, den ich kannte, und der sich wohl auch an mich zu erinnern wußte. Ich hatte aber meine Gründe, die Bekanntschaft nicht zu erneuern. Meine Frau, die nur den ansehnlichen Namen ihres Gegenüber gehört hatte, verriet zu sehr, daß sie seinem Gespräch mit den Nachbarn zuhörte, denn sie wandte sich von Zeit zu Zeit an mich mit Fragen, die den dort gesponnenen Faden aufnahmen. Ich wurde ungeduldig und endlich gereizt. Wenige Wochen später führte ich bei einer Verwandten Klage über dieses Verhalten meiner Frau. Ich war aber nicht imstande, auch nur ein Wort der Unterhaltung jenes Herrn zu erinnern. Da ich sonst eher nachtragend bin und keine Einzelheit eines Vorfalls, der mich geärgert hat, vergessen kann, ist meine Amnesie in diesem Falle wohl durch Rücksichten auf die Person der Ehefrau motiviert. Ähnlich erging es mir erst vor kurzem wieder. Ich wollte mich gegen einen intim Bekannten über eine Äußerung meiner Frau lustig machen, die erst vor wenigen Stunden gefallen war, fand mich aber in diesem Vorsatz durch den bemerkenswerten Umstand gehindert, daß ich die betreffende Äußerung spurlos vergessen hatte. Ich mußte erst meine Frau bitten, mich an dieselbe zu erinnern. Es ist leicht zu verstehen, daß dies mein Vergessen analog zu fassen ist der typischen Urteilsstörung, welcher wir unterliegen, wenn es sich um unsere nächsten Angehörigen handelt.

2) Ich hatte es übernommen, einer fremd in Wien angekommenen Dame eine kleine eiserne Handkassette zur Aufbewahrung ihrer Dokumente und Gelder zu besorgen. Als ich mich dazu erbot, schwebte mir mit ungewöhnlicher visueller Lebhaftigkeit das Bild einer Auslage in der Inneren Stadt vor, in welcher ich solche Kassen gesehen haben mußte. Ich konnte mich zwar an den Namen der Straße nicht erinnern, fühlte mich aber sicher, daß ich den Laden auf einem Spaziergang durch die Stadt auffinden werde, denn meine Erinnerung sagte mir, daß ich unzählige Male an ihm vorübergegangen sei. Zu meinem Ärger gelang es mir aber nicht, diese Auslage mit den Kassetten aufzufinden, obwohl ich die Innere Stadt nach allen Richtungen durchstreifte. Es blieb mir nichts anderes übrig, meinte ich, als mir aus einem Adressenkalender die Kassenfabrikanten herauszusuchen, um dann auf einem zweiten Rundgang die gesuchte Auslage zu identifizieren. Es bedurfte aber nicht so viel; unter den im Kalender angezeigten Adressen befand sich eine, die sich mir sofort als die vergessene enthüllte. Es war richtig, daß ich ungezählte Male an dem Auslagefenster vorübergegangen war; jedesmal nämlich, wenn ich die Familie M. besucht hatte, die seit langen Jahren in dem nämlichen Hause wohnt. Seitdem dieser intime Verkehr einer völligen Entfremdung gewichen war, pflegte ich, ohne mir von den Gründen Rechenschaft zu geben, auch die Gegend und das Haus zu meiden. Auf jenem Spaziergang durch die Stadt hatte ich, als ich die Kassetten in der Auslage suchte, jede Straße in der Umgebung begangen, dieser einen aber war ich, als ob ein Verbot darauf läge, ausgewichen. Das Unlustmotiv, welches in diesem Fall meine Unorientiertheit verschuldete, ist greifbar. Der Mechanismus des Vergessens ist aber nicht mehr so einfach wie im vorigen Beispiel. Meine Abneigung gilt natürlich nicht dem Kassenfabrikanten, sondern einem anderen, von dem ich nichts wissen will, und überträgt sich von diesem anderen auf die Gelegenheit, wo sie das Vergessen zustande bringt. Ganz ähnlich hatte im Falle *Burckhard* der Groll gegen den einen den Schreibfehler im Namen hervorgebracht, wo es sich um den anderen handelte. Was hier die Namensgleichheit leistete, die Verknüpfung zwischen zwei im Wesen verschiedenen Gedankenkreisen herzustellen, das konnte im Beispiel von dem Auslagefenster die Kontiguität im Raume, die untrennbare Nachbarschaft ersetzen. Übrigens war dieser letzte Fall fester gefügt; es fand sich noch eine zweite inhaltliche Verknüpfung vor, denn unter den Gründen der Entfremdung mit der im Hause wohnenden Familie hatte das Geld eine große Rolle gespielt.

3) Ich werde von dem Bureau B. & R. bestellt, einen ihrer Beamten ärztlich zu besuchen. Auf dem Wege zu dessen Wohnung beschäftigt mich die Idee, ich müßte schon wiederholt in dem Hause gewesen sein, in welchem sich die Firma befindet. Es ist mir, als ob mir die Tafel derselben in einem niedrigen Stockwerk aufgefallen wäre, während ich in einem höheren einen ärztlichen Besuch zu machen hatte. Ich kann mich aber weder daran erinnern, welches dieses Haus ist, noch wen ich dort besucht habe. Obwohl die ganze Angelegenheit gleichgültig und bedeutungslos ist, beschäftige ich mich doch mit ihr und erfahre endlich auf dem gewöhnlichen Umwege, indem ich meine Einfälle dazu sammle, daß sich einen Stock über den Lokalitäten der Firma B. & R. die Pension *Fischer* befindet, in welcher ich häufig Patienten besucht habe. Ich kenne jetzt auch das Haus, welches die Bureaus und die Pension beherbergt. Rätselhaft ist mir noch, welches Motiv bei diesem Vergessen im Spiele war. Ich finde nichts für die Erinnerung Anstößiges an der Firma selbst oder an Pension Fischer oder an den Patienten, die dort wohnten. Ich vermute auch, daß es sich um nicht sehr Peinliches handeln kann; sonst wäre es mir kaum gelungen, mich des Vergessenen auf einem Umwege wieder zu bemächtigen, ohne äußere Hilfsmittel wie im vorigen Beispiel heranzuziehen. Es fällt mir endlich ein, daß mich eben vorhin, als ich den Weg zu dem neuen Patienten antrat, ein Herr auf der Straße gegrüßt hat, den ich Mühe hatte zu erkennen. Ich hatte diesen Mann vor Monaten in einem anscheinend schweren Zustand gesehen und die Diagnose der progressiven Paralyse über ihn verhängt, dann aber gehört, daß er hergestellt sei, so daß mein Urteil unrichtig gewesen wäre. Wenn nicht etwa hier eine der Remissionen vorliegt, die sich auch bei Dementia paralytica finden, so daß meine Diagnose doch noch gerechtfertigt wäre! Von dieser Begegnung ging der Einfluß aus, der mich an die Nachbarschaft der Bureaus von B. & R. vergessen ließ, und mein Interesse, die Lösung des Vergessenen zu finden, war von diesem Fall strittiger Diagnostik her übertragen. Die assoziative Verknüpfung aber wurde bei geringem inneren Zusammenhang – der wider Erwarten Genesene war auch Beamter eines großen Bureaus, welches mir Kranke zuzuweisen pflegte – durch eine Namensgleichheit besorgt. Der Arzt, mit welchem gemeinsam ich den fraglichen Paralytiker gesehen hatte, hieß auch *Fischer*, wie die in dem Hause befindliche, vom Vergessen betroffene Pension.

4) Ein Ding *verlegen* heißt ja nichts anderes als vergessen, wohin man es gelegt hat, und wie die meisten mit Schriften und Büchern hantierenden Personen bin ich auf meinem Schreibtisch wohl orientiert und weiß das Gesuchte mit einem Griffe hervorzuholen. Was anderen als Unordnung erscheint, ist für mich historisch gewordene Ordnung. Warum habe ich aber unlängst einen Bücherkatalog, der mir zugeschickt wurde, so verlegt, daß er unauffindbar geblieben ist? Ich hatte doch die Absicht, ein Buch, das ich darin angezeigt fand, *Über die Sprache*, zu bestellen, weil es von einem Autor herrührt, dessen geistreich belebten Stil ich liebe, dessen Einsicht in der Psychologie und dessen Kenntnisse in der Kulturhistorie ich zu schätzen weiß. Ich meine, gerade darum habe ich den Katalog verlegt. Ich pflege nämlich Bücher dieses Autors zur Aufklärung unter meinen Bekannten zu verleihen, und vor wenigen Tagen hat mir jemand bei der Rückstellung gesagt: „Der Stil erinnert mich ganz an den Ihrigen, und auch die Art zu denken ist dieselbe." Der Redner wußte nicht, an was er mit dieser Bemerkung rührte. Vor Jahren, als ich noch jünger und anschlußbedürftiger war, hat mir ungefähr das Nämliche ein älterer Kollege gesagt, dem ich die Schriften eines bekannten medizinischen Autors angepriesen hatte. „Ganz Ihr Stil und Ihre Art." So beeinflußt hatte ich diesem Autor einen um näheren Verkehr werbenden Brief geschrieben, wurde aber durch eine kühle Antwort in meine Schranken zurückgewiesen. Vielleicht verbergen sich außerdem noch frühere abschreckende Erfahrungen hinter dieser letzten, denn ich habe den verlegten Katalog nicht wiedergefunden und bin durch dieses Vorzeichen wirklich abgehalten worden, das angezeigte Buch zu bestellen, obwohl ein wirkliches Hindernis durch das Verschwinden des Kataloges nicht geschaffen worden ist. Ich habe ja die Namen des Buches und des Autors im Gedächtnis behalten.[39]

5) Ein anderer Fall von Verlegen verdient wegen der Bedingungen, unter denen das Verlegte wiedergefunden wurde, unser Interesse. Ein jüngerer Mann erzählt mir: „Es gab vor einigen Jahren Mißverständnisse in meiner Ehe, ich fand meine Frau zu kühl, und obwohl ich ihre vortrefflichen Eigenschaften gern anerkannte, lebten wir ohne Zärtlichkeit nebeneinander. Eines Tages brachte sie mir von einem Spaziergang ein Buch mit, das sie gekauft hatte, weil es mich interessieren dürfte. Ich dankte für dieses Zeichen von ‚Aufmerksamkeit', versprach das Buch zu lesen, legte es mir zurecht und fand es nicht wieder. Monate vergingen so, in denen ich mich gelegentlich an dies verschollene Buch erinnerte und es auch vergeblich aufzufinden versuchte. Etwa ein halbes Jahr später erkrankte meine, getrennt von uns wohnende, geliebte Mutter. Meine Frau verließ das Haus, um ihre Schwiegermutter zu pflegen. Der Zustand der Kranken wurde ernst und gab meiner Frau Gelegenheit, sich von ihren besten Seiten zu zeigen. Eines Abends komme ich begeistert von der Leistung meiner Frau und dankerfüllt gegen sie nach Hause. Ich trete zu meinem Schreibtisch, öffne ohne bestimmte Absicht, aber wie mit somnambuler Sicherheit, eine bestimmte Lade desselben und zuoberst in ihr finde ich das so lange vermißte, das verlegte Buch."

Einen Fall von Verlegen, der in dem letzten Charakter mit diesem zusammentrifft, in der merkwürdigen Sicherheit des Wiederfindens, wenn das Motiv des Verlegens erloschen ist, erzählt *J. Stärcke* (l. c.).

6) „Ein junges Mädchen hatte einen Lappen, aus welchem sie einen Kragen anfertigen wollte, im Zuschneiden verdorben. Nun mußte die Näherin kommen und versuchen, es noch zurechtzubringen. Als die Näherin gekommen war und

---

[39] Für vielerlei Zufälligkeiten, die man seit *Th. Vischer* der „Tücke des Objekts" zuschreibt, möchte ich ähnliche Erklärungen vorschlagen.

das Mädchen den zerschnittenen Kragen aus der Schublade, in die sie ihn gelegt zu haben glaubte, zum Vorschein holen wollte, konnte sie ihn nicht finden. Sie warf das Unterste zuoberst, aber sie fand ihn nicht. Als sie nun im Zorne sich setzte und sich abfragte, warum er plötzlich verschwunden war und ob sie ihn vielleicht nicht finden wollte, überlegte sie, daß sie sich natürlich vor der Näherin schämte, weil sie etwas so Einfaches wie einen Kragen doch noch verdorben hatte. Als sie das bedacht hatte, stand sie auf, ging auf einen anderen Schrank zu und brachte daraus beim ersten Griff den zerschnittenen Kragen zum Vorschein."

7) Das nachstehende Beispiel von „Verlegen" entspricht einem Typus, der jedem Psychoanalytiker bekannt geworden ist. Ich darf angeben, der Patient, der dieses Verlegen produzierte, hat den Schlüssel dazu selbst gefunden:

„Ein in psychoanalytischer Behandlung stehender Patient, bei dem die sommerliche Unterbrechung der Kur in eine Periode des Widerstandes und schlechten Befindens fällt, legt abends beim Entkleiden seinen Schlüsselbund, wie er meint, auf den gewohnten Platz. Dann erinnert er sich, daß er für die Abreise am nächsten Tag, dem letzten der Kur, an dem auch das Honorar fällig wird, noch einige Gegenstände aus dem Schreibtisch nehmen will, wo er auch das Geld verwahrt hat. Aber die Schlüssel sind – verschwunden. Er beginnt seine kleine Wohnung systematisch, aber in steigender Erregung abzusuchen – ohne Erfolg. Da er das ,Verlegen' der Schlüssel als Symptomhandlung, also als beabsichtigt, erkennt, weckt er seinen Diener, um mit Hilfe einer ,unbefangenen' Person weiterzusuchen. Nach einer weiteren Stunde gibt er das Suchen auf und fürchtet, daß er die Schlüssel verloren habe. Am nächsten Morgen bestellt er beim Fabrikanten der Schreibtischkasse neue Schlüssel, die in aller Eile angefertigt werden. Zwei Bekannte, die ihn im Wagen nach Hause begleitet haben, wollen sich erinnern, etwas auf den Boden klirren gehört zu haben, als er aus dem Wagen stieg. Er ist überzeugt, daß ihm die Schlüssel aus der Tasche gefallen sind. Abends präsentierte ihm der Diener triumphierend die Schlüssel. Sie lagen zwischen einem dicken Buche und einer dünnen Broschüre (einer Arbeit eines meiner Schüler), die er zur Lektüre für die Ferien mitnehmen wollte, so geschickt hingelegt, daß niemand sie dort vermutet hätte. Es war ihm dann unmöglich, die Lage der Schlüssel so unsichtbar nachzuahmen. Die unbewußte Geschicklichkeit, mit der ein Gegenstand infolge von geheimen, aber starken Motiven verlegt wird, erinnert ganz an die ,somnambule Sicherheit'. Das Motiv war natürlich Unmut über die Unterbrechung der Kur und die geheime Wut, bei so schlechtem Befinden ein hohes Honorar zahlen zu müssen."

8) Ein Mann, erzählt *A. A. Brill,* wurde von seiner Frau gedrängt, an einer gesellschaftlichen Veranstaltung teilzunehmen, die ihm im Grunde sehr gleichgültig war. Er gab ihren Bitten endlich nach und begann seinen Festanzug aus dem Koffer zu nehmen, unterbrach sich aber darin und beschloß, sich zuerst zu rasieren. Als er damit fertig geworden war, kehrte er zum Koffer zurück, fand ihn aber zugeklappt, und der Schlüssel war nicht aufzufinden. Ein Schlosser war nicht aufzutreiben, da es Sonntagabend war, und so mußten die beiden sich in der Gesellschaft entschuldigen lassen. Als der Koffer am nächsten Morgen geöffnet wurde, fand sich der Schlüssel drinnen. Der Mann hatte ihn in der Zerstreutheit in den Koffer fallen lassen und diesen ins Schloß geworfen. Er gab mir zwar die Versicherung, daß er ganz ohne Wissen und Absicht so getan habe, aber wir wissen, daß er nicht in die Gesellschaft gehen wollte. Das Verlegen des Schlüssels ermangelte also nicht eines Motivs.

E. *Jones* beobachtete an sich selbst, daß er jedesmal die Pfeife zu verlegen pflegte, nachdem er zuviel geraucht hatte und sich darum unwohl fühlte. Die Pfeife fand sich dann an allen möglichen Stellen, wo sie nicht hingehörte und wo sie für gewöhnlich nicht aufbewahrt wurde.

9) Einen harmlosen Fall mit eingestandener Motivierung berichtet *Dora Müller*: Fräulein Erna A. erzählt zwei Tage vor Weihnachten: „Denken Sie, gestern abend nahm ich aus meinem Pfefferkuchenpaket und aß; ich denke dabei, daß ich Fräulein S. (der Gesellschafterin ihrer Mutter), wenn sie mir Gutenacht sagen komme, davon anbieten müsse; ich hatte keine rechte Lust dazu, nahm mir aber trotzdem vor, es zu tun. Wie sie nachher kam und ich nach meinem Tischchen hin die Hand ausstreckte, um das Paket zu nehmen, fand ich es dort nicht. Ich suchte danach und fand es eingeschlossen in meinem Schranke. Da hatte ich das Paket, ohne es zu wissen, hineingestellt." Eine Analyse war überflüssig, die Erzählerin war sich selbst über den Zusammenhang klar. Die eben verdrängte Regung, das Gebäck für sich allein behalten zu wollen, war gleichwohl in automatischer Handlung durchgedrungen, um freilich in diesem Falle durch die nachfolgende bewußte Handlung wieder rückgängig gemacht zu werden. (Internationale Zeitschrift für Psychoanalyse, III, 1915.)

10) H. *Sachs* schildert, wie er sich einmal durch ein solches Verlegen der Verpflichtung zu arbeiten entzogen hat: „Vergangenen Sonntagnachmittag schwankte ich eine Weile, ob ich arbeiten oder einen Spaziergang mit daranschließendem Besuche machen solle, entschloß mich aber nach einigem Kampfe für das erstere. Nach etwa einer Stunde bemerkte ich, daß ich mit meinem Papiervorrat zu Ende sei. Ich wußte, daß ich irgendwo in einer Lade schon seit Jahren ein Bündel Papier aufbewahrt habe, suchte aber danach vergeblich in meinem Schreibtisch und an anderen Stellen, wo ich es zu finden vermutete, obgleich ich mir große Mühe gab und in allen möglichen alten Büchern, Broschüren, Briefschaften u. dgl. herumwühlte. So sah ich mich doch genötigt, die Arbeit

einzustellen und fortzugehen. Als ich abends nach Hause kam, setzte ich mich auf das Sofa und sah in Gedanken, halb abwesend auf den gegenüberstehenden Bücherschrank. Da fiel mir eine Lade in die Augen und ich erinnerte, daß ich ihren Inhalt schon lange nicht durchgemustert habe. Ich ging also hin und öffnete sie. Zuoberst lag eine Ledermappe und in dieser unbeschriebenes Papier. Aber erst als ich es herausgenommen hatte und im Begriffe stand, es in der Schreibtischlade zu verwahren, fiel mir ein, daß dies ja dasselbe Papier sei, das ich nachmittags vergeblich gesucht hatte. Ich muß hiezu noch bemerken, daß ich, obgleich sonst nicht sparsam, mit Papier sehr vorsichtig umgehe und jedes verwendbare Restchen aufhebe. Diese von einem Triebe gespeiste Gewohnheit war es offenbar, die mich zur sofortigen Korrektur des Vergessens veranlaßte, sobald das aktuelle Motiv dafür verschwunden war.“

Wenn man die Fälle von Verlegen übersieht, wird es wirklich schwer anzunehmen, daß ein Verlegen jemals anders als infolge einer unbewußten Absicht erfolgt.

11) Im Sommer des Jahres 1901 erklärte ich einmal einem Freunde, mit dem ich damals in regem Gedankenaustausch über wissenschaftliche Fragen stand: „Diese neurotischen Probleme sind nur dann zu lösen, wenn wir uns ganz und voll auf den Boden der Annahme einer ursprünglichen Bisexualität des Individuums stellen.“ Ich erhielt zur Antwort: „Das habe ich Dir schon vor zweieinhalb Jahren in Br. gesagt, als wir jenen Abendspaziergang machten. Du wolltest damals nichts davon hören.“ Es ist nun schmerzlich, so zum Aufgeben seiner Originalität aufgefordert zu werden. Ich konnte mich an ein solches Gespräch und an diese Eröffnung meines Freundes nicht erinnern. Einer von uns beiden mußte sich da täuschen; nach dem Prinzip der Frage *cui prodest?** mußte ich das sein. Ich habe im Laufe der nächsten Woche in der Tat alles so erinnert, wie mein Freund es in mir erwecken wollte; ich weiß selbst, was ich damals zur Antwort gab: „Dabei halte ich noch nicht, ich will mich darauf nicht einlassen.“ Aber ich bin seither um ein Stück toleranter geworden, wenn ich irgendwo in der medizinischen Literatur auf eine der wenigen Ideen stoße, mit denen man meinen Namen verknüpfen kann, und wenn ich dabei die Erwähnung meines Namens vermisse.

Ausstellungen an seiner Ehefrau – Freundschaft, die ins Gegenteil umgeschlagen hat – Irrtum in ärztlicher Diagnostik – Zurückweisung durch Gleichstrebende – Entlehnung von Ideen: es ist wohl kaum zufällig, daß eine Anzahl von Beispielen des Vergessens, die ohne Absicht gesammelt worden sind, zu ihrer Auflösung des Eingehens auf so peinliche Themata bedürfen. Ich ver-

---

* [Wem nützt es?]

mute vielmehr, daß jeder andere, der sein eigenes Vergessen einer Prüfung nach den Motiven unterziehen will, eine ähnliche Musterkarte von Widerwärtigkeiten aufzeichnen können wird. Die Neigung zum Vergessen des Unangenehmen scheint mir ganz allgemein zu sein; die Fähigkeit dazu ist wohl bei verschiedenen Personen verschieden gut ausgebildet. Manches *Ableugnen*, das uns in der ärztlichen Tätigkeit begegnet, ist wahrscheinlich auf *Vergessen* zurückzuführen.[40] Unsere Auffassung eines solchen Vergessens beschränkt den Unterschied zwischen dem und jenem Benehmen allerdings auf rein psychologische Verhältnisse und gestattet uns, in beiden Reaktionsweisen den Ausdruck desselben Motivs zu sehen. Von all den zahlreichen Beispielen der Verleugnung unangenehmer Erinnerungen, die ich bei Angehörigen von Kranken gesehen habe, ist mir eines als besonders seltsam im Gedächtnis geblieben. Eine Mutter informierte mich über die Kinderjahre ihres nervenkranken, in der Pubertät befindlichen Sohnes und erzählte dabei, daß er wie seine Geschwister bis in späte Jahre an Bettnässen gelitten habe, was ja für eine neurotische Krankengeschichte nicht bedeutungslos ist. Einige Wochen später, als sie sich Auskunft über den Stand der Behand-

---

[40] Wenn man sich bei einem Menschen erkundigt, ob er vor zehn oder fünfzehn Jahren eine luetische Infektion durchgemacht hat, vergißt man zu leicht daran, daß der Befragte diesen Krankheitszufall psychisch ganz anders behandelt hat als etwa einen akuten Rheumatismus. – In den Anamnesen, welche Eltern über ihre neurotisch erkrankten Töchter geben, ist der Anteil des Vergessens von dem des Verbergens kaum je mit Sicherheit zu sondern, weil alles, was der späteren Verheiratung des Mädchens im Wege steht, von den Eltern systematisch beseitigt, d. h. verdrängt wird. – Ein Mann, der vor kurzem seine geliebte Frau an einer Lungenaffektion verloren, teilt mir nachstehenden Fall von Irreführung der ärztlichen Erkundigung mit, der nur auf solches Vergessen zurückführbar ist: „Als die Pleuritis meiner armen Frau nach vielen Wochen noch nicht weichen wollte, wurde Dr. P. als Konsiliarius berufen. Bei der Aufnahme der Anamnese stellte er die üblichen Fragen, u. a. auch, ob in der Familie meiner Frau etwa Lungenkrankheiten vorgekommen seien. Meine Frau verneinte und auch ich erinnerte mich nicht. Bei der Verabschiedung des Dr. P. kommt das Gespräch wie zufällig auf Ausflüge, und meine Frau sagt: ‚Ja, auch bis Langersdorf, *wo mein armer Bruder begraben liegt*, ist eine weite Reise.‘ Dieser Bruder war vor etwa fünfzehn Jahren nach mehrjährigem tuberkulösem Leiden gestorben. Meine Frau hatte ihn sehr geliebt und mir oft von ihm gesprochen. Ja, es fiel mir ein, daß sie seinerzeit, als die Pleuritis festgestellt wurde, sehr besorgt war und trübsinnig meinte: ‚*Auch mein Bruder ist an der Lunge gestorben.*‘ Nun aber war die Erinnerung daran so sehr verdrängt, daß sie auch nach dem vorhin angeführten Ausspruch über den Ausflug nach L. keine Veranlassung fand, ihre Auskunft über Erkrankungen in ihrer Familie zu korrigieren. Mir selbst fiel das Vergessen in demselben Moment wieder ein, wo sie von Langersdorf sprach.“ – Ein völlig analoges Erlebnis erzählt E. *Jones* in der hier bereits mehrmals erwähnten Arbeit. Ein Arzt, dessen Frau an einer diagnostisch unklaren Unterleibserkrankung litt, bemerkte zu ihr wie tröstend: „Es ist doch gut, daß in deiner Familie kein Fall von Tuberkulose vorgekommen ist.“ Die Frau antwortete aufs äußerste überrascht: „Hast du denn vergessen, daß meine Mutter an Tuberkulose gestorben ist und daß meine Schwester von ihrer Tuberkulose nicht eher hergestellt wurde, als bis die Ärzte sie aufgegeben hatten?“

lung holen wollte, hatte ich Anlaß, sie auf die Zeichen konstitutioneller Krank-
heitsveranlagung bei dem jungen Mann aufmerksam zu machen, und berief
mich hierbei auf das anamnestisch erhobene Bettnässen. Zu meinem Erstaunen
bestritt sie die Tatsache sowohl für dies als auch für die anderen Kinder, fragte
mich, woher ich das wissen könne, und hörte endlich von mir, daß sie selbst es
mir vor kurzer Zeit erzählt habe, was also von ihr vergessen worden war.[41]

Man findet also auch bei gesunden, nicht neurotischen Menschen reichlich
Anzeichen dafür, daß sich der Erinnerung an peinliche Eindrücke, der Vorstellung peinlicher Gedanken, ein Widerstand entgegensetzt.[42] Die volle Bedeutung
dieser Tatsache läßt sich aber erst ermessen, wenn man in die Psychologie neurotischer Personen eingeht. Man ist genötigt, ein solches *elementares Abwehrbestreben*
gegen Vorstellungen, welche Unlustempfindungen erwecken können, ein Bestreben, das sich nur dem Fluchtreflex bei Schmerzreizen an die Seite stellen läßt, zu
einem der Hauptpfeiler des Mechanismus zu machen, welcher die hysterischen
Symptome trägt. Man möge gegen die Annahme einer solchen Abwehrtendenz

---

[41] In den Tagen, während ich mit der Niederschrift dieser Seiten beschäftigt war, ist mir folgender, fast unglaublicher Fall von Vergessen widerfahren: Ich revidiere am 1. Jänner mein ärztliches Buch, um meine Honorarrechnungen aussenden zu können, stoße dabei im Juni auf den
Namen M ... l und kann mich an eine zu ihm gehörige Person nicht erinnern. Mein Befremden
wächst, indem ich beim Weiterblättern bemerke, daß ich den Fall in einem Sanatorium behandelt, und daß ich ihn durch Wochen täglich besucht habe. Einen Kranken, mit dem man sich
unter solchen Bedingungen beschäftigt, vergißt man als Arzt nicht nach kaum sechs Monaten.
Sollte es ein Mann, ein Paralytiker, ein Fall ohne Interesse gewesen sein, frage ich mich? Endlich bei dem Vermerk über das empfangene Honorar kommt mir all die Kenntnis wieder, die
sich der Erinnerung entziehen wollte. M...l war ein vierzehnjähriges Mädchen gewesen, der
merkwürdigste Fall meiner letzten Jahre, welcher mir eine Lehre hinterlassen, die ich kaum je
vergessen werde, und dessen Ausgang mir die peinlichsten Stunden bereitet hat. Das Kind
erkrankte an unzweideutiger Hysterie, die sich auch unter meinen Händen rasch und gründlich
besserte. Nach dieser Besserung wurde mir das Kind von den Eltern entzogen; es klagte noch
über abdominale Schmerzen, denen die Hauptrolle im Symptombild der Hysterie zugefallen
war. Zwei Monate später war es an Sarkom der Unterleibsdrüsen gestorben. Die Hysterie, zu
der das Kind nebstbei prädisponiert war, hatte die Tumorbildung zur provozierenden Ursache
genommen und ich hatte, von den lärmenden, aber harmlosen Erscheinungen der Hysterie
gefesselt, vielleicht die ersten Anzeichen der schleichenden und unheilvollen Erkrankung übersehen.

[42] *A. Pick* hat kürzlich (*Zur Psychologie des Vergessens bei Geistes- und Nervenkranken*, Archiv für Krimi-
nal-Anthropologie und Kriminalistik von *H. Groß*) eine Reihe von Autoren zusammengestellt,
die den Einfluß affektiver Faktoren auf das Gedächtnis würdigen und – mehr oder minder
deutlich – den Beitrag anerkennen, den das Abwehrbestreben gegen Unlust zum Vergessen
leistet. Keiner von uns allen hat aber das Phänomen und seine psychologische Begründung
so erschöpfend und zugleich so eindrucksvoll darstellen können wie *Nietzsche* in einem seiner
Aphorismen (*Jenseits von Gut und Böse*, II. Hauptstück, 68): *„Das habe ich getan, sagt mein ‚Gedächtnis‘. Das kann ich nicht getan haben, sagt mein Stolz und bleibt unerbittlich. Endlich – gibt das Gedächtnis
nach."*

nicht einwenden, daß wir es im Gegenteil häufig genug unmöglich finden, peinliche Erinnerungen, die uns verfolgen, loszuwerden und peinliche Affektregungen wie Reue, Gewissensvorwürfe zu verscheuchen. Es wird ja nicht behauptet, daß diese Abwehrtendenz sich überall durchzusetzen vermag, daß sie nicht im Spiele der psychischen Kräfte auf Faktoren stoßen kann, welche zu anderen Zwecken das Entgegengesetzte anstreben und ihr zum Trotze zustande bringen. *Als das architektonische Prinzip des seelischen Apparates läßt sich die Schichtung, der Aufbau aus einander überlagernden Instanzen erraten,* und es ist sehr wohl möglich, daß dies Abwehrbestreben einer niedrigen psychischen Instanz angehört, von höheren Instanzen aber gehemmt wird. Es spricht jedenfalls für die Existenz und Mächtigkeit dieser Tendenz zur Abwehr, wenn wir Vorgänge wie die in unseren Beispielen von Vergessen auf sie zurückführen können. Wir sehen, daß manches um seiner selbst willen vergessen wird; wo dies nicht möglich ist, verschiebt die Abwehrtendenz ihr Ziel und bringt wenigstens etwas anderes, minder Bedeutsames, zum Vergessen, was in assoziative Verknüpfung mit dem eigentlich Anstößigen geraten ist.

Der hier entwickelte Gesichtspunkt, daß peinliche Erinnerungen mit besonderer Leichtigkeit dem motivierten Vergessen verfallen, verdiente auf mehrere Gebiete bezogen zu werden, in denen er heute noch keine oder eine zu geringe Beachtung gefunden hat. So erscheint er mir noch immer nicht genügend scharf betont bei der Würdigung von Zeugenaussagen vor Gericht[43], wobei man offenbar der Beeidung des Zeugen einen allzu großen purifizierenden Einfluß auf dessen psychisches Kräftespiel zutraut. Daß man bei der Entstehung der Traditionen und der Sagengeschichte eines Volkes einem solchen Motiv, das dem Nationalgefühl Peinliche aus der Erinnerung auszumerzen, Rechnung tragen muß, wird allgemein zugestanden. Vielleicht würde sich bei genauerer Verfolgung eine vollständige Analogie herausstellen zwischen der Art, wie Völkertraditionen und wie die Kindheitserinnerungen des einzelnen Individuums gebildet werden. Der große *Darwin* hat aus seiner Einsicht in dies Unlustmotiv des Vergessens eine „goldene Regel" für den wissenschaftlichen Arbeiter gezogen.[44]

---

[43] Vgl. Hans Groß, *Kriminalpsychologie*, 1898.

[44] *Ernest Jones* verweist auf folgende Stelle in der Autobiographie *Darwins*, welche seine wissenschaftliche Ehrlichkeit und seinen psychologischen Scharfsinn überzeugend widerspiegelt: „*I had, during many years, followed a golden rule, namely, that whenever a published fact, a new observation or thought came across me, which was opposed to my general results, to make a memorandum of it without fail and at once; for I had found by experience that such facts and thoughts were far more apt to escape from the memory than favourable ones.*" – „Viele Jahre hindurch befolgte ich eine goldene Regel. Fand ich nämlich eine veröffentlichte Tatsache, eine neue Beobachtung oder einen Gedanken, welcher einem meiner allgemeinen Ergebnisse widersprach, so notierte ich denselben sofort möglichst wortgetreu. Denn die Erfahrung hatte mich gelehrt, daß solche Tatsachen und Erfahrungen dem Gedächtnisse leichter entschwinden als die uns genehmen."

Ganz ähnlich wie beim Namenvergessen kann auch beim Vergessen von Eindrücken Fehlerinnern eintreten, das dort, wo es Glauben findet, als Erinnerungstäuschung bezeichnet wird. Die Erinnerungstäuschung in pathologischen Fällen – in der Paranoia spielt sie geradezu die Rolle eines konstituierenden Moments bei der Wahnbildung – hat eine ausgedehnte Literatur wachgerufen, in welcher ich durchgängig den Hinweis auf eine Motivierung derselben vermisse. Da auch dieses Thema der Neurosenpsychologie angehört, entzieht es sich in unserem Zusammenhange der Behandlung. Ich werde dafür ein sonderbares Beispiel einer eigenen Erinnerungstäuschung mitteilen, bei dem die Motivierung durch unbewußtes verdrängtes Material und die Art und Weise der Verknüpfung mit demselben deutlich genug kenntlich werden.

Als ich die späteren Abschnitte meines Buches über Traumdeutung schrieb, befand ich mich in einer Sommerfrische ohne Zugang zu Bibliotheken und Nachschlagebüchern und war genötigt, mit Vorbehalt späterer Korrektur, allerlei Beziehungen und Zitate aus dem Gedächtnis in das Manuskript einzutragen. Beim Abschnitt über das Tagträumen fiel mir die ausgezeichnete Figur des armen Buchhalters im *Nabab* von *Alph. Daudet* ein, mit welcher der Dichter wahrscheinlich seine eigene Träumerei geschildert hat. Ich glaubte mich an eine der Phantasien, die dieser Mann – Mr. Jocelyn nannte ich ihn – auf seinen Spaziergängen durch die Straßen von Paris ausbrütet, deutlich zu erinnern und begann sie aus dem Gedächtnis zu reproduzieren. Wie also Herr Jocelyn auf der Straße sich kühn einem durchgehenden Pferde entgegenwirft, es zum Stehen bringt, der Wagenschlag sich öffnet, eine hohe Persönlichkeit dem Coupé entsteigt, Herrn Jocelyn die Hand drückt und ihm sagt: „Sie sind mein Retter, Ihnen verdanke ich mein Leben. Was kann ich für Sie tun?"

Etwaige Ungenauigkeiten in der Wiedergabe dieser Phantasie, tröstete ich mich, würden sich leicht zu Hause verbessern lassen, wenn ich das Buch zur Hand nähme. Als ich dann aber den *Nabab* durchblätterte, um die druckbereite Stelle meines Manuskripts zu vergleichen, fand ich zu meiner größten Beschämung und Bestürzung nichts von einer solchen Träumerei des Herrn Jocelyn darin, ja der arme Buchhalter trug gar nicht diesen Namen, sondern hieß Mr. *Joyeuse*. Dieser zweite Irrtum gab dann bald den Schlüssel zur Klärung des ersten, der Erinnerungstäuschung. *Joyeux* (wovon der Name die feminine Form darstellt): so und nicht anders müßte ich meinen eigenen Namen: *Freud* ins Französische übersetzen. Woher konnte also die fälschlich erinnerte Phantasie sein, die ich *Daudet* zugeschrieben hatte? Sie konnte nur ein eigenes Produkt sein, ein Tagtraum, den ich selbst gemacht und der mir nicht bewußt geworden, oder der mir einst bewußt gewesen, und den ich seither gründlich vergessen habe. Vielleicht daß ich ihn selbst in Paris gemacht, wo ich oft genug einsam und voll

Sehnsucht durch die Straßen spaziert bin, eines Helfers und Protektors sehr bedürftig, bis Meister *Charcot* mich dann in seinen Verkehr zog. Den Dichter des *Nabab* habe ich dann wiederholt im Hause *Charcots* gesehen.[45]

Ein anderer Fall von Erinnerungstäuschung, der sich befriedigend aufklären ließ, mahnt an die später zu besprechende *fausse reconnaissance*: Ich hatte einem meiner Patienten, einem ehrgeizigen und befähigten Manne, erzählt, daß ein junger Student sich kürzlich durch eine interessante Arbeit *Der Künstler, Versuch einer Sexualpsychologie* in den Kreis meiner Schüler eingeführt habe. Als diese Schrift eineinviertel Jahr später gedruckt vorlag, behauptete mein Patient, sich mit Sicherheit daran erinnern zu können, daß er die Ankündigung derselben bereits vor meiner ersten Mitteilung (einen Monat oder ein halbes Jahr vorher) irgendwo, etwa in einer Buchhändleranzeige, gelesen habe. Es sei ihm diese Notiz auch damals gleich in den Sinn gekommen, und er konstatierte überdies, daß der Autor den Titel verändert habe, da es nicht mehr „Versuch", sondern „Ansätze zu einer Sexualpsychologie" heiße. Sorgfältige Erkundigung beim Autor und Vergleichung aller Zeitangaben zeigten indes, daß mein Patient etwas Unmögliches erinnern wollte. Von jener Schrift war nirgends eine Anzeige vor dem Drucke erschienen, am wenigsten aber eineinviertel Jahr vor ihrer Drucklegung. Als ich eine Deutung dieser Erinnerungstäuschung unterließ, brachte derselbe Mann eine gleichwertige Erneuerung derselben zustande. Er meinte, vor kurzem eine Schrift über „Agoraphobie" in dem Auslagefenster einer Buchhandlung bemerkt zu haben, und suchte derselben nun durch Nachforschung in allen

---

[45] Vor einiger Zeit wurde mir aus dem Kreise meiner Leser ein Bändchen der Jugendbibliothek von *Fr. Hoffmann* zugeschickt, in dem eine solche Rettungsszene, wie ich sie in Paris phantasiert, ausführlich erzählt wird. Die Übereinstimmung erstreckt sich bis auf einzelne, nicht ganz gewöhnliche Ausdrücke, die hier wie dort vorkommen. Die Vermutung, daß ich in frühen Knabenjahren diese Jugendschrift wirklich gelesen habe, läßt sich nicht gut abweisen. Die Schülerbibliothek unseres Gymnasiums enthielt die Hoffmannsche Sammlung und war immer bereit, sie den Schülern an Stelle jeder anderen geistigen Nahrung anzubieten. Die Phantasie, die ich mit 43 Jahren als die Produktion eines anderen zu erinnern glaubte und dann als eigene Leistung aus dem 29. Lebensjahr erkennen mußte, mag also leicht die getreue Reproduktion eines im Alter zwischen 11 und 13 aufgenommenen Eindrucks gewesen sein. Die Rettungsphantasie, die ich dem stellenlosen Buchhalter im *Nabab* angedichtet, soll ja nur der Phantasie der eigenen Rettung den Weg bahnen, die Sehnsucht nach einem Gönner und Beschützer dem Stolz erträglich machen. Es wird dann keinem Seelenkenner befremdlich sein zu hören, daß ich selbst in meinem bewußten Leben der Vorstellung, von der Gunst eines Protektors abhängig zu sein, das größte Widerstreben entgegengebracht und die wenigen realen Situationen, in denen sich etwas ähnliches ereignete, schlecht vertragen habe. Die tiefere Bedeutung der Phantasien mit solchem Inhalt und eine nahezu erschöpfende Erklärung ihrer Eigentümlichkeiten hat *Abraham* in einer Arbeit, *Vaterrettung und Vatermord in den neurotischen Phantasiegebilden*, 1922 (Internationale Zeitschrift für Psychoanalyse, VIII) zutage gefördert.

Verlagskatalogen habhaft zu werden. Ich konnte ihn dann aufklären, warum diese Bemühung erfolglos bleiben mußte. Die Schrift über Agoraphobie bestand erst in seiner Phantasie als unbewußter Vorsatz und sollte von ihm selbst abgefaßt werden. Sein Ehrgeiz, es jenem jungen Manne gleichzutun und durch eine solche wissenschaftliche Arbeit zum Schüler zu werden, hatte ihn zu jener ersten wie zur wiederholten Erinnerungstäuschung geführt. Er besann sich dann auch, daß die Buchhändleranzeige, welche ihm zu diesem falschen Erkennen gedient hatte, sich auf ein Werk, betitelt: *Genesis, das Gesetz der Zeugung*, bezog. Die von ihm erwähnte Abänderung des Titels kam aber auf meine Rechnung, denn ich wußte mich selbst zu erinnern, daß ich diese Ungenauigkeit in der Wiedergabe des Titels, „Versuch" anstatt „Ansätze" begangen hatte.

B) Das Vergessen von Vorsätzen

Keine andere Gruppe von Phänomenen eignet sich besser zum Beweis der These, daß die Geringfügigkeit der Aufmerksamkeit für sich allein nicht hinreiche, die Fehlleistung zu erklären, als die des Vergessens von Vorsätzen. Ein Vorsatz ist ein Impuls zur Handlung, der bereits Billigung gefunden hat, dessen Ausführung aber auf einen geeigneten Zeitpunkt verschoben wurde. Nun kann in dem so geschaffenen Intervall allerdings eine derartige Veränderung in den Motiven eintreten, daß der Vorsatz nicht zur Ausführung gelangt, aber dann wird er nicht vergessen, sondern revidiert und aufgehoben. Das Vergessen von Vorsätzen, dem wir alltäglich und in allen möglichen Situationen unterliegen, pflegen wir uns nicht durch eine Neuerung in der Motivengleichung zu erklären, sondern lassen es gemeinhin unerklärt, oder wir suchen eine psychologische Erklärung in der Annahme, gegen die Zeit der Ausführung hin habe sich die erforderliche Aufmerksamkeit für die Handlung nicht mehr bereit gefunden, die doch für das Zustandekommen des Vorsatzes unerläßliche Bedingung war, damals also für die nämliche Handlung zur Verfügung stand. Die Beobachtung unseres normalen Verhaltens gegen Vorsätze läßt uns diesen Erklärungsversuch als willkürlich abweisen. Wenn ich des Morgens einen Vorsatz fasse, der abends ausgeführt werden soll, so kann ich im Laufe des Tages einigemal an ihn gemahnt werden. Er braucht aber tagsüber überhaupt nicht mehr bewußt zu werden. Wenn sich die Zeit der Ausführung nähert, fällt er mir plötzlich ein und veranlaßt mich, die zur vorgesetzten Handlung nötigen Vorbereitungen zu treffen. Wenn ich auf einen Spaziergang einen Brief mitnehme, welcher noch befördert werden soll, so brauche ich ihn als normales und nicht nervöses Individuum keineswegs die ganze Strecke über in der Hand zu tragen und unterdessen nach einem

Briefkasten auszuspähen, in den ich ihn werfe, sondern ich pflege ihn in die Tasche zu stecken, meiner Wege zu gehen, meine Gedanken frei schweifen zu lassen, und ich rechne darauf, daß einer der nächsten Briefkasten meine Aufmerksamkeit erregen und mich veranlassen wird, in die Tasche zu greifen und den Brief hervorzuziehen. Das normale Verhalten beim gefaßten Vorsatz deckt sich vollkommen mit dem experimentell zu erzeugenden Benehmen von Personen, denen man eine sogenannte „posthypnotische Suggestion auf lange Sicht" in der Hypnose eingegeben hat.[46] Man ist gewöhnt, das Phänomen in folgender Art zu beschreiben: Der suggerierte Vorsatz schlummert in den betreffenden Personen, bis die Zeit seiner Ausführung herannaht. Dann wacht er auf und treibt zur Handlung.

In zweierlei Lebenslagen gibt sich auch der Laie Rechenschaft davon, daß das Vergessen in bezug auf Vorsätze keineswegs den Anspruch erheben darf, als ein nicht weiter zurückführbares Elementarphänomen zu gelten, sondern zum Schluß auf uneingestandene Motive berechtigt. Ich meine: im Liebesverhältnis und in der Militärabhängigkeit. Ein Liebhaber, der das Rendezvous versäumt hat, wird sich vergeblich bei seiner Dame entschuldigen, er habe leider ganz vergessen. Sie wird nicht versäumen, ihm zu antworten: „Vor einem Jahre hättest du es nicht vergessen. Es liegt dir eben nichts mehr an mir." Selbst wenn er nach der oben erwähnten psychologischen Erklärung griffe und sein Vergessen durch gehäufte Geschäfte entschuldigen wollte, würde er nur erreichen, daß die Dame – so scharfsichtig geworden wie der Arzt in der Psychoanalyse – zur Antwort gäbe: „Wie merkwürdig, daß sich solche geschäftliche Störungen früher nicht ereignet haben." Gewiß will auch die Dame die Möglichkeit des Vergessens nicht in Abrede stellen; sie meint nur, und nicht mit Unrecht, aus dem unabsichtlichen Vergessen sei ungefähr der nämliche Schluß auf ein gewisses Nichtwollen zu ziehen wie aus der bewußten Ausflucht.

Ähnlich wird im militärischen Dienstverhältnis der Unterschied zwischen der Unterlassung durch Vergessen und der infolge von Absicht prinzipiell, und zwar mit Recht, vernachlässigt. Der Soldat *darf* nichts vergessen, was der militärische Dienst von ihm fordert. Wenn er es doch vergißt, obwohl ihm die Forderung bekannt ist, so geht dies so zu, daß sich den Motiven, die auf Erfüllung der militärischen Forderung dringen, andere Gegenmotive entgegenstellen. Der Einjährige etwa, der sich beim Rapport entschuldigen wollte, er habe *vergessen*, seine Knöpfe blank zu putzen, ist der Strafe sicher. Aber diese Strafe ist geringfügig zu nennen im Vergleich zu jener, der er sich aussetzte, wenn er das Motiv seiner Unterlassung sich und seinen Vorgesetzten eingestehen würde: „Der elende

---

[46] Vgl. Bernheim, *Neue Studien über Hypnotismus, Suggestion und Psychotherapie*, 1892.

Gamaschendienst ist mir ganz zuwider." Wegen dieser Strafersparnis, aus ökonomischen Gründen gleichsam, bedient er sich des Vergessens als Ausrede, oder es kommt als Kompromiß zustande.

Frauendienst wie Militärdienst erheben den Anspruch, daß alles zu ihnen gehörige dem Vergessen entrückt sein müsse, und erwecken so die Meinung, Vergessen sei zulässig bei unwichtigen Dingen, während es bei wichtigen Dingen ein Anzeichen davon sei, daß man sie wie unwichtige behandeln wolle, ihnen also die Wichtigkeit abspreche.[47] Der Gesichtspunkt der psychischen Wertschätzung ist hier in der Tat nicht abzuweisen. Kein Mensch vergißt Handlungen auszuführen, die ihm selbst wichtig erscheinen, ohne sich dem Verdachte geistiger Störung auszusetzen. Unsere Untersuchung kann sich also nur auf das Vergessen von mehr oder minder nebensächlichen Vorsätzen erstrecken; für ganz und gar gleichgültig werden wir keinen Vorsatz erachten, denn in diesem Falle wäre er wohl gewiß nicht gefaßt worden.

Ich habe nun wie bei den früheren Funktionsstörungen die bei mir selbst beobachteten Fälle von Unterlassung durch Vergessen gesammelt und aufzuklären gesucht und hiebei ganz allgemein gefunden, daß sie auf Einmengung unbekannter und uneingestandener Motive – oder, wie man sagen kann, auf einen *Gegenwillen* – zurückzuführen waren. In einer Reihe dieser Fälle befand ich mich in einer dem Dienstverhältnisse ähnlichen Lage, unter einem Zwange, gegen welchen ich es nicht ganz aufgegeben hatte, mich zu sträuben, so daß ich durch Vergessen gegen ihn demonstrierte. Dazu gehört, daß ich besonders leicht vergesse, zu Geburtstagen, Jubiläen, Hochzeitsfeiern und Standeserhöhungen zu gratulieren. Ich nehme es mir immer wieder vor und überzeuge mich immer mehr, daß es mir nicht gelingen will. Ich bin jetzt im Begriffe, darauf zu verzichten, und den Motiven, die sich sträuben, mit Bewußtsein recht zu geben. In einem Übergangsstadium habe ich einem Freund, der mich bat, auch für ihn ein Glückwunschtelegramm zum bestimmten Termin zu besorgen, vorher gesagt, ich würde an beide vergessen, und es war nicht zu verwundern, daß die Prophezeiung wahr wurde. Es hängt nämlich mit schmerzlichen Lebenserfahrungen zusammen, daß ich nicht imstande bin, Anteilnahme zu äußern, wo diese Äußerung notwendigerweise übertrieben ausfallen muß, da für den geringen Betrag meiner Ergriffenheit der entsprechende Ausdruck nicht zulässig ist. Seitdem ich

---

[47] In dem Schauspiel *Cäsar und Kleopatra* von *B. Shaw* quält sich der von Ägypten scheidende Cäsar eine Weile mit der Idee, er habe noch etwas vorgehabt, was er jetzt vergessen. Endlich stellt sich heraus, was Cäsar vergessen hatte: von Kleopatra Abschied zu nehmen! Durch diesen kleinen Zug soll veranschaulicht werden – übrigens im vollen Gegensatz zur historischen Wahrheit – wie wenig sich Cäsar aus der kleinen ägyptischen Prinzessin gemacht hatte. (Nach *E. Jones*, l. c., S. 488.)

erkannt, daß ich oft vorgebliche Sympathie bei anderen für echte genommen habe, befinde ich mich in einer Auflehnung gegen diese Konventionen der Mitgefühlsbezeigung, deren soziale Nützlichkeit ich andererseits einsehe. Kondolenzen bei Todesfällen sind von dieser zwiespältigen Behandlung ausgenommen; wenn ich mich zu ihnen entschlossen habe, versäume ich sie auch nicht. Wo meine Gefühlsbetätigung mit gesellschaftlicher Pflicht nichts mehr zu tun hat, da findet sie ihren Ausdruck auch niemals durch Vergessen gehemmt.

Von einem solchen Vergessen, in dem der zunächst unterdrückte Vorsatz als „Gegenwille" durchbrach und eine unerquickliche Situation zur Folge hatte, berichtet Oberleutnant T. aus der Kriegsgefangenschaft: „Der Rangälteste eines Lagers kriegsgefangener Offiziere wird von einem seiner Kameraden beleidigt. Er will, um Weiterungen zu entgehen, von dem einzigen ihm zur Verfügung stehenden Gewaltmittel Gebrauch machen und letzteren entfernen und in ein anderes Lager versetzen lassen. Erst über Anraten mehrerer Freunde entschließt er sich, gegen seinen geheimen Wunsch, hievon Abstand zu nehmen und den Ehrenweg, der aber vielerlei Unannehmlichkeiten im Gefolge haben mußte, gleich zu beschreiten. – Am nämlichen Vormittag hat dieser Kommandant die Liste der Offiziere unter Kontrolle eines Wachorganes vorzulesen. Fehler waren ihm, der seine Gefährten schon durch längere Zeit kannte, darin bisher nicht unterlaufen. Heute überliest er den Namen seines Beleidigers, so daß dieser, als alle Kameraden bereits abgetreten waren, allein am Platze zurückbleiben muß, bis sich der Irrtum geklärt hat. Der übersehene Name stand in voller Deutlichkeit in der Mitte eines Blattes. – Dieser Vorfall wurde von der einen Seite als beabsichtigte Kränkung ausgelegt; von der anderen als peinlicher und zur Fehldeutung geeigneter Zufall angesehen. Doch gewann der Urheber späterhin, nach Kenntnisnahme von Freuds *Psychopathologie* ein richtiges Urteil des Stattgefundenen."

Ähnlich erklären sich durch den Widerstreit einer konventionellen Pflicht und einer nicht eingestandenen inneren Schätzung die Fälle, in denen man Handlungen auszuführen vergißt, die man einem anderen zu seinen Gunsten auszuführen versprochen hat. Hier trifft es dann regelmäßig zu, daß nur der Gönner an die entschuldigende Kraft des Vergessens glaubt, während der Bittsteller sich ohne Zweifel die richtige Antwort gibt: Er hat kein Interesse daran, sonst hätte er es nicht vergessen. Es gibt Menschen, die man als allgemein vergeßlich bezeichnet und darum in ähnlicher Weise als entschuldigt gelten läßt wie etwa den Kurzsichtigen, wenn er auf der Straße nicht grüßt.[48] Diese Personen vergessen alle

---

[48] Frauen sind mit ihrem feineren Verständnis für unbewußte seelische Vorgänge in der Regel eher geneigt, es als Beleidigung anzusehen, wenn man sie auf der Straße nicht erkennt, also

kleinen Versprechungen, die sie gegeben, lassen alle Aufträge unausgeführt, die sie empfangen haben, erweisen sich also in kleinen Dingen als unverläßlich und erheben dabei die Forderung, daß man ihnen diese kleineren Verstöße nicht übelnehmen, d. h. nicht durch ihren Charakter erklären, sondern auf organische Eigentümlichkeit zurückführen solle.[49] Ich gehöre selbst nicht zu diesen Leuten und habe keine Gelegenheit gehabt, die Handlungen einer solchen Person zu analysieren, um durch die Auswahl des Vergessens die Motivierung desselben aufzudecken. Ich kann mich aber der Vermutung *per analogiam* nicht erwehren, daß hier ein ungewöhnlich großes Maß von nicht eingestandener Geringschätzung des anderen das Motiv ist, welches das konstitutionelle Moment für seine Zwecke ausbeutet.[50]

Bei anderen Fällen sind die Motive des Vergessens weniger leicht aufzufinden und erregen, wenn gefunden, ein größeres Befremden. So merkte ich in früheren Jahren, daß ich bei einer größeren Anzahl von Krankenbesuchen nie einen anderen Besuch vergesse als den bei einem Gratispatienten oder bei einem Kollegen. Aus Beschämung hierüber hatte ich mir angewöhnt, die Besuche des Tages schon am Morgen als Vorsatz zu notieren. Ich weiß nicht, ob andere Ärzte auf dem nämlichen Wege zu der gleichen Übung gekommen sind. Aber man gewinnt so eine Ahnung davon, was den sogenannten Neurastheniker veranlaßt, die Mitteilungen, die er dem Arzt machen will, auf dem berüchtigten „Zettel" zu notieren. Angeblich fehlt es ihm an Zutrauen zur Reproduktionsleistung seines Gedächtnisses. Das ist gewiß richtig, aber die Szene geht zumeist so vor sich:

---

nicht grüßt, als an die nächstliegenden Erklärungen zu denken, daß der Säumige kurzsichtig sei oder in Gedanken versunken sie nicht bemerkt habe. Sie schließen, man hätte sie schon bemerkt, wenn man sich „etwas aus ihnen machen würde".

[49] *S. Ferenczi* berichtet von sich, daß er selbst ein „Zerstreuter" gewesen ist und seinen Bekannten durch die Häufigkeit und Sonderbarkeit seiner Fehlhandlungen auffällig war. Die Zeichen dieser „Zerstreutheit" sind aber fast völlig geschwunden, seitdem er die psychoanalytische Behandlung von Kranken zu üben begann und sich genötigt sah, auch der Analyse seines eigenen Ichs Aufmerksamkeit zuzuwenden. Man verzichtet, meint er, auf die Fehlhandlungen, wenn man seine eigene Verantwortlichkeit um so vieles auszudehnen lernt. Er hält daher mit Recht die Zerstreutheit für einen Zustand, der von unbewußten Komplexen abhängig und durch die Psychoanalyse heilbar ist. Eines Tages aber stand er unter dem Selbstvorwurfe, bei einem Patienten einen Kunstfehler in der Psychoanalyse begangen zu haben. An diesem Tage stellten sich alle seine früheren „Zerstreutheiten" wieder ein. Er stolperte mehrmals im Gehen auf der Straße (Darstellung jenes *faux pas* in der Behandlung), vergaß seine Brieftasche zu Hause, wollte auf der Trambahn einen Kreuzer weniger zahlen, hatte seine Kleidungsstücke nicht ordentlich zugeknöpft u. dgl.

[50] *E. Jones* bemerkt hiezu: *„Often the resistance is of a general order. Thus a busy man forgets to post letters entrusted to him – to his slight annoyance – by his wife, just as he may ‚forget' to carry out her shopping orders."*

Der Kranke hat seine verschiedenen Beschwerden und Anfragen höchst langatmig vorgebracht. Nachdem er fertig geworden ist, macht er einen Moment Pause, darauf zieht er den Zettel hervor und sagt entschuldigend: „Ich habe mir etwas aufgeschrieben, weil ich mir so gar nichts merke." In der Regel findet er auf dem Zettel nichts Neues. Er wiederholt jeden Punkt und beantwortet ihn selbst: „Ja, danach habe ich schon gefragt." Er demonstriert mit dem Zettel wahrscheinlich nur eines seiner Symptome, die Häufigkeit, mit der seine Vorsätze durch Einmengung dunkler Motive gestört werden.

Ich rühre ferner an Leiden, an welchen auch der größere Teil der mir bekannten Gesunden krankt, wenn ich zugestehe, daß ich besonders in früheren Jahren sehr leicht und für lange Zeit vergessen habe, entlehnte Bücher zurückzugeben, oder daß es mir besonders leicht begegnet ist, Zahlungen durch Vergessen aufzuschieben. Unlängst verließ ich eines Morgens die Tabaktrafik, in welcher ich meinen täglichen Zigarreneinkauf gemacht hatte, ohne ihn zu bezahlen. Es war eine höchst harmlose Unterlassung, denn ich bin dort bekannt und konnte daher erwarten, am nächsten Tag an die Schuld gemahnt zu werden. Aber die kleine Versäumnis, der Versuch, Schulden zu machen, steht gewiß nicht außer Zusammenhang mit den Budgeterwägungen, die mich den Vortag über beschäftigt hatten. In Bezug auf das Thema von Geld und Besitz lassen sich die Spuren eines zwiespältigen Verhaltens auch bei den meisten sogenannt anständigen Menschen leicht nachweisen. Die primitive Gier des Säuglings, der sich aller Objekte zu bemächtigen sucht (um sie zum Munde zu führen), zeigt sich vielleicht allgemein als nur unvollständig durch Kultur und Erziehung überwunden.[51]

---

[51] Der Einheit des Themas zuliebe darf ich hier die gewählte Einteilung durchbrechen und dem oben Gesagten anschließen, daß in bezug auf Geldsachen das Gedächtnis der Menschen eine besondere Parteilichkeit zeigt. Erinnerungstäuschungen, etwas bereits bezahlt zu haben, sind, wie ich von mir selbst weiß, oft sehr hartnäckig. Wo der gewinnsüchtigen Absicht abseits von den großen Interessen der Lebensführung und daher eigentlich zum Scherz freier Lauf gelassen wird wie beim Kartenspiel, neigen die ehrlichsten Männer zu Irrtümern, Erinnerungs- und Rechenfehlern und finden sich selbst, ohne recht zu wissen wie, in kleine Betrügereien verwickelt. Auf solchen Freiheiten beruht zum Teil der psychisch erfrischende Charakter des Spieles. Das Sprichwort, daß man beim Spiel den Charakter des Menschen erkennt, ist zuzugeben, wenn man dabei nicht den manifesten Charakter im Auge hat. – Wenn es unabsichtliche Rechenfehler bei Zahlkellnern noch gibt, so unterliegen sie offenbar derselben Beurteilung. – Im Kaufmannstande kann man häufig eine gewisse Zögerung in der Verausgabung von Geldsummen, bei der Bezahlung von Rechnungen u. dgl. beobachten, die dem Eigner keinen Gewinn bringt, sondern nur psychologisch zu verstehen ist als eine Äußerung des Gegenwillens, Geld von sich zu tun. – *Brill* bemerkt hierüber mit epigrammatischer Schärfe: *„We are more apt to mislay letters containing bills than checks."* – Mit den intimsten und am wenigsten klar gewordenen Regungen hängt es zusammen, wenn gerade Frauen eine besondere Unlust zeigen, den Arzt zu honorieren. Sie haben gewöhnlich ihr Portemonnaie vergessen, können darum in der

Ich fürchte, ich bin mit allen bisherigen Beispielen einfach banal geworden. Es kann mir aber doch nur recht sein, wenn ich auf Dinge stoße, die jedermann bekannt sind, und die jeder in der nämlichen Weise versteht, da ich bloß vorhabe, das Alltägliche zu sammeln und wissenschaftlich zu verwerten. Ich sehe nicht ein, weshalb der Weisheit, die Niederschlag der gemeinen Lebenserfahrung ist, die Aufnahme unter die Erwerbungen der Wissenschaft versagt sein sollte. Nicht die Verschiedenheit der Objekte, sondern die strengere Methode bei der Feststellung und das Streben nach weitreichendem Zusammenhang machen den wesentlichen Charakter der wissenschaftlichen Arbeit aus.

Für die Vorsätze von einigem Belang haben wir allgemein gefunden, daß sie dann vergessen werden, wenn sich dunkle Motive gegen sie erheben. Bei noch weniger wichtigen Vorsätzen erkennt man als zweiten Mechanismus des Vergessens, daß ein Gegenwille sich von woanders her auf den Vorsatz überträgt, nachdem zwischen jenem anderen und dem Inhalt des Vorsatzes eine äußerliche Assoziation hergestellt worden ist. Hiezu gehört folgendes Beispiel: Ich lege Wert auf schönes Löschpapier und nehme mir vor, auf meinem heutigen Nachmittagsweg in die Innere Stadt neues einzukaufen. Aber an vier aufeinanderfolgenden Tagen vergesse ich es, bis ich mich befrage, welchen Grund diese Unterlassung hat. Ich finde ihn dann leicht, nachdem ich mich besonnen habe, daß ich zwar „Löschpapier" zu schreiben, aber „Fließpapier" zu sagen gewohnt bin. „Fließ" ist der Name eines Freundes in Berlin, der mir in den nämlichen Tagen Anlaß zu einem quälenden, besorgten Gedanken gegeben hatte. Diesen Gedanken kann ich nicht los werden, aber die Abwehrneigung äußert sich, indem sie sich mittels der Wortgleichheit auf den indifferenten und darum wenig resistenten Vorsatz überträgt.

Direkter Gegenwille und entferntere Motivierung treffen in folgendem Falle von Aufschub zusammen: In der Sammlung *Grenzfragen des Nerven- und Seelenlebens* hatte ich eine kurze Abhandlung über den Traum geschrieben, welche den Inhalt meiner *Traumdeutung* resümiert. *Bergmann* in Wiesbaden sendet eine Korrektur und bittet um umgehende Erledigung, weil er das Heft noch vor Weihnachten ausgeben will. Ich mache die Korrektur noch in der Nacht und lege sie auf meinen Schreibtisch, um sie am nächsten Morgen mitzunehmen. Am Morgen vergesse ich daran, erinnere mich erst nachmittags beim Anblick des Kreuzbandes auf meinem Schreibtisch. Ebenso vergesse ich die Korrektur am Nachmittag, am Abend und am nächsten Morgen, bis ich mich aufraffe und am

---

Ordination nicht zahlen, vergessen dann regelmäßig, das Honorar vom Hause aus zu schicken, und setzen es so durch, daß man sie umsonst – „um ihrer schönen Augen willen" – behandelt hat. Sie zahlen gleichsam mit ihrem Anblick.

Nachmittag des zweiten Tages die Korrektur zu einem Briefkasten trage, verwundert, was der Grund dieser Verzögerung sein mag. Ich will sie offenbar nicht absenden, aber ich finde nicht, warum. Auf demselben Spaziergang trete ich aber bei meinem Wiener Verleger, der auch das Traumbuch publiziert hat, ein, mache eine Bestellung und sage dann, wie von einem plötzlichen Einfall getrieben: „Sie wissen doch, daß ich den ‚Traum‘ ein zweites Mal geschrieben habe?" – „Ah, da würde ich doch bitten." – „Beruhigen Sie sich, nur ein kurzer Aufsatz für die *Löwenfeld-Kurellasche* Sammlung." Es war ihm aber doch nicht recht; er besorgte, der Vortrag würde dem Absatz des Buches schaden. Ich widersprach und fragte endlich: „Wenn ich mich früher an Sie gewendet hätte, würden Sie mir die Publikation untersagt haben?" – „Nein, das keineswegs." Ich glaube selbst, daß ich in meinem vollen Recht gehandelt und nichts anderes getan habe, als was allgemein üblich ist; doch scheint es mir gewiß, daß ein ähnliches Bedenken, wie es der Verleger äußerte, das Motiv meiner Zögerung war, die Korrektur abzusenden. Dies Bedenken geht auf eine frühere Gelegenheit zurück, bei welcher ein anderer Verleger Schwierigkeiten erhob, als ich, wie unvermeidlich, einige Blätter Text aus einer früheren, in anderem Verlage erschienenen Arbeit über zerebrale Kinderlähmung unverändert in die Bearbeitung desselben Themas im Handbuch von *Nothnagel* hinübernahm. Dort findet aber der Vorwurf abermals keine Anerkennung; ich hatte auch damals meinen ersten Verleger (identisch mit dem der *Traumdeutung*) loyal von meiner Absicht verständigt. Wenn aber diese Erinnerungsreihe noch weiter zurückgeht, so rückt sie mir einen noch früheren Anlaß vor, den einer Übersetzung aus dem Französischen, bei welchem ich wirklich die bei einer Publikation in Betracht kommenden Eigentumsrechte verletzt habe. Ich hatte dem übersetzten Text Anmerkungen beigefügt, ohne für diese Anmerkungen die Erlaubnis des Autors nachgesucht zu haben, und habe einige Jahre später Grund zur Annahme bekommen, daß der Autor mit dieser Eigenmächtigkeit unzufrieden war.

Es gibt ein Sprichwort, welches die populäre Kenntnis verrät, daß das Vergessen von Vorsätzen nichts Zufälliges ist. „Was man einmal zu tun vergessen hat, das vergißt man dann noch öfter."

Ja, man kann sich mitunter des Eindrucks nicht erwehren, daß alles, was man über das Vergessen und die Fehlhandlungen überhaupt sagen kann, den Menschen ohnedies wie etwas Selbstverständliches bekannt ist. Wunderbar genug, daß es doch notwendig ist, ihnen dies so Wohlbekannte vors Bewußtsein zu rücken! Wie oft habe ich sagen gehört: Gib mir diesen Auftrag nicht, ich werde gewiß an ihn vergessen. Das Eintreffen dieser Vorhersagung hatte dann sicherlich nichts Mystisches an sich. Der so sprach, verspürte, in sich den Vorsatz, den Auftrag nicht auszuführen, und weigerte sich nur, sich zu ihm zu bekennen.

Das Vergessen von Vorsätzen erfährt übrigens eine gute Beleuchtung durch etwas, was man als „Fassen von falschen Vorsätzen" bezeichnen könnte. Ich hatte einmal einem jungen Autor versprochen, ein Referat über sein kleines Opus zu schreiben, schob es aber wegen innerer, mir nicht unbekannter Widerstände auf, bis ich mich eines Tages durch sein Drängen bewegen ließ zu versprechen, daß es noch am selben Abend geschehen werde. Ich hatte auch die ernste Absicht, so zu tun, aber ich hatte vergessen, daß die Abfassung eines unaufschiebbaren Gutachtens für den nämlichen Abend angesetzt war. Nachdem ich so meinen Vorsatz als falsch erkannt hatte, gab ich den Kampf gegen meine Widerstände auf und sagte dem Autor ab.

VIII
Das Vergreifen

Der oben erwähnten Arbeit von *Meringer* und *Mayer* entnehme ich noch die Stelle (S. 98): „Die Sprechfehler stehen nicht ganz allein da. Sie entsprechen den Fehlern, die bei anderen Tätigkeiten der Menschen sich oft einstellen und ziemlich töricht ‚Vergeßlichkeiten' genannt werden."

Ich bin also keinesfalls der erste, der Sinn und Absicht hinter den kleinen Funktionsstörungen des täglichen Lebens Gesunder vermutet.[52]

Wenn die Fehler beim Sprechen, das ja eine motorische Leistung ist, eine solche Auffassung zugelassen haben, so liegt es nahe, auf die Fehler unserer sonstigen motorischen Verrichtungen die nämliche Erwartung zu übertragen. Ich habe hier zwei Gruppen von Fällen gebildet; alle die Fälle, in denen der Fehleffekt das Wesentliche scheint, also die Abirrung von der Intention, bezeichne ich als „*Vergreifen*", die anderen, in denen eher die ganze Handlung unzweckmäßig erscheint, benenne ich „*Symptom- und Zufallshandlungen*". Die Scheidung ist aber wiederum nicht reinlich durchzuführen; wir kommen ja wohl zur Einsicht, daß alle in dieser Abhandlung gebrauchten Einteilungen nur deskriptiv bedeutsame sind und der inneren Einheit des Erscheinungsgebietes widersprechen.

Das psychologische Verständnis des „Vergreifens" erfährt offenbar, keine besondere Förderung, wenn wir es der Ataxie und speziell der „kortikalen Ataxie" subsumieren. Versuchen wir lieber, die einzelnen Beispiele auf ihre jeweiligen Bedingungen zurückzuführen. Ich werde wiederum Selbstbeobachtungen hiezu verwenden, zu denen sich die Anlässe bei mir nicht besonders häufig finden.

---

[52] Eine zweite Publikation *Meringers* hat mir später gezeigt, wie sehr ich diesem Autor unrecht tat, als ich ihm solches Verständnis zumutete.

a) In früheren Jahren, als ich Hausbesuche bei Patienten noch häufiger machte als gegenwärtig, geschah es mir oft, daß ich, vor der Tür, an die ich anklopfen oder anläuten sollte, angekommen, die Schlüssel meiner eigenen Wohnung aus der Tasche zog, um – sie dann fast beschämt wieder einzustecken. Wenn ich mir zusammenstelle, bei welchen Patienten dies der Fall war, so muß ich annehmen, die Fehlhandlung – Schlüssel herausziehen anstatt läuten – bedeutete eine Huldigung für das Haus, wo ich in diesen Mißgriff verfiel. Sie war äquivalent dem Gedanken: „Hier bin ich wie zu Hause", denn sie trug sich nur zu, wo ich den Kranken liebgewonnen hatte. (An meiner eigenen Wohnungstür läute ich natürlich niemals.)

Die Fehlhandlung war also eine symbolische Darstellung eines doch eigentlich nicht für ernsthafte, bewußte Annahme bestimmten Gedankens, denn in der Realität weiß der Nervenarzt genau, daß der Kranke ihm nur so lange anhänglich bleibt, als er noch Vorteil von ihm erwartet, und daß er selbst nur zum Zwecke der psychischen Hilfeleistung ein übermäßig warmes Interesse für seine Patienten bei sich gewähren läßt.

Daß das sinnvoll fehlerhafte Hantieren mit dem Schlüssel keineswegs, eine Besonderheit meiner Person ist, geht aus zahlreichen Selbstbeobachtungen anderer hervor.

Eine fast identische Wiederholung meiner Erfahrungen beschreibt *A. Maeder* (*Contrib. à la psychopathologie de la vie quotidienne*, Arch. de Psychol., VI, 1906): *„Il est arrivé à chacun de sortir son trousseau, en arrivant à la porte d'un ami particulièrement cher, de se surprendre pour ainsi dire, en train d'ouvrir avec sa clé comme chez soi. C'est un retard, puisqu'il faut sonner malgré tout, mais c'est une preuve qu'on se sent ou qu'on voudrait se sentir – comme chez soi, auprès de cet ami."*

E. Jones (l. c., S. 509): *„The use of keys is a fertile source of occurrences of this kind of which two examples may be given. If I am disturbed in the midst of some engrossing work at home by having to go to the hospital to carry out some routine work, I am very apt to find myself trying to open the door of my laboratory there with the key of my desk at home, although the two keys are quite unlike each other. The mistake unconsciously demonstrates where I would rather be at the moment.*

Some years ago I was acting in a subordinate position at a certain institution, the front door of which was kept locked, so that it was necessary to ring for admission. On several occasions I found myself making serious attempts to open the door with my house key. Each one of the permanent visiting staff, of which I aspired to be a member, was provided with a key to avoid the trouble of having to wait at the door. My mistakes thus expressed my desire to be on a similar footing, and to be quite ,at home' there."

Ähnlich berichtet Dr. *Hanns Sachs*: „Ich trage stets zwei Schlüssel bei mir, von denen der eine die Tür zur Kanzlei, der andere die zu meiner Wohnung öffnet. Leicht verwechselbar sind sie durchaus nicht, da der Kanzleischlüssel mindestens dreimal so groß ist wie der Wohnungsschlüssel. Überdies trage ich den ersteren in der Hosentasche, den anderen in der Weste. Trotzdem geschah es öfters, daß ich vor der Tür stehend bemerkte, daß ich auf der Treppe den falschen Schlüssel vorbereitet hatte. Ich beschloß, einen statistischen Versuch zu machen; da ich ja täglich ungefähr in derselben Gemütsverfassung vor den beiden Türen stehe, mußte auch die Verwechslung der beiden Schlüssel, wenn anders sie psychisch determiniert sein sollte, eine regelmäßige Tendenz zeigen. Die Beobachtung bei späteren Fällen ergab dann, daß ich regelmäßig den Wohnungsschlüssel vor der Kanzleitür herausnahm, nur ein einziges Mal war das Umgekehrte der Fall: ich kam ermüdet nach Hause, wo, wie ich wußte, ein Gast meiner wartete. Vor der Tür machte ich einen Versuch, sie mit dem natürlich viel zu großen Kanzleischlüssel aufzusperren.

b) In einem bestimmten Hause, wo ich seit sechs Jahren zweimal täglich zu festgesetzten Zeiten vor einer Tür im zweiten Stock auf Einlaß warte, ist es mir während dieses langen Zeitraumes zweimal (mit einem kurzen Intervall) geschehen, daß ich um einen Stock höher gegangen bin, also mich „*verstiegen*" habe. Das eine Mal befand ich mich in einem ehrgeizigen Tagtraum, der mich „höher und immer höher steigen" ließ. Ich überhörte damals sogar, daß sich die fragliche Tür geöffnet hatte, als ich den Fuß auf die ersten Stufen des dritten Stockwerks setzte. Das andere Mal ging ich wiederum „in Gedanken versunken" zu weit; als ich es bemerkte, umkehrte und die mich beherrschende Phantasie zu erhaschen suchte, fand ich, daß ich mich über eine (phantasierte) Kritik meiner Schriften ärgerte, in welcher mir der Vorwurf gemacht wurde, daß ich immer „zu weit ginge", und in die ich nun den wenig respektvollen Ausdruck „*verstiegen*" einzusetzen hatte.

c) Auf meinem Schreibtisch liegen seit vielen Jahren nebeneinander ein Reflexhammer und eine Stimmgabel. Eines Tages eile ich nach Schluß der Sprechstunde fort, weil ich einen bestimmten Stadtbahnzug erreichen will, stecke bei vollem Tageslicht anstatt des Hammers die Stimmgabel in die Rocktasche und werde durch die Schwere des die Tasche herabziehenden Gegenstandes auf meinen Mißgriff aufmerksam gemacht. Wer sich über so kleine Vorkommnisse Gedanken zu machen nicht gewohnt ist, wird ohne Zweifel den Fehlgriff durch die Eile des Moments erklären und entschuldigen. Ich habe es trotzdem vorgezogen, mir die Frage zu stellen, warum ich eigentlich die Stimmgabel anstatt des Hammers genommen. Die Eilfertigkeit hätte ebensowohl ein Motiv sein können, den Griff richtig auszuführen, um nicht Zeit mit der Korrektur zu versäumen.

Wer hat zuletzt nach der Stimmgabel gegriffen? lautet die Frage, die sich mir da aufdrängt. Das war vor wenigen Tagen ein *idiotisches* Kind, bei dem ich die

Aufmerksamkeit auf Sinneseindrücke prüfte, und das durch die Stimmgabel so gefesselt wurde, daß ich sie ihm nur schwer entreißen konnte. Soll das also heißen, ich sei ein Idiot? Allerdings scheint es so, denn der nächste Einfall, der sich an Hammer assoziiert, lautet „*Chamer*" (hebräisch: Esel).

Was soll aber dieses Geschimpfe? Man muß hier die Situation befragen. Ich eile zu einer Konsultation in einem Orte an der Westbahnstrecke, zu einer Kranken, die nach der brieflich mitgeteilten Anamnese vor Monaten vom Balkon herabgestürzt ist und seither nicht gehen kann. Der Arzt, der mich einlädt, schreibt, er wisse trotzdem nicht, ob es sich um Rückenmarksverletzung oder um traumatische Neurose – Hysterie – handle. Da soll ich nun entscheiden. Da wäre also eine Mahnung am Platze, in der heiklen Differentialdiagnose besonders vorsichtig zu sein. Die Kollegen meinen ohnedies, man diagnostiziere viel zu leichtsinnig Hysterie, wo es sich um ernstere Dinge handle. Aber die Beschimpfung ist noch nicht gerechtfertigt! Ja, es kommt hinzu, daß die kleine Bahnstation der nämliche Ort ist, an dem ich vor Jahren einen jungen Mann gesehen, der seit einer Gemütsbewegung nicht ordentlich gehen konnte. Ich diagnostizierte damals Hysterie und nahm den Kranken später in psychische Behandlung, und dann stellte es sich heraus, daß ich freilich nicht unrichtig diagnostiziert hatte, aber auch nicht richtig. Eine ganze Anzahl der Symptome des Kranken war hysterisch gewesen, und diese schwanden auch prompt im Laufe der Behandlung. Aber hinter diesen wurde nun ein für die Therapie unantastbarer Rest sichtbar, der sich nur auf eine multiple Sklerose beziehen ließ. Die den Kranken nach mir sahen, hatten es leicht, die organische Affektion zu erkennen; ich hätte kaum anders vorgehen und anders urteilen können, aber der Eindruck war doch der eines schweren Irrtums; das Versprechen der Heilung, das ich ihm gegeben hatte, war natürlich nicht zu halten. Der Mißgriff nach der Stimmgabel anstatt nach dem Hammer ließ sich also so in Worte übersetzen: „Du Trottel, du Esel, nimm dich diesmal zusammen, daß du nicht wieder eine Hysterie diagnostizierst, wo eine unheilbare Krankheit vorliegt, wie bei dem armen Mann an demselben Ort vor Jahren!" Und zum Glück für diese kleine Analyse, wenn auch zum Unglück für meine Stimmung, war dieser selbe Mann mit schwerer spastischer Lähmung wenige Tage vorher und einen Tag nach dem idiotischen Kind in meiner Sprechstunde gewesen.

Man merkt, es ist diesmal die Stimme der Selbstkritik, die sich durch das Fehlgreifen vernehmlich macht. Zu solcher Verwendung als Selbstvorwurf ist der Fehlgriff ganz besonders geeignet. Der Mißgriff hier will den Mißgriff, den man anderswo begangen hat, darstellen.

d) Selbstverständlich kann das Fehlgreifen auch einer ganzen Reihe anderer dunkler Absichten dienen. Hier ein erstes Beispiel: Es kommt sehr selten vor, daß ich etwas zerschlage. Ich bin nicht besonders geschickt, aber infolge der anatomischen Integrität meiner Nervmuskelapparate sind Gründe für so ungeschickte Bewegungen mit unerwünschtem Erfolge bei mir offenbar nicht gegeben. Ich weiß also kein Objekt in meinem Hause zu erinnern, dessengleichen ich je zerschlagen hätte. Ich war durch die Enge in meinem Studierzimmer oft genötigt, in den unbequemsten Stellungen mit einer Anzahl von antiken Ton- und Steinsachen, von denen ich eine kleine Sammlung habe, zu hantieren, so daß Zuschauer die Besorgnis ausdrückten, ich würde etwas herunterschleudern und zerschlagen. Es ist aber niemals geschehen. Warum habe ich also einmal den marmornen Deckel meines einfachen Tintengefäßes zu Boden geworfen, so daß er zerbrach?

Mein Tintenzeug besteht aus einer Platte von Untersberger Marmor, die für die Aufnahme des gläsernen Tintenfäßchens ausgehöhlt ist; das Tintenfaß trägt einen Deckel mit Knopf aus demselben Stein. Ein Kranz von Bronzestatuetten und Terrakottafigürchen ist hinter diesem Tintenzeug aufgestellt. Ich setze mich an den Tisch, um zu schreiben, mache mit der Hand, welche den Federstiel hält, eine merkwürdig ungeschickte, ausfahrende Bewegung und werfe so den Deckel des Tintenfasses, der bereits auf dem Tische lag, zu Boden. Die Erklärung ist nicht schwer zu finden. Einige Stunden vorher war meine Schwester im Zimmer gewesen, um sich einige neue Erwerbungen anzusehen. Sie fand sie sehr schön und äußerte dann: „Jetzt sieht dein Schreibtisch wirklich hübsch aus, nur das Tintenzeug paßt nicht dazu. Du mußt ein schöneres haben." Ich begleitete die Schwester hinaus und kam erst nach Stunden zurück. Dann aber habe ich, wie es scheint, an dem verurteilten Tintenzeug die Exekution vollzogen. Schloß ich etwa aus den Worten der Schwester, daß sie sich vorgenommen habe, mich zur nächsten festlichen Gelegenheit mit einem schöneren Tintenzeug zu beschenken, und zerschlug das unschöne alte, um sie zur Verwirklichung ihrer angedeuteten Absicht zu nötigen? Wenn dem so ist, so war meine schleudernde Bewegung nur scheinbar ungeschickt; in Wirklichkeit war sie höchst geschickt und zielbewußt und verstand es, allen wertvolleren, in der Nähe befindlichen Objekten schonend auszuweichen.

Ich glaube wirklich, daß man diese Beurteilung für eine ganze Reihe von anscheinend zufällig ungeschickten Bewegungen annehmen muß. Es ist richtig, daß diese etwas Gewaltsames, Schleuderndes, wie Spastisch-Ataktisches zur Schau tragen, aber sie erweisen sich als von einer Intention beherrscht und treffen ihr Ziel mit einer Sicherheit, die man den bewußt willkürlichen Bewegungen nicht allgemein nachrühmen kann. Beide Charaktere, die Gewaltsamkeit wie die Treffsicherheit, haben sie übrigens mit den motorischen Äußerungen der hysterischen Neurose und zum Teile auch mit den motorischen Leistungen des Somnambulismus gemeinsam, was wohl hier wie dort auf die nämliche unbekannte Modifikation des Innervationsvorganges hinweist.

Auch eine von Frau *Lou Andreas-Salomé* mitgeteilte Selbstbeobachtung kann überzeugend dartun, wie eine hartnäckig festgehaltene „Ungeschicklichkeit" in sehr geschickter Weise uneingestandenen Absichten dient.

„Genau von der Zeit an, wo die Milch seltene und kostbare Ware geworden war, geschah es mir, zu meinem ständigen Schrecken und Ärgernis, sie beständig überkochen zu lassen. Umsonst mühte ich mich, dessen Herr zu werden, obwohl ich durchaus nicht sagen kann, daß ich mich bei sonstigen Gelegenheiten zerstreut oder unachtsam bewiesen hätte. Eher hätte das Ursache gehabt nach dem Tode meines lieben weißen Terriers (der so berechtigterweise wie nur je ein Mensch ‚Freund' [russisch Drujok] hieß). Aber – siehe da! – niemals seitdem ist die Milch auch nur um ein Tröpfchen übergekocht. Mein nächster Gedanke darüber lautete: ‚Wie gut ist das, da das auf Herdplatte oder Fußboden sich Ergießende nun nicht einmal Verwendung fände!' – Und gleichzeitig sah ich meinen ‚Freund' vor mir, wie er gespannt dasaß, die Kochprozedur zu beobachten: den Kopf etwas schief geneigt und mit dem Schwanzende schon erwartungsvoll wedelnd – mit getroster Sicherheit des sich vollziehenden prächtigen Unglücks gewärtig. Damit war freilich alles klar, und auch dies: daß er mir noch *mehr* lieb gewesen war, als ich selbst wußte."

Es ist mir in den letzten Jahren, seitdem ich solche Beobachtungen sammle, noch einigemal geschehen, daß ich Gegenstände von gewissem Werte zerschlagen oder zerbrochen habe, aber die Untersuchung dieser Fälle hat mich überzeugt, daß es niemals ein Erfolg des Zufalls oder meiner absichtslosen Ungeschicklichkeit war. So habe ich eines Morgens, als ich im Badekostüm, die Füße mit Strohpantoffeln bekleidet, durch ein Zimmer ging, einem plötzlichen Impuls folgend, einen der Pantoffel vom Fuß weg gegen die Wand geschleudert, so daß er eine hübsche kleine Venus von Marmor von ihrer Konsole herunterholte. Während sie in Stücke ging, zitierte ich ganz ungerührt die Verse von *Busch*:

> Ach die Venus ist perdü –
> Klickeradoms! – von Medici!

Dieses tolle Treiben und meine Ruhe bei dem Schaden finden ihre Aufklärung in der damaligen Situation. Wir hatten eine Schwerkranke in der Familie, an deren Genesung ich im stillen bereits verzweifelt hatte. An jenem Morgen hatte ich von einer großen Besserung erfahren; ich weiß, daß ich mir gesagt hatte: also bleibt sie doch am Leben. Dann diente mein Anfall von Zerstörungswut zum Ausdruck einer dankbaren Stimmung gegen das Schicksal und gestattete mir, eine „*Opferhandlung*" zu vollziehen, gleichsam als hätte ich gelobt, wenn sie gesund wird, bringe ich dies oder jenes zum Opfer! Daß ich für dieses Opfer die Venus von Medici ausgesucht, sollte gewiß nichts anderes als eine galante Huldigung für die Genesende sein; unbegreiflich bleibt mir aber auch diesmal, daß ich so rasch entschlossen, so geschickt gezielt und kein anderes der in so großer Nähe befindlichen Objekte getroffen habe.

Ein anderes Zerbrechen, für das ich mich wiederum des der Hand entfahrenden Federstieles bedient habe, hatte gleichfalls die Bedeutung eines Opfers, aber diesmal eines *Bittopfers* zur Abwendung. Ich hatte mir einmal darin gefallen, einem treuen und verdienten Freunde einen Vorwurf zu machen, der sich auf die Deutung gewisser Zeichen aus seinem Unbewußten, auf nichts anderes, stützte. Er nahm es übel auf und schrieb mir einen Brief, in dem er mich bat, meine Freunde nicht psychoanalytisch zu behandeln. Ich mußte ihm recht geben und beschwichtigte ihn durch meine Antwort. Während ich diesen Brief schrieb, hatte ich meine neueste Erwerbung, ein prächtig glasiertes ägyptisches Figürchen, vor mir stehen. Ich zerschlug es auf die beschriebene Weise und wußte dann sofort, daß ich dies Unheil angerichtet, um ein größeres abzuwenden. Zum Glück ließ sich beides – die Freundschaft wie die Figur – so kitten, daß man den Sprung nicht merken würde.

Ein drittes Zerbrechen stand in weniger ernsthaftem Zusammenhang; es war nur eine maskierte „Exekution", um den Ausdruck von *Th. Vischer* (*Auch einer*) zu gebrauchen, an einem Objekt, das sich meines Gefallens nicht mehr erfreute. Ich hatte eine Zeitlang einen Stock mit Silbergriff getragen; als die dünne Silberplatte einmal ohne mein Verschulden beschädigt worden war, wurde sie schlecht repariert. Bald nachdem der Stock zurückgekommen war, benützte ich den Griff, um im Übermut nach dem Beine eines meiner Kleinen zu angeln. Dabei brach er natürlich entzwei und ich war von ihm befreit.

Der Gleichmut, mit dem man in all diesen Fällen den entstandenen Schaden aufnimmt, darf wohl als Beweis für das Bestehen einer unbewußten Absicht bei der Ausführung in Anspruch genommen werden.

Gelegentlich stößt man, wenn man den Begründungen einer so geringfügigen Fehlleistung nachforscht, wie es das Zerbrechen eines Gegenstandes ist, auf Zusammenhänge, die tief in die Vorgeschichte eines Menschen hineinführen und überdies an der gegenwärtigen Situation desselben haften. Nachstehende Analyse von *L. Jekels* soll hiefür ein Beispiel geben.

„Ein Arzt befindet sich im Besitze einer, wenn auch nicht kostbaren, so doch sehr hübschen irdenen Blumenvase. Dieselbe wurde ihm seinerzeit nebst vielen anderen, darunter auch kostbaren Gegenständen von einer (verheirateten) Patientin geschenkt. Als bei derselben die Psychose manifest wurde, hat er all die Geschenke den Angehörigen der Patientin zurückerstattet – bis auf eine weit weniger kostspielige Vase, von der er sich nicht trennen konnte, angeblich wegen ihrer Schönheit. Doch kostete diese Unterschlagung den sonst so skrupulösen Menschen einen gewissen inneren Kampf, war er sich doch der Ungehörigkeit dieser Handlung vollkommen bewußt und half sich bloß über seine Gewissensbisse mit dem Vorhalt hinweg, die Vase habe eigentlich keinen Materialwert, sei schwerer einzupacken usw. – Als er nun einige Monate später im Begriffe war, den ihm streitig gemachten Restbetrag für die Behandlung dieser Patientin durch einen Rechtsanwalt reklamieren und eintreiben zu lassen, meldeten sich die Selbstvorwürfe wieder; flüchtig befiel ihn auch die Angst, die vermeintliche Unterschlagung könnte von den Angehörigen entdeckt und ihm im Strafverfahren entgegengehalten werden. Besonders jedoch das erste Moment war eine Weile hindurch so stark, daß er schon daran dachte, auf eine etwa hundertmal höhere Forderung zu verzichten – quasi als Entschädigung für den unterschlagenen Gegenstand – er überwand jedoch alsbald diesen Gedanken, indem er ihn als absurd beiseite schob.

Während dieser Stimmung passiert es ihm nun, daß er, der sonst außerordentlich selten etwas zerbricht und seinen Muskelapparat gut beherrscht, beim Erneuern des Wassers in der Vase dieselbe durch eine organisch mit dieser Handlung gar nicht zusammenhängende, sonderbar ‚ungeschickte‘ Bewegung vom Tische wirft, so daß sie etwa in fünf oder sechs größere Stücke zerbricht. Und dies, nachdem er am Abend zuvor, nur nach vorherigem starken Zögern, sich entschlossen hatte, gerade diese Vase blumengefüllt vor die geladenen Gäste auf den Tisch des Speisezimmers zu stellen, und nachdem er knapp vor dem Zerbrechen an sie gedacht, sie in seinem Wohnzimmer angstvoll vermißt und eigenhändig aus dem anderen Zimmer geholt hat! Als er nun nach der anfänglichen Bestürzung die Stücke aufsammelt, und gerade als er durch Zusammenpassen derselben konstatiert, es werde noch möglich sein, die Vase fast lückenlos zu rekonstruieren, da – gleiten ihm die zwei oder drei größeren Bruchstücke aus den Händen; sie zerstieben in tausend Splitter und mit ihnen auch jegliche Hoffnung auf diese Vase.

Fraglos hatte diese Fehlleistung die aktuelle Tendenz, dem Arzte das Verfolgen seines Rechtes zu ermöglichen, indem dieselbe das beseitigte, was er zurückbehalten hatte und was ihn einigermaßen behinderte, das zu verlangen, was man ihm zurückbehalten hatte.

Doch außer dieser direkten, besitzt für jeden Psychoanalytiker diese Fehlleistung noch eine weitere, ungleich tiefere und wichtigere, *symbolische* Determinierung; ist doch Vase ein unzweifelhaftes Symbol der Frau.

Der Held dieser kleinen Geschichte hatte seine schöne, junge und heißgeliebte Frau auf tragische Weise verloren; er verfiel in eine Neurose, deren Grundnote war, er sei an dem Unglück schuld (‚er habe eine schöne Vase zerbrochen‘). Auch fand er kein Verhältnis mehr zu den Frauen und hatte Abneigung vor der Ehe und vor dauernden Liebesbeziehungen, die im Unbewußten als Untreue gegen seine verstorbene Frau gewertet, im Bewußten aber damit rationalisiert wurden, er bringe den Frauen Unglück, es könnte sich eine seinetwegen töten usw. (Da durfte er natürlich die Vase nicht dauernd behalten!)

Bei seiner starken Libido ist es nun nicht verwunderlich, daß ihm als die adäquatesten die ihrer Natur nach doch passageren Beziehungen zu verheirateten Frauen vorschwebten (daher Zurückhalten der Vase eines anderen).

Eine schöne Bestätigung für diese Symbolik findet sich in nachstehenden zwei Momenten: Infolge der Neurose unterzog er sich der psychoanalytischen Behandlung. Im Verlaufe der Sitzung, in der er von dem Zerbrechen der ,irdenen‘ Vase erzählte, kam er viel später wieder einmal auf sein Verhältnis zu den Frauen zu sprechen und meinte, er sei bis zur Unsinnigkeit anspruchsvoll; so verlange er z. B. von, den Frauen ,unirdische Schönheit‘. Doch eine sehr deutliche Betonung, daß er noch an seiner (verstorbenen i. e. unirdischen) Frau hänge und von ,irdischer Schönheit‘ nichts wissen wolle; daher das Zerbrechen der ,irdenen‘ (irdischen) Vase.

Und genau zur Zeit, als er in der Übertragung die Phantasie bildete, die Tochter seines Arztes zu heiraten – da verehrte er demselben eine – Vase, quasi als Andeutung, nach welcher Richtung ihm die Revanche erwünscht wäre.

Voraussichtlich läßt sich die symbolische Bedeutung der Fehlleistung noch mannigfaltig variieren, z. B. die Vase nicht füllen wollen usw. Interessanter erscheint mir jedoch die Erwägung, daß das Vorhandensein von mehreren, mindestens zweien, wahrscheinlich auch getrennt aus dem Vor- und Unbewußten wirksamen Motiven, sich in der Doppelung der Fehlleistung – Umstoßen und Entgleiten der Vase – widerspiegelt.“[53]

e) Das Fallenlassen von Objekten, Umwerfen, Zerschlagen derselben scheint sehr häufig zum Ausdruck unbewußter Gedankengänge verwendet zu werden, wie man gelegentlich durch Analyse beweisen kann, häufiger aber aus den abergläubisch oder scherzhaft daran geknüpften Deutungen im Volksmunde erraten möchte. Es ist bekannt, welche Deutungen sich an das Ausschütten von Salz, Umwerfen eines Weinglases, Steckenbleiben eines zu Boden gefallenen Messers u. dgl. knüpfen. Welches Anrecht auf Beachtung solche abergläubische Deutungen haben, werde ich erst an späterer Stelle erörtern; hieher gehört nur die Bemerkung, daß die einzelne ungeschickte Verrichtung keineswegs einen konstanten Sinn hat, sondern je nach Umständen sich dieser oder jener Absicht als Darstellungsmittel bietet.

---

[53] Internat. Zeitschrift für Psychoanalyse, I, 1913.

Vor kurzem gab es in meinem Hause eine Zeit, in der ungewöhnlich viel Glas und Porzellangeschirr zerbrochen wurde; ich selbst trug mehreres zum Schaden bei. Allein die kleine psychische Endemie war leicht aufzuklären; es waren die Tage vor der Vermählung meiner ältesten Tochter. Bei solchen Feiern pflegte man sonst mit Absicht ein Gerät zu zerbrechen und ein glückbringendes Wort dazu zu sagen. Diese Sitte mag die Bedeutung eines Opfers und noch anderen symbolischen Sinn haben.

Wenn dienende Personen zerbrechliche Gegenstände durch Fallenlassen vernichten, so wird man an eine psychologische Erklärung hiefür zwar nicht in erster Linie denken, doch ist auch dabei ein Beitrag dunkler Motive nicht unwahrscheinlich. Nichts liegt dem Ungebildeten ferner als die Schätzung der Kunst und der Kunstwerke. Eine dumpfe Feindseligkeit gegen deren Erzeugnisse beherrscht unser dienendes Volk, zumal wenn die Gegenstände, deren Wert sie nicht einsehen, eine Quelle von Arbeitsanforderung für sie werden. Leute von derselben Bildungsstufe und Herkunft zeichnen sich dagegen in wissenschaftlichen Instituten oft durch große Geschicklichkeit und Verläßlichkeit in der Handhabung heikler Objekte aus, wenn sie erst begonnen haben, sich mit ihrem Herrn zu identifizieren und sich zum wesentlichen Personal des Instituts zu rechnen.

Ich schalte hier die Mitteilung eines jungen Technikers ein, welche Einblick in den Mechanismus einer Sachbeschädigung gestattet.

„Vor einiger Zeit arbeitete ich mit mehreren Kollegen im Laboratorium der Hochschule an einer Reihe komplizierter Elastizitätsversuche, eine Arbeit, die wir freiwillig übernommen hatten, die aber begann, mehr Zeit zu beanspruchen, als wir erwartet hatten. Als ich eines Tages wieder mit meinem Kollegen F. ins Laboratorium ging, äußerte dieser, wie unangenehm es ihm gerade heute sei, so viel Zeit zu verlieren, er hätte zu Hause so viel anderes zu tun; ich konnte ihm nur beistimmen und äußerte noch halb scherzhaft, auf einen Vorfall der vergangenen Woche anspielend: ‚Hoffentlich wird wieder die Maschine versagen, so daß wir die Arbeit abbrechen und früher weggehen können!' – Bei der Arbeitsteilung trifft es sich, daß Kollege F. das ‚Ventil der Presse zu steuern bekommt, d. h. er hat die Druckflüssigkeit aus dem Akkumulator durch vorsichtiges Öffnen des Ventils langsam in den Zylinder der hydraulischen Presse einzulassen; der Leiter des Versuches steht beim Manometer und ruft, wenn der richtige Druck erreicht ist, ein lautes ‚Halt'. Auf dieses Kommando faßt F. das Ventil und dreht es mit aller Kraft – nach links (alle Ventile werden ausnahmslos nach rechts geschlossen!). Dadurch wird plötzlich der volle Druck des Akkumulators in der Presse wirksam, worauf die Rohrleitung nicht eingerichtet ist, so daß sofort eine Rohrverbindung platzt – ein ganz harmloser Maschinendefekt, der uns jedoch zwingt, für heute die Arbeit einzustellen und nach Hause zu gehen. – Charakteristisch ist übrigens, daß einige Zeit nachher, als wir diesen Vorfall besprachen, Freund F. sich an meine von mir mit Sicherheit erinnerte Äußerung absolut nicht erinnern wollte."

Sich selbst fallen lassen, einen Fehltritt machen, ausgleiten, braucht gleichfalls nicht immer als rein zufälliges Fehlschlagen motorischer Aktion gedeutet zu werden. Der sprachliche Doppelsinn dieser Ausdrücke weist bereits auf die Art von verhaltenen Phantasien hin, die sich durch solches Aufgeben des Körpergleichgewichtes darstellen können. Ich erinnere mich an eine Anzahl von leichteren nervösen Erkrankungen bei Frauen und Mädchen, die nach einem Falle ohne Verletzung aufgetreten waren und als traumatische Hysterie zufolge des Schrecks beim Falle aufgefaßt wurden. Ich bekam schon damals den Eindruck, als ob die Dinge anders zusammenhingen, als wäre das Fallen bereits eine Veranstaltung der Neurose und ein Ausdruck derselben unbewußten Phantasien sexuellen Inhalts gewesen, die man als die bewegenden Kräfte hinter den Symptomen vermuten darf. Sollte dasselbe nicht auch ein Sprichwort sagen wollen, welches lautet: „Wenn eine Jungfrau fällt, fällt sie auf den Rücken"?

Zum *Vergreifen* kann man auch den Fall rechnen, daß jemand einem Bettler anstatt einer Kupfer- oder kleinen Silbermünze ein Goldstück gibt. Die Auflösung solcher Fehlgriffe ist leicht; es sind Opferhandlungen, bestimmt, das Schicksal zu erweichen, Unheil abzuwehren u. dgl. Hat man die zärtliche Mutter oder Tante unmittelbar vor dem Spaziergang, auf dem sie sich so widerwillig großmütig erzeigt, eine Besorgnis über die Gesundheit eines Kindes äußern gehört, so kann man an dem Sinne des angeblich unliebsamen Zufalls nicht mehr zweifeln. Auf solche Art ermöglichen unsere Fehlleistungen die Ausübung aller jener frommen und abergläubischen Gebräuche, die wegen des Sträubens unserer ungläubig gewordenen Vernunft das Licht des Bewußtseins scheuen müssen.

f) Daß zufällige Aktionen eigentlich absichtliche sind, wird auf keinem anderen Gebiete eher Glauben finden als auf dem der sexuellen Betätigung, wo die Grenze zwischen beiderlei Arten sich wirklich zu verwischen scheint. Daß eine scheinbar ungeschickte Bewegung höchst raffiniert zu sexuellen Zwecken ausgenützt werden kann, davon habe ich vor einigen Jahren an mir selbst ein schönes Beispiel erlebt. Ich traf in einem befreundeten Hause ein als Gast angelangtes junges Mädchen, welches ein längst für erloschen gehaltenes Wohlgefallen bei mir erregte und mich darum heiter, gesprächig und zuvorkommend stimmte. Ich habe damals auch nachgeforscht, auf welchen Bahnen dies zuging; ein Jahr vorher hatte dasselbe Mädchen mich kühl gelassen. Als nun der Onkel des Mädchens, ein sehr alter Herr, ins Zimmer trat, sprangen wir beide auf, um ihm einen in der Ecke stehenden Stuhl zu bringen. Sie war behender als ich, wohl auch dem

Objekt näher; so hatte sie sich zuerst des Sessels bemächtigt und trug ihn mit der Lehne nach rückwärts, beide Hände auf die Sesselränder gelegt, vor sich hin. Indem ich später hinzutrat und den Anspruch, den Sessel zu tragen, doch nicht aufgab, stand ich plötzlich dicht hinter ihr, hatte beide Arme von rückwärts um sie geschlungen, und meine Hände trafen sich einen Moment lang vor ihrem Schoß. Ich löste natürlich die Situation ebenso rasch, als sie entstanden war. Es schien auch keinem aufzufallen, wie geschickt ich diese ungeschickte Bewegung ausgebeutet hatte.

Gelegentlich habe ich mir auch sagen müssen, daß das ärgerliche, ungeschickte Ausweichen auf der Straße, wobei man durch einige Sekunden hin und her, aber doch stets nach der nämlichen Seite wie der oder die andere, Schritte macht, bis endlich beide voreinander stehen bleiben, daß auch dieses „den Weg Vertreten" ein unartig provozierendes Benehmen früherer Jahre wiederholt und sexuelle Absichten unter der Maske der Ungeschicklichkeit verfolgt. Aus meinen Psychoanalysen Neurotischer weiß ich, daß die sogenannte Naivität junger Leute und Kinder häufig nur solch eine Maske ist, um das Unanständige unbeirrt durch Genieren aussprechen oder tun zu können.

Ganz ähnliche Beobachtungen hat *W. Stekel* von seiner eigenen Person mitgeteilt: „Ich trete in ein Haus ein und reiche der Dame des Hauses meine Rechte. Merkwürdigerweise löse ich dabei die Schleife, die ihr loses Morgenkleid zusammenhält. Ich bin mir keiner unehrbaren Absicht bewußt, und doch habe ich diese ungeschickte Bewegung mit der Geschicklichkeit eines Eskamoteurs vollbracht."

Ich habe schon wiederholt Proben dafür geben können, daß die Dichter Fehlleistungen ebenso als sinnvoll und motiviert auffassen, wie wir es hier vertreten. Es wird uns darum nicht verwundern, an einem neuen Beispiel zu ersehen, wie ein Dichter auch eine ungeschickte Bewegung bedeutungsvoll macht und zum Vorzeichen späterer Begebenheiten werden läßt.

In *Theodor Fontanes* Roman: *L'Adultera* heißt es (Bd. II, S. 64 der Gesammelten Werke, Verlag S. Fischer): „... und Melanie sprang auf und warf ihrem Gatten, wie zur Begrüßung, einen der großen Bälle zu. Aber sie hatte nicht richtig gezielt, der Ball ging seitwärts und Rubehn fing ihn auf." Bei der Heimkehr von dem Ausfluge, der diese kleine Episode gebracht hat, findet ein Gespräch zwischen Melanie und Rubehn statt, das die erste Andeutung einer keimenden Neigung verrät. Diese Neigung wächst zur Leidenschaft, so daß Melanie schließlich ihren Gatten verläßt, um dem geliebten Manne ganz anzugehören. (Mitgeteilt von *H. Sachs.*)

g) Die Effekte, die durch das Fehlgreifen normaler Menschen zustande kommen, sind in der Regel von harmlosester Art. Gerade darum wird sich ein besonderes Interesse an die Frage knüpfen, ob Fehlgriffe von erheblicher Tragweite, die von bedeutsamen Folgen begleitet sein können, wie zum Beispiel die des Arztes oder Apothekers, nach irgendeiner Richtung unter unsere Gesichtspunkte fallen.

Da ich sehr selten in die Lage komme, ärztliche Eingriffe vorzunehmen, habe ich nur über ein Beispiel von ärztlichem Vergreifen aus eigener Erfahrung zu berichten. Bei einer sehr alten Dame, die ich seit Jahren zweimal täglich besuche, beschränkt sich meine ärztliche Tätigkeit beim Morgenbesuch auf zwei Akte: ich träufle ihr ein paar Tropfen Augenwasser ins Auge und gebe ihr eine Morphiuminjektion. Zwei Fläschchen, ein blaues für das Kollyrium und ein weißes für die Morphinlösung, sind regelmäßig vorbereitet. Während der beiden Verrichtungen beschäftigen sich meine Gedanken wohl meist mit etwas anderem; das hat sich eben schon so oft wiederholt, daß die Aufmerksamkeit sich wie frei benimmt. Eines Morgens bemerkte ich, daß der Automat falsch gearbeitet hatte, das Tropfröhrchen hatte ins weiße anstatt ins blaue Fläschchen eingetaucht und nicht Kollyrium, sondern Morphin ins Auge geträufelt. Ich erschrak heftig und beruhigte mich dann durch die Überlegung, daß einige Tropfen einer zweiprozentigen Morphinlösung auch im Bindehautsack kein Unheil anzurichten vermögen. Die Schreckempfindung war offenbar anderswoher abzuleiten.

Bei dem Versuche, den kleinen Fehlgriff zu analysieren, fiel mir zunächst die Phrase ein: „sich an der Alten vergreifen", die den kurzen Weg zur Lösung weisen konnte. Ich stand unter dem Eindruck eines Traumes, den mir am Abend vorher ein junger Mann erzählt hatte, dessen Inhalt sich nur auf den sexuellen Verkehr mit der eigenen Mutter deuten ließ.[54] Die Sonderbarkeit, daß die Sage keinen Anstoß an dem Alter der Königin Jokaste nimmt, schien mir gut zu dem Ergebnis zu stimmen, daß es sich bei der Verliebtheit in die eigene Mutter niemals um deren gegenwärtige Person handelt, sondern um ihr jugendliches Erinnerungsbild aus den Kinderjahren. Solche Inkongruenzen stellen sich immer heraus, wo eine zwischen zwei Zeiten schwankende Phantasie bewußt gemacht und dadurch an eine bestimmte Zeit gebunden wird. In Gedanken solcher Art versunken, kam ich zu meiner über neunzigjährigen Patientin, und ich muß wohl auf dem Wege gewesen sein, den allgemein menschlichen Charakter der Ödipusfabel als das Korrelat des Verhängnisses, das sich in den Orakeln äußert, zu erfassen, denn ich vergriff mich dann „bei oder an der Alten". Indes dies Vergreifen war wiederum harmlos; ich hatte von den beiden möglichen Irrtü-

---

[54] Des *Ödipustraumes*, wie ich ihn zu nennen pflege, weil er den Schlüssel zum Verständnis der Sage von König Ödipus enthält. Im Text des Sophokles ist die Beziehung auf einen solchen Traum der Jokaste in den Mund gelegt. (Vgl. *Traumdeutung*, S. 182, VIII. Aufl. S. 182.)

mern, die Morphinlösung fürs Auge zu verwenden oder das Augenwasser zur Injektion zu nehmen, den bei weitem harmloseren gewählt. Es bleibt immer noch die Frage, ob man bei Fehlgriffen, die schweren Schaden stiften können, in ähnlicher Weise wie bei den hier behandelten eine unbewußte Absicht in Erwägung ziehen darf.

Hier läßt mich denn, wie zu erwarten steht, das Material im Stiche, und ich bleibe auf Vermutungen und Schlüsse angewiesen. Es ist bekannt, daß bei den schwereren Fällen von Psychoneurose Selbstbeschädigungen gelegentlich als Krankheitssymptome auftreten, und daß der Ausgang des psychischen Konflikts in Selbstmord bei ihnen niemals auszuschließen ist. Ich habe nun erfahren und kann es durch gut aufgeklärte Beispiele belegen, daß viele scheinbar zufällige Schädigungen, die solche Kranke treffen, eigentlich Selbstbeschädigungen sind, indem eine beständig lauernde Tendenz zur Selbstbestrafung, die sich sonst als Selbstvorwurf äußert, oder ihren Beitrag zur Symptombildung stellt, eine zufällig gebotene äußere Situation geschickt ausnützt, oder ihr etwa noch bis zur Erreichung des gewünschten schädigenden Effekts nachhilft. Solche Vorkommnisse sind auch bei mittelschweren Fällen keineswegs selten, und sie verraten den Anteil der unbewußten Absicht durch eine Reihe von besonderen Zügen, zum Beispiel durch die auffällige Fassung, welche die Kranken bei dem angeblichen Unglücksfalle bewahren.[55]

Aus meiner ärztlichen Erfahrung will ich anstatt vieler nur ein einziges Beispiel ausführlich berichten: Eine junge Frau bricht sich bei einem Wagenunfall die Knochen des einen Unterschenkels, so daß sie für Wochen bettlägerig wird, fällt dabei durch den Mangel an Schmerzensäußerungen und die Ruhe auf, mit der sie ihr Ungemach erträgt. Dieser Unfall leitet eine lange und schwere neurotische Erkrankung ein, von der sie endlich durch Psychoanalyse hergestellt wird. In der Behandlung erfahre ich die Nebenumstände des Unfalls sowie gewisse Ereignisse, die ihm vorausgegangen waren. Die junge Frau befand sich mit ihrem sehr eifersüchtigen Manne auf dem Gute einer verheirateten Schwester in Gesellschaft ihrer zahlreichen übrigen Geschwister und deren Männer und Frauen. Eines Abends gab sie in diesem intimen Kreise eine Vorstellung in eine ihrer Künste, sie tanzte kunstgerecht Cancan unter großem Beifall der Verwandten, aber zur geringen Befriedigung ihres Mannes, der ihr nachher zuzischelte: „Du hast dich wieder benommen wie eine Dirne." Das Wort traf; wir wollen es

---

[55] Die Selbstbeschädigung, die nicht auf volle Selbstvernichtung hinzielt, hat in unserem gegenwärtigen Kulturzustand überhaupt keine andere Wahl, als sich hinter der Zufälligkeit zu verbergen, oder sich durch Simulation einer spontanen Erkrankung durchzusetzen. Früher einmal war sie ein gebräuchliches Zeichen der Trauer; zu anderen Zeiten konnte sie Tendenzen der Frömmigkeit und Weltentsagung Ausdruck geben.

dahingestellt sein lassen, ob gerade wegen der Tanzproduktion. Sie schlief die Nacht unruhig, am nächsten Vormittag begehrte sie eine Ausfahrt zu machen. Aber sie wählte die Pferde selbst, refüsierte das eine Paar und verlangte ein anderes. Die jüngste Schwester wollte ihren Säugling mit seiner Amme im Wagen mitfahren lassen; dem widersetzte sie sich energisch. Auf der Fahrt zeigte sie sich nervös, mahnte den Kutscher, daß die Pferde scheu würden, und als die unruhigen Tiere wirklich einen Augenblick Schwierigkeiten machten, sprang sie im Schrecken aus dem Wagen und brach sich den Fuß, während die im Wagen Verbliebenen heil davonkamen. Kann man nach der Aufdeckung dieser Einzelheiten kaum mehr bezweifeln, daß dieser Unfall eigentlich eine Veranstaltung war, so wollen wir doch nicht versäumen, die Geschicklichkeit zu bewundern, welche den Zufall nötigte, die Strafe so passend für die Schuld auszuteilen. Denn nun war ihr das Cancantanzen für längere Zeit unmöglich gemacht.

Von eigenen Selbstbeschädigungen weiß ich in ruhigen Zeiten wenig zu berichten, aber ich finde mich solcher unter außerordentlichen Bedingungen nicht unfähig. Wenn eines der Mitglieder meiner Familie sich beklagt, jetzt habe es sich auf die Zunge gebissen, die Finger gequetscht usw., so erfolgt anstatt der erhofften Teilnahme von meiner Seite die Frage: „Wozu hast du das getan?" Aber ich habe mir selbst aufs schmerzhafteste den Daumen eingeklemmt, nachdem ein jugendlicher Patient in der Behandlungsstunde die (natürlich nicht ernsthaft zu nehmende) Absicht bekannt hatte, meine älteste Tochter zu heiraten, während ich wußte, daß sie sich gerade im Sanatorium in äußerster Lebensgefahr befand.

Einer meiner Knaben, dessen lebhaftes Temperament der Krankenpflege Schwierigkeiten zu bereiten pflegte, hatte eines Morgens einen Zornanfall gehabt, weil man ihm zugemutet hatte, den Vormittag im Bette zuzubringen, und gedroht sich umzubringen, wie es ihm aus der Zeitung bekannt geworden war. Abends zeigte er mir eine Beule, die er sich durch Anstoßen an die Türklinke an der Seite des Brustkorbes zugezogen hatte. Auf meine ironische Frage, wozu er das getan und was er damit gewollt habe, antwortete das elfjährige Kind wie erleuchtet: „Das war mein Selbstmordversuch, mit dem ich in der Früh gedroht habe." Ich glaube übrigens nicht, daß meine Anschauungen über die Selbstbeschädigung meinen Kindern damals zugänglich waren.

Wer an das Vorkommen von halb absichtlicher Selbstbeschädigung – wenn der ungeschickte Ausdruck gestattet ist – glaubt, der wird dadurch vorbereitet, anzunehmen, daß es außer dem bewußt absichtlichen Selbstmord auch halb absichtliche Selbstvernichtung – mit unbewußter Absicht – gibt, die eine Lebensbedrohung geschickt auszunützen und sie als zufällige Verunglückung zu maskieren weiß. Eine solche braucht keineswegs selten zu sein. Denn die Tendenz zur Selbstvernichtung ist bei sehr viel mehr Menschen in einer gewissen

Stärke vorhanden, als bei denen sie sich durchsetzt; die Selbstbeschädigungen sind in der Regel ein Kompromiß zwischen diesem Trieb und den ihm noch entgegenwirkenden Kräften, und auch wo es wirklich zum Selbstmord kommt, da ist die Neigung dazu eine lange Zeit vorher in geringerer Stärke oder als unbewußte und unterdrückte Tendenz vorhanden gewesen.

Auch die bewußte Selbstmordabsicht wählt ihre Zeit, Mittel und Gelegenheit; es ist ganz im Einklang damit, wenn die unbewußte einen Anlaß abwartet, der einen Teil der Verursachung auf sich nehmen und sie durch Inanspruchnahme der Abwehrkräfte der Person von ihrer Bedrückung frei machen kann.[56] Es sind keineswegs müßige Erwägungen, die ich da vorbringe; mir ist mehr als ein Fall von anscheinend zufälligem Verunglücken (zu Pferde oder aus dem Wagen) bekannt geworden, dessen nähere Umstände den Verdacht auf unbewußt zugelassenen Selbstmord rechtfertigen. Da stürzt z. B. während eines Offizierswettrennens ein Offizier vom Pferde und verletzt sich so schwer, daß er mehrere Tage nachher erliegt. Sein Benehmen, nachdem er zu sich gekommen, ist in manchen Stücken auffällig. Noch bemerkenswerter ist sein Benehmen vorher gewesen. Er ist tief verstimmt durch den Tod seiner geliebten Mutter; wird von Weinkrämpfen in der Gesellschaft seiner Kameraden befallen, er äußert Lebensüberdruß gegen seine vertrauten Freunde, will den Dienst quittieren, um an einem Kriege in Afrika Anteil zu nehmen, der ihn sonst nicht berührt;[57] früher ein schneidiger Reiter, weicht er jetzt dem Reiten aus, wo es nur möglich ist. Vor dem Wettrennen endlich, dem er sich nicht entziehen kann, äußert er eine trübe Ahnung; wir werden uns bei unserer Auffassung nicht mehr verwundern, daß diese Ahnung recht behielt. Man wird mir entgegenhalten, es sei ja ohne wei-

---

[56] Der Fall ist dann schließlich kein anderer als der des sexuellen Attentats auf eine Frau, bei dem der Angriff des Mannes nicht durch die volle Muskelkraft des Weibes abgewehrt werden kann, weil ihm ein Teil der unbewußten Regungen der Angegriffenen fördernd entgegenkommt. Man sagt ja wohl, eine solche Situation *lähme* die Kräfte der Frau; man braucht dann nur noch die Gründe für diese Lähmung hinzuzufügen. Insofern ist der geistreiche Richterspruch des *Sancho Pansa*, den er als Gouverneur auf seiner Insel fällt, psychologisch ungerecht (*Don Quijote*, II. Teil, Kap. XLV). Eine Frau zerrt einen Mann vor den Richter, der sie angeblich gewaltsam ihrer Ehre beraubt hat. Sancho entschädigt sie durch die volle Geldbörse, die er dem Angeklagten abnimmt, und gibt diesem nach dem Abgange der Frau die Erlaubnis, ihr nachzueilen und ihr die Börse wieder zu entreißen. Sie kommen beide ringend wieder, und die Frau rühmt sich, daß der Bösewicht nicht imstande gewesen sei, sich der Börse zu bemächtigen. Darauf Sancho: „Hättest du deine Ehre halb so ernsthaft verteidigt wie diese Börse, so hätte sie dir der Mann nicht rauben können."

[57] Daß die Situation des Schlachtfeldes eine solche ist, wie sie der bewußten Selbstmordabsicht entgegenkommt, die doch den direkten Weg scheut, ist einleuchtend. Vgl. im *Wallenstein* die Worte des schwedischen Hauptmannes über den Tod des Max Piccolomini: „Man sagt, er wollte sterben."

teres verständlich, daß ein Mensch in solch nervöser Depression das Tier nicht zu meistern versteht wie in gesunden Tagen. Ich bin ganz einverstanden; nur möchte ich den Mechanismus dieser motorischen Hemmung durch die „Nervosität" in der hier betonten Selbstvernichtungsabsicht suchen.

S. Ferenczi in Budapest hat mir die Analyse eines Falles von angeblich zufälliger Schußverletzung, den er für einen unbewußten Selbstmordversuch erklärt, zur Veröffentlichung überlassen. Ich kann mich mit seiner Auffassung nur einverstanden erklären:

„J. Ad., 22jähriger Tischlergeselle, suchte mich am 18. Jänner 1908 auf. Er wollte von mir erfahren, ob die Kugel, die ihm am 20. März 1907 in die linke Schläfe eindrang, operativ entfernt werden könne oder müsse. Von zeitweise auftretenden, nicht allzu heftigen Kopfschmerzen abgesehen, fühlt er sich ganz gesund, auch die objektive Untersuchung ergibt außer der charakteristischen, pulvergeschwärzten Schußnarbe an der linken Schläfe gar nichts, so daß ich die Operation widerrate. Über die Umstände des Falles befragt, erklärt er, sich zufällig verletzt zu haben. Er spielte mit dem Revolver des Bruders, *glaubte, daß er nicht geladen ist*, drückte ihn mit der linken Hand an die *linke* Schläfe (er ist nicht Linkshänder), legte den Finger an den Hahn, und der Schuß ging los. *Drei Patronen waren in der sechsläufigen Schußwaffe.* Ich frage ihn: wie er auf die Idee kam, den Revolver zu sich zu nehmen. Er erwidert, daß es zur Zeit seiner Assentierung war; den Abend zuvor nahm er die Waffe ins Wirtshaus mit, weil er Schlägereien befürchtete. Bei der Musterung wurde er wegen Krampfadern für untauglich erklärt, worüber er sich sehr schämte. Er ging nach Hause, spielte mit dem Revolver, hatte aber nicht die Absicht, sich wehe zu tun; da kam es zum Unfall. Auf die weitere Frage, wie er sonst mit seinem Schicksal zufrieden gewesen sei, antwortete er mit einem Seufzer und erzählte seine Liebesgeschichte mit einem Mädchen, das ihn auch liebte und ihn trotzdem verließ; sie wanderte rein aus Geldgier nach Amerika aus. Er wollte ihr nach, doch die Eltern hinderten ihn daran. Seine Geliebte reiste am 20. Jänner 1907, also zwei Monate vor dem Unglücksfalle, ab. Trotz all dieser Verdachtsmomente beharrte der Patient dabei, daß der Schuß ein ‚Unfall' war. Ich aber bin fest überzeugt, daß die Nachlässigkeit, sich von der Ladung der Waffe vor dem Spielen nicht überzeugt zu haben, wie auch die Selbstbeschädigung psychisch bestimmt war. Er war noch ganz unter dem deprimierenden Eindruck der unglücklichen Liebschaft und wollte offenbar beim Militär ‚vergessen'. Als ihm auch diese Hoffnung genommen wurde, kam es zum Spiele mit der Schußwaffe, das heißt zum unbewußten Selbstmordversuch. Daß er den Revolver nicht in der rechten, sondern in der linken Hand hielt, spricht entschieden dafür, daß er wirklich nur ‚spielte', d. h. bewußt keinen Selbstmord begehen wollte."

Eine andere, mir vom Beobachter überlassene Analyse einer anscheinend zufälligen Selbstbeschädigung bringt das Sprichwort: „Wer anderen eine Grube gräbt, fällt selbst hinein" in Erinnerung.

„Frau X., aus gutem bürgerlichen Milieu, ist verheiratet und hat drei Kinder. Sie ist zwar nervös, brauchte aber nie eine energische Behandlung, da sie dem Leben doch genügend gewachsen ist. Eines Tages zog sie sich in folgender Weise eine momentan ziemlich imponierende, aber vorübergehende Entstellung ihres Gesichtes zu. In einer Straße, welche zurecht gemacht wurde, stolperte sie über einen Steinhaufen und kam mit dem Gesichte in Berührung mit einer Hausmauer. Das ganze Gesicht war geschrammt, die Augenlider wurden blau und ödematös, und da sie Angst bekam, es möchte mit ihren Augen etwas passieren, ließ sie den Arzt rufen. Nachdem sie deswegen beruhigt war, fragte ich: ‚Aber warum sind Sie eigentlich so gefallen?' Sie erwiderte, daß sie gerade zuvor ihren Mann, der seit einigen Monaten eine Gelenksaffektion hatte, wodurch er schlecht zu Fuß war, gewarnt hatte, in dieser Straße gut aufzupassen, und sie hatte ja schon öfters die Erfahrung gemacht, daß in derartigen Fällen merkwürdigerweise ihr selber dasjenige passierte, wovor sie eine andere Person gewarnt hatte.

Ich war mit dieser Determinierung ihres Unfalles nicht zufrieden und fragte, ob sie nicht vielleicht etwas mehr zu erzählen wüßte. Ja, gerade vor dem Unfall hatte sie in einem Laden von der entgegengesetzten Seite der Straße ein hübsches Bild gesehen, das sie sich ganz plötzlich als Schmuck für die Kinderstube wünschte und darum sofort kaufen wollte: da ging sie geradeaus auf den Laden zu, ohne auf die Straße zu achten, stolperte über den Steinhaufen und fiel mit ihrem Gesichte gegen die Hausmauer, ohne auch nur den leisesten Versuch zu machen, sich mit den Händen zu schützen. Der Vorsatz, das Bild zu kaufen, war gleich vergessen, und sie ging eiligst nach Hause. – ‚Aber warum haben Sie nicht besser zugeschaut?' fragte ich. – ‚Ja', antwortete sie, ‚es war vielleicht doch eine *Strafe*! Wegen der Geschichte, welche ich Ihnen schon im Vertrauen erzählt habe.' – ‚Hat diese Geschichte Sie dann noch immer so gequält?' – ‚Ja – nachher habe ich es sehr bedauert, mich selbst boshaft, verbrecherisch und unmoralisch gefunden, aber ich war damals fast verrückt vor Nervosität.'

Es hatte sich um einen Abortus gehandelt, welchen sie mit Einverständnis ihres Mannes, da sie beide wegen ihrer pekuniären Verhältnisse von mehr Kindersegen verschont bleiben wollten, von einer Kurpfuscherin hatte einleiten und von einem Spezialarzt zu Ende bringen lassen.

‚Öfters mache ich mir den Vorwurf: aber du hast doch dein Kind töten lassen, und ich hatte Angst, daß so etwas doch nicht ohne Strafe bleiben könnte. Jetzt, da Sie mir versichert haben, daß mit den Augen nichts Schlimmes vorliegt, bin ich ganz beruhigt: ich bin nun sowieso schon *genügend gestraft*.'

Dieser Unfall war also eine Selbstbestrafung einerseits, um für ihre Untat zu büßen, andererseits aber, um einer vielleicht viel größeren unbekannten Strafe, vor welcher sie monatelang fortwährend Angst hatte, zu entgehen. In dem Augenblick, als sie auf den Laden losstürzte, um sich das Bild zu kaufen, war die Erinnerung an die ganze Geschichte mit all ihren Befürchtungen, welche sich schon während der Warnung ihres Mannes in ihrem Unbewußten ziemlich stark regte, überwältigend geworden und hätte vielleicht in einem etwa derartigen Wortlaut Ausdruck finden können: Aber wofür brauchst du einen Schmuck für die Kinderstube, du hast dein Kind umbringen lassen! Du bist eine Mörderin! Die große Strafe naht ganz gewiß!

Dieser Gedanke wurde nicht bewußt, aber statt dessen benützte sie in diesem, ich möchte sagen, psychologischen Moment die Situation, um den Steinhaufen, der ihr dafür geeignet schien, in unauffälliger Weise für die Selbstbestrafung zu verwenden; deswegen streckte sie beim Fallen auch nicht einmal die Hände aus und darum kam es auch nicht zu einem heftigen Erschrecken. Die zweite, wahrscheinlich geringere Determinierung ihres Unfalles ist wohl die Selbstbestrafung wegen des *unbewußten* Beseitigungswunsches gegen ihren, allerdings in dieser Affäre mitschuldigen Mann. Dieser Wunsch hatte sich durch die vollkommen überflüssige Warnung verraten, in der Straße mit dem Steinhaufen ja gut aufzupassen, da der Mann, eben weil er schlecht zu Fuß war, sehr vorsichtig ging."[58]

Wenn man die näheren Umstände des Falles erwägt, wird man auch geneigt sein, *J. Stärcke* (l. c.) recht zu geben, wenn er eine anscheinend zufällige Selbstbeschädigung durch Verbrennung als „Opferhandlung" auffaßt:

„Eine Dame, deren Schwiegersohn nach Deutschland abreisen mußte, um dort in Militärdienst zu gehen, verbrühte sich den Fuß unter folgenden Umständen. Ihre Tochter erwartete bald die Niederkunft, und die Gedanken an die Kriegsgefahren stimmten selbstverständlich die ganze Familie nicht sehr munter. Am Tage vor der Abreise hatte sie ihren Schwiegersohn und ihre Tochter zum Essen eingeladen. Sie bereitete selber in der Küche das Essen, nachdem sie zuerst, sonderbar genug, ihre hohen Schnürstiefel mit Plattfußsohlen, auf denen sie bequem gehen kann und die sie auch zu Hause gewöhnlich trägt, mit einem Paar zu großer, oben offener Pantoffeln ihres Mannes vertauscht hatte. Als sie eine große Pfanne kochender Suppe vom Feuer nahm, ließ sie diese fallen und

---

[58] Van Emden, *Selbstbestrafung wegen Abortus.* (Zentralbl. f. Psychoanalyse, II/12.) – Ein Korrespondent schreibt zum Thema der „Selbstbestrafung durch Fehlleistungen": Wenn man darauf achtet, wie sich die Leute auf der Straße benehmen, hat man Gelegenheit zu konstatieren, wie oft den Männern, die – wie schon üblich – den vorübergehenden Frauen nachschauen, ein kleiner Unfall passiert. Bald verstaucht einer – auf ebener Erde – den Fuß, bald rennt er eine Laterne an oder verletzt sich auf andere Art.

verbrühte sich dadurch ziemlich ernst einen Fuß, zumal den Fußrücken, der vom offenen Pantoffel nicht geschützt wurde. – Selbstverständlich wurde dieser Unfall von jedermann auf Rechnung ihrer begreiflichen ‚Nervosität' geschrieben. Die ersten Tage nach diesem Brandopfer war sie mit heißen Gegenständen sehr vorsichtig, wodurch sie aber nicht gehindert wurde, sich wenige Tage später den einen Puls mit heißer Brühe zu verbrühen.[59]

---

[59] In einer sehr großen Anzahl solcher Fälle von Unfallsbeschädigung oder Tötung bleibt die Auffassung zweifelhaft. Der Fernerstehende wird keinen Anlaß finden, im Unfall etwas anderes als einen Zufall zu sehen, während eine dem Verunglückten nahestehende und mit intimen Einzelheiten bekannte Person Gründe hat, die unbewußte Absicht hinter dem Zufall zu vermuten. Welcher Art diese Kenntnis sein soll und auf was für Nebenumstände es dabei ankommt, davon gibt der nachstehende Bericht eines jungen Mannes, dessen Braut auf der Straße überfahren worden, ein gutes Beispiel:

„Im September vorigen Jahres lernte ich ein Fräulein Z. kennen, Alter 34 Jahre. Sie lebte in wohlhabenden Verhältnissen, war vor dem Kriege verlobt gewesen, der Bräutigam jedoch als aktiver Offizier 1916 gefallen. Wir lernten einander kennen und lieben, zunächst ohne den Gedanken einer Heirat, da die Umstände, namentlich der Altersunterschied – ich selbst war 27 Jahre – es beiderseitig nicht zuzulassen schienen. Da wir in der gleichen Straße uns gegenüber wohnten und wir täglich zusammen waren, nahm der Verkehr im Laufe der Zeit intime Formen an. Damit rückte der Gedanke einer ehelichen Verbindung näher, und ich stimmte ihm schließlich selbst zu. Zu Ostern d. J. war die Verlobung geplant; Fräulein Z. beabsichtigte jedoch vorher eine Reise zu ihren Verwandten in M. zu unternehmen, die durch einen infolge des Kapp-Putsches hervorgerufenen Eisenbahnerstreik plötzlich verhindert wurde. Die trüben Aussichten, die sich für die weitere Zukunft durch den Sieg der Arbeiterschaft und dessen Folgen zu eröffnen schienen, machten sich kurze Zeit auch in unserer Stimmung, besonders aber bei Fräulein Z., die auch sonst recht wechselnden Stimmungen unterworfen war, geltend, da sie neue Hindernisse für unsere Zukunft zu sehen glaubte. Am Samstag, dem 20. März, jedoch befand sie sich in ausnehmend froher Gemütsverfassung, ein Umstand, der mich geradezu überraschte und mitriß, so daß wir alles in den rosigsten Farben zu sehen glaubten. Wir hatten einige Tage vorher davon gesprochen, gelegentlich gemeinsam zur Kirche zu gehen, ohne jedoch eine bestimmte Zeit festzusetzen. Am folgenden Morgen, Sonntag den 21. März, um 9 Uhr 15 Minuten, rief sie mich telephonisch an, ich möchte sie gleich zum Kirchgang abholen, was ich ihr indes abschlug, da ich nicht rechtzeitig hätte fertig werden können und überdies Arbeiten erledigen wollte. Fräulein Z. war merklich enttäuscht, machte sich dann allein auf den Weg, traf auf der Treppe ihres Hauses einen Bekannten, mit dem zusammen sie den kurzen Weg durch die Tauentzienstraße bis zur Rankestraße ging; in bester Stimmung, ohne daß sie irgend etwas über unser Gespräch äußerte. Der Herr verabschiedete sich mit einem Scherzwort – Fräulein Z. hatte nur den an dieser Stelle verbreiterten und klar übersehbaren Damm zu überschreiten – da wurde sie dicht am Bürgersteig von einer Pferdedroschke überfahren (Leberquetschung, die einige Stunden später den Tod herbeiführte). – Die Stelle haben wir früher Hunderte von Malen begangen; Fräulein Z. war überaus vorsichtig, hat mich selbst sehr oft vor Unvorsichtigkeiten zurückgehalten, an diesem Morgen fuhren fast überhaupt keine Fuhrwerke, die Straßenbahnen, Omnibusse usw. streikten – gerade um diese Zeit herrschte fast *absolute Ruhe*, die Droschke mußte sie, wenn nicht sehen, unbedingt hören! – Alle Welt glaubt an einen ‚Zufall' – mein erster Gedanke war: Das ist unmöglich – von einer Absicht kann allerdings auch keine Rede sein. Ich versuchte eine psychologische Erklärung. Nach längerer

Wenn so ein Wüten gegen die eigene Integrität und das eigene Leben hinter anscheinend zufälliger Ungeschicklichkeit und motorischer Unzulänglichkeit verborgen sein kann, so braucht man keinen großen Schritt mehr zu tun, um die Übertragung der nämlichen Auffassung auf Fehlgriffe möglich zu finden, welche Leben und Gesundheit anderer ernstlich in Gefahr bringen. Was ich an Belegen für die Triftigkeit dieser Auffassung vorbringen kann, ist der Erfahrung an Neurotikern entnommen, deckt sich also nicht völlig mit dem Erfordernis. Ich werde über einen Fall berichten, in dem mich nicht eigentlich ein Fehlgriff, sondern, was man eher eine Symptom- oder Zufallshandlung nennen kann, auf die Spur brachte, welche dann die Lösung des Konflikts bei dem Patienten ermöglichte. Ich übernahm es einmal, die Ehe eines sehr intelligenten Mannes zu bessern, dessen Mißhelligkeiten mit seiner ihn zärtlich liebenden jungen Frau sich gewiß auf reale Begründungen berufen konnten, aber, wie er selbst zugab, durch diese nicht voll erklärt wurden. Er beschäftigte sich unablässig mit dem Gedanken der Scheidung, den er dann wieder verwarf, weil er seine beiden kleinen Kinder zärtlich liebte. Trotzdem kam er immer wieder auf den Vorsatz zurück und versuchte dabei kein Mittel, um sich die Situation erträglich zu gestalten. Solches Nichtfertigwerden mit einem Konflikt gilt mir als Beweis dafür, daß sich unbewußte und verdrängte Motive zur Verstärkung der miteinander streitenden bewußten bereit gefunden haben, und ich unternehme es in solchen Fällen, den Konflikt durch psychische Analyse zu beenden. Der Mann erzählte mir eines Tages von einem kleinen Vorfall, der ihn aufs äußerste erschreckt hatte. Er „hetzte" mit seinem älteren Kinde, dem weitaus geliebteren, hob es hoch und ließ es nieder und einmal an solcher Stelle und so hoch, daß das Kind mit dem Scheitel fast an den schwer herabhängenden Gasluster angestoßen wäre. *Fast*, aber doch eigentlich nicht oder gerade eben noch! Dem Kinde war nichts geschehen, aber es wurde vor Schreck schwindlig. Der Vater blieb entsetzt mit

---

Zeit glaubte ich sie in Ihrer *Psychopathologie des Alltagslebens* gefunden zu haben. Zumal Fräulein Z. bisweilen eine gewisse Neigung zum Selbstmord äußerte, ja, auch mich dazu zu veranlassen suchte, Gedanken, die ich ihr oft genug ausgeredet habe; z. B. begann sie noch zwei Tage vorher nach der Rückkehr von einem Spaziergang äußerlich ganz unmotiviert von ihrem Tode und Erbschaftsregulierungen zu sprechen; letztere hat sie übrigens nicht vorgenommen! Ein Zeichen, daß diese Äußerungen bestimmt auf keine Absicht zurückzuführen sind. Wenn ich mein unmaßgebliches Urteil darüber aussprechen darf, so wäre es das, daß ich in diesem Unglück nicht einen Zufall, auch keine Wirkung einer Bewußtseinstrübung, sondern eine in unbewußter Absicht ausgeführte absichtliche Selbstvernichtung sehe, die als zufällige Verunglückung maskiert war. Bestärkt werde ich in dieser Auffassung durch Äußerungen von Fräulein Z. gegenüber ihren Verwandten, sowohl früher, als sie mich noch nicht kannte, als auch später, wie auch mir gegenüber bis in die letzten Tage hinein – alles aufzufassen als eine Wirkung des Verlustes ihres früheren Bräutigams, den nichts in ihren Augen zu ersetzen imstande war."

dem Kinde im Arme stehen, die Mutter bekam einen hysterischen Anfall. Die besondere Geschicklichkeit dieser unvorsichtigen Bewegung, die Heftigkeit der Reaktion bei den Eltern legten es mir nahe, in dieser Zufälligkeit eine Symptomhandlung zu suchen, welche eine böse Absicht gegen das geliebte Kind zum Ausdruck bringen sollte. Den Widerspruch gegen die aktuelle Zärtlichkeit dieses Vaters zu seinem Kinde konnte ich aufheben, wenn ich den Impuls zur Schädigung in die Zeit zurückverlegte, da dieses Kind das einzige und so klein gewesen war, daß sich der Vater noch nicht zärtlich für dasselbe zu interessieren brauchte. Dann hatte ich es leicht anzunehmen, daß der von seiner Frau wenig befriedigte Mann damals den Gedanken gehabt oder den Vorsatz gefaßt: Wenn dieses kleine Wesen, an dem mir gar nichts liegt, stirbt, dann bin ich frei und kann mich von der Frau scheiden lassen. Ein Wunsch nach dem Tode dieses jetzt so geliebten Wesens mußte also unbewußt weiterbestehen. Von hier ab war der Weg zur unbewußten Fixierung dieses Wunsches leicht zu finden. Eine mächtige Determinierung ergab sich wirklich aus der Kindheitserinnerung des Patienten, daß der Tod eines kleines Bruders, den die Mutter der Nachlässigkeit des Vaters zur Last legte, zu heftigen Auseinandersetzungen zwischen den Eltern mit Scheidungsandrohung geführt hatte. Der weitere Verlauf der Ehe meines Patienten bestätigte meine Kombination auch durch den therapeutischen Erfolg.

J. Stärcke (l. c.) hat ein Beispiel dafür gegeben, daß Dichter kein Bedenken tragen, ein Vergreifen an die Stelle einer absichtlichen Handlung zu setzen und es somit zur Quelle der schwersten Konsequenzen zu machen:

„In einer der Skizzen von *Heyermans*[60] kommt ein Beispiel von Vergreifen oder, genauer gesagt, Fehlgreifen vor, das vom Autor als dramatisches Motiv angewandt wird.

Es ist die Skizze *Tom und Teddie.* – Von einem Taucherpaar – das in einem Spezialitätentheater auftritt, längere Zeit unterm Wasser bleibt und dort Kunststücke ausführt in einem eisernen Bassin mit gläsernen Wänden – hält die Frau es seit kurzem mit einem anderen Mann, einem Dresseur. Der Mann-Taucher hat sie gerade vor der Vorstellung zusammen im Ankleidezimmer ertappt. Stille Szene, drohende Blicke und der Taucher sagt: ‚Nachher!‘ – Die Vorstellung fängt an. – Der Taucher wird das schwierigste Kunststück machen, er bleibt ‚zwei und eine halbe Minute in einer hermetisch geschlossenen Kiste unterm Wasser‘. – Sie hatten dieses Kunststück schon öfters gemacht, die Kiste wurde geschlossen, und ‚Teddie zeigt dem Publikum, das auf seinen Uhren die Zeit kontrollierte, den Schlüssel‘. Sie ließ auch absichtlich den Schlüssel ein paarmal ins Bassin

---

[60] Hermann Heyermans, *Schetsen van Samuel Falkland*, 18. Bundel, Amsterdam, H. J. W. Becht, 1914.

fallen und tauchte dann eilig danach, um nicht zu spät zu sein, wenn der Koffer geöffnet werden mußte.

An diesem Abend des 31. Jänner wurde Tom wie gewöhnlich von den kleinen Fingern des munter-frischen Weibchens eingesperrt. Er lächelte hinter dem Guckloch – sie spielte mit dem Schlüssel und wartete auf sein warnendes Zeichen. Zwischen den Kulissen stand der Dresseur mit seinem tadellosen Frack, seiner weißen Krawatte, seiner Reitpeitsche. Um ihre Aufmerksamkeit auf sich zu ziehen, pfiff er ganz kurz, der Dritte. Sie schaute hin, lachte und mit der ungeschickten Gebärde von jemand, dessen Aufmerksamkeit abgelenkt wird, warf sie den Schlüssel so wild in die Höhe, daß er genau zwei Minuten zwanzig Sekunden, gut gezählt, neben das Bassin, zwischen dem das Fußgestell verdeckenden Flaggentuch fiel. Keiner hatte es gesehen. Keiner konnte es sehen. Vom Saal aus gesehen war die optische Täuschung so, daß jedermann den Schlüssel ins Wasser gleiten sah – und keiner der Theaterhelfer merkte es, weil das Flaggentuch den Laut milderte.

Lachend, ohne zu zaudern, kletterte Teddie über den Rand des Bassins. Lachend – er hielt es wohl aus – kam sie die Leiter herunter. Lachend verschwand sie unter dem Fußgestell, um dort zu suchen, und als sie den Schlüssel nicht sofort fand, bückte sie sich mit einer Mimik zum Stehlen, mit einem Ausdruck auf ihrem Gesichte, als ob sie sagte: ‚Ojemine, wie das doch lästig ist!‘ an der Vorderseite des Flaggentuches.

Unterdessen machte Tom seine drolligen Grimassen hinter dem Guckloch, wie wenn auch er unruhig würde. Man sah das Weiß seines falschen Gebisses, das Kauen seiner Lippen unter dem Flachsschnurrbart, die komischen Atemblasen, die man auch beim Apfelessen gesehen hatte. Man sah das Grabsen und Wühlen seiner bleichen Knöchelfinger und man lachte, so wie man diesen Abend schon öfter gelacht hatte.

Zwei Minuten und achtundfünfzig Sekunden ...

Drei Minuten sieben Sekunden ... zwölf Sekunden ... Bravo! Bravo! Bravo! ... Da entstand eine Bestürzung im Saale und ein Scharren mit den Füßen, weil auch die Knechte und der Dresseur zu suchen anfingen und der Vorhang fiel, bevor der Deckel aufgehoben war.

Sechs englische Tänzerinnen traten auf – dann der Mann mit den Ponys, Hunden und Affen. Und so weiter.

Erst am nächsten Morgen vernahm das Publikum, daß ein Unglück geschehen war, daß Teddie als Witwe auf der Welt zurückblieb ...

Aus dem Zitierten geht hervor, wie vorzüglich dieser Künstler selber das Wesen der Symptomhandlung verstanden haben muß, um uns so treffend die tiefere Ursache der tödlichen Ungeschicklichkeit vorzuführen.“

IX
Symptom- und Zufallshandlungen

Die bisher beschriebenen Handlungen, in denen wir die Ausführung einer unbewußten Absicht erkannten, traten als Störungen anderer beabsichtigter Handlungen auf und deckten sich mit dem Vorwand der Ungeschicklichkeit. Die Zufallshandlungen, von denen jetzt die Rede sein soll, unterscheiden sich von denen des Vergreifens nur dadurch, daß sie die Anlehnung an eine bewußte Intention verschmähen und also des Vorwandes nicht bedürfen. Sie treten für sich auf und werden zugelassen, weil man Zweck und Absicht bei ihnen nicht vermutet. Man führt sie aus, „ohne sich etwas bei ihnen zu denken", nur „rein zufällig", „wie um die Hände zu beschäftigen", und man rechnet darauf, daß solche Auskunft der Nachforschung nach der Bedeutung der Handlung ein Ende bereiten wird. Um sich dieser Ausnahmsstellung erfreuen zu können, müssen diese Handlungen, die nicht mehr die Entschuldigung der Ungeschicklichkeit in Anspruch nehmen, bestimmte Bedingungen erfüllen; sie müssen *unauffällig* und ihre Effekte müssen geringfügig sein.

Ich habe eine große Anzahl solcher Zufallshandlungen bei mir und anderen gesammelt, und meine nach gründlicher Untersuchung der einzelnen Beispiele, daß sie eher den Namen von *Symptomhandlungen* verdienen. Sie bringen etwas zum Ausdruck, was der Täter selbst nicht in ihnen vermutet und was er in der Regel nicht mitzuteilen, sondern für sich zu behalten beabsichtigt. Sie spielen also ganz so wie alle anderen bisher betrachteten Phänomene die Rolle von Symptomen.

Die reichste Ausbeute ah solchen Zufalls- oder Symptomhandlungen erhält man allerdings bei der psychoanalytischen Behandlung der Neurotiker. Ich kann es mir nicht versagen, an zwei Beispielen dieser Herkunft zu zeigen, wie weit und wie fein die Determinierung dieser unscheinbaren Vorkommnisse durch unbewußte Gedanken getrieben ist. Die Grenze der Symptomhandlungen gegen das Vergreifen ist so wenig scharf, daß ich diese Beispiele auch im vorigen Abschnitt hätte unterbringen können.

1) Eine junge Frau erzählt als Einfall während der Sitzung, daß sie sich gestern beim Nägelschneiden „ins Fleisch geschnitten, während sie das feine Häutchen im Nagelbett abzutragen bemüht war." Das ist so wenig interessant, daß man sich verwundert fragt, wozu es überhaupt erinnert und erwähnt wird, und auf die Vermutung gerät, man habe es mit einer Symptomhandlung zu tun. Es war auch wirklich der Ringfinger, an dem das kleine Ungeschick vorfiel, der Finger, an dem man den Ehering trägt. Es war überdies ihr Hochzeitstag, was der Verletzung des feinen Häutchens einen ganz bestimmten, leicht zu erratenden Sinn verleiht. Sie erzählt auch gleichzeitig einen Traum, der auf die Ungeschicklichkeit ihres Mannes und auf ihre Anästhesie als Frau anspielt. Warum war es aber der Ringfinger der linken Hand, an dem sie sich verletzte, da man doch den Ehering an der rechten Hand trägt? Ihr Mann ist Jurist, „Doktor der Rechte", und ihre geheime Neigung hatte als Mädchen einem Arzt, (scherzhaft: „Doktor der Linke") gehört. Eine Ehe zur linken Hand hat auch ihre bestimmte Bedeutung.

2) Eine unverheiratete junge Dame erzählt: „Ich habe gestern ganz unabsichtlich eine Hundertguldennote in zwei Stücke gerissen und die Hälfte davon einer mich besuchenden Dame gegeben. Soll das auch eine Symptomhandlung sein?" Die genauere Erforschung deckt folgende Einzelheiten auf. Die Hundertguldennote: Sie widmet einen Teil ihrer Zeit und ihres Vermögens wohltätigen Werken. Gemeinsam mit einer anderen Dame sorgt sie für die Erziehung eines verwaisten Kindes. Die hundert Gulden sind der ihr zugeschickte Beitrag jener Dame, den sie in ein Kuvert einschloß und vorläufig auf ihren Schreibtisch niederlegte.

Die Besucherin war eine angesehene Dame, der sie bei einer anderen Wohltätigkeitsaktion beisteht. Diese Dame wollte eine Reihe Namen von Personen notieren, an die man sich um Unterstützung wenden könnte. Es fehlte an Papier, da griff meine Patientin nach dem Kuvert auf ihrem Schreibtisch und riß es, ohne sich an seinen Inhalt zu besinnen, in zwei Stücke, von denen sie eines selbst behielt, um ein Duplikat der Namenliste zu haben, das andere ihrer Besucherin übergab. Man bemerke die Harmlosigkeit dieses unzweckmäßigen Vorgehens. Eine Hundertguldennote erleidet bekanntlich keine Einbuße an ihrem Werte, wenn sie zerrissen wird, falls sie sich aus den Rißstücken vollständig zusammensetzen läßt. Daß die Dame das Stück Papier nicht wegwerfen würde, war durch die Wichtigkeit der darauf stehenden Namen verbürgt, und ebenso litt es keinen Zweifel, daß sie den wertvollen Inhalt zurückstellen würde, sobald sie ihn bemerkt hätte.

Welchem unbewußten Gedanken sollte aber diese Zufallshandlung, die sich durch ein Vergessen ermöglichte, Ausdruck geben? Die besuchende Dame hatte eine ganz bestimmte Beziehung zu unserer Kur. Es war dieselbe, die mich seinerzeit dem leidenden Mädchen als Arzt empfohlen, und wenn ich nicht irre, hält sich meine Patientin zum Danke für diesen Rat verpflichtet. Soll die halbierte Hundertguldennote etwa ein Honorar für diese Vermittlung darstellen? Das bliebe noch recht befremdlich.

Es kommt aber anderes Material hinzu. Eines Tages vorher hatte eine Vermittlerin ganz anderer Art bei einer Verwandten angefragt, ob das gnädige Fräulein wohl die Bekanntschaft eines gewissen Herrn machen wolle, und am Morgen, einige Stunden vor dem Besuche der Dame, war der Werbebrief des Freiers eingetroffen, der viel Anlaß zur Heiterkeit gegeben hatte. Als nun die Dame das Gespräch mit einer Erkundigung nach dem Befinden meiner Patientin eröffnete, konnte diese wohl gedacht haben: „Den richtigen Arzt hast du mir zwar empfohlen, wenn du mir aber zum richtigen Manne (und dahinter: zu einem Kinde) verhelfen könntest, wäre ich dir doch dankbarer." Von diesem verdrängt gehaltenen Gedanken aus flossen ihr die beiden Vermittlerinnen in eins zusammen, und sie überreichte der Besucherin das Honorar, das ihre Phantasie der anderen zu geben bereit war. Völlig verbindlich wird diese Lösung, wenn ich hinzufüge, daß ich ihr erst am Abend vorher von solchen Zufalls- oder Symptomhandlungen erzählt hatte. Sie bediente sich dann der nächsten Gelegenheit, um etwas Analoges zu produzieren.

Eine Gruppierung der so überaus häufigen Zufalls- und Symptomhandlungen könnte man vornehmen, je nachdem sie gewohnheitsmäßig, regelmäßig unter gewissen Umständen oder vereinzelt erfolgen. Die ersteren (wie das Spielen mit der Uhrkette, das Zwirbeln am Barte usw.), die fast zur Charakteristik der betreffenden Personen dienen können, streifen an die mannigfaltigen Tickbewegungen und verdienen wohl im Zusammenhange mit letzteren behandelt zu werden. Zur zweiten Gruppe rechne ich das Spielen, wenn man einen Stock, das Kritzeln, wenn man einen Bleistift in der Hand hält, das Klimpern mit Münzen in der Tasche, das Kneten von Teig und anderen plastischen Stoffen, allerlei Hantierungen an seiner Gewandung u. dgl. mehr. Unter diesen spielenden Beschäftigungen verbergen sich während der psychischen Behandlung regelmäßig Sinn und Bedeutung, denen ein anderer Ausdruck versagt ist. Gewöhnlich weiß die betreffende Person nichts davon, daß sie dergleichen tut, oder daß sie gewisse Modifikationen an ihrem gewöhnlichen Tändeln vorgenommen hat, und sie übersieht und überhört auch die Effekte dieser Handlungen. Sie hört z. B. das Geräusch nicht, das sie beim Klimpern mit Geldstücken hervorbringt, und benimmt sich wie erstaunt und ungläubig, wenn man sie darauf aufmerksam macht. Ebenso ist alles, was man, oft ohne es zu merken, mit seinen Kleidern vornimmt, bedeutungsvoll und der Beachtung des Arztes wert. Jede Veränderung des gewohnten Aufzugs, jede kleine Nachlässigkeit, wie etwa ein nicht schließender Knopf, jede Spur von Entblößung will etwas besagen, was der Eigentümer der Kleidung nicht direkt sagen will, meist gar nicht zu sagen weiß. Die Deutungen dieser kleinen Zufallshandlungen sowie die Beweise für diese Deutungen ergeben sich jedesmal mit zureichender Sicherheit aus den Begleitumständen während der Sitzung, aus dem eben behandelten Thema und aus den Einfällen, die sich einstellen, wenn man die Aufmerksamkeit auf die anscheinende Zufälligkeit lenkt. Wegen dieses Zusammenhanges unterlasse ich es, meine Behauptungen durch Mitteilung von Beispielen mit Analyse zu unterstützen; ich erwähne diese Dinge aber, weil ich glaube, daß sie bei normalen Menschen dieselbe Bedeutung haben wie bei meinen Patienten.

Ich kann es mir nicht versagen, an wenigstens einem Beispiel zu zeigen, wie innig eine gewohnheitsmäßig ausgeführte Symbolhandlung mit dem Intimsten und Wichtigsten im Leben eines Gesunden verknüpft sein kann[61]:

„Wie Professor *Freud* uns gelehrt hat, spielt die Symbolik im kindlichen Leben des Normalen eine größere Rolle, als man nach früheren psychoanalytischen Erfahrungen erwartete; im Hinblick darauf mag die folgende kurze Analyse von einigem Interesse sein, insbesondere wegen ihrer medizinischen Ausblicke.

Ein Arzt stieß bei der Wiedereinrichtung seiner Möbel in einem neuen Heim auf ein ‚einfaches‘ hölzernes Stethoskop. Nachdem er einen Augenblick nachgedacht hatte, wo er es denn eigentlich unterbringen solle, fühlte er sich gedrängt, es seitlich auf seinen Schreibtisch zu stellen, und zwar so, daß es genau zwischen seinem Stuhl und dem, worin seine Patienten zu sitzen pflegten, zu stehen kam. Die Handlung als solche war aus zwei Gründen ein wenig seltsam. Erstens braucht er überhaupt nicht oft ein Stethoskop (er ist nämlich Neurologe), und sobald er eines nötig hat, benützt er ein doppeltes für beide Ohren. Zweitens waren alle seine medizinischen Apparate und Instrumente in Schubkästen untergebracht, mit alleiniger Ausnahme dieses einen. Gleichwohl dachte er nicht mehr an die Sache, bis ihn eines Tages eine Patientin, die noch nie ein ‚einfaches‘ Stethoskop gesehen hatte, fragte, was das sei. Er sagte es ihr, und sie fragte, warum er es gerade hieher gestellt habe, worauf er schlagfertig erwiderte, daß dieser Platz ebenso gut wäre wie jeder andere. Dies machte ihn jedoch stutzig und er begann nachzudenken, ob dieser Handlung nicht irgendeine unbewußte Motivierung zugrunde liege und, vertraut mit der psychoanalytischen Methode, beschloß er, die Sache zu erforschen.

Als erste Erinnerung fiel ihm die Tatsache ein, daß als Student der Medizin die Gewohnheit seines Spitalarztes auf ihn Eindruck gemacht hatte, der immerwährend ein einfaches Stethoskop bei seinen Besuchen in den Krankensälen in der Hand gehalten hatte, obgleich er es niemals benützte. Er hatte diesen Arzt sehr bewundert und war ihm außerordentlich zugetan. Später, als er selbst die Spitalpraxis ausübte, nahm er die gleiche Gewohnheit an und hätte sich unbehaglich gefühlt, wenn er durch ein Versehen sein Zimmer verlassen hätte, ohne das Instrument in der Hand zu schwingen. Die Nutzlosigkeit dieser Gewohnheit zeigte sich jedoch nicht nur in der Tatsache, daß das einzige Stethoskop, welches er in Wirklichkeit benutzte, eines für beide Ohren war, das er in der Tasche trug, sondern auch darin, daß sie fortgesetzt wurde, als er auf der chirurgischen Abteilung war und überhaupt kein Stethoskop mehr brauchte. Die Bedeutung

---

[61] Jones, *Beitrag zur Symbolik im Alltag*. (Zentralblatt für Psychoanalyse, I, 3, 1911).

dieser Beobachtungen wird sogleich klar, wenn wir auf die phallische Natur dieser symbolischen Handlung hinweisen.

Als nächstes erinnerte er die Tatsache, daß ihn als kleinen Jungen die Gewohnheit seines Hausarztes frappiert hatte, ein einfaches Stethoskop im Innern seines Hutes zu tragen; er fand es interessant, daß der Doktor sein Hauptinstrument immer zur Hand habe, wenn er Patienten besuchen ging, und daß er nur den Hut (d. i. einen Teil seiner Kleidung) abzunehmen und ‚es herauszuziehen‘ hatte. Er war als kleines Kind diesem Arzte überaus anhänglich gewesen und konnte kürzlich durch Selbstanalyse aufdecken, daß er im Alter von dreieinhalb Jahren eine doppelte Phantasie in betreff der Geburt einer jüngeren Schwester gehabt hatte: nämlich, daß sie das Kind war erstens von ihm selbst und seiner Mutter, zweitens vom Doktor und ihm selbst. In dieser Phantasie spielte er also sowohl die männliche wie die weibliche Rolle. Er erinnerte ferner, im Alter von sechs Jahren von demselben Arzt untersucht worden zu sein, und entsinnt sich deutlich der wollüstigen Empfindung, als er den Kopf des Doktors, der ihm das Stethoskop an die Brust drückte, in seiner Nähe fühlte, sowie der rhythmisch hin- und hergehenden Atmungsbewegung. Im Alter von drei Jahren hatte er ein chronisches Brustübel gehabt und mußte wiederholt untersucht worden sein, wenn er das auch tatsächlich nicht mehr erinnern konnte.

Im Alter von acht Jahren machte die Mitteilung eines älteren Knaben Eindruck auf ihn, der ihm sagte, es sei Sitte des Arztes, mit seinen Patientinnen zu Bette zu gehen. Es gab sicherlich in Wahrheit einen Grund zu diesem Gerüchte und auf alle Fälle waren die Frauen der Nachbarschaft, einschließlich seiner eigenen Mutter, dem jungen und netten Arzte sehr zugetan. Der Analysierte selbst hatte bei verschiedenen Gelegenheiten sexuelle Versuchungen in bezug auf seine Patientinnen erfahren, hatte sich zweimal in solche verliebt und schließlich eine geheiratet. Es ist kaum zweifelhaft, daß seine unbewußte Identifizierung mit dem Doktor der hauptsächlichste Grund war, der ihn bewog, den Beruf des Mediziners zu ergreifen. Aus anderen Analysen läßt sich vermuten, daß dies sicherlich das häufigste Motiv ist (obgleich es schwer ist zu bestimmen, wie häufig). Im vorliegenden Falle war es zweifach bedingt: erstens durch die bei mehreren Gelegenheiten erwiesene Überlegenheit des Arztes dem Vater gegenüber, auf den der Sohn sehr eifersüchtig war, und zweitens durch des Doktors Kenntnis verbotener Dinge und Gelegenheiten zu sexueller Befriedigung.

Dann kam ein bereits anderwärts veröffentlichter Traum[62] von deutlich homosexuell-masochistischer Natur, in welchem ein Mann, der eine Ersatzfigur des Arztes ist, den Träumer mit einem „Schwert" angriff. Das Schwert erinnerte

---

[62] *Freud's Theory of Dreams*, American Journ. of Psychol., April 1910, S. 301, Nr.7.

ihn an eine Geschichte in der Völsung-Nibelungen-Sage, wo Sigurd ein bloßes Schwert zwischen sich und die schlafende Brünhilde legt. Die gleiche Geschichte kommt in der Arthus-Sage vor, die unser Mann ebenfalls genau kennt.

Der Sinn der Symptomhandlung wird nun klar. Der Arzt hatte das einfache Stethoskop zwischen sich und seine Patientinnen gestellt, genau so wie Sigurd sein Schwert zwischen sich und die Frau legte, die er nicht berühren durfte. Die Handlung war eine Kompromißbildung; sie diente zweierlei Regungen: in seiner Einbildung dem unterdrückten Wunsche nachzugeben, mit irgendeiner reizenden Patientin in sexuelle Beziehungen zu treten, ihn aber zugleich zu erinnern, daß dieser Wunsch nicht verwirklicht werden konnte. Es war sozusagen ein Zauber gegen die Anfechtungen der Versuchung.

Ich möchte hinzufügen, daß auf den Knaben die Stelle aus Lord *Lyttons Richelieu* großen Eindruck machte:

> ‚Beneath the rule of men entirely great
> The pen is mightier than the sword‘[63],

daß er ein fruchtbarer Schriftsteller geworden ist und eine außergewöhnlich große Füllfeder benützt. Als ich ihn fragte, wozu er dies nötig habe, erwiderte er charakteristischerweise : ‚Ich habe soviel auszudrücken.‘

Diese Analyse mahnt uns wieder einmal daran, welch weitreichende Einblicke in das Seelenleben uns die ‚harmlosen‘ und ‚sinnlosen‘ Handlungen gewähren, und wie frühzeitig im Leben die Tendenz zur Symbolisierung entwickelt ist.“

Ich kann noch etwa aus meiner psychotherapeutischen Erfahrung einen Fall erzählen, in dem die mit einem Klumpen Brotkrume spielende Hand eine beredte Aussage ablegte. Mein Patient war ein noch nicht 13jähriger, seit fast zwei Jahren schwer hysterischer Knabe, den ich endlich in psychoanalytische Behandlung nahm, nachdem ein längerer Aufenthalt in einer Wasserheilanstalt sich erfolglos erwiesen hatte. Er mußte nach meiner Voraussetzung sexuelle Erfahrungen gemacht haben und seiner Altersstufe entsprechend von sexuellen Fragen gequält sein; ich hütete mich aber, ihm mit Aufklärungen zu Hilfe zu kommen, weil ich wieder einmal eine Probe auf meine Voraussetzungen anstellen wollte. Ich durfte also neugierig sein, auf welchem Wege sich das Gesuchte bei ihm andeuten würde. Da fiel es mir auf, daß er eines Tages irgend etwas zwischen den Fingern der rechten Hand rollte, damit in die Tasche fuhr, dort weiter spielte, es wieder hervorzog usw. Ich fragte nicht, was er in der Hand habe; er zeigte es mir aber, indem er plötzlich die Hand öffnete. Es war Brotkrume, die zu einem Klumpen zusammengeknetet war. In der nächsten Sitzung

---

[63] Vgl. Oldhams „*I wear my pen as others do their sword.*“

brachte er wieder einen solchen Klumpen mit, formte aber aus ihm, während wir das Gespräch führten, mit unglaublicher Raschheit und bei geschlossenen Augen Figuren, die mein Interesse erregten. Es waren unzweifelhaft Männchen mit Kopf, zwei Armen, zwei Beinen, wie die rohesten prähistorischen Idole, und einem Fortsatz zwischen beiden Beinen, den er in eine lange Spitze auszog. Kaum daß dieser fertig war, knetete er das Männchen wieder zusammen; später ließ er es bestehen, zog aber einen ebensolchen Fortsatz an der Rückenfläche und an anderen Stellen aus, um die Bedeutung des ersten zu verhüllen. Ich wollte ihm zeigen, wie ich ihn verstanden hatte, ihm aber dabei die Ausflucht benehmen, daß er sich bei dieser menschenformenden Tätigkeit nichts gedacht habe. In dieser Absicht fragte ich ihn plötzlich, ob er sich an die Geschichte jenes römischen Königs erinnere, der dem Abgesandten seines Sohnes eine pantomimische Antwort im Garten gegeben. Der Knabe wollte sich nicht an das erinnern, was er doch vor so viel kürzerer Zeit als ich gelernt haben mußte. Er fragte, ob das die Geschichte von dem Sklaven sei, auf dessen glattrasierten Schädel, man die Antwort geschrieben habe. „Nein, das gehört in die griechische Geschichte", sagte ich und erzählte: Der König Tarquinius Superbus hatte seinen Sohn Sextus veranlaßt, sich in eine feindliche latinische Stadt einzuschleichen. Der Sohn, der sich unterdes Anhang in dieser Stadt verschafft hatte, schickte einen Boten an den König mit der Frage, was nun weiter geschehen solle. Der König gab keine Antwort, sondern ging in seinen Garten, ließ sich dort die Frage wiederholen und schlug schweigend die größten und schönsten Mohnköpfe ab. Dem Boten blieb nichts übrig, als dieses dem Sextus zu berichten, der den Vater verstand und es sich angelegen sein ließ, die angesehensten Bürger der Stadt durch Mord zu beseitigen.

Während ich redete, hielt der Knabe in seinem Kneten inne, und als ich mich anschickte zu erzählen, was der König in seinem Garten tat, schon bei den Worten „schlug schweigend", hatte er mit einer blitzschnellen Bewegung seinem Männchen den Kopf abgerissen. Er hatte mich also verstanden und gemerkt, daß er von mir verstanden worden war. Ich konnte ihn nun direkt befragen, gab ihm die Auskünfte, um die es ihm zu tun war, und wir hatten binnen kurzem der Neurose ein Ende gemacht.

Die Symptomhandlungen, die man in fast unerschöpflicher Reichhaltigkeit bei Gesunden wie bei Kranken beobachten kann, verdienen unser Interesse aus mehr als einem Grunde. Dem Arzt dienen sie oft als wertvolle Winke zur Orientierung in neuen oder ihm wenig bekannten Verhältnissen, dem Menschenbeobachter verraten sie oft alles, und mitunter selbst mehr, als er zu wissen wünscht. Wer mit ihrer Würdigung vertraut ist, darf sich gelegentlich wie der König Salomo vorkommen, der nach der orientalischen Sage die Sprache der

Tiere verstand. Eines Tages sollte ich einen mir fremden jungen Mann im Hause seiner Mutter ärztlich untersuchen. Als er mir entgegentrat, fiel mir ein großer Eiweißfleck, kenntlich an seinen eigentümlich starren Rändern, auf seiner Hose auf. Der junge Mann entschuldigte sich nach kurzer Verlegenheit, er habe sich heiser gefühlt und darum ein rohes Ei getrunken, von dem wahrscheinlich etwas schlüpfriges Eiweiß auf seine Kleidung herabgeronnen sei, und konnte zur Bestätigung auf die Eierschale hinweisen, die noch auf einem Tellerchen im Zimmer zu sehen war. Somit war der suspekte Fleck in harmloser Weise aufgeklärt; als aber die Mutter uns allein gelassen hatte, dankte ich ihm, daß er mir die Diagnose so sehr erleichtert habe, und nahm ohne weiteres sein Geständnis, daß er unter den Beschwerden der Masturbation leide, zur Grundlage unserer Unterhaltung. Ein anderes Mal machte ich einen Besuch bei einer ebenso reichen wie geizigen und närrischen Dame, die dem Arzte die Aufgabe zu stellen pflegte, sich durch ein Heer von Klagen durchzuarbeiten, ehe man zur simplen Begründung ihrer Zustände gelangte. Als ich eintrat, saß sie bei einem Tischchen damit beschäftigt, Silbergulden in Häufchen zu schichten, und während sie sich erhob, warf sie einige der Geldstücke zu Boden. Ich half ihr beim Aufklauben derselben, unterbrach sie bald in der Schilderung ihres Elends und fragte: „Hat Sie also der vornehme Schwiegersohn um so viel Geld gebracht?" Sie antwortete mit erbitterter Verneinung, um die kürzeste Zeit nachher die klägliche Geschichte von der Aufregung über die Verschwendung des Schwiegersohnes zu erzählen, hat mich aber allerdings seither nicht wieder gerufen. Ich kann nicht behaupten, daß man sich immer Freunde unter denen wirbt, denen man die Bedeutung ihrer Symptomhandlungen mitteilt.

Ein anderes „Eingeständnis durch Fehlhandlung" berichtet Dr. *J. E. G. van Emden* (Haag): „Beim Zahlen in einem kleinen Restaurant in Berlin behauptete der Kellner, daß der Preis einer bestimmten Speise – des Krieges wegen – um 10 Pfennig erhöht worden war; meine Bemerkung, warum das auf der Preisliste nicht angezeigt worden war, beantwortete er mit der Erwiderung, daß dies offenbar eine Unterlassung sein müßte, daß es aber gewiß so war! Beim Einstecken des Betrages war er ungeschickt und ließ ein Zehnpfennigstück gerade für mich auf den Tisch niederfallen!!

,Jetzt weiß ich aber sicher, daß Sie mir zuviel gerechnet haben, wollen Sie, daß ich mich an der Kasse erkundige?'

,Bitte, gestatten Sie ... einen Moment ...' und fort war er schon.

Selbstverständlich gönnte ich ihm den Rückzug und, nachdem er zwei Minuten später sich entschuldigte, unbegreiflicherweise mit einer anderen Speise im Irrtum gewesen zu sein, die zehn Pfennige als Belohnung für seinen Beitrag zur Psychopathologie des Alltagslebens."

Wer seine Nebenmenschen während des Essens beobachten will, wird die schönsten und lehrreichsten Symptomhandlungen an ihnen feststellen können.

So erzählt Dr. *Hanns Sachs*:

„Ich war zufällig zugegen, als ein älteres Ehepaar meiner Verwandtschaft das Abendessen einnahm. Die Dame war magenleidend und mußte sehr strenge Diät halten. Dem Manne war eben ein Braten vorgesetzt worden, und er bat seine Frau, die sich an dieser Speise nicht beteiligen durfte, um den Senf. Die Frau öffnete den Schrank, griff hinein und stellte vor ihren Mann das Fläschchen mit ihren Magentropfen auf den Tisch. Zwischen dem faßförmigen Senfglase und dem kleinen Tropffläschchen bestand natürlich keine Ähnlichkeit, aus der der Mißgriff erklärt werden konnte; trotzdem bemerkte die Frau ihre Verwechslung erst, als der Gatte sie lachend darauf aufmerksam machte. Der Sinn der Symptomhandlung bedarf keiner Erklärung."

Ein köstliches Beispiel dieser Art, das vom Beobachter sehr geschickt ausgebeutet wurde, verdanke ich Dr. Bernh. *Dattner* (Wien):

„Ich sitze mit meinem Kollegen von der Philosophie, Dr. H., im Restaurant beim Mittagessen. Er erzählt von den Unbilden der Probekandidatur, erwähnt nebenbei, daß er vor der Beendigung seiner Studien beim Gesandten, resp. bevollmächtigen außerordentlichen Minister von Chile als Sekretär untergekommen war. ‚Dann wurde aber der Minister versetzt und dem neu antretenden habe ich mich nicht vorgestellt.' Und während er diesen letzten Satz ausspricht, führt er ein Stück Torte zum Munde, läßt es aber, wie aus Ungeschicklichkeit, vom Messer herabfallen. Ich erfasse sofort den geheimen Sinn dieser Symptomhandlung und werfe dem mit der Psychoanalyse nicht vertrauten Kollegen wie von ungefähr ein: ‚Da haben Sie aber einen fetten Bissen fallen lassen.' Er aber merkt nicht, daß sich meine Worte ebensogut auf seine Symptomhandlung beziehen können, und wiederholt mit einer sonderbar anmutenden, überraschenden Lebhaftigkeit, so als hätte ich ihm förmlich das Wort aus dem Munde genommen, gerade dieselben Worte, die ich ausgesprochen: ‚Ja, das war wirklich ein fetter Bissen, den ich fallen gelassen habe' und erleichtert sich dann durch eine erschöpfende Darstellung seiner Ungeschicklichkeit, die ihn um diese gut bezahlte Stellung gebracht hat.

Der Sinn der symbolischen Symptomhandlung erleuchtet sich, wenn man ins Auge faßt, daß der Kollege Skrupel empfand, mir, der ihm ziemlich ferne steht, von seiner prekären materiellen Situation zu erzählen, daß sich dann der vordrängende Gedanke in eine Symptomhandlung kleidete, die symbolisch ausdrückt, was hätte verborgen werden sollen, und somit dem Sprecher aus dem Unbewußten Erleichterung schuf."

Wie sinnreich sich ein scheinbar nicht beabsichtigtes Wegnehmen oder Mitnehmen herausstellen kann, mögen folgende Beispiele zeigen.

Dr. B. *Dattner*: „Ein Kollege stattet seiner verehrten Jugendfreundin das erstemal nach ihrer Eheschließung einen Besuch ab. Er erzählt mir von dieser Visite und drückt mir sein Erstaunen darüber aus, daß es ihm nicht gelungen sei, nur ganz kurze Zeit, wie er es vorhatte, bei ihr zu verweilen. Dann aber berichtet er von einer sonderbaren Fehlleistung, die ihm dort zugestoßen sei. Der Mann seiner Freundin, der am Gespräche teilgenommen habe, hätte eine Zündhölzchenschachtel gesucht, die ganz bestimmt bei seiner Ankunft auf der Tischplatte gelegen sei. Auch der Kollege habe seine Taschen durchsucht, ob er ‚sie‘ nicht zufällig ‚eingesteckt‘ habe, doch vergebens. Geraume Zeit danach habe er ‚sie‘ tatsächlich in seiner Tasche entdeckt, wobei ihm aufgefallen sei, daß nur ein einziges Zündhölzchen in der Schachtel gelegen war. – Ein paar Tage später bestätigt ein Traum, der die Schachtelsymbolik aufdringlich zeigt und sich mit der Jugendfreundin beschäftigt, meine Erklärung, daß der Kollege mit seiner Symptomhandlung Prioritätsrechte reklamieren und die Ausschließlichkeit seines Besitzes (nur ein Zündhölzchen drinnen) darstellen wollte.“

Dr. *Hanns Sachs*: „Unser Mädchen ißt eine bestimmte Torte besonders gern. An dieser Tatsache ist kein Zweifel möglich, denn es ist die einzige Speise, die sie ausnahmslos gut zubereitet. Eines Sonntags brachte sie uns eben diese Torte, stellte sie auf der Kredenz ab, nahm die beim vorigen Gang benützten Teller und Bestecke und häufte sie auf die Tasse, auf der sie die Torte hereingetragen hatte; auf die Spitze dieses Haufens placierte sie dann wieder die Torte, anstatt sie uns vorzusetzen, und verschwand damit in die Küche. Wir meinten zuerst, sie habe an der Torte irgend etwas zu verbessern gefunden, da sie aber nicht wieder erschien, läutete meine Frau und fragte: ‚Betty, was ist denn mit der Torte los?‘ Darauf das Mädchen ohne Verständnis: ‚Wieso?‘ Wir mußten sie erst darüber aufklären, daß sie die Torte wieder mitgenommen habe; sie hatte sie aufgeladen, hinausgetragen und wieder abgestellt, ‚ohne es zu bemerken‘. – Am nächsten Tage, als wir uns daran machten, den Rest dieser Torte zu verzehren, bemerkte meine Frau, daß nicht weniger vorhanden war, als wir am Vortag übrig gelassen hatten, daß also das Mädchen das ihr gebührende Stück der Lieblingsspeise verschmäht hatte. Auf die Frage, warum sie nichts von der Torte gegessen habe, antwortete sie leicht verlegen, sie habe keine Lust gehabt. – Die infantile Einstellung ist beide Male sehr deutlich; erst die kindliche Maßlosigkeit, die das Ziel der Wünsche mit niemandem teilen will, dann die ebenso kindliche Reaktion mit Trotz: wenn ihr es mir nicht gönnt, so behaltet es für euch, ich will jetzt gar nichts haben.“

Die Zufalls- oder Symptomhandlungen, die sich in Ehesachen ereignen, haben oft die ernsteste Bedeutung und könnten den, der sich um die Psychologie des Unbewußten nicht bekümmern will, zum Glauben an Vorzeichen nötigen. Es ist kein guter Anfang, wenn eine junge Frau auf der Hochzeitsreise ihren Ehering verliert, doch war er meist nur verlegt und wird bald wiedergefunden. – Ich kenne eine jetzt von ihrem Manne geschiedene Dame, die bei der Verwaltung ihres Vermögens Dokumente häufig mit ihrem Mädchennamen unterzeichnet hat, viele Jahre vorher, ehe sie diesen wirklich wieder annahm. – Einst war ich als Gast bei einem jung verheirateten Paare und hörte die junge Frau lachend ihr letztes Erlebnis erzählen, wie sie am Tage nach der Rückkehr von der Reise wieder ihre ledige Schwester aufgesucht hätte, um mit ihr, wie in früheren Zeiten, Einkäufe zu machen, während der Ehemann seinen Geschäften nachging. Plötzlich sei ihr ein Herr auf der anderen Seite der Straße aufgefallen, und sie habe ihre Schwester anstoßend gerufen: „Schau, dort geht ja der Herr L." Sie hatte vergessen, daß dieser Herr seit einigen Wochen ihr Ehegemahl war. Mich überlief es kalt bei dieser Erzählung, aber ich getraute mich der Folgerung nicht. Die kleine Geschichte fiel mir erst Jahre später wieder ein, nachdem diese Ehe den unglücklichsten Ausgang genommen hatte.

Den beachtenswerten, in französischer Sprache veröffentlichten Arbeiten von *A. Maeder*[64] in Zürich entnehme ich folgende Beobachtung, die ebensowohl einen Platz beim „Vergessen" verdient hätte:

„Une dame nous racontait récemment qu'elle avait oublié d'essayer sa robe de noce et s'en souvint la veille du mariage à huit heures du soir, la couturière désespérait de voir sa cliente. Ce détail suffit à montrer que la fiancée ne se sentait pas très heureuse de porter une robe d'épouse, elle cherchait à oublier cette représentation pénible. Elle est aujourd'hui divorcée."

Von der großen Schauspielerin Eleonora *Duse* erzählte mir ein Freund, der auf Zeichen achten gelernt hat, sie bringe in einer ihrer Rollen eine Symptomhandlung an, die so recht zeige, aus welcher Tiefe sie ihr Spiel heraufhole. Es ist ein Ehebruchsdrama; sie hat eben eine Auseinandersetzung mit ihrem Manne gehabt und steht nun in Gedanken abseits, ehe sich ihr der Versucher nähert. In diesem kurzen Intervall spielt sie mit dem Ehering an ihrem Finger, zieht ihn ab, um ihn wieder anzustecken, und zieht ihn wieder ab. Sie ist nun reif für den anderen.

Hier schließt an, was *Th. Reik* von anderen Symptomhandlungen mit Ringen erzählt.

„Wir kennen die Symptomhandlungen, welche Eheleute ausführen, indem sie den Trauring abziehen und wieder anstecken. Eine Reihe ähnlicher Symptomhandlungen produzierte mein Kollege M. Er hatte von einem von ihm geliebten

---

[64] Alph. Maeder, *Contributions à la psychopathologie de la vie quotidienne*, Archives des Psychologie, T. VI, 1906.

Mädchen einen Ring zum Geschenk erhalten, mit dem Bemerken, er dürfe ihn nicht verlieren, sonst wisse sie, daß er sie nicht mehr lieb habe. Er entfaltete in der Folgezeit eine erhöhte Besorgnis, er könnte den Ring verlieren. Hatte er ihn zeitweilig, z. B. beim Waschen abgelegt, so war er regelmäßig verlegt, so daß es oft langen Suchens bedurfte, um ihn wieder zu erlangen. Wenn er einen Brief in den Postkasten warf, konnte er die leise Angst nicht unterdrücken, der Ring könnte von den Rändern des Briefkastens abgezogen werden. Einmal hantierte er wirklich so ungeschickt, daß der Ring in den Kasten fiel. Der Brief, den er bei dieser Gelegenheit absandte, war ein Abschiedsschreiben an eine frühere Geliebte von ihm gewesen, und er fühlte sich ihr gegenüber schuldig. Gleichzeitig erwachte in ihm Sehnsucht nach dieser Frau, welche mit seiner Neigung zu seinem jetzigen Liebesobjekt in Konflikt kam." (Internat. Zeitschrift f. Psychoanalyse, III, 1915.)

An dem Thema des „Ringes" kann man sich wieder einmal den Eindruck holen, wie schwer es für den Psychoanalytiker ist, etwas Neues zu finden, was nicht ein Dichter vor ihm gewußt hätte. In *Fontanes* Roman *Vor dem Sturm* sagt Justizrat Turgany während eines Pfänderspieles: „Wollen Sie es glauben, meine Damen, daß sich die tiefsten Geheimnisse der Natur in der Abgabe der Pfänder offenbaren." Unter den Beispielen, mit denen er seine Behauptung erhärtet, verdient eines unser besonderes Interesse: „Ich entsinne mich einer im Embonpointalter stehenden Professorenfrau, die mal auf mal ihren Trauring als Pfand vom Finger zog. Erlassen Sie mir, Ihnen das eheliche Glück des Hauses zu schildern." Er setzt dann fort: „In derselben Gesellschaft befand sich ein Herr, der nicht müde wurde, sein englisches Taschenmesser, zehn Klingen mit Korkzieher und Feuerstahl, in den Schoß der Damen zu deponieren, bis das Klingenmonstrum, nach Zerreißung mehrerer Seidenkleider, endlich vor dem allgemeinen Entrüstungsschrei verschwand."

Es wird uns nicht wundernehmen, daß ein Objekt von so reicher symbolischer Bedeutung wie ein Ring auch dann zu sinnreichen Fehlhandlungen verwendet wird, wenn es nicht als Ehe- oder Verlobungsring die erotische Bindung bezeichnet. Dr. *M. Kardos* hat mir nachstehendes Beispiel eines derartigen Vorkommnisses zur Verfügung gestellt:

„Vor mehreren Jahren hat sich mir ein um vieles jüngerer Mann angeschlossen, der meine geistigen Bestrebungen teilt und zu mir etwa im Verhältnis eines Schülers zu seinem Lehrer steht. Ich habe ihm zu einer bestimmten Gelegenheit einen Ring geschenkt, und dieser hat ihm schon mehreremal Gelegenheit zu Symptom-, resp. Fehlhandlungen gegeben, sobald in unseren Beziehungen irgend etwas seine Mißbilligung gefunden hatte. Vor kurzem wußte er mir folgenden, besonders hübschen und durchsichtigen Fall zu berichten: Er war von einer einmal wöchentlich stattfindenden Zusammenkunft, bei der er mich regelmäßig zu sehen und zu sprechen pflegte, unter irgendeinem Vorwand ausgeblieben, da ihm eine Verabredung mit einer jungen Dame wünschenswerter erschienen war. Am darauffolgenden Vormittag bemerkte er, aber erst, als er schon längst das Haus verlassen hatte, daß er den Ring nicht am Finger trage. Er beunruhigte sich darüber nicht weiter, da er annahm, er habe ihn daheim auf dem Nachtkästchen, wo er ihn jeden Abend hinlegte, vergessen und werde ihn beim Nachhausekommen dort finden. Er sah auch gleich nach der Heimkehr nach ihm, aber vergeblich, und begann nun, ebenso erfolglos, das Zimmer zu durchsuchen. Endlich fiel ihm ein, daß der Ring – wie übrigens schon seit mehr als einem Jahre – auf dem Nachtkästchen neben einem kleinen Messerchen gelegen sei, das er in der Westentasche zu tragen gewohnt war; so verfiel er auf die Vermutung, er könnte ‚aus Zerstreutheit‘ den Ring mit dem Messer eingesteckt haben. Er griff also in die Tasche und fand dort wirklich den gesuchten Ring. – ‚Der Ehering in der Westentasche‘ ist die sprichwörtliche Aufbewahrungsart für den Ring, wenn der Mann die Frau, von der er ihn empfangen hat, zu betrügen beabsichtigt. Sein Schuldgefühl hat ihn also zunächst zur Selbstbestrafung (‚Du verdienst es nicht mehr, diesen Ring zu tragen‘), in zweiter Linie zu dem Eingeständnis seiner Untreue veranlaßt, allerdings bloß in der Form einer Fehlhandlung, die keinen Zeugen hatte. Erst auf dem Umweg über den Bericht davon – der allerdings voraussehbar war – kam es zum Eingeständnis der begangenen kleinen ‚Untreue‘.“

Ich weiß auch von einem älteren Herrn, der ein sehr junges Mädchen zur Frau nahm und die Hochzeitsnacht anstatt abzureisen in einem Hotel der Großstadt zuzubringen gedachte. Kaum im Hotel angelangt, merkte er mit Schrecken, daß er seine Brieftasche, in der sich die ganze für die Hochzeitsreise bestimmte Geldsumme befand, vermisse, also verlegt oder verloren habe. Es gelang noch, den Diener telephonisch zu erreichen, der das Vermißte in dem abgelegten Rock des Hochzeiters auffand und dem Harrenden, der so ohne Vermögen in die Ehe gegangen war, ins Hotel brachte. Er konnte also am nächsten Morgen die Reise mit seiner jungen Frau antreten; in der Nacht selbst war er, wie seine Befürchtung vorausgesehen hatte, „unvermögend“ geblieben.

Es ist tröstlich zu denken, daß das „*Verlieren*“ der Menschen in ungeahnter Ausdehnung Symptomhandlung und somit wenigstens einer geheimen Absicht des Verlustträgers willkommen ist. Es ist oft nur ein Ausdruck der geringen Schätzung des verlorenen Gegenstandes oder einer geheimen Abneigung gegen denselben oder gegen die Person, von der er herstammt, oder die Verlustneigung hat sich auf diesen Gegenstand durch symbolische Gedankenverbindung von anderen und bedeutsameren Objekten her übertragen. Das Verlieren wertvoller

Dinge dient mannigfachen Regungen zum Ausdruck, es soll entweder einen verdrängten Gedanken symbolisch darstellen, also eine Mahnung wiederholen, die man gern überhören möchte, oder es soll – und dies vor allem anderen – den dunklen Schicksalsmächten – Opfer bringen, deren Dienst auch unter uns noch nicht erloschen ist.

Zur Erläuterung dieser Sätze über das Verlieren nur einige Beispiele:

Dr. *B. Dattner:* „Ein Kollege berichtet mir, daß er seinen Penkalastift, den er bereits über zwei Jahre besessen habe und der ihm seiner Vorzüge wegen sehr wertvoll geworden sei, unvermutet verloren habe. Die Analyse ergab folgenden Tatbestand: Am Tage vorher hatte der Kollege von seinem Schwager einen empfindlich unangenehmen Brief erhalten, dessen Schlußsatz folgendermaßen lautete: ‚Ich habe vorläufig weder Lust noch Zeit, Deinen Leichtsinn und Deine Faulheit zu unterstützen.' Der Affekt, der sich an diesen Brief knüpfte, war so mächtig, daß der Kollege prompt am nächsten Tage den Penkala, *ein Geschenk dieses Schwagers*, opferte, um durch dessen Gnade nicht allzusehr beschwert zu sein."

Eine mir bekannte Dame hat sich, wie begreiflich, während der Trauer um ihre alte Mutter des Theaterbesuches enthalten. Es fehlen jetzt nur noch wenige Tage bis zum Ablauf des Trauerjahres, und sie läßt sich durch das Zureden ihrer Bekannten bewegen, eine Theaterkarte für eine besonders interessante Vorstellung zu nehmen. Vor dem Theater angelangt, macht sie die Entdeckung, daß sie die Karte verloren hat. Sie meint später, daß sie dieselbe mit der Tramwaykarte weggeworfen hatte, als sie aus dem Wagen ausstieg. Dieselbe Dame rühmt sich, nie etwas aus Unachtsamkeit zu verlieren.

Man darf also annehmen, daß auch ein anderer Fall von Verlieren, den sie erlebte, nicht ohne gute Motivierung war.

In einem Kurorte angekommen, entschließt sie sich, eine Pension zu besuchen, in der sie ein früheres Mal gewohnt hatte. Sie wird dort als alte Bekannte aufgenommen, bewirtet und erfährt, als sie bezahlen will, daß sie sich als Gast zu betrachten habe, was ihr nicht ganz recht ist. Es wird ihr zugestanden, daß sie etwas für das servierende Mädchen zurücklassen darf, und sie öffnet ihre Börse, um einen Markschein auf den Tisch zu legen. Am Abend bringt ihr der Diener der Pension einen Fünfmarkschein, der sich unter dem Tisch gefunden und nach der Meinung der Pensionsinhaberin dem Fräulein gehören dürfte. Den hatte sie also aus der Börse fallen lassen, als sie ihr das Trinkgeld für das Mädchen entnahm. Wahrscheinlich wollte sie doch ihre Zeche bezahlen.

Otto Rank hat in einer längeren Mitteilung[65] die diesem Akte zugrunde liegende Opferstimmung und dessen tiefer reichende Motivierungen mit Hilfe

---

[65] *Das Verlieren als Symptomhandlung,* Zentralbl. für Psychoanalyse I, 10/11.

von Traumanalysen durchsichtig gemacht.[66] Interessant ist es dann, wenn er hinzufügt, daß manchmal nicht nur das Verlieren, sondern auch das *Finden* von Gegenständen determiniert erscheint. In welchem Sinne dies zu verstehen ist, mag aus seiner Beobachtung, die ich hieher setze, hervorgehen. Es ist klar, daß beim Verlieren das Objekt bereits gegeben ist, das beim Finden erst gesucht werden muß.

„Ein materiell von seinen Eltern abhängiges junges Mädchen will sich ein billiges Schmuckstück kaufen. Sie fragt im Laden nach dem Preise des ihr zusagenden Objekts, erfährt aber zu ihrem Betrüben, daß es mehr kostet, als ihre Ersparnisse betragen. Und doch sind es nur zwei Kronen, deren Fehlen ihr diese kleine Freude verwehrt. In gedrückter Stimmung schlendert sie durch die abendlich belebten Straßen der Stadt nach Hause. Auf einem der stärkst frequentierten Plätze wird sie plötzlich – obwohl sie ihrer Angabe nach tief in Gedanken versunken war – auf ein am Boden liegendes kleines Blättchen aufmerksam, das sie eben achtlos passiert hatte. Sie wendet sich um, hebt es auf und bemerkt zu ihrem Erstaunen, daß es ein zusammengefalteter Zweikronenschein ist. Sie denkt sich: das hat mir das Schicksal zugeschickt, damit ich mir den Schmuck kaufen kann, und macht erfreut Kehrt, um diesem Winke zu folgen. Im selben Moment aber sagt sie sich, sie dürfe das doch nicht tun, weil das gefundene Geld ein Glücksgeld ist, das man nicht ausgeben darf.

Das Stückchen Analyse, das zum Verständnis dieser ‚Zufallshandlung‘ gehört, darf man wohl auch ohne persönliche Auskunft der Betroffenen aus der gegebenen Situation erschließen. Unter den Gedanken, die das Mädchen beim Nachhausegehen beschäftigten, wird sich wohl der ihrer Armut und materiellen Einschränkung im Vordergrunde befunden haben, und zwar, wie wir vermuten dürfen, im Sinne der wunscherfüllenden Aufhebung ihrer drückenden Verhältnisse. Die Idee, wie man auf leichteste Weise zu diesem fehlenden Geldbetrag kommen könnte, wird ihrem auf Befriedigung ihres bescheidenen Wunsches gerichteten Interesse kaum ferngeblieben sein und ihr die einfachste Lösung des Findens nahegebracht haben. Solcherart war ihr Unbewußtes (oder Vorbewußtes) auf ‚Finden‘ eingestellt, selbst wenn der Gedanke daran ihr – wegen anderweitiger Inanspruchnahme ihrer Aufmerksamkeit (‚in Gedanken versunken‘) – nicht voll bewußt geworden sein sollte. Ja wir dürfen auf Grund ähnlicher analysierter Fälle geradezu behaupten, daß die *unbewußte* ‚Such-Bereitschaft‘ viel eher zum Erfolg zu führen vermag als die bewußt gelenkte Aufmerksamkeit. Sonst wäre es auch kaum erklärlich, wieso gerade diese eine Person von den vielen

---

[66] Andere Mitteilungen desselben Inhalts im Zentralblatt für Psychoanalyse, II, und Internat. Zeitschrift für Psychoanalyse, I, 1913.

Hunderten Vorübergehenden, noch dazu unter den erschwerenden Umständen der ungünstigen Abendbeleuchtung und der dichtgedrängten Menge, den für sie selbst überraschenden Fund machen konnte. In welch starkem Ausmaß diese un- oder vorbewußte Bereitschaft tatsächlich bestand, zeigt die sonderbare Tatsache, daß das Mädchen noch nach diesem Funde, also nachdem die Einstellung bereits überflüssig geworden und gewiß schon der bewußten Aufmerksamkeit entzogen war, auf ihrem weiteren Heimweg an einer dunklen und einsamen Stelle einer Vorstadtstraße ein Taschentuch fand."[67]

Man muß sagen, daß gerade solche Symptomhandlungen oft den besten Zugang zur Erkenntnis des intimen Seelenlebens der Menschen gestatten.

Von den vereinzelten Zufallshandlungen will ich ein Beispiel mitteilen, welches auch ohne Analyse eine tiefere Deutung zuließ, das die Bedingungen trefflich erläutert, unter denen solche Symptome vollkommen unauffällig produziert werden können, und an das sich eine praktisch bedeutsame Bemerkung anknüpfen läßt. Auf einer Sommerreise traf es sich, daß ich einige Tage an einem gewissen Orte auf die Ankunft meines Reisegefährten zu warten hatte. Ich machte unterdes die Bekanntschaft eines jungen Mannes, der sich gleichfalls einsam zu fühlen schien und sich bereitwillig mir anschloß. Da wir in demselben Hotel wohnten, fügte es sich leicht, daß wir alle Mahlzeiten gemeinsam einnahmen und Spaziergänge miteinander machten. Am Nachmittag des dritten Tages teilte er mir plötzlich mit, daß er heute abend seine mit dem Eilzuge einlangende Frau erwarte. Mein psychologisches Interesse wurde nun rege, denn es war mir an meinem Gesellschafter bereits am Vormittag aufgefallen, daß er meinen Vorschlag zu einer größeren Partie zurückgewiesen und auf unserem kleinen Spaziergang einen gewissen Weg als zu steil und gefährlich nicht hatte begehen wollen. Auf dem Nachmittagsspaziergang behauptete er plötzlich, ich müßte doch hungrig sein, ich sollte doch ja nicht seinetwegen die Abendmahlzeit aufschieben, er werde erst nach der Ankunft seiner Frau mit ihr zu Abend essen. Ich verstand den Wink und setzte mich an den Tisch, während er auf den Bahnhof ging. Am nächsten Morgen trafen wir uns in der Vorhalle des Hotels. Er stellte mich seiner Frau vor und fügte hinzu: „Sie werden doch mit uns das Frühstück nehmen?" Ich hatte noch eine kleine Besorgung in der nächsten Straße vor und versicherte, ich würde bald nachkommen. Als ich dann in den Frühstückssaal trat, sah ich, daß das Paar an einem kleinen Fenstertisch Platz genommen hatte, auf dessen einer Seite sie beide saßen. Auf der Gegenseite befand sich nur ein Sessel, aber über dessen Lehne hing der große und schwere Lodenmantel des Mannes herab, den Platz verdeckend. Ich verstand sehr wohl den Sinn dieser

---

[67] Internat. Zeitschrift für Psychoanalyse, III, 1915.

gewiß nicht absichtlichen, aber darum um so ausdrucksvolleren Lagerung. Es hieß: Für dich ist hier kein Platz, du bist jetzt überflüssig. Der Mann bemerkte es nicht, daß ich vor dem Tische stehen blieb, ohne mich zu setzen, wohl aber die Dame, die ihren Mann sofort anstieß und ihm zuflüsterte: „Du hast ja dem Herrn den Platz verlegt."

Bei diesem wie bei anderen ähnlichen Ergebnissen habe ich mir gesagt, daß die unabsichtlich ausgeführten Handlungen unvermeidlich zur Quelle von Mißverständnissen im menschlichen Verkehr werden müssen. Der Täter, der von einer mit ihnen verknüpften Absicht nichts weiß, rechnet sich dieselben nicht an und hält sich nicht verantwortlich für sie. Der andere hingegen erkennt, indem er regelmäßig auch solche Handlungen seines Partners zu Schlüssen über dessen Absichten und Gesinnungen verwertet, mehr von den psychischen Vorgängen des Fremden, als dieser selbst zuzugeben bereit ist und mitgeteilt zu haben glaubt. Letzterer aber entrüstet sich, wenn ihm diese aus seinen Symptomhandlungen gezogenen Schlüsse vorgehalten werden, erklärt sie für grundlos, da ihm das Bewußtsein für die Absicht bei der Ausführung fehlt, und klagt über Mißverständnis von seiten des anderen. Genau besehen beruht ein solches Mißverständnis auf einem Zufein- und Zuvielverstehen. Je „nervöser" zwei Menschen sind, desto eher werden sie einander Anlaß zu Entzweiungen bieten, deren Begründung jeder für seine eigene Person ebenso bestimmt leugnet, wie er sie für die Person des anderen als gesichert annimmt. Und dies ist wohl die Strafe für die innere Unaufrichtigkeit, daß die Menschen unter den Vorwänden des Vergessens, Vergreifens und der Unabsichtlichkeit Regungen den Ausdruck gestatten, die sie besser sich und anderen eingestehen würden, wenn sie sie schon nicht beherrschen können. Man kann in der Tat ganz allgemein behaupten, daß jedermann fortwährend psychische Analyse an seinen Nebenmenschen betreibt und diese infolgedessen besser kennenlernt als jeder einzelne sich selbst. Der Weg zur Befolgung der Mahnung γνῶϑι σεαυτόν führt durch das Studium seiner eigenen, scheinbar zufälligen Handlungen und Unterlassungen.

Von all den Dichtern, die sich gelegentlich über die kleinen Symptomhandlungen und Fehlleistungen geäußert oder sich ihrer bedient haben, hat keiner deren geheime Natur mit solcher Klarheit erkannt und dem Sachverhalt eine so unheimliche Belebung gegeben wie *Strindberg*, dessen Genie bei solcher Erkenntnis allerdings durch tiefgehende psychische Abnormität unterstützt wurde. Dr. *Karl Weiß* (Wien) hat auf folgende Stelle aus einem seiner Werke aufmerksam gemacht (Internat. Zeitschrift für Psychoanalyse, I, 1915, S. 268):

„Nach einer Weile kam der Graf wirklich und er trat ruhig an Esther heran, als habe er sie zu einem Stelldichein bestellt.

– „Hast du lange gewartet?", fragte er mit seiner gedämpften Stimme.

– „Sechs Monate, wie du weißt", antwortete Esther; „aber du hast mich heute gesehen?"

– „Ja, eben im Straßenbahnwagen; und ich sah dir in die Augen, daß ich mit dir zu sprechen glaubte."

– „Es ist viel ‚geschehen' seit dem letztenmal."

– „Ja, und ich glaubte, es sei zwischen uns aus."

– „Wieso?"

– „Alle Kleinigkeiten, die ich von dir bekommen habe, gingen entzwei, und zwar auf eine okkulte Weise. Aber das ist eine alte Wahrnehmung."

– „Was du sagst! Jetzt erinnere ich mich an eine ganze Menge Fälle, die ich für Zufälle hielt. Ich bekam einmal ein Pincenez von meiner Großmutter, während wir gute Freunde waren. Es war aus geschliffenem Bergkristall und ausgezeichnet bei den Obduktionen, ein wahres Wunderwerk, das ich sorgfältig hütete. Eines Tages *brach* ich mit der Alten und sie wurde auf mich böse.

Da geschah es bei der nächsten Obduktion, daß die Gläser ohne Ursache herausfielen. Ich glaubte, es sei ganz einfach entzwei; schickte es zur Reparatur. Nein, es fuhr fort, seinen Dienst zu verweigern; wurde in eine Schublade gelegt und ist fortgekommen."

– „Was du sagst! Wie eigentümlich, daß das, was die Augen betrifft, am empfindlichsten ist. Ich hatte ein Doppelglas von einem Freunde bekommen; das paßte für meine Augen so gut, daß der Gebrauch ein Genuß für mich war. Der Freund und ich wurden Unfreunde. Du weißt, dazu kommt es, ohne sichtbare Ursache; es scheint einem, als dürfe man nicht einig sein. Als ich das Opernglas das nächste Mal benutzen wollte, konnte ich nicht klar sehen. Der Schenkel war zu kurz und ich sah zwei Bilder. Ich brauche dir nicht zu sagen, daß sich weder der Schenkel verkürzt noch der Abstand der Augen vergrößert hatte! Es war ein Wunder, das alle Tage geschieht und das schlechte Beobachter nicht merken. Die Erklärung? *Die psychische Kraft des Hasses ist wohl größer, als wir glauben.* – Übrigens der Ring, den ich von dir bekommen habe, hat den Stein verloren – und läßt sich nicht reparieren, läßt sich nicht. Willst du dich jetzt von mir trennen? ... (*Die gotischen Zimmer*, S. 258 f.)"

Auch auf dem Gebiete der Symptomhandlungen muß die psychoanalytische Beobachtung den Dichtern die Priorität abtreten. Sie kann nur wiederholen, was diese längst gesagt haben. Herr Wilh. *Stroß* macht mich auf nachstehende Stelle in dem bekannten humoristischen Roman *Tristram Shandy* von *Lawrence Sterne* aufmerksam (VI. Teil, V. Kapitel):

„und es wundert mich keineswegs, daß Gregorius von Nazianzum, als er am Julian die schnellen und unsteten Gebärden wahrnahm, voraussagte, daß er eines Tages abtrünnig werden würde; – oder daß St. Ambrosius seinen Amanuensem, wegen einer unanständigen Bewegung mit dem Kopfe, der ihm wie ein Dreschflegel hin und her ging, wegjagte. – Oder daß Democritus gleich merkte, daß Protagoras ein Gelehrter wäre, weil er ihn ein Bündel Reisholz binden und die dünnsten Reiser in die Mitte legen sah. – Es gibt tausend unbemerkte Öffnungen, fuhr mein Vater fort, durch welche ein scharfes Auge auf einmal die Seele entdecken kann; und ich behaupte, fügte er hinzu, daß ein vernünftiger Mann nicht seinen Hut niederlegen kann, wenn er in ein Zimmer kommt – oder aufnehmen, wenn er hinausgeht, oder es entwischt ihm etwas, das ihn verrät."

Hier noch eine kleine Sammlung mannigfaltiger Symptomhandlungen bei Gesunden und Neurotikern:

Ein älterer Kollege, der nicht gern im Kartenspiel verliert, hat eines Abends eine größere Verlustsumme klaglos, aber in eigentümlich verhaltener Stimmung ausgezahlt. Nach seinem Weggehen wird entdeckt, daß er so ziemlich alles, was er bei sich trägt, auf seinem Platz zurückgelassen hat: Brille, Zigarrentasche und Sacktuch. Das fordert wohl die Übersetzung: Ihr Räuber, ihr habt mich da schön ausgeplündert.

Ein Mann, der an gelegentlich auftretender sexueller Impotenz leidet, welche in der Innigkeit seiner Kinderbeziehungen zur Mutter begründet ist, berichtet, daß er gewohnt ist, Schriften und Aufzeichnungen mit einem S, dem Anfangsbuchstaben des Namens seiner Mutter, zu verzieren. Er verträgt es nicht, daß Briefe vom Hause auf seinem Schreibtisch in Berührung mit anderen unheiligen Briefschaften geraten, und ist darum genötigt, erstere gesondert aufzubewahren.

Eine junge Dame reißt plötzlich die Tür des Behandlungszimmers auf, in dem sich noch ihre Vorgängerin befindet. Sie entschuldigt sich mit „Gedankenlosigkeit"; es ergibt sich bald, daß sie die Neugierde demonstriert hat, welche sie seinerzeit ins Schlafzimmer der Eltern dringen ließ.

Mädchen, die auf ihre schönen Haare stolz sind, wissen so geschickt mit Kamm und Haarnadeln umzugehen, daß sich ihnen mitten im Gespräch die Haare lösen.

Manche Männer zerstreuen während der Behandlung (in liegender Stellung) Kleingeld aus der Hosentasche und honorieren so die Arbeit der Behandlungsstunde je nach ihrer Schätzung.

Wer bei einem Arzt einen mitgebrachten Gegenstand, wie Zwicker, Handschuhe, Täschchen vergißt, deutet damit an, daß er sich nicht losreißen kann und gern bald wiederkommen möchte. E. Jones sagt: „One can almost measure the success with which a physician is practising psychotherapy, for instance by the size of the collection of umbrellas, handkerchiefs, purses, and so on, that he could make in a month."

Die kleinsten gewohnheitsmäßigen und mit minimaler Aufmerksamkeit ausgeführten Verrichtungen, wie das Aufziehen der Uhr vor dem Schlafengehen, das Auslöschen des Lichtes vor dem Verlassen des Zimmers u. a., sind gelegentlich Störungen unterworfen, welche den Einfluß der unbewußten Komplexe auf die angeblich stärksten „Gewohnheiten" unverkennbar demonstrieren. *Maeder* erzählt in der Zeitschrift *Coenobium* von einem Spitalarzte, der sich eines Abends einer wichtigen Angelegenheit wegen entschloß, in die Stadt zu gehen, obwohl er Dienst hatte und das Spital nicht hätte verlassen sollen. Als er zurückkam, bemerkte er zu seinem Erstaunen Licht in seinem Zimmer. Er hatte, was ihm früher nie geschehen war, vergessen, bei seinem Weggehen dunkel zu machen. Er besann sich aber bald auf das Motiv dieses Vergessens. Der im Hause wohnende Spitaldirektor mußte ja aus dem Lichte im Zimmer seines Internen den Schluß ziehen, daß dieser im Hause sei.

Ein mit Sorgen überbürdeter und gelegentlich Verstimmungen unterworfener Mann versicherte mir, daß er regelmäßig am Morgen seine Uhr abgelaufen finde, wenn ihm am Abend vorher das Leben gar zu hart und unfreundlich erschienen sei. Er drückt also durch die Unterlassung, die Uhr aufzuziehen, symbolisch aus, daß ihm nichts daran gelegen sei, den nächsten Tag zu erleben.

Ein anderer, mir persönlich unbekannt, schreibt: „Von einem harten Schicksalsschlage betroffen, erschien mir das Leben so hart und unfreundlich, daß ich mir einbildete, keine genügende Kraft zu finden, um den nächsten Tag durchzuleben, und da bemerkte ich, daß ich fast täglich meine Uhr aufzuziehen vergaß, was ich früher niemals unterließ und es vor dem Niederlegen regelmäßig fast mechanisch unbewußt tat. Nur selten erinnerte ich mich daran, wenn ich am folgenden Tage etwas Wichtiges oder mein Interesse besonders Fesselndes vor hatte. Sollte auch dies eine Symptomhandlung sein? Ich konnte mir dies gar nicht erklären."

Wer sich, wie *Jung* (*Über die Psychologie der Dementia praecox*, 1907, S. 62) oder *Maeder* (*Une voie nouvelle en psychologie – Freud et son école*, Coenobium, Lugano 1909) die Mühe nehmen will, auf die Melodien zu achten, welche man, ohne es zu beabsichtigen, oft ohne es zu merken, vor sich hin trällert, wird die Beziehung des Textes zu einem die Person beschäftigenden Thema wohl regelmäßig aufdecken können.

Auch die feinere Determinierung des Gedankenausdruckes in Rede oder Schrift verdiente eine sorgfältige Beachtung. Man glaubt doch im allgemeinen die Wahl zu haben, in welche Worte man seine Gedanken einkleiden oder durch welches Bild man sie verkleiden soll. Nähere Beobachtung zeigt, daß andere Rücksichten über diese Wahl entscheiden, und daß in der Form des Gedankens ein tieferer, oft nicht beabsichtigter Sinn durchschimmert. Die Bilder und

Redensarten, deren sich eine Person vorzugsweise bedient, sind für ihre Beurteilung meist nicht gleichgültig, und andere erweisen sich oft als Anspielung auf ein Thema, welches derzeit im Hintergrunde gehalten wird, aber den Sprecher mächtig ergriffen hat. Ich hörte jemand zu einer gewissen Zeit wiederholt in theoretischen Gesprächen die Redensart gebrauchen: „Wenn einem plötzlich etwas durch den Kopf schießt", aber ich wußte, daß er vor kurzem die Nachricht erhalten hatte, seinem Sohn sei die Feldkappe, die er auf dem Kopfe trug, von vorn nach hinten durch ein russisches Projektil durchschossen worden.

X
Irrtümer

Die Irrtümer des Gedächtnisses sind vom Vergessen mit Fehlerinnern nur durch den einen Zug unterschieden, daß der Irrtum (das Fehlerinnern) nicht als solcher erkannt wird, sondern Glauben findet. Der Gebrauch des Ausdrucks „Irrtum" scheint aber noch an einer anderen Bedingung zu hängen. Wir sprechen von „Irren" anstatt von „falsch Erinnern", wo in dem zu reproduzierenden psychischen Material der Charakter der objektiven Realität hervorgehoben werden soll, wo also etwas anderes erinnert werden soll als eine Tatsache unseres eigenen psychischen Lebens, vielmehr etwas, was der Bestätigung oder Widerlegung durch die Erinnerung anderer zugänglich ist. Den Gegensatz zum Gedächtnisirrtum in diesem Sinne bildet die Unwissenheit.

In meinem Buche *Die Traumdeutung* (1900) habe ich mich einer Reihe von Verfälschungen an geschichtlichem und überhaupt tatsächlichem Material schuldig gemacht, auf die ich nach dem Erscheinen des Buches mit Verwunderung aufmerksam geworden bin. Ich habe bei näherer Prüfung derselben gefunden, daß sie nicht meiner Unwissenheit entsprungen sind, sondern sich auf Irrtümer des Gedächtnisses zurückleiten, welche sich durch Analyse aufklären lassen.

1) Auf S. 266 (der ersten Auflage) bezeichne ich als den Geburtsort *Schillers* die Stadt *Marburg*, deren Name in der Steiermark wiederkehrt. Der Irrtum findet sich in der Analyse eines Traumes während einer Nachtreise, aus dem ich durch den vom Kondukteur ausgerufenen Stationsnamen *Marburg* geweckt wurde. Im Trauminhalt wird nach einem Buche von Schiller gefragt. Nun ist Schiller nicht in der Universitätsstadt Marburg, sondern in dem schwäbischen *Marbach* geboren. Ich behaupte auch, daß ich dies immer gewußt habe.

2) Auf S. 135 wird *Hannibals* Vater *Hasdrubal* genannt. Dieser Irrtum war mir besonders ärgerlich, hat mich aber in der Auffassung solcher Irrtümer am meisten bestärkt. In der Geschichte der Barkiden dürften wenige der Leser des

Buches besser Bescheid wissen als der Verfasser, der diesen Fehler niederschrieb und ihn bei drei Korrekturen übersah. Der *Vater* Hannibals hieß *Hamilkar Barkas* – *Hasdrubal* war der Name von Hannibals *Bruder*, übrigens auch der seines Schwagers und Vorgängers im Kommando.

3) Auf S. 177 und S. 370 behaupte ich, daß *Zeus* seinen Vater *Kronos* entmannt und ihn vom Throne stürzt. Diesen Greuel habe ich aber irrtümlich um eine Generation vorgeschoben; die griechische Mythologie läßt ihn von *Kronos* an seinem Vater *Uranos* verüben.[68]

Wie ist es nun zu erklären, daß mein Gedächtnis in diesen Punkten Ungetreues lieferte, während es mir sonst, wie sich Leser des Buches überzeugen können, das entlegenste und ungebräuchlichste Material zur Verfügung stellte? Und ferner, daß ich bei drei sorgfältig durchgeführten Korrekturen wie mit Blindheit geschlagen an diesen Irrtümern vorbeiging?

Goethe hat von *Lichtenberg* gesagt: „Wo er einen Spaß macht, liegt ein Problem verborgen." Ähnlich kann man über die hier angeführten Stellen meines Buches behaupten: Wo ein Irrtum vorliegt, da steckt eine Verdrängung dahinter. Richtiger gesagt: eine Unaufrichtigkeit, eine Entstellung, die schließlich auf Verdrängtem fußt. Ich bin bei der Analyse der dort mitgeteilten Träume durch die bloße Natur der Themata, auf welche sich die Traumgedanken beziehen, genötigt gewesen, einerseits die Analyse irgendwo vor ihrer Abrundung abzubrechen, andererseits einer indiskreten Einzelheit durch leise Entstellung die Schärfe zu benehmen. Ich konnte nicht anders und hatte auch keine andere Wahl, wenn ich überhaupt Beispiele und Belege vorbringen wollte; meine Zwangslage leitete sich mit Notwendigkeit aus der Eigenschaft der Träume ab, Verdrängtem, d. h. Bewußtseinsunfähigem Ausdruck zu geben. Es dürfte trotzdem genug übrig geblieben sein, woran empfindlichere Seelen Anstoß genommen haben. Die Entstellung oder Verschweigung der mir selbst noch bekannten fortsetzenden Gedanken hat sich nun nicht spurlos durchführen lassen. Was ich unterdrükken wollte, hat sich oftmals wider meinen Willen den Zugang in das von mir Aufgenommene erkämpft und ist darin als von mir unbemerkter Irrtum zum Vorschein gekommen. In allen drei hervorgehobenen Beispielen liegt übrigens das nämliche Thema zugrunde; die Irrtümer sind Abkömmlinge verdrängter Gedanken, die sich mit meinem verstorbenen Vater beschäftigen.

ad 1) Wer den auf S. 266 analysierten Traum durchliest, wird teils unverhüllt erfahren, teils aus Andeutungen erraten können, daß ich bei Gedanken abgebrochen habe, die eine unfreundliche Kritik am Vater enthalten hätten. In

---

[68] Kein voller Irrtum! Die orphische Version des Mythus ließ die Entmannung an Kronos von seinem Sohne Zeus wiederholt werden. (*Roscher*, Lexikon der Mythologie.)

der Fortsetzung dieses Zuges von Gedanken und Erinnerungen liegt nun eine ärgerliche Geschichte, in welcher Bücher eine Rolle spielen, und ein Geschäftsfreund des Vaters, der den Namen *Marburg* führt, denselben Namen, durch dessen Ausruf in der gleichnamigen Südbahnstation ich aus dem Schlafe geweckt wurde. Diesen Herrn Marburg wollte ich bei der Analyse mir und den Lesern unterschlagen; er rächte sich dadurch, daß er sich dort einmengte, wo er nicht hingehört, und den Namen des Geburtsortes Schillers aus *Marbach* in *Marburg* veränderte.

ad 2) Der Irrtum *Hasdrubal* anstatt *Hamilkar*, der Name des Bruders an Stelle des Namens des Vaters, ereignete sich gerade in einem Zusammenhange, der von den Hannibalphantasien meiner Gymnasiastenjahre und von meiner Unzufriedenheit mit dem Benehmen des Vaters gegen die „Feinde unseres Volkes" handelt. Ich hätte fortsetzen und erzählen können, wie mein Verhältnis zum Vater durch einen Besuch in England verändert wurde, der mich die Bekanntschaft meines dort lebenden Halbbruders aus früherer Ehe des Vaters machen ließ. Mein Bruder hat einen ältesten Sohn, der mir gleichaltrig ist; die Phantasien, wie anders es geworden wäre, wenn ich nicht als Sohn des Vaters, sondern des Bruders zur Welt gekommen wäre, fanden also kein Hindernis an den Altersrelationen. Diese unterdrückten Phantasien fälschten nun an der Stelle, wo ich in der Analyse abbrach, den Text meines Buches, indem sie mich nötigten, den Namen des Bruders für den des Vaters zu setzen.

ad 3) Dem Einfluß der Erinnerung an diesen selben Bruder schreibe ich es zu, daß ich die mythologischen Greuel der griechischen Götterwelt um eine Generation vorgeschoben habe. Von den Mahnungen des Bruders ist mir lange Zeit eine im Gedächtnis geblieben: „Vergiß nicht in Bezug auf Lebensführung eines", hatte er mir gesagt, „daß du nicht der zweiten, sondern eigentlich der dritten Generation vom Vater aus angehörst." Unser Vater hatte sich in späteren Jahren wieder verheiratet und war so um vieles älter als seine Kinder zweiter Ehe. Ich begehe den besprochenen Irrtum im Buche gerade dort, wo ich von der Pietät zwischen Eltern und Kindern handle.

Es ist auch einigemal vorgekommen, daß Freunde und Patienten, deren Träume ich berichtete, oder auf die ich in den Traumanalysen anspielte, mich aufmerksam machten, die Umstände der gemeinsam erlebten Begebenheiten seien von mir ungenau erzählt worden. Das wären nun wiederum historische Irrtümer. Ich habe die einzelnen Fälle nach der Richtigstellung nachgeprüft und mich gleichfalls überzeugt, daß meine Erinnerung des Sachlichen nur dort ungetreu war, wo ich in der Analyse etwas mit Absicht entstellt oder verhehlt hatte. Auch hier wieder ein *unbemerkter Irrtum als Ersatz für eine absichtliche Verschweigung oder Verdrängung.*

Von diesen Irrtümern, die der Verdrängung entspringen, heben sich scharf andere ab, die auf wirklicher Unwissenheit beruhen. So war es z. B. Unwissenheit, wenn ich auf einem Ausflug in die Wachau den Aufenthalt des Revolutionärs *Fischhof* berührt zu haben glaubte. Die beiden Orte haben nur den Namen gemein; das *Emmersdorf Fischhofs* liegt in Kärnten. Ich wußte es aber nicht anders.

4) Noch ein beschämender und lehrreicher Irrtum, ein Beispiel von temporärer Ignoranz, wenn man so sagen darf. Ein Patient mahnte mich eines Tages, ihm die zwei versprochenen Bücher über Venedig mitzugeben, aus denen er sich für seine Osterreise vorbereiten wollte. Ich habe sie bereit gelegt, erwiderte ich, und ging in das Bibliothekszimmer, um sie zu holen. In Wahrheit hatte ich aber vergessen, sie herauszusuchen, denn ich war mit der Reise meines Patienten, in der ich eine unnötige Störung der Behandlung und eine materielle Schädigung des Arztes erblickte, nicht recht einverstanden. Ich halte also in der Bibliothek rasche Umschau nach den beiden Büchern, die ich ins Auge gefaßt hatte. *Venedig als Kunststätte* ist das eine; außerdem aber muß ich noch ein historisches Werk in einer ähnlichen Sammlung besitzen. Richtig, da ist es: *Die Mediceer*, ich nehme es und bringe es dem Wartenden, um dann beschämt den Irrtum einzugestehen. Ich weiß doch wirklich, daß die Medici nichts mit Venedig zu tun haben, aber es erschien mir für eine kurze Weile gar nicht unrichtig. Nun muß ich Gerechtigkeit üben; da ich dem Patienten so häufig seine eigenen Symptomhandlungen vorgehalten habe, kann ich meine Autorität vor ihm nur retten, wenn ich ehrlich werde und ihm die geheim gehaltenen Motive meiner Abneigung gegen seine Reise kundgebe.

Man darf ganz allgemein erstaunt sein, daß der Wahrheitsdrang der Menschen soviel stärker ist, als man ihn für gewöhnlich einschätzt. Vielleicht ist es übrigens eine Folge meiner Beschäftigung mit der Psychoanalyse, daß ich kaum mehr lügen kann. So oft ich eine Entstellung versuche, unterliege ich einer Irrung oder anderen Fehlleistung, durch die sich meine Unaufrichtigkeit wie in diesem und den vorstehenden Beispielen verrät.

Der Mechanismus des Irrtums scheint der lockerste unter allen Fehlleistungen, das heißt das Vorkommen des Irrtums zeigt ganz allgemein an, daß die betreffende seelische Tätigkeit mit irgend einem störenden Einfluß zu kämpfen hatte, ohne daß die Art des Irrtums durch die Qualität der im Dunkeln gebliebenen störenden Idee determiniert wäre. Wir tragen indes an dieser Stelle nach, daß bei vielen einfachen Fällen von Versprechen und Verschreiben derselbe Tatbestand anzunehmen ist. Jedesmal, wenn wir uns versprechen oder verschreiben, dürfen wir eine Störung durch seelische Vorgänge außerhalb der Intention erschließen, aber es ist zuzugeben, daß das Versprechen und Verschreiben oftmals den Gesetzen der Ähnlichkeit, der Bequemlichkeit oder der Neigung zur Beschleunigung folgt, ohne daß es dem Störenden gelungen wäre, ein Stück seines eigenen Charakters in dem beim Versprechen oder Verschreiben resultierenden Fehler durchzusetzen. Das Entgegenkommen des sprachlichen Materials ermöglicht erst die Determinierung des Fehlers und setzt derselben auch die Grenze.

Um nicht ausschließlich eigene Irrtümer anzuführen, will ich noch einige Beispiele mitteilen, die allerdings ebensowohl beim Versprechen und Vergreifen hätten eingereiht werden können, was aber bei der Gleichwertigkeit all dieser Weisen von Fehlleistung bedeutungslos zu nennen ist.

5) Ich habe einem Patienten untersagt, die Geliebte, mit der er selbst brechen möchte, telephonisch anzurufen, da jedes Gespräch den Abgewöhnungskampf von neuem entfacht. Er soll ihr seine letzte Meinung schreiben, wiewohl es Schwierigkeiten hat, ihr Briefe zuzustellen. Er besucht mich nun um 1 Uhr, um mir zu sagen, daß er einen Weg gefunden hat, der diese Schwierigkeiten umgeht, fragt auch unter anderem, ob er sich auf meine ärztliche Autorität berufen darf. Um 2 Uhr ist er mit der Abfassung des Absagebriefes beschäftigt, unterbricht sich plötzlich, sagt der dabei anwesenden Mutter: „Jetzt habe ich vergessen, den Professor zu fragen, ob ich in dem Briefe seinen Namen nennen darf", eilt zum Telephon, läßt sich verbinden und ruft die Frage ins Rohr: „Bitte, ist der Herr Professor schon nach dem Speisen zu sprechen?" Als Antwort tönt ihm ein erstauntes „Adolf, bist du verrückt geworden?" entgegen, und zwar von der nämlichen Stimme, die er nach meinem Gebote nicht mehr hätte hören sollen. Er hatte sich bloß „geirrt" und anstatt der Nummer des Arztes die der Geliebten angegeben.

6) Eine junge Dame soll einen Besuch bei einer kürzlich verheirateten Freundin in der *Habsburger*gasse machen. Sie spricht davon während des Familientisches, sagt aber irrtümlicherweise, sie müsse in die *Babenberger*gasse gehen. Andere bei Tische Anwesende machen sie lachend auf den von ihr nicht bemerkten Irrtum – oder Versprechen, wenn man so lieber will – aufmerksam. Zwei Tage vorher ist nämlich in Wien die Republik ausgerufen worden, das Schwarzgelb ist verschwunden und hat den Farben der alten Ostmark: rot-weiß-rot Platz gemacht, die Habsburger sind abgetan; die Sprecherin hat diese Ersetzung in die Adresse der Freundin eingetragen. Es gibt übrigens in Wien eine sehr bekannte Babenberger*straße*, aber kein Wiener würde von ihr als „Gasse" reden.

7) In einer Sommerfrische hat der Schullehrer, ein ganz armer, aber stattlicher junger Mann, der Tochter eines Villenbesitzers aus der Großstadt so lange den Hof gemacht, bis das Mädchen sich leidenschaftlich in ihn verliebt und auch ihre Familie bewogen hat, die Heirat trotz der bestehenden Standes- und

Rassenunterschiede gutzuheißen. Da schreibt der Lehrer eines Tages seinem Bruder einen Brief, in dem es heißt: „Schön ist das Dirndl ja gar nicht, aber recht lieb und soweit wär's gut. Ob ich mich aber werd' entschließen können, eine Jüdin zu heiraten, das kann ich dir noch nicht sagen." Dieser Brief gerät in die Hände der Braut und macht dem Verlöbnis ein Ende, während der Bruder sich gleichzeitig über die an ihn gerichteten Liebesbeteuerungen zu verwundern hat. Mein Gewährsmann versicherte mir, daß hier Irrtum und nicht eine schlaue Veranstaltung vorlag. Mir ist auch ein anderer Fall bekannt geworden, in dem eine Dame, die, mit ihrem alten Arzt unzufrieden, ihm doch nicht offen absagen wollte, diesen Zweck mittels einer Briefverwechslung erreichte, und wenigstens hier kann ich dafür einstehen, daß der Irrtum und nicht die bewußte List sich des bekannten Lustspielmotivs bedient hat.

8) Brill erzählt von einer Dame, die sich bei ihm nach dem Befinden einer gemeinsamen Bekannten erkundigte, wobei sie dieselbe irrtümlich bei ihrem Mädchennamen nannte. Aufmerksam gemacht, mußte sie zugestehen, daß sie den Mann dieser Dame nicht möge und mit der Heirat derselben sehr unzufrieden gewesen sei.

9) Ein Fall von Irrtum, der auch als „Versprechen" beschrieben werden kann: Ein junger Vater begibt sich zum Standesbeamten, um seine zweitgeborene Tochter anzumelden. Befragt, wie das Kind heißen soll, antwortete er: „Hanna", muß sich aber von dem Beamten sagen lassen: „Sie haben ja schon ein Kind dieses Namens." Wir werden den Schluß ziehen, daß diese zweite Tochter nicht so ganz willkommen war wie seinerzeit die erste.

10) Ich füge hier einige andere Beobachtungen von Namenverwechslungen an, die natürlich mit ebensoviel Recht in anderen Abschnitten dieses Buches untergebracht worden wären.

Eine Dame ist Mutter von drei Töchtern, von denen zwei längst verheiratet sind, während die jüngste noch ihr Schicksal erwartet. Eine befreundete Dame hat bei den beiden Hochzeiten das nämliche Geschenk gemacht, eine kostbare silberne Teegarnitur. So oft nun von diesem Gerät die Sprache ist, nennt die Mutter irrtümlicherweise die dritte Tochter als Besitzerin. Es ist offenbar, daß dieser Irrtum den Wunsch der Mutter ausspricht, auch die letzte Tochter verheiratet zu wissen. Sie setzt dabei voraus, daß sie dasselbe Hochzeitsgeschenk erhalten würde.

Ebenso leicht deutbar sind die häufigen Fälle, in denen eine Mutter die Namen ihrer Töchter, Söhne oder Schwiegersöhne verwechselt.

11) Ein hübsches Beispiel von hartnäckiger Namensvertauschung, das sich leicht erklärt, entnehme ich der Selbstbeobachtung eines Herrn J. G. während seines Aufenthaltes in einer Heilanstalt:

„An der Table d'hôte (des Sanatoriums) gebrauche ich im Laufe eines mich wenig interessierenden und in ganz konventionellem Ton geführten Gespräches mit meiner Tischnachbarin eine Phrase von besonderer Liebenswürdigkeit. Das etwas ältliche Mädchen konnte nicht umhin zu bemerken, daß es sonst nicht meine Art sei, ihr gegenüber so liebenswürdig und galant zu sein – eine Entgegnung, die einerseits ein gewisses Bedauern und mehr noch eine deutliche Spitze gegen ein uns beiden bekanntes Fräulein enthielt, dem ich größere Aufmerksamkeit zu schenken pflegte. Ich verstehe natürlich augenblicklich. Im Laufe unseres weiteren Gespräches muß ich mich nun, was mir ungemein peinlich ist, von meiner Nachbarin wiederholt darauf aufmerksam machen lassen, daß ich sie mit dem Namen jenes Fräuleins angesprochen habe, das sie nicht mit Unrecht als ihre glücklichere Nebenbuhlerin ansah."

12) Als „Irrtum" will ich auch eine Begebenheit mit ernsthaftem Hintergrund erzählen, die mir von einem nahe beteiligten Zeugen berichtet wurde. Eine Dame hat den Abend mit ihrem Manne und in Gesellschaft von zwei Fremden im Freien zugebracht. Einer dieser beiden Fremden ist ihr intimer Freund, wovon aber die anderen nichts wissen und nichts wissen dürfen. Die Freunde begleiten das Ehepaar bis vor die Haustür. Während man auf das Öffnen der Tür wartet, wird Abschied genommen. Die Dame verneigt sich gegen den Fremden, reicht ihm die Hand und spricht einige verbindliche Worte. Dann greift sie nach dem Arm ihres heimlich Geliebten, wendet sich zu ihrem Manne und will ihn in gleicher Weise verabschieden. Der Mann geht auf die Situation ein, zieht den Hut und sagt überhöflich: „Küss' die Hand, gnädige Frau." Die erschrockene Frau läßt den Arm des Geliebten fahren und hat noch Zeit, ehe der Hausmeister erscheint, zu seufzen : „Nein, so etwas soll einem passieren!" Der Mann gehörte zu jenen Eheherren, die eine Untreue ihrer Frau außerhalb jeder Möglichkeit verlegen wollen. Er hatte wiederholt geschworen, in einem solchen Falle würde mehr als ein Leben in Gefahr sein. Er hatte also die stärksten inneren Abhaltungen, um die Herausforderung, die in dieser Irrung lag, zu bemerken.

13) Eine Irrung eines meiner Patienten, die durch eine Wiederholung zum Gegensinn besonders lehrreich wird: Der überbedenkliche junge Mann hat sich nach langwierigen inneren Kämpfen dazu gebracht, dem Mädchen, das ihn seit langem liebt wie er sie, die Zusage der Ehe zu geben. Er begleitet die ihm Verlobte nach Hause, verabschiedet sich von ihr, steigt überglücklich in einen Tramwaywagen und verlangt von der Schaffnerin – *zwei* Fahrkarten. Etwa ein halbes Jahr später ist er bereits verheiratet, kann sich aber noch nicht recht in sein Eheglück finden. Er zweifelt, ob er recht getan hat zu heiraten, vermißt frühere freundschaftliche Beziehungen, hat an den Schwiegereltern allerlei auszusetzen. Eines Abends holt er seine junge Frau vom Hause ihrer Eltern ab, steigt mit ihr

in den Wagen der Straßenbahn und begnügt sich damit, der Schaffnerin eine einzige Karte abzuverlangen.

14) Wie man einen ungern unterdrückten Wunsch vermittels eines „Irrtums" befriedigen kann, davon erzählt *Maeder* ein hübsches Beispiel. Ein Kollege möchte einen dienstfreien Tag so recht ungestört genießen; er soll aber einen Besuch in Luzern machen, auf den er sich nicht freuen kann, und beschließt nach längerer Überlegung, doch hinzufahren. Um sich zu zerstreuen, liest er auf der Fahrt Zürich–Arth-Goldau die Tageszeitungen, wechselt in letzterer Station den Zug und setzt seine Lektüre fort. In der Fortsetzung der Fahrt entdeckt ihm dann der kontrollierende Schaffner, daß er in einen falschen Zug eingestiegen ist, nämlich in den, der von Goldau nach Zürich zurückfährt, während er ein Billett nach Luzern genommen hatte. (*Nouvelles contributions etc.*, Arch. de Psych., VI, 1908).

15) Einen analogen, wenngleich nicht voll geglückten Versuch, einem unterdrückten Wunsch durch den nämlichen Mechanismus der Irrung zum Ausdruck zu verhelfen, berichtet Dr. *V. Tausk* unter der Überschrift *Falsche Fahrtrichtung*:

„Ich war aus dem Felde auf Urlaub nach Wien gekommen. Ein alter Patient hatte von meiner Anwesenheit Kenntnis bekommen und ließ mich bitten, daß ich ihn besuche, da er krank zu Bette lag. Ich leistete der Bitte Folge und verbrachte zwei Stunden bei ihm. Beim Abschied fragte der Kranke, was er schuldig sei. ‚Ich bin auf Urlaub hier und ordiniere jetzt nicht‘, antwortete ich. ‚Nehmen Sie meinen Besuch als einen Freundschaftsdienst.‘ Der Kranke stutzte, da er wohl das Empfinden hatte, er habe kein Recht, eine berufliche Leistung als unentgeltlichen Freundschaftsdienst in Anspruch zu nehmen. Aber er ließ sich meine Antwort schließlich gefallen, in der von der Lust an der Geldersparung diktierten respektvollen Meinung, daß ich als Psychoanalytiker sicher richtig handeln werde. – Mir selbst stiegen schon wenige Augenblicke später Bedenken über die Aufrichtigkeit meiner Noblesse auf, und, von Zweifeln – die kaum eine zweideutige Lösung zuließen – erfüllt, bestieg ich die elektrische Straßenbahnlinie X. Nach einer kurzen Fahrt hatte ich auf die Linie Y umzusteigen. Während ich an der Umsteigestelle wartete, vergaß ich die Honorarangelegenheit und beschäftigte mich mit den Krankheitssymptomen meines Patienten. Indem kam der von mir erwartete Wagen und ich stieg ein. Aber bei der nächsten Haltestelle mußte ich wieder aussteigen. Ich war nämlich statt in einen Y-Wagen versehentlich und ohne es zu merken in einen X-Wagen eingestiegen und fuhr in der Richtung, aus der ich eben gekommen war, wieder zurück, in der Richtung zum Patienten, von dem ich kein Honorar annehmen wollte. *Mein Unbewußtes aber wollte sich das Honorar holen.*" (Internat. Zeitschrift f. Psychoanalyse IV, 1916/17.)

16) Ein sehr ähnliches Kunststück wie im Beispiel 14 ist mir selbst einmal gelungen. Ich hatte meinem gestrengen ältesten Bruder zugesagt, ihm in diesem Sommer den längst fälligen Besuch in einem englischen Seebad abzustatten, und dabei die Verpflichtung übernommen, da die Zeit drängte, auf dem kürzesten Wege ohne Aufenthalt zu reisen. Ich bat um einen Tag Aufschub für Holland, aber er meinte, das könnte ich für die Rückreise aufsparen. Ich fuhr also von München über Köln nach Rotterdam–Hoek van Holland, von wo das Schiff um Mitternacht nach Harwich übersetzt. In Köln hatte ich Wagenwechsel; ich verließ meinen Zug, um in den Eilzug nach Rotterdam umzusteigen, aber der war nicht zu entdecken. Ich fragte verschiedene Bahnbedienstete, wurde von einem Bahnsteig auf den anderen geschickt, geriet in eine übertriebene Verzweiflung und konnte mir bald berechnen, daß ich während dieses erfolglosen Suchens den Anschluß versäumt haben dürfte. Nachdem mir dieses bestätigt worden war, überlegte ich, ob ich in Köln übernachten sollte, wofür unter anderem auch die Pietät sprach, da nach einer alten Familientradition meine Ahnen einst bei einer Judenverfolgung aus dieser Stadt geflüchtet waren. Ich entschloß mich aber anders, fuhr mit einem späteren Zug nach Rotterdam, wo ich in tiefer Nachtzeit ankam, und war nun genötigt, einen Tag in Holland zuzubringen. Dieser Tag brachte mir die Erfüllung eines längst gehegten Wunsches; ich konnte die herrlichen Rembrandtbilder im Haag und im Reichsmuseum zu Amsterdam sehen. Erst am nächsten Vormittag, als ich während der Eisenbahnfahrt in England meine Eindrücke sammeln konnte, tauchte mir die unzweifelhafte Erinnerung auf, daß ich auf dem Bahnhofe in Köln wenige Schritte von der Stelle, wo ich ausgestiegen war, auf dem nämlichen Bahnsteig eine große Tafel Rotterdam–Hoek van Holland gesehen hatte. Dort wartete der Zug, in dem ich die Reise hätte fortsetzen sollen. Man müßte es als unbegreifliche „Verblendung" bezeichnen, daß ich trotz dieser guten Anleitung weggeeilt und den Zug anderswo gesucht hatte, wenn man nicht annehmen wollte, daß es eben mein Vorsatz war, gegen die Vorschrift meines Bruders die Rembrandtbilder schon auf der Hinreise zu bewundern. Alles übrige, meine gut gespielte Ratlosigkeit, das Auftauchen der pietätvollen Absicht, in Köln zu übernachten, war nur Veranstaltung, um mir meinen Vorsatz zu verbergen, bis er sich vollkommen durchgesetzt hatte.

17) Eine ebensolche, durch „Vergeßlichkeit" hergestellte Veranstaltung, um einen Wunsch zu erfüllen, auf den man angeblich verzichtet hat, berichtet J. *Stärcke* von seiner eigenen Person. (l. c.)

„Ich mußte einmal in einem Dorfe einen Vortrag mit Lichtbildern halten. Dieser Vortrag war aber um eine Woche verschoben. Ich hatte den Brief hinsichtlich dieses Aufschubes beantwortet und das geänderte Datum in meinem Notizbuch notiert. Ich wäre gern schon nachmittags nach diesem Dorfe gegangen, damit ich die Zeit hätte, um einem mir bekannten Schriftsteller, der dort wohnt, einen Besuch abzustatten. Zu meinem Bedauern konnte ich aber zurzeit keinen Nachmittag dafür frei machen. Nur ungern gab ich diesen Besuch auf.

Als nun der Abend des Vortrages da war, machte ich mich, mit einer Tasche voll Laternenbilder, in größter Eile zum Bahnhof auf. Ich mußte einen Taxi nehmen, um den Zug noch zu erreichen (es passiert mir öfters, daß ich so lange zögere, daß ich einen Taxi nehmen muß, um den Zug noch zu erreichen!). An Ort und Stelle gekommen, war ich einigermaßen erstaunt, daß keiner am Bahnhof war, um mich abzuholen (wie es bei Vorträgen in kleineren Orten Gewohnheit ist). Plötzlich fiel mir ein, daß der Vortrag um eine Woche verschoben war, und daß ich jetzt am ursprünglich festgestellten Datum eine vergebliche Reise gemacht hatte. Nachdem ich meine Vergeßlichkeit herzinnig verwünscht hatte, überlegte ich, ob ich mit dem nächstfolgenden Zug wieder nach Hause zurückkehren sollte. Bei näherer Überlegung dachte ich aber daran, daß ich jetzt eine schöne Gelegenheit hatte, um den gewünschten Besuch zu machen, was ich denn auch tat. Erst unterwegs fiel mir ein, daß mein unerfüllter Wunsch, für diesen Besuch gehörig Zeit zu haben, das Komplott hübsch vorbereitet hatte. Das Schleppen mit der schweren Tasche voll Laternenbilder und das Eilen, um den Zug zu erreichen, konnten ausgezeichnet dazu dienen, die unbewußte Absicht desto besser zu verbergen."

Man wird vielleicht nicht geneigt sein, die Klasse von Irrtümern, für die ich hier die Aufklärung gebe, für sehr zahlreich oder besonders bedeutungsvoll zu halten. Ich gebe aber zu bedenken, ob man nicht Grund hat, die gleichen Gesichtspunkte auch auf die Beurteilung der ungleich wichtigeren *Urteilsirrtümer* der Menschen im Leben und in der Wissenschaft auszudehnen. Nur den auserlesensten und ausgeglichensten Geistern scheint es möglich zu sein, das Bild der wahrgenommenen äußeren Realität vor der Verzerrung zu bewahren, die es sonst beim Durchgang durch die psychische Individualität des Wahrnehmenden erfährt.

XI
Kombinierte Fehlleistungen

Zwei der letzterwähnten Beispiele, mein Irrtum, der die Mediceer nach Venedig bringt, und der des jungen Mannes, der ein telephonisches Gespräch mit seiner Geliebten dem Verbote abzutrotzen weiß, haben eigentlich eine ungenaue Beschreibung gefunden und stellen sich bei sorgfältiger Betrachtung als Vereinigung eines Vergessens mit einem Irrtum dar. Dieselbe Vereinigung kann ich noch deutlicher an einigen anderen Beispielen aufzeigen.

1) Ein Freund teilt mir folgendes Erlebnis mit: „Ich habe vor einigen Jahren die Wahl in den Ausschuß einer bestimmten literarischen Vereinigung angenommen, weil ich vermutete, die Gesellschaft könnte mir einmal behilflich sein, eine Aufführung meines Dramas durchzusetzen, und nahm regelmäßig, wenn auch ohne viel Interesse, an den jeden Freitag stattfindenden Sitzungen teil. Vor einigen Monaten erhielt ich nun die Zusicherung einer Aufführung am Theater in F., und seither passierte es mir regelmäßig, daß ich die Sitzungen jenes Vereines *vergaß*. Als ich Ihre Schrift über diese Dinge las, schämte ich mich meines Vergessens, machte mir Vorwürfe, es sei doch eine Gemeinheit, daß ich jetzt ausbleibe, nachdem ich die Leute nicht mehr brauche, und beschloß, nächsten Freitag gewiß nicht zu vergessen. Ich erinnerte mich an diesen Vorsatz immer wieder, bis ich ihn ausführte und vor der Tür des Sitzungssaales stand. Zu meinem Erstaunen war sie geschlossen, die Sitzung war schon vorüber; ich hatte mich nämlich im Tage geirrt; es war schon Samstag!"

2) Das nächste Beispiel ist eine Kombination einer Symptomhandlung mit einem Verlegen; es ist auf entfernteren Umwegen, aber aus guter Quelle zu mir gelangt.

Eine Dame reist mit ihrem Schwager, einem berühmten Künstler, nach Rom. Der Besucher wird von den in Rom lebenden Deutschen sehr gefeiert und erhält unter anderem eine goldene Medaille antiker Herkunft zum Geschenke. Die Dame kränkt sich darüber, daß ihr Schwager das schöne Stück nicht genug zu schätzen weiß. Nachdem sie, von ihrer Schwester abgelöst, wieder zu Hause angelangt ist, entdeckt sie beim Auspacken, daß sie die Medaille – sie weiß nicht wie – mitgenommen hat. Sie teilt es sofort dem Schwager brieflich mit und kündigt ihm an, daß sie das Entführte am nächsten Tage nach Rom zurückschicken wird. Am nächsten Tage aber ist die Medaille so geschickt verlegt, daß sie unauffindbar und unabsendbar ist, und dann dämmert der Dame, was ihre „Zerstreutheit" bedeute, nämlich, daß sie das Stück für sich selbst behalten wolle.

3) Einige Fälle, in denen sich die Fehlhandlung hartnäckig wiederholt und dabei auch ihre Mittel wechselt:

Jones (l. c., S. 483): Aus ihm unbekannten Motiven hatte er einst einen Brief mehrere Tage auf seinem Schreibtisch liegen lassen, ohne ihn aufzugeben. Endlich entschloß er sich dazu, aber er erhielt ihn vom „Dead letter office" zurück, denn er hatte vergessen, die Adresse zu schreiben. Nachdem er ihn adressiert hatte, brachte er ihn wieder zur Post, aber diesmal ohne Briefmarke. Die Abneigung dagegen, den Brief überhaupt abzusenden, konnte er dann nicht mehr übersehen.

4) Sehr eindrucksvoll schildert die vergeblichen Bemühungen, eine Handlung gegen einen inneren Widerstand durchzusetzen, eine kleine Mitteilung von Dr. *Karl Weiß* (Wien):

„Wie konsequent sich das Unbewußte durchzusetzen weiß, wenn es ein Motiv hat, einen Vorsatz nicht zur Ausführung gelangen zu lassen, und wie schwer es ist, sich gegen diese Tendenz zu sichern, dafür bietet der folgende Vorfall einen Beleg. Ein Bekannter ersucht mich, ihm ein Buch zu leihen und es ihm am nächsten Tage mitzubringen. Ich sage sogleich zu, empfinde aber ein lebhaftes Unlustgefühl, das ich mir zunächst nicht erklären kann. Später wird es mir klar: der Betreffende schuldet mir seit Jahren eine Summe Geldes, an deren Bezahlung er anscheinend nicht denkt. Ich denke nicht weiter an die Sache, erinnere mich aber ihrer am nächsten Vormittag mit dem gleichen Unlustgefühl und sage mir sofort: ‚Dein Unbewußtes wird darauf hinarbeiten, daß du das Buch vergißt. Du willst aber nicht ungefällig sein und wirst deshalb alles tun, um nicht zu vergessen.‘ Ich komme nach Hause, packe das Buch in Papier und lege es neben mich auf den Schreibtisch, an dem ich Briefe schreibe. Nach einiger Zeit gehe ich fort; nach wenigen Schritten erinnere ich mich, daß ich die Briefe, die ich zur Post mitnehmen wollte, auf dem Schreibtisch liegengelassen habe. (Beiläufig bemerkt war einer darunter, in dem ich einer Person, die mich in einer bestimmten Angelegenheit fördern sollte, etwas Unangenehmes schreiben mußte.) Ich kehre um, hole die Briefe und gehe wieder weg. In der Elektrischen fällt mir ein, daß ich meiner Frau versprochen habe, ihr einen Einkauf zu besorgen, und ich bin recht befriedigt bei dem Gedanken, daß es nur ein kleines Päckchen sein wird. Hier stellt sich plötzlich die Assoziation Päckchen–Buch her und jetzt merke ich, daß ich das Buch nicht bei mir habe. Ich hatte es also nicht nur das erstemal, als ich fortging, vergessen, sondern auch konsequent übersehen, als ich die Briefe holte, neben denen es lag.“

5) Das Nämliche in einer eingehend analysierten Beobachtung von *Otto Rank*:

„Ein peinlich ordentlicher und pedantisch genauer Mann berichtet das folgende, für ihn ganz außergewöhnliche Erlebnis. Eines Nachmittags, als er auf der Straße nach der Zeit sehen will, bemerkt er, daß er seine Uhr zu Hause vergessen hat, was seiner Erinnerung nach noch nie vorgekommen war. Da er für den Abend eine pünktliche Verabredung hat und nicht mehr Zeit findet, vorher seine Uhr zu holen, benützte er den Besuch bei einer befreundeten Dame, um sich ihre Uhr für den Abend auszuleihen; dies war um so eher angängig, als er die Dame infolge einer früheren Verabredung am nächsten Vormittag zu besuchen hatte und bei dieser Gelegenheit die Uhr zurückzustellen versprach. Zu seinem Erstaunen merkt er aber, als er tags darauf der Besitzerin die entlehnte Uhr überreichen will, daß er nun diese zu Hause vergaß; seine eigene Uhr hatte er diesmal zu sich gesteckt. Er nahm sich nun fest vor, die Damenuhr noch am Nachmittag zurückzustellen, und führte den Vorsatz auch aus. Als er aber beim Weggehen nach der Zeit sehen will, hat er zu seinem maßlosen Ärger und Erstaunen wieder die eigene Uhr vergessen. Diese Wiederholung der Fehlleistung kam dem sonst so ordnungsliebenden Manne derart pathologisch vor, daß er gern ihre psychologische Motivierung gekannt hätte, die sich auch prompt auf die psychoanalytische Fragestellung ergab, ob er an dem kritischen Tage des ersten Vergessens irgend etwas Unangenehmes erlebt habe, und in welchem Zusammenhange dies geschehen sei. Er erzählt darauf sogleich, daß er nach dem Mittagessen, kurz bevor er wegging und die Uhr vergaß, ein Gespräch mit seiner Mutter gehabt hatte, die ihm erzählte, ein leichtsinniger Verwandter, der ihm schon viel Kummer und Geldopfer verursacht hatte, hätte seine Uhr versetzt; da sie aber zu Hause gebraucht werde, ließe er ihn bitten, ihm das Geld zur Auslösung zu geben. Diese fast erzwungene Art des Geldleihens hatte unseren Mann sehr peinlich berührt und ihm all die Unannehmlichkeiten wieder in Erinnerung gebracht, die ihm dieser Verwandte seit vielen Jahren bereitet hatte. Seine Symptomhandlung erweist sich demnach als mehrfach determiniert: erstens gibt sie einem Gedankengange Ausdruck, der etwa besagt, ich lasse mir das Geld nicht auf diese Weise abpressen, und wenn eine Uhr gebraucht wird, so lasse ich eben meine eigene zu Hause; da er sie jedoch abends zur Einhaltung eines Rendezvous braucht, kann sich diese Absicht nur auf unbewußtem Wege, in Form einer Symptomhandlung, durchsetzen; zweitens besagt das Vergessen soviel als: die ewigen Geldopfer für diesen Taugenichts werden mich noch gänzlich zugrunde richten, so daß ich alles werde hergeben müssen. Obwohl nun der Ärger über diese Mitteilung nach Angabe des Mannes nur ein momentaner gewesen war, zeigt doch die Wiederholung der gleichen Symptomhandlung, daß er im Unbewußten intensiv weiterwirkt, etwa wie wenn das Bewußtsein sagen würde: Diese Geschichte geht mir nicht aus dem Kopfe.[69] Daß dann das gleiche Schicksal einmal auch die entlehnte Damenuhr betrifft, wird uns nach dieser Einstellung des Unbewußten nicht wundernehmen. Doch begünstigen vielleicht noch spezielle Motive diese Übertragung auf die ,unschuldige' Damenuhr. Das nächstliegende Motiv ist wohl, daß er sie vermutlich gern als Ersatz seiner eigenen, aufgeopferten Uhr behalten hätte und sie darum am nächsten Tage zurückzugeben vergißt; auch hätte er die Uhr vielleicht gern als Andenken an die Dame besessen. Ferner bietet ihm das Vergessen der Damenuhr Gelegenheit, die verehrte Dame ein zweites Mal zu besuchen; er hatte sie ja des Morgens einer anderen Sache wegen aufsuchen müssen und scheint mit dem Vergessen der

---

[69] Dieses Weiterwirken im Unbewußten äußert sich einmal in Form eines Traumes, welcher der Fehlhandlung folgt, ein andermal in der Wiederholung derselben oder in der Unterlassung einer Korrektur.

Uhr gleichsam anzudeuten, daß ihm dieser schon längere Zeit vorher bestimmte Besuch zu schade sei, um ihn noch nebenbei zur Rückgabe der Uhr zu benützen. Auch spricht das zweimalige Vergessen der eigenen und die dadurch ermöglichte Rückstellung der fremden Uhr dafür, daß unser Mann es unbewußterweise zu vermeiden sucht, beide Uhren gleichzeitig zu tragen. Er trachtet offenbar, diesen Anschein des Überflusses zu vermeiden, der in zu auffälligem Gegensatz zu dem Mangel des Verwandten stünde; andererseits aber weiß er damit seiner anscheinlichen Heiratsabsicht der Dame gegenüber mit der Selbstmahnung zu begegnen, daß er seiner Familie (Mutter) gegenüber unlösbare Verpflichtungen habe. Ein weiterer Grund für das Vergessen einer Damenuhr mag endlich darin zu suchen sein, daß er sich am Abend zuvor als Junggeselle vor seinen Bekannten geniert hatte, auf die Damenuhr zu sehen, was er nur verstohlen tat, und daß er, um die Wiederholung dieser peinlichen Situation zu vermeiden, die Uhr nicht mehr zu sich stecken mochte. Da er sie aber andererseits zurückzustellen hatte, so resultiert auch hier die unbewußt vollzogene Symptomhandlung, die sich als Kompromißbildung zwischen widerstreitenden Gefühlsregungen und als teuer erkaufter Sieg der unbewußten Instanz erweist." (Zentralblatt f. Psychoanalyse, II, 5.)

Drei Beobachtungen von *J. Stärcke* (l. c.):

6) Verlegen – Zerbrechen – Vergessen – als Ausdruck eines zurückgedrängten Gegenwillens: „Von einer Sammlung Illustrationen für eine wissenschaftliche Arbeit sollte ich eines Tages meinem Bruder einige leihen, welche er als Lichtbilder bei einem Vortrag benutzen wollte. Obgleich ich einen Augenblick den Gedanken verspürte, daß ich die Reproduktionen, die ich mit vieler Mühe gesammelt, hatte, lieber in keiner Weise vorgeführt oder publiziert sähe, bevor ich das selbst machen könnte, versprach ich ihm, die Negative der gewünschten Bilder aufzusuchen und Laternenbilder davon anzufertigen. – Diese Negative konnte ich aber nicht finden. Den ganzen Stapel Schachteln voll Negative, die sich auf diesen Gegenstand bezogen, sah ich durch, gut zweihundert Negative nahm ich eines nach dem anderen in die Hand, aber die Negative, die ich suchte, waren nicht dabei. Ich vermutete wohl, daß ich meinem Bruder diese Bilder eigentlich nicht zu gönnen schien. Nachdem ich mir diesen abgünstigen Gedanken bewußt gemacht und bestritten hatte, bemerkte ich, daß ich die oberste Schachtel des Stapels zur Seite gesetzt und diese nicht durchsucht hatte, und diese Schachtel enthielt die gesuchten Negative. Auf dem Deckel dieser Schachtel stand eine kurze Aufzeichnung betreffs des Inhalts, und wahrscheinlich hatte ich das mit einem flüchtigen Blick gesehen, bevor ich diese Schachtel zur Seite setzte. Der abgünstige Gedanke schien indessen noch nicht ganz besiegt, denn es geschah noch allerlei, bevor die Lichtbilder verschickt waren. Eine von den Laternenplatten drückte ich kaputt, während ich diese in der Hand hatte und die Glasseite rein putzte (so zerbreche ich sonst nie eine Laternenplatte). Als ich von dieser Platte ein neues Exemplar angefertigt hatte, fiel es mir aus der Hand und nur dadurch, daß ich den Fuß vorstreckte und es darauf auffing, zerbrach es nicht. Als ich die Laternenplatten montierte, fiel der ganze Haufen noch einmal auf den Boden, glücklicherweise ohne daß dabei etwas zerbrach. Und schließlich dauerte es noch mehrere Tage, bevor ich sie wirklich emballierte und versandte, da ich mir dieses jeden Tag von neuem vornahm und dieses Vornehmen jedesmal wieder vergaß."

7) Wiederholtes Vergessen – Vergreifen bei der endlichen Ausführung: „Eines Tages mußte ich einem Bekannten eine Postkarte senden, verschob es aber während mehrerer Tage immer wieder, wobei ich ein starkes Vermuten hatte, daß folgendes die Ursache davon war: In einem Briefe hatte er mir mitgeteilt, daß im Laufe jener Woche mich jemand besuchen wollte, auf dessen Besuch ich nicht sehr erpicht war. Als diese Woche vorüber war und die Aussicht des ungewünschten Besuches sehr gering geworden war, schrieb ich endlich die Postkarte, worin ich mitteilte, wann ich zu sprechen sein würde. Als ich diese Postkarte schrieb, wollte ich anfangs hinzufügen, daß ich wegen *druk werk* (= emsige, angestrengte oder überhäufte Arbeit) am Schreiben behindert gewesen war, aber ich schrieb das am Ende nicht, weil diese gewöhnliche Ausrede doch von keinem vernünftigen Menschen mehr geglaubt wird. Ob diese kleine Unwahrheit sich doch äußern mußte, weiß ich nicht, aber als ich die Postkarte in den Briefkasten warf, warf ich sie irrtümlicherweise in die untere Öffnung des Kastens: ,*Drukwerk*' (= Drucksachen)."

8) Vergessen und Irrtum: „Ein Mädchen geht eines Morgens, da das Wetter sehr schön ist, nach dem ‚Ryksmuseum', um dort Gipsabgüsse zu zeichnen. Obgleich sie bei diesem schönen Wetter lieber spazierengehen möchte, entschloß sie sich, doch mal emsig zu sein und zu zeichnen. Sie muß zuerst Zeichenpapier kaufen. Sie geht zum Laden (ungefähr zehn Minuten vom Museum), kauft Bleistifte und andere Zeichengeräte, aber vergißt eben das Zeichenpapier zu kaufen, geht dann zum Museum, und als sie auf ihrem Stühlchen sitzt, fertig, um anzufangen, da hat sie noch kein Papier, so daß sie von neuem zu dem Laden gehen muß. Nachdem sie Papier geholt hat, fängt sie wirklich an zu zeichnen, geht mit der Arbeit gut vorwärts und hört nach einiger Zeit vom Turme des Museums eine große Zahl Glockenschläge. Sie denkt: ‚Das wird schon zwölf Uhr sein' arbeitet noch fort, bis die Turmglocke Viertelstunde spielt (‚das ist Viertel nach zwölf', denkt sie), packt jetzt ihre Zeichengeräte ein und entschließt sich, durch den ‚Vondelpark' zum Hause ihrer Schwester zu spazieren, um dort Kaffee zu trinken (= holl. zweite Mahlzeit). Beim Suasso-Museum sieht sie zu ihrem Staunen, daß es statt halb eins erst zwölf Uhr ist! – Das lockende schöne Wetter hatte ihren Fleiß hinters Licht geführt und dadurch hatte sie, als die Turmglocke um halb zwölf zwölf schlug, nicht daran gedacht, daß eine Turmglocke auch mit der halben Stunde schlägt."

9) Wie schon einige der vorstehenden Beobachtungen zeigen, kann die unbewußt störende Tendenz ihre Absicht auch erreichen, indem sie dieselbe Art der Fehlleistung hartnäckig wiederholt.

Ich entnehme ein amüsantes Beispiel hiefür einem Büchlein *Frank Wedekind und das Theater*, das im Münchener Drei Masken-Verlag erschienen ist, muß aber die Verantwortung für das in Mark Twainscher Manier erzählte Geschichtchen dem Autor des Buches überlassen.

„In *Wedekinds* Einakter *Die Zensur* fällt an der ernstesten Stelle des Stückes der Ausspruch: ,*Die Furcht vor dem Tode ist ein Denkfehler.*' Der Autor, dem die Stelle am Herzen lag, bat auf der Probe den Darsteller, vor dem Worte ,Denkfehler' eine kleine Pause zu machen. Am Abend – der Darsteller ging ganz in seiner Rolle auf, beobachtete auch die Pause genau, sagte aber unwillkürlich in feierlichstem Tone: ,Die Furcht vor dem Tode ist ein *Druckfehler.*' Der Autor versicherte dem Künstler nach Schluß der Vorstellung auf seine Frage, daß er nicht das geringste auszusetzen habe, nur heiße es an der betreffenden Stelle nicht: die Furcht vor dem Tode sei ein Druckfehler, sondern ein Denkfehler. – Als *Die Zensur* am folgenden Abend wiederholt wurde, sagte der Darsteller an der bewußten Stelle, und zwar wieder in feierlichstem Tone: ,Die Furcht vor dem Tode ist ein – *Denkzettel.*' Wedekind spendete dem Schauspieler wieder uneingeschränktes Lob, aber bemerkte nur nebenbei, daß es nicht heiße, die Furcht vor dem Tode sei ein Denkzettel, sondern ein Denkfehler. – Am nächsten Abend wurde wieder *Die Zensur* gespielt und der Darsteller, mit dem sich der Autor inzwischen befreundet und Kunstanschauungen ausgetauscht hatte, sagte, als die Stelle kam, mit der feierlichsten Miene von der Welt: ,Die Furcht vor dem Tode ist ein – *Druckzettel.*' – Der Künstler erhielt des Autors rückhaltlose Anerkennung, der Einakter wurde auch noch oft wiederholt, aber den Begriff ,Denkfehler' hielt der Autor nun ein für allemal für endgültig erledigt."

Rank hat auch den sehr interessanten Beziehungen von „Fehlleistung und Traum" (Zentralbl. f. Psychoanalyse II, S. 266 u. Internat. Zeitschr. f. Psychoanalyse III, S. 158) Aufmerksamkeit geschenkt, denen man aber nicht ohne eingehende Analyse des Traumes folgen kann, welcher sich an die Fehlhandlung anschließt. Ich träumte einmal in einem längeren Zusammenhange, daß ich mein Portemonnaie verloren. Am Morgen vermißte ich es wirklich beim Ankleiden; ich hatte vergessen, es beim Auskleiden vor der Traumnacht aus der Hosentasche zu nehmen und an seinen gewohnten Platz zu legen. Dieses Vergessen war mir also nicht unbekannt, es sollte wahrscheinlich einem unbewußten Gedanken Ausdruck geben, der für das Auftreten im Trauminhalt vorbereitet war.[70]

Ich will nicht behaupten, daß solche Fälle von kombinierten Fehlleistungen etwas Neues lehren können, was nicht schon aus den Einzelfällen zu ersehen wäre, aber dieser Formenwechsel der Fehlleistung bei Erhaltung desselben Erfolges gibt doch den plastischen Eindruck eines Willens, der nach einem bestimmten Ziele strebt, und widerspricht in ungleich energischerer Weise der Auffassung, daß die Fehlleistung etwas Zufälliges und der Deutung nicht Bedürftiges sei. Es darf uns auch auffallen, daß es in diesen Beispielen einem bewußten Vorsatz so gründlich mißlingt, den Erfolg der Fehlleistung hintanzuhalten. Mein Freund setzt es doch nicht durch, die Vereinssitzung zu besuchen, und die Dame findet sich außerstande, sich von der Medaille zu trennen. Jenes Unbekannte, das sich gegen diese Vorsätze sträubt, findet einen anderen Ausweg, nachdem ihm der erste Weg versperrt wird. Zur Überwindung des unbekannten Motivs ist nämlich noch etwas anderes als der bewußte Gegenvorsatz erforderlich; es brauchte eine psychische Arbeit, welche das Unbekannte dem Bewußtsein bekannt macht.

XII
Determinismus
Zufalls- und Aberglauben
Gesichtspunkte

Als das allgemeine Ergebnis der vorstehenden Einzelerörterungen kann man folgende Einsicht hinstellen: *Gewisse Unzulänglichkeiten unserer psychischen Leistungen* – deren gemeinsamer Charakter sogleich näher bestimmt werden soll – *und gewisse absichtslos erscheinende Verrichtungen erweisen sich, wenn man das Verfahren der psychoanalytischen Untersuchung auf sie anwendet, als wohlmotiviert und durch dem Bewußtsein unbekannte Motive determiniert.*

---

[70] Daß eine Fehlleistung wie das Verlieren oder Verlegen durch einen Traum rückgängig gemacht wird, indem man im Traume erfährt, wo der vermißte Gegenstand zu finden ist, kommt nicht so selten vor, hat aber auch nichts von der Natur des Okkulten, so lange Träumer und Verlustträger dieselbe Person sind. Eine junge Dame schreibt: „Vor ungefähr vier Monaten verlor ich – in der Bank – einen sehr schönen Ring. Ich durchsuchte jeden Winkel in meinem Zimmer, fand ihn aber nicht. Vor einer Woche träumte mir, er liege neben dem Kasten in der Heizung. Der Traum ließ mir natürlich keine Ruhe und nächsten Morgen fand ich ihn wirklich an der Stelle." Sie wundert sich über diesen Vorfall, behauptet, es geschehe ihr oft, daß ihre Gedanken und Wünsche so in Erfüllung gehen, unterläßt es aber sich zu fragen, welche Veränderung sich in ihrem Leben zwischen dem Verlieren und dem Wiederfinden des Ringes zugetragen hat.

Um in die Klasse der so zu erklärenden Phänomene eingereiht zu werden, muß eine psychische Fehlleistung folgenden Bedingungen genügen.

a) Sie darf nicht über ein gewisses Maß hinausgehen, welches von unserer Schätzung festgesetzt ist und durch den Ausdruck „innerhalb der Breite des Normalen" bezeichnet wird.

b) Sie muß den Charakter der momentanen und zeitweiligen Störung an sich tragen. Wir müssen die nämliche Leistung vorher korrekter ausgeführt haben oder uns jederzeit zutrauen, sie korrekter auszuführen. Wenn wir von anderer Seite korrigiert werden, müssen wir die Richtigkeit der Korrektur und die Unrichtigkeit unseres eigenen psychischen Vorganges sofort erkennen.

c) Wenn wir die Fehlleistung überhaupt wahrnehmen, dürfen wir von einer Motivierung derselben nichts in uns verspüren, sondern müssen versucht sein, sie durch „Unaufmerksamkeit" zu erklären oder als „Zufälligkeit" hinzustellen.

Es verbleiben somit in dieser Gruppe die Fälle von Vergessen und die Irrtümer bei besserem Wissen, das Versprechen, Verlesen, Verschreiben, Vergreifen und die sogenannten Zufallshandlungen.

Die gleiche Zusammensetzung mit der Vorsilbe „*ver-*" deutet für die meisten dieser Phänomene die innere Gleichartigkeit sprachlich an. An die Aufklärung dieser so bestimmten psychischen Vorgänge knüpft aber eine Reihe von Bemerkungen an, die zum Teile ein weitergehendes Interesse erwecken dürfen.

A) Indem wir einen Teil unserer psychischen Leistungen als unaufklärbar durch Zielvorstellungen preisgeben, verkennen wir den Umfang der Determinierung im Seelenleben. Dieselbe reicht hier und noch auf anderen Gebieten weiter, als wir es vermuten. Ich habe im Jahre 1900 in einem Aufsatz des Literaturhistorikers *R. M. Meyer* in der *Zeit* ausgeführt und an Beispielen erläutert gefunden, daß es unmöglich ist, absichtlich und willkürlich einen Unsinn zu komponieren. Seit längerer Zeit weiß ich, daß man es nicht zustande bringt, sich eine Zahl nach freiem Belieben einfallen zu lassen, ebensowenig wie etwa einen Namen. Untersucht man die scheinbar willkürlich gebildete, etwa mehrstellige, wie im Scherz oder Übermut ausgesprochene Zahl, so erweist sich deren strenge Determinierung, die man wirklich nicht für möglich gehalten hätte. Ich will nun zunächst ein Beispiel eines willkürlich gewählten Vornamens kurz erörtern und dann ein analoges Beispiel einer „gedankenlos hingeworfenen" Zahl ausführlicher analysieren.

1) Im Begriffe, die Krankengeschichte einer meiner Patientinnen für die Publikation herzurichten, erwäge ich, welchen Vornamen ich ihr in der Arbeit geben soll. Die Auswahl scheint sehr groß; gewiß schließen sich einige Namen von vornherein aus, in erster Linie der echte Name, sodann die Namen meiner eigenen Familienangehörigen, an denen ich Anstoß nehmen würde, etwa noch andere Frauennamen von besonders seltsamem Klang; im übrigen aber brauchte ich um einen solchen Namen nicht verlegen zu sein. Man sollte erwarten und ich erwarte selbst, daß sich mir eine ganze Schar weiblicher Namen zur Verfügung stellen wird. Anstatt dessen taucht ein einzelner auf, kein zweiter neben ihm, der Name *Dora*. Ich frage nach seiner Determinierung. Wer heißt denn nur sonst. *Dora?* Ungläubig möchte ich den nächsten Einfall zurückweisen, der lautet, daß das Kindermädchen meiner Schwester so heißt. Aber ich besitze so viel Selbstzucht oder Übung im Analysieren, daß ich den Einfall festhalte und weiterspinne. Da fällt mir auch sofort eine kleine Begebenheit des vorigen Abends ein, welche die gesuchte Determinierung bringt. Ich sah auf dem Tisch im Speisezimmer meiner Schwester einen Brief liegen mit der Aufschrift: „An Fräulein Rosa W." Erstaunt frage ich, wer so heißt, und werde belehrt, daß die vermeintliche Dora eigentlich Rosa heißt und diesen ihren Namen beim Eintritt ins Haus ablegen mußte, weil meine Schwester den Ruf „Rosa" auch auf ihre eigene Person beziehen kann. Ich sagte bedauernd: „Die armen Leute, nicht einmal ihren Namen können sie beibehalten!" Wie ich mich jetzt besinne, wurde ich dann für einen Moment still und begann an allerlei ernsthafte Dinge zu denken, die ins Unklare verliefen, die ich mir jetzt aber leicht bewußt machen könnte. Als ich dann am nächsten Tag nach einem Namen für eine Person suchte, *die ihren eigenen nicht beibehalten durfte,* fiel mir kein anderer als „Dora" ein. Die Ausschließlichkeit beruht hier auf fester inhaltlicher Verknüpfung, denn in der Geschichte meiner Patientin rührte ein auch für den Verlauf der Kur entscheidender Einfluß von der im fremden Haus dienenden Person, von einer Gouvernante, her.

Diese kleine Begebenheit fand Jahre später eine unerwartete Fortsetzung. Als ich einmal die längst veröffentlichte Krankengeschichte des nun Dora genannten Mädchens in meiner Vorlesung besprach, fiel mir ein, daß ja eine meiner beiden Hörerinnen den gleichen Namen Dora, den ich in den verschiedensten Verknüpfungen so oft auszusprechen hatte, trage, und ich wandte mich an die junge Kollegin, die mir auch persönlich bekannt war, mit der Entschuldigung, ich hätte wirklich nicht daran gedacht, daß sie auch so heiße, sei aber gern bereit, den Namen in der Vorlesung durch einen anderen zu ersetzen. Ich hatte nun die Aufgabe, rasch einen anderen zu wählen, und überlegte dabei, jetzt dürfe ich nur nicht auf den Vornamen der anderen Hörerin kommen und so den psychoanalytisch bereits geschulten Kollegen ein schlechtes Beispiel geben. Ich war also sehr zufrieden, als mir zum Ersatze für *Dora* der Name *Erna* einfiel, dessen ich mich nun im Vortrag bediente. Nach der Vorlesung fragte ich mich, woher wohl der Name Erna stammen möge, und mußte lachen, als ich merkte, daß die gefürchtete Möglichkeit sich bei der Wahl des Ersatznamens dennoch, wenigstens teilweise, durchgesetzt hatte. Die andere Dame hieß mit ihrem Familiennamen *Lucerna*, wovon *Erna* ein Stück ist.

2) In einem Briefe an einen Freund kündige ich ihm an, daß ich jetzt die Korrekturen der *Traumdeutung* abgeschlossen habe und nichts mehr an dem Werke ändern will, „möge es auch *2467* Fehler enthalten." Ich versuche sofort, mir diese Zahl aufzuklären und füge die kleine Analyse noch als Nachschrift dem Briefe an. Am besten zitiere ich jetzt, wie ich damals geschrieben, als ich mich auf frischer Tat ertappte:

„Noch rasch einen Beitrag zur Psychopathologie des Alltagslebens. Du findest im Briefe die Zahl 2467 als übermütige Willkürschätzung der Fehler, die sich im Traumbuch finden werden. Es soll heißen: irgendeine große Zahl, und da stellt sich diese ein. Nun gibt es aber nichts Willkürliches, Undeterminiertes im Psychischen. Du wirst also auch mit Recht erwarten, daß das Unbewußte sich beeilt hat, die Zahl zu determinieren, die von dem Bewußten freigelassen wurde. Nun hatte ich gerade vorher in der Zeitung gelesen, daß ein General E. M. als Feldzeugmeister in den Ruhestand getreten ist. Du mußt wissen, der Mann interessiert mich. Während ich als militärärztlicher Eleve diente, kam er einmal, damals Oberst, in den Krankenstand und sagte zum Arzte: ‚Sie müssen mich aber in acht Tagen gesund machen, denn ich habe etwas zu arbeiten, worauf der Kaiser wartet.' Damals nahm ich mir vor, die Laufbahn des Mannes zu verfolgen, und siehe da, heute (1899) ist er am Ende derselben, Feldzeugmeister und schon im Ruhestande. Ich wollte ausrechnen, in welcher Zeit er diesen Weg zurückgelegt, und nahm an, daß ich ihn 1882 im Spital gesehen. Das wären also 17 Jahre. Ich erzähle meiner Frau davon und sie bemerkt: ‚Da müßtest du also auch schon im Ruhestand sein?' Und ich protestiere: ‚Davor bewahre mich Gott.' Nach diesem Gespräche setzte ich mich an den Tisch, um Dir zu schreiben. Der frühere Gedankengang setzt sich aber fort und mit gutem Recht. Es war falsch gerechnet; ich habe einen festen Punkt dafür in meiner Erinnerung. Meine Großjährigkeit, meinen *24.* Geburtstag also, habe ich im Militärarrest gefeiert (weil ich mich eigenmächtig absentiert hatte). Das war also 1880; es sind 19 Jahre her. Da hast Du nun die Zahl *24* in 2467! Nimm nun meine Alterszahl 43 und gib 24 Jahre hinzu, so bekommst Du *67*! Das heißt, auf die Frage, ob ich auch in den Ruhestand treten will, habe ich mir im Wunsche noch 24 Jahre Arbeit zugelegt. Offenbar bin ich gekränkt darüber, daß ich es in dem Intervall, durch das ich den Obersten M. verfolgt, selbst nicht weit gebracht habe, und doch wie in einer Art von Triumph darüber, daß er jetzt schon fertig ist, während ich noch alles vor mir habe. Da darf man mit Recht sagen, daß nicht einmal die absichtslos hingeworfene Zahl 2467 ihrer Determinierung aus dem Unbewußten entbehrt."

3) Seit diesem ersten Beispiel von Aufklärung einer scheinbar willkürlich gewählten Zahl habe ich den gleichen Versuch vielmals mit dem nämlichen Erfolge wiederholt; aber die meisten Fälle sind so sehr intimen Inhalts, daß sie sich der Mitteilung entziehen.

Gerade darum aber will ich es nicht versäumen, eine sehr interessante Analyse eines „Zahleneinfalls" hier anzufügen, welche Dr. *Alfred Adler* (Wien) von einem ihm bekannten „durchaus gesunden" Gewährsmann erhielt.[71] „Gestern abends" – so berichtet dieser Gewährsmann – „habe ich mich über die *Psychopathologie des Alltags* hergemacht und ich hätte das Buch gleich ausgelesen, wenn mich nicht ein merkwürdiger Zwischenfall gehindert hätte. Als ich nämlich las, daß jede Zahl, die wir scheinbar ganz willkürlich ins Bewußtsein rufen, einen bestimmten Sinn hat, beschloß ich, einen Versuch zu machen. Es fiel mir die Zahl 1734 ein. *Nun überstürzten sich folgende Einfälle*: 1734 : 17 = 102; 102 : 17 = 6. Dann zerreiße ich die Zahl in 17 und 34. Ich bin 34 Jahre alt. Ich betrachte, wie ich Ihnen, glaube ich, einmal gesagt habe, das 34. Jahr als das letzte Jugendjahr, und ich habe mich darum an meinem letzten Geburtstag sehr miserabel gefühlt. Am Ende meines 17. Jahres begann für mich eine sehr schöne und interessante Periode meiner Entwicklung. Ich teile mein Leben in Abschnitte von 17 Jahren. Was haben nun die Divisionen zu bedeuten? Es fällt mir zu der Zahl 102 ein, daß die Nummer 102 der Reclamschen Universalbibliothek das *Kotzebuesche* Stück *Menschenhaß und Reue* enthält.

Mein gegenwärtiger psychischer Zustand ist Menschenhaß und Reue. Nr. 6 der U.-B. (ich weiß eine ganze Menge Nummern auswendig) ist *Müllners Schuld*. Mich quält in einem fort der Gedanke, daß ich durch meine Schuld nicht geworden bin, was ich nach meinen Fähigkeiten hätte werden können. Weiter fällt mir ein, daß Nr. 54 der U.-B. eine Erzählung desselben *Müllner*, betitelt *Der Kaliber*, enthält. Ich zerreiße das Wort in ‚Ka-liber'; weiters fällt mir ein, daß es die Worte ‚Ali' und ‚Kali' enthält. Das erinnert mich daran, daß ich einmal mit meinem (sechsjährigen) Sohne Ali Reime machte. Ich forderte ihn auf, einen Reim auf Ali zu suchen. Es fiel ihm keiner ein und ich sagte ihm, als er einen von mir wollte: ‚Ali reinigt den Mund mit hypermangansaurem Kali.' Wir lachten viel und Ali war sehr lieb. In den letzten Tagen mußte ich mit Verdruß konstatieren, daß er ‚ka (kein) lieber Ali sei'.

Ich fragte mich nun: Was ist Nr. 17 der U.-B.?, konnte es aber nicht herausbringen. Ich habe es aber früher ganz bestimmt gewußt, nehme also an, daß ich diese Zahl vergessen wollte. Alles Nachsinnen blieb umsonst. Ich wollte weiter lesen, las aber nur mechanisch, ohne ein Wort zu verstehen, da mich die 17

---

[71] Psych.-Neur. Wochenschr., Nr. 28, 1905.

quälte. Ich löschte das Licht aus und suchte weiter. Schließlich fiel mir ein, daß Nr. 17 ein Stück von *Shakespeare* sein muß. Welches aber? Es fällt mir ein: *Hero und Leander*. Offenbar ein blödsinniger Versuch meines Willens mich abzulenken. Ich stehe endlich auf und suche den Katalog der U.-B. Nr. 17 ist *Macbeth*. Zu meiner Verblüffung muß ich konstatieren, daß ich von dem Stücke fast gar nichts weiß, trotzdem es mich nicht weniger beschäftigt hat als andere Dramen Shakespeares. Es fällt mir nur ein: Mörder, Lady Macbeth, Hexen, ‚Schön ist häßlich‘, und daß ich seinerzeit Schillers Macbeth-Bearbeitung sehr schön gefunden habe. Zweifellos habe ich also das Stück vergessen wollen. Noch fällt mir ein, daß 17 und 34 durch 17 dividiert 1 und 2 ergibt. Nr. 1 und 2 der U.-B. ist *Goethes Faust*. Ich habe früher sehr viel Faustisches in mir gefunden.“

Wir müssen bedauern, daß die Diskretion des Arztes uns keinen Einblick in die Bedeutung dieser Reihe von Einfällen gegönnt hat. *Adler* bemerkt, daß dem Manne die Synthese seiner Auseinandersetzungen nicht gelungen ist. Dieselben würden uns auch kaum mitteilenswert erschienen sein, wenn in deren Fortsetzung nicht etwas aufträte, was uns den Schlüssel zum Verständnis der Zahl 1734 und der ganzen Einfallsreihe in die Hand spielte.

„Heute früh hatte ich freilich ein Erlebnis, das sehr für die Richtigkeit der *Freudschen* Auffassung spricht. Meine Frau, die ich beim Aufstehen des Nachts aufgeweckt hatte, fragte mich, was ich denn mit dem Katalog der U.-B. gewollt hätte. Ich erzählte ihr die Geschichte. Sie fand, daß alles Rabulistik sei, nur – sehr interessant – den *Macbeth*, gegen den ich mich so sehr gewehrt hatte, ließ sie gelten. Sie sagte, ihr falle gar nichts ein, wenn sie sich eine Zahl denke. Ich antwortete: ‚Machen wir eine Probe‘. Sie nannte die Zahl 117. Ich erwiderte darauf sofort: ‚17 ist eine Beziehung auf das, was ich dir erzählt habe, ferner habe ich dir gestern gesagt: wenn eine Frau im 82. Jahre steht und ein Mann im 35., so ist das ein arges Mißverhältnis.‘ Ich frozzle seit ein paar Tagen meine Frau mit der Behauptung, daß sie ein altes Mütterchen von 82 Jahren sei. 82 + 35 = 117.“

Der Mann, der seine eigene Zahl nicht zu determinieren wußte, fand also sofort die Auflösung, als seine Frau ihm eine angeblich willkürlich gewählte Zahl nannte. In Wirklichkeit hatte die Frau sehr wohl aufgefaßt, aus welchem Komplex die Zahl ihres Mannes stammte, und wählte die eigene Zahl aus dem nämlichen Komplex, der gewiß beiden Personen gemeinsam war, da es sich in ihm um das Altersverhältnis der beiden handelte. Wir haben es nun leicht, den Zahleneinfall des Mannes zu übersetzen. Er spricht, wie Adler andeutet, einen unterdrückten Wunsch des Mannes aus, der voll entwickelt lauten würde: „Zu einem Manne von 34 Jahren, wie ich einer bin, paßt nur eine Frau von 17 Jahren.“

Damit man nicht allzu geringschätzig von solchen „Spielereien“ denken möge, will ich hinzufügen, was ich kürzlich von Dr. *Adler* erfahren habe, daß ein

Jahr nach Veröffentlichung dieser Analyse der Mann von seiner Frau geschieden war.[72]

4) Ähnliche Aufklärungen gibt *Adler* für die Entstehung obsedierender Zahlen. Auch die Wahl sogenannter „Lieblingszahlen" ist nicht ohne Beziehung auf das Leben der betreffenden Person und entbehrt nicht eines gewissen psychologischen Interesses. Ein Mann, der sich zu der besonderen Vorliebe für die Zahlen 17 und 19 bekannte, wußte nach kurzem Besinnen anzugeben, daß er mit 17 Jahren in die langersehnte akademische Freiheit, auf die Universität, gekommen, und daß er mit 19 Jahren seine erste große Reise und bald darauf seinen ersten wissenschaftlichen Fund gemacht. Die Fixierung dieser Vorliebe erfolgte aber zwei Lustren später, als die gleichen Zahlen zur Bedeutung für sein Liebesleben gelangten. – Ja, selbst Zahlen, die man anscheinend willkürlich in gewissem Zusammenhange besonders häufig gebraucht, lassen sich durch die Analyse auf unerwarteten Sinn zurückführen. So fiel es einem meiner Patienten eines Tages auf, daß er im Unmut besonders gern zu sagen pflegte: „Das habe ich dir schon 17- bis 36mal gesagt", und er fragte sich, ob es auch dafür eine Motivierung gebe. Es fiel ihm alsbald ein, daß er an einem 27. Monatstag geboren sei, sein jüngerer Bruder aber an einem 26., und daß er Grund habe, darüber zu klagen, daß das Schicksal ihm soviel von den Gütern des Lebens geraubt, um sie diesem jüngeren Bruder zuzuwenden. Diese Parteilichkeit des Schicksals stellte er also dar, indem er von seinem Geburtsdatum zehn abzog und diese zum Datum des Bruders hinzufügte. „Ich bin der Ältere und dennoch so verkürzt worden."

5) Ich will bei den Analysen von Zahleinfällen länger verweilen, denn ich kenne keine anderen Einzelbeobachtungen, die so schlagend die Existenz von hoch zusammengesetzten Denkvorgängen erweisen würden, von denen das Bewußtsein doch keine Kunde hat, und anderseits kein besseres Beispiel von Analysen, bei denen die häufig angeschuldigte Mitarbeit des Arztes (die Suggestion) so sicher außer Betracht kommt. Ich werde daher die Analyse eines Zahleneinfalles eines meiner Patienten (mit seiner Zustimmung) hier mitteilen, von dem ich nur anzugeben brauche, daß er das jüngste Kind einer langen Kinderreihe ist, und daß er den bewunderten Vater in jungen Jahren verloren hat. In besonders heiterer Stimmung läßt er sich die Zahl *426718* einfallen und stellt sich die Frage: „Also was fällt mir dazu ein? Zunächst ein Witz, den ich gehört habe: ‚Wenn man einen Schnupfen ärztlich behandelt, dauert er 42 Tage, wenn

---

[72] Zur Aufklärung des Macbeth in Nr. 17 der U.-B. teilt mir Adler mit, daß der Betreffende in seinem 17. Lebensjahr einer anarchistischen Gesellschaft beigetreten war, die sich den Königsmord zum Ziel gesetzt hatte. Darum verfiel wohl der Inhalt des Macbeth dem Vergessen. Zu jener Zeit erfand die nämliche Person eine Geheimschrift, in der die Buchstaben durch Zahlen ersetzt waren.

ZUR PSYCHOPATHOLOGIE DES ALLTAGSLEBENS

man ihn aber unbehandelt läßt – 6 Wochen.'" Das entspricht den ersten Ziffern der Zahl $42 = 6 \times 7$. In der Stockung, die sich bei ihm nach dieser ersten Lösung einstellt, mache ich ihn aufmerksam, daß die von ihm gewählte sechsstellige Zahl alle ersten Ziffern enthalte bis auf 3 und 5. Nun findet er sofort die Fortsetzung der Deutung. „Wir sind 7 Geschwister, ich der jüngste. 3 entspricht in der Kinderreihe der Schwester A., 5 dem Bruder L., das waren meine beiden Feinde. Ich pflegte als Kind jeden Abend zu Gott zu beten, daß er diese meine beiden Quälgeister aus dem Leben abberufen solle. Es scheint mir nun, daß ich mir hier diesen Wunsch selbst erfüllte; 3 und 5, der böse Bruder und die gehaßte Schwester sind übergangen." – „Wenn die Zahl Ihre Geschwisterreihe bedeutet, was soll das *18* am Ende? Sie waren doch nur *7*." – „Ich habe oft gedacht, wenn der Vater noch länger gelebt hätte, so wäre ich nicht das jüngste Kind geblieben. Wenn noch 1 gekommen wäre, so wären wir *8* gewesen, und ich hätte ein kleineres Kind hinter mir gehabt, gegen das ich den Älteren gespielt hätte."

Somit war die Zahl aufgeklärt, aber es lag uns noch ob, den Zusammenhang zwischen dem ersten Stück der Deutung und den folgenden herzustellen. Das ergab sich sehr leicht aus der für die letzten Zahlen benötigten Bedingung: Wenn der Vater noch länger gelebt hätte. $42 = 6 \times 7$ bedeutete den Hohn gegen die Ärzte, die dem Vater nicht hatten helfen können, drückte also in dieser Form den Wunsch nach dem Fortleben des Vaters aus. Die ganze Zahl entsprach eigentlich der Erfüllung seiner beiden infantilen Wünsche in betreff seines Familienkreises, die beiden bösen Geschwister sollten sterben, und ein kleines Geschwisterchen hinter ihnen nachkommen, oder auf den kürzesten Ausdruck gebracht: Wenn doch lieber die beiden gestorben wären anstatt des geliebten Vaters![73]

6) Ein kleines Beispiel aus meiner Korrespondenz. Ein Telegraphendirektor in L. schreibt, sein 18 ½ jähriger Sohn, der Medizin studieren wolle, beschäftige sich schon jetzt mit der Psychopathologie des Alltags und suche seine Eltern von der Richtigkeit meiner Aufstellungen zu überzeugen. Ich gebe einen der von ihm angestellten Versuche wieder, ohne mich über die daran geknüpfte Diskussion zu äußern.

„Mein Sohn unterhält sich mit meiner Frau über den sogenannten Zufall und erläutert ihr, daß sie kein Lied, keine Zahl nennen könne, die ihr wirklich nur ‚zufällig' einfielen. Es entspinnt sich folgende Unterhaltung:

Sohn: ‚Nenne mir irgendeine Zahl.'
Mutter: ‚79.'
Sohn: ‚Was fällt dir dabei ein?'

---

[73] Zur Vereinfachung habe ich einige nicht minder gut passende Zwischeneinfälle des Patienten weggelassen.

Mutter: ‚Ich denke an den schönen Hut, den ich gestern besichtigte.'

Sohn: ‚Was kostete er?'

Mutter: ‚158 M.'

Sohn: Da haben wir es: 158 : 2 = 79. Dir war der Hut zu teuer und du hast gewiß gedacht: ‚Wenn er halb soviel kostete, würde ich ihn kaufen.'

Gegen diese Ausführungen meines Sohnes erhob ich zunächst den Einwand, daß Damen im allgemeinen nicht besonders rechneten und daß sich auch Mutter gewiß nicht klar gemacht habe, 79 sei die Hälfte von 158. Also setze seine Theorie die immerhin unwahrscheinliche Tatsache voraus, daß das Unterbewußtsein besser rechne als das normale Bewußtsein. ‚Durchaus nicht', erhielt ich zur Antwort; ‚zugegeben, daß Mutter die Rechnung 158 : 2 = 79 nicht gemacht hat, sie kann aber recht gut diese Gleichung gelegentlich gesehen haben; ja sie kann im Traume sich mit dem Hute beschäftigt und dabei sich klar gemacht haben, wie teuer er wäre, wenn er nur die Hälfte kostete.'"

7) Eine andere Zahlenanalyse entnehme ich *Jones* (l. c. S. 478). Ein Herr seiner Bekanntschaft ließ sich die Zahl *986* einfallen und forderte ihn dann heraus, sie mit irgend etwas, was er sich denke, in Zusammenhang zu bringen. „Die nächste Assoziation der Versuchsperson war die Erinnerung an einen längst vergessenen Scherz. Am heißesten Tage des Jahres vor sechs Jahren hatte eine Zeitung die Notiz gebracht, das Thermometer zeige 986° Fahrenheit, offenbar eine groteske Übertreibung von 98,6, dem wirklichen Thermometerstand! Wir saßen während dieser Unterhaltung vor einem starken Feuer im Kamin, von dem er sich wegrückte, und er bemerkte wahrscheinlich mit Recht, daß die große Hitze ihn auf diese Erinnerung gebracht habe. Ich gab mich aber nicht so leicht zufrieden und verlangte zu wissen, wieso gerade diese Erinnerung bei ihm so fest gehaftet habe. Er erzählte, er habe über diesen Scherz so fürchterlich gelacht und sich jedesmal von neuem über ihn amüsiert, so oft er ihm wieder eingefallen sei. Da ich aber den Scherz nicht besonders gut finden konnte, wurde meine Erwartung eines geheimen Sinnes dahinter nur noch verstärkt. Sein nächster Gedanke war, daß die Vorstellung der Wärme ihm immer soviel bedeutet habe. Wärme sei das Wichtigste in der Welt, die Quelle alles Lebens usw. Eine solche Schwärmerei eines sonst recht nüchternen jungen Mannes mußte nachdenklich stimmen; ich bat ihn, mit seinen Assoziationen fortzufahren. Sein nächster Einfall ging auf den Rauchfang einer Fabrik, den er von seinem Schlafzimmer aus sehen konnte. Er pflegte oft des Abends auf den Rauch und das Feuer zu starren, der aus ihm hervorging, und dabei über die beklagenswerte Vergeudung von Energie nachzudenken. Wärme, Feuer, die Quelle alles Lebens, die Vergeudung von Energie aus einer hohen hohlen Röhre – es war nicht schwer, aus diesen Assoziationen zu erraten, daß die Vorstellung Wärme und Feuer bei ihm mit der Vorstellung von Liebe verknüpft waren, wie es im symbolischen Denken gewöhnlich ist, und daß ein starker Masturbationskomplex seinen Zahleneinfall motiviert habe. Es blieb ihm nichts übrig, als meine Vermutung zu bestätigen."

Wer sich von der Art, wie das Material der Zahlen im unbewußten Denken verarbeitet wird, einen guten Eindruck holen will, den verweise ich auf *C. G. Jungs* Aufsatz *Ein Beitrag zur Kenntnis des Zahlentraumes* (Zentralbl. für Psychoanalyse, I, 1911) und auf einen anderen von *E. Jones* (*Unconscious manipulations of numbers*, ibid. II, 5, 1912).

In eigenen Analysen dieser Art ist mir zweierlei besonders auffällig: Erstens die geradezu somnambule Sicherheit, mit der ich auf das mir unbekannte Ziel losgehe, mich in einen rechnenden Gedankengang versenke, der dann plötzlich bei der gesuchten Zahl angelangt ist, und die Raschheit, mit der sich die ganze Nacharbeit vollzieht; zweitens aber der Umstand, daß die Zahlen meinem unbewußten Denken so bereitwillig zur Verfügung stehen, während ich ein schlechter Rechner bin und die größten Schwierigkeiten habe, mir Jahreszahlen, Hausnummern und dergleichen bewußt zu merken. Ich finde übrigens in diesen unbewußten Gedankenoperationen mit Zahlen eine Neigung zum Aberglauben, deren Herkunft mir lange Zeit fremd geblieben ist.[74]

---

[74] Herr *Rudolf Schneider* in München hat eine interessante Einwendung gegen die Beweiskraft solcher Zahlenanalysen erhoben. (*Zu Freuds analytischer Untersuchung des Zahleneinfalles,* Internat. Zeitschr. für Psychoanalyse, 1920, Heft 1.) Er griff gegebene Zahlen auf, z. B. eine solche, die ihm in einem aufgeschlagenen Geschichtswerke zuerst in die Augen fiel, oder er legte einer anderen Person eine von ihm ausgewählte Zahl vor und sah nun zu, ob sich auch zu dieser aufgedrängten Zahl anscheinend determinierende Einfälle einstellen. Das war nun wirklich der Fall; in dem einen ihn selbst betreffenden Beispiel, das er mitteilt, ergaben die Einfälle eine ebenso reichliche und sinnvolle Determinierung wie in unseren Analysen von spontan aufgetauchten Zahlen, während doch die Zahl im Versuche *Schneiders* als von außen gegeben einer Determinierung nicht bedürfte. In einem zweiten Versuch mit einer fremden Person machte er sich die Aufgabe offenbar zu leicht, denn er gab ihr die Zahl 2 auf, deren Determinierung durch irgendwelches Material bei jedermann gelingen muß. – R. *Schneider* schließt nun aus seinen Erfahrungen zweierlei, erstens „das Psychische besitze zu Zahlen dieselben Assoziationsmöglichkeiten wie zu Begriffen", zweitens das Auftauchen determinierender Einfälle zu spontanen Zahleneinfällen beweise nichts für die Herkunft dieser Zahlen aus den in ihrer „Analyse" gefundenen Gedanken. Die erstere Folgerung ist nun unzweifelhaft richtig. Man kann zu einer gegebenen Zahl ebenso leicht etwas Passendes assoziieren wie zu einem zugerufenen Wort, ja vielleicht noch leichter, da die Verknüpfbarkeit der wenigen Zahlzeichen eine besonders große ist. Man befindet sich dann einfach in der Situation des sogenannten Assoziationsexperiments, das von der *Bleuler-Jungschen* Schule nach den mannigfaltigsten Richtungen studiert worden ist. In dieser Situation wird der Einfall (Reaktion) durch das gegebene Wort (Reizwort) determiniert. Diese Reaktion könnte aber noch von sehr verschiedener Art sein und die *Jungschen* Versuche haben gezeigt, daß auch die weitere Unterscheidung nicht dem „Zufall" überlassen ist, sondern daß unbewußte „Komplexe" sich an der Determinierung beteiligen, wenn sie durch das Reizwort angerührt worden sind. – Die zweite Folgerung *Schneiders* geht zu

Es wird uns nicht überraschen zu finden, daß nicht nur Zahlen, sondern auch Worteinfälle anderer Art sich der analytischen Untersuchung regelmäßig als gut determiniert erweisen.

8) Ein hübsches Beispiel von Herleitung eines obsedierenden, d. h. verfolgenden Wortes findet sich bei *Jung* (*Diagnost. Assoziationsstudien*, IV, S. 215). „Eine Dame erzählte mir, daß ihr seit einigen Tagen beständig das Wort ‚*Taganrog*‘ im Munde liege, ohne daß sie eine Idee habe, woher das komme. Ich fragte die Dame nach den affektbetonten Ereignissen und verdrängten Wünschen der Jüngstvergangenheit. Nach einigem Zögern erzählte sie mir, daß sie sehr gern einen ‚*Morgenrock*‘ hätte, ihr Mann aber nicht das gewünschte Interesse dafür habe. ‚Morgenrock‘: ‚Tag-an-rock‘, man sieht die partielle Sinn- und Klangverwandtschaft. Die Determination der russischen Form kommt daher, daß ungefähr zu gleicher Zeit die Dame eine Persönlichkeit aus Taganrog kennengelernt hatte.“

9) Dr. *E. Hitschmann* verdanke ich die Auflösung eines anderen Falles, in dem sich ein Vers wiederholt in einer bestimmten Örtlichkeit als Einfall aufdrängte, ohne daß dessen Herkunft und Beziehungen ersichtlich gewesen wären.

„Erzählung des Dr. jur. E.: Ich fuhr vor sechs Jahren von Biarritz nach San Sebastian. Die Eisenbahnstrecke führt über den Bidassoafluß, der hier die Grenze zwischen Frankreich und Spanien bildet. Auf der Brücke hat man einen schönen Blick, auf der einen Seite über ein weites Tal und die Pyrenäen, auf der anderen Seite weithin über das Meer. Es war ein schöner, heller Sommertag, alles war erfüllt von Sonne und Licht, ich war auf einer Ferienreise, freute mich nach Spanien zu kommen – da fielen mir die Verse ein: ‚Aber frei ist schon die Seele, schwebet in dem Meer von Licht.‘

Ich erinnere mich, daß ich damals darüber nachdachte, woher diese Verse seien, und mich dessen nicht entsinnen konnte; nach dem Rhythmus mußten die

---

weit. Aus der Tatsache, daß zu gegebenen Zahlen (oder Worten) passende Einfälle auftauchen, ergibt sich nichts für die Ableitung spontan auftauchender Zahlen (oder Worte), was nicht schon vor Kenntnis dieser Tatsache in Betracht zu ziehen war. Diese Einfälle (Worte oder Zahlen) könnten undeterminiert sein oder durch die Gedanken determiniert, die sich in der Analyse ergeben, oder durch andere Gedanken, die sich in der Analyse nicht verraten haben, in welchem Falle uns die Analyse irregeführt hätte. Man muß sich nur von dem Eindruck frei machen, daß dies Problem für Zahlen anders liege als für Worteinfälle. Eine kritische Untersuchung des Problems und somit eine Rechtfertigung der psychoanalytischen Einfallstechnik liegt nicht in der Absicht dieses Buches. In der analytischen Praxis geht man von der Voraussetzung aus, daß die zweite der erwähnten Möglichkeiten zutreffend und in der Mehrzahl der Fälle verwertbar ist. Die Untersuchungen eines Experimentalpsychologen haben gelehrt, daß sie die bei weitem wahrscheinlichste ist (*Poppelreuter*). (Vgl. übrigens hiezu die beachtenswerten Ausführungen *Bleulers* in seinem Buch: *Das autistisch-undisziplinierte Denken usw.*, 1919, Abschnitt 9: *Von den Wahrscheinlichkeiten der psychologischen Erkenntnis*.)

Worte aus einem Gedicht stammen, welches aber meiner Erinnerung vollständig entfallen war. Ich glaube später, da mir die Verse wiederholt in den Sinn kamen, noch mehrere Leute danach gefragt zu haben, ohne etwas erfahren zu können.

Im Vorjahre fuhr ich, von einer spanischen Reise zurückkehrend, auf derselben Bahnstrecke. Es war stockfinstere Nacht und es regnete. Ich sah zum Fenster hinaus, um zu sehen, ob wir schon in der Grenzstation ankämen, und bemerkte, daß wir auf der Bidassoabrücke waren. Sofort kamen mir die oben angeführten Verse wieder ins Gedächtnis, und wieder konnte ich mich ihrer Herkunft nicht erinnern.

Mehrere Monate nachher kamen mir zu Hause die *Uhlandschen* Gedichte in die Hand. Ich öffnete den Band und mein Blick fiel auf die Verse:

> ‚Aber frei ist schon die Seele,
> schwebet in dem Meer von Licht‘,

die den Schluß eines Gedichtes: *Der Waller* bilden. Ich las das Gedicht und erinnerte mich nun ganz dunkel, es einmal vor vielen Jahren gekannt zu haben. Der Schauplatz der Handlung ist in Spanien, und dies schien mir die einzige Beziehung der zitierten Verse zu der von mir beschriebenen Stelle der Eisenbahnstrecke zu bilden. Ich war von meiner Entdeckung nur halb befriedigt und blätterte mechanisch in dem Buche weiter. Die Verse ‚Aber frei ist schon usw.‘ standen als die letzten auf einer Seite. Beim Umblättern fand ich auf der nächsten Seite ein Gedicht mit der Überschrift *Die Bidassoabrücke*.

Ich bemerke noch, daß mir der Inhalt dieses letzten Gedichtes fast noch fremder schien, als der des ersten, und daß seine ersten Verse lauten:

> ‚Auf der Bidassoabrücke steht ein Heiliger altersgrau,
> segnet rechts die span'schen Berge, segnet links den fränk'schen Gau.‘“

B) Diese Einsicht in die Determinierung scheinbar willkürlich gewählter Namen und Zahlen kann vielleicht zur Klärung eines anderen Problems beitragen. Gegen die Annahme eines durchgehenden psychischen Determinismus berufen sich bekanntlich viele Personen auf ein besonderes Überzeugungsgefühl für die Existenz eines freien Willens. Dieses Überzeugungsgefühl besteht und weicht auch dem Glauben an den Determinismus nicht. Es muß wie alle normalen Gefühle durch irgend etwas berechtigt sein. Es äußert sich aber, soviel ich beobachten kann, nicht bei den großen und wichtigen Willensentscheidungen; bei diesen Gelegenheiten hat man vielmehr die Empfindung des psychischen Zwanges und beruft sich gern auf sie („Hier stehe ich, ich kann nicht anders“). Hingegen möchte man gerade bei den belanglosen, indifferenten Entschließungen versichern, daß man ebensowohl anders hätte handeln können, daß man aus freiem, nicht motiviertem Willen gehandelt hat. Nach unseren Analysen braucht man nun das Recht des Überzeugungsgefühls vom freien Willen nicht zu bestreiten. Führt man die Unterscheidung der Motivierung aus dem Bewußten von der Motivierung aus dem Unbewußten ein, so berichtet uns das Überzeugungsgefühl, daß die bewußte Motivierung sich nicht auf alle unsere motorischen Entscheidungen erstreckt. *Minima non curat praetor.* Was aber so von der einen Seite freigelassen wird, das empfängt seine Motivierung von anderer Seite, aus dem Unbewußten, und so ist die Determinierung im Psychischen doch lückenlos durchgeführt.[75]

C) Wenngleich dem bewußten Denken die Kenntnis von der Motivierung der besprochenen Fehlleistungen nach der ganzen Sachlage abgehen muß, so wäre es doch erwünscht, einen psychologischen Beweis für deren Existenz aufzufinden; ja es ist aus Gründen, die sich bei näherer Kenntnis des Unbewußten ergeben, wahrscheinlich, daß solche Beweise irgendwo auffindbar sind. Es lassen sich wirklich auf zwei Gebieten Phänomene nachweisen, welche einer unbewußten und darum verschobenen Kenntnis von dieser Motivierung zu entsprechen scheinen:

a) Es ist ein auffälliger und allgemein bemerkter Zug im Verhalten der Paranoiker, daß sie den kleinen, sonst von uns vernachlässigten Details im Benehmen der anderen die größte Bedeutung beilegen, dieselben ausdeuten und zur Grundlage weitgehender Schlüsse machen. Der letzte Paranoiker z. B., den ich gesehen habe, schloß auf ein allgemeines Einverständnis in seiner Umgebung, weil die Leute bei seiner Abreise auf dem Bahnhof eine gewisse Bewegung mit der einen Hand gemacht hatten. Ein anderer hat die Art notiert, wie die Leute auf der Straße gehen, mit den Spazierstöcken fuchteln u. dgl.[76]

Die Kategorie des Zufälligen, der Motivierung nicht Bedürftigen, welche der Normale für einen Teil seiner eigenen psychischen Leistungen und Fehl-

---

[75] Diese Anschauungen über die strenge Determinierung anscheinend willkürlicher psychischer Aktionen haben bereits reiche Früchte für die Psychologie – vielleicht auch für die Rechtspflege – getragen. Bleuler und Jung haben in diesem Sinne die Reaktionen beim sogenannten Assoziationsexperiment verständlich gemacht, bei dem die untersuchte Person auf ein ihr zugerufenes Wort mit einem ihr dazu einfallenden antwortet (Reizwort-Reaktion), und die dabei verlaufene Zeit gemessen wird (Reaktionszeit). Jung hat in seinen Diagnostischen Assoziationsstudien (1906) gezeigt, welch feines Reagens für psychische Zustände wir in dem so gedeuteten Assoziationsexperiment besitzen. Zwei Schüler des Strafrechtslehrers H. Groß in Prag, Wertheimer und Klein, haben aus diesen Experimenten eine Technik zur „Tatbestands-Diagnostik" in strafrechtlichen Fällen entwickelt, deren Prüfung Psychologen und Juristen beschäftigt.

[76] Von anderen Gesichtspunkten ausgehend, hat man diese Beurteilung unwesentlicher und zufälliger Äußerungen bei anderen zum „Beziehungswahn" gerechnet.

leistungen gelten läßt, verwirft der Paranoiker also in der Anwendung auf die psychischen Äußerungen der anderen. Alles, was er an den anderen bemerkt, ist bedeutungsvoll, alles ist deutbar. Wie kommt er nur dazu? Er projiziert wahrscheinlich in das Seelenleben der anderen, was im eigenen unbewußt vorhanden ist, hier wie in so vielen ähnlichen Fällen. In der Paranoia drängt sich ebenso vielerlei zum Bewußtsein durch, was wir bei Normalen und Neurotikern erst durch die Psychoanalyse als im Unbewußten vorhanden nachweisen.[77] Der Paranoiker hat also hierin in gewissem Sinne recht, er erkennt etwas, was dem Normalen entgeht, er sieht schärfer als das normale Denkvermögen, aber die Verschiebung des so erkannten Sachverhalts auf andere macht seine Erkenntnis wertlos. Die Rechtfertigung der einzelnen paranoischen Deutungen wird man dann hoffentlich von mir nicht erwarten. Das Stück Berechtigung aber, welches wir der Paranoia bei dieser Auffassung der Zufallshandlungen zugestehen, wird uns das psychologische Verständnis der Überzeugung erleichtern, welche sich beim Paranoiker an alle diese Deutungen geknüpft hat. *Es ist eben etwas Wahres daran*; auch unsere nicht als krankhaft zu bezeichnenden Urteilsirrtümer erwerben das ihnen zugehörige Überzeugungsgefühl auf keine andere Art. Dies Gefühl ist für ein gewisses Stück des irrtümlichen Gedankenganges oder für die Quelle, aus der er stammt, berechtigt und wird dann von uns auf den übrigen Zusammenhang ausgedehnt.

b) Ein anderer Hinweis auf die unbewußte und verschobene Kenntnis der Motivierung bei Zufalls- und Fehlleistungen findet sich in den Phänomen des Aberglaubens. Ich will meine Meinung durch die Diskussion des kleinen Erlebnisses klarlegen, welches für mich der Ausgangspunkt dieser Überlegungen war.

Von den Ferien zurückgekehrt, richten sich meine Gedanken alsbald auf die Kranken, die mich in dem neu beginnenden Arbeitsjahre beschäftigen sollen. Mein erster Weg gilt einer sehr alten Dame, bei der ich seit Jahren die nämlichen ärztlichen Manipulationen zweimal täglich vornehme. Wegen dieser Gleichförmigkeit haben sich unbewußte Gedanken sehr häufig auf dem Wege zu der Kranken und während der Beschäftigung mit ihr Ausdruck verschafft. Sie ist über neunzig Jahre alt; es liegt also nahe, sich bei Beginn eines jeden Jahres zu fragen, wie lange sie wohl noch zu leben hat. An dem Tage, von dem ich erzähle, habe ich Eile, nehme also einen Wagen, der mich vor ihr Haus führen

---

[77] Die durch Analyse bewußt zu machenden Phantasien der Hysteriker von sexuellen und grausamen Mißhandlungen decken sich z. B. gelegentlich bis ins einzelne mit den Klagen verfolgter Paranoiker. Es ist bemerkenswert, aber nicht unverständlich, wenn der identische Inhalt uns auch als Realität in den Veranstaltungen Perverser zur Befriedigung ihrer Gelüste entgegentritt.

soll. Jeder der Kutscher auf dem Wagenstandplatz vor meinem Hause kennt die Adresse der alten Frau, denn jeder hat mich schon oftmals dahin geführt. Heute ereignete es sich nun, daß der Kutscher nicht vor ihrem Hause, sondern vor dem gleichbezifferten in einer nahegelegenen und wirklich ähnlich aussehenden Parallelstraße Halt macht. Ich merke den Irrtum und werfe ihn dem Kutscher vor, der sich entschuldigt. Hat das nun etwas zu bedeuten, daß ich vor ein Haus geführt werde, in dem ich die alte Dame nicht vorfinde? Für mich gewiß nicht, aber wenn ich *abergläubisch* wäre, würde ich in dieser Begebenheit ein Vorzeichen erblicken, einen Fingerzeig des Schicksals, daß dieses Jahr das letzte für die alte Frau sein wird. Recht viele Vorzeichen, welche die Geschichte aufbewahrt hat, sind in keiner besseren Symbolik begründet gewesen. Ich erkläre allerdings den Vorfall für eine Zufälligkeit ohne weiteren Sinn.

Ganz anders läge der Fall, wenn ich den Weg zu Fuß gemacht und dann in „Gedanken", in der „Zerstreutheit" vor das Haus der Parallelstraße anstatt vors richtige gekommen wäre. Das würde ich für keinen Zufall erklären, sondern für eine der Deutung bedürftige Handlung mit unbewußter Absicht. Diesem „Vergehen" müßte ich wahrscheinlich die Deutung geben, daß ich die alte Dame bald nicht mehr anzutreffen erwarte.

Ich unterscheide mich also von einem Abergläubischen in folgendem:

Ich glaube nicht, daß ein Ereignis, an dessen Zustandekommen mein Seelenleben unbeteiligt ist, mir etwas Verborgenes über die zukünftige Gestaltung der Realität lehren kann; ich glaube aber, daß eine unbeabsichtigte Äußerung meiner eigenen Seelentätigkeit mir allerdings etwas Verborgenes enthüllt, was wiederum nur meinem Seelenleben angehört; ich glaube zwar an äußeren (realen) Zufall, aber nicht an innere (psychische) Zufälligkeit. Der Abergläubische umgekehrt: er weiß nichts von der Motivierung seiner zufälligen Handlungen und Fehlleistungen, er glaubt, daß es psychische Zufälligkeiten gibt; dafür ist er geneigt, dem äußeren Zufall eine Bedeutung zuzuschreiben, die sich im realen Geschehen äußern wird, im Zufall ein Ausdrucksmittel für etwas draußen ihm Verborgenes zu sehen. Die Unterschiede zwischen mir und dem Abergläubischen sind zwei: erstens projiziert er eine Motivierung nach außen, die ich innen suche; zweitens deutet er den Zufall durch ein Geschehen, den ich auf einen Gedanken zurückführe. Aber das Verborgene bei ihm entspricht dem Unbewußten bei mir, und der Zwang, den Zufall nicht als Zufall gelten zu lassen, sondern ihn zu deuten, ist uns beiden gemeinsam.[78]

---

[78] Ich knüpfe hier ein schönes Beispiel an, an dem *N. Ossipow* die Verschiedenheit von abergläubischer, psychoanalytischer und mystischer Auffassung erörtert (*Psychoanalyse und Aberglauben*, Internationale Zeitschrift für Psychoanalyse, VIII, 1922). Er hatte in einer kleinen russischen

Ich nehme nun an, daß diese bewußte Unkenntnis und unbewußte Kenntnis von der Motivierung der psychischen Zufälligkeiten eine der psychischen Wurzeln des Aberglaubens ist. Weil der Abergläubische von der Motivierung der eigenen zufälligen Handlungen nichts weiß, und weil die Tatsache dieser Motivierung nach einem Platze in seiner Anerkennung drängt, ist er genötigt, sie durch Verschiebung in der Außenwelt unterzubringen. Besteht ein solcher Zusammenhang, so wird er kaum auf diesen einzelnen Fall beschränkt sein. Ich glaube in der Tat, daß ein großes Stück der mythologischen Weltauffassung, die weit bis in die modernsten Religionen hinein reicht, nichts anderes ist *als in die Außenwelt projizierte Psychologie.* Die dunkle Erkenntnis (sozusagen endopsychische Wahrnehmung) psychischer Faktoren und Verhältnisse[79] des Unbewußten spiegelt sich – es ist schwer, es anders zu sagen, die Analogie mit der Paranoia muß hier zu Hilfe genommen werden – in der Konstruktion einer *übersinnlichen Realität*, welche von der Wissenschaft in *Psychologie des Unbewußten* zurückverwandelt werden soll. Man könnte sich getrauen, die Mythen vom Paradies und Sündenfall, von Gott, vom Guten und Bösen, von der Unsterblichkeit u. dgl. in solcher Weise aufzulösen, die *Metaphysik in Metapsychologie* umzusetzen. Die Kluft zwischen der Verschiebung des Paranoikers und der des Abergläubischen ist minder groß, als sie auf den ersten Blick erscheint. Als die Menschen zu denken begannen, waren sie bekanntlich genötigt, die Außenwelt anthropomorphisch in eine Vielheit von Persönlichkeiten nach ihrem Gleichnis aufzulösen; die Zufälligkeiten, die sie abergläubisch deuteten, waren also Handlungen, Äußerungen von Personen, und sie haben sich demnach genauso benommen wie die Paranoiker, welche aus den unscheinbaren Anzeichen, die ihnen die anderen geben, Schlüsse ziehen, und wie die Gesunden alle, welche mit Recht die zufälligen und unbeabsichtigten Handlungen ihrer Nebenmenschen zur Grundlage der Schät-

---

Provinzstadt geheiratet und fuhr unmittelbar nachher mit seiner jungen Frau nach Moskau. Auf einer Station, zwei Stunden vor dem Ziel, kam ihm der Wunsch, zum Ausgang des Bahnhofes zu gehen und einen Blick auf die Stadt zu werfen. Der Zug sollte nach seiner Erwartung genügend lange verweilen, aber als er nach wenigen Minuten zurückkam, war der Zug mit seiner jungen Frau bereits abgefahren. Als seine alte Njanja zu Hause von diesem Zufall erfuhr, äußerte sie kopfschüttelnd: „Aus dieser Ehe wird nichts Ordentliches." Ossipow lachte damals über diese Prophezeiung. Da er aber fünf Monate später von seiner Frau geschieden war, kann er nicht umhin, sein Verlassen des Zuges nachträglich als einen „unbewußten Protest" gegen seine Eheschließung zu verstehen. Die Stadt, in welcher sich ihm diese Fehlleistung ereignete, gewann Jahre nachher eine große Bedeutung für ihn, denn in ihr lebte eine Person, mit welcher ihn später das Schicksal eng verknüpfte. Diese Person, ja die Tatsache ihrer Existenz war ihm damals völlig unbekannt. Aber die mystische Erklärung seines Verhaltens würde lauten, er habe in jener Stadt den Zug nach Moskau und seine Frau verlassen, weil sich die Zukunft andeuten wollte, die ihm in der Beziehung zu dieser Person vorbereitet war.

[79] Die natürlich nichts vom Charakter einer Erkenntnis hat.

zung ihres Charakters machen. Der Aberglaube erscheint nur so sehr deplaciert in unserer modernen, naturwissenschaftlichen, aber noch keineswegs abgerundeten Weltanschauung; in der Weltanschauung vorwissenschaftlicher Zeiten und Völker war er berechtigt und konsequent.

Der Römer, der eine wichtige Unternehmung aufgab, wenn ihm ein widriger Vogelflug begegnete, war also relativ im Recht; er handelte konsequent nach seinen Voraussetzungen. Wenn er aber von der Unternehmung abstand, weil er an der Schwelle seiner Tür gestolpert war (*„un Romain retournerait"*), so war er uns Ungläubigen auch absolut überlegen, ein besserer Seelenkundiger, als wir uns zu sein bemühen. Denn dieses Stolpern mußte ihm die Existenz eines Zweifels, einer Gegenströmung in seinem Innern beweisen, deren Kraft sich im Moment der Ausführung von der Kraft seiner Intention abziehen konnte. Des vollen Erfolges ist man nämlich nur dann sicher, wenn alle Seelenkräfte einig dem gewünschten Ziel entgegenstreben. Wie antwortet *Schillers Tell*, der so lange gezaudert, den Apfel vom Haupte seines Knaben zu schießen, auf die Frage des Vogts, wozu er den zweiten Pfeil eingesteckt?

> Mit diesem Pfeil durchbohrt' ich – Euch,
> Wenn ich mein liebes Kind getroffen hätte,
> Und *Euer* – wahrlich – hätt' ich *nicht* gefehlt,

D) Wer die Gelegenheit gehabt hat, die verborgenen Seelenregungen der Menschen mit dem Mittel der Psychoanalyse zu studieren, der kann auch über die Qualität der unbewußten Motive, die sich im Aberglauben ausdrücken, einiges Neue sagen. Am deutlichsten erkennt man bei den oft sehr intelligenten, mit Zwangsdenken und Zwangszuständen behafteten Nervösen, daß der Aberglaube aus unterdrückten feindseligen und grausamen Regungen hervorgeht. Aberglaube ist zum großen Teile Unheilserwartung, und wer anderen häufig Böses gewünscht, aber infolge der Erziehung zur Güte solche Wünsche ins Unbewußte verdrängt hat, dem wird es besonders naheliegen, die Strafe für solches unbewußte Böse als ein ihm drohendes Unheil von außen zu erwarten.

Wenn wir zugeben, daß wir die Psychologie des Aberglaubens mit diesen Bemerkungen keineswegs erschöpft haben, so werden wir auf der anderen Seite die Frage wenigstens streifen müssen, ob denn reale Wurzeln des Aberglaubens durchaus zu bestreiten seien, ob es gewiß keine Ahnungen, prophetische Träume, telepathische Erfahrungen, Äußerungen übersinnlicher Kräfte und dergleichen gebe. Ich bin nun weit davon entfernt, diese Phänomene überall so kurzerhand aburteilen zu wollen, über welche so viele eingehende Beobachtungen selbst intellektuell hervorragender Männer vorliegen, und die am besten die Objekte weiterer Untersuchungen bilden sollen. Es ist dann sogar zu hoffen, daß ein Teil dieser Beobachtungen durch unsere beginnende Erkenntnis der unbewußten seelischen Vorgänge zur Aufklärung gelangen wird, ohne uns zu grundstürzenden Abänderungen unserer heutigen Anschauungen zu nötigen.[80] Wenn noch andere, wie z. B. die von den Spiritisten behaupteten Phänomene, erweisbar werden sollten, so werden wir eben die von der neuen Erfahrung geforderten Modifikationen unserer „Gesetze" vornehmen, ohne an dem Zusammenhang der Dinge in der Welt irre zu werden.

Im Rahmen dieser Auseinandersetzungen kann ich die nun aufgeworfenen Fragen nicht anders als subjektiv, d. i. nach meiner persönlichen Erfahrung, beantworten. Ich muß leider bekennen, daß ich zu jenen unwürdigen Individuen gehöre, vor denen die Geister ihre Tätigkeit einstellen und das Übersinnliche entweicht, so daß ich niemals in die Lage gekommen bin, selbst etwas zum Wunderglauben Anregendes zu erleben. Ich habe wie alle Menschen Ahnungen gehabt und Unheil erfahren, aber die beiden wichen einander aus, so daß auf die Ahnungen nichts folgte und das Unheil unangekündigt über mich kam. Zur Zeit, als ich, ein junger Mann, allein in einer fremden Stadt lebte, habe ich oft genug meinen Namen plötzlich von einer unverkennbaren, teuren Stimme rufen hören und mir dann den Zeitmoment der Halluzination notiert, um mich besorgt bei den Daheimgebliebenen zu erkundigen, was um jene Zeit vorgefallen. Es war nichts. Zum Ersatz dafür habe ich später ungerührt und ahnungslos mit meinen Kranken gearbeitet, während mein Kind einer Verblutung zu erliegen drohte. Es hat auch keine der Ahnungen, von denen mir Patienten berichtet haben, meine Anerkennung als reales Phänomen erwerben können. Doch muß ich gestehen, daß ich in den letzten Jahren einige merkwürdige Erfahrungen gemacht habe, die durch die Annahme telepathischer Gedankenübertragung leichte Aufklärung gefunden hätten.

Der Glaube an prophetische Träume zählt viele Anhänger, weil er sich darauf stützen kann, daß manches sich wirklich in der Zukunft so gestaltet, wie es der Wunsch im Traume vorher konstruiert hat.[81] Allein daran ist wenig zu verwundern, und zwischen dem Traum und der Erfüllung lassen sich in der Regel noch weitgehende Abweichungen nachweisen, welche die Gläubigkeit der Träumer zu vernachlässigen liebt. Ein schönes Beispiel eines mit Recht prophetisch zu nennenden Traumes bot mir einmal eine intelligente und wahrheitsliebende Patientin zur genauen Analyse. Sie erzählte, daß sie einmal geträumt, sie treffe

[80] E. Hitschmann, *Zur Kritik des Hellsehens*, Wiener Klinische Rundschau, 1910, Nr. 6, und *Ein Dichter und sein Vater, Beitrag zur Psychologie religiöser Bekehrung und telepathischer Phänomene*, Imago, IV, 1915/16.

[81] Vgl. Freud, *Traum und Telepathie* (Imago, VIII, 1922).

ihren früheren Freund und Hausarzt vor einem bestimmten Laden einer gewissen Straße, und als sie am nächsten Morgen in die Innere Stadt ging, traf sie ihn wirklich an der im Traume genannten Stelle. Ich bemerke, daß dieses wunderbare Zusammentreffen seine Bedeutung durch kein nachfolgendes Erlebnis erwies, also nicht aus dem Zukünftigen zu rechtfertigen war.

Das sorgfältige Examen stellte fest, daß kein Beweis dafür vorliege, die Dame habe den Traum bereits am Morgen nach der Traumnacht, also vor dem Spaziergang und der Begegnung, erinnert. Sie konnte nichts gegen eine Darstellung des Sachverhaltes einwenden, die der Begebenheit alles Wunderbare nimmt und nur ein interessantes psychologisches Problem übrig läßt. Sie ist eines Vormittags durch die gewisse Straße gegangen, hat vor dem einen Laden ihren alten Hausarzt begegnet und nun bei seinem Anblick die Überzeugung bekommen, daß sie die letzte Nacht von diesem Zusammentreffen an der nämlichen Stelle geträumt habe. Die Analyse konnte dann mit großer Wahrscheinlichkeit andeuten, wie sie zu dieser Überzeugung gekommen war, welcher man ja nach allgemeinen Regeln ein gewisses Anrecht auf Glaubwürdigkeit nicht versagen darf. Ein Zusammentreffen am bestimmten Orte nach vorheriger Erwartung, das ist ja der Tatbestand eines Rendezvous. Der alte Hausarzt rief die Erinnerung an alte Zeiten in ihr wach, in denen Zusammenkünfte mit einer *dritten*, auch dem Arzt befreundeten Person für sie bedeutungsvoll gewesen waren. Mit diesem Herrn war sie seitdem in Verkehr geblieben und hat am Tage vor dem angeblichen Traum vergeblich auf ihn gewartet. Könnte ich die hier vorliegenden Beziehungen ausführlicher mitteilen, so wäre es mir leicht zu zeigen, daß die Illusion des prophetischen Traumes beim Anblick des Freundes aus früherer Zeit äquivalent ist etwa folgender Rede: „Ach, Herr Doktor, Sie erinnern mich jetzt an vergangene Zeiten, in denen ich niemals vergeblich auf N. zu warten brauchte, wenn wir eine Zusammenkunft bestellt hatten."

Von jenem bekannten „merkwürdigen Zusammentreffen", daß man einer Person begegnet, mit welcher man sich gerade in Gedanken beschäftigt hat, habe ich bei mir selbst ein einfaches und leicht zu deutendes Beispiel beobachtet, welches wahrscheinlich ein gutes Vorbild für ähnliche Vorfälle ist. Wenige Tage, nachdem mir der Titel eines Professors verliehen worden war, der in monarchisch eingerichteten Staaten selbst viel Autorität verleiht, lenkten während eines Spazierganges durch die Innere Stadt meine Gedanken plötzlich in eine kindische Rachephantasie ein, die sich gegen ein gewisses Elternpaar richtete. Diese hatten mich einige Monate vorher zu ihrem Töchterchen gerufen, bei dem sich eine interessante Zwangserscheinung im Anschluß an einen Traum eingestellt hatte. Ich brachte dem Falle, dessen Genese ich zu durchschauen glaubte, ein großes Interesse entgegen; meine Behandlung wurde aber von den

Eltern abgelehnt und mir zu verstehen gegeben, daß man sich an eine ausländische Autorität, die mittels Hypnotismus heile, zu wenden gedenke. Ich phantasierte nun, daß die Eltern nach dem völligen Mißglücken dieses Versuches mich bäten, mit meiner Behandlung einzusetzen, sie hätten jetzt volles Vertrauen zu mir usw. Ich aber antwortete: „Ja, jetzt, nachdem ich auch Professor geworden bin, haben Sie Vertrauen. Der Titel hat an meinen Fähigkeiten weiter nichts geändert; wenn Sie mich als Dozenten nicht brauchen konnten, können Sie mich auch als Professor entbehren." – An dieser Stelle wurde meine Phantasie durch den lauten Gruß „Habe die Ehre, Herr Professor" unterbrochen, und als ich aufschaute, ging das nämliche Elternpaar an mir vorüber, an dem ich soeben durch die Abweisung ihres Anerbietens Rache genommen hatte. Die nächste Überlegung zerstörte den Anschein des Wunderbaren. Ich ging auf einer geraden und breiten, fast menschenleeren Straße jenem Paar entgegen, hatte bei einem flüchtigen Aufschauen, vielleicht zwanzig Schritte von ihnen entfernt, ihre stattlichen Persönlichkeiten erblickt und erkannt, diese Wahrnehmung aber – nach dem Muster einer negativen Halluzination – aus jenen Gefühlsmotiven beseitigt, die sich dann in der anscheinend spontan auftauchenden Phantasie zur Geltung brachten.

Eine andere „Auflösung einer scheinbaren Vorahnung" berichte ich nach *Otto Rank*:

„Vor einiger Zeit erlebte ich selbst eine seltsame Variation jenes ‚merkwürdigen Zusammentreffens', wobei man einer Person begegnet, mit welcher man sich gerade in Gedanken beschäftigt hat. Ich gehe unmittelbar vor Weihnachten in die Österreichisch-Ungarische Bank, um mir zehn neue Silberkronen zu Geschenkzwecken einzuwechseln. In ehrgeizige Phantasien versunken, die an den Gegensatz meiner geringen Barschaft zu den im Bankgebäude aufgestapelten Geldmassen anknüpfen, biege ich in die schmale Bankgasse ein, wo die Bank gelegen ist. Vor dem Tor sehe ich ein Automobil stehen und viele Leute aus und ein gehen. Ich denke mir, die Beamten werden gerade für meine paar Kronen Zeit haben; ich werde es jedenfalls rasch abmachen, die zu wechselnde Geldnote hinlegen und sagen: ‚Bitte, geben Sie mir *Gold!*' – Sogleich bemerke ich meinen Irrtum – ich sollte ja *Silber* verlangen – und erwache aus meinen Phantasien. Ich befinde mich nur noch wenige Schritte vom Eingang entfernt und sehe einen jungen Mann mir entgegenkommen, der mir bekannt vorkommt, den ich jedoch wegen meiner Kurzsichtigkeit noch nicht mit Sicherheit zu erkennen vermag. Wie er näher kommt, erkenne ich in ihm einen Schulkollegen meines *Bruders*, namens *Gold*, von dessen *Bruder*, einem bekannten Schriftsteller, ich zu Beginn meiner literarischen Laufbahn weitgehende Förderung erwartet hatte. Sie blieb jedoch aus und mit ihr auch der erhoffte materielle Erfolg, mit dem sich meine

Phantasie auf dem Wege zur Bank beschäftigt hatte. Ich muß also, in meine Phantasien versunken, das Herannahen des Herrn Gold unbewußt apperzipiert haben, was sich meinem von materiellen Erfolgen träumenden Bewußtsein in der Form darstellte, daß ich beschloß, am Kassenschalter Gold – statt des minderwertigen Silbers – zu verlangen. Anderseits scheint aber auch die paradoxe Tatsache, daß mein Unbewußtes ein Objekt wahrzunehmen imstande ist, welches meinem Auge erst später erkennbar wird, zum Teil aus der Komplexbereitschaft (*Bleuler*) erklärlich, die ja aufs Materielle eingestellt war und meine Schritte gegen mein besseres Wissen von Anfang an nach jenem Gebäude gelenkt hatte, wo nur die Gold- und Papiergeldverwechslung stattfindet." (Zentralblatt für Psychoanalyse, II, 5).

In die Kategorie des Wunderbaren und Unheimlichen gehört auch jene eigentümliche Empfindung, die man in manchen Momenten und Situationen verspürt, als ob man genau das nämliche schon einmal erlebt hätte, sich in derselben Lage schon einmal befunden hätte, ohne daß es je dem Bemühen gelingt, das Frühere, das sich so anzeigt, deutlich zu erinnern. Ich weiß, daß ich bloß dem lockeren Sprachgebrauch folge, wenn ich das, was sich in solchen Momenten in einem regt, eine Empfindung heiße; es handelt sich wohl um ein Urteil, und zwar ein Erkennungsurteil, aber diese Fälle haben doch einen ganz eigentümlichen Charakter, und daß man sich niemals an das Gesuchte erinnert, darf nicht beiseite gelassen werden. Ich weiß nicht, ob dies Phänomen des „*déjà vu*" im Ernst zum Erweis einer früheren psychischen Existenz des Einzelwesens herangezogen worden ist; wohl aber haben die Psychologen ihm ihr Interesse zugewendet und die Lösung des Rätsels auf den mannigfaltigsten spekulativen Wegen angestrebt. Keiner der beigebrachten Erklärungsversuche scheint mir richtig zu sein, weil in keinem etwas anderes als die Begleiterscheinungen und begünstigenden Bedingungen des Phänomens in Betracht gezogen wird. Jene psychischen Vorgänge, welche nach meinen Beobachtungen allein für die Erklärung des „*déjà vu*" verantwortlich sind, die unbewußten Phantasien nämlich, werden ja heute noch von den Psychologen allgemein vernachlässigt.

Ich meine, man tut unrecht, die Empfindung des schon einmal Erlebthabens als eine Illusion zu bezeichnen. Es wird vielmehr in solchen Momenten wirklich an etwas gerührt, was man bereits einmal erlebt hat, nur kann dies letztere nicht bewußt erinnert werden, weil es niemals bewußt war. Die Empfindung des „*déjà vu*" entspricht, kurz gesagt, der Erinnerung an eine unbewußte Phantasie. Es gibt unbewußte Phantasien (oder Tagträume), wie es bewußte solche Schöpfungen gibt, die ein jeder aus seiner eigenen Erfahrung kennt.

Ich weiß, daß der Gegenstand der eingehendsten Behandlung würdig wäre, will aber hier nur die Analyse eines einzigen Falles von „*déjà vu*" anführen, in dem sich die Empfindung durch besondere Intensität und Ausdauer auszeichnete. Eine jetzt 37jährige Dame behauptet, daß sie sich aufs schärfste erinnere, im Alter von zwölfeinhalb Jahren habe sie einen ersten Besuch bei Schulfreundinnen auf dem Lande gemacht, und als sie in den Garten eintrat, sofort die Empfindung gehabt, hier sei sie schon einmal gewesen; diese Empfindung habe sich, als sie die Wohnräume betrat, wiederholt, so daß sie vorher zu wissen glaubte, welcher Raum der nächste sein würde, welche Aussicht man von ihm aus haben werde usw. Es ist aber ganz ausgeschlossen und durch ihre Erkundigung bei den Eltern widerlegt, daß dieses Bekanntheitsgefühl in einem früheren Besuch des Hauses und Gartens, etwa in ihrer ersten Kindheit, seine Quelle haben könnte. Die Dame, die das berichtete, suchte nach keiner psychologischen Erklärung, sondern sah in dem Auftreten dieser Empfindung einen prophetischen Hinweis auf die Bedeutung, welche eben diese Freundinnen später für ihr Gefühlsleben gewannen. Die Erwägung der Umstände, unter denen das Phänomen bei ihr auftrat, zeigt uns aber den Weg zu einer anderen Auffassung. Als sie den Besuch unternahm, wußte sie, daß diese Mädchen einen einzigen, schwerkranken Bruder hatten. Sie bekam ihn bei dem Besuch auch zu Gesichte, fand ihn sehr schlecht aussehend und dachte sich, daß er bald sterben werde. Nun war ihr eigener einziger Bruder einige Monate vorher an Diphtherie gefährlich erkrankt gewesen; während seiner Krankheit hatte sie vom Elternhause entfernt wochenlang bei einer Verwandten gewohnt. Sie glaubt, daß der Bruder diesen Landbesuch mitmachte, meint sogar, es sei sein erster größerer Ausflug nach der Krankheit gewesen; doch ist ihre Erinnerung in diesen Punkten merkwürdig unbestimmt, während alle anderen Details, und besonders das Kleid, das sie an jenem Tag trug, ihr überdeutlich vor Augen stehen. Dem Kundigen wird es nicht schwer fallen, aus diesen Anzeichen zu schließen, daß die Erwartung, ihr Bruder werde sterben, bei dem Mädchen damals eine große Rolle gespielt hatte und entweder nie bewußt geworden oder nach dem glücklichen Ausgang der Krankheit energischer Verdrängung verfallen war. Im anderen Falle hätte sie ein anderes Kleid, nämlich Trauerkleidung tragen müssen. Bei den Freundinnen fand sie nun die analoge Situation vor, den einzigen Bruder in Gefahr bald zu sterben, wie es auch kurz darauf wirklich eintraf. Sie hätte bewußt erinnern sollen, daß sie diese Situation vor wenigen Monaten selbst durchlebt hatte; anstatt dies zu erinnern, was durch die Verdrängung verhindert war, übertrug sie das Erinnerungsgefühl auf die Lokalitäten, Garten und Haus, und verfiel der „*fausse reconnaissance*", daß sie das alles genau ebenso schon einmal gesehen habe. Aus der Tatsache der Verdrängung dürfen wir schließen, daß die seinerzeitige Erwartung, ihr Bruder werde sterben, nicht weit entfernt vom Charakter einer Wunschphantasie gewesen war. Sie wäre dann das einzige Kind geblieben. In ihrer späteren Neurose litt sie in intensivster Weise unter der Angst, ihre Eltern zu verlieren, hinter welcher die Analyse wie gewöhnlich den unbewußten Wunsch des gleichen Inhalts aufdecken konnte.

Meine eigenen flüchtigen Erlebnisse von „*déjà vu*" habe ich mir in ähnlicher Weise aus der Gefühlskonstellation des Moments ableiten können. „Das wäre wieder ein Anlaß, jene (unbewußte und unbekannte) Phantasie zu wecken, die sich damals und damals als Wunsch zur Verbesserung der Situation in mir gebildet hat." Diese Erklärung des „*déjà vu*" ist bisher nur von einem einzigen Beobachter gewürdigt worden. Dr. *Ferenczi*, dem die dritte Auflage dieses Buches so viel wertvolle Beiträge verdankt, schreibt mir hierüber: „Ich habe mich sowohl bei mir als auch bei anderen davon überzeugt, daß das unerklärliche Bekanntheitsgefühl auf unbewußte Phantasien zurückzuführen ist, an die man in einer aktuellen Situation unbewußt erinnert wird. Bei einem meiner Patienten ging es anscheinend anders, in Wirklichkeit aber ganz analog zu. Dieses Gefühl kehrte bei ihm sehr oft wieder, erwies sich aber regelmäßig als von einem *vergessenen* (*verdrängten*) *Traumstück* der vergangenen Nacht herrührend. Es scheint also, daß das ,*déjà vu*' nicht nur von Tagträumen, sondern auch von nächtlichen Träumen abstammen kann."

Ich habe später erfahren, daß *Grasset* 1904 eine Erklärung des Phänomens gegeben hat, welche der meinigen sehr nahe kommt.

Im Jahre 1913 habe ich in einer kleinen Abhandlung[82] ein anderes Phänomen beschrieben, welches dem „*déjà vu*" recht nahe steht. Es ist das „*déjà raconté*", die Illusion, etwas bereits mitgeteilt zu haben, die besonders interessant ist, wenn sie während der psychoanalytischen Behandlung auftritt. Der Patient behauptet dann mit allen Anzeichen subjektiver Sicherheit, daß er eine bestimmte Erinnerung schon längst erzählt hat. Der Arzt ist aber des Gegenteils sicher und kann den Patienten in der Regel seines Irrtums überführen. Die Erklärung dieser interessanten Fehlleistung ist wohl die, daß der Patient den Impuls und Vorsatz gehabt hat, jene Mitteilung zu machen, aber versäumt hat, ihn auszuführen und daß er jetzt die Erinnerung an die ersteren als Ersatz für das letztere, die Ausführung des Vorsatzes, setzt.

Einen ähnlichen Tatbestand, wahrscheinlich auch den gleichen Mechanismus, zeigen die von *Ferenczi* so benannten „vermeintlichen Fehlhandlungen".[83] Man glaubt, etwas – einen Gegenstand – vergessen, verlegt, verloren zu haben und kann sich überzeugen, daß man nichts dergleichen getan hat, daß alles in

---

[82] *Über fausse reconnaissance („déjà raconté") während der psychoanalytischen Arbeit.* (Internationale Zeitschrift für Psychoanalyse, I, 1915.)

[83] Internationale Zeitschrift für Psychoanalyse, III, 1915.

Ordnung ist. Eine Patientin kommt z. B. ins Zimmer des Arztes zurück mit der Motivierung, sie wolle den Regenschirm holen, den sie dort stehen gelassen habe, aber der Arzt bemerkt, daß sie ja diesen Schirm – in der Hand hält. Es bestand also der Impuls zu einer solchen Fehlleistung und dieser genügte, um deren Ausführung zu ersetzen. Bis auf diesen Unterschied ist die vermeintliche Fehlleistung der wirklichen gleichzustellen. Sie ist aber sozusagen wohlfeiler.

E) Als ich unlängst Gelegenheit hatte, einem philosophisch gebildeten Kollegen einige Beispiele von Namenvergessen mit Analyse vorzutragen, beeilte er sich zu erwidern: „Das ist sehr schön, aber bei mir geht das Namenvergessen anders zu." So leicht darf man es sich offenbar nicht machen; ich glaube nicht, daß mein Kollege je vorher an eine Analyse bei Namenvergessen gedacht hatte; er konnte auch nicht sagen, wie anders es bei ihm zugehe. Aber seine Bemerkung berührt doch ein Problem, welches viele in den Vordergrund zu stellen geneigt sein werden. Trifft die hier gegebene Auflösung der Fehl- und Zufallshandlungen allgemein zu oder nur vereinzelt, und wenn letzteres, welches sind die Bedingungen, unter denen sie zur Erklärung der auch anderswie ermöglichten Phänomene herangezogen werden darf? Bei der Beantwortung dieser Frage lassen mich meine Erfahrungen im Stiche. Ich kann nur davon abmahnen, den aufgezeigten Zusammenhang für selten zu halten, denn so oft ich bei mir selbst und bei meinen Patienten die Probe angestellt, hat er sich wie in den mitgeteilten Beispielen sicher nachweisen lassen, oder haben sich wenigstens gute Gründe, ihn zu vermuten, ergeben. Es ist nicht zu verwundern, wenn es nicht alle Male gelingt, den verborgenen Sinn der Symptomhandlung zu finden, da die Größe der inneren Widerstände, die sich der Lösung widersetzen, als entscheidender Faktor in Betracht kommt. Man ist auch nicht imstande, bei sich selbst oder bei den Patienten jeden einzelnen Traum zu deuten; es genügt, um die Allgemeingültigkeit der Theorie zu bestätigen, wenn man nur ein Stück weit in den verdeckten Zusammenhang einzudringen vermag. Der Traum, der sich beim Versuche, ihn am Tage nachher zu lösen, refraktär zeigt, läßt sich oft eine Woche oder einen Monat später sein Geheimnis entreißen, wenn eine unterdes erfolgte reale Veränderung die miteinander streitenden psychischen Wertigkeiten herabgesetzt hat. Das nämliche gilt für die Lösung der Fehl- und Symptomhandlungen; das Beispiel von Verlesen „Im Faß durch Europa" (auf Seite 578) hat mir die Gelegenheit gegeben zu zeigen, wie ein anfänglich unlösbares Symptom der Analyse zugänglich wird, wenn das *reale Interesse* an den verdrängten Gedanken nachgelassen hat.[84] Solange die Möglichkeit bestand, daß mein Bruder den

---

[84] Hier knüpfen sehr interessante Probleme ökonomischer Natur an, Fragen, welche auf die Tatsache Rücksicht nehmen, daß die psychischen Abläufe auf Lustgewinn und Unlustaufhebung

beneideten Titel vor mir erhalte, widerstand das genannte Verlesen allen wiederholten Bemühungen der Analyse; nachdem es sich herausgestellt hatte, daß
diese Bevorzugung unwahrscheinlich sei, klärte sich mir plötzlich der Weg, der
zur Auflösung desselben führte. Es wäre also unrichtig, von all den Fällen, welche der Analyse widerstehen, zu behaupten, sie seien durch einen anderen als
den hier aufgedeckten psychischen Mechanismus entstanden; es brauchte für
diese Annahme noch andere als negative Beweise. Auch die bei Gesunden wahrscheinlich allgemein vorhandene Bereitwilligkeit, an eine andere Erklärung der
Fehl- und Symptomhandlungen zu glauben, ist jeder Beweiskraft bar; sie ist, wie
selbstverständlich, eine Äußerung derselben seelischen Kräfte, die das Geheimnis hergestellt haben und die sich darum auch für dessen Bewahrung einsetzen,
gegen dessen Aufhellung aber sträuben.

Auf der anderen Seite dürfen wir nicht übersehen, daß die verdrängten
Gedanken und Regungen sich den Ausdruck in Symptom- und Fehlhandlungen ja nicht selbständig schaffen. Die technische Möglichkeit für solches Ausgleiten der Innervationen muß unabhängig von ihnen gegeben sein; diese wird
dann von der Absicht des Verdrängten, zur bewußten Geltung zu kommen, gern
ausgenützt. Welche Struktur- und Funktionsrelationen es sind, die sich solcher
Absicht zur Verfügung stellen, das haben für den Fall der sprachlichen Fehlleistung eingehende Untersuchungen der Philosophen und Philologen festzustellen sich bemüht. Unterscheiden wir so an den Bedingungen der Fehl- und
Symptomhandlung das unbewußte Motiv von den ihm entgegenkommenden
physiologischen und psychophysischen Relationen, so bleibt die Frage offen, ob
es innerhalb der Breite der Gesundheit noch andere Momente gibt, welche wie
das unbewußte Motiv und an Stelle desselben, auf dem Wege dieser Relationen
die Fehl- und Symptomhandlungen zu erzeugen vermögen. Es ist nicht meine
Aufgabe, diese Frage zu beantworten.

Es liegt übrigens auch nicht in meiner Absicht, die Verschiedenheiten zwischen der psychoanalytischen und der landläufigen Auffassung der Fehlleistungen, die ja groß genug sind, noch zu übertreiben. Ich möchte vielmehr auf Fälle
hinweisen, in denen diese Unterschiede viel von ihrer Schärfe einbüßen. Zu den
einfachsten und unauffälligsten Beispielen des Versprechens und Verschreibens,
bei denen etwa nur Worte zusammengezogen oder Worte und Buchstaben aus-

---

zielen. Es ist bereits ein ökonomisches Problem, wie es möglich wird, einen durch ein Unlustmotiv vergessenen Namen auf dem Wege ersetzender Assoziationen wiederzugewinnen. Eine
schöne Arbeit von *Tausk* (*Entwertung des Verdrängungsmotivs durch Rekompense*, Internationale
Zeitschrift für Psychoanalyse, I, 1913) zeigt an guten Beispielen, wie der vergessene Name wieder zugänglich wird, wenn es gelungen ist, ihn in eine lustbetonte Assoziation einzubeziehen,
die der bei der Reproduktion zu erwartenden Unlust die Wage halten kann.

gelassen werden, entfallen die komplizierteren Deutungen. Vom Standpunkt der Psychoanalyse muß man behaupten, daß in diesen Fällen sich irgendeine Störung der Intention angezeigt hat, kann aber nicht angeben, woher die Störung stammte und was sie beabsichtigte. Sie brachte eben nichts anderes zustande, als ihr Vorhandensein zu bekunden. In denselben Fällen sieht man dann auch die von uns nie bestrittenen Begünstigungen der Fehlleistung durch lautliche Wertverhältnisse und naheliegende psychologische Assoziationen in Wirksamkeit treten. Es ist aber eine billige wissenschaftliche Forderung, daß man solche rudimentäre Fälle von Versprechen oder Verschreiben nach den besser ausgeprägten beurteile, deren Untersuchung so unzweideutige Aufschlüsse über die Verursachung der Fehlleistungen ergibt.

F) Seit den Erörterungen über das Versprechen haben wir uns begnügt zu beweisen, daß die Fehlleistungen eine verborgene Motivierung haben, und uns mit dem Hilfsmittel der Psychoanalyse den Weg zur Kenntnis dieser Motivierung gebahnt. Die allgemeine Natur und die Besonderheiten der in den Fehlleistungen zum Ausdruck gebrachten psychischen Faktoren haben wir bisher fast ohne Berücksichtigung gelassen, jedenfalls noch nicht versucht, dieselben näher zu bestimmen und auf ihre Gesetzmäßigkeit zu prüfen. Wir werden auch jetzt keine gründliche Erledigung des Gegenstandes versuchen, denn die ersten Schritte werden uns bald belehrt haben, daß man in dieses Gebiet besser von anderer Seite einzudringen vermag.[85] Man kann sich hier mehrere Fragen vorlegen, die ich wenigstens anführen und in ihrem Umfang umschreiben will.

1.) Welches Inhalts und welcher Herkunft sind die Gedanken und Regungen, die sich durch die Fehl- und Zufallshandlungen andeuten?

2.) Welches sind die Bedingungen dafür, daß ein Gedanke oder eine Regung genötigt und in den Stand gesetzt werde, sich dieser Vorfälle als Ausdrucksmittel zu bedienen?

3.) Lassen sich konstante und eindeutige Beziehungen zwischen der Art der Fehlleistungen und den Qualitäten des durch sie zum Ausdruck Gebrachten nachweisen?

Ich beginne damit, einiges Material zur Beantwortung der letzten Frage zusammenzutragen. Bei der Erörterung der Beispiele von Versprechen haben wir es für nötig gefunden, über den Inhalt der intendierten Rede hinauszugehen, und haben die Ursache der Redestörung außerhalb der Intention suchen müssen. Dieselbe lag dann in einer Reihe von Fällen nahe und war dem Bewußtsein

---

[85] Diese Schrift ist durchaus populär gehalten, will nur durch eine Häufung von Beispielen den Weg für die notwendige Annahme unbewußter und doch wirksamer seelischer Vorgänge ebnen und vermeidet alle theoretischen Erwägungen über die Natur dieses Unbewußten.

des Sprechenden bekannt. In den scheinbar einfachsten und durchsichtigsten Beispielen war es eine gleichberechtigt klingende, andere Fassung desselben Gedankens, die dessen Ausdruck störte, ohne daß man hätte angeben können, warum die eine unterlegen, die andere durchgedrungen war (Kontaminationen von *Meringer* und *Mayer*). In einer zweiten Gruppe von Fällen war das Unterliegen der einen Fassung motiviert durch eine Rücksicht, die sich aber nicht stark genug zur völligen Zurückhaltung erwies („zum Vorschwein gekommen"). Auch die zurückgehaltene Fassung war klar bewußt. Von der dritten Gruppe erst kann man ohne Einschränkung behaupten, daß hier der störende Gedanke von dem intendierten verschieden war, und kann hier eine, wie es scheint, wesentliche Unterscheidung aufstellen. Der störende Gedanke ist entweder mit dem gestörten durch Gedankenassoziationen verbunden (Störung durch inneren Widerspruch), oder er ist ihm wesensfremd, und durch eine befremdende *äußerliche* Assoziation ist gerade das gestörte Wort mit dem störenden Gedanken, der *oft* unbewußt ist, verknüpft. In den Beispielen, die ich aus meinen Psychoanalysen gebracht habe, steht die ganze Rede unter dem Einfluß gleichzeitig aktiv gewordener, aber völlig unbewußter Gedanken, die sich entweder durch die Störung selbst verraten (*Klapperschlange – Kleopatra*) oder einen indirekten Einfluß äußern, indem sie ermöglichen, daß die einzelnen Teile der bewußt intendierten Rede einander stören (*Ase natmen*: wo *Hasenauer*straße, Reminiszenzen an eine Französin dahinterstehen). Die zurückgehaltenen oder unbewußten Gedanken, von denen die Sprechstörung ausgeht, sind von der mannigfaltigsten Herkunft. Eine Allgemeinheit enthüllt uns diese Überschau also nach keiner Richtung.

Die vergleichende Prüfung der Beispiele von Verlesen und Verschreiben führt zu den nämlichen Ergebnissen. Einzelne Fälle scheinen wie beim Versprechen einer weiter nicht motivierten Verdichtungsarbeit ihr Entstehen zu danken (z. B.: der *Apfe*). Man möchte aber gern erfahren, ob nicht doch besondere Bedingungen erfüllt sein müssen, damit eine solche Verdichtung, die in der Traumarbeit regelrecht, in unserem wachen Denken fehlerhaft ist, Platz greife, und bekommt hierüber aus den Beispielen selbst keinen Aufschluß. Ich würde es aber ablehnen, hieraus den Schluß zu ziehen, es gebe keine solchen Bedingungen als etwa den Nachlaß der bewußten Aufmerksamkeit, da ich von anderswoher weiß, daß sich gerade automatische Verrichtungen durch Korrektheit und Verläßlichkeit auszeichnen. Ich möchte eher betonen, daß hier, wie so häufig in der Biologie, die normalen oder dem Normalen angenäherten Verhältnisse ungünstigere Objekte der Forschung sind als die pathologischen. Was bei der Erklärung dieser leichtesten Störungen dunkel bleibt, wird nach meiner Erwartung durch die Aufklärung schwerer Störungen Licht empfangen.

Auch beim Verlesen und Verschreiben fehlt es nicht an Beispielen, welche eine entferntere und kompliziertere Motivierung erkennen lassen. „Im Faß durch Europa" ist eine Lesestörung, die sich durch den Einfluß eines entlegenen, wesensfremden Gedankens aufklärt, welcher einer verdrängten Regung von Eifersucht und Ehrgeiz entspringt, und den „Wechsel" des Wortes „*Beförderung*" zur Verknüpfung mit dem gleichgültigen und harmlosen Thema, das gelesen wurde, benützt. Im Falle *Burckhard* ist der Name selbst ein solcher „Wechsel".

Es ist unverkennbar, daß die Störungen der Sprechfunktionen leichter zustande kommen und weniger Anforderungen an die störenden Kräfte stellen als die anderer psychischer Leistungen.

Auf anderem Boden steht man bei der Prüfung des Vergessens im eigentlichen Sinne, d. h. des Vergessens von vergangenen Erlebnissen (das Vergessen von Eigennamen und Fremdworten, wie in den Abschnitten I und II, könnte man als „Entfallen", das von Vorsätzen als „Unterlassen" von diesem Vergessen *sensu strictiori* absondern). Die Grundbedingungen des normalen Vorgangs beim Vergessen sind unbekannt.[86] Man wird auch daran gemahnt, daß nicht alles vergessen ist, was man dafür hält. Unsere Erklärung hat es hier nur mit jenen Fällen zu tun, in denen das Vergessen bei uns ein Befremden erweckt, insofern es die Regel verletzt, daß Unwichtiges vergessen, Wichtiges aber vom Gedächtnis bewahrt wird. Die Analyse der Beispiele von Vergessen, die uns nach einer besonderen Aufklärung zu verlangen scheinen, ergibt als Motiv des Vergessens jedesmal eine Unlust, etwas zu erinnern, was peinliche Empfindungen erwecken

---

[86] Über den Mechanismus des eigentlichen Vergessens kann ich etwa folgende Andeutungen geben: Das Erinnerungsmaterial unterliegt im allgemeinen zwei Einflüssen, der Verdichtung und der Entstellung. Die Entstellung ist das Werk der im Seelenleben herrschenden Tendenzen und wendet sich vor allem gegen die affektwirksam gebliebenen Erinnerungsspuren, die sich gegen die Verdichtung resistenter verhalten. Die indifferent gewordenen Spuren verfallen dem Verdichtungsvorgang ohne Gegenwehr, doch kann man beobachten, daß überdies Entstellungstendenzen sich an dem indifferenten Material sättigen, welche dort, wo sie sich äußern wollten, unbefriedigt geblieben sind. Da diese Prozesse der Verdichtung und Entstellung sich über lange Zeiten hinziehen, während welcher alle frischen Erlebnisse auf die Umgestaltung des Gedächtnisinhaltes einwirken, meinen wir, es sei die Zeit, welche die Erinnerungen unsicher und undeutlich macht. Sehr wahrscheinlich ist beim Vergessen von einer direkten Funktion der Zeit überhaupt nicht die Rede. – An den verdrängten Erinnerungsspuren kann man konstatieren, daß sie durch die längste Zeitdauer keine Veränderungen erfahren haben. Das Unbewußte ist überhaupt zeitlos. Der wichtigste und auch befremdendste Charakter der psychischen Fixierung ist der, daß alle Eindrücke einerseits in der nämlichen Art erhalten sind, wie sie aufgenommen wurden, und überdies noch in all den Formen, die sie bei den weiteren Entwicklungen angenommen haben, ein Verhältnis, welches sich durch keinen Vergleich aus einer anderen Sphäre erläutern läßt. Der Theorie zufolge ließe sich also jeder frühere Zustand des Gedächtnisinhaltes wieder für die Erinnerung herstellen, auch wenn dessen Elemente alle ursprünglichen Beziehungen längst gegen neuere eingetauscht haben.

kann. Wir gelangen zur Vermutung, daß dieses Motiv im psychischen Leben sich ganz allgemein zu äußern strebt, aber durch andere gegenwirkende Kräfte verhindert wird, sich irgendwie regelmäßig durchzusetzen. Umfang und Bedeutung dieser Erinnerungsunlust gegen peinliche Eindrücke scheinen der sorgfältigsten psychologischen Prüfung wert zu sein; auch die Frage, welche besonderen Bedingungen das allgemein angestrebte Vergessen in einzelnen Fällen ermöglichen, ist aus diesem weiteren Zusammenhange nicht zu lösen.

Beim Vergessen von Vorsätzen tritt ein anderes Moment in den Vordergrund; der beim Verdrängen des peinlich zu Erinnernden nur vermutete Konflikt wird hier greifbar, und man erkennt bei der Analyse der Beispiele regelmäßig einen Gegenwillen, der sich dem Vorsatz widersetzt, ohne ihn aufzuheben. Wie bei früher besprochenen Fehlleistungen erkennt man auch hier zwei Typen des psychischen Vorganges; der Gegenwille kehrt sich entweder direkt gegen den Vorsatz (bei Absichten von einigem Belang) oder er ist dem Vorsatz selbst wesensfremd und stellt seine Verbindung mit ihm durch eine *äußerliche* Assoziation her (bei fast indifferenten Vorsätzen).

Derselbe Konflikt beherrscht die Phänomene des Vergreifens. Der Impuls, der sich in der Störung der Handlung äußert, ist häufig ein Gegenimpuls, doch noch öfter ein überhaupt fremder, der nur die Gelegenheit benützt, sich bei der Ausführung der Handlung durch eine Störung derselben zum Ausdruck zu bringen. Die Fälle, in denen die Störung durch einen inneren Widerspruch erfolgt, sind die bedeutsameren und betreffen auch die wichtigeren Verrichtungen.

Der innere Konflikt tritt dann bei den Zufalls- oder Symptomhandlungen immer mehr zurück. Diese vom Bewußtsein gering geschätzten oder ganz übersehenen motorischen Äußerungen dienen so mannigfachen unbewußten oder zurückgehaltenen Regungen zum Ausdruck; sie stellen meist Phantasien oder Wünsche symbolisch dar.

Zur ersten Frage, welcher Herkunft die Gedanken und Regungen seien, die sich in den Fehlleistungen zum Ausdruck bringen, läßt sich sagen, daß in einer Reihe von Fällen die Herkunft der störenden Gedanken von unterdrückten Regungen des Seelenlebens leicht nachzuweisen ist. Egoistische, eifersüchtige, feindselige Gefühle und Impulse, auf denen der Druck der moralischen Erziehung lastet, bedienen sich bei Gesunden nicht selten des Weges der Fehlleistungen, um ihre unleugbar vorhandene, aber von höheren seelischen Instanzen nicht anerkannte Macht irgendwie zu äußern. Das Gewährenlassen dieser Fehl- und Zufallshandlungen entspricht zum guten Teile einer bequemen Duldung des Unmoralischen. Unter diesen unterdrückten Regungen spielen die mannigfachen sexuellen Strömungen keine geringfügige Rolle. Es ist ein Zufall des Materials, wenn gerade sie so selten unter den durch die Analyse aufgedeckten

Gedanken in meinen Beispielen erscheinen. Da ich vorwiegend Beispiele aus meinem eigenen Seelenleben der Analyse unterzogen habe, so war die Auswahl von vornherein parteiisch und auf den Ausschluß des Sexuellen gerichtet. Andere Male scheinen es höchst harmlose Einwendungen und Rücksichten zu sein, aus denen die störenden Gedanken entspringen.

Wir stehen nun vor der Beantwortung der zweiten Frage, welche psychologischen Bedingungen dafür gelten, daß ein Gedanke seinen Ausdruck nicht in voller Form, sondern in gleichsam parasitärer, als Modifikation und Störung eines anderen suchen müsse. Es liegt nach den auffälligsten Beispielen von Fehlhandlung nahe, diese Bedingungen in einer Beziehung zur Bewußtseinsfähigkeit zu suchen, in dem mehr oder minder entschieden ausgeprägten Charakter des „Verdrängten". Aber die Verfolgung durch die Reihe der Beispiele löst diesen Charakter in immer mehr verschwommene Andeutungen auf. Die Neigung, über etwas als zeitraubend hinwegzukommen – die Erwägung, daß der betreffende Gedanke nicht eigentlich zur intendierten Sache gehört –, scheinen als Motive für die Zurückdrängung eines Gedankens, der dann auf den Ausdruck durch Störung eines anderen angewiesen ist, dieselbe Rolle zu spielen wie die moralische Verurteilung einer unbotmäßigen Gefühlsregung oder die Abkunft von völlig unbewußten Gedankenzügen. Eine Einsicht in die allgemeine Natur der Bedingtheit von Fehl- und Zufallsleistungen läßt sich auf diese Weise nicht gewinnen. Einer einzigen bedeutsamen Tatsache wird man bei diesen Untersuchungen habhaft; je harmloser die Motivierung der Fehlleistung ist, je weniger anstößig und darum weniger bewußtseinsunfähig der Gedanke ist, der sich in ihr zum Ausdruck bringt, desto leichter wird auch die Auflösung des Phänomens, wenn man ihm seine Aufmerksamkeit zugewendet hat; die leichtesten Fälle des Versprechens werden sofort bemerkt und spontan korrigiert. Wo es sich um Motivierung durch wirklich verdrängte Regungen handelt, da bedarf es zur Lösung einer sorgfältigen Analyse, die selbst zeitweise auf Schwierigkeiten stoßen oder mißlingen kann.

Es ist also wohl berechtigt, das Ergebnis dieser letzten Untersuchung als einen Hinweis darauf zu nehmen, daß die befriedigende Aufklärung für die psychologischen Bedingungen der Fehl- und Zufallshandlungen auf einem anderen Wege und von anderer Seite her zu gewinnen ist. Der nachsichtige Leser möge daher in diesen Auseinandersetzungen den Nachweis der Bruchflächen sehen, an denen dieses Thema ziemlich künstlich aus einem größeren Zusammenhange herausgelöst wurde.

G) Einige Worte sollen zum mindesten die Richtung nach diesem weiteren Zusammenhange andeuten. Der Mechanismus der Fehl- und Zufallshandlungen, wie wir ihn durch die Anwendung der Analyse kennengelernt haben, zeigt in den wesentlichsten Punkten eine Übereinstimmung mit dem Mechanismus der Traumbildung, den ich in dem Abschnitt „Traumarbeit" meines Buches über die Traumdeutung auseinandergesetzt habe. Die Verdichtungen und Kompromißbildungen (Kontaminationen) findet man hier wie dort; die Situation ist die nämliche, daß unbewußte Gedanken sich auf ungewöhnlichen Wegen, über äußere Assoziationen, als Modifikation von anderen Gedanken zum Ausdruck bringen. Die Ungereimtheiten, Absurditäten und Irrtümer des Trauminhaltes, denen zufolge der Traum kaum als Produkt psychischer Leistung anerkannt wird, entstehen auf dieselbe Weise, freilich mit freierer Benutzung der vorhandenen Mittel, wie die gemeinen Fehler unseres Alltagslebens; hier wie dort *löst sich der Anschein inkorrekter Funktion durch die eigentümliche Interferenz zweier oder mehrerer korrekter Leistungen.* Aus diesem Zusammentreffen ist ein wichtiger Schluß zu ziehen: Die eigentümliche Arbeitsweise, deren auffälligste Leistung wir im Trauminhalt erkennen, darf nicht auf den Schlafzustand des Seelenlebens zurückgeführt werden, wenn wir in den Fehlhandlungen so reichliche Zeugnisse für ihre Wirksamkeit während des wachen Lebens besitzen. Derselbe Zusammenhang verbietet uns auch, tiefgreifenden Zerfall der Seelentätigkeit, krankhafte Zustände der Funktion als die Bedingung dieser uns abnorm und fremdartig erscheinenden psychischen Vorgänge anzusehen.[87]

Die richtige Beurteilung der sonderbaren psychischen Arbeit, welche die Fehlleistung wie die Traumbilder entstehen läßt, wird uns erst ermöglicht, wenn wir erfahren haben, daß die psychoneurotischen Symptome, speziell die psychischen Bildungen der Hysterie und der Zwangsneurose, in ihrem Mechanismus alle wesentlichen Züge dieser Arbeitsweise wiederholen. An dieser Stelle schlösse sich also die Fortsetzung unserer Untersuchungen an. Für uns hat es aber noch ein besonderes Interesse, die Fehl-, Zufalls- und Symptomhandlungen in dem Lichte dieser letzten Analogie zu betrachten. Wenn wir sie den Leistungen der Psychoneurosen, den neurotischen Symptomen, gleichstellen, gewinnen zwei oft wiederkehrende Behauptungen, daß die Grenze zwischen nervöser Norm und Abnormität eine fließende, und daß wir alle ein wenig nervös seien, Sinn und Unterlage. Man kann sich *vor* aller ärztlichen Erfahrung verschiedene Typen von solcher bloß angedeuteter Nervosität – von *formes frustes* der Neurosen – konstruieren: Fälle, in denen nur wenige Symptome, oder diese selten oder nicht heftig auftreten, die Abschwächung also in die Zahl, in die Intensität, in die zeitliche Ausbreitung der krankhaften Erscheinungen verlegen; vielleicht würde man aber gerade den Typus nicht erraten, welcher als der häufigste den Übergang zwischen Gesundheit und Krankheit zu vermitteln scheint. Der uns vorlie-

---

[87] Vgl. hiezu *Traumdeutung*, S. 362. (8. Aufl., S. 414).

gende Typus, dessen Krankheitsäußerungen die Fehl- und Symptomhandlungen sind, zeichnet sich nämlich dadurch aus, daß die Symptome in die mindest wichtigen psychischen Leistungen verlegt sind, während alles, was höheren psychischen Wert beanspruchen kann, frei von Störung vor sich geht. Die gegenteilige Unterbringung der Symptome, ihr Hervortreten an den wichtigsten individuellen und sozialen Leistungen, so daß sie Nahrungsaufnahme und Sexualverkehr, Berufsarbeit und Geselligkeit zu stören vermögen, kommt den schweren Fällen von Neurose zu und charakterisiert diese besser als etwa die Mannigfaltigkeit oder die Lebhaftigkeit der Krankheitsäußerungen.

Der gemeinsame Charakter aber der leichtesten wie der schwersten Fälle, an dem auch die Fehl- und Zufallshandlungen Anteil haben, liegt in der *Rückführbarkeit der Phänomene auf unvollkommen unterdrücktes psychisches Material, das, vom Bewußtsein abgedrängt, doch nicht jeder Fähigkeit, sich zu äußern, beraubt worden ist.*

VORLESUNGEN ZUR EINFÜHRUNG
IN DIE PSYCHOANALYSE

Was ich hier als „Einführung in die Psychoanalyse" der Öffentlichkeit übergebe, will auf keine Weise in Wettbewerb mit den bereits vorliegenden Gesamtdarstellungen dieses Wissensgebietes treten. (Hitschmanns, *Freuds Neurosenlehre*, 2. Aufl., 1913; Pfister, *Die psychoanalytische Methode*, 1913; Leo Kaplan, *Grundzüge der Psychoanalyse*, 1914; Régis et Hesnard, *La Psychoanalyse des névroses et des psychoses*, Paris 1914; Adolf F. Meijer, *De Behandeling van Zenuwzieken door Psycho-Analyse*, Amsterdam 1915.) Es ist die getreue Wiedergabe von Vorlesungen, die ich in den zwei Wintersemestern 1915/16 und 1916/17 vor einer aus Ärzten und Laien und aus beiden Geschlechtern gemischten Zuhörerschaft gehalten habe.

Alle Eigentümlichkeiten, durch welche diese Arbeit den Lesern des Buches auffallen wird, erklären sich aus den Bedingungen ihrer Entstehung. Es war nicht möglich, in der Darstellung die kühle Ruhe einer wissenschaftlichen Abhandlung zu wahren; vielmehr mußte sich der Redner zur Aufgabe machen, die Aufmerksamkeit der Zuhörer während eines fast zweistündigen Vortrags nicht erlahmen zu lassen. Die Rücksicht auf die momentane Wirkung machte es unvermeidlich, daß derselbe Gegenstand eine wiederholte Behandlung fand, z. B. das eine Mal im Zusammenhang der Traumdeutung und dann später in dem der Neurosenprobleme. Die Anordnung des Stoffes brachte es auch mit sich, daß manche wichtige Themen, wie z. B. das des Unbewußten, nicht an einer einzigen Stelle erschöpfend gewürdigt werden konnten, sondern zu wiederholten Malen aufgenommen und wieder fallengelassen wurden, bis sich eine neue Gelegenheit ergab, etwas zu ihrer Kenntnis hinzuzufügen.

Wer mit der psychoanalytischen Literatur vertraut ist, wird in dieser „Einführung" wenig finden, was ihm nicht aus anderen, weit ausführlicheren Veröffentlichungen bekannt sein könnte. Doch hat das Bedürfnis nach Abrundung und Zusammenfassung des Stoffes den Verfasser genötigt, in einzelnen Abschnitten (bei der Ätiologie der Angst, den hysterischen Phantasien) auch bisher zurückgehaltenes Material heranzuziehen.

Wien, im Frühjahr 1917
Freud

ERSTER TEIL: DIE FEHLLEISTUNGEN

I. *Vorlesung*
Einleitung

Meine Damen und Herren! Ich weiß nicht, wieviel die einzelnen von Ihnen aus ihrer Lektüre oder vom Hörensagen über die Psychoanalyse wissen. Ich bin aber durch den Wortlaut meiner Ankündigung – Elementare Einführung in die Psychoanalyse verpflichtet, Sie so zu behandeln, als wüßten Sie nichts und bedürften einer ersten Unterweisung.

Soviel darf ich allerdings voraussetzen, daß Sie wissen, die Psychoanalyse sei ein Verfahren, wie man nervös Kranke ärztlich behandelt, und da kann ich Ihnen gleich ein Beispiel dafür geben, wie auf diesem Gebiet so manches anders, oft geradezu verkehrt, vor sich geht als sonst in der Medizin. Wenn wir sonst einen Kranken einer ihm neuen ärztlichen Technik unterziehen, so werden wir in der Regel die Beschwerden derselben vor ihm herabsetzen und ihm zuversichtliche Versprechungen wegen des Erfolges der Behandlung geben. Ich meine, wir sind berechtigt dazu, denn wir steigern durch solches Benehmen die Wahrscheinlichkeit des Erfolges. Wenn wir aber einen Neurotiker in psychoanalytische Behandlung nehmen, so verfahren wir anders. Wir halten ihm die Schwierigkeiten der Methode vor, ihre Zeitdauer, die Anstrengungen und die Opfer, die sie kostet, und was den Erfolg anbelangt, so sagen wir, wir können ihn nicht sicher versprechen, er hänge von seinem Benehmen ab, von seinem Verständnis, seiner Gefügigkeit, seiner Ausdauer. Wir haben natürlich gute Motive für ein anscheinend so verkehrtes Benehmen, in welche Sie vielleicht später einmal Einsicht gewinnen werden.

Seien Sie nun nicht böse, wenn ich Sie zunächst ähnlich behandle wie diese neurotischen Kranken. Ich rate Ihnen eigentlich ab, mich ein zweites Mal anzuhören. Ich werde Ihnen in dieser Absicht vorführen, welche Unvollkommenheiten notwendigerweise dem Unterricht in der Psychoanalyse anhaften, und welche Schwierigkeiten der Erwerbung eines eigenen Urteils entgegenstehen. Ich werde Ihnen zeigen, wie die ganze Richtung Ihrer Vorbildung und alle Ihre

Denkgewohnheiten Sie unvermeidlich zu Gegnern der Psychoanalyse machen müßten, und wieviel Sie in sich zu überwinden hätten, um dieser instinktiven Gegnerschaft Herr zu werden. Was Sie an Verständnis für die Psychoanalyse aus meinen Mitteilungen gewinnen werden, kann ich Ihnen natürlich nicht vorhersagen, aber soviel kann ich Ihnen versprechen, daß Sie durch das Anhören derselben nicht erlernt haben werden, eine psychoanalytische Untersuchung vorzunehmen oder eine solche Behandlung durchzuführen. Sollte sich aber gar jemand unter Ihnen finden, der sich nicht durch eine flüchtige Bekanntschaft mit der Psychoanalyse befriedigt fühlte, sondern in eine dauernde Beziehung zu ihr treten möchte, so werde ich ihm nicht nur abraten, sondern ihn direkt davor warnen. Wie die Dinge derzeit stehen, würde er sich durch eine solche Berufswahl jede Möglichkeit eines Erfolges an einer Universität zerstören, und wenn er als ausübender Arzt ins Leben geht, wird er sich in einer Gesellschaft finden, welche seine Bestrebungen nicht versteht, ihn mißtrauisch und feindselig betrachtet und alle bösen, in ihr lauernden Geister gegen ihn losläßt. Vielleicht können Sie gerade aus den Begleiterscheinungen des heute in Europa wütenden Krieges eine ungefähre Schätzung ableiten, wieviele Legionen das sein mögen.

Es gibt immerhin Personen genug, für welche etwas, was ein neues Stück Erkenntnis werden kann, trotz solcher Unbequemlichkeiten seine Anziehung behält. Sollten einige von Ihnen von dieser Art sein und mit Hinwegsetzung über meine Abmahnungen das nächste Mal hier wieder erscheinen, so werden Sie mir willkommen sein.

Sie haben aber alle ein Anrecht darauf zu erfahren, welches die angedeuteten Schwierigkeiten der Psychoanalyse sind.

Zunächst die der Unterweisung, des Unterrichts in der Psychoanalyse. Sie sind im medizinischen Unterricht daran gewöhnt worden zu sehen. Sie sehen das anatomische Präparat, den Niederschlag bei der chemischen Reaktion, die Verkürzung des Muskels als Erfolg der Reizung seiner Nerven. Später zeigt man Ihren Sinnen den Kranken, die Symptome seines Leidens, die Produkte des krankhaften Prozesses, ja in zahlreichen Fällen die Erreger der Krankheit in isoliertem Zustande. In den chirurgischen Fächern werden Sie Zeugen der Eingriffe, durch welche man dem Kranken Hilfe leistet, und dürfen die Ausführung derselben selbst versuchen. Selbst in der Psychiatrie führt Ihnen die Demonstration des Kranken an seinem veränderten Mienenspiel, seiner Redeweise und seinem Benehmen eine Fülle von Beobachtungen zu, die Ihnen tiefgehende Eindrücke hinterlassen. So spielt der medizinische Lehrer vorwiegend die Rolle eines Führers und Erklärers, der Sie durch ein Museum begleitet, während Sie eine unmittelbare Beziehung zu den Objekten gewinnen und sich durch eigene Wahrnehmung von der Existenz der neuen Tatsachen überzeugt zu haben glauben.

Das ist leider alles anders in der Psychoanalyse. In der analytischen Behandlung geht nichts anderes vor als ein Austausch von Worten zwischen dem Analysierten und dem Arzt. Der Patient spricht, erzählt von vergangenen Erlebnissen und gegenwärtigen Eindrücken, klagt, bekennt seine Wünsche und Gefühlsregungen. Der Arzt hört zu, sucht die Gedankengänge des Patienten zu dirigieren, mahnt, drängt seine Aufmerksamkeit nach gewissen Richtungen, gibt ihm Aufklärungen und beobachtet die Reaktionen von Verständnis oder von Ablehnung, welche er so beim Kranken hervorruft. Die ungebildeten Angehörigen unserer Kranken denen nur Sichtbares und Greifbares imponiert, am liebsten Handlungen, wie man sie im Kinotheater sieht, versäumen es auch nie, ihre Zweifel zu äußern wie man „durch bloße Reden etwas gegen die Krankheit ausrichten kann". Das ist natürlich ebenso kurzsinnig wie inkonsequent gedacht. Es sind ja dieselben Leute, die so sicher wissen, daß sich die Kranken ihre Symptome „bloß einbilden". Worte waren ursprünglich Zauber und das Wort hat noch heute viel von seiner alten Zauberkraft bewahrt. Durch Worte kann ein Mensch den anderen selig machen oder zur Verzweiflung treiben, durch Worte überträgt der Lehrer sein Wissen auf die Schüler, durch Worte reißt der Redner die Versammlung der Zuhörer mit sich fort und bestimmt ihre Urteile und Entscheidungen. Worte rufen Affekte hervor und sind das allgemeine Mittel zur Beeinflussung der Menschen untereinander. Wir werden also die Verwendung der Worte in der Psychotherapie nicht geringschätzen und werden zufrieden sein, wenn wir Zuhörer der Worte sein können, die zwischen dem Analytiker und seinem Patienten gewechselt werden.

Aber auch das können wir nicht. Das Gespräch, in dem die psychoanalytische Behandlung besteht, verträgt keinen Zuhörer; es läßt sich nicht demonstrieren. Man kann natürlich auch einen Neurastheniker oder Hysteriker in einer psychiatrischen Vorlesung den Lernenden vorstellen. Er erzählt dann von seinen Klagen und Symptomen, aber auch von nichts anderem. Die Mitteilungen, deren die Analyse bedarf, macht er nur unter der Bedingung einer besonderen Gefühlsbindung an den Arzt; er würde verstummen, sobald er einen einzigen, ihm indifferenten Zeugen bemerkte. Denn diese Mitteilungen betreffen das Intimste seines Seelenlebens, alles was er als sozial selbständige Person vor anderen verbergen muß, und im weiteren alles, was er als einheitliche Persönlichkeit sich selbst nicht eingestehen will.

Sie können also eine psychoanalytische Behandlung nicht mitanhören. Sie können nur von ihr hören und werden die Psychoanalyse im strengsten Sinne des Wortes nur vom Hörensagen kennenlernen. Durch diese Unterweisung gleichsam aus zweiter Hand kommen Sie in ganz ungewohnte Bedingungen für eine Urteilbildung. Es hängt offenbar das meiste davon ab, welchen Glauben Sie dem Gewährsmann schenken können.

Nehmen Sie einmal an, Sie wären nicht in eine psychiatrische, sondern in eine historische Vorlesung gegangen, und der Vortragende erzählte Ihnen vom Leben und von den Kriegstaten Alexanders des Großen. Was für Motive hätten Sie, an die Wahrhaftigkeit seiner Mitteilungen zu glauben? Zunächst scheint die Sachlage noch ungünstiger zu sein als im Falle der Psychoanalyse, denn der Geschichtsprofessor war so wenig Teilnehmer an den Kriegszügen Alexanders wie Sie; der Psychoanalytiker berichtet Ihnen doch wenigstens von Dingen, bei denen er selbst eine Rolle gespielt hat. Aber dann kommt die Reihe an das, was den Historiker beglaubigt. Er kann Sie auf die Berichte von alten Schriftstellern verweisen, die entweder selbst zeitgenössisch waren oder den fraglichen Ereignissen doch näher standen, also auf die Bücher des Diodor, Plutarch, Arrian u. a.; er kann Ihnen Abbildungen der erhaltenen Münzen und Statuen des Königs vorlegen und eine Photographie des pompejanischen Mosaiks der Schlacht bei Issos durch Ihre Reihen gehen lassen. Strenge genommen beweisen alle diese Dokumente doch nur, daß schon frühere Generationen an die Existenz Alexanders und an die Realität seiner Taten geglaubt haben, und Ihre Kritik dürfte hier von neuem einsetzen: Sie wird dann finden, daß nicht alles über Alexander Berichtete glaubwürdig oder in seinen Einzelheiten sicherzustellen ist, aber ich kann doch nicht annehmen, daß Sie den Vorlesungssaal als Zweifler an der Realität Alexanders des Großen verlassen werden. Ihre Entscheidung wird hauptsächlich durch zwei Erwägungen bestimmt werden, erstens, daß der Vortragende kein denkbares Motiv hat, etwas vor Ihnen als real auszugeben, was er nicht selbst dafür hält, und zweitens, daß alle erreichbaren Geschichtsbücher die Ereignisse in ungefähr ähnlicher Art darstellen. Wenn Sie dann auf die Prüfung der älteren Quellen eingehen, werden Sie dieselben Momente berücksichtigen, die möglichen Motive der Gewährsmänner und die Übereinstimmung der Zeugnisse untereinander. Das Ergebnis der Prüfung wird im Falle Alexanders sicherlich beruhigend sein, wahrscheinlich anders ausfallen, wenn es sich um Persönlichkeiten wie Moses oder Nimrod handelt.

Welche Zweifel Sie aber gegen die Glaubwürdigkeit des psychoanalytischen Berichterstatters erheben können, werden Sie bei späteren Anlässen deutlich genug erkennen.

Nun werden Sie ein Recht zu der Frage haben: Wenn es keine objektive Beglaubigung der Psychoanalyse gibt und keine Möglichkeit, sie zu demonstrieren, wie kann man überhaupt Psychoanalyse erlernen und sich von der Wahrheit ihrer Behauptungen überzeugen? Dies Erlernen ist wirklich nicht leicht, und es haben auch nicht viele Menschen die Psychoanalyse ordentlich gelernt, aber es gibt natürlich doch einen gangbaren Weg. Psychoanalyse erlernt man zunächst am eigenen Leib, durch das Studium der eigenen Persönlichkeit. Es ist das nicht ganz, was man Selbstbeobachtung heißt, aber man kann es ihr zur Not subsumieren. Es gibt eine ganze Reihe von sehr häufigen und allgemein bekannten seelischen Phänomenen, die man nach einiger Unterweisung in der Technik an sich selbst zu Gegenständen der Analyse machen kann. Dabei holt man sich die gesuchte Überzeugung von der Realität der Vorgänge, welche die Psychoanalyse beschreibt, und von der Richtigkeit ihrer Auffassungen. Allerdings sind dem Fortschritte auf diesem Wege bestimmte Grenzen gesetzt. Man kommt viel weiter, wenn man sich selbst von einem kundigen Analytiker analysieren läßt, die Wirkungen der Analyse am eigenen Ich erlebt und dabei die Gelegenheit benützt, dem anderen die feinere Technik des Verfahrens abzulauschen. Dieser ausgezeichnete Weg ist natürlich immer nur für eine einzelne Person, niemals für ein ganzes Kolleg auf einmal gangbar.

Für eine zweite Schwierigkeit in Ihrem Verhältnis zur Psychoanalyse kann ich nicht mehr diese, muß ich Sie selbst, meine Hörer, verantwortlich machen, wenigstens insoweit Sie bisher medizinische Studien betrieben haben. Ihre Vorbildung hat Ihrer Denktätigkeit eine bestimmte Richtung gegeben, die weit von der Psychoanalyse abführt. Sie sind darin geschult worden, die Funktionen des Organismus und ihre Störungen anatomisch zu begründen, chemisch und physikalisch zu erklären und biologisch zu erfassen, aber kein Anteil Ihres Interesses ist auf das psychische Leben gelenkt worden, in dem doch die Leistung dieses wunderbar komplizierten Organismus gipfelt. Darum ist Ihnen eine psychologische Denkweise fremd geblieben, und Sie haben sich gewöhnt eine solche mißtrauisch zu betrachten, ihr den Charakter der Wissenschaftlichkeit abzusprechen und sie den Laien, Dichtern, Naturphilosophen und Mystikern zu überlassen. Diese Einschränkung ist gewiß ein Schaden für Ihre ärztliche Tätigkeit, denn der Kranke wird Ihnen, wie es bei allen menschlichen Beziehungen Regel ist, zunächst seine seelische Fassade entgegenbringen, und ich fürchte, Sie werden zur Strafe genötigt sein, einen Anteil des therapeutischen Einflusses, den sie anstreben, den von Ihnen so verachteten Laienärzten, Naturheilkünstlern und Mystikern zu überlassen.

Ich verkenne nicht, welche Entschuldigung man für diesen Mangel Ihrer Vorbildung gelten lassen muß. Es fehlt die philosophische Hilfswissenschaft, welche für Ihre ärztlichen Absichten dienstbar gemacht werden könnte. Weder die spekulative Philosophie noch die deskriptive Psychologie oder die an die Sinnesphysiologie anschließende sogenannte experimentelle Psychologie, wie sie in den Schulen gelehrt werden, sind imstande, Ihnen über die Beziehung zwischen dem Körperlichen und Seelischen etwas Brauchbares zu sagen und Ihnen die Schlüssel zum Verständnis einer möglichen Störung der seelischen Funktionen in die Hand zu geben. Innerhalb der Medizin beschäftigt sich zwar die

Psychiatrie damit, die beobachteten Seelenstörungen zu beschreiben und zu klinischen Krankheitsbildern zusammenzustellen, aber in guten Stunden zweifeln die Psychiater selbst daran, ob ihre rein deskriptiven Aufstellungen den Namen einer Wissenschaft verdienen. Die Symptome, welche diese Krankheitsbilder zusammensetzen, sind nach ihrer Herkunft, ihrem Mechanismus und in ihrer gegenseitigen Verknüpfung unerkannt; es entsprechen ihnen entweder keine nachweisbaren Veränderungen des anatomischen Organs der Seele, oder solche, aus denen sie eine Aufklärung nicht finden können. Einer therapeutischen Beeinflussung sind diese Seelenstörungen nur dann zugänglich, wenn sie sich als Nebenwirkungen einer sonstigen organischen Affektion erkennen lassen.

Hier ist die Lücke, welche die Psychoanalyse auszufüllen bestrebt ist. Sie will der Psychiatrie die vermißte psychologische Grundlage geben, sie hofft, den gemeinsamen Boden aufzudecken, von dem aus das Zusammentreffen körperlicher mit seelischer Störung verständlich wird. Zu diesem Zweck muß sie sich von jeder ihr fremden Voraussetzung anatomischer, chemischer oder physiologischer Natur frei halten, durchaus mit rein psychologischen Hilfsbegriffen arbeiten, und gerade darum, fürchte ich, wird sie Ihnen zunächst fremdartig erscheinen.

An der nächsten Schwierigkeit will ich Sie, Ihre Vorbildung oder Einstellung, nicht mitschuldig machen. Mit zweien ihrer Aufstellungen beleidigt die Psychoanalyse die ganze Welt und zieht sich deren Abneigung zu; die eine davon verstößt gegen ein intellektuelles, die andere gegen ein ästhetisch-moralisches Vorurteil. Lassen Sie uns nicht zu gering von diesen Vorurteilen denken; es sind machtvolle Dinge, Niederschläge von nützlichen, ja notwendigen Entwicklungen der Menschheit. Sie werden durch affektive Kräfte festgehalten und der Kampf gegen sie ist ein schwerer.

Die erste dieser unliebsamen Behauptungen der Psychoanalyse besagt, daß die seelischen Vorgänge an und für sich unbewußt sind und die bewußten bloß einzelne Akte und Anteile des ganzen Seelenlebens. Erinnern Sie sich, daß wir im Gegenteile gewöhnt sind, Psychisches und Bewußtes zu identifizieren. Das Bewußtsein gilt uns geradezu als der definierende Charakter des Psychischen, Psychologie als die Lehre von den Inhalten des Bewußtseins. Ja, so selbstverständlich erscheint uns diese Gleichstellung, daß wir einen Widerspruch gegen sie als offenkundigen Widersinn zu empfinden glauben, und doch kann die Psychoanalyse nicht umhin, diesen Widerspruch zu erheben, sie kann die Identität von Bewußtem und Seelischem nicht annehmen. Ihre Definition des Seelischen lautet, es seien Vorgänge von der Art des Fühlens, Denkens, Wollens, und sie muß vertreten, daß es unbewußtes Denken und ungewußtes Wollen gibt. Damit hat sie aber von vornherein die Sympathie aller Freunde nüchterner

Wissenschaftlichkeit verscherzt und sich in den Verdacht einer phantastischen Geheimlehre gebracht, die im Dunkeln bauen, im Trüben fischen möchte. Sie aber, meine Hörer, können natürlich noch nicht verstehen, mit welchem Recht ich einen Satz von so abstrakter Natur wie: „Das Seelische ist das Bewußte" für ein Vorurteil ausgeben kann, können auch nicht erraten, welche Entwicklung zur Verleugnung des Unbewußten geführt haben kann, wenn ein solches existieren sollte, und welcher Vorteil sich bei dieser Verleugnung ergeben haben mag. Es klingt wie ein leerer Wortstreit, ob man das Psychische mit dem Bewußten zusammenfallen lassen oder es darüber hinaus erstrecken soll, und doch kann ich Ihnen versichern, daß mit der Annahme unbewußter Seelenvorgänge eine entscheidende Neuorientierung in Welt und Wissenschaft angebahnt ist.

Ebensowenig können Sie ahnen, ein wie inniger Zusammenhang diese erste Kühnheit der Psychoanalyse mit der nun zu erwähnenden zweiten verknüpft. Dieser andere Satz, den die Psychoanalyse als eines ihrer Ergebnisse verkündet, enthält nämlich die Behauptung, daß Triebregungen, welche man nur als sexuelle im engeren wie im weiteren Sinn bezeichnen kann, eine ungemein große und bisher nie genug gewürdigte Rolle in der Verursachung der Nerven-und Geisteskrankheiten spielen. Ja noch mehr, daß dieselben sexuellen Regungen auch mit nicht zu unterschätzenden Beiträgen an den höchsten kulturellen, künstlerischen und sozialen Schöpfungen des Menschengeistes beteiligt sind.

Nach meiner Erfahrung ist die Abneigung gegen dieses Resultat der psychoanalytischen Forschung die bedeutsamste Quelle des Widerstandes, auf den sie gestoßen ist. Wollen Sie wissen, wie wir uns das erklären? Wir glauben, die Kultur ist unter dem Antrieb der Lebensnot auf Kosten der Triebbefriedigung geschaffen worden, und sie wird zum großen Teil immer wieder von neuem erschaffen, indem der Einzelne, der neu in die menschliche Gemeinschaft eintritt, die Opfer an Triebbefriedigung zu Gunsten des Ganzen wiederholt. Unter den so verwendeten Triebkräften spielen die der Sexualregungen eine bedeutsame Rolle; sie werden dabei sublimiert, d. h. von ihren sexuellen Zielen abgelenkt und auf sozial höherstehende, nicht mehr sexuelle, gerichtet. Dieser Aufbau ist aber labil, die Sexualtriebe sind schlecht gebändigt, es besteht bei jedem Einzelnen, der sich dem Kulturwerk anschließen soll, die Gefahr, daß sich seine Sexualtriebe dieser Verwendung weigern. Die Gesellschaft glaubt an keine stärkere Bedrohung ihrer Kultur, als ihr durch die Befreiung der Sexualtriebe und deren Wiederkehr zu ihren ursprünglichen Zielen erwachsen würde. Die Gesellschaft liebt es also nicht, an dieses heikle Stück ihrer Begründung gemahnt zu werden, sie hat gar kein Interesse daran, daß die Stärke der Sexualtriebe anerkannt und die Bedeutung des Sexuallebens für den Einzelnen klargelegt werde, sie hat vielmehr in erzichlicher Absicht den Weg eingeschlagen, die Aufmerksamkeit von diesem ganzen Gebiet abzulenken. Darum verträgt sie das genannte Forschungsresultat der Psychoanalyse nicht, möchte es am liebsten als ästhetisch abstoßend, moralisch verwerflich oder als gefährlich brandmarken. Aber mit solchen Einwürfen kann man einem angeblich objektiven Ergebnis wissenschaftlicher Arbeit nichts anhaben. Der Widerspruch muß aufs intellektuelle Gebiet übersetzt werden, wenn er laut werden soll. Nun liegt es in der menschlichen Natur, daß man geneigt ist, etwas für unrichtig zu halten, wenn man es nicht mag, und dann ist es leicht, Argumente dagegen zu finden. Die Gesellschaft macht also das Unliebsame zum Unrichtigen, bestreitet die Wahrheiten der Psychoanalyse mit logischen und sachlichen Argumenten, aber aus affektiven Quellen, und hält diese Einwendungen als Vorurteile gegen alle Versuche der Widerlegung fest.

Wir aber dürfen behaupten, meine Damen und Herren, daß wir bei der Aufstellung jenes beanstandeten Satzes überhaupt keine Tendenz verfolgt haben. Wir wollten nur einer Tatsächlichkeit Ausdruck geben, die wir in mühseliger Arbeit erkannt zu haben glaubten. Wir nehmen auch jetzt das Recht in Anspruch, die Einmengung solcher praktischer Rücksichten in die wissenschaftliche Arbeit unbedingt zurückzuweisen, auch ehe wir untersucht haben, ob die Befürchtung, welche uns diese Rücksichten diktieren will, berechtigt ist oder nicht.

Das wären nun einige der Schwierigkeiten, welche Ihrer Beschäftigung mit der Psychoanalyse entgegenstehen. Es ist vielleicht mehr als genug für den Anfang. Wenn Sie deren Eindruck überwinden können, wollen wir fortsetzen.

II. Vorlesung
Die Fehlleistungen

Meine Damen und Herren! Wir beginnen nicht mit Voraussetzungen, sondern mit einer Untersuchung. Zu deren Objekt wählen wir gewisse Phänomene, die sehr häufig, sehr bekannt und sehr wenig gewürdigt sind, die insofern nichts mit Krankheiten zu tun haben, als sie bei jedem Gesunden beobachtet werden können. Es sind dies die sogenannten *Fehlleistungen* des Menschen, wie wenn jemand etwas sagen will und dafür ein anderes Wort sagt, das *Versprechen*, oder ihm dasselbe beim Schreiben geschieht, was er entweder bemerken kann oder nicht; oder wenn jemand im Druck oder in der Schrift etwas anderes liest, als was da zu lesen ist, das *Verlesen*; ebenso wenn er etwas falsch hört, was zu ihm gesagt wird, das *Verhören*, natürlich ohne daß eine organische Störung seines Hörvermögens dabei in Betracht kommt. Eine andere Reihe solcher Erscheinungen hat ein *Vergessen* zur Grundlage, aber kein dauerndes, sondern ein nur zeitweiliges, z. B. wenn jemand einen Namen nicht finden kann, den er doch kennt und regelmäßig wiedererkennt, oder wenn er einen *Vorsatz* auszuführen vergißt, den er doch später erinnert, also nur für einen gewissen Zeitpunkt vergessen hatte. In einer dritten Reihe entläßt diese Bedingung des nur Zeitweiligen, z. B. beim *Verlegen*, wenn jemand einen Gegenstand irgendwo unterbringt und ihn nicht mehr aufzufinden weiß, oder beim ganz analogen *Verlieren*. Es liegt da ein Vergessen vor, welches man anders behandelt als anderes Vergessen, über das man sich wundert oder ärgert, anstatt es begreiflich zu finden. Daran schließen sich gewisse *Irrtümer*, bei denen wieder die Zeitweiligkeit zum Vorschein kommt, indem man eine Zeitlang etwas glaubt, wovon man doch vorher und später weiß, daß es anders ist, und eine Anzahl von ähnlichen Erscheinungen unter verschiedenen Namen.

Es sind das alles Vorfälle, deren innere Verwandtschaft durch die gleiche Bezeichnung mit der Vorsilbe „ver" zum Ausdruck kommt, fast alle von unwichtiger Natur, meist von sehr flüchtigem Bestand, ohne viel Bedeutung im Leben der Menschen. Nur selten erhebt sich eines davon wie das Verlieren von Gegenständen zu einer gewissen praktischen Wichtigkeit. Sie finden darum auch nicht viel Aufmerksamkeit, erregen nur schwache Affekte usw.

Für diese Phänomene will ich also jetzt Ihre Aufmerksamkeit in Anspruch nehmen. Sie aber werden mir unmutig entgegenhalten: „Es gibt soviel großartige Rätsel in der Welt wie in der engeren des Seelenlebens, so viele Wunder auf dem Gebiet der Seelenstörungen, die Aufklärung fordern und verdienen, daß es wirklich mutwillig scheint, Arbeit und Interesse an solche Kleinigkeiten zu vergeuden. Wenn Sie uns verständlich machen könnten, wieso ein Mensch mit gesunden Augen und Ohren bei lichtem Tag Dinge sehen und hören kann, die es nicht gibt, warum ein anderer sich plötzlich von denen verfolgt glaubt, die ihm bisher die Liebsten waren, oder mit der scharfsinnigsten Begründung Wahngebilde vertritt, die jedem Kinde als unsinnig erscheinen müssen, dann würden wir etwas von der Psychoanalyse halten, aber wenn sie nichts anderes kann als uns damit zu beschäftigen, warum ein Festredner einmal ein Wort für ein anderes sagt, oder warum eine Hausfrau ihre Schlüssel verlegt hat und ähnliche Nichtigkeiten, dann werden auch wir mit unserer Zeit und unserem Interesse etwas Besseres anzufangen wissen."

Ich würde Ihnen antworten: Geduld, meine Damen und Herren! Ich meine, Ihre Kritik ist nicht auf der richtigen Spur. Es ist wahr, die Psychoanalyse kann nicht von sich rühmen, daß sie sich nie mit Kleinigkeiten abgegeben hat. Im Gegenteil, ihren Beobachtungsstoff bilden gewöhnlich jene unscheinbaren Vorkommnisse, die von den anderen Wissenschaften als allzu geringfügig beiseite geworfen werden, sozusagen der Abhub der Erscheinungswelt. Aber verwechseln Sie in Ihrer Kritik nicht die Großartigkeit der Probleme mit der Auffälligkeit der Anzeichen? Gibt es nicht sehr bedeutungsvolle Dinge, die sich unter gewissen Bedingungen und zu gewissen Zeiten nur durch ganz schwache Anzeichen verraten können? Ich könnte Ihnen mit Leichtigkeit mehrere solche Situationen anführen. Aus welchen geringfügigen Anzeichen schließen Sie, die jungen Männer unter Ihnen, daß Sie die Neigung einer Dame gewonnen haben? Warten Sie dafür eine ausdrückliche Liebeserklärung, eine stürmische Umarmung ab, oder reicht Ihnen nicht ein von anderen kaum bemerkter Blick, eine flüchtige Bewegung, eine Verlängerung des Händedrucks um eine Sekunde aus? Und wenn Sie als Kriminalbeamter an der Untersuchung einer Mordtat beteiligt sind, erwarten Sie dann wirklich zu finden, daß der Mörder seine Photographie samt beigefügter Adresse an dem Tatorte zurückgelassen hat, oder werden Sie sich nicht notwendigerweise mit schwächeren und undeutlicheren Spuren der gesuchten Persönlichkeit begnügen? Lassen Sie uns also die kleinen Anzeichen nicht unterschätzen; vielleicht gelingt es, von ihnen aus Größerem auf die Spur zu kommen. Und dann, ich denke wie Sie, daß die großen Probleme in Welt und Wissenschaft das erste Anrecht an unser Interesse haben. Aber es nützt meistens nur sehr wenig, wenn man den lauten Vorsatz faßt, sich jetzt der Erforschung dieses oder jenes großen Problems zuzuwenden. Man weiß dann oft nicht, wohin man den nächsten Schritt richten soll. In der wissenschaftlichen Arbeit ist es aussichtsreicher, das anzugreifen, was man gerade vor sich hat und zu dessen Erforschung sich ein Weg ergibt. Macht man das recht gründlich, voraussetzungs- und erwartungslos und hat man Glück, so kann sich infolge des Zusammenhanges, der alles mit allem verknüpft, auch das Kleine mit dem Großen, auch aus so anspruchsloser Arbeit ein Zugang zum Studium der großen Probleme ergeben.

So würde ich also sprechen, um Ihr Interesse bei der Behandlung der anscheinend so nichtigen Fehlleistungen der Gesunden festzuhalten. Wir wollen jetzt irgend jemanden, dem die Psychoanalyse fremd ist, heranziehen und ihn fragen, wie er sich das Vorkommen solcher Dinge erklärt.

Er wird gewiß zuerst antworten: O, das ist keiner Erklärung wert; das sind kleine Zufälligkeiten. Was meint der Mann damit? Will er behaupten, daß es noch so kleine Geschehnisse gibt, die aus der Verkettung des Weltgeschehens herausfallen, die ebensogut nicht sein könnten, wie sie sind? Wenn jemand so den natürlichen Determinismus an einer einzigen Stelle durchbricht, hat er die ganze wissenschaftliche Weltanschauung über den Haufen geworfen. Man darf ihm dann vorhalten, um wie vieles konsequenter sich selbst die religiöse Weltanschauung benimmt, wenn sie nachdrücklich versichert, es falle kein Sperling vom Dach ohne Gottes besonderen Willen. Ich meine, unser Freund wird die Konsequenz aus seiner ersten Antwort nicht ziehen wollen, er wird einlenken und sagen, wenn er diese Dinge studiere, finde er allerdings Erklärungen für sie. Es handle sich um kleine Entgleisungen der Funktion, Ungenauigkeiten der seelischen Leistung, deren Bedingungen sich angeben ließen. Ein Mensch, der sonst richtig sprechen kann, mag sich in der Rede versprechen, 1. wenn er leicht unwohl und ermüdet ist, 2. wenn er aufgeregt, 3. wenn er von anderen Dingen überstark in Anspruch genommen ist. Es ist leicht, diese Angaben zu bestätigen. Das Versprechen tritt wirklich besonders häufig auf, wenn man ermüdet ist, Kopfschmerzen hat oder vor einer Migräne steht. Unter denselben Umständen ereignet sich leicht das Vergessen von Eigennamen. Manche Personen sind daran gewöhnt, an diesem Entfallen der Eigennamen die herannahende Migräne zu erkennen. Auch in der Aufregung verwechselt man oft die Worte, aber auch die Dinge, man „vergreift sich", und das Vergessen von Vorsätzen, sowie eine Menge von anderen unbeabsichtigten Handlungen wird auffällig, wenn man zerstreut, d. h. eigentlich auf etwas anderes konzentriert ist. Ein bekanntes Beispiel solcher Zerstreutheit ist der Professor der *Fliegenden Blätter*, der seinen Schirm stehen läßt und seinen Hut verwechselt, weil er an die Probleme denkt, die er in seinem nächsten Buch behandeln wird. Beispiele dafür, wie man Vorsätze, die man gefaßt, Versprechungen, die man gemacht hat, vergessen kann, weil man inzwischen etwas erlebt hat, wovon man stark in Anspruch genommen wurde, kennt jeder von uns aus eigener Erfahrung.

Das klingt so ganz verständig und scheint auch gegen Widerspruch gefeit zu sein. Es ist vielleicht nicht sehr interessant, nicht so, wie wir es erwartet haben. Fassen wir diese Erklärungen der Fehlleistungen näher ins Auge. Die Bedingungen, die für das Zustandekommen dieser Phänomene angegeben werden, sind unter sich nicht gleichartig. Unwohlsein und Zirkulationsstörung geben eine physiologische Begründung für die Beeinträchtigung der normalen Funktion; Erregung, Ermüdung, Ablenkung sind Momente anderer Art, die man psychophysiologische nennen könnte. Diese letzteren lassen sich leicht in Theorie übersetzen. Sowohl durch die Ermüdung wie durch die Ablenkung, vielleicht auch durch die allgemeine Erregung, wird eine Verteilung der Aufmerksamkeit hervorgerufen, die zur Folge haben kann, daß sich der betreffenden Leistung zu wenig Aufmerksamkeit zuwendet. Diese Leistung kann dann besonders leicht gestört, ungenau ausgeführt werden. Leichtes Kranksein, Abänderungen der Blutversorgung im nervösen Zentralorgan können dieselbe Wirkung haben, indem sie das maßgebende Moment, die Verteilung der Aufmerksamkeit in ähnlicher Weise beeinflussen. Es würde sich also in allen Fällen um die Effekte einer Aufmerksamkeitsstörung handeln, entweder aus organischen oder aus psychischen Ursachen.

Dabei scheint nicht viel für unser psychoanalytisches Interesse herauszuschauen. Wir könnten uns versucht fühlen, das Thema wieder aufzugeben.

Allerdings, wenn wir näher auf die Beobachtungen eingehen, stimmt nicht alles zu dieser Aufmerksamkeitstheorie der Fehlleistungen oder leitet sich wenigstens nicht natürlich aus ihr ab. Wir machen die Erfahrung, daß solche Fehlhandlungen und solches Vergessen auch bei Personen vorkommen, die nicht ermüdet, zerstreut oder aufgeregt sind, sondern sich nach jeder Richtung in ihrem Normalzustand befinden, es sei denn, man wolle den Betreffenden gerade wegen der Fehlleistung nachträglich eine Aufgeregtheit zuschreiben, zu welcher sie sich aber selbst nicht bekennen. Es kann auch nicht so einfach zugehen, daß eine Leistung durch die Steigerung der auf sie gerichteten Aufmerksamkeit garantiert, durch die Herabsetzung derselben gefährdet wird. Es gibt eine große Menge von Verrichtungen, die man rein automatisch, mit sehr geringer Aufmerksamkeit vollzieht, und dabei doch ganz sicher ausführt. Der Spaziergänger, der kaum weiß, wo er geht, hält doch den richtigen Weg ein und macht am Ziele halt, ohne sich *vergangen* zu haben. Wenigstens in der Regel trifft er es so. Der geübte Klavierspieler greift, ohne daran zu denken, die richtigen Tasten. Er kann sich natürlich auch einmal vergreifen, aber wenn das automatische Spielen die Gefahr des Vergreifens steigerte, müßte gerade der Virtuose, dessen Spiel durch große Übung ganz und gar automatisch geworden ist, dieser Gefahr am meisten ausgesetzt sein. Wir sehen im Gegenteil, daß viele Verrichtungen ganz besonders sicher geraten, wenn sie nicht Gegenstand einer besonders hohen Aufmerksamkeit sind, und daß das Mißgeschick der Fehlleistung gerade dann auftreten kann, wenn an der richtigen Leistung besonders viel gelegen ist, eine Ablenkung der nötigen Aufmerksamkeit also sicherlich nicht stattfindet. Man kann dann sagen, das sei der Effekt der „Aufregung", aber wir verstehen nicht, warum die Aufregung die Zuwendung der Aufmerksamkeit zu dem mit soviel Interesse Beabsichtigten nicht vielmehr steigert. Wenn jemand in einer wichtigen Rede oder mündlichen Verhandlung durch ein Versprechen das Gegenteil von dem sagt, was er zu sagen beabsichtigt, so ist das nach der psycho-physiologischen oder Aufmerksamkeitstheorie kaum zu erklären.

Es gibt auch bei den Fehlleistungen so viele kleine Nebenerscheinungen, die man nicht versteht, und die uns durch die bisherigen Aufklärungen nicht näher gebracht werden. Wenn man z. B. einen Namen zeitweilig vergessen hat, so ärgert man sich darüber, will ihn durchaus erinnern und kann von der Aufgabe nicht ablassen. Warum gelingt es dem Geärgerten so überaus selten, seine Aufmerksamkeit, wie er doch möchte, auf das Wort zu lenken, das ihm, wie er sagt, „auf der Zunge liegt", und das er sofort erkennt, wenn es vor ihm ausgesprochen wird? Oder: es kommen Fälle vor, in denen die Fehlleistungen sich vervielfältigen, sich miteinander verketten, einander ersetzen. Das erste Mal hatte man ein Rendezvous vergessen; das nächste Mal, für das man den Vorsatz, ja nicht zu vergcsscn, gefaßt hat, stellt es sich heraus, daß man sich irrtümlich eine andere Stunde gemerkt hat. Man sucht sich auf Umwegen auf ein vergessenes Wort zu besinnen, dabei entfällt einem ein zweiter Name, der beim Aufsuchen des ersten hätte behilflich sein können. Geht man jetzt diesem zweiten Namen nach, so entzieht sich ein dritter usw. Dasselbe kann sich bekanntlich auch bei Druckfehlern ereignen, die ja als Fehlleistungen des Setzers aufzufassen sind. Ein solcher hartnäckiger Druckfehler soll sich einmal in ein sozialdemokratisches Blatt eingeschlichen haben. In dem Berichte über eine gewisse Festlichkeit war zu lesen: Unter den Anwesenden bemerkte man auch seine Hoheit, den *Kornprinzen*. Am nächsten Tag wurde eine Korrektur versucht. Das Blatt entschuldigte sich und schrieb: Es hätte natürlich heißen sollen: den *Knorprinzen*. Man spricht in solchen Fällen gerne vom Druckfehlerteufel, vom Kobold des Setzkastens und dergleichen, Ausdrücke, die jedenfalls über eine psycho-physiologische Theorie des Druckfehlers hinausgehen.

Ich weiß auch nicht, ob Ihnen bekannt ist, daß man das Versprechen provozieren, sozusagen durch Suggestion hervorrufen kann. Eine Anekdote berichtet hiezu: Als einmal ein Neuling auf der Bühne mit der wichtigen Rolle betraut war, in der „Jungfrau von Orleans" dem König zu melden, daß der Connétable sein Schwert zurückschickt, machte sich ein Heldendarsteller den Scherz, während der Probe dem schüchternen Anfänger wiederholt anstatt dieses Textes vorzusagen: Der Komfortabel schickt sein Pferd zurück, und er erreichte seine Absicht. In der Vorstellung debütierte der Unglückliche wirklich mit dieser abgeänderten Meldung, obwohl er genug gewarnt war oder vielleicht gerade darum.

Alle diese kleinen Züge der Fehlleistungen werden durch die Theorie der Aufmerksamkeitsentziehung nicht gerade aufgeklärt. Aber darum braucht diese Theorie noch nicht falsch zu sein. Es fehlt ihr vielleicht an etwas, an einer Ergänzung, damit sie voll befriedigend werde. Aber auch manche der Fehlleistungen selbst können noch von einer anderen Seite betrachtet werden.

Greifen wir als die für unsere Absichten geeignetste unter den Fehlleistungen das *Versprechen* heraus. Wir könnten ebensogut das Verschreiben oder Verlesen wählen. Da müssen wir uns denn einmal sagen, daß wir bisher nur danach gefragt haben, wann, unter welchen Bedingungen man sich verspricht, und auch nur darauf eine Antwort bekommen haben. Man kann aber auch sein Interesse anders richten und wissen wollen, warum man sich gerade in dieser Weise verspricht und in keiner anderen; man kann das in Betracht ziehen, was beim Versprechen herauskommt. Sie sehen ein, solange man nicht diese Frage beantwortet, den Effekt des Versprechens aufklärt, bleibt das Phänomen nach seiner psychologischen Seite eine Zufälligkeit, mag es auch eine physiologische

Erklärung gefunden haben. Wenn sich mir ein Versprechen ereignet, könnte ich mich offenbar in unendlich vielen Weisen versprechen, für das eine richtige Wort eines von tausend anderen sagen, ungezählt viele Entstellungen an dem richtigen Wort vornehmen. Gibt es nun irgend etwas, was mir im besonderen Falle von allen möglichen gerade die eine Weise des Versprechens aufdrängt, oder bleibt das Zufall, Willkür und läßt sich zu dieser Frage vielleicht überhaupt nichts Vernünftiges vorbringen?

Zwei Autoren, *Meringer* und *Mayer* (ein Philologe und ein Psychiater), haben denn auch im Jahre 1895 den Versuch gemacht, die Frage des Versprechens von dieser Seite her anzugreifen. Sie haben Beispiele gesammelt und zunächst nach rein deskriptiven Gesichtspunkten beschrieben. Das gibt natürlich noch keine Erklärung, kann aber den Weg zu ihr finden lassen. Sie unterscheiden die Entstellungen, welche die intendierte Rede durch das Versprechen erfährt, als: Vertauschungen, Vorklänge, Nachklänge, Vermengungen (Kontaminationen) und Ersetzungen (Substitutionen). Ich werde Ihnen von diesen Hauptgruppen der beiden Autoren Beispiele vorführen. Ein Fall von Vertauschung ist es, wenn jemand sagt: *Die Milo von Venus* anstatt: Die Venus von Milo (Vertauschung in der Reihenfolge der Worte); ein Vorklang: Es war mir *auf der Schwest* ... auf der Brust so schwer; ein Nachklang wäre der bekannte verunglückte Toast: Ich fordere Sie *auf, auf* das Wohl unseres Chefs *aufzustoßen*. Diese drei Formen des Versprechens sind nicht gerade häufig. Weit zahlreicher werden Sie die Beobachtung finden, in denen das Versprechen durch eine Zusammenziehung oder Vermengung entsteht, z. B. wenn ein Herr eine Dame auf der Straße mit den Worten anspricht: Wenn Sie gestatten, mein Fräulein, möchte ich Sie gerne *begleit–digen*. In dem Mischwort steckt außer dem Begleiten offenbar auch das *Beleidigen*. (Nebenbei, der junge Mann wird bei der Dame nicht viel Erfolg gehabt haben.) Als eine Ersetzung führen M. und M. den Fall an, daß einer sagt: Ich gebe die Präparate in den *Brief*kasten anstatt *Brüt*kasten u. dgl.

Der Erklärungsversuch, den die beiden Autoren auf ihre Sammlung von Beispielen gründen, ist ganz besonders unzulänglich. Sie meinen, daß die Laute und Silben eines Wortes verschiedene Wertigkeit haben, und daß die Innervation des hochwertigen Elements die der minderwertigen störend beeinflussen kann. Dabei fußen sie offenbar auf den an sich gar nicht so häufigen Vor-und Nachklängen; für andere Erfolge des Versprechens kommen diese Lautbevorzugungen, wenn sie überhaupt existieren, gar nicht in Betracht. Am häufigsten verspricht man sich doch, indem man anstatt eines Wortes ein anderes, ihm sehr ähnliches sagt, und diese Ähnlichkeit genügt vielen zur Erklärung des Versprechens. Zum Beispiel ein Professor in seiner Antrittsrede: Ich bin nicht *geneigt* (geeignet), die Verdienste meines sehr geschätzten Vorgängers zu würdigen.

Oder ein anderer Professor: Beim weiblichen Genitale hat man trotz vieler *Versuchungen* ... Pardon: Versuche...

Die gewöhnlichste und auch die auffälligste Art des Versprechens ist aber die zum genauen Gegenteil dessen, was man zu sagen beabsichtigt. Dabei kommt man natürlich von den Lautbeziehungen und Ähnlichkeitswirkungen weit ab und kann sich zum Ersatz dafür darauf berufen, daß Gegensätze eine starke begriffliche Verwandtschaft miteinander haben und einander in der psychologischen Assoziation besonders nahestehen. Es gibt historische Beispiele dieser Art: Ein Präsident unseres Abgeordnetenhauses eröffnete einmal die Sitzung mit den Worten: Meine Herren, ich konstatiere die Anwesenheit von Mitgliedern und erkläre somit die Sitzung für *geschlossen.*

Ähnlich verführerisch wie die Gegensatzbeziehung wirkt dann irgendeine andere geläufige Assoziation, die unter Umständen recht unpassend auftauchen kann. So wird z. B. erzählt, daß bei einer Festlichkeit zu Ehren der Heirat eines Kindes von H. Helmholtz mit einem Kinde des bekannten Entdeckers und Großindustriellen W. Siemens der berühmte Physiologe Dubois-Reymond die Festrede zu halten hatte. Er schloß seinen sicherlich glänzenden Toast mit den Worten: Also es lebe die neue Firma: *Siemens und – Halske!* Das war natürlich der Namen der alten Firma. Die Zusammenstellung der beiden Namen mußte dem Berliner ebenso geläufig sein wie etwa dem Wiener die: *Riedel und Beutel.*

So müssen wir also zu den Lautbeziehungen und zur Wortähnlichkeit noch den Einfluß der Wortassoziationen hinzunehmen. Aber damit nicht genug. In einer Reihe von Fällen scheint die Aufklärung des beobachteten Versprechens nicht eher zu gelingen, als bis wir mit in Betracht gezogen haben, was einen Satz vorher gesprochen oder auch nur gedacht wurde. Also wiederum ein Fall von Nachklingen, wie der von Meringer betonte, nur von größerer Ferne her. – Ich muß gestehen, ich habe im ganzen den Eindruck, als wären wir jetzt einem Verständnis der Fehlleistung des Versprechens ferner gerückt denn je!

Indes, ich hoffe nicht irre zu gehen, wenn ich es ausspreche, daß wir alle während der eben angestellten Untersuchung einen neuen Eindruck von den Beispielen des Versprechens bekommen haben, bei dem zu verweilen sich doch lohnen könnte. Wir hatten die Bedingungen untersucht, unter denen ein Versprechen überhaupt zustande kommt, dann die Einflüsse, welche die Art der Entstellung durch das Versprechen bestimmen, aber den Effekt des Versprechens für sich allein, ohne Rücksicht auf seine Entstehung, haben wir noch gar nicht ins Auge gefaßt. Entschließen wir uns auch dazu, so müssen wir endlich den Mut finden zu sagen: In einigen der Beispiele hat ja auch das einen Sinn, was beim Versprechen zustande gekommen ist. Was heißt das, es hat einen Sinn? Nun, es will sagen, daß der Effekt des Versprechens vielleicht ein Recht darauf hat, selbst als ein vollgültiger psychischer Akt, der auch sein eigenes Ziel verfolgt, als eine Äußerung von Inhalt und Bedeutung aufgefaßt zu werden. Wir haben bisher immer von Fehlhandlungen gesprochen, aber jetzt scheint es, als ob manchmal die Fehlhandlung selbst eine ganz ordentliche Handlung wäre, die sich nur an die Stelle der anderen, erwarteten oder beabsichtigten Handlung gesetzt hat.

Dieser eigene Sinn der Fehlhandlung scheint ja in einzelnen Fällen greifbar, und unverkennbar zu sein. Wenn der Präsident die Sitzung des Abgeordnetenhauses mit den ersten Worten schließt, anstatt sie zu eröffnen, so sind wir infolge unserer Kenntnis der Verhältnisse, unter denen sich dies Versprechen vollzog, geneigt, diese Fehlhandlung sinnvoll zu finden. Er erwartet sich nichts Gutes von der Sitzung und wäre froh, sie sofort wieder abbrechen zu können. Das Aufzeigen dieses Sinnes, also die Deutung dieses Versprechens macht uns gar keine Schwierigkeiten. Oder wenn eine Dame anscheinend anerkennend eine andere fragt: Diesen reizenden neuen Hut haben Sie sich wohl selbst *aufgepatzt?* – So wird keine Wissenschaftlichkeit der Welt uns abhalten können, aus diesem Versprechen eine Äußerung herauszuhören: Dieser Hut ist eine *Patzerei.* Oder wenn eine als energisch bekannte Dame erzählt: Mein Mann hat den Doktor gefragt, welche Diät er einhalten soll. Der Doktor hat aber gesagt, er braucht keine Diät, er kann essen und trinken, was *ich* will, so ist dies Versprechen doch anderseits der unverkennbare Ausdruck eines konsequenten Programms.

Meine Damen und Herren, wenn es sich herausstellen sollte, daß nicht nur einige wenige Fälle von Versprechen und von Fehlleistungen überhaupt einen *Sinn* haben, sondern eine größere Anzahl von ihnen, so wird unvermeidlich dieser Sinn der Fehlleistungen, von dem bisher noch nicht die Rede war, für uns das Interessanteste werden und alle anderen Gesichtspunkte mit Recht in den Hintergrund drängen. Wir können dann alle physiologischen oder psychophysiologischen Momente bei Seite lassen und dürfen uns rein psychologischen Untersuchungen über den Sinn, d. i. die Bedeutung, die Absicht der Fehlleistung hingeben. Wir werden es also nicht verabsäumen, demnächst ein größeres Beobachtungsmaterial auf diese Erwartung zu prüfen.

Ehe wir aber diesen Vorsatz ausführen, möchte ich Sie einladen, mit mir eine andere Spur zu verfolgen. Es ist wiederholt vorgekommen, daß ein Dichter sich des Versprechens oder einer anderen Fehlleistung als Mittels der dichterischen Darstellung bedient hat. Diese Tatsache muß uns für sich allein beweisen, daß er die Fehlleistung, das Versprechen z. B., für etwas Sinnvolles hält, denn er produziert es ja absichtlich. Es geht doch nicht so vor, daß der Dichter sich zufällig verschreibt und dann sein Verschreiben bei seiner Figur als ein Versprechen bestehen läßt. Er will uns durch das Versprechen etwas zum Verständnis bringen, und wir können ja nachsehen, was das sein mag, ob er uns etwa andeuten will, daß die betreffende Person zerstreut und ermüdet ist oder eine Migräne zu erwarten hat. Natürlich wollen wir es nicht überschätzen, wenn das Versprechen vom Dichter als sinnvoll gebraucht wird. Es könnte doch in Wirklichkeit sinnlos sein, eine psychische Zufälligkeit oder nur in ganz seltenen Fällen sinnreich, und der Dichter behielte das Recht, es durch die Ausstattung mit Sinn zu vergeistigen, um es für seine Zwecke zu gebrauchen. Zu verwundern wäre es aber auch nicht, wenn wir über das Versprechen vom Dichter mehr zu erfahren hätten als vom Philologen und vom Psychiater.

Ein solches Beispiel von Versprechen findet sich in *Wallenstein* (Piccolomini, erster Aufzug, fünfter Auftritt).

Max Piccolomini hat in der vorhergehenden Szene aufs leidenschaftlichste für den Herzog Partei genommen und dabei von den Segnungen des Friedens geschwärmt, die sich ihm auf seiner Reise enthüllt, während er die Tochter Wallensteins ins Lager begleitete. Er läßt seinen Vater und den Abgesandten des Hofes, Questenberg, in voller Bestürzung zurück. Und nun geht der fünfte Auftritt weiter:

> QUESTENBERG: O weh uns! Steht es so?
> Freund, und wir lassen ihn in diesem Wahn
> Dahingehn, rufen ihn nicht gleich
> Zurück, daß wir die Augen auf der Stelle
> Ihm öffnen?
> OCTAVIO (*aus einem tiefen Nachdenken zu sich kommend*):
> Mir hat er sie jetzt geöffnet,
> Und mehr erblick ich, als mich freut.
> QUESTENBERG: Was ist es, Freund?
> OCTAVIO: Fluch über diese Reise!
> QUESTENBERG: Wieso? Was ist es?
> OCTAVIO: Kommen Sie – Ich muß
> Sogleich die unglückselige Spur verfolgen,
> Mit meinen Augen sehen – kommen Sie
> (*will ihn fortführen*)
> QUESTENBERG: Was denn? Wohin?
> OCTAVIO (*pressiert*): Zu ihr!
> QUESTENBERG: Zu –
> OCTAVIO (*korrigiert sich*): Zum Herzog! Gehen wir
> usw.

Octavio wollte sagen „*zu ihm*", zum Herzog, verspricht sich aber und verrät durch seine Worte „*zu ihr*" uns wenigstens, daß er den Einfluß, welcher den jungen Kriegshelden für den Frieden schwärmen macht, sehr wohl erkannt hat.

Ein noch eindrucksvolleres Beispiel hat *O. Rank* bei *Shakespeare* entdeckt. Es findet sich im *Kaufmann von Venedig* in der berühmten Szene der Wahl des glücklichen Liebhabers zwischen den drei Kästchen, und ich kann vielleicht nichts Besseres tun, als Ihnen die kurze Darstellung von Rank hier vorlesen.

„Ein dichterisch überaus fein motiviertes und technisch glänzend verwertetes *Versprechen*, welches wie das von Freud im *Wallenstein* aufgezeigte verrät, daß die Dichter Mechanismus und Sinn dieser Fehlleistung wohl kennen und deren Verständnis auch beim Zuhörer voraussetzen, findet sich in *Shakespeares Kaufmann von Venedig* (dritter Aufzug, zweite Szene). Die durch den Willen ihres Vaters an die Wahl eines Gatten durch das Los gefesselte Porzia ist bisher allen ihren unliebsamen Freiern durch das Glück des Zufalls entronnen. Da sie endlich in Bassanio den Bewerber gefunden hat, dem sie wirklich zugetan ist, muß sie fürchten, daß auch er das falsche Los ziehen werde. Sie möchte ihm nun am liebsten sagen, daß er auch in diesem Falle ihrer Liebe sicher sein könne, ist aber durch ihr Gelübde daran gehindert. In diesem inneren Zwiespalte läßt sie der Dichter zu dem willkommenen Freier sagen:

> Ich bitt Euch, wartet; ein, zwei Tage noch,
> Bevor Ihr wagt: denn wählt Ihr falsch, so büße
> Ich Euern Umgang ein; darum verzieht.
> Ein Etwas sagt mir (doch es ist nicht Liebe),
> Ich möcht Euch nicht verlieren; –
> Ich könnt Euch leiten
> Zur rechten Wahl, dann bräch ich meinen Eid;
> Das will ich nicht; so könnt Ihr mich verfehlen.
> Doch wenn Ihr' tut, macht Ihr mich sündlich wünschen,
> Ich hätt'ihn nur gebrochen. O, der Augen,
> Die mich so übersehn und mich geteilt!
> *Halb bin ich Euer, die andre Hälfte Euer*
> *Mein wollt ich sagen*; doch wenn mein, dann Euer,
> Und so ganz Euer.
>
> (*Nach der Übersetzung von Schlegel und Tieck.*)

Gerade das, was sie ihm also bloß leise andeuten möchte, weil sie es eigentlich ihm überhaupt verschweigen sollte, daß sie nämlich schon vor der Wahl ganz die Seine sei und ihn liebe, das läßt der Dichter mit bewundernswertem psychologischen Feingefühl in dem Versprechen sich offen durchdrängen und weiß durch diesen Kunstgriff die unerträgliche Ungewißheit des Liebenden sowie die gleichgestimmte Spannung des Zuhörers über den Ausgang der Wahl zu beruhigen.

Wollen Sie noch bemerken, wie fein Porzia zwischen den beiden Aussagen, die in dem Versprechen enthalten sind, am Ende vermittelt, wie sie den zwischen ihnen bestehenden Widerspruch aufhebt und schließlich doch dem Versprechen Recht gibt:

> Doch, wenn mein, dann Euer.
> Und so ganz Euer.

Gelegentlich hat auch ein der Medizin fernestehender Denker den Sinn einer Fehlleistung mit einer Bemerkung aufgedeckt und uns die Bemühung um deren Aufklärung vorweggenommen. Sie kennen alle den geistreichen Satiriker *Lichtenberg* (1742–1799), von dem *Goethe* gesagt hat: Wo er einen Spaß macht, liegt ein Problem verborgen. Nun gelegentlich kommt durch den Spaß auch die Lösung des Problems zutage. *Lichtenberg* notiert in seinen witzigen und satirischen Einfällen den Satz: Er las immer *Agamemnon* anstatt „angenommen", so sehr hatte er den Homer gelesen. Das ist wirklich die Theorie des Verlesens.

Das nächstemal wollen wir prüfen, ob wir in der Auffassung der Fehlleistungen mit den Dichtern gehen können.

III. *Vorlesung*
Die Fehlleistungen
(Fortsetzung)

Meine Damen und Herren! Wir sind das vorigemal auf den Einfall gekommen, die Fehlleistung nicht im Verhältnis zu der von ihr gestörten, beabsichtigten Leistung zu betrachten, sondern an und für sich, haben den Eindruck empfangen, daß sie in einzelnen Fällen ihren eigenen Sinn zu verraten scheint, und haben uns gesagt, wenn es in größerem Umfange zu bestätigen wäre, daß die Fehlleistung einen Sinn hat, so würde uns dieser Sinn bald interessanter werden als die Untersuchung der Umstände, unter denen die Fehlleistung zustande kommt.

Einigen wir uns noch einmal darüber, was wir unter dem „Sinn" eines psychischen Vorganges verstehen wollen. Nichts anderes als die Absicht, der er dient, und seine Stellung in einer psychischen Reihe. Für die meisten unserer Untersuchungen können wir „Sinn" auch durch „Absicht", „Tendenz" ersetzen. War es also nur ein täuschender Schein oder eine poetische Erhöhung der Fehlleistung, wenn wir in ihr eine Absicht zu erkennen glaubten?

Bleiben wir den Beispielen des Versprechens treu und überblicken eine größere Anzahl solcher Beobachtungen. Da finden wir denn ganze Kategorien von Fällen, in denen die Absicht, der Sinn des Versprechens klar zutage liegt. Vor allem die, in denen das Gegenteil an die Stelle des Beabsichtigten tritt. Der Präsident sagt in der Eröffnungsrede: „Ich erkläre die Sitzung für geschlossen.". Das ist doch unzweideutig. Sinn und Absicht seiner Fehlrede ist, daß er die Sitzung schließen will. „Er sagt es ja selbst", möchte man dazu zitieren; wir brauchen ihn ja nur beim Wort zu nehmen. Stören Sie mich jetzt nicht mit der Einrede, daß dies nicht möglich ist, daß wir ja wissen, er wollte die Sitzung nicht schließen, sondern eröffnen, und daß er selbst, den wir eben als oberste Instanz anerkannt haben, bestätigen kann, daß er eröffnen wollte. Sie vergessen dabei, daß wir übereingekommen sind, die Fehlleistung zunächst an und für sich zu betrachten; ihr Verhältnis zur Intention, die sie stört, soll erst später zur Sprache kommen. Sie machen sich sonst eines logischen Fehlers schuldig, durch den Sie das in Behandlung stehende Problem glatt wegeskamotieren, was im Englischen *begging the question* heißt.

In anderen Fällen, wo man sich nicht gerade zum Gegenteil versprochen hat, kann doch durch das Versprechen ein gegensätzlicher Sinn zum Ausdruck kommen. *„Ich bin nicht geneigt*, die Verdienste meines Vorgängers zu würdigen." Geneigt ist nicht das Gegenteil von geeignet, aber es ist ein offenes Geständnis, in scharfem Gegensatz zur Situation, in welcher der Redner sprechen soll.

In noch anderen Fällen fügt das Versprechen zu dem beabsichtigten Sinne einfach einen zweiten hinzu. Der Satz hört sich dann an wie eine Zusammenziehung, Verkürzung, Verdichtung aus mehreren Sätzen. So die energische Dame: Er kann essen und trinken, was *ich* will. Das ist gerade so, als ob sie erzählt hätte: Er kann essen und trinken, was er will; aber was hat er denn zu wollen? An seiner statt will ich. Die Versprechen machen oft den Eindruck solcher Verkürzungen, z. B. wenn ein Anatomieprofessor nach seinem Vortrag über die Nasenhöhle fragt, ob die Hörer es auch verstanden haben, und ob der allgemeinen Bejahung fortsetzt: Ich glaube kaum, denn die Leute, welche die Nasenhöhle verstehen, kann man selbst in einer Millionenstadt an *einem Finger* ... Pardon, an den Fingern einer Hand abzählen. Die verkürzte Rede hat auch ihren Sinn; sie sagt, es gibt nur einen Menschen, der das versteht.

Diesen Gruppen von Fällen, in denen die Fehlleistung ihren Sinn selbst zum Vorschein bringt, stehen andere gegenüber, in denen das Versprechen nichts an sich Sinnreiches geliefert hat, die also unseren Erwartungen energisch widersprechen. Wenn jemand durch Versprechen einen Eigennamen verdreht oder ungebräuchliche Lautfolgen zusammenstellt, so scheint durch diese sehr häufigen Vorkommnisse die Frage, ob alle Fehlhandlungen etwas Sinnreiches leisten, bereits im ablehnenden Sinne entschieden zu sein. Allein bei näherem Eingehen auf solche Beispiele zeigt es sich, daß ein Verständnis dieser Entstellungen leicht möglich wird, ja daß der Unterschied zwischen diesen dunkleren und früheren klaren Fällen gar nicht so groß ist.

Ein Herr, nach dem Befinden seines Pferdes befragt, antwortet: Ja, das *draut.* Das dauert vielleicht noch einen Monat. Befragt, was er eigentlich sagen wollte, erklärt er, er habe gedacht, das sei eine *traurige* Geschichte, der Zusammenstoß von „dauert" und „traurig" habe jenes „draut" ergeben. (*Meringer* und *Mayer.*)

Ein anderer erzählt von irgendwelchen Vorgängen, die er beanstandet, und setzt fort: Dann aber sind Tatsachen zum *Vorschwein* gekommen Auf Anfragen bestätigt er, daß er diese Vorgänge als Schweinereien bezeichnen wollte. „Vorschein" und „*Schweinerei*" haben mitsammen das sonderbare „Vorschwein" entstehen lassen. (M. u. M.)

Erinnern Sie sich an den Fall des jungen Mannes, der die ihm unbekannte Dame *begleitdigen* wollte. Wir hatten uns die Freiheit genommen, diese Wortbildung in *begleiten* und *beleidigen* zu zerlegen, und fühlten uns dieser Deutung sicher, ohne für sie Bestätigung zu fordern. Sie ersehen aus diesen Beispielen, daß auch diese dunkleren Fälle des Versprechens sich durch das Zusammentreffen, die *Interferenz*, zweier verschiedener Redeabsichten erklären lassen; die Unterschiede entstehen nur dadurch, daß einmal die eine Absicht die andere völlig ersetzt (substituiert), so bei den Versprechen zum Gegenteil, während sie sich ein andermal damit begnügen muß, sie zu entstellen oder zu modifizieren, so daß Mischbildungen zustandekommen, die an sich mehr oder minder sinnreich erscheinen.

Wir glauben jetzt das Geheimnis einer großen Anzahl von Versprechen erfaßt zu haben. Halten wir an dieser Einsicht fest, so werden wir noch andere bisher rätselhafte Gruppen verstehen können. Beim Namenentstellen können wir z. B. nicht annehmen, daß es sich immer um die Konkurrenz zweier ähnlicher und doch verschiedener Namen handelt. Aber die zweite Absicht ist doch unschwer zu erraten. Die Entstellung eines Namens kommt außerhalb des Versprechens häufig genug vor; sie versucht den Namen übelklingend oder an etwas Niedriges anklingend zu machen und ist eine bekannte Art oder Unart der Schmähung, auf die der gebildete Mensch bald verzichten lernt, aber nicht gerne verzichtet. Er gestattet sich dieselbe noch oft als „Witz" von allerdings sehr geringer Würde. Um nur ein grelles und häßliches Beispiel dieser Namensentstellung anzuführen, erwähne ich, daß man den Namen des Präsidenten der französischen Republik, *Poincaré*, in diesen Zeiten in „*Schweinskarré*" umgewandelt hat. Es liegt also nahe, auch beim Versprechen eine solche schmähende Absicht anzunehmen, die sich in der Entstellung des Namens durchsetzt. Ähnliche Aufklärungen drängen sich uns in Fortführung unserer Auffassung für gewisse Fälle des Versprechens mit komischem oder absurdem Effekt auf. „Ich fordere Sie auf, auf das Wohl unseres Chefs *auf*zustoßen." Hier wird eine feierliche Stimmung unerwarteterweise durch das Eindringen eines Wortes gestört, das eine unappetitliche Vorstellung erweckt, und wir können nach dem Vorbild gewisser Schimpf- und Trutzreden kaum anderes vermuten, als daß sich eine Tendenz zum Ausdruck bringen will, die der vorgeschobenen Verehrung energisch widerspricht und etwa sagen will : Glaubt doch nicht daran, das ist nicht mein Ernst, ich pfeif auf den Kerl u. dgl. Ganz Ähnliches gilt für Versprechen, die aus harmlosen Worten unanständige und obszöne machen, wie *Apopos* für Apropos, oder *Eischeißweibchen* für Eiweiß-scheibchen. (M.u.M.)

Wir kennen bei vielen Menschen eine solche Tendenz, einem gewissen Lust-gewinn zuliebe harmlose Worte absichtlich in obszöne zu entstellen; sie gilt für witzig, und in Wirklichkeit müssen wir bei einem Menschen, von dem wir sol-ches hören, erst erkunden, ob er es absichtlich als Witz geäußert hat, oder ob es ihm als Versprechen passiert ist.

Nun, da hätten wir ja mit verhältnismäßig geringer Mühe das Rätsel der Fehlleistungen gelöst! Sie sind nicht Zufälligkeiten, sondern ernsthafte seelische Akte, sie haben ihren Sinn; sie entstehen durch das Zusammenwirken – viel-leicht besser: Gegeneinanderwirken zweier verschiedener Absichten. Aber nun kann ich auch verstehen, daß Sie mich mit einer Fülle von Fragen und Zweifeln überschütten wollen, die zu beantworten und zu erledigen sind, ehe wir uns dieses ersten Resultats unserer Arbeit freuen dürfen. Ich will Sie gewiß nicht zu voreiligen Entscheidungen antreiben. Lassen Sie uns alles der Reihe nach, eines nach dem anderen, in kühle Erwägung ziehen.

Was wollen Sie mir wohl sagen? Ob ich meine, daß diese Aufklärung für alle Fälle von Versprechen gilt oder nur für eine gewisse Anzahl? Ob man dieselbe Auffassung auch auf die vielen anderen Arten von Fehlleistungen ausdehnen darf, auf das Verlesen, Verschreiben, Vergessen, Vergreifen, Verlegen usw.? Was denn die Momente der Ermüdung, Erregung, Zerstreutheit, die Aufmerk-samkeitsstörung angesichts der psychischen Natur der Fehlleistungen noch zu bedeuten haben? Ferner, man sieht ja wohl, daß von den beiden konkurrieren-den Tendenzen der Fehlleistungen die eine immer offenkundig ist, die andere aber nicht immer. Was man dann tut, um diese letztere zu erraten, und wenn man glaubt, sie erraten zu haben, wie man den Nachweis führt, daß sie nicht bloß wahrscheinlich, sondern die einzig richtige ist? Haben Sie noch etwas zu fragen? Wenn nicht, so setze ich selbst fort. Ich erinnere Sie daran, daß uns eigentlich an den Fehlleistungen selbst nicht viel gelegen ist, daß wir aus ihrem Studium nur etwas für die Psychoanalyse Verwertbares lernen wollten. Darum stelle ich die Frage auf: was sind das für Absichten oder Tendenzen, die andere in solcher Weise stören können, und welche Beziehungen bestehen zwischen den störenden Tendenzen und den gestörten? So fängt unsere Arbeit erst nach der Lösung des Problems von neuem an.

Also, ob dies die Aufklärung aller Fälle von Versprechen ist? Ich bin sehr geneigt, dies zu glauben, und zwar darum, weil sich jedesmal, so oft man einen Fall von Versprechen untersucht, eine derartige Auflösung finden läßt. Aber es läßt sich auch nicht beweisen, daß ein Versprechen ohne solchen Mechanismus nicht vorfallen kann. Es mag so sein; für uns ist es theoretisch gleichgültig, denn die Schlüsse, welche wir für die Einführung in die Psychoanalyse ziehen wollen, bleiben bestehen, wenn auch nur, was gewiß nicht der Fall ist, eine Minderzahl von Fällen des Versprechens unserer Auffassung unterliegen sollte. Die nächste Frage, ob wir auf die anderen Arten der Fehlleistungen das ausdehnen dürfen, was sich uns für das Versprechen ergeben hat, will ich vorgreifend mit ja beantworten. Sie werden sich selbst davon überzeugen, wenn wir uns dazu wenden, Beispiele des Verschreibens, Vergreifens usw. in Untersuchung zu ziehen. Ich schlage Ihnen aber aus technischen Gründen vor, diese Arbeit aufzuschieben, bis wir das Versprechen selbst noch gründlicher behandelt haben.

Die Frage, was die von den Autoren in den Vordergrund gerückten Momente der Zirkulationsstörung, Ermüdung, Erregung, Zerstreutheit, die Theorie der Aufmerksamkeitsstörung uns noch bedeuten können, wenn wir den beschriebenen psychischen Mechanismus des Versprechens annehmen, verdient eine eingehendere Beantwortung. Bemerken Sie wohl, wir bestreiten diese Momente nicht. Es kommt überhaupt nicht so häufig vor, daß die Psychoanalyse etwas bestreitet, was von anderer Seite behauptet wird; sie fügt in der Regel nur etwas Neues hinzu, und gelegentlich trifft es sich freilich, daß dies bisher Übersehene und nun neu Dazugekommene gerade das Wesentliche ist. Der Einfluß der physiologischen Dispositionen, die durch leichtes Unwohlsein, Zirkulationsstörungen, Erschöpfungszustände gegeben werden, ist für das Zustandekommen des Versprechens ohne weiteres anzuerkennen; tägliche und persönliche Erfahrung kann Sie davon überzeugen. Aber wie wenig ist damit erklärt! Vor allem sind es nicht notwendige Bedingungen der Fehlleistung. Das Versprechen ist ebensowohl bei voller Gesundheit und normalem Befinden möglich. Diese körperlichen Momente haben also nur den Wert von Erleichterungen und Begünstigungen für den eigentümlichen seelischen Mechanismus des Versprechens. Ich habe für diese Beziehung einmal ein Gleichnis gebraucht, das ich nun wiederholen werde, weil ich es durch kein besseres zu ersetzen weiß. Nehmen Sie an, ich ginge in dunkler Nachtstunde an einem einsamen Orte, würde dort von einem Strolch überfallen, der mir Uhr und Börse wegnimmt, und trüge dann, weil ich das Gesicht des Räubers nicht deutlich gesehen habe, meine Klage auf der nächsten Polizeistation mit den Worten vor: Einsamkeit und Dunkelheit haben mich soeben meiner Kostbarkeiten beraubt. Der Polizeikommissär kann mir darauf sagen: Sie scheinen da mit Unrecht einer extrem mechanistischen Auffassung zu huldigen. Stellen wir den Sachverhalt lieber so dar: Unter dem Schutz der Dunkelheit, von der Einsamkeit begünstigt, hat Ihnen ein unbekannter Räuber Ihre Wertsachen entrissen. Die wesentliche Aufgabe an Ihrem Falle scheint mir zu sein, daß wir den Räuber ausfindig machen. Vielleicht können wir ihm dann den Raub wieder abnehmen.

Die psychophysiologischen Momente wie Aufregung, Zerstreutheit, Aufmerksamkeitsstörung leisten uns offenbar sehr wenig für die Zwecke der Erklärung. Es sind nur Redensarten, spanische Wände, hinter welche zu gucken wir uns nicht abhalten lassen sollen. Es fragt sich vielmehr, was hier die Erregung, die besondere Ablenkung der Aufmerksamkeit hervorgerufen hat. Die Lauteinflüsse, Wortähnlichkeiten und die von den Worten auslaufenden gebräuchlichen Assoziationen sind wiederum als bedeutsam anzuerkennen. Sie erleichtern das Versprechen, indem sie ihm die Wege weisen, die es wandeln kann. Aber wenn ich einen Weg vor mir habe, ist damit auch wie selbstverständlich entschieden, daß ich ihn gehen werde? Es bedarf noch eines Motivs, damit ich mich zu ihm entschließe, und überdies einer Kraft, die mich auf diesem Wege vorwärts bringt. Diese Laut-und Wortbeziehungen sind also auch nur wie die körperlichen Dispositionen Begünstigungen des Versprechens und können seine eigentliche Aufklärung nicht geben. Denken Sie doch daran, in einer ungeheuern Überzahl von Fällen wird meine Rede nicht durch den Umstand gestört, daß die von mir gebrauchten Worte durch Klangähnlichkeit an andere erinnern, daß sie mit ihren Gegenteilen innig verknüpft sind, oder daß gebräuchliche Assoziationen von ihnen ausgehen. Man könnte noch mit dem Philosophen *Wundt* die Auskunft finden, daß das Versprechen zustande kommt, wenn infolge von körperlicher Erschöpfung die Assoziationsneigungen die Oberhand über die sonstige Redeintention gewinnen. Das ließe sich sehr gut hören, wenn dem nicht die Erfahrung widerspräche, nach deren Zeugnis in einer Reihe von Fällen die körperlichen, in einer anderen die Assoziationsbegünstigungen des Versprechens vermißt werden.

Besonders interessant ist mir aber Ihre nächste Frage, auf welche Weise man die beiden miteinander in Interferenz tretenden Tendenzen feststellt. Sie ahnen wahrscheinlich nicht, wie folgenschwer sie ist. Nicht wahr, die eine der beiden, die gestörte Tendenz, ist immer unzweifelhaft: die Person, welche die Fehlleistung begeht, kennt sie und bekennt sich zu ihr. Anlaß zu Zweifeln und Bedenken kann nur die andere, die störende, geben. Nun wir haben schon gehört und Sie haben es gewiß nicht vergessen, daß in einer Reihe von Fällen diese andere Tendenz ebenso deutlich ist. Sie wird durch den Effekt des Versprechens angezeigt, wenn wir nur den Mut haben, diesen Effekt für sich gelten zu lassen. Der Präsident, der sich zum Gegenteil verspricht – es ist klar, er will die

Sitzung eröffnen, aber – ebenso klar, er möchte sie auch schließen. Das ist so deutlich, daß zum Deuten nichts übrig bleibt. Aber die anderen Fälle in denen die störende Tendenz die ursprüngliche nur entstellt, ohne sich selbst ganz zum Ausdruck zu bringen, wie errät man bei ihnen die störende Tendenz aus der Entstellung?

In einer ersten Reihe von Fällen auf sehr einfache und sichere Weise, auf dieselbe Weise nämlich, wie man die gestörte Tendenz feststellt. Diese läßt man sich ja vom Redner unmittelbar mitteilen; nach dem Versprechen stellt er den ursprünglich beabsichtigten Wortlaut sofort wieder her. „Das *draut*, nein, das dauert vielleicht noch einen Monat." Nun, die entstellende Tendenz läßt man gleichfalls von ihm aussprechen. Man fragt ihn: Ja, warum haben Sie denn zuerst „draut" gesagt? Er antwortet: Ich wollte sagen: Das ist eine traurige Geschichte, und im anderen Falle, beim Versprechen „Vorschwein", bestätigt er Ihnen ebenso, daß er zuerst sagen wollte: Das ist eine Schweinerei, sich aber dann mäßigte und in eine andere Aussage einlenkte. Die Feststellung der entstellenden Tendenz ist hier also ebenso sicher gelungen wie die der entstellten. Ich habe auch nicht ohne Absicht hier Beispiele herangezogen, deren Mitteilung und Auflösung weder von mir noch von einem meiner Anhänger herrühren. Doch war in diesen beiden Fällen ein gewisser Eingriff notwendig, um die Lösung zu fördern. Man mußte den Redner fragen, warum er sich so versprochen habe, was er zu dem Versprechen zu sagen wisse. Sonst wäre er vielleicht an seinem Versprechen vorbeigegangen, ohne es aufklären zu wollen. Befragt, gab er aber die Erklärung mit dem ersten Einfall, der ihm kam. Und nun sehen Sie, dieser kleine Eingriff und sein Erfolg, das ist bereits eine Psychoanalyse und das Vorbild jeder psychoanalytischen Untersuchung, die wir im weiteren anstellen werden.

Bin ich nun zu mißtrauisch, wenn ich vermute, daß in demselben Moment, da die Psychoanalyse vor Ihnen auftaucht, auch der Widerstand gegen sie bei Ihnen sein Haupt erhebt? Haben Sie nicht Lust, mir einzuwenden, daß die Auskunft der befragten Person, die das Versprechen geleistet, nicht völlig beweiskräftig sei? Er habe natürlich das Bestreben, meinen Sie, der Aufforderung zu folgen, das Versprechen zu erklären, und da sage er eben das erste beste, was ihm einfalle, wenn es ihm zu einer solchen Erklärung tauglich erscheine. Ein Beweis, daß das Versprechen wirklich so zugegangen, sei damit nicht gegeben. Ja es könne so sein, aber ebenso wohl auch anders. Es hätte ihm auch etwas anderes einfallen können, was ebenso gut und vielleicht besser gepaßt hätte.

Es ist merkwürdig, wie wenig Respekt Sie im Grunde vor einer psychischen Tatsache haben! Denken Sie sich, jemand habe die chemische Analyse einer gewissen Substanz vorgenommen und von einem Bestandteil derselben ein gewisses Gewicht, so und soviel Milligramm, gewonnen. Aus dieser Gewichtsmenge lassen sich bestimmte Schlüsse ziehen. Glauben Sie nun, daß es je einem Chemiker einfallen wird, diese Schlüsse mit der Motivierung zu bemängeln: die isolierte Substanz hätte auch ein anderes Gewicht haben können? Jeder beugt sich vor der Tatsache, daß es eben dies Gewicht und kein anderes war, und baut auf ihr zuversichtlich seine weiteren Schlüsse auf. Nur wenn die psychische Tatsache vorliegt, daß dem Befragten ein bestimmter Einfall gekommen ist, dann lassen Sie das nicht gelten und sagen, es hätte ihm auch etwas anderes einfallen können! Sie haben eben die Illusion einer psychischen Freiheit in sich und mögen auf sie nicht verzichten. Es tut mir leid, daß ich mich hierin in schärfstem Widerspruch zu Ihnen befinde.

Nun werden Sie hier abbrechen, aber nur um den Widerstand an einer anderen Stelle wiederaufzunehmen. Sie fahren fort: Wir verstehen, daß es die besondere Technik der Psychoanalyse ist, sich die Lösung ihrer Probleme von den Analysierten selbst sagen zu lassen. Nun nehmen wir ein anderes Beispiel her, jenes, in dem der Festredner die Versammlung auffordert, auf das Wohl des Chefs aufzustoßen. Sie sagen, die störende Intention ist in diesem Falle die der Schmähung: sie ist es, die sich dem Ausdruck der Verehrung widersetzt. Aber das ist bloße Deutung von Ihrer Seite, gestützt auf Beobachtungen *außerhalb* des Versprechens. Wenn Sie in diesem Falle den Urheber des Versprechens befragen, wird er Ihnen nicht bestätigen, daß er eine Schmähung beabsichtigte; er wird es vielmehr energisch in Abrede stellen. Warum geben Sie Ihre unbeweisbare Deutung nicht gegen diesen klaren Einspruch auf?

Ja, diesmal haben Sie etwas Starkes herausgefunden. Ich stelle mir den unbekannten Festredner vor; er ist wahrscheinlich ein Assistent des gefeierten Chefs, vielleicht schon Privatdozent, ein junger Mann mit den besten Lebenschancen. Ich will in ihn drängen, ob er nicht doch etwas verspürt hat, was sich der Aufforderung zur Verehrung des Chefs widersetzt haben mag. Da komme ich aber schön an. Er wird ungeduldig und fährt plötzlich auf mich los: „Sie, jetzt hören's einmal auf mit Ihrer Ausfragerei, sonst werd' ich ungemütlich. Sie verderben mir noch die ganze Karriere durch Ihre Verdächtigungen. Ich hab' einfach aufstoßen anstatt anstoßen gesagt, weil ich im selben Satz schon zweimal vorher auf ausgesprochen habe. Das ist das, was der Meringer einen Nachklang heißt, und weiter ist daran nichts zu deuten. Verstehen Sie mich? Basta." Hm, das ist eine überraschende Reaktion, eine wirklich energische Ablehnung. Ich sehe, bei dem jungen Mann ist nichts auszurichten, denke mir aber auch, er verrät ein starkes persönliches Interesse daran, daß seine Fehlleistung keinen Sinn haben soll. Sie werden vielleicht auch finden, es ist nicht recht, daß er gleich so grob wird bei einer rein theoretischen Untersuchung, aber schließlich, werden Sie meinen, muß er doch eigentlich wissen, was er sagen wollte und was nicht.

So, muß er das? Das wäre vielleicht noch die Frage.

Jetzt glauben Sie mich aber in der Hand zu haben. Das ist also Ihre Technik, höre ich Sie sagen. Wenn der Betreffende, der ein Versprechen von sich gegeben hat, etwas dazu sagt, was Ihnen paßt, dann erklären Sie ihn für die letzte entscheidende Autorität darüber. „Er sagt es ja selbst!" Wenn Ihnen aber das, was er sagt, nicht in Ihren Kram paßt, dann behaupten Sie auf einmal, der gilt nichts, dem braucht man nicht zu glauben.

Das stimmt allerdings. Ich kann Ihnen aber einen ähnlichen Fall vorstellen, in dem es ebenso ungeheuerlich zugeht. Wenn ein Angeklagter vor dem Richter sich zu einer Tat bekennt, so glaubt der Richter dem Geständnis; wenn er aber leugnet, so glaubt ihm der Richter nicht. Wäre es anders, so gäbe es keine Rechtspflege, und trotz gelegentlicher Irrtümer müssen Sie dieses System doch wohl gelten lassen.

Ja, sind Sie denn der Richter, und der, welcher ein Versprechen begangen hat, ein vor Ihnen Angeklagter? Ist denn ein Versprechen ein Vergehen?

Vielleicht brauchen wir selbst diesen Vergleich nicht abzulehnen. Aber sehen Sie nur, zu welchen tiefgreifenden Differenzen wir bei einiger Vertiefung in die scheinbar so harmlosen Probleme der Fehlleistungen gekommen sind. Differenzen, die wir derzeit noch gar nicht auszugleichen verstehen. Ich biete Ihnen ein vorläufiges Kompromiß an auf Grund des Gleichnisses vom Richter und vom Angeklagten. Sie sollen mir zugeben, daß der Sinn einer Fehlleistung keinen Zweifel zuläßt, wenn der Analysierte ihn selbst zugibt. Ich will Ihnen dafür zugestehen, daß ein direkter Beweis des vermuteten Sinnes nicht zu erreichen ist, wenn der Analysierte die Auskunft verweigert, natürlich ebenso, wenn er nicht zur Hand ist, um uns Auskunft zu geben. Wir sind dann, wie im Falle der Rechtspflege, auf Indizien angewiesen, welche uns eine Entscheidung einmal mehr, ein andermal weniger wahrscheinlich machen können. Bei Gericht muß man aus praktischen Gründen auch auf Indizienbeweise hin schuldig sprechen. Für uns besteht eine solche Nötigung nicht; wir sind aber auch nicht gezwungen, auf die Verwertung solcher Indizien zu verzichten. Es wäre ein Irrtum zu glauben, daß eine Wissenschaft aus lauter streng bewiesenen Lehrsätzen besteht, und ein Unrecht, solches zu fordern. Diese Forderung erhebt nur ein autoritätssüchtiges Gemüt, welches das Bedürfnis hat, seinen religiösen Katechismus durch einen anderen, wenn auch wissenschaftlichen, zu ersetzen. Die Wissenschaft hat in ihrem Katechismus nur wenige apodiktische Sätze, sonst Behauptungen, die sie bis zu gewissen Stufengraden von Wahrscheinlichkeit gefördert hat. Es ist geradezu ein Zeichen von wissenschaftlicher Denkungsart, wenn man an diesen Annäherungen an die Gewißheit sein Genüge finden und die konstruktive Arbeit trotz der mangelnden letzten Bekräftigungen fortsetzen kann.

Woher nehmen wir aber die Anhaltspunkte für unsere Deutungen, die Indizien für unseren Beweis im Falle, daß die Aussage des Analysierten den Sinn der Fehlleistung nicht selbst aufklärt? Von verschiedenen Seiten her. Zunächst aus der Analogie mit Phänomenen außerhalb der Fehlleistungen, z. B. wenn wir behaupten, daß das Namenentstellen als Versprechen denselben schmähenden Sinn hat wie das absichtliche Namenverdrehen. Sodann aber aus der psychischen Situation, in welcher sich die Fehlleistung ereignete aus unserer Kenntnis des Charakters der Person, welche die Fehlhandlung begeht, und der Eindrücke, welche diese Person vor der Fehlleistung betroffen haben, auf die sie möglicherweise mit dieser Fehlleistung reagiert. In der Regel geht es so vor sich, daß wir nach allgemeinen Grundsätzen die Deutung der Fehlleistung vollziehen, die also zunächst nur eine Vermutung, ein Vorschlag zur Deutung ist, und uns dann die Bestätigung aus der Untersuchung der psychischen Situation holen. Manchmal müssen wir auch kommende Ereignisse abwarten, welche sich durch die Fehlleistung gleichsam angekündigt haben, um unsere Vermutung bekräftigt zu finden.

Ich kann Ihnen die Belege hiezu nicht leicht erbringen, wenn ich mich auf das Gebiet des Versprechens einschränken soll, obwohl sich auch hier einzelne gute Beispiele ergeben. Der junge Mann, der eine Dame *begleitdigen* möchte, ist gewiß ein Schüchterner; die Dame, deren Mann essen und trinken darf, was sie will, kenne ich als eine der energischen Frauen, die das Regiment im Hause zu führen verstehen. Oder nehmen Sie folgenden Fall: In einer Generalversammlung der „Concordia" hält ein junges Mitglied eine heftige Oppositionsrede, in deren Verlauf er die Vereinsleitung als die Herren „*Vorschuß*mitglieder" anredet, was aus *Vor*stand und *Aus*schuß zusammengesetzt erscheint. Wir werden vermuten, daß sich bei ihm eine störende Tendenz gegen seine Opposition regte, die sich auf etwas, was mit einem Vorschuß zu tun hatte, stützen konnte. In der Tat erfahren wir von unserem Gewährsmann, daß der Redner in steten Geldnöten war und gerade damals ein Darlehensgesuch eingebracht hatte. Als störende Intention ist also wirklich der Gedanke einzusetzen: mäßige dich in deiner Opposition; es sind dieselben Leute, die dir den Vorschuß bewilligen sollen.

Ich kann Ihnen aber eine reiche Auswahl solcher Indizienbeweise vorlegen, wenn ich auf das weite Gebiet der anderen Fehlleistungen übergreife.

Wenn jemand einen ihm sonst vertrauten Eigennamen vergißt oder ihn trotz aller Mühe nur schwer behalten kann, so liegt uns die Annahme nahe, daß er etwas gegen den Träger dieses Namens hat, so daß er nicht gerne an ihn denken mag; nehmen Sie die nachstehenden Aufdeckungen der psychischen Situation, in welcher diese Fehlleistung eintrat, hinzu:

„Ein Herr Y verliebte sich erfolglos in eine Dame, welche bald darauf einen Herrn X heiratete. Trotzdem nun Herr Y den Herrn X schon seit geraumer Zeit kennt und sogar in geschäftlichen Verbindungen mit ihm steht, vergißt er immer und immer wieder dessen Namen, so daß er sich mehrere Male bei anderen Leuten danach erkundigen mußte, als er mit Herrn X korrespondieren wollte."[1]

Herr Y will offenbar nichts von seinem glücklichen Rivalen wissen. „Nicht gedacht soll seiner werden."

Oder: Eine Dame erkundigt sich bei dem Arzt nach einer gemeinsamen Bekannten, nennt sie aber bei ihrem Mädchennamen. Den in der Heirat angenommenen Namen hat sie vergessen. Sie gesteht dann zu, daß sie mit dieser Heirat sehr unzufrieden war und den Mann dieser Freundin nicht leiden mochte.[2]

Wir werden vom Namenvergessen noch in anderen Hinsichten manches zu sagen haben; jetzt interessiert uns vorwiegend die psychische Situation, in welche das Vergessen fällt.

Das Vergessen von Vorsätzen läßt sich ganz allgemein auf eine gegensätzliche Strömung zurückführen, welche den Vorsatz nicht ausführen will. So denken aber nicht nur wir in der Psychoanalyse, sondern es ist die allgemeine Auffassung der Menschen, der sie im Leben alle anhängen, die sie erst in der Theorie verleugnen. Der Gönner, der sich vor seinem Schützling entschuldigt, er habe dessen Bitte vergessen, ist vor ihm nicht gerechtfertigt. Der Schützling denkt sofort: Dem liegt nichts daran; er hat es zwar versprochen, aber er will es eigentlich nicht tun. In gewissen Beziehungen ist daher auch im Leben das Vergessen verpönt, die Differenz zwischen der populären und der psychoanalytischen Auffassung dieser Fehlleistungen scheint aufgehoben. Stellen Sie sich eine Hausfrau vor, die den Gast mit den Worten empfängt: Was, heute kommen Sie? Ich habe ja ganz vergessen, daß ich Sie für heute eingeladen hatte. Oder den jungen Mann, welcher der Geliebten gestehen sollte, daß er vergessen hatte, das letztbesprochene Rendezvous einzuhalten. Er wird es gewiß nicht gestehen, lieber aus dem Stegreife die unwahrscheinlichsten Hindernisse erfinden, die ihn damals abgehalten haben zu kommen, und es ihm seither unmöglich gemacht haben, davon Nachricht zu geben. Daß in militärischen Dingen die Entschuldigung, etwas vergessen zu haben, nichts nützt und vor keiner Strafe schützt, wissen wir alle und müssen es berechtigt finden. Hier sind mit einem Male alle Menschen darin einig, daß eine bestimmte Fehlhandlung sinnreich ist, und welchen Sinn sie hat. Warum sind sie nicht konsequent genug, diese Einsicht auf die anderen Fehlleistungen auszudehnen und sich voll zu ihr zu bekennen? Es gibt natürlich auch hierauf eine Antwort.

---

[1] Nach C. G. Jung.
[2] Nach A. A. Brill.

Wenn der Sinn dieses Vergessens von Vorsätzen auch den Laien so wenig zweifelhaft ist, so werden Sie um so weniger überrascht sein zu finden, daß Dichter diese Fehlleistung in demselben Sinne verwerten. Wer von Ihnen *Cäsar und Kleopatra* von B. *Shaw* gesehen oder gelesen hat, wird sich erinnern, daß der scheidende Cäsar in der letzten Szene von der Idee verfolgt wird, er habe sich noch etwas vorgenommen, was er aber jetzt vergessen habe. Endlich stellt sich heraus, was das ist: von der Kleopatra Abschied zu nehmen. Diese kleine Veranstaltung des Dichters will dem großen Cäsar eine Überlegenheit zuschreiben, die er nicht besaß und nach der er gar nicht strebte. Sie können aus den geschichtlichen Quellen erfahren, daß Cäsar die Kleopatra nach Rom nachkommen ließ, und daß sie dort mit ihrem kleinen Cäsarion weilte, als Cäsar ermordet wurde, worauf sie flüchtend die Stadt verließ.

Die Fälle des Vergessens von Vorsätzen sind im allgemeinen so klar, daß sie für unsere Absicht, Indizien für den Sinn der Fehlleistung aus der psychischen Situation abzuleiten, wenig brauchbar sind. Wenden wir uns darum zu einer besonders vieldeutigen und undurchsichtigen Fehlhandlung, zum Verlieren und Verlegen. Daß beim Verlieren, einer oft so schmerzlich empfundenen Zufälligkeit, wir selbst mit einer Absicht beteiligt sein sollten, werden Sie gewiß nicht glaubwürdig finden. Aber es gibt reichlich Beobachtungen wie diese: Ein junger Mann verliert seinen Crayon, der ihm sehr lieb gewesen war. Tags zuvor hatte er einen Brief von seinem Schwager erhalten, der mit den Worten schloß: Ich habe vorläufig weder Lust noch Zeit, Deinen Leichtsinn und Deine Faulheit zu unterstützen.[3] Der Bleistift war aber gerade ein Geschenk dieses Schwagers. Ohne dieses Zusammentreffen könnten wir natürlich nicht behaupten, daß an diesem Verlieren die Absicht beteiligt war, sich der Sache zu entledigen. Ähnliche Fälle sind sehr häufig. Man verliert Gegenstände, wenn man sich mit dem Geber derselben verfeindet hat und nicht mehr an ihn erinnert werden will, oder auch, wenn man sie selbst nicht mehr mag und sich einen Vorwand schaffen will, sie durch andere und bessere zu ersetzen. Derselben Absicht gegen einen Gegenstand dient natürlich auch das Fallenlassen, Zerbrechen, Zerschlagen. Kann man es für zufällig halten, wenn ein Schulkind gerade vor seinem Geburtstag seine Gebrauchsgegenstände verliert, ruiniert, zerbricht, z. B. seine Schultasche und seine Taschenuhr?

Wer genug oft die Pein erlebt hat, etwas nicht auffinden zu können, was er selbst weggelegt hat, wird auch an die Absicht beim Verlegen nicht glauben wollen. Und doch sind die Beispiele gar nicht selten, in denen die Begleitumstände des Verlegens auf eine Tendenz hinweisen, den Gegenstand zeitweilig oder dauernd zu beseitigen. Vielleicht das schönste Beispiel dieser Art ist folgendes:

---

[3] Nach B. Dattner.

Ein jüngerer Mann erzählt mir: „Es gab vor einigen Jahren Mißverständnisse in meiner Ehe, ich fand meine Frau zu kühl, und obwohl ich ihre vortrefflichen Eigenschaften gerne anerkannte, lebten wir ohne Zärtlichkeit nebeneinander. Eines Tages brachte sie mir von einem Spaziergange ein Buch mit, das sie gekauft hatte, weil es mich interessieren dürfte. Ich dankte für dieses Zeichen von „Aufmerksamkeit", versprach das Buch zu lesen, legte es mir zurecht und fand es nicht wieder. Monate vergingen so, in denen ich mich gelegentlich an dies verschollene Buch erinnerte und es auch vergeblich aufzufinden versuchte. Etwa ein halbes Jahr später erkrankte meine, getrennt von uns wohnende, geliebte Mutter. Meine Frau verließ das Haus, um ihre Schwiegermutter zu pflegen. Der Zustand der Kranken wurde ernst und gab meiner Frau Gelegenheit, sich von ihren besten Seiten zu zeigen. Eines Abends komme ich begeistert von der Leistung meiner Frau und dankerfüllt gegen sie nach Hause. Ich trete zu meinem Schreibtisch, öffne ohne bestimmte Absicht, aber wie mit somnambuler Sicherheit eine bestimmte Lade desselben, und zu oberst in ihr finde ich das so lange vermißte, das verlegte Buch."

Mit dem Erlöschen des Motivs fand auch das Verlegtsein des Gegenstandes ein Ende.

Meine Damen und Herren! Ich könnte diese Sammlung von Beispielen ins Ungemessene vermehren. Ich will es aber hier nicht tun. In meiner *Psychopathologie des Alltagslebens* (1901) finden Sie ohnedies eine überreiche Kasuistik zum Studium der Fehlleistungen. Alle diese Beispiele ergeben immer wieder das nämliche; sie machen Ihnen wahrscheinlich, daß Fehlleistungen einen Sinn haben, und zeigen Ihnen, wie man diesen Sinn aus den Begleitumständen errät oder bestätigt. Ich fasse mich heute kürzer, weil wir uns ja auf die Absicht eingeschränkt haben, aus dem Studium dieser Phänomene Gewinn für eine Vorbereitung zur Psychoanalyse zu ziehen: Nur auf zwei Gruppen von Beobachtungen muß ich hier noch eingehen, auf die gehäuften und kombinierten Fehlleistungen und auf die Bestätigung unserer Deutungen durch später eintreffende Ereignisse.

Die gehäuften und kombinierten Fehlleistungen sind gewiß die höchste Blüte ihrer Gattung. Käme es uns nur darauf an, zu beweisen, daß Fehlleistungen einen Sinn haben können, so hätten wir uns von vornehrein auf sie beschränkt, denn bei ihnen ist der Sinn selbst für eine stumpfe Einsicht unverkennbar und weiß sich dem kritischsten Urteil aufzudrängen. Die Häufung der Äußerungen verrät eine Hartnäckigkeit, wie sie dem Zufall fast niemals zukommt, aber dem Vorsatz gut ansteht. Endlich die Vertauschung der einzelnen Arten von Fehlleistung miteinander zeigt uns, was das Wichtige und Wesentliche der Fehlleistung ist: nicht die Form derselben oder die Mittel, deren sie sich bedient, sondern die Absicht, der sie selbst dient und die auf den verschiedensten Wegen erreicht werden soll. So will ich Ihnen einen Fall von wiederholtem Vergessen vorführen: *E. Jones* erzählt, daß er einmal aus ihm unbekannten Motiven einen Brief mehrere Tage lang auf seinem Schreibtisch hatte liegen lassen. Endlich entschloß er sich dazu, ihn aufzugeben, erhielt ihn aber vom „*Dead letter office*" zurück, denn er hatte vergessen, die Adresse zu schreiben. Nachdem er ihn adressiert hatte, brachte er ihn zur Post, aber diesmal ohne Briefmarke. Und nun mußte er sich die Abneigung, den Brief überhaupt abzusenden, endlich eingestehen.

In einem anderen Falle kombiniert sich ein Vergreifen mit einem Verlegen. Eine Dame reist mit ihrem Schwager, einem berühmten Künstler, nach Rom. Der Besucher wird von den in Rom lebenden Deutschen sehr gefeiert und erhält unter anderem eine goldene Medaille antiker Herkunft zum Geschenk. Die Dame kränkt sich darüber, daß ihr Schwager das schöne Stück nicht genug zu schätzen weiß. Nachdem sie, von ihrer Schwester abgelöst, wieder zu Hause angelangt ist, entdeckt sie beim Auspacken, daß sie die Medaille – sie weiß nicht wie – mitgenommen hat. Sie teilt es sofort dem Schwager brieflich mit und kündigt ihm an, daß sie das Entführte am nächsten Tage nach Rom zurückschicken wird. Am nächsten Tage aber ist die Medaille so geschickt verlegt, daß sie unauffindbar und unabsendbar ist, und dann dämmert der Dame, was ihre „Zerstreutheit" bedeute, nämlich, daß sie das Stück für sich selbst behalten wolle.

Ich habe Ihnen schon früher ein Beispiel der Kombination eines Vergessens mit einem Irrtum berichtet, wie jemand ein erstesmal ein Rendezvous vergißt und das zweitemal mit dem Vorsatz, gewiß nicht zu vergessen, zu einer anderen als der verabredeten Stunde erscheint. Einen ganz analogen Fall hat mir aus seinem eigenen Erleben ein Freund erzählt, der außer wissenschaftlichen auch literarische Interessen verfolgt. Er sagt: „Ich habe vor einigen Jahren die Wahl in den Ausschuß einer bestimmten literarischen Vereinigung angenommen, weil ich vermutete, die Gesellschaft könnte mir einmal behilflich sein, eine Aufführung meines Dramas durchzusetzen, und nahm regelmäßig, wenn auch ohne viel Interesse, an den jeden Freitag stattfindenden Sitzungen teil. Vor einigen Monaten erhielt ich nun die Zusicherung einer Aufführung am Theater in F. und seither passierte es mir regelmäßig, daß ich die Sitzungen jenes Vereins vergaß. Als ich Ihre Schrift über diese Dinge las, schämte ich mich meines Vergessens, machte mir Vorwürfe, es sei doch eine Gemeinheit, daß ich jetzt ausbleibe, nachdem ich die Leute nicht mehr brauche, und beschloß, nächsten Freitag gewiß nicht zu vergessen. Ich erinnerte mich an diesen Vorsatz immer wieder, bis ich ihn ausführte und vor der Tür des Sitzungssaales stand. Zu meinem Erstaunen war sie geschlossen, die Sitzung war schon vorüber; ich hatte mich nämlich im Tage geirrt: es war schon Samstag!"

Es wäre reizvoll genug, ähnliche Beobachtungen zu sammeln, aber ich gehe weiter; ich will Sie einen Blick auf jene Fälle werfen lassen, in denen unsere Deutung auf Bestätigung durch die Zukunft warten muß.

Die Hauptbedingung dieser Fälle ist begreiflicherweise, daß die gegenwärtige psychische Situation uns unbekannt oder unserer Erkundigung unzugänglich ist. Dann hat unsere Deutung nur den Wert einer Vermutung, der wir selbst nicht zuviel Gewicht beilegen wollen. Später ereignet sich aber etwas, was uns zeigt, wie berechtigt unsere Deutung schon damals war. Einst war ich als Gast bei einem jungverheirateten Paare und hörte die junge Frau lachend ihr letztes Erlebnis erzählen, wie sie am Tage nach der Rückkehr von der Reise wieder ihre ledige Schwester aufgesucht habe, um mit ihr, wie in früheren Zeiten, Einkäufe zu machen, während der Ehemann seinen Geschäften nachging. Plötzlich sei ihr ein Herr auf der anderen Seite der Straße aufgefallen und sie habe, ihre Schwester anstoßend, gerufen: Schau, dort geht ja der Herr L. Sie hatte vergessen, daß dieser Herr seit einigen Wochen ihr Ehegemahl war. Mich schauerte bei dieser Erzählung, aber ich getraute mich der Folgerung nicht. Die kleine Geschichte fiel mir erst Jahre später wieder ein, nachdem diese Ehe den unglücklichsten Ausgang genommen hatte.

A. Maeder erzählt von einer Dame, die am Tage vor ihrer Hochzeit ihr Hochzeitskleid zu probieren vergessen hatte und sich zur Verzweiflung der Schneiderin erst spät abends daran erinnerte. Er bringt es in Zusammenhang mit diesem Vergessen, daß sie bald nachher von ihrem Manne geschieden war. – Ich kenne eine jetzt von ihrem Manne geschiedene Dame, die bei der Verwaltung ihres Vermögens Dokumente häufig mit ihrem Mädchennamen unterzeichnet hat, viele Jahre vorher, ehe sie diesen wirklich annahm. – Ich weiß von anderen Frauen, die auf der Hochzeitsreise ihren Ehering verloren haben, und weiß auch, daß der Verlauf der Ehe diesem Zufall Sinn verliehen hat. Und nun noch ein grelles Beispiel mit besserem Ausgang. Man erzählt von einem berühmten deutschen Chemiker, daß seine Ehe darum nicht zustande kam, weil er die Stunde der Trauung vergessen hatte und anstatt in die Kirche ins Laboratorium gegangen war. Er war so klug, es bei dem einen Versuch bewenden zu lassen, und starb unverehelicht in hohem Alter.

Vielleicht ist Ihnen auch der Einfall gekommen, daß in diesen Beispielen die Fehlhandlungen an die Stelle der Omina oder Vorzeichen der Alten getreten sind. Und wirklich, ein Teil der Omina waren nichts anderes als Fehlleistungen, z. B. wenn jemand stolperte oder niederfiel. Ein anderer Teil trug allerdings die Charaktere des objektiven Geschehens, nicht die des subjektiven Tuns. Aber Sie würden nicht glauben, wie schwer es manchmal wird, bei einem bestimmten Vorkommnis zu entscheiden, ob es zu der einen oder zu der anderen Gruppe gehört. Das Tun versteht es so häufig, sich als ein passives Erleben zu maskieren.

Jeder von uns, der auf längere Lebenserfahrung zurückblicken kann, wird sich wahrscheinlich sagen, daß er sich viele Enttäuschungen und schmerzliche Überraschungen erspart hätte, wenn er den Mut und Entschluß gefunden, die kleinen Fehlhandlungen im Verkehr der Menschen als Vorzeichen zu deuten und als Anzeichen ihrer noch geheimgehaltenen Absichten zu verwerten. Man wagt es meist nicht; man käme sich so vor, als würde man auf dem Umwege über die Wissenschaft wieder abergläubisch werden. Es treffen ja auch nicht alle Vorzeichen ein, und Sie werden aus unseren Theorien verstehen, daß sie nicht alle einzutreffen brauchen.

IV. Vorlesung
Die Fehlleistungen
(Schluß)

Meine Damen und Herren! Daß die Fehlleistungen einen Sinn haben, dürfen wir doch als das Ergebnis unserer bisherigen Bemühungen hinstellen und zur Grundlage unserer weiteren Untersuchungen nehmen. Nochmals sei betont, daß wir nicht behaupten – und für unsere Zwecke der Behauptung nicht bedürfen –, daß jede einzelne vorkommende Fehlleistung sinnreich sei, wiewohl ich das für wahrscheinlich halte. Es genügt uns, wenn wir einen solchen Sinn relativ häufig bei den verschiedenen Formen der Fehlleistung nachweisen. Diese verschiedenen Formen verhalten sich übrigens in dieser Hinsicht verschieden. Beim Versprechen, Verschreiben usw. mögen Fälle mit rein physiologischer Begründung vorkommen, bei den auf Vergessen beruhenden Arten (Namen und Vorsatzvergessen, Verlegen usw.) kann ich an solche nicht glauben, ein Verlieren gibt es sehr wahrscheinlich, das als unbeabsichtigt zu erkennen ist; die im Leben vorfallenden Irrtümer sind überhaupt nur zu einem gewissen Anteil unseren Gesichtspunkten unterworfen. Diese Einschränkungen wollen Sie im Auge behalten, wenn wir fortan davon ausgehen, daß Fehlleistungen psychische Akte sind und durch die Interferenz zweier Absichten entstehen.

Es ist dies das erste Resultat der Psychoanalyse. Von dem Vorkommen solcher Interferenzen und der Möglichkeit, daß dieselben derartige Erscheinungen zur Folge haben, hat die Psychologie bisher nichts gewußt. Wir haben das Gebiet der psychischen Erscheinungswelt um ein ganz ansehnliches Stück erweitert und Phänomene für die Psychologie erobert, die ihr früher nicht zugerechnet wurden.

Verweilen wir noch einen Moment bei der Behauptung, die Fehlleistungen seien „psychische Akte". Enthält sie mehr als unsere sonstige Aussage, sie hätten einen Sinn? Ich glaube nicht; sie ist vielmehr eher unbestimmter und mißverständlicher. Alles, was man am Seelenleben beobachten kann, wird man gelegentlich als seelisches Phänomen bezeichnen. Es wird bald darauf ankommen, ob die einzelne seelische Äußerung direkt aus körperlichen, organischen, materiellen Einwirkungen hervorgegangen ist, in welchem Falle ihre Untersuchung nicht der Psychologie zufällt, oder ob sie sich zunächst aus anderen seelischen Vorgängen ableitet, hinter denen dann irgendwo die Reihe der organischen Einwirkungen anfängt. Den letzteren Sachverhalt haben wir im Auge, wenn wir eine Erscheinung als einen seelischen Vorgang bezeichnen, und darum ist es zweckmäßiger, unsere Aussage in die Form zu kleiden: die Erscheinung sei sinnreich, habe einen Sinn. Unter Sinn verstehen wir Bedeutung, Absicht, Tendenz und Stellung in einer Reihe psychischer Zusammenhänge.

Es gibt eine Anzahl anderer Erscheinungen, welche den Fehlleistungen sehr nahestehen, auf welche aber dieser Name nicht mehr paßt. Wir nennen sie *Zufalls-und Symptomhandlungen*. Sie haben gleichfalls den Charakter des Unmotivierten, Unscheinbaren und Unwichtigen, überdies aber deutlicher den des Überflüssigen. Von den Fehlhandlungen unterscheidet sie der Wegfall einer anderen Intention, mit der sie zusammenstoßen und die durch sie gestört wird. Sie übergehen andererseits ohne Grenze in die Gesten und Bewegungen, welche wir zum Ausdruck der Gemütsbewegungen rechnen. Zu diesen Zufallshandlungen gehören alle wie spielend ausgeführten, anscheinend zwecklosen Verrichtungen an unserer Kleidung, Teilen unseres Körpers, an Gegenständen, die uns erreichbar sind, sowie die Unterlassungen derselben, ferner die Melodien, die wir vor uns hinsummen. Ich vertrete vor Ihnen die Behauptung, daß alle diese Phänomene sinnreich und deutbar sind in derselben Weise wie die Fehlhandlungen, kleine Anzeichen von anderen wichtigeren seelischen Vorgängen, vollgültige psychische Akte. Aber ich gedenke bei dieser neuen Erweiterung des Gebiets seelischer Erscheinungen nicht zu verweilen, sondern zu den Fehlleistungen zurückzukehren, an denen sich die für die Psychoanalyse wichtigen Fragestellungen mit weit größerer Deutlichkeit herausarbeiten lassen.

Die interessantesten Fragen, die wir bei den Fehlleistungen gestellt und noch nicht beantwortet haben, sind wohl die folgenden: Wir haben gesagt, daß die Fehlleistungen Ergebnisse der Interferenz von zwei verschiedenen Intentionen sind, von denen die eine die gestörte, die andere die störende heißen kann. Die gestörten Intentionen geben zu weiteren Fragen keinen Anlaß, aber von den anderen wollen wir wissen, erstens, was sind das für Intentionen, die als Störung anderer auftreten, und zweitens, wie verhalten sich die störenden zu den gestörten?

Gestatten Sie, daß ich wiederum das Versprechen zum Repräsentanten der ganzen Gattung nehme, und daß ich die zweite Frage eher beantworte als die erste.

Die störende Intention beim Versprechen kann in inhaltlicher Beziehung zur gestörten stehen, dann enthält sie einen Widerspruch gegen sie, eine Berichtigung oder Ergänzung zu ihr. Oder, der dunklere und interessantere Fall, die störende Intention hat inhaltlich nichts mit der gestörten zu tun.

Belege für die erstere der beiden Beziehungen können wir in den uns bereits bekannten und in ähnlichen Beispielen mühelos finden. Fast in allen Fällen von Versprechen zum Gegenteil drückt die störende Intention den Gegensatz zur gestörten aus, ist die Fehlleistung die Darstellung des Konflikts zwischen zwei unvereinbaren Strebungen. Ich erkläre die Sitzung für eröffnet, möchte sie aber lieber schon geschlossen haben, ist der Sinn des Versprechens des Präsidenten. Eine politische Zeitung, die der Bestechlichkeit beschuldigt worden ist, verteidigt sich in einem Artikel, der in den Worten gipfeln soll: Unsere Leser werden uns das Zeugnis ausstellen, daß wir immer in *uneigennützigster* Weise für das Wohl der Allgemeinheit eingetreten sind. Der mit der Abfassung der Verteidigung betraute Redakteur schreibt aber: in *eigennützigster* Weise. Das heißt, er denkt: So muß ich zwar schreiben, aber ich weiß es anders. Ein Volksvertreter, der dazu auffordert, dem Kaiser *rückhaltlos* die Wahrheit zu sagen, muß eine Stimme in seinem Innern anhören, die ob seiner Kühnheit erschrickt, und durch ein Versprechen das rückhaltlos in rückgratlos verwandelt.[4]

In den Ihnen bekannten Beispielen, die den Eindruck von Zusammenziehungen und Verkürzungen machen, handelt es sich um Berichtigungen, Zusätze oder Fortsetzungen, mit denen sich eine zweite Tendenz neben der ersten zur Geltung bringt. Es sind da Dinge zum Vorschein gekommen, aber sag' es lieber gerad' heraus, es waren *Schweinereien;* also: es sind Dinge zum *Vorschwein* gekommen. – Die Leute, die das verstehen, kann man an den *Fingern einer Hand* abzählen; aber nein, es gibt doch eigentlich nur *einen,* der das versteht, also: an *einem* Finger abzählen. – Oder, mein Mann kann essen und trinken, was er will. Aber Sie wissen ja, ich dulde es überhaupt nicht, daß er etwas will; also: er darf essen und trinken, was *ich* will. In all diesen Fällen geht also das Versprechen aus dem Inhalt der gestörten Intention selbst hervor oder es knüpft an ihn an.

Die andere Art der Beziehung zwischen den beiden interferierenden Intentionen wirkt befremdend. Wenn die störende Intention nichts mit dem Inhalt der gestörten zu tun hat, woher kommt sie denn und woher rührt es, daß sie sich gerade an solcher Stelle als Störung bemerkbar macht? Die Beobachtung, die hier

---

[4] Im deutschen Reichstag Nov. 1908.

allein Antwort geben kann, läßt erkennen, daß die Störung von einem Gedankengang herrührt, der die betreffende Person kurz vorher beschäftigt hatte, und der nun in solcher Weise nachwirkt, gleichgültig ob er bereits Ausdruck in der Rede gefunden hat oder nicht. Sie ist also wirklich als Nachklang zu bezeichnen, aber nicht notwendig als Nachklang von gesprochenen Worten. Es fehlt auch hier nicht an einem assoziativen Zusammenhang zwischen dem Störenden und dem Gestörten, aber er ist nicht im Inhalt gegeben, sondern künstlich, oft auf sehr gezwungenen Verbindungswegen hergestellt.

Hören Sie ein einfaches Beispiel hiefür an, das ich selbst beobachtet habe. Ich treffe einmal in unseren schönen Dolomiten mit zwei Wiener Damen zusammen, die als Touristinnen verkleidet sind. Ich begleite sie ein Stück weit und wir besprechen die Genüsse, aber auch die Beschwerden der touristischen Lebensweise. Die eine der Damen gibt zu, daß diese Art den Tag zu verbringen manches Unbequeme hat. Es ist wahr, sagt sie, daß es gar nicht angenehm ist, wenn man so in der Sonne den ganzen Tag marschiert ist, und Bluse und Hemd ganz durchgeschwitzt sind. In diesem Satze hat sie einmal eine kleine Stockung zu überwinden. Dann setzt sie fort: Wenn man aber dann nach *Hose* kommt und sich umkleiden kann ... Wir haben dies Versprechen nicht analysiert, aber ich meine, Sie können es leicht verstehen. Die Dame hatte die Absicht gehabt, die Aufzählung vollständiger zu halten und zu sagen: Bluse, Hemd und Hose. Aus Motiven der Wohlanständigkeit war die Erwähnung der Hose unterblieben, aber in dem nächsten, inhaltlich ganz unabhängigen Satz kam das nicht ausgesprochene Wort als Verunstaltung des ähnlich lautenden „nach *Hause*" zum Vorschein.

Nun können wir uns aber der lange aufgesparten Hauptfrage zuwenden, was für Intentionen es sind, die sich in ungewöhnlicher Weise als Störungen anderer zum Ausdruck bringen. Nun selbstverständlich sehr verschiedene, in denen wir aber das Gemeinsame finden wollen. Untersuchen wir eine Reihe von Beispielen daraufhin, so werden sie sich uns alsbald in drei Gruppen sondern. Zur ersten Gruppe gehören die Fälle, in denen die störende Tendenz dem Redner bekannt ist, überdies aber vor dem Versprechen von ihm verspürt wurde. So gibt beim Versprechen „Vorschwein" der Sprecher nicht nur zu, daß er das Urteil „Schweinereien" über die betreffenden Vorgänge gefällt hat, sondern auch, daß er die Absicht hatte, von der er später zurücktrat, ihm auch wörtlichen Ausdruck zu geben. Eine zweite Gruppe bilden andere Fälle, in denen die störende Tendenz vom Sprecher gleichfalls als die seinige anerkannt wird, aber er weiß nichts davon, daß sie gerade vor dem Versprechen bei ihm aktiv war. Er akzeptiert also unsere Deutung seines Versprechens, bleibt aber doch in gewissem Maße verwundert über sie. Beispiele für dieses Verhalten lassen sich von anderen Fehlleistungen vielleicht leichter geben als gerade vom Versprechen. In einer dritten Gruppe wird die Deutung der störenden Intention vom Sprecher energisch abgelehnt; er bestreitet nicht nur, daß sie sich vor dem Versprechen in ihm geregt, sondern er will behaupten, daß sie ihm überhaupt völlig fremd ist. Erinnern Sie sich an das Beispiel vom „Aufstoßen" und an die geradezu unhöfliche Abweisung, die ich mir durch die Aufdeckung der störenden Intention von diesem Sprecher geholt habe. Sie wissen, daß wir in der Auffassung dieser Fälle noch keine Einigung erzielt haben. Ich würde mir aus dem Widerspruch des Toastredners nichts machen und unbeirrbar an meiner Deutung festhalten, während Sie, meine ich, doch unter dem Eindrucke seines Sträubens stehen und in Erwägung ziehen, ob man nicht auf die Deutung solcher Fehlleistungen verzichten und sie als rein physiologische Akte im voranalytischen Sinne gelten lassen soll. Ich kann mir denken, was Sie abschreckt. Meine Deutung schließt die Annahme ein, daß sich bei dem Sprecher Intentionen äußern können, von denen er selbst nichts weiß, die ich aber aus Indizien erschließen kann. Vor einer so neuartigen und folgenschweren Annahme machen Sie halt. Ich verstehe das und gebe Ihnen insoweit recht. Aber stellen wir das eine fest: Wenn Sie die an so vielen Beispielen erhärtete Auffassung der Fehlleistungen konsequent durchführen wollen, müssen Sie sich zu der genannten befremdenden Annahme entschließen. Können Sie das nicht, so müssen Sie auf das kaum erworbene Verständnis der Fehlleistungen wiederum verzichten.

Verweilen wir noch bei dem, was die drei Gruppen einigt, was den drei Mechanismen des Versprechens gemeinsam ist. Das ist zum Glück unverkennbar. In den beiden ersten Gruppen wird die störende Tendenz vom Sprecher anerkannt; in der ersten kommt noch hinzu, daß sie sich unmittelbar vor dem Versprechen gemeldet hat. In beiden Fällen *ist sie aber zurückgedrängt worden. Der Sprecher hat sich entschlossen, sie nicht in Rede umzusetzen, und dann passiert ihm das Versprechen, d. h. dann setzt sich die zurückgedrängte Tendenz gegen seinen Willen in eine Äußerung um, indem sie den Ausdruck der von ihm zugelassenen Intention abändert, sich mit ihm vermengt oder sich geradezu an seine Stelle setzt.* Dies ist also der Mechanismus des Versprechens.

Ich kann von meinem Standpunkt auch den Vorgang in unserer dritten Gruppe in den schönsten Einklang mit dem hier beschriebenen Mechanismus bringen. Ich brauche nur anzunehmen, daß diese drei Gruppen durch die verschieden weit reichende Zurückdrängung einer Intention unterschieden werden. In der ersten ist die Intention vorhanden und macht sich vor der Äußerung des Sprechers ihm bemerkbar; erst dann erfährt sie die Zurückweisung, für welche sie sich im Versprechen entschädigt. In der zweiten Gruppe reicht die Zurückweisung weiter; die Intention wird bereits vor der Redeäußerung nicht mehr bemerkbar. Merkwürdig, daß sie dadurch keineswegs abgehalten wird, sich an der Verursachung des Versprechens zu beteiligen! Durch dies Verhalten wird uns aber die Erklärung für den Vorgang bei der dritten Gruppe erleichtert. Ich werde so kühn sein, anzunehmen, daß sich in der Fehlleistung auch noch eine Tendenz äußern kann, welche seit längerer Zeit, vielleicht seit sehr langer Zeit, zurückgedrängt ist, nicht bemerkt wird und darum vom Sprecher direkt verleugnet werden kann. Aber lassen Sie selbst das Problem der dritten Gruppe beiseite; Sie müssen aus den Beobachtungen an den anderen Fällen den Schluß ziehen, *daß die Unterdrückung der vorhandenen Absicht, etwas zu sagen, die unerläßliche Bedingung dafür ist, daß ein Versprechen zustande kommt.*

Wir dürfen nun behaupten, daß wir im Verständnis der Fehlleistungen weitere Fortschritte gemacht haben. Wir wissen nicht nur, daß sie seelische Akte sind, an denen man Sinn und Absicht erkennen kann, nicht nur, daß sie durch die Interferenz von zwei verschiedenen Intentionen entstehen, sondern außerdem noch, daß die eine dieser Intentionen eine gewisse Zurückdrängung von der Ausführung erfahren haben muß, um sich durch die Störung der anderen äußern zu können. Sie muß selbst erst gestört worden sein, ehe sie zur störenden werden kann. Eine vollständige Erklärung der Phänomene, die wir Fehlleistungen nennen, ist damit natürlich noch nicht gewonnen. Wir sehen sofort weitere Fragen auftauchen und ahnen überhaupt, daß sich um so mehr Anlässe zu neuen Fragen ergeben werden, je weiter wir im Verständnis kommen. Wir können z. B. fragen, warum es nicht viel einfacher zugeht. Wenn die Absicht besteht, eine gewisse Tendenz zurückzudrängen anstatt sie auszuführen, so sollte diese Zurückdrängung so gelingen, daß eben nichts von jener zum Ausdruck kommt, oder sie könnte auch mißlingen, so daß die zurückgedrängte Tendenz sich vollen Ausdruck schafft. Die Fehlleistungen sind aber Kompromißergebnisse, sie bedeuten ein halbes Gelingen und ein halbes Mißlingen für jede der beiden Absichten, die gefährdete Intention wird weder ganz unterdrückt, noch setzt sie sich – von Einzelfällen abgesehen – ganz unversehrt durch. Wir können uns denken, daß besondere Bedingungen für das Zustandekommen solcher Interferenz- oder Kompromißergebnisse vorhanden sein müssen, aber wir können auch nicht einmal ahnen, welcher Art sie sein können. Ich glaube auch nicht, daß wir diese uns unbekannten Verhältnisse durch weitere Vertiefung in das Studium der Fehlleistungen aufdecken könnten. Es wird vielmehr notwendig sein, vorher noch andere dunkle Gebiete des Seelenlebens zu durchforschen; erst die Analogien, die uns dort begegnen, können uns den Mut geben, jene Annahmen aufzustellen, die für eine tiefer reichende Aufklärung der Fehlleistungen erforderlich sind. Und noch eines! Auch das Arbeiten mit kleinen Anzeichen, wie wir es auf diesem Gebiete beständig üben, bringt seine Gefahren mit sich. Es gibt eine seelische Erkrankung, die kombinatorische Paranoia, bei welcher die Verwertung solcher kleiner Anzeichen in uneingeschränkter Weise betrieben wird, und ich werde mich natürlich nicht dafür einsetzen, daß die auf dieser Grundlage aufgebauten Schlüsse durchwegs richtig sind. Vor solchen Gefahren kann uns nur die breite Basis unserer Beobachtungen bewahren, die Wiederholung ähnlicher Eindrücke aus den verschiedensten Gebieten des Seelenlebens.

Wir werden also die Analyse der Fehlleistungen hier verlassen. An eines darf ich Sie aber noch mahnen; wollen Sie die Art, wie wir diese Phänomene behandelt haben, als vorbildlich im Gedächtnis behalten. Sie können an diesem Beispiel ersehen, welches die Absichten unserer Psychologie sind. Wir wollen die Erscheinungen nicht bloß beschreiben und klassifizieren, sondern sie als Anzeichen eines Kräftespiels in der Seele begreifen, als Äußerung von zielstrebigen Tendenzen, die zusammen oder gegeneinander arbeiten. Wir bemühen uns um eine *dynamische Auffassung* der seelischen Erscheinungen. Die wahrgenommenen Phänomene müssen in unserer Auffassung gegen die nur angenommenen Strebungen zurücktreten.

Wir wollen also bei den Fehlleistungen nicht weiter in die Tiefe gehen, aber wir können noch einen Streifzug durch die Breite dieses Gebiets unternehmen, auf dem wir Bekanntes wiederfinden und einiges Neue aufspüren werden. Wir halten uns dabei an die Einteilung in die bereits eingangs aufgestellten drei Gruppen des Versprechens mit den beigeordneten Formen des Verschreibens, Verlesens, Verhörens, des Vergessens mit seinen Unterteilungen je nach dem vergessenen Objekte (Eigennamen, Fremdworten, Vorsätzen, Eindrücken) und des Vergreifens, Verlegens, Verlierens. Die Irrtümer, soweit sie für uns in Betracht kommen, schließen sich teils dem Vergessen, teils dem Vergreifen an.

Vom Versprechen haben wir bereits so eingehend gehandelt und doch noch einiges hinzuzufügen. Es knüpfen sich an das Versprechen kleinere affektive Phänomene, die nicht ganz ohne Interesse sind. Es will niemand sich gerne versprochen haben; man überhört auch oft das eigene Versprechen, niemals das eines anderen. Das Versprechen ist auch in gewissem Sinne ansteckend; es ist gar nicht leicht, über das Versprechen zu reden, ohne dabei selbst in Versprechen zu verfallen. Die geringfügigsten Formen des Versprechens, die gerade keine besonderen Aufklärungen über versteckte seelische Vorgänge zu geben haben, sind doch in ihrer Motivierung unschwer zu durchschauen. Wenn jemand z. B. einen langen Vokal kurz gesprochen hat infolge einer beliebig motivierten, bei diesem Wort eingetretenen Störung, so dehnt er dafür einen bald darauf folgenden kurzen Vokal und begeht ein neues Versprechen, indem er das frühere kompensiert. Dasselbe, wenn er einen Doppelvokal unrein und nachlässig ausgesprochen hat, z. B. ein *eu* oder *oi* wie *ei*; er sucht es gutzumachen, indem er ein nachfolgendes *ei* zu *eu* oder *oi* verändert. Dabei scheint eine Rücksicht auf den Zuhörer maßgebend zu sein, der nicht glauben soll, es sei dem Redner gleichgültig, wie er die Muttersprache behandle. Die zweite kompensierende Entstellung hat geradezu die Absicht, den Hörer auf die erste aufmerksam zu machen und ihm zu versichern, daß sie auch dem Redner nicht entgangen ist. Die häufigsten, einfachsten und geringfügigsten Fälle des Versprechens bestehen in Zusammenziehungen und Vorklängen, die sich an unscheinbaren Redeteilen äußern. Man verspricht sich in einem längeren Satz z. B. derart, daß das letzte Wort der beabsichtigten Redeintention vorklingt. Das macht den Eindruck einer gewissen Ungeduld, mit dem Satze fertig zu werden, und bezeugt im allgemeinen ein gewisses Widerstreben gegen die Mitteilung dieses Satzes oder gegen die Rede überhaupt. Wir kommen so zu Grenzfällen, in denen sich die Unterschiede zwischen der psychoanalytischen und der gemeinen physiologischen Auffassung des Versprechens vermischen. Wir nehmen an, daß in diesen Fällen eine die Redeintention störende Tendenz vorhanden ist; sie kann aber nur anzeigen, daß sie vorhanden ist, und nicht, was sie selbst beabsichtigt. Die Störung, die sie hervorruft, folgt dann irgendwelchen Lautbeeinflussungen oder Assoziationsanziehungen und kann als Ablenkung der Aufmerksamkeit von der Redeintention aufgefaßt werden. Aber weder diese Aufmerksamkeitsstörung noch die wirksam gewordenen Assoziationsneigungen treffen das Wesen des Vorgangs. Dies bleibt doch der Hinweis auf die Existenz einer die Redeabsicht störenden Intention, deren Natur nur diesmal nicht aus ihren Wirkungen erraten werden kann, wie es in allen besser ausgeprägten Fällen des Versprechens möglich ist.

Das Verschreiben, zu dem ich nun übergehe, stimmt mit dem Versprechen soweit überein, daß wir keine neuen Gesichtspunkte zu erwarten haben. Vielleicht wird uns eine kleine Nachlese beschieden sein. Die so verbreiteten kleinen Verschreibungen, Zusammenziehungen, Vorwegnahmen späterer, besonders der letzten Worte deuten wiederum auf eine allgemeine Schreibunlust und Ungeduld fertig zu werden; ausgeprägtere Effekte des Verschreibens lassen Natur und Absicht der störenden Tendenz erkennen. Im allgemeinen weiß man, wenn man in einem Brief ein Verschreiben findet, daß beim Schreiber nicht alles in Ordnung war; was sich bei ihm geregt hat, kann man nicht immer feststellen. Das Verschreiben wird häufig von dem, der es begeht, ebensowenig bemerkt wie das Versprechen. Auffällig ist dann folgende Beobachtung: Es gibt ja Menschen, welche die Gewohnheit üben, jeden Brief, den sie geschrieben haben, vor der Absendung nochmals durchzulesen. Andere pflegen dies nicht; wenn sie es aber ausnahmsweise einmal tun, haben sie dann immer Gelegenheit, ein auffälliges Verschreiben aufzufinden und zu korrigieren. Wie ist das zu erklären? Das sieht so aus, als wüßten diese Leute doch, daß sie sich bei der Abfassung des Briefes verschrieben haben. Sollen wir das wirklich glauben?

An die praktische Bedeutung des Verschreibens knüpft sich ein interessantes Problem. Sie erinnern sich vielleicht an den Fall eines Mörders H., der sich Kulturen von höchst gefährlichen Krankheitserregern von wissenschaftlichen Instituten zu verschaffen wußte, indem er sich für einen Bakterienforscher ausgab, der aber diese Kulturen dazu gebrauchte, um ihm nahestehende Personen auf diese modernste Weise aus dem Wege zu räumen. Dieser Mann beklagte sich nun einmal bei der Leitung eines solchen Instituts über die Unwirksamkeit der ihm geschickten Kulturen, verschrieb sich aber dabei, und an Stelle der Worte „bei meinen Versuchen an Mäusen oder Meerschweinchen" stand deutlich zu lesen, „bei meinen Versuchen an Menschen." Dies Verschreiben fiel auch den Ärzten des Instituts auf; sie zogen aber, soviel ich weiß, keine Konsequenzen daraus. Nun, was meinen Sie? Hätten die Ärzte nicht vielmehr das Verschreiben als Geständnis annehmen und eine Untersuchung anregen müssen, durch welche dem Mörder rechtzeitig das Handwerk gelegt worden wäre? Ist in diesem Falle nicht die Unkenntnis unserer Auffassung der Fehlleistungen die Ursache eines praktisch bedeutsamen Versäumnisses geworden? Nun, ich meine, ein solches Verschreiben erschiene mir gewiß als sehr verdächtig, aber seiner Verwendung als Geständnis steht etwas sehr Gewichtiges im Wege. So einfach ist die Sache nicht. Das Verschreiben ist sicherlich ein Indizium, aber für sich allein hätte es zur Einleitung einer Untersuchung nicht hingereicht. Daß der Mann von dem Gedanken beschäftigt ist, Menschen zu infizieren, das sagt das Verschreiben allerdings, aber es läßt nicht entscheiden, ob dieser Gedanke den Wert eines klaren schädlichen Vorsatzes oder den einer praktisch belanglosen Phantasie hat. Es ist sogar möglich, daß der Mensch, der sich so verschrieben hat, mit der besten subjektiven Berechtigung diese Phantasie verleugnen und sie als etwas ihm gänzlich Fremdes von sich weisen wird. Wenn wir später den Unterschied zwischen psychischer und materieller Realität ins Auge fassen, werden Sie diese Möglichkeiten noch besser verstehen können. Es ist dies aber wieder ein Fall, in dem eine Fehlleistung nachträglich zu ungeahnter Bedeutung gekommen ist.

Beim Verlesen treffen wir auf eine psychische Situation; die sich von der des Versprechens und Verschreibens deutlich unterscheidet. Die eine der beiden miteinander konkurrierenden Tendenzen ist hier durch eine sensorische Anregung ersetzt und vielleicht darum weniger resistent. Was man zu lesen hat, ist ja nicht eine Produktion des eigenen Seelenlebens wie etwas, was man zu schreiben vorhat. In einer großen Mehrzahl besteht daher das Verlesen in einer vollen Substitution. Man ersetzt das zu lesende Wort durch ein anderes, ohne daß eine inhaltliche Beziehung zwischen dem Text und dem Effekt des Verlesens zu bestehen braucht, in der Regel in Anlehnung an eine Wortähnlichkeit. Lichtenbergs Beispiel: Agamemmnon anstatt angenommen ist das beste dieser Gruppe. Will man die störende, das Verlesen erzeugende Tendenz kennenlernen, so darf man den verlesenen Text ganz beiseite lassen und kann die analytische Untersuchung mit den beiden Fragen einleiten, welcher Einfall sich als der nächste zum Effekt des Verlesens ergibt und in welcher Situation das Verlesen vorgefallen ist. Mitunter reicht die Kenntnis der letzteren für sich allein zur Aufklärung des Verlesens hin, z. B. wenn jemand in gewissen Nöten in einer ihm fremden Stadt herumwandert und auf einer großen Tafel eines ersten Stockes das Wort *Klosethaus* liest. Er hat gerade noch Zeit, sich darüber zu verwundern, daß die Tafel so hoch angebracht ist, ehe er entdeckt, daß dort streng genommen Korsethaus zu lesen steht. In anderen Fällen bedarf gerade das vom Inhalt des Textes unabhängige Verlesen einer eingehenden Analyse, die ohne Übung in der psychoanalytischen Technik und ohne Zutrauen zu ihr nicht durchzuführen ist. Meist ist es aber leichter, sich die Aufklärung eines Verlesens zu schaffen. Das substituierte Wort verrät nach dem Beispiel Agamemnon ohne weiteres den Gedankenkreis, aus welchem die Störung hervorgeht. In diesen Kriegszeiten ist es z. B. sehr gewöhnlich, daß man die Namen der Städte und Heerführer und die militärischen Ausdrücke, die einen beständig umschwirren, überall hineinliest, wo einem ein ähnliches Wortbild entgegenkommt. Was einen interessiert und beschäftigt, das setzt sich so an Stelle des Fremden und noch Uninteressanten. Die Nachbilder der Gedanken trüben die neue Wahrnehmung.

Es fehlt auch beim Verlesen nicht an Fällen von anderer Art, in denen der Text des Gelesenen selbst die störende Tendenz erweckt, durch welche er dann meist in sein Gegenteil verwandelt wird. Man sollte etwas Unerwünschtes lesen und überzeugt sich durch die Analyse, daß ein intensiver Wunsch zur Ablehnung des Gelesenen für dessen Abänderung verantwortlich zu machen ist.

Bei den ersterwähnten häufigeren Fällen des Verlesens kommen zwei Momente zu kurz, denen wir im Mechanismus der Fehlleistungen eine wichtige Rolle zugeteilt haben: der Konflikt zweier Tendenzen und die Zurückdrängung der einen, die sich durch den Effekt der Fehlleistung entschädigt. Nicht daß beim Verlesen etwas dem Gegensätzliches aufzufinden wäre, aber die Vordringlichkeit des zum Verlesen führenden Gedankeninhalts ist doch weit auffälliger als die Zurückdrängung, die dieser vorher erfahren haben mag. Gerade diese beiden Momente treten uns bei den verschiedenen Situationen der Fehlleistung durch Vergessen am greifbarsten entgegen.

Das Vergessen von Vorsätzen ist geradezu eindeutig, seine Deutung wird, wie wir gehört haben, auch vom Laien nicht bestritten. Die den Vorsatz störende Tendenz ist jedesmal eine Gegenabsicht, ein Nichtwollen, von dem uns nur zu wissen erübrigt, warum es sich nicht anders und nicht unverhüllter zum Ausdruck bringt. Aber das Vorhandensein dieses Gegenwillens ist unzweifelhaft. Manchmal gelingt es auch, etwas von den Motiven zu erraten, die diesen Gegenwillen nötigen sich zu verbergen, und allemal hat er durch die Fehlleistung aus dem Verborgenen seine Absicht erreicht, während ihm die Abweisung sicher wäre, wenn er als offener Widerspruch aufträte. Wenn zwischen dem Vorsatz und seiner Ausführung eine wichtige Veränderung der psychischen Situation eingetreten ist, derzufolge die Ausführung des Vorsatzes nicht in Frage käme, dann tritt das Vergessen des Vorsatzes aus dem Rahmen der Fehlleistung heraus. Man wundert sich nicht mehr darüber und sieht ein, daß es überflüssig gewesen wäre, den Vorsatz zu erinnern; er war dann dauernd oder zeitweilig erloschen. Eine Fehlleistung kann das Vergessen des Vorsatzes nur dann heißen, wenn wir an eine solche Unterbrechung desselben nicht glauben können.

Die Fälle von Vorsatzvergessen sind im allgemeinen so einförmig und durchsichtig, daß sie eben darum für unsere Untersuchung kein Interesse haben. An zwei Stellen können wir aber doch aus dem Studium dieser Fehlleistung etwas Neues lernen. Wir haben gesagt, das Vergessen, also Nichtausführen eines Vorsatzes, weist auf einen ihm feindlichen Gegenwillen hin. Das bleibt wohl bestehen, aber der Gegenwille kann nach der Aussage unserer Untersuchungen von zweierlei Art sein, ein direkter oder ein vermittelter. Was unter dem letzteren gemeint ist, läßt sich am besten an ein oder zwei Beispielen erläutern. Wenn der Gönner vergißt, bei einer dritten Person ein Fürwort für seinen Schützling einzulegen, so kann dies geschehen, weil er sich für den Schützling eigentlich nicht sehr interessiert und darum auch zur Fürsprache keine große Lust hat. In diesem Sinne wird jedenfalls der Schützling das Vergessen des Gönners verstehen. Es kann aber auch komplizierter zugehen. Der Gegenwille gegen die Ausführung des Vorsatzes kann beim Gönner von anderer Seite kommen und an ganz anderer Stelle engreifen. Er braucht mit dem Schützling nichts zu tun zu haben, sondern richtet sich etwa gegen die dritte Person, bei welcher die Fürsprache erfolgen soll. Sie sehen also, welche Bedenken auch hier der praktischen Verwendung unserer Deutungen entgegenstehen. Der Schützling gerät trotz der richtigen Deutung des Vergessens in Gefahr, allzu mißtrauisch zu werden und seinem Gönner schweres Unrecht zu tun. Oder: wenn jemand das Rendezvous vergißt, das einzuhalten er dem anderen versprochen und sich selbst vorgenommen hat, so wird die häufigste Begründung wohl die direkte Abneigung gegen das Zusammentreffen mit dieser Person sein. Aber die Analyse könnte hier den Nachweis erbringen, daß die störende Tendenz nicht der Person gilt, sondern sich gegen den Platz richtet, an welchem das Zusammentreffen stattfinden soll, und der infolge einer an ihn geknüpften peinlichen Erinnerung gemieden wird.

Oder: wenn jemand einen Brief aufzugeben vergißt, so kann sich die Gegentendenz auf den Inhalt des Briefes selbst stützen; es ist aber keineswegs ausgeschlossen, daß der Brief an sich harmlos ist und der Gegentendenz nur darum verfällt, weil irgend etwas an ihm an einen anderen, früher einmal geschriebenen Brief; erinnert, der dem Gegenwillen allerdings einen direkten Angriffspunkt geboten hat. Man kann dann sagen, der Gegenwille hat sich hier von jenem früheren Brief, wo er berechtigt war, auf den gegenwärtigen übertragen, bei dem er eigentlich nichts zu wollen hat. Sie sehen also, daß man bei der Verwertung unserer berechtigten Deutungen doch Zurückhaltung und Vorsicht üben muß; was psychologisch gleichwertig ist, kann praktisch doch recht vieldeutig sein.

Phänomene wie diese werden Ihnen sehr ungewöhnlich erscheinen. Vielleicht sind Sie geneigt anzunehmen, daß der „indirekte" Gegenwille den Vorgang als einen bereits pathologischen charakterisiert. Ich kann Ihnen aber versichern, daß er auch im Rahmen der Norm und der Gesundheit vorkommt. Mißverstehen Sie mich übrigens nicht. Ich will keineswegs selbst die Unzuverlässigkeit unserer analytischen Deutungen zugestehen. Die besprochene Vieldeutigkeit des Vorsatzvergessens besteht ja nur, solange wir keine Analyse des Falles vorgenommen haben und nur auf Grund unserer allgemeinen Voraussetzungen deuten. Wenn wir die Analyse mit der betreffenden Person ausführen, erfahren wir jedesmal mit genügender Sicherheit, ob es ein direkter Gegenwille ist, oder woher er sonst rührt.

Ein zweiter Punkt ist der folgende: Wenn wir in einer Überzahl von Fällen bestätigt finden, daß das Vergessen eines Vorsatzes auf einen Gegenwillen zurückgeht, so bekommen wir Mut, diese Lösung auch auf eine andere Reihe von Fällen auszudehnen, in denen die analysierte Person den von uns erschlossenen Gegenwillen nicht bestätigt, sondern verleugnet. Nehmen Sie als Beispiele hierfür die überaus häufigen Vorkommnisse, daß man vergißt, Bücher, die man entlehnt hat, zurückzustellen, Rechnungen oder Schulden zu bezahlen. Absicht besteht, die Bücher zu behalten und die Schulden nicht zu bezahlen, während er diese Absicht leugnen, aber nicht imstande sein wird, uns für sein Benehmen eine andere Erklärung zu geben. Daraufhin setzen wir fort, er habe die Absicht, nur wisse er nichts von ihr; es genüge uns aber, daß sie sich durch den Effekt des Vergessens bei ihm verrate. Jener kann uns wiederholen, er habe eben vergessen. Sie erkennen jetzt die Situation als eine, in welcher wir uns bereits früher einmal befunden haben. Wenn wir unsere so vielfältig als berechtigt erwiesenen Deutungen der Fehlleistungen konsequent fortführen wollen, werden wir unausweichlich zu der Annahme gedrängt, daß es Tendenzen beim Menschen gibt, welche wirksam werden können, ohne daß er von ihnen weiß. Damit setzen wir uns aber in Widerspruch zu allen das Leben und die Psychologie beherrschenden Anschauungen.

Das Vergessen von Eigen- und Fremdnamen sowie Fremdworten läßt sich in gleicher Weise auf eine Gegenabsicht zurückführen, welche sich entweder direkt oder indirekt gegen den betreffenden Namen richtet. Von solcher direkter Abneigung habe ich Ihnen bereits früher einmal mehrere Beispiele vorgeführt. Die indirekte Verursachung ist aber hier besonders häufig und erfordert meist sorgfältige Analysen zu ihrer Feststellung. So z. B. hat in dieser Kriegszeit, die uns gezwungen hat, so viele unserer früheren Neigungen aufzugeben, auch die Verfügung über das Erinnern von Eigennamen infolge der sonderbarsten Verknüpfungen sehr gelitten. Vor kurzem ist es mir geschehen, daß ich den Namen der harmlosen mährischen Stadt Bisenz nicht reproduzieren konnte, und die Analyse ergab, daß keine direkte Verfeindung Schuld daran trug, sondern der Anklang an den Namen des Palazzo Bisenzi in Orvieto, in dem ich sonst zu wiederholten Malen gerne gewohnt hatte. Als Motiv der gegen dies Namenerinnern gerichteten Tendenz tritt uns hier zum erstenmal ein Prinzip entgegen, welches uns später seine ganze großartige Bedeutung für die Verursachung neurotischer Symptome enthüllen wird: die Abneigung des Gedächtnisses, etwas zu erinnern, was mit Unlustempfindungen verknüpft war und bei der Reproduktion diese Unlust erneuern würde. Diese Absicht zur Vermeidung von Unlust aus der Erinnerung oder anderen psychischen Akten, die psychische Flucht vor der Unlust, dürfen wir als das letzte wirksame Motiv nicht nur fürs Namenvergessen, sondern auch für viele andere Fehlleistungen, wie Unterlassungen, Irrtümer u. a. anerkennen.

Das Namenvergessen scheint aber psycho-physiologisch besonders erleichtert zu sein und stellt sich daher auch in Fällen ein, welche die Einmengung eines Unlustmotivs nicht bestätigen lassen. Wenn einer einmal zum Namenvergessen neigt, so können Sie bei ihm durch analytische Untersuchung feststellen, daß ihm nicht nur darum Namen entfallen, weil er sie selbst nicht mag oder weil sie ihn an Unliebsames mahnen, sondern auch darum, weil derselbe Name bei ihm einem anderen Assoziationskreis angehört, zu dem er innigere Beziehungen hat. Der Name wird dort gleichsam festgehalten und den anderen momentan aktivierten Assoziationen verweigert. Wenn Sie sich an die Kunststücke der Mnemotechnik erinnern, so werden Sie mit einigem Befremden feststellen, daß man Namen infolge derselben Zusammenhänge vergißt, die man sonst absichtlich herstellt, um sie vor dem Vergessen zu schützen. Das auffälligste Beispiel hierfür geben Eigennamen von Personen, die begreiflicherweise für verschiedene Leute ganz verschiedene psychische Wertigkeit besitzen müssen. Nehmen Sie z. B. einen Vornamen wie Theodor. Dem einen von Ihnen wird er nichts Besonderes bedeuten; für den anderen ist es der Name seines Vaters, Bruders, Freundes oder der eigene. Die analytische Erfahrung wird Ihnen dann zeigen, daß der erstere nicht in Gefahr ist zu vergessen, daß eine gewisse fremde Person diesen Namen führt, während die anderen beständig geneigt sein werden, dem Fremden einen Namen vorzuenthalten, der ihnen für intime Beziehungen reserviert erscheint. Nehmen Sie nun an, daß diese assoziative Hemmung mit der Wirkung des Unlustprinzips und überdies mit einem indirekten Mechanismus zusammentreffen kann, so werden Sie erst imstande sein, sich von der Komplikation der Verursachung des zeitweiligen Namenvergessens eine zutreffende Vorstellung zu machen. Eine sachgerechte Analyse deckt Ihnen aber alle diese Verwicklungen restlos auf.

Das Vergessen von Eindrücken und Erlebnissen zeigt die Wirkung der Tendenz, Unangenehmes von der Erinnerung fernzuhalten, noch viel deutlicher und ausschließlicher als das Namenvergessen. Es gehört natürlich nicht in seinem vollen Umfang zu den Fehlleistungen, sondern nur insoferne es uns, am Maßstabe unserer gewohnten Erfahrung gemessen, auffällig und unberechtigt erscheint, also z. B. wenn das Vergessen zu frische oder zu wichtige Eindrücke betrifft oder solche, deren Ausfall eine Lücke in einen sonst gut erinnerten Zusammenhang reißt. Warum und wieso wir überhaupt vergessen können, darunter Erlebnisse, welche uns gewiß den tiefsten Eindruck hinterlassen haben, wie die Ereignisse unserer ersten Kindheitsjahre, das ist ein ganz anderes Problem, bei welchem die Abwehr gegen Unlustregungen eine gewisse Rolle spielt, aber lange nicht alles erklärt. Daß unangenehme Eindrücke leicht vergessen werden, ist eine nicht zu bezweifelnde Tatsache. Verschiedene Psychologen haben sie bemerkt und der große *Darwin* empfing einen so starken Eindruck von ihr, daß er sich die „goldene Regel" aufstellte, Beobachtungen, welche seiner Theorie ungünstig schienen, mit besonderer Sorgfalt zu notieren, da er sich überzeugt hatte, daß gerade sie in seinem Gedächtnisse nicht haften wollten.

Wer von diesem Prinzip der Abwehr gegen die Erinnerungsunlust durch das Vergessen zuerst hört, versäumt selten den Einwand zu erheben, daß er vielmehr die Erfahrung gemacht hat, daß gerade Peinliches schwer zu vergessen ist, indem es gegen den Willen der Person immer wiederkehrt, um sie zu quälen, z. B. die Erinnerung an Kränkungen und Demütigungen. Auch diese Tatsache ist richtig, aber der Einwand trifft nicht zu. Es ist wichtig, daß man rechtzeitig beginne mit der Tatsache zu rechnen, das Seelenleben sei ein Kampf- und Tummelplatz entgegengesetzter Tendenzen, oder nicht dynamisch ausgedrückt, es bestehe aus Widersprüchen und Gegensatzpaaren. Der Nachweis einer bestimmten Tendenz leistet nichts für den Ausschluß einer ihr gegensätzlichen; es ist Raum für beide vorhanden. Es kommt nur darauf an, wie sich die Gegensätze zueinander stellen, welche Wirkungen von dem einen und welche von dem anderen ausgehen.

Das Verlieren und Verlegen sind uns besonders interessant durch ihre Vieldeutigkeit, also durch die Mannigfaltigkeit der Tendenzen, in deren Dienst diese Fehlleistungen treten können. Allen Fällen gemeinsam ist, daß man etwas verlieren wollte, verschieden aber, aus welchem Grund und zu welchem Zweck. Man verliert eine Sache, wenn sie schadhaft geworden ist, wenn man die Absicht hat, sie durch eine bessere zu ersetzen, wenn sie aufgehört hat einem lieb zu sein, wenn sie von einer Person herrührt, zu der sich die Beziehungen verschlechtert haben, oder wenn sie unter Umständen erworben wurde, deren man nicht mehr gedenken will. Demselben Zweck kann auch das Fallenlassen, Beschädigen, Zerbrechen der Sache dienen. Im Leben der Gesellschaft soll die Erfahrung gemacht worden sein, daß aufgezwungene und uneheliche Kinder weit hinfälliger sind als die rechtmäßig empfangenen. Es bedarf für dies Ergebnis nicht der groben Technik der sogenannten Engelmacherinnen; ein gewisser Nachlaß in der Sorgfalt der Kinderpflege soll voll ausreichen. Mit der Bewahrung der Dinge könnte es ebenso zugehen wie mit der der Kinder.

Dann aber können Dinge zum Verlieren bestimmt werden, ohne daß sie etwas an ihrem Wert eingebüßt haben, wenn nämlich die Absicht besteht, etwas dem Schicksal zu opfern, um einen anderen gefürchteten Verlust abzuwehren. Solche Schicksalsbeschwörungen sind nach der Aussage der Analyse unter uns noch sehr häufig, unser Verlieren ist darum oft ein freiwilliges Opfern. Ebenso kann sich das Verlieren in den Dienst des Trotzes und der Selbstbestrafung stellen; kurz, die entfernteren Motivierungen der Tendenz, ein Ding durch Verlieren von sich zu tun, sind unübersehbar.

Das Vergreifen wird wie andere Irrtümer häufig dazu benützt, um Wünsche zu erfüllen, die man sich versagen soll. Die Absicht maskiert sich dabei als glücklicher Zufall. So z. B. wenn man, wie es einem unserer Freunde geschah, unter deutlichem Gegenwillen einen Besuch mit der Eisenbahn in der Nähe der Stadt machen soll und dann in der Umsteigestation irrtümlich in den Zug einsteigt, der einen wieder zur Stadt zurückführt, oder wenn man auf der Reise durchaus einen längeren Aufenthalt in einer Zwischenstation nehmen möchte, aber wegen bestimmter Verpflichtungen nicht nehmen soll und man dann einen gewissen Anschluß übersieht oder versäumt, so daß man zu der gewünschten Unterbrechung gezwungen ist. Oder wie es bei einem meiner Patienten zuging, dem ich untersagt hatte, seine Geliebte telephonisch anzurufen, der aber „irrtümlich", „in Gedanken", eine falsche Nummer aussprach, als er mit mir telephonieren wollte, so daß er plötzlich mit seiner Geliebten verbunden war. Ein hübsches, auch praktisch bedeutsames Beispiel von direktem Fehlgreifen bringt die Beobachtung eines Ingenieurs zur Vorgeschichte einer Sachbeschädigung:

„Vor einiger Zeit arbeitete ich mit mehreren Kollegen im Laboratorium der Hochschule an einer Reihe komplizierter Elastizitätsversuche, eine Arbeit, die wir freiwillig übernommen hatten, die aber begann, mehr Zeit zu beanspruchen, als wir erwartet hatten. Als ich eines Tages wieder mit meinem Kollegen F. ins Laboratorium ging, äußerte dieser, wie unangenehm es ihm gerade heute sei, so viel Zeit zu verlieren, er hätte zu Hause so viel anderes zu tun; ich konnte ihm nur beistimmen und äußerte noch halb scherzhaft, auf einen Vorfall der vergangenen Woche anspielend: ‚Hoffentlich wird wieder die Maschine versagen, so daß wir die Arbeit abbrechen und früher weggehen können!'"

Bei der Arbeitsteilung trifft es sich, daß Kollege F. das Ventil der Presse zu steuern bekommt, d. h., er hat die Druckflüssigkeit aus dem Akkumulator durch vorsichtiges Öffnen des Ventils langsam in den Zylinder der hydraulischen Presse einzulassen; der Leiter des Versuches steht beim Manometer und ruft, wenn der richtige Druck erreicht ist, ein lautes Halt. Auf dieses Kommando faßt F. das Ventil und dreht es mit aller Kraft – nach links (alle Ventile werden ausnahmslos nach rechts geschlossen!). Dadurch wird plötzlich der volle Druck des Akkumulators in der Presse wirksam, worauf die Rohrleitung nicht eingerichtet ist, so daß sofort eine Rohrverbindung platzt – ein ganz harmloser Maschinendefekt, der uns jedoch zwingt, für heute die Arbeit einzustellen und nach Hause zu gehen.

Charakteristisch ist übrigens, daß einige Zeit nachher, als wir diesen Vorfall besprachen, Freund F. sich an meine von mir mit Sicherheit erinnerte Äußerung absolut nicht erinnern wollte."

Von hier können Sie auf die Vermutung kommen, daß es nicht immer der harmlose Zufall ist, der die Hände Ihres Dienstpersonals zu so gefährlichen Feinden Ihres Hausbesitzes macht, Sie können aber auch die Frage aufwerfen, ob es jedesmal Zufall ist, wenn man sich selbst beschädigt und seine eigene Integrität in Gefahr bringt. Anregungen, die Sie gelegentlich an der Hand der Analyse von Beobachtungen auf ihren Wert prüfen mögen.

Meine geehrten Zuhörer! Das ist lange nicht alles, was über die Fehlleistungen zu sagen wäre. Es gibt da noch viel zu erforschen und zu diskutieren. Aber ich bin zufrieden, wenn Sie aus unseren bisherigen Erörterungen darüber eine gewisse Erschütterung Ihrer bisherigen Anschauungen und einen Grad von Bereitschaft für die Annahme neuer gewonnen haben. Im übrigen bescheide ich mich, Sie vor einer ungeklärten Sachlage zu belassen. Wir können aus dem Studium der Fehlleistungen nicht alle unsere Lehrsätze beweisen und sind auch mit keinem Beweis auf dieses Material allein angewiesen. Der große Wert der Fehlleistungen für unsere Zwecke liegt darin, daß es sehr häufige, auch an der eigenen Person leicht zu beobachtende Erscheinungen sind, deren Zustandekommen das Kranksein durchaus nicht zur Voraussetzung hat. Nur eine Ihrer unbeantworteten Fragen möchte ich am Schlusse noch zu Worte kommen lassen: Wenn die Menschen sich, wie wir's an vielen Beispielen gesehen haben, dem Verständnis der Fehlleistungen so sehr annähern und sich oft so benehmen, als ob sie deren Sinn durchschauen würden, wie ist es möglich, daß sie dieselben Phänomene doch ganz allgemein als zufällig, sinn- und bedeutungslos hinstellen und der psychoanalytischen Aufklärung derselben so energisch widerstreben können.

Sie haben recht, das ist auffällig und fordert eine Erklärung. Aber ich werde sie Ihnen nicht geben, sondern Sie langsam zu den Zusammenhängen hinführen, aus denen sich Ihnen die Erklärung ohne mein Dazutun aufdrängen wird.

ZWEITER TEIL: DER TRAUM

V. Vorlesung
Schwierigkeiten und erste Annäherungen

Meine Damen und Herren! Eines Tages machte man die Entdeckung, daß die Leidenssymptome gewisser Nervöser einen Sinn haben.[5] Daraufhin wurde das psychoanalytische Heilverfahren begründet. In dieser Behandlung ereignete es sich, daß die Kranken an Stelle ihrer Symptome auch Träume vorbrachten. Somit entstand die Vermutung, daß auch diese Träume einen Sinn haben.

Wir werden aber nicht diesen historischen Weg gehen, sondern den umgekehrten einschlagen. Wir wollen den Sinn der Träume nachweisen, als Vorbereitung zum Studium der Neurosen. Diese Verkehrung ist gerechtfertigt, denn das Studium des Traumes ist nicht nur die beste Vorbereitung für das der Neurosen, der Traum selbst ist auch ein neurotisches Symptom, und zwar eines, das den für uns unschätzbaren Vorteil hat, bei allen Gesunden vorzukommen. Ja, wenn alle Menschen gesund wären und nur träumen würden, so könnten wir aus ihren Träumen fast alle die Einsichten gewinnen, zu denen die Untersuchung der Neurosen geführt hat.

So wird also der Traum zum Objekt der psychoanalytischen Forschung. Wieder ein gewöhnliches, gering geschätztes Phänomen, scheinbar ohne praktischen Wert wie die Fehlleistungen, mit denen er ja das Vorkommen bei Gesunden gemein hat. Aber sonst sind die Bedingungen für unsere Arbeit eher ungünstiger. Die Fehlleistungen waren nur von der Wissenschaft vernachlässigt worden, man hatte sich wenig um sie bekümmert; aber schließlich war es keine Schande, sich mit ihnen zu beschäftigen. Man sagte, es gibt zwar Wichtigeres, aber vielleicht kann auch dabei etwas herauskommen. Die Beschäftigung mit dem Traum ist aber nicht bloß unpraktisch und überflüssig, sondern direkt schimpflich; sie bringt das Odium der Unwissenschaftlichkeit mit sich, weckt den Verdacht einer

---

[5] Josef Breuer in den Jahren 1880–1882. Vgl. hiezu meine in Amerika 1909 gehaltenen Vorlesungen *Über Psychoanalyse* und *Zur Geschichte der psychoanalytischen Bewegung.*

persönlichen Hinneigung zum Mystizismus. Daß ein Mediziner sich mit dem Traume abgeben sollte, wo es selbst in der Neuropathologie und Psychiatrie soviel Ernsthafteres gibt: Tumoren bis zu Apfelgröße, die das Organ des Seelenlebens komprimieren, Blutergüsse, chronische Entzündungen, bei denen man die Veränderungen der Gewebsteile unter dem Mikroskop demonstrieren kann! Nein, der Traum ist ein allzu geringfügiges und der Erforschung unwürdiges Objekt.

Noch dazu eines, dessen Beschaffenheit selbst allen Anforderungen exakter Forschung trotzt. Man ist ja in der Traumforschung nicht einmal des Objekts sicher. Eine Wahnidee z. B. tritt einem klar und bestimmt umrissen entgegen. Ich bin der Kaiser von China, sagt der Kranke laut. Aber der Traum? Er ist meist überhaupt nicht zu erzählen. Wenn jemand einen Traum erzählt, hat er eine Garantie, daß er ihn richtig erzählt hat, und nicht vielmehr während der Erzählung verändert, etwas dazu erfindet, durch die Unbestimmtheit seiner Erinnerung gezwungen? Die meisten Träume können überhaupt nicht erinnert werden, sind bis auf kleine Fragmente vergessen. Und auf die Deutung dieses Materials soll eine wissenschaftliche Psychologie oder eine Methode der Behandlung von Kranken begründet werden?

Ein gewisses Übermaß in einer Beurteilung darf uns mißtrauisch machen. Die Einwendungen gegen den Traum als Objekt der Forschung gehen offenbar zu weit. Mit der Unwichtigkeit haben wir schon bei den Fehlleistungen zu tun gehabt. Wir haben uns gesagt, große Dinge können sich auch in kleinen Anzeichen äußern. Was die Unbestimmtheit des Traumes betrifft, so ist sie eben ein Charakter wie ein anderer; man kann den Dingen ihren Charakter nicht vorschreiben. Es gibt übrigens auch klare und bestimmte Träume. Es gibt auch andere Objekte der psychiatrischen Forschung, die an demselben Charakter der Unbestimmtheit leiden, z. B. in vielen Fällen die Zwangsvorstellungen, mit denen sich doch respektable, angesehene Psychiater beschäftigt haben. Ich will mich an den letzten Fall erinnern, der in meiner ärztlichen Tätigkeit vorgekommen ist. Die Kranke stellte sich mir mit den Worten vor: Ich habe ein gewisses Gefühl, als ob ich ein lebendes Wesen – ein Kind? – doch nicht, eher einen Hund – beschädigt hätte oder beschädigen gewollt hätte, vielleicht es von einer Brücke heruntergestoßen – oder etwas anderes. Dem Schaden der unsicheren Erinnerung an den Traum können wir abhelfen, wenn wir festsetzen, eben das, was der Träumer erzählt, habe als sein Traum zu gelten, ohne Rücksicht auf alles, was er vergessen oder in der Erinnerung verändert haben mag. Endlich kann man nicht einmal so allgemein behaupten, daß der Traum etwas Unwichtiges sei. Es ist uns aus eigener Erfahrung bekannt, daß die Stimmung, in der man aus einem Traum erwacht, sich über den ganzen Tag fortsetzen kann; es sind Fälle von den

Ärzten beobachtet worden, in denen eine Geisteskrankheit mit einem Traum beginnt und eine aus diesem Traum stammende Wahnidee festhält; es wird von historischen Personen berichtet, daß sie die Anregung zu wichtigen Taten aus Träumen geschöpft haben. Wir werden darum fragen, woher kommt eigentlich die Verachtung der wissenschaftlichen Kreise für den Traum?

Ich meine, sie ist die Reaktion auf die Überschätzung früherer Zeiten. Die Rekonstruktion der Vergangenheit ist bekanntlich nicht leicht, aber dies dürfen wir mit Sicherheit annehmen – gestatten Sie mir den Scherz –, daß bereits unsere Vorfahren vor 3000 Jahren und mehr in ähnlicher Weise wie wir geträumt haben. Soviel wir wissen, haben die alten Völker alle den Träumen große Bedeutung beigelegt und sie für praktisch verwertbar gehalten. Sie haben ihnen Anzeichen für die Zukunft entnommen, Vorbedeutungen in ihnen gesucht. Für die Griechen und andere Orientalen mag zuzeiten ein Feldzug ohne Traumdeuter so unmöglich gewesen sein wie heutzutage ohne Fliegeraufklärer. Als Alexander der Große seinen Eroberungszug unternahm, befanden sich die berühmtesten Traumdeuter in seinem Gefolge. Die Stadt Tyrus, die damals noch auf einer Insel lag, leistete dem König so heftigen Widerstand, daß er sich mit dem Gedanken trug, ihre Belagerung aufzugeben. Da träumte er eines Nachts einen wie im Triumph tanzenden Satyr, und als er diesen Traum seinen Traumdeutern vortrug, erhielt er den Bescheid, es sei ihm der Sieg über die Stadt verkündet worden. Er befahl den Angriff und nahm Tyrus ein. Bei Etruskern und Römern waren andere Methoden zur Erkundung der Zukunft in Gebrauch, aber die Traumdeutung wurde während der ganzen hellenistisch-römischen Zeit gepflegt und hochgehalten. Von der damit beschäftigten Literatur ist uns wenigstens das Hauptwerk erhalten, das Buch des *Artemidoros aus Daldis*, den man in die Lebenszeit des Kaisers Hadrian versetzt. Wie es dann kam, daß die Kunst der Traumdeutung verfiel und der Traum in Mißkredit geriet, weiß ich Ihnen nicht zu sagen. Die Aufklärung kann nicht viel Anteil daran gehabt haben, denn das dunkle Mittelalter hat weit absurdere Dinge als die antike Traumdeutung getreu bewahrt. Tatsache ist es, daß das Interesse am Traum allmählich zum Aberglauben herabsank und sich nur bei, den Ungebildeten behaupten konnte. Der letzte Mißbrauch der Traumdeutung noch in unseren Tagen sucht aus den Träumen die Zahlen zu erfahren, die zur Ziehung im kleinen Lotto prädestiniert sind. Dagegen hat die exakte Wissenschaft der Jetztzeit sich wiederholt mit dem Traume beschäftigt, aber immer nur in der Absicht, ihre physiologischen Theorien auf ihn anzuwenden. Den Ärzten galt der Traum natürlich als ein nicht psychischer Akt, als die Äußerung somatischer Reize im Seelenleben. *Binz* erklärt 1876 den Traum „für einen körperlichen, in allen Fällen unnützen, in vielen Fällen geradezu krankhaften Vorgang, über welchem Weltseele und Unsterblichkeit so hoch erhaben stehen, wie der blaue Äther über einer unkrautbewachsenen Sandfläche in tiefster Niederung." *Maury* vergleicht ihn mit den ungeordneten Zuckungen des Veitstanzes im Gegensatz zu den koordinierten Bewegungen des normalen Menschen; ein alter Vergleich setzt den Inhalt des Traumes in Parallele zu den Tönen, welche „die zehn Finger eines der Musik unkundigen Menschen, die über die Tasten des Instrumentes hinlaufen", hervorbringen würden.

Deuten heißt einen verborgenen Sinn finden; davon kann bei dieser Einschätzung der Traumleistung natürlich keine Rede sein. Sehen Sie die Beschreibung des Traumes bei *Wundt, Jodl* und anderen neueren Philosophen nach; sie begnügt sich mit der Aufzählung der Abweichungen des Traumlebens vom wachen Denken in einer den Traum herabsetzenden Absicht, hebt den Zerfall der Assoziationen, die Aufhebung der Kritik, die Ausschaltung alles Wissens und andere Zeichen geminderter Leistung hervor. Der einzig wertvolle Beitrag zur Kenntnis des Traumes, den wir der exakten Wissenschaft verdanken, bezieht sich auf den Einfluß körperlicher, während des Schlafes einwirkender Reize auf den Trauminhalt. Wir besitzen von einem kürzlich verstorbenen norwegischen Autor *J. Mourly Vold* zwei dicke Bände experimentaler Traumforschungen (1910 und 1912 ins Deutsche übersetzt), welche sich fast nur mit den Erfolgen der Stellungsveränderungen der Gliedmaßen beschäftigen. Sie werden uns als Vorbilder der exakten Traumforschung angepriesen. Können Sie sich nun denken, was die exakte Wissenschaft dazu sagen würde, wenn sie erführe, daß wir den Versuch machen wollen, den Sinn der Träume zu finden? Vielleicht, daß sie es sogar schon gesagt hat. Aber wir wollen uns nicht abschrecken lassen. Wenn die Fehlleistungen Sinn haben konnten, kann es der Traum auch, und die Fehlleistungen haben in sehr vielen Fällen einen Sinn, der der exakten Forschung entgangen ist. Bekennen wir uns nur zum Vorurteil der Alten und des Volkes und treten wir in die Fußstapfen der antiken Traumdeuter.

Vor allem müssen wir uns über unsere Aufgabe orientieren, im Gebiet der Träume Umschau halten. Was ist denn ein Traum? Es ist schwer, dies in einem Satz zu sagen. Wir wollen aber doch keine Definition versuchen, wo der Hinweis auf den jedermann bekannten Stoff genügt. Aber wir sollten das Wesentliche des Traumes herausheben. Wo ist das zu finden? Es gibt so ungeheure Verschiedenheiten innerhalb des Rahmens, der unser Gebiet umschließt, Verschiedenheiten nach jeder Richtung. Wesentlich wird wohl sein, was wir als allen Träumen gemeinsam aufzeigen können.

Ja, das erste allen Träumen Gemeinsame wäre, daß wir dabei schlafen. Das Träumen ist offenbar das Seelenleben während des Schlafes, das mit dem des Wachens gewisse Ähnlichkeiten hat und sich durch große Unterschiede dagegen absetzt. Das war schon die Definition des *Aristoteles*. Vielleicht bestehen zwischen Traum und Schlaf noch nähere Beziehungen. Man kann durch einen Traum geweckt werden, man hat sehr oft einen Traum, wenn man spontan erwacht oder wenn man gewaltsam aus dem Schlafe gestört wird. Der Traum scheint also ein Zwischenzustand zwischen Schlafen und Wachen zu sein. So werden wir auf den Schlaf hingewiesen. Was ist nun der Schlaf?

Das ist ein physiologisches oder biologisches Problem, an dem noch vieles strittig ist. Wir können da nichts entscheiden, aber ich meine, wir dürfen eine psychologische Charakteristik des Schlafes versuchen. Der Schlaf ist ein Zustand, in welchem ich nichts von der äußeren Welt wissen will, mein Interesse von ihr abgezogen habe. Ich versetze mich in den Schlaf, indem ich mich von ihr zurückziehe und ihre Reize von mir abhalte. Ich schlafe auch ein, wenn ich von ihr ermüdet bin. Beim Einschlafen sage ich also zur Außenwelt: Laß mich in Ruhe, denn ich will schlafen. Umgekehrt sagt das Kind: Ich geh' noch nicht schlafen, ich bin nicht müde, will noch etwas erleben. Die biologische Tendenz des Schlafes scheint also die Erholung zu sein, sein psychologischer Charakter das Aussetzen des Interesses an der Welt. Unser Verhältnis zur Welt, in die wir so ungern gekommen sind, scheint es mit sich zu bringen, daß wir sie nicht ohne Unterbrechung aushalten. Wir ziehen uns darum zeitweise in den vorweltlichen Zustand zurück, in die Mutterleibsexistenz also. Wir schaffen uns wenigstens ganz ähnliche Verhältnisse, wie sie damals bestanden: warm, dunkel und reizlos. Einige von uns rollen sich noch zu einem engen Paket zusammen und nehmen zum Schlafen eine ähnliche Körperhaltung wie im Mutterleibe ein. Es sieht so aus, als hätte die Welt auch uns Erwachsene nicht ganz, nur zu zwei Dritteilen; zu einem Drittel sind wir überhaupt noch ungeboren. Jedes Erwachen am Morgen ist dann wie eine neue Geburt. Wir sprechen auch vom Zustand nach dem Schlaf mit den Worten: wir sind wie neugeboren, wobei wir über das Allgemeingefühl des Neugeborenen eine wahrscheinlich sehr falsche Voraussetzung machen. Es ist anzunehmen, daß dieser sich vielmehr sehr unbehaglich fühlt. Wir sagen auch vom Geborenwerden: das Licht der Welt erblicken.

Wenn das der Schlaf ist, so steht der Traum überhaupt nicht auf seinem Programm, scheint vielmehr eine unwillkommene Zutat. Wir meinen auch, daß der traumlose Schlaf der beste, der einzig richtige ist. Es soll keine seelische Tätigkeit im Schlaf geben; rührt sich diese doch, so ist uns eben die Herstellung des fötalen Ruhezustandes nicht gelungen; Reste von Seelentätigkeit haben sich nicht ganz vermeiden lassen. Diese Reste, das wäre das Träumen. Dann scheint es aber wirklich, daß der Traum keinen Sinn zu haben braucht. Bei den Fehlleistungen lag es anders; es waren doch Tätigkeiten während des Wachens. Aber wenn ich schlafe, die seelische Tätigkeit ganz eingestellt habe und nur gewisse Reste derselben nicht unterdrücken konnte, so ist es gar nicht notwendig, daß diese Reste einen Sinn haben. Ich kann diesen Sinn sogar nicht brauchen, da ja das übrige meines Seelenlebens schläft. Es kann sich da wirklich nur um zukkungsartige Reaktionen handeln, nur um solche seelische Phänomene, die direkt auf somatischen Anreiz hin erfolgen. Die Träume wären also die den Schlaf störenden Reste der seelischen Tätigkeit des Wachens, und wir dürfen den Vorsatz fassen, das für die Psychoanalyse ungeeignete Thema alsbald wieder zu verlassen.

Indes, wenn der Traum auch überflüssig ist, er existiert doch, und wir können versuchen, uns von dieser Existenz Rechenschaft zu geben. Warum schläft das Seelenleben nicht ein? Wahrscheinlich, weil etwas der Seele keine Ruhe läßt. Es wirken Reize auf sie ein, und sie muß darauf reagieren. Der Traum ist also die Art, wie die Seele auf die im Schlafzustand einwirkenden Reize reagiert. Wir merken hier einen Zugang zum Verständnis des Traumes. Wir können nun bei verschiedenen Träumen danach suchen, welches die Reize sind, die den Schlaf stören wollen und auf die mit Träumen reagiert wird. Soweit hätten wir das erste Gemeinsame aller Träume aufgearbeitet.

Gibt es noch ein anderes Gemeinsames? Ja, es ist unverkennbar, aber viel schwieriger zu erfassen und zu beschreiben. Die seelischen Vorgänge im Schlaf haben auch einen ganz anderen Charakter als die des Wachens. Man erlebt vielerlei im Traum und glaubt daran, während man doch nichts erlebt als vielleicht den einen störenden Reiz. Man erlebt es vorwiegend in visuellen Bildern; es können auch Gefühle dabei sein, auch Gedanken mittendurch, es können auch die anderen Sinne etwas erleben, aber vorwiegend sind es doch Bilder. Ein Teil der Schwierigkeit des Traumerzählens kommt daher, daß wir diese Bilder in Worte zu übersetzen haben. Ich könnte es zeichnen, sagt uns der Träumer oft, aber ich weiß nicht, wie ich es sagen soll. Das ist nun eigentlich keine reduzierte seelische Tätigkeit wie die des Schwachsinnigen im Vergleich zum Genialen; es ist etwas qualitativ anderes, aber schwer zu sagen, worin der Unterschied liegt. *G. Th. Fechner* äußert einmal die Vermutung, der Schauplatz, auf dem sich die Träume (in der Seele) abspielen, sei ein anderer als der des wachen Vorstellungslebens. Das verstehen wir zwar nicht, wissen nicht, was wir uns dabei denken sollen, aber den Eindruck der Fremdartigkeit, den uns die meisten Träume machen, gibt es wirklich wieder. Auch der Vergleich der Traumtätigkeit mit den Leistungen einer unmusikalischen Hand versagt hier. Das Klavier wird doch jedenfalls mit denselben Tönen antworten, wenn auch nicht mit Melodien, sobald der Zufall über seine Tasten fährt. Diese zweite Gemeinsamkeit aller Träume wollen wir, wenn sie auch unverstanden sein mag, sorgfältig im Auge behalten.

Gibt es noch weitere Gemeinsamkeiten? Ich finde keine, sehe überall nur Verschiedenheiten, und zwar in allen Hinsichten. Sowohl was die scheinbare Dauer, als auch was die Deutlichkeit, die Affektbeteiligung, die Haltbarkeit u. a. betrifft. Das alles ist eigentlich nicht so, wie wir es bei der notgedrungenen, dürftigen, zuckungsartigen Abwehr eines Reizes erwarten könnten. Was die Dimension der Träume anbelangt, so gibt es sehr kurze, die nur ein Bild oder wenige, einen Gedanken, ja nur ein Wort enthalten; andere, die ungemein reich an Inhalt sind, ganze Romane aufführen und lange zu dauern scheinen. Es gibt Träume, die so deutlich sind wie das Erleben, so deutlich, daß wir sie eine Zeitlang nach dem Erwachen noch nicht als Träume erkennen; andere, die unsäglich schwach sind, schattenhaft und verschwommen; ja in einem und demselben Traum können die überstarken und die kaum faßbar undeutlichen Partien miteinander abwechseln. Träume können ganz sinnvoll sein oder wenigstens kohärent, ja sogar geistreich, phantastisch schön; andere wiederum sind verworren, wie schwachsinnig, absurd, oft geradezu toll. Es gibt Träume, die uns ganz kalt lassen, andere, in denen alle Affekte laut werden, ein Schmerz bis zum Weinen, eine Angst bis zum Erwachen, Verwunderung, Entzücken usw. Träume werden meist nach dem Erwachen rasch vergessen, oder sie halten sich einen Tag lang in der Weise, daß sie bis zum Abend immer mehr blaß und lückenhaft erinnert werden; andere erhalten sich so gut, z. B. Kindheitsträume, daß sie 50 Jahre später wie frisches Erleben vor dem Gedächtnis stehen. Träume können wie die Individuen ein einziges Mal auftreten, niemals wieder, oder sie wiederholen sich bei derselben Person unverändert oder mit kleinen Abweichungen. Kurz, dies bißchen nächtliche Seelentätigkeit verfügt über ein riesiges Repertoire, kann eigentlich noch alles, was die Seele bei Tag schafft, aber es ist doch nie dasselbe.

Man könnte versuchen, von diesen Mannigfaltigkeiten des Traumes Rechenschaft zu geben, indem man annimmt, sie entsprechen verschiedenen Zwischenstadien zwischen dem Schlafen und dem Wachen, verschiedenen Stufen des unvollständigen Schlafes. Ja, aber dann müßte mit Wert, Inhalt und Deutlichkeit der Traumleistung auch die Klarheit, daß es ein Traum ist, zunehmen, da sich die Seele bei solchem Träumen dem Erwachen nähert, und es dürfte nicht vorkommen, daß unmittelbar neben ein deutliches und vernünftiges Traumstückchen ein unsinniges oder undeutliches gesetzt wird, worauf dann wieder ein gutes Stück Arbeit folgt. So rasch könnte die Seele ihre Schlaftiefe gewiß nicht wechseln. Diese Erklärung leistet also nichts; es geht überhaupt nicht kurzerhand.

Wir wollen vorläufig auf den „Sinn" des Traumes verzichten und dafür versuchen, uns von dem Gemeinsamen der Träume aus einen Weg zum besseren Verständnis derselben zu bahnen. Aus der Beziehung der Träume zum Schlafzustand haben wir geschlossen, daß der Traum die Reaktion auf einen den Schlaf störenden Reiz ist. Wie wir gehört haben, ist dies auch der einzige Punkt, an dem uns die exakte experimentelle Psychologie zu Hilfe kommen kann; sie erbringt den Nachweis, daß während des Schlafes zugeführte Reize im Traume erscheinen. Es sind viele solche Untersuchungen bis auf die des bereits genannten *Mourly Vold* angestellt worden; jeder von uns ist auch wohl selbst in die Lage gekommen, dies Ergebnis durch gelegentliche persönliche Beobachtung zu bestätigen. Ich will zur Mitteilung einige ältere Experimente auswählen. *Maury* ließ solche Versuche an seiner eigenen Person ausführen. Man ließ ihn im Traum Kölnerwasser riechen. Er träumte, daß er in Kairo im Laden von Johann Maria Farina sei, und daran schlossen sich weitere tolle Abenteuer. Oder: man kneifte ihn leicht in den Nacken; er träumte von einem aufgelegten Blasenpflaster und von einem Arzt, der ihn in seiner Kindheit behandelt hatte. Oder: man goß ihm einen Tropfen Wasser auf die Stirne. Er war dann in Italien, schwitzte heftig und trank den weißen Wein von Orvieto.

Was uns an diesen experimentell erzeugten Träumen auffällt, werden wir vielleicht noch deutlicher an einer anderen Reihe von Reizträumen erfassen können. Es sind drei Träume, von einem geistreichen Beobachter, *Hildebrandt*, mitgeteilt, sämtlich Reaktionen auf den Lärm eines Weckers:

„Also ich gehe an einem Frühlingsmorgen spazieren und schlendre durch die grünenden Felder weiter bis zu einem benachbarten Dorfe, dort sehe ich die Bewohner in Feierkleidern, das Gesangbuch unter dem Arme, zahlreich der Kirche zuwandern. Richtig! Es ist ja Sonntag und der Frühgottesdienst wird bald beginnen. Ich beschließe, an diesem teilzunehmen, zuvor aber, weil ich etwas echauffiert bin, auf dem die Kirche umgebenden Friedhofe mich abzukühlen. Während ich hier verschiedene Grabschriften lese, höre ich den Glöckner den Turm hinansteigen und sehe nun in der Höhe des letzteren die kleine Dorfglocke, die das Zeichen zum Beginn der Andacht geben wird. Noch eine ganze Weile hängt sie bewegungslos da, dann fängt sie an zu schwingen – und plötzlich ertönen ihre Schläge hell und durchdringend – so hell und durchdringend, daß sie meinem Schlafe ein Ende machen. Die Glockentöne aber kommen von dem Wecker."

„Eine zweite Kombination. Es ist heller Wintertag; die Straßen sind hoch mit Schnee bedeckt. Ich habe meine Teilnahme an einer Schlittenfahrt zugesagt, muß aber lange warten, bis die Meldung erfolgt, der Schlitten stehe vor der Tür. Jetzt erfolgen die Vorbereitungen zum Einsteigen – der Pelz wird angelegt, der Fußsack hervorgeholt – und endlich sitze ich auf meinem Platze. Aber noch verzögert sich die Abfahrt, bis die Zügel den harrenden Rossen das fühlbare Zeichen geben. Nun ziehen diese an; die kräftig geschüttelten Schellen beginnen ihre wohlbekannte Janitscharenmusik mit einer Mächtigkeit, die augenblicklich das Spinngewebe des Traumes zerreißt. Wieder ist's nichts anderes als der schrille Ton der Weckerglocke."

„Noch das dritte Beispiel! Ich sehe ein Küchenmädchen mit einigen Dutzend aufgetürmter Teller den Korridor entlang zum Speisezimmer schreiten. Die Porzellansäule in ihren Armen scheint mir in Gefahr, das Gleichgewicht zu verlieren. Nimm dich in acht, warne ich, die ganze Ladung wird zur Erde fallen. Natürlich bleibt der obligate Widerspruch nicht aus: man sei dergleichen schon gewohnt usw., währenddessen ich immer noch mit Blicken der Besorgnis die Wandelnde begleite. Richtig, an der Türschwelle erfolgt ein Straucheln – das zerbrechliche Geschirr fällt und rasselt und prasselt in hundert Scherben auf dem Fußboden umher. Aber – das endlos sich fortsetzende Getön ist doch, wie ich bald merke, kein eigentliches Rasseln, sondern ein richtiges Klingeln; – und mit diesem Klingeln hat, wie nunmehr der Erwachende erkennt, nur der Wecker seine Schuldigkeit getan."

Diese Träume sind recht hübsch, ganz sinnvoll, gar nicht so inkohärent, wie Träume sonst zu sein pflegen. Wir wollen sie deswegen nicht beanstanden. Das Gemeinsame an ihnen ist, daß die Situation jedesmal in einen Lärm ausgeht, den man beim Erwachen als den des Weckers agnosziert. Wir sehen also hier, wie ein Traum erzeugt wird, aber erfahren auch noch etwas anderes. Der Traum erkennt den Wecker nicht, – dieser kommt auch im Traum nicht vor —, sondern er ersetzt das Weckergeräusch durch ein anderes, er deutet den Reiz, der den Schlaf aufhebt, deutet ihn aber jedesmal in einer anderen Weise. Warum das? Darauf gibt es keine Antwort, das scheint willkürlich zu sein. Den Traum verstehen, hieße aber angeben können, warum er gerade diesen Lärm und keinen anderen zur Deutung des Weckerreizes gewählt hat. In ganz analoger Weise muß man gegen die *Maury*schen Experimente einwenden, man sehe wohl, daß der zugeführte Reiz im Traume auftritt, aber warum gerade in dieser Form, das erfahre man nicht, und das scheint aus der Natur des schlafstörenden Reizes gar nicht zu folgen. Auch schließt in den *Maury*schen Versuchen an den direkten Reizerfolg meist eine Unmenge von anderem Traummaterial an, z. B. die tollen Abenteuer im Kölnerwassertraum, für die man keine Rechenschaft zu geben weiß.

Nun wollen Sie bedenken, daß die Weckträume noch die besten Chancen bieten, den Einfluß äußerer schlafstörender Reize festzustellen. In den meisten anderen Fällen wird es schwieriger werden. Man wacht nicht aus allen Träumen auf, und wenn man des Morgens einen Traum der Nacht erinnert, wie soll man dann einen störenden Reiz auffinden, der vielleicht zur Nachtzeit eingewirkt hat? Mir gelang es einmal, einen solchen Schallreiz nachträglich zu konstatieren, natürlich nur infolge besonderer Umstände. Ich erwachte eines Morgens in einem Tiroler Höhenort mit dem Wissen, ich habe geträumt, der Papst sei gestorben. Ich konnte mir den Traum nicht erklären, aber dann fragte mich meine Frau: Hast du heute gegen Morgen das entsetzliche Glockengeläute gehört, das von allen Kirchen und Kapellen losgelassen wurde? Nein, ich hatte nichts gehört, mein Schlaf ist resistenter, aber ich verstand dank dieser Mitteilung meinen Traum. Wie oft mögen solche Reizungen den Schläfer zum Träumen anregen, ohne daß er nachträgliche Kunde von ihnen erhält? Vielleicht sehr oft, vielleicht auch nicht. Wenn der Reiz nicht mehr nachweisbar ist, läßt sich auch keine Überzeugung davon gewinnen. Wir sind ohnedies von der Schätzung der schlafstörenden äußeren Reize zurückgekommen, seitdem wir wissen, daß sie uns nur ein Stückchen des Traumes und nicht die ganze Traumreaktion erklären können.

Wir brauchen darum diese Theorie nicht ganz aufzugeben. Sie ist außerdem einer Fortsetzung fähig. Es ist offenbar gleichgültig, wodurch der Schlaf gestört und die Seele zum Träumen angeregt werden soll. Wenn es nicht jedesmal ein von außen kommender Sinnesreiz sein kann, so mag dafür ein von den inneren Organen ausgehender, sogenannter Leibreiz eintreten. Diese Vermutung liegt sehr nahe, sie entspricht auch der populärsten Ansicht über die Entstehung der Träume. Träume kommen vom Magen, hört man oft sagen. Leider wird auch hier der Fall als häufig zu vermuten sein, daß ein Leibreiz, der zur Nachtzeit eingewirkt hat, nach dem Erwachen nicht mehr nachweisbar und somit unbeweisbar geworden ist. Aber wir wollen nicht übersehen, wieviel gute Erfahrungen die Ableitung der Träume vom Leibreiz unterstützen. Es ist im allgemeinen unzweifelhaft, daß der Zustand der inneren Organe den Traum beeinflussen kann. Die Beziehung manches Trauminhalts zu einer Oberfüllung der Harnblase oder zu einem Erregungszustand der Geschlechtsorgane ist so deutlich, daß sie nicht verkannt werden kann Von diesen durchsichtigen Fällen her kommt man zu anderen, in denen sich aus dem Inhalt der Träume wenigstens eine berechtigte Vermutung ableiten läßt, daß solche Leibreize eingewirkt haben, indem sich in diesem Inhalt etwas findet, was als Verarbeitung, Darstellung, Deutung dieser Reize aufgefaßt werden kann. Der Traumforscher *Scherner* (1861) hat die Herleitung des Traumes von Organreizen besonders nachdrücklich vertreten und einige schöne Beispiele für sie erbracht. Wenn er z. B. in einem Traum „zwei Reihen schöner Knaben blonden Haares und zarter Gesichtsfarbe, in Kampflust einander gegenüberstehen, aufeinander losgehen, sich gegenseitig greifen, voneinander wieder loslassen, die alte Stellung wieder einnehmen und den ganzen Vorgang von neuem machen" sieht, so ist die Deutung dieser Knabenreihen als der Zähne an und für sich ansprechend, und sie scheint ihre volle Bekräftigung zu finden, wenn nach dieser Szene der Träumer „sich einen langen Zahn aus dem Kiefer herauszieht". Auch die Deutung von „langen, schmalen, gewundenen Gängen" auf Darmreiz scheint stichhaltig und bestätigt die Aufstellung von *Scherner*, daß der Traum vor allem das den Reiz ausschickende Organ durch ihm ähnliche Gegenstände darzustellen sucht.

Wir müssen also bereit sein zuzugeben, daß innere Reize für den Traum dieselbe Rolle spielen können wie äußere. Leider unterliegt ihre Schätzung auch denselben Einwendungen. In einer großen Anzahl von Fällen bleibt die Deutung auf Leibreiz unsicher oder unbeweisbar; nicht alle Träume, sondern nur ein gewisser Anteil derselben erweckt den Verdacht, daß innere Organreize bei ihrer Entstehung beteiligt waren, und endlich wird der innere Leibreiz so wenig wie der äußere Sinnesreiz imstande sein, vom Traum mehr zu erklären, als was der direkten Reaktion auf den Reiz entspricht. Woher dann das übrige des Traumes kommt, bleibt dunkel.

Merken wir uns aber eine Eigentümlichkeit des Traumlebens, die bei dem Studium dieser Reizeinwirkungen zum Vorschein kommt. Der Traum bringt den Reiz nicht einfach wieder, sondern er verarbeitet ihn, er spielt auf ihn an, reiht ihn in einen Zusammenhang ein, ersetzt ihn durch etwas anderes. Das ist eine Seite der Traumarbeit, die uns interessieren muß, weil sie vielleicht näher an das Wesen des Traumes heranführt: Wenn jemand auf eine Anregung hin etwas macht, so braucht diese Anregung darum das Werk nicht zu erschöpfen. Der Macbeth Shakespeares z. B. ist ein Gelegenheitsstück, zur Thronbesteigung des Königs gedichtet, der zuerst die Kronen der drei Länder auf seinem Haupt vereinigte. Aber deckt diese historische Veranlassung den Inhalt des Dramas, erklärt sie uns dessen Größen und Rätsel? Vielleicht sind die auf den Schlafenden wirkenden Außen- und Innenreize auch nur die Anreger des Traumes, von dessen Wesen uns damit nichts verraten wird.

Das andere Gemeinsame des Traumes, seine psychische Besonderheit, ist einerseits schwer faßbar und gibt andererseits keinen Anhaltspunkt zur weiteren Verfolgung. Im Traum erleben wir zumeist etwas in visuellen Formen. Können dafür die Reize einen Aufschluß geben? Ist es in Wirklichkeit der Reiz, den wir erleben? Warum dann das Erleben visuell, wenn Augenreizung nur in den seltensten Fällen den Traum angeregt hat? Oder läßt sich, wenn wir Reden träumen, nachweisen, daß während des Schlafes ein Gespräch oder ihm ähnliche Geräusche an unser Ohr gedrungen sind? Diese Möglichkeit getraue ich mich mit Entschiedenheit abzuweisen.

Wenn wir von den Gemeinsamkeiten der Träume nicht weiter kommen, so wollen wir's vielleicht mit ihren Verschiedenheiten versuchen. Die Träume sind ja oft sinnlos, verworren, absurd; aber es gibt sinnvolle, nüchterne, vernünftige. Sehen wir zu, ob uns die letzteren, sinnvollen, etwas Aufschluß über die unsinnigen geben können. Ich teile Ihnen den letzten vernünftigen Traum mit, der mir erzählt worden ist, den Traum eines jungen Mannes: „Ich bin in der Kärntnerstraße spazierengegangen, habe dort den Herrn X. getroffen, dem ich mich für eine Weile angeschlossen habe, dann bin ich ins Restaurant gegangen. Zwei

Damen und ein Herr haben sich an meinen Tisch gesetzt. Ich habe mich zuerst darüber geärgert und wollte sie nicht anschauen. Dann habe ich hingeschaut und gefunden, daß sie ganz nett sind." Der Träumer bemerkt dazu, daß er am Abend vor dem Traum wirklich in der Kärntnerstraße gegangen, was sein gewohnter Weg ist, und dort den Herrn X. getroffen hat. Der andere Teil des Traumes ist keine direkte Reminiszenz, sondern hat nur eine gewisse Ähnlichkeit mit einem Erlebnis vor längerer Zeit. Oder ein anderer nüchterner Traum, der einer Dame: „Ihr Mann fragt: Soll man das Klavier nicht stimmen lassen? Sie: Es lohnt nicht, es muß ohnedies neu beledert werden." Dieser Traum wiederholt ein Gespräch, welches sich ohne viel Veränderung am Tage vor dem Traum zwischen ihrem Mann und ihr abgespielt hat. Was lernen wir aus diesen beiden nüchternen Träumen? Nichts anderes, als daß sich Wiederholungen aus dem Leben des Tages oder Anknüpfungen an dasselbe in ihnen finden. Das wäre schon etwas, wenn es sich von den Träumen allgemein aussagen ließe. Aber davon ist keine Rede, auch dies gilt nur für eine Minderzahl; in den meisten Träumen ist von einer Anknüpfung an den Vortag nichts zu finden, und auf die unsinnigen und absurden Träume fällt von hier aus kein Licht. Wir wissen nur, daß wir auf eine neue Aufgabe gestoßen sind. Wir wollen nicht nur wissen, was ein Traum sagt, sondern wenn er es, wie in unseren Beispielen, deutlich sagt, wollen wir auch wissen, warum und wozu man dies Bekannte, erst kürzlich Erlebte, im Traum wiederholt.

Ich glaube, Sie werden wie ich müde sein, Versuche wie unsere bisherigen fortzusetzen. Wir sehen eben, alles Interesse für ein Problem ist unzureichend, wenn man nicht auch einen Weg kennt, den man einschlagen kann, daß er zur Lösung hinführe. Wir haben diesen Weg bis jetzt nicht. Die experimentelle Psychologie hat uns nichts gebracht als einige sehr schätzbare Angaben über die Bedeutung der Reize als Traumanreger. Von der Philosophie haben wir nichts zu erwarten, als daß sie uns neuerdings hochmütig die intellektuelle Minderwertigkeit unseres Objekts vorhalte; bei den okkulten Wissenschaften wollen wir doch keine Anleihe machen. Geschichte und Volksmeinung sagen uns, der Traum sei sinnreich und bedeutungsvoll, er blicke in die Zukunft; das ist doch schwer anzunehmen und gewiß nicht beweisbar. So läuft unsere erste Bemühung in volle Ratlosigkeit aus.

Unerwarteterweise kommt uns ein Wink von einer Seite zu, nach der wir bisher nicht geblickt haben. Der Sprachgebrauch, der ja nichts Zufälliges, sondern der Niederschlag alter Erkenntnis ist, der freilich nicht ohne Vorsicht verwertet werden darf – unsere Sprache also kennt etwas, was sie merkwürdigerweise „Tagträumen" heißt. Tagträume sind Phantasien (Produktionen der Phantasie); es sind sehr allgemeine Phänomene, wiederum bei Gesunden ebenso zu beobachten wie bei Kranken und bei der eigenen Person dem Studium leicht zugänglich. Das Auffälligste an diesen phantastischen Bildungen ist, daß sie den Namen „Tagträume" erhalten haben, denn von beiden Gemeinsamen der Träume haben sie nichts an sich. Der Beziehung zum Schlafzustande widerspricht schon ihr Name, und was das zweite Gemeinsame betrifft, so erlebt, halluziniert man in ihnen nichts, sondern stellt sich etwas vor; man weiß, daß man phantasiert, sieht nicht, sondern denkt. Diese Tagträume treten in der Vorpubertät, oft schon in der späteren Kinderzeit auf, halten bis in die Jahre der Reife an, werden dann entweder aufgegeben oder bis ins späteste Alter festgehalten. Der Inhalt dieser Phantasien wird von einer sehr durchsichtigen Motivierung beherrscht. Es sind Szenen und Begebenheiten, in denen die egoistischen, Ehrgeiz- und Machtbedürfnisse, oder die erotischen Wünsche der Person Befriedigung finden. Bei jungen Männern stehen meist die ehrgeizigen Phantasien voran, bei den Frauen, die ihren Ehrgeiz auf Liebeserfolge geworfen haben, die erotischen. Aber oft genug zeigt sich auch bei den Männern die erotische Bedürftigkeit im Hintergrunde; alle Heldentaten und Erfolge sollen doch nur um die Bewunderung und Gunst der Frauen werben. Sonst sind diese Tagträume sehr mannigfaltig und erfahren wechselvolle Schicksale. Sie werden entweder, ein jeder von ihnen, nach kurzer Zeit fallengelassen und durch einen neuen ersetzt, oder sie werden festgehalten, zu langen Geschichten ausgesponnen und passen sich den Veränderungen der Lebensverhältnisse an. Sie gehen sozusagen mit der Zeit und empfangen von ihr eine „Zeitmarke", die den Einfluß der neuen Situation bezeugt. Sie sind das Rohmaterial der poetischen Produktion, denn aus seinen Tagträumen macht der Dichter durch gewisse Umformungen, Verkleidungen und Verzichte die Situationen, die er in seinen Novellen, Romane, Theaterstücke einsetzt. Der Held der Tagträume ist aber immer die eigene Person, entweder direkt oder in einer durchsichtigen Identifizierung mit einem anderen.

VI. Vorlesung
Voraussetzungen und Technik der Deutung

Meine Damen und Herren! Also wir bedürfen eines neuen Weges, einer Methode, um in der Erforschung des Traumes von der Stelle zu kommen. Ich mache Ihnen nun einen naheliegenden Vorschlag. Nehmen wir als Voraussetzung für alles Weitere an, *daß der Traum kein somatisches, sondern ein psychisches Phänomen ist.* Was das bedeutet, wissen Sie, aber was berechtigt uns zu dieser Annahme? Nichts, aber wir sind auch nicht gehindert, sie zu machen. Die Sache liegt so: Wenn der Traum ein somatisches Phänomen ist, geht er uns nichts an; er kann uns nur unter der Voraussetzung, daß er ein seelisches Phänomen ist, interessieren. Wir arbeiten also unter der Voraussetzung, er sei es wirklich, um zu sehen, was dabei herauskommt. Das Ergebnis unserer Arbeit wird darüber entscheiden, ob wir an der Annahme festhalten und sie nun ihrerseits als ein Resultat vertreten dürfen. Was wollen wir denn eigentlich erreichen, wozu arbeiten wir? Wir wollen, was man in der Wissenschaft überhaupt anstrebt, ein Verständnis der Phänomene, die Herstellung eines Zusammenhanges zwischen ihnen, und in letzter Ferne, wo es möglich ist, eine Erweiterung unserer Macht über sie.

Wir setzen also die Arbeit unter der Annahme fort, daß der Traum ein psychisches Phänomen ist. Dann ist er eine Leistung und Äußerung des Träumers, aber eine solche, die uns nichts sagt, die wir nicht verstehen. Was tun Sie nun in dem Falle, daß ich eine Ihnen unverständliche Äußerung von mir gebe? Mich fragen, nicht wahr? Warum sollen wir nicht dasselbe tun dürfen, *den Träumer befragen, was sein Traum bedeutet?*

Erinnern Sie sich, wir befanden uns schon einmal in dieser Situation. Es war bei der Untersuchung gewisser Fehlleistungen, eines Falles von Versprechen. Jemand hatte gesagt: Da sind Dinge zum Vorschwein gekommen, und darauf fragten wir – nein, zum Glück nicht wir, sondern andere, die der Psychoanalyse ganz fernstehen, da fragten ihn diese anderen, was er mit dieser unverständlichen Rede wolle. Er antwortete sofort, daß er die Absicht gehabt hatte zu sagen: das waren Schweinereien, daß er aber diese Absicht zurückgedrängt gegen die andere, gemilderte: da sind Dinge zum Vorschein gekommen. Ich erklärte Ihnen schon damals, diese Erkundigung sei das Vorbild jeder psychoanalytischen Untersuchung, und Sie verstehen jetzt, daß die Psychoanalyse die Technik befolgt, sich soweit es nur angeht die Lösung ihrer Rätsel von den Untersuchten selbst sagen zu lassen. So soll uns auch der Träumer selbst sagen, was sein Traum bedeutet.

Aber so einfach geht das bekanntlich beim Traum nicht. Bei den Fehlleistungen ging es in einer Anzahl von Fällen; dann kamen wir zu anderen, in denen der Befragte nichts sagen wollte, ja sogar die Antwort, die wir ihm nahelegten, entrüstet zurückwies. Beim Traum fehlen uns die Fälle der ersten Art völlig; der Träumer sagt immer, er weiß nichts. Zurückweisen kann er unsere Deutung nicht, da wir ihm keine vorzulegen haben. So sollten wir also unseren Versuch wieder aufgeben? Da er nichts weiß und wir nichts wissen und ein Dritter erst recht nichts wissen kann, gibt's wohl keine Aussicht, es zu erfahren. Ja, wenn Sie wollen, geben Sie den Versuch auf. Wenn Sie aber anders wollen, so können Sie den Weg mit mir fortsetzen. Ich sage ihnen nämlich, es ist doch sehr wohl möglich, ja sehr wahrscheinlich, daß der Träumer es doch weiß, was sein Traum bedeutet, *nur weiß er nicht, daß er es weiß, und glaubt darum, daß er es nicht weiß.*

Sie werden mich aufmerksam machen, daß ich da wiederum eine Annahme einführe, schon die zweite in diesem kurzen Zusammenhange, und den Anspruch meines Verfahrens auf Glaubwürdigkeit enorm herabsetze. Unter der Voraussetzung, daß der Traum ein psychisches Phänomen ist, unter der weiteren Voraussetzung, daß es solche Dinge im Menschen gibt, die er weiß, ohne zu wissen, daß er sie weiß, usw. Dann braucht man nur die innere Unwahrscheinlichkeit jeder dieser beiden Voraussetzungen ins Auge zu fassen, um beruhigt sein Interesse von den Schlüssen aus ihnen abzuwenden.

Ja, meine Damen und Herren, ich habe Sie nicht hieher kommen lassen, um Ihnen etwas vorzuspiegeln oder zu verhehlen. Ich habe zwar „Elementare Vorlesungen zur Einführung in die Psychoanalyse" angekündigt, aber damit habe ich keine Darstellung *in usum delphini* beabsichtigt, die Ihnen einen glatten Zusammenhang zeigen soll mit sorgfältigem Verstecken aller Schwierigkeiten, Ausfüllung der Lücken, Übermalen der Zweifel, damit Sie ruhigen Gemüts glauben sollen, Sie haben etwas Neues gelernt. Nein, gerade darum, weil Sie Anfänger sind, wollte ich Ihnen unsere Wissenschaft zeigen, wie sie ist, mit ihren Unebenheiten und Härten, Anforderungen und Bedenken. Ich weiß nämlich, daß es in keiner Wissenschaft anders ist und besonders in ihren Anfängen gar nicht anders sein kann. Ich weiß auch, daß der Unterricht sich sonst bemüht, diese Schwierigkeiten und Unvollkommenheiten dem Lernenden zunächst zu verbergen. Aber das geht bei der Psychoanalyse nicht. Ich habe also wirklich zwei Voraussetzungen gemacht, die eine innerhalb der anderen, und wem das Ganze zu mühselig und zu unsicher ist, oder wer an höhere Sicherheiten und elegantere Ableitungen gewöhnt ist, der braucht nicht weiter mitzugehen. Ich meine nur, der soll psychologische Probleme überhaupt in Ruhe lassen, denn es ist zu besorgen, daß er die exakten und sicheren Wege, die er zu begehen bereit ist, hier nicht gangbar findet. Es ist auch ganz überflüssig, daß eine Wissenschaft, die etwas zu bieten hat, um Gehör und um Anhänger werbe. Ihre Ergebnisse müssen für sie Stimmung machen, und sie kann abwarten, bis diese sich Aufmerksamkeit erzwungen haben.

Diejenigen von Ihnen aber, die bei der Sache verbleiben wollen, kann ich daran mahnen; daß meine beiden Annahmen nicht gleichwertig sind. Die erste, der Traum sei ein seelisches Phänomen, ist die Voraussetzung, die wir durch den Erfolg unserer Arbeit erweisen wollen; die andere ist bereits auf einem anderen Gebiete erwiesen, und ich nehme mir bloß die Freiheit, sie von dorther auf unsere Probleme zu übertragen.

Wo, auf welchem Gebiet sollte der Beweis erbracht worden sein, daß es ein Wissen gibt, von dem der Mensch doch nichts weiß, wie wir es hier für den Träumer annehmen wollen? Das wäre doch eine merkwürdige, überraschende, unsere Auffassung des Seelenlebens verändernde Tatsache, die sich nicht zu verbergen brauchte. Nebenbei eine Tatsache, die sich in ihrer Benennung selbst aufhebt und doch etwas Wirkliches sein will, eine *contradictio in adjecto*. Nun, sie verbirgt sich auch gar nicht. Es liegt nicht an ihr, wenn man nichts von ihr weiß oder sich nicht genügend um sie kümmert. So wenig, wie es unsere Schuld ist, daß alle diese psychologischen Probleme von Personen abgeurteilt werden, die sich von all den hiefür entscheidenden Beobachtungen und Erfahrungen ferngehalten haben.

Der Beweis ist auf dem Gebiet der hypnotischen Erscheinungen erbracht worden. Als ich im Jahre 1889 die ungemein eindrucksvollen Demonstrationen von *Liébault* und *Bernheim* in Nancy mitansah, war ich auch Zeuge des folgenden Versuches. Wenn man einen Mann in den somnambulen Zustand versetzt hatte, ihn in diesem alles mögliche halluzinatorisch erleben ließ und ihn dann aufweckte, so schien er zunächst von den Vorgängen während seines hypnotischen Schlafes nichts zu wissen. Bernheim forderte ihn dann direkt auf zu erzählen, was sich mit ihm während der Hypnose zugetragen. Er behauptete, er wisse sich an nichts zu erinnern. Aber Bernheim bestand darauf, er drang in den Mann, versicherte ihm, er wisse es, müsse sich daran erinnern, und siehe da, der Mann wurde schwankend, begann sich zu besinnen, erinnerte zuerst wie schattenhaft eines der ihm suggerierten Erlebnisse, dann ein anderes Stück, die Erinnerung wurde immer deutlicher, immer vollständiger und endlich war sie lückenlos zutage gefördert. Da er es aber nachher wußte und inzwischen von keiner anderen Seite etwas erfahren hatte, ist der Schluß berechtigt, daß er um diese Erinnerungen auch vorher gewußt hat. Sie waren ihm nur unzugänglich, er wußte nicht, daß er sie wisse, er glaubte, daß er sie nicht wisse. Also ganz der Fall, den wir beim Träumer vermuten.

Ich hoffe, Sie werden von der Feststellung dieser Tatsache überrascht sein und mich fragen: Warum haben Sie sich auf diesen Beweis nicht schon früher, bei den Fehlleistungen berufen, als wir dazu kamen, dem Mann, der sich versprochen hatte, Redeabsichten zuzuschreiben, von denen er nichts wußte und die er verleugnete? Wenn jemand von Erlebnissen nichts zu wissen glaubt, deren Erinnerung er doch in sich trägt, so ist es nicht mehr so unwahrscheinlich, daß er auch von anderen seelischen Vorgängen in seinem Innern nichts weiß. Dies Argument hätte uns gewiß Eindruck gemacht und uns im Verständnis der Fehlleistungen gefördert. Gewiß hätte ich mich schon damals darauf berufen können, aber ich sparte es auf bis zu einer anderen Stelle, an der es notwendiger wäre. Die Fehlleistungen haben sich zum Teil selbst aufgeklärt, zum anderen Teil hinterließen sie uns die Mahnung, dem Zusammenhang der Erscheinungen zuliebe die Existenz solcher seelischer Vorgänge, von denen man nichts weiß, doch anzunehmen. Beim Traum sind wir gezwungen, Erklärungen von anderswoher heranzuziehen, und überdies rechne ich damit, daß Sie hier eine Übertragung von der Hypnose her leichter zulassen werden. Der Zustand, in dem wir eine Fehlleistung vollziehen, muß Ihnen als der normale erscheinen, er hat mit dem hypnotischen keine Ähnlichkeit. Dagegen besteht eine deutliche Verwandtschaft zwischen dem hypnotischen Zustand und dem Schlafzustand, welcher die Bedingung des Träumens ist. Die Hypnose heißt ja ein künstlicher Schlaf; wir sagen der Person, die wir hypnotisieren: schlafen Sie, und die Suggestionen, die wir erteilen, sind den Träumen des natürlichen Schlafes vergleichbar. Die psychischen Situationen sind in beiden Fällen wirklich analoge. Im natürlichen Schlaf ziehen wir unser Interesse von der ganzen Außenwelt zurück, im hypnotischen wiederum von der ganzen Welt, aber mit Ausnahme der einen Person, die uns hypnotisiert hat, mit welcher wir im Rapport bleiben. Übrigens ist der sogenannte Ammenschlaf, bei dem die Amme im Rapport mit dem Kind bleibt und nur von diesem zu erwecken ist, ein normales Seitenstück zum hypnotischen. Die Übertragung eines Verhältnisses von der Hypnose auf den natürlichen Schlaf scheint also kein so kühnes Wagnis. Die Annahme, daß auch beim Träumer ein Wissen um seinen Traum vorhanden ist, das ihm nur unzugänglich ist, so daß er es selbst nicht glaubt, ist nicht völlig aus der Luft gegriffen. Merken wir uns übrigens, daß sich an dieser Stelle ein dritter Zugang zum Studium des Traumes eröffnet; von den schlafstörenden Reizen aus, von den Tagträumen und jetzt noch von den suggerierten Träumen des hypnotischen Zustandes.

Nun kehren wir vielleicht mit gesteigertem Zutrauen zu unserer Aufgabe zurück. Es ist also sehr wahrscheinlich, daß der Träumer um seinen Traum weiß; es handelt sich nur darum, ihm möglich zu machen, daß er sein Wissen auffindet und es uns mitteilt. Wir verlangen nicht, daß er uns sofort den Sinn seines Traumes sage, aber die Herkunft desselben, den Gedanken- und Interessenkreis, aus dem er stammt, wird er auffinden können. Im Falle der Fehlleistung, erinnern Sie sich, wurde er gefragt, wie er zu dem Fehlwort „Vorschwein" gekommen war, und sein nächster Einfall gab uns die Aufklärung. Unsere Technik beim Traume ist nun eine sehr einfache, diesem Beispiel nachgeahmte. Wir werden ihn wiederum fragen, wie er zu dem Traume gekommen ist und seine nächste Aussage soll wieder als Aufklärung angesehen werden. Wir setzen uns also über den Unterschied, ob er etwas zu wissen glaubt oder nicht glaubt, hinaus und behandeln beide Fälle wie einen einzigen.

Diese Technik ist gewiß sehr einfach, aber ich fürchte, sie wird Ihre schärfste Opposition hervorrufen. Sie werden sagen: Eine neue Annahme, die dritte! Und die unwahrscheinlichste von allen! Wenn ich den Träumer frage, was ihm zum Traum einfällt, soll gerade sein nächster Einfall die gewünschte Aufklärung bringen? Aber es braucht ihm ja gar nichts einzufallen, oder es kann ihm Gott weiß was einfallen. Wir können nicht einsehen, worauf sich eine solche Erwartung stützt. Das heißt wirklich zuviel Gottvertrauen zeigen an einer Stelle, wo etwas mehr Kritik besser passen würde. Überdies ist ja ein Traum nicht ein einzelnes Fehlwort, sondern besteht aus vielen Elementen. An welchen Einfall soll man sich da halten?

Sie haben in allem Nebensächlichen recht. Ein Traum unterscheidet sich von einem Versprechen auch in der Vielheit seiner Elemente. Dem muß die Technik Rechnung tragen. Ich schlage Ihnen also vor, daß wir den Traum in seine Elemente zerteilen und die Untersuchung für jedes Element gesondert anstellen; dann ist die Analogie mit dem Versprechen wieder hergestellt. Auch darin haben Sie recht, daß der zu den einzelnen Traumelementen Befragte antworten kann, es falle ihm nichts ein. Es gibt Fälle, in denen wir diese Antwort gelten lassen, und Sie werden später hören, welche. Es sind bemerkenswerterweise solche Fälle, in denen wir selbst bestimmte Einfälle haben können. Aber im allgemeinen werden wir dem Träumer, wenn er keinen Einfall zu haben behauptet, widersprechen, wir werden in ihn drängen, werden ihm versichern, daß er einen Einfall haben müsse und – werden recht bekommen. Er wird einen Einfall dazu bringen, irgendeinen, uns gleichgültig, welchen. Gewisse Auskünfte, die man historische nennen kann, wird er besonders leicht erteilen. Er wird sagen: Das ist etwas, was gestern vorgefallen ist (wie in den beiden uns bekannt gewordenen „nüchternen Träumen"), oder: Das erinnert mich an etwas, was sich vor kurzer Zeit ereignet hat – und auf diese Art werden wir bemerken, daß die Anknüpfungen der Träume an Eindrücke der letzten Tage weit häufiger sind, als wir zuerst geglaubt haben. Endlich wird er sich meist vom Traum aus an fernerliegende, eventuell sogar an weit zurückliegende Begebenheiten erinnern.

In der Hauptsache aber haben Sie unrecht. Wenn Sie meinen, es sei willkürlich anzunehmen, daß der nächste Einfall des Träumers gerade das Gesuchte bringen oder zu ihm führen müsse, der Einfall könne vielmehr ganz beliebig und außer Zusammenhang mit dem Gesuchten sein, es sei nur eine Äußerung meines Gottvertrauens, wenn ich es anders erwarte, so irren Sie groß. Ich habe mir schon einmal die Freiheit genommen, Ihnen vorzuhalten, daß ein tief wurzelnder Glaube an psychische Freiheit und Willkürlichkeit in Ihnen steckt, der aber ganz unwissenschaftlich ist und vor der Anforderung eines auch das Seelenleben beherrschenden Determinismus die Segel streichen muß. Ich bitte Sie, es als eine Tatsache zu respektieren, daß dem Gefragten dies eingefallen ist und nichts anderes. Aber ich setze nicht dem einen Glauben einen anderen entgegen. Es läßt sich beweisen, daß der Einfall, den der Gefragte produziert, nicht willkürlich, nicht unbestimmbar ist, nicht außer Zusammenhang mit dem von uns Gesuchten steht. Ja, ich habe unlängst erfahren – ohne übrigens zuviel Wert darauf zu legen –, daß auch die experimentelle Psychologie solche Beweise vorgebracht hat.

Bei der Bedeutung des Gegenstandes bitte ich um Ihre besondere Aufmerksamkeit. Wenn ich jemand auffordere zu sagen, was ihm zu einem bestimmten Element des Traumes einfällt, so verlange ich von ihm, daß er sich der freien Assoziation *unter Festhaltung einer Ausgangsvorstellung* überlasse. Dies erfordert eine besondere Einstellung der Aufmerksamkeit, die ganz anders ist als beim Nachdenken und das Nachdenken ausschließt. Manche treffen eine solche Einstellung leicht; andere zeigen bei dem Versuch ein unglaublich hohes Maß von Ungeschicklichkeit. Es gibt nun einen höheren Grad von Freiheit der Assoziation, wenn ich nämlich auch diese Ausgangsvorstellung fallenlasse und etwa nur Art und Gattung des Einfalles festlege, z. B. bestimme, daß man sich einen Eigennamen oder eine Zahl frei einfallen lassen solle. Dieser Einfall müßte noch willkürlicher, noch unberechenbarer sein als, der bei unserer Technik verwendete. Es läßt sich aber zeigen, daß er jedesmal strenge determiniert wird durch wichtige innere Einstellungen, die im Moment, da sie wirken, uns nicht bekannt sind, ebensowenig bekannt wie die störenden Tendenzen der Fehlleistungen und die provozierenden der Zufallshandlungen.

Ich und viele andere nach mir haben wiederholt solche Untersuchungen für Namen und Zahlen, die man sich ohne jeden Anhalt einfallen läßt, angestellt, einige derselben auch veröffentlicht. Man verfährt dabei in der Weise, daß man zu dem aufgetauchten Namen fortlaufende Assoziationen weckt, die also nicht mehr ganz frei, sondern wie die Einfälle zu den Traumelementen einmal gebunden sind, und dies so lange, bis man den Antrieb dazu erschöpft findet. Dann hat man aber auch Motivierung und Bedeutung des freien Nameneinfalls aufgeklärt. Die Versuche ergeben immer wieder das nämliche, ihre Mitteilung erstreckt sich oft über reiches Material und macht weitläufige Ausführungen notwendig. Die Assoziationen der frei aufgetauchten Zahlen sind vielleicht die beweisendsten; sie laufen so schnell ab und gehen mit so unbegreiflicher Sicherheit auf ein verhülltes Ziel los, daß sie wirklich verblüffend wirken. Ich will Ihnen nur ein Beispiel einer solchen Namenanalyse mitteilen, weil es sich günstigerweise mit wenig Material erledigen läßt.

Im Laufe der Behandlung eines jungen Mannes komme ich auf dieses Thema zu sprechen und erwähne den Satz, daß man sich trotz der anscheinenden Willkür doch keinen Namen einfallen lassen kann, der sich nicht als enge bedingt durch die nächstliegenden Verhältnisse, die Eigentümlichkeiten der Versuchsperson und ihre momentane Situation erweise. Da er zweifelt, schlage ich ihm vor, ohne Aufschub selbst einen solchen Versuch zu machen. Ich weiß, daß er besonders zahlreiche Beziehungen jeder Art zu Frauen und Mädchen unterhält, und meine darum, er werde eine besonders große Auswahl haben, wenn er sich gerade einen Frauennamen einfallen lasse. Er ist damit einverstanden. Zu meinem, oder vielleicht zu seinem Erstaunen, bricht aber jetzt keineswegs eine Lawine, von Frauennamen über mich los, sondern er bleibt eine Weile stumm und gesteht dann, daß ihm ein einziger Name in den Sinn gekommen sei, kein anderer daneben: Albine. Wie merkwürdig, aber was knüpft sich für Sie an diesen Namen? Wieviel Albinen kennen Sie? Sonderbar, er kannte keine Albine, und es fiel ihm zu diesem Namen auch weiter nichts ein. So konnte man annehmen, die Analyse sei mißlungen; aber nein, sie war nur bereits vollendet, es war kein weiterer Einfall erforderlich. Der Mann hatte selbst ungewöhnlich helle Farben, in den Gesprächen der Kur hatte ich ihn wiederholt scherzhaft einen Albino genannt; wir waren eben damit beschäftigt, den weiblichen Anteil an seiner Konstitution festzustellen. Er war also selbst diese Albine, das derzeit interessanteste Frauenzimmer.

Ebenso erweisen sich Melodien, die einem unvermittelt einfallen, als bedingt durch und zugehörig zu einem Gedankenzug, der ein Recht hat, einen zu beschäftigen, ohne daß man um diese Aktivität weiß. Es ist dann leicht zu zeigen, daß die Beziehung zur Melodie an deren Text oder an ihre Herkunft anknüpft; ich muß aber so vorsichtig sein, diese Behauptung nicht auf wirklich musikalische Menschen auszudehnen, über die ich zufällig keine Erfahrung habe. Bei solchen mag der musikalische Gehalt der Melodie für ihr Auftauchen maßgebend sein. Häufiger ist gewiß der erstere Fall. So weiß ich von einem jungen Manne, der von der allerdings reizenden Melodie des Parisliedes aus der *Schönen Helena* eine Zeitlang geradezu verfolgt wurde, bis ihn die Analyse auf die derzeitige Konkurrenz einer „Ida" mit einer „Helene" in seinem Interesse aufmerksam machte.

Wenn also die ganz frei auftauchenden Einfälle in solcher Weise bedingt und in einen bestimmten Zusammenhang eingeordnet sind, so werden wir wohl mit Recht schließen, daß Einfälle mit einer einzigen Gebundenheit, der an eine Ausgangsvorstellung, nicht minder bedingt sein können. Die Untersuchung zeigt wirklich, daß sie außer der Gebundenheit, die wir ihnen durch die Ausgangsvorstellung mitgegeben haben, eine zweite Abhängigkeit von affektmächtigen Gedanken- und Interessenkreisen, Komplexen, erkennen lassen, deren Mitwirkung im Moment nicht bekannt, also unbewußt ist.

Einfälle von solcher Gebundenheit sind Gegenstand sehr lehrreicher experimenteller Untersuchungen gewesen, die in der Geschichte der Psychoanalyse eine bemerkenswerte Rolle gespielt haben. Die Wundtsche Schule hatte das sogenannte Assoziationsexperiment angegeben, bei welchem der Versuchsperson der Auftrag erteilt wird, auf ein ihr zugerufenes *Reizwort* möglichst rasch mit einer beliebigen *Reaktion* zu antworten. Man kann dann das Intervall studieren, das zwischen Reiz und Reaktion verläuft, die Natur der als Reaktion gegebenen Antwort, den etwaigen Irrtum bei einer späteren Wiederholung desselben Versuches und ähnliches. Die Züricher Schule unter der Führung von *Bleuler* und *Jung* hat die Erklärung der beim Assoziationsexperiment erfolgenden Reaktionen gegeben, indem sie die Versuchsperson aufforderte, die von ihr erhaltenen Reaktionen durch nachträgliche Assoziationen zu erläutern, wenn sie etwas Auffälliges an sich trugen. Es stellte sich dann heraus, daß diese auffälligen Reaktionen in der schärfsten Weise durch die Komplexe der Versuchsperson determiniert waren. *Bleuer* und *Jung* hatten damit die erste Brücke von der Experimentalpsychologie zur Psychoanalyse geschlagen.

In solcher Weise belehrt, werden Sie sagen können: Wir anerkennen jetzt, daß freie Einfälle determiniert sind, nicht willkürlich, wie wir geglaubt haben. Wir geben dies auch für die Einfälle zu den Elementen des Traumes zu. Aber das ist es ja nicht, worauf es uns ankommt. Sie behaupten ja, daß der Einfall zum Traumelement durch den uns nicht bekannten psychischen Hintergrund eben dieses Elements determiniert sein wird. Das scheint uns nicht erwiesen. Wir erwarten schon, daß sich der Einfall zum Traumelement durch einen der Komplexe des Träumers bestimmt zeigen wird, aber was nützt uns das? Das führt uns nicht zum Verständnis des Traumes, sondern wie das Assoziationsexperiment zur Kenntnis dieser sogenannten Komplexe. Was haben diese aber mit dem Traum zu tun?

Sie haben recht, aber Sie übersehen ein Moment. Übrigens gerade jenes, wegen dessen ich das Assoziationsexperiment nicht zum Ausgangspunkt für diese Darstellung gewählt habe. Bei diesem Experiment wird die eine Determinante der Reaktion, nämlich das Reizwort, von uns willkürlich gewählt. Die Reaktion ist dann eine Vermittlung zwischen diesem Reizwort und dem eben geweckten Komplex der Versuchsperson. Beim Traum ist das Reizwort ersetzt durch etwas, was selbst aus dem Seelenleben des Träumers, aus ihm unbekannten Quellen, stammt, also sehr leicht selbst ein „Komplexabkömmling" sein könnte. Es ist darum die Erwartung nicht gerade phantastisch, daß auch die an die Traumelemente angeknüpften weiteren Einfälle durch keinen anderen Komplex als den des Elements selbst bestimmt sein und auch zu dessen Aufdeckung führen werden.

Lassen Sie mich an einem anderen Falle zeigen, daß es tatsächlich so ist, wie wir es für unseren Fall erwarten. Das Entfallen von Eigennamen ist eigentlich ein ausgezeichnetes Vorbild für den Fall der Traumanalyse; nur ist hier in einer Person beisammen, was bei der Traumdeutung auf zwei Personen verteilt ist. Wenn ich einen Namen zeitweilig vergessen habe, so habe ich doch die Sicherheit in mir, daß ich den Namen weiß; jene Sicherheit, die wir uns für den Träumer erst auf dem Umwege über das *Bernheimsche* Experiment aneignen konnten. Der vergessene und doch gewußte Name ist mir aber nicht zugänglich. Nachdenken, wenn auch noch so angestrengtes, hilft dabei nichts, das sagt mir bald die Erfahrung. Ich kann mir aber jedesmal an Stelle des vergessenen Namens einen oder mehrere Ersatznamen einfallen lassen. Wenn mir ein solcher Ersatzname spontan eingefallen ist, dann wird erst die Übereinstimmung dieser Situation mit der der Traumanalyse evident. Das Traumelement ist ja auch nicht das Richtige, nur ein Ersatz für etwas anderes, für das Eigentliche, das ich nicht kenne und durch die Traumanalyse auffinden soll. Der Unterschied liegt wiederum nur darin, daß ich beim Namenvergessen den Ersatz unbedenklich als das Uneigentliche erkenne, während wir diese Auffassung für das Traumelement erst mühselig erwerben mußten. Nun gibt es auch beim Namenvergessen einen Weg, vom Ersatz zum unbewußten Eigentlichen, zum vergessenen Namen zu kommen. Wenn ich meine Aufmerksamkeit auf diese Ersatznamen richte und weitere Einfälle zu ihnen kommen lasse, so gelange ich nach kürzeren oder längeren Umwegen zum vergessenen Namen und finde dabei, daß die spontanen Ersatznamen wie die von mir hervorgerufenen mit dem vergessenen in Beziehung standen, durch ihn determiniert waren.

Ich will Ihnen eine Analyse dieser Art vorführen: Eines Tages bemerke ich, daß ich über den Namen jenes Ländchens an der Riviera, dessen Hauptort Monte Carlo ist, nicht verfüge. Es ist zu ärgerlich, aber es ist so. Ich versenke mich in all mein Wissen um dieses Land, denke an den Fürsten Albert aus dem Hause Lusignan, an seine Ehen, seine Vorliebe für Tiefseeforschungen, und was ich sonst zusammentragen kann, aber es hilft mir nichts. Ich gebe also das Nachdenken auf und lasse mir an Stelle des verlorenen Ersatznamen einfallen. Sie kommen rasch. *Monte Carlo* selbst, dann *Piemont, Albanien, Montevideo, Colico.* Albanien fällt mir in dieser Reihe zuerst auf, es ersetzt sich alsbald durch *Montenegro*, wohl nach dem Gegensatze von Weiß und Schwarz. Dann sehe ich, daß vier dieser Ersatznamen die nämliche Silbe *mon* enthalten; ich habe plötzlich das vergessene Wort und rufe laut: *Monaco.* Die Ersatznamen sind also wirklich vom vergessenen ausgegangen, die vier ersten von der ersten Silbe, der letzte bringt die Silbenfolge und die ganze Endsilbe wieder. Nebenbei kann ich auch leicht finden, was mir den Namen für eine Zeit weggenommen hat. Monaco gehört auch zu *München* als dessen italienischer Name; diese Stadt hat den hemmenden Einfluß ausgeübt.

Das Beispiel ist gewiß schön, aber zu einfach. In anderen Fällen müßte man zu den ersten Ersatznamen eine größere Reihe von Einfällen nehmen, dann wäre die Analogie mit der Traumanalyse deutlicher. Ich habe auch solche Erfahrungen gemacht. Als mich einmal ein Fremder einlud, italienischen Wein mit ihm zu trinken, ergab es sich im Wirtshause, daß er den Namen jenes Weines vergessen hatte, den er, weil er ihm im besten Gedenken geblieben war, zu bestellen beabsichtigte. Aus einer Fülle von disparaten Ersatzeinfällen, die dem Anderen an Stelle des vergessenen Namens kamen, konnte ich den Schluß ziehen, daß die Rücksicht auf irgendeine Hedwig ihm den Namen des Weines weggenommen hatte, und wirklich bestätigte er nicht nur, daß er diesen Wein zuerst in Gesellschaft einer Hedwig verkostet, sondern fand auch durch diese Aufdeckung seinen Namen wieder. Er war zu der Zeit glücklich verheiratet, und jene Hedwig gehörte früheren, nicht gerne erinnerten Zeiten an.

Was beim Namenvergessen möglich ist, muß auch in der Traumdeutung gelingen können, vom Ersatz aus durch anknüpfende Assoziationen das verhaltene Eigentliche zugänglich zu machen. Von den Assoziationen zum Traumelement dürfen wir nach dem Beispiel des Namenvergessens annehmen, daß sie sowohl durch das Traumelement als durch das unbewußte Eigentliche desselben determiniert sein werden. Somit hätten wir einiges zur Rechtfertigung unserer Technik vorgebracht.

VII. Vorlesung
Manifester Trauminhalt und latente Traumgedanken

Meine Damen und Herren! Sie sehen, wir haben die Fehlleistungen nicht ohne Nutzen studiert. Dank diesen Bemühungen haben wir – unter den Ihnen bekannten Voraussetzungen – zweierlei erworben, eine Auffassung des Traumelements und eine Technik der Traumdeutung. Die Auffassung des Traumelements geht dahin, es sei ein Uneigentliches, ein Ersatz für etwas anderes, dem Träumer Unbekanntes, ähnlich wie die Tendenz der Fehlleistung, ein Ersatz für etwas, wovon das Wissen im Träumer vorhanden, aber ihm unzugänglich ist. Wir hoffen, dieselbe Auffassung auf den ganzen Traum, der aus solchen Elementen besteht, übertragen zu können. Unsere Technik besteht darin, durch freie Assoziation zu diesen Elementen andere Ersatzbildungen auftauchen zu lassen, aus denen wir das Verborgene erraten können.

Ich schlage Ihnen jetzt vor, eine Abänderung unserer Nomenklatur eintreten zu lassen, die unsere Beweglichkeit erleichtern soll. Anstatt verborgen, unzugänglich, uneigentlich sagen wir, indem wir die richtige Beschreibung geben, dem Bewußtsein des Träumers unzugänglich oder *unbewußt*. Wir meinen damit nichts anderes, als was Ihnen die Beziehung auf das entfallene Wort oder auf die störende Tendenz der Fehlleistung vorhalten kann, nämlich *derzeit unbewußt*. Natürlich dürfen wir im Gegensatz hierzu die Traumelemente selbst und die durch Assoziation neu gewonnenen Ersatzvorstellungen *bewußte* heißen. Irgendeine theoretische Konstruktion ist mit dieser Namengebung noch nicht verbunden. Der Gebrauch des Wortes „unbewußt" als einer zutreffenden und leicht verständlichen Beschreibung ist tadellos.

Übertragen wir unsere Auffassung vom einzelnen Element auf den ganzen Traum, so ergibt sich also, daß der Traum als Ganzes der entstellte Ersatz für etwas anderes, Unbewußtes, ist, und als die Aufgabe der Traumdeutung, dieses Unbewußte zu finden. Daraus leiten sich aber sofort drei wichtige Regeln ab, die wir während der Arbeit an der Traumdeutung befolgen sollen:

1) Man kümmere sich nicht um das, was der Traum zu besagen scheint, sei er verständig oder absurd, klar oder verworren, da es doch auf keinen Fall das von uns gesuchte Unbewußte ist (eine naheliegende Einschränkung dieser Regel wird sich uns aufdrängen);

2) man beschränke die Arbeit darauf, zu jedem Element die Ersatzvorstellungen zu erwecken, denke nicht über sie nach, prüfe sie nicht, ob sie etwas Passendes enthalten, kümmere sich nicht darum, wie weit sie vom Traumelement abführen;

3) man warte ab, bis sich das verborgene, gesuchte Unbewußte von selbst einstellt, genauso wie das entfallene Wort Monaco bei dem beschriebenen Versuch.

Wir verstehen jetzt auch, inwiefern es gleichgültig ist, wie viel, wie wenig, vor allem aber wie getreu oder wie unsicher man den Traum erinnert. Der erinnerte Traum ist ja doch nicht das Eigentliche, sondern ein entstellter Ersatz dafür, der uns dazu verhelfen soll, durch Erweckung von anderen Ersatzbildungen dem Eigentlichen näherzukommen, das Unbewußte des Traumes bewußt zu machen. War also unsere Erinnerung ungetreu, so hat sie einfach an diesem Ersatz eine weitere Entstellung vorgenommen, die übrigens auch nicht unmotiviert sein kann.

Man kann die Deutungsarbeit an eigenen Träumen wie an denen anderer vollziehen. An eigenen lernt man sogar mehr, der Vorgang fällt beweisender aus. Versucht man dies also, so bemerkt man, daß etwas sich der Arbeit widersetzt. Man bekommt zwar Einfälle, läßt sie aber nicht alle gewähren. Es machen sich prüfende und auswählende Einflüsse geltend. Bei dem einen Einfall sagt man sich: Nein, das paßt nicht dazu, gehört nicht hierher, bei einem anderen: das ist zu unsinnig, bei einem dritten: das ist ganz nebensächlich, und man kann ferner beobachten, wie man mit solchen Einwendungen die Einfälle, noch ehe sie ganz klar geworden sind, erstickt und endlich auch vertreibt. Also einerseits hängt man sich zu sehr an die Ausgangsvorstellung, ans Traumelement selbst, anderseits stört man durch eine Auswahl das Ergebnis der freien Assoziation. Ist man bei der Traumdeutung nicht allein, läßt man seinen Traum von einem anderen deuten, so wird man sehr deutlich noch ein anderes Motiv bemerken, welches man für diese unerlaubte Auswahl verwendet. Man sagt sich dann gelegentlich: Nein, dieser Einfall ist zu unangenehm, den will oder kann ich nicht mitteilen.

Diese Einwendungen drohen offenbar den Erfolg unserer Arbeit zu stören. Man muß sich gegen sie schützen, und man tut dies bei der eigenen Person durch den festen Vorsatz, ihnen nicht nachzugeben; wenn man den Traum eines anderen deutet, indem man ihm als unverbrüchliche Regel angibt, er dürfe keinen Einfall von der Mitteilung ausschließen, auch wenn sich eine der vier Einwendungen gegen ihn erhebe, er sei zu unwichtig, zu unsinnig, gehöre nicht hierher, oder er sei zu peinlich für die Mitteilung. Er verspricht diese Regel zu befolgen, und man darf sich dann darüber ärgern, wie schlecht er vorkommendenfalls dies Versprechen hält. Man wird sich dafür zuerst die Erklärung geben, daß ihm trotz der autoritativen Versicherung die Berechtigung der freien Assoziation nicht eingeleuchtet hat, und wird vielleicht daran denken, ihn zuerst theoretisch zu gewinnen, indem man ihm Schriften zu lesen gibt oder ihn in Vorlesungen schickt, durch welche er zum Anhänger unserer Anschauungen über die freie Assoziation umgewandelt werden kann. Aber von solchen Mißgriffen wird man durch die Beobachtung abgehalten, daß bei der eigenen Person, deren Überzeugung man doch sicher sein darf, die nämlichen kritischen Einwendungen gegen gewisse Einfälle auftauchen, die erst nachträglich, gewissermaßen in zweiter Instanz, beseitigt werden.

Anstatt sich über den Ungehorsam des Träumers zu ärgern, kann man diese Erfahrungen verwerten, um etwas Neues aus ihnen zu lernen, etwas, was umso wichtiger ist, je weniger man darauf vorbereitet war. Man versteht, die Arbeit der Traumdeutung vollzieht sich gegen einen *Widerstand*, der ihr entgegengesetzt wird, und dessen Äußerungen jene kritischen Einwendungen sind. Dieser Widerstand ist unabhängig von der theoretischen Überzeugung des Träumers. Ja, man lernt noch mehr. Man macht die Erfahrung, daß eine solche kritische Einwendung niemals recht behält. Im Gegenteile, die Einfälle, die man so unterdrücken möchte, erweisen sich *ausnahmslos* als die wichtigsten, für das Auffinden des Unbewußten entscheidenden. Es ist geradezu eine Auszeichnung, wenn ein Einfall von einer solchen Einwendung begleitet wird.

Dieser Widerstand ist etwas völlig Neues, ein Phänomen, welches wir auf Grund unserer Voraussetzungen gefunden haben, ohne daß es in diesen enthalten gewesen wäre. Wir sind von diesem neuen Faktor in unserer Rechnung nicht gerade angenehm überrascht. Wir ahnen schon, er wird unsere Arbeit nicht erleichtern. Er könnte uns dazu verführen, die ganze Bemühung um den Traum stehenzulassen. Etwas so Unwichtiges wie der Traum und dazu solche Schwierigkeiten anstatt einer glatten Technik! Aber anderseits könnten uns gerade diese Schwierigkeiten reizen und vermuten lassen, daß die Arbeit der Mühe wert sein wird. Wir stoßen regelmäßig auf Widerstände, wenn wir vom Ersatz, den das Traumelement bedeutet, zu seinem versteckten Unbewußten vordringen wollen. Also dürfen wir denken, es muß hinter dem Ersatz etwas Bedeutsames versteckt sein. Wozu sonst die Schwierigkeiten, die das Verbergen aufrecht erhalten wollen? Wenn ein Kind die geballte Hand nicht aufmachen will, um zu zeigen, was es in ihr hat, dann ist es gewiß etwas Unrechtes, was es nicht haben soll.

Im Augenblick, da wir die dynamische Vorstellung eines Widerstandes in unseren Sachverhalt einführen, müssen wir auch daran denken, daß dieses Moment etwas quantitativ Variables ist. Es kann größere und kleinere Widerstände geben und wir sind darauf vorbereitet, daß sich diese Unterschiede auch während unserer Arbeit zeigen werden. Vielleicht bringen wir damit eine andere Erfahrung zusammen, die wir auch bei der Arbeit der Traumdeutung machen. Es bedarf nämlich manchmal nur eines einzigen oder einiger weniger Einfälle, um uns vom Traumelement zu seinem Unbewußten zu bringen, während andere Male lange Ketten von Assoziationen und die Überwindung vieler kritischer Einwendungen dazu erfordert wird. Wir werden uns sagen, diese Verschiedenheiten hängen mit den wechselnden Größen des Widerstandes zusammen, und werden wahrscheinlich recht behalten. Wenn der Widerstand gering ist, so ist auch der Ersatz vom Unbewußten nicht weit entfernt; ein großer Widerstand bringt aber große Entstellungen des Unbewußten und damit einen langen Rückzug vom Ersatz zum Unbewußten mit sich.

Jetzt wäre es vielleicht an der Zeit, einen Traum herzunehmen und unsere Technik an ihm zu bestätigen. Ja, aber welchen Traum sollen wir dazu wählen? Sie glauben nicht, wie schwer mir diese Entscheidung fällt, und ich kann Ihnen auch noch nicht begreiflich machen, worin die Schwierigkeiten liegen. Es muß offenbar Träume geben, die im ganzen wenig Entstellung erfahren haben, und es wäre das beste mit ihnen anzufangen. Aber welche Träume sind die am wenigsten entstellten? Die verständigen und nicht verworrenen, von denen ich ihnen bereits zwei Beispiele vorgelegt habe? Da würden wir sehr irregehen. Die Untersuchung zeigt, daß diese Träume einen außerordentlich hohen Grad von Entstellung erfahren haben. Wenn ich aber unter Verzicht auf eine besondere Bedingung einen beliebigen Traum herausgreife, so werden Sie wahrscheinlich sehr enttäuscht werden. Es kann sein, daß wir eine solche Fülle von Einfällen zu den einzelnen Traumelementen zu merken oder zu verzeichnen haben, daß die Arbeit vollkommen unübersichtlich wird. Schreiben wir uns den Traum nieder und halten die Niederschrift aller dazu sich ergebenden Einfälle dagegen, so können diese leicht ein Vielfaches des Traumtextes ausmachen. Am zweckmäßigsten schiene es also, mehrere kurze Träume zur Analyse auszusuchen, von denen jeder uns wenigstens etwas sagen oder bestätigen kann. Dazu werden wir uns auch entschließen, wenn die Erfahrung uns nicht etwa anzeigen sollte, wo wir die wenig entstellten Träume wirklich finden können.

Ich weiß aber noch eine andere Erleichterung, die überdies auf unserem Wege liegt. Anstatt die Deutung ganzer Träume in Angriff zu nehmen, wollen wir uns auf einzelne Traumelemente beschränken und an einer Reihe von Beispielen verfolgen, wie diese durch die Anwendung unserer Technik Aufklärung finden.

a) Eine Dame erzählt, sie habe als Kind sehr oft geträumt, *der liebe Gott habe einen spitzen Papierhut auf dem Kopf.* Wie wollen Sie das ohne die Hilfe der Träumerin verstehen? Es klingt ja ganz unsinnig. Es ist nicht mehr unsinnig, wenn uns die Dame berichtet, daß man ihr als Kind bei Tische einen solchen Hut aufzusetzen pflegte, weil sie es nicht unterlassen konnte, auf die Teller der Geschwister zu schielen, ob eines von ihnen mehr bekommen habe als sie. Der Hut sollte also wie ein Scheuleder wirken. Übrigens eine historische Auskunft und ohne jede Schwierigkeit gegeben. Die Deutung dieses Elements und damit des ganzen kurzen Traumes ergibt sich leicht mit Hilfe eines weiteren Einfalls der Träumerin. „Da ich gehört hatte, der liebe Gott sei allwissend und sehe alles", sagt sie, „so kann der Traum nur bedeuten, daß ich alles weiß und alles sehe wie der liebe Gott, auch wenn man mich daran hindern will." Dieses Beispiel ist vielleicht zu einfach.

b) Eine skeptische Patientin hat einen längeren Traum, in dem es vorkommt, daß ihr gewisse Personen von meinem Buch über den „Witz" erzählen und es sehr loben. Dann wird etwas erwähnt von einem „*Kanal*", *vielleicht ein anderes Buch, in dem Kanal vorkommt, oder sonst etwas mit Kanal ... sie weiß es nicht ... es ist ganz unklar.*

Nun werden Sie gewiß zu glauben geneigt sein, daß das Element „Kanal" sich der Deutung entziehen wird, weil es selbst so unbestimmt ist. Sie haben mit der vermuteten Schwierigkeit recht, aber es ist nicht darum schwer, weil es undeutlich ist, sondern es ist undeutlich aus einem anderen Grund, demselben, der auch die Deutung schwer macht. Der Träumerin fällt zu Kanal nichts ein; ich weiß natürlich auch nichts zu sagen. Eine Weile später, in Wahrheit am nächsten Tage, erzählt sie, es sei ihr eingefallen, was *vielleicht* dazugehört. Auch ein Witz nämlich, den sie erzählen gehört hat. Auf einem Schiff zwischen Dover und Calais unterhält sich ein bekannter Schriftsteller mit einem Engländer, welcher in einem gewissen Zusammenhange den Satz zitiert: *Du sublime au ridicule il n'y a qu' un pas.* Der Schriftsteller antwortet: *Oui, le pas de Calais,* – womit er sagen will, daß er Frankreich großartig und England lächerlich findet. Der *Pas de Calais* ist aber doch ein Kanal, der Ärmelkanal nämlich, *Canal la manche.* Ob ich meine, daß dieser Einfall etwas mit dem Traum zu tun hat? Gewiß, meine ich, er gibt wirklich die Lösung des rätselhaften Traumelements. Oder wollen Sie bezweifeln, daß dieser Witz bereits vor dem Traum als das Unbewußte des Elements „Kanal" vorhanden war, können Sie annehmen, daß er nachträglich hinzugefunden wurde? Der Einfall bezeugt nämlich die Skepsis, die sich bei ihr hinter aufdringlicher Bewunderung verbirgt, und der Widerstand ist wohl der gemeinsame Grund für beides, sowohl, daß ihr der Einfall so zögernd gekommen, als auch dafür, daß das entsprechende Traumelement so unbestimmt ausgefallen ist. Blicken Sie hier auf das Verhältnis des Traumelements zu seinem Unbewußten. Es ist wie ein Stückchen dieses Unbewußten, wie eine Anspielung darauf; durch seine Isolierung ist es ganz unverständlich geworden.

c) Ein Patient träumt in längerem Zusammenhange: *Um einen Tisch von besonderer Form sitzen mehrere Mitglieder seiner Familie* usw. Zu diesem Tisch fällt ihm ein, daß er ein solches Möbelstück bei einem Besuch bei einer bestimmten Familie gesehen hat. Dann setzen sich seine Gedanken fort: In dieser Familie hat es ein besonderes Verhältnis zwischen Vater und Sohn gegeben, und bald setzt er hinzu, daß es eigentlich zwischen ihm und seinem Vater ebenso steht. Der Tisch ist also in den Traum aufgenommen, um diese Parallele zu bezeichnen.

Dieser Träumer war mit den Anforderungen der Traumdeutung längst vertraut. Ein anderer hätte vielleicht Anstoß daran genommen, daß ein so geringfügiges Detail wie die Form eines Tisches zum Objekt der Nachforschung genommen wird. Wir erklären wirklich nichts im Traum für zufällig oder gleichgültig und erwarten uns Aufschluß gerade von der Aufklärung so geringfügiger unmotivierter Details. Sie werden sich vielleicht noch darüber verwundern, daß die Traumarbeit den Gedanken „bei uns geht es ebenso zu wie bei denen" gerade durch die Auswahl des Tisches zum Ausdruck bringt. Aber auch das erklärt sich, wenn Sie hören, daß die betreffende Familie den Namen: *Tischler* trägt. Indem der Träumer seine Angehörigen an diesem Tisch Platz nehmen läßt, sagt er, sie seien auch Tischler. Bemerken Sie übrigens, wie man notgedrungen bei der Mitteilung solcher Traumdeutungen indiskret werden muß. Sie haben damit eine der Ihnen angedeuteten Schwierigkeiten in der Auswahl von Beispielen erraten. Ich hätte dieses Beispiel leicht durch ein anderes ersetzen können, aber wahrscheinlich hätte ich diese Indiskretion nur um den Preis vermieden, daß ich an ihrer Statt eine andere begehe.

Es scheint mir an der Zeit, zwei Termini einzuführen, die wir längst hätten verwenden können. Wir wollen das, was der Traum erzählt, den *manifesten*

Trauminhalt nennen, das Verborgene, zu dem wir durch die Verfolgung der Einfälle kommen sollen, die *latenten Traumgedanken*. Wir achten dann auf die Beziehungen zwischen manifestem Trauminhalt und latenten Traumgedanken, wie sie sich in diesen Beispielen zeigen. Es können sehr verschiedene solche Beziehungen bestehen. In den Beispielen *a)* und *b)* ist das manifeste Element auch ein Bestandteil der latenten Gedanken, aber nur ein kleines Stück davon. Von einem großen zusammengesetzten psychischen Gebilde in den unbewußten Traumgedanken ist ein Stückchen auch in den manifesten Traum gelangt, wie ein Fragment davon oder in anderen Fällen wie eine Anspielung darauf, wie ein Stichwort, eine Verkürzung im Telegraphenstil. Die Deutungsarbeit hat diesen Brocken oder diese Andeutung zum Ganzen zu vervollständigen, wie es besonders schön im Beispiel *b)* gelungen ist. Die eine Art der Entstellung, in welcher die Traumarbeit besteht, ist also der Ersatz durch ein Bruchstück oder eine Anspielung. In *c)* ist überdies ein anderes Verhältnis zu erkennen, welches wir in den nachfolgenden Beispielen reiner und deutlicher ausgedrückt sehen.

d) Der Träumer *zieht eine* (bestimmte, ihm bekannte) *Dame hinter dem Bett hervor*. Er findet selbst durch den ersten Einfall den Sinn dieses Traumelements. Es heißt: er gibt dieser Dame den *Vorzug*.

e) Ein anderer träumt, sein Bruder stecke in einem *Kasten*. Der erste Einfall ersetzt Kasten durch *Schrank*, und der zweite gibt darauf die Deutung: der Bruder schränkt sich ein.

f) Der Träumer *steigt auf einen Berg, von dem er eine außerordentliche, weite Aussicht hat*. Das klingt ja ganz rationell, es ist vielleicht nichts zu deuten daran, sondern nur zu erkunden, an welche Reminiszenz der Traum rührt, und aus welchem Motiv sie hier geweckt wurde. Allein Sie irren; es zeigt sich, daß dieser Traum gerade so deutungsbedürftig war wie irgendein anderer, verworrener. Dem Träumer fällt dazu nämlich nichts von eigenen Bergbesteigungen ein, sondern er gedenkt des Umstandes, daß ein Bekannter von ihm eine „*Rundschau*" herausgibt, die sich mit unseren Beziehungen zu den fernsten Erdteilen beschäftigt. Der latente Traumgedanke ist also hier eine Identifizierung des Träumers mit dem „Rundschauer".

Sie finden hier einen neuen Typus der Beziehung zwischen manifestem und latentem Traumelement. Das erstere ist nicht so sehr eine Entstellung des letzteren als eine Darstellung desselben, eine plastische, konkrete Verbildlichung, die ihren Ausgang vom Wortlaute nimmt. Allerdings gerade dadurch wieder eine Entstellung, denn wir haben beim Wort längst vergessen, aus welchem konkreten Bild es hervorgegangen ist, und erkennen es darum in seiner Ersetzung durch das Bild nicht wieder. Wenn Sie daran denken, daß der manifeste Traum vorwiegend aus visuellen Bildern, seltener aus Gedanken und Worten besteht, können Sie erraten, daß dieser Art der Beziehung eine besondere Bedeutung für die Traumbildung zukommt. Sie sehen auch, daß es auf diesem Wege möglich wird, für eine große Reihe abstrakter Gedanken Ersatzbilder im manifesten Traum zu schaffen, die doch der Absicht des Verbergens dienen. Es ist dies die Technik unseres Bilderrätsels. Woher der Anschein des Witzigen kommt, den solche Darstellungen an sich tragen, das ist eine besondere Frage, die wir hier nicht zu berühren brauchen.

Eine vierte Art der Beziehung zwischen manifestem und latentem Element muß ich Ihnen noch verschweigen, bis ihr Stichwort in der Technik gefallen ist. Ich werde Ihnen auch dann keine vollständige Aufzählung gegeben haben, aber es reicht so für unsere Zwecke aus.

Haben Sie nun den Mut, die Deutung eines ganzen Traumes zu wagen? Machen wir den Versuch, ob wir für diese Aufgabe gut genug ausgerüstet sind. Ich werde natürlich keinen der dunkelsten wählen, aber doch einen, der die Eigenschaften eines Traumes in guter Ausprägung zeigt.

Also eine junge, aber schon seit vielen Jahren verheiratete Dame träumt: *Sie sitzt mit ihrem Manne im Theater, eine Seite des Parketts ist ganz unbesetzt. Ihr Mann erzählt ihr, Elise L. und ihr Bräutigam hätten auch gehen wollen, hätten aber nur schlechte Sitze bekommen, 3 für 1 fl. 50 kr., und die konnten sie ja nicht nehmen. Sie meint, es wäre auch kein Unglück gewesen.*

Das erste, was uns die Träumerin berichtet, ist, daß der Anlaß zum Traum im manifesten Inhalt desselben berührt wird. Ihr Mann hatte ihr wirklich erzählt, daß Elise L., eine ungefähr gleichaltrige Bekannte, sich jetzt verlobt hat. Der Traum ist die Reaktion auf diese Mitteilung. Wir wissen bereits, daß es für viele Träume leicht wird, einen solchen Anlaß vom Vortag für sie nachzuweisen, und daß diese Herleitungen vom Träumer oft ohne Schwierigkeiten angegeben werden. Auskünfte derselben Art stellt uns die Träumerin auch für andere Elemente des manifesten Traumes zur Verfügung. Woher das Detail, daß eine Seite des Parketts unbesetzt ist? Es ist eine Anspielung auf eine reale Begebenheit der vorigen Woche. Sie hatte sich vorgenommen, in eine gewisse Theatervorstellung zu gehen, und darum *frühzeitig* Karten genommen, so früh, daß sie Vorverkaufsgebühr zahlen mußte. Als sie ins Theater kamen, zeigte es sich, wie überflüssig ihre Sorge gewesen war, denn *eine Seite des Parketts war fast leer.* Es wäre Zeit gewesen, wenn sie die Karten am Tage der Vorstellung selbst gekauft hätte. Ihr Mann unterließ es auch nicht, sie wegen dieser *Voreiligkeit* zu necken. – Woher die 1 fl. 50 kr.? Aus einem ganz anderen Zusammenhange, der mit dem vorigen nichts zu tun hat, aber gleichfalls auf eine Nachricht vom letzten Tage anspielt. Ihre Schwägerin hatte von ihrem Mann die Summe von 150 fl. zum Geschenk bekommen und hatte nichts Eiligeres zu tun, die dumme Gans, als zum Juwelier zu laufen und das Geld gegen ein Schmuckstück einzutauschen. – Woher die 3? Dazu weiß sie nichts, wenn man nicht etwa den Einfall gelten lassen will, daß die Braut, Elise L., nur um 3 Monate jünger ist als sie, die seit fast zehn Jahren verheiratete Frau. Und der Unsinn, daß man drei Karten nimmt, wenn man nur zu zweien ist? Dazu sagt sie nichts, verweigert überhaupt alle weiteren Einfälle und Auskünfte.

Sie hat uns aber doch so viel Material in ihren wenigen Einfällen zugetragen, daß daraus das Erraten der latenten Traumgedanken möglich wird. Es muß uns auffallen, daß in ihren Mitteilungen zum Traum an mehreren Stellen Zeitbestimmungen hervortreten, die eine Gemeinsamkeit zwischen verschiedenen Partien des Materials begründen. Sie hat die Eintrittskarten ins Theater *zu früh* besorgt, *voreilig* genommen, so daß sie sie überzahlen mußte; die Schwägerin hat sich in ähnlicher Weise *beeilt*, ihr Geld zum Juwelier zu tragen, um sich einen Schmuck dafür zu kaufen, als ob sie es *versäumen* würde. Nehmen wir zu dem so betonten „zu früh", „voreilig" die Veranlassung des Traumes hinzu, die Nachricht, daß die nur um 3 Monate *jüngere* Freundin jetzt doch einen tüchtigen Mann bekommen hat, und die in dem Schimpf auf die Schwägerin ausgedrückte Kritik: es sei *unsinnig*, sich so zu übereilen, so tritt uns wie spontan folgende Konstruktion der latenten Traumgedanken entgegen, für welche der manifeste Traum ein arg entstellter Ersatz ist:

„Es war doch ein *Unsinn* von mir, mich mit der Heirat so zu beeilen! An dem Beispiel der Elise sehe ich, daß ich auch noch später einen Mann bekommen hätte." (Die Übereilung dargestellt durch ihr Benehmen beim Kartenkauf und das der Schwägerin heim Schmuckeinkauf. Für das Heiraten tritt als Ersatz das Ins-theater-gehen ein.) Das wäre der Hauptgedanke; vielleicht können wir fortsetzen, obwohl mit geringerer Sicherheit, weil die Analyse an diesen Stellen auf Äußerungen der Träumerin nicht hätte verzichten sollen: „Und einen 100mal besseren hätte ich für das Geld bekommen!" (150 ist 100mal mehr als 1 fl. 50.) Wenn wir für das Geld die Mitgift einsetzen dürften, so hieße es, daß man sich den Mann durch die Mitgift erkauft; sowohl der Schmuck wie auch die schlechten Karten stünden an Stelle des Mannes. Noch erwünschter wäre es, wenn gerade das Element „3 Karten" etwas mit einem Mann zu tun hätte. Aber soweit reicht unser Verständnis noch nicht. Wir haben nur erraten, der Traum drückt die *Geringschätzung* ihres eigenen Mannes und das Bedauern, so *früh geheiratet* zu haben, aus.

Mein Urteil ist, daß wir von dem Ergebnis dieser ersten Traumdeutung mehr überrascht und verwirrt als befriedigt sein werden. Zuviel auf einmal dringt da auf uns ein, mehr, als wir jetzt schon bewältigen können. Wir merken schon, daß wir die Lehren dieser Traumdeutung nicht erschöpfen werden. Beeilen wir uns herauszugreifen, was wir als gesicherte neue Einsicht erkennen.

Erstens: Es ist merkwürdig, in den latenten Gedanken fällt der Hauptakzent auf das Element der Voreiligkeit; im manifesten Traum ist gerade davon nichts zu finden. Ohne die Analyse hätten wir keine Ahnung haben können, daß dieses Moment irgendeine Rolle spielt. Es scheint also möglich, daß gerade die Hauptsache, das Zentrale der unbewußten Gedanken, im manifesten Traum ausbleibt. Dadurch muß der Eindruck des ganzen Traumes gründlich verwandelt werden. Zweitens: Im Traum findet sich eine unsinnige Zusammenstellung, 3 für 1 fl. 50; in den Traumgedanken erraten wir den Satz: Es war ein Unsinn (so früh zu heiraten). Kann man es abweisen, daß dieser Gedanke „es war ein Unsinn" gerade durch die Aufnahme eines absurden Elements in den manifesten Traum dargestellt wird? Drittens: Ein vergleichender Blick lehrt, daß die Beziehung zwischen manifesten und latenten Elementen keine einfache ist, keinesfalls von der Art, daß immer ein manifestes Element ein latentes ersetzt. Es muß vielmehr eine Massenbeziehung zwischen beiden Lagern sein, innerhalb deren ein manifestes Element mehrere latente vertreten oder ein latentes durch mehrere manifeste ersetzt sein kann.

Was den Sinn des Traumes und das Verhalten der Träumerin zu ihm betrifft, wäre gleichfalls viel Überraschendes zu sagen. Sie anerkennt wohl die Deutung, aber sie wundert sich über sie. Sie hat nicht gewußt, daß sie ihren Mann so geringschätzt; sie weiß auch nicht, warum sie ihn so geringschätzen sollte. Daran ist also noch vieles unverständlich. Ich glaube wirklich, wir sind noch nicht für eine Traumdeutung ausgerüstet und müssen uns erst weitere Unterweisung und Vorbereitung holen.

VIII. *Vorlesung*
Kinderträume

Meine Damen und Herren! Wir stehen unter dem Eindrucke, daß wir zu rasch vorgegangen sind. Greifen wir um ein Stück zurück. Ehe wir den letzten Versuch unternahmen, die Schwierigkeit der Traumentstellung durch unsere Technik zu bewältigen, hatten wir uns gesagt, es wäre das Beste, sie zu umgehen, indem wir uns an Träume halten, bei denen die Entstellung weggefallen oder sehr geringfügig ausgefallen ist, wenn es solche gibt. Wir weichen dabei wiederum von der Entwicklungsgeschichte unserer Erkenntnis ab, denn in Wirklichkeit ist man erst nach konsequenter Anwendung der Deutungstechnik und nach vollzogener Analyse der entstellten Träume auf die Existenz solcher von Entstellung freier aufmerksam geworden.

Die Träume, die wir suchen, finden sich bei Kindern. Sie sind kurz, klar, kohärent, leicht zu verstehen, unzweideutig und doch unzweifelhafte Träume. Glauben Sie aber nicht, daß alle Träume von Kindern dieser Art sind. Auch die Traumentstellung setzt sehr früh im Kindesalter ein, und es sind Träume von fünf- bis achtjährigen Kindern verzeichnet worden, die bereits alle Charaktere der späteren an sich tragen. Wenn Sie sich aber auf das Alter vom Beginn der kenntlichen seelischen Tätigkeit bis zum vierten oder fünften Jahr beschränken, werden Sie eine Reihe von Träumen aufbringen, die den infantil zu nennenden Charakter haben, und dann in späteren Kinderjahren einzelne derselben Art finden können. Ja auch bei erwachsenen Personen fallen unter gewissen Bedingungen Träume vor, die ganz den typisch infantilen gleichen.

An diesen Kinderträumen können wir nun mit großer Leichtigkeit und Sicherheit Aufschlüsse über das Wesen des Traumes gewinnen, von denen wir hoffen wollen, daß sie sich als entscheidend und allgemein gültig erweisen werden.

1. Man bedarf zum Verständnis dieser Träume keiner Analyse, keiner Anwendung einer Technik. Man braucht das Kind, welches seinen Traum erzählt, nicht zu befragen. Aber man muß ein Stück Erzählung aus dem Leben des Kindes dazu geben. Es gibt jedesmal ein Erlebnis vom Tage vorher, welches uns den Traum erklärt. Der Traum ist die Reaktion des Seelenlebens im Schlafe auf dieses Erlebnis des Tages.

Wir wollen uns einige Beispiele anhören, um unsere weiteren Schlüsse an sie anzulehnen.

a) Ein Knabe von 22 Monaten soll als Gratulant einen Korb mit Kirschen verschenken. Er tut es offenbar sehr ungern, obwohl man ihm verspricht, daß er einige davon selbst bekommen wird. Am nächsten Morgen erzählt er als seinen Traum: *He(r)mann alle Kirschen aufgessen.*

b) Ein Mädchen von 3¼ Jahren wird zum erstenmal über den See gefahren. Beim Aussteigen will sie das Boot nicht verlassen und weint bitterlich. Die Zeit der Seefahrt scheint ihr zu rasch vergangen zu sein. Am nächsten Morgen: *Heute nacht bin ich auf dem See gefahren.* Wir dürfen wohl ergänzen, daß diese Fahrt länger angedauert hat.

c) Ein 5¼ jähriger Knabe wird auf einen Ausflug ins Escherntal bei Hallstatt mitgenommen, Er hatte gehört, Hallstatt liege am Fuße des Dachsteins. Für diesen Berg hatte er viel Interesse bezeugt. Von der Wohnung in Aussee war der Dachstein schön zu sehen und mit dem Fernrohr konnte man die Simonyhütte auf demselben ausnehmen. Das Kind hatte sich wiederholt bemüht, sie durchs Fernrohr zu erblicken; es war unbekannt geblieben, mit welchem Erfolge. Der Ausflug begann in erwartungsvoll heiterer Stimmung. So oft ein neuer Berg in

Sicht kam, fragte der Knabe: Ist das der Dachstein? Er wurde immer mehr verstimmt, je öfter man ihm diese Frage verneint hatte, verstummte später ganz
und wollte einen kleinen Steig zum Wasserfall nicht mitmachen. Man hielt ihn
für übermüdet, aber am nächsten Morgen erzählte er ganz selig: Heute nachts
habe ich geträumt, *daß wir auf der Simonyhütte gewesen* sind. In dieser Erwartung
hatte er sich also an dem Ausflug beteiligt. Von Einzelheiten gab er nur an, was
er vorher gehört hatte: Man geht sechs Stunden lang auf Stufen hinauf.

Diese drei Träume werden für alle gewünschten Auskünfte hinreichen.

2. Wir sehen, diese Kinderträume sind nicht sinnlos; es sind *verständliche, vollgültige, seelische Akte.* Erinnern Sie sich an das, was ich Ihnen als das medizinische
Urteil über den Traum vorgestellt habe, an das Gleichnis von den musikunkun-
digen Fingern, die über die Tasten des Klaviers hinfahren. Es wird Ihnen nicht
entgehen, wie scharf sich diese Kinderträume dieser Auffassung widersetzen.
Es wäre aber auch zu sonderbar, wenn gerade das Kind im Schlafe volle seelische Leistungen zustande brächte, wo sich der Erwachsene im gleichen Falle mit
zuckungsartigen Reaktionen begnügt. Wir haben auch allen Grund, dem Kinde
den besseren und tieferen Schlaf zuzutrauen.

3. Diese Träume entbehren der Traumentstellung; bedürfen darum auch keiner Deutungsarbeit. Manifester und latenter Traum fallen hier zusammen. *Die
Traumentstellung gehört also nicht zum Wesen des Traumes.* Ich darf annehmen, daß
Ihnen damit ein Stein vom Herzen fällt. Aber ein Stückchen Traumentstellung,
eine gewisse Differenz zwischen dem manifesten Trauminhalt und den latenten Traumgedanken werden wir bei näherer Überlegung auch diesen Träumen
zugestehen.

4. Der Kindertraum ist die Reaktion auf ein Erlebnis des Tages, welches
ein Bedauern, eine Sehnsucht, einen unerledigten Wunsch zurückgelassen hat.
Der Traum bringt die direkte, unverhüllte Erfüllung dieses Wunsches. Denken Sie nun
an unsere Erörterungen über die Rolle körperlicher Reize von außen oder von
innen als Schlafstörer und Anreger der Träume. Wir sind mit ganz sicheren Tatsachen darüber bekannt geworden, konnten uns aber nur eine kleine Anzahl von
Träumen auf solche Art erklären. In diesen Kinderträumen deutet nichts auf
die Einwirkung solcher somatischer Reize; wir können darin nicht irre gehen,
denn die Träume sind voll verständlich und leicht zu übersehen. Aber darum
brauchen wir die Reizätiologie des Traumes nicht aufzugeben. Wir können nur
fragen, warum haben wir von Anfang an vergessen, daß es außer den körperlichen auch seelische schlafstörende Reize gibt? Wir wissen doch, daß es diese
Erregungen sind, welche die Schlafstörung der Erwachsenen zumeist verschulden, indem sie ihn daran verhindern, die seelische Verfassung des Einschlafens,
die Abziehung des Interesses von der Welt, bei sich herzustellen. Er möchte

das Leben nicht unterbrechen, sondern lieber die Arbeit an den Dingen, die ihn beschäftigen, fortsetzen, und darum schläft er nicht. Ein solcher seelischer, den Schlaf störender Reiz ist also für das Kind der unerledigte Wunsch, auf welchen es mit dem Traum reagiert.

5. Von hier erhalten wir auf dem kürzesten Wege Aufschluß über die Funktion des Traumes. Der Traum als Reaktion auf den psychischen Reiz muß den Wert einer Erledigung dieses Reizes haben, so daß er beseitigt ist und der Schlaf fortgesetzt werden kann. Wie diese Erledigung durch den Traum dynamisch ermöglicht wird, wissen wir noch nicht, aber wir merken bereits, daß der Traum *nicht der Schlafstörer ist, als den man ihn schilt, sondern der Schlafhüter, der Beseitiger von Schlafstörungen.* Wir finden zwar, wir hätten besser geschlafen, wenn nicht der Traum gewesen wäre, aber wir haben unrecht; in Wirklichkeit hätten wir ohne die Hilfe des Traumes überhaupt nicht geschlafen. Es ist sein Verdienst, daß wir soweit gut geschlafen haben. Er konnte es nicht vermeiden, uns etwas zu stören, sowie der Nachtwächter oft nicht umhin kann, einigen Lärm zu machen, während er die Ruhestörer verjagt, die uns durch den Lärm wecken wollen.

6. Daß ein Wunsch der Erreger des Traumes ist, die Erfüllung dieses Wunsches der Inhalt des Traumes, das ist der eine Hauptcharakter des Traumes. Der andere ebenso konstante ist, daß der Traum nicht einfach einen Gedanken zum Ausdruck bringt, sondern als halluzinatorisches Erlebnis diesen Wunsch als erfüllt darstellt. *Ich möchte auf dem See fahren, lautet der Wunsch,* der den Traum anregt; der Traum selbst hat zum Inhalt: *ich fahre auf dem See.* Ein Unterschied zwischen latentem und manifestem Traum, eine Entstellung des latenten Traumgedankens bleibt also auch für diese einfachen Kinderträume bestehen, die *Umsetzung des Gedankens in Erlebnis.* Bei der Deutung des Traumes muß vor allem dieses Stück Veränderung rückgängig gemacht werden. Wenn sich dies als ein allgemeinster Charakter des Traumes herausstellen sollte, dann ist das vorhin mitgeteilte Traumfragment *„ich sehe meinen Bruder in einem Kasten"* also nicht zu übersetzen „mein Bruder schränkt sich ein", sondern *„ich möchte, daß mein Bruder sich einschränke, mein Bruder soll sich einschränken".* Von den beiden hier aufgeführten allgemeinen Charakteren des Traumes hat offenbar der zweite mehr Aussicht auf Anerkennung ohne Widerspruch als der erstere. Wir werden erst durch weitausgreifende Untersuchungen sicherstellen können, daß der Erreger des Traumes immer ein Wunsch sein muß, und nicht auch eine Besorgnis, ein Vorsatz oder Vorwurf sein kann, aber davon wird der andere Charakter unberührt bleiben, daß der Traum diesen Reiz nicht einfach wiedergibt, sondern ihn durch eine Art von Erleben aufhebt, beseitigt, erledigt.

7. In Anknüpfung an diese Charaktere des Traumes können wir auch die Vergleichung des Traumes mit der Fehlleistung wieder aufnehmen. Bei letzterer

unterscheiden wir eine störende Tendenz und eine gestörte, und die Fehlleistung war ein Kompromiß zwischen beiden. In dasselbe Schema fügt sich auch der Traum. Die gestörte Tendenz kann bei ihm keine andere sein als die zu schlafen. Die störende ersetzen wir durch den psychischen Reiz, sagen wir also durch den Wunsch, der auf seine Erledigung dringt, weil wir bisher keinen anderen schlafstörenden seelischen Reiz kennengelernt haben. Der Traum ist auch hier ein Kompromißergebnis. Man schläft, aber man erlebt doch die Aufhebung eines Wunsches; man befriedigt einen Wunsch, setzt dabei aber den Schlaf fort. Beides ist zum Teil durchgesetzt und zum Teil aufgegeben.

8. Erinnern Sie sich, wir erhofften uns einmal einen Zugang zum Verständnis der Traumprobleme aus der Tatsache, daß gewisse für uns sehr durchsichtige Phantasiebildungen *„Tagträume"* genannt werden. Diese Tagträume sind nun wirklich Wunscherfüllungen, Erfüllungen von ehrgeizigen und erotischen Wünschen, die uns wohlbekannt sind, aber es sind gedachte, wenn auch lebhaft vorgestellte, niemals halluzinatorisch erlebte. Von den beiden Hauptcharakteren des Traumes wird also hier der minder gesicherte festgehalten, während der andere als vom Schlafzustand abhängig und im Wachleben nicht realisierbar ganz entfällt. Im Sprachgebrauch liegt also eine Ahnung davon, daß die Wunscherfüllung ein Hauptcharakter des Traumes ist. Nebenbei, wenn das Erleben im Traum nur ein durch die Bedingungen des Schlafzustandes ermöglichtes, umgewandeltes Vorstellen, also ein „nächtliches Tagträumen" ist, so verstehen wir bereits, daß der Vorgang der Traumbildung den nächtlichen Reiz aufheben und Befriedigung bringen kann, denn auch das Tagträumen ist eine mit Befriedigung verbundene Tätigkeit und wird ja nur dieser wegen gepflegt.

Aber nicht nur dieser, auch anderer Sprachgebrauch äußert sich in demselben Sinne. Bekannte Sprichwörter sagen: das Schwein träumt von Eicheln, die Gans vom Mais; oder fragen: wovon träumt das Huhn? von Hirse. Das Sprichwort steigt also noch weiter hinab als wir, vom Kind zum Tier, und behauptet, der Inhalt des Traumes sei die Befriedigung eines Bedürfnisses. So viele Redewendungen scheinen dasselbe anzudeuten, wie: „traumhaft schön", „das wäre mir im Traum nicht eingefallen", „das habe ich mir in meinen kühnsten Träumen nicht vorgestellt". Es liegt da eine offenbare Parteinahme des Sprachgebrauchs vor. Es gibt ja auch Angstträume und Träume mit peinlichem oder indifferentem Inhalt, aber sie haben den Sprachgebrauch nicht angeregt. Er kennt zwar „böse" Träume, aber der Traum schlechtweg ist ihm doch nur die holde Wunscherfüllung. Es gibt auch kein Sprichwort, das uns versichern würde, das Schwein oder die Gans träumen vom Geschlachtetwerden.

Es ist natürlich undenkbar, daß der wunscherfüllende Charakter des Traumes von den Autoren über den Traum nicht bemerkt worden wäre. Dies ist vielmehr sehr oft der Fall gewesen, aber es ist keinem von ihnen eingefallen, diesen Charakter als allgemeinen anzuerkennen und zum Angelpunkt der Traumerklärung zu nehmen. Wir können uns wohl denken und werden auch darauf eingehen, was sie davon abgehalten haben mag.

Sehen Sie nun aber, welche Fülle von Aufklärungen wir aus der Würdigung der Kinderträume gewonnen haben, und dies fast mühelos! Die Funktion des Traumes als Hüter des Schlafes, seine Entstehung aus zwei konkurrierenden, Tendenzen, von denen die eine konstant bleibt, das Schlafverlangen, die andere einen psychischen Reiz zu befriedigen strebt, der Beweis, daß der Traum ein sinnreicher, psychischer Akt ist, seine beiden Hauptcharaktere: Wunscherfüllung und halluzinatorisches Erleben. Und dabei konnten wir fast vergessen, daß wir Psychoanalyse treiben. Außer der Anknüpfung an die Fehlleistungen hatte unsere Arbeit kein spezifisches Gepräge. Jeder Psychologe, der von den Voraussetzungen der Psychoanalyse nichts weiß, hätte diese Aufklärung der Kinderträume geben können. Warum hat es keiner getan?

Gäbe es nur solche Träume wie die infantilen, so wäre das Problem gelöst, unsere Aufgabe erledigt, und zwar ohne den Träumer auszufragen, ohne das Unbewußte heranzuziehen und ohne die freie Assoziation in Anspruch zu nehmen. Nun hier liegt offenbar die Fortsetzung unserer Aufgabe. Wir haben schon wiederholt die Erfahrung gemacht, daß Charaktere, die für allgemein gültig ausgegeben waren, sich dann nur für eine gewisse Art und Anzahl von Träumen bestätigt haben. Es handelt sich also für uns darum, ob die aus den Kinderträumen erschlossenen allgemeinen Charaktere haltbarer sind, ob sie auch für jene Träume gelten, die nicht durchsichtig sind, deren manifester Inhalt keine Beziehung zu einem erübrigten Tageswunsch erkennen läßt. Wir haben die Auffassung, daß diese anderen Träume eine weitgehende Entstellung erfahren haben und darum zunächst nicht zu beurteilen sind. Wir ahnen auch, zur Aufklärung dieser Entstellung werden wir der psychoanalytischen Technik bedürfen, die wir für das eben gewonnene Verständnis der Kinderträume entbehren konnten.

Es gibt jedenfalls noch eine Klasse von Träumen, die unentstellt sind und sich wie die Kinderträume leicht als Wunscherfüllungen erkennen lassen. Es sind jene, die das ganze Leben hindurch durch die imperativen Körperbedürfnisse hervorgerufen werden, den Hunger, den Durst, das Sexualbedürfnis, also Wunscherfüllungen als Reaktionen auf innere Körperreize. So habe ich von einem 19 Monate alten Mädchen einen Traum notiert, der aus einem Menü unter Hinzufügung ihres Namens bestand (*Anna F... Er(d)beer, Hochbeer, Eier(s)peis, Papp*) als Reaktion auf einen Hungertag wegen gestörter Verdauung, welche Erkrankung gerade auf die im Traum zweimal auftretende Frucht zurückgeführt worden war. Gleichzeitig mußte auch die Großmutter, deren Alter das der Enkelin eben zu siebzig ergänzte, infolge der Unruhe ihrer Wanderniere einen Tag lang fasten, und sie träumte in derselben Nacht, daß sie ausgebeten (zu Gaste) sei und die besten Leckerbissen vorgesetzt erhalte. Beobachtungen an Gefangenen, die man hungern läßt, und an Personen, die auf Reisen und Expeditionen Entbehrungen zu ertragen haben, lehren, daß unter diesen Bedingungen regelmäßig von der Befriedigung dieser Bedürfnisse geträumt wird. So berichtet Otto *Nordenskjöld* in seinem Buche *Antarctic* (1904) über die mit ihm überwinterte Mannschaft (Bd. I, S. 336): „Sehr bezeichnend für die Richtung unserer innersten Gedanken waren unsere Träume, die nie lebhafter und zahlreicher waren als gerade jetzt. Selbst diejenigen unserer Kameraden, die sonst nur ausnahmsweise träumten, hatten jetzt des Morgens, wenn wir unsere letzten Erfahrungen aus dieser Phantasiewelt miteinander austauschten, lange Geschichten zu erzählen. Alle handelten sie von jener äußeren Welt, die uns jetzt so fern lag, waren aber oft unseren jetzigen Verhältnissen angepaßt ... Essen und Trinken waren übrigens die Mittelpunkte, um die sich unsere Träume am häufigsten drehten. Einer von uns, der nächtlicherweise darin exzellierte, auf große Mittagsgesellschaften zu gehen, war seelenfroh, wenn er des Morgens berichten konnte, daß er ein Diner von drei Gängen eingenommen habe; ein anderer träumte von Tabak, von ganzen Bergen Tabak; wieder andere von dem Schiff, das mit vollen Segeln auf dem offenen Wasser daherkam. Noch ein anderer Traum verdient der Erwähnung: Der Briefträger kommt mit der Post und gibt eine lange Erklärung, warum diese so lange habe auf sich warten lassen, er habe sie verkehrt abgeliefert und erst nach großer Mühe sei es ihm gelungen, sie wieder zu erlangen. Natürlich beschäftigte man sich im Schlaf mit noch unmöglicheren Dingen, aber der Mangel an Phantasie in fast allen Träumen, die ich selbst träumte oder erzählen hörte, war ganz auffallend. Es würde sicher von großem psychologischen Interesse sein, wenn alle diese Träume aufgezeichnet würden. Man wird aber leicht verstehen können, wie ersehnt der Schlaf war, da er uns alles bieten konnte, was ein jeder von uns am glühendsten begehrte." Nach *Du Prel* zitiere ich noch: „Mungo Park, auf einer Reise in Afrika dem Verschmachten nahe, träumte ohne Aufhören von wasserreichen Tälern und Auen seiner Heimat. So sah sich auch der von Hunger gequälte Trenck in der Sternschanze zu Magdeburg von üppigen Mahlzeiten umgeben, und George Back, Teilnehmer der ersten Expedition Franklins, als er infolge furchtbarer Entbehrungen dem Hungertode nahe war, träumte stets und gleichmäßig von reichen Mahlzeiten."

Wer sich durch den Genuß scharf gewürzter Speisen zur Abendmahlzeit nächtlichen Durst erzeugt, der träumt dann leicht, daß er trinke. Es ist natürlich unmöglich, ein stärkeres Eß- oder Trinkbedürfnis durch den Traum zu erledigen; man wacht aus solchen Träumen durstig auf und muß nun reales Wasser zu sich nehmen. Die Leistung des Traumes ist in diesem Falle praktisch geringfügig, aber es ist nicht minder klar, daß sie zu dem Zweck aufgeboten wurde, den Schlaf gegen den zum Erwachen und zur Handlung drängenden Reiz festzuhalten. Über geringere Intensitäten dieser Bedürfnisse helfen die Befriedigungsträume oftmals hinweg.

Ebenso schafft der Traum unter dem Einfluß der Sexualreize Befriedigungen, die aber erwähnenswerte Besonderheiten zeigen. Infolge der Eigenschaft des Sexualtriebs, von seinem Objekt um einen Grad weniger abhängig zu sein als Hunger und Durst, kann die Befriedigung im Pollutionstraum eine reale sein, und infolge gewisser später zu erwähnender Schwierigkeiten in der Beziehung zum Objekt kommt es besonders häufig vor, daß sich die reale Befriedigung doch mit einem undeutlichen oder entstellten Trauminhalt verbindet. Diese Eigentümlichkeit der Pollutionsträume macht sie, wie *O. Rank* bemerkt hat, zu günstigen Objekten für das Studium der Traumentstellung. Alle Bedürfnisträume Erwachsener pflegen übrigens außer der Befriedigung noch anderes zu enthalten, was rein psychischen Reizquellen entstammt und zu seinem Verständnis der Deutung bedarf.

Wir wollen übrigens nicht behaupten, daß die nach infantiler Art gebildeten Wunscherfüllungsträume der Erwachsenen nur als Reaktionen auf die genannten imperativen Bedürfnisse vorkommen. Wir kennen ebensowohl kurze und klare Träume dieser Art unter dem Einfluß gewisser dominierender Situationen, die aus unzweifelhaft psychischen Reizquellen herrühren. So z. B. die Ungeduldsträume, wenn jemand die Vorbereitungen zu einer Reise, zu einer für ihn bedeutsamen Schaustellung, zu einem Vortrag, Besuch getroffen hat und nun die verfrühte Erfüllung seiner Erwartung träumt, sich also in der Nacht vor dem Erlebnis an seinem Ziel angekommen, im Theater, im Gespräch mit dem Besuchten sieht. Oder, die mit Recht so genannten Bequemlichkeitsträume, wenn jemand, der gerne den Schlaf verlängert, träumt, daß er bereits aufgestanden ist, sich wäscht, oder sich in der Schule befindet, während er in Wirklichkeit weiterschläft, also lieber im Traum aufsteht als in Wirklichkeit. Der Wunsch zu schlafen, den wir als regelmäßig an der Traumbildung beteiligt erkannt haben, wird in diesen Träumen laut und zeigt sich in ihnen als der wesentliche Traumbildner. Das Bedürfnis zu schlafen stellt sich mit gutem Recht den anderen großen körperlichen Bedürfnissen zur Seite.

Ich zeige Ihnen hier an der Reproduktion eines *Schwindschen* Bildes aus der Schackgalerie in München, wie richtig der Maler die Entstehung eines Traumes aus einer dominierenden Situation erfaßt hat. Es ist der „Traum eines Gefangenen", der nichts anderes als seine Befreiung zum Inhalt haben kann. Es ist sehr hübsch, daß die Befreiung durch das Fenster erfolgen soll, denn durch das Fenster ist der Lichtreiz eingedrungen, der dem Schlaf des Gefangenen ein Ende macht. Die übereinander stehenden Gnomen repräsentieren wohl die eigenen sukzessiven Stellungen, die er beim Emporklettern zur Höhe des Fensters einzunehmen hätte, und irre ich nicht, lege ich dem Künstler dabei nicht zuviel Absichtlichkeit unter, so trägt der oberste der Gnomen, welcher das Gitter durchsägt, also das tut, was der Gefangene selbst möchte, die nämlichen Züge wie er selbst.

Bei allen anderen Träumen außer den Kinderträumen und denen von infantilem Typus tritt uns, wie gesagt, die Traumentstellung hindernd in den Weg. Wir können zunächst nicht sagen, ob auch sie Wunscherfüllungen sind, wie wir vermuten; wir erraten aus ihrem manifesten Inhalt nicht, welchem psychischen Reiz sie ihren Ursprung verdanken, und wir können nicht erweisen, daß sie sich gleichfalls um die Wegschaffung oder Erledigung dieses Reizes bemühen. Sie müssen wohl gedeutet, d. h. übersetzt werden, ihre Entstellung rückgängig gemacht, ihr manifester Inhalt durch den latenten ersetzt, ehe wir ein Urteil darüber fällen können, ob das an den infantilen Träumen Gefundene für alle Träume Gültigkeit beanspruchen darf.

IX. *Vorlesung*
Die Traumzensur

Meine Damen und Herren! Entstehung, Wesen und Funktion des Traumes haben wir aus dem Studium der Kinderträume kennengelernt. *Die Träume sind Beseitigungen schlafstörender (psychischer) Reize auf dem Wege der halluzinierten Befriedigung.* Von den Träumen der Erwachsenen haben wir allerdings nur eine Gruppe aufklären können, jene, die wir als Träume von infantilem Typus bezeichnet haben. Was es mit den anderen ist, wissen wir noch nicht, aber wir verstehen sie auch nicht. Wir haben vorläufig ein Resultat gewonnen, dessen Bedeutung wir nicht unterschätzen wollen. Jedesmal, wenn uns ein Traum voll verständlich ist, erweist er sich als eine halluzinierte Wunscherfüllung. Dies Zusammentreffen kann nicht zufällig und nicht gleichgültig sein.

Von einem Traum anderer Art nehmen wir auf Grund verschiedener Überlegungen und in Analogie zur Auffassung der Fehlleistungen an, daß er ein entstellter Ersatz für einen unbekannten Inhalt ist und erst auf diesen zurückgeführt werden muß. Die Untersuchung, das Verständnis dieser *Traumentstellung* ist nun unsere nächste Aufgabe.

Die Traumentstellung ist dasjenige, was uns den Traum fremdartig und unverständlich erscheinen läßt. Wir wollen mehrerlei von ihr wissen: erstens, wovon sie herrührt, ihren Dynamismus, zweitens, was sie macht, und endlich, wie sie es macht. Wir können auch sagen, die Traumentstellung ist das Werk der Traumarbeit. Wir wollen die Traumarbeit beschreiben und auf die in ihr wirkenden Kräfte zurückführen.

Und nun hören Sie folgenden Traum an. Er ist von einer Dame unseres Kreises verzeichnet worden, stammt nach ihrer Auskunft von einer hochangesehenen, feingebildeten älteren Dame her. Eine Analyse dieses Traumes ist nicht angestellt worden. Unsere Referentin bemerkt, daß es für Psychoanalytiker keiner Deutung bedürfe. Die Träumerin selbst hat ihn auch nicht gedeutet, aber sie hat ihn beurteilt und so verurteilt, als ob sie ihn zu deuten verstünde. Denn sie äußerte über ihn: Und solches abscheuliche, dumme Zeug träumt einer Frau von 50 Jahren, die Tag und Nacht keinen anderen Gedanken hat als die Sorge um ihr Kind!

Und nun der Traum von den „*Liebesdiensten*". „*Sie geht ins Garnisonsspital Nr. 1 und sagt dem Posten beim Tor, sie müsse den Oberarzt... (sie nennt einen ihr unbekannten Namen) sprechen, da sie im Spitale Dienst tun wolle. Dabei betont sie das Wort ‚Dienst' so, daß der Unteroffizier sofort merkt, es handle sich um ‚Liebesdienste'. Da sie eine alte Frau ist, läßt er sie nach einigem Zögern passieren. Statt aber zum Oberarzt zu kommen, gelangt sie in ein großes, düsteres Zimmer, in dem viele Offiziere und Militärärzte an einem langen Tisch stehen und sitzen. Sie wendet sich mit ihrem Antrag an einen Stabsarzt, der sie nach wenigen Worten schon versteht. Der Wortlaut ihrer Rede im Traum ist: ‚Ich und zahlreiche andere Frauen und junge Mädchen Wiens sind bereit, den Soldaten, Mannschaft und Offiziere ohne Unterschied, ...' Hier folgt im Traum ein Gemurmel. Daß dasselbe aber von allen Anwesenden richtig verstanden wird, zeigen ihr die teils verlegenen, teils hämischen Mienen der Offiziere. Die Dame fährt fort: ‚Ich weiß, daß unser Entschluß befremdend klingt, aber es ist uns bitterernst. Der Soldat im Feld wird auch nicht gefragt, ob er sterben will oder nicht.' Ein minutenlanges peinliches Schweigen folgt. Der Stabsarzt legt ihr den Arm um die Mitte und sagt: ‚Gnädige Frau, nehmen Sie den Fall, es würde tatsächlich dazu kommen, ...' (Gemurmel). Sie entzieht sich seinem Arm mit dem Gedanken: Es ist doch einer wie der andere, und erwidert: ‚Mein Gott, ich bin eine alte Frau und werde vielleicht gar nicht in die Lage kommen, übrigens eine Bedingung müßte eingehalten werden: die Berücksichtigung des Alters; daß nicht eine ältere Frau einem ganz jungen Burschen ... (Gemurmel); das wäre entsetzlich.' – Der Stabsarzt: ‚Ich verstehe vollkommen.' Einige Offiziere, darunter einer, der sich in jungen Jahren um sie beworben hatte, lachen hell auf, und die Dame wünscht zu dem ihr bekannten Oberarzt geführt zu werden, damit alles ins reine gebracht werde. Dabei fällt ihr zur größten Bestürzung ein, daß sie seinen Namen nicht kennt. Der Stabsarzt weist sie trotzdem sehr höflich und respektvoll an, über eine sehr schmale eiserne Wendeltreppe, die direkt von dem Zimmer aus in die oberen Stockwerke führt, in den zweiten Stock zu gehen. Im Hinaufsteigen hört sie einen Offizier sagen: ‚Das ist ein kolossaler Entschluß, gleichgültig, ob eine jung oder alt ist; alle Achtung!'*

Mit dem Gefühle, einfach ihre Pflicht zu tun, geht sie eine endlose Treppe hinauf."

Dieser Traum wiederholt sich innerhalb weniger Wochen noch zweimal mit – wie die Dame bemerkt – ganz unbedeutenden und recht sinnlosen Abänderungen.

Der Traum entspricht in seinem Fortlauf einer Tagesphantasie: er hat nur wenige Bruchstellen, und manche Einzelheit in seinem Inhalt hätte durch Erkundigung geklärt werden können, was, wie Sie wissen, unterblieben ist. Das Auffällige und für uns Interessante ist aber, daß der Traum mehrere Lücken zeigt, Lücken, nicht der Erinnerung, sondern des Inhaltes. An drei Stellen ist der Inhalt wie ausgelöscht; die Reden, in denen diese Lücken angebracht sind, werden durch ein Gemurmel unterbrochen. Da wir keine Analyse angestellt haben, steht uns strenge genommen auch kein Recht zu, etwas über den Sinn des Traumes zu äußern. Allein es sind Andeutungen gegeben, aus denen sich etwas folgern läßt, z. B. im Worte „Liebesdienste", und vor allem nötigen die Stücke der Reden, welche dem Gemurmel unmittelbar vorhergehen, zu Ergänzungen, welche nicht anders als eindeutig ausfallen können. Setzen wir diese ein, so ergibt sich eine Phantasie des Inhalts, daß die Träumerin bereit ist, in Erfüllung einer patriotischen Pflicht, ihre Person zur Befriedigung der Liebesbedürfnisse des Militärs, Offiziere wie Mannschaft, zur Verfügung zu stellen. Das ist gewiß höchst anstößig, ein Muster einer frech libidinösen Phantasie, aber – es kommt im Traume gar nicht vor. Gerade dort, wo der Zusammenhang dieses Bekenntnis fordern würde, findet sich im manifesten Traume ein undeutliches Gemurmel, ist etwas verloren gegangen oder unterdrückt worden.

Ich hoffe, Sie erkennen es als naheliegend, daß eben die Anstößigkeit dieser Stellen das Motiv zu ihrer Unterdrückung war. Wo finden Sie aber eine Parallele zu diesem Vorkommnis? Sie brauchen in unseren Tagen nicht weit zu suchen. Nehmen Sie irgendeine politische Zeitung zur Hand, Sie werden finden, daß von Stelle zu Stelle der Text weggeblieben ist und an seiner Statt die Weiße des Papiers schimmert. Sie wissen, das ist das Werk der Zeitungszensur. An diesen leer gewordenen Stellen stand etwas, was der hohen Zensurbehörde mißliebig war, und darum wurde es entfernt. Sie meinen, es ist schade darum, es wird wohl das Interessanteste gewesen sein, es war „die beste Stelle".

Andere Male hat die Zensur nicht auf den fertigen Satz gewirkt. Der Autor hat vorhergesehen, welche Stellen die Beanstandung durch die Zensur zu erwarten haben, und hat sie darum vorbeugend gemildert, leicht modifiziert, oder sich mit Annäherungen und Anspielungen an das, was ihm eigentlich aus der Feder fließen wollte, begnügt. Dann hat auch das Blatt keine leeren Stellen, aber aus gewissen Umschweifen und Dunkelheiten des Ausdrucks werden Sie die im vorhinein geübte Rücksicht auf die Zensur erraten können.

Nun, wir halten diese Parallele fest. Wir sagen, auch die ausgelassenen, durch ein Gemurmel verhüllten Traumreden sind einer Zensur zum Opfer gebracht worden. Wir sprechen direkt von einer Traumzensur, der ein Stück Anteil an der Traumentstellung zuzuschreiben ist. Überall, wo Lücken im manifesten Traum sind, hat die Traumzensur sie verschuldet. Wir sollten auch weitergehen und eine Äußerung der Zensur jedesmal dort erkennen, wo ein Traumelement besonders schwach, unbestimmt und zweifelhaft, unter anderen deutlicher ausgebildeten erinnert wird. Aber nur selten äußert sich diese Zensur so unverhohlen, so naiv, möchte man sagen, wie in dem Beispiel des Traumes von den „Liebesdiensten". Weit öfter bringt sich die Zensur nach dem zweiten Typus zur Geltung, durch die Produktion von Abschwächungen, Annäherungen, Anspielungen an Stelle des Eigentlichen.

Für eine dritte Wirkungsweise der Traumzensur weiß ich keine Parallele aus dem Walten der Zeitungszensur; ich kann aber gerade diese an dem einzigen bisher analysierten Traumbeispiel demonstrieren. Sie erinnern sich an den Traum von den „drei schlechten Theaterkarten für 1 fl. 50". In den latenten Gedanken dieses Traumes stand das Element „voreilig, zu früh" im Vordergrunde. Es hieß: Es war ein Unsinn, so *früh* zu heiraten – es war auch unsinnig, sich so *früh* Theaterkarten zu besorgen, – es war lächerlich von der Schwägerin, ihr Geld so *eilig* auszugeben, um sich dafür einen Schmuck zu kaufen. Von diesem zentralen Element der Traumgedanken ist nichts in den manifesten Traum übergegangen; hier ist das Ins-Theater-Gehen und Karten-Bekommen in den Mittelpunkt gerückt. Durch diese Verschiebung des Akzents, diese Umgruppierung, der Inhaltselemente, wird der manifeste Traum den latenten Traumgedanken so unähnlich, daß niemand diese letzteren hinter dem ersteren vermuten würde. Diese Akzentverschiebung ist ein Hauptmittel der Traumentstellung und gibt dem Traum jene Fremdartigkeit, deren wegen ihn der Träumer selbst nicht als seine eigene Produktion anerkennen möchte.

Auslassung, Modifikation, Umgruppierung des Materials sind also die Wirkungen der Traumzensur und die Mittel der Traumentstellung. Die Traumzensur selbst ist der Urheber oder einer der Urheber der Traumentstellung, deren Untersuchung uns jetzt beschäftigt. Modifikation und Umordnung sind wir auch gewohnt als „*Verschiebung*" zusammenzufassen.

Nach diesen Bemerkungen über die Wirkungen der Traumzensur wenden wir uns nun ihrem Dynamismus zu. Ich hoffe, Sie nehmen den Ausdruck nicht allzu anthropomorph und stellen sich unter dem Traumzensor nicht ein kleines gestrenges Männlein oder einen Geist vor, der in einem Gehirnkämmerlein wohnt und dort seines Amtes waltet, aber auch nicht allzu lokalisatorisch, so daß Sie an ein „Gehirnzentrum" denken, von dem ein solcher zensurierender Einfluß ausgeht, welcher mit der Beschädigung oder Entfernung dieses Zentrums aufgehoben wäre. Es ist vorläufig nichts weiter als ein gut brauchbarer Terminus für eine dynamische Beziehung. Dieses Wort hindert uns nicht zu fragen, von welchen Tendenzen solcher Einfluß geübt wird und auf welche; wir werden auch nicht überrascht sein zu erfahren, daß wir schon früher einmal auf die Traumzensur gestoßen sind, vielleicht ohne sie zu erkennen.

Das ist nämlich wirklich der Fall gewesen. Erinnern Sie sich, daß wir eine überraschende Erfahrung machten, als wir unsere Technik der freien Assoziation anzuwenden begannen. Wir bekamen da zu spüren, daß sich unseren Bemühungen, vom Traumelement zum unbewußten Element zu gelangen, dessen Ersatz es ist, ein *Widerstand* entgegenstellte. Dieser Widerstand, sagten wir, kann verschieden groß sein, das eine Mal riesig, das andere Mal recht geringfügig. Im letzteren Falle brauchen wir für unsere Deutungsarbeit nur wenige Zwischenglieder zu passieren; wenn er aber groß ist, dann haben wir lange Assoziationsketten vom Element her zu durchmessen, werden weit von diesem weggeführt und müssen unterwegs alle die Schwierigkeiten überwinden, die sich als kritische Einwendungen gegen den Einfall ausgeben. Was uns bei der Deutungsarbeit als Widerstand entgegentritt, das müssen wir nun als Traumzensur in die Traumarbeit eintragen. Der Deutungswiderstand ist nur die Objektivierung der Traumzensur. Er beweist uns auch, daß die Kraft der Zensur sich nicht damit erschöpft hat, die Traumentstellung herbeizuführen, und seither erloschen ist, sondern daß diese Zensur als dauernde Institution mit der Absicht, die Entstellung aufrecht zu halten, fortbesteht. Übrigens wie der Widerstand bei der Deutung für jedes Element in seiner Stärke wechselte, so ist auch die durch Zensur herbeigeführte Entstellung in demselben Traume für jedes Element verschieden groß ausgefallen. Vergleicht man manifesten und latenten Traum, so sieht man, einzelne latente Elemente sind völlig eliminiert worden, andere mehr oder weniger modifiziert, und noch andere sind unverändert, ja vielleicht verstärkt in den manifesten Trauminhalt hinübergenommen worden.

Wir wollten aber untersuchen, welche Tendenzen die Zensur ausüben und gegen welche. Nun diese für das Verständnis des Traumes, ja vielleicht des Menschenlebens, fundamentale Frage ist, wenn wir die Reihe der zur Deutung gelangten Träume überblicken, leicht zu beantworten. Die Tendenzen, welche die Zensur ausüben, sind solche, welche vom wachen Urteilen des Träumers anerkannt werden, mit denen er sich einig fühlt. Seien Sie versichert, wenn Sie eine korrekt durchgeführte Deutung eines eigenen Traumes ablehnen, so tun Sie es aus denselben Motiven, mit denen die Traumzensur geübt, die Traumentstellung produziert und die Deutung notwendig gemacht wurde. Denken Sie an den Traum unserer 50jährigen Dame. Sie findet ihren Traum, ohne ihn gedeutet zu haben, abscheulich, würde noch entrüsteter gewesen sein, wenn ihr Frau *Dr. v. Hug* etwas von der unerläßlichen Deutung mitgeteilt hätte, und eben dieser Verurteilung wegen haben sich in ihrem Traum die anstößigsten Stellen durch ein Gemurmel ersetzt.

Die Tendenzen aber, gegen welche sich die Traumzensur richtet, muß man zunächst vom Standpunkt dieser Instanz selbst beschreiben. Dann kann man nur sagen, sie seien durchaus verwerflicher Natur, anstößig in ethischer, ästhetischer, sozialer Hinsicht, Dinge, an die man gar nicht zu denken wagt oder nur mit Abscheu denkt. Vor allem sind diese zensurierten und im Traum zu einem entstellten Ausdruck gelangten Wünsche Äußerungen eines schranken- und rücksichtslosen Egoismus. Und zwar kommt das eigene Ich in jedem Traum vor und spielt in jedem die Hauptrolle, auch wenn es sich für den manifesten Inhalt gut zu verbergen weiß. Dieser „sacro egoismo" des Traumes ist gewiß nicht außer Zusammenhang mit der Einstellung zum Schlafen, die ja in der Abziehung des Interesses von der ganzen Außenwelt besteht.

Das aller ethischen Fesseln entledigte Ich weiß sich auch einig mit allen Ansprüchen des Sexualstrebens, solchen, die längst von unserer ästhetischen Erziehung verurteilt worden sind, und solchen, die allen sittlichen Beschränkungsforderungen widersprechen. Das Lustbestreben – die Libido, wie wir sagen – wählt seine Objekte hemmungslos, und zwar die verbotenen am liebsten. Nicht nur das Weib des anderen, sondern vor allem inzestuöse, durch menschliche Übereinkunft geheiligte Objekte, die Mutter und die Schwester beim Manne, den Vater und den Bruder beim Weibe. (Auch der Traum unserer 50jährigen Dame ist ein inzestuöser, seine Libido unverkennbar auf den Sohn gerichtet.) Gelüste, die wir ferne von der menschlichen Natur glauben, zeigen sich stark genug, Träume zu erregen. Auch der Haß tobt sich schrankenlos aus. Rache- und Todeswünsche gegen die nächststehenden, im Leben geliebtesten Personen, die Eltern, Geschwister, den Ehepartner, die eigenen Kinder sind nichts Ungewöhnliches. Diese zensurierten Wünsche scheinen aus einer wahren Hölle aufzusteigen; keine Zensur scheint uns nach der Deutung im Wachen hart genug gegen sie zu sein.

Machen Sie aber aus diesem bösen Inhalt dem Traum selbst keinen Vorwurf. Sie vergessen doch nicht, daß er die harmlose, ja nützliche Funktion hat, den Schlaf vor Störung zu bewahren. Solche Schlechtigkeit liegt nicht im Wesen des Traumes. Sie wissen ja auch, daß es Träume gibt, die sich als Befriedigung berechtigter Wünsche und dringender körperlicher Bedürfnisse erkennen lassen. Diese haben allerdings keine Traumentstellung; sie brauchen sie aber auch nicht, sie können ihrer Funktion genügen, ohne die ethischen und ästhetischen Tendenzen des Ichs zu beleidigen. Auch halten Sie sich vor, daß die Traumentstellung zwei Faktoren proportional ist. Einerseits wird sie um so größer, je ärger der zu zensurierende Wunsch ist, andererseits aber auch, je strenger derzeit die Anforderungen der Zenur auftreten. Ein junges, strenge erzogenes und sprödes Mädchen wird darum mit unerbittlicher Zensur Traumregungen entstellen, welche wir Ärzte z. B. als gestattete, harmlos libidinöse Wünsche anerkennen müßten, und die die Träumerin selbst ein Dezennium später so beurteilen wird.

Im übrigen sind wir noch lange nicht so weit, uns über dies Ergebnis unserer Deutungsarbeit entrüsten zu dürfen. Ich glaube, daß wir es noch nicht recht verstehen; vor allem aber obliegt uns die Aufgabe, es gegen gewisse Anfechtungen sicherzustellen. Es ist gar nicht schwer, einen Haken daran zu finden. Unsere Traumdeutungen sind unter den Voraussetzungen gemacht, die wir vorhin einbekannt haben, daß der Traum überhaupt einen Sinn habe, daß man die Existenz derzeit unbewußter seelischer Vorgänge vom hypnotischen auf den normalen Schlaf übertragen dürfe und daß alle Einfälle determiniert seien. Wären wir auf Grund dieser Voraussetzungen zu plausiblen Resultaten der Traumdeutung gekommen, so hätten wir mit Recht geschlossen, diese Voraussetzungen seien richtig gewesen. Wie aber, wenn diese Ergebnisse so aussehen, wie ich es eben geschildert habe? Dann liegt es doch nahe zu sagen: Es sind unmögliche, unsinnige, zum mindesten sehr unwahrscheinliche Resultate, also war etwas an den Voraussetzungen falsch. Entweder ist der Traum doch kein psychisches Phänomen, oder es gibt nichts Unbewußtes im Normalzustand, oder unsere Technik hat irgendwo ein Leck. Ist das nicht einfacher und befriedigender anzunehmen als alle die Scheußlichkeiten, die wir auf Grund unserer Voraussetzungen angeblich aufgedeckt haben?

Beides! Sowohl einfacher als auch befriedigender, aber darum nicht notwendig richtiger. Lassen wir uns Zeit, die Sache ist noch nicht spruchreif. Vor allem können wir die Kritik gegen unsere Traumdeutungen noch verstärken. Daß die Ergebnisse derselben so unerfreulich und unappetitlich sind, fiele vielleicht nicht so schwer ins Gewicht. Ein stärkeres Argument ist es, daß die Träumer, denen wir aus der Deutung ihrer Träume solche Wunschtendenzen zuschieben, diese aufs nachdrücklichste und mit guten Gründen von sich weisen. Was? sagt der eine, Sie wollen mir aus dem Traume nachweisen, daß es mir leid um die Summen tut, die ich für die Ausstattung meiner Schwester und die Erziehung meines Bruders aufgewendet habe? Aber das kann ja nicht sein; ich arbeite ja nur für meine Geschwister, ich habe kein anderes Interesse im Leben, als meine Pflichten gegen sie zu erfüllen, wie ich es als Ältester unserer seligen Mutter versprochen habe. Oder eine Träumerin sagt: Ich soll meinem Manne den Tod wünschen. Das ist ja ein empörender Unsinn! Nicht nur, daß wir in der glücklichsten Ehe leben – das werden Sie mir wahrscheinlich nicht glauben –, sein Tod würde mich auch um alles bringen, was ich sonst in der Welt besitze. Oder ein anderer wird uns erwidern: Ich soll sinnliche Wünsche auf meine Schwester richten? Das ist lächerlich; ich mache mir gar nichts aus ihr; wir stehen schlecht miteinander und ich habe seit Jahren kein Wort mit ihr gewechselt. Wir würden es vielleicht noch leicht nehmen, wenn diese Träumer die ihnen zugedeuteten Tendenzen nicht bestätigten oder verleugneten; wir könnten sagen, das sind eben Dinge, die sie von sich nicht wissen. Aber daß sie das genaue Gegenteil eines solchen gedeuteten Wunsches in sich verspüren und uns die Vorherrschaft dieses Gegensatzes durch ihre Lebensführung beweisen können, das muß uns doch endlich stutzig machen. Wäre es jetzt nicht an der Zeit, die ganze Arbeit an der Traumdeutung als etwas, was durch seine Resultate *ad absurdum* geführt ist, beiseite zu werfen?

Nein, noch immer nicht. Auch dieses stärkere Argument zerbricht, wenn wir es kritisch angreifen. Vorausgesetzt, daß es unbewußte Tendenzen im Seelenleben gibt, so hat es gar keine Beweiskraft, wenn die ihnen entgegengesetzten im bewußten Leben als herrschend nachgewiesen werden. Vielleicht gibt es im Seelenleben auch Raum für gegensätzliche Tendenzen, für Widersprüche, die nebeneinander bestehen; ja möglicherweise ist gerade die Vorherrschaft der einen Regung eine Bedingung für das Unbewußtsein ihres Gegensatzes. Es bleibt also doch bei den zuerst erhobenen Einwendungen, die Resultate der Traumdeutung seien nicht einfach und sehr unerfreulich. Aufs erste ist zu erwidern, daß Sie mit aller Schwärmerei für das Einfache nicht eines der Traumprobleme lösen können; Sie müssen sich da schon zur Annahme komplizierter Verhältnisse bequemen. Und zum zweiten, daß Sie offenbar unrecht daran tun, ein Wohlgefallen oder eine Abstoßung, die Sie verspüren, als Motiv für ein wissenschaftliches Urteil zu verwenden. Was macht es, daß Ihnen die Resultate der Traumdeutung unerfreulich, ja beschämend und widerwärtig erscheinen? *Ça n'empêche pas d'exister*, habe ich als junger Doktor meinen Meister *Charcot* in ähnlichem Falle sagen gehört. Es heißt demütig sein, seine Sympathien und Antipathien fein zurückstellen, wenn man erfahren will, was in dieser Welt real ist. Wenn Ihnen ein Physiker beweisen kann, daß das organische Leben dieser Erde binnen kurzer Frist einer völligen Erstarrung weichen muß, getrauen Sie sich auch ihm zu entgegnen: Das kann nicht sein; diese Aussicht ist zu unerfreulich? Ich meine, Sie werden schweigen, bis ein anderer Physiker kommt und dem ersten einen Fehler in seinen Voraussetzungen oder Berechnungen nachweist. Wenn Sie von sich weisen, was Ihnen unangenehm ist, so wiederholen Sie vielmehr den Mechanismus der Traumbildung, anstatt ihn zu verstehen und ihn zu überwinden.

Sie versprechen dann vielleicht, von dem abstoßenden Charakter der zensurierten Traumwünsche abzusehen, und ziehen sich auf das Argument zurück, es sei doch unwahrscheinlich, daß man dem Bösen in der Konstitution des Menschen einen so breiten Raum zugestehen solle. Aber berechtigen Sie Ihre eigenen Erfahrungen dazu, das zu sagen? Ich will nicht davon sprechen, wie Sie sich selbst erscheinen mögen, aber haben Sie so viel Wohlwollen bei Ihren Vorgesetzten und Konkurrenten gefunden, so viel Ritterlichkeit bei Ihren Feinden, und so wenig Neid in Ihrer Gesellschaft, daß Sie sich verpflichtet fühlen müssen, gegen den Anteil des egoistisch Bösen an der menschlichen Natur aufzutreten? Ist Ihnen nicht bekannt, wie unbeherrscht und unzuverlässig der Durchschnitt der Menschen in allen Angelegenheiten des Sexuallebens ist? Oder wissen Sie nicht, daß alle Übergriffe und Ausschreitungen, von denen wir nächtlich träumen, alltäglich von wachen Menschen als Verbrechen wirklich begangen werden? Was tut die Psychoanalyse hier anders als das alte Wort von *Plato* bestätigen, daß die Guten diejenigen sind, welche sich begnügen, von dem zu träumen, was die anderen, die Bösen wirklich tun?

Und nun blicken Sie vom Individuellen weg auf den großen Krieg, der noch immer Europa verheert, denken Sie an das Unmaß von Brutalität, Grausamkeit und Verlogenheit, des sich jetzt in der Kulturwelt breitmachen darf. Glauben Sie wirklich, daß es einer Handvoll gewissenloser Streber und Verführer geglückt wäre, all diese bösen Geister zu entfesseln, wenn die Millionen von Geführten nicht mitschuldig wären? Getrauen Sie sich auch unter diesen Verhältnissen, für den Ausschluß des Bösen aus der seelischen Konstitution des Menschen eine Lanze zu brechen?

Sie werden mir vorhalten, ich beurteile den Krieg einseitig; er habe auch das Schönste und Edelste der Menschen zum Vorschein gebracht, ihren Heldenmut, ihre Selbstaufopferung, ihr soziales Fühlen. Gewiß, aber machen Sie sich hier nicht mitschuldig an der Ungerechtigkeit, die man so oft an der Psychoanalyse begangen hat, indem man ihr vorgeworfen, das eine zu leugnen, weil sie das andere behauptet. Es ist nicht unsere Absicht, die edlen Strebungen der menschlichen Natur abzuleugnen, noch haben wir je etwas dazu getan, sie in ihrem Wert herabzusetzen. Im Gegenteile; ich zeige Ihnen nicht nur die zensurierten bösen Traumwünsche, sondern auch die Zensur, welche sie unterdrückt und unkenntlich macht. Bei dem Bösen im Menschen verweilen wir nur darum mit stärkerem Nachdruck, weil die anderen es verleugnen, wodurch das menschliche Seelenleben zwar nicht besser, aber unverständlich wird. Wenn wir dann die einseitig ethische Wertung aufgeben, werden wir für das Verhältnis des Bösen zum Guten in der menschlichen Natur gewiß die richtigere Formel finden können.

Es bleibt also dabei. Wir brauchen die Ergebnisse unserer Arbeit an der Traumdeutung nicht aufzugeben, wenn wir sie auch befremdend finden müssen. Vielleicht können wir uns später auf anderem Wege ihrem Verständnis nähern.

Vorläufig halten wir fest: Die Traumentstellung ist eine Folge der Zensur, welche von anerkannten Tendenzen des Ichs gegen irgendwie anstößige Wunschregungen ausgeübt wird, die sich nächtlicherweile, während des Schlafes, in uns rühren. Freilich, warum gerade nächtlicherweile, und woher diese verwerflichen Wünsche stammen, daran bleibt noch viel zu fragen und zu erforschen.

Es wäre aber Unrecht, wenn wir jetzt versäumten, ein anderes Ergebnis dieser Untersuchungen gebührend hervorzuheben. Die Traumwünsche, die uns im Schlafe stören wollen, sind uns unbekannt, wir erfahren von ihnen ja erst durch die Traumdeutung; sie sind also als derzeit unbewußte im besprochenen Sinne zu bezeichnen. Aber wir müssen uns sagen, sie sind auch mehr als derzeit unbewußt. Der Träumer verleugnet sie ja auch, wie wir in so vielen Fällen erfahren haben, nachdem er sie durch die Deutung des Traumes kennengelernt hat. Es wiederholt sich dann der Fall, dem wir zuerst bei der Deutung des Versprechens „Aufstoßen" begegnet sind, als der Toastredner empört versicherte, daß ihm weder damals noch je zuvor eine unehrerbietige Regung gegen seinen Chef bewußt geworden. Wir hatten schon damals an dem Wert einer solchen Versicherung gezweifelt und dieselbe durch die Annahme ersetzt, daß der Redner dauernd nichts von dieser in ihm vorhandenen Regung weiß. Solches wiederholt sich nun bei jeder Deutung eines stark entstellten Traumes und gewinnt somit an Bedeutung für unsere Auffassung. Wir sind nun bereit anzunehmen, daß es im Seelenleben Vorgänge, Tendenzen gibt, von denen man überhaupt nichts weiß, seit langer Zeit nichts weiß, vielleicht sogar niemals etwas gewußt hat. Das Unbewußte erhält damit für uns einen neuen Sinn das „derzeit" oder „zeitweilig" schwindet aus seinem Wesen, es kann auch *dauernd* unbewußt bedeuten, nicht bloß „derzeit latent". Natürlich werden wir auch darüber ein anderes Mal mehr hören müssen.

X. *Vorlesung*
Die Symbolik im Traum

Meine Damen und Herren! Wir haben gefunden, daß die Traumentstellung, welche uns im Verständnis des Traumes stört, Folge einer zensurierenden Tätigkeit ist, die sich gegen die unannehmbaren, unbewußten Wunschregungen richtet. Aber wir haben natürlich nicht behauptet, daß die Zensur der einzige Faktor ist, der die Traumentstellung verschuldet, und wirklich können wir bei weiterem Studium des Traumes die Entdeckung machen, daß an diesem Effekt noch andere Momente beteiligt sind. Das ist soviel, als sagten wir, auch wenn die Traumzensur ausgeschaltet wäre, wären wir doch nicht imstande, die Träume zu verstehen, wäre der manifeste Traum noch nicht mit den latenten Traumgedanken identisch.

Dieses andere Moment, das den Traum undurchsichtig macht, diesen neuen Beitrag zur Traumentstellung entdecken wir, indem wir auf eine Lücke in unserer Technik aufmerksam werden. Ich habe Ihnen schon zugestanden, daß den Analysierten zu einzelnen Elementen des Traumes mitunter wirklich nichts einfällt. Freilich geschieht dies nicht so oft, wie diese es behaupten; in sehr vielen Fällen läßt sich der Einfall doch noch durch Beharrlichkeit erzwingen. Aber es bleiben doch Fälle übrig, in denen die Assoziation versagt, oder, wenn erzwungen, nicht liefert, was wir von ihr erwarten. Geschieht dies während einer psychoanalytischen Behandlung, so kommt ihm eine besondere Bedeutung zu, mit welcher wir es hier nicht zu tun haben. Es ereignet sich aber auch bei der Traumdeutung mit normalen Personen oder bei der Deutung eigener Träume. Überzeugt man sich, daß in solchen Fällen alles Drängen nichts nützt, so macht man endlich die Entdeckung, daß der unerwünschte Zufall regelmäßig bei bestimmten Traumelementen eintrifft, und fängt an, eine neue Gesetzmäßigkeit dort zu erkennen, wo man zuerst nur ein ausnahmsweises Versagen der Technik zu erfahren glaubte.

Man kommt auf solche Weise zur Versuchung, diese „stummen" Traumelemente selbst zu deuten, aus eigenen Mitteln eine Übersetzung derselben vorzunehmen. Es drängt sich einem auf, daß man jedesmal einen befriedigenden Sinn erhält, wenn man sich dieser Ersetzung getraut, während der Traum sinnlos bleibt und der Zusammenhang unterbrochen ist, solange man sich zu solchem Eingriff nicht entschließt. Die Häufung vieler durchaus ähnlicher Fälle übernimmt es dann, unserem zunächst schüchternen Versuch die geforderte Sicherheit zu geben.

Ich stelle das alles ein bißchen schematisch dar, aber zu Unterrichtszwecken ist es doch gestattet, und es ist auch nicht verfälscht, sondern bloß vereinfacht.

Auf diese Weise erhält man für eine Reihe von Traumelementen konstante Übersetzungen, also ganz ähnlich, wie man es in unseren populären Traumbüchern für alle geträumten Dinge findet. Sie vergessen doch nicht, daß bei unserer Assoziationstechnik niemals konstante Ersetzungen der Traumelemente zutage kommen.

Sie werden nun sofort sagen, dieser Weg zur Deutung erscheine Ihnen noch weit unsicherer und angreifbarer als der frühere mittels der freien Einfälle. Aber es kommt doch noch etwas anderes hinzu. Wenn man nämlich durch die Erfahrung genug solcher konstanter Ersetzungen gesammelt hat, dann sagt man sich einmal, daß man diese Stücke der Traumdeutung tatsächlich aus eigener Kenntnis hätte bestreiten sollen, daß sie wirklich ohne die Einfälle des Träumers verständlich sein konnten. Woher man ihre Bedeutung kennen müßte, das wird sich in der zweiten Hälfte unserer Auseinandersetzung ergeben.

Eine solche konstante Beziehung zwischen einem Traumelement und seiner Übersetzung heißen wir eine *symbolische*, das Traumelement selbst ein *Symbol* des unbewußten Traumgedankens. Sie erinnern sich, daß ich früher, bei der Untersuchung der Beziehungen zwischen Traumelementen und ihren Eigentlichen drei solcher Beziehungen unterschieden habe, die des Teils vom Ganzen, die der Anspielung und die der Verbildlichung. Eine vierte habe ich Ihnen damals angekündigt, aber nicht genannt. Diese vierte ist nun die hier eingeführte symbolische. An sie knüpfen sich sehr interessante Diskussionen, denen wir uns zuwenden wollen, ehe wir unsere speziellen Beobachtungen über Symbolik darlegen. Die Symbolik ist vielleicht das merkwürdigste Kapitel der Traumlehre.

Vor allem: Indem die Symbole feststehende Übersetzungen sind, realisieren sie im gewissen Ausmaße das Ideal der antiken wie der populären Traumdeutung, von dem wir uns durch unsere Technik weit entfernt hatten. Sie gestatten uns unter Umständen, einen Traum zu deuten, ohne den Träumer zu befragen, der ja zum Symbol ohnedies nichts zu sagen weiß. Kennt man die gebräuchlichen Traumsymbole und dazu die Person des Träumers, die Verhältnisse, unter denen er lebt, und die Eindrücke, nach welchen der Traum vorgefallen ist, so ist man oft in der Lage, einen Traum ohne weiteres zu deuten, ihn gleichsam vom Blatt weg zu übersetzen. Ein solches Kunststück schmeichelt dem Traumdeuter und imponiert dem Träumer; es sticht wohltuend von der mühseligen Arbeit beim Ausfragen des Träumers ab. Lassen Sie sich aber hierdurch nicht verführen. Es ist nicht unsere Aufgabe, Kunststücke zu machen. Die auf Symbolkenntnis beruhende Deutung ist keine Technik, welche die assoziative ersetzen oder sich mit ihr messen kann. Sie ist eine Ergänzung zu ihr und liefert nur in sie eingefügt brauchbare Resultate. Was aber die Kenntnis der psychischen Situation des Träumers betrifft, so wollen Sie erwägen, daß Sie nicht nur Träume von gut Bekannten zur Deutung bekommen, daß Sie in der Regel die Tagesereignisse, welche die Traumerreger sind, nicht kennen, und daß die Einfälle des Analysierten Ihnen gerade die Kenntnis dessen, was man die psychische Situation heißt, zutragen.

Es ist ferner ganz besonders merkwürdig, auch mit Rücksicht auf später zu erwähnende Zusammenhänge, daß gegen die Existenz der Symbolbeziehung zwischen Traum und Unbewußtem wiederum die heftigsten Widerstände laut geworden sind. Selbst Personen von Urteil und Ansehen, die sonst ein weites Stück Weges mit der Psychoanalyse gegangen sind, haben hier die Gefolgschaft versagt. Um so merkwürdiger aber ist dies Verhalten, als erstens die Symbolik nicht allein dem Traum eigentümlich oder für ihn charakteristisch ist, und zweitens die Symbolik im Traume gar nicht von der Psychoanalyse entdeckt wurde, wiewohl diese sonst nicht arm an überraschenden Entdeckungen ist. Als Entdecker der Traumsymbolik ist, wenn man ihr überhaupt einen Anfang in modernen Zeiten zuschreiben will, der Philosoph K. A. *Scherner* (1861) zu nennen. Die Psychoanalyse hat die Funde *Scherners* bestätigt und in allerdings einschneidender Weise modifiziert.

Nun werden Sie etwas vom Wesen der Traumsymbolik und Beispiele für sie hören wollen. Ich will Ihnen gerne mitteilen, was ich weiß, aber ich gestehe Ihnen, daß unser Verständnis nicht so weit reicht, wie wir gerne möchten.

Das Wesen der Symbolbeziehung ist ein Vergleich, aber nicht ein beliebiger. Man ahnt für diesen Vergleich eine besondere Bedingtheit, kann aber nicht sagen, worin diese besteht. Nicht alles, womit wir einen Gegenstand oder einen Vorgang vergleichen können, tritt auch im Traum als Symbol dafür auf. Anderseits symbolisiert der Traum auch nicht alles Beliebige, sondern nur bestimmte Elemente der latenten Traumgedanken. Es gibt also hier Beschränkungen nach beiden Seiten hin. Man muß auch zugeben, daß der Begriff des Symbols derzeit nicht scharf abzugrenzen ist, er verschwimmt gegen die Ersetzung, Darstellung u. dgl., nähert sich selbst der Anspielung. Bei einer Reihe von Symbolen ist der zu Grunde liegende Vergleich sinnfällig. Daneben gibt es andere Symbole, bei denen wir uns die Frage stellen müssen, wo denn das Gemeinsame, das *Tertium comparationis* dieses vermutlichen Vergleichs zu suchen sei. Dann mögen wir es bei näherer Überlegung auffinden, oder es kann uns wirklich verborgen bleiben. Es ist ferner sonderbar, wenn das Symbol eine Vergleichung ist, daß dieser Vergleich sich nicht durch die Assoziation bloßlegen läßt, auch daß der Träumer den Vergleich nicht kennt, sich seiner bedient, ohne um ihn zu wissen. Ja noch mehr, daß der Träumer nicht einmal Lust hat, diesen Vergleich anzuerkennen, nachdem er ihm vorgeführt worden ist. Sie sehen also, eine Symbolbeziehung ist eine Vergleichung von ganz besonderer Art, deren Begründung von uns noch nicht klar erfaßt wird. Vielleicht lassen sich später Hinweise auf dieses Unbekannte finden.

Der Umfang der Dinge, die im Traume symbolische Darstellung finden, ist nicht groß. Der menschliche Leib als Ganzes, die Eltern, Kinder, Geschwister, Geburt, Tod, Nacktheit – und dann noch eines. Die einzig typische, d. h. regelmäßige Darstellung der menschlichen Person als Ganzes ist die als *Haus*, wie *Scherner* erkannt hat, der diesem Symbol sogar eine überragende Bedeutung, die ihm nicht zukommt, zuteilen wollte. Es kommt im Traume vor, daß man, bald lustvoll, bald ängstlich von Häuserfassaden herabklettert. Die mit ganz glatten Mauern sind Männer; die aber mit Vorsprüngen und Balkonen versehen sind, an welchen man sich anhalten kann, das sind Frauen. Die Eltern erscheinen im Traum als

Kaiser und *Kaiserin*, König und Königin oder als andere Respektspersonen; der Traum ist also hier sehr pietätsvoll. Minder zärtlich verfährt er gegen Kinder und Geschwister; diese werden als *kleine Tiere, Ungeziefer* symbolisiert. Die Geburt findet fast regelmäßig eine Darstellung durch eine Beziehung zum Wasser; entweder man stürzt ins Wasser oder man steigt aus ihm heraus, man rettet eine Person aus dem Wasser oder wird von ihr gerettet, d. h. man hat eine mütterliche Beziehung zu ihr. Das Sterben wird im Traum durch *Abreisen, mit der Eisenbahn Fahren* ersetzt, das Totsein durch verschiedene dunkle, wie zaghafte Andeutungen, die Nacktheit durch *Kleider und Uniformen*. Sie sehen, wie hier die Grenzen zwischen symbolischer und anspielungsartiger Darstellung verschwimmen.

Im Vergleich zur Armseligkeit dieser Aufzählung muß es auffallen, daß Objekte und Inhalte eines anderen Kreises durch eine außerordentlich reichhaltige Symbolik dargestellt werden. Es ist dies der Kreis des Sexuallebens, der Genitalien, der Geschlechtsvorgänge, des Geschlechtsverkehrs. Die übergroße Mehrzahl der Symbole im Traum sind Sexualsymbole. Es stellt sich dabei ein merkwürdiges Mißverhältnis heraus. Der bezeichneten Inhalte sind nur wenige, der Symbole für sie ungemein viele, so daß jedes dieser Dinge durch zahlreiche, nahezu gleichwertige Symbole ausgedrückt werden kann. Bei der Deutung ergibt sich dann etwas, was allgemein Anstoß erregt. Die Symboldeutungen sind im Gegensatze zur Mannigfaltigkeit der Traumdarstellungen sehr monoton. Das mißfällt jedem, der davon erfährt; aber was ist dagegen zu tun?

Da es das erstemal ist, daß in dieser Vorlesung von Inhalten des Sexuallebens gesprochen wird, bin ich Ihnen Rechenschaft über die Art schuldig, wie ich dieses Thema zu behandeln gedenke. Die Psychoanalyse findet keinen Anlaß zu Verhüllungen und Andeutungen, hält es nicht für nötig, sich der Beschäftigung mit diesem wichtigen Stoff zu schämen, meint, es sei korrekt und anständig, alles bei seinem richtigen Namen zu nennen, und hofft, auf solche Weise störende Nebengedanken am ehesten ferne zu halten. Daran kann der Umstand, daß man vor einem aus beiden Geschlechtern gemischten Zuhörerkreis spricht, nichts ändern. So wie es keine Wissenschaft *in usum delphini* gibt, so auch keine für Backfischchen, und die Damen unter Ihnen haben durch ihr Erscheinen in diesem Hörsaal zu verstehen gegeben, daß sie den Männern gleichgestellt werden wollen.

Für das männliche Genitale also hat der Traum eine Anzahl von symbolisch zu nennenden Darstellungen, bei denen das gemeinsame der Vergleichung meist sehr einleuchtend ist. Vor allem ist für das männliche Genitale im ganzen die heilige Zahl 3 symbolisch bedeutsam. Der auffälligere und beiden Geschlechtern interessante Bestandteil des Genitales, das männliche Glied, findet symbolischen Ersatz erstens durch Dinge, die ihm in der Form ähnlich, also lang und hochragend sind, wie: *Stöcke, Schirme, Stangen, Bäume* und dgl. Ferner durch Gegenstände, die, die Eigenschaft des In-den-Körper-Eindringens und Verletzens mit dem Bezeichneten gemein haben, also spitzige Waffen jeder Art, *Messer, Dolche, Lanzen, Säbel,* aber ebenso durch Schießwaffen: *Gewehre, Pistolen* und den durch seine Form so sehr dazu tauglichen *Revolver.* In den ängstlichen Träumen der Mädchen spielt die Verfolgung durch einen Mann mit einem Messer oder einer Schußwaffe eine große Rolle. Es ist dies der vielleicht häufigste Fall der Traumsymbolik, den Sie sich nun leicht übersetzen können. Ohne weiteres verständlich ist auch der Ersatz des männlichen Gliedes durch Gegenstände, aus denen Wasser fließt: *Wasserhähne, Gießkannen, Springbrunnen,* und durch andere Objekte, die einer Verlängerung fähig sind, wie *Hängelampen, vorschiebbare Bleistifte* usw. Daß *Bleistifte, Federstiele, Nagelfeilen, Hämmer* und andere *Instrumente* unzweifelhafte männliche Sexualsymbole sind, hängt mit einer gleichfalls nicht ferne liegenden Auffassung des Organs zusammen.

Die merkwürdige Eigenschaft des Gliedes, sich gegen die Schwerkraft aufrichten zu können, eine Teilerscheinung der Erektion, führt zur Symboldarstellung durch *Luftballone, Flugmaschinen* und neuesten Datums durch das *Zeppelinsche Luftschiff.* Der Traum kennt aber noch eine andere, weit ausdrucksvollere Art, die Erektion zu symbolisieren. Er macht das Geschlechtsglied zum Wesentlichen der ganzen Person und läßt diese selbst *fliegen.* Lassen Sie sich's nicht nahe gehen, daß die oft so schönen Flugträume, die wir alle kennen, als Träume von allgemeiner sexueller Erregung, als Erektionsträume gedeutet werden müssen. Unter den psychoanalytischen Forschern hat P. *Federn* diese Deutung gegen jeden Zweifel sichergestellt, aber auch der für seine Nüchternheit vielbelobte *Mourly Vold,* der jene Traumexperimente mit künstlichen Stellungen der Arme und Beine durchgeführt hat, und der der Psychoanalyse wirklich ferne stand, vielleicht nichts von ihr wußte, ist durch seine Untersuchungen zu demselben Schluß gekommen. Machen Sie auch keinen Einwand daraus, daß Frauen dieselben Flugträume haben können. Erinnern Sie sich vielmehr daran, daß unsere Träume Wunscherfüllungen sein wollen, und daß der Wunsch, ein Mann zu sein, sich bei der Frau so häufig, bewußt oder unbewußt, findet. Auch daß es der Frau möglich ist, diesen Wunsch durch dieselben Sensationen wie der Mann zu realisieren, wird keinen der Anatomie Kundigen irremachen können. Das Weib besitzt in seinen Genitalien eben auch ein kleines Glied in der Ähnlichkeit des männlichen, und dieses kleine Glied, die Clitoris, spielt sogar im Kindesalter und im Alter vor dem Geschlechtsverkehr die nämliche Rolle wie das große Glied des Mannes.

Zu den weniger gut verständlichen männlichen Sexualsymbolen gehören gewisse *Reptilien* und *Fische,* vor allem das berühmte Symbol der *Schlange.* Warum *Hut* und *Mantel* dieselbe Verwendung gefunden haben, ist gewiß nicht leicht zu erraten, aber deren Symbolbedeutung ist ganz unzweifelhaft. Endlich kann man sich noch fragen, ob man den Ersatz des männlichen Gliedes durch ein anderes Glied, den Fuß oder die Hand, als einen symbolischen bezeichnen darf. Ich glaube, man wird durch den Zusammenhang und durch die weiblichen Gegenstücke dazu genötigt.

Das weibliche Genitale wird symbolisch dargestellt durch alle jene Objekte, die seine Eigenschaft teilen, einen Hohlraum einzuschließen, der etwas in sich aufnehmen kann. Also durch *Schachte, Gruben und Höhlen*, durch *Gefäße und Flaschen*, durch *Schachteln, Dosen, Koffer, Büchsen, Kisten, Taschen* usw. Auch das *Schiff* gehört in diese Reihe. Manche Symbole haben mehr Beziehung auf den Mutterleib als auf das Genitale des Weibes, so: *Schränke, Öfen* und vor allem das *Zimmer*. Die Zimmersymbolik stößt hier an die Haussymbolik, *Türe* und *Tor* werden wiederum zu Symbolen der Genitalöffnung. Aber auch Stoffe sind Symbole des Weibes, das *Holz*, das *Papier*, und Gegenstände, die aus diesen Stoffen bestehen, wie der *Tisch* und das *Buch*. Von Tieren sind wenigstens *Schnecke* und *Muschel* als unverkennbare weibliche Symbole anzuführen; von Körperteilen der *Mund* zur Vertretung der Genitalöffnung, von Bauwerken *Kirche* und *Kapelle*. Wie Sie sehen, sind nicht alle Symbole gleich gut verständlich.

Zu den Genitalien müssen die Brüste gerechnet werden, die wie die größeren Hemisphären des weiblichen Körpers ihre Darstellung finden in *Äpfeln, Pfirsichen, Früchten* überhaupt. Die Genitalbehaarung beider Geschlechter beschreibt der Traum als *Wald* und *Gebüsch*. Die komplizierte Topographie der weiblichen Geschlechtsteile macht es begreiflich, daß diese sehr häufig als *Landschaft* mit Fels, Wald und Wasser dargestellt werden, während der imposante Mechanismus des männlichen Geschlechtsapparates dazu führt, daß alle Arten von schwer zu beschreibenden komplizierten *Maschinen* Symbole desselben werden.

Ein erwähnenswertes Symbol des weiblichen Genitales ist noch das *Schmuckkästchen; Schmuck* und *Schatz* sind Bezeichnungen der geliebten Person auch im Traume; *Süßigkeiten* eine häufige Darstellung des Geschlechtsgenusses. Die Befriedigung am eigenen Genitale wird durch jede Art von *Spielen* angedeutet, auch durch das *Klavierspiel*. Exquisit symbolische Darstellungen der Onanie sind das *Gleiten* und *Rutschen* sowie das *Abreißen eines Astes*. Ein besonders merkwürdiges Traumsymbol ist der *Zahnausfall* oder das *Zahnausziehen*. Es bedeutet sicherlich zunächst die Kastration als Bestrafung für die Onanie. Besondere Darstellungen für den Verkehr der Geschlechter findet man im Traume weniger zahlreich, als man nach den bisherigen Mitteilungen erwarten konnte. Rhythmische Tätigkeiten wie *Tanzen, Reiten* und *Steigen* sind hier zu nennen, auch gewaltsame Erlebnisse wie das *Überfahrenwerden*. Dazu gewisse *Handwerkstätigkeiten* und natürlich die *Bedrohung mit Waffen*.

Sie müssen sich die Verwendung wie die Übersetzung dieser Symbole nicht ganz einfach vorstellen. Es kommt dabei allerlei vor, was unserer Erwartung widerspricht. So scheint es zum Beispiel kaum glaublich, daß in diesen symbolischen Darstellungen die Geschlechtsunterschiede oft nicht scharf auseinandergehalten werden. Manche Symbole bedeuten ein Genitale überhaupt, gleichgültig ob ein männliches oder weibliches, z. B. das *kleine* Kind, der *kleine* Sohn oder die *kleine* Tochter. Ein andermal kann ein vorwiegend männliches Symbol für ein weibliches Genitale gebraucht werden oder umgekehrt. Man versteht das nicht, ehe man Einsicht in die Entwicklung der Sexualvorstellungen der Menschen gewonnen hat. In manchen Fällen mag diese Zweideutigkeit der Symbole eine nur scheinbare sein; die eklatantesten unter den Symbolen wie Waffen, Tasche, Kiste sind auch von dieser bisexuellen Verwendung ausgenommen.

Ich will nun nicht von dem Dargestellten, sondern vom Symbol ausgehen, eine Übersicht geben, aus welchen Gebieten die Sexualsymbole zumeist entnommen werden, und einige Nachträge anfügen mit besonderer Rücksicht auf die Symbole mit unverstandenem Gemeinsamen. Solch ein dunkles Symbol ist der *Hut*, vielleicht die Kopfbedeckung überhaupt, in der Regel mit männlicher Bedeutung, doch auch der weiblichen fähig. Ebenso bedeutet der *Mantel* einen Mann, vielleicht nicht immer mit Genitalbeziehung. Es steht Ihnen frei, zu fragen, warum. Die herabhängende und vom Weib nicht getragene *Krawatte* ist ein deutlich männliches Symbol. *Weiße Wäsche, Leinen* überhaupt ist weiblich; *Kleider, Uniformen* sind, wie wir schon gehört haben, Ersatz für Nacktheit, Körperformen; der *Schuh, Pantoffel*, ein weibliches Genitale, *Tisch* und *Holz* wurden als rätselhafte, aber sicherlich weibliche Symbole bereits erwähnt. *Leiter, Stiege, Treppe*, respektive das Gehen auf ihnen, sind sichere Symbole des Geschlechtsverkehres. Bei näherer Überlegung wird uns die Rhythmik dieses Gehens als Gemeinsames auffallen, vielleicht auch das Anwachsen der Erregung, Atemnot, je höher man steigt.

Die *Landschaft* haben wir als Darstellung des weiblichen Genitales schon gewürdigt. *Berg* und *Fels* sind Symbole des männlichen Gliedes; der Garten ein häufiges Symbol des weiblichen Genitales. Die *Frucht* steht nicht für das Kind, sondern für die Brüste. *Wilde Tiere* bedeuten sinnlich erregte Menschen, des weiteren böse Triebe, Leidenschaften. *Blüten* und *Blumen* bezeichnen das Genitale des Weibes oder spezieller die Jungfräulichkeit. Sie vergessen nicht, daß die Blüten wirklich die Genitalien der Pflanzen sind.

Das *Zimmer* kennen wir bereits als Symbol. Die Darstellung kann sich hier fortsetzen, indem die Fenster, Ein- und Ausgänge des Zimmers die Bedeutung der Körperöffnungen übernehmen. Auch das *Offen-* oder *Verschlossensein* des Zimmers fügt sich dieser Symbolik, und der *Schlüssel*, der öffnet, ist ein sicheres männliches Symbol.

Das wäre nun Material zur Traumsymbolik. Es ist nicht vollständig und könnte sowohl vertieft als auch verbreitert werden. Aber ich meine, es wird Ihnen mehr als genug scheinen, vielleicht Sie unwillig machen. Sie werden fragen: Lebe ich also wirklich inmitten von Sexualsymbolen? Sind alle Gegenstände, die mich umgeben, alle Kleider, die ich anlege, alle Dinge, die ich in die Hand nehme, immer wieder Sexualsymbole und nichts anderes? Es gibt wirklich Anlaß genug zu verwunderten Fragen, und die erste derselben lautet: Woher wir denn eigentlich die Bedeutung dieser Traumsymbole kennen sollen, zu denen uns der Träumer selbst keine oder nur unzureichende Auskunft gibt?

Ich antworte: aus sehr verschiedenen Quellen, aus den Märchen und Mythen, Schwänken und Witzen, aus dem Folklore, d. i. der Kunde von den Sitten, Gebräuchen, Sprüchen und Liedern der Völker, aus dem poetischen und dem gemeinen Sprachgebrauch. Überall hier findet sich dieselbe Symbolik vor, und an manchen dieser Stellen verstehen wir sie ohne weitere Unterweisung. Wenn wir diesen Quellen im einzelnen nachgehen, werden wir so viele Parallelen zur Traumsymbolik finden, daß wir unserer Deutungen sicher werden müssen.

Der menschliche Leib, sagten wir, findet nach *Scherner* im Traum häufig eine Darstellung durch das Symbol des Hauses. In der Fortführung dieser Darstellung sind dann Fenster, Türen und Tore, die Eingänge in die Körperhöhlen, die Fassaden glatt oder mit Balkonen und Vorsprüngen zum Anhalten versehen. Dieselbe Symbolik findet sich aber in unserem Sprachgebrauch, wenn wir einen gut Bekannten vertraulich als *„altes Haus"* begrüßen, wenn wir davon sprechen, einem eins aufs *Dach* zu geben, oder von einem anderen behaupten, es sei bei ihm nicht richtig im *Oberstübchen*. In der Anatomie heißen die Körperöffnungen direkt die *Leibespforten*.

Daß wir die Eltern im Traume als kaiserliche und königliche Paare antreffen, ist ja zunächst überraschend. Aber es findet seine Parallele in den Märchen. Dämmert uns nicht die Einsicht, daß die vielen Märchen, die anheben: Es war einmal ein *König und eine Königin*, nichts anderes sagen wollen als: Es waren einmal ein Vater und eine Mutter? In der Familie heißen wir die Kinder scherzhaft Prinzen, den ältesten aber den Kronprinzen. Der König selbst nennt sich *Landesvater*. Kleine Kinder bezeichnen wir scherzhaft als *Würmer* und sagen mitleidig: *das arme Wurm*.

Kehren wir zur Haussymbolik zurück. Wenn wir die Vorsprünge der Häuser im Traume zum Anhalten benützen, mahnt das nicht an die bekannte Volksrede auf einen stark entwickelten Busen: Die hat etwas zum *Anhalten*? Das Volk äußert sich in solchem Falle noch anders, es sagt: Die hat viel *Holz* vor dem Haus, als wollte es unserer Deutung zu Hilfe kommen, daß Holz ein weibliches, mütterliches Symbol ist.

Zu Holz noch anderes. Wir werden nicht verstehen, wie dieser Stoff zur Vertretung des Mütterlichen, Weiblichen, gelangt ist. Da mag uns die Sprachvergleichung an die Hand gehen. Unser deutsches Wort Holz soll gleichen Stammes sein wie das griechische $\H{υ}λη$, was Stoff, Rohstoff bedeutet. Es würde da der nicht gerade seltene Fall vorliegen, daß ein allgemeiner Stoffname schließlich für einen besonderen Stoff reserviert worden ist. Nun gibt es eine Insel im Ozean, die den Namen *Madeira* führt. Diesen Namen haben ihr die Portugiesen bei der Entdeckung gegeben, weil sie damals über und über bewaldet war. Madeira heißt nämlich in der Sprache der Portugiesen: Holz. Sie erkennen aber, daß madeira nichts anderes ist, als das wenig veränderte lateinische Wort *materia*, das wiederum Stoff im allgemeinen bedeutet. Materia ist nun von *mater*, Mutter, abgeleitet. Der Stoff, aus dem etwas besteht, ist gleichsam sein mütterlicher Anteil. In dem symbolischen Gebrauch von Holz für Weib, Mutter, lebt also diese alte Auffassung fort.

Die Geburt wird im Traume regelmäßig durch eine Beziehung zum Wasser ausgedrückt; man stürzt ins Wasser oder kommt aus dem Wasser, das heißt: man gebärt oder man wird geboren. Nun vergessen wir nicht, daß sich dies Symbol in zweifacher Weise auf entwicklungsgeschichtliche Wahrheit berufen kann. Nicht nur, daß alle Landsäugetiere, auch die Vorahnen des Menschen, aus Wassertieren hervorgegangen sind – das wäre die fernerliegende Tatsache –, auch jedes einzelne Säugetier, jeder Mensch, hat die erste Phase seiner Existenz im Wasser zugebracht, nämlich als Embryo im Fruchtwasser im Leib seiner Mutter gelebt und ist mit der Geburt aus dem Wasser gekommen. Ich will nicht behaupten, daß der Träumer dies weiß, dagegen vertrete ich, daß er es nicht zu wissen braucht. Etwas anderes weiß der Träumer wahrscheinlich daher, daß man es ihm in seiner Kindheit gesagt hat, und selbst dafür will ich behaupten, daß ihm dies Wissen nichts zur Symbolbildung beigetragen hat. Man hat ihm in der Kinderstube erzählt, daß der Storch die Kinder bringt, aber woher holt er sie? Aus dem Teich, aus dem Brunnen, also wiederum aus dem Wasser. Einer meiner Patienten, dem diese Auskunft gegeben worden war, damals ein kleines Gräflein, war hernach einen ganzen Nachmittag lang verschollen. Man fand ihn endlich am Rande des Schloßteichs liegend, das Gesichtchen über den Wasserspiegel gebeugt und eifrig spähend, ob er die Kindlein auf dem Grunde des Wassers erschauen könnte.

In den Mythen von der Geburt des Helden, die *O. Rank* einer vergleichenden Untersuchung unterzogen hat – der älteste ist der des Königs *Sargon von Agade*, etwa 2 800 v. Chr. –, spielt die Aussetzung ins Wasser und die Rettung aus dem Wasser eine überwiegende Rolle. Rank hat erkannt, daß dies Darstellungen der Geburt sind, analog der im Traume üblichen. Wenn man im Traum eine Person aus dem Wasser rettet, macht man sich zu ihrer Mutter oder zur Mutter schlechtweg; im Mythus bekennt sich eine Person, die ein Kind aus dem Wasser rettet, als die richtige Mutter des Kindes. In einem bekannten Scherz wird der intelligente Judenknabe gefragt, wer denn die Mutter des *Moses* war. Er antwortet unbedenklich: die Prinzessin. Aber nein, wird ihm vorgehalten, die hat ihn ja nur aus dem Wasser gezogen. So sagt *sie*, repliziert er und beweist damit, daß er die richtige Deutung des Mythus gefunden hat.

Das Abreisen bedeutet im Traum Sterben. Es ist auch der Brauch der Kinderstube, wenn sich das Kind nach dem Verbleib eines Verstorbenen erkundigt, den es vermißt, ihm zu sagen, er sei *verreist.* Wiederum möchte ich dem Glauben widersprechen, daß das Traumsymbol von dieser gegen das Kind gebrauchten Ausrede stammt. Der Dichter bedient sich derselben Symbolbeziehung, wenn er vom Jenseits als vom unentdeckten Land spricht, von dessen Bezirk kein *Reisender (no traveller)* wiederkehrt. Auch im Alltag ist es uns durchaus gebräuchlich, von der letzten Reise zu sprechen. Jeder Kenner des alten Ritus weiß, wie ernst z. B. im altägyptischen Glauben die Vorstellung von einer Reise ins Land des Todes genommen wurde. In vielen Exemplaren ist uns das Totenbuch erhalten, welches wie ein Bädeker der Mumie auf diese Reise mitgegeben wurde. Seitdem die Begräbnisstätten von den Wohnstätten abgesondert worden sind, ist ja auch die letzte Reise des Verstorbenen eine Realität geworden.

Ebensowenig ist etwa die Genitalsymbolik etwas, was dem Traume allein zukommt. Jeder von Ihnen wird wohl einmal so unhöflich gewesen sein, eine Frau eine *„alte Schachtel"* zu nennen, vielleicht ohne zu wissen, daß er sich dabei eines Genitalsymbols bedient. Im Neuen Testament heißt es: Das Weib ist ein schwaches *Gefäß.* Die heiligen Schriften der Juden sind in ihrem dem poetischen so angenäherten Stil erfüllt von sexualsymbolischen Ausdrücken, die nicht immer richtig verstanden worden sind, und deren Auslegung z. B. im Hohen Lied zu manchen Mißverständnissen geführt hat. In der späteren hebräischen Literatur ist die Darstellung des Weibes als Haus, wobei die Tür die Geschlechtsöffnung vertritt, eine sehr verbreitete. Der Mann beklagt sich z. B. im Falle der fehlenden Jungfräulichkeit, daß er die Tür geöffnet gefunden hat. Auch das Symbol Tisch für Weib ist in dieser Literatur bekannt. Die Frau sagt von ihrem Manne: Ich ordnete ihm den Tisch, er aber *wendete ihn um.* Lahme Kinder sollen dadurch entstehen, daß *der Mann den Tisch umwendet.* Ich entnehme diese Belege einer Abhandlung von L. Levy in Brünn: *Die Sexualsymbolik der Bibel und des Talmuds.*

Daß auch die Schiffe des Traumes Weiber bedeuten, machen uns die Etymologen glaubwürdig, die behaupten, Schiff sei ursprünglich der Name eines tönernen Gefäßes gewesen und sei dasselbe Wort wie *Schaff.* Daß der Ofen ein

Weib und Mutterleib ist, wird uns durch die griechische Sage von Periander von Korinth und seiner Frau Melissa bestätigt. Als nach *Herodots* Bericht der Tyrann den Schatten seiner heißgeliebten, aber aus Eifersucht von ihm ermordeten Gemahlin beschwor, um eine Auskunft von ihr zu bekommen, beglaubigte sich die Tote durch die Mahnung, daß er, *Periander, sein Brot in einen kalten Ofen geschoben*, als Verhüllung eines Vorganges, der keiner anderen Person bekannt sein konnte. In der von F. S. Krauß herausgegebenen *Anthropophyteia*, einem unersetzlichen Quellenwerk für alles, was das Geschlechtsleben der Völker betrifft, lesen wir, daß man in einer bestimmten deutschen Landschaft von einer Frau, die entbunden hat, sagt: *Der Ofen ist bei ihr zusammengebrochen*. Die Feuerbereitung und alles, was mit ihr zusammenhängt, ist auf das innigste von Sexualsymbolik durchsetzt. Stets ist die Flamme ein männliches Genitale, und die Feuerstelle, der Herd, ein weiblicher Schoß.

Wenn Sie sich vielleicht darüber verwundert haben, wie häufig Landschaften im Traum zur Darstellung des weiblichen Genitales verwendet werden, so lassen Sie sich von den Mythologen belehren, welche Rolle *Mutter Erde* in den Vorstellungen und Kulten der alten Zeit gespielt hat, und wie die Auffassung des Ackerbaues von dieser Symbolik bestimmt wurde. Daß das Zimmer im Traum ein Frauenzimmer vorstellt, werden Sie geneigt sein aus unserem Sprachgebrauch abzuleiten, der Frauenzimmer anstatt Frau setzt, also die menschliche Person durch die für sie bestimmte Räumlichkeit vertreten werden läßt. So ähnlich sprechen wir von der „Hohen Pforte" und meinen damit den Sultan und seine Regierung; auch der Name des altägyptischen Herrschers Pharao bedeutete nichts anderes als „großer Hofraum". (Im alten Orient sind die Höfe zwischen den Doppeltoren der Stadt Orte der Zusammenkunft wie in der klassischen Welt die Marktplätze.) Allein ich meine, diese Ableitung ist eine allzu oberflächliche. Es ist mir wahrscheinlicher, daß das Zimmer als der den Menschen umschließende Raum zum Symbol des Weibes geworden ist. Das Haus kennen wir ja schon in solcher Bedeutung; aus der Mythologie und aus dem poetischen Stil dürfen wir *Stadt, Burg, Schloß, Festung* als weitere Symbole für das Weib hinzunehmen. Die Frage wäre an Träumen solcher Personen, die nicht Deutsch sprechen und es nicht verstehen, leicht zu entscheiden. Ich habe in den letzten Jahren vorwiegend fremdsprachige Patienten behandelt und glaube mich zu erinnern, daß in deren Träumen das Zimmer gleichfalls ein Frauenzimmer bedeutete, obwohl sie keinen analogen Sprachgebrauch in ihren Sprachen hatten. Es sind noch andere Anzeichen dafür vorhanden, daß die Symbolbeziehung über die Sprachgrenzen hinausgehen kann, was übrigens schon der alte Traumforscher *Schubert* (1862)behauptet hat. Indes, keiner meiner Träumer war des Deutschen völlig unkundig, so daß ich diese Unterscheidung jenen Psychoanalytikern überlassen muß, die in anderen Ländern an einsprachigen Personen Erfahrungen sammeln können.

Unter den Symboldarstellungen des männlichen Genitales ist kaum eine, die nicht im scherzhaften, vulgären oder im poetischen Sprachgebrauch, zumal bei den altklassischen Dichtern, wiederkehrte. Es kommen hierfür aber nicht nur die im Traume auftretenden Symbole in Betracht, sondern auch neue, z. B. die Werkzeuge verschiedener Verrichtungen, in erster Reihe der Pflug. Im übrigen nahen wir mit der Symboldarstellung des Männlichen einem sehr ausgedehnten und vielumstrittenen Gebiet, von dem wir uns aus ökonomischen Motiven fernehalten wollen. Nur dem einen, gleichsam aus der Reihe fallenden Symbol der 3 möchte ich einige Bemerkungen widmen. Ob diese Zahl nicht etwa ihre Heiligkeit dieser Symbolbeziehung verdankt, bleibe dahingestellt. Gesichert scheint aber, daß manche in der Natur vorkommende dreiteilige Dinge ihre Verwendung zu Wappen und Emblemen von solcher Symbolbedeutung ableiten, z. B. das Kleeblatt. Auch die dreiteilige sogenannte französische Lilie und das sonderbare Wappen zweier so weit voneinander entfernten Inseln wie Sizilien und die Isle of Man, das *Triskeles* (drei halbgebeugte Beine von einem Mittelpunkt ausgehend) sollen nur Umstilisierungen eines männlichen Genitales sein. Ebenbilder des männlichen Gliedes galten im Altertum als die kräftigsten Abwehrmittel (*Apotropaea*) gegen böse Einflüsse, und es steht im Zusammenhange damit, daß die glückbringenden Amulette unserer Zeit sämtlich leicht als Genital- oder Sexualsymbole zu erkennen sind: Betrachten wir eine solche Sammlung, wie sie etwa in Form kleiner silberner Anhängsel getragen wird: ein vierblättriges Kleeblatt, ein Schwein, ein Pilz, ein Hufeisen, eine Leiter, ein Rauchfangkehrer. Das vierblättrige Kleeblatt ist an die Stelle des eigentlich zum Symbol geeigneten dreiblättrigen getreten; das Schwein ist ein altes Fruchtbarkeitssymbol: der Pilz ist ein unzweifelhaftes Penissymbol, es gibt Pilze, die ihrer unverkennbaren Ähnlichkeit mit dem männlichen Glied ihren systematischen Namen verdanken (*Phallus impudicus*); das Hufeisen wiederholt den Umriß der weiblichen Geschlechtsöffnung, und der Rauchfangkehrer, der die Leiter trägt, taugt in diese Gemeinschaft, weil er eine jener Hantierungen übt, mit denen der Geschlechtsverkehr vulgärerweise verglichen wird (S. die *Anthropophyteia*). Seine Leiter haben wir im Traume als Sexualsymbol kennengelernt; der deutsche Sprachgebrauch kommt uns hier zu Hilfe, der uns zeigt, wie das Wort „steigen" in exquisit sexuellem Sinn angewendet wird. Man sagt: *„Den Frauen nachsteigen"* und *„ein alter Steiger"*. Im Französischen, wo die Stufe *la marche* heißt, finden wir ganz analog für einen alten Lebemann den Ausdruck *„un vieux marcheur"*. Daß der Geschlechtsverkehr vieler großer Tiere ein Steigen, Besteigen des Weibchens, zur Voraussetzung hat, ist diesem Zusammenhang wahrscheinlich nicht fremd.

Das Abreißen eines Astes als symbolische Darstellung der Onanie stimmt nicht nur zu vulgären Bezeichnungen des onanistischen Aktes, sondern hat auch weitgehende mythologische Parallelen. Besonders merkwürdig ist aber die Darstellung der Onanie oder besser der Strafe dafür, der Kastration, durch Zahnausfall und Zahnausreißen, weil sich dazu ein Gegenstück aus der Völkerkunde findet, das den wenigsten Träumern bekannt sein dürfte. Es scheint mir nicht zweifelhaft, daß die bei so vielen Völkern geübte Beschneidung ein Äquivalent und eine Ablösung der Kastration ist. Und nun wird uns berichtet, daß in Australien gewisse primitive Stämme die Beschneidung als Pubertätsritus ausführen (zur Mannbarkeitsfeier der Jugend), während andere, ganz nahewohnende, an Stelle dieses Aktes das Ausschlagen eines Zahnes gesetzt haben.

Ich beende meine Darstellung mit diesen Proben. Es sind nur Proben; wir wissen mehr darüber, und Sie mögen sich vorstellen, um wie viel reichhaltiger und interessanter eine derartige Sammlung ausfallen würde, die nicht von Dilettanten wie wir, sondern von den richtigen Fachleuten in der Mythologie, Anthropologie, Sprachwissenschaft, im Folklore angestellt wäre. Es drängt uns zu einigen Folgerungen, die nicht erschöpfend sein können, aber uns viel zu denken geben werden.

Fürs erste sind wir vor die Tatsache gestellt, daß dem Träumer die symbolische Ausdrucksweise zu Gebote steht, die er im Wachen nicht kennt und nicht wiedererkennt. Das ist so verwunderlich, wie wenn Sie die Entdeckung machen würden, daß Ihr Stubenmädchen Sanskrit versteht, obwohl Sie wissen, daß sie in einem böhmischen Dorf geboren ist und es nie gelernt hat. Es ist nicht leicht, diese Tatsache mit unseren psychologischen Anschauungen zu bewältigen. Wir können nur sagen, die Kenntnis der Symbolik ist dem Träumer unbewußt, sie gehört seinem unbewußten Geistesleben an. Wir kommen aber auch mit dieser Annahme nicht nach. Bisher hatten wir nur notwendig, unbewußte Strebungen anzunehmen, solche, von denen man zeitweilig oder dauernd nichts weiß. Jetzt aber handelt es sich um mehr, geradezu um unbewußte Kenntnisse, um Denkbeziehungen, Vergleichungen zwischen verschiedenen Objekten, die dazu führen, daß das eine konstant an Stelle des anderen gesetzt werden kann. Diese Vergleichungen werden nicht jedesmal neu angestellt, sondern sie liegen bereit, sie sind ein- für allemal fertig; das geht ja aus ihrer Übereinstimmung bei verschiedenen Personen, ja vielleicht Übereinstimmung trotz der Sprachverschiedenheit, hervor.

Woher soll die Kenntnis dieser Symbolbeziehungen kommen? Der Sprachgebrauch deckt nur einen kleinen Teil derselben. Die vielfältigen Parallelen aus anderen Gebieten sind dem Träumer zumeist unbekannt; auch wir mußten sie erst mühsam zusammensuchen.

Zweitens sind diese Symbolbeziehungen nichts, was dem Träumer oder der Traumarbeit, durch die sie zum Ausdruck kommen, eigentümlich wäre. Wir haben ja erfahren, derselben Symbolik bedienen sich Mythen und Märchen, das Volk in seinen Sprüchen und Liedern, der gemeine Sprachgebrauch und die dichterische Phantasie. Das Gebiet der Symbolik ist ein ungemein großes, die Traumsymbolik ist nur ein kleiner Teil davon: es ist nicht einmal zweckmäßig, das ganze Problem vom Traum aus in Angriff zu nehmen. Viele der anderswo gebräuchlichen Symbole kommen im Traum nicht oder nur sehr selten vor; manche der Traumsymbole finden sich nicht auf allen anderen Gebieten wieder, sondern, wie Sie gesehen haben, nur hier oder dort. Man bekommt den Eindruck, daß hier eine alte, aber untergegangene Ausdrucksweise vorliegt, von welcher sich auf verschiedenen Gebieten Verschiedenes erhalten hat, das eine nur hier, das andere nur dort, ein drittes vielleicht in leicht veränderten Formen auf mehreren Gebieten. Ich muß hier der Phantasie eines interessanten Geisteskranken gedenken, welcher eine „*Grundsprache*" imaginiert hatte, von welcher all diese Symbolbeziehungen die Überreste wären.

Drittens muß Ihnen auffallen, daß die Symbolik auf den genannten anderen Gebieten keineswegs nur Sexualsymbolik ist, während im Traume die Symbole fast ausschließend zum Ausdruck sexueller Objekte und Beziehungen verwendet werden. Auch das ist nicht leicht erklärlich. Sollten ursprünglich sexuell bedeutsame Symbole später eine andere Anwendung erhalten haben, und hinge damit etwa noch die Abschwächung von der symbolischen zur andersartigen Darstellung zusammen? Diese Fragen sind offenbar nicht zu beantworten, wenn man sich nur mit der Traumsymbolik beschäftigt hat. Man darf nur an der Vermutung festhalten, daß eine besonders innige Beziehung zwischen den richtigen Symbolen und dem Sexuellen besteht.

Ein wichtiger Fingerzeig ist uns hier in den letzten Jahren gegeben worden. Ein Sprachforscher, H. Sperber (Upsala), der unabhängig von der Psychoanalyse arbeitet, hat die Behauptung aufgestellt, daß sexuelle Bedürfnisse an der Entstehung und Weiterbildung der Sprache den größten Anteil gehabt haben. Die anfänglichen Sprachlaute haben der Mitteilung gedient und den sexuellen Partner herbeigerufen: die weitere Entwicklung der Sprachwurzeln habe die Arbeitsverrichtungen der Urmenschen begleitet. Diese Arbeiten seien gemeinsame gewesen und unter rhythmisch wiederholten Sprachäußerungen vor sich gegangen. Dabei sei ein sexuelles Interesse auf die Arbeit verlegt worden. Der Urmensch habe sich gleichsam die Arbeit annehmbar gemacht, indem er sie als Äquivalent und Ersatz der Geschlechtstätigkeit behandelte. Das bei der gemeinsamen Arbeit hervorgestoßene Wort habe so zwei Bedeutungen gehabt, den Geschlechtsakt bezeichnet wie die ihm gleichgesetzte Arbeitstätigkeit. Mit der

Zeit habe sich das Wort von der sexuellen Bedeutung losgelöst und an diese Arbeit fixiert. Generationen später sei es mit einem neuen Wort, das nun die Sexualbedeutung hatte und auf eine neue Art von Arbeit angewendet wurde, ebenso ergangen. Auf solche Weise hätte sich eine Anzahl von Sprachwurzeln gebildet, die alle sexueller Herkunft waren und ihre sexuelle Bedeutung abgegeben hatten. Wenn die hier skizzierte Aufstellung das Richtige trifft, eröffnet sich uns allerdings eine Möglichkeit des Verständnisses für die Traumsymbolik. Wir würden begreifen, warum es im Traum, der etwas von diesen ältesten Verhältnissen bewahrt, so außerordentlich viele Symbole für das Geschlechtliche gibt, warum allgemein Waffen und Werkzeuge immer für das Männliche, die Stoffe und das Bearbeitete fürs Weibliche stehen. Die Symbolbeziehung wäre der Überrest der alten Wortidentität; Dinge, die einmal gleich geheißen haben wie das Genitale, könnten jetzt im Traum als Symbole für dasselbe eintreten.

Aus unseren Parallelen zur Traumsymbolik können Sie aber auch Schätzung für den Charakter der Psychoanalyse gewinnen, der sie befähigt, Gegenstand des allgemeinen Interesses zu werden, wie weder die Psychologie noch die Psychiatrie es konnten. Es spinnen sich bei der psychoanalytischen Arbeit Beziehungen zu so vielen anderen Geisteswissenschaften an, deren Untersuchung die wertvollsten Aufschlüsse verspricht, zur Mythologie wie zur Sprachwissenschaft, zum Folklore, zur Völkerpsychologie und zur Religionslehre. Sie werden es verständlich finden, daß auf psychoanalytischem Boden eine Zeitschrift erwachsen ist, welche sich die Pflege dieser Beziehungen zur ausschließlichen Aufgabe gemacht hat, die 1912 gegründete, von *Hanns Sachs und Otto Rank* geleitete *Imago*. In all diesen Beziehungen ist die Psychoanalyse zunächst der gebende, weniger der empfangende Teil. Sie hat zwar den Vorteil davon, daß uns ihre fremdartigen Ergebnisse durch das Wiederfinden auf anderen Gebieten vertrauter werden, aber im ganzen ist es die Psychoanalyse, welche die technischen Methoden und die Gesichtspunkte beistellt, deren Anwendung sich auf jenen anderen Gebieten fruchtbar erweisen soll. Das seelische Leben des menschlichen Einzelwesens ergibt uns bei psychoanalytischer Untersuchung die Aufklärungen, mit denen wir manches Rätsel im Leben der Menschenmassen lösen oder doch ins rechte Licht rücken können.

Übrigens habe ich Ihnen noch gar nicht gesagt, unter welchen Umständen wir die tiefste Einsicht in jene supponierte „Grundsprache" nehmen können, auf welchem Gebiet am meisten von ihr erhalten ist. Solange Sie dies nicht wissen, können Sie auch die ganze Bedeutung des Gegenstandes nicht würdigen. Dies Gebiet ist nämlich die Neurotik, sein Material die Symptome und andere Äußerungen der Nervösen, zu deren Aufklärung und Behandlung ja die Psychoanalyse geschaffen worden ist.

Mein vierter Gesichtspunkt kehrt nun wieder zu unserem Ausgang zurück und lenkt in die uns vorgezeichnete Bahn ein. Wir sagten, auch wenn es keine Traumzensur gäbe, würde der Traum uns doch noch nicht leicht verständlich sein, denn dann fänden wir uns vor der Aufgabe, die Symbolsprache des Traumes in die unseres wachen Denkens zu übersetzen. Die Symbolik ist also ein zweites und unabhängiges Moment der Traumentstellung neben der Traumzensur. Es liegt aber nahe anzunehmen, daß es der Traumzensur bequem ist, sich der Symbolik zu bedienen, da diese zu demselben Ende, zur Fremdartigkeit und Unverständlichkeit des Traumes, führt.

Ob wir bei weiterem Studium des Traumes nicht auf ein neues Moment, welches zur Traumentstellung beiträgt, stoßen werden, muß sich ja alsbald zeigen. Das Thema der Traumsymbolik möchte ich aber nicht verlassen, ohne nochmals das Rätsel zu berühren, daß sie auf so heftigen Widerstand bei den Gebildeten stoßen konnte, wo die Verbreitung der Symbolik in Mythus, Religion, Kunst und Sprache so unzweifelhaft ist. Ob nicht wiederum die Beziehung zur Sexualität die Schuld daran trägt?

XI. *Vorlesung*
Die Traumarbeit

Meine Damen und Herren! Wenn Sie die Traumzensur und die Symboldarstellung bewältigt haben, haben Sie die Traumentstellung zwar noch nicht gänzlich überwunden, aber Sie sind doch imstande, die meisten Träume zu verstehen. Sie bedienen sich dabei der beiden einander ergänzenden Techniken, rufen Einfälle des Träumers auf, bis Sie vom Ersatz zum Eigentlichen vorgedrungen sind, und setzen für die Symbole deren Bedeutung aus eigener Kenntnis ein. Von gewissen Unsicherheiten, die sich dabei ergeben, werden wir später handeln.

Wir können nun eine Arbeit wieder aufnehmen, die wir seinerzeit mit unzureichenden Mitteln versuchten, als wir die Beziehungen zwischen den Traumelementen und ihren Eigentlichen studierten und dabei vier solcher Hauptbeziehungen feststellten, die des Teils vom Ganzen, die der Annäherung oder Anspielung, die symbolische Beziehung und die plastische Wortdarstellung. Dasselbe wollen wir im größeren Maßstabe unternehmen, indem wir den manifesten Trauminhalt im ganzen mit dem durch Deutung gefundenen latenten Traum vergleichen.

Ich hoffe, Sie werden diese beiden nie wieder miteinander verwechseln. Wenn Sie das zustande bringen, haben Sie im Verständnis des Traumes mehr erreicht als wahrscheinlich die meisten Leser meiner *Traumdeutung.* Lassen Sie sich auch noch einmal vorhalten, daß jene Arbeit, welche den latenten Traum in den manifesten umsetzt, die *Traumarbeit* heißt. Die in entgegengesetzter Richtung fortschreitende Arbeit, welche vom manifesten Traum zum latenten gelangen will, ist unsere *Deutungsarbeit*. Die Deutungsarbeit will die Traumarbeit aufheben. Die als evidente Wunscherfüllungen erkannten Träume vom infantilen Typus haben doch ein Stück der Traumarbeit an sich erfahren, nämlich die Umsetzung der Wunschform in die Realität und zumeist auch die der Gedanken in visuelle Bilder. Hier bedarf es keiner Deutung, nur der Rückbildung dieser beiden Umsetzungen. Was bei den anderen Träumen an Traumarbeit noch hinzugekommen ist, das heißen wir die *Traumentstellung,* und diese ist durch unsere Deutungsarbeit rückgängig zu machen.

Durch die Vergleichung vieler Traumdeutungen bin ich in die Lage versetzt, Ihnen in zusammenfassender Darstellung anzugeben, was die Traumarbeit mit dem Material der latenten Traumgedanken macht. Ich bitte Sie aber, davon nicht zuviel verstehen zu wollen. Es ist ein Stück Deskription, welches mit ruhiger Aufmerksamkeit angehört werden soll.

Die erste Leistung der Traumarbeit ist die *Verdichtung.* Wir verstehen darunter die Tatsache, daß der manifeste Traum weniger Inhalt hat als der latente, also eine Art von abgekürzter Übersetzung des letzteren ist. Die Verdichtung kann eventuell einmal fehlen, sie ist in der Regel vorhanden, sehr häufig enorm. Sie schlägt niemals ins Gegenteil um, d. h. es kommt nicht vor, daß der manifeste Traum umfang- und inhaltsreicher ist als der latente. Die Verdichtung kommt dadurch zustande, daß 1. gewisse latente Elemente überhaupt ausgelassen werden, 2. daß von manchen Komplexen des latenten Traumes nur ein Brocken in den manifesten übergeht, 3. daß latente Elemente, die etwas Gemeinsames haben, für den manifesten Traum zusammengelegt, zu einer Einheit verschmolzen werden.

Wenn Sie wollen, können Sie den Namen „Verdichtung" für diesen letzten Vorgang allein reservieren. Seine Effekte sind besonders leicht zu demonstrieren. Aus Ihren eigenen Träumen werden Sie sich mühelos an die Verdichtung verschiedener Personen zu einer einzigen erinnern. Eine solche Mischperson sieht etwa aus wie A, ist aber gekleidet wie B, tut eine Verrichtung, wie man sie von C erinnert, und dabei ist noch ein Wissen, daß es die Person D ist. Durch diese Mischbildung wird natürlich etwas den vier Personen Gemeinsames besonders hervorgehoben. Ebenso wie aus Personen kann man aus Gegenständen oder aus Örtlichkeiten eine Mischbildung herstellen, wenn die Bedingung erfüllt ist, daß die einzelnen Gegenstände und Örtlichkeiten etwas, was der latente Traum betont, miteinander gemein haben. Es ist das wie eine neue und flüchtige Begriffsbildung mit diesem Gemeinsamen als Kern. Durch das Übereinanderfallen der miteinander verdichteten Einzelnen entsteht in der Regel ein unscharfes, verschwommenes Bild, so ähnlich, wie wenn Sie mehrere Aufnahmen auf die nämliche Platte bringen.

Der Traumarbeit muß an der Herstellung solcher Mischbildungen viel gelegen sein, denn wir können nachweisen, daß die hierzu erforderten Gemeinsamkeiten absichtlich hergestellt werden, wo sie zunächst vermißt wurden, z. B. durch die Wahl des wörtlichen Ausdrucks für einen Gedanken. Wir haben solche Verdichtungen und Mischbildungen schon kennengelernt; sie spielten in der Entstehung mancher Fälle von Versprechen eine Rolle. Erinnern Sie sich an den jungen Mann, der eine Dame *begleitdigen* wollte. Außerdem gibt es Witze, deren Technik sich auf eine solche Verdichtung zurückführt. Davon abgesehen, darf man aber behaupten, daß dieser Vorgang etwas ganz Ungewöhnliches und Befremdliches ist. Die Bildung der Mischpersonen des Traumes findet zwar Gegenstücke in manchen Schöpfungen unserer Phantasie, die leicht Bestandteile, welche in der Erfahrung nicht zusammengehören, zu einer Einheit zusammensetzt, also z. B. in den Centauren und Fabeltieren der alten Mythologie oder der *Böcklinschen* Bilder. Die „schöpferische" Phantasie kann ja überhaupt nichts erfinden, sondern nur einander fremde Bestandteile zusammensetzen. Aber das Sonderbare an dem Verfahren der Traumarbeit ist folgendes: Das Material, das der Traumarbeit vorliegt, sind ja Gedanken, Gedanken, von denen einige anstößig und unannehmbar sein mögen, die aber korrekt gebildet und ausgedrückt sind. Diese Gedanken werden durch die Traumarbeit in eine andere Form übergeführt, und es ist merkwürdig und unverständlich, daß bei dieser Übersetzung, Übertragung wie in eine andere Schrift oder Sprache, die Mittel der Verschmelzung und Kombination Anwendung finden. Eine Übersetzung ist doch sonst bestrebt, die im Text gegebenen Sonderungen zu achten und gerade Ähnlichkeiten auseinander zu halten. Die Traumarbeit bemüht sich ganz im Gegenteile, zwei verschiedene Gedanken dadurch zu verdichten, daß sie ähnlich wie der Witz ein mehrdeutiges Wort heraussucht, in dem sich die beiden Gedanken treffen können. Man muß diesen Zug nicht sofort verstehen wollen, aber er kann für die Auffassung der Traumarbeit bedeutungsvoll werden.

Obwohl die Verdichtung den Traum undurchsichtig macht, bekommt man doch nicht den Eindruck, daß sie eine Wirkung der Traumzensur sei. Eher möchte man sie auf mechanische oder ökonomische Momente zurückführen; aber die Zensur findet jedenfalls ihre Rechnung dabei.

Die Leistungen der Verdichtung können ganz außerordentliche sein. Mit ihrer Hilfe wird es gelegentlich möglich, zwei ganz verschiedene latente Gedankengänge in einem manifesten Traum zu vereinigen, so daß man eine anscheinend zureichende Deutung eines Traumes erhalten und dabei doch eine mögliche Überdeutung übersehen kann.

Die Verdichtung hat auch für das Verhältnis zwischen dem latenten und dem manifesten Traum die Folge, daß keine einfache Beziehung zwischen den Elementen hier und dort bestehen bleibt. Ein manifestes Element entspricht gleichzeitig mehreren latenten, und umgekehrt kann ein latentes Element an mehreren manifesten beteiligt sein, also nach Art einer Verschränkung. Bei der Deutung des Traumes zeigt es sich auch, daß die Einfälle zu einem einzelnen manifesten Element nicht der Reihe nach zu kommen brauchen. Man muß oft abwarten, bis der ganze Traum gedeutet ist.

Die Traumarbeit besorgt also eine sehr ungewöhnliche Art von Transkription der Traumgedanken, nicht eine Übersetzung Wort für Wort oder Zeichen für Zeichen, auch nicht eine Auswahl nach bestimmter Regel, wie wenn nur die Konsonanten eines Wortes wiedergegeben, die Vokale aber ausgelassen würden, auch nicht, was man eine Vertretung heißen könnte, daß immer ein Element an Stelle mehrerer herausgegriffen wird, sondern etwas anderes und weit Komplizierteres.

Die zweite Leistung der Traumarbeit ist die *Verschiebung*. Für diese haben wir zum Glück schon vorgearbeitet; wir wissen ja, sie ist ganz das Werk der Traumzensur. Ihre beiden Äußerungen sind erstens, daß ein latentes Element nicht durch einen eigenen Bestandteil, sondern durch etwas Entfernteres, also durch eine Anspielung ersetzt wird, und zweitens, daß der psychische Akzent von einem wichtigen Element auf ein anderes, unwichtiges übergeht, so daß der Traum anders zentriert und fremdartig erscheint.

Die Ersetzung durch eine Anspielung ist auch in unserem wachen Denken bekannt, aber es ist ein Unterschied dabei. Im wachen Denken muß die Anspielung eine leicht verständliche sein, und der Ersatz muß in inhaltlicher Beziehung zu seinem Eigentlichen stehen. Auch der Witz bedient sich häufig der Anspielung, er läßt die Bedingung der inhaltlichen Assoziation fallen und ersetzt diese durch ungewohnte äußerliche Assoziationen wie Gleichklang und Wortvieldeutigkeit u. a. Die Bedingung der Verständlichkeit hält er aber fest; der Witz käme um jede Wirkung, wenn der Rückweg von der Anspielung zum Eigentlichen sich nicht mühelos ergeben würde. Von beiden Einschränkungen hat sich aber die Verschiebungsanspielung des Traumes frei gemacht. Sie hängt durch die äußerlichsten und entlegensten Beziehungen mit dem Element, das sie ersetzt, zusammen, ist darum unverständlich, und wenn sie rückgängig gemacht wird, macht ihre Deutung den Eindruck eines mißratenen Witzes oder einer gewaltsamen, gezwungenen, an den Haaren herbeigezogenen Auslegung. Die Traumzensur hat eben nur dann ihr Ziel erreicht, wenn es ihr gelungen ist, den Rückweg von der Anspielung zum Eigentlichen unauffindbar zu machen.

Die Akzentverschiebung ist als Mittel des Gedankenausdrucks unerhört. Wir lassen sie im wachen Denken manchmal zu, um einen komischen Effekt zu erzielen. Den Eindruck der Verirrung, den sie macht, kann ich etwa bei Ihnen hervorrufen, wenn ich Sie an die Anekdote erinnere, daß es in einem Dorf einen Schmied gab, der sich eines todeswürdigen Verbrechens schuldig gemacht hatte. Der Gerichtshof beschloß, daß die Schuld gesühnt werde, aber da der Schmied allein im Dorfe und unentbehrlich war, dagegen drei Schneider im Dorfe wohnten, wurde einer dieser drei an seiner Statt gehängt.

Die dritte Leistung der Traumarbeit ist die psychologisch interessanteste. Sie besteht in der Umsetzung von Gedanken in visuelle Bilder. Halten wir fest, daß nicht alles in den Traumgedanken diese Umsetzung erfährt; manches behält seine Form und erscheint auch im manifesten Traum als Gedanke oder als Wissen; auch sind visuelle Bilder nicht die einzige Form, in welche die Gedanken umgesetzt werden. Aber sie sind doch das Wesentliche an der Traumbildung; dieses Stück der Traumarbeit ist das zweitkonstanteste, wie wir schon wissen, und für einzelne Traumelemente haben wir die „plastische Wortdarstellung" bereits kennengelernt.

Es ist klar, daß diese Leistung keine leichte ist. Um sich einen Begriff von ihren Schwierigkeiten zu machen, müssen Sie sich vorstellen, Sie hätten die Aufgabe übernommen, einen politischen Leitartikel einer Zeitung durch eine Reihe von Illustrationen zu ersetzen, Sie wären also von der Buchstabenschrift zur Bilderschrift zurückgeworfen. Was in diesem Artikel von Personen und konkreten Gegenständen genannt wird, das werden Sie leicht und vielleicht selbst mit Vorteil durch Bilder ersetzen, aber die Schwierigkeiten erwarten Sie bei der Darstellung aller abstrakten Worte und aller Redeteile, die Denkbeziehungen anzeigen wie der Partikeln, Konjunktionen u. dgl.

Bei den abstrakten Worten werden Sie sich durch allerlei Kunstgriffe helfen können. Sie werden z. B. bemüht sein, den Text des Artikels in anderen Wortlaut umzusetzen, der vielleicht ungewohnter klingt, aber mehr konkrete und der Darstellung fähige Bestandteile enthält. Dann werden Sie sich erinnern, daß die meisten abstrakten Worte abgeblaßte konkrete sind, und werden darum, so oft Sie können, auf die ursprüngliche konkrete Bedeutung dieser Worte zurückgreifen. Sie werden also froh sein, daß Sie ein „Besitzen" eines Objekts als ein wirkliches körperliches Daraufsitzen darstellen können. So macht es auch die Traumarbeit. Große Ansprüche an die Genauigkeit der Darstellung werden Sie unter solchen Umständen kaum machen können. Sie werden es also auch der Traumarbeit hingehen lassen, daß sie z. B. ein so schwer bildlich zu bewältigendes Element wie Ehebruch durch einen anderen Bruch, einen Beinbruch, ersetzt.[6] Auf solche

---

[6] Der Zufall führt mir während der Korrektur dieser Bogen eine Zeitungsnotiz zu, die ich als
    unerwartete Erläuterung zu den obigen Sätzen hier abdrucke:

Weise werden Sie es dazu bringen, die Ungeschicklichkeiten der Bilderschrift, wenn sie die Buchstabenschrift ersetzen soll, einigermaßen auszugleichen.

Bei der Darstellung der Redeteile, welche Denkrelationen anzeigen, des „weil, darum, aber" usw., haben Sie keine derartigen Hilfsmittel; diese Bestandteile des Textes werden also für ihre Umsetzung in Bilder verloren gehen. Ebenso wird durch die Traumarbeit der Inhalt der Traumgedanken in sein Rohmaterial von Objekten und Tätigkeiten aufgelöst. Sie können zufrieden sein, wenn sich Ihnen die Möglichkeit ergibt, gewisse an sich nicht darstellbare Relationen in der feineren Ausprägung der Bilder irgendwie anzudeuten. Ganz so gelingt es der Traumarbeit, manches vom Inhalt der latenten Traumgedanken in formalen Eigentümlichkeiten des manifesten Traumes auszudrücken, in der Klarheit oder Dunkelheit desselben, in seiner Zerteilung in mehrere Stücke u. ä. Die Anzahl der Partialträume, in welche ein Traum zerlegt ist, korrespondiert in der Regel mit der Anzahl der Hauptthemen, der Gedankenreihen im latenten Traum; ein kurzer Vortraum steht zum nachfolgenden ausführlichen Haupttraum oft in der Beziehung einer Einleitung oder einer Motivierung; ein Nebensatz in den Traumgedanken wird durch einen eingeschalteten Szenenwechsel im manifesten Traum ersetzt usw. Die Form der Träume ist also an sich keineswegs bedeu-

---

„DIE STRAFE GOTTES. (Armbruch für Ehebruch.) Frau Anna M., die Gattin eines Land-stürmers, verklagte Frau Klementine K. wegen Ehebruches. In der Klage heißt es, daß die K. mit Karl M. ein strafbares Verhältnis gepflogen habe, während ihr eigener Mann im Felde steht, von wo er ihr sogar siebzig Kronen monatlich schickt. Die K. habe von dem Gatten der Klägerin schon ziemlich *viel Geld* erhalten, während sie mit ihrem *Kinde in Hunger* und Elend leben müsse. Kameraden ihres Mannes hatten ihr hinterbracht, daß die K. mit M. Weinstuben besucht und dort bis in die späte Nacht hinein gezecht habe. Einmal habe die Angeklagte den Mann der Klägerin vor mehreren Infanteristen sogar gefragt, ob er sich denn nicht von seiner „Alten" schon bald scheiden lasse um zu ihr zu ziehen. Auch die Hausbesorgerin der K. habe den Mann der Klägerin wiederholt im tiefsten Negligée in der Wohnung der K. gesehen.

Die K. *leugnete* gestern vor einem Richter der Leopoldstadt, den M. zu kennen, von intimen Beziehungen könne schon gar keine Rede sein.

Die Zeugin Albertine M. gab jedoch an, daß die K. den Gatten der Klägerin geküßt habe und dabei von ihr überrascht wurde.

Der schon in einer früheren Verhandlung als Zeuge vernommene M. hatte damals die inti-men Beziehungen zur Angeklagten in Abrede gestellt. Gestern lag dem Richter ein *Brief* vor, worin der Zeuge seine in der ersten Verhandlung gemachten Aussagen widerrief und zugibt, bis vorigen Juni mit der K. ein Liebesverhältnis unterhalten zu haben. Er habe in der früheren Verhandlung seine Beziehungen zur Beschuldigten bloß deswegen in Abrede gestellt, weil diese vor der Verhandlung bei ihm erschienen sei und ihn kniefällig gebeten habe, er möge sie doch retten und nichts aussagen. „Heute" – schrieb der Zeuge – „fühle ich mich dazu gedrängt, dem Gerichte ein volles Geständnis abzulegen, da ich *meinen linken Arm* gebrochen habe und mir dies als eine *Strafe Gottes* für mein Vergehen erscheint."

Der Richter stellte fest, daß die strafbare Handlung bereits *verjährt* ist, worauf die Klägerin ihre Klage zurückzog und der Freispruch der Angeklagten erfolgte.

tungslos und fordert selbst zur Deutung heraus. Mehrfache Träume derselben Nacht haben oft die nämliche Bedeutung und zeigen die Bemühung an, einen Reiz von ansteigender Dringlichkeit immer besser zu bewältigen. Im einzelnen Traum selbst kann ein besonders schwieriges Element eine Darstellung durch „Doubletten", mehrfache Symbole, finden.

Bei fortgesetzten Vergleichungen der Traumgedanken mit den sie ersetzenden manifesten Träumen erfahren wir allerlei, worauf wir nicht vorbereitet sein konnten, z. B. daß auch der Unsinn und die Absurdität der Träume ihre Bedeutung haben. Ja, in diesem Punkte spitzt sich der Gegensatz der medizinischen und der psychoanalytischen Auffassung des Traumes zu einer sonst nicht erreichten Schärfe zu.

Nach ersterer ist der Traum unsinnig, weil die träumende Seelentätigkeit jede Kritik eingebüßt hat; nach unserer dagegen wird der Traum dann unsinnig, wenn eine in den Traumgedanken enthaltene Kritik, das Urteil „es ist unsinnig", zur Darstellung gebracht werden soll, Der Ihnen bekannte Traum vorn Theaterbesuch (drei Karten für 1 fl. 50 kr.) ist ein gutes Beispiel dafür. Das so ausgedrückte Urteil lautet: Es war ein *Unsinn*, so früh zu heiraten.

Ebenso erfahren wir bei der Deutungsarbeit, was den so häufig vom Träumer mitgeteilten Zweifeln und Unsicherheiten entspricht, ob ein gewisses Element im Traume vorgekommen, ob es dies oder nicht vielmehr etwas anderes gewesen sei. Diesen Zweifeln und Unsicherheiten entspricht in der Regel in den latenten Traumgedanken nichts; sie rühren durchwegs von der Wirkung der Traumzensur her und sind einer versuchten, nicht voll gelungenen Ausmerzung gleichzusetzen.

Zu den überraschendsten Funden gehört die Art, wie die Traumarbeit Gegensätzlichkeiten des latenten Traumes behandelt. Wir wissen schon, daß Übereinstimmungen im latenten Material durch Verdichtungen im manifesten Traum ersetzt werden. Nun, Gegensätze werden ebenso behandelt wie Übereinstimmungen, mit besonderer Vorliebe durch das nämliche manifeste Element ausgedrückt. Ein Element im manifestenTraum, welches eines Gegensatzes fähig ist, kann also ebensowohl sich selbst bedeuten wie seinen Gegensatz oder beides zugleich; erst der Sinn kann darüber entscheiden, welche Übersetzung zu wählen ist. Damit hängt es dann zusammen, daß eine Darstellung des „Nein" im Traume nicht zu finden ist, wenigstens keine unzweideutige.

Eine willkommene Analogie für dies befremdende Benehmen der Traumarbeit hat uns die Sprachentwicklung geliefert. Manche Sprachforscher haben die Behauptung aufgestellt, daß in den ältesten Sprachen Gegensätze wie stark – schwach, licht – dunkel, groß – klein durch das nämliche Wurzelwort ausgedrückt wurden, („Der Gegensinn der Urworte".) So hieß im Altägyptischen *ken* ursprünglich stark und schwach. In der Rede schützte man sich vor Mißverständnissen beim Gebrauch so ambivalenter Worte durch den Ton und die beigefügte Geste, in der Schrift durch die Hinzufügung eines sogenannten Determinativs, d. h. eines Bildes, das selbst nicht zur Aussprache bestimmt war. *Ken* – stark wurde also geschrieben, indem nach den Buchstabenzeichen das Bild eines aufrechten Männchens hingesetzt wurde; wenn *ken* – schwach gemeint war, so folgte das Bild eines nachlässig hockenden Mannes nach. Erst später wurden durch leichte Modifikationen des gleichlautenden Urwortes zwei Bezeichnungen für die darin enthaltenen Gegensätze gewonnen. So entstand aus *ken* starkschwach, ein *ken* stark und ein *kan* schwach. Nicht nur die ältesten Sprachen in ihren letzten Entwicklungen, sondern auch weit jüngere und selbst heute noch lebende Sprachen sollen reichlich Überreste dieses alten Gegensinnes bewahrt haben. Ich will Ihnen einige Belege hierfür nach *K. Abel* (1884) mitteilen.

Im Lateinischen sind solche immer noch ambivalente Worte: *altus* (hoch – tief) und *sacer* (heilig – verrucht).

Als Beispiele für Modifikationen derselben Wurzel erwähne ich: *clamare* – schreien, *clam* –leise, still, geheim; *siccus* – trocken, *succus* – Saft. Dazu aus dem Deutschen: *Stimme – stumm*.

Bezieht man verwandte Sprachen aufeinander, so ergeben sich reichliche Beispiele. Englisch *lock* – schließen: deutsch: *Loch*, Lücke. Englisch: *cleave* – spalten; deutsch: *kleben*.

Das englische *without* eigentlich mit-ohne wird heute für ohne verwendet; daß *with* außer seiner zuteilenden auch eine entziehende Bedeutung hatte, geht noch aus den Zusammensetzungen *withdraw – withhold* hervor. Ähnlich das deutsche *wieder*.

Noch eine andere Eigentümlichkeit der Traumarbeit findet in der Sprachentwicklung ihr Gegenstück. In der altägyptischen kam es wie in anderen späteren Sprachen vor, daß die Lautfolge der Worte für denselben Sinn umgekehrt wurde. Solche Beispiele zwischen dem Englischen und dein Deutschen sind: *Topf – pot*; *boat – tub*; *hurry* (eilen) – *Ruhe*; *Balken – Kloben, club*; *wait* (warten) – *täuwen*.

Zwischen dem Lateinischen und dem Deutschen: *capere* – packen; *ren* – *Niere*.

Solche Umkehrungen, wie sie hier am einzelnen Wort genommen werden, kommen durch die Traumarbeit in verschiedener Weise zustande. Die Umkehrung des Sinnes, Ersetzung durch das Gegenteil, kennen wir bereits. Außerdem finden sich in Träumen Umkehrungen der Situation, der Beziehung zwischen zwei Personen, also wie in der „verkehrten Welt". Im Traum schießt häufig genug der Hase auf den Jäger. Ferner Umkehrung in der Reihenfolge der Begebenheiten, so daß die kausal vorangehende der ihr nachfolgenden im Traume nachgesetzt wird. Das ist dann wie in der Aufführung eines Stückes in einer schlechten Schmiere, wo zuerst der Held hinfällt und erst nachher aus der Kulisse der Schuß abgefeuert wird, der ihn tötet. Oder es gibt Träume, in denen die ganze Ordnung der Elemente verkehrt ist, so daß man in der Deutung ihr letztes zuerst und ihr erstes zuletzt nehmen muß, um einen Sinn herauszubekommen. Sie erinnern sich auch aus unseren Studien über die Traumsymbolik, daß ins Wasser gehen oder fallen dasselbe bedeutet wie aus dem Wasser kommen, nämlich gebären oder geboren werden, und daß eine Treppe, Leiter hinaufsteigen dasselbe ist wie sie heruntergehen. Es ist unverkennbar, welchen Vorteil die Traumentstellung aus solcher Darstellungsfreiheit ziehen kann.

Diese Züge der Traumarbeit darf man als *archaische* bezeichnen. Sie haften ebenso den alten Ausdruckssystemen, Sprachen und Schriften an und bringen dieselben Erschwerungen mit sich, von denen in einem kritischen Zusammenhange noch die Rede sein wird.

Nun noch einige andere Gesichtspunkte. Bei der Traumarbeit handelt es sich offenbar darum, die in Worte gefaßten latenten Gedanken in sinnliche Bilder, meist visueller Natur, umzusetzen. Nun sind unsere Gedanken aus solchen Sinnesbildern hervorgegangen; ihr erstes Material und ihre Vorstufen waren Sinneseindrücke, richtiger gesagt, die Erinnerungsbilder von solchen. An diese wurden erst später Worte geknüpft und diese dann zu Gedanken verbunden.

Die Traumarbeit läßt also die Gedanken eine regressive Behandlung erfahren, macht deren Entwicklung rückgängig, und bei dieser Regression muß all das wegfallen, was bei der Fortentwicklung der Erinnerungsbilder zu Gedanken als neuer Erwerb dazugekommen ist.

Dies wäre also die Traumarbeit. Gegen die Vorgänge, die wir bei ihr kennengelernt haben, mußte das Interesse am manifesten Traum weit zurücktreten. Ich will aber diesem letzteren, der doch das einzige uns unmittelbar Bekannte ist, noch einige Bemerkungen widmen.

Es ist natürlich, daß der manifeste Traum für uns an Bedeutung verliert. Es muß uns gleichgültig erscheinen, ob er gut komponiert oder in eine Reihe von Einzelbildern, ohne Zusammenhang aufgelöst ist. Selbst wenn er eine anscheinend sinnvolle Außenseite hat, wissen wir doch, daß diese durch Traumentstellung entstanden sein und zum inneren Gehalt des Traumes so wenig organische Beziehung haben kann wie die Fassade einer italienischen Kirche zu deren Struktur und Grundriß. Andere Male hat auch diese Fassade des Traumes ihre Bedeutung, indem sie einen wichtigen Bestandteil der latenten Traumgedanken wenig oder gar nicht entstellt wiederbringt. Aber wir können das nicht wissen, ehe wir den Traum der Deutung unterzogen und dadurch ein Urteil gewonnen haben, welches Maß von Entstellung Platz gegriffen hat. Ein ähnlicher Zweifel gilt für den Fall, daß zwei Elemente im Traum in nahe Beziehung zueinander gebracht scheinen. Es kann darin ein wertvoller Wink enthalten sein, daß man auch das diesen Elementen im latenten Traum Entsprechende zusammenfügen darf; aber andere Male kann man sich überzeugen, daß, was in Gedanken zusammengehört, im Traum auseinandergerissen worden ist.

Im allgemeinen muß man sich dessen enthalten, einen Teil des manifesten Traumes aus einem anderen erklären zu wollen, als ob der Traum kohärent konzipiert und eine pragmatische Darstellung wäre. Er ist vielmehr zumeist einem Frecciagestein vergleichbar, aus verschiedenen Gesteinsbrocken mithilfe eines Bindemittels hergestellt, so daß die Zeichnungen, die sich dabei ergeben, nicht den ursprünglichen Gesteinseinschlüssen angehören. Es gibt wirklich ein Stück der Traumarbeit, die sogenannte *sekundäre Bearbeitung*, dem daran gelegen ist, aus den nächsten Ergebnissen der Traumarbeit etwas Ganzes, ungefähr Zusammenpassendes herzustellen. Dabei wird das Material nach einem oft ganz mißverständlichen Sinn angeordnet und, wo es nötig scheint, Einschübe vorgenommen.

Anderseits darf man auch die Traumarbeit nicht überschätzen, ihr nicht zuviel zutrauen. Mit den aufgezählten Leistungen ist ihre Tätigkeit erschöpft; mehr als verdichten, verschieben, plastisch darstellen und das Ganze dann einer sekundären Bearbeitung unterziehen, kann sie nicht. Was sich im Traum von Urteilsäußerungen, von Kritik, Verwunderung, Folgerung findet, das sind nicht Leistungen der Traumarbeit, nur sehr selten Äußerungen des Nachdenkens über den Traum, sondern zumeist Stücke der latenten Traumgedanken, die mehr oder weniger modifiziert und dem Zusammenhange angepaßt in den manifesten Traum übergetreten sind. Auch Reden komponieren kann die Traumarbeit nicht. Bis auf wenige angebbare Ausnahmen sind die Traumreden Nachbildungen und Zusammensetzungen von Reden, die man am Traumtag gehört oder selbst gehalten hat, und die als Material oder als Traumanreger in die latenten Gedanken eingetragen worden sind. Ebensowenig kann die Traumarbeit Rechnungen anstellen; was sich davon im manifesten Traum findet, sind zumeist Zusammenstellungen von Zahlen, Scheinrechnungen, als Rechnungen ganz unsinnig und wiederum nur Kopien von Rechnungen in den latenten Traumgedanken. Bei diesen Verhältnissen ist es auch nicht zu verwundern, daß das Interesse, welches sich der Traumarbeit zugewendet hat, bald von ihr weg zu den latenten Traumgedanken strebt, die sich mehr oder weniger entstellt durch den manifesten Traum verraten. Es ist aber nicht zu rechtfertigen, wenn dieser Wandel so weit geht, daß man in der theoretischen Betrachtung die latenten Traumgedanken an Stelle des Traumes überhaupt setzt und von letzterem etwas aussagt, was nur für die ersteren gelten kann. Es ist sonderbar, daß die Ergebnisse der Psychoanalyse für eine solche Verwechslung mißbraucht werden konnten. „Traum" kann man nichts anderes nennen als das Ergebnis der Traumarbeit, d. h. also die *Form*, in welche die latenten Gedanken durch die Traumarbeit überführt worden sind.

Die Traumarbeit ist ein Vorgang ganz singulärer Art, dessengleichen bisher im Seelenleben nicht bekannt geworden ist. Derartige Verdichtungen, Verschiebungen, regressive Umsetzungen von Gedanken in Bilder sind Neuheiten, deren Erkenntnis die psychoanalytischen Bemühungen bereits reichlich entlohnt. Sie entnehmen auch wiederum aus den Parallelen zur Traumarbeit, welche Zusammenhänge der psychoanalytischen Studien mit anderen Gebieten, speziell mit der Sprach- und Denkentwicklung, aufgedeckt werden. Die weitere Bedeutung dieser Einsichten können Sie erst ahnen, wenn Sie erfahren, daß die Mechanismen der Traumbildung vorbildlich für die Entstehungsweise der neurotischen Symptome sind.

Ich weiß auch, daß wir den ganzen Neuerwerb, der aus diesen Arbeiten für die Psychologie resultiert, noch nicht übersehen können. Wir wollen nur darauf hinweisen, welche neuen Beweise sich für die Existenz unbewußter seelischer Akte – das sind ja die latenten Traumgedanken – ergeben haben, und wie uns die Traumdeutung einen ungeahnt breiten Zugang zur Kenntnis des unbewußten Seelenlebens verspricht.

Nun wird es aber wohl an der Zeit sein, daß ich Ihnen an verschiedenen kleinen Traumbeispielen einzeln vorführe, worauf ich Sie im Zusammenhange vorbereitet habe.

XII. *Vorlesung*
Analysen von Traumbeispielen

Meine Damen und Herren! Seien Sie nun nicht enttäuscht, wenn ich Ihnen wiederum Bruchstücke von Traumdeutungen vorlege, anstatt Sie zur Teilnahme an der Deutung eines schönen großen Traumes einzuladen. Sie werden sagen, nach so vielen Vorbereitungen hätten Sie ein Recht darauf, und werden Ihrer Überzeugung Ausdruck geben, daß es nach gelungener Deutung von soviel tausend Träumen längst hätte möglich werden müssen, eine Sammlung von ausgezeichneten Traumbeispielen zusammenzutragen, an welcher sich alle unsere Behauptungen über Traumarbeit und Traumgedanken demonstrieren ließen. Ja, aber der Schwierigkeiten, welche der Erfüllung Ihres Wunsches im Wege stehen, sind zu viele.

Vor allem muß ich Ihnen gestehen, daß es niemand gibt, der die Traumdeutung als seine Hauptbeschäftigung betreibt. Wann kommt man denn dazu,

Träume zu deuten? Gelegentlich kann man sich ohne besondere Absicht mit den Träumen einer befreundeten Person beschäftigen, oder man arbeitet eine Zeitlang seine eigenen Träume durch, um sich für psychoanalytische Arbeit zu schulen; zumeist hat man es aber mit den Träumen nervöser Personen zu tun, die in analytischer Behandlung stehen. Diese letzteren Träume sind ausgezeichnetes Material und stehen in keiner Weise hinter denen Gesunder zurück, aber man ist durch die Technik der Behandlung genötigt, die Traumdeutung den therapeutischen Absichten unterzuordnen und eine ganze Anzahl von Träumen stehen zu lassen, nachdem man ihnen etwas für die Behandlung Brauchbares entnommen hat. Manche Träume, die in den Kuren vorfallen, entziehen sich überhaupt einer vollständigen Deutung. Da sie aus der Gesamtmenge des uns noch unbekannten psychischen Materials erwachsen sind, wird ihr Verständnis erst nach Abschluß der Kur möglich. Die Mitteilung solcher Träume würde auch die Aufdeckung aller Geheimnisse einer Neurose notwendig machen; das geht also nicht bei uns, die wir den Traum als Vorbereitung für das Studium der Neurosen in Angriff genommen haben.

Nun würden Sie gerne auf dieses Material verzichten und wollten lieber Träume von gesunden Menschen oder eigene Träume erläutert hören. Das geht aber wegen des Inhalts dieser Träume nicht an. Man kann weder sich selbst noch einen anderen, dessen Vertrauen man in Anspruch genommen hat, so rücksichtslos bloßstellen, wie es die eingehende Deutung seiner Träume mit sich brächte, die, wie Sie bereits wissen, das Intimste seiner Persönlichkeit betreffen. Außer dieser Schwierigkeit der Materialbeschaffung kommt für die Mitteilung eine andere in Betracht. Sie wissen, der Traum erscheint dem Träumer selbst fremdartig, geschweige denn einem anderen, dem die Person des Träumers unbekannt ist. Unsere Literatur ist nicht arm an guten und ausführlichen Traumanalysen; ich selbst habe einige im Rahmen von Krankengeschichten veröffentlicht; vielleicht das schönste Beispiel einer Traumdeutung ist das von O. *Rank* mitgeteilte, zwei aufeinander bezügliche Träume eines jungen Mädchens, die im Druck etwa zwei Seiten einnehmen; die Analyse dazu umfaßt aber 76 Seiten. Ich brauchte etwa ein ganzes Semester, um Sie durch eine solche Arbeit hindurch zu geleiten. Wenn man irgendeinen längeren und stärker entstellten Traum vornimmt, so muß man soviel Aufklärungen dazugeben, soviel Material von Einfällen und Erinnerungen heranziehen, auf so viele Seitenwege eingehen, daß ein Vortrag darüber ganz unübersichtlich und unbefriedigend ausfallen würde. Ich muß Sie also bitten, sich mit dem zu begnügen, was leichter zu haben ist, mit der Mitteilung von kleinen Stücken aus Träumen von neurotischen Personen, an denen man dies oder jenes isoliert erkennen kann. Am leichtesten lassen sich die Traumsymbole demonstrieren, dann noch gewisse Eigentümlichkeiten der regressiven Traumdarstellung. Ich werde Ihnen von jedem der nun folgenden Träume angeben, weshalb ich ihn für mitteilenswert erachtet habe.

1) *Ein Traum besteht nur aus zwei kurzen Bildern: Sein Onkel raucht eine Zigarette, obwohl es Samstag ist. – Eine Frau streichelt und liebkost ihn wie ihr Kind.*

Zum ersten Bild bemerkt der Träumer (Jude), sein Onkel sei ein frommer Mann, der etwas derart Sündhaftes nie getan hat und nie tun würde. Zur Frau im zweiten Bild fällt ihm nichts anderes ein als seine Mutter. Diese beiden Bilder oder Gedanken sind offenbar in Beziehung zueinander zu setzen. Aber wie? Da er die Realität für das Tun des Onkels ausdrücklich abgestritten hat, so liegt es nahe, ein „Wenn" einzufügen. „Wenn mein Onkel, der heilige Mann, am Samstag eine Zigarette rauchen würde, dann dürfte ich mich auch von der Mutter liebkosen lassen." Das heißt offenbar, das Kosen mit der Mutter sei auch etwas Unerlaubtes wie das Rauchen am Samstag für den frommen Juden. Sie erinnern sich, daß ich Ihnen sagte, bei der Traumarbeit fielen alle Relationen zwischen den Traumgedanken weg; diese werden in ihr Rohmaterial aufgelöst, und es ist Aufgabe der Deutung, die weggelassenen Beziehungen wieder einzusetzen.

2) Durch meine Veröffentlichungen über den Traum bin ich in gewisser Hinsicht öffentlicher Konsulent für Traumangelegenheiten geworden und erhalte seit vielen Jahren Zuschriften von den verschiedensten Seiten, in denen mir Träume mitgeteilt oder zur Beurteilung vorgelegt werden. Ich bin natürlich allen jenen dankbar, die zum Traum soviel Material hinzufügen, daß eine Deutung möglich wird, oder die selbst eine solche Deutung geben. In diese Kategorie gehört nun der folgende Traum eines Mediziners aus München vom Jahre 1910. Ich bringe ihn vor, weil er Ihnen beweisen kann, wie unzugänglich im allgemeinen ein Traum dem Verständnis ist, ehe der Träumer uns seine Auskünfte dazu gegeben hat. Ich vermute nämlich, daß Sie im Grunde die Traumdeutung durch Einsetzen der Symbolbedeutung für die ideale halten, die Technik der Assoziation zum Traum aber beiseite schieben möchten, und will Sie von diesem schädlichen Irrtum freimachen.

13. Juli 1910: Gegen Morgen träume ich: *Ich fahre mit dem Rad in Tübingen die Straße herunter, als ein brauner Dachshund hinter mir dreinrast und mich an einer Ferse faßt. Ein Stück weiter steige ich ab, setze mich auf eine Staffel und fange an, auf das Vieh loszutrommeln, das sich fest verbissen hat. (Unangenehme Gefühle habe ich von dem Beißen und der ganzen Szene nicht.) Gegenüber sitzen ein paar ältere Damen, die nur grinsend zusehen. Dann wache ich auf und, wie schon öfter, ist mir in diesem Moment des Übergangs zum Wachen der ganze Traum klar.*

Mit Symbolen ist hier wenig auszurichten. Der Träumer berichtet uns aber: „Ich habe mich in der letzten Zeit in ein Mädchen verliebt, nur so vom Sehen auf der Straße, habe aber keinerlei Anknüpfungspunkte gehabt. Dieser Anknüpfungspunkt hätte für mich am angenehmsten der Dachshund sein können, zumal ich ein großer Tierfreund bin und diese Eigenschaft auch bei dem Mädchen sympathisch empfunden habe." Er fügt auch hinzu, daß er wiederholt mit großem Geschick und oft zum Erstaunen der Zuschauer in die Kämpfe miteinander raufender Hunde eingegriffen habe. Wir erfahren also, daß das Mädchen, welches ihm gefiel, stets in Begleitung dieses besonderen Hundes zu sehen war. Dies Mädchen ist aber für den manifesten Traum beseitigt worden, nur der mit ihr assoziierte Hund ist geblieben. Vielleicht sind die älteren Damen, die ihn angrinsen, an die Stelle des Mädchens getreten. Was er sonst noch mitteilt, reicht zur Aufklärung dieses Punktes nicht aus. Daß er im Traume auf dem Rade fährt, ist direkte Wiederholung der erinnerten Situation. Er war dem Mädchen mit dem Hunde immer nur, wenn er zu Rade war, begegnet.

3) Wenn jemand einen seiner teueren Angehörigen verloren hat, so produziert er durch längere Zeit nachher Träume von besonderer Art, in denen das Wissen um den Tod mit dem Bedürfnis, den Toten wiederzubeleben, die merkwürdigsten Kompromisse abschließt. Bald ist der Verstorbene tot und lebt dabei doch weiter, weil er nicht weiß, daß er tot ist, und wenn er es wüßte, stürbe er erst ganz; bald ist er halb tot und halb lebendig, und jeder dieser Zustände hat seine besonderen Anzeichen. Man darf diese Träume nicht einfach unsinnige nennen, denn das Wiederbelebtwerden ist für den Traum nicht unannehmbarer als z. B. für das Märchen, in dem es als ein sehr gewöhnliches Schicksal vorkommt. Soweit ich solche Träume analysieren konnte, ergab es sich, daß sie einer vernünftigen Lösung fähig sind, aber daß der pietätvolle Wunsch, den Toten ins Leben zurückzurufen, mit den seltsamsten Mitteln zu arbeiten versteht. Ich lege Ihnen hier einen solchen Traum vor, der sonderbar und unsinnig genug klingt, und dessen Analyse ihnen vieles von dem vorführen wird, worauf Sie durch unsere theoretischen Ausführungen vorbereitet sind, Der Traum eines Mannes, der seinen Vater vor mehreren Jahren verloren hatte.

Der Vater ist gestorben, aber exhumiert worden und sieht schlecht aus. Er lebt seitdem fort, und der Träumer tut alles, damit er es nicht merkt. (Dann übergeht der Traum auf andere, scheinbar sehr fernliegende Dinge.)

Der Vater ist gestorben, das wissen wir. Daß er exhumiert worden, entspricht nicht der Wirklichkeit, die ja auch für alles weitere nicht in Betracht kommt. Aber der Träumer erzählt: Nachdem er vom Begräbnis des Vaters zurückgekommen war, begann ihn ein Zahn zu schmerzen. Er wollte diesen Zahn nach der Vorschrift der jüdischen Lehre behandeln: Wenn dich dein Zahn ärgert, so reiße ihn aus, und begab sich zum Zahnarzt. Der aber sagte: Einen Zahn reißt man nicht, man muß Geduld mit ihm haben. Ich werde etwas einlegen, um ihn zu töten; nach drei Tagen kommen Sie wieder, dann werde ich's herausnehmen. Dies „Herausnehmen", sagt der Träumer plötzlich, das ist das Exhumieren.

Sollte der Träumer recht haben? Es stimmt zwar nicht ganz, nur so ungefähr, denn der Zahn wird ja nicht herausgenommen, sondern etwas, das Abgestorbene, aus ihm. Aber dergleichen Ungenauigkeiten darf man der Traumarbeit nach anderen Erfahrungen wohl zutrauen. Dann hätte der Träumer den verstorbenen Vater mit dem getöteten und doch erhaltenen Zahn verdichtet, zu einer Einheit verschmolzen. Kein Wunder dann, daß im manifesten Traum etwas Sinnloses zustande kommt, denn es kann doch nicht alles auf den Vater passen, was vom Zahn gesagt wird. Wo wäre überhaupt das *Tertium comparationis* zwischen Zahn und Vater, welches diese Verdichtung ermöglicht?

Es muß aber doch wohl so sein, denn der Träumer fährt fort, es sei ihm bekannt, wenn man von einem ausgefallenen Zahn träumt, so bedeutet es, daß man ein Familienmitglied verlieren werde.

Wir wissen, daß diese populäre Deutung unrichtig oder wenigstens nur in einem skurrilen Sinne richtig ist. Umsomehr wird es uns überraschen, das so angeschlagene Thema doch hinter den anderen Stücken des Trauminhalts aufzufinden.

Ohne weitere Aufforderung beginnt nun der Träumer von der Krankheit und dem Tode des Vaters sowie von seinem Verhältnis zu ihm zu erzählen. Der Vater war lange krank, die Pflege und Behandlung des Kranken kostete ihn, den Sohn, viel Geld. Und doch war es ihm nie zuviel, er wurde nie ungeduldig, hatte nie den Wunsch, es möge doch schon zu Ende sein. Er rühmt sich echt jüdischer Pietät gegen den Vater, der strengen Befolgung des jüdischen Gesetzes. Fällt uns da nicht ein Widerspruch in den zum Traum gehörigen Gedanken auf? Er hatte Zahn und Vater identifiziert. Gegen den Zahn wollte er nach dem jüdischen Gesetz verfahren, welches das Urteil mit sich brachte, ihn auszureißen, wenn er Schmerz und Ärgernis bereitete. Auch gegen den Vater wollte er nach der Vorschrift des Gesetzes verfahren sein, welches aber hier lautet, Aufwand und Ärgernis nicht zu achten, alles Schwere auf sich zu nehmen und keine feindliche Absicht gegen das Schmerz bereitende Objekt aufkommen zu lassen. Wäre die Übereinstimmung nicht weit zwingender, wenn er wirklich gegen den kranken Vater ähnliche Gefühle entwickelt hätte wie gegen den kranken Zahn, d. h. gewünscht hätte, ein baldiger Tod möge seiner überflüssigen, schmerzlichen und kostspieligen Existenz ein Ende setzen?

Ich zweifle nicht, daß dies wirklich seine Einstellung gegen den Vater während dessen langwieriger Krankheit war, und daß die prahlerischen Versicherungen seiner frommen Pietät dazu bestimmt sind, von diesen Erinnerungen abzulenken. Unter solchen Bedingungen pflegt der Todeswunsch gegen den

Erzeuger rege zu werden und sich mit der Maske einer mitleidigen Erwägung wie: es wäre nur eine Erlösung für ihn, zu decken. Bemerken Sie aber wohl, daß wir hier in den latenten Traumgedanken selbst eine Schranke überschritten haben. Der erste Anteil derselben war gewiß nur zeitweilig, d. h. während der Traumbildung, unbewußt, die feindseligen Regungen gegen den Vater dürften aber dauernd unbewußt gewesen sein, vielleicht aus Kinderzeiten stammen und sich während der Krankheit des Vaters gelegentlich schüchtern und verkleidet ins Bewußtsein geschlichen haben. Mit noch größerer Sicherheit können wir dies von anderen latenten Gedanken behaupten, die unverkennbare Beiträge an den Trauminhalt abgegeben haben. Von den feindseligen Regungen gegen den Vater ist ja nichts im Traum zu entdecken. Indem wir aber der Wurzel solcher Feindseligkeit gegen den Vater im Kinderleben nachforschen, erinnern wir uns, daß sich die Furcht vor dem Vater herstellt, weil dieser sich schon in frühesten Jahren der Sexualbetätigung des Knaben entgegensetzt, wie er es in der Regel im Alter nach der Pubertät aus sozialen Motiven wiederholen muß. Diese Beziehung zum Vater trifft auch für unseren Träumer zu; seiner Liebe zu ihm war genug Respekt und Angst beigemengt gewesen, die aus der Quelle der frühzeitigen Sexualeinschüchterungen geflossen waren.

Aus dem Onaniekomplex erklären sich nun die weiteren Sätze des manifesten Traumes. *Er sieht schlecht* aus spielt zwar auf eine weitere Rede des Zahnarztes an, daß es schlecht aussieht, wenn man einen Zahn an dieser Stelle eingebüßt hat; es bezieht sich aber gleichzeitig auf das schlechte Aussehen, durch welches der junge Mann in der Pubertät seine übermäßige Sexualbetätigung verrät oder zu verraten fürchtet. Nicht ohne eigene Erleichterung hat der Träumer im manifesten Inhalt das schlechte Aussehen von sich weg auf den Vater geschoben, eine der Ihnen bekannten Umkehrungen der Traumarbeit. *Er lebt seitdem fort* deckt sich mit dem Wiederbelebungswunsch wie mit dem Versprechen des Zahnarztes, daß der Zahn erhalten bleiben wird. Ganz raffiniert ist aber der Satz „der Träumer tut alles, *damit er (der Vater) es nicht merkt*", darauf hergerichtet, uns zur Ergänzung zu verleiten, daß er gestorben ist. Die einzig sinnreiche Ergänzung ergibt sich aber wieder aus dem Onaniekomplex, wo es selbstverständlich ist, daß der Jüngling alles tut, um sein Sexualleben vor dem Vater zu verbergen. Erinnern Sie sich nun zum Schluß, daß wir die sogenannten Zahnreizträume stets auf Onanie und auf die gefürchtete Bestrafung für sie deuten mußten.

Sie sehen nun, wie dieser unverständliche Traum zustandegekommen ist. Durch die Herstellung einer sonderbaren und irreführenden Verdichtung, durch die Übergehung aller Gedanken aus der Mitte des latenten Gedankenganges, und durch die Schaffung von mehrdeutigen Ersatzbildungen für die tiefsten und zeitlich entlegensten dieser Gedanken.

4) Wir haben schon wiederholt versucht, jenen nüchternen und banalen Träumen beizukommen, die nichts Unsinniges oder Befremdendes an sich tragen, bei denen sich aber die Frage erhebt: Wozu träumt man so gleichgültiges Zeug? Ich will also ein neues Beispiel dieser Art vorlegen, drei zusammengehörige, in einer Nacht vorgefallene Träume einer jungen Dame.

a) Sie geht durch die Halle ihres Hauses und stößt sich den Kopf blutig an dem tief herabhängenden Luster.

Keine Reminiszenz, nichts, was wirklich vorgefallen ist. Ihre Auskunft dazu leitet auf ganz andere Wege. „Sie wissen, wie stark mir die Haare ausgehen. Kind, hat die Mutter gestern zu mir gesagt, wenn das so weitergeht, wirst du einen Kopf bekommen wie einen Popo." Der Kopf steht also hier für das andere Körperende. Den Luster können wir ohne Nachhilfe symbolisch verstehen; alle der Verlängerung fähigen Gegenstände sind Symbole des männlichen Gliedes. Also handelt es sich um eine Blutung am unteren Körperende, die durch den Zusammenstoß mit dem Penis entsteht. Das könnte noch mehrdeutig sein; ihre weiteren Einfälle zeigen, daß es sich um den Glauben handelt, die Menstruationsblutung entstehe durch den Geschlechtsverkehr mit dem Mann, ein Stück der Sexualtheorie, das viele Gläubige unter den unreifen Mädchen hat.

b) Sie sieht im Weingarten eine tiefe Grube, von der sie weiß, daß sie durch Ausreißen eines Baumes entstanden ist. Dazu ihre Bemerkung, der Baum fehle ihr dabei. Sie meint, sie habe im Traum den Baum nicht gesehen, aber derselbe Wortlaut dient dem Ausdruck eines anderen Gedankens, der nun die symbolische Deutung vollends sicherstellt. Der Traum bezieht sich auf ein anderes Stück der infantilen Sexualtheorien, auf den Glauben, daß die Mädchen ursprünglich dasselbe Genitale hatten wie die Knaben, und daß dessen spätere Gestaltung durch Kastration (Ausreißen eines Baumes) entstanden ist.

c) Sie steht vor ihrer Schreibtischlade, in der sie sich so gut auskennt, daß sie sofort weiß, wenn jemand darüber gekommen ist. Die Schreibtischlade ist wie jede Lade, Kiste, Schachtel, ein weibliches Genitale. Sie weiß, daß man die Anzeichen des Sexualverkehrs (wie sie meint, auch der Berührung) am Genitale erkennen kann, und hat sich lange vor solcher Überführung gefürchtet. Ich meine, der Akzent ist in all diesen drei Träumen auf das *Wissen* zu legen. Sie gedenkt der Zeit ihrer kindlichen Sexualforschung, auf deren Ergebnisse sie damals recht stolz war.

5) Wiederum ein Stückchen Symbolik. Aber diesmal muß ich die psychische Situation in einem kurzen Vorbericht voranstellen. Ein Herr, der mit einer Frau eine Liebesnacht verbracht hat, schildert seine Partnerin als eine jener mütterlichen Naturen, bei denen im Liebesverkehre mit dem Manne der Wunsch nach dem Kinde unwiderstehlich durchdringt. Die Verhältnisse jenes Zusammentreffens nötigen aber zu einer Vorsicht, durch welche der befruchtende Samener-

guß vom weiblichen Schoß ferngehalten wird. Beim Erwachen aus dieser Nacht erzählt die Frau nachstehenden Traum:

Ein Offizier mit einer roten Kappe läuft ihr auf der Straße nach. Sie flieht vor ihm, läuft die Stiege hinauf, er immer nach. Atemlos erreicht sie ihre Wohnung und wirft die Türe hinter sich ins Schloß. Er bleibt draußen, und wie sie durchs Guckloch schaut, sitzt er draußen auf einer Bank und weint.

Sie erkennen wohl in der Verfolgung durch den Offizier mit der roten Kappe und in dem atemlosen Steigen die Darstellung des Geschlechtsaktes. Daß die Träumerin sich vor dem Verfolger verschließt, mag Ihnen als Beispiel der im Traum so häufig angewendeten Umkehrungen gelten, denn in Wirklichkeit hatte sich ja der Mann der Beendigung des Liebesaktes entzogen. Ebenso ist ihre Trauer auf den Partner verschoben, er ist es ja, der im Traume weint, womit gleichzeitig der Samenerguß angedeutet ist.

Sie werden gewiß einmal gehört haben, in der Psychoanalyse werde behauptet, daß alle Träume sexuelle Bedeutung haben. Nun sind Sie selbst in die Lage gekommen, sich über die Unkorrektheit dieses Vorwurfs ein Urteil zu bilden. Sie haben die Wunschträume kennengelernt, die von der Befriedigung der klarliegendsten Bedürfnisse, des Hungers, des Durstes, der Sehnsucht nach Freiheit handeln, die Bequemlichkeits- und Ungeduldsträume und ebenso rein habsüchtige und egoistische. Aber daß die stark entstellten Träume vorwiegend – wiederum nicht ausschließlich – sexuellen Wünschen Ausdruck geben, dürfen Sie allerdings als Ergebnis der psychoanalytischen Forschung im Gedächtnis behalten.

6) Ich habe ein besonderes Motiv, die Beispiele für die Symbolverwendung im Traume zu häufen. Ich habe mich bei unserem ersten Zusammentreffen darüber beklagt, wie schwierig die Demonstration und damit das Erwecken von Überzeugungen in der Unterweisung der Psychoanalyse sei, und Sie haben mir seither gewiß beigestimmt. Nun hängen aber die einzelnen Behauptungen der Psychoanalyse doch so innig zusammen, daß die Überzeugung sich leicht von einem Punkt her auf einen größeren Teil des Ganzen fortsetzen kann. Man könnte von der Psychoanalyse sagen, wer ihr den kleinen Finger gibt, den hält sie schon bei der ganzen Hand. Schon wenn die Aufklärung der Fehlleistungen eingeleuchtet hat, der kann sich logischerweise dem Glauben an alles andere nicht mehr entziehen. Eine zweite ebenso zugängliche Stelle ist in der Traumsymbolik gegeben. Ich werde Ihnen den bereits publizierten Traum einer Frau aus dem Volke vorlegen, deren Mann Wachmann ist und die gewiß niemals etwas von Traumsymbolik und Psychoanalyse gehört hat. Urteilen Sie dann selbst, ob dessen Auslegung mit Hilfe von Sexualsymbolen willkürlich und gezwungen genannt werden kann.

„... Dann sei jemand in die Wohnung eingebrochen und sie habe angstvoll nach einem Wachmann gerufen. Dieser aber sei mit zwei „Pülchern" einträchtig in eine Kirche gegangen, zu der mehrere Stufen emporführten. Hinter der Kirche sei ein Berg gewesen und oben ein dichter Wald. Der Wachmann sei mit einem Helm, Ringkragen und Mantel versehen gewesen. Er habe einen braunen Vollbart gehabt. Die beiden Vaganten, die friedlich mit dem Wachmann gegangen seien, hätten sackartig aufgebundene Schürzen um die Lenden geschlungen gehabt. Von der Kirche habe zum Berge ein Weg geführt. Dieser sei beiderseits mit Gras und Gestrüpp verwachsen gewesen, das immer dichter wurde und auf der Höhe des Berges ein ordentlicher Wald geworden sei."

Die verwendeten Symbole erkennen Sie ohne Mühe. Das männliche Genitale ist durch eine Dreiheit von Personen dargestellt, das weibliche durch eine Landschaft mit Kapelle, Berg und Wald. Wiederum begegnen Sie den Stufen als Symbol des Sexualaktes. Was im Traume ein Berg genannt wird, heißt auch in der Anatomie so, nämlich Mons Veneris, Schamberg.

7) Wiederum ein mittels Symboleinsetzung zu lösender Traum, dadurch bemerkenswert und beweiskräftig, daß der Träumer selbst alle Symbole übersetzt hat, obwohl er keinerlei theoretische Vorkenntnisse für die Traumdeutung mitbrachte. Dies Verhalten ist recht ungewöhnlich, und die Bedingungen dafür sind nicht genau bekannt.

„Er geht mit seinem Vater an einem Ort spazieren, der gewiß der Prater ist, denn man sieht die Rotunde, vor dieser einen kleineren Vorbau, an dem ein Fesselballon angebracht ist, der aber ziemlich schlaff scheint. Sein Vater fragt ihn, wozu das alles ist; er wundert sich darüber, erklärt es ihm aber. Dann kommen sie in einen Hof, in dem eine große Platte von Blech ausgebreitet liegt. Sein Vater will sich ein großes Stück davon abreißen, sieht sich aber vorher um, ob es nicht jemand bemerken kann. Er sagt ihm, er braucht es doch nur dem Aufseher zu sagen, dann kann er sich ohne weiteres davon nehmen. Aus diesem Hof führt eine Treppe in einen Schacht herunter, dessen Wände weich ausgepolstert sind, etwa wie ein Lederfauteuil. Am Ende dieses Schachtes ist eine längere Plattform und dann beginnt ein neuer Schacht."

Der Träumer deutet selbst: Die Rotunde ist mein Genitale, der Fesselballon davor mein Penis, über dessen Schlaffheit ich zu klagen habe. Man darf also eingehender übersetzen, die Rotunde sei das – vom Kind regelmäßig zum Genitale gerechnete – Gesäß, der kleinere Vorbau der Hodensack. Im Traum fragt ihn der Vater, was das alles ist, d. h. nach Zweck und Verrichtung der Genitalien. Es liegt nahe, diesen Sachverhalt umzukehren, so daß er der fragende Teil wird. Da eine solche Befragung des Vaters in Wirklichkeit nie stattgefunden hat, muß man den Traumgedanken als Wunsch auffassen oder ihn etwa konditionell nehmen: „Wenn ich den Vater um sexuelle Aufklärung gebeten hätte." Die Fortsetzung dieses Gedankens werden wir bald an anderer Stelle finden.

Der Hof, in dem das Blech ausgebreitet liegt, ist nicht in erster Linie symbolisch zu fassen, sondern stammt aus dem Geschäftslokal des Vaters. Aus Gründen der Diskretion habe ich das „Blech" für das andere Material, mit dem der Vater handelt, eingesetzt, ohne sonst etwas am Wortlaut des Traumes zu ändern. Der Träumer ist in das Geschäft des Vaters eingetreten und hat an den eher unkorrekten Praktiken, auf denen der Gewinn zum guten Teil beruht, gewaltigen Anstoß genommen. Daher dürfte die Fortsetzung des obigen Traumgedankens lauten: („Wenn ich ihn gefragt hätte), würde er mich betrogen haben, wie er seine Kunden betrügt." Für das Abreißen, welches der Darstellung der geschäftlichen Unredlichkeit dient, gibt der Träumer selbst die zweite Erklärung, es bedeute die Onanie. Dies ist uns nicht nur längst bekannt, sondern stimmt auch sehr gut dazu, daß das Geheimnis der Onanie durch das Gegenteil ausgedrückt ist (man darf es ja offen tun). Es entspricht dann allen Erwartungen, daß die onanistische Tätigkeit wieder dem Vater zugeschoben wird, wie die Befragung in der ersten Traumszene. Den Schacht deutet er sofort unter Berufung auf die weiche Polsterung der Wände als Vagina. Daß das Herabsteigen wie sonst das Aufsteigen den Koitusverkehr in der Vagina beschreiben will, setze ich eigenmächtig ein.

Die Einzelheiten, daß auf den ersten Schacht eine längere Plattform folgt und dann ein neuer Schacht, erklärt er selbst biographisch. Er hat eine Zeitlang koitiert, dann den Verkehr infolge von Hemmungen aufgegeben und hofft ihn jetzt mit Hilfe der Kur wieder aufnehmen zu können.

8) Die beiden nachstehenden Träume eines Fremden mit sehr polygamer Veranlagung teile ich Ihnen als Beleg für die Behauptung mit, daß das eigene Ich in jedem Traume vorkommt, auch wo es sich für den manifesten Inhalt verborgen hat. Die Koffer in den Träumen sind Weibsymbole.

a) Er reist ab, sein Gepäck wird auf einem Wagen zur Bahn gebracht, viele Koffer aufgehäuft, darunter zwei große schwarze, wie Musterkoffer. Er sagt tröstend zu jemand: Nun, die fahren ja nur bis zum Bahnhof mit.

Er reist in Wirklichkeit mit sehr viel Gepäck, bringt aber auch sehr viel Geschichten von Frauen mit in die Behandlung. Die zwei schwarzen Koffer entsprechen zwei schwarzen Frauen, die gegenwärtig in seinem Leben die Hauptrolle spielen. Eine von ihnen wollte ihm nach Wien nachreisen; er hatte ihr auf meinen Rat telegraphisch abgesagt.

b) Eine Szene bei der Douane: *Ein Mitreisender macht seinen Koffer auf und sagt, gleichgültig eine Zigarette rauchend: Da ist nichts drin. Der Zollbeamte scheint ihm zu glauben, greift aber noch einmal hinein und findet etwas ganz besonders Verbotenes. Der Reisende sagt dann resigniert: Da ist nichts zu machen.* Er ist selbst der Reisende, ich der Zollbeamte. Er ist sonst sehr aufrichtig in seinen Bekenntnissen, hatte sich aber vorgenommen, mir eine neu angeknüpfte Beziehung zu einer Dame zu verschweigen, weil er mit Recht annehmen konnte, daß sie mir nicht unbekannt sei. Die peinliche Situation des Überführtwerdens verschiebt er auf eine fremde Person, so daß er selbst in diesem Traum nicht vorzukommen scheint.

9) Hier ein Beispiel für ein Symbol, das ich noch nicht erwähnt habe: *Er begegnet seiner Schwester in Begleitung von zwei Freundinnen, die selbst Schwestern sind. Er gibt beiden die Hand, der Schwester aber nicht.*

Keine Anknüpfung an eine wirkliche Begebenheit. Seine Gedanken führen ihn vielmehr in eine Zeit, zu welcher ihm die Beobachtung zu denken gab, daß sich der Busen der Mädchen so spät entwickelt. Die beiden Schwestern sind also die Brüste, er möchte sie gerne mit der Hand begreifen, wenn es nur nicht seine Schwester wäre.

10) Hier ein Beispiel für die Todessymbolik im Traum: *Er geht mit zwei Personen, deren Namen er weiß, aber beim Erwachen vergessen hat, über einen sehr hohen, steilen eisernen Steg. Plötzlich sind die beiden weg und er sieht einen gespenstischen Mann mit Kappe und im Leinenanzug. Er fragt ihn, ob er der Telegraphenbote sei... Nein. Ob er der Fuhrmann sei? Nein. Er geht dann weiter,* hat noch im Traume große Angst und setzt den Traum nach dem Erwachen mit der Phantasie fort, daß die eiserne Brücke plötzlich abbricht und er in den Abgrund stürzt.

Personen, bei denen man betont, daß sie unbekannt sind, daß man ihre Namen vergessen hat, sind meist sehr nahestehende. Der Träumer hat zwei Geschwister; wenn er diesen beiden den Tod gewünscht haben sollte, so wäre es nur gerecht, wenn ihn dafür die Todesangst heimsuchte. Zum Telegraphenboten bemerkt er, daß solche Leute immer Unheilsposten bringen. Es könnte auch nach der Uniform ein Laternenanzünder gewesen sein, der aber auch die Laternen auslöscht, also wie der Genius des Todes die Fackel verlöscht. Zum Fuhrmann assoziiert er das Uhlandsche Gedicht von König Karls Meerfahrt und erinnert an eine gefahrvolle Seefahrt mit zwei Genossen, auf welcher er die Rolle des Königs im Gedicht spielte. Zur Eisenbrücke fällt ihm ein Unfall der letzten Zeit ein und die dumme Redensart: Das Leben ist eine Kettenbrück'.

11) Als anderes Beispiel der Todesdarstellung mag der Traum gelten: *Ein unbekannter Herr gibt eine schwarzgeränderte Visakarte für ihn ab.*

12) In mehrfacher Hinsicht wird Sie der folgende Traum interessieren, zu dessen Voraussetzungen allerdings auch ein neurotischer Zustand gehört.

Er fährt im Eisenbahnzug. Der Zug hält auf offenem Felde. Er meint, es steht ein Unfall bevor, man muß daran denken, sich zu flüchten, geht durch alle Abteile des Zuges und erschlägt alle, die ihm begegnen, Schaffner, Lokomotivführer usw.

Dazu die Erinnerung an die Erzählung eines Freundes. Auf einer Strecke in Italien wurde ein Wahnsinniger in einem Halbcoupé transportiert, aber aus

Versehen ein Reisender zu ihm eingelassen. Der Verrückte erschlug den Mitreisenden. Er identifiziert sich also mit diesem Verrückten und begründet sein Anrecht darauf mit der Zwangsvorstellung, die ihn zeitweilig quält, daß er alle „Mitwisser beseitigen" müsse. Dann findet er aber selbst eine bessere Motivierung, die zum Anlaß des Traumes führt. Er hat gestern im Theater das Mädchen wiedergesehen, das er heiraten wollte, von der er sich aber, weil sie ihm Grund zur Eifersucht gegeben, zurückgezogen hat. Bei der Intensität, zu welcher die Eifersucht bei ihm ansteigt, wäre er wirklich verrückt, wenn er die heiraten wollte. Das heißt: Er hält sie für so unverläßlich, daß er alle Leute, die ihm in den Weg kommen, aus Eifersucht erschlagen müßte. Das Gehen durch eine Reihe von Zimmern, hier von Abteilen, haben wir als Symbol des Verheiratetseins (Gegensatz zur Einehe) bereits kennengelernt.

Zum Halten des Zuges auf offenem Felde und zur Befürchtung eines Unfalles erzählt er: Als sich einmal auf einer Eisenbahnfahrt ein solches plötzliches Stehenbleiben außerhalb einer Station ereignete, erklärte eine mitreisende junge Dame, es stehe vielleicht ein Zusammenstoß bevor, und da sei die zweckmäßigste Vorsicht, die Beine hoch zu heben. Dieses „die Beine hoch" hatte aber auch eine Rolle in den vielen Spaziergängen und Ausflügen in die freie Natur gespielt, die er in der glücklichen ersten Liebeszeit mit jenem Mädchen unternommen hatte. Ein neues Argument dafür, daß er verrückt sein müßte, um sie jetzt zu heiraten. Daß ein Wunsch, so verrückt zu sein, bei ihm dennoch bestand, durfte ich nach meiner Kenntnis der Situation als gesichert annehmen.

XIII. *Vorlesung*
Archaische Züge und Infantilismus des Traumes

Meine Damen und Herren! Lassen Sie uns wieder an unser Resultat anknüpfen, daß die Traumarbeit die latenten Traumgedanken unter dem Einfluß der Traumzensur in eine andere Ausdrucksweise überführt. Die latenten Gedanken sind nicht anders als die uns bekannten bewußten Gedanken unseres Wachlebens; die neue Ausdrucksweise ist uns durch vielfältige Züge unverständlich. Wir haben gesagt, daß sie auf Zustände unserer intellektuellen Entwicklung zurückgreift, die wir längst überwunden haben, auf die Bildersprache, die Symbolbeziehung, vielleicht auf Verhältnisse, die vor der Entwicklung unserer Denksprache bestanden haben. Wir nannten die Ausdrucksweise der Traumarbeit darum eine *archaische* oder *regressive*.

Sie können daraus den Schluß ableiten, daß es durch das vertiefte Studium der Traumarbeit gelingen müßte, wertvolle Aufschlüsse über die nicht gut gekannten Anfänge unserer intellektuellen Entwicklung zu gewinnen. Ich hoffe, es wird so sein, aber diese Arbeit ist bisher noch nicht in Angriff genommen worden. Die Vorzeit, in welche die Traumarbeit uns zurückführt, ist eine zweifache, erstens die individuelle Vorzeit, die Kindheit, anderseits, insofern jedes Individuum in seiner Kindheit die ganze Entwicklung der Menschenart irgendwie abgekürzt wiederholt, auch diese Vorzeit, die phylogenetische. Ob es gelingen wird zu unterscheiden, welcher Anteil der latenten seelischen Vorgänge aus der individuellen, und welcher aus der phylogenetischen Urzeit stammt, ich halte es nicht für unmöglich. So scheint mir z. B. die Symbolbeziehung, die der Einzelne niemals erlernt hat, zum Anspruch berechtigt, als phylogenetisches Erbe betrachtet zu werden.

Indes ist dies nicht der einzige archaische Charakter des Traumes. Sie kennen alle wohl aus der Erfahrung an sich die merkwürdige Amnesie der Kindheit. Ich meine die Tatsache, daß die ersten Lebensjahre, bis zum fünften, sechsten oder achten, nicht die Spuren im Gedächtnis hinterlassen haben wie das spätere Erleben. Man trifft zwar auf einzelne Menschen, welche sich einer kontinuierlichen Erinnerung vom frühen Anfang bis auf den heutigen Tag rühmen können, aber das andere Verhalten, das der Gedächtnislücke, ist das ungleich häufigere. Ich meine, über diese Tatsache hat man sich nicht genug verwundert. Das Kind kann mit zwei Jahren gut sprechen, es zeigt bald, daß es sich in komplizierten seelischen Situationen zurechtfindet, und gibt Äußerungen von sich, die ihm viele Jahre später wiedererzählt werden, die es selbst aber vergessen hat. Und dabei ist das Gedächtnis in frühen Jahren leistungsfähiger, weil weniger überladen als in späteren. Auch liegt kein Anlaß vor, die Gedächtnisfunktion für eine besonders hohe oder schwierige Seelenleistung zu halten; man kann im Gegenteile ein gutes Gedächtnis noch bei Personen finden, die intellektuell sehr niedrig stehen.

Als zweite Merkwürdigkeit, die dieser ersten aufgesetzt ist, muß ich aber anführen, daß aus der Erinnerungsleere, welche die ersten Kindheitsjahre umfaßt, sich einzelne gut erhaltene, meist plastisch empfundene Erinnerungen herausheben, welche diese Erhaltung nicht rechtfertigen können. Mit dem Material von Eindrücken, welche uns im späteren Leben treffen, verfährt unser Gedächtnis so, daß es eine Auslese vornimmt. Es behält das irgend Wichtige und läßt Unwichtiges fallen. Mit den erhaltenen Kindheitserinnerungen ist es anders. Sie entsprechen nicht notwendig wichtigen Erlebnissen der Kinderjahre, nicht einmal solchen, die vom Standpunkt des Kindes hätten wichtig erscheinen müssen. Sie sind oft so banal und an sich bedeutungslos, daß wir uns nur verwundert fragen, warum gerade diese Einzelheit dem Vergessen entgangen ist. Ich habe seinerzeit versucht, das Rätsel der Kindheitsamnesie und der sie unterbrechenden Erinnerungsreste mit Hilfe der Analyse anzugreifen, und bin zu dem Ergebnis gekommen, daß doch auch beim Kinde nur das Wichtige in der Erinnerung übriggeblieben ist. Nur daß durch die Ihnen bereits bekannten Prozesse der Verdichtung und ganz besonders der Verschiebung dies Wichtige durch anderes, was unwichtig erscheint, in der Erinnerung vertreten ist. Ich habe diese Kindheitserinnerungen darum *Deckerinnerungen* genannt; man kann durch gründliche Analyse alles Vergessene aus ihnen entwickeln.

In den psychoanalytischen Behandlungen ist ganz regelmäßig die Aufgabe gestellt, die infantile Erinnerungslücke auszufüllen, und insoferne die Kur überhaupt einigermaßen gelingt, also überaus häufig, bringen wir es auch zustande, den Inhalt jener vom Vergessen bedeckten Kindheitsjahre wieder ans Licht zu ziehen. Diese Eindrücke sind niemals wirklich vergessen gewesen, sie waren nur unzugänglich, latent, haben dem Unbewußten angehört. Es kommt aber auch spontan vor, daß sie aus dem Unbewußten auftauchen, und zwar geschieht es im Anschluß an Träume. Es zeigt sich, daß das Traumleben den Zugang zu diesen latenten, infantilen Erlebnissen zu finden weiß. Es sind schöne Beispiele hierfür in der Literatur verzeichnet und ich selbst habe einen solchen Beitrag leisten können. Ich träumte einmal in einem gewissen Zusammenhange von einer Person, die mir einen Dienst geleistet haben mußte, und die ich deutlich vor mir sah. Es war ein einäugiger Mann von kleiner Gestalt, dick, den Kopf tief in den Schultern steckend. Ich entnahm aus dem Zusammenhang, daß er ein Arzt war. Zum Glück konnte ich meine noch lebende Mutter befragen, wie der Arzt meines Geburtsortes, den ich mit drei Jahren verlassen, ausgesehen, und erfuhr von ihr, daß er einäugig war, kurz, dick, den Kopf tief in den Schultern steckend, lernte auch, bei welchem von mir vergessenen Unfall er mir Hilfe geleistet hatte. Diese Verfügung über das vergessene Material der ersten Kindheitsjahre ist also ein weiterer archaischer Zug des Traumes.

Dieselbe Auskunft setzt sich nun auf ein anderes der Rätsel, auf die wir bisher gestoßen sind, fort. Sie erinnern sich, mit welchem Staunen es aufgenommen wurde, als wir zur Einsicht kamen, die Erreger der Träume seien energisch böse und ausschweifend sexuelle Wünsche, welche Traumzensur und Traumentstellung notwendig gemacht haben. Wenn wir einen solchen Traum dem Träumer gedeutet haben und er im günstigsten Falle die Deutung selbst nicht angreift, so stellt er doch regelmäßig die Frage, woher ihm ein solcher Wunsch komme, da er ihn doch als fremd empfinde und sich des Gegenteils davon bewußt sei. Wir brauchen nicht zu verzagen, diese Herkunft nachzuweisen. Diese bösen Wunschregungen stammen aus der Vergangenheit, oft aus einer Vergangenheit, die nicht allzuweit zurückliegt. Es läßt sich zeigen, daß sie einmal bekannt und bewußt waren, wenn sie es auch heute nicht mehr sind. Die Frau, deren Traum bedeutet, daß sie ihre einzige, jetzt 17jährige Tochter tot vor sich sehen möchte, findet unter unserer Anleitung, daß sie diesen Todeswunsch doch zu einer Zeit genährt hat. Das Kind ist die Frucht einer verunglückten, bald getrennten Ehe. Als sie die Tochter noch im Mutterleibe trug, schlug sie einmal nach einer heftigen Szene mit ihrem Manne im Wutanfall mit den Fäusten auf ihren Leib los, um das Kind darin zu töten. Wie viele Mütter, die ihre Kinder heute zärtlich, vielleicht überzärtlich lieben, haben sie doch ungerne empfangen und damals gewünscht, das Leben in ihnen möge sich nicht weiter entwickeln; ja sie haben auch diesen Wunsch in verschiedene, zum Glück unschädliche Handlungen umgesetzt. Der später so rätselhafte Todeswunsch gegen die geliebte Person stammt also aus der Frühzeit der Beziehung zu ihr.

Der Vater, dessen Traum zur Deutung berechtigt, er wünsche den Tod seines bevorzugten ältesten Kindes, muß sich ebenso daran erinnern lassen, daß ihm dieser Wunsch einmal nicht fremd war. Als dieses Kind noch Säugling war, dachte der mit seiner Ehewahl unzufriedene Mann oft, wenn das kleine Wesen, das ihm nichts bedeute, sterben sollte, dann wäre er wieder frei und würde von seiner Freiheit einen besseren Gebrauch machen. Die gleiche Herkunft läßt sich für eine große Anzahl ähnlicher Haßregungen erweisen; sie sind Erinnerungen an etwas, was der Vergangenheit angehörte, einmal bewußt war und seine Rolle im Seelenleben spielte. Sie werden daraus den Schluß ziehen wollen, daß es solche Wünsche und solche Träume nicht geben darf, wenn derartige Wandlungen im Verhältnis zu einer Person nicht vorgekommen sind, wenn dies Verhältnis von Anfang an gleichsinnig war. Ich bin bereit, Ihnen diese Folgerung zuzugeben, will Sie nur daran mahnen, daß Sie nicht den Wortlaut des Traumes, sondern den Sinn desselben nach seiner Deutung in Betracht ziehen. Es kann vorkommen, daß der manifeste Traum vom Tode einer geliebten Person nur eine schreckhafte Maske vorgenommen hat, aber etwas ganz anderes bedeutet, oder daß die geliebte Person zum täuschenden Ersatz für eine andere bestimmt ist.

Derselbe Sachverhalt wird aber eine andere, weit ernsthaftere Frage bei Ihnen wecken. Sie werden sagen: Wenn dieser Todeswunsch auch einmal vorhanden war und von der Erinnerung bestätigt wird, so ist das doch keine Erklärung: Er ist doch längst überwunden, er kann heute doch nur als bloße affektlose Erinnerung im Unbewußten vorhanden sein, aber nicht als kräftige Regung. Für letzteres spricht doch nichts. Wozu wird er also überhaupt vom Traume erinnert? Diese Frage ist wirklich berechtigt; der Versuch, sie zu beantworten, würde uns zu weit führen und zur Stellungnahme in einem der bedeutsamsten Punkte der Traumlehre nötigen. Aber ich bin genötigt, im Rahmen unserer Erörterungen zu bleiben und Enthaltung zu üben. Bereiten Sie sich auf den einstweiligen Verzicht vor. Begnügen wir uns mit dem tatsächlichen Nachweis, daß dieser überwundene Wunsch als Traumerreger nachweisbar ist und setzen wir die Untersuchung fort, ob auch andere böse Wünsche dieselbe Ableitung aus der Vergangenheit zulassen.

Bleiben wir bei den Beseitigungswünschen, die wir ja zumeist auf den uneingeschränkten Egoismus des Träumers zurückführen dürfen.

Ein solcher Wunsch ist als Traumbildner sehr häufig nachzuweisen. So oft uns irgend jemand im Leben in den Weg getreten ist, und wie häufig muß dies bei der Komplikation der Lebensbeziehungen der Fall sein, sofort ist der Traum bereit, ihn totzumachen, sei er auch der Vater, die Mutter, ein Geschwister, ein Ehepartner u. dgl. Wir hatten uns über diese Schlechtigkeit der menschlichen Natur genug verwundert und waren gewiß nicht geneigt, die Richtigkeit dieses Ergebnisses der Traumdeutung ohne weiteres anzunehmen. Wenn wir aber einmal darauf gewiesen werden, den Ursprung solcher Wünsche in der Vergangenheit zu suchen, so entdecken wir alsbald die Periode der individuellen Vergangenheit, in welcher solcher Egoismus und solche Wunschregungen auch gegen die Nächsten nichts Befremdendes mehr haben. Es ist das Kind gerade in jenen ersten Jahren, welche später von der Amnesie verhüllt werden, das diesen Egoismus häufig in extremer Ausprägung zeigt, regelmäßig aber deutliche Ansätze dazu oder richtiger Überreste davon erkennen läßt. Das Kind liebt eben sich selbst zuerst und lernt erst später andere lieben, von seinem Ich etwas an andere opfern. Auch die Personen, die es von Anfang an zu lieben scheint, liebt es zuerst darum, weil es sie braucht, sie nicht entbehren kann, also wiederum aus egoistischen Motiven. Erst später macht sich die Liebesregung vom Egoismus unabhängig. *Es hat tatsächlich am Egoismus lieben gelernt.*

Es wird in dieser Beziehung lehrreich sein, die Einstellung des Kindes gegen seine Geschwister mit der gegen seine Eltern zu vergleichen. Seine Geschwister liebt das kleine Kind nicht notwendigerweise, oft offenkundig nicht. Es ist unzweifelhaft, daß es in ihnen seine Konkurrenten haßt, und es ist bekannt, wie häufig diese Einstellung durch lange Jahre bis zur Zeit der Reife, ja noch späterhin ohne Unterbrechung anhält. Sie wird ja häufig genug durch eine zärtlichere abgelöst oder sagen wir lieber: überlagert, aber die feindselige scheint sehr regelmäßig die frühere zu sein. Am leichtesten kann man sie an Kindern von 2 ½ bis 4 und 5 Jahren beobachten, wenn ein neues Geschwisterchen dazu kommt. Das hat meist einen sehr unfreundlichen Empfang. Äußerungen wie „ich mag es nicht, der Storch soll es wieder mitnehmen" sind recht gewöhnlich. In der Folge wird jede Gelegenheit benützt, um den Ankömmling herabzusetzen, und selbst Versuche ihn zu schädigen, direkte Attentate, sind nichts Unerhörtes. Ist die Altersdifferenz geringer, so findet das Kind beim Erwachen intensiverer Seelentätigkeit den Konkurrenten bereits vor und richtet sich mit ihm ein. Ist sie größer, so kann das neue Kind von Anfang an als ein interessantes Objekt, als eine Art von lebender Puppe, gewisse Sympathien erwecken, und bei einem Altersunterschied von acht Jahren und mehr können bereits, besonders bei den Mädchen, vorsorgliche, mütterliche Regungen ins Spiel treten. Aber aufrichtig gesagt, wenn man den Wunsch nach dem Tode der Geschwister hinter einem Traume aufdeckt, braucht man ihn selten rätselhaft zu finden und weist sein Vorbild mühelos im frühen Kindesalter, oft genug auch in späteren Jahren des Beisammenseins nach.

Es gibt wahrscheinlich keine Kinderstube ohne heftige Konflikte zwischen deren Einwohnern. Motive sind die Konkurrenz um die Liebe der Eltern, um den gemeinsamen Besitz, um den Wohnraum. Die feindseligen Regungen richten sich gegen ältere wie gegen jüngere Geschwister. Ich glaube, es war *Bernard Shaw*, der das Wort ausgesprochen hat: Wenn es jemand gibt, den eine junge englische Dame mehr haßt als ihre Mutter, so ist es ihre ältere Schwester. An diesem Ausspruch ist aber etwas, was uns befremdet. Geschwisterhaß und Konkurrenz fänden wir zur Not begreiflich, aber wie sollen sich Haßempfindungen in das Verhältnis zwischen Tochter und Mutter, Eltern und Kinder, eindrängen können?

Dies Verhältnis ist ohne Zweifel auch von Seite der Kinder betrachtet das günstigere. So fordert es auch unsere Erwartung; wir finden es weit anstößiger, wenn die Liebe zwischen Eltern und Kindern, als wenn sie zwischen Geschwistern mangelt. Wir haben sozusagen im ersten Falle etwas geheiligt, was wir im andern Falle profan gelassen haben. Doch kann uns die tägliche Beobachtung zeigen, wie häufig die Gefühlsbeziehungen zwischen Eltern und erwachsenen Kindern hinter dem von der Gesellschaft aufgestellten Ideal zurückbleiben, wieviel Feindseligkeit da bereitliegt und sich äußern würde, wenn nicht Zusätze von Pietät und von zärtlichen Regungen sie zurückhielten. Die Motive hierfür sind allgemein bekannt und zeigen eine Tendenz, die gleichen Geschlechter voneinander zu trennen, die Tochter von der Mutter, den Vater vom Sohn. Die Tochter findet in der Mutter die Autorität, welche ihren Willen beschränkt und mit der Aufgabe betraut ist, den von der Gesellschaft geforderten Verzicht auf Sexualfreiheit bei ihr durchzusetzen, in einzelnen Fällen auch noch die Konkurrentin, die der Verdrängung widerstrebt. Dasselbe wiederholt sich in noch grellerer Weise zwischen Sohn und Vater. Für den Sohn verkörpert sich im Vater jeder widerwillig ertragene soziale Zwang; der Vater versperrt ihm den Zugang zur Willensbetätigung, zum frühzeitigen Sexualgenuß und, wo gemeinsame Familiengüter bestehen, zum Genuß derselben. Das Lauern auf den Tod des Vaters wächst im Falle des Thronfolgers zu einer das Tragische streifenden Höhe. Minder gefährdet erscheint das Verhältnis zwischen Vater und Tochter, Mutter und

Sohn. Das letztere gibt die reinsten Beispiele einer durch keinerlei egoistische Rücksicht gestörten, unwandelbaren Zärtlichkeit.

Wozu ich von diesen Dingen spreche, die doch banal und allgemein bekannt sind? Weil eine unverkennbare Neigung besteht, ihre Bedeutung im Leben zu verleugnen und das sozial geforderte Ideal weit öfter für erfüllt auszugeben, als es wirklich erfüllt wird. Es ist aber besser, daß der Psychologe die Wahrheit sagt, als daß diese Aufgabe dem Zyniker überlassen bleibt. Allerdings bezieht sich diese Verleugnung nur auf das reale Leben. Der Kunst der erzählenden und der dramatischen Dichtung bleibt es freigestellt, sich der Motive zu bedienen, die aus der Störung dieses Ideals hervorgehen.

Bei einer großen Anzahl von Menschen brauchen wir uns also nicht zu verwundern, wenn der Traum ihren Wunsch nach Beseitigung der Eltern, speziell des gleichgeschlechtlichen Elternteiles, aufdeckt. Wir dürfen annehmen, er ist auch im Wachleben vorhanden und wird sogar manchmal bewußt, wenn er sich durch ein anderes Motiv maskieren kann, wie im Falle unseres Träumers im Beispiele 3 durch das Mitleid mit dem unnützen Leiden des Vaters. Selten beherrscht die Feindseligkeit das Verhältnis allein, weit häufiger tritt sie hinter zärtlicheren Regungen zurück, von denen sie unterdrückt wird, und muß warten, bis ein Traum sie gleichsam isoliert. Was uns der Traum infolge solcher Isolierung übergroß zeigt, das schrumpft dann wieder zusammen, wenn es nach der Deutung von uns in den Zusammenhang des Lebens eingereiht wird (*H. Sachs*). Wir finden diesen Traumwunsch aber auch dort, wo er im Leben keinen Anhalt hat, und wo der Erwachsene sich im Wachen nie zu ihm bekennen müßte. Dies hat seinen Grund darin, daß das tiefste und regelmäßigste Motiv zur Entfremdung, besonders zwischen den gleichgeschlechtlichen Personen, sich bereits im frühen Kindesalter geltend gemacht hat.

Ich meine die Liebeskonkurrenz mit deutlicher Betonung des Geschlechtscharakters. Der Sohn beginnt schon als kleines Kind eine besondere Zärtlichkeit für die Mutter zu entwickeln, die er als sein eigen betrachtet, und den Vater als Konkurrenten zu empfinden, der ihm diesen Alleinbesitz streitig macht, und ebenso sieht die kleine Tochter in der Mutter eine Person, die ihre zärtliche Beziehung zum Vater stört und einen Platz einnimmt, den sie sehr gut selbst ausfüllen könnte. Man muß aus den Beobachtungen erfahren, in wie frühe Jahre diese Einstellungen zurückreichen, die wir als *Ödipuskomplex* bezeichnen, weil diese Sage die beiden extremen Wünsche, welche sich aus der Situation des Sohnes ergeben, den Vater zu töten, und die Mutter zum Weib zu nehmen, mit einer ganz geringfügigen Abschwächung realisiert. Ich will nicht behaupten, daß der Ödipuskomplex die Beziehung der Kinder zu den Eltern erschöpft; diese kann leicht viel komplizierter sein. Auch ist der Ödipuskomplex mehr oder weniger

stark ausgebildet, er kann selbst eine Umkehrung erfahren, aber er ist ein regelmäßiger und sehr bedeutsamer Faktor des kindlichen Seelenlebens, und man
läuft eher Gefahr, seinen Einfluß und den der aus ihm hervorgehenden Entwicklungen zu unterschätzen, als ihn zu überschätzen. Übrigens reagieren die
Kinder mit der Ödipuseinstellung häufig auf eine Anregung der Eltern, die sich
in ihrer Liebeswahl oft genug vom Geschlechtsunterschied leiten lassen, so daß
der Vater die Tochter, die Mutter den Sohn bevorzugt oder im Falle von Erkal-
tung in der Ehe zum Ersatz für das entwertete Liebesobjekt nimmt.

Man kann nicht behaupten, daß die Welt der psychoanalytischen Forschung
für die Aufdeckung des Ödipuskomplexes sehr dankbar gewesen ist. Diese hat
im Gegenteile das heftigste Sträuben der Erwachsenen hervorgerufen, und
Personen, die es versäumt hatten, an der Ableugnung dieser verpönten oder
tabuierten Gefühlsbeziehung teilzunehmen, haben ihr Verschulden später gut-
gemacht, indem sie dem Komplex durch Umdeutungen seinen Wert entzogen,
Nach meiner unveränderten Überzeugung ist dahier nichts zu verleugnen und
nichts zu beschönigen. Man befreunde sich mit der Tatsache, die von der griechischen Sage selbst als unabwendbares Verhängnis anerkannt wird. Interessant
ist es wiederum, daß der aus dem Leben herausgeworfene Ödipuskomplex der
Dichtung überlassen, gleichsam zur freien Verfügung abgetreten wurde. *O. Rank*
hat in einer sorgfältigen Studie gezeigt, wie gerade der Ödipuskomplex der dramatischen Dichtung reiche Motive in unendlichen Abänderungen, Abschwächungen und Verkleidungen geliefert hat, in solchen Entstellungen also, wie
wir sie bereits als Werk einer Zensur erkennen. Diesen Ödipuskomplex dürfen
wir also auch jenen Träumern zuschreiben, die so glücklich waren, im späteren
Leben den Konflikten mit ihren Eltern zu entgehen, und an ihn innig geknüpft
finden wir, was wir oben *Kastrationskomplex* heißen, die Reaktion auf die dem
Vater zugeschriebene Sexualeinschüchterung oder Eindämmung der frühinfantilen Sexualtätigkeit.

Durch die bisherigen Ermittlungen auf das Studium des kindlichen Seelenlebens verwiesen, dürfen wir nun auch die Erwartung hegen, daß die Herkunft des
anderen Anteils der verbotenen Traumwünsche, der exzessiven Sexualregungen,
auf ähnliche Weise Aufklärung finden wird. Wir empfangen also den Antrieb,
auch die Entwicklung des kindlichen Sexuallebens zu studieren und erfahren
hierbei aus mehreren Quellen folgendes: Es ist vor allem ein unhaltbarer Irrtum,
dem Kind ein Sexualleben abzusprechen und anzunehmen, daß die Sexualität
erst zur Zeit der Pubertät mit der Reifung der Genitalien einsetze. Das Kind
hat im Gegenteile von allem Anfang an ein reichhaltiges Sexualleben, welches
sich von dem später als normal geltenden in vielen Punkten unterscheidet. Was
wir im Leben der Erwachsenen „pervers" nennen, weicht vom Normalen in

folgenden Stücken ab: erstens durch das Hinwegsetzen über die Artschranke (die Kluft zwischen Mensch und Tier), zweitens durch die Überschreitung der Ekelschranke, drittens der Inzestschranke (des Verbots, Sexualbefriedigung an nahen Blutsverwandten zu suchen), viertens der Gleichgeschlechtlichkeit, und fünftens durch die Übertragung der Genitalrolle an andere Organe und Körperstellen. Alle diese Schranken bestehen nicht von Anfang an, sondern werden erst allmählich im Laufe der Entwicklung und der Erziehung aufgebaut. Das kleine Kind ist frei von ihnen. Es kennt noch keine arge Kluft zwischen Mensch und Tier; der Hochmut, mit dem sich der Mensch vom Tier absondert, wächst ihm erst später zu. Es zeigt anfänglich keinen Ekel vor dem Exkrementellen, sondern erlernt diesen langsam unter dem Nachdruck der Erziehung; es legt keinen besonderen Wert auf den Unterschied der Geschlechter, mutet vielmehr beiden die gleiche Genitalbildung zu; es richtet seine ersten sexuellen Gelüste und seine Neugierde auf die ihm nächsten und aus anderen Gründen liebsten Personen, Eltern, Geschwister, Pflegepersonen, und endlich zeigt sich bei ihm, was späterhin auf der Höhe einer Liebesbeziehung wieder durchbricht, daß es nicht nur von den Geschlechtsteilen Lust erwartet, sondern daß viele andere Körperstellen dieselbe Empfindlichkeit für sich in Anspruch nehmen, analoge Lustempfindungen vermitteln und somit die Rolle von Genitalien spielen können. Das Kind kann also „polymorph pervers" genannt werden, und wenn es alle diese Regungen nur spurweise betätigt, so kommt dies einerseits von deren geringer Intensität im Vergleiche zu späteren Lebenszeiten, anderseits daher, daß die Erziehung alle sexuellen Äußerungen des Kindes sofort energisch unterdrückt. Diese Unterdrückung setzt sich sozusagen in die Theorie fort, indem die Erwachsenen sich bemühen, einen Anteil der kindlichen Sexualäußerungen zu übersehen und einen anderen durch Umdeutung seiner sexuellen Natur zu entkleiden, bis sie dann das Ganze ableugnen können. Es sind oft dieselben Leute, die erst in der Kinderstube hart gegen alle sexuellen Unarten der Kinder wüten und dann am Schreibtisch die sexuelle Reinheit derselben Kinder verteidigen. Wo Kinder sich selbst überlassen werden oder unter dem Einfluß der Verführung, bringen sie oft ganz ansehnliche Leistungen perverser Sexualbetätigung zustande. Natürlich haben die Erwachsenen recht, dies als „Kinderei" und „Spielerei" nicht schwer zu nehmen, denn das Kind ist weder vor dem Richterstuhl der Sitte noch vor dem Gesetz als vollwertig und verantwortlich zu beurteilen, aber diese Dinge existieren doch, sie haben ihre Bedeutung sowohl als Anzeichen mitgebrachter Konstitution sowie als Ursachen und Förderungen späterer Entwicklungen, sie geben uns Aufschlüsse über das kindliche Sexualleben und somit über das menschliche Sexualleben überhaupt. Wenn wir also hinter unseren entstellten Träumen alle diese perversen Wunschregungen wiederfinden, so bedeutet es nur, daß der Traum auch auf diesem Gebiet den Rückschritt zum infantilen Zustand vollzogen hat.

Eine besondere Hervorhebung unter diesen verbotenen Wünschen verdienen noch die inzestuösen, d. h. die auf Geschlechtsverkehr mit Eltern und Geschwistern gerichteten. Sie wissen, welcher Abscheu in der menschlichen Gemeinschaft gegen solchen Verkehr verspürt oder wenigstens vorgegeben wird, und welcher Nachdruck auf den dagegen gerichteten Verboten ruht. Es sind die ungeheuerlichsten Anstrengungen gemacht worden, diese Inzestscheu zu erklären. Die einen haben angenommen, daß es Züchtungsrücksichten der Natur sind, welche sich psychisch durch dieses Verbot repräsentieren lassen, weil Inzucht die Rassencharaktere verschlechtern würde, die anderen haben behauptet, daß durch das Zusammenleben von früher Kindheit an die sexuelle Begierde von den in Betracht kommenden Personen abgelenkt wird. In beiden Fällen wäre übrigens the Inzestvermeidung automatisch gesichert, und man verstünde nicht, wozu es der strengen Verbote bedürfte, die eher auf das Vorhandensein eines starken Begehrens deuten. Die psychoanalytischen Untersuchungen haben unzweideutig ergeben, daß die inzestuöse Liebeswahl vielmehr die erste und die regelmäßige ist, und daß erst später ein Widerstand gegen sie einsetzt, dessen Herleitung aus der individuellen Psychologie wohl abzulehnen ist.

Stellen wir zusammen, was uns die Vertiefung in die Kinderpsychologie für das Verständnis des Traumes gebracht hat. Wir fanden nicht nur, daß das Material der vergessenen Kindererlebnisse dem Traum zugänglich ist, sondern wir sahen auch, daß das Seelenleben der Kinder mit all seinen Eigenheiten, seinem Egoismus, seiner inzestuösen Liebeswahl usw. für den Traum, also im Unbewußten, noch fortbesteht, und daß uns der Traum allnächtlich auf diese infantile Stufe zurückführt. Es wird uns so bekräftigt, *daß das Unbewußte des Seelenlebens das Infantile* ist. Der befremdende Eindruck, daß soviel Böses im Menschen steckt, beginnt nachzulassen. Dieses entsetzlich Böse ist einfach das Anfängliche, Primitive, infantile des Seelenlebens, das wir beim Kinde in Wirksamkeit finden können, das wir aber bei ihm zum Teil wegen seiner kleinen Dimensionen übersehen, zum Teil nicht schwer nehmen, weil wir vom Kinde keine ethische Höhe fordern, Indem der Traum auf diese Stufe regrediert, erweckt er den Anschein, als habe er das Böse in uns zum Vorschein gebracht. Es ist aber nur ein täuschender Schein, von dem wir uns haben schrecken lassen. Wir sind nicht so böse, wie wir nach der Deutung der Träume annehmen wollten.

Wenn die bösen Regungen der Träume nur Infantilismen sind, eine Rückkehr zu den Anfängen unserer ethischen Entwicklung, indem der Traum uns einfach wieder zu Kindern im Denken und Fühlen macht, so brauchen wir uns vernünftigerweise dieser bösen Träume nicht zu schämen. Allein das Vernünftige ist nur ein Anteil des Seelenlebens, es geht außerdem in der Seele noch mancherlei vor, was nicht vernünftig ist, und so geschieht es, daß wir uns unvernünftigerweise doch solcher Träume schämen. Wir unterwerfen sie der Traumzensur, schämen und ärgern uns, wenn es einem dieser Wünsche ausnahmsweise gelungen ist, in so unentstellter Form zum Bewußtsein zu dringen, daß wir ihn erkennen müssen, ja wir schämen uns gelegentlich der entstellten Träume genau so, als ob wir sie verstehen würden. Denken Sie nur an das entrüstete Urteil jener braven alten Dame über ihren nicht gedeuteten Traum von den „Liebesdiensten". Das Problem ist also noch nicht erledigt, und es bleibt möglich, daß wir bei weiterer Beschäftigung mit dem Bösen im Traum zu einem anderen Urteil und zu einer anderen Schätzung der menschlichen Natur gelangen.

Als Ergebnis der ganzen Untersuchung erfassen wir zwei Einsichten, die aber nur den Anfang von neuen Rätseln, neuen Zweifeln bedeuten. Erstens: Die Regression der Traumarbeit ist nicht nur eine formale, sondern auch eine materielle. Sie übersetzt nicht nur unsere Gedanken in eine primitive Ausdrucksform, sondern sie weckt auch die Eigentümlichkeiten unseres primitiven Seelenlebens wieder auf, die alte Übermacht des Ichs, die anfänglichen Regungen unseres Sexuallebens, ja selbst unseren alten intellektuellen Besitz, wenn wir die Symbolbeziehung als solchen auffassen dürfen. Und zweitens: All dies alte Infantile, was einmal herrschend und alleinherrschend war, müssen wir heute dem Unbewußten zurechnen, von dem unsere Vorstellungen sich nun verändern und erweitern. Unbewußt ist nicht mehr ein Name für das derzeit Latente, das Unbewußte ist ein besonderes seelisches Reich mit eigenen Wunschregungen, eigener Ausdrucksweise und ihm eigentümlichen seelischen Mechanismen, die sonst nicht in Kraft sind. Aber die latenten Traumgedanken, die wir durch die Traumdeutung erraten haben, sind doch nicht von diesem Reich; sie sind vielmehr so, wie wir sie auch im Wachen hätten denken können. Unbewußt sind sie aber doch; wie löst sich also dieser Widerspruch? Wir beginnen zu ahnen, daß hier eine Sonderung vorzunehmen ist. Etwas, was aus unserem bewußten, Leben stammt und dessen Charaktere teilt – wir heißen es: die Tagesreste – tritt mit etwas anderem aus jenem Reich des Unbewußten zur Traumbildung zusammen. Zwischen diesen beiden Anteilen vollzieht sich die Traumarbeit. Die Beeinflussung der Tagesreste durch das hinzutretende Unbewußte enthält wohl die Bedingung für die Regression. Es ist dies die tiefste Einsicht über das Wesen des Traumes, zu welcher wir hier; ehe wir weitere seelische Gebiete durchforscht haben, gelangen können. Es wird aber bald an der Zeit sein, den unbewußten Charakter der latenten Traumgedanken mit einem anderen Namen zu belegen, zur Unterscheidung von dem Unbewußten aus jenem Reich des Infantilen.

Wir können natürlich auch die Frage aufwerfen: Was nötigt die psychische Tätigkeit während des Schlafens zu solcher Regression? Warum erledigt sie die schlafstörenden seelischen Reize nicht ohne diese? Und wenn sie, aus Motiven der Traumzensur sich der Verkleidung durch die alte, jetzt unverständliche Ausdrucksform bedienen muß, wozu dient ihr die Wiederbelebung der alten, jetzt überwundenen Seelenregungen, Wünsche und Charakterzüge, also die materielle Regression, die zu der formalen hinzukommt? Die einzige Antwort, die uns befriedigen würde, wäre, daß nur auf solche Weise ein Traum gebildet werden kann, daß dynamisch die Aufhebung des Traumreizes nicht anders möglich ist. Aber wir haben vorläufig nicht das Recht, eine solche Antwort zu geben.

XIV. Vorlesung
Die Wunscherfüllung

Meine Damen und Herren! Soll ich Ihnen nochmals vorhalten, welchen Weg wir bisher zurückgelegt haben? Wie wir bei der Anwendung unserer Technik auf die Traumentstellung gestoßen sind, uns besonnen haben, ihr zunächst auszuweichen, und uns die entscheidenden Auskünfte über das Wesen des Traumes an den infantilen Träumen geholt haben? Wie wir dann, mit den Ergebnissen dieser Untersuchung ausgerüstet, die Traumentstellung direkt angegriffen und sie, ich hoffe es, auch schrittweise überwunden haben? Nun aber müssen wir uns sagen, was wir auf dem einen und auf dem anderen Weg gefunden, trifft nicht ganz zusammen. Es wird uns zur Aufgabe, beiderlei Ergebnisse zusammenzusetzen und gegeneinander auszugleichen.

Von beiden Seiten her hat sich uns ergeben, die Traumarbeit bestehe wesentlich in der Umsetzung von Gedanken in ein halluzinatorisches Erleben. Wie das geschehen kann, ist rätselhaft genug, aber es ist ein Problem der allgemeinen Psychologie, das uns hier nicht beschäftigen soll. Aus den Kinderträumen haben wir erfahren, die Traumarbeit beabsichtige die Beseitigung eines den Schlaf störenden seelischen Reizes durch eine Wunscherfüllung. Von den entstellten Träumen konnten wir nichts Ähnliches aussagen, ehe wir sie zu deuten verstanden. Unsere Erwartung ging aber von Anfang an dahin, die entstellten Träume unter dieselben Gesichtspunkte bringen zu können wie die infantilen. Die erste Erfüllung dieser Erwartung brachte uns die Einsicht, daß eigentlich alle Träume – die Träume von Kindern sind, mit dem infantilen Material, den kindlichen Seelenregungen und Mechanismen arbeiten. Nachdem wir die Traumentstellung für überwunden halten, müssen wir an die Untersuchung gehen, ob die Auffassung als Wunscherfüllungen auch für die entstellten Träume Geltung hat.

Wir haben erst kürzlich eine Reihe von Träumen der Deutung unterzogen, aber die Wunscherfüllung ganz außer Betracht gelassen. Ich bin überzeugt, daß sich Ihnen dabei wiederholt die Frage aufgedrängt hat Wo bleibt denn die Wunscherfüllung, die angeblich das Ziel der Traumarbeit ist? Diese Frage ist bedeutsam; sie ist nämlich die Frage unserer Laienkritiker geworden. Wie Sie wissen, hat die Menschheit ein instinktives Abwehrbestreben gegen intellektuelle Neuheiten. Zu den Äußerungen desselben gehört, daß eine solche Neuheit sofort auf den geringsten Umfang reduziert, womöglich in ein Schlagwort komprimiert wird. Für die neue Traumlehre ist die Wunscherfüllung dies Schlagwort geworden. Der Laie stellt die Frage: Wo ist die Wunscherfüllung? Sofort, nachdem er gehört hat, daß der Traum eine Wunscherfüllung sein soll, und indem er sie stellt, beantwortet er sie ablehnend. Es fallen ihm sofort ungezählte eigene Traumerfahrungen ein, in denen sich Unlust bis zu schwerer Angst an das Träumen geknüpft hat, so daß ihm die Behauptung der psychoanalytischen Traumlehre recht unwahrscheinlich wird. Wir haben es leicht, ihm zu antworten, daß bei den entstellten Träumen die Wunscherfüllung nicht offenkundig sein kann, sondern erst gesucht werden muß, so daß sie vor der Deutung des Traumes nicht anzugeben ist. Wir wissen auch, daß die Wünsche dieser entstellten Träume verbotene, von der Zensur abgewiesene Wünsche sind, deren Existenz eben die Ursache der Traumentstellung, das Motiv für das Eingreifen der Traumzensur geworden ist. Aber dem Laienkritiker ist es schwer beizubringen, daß man vor der Deutung des Traumes nicht nach dessen Wunscherfüllung fragen darf. Er wird es doch immer wieder vergessen. Seine ablehnende Haltung gegen die Theorie der Wunscherfüllung ist eigentlich nichts anderes als eine Konsequenz der Traumzensur, ein Ersatz und ein Ausfluß der Ablehnung dieser zensurierten Traumwünsche.

Natürlich werden auch wir das Bedürfnis haben, uns zu erklären, daß es so viele Träume mit peinlichem Inhalt und besonders, daß es Angstträume gibt. Wir stoßen dabei zum erstenmal auf das Problem der Affekte im Traum, welches ein Studium für sich verdiente, uns aber leider nicht beschäftigen darf. Wenn der Traum eine Wunscherfüllung ist, so sollten peinliche Empfindungen im Traume unmöglich sein; darin scheinen die Laienkritiker recht zu haben. Es kommen aber dreierlei Komplikationen in Betracht, an welche diese nicht gedacht haben.

Erstens: es kann sein, daß es der Traumarbeit nicht voll gelungen ist, eine Wunscherfüllung zu schaffen, so daß von dem peinlichen Affekt der Traumgedanken ein Anteil für den manifesten Traum erübrigt wird. Die Analyse müßte dann zeigen, daß diese Traumgedanken noch weit peinlicher waren, als der aus ihnen gestaltete Traum. Soviel läßt sich auch jedesmal nachweisen. Wir geben dann zu, die Traumarbeit hat ihren Zweck nicht erreicht, so wenig wie der Trinktraum auf den Durstreiz seine Absicht erreicht, den Durst zu löschen. Man bleibt durstig und muß erwachen, um zu trinken. Aber es war doch ein richtiger Traum, er hatte nichts von seinem Wesen aufgegeben. Wir müssen sagen: *Ut desint vires, tamen est laudanda voluntas.* Die klar zu erkennende Absicht wenigstens bleibt lobenswert. Solche Fälle des Mißlingens sind kein seltenes Vorkommnis. Es wirkt dazu mit, daß es der Traumarbeit soviel schwerer gelingt, Affekte als Inhalte in ihrem Sinne zu verändern; die Affekte sind manchmal sehr resistent. So geschieht es denn, daß die Traumarbeit den peinlichen Inhalt der Traumgedanken zu einer Wunscherfüllung umgearbeitet hat, während sich der peinliche Affekt noch unverändert durchsetzt. In solchen Träumen paßt der Affekt dann gar nicht zum Inhalt, und unsere Kritiker können sagen, der Traum sei so wenig eine Wunscherfüllung, daß in ihm selbst ein harmloser Inhalt peinlich empfunden werden kann. Wir werden gegen diese unverständige Bemerkung einwenden, daß die Wunscherfüllungstendenz der Traumarbeit gerade an solchen Träumen am deutlichsten, weil isoliert, zum Vorschein kommt. Der Irrtum kommt daher, daß, wer die Neurosen nicht kennt, sich die Verknüpfung von Inhalt und Affekt als eine zu innige vorstellt und darum nicht fassen kann, daß ein Inhalt abgeändert wird, ohne daß die dazu gehörige Affektäußerung mitverändert werde.

Ein zweites, weit wichtigeres und tiefer reichendes Moment, welches der Laie gleichfalls vernachlässigt, ist das folgende. Eine Wunscherfüllung müßte gewiß Lust bringen, aber es fragt sich auch, wem? Natürlich dem, der den Wunsch hat. Vom Träumer ist uns aber bekannt, daß er zu seinen Wünschen ein ganz besonderes Verhältnis unterhält. Er verwirft sie, zensuriert sie, kurz er mag sie nicht. Eine Erfüllung derselben kann ihm also keine Lust bringen, sondern nur das Gegenteil davon. Die Erfahrung zeigt dann, daß dieses Gegenteil, was noch zu erklären ist, in der Form der Angst auftritt. Der Träumer kann also in seinem Verhältnis zu seinen Traumwünschen nur einer Summation von zwei Personen gleichgestellt werden, die doch durch eine starke Gemeinsamkeit verbunden sind. Anstatt aller weiteren Ausführungen biete ich Ihnen ein bekanntes Märchen, in welchem Sie die nämlichen Beziehungen wiederfinden werden. Eine gute Fee verspricht einem armen Menschenpaar, Mann und Frau, die Erfüllung ihrer drei ersten Wünsche. Sie sind selig und nehmen sich vor, diese drei Wünsche sorgfältig auszuwählen. Die Frau läßt sich aber durch den Duft von Bratwürstchen aus der nächsten Hütte verleiten, sich ein solches Paar Würstchen herzuwünschen. Flugs sind sie auch da; das ist die erste Wunscherfüllung. Nun wird der Mann böse und wünscht in seiner Erbitterung, daß die Würste der Frau an der Nase hängen mögen. Das vollzieht sich auch, und die Würste sind von ihrem neuen Standort nicht wegzubringen, das ist nun die zweite Wunscherfüllung, aber der

Wunsch ist der des Mannes; der Frau ist diese Wunscherfüllung sehr unangenehm. Sie wissen, wie es im Märchen weitergeht. Da die beiden im Grunde doch
eines sind, Mann und Frau, muß der dritte Wunsch lauten, daß die Würstchen
von der Nase der Frau weggehen mögen. Wir könnten dieses Märchen noch
mehrmals in anderem Zusammenhange verwerten; hier diene es uns nur als Illustration der Möglichkeit, daß die Wunscherfüllung des einen zur Unlust für den
anderen führen kann, wenn die beiden miteinander nicht einig sind.

Es wird uns nun nicht schwer werden, zu einem noch besseren Verständnis
der Angstträume zu kommen. Wir werden nur noch eine Beobachtung verwerten und uns dann zu einer Annahme entschließen, für die sich mancherlei anführen läßt. Die Beobachtung ist, daß die Angstträume häufig einen Inhalt haben,
welcher der Entstellung völlig entbehrt, sozusagen der Zensur entgangen ist.
Der Angsttraum ist oft eine unverhüllte Wunscherfüllung, natürlich nicht die
eines genehmen, sondern eines verworfenen Wunsches. An Stelle der Zensur ist
die Angstentwicklung getreten. Während man vom infantilen Traum aussagen
kann, er sei die offene Erfüllung eines zugelassenen Wunsches, vom gemeinen
entstellten Traum, er sei die verkappte Erfüllung eines verdrängten Wunsches,
taugt für den Angsttraum nur die Formel, daß er die offene Erfüllung eines verdrängten Wunsches sei. Die Angst ist das Anzeichen dafür, daß der verdrängte
Wunsch sich stärker gezeigt hat als die Zensur, daß er seine Wunscherfüllung
gegen dieselbe durchgesetzt hat oder durchzusetzen im Begriffe war. Wir begreifen, daß, was für ihn Wunscherfüllung ist, für uns, die wir auf der Seite der
Traumzensur stehen, nur Anlaß zu peinlichen Empfindungen und zur Abwehr
sein kann. Die dabei im Traum auftretende Angst ist, wenn Sie so wollen, Angst
vor der Stärke dieser sonst niedergehaltenen Wünsche. Warum diese Abwehr in
der Form der Angst auftritt, das kann man aus dem Studium des Traumes allein
nicht erraten; man muß die Angst offenbar an anderen Stellen studieren.

Dasselbe, was für die unentstellten Angstträume gilt, dürfen wir auch für diejenigen annehmen, die ein Teil Entstellung erfahren haben, und für die sonstigen
Unlustträume, deren peinliche Empfindungen wahrscheinlich Annäherungen an
die Angst entsprechen. Der Angsttraum ist gewöhnlich auch ein Wecktraum; wir
pflegen den Schlaf zu unterbrechen, ehe der verdrängte Wunsch des Traumes
seine volle Erfüllung gegen die Zensur durchgesetzt hat. In diesem Falle ist die
Leistung des Traumes mißglückt, aber sein Wesen ist darum nicht verändert.
Wir haben den Traum mit dem Nachtwächter oder Schlafwächter verglichen,
der unseren Schlaf vor Störung behüten will. Auch der Nachtwächter kommt
in die Lage, die Schlafenden zu wecken, wenn er sich nämlich zu schwach fühlt,
die Störung oder Gefahr allein zu verscheuchen. Dennoch gelingt es uns manchmal, den Schlaf festzuhalten, selbst wenn der Traum bedenklich zu werden und

sich zur Angst zu wenden beginnt. Wir sagen uns im Schlaf: Es ist doch nur ein Traum und schlafen weiter.

Wann sollte es geschehen, daß der Traumwunsch in die Lage kommt, die Zensur zu überwältigen? Die Bedingung hierfür kann ebensowohl von Seiten des Traumwunsches wie der Traumzensur erfüllt werden. Der Wunsch mag aus unbekannten Gründen einmal überstark werden; aber man gewinnt den Eindruck, daß häufiger das Verhalten der Traumzensur die Schuld an dieser Verschiebung des Kräfteverhältnisses trägt. Wir haben schon gehört, daß die Zensur in jedem einzelnen Falle mit verschiedener Intensität arbeitet, jedes Element mit einem anderen Grade von Strenge behandelt; jetzt möchten wir die Annahme hinzufügen, daß sie überhaupt recht variabel ist und gegen das nämliche anstößige Element nicht jedesmal die gleiche Strenge anwendet. Hat es sich so gefügt, daß sie sich einmal ohnmächtig gegen einen Traumwunsch fühlt, der sie zu überrumpeln droht, so bedient sie sich anstatt der Entstellung des letzten Mittels, das ihr bleibt, den Schlafzustand unter Angstentwicklung aufzugeben.

Dabei fällt uns auf, daß wir ja überhaupt noch nicht wissen, warum diese bösen, verworfenen Wünsche sich gerade zur Nachtzeit regen, um uns im Schlafe zu stören. Die Antwort kann kaum anders als in einer Annahme bestehen, die auf die Natur des Schlafzustandes zurückgreift. Bei Tage lastet der schwere Druck einer Zensur auf diesen Wünschen, der es ihnen in der Regel unmöglich macht, sich durch irgendeine Wirkung zu äußern. Zur Nachtzeit wird diese Zensur wahrscheinlich wie alle anderen Interessen des seelischen Lebens zu Gunsten des einzigen Schlafwunsches eingezogen oder wenigstens stark herabgesetzt. Diese Herabsetzung der Zensur zur Nachtzeit ist es dann, der die verbotenen Wünsche es verdanken, daß sie sich wiederum regen dürfen. Es gibt schlaflose Nervöse, die uns gestehen, daß ihre Schlaflosigkeit anfänglich eine gewollte war. Sie getrauten sich nicht einzuschlafen, weil sie sich vor ihren Träumen, also vor den Folgen dieser Verminderung der Zensur fürchteten. Daß diese Einziehung der Zensur darum doch keine grobe Unvorsichtigkeit bedeutet, sehen Sie wohl mit Leichtigkeit ein. Der Schlafzustand lähmt unsere Motilität; unsere bösen Absichten können, wenn sie sich auch zu rühren beginnen, doch nichts anderes machen als eben einen Traum, der praktisch unschädlich ist, und an diesen beruhigenden Sachverhalt mahnt die höchst vernünftige, zwar der Nacht, aber doch nicht dem Traumleben angehörige Bemerkung des Schläfers: Es ist ja nur ein Traum. Also lassen wir ihn gewähren und schlafen wir weiter.

Wenn Sie drittens sich an die Auffassung erinnern, daß der gegen seine Wünsche sich sträubende Träumer gleichzusetzen ist einer Summation von zwei gesonderten, aber irgendwie innig verbundenen Personen, so werden Sie eine andere Möglichkeit begreiflich finden, wie durch Wunscherfüllung etwas zustande kommen kann, was höchst unlustig ist, nämlich eine Bestrafung. Hier kann uns wiederum das Märchen von den drei Wünschen zur Erläuterung dienen: die Bratwürstchen auf dem Teller sind die direkte Wunscherfüllung der ersten Person, der Frau; die Würstchen an ihrer Nase sind die Wunscherfüllung der zweiten Person, des Mannes, aber gleichzeitig auch die Strafe für den törichten Wunsch der Frau. Bei den Neurosen werden wir dann die Motivierung des dritten Wunsches, der im Märchen allein noch übrig bleibt, wiederfinden. Solcher Straftendenzen gibt es nun viele im Seelenleben des Menschen; sie sind sehr stark, und man darf sie für einen Anteil der peinlichen Träume verantwortlich machen. Vielleicht sagen Sie jetzt, auf diese Weise bleibt von der gerühmten Wunscherfüllung nicht viel übrig. Aber bei näherem Zusehen werden Sie zugeben, daß Sie unrecht haben. Entgegen der später anzuführenden Mannigfaltigkeit dessen, was der Traum sein könnte – und nach manchen Autoren auch ist –, ist die Lösung Wunscherfüllung – Angsterfüllung – Straferfüllung doch eine recht eingeengte. Dazu kommt, daß die Angst der direkte Gegensatz des Wunsches ist, daß Gegensätze einander in der Assoziation besonders nahe stehen und im Unbewußten, wie wir gehört haben, zusammenfallen. Ferner, daß die Strafe auch eine Wunscherfüllung ist, die der anderen, zensurierenden Person.

Im ganzen habe ich also Ihrem Einspruch gegen die Theorie der Wunscherfüllung keine Konzession gemacht. Wir sind aber verpflichtet, an jedem beliebigen entstellten Traum die Wunscherfüllung nachzuweisen, und wollen uns dieser Aufgabe gewiß nicht entziehen. Greifen wir auf jenen bereits gedeuteten Traum von den drei schlechten Theaterkarten für 1 fl. 50 zurück, an dem wir schon so manches gelernt haben. Ich hoffe, Sie erinnern sich noch an ihn. Eine Dame, der ihr Mann am Tage mitgeteilt, daß ihre nur um drei Monate jüngere Freundin Elise sich verlobt hat, träumt, daß sie mit ihrem Manne im Theater sitzt. Eine Seite des Parketts ist fast leer. Ihr Mann sagt ihr, die Elise und ihr Bräutigam hätten auch ins Theater gehen wollen, konnten aber nicht, da sie nur schlechte Karten bekamen, drei um einen Gulden fünfzig. Sie meint, es wäre auch kein Unglück gewesen. Wir hatten erraten, daß sich die Traumgedanken auf den Ärger, so früh geheiratet zu haben und auf die Unzufriedenheit mit ihrem Mann beziehen. Wir dürfen neugierig sein, wie diese trüben Gedanken zu einer Wunscherfüllung umgearbeitet worden sind, und wo sich deren Spur im manifesten Inhalt findet. Nun wissen wir schon, daß das Element „zu früh, voreilig" durch die Zensur aus dem Traum eliminiert wurde. Das leere Parkett ist eine Anspielung darauf. Das rätselhafte „3 um einen Gulden fünfzig"[7] wird

---

[7]   Eine andere naheliegende Deutung dieser 3 bei der kinderlosen Frau erwähne ich nicht, weil diese Analyse kein Material hierfür brachte.

uns jetzt mit Hilfe der Symbolik, die wir seither gelernt haben, besser verständlich. Die 3 bedeutet wirklich einen Mann und das manifeste Element ist leicht zu übersetzen: sich einen Mann für die Mitgift kaufen. („Einen zehnmal besseren hätte ich mir für meine Mitgift kaufen können.") Das Heiraten ist offenbar ersetzt durch das Ins-Theater-Gehen. Das „zu früh Theaterkarten besorgen" steht ja direkt an Stelle des zu früh Heiratens. Diese Ersetzung ist aber das Werk der Wunscherfüllung. Unsere Träumerin war nicht immer so unzufrieden mit ihrer frühen Heirat wie am Tage, da sie die Nachricht von der Verlobung ihrer Freundin erhielt. Sie war seinerzeit stolz darauf und fand sich vor der Freundin bevorzugt. Naive Mädchen sollen häufig nach ihrer Verlobung ihre Freude darüber verraten haben, daß sie nun bald zu allen bisher verbotenen Stücken ins Theater gehen, alles mitansehen dürfen. Das Stück Schaulust oder Neugierde, das hier zum Vorschein kommt, war gewiß anfänglich sexuelle Schaulust, dem Geschlechtsleben, besonders der Eltern, zugewendet, und wurde dann zu einem starken Motiv, das die Mädchen zum frühen Heiraten drängte. Auf solche Art wird der Theaterbesuch zu einem naheliegenden Andeutungsersatz für das Verheiratetsein. In dem gegenwärtigen Ärger über ihre frühe Heirat greift sie also auf jene Zeit zurück, in welcher ihr die frühe Heirat Wunscherfüllung war, weil sie ihre Schaulust befriedigte, und ersetzt von dieser alten Wunschregung geleitet das Heiraten durch das Ins-Theater-Gehen.

Wir können sagen, daß wir uns für den Nachweis einer versteckten Wunscherfüllung nicht gerade das bequemste Beispiel herausgesucht haben. In analoger Weise müßten wir bei anderen entstellten Träumen verfahren. Ich kann das vor Ihnen nicht tun und will bloß die Überzeugung aussprechen, daß es überall gelingen wird. Aber ich will bei diesem Punkte der Theorie noch länger verweilen. Die Erfahrung hat mich belehrt, daß er einer der gefährdetsten der ganzen Traumlehre ist, und daß viele Widersprüche und Mißverständnisse an ihn anknüpfen. Außerdem werden Sie vielleicht noch unter dem Eindruck stehen, daß ich bereits ein Stück meiner Behauptung zurückgenommen, indem ich äußerte, der Traum sei ein erfüllter Wunsch oder das Gegenteil davon, eine verwirklichte Angst oder Bestrafung, und werden meinen, es sei die Gelegenheit, mir weitere Einschränkungen abzunötigen. Ich habe auch den Vorwurf gehört, daß ich Dinge, die mir selbst evident scheinen, zu knapp und darum nicht überzeugend genug darstelle.

Wenn jemand in der Traumdeutung so weit mit uns gegangen ist und alles angenommen hat, was sie bisher gebracht, so macht er nicht selten bei der Wunscherfüllung halt und fragt: Zugegeben, daß der Traum jedesmal einen Sinn hat, und daß dieser Sinn durch die psychoanalytische Technik aufgedeckt werden kann, warum muß dieser Sinn aller Evidenz zum Trotze immer wieder in die Formel der Wunscherfüllung gepreßt werden? Warum soll der Sinn dieses nächtlichen Denkens nicht so mannigfaltig sein können wie der des Denkens bei Tage, also der Traum das eine Mal einem erfüllten Wunsch entsprechen, das andere Mal, wie Sie selbst sagen, dem Gegenteil davon, einer verwirklichten Befürchtung, dann aber auch einen Vorsatz ausdrücken können, eine Warnung, eine Überlegung mit ihrem Für und Wider, oder einen Vorwurf, eine Gewissensmahnung, einen Versuch, sich für eine bevorstehende Leistung vorzubereiten usw? Warum gerade immer nur einen Wunsch oder höchstens noch sein Gegenteil?

Man könnte meinen, eine Differenz in diesem Punkte sei nicht wichtig, wenn man sonst einig ist. Genug, daß wir den Sinn des Traumes und die Wege, ihn zu erkennen, aufgefunden; es tritt dagegen zurück, wenn wir diesen Sinn zu enge bestimmt haben sollten; aber es ist nicht so. Ein Mißverständnis in diesem Punkte trifft das Wesen unserer Erkenntnis vom Traum und gefährdet dessen Wert für das Verständnis der Neurose. Auch ist jene Art von Entgegenkommen, die im kaufmännischen Leben als „Kulanz" geschätzt wird, im wissenschaftlichen Betrieb nicht an ihrem Platze und eher schädlich.

Meine erste Antwort auf die Frage, warum der Traum nicht im angegebenen Sinn vieldeutig sein soll, lautet wie gewöhnlich in solchen Fällen: Ich weiß nicht, warum es nicht so sein soll. Ich hätte nichts dagegen. Meinetwegen sei es so. Nur eine Kleinigkeit widersetzt sich dieser breiteren und bequemeren Auffassung des Traumes, daß es nämlich in Wirklichkeit nicht so ist. Meine zweite Antwort wird betonen, daß die Annahme, der Traum entspreche mannigfaltigen Denkformen und intellektuellen Operationen, mir selbst nicht fremd ist. Ich habe einmal in einer Krankengeschichte einen Traum berichtet, der drei Nächte hintereinander auftrat und dann nicht mehr, und habe dies Verhalten damit erklärt, daß der Traum einem Vorsatz entsprach, der nicht wiederzukehren brauchte, nachdem er ausgeführt worden war. Später habe ich einen Traum veröffentlicht, der einem Geständnis entsprach. Wie kann ich also doch widersprechen und behaupten, daß der Traum immer nur ein erfüllter Wunsch sei?

Ich tue das, weil ich ein einfältiges Mißverständnis nicht zulassen will, welches uns die Frucht unserer Bemühung um den Traum kosten kann, ein Mißverständnis, das den Traum mit den latenten Traumgedanken verwechselt und von ihm etwas aussagt, was einzig und allein zu den letzteren gehört. Es ist nämlich ganz richtig, daß der Traum all das vertreten und durch das ersetzt werden kann, was wir vorhin aufgezählt haben: einen Vorsatz, eine Warnung, Überlegung, Vorbereitung, einen Lösungsversuch einer Aufgabe usw. Aber wenn Sie richtig zusehen, erkennen Sie, daß dies alles nur von den latenten Traumgedanken gilt, die in den Traum umgewandelt worden sind. Sie erfahren aus den Deutungen der Träume, daß das unbewußte Denken der Menschen sich mit solchen Vorsätzen, Vorbereitungen, Überlegungen usw. beschäftigt, aus denen dann die Traumarbeit die Träume macht. Wenn Sie sich für die Traumarbeit derzeit nicht interessieren, für die unbewußte Denkarbeit des Menschen aber sehr interessieren, dann eliminieren Sie die Traumarbeit und sagen von dem Traum praktisch ganz richtig aus, er entspreche einer Warnung, einem Vorsatz u. dgl. In der psychoanalytischen Tätigkeit trifft dieser Fall oft zu: Man strebt meist nur danach, die Traumform wieder zu zerstören und die latenten Gedanken, aus denen der Traum geworden ist, an seiner statt in den Zusammenhang einzufügen.

So ganz nebenbei erfahren wir also aus der Würdigung der latenten Traumgedanken, daß alle die genannten, hoch komplizierten seelischen Akte unbewußt vor sich gehen können, ein ebenso großartiges wie verwirrendes Resultat!

Aber um zurückzukehren, Sie haben nur recht, wenn Sie sich klarmachen, daß Sie sich einer abgekürzten Redeweise bedient haben, und wenn Sie nicht glauben, daß Sie jene angeführte Mannigfaltigkeit auf das Wesen des Traumes beziehen müssen. Wenn Sie vom „Traum" sprechen, so müssen Sie entweder den manifesten Traum meinen, d. i. das Produkt der Traumarbeit, oder höchstens noch die Traumarbeit selbst, d. i. jenen psychischen Vorgang, der aus den latenten Traumgedanken den manifesten Traum formt. Jede andere Verwendung des Wortes ist Begriffsverwirrung, die nur Unheil stiften kann. Zielen Sie mit Ihren Behauptungen auf die latenten Gedanken hinter dem Traum, so sagen Sie es direkt und verhüllen Sie nicht das Problem des Traumes durch die lockere Ausdrucksweise, deren Sie sich bedienen. Die latenten Traumgedanken sind der Stoff, den die Traumarbeit zum manifesten Traum umbildet. Warum wollen Sie durchaus den Stoff mit der Arbeit verwechseln, die ihn formt? Haben Sie dann etwas vor jenen voraus, die nur das Produkt der Arbeit kannten und sich nicht erklären konnten woher es stammt und wie es gemacht wird?

Das einzig Wesentliche am Traum ist die Traumarbeit, die auf den Gedankenstoff eingewirkt hat. Wir haben kein Recht, uns in der Theorie über sie hinwegzusetzen, wenn wir sie auch in gewissen praktischen Situationen vernachlässigen dürfen. Die analytische Beobachtung zeigt denn auch, daß die Traumarbeit sich nie darauf beschränkt, diese Gedanken in die Ihnen bekannte archaische oder regressive Ausdrucksweise zu übersetzen. Sondern sie nimmt regelmäßig etwas hinzu, was nicht zu den latenten Gedanken des Tages gehört, was aber der eigentliche Motor der Traumbildung ist. Diese unentbehrliche Zutat ist der gleichfalls unbewußte Wunsch, zu dessen Erfüllung der Trauminhalt umgebildet wird. Der Traum mag also alles mögliche sein, insoweit Sie nur die durch ihn vertretenen Gedanken berücksichtigen, Warnung, Vorsatz, Vorbereitung usw.; er ist immer auch die Erfüllung eines unbewußten Wunsches, und er ist nur dies, wenn Sie ihn als Ergebnis der Traumarbeit betrachten. Ein Traum ist also auch nie ein Vorsatz, eine Warnung schlechtweg, sondern stets ein Vorsatz u. dgl., mit Hilfe eines unbewußten Wunsches in die archaische Ausdrucksweise übersetzt und zur Erfüllung dieser Wünsche umgestaltet. Der eine Charakter, die Wunscherfüllung, ist der konstante; der andere mag variieren; er kann seinerseits auch ein Wunsch sein, so daß der Traum einen latenten Wunsch vom Tage mit Hilfe eines unbewußten Wunsches als erfüllt darstellt.

Ich verstehe das alles sehr gut, aber ich weiß nicht, ob es mir gelungen ist, es auch für Sie verständlich zu machen. Auch habe ich Schwierigkeiten, es Ihnen zu beweisen. Das geht einerseits nicht ohne die sorgfältige Analyse vieler Träume, und anderseits ist dieser heikelste und bedeutsamste Punkt unserer Auffassung des Traumes nicht ohne Beziehung auf Späteres überzeugend darzustellen. Können Sie es überhaupt glauben, daß man bei dem innigen Zusammenhang aller Dinge sehr tief in die Natur des einen eindringen kann, ohne sich um andere Dinge von ähnlicher Natur bekümmert zu haben? Da wir von den nächsten Verwandten des Traumes, von den neurotischen Symptomen, noch nichts wissen, müssen wir uns auch hier bei dem Erreichten bescheiden. Ich will nur noch ein Beispiel vor Ihnen erläutern und eine neue Betrachtung anstellen.

Nehmen wir wieder jenen Traum vor, zu dem wir schon mehrmals zurückgekehrt sind, den Traum von den 3 Theaterkarten für 1 fl. 50. Ich kann Ihnen versichern, daß ich ihn zuerst absichtslos als Beispiel aufgegriffen habe. Die latenten Traumgedanken kennen Sie. Ärger, daß sie sich mit dem Heiraten so beeilt hatte bei der Nachricht, daß ihre Freundin sich erst jetzt verlobt hat; Geringschätzung ihres Mannes, die Idee, daß sie einen besseren bekommen, wenn sie nur gewartet hätte. Den Wunsch, der aus diesen Gedanken einen Traum gemacht hat, kennen wir auch bereits, es ist die Schaulust, ins Theater gehen zu können, sehr wahrscheinlich eine Abzweigung der alten Neugierde, endlich einmal zu erfahren, was denn vorgeht, wenn man verheiratet ist. Diese Neugierde richtet sich bei Kindern bekanntlich regelmäßig auf das Sexualleben der Eltern, ist also eine infantile, und soweit sie später noch vorhanden ist, eine mit ihren Wurzeln ins infantile reichende Triebregung. Aber zur Erweckung dieser Schaulust gab die Nachricht vom Tage keinen Anlaß, bloß zum Ärger und zur Reue. Zu den latenten Traumgedanken gehörte diese Wunschregung zunächst nicht, und wir konnten das Ergebnis der Traumdeutung in die Analyse einreihen, ohne auf sie Rücksicht zu nehmen. Der Ärger war auch an sich nicht traumfähig; ein Traum konnte aus den Gedanken: Es war ein Unsinn, so früh zu heiraten, nicht eher werden, als bis von ihnen aus der alte Wunsch, endlich einmal zu sehen, was beim Heiraten vorgeht, erweckt worden war. Dann formte dieser Wunsch den Trauminhalt, indem er das Heiraten durch Ins-Theater-Gehen ersetzte, und gab ihm die Form einer früheren Wunscherfüllung: So, ich darf ins Theater gehen und alles Verbotene ansehen und du darfst es nicht; ich bin verheiratet und du mußt warten. Auf solche Weise wurde die gegenwärtige Situation in ihr Gegenteil verwandelt, ein alter Triumph an die Stelle der rezenten Niederlage gesetzt. Nebenbei eine Schaulustbefriedigung mit einer egoistischen Konkurrenzbefriedigung verquickt. Diese Befriedigung bestimmt nun den manifesten Trauminhalt, in dem es wirklich heißt daß sie im Theater sitzt, während die Freundin nicht Einlaß finden konnte. Als unpassende und unverständliche Modifikation sind dieser Befriedigungssituation jene Stücke des Trauminhalts aufgesetzt, hinter welchen sich die latenten Traumgedanken noch verbergen. Die Traumdeutung hat von allem abzusehen, was zur Darstellung der Wunscherfüllung dient, und aus jenen Andeutungen die peinlichen latenten Traumgedanken wiederherzustellen.

Die eine Betrachtung, die ich vorbringen will, soll Ihre Aufmerksamkeit auf die jetzt in den Vordergrund gerückten latenten Traumgedanken einstellen. Ich bitte Sie, nicht zu vergessen, daß sie erstens dem Träumer unbewußt, zweitens vollkommen verständig und zusammenhängend sind, so daß sie sich als begreifliche Reaktionen auf den Traumanlaß verstehen lassen, drittens, daß sie den Wert einer beliebigen seelischen Regung oder intellektuellen Operation haben können. Ich werde diese Gedanken jetzt strenger als vorhin „Tagesreste" heißen, der Träumer mag sich zu ihnen bekennen oder nicht. Ich sondere jetzt Tagesreste und latente Traumgedanken, indem ich im Einklang mit unserem früheren Gebrauch als latente Traumgedanken alles bezeichne, was wir bei der Deutung des Traumes erfahren, während die Tagesreste nur ein Teil der latenten Traumgedanken sind. Dann geht unsere Auffassung eben dahin, zu den Tagesresten ist etwas hinzugekommen, etwas, was auch dem Unbewußten angehörte, eine starke, aber verdrängte Wunschregung, und diese allein ist es, die die Traumbildung ermöglicht hat. Die Einwirkung dieser Wunschregung auf die Tagesreste schafft den weiteren Anteil der latenten Traumgedanken, jenen, der nicht mehr rationell und aus dem Wachleben begreiflich erscheinen muß.

Für das Verhältnis der Tagesreste zu dem unbewußten Wunsch habe ich mich eines Vergleiches bedient, den ich hier nur wiederholen kann. Bei jeder Unternehmung bedarf es eines Kapitalisten, der den Aufwand bestreitet, und eines Unternehmers, der die Idee hat und sie auszuführen versteht. Die Rolle des Kapitalisten spielt für die Traumbildung immer nur der unbewußte Wunsch; er gibt die psychische Energie für die Traumbildung ab; der Unternehmer ist der Tagesrest, der über die Verwendung dieses Aufwandes entscheidet. Nun kann der Kapitalist selbst die Idee und die Sachkenntnis haben oder der Unternehmer selbst Kapital besitzen. Das vereinfacht die praktische Situation, erschwert aber ihr theoretisches Verständnis. In der Volkswirtschaft wird man immer wieder die eine Person in ihre beiden Aspekte als Kapitalist und als Unternehmer zerlegen und somit die Grundsituation, von der unser Vergleich ausgegangen ist, wiederherstellen. Bei der Traumbildung kommen dieselben Variationen vor, deren weitere Verfolgung ich Ihnen überlasse.

Weiter können wir hier nicht gehen, denn Sie sind wahrscheinlich schon längst durch ein Bedenken gestört worden, das angehört zu werden verdient. Sind die Tagesreste, fragen Sie, wirklich in demselben Sinne unbewußt wie der unbewußte Wunsch, der hinzukommen muß, um sie traumfähig zu machen? Sie ahnen richtig. Hier liegt der springende Punkt der ganzen Sache. Sie sind nicht unbewußt in demselben Sinne. Der Traumwunsch gehört einem anderen Unbewußten an, jenem, das wir als infantiler Herkunft, mit besonderen Mechanismen ausgestattet, erkannt haben. Es wäre durchaus angebracht, diese beiden Weisen des Unbewußten durch verschiedene Bezeichnungen voneinander zu sondern. Aber wir wollen doch lieber damit warten, bis wir uns mit dem Erscheinungsgebiet der Neurosen vertraut gemacht haben. Hält man uns doch das eine Unbewußte als phantastisch vor; was wird man erst sagen, wenn wir bekennen, daß wir erst bei zweierlei Unbewußtem unser Auslangen finden?

Brechen wir hier ab. Sie haben wiederum nur Unvollständiges gehört; aber ist es nicht hoffnungsvoll zu denken, daß dieses Wissen eine Fortsetzung hat, die entweder wir selbst oder andere nach uns zutage fördern werden? Und haben wir selbst nicht Neues und Überraschendes genug erfahren?

XV. Vorlesung
Unsicherheiten und Kritiken

Meine Damen und Herren! Wir wollen das Gebiet des Traumes doch nicht verlassen, ohne die gewöhnlichsten Zweifel und Unsicherheiten zu behandeln, die sich an unsere bisherigen Neuheiten und Auffassungen geknüpft haben. Einiges Material hierzu werden aufmerksame Hörer unter Ihnen bei sich selbst zusammengetragen haben.

1. Es mag Ihr Eindruck geworden sein, daß die Resultate unserer Deutungsarbeit am Traume trotz korrekter Einhaltung der Technik so viel Unbestimmtheiten zulassen, daß dadurch eine sichere Übersetzung des manifesten Traumes in die latenten Traumgedanken doch vereitelt wird. Sie werden dafür anführen, daß man erstens nie weiß, ob ein bestimmtes Element des Traumes im eigentlichen Sinne oder symbolisch zu verstehen ist, denn die als Symbole verwendeten Dinge hören darum doch nicht auf, sie selbst zu sein. Hat man aber

keinen objektiven Anhalt, um dies zu entscheiden, so bleibt die Deutung in diesem Punkte der Willkür des Traumdeuters überlassen. Ferner ist es infolge des Zusammenfallens von Gegensätzen bei der Traumarbeit jederzeit unbestimmt gelassen, ob ein gewisses Traumelement im positiven oder im negativen Sinne, als es selbst oder als sein Gegenteil verstanden werden soll. Eine neue Gelegenheit zur Betätigung der Willkür des Deutenden. Drittens steht es dem Traumdeuter infolge der im Traume so beliebten Umkehrungen jeder Art frei, an ihm beliebigen Stellen des Traumes eine solche Umkehrung vorzunehmen. Endlich werden Sie sich darauf berufen, gehört zu haben, daß man selten sicher ist, die gefundene Deutung des Traumes sei die einzig mögliche. Man läuft Gefahr, eine durchaus zulässige Überdeutung desselben Traumes zu übersehen. Unter diesen Umständen, werden Sie schließen, bleibt der Willkür des Deuters ein Spielraum eingeräumt, dessen Weite mit der objektiven Sicherheit der Resultate unverträglich scheint. Oder Sie können auch annehmen, der Fehler liege nicht am Traume, sondern die Unzulänglichkeiten unserer Traumdeutung ließen sich auf Unrichtigkeiten unserer Auffassungen und Voraussetzungen zurückführen.

All Ihr Material ist untadelig gut, aber ich glaube, es rechtfertigt nicht Ihre Schlüsse nach den beiden Richtungen, daß die Traumdeutung, wie wir sie betreiben, der Willkür preisgegeben ist, und daß die Mängel der Ergebnisse die Berechtigung unseres Verfahrens in Frage stellen. Wenn Sie anstatt der Willkür des Deuters einsetzen wollen: der Geschicklichkeit, der Erfahrung, dem Verständnis desselben, so pflichte ich Ihnen bei. Ein solches persönliches Moment werden wir freilich nicht entbehren können, zumal nicht bei schwierigeren Aufgaben der Traumdeutung. Das ist aber bei anderen wissenschaftlichen Betrieben auch nicht anders. Es gibt kein Mittel, um hintanzuhalten, daß der eine eine gewisse Technik nicht schlechter handhabe oder nicht besser ausnütze als ein anderer. Was sonst, z. B. bei der Deutung der Symbole, als Willkür imponiert, das wird dadurch beseitigt, daß in der Regel der Zusammenhang der Traumgedanken untereinander, der des Traumes mit dem Leben des Träumers und die ganze psychische Situation, in welche der Traum fällt, von den gegebenen Deutungsmöglichkeiten die eine auswählt, die anderen als unbrauchbar zurückweist. Der Schluß aus den Unvollkommenheiten der Traumdeutung auf die Unrichtigkeit unserer Aufstellungen wird aber durch eine Bemerkung entkräftet, welche die Mehrdeutigkeit oder Unbestimmtheit des Traumes vielmehr als eine notwendig zu erwartende Eigenschaft desselben erweist.

Erinnern wir uns daran, daß wir gesagt haben, die Traumarbeit nehme eine Übersetzung der Traumgedanken in eine primitive, der Bilderschrift analoge Ausdrucksweise vor. Alle diese primitiven Ausdruckssysteme sind aber mit solchen Unbestimmtheiten und Zweideutigkeiten behaftet, ohne daß wir darum ein Recht hätten, deren Gebrauchsfähigkeit anzuzweifeln. Sie wissen, das Zusammenfallen der Gegensätze bei der Traumarbeit ist analog dem sogenannten „Gegensinn der Urworte" in den ältesten Sprachen. Der Sprachforscher K. *Abel* (1884), dem wir diesen Gesichtspunkt verdanken, ersucht uns, ja nicht zu glauben, daß die Mitteilung, welche eine Person der anderen mit Hilfe so ambivalenter Worte machte, darum eine zweideutige gewesen sei. Ton und Geste müssen es vielmehr im Zusammenhang der Rede ganz unzweifelhaft gemacht haben, welchen der beiden Gegensätze der Sprecher zur Mitteilung im Sinne hatte. In der Schrift, wo die Geste entfällt, wurde sie durch ein hinzugesetztes, zur Aussprache nicht bestimmtes Bildzeichen ersetzt, z. B. durch das Bild eines lässig hockenden oder eines stramm dastehenden Männchens, je nachdem das zweideutige *ken* der Hieroglyphenschrift „schwach" oder „stark" bedeuten sollte. So wurde trotz der Mehrdeutigkeit der Laute und der Zeichen das Mißverständnis vermieden.

Die alten Ausdruckssysteme, z. B. die Schriften jener ältesten Sprachen, lassen uns eine Anzahl von Unbestimmtheiten erkennen, die wir in unserer heutigen Schrift nicht dulden würden. So werden in manchen semitischen Schriften nur die Konsonanten der Worte bezeichnet. Die weggelassenen Vokale hat der Leser nach seiner Kenntnis und nach dem Zusammenhange einzusetzen. Nicht ganz so, aber recht ähnlich verfährt die Hieroglyphenschrift, weshalb uns die Aussprache des Altägyptischen unbekannt geblieben ist. Die heilige Schrift der Ägypter kennt noch andre Unbestimmtheiten. So ist es z. B. der Willkür des Schreibers überlassen, ob er die Bilder von rechts nach links oder von links nach rechts aneinanderreihen will. Um lesen zu können, muß man sich an die Vorschrift halten, daß man auf die Gesichter der Figuren, Vögel u. dgl. hin zu lesen hat. Der Schreiber konnte aber auch die Bilderzeichen in Vertikalreihen anordnen, und bei Inschriften an kleineren Objekten ließ er sich durch Rücksichten der Gefälligkeit und der Raumausfüllung bestimmen, die Folge der Zeichen noch anders abzuändern. Das Störendste an der Hieroglyphenschrift ist wohl, daß sie eine Worttrennung nicht kennt. Die Bilder laufen in gleichen Abständen voneinander über die Seite, und man kann im allgemeinen nicht wissen, ob ein Zeichen noch zum vorstehenden gehört oder den Anfang eines neuen Wortes macht. In der persischen Keilschrift dient dagegen ein schräger Keil als „Wortteiler".

Eine überaus alte, aber heute noch von 400 Millionen gebrauchte Sprache und Schrift ist die chinesische. Nehmen Sie nicht an, daß ich etwas von ihr verstehe; ich habe mich nur über sie instruiert, weil ich Analogien zu den Unbestimmtheiten des Traumes zu finden hoffte. Meine Erwartung ist auch nicht getäuscht worden. Die chinesische Sprache ist voll von solchen Unbestimmtheiten, die uns Schrecken einjagen können. Sie besteht bekanntlich aus einer Anzahl von Silbenlauten, die für sich allein oder zu zweien kombiniert gesprochen werden. Einer der Hauptdialekte hat etwa 400 solcher Laute. Da nun der Wortschatz dieses Dialekts auf etwa 4000 Worte berechnet wird, ergibt sich, daß jeder Laut im Durchschnitt zehn verschiedene Bedeutungen hat, einige davon weniger, aber andere dafür um so mehr. Es gibt dann eine ganze Anzahl von Mitteln, um der Vieldeutigkeit zu entgehen, da man nicht aus dem Zusammenhang allein erraten kann, welche der zehn Bedeutungen des Silbenlautes der Sprecher beim Hörer zu erwecken beabsichtigt. Darunter ist die Verbindung zweier Laute zu einem zusammengesetzten Wort und die Verwendung von vier verschiedenen „Tönen", mit denen diese Silben gesprochen werden. Für unsere Vergleichung ist der Umstand noch interessanter, daß es in dieser Sprache so gut wie keine Grammatik gibt. Man kann von keinem der einsilbigen Worte sagen, ob es Haupt-, Zeit-, Eigenschaftswort ist, und es fehlen alle Abänderungen der Worte, durch welche man Geschlecht, Zahl, Endung, Zeit oder Modus erkennen könnte. Die Sprache besteht also sozusagen nur aus dem Rohmaterial, ähnlich wie unsere Denksprache durch die Traumarbeit in ihr Rohmaterial unter Hinweglassung des Ausdrucks der Relationen aufgelöst wird. Im Chinesischen wird in allen Fällen von Unbestimmtheit die Entscheidung dem Verständnis des Hörers überlassen, der sich dabei vom Zusammenhange leiten läßt. Ich habe mir ein Beispiel eines chinesischen Sprichwortes notiert, das wörtlich übersetzt lautet:

> Wenig was sehen viel was wunderbar.

Das ist nicht schwer zu verstehen. Es mag heißen: Je weniger einer gesehen hat, desto mehr findet er zu bewundern, oder: Vieles gibt's zu bewundern für den, der wenig gesehen hat. Eine Entscheidung zwischen diesen nur grammatikalisch verschiedenen Übersetzungen kommt natürlich nicht in Betracht. Trotz dieser Unbestimmtheiten, wird uns versichert, ist die chinesische Sprache ein ganz ausgezeichnetes Mittel des Gedankenausdrucks. Die Unbestimmtheit muß also nicht notwendig zur Vieldeutigkeit führen.

Nun müssen wir freilich zugestehen, daß die Sachlage für das Ausdruckssystem des Traumes weit ungünstiger liegt als für alle diese alten Sprachen und Schriften. Denn diese sind doch im Grunde zur Mitteilung bestimmt, d. h. darauf berechnet, auf welchen Wegen und mit welchen Hilfsmitteln immer verstanden zu werden. Gerade dieser Charakter geht aber dem Traume ab. Der Traum will niemandem etwas sagen, er ist kein Vehikel der Mitteilung, er ist im Gegenteile darauf angelegt, unverstanden zu bleiben. Darum dürften wir uns nicht verwundern und nicht irre werden, wenn sich herausstellen sollte, daß eine Anzahl von Vieldeutigkeiten und Unbestimmtheiten des Traumes der Entscheidung entzogen bleibt. Als sicherer Gewinn unserer Vergleichung bleibt uns nur die Einsicht, daß solche Unbestimmtheiten, wie man sie als Einwand gegen die Triftigkeit unserer Traumdeutungen verwerten wollte, vielmehr regelmäßige Charaktere aller primitiven Ausdruckssysteme sind.

Wie weit die Verständlichkeit des Traumes in Wirklichkeit reicht, läßt sich nur durch Übung und Erfahrung feststellen. Ich meine, sehr weit, und die Vergleichung der Resultate, welche sich korrekt geschulten Analytikern ergeben, bestätigt meine Ansicht. Das Laienpublikum, auch das wissenschaftliche Laienpublikum, gefällt sich bekanntlich darin, angesichts der Schwierigkeiten und Unsicherheiten einer wissenschaftlichen Leistung mit überlegener Skepsis zu prunken. Ich meine, mit Unrecht. Es ist Ihnen vielleicht nicht allen bekannt, daß sich eine ähnliche Situation in der Geschichte der Entzifferung der babylonisch-assyrischen Inschriften ergeben hat. Da gab es eine Zeit, zu welcher die öffentliche Meinung weit darin ging, die Keilschriftentzifferer für Phantasten und diese ganze Forschung für einen „Schwindel" zu erklären. Im Jahre 1857 machte aber die Royal Asiatic Society eine entscheidende Probe. Sie forderte vier der angesehensten Keilschriftforscher, *Rawlinson, Hincks, Fox Talbot* und *Oppert*, auf, ihr von einer neugefundenen Inschrift unabhängige Übersetzungen im versiegelten Kuvert einzusenden, und konnte nach der Vergleichung der vier Lesungen verkünden, die Übereinstimmung derselben gehe weit genug, um das Zutrauen in das bisher Erreichte und die Zuversicht auf weitere Fortschritte zu rechtfertigen. Der Spott der gelehrten Laienwelt nahm dann allmählich ein Ende, und die Sicherheit in der Lesung der Keilschriftdokumente ist seither außerordentlich gewachsen.

2. Eine zweite Reihe von Bedenken hängt tief an dem Eindruck, von dem wohl auch Sie nicht frei geblieben sind, daß eine Anzahl von Lösungen der Traumdeutung, zu denen wir uns genötigt sehen, gezwungen, erkünstelt, an den Haaren herbeigezogen, also gewaltsam oder selbst komisch und witzelnd erscheinen. Diese Äußerungen sind so häufig, daß ich aufs Geratewohl die letzte, von der mir Kunde geworden ist, herausgreifen will. Hören Sie also: In der freien Schweiz ist kürzlich ein Seminardirektor wegen Beschäftigung mit der Psychoanalyse seiner Stellung enthoben worden. Er hat Einspruch erhoben, und eine Berner Zeitung hat das Gutachten der Schulbehörde über ihn zur öffentlichen Kenntnis gebracht. Aus diesem Schriftstück ziehe ich einige Sätze, die sich auf die Psychoanalyse beziehen, aus: „Ferner überrascht, das Gesuchte und Gekünstelte in vielen Beispielen, die sich auch in dem angeführten Buche von Dr. Pfister in Zürich vorfinden. Es müßte also eigentlich überraschen, daß ein Seminardirektor alle diese Behauptungen und Scheinbeweise kritiklos entgegennimmt." Diese Sätze werden als die Entscheidung eines „ruhig Urteilenden" hingestellt. Ich meine vielmehr, diese Ruhe ist „erkünstelt". Treten wir diesen

Äußerungen in der Erwartung näher, daß etwas Nachdenken und etwas Sachkenntnis auch einem ruhigen Urteil keinen Nachteil bringen kann.

Es ist wahrhaft erfrischend zu sehen, wie rasch und unbeirrt jemand in einer heiklen Frage der Tiefenpsychologie nach seinen ersten Eindrücken urteilen kann. Die Deutungen erscheinen ihm gesucht und gezwungen, sie gefallen ihm nicht, also sind sie falsch und die ganze Deuterei taugt nichts; nicht einmal ein flüchtiger Gedanke streift auch die andere Möglichkeit, daß diese Deutungen aus guten Gründen so erscheinen müssen, woran sich die weitere Frage knüpfen würde, welches diese guten Gründe sind.

Der beurteilte Sachverhalt bezieht sich wesentlich auf die Ergebnisse der Verschiebung, die Sie als das stärkste Mittel der Traumzensur kennengelernt haben. Mit Hilfe der Verschiebung schafft die Traumzensur Ersatzbildungen, die wir als Anspielungen bezeichnet haben. Es sind aber Anspielungen, die als solche nicht leicht zu erkennen sind, von denen der Rückweg zum Eigentlichen nicht leicht auffindbar ist, und die mit diesem Eigentlichen durch die sonderbarsten, ungebräuchlichsten, äußerlichen Assoziationen in Verbindung stehen. In all diesen Fällen handelt es sich aber um Dinge, die versteckt werden sollen, die zur Verheimlichung bestimmt sind; dies will ja die Traumzensur erreichen. Etwas, das versteckt worden ist, darf man aber nicht an seinem Orte, an der ihm zukommenden Stelle, zu finden erwarten. Die heute amtierenden Grenzüberwachungskommissionen sind in dieser Hinsicht schlauer als die Schweizer Schulbehörde. Sie begnügen sich bei der Suche nach Dokumenten und Aufzeichnungen nicht damit, in Mappen und Brieftaschen nachzusehen, sondern sie ziehen die Möglichkeit in Betracht, daß die Spione und Schmuggler solche verpönte Dinge an den verborgensten Stellen ihrer Kleidung tragen könnten, wo sie entschieden nicht hingehören, wie z. B. zwischen den doppelten Sohlen ihrer Stiefel. Finden sich die verheimlichten Dinge dort, so waren sie allerdings sehr gesucht, aber auch sehr – gefunden.

Wenn wir die entlegensten, sonderbarsten, bald komisch, bald witzig erscheinenden Verknüpfungen zwischen einem latenten Traumelement und seinem manifesten Ersatz als möglich anerkennen, so folgen wir dabei reichlichen Erfahrungen an Beispielen, deren Auflösung wir in der Regel nicht selbst gefunden haben. Es ist oft nicht möglich, solche Deutungen aus Eigenem zu geben; kein sinniger Mensch könnte die vorliegende Verknüpfung erraten. Der Träumer gibt uns die Übersetzung entweder mit einem Schlage durch seinen direkten Einfall – er kann es ja, denn bei ihm hat sich diese Ersatzbildung hergestellt – oder er liefert uns so viel Material, daß die Lösung keinen besonderen Scharfsinn mehr fordert, sondern sich wie notwendig aufdrängt. Hilft uns der Träumer nicht auf eine dieser beiden Weisen, so bleibt uns das betreffende manifeste

Element auch ewig unverständlich. Gestatten Sie, daß ich Ihnen noch ein solches kürzlich erlebtes Beispiel nachtrage. Eine meiner Patientinnen hat während der Behandlung ihren Vater verloren. Sie bedient sich seitdem jedes Anlasses, um ihn im Traume wieder zu beleben. In einem ihrer Träume kommt der Vater in einem gewissen, weiter nicht verwertbaren Zusammenhange vor und sagt: *Es ist ein Viertel zwölf, es ist halb zwölf, es ist drei Viertel zwölf.* Zur Deutung dieser Sonderbarkeit stellte sich nur der Einfall ein, daß der Vater es gerne gesehen hatte, wenn die erwachsenen Kinder die gemeinschaftliche Speisestunde pünktlich einhielten. Das hing gewiß mit dem Traumelement zusammen, gestattete aber keinen Schluß auf dessen Herkunft. Es bestand ein durch die damalige Situation der Kur gerechtfertigter Verdacht, daß eine sorgfältig unterdrückte, kritische Auflehnung gegen den geliebten und verehrten Vater ihren Anteil an diesem Traum hätte. In weiterer Verfolgung ihrer Einfälle, anscheinend weit vom Traum entfernt, erzählt die Träumerin, gestern sei in ihrer Gegenwart viel Psychologisches besprochen worden, und ein Verwandter habe die Äußerung getan: Der *Urmensch* lebt in uns allen fort. Jetzt glauben wir zu verstehen. Das gab eine ausgezeichnete Gelegenheit für sie, den verstorbenen Vater wieder einmal fortleben zu lassen. Sie machte ihn also im Traum zum *Uhrmenschen*, indem sie ihn die Viertelstunden der Mittagszeit ansagen ließ.

Sie werden an diesem Beispiel die Ähnlichkeit mit einem Witz nicht von sich weisen können, und es ist wirklich oft genug vorgekommen, daß man den Witz des Träumers für den des Deuters gehalten hat. Es gibt noch andere Beispiele, in denen es gar nicht leicht wird zu entscheiden, ob man es mit einem Witz oder einem Traum zu tun hat. Sie erinnern sich aber, daß uns der nämliche Zweifel bei manchen Fehlleistungen des Versprechens gekommen ist. Ein Mann erzählt als seinen Traum, sein Onkel habe ihm, während sie in dessen Auto(mobil) saßen, einen Kuß gegeben. Er fügt selbst sehr rasch die Deutung hinzu. Es bedeutet: *Autoerotismus* (ein Terminus aus der Libidolehre, der die Befriedigung ohne fremdes Objekt bezeichnet). Hat sich nun der Mann einen Scherz mit uns erlaubt und einen Witz, der ihm eingefallen ist, für einen Traum ausgegeben? Ich glaube es nicht; er hat wirklich so geträumt. Woher kommt aber diese verblüffende Ähnlichkeit? Diese Frage hat mich seinerzeit ein Stück von meinem Wege abgeführt, indem sie mir die Notwendigkeit auferlegte, den Witz selbst einer eingehenden Untersuchung zu unterziehen. Es hat sich dabei für die Entstehung des Witzes ergeben, daß ein vorbewußter Gedankengang für einen Moment der unbewußten Bearbeitung überlassen wird, aus welcher er dann als Witz auftaucht. Unter dem Einfluß des Unbewußten erfährt er die Einwirkung der dort waltenden Mechanismen, der Verdichtung und der Verschiebung, also derselben Vorgänge, die wir bei der Traumarbeit beteiligt fanden, und dieser Gemeinsamkeit ist die

Ähnlichkeit von Witz und Traum, wo sie zustande kommt, zuzuschreiben. Vom Lustgewinn des Witzes bringt der unbeabsichtigte „Traumwitz" aber nichts mit. Warum, mag Sie die Vertiefung in das Studium des Witzes lehren. Der „Traumwitz" erscheint uns als schlechter Witz, er macht uns nicht lachen, läßt uns kalt.

Wir treten dabei aber auch in die Fußstapfen der antiken Traumdeutung, die uns neben vielem Unbrauchbaren manches gute Beispiel einer Traumdeutung hinterlassen hat, welches wir selbst nicht zu übertreffen wüßten. Ich erzähle Ihnen nun einen historisch bedeutsamen Traum, den mit gewissen Abweichungen *Plutarch* und *Artemidorus aus Daldis* von Alexander dem Großen berichten. Als der König mit der Belagerung der hartnäckig verteidigten Stadt Tyrus beschäftigt war (322 v. Chr.), träumte er einmal, er sehe einen tanzenden Satyr. Der Traumdeuter *Aristandros*, der sich beim Heere befand, deutete ihm diesen Traum, indem er das Wort „Satyros" σὰ Τύρος (dein ist Tyrus) zerlegte und ihm darum den Triumph über die Stadt versprach. Alexander ließ sich durch diese Deutung bestimmen, die Belagerung fortzusetzen, und nahm endlich Tyrus ein. Die Deutung, die gekünstelt genug aussieht, war unzweifelhaft die richtige.

3. Ich kann mir vorstellen, daß es Ihnen einen besonderen Eindruck machen wird zu hören, daß Einwendungen gegen unsere Auffassung des Traumes auch von solchen Personen erhoben worden sind, die sich selbst längere Zeit als Psychoanalytiker mit der Deutung von Träumen beschäftigt haben. Es wäre zu ungewöhnlich gewesen, daß ein so reichhaltiger Anreiz zu neuen Irrtümern ungenützt geblieben wäre, und so haben sich durch begriffliche Verwechslungen und unberechtigte Verallgemeinerungen Behauptungen ergeben, die hinter der medizinischen Auffassung des Traumes an Unrichtigkeit nicht weit zurückstehen. Die eine davon kennen Sie bereits. Sie sagt aus, daß sich der Traum mit Anpassungsversuchen an die Gegenwart und Lösungsversuchen der Zukunftsaufgaben beschäftige, also eine „prospektive Tendenz" verfolge (*A. Maeder*). Wir haben bereits angeführt, daß diese Behauptung auf Verwechslung des Traumes mit den latenten Traumgedanken beruht, also das Übersehen der Traumarbeit zur Voraussetzung hat. Als Charakteristik der unbewußten Geistestätigkeit, der die latenten Traumgedanken angehören, ist sie einerseits keine Neuheit, anderseits nicht erschöpfend, denn die unbewußte Geistestätigkeit beschäftigt sich mit vielem anderen neben der Vorbereitung der Zukunft. Eine weit ärgere Verwechslung scheint der Versicherung zugrunde zu liegen, daß man hinter jedem Traum die „Todesklausel" finde. Ich weiß nicht genau, was diese Formel besagen will, aber ich vermute, hinter ihr steckt die Verwechslung des Traumes mit der ganzen Persönlichkeit des Träumers.

Eine ungerechtfertigte Verallgemeinerung aus wenigen guten Beispielen liegt in dem Satze, daß jeder Traum zwei Deutungen zulasse, eine solche, wie wir sie aufgezeigt haben, die sogenannte psychoanalytische, und eine andere, die sogenannte anagogische, welche von den Triebregungen absieht und auf eine Darstellung der höheren Seelenleistungen hinzielt (*H. Silberer*). Es gibt solche Träume, aber Sie werden diese Auffassung vergeblich auch nur auf eine Mehrzahl der Träume auszudehnen versuchen. Ganz unbegreiflich wird Ihnen nach allem, was Sie gehört haben, die Behauptung erscheinen, daß alle Träume bisexuell zu deuten seien, als Zusammentreffen einer männlichen mit einer weiblich zu nennenden Strömung (*A. Adler*). Es gibt natürlich auch einzelne solche Träume, und Sie könnten später erfahren, daß diese so gebaut sind wie gewisse hysterische Symptome. Ich erwähne alle diese Entdeckungen neuer allgemeiner Charaktere des Traumes, um Sie vor ihnen zu warnen oder um Sie wenigstens nicht im Zweifel zu lassen, wie ich darüber urteile.

4. Eines Tages schien der objektive Wert der Traumforschung durch die Beobachtung in Frage gestellt, daß die analytisch behandelten Patienten den Inhalt ihrer Träume nach den Lieblingstheorien ihrer Ärzte einrichten, indem die einen vorwiegend von sexuellen Triebregungen träumen, die anderen vom Machtstreben und noch andere sogar von der Wiedergeburt (*W. Stekel*). Das Gewicht dieser Beobachtung wird durch die Erwägung verringert, daß die Menschen bereits geträumt haben, ehe es eine psychoanalytische Behandlung gab, die ihre Träume lenken konnte, und daß die jetzt in Behandlung Stehenden auch zur Zeit vor der Behandlung zu träumen pflegten. Das Tatsächliche dieser Neuheit läßt sich bald als selbstverständlich und für die Theorie des Traumes belanglos erkennen. Die den Traum anregenden Tagesreste erübrigen von den starken Interessen des Wachlebens. Wenn die Reden des Arztes und die Anregungen, die er gibt, für den Analysierten bedeutungsvoll geworden sind, so treten sie in den Kreis der Tagesreste ein, können die psychischen Reize für die Traumbildung abgeben wie die anderen affektbetonten unerledigten Interessen des Tages und wirken ähnlich wie die somatischen Reize, die während des Schlafes auf den Schläfer einwirken. Wie diese anderen Anreger des Traumes können auch die vom Arzt angeregten Gedankengänge im manifesten Trauminhalt erscheinen oder im latenten nachgewiesen werden. Wir wissen ja, daß man Träume experimentell erzeugen, richtiger gesagt, einen Teil des Traummaterials in den Traum einführen kann. Der Analytiker spielt also bei diesen Beeinflussungen seiner Patienten keine andere Rolle als der Experimentator, der *wie Mourly Vold* den Gliedern seiner Versuchspersonen gewisse Stellungen erteilt.

Man kann oftmals den Träumer beeinflussen, *worüber* er träumen soll, nie aber darauf einwirken, was er träumen wird. Der Mechanismus der Traumarbeit und der unbewußte Traumwunsch sind jedem fremden Einfluß entzogen. Wir haben bereits bei der Würdigung der somatischen Reizträume erkannt, daß die

Eigenart und Selbständigkeit des Traumlebens sich in der Reaktion erweist, mit welcher der Traum auf die zugeführten körperlichen oder seelischen Reize antwortet. Der hier besprochenen Behauptung, welche die Objektivität der Traumforschung in Zweifel ziehen will, liegt also wiederum eine Verwechslung, die des Traumes mit dem Traummaterial, zugrunde.

Soviel, meine Damen und Herren, wollte ich Ihnen von den Problemen des Traumes erzählen. Sie ahnen, daß ich vieles übergangen habe, und haben selbst erfahren, daß ich fast in allen Punkten unvollständig sein mußte. Das liegt aber am Zusammenhang der Traumphänomene mit denen der Neurosen. Wir haben den Traum als Einführung in die Neurosenlehre studiert und das war gewiß richtiger, als wenn wir das Umgekehrte getan hätten. Aber wie der Traum für das Verständnis der Neurosen vorbereitet, so kann anderseits die richtige Würdigung des Traumes erst nach der Kenntnis der neurotischen Erscheinungen gewonnen werden.

Ich weiß nicht, wie Sie darüber denken werden, aber ich muß versichern, daß ich nicht bereue, soviel von Ihrem Interesse und von der für uns verfügbaren Zeit für die Probleme des Traumes in Anspruch genommen zu haben. An keinem anderen Objekt kann man sich so rasch die Überzeugung von der Richtigkeit der Behauptungen holen, mit denen die Psychoanalyse steht und fällt. Es bedarf der angestrengten Arbeit von vielen Monaten und selbst Jahren, um zu zeigen, daß die Symptome eines Falles von neurotischer Erkrankung ihren Sinn haben, einer Absicht dienen und aus den Schicksalen der leidenden Person hervorgehen. Dagegen kann es einer Bemühung von wenigen Stunden gelingen, denselben Sachverhalt für eine zunächst unverständlich verworrene Traumleistung zu erweisen und damit alle die Voraussetzungen der Psychoanalyse zu bestätigen, die Unbewußtheit seelischer Vorgänge, die besonderen Mechanismen, denen sie gehorchen, und die Triebkräfte, die sich in ihnen äußern. Und wenn wir die durchgreifende Analogie im Aufbau von Traum und neurotischem Symptom mit der Raschheit der Verwandlung zusammenhalten, die aus dem Träumer einen wachen und vernünftigen Menschen macht, gewinnen wir die Sicherheit, daß auch die Neurose nur auf verändertem Kräftespiel zwischen den Mächten des Seelenlebens beruht.

DRITTER TEIL: ALLGEMEINE NEUROSENLEHRE

XVI. Vorlesung
Psychoanalyse und Psychiatrie

Meine Damen und Herren! Ich freue mich, Sie nach Jahresfrist zur Fortsetzung unserer Besprechungen wiederzusehen. Ich habe Ihnen im Vorjahre die psychoanalytische Behandlung der Fehlleistungen und des Traumes vorgetragen; ich möchte Sie heuer in das Verständnis der neurotischen Erscheinungen einführen, die, wie Sie bald entdecken werden, mit beiden vielerlei Gemeinsames haben. Aber ich sage es Ihnen vorher, ich kann Ihnen diesmal nicht dieselbe Stellung mir gegenüber einräumen wie im Vorjahre. Damals lag mir daran, keinen Schritt zu tun, ohne mit Ihrem Urteil im Einvernehmen zu bleiben: ich diskutierte viel mit Ihnen, unterwarf mich Ihren Einwendungen, anerkannte eigentlich Sie und Ihren „gesunden Menschenverstand" als entscheidende Instanz. Das geht jetzt nicht länger, und zwar wegen eines einfachen Sachverhaltes. Fehlleistungen und Träume waren Ihnen als Phänomene nicht fremd; man konnte sagen, Sie besaßen ebensoviel Erfahrung wie ich oder hatten es leicht, sich ebensoviel Erfahrung zu verschaffen. Das Erscheinungsgebiet der Neurosen ist Ihnen aber fremd; insofern Sie nicht selbst Ärzte sind, haben Sie keinen anderen Zugang dahin als eben meine Mitteilungen, und was hilft das beste Urteil, wenn die Vertrautheit mit dem zu beurteilenden Material nicht mit dabei ist.

Fassen Sie aber meine Ankündigung nicht in der Weise auf, als ob ich dogmatische Vorträge halten und Ihren unbedingten Glauben heischen würde. Das Mißverständnis täte mir grob Unrecht. Ich will keine Überzeugungen erwekken – ich will Anregungen geben und Vorurteile erschüttern. Wenn Sie infolge materieller Unkenntnis nicht in der Lage sind zu urteilen, so sollen Sie weder glauben noch verwerfen. Sie sollen anhören und auf sich wirken lassen, was ich Ihnen erzähle. Überzeugungen erwirbt man sich nicht so leicht, oder wenn man so mühelos zu ihnen gekommen ist, erweisen sie sich bald als wertlos und widerstandsunfähig. Ein Anrecht auf Überzeugung hat erst derjenige, der ähnlich wie ich viele Jahre lang an demselben Material gearbeitet und dabei dieselben neuen und überraschenden Erfahrungen selbst erlebt hat. Wozu denn überhaupt auf intellektuellem Gebiet diese raschen Überzeugungen, blitzähnlichen Bekehrungen, momentanen Abstoßungen? Merken Sie nicht, daß der „coup de foudre", die Liebe auf den ersten Blick, von einem ganz verschiedenen, affektiven Gebiet hergenommen sind? Wir verlangen nicht einmal von unseren Patienten, daß sie eine Überzeugung oder Anhängerschaft an die Psychoanalyse mitbringen. Das macht sie uns oft verdächtig. Eine wohlwollende Skepsis ist uns die erwünschteste Einstellung bei ihnen. Versuchen Sie also auch, die psychoanalytische Auffassung neben der populären oder der psychiatrischen ruhig in sich aufwachsen zu lassen, bis sich die Gelegenheiten ergeben, bei denen die beiden sich beeinflussen, sich messen und sich zu einer Entscheidung vereinigen können.

Anderseits sollen Sie aber auch keinen Augenblick meinen, daß das, was ich Ihnen als psychoanalytische Auffassung vortrage, ein spekulatives System ist. Es ist vielmehr Erfahrung, entweder direkter Ausdruck der Beobachtung oder Ergebnis einer Verarbeitung derselben. Ob diese Verarbeitung auf zureichende und auf berechtigte Weise erfolgt ist, das wird sich im weiteren Fortschritt der Wissenschaft herausstellen, und zwar darf ich, nach Ablauf von fast zweieinhalb Dezennien und im Leben ziemlich weit vorgerückt, ohne Ruhmredigkeit behaupten, daß es besonders schwere, intensive und vertiefte Arbeit war, welche diese Beobachtungen geliefert hat. Ich habe oft den Eindruck empfangen, als ob unsere Gegner diese Herkunft unserer Behauptungen gar nicht in Rücksicht ziehen wollten, als meinten sie, es handle sich um nur subjektiv bestimmte Einfälle, denen ein anderer sein eigenes Belieben entgegensetzen kann. Ganz verständlich ist mir dieses gegnerische Benehmen nicht. Vielleicht kommt es daher, daß man sich als Arzt sonst so wenig mit den Nervösen einläßt, so aufmerksam zuhört, was sie zu sagen haben, daß man sich der Möglichkeit entfremdet hat, aus ihren Mitteilungen etwas Wertvolles zu entnehmen, also an ihnen eingehende Beobachtungen zu machen. Ich verspreche Ihnen bei dieser Gelegenheit, daß ich im Verlaufe meiner Vorträge wenig polemisieren werde, am wenigsten mit einzelnen Personen, ich habe mich von der Wahrheit des Satzes, daß der Streit der Vater aller Dinge sei, nicht überzeugen können. Ich glaube, er stammt von der griechischen Sophistik her und fehlt, wie diese, durch Überschätzung der Dialektik. Mir schien es im Gegenteil, als ob die sogenannte wissenschaftliche Polemik im ganzen recht unfruchtbar sei, abgesehen davon, daß sie fast immer höchst persönlich betrieben wird. Bis vor einigen Jahren konnte ich auch von mir rühmen, daß ich nur mit einem einzigen Forscher (Löwenfeld in München) einmal regelrechten wissenschaftlichen Streit eingegangen bin. Das Ende war, daß wir Freunde geworden und bis auf den heutigen Tag so geblieben sind. Aber ich habe den Versuch lange nicht wiederholt, weil ich des gleichen Ausganges nicht sicher war.

Sie werden nun gewiß urteilen, daß eine solche Ablehnung literarischer Diskussion einen besonders hohen Grad von Unzugänglichkeit gegen Einwürfe, von Eigensinn, oder wie man es in der liebenswürdigen wissenschaftlichen Umgangssprache ausdrückt, von „Verranntheit" bezeugt. Ich möchte Ihnen antworten, wenn Sie einmal eine Überzeugung mit so schwerer Arbeit erworben haben werden, wird Ihnen auch ein gewisses Recht zufallen, mit einiger Zähigkeit an dieser Überzeugung festzuhalten. Ich kann ferner geltend machen, daß ich im Laufe meiner Arbeiten meine Ansichten über einige wichtige Punkte modifiziert, geändert, durch neue ersetzt habe, wovon ich natürlich jedesmal öffentlich Mitteilung machte. Und der Erfolg dieser Aufrichtigkeit? Die einen haben von meinen Selbstkorrekturen überhaupt nicht Kenntnis genommen und kritisieren mich noch heute wegen Aufstellungen, die mir längst nicht mehr dasselbe bedeuten. Die anderen halten mir gerade diese Wandlungen vor und erklären mich darum für unzuverlässig. Nicht wahr, wer einige Male seine Ansichten geändert hat, der verdient überhaupt keinen Glauben, denn er legt es zu nahe, daß er sich auch mit seinen letzten Behauptungen geirrt haben kann? Wer aber an dem einmal Geäußerten unbeirrt festhält oder sich nicht rasch genug davon abbringen läßt, der heißt eigensinnig und verrannt. Was kann man angesichts dieser einander entgegengesetzten Einwirkungen der Kritik anderes tun als bleiben, wie man ist, und sich benehmen, wie das eigene Urteil es billigt? Dazu bin ich auch entschlossen und ich lasse mich nicht abhalten, an all meinen Lehren zu modeln und zurechtzurücken, wie es meine fortschreitende Erfahrung erfordert. An den grundlegenden Einsichten habe ich bisher nichts zu ändern gefunden und hoffe, es wird auch weiterhin so bleiben.

Ich soll Ihnen also die psychoanalytische Auffassung der neurotischen Erscheinungen vorführen. Es liegt mir dabei nahe, an die bereits behandelten Phänomene anzuknüpfen, sowohl der Analogie als auch des Kontrastes wegen. Ich greife eine Symptomhandlung auf, die ich viele Personen in meiner Sprechstunde begehen sehe. Mit den Leuten, die uns in der ärztlichen Ordination besuchen, um in einer Viertelstunde den Jammer ihres langen Lebens vor uns auszubreiten, weiß ja der Analytiker nicht viel anzufangen. Sein tieferes Wissen macht es ihm schwer, wie ein anderer Arzt das Gutachten von sich zugeben: Es fehlt ihnen nichts – und den Rat zu erteilen: Gebrauchen Sie eine leichte Wasserkur. Einer unserer Kollegen hat denn auch auf die Frage, was er mit seinen Ordinationspatienten anstelle, achselzuckend geantwortet: Er lege ihnen eine Mutwillensstrafe von soundsoviel Kronen auf. Es wird Sie also nicht verwundern zu hören, daß selbst bei beschäftigten Psychoanalytikern die Sprechstunde nicht sehr belebt zu sein pflegt. Ich habe die einfache Tür zwischen meinem Warte- und meinem Behandlungs- und Ordinationszimmer verdoppeln und durch einen Filzüberzug verstärken lassen. Die Absicht dieser kleinen Vorrichtung leidet ja keinen Zweifel. Nun geschieht es immer wieder, daß Personen, die ich aus dem Wartezimmer einlasse, es versäumen, die Türe hinter sich zu schließen, und zwar lassen sie fast immer beide Türen offen stehen. So wie ich das bemerke, bestehe ich in ziemlich unfreundlichem Ton darauf, daß der oder die Eintretende zurückgehe, um das Versäumte nachzuholen, mag es auch ein eleganter Herr oder eine sehr geputzte Dame sein. Das macht den Eindruck von unangebrachter Pedanterie. Ich habe mich auch gelegentlich mit solcher Forderung blamiert, da es sich um Personen handelte, die selbst keine Türklinke anfassen können und es gern sehen, wenn ihre Begleitung ihnen diese Berührung erspart. Aber in der Überzahl der Fälle hatte ich recht, denn wer sich so benimmt, wer die Türe vom Wartezimmer zum Sprechzimmer des Arztes offen stehen läßt, der gehört zum Pöbel und verdient, unfreundlich empfangen zu werden. Nehmen Sie jetzt nicht Partei, ehe Sie auch das Weitere angehört haben. Diese Nachlässigkeit des Patienten ereignet sich nämlich nur dann, wenn er sich allein im Wartezimmer befunden hat und also ein leeres Zimmer hinter sich zurückläßt, niemals wenn andere, Fremde, mit ihm gewartet haben. In diesem letzteren Falle versteht er sehr wohl, daß es in seinem Interesse liegt, nicht belauscht zu werden, während er mit dem Arzt spricht, und versäumt es nie, beide Türen sorgfältig zu schließen.

So determiniert ist das Versäumnis des Patienten weder zufällig noch sinnlos, ja nicht einmal unwichtig, denn wir werden sehen, es beleuchtet das Verhältnis des Eintretenden zum Arzt. Der Patient ist von der großen Menge jener, die weltliche Autorität verlangen, die geblendet, eingeschüchtert werden wollen. Er hat vielleicht durchs Telephon anfragen lassen, um welche Zeit er am leichtesten vorkommen kann, er hat sich auf ein Gedränge von Hilfesuchenden gefaßt gemacht, etwa wie vor einer Filiale von Julius Meinl. Nun tritt er in einen leeren, überdies höchst bescheiden ausgestatteten Warteraum und ist erschüttert. Er muß es den Arzt entgelten lassen, daß er ihm einen so überflüssigen Aufwand von Respekt entgegenbringen wollte, und da unterläßt er es, die Türe zwischen Warte- und Ordinationszimmer zu schließen. Er will dem Arzt damit sagen: Ach, hier ist ja niemand und wahrscheinlich wird auch, solange ich hier bin, niemand kommen. Er würde sich auch während der Besprechung ganz unmanierlich und respektlos benehmen, wenn man seine Überhebung nicht gleich anfangs durch eine scharfe Zurechtweisung eindämmen würde.

Sie finden an der Analyse dieser kleinen Symptomhandlung nichts, was Ihnen nicht bereits bekannt wäre: Die Behauptung, daß sie nicht zufällig ist, sondern ein Motiv hat, einen Sinn und eine Absicht, daß sie in einen angebbaren seelischen Zusammenhang gehört, und daß sie als ein kleines Anzeichen von einem wichtigeren seelischen Vorgang Kunde gibt. Vor allem anderen aber, daß dieser so angezeigte Vorgang dem Bewußtsein dessen, der ihn vollzieht, unbekannt ist, denn keiner der Patienten, welche die beiden Türen offen gelassen haben, würde zugeben können, daß er mir durch dieses Versäumnis seine Geringschätzung bezeugen wollte. Auf eine Regung von Enttäuschung beim Betreten des leeren Wartezimmers würde sich wahrscheinlich mancher besinnen, aber der Zusammenhang zwischen diesem Eindruck und der darauffolgenden Symptomhandlung ist seinem Bewußtsein sicherlich unerkannt geblieben.

Nun wollen wir dieser kleinen Analyse einer Symptomhandlung eine Beobachtung an einer Kranken an die Seite stellen. Ich wähle eine solche, die mir in frischer Erinnerung ist, auch darum, weil sie sich verhältnismäßig kurz darstellen läßt. Ein gewisses Maß von Ausführlichkeit ist bei jeder solchen Mitteilung unerläßlich.

Ein auf kurzen Urlaub heimgekehrter junger Offizier bittet mich, seine Schwiegermutter in Behandlung zu nehmen, die in den glücklichsten Verhältnissen sich und den Ihrigen das Leben durch eine unsinnige Idee vergällt. Ich lerne eine 53jährige, wohlerhaltene Dame von freundlichem, einfachem Wesen kennen, die ohne Widerstreben folgenden Bericht gibt. Sie lebt in glücklichster Ehe auf dem Lande mit ihrem Manne, der eine große Fabrik leitet. Sie weiß die liebenswürdige Sorgfalt ihres Mannes nicht genug zu loben. Liebesheirat vor 30 Jahren, seither nie eine Trübung, Zwist oder Anlaß zur Eifersucht. Ihre beiden Kinder gut verheiratet, der Mann und Vater will sich aus Pflichtgefühl noch nicht zur Ruhe setzen. Vor einem Jahre ereignete sich das Unglaubliche, ihr selbst Unverständliche, daß sie einem anonymem Briefe, welcher ihren ausgezeichneten Mann des Liebesverhältnisses mit einem jungen Mädchen bezichtigte, sofortigen Glauben schenkte, und seither ist ihr Glück zerstört. Der nähere Hergang war etwa der folgende: sie hatte ein Stubenmädchen, mit dem sie vielleicht zu oft Intimes besprach. Dieses Mädchen verfolgte ein anderes mit einer geradezu gehässigen Feindschaft, weil diese es im Leben soviel weiter gebracht hatte, obwohl sie von nicht besserer Herkunft war. Anstatt Dienst anzunehmen, hatte das Mädchen sich eine kommerzielle Ausbildung verschafft, war in die Fabrik eingetreten und infolge des Personalmangels durch die Einberufungen von Beamten zu einer guten Stellung vorgerückt. Sie wohnte jetzt in der Fabrik selbst, verkehrte mit allen Herren und hieß sogar Fräulein. Die im Leben Zurückgebliebene war natürlich bereit, der ehemaligen Schulkameradin alles mögliche Böse nachzusagen. Eines Tages unterhielt sich unsere Dame mit dem Stubenmädchen über einen alten Herrn, der zu Gast gewesen war, von dem man wußte, daß er nicht mit seiner Frau lebte, sondern ein Verhältnis mit einer anderen unterhielt. Sie weiß nicht, wie es kam, daß sie plötzlich äußerte: Für mich wäre es das Schrecklichste, wenn ich erfahren würde, daß mein guter

Mann auch ein Verhältnis hat. Am nächsten Tage erhielt sie von der Post einen anonymen Brief, der ihr in verstellter Schrift diese gleichsam heraufbeschworene Mitteilung machte. Sie schloß – wahrscheinlich mit Recht – daß der Brief das Werk ihres bösen Stubenmädchens sei, denn als Geliebte des Mannes war eben jenes Fräulein bezeichnet, das die Dienerin mit ihrem Haß verfolgte. Aber obwohl sie die Intrige sofort durchschaute und an ihrem Wohnorte Beispiele genug erlebt hatte, wie wenig Glauben solche feige Denunziationen verdienten, geschah es, daß jener Brief sie augenblicklich niederwarf. Sie geriet in eine schreckliche Aufregung und schickte sofort um ihren Mann, um ihm die heftigsten Vorwürfe zu machen. Der Mann wies die Beschuldigung lachend ab und tat das Beste, was zu tun war. Er ließ den Haus- und Fabrikarzt kommen, der sein Bemühen dazutat, um die unglückliche Frau zu beruhigen. Auch das weitere Vorgehen der beiden war durchaus verständig. Das Stubenmädchen wurde entlassen, die angebliche Nebenbuhlerin aber nicht. Seither will sich die Kranke wiederholt soweit beruhigt haben, daß sie an den Inhalt des anonymen Briefes nicht mehr glaubte, aber nie gründlich und nie für lange Zeit. Es reichte hin, den Namen des Fräuleins aussprechen zu hören oder ihr auf der Straße zu begegnen, um einen neuen Anfall von Mißtrauen, Schmerz und Vorwürfen bei ihr auszulösen.

Das ist nun die Krankengeschichte dieser braven Frau. Es gehörte nicht viel psychiatrische Erfahrung dazu, um zu verstehen, daß sie im Gegensatz zu anderen Nervösen ihren Fall eher zu milde darstellte, also wie wir sagen: dissimulierte, und daß sie den Glauben an die Beschuldigung des anonymen Briefes eigentlich niemals überwunden hatte.

Welche Stellung nimmt nun der Psychiater zu einem solchen Krankheitsfalle ein? Wie er sich gegen die Symptomhandlung des Patienten benehmen würde, der die Türen zum Wartezimmer nicht schließt, das wissen wir bereits. Er erklärt sie für eine Zufälligkeit ohne psychologisches Interesse, die ihn weiter nichts angeht. Aber dies Verhalten läßt sich auf den Krankheitsfall der eifersüchtigen Frau nicht fortsetzen. Die Symptomhandlung scheint etwas Gleichgültiges zu sein, das Symptom aber drängt sich als etwas Bedeutsames auf. Es ist mit intensivem subjektiven Leiden verbunden, es bedroht objektiv das Zusammenleben einer Familie; es ist also ein unabweisbarer Gegenstand des psychiatrischen Interesses. Der Psychiater versucht zunächst das Symptom durch eine wesentliche Eigenschaft zu charakterisieren. Die Idee, mit welcher diese Frau sich quält, ist nicht an sich unsinnig zu nennen; es kommt ja vor, daß ältere Ehemänner Liebesbeziehungen zu jungen Mädchen unterhalten. Aber etwas anderes daran ist unsinnig und unbegreiflich. Die Patientin hat gar keinen anderen Grund daran zu glauben, daß ihr zärtlicher und treuer Gatte zu dieser sonst nicht so seltenen Kategorie von Ehemännern gehört, als die Behauptung des anonymen Briefes. Sie weiß daß diesem Schriftstück keine Beweiskraft zukommt, sie kann sich dessen Herkunft befriedigend aufklären; sie sollte sich also sagen können, daß sie gar keinen Grund für ihre Eifersucht hat, sie sagt es sich auch, aber sie leidet trotzdem ebenso, als ob sie diese Eifersucht als vollberechtigt anerkennen würde. Ideen dieser Art, die logischen und aus der Realität geschöpften Argumenten unzugänglich sind ist man übereingekommen, *Wahnideen* zu heißen. Die gute Dame leidet also an *Eifersuchtswahn.* Das ist wohl die wesentliche Charakteristik dieses Krankheitsfalles.

Nach dieser ersten Feststellung wird unser psychiatrisches Interesse sich noch lebhafter regen wollen. Wenn eine Wahnidee durch den Bezug auf die Realität nicht abzutun ist, so wird sie wohl auch nicht aus der Realität stammen. Woher stammt sie sonst? Es gibt Wahnideen des verschiedenartigsten Inhaltes; warum ist der Inhalt des Wahnes in unserem Falle gerade Eifersucht? Bei welchen Personen bilden sich Wahnideen oder besonders Wahnideen der Eifersucht? Hier möchten wir nun dem Psychiater lauschen, aber hier läßt er uns im Stiche. Er geht überhaupt nur auf eine einzige unserer Fragestellungen ein. Er wird in der Familiengeschichte dieser Frau nachforschen und uns *vielleicht* die Antwort bringen: Wahnideen kommen bei solchen Personen vor, in deren Familien ähnliche und andere psychische Störungen wiederholt vorgekommen sind. Mit anderen Worten, wenn diese Frau eine Wahnidee entwickelt hat, so war sie durch erbliche Übertragung dazu disponiert. Das ist gewiß etwas, aber ist das alles, was wir wissen wollen? Alles, was zur Verursachung dieses Krankheitsfalles mitgewirkt hat? Sollen wir uns damit begnügen anzunehmen, daß es gleichgültig, willkürlich oder unerklärlich ist, wenn sich ein Eifersuchtswahn entwickelt hat an Stelle irgendeines anderen? Und dürfen wir den Satz, der die Vorherrschaft des erblichen Einflusses verkündet, auch im negativen Sinne dahin verstehen, es sei gleichgültig, welche Erlebnisse an diese Seele herangetreten sind, sie war dazu bestimmt, irgendeinmal einen Wahn zu produzieren? Sie werden wissen wollen, warum uns die wissenschaftliche Psychiatrie keine weiteren Aufschlüsse geben will. Aber ich antworte Ihnen: Ein Schelm, wer mehr gibt, als er hat. Der Psychiater kennt eben keinen Weg, der in der Aufklärung eines solchen Falles weiterführt. Er muß sich mit der Diagnose und einer trotz reichlicher Erfahrung unsicheren Prognose des weiteren Verlaufes begnügen.

Kann aber die Psychoanalyse hier mehr leisten? Ja doch; ich hoffe Ihnen zu zeigen, daß sie selbst in einem so schwer zugänglichen Falle etwas aufzudecken vermag, was das nächste Verständnis ermöglicht. Zunächst bitte ich Sie, das unscheinbare Detail zu beachten, daß die Patientin den anonymen Brief, der nun ihre Wahnidee stützt, geradezu provoziert hat, indem sie tags zuvor gegen das intrigante Mädchen die Äußerung tat, es wäre ihr größtes Unglück, wenn ihr Mann ein Liebesverhältnis mit einem jungen Mädchen hätte. Dadurch brachte sie das Dienstmädchen erst auf die Idee, ihr den anonymen Brief zu schicken. Die Wahnidee gewinnt so eine gewisse Unabhängigkeit von dem Briefe; sie ist schon vorher als Befürchtung – oder als Wunsch? – in der Kranken vorhanden gewesen. Nehmen Sie nun weiter hinzu, was nur zwei Stunden Analyse an weiteren kleinen Anzeichen ergeben haben. Die Patientin verhielt sich zwar sehr ablehnend, als sie aufgefordert wurde, nach der Erzählung ihrer Geschichte ihre weiteren Gedanken, Einfälle und Erinnerungen mitzuteilen. Sie behauptete, es fiele ihr nichts ein, sie habe schon alles gesagt, und nach zwei Stunden mußte der Versuch mit ihr wirklich abgebrochen werden, weil sie verkündet hatte, sie fühle sich bereits gesund und sei sicher, daß die krankhafte Idee nicht wiederkommen werde. Das sagte sie natürlich nur aus Widerstand und aus Angst vor der Fortsetzung der Analyse. Aber in diesen zwei Stunden hatte sie doch einige Bemerkungen fallen lassen, die eine bestimmte Deutung gestatteten, ja unabweisbar machten, und diese Deutung wirft ein helles Licht auf die Genese ihres Eifersuchtswahnes. Es bestand bei ihr selbst eine intensive Verliebtheit in einen jungen Mann, in denselben Schwiegersohn, auf dessen Drängen sie mich als Patientin aufgesucht hatte. Von dieser Verliebtheit wußte sie nichts oder vielleicht nur sehr wenig; bei dem bestehenden Verwandtschaftsverhältnis hatte diese verliebte Neigung es leicht, sich als harmlose Zärtlichkeit zu maskieren. Nach all unseren sonstigen Erfahrungen wird es uns nicht schwer, uns in das Seelenleben dieser anständigen Frau und braven Mutter von 53 Jahren einzufühlen. Eine solche Verliebtheit konnte als etwas Ungeheuerliches, Unmögliches nicht bewußt werden; sie blieb aber bestehen und übte als unbewußte einen schweren Druck aus. Irgend etwas mußte mit ihr geschehen, irgendeine Abhilfe gesucht werden, und die nächste Linderung bot wohl der Verschiebungsmechanismus, der an der Entstehung der wahnhaften Eifersucht so regelmäßig Anteil hat. Wenn nicht nur sie alte Frau in einen jungen Mann verliebt war, sondern auch ihr alter Mann ein Liebesverhältnis mit einem jungen Mädchen unterhielt, dann war sie ja vom Gewissensdruck der Untreue entlastet. Die Phantasie von der Untreue des Mannes war also ein kühlendes Pflaster auf ihre brennende Wunde. Ihre eigene Liebe war ihr nicht bewußt geworden, aber die Spiegelung derselben, die ihr solche Vorteile brachte, wurde nun zwangsartig, wahnhaft, bewußt. Alle Argumente dagegen konnten natürlich nichts fruchten, denn sie richteten sich nur gegen das Spiegel-, nicht gegen das Urbild, dem jenes seine Stärke verdankte, und das unantastbar im Unbewußten geborgen lag. Stellen wir nun zusammen, was eine kurze und erschwerte psychoanalytische Bemühung zum Verständnis dieses Krankheitsfalles gebracht hat. Vorausgesetzt natürlich, daß unsere Ermittlungen korrekt zustande gekommen sind, was ich hier Ihrem Urteil nicht unterwerfen kann. Fürs erste: Die Wahnidee ist nichts Unsinniges oder Unverständliches mehr, sie ist sinnreich, gut motiviert, gehört in den Zusammenhang eines affektvollen Erlebnisses der Kranken. Zweitens: Sie ist notwendig als Reaktion auf einen aus anderen Anzeichen erratenen unbewußten seelischen Vorgang und verdankt gerade dieser Beziehung ihren wahnhaften Charakter, ihre Resistenz gegen logische und reale Angriffe. Sie ist selbst etwas Erwünschtes, eine Art von Tröstung. Drittens: Es ist durch das Erlebnis hinter der Erkrankung unzweideutig bestimmt, daß es gerade eine eifersüchtige Wahnidee wurde und keine andere. Sie erinnern sich doch, daß sie tags zuvor gegen das intrigante Mädchen die Äußerung tat, es wäre ihr das Schrecklichste, wenn ihr Mann ihr untreu würde. Sie übersehen auch nicht die beiden wichtigen Analogien mit der von uns analysierten Symptomhandlung in der Aufklärung des Sinnes oder der Absicht und in der Beziehung auf ein in der Situation gegebenes Unbewußtes.

Natürlich sind damit nicht alle Fragen beantwortet, die wir aus Anlaß dieses Falles stellen durften. Der Krankheitsfall starrt vielmehr von weiteren Problemen, solchen, die überhaupt noch nicht lösbar geworden sind, und anderen, die sich wegen der Ungunst der besonderen Verhältnisse nicht lösen ließen. Z. B. warum erliegt diese in glücklicher Ehe lebende Frau einer Verliebtheit in ihren Schwiegersohn, und warum erfolgt die Erleichterung, die auch auf andere Weise möglich wäre, in der Form einer solchen Spiegelung, einer Projektion ihres eigenen Zustandes auf ihren Mann? Glauben Sie nicht, daß es müßig und mutwillig ist, solche Fragen aufzuwerfen. Es steht uns bereits manches Material für eine mögliche Beantwortung derselben zu Gebote. Die Frau befindet sich in dem kritischen Alter, das dem weiblichen Sexualbedürfnis eine unerwünschte plötzliche Steigerung bringt; das mag für sich allein hinreichen. Oder es mag hinzukommen, daß ihr guter und treuer Ehemann seit manchen Jahren nicht mehr im Besitze jener sexuellen Leistungsfähigkeit ist, deren die wohlerhaltene Frau zu ihrer Befriedigung bedürfte. Die Erfahrung hat uns darauf aufmerksam gemacht, daß gerade solche Männer, deren Treue dann selbstverständlich ist, sich durch besondere Zartheit in der Behandlung ihrer Frauen und durch ungewöhnliche Nachsicht mit deren nervösen Beschwerden auszeichnen. Oder es ist weiteres nicht gleichgültig, daß es gerade der junge Ehemann einer Tochter ist, welcher zum Objekt dieser pathogenen Verliebtheit wurde. Eine starke erotische Bindung an die Tochter, die im letzten Grunde auf die Sexualkonstitution der Mutter zurückführt, findet oft den Weg dazu, sich in solcher Umwandlung fortzusetzen. Ich darf Sie vielleicht in diesem Zusammenhange daran erinnern, daß das Verhältnis zwischen Schwiegermutter und Schwiegersohn den Menschen von jeher als ein besonders heikles gegolten und bei den Primitiven Anlaß zu sehr mächtigen Tabuvorschriften und „Vermeidungen" gegeben hat. Es geht häufig nach der positiven wie nach der negativen Seite über das kulturell erwünschte Maß hinaus. Welches dieser drei Momente nun in unserem Falle zur Wirkung gekommen ist, ob zwei davon, ob sie alle zusammengetroffen sind, das kann ich Ihnen freilich nicht sagen, aber nur darum nicht, weil es mir nicht gestattet war, die Analyse des Falles über die zweite Stunde hinaus fortzusetzen.

Ich merke jetzt, meine Herren, daß ich von lauter Dingen gesprochen habe, für die Ihr Verständnis noch nicht vorbereitet ist. Ich tat es, um die Vergleichung der Psychiatrie mit der Psychoanalyse durchzuführen. Aber eines darf ich Sie jetzt fragen: Haben Sie irgend etwas von einem Widerspruch zwischen den beiden bemerkt? Die Psychiatrie wendet die technischen Methoden der Psychoanalyse nicht an, sie unterläßt es, etwas an den Inhalt der Wahnidee anzuknüpfen, und sie gibt uns im Hinweis auf die Heredität eine sehr allgemeine und entfernte Ätiologie, anstatt zuerst die speziellere und näherliegende Verursachung aufzuzeigen. Aber liegt darin ein Widerspruch, ein Gegensatz? Ist's nicht vielmehr eine Vervollständigung? Widerspricht denn das hereditäre Moment der Bedeutung des Erlebnisses, setzen sich nicht vielmehr beide in der wirksamsten Weise zusammen? Sie werden mir zugeben, daß im Wesen der psychiatrischen Arbeit nichts liegt, was sich gegen die psychoanalytische Forschung sträuben könnte. Die Psychiater sind's also, die sich der Psychoanalyse widersetzen, nicht die Psychiatrie. Die Psychoanalyse verhält sich zur Psychiatrie etwa wie die Histologie zur Anatomie; die eine studiert die äußeren Formen der Organe, die andere den Aufbau derselben aus den Geweben und Elementarteilen. Ein Widerspruch zwischen diesen beiden Arten des Studiums, von denen das eine das andere fortsetzt, ist nicht gut denkbar. Sie wissen, die Anatomie gilt uns heute als die Grundlage einer wissenschaftlichen Medizin, aber es gab eine Zeit, in der es ebenso verboten war, menschliche Leichen zu zerlegen, um den inneren Bau des Körpers kennenzulernen, wie es heute verpönt erscheint, Psychoanalyse zu üben, um das innere Getriebe des Seelenlebens zu erkunden. Und voraussichtlich bringt uns eine nicht zu ferne Zeit die Einsicht, daß eine wissenschaftlich vertiefte Psychiatrie nicht möglich ist ohne eine gute Kenntnis der tieferliegenden, der unbewußten Vorgänge im Seelenleben.

Vielleicht hat nun die viel befehdete Psychoanalyse auch Freunde unter Ihnen, welche es gern sehen, wenn sie sich auch von anderer, von der therapeutischen Seite her rechtfertigen ließe. Sie wissen, daß unsere bisherige psychiatrische Therapie Wahnideen nicht zu beeinflussen vermag. Kann es vielleicht die Psychoanalyse dank ihrer Einsicht in den Mechanismus dieser Symptome? Nein, meine Herren, sie kann es nicht; sie ist gegen diese Leiden vorläufig wenigstens, ebenso ohnmächtig wie jede andere Therapie. Wir können zwar verstehen, was in dem Kranken vor sich gegangen ist, aber wir haben kein Mittel, um es den Kranken selbst verstehen zu machen. Sie haben ja gehört, daß ich die Analyse dieser Wahnidee nicht über die ersten Ansätze hinaus fördern konnte. Werden Sie darum behaupten wollen, daß die Analyse solcher Fälle verwerflich ist, weil sie unfruchtbar bleibt? Ich glaube doch nicht. Wir haben das Recht, ja die Pflicht, die Forschung ohne Rücksicht auf einen unmittelbaren Nutzeffekt zu betreiben. Am Ende – wir wissen nicht, wo und wann – wird sich jedes Stückchen Wissen in Können umsetzen, auch in therapeutisches Können. Zeigte sich die Psychoanalyse bei allen anderen Formen nervöser und psychischer Erkrankung ebenso erfolglos wie bei den Wahnideen, so bliebe sie doch als unersetzliches Mittel der wissenschaftlichen Forschung voll gerechtfertigt. Wir würden dann allerdings nicht in die Lage kommen, sie auszuüben; das Menschenmaterial, an dem wir lernen wollen, das lebt, seinen eigenen Willen hat und seiner Motive bedarf, um bei der Arbeit mitzutun, würde sich uns verweigern. Lassen Sie mich darum für heute mit der Mitteilung schließen, daß es umfassende Gruppen von nervösen Störungen gibt, bei denen sich die Umsetzung unseres besseren Verstehens in therapeutisches Können tatsächlich erwiesen hat, und daß wir bei diesen sonst schwer zugänglichen Erkrankungen unter gewissen Bedingungen Erfolge erzielen, die hinter keinen anderen auf dem Gebiete der internen Therapie zurückstehen.

XVII. *Vorlesung*
Der Sinn der Symptome

Meine Damen und Herren! Ich habe Ihnen im vorigen Vortrag auseinandergesetzt, daß die klinische Psychiatrie sich um die Erscheinungsform und den Inhalt des einzelnen Symptoms wenig bekümmert, daß aber die Psychoanalyse gerade hier angesetzt und zunächst festgestellt hat, das Symptom sei sinnreich und hänge mit dem Erleben des Kranken zusammen. Der Sinn der neurotischen Symptome ist zuerst von *J. Breuer* aufgedeckt worden durch das Studium und die glückliche Herstellung eines seither berühmt gewordenen Falles von Hysterie (1880–82). Es ist richtig, daß *P. Janet* unabhängig denselben Nachweis erbracht hat; dem französischen Forscher gebührt sogar die literarische Priorität, denn Breuer hat seine Beobachtung erst mehr als ein Dezennium später (1893–95) während der Mitarbeiterschaft mit mir veröffentlicht. Es mag uns übrigens ziemlich gleichgültig sein, von wem diese Entdeckung herrührt, denn Sie wissen, jede Entdeckung wird mehr als einmal gemacht, und keine wird auf einmal gemacht, und der Erfolg geht ohnedies nicht mit dem Verdienst. Amerika heißt nicht nach Kolumbus. Vor *Breuer* und *Janet* hat der große Psychiater *Leuret* die Meinung ausgesprochen, selbst die Delirien der Geisteskranken müßten sich als sinnvoll erkennen lassen, wenn wir erst verstünden, sie zu übersetzen. Ich gestehe, daß ich lange Zeit bereit war, das Verdienst *P. Janets* an der Aufklärung der neurotischen Symptome sehr hoch anzuschlagen, weil er sie als Äußerungen von *idées inconscientes* auffaßte, welche die Kranken beherrschten. Aber Janet hat sich seitdem in übergroßer Zurückhaltung so geäußert, als ob er bekennen wollte, daß das Unbewußte für ihn weiter nichts gewesen sei als eine Redensart, ein Behelf, *une façon de parler*; er habe an nichts Reales dabei gedacht. Seither verstehe ich *Janets* Ausführungen nicht mehr, ich meine aber, daß er sich überflüssigerweise um viel Verdienst geschädigt hat.

Die neurotischen Symptome haben also ihren Sinn wie die Fehlleistungen, wie die Träume, und so wie diese ihren Zusammenhang mit dem Leben der Personen, die sie zeigen. Ich möchte Ihnen nun diese wichtige Einsicht durch einige Beispiele näher bringen. Daß es immer und in allen Fällen so ist, kann ich ja nur behaupten, nicht beweisen. Wer selbst Erfahrungen sucht, wird sich davon die Überzeugung verschaffen. Ich werde aber diese Beispiele aus gewissen Motiven nicht der Hysterie entnehmen, sondern einer anderen, höchst merkwürdigen, ihr im Grunde sehr nahestehenden Neurose, von der ich Ihnen einige einleitende Worte zu sagen habe. Diese, die sogenannte Zwangsneurose, ist nicht so populär wie die allbekannte Hysterie; sie ist, wenn ich mich so ausdrücken darf, nicht so aufdringlich lärmend, benimmt sich mehr wie eine Privatangelegenheit des Kranken, verzichtet fast völlig auf Erscheinungen am Körper und schafft alle Ihre Symptome auf seelischem Gebiet. Die Zwangsneurose und die Hysterie sind diejenigen Formen neurotischer Erkrankung, auf deren Studium die Psychoanalyse zunächst aufgebaut wurde, in deren Behandlung unsere Therapie auch ihre Triumphe feiert. Aber die Zwangsneurose, welcher jener rätselhafte Sprung aus dem Seelischen ins Körperliche abgeht, ist uns durch die psychoanalytische Bemühung eigentlich durchsichtiger und heimlicher geworden als die Hysterie, und wir haben erkannt, daß sie gewisse extreme Charaktere der Neurotik weit greller zur Erscheinung bringt.

Die Zwangsneurose äußert sich darin, daß die Kranken von Gedanken beschäftigt werden , für die sie sich eigentlich nicht interessieren, Impulse in sich verspüren, die ihnen sehr fremdartig vorkommen und zu Handlungen veranlaßt werden, deren Ausführung ihnen zwar kein Vergnügen bereitet, deren Unterlassung ihnen aber ganz unmöglich ist. Die Gedanken (Zwangsvorstellungen) können an sich unsinnig sein oder auch nur für das Individuum gleichgültig, oft sind sie ganz und gar läppisch, in allen Fällen sind sie der Ausgang einer angestrengten Denktätigkeit, die den Kranken erschöpft, und der er sich nur sehr ungern hingibt. Er muß gegen seinen Willen grübeln und spekulieren, als ob es sich um seine wichtigsten Lebensaufgaben handelte. Die Impulse, die der Kranke in sich verspürt, können gleichfalls einen kindischen und unsinnigen Eindruck machen, meist haben sie aber den schreckhaftesten Inhalt wie Versuchungen zu schweren Verbrechen, so daß der Kranke sie nicht nur als fremd verleugnet, sondern entsetzt vor ihnen flieht und sich durch Verbote, Verzichte und Einschränkungen seiner Freiheit vor ihrer Ausführung schützt. Dabei dringen sie niemals, aber wirklich kein einziges Mal, zur Ausführung durch; der Erfolg ist immer, daß die Flucht und die Vorsicht siegen. Was der Kranke wirklich ausführt, die sogenannten Zwangshandlungen, das sind sehr harmlose, sicherlich geringfügige Dinge, meist Wiederholungen, zeremoniöse Verzierungen an Tätigkeiten des gewöhnlichen Lebens, wodurch aber diese notwendigen Verrichtungen, das Zubettegehen, das Waschen, Toilettemachen, Spazierengehen zu höchst langwierigen und kaum lösbaren Aufgaben werden. Die krankhaften Vorstellungen, Impulse und Handlungen sind in den einzelnen Formen und Fällen der Zwangsneurose keineswegs zu gleichen Anteilen vermengt; vielmehr ist es Regel, daß das eine oder das andere dieser Momente das Bild beherrscht und der Krankheit den Namen gibt, aber das Gemeinsame all dieser Formen ist unverkennbar genug.

Das ist doch gewiß ein tolles Leiden. Ich glaube, der ausschweifendsten psychiatrischen Phantasie wäre es nicht gelungen, etwas dergleichen zu konstruieren; und wenn man es nicht alle Tage vor sich sehen könnte, würde man sich nicht entschließen, daran zu glauben. Nun denken Sie aber nicht, daß Sie dem Kranken etwas leisten, wenn Sie ihm zureden sich abzulenken, sich nicht mit diesen dummen Gedanken zu beschäftigen und an Stelle seiner Spielereien etwas Vernünftiges zu tun. Das möchte er selbst, denn er ist vollkommen klar, teilt Ihr Urteil über seine Zwangssymptome, ja er trägt es Ihnen entgegen. Er kann nur nicht anders; was sich bei der Zwangsneurose zur Tat durchsetzt, das wird von einer Energie getragen, für die uns wahrscheinlich der Vergleich aus dem normalen Seelenleben abgeht. Er kann nur eines: verschieben, vertauschen, anstatt der einen dummen Idee eine andere, irgendwie abgeschwächte setzen, von einer Vorsicht oder Verbot zu einem anderen fortschreiten, anstatt des einen Zeremoniells ein anderes ausführen. Er kann den Zwang verschieben, aber nicht aufheben. Die Verschiebbarkeit aller Symptome, weit von ihrer ursprünglichen Gestaltung weg, ist ein Hauptcharakter seiner Krankheit; außerdem fällt es auf, daß die Gegensätze (Polaritäten), von denen das Seelenleben durchzogen ist, in seinem Zustand besonders scharf gesondert hervortreten. Neben dem Zwang mit positivem und negativem Inhalt macht sich auf intellektuellem Gebiet der Zweifel geltend, der allmählich auch das für gewöhnlich Gesichertste annagt.

Das Ganze läuft in eine immer mehr zunehmende Unentschlossenheit, Energie-losigkeit, Freiheitsbeschränkung aus. Dabei ist der Zwangsneurotiker ursprüng-lich ein sehr energisch angelegter Charakter gewesen, oft von außerordentlichem Eigensinn, in der Regel über das durchschnittliche Maß intellektuell begabt. Er hat es zumeist zu einer erfreulichen Höhe der ethischen Entwicklung gebracht, zeigt sich übergewissenhaft, mehr als gewöhnlich korrekt. Sie können sich den-ken, daß ein tüchtiges Stück Arbeit dazugehört, bis man sich in diesem wider-spruchsvollen Ensemble von Charaktereigenschaften und Krankheitssympto-men halbwegs zurechtgefunden hat. Wir streben auch vorläufig gar nichts ande-res an, als einige Symptome dieser Krankheit zu verstehen, deuten zu können.

Vielleicht wollen Sie im Hinblick auf unsere Besprechungen vorher wissen, wie sich die gegenwärtige Psychiatrie zu den Problemen der Zwangsneurose verhält. Das ist aber ein armseliges Kapitel. Die Psychiatrie gibt den verschie-denen Zwängen Namen, sagt sonst weiter nichts über sie. Dafür betont sie, daß die Träger solcher Symptome „Degenerierte" sind. Das ist wenig Befriedi-gung, eigentlich ein Werturteil, eine Verurteilung anstatt einer Erklärung. Wir sollen uns etwa denken, bei Leuten, die aus der Art geschlagen sind, kämen eben alle möglichen Sonderbarkeiten vor. Nun glauben wir ja, daß Personen, die solche Symptome entwickeln, von Natur aus etwas anders sein müssen als andere Menschen. Aber wir möchten fragen: Sind sie mehr „degeneriert" als andere Nervöse, z. B. die Hysteriker oder als die an Psychosen Erkrankenden? Die Charakteristik ist offenbar wieder zu allgemein. Ja man kann bezweifeln, ob sie auch nur berechtigt ist, wenn man erfährt, daß solche Symptome auch bei ausgezeichneten Menschen von besonders hoher und für die Allgemeinheit bedeutsamer Leistungsfähigkeit vorkommen. Für gewöhnlich erfahren wir ja, dank ihrer eigenen Diskretion und der Verlogenheit ihrer Biographen von unse-ren vorbildlich großen Männern wenig Intimes, aber es kommt doch vor, daß einer ein Wahrheitsfanatiker ist wie *Emile Zola*, und dann hören wir von ihm, an wieviel sonderbaren Zwangsgewohnheiten er sein Leben über gelitten hat.[8]

Die Psychiatrie hat sich da die Auskunft geschaffen, von *Dégénérés supérieurs* zu sprechen. Schön – aber durch die Psychoanalyse haben wir die Erfahrung gemacht, daß man diese sonderbaren Zwangssymptome wie andere Leiden und wie bei anderen nicht degenerierten Menschen dauernd beseitigen kann. Mir selbst ist solches wiederholt gelungen.

Ich will Ihnen nur zwei Beispiele von Analyse eines Zwangssymptoms mittei-len, eines aus alter Beobachtung, das ich durch kein schöneres zu ersetzen weiß, und ein kürzlich gewonnenes. Ich beschränke mich auf eine so geringe Anzahl,

---

[8] E. Toulouse, *Emile Zola, Enquête medico-psychologique.*

weil man bei einer solchen Mitteilung sehr weitläufig werden, in alle Einzelheiten eingehen muß. Eine nahe an 50 Jahre alte Dame, die an den schwersten Zwangserscheinungen litt, und der ich vielleicht geholfen hätte, wenn ein tückischer Zufall nicht meine Arbeit zunichte gemacht hätte – vielleicht erzähle ich ihnen noch davon –, führte unter anderen folgende merkwürdige Zwangshandlung vielmals im Tage aus. Sie lief aus ihrem Zimmer in ein anderes nebenan, stellte sich dort an eine bestimmte Stelle bei dem in der Mitte stehenden Tisch hin, schellte ihrem Stubenmädchen, gab ihr einen gleichgültigen Auftrag oder entließ sie auch ohne solchen und lief dann wieder zurück. Das war nun gewiß kein schweres Leidenssymptom, aber es durfte doch die Wißbegierde reizen. Die Aufklärung ergab sich auch auf die unbedenklichste, einwandfreieste Weise unter Ausschluß jedes Beitrages von Seiten des Arztes. Ich weiß gar nicht, wie ich zu einer Vermutung über den Sinn dieser Zwangshandlung, zu einem Vorschlag ihrer Deutung hätte kommen können. So oft ich die Kranke gefragt hatte: Warum tun Sie das? Was hat das für einen Sinn? – hatte sie geantwortet: Ich weiß es nicht. Aber eines Tages, nachdem es mir gelungen war, ein großes prinzipielles Bedenken bei ihr niederzukämpfen, wurde sie plötzlich wissend und erzählte, was zur Zwangshandlung gehörte. Sie hatte vor mehr als zehn Jahren einen weitaus älteren Mann geheiratet, der sich in der Hochzeitsnacht impotent erwies. Er war ungezählte Male in dieser Nacht aus seinem Zimmer in ihres gelaufen, um den Versuch zu wiederholen, aber jedesmal erfolglos. Am Morgen sagte er ärgerlich; Da muß man sich ja vor dem Stubenmädchen schämen, wenn sie das Bett macht, ergriff eine Flasche roter Tinte, die zufällig im Zimmer war, und goß ihren Inhalt aufs Bettuch, aber nicht gerade auf eine Stelle, die ein Anrecht auf einen solchen Fleck gehabt hätte. Ich verstand anfangs nicht, was diese Erinnerung mit der fraglichen Zwangshandlung zu tun haben sollte, da ich nur in dem wiederholten Aus-einem-Zimmer-in-das-andere Laufen eine Übereinstimmung fand und etwa noch im Auftreten des Stubenmädchens. Da führte mich die Patientin zu dem Tisch im zweiten Zimmer hin und ließ mich auf dessen Decke einen großen Fleck entdecken. Sie erklärte auch, sie stelle sich so zum Tisch hin, daß das zu ihr gerufene Mädchen den Fleck nicht übersehen könne. Nun war an der intimen Beziehung zwischen jener Szene nach der Brautnacht und ihrer heutigen Zwangshandlung nicht mehr zu zweifeln, aber auch noch allerlei daran zu lernen.

Vor allem wird es klar, daß sich die Patientin mit ihrem Mann identifiziert; sie spielt ihn ja, indem sie sein Laufen aus einem Zimmer ins andere nachahmt. Dann müssen wir, um in der Gleichstellung zu bleiben, wohl zugeben, daß sie das Bett und Bettuch durch den Tisch und die Tischdecke ersetzt. Das schiene willkürlich, aber wir sollen nicht ohne Nutzen Traumsymbolik studiert haben.

Im Traum wird gleichfalls sehr häufig ein Tisch gesehen, der aber als Bett zu deuten ist. Tisch und Bett machen mitsammen die Ehe aus, da steht dann leicht eines für das andere.

Der Beweis, daß die Zwangshandlung sinnreich ist, wäre bereits erbracht; sie scheint eine Darstellung, Wiederholung jener bedeutungsvollen Szene zu sein. Aber wir sind nicht genötigt, bei diesem Schein Halt zu machen; wenn wir die Beziehung zwischen den beiden eingehender untersuchen, werden wir wahrscheinlich Aufschluß über etwas Weitergehendes, über die Absicht der Zwangshandlung erhalten. Der Kern derselben ist offenbar das Herbeirufen des Stubenmädchens, dem sie den Fleck vor Augen führt, im Gegensatz zur Bemerkung ihres Mannes: Da müßte man sich vor dem Mädchen schämen. Er – dessen Rolle sie agiert – schämt sich also nicht vor dem Mädchen, der Fleck ist demnach an der richtigen Stelle. Wir sehen also, sie hat die Szene nicht einfach wiederholt, sondern sie fortgesetzt und dabei korrigiert, zum Richtigen gewendet. Damit korrigiert sie aber auch das andere, was in jener Nacht so peinlich war und jene Auskunft mit der roten Tinte notwendig machte, die Impotenz. Die Zwangshandlung sagt also: Nein, es ist nicht wahr, er hatte sich nicht vor dem Stubenmädchen zu schämen, er war nicht impotent; sie stellt diesen Wunsch nach Art eines Traumes in einer gegenwärtigen Handlung als erfüllt dar, sie dient der Tendenz, den Mann über sein damaliges Mißgeschick zu erheben.

Dazu kommt alles andere, was ich Ihnen von dieser Frau erzählen könnte; richtiger gesagt: alles, was wir sonst von ihr wissen, weist uns den Weg zu dieser Deutung der an sich unbegreiflichen Zwangshandlung. Die Frau lebt seit Jahren von ihrem Mann getrennt und kämpft mit der Absicht, ihre Ehe gerichtlich scheiden zu lassen. Es ist aber keine Rede, daß sie frei von ihm wäre; sie ist gezwungen, ihm treu zu bleiben, sie zieht sich von aller Welt, zurück, um nicht in Versuchung zu geraten, sie entschuldigt und vergrößert sein Wesen in ihrer Phantasie. Ja, das tiefste Geheimnis ihrer Krankheit ist, daß sie durch diese ihren Mann vor übler Nachrede deckt, ihre örtliche Trennung von ihm rechtfertigt und ihm ein behagliches Sonderleben ermöglicht. So führt die Analyse einer harmlosen Zwangshandlung auf geradem Wege zum innersten Kern eines Krankheitsfalles, verrät uns aber gleichzeitig ein nicht unansehnliches Stück des Geheimnisses der Zwangsneurose überhaupt. Ich lasse Sie gern bei diesem Beispiel verweilen, denn es vereinigt Bedingungen, die man billigerweise nicht von allen Fällen fordern wird. Die Deutung des Symptoms wurde hier von der Kranken mit einem Schlage gefunden ohne Anleitung oder Einmengung des Analytikers, und sie erfolgte durch die Beziehung auf ein Erlebnis, welches nicht, wie sonst, einer vergessenen Kindheitsperiode angehört hatte, sondern im reifen Leben der Kranken vorgefallen und unverlöscht in ihrer Erinnerung geblieben war. Alle die Einwendungen, welche die Kritik sonst gegen unsere Symptomdeutungen vorzubringen pflegt, gleiten von diesem Einzelfalle ab. So gut können wir es freilich nicht immer haben.

Und noch eines! Ist es Ihnen nicht aufgefallen, wie uns diese unscheinbare Zwangshandlung in die Intimitäten der Patientin eingeführt hat? Eine Frau hat nicht viel Intimeres zu erzählen als die Geschichte ihrer Hochzeitsnacht, und daß wir gerade auf Intimitäten des Geschlechtslebens gekommen sind, sollte das zufällig und ohne weiteren Belang sein? Es könnte freilich die Folge der Auswahl sein, die ich diesmal getroffen habe. Urteilen wir nicht zu rasch und wenden wir uns dem zweiten Beispiel zu, welches von ganz anderer Art ist, ein Muster einer häufig vorkommenden Gattung, nämlich ein Schlafzeremoniell.

Ein 19jähriges, üppiges, begabtes Mädchen, das einzige Kind seiner Eltern, denen es an Bildung und intellektueller Regsamkeit überlegen ist, war als Kind wild und übermütig und hat sich im Laufe der letzten Jahre ohne sichtbare äußere Einwirkung zu einer Nervösen umgewandelt. Sie ist besonders gegen ihre Mutter sehr reizbar, immer unzufrieden, deprimiert, neigt zur Unentschlossenheit und zum Zweifel und macht endlich das Geständnis, daß sie auf Plätzen und in größeren Straßen nicht mehr allein gehen kann. Wir werden uns mit ihrem komplizierten Krankheitszustand, der zum mindesten zwei Diagnosen erheischt, die einer Agoraphobie und einer Zwangsneurose, nicht viel abgeben, sondern nur dabei verweilen, daß dieses Mädchen auch ein Schlafzeremoniell entwickelt hat, unter dem sie ihre Eltern leiden läßt. Man kann sagen, in gewissem Sinne hat jeder Normale sein Schlafzeremoniell oder er hält auf die Herstellung von gewissen Bedingungen, deren Nichterfüllung ihn am Einschlafen stört; er hat den Übergang aus dem Wachleben in den Schlafzustand in gewisse Formen gebracht, die er allabendlich in gleicher Weise wiederholt. Aber alles, was der Gesunde an Schlafbedingung fordert, läßt sich rationell verstehen, und wenn die äußeren Umstände eine Änderung notwendig machen, so fügt er sich leicht und ohne Zeitaufwand. Das pathologische Zeremoniell ist aber unnachgiebig, es weiß sich mit den größten Opfern durchzusetzen, es deckt sich gleichfalls mit einer rationellen Begründung und scheint sich bei oberflächlicher Betrachtung nur durch eine gewisse übertriebene Sorgfalt vom Normalen zu entfernen. Sieht man aber näher zu, so kann man bemerken, daß die Decke zu kurz ist, daß das Zeremoniell Bestimmungen umfaßt, die weit über die rationelle Begründung hinausgehen, und andere, die ihr direkt widersprechen. Unsere Patientin schützt als Motiv ihrer nächtlichen Vorsichten vor, daß sie zum Schlafen Ruhe braucht und alle Quellen des Geräusches ausschließen muß. In dieser Absicht tut sie zweierlei: Die große Uhr in ihrem Zimmer wird zum Stehen gebracht, alle anderen Uhren aus dem Zimmer entfernt, nicht einmal ihre winzige Armbanduhr wird im Nachtkästchen geduldet. Blumentöpfe und Vasen werden auf dem Schreibtische so zusammengestellt, daß sie nicht zur Nachtzeit herunterfallen, zerbrechen und sie im Schlafe stören können. Sie weiß, daß diese Maßregeln durch das Gebot der Ruhe nur eine scheinbare Rechtfertigung finden können; die kleine Uhr würde man nicht ticken hören, auch wenn sie auf dem Nachtkästchen liegen bliebe, und wir haben alle die Erfahrung gemacht, daß das regelmäßige Ticken einer Pendeluhr niemals eine Schlafstörung macht, sondern eher einschläfernd wirkt. Sie gibt auch zu, daß die Befürchtung, Blumentöpfe und Vasen könnten, an ihrem Platze gelassen, zur Nachtzeit von selbst herunterfallen und zerbrechen, jeder Wahrscheinlichkeit entbehrt. Für andere Bestimmungen des Zeremoniells wird die Anlehnung an das Ruhegebot fallen gelassen. Ja, die Forderung, daß die Türe zwischen ihrem Zimmer und dem Schlafzimmer der Eltern halb offen bleibe, deren Erfüllung sie dadurch sichert, daß sie verschiedene Gegenstände in die geöffnete Türe rückt, scheint im Gegenteil eine Quelle von störenden Geräuschen zu aktivieren. Die wichtigsten Bestimmungen beziehen sich aber auf das Bett selbst. Das Polster am Kopfende des Bettes darf die Holzwand des Bettes nicht berühren. Das kleine Kopfpolsterchen darf auf diesem großen Polster nicht anders liegen, als indem es eine Raute bildet; ihren Kopf legt sie dann genau in den Längsdurchmesser der Raute. Die Federdecke („Duchent", wie wir in Österreich sagen) muß vor dem Zudecken so geschüttelt werden, daß ihr Fußende ganz dick wird, dann aber versäumt sie es nicht, diese Anhäufung durch Zerdrücken wieder zu verteilen.

Lassen Sie mich die anderen, oft sehr kleinlichen Einzelheiten dieses Zeremoniells übergehen; sie würden uns nichts Neues lehren und zu weit von unseren Absichten abführen. Aber übersehen Sie nicht, daß dies alles sich nicht so glatt vollzieht. Es ist immer die Sorge dabei, daß nicht alles ordentlich gemacht worden ist; es muß nachgeprüft, wiederholt werden, der Zweifel zeichnet bald die eine, bald die andere der Sicherungen aus, und der Erfolg ist, daß ein bis zwei Stunden hingebracht werden, während welcher das Mädchen selbst nicht schlafen kann und die eingeschüchterten Eltern nicht schlafen läßt.

Die Analyse dieser Quälereien ging nicht so einfach vonstatten wie die der Zwangshandlung bei unserer früheren Patientin. Ich mußte dem Mädchen Andeutungen geben und Vorschläge zur Deutung machen, die von ihr jedesmal mit einem entschiedenen Nein abgelehnt oder mit geringschätzigem Zweifel aufgenommen wurden. Aber auf diese erste ablehnende Reaktion folgte eine Zeit, in welcher sie sich selbst mit den ihr vorgelegten Möglichkeiten beschäftigte, Einfälle zu ihnen sammelte, Erinnerungen produzierte, Zusammenhänge herstellte, bis sie alle Deutungen aus eigener Arbeit angenommen hatte. In dem Maße, als dies geschah, ließ sie auch in der Ausführung der Zwangsmaßregeln nach, und noch vor Ende der Behandlung hatte sie auf das gesamte Zeremoniell verzichtet. Sie müssen auch wissen, daß die analytische Arbeit, wie wir sie heute ausführen, die konsequente Bearbeitung des einzelnen Symptoms, bis man mit dessen Aufhellung zu Ende gekommen ist, geradezu ausschließt. Man ist vielmehr genötigt, das eine Thema immer wieder zu verlassen, und ist sicher, von anderen Zusammenhängen her von neuem darauf zurückzukommen. Die Symptomdeutung, die ich Ihnen jetzt mitteilen werde, ist also eine Synthese von Ergebnissen, deren Förderung sich, von anderen Arbeiten unterbrochen, über die Zeit von Wochen und Monaten erstreckt.

Unsere Patientin lernt allmählich verstehen, daß sie die Uhr als Symbol des weiblichen Genitales aus ihren Zurüstungen für die Nacht verbannt hatte. Die Uhr, für die wir sonst auch andere Symboldeutungen kennen, gelangt zu dieser genitalen Rolle durch ihre Beziehung zu periodischen Vorgängen und gleichen Intervallen. Eine Frau kann etwa von sich rühmen, ihre Menstruation benehme sich so regelmäßig wie ein Uhrwerk. Die Angst unserer Patientin richtete sich aber besonders dagegen, durch das Ticken der Uhr im Schlaf gestört zu werden. Das Ticken der Uhr ist dem Klopfen der Klitoris bei sexueller Erregung gleichzusetzen. Durch diese ihr nun peinliche Empfindung war sie in der Tat wiederholt aus dem Schlafe geweckt worden, und jetzt äußerte sich diese Erektionsangst in dem Gebot, welches gehende Uhren zur Nachtzeit aus ihrer Nähe entfernen hieß. Blumentöpfe und Vasen sind wie alle Gefäße gleichfalls weibliche Symbole. Die Vorsicht, daß sie nicht zur Nachtzeit fallen und zerbrechen, entbehrt also nicht eines guten Sinnes. Wir kennen die vielverbreitete Sitte, daß bei Verlobungen ein Gefäß oder Teller zerschlagen wird. Jeder der Anwesenden eignet sich ein Bruchstück an, welches wir als Ablösung seiner Ansprüche an die Braut auf dem Standpunkt einer Eheordnung vor der Monogamie auffassen dürfen. Zu diesem Stück ihres Zeremoniells brachte das Mädchen auch eine Erinnerung und mehrere Einfälle. Sie war einmal als Kind mit einem Glas- oder Tongefäß hingefallen, hatte sich in die Finger geschnitten und heftig geblutet. Als sie heranwuchs und von den Tatsachen des Sexualverkehrs Kenntnis bekam, stellte sich die ängstliche Idee bei ihr ein, sie werde in der Hochzeitsnacht nicht bluten und sich nicht als Jungfrau erweisen. Ihre Vorsichten gegen das Zerbrechen der Vasen bedeuten also eine Abweisung des ganzen Komplexes, der mit der Virginität und dem Bluten beim ersten Verkehr zusammenhängt, ebensowohl eine Abweisung der Angst zu bluten wie der entgegengesetzten, nicht zu bluten. Mit der Geräuschverhütung, welcher sie diese Maßnahmen unterordnete, hatten sie nur entfernt etwas zu tun.

Den zentralen Sinn ihres Zeremoniells erriet sie eines Tages, als sie plötzlich die Vorschrift, das Polster dürfe die Bettwand nicht berühren, verstand. Das

Polster sei ihr immer ein Weib gewesen, sagte sie, die aufrechte Holzwand ein Mann. Sie wollte also – auf magische Weise, dürfen wir einschalten – Mann und Weib auseinanderhalten, das heißt die Eltern voneinander trennen, nicht zum ehelichen Verkehr kommen lassen. Dasselbe Ziel hatte sie in früheren Jahren vor der Einrichtung des Zeremoniells auf direktere Weise zu erreichen gesucht. Sie hatte Angst simuliert oder eine vorhandene Angstneigung dahin ausgebeutet, daß die Verbindungstüre zwischen dem Schlafzimmer der Eltern und dem Kinderzimmer nicht geschlossen werden dürfe. Dies Gebot war ja noch in ihrem heutigen Zeremoniell erhalten geblieben. Auf solche Art schaffte sie sich die Gelegenheit, die Eltern zu belauschen, zog sich aber in der Ausnützung derselben einmal eine durch Monate anhaltende Schlaflosigkeit zu. Nicht zufrieden mit solcher Störung der Eltern setzte sie es dann zeitweise durch, daß sie im Ehebett selbst zwischen Vater und Mutter schlafen durfte. „Polster" und „Holzwand" konnten dann wirklich nicht zusammenkommen. Endlich, als sie schon so groß war, daß ihr Körperliches nicht mehr bequem im Bette zwischen den Eltern Platz finden konnte, erreichte sie es durch bewußte Simulation von Angst, daß die Mutter den Schlafplatz mit ihr tauschte und ihr die eigene Stelle neben dem Vater abtrat. Diese Situation war gewiß der Ausgang von Phantasien geworden, deren Nachwirkung man im Zeremoniell verspürt.

Wenn ein Polster ein Weib war, so hatte auch das Schütteln der Federdecke, bis alle Federn unten waren und dort eine Anschwellung hervorriefen, einen Sinn. Es hieß, das Weib schwanger machen; aber sie versäumte es nicht, diese Schwangerschaft wieder wegzustreichen, denn sie hatte Jahre hindurch unter der Furcht gestanden, der Verkehr der Eltern werde ein anderes Kind zur Folge haben und ihr so eine Konkurrenz bescheren. Anderseits, wenn das große Polster ein Weib, die Mutter, war, so konnte das kleine Kopfpölsterchen nur die Tochter vorstellen. Warum mußte dieses Polster als Raute gelegt werden und ihr Kopf genau in die Mittellinie derselben kommen? Sie ließ sich leicht daran erinnern, daß die Raute die an allen Mauern wiederholte Rune des offenen weiblichen Genitales sei. Sie selbst spielte dann den Mann, den Vater, und ersetzte durch ihren Kopf das männliche Glied. (Vgl. die Symbolik des Köpfens für Kastration.)

Wüste Dinge, werden Sie sagen, die da in dem Kopf des jungfräulichen Mädchens spuken sollen. Ich gebe es zu, aber vergessen Sie nicht, ich habe diese Dinge nicht gemacht, sondern bloß gedeutet. Solch ein Schlafzeremoniell ist auch etwas Sonderbares, und Sie werden Zeremoniell und den Phantasien, die uns die Deutung ergibt, nicht verkennen dürfen. Wichtiger ist mir aber, daß Sie bemerken, es habe sich da nicht eine einzige Phantasie im Zeremoniell niedergeschlagen, sondern eine Anzahl von solchen, die allerdings irgendwo ihren

Knotenpunkt haben. Auch daß die Vorschriften des Zeremoniells die sexuellen Wünsche bald positiv, bald negativ wiedergeben, zum Teil der Vertretung und zum Teil der Abwehr derselben dienen.

Man könnte auch aus der Analyse dieses Zeremoniells mehr machen, wenn man es in die richtige Verknüpfung mit den anderen Symptomen der Kranken brächte. Aber unser Weg führt uns nicht dahin. Lassen Sie sich die Andeutung genügen, daß dieses Mädchen einer erotischen Bindung an den Vater verfallen ist, deren Anfänge in frühe Kinderjahre zurückgehen. Vielleicht benimmt sie sich auch darum so unfreundlich gegen ihre Mutter. Wir können auch nicht übersehen, daß uns die Analyse dieses Symptoms wiederum auf das Sexualleben der Kranken hingeführt hat. Vielleicht werden wir uns darüber um so weniger verwundern, je öfter wir in den Sinn und in die Absicht neurotischer Symptome Einsicht gewinnen.

So habe ich Ihnen denn an zwei ausgewählten Beispielen gezeigt, daß die neurotischen Symptome einen Sinn haben wie die Fehlleistungen und wie die Träume, und daß sie in intimer Beziehung zum Erleben der Patienten stehen. Kann ich erwarten, daß Sie mir diesen überaus bedeutsamen Satz auf zwei Beispiele hin glauben? Nein. Aber können Sie von mir verlangen, daß ich Ihnen soviel weitere Beispiele erzähle, bis Sie sich für überzeugt erklären? Auch nicht, denn bei der Ausführlichkeit, mit der ich den einzelnen Fall behandle, müßte ich ein fünfstündiges Semestralkolleg der Erledigung dieses einzelnen Punktes der Neurosenlehre widmen. Ich bescheide mich also damit, Ihnen eine Probe für meine Behauptung gegeben zu haben, und verweise Sie im übrigen auf die Mitteilungen in der Literatur, auf die klassischen Symptomdeutungen im ersten Fall von *Breuer* (Hysterie), auf die frappanten Aufhellungen ganz dunkler Symptome bei der sogenannten *Dementia praecox* durch *C. G Jung* aus der Zeit, da dieser Forscher bloß Psychoanalytiker war und noch nicht Prophet sein wollte, und auf alle die Arbeiten, die seither unsere Zeitschriften gefüllt haben. Wir haben gerade an solchen Untersuchungen keinen Mangel. Die Analyse, Deutung, Übersetzung der neurotischen Symptome hat die Psychoanalytiker so angezogen, daß sie zunächst die anderen Probleme der Neurotik dagegen vernachlässigten.

Wer von Ihnen sich einer solchen Bemühung unterzieht, der wird gewiß einen starken Eindruck von der Fülle des Beweismaterials empfangen. Aber er wird auch auf eine Schwierigkeit stoßen. Der Sinn eines Symptoms liegt, wie wir erfahren haben, in einer Beziehung zum Erleben des Kranken. Je individueller das Symptom ausgebildet ist, desto eher dürfen wir erwarten, diesen Zusammenhang herzustellen. Die Aufgabe stellt sich dann geradezu, für eine sinnlose Idee und eine zwecklose Handlung jene vergangene Situation aufzufinden, in welcher die Idee gerechtfertigt und die Handlung zweckentsprechend war. Die

Zwangshandlung unserer Patientin, die zum Tisch lief und dem Stubenmädchen schellte, ist direkt vorbildlich für diese Art von Symptomen. Aber es gibt, und zwar sehr häufig, Symptome von ganz anderem Charakter. Man muß sie „typische" Symptome der Krankheit nennen, sie sind in allen Fällen ungefähr gleich, die individuellen Unterschiede verschwinden bei ihnen oder schrumpfen wenigstens so zusammen, daß es schwer fällt, sie mit dem individuellen Erleben der Kranken zusammenzubringen und auf einzelne erlebte Situationen zu beziehen. Richten wir unseren Blick wiederum auf die Zwangsneurose. Schon das Schlafzimmerzeremoniell unserer zweiten Patientin hat viel Typisches an sich, dabei allerdings genug individuelle Züge, um die sozusagen *historische* Deutung zu ermöglichen. Aber alle diese Zwangskranken haben die Neigung zu wiederholen, Verrichtungen zu rhythmieren und von anderen zu isolieren. Die meisten von ihnen waschen zu viel. Die Kranken, welche an Agoraphobie (Topophobie, Raumangst) leiden, was wir nicht mehr zur Zwangsneurose rechnen, sondern als Angsthysterie bezeichnen, wiederholen in ihren Krankheitsbildern oft in ermüdender Monotonie dieselben Züge, sie fürchten geschlossene Räume, große offene Plätze, lange sich hinziehende Straßen und Alleen. Sie halten sich für geschützt, wenn Bekannte sie begleiten oder wenn ein Wagen ihnen nachfährt usw. Auf diesem gleichartigen Untergrund tragen aber doch die einzelnen Kranken ihre individuellen Bedingungen, Launen, möchte man sagen, auf, die einander in den einzelnen Fällen direkt widersprechen. Der eine scheut nur enge Straßen, der andere nur weite, der eine kann nur gehen, wenn wenig, der andere, wenn viele Menschen auf der Straße sind. Ebenso hat die Hysterie bei allem Reichtum an individuellen Zügen einen Überfluß an gemeinsamen, typischen Symptomen, die einer leichten historischen Zurückführung zu widerstreben scheinen. Vergessen wir nicht, es sind ja diese typischen Symptome, nach denen wir uns für die Stellung der Diagnose orientieren. Haben wir nun wirklich in einem Falle von Hysterie ein typisches Symptom auf ein Erlebnis oder auf eine Kette von ähnlichen Erlebnissen zurückgeführt, z. B. ein hysterisches Erbrechen auf eine Folge von Ekeleindrücken, so werden wir irre, wenn uns die Analyse in einem anderen Fall von Erbrechen eine durchaus andersartige Reihe von angeblich wirksamen Erlebnissen aufdeckt. Es sieht dann bald so aus, als müßten die Hysterischen aus unbekannten Gründen Erbrechen äußern, und die von der Analyse gelieferten historischen Anlässe seien nur Vorwände, die von dieser inneren Notwendigkeit verwendet werden, wenn sie sich zufällig ergeben.

So kommen wir bald zur betrübenden Einsicht, daß wir zwar den Sinn der individuellen neurotischen Symptome durch die Beziehung zum Erleben befriedigend aufklären können, daß uns aber unsere Kunst für die weit häufigeren typischen Symptome derselben im Stiche läßt. Dazu kommt, daß ich Sie noch gar nicht mit allen Schwierigkeiten vertraut gemacht habe, die sich bei der konsequenten Verfolgung der historischen Symptomdeutung herausstellen. Ich will es auch nicht tun, denn ich habe zwar die Absicht, Ihnen nichts zu beschönigen oder zu verhehlen, aber ich darf Sie doch nicht zu Beginn unserer gemeinsamen Studien ratlos machen und in Verwirrung bringen. Es ist richtig, daß wir erst den Anfang zu einem Verständnis der Symptombedeutung gemacht haben, aber wir wollen an dem Gewonnenen festhalten und uns schrittweise zur Bewältigung des noch Unverstandenen durchringen. Ich versuche es also, Sie mit der Überlegung zu trösten, daß eine fundamentale Verschiedenheit zwischen der einen und der anderen Art von Symptomen doch kaum anzunehmen ist. Hängen die individuellen Symptome so unverkennbar vom Erleben des Kranken ab, so bleibt für die typischen Symptome die Möglichkeit, daß sie auf ein Erleben zurückgehen, das an sich typisch, allen Menschen gemeinsam ist. Andere in der Neurose regelmäßig wiederkehrende Züge mögen allgemeine Reaktionen sein, welche den Kranken durch die Natur der krankhaften Veränderung aufgezwungen werden, wie das Wiederholen oder das Zweifeln der Zwangsneurose. Kurz, wir haben keinen Grund zum vorzeitigen Verzagen; wir werden ja sehen, was sich weiter ergibt.

Vor einer ganz ähnlichen Schwierigkeit stehen wir auch in der Traumlehre. Ich konnte sie in unseren früheren Besprechungen über den Traum nicht behandeln. Der manifeste Inhalt der Träume ist ja ein höchst mannigfaltiger und individuell verschiedener, und wir haben ausführlich gezeigt, was man aus diesem Inhalt durch die Analyse gewinnt. Aber daneben gibt es Träume, die man gleichfalls „typische" heißt, die bei allen Menschen in gleicher Weise vorkommen, Träume von gleichförmigem Inhalt, welche der Deutung dieselben Schwierigkeiten entgegensetzen. Es sind dies die Träume vom Fallen, Fliegen, Schweben, Schwimmen, Gehemmtsein, vom Nacktsein und andere gewisse Angstträume, die uns bald diese, bald jene Deutung bei einzelnen Personen ergeben, ohne daß die Monotonie und das typische Vorkommen derselben dabei seine Aufklärung fände. Auch bei diesen Träumen beobachten wir aber, daß ein gemeinsamer Untergrund durch individuell wechselnde Zutaten belebt wird, und wahrscheinlich werden auch sie sich in das Verständnis des Traumlebens, das wir an den anderen Träumen gewonnen haben, ohne Zwang, aber unter Erweiterung unserer Einsichten einfügen lassen.

XVIII. *Vorlesung*
Die Fixierung an das Trauma, das Unbewußte

Meine Damen und Herren! Ich sagte das letztemal, wir wollten die Fortsetzung unserer Arbeit nicht an unsere Zweifel, sondern an unsere Funde anknüpfen. Zwei der interessantesten Folgerungen, die sich aus den zwei vorbildlichen Analysen ableiten, haben wir überhaupt noch nicht ausgesprochen.

Fürs erste: Beide Patienten machen uns den Eindruck, als wären sie an ein bestimmtes Stück ihrer Vergangenheit fixiert, verständen nicht davon freizukommen, und seien deshalb der Gegenwart und der Zukunft entfremdet. Sie stecken nun in ihrer Krankheit, wie man sich in früheren Zeiten in ein Kloster zurückzuziehen pflegte, um dort ein schweres Lebensschicksal auszutragen. Für unsere erste Patientin ist es die in Wirklichkeit aufgegebene Ehe mit ihrem Manne, die ihr dieses Verhängnis bereitet hat. Durch ihre Symptome setzt sie den Prozeß mit ihrem Manne fort; wir haben jene Stimmen verstehen gelernt, die für ihn plaidieren, die ihn entschuldigen, erhöhen, seinen Verlust beklagen. Obwohl sie jung und für andere Männer begehrenswert ist, hat sie alle realen und imaginären (magischen) Vorsichten ergriffen, um ihm die Treue zu bewahren. Sie zeigt sich nicht vor fremden Augen, vernachlässigt ihre Erscheinung, aber sie vermag es auch nicht, so bald von einem Sessel aufzustehen, auf dem sie gesessen ist, und sie verweigert es, ihren Namen zu unterschreiben, kann keinem ein Geschenk machen, mit der Motivierung es dürfe niemand etwas von ihr haben.

Bei unserer zweiten Patientin, dem jungen Mädchen, ist es eine erotische Bindung an den Vater, welche sich in den Jahren vor der Pubertät hergestellt hatte, die für ihr Leben dasselbe leistet. Sie hat auch für sich den Schluß gezogen, daß sie nicht heiraten kann, solange sie so krank ist. Wir dürfen vermuten, sie ist so krank geworden, um nicht heiraten zu müssen und um beim Vater zu bleiben.

Wir dürfen die Frage nicht abweisen, wie, auf welchem Wege und kraft welcher Motive kommt man in eine so merkwürdige und so unvorteilhafte Einstellung zum Leben? Vorausgesetzt, daß dieses Verhalten ein allgemeiner Charakter der Neurose und nicht eine besondere Eigentümlichkeit dieser zwei Kranken ist. Es ist aber in der Tat ein allgemeiner, praktisch sehr bedeutsamer Zug einer jeden Neurose. Die erste hysterische Patientin von *Breuer* war in ähnlicher Weise an die Zeit fixiert, da sie ihren schwer erkrankten Vater pflegte. Sie hat trotz ihrer Herstellung seither in gewisser Hinsicht mit dem Leben abgeschlossen, sie ist zwar gesund und leistungsfähig geblieben, ist aber dem normalen Frauenschicksal ausgewichen. Bei jedem unserer Kranken können wir durch die Analyse ersehen, daß er sich in seinen Krankheitssymptomen und durch die Folgerungen aus ihnen in eine gewisse Periode seiner Vergangenheit zurückversetzt hat. In der

Überzahl der Fälle hat er sogar eine sehr frühe Lebensphase dazu gewählt, eine Zeit seiner Kindheit, ja so lächerlich es klingen mag, selbst seiner Säuglingsexistenz.

Die nächste Analogie zu diesem Verhalten unserer Nervösen bieten Erkrankungen, wie sie gerade jetzt der Krieg in besonderer Häufigkeit entstehen läßt, die sogenannten traumatischen Neurosen. Es hat solche Fälle nach Eisenbahnzusammenstößen und anderen schreckhaften Lebensgefahren natürlich auch vor dem Kriege gegeben. Die traumatischen Neurosen sind im Grunde nicht dasselbe wie die spontanen Neurosen, die wir analytisch zu untersuchen und zu behandeln pflegen; es ist uns auch noch nicht gelungen, sie unseren Gesichtspunkten zu unterwerfen, und ich hoffe, Ihnen einmal klarmachen zu können, woran diese Einschränkung liegt. Aber in dem einen Punkt dürfen wir eine völlige Übereinstimmung hervorheben. Die traumatischen Neurosen geben deutliche Anzeichen dafür, daß ihnen eine Fixierung an den Moment des traumatischen Unfalles zu Grunde liegt. In ihren Träumen wiederholen diese Kranken regelmäßig die traumatische Situation; wo hysteriforme Anfälle vorkommen, die eine Analyse zulassen, erfährt man, daß der Anfall einer vollen Versetzung in diese Situation entspricht. Es ist so, als ob diese Kranken mit der traumatischen Situation nicht fertig geworden wären, als ob diese noch als unbezwungene aktuelle Aufgabe vor ihnen stände, und wir nehmen diese Auffassung in allem Ernst an; sie zeigt uns den Weg zu einer, heißen wir es *ökonomischen* Betrachtung der seelischen Vorgänge. Ja, der Ausdruck traumatisch hat keinen anderen als einen solchen ökonomischen Sinn. Wir nennen so ein Erlebnis, welches dem Seelenleben innerhalb kurzer Zeit einen so starken Reizzuwachs bringt, daß die Erledigung oder Aufarbeitung desselben in normalgewohnter Weise mißglückt, woraus dauernde Störungen im Energiebetrieb resultieren müssen.

Diese Analogie muß uns dazu verlocken, auch jene Erlebnisse, an welche unsere Nervösen fixiert erscheinen, als traumatische zu bezeichnen. Auf solch Weise würde uns eine einfache Bedingung für die neurotische Erkrankung verheißen werden. Die Neurose wäre einer traumatischen Erkrankung gleichzusetzen und entstünde durch die Unfähigkeit, ein überstark affektbetontes Erlebnis zu erledigen. So lautete auch wirklich die erste Formel, in welcher *Breuer* und ich 1893/95 theoretische Rechenschaft von unseren neuen Beobachtungen ablegten. Ein Fall wie der unserer ersten Patientin, der jungen, von ihrem Mann getrennten Frau, unterwirft sich dieser Auffassung sehr gut. Sie hat die Undurchführbarkeit ihrer Ehe nicht verwunden und ist an diesem Trauma hängen geblieben. Aber schon unser zweiter Fall, das an ihren Vater fixierte Mädchen, zeigt uns, daß die Formel nicht umfassend genug ist. Einerseits ist eine solche Kleinmädchenverliebtheit in den Vater etwas so Gewöhnliches und so häufig Überwundenes, daß die Bezeichnung „traumatisch" allen Gehalt verlieren würde, anderseits lehrt uns die Geschichte der Kranken, daß diese erste erotische Fixierung zunächst anscheinend schadlos vorüberging und erst mehrere Jahre später in den Symptomen der Zwangsneurose wieder zum Vorschein kam. Wir sehen da also Komplikationen, eine größere Reichhaltigkeit der Erkrankungsbedingungen voraus, aber wir ahnen auch, der traumatische Gesichtspunkt wird nicht etwa als irrig aufzugeben sein; er wird sich anderswo einfügen und unterordnen müssen.

Wir brechen hier wieder den Weg ab, den wir eingeschlagen haben. Er führt zunächst nicht weiter, und wir haben allerlei anderes zu erfahren, ehe wir seine richtige Fortsetzung finden können. Bemerken wir noch zum Thema der Fixierung an eine bestimmte Phase der Vergangenheit, daß ein solches Vorkommen weit über die Neurose hinausgeht. Jede Neurose enthält eine solche Fixierung, aber nicht jede Fixierung führt zur Neurose, fällt mit Neurose zusammen oder stellt sich auf dem Wege der Neurose her. Ein Mustervorbild einer affektiven Fixierung an etwas Vergangenes ist die Trauer, die selbst die vollste Abwendung von Gegenwart und Zukunft mit sich bringt. Aber die Trauer scheidet sich selbst für das Laienurteil scharf von der Neurose. Dagegen gibt es Neurosen, die man als eine pathologische Form der Trauer bezeichnen kann.

Es kommt auch vor, daß Menschen durch ein traumatisches, die bisherigen Grundlagen ihres Lebens erschütterndes Ereignis so zum Stillstand gebracht werden, daß sie jedes Interesse für Gegenwart und Zukunft aufgeben und dauernd in der seelischen Beschäftigung mit der Vergangenheit verharren, aber diese Unglücklichen brauchen dabei nicht neurotisch zu werden. Wir wollen also diesen einen Zug für die Charakteristik der Neurose nicht überschätzen, so regelmäßig und so bedeutsam er sonst sein mag.

Nun aber zum zweiten Ergebnis unserer Analysen, für welches wir eine nachträgliche Einschränkung nicht zu besorgen haben. Wir haben von unserer ersten Patientin mitgeteilt, welche sinnlose Zwangshandlung sie ausführte und welche intime Lebenserinnerung sie als dazugehörig erzählte, haben auch später das Verhältnis zwischen den beiden untersucht und die Absicht der Zwangshandlung aus dieser Beziehung zur Erinnerung erraten. Aber ein Moment haben wir völlig beiseite gelassen, das unsere ganze Aufmerksamkeit verdient. Solange die Patientin auch die Zwangshandlung wiederholte, wußte sie nichts davon, daß sie mit ihr an jenes Erlebnis anknüpfte, der Zusammenhang zwischen den beiden war ihr verborgen; sie mußte wahrheitsgemäß antworten, sie wisse nicht, unter welchen Antrieben sie dies tue. Dann traf es sich unter dem Einflusse der Kurarbeit plötzlich einmal, daß sie jenen Zusammenhang auffand und mitteilen konnte. Aber noch immer wußte sie von der Absicht nichts, in deren Dienst sie die Zwangshandlung ausführte, der Absicht, ein peinliches Stück der Vergangenheit zu korrigieren und den von ihr geliebten Mann auf ein höheres Niveau zu stellen. Es dauerte ziemlich lange und kostete viel Mühe, bis sie begriffen und mir zugestanden hatte, daß ein solches Motiv allein die treibende Kraft der Zwangshandlung gewesen sein könnte.

Der Zusammenhang mit der Szene nach der verunglückten Hochzeitsnacht und das zärtliche Motiv der Kranken ergeben mitsammen das, was wir den „Sinn" der Zwangshandlung genannt haben. Aber dieser Sinn war ihr nach beiden Richtungen, dem „woher" wie dem „wozu", unbekannt gewesen, während sie die Zwangshandlung ausführte. Es hatten also seelische Vorgänge in ihr gewirkt, die Zwangshandlung war eben deren Wirkung; sie hatte die Wirkung in normaler seelischer Verfassung wahrgenommen, aber nichts von den seelischen Vorbedingungen dieser Wirkung war zur Kenntnis ihres Bewußtseins gekommen. Sie hatte sich ganz ebenso benommen, wie ein Hypnotisierter dem *Bernheim* den Auftrag erteilte, fünf Minuten nach seinem Erwachen im Krankensaal einen Regenschirm aufzuspannen, der diesen Auftrag im Wachen ausführte, aber kein Motiv für sein Tun anzugeben wußte. Einen solchen Sachverhalt haben wir im Auge, wenn wir von der *Existenz unbewußter seelischer Vorgänge* reden. Wir dürfen alle Welt herausfordern, von diesem Sachverhalt auf eine korrektere wissenschaftliche Art Rechenschaft zu geben, und wollen dann gern auf die Annahme unbewußter seelischer Vorgänge verzichten. Bis dahin werden wir aber an dieser Annahme festhalten und wir müssen es mit resigniertem Achselzucken als unbegreiflich abweisen, wenn uns jemand einwenden will, das Unbewußte sei hier nichts im Sinne der Wissenschaft Reales, ein Notbehelf, *une façon de parler*. Etwas nicht Reales; von dem so real greifbare Wirkungen ausgehen wie eine Zwangshandlung!

Im Grunde das nämliche treffen wir bei unserer zweiten Patientin an. Sie hat ein Gebot geschaffen, das Polster dürfe die Bettwand nicht berühren, und muß dieses Gebot befolgen, aber sie weiß nicht, woher es stammt, was es bedeutet und welchen Motiven es seine Macht verdankt. Ob sie es selbst als indifferent betrachtet oder sich dagegen sträubt, dagegen wütet, sich vornimmt, es zu übertreten, ist für seine Ausführung gleichgültig. Es muß befolgt werden, und sie fragt sich vergeblich, warum. Man muß doch bekennen, in diesen Symptomen der Zwangsneurose, diesen Vorstellungen und Impulsen, die auftauchen, man weiß nicht woher, sich so resistent gegen alle Einflüsse des sonst normalen Seelenlebens benehmen, den Kranken selbst den Eindruck machen, als wären sie übergewaltige Gäste aus einer fremden Welt, Unsterbliche, die sich in das Gewühl der Sterblichen gemengt haben, ist wohl der deutlichste Hinweis auf einen besonderen, vom übrigen abgeschlossenen Bezirk des Seelenlebens gegeben. Von ihnen aus führt ein nicht zu verfehlender Weg zur Überzeugung von der Existenz des Unbewußten in der Seele, und gerade darum weiß die klinische Psychiatrie, die nur eine Bewußtseinspsychologie kennt, mit ihnen nichts anderes anzufangen, als daß sie sie für die Anzeichen einer besonderen Degenerationsweise ausgibt. Natürlich sind die Zwangsvorstellungen und Zwangsimpulse nicht selbst unbewußt, so wenig wie die Ausführung der Zwangshandlungen der bewußten Wahrnehmung entgeht. Sie wären nicht Symptome geworden, wenn sie nicht zum Bewußtsein durchgedrungen wären. Aber die psychischen Vorbedingungen, die wir durch die Analyse für sie erschließen, die Zusammenhänge, in welche wir sie durch die Deutung einsetzen, sind unbewußte, wenigstens so lange, bis wir sie dem Kranken durch die Arbeit der Analyse zu bewußten gemacht haben.

Nun nehmen Sie hinzu, daß dieser bei unseren beiden Fällen festgestellte Sachverhalt sich bei allen Symptomen aller neurotischen Erkrankungen bestätigt, daß immer und überall der Sinn der Symptome dem Kranken unbekannt ist, daß die Analyse regelmäßig zeigt, diese Symptome seien Abkömmlinge unbewußter Vorgänge, die sich aber unter mannigfaltigen günstigen Bedingungen bewußt machen lassen, so werden Sie verstehen, daß wir in der Psychoanalyse das unbewußte Seelische nicht entbehren können und gewohnt sind, mit ihm wie mit etwas sinnlich Greifbarem zu operieren. Sie werden aber vielleicht auch begreifen, wie wenig urteilsfähig in dieser Frage alle anderen sind, die das Unbewußte nur als Begriff kennen, die nie analysiert, nie Träume gedeutet oder neurotische Symptome in Sinn und Absicht umgesetzt haben. Um es für unsere Zwecke nochmals auszusprechen: Die Möglichkeit, den neurotischen Symptomen durch analytische Deutung einen Sinn zu geben, ist ein unerschütterlicher Beweis für die Existenz – oder, wenn Sie so lieber wollen, für die Notwendigkeit der Annahme – unbewußter seelischer Vorgänge.

Das ist aber nicht alles. Dank einer zweiten Entdeckung von *Breuer*, die mir sogar als die inhaltsreichere erscheint, und in welcher er keine Genossen hat, erfahren wir von der Beziehung zwischen dem Unbewußten und den neurotischen Symptomen noch mehr. Nicht nur, daß der Sinn der Symptome regelmäßig unbewußt ist; es besteht auch ein Verhältnis von Vertretung zwischen dieser Unbewußtheit und der Existenzmöglichkeit der Symptome. Sie werden mich bald verstehen. Ich will mit *Breuer* folgendes behaupten: Jedesmal, wenn wir auf ein Symptom stoßen, dürfen wir schließen, es bestehen bei dem Kranken bestimmte unbewußte Vorgänge, die eben den Sinn des Symptoms enthalten. Aber es ist auch erforderlich, daß dieser Sinn unbewußt sei, damit das Symptom zustande komme. Aus bewußten Vorgängen werden Symptome nicht gebildet; sowie die betreffenden unbewußten bewußt geworden sind, muß das Symptom verschwinden. Sie erkennen hier mit einem Male einen Zugang zur Therapie, einen Weg, Symptome zum Verschwinden zu bringen. Auf diesem Wege hat *Breuer* in der Tat seine hysterische Patientin hergestellt, daß heißt von ihren Symptomen befreit; er fand eine Technik, ihr die unbewußten Vorgänge, die den Sinn des Symptoms enthielten, zum Bewußtsein zu bringen, und die Symptome verschwanden.

Diese Entdeckung von *Breuer* war nicht das Ergebnis einer Spekulation, sondern einer glücklichen, durch das Entgegenkommen des Kranken ermöglichten Beobachtung. Sie sollen sich jetzt auch nicht damit quälen wollen, sie durch Zurückführung auf etwas anderes, bereits Bekanntes zu verstehen, sondern sollen eine neue fundamentale Tatsache in ihr erkennen, mit deren Hilfe vieles andere erklärlich werden wird. Gestatten Sie mir darum, daß ich Ihnen dasselbe in anderen Ausdrucksweisen wiederhole.

Die Symptombildung ist ein Ersatz für etwas anderes, was unterblieben ist. Gewisse seelische Vorgänge hätten sich normalerweise so weit entwickeln sollen, daß das Bewußtsein Kunde von ihnen erhielte. Das ist nicht geschehen, und dafür ist aus den unterbrochenen, irgendwie gestörten Vorgängen, die unbewußt bleiben mußten, das Symptom hervorgegangen. Es ist also etwas wie eine Vertauschung vorgefallen; wenn es gelingt, diese rückgängig zu machen, hat die Therapie der neurotischen Symptome ihre Aufgabe gelöst.

Der *Breuersche* Fund ist noch heute die Grundlage der psychoanalytischen Therapie. Der Satz, daß die Symptome verschwinden, wenn man ihre unbewußten Vorbedingungen bewußt gemacht hat, ist durch alle weitere Forschung bestätigt worden, obgleich man den merkwürdigsten und unerwartetsten Komplikationen begegnet, wenn man den Versuch seiner praktischen Durchführung unternimmt.

Unsere Therapie wirkt dadurch, daß sie Unbewußtes in Bewußtes verwandelt, und wirkt nur, insoweit sie in die Lage kommt, diese Verwandlung durchzusetzen.

Nun rasch eine kleine Abschweifung, damit Sie nicht in die Gefahr kommen, sich diese therapeutische Arbeit als zu leicht vorzustellen. Nach unseren bisherigen Ausführungen wäre ja die Neurose die Folge einer Art von Unwissenheit, des Nichtwissens um seelische Vorgänge, von denen man wissen sollte. Das würde eine starke Annäherung an bekannte sokratische Lehren sein, denen zufolge selbst die Laster auf einer Unwissenheit beruhen. Nun wird es dem in der Analyse erfahrenen Arzt in der Regel sehr leicht zu erraten, welche seelische Regungen bei dem einzelnen Kranken unbewußt geblieben sind. Es dürfte ihm also auch nicht schwerfallen, den Kranken herzustellen, indem er ihn durch Mitteilung seines Wissens von seiner eigenen Unwissenheit befreit. Wenigstens der eine Anteil des unbewußten Sinnes der Symptome wäre auf diese Weise leicht erledigt, vom anderen, vom Zusammenhang der Symptome mit den Erlebnissen des Kranken kann der Arzt freilich nicht viel erraten, denn er kennt diese Erlebnisse nicht, er muß warten, bis der Kranke sie erinnert und ihm erzählt. Aber auch dafür ließe sich in manchen Fällen ein Ersatz finden. Man kann sich bei den Angehörigen des Kranken nach dessen Erlebnissen erkundigen, und diese werden häufig in der Lage sein, die traumatisch wirksamen unter ihnen zu erkennen, vielleicht sogar solche Erlebnisse mitzuteilen, von denen der Kranke nichts weiß, weil sie in sehr frühe Jahre seines Lebens gefallen sind. Durch eine Vereinigung dieser beiden Verfahren hätte man also Aussicht, der pathogenen Unwissenheit des Kranken in kurzer Zeit und mit geringer Mühe abzuhelfen.

Ja, wenn das so ginge! Wir haben da Erfahrungen gemacht, auf welche wir anfangs nicht vorbereitet waren. Wissen und Wissen ist nicht dasselbe; es gibt verschiedene Arten von Wissen, die psychologisch gar nicht gleichwertig sind. *Il y a fagots et fagots*, heißt es einmal bei Moliére. Das Wissen des Arztes ist nicht dasselbe wie das des Kranken und kann nicht dieselben Wirkungen äußern. Wenn der Arzt sein Wissen durch Mitteilung auf den Kranken überträgt, so hat dies keinen Erfolg. Nein, es wäre unrichtig, es so zu sagen. Es hat nicht den Erfolg, die Symptome aufzuheben, sondern den anderen, die Analyse in Gang zu bringen, wovon Äußerungen des Widerspruches häufig die ersten Anzeichen sind. Der Kranke weiß dann etwas, was er bisher nicht gewußt hat, den Sinn seines Symptoms, und er weiß ihn doch ebensowenig wie vorhin. Wir erfahren so, es gibt mehr als eine Art von Unwissenheit. Es wird eine gewisse Vertiefung unserer psychologischen Kenntnisse dazugehören, um uns zu zeigen, worin die Unterschiede bestehen. Aber unser Satz, daß die Symptome mit dem Wissen um ihren Sinn vergehen, bleibt darum doch richtig. Es kommt nur dazu, daß das Wissen auf einer inneren Veränderung im Kranken beruhen muß, wie sie nur durch eine psychische Arbeit mit bestimmtem Ziel hervorgerufen werden kann. Hier stehen wir vor Problemen, die sich uns bald zu einer *Dynamik* der Symptombildung zusammenfassen werden.

Meine Herren! Ich muß jetzt die Frage aufwerfen, ist Ihnen das, was ich Ihnen sage, nicht zu dunkel und kompliziert? Verwirre ich Sie nicht dadurch, daß ich so oft zurücknehme und einschränke, Gedankengänge anspinne und dann fallenlasse? Es sollte mir leid tun, wenn es so wäre. Ich habe aber eine starke Abneigung gegen Vereinfachungen auf Kosten der Wahrheitstreue, habe nichts dagegen, wenn Sie den vollen Eindruck von der Vielseitigkeit und Verwobenheit des Gegenstandes empfangen, und denke mir auch, es ist kein Schaden dabei, wenn ich Ihnen zu jedem Punkte mehr sage, als Sie augenblicklich verwerten können. Ich weiß doch, daß jeder Hörer und Leser das ihm Dargebotene in Gedanken zurichtet, verkürzt, vereinfacht und herauszieht, was er behalten möchte. Bis zu einem gewissen Maß ist es wohl richtig, daß um so mehr übrig bleibt, je reichlicher vorhanden war. Lassen Sie mich hoffen, daß Sie das Wesentliche an meinen Mitteilungen, das über den Sinn der Symptome, über das Unbewußte und die Beziehung zwischen beiden, trotz allen Beiwerkes klar erfaßt haben. Sie haben wohl auch verstanden, daß unsere weitere Bemühung nach zwei Richtungen gehen wird, erstens um zu erfahren, wie Menschen erkranken, zur Lebenseinstellung der Neurose gelangen können, was ein klinisches Problem ist, und zweitens, wie sich aus den Bedingungen der Neurose die krankhaften Symptome entwickeln, was ein Problem der seelischen Dynamik bleibt. Für die beiden Probleme muß es auch irgendwo einen Treffpunkt geben.

Ich will auch heute nicht weiter gehen, aber da unsere Zeit noch nicht um ist, gedenke ich, Ihre Aufmerksamkeit auf einen anderen Charakter unserer beiden Analysen zu lenken, dessen volle Würdigung wiederum erst später erfolgen kann, auf die Erinnerungslücken oder Amnesien. Sie haben gehört, daß man die Aufgabe der psychoanalytischen Behandlung in die Formel fassen kann, alles pathogene Unbewußte in Bewußtes umzusetzen. Nun werden Sie vielleicht erstaunt sein zu erfahren, daß man diese Formel auch durch die andere ersetzen kann, alle Erinnerungslücken der Kranken auszufüllen, seine Amnesien aufzuheben. Das käme auf dasselbe hinaus. Den Amnesien des Neurotikers wird also eine wichtige Beziehung zur Entstehung seiner Symptome zugeschrieben. Wenn Sie aber den Fall unserer ersten Analyse in Betracht ziehen, werden Sie diese Einschätzung der Amnesie nicht berechtigt finden. Die Kranke hat die Szene, an welche ihre Zwangshandlung anknüpft, nicht vergessen, im Gegenteil in lebhafter Erinnerung bewahrt, und etwas anderes Vergessenes ist bei der Entstehung dieses Symptoms auch nicht im Spiele. Minder deutlich, aber doch im ganzen analog ist die Sachlage bei unserer zweiten Patientin, dem Mädchen mit dem Zwangszeremoniell. Auch sie hat das Benehmen ihrer früheren Jahre, die Tatsachen, daß sie auf der Eröffnung der Türe zwischen dem Schlafzimmer der Eltern und ihrem eigenen bestand, und daß sie die Mutter aus ihrer Stelle im Ehebett vertrieb, eigentlich nicht vergessen; sie erinnert sich daran sehr deutlich, wenn auch zögernd und ungern. Als auffällig können wir nur betrachten, daß die erste Patientin, wenn sie ihre Zwangshandlung ungezählte Male ausführte, nicht ein Mal an deren Ähnlichkeit mit dem Erlebnis nach der Hochzeitsnacht gemahnt wurde, und daß sich diese Erinnerung auch nicht einstellte, als sie durch direkte Fragen zur Nachforschung über die Motivierung der Zwangshandlung aufgefordert wurde. Dasselbe gilt für das Mädchen, bei dem das Zeremoniell und seine Anlässe überdies auf die nämliche, allabendlich wiederholte Situation bezogen wird. In beiden Fällen besteht keine eigentliche Amnesie, kein Erinnerungsausfall, aber es ist ein Zusammenhang unterbrochen, der die Reproduktion, das Wiederauftauchen in der Erinnerung, herbeiführen sollte. Eine derartige Störung des Gedächtnisses reicht für die Zwangsneurose hin, bei der Hysterie ist es anders. Diese letztere Neurose ist meist durch ganz großartige Amnesien ausgezeichnet. In der Regel wird man bei der Analyse jedes einzelnen hysterischen Symptoms auf eine ganze Kette von Lebenseindrücken geleitet, die bei ihrer Wiederkehr ausdrücklich als bisher vergessen bezeichnet werden. Diese Kette reicht einerseits bis in die frühesten Lebensjahre zurück, so daß sich die hysterische Amnesie als unmittelbare Fortsetzung der infantilen Amnesie erkennen läßt, die uns Normalen die Anfänge unseres Seelenlebens verdeckt. Anderseits erfahren wir mit Erstaunen, daß auch die jüngsten Erlebnisse der Kranken dem Vergessen verfallen sein können, und daß insbesondere die Anlässe, bei denen die Krankheit ausgebrochen oder verstärkt worden ist, von der Amnesie angenagt, wenn nicht ganz verschlungen worden sind. Regelmäßig sind aus dem Gesamtbild einer solchen rezenten Erinnerung wichtige Einzelheiten geschwunden oder durch Erinnerungsfälschungen ersetzt worden. Ja es ereignet sich wiederum fast regelmäßig, daß erst kurz vor dem Abschluß einer Analyse gewisse Erinnerungen an frisch Erlebtes auftauchen, die so lange zurückgehalten werden konnten und fühlbare Lücken im Zusammenhange gelassen hatten.

Solche Beeinträchtigungen des Erinnerungsvermögens sind, wie gesagt, für die Hysterie charakteristisch, bei welcher ja auch als Symptome Zustände auftreten (die hysterischen Anfälle), die in der Erinnerung keine Spur zu hinterlassen brauchen. Wenn es bei der Zwangsneurose anders ist, so mögen Sie daraus schließen, daß es sich bei diesen Amnesien um einen psychologischen Charakter der hysterischen Veränderung und nicht um einen allgemeinen Zug der Neurosen überhaupt handelt. Die Bedeutung dieser Differenz wird durch folgende Betrachtung eingeschränkt werden. Wir haben als den „Sinn" eines Symptoms zweierlei zusammengefaßt, sein Woher und sein Wohin oder Wozu, das heißt die Eindrücke und Erlebnisse, von denen es ausgeht, und die Absichten, denen es dient. Das Woher eines Symptoms löst sich also in Eindrücke auf, die von außen gekommen sind, die notwendigerweise einmal bewußt waren und seither durch Vergessen unbewußt geworden sein mögen. Das Wozu des Symptoms, seine Tendenz, ist aber jedesmal ein endopsychischer Vorgang, der möglicherweise zuerst bewußt geworden ist, aber ebensowohl niemals bewußt war und von jeher im Unbewußten verblieben ist. Es ist also nicht sehr wichtig, ob die Amnesie auch das Woher, die Erlebnisse, auf die sich das Symptom stützt, ergriffen hat, wie es bei der Hysterie geschieht; das Wohin, die Tendenz des Symptoms, die von Anfang an unbewußt gewesen sein kann, ist es, die die Abhängigkeit desselben vom Unbewußten begründet, und zwar bei der Zwangsneurose nicht weniger fest als bei der Hysterie.

Mit dieser Hervorhebung des Unbewußten im Seelenleben haben wir aber die bösesten Geister der Kritik gegen die Psychoanalyse aufgerufen. Wundern Sie sich darüber nicht und glauben Sie auch nicht, daß der Widerstand gegen uns nur an der begreiflichen Schwierigkeit des Unbewußten oder an der relativen Unzugänglichkeit der Erfahrungen gelegen ist, die es erweisen. Ich meine, er kommt von tiefer her. Zwei große Kränkungen ihrer naiven Eigenliebe hat die Menschheit im Laufe der Zeiten von der Wissenschaft erdulden müssen. Die erste, als sie erfuhr, daß unsere Erde nicht der Mittelpunkt des Weltalls ist, sondern ein winziges Teilchen eines in seiner Größe kaum vorstellbaren Weltsystems. Sie knüpft sich für uns an den Namen *Kopernikus*, obwohl schon die alexandrinische Wissenschaft ähnliches verkündet hatte. Die zweite dann, als die biologische Forschung das angebliche Schöpfungsvorrecht des Menschen zunichte machte, ihn auf die Abstammung aus dem Tierreich und die Unvertilgbarkeit seiner animalischen Natur verwies. Diese Umwertung hat sich in unseren Tagen unter dem Einfluß von *Ch. Darwin, Wallace* und ihren Vorgängern nicht ohne das heftigste Sträuben der Zeitgenossen vollzogen. Die dritte und empfindlichste Kränkung aber soll die menschliche Größensucht durch die heutige psychologische Forschung erfahren, welche dem Ich nachweisen will, daß es nicht einmal Herr ist im eigenen Hause, sondern auf kärgliche Nachrichten angewiesen bleibt von dem, was unbewußt in seinem Seelenleben vorgeht. Auch diese Mahnung zur Einkehr haben wir Psychoanalytiker nicht zuerst und nicht als die einzigen vorgetragen, aber es scheint uns beschieden, sie am eindringlichsten zu vertreten und durch Erfahrungsmaterial, das jedem einzelnen nahegeht, zu erhärten. Daher die allgemeine Auflehnung gegen unsere Wissenschaft, die Versäumnis aller Rücksichten akademischer Urbanität und die Entfesselung der Opposition von allen Zügeln unparteiischer Logik, und dazu kommt noch, daß wir den Frieden dieser Welt noch auf andere Weise stören mußten, wie Sie bald hören werden.

XIX. Vorlesung
Widerstand und Verdrängung

Meine Damen und Herren! Um im Verständnis der Neurosen weiterzukommen, bedürfen wir neuer Erfahrungen, und wir machen deren zwei. Beide sehr merkwürdig und seinerzeit sehr überraschend. Sie sind freilich auf beide durch unsere vorjährigen Besprechungen vorbereitet.

Erstens: Wenn wir es unternehmen, einen Kranken herzustellen, von seinen Leidenssymptomen zu befreien, so setzt er uns einen heftigen, zähen, über die ganze Dauer der Behandlung anhaltenden Widerstand entgegen. Das ist eine so sonderbare Tatsache, daß wir nicht viel Glauben für sie erwarten dürfen. Den Angehörigen des Kranken sagen wir am besten nichts davon, denn diese meinen nie etwas anderes, als es sei eine Ausrede von uns, um die lange Dauer oder den Mißerfolg unserer Behandlung zu entschuldigen. Auch der Kranke produziert alle Phänomene dieses Widerstandes, ohne ihn als solchen zu erkennen, und es ist bereits ein großer Erfolg, wenn wir ihn dazu gebracht haben, sich in diese Auffassung zu finden und mit ihr zu rechnen. Denken Sie doch, der Kranke, der unter seinen Symptomen so leidet und seine Nächsten dabei mitleiden läßt, der so viele Opfer an Zeit, Geld, Mühe und Selbstüberwindung auf sich nehmen will, um von ihnen befreit zu werden, der sollte sich im Interesse seines Krankseins gegen seinen Helfer sträuben. Wie unwahrscheinlich muß diese Behauptung klingen! Und doch ist es so, und wenn man uns diese Unwahrscheinlichkeit vorhält, so brauchen wir nur zu antworten, es sei nicht ohne seine Analogien, und jeder, der wegen unerträglicher Zahnschmerzen den Zahnarzt aufgesucht hat, sei diesem wohl in den Arm gefallen, wenn er sich dem kranken Zahn mit der Zange nähern wollte.

Der Widerstand der Kranken ist sehr mannigfaltig, höchst raffiniert, oft schwer zu erkennen, wechselt proteusartig die Form seiner Erscheinung. Es heißt für den Arzt mißtrauisch sein und auf seiner Hut gegen ihn bleiben. Wir wenden ja in der psychoanalytischen Therapie die Technik an, die Ihnen von der Traumdeutung her bekannt ist. Wir legen es dem Kranken auf, sich in einen Zustand von ruhiger Selbstbeobachtung ohne Nachdenken zu versetzen und alles mitzuteilen, was er dabei an inneren Wahrnehmungen machen kann: Gefühle, Gedanken, Erinnerungen, in der Reihenfolge, in der sie in ihm auftauchen. Wir warnen ihn dabei ausdrücklich, irgendeinem Motiv nachzugeben, welches eine Auswahl oder Ausschließung unter den Einfällen erzielen möchte, möge es lauten, das ist zu unangenehm, oder zu indiskret, um es zu sagen, oder das ist zu unwichtig, es gehört nicht hierher, oder das ist unsinnig, braucht nicht gesagt zu werden. Wir schärfen ihm ein, immer nur der Oberfläche seines Bewußtseins zu folgen, jede wie immer geartete Kritik gegen das, was er findet, zu unterlassen, und vertrauen ihm an, daß der Erfolg der Behandlung, vor allem aber die Dauer derselben von der Gewissenhaftigkeit abhängt, mit der er diese technische Grundregel der Analyse befolgt. Wir wissen ja von der Technik der Traumdeutung, daß gerade solche Einfälle, gegen welche sich die aufgezählten Bedenken und Einwendungen erheben, regelmäßig das Material enthalten, welches zur Aufdeckung des Unbewußten hinführt.

Durch die Aufstellung dieser technischen Grundregel erreichen wir zunächst, daß sie zum Angriffspunkt des Widerstandes wird. Der Kranke sucht sich ihren

Bestimmungen auf jede Art zu entwinden. Bald behauptet er, es fiele ihm nichts ein, bald, es dränge sich ihm so vieles auf, daß er nicht zu erfassen vermöge. Dann merken wir mit mitvergnügtem Erstaunen, daß er bald dieser, bald jener kritischen Einwendung nachgegeben hat; er verrät sich uns nämlich durch die langen Pausen, die er in seinen Reden eintreten läßt. Er gesteht dann zu, das könne er wirklich nicht sagen, er schäme sich, und läßt dieses Motiv gegen sein Versprechen gelten. Oder es sei ihm etwas eingefallen, aber es betreffe eine andere Person als ihn selbst und sei darum von der Mitteilung ausgenommen. Oder, was ihm jetzt eingefallen, sei wirklich zu unwichtig, zu dumm und zu unsinnig; ich könne doch nicht gemeint haben, daß er auf solche Gedanken eingehen solle, und so geht es in unübersehbaren Variationen weiter, wogegen man zu erklären hat, daß alles sagen wirklich alles sagen bedeutet.

Man trifft kaum auf einen Kranken, der nicht den Versuch machte, irgendein Gebiet für sich zu reservieren, um der Kur den Zutritt zu demselben zu verwehren. Einer, den ich zu den Höchstintelligenten zählen mußte, verschwieg so wochenlang eine intime Liebesbeziehung und verteidigte sich, wegen der Verletzung der heiligen Regel zur Rede gestellt, mit dem Argument, er habe geglaubt, diese eine Geschichte sei seine Privatsache. Natürlich verträgt die analytische Kur ein solches Asylrecht nicht. Man versuche es etwa in einer Stadt wie Wien für einen Platz wie der Hohe Markt oder für die Stephanskirche die Ausnahme zuzulassen, daß dort keine Verhaftungen stattfinden dürfen, und mühe sich dann ab, einen bestimmten Missetäter einzufangen. Er wird an keiner anderen Stelle als an dem Asyl zu finden sein. Ich entschloß mich einmal, einem Mann, an dessen Leistungsfähigkeit objektiv viel gelegen war, ein solches Ausnahmsrecht zuzugestehen, denn er stand unter einem Diensteid, der ihm verbot, von bestimmten Dingen einem anderen Mitteilung zu machen. Er war allerdings mit dem Erfolg zufrieden, aber ich nicht; ich setzte mir vor, einen Versuch unter solchen Bedingungen nicht zu wiederholen.

Zwangsneurotiker verstehen es ausgezeichnet, die technische Regel fast unbrauchbar zu machen, dadurch, daß sie ihre Übergewissenhaftigkeit und ihren Zweifel auf sie einstellen. Angsthysteriker bringen es gelegentlich zustande, sie *ad absurdum* zu führen, indem sie nur Einfälle produzieren, die so weit von dem Gesuchten entfernt sind, daß sie der Analyse keinen Ertrag bringen. Aber ich beabsichtige nicht, Sie in die Behandlung dieser technischen Schwierigkeiten einzuführen. Genug, es gelingt endlich, durch Entschiedenheit und Beharrung dem Widerstand ein gewisses Ausmaß von Gehorsam gegen die technische Grundregel abzuringen, und dann wirft er sich auf ein anderes Gebiet. Er tritt als intellektueller Widerstand auf, kämpft mit Argumenten, bemächtigt sich der Schwierigkeiten und Unwahrscheinlichkeiten, welche das normale, aber nicht unterrichtete Denken an den analytischen Lehren findet. Wir bekommen dann alle Kritiken und Einwendungen von dieser einzelnen Stimme zu hören, die uns in der wissenschaftlichen Literatur als Chorus umbrausen. Daher uns auch nichts unbekannt klingt, was man uns von draußen zuruft. Es ist ein richtiger Sturm im Wasserglas. Doch der Patient läßt mit sich reden; er will uns gern dazu bewegen, daß wir ihn unterrichten, belehren, widerlegen, ihn zur Literatur führen, an welcher er sich weiterbilden kann. Er ist gern bereit, ein Anhänger der Psychoanalyse zu werden, unter der Bedingung, daß die Analyse ihn persönlich verschont. Aber wir erkennen diese Wißbegierde als Widerstand, als Ablenkung von unseren speziellen Aufgaben, und weisen sie ab. Bei dem Zwangsneurotiker haben wir eine besondere Taktik des Widerstandes zu erwarten. Er läßt die Analyse oft ungehemmt ihren Weg machen, so daß sie eine immer zunehmende Helligkeit über die Rätsel des Krankheitsfalles verbreiten kann, aber wir wundern uns endlich, daß dieser Aufklärung kein praktischer Fortschritt, keine Abschwächung der Symptome entspricht. Dann können wir entdecken, daß der Widerstand sich auf den Zweifel der Zwangsneurose zurückgezogen bat und uns in dieser Position erfolgreich die Spitze bietet. Der Kranke hat sich ungefähr gesagt: Das ist ja alles recht schön und interessant. Ich will es auch gern weiter verfolgen. Es würde meine Krankheit sehr ändern, wenn es wahr wäre. Aber ich glaube ja gar nicht, daß es wahr ist, und solange ich es nicht glaube, geht es meine Krankheit nichts an. So kann es lange fortgehen, bis man endlich an diese reservierte Stellung selbst herangekommen ist, und nun der entscheidende Kampf losbricht.

Die intellektuellen Widerstände sind nicht die schlimmsten; man bleibt ihnen immer überlegen. Aber der Patient versteht es auch, indem er im Rahmen der Analyse bleibt, Widerstände herzustellen, deren Überwindung zu den schwierigsten technischen Aufgaben gehört. Anstatt sich zu erinnern, wiederholt er aus seinem Leben solche Einstellungen und Gefühlsregungen, die sich mittels der sogenannten „Übertragung" zum Widerstand gegen Arzt und Kur verwenden lassen. Er entnimmt dieses Material, wenn es ein Mann ist, in der Regel seinem Verhältnis zum Vater, an dessen Stelle er den Arzt treten läßt, und macht somit Widerstände aus seinem Bestreben nach Selbständigkeit der Person und des Urteiles, aus seinem Ehrgeiz, der sein erstes Ziel darin fand, es dem Vater gleichzutun oder ihn zu überwinden, aus seinem Unwillen, die Last der Dankbarkeit ein zweites Mal im Leben auf sich zu laden. Streckenweise empfängt man so den Eindruck, als hätte beim Kranken die Absicht, den Arzt ins Unrecht zu setzen, ihn seine Ohnmacht empfinden zu lassen, über ihn zu triumphieren, die bessere Absicht, der Krankheit ein Ende zu machen, völlig ersetzt. Die Frauen verstehen es meisterhaft, eine zärtliche, erotisch betonte Übertragung auf den Arzt für die Zwecke des Widerstandes auszubeuten. Bei einer gewissen Höhe dieser Zuneigung erlischt jedes Interesse für die aktuelle Situation der Kur, jede der Verpflichtungen, die sie beim Eingehen in dieselbe auf sich genommen hatten, und die nie ausbleibende Eifersucht sowie die Erbitterung über die unvermeidliche, wenn auch schonend vorgebrachte Abweisung müssen dazu dienen, das persönliche Einvernehmen mit dem Arzt zu verderben und so eine der mächtigsten Triebkräfte der Analyse auszuschalten.

Die Widerstände dieser Art dürfen nicht einseitig verurteilt werden. Sie enthalten so viel von dem wichtigsten Material aus der Vergangenheit des Kranken und bringen es in so überzeugender Art wieder, daß sie zu den besten Stützen der Analyse werden, wenn eine geschickte Technik es versteht, ihnen die richtige Wendung zu geben. Es bleibt nur bemerkenswert, daß dieses Material zunächst immer im Dienste des Widerstandes steht und seine der Behandlung feindselige Fassade voranstellt. Man kann auch sagen, es seien Charaktereigenschaften, Einstellungen des Ichs, welche zur Bekämpfung der angestrebten Veränderungen mobil gemacht werden. Man erfährt dabei, wie diese Charaktereigenschaften im Zusammenhang mit den Bedingungen der Neurose und in der Reaktion gegen deren Ansprüche gebildet worden sind, und erkennt Züge dieses Charakters, die sonst nicht, oder nicht in diesem Ausmaße, hervortreten können, die man als latent bezeichnen kann. Sie sollen auch nicht den Eindruck gewinnen, als erblickten wir in dem Auftreten dieser Widerstände eine unvorhergesehene Gefährdung der analytischen Beeinflussung. Nein, wir wissen, daß diese Widerstände zum Vorschein kommen müssen; wir sind nur unzufrieden, wenn wir sie nicht deutlich genug hervorrufen und dem Kranken nicht klarmachen können. Ja, wir verstehen endlich, daß die Überwindung dieser Widerstände die wesentliche Leistung der Analyse und jenes Stück der Arbeit ist, welches uns allein zusichert, daß wir etwas beim Kranken zustande gebracht haben.

Nehmen Sie noch hinzu, daß der Kranke alle Zufälligkeiten, die sich während der Behandlung ergeben, im Sinne einer Störung ausnützt, jedes ablenkende Ereignis außerhalb, jede Äußerung einer der Analyse feindseligen Autorität in seinem Kreise, eine zufällige oder die Neurose komplizierende organische Erkrankung, ja daß er selbst jede Besserung seines Zustandes als Motiv für ein Nachlassen seiner Bemühung verwendet, so haben Sie ein ungefähres, noch immer nicht vollständiges Bild der Formen und der Mittel des Widerstandes gewonnen, unter dessen Bekämpfung jede Analyse verläuft. Ich habe diesem Punkt eine so ausführliche Behandlung geschenkt, weil ich Ihnen mitzuteilen habe, daß diese unsere Erfahrung mit dem Widerstande der Neurotiker gegen die Beseitigung ihrer Symptome die Grundlage unserer dynamischen Auffassung der Neurosen geworden ist. *Breuer* und ich selbst haben ursprünglich die Psychotherapie mit dem Mittel der Hypnose betrieben; *Breuers* erste Patientin ist durchwegs im Zustande hypnotischer Beeinflussung behandelt worden; ich bin ihm zunächst darin gefolgt. Ich gestehe, die Arbeit ging damals leichter und angenehmer, auch in viel kürzerer Zeit, vor sich. Die Erfolge aber waren launenhaft und nicht andauernd; darum ließ ich endlich die Hypnose fallen. Und dann verstand ich, daß eine Einsicht in die Dynamik dieser Affektionen nicht möglich gewesen war, solange man sich der Hypnose bedient hatte. Dieser Zustand wußte gerade die Existenz des Widerstandes der Wahrnehmung des Arztes zu entziehen. Er schob ihn zurück, machte ein gewisses Gebiet für die analytische Arbeit frei und staute ihn an den Grenzen dieses Gebietes so auf, daß er undurchdringlich wurde, ähnlich wie es der Zweifel bei der Zwangsneurose tut. Darum durfte ich auch sagen, die eigentliche Psychoanalyse hat mit dem Verzicht auf die Hilfe der Hypnose eingesetzt.

Wenn aber die Konstatierung des Widerstandes so bedeutsam geworden ist, so dürfen wir wohl einem vorsichtigen Zweifel Raum geben, ob wir nicht allzu leichtfertig in der Annahme von Widerständen sind. Vielleicht gibt es wirklich neurotische Fälle, in denen die Assoziationen sich aus anderen Gründen versagen, vielleicht verdienen die Argumente gegen unsere Voraussetzungen wirklich eine inhaltliche Würdigung und wir tun Unrecht daran, die intellektuelle Kritik der Analysierten so bequem als Widerstand beiseite zu schieben. Ja, meine Herren, wir sind aber nicht leichthin zu diesem Urteil gekommen. Wir haben Gelegenheit gehabt, jeden solchen kritischen Patienten bei dem Auftauchen und nach dem Schwinden eines Widerstandes zu beobachten. Der Widerstand wechselt nämlich im Laufe einer Behandlung beständig seine Intensität; er steigt immer an, wenn man sich einem neuen Thema nähert, ist am stärksten auf der Höhe der Bearbeitung desselben und sinkt mit der Erledigung des Themas wieder zusammen. Wir haben es auch niemals, wenn wir nicht besondere technische Ungeschicklichkeiten begangen haben, mit dem vollen Ausmaß des Widerstandes, den ein Patient leisten kann, zu tun. Wir konnten uns also überzeugen, daß derselbe Mann ungezählte Male im Laufe der Analyse seine kritische Einstellung wegwirft und wieder aufnimmt. Stehen wir davor, ein neues und ihm besonders peinliches Stück des unbewußten Materials zum Bewußtsein zu fördern, so ist er aufs äußerste kritisch; hatte er früher vieles verstanden und angenommen, so sind diese Erwerbungen jetzt wie weggewischt: er kann in seinem Bestreben nach Opposition um jeden Preis völlig das Bild eines affektiv Schwachsinnigen ergeben. Ist es gelungen, ihm zur Überwindung dieses neuen Widerstandes zu verhelfen, so bekommt er seine Einsicht und sein Verständnis wieder. Seine Kritik ist also keine selbständige, als solche zu respektierende Funktion, sie ist der Handlanger seiner affektiven Einstellungen und wird von seinem Widerstand

918

dirigiert. Ist ihm etwas nicht recht, so kann er sich sehr scharfsinnig dagegen wehren und sehr kritisch erscheinen; paßt ihm aber etwas in seinen Kram, so kann er sich dagegen sehr leichtgläubig zeigen. Vielleicht sind wir alle nicht viel anders; der Analysierte zeigt diese Abhängigkeit des Intellekts vom Affektleben nur darum so deutlich, weil wir ihn in der Analyse in so große Bedrängnis bringen.

Auf welche Weise tragen wir nun der Beobachtung Rechnung, daß sich der Kranke so energisch gegen die Abstellung seiner Symptome und die Herstellung eines normalen Ablaufes in seinen seelischen Vorgängen wehrt? Wir sagen uns, wir haben da starke Kräfte zu spüren bekommen, die sich einer Veränderung des Zustandes widersetzen; es müssen dieselben sein, die seinerzeit diesen Zustand erzwungen haben. Es muß bei der Symptombildung etwas vor sich gegangen sein, was wir nun aus unseren Erfahrungen bei der Symptomlösung rekonstruieren können. Wir wissen schon aus der Breuerschen Beobachtung, die Existenz des Symptoms hat zur Voraussetzung, daß irgendein seelischer Vorgang nicht in normaler Weise zu Ende geführt wurde, so daß er bewußt werden konnte. Das Symptom ist ein Ersatz für das, was da unterblieben ist. Nun wissen wir, an welche Stelle wir die vermutete Kraftwirkung zu versetzen haben. Es muß sich ein heftiges Sträuben dagegen erhoben haben, daß der fragliche seelische Vorgang bis zum Bewußtsein vordringe; er blieb darum unbewußt. Als Unbewußtes hatte er die Macht, ein Symptom zu bilden. Dasselbe Sträuben widersetzt sich während der analytischen Kur dem Bemühen, das Unbewußte ins Bewußte überzuführen, von neuem. Dies verspüren wir als Widerstand. Der pathogene Vorgang, der uns durch den Widerstand erwiesen wird, soll den Namen *Verdrängung* erhalten.

Über diesen Prozeß der Verdrängung müssen wir uns nun bestimmtere Vorstellungen machen. Er ist die Vorbedingung der Symptombildung, aber er ist auch etwas, wozu wir nichts Ähnliches kennen. Nehmen wir einen Impuls, einen seelischen Vorgang mit dem Bestreben, sich in eine Handlung umzusetzen, als Vorbild, so wissen wir, daß er einer Abweisung unterliegen kann, die wir Verwerfung oder Verurteilung heißen. Dabei wird ihm die Energie, über die er verfügt, entzogen, er wird machtlos, aber er kann als Erinnerung bestehen bleiben. Der ganze Vorgang der Entscheidung über ihn läuft unter dem Wissen des Ichs ab. Ganz anders, wenn wir uns denken, daß derselbe Impuls der Verdrängung unterworfen würde. Dann behielte er seine Energie und es würde keine Erinnerung an ihn übrig bleiben; auch würde sich der Vorgang der Verdrängung vom Ich unbemerkt vollziehen. Durch diese Vergleichung kommen wir dem Wesen der Verdrängung also nicht näher.

Ich will Ihnen auseinandersetzen, welche theoretischen Vorstellungen sich allein brauchbar erwiesen haben, um den Begriff der Verdrängung an eine bestimmtere Gestalt zu binden. Es ist vor allem dazu notwendig, daß wir von dem rein deskriptiven Sinn des Wortes „unbewußt" zum systematischen Sinn desselben Wortes fortschreiten, das heißt wir entschließen uns zu sagen, die Bewußtheit oder Unbewußtheit eines psychischen Vorganges ist nur eine der Eigenschaften desselben und nicht notwendig eine unzweideutige. Wenn ein solcher Vorgang unbewußt geblieben ist, so ist diese Abhaltung vom Bewußtsein vielleicht nur ein Anzeichen des Schicksals, das er erfahren hat, und nicht dieses Schicksal selbst. Um uns dieses Schicksal zu versinnlichen, nehmen wir an, daß jeder seelische Vorgang – es muß da eine später zu erwähnende Ausnahme zugegeben werden – zuerst in einem unbewußten Stadium oder Phase existiert und erst aus diesem in die bewußte Phase übergeht, etwa wie ein photographisches Bild zuerst ein Negativ ist und dann durch den Positivprozeß zum Bild wird. Nun muß aber nicht aus jedem Negativ ein Positiv werden, und ebensowenig ist es notwendig, daß jeder unbewußte Seelenvorgang sich in einen bewußten umwandle. Wir drücken uns mit Vorteil so aus, der einzelne Vorgang gehöre zuerst dem psychischen System des Unbewußten an und könne dann unter Umständen in das System des Bewußten übertreten.

Die roheste Vorstellung von diesen Systemen ist die für uns bequemste; es ist die räumliche. Wir setzen also das System des Unbewußten einem großen Vorraum gleich, in dem sich die seelischen Regungen wie Einzelwesen tummeln. An diesen Vorraum schließe sich ein zweiter, engerer, eine Art Salon, in welchem auch das Bewußtsein verweilt. Aber an der Schwelle zwischen beiden Räumlichkeiten walte ein Wächter seines Amtes, der die einzelnen Seelenregungen mustert, zensuriert und sie nicht in den Salon einläßt, wenn sie sein Mißfallen erregen. Sie sehen sofort ein, daß es nicht viel Unterschied macht, ob der Wächter eine einzelne Regung bereits von der Schwelle abweist, oder ob er sie wieder über sie hinausweist, nachdem sie in den Salon eingetreten ist. Es handelt sich dabei nur um den Grad seiner Wachsamkeit und um sein frühzeitiges Erkennen. Das Festhalten an diesem Bilde gestattet uns nun eine weitere Ausbildung unserer Nomenklatur. Die Regungen im Vorraum des Unbewußten sind dem Blick des Bewußtseins, das sich ja im anderen Raum befindet, entzogen; sie müssen zunächst unbewußt bleiben. Wenn sie sich bereits zur Schwelle vorgedrängt haben und vom Wächter zurückgewiesen worden sind, dann sind sie bewußtseinsunfähig; wir heißen sie *verdrängt*. Aber auch die Regungen, welche der Wächter über die Schwelle gelassen, sind darum nicht notwendig auch bewußt geworden; sie können es bloß werden, wenn es ihnen gelingt, die Blicke des Bewußtseins auf sich zu ziehen. Wir heißen darum diesen zweiten Raum mit gutem Recht das System des Vorbewußten. Das Bewußtwerden behält dann seinen rein deskriptiven Sinn. Das Schicksal der Verdrängung besteht aber für eine einzelne Regung darin, daß sie vom Wächter nicht aus dem System des Unbewußten in das des Vorbewußten eingelassen wird. Es ist derselbe Wächter, den wir als Widerstand kennenlernen, wenn wir durch die analytische Behandlung die Verdrängung aufzuheben versuchen.

Nun weiß ich ja, Sie werden sagen, diese Vorstellungen sind ebenso roh wie phantastisch und in einer wissenschaftlichen Darstellung gar nicht zulässig. Ich weiß, daß sie roh sind; ja noch mehr, wir wissen auch, daß sie unrichtig sind, und wenn wir nicht sehr irren, so haben wir bereits einen besseren Ersatz für sie bereit. Ob sie Ihnen dann auch noch so phantastisch erscheinen werden, weiß ich nicht. Vorläufig sind es Hilfsvorstellungen wie die vom *Ampéreschen Männchen*, das im elektrischen Stromkreis schwimmt, und nicht zu verachten, insofern sie für das Verständnis der Beobachtungen brauchbar sind. Ich möchte Ihnen versichern, daß diese rohen Annahmen von den zwei Räumlichkeiten, dem Wächter an der Schwelle zwischen beiden und dem Bewußtsein als Zuschauer am Ende des zweiten Saales doch sehr weitgehende Annäherungen an den wirklichen Sachverhalt bedeuten müssen. Ich möchte auch von Ihnen das Zugeständnis hören, daß unsere Bezeichnungen: *unbewußt, vorbewußt, bewußt* weit weniger präjudizieren und leichter zu rechtfertigen sind als andere, die in Vorschlag oder in Gebrauch gekommen sind, wie: *unterbewußt, nebenbewußt, binnenbewußt* und dergleichen.

Bedeutsamer wird es mir darum sein, wenn Sie mich daran mahnen, daß eine solche Einrichtung des seelischen Apparates, wie ich sie hier zugunsten der Erklärung neurotischer Symptome angenommen habe, nur eine allgemein gültige sein und also auch über die normale Funktion Auskunft geben müßte. Darin haben Sie natürlich recht. Wir können dieser Folgerung jetzt nicht nachgehen, aber unser Interesse für die Psychologie der Symptombildung muß eine außerordentliche Steigerung erfahren, wenn die Aussicht besteht, durch das Studium pathologischer Verhältnisse Aufschluß über das so gut verhüllte normale seelische Geschehen zu bekommen.

Erkennen Sie übrigens nicht, worauf sich unsere Aufstellungen von den beiden Systemen, dem Verhältnis zwischen ihnen und zum Bewußtsein stützen? Der Wächter zwischen dem Unbewußten und dem Vorbewußten ist doch nichts anderes als die *Zensur*, der wir die Gestaltung des manifesten Traumes unterworfen fanden. Die Tagesreste, in denen wir die Anreger des Traumes erkannten, waren vorbewußtes Material, welches zur Nachtzeit im Schlafzustande den Einfluß unbewußter und verdrängter Wunschregungen erfahren hatte und in Gemeinschaft mit ihnen, dank ihrer Energie, den latenten Traum hatte bilden können. Unter der Herrschaft des unbewußten Systems hatte dieses Material eine Verarbeitung gefunden die Verdichtung und Verschiebung – wie sie im normalen Seelenleben, das heißt im vorbewußten System, unbekannt oder nur ausnahmsweise zulässig ist. Diese Verschiedenheit der Arbeitsweisen wurde uns zur Charakteristik der beiden Systeme; das Verhältnis zum Bewußtsein, welches dem Vorbewußten anhängt, galt uns nur als Zeichen der Zugehörigkeit zu einem der beiden Systeme. Der Traum ist eben kein pathologisches Phänomen mehr; er kann bei allen Gesunden unter den Bedingungen des Schlafzustandes auftreten. Jene Annahme über die Struktur des seelischen Apparates, welche uns in einem die Bildung des Traumes und die der neurotischen Symptome verstehen läßt, hat einen unabweisbaren Anspruch darauf, auch für das normale Seelenleben in Betracht gezogen zu werden.

Soviel wollen wir jetzt von der Verdrängung sagen. Sie ist aber nur die Vorbedingung für die Symptombildung. Wir wissen, das Symptom ist ein Ersatz für etwas, was durch die Verdrängung verhindert wurde. Aber von der Verdrängung bis zum Verständnis dieser Ersatzbildung ist noch ein weiter Weg. Auf der anderen Seite des Problems erheben sich im Anschluß an die Konstatierung der Verdrängung die Fragen: Welche Art von seelischen Regungen unterliegt der Verdrängung, von welchen Kräften wird sie durchgesetzt, aus welchen Motiven? Dazu ist uns bisher nur eines gegeben. Wir haben bei der Untersuchung des Widerstandes gehört, daß er von Kräften des Ichs ausgeht, von bekannten und latenten Charaktereigenschaften. Diese sind es also auch, die die Verdrängung besorgt haben, oder sie sind wenigstens an ihr beteiligt gewesen. Alles weitere ist uns noch unbekannt.

Da hilft uns nun die zweite Erfahrung, die ich angekündigt hatte, weiter. Wir können aus der Analyse ganz allgemein angeben, was die Absicht der neurotischen Symptome ist. Auch das wird Ihnen nichts Neues sein. Ich habe es Ihnen an zwei Fällen von Neurose schon gezeigt. Aber freilich, was bedeuten zwei Fälle? Sie haben das Recht zu verlangen, daß es Ihnen zweihundertmal, ungezählte Male gezeigt werde. Nur das eine, daß ich dies nicht kann. Da muß wieder die eigene Erfahrung dafür eintreten oder der Glaube, der sich in diesem Punkt auf die übereinstimmende Angabe aller Psychoanalytiker berufen kann.

Sie erinnern sich daran, daß in den zwei Fällen, deren Symptome wir einer eingehenden Untersuchung unterzogen, die Analyse uns in das Intimste des Sexuallebens dieser Kranken einweihte. Im ersten Falle haben wir außerdem die Absicht oder Tendenz des untersuchten Symptoms besonders deutlich erkannt; vielleicht war sie im zweiten Falle durch ein später zu erwähnendes Moment etwas verdeckt. Nun, dasselbe, was wir an diesen beiden Beispielen gesehen haben, würden uns alle anderen Fälle zeigen, welche wir der Analyse unterziehen. Jedesmal würden wir durch die Analyse in die sexuellen Erlebnisse und Wünsche des Kranken eingeführt werden, und jedesmal müßten wir feststellen, daß ihre Symptome der gleichen Absicht dienen. Als diese Absicht gibt sich uns die Befriedigung sexueller Wünsche zu erkennen; die Symptome dienen der Sexualbefriedigung der Kranken, sie sind ein Ersatz für solche Befriedigung, die sie im Leben entbehren.

Denken Sie an die Zwangshandlung unserer ersten Patientin. Die Frau entbehrt ihren intensiv geliebten Mann, mit dem sie wegen seiner Mängel und Schwächen das Leben nicht teilen kann. Sie muß ihm treu bleiben, sie kann keinen anderen an seine Stelle setzen. Ihr Zwangssymptom gibt ihr, wonach sie sich sehnt, erhöht ihren Mann, verleugnet, korrigiert seine Schwächen, vor allem seine Impotenz. Dieses Symptom ist im Grunde eine Wunscherfüllung, ganz wie ein Traum, und zwar, was der Traum nicht jedesmal ist, eine erotische Wunscherfüllung. Bei unserer zweiten Patientin konnten Sie wenigstens entnehmen, daß ihr Zeremoniell den Verkehr der Eltern verhindern oder hintanhalten will, daß aus demselben ein neues Kind hervorgehe. Sie haben wohl auch erraten, daß es im Grunde dahin strebt, sie selbst an die Stelle der Mutter zu setzen. Also wiederum Beseitigung von Störungen in der Sexualbefriedigung und Erfüllung eigener sexueller Wünsche. Von der angedeuteten Komplikation wird bald die Rede sein.

Meine Herren! Ich möchte dem vorbeugen, daß ich an der Allgemeinheit dieser Behauptungen nachträglich Abzüge anzubringen habe, und mache Sie darum aufmerksam, daß alles, was ich hier über Verdrängung, Symptombildung und Symptombedeutung sage, an drei Formen von Neurosen, der Angsthysterie, der Konversionshysterie und der Zwangsneurose gewonnen worden ist und zunächst auch nur für diese Formen gilt. Diese drei Affektionen, die wir als „*Übertragungsneurosen*" in einer Gruppe zu vereinigen gewohnt sind, umschreiben auch das Gebiet, auf welchem sich die psychoanalytische Therapie betätigen kann. Die anderen Neurosen sind von der Psychoanalyse weit weniger gut studiert worden; bei einer Gruppe derselben ist wohl die Unmöglichkeit einer therapeutischen Beeinflussung ein Grund für die Zurücksetzung gewesen. Vergessen Sie auch nicht, daß die Psychoanalyse eine noch sehr junge Wissenschaft ist, daß sie viel Mühe und Zeit zur Vorbereitung erfordert, und daß sie vor gar nicht langer Zeit noch auf zwei Augen gestanden ist. Doch sind wir an allen Stellen im Begriffe, in das Verständnis dieser anderen Affektionen, die nicht Übertragungsneurosen sind, einzudringen. Ich hoffe, Ihnen noch vorführen zu können, welche Erweiterungen unsere Annahmen und Ergebnisse bei der Anpassung an dieses neue Material erfahren, und Ihnen zu zeigen, daß diese weiteren Studien nicht zu Widersprüchen, sondern zur Herstellung von höheren Einheitlichkeiten geführt haben. Wenn also jetzt alles, was hier gesagt wird, für die drei Übertragungsneurosen gilt, so lassen Sie mich zunächst den Wert der Symptome durch eine neue Mitteilung steigern. Eine vergleichende Untersuchung über die Anlässe der

Erkrankung ergibt nämlich ein Resultat, welches sich in die Formel fassen läßt, diese Personen erkranken an der Versagung in irgendeiner Weise, wenn ihnen die Realität die Befriedigung ihrer sexuellen Wünsche vorenthält. Sie erkennen, wie vortrefflich diese beiden Ergebnisse miteinander stimmen. Die Symptome sind dann erst recht als Ersatzbefriedigung für die im Leben vermißte zu verstehen.

Gewiß sind noch allerlei Einwendungen gegen den Satz, daß die neurotischen Symptome sexuelle Ersatzbefriedigungen sind, möglich. Zwei davon will ich heute noch erörtern. Sie werden, wenn Sie selbst eine größere Anzahl von Neurotikern analytisch untersucht haben, mir vielleicht kopfschüttelnd berichten: bei einer Reihe von Fällen treffe dies aber gar nicht zu; die Symptome scheinen da eher die gegenteilige Absicht zu enthalten, die Sexualbefriedigung auszuschließen oder aufzuheben. Ich werde die Richtigkeit Ihrer Deutung nicht bestreiten. Der psychoanalytische Sachverhalt pflegt gern etwas komplizierter zu sein, als uns lieb ist. Wenn er so einfach wäre, hätte es vielleicht nicht der Psychoanalyse bedurft, um ihn ans Licht zu bringen. Wirklich lassen bereits einige Züge des Zeremoniells bei unserer zweiten Patientin diesen asketischen, der Sexualbefriedigung feindlichen Charakter erkennen, z. B. wenn sie die Uhren beseitigt, was den magischen Sinn hat, nächtliche Erektionen zu vermeiden, oder das Fallen und Brechen von Gefäßen verhüten will, was einem Schutze ihrer Jungfräulichkeit gleichkommt. In anderen Fällen von Bettzeremoniell, die ich analysieren konnte, war dieser negative Charakter weit mehr ausgesprochen; das Zeremoniell konnte durchwegs aus Abwehrmaßregeln gegen sexuelle Erinnerungen und Versuchungen bestehen. Indessen haben wir schon so oft in der Psychoanalyse erfahren, daß Gegensätze keinen Widerspruch bedeuten. Wir könnten unsere Behauptung dahin erweitern, die Symptome beabsichtigen entweder eine sexuelle Befriedigung oder eine Abwehr derselben, und zwar wiegt bei der Hysterie der positive, wunscherfüllende, bei der Zwangsneurose der negative, asketische Charakter im ganzen vor. Wenn die Symptome sowohl der Sexualbefriedigung als auch ihrem Gegensatz dienen können, so hat diese Zweiseitigkeit oder Polarität eine ausgezeichnete Begründung in einem Stück ihres Mechanismus, welches wir noch nicht erwähnen konnten. Sie sind nämlich, wie wir hören werden, Kompromißergebnisse, aus der Interferenz zweier gegensätzlichen Strebungen hervorgegangen, und vertreten ebensowohl das Verdrängte wie das Verdrängende, das bei ihrer Entstehung mitgewirkt hat. Die Vertretung kann dann mehr zugunsten der einen oder anderen Seite geraten, nur selten fällt ein Einfluß völlig aus. Bei der Hysterie wird zumeist das Zusammentreffen beider Absichten in dem nämlichen Symptom erreicht. Bei der Zwangsneurose fallen beide Anteile oft auseinander; das Symptom wird dann zweizeitig, es besteht aus zwei Aktionen, einer nach der anderen, die einander aufheben.

Nicht so leicht werden wir ein zweites Bedenken erledigen. Wenn Sie eine größere Reihe von Symptomdeutungen überschauen, werden Sie wahrscheinlich zunächst urteilen, daß der Begriff einer sexuellen Ersatzbefriedigung bei ihnen bis zu seinen äußersten Grenzen gedehnt worden sei. Sie werden nicht versäumen zu betonen, daß diese Symptome nichts Reales an Befriedigung bieten, daß sie sich oft genug auf die Belebung einer Sensation oder die Darstellung einer Phantasie aus einem sexuellen Komplex beschränken. Ferner, daß die angebliche Sexualbefriedigung so häufig einen kindischen und unwürdigen Charakter zeigt, sich etwa einem masturbatorischen Akt annähert, oder an die schmutzigen Unarten erinnert, die man schon den Kindern verbietet und abgewöhnt. Und darüber hinaus werden Sie auch Ihre Verwunderung äußern, daß man für eine Sexualbefriedigung ausgeben will, was vielleicht als Befriedigung von grausamen oder gräßlichen, selbst unnatürlich zu nennenden Gelüsten beschrieben werden müßte. Über diese letzteren Punkte, meine Herren, werden wir kein Einvernehmen erzielen, ehe wir nicht das menschliche Sexualleben einer gründlichen Untersuchung unterzogen und dabei festgestellt haben, was man berechtigt ist, sexuell zu nennen.

XX. *Vorlesung*
Das Menschliche Sexualleben

Meine Damen und Herren! Man sollte doch meinen es sei nicht zweifelhaft, was man unter dem „Sexuellen" zu verstehen habe. Vor allem ist doch das Sexuelle das Unanständige, das, von dem man nicht sprechen darf. Man hat mir erzählt, daß die Symptome der Hysterischen so häufig sexuelle Dinge darstellen. In dieser Absicht führten sie ihn an das Bett einer Hysterika, deren Anfälle unverkennbar den Vorgang einer Entbindung mimten. Er aber äußerte abweisend: Nun eine Entbindung ist doch nichts Sexuelles. Gewiß, eine Entbindung muß nicht unter allen Umständen etwas Unanständiges sein.

Ich bemerke, Sie verübeln es mir, daß ich in so ernsthaften Dingen scherze. Aber es ist nicht so ganz Scherz. Im Ernst, es ist nicht leicht anzugeben, was den Inhalt des Begriffes „sexuell" ausmacht. Alles, was mit dem Unterschied der zwei Geschlechter zusammenhängt, wäre vielleicht das einzig treffende, aber Sie werden es farblos und zu umfassend finden. Wenn Sie die Tatsache des Sexualaktes in den Mittelpunkt stellen, werden Sie vielleicht aussagen, sexuell sei all das, was sich in der Absicht der Lustgewinnung mit dem Körper, speziell den Geschlechtsteilen des anderen Geschlechtes beschäftigt und im letzten Sinne auf die Vereinigung der Genitalien und die Ausführung des Geschlechtsaktes hinzielt. Aber dann sind Sie von der Gleichstellung, das Sexuelle sei das Unanständige, wirklich nicht weit entfernt und die Entbindung gehört wirklich nicht zum Sexuellen. Machen Sie aber die Fortpflanzungsfunktion zum Kern der Sexualität, so laufen Sie Gefahr, eine ganze Anzahl von Dingen, die nicht auf die Fortpflanzung zielen und doch sicher sexuell sind, auszuschließen, wie die Masturbation oder selbst das Küssen. Aber wir sind ja bereits darauf gefaßt, daß Definitionsversuche immer zu Schwierigkeiten führen; verzichten wir darauf, es gerade in diesem Falle besser zu machen. Wir können ahnen, daß in der Entwicklung des Begriffes „sexuell" etwas vor sich gegangen ist, was nach einem guten Ausdruck von *H. Silberer* einen „Überdeckungsfehler" zur Folge hatte. Im ganzen sind wir ja nicht ohne Orientierung darüber, was die Menschen sexuell heißen.

Etwas, was aus der Berücksichtigung des Gegensatzes der Geschlechter, des Lustgewinnes, der Fortpflanzungsfunktion und des Charakters des geheimzuhaltenden Unanständigen zusammengesetzt ist, wird im Leben für alle praktischen Bedürfnisse genügen. Aber es genügt nicht mehr in der Wissenschaft. Denn wir sind durch sorgfältige, gewiß nur durch opferwillige Selbstüberwindung ermöglichte Untersuchungen mit Gruppen von menschlichen Individuen bekannt worden, deren „Sexualleben" in der auffälligsten Weise von dem gewohnten Durchschnittsbilde abweicht. Die einen von diesen „Perversen" haben sozusagen die Geschlechtsdifferenz aus ihrem Programm gestrichen. Nur das ihnen gleiche Geschlecht kann ihre sexuellen Wünsche erregen; das andere, zumal die Geschlechtsteile desselben, ist ihnen überhaupt kein Geschlechtsobjekt, in extremen Fällen ein Gegenstand des Abscheus. Sie haben damit natürlich auch auf jede Beteiligung an der Fortpflanzung verzichtet. Wir nennen solche Personen Homosexuelle oder Invertierte. Es sind Männer und Frauen, sonst oft – nicht immer – tadellos gebildet, intellektuell wie ethisch hochentwickelt, nur mit dieser einen verhängnisvollen Abweichung behaftet. Sie geben sich durch den Mund ihrer wissenschaftlichen Wortführer für eine besondere Varietät der Menschenart, für ein „drittes Geschlecht" aus, welches gleichberechtigt neben den beiden anderen steht. Wir werden vielleicht Gelegenheit haben, ihre Ansprüche kritisch zu prüfen. Natürlich sind sie nicht, wie sie auch gern behaupten möchten, eine „Auslese" der Menschheit, sondern enthalten mindestens ebensoviel minderwertige und nichtsnutzige Individuen wie die in sexueller Hinsicht anders Gearteten.

Diese Perversen nehmen mit ihrem Sexualobjekt wenigstens noch ungefähr dasselbe vor wie die Normalen mit dem ihrigen. Aber nun folgt eine lange Reihe von Abnormen, deren sexuelle Betätigung sich immer weiter von dem entfernt, was einem vernünftigen Menschen begehrenswert erscheint. In ihrer Mannigfaltigkeit und Sonderbarkeit sind sie nur vergleichbar den grotesken Mißgestal-ten, die *P. Breughel* als Versuchung des heiligen Antonius gemalt hat, oder den verschollenen Göttern und Gläubigen, die *G. Flaubert* in langer Prozession an seinem frommen Büßer vorbeiziehen läßt. Ihr Gewimmel ruft nach einer Art von Ordnung, wenn es unsere Sinne nicht verwirren soll. Wir scheiden sie in solche, bei denen sich, wie bei den Homosexuellen, das Sexualobjekt gewandelt hat, und in andere, bei denen in erster Linie das Sexualziel verändert worden ist. Zur ersten Gruppe gehören die, welche auf die Vereinigung der beiden Genita-lien verzichtet haben und bei dem einen Partner im Sexualakt das Genitale durch einen anderen Körperteil oder Körperregion ersetzen; sie setzen sich dabei über die Mängel der organischen Einrichtung wie über die Abhaltung des Ekels hin-weg. (Mund, After an Stelle der Scheide.) Dann folgen andere, die zwar noch am Genitale festhalten, aber nicht wegen seiner sexuellen, sondern wegen anderer Funktionen, an denen es aus anatomischen Gründen und Anlässen der Nach-barschaft beteiligt ist. Wir erkennen an ihnen, daß die Ausscheidungsfunktionen, die in der Erziehung des Kindes als unanständig abseits geschafft worden sind, imstande bleiben, das volle sexuelle Interesse an sich zu reißen. Dann andere, die das Genitale überhaupt als Objekt aufgegeben haben, an seiner Statt einen ande-ren Körperteil zum begehrten Objekt erheben, die weibliche Brust, den Fuß, den Haarzopf. In weiterer Folge die, denen auch ein Körperteil nichts bedeutet, aber ein Kleidungsstück alle Wünsche erfüllt, ein Schuh, ein Stück weißer Wäsche, die Fetischisten. Weiter im Zuge die Personen, die zwar das ganze Objekt verlan-gen, aber ganz bestimmte, seltsame oder gräßliche, Anforderungen an dasselbe stellen, auch die, daß es zur wehrlosen Leiche geworden sein muß, und die es in verbrecherischem Zwang dazu machen, um es genießen zu können. Genug der Greuel von dieser Seite!

Die andere Schar wird von den Perversen angeführt, die sich zum Ziele der sexuellen Wünsche gesetzt haben, was normalerweise nur einleitende und vorbereitende Handlung ist. Also die das Beschauen und Betasten der ande-ren Person oder das Zuschauen bei intimen Verrichtungen derselben anstreben, oder die ihre eigenen zu verbergenden Körperteile entblößen in einer dunkeln Erwartung, durch eine gleiche Gegenleistung belohnt zu werden. Dann folgen die rätselhaften Sadisten, deren zärtliches Streben kein anderes Ziel kennt, als ihrem Objekt Schmerzen und Qualen zu bereiten, von Andeutungen der Demü-tigung bis zu schweren körperlichen Schädigungen, und wie zur Ausgleichung ihre Gegenstücke, die Masochisten, deren einzige Lust es ist, von ihrem gelieb-ten Objekt alle Demütigungen und Qualen in symbolischer wie in realer Form zu erleiden. Andere noch, bei denen mehrere solcher abnormer Bedingungen sich vereinigen und sich verschränken, und endlich müssen wir noch erfahren, daß jede dieser Gruppen zweifach vorhanden ist, daß es neben den einen, die ihre Sexualbefriedigung in der Realität suchen, noch andere gibt, die sich damit begnügen, sich solche Befriedigung bloß vorzustellen, die überhaupt kein wirkliches Objekt brauchen, sondern es sich durch die Phantasie ersetzen können.

Dabei kann es nicht den leisesten Zweifel leiden, daß in diesen Tollheiten, Sonderbarkeiten und Gräßlichkeiten wirklich die Sexualbetätigung dieser Menschen gegeben ist. Nicht nur, daß sie es selbst so auffassen und das Ersatzverhältnis verspüren, wir müssen uns auch sagen, es spielt die nämliche Rolle in ihrem Leben wie die normale Sexualbefriedigung in unserem, sie bringen dafür die nämlichen, oft übergroßen Opfer, und es läßt sich im Groben wie im feineren Detail verfolgen, wo sich diese Abnormitäten an das Normale anlehnen und wo sie davon abgehen. Auch daß Sie den Charakter des Unanständigen, welcher der Sexualbetätigung anhaftet, hier wiederfinden, kann Ihnen nicht entgehen; er ist aber zumeist zum Schändlichen gesteigert.

Nun, meine Damen und Herren, wie stellen wir uns zu diesen ungewöhnlichen Arten der Sexualbefriedigung? Mit der Entrüstung, der Äußerung unseres persönlichen Widerwillens und der Versicherung, daß wir diese Gelüste nicht teilen, ist offenbar nichts getan. Danach werden wir ja nicht gefragt. Am Ende ist es ein Erscheinungsgebiet wie ein anderes. Eine ablehnende Ausflucht wie, es seien ja nur Raritäten und Kuriositäten, wäre selbst leicht abzuweisen. Es handelt sich im Gegenteil um recht häufige, weit verbreitete Phänomene. Wollte man uns aber sagen, wir brauchten unsere Ansichten über das Sexualleben durch sie nicht beirren zu lassen, weil sie samt und sonders Verirrungen und Entgleisungen des Sexualtriebes darstellen, so wäre eine ernste Antwort am Platze. Wenn wir diese krankhaften Gestaltungen der Sexualität nicht verstehen und sie nicht mit· dem normalen Sexualleben zusammenbringen können, so verstehen wir eben auch die normale Sexualität nicht. Kurz, es bleibt eine unabweisbare Aufgabe, von der Möglichkeit der genannten Perversionen und von ihrem Zusammenhang mit der sogenannten normalen Sexualität volle theoretische Rechenschaft zu geben.

Dazu werden uns eine Einsicht und zwei neue Erfahrungen verhelfen. Die erstere verdanken wir *Iwan Bloch*; sie berichtigt die Auffassung all dieser Perversionen als „Degenerationszeichen" durch den Nachweis, daß solche Abirrungen vom Sexualziel, solche Lockerungen des Verhältnisses zum Sexualobjekt von jeher, zu allen uns bekannten Zeiten, bei allen, den primitivsten wie den höchstzivilisierten Völkern vorgekommen sind und sich gelegentlich Duldung und allgemeine Geltung errungen haben. Die beiden Erfahrungen sind bei der psychoanalytischen Untersuchung der Neurotiker gemacht worden; sie müssen unsere Auffassung der sexuellen Perversionen in entscheidender Weise beeinflussen.

Wir haben gesagt, daß die neurotischen Symptome sexuelle Ersatzbefriedigungen sind, und ich habe Ihnen angedeutet, daß die Bestätigung dieses Satzes durch die Analyse der Symptome auf manche Schwierigkeiten stoßen wird. Er ist nämlich erst dann berechtigt, wenn wir unter „sexueller Befriedigung" die der sogenannten perversen sexuellen Bedürfnisse mit einschließen, denn eine solche Deutung der Symptome drängt sich uns mit überraschender Häufigkeit auf. Der Ausnahmsanspruch der Homosexuellen oder Invertierten sinkt sofort zusammen, wenn wir erfahren, daß der Nachweis homosexueller Regungen bei keinem einzigen Neurotiker mißlingt, und daß eine gute Anzahl von Symptomen dieser latenten Inversion Ausdruck gibt. Die sich selbst Homosexuelle nennen, sind eben nur die bewußt und manifest Invertierten, deren Anzahl neben jener der latent Homosexuellen verschwindet. Wir sind aber genötigt, die Objektwahl aus dem eigenen Geschlecht geradezu als eine regelmäßige Abzweigung des Liebeslebens zu betrachten, und lernen immer mehr, ihr eine besonders hohe Bedeutung zuzuerkennen. Gewiß sind die Unterschiede zwischen der manifesten Homosexualität und dem normalen Verhalten dadurch nicht aufgehoben; ihre praktische Bedeutung bleibt bestehen, aber ihr theoretischer Wert wird ungemein verringert. Von einer bestimmten Affektion, die wir nicht mehr zu den Übertragungsneurosen rechnen können, der Paranoia, nehmen wir sogar an, daß sie gesetzmäßig aus dem Versuch der Abwehr überstarker homosexueller Regungen hervorgeht. Vielleicht erinnern Sie sich noch, daß die eine unserer Patientinnen in ihrer Zwangshandlung einen Mann, ihren eigenen verlassenen Ehemann, agierte; eine solche Produktion von Symptomen in der Person eines Mannes ist bei neurotischen Frauen sehr gewöhnlich. Wenn es auch nicht selbst der Homosexualität zuzurechnen ist, so hat es doch mit den Voraussetzungen derselben viel zu tun.

Wie Sie wahrscheinlich wissen, kann die hysterische Neurose ihre Symptome an allen Organsystemen machen und dadurch alle Funktionen stören. Die Analyse zeigt, daß dabei alle pervers genannten Regungen zur Äußerung kommen, welche das Genitale durch andere Organe ersetzen wollen. Diese Organe benehmen sich dabei wie Ersatzgenitalien; wir sind gerade durch die Symptomatik der Hysterie zur Auffassung gelangt, daß den Körperorganen außer ihrer funktionellen Rolle eine sexuelle – erogene – Bedeutung zuzuerkennen ist, und daß sie in der Erfüllung dieser ersteren Aufgabe gestört werden, wenn die letztere sie allzusehr in Anspruch nimmt. Ungezählte Sensationen und Innervationen, welche uns als Symptome der Hysterie entgegentreten, an Organen, die anscheinend nichts mit der Sexualität zu tun haben, enthüllen uns so ihre Natur als Erfüllungen perverser Sexualregungen, bei denen andere Organe die Bedeutung der Geschlechtsteile an sich gerissen haben. Dann ersehen wir auch, in wie ausgiebiger Weise gerade die Organe der Nahrungsaufnahme und der Exkretion zu Trägern der Sexualerregung werden können. Es ist also dasselbe, was uns die Perversionen gezeigt haben, nur war es bei diesen ohne Mühe und unverkennbar zu sehen, während wir bei der Hysterie erst den Umweg über die Symptomdeutung machen müssen und dann die betreffenden perversen Sexualregungen nicht dem Bewußtsein der Individuen zuschreiben, sondern sie in das Unbewußte derselben versetzen.

Von den vielen Symptombildern, unter denen die Zwangsneurose auftritt, erweisen sich die wichtigsten als hervorgerufen durch den Drang überstarker sadistischer, also in ihrem Ziel perverser, Sexualregungen, und zwar dienen die Symptome, wie es der Struktur einer Zwangsneurose entspricht, vorwiegend der Abwehr dieser Wünsche, oder drücken den Kampf zwischen Befriedigung und Abwehr aus. Aber auch die Befriedigung selbst kommt dabei nicht zu kurz; sie weiß sich auf Umwegen im Benehmen der Kranken durchzusetzen und wendet sich mit Vorliebe gegen deren eigene Person, macht sie zu Selbstquälern. Andere Formen der Neurose, die grüblerischen, entsprechen einer übermäßigen Sexualisierung von Akten, die sich sonst als Vorbereitungen in den Weg zur normalen Sexualbefriedigung einfügen, vom Sehen-, Berührenwollen und Forschen. Die große Bedeutung der Berührungsangst und des Waschzwanges findet hier ihre Aufklärung. Von den Zwangshandlungen geht ein ungeahnt großer Anteil als verkappte Wiederholung und Modifikation auf die Masturbation zurück, welche bekanntlich als einzige, gleichförmige Handlung die verschiedenartigsten Formen des sexuellen Phantasierens begleitet.

Es würde mich nicht viel Mühe kosten, Ihnen die Beziehungen zwischen Perversion und Neurose noch weit inniger darzustellen, aber ich glaube, das Bisherige wird für unsere Absicht genügen. Wir müssen uns aber dagegen verwahren, daß wir nach diesen Aufklärungen über die Symptombedeutung Häufigkeit und Intensität der perversen Neigungen der Menschen überschätzen. Sie haben gehört, daß man an der Versagung der normalen Sexualbefriedigung neurotisch erkranken kann. Bei dieser realen Versagung wirft sich aber das Bedürfnis auf die abnormen Wege der Sexualerregung. Sie werden später einsehen können, wie das zugeht. Jedenfalls verstehen Sie, daß durch eine solche „*kollaterale*" Rückstauung die perversen Regungen stärker erscheinen müssen, als sie ausgefallen wären, wenn sich der normalen Sexualbefriedigung kein reales Hindernis entgegengestellt hätte. Ein ähnlicher Einfluß ist übrigens auch für die manifesten Perversionen anzuerkennen. Sie werden in manchen Fällen dadurch provoziert oder aktiviert, daß einer normalen Befriedigung des Sexualtriebes allzu große Schwierigkeiten gemacht werden, infolge vorübergehender Umstände oder dauernder sozialer Einrichtungen. In anderen Fällen sind die Perversionsneigungen freilich von solchen Begünstigungen ganz unabhängig; sie sind sozusagen für dieses Individuum die normale Art des Sexuallebens.

Vielleicht haben Sie im Augenblicke den Eindruck, als hätten wir das Verhältnis zwischen normaler und perverser Sexualität eher verwirrt als geklärt. Halten Sie sich aber an folgende Überlegung: Wenn es richtig ist, daß die reale Erschwerung oder die Entbehrung einer normalen Sexualbefriedigung bei Personen perverse Neigungen zum Vorschein bringen, die sonst keine solchen gezeigt hatten, so muß bei diesen Personen etwas anzunehmen sein, was den Perversionen entgegenkommt; oder wenn Sie so wollen, sie müssen in latenter Form bei ihnen vorhanden sein. Auf diesem Wege kommen wir aber auf die zweite Neuheit, die ich Ihnen angekündigt habe. Die psychoanalytische Forschung ist nämlich genötigt worden, sich auch um das Sexualleben des Kindes zu bekümmern, und zwar dadurch, daß die Erinnerungen und Einfälle bei der Analyse der Symptome regelmäßig bis in frühe Jahre der Kindheit zurückführten. Was wir dabei erschlossen haben, ist dann Punkt für Punkt durch unmittelbare Beobachtungen an Kindern bestätigt worden. Und da hat sich dann ergeben, daß alle Perversionsneigungen in der Kindheit wurzeln, daß die Kinder zu ihnen alle Anlage haben und sie in dem ihrer Unreife entsprechenden Ausmaß betätigen, kurz, daß die perverse Sexualität nichts anderes ist als die vergrößerte, in ihre Einzelregungen zerlegte infantile Sexualität.

Jetzt werden Sie die Perversionen allerdings in einem anderen Lichte sehen und deren Zusammenhang mit dem menschlichen Sexualleben nicht mehr verkennen, aber auf Kosten welcher Überraschungen und für Ihr Gefühl peinlichen Inkongruenzen! Sie werden gewiß geneigt sein, zuerst alles zu bestreiten, die Tatsache, daß die Kinder etwas haben, was man als Sexualleben bezeichnen darf, die Richtigkeit unserer Beobachtungen und die Berechtigung, an dem Benehmen der Kinder eine Verwandtschaft mit dem, was späterhin als Perversion verurteilt wird, zu finden. Gestatten Sie also, daß ich Ihnen zuerst die Motive Ihres Sträubens aufkläre und dann die Summe unserer Beobachtungen vorlege. Daß die Kinder kein Sexualleben – sexuelle Erregungen, Bedürfnisse und eine Art der Befriedigung – haben, sondern es plötzlich zwischen 12 und 13 Jahren bekommen sollten, wäre – von allen Beobachtungen abgesehen – biologisch ebenso unwahrscheinlich, ja unsinnig, wie daß sie keine Genitalien mit auf die Welt brächten und die ihnen erst um die Zeit der Pubertät wüchsen. Was um diese Zeit bei ihnen erwacht, ist die Fortpflanzungsfunktion, die sich eines bereits vorhandenen körperlichen und seelischen Materials für ihre Zwecke bedient. Sie begehen den Irrtum, Sexualität und Fortpflanzung miteinander zu verwechseln, und versperren sich durch ihn den Weg zum Verständnis der Sexualität, der Perversionen und der Neurosen. Dieser Irrtum ist aber tendenziös. Er hat seine

Quelle merkwürdigerweise darin, daß Sie selbst Kinder gewesen und als Kinder dem Einfluß der Erziehung unterlegen sind. Die Gesellschaft muß es nämlich unter ihre wichtigsten Erziehungsaufgaben aufnehmen, den Sexualtrieb, wenn er als Fortpflanzungsdrang hervorbricht, zu bändigen, einzuschränken, einem individuellen Willen zu unterwerfen, der mit dem sozialen Geheiß identisch ist. Sie hat auch Interesse daran, seine volle Entwicklung aufzuschieben, bis das Kind eine gewisse Stufe der intellektuellen Reife erreicht hat, denn mit dem vollen Durchbruch des Sexualtriebes findet auch die Erziehbarkeit praktisch ein Ende. Der Trieb würde sonst über alle Dämme brechen und das mühsam errichtete Werk der Kultur hinwegschwemmen. Die Aufgabe, ihn zu bändigen, ist auch nie eine leichte, sie gelingt bald zu wenig, bald allzu gut. Das Motiv der menschlichen Gesellschaft ist im letzten Grunde ein ökonomisches; da sie nicht genug Lebensmittel hat, um ihre Mitglieder ohne deren Arbeit zu erhalten, muß sie die Anzahl ihrer Mitglieder beschränken und ihre Energien von der Sexualbetätigung weg auf die Arbeit lenken. Also die ewige, urzeitliche, bis auf die Gegenwart fortgesetzte Lebensnot.

Die Erfahrung muß wohl den Erziehern gezeigt haben, daß die Aufgabe, den Sexualwillen der neuen Generation lenksam zu machen, nur dann lösbar ist, wenn man mit den Beeinflussungen sehr frühzeitig beginnt, nicht erst den Sturm der Pubertät abwartet, sondern bereits in das Sexualleben der Kinder eingreift, welches ihn vorbereitet. In dieser Absicht werden fast alle infantilen Sexualbetätigungen dem Kinde verboten und verleidet; man setzt sich das ideale Ziel, das Leben des Kindes asexuell zu gestalten, und hat es im Laufe der Zeit endlich dahin gebracht, daß man es wirklich für asexuell hält, was dann die Wissenschaft als ihre Lehre verkündet. Um sich mit seinem Glauben und seinen Absichten nicht in Widerspruch zu setzen, übersieht man dann die Sexualbetätigung des Kindes, was keine geringe Leistung ist, oder begnügt sich in der Wissenschaft damit, sie anders aufzufassen. Das Kind gilt als rein, als unschuldig, und wer es anders beschreibt, darf als ruchloser Frevler an zarten und heiligen Gefühlen der Menschheit verklagt werden.

Die Kinder sind die einzigen, die an diesen Konventionen nicht mittun, in aller Naivität ihre animalischen Rechte geltend machen und immer wieder beweisen, daß sie den Weg zur Reinheit erst zurückzulegen haben. Merkwürdig genug, daß die Leugner der kindlichen Sexualität darum in der Erziehung nicht nachlassen, sondern gerade die Äußerungen des Verleugneten unter dem Titel der „kindlichen Unarten" aufs strengste verfolgen. Von hohem theoretischen Interesse ist es auch, daß die Lebenszeit, welche dem Vorurteil einer asexuellen Kindheit am grellsten widerspricht, die Kinderjahre bis fünf oder sechs, dann bei den meisten Personen von dem Schleier einer Amnesie verhüllt wird, den erst eine analytische Erforschung gründlich zerreißt, der aber schon vorher für einzelne Traumbildungen durchlässig gewesen ist.

Nun will ich Ihnen vorführen, was sich vom Sexualleben des Kindes am deutlichsten erkennen läßt. Lassen Sie mich zweckmäßigkeitshalber auch den Begriff der Libido einführen. *Libido* soll, durchaus dem *Hunger* analog, die Kraft benennen, mit welcher der Trieb, hier der Sexualtrieb wie beim Hunger der Ernährungstrieb, sich äußert. Andere Begriffe, wie Sexualerregung und Befriedigung, bedürfen keiner Erläuterung. Daß bei den Sexualbetätigungen des Säuglings die Deutung am meisten zu tun hat, werden Sie selbst leicht einsehen oder wahrscheinlich als Einwand benützen. Diese Deutungen ergeben sich auf Grund der analytischen Untersuchungen durch Rückverfolgung vom Symptom her. Die ersten Regungen der Sexualität zeigen sich beim Säugling in Anlehnung an andere lebenswichtige Funktionen. Sein Hauptinteresse ist, wie Sie wissen, auf die Nahrungsaufnahme gerichtet; wenn er an der Brust gesättigt einschläft, zeigt er den Ausdruck einer seligen Befriedigung, der sich später nach dem Erleben des sexuellen Orgasmus wiederholen wird. Das wäre zu wenig, um einen Schluß darauf zu gründen. Aber wir beobachten, daß der Säugling die Aktion der Nahrungsaufnahme wiederholen will, ohne neue Nahrung zu beanspruchen; er steht also dabei nicht unter dem Antrieb des Hungers. Wir sagen, er lutscht oder ludelt, und daß er bei diesem Tun wiederum mit seligem Ausdruck einschläft, zeigt uns, daß die Aktion des *Lutschens* ihm an und für sich Befriedigung gebracht hat. Bekanntlich richtet er sich's bald so ein, daß er nicht einschläft, ohne gelutscht zu haben. Die sexuelle Natur dieser Betätigung hat ein alter Kinderarzt in Budapest, *Dr. Lindner*, zuerst behauptet. Die Pflegepersonen des Kindes, die keine theoretische Stellungnahme beabsichtigen, scheinen das Lutschen ähnlich zu beurteilen. Sie zweifeln nicht daran, daß es nur einem Lustgewinn dient, stellen es zu den Unarten des Kindes und zwingen das Kind durch peinliche Eindrücke zum Verzicht darauf, wenn es die Unart nicht selbst aufgeben will. Wir erfahren also, daß der Säugling Handlungen ausführt, die keine andere Absicht als die des Lustgewinnes haben. Wir glauben, daß er diese Lust zuerst bei der Nahrungsaufnahme erlebt, aber bald gelernt hat, sie von dieser Bedingung abzutrennen, Wir können den Lustgewinn nur auf die Erregung der Mund- und Lippenzone beziehen, heißen diese Körperteile *erogene* Zonen und bezeichnen die durch Lutschen erzielte Lust als eine *sexuelle*. Über die Berechtigung dieser Benennung werden wir gewiß noch diskutieren müssen.

Wenn der Säugling sich äußern könnte, würde er gewiß den Akt des Saugens an der Mutterbrust als das weitaus Wichtigste im Leben anerkennen. Er hat für sich nicht so unrecht, denn er befriedigt durch diesen Akt in einem beide großen Lebensbedürfnisse. Wir erfahren dann aus der Psychoanalyse nicht ohne

Überraschung, wieviel von der psychischen Bedeutung des Aktes fürs ganze Leben erhalten bleibt. Das Saugen an der Mutterbrust wird der Ausgangspunkt des ganzen Sexuallebens, das unerreichte Vorbild jeder späteren Sexualbefriedigung, zu dem die Phantasie in Zeiten der Not oft genug zurückkehrt. Es schließt die Mutterbrust als erstes Objekt des Sexualtriebes ein; ich kann Ihnen keine Vorstellung davon vermitteln, wie bedeutsam dies erste Objekt für jede spätere Objektfindung ist, welch tiefgreifende Wirkungen es in seinen Wandlungen und Ersetzungen noch auf die entlegensten Gebiete unseres Seelenlebens äußert. Aber zunächst wird es vom Säugling in der Tätigkeit des Lutschens aufgegeben und durch einen Teil des eigenen Körpers ersetzt. Das Kind lutscht am Daumen, an der eigenen Zunge. Es macht sich dadurch für den Lustgewinn von der Zustimmung der Außenwelt unabhängig und zieht überdies die Erregung einer zweiten Körperzone zur Verstärkung heran. Die erogenen Zonen sind nicht gleich ausgiebig; es wird darum ein wichtiges Erlebnis, wenn der Säugling, wie *Lindner* berichtet, bei dem Herumsuchen am eigenen Körper die besonders erregbaren Stellen seiner Genitalien entdeckt und so den Weg vom Lutschen zur Onanie gefunden hat.

Durch die Würdigung des Lutschens sind wir bereits mit zwei entscheidenden Charakteren der infantilen Sexualität bekannt geworden. Sie erscheint in Anlehnung an die Befriedigung der großen organischen Bedürfnisse und sie benimmt sich *autoerotisch*, das heißt, sie sucht und findet ihre Objekte am eigenen Körper. Was sich am deutlichsten bei der Nahrungsaufnahme gezeigt hat, wiederholt sich zum Teil bei den Ausscheidungen. Wir schließen, daß der Säugling Lustempfinden bei der Entleerung von Harn und von Darminhalt hat, und daß er sich bald bemüht, diese Aktionen so einzurichten, da sie ihm durch entsprechende Erregungen der erogenen Schleimhautzonen einen möglichst großen Lustgewinn bringen. An diesem Punkte tritt ihm, wie die feinsinnige *Lou Andreas* ausgeführt hat, zuerst die Außenwelt als hemmende, seinem Luststreben feindliche Macht entgegen und läßt ihn spätere äußere wie innere Kämpfe ahnen. Er soll seine Exkrete nicht in dem ihm beliebigen Moment von sich geben, sondern wann andere Personen es, bestimmen. Um ihn zum Verzicht auf diese Lustquellen zu bewegen, wird ihm alles, was diese Funktionen betrifft, als unanständig, zur Geheimhaltung bestimmt, erklärt. Er soll hier zuerst soziale Würde für Lust eintauschen. Sein Verhältnis zu den Exkreten selbst ist von Anfang an ein ganz anderes. Er empfindet keinen Ekel vor seinem Kot, schätzt ihn als einen Teil seines Körpers, von dem er sich nicht leicht trennt, und verwendet ihn als erstes „Geschenk" um Personen auszuzeichnen, die er besonders schätzt. Noch nachdem der Erziehung die Absicht gelungen ist, ihn diesen Neigungen zu entfremden, setzt er die Wertschätzung des Kotes auf das „Geschenk" und auf das

„*Geld*" fort. Seine Leistungen im Urinieren scheint er dagegen mit besonderem Stolz zu betrachten.

Ich weiß, daß Sie mich schon längst unterbrechen wollten, um mir zuzurufen: Genug der Ungeheuerlichkeiten! Die Stuhlentleerung soll eine Quelle der sexuellen Lustbefriedigung sein, die schon der Säugling ausbeutet! Der Kot eine wertvolle Substanz, der After eine Art von Genitale! Das glauben wir nicht, aber wir verstehen, warum Kinderärzte und Pädagogen die Psychoanalyse und ihre Resultate weit von sich weg gewiesen haben. Nein, meine Herren! Sie haben bloß vergessen, daß ich Ihnen die Tatsachen des infantilen Sexuallebens im Zusammenhang mit den Tatsachen der sexuellen Perversionen vorführen wollte. Warum sollen Sie nicht wissen, daß der After bei einer großen Anzahl von Erwachsenen, Homosexuellen wie Heterosexuellen, wirklich im Geschlechtsverkehr die Rolle der Scheide übernimmt? Und daß es viele Individuen gibt, welche die Wollustempfindung bei der Stuhlentleerung durch ihr ganzes Leben behalten und sie als gar nicht so gering beschreiben? Was das Interesse am Akt der Defäkation und das Vergnügen beim Zuschauen der Defäkation eines anderen betrifft, so können Sie es von den Kindern selbst bestätigt hören, wenn sie einige Jahre älter geworden sind und Mitteilung davon machen können. Natürlich dürfen Sie diese Kinder nicht vorher systematisch eingeschüchtert haben, sonst verstehen sie wohl, daß sie darüber zu schweigen haben. Und für die anderen Dinge, die Sie nicht glauben wollen, verweise ich Sie auf die Ergebnisse der Analyse und der direkten Kinderbeobachtung und sage Ihnen, es ist geradezu eine Kunst, dies alles nicht oder es anders zu sehen. Ich habe auch gar nichts dagegen, wenn Ihnen die Verwandtschaft der kindlichen Sexualtätigkeit mit den sexuellen Perversionen recht auffällig wird. Es ist eigentlich selbstverständlich; wenn das Kind überhaupt ein Sexualleben hat, so muß es von perverser Art sein, denn dem Kinde fehlt noch bis auf wenige dunkle Andeutungen, was die Sexualität zur Fortpflanzungsfunktion macht. Anderseits ist es der gemeinsame Charakter aller Perversionen, daß sie das Fortpflanzungsziel aufgegeben haben. In dem Falle heißen wir eine Sexualbetätigung eben pervers, wenn sie auf das Fortpflanzungsziel verzichtet hat und die Lustgewinnung als davon unabhängiges Ziel verfolgt. Sie verstehen also, der Bruch und Wendepunkt in der Entwicklung des Sexuallebens liegt in der Unterordnung desselben unter die Absichten der Fortpflanzung. Alles was vor dieser Wendung vorfällt, ebenso alles, was sich ihr entzogen hat, was allein dem Lustgewinn dient, wird mit dem nicht ehrenvollen Namen des „Perversen" belegt und als solches geächtet.

Lassen Sie mich darum in meiner knappen Schilderung der infantilen Sexualität fortfahren. Was ich von zwei Organsystemen berichtet habe, könnte ich durch die Berücksichtigung der anderen vervollständigen. Das Sexualleben des

Kindes erschöpft sich eben in der Betätigung einer Reihe von Partialtrieben, die unabhängig voneinander teils am eigenen Körper teils schon am äußeren Objekt Lust zu gewinnen suchen. Unter diesen Organen treten die Genitalien sehr bald hervor; es gibt Menschen, bei denen sich die Lustgewinnung am eigenen Genitale, ohne Beihilfe eines anderen Genitales oder Objekts, ohne Unterbrechung von der Säuglingsonanie bis zur Notonanie der Pubertätsjahre fortsetzt und dann unbestimmt lange darüber hinaus anhält. Mit dem Thema der Onanie würden wir übrigens nicht so bald fertig werden; es ist ein Stoff für vielseitige Betrachtung.

Trotz meiner Neigung, das Thema noch weiter zu verkürzen, muß ich Ihnen doch noch einiges über die Sexualforschung der Kinder sagen. Sie ist zu charakteristisch für die kindliche Sexualität und zu bedeutsam für die Symptomatik der Neurosen. Die infantile Sexualforschung beginnt sehr früh, manchmal vor dem dritten Lebensjahr. Sie knüpft nicht an den Geschlechtsunterschied an, der dem Kinde nichts besagt, da es – wenigstens die Knaben – beiden Geschlechtern das nämliche männliche Genitale zuschreibt. Macht der Knabe dann an einer kleinen Schwester oder Gespielin die Entdeckung der Vagina, so versucht er zuerst das Zeugnis seiner Sinne zu verleugnen, denn er kann sich ein ihm ähnliches menschliches Wesen ohne den ihm so wertvollen Teil nicht vorstellen. Später erschrickt er über die ihm eröffnete Möglichkeit, und etwaige frühere Drohungen wegen zu intensiver Beschäftigung mit seinem kleinen Glied gelangen nachträglich zur Wirkung. Er gelangt unter die Herrschaft des Kastrationskomplexes, dessen Gestaltung an seiner Charakterbildung, wenn er gesund bleibt, an seiner Neurose, wenn er erkrankt, und an seinen Widerständen, wenn er in analytische Behandlung gerät, großen Anteil hat. Von dem kleinen Mädchen wissen wir, daß es sich wegen des Mangels eines großen sichtbaren Penis für schwer benachteiligt hält, dem Knaben diesen Besitz neidet und wesentlich aus diesem Motiv den Wunsch entwickelt, ein Mann zu sein, welcher Wunsch späterhin in der Neurose, die wegen Mißgeschicks in ihrer weiblichen Rolle auftritt, wieder aufgenommen wird. Die Clitoris des Mädchens spielt übrigens im Kindesalter durchaus die Rolle des Penis, sie ist der Träger einer besonderen Erregbarkeit, die Stelle, an welcher die autoerotische Befriedigung erzielt wird. Es kommt für die Weibwerdung des kleinen Mädchens viel darauf an, daß die Clitoris diese Empfindlichkeit rechtzeitig und vollständig an den Scheideneingang abgebe. In den Fällen von sogenannter sexueller Anästhesie der Frauen hat die Clitoris die Empfindlichkeit hartnäckig festgehalten.

Das sexuelle Interesse des Kindes wendet sich vielmehr zuerst dem Problem zu, woher die Kinder kommen, demselben, welches der Fragestellung der thebaischen Sphinx zugrunde liegt, und wird meist durch egoistische Befürchtung bei der Ankunft eines neuen Kindes geweckt. Die Antwort, welche die Kinderstube bereit hält, daß der Storch die Kinder bringe, stößt viel häufiger, als wir wissen, schon bei kleinen Kindern auf Unglauben. Die Empfindung, von den Erwachsenen um die Wahrheit betrogen zu werden, trägt viel zur Vereinsamung des Kindes und zur Entwicklung seiner Selbständigkeit bei. Aber das Kind ist nicht imstande, dies Problem aus eigenen Mitteln zu lösen. Seiner Erkenntnisfähigkeit sind durch seine unentwickelte Sexualkonstitution bestimmte Schranken gesetzt. Es nimmt zuerst an, daß die Kinder davon kommen, daß man etwas Besonderes in der Nahrung zu sich nimmt, und weiß auch nichts davon, daß nur Frauen Kinder bekommen können. Später erfährt man von dieser Einschränkung und gibt die Ableitung des Kindes vom Essen auf, sie bleibt für das Märchen erhalten. Das größer gewordene Kind merkt bald, daß der Vater irgendeine Rolle beim Kinderbekommen spielen müsse, kann aber nicht erraten, welche. Wenn es zufällig Zeuge eines geschlechtlichen Aktes wird, so sieht es in ihm einen Versuch der Überwältigung, eine Rauferei, das sadistische Mißverständnis des Koitus. Es bringt diesen Akt aber zunächst nicht mit dem Werden des Kindes in Zusammenhang. Auch wenn es Blutspuren in Bett und Wäsche der Mutter entdeckt, nimmt es sie als Beweis einer durch den Vater zugefügten Verletzung. In noch späteren Kinderjahren ahnt es wohl, daß das Geschlechtsglied des Mannes einen wesentlichen Anteil an der Entstehung der Kinder hat, kann diesem Körperteil aber keine andere Leistung zutrauen als die der Harnentleerung.

Von Anfang an sind die Kinder darin einig, daß die Geburt des Kindes durch den Darm erfolgen müsse, das Kind also zum Vorschein komme wie ein Kotballen. Erst nach der Entwertung aller analen Interessen wird diese Theorie verlassen und durch die Annahme ersetzt, daß der Nabel sich öffne oder daß die Region der Brust zwischen beiden Mammae die Geburtsstätte sei. In solcher Weise nähert sich das forschende Kind der Kenntnis der sexuellen Tatsachen oder geht durch seine Unwissenheit beirrt an ihnen vorbei, bis es, meist in den Jahren der Vorpubertät, eine gewöhnlich herabsetzende und unvollständige Aufklärung erfährt, die nicht selten traumatische Wirkungen äußert.

Sie werden gewiß gehört haben, meine Herren, daß der Begriff des Sexuellen in der Psychoanalyse eine ungebührliche Erweiterung erleidet, in der Absicht, die Sätze von der sexuellen Verursachung der Neurosen und von der sexuellen Bedeutung der Symptome aufrecht zu erhalten. Sie können nun selbst darüber urteilen, ob diese Erweiterung eine unberechtigte ist. Wir haben den Begriff der Sexualität nur soweit ausgedehnt, daß er auch das Sexualleben der Perversen und das der Kinder umfassen kann. Das heißt, wir haben ihm seinen richtigen Umfang wiedergegeben. Was man außerhalb der Psychoanalyse Sexualität heißt, bezieht sich nur auf ein eingeschränktes, im Dienste der Fortpflanzung stehendes und normal genanntes Sexualleben.

XXI. *Vorlesung*
Libidoentwicklung und Sexualorganisationen

Meine Herren ich stehe unter dem Eindruck, daß es mir nicht gelungen ist, Ihnen die Bedeutung der Perversionen für unsere Auffassung der Sexualität so recht überzeugend nahezubringen. Ich möchte darum bessern und nachtragen, soviel ich nur kann.

Es verhält sich ja nicht so, daß die Perversionen allein uns zu jener Abänderung des Begriffes Sexualität genötigt hätten, welche uns so heftigen Widerspruch eingetragen hat. Das Studium der infantilen Sexualität hat noch mehr dazu getan, und die Übereinstimmung der beiden wurde für uns entscheidend. Aber die Äußerungen der infantilen Sexualität, so unverkennbar sie in den späteren Kinderjahren sein mögen, scheinen sich doch gegen ihre Anfänge hin ins Unbestimmbare verflüchtigen. Wer auf Entwicklungsgeschichte und analytischen Zusammenhang nicht achten will, wird ihnen den Charakter des Sexuellen bestreiten und ihnen dafür irgendeinen undifferenzierten Charakter zuerkennen. Vergessen Sie nicht, wir sind derzeit nicht im Besitze eines allgemein anerkannten Kennzeichens für die sexuelle Natur eines Vorganges, es sei denn wiederum die Zugehörigkeit zur Fortpflanzungsfunktion, die wir als zu engherzig ablehnen müssen. Die biologischen Kriterien, wie sie die von *W. Fließ* aufgestellten Periodizitäten zu 23 und 28 Tagen, sind noch durchaus strittig; die chemischen Eigentümlichkeiten der Sexualvorgänge, die wir vermuten dürfen, harren erst ihrer Entdeckung. Die sexuellen Perversionen der Erwachsenen hingegen sind etwas Greifbares und Unzweideutiges. Wie schon ihre allgemein zugestandene Benennung erweist, sind sie unzweifelhaft Sexualität. Mag man sie Degenerationszeichen oder anders heißen, es hat noch niemand den Mut gefunden, sie anderswohin als zu den Phänomenen des Sexuallebens zu stellen. Um ihretwillen allein sind wir zur Behauptung berechtigt, daß Sexualität und Fortpflanzung nicht zusammenfallen, denn es ist offenkundig, daß sie sämtlich das Ziel der Fortpflanzung verleugnen.

Ich sehe da eine nicht uninteressante Parallele. Während für die meisten „bewußt" und „psychisch" dasselbe ist, waren wir genötigt, eine Erweiterung des Begriffes „psychisch" vorzunehmen und ein Psychisches anzuerkennen, das nicht bewußt ist. Und ganz ähnlich ist es, wenn die anderen „sexuell" und „zur Fortpflanzung gehörig" – oder wenn Sie es kürzer sagen wollen: „genital" – für identisch erklären, während wir nicht umhin können, ein „sexuell" gelten zu lassen, das nicht „genital" ist, nichts mit der Fortpflanzung zu tun hat. Es ist nur eine formale Ähnlichkeit, aber nicht ohne tiefere Begründung.

Wenn aber die Existenz der sexuellen Perversionen ein so zwingendes Argument in dieser Frage ist, warum hat es nicht bereits längst seine Wirkung getan und diese Frage erledigt? Ich weiß es wirklich nicht zu sagen. Es scheint mir daran zu liegen, daß diese sexuellen Perversionen mit einer ganz besonderen Acht belegt sind, die auf die Theorie übergreift und auch ihrer wissenschaftlichen Würdigung in den Weg tritt. Als ob niemand vergessen könne, daß sie nicht nur etwas Abscheuliches, sondern auch etwas Ungeheuerliches, Gefährliches sind, als ob man sie für verführerisch hielte und im Grunde einen geheimen Neid gegen die sie Genießenden niederzukämpfen hätte, etwa wie ihn der strafende Landgraf in der berühmten Tannhäuserparodie eingesteht:

„Im Venusberg vergaß er Ehr und Pflicht!
– Merkwürdig, unser einem passiert so etwas nicht."

In Wahrheit sind die Perversen eher arme Teufel, die außerordentlich hart für ihre schwer zu erringende Befriedigung büßen.

Was die perverse Betätigung trotz aller Fremdheit des Objektes und der Ziele zu einer so unverkennbar sexuellen macht, ist der Umstand, daß der Akt der perversen Befriedigung doch zumeist in vollen Orgasmus und in Entleerung der Genitalprodukte ausgeht. Das ist natürlich nur die Folge der Erwachsenheit der Personen; beim Kinde sind Orgasmus und Genitalexkretion nicht gut möglich, sie werden durch Andeutungen ersetzt, die wiederum nicht als sicher sexuell anerkannt werden.

Ich muß noch etwas hinzufügen, um die Würdigung der sexuellen Perversionen zu vervollständigen. So verrufen sie auch sein möge; so scharf man sie auch der normalen Sexualbetätigung gegenüberstellt, so zeigt doch die bequeme Beobachtung, daß dem Sexualleben der Normalen nur selten der eine oder andere perverse Zug abgeht. Schon der Kuß hat Anspruch auf den Namen eines perversen Aktes, denn er besteht in der Vereinigung zweier erogener Mundzonen an Stelle der beiderlei Genitalien. Aber niemand verwirft ihn als pervers, er wird im Gegenteil in der Bühnendarstellung als gemilderte Andeutung des Sexualaktes zugelassen. Gerade das Küssen kann aber leicht zur vollen Perversion werden, wenn es nämlich so intensiv ausfällt, daß sich Genitalentladung und Orgasmus direkt daranschließen; was gar nicht so selten vorkommt. Im übrigen kann man erfahren, daß Betasten und Beschauen des Objektes für den einen unentbehrliche Bedingungen des Sexualgenusses sind, daß ein anderer auf der Höhe der sexuellen Erregung kneift oder beißt, daß die größte Erregtheit beim Liebenden nicht immer durch das Genitale, sondern durch eine andere Körperregion des Objektes hervorgerufen wird, und ähnliches in beliebiger Auswahl mehr. Es hat gar keinen Sinn, Personen mit einzelnen solchen Zügen aus der Reihe der Normalen auszuscheiden und zu den Perversen zu stellen, vielmehr erkennt man immer deutlicher, daß das Wesentliche der Perversionen nicht in der Überschreitung des Sexualzieles, nicht in der Ersetzung der Genitalien, ja nicht einmal immer in der Variation des Objektes besteht, sondern allein in der Ausschließlichkeit, mit welcher sich diese Abweichungen vollziehen, und durch welche der der Fortpflanzung dienende Sexualakt beiseite geschoben wird. So wie sich die perversen Handlungen als vorbereitende oder als verstärkende Beiträge in die Herbeiführung des normalen Sexualaktes einfügen, sind sie eigentlich keine Perversionen mehr. Natürlich wird die Kluft zwischen der normalen und der perversen Sexualität durch Tatsachen dieser Art sehr verringert. Es ergibt sich ungezwungen, daß die normale Sexualität aus etwas hervorgeht, was vor ihr bestanden hat, indem sie einzelne Züge dieses Materials als unbrauchbar ausscheidet und die anderen zusammenfaßt, um sie einem neuen, dem Fortpflanzungsziel, unterzuordnen.

Ehe wir unsere Vertrautheit mit den Perversionen dazu verwenden, um uns mit geklärten Voraussetzungen neuerlich in das Studium der infantilen Sexualität zu vertiefen, muß ich Sie auf einen wichtigen Unterschied zwischen beiden aufmerksam machen. Die perverse Sexualität ist in der Regel ausgezeichnet zentriert, alles Tun drängt zu einem – meist zu einem einzigen – Ziel, ein Partialtrieb hat bei ihr die Oberhand, er ist entweder der einzig nachweisbare oder hat die anderen seinen Absichten unterworfen. In dieser Hinsicht ist zwischen der perversen und der normalen Sexualität kein anderer Unterschied, als daß die herrschenden Partialtriebe und somit die Sexualziele verschiedene sind. Er ist sozusagen hier wie dort eine gut organisierte Tyrannis, nur daß hier die eine, dort eine andere Familie die Herrschaft an sich gerissen hat. Die infantile Sexualität ist dagegen im großen und ganzen ohne solche Zentrierung und Organisation, ihre einzelnen Partialtriebe sind gleichberechtigt, ein jeder geht auf eigene Faust dem Lusterwerb nach. Der Mangel wie die Anwesenheit der Zentrierung stimmen natürlich gut zu der Tatsache, daß beide, die perverse wie die normale Sexualität aus der infantilen hervorgegangen sind. Es gibt übrigens auch Fälle von perverser Sexualität, die weit mehr Ähnlichkeit mit der infantilen haben, indem sich zahlreiche Partialtriebe unabhängig voneinander mit ihren Zielen durchgesetzt oder besser: fortgesetzt haben. Man spricht in diesen Fällen richtiger von Infantilismus des Sexuallebens als von Perversion.

So vorbereitet können wir an die Erörterung eines Vorschlages gehen, der uns sicherlich nicht erspart werden wird. Man wird uns sagen: Warum steifen Sie sich darauf, die nach ihrem eigenen Zeugnis unbestimmbaren Äußerungen der Kindheit, aus denen später Sexuelles wird, auch schon Sexualität zu nennen? Warum wollen Sie sich nicht lieber mit der physiologischen Beschreibung begnügen und einfach sagen, beim Säugling beobachte man bereits Tätigkeiten, wie das Lutschen oder das Zurückhalten der Exkremente, die uns zeigen, daß er nach *Organlust* strebt? Dadurch würden Sie doch die jedes Gefühl beleidigende Aufstellung eines Sexuallebens für das kleinste Kind vermieden haben. Ja, meine Herren, ich habe gar nichts gegen die Organlust einzuwenden; ich weiß, daß die höchste Lust der sexuellen Vereinigung auch nur eine an die Tätigkeit der Genitalien gebundene Organlust ist. Aber können Sie mir sagen, wann diese ursprünglich indifferente Organlust den sexuellen Charakter bekommt, den sie in späteren Phasen der Entwicklung unzweifelhaft besitzt? Wissen wir von der „Organlust" mehr als von der Sexualität? Sie werden antworten, der sexuelle Charakter käme eben hinzu, wenn die Genitalien ihre Rolle zu spielen beginnen; sexuell deckt sich mit genital. Sie werden selbst die Einwendung der Perversionen ablehnen, indem Sie mir vorhalten, daß es bei den meisten Perversionen doch auf die Erzielung des genitalen Orgasmus ankomme, wenn auch auf einem anderen Wege als durch die Vereinigung der Genitalien. Sie schaffen sich wirklich eine weit bessere Position, wenn Sie aus der Charakteristik des Sexuellen die infolge der Perversionen unhaltbare Beziehung zur Fortpflanzung streichen und dafür die Genitaltätigkeit voranstellen. Aber dann sind wir nicht mehr weit auseinander; es stehen einfach die Genitalorgane gegen die anderen Organe. Was machen Sie nun aber gegen die vielfachen Erfahrungen, die Ihnen zeigen, daß die Genitalien für die Lustgewinnung durch andere Organe vertreten werden können, wie beim normalen Kuß, wie in den perversen Praktiken der Lebewelt, wie in der Symptomatik der Hysterie? Bei dieser Neurose ist es ganz gewöhnlich, daß Reizerscheinungen, Sensationen und Innervationen, selbst die Vorgänge der Erektion, die an den Genitalien daheim sind, auf andere entfernte Körperregionen verschoben werden (z. B. bei der Verlegung nach oben auf Kopf und Gesicht). In solcher Weise überführt, daß Sie nichts haben, was Sie zur Charakteristik Ihres Sexuellen festhalten können, werden Sie sich wohl entschließen müssen, meinem Beispiel zu folgen und die Bezeichnung „sexuell" auch auf die nach Organlust strebenden Betätigungen der frühen Kindheit auszudehnen.

Und nun wollen Sie zu meiner Rechtfertigung noch zwei weiteren Erwägungen Raum geben. Wie Sie wissen, heißen wir die zweifelhaften und unbestimmbaren Lustbetätigungen der frühesten Kindheit sexuell, weil wir auf dem Wege der Analyse von den Symptomen aus über unbestreitbar sexuelles Material zu ihnen gelangen. Es müßte nicht darum auch selbst sexuell sein, zugestanden. Aber nehmen Sie einen analogen Fall. Stellen Sie sich vor, wir hätten keinen Weg, die Entwicklung zweier dikotyledonen Pflanzen, des Apfelbaumes und der Bohne, aus ihren Samen zu beobachten, aber es sei uns in beiden Fällen möglich, ihre Entwicklung vom voll ausgebildeten pflanzlichen Individuum bis zum ersten Keimling mit zwei Keimblättern rückschreitend zu verfolgen. Die beiden Keimblättchen sehen indifferent aus, sind in beiden Fällen ganz gleichartig. Werde ich darum annehmen, daß sie wirklich gleichartig sind, und daß die spezifische Differenz zwischen Apfelbaum und Bohne erst später in die Vegetation eintritt? Oder ist es biologisch korrekter zu glauben, daß diese Differenz schon im Keimling vorhanden ist, obwohl ich den Keimblättern eine Verschiedenheit nicht ansehen kann. Dasselbe tun wir aber, wenn wir die Lust bei Säuglingsbetätigungen eine sexuelle heißen. Ob alle und jede Organlust eine sexuelle genannt werden darf, oder ob es neben der sexuellen eine andere gibt, welche diesen Namen nicht verdient, das kann ich hier nicht diskutieren. Ich weiß zu wenig von der Organlust und von ihren Bedingungen und darf mich bei dem rückschreitenden Charakter der Analyse überhaupt nicht verwundern, wenn ich am letzten Ende bei derzeit unbestimmbaren Momenten anlange.

Und noch eins! Sie haben im ganzen für das, was Sie behaupten wollen, für die sexuelle Reinheit des Kindes, sehr wenig gewonnen, auch wenn Sie mich davon überzeugen können, daß die Säuglingsbetätigungen besser als nicht sexuelle eingeschätzt werden sollen. Denn schon vom dritten Lebensjahre an ist das Sexualleben des Kindes all diesen Zweifeln entzogen um diese Zeit beginnen bereits die Genitalien sich zu regen, es ergibt sich vielleicht regelmäßig eine Periode von infantiler Masturbation, also Genitalbefriedigung. Die seelischen und sozialen Äußerungen des Sexuallebens brauchen nicht mehr vermißt zu werden; Objektwahl, zärtliche Bevorzugung einzelner Personen, ja Entscheidung für eines der beiden Geschlechter, Eifersucht, sind durch unparteiische Beobachtungen unabhängig und vor der Zeit der Psychoanalyse festgestellt worden und können von jedem Beobachter, der es sehen will, bestätigt werden. Sie werden einwenden, an dem frühen Erwachen der Zärtlichkeit haben Sie nicht gezweifelt, nur daran, daß diese Zärtlichkeit den „sexuellen" Charakter trägt. Diesen zu verbergen haben die Kinder allerdings zwischen drei und acht Jahren bereits gelernt, aber wenn Sie aufmerksam sind, können Sie für die „sinnlichen" Absichten dieser Zärtlichkeit immerhin genug Beweise sammeln, und was Ihnen dann noch abgeht, werden die analytischen Ausforschungen mühelos in reichem Maße ergeben. Die Sexualziele dieser Lebenszeit stehen in innigstem Zusammenhang mit der gleichzeitigen Sexualforschung, von der ich Ihnen einige Proben gegeben habe. Der perverse Charakter einiger dieser Ziele hängt natürlich von der konstitutionellen Unreife des Kindes ab, welches das Ziel des Begattungsaktes noch nicht entdeckt hat.

Etwa vom sechsten bis achten Lebensjahr an macht sich ein Stillstand und Rückgang in der Sexualentwicklung bemerkbar, der in den kulturell günstigsten Fällen den Namen einer Latenzzeit verdient. Die Latenzzeit kann auch entfallen, sie braucht keine Unterbrechung der Sexualbetätigung und der Sexualinteressen auf der ganzen Linie mit sich zu bringen. Die meisten Erlebnisse und seelischen Regungen vor dem Eintritt der Latenzzeit verfallen dann der infantilen Amnesie, dem bereits erörterten Vergessen, welches unsere erste Jugend verhüllt und uns ihr entfremdet. In jeder Psychoanalyse stellt sich die Aufgabe her, diese vergessene Lebensperiode in die Erinnerung zurückzuführen; man kann sich der Vermutung nicht erwehren, daß die in ihr enthaltenen Anfänge des Sexuallebens das Motiv zu diesem Vergessen ergeben haben, daß dies Vergessen also ein Erfolg der Verdrängung ist.

Das Sexualleben des Kindes zeigt vom dritten Lebensjahr an viel Übereinstimmung mit dem des Erwachsenen; es unterscheidet sich von dem letzteren, wie wir bereits wissen, durch den Mangel einer festen Organisation unter dem Primat der Genitalien, durch die unvermeidlichen Züge von Perversion und natürlich auch durch weit geringere Intensität der ganzen Strebung. Aber die für die Theorie interessantesten Phasen der Sexual-, oder wie wir sagen wollen, der Libidoentwicklung, liegen hinter diesem Zeitpunkt. Diese Entwicklung wird so rasch durchlaufen, daß es der direkten Beobachtung wahrscheinlich niemals gelungen wäre, ihre flüchtigen Bilder festzuhalten. Erst mit Hilfe der psychoanalytischen Durchforschung der Neurosen ist es möglich geworden, noch weiter zurückliegende Phasen der Libidoentwicklung zu erraten. Es sind dies gewiß nichts anderes als Konstruktionen, aber wenn Sie die Psychoanalyse praktisch betreiben, werden Sie finden, daß es notwendige und nutzbringende Konstruktionen sind. Wie es zugeht, daß die Pathologie uns hier Verhältnisse verräten kann, welche wir am normalen Objekt übersehen müssen, werden Sie bald verstehen.

Wir können also jetzt angeben, wie sich das Sexualleben des Kindes gestaltet, ehe der Primat der Genitalien hergestellt ist, der sich in der ersten infantilen Epoche vor der Latenzzeit vorbereitet und von der Pubertät an dauernd organisiert. Es besteht in dieser Vorzeit eine Art von lockerer Organisation, die wir *prägenital* nennen wollen. Im Vordergrunde dieser Phase stehen aber nicht die genitalen Partialtriebe, sondern die *sadistischen* und *analen*. Der Gegensatz zwischen *männlich* und *weiblich* spielt hier noch keine Rolle; seine Stelle nimmt der Gegensatz zwischen *aktiv* und *passiv* ein, den man als den Vorläufer der sexuellen Polarität bezeichnen kann, mit welcher er sich auch späterhin verlötet. Was uns an den Betätigungen dieser Phase als männlich erscheint, wenn wir sie von der Genitalphase her betrachten, erweist sich als Ausdruck eines Bemächtigungstriebes, der leicht ins Grausame übergreift. Strebungen mit passivem Ziel knüpfen sich an die um diese Zeit sehr bedeutsame erogene Zone des Darmausganges. Schau und Wißtrieb regen sich kräftig; das Genitale nimmt am Sexualleben eigentlich nur in seiner Rolle als Exkretionsorgan für den Harn Anteil. Es fehlt den Partialtrieben dieser Phase nicht an Objekten, aber diese Objekte fallen nicht notwendig zu einem Objekt zusammen. Die sadistisch-anale Organisation ist die nächste Vorstufe für die Phase des Genitalprimats. Ein eingehenderes Studium weist nach, wieviel von ihr für die spätere endgültige Gestaltung erhalten bleibt, und auf welchen Wegen ihre Partialtriebe zur Einreihung in die neue Genitalorganisation genötigt werden. Hinter der sadistisch-analen Phase der Libidoentwicklung gewinnen wir noch den Ausblick auf eine frühere, noch mehr primitive Organisationsstufe, auf welcher die erogene Mundzone die Hauptrolle spielt. Sie können erraten, daß die Sexualbetätigung des Lutschens ihr angehört und dürfen das Verständnis der alten Ägypter bewundern, deren Kunst das Kind, auch den göttlichen *Horus*, durch den Finger im Munde charakterisiert. *Abraham* hat erst kürzlich Mitteilungen darüber gemacht, welche Spuren diese primitive orale Phase für das Sexualleben späterer Jahre hinterläßt.

Meine Herren! Ich kann ja vermuten, daß die letzten Mitteilungen über die Sexualorganisationen Ihnen mehr Belastung als Belehrung gebracht haben. Vielleicht bin ich auch wieder zu weit in Einzelheiten eingegangen. Aber haben Sie Geduld; was Sie da gehört haben, wird ihnen durch spätere Verwendung wertvoller werden. Halten Sie für jetzt an dem Eindruck fest, daß das Sexualleben – wie wir sagen: die Libidofunktion – nicht als etwas Fertiges auftritt, auch nicht in seiner eigenen Ähnlichkeit weiterwächst, sondern eine Reihe von aufeinanderfolgenden Phasen durchmacht, die einander nicht gleichsehen, daß es also eine mehrmals wiederholte Entwicklung ist wie von der Raupe zum Schmetterling. Wendepunkt der Entwicklung ist die Unterordnung aller sexuellen Partialtriebe unter den Primat der Genitalien und damit die Unterwerfung der Sexualität unter die Fortpflanzungsfunktion. Vorher ein sozusagen zerfahrenes Sexualleben, selbständige Betätigung der einzelnen nach Organlust strebenden Partialtriebe. Diese Anarchie gemildert durch Ansätze zu „prägenitalen" Organisationen, zunächst die sadistisch-anale Phase, hinter ihr die orale, vielleicht die primitivste. Dazu die verschiedenen, noch ungenau bekannten Prozesse, welche die eine Organisationsstufe in die spätere und nächsthöhere überführen. Welche Bedeutung für die Einsicht in die Neurosen hat, daß die Libido einen so langen und absatzreichen Entwicklungsweg zurücklegt, werden wir ein nächstes Mal erfahren.

Heute werden wir noch eine andere Seite dieser Entwicklung verfolgen, nämlich die Beziehung der sexuellen Partialtriebe zum Objekt. Vielmehr wir werden einen flüchtigen Überblick über diese Entwicklung nehmen, um bei einem ziemlich späten Ergebnis derselben länger zu verweilen. Also einige der Komponenten des Sexualtriebes haben von vornherein ein Objekt und halten es fest, so der Bemächtigungstrieb (Sadismus), der Schau- und Wißtrieb. Andere, die deutlicher an bestimmte erogene Körperzonen geknüpft sind, haben es nur im Anfang, solange sie sich noch an die nicht sexuellen Funktionen anlehnen, und geben es auf, wenn sie sich von diesen loslösen. So ist das erste Objekt der oralen Komponente des Sexualtriebes die Mutterbrust, welche das Nahrungsbedürfnis des Säuglings befriedigt. Im Akte des Lutschens macht sich die beim Saugen mitbefriedigte erotische Komponente selbständig, gibt das fremde Objekt auf und ersetzt es durch eine Stelle am eigenen Körper. Der orale Trieb wird *autoerotisch*, wie es die analen und die anderen erogenen Triebe von vornherein sind. Die weitere Entwicklung hat, um es aufs knappste auszudrücken, zwei Ziele: erstens den Autoerotismus zu verlassen, das Objekt am eigenen Körper wiederum gegen ein fremdes Objekt zu vertauschen, und zweitens: die verschiedenen Objekte der einzelnen Triebe zu unifizieren, durch ein einziges Objekt zu ersetzen. Das kann natürlich nur gelingen, wenn dies eine Objekt wiederum ein ganzer, dem eigenen ähnlicher Körper ist. Es kann sich auch nicht vollziehen, ohne daß eine Anzahl der autoerotischen Triebregungen als unbrauchbar zurückgelassen wird.

Die Prozesse der Objektfindung sind ziemlich verwickelt, haben bisher auch noch keine übersichtliche Darstellung gefunden. Heben wir für unsere Absicht hervor, daß, wenn der Prozeß in den Kinderjahren vor der Latenzzeit einen gewissen Abschluß erreicht hat, das gefundene Objekt sich als fast identisch erweist mit dem ersten, durch Anlehnung gewonnenen Objekt des oralen Lusttriebes. Es ist, wenn auch nicht die Mutterbrust, so doch die Mutter. Wir nennen die Mutter das erste *Liebesobjekt*. Von Liebe sprechen wir nämlich, wenn wir die seelische Seite der Sexualstrebungen in den Vordergrund rücken und die zu Grunde liegenden körperlichen oder „sinnlichen" Triebanforderungen zurückdrängen oder für einen Moment vergessen wollen. Um die Zeit, da die Mutter Liebesobjekt wird, hat auch bereits beim Kinde die psychische Arbeit der Verdrängung begonnen welche seinem Wissen die Kenntnis eines Teiles seiner Sexualziele entzieht. An diese Wahl der Mutter zum Liebesobjekt knüpft nun all das an, was unter dem Namen des „Ödipuskomplexes" in der psychoanalytischen Aufklärung der Neurosen zu so großer Bedeutung gekommen ist und einen vielleicht nicht geringeren Anteil an dem Widerstand gegen die Psychoanalyse gewonnen hat.

Hören Sie eine kleine Begebenheit an, die sich im Laufe dieses Krieges zugetragen hat: Einer der wackeren Jünger der Psychoanalyse befindet sich als Arzt an der deutschen Front irgendwo in Polen und erregt die Aufmerksamkeit der Kollegen dadurch, daß er gelegentlich eine unerwartete Beeinflußung eines Kranken zustande bringt. Auf Befragen bekennt er, daß er mit den Mitteln der Psychoanalyse arbeitet, und muß sich bereit erklären, den Kollegen von seinem Wissen mitzuteilen. Allabendlich versammeln sich nun die Ärzte des Korps, Kollegen und Vorgesetzte, um den Geheimlehren der Analyse zu lauschen. Das geht eine Weile gut, aber nachdem er den Hörern vom Ödipuskomplex gesprochen hat, erhebt sich ein Vorgesetzter und äußert, das glaube er nicht, es sei eine Gemeinheit des Vortragenden ihnen, braven Männern, die für ihr Vaterland kämpfen, und Familienvätern solche Dinge zu erzählen, und er verbiete die Fortsetzung der Vorträge. Damit war es zu Ende. Der Analytiker ließ sich an einen anderen Teil der Front versetzen. Ich glaube aber, es steht schlecht, wenn der deutsche Sieg einer solchen „Organisation" der Wissenschaft bedarf und die deutsche Wissenschaft wird diese Organisation nicht gut vertragen.

Nun werden Sie darauf gespannt sein zu erfahren, was dieser schreckliche Ödipuskomplex enthält. Der Name sagt es ihnen. Sie kennen alle die griechische Sage vom König Ödipus, der durch das Schicksal dazu bestimmt ist seinen Vater zu töten und seine Mutter zum Weibe zu nehmen, der alles tut, um dem Orakelspruch zu entgehen, und sich dann durch Blendung bestraft, nachdem er erfahren, daß er diese beiden Verbrechen unwissentlich doch begangen hat. Ich hoffe, viele von Ihnen haben die erschütternde Wirkung der Tragödie, in welcher *Sophokles* diesen Stoff behandelt, an sich selbst erlebt. Das Werk des attischen Dichters stellt dar, wie die längst vergangene Tat des Ödipus durch eine kunstvoll verzögerte und durch immer neue Anzeichen angefachte Untersuchung allmählich enthüllt wird; es hat insofern eine gewisse Ähnlichkeit mit dem Fortgang einer Psychoanalyse. Im Verlaufe des Dialogs kommt es vor, daß die verblendete Mutter-Gattin Jokaste sich der Fortsetzung der Untersuchung widersetzt. Sie beruft sich darauf, daß vielen Menschen im Traum zuteil geworden, daß sie der Mutter beiwohnen, aber Träume dürfe man gering achten. Wir achten Träume nicht gering, am wenigsten typische Träume, solche, die sich in vielen Menschen ereignen, und zweifeln nicht daran, daß der von Jokaste erwähnte Traum innig mit dem befremdenden und erschreckenden Inhalt der Sage zusammenhängt.

Es ist zu verwundern, daß die Tragödie des *Sophokles* nicht vielmehr empörte Ablehnung beim Zuhörer hervorruft, eine ähnliche und weit mehr berechtigte Reaktion als die unseres schlichten Militärarztes. Denn sie ist im Grunde ein unmoralisches Stück, sie hebt die sittliche Verantwortlichkeit des Menschen auf, zeigt göttliche Mächte als die Anordner des Verbrechens und die Ohnmacht der sittlichen Regungen des Menschen, die sich Regungen des Menschen auf die sich gegen das Verbrechen wehren. Man könnte leicht glauben, daß der Sagenstoff eine Anklage der Götter und des Schicksals beabsichtige, und in den Händen des kritischen, mit den Göttern zerfallenen *Euripides* wäre es wahrscheinlich eine solche Anklage geworden. Aber beim gläubigen *Sophokles* ist von dieser

Verwendung keine Rede; eine fromme Spitzfindigkeit, es sei die höchste Sittlichkeit, sich dem Willen der Götter, auch wenn er Verbrecherisches anordne, zu beugen, hilft über die Schwierigkeit hinweg. Ich kann nicht finden, daß diese Moral zu den Stärken des Stückes gehört, aber sie ist für die Wirkung desselben gleichgültig. Der Zuhörer reagiert nicht auf sie, sondern auf den geheimen Sinn und Inhalt der Sage. Er reagiert so, als hätte er durch Selbstanalyse den Ödipuskomplex in sich erkannt und den Götterwillen sowie das Orakel als erhöhende Verkleidungen seines eigenen Unbewußten entlarvt. Als ob er sich der Wünsche, den Vater zu beseitigen und an seiner Statt die Mutter zum Weibe zu nehmen, erinnern und sich über sie entsetzen müßte. Er versteht auch die Stimme des Dichters so, als ob sie ihm sagen wollte: Du sträubst dich vergebens gegen deine Verantwortlichkeit und beteuerst, was du gegen diese verbrecherischen Absichten getan hast. Du bist doch schuldig, denn du hast sie nicht vernichten können; sie bestehen noch unbewußt in dir. Und darin ist die psychologische Wahrheit enthalten. Auch wenn der Mensch seine bösen Regungen ins Unbewußte verdrängt hat und sich dann sagen möchte, daß er für sie nicht verantwortlich ist, wird er doch gezwungen, diese Verantwortlichkeit als ein Schuldgefühl von ihm unbekannter Begründung zu verspüren.

Es ist ganz unzweifelhaft, daß man in dem Ödipuskomplex eine der wichtigsten Quellen des Schuldbewußtseins sehen darf, von dem die Neurotiker so oft gepeinigt werden. Aber noch mehr: in einer Studie über die Anfänge der menschlichen Religion und Sittlichkeit, die ich 1913 unter dem Titel *Totem und Tabu* veröffentlicht habe, ist mir die Vermutung nahe gekommen, daß vielleicht die Menschheit als Ganzes ihr Schuldbewußtsein, die letzte Quelle von Religion und Sittlichkeit, zu Beginn ihrer Geschichte am Ödipuskomplex erworben hat. Ich möchte Ihnen gerne mehr darüber sagen, aber ich unterlasse es besser. Es ist schwer, von diesem Thema abzubrechen, wenn man mit ihm begonnen hat, und wir müssen zur individuellen Psychologie zurückkehren.

Was läßt also die direkte Beobachtung des Kindes zur Zeit der Objektwahl vor der Latenzzeit vom Ödipuskomplex erkennen? Nun, man sieht leicht, daß der kleine Mann die Mutter für sich allein haben will, die Anwesenheit des Vaters als störend empfindet, unwillig wird, wenn dieser sich Zärtlichkeiten gegen die Mutter erlaubt, seine Zufriedenheit äußert, wenn der Vater verreist oder abwesend ist. Häufig gibt er seinen Gefühlen direkten Ausdruck in Worten, verspricht der Mutter, daß er sie heiraten wird. Man wird meinen, das sei wenig im Vergleich zu den Taten des Ödipus, aber es ist tatsächlich genug, es ist im Keime dasselbe. Die Beobachtung wird häufig durch den Umstand verdunkelt, daß dasselbe Kind gleichzeitig bei anderen Gelegenheiten eine große Zärtlichkeit für den Vater kundgibt; allein solche gegensätzliche – oder besser gesagt:

ambivalente – Gefühlseinstellungen, die beim Erwachsenen zum Konflikt führen würden, vertragen sich beim Kinde eine lange Zeit ganz gut miteinander, wie sie später im Unbewußten dauernd nebeneinander Platz finden. Man wird auch einwenden wollen, daß das Benehmen des kleinen Knaben egoistischen Motiven entspringt und keine Berechtigung zur Aufstellung eines erotischen Komplexes gibt. Die Mutter sorgt für alle Bedürfnisse des Kindes, und das Kind hat darum ein Interesse daran, daß sie sich um keine andere Person bekümmere. Auch das ist richtig, aber es wird bald klar, daß in dieser wie in ähnlichen Situationen das egoistische Interesse nur die Anlehnung bietet, an welche die erotische Strebung anknüpft. Zeigt der Kleine die unverhüllteste sexuelle Neugierde für seine Mutter, verlangt er, nachts bei ihr zu schlafen, drängt sich zur Anwesenheit bei ihrer Toilette auf oder unternimmt er gar Verführungsversuche, wie es die Mutter so oft feststellen und lachend berichten kann, so ist die erotische Natur der Bindung an die Mutter doch gegen jeden Zweifel gesichert. Man darf auch nicht vergessen, daß die Mutter dieselbe Fürsorge für ihr Töchterchen entfaltet, ohne dieselbe Wirkung zu erzielen, und daß der Vater oft genug mit ihr in der Bemühung um den Knaben wetteifert, ohne daß es ihm gelänge, sich dieselbe Bedeutung wie die Mutter zu erwerben. Kurz, daß das Moment der geschlechtlichen Bevorzugung durch keine Kritik aus der Situation zu eliminieren ist. Vom Standpunkt des egoistischen Interesses wäre es nur unklug von dem kleinen Mann, wenn er nicht lieber zwei Personen in seinen Diensten dulden würde, als nur eine von ihnen.

Ich habe, wie Sie merken, nur das Verhältnis des Knaben zu Vater und Mutter geschildert. Für das kleine Mädchen gestaltet es sich mit den notwendigen Abänderungen ganz ähnlich. Die zärtliche Anhänglichkeit an den Vater, das Bedürfnis, die Mutter als überflüssig zu beseitigen und ihre Stelle einzunehmen, eine bereits mit den Mitteln der späteren Weiblichkeit arbeitende Koketterie ergeben gerade beim kleinen Mädchen ein reizvolles Bild, welches uns an den Ernst und die möglichen schweren Folgen hinter dieser infantilen Situation vergessen läßt. Versäumen wir nicht hinzuzufügen, daß häufig die Eltern selbst einen entscheidenden Einfluß auf die Erweckung der Ödipuseinstellung des Kindes üben, indem sie selbst der geschlechtlichen Anziehung folgen, und wo mehrere Kinder sind, in der deutlichsten Weise, der Vater das Töchterchen und die Mutter den Sohn in ihrer Zärtlichkeit bevorzugen. Aber die spontane Natur des kindlichen Ödipuskomplexes kann nicht einmal durch dieses Moment ernstlich erschüttert werden. Der Ödipuskomplex erweitert sich zum Familienkomplex, wenn andere Kinder dazukommen. Er motiviert nun mit neuerlicher Anlehnung an die egoistische Schädigung, daß diese Geschwister mit Abneigung empfangen und unbedenklich durch den Wunsch beseitigt werden. Diesen Haßempfindungen geben die Kinder sogar in der Regel weit eher wörtlichen Ausdruck als den aus dem Elternkomplex entspringenden. Geht ein solcher Wunsch in Erfüllung und nimmt der Tod den unerwünschten Zuwachs binnen kurzem wieder weg, so kann man aus späterer Analyse erfahren, ein wie wichtiges Erlebnis dieser Todesfall für das Kind gewesen ist, wiewohl er im Gedächtnis desselben nicht gehaftet zu haben braucht. Das durch die Geburt eines Geschwisterchens in die zweite Linie gedrängte, für die erste Zeit von der Mutter fast isolierte Kind, vergißt ihr diese Zurückstellung nur schwer: Gefühle, die man beim Erwachsenen als schwere Erbitterung bezeichnen würde, stellen sich bei ihm ein und werden oft zur Grundlage einer dauernden Entfremdung. Daß die Sexualforschung mit all ihren Konsequenzen gewöhnlich an diese Lebenserfahrung des Kindes anknüpft, haben wir schon erwähnt. Mit dem Heranwachsen dieser Geschwister erfährt die Einstellung zu ihnen die bedeutsamsten Wandlungen. Der Knabe kann die Schwester zum Liebesobjekt nehmen als Ersatz für die treulose Mutter: zwischen mehreren Brüdern die um ein jüngeres Schwesterchen werben, ergeben sich schon in der Kinderstube die für das spätere Leben bedeutsamen Situationen einer feindseligen Rivalität. Ein kleines Mädchen findet im älteren Bruder einen Ersatz für den Vater, der sich nicht mehr wie in den frühesten Jahren zärtlich um sie kümmert, oder sie nimmt eine jüngere Schwester zum Ersatz für das Kind, das sie sich vergeblich vom Vater gewünscht hat.

Solches und sehr viel mehr von ähnlicher Natur zeigt ihnen die direkte Beobachtung der Kinder und die Würdigung ihrer klar erhaltenen, von der Analyse nicht beeinflußten Erinnerungen aus den Kinderjahren. Sie werden daraus unter anderem den Schluß ziehen, daß die Stellung eines Kindes in der Kinderreihe ein für die Gestaltung seines späteren Lebens überaus wichtiges Moment ist, welches in jeder Lebensbeschreibung Rücksicht finden sollte. Aber, was wichtiger ist, Sie werden sich angesichts dieser mühelos zu gewinnenden Aufklärungen der Äußerungen der Wissenschaft zur Erklärung des Inzestverbotes nicht ohne Lächeln erinnern können. Was ist da nicht alles erfunden worden! Die geschlechtliche Neigung soll durch das Zusammenleben von Kindheit her von den andersgeschlechtlichen Mitgliedern derselben Familie abgelenkt worden sein, oder eine biologische Tendenz zur Vermeidung der Inzucht soll in der angeborenen Inzestscheu ihre psychische Repräsentanz finden! Wobei noch ganz vergessen wird, daß es keines so unerbittlichen Verbotes durch Gesetz und Sitte bedürfte, wenn es irgend verläßliche natürliche Schranken gegen die Inzestversuchung gäbe. Im Gegenteil liegt die Wahrheit. Die erste Objektwahl der Menschen ist regelmäßig eine inzestuöse, beim Manne auf Mutter und Schwester gerichtete, und es bedarf der schärfsten Verbote, um diese fortwirkende infantile Neigung von der Wirklichkeit abzuhalten. Bei den heute noch lebenden

Primitiven, den wilden Völkern, sind die Inzestverbote noch viel schärfer als bei uns, und kürzlich hat *Th. Reik* in einer glänzenden Arbeit gezeigt, daß die Pubertätsriten der Wilden, die eine Wiedergeburt darstellen, den Sinn haben, die inzestuöse Bindung der Knaben an ihre Mutter aufzuheben und ihre Versöhnung mit dem Vater herzustellen.

Die Mythologie belehrt Sie, daß der von den Menschen angeblich so verabscheute Inzest unbedenklich den Göttern zugestanden wird, und aus der alten Geschichte können Sie erfahren, daß die inzestuöse Schwesterehe für die Person des Herrschers geheiligte Vorschrift war (bei den alten Pharaonen, den Incas von Peru). Es handelt sich also um ein der gemeinen Menge versagtes Vorrecht.

Der Mutterinzest ist das eine Verbrechen des Ödipus, der Vatermord das andere. Nebenbei erwähnt, es sind auch die beiden großen Verbrechen, welche die erste sozial-religiöse Institution der Menschen, der Totemismus, verpönt. Wenden wir uns nun von der direkten Beobachtung des Kindes zur analytischen Erforschung des neurotisch gewordenen Erwachsenen. Was leistet die Analyse zur weiteren Kenntnis des Ödipuskomplexes? Nun, das ist kurz zu sagen. Sie weist ihn so auf, wie ihn die Sage erzählt; sie zeigt, daß jeder dieser Neurotiker selbst ein Ödipus war oder, was auf dasselbe ausgeht, in der Reaktion auf den Komplex ein Hamlet geworden ist. Natürlich ist die analytische Darstellung des Ödipuskomplexes eine Vergrößerung und Vergröberung der infantilen Skizze. Der Haß gegen den Vater, die Todeswünsche gegen ihn, sind nicht mehr schüchtern angedeutet, die Zärtlichkeit für die Mutter bekennt sich zum Ziel, sie als Weib zu besitzen. Dürfen wir diese grellen und extremen Gefühlsregungen wirklich jenen zarten Kinderjahren zutrauen oder täuscht uns die Analyse durch die Einmengung eines neuen Moments? Es ist nicht schwer, ein solches aufzufinden. Jedesmal, wenn ein Mensch über Vergangenes berichtet, und sei er auch ein Geschichtschreiber, haben wir in Betracht zu ziehen, was er unabsichtlich aus der Gegenwart oder aus dazwischenliegenden Zeiten in die Vergangenheit zurückversetzt, so daß er das Bild derselben fälscht. Im Falle des Neurotikers ist es sogar fraglich, ob diese Rückversetzung eine ganz und gar unabsichtliche ist; wir werden Motive für sie später kennenlernen und der Tatsache des „Rückphantasierens" in frühe Vergangenheit überhaupt gerecht werden müssen. Wir entdecken auch leicht, daß der Haß gegen den Vater durch eine Anzahl von Motiven verstärkt ist, die aus späteren Zeiten und Beziehungen stammen, daß die sexuellen Wünsche auf die Mutter in Formen gegossen sind, die dem Kinde noch fremd sein mußten. Aber es wäre ein vergebliches Bemühen, wenn wir das Ganze des Ödipuskomplexes durch Rückphantasieren erklären und auf spätere Zeiten beziehen wollten. Der infantile Kern und auch mehr oder weniger vom Beiwerk bleibt bestehen, wie ihn die direkte Beobachtung des Kindes bestätigt.

Die klinische Tatsache, die uns hinter der analytisch festgestellten Form des Ödipuskomplexes entgegentritt, ist nun von der höchsten praktischen Bedeutung. Wir erfahren, daß zur Zeit der Pubertät, wenn der Sexualtrieb zuerst in voller Stärke seine Ansprüche erhebt, die alten familiären und inzestuösen Objekte wieder aufgenommen und von neuem libidinös besetzt werden. Die infantile Objektwahl war nur ein schwächliches, aber Richtung gebendes Vorspiel der Objektwahl in der Pubertät. Hier spielen sich nun sehr intensive Gefühlsvorgänge in der Richtung des Ödipuskomplexes oder in der Reaktion auf ihn ab, die aber, weil ihre Voraussetzungen unerträglich geworden sind, zum großen Teil dem Bewußtsein ferne bleiben müssen. Von dieser Zeit an muß sich das menschliche Individuum der großen Aufgabe der Ablösung von den Eltern widmen, nach deren Lösung es erst aufhören kann Kind zu sein, um ein Mitglied der sozialen Gemeinschaft zu werden. Die Aufgabe besteht für den Sohn darin, seine libidinösen Wünsche von der Mutter zu lösen, um sie für die Wahl eines realen fremden Liebesobjektes zu verwenden, und sich mit dem Vater zu versöhnen, wenn er in Gegnerschaft zu ihm verblieben ist, oder sich von seinem Druck zu befreien, wenn er in Reaktion auf die infantile Auflehnung in die Unterwürfigkeit gegen ihn geraten ist. Diese Aufgaben ergeben sich für jedermann es ist beachtenswert, wie selten ihre Erledigung in idealer Weise, d. h. psychologisch wie sozial korrekt, gelingt. Den Neurotikern aber gelingt diese Lösung überhaupt nicht, der Sohn bleibt sein lebelang unter die Autorität des Vaters gebeugt und ist nicht imstande, seine Libido auf ein fremdes Sexualobjekt zu übertragen. Dasselbe kann mit Veränderung der Beziehung das Los der Tochter werden. In diesem Sinne gilt der Ödipuskomplex mit Recht als der Kern der Neurosen.

Sie ahnen, meine Herren, wie flüchtig ich über eine große Anzahl von praktisch wie theoretisch bedeutsamen Verhältnissen, die mit dem Ödipuskomplex zusammenhängen, hinwegsetze. Ich gehe auch auf seine Variationen und seine mögliche Umkehrung nicht ein. Von den entfernteren Beziehungen desselben will ich Ihnen nur noch andeuten, daß er sich als höchst bestimmend für die dichterische Produktion erwiesen hat. Otto Rank hat in einem verdienstvollen Buch gezeigt, daß die Dramatiker aller Zeiten ihre Stoffe hauptsächlich dem Ödipus- und Inzestkomplex, dessen Variationen und Verschleierungen, entnommen haben. Es soll auch nicht unerwähnt bleiben, daß die beiden verbrecherischen Wünsche des Ödipuskomplexes längst vor der Zeit der Psychoanalyse als die richtigen Repräsentanten des ungehemmten Trieblebens erkannt worden sind. Unter den Schriften des Enzyklopädisten Diderot finden Sie einen berühmten Dialog „*Le neveu de Rameau*", den kein Geringerer als Goethe deutsch bearbeitet hat. Dort können Sie den merkwürdigen Satz lesen: *Si le petit sauvage était abandonné á lui-même, qu'il conserva toute son imbecillité et qu'il réunit au peu de raison de l'enfant au berceau la violence des passions de l'homme de trente ans, il tordrait le cou á son père et coucherait avec sa mère.*

Aber etwas anderes kann ich nicht übergehen. Die Mutter-Gattin des Ödipus soll uns nicht vergeblich an den Traum gemahnt haben. Erinnern Sie sich noch des Resultates unserer Traumanalysen, daß die traumbildenden Wünsche so häufig perverser, inzestuöser Natur sind oder eine nicht geahnte Feindseligkeit gegen nächste und geliebte Angehörige verraten? Wir haben es damals unaufgeklärt gelassen, woher diese bösen Regungen stammen. Nun können Sie sich's selbst sagen. Es sind frühinfantile, fürs bewußte Leben längst aufgegebene Unterbringungen der Libido und Objektbesetzungen, die sich nächtlicherweile noch als vorhanden und als in gewissem Sinne leistungsfähig erweisen. Da aber alle Menschen solche perverse, inzestuöse und todeswütige Träume haben, nicht bloß die Neurotiker, dürfen wir den Schluß ziehen, daß auch die heute Normalen den Entwicklungsweg über die Perversionen und die Objektbesetzungen des Ödipuskomplexes zurückgelegt haben, daß dieser Weg der der normalen Entwicklung ist, daß die Neurotiker uns nur vergrößert und vergröbert zeigen, was uns die Traumanalyse auch beim Gesunden verrät. Und dies ist eines der Motive, weshalb wir das Studium der Träume dem der neurotischen Symptome vorangeschickt haben.

XXII. *Vorlesung*
Gesichtspunkte der Entwicklung und Regression. Ätiologie

Meine Damen und Herren! Wir haben gehört, daß die Libidofunktion eine weitläufige Entwicklung durchmacht, bis sie in der normal genannten Weise in den Dienst der Fortpflanzung treten kann. Ich möchte Ihnen nun vorführen, welche Bedeutung diese Tatsache für die Verursachung der Neurosen hat.

Ich glaube, wir befinden uns im Einklang mit den Lehren der allgemeinen Pathologie, wenn wir annehmen, daß eine solche Entwicklung zweierlei Gefahren mit sich bringt, erstens die der *Hemmung* und zweitens die der *Regression*. Das heißt, bei der allgemeinen Neigung biologischer Vorgänge zur Variation wird es sich ereignen müssen, daß nicht alle vorbereitenden Phasen gleich gut durchlaufen und vollständig überwunden werden; Anteile der Funktion werden dauernd auf diesen frühen Stufen zurückgehalten werden, und dem Gesamtbild der Entwicklung wird ein gewisses Maß von Entwicklungshemmung beigemengt sein.

Suchen wir uns Analogien zu diesen Vorgängen auf anderen Gebieten. Wenn ein ganzes Volk seine Wohnsitze verläßt, um neue aufzusuchen, wie es in früheren Perioden der Menschengeschichte oftmals geschah, so ist es gewiß nicht in seiner Vollzahl an dem neuen Orte angekommen. Von anderen Verlusten abgesehen, muß es sich regelmäßig zugetragen haben, daß kleine Haufen oder Verbände der Wanderer unterwegs Halt machten und sich an diesen Stationen niederließen, während die Hauptmenge weiterzog. Oder, um näherliegende Vergleiche zu suchen, Sie wissen, daß bei den höchsten Säugetieren die männlichen Keimdrüsen, die ursprünglich tief im Inneren des Bauchraumes lagern, zu einer gewissen Zeit des Intrauterinlebens eine Wanderung antreten, die sie fast unmittelbar unter die Haut, des Beckenendes geraten läßt. Als Folge dieser Wanderung findet man bei einer Anzahl von männlichen Individuen, daß eines der paarigen Organe in der Beckenhöhle zurückgeblieben ist, oder daß es eine dauernde Lagerung im sogenannten Leistenkanal gefunden hat, den beide auf ihrer Wanderung passieren müssen, oder daß wenigstens dieser Kanal offen geblieben ist, der normalerweise nach Abschluß des Lagewechsels der Keimdrüsen verwachsen soll. Als ich als junger Student meine erste wissenschaftliche Arbeit unter der Leitung v. Brückes ausführte, beschäftigte ich mich mit dem Ursprung der hinteren Nervenwurzeln im Rückenmark eines kleinen, noch sehr archaisch gebildeten Fisches. Ich fand, daß die Nervenfasern dieser Wurzeln aus großen Zellen im Hinterhorn der grauen Substanz hervorgehen, was bei anderen Rückenmarktieren nicht mehr der Fall ist. Aber ich entdeckte auch bald darauf, daß solche Nervenzellen sich außerhalb der grauen Substanz an der ganzen Strecke bis zum sogenannten Spinalganglion der hinteren Wurzel vorfinden, woraus ich den Schluß zog, daß die Zellen dieser Ganglienhaufen aus dem Rückenmark in die Wurzelstrecke der Nerven gewandert sind. Dies zeigt auch die Entwicklungsgeschichte; bei diesem kleinen Fisch war aber der ganze Weg der Wanderung durch zurückgebliebene Zellen kenntlich gemacht. Bei tieferem Eingehen wird es Ihnen nicht schwer fallen, die schwachen Punkte dieser Vergleichungen aufzuspüren. Wir wollen es darum direkt aussprechen, daß wir es für jede einzelne Sexualstrebung für möglich halten, daß einzelne Anteile von ihr auf früheren Stufen der Entwicklung zurückgeblieben sind, wenngleich andere Anteile das Endziel erreicht haben mögen. Sie erkennen dabei, daß wir uns jede solche Strebung als eine seit Lebensbeginn kontinuierliche Strömung vorstellen, die wir gewissermaßen künstlich in gesondert aufeinanderfolgende Schübe zerlegen. Ihr Eindruck, daß diese Vorstellungen einer weiteren Klärung bedürftig sind, hat recht, aber der Versuch würde uns zu weit abführen. Lassen Sie uns noch feststellen, daß ein solches Verbleiben einer Partialstrebung auf einer früheren Stufe eine *Fixierung* (des Triebes nämlich) heißen soll.

Die zweite Gefahr einer so stufenweisen Entwicklung liegt darin, daß auch die Anteile, die es weiter gebracht haben, leicht in rückläufiger Bewegung auf eine dieser früheren Stufen zurückkehren können, was wir eine *Regression* nennen. Zu einer solchen Regression wird sich die Strebung veranlaßt finden, wenn die Ausübung ihrer Funktion, also die Erreichung ihres Befriedigungszieles, in der späteren oder höher entwickelten Form auf starke äußere Hindernisse stößt. Es liegt uns nahe anzunehmen, daß Fixierung und Regression nicht unabhängig voneinander sind. Je stärker die Fixierungen auf dem Entwicklungsweg, desto eher wird die Funktion den äußeren Schwierigkeiten durch Regression bis zu jenen Fixierungen ausweichen, desto widerstandsunfähiger erweist sich also die ausgebildete Funktion gegen äußere Hindernisse ihres Ablaufes. Denken Sie daran, wenn ein Volk in Bewegung starke Abteilungen an den Stationen seiner Wanderung zurückgelassen hat, so wird es den weiter Vorgerückten naheliegen, sich bis zu diesen Stationen zurückzuziehen, wenn sie geschlagen werden oder auf einen überstarken Feind stoßen. Sie werden aber auch um so eher in die Gefahr der Niederlage kommen, je mehr sie von ihrer Anzahl auf der Wanderung zurückgelassen haben.

Es ist für Ihr Verständnis der Neurosen wichtig, daß Sie dies Verhältnis zwischen Fixierung und Regression nicht aus den Augen lassen. Sie gewinnen dann einen sicheren Halt in der Frage nach der Verursachung der Neurosen, in der Frage der Neurosenätiologie, an welche wir bald herantreten werden.

Zunächst wollen wir noch bei der Regression verbleiben. Nach dem, was Ihnen von der Entwicklung der Libidofunktion bekannt geworden ist, dürfen Sie Regressionen von zweierlei Art erwarten, Rückkehr zu den ersten von der Libido besetzten Objekten, die bekanntlich inzestuöser Natur sind, und Rückkehr der gesamten Sexualorganisation zu früheren Stufen. Beide kommen bei den Übertragungsneurosen vor und spielen in deren Mechanismus eine große Rolle. Besonders die Rückkehr zu den ersten inzestuösen Objekten der Libido ist ein Zug, der sich bei den Neurotikern mit geradezu ermüdender Regelmäßigkeit findet. Weit mehr läßt sich über die Regressionen der Libido sagen, wenn man eine andere Gruppe der Neurosen, die sogenannten narzißtischen, mit heranzieht, was wir ja gegenwärtig nicht beabsichtigen. Diese Affektionen geben uns Aufschluß über noch andere, bisher nicht erwähnte Entwicklungsvorgänge der Libidofunktion und zeigen uns dementsprechend auch neue Arten der Regression. Ich glaube aber, daß ich Sie jetzt vor allem mahnen muß, Regression und Verdrängung nicht zu verwechseln, und Ihnen dazu verhelfen muß, sich die Beziehungen zwischen den beiden Prozessen zu klären. Verdrängung ist, wie Sie sich erinnern, jener Vorgang, durch welchen ein bewußtseinsfähiger Akt, also einer, der dem System *Vbw* angehört, unbewußt gemacht, also in das System *Ubw* zurückgeschoben wird. Und ebenso nennen wir es Verdrängung, wenn der unbewußte seelische Akt überhaupt nicht ins nächste vorbewußte System zugelassen, sondern an der Schwelle von der Zensur zurückgewiesen wird. Dem

Begriff der Verdrängung haftet also keine Beziehung zur Sexualität an; bitte, bemerken Sie das wohl. Er bezeichnet einen rein psychologischen Vorgang, den wir noch besser charakterisieren können, wenn wir ihn einen *topischen* heißen. Wir wollen damit sagen, er habe mit den angenommenen psychischen Räumlichkeiten zu tun, oder, wenn wir diese grobe Hilfsvorstellung wieder fallen lassen, mit dem Aufbau des seelischen Apparates aus gesonderten psychischen Systemen.

Durch die angestellte Vergleichung werden wir erst aufmerksam gemacht, daß wir das Wort „Regression" bisher nicht in seiner allgemeinen, sondern in einer ganz speziellen Bedeutung gebraucht haben. Geben Sie ihm seinen allgemeinen Sinn, den einer Rückkehr von einer höheren zu einer niedrigeren Stufe der Entwicklung, so ordnet sich auch die Verdrängung der Regression unter, denn sie kann auch als Rückkehr zu einer früheren und tieferen Stufe in der Entwicklung eines psychischen Aktes beschrieben werden. Nur daß es uns bei der Verdrängung auf diese rückläufige Richtung nicht ankommt, denn wir heißen es auch Verdrängung im *dynamischen* Sinne, wenn ein psychischer Akt auf der niedrigeren Stufe des Unbewußten festgehalten wird. Verdrängung ist eben ein *topisch-dynamischer* Begriff, Regression ein rein *deskriptiver*. Was wir aber bisher Regression genannt und zur Fixierung in Beziehung gebracht haben, damit meinten wir ausschließlich die Rückkehr der Libido zu früheren Stationen ihrer Entwicklung, also etwas, was von der Verdrängung im Wesen ganz verschieden und von ihr ganz unabhängig ist. Wir können die Libidoregression auch nicht einen rein psychischen Vorgang heißen und wissen nicht, welche Lokalisation im seelischen Apparat wir ihr anweisen sollen. Wenn sie auch den stärksten Einfluß auf das seelische Leben ausübt, so ist doch der organische Faktor an ihr der hervorragendste.

Erörterungen wie diese, meine Herren, müssen etwas dürr geraten. Wenden wir uns an die Klinik, um etwas eindrucksvollere Anwendungen von ihnen zu machen. Sie wissen, daß Hysterie und Zwangsneurose die beiden Hauptvertreter der Gruppe der Übertragungsneurosen sind. Bei der Hysterie gibt es nun zwar eine Regression der Libido zu den primären inzestuösen Sexualobjekten, und diese ganz regelmäßig, aber so gut wie keine Regression auf eine frühere Stufe der Sexualorganisation. Dafür fällt der Verdrängung im hysterischen Mechanismus die Hauptrolle zu. Wenn ich mir gestatten darf, unsere bisherige gesicherte Kenntnis dieser Neurose durch eine Konstruktion zu vervollständigen, so könnte ich den Sachverhalt in folgender Weise beschreiben: Die Einigung der Partialtriebe unter dem Primat der Genitalien ist vollzogen, ihre Ergebnisse stoßen aber auf den Widerstand des mit dem Bewußtsein verknüpften vorbewußten Systems. Die Genitalorganisation gilt also fürs Unbewußte, nicht ebenso fürs Vorbewußte, und diese Ablehnung von seiten des Vorbewußten bringt ein

Bild zustande, welches mit dem Zustand vor dem Genitalprimat gewisse Ähnlichkeiten hat. Es ist aber doch etwas ganz anderes. – Von den beiden Libidoregressionen ist die auf eine frühere Phase der Sexualorganisation die bei weitem auffälligere. Da sie bei der Hysterie fehlt und unsere ganze Auffassung der Neurosen noch viel zu sehr unter dem Einflusse des Studiums der Hysterie steht, welches zeitlich voranging, so ist die Bedeutung der Libidoregression uns auch viel später klar geworden als die der Verdrängung. Seien wir gefaßt darauf, daß unsere Gesichtspunkte noch andere Erweiterungen und Umwertungen erfahren werden, wenn wir außer Hysterie und Zwangsneurose noch die anderen, narzißtischen Neurosen in unsere Betrachtungen einbeziehen können.

Bei der Zwangsneurose ist im Gegenteil die Regression der Libido auf die Vorstufe der sadistisch-analen Organisation das auffälligste und das für die Äußerung in Symptomen maßgebende Faktum. Der Liebesimpuls muß sich dann als sadistischer Impuls maskieren. Die Zwangsvorstellung: ich möchte dich ermorden, heißt im Grunde, wenn man sie von gewissen, aber nicht zufälligen, sondern unerläßlichen Zutaten befreit hat, nichts anderes als: ich möchte dich in Liebe genießen. Nehmen Sie dazu, daß gleichzeitig eine Objektregression stattgehabt hat, so daß diese Impulse nur den nächsten und den geliebtesten Personen gelten, so können Sie sich von dem Entsetzen eine Vorstellung machen, welches diese Zwangsvorstellungen beim Kranken erwecken, und gleichzeitig von der Fremdartigkeit, in welcher sie seiner bewußten Wahrnehmung entgegentreten. Aber auch die Verdrängung hat an dem Mechanismus dieser Neurosen ihren großen Anteil, der in einer flüchtigen Einführung wie der unsrigen allerdings nicht leicht auseinanderzusetzen ist. Regression der Libido ohne Verdrängung würde nie eine Neurose ergeben, sondern in eine Perversion auslaufen. Daraus ersehen Sie, daß die Verdrängung jener Prozeß ist, welcher der Neurose am ehesten eigentümlich zukommt und sie am besten charakterisiert. Vielleicht habe ich aber auch einmal Gelegenheit, Ihnen vorzuführen, was wir über den Mechanismus der Perversionen wissen, und Sie werden dann sehen, daß auch hier nichts so einfach vor sich geht, wie man es sich gerne konstruieren möchte.

Meine Herren! Ich meine, Sie werden sich mit den eben angehörten Ausführungen über Fixierung und Regression der Libido am ehesten versöhnen, wenn Sie sie als Vorbereitung für die Erforschung der Ätiologie der Neurosen gelten lassen wollen. Ich habe Ihnen hierüber erst eine einzige Mitteilung gemacht, nämlich daß die Menschen neurotisch erkranken, wenn ihnen die Möglichkeit benommen ist, ihre Libido zu befriedigen, also an der „Versagung", wie ich mich ausdrückte, und daß ihre Symptome eben der Ersatz für die versagte Befriedigung sind. Natürlich sollte das nicht heißen, daß jede Versagung der libidinösen

Befriedigung jeden, den sie trifft, neurotisch macht, sondern bloß, daß in allen untersuchten Fällen von Neurose das Moment der Versagung nachweisbar war. Der Satz ist also nicht umkehrbar. Sie werden wohl auch verstanden haben, daß jene Behauptung nicht das ganze Geheimnis der Neurosenätiologie aufdecken sollte, sondern eben nur eine wichtige und unerläßliche Bedingung hervorhob.

Man weiß jetzt nicht, soll man sich für die weitere Diskussion dieses Satzes an die Natur der Versagung oder an die Eigenart des von ihr Betroffenen halten. Die Versagung ist doch höchst selten eine allseitige und absolute; um pathogen wirksam zu werden, muß sie wohl jene Weise der Befriedigung betreffen, nach der die Person allein verlangt, deren sie allein fähig ist. Es gibt im allgemeinen sehr viele Wege, die Entbehrung der libidinösen Befriedigung zu vertragen, ohne an ihr zu erkranken. Vor allem kennen wir Menschen, die imstande sind, eine solche Entbehrung ohne Schaden auf sich zu nehmen; sie sind dann nicht glücklich, sie leiden an Sehnsucht, aber sie werden nicht krank. Sodann müssen wir in Betracht ziehen, daß gerade die sexuellen Triebregungen außerordentlich *plastisch* sind, wenn ich so sagen darf. Sie können die eine für die andere eintreten, eine kann die Intensität der anderen auf sich nehmen; wenn die Befriedigung der einen durch die Realität versagt ist; kann die Befriedigung einer anderen volle Entschädigung bieten. Sie verhalten sich zueinander wie ein Netz von kommunizierenden, mit Flüssigkeit gefüllten Kanälen, und dies trotz ihrer Unterwerfung unter den Genitalprimat, was gar nicht so bequem in einer Vorstellung zu vereinen ist. Ferner zeigen die Partialtriebe der Sexualität, ebenso wie die aus ihnen zusammengefaßte Sexualstrebung, eine große Fähigkeit, ihr Objekt zu wechseln, es gegen ein anderes, also auch gegen ein bequemer erreichbares, zu vertauschen; diese Verschiebbarkeit und Bereitwilligkeit, Surrogate anzunehmen, müssen der pathogenen Wirkung einer Versagung mächtig entgegenarbeiten. Unter diesen gegen die Erkrankung durch Entbehrung schützenden Prozessen hat einer eine besondere kulturelle Bedeutung gewonnen. Er besteht darin, daß die Sexualbestrebung ihr auf Partiallust oder Fortpflanzungslust gerichtetes Ziel aufgibt und ein anderes annimmt, welches genetisch mit dem aufgegebenen zusammenhängt, aber selbst nicht mehr sexuell, sondern sozial genannt werden muß. Wir heißen den Prozeß „Sublimierung", wobei wir uns der allgemeinen Schätzung fügen, welche soziale Ziele höher stellt als die im Grunde selbstsüchtigen sexuellen. Die Sublimierung ist übrigens nur ein Spezialfall der Anlehnung von Sexualstrebungen an andere nicht sexuelle. Wir werden in anderem Zusammenhange nochmals von ihr reden müssen.

Sie werden nun den Eindruck haben, daß die Entbehrung durch alle diese Mittel, sie zu ertragen, zur Bedeutungslosigkeit herabgedrückt worden sei. Aber nein, sie behält ihre pathogene Macht. Die Gegenmittel sind allgemein nicht ausreichend. Das Maß von unbefriedigter Libido, das die Menschen im Durchschnitt auf sich nehmen können, ist begrenzt. Die Plastizität oder freie Beweglichkeit der Libido ist keineswegs bei allen voll erhalten, und die Sublimierung kann immer nur einen gewissen Bruchteil der Libido erledigen, abgesehen davon, daß die Fähigkeit zu sublimieren vielen Menschen nur in geringem Ausmaße zugeteilt ist. Die wichtigste unter diesen Einschränkungen ist offenbar die in der Beweglichkeit der Libido, da sie die Befriedigung des Individuums von der Erreichung einer sehr geringen Anzahl von Zielen und Objekten abhängig macht. Erinnern Sie sich nur daran, daß eine unvollkommene Libidoentwicklung sehr ausgiebige, eventuell auch mehrfache Libidofixierungen an frühe Phasen der Organisation und Objektfindung hinterläßt, welche einer realen Befriedigung meist nicht fähig sind, so werden Sie in der Libidofixierung den zweiten mächtigen Faktor erkennen, der mit der Versagung zur Krankheitsverursachung zusammentritt. In schematischer Verkürzung können Sie es aussprechen, daß die Libidofixierung den disponierenden, internen, die Versagung den akzidentellen, externen Faktor der Neurosenätiologie repräsentiert.

Ich ergreife hier die Gelegenheit, Sie vor der Parteinahme in einem ganz überflüssigen Streit zu warnen. Im wissenschaftlichen Betrieb ist es sehr beliebt, einen Anteil der Wahrheit herauszugreifen, ihn an die Stelle des Ganzen zu setzen und nun zu seinen Gunsten das übrige, was nicht minder wahr ist, zu bekämpfen. Auf diesem Wege haben sich auch bereits aus der psychoanalytischen Bewegung mehrere Richtungen abgespalten, von denen die eine nur die egoistischen Triebe anerkennt, die sexuellen dagegen verleugnet, die andere nur den Einfluß der realen Lebensaufgaben würdigt, den der individuellen Vergangenheit aber übersieht u. dgl. mehr. Nun bietet sich hier ein Anlaß zu einer ähnlichen Entgegenstellung und Streitfrage: Sind die Neurosen *exogene* oder *endogene* Krankheiten, die unausbleibliche Folge einer gewissen Konstitution oder das Produkt gewisser schädigender (traumatischer) Lebenseindrücke, im besonderen: werden sie durch die Libidofixierung (und die sonstige Sexualkonstitution) oder durch den Druck der Versagung hervorgerufen? Dies Dilemma scheint mir im ganzen nicht weiser als ein anderes, das ich Ihnen vorlegen könnte: Entsteht das Kind durch die Zeugung des Vaters oder durch die Empfängnis von seiten der Mutter? Beide Bedingungen sind gleich unentbehrlich, werden Sie mit Recht antworten. In der Verursachung der Neurosen ist das Verhältnis, wenn nicht ganz das nämliche, doch ein sehr ähnliches. Für die Betrachtung der Verursachung ordnen sich die Fälle der neurotischen Erkrankungen zu einer Reihe, innerhalb welcher beide Momente – Sexualkonstitution und Erleben, oder wenn Sie wollen: Libidofixierung und Versagung – so vertreten sind, daß das eine wächst, wenn das andere abnimmt. An dem einen Ende der Reihe stehen die extremen Fälle, von denen Sie mit Überzeugung sagen können: Diese Menschen wären infolge ihrer absonderlichen Libidoentwicklung auf jeden Fall erkrankt, was immer sie erlebt hätten, wie sorgfältig sie das Leben auch geschont hätte. Am anderen Ende stehen die Fälle, bei denen Sie umgekehrt urteilen müssen, sie wären gewiß der Krankheit entgangen, wenn das Leben sie nicht in diese oder jene Lage gebracht hätte. Bei den Fällen innerhalb der Reihe trifft ein Mehr oder Minder von disponierender Sexualkonstitution mit einem Minder oder Mehr von schädigenden Lebensanforderungen zusammen. Ihre Sexualkonstitution hätte ihnen nicht die Neurose gebracht, wenn sie nicht solche Erlebnisse gehabt hätten, und diese Erlebnisse hätten nicht traumatisch auf sie gewirkt, wenn die Verhältnisse der Libido andere gewesen wären. Ich kann in dieser Reihe vielleicht ein gewisses Übergewicht an Bedeutung für die disponierenden Momente zugestehen, aber auch dies Zugeständnis hängt davon ab, wie weit Sie die Grenzen der Nervosität abstecken wollen.

Meine Herren! Ich mache Ihnen den Vorschlag, Reihen wie diese als *Ergänzungsreihen* zu bezeichnen, und bereite Sie darauf vor, daß wir Anlaß finden werden, noch andere solche Reihen aufzustellen.

Die Zähigkeit, mit welcher die Libido an bestimmten Richtungen und Objekten haftet, sozusagen die Klebrigkeit der Libido, erscheint uns als ein selbständiger, individuell variabler Faktor, dessen Abhängigkeiten uns völlig unbekannt sind, dessen Bedeutung für die Ätiologie der Neurosen wir gewiß nicht mehr unterschätzen werden. Wir sollen aber auch die Innigkeit dieser Beziehung nicht überschätzen. Eine ebensolche *„Klebrigkeit"* der Libido – aus unbekannten Gründen – kommt nämlich unter zahlreichen Bedingungen beim Normalen vor und wird als bestimmendes Moment bei den Personen gefunden, welche in gewissem Sinne der Gegensatz der Nervösen sind, bei den Perversen. Es war schon vor der Zeit der Psychoanalyse bekannt (*Binet*), daß in der Anamnese der Perversen recht häufig ein sehr frühzeitiger Eindruck von abnormer Triebrichtung oder Objektwahl aufgedeckt wird, an dem nun die Libido dieser Person fürs Leben haften geblieben ist. Man weiß oft nicht zu sagen, was diesen Eindruck dazu befähigt hat, eine so intensive Anziehung auf die Libido auszuüben. Ich will Ihnen einen selbstbeobachteten Fall dieser Art erzählen. Ein Mann, dem heute das Genitale und alle anderen Reize des Weibes nichts bedeuten, der nur durch einen beschuhten Fuß von gewisser Form in unwiderstehliche sexuelle Erregung versetzt werden kann, weiß sich an ein Erlebnis aus seinem sechsten Jahre zu erinnern, welches maßgebend für die Fixierung seiner Libido geworden ist. Er saß auf einem Schemel neben der Gouvernante, bei der er englische Stunde nehmen sollte. Die Gouvernante, ein altes, dürres, unschönes Mädchen mit wasserblauen Augen und aufgestülpter Nase, hatte an diesem Tage einen kranken

Fuß und ließ ihn darum, mit einem Samtpantoffel bekleidet, ausgestreckt auf einem Polster ruhen, ihr Bein selbst war dabei in dezentester Weise verhüllt. Ein so magerer sehniger Fuß, wie er ihn damals an der Gouvernante gesehen, wurde nun, nach einem schüchternen Versuch normaler Sexualbetätigung in der Pubertät, sein einziges Sexualobjekt, und der Mann war widerstandslos hingerissen, wenn sich zu diesem Fuß noch andere Züge gesellten, welche an den Typus der englischen Gouvernante erinnerten. Durch diese Fixierung seiner Libido wurde der Mann aber nicht zum Neurotiker, sondern zum Perversen, zum Fußfetischisten, wie wir sagen. Sie sehen also, obwohl die übermäßige, zudem noch vorzeitige, Fixierung der Libido für die Verursachung der Neurosen unentbehrlich ist, geht ihr Wirkungskreis doch weit über das Gebiet der Neurosen hinaus. Auch diese Bedingung ist für sich allein so wenig entscheidend wie die früher erwähnte der Versagung.

Das Problem der Verursachung der Neurosen scheint sich also zu komplizieren. In der Tat macht uns die psychoanalytische Untersuchung mit einem neuen Moment bekannt, welches in unserer ätiologischen Reihe nicht berücksichtigt ist, und das man am besten bei Fällen erkennt, deren bisheriges Wohlbefinden plötzlich durch die neurotische Erkrankung gestört wird. Man findet bei diesen Personen regelmäßig die Anzeichen eines Widerstreites von Wunschregungen oder, wie wir zu sagen gewohnt sind, eines psychischen *Konfliktes*. Ein Stück der Persönlichkeit vertritt gewisse Wünsche, ein anderes sträubt sich dagegen und wehrt sie ab. Ohne solchen Konflikt gibt es keine Neurose. Das schiene nun nichts Besonderes. Sie wissen, daß unser seelisches Leben unaufhörlich von Konflikten bewegt wird, deren Entscheidung wir zu treffen haben. Es müssen also wohl besondere Bedingungen erfüllt sein, wenn ein solcher Konflikt pathogen werden soll. Wir dürfen fragen, welches diese Bedingungen sind, zwischen welchen seelischen Mächten sich diese pathogenen Konflikte abspielen, welche Beziehung der Konflikt zu den anderen verursachenden Momenten hat.

Ich hoffe, Ihnen auf diese Fragen ausreichende Antworten geben zu können, wenn sie auch schematisch verkürzt sein mögen. Der Konflikt wird durch die Versagung heraufbeschworen, indem die ihrer Befriedigung verlustige Libido nun darauf angewiesen ist, sich andere Objekte und Wege zu suchen. Er hat zur Bedingung, daß diese anderen Wege und Objekte bei einem Anteil der Persönlichkeit ein Mißfallen erwecken, so daß ein Veto erfolgt, welches die neue Weise der Befriedigung zunächst unmöglich macht. Von hier aus geht der Weg zur Symptombildung weiter, den wir später verfolgen werden. Die abgewiesenen libidinösen Strebungen bringen es zustande, sich auf gewissen Umwegen doch durchzusetzen, allerdings nicht ohne dem Einspruch durch gewisse Entstellungen und Milderungen Rechnung zu tragen. Die Umwege sind die Wege der Symptombildung, die Symptome sind die neue oder Ersatzbefriedigung, die durch die Tatsache der Versagung notwendig geworden ist.

Man kann der Bedeutung des psychischen Konflikts auch durch eine andere Ausdrucksweise gerecht werden, indem man sagt: zur *äußeren* Versagung muß, damit sie pathogen wirke, noch die *innere* Versagung hinzutreten. Äußere und innere Versagung beziehen sich dann natürlich auf verschiedene Wege und Objekte. Die äußere Versagung nimmt die eine Befriedigung weg, die innere Versagung möchte eine andere Möglichkeit ausschließen, um welche dann der Konflikt losbricht. Ich gebe dieser Art der Darstellung den Vorzug, weil sie einen geheimen Gehalt besitzt. Sie deutet nämlich auf die Wahrscheinlichkeit hin, daß die inneren Abhaltungen in den Vorzeiten menschlicher Entwicklung aus realen äußeren Hindernissen hervorgegangen sind.

Welches sind aber die Mächte, von denen der Einspruch gegen die libidinöse Strebung ausgeht, die andere Partei im pathogenen Konflikt? Es sind, ganz allgemein gesagt, die nicht sexuellen Triebkräfte. Wir fassen sie als „Ichtriebe" zusammen; die Psychoanalyse der Übertragungsneurosen gibt uns keinen guten Zugang zu ihrer weiteren Zerlegung, wir lernen sie höchstens einigermaßen durch die Widerstände kennen, die sich der Analyse entgegensetzen. Der pathogene Konflikt ist also ein solcher zwischen Ichtrieben und den Sexualtrieben. Es hat in einer ganzen Reihe von Fällen den Anschein, als ob es auch ein Konflikt zwischen verschiedenen rein sexuellen Strebungen sein könnte, aber das ist im Grunde dasselbe, denn von den beiden im Konflikt befindlichen Sexualstrebungen ist immer die. eine sozusagen ichgerecht, während die andere die Abwehr des Ichs herausfordert. Es bleibt also beim Konflikt zwischen Ich und Sexualität.

Meine Herren! Oft und oft, wenn die Psychoanalyse ein seelisches Geschehen als Leistung der Sexualtriebe in Anspruch genommen hat, wurde ihr in ärgerlicher Abwehr vorgehalten, der Mensch bestehe nicht nur aus Sexualität, es gebe im Seelenleben noch andere Triebe und Interessen als die sexuellen, man dürfe nicht „alles" von der Sexualität ableiten u. dgl. Nun, es ist hocherfreulich, sich auch einmal eines Sinnes mit seinen Gegnern zu finden. Die Psychoanalyse hat nie vergessen, daß es auch nicht sexuelle Triebkräfte gibt, sie hat sich auf der scharfen Sonderung der sexuellen Triebe von den Ichtrieben aufgebaut und vor jedem Einspruch behauptet, nicht daß die Neurosen aus der Sexualität hervorgehen, sondern daß sie dem Konflikt zwischen Ich und Sexualität ihren Ursprung danken. Sie hat auch gar kein denkbares Motiv, Existenz oder Bedeutung der Ichtriebe zu bestreiten, während sie die Rolle der sexuellen Triebe in der Krankheit und im Leben verfolgt. Nur daß es ihr Schicksal geworden ist, sich in erster Linie mit den Sexualtrieben zu beschäftigen, weil diese durch die

Übertragungsneurosen der Einsicht am ehesten zugänglich geworden sind, und weil es ihr obgelegen hat, das zu studieren, was andere vernachlässigt hatten.

Es trifft auch nicht zu, daß sich die Psychoanalyse um den nicht sexuellen Anteil der Persönlichkeit gar nicht gekümmert hat. Gerade die Sonderung von Ich und Sexualität hat uns mit besonderer Klarheit erkennen lassen, daß auch die Ichtriebe eine bedeutsame Entwicklung durchmachen, eine Entwicklung, die weder ganz unabhängig von der Libido, noch ohne Gegenwirkung auf diese ist. Wir kennen allerdings die Ichentwicklung sehr viel schlechter als die der Libido, weil nämlich erst das Studium der narzißtischen Neurosen eine Einsicht in den Aufbau des Ichs verspricht. Doch liegt bereits ein beachtenswerter Versuch von *Ferenczi* vor, die Entwicklungsstufen des Ichs theoretisch zu konstruieren, und an wenigstens zwei Stellen haben wir feste Anhaltspunkte für die Beurteilung dieser Entwicklung gewonnen. Wir denken ja nicht daran, daß sich die libidinösen Interessen einer Person von vornherein im Gegensatz zu ihren Selbsterhaltungsinteressen befinden; vielmehr wird das Ich auf jeder Stufe bestrebt sein, mit seiner derzeitigen Sexualorganisation im Einklang zu bleiben und sie sich einzuordnen. Die Ablösung der einzelnen Phasen in der Libidoentwicklung folgt wahrscheinlich einem vorgeschriebenen Programm; es ist aber nicht abzuweisen, daß dieser Ablauf von seiten des Ichs beeinflußt werden kann, und ein gewisser Parallelismus, eine bestimmte Entsprechung der Entwicklungsphasen von Ich und Libido dürfte gleichfalls vorgesehen sein; ja die Störung dieser Entsprechung könnte ein pathogenes Moment ergeben. Ein für uns wichtiger Gesichtspunkt ist es nun, wie sich das Ich verhält, wenn seine Libido an einer Stelle ihrer Entwicklung eine starke Fixierung hinterläßt. Es kann dieselbe zulassen und wird dann in dem entsprechenden Maß pervers oder, was dasselbe ist, infantil. Es kann sich aber auch ablehnend gegen diese Festsetzung der Libido verhalten, und dann hat das Ich dort eine *Verdrängung*, wo die Libido eine Fixierung erfahren hat.

Auf diesem Wege gelangen wir zur Kenntnis, daß der dritte Faktor der Neurosenätiologie, die *Konfliktneigung*, von der Entwicklung des Ichs ebensosehr abhängt, wie von der der Libido. Unsere Einsicht in die Verursachung der Neurosen hat sich also vervollständigt. Zuerst als allgemeinste Bedingung die Versagung, dann die Fixierung der Libido, welche sie in eine bestimmte Richtung drängt, und zu dritt die Konfliktneigung aus der Ichentwicklung, die solche Libidoregungen abgelehnt hat. Der Sachverhalt ist also nicht so sehr verworren und schwer zu durchschauen, wie es ihnen wahrscheinlich während des Fortschrittes meiner Ausführungen erschienen ist. Aber freilich, wir werden finden, daß wir noch nicht fertig sind. Wir müssen noch etwas Neues hinzufügen und etwas bereits Bekanntes weiter zerlegen.

Um Ihnen den Einfluß der Ichentwicklung auf die Konfliktbildung und somit auf die Verursachung der Neurosen zu demonstrieren, möchte ich Ihnen ein Beispiel vorführen, das zwar durchaus erfunden ist, aber sich in keinem Punkte von der Wahrscheinlichkeit entfernt. Ich will es in Anlehnung an den Titel einer *Nestroy*schen Posse mit der Charakteristik „Zu ebener Erde und im ersten Stock" versehen. Zu ebener Erde wohnt der Hausbesorger, im ersten Stock der Hausherr, ein reicher und vornehmer Mann. Beide haben Kinder, und wir wollen annehmen, daß es dem Töchterchen des Hausherrn gestattet ist, unbeaufsichtigt mit dem Proletarierkind zu spielen. Dann kann es sehr leicht geschehen, daß die Spiele der Kinder einen ungezogenen, das heißt sexuellen Charakter annehmen, daß sie „Vater und Mutter" spielen, einander bei den intimen Verrichtungen beschauen und an den Genitalien reizen. Das Hausmeistermädchen, das trotz seiner fünf oder sechs Jahre manches von der Sexualität der Erwachsenen beobachten konnte, mag dabei die Rolle der Verführerin übernehmen. Diese Erlebnisse reichen hin, auch wenn sie sich nicht über lange Zeit fortsetzen, um bei beiden Kindern gewisse sexuelle Regungen zu aktivieren, die sich nach dem Aufhören der gemeinsamen Spiele einige Jahre hindurch als Masturbation äußern. Soweit die Gemeinsamkeit; der endliche Erfolg wird bei beiden Kindern sehr verschieden sein. Die Tochter des Hausbesorgers wird die Masturbation etwa bis zum Auftreten der Periode fortsetzen, sie dann ohne Schwierigkeit aufgeben, wenige Jahre später einen Geliebten nehmen, vielleicht auch ein Kind bekommen, diesen oder jenen Lebensweg einschlagen, der sie vielleicht zur populären Künstlerin führt, die als Aristokratin endigt. Wahrscheinlich wird ihr Schicksal minder glänzend ausfallen, aber jedenfalls wird sie ungeschädigt durch die vorzeitige Betätigung ihrer Sexualität, frei von Neurose, ihr Leben erfüllen. Anders das Töchterchen des Hausherrn. Dies wird frühzeitig und noch als Kind die Ahnung bekommen, daß es etwas Unrechtes getan habe, wird nach kürzerer Zeit, aber vielleicht erst nach hartem Kampf, auf die masturbatorische Befriedigung verzichten und trotzdem etwas Gedrücktes in seinem Wesen behalten. Wenn sie in den Jungmädchenjahren in die Lage kommt, etwas vom menschlichen Sexualverkehr zu erfahren, wird sie sich mit unerklärtem Abscheu davon abwenden und unwissend bleiben wollen. Wahrscheinlich unterliegt sie jetzt auch einem von neuem auftretenden unbezwingbaren Drang zur Masturbation, über den sich zu beklagen sie nicht wagt. In den Jahren, da sie einem Manne als Weib gefallen soll, wird die Neurose bei ihr losbrechen, die sie um Ehe und Lebenshoffnung betrügt. Gelingt es nun durch Analyse Einsicht in diese Neurose zu gewinnen, so zeigt sich, daß dies wohlerzogene, intelligente und hochstrebende Mädchen seine Sexualregungen vollkommen verdrängt hat, daß diese aber, ihr unbewußt, an den armseligen Erlebnissen mit ihrer Kinderfreundin haften.

Die Verschiedenheit der beiden Schicksale trotz gleichen Erlebens rührt daher, daß das Ich der einen eine Entwicklung erfahren hat, welche bei der anderen nicht eingetreten ist. Der Tochter des Hausbesorgers ist die Sexualbetätigung später ebenso natürlich und unbedenklich erschienen wie in der Kindheit. Die Tochter des Hausherrn hat die Einwirkung der Erziehung erfahren und deren Ansprüche angenommen. Ihr Ich hat aus den ihm dargebotenen Anregungen Ideale von weiblicher Reinheit und Unbedürftigkeit gebildet, mit denen sich die sexuelle Betätigung nicht verträgt; ihre intellektuelle Ausbildung hat ihr Interesse für die weibliche Rolle, zu der sie bestimmt ist, erniedrigt. Durch diese höhere moralische und intellektuelle Entwicklung ihres Ich ist sie in den Konflikt mit den Ansprüchen ihrer Sexualität geraten.

Ich will heute noch bei einem zweiten Punkt in der Ichentwicklung verweilen, sowohl wegen gewisser weitschauender Ausblicke, als auch darum, weil gerade das Folgende geeignet ist, die von uns beliebte, scharfe und nicht selbstverständliche Sonderung der Ichtriebe von den Sexualtrieben zu rechtfertigen. In der Beurteilung der beiden Entwicklungen, des Ichs wie der Libido, müssen wir einen Gesichtspunkt voranstellen, der bisher noch nicht oft gewürdigt worden ist. Beide sind ja im Grunde Erbschaften, abgekürzte Wiederholungen der Entwicklung, welche die ganze Menschheit von ihren Urzeiten an durch sehr lange Zeiträume zurückgelegt hat. Der Libidoentwicklung, möchte ich meinen, sieht man diese *phylogenetische* Herkunft ohne weiteres an. Denken Sie daran, wie bei der einen Tierklasse der Genitalapparat in die innigste Beziehung zum Mund gebracht ist, bei der anderen sich vom Exkretionsapparat nicht sondern läßt, bei noch anderen an die Bewegungsorgane geknüpft ist, Dinge, die Sie in dem wertvollen Buch von *W. Bölsche* anziehend geschildert finden. Man sieht bei den Tieren sozusagen alle Arten von Perversion zur Sexualorganisation erstarrt. Nur wird der phylogenetische Gesichtspunkt beim Menschen zum Teil durch den Umstand verschleiert, daß das, was im Grunde vererbt ist, doch in der individuellen Entwicklung neu erworben wird, wahrscheinlich darum, weil dieselben Verhältnisse noch fortbestehen und auf jeden einzelnen wirken, die seinerzeit zur Erwerbung genötigt haben. Ich möchte sagen, sie haben seinerzeit schaffend gewirkt, sie wirken jetzt hervorrufend. Außerdem ist es unzweifelhaft, daß der Lauf der vorgezeichneten Entwicklung bei jedem einzelnen durch rezente Einflüsse von außen gestört und abgeändert werden kann. Die Macht aber, welche der Menschheit eine solche Entwicklung aufgenötigt hat und ihren Druck nach der gleichen Richtung heute ebenso aufrechthält, kennen wir; es ist wiederum die Versagung der *Realität*, oder wenn wir ihr ihren richtigen großen Namen geben, die *Not* des Lebens: die Ἀνάγκη. Sie ist eine strenge Erzieherin gewesen und hat viel aus uns gemacht. Die Neurotiker gehören zu den Kindern, bei welchen diese Strenge üble Erfolge gebracht hat, aber das ist bei jeder Erziehung zu riskieren. – Diese Würdigung der Lebensnot als des Motors der Entwicklung braucht uns übrigens nicht gegen die Bedeutung von „inneren Entwicklungstendenzen" einzunehmen, wenn sich solche beweisen lassen.

Nun ist es sehr beachtenswert, daß Sexualtriebe und Selbsterhaltungstriebe sich nicht in gleicher Weise gegen die reale Not benehmen. Die Selbsterhaltungstriebe und alles, was mit ihnen zusammenhängt, sind leichter zu erziehen; sie lernen es frühzeitig, sich der Not zu fügen und ihre Entwicklungen nach den Weisungen der Realität einzurichten. Das ist begreiflich, denn sie können sich die Objekte, deren sie bedürfen, auf keine andere Art verschaffen; ohne diese Objekte muß das Individuum zugrunde geben. Die Sexualtriebe sind schwerer erziehbar, denn sie kennen zu Anfang die Objektnot nicht. Da sie sich gleichsam schmarotzend an die anderen Körperfunktionen anlehnen und am eigenen Körper autoerotisch befriedigen, sind sie dem erziehlichen Einfluß der realen Not zunächst entzogen, und sie behaupten diesen Charakter der Eigenwilligkeit, Unbeeinflußbarkeit, das, was wir „Unverständigkeit" nennen, bei den meisten Menschen in irgendeiner Hinsicht durchs ganze Leben. Auch hat die Erziehbarkeit einer jugendlichen Person in der Regel ein Ende, wenn ihre Sexualbedürfnisse in endgültiger Stärke erwachen. Das wissen die Erzieher und handeln danach; aber vielleicht lassen sie sich durch die Ergebnisse der Psychoanalyse noch dazu bewegen, den Hauptnachdruck der Erziehung auf die ersten Kinderjahre, vom Säuglingsalter an, zu verlegen. Der kleine Mensch ist oft mit dem vierten oder fünften Jahr schon fertig und bringt später nur allmählich zum Vorschein, was bereits in ihm steckt.

Um die volle Bedeutung des angezeigten Unterschiedes zwischen beiden Triebgruppen zu würdigen, müssen wir weit ausholen und eine jener Betrachtungen einführen, die ökonomische genannt zu werden verdienen. Wir begeben uns damit auf eines der wichtigsten, aber leider auch dunkelsten Gebiete der Psychoanalyse. Wir stellen uns die Frage, ob an der Arbeit unseres seelischen Apparates eine Hauptabsicht zu erkennen sei, und beantworten sie in erster Annäherung, daß diese Absicht auf Lustgewinnung gerichtet ist. Es scheint, daß unsere gesamte Seelentätigkeit darauf gerichtet ist, Lust, zu erwerben und Unlust zu vermeiden, daß sie automatisch durch das *Lustprinzip* reguliert wird. Nun wüßten wir um alles in der Welt gerne, welches die Bedingungen der Entstehung von Lust und Unlust sind, aber daran fehlt es uns eben. Nur soviel darf man sich getrauen zu behaupten, daß die Lust *irgendwie* an die Verringerung, Herabsetzung oder das Erlöschen der im Seelenapparat waltenden Reizmenge gebunden ist, die Unlust aber an eine Erhöhung derselben. Die Untersuchung der intensivsten Lust, welche dem Menschen zugänglich ist, der Lust bei der

Vollziehung des Sexualaktes, läßt über diesen einen Punkt wenig Zweifel. Da es sich bei solchen Lustvorgängen um die Schicksale von Quantitäten seelischer Erregung oder Energie handelt, bezeichnen wir Betrachtungen dieser Art als *ökonomische*. Wir merken, daß wir die Aufgabe und Leistung des Seelenapparates auch anders und allgemeiner beschreiben können als durch die Betonung des Lustgewinnes. Wir können sagen, der seelische Apparat diene der Absicht, die von außen und von innen an ihn herantretenden Reizmengen, Erregungsgrößen, zu bewältigen und zu erledigen. Von den Sexualtrieben ist es ohne weiteres evident, daß sie zu Anfang wie zu Ende ihrer Entwicklung auf Lustgewinn arbeiten; sie behalten diese ursprüngliche Funktion ohne Abänderung bei. Das nämliche streben auch die anderen, die Ichtriebe, anfänglich an. Aber unter dem Einfluß der Lehrmeisterin Not lernen die Ichtriebe bald, das Lustprinzip durch eine Modifikation zu ersetzen. Die Aufgabe, Unlust zu verhüten, stellt sich für sie fast gleichwertig neben die des Lustgewinns; das Ich erfährt, daß es unvermeidlich ist, auf unmittelbare Befriedigung zu verzichten, den Lustgewinn aufzuschieben, ein Stück Unlust zu ertragen und bestimmte Lustquellen überhaupt aufzugeben. Das so erzogene Ich ist „verständig" geworden, es läßt sich nicht mehr vom Lustprinzip beherrschen, sondern folgt dem *Realitätsprinzip*, das im Grunde auch Lust erzielen will, aber durch die Rücksicht auf die Realität gesicherte, wenn auch aufgeschobene und verringerte Lust.

Der Übergang vom Lust- zum Realitätsprinzip ist einer der wichtigsten Fortschritte in der Entwicklung des Ichs. Wir wissen schon, daß die Sexualtriebe dieses Stück der Ichentwicklung spät und nur widerstrebend mitmachen, und werden später hören, welche Folgen es für den Menschen hat, daß seine Sexualität sich mit einem so lockeren Verhältnis zur äußeren Realität begnügt. Und nun zum Schlusse noch eine hierher gehörige Bemerkung. Wenn das Ich des Menschen seine Entwicklungsgeschichte hat wie die Libido, so werden Sie nicht überrascht sein zu hören, daß es auch „Ichregressionen" gibt, und werden auch wissen wollen, welche Rolle diese Rückkehr des Ichs zu früheren Entwicklungsphasen bei den neurotischen Erkrankungen spielen kann.

XXIII. Vorlesung
Die Wege der Symptombildung

Meine Damen und Herren! Für den Laien sind es die Symptome, die das Wesen der Krankheit bilden, und Heilung ist ihm die Aufhebung der Symptome. Der Arzt legt Wert darauf, die Symptome von der Krankheit zu unterscheiden, und sagt, daß die Beseitigung der Symptome noch nicht die Heilung der Krankheit ist. Aber was nach Beseitigung der Symptome Greifbares von der Krankheit übrigbleibt, ist nur die Fähigkeit, neue Symptome zu bilden. Darum wollen wir uns für jetzt auf den Standpunkt des Laien stellen und die Ergründung der Symptome für gleichbedeutend mit dem Verständnis der Krankheit halten.

Die Symptome – wir handeln hier natürlich von psychischen (oder psychogenen) Symptomen und psychischem Kranksein – sind für das Gesamtleben schädliche oder wenigstens nutzlose Akte, häufig von der Person als widerwillig beklagt und mit Unlust oder Leiden für sie verbunden. Ihr Hauptschaden liegt in dem seelischen Aufwand, den sie selbst kosten, und in dem weiteren, der durch ihre Bekämpfung notwendig wird. Diese beiden Kosten können bei ausgiebiger Symptombildung eine außerordentliche Verarmung der Person an verfügbarer seelischer Energie und somit eine Lähmung derselben für alle wichtigen Lebensaufgaben zur Folge haben. Da es für diesen Erfolg hauptsächlich auf die Quantität der so in Anspruch genommenen Energie ankommt, so erkennen Sie leicht, daß „Kranksein" ein im Wesen praktischer Begriff ist. Stellen Sie sich aber auf einen theoretischen Standpunkt und sehen von diesen Quantitäten ab, so können Sie leicht sagen, daß wir alle krank, d. i. neurotisch sind, denn die Bedingungen für die Symptombildung sind auch bei den Normalen nachzuweisen.

Von den neurotischen Symptomen wissen wir bereits, daß sie der Erfolg eines Konflikts sind, der sich um eine neue Art der Libidobefriedigung erhebt. Die beiden Kräfte, die sich entzweit haben, treffen im Symptom wieder zusammen, versöhnen sich gleichsam durch das Kompromiß der Symptombildung. Darum ist das Symptom auch so widerstandsfähig; es wird von beiden Seiten her gehalten. Wir wissen auch, daß der eine der beiden Partner des Konflikts die unbefriedigte, von der Realität abgewiesene Libido ist, die nun andere Wege zu ihrer Befriedigung suchen muß. Bleibt die Realität unerbittlich, auch wenn die Libido bereit ist, ein anderes Objekt an Stelle des versagten anzunehmen, so wird diese endlich genötigt sein, den Weg der Regression einzuschlagen und die Befriedigung in einer der bereits überwundenen Organisationen oder durch eines der früher aufgegebenen Objekte anzustreben. Auf den Weg der Regression wird die Libido durch die Fixierung gelockt, die sie an diesen Stellen ihrer Entwicklung zurückgelassen hat.

Nun scheidet sich der Weg zur Perversion scharf von dem der Neurose. Erwecken diese Regressionen nicht den Widerspruch des Ichs, so kommt es auch nicht zur Neurose, und die Libido gelangt zu irgendeiner realen, wenn auch nicht mehr normalen Befriedigung. Wenn aber das Ich, das nicht nur über das Bewußtsein, sondern auch über die Zugänge zur motorischen Innervation und somit zur Realisierung der seelischen Strebungen verfügt, mit diesen Regressionen nicht einverstanden ist, dann ist der Konflikt gegeben. Die Libido ist wie abgeschnitten und muß versuchen irgendwohin auszuweichen, wo sie nach der Forderung des Lustprinzips einen Abfluß für ihre Energiebesetzung findet. Sie muß sich dem Ich entziehen. Ein solches Ausweichen gestatten ihr aber die Fixierungen auf ihrem jetzt regressiv beschrittenen Entwicklungsweg, gegen welche sich das Ich seinerzeit durch Verdrängungen geschützt hatte. Indem die Libido rückströmend diese verdrängten Positionen besetzt, hat sie sich dem Ich und seinen Gesetzen entzogen, dabei aber auch auf alle unter dem Einfluß dieses Ichs erworbene Erziehung verzichtet. Sie war lenksam, solange ihr Befriedigung winkte; unter dem doppelten Druck der äußern und der innern Versagung wird sie unbotmäßig und besinnt sich früherer besserer Zeiten. Das ist so ihr im Grund unveränderlicher Charakter. Die Vorstellungen, denen jetzt die Libido ihre Energie als Besetzung überträgt, gehören dem System des Unbewußten an und unterliegen den Vorgängen, die daselbst möglich sind, insbesondere der Verdichtung und Verschiebung. Hiermit sind nun Verhältnisse hergestellt, die vollkommen denen bei der Traumbildung gleichen. Wie dem im Unbewußten fertig gewordenen eigentlichen Traum, der die Erfüllung einer unbewußten Wunschphantasie ist, ein Stück (vor)bewußter Tätigkeit entgegenkommt, welches die Zensurtätigkeit ausübt und nach deren Abfindung die Bildung eines manifesten Traumes als Kompromiß gestattet, so hat auch noch die Libidovertretung im Unbewußten mit der Macht des vorbewußten Ichs zu rechnen. Der Widerspruch, der sich gegen sie im Ich erhoben hatte, geht ihr als „Gegenbesetzung" nach und nötigt sie, jenen Ausdruck zu wählen, der gleichzeitig sein eigener Ausdruck werden kann. So entsteht denn das Symptom als vielfach entstellter Abkömmling der unbewußten libidinösen Wunscherfüllung, eine kunstvoll ausgewählte Zweideutigkeit mit zwei einander voll widersprechenden Bedeutungen. Allein in diesem letzteren Punkte ist ein Unterschied zwischen der Traum- und der Symptombildung zu erkennen denn die vorbewußte Absicht bei der Traumbildung geht nur dahin, den Schlaf zu erhalten, nichts, was ihn stören würde, zum Bewußtsein dringen zu lassen; sie besteht aber nicht darauf, der unbewußten Wunschregung ein scharfes: Nein, im Gegenteile! entgegenzurufen. Sie darf toleranter sein, weil die Situation des Schlafenden eine minder gefährdete ist. Der Ausweg in die Realität ist durch den Schlafzustand allein gesperrt.

Sie sehen, das Ausweichen der Libido unter den Bedingungen des Konflikts ist durch das Vorhandensein von Fixierungen ermöglicht. Die regressive Besetzung dieser Fixierungen führt zur Umgehung der Verdrängung und zu einer Abfuhr – oder Befriedigung – der Libido, bei welcher die Bedingungen des Kompromisses eingehalten werden müssen. Auf dem Umwege über das Unbewußte und die alten Fixierungen ist es der Libido endlich gelungen, zu einer allerdings außerordentlich eingeschränkten und kaum mehr kenntlichen realen

Befriedigung durchzudringen. Lassen Sie mich zwei Bemerkungen zu diesem Endausgang hinzufügen. Wollen Sie erstens beachten, wie enge sich hier die Libido und das Unbewußte einerseits, das Ich, das Bewußtsein und die Realität andererseits verbunden erweisen, obwohl sie von Anfang an keineswegs zusammengehören, und hören Sie ferner meine Mitteilung an, daß alles hier Gesagte und im weiteren Folgende sich nur auf die Symptombildung bei der hysterischen Neurose bezieht.

Wo findet nun die Libido die Fixierungen, deren sie zum Durchbruch der Verdrängungen bedarf? In den Betätigungen und Erlebnissen der infantilen Sexualität, in den verlassenen Partialbestrebungen und aufgegebenen Objekten der Kinderzeit. Zu ihnen kehrt die Libido also wieder zurück. Die Bedeutung dieser Kinderzeit ist eine zweifache, einerseits haben sich in ihr die Triebrichtungen zuerst gezeigt, die das Kind in seiner angeborenen Anlage mitbrachte, und zweitens sind durch äußere Einwirkungen, akzidentelle Erlebnisse, andere seiner Triebe zuerst geweckt, aktiviert worden. Ich glaube, es ist kein Zweifel daran, daß wir ein Recht haben, diese Zweiteilung aufzustellen. Die Äußerung der angeborenen Anlage unterliegt ja keinem kritischen Bedenken, aber die analytische Erfahrung nötigt uns geradezu anzunehmen, daß rein zufällige Erlebnisse der Kindheit imstande sind, Fixierungen der Libido zu hinterlassen. Ich sehe auch keine theoretische Schwierigkeit darin. Die konstitutionellen Anlagen sind sicherlich auch die Nachwirkungen der Erlebnisse früherer Vorfahren, auch sie sind einmal erworben worden; ohne solche Erwerbung gäbe es keine Heredität. Und ist es denkbar, daß solche zur Vererbung führende Erwerbung gerade bei der von uns betrachteten Generation ein Ende nimmt? Die Bedeutung der infantilen Erlebnisse sollte aber nicht, wie es mit Vorliebe geschieht, gegen die der Erlebnisse der Vorfahren und der eigenen Reife völlig vernachlässigt werden, sondern im Gegenteile eine besondere Würdigung finden. Sie sind um so folgenschwerer, weil sie in die Zeiten der unvollendeten Entwicklung fallen, und gerade durch diesen Umstand geeignet, traumatisch zu wirken. Die Arbeiten über Entwicklungsmechanik von *Roux* und anderen haben uns gezeigt, daß ein Nadelstich in die in Zellteilung begriffene Keimanlage eine schwere Entwicklungsstörung zur Folge hat. Dieselbe Verletzung, der Larve oder dem fertigen Tier zugefügt, würde schadlos vertragen werden.

Die Libidofixierung des Erwachsenen, die wir als Repräsentanten des konstitutionellen Faktors in die ätiologische Gleichung der Neurosen eingeführt haben, zerlegt sich also jetzt für uns in zwei weitere Momente, in die ererbte Anlage und in die in der frühen Kindheit erworbene Disposition. Wir wissen, daß ein Schema der Sympathie des Lernenden sicher ist. Fassen wir also diese Verhältnisse in einem Schema zusammen:

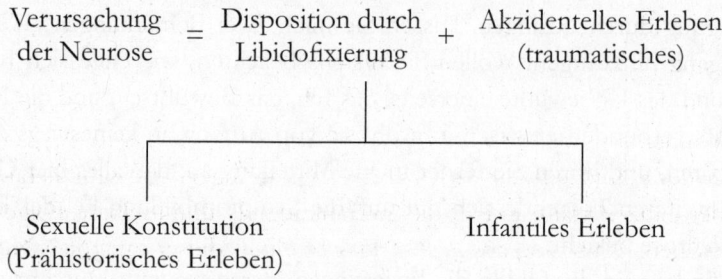

Die hereditäre Sexualkonstitution bietet uns eine große Mannigfaltigkeit von Anlagen, je nachdem dieser oder jener Partialtrieb für sich allein oder im Verein mit anderen in besonderer Stärke angelegt ist. Mit dem Faktor des infantilen Erlebens bildet die Sexualkonstitution wiederum eine „Ergänzungsreihe", ganz ähnlich der uns zuerst bekannt gewordenen zwischen Disposition und akzidentellem Erleben des Erwachsenen. Hier wie dort finden sich dieselben extremen Fälle und die nämlichen Beziehungen der Vertretung. Es liegt nahe, hier die Frage aufzuwerfen, ob die auffälligste der Libidoregressionen, die auf frühere Stufen der Sexualorganisation, nicht überwiegend durch das hereditär konstitutionelle Moment bedingt wird; aber die Beantwortung der Frage wird am besten aufgeschoben, bis man eine größere Reihe der neurotischen Erkrankungsformen in Betracht ziehen kann.

Verweilen wir nun bei der Tatsache, daß die analytische Untersuchung die Libido der Neurotiker an ihre infantilen Sexualerlebnisse gebunden zeigt. Sie verleiht diesen so den Schein einer enormen Bedeutsamkeit für das Leben und die Erkrankung des Menschen. Solche Bedeutung verbleibt ihnen ungeschmälert, insoweit die therapeutische Arbeit in Betracht kommt. Sehen wir aber von dieser Aufgabe ab, so erkennen wir doch leicht, daß hier die Gefahr eines Mißverständnisses vorliegt, das uns verleiten könnte, das Leben allzu einseitig nach der neurotischen Situation zu orientieren. Man muß doch von der Bedeutung der Infantilerlebnisse in Abzug bringen, daß die Libido regressiv zu ihnen zurückgekehrt ist, nachdem sie aus ihren späteren Positionen vertrieben wurde. Dann liegt aber der Schluß nach der Gegenseite sehr nahe, daß die Libidoerlebnisse zu ihrer Zeit gar keine Bedeutung gehabt, sondern sie erst regressiv erworben haben. Erinnern Sie sich, daß wir zu einer solchen Alternative bereits bei der Erörterung des Ödipuskomplexes Stellung genommen haben.

Die Entscheidung wird uns auch diesmal nicht schwer werden. Die Bemerkung, daß die Libidobesetzung – und also die pathogene Bedeutung – der Infantilerlebnisse in großem Maße durch die Libidoregression verstärkt worden ist, hat unzweifelhaft recht, aber sie würde zum Irrtum führen, wenn man sie einzig maßgebend werden ließe. Man muß noch andere Erwägungen gelten lassen. Fürs erste zeigt die Beobachtung in einer jeden Zweifel ausschließenden Weise, daß die infantilen Erlebnisse ihre eigene Bedeutung haben und sie auch bereits in den Kinderjahren beweisen. Es gibt ja auch Kinderneurosen, bei denen das Moment der zeitlichen Zurückschiebung notwendigerweise sehr herabgesetzt wird oder ganz entfällt, indem die Erkrankung als unmittelbare Folge an die traumatischen Erlebnisse anschließt. Das Studium dieser infantilen Neurosen schützt gegen manch ein gefährliches Mißverständnis der Neurosen Erwachsener, ähnlich wie uns die Träume der Kinder den Schlüssel zum Verständnis der Träume von Erwachsenen gegeben haben. Die Neurosen der Kinder sind nun sehr häufig, viel häufiger, als man glaubt. Sie werden oft übersehen, als Zeichen von Schlimmheit oder Unartigkeit beurteilt, oft auch durch die Autoritäten der Kinderstube niedergehalten, aber sie lassen sich in der Rückschau von später her immer leicht erkennen. Sie treten zumeist in der Form einer *Angsthysterie* auf. Was das heißt, werden wir noch bei einer anderen Gelegenheit erfahren. Wenn in späteren Lebenszeiten eine Neurose ausbricht, so enthüllt sie sich durch die Analyse regelmäßig als die direkte Fortsetzung jener vielleicht nur schleierhaften, nur andeutungsweise ausgebildeten infantilen Erkrankung. Es gibt aber, wie gesagt, Fälle, in denen sich diese kindliche Nervosität ohne jede Unterbrechung in lebenslanges Kranksein fortsetzt. Einige wenige Beispiele von Kinderneurosen haben wir noch am Kind selbst – im Zustande der Aktualität – analysieren können; weit häufiger mußte es uns genügen, daß uns der im reifen Leben Erkrankte eine nachträgliche Einsicht in seine Kinderneurose gestattete, wobei wir dann gewisse Korrekturen und Vorsichten nicht vernachlässigen durften.

An zweiter Stelle muß man doch sagen, daß es unbegreiflich wäre, daß die Libido so regelmäßig auf Zeiten der Kindheit regrediert, wenn dort nichts wäre, was eine Anziehung auf sie ausüben könnte. Die Fixierung, die wir an den einzelnen Stellen des Entwicklungsweges annehmen, hat nur dann einen Gehalt, wenn wir sie in der Festlegung eines bestimmten Betrages von libidinöser Energie bestehen lassen. Endlich kann ich Sie daran mahnen, daß hier zwischen der Intensität und pathogenen Bedeutung der infantilen und der späteren Erlebnisse ein ähnliches Ergänzungsverhältnis besteht wie in den früher von uns studierten Reihen, Es gibt Fälle, in denen das ganze Schwergewicht der Verursachung auf die Sexualerlebnisse der Kindheit fällt, in denen diese Eindrücke eine sicher traumatische Wirkung äußern und keiner anderen Unterstützung dabei bedürfen, als ihnen die durchschnittliche Sexualkonstitution und deren Unfertigkeit bieten kann. Daneben andere, bei welchen aller Akzent auf den späteren Konflikten liegt und die analytische Betonung der Kindereindrücke durchaus als das Werk der Regression erscheint; also Extreme der „Entwicklungshemmung" und der „Regression" und zwischen ihnen jedes Ausmaß von Zusammenwirken der beiden Momente.

Diese Verhältnisse haben ein gewisses Interesse für die Pädagogik, die sich eine Verhütung der Neurosen durch frühzeitiges Eingreifen in die Sexualentwicklung des Kindes zum Vorsatz nimmt. Solange man seine Aufmerksamkeit vorwiegend auf die infantilen Sexualerlebnisse gerichtet hält, muß man meinen, man habe alles für die Prophylaxe nervöser Erkrankungen getan, wenn man dafür sorgt, daß diese Entwicklung verzögert werde, und daß dem Kinde derartige Erlebnisse erspart bleiben. Allein wir wissen schon, daß die Bedingungen der Verursachung für die Neurosen komplizierte sind und durch die Berücksichtigung eines einzigen Faktors nicht allgemein beeinflußt werden können. Die strenge Behütung der Kindheit verliert an Wert, weil sie gegen den konstitutionellen Faktor ohnmächtig ist, sie ist überdies schwerer durchzuführen, als die Erzieher sich vorstellen, und sie bringt zwei neue Gefahren mit sich, die nicht gering zu schätzen sind: daß sie zu viel erreicht, nämlich ein für die Folge schädliches Übermaß von Sexualverdrängung begünstigt, und daß sie das Kind widerstandslos gegen den in der Pubertät zu erwartenden Ansturm der Sexualforderungen ins Leben schickt. So bleibt es durchaus zweifelhaft, wie weit die Kindheitsprophylaxe mit Vorteil gehen kann, und ob nicht eine veränderte Einstellung zur Aktualität einen besseren Angriffspunkt zur Verhütung der Neurosen verspricht.

Kehren wir nun zu den Symptomen zurück. Sie schaffen also Ersatz für die versagte Befriedigung durch eine Regression der Libido auf frühere Zeiten, womit die Rückkehr zu früheren Entwicklungsstufen der Objektwahl oder der Organisation untrennbar verbunden ist. Wir haben frühzeitig gehört, daß der Neurotiker irgendwo in seiner Vergangenheit festhaftet; wir wissen jetzt, daß es eine Periode seiner Vergangenheit ist, in welcher seine Libido die Befriedigung nicht vermißte, in der er glücklich war. Er sucht so lange in seiner Lebensgeschichte, bis er eine solche Zeit gefunden hat, und müßte er auch bis in seine Säuglingszeit zurückgehen, wie er sie erinnert oder sich nach späteren Anregungen vorstellt. Das Symptom wiederholt irgendwie jene frühinfantile Art der Befriedigung, entstellt durch die aus dem Konflikt hervorgehende Zensur, in der Regel zur Empfindung des Leidens gewendet und mit Elementen aus dem Anlaß der Erkrankung vermengt. Die Art der Befriedigung, welche das Symptom bringt, hat viel Befremdendes an sich. Wir sehen davon ab, daß sie für die Person unkenntlich ist, welche die angebliche Befriedigung vielmehr als Leiden empfindet und beklagt. Diese Verwandlung gehört dem psychischen Konflikt an, unter dessen Druck sich das Symptom bilden mußte. Was dereinst dem Individuum eine Befriedigung war, muß eben heute seinen Widerstand oder seinen Abscheu erwecken. Wir kennen für solche Sinnesänderung ein unscheinbares, aber lehrreiches Vorbild. Dasselbe Kind, das mit Gier die Milch aus der Mutterbrust gesogen hat, pflegt einige Jahre später einen starken Widerwillen gegen Milchgenuß zu äußern, dessen Überwindung der Erziehung Schwierigkeiten bereitet. Dieser Widerwille steigert sich bis zum Abscheu, wenn die Milch oder das mit ihr versetzte Getränk von einem Häutchen überzogen ist. Es ist vielleicht nicht abzuweisen, daß diese Haut die Erinnerung an die einst so heiß begehrte Mutterbrust heraufbeschwört. Dazwischen liegt allerdings das traumatisch wirkende Erlebnis der Abgewöhnung.

Es ist noch etwas anderes, was uns die Symptome merkwürdig und als Mittel der libidinösen Befriedigung unverständlich erscheinen läßt. Sie erinnern uns so gar nicht an all das, wovon wir normalerweise eine Befriedigung zu erwarten pflegen. Sie sehen meist vom Objekt ab und geben damit die Beziehung zur äußeren Realität auf.

Wir verstehen dies als Folge der Abwendung vom Realitäts- und der Rückkehr zum Lustprinzip. Es ist aber auch eine Rückkehr zu einer Art von erweitertem Autoerotismus, wie er dem Sexualtrieb die ersten Befriedigungen bot. Sie setzen an die Stelle einer Veränderung der Außenwelt eine Körperveränderung, also eine innere Aktion an die Stelle einer äußeren, eine Anpassung anstatt einer Handlung, was wiederum einer in phylogenetischer Hinsicht höchst bedeutsamen Regression entspricht. Wir werden das erst im Zusammenhange mit einer Neuheit verstehen, die wir noch aus den analytischen Untersuchungen über die Symptombildung zu erfahren haben. Ferner erinnern wir uns, daß bei der Symptombildung die nämlichen Prozesse des Unbewußten wie bei der Traumbildung mitgewirkt haben, die Verdichtung und Verschiebung. Das Symptom stellt wie der Traum etwas als erfüllt dar, eine Befriedigung nach Art der infantilen, aber durch äußerste Verdichtung kann diese Befriedigung in eine einzige Sensation oder Innervation gedrängt, durch extreme Verschiebung auf eine kleine Einzelheit des ganzen libidinösen Komplexes eingeschränkt sein. Es ist kein Wunder, wenn auch wir häufig Schwierigkeiten haben, in dem Symptom die vermutete und jedesmal bestätigte libidinöse Befriedigung zu erkennen.

Ich habe Ihnen angekündigt, daß wir noch etwas Neues zu erfahren haben; es ist wirklich etwas Überraschendes und Verwirrendes. Sie wissen, durch die Analyse von den Symptomen aus kommen wir zur Kenntnis der infantilen Erlebnisse, an welche die Libido fixiert ist, und aus denen die Symptome gemacht werden. Nun, die Überraschung liegt darin, daß diese Infantilszenen nicht immer wahr sind. Ja, sie sind in der Mehrzahl der Fälle nicht wahr, und in einzelnen Fällen im direkten Gegensatz zur historischen Wahrheit. Sie sehen ein, daß dieser Fund wie kein anderer dazu geeignet ist, entweder die Analyse zu diskreditieren, die zu solchem Ergebnis geführt hat, oder die Kranken, auf deren

Aussagen die Analyse wie das ganze Verständnis der Neurosen aufgebaut ist. Außerdem ist aber noch etwas ungemein Verwirrendes dabei. Wenn die durch die Analyse zutage geförderten infantilen Erlebnisse jedesmal real wären, hätten wir das Gefühl, uns auf sicherem Boden zu bewegen, wenn sie regelmäßig gefälscht wären, sich als Erfindungen, als Phantasien der Kranken enthüllten, müßten wir diesen schwankenden Boden verlassen und uns auf einen anderen retten. Aber es ist weder so noch so, sondern der Sachverhalt ist nachweisbar der, daß die in der Analyse konstruierten oder erinnerten Kindererlebnisse einmal unstreitig falsch sind, das andere Mal aber ebenso sicher richtig und in den meisten Fällen aus Wahrem und Falschem gemengt. Die Symptome sind also dann bald die Darstellung von Erlebnissen, die wirklich stattgefunden haben, und denen man einen Einfluß auf die Fixierung der Libido zuschreiben darf, und bald die Darstellung von Phantasien des Kranken, die sich zu einer ätiologischen Rolle natürlich gar nicht eignen. Es ist schwer, sich darin zurechtzufinden. Einen ersten Anhalt finden wir vielleicht an einer ähnlichen Entdeckung, daß nämlich die vereinzelten Kindheitserinnerungen, welche die Menschen von jeher und vor jeder Analyse bewußt in sich getragen haben, gleichfalls gefälscht sein können oder wenigstens reichlich Wahres mit Falschem vermengen. Der Nachweis der Unrichtigkeit macht hier selten Schwierigkeiten, und so haben wir wenigstens die eine Beruhigung, daß an dieser unerwarteten Enttäuschung nicht die Analyse, sondern irgendwie die Kranken die Schuld tragen.

Nach einiger Überlegung verstehen wir leicht, was uns an dieser Sachlage so verwirrt. Es ist die Geringschätzung der Realität, die Vernachlässigung des Unterschiedes zwischen ihr und der Phantasie. Wir sind in Versuchung beleidigt zu sein, daß uns der Kranke mit erfundenen Geschichten beschäftigt hat. Die Wirklichkeit erscheint uns als etwas von der Erfindung himmelweit Verschiedenes, und sie genießt bei uns eine ganz andere Einschätzung. Denselben Standpunkt nimmt übrigens auch der Kranke in seinem normalen Denken ein. Wenn er jenes Material vorbringt, welches hinter den Symptomen zu den Wunschsituationen führt, die den Kindererlebnissen nachgebildet sind, so sind wir allerdings anfangs im Zweifel, ob es sich um Wirklichkeit oder um Phantasien handelt. Später wird uns die Entscheidung durch gewisse Kennzeichen ermöglicht, und wir stehen vor der Aufgabe, sie auch dem Kranken bekanntzugeben. Dabei geht es nun auf keinen Fall ohne Schwierigkeiten ab. Eröffnen wir ihm gleich zu Beginn, daß er jetzt im Begriffe ist, die Phantasien zum Vorschein zu bringen, mit denen er sich seine Kindheitsgeschichte verhüllt hat, wie jedes Volk durch Sagenbildung seine vergessene Vorzeit, so bemerken wir, daß sein Interesse für die weitere Verfolgung des Themas plötzlich in unerwünschter Weise absinkt. Er will auch Wirklichkeiten erfahren und verachtet alle „Einbildungen". Lassen wir ihn aber bis zur Erledigung dieses Stückes der Arbeit im Glauben, daß wir mit der Erforschung der realen Begebenheiten seiner Kinderjahre beschäftigt sind, so riskieren wir, daß er uns später Irrtum vorwirft und uns wegen unserer scheinbaren Leichtgläubigkeit verlacht. Für den Vorschlag, Phantasie und Wirklichkeit gleichzustellen und sich zunächst nicht darum zu kümmern, ob die zu klärenden Kindererlebnisse das eine oder das andere seien, hat er lange Zeit kein Verständnis. Und doch ist dies offenbar die einzig richtige Einstellung zu diesen seelischen Produktionen. Auch sie besitzen eine Art von Realität; es bleibt eine Tatsache, daß der Kranke sich solche Phantasien geschaffen hat, und diese Tatsache hat kaum geringere Bedeutung für seine Neurose, als wenn er den Inhalt dieser Phantasien wirklich erlebt hätte. Diese Phantasien besitzen *psychische* Realität im Gegensatz zur *materiellen*, und wir lernen allmählich verstehen, *daß in der Welt der Neurosen die psychische Realität die maßgebende ist.*

Unter den Begebenheiten, die in der Jugendgeschichte der Neurotiker immer wiederkehren, kaum je zu fehlen scheinen, sind einige von besonderer Wichtigkeit, die ich darum auch einer Hervorhebung vor den anderen für würdig halte. Ich zähle Ihnen als Muster dieser Gattung auf: die Beobachtung des elterlichen Verkehres, die Verführung durch eine erwachsene Person und die Kastrationsandrohung. Es wäre ein großer Irrtum anzunehmen, daß ihnen niemals materielle Realität zukommt; diese ist im Gegenteil oft einwandfrei durch Nachforschung bei älteren Angehörigen zu erweisen. So ist es z. B. gar keine Seltenheit, daß dem kleinen Knaben, welcher unartig mit seinem Glied zu spielen beginnt und noch nicht weiß, daß man solche Beschäftigung verbergen muß, von Eltern oder von Pflegepersonen gedroht wird, man werde ihm das Glied oder die sündigende Hand abschneiden. Die Eltern gestehen es auf Nachfrage oft ein, da sie mit solcher Einschüchterung etwas Zweckmäßiges getan zu haben glauben; manche Menschen haben eine korrekte, bewußte Erinnerung an diese Drohung, besonders dann, wenn sie in etwas späteren Jahren erfolgt ist. Wenn die Mutter oder eine andere weibliche Person die Drohung ausspricht, so schiebt sie ihre Ausführung gewöhnlich dem Vater oder dem Arzt zu. In dem berühmten *Struwwelpeter* des Frankfurter Kinderarztes *Hoffmann*, der seine Beliebtheit gerade dem Verständnis für die sexuellen und andere Komplexe des Kindesalters verdankt, finden Sie die Kastration gemildert, durch das Abschneiden der Daumen als Strafe für hartnäckiges Lutschen ersetzt. Es ist aber in hohem Grade unwahrscheinlich, daß die Kastrationsdrohung so oft an die Kinder ergeht, als sie in den Analysen der Neurotiker vorkommt. Wir sind damit zufrieden zu verstehen, daß sich das Kind eine solche Drohung auf Grund von Andeutungen, mit Hilfe des Wissens, daß die autoerotische Befriedigung verboten ist, und unter dem Eindruck seiner Entdeckung des weiblichen Genitales in der Phantasie zusammensetzt. Ebenso ist es keineswegs ausgeschlossen, daß das kleine Kind, solange man ihm kein Verständnis und kein Gedächtnis zutraut, auch in anderen als Proletarierfamilien zum Zeugen eines Geschlechtsaktes zwischen den Eltern oder anderen Erwachsenen wird, und es ist nicht abzuweisen, daß das Kind *nachträglich* diesen Eindruck verstehen und auf ihn reagieren kann. Wenn aber dieser Verkehr mit den ausführlichsten Details beschrieben wird, die der Beobachtung Schwierigkeiten bereiten, oder wenn er sich, wie überwiegend häufig, als ein Verkehr von rückwärts, *more ferarum*, herausstellt, so bleibt wohl kein Zweifel über die Anlehnung dieser Phantasie an die Beobachtung des Verkehres von Tieren (Hunden) und die Motivierung derselben durch die unbefriedigte Schaulust des Kindes in den Pubertätsjahren. Die äußerste Leistung dieser Art ist dann die Phantasie von der Beobachtung des elterlichen Koitus, während man sich noch ungeboren im Mutterleib befunden hat. Besonderes Interesse hat die Phantasie der Verführung, weil sie nur zu oft keine Phantasie, sondern reale Erinnerung ist. Aber zum Glück ist sie doch nicht so häufig real, wie es nach den Ergebnissen der Analyse zuerst den Anschein hatte. Die Verführung durch ältere oder gleichaltrige Kinder ist immer noch häufiger als die durch Erwachsene, und wenn bei den Mädchen, welche diese Begebenheit in ihrer Kindergeschichte vorbringen, ziemlich regelmäßig der Vater als Verführer auftritt, so leidet weder die phantastische Natur dieser Beschuldigung noch das zu ihr drängende Motiv einen Zweifel. Mit der Verführungsphantasie, wo keine Verführung stattgehabt hat, deckt das Kind in der Regel die autoerotische Periode seiner Sexualbetätigung. Es erspart sich die Beschämung über die Masturbation, indem es ein begehrtes Objekt in diese frühesten Zeiten zurückphantasiert. Glauben Sie übrigens nicht, daß sexueller Mißbrauch des Kindes durch die nächsten männlichen Verwandten durchaus dem Reiche der Phantasie angehört. Die meisten Analytiker werden Fälle behandelt haben, in denen solche Beziehungen real waren und einwandfrei festgestellt werden konnten; nur gehörten sie auch dann späteren Kindheitsjahren an und waren in frühere eingetragen worden.

Man empfängt keinen anderen Eindruck, als daß solche Kinderbegebenheiten irgendwie notwendig verlangt werden, zum eisernen Bestand der Neurose gehören. Sind sie in der Realität enthalten, dann ist es gut; hat sie die Realität verweigert, so werden sie aus Andeutungen hergestellt und durch die Phantasie ergänzt. Das Ergebnis ist das gleiche, und es ist uns bis heute nicht gelungen, einen Unterschied in den Folgen nachzuweisen, wenn die Phantasie oder die Realität den größeren Anteil an diesen Kinderbegebenheiten hat.

Hier besteht eben wieder nur eines der so oft erwähnten Ergänzungsverhältnisse; es ist allerdings das Befremdendste von allen, die wir kennengelernt haben. Woher rührt das Bedürfnis nach diesen Phantasien und das Material für sie? Über die Triebquellen kann wohl kein Zweifel sein, aber es ist zu erklären, daß jedesmal die nämlichen Phantasien mit demselben Inhalt geschaffen werden. Ich habe hier eine Antwort bereit, von der ich weiß, daß sie Ihnen gewagt erscheinen wird. Ich meine, diese *Urphantasien* – so möchte ich sie und gewiß noch einige andere nennen – sind phylogenetischer Besitz. Das Individuum greift in ihnen über sein eigenes Erleben hinaus in das Erleben der Vorzeit, wo sein eigenes Erleben allzu rudimentär geworden ist. Es scheint mir sehr wohl möglich, daß alles, was uns heute in der Analyse als Phantasie erzählt wird, die Kinderverführung, die Entzündung der Sexualerregung an der Beobachtung des elterlichen Verkehrs, die Kastrationsdrohung – oder vielmehr die Kastration – in den Urzeiten der menschlichen Familie einmal Realität war, und daß das phantasierende Kind einfach die Lücken der individuellen Wahrheit mit prähistorischer Wahrheit ausgefüllt hat. Wir sind wiederholt auf den Verdacht gekommen, daß uns die Neurosenpsychologie mehr von den Altertümern der menschlichen Entwicklung aufbewahrt hat als alle anderen Quellen.

Meine Herren! Die letzterörterten Dinge nötigen uns, auf die Entstehung und Bedeutung jener Geistestätigkeit näher einzugehen, die „Phantasie" genannt wird. Sie genießt, wie Ihnen bekannt ist, allgemein eine hohe Schätzung, ohne daß man über ihre Stellung im Seelenleben klar geworden wäre. Ich kann Ihnen folgendes darüber sagen. Wie Sie wissen, wird das Ich des Menschen durch die Einwirkung der äußeren Not langsam zur Schätzung der Realität und zur Befolgung des Realitätsprinzips erzogen und muß dabei auf verschiedene Objekte und Ziele seines Luststrebens – nicht allein des sexuellen – vorübergehend oder dauernd verzichten. Aber Lustverzicht ist dem Menschen immer schwer gefallen; er bringt ihn nicht ohne eine Art von Entschädigung zustande. Er hat sich daher eine seelische Tätigkeit vorbehalten, in welcher all diesen aufgegebenen Lustquellen und verlassenen Wegen der Lustgewinnung eine weitere Existenz zugestanden ist, eine Form der Existenz, in welcher sie von dem Realitätsanspruch und dem, was wir Realitätsprüfung nennen, frei gelassen sind. Jedes Streben erreicht bald die Form einer Erfüllungsvorstellung; es ist kein Zweifel, daß das Verweilen bei den Wunscherfüllungen der Phantasie eine Befriedigung mit sich bringt, obwohl das Wissen, es handle sich nicht um Realität, dabei nicht getrübt ist. In der Phantasietätigkeit genießt also der Mensch die Freiheit vom äußeren Zwang weiter, auf die er in Wirklichkeit längst verzichtet hat. Er hat es zustande gebracht, abwechselnd noch Lusttier zu sein und dann wieder ein verständiges Wesen. Er findet mit der kargen Befriedigung, die er der Wirklichkeit abringen kann, eben nicht sein Auskommen. „Es geht überhaupt nicht ohne Hilfskonstruktionen", hat *Th. Fontane* einmal gesagt. Die Schöpfung des seelischen Reiches der Phantasie findet ein volles Gegenstück in der Einrichtung von „Schonungen", „Naturschutzparks" dort, wo die Anforderungen des Ackerbaues, des Verkehres und der Industrie das ursprüngliche Gesicht der Erde rasch bis zur Unkenntlichkeit zu verändern drohen. Der Naturschutzpark erhält diesen alten Zustand, welchen man sonst überall mit Bedauern der Notwendigkeit geopfert hat. Alles darf darin wuchern und wachsen, wie es will, auch das Nutzlose, selbst das Schädliche. Eine solche dem Realitätsprinzip entzogene Schonung ist auch das seelische Reich der Phantasie.

Die bekanntesten Produktionen der Phantasie sind die sogenannten „Tagträume", die wir schon kennen, vorgestellte Befriedigungen ehrgeiziger, großsüchtiger, erotischer Wünsche, die um so üppiger gedeihen, je mehr die Wirklichkeit zur Bescheidung oder zur Geduldung mahnt. Das Wesen des Phantasieglücks, die Wiederherstellung der Unabhängigkeit der Lustgewinnung von der Zustimmung der Realität, zeigt sich in ihnen unverkennbar. Wir wissen, solche Tagträume sind Kern und Vorbilder der nächtlichen Träume. Der Nachttraum ist im Grunde nichts anderes als ein durch die nächtliche Freiheit der Triebregungen verwendbar gewordener, durch die nächtliche Form der seelischen Tätigkeit entstellter Tagtraum. Wir haben uns bereits mit der Idee vertraut gemacht, daß auch ein Tagtraum nicht notwendig bewußt ist, daß es auch unbewußte Tagträume gibt. Solche unbewußte Tagträume sind also ebensowohl die Quelle der nächtlichen Träume wie – der neurotischen Symptome.

Die Bedeutung der Phantasie für die Symptombildung wird Ihnen durch die folgende Mitteilung klar werden. Wir haben gesagt, im Falle der Versagung besetze die Libido regressiv die von ihr aufgelassenen Positionen, an denen sie doch mit gewissen Beträgen haften geblieben ist. Das werden wir nicht zurücknehmen oder korrigieren, aber wir haben ein Zwischenglied einzusetzen. Wie findet die Libido ihren Weg zu diesen Fixierungsstellen? Nun, alle aufgegebenen Objekte und Richtungen der Libido sind noch nicht in jedem Sinne aufgegeben. Sie oder ihre Abkömmlinge werden noch mit einer gewissen Intensität in den Phantasievorstellungen festgehalten. Die Libido braucht sich also nur auf die Phantasien zurückzuziehen, um von ihnen aus den Weg zu allen verdrängten Fixierungen offen zu finden. Diese Phantasien erfreuten sich einer gewissen Duldung, es kam nicht zum Konflikt zwischen ihnen und dem Ich, so scharf auch die Gegensätze sein mochten, solange eine gewisse Bedingung eingehalten wurde. Eine Bedingung *quantitativer* Natur, die nun durch das Rückfluten der Libido auf die Phantasien gestört wird. Durch diesen Zuschuß wird die Energiebesetzung der Phantasien so erhöht, daß sie anspruchsvoll werden, einen Drang nach der Richtung der Realisierung entwickeln. Das macht aber den Konflikt zwischen ihnen und dem Ich unvermeidlich. Ob sie früher vorbewußt oder bewußt waren, sie unterliegen jetzt der Verdrängung von seiten des Ichs und sind der Anziehung von seiten des Unbewußten preisgegeben. Von den jetzt unbewußten Phantasien wandert die Libido bis zu deren Ursprüngen im Unbewußten, bis zu ihren eigenen Fixierungsstellen zurück.

Der Rückgang der Libido auf die Phantasie ist eine Zwischenstufe des Weges zur Symptombildung, welche wohl eine besondere Bezeichnung verdient. *C. G. Jung*, hat den sehr geeigneten Namen der *Introversion* für sie geprägt, ihn aber in unzweckmäßiger Weise auch anderes bedeuten lassen. Wir wollen daran festhalten, daß die Introversion die Abwendung der Libido von den Möglichkeiten der realen Befriedigung und die Überbesetzung der bisher als harmlos geduldeten Phantasien bezeichnet. Ein Introvertierter ist noch kein Neurotiker, aber er befindet sich in einer labilen Situation; er muß bei der nächsten Kräfteverschiebung Symptome entwickeln, wenn er nicht noch für seine gestaute Libido andere Auswege findet. Der irreale Charakter der neurotischen Befriedigung und die Vernachlässigung des Unterschiedes zwischen Phantasie und Wirklichkeit sind hingegen bereits durch das Verweilen auf der Stufe der Introversion bestimmt.

Sie haben gewiß bemerkt, daß ich in den letzten Erörterungen einen neuen Faktor in das Gefüge der ätiologischen Verkettung eingeführt habe, nämlich die Quantität, die Größe der in Betracht kommenden Energien; diesen Faktor müssen wir überall noch in Rechnung bringen. Mit rein qualitativer Analyse der ätiologischen Bedingungen reichen wir nicht aus. Oder um es anders zu sagen, eine bloß dynamische Auffassung dieser seelischen Vorgänge ist ungenügend, es bedarf noch des *ökonomischen* Gesichtspunktes. Wir müssen uns sagen, daß der Konflikt zwischen zwei Strebungen nicht losbricht, ehe nicht gewisse Besetzungsintensitäten erreicht sind, mögen auch die inhaltlichen Bedingungen längst vorhanden sein. Ebenso richtet sich die pathogene Bedeutung der konstitutionellen Faktoren danach, wie viel mehr von dem einen Partialtrieb als von einem anderen in der Anlage gegeben ist; man kann sich sogar vorstellen, die Anlagen aller Menschen seien qualitativ gleichartig und unterscheiden sich nur durch diese quantitativen Verhältnisse. Nicht minder entscheidend ist das quantitative Moment für die Widerstandsfähigkeit gegen neurotische Erkrankung. Es kommt darauf an, *welchen* Betrag der unverwendeten Libido eine Person in Schwebe erhalten kann, und einen wie *großen Bruchteil* ihrer Libido sie vom Sexuellen weg auf die Ziele der Sublimierung zu lenken vermag. Das Endziel der seelischen Tätigkeit, das sich qualitativ als Streben nach Lustgewinn und Unlustvermeidung beschreiben läßt, stellt sich für die ökonomische Betrachtung als die Aufgabe dar, die im seelischen Apparat wirkenden Erregungsgrößen (Reizmengen) zu bewältigen und deren Unlust schaffende Stauung hintanzuhalten.

Soviel wollte ich Ihnen also über die Symptombildung bei den Neurosen sagen. Ja aber, daß ich nicht versäume, es nochmals ausdrücklich zu betonen: Alles hier Gesagte bezieht sich nur auf die Symptombildung bei der Hysterie. Schon bei der Zwangsneurose ist – bei Erhaltung des Grundsätzlichen – vieles anders zu finden. Die Gegenbesetzungen gegen die Triebanforderungen, von denen wir auch bei der Hysterie gesprochen haben, drängen sich bei der Zwangsneurose vor und beherrschen durch sogenannte „Reaktionsbildungen" das klinische Bild. Ebensolche und noch weiter reichende Abweichungen entdecken wir bei den anderen Neurosen, wo die Untersuchungen über die Mechanismen der Symptombildung noch an keinem Punkte abgeschlossen sind.

Ehe ich Sie heute entlasse, möchte ich aber Ihre Aufmerksamkeit noch eine Weile für eine Seite des Phantasielebens in Anspruch nehmen, die des allgemeinsten Interesses würdig ist. Es gibt nämlich einen Rückweg von der Phantasie zur Realität, und das ist – die Kunst. Der Künstler ist im Ansatze auch ein Introvertierter, der es nicht weit zur Neurose hat. Er wird von überstarken Triebbedürfnissen gedrängt, möchte Ehre, Macht, Reichtum, Ruhm und die Liebe der Frauen erwerben; es fehlen ihm aber die Mittel, um diese Befriedigungen zu erreichen. Darum wendet er sich wie ein anderer Unbefriedigter von der Wirklichkeit ab und überträgt all sein Interesse, auch seine Libido, auf die Wunschbildungen seines Phantasielebens, von denen aus der Weg zur Neurose führen könnte. Es muß wohl vielerlei zusammentreffen, damit dies nicht der volle Ausgang seiner Entwicklung werde; es ist ja bekannt, wie häufig gerade Künstler an einer partiellen Hemmung ihrer Leistungsfähigkeit durch Neurosen leiden. Wahrscheinlich enthält ihre Konstitution eine starke Fähigkeit zur Sublimierung und eine gewisse Lockerheit der den Konflikt entscheidenden Verdrängungen. Den Rückweg zur Realität findet der Künstler aber auf folgende Art. Er ist ja nicht der einzige, der ein Phantasieleben führt. Das Zwischenreich der Phantasie ist durch allgemein menschliche Übereinkunft gebilligt, und jeder Entbehrende erwartet von daher Linderung und Trost. Aber den Nichtkünstlern ist der Bezug von Lustgewinn aus den Quellen der Phantasie sehr eingeschränkt. Die Unerbittlichkeit ihrer Verdrängungen nötigt sie, sich mit den spärlichen Tagträumen, die noch bewußt werden dürfen, zu begnügen. Wenn einer ein rechter Künstler ist, dann verfügt er über mehr. Er versteht es erstens, seine Tagträume so zu bearbeiten, daß sie das allzu Persönliche, welches Fremde abstößt, verlieren und für die anderen mitgenießbar werden. Er weiß sie auch soweit zu mildern, daß sie ihre Herkunft aus den verpönten Quellen nicht leicht verraten. Er besitzt ferner das rätselhafte Vermögen, ein bestimmtes Material zu formen, bis es zum getreuen Ebenbilde seiner Phantasievorstellung geworden ist, und dann weiß er an diese Darstellung seiner unbewußten Phantasie so viel Lustgewinn zu knüpfen, daß durch sie die Verdrängungen wenigstens zeitweilig überwogen und aufgehoben werden. Kann er das alles leisten, so ermöglicht er es den Anderen, aus den eigenen unzugänglich gewordenen Lustquellen ihres Unbewußten wiederum Trost und Linderung zu schöpfen, gewinnt ihre Dankbarkeit und Bewunderung und hat nun durch seine Phantasie erreicht, was er vorerst nur in seiner Phantasie erreicht hatte: Ehre, Macht und Liebe der Frauen.

XXIV. *Vorlesung*
Die gemeine Nervosität

Meine Damen und Herren! Nachdem wir in den letzten Besprechungen ein so schweres Stück Arbeit hinter uns gebracht haben, verlasse ich für eine Weile den Gegenstand und wende mich zu Ihnen.

Ich weiß nämlich, daß Sie unzufrieden sind. Sie haben sich eine „Einführung in die Psychoanalyse" anders vorgestellt. Sie haben lebensvolle Beispiele zu hören erwartet, nicht Theorie. Sie sagen mir, das eine Mal, da ich Ihnen die Parallele vortrug „Zu ebener Erde und im ersten Stock", da haben Sie etwas von der Verursachung der Neurosen begriffen, nur, hätten es wirkliche Beobachtungen sein sollen und nicht konstruierte Geschichten. Oder als ich Ihnen zu Beginn zwei – hoffentlich nicht auch erfundene – Symptome erzählte, deren Auflösung und Beziehung zum Leben der Kranken entwickelte, da leuchtete Ihnen der „Sinn" der Symptome ein; Sie hofften, ich würde in dieser Art fortsetzen. Anstatt dessen gab ich Ihnen weitläufige, schwer übersehbare Theorien, die nie vollständig waren, zu denen immer noch etwas Neues hinzukam, arbeitete mit Begriffen, die ich Ihnen noch nicht vorgestellt hatte, fiel aus der deskriptiven Darstellung in die dynamische Auffassung, aus dieser in eine sogenannte „ökonomische", machte es Ihnen schwer zu verstehen, wie viele von den angewendeten Kunstworten dasselbe bedeuten und nur aus Gründen des Wohllautes miteinander abwechseln, ließ so weitausgreifende Gesichtspunkte wie das Lust- und Realitätsprinzip und den phylogenetisch ererbten Besitz vor Ihnen auftauchen, und anstatt Sie in etwas einzuführen, ließ ich etwas, was sich immer mehr von Ihnen entfernte, vor Ihren Augen vorüberziehen.

Warum habe ich die Einführung in die Neurosenlehre nicht mit dem begonnen, was Sie selbst von der Nervosität kennen und was längst Ihr Interesse erweckt hat? Mit dem eigentümlichen Wesen der Nervösen, ihren unverständlichen Reaktionen auf menschlichen Verkehr und äußere Einflüsse, ihrer Reizbarkeit, Unberechenbarkeit und Untauglichkeit? Warum Sie nicht schrittweise vom Verständnis der einfacheren alltäglichen Formen bis zu den Problemen der rätselhaften extremen Erscheinungen der Nervosität geführt?

Ja, meine Herren, ich kann Ihnen nicht einmal Unrecht geben. Ich bin nicht so vernarrt in meine Darstellungskunst, daß ich jeden ihrer Schönheitsfehler für einen besonderen Reiz ausgeben sollte. Ich glaube selbst, es hätte sich mit mehr Vorteil für Sie anders machen lassen; es lag auch in meiner Absicht. Aber man kann seine verständigen Absichten nicht immer durchführen. Im Stoff selbst ist oft etwas, wodurch man kommandiert und von seinen ersten Absichten abgelenkt wird. Selbst eine so unscheinbare Leistung wie die Anordnung eines wohlbekannten Materials unterwirft sich nicht ganz der Willkür des Autors; sie gerät, wie sie will, und man kann sich nur nachträglich befragen, warum sie so und nicht anders ausgefallen ist.

Einer der Gründe ist wahrscheinlich, daß der Titel „Einführung in die Psychoanalyse" für diesen Abschnitt, der die Neurosen behandeln soll, nicht mehr zutrifft. Die Einführung in die Psychoanalyse gibt das Studium der Fehlleistungen und des Traumes; die Neurosenlehre ist die Psychoanalyse selbst. Ich glaube nicht, daß ich vom Inhalt der Neurosenlehre in so kurzer Zeit Ihnen anders als in so konzentrierter Form hätte Kenntnis geben können. Es handelte sich darum, Ihnen Sinn und Bedeutung der Symptome, äußere und innere Bedingungen und Mechanismus der Symptombildung im Zusammenhange vorzuführen. Das habe ich zu tun versucht; es ist so ziemlich der Kern dessen, was die Psychoanalyse heute zu lehren hat. Dabei war von der Libido und ihrer Entwicklung vieles zu sagen, einiges auch von der des Ichs. Auf die Voraussetzungen unserer Technik, auf die großen Gesichtspunkte des Unbewußten und der Verdrängung (des Widerstandes) waren Sie schon durch die Einführung vorbereitet. Sie werden in einer der nächsten Vorlesungen erfahren, an welchen Stellen die psychoanalytische Arbeit ihren organischen Fortgang nimmt. Vorläufig habe ich Ihnen nicht verheimlicht, daß alle unsere Ermittlungen nur aus dem Studium einer einzigen Gruppe von nervösen Affektionen, den sogenannten Übertragungsneurosen, stammen. Den Mechanismus der Symptombildung habe ich sogar nur für die hysterische Neurose verfolgt. Wenn Sie auch kein solides Wissen erworben und nicht jede Einzelheit behalten haben sollten, so hoffe ich doch, daß Sie so ein Bild davon gewonnen haben, mit welchen Mitteln die Psychoanalyse arbeitet, welche Fragen sie angreift, und welche Ergebnisse sie geliefert hat.

Ich habe Ihnen den Wunsch unterlegt, daß ich die Darstellung der Neurosen mit dem Gehaben der Nervösen hätte beginnen sollen, mit der Schilderung der Art, wie sie unter ihrer Neurose leiden, wie sie sich ihrer erwehren und sich mit ihr einrichten. Das ist gewiß ein interessanter und wissenswerter Stoff, auch nicht sehr schwierig zu behandeln, aber es ist nicht unbedenklich, mit ihm zu beginnen. Man läuft Gefahr, das Unbewußte nicht zu entdecken, dabei die große Bedeutung der Libido zu übersehen und alle Verhältnisse so zu beurteilen, wie sie dem Ich des Nervösen erscheinen. Daß dieses Ich keine verläßliche und unparteiische Instanz ist, liegt auf der Hand. Das Ich ist ja die Macht, welche das Unbewußte verleugnet und es zum Verdrängten herabgesetzt hat, wie sollte man ihm zutrauen, diesem Unbewußten gerecht zu werden? Unter diesem Verdrängten stehen die abgewiesenen Ansprüche der Sexualität in erster Linie; es ist ganz selbstverständlich, daß wir deren Umfang und Bedeutung nie aus den Auffassungen des Ichs erraten können. Von dem Moment an, da uns der Gesichtspunkt der Verdrängung aufdämmert, sind wir auch gewarnt davor, daß wir nicht die eine der beiden streitenden Parteien, überdies noch die siegreiche, zum Richter über den Streit einsetzen. Wir sind vorbereitet darauf, daß uns die Aussagen des Ichs irreführen werden. Wenn man dem Ich glauben will, so war es in allen Stücken aktiv, so hat es selbst seine Symptome gewollt und gemacht. Wir wissen, daß es ein gutes Stück Passivität über sich ergehen ließ, die es sich dann verheimlichen und beschönigen will. Allerdings getraut es sich dieses Versuches nicht immer; bei den Symptomen der Zwangsneurose muß es sich eingestehen, daß etwas Fremdes sich ihm entgegenstellt, dessen es sich nur mühsam erwehrt.

Wer sich durch diese Mahnungen nicht abhalten läßt, die Verfälschungen des Ichs für bare Münze zu nehmen, der hat freilich dann ein leichtes Spiel und ist all den Widerständen entgangen, die sich der psychoanalytischen Betonung des Unbewußten, der Sexualität und der Passivität des Ichs entgegensetzen. Der kann wie *Alfred Adler* behaupten, daß der nervöse Charakter die Ursache der Neurose sei, anstatt die Folge derselben, aber wird nicht imstande sein, ein einziges Detail der Symptombildung oder einen einzelnen Traum zu erklären.

Sie werden fragen: Sollte es denn nicht möglich sein dem Anteil des Ichs an der Nervosität und an der Symptombildung gerecht zu werden, ohne dabei die von der Psychoanalyse aufgedeckten Momente in gröblicher Weise zu vernachlässigen? Ich antworte: Gewiß muß es möglich sein und es wird auch irgend einmal geschehen; es liegt aber nicht in der Arbeitsrichtung der Psychoanalyse, gerade damit zu beginnen. Es läßt sich wohl vorhersagen, wann diese Aufgabe an die Psychoanalyse herantreten wird. Es gibt Neurosen, bei welchen das Ich weit intensiver beteiligt ist als bei den bisher von uns studierten; wir nennen sie narzißtische Neurosen. Die analytische Bearbeitung dieser Affektionen wird uns befähigen, die Beteiligung des Ichs an der neurotischen Erkrankung in unparteiischer und unzuverlässiger Weise zu beurteilen.

Eine der Beziehungen des Ich zu seiner Neurose ist aber so augenfällig, daß sie von Anfang an Berücksichtigung finden konnte. Sie scheint in keinem Falle zu fehlen; man erkennt sie aber am deutlichsten bei einer Affektion, die unserem Verständnis heute noch fernsteht, bei der *traumatischen Neurose*. Sie müssen nämlich wissen, daß in der Verursachung und im Mechanismus aller möglichen Formen von Neurosen immer wieder dieselben Momente in Tätigkeit treten, nur fällt hier dem einen, dort dem anderen dieser Momente die Hauptbedeutung für die Symptombildung zu. Es ist wie mit dem Personal einer Schauspielertruppe, unter dem jeder sein festes Rollenfach hat: Held, Vertrauter, Intrigant usw.; es wird aber jeder ein anderes Stück für seine Benefizvorstellung wählen. So sind die Phantasien, die sich in die Symptome umsetzen, nirgends greifbarer als in der Hysterie; die Gegenbesetzungen oder Reaktionsbildungen des Ichs beherrschen das Bild bei der Zwangsneurose; was wir für den Traum *sekundäre Bearbeitung* genannt haben, steht als Wahn obenan in der Paranoia usw.

So drängt sich uns bei den traumatischen Neurosen, besonders bei solchen, wie sie durch die Schrecken des Krieges entstehen, unverkennbar ein selbstsüchtiges, nach Schutz und Nutzen strebendes Ichmotiv auf, welches die Krankheit nicht etwa allein schaffen kann, aber seine Zustimmung zu ihr gibt und sie erhält, wenn sie einmal zustande gekommen ist. Dies Motiv will das Ich vor den Gefahren bewahren, deren Drohung der Anlaß der Erkrankung ward, und wird die Genesung nicht eher zulassen, als bis die Wiederholung dieser Gefahren ausgeschlossen scheint, oder erst nachdem eine Entschädigung für die ausgestandene Gefahr erreicht ist.

Aber ein ähnliches Interesse nimmt das Ich in allen anderen Fällen an der Entstehung und dem Fortbestand der Neurose. Wir haben schon gesagt, daß das Symptom auch vom Ich gehalten wird, weil es eine Seite hat, mit welcher es der verdrängenden Ichtendenz Befriedigung bietet. Überdies ist die Erledigung des Konflikts durch die Symptombildung die bequemste und die dem Lustprinzip genehmste Auskunft; sie erspart dem Ich unzweifelhaft eine große und peinlich empfundene innere Arbeit. Ja, es gibt Fälle, in denen selbst der Arzt zugestehen muß, daß der Ausgang eines Konflikts in Neurose die harmloseste und sozial erträglichste Lösung darstellt. Erstaunen Sie nicht, wenn Sie hören, daß also selbst der Arzt mitunter die Partei der von ihm bekämpften Krankheit nimmt. Es steht ihm ja nicht an, sich gegen alle Situationen des Lebens auf die Rolle des Gesundheitsfanatikers einzuengen, er weiß, daß es nicht nur neurotisches Elend in der Welt gibt, sondern auch reales, unabstellbares Leiden, daß die Notwendigkeit von einem Menschen auch fordern kann, daß er seine Gesundheit zum Opfer bringe, und er erfährt, daß durch ein solches Opfer eines einzelnen oft unübersehbares Unglück für viele andere hintangehalten wird. Wenn man also sagen konnte, daß der Neurotiker jedesmal vor einem Konflikt die *Flucht in die Krankheit* nimmt, so muß man zugeben, in manchen Fällen sei diese Flucht vollberechtigt, und der Arzt, der diesen Sachverhalt erkannt hat, wird sich schweigend und schonungsvoll zurückziehen.

Aber sehen wir von diesen Ausnahmefällen für die weitere Erörterung ab. Unter durchschnittlichen Verhältnissen erkennen wir, daß dem Ich durch das Ausweichen in die Neurose ein gewisser innerer *Krankheitsgewinn* zuteil wird. Zu diesem gesellt sich in manchen Lebenslagen ein greifbarer äußerer, in der Realität mehr oder weniger hoch einzuschätzender Vorteil. Betrachten Sie den häufigsten Fall dieser Art. Eine Frau, die von ihrem Manne roh behandelt und schonungslos ausgenützt wird, findet ziemlich regelmäßig den Ausweg in die Neurose, wenn ihre Anlagen es ihr ermöglichen, wenn sie zu feige oder zu sittlich ist, um sich im geheimen bei einem anderen Manne zu trösten, wenn sie nicht stark genug ist, sich gegen alle äußeren Abhaltungen von ihrem Mann zu trennen, wenn sie nicht die Aussicht hat, sich selbst zu erhalten oder einen besseren Mann zu gewinnen, und wenn sie überdies durch ihr sexuelles Empfinden noch an diesen brutalen Mann gebunden ist. Ihre Krankheit wird nun ihre Waffe im Kampfe gegen den überstarken Mann, eine Waffe, die sie zu ihrer Verteidigung gebrauchen und für ihre Rache mißbrauchen kann. Sie darf über ihre Krankheit klagen, während sie sich wahrscheinlich über ihre Ehe nicht beklagen dürfte. Sie findet einen Helfer im Arzt, sie nötigt den sonst rücksichtslosen Mann, sie zu schonen, Aufwendungen für sie zu machen, ihr Zeiten der Abwesenheit vom Hause und somit der Befreiung von der ehelichen Unterdrückung zu gestatten. Wo ein solcher äußerer oder akzidenteller Krankheitsgewinn recht erheblich ist und keinen realen Ersatz finden kann, da werden Sie die Möglichkeit einer Beeinflussung der Neurose durch Ihre Therapie nicht groß veranschlagen dürfen.

Sie werden mir vorhalten, was ich Ihnen da vom Krankheitsgewinn erzählt habe, spricht ja durchaus zu Gunsten der von mir zurückgewiesenen Auffassung, daß das Ich selbst die Neurose will und sie schafft. Gemach, meine Herren, es bedeutet vielleicht weiter nichts, als daß das Ich sich die Neurose gefallen läßt, die es doch nicht verhindern kann, und daß es das Beste aus ihr macht, wenn sich überhaupt etwas aus ihr machen läßt. Es ist nur die eine Seite der Sache, die angenehme allerdings. Soweit die Neurose Vorteile hat, ist das Ich wohl mit ihr einverstanden, aber sie hat nicht nur Vorteile. In der Regel stellt sich bald heraus, daß das Ich ein schlechtes Geschäft gemacht hat, indem es sich auf die Neurose einließ. Es hat eine Erleichterung des Konflikts zu teuer erkauft, und die Leidensempfindungen, welche an den Symptomen haften, sind vielleicht ein äquivalenter Ersatz für die Qualen des Konflikts, wahrscheinlich aber ein Mehrbetrag von Unlust. Das Ich möchte diese Unlust der Symptome loswerden, den Krankheitsgewinn aber nicht herausgeben, und das bringt es eben nicht zustande. Dabei erweist sich dann, daß es nicht so durchaus aktiv war, wie es sich geglaubt hat, und das wollen wir uns gut merken.

Meine Herren, wenn Sie als Arzt mit Neurotikern umgehen, werden Sie bald die Erwartung aufgeben, daß diejenigen, die über ihre Krankheit am stärksten jammern und klagen, der Hilfeleistung am bereitwilligsten entgegenkommen und ihr die geringsten Widerstände bereiten werden. Eher das Gegenteil. Wohl aber werden Sie es leicht verstehen, daß alles, was zum Krankheitsgewinn beiträgt, den Verdrängungswiderstand verstärken und die therapeutische Schwierigkeit vergrößern wird. Zu dem Stück des Krankheitsgewinnes, welches sozusagen mit dem Symptom geboren wird, haben wir aber auch noch ein anderes hinzuzufügen, das sich später ergibt. Wenn solch eine psychische Organisation wie die Krankheit durch längere Zeit bestanden hat, so benimmt sie sich endlich wie ein selbständiges Wesen; sie äußert etwas wie einen Selbsterhaltungstrieb, es bildet sich eine Art von modus vivendi zwischen ihr und anderen Anteilen des Seelenlebens, selbst solchen, die ihr im Grunde feindselig sind, und es kann kaum fehlen, daß sich Gelegenheiten ergeben, bei denen sie sich wieder nützlich und verwertbar erweist, gleichsam eine Sekundärfunktion erwirbt, die ihren Bestand von neuem kräftigt. Nehmen Sie anstatt eines Beispiels aus der Pathologie eine grelle Erläuterung aus dem täglichen Leben. Ein tüchtiger Arbeiter, der seinen Unterhalt erwirbt, wird durch einen Unfall in seiner Beschäftigung zum Krüppel; mit der Arbeit ist es jetzt aus, aber der Verunglückte empfängt mit der Zeit eine kleine Unfallsrente und lernt es, seine Verstümmlung als Bettler zu verwerten. Seine neue, wiewohl verschlechterte Existenz gründet sich jetzt gerade auf dasselbe, was ihn um seine erste Existenz gebracht hat. Wenn Sie seine Verunstaltung beheben können, so machen Sie ihn zunächst subsistenzlos; es eröffnet sich die Frage, ob er noch fähig ist seine frühere Arbeit wieder aufzunehmen. Was bei der Neurose einer solchen sekundären Nutzung der Krankheit entspricht, können wir als *sekundären* Krankheitsgewinn zum primären hinzuschlagen.

Im allgemeinen aber möchte ich Ihnen sagen, unterschätzen Sie die praktische Bedeutung des Krankheitsgewinnes nicht und lassen Sie sich in theoretischer Hinsicht nicht von ihm imponieren. Von jenen früher anerkannten Ausnahmen abgesehen, mahnt er doch immer an die Beispiele „von der Klugheit der Tiere", die *Oberländer* in den *Fliegenden Blättern* illustriert hat. Ein Araber reitet auf seinem Kamel einen schmalen Pfad, der in die steile Bergwand eingeschnitten ist. Bei einer Wendung des Weges sieht er sich plötzlich einem Löwen gegenüber, der sich sprungbereit macht. Er sieht keinen Ausweg; auf der einen Seite die senkrechte Wand, auf der anderen der Abgrund; Umkehr und Flucht sind unmöglich; er gibt sich verloren. Anders das Tier. Es macht mit seinem

Reiter einen Satz in den Abgrund – und der Löwe hat das Nachsehen. Besseren Erfolg für den Kranken haben in der Regel auch die Hilfeleistungen der Neurose nicht. Es mag daher kommen, daß die Erledigung eines Konflikts durch Symptombildung doch ein automatischer Vorgang ist, der sich den Anforderungen des Lebens nicht gewachsen zeigen kann, und bei dem der Mensch auf die Verwertung seiner besten und höchsten Kräfte verzichtet hat. Wenn es eine Wahl gäbe, sollte man es vorziehen, im ehrlichen Kampf mit dem Schicksal unterzugehen.

Meine Herren! Ich bin Ihnen aber noch die weitere Motivierung schuldig, weshalb ich in einer Darstellung der Neurosenlehre nicht von der gemeinen Nervosität ausgegangen bin. Vielleicht nehmen Sie an, ich tat es darum, weil mir dann der Nachweis der sexuellen Verursachung der Neurosen größere Schwierigkeiten bereitet hätte. Aber da würden Sie irregehen. Bei den Übertragungsneurosen muß man sich erst durch die Symptomdeutung durcharbeiten, um zu dieser Einsicht zu kommen. Bei den gemeinen Formen der sogenannten *Aktualneurosen* ist die ätiologische Bedeutung des Sexuallebens eine grobe, der Beobachtung entgegenkommende Tatsache. Ich bin vor mehr als zwanzig Jahren auf sie gestoßen, als ich mir eines Tages die Frage vorlegte, warum man denn beim Examen der Nervösen so regelmäßig ihre sexuellen Betätigungen von der Berücksichtigung ausschließt. Ich habe damals diesen Untersuchungen meine Beliebtheit bei den Kranken zum Opfer gebracht, aber ich konnte schon nach kurzer Bemühung den Satz aussprechen, daß es bei normaler *vita sexualis* keine Neurose – ich meinte: Aktualneurose gibt. Gewiß, der Satz setzt sich zu leicht über die individuellen Verschiedenheiten der Menschen hinweg, er leidet auch an der Unbestimmtheit, die von dem Urteil „normal" nicht zu trennen ist, aber er hat für die grobe Orientierung noch heute seinen Wert behalten. Ich bin damals so weit gekommen, spezifische Beziehungen zwischen bestimmten Formen der Nervosität und besonderen sexuellen Schädlichkeiten aufzustellen, und ich zweifle nicht daran, daß ich heute dieselben Beobachtungen wiederholen könnte, wenn mir noch ein ähnliches Material von Kranken zu Gebote stünde. Ich erfuhr oft genug, daß ein Mann, der sich mit einer gewissen Art von unvollständiger sexueller Befriedigung begnügte, z. B. mit der manuellen Onanie, an einer bestimmten Form von Aktualneurose erkrankt war, und daß diese Neurose prompt einer anderen den Platz räumte, wenn er ein anderes, ebensowenig untadeliges sexuelles Regime an die Stelle treten ließ. Ich war dann imstande, aus der Änderung im Zustand des Kranken den Wechsel in seiner sexuellen Lebensweise zu erraten. Ich erlernte es damals auch, hartnäckig bei meinen Vermutungen zu verharren, bis ich die Unaufrichtigkeit der Patienten überwunden und sie zur Bestätigung gezwungen hatte. Es ist wahr, sie zogen es dann vor, zu anderen Ärzten zu gehen, die sich nicht so eifrig nach ihrem Sexualleben erkundigten.

Es konnte mir auch damals nicht entgehen, daß die Verursachung der Erkrankung nicht immer auf das Sexualleben hinwies. Der eine war zwar direkt an einer sexuellen Schädlichkeit erkrankt, der andere aber, weil er sein Vermögen verloren oder eine erschöpfende organische Krankheit durchgemacht hatte. Die Erklärung für diese Mannigfaltigkeit ergab sich später, als wir in die vermuteten Wechselbeziehungen zwischen dem Ich und der Libido Einsicht bekamen, und sie wurde um so befriedigender, je tiefer diese Einsicht reichte. Eine Person erkrankt nur dann neurotisch, wenn ihr Ich die Fähigkeit eingebüßt hat, die Libido irgendwie unterzubringen. Je stärker das Ich ist, desto leichter wird ihm die Erledigung dieser Aufgabe; jede Schwächung des Ichs aus irgendeiner Ursache muß dieselbe Wirkung tun wie eine übergroße Steigerung des Anspruches der Libido, also die neurotische Erkrankung ermöglichen. Es gibt noch andere und intimere Beziehungen zwischen Ich und Libido, die aber noch nicht in unseren Gesichtskreis getreten sind, und die ich darum zur Erklärung hier nicht heranziehe. Wesentlich und aufklärend für uns bleibt, daß in jedem Falle und gleichgültig, auf welchem Wege die Erkrankung hergestellt wurde, die Symptome der Neurose von der Libido bestritten werden und so eine abnorme Verwendung derselben bezeugen.

Nun muß ich Sie aber auf den entscheidenden Unterschied zwischen den Symptomen der Aktualneurosen und denen der Psychoneurosen aufmerksam machen, von denen uns die erste Gruppe, die der Übertragungsneurosen, bisher so viel beschäftigt hat. In beiden Fällen gehen die Symptome aus der Libido hervor, sind also abnorme Verwendungen derselben, Befriedigungsersatz. Aber die Symptome der Aktualneurosen, ein Kopfdruck, eine Schmerzempfindung, ein Reizzustand in einem Organ, die Schwächung oder Hemmung einer Funktion haben keinen „Sinn", keine psychische Bedeutung. Sie äußern sich nicht nur vorwiegend am Körper, wie auch z. B. die hysterischen Symptome, sondern sie sind auch selbst durchaus körperliche Vorgänge, bei deren Entstehung alle die komplizierten seelischen Mechanismen, die wir kennengelernt haben, entfallen. Sie sind also wirklich das, wofür man die psychoneurotischen Symptome so lange gehalten hat. Aber wie können sie dann Verwendungen der Libido entsprechen, die wir als eine im Psychischen wirkende Kraft kennengelernt haben? Nun, meine Herren, das ist sehr einfach. Lassen Sie mich einen der allerersten Einwürfe auffrischen, die man gegen die Psychoanalyse vorgebracht hat. Man sagte damals, sie bemühe sich um eine rein psychologische Theorie der neurotischen Erscheinungen, und das sei ganz aussichtslos, denn psychologische Theorien könnten nie eine Krankheit erklären. Man hatte zu vergessen beliebt, daß die Sexualfunktion nichts rein Seelisches ist, ebensowenig wie etwas bloß Somatisches. Sie beeinflußt das körperliche wie das seelische Leben. Haben wir in den Symptomen der Psychoneurosen die Äußerungen der Störung in ihren psychischen Wirkungen kennengelernt, so werden wir nicht erstaunt sein, in den Aktualneurosen die direkten somatischen Folgen der Sexualstörungen zu finden.

Für die Auffassung der letzteren gibt uns die medizinische Klinik einen wertvollen, auch von verschiedenen Forschern berücksichtigten Fingerzeig. Die Aktualneurosen bekunden in den Einzelheiten ihrer Symptomatik, aber auch in der Eigentümlichkeit, alle Organsysteme und alle Funktionen zu beeinflussen, eine unverkennbare Ähnlichkeit mit den Krankheitszuständen, die durch den chronischen Einfluß von fremden Giftstoffen und durch die akute Entziehung derselben entstehen, mit den Intoxikationen und Abstinenzzuständen. Noch enger werden die beiden Gruppen von Affektionen aneinandergerückt durch die Vermittlung von solchen Zuständen, die wir wie den M. Basedowii gleichfalls auf die Wirkung von Giftstoffen zu beziehen gelernt haben, aber von Giften, die nicht als fremd in den Körper eingeführt werden, sondern in seinem eigenen Stoffwechsel entstehen. Ich meine, wir können nach diesen Analogien nicht umhin, die Neurosen als Folgen von Störungen in einem Sexualstoffwechsel anzusehen, sei es, daß von diesen Sexualtoxinen mehr produziert wird, als die Person bewältigen kann, sei es, daß innere und selbstpsychische Verhältnisse die richtige Verwendung dieser Stoffe beeinträchtigen. Die Volksseele hat von jeher solchen Annahmen für die Natur des sexuellen Verlangens gehuldigt, sie nennt die Liebe einen „Rausch" und läßt die Verliebtheit durch Liebestränke entstehen, wobei sie das wirkende Agens gewissermaßen nach außen verlegt. Für uns wäre hier der Anlaß, der erogenen Zonen und der Behauptung zu gedenken, daß die Sexualerregung in den verschiedensten Organen entstehen kann. Im übrigen aber ist uns das Wort „Sexualstoffwechsel" oder „Chemismus der Sexualität" ein Fach ohne Inhalt; wir wissen nichts darüber und können uns nicht einmal entscheiden, ob wir zwei Sexualstoffe annehmen sollen, die dann „männlich" und „weiblich" heißen würden, oder ob wir uns mit *einem* Sexualtoxin bescheiden können, in dem wir den Träger aller Reizwirkungen der Libido zu erblicken haben. Das Lehrgebäude der Psychoanalyse, das wir geschaffen haben, ist in Wirklichkeit ein Überbau, der irgend einmal auf sein organisches Fundament aufgesetzt werden soll; aber wir kennen dieses noch nicht.

Die Psychoanalyse wird als Wissenschaft nicht durch den Stoff, den sie behandelt, sondern durch die Technik, mit der sie arbeitet, charakterisiert. Man kann sie auf Kulturgeschichte, Religionswissenschaft und Mythologie ebensowohl anwenden wie auf die Neurosenlehre, ohne ihrem Wesen Gewalt anzutun. Sie beabsichtigt und leistet nichts anderes als die Aufdeckung des Unbewußten im Seelenleben. Die Probleme der Aktualneurosen, deren Symptome wahrscheinlich durch direkte toxische Schädigung entstehen, bieten der Psychoanalyse keine Angriffspunkte, sie kann nur wenig für deren Aufklärung leisten und muß diese Aufgabe der biologisch-medizinischen Forschung überlassen. Sie verstehen jetzt vielleicht besser, warum ich keine andere Anordnung meines Stoffes gewählt habe. Hätte ich Ihnen eine „Einführung in die Neurosenlehre" zugesagt, so wäre der Weg von den einfachen Formen der Aktualneurosen zu den komplizierteren psychischen Erkrankungen durch Libidostörung der unzweifelhaft richtige gewesen. Ich hätte bei den ersteren zusammentragen müssen, was wir von verschiedenen Seiten her erfahren haben oder zu wissen glauben, und bei den Psychoneurosen wäre dann die Psychoanalyse als das wichtigste technische Hilfsmittel zur Durchleuchtung dieser Zustände zur Sprache gekommen. Ich hatte aber eine „Einführung in die Psychoanalyse" beabsichtigt und angekündigt; es war mir wichtiger, daß Sie eine Vorstellung von der Psychoanalyse, als daß Sie gewisse Kenntnisse von den Neurosen gewinnen, und da durfte ich die für die Psychoanalyse unfruchtbaren Aktualneurosen nicht mehr in den Vordergrund rücken. Ich glaube auch, ich habe die für Sie günstigere Wahl getroffen, denn die Psychoanalyse verdient wegen ihrer tiefgreifenden Voraussetzungen und weitumfassenden Beziehungen einen Platz im Interesse eines jeden Gebildeten; die Neurosenlehre aber ist ein Kapitel der Medizin wie andere auch.

Sie werden indes mit Recht erwarten, daß wir auch für die Aktualneurosen einiges Interesse aufbringen müssen. Schon ihr intimer klinischer Zusammenhang mit den Psychoneurosen nötigt uns dazu. Ich will Ihnen also berichten, daß wir drei reine Formen der Aktualneurosen unterscheiden: die *Neurasthenie*, die *Angstneurose* und die *Hypochondrie*. Auch diese Aufstellung ist nicht ohne Widerspruch geblieben. Die Namen sind zwar alle im Gebrauch, aber ihr Inhalt ist unbestimmt und schwankend. Es gibt auch Ärzte, die jeder Sonderung in der wirren Welt von neurotischen Erscheinungen, jeder Heraushebung von klinischen Einheiten, Krankheitsindividuen, widerstreben und selbst die Scheidung von Aktual- und Psychoneurosen nicht anerkennen. Ich meine, sie gehen zu weit und haben nicht den Weg eingeschlagen, der zum Fortschritt führt. Die genannten Formen von Neurose kommen gelegentlich rein vor; häufiger vermengen sie sich allerdings miteinander und mit einer psychoneurotischen Affektion. Dieses Vorkommen braucht uns nicht zu bewegen, ihre Sonderung aufzugeben. Denken Sie an den Unterschied von Mineralkunde und Gesteinskunde in der Mineralogie. Die Mineralien werden als Individuen beschrieben, gewiß mit Anlehnung an den Umstand, daß sie häufig als Kristalle, von ihrer Umgebung scharf abgegrenzt, auftreten. Die Gesteine bestehen aus Gemengen von

Mineralien, die sicherlich nicht zufällig, sondern infolge ihrer Entstehungsbedingungen zusammengetroffen sind. In der Neurosenlehre verstehen wir noch zu wenig von dem Hergang der Entwicklung, um etwas der Gesteinlehre Ähnliches zu schaffen. Wir tun aber gewiß das Richtige, wenn wir zunächst aus der Masse die für uns kenntlichen klinischen Individuen isolieren, die den Mineralien vergleichbar sind.

Eine beachtenswerte Beziehung zwischen den Symptomen der Aktual- und der Psychoneurosen bringt uns noch einen wichtigen Beitrag zur Kenntnis der Symptombildung bei den letzteren; das Symptom der Aktualneurose ist nämlich häufig der Kern und die Vorstufe des psychoneurotischen Symptoms. Man beobachtet ein solches Verhältnis am deutlichsten zwischen der Neurasthenie und der Konversionshysterie genannten Übertragungsneurose, zwischen der Angstneurose und der Angsthysterie, aber auch zwischen der Hypochondrie und den später als Paraphrenie (Dementia praecox und Paranoia) zu erwähnenden Formen. Nehmen wir als Beispiel den Fall eines hysterischen Kopf- oder Kreuzschmerzes. Die Analyse zeigt uns, daß er durch Verdichtung und Verschiebung zum Befriedigungsersatz für eine ganze Reihe von libidinösen Phantasien oder Erinnerungen geworden ist. Aber dieser Schmerz war auch einmal real, und damals war er ein direkt sexualtoxisches Symptom, der körperliche Ausdruck einer libidinösen Erregung. Wir wollen keineswegs behaupten, daß alle hysterischen Symptome einen solchen Kern enthalten, aber es bleibt bestehen, daß es besonders häufig der Fall ist, und daß alle – normalen oder pathologischen – Beeinflussungen des Körpers durch die libidinöse Erregung geradezu für die Symptombildung der Hysterie bevorzugt sind. Sie spielen dann die Rolle jenes Sandkorns, welches das Muscheltier mit den Schichten von Perlmuttersubstanz umhüllt hat. In derselben Weise werden die vorübergehenden Zeichen der sexuellen Erregung, welche den Geschlechtsakt begleiten, von der Psychoneurose als das bequemste und geeignetste Material zur Symptombildung verwendet.

Ein ähnlicher Vorgang bietet ein besonderes diagnostisches und therapeutisches Interesse. Es kommt bei Personen, die zur Neurose disponiert sind, ohne gerade an einer floriden Neurose zu leiden, gar nicht selten vor, daß eine krankhafte Körperveränderung – etwa durch Entzündung oder Verletzung – die Arbeit der Symptombildung weckt, so daß diese das ihr von der Realität gegebene Symptom eiligst zum Vertreter aller jener unbewußten Phantasien macht, die nur darauf gelauert hatten, sich eines Ausdrucksmittels zu bemächtigen. Der Arzt wird in solchem Falle bald den einen, bald den anderen Weg der Therapie einschlagen, entweder die organische Grundlage wegschaffen wollen, ohne sich um deren lärmende neurotische Verarbeitung zu bekümmern, oder die zur Gelegenheit entstandene Neurose bekämpfen und deren organischen Anlaß gering achten. Der Erfolg wird bald dieser bald jener Art der Bemühung recht oder unrecht geben; allgemeine Vorschriften lassen sich für solche Mischfälle kaum aufstellen.

XXV. *Vorlesung*
Die Angst

Meine Damen und Herren! Was ich Ihnen in der letzten Vorlesung über die allgemeine Nervosität gesagt habe, werden Sie sicherlich als die unvollständigste und unzulänglichste meiner Mitteilungen erkannt haben. Ich weiß das und ich denke mir, nichts anderes wird Sie mehr verwundert haben, als daß darin von der Angst nicht die Rede war, über die doch die meisten Nervösen klagen, die sie selbst als ihr schrecklichstes Leiden bezeichnen, und die wirklich die großartigste Intensität bei ihnen erreichen und die tollsten Maßnahmen zur Folge haben kann. Aber darin wenigstens wollte ich Sie nicht verkürzen; ich habe mir im Gegenteil vorgenommen, das Problem der Angst bei den Nervösen besonders scharf einzustellen und es ausführlich vor Ihnen zu erörtern.

Die Angst selbst brauche ich Ihnen ja nicht vorzustellen; jeder von uns hat diese Empfindung, oder richtiger gesagt, diesen Affektzustand irgend einmal aus eigenem kennengelernt. Aber ich meine, man hat sich nie ernsthaft genug gefragt, warum gerade die Nervösen so viel mehr und so viel stärkere Angst haben als die anderen. Vielleicht hielt man es für selbstverständlich; man verwendet ja gewöhnlich die Worte „nervös" und „ängstlich" so füreinander, als ob sie dasselbe bedeuten würden. Dazu hat man aber kein Recht; es gibt ängstliche Menschen die sonst gar nicht nervös sind, und außerdem Nervöse, die an vielen Symptomen leiden, unter denen aber die Neigung zur Angst nicht aufgefunden wird.

Wie immer das sein mag, es steht fest, daß das Angstproblem ein Knotenpunkt ist, an welchem die verschiedensten und wichtigsten Fragen zusammentreffen, ein Rätsel, dessen Lösung eine Fülle von Licht über unser ganzes Seelenleben ergießen müßte. Ich werde nicht behaupten, daß ich Ihnen diese volle Lösung geben kann, aber Sie werden gewiß erwarten, daß die Psychoanalyse auch dieses Thema ganz anders angreifen wird als die Medizin der Schulen. Dort scheint man sich vor allem dafür zu interessieren, auf welchen anatomischen Wegen der Angstzustand zustande gebracht wird. Es heißt, die Medulla oblongata sei gereizt, und der Kranke erfährt, daß er an einer Neurose des Nervus vagus leidet. Die Medulla oblongata ist ein sehr ernsthaftes und schönes Objekt. Ich erinnere mich ganz genau, wieviel Zeit und Mühe ich vor Jahren ihrem Studium gewidmet habe. Aber heute muß ich sagen, ich weiß nichts, was mir für das psychologische Verständnis der Angst gleichgültiger sein könnte als die Kenntnis des Nervenweges, auf dem ihre Erregungen ablaufen.

Von der Angst kann man zunächst eine ganze Weile handeln, ohne der Nervosität überhaupt zu gedenken. Sie verstehen mich ohne weiteres, wenn ich diese Angst als *Realangst* bezeichne, im Gegensatz zu einer neurotischen. Die Realangst erscheint uns nun als etwas sehr Rationelles und Begreifliches. Wir werden von ihr aussagen, sie ist eine Reaktion auf die Wahrnehmung einer äußeren Gefahr, d. h. einer erwarteten, vorhergesehenen Schädigung, sie ist mit dem Fluchtreflex verbunden, und man darf sie als Äußerung des Selbsterhaltungstriebes ansehen. Bei welchen Gelegenheiten, d. h. vor welchen Objekten und in welchen Situationen die Angst auftritt, wird natürlich zum großen Teil von dem Stande unseres Wissens und von unserem Machtgefühl gegen die Außenwelt abhängen. Wir finden es ganz begreiflich, daß der Wilde sich vor einer Kanone fürchtet und bei einer Sonnenfinsternis ängstigt, während der Weiße, der das Instrument handhaben und das Ereignis vorhersagen kann, unter diesen Bedingungen angstfrei bleibt. Ein andermal ist es gerade das Mehrwissen, was die Angst befördert, weil es die Gefahr frühzeitig erkennen läßt. So wird der Wilde vor einer Fährte im Walde erschrecken, die dem Unkundigen nichts sagt, ihm aber die Nähe eines reißenden Tieres verrät, und der erfahrene Schiffer mit Entsetzen ein Wölkchen am Himmel betrachten, das dem Passagier unscheinbar dünkt, während es ihm das Herannahen des Orkans verkündet.

Bei weiterer Überlegung muß man sich sagen, daß das Urteil über die Realangst, sie sei rationell und zweckmäßig, einer gründlichen Revision bedarf. Das einzig zweckmäßige Verhalten bei drohender Gefahr wäre nämlich die kühle Abschätzung der eigenen Kräfte im Vergleich zur Größe der Drohung und darauf die Entscheidung, ob die Flucht oder die Verteidigung, möglicherweise selbst der Angriff, größere Aussicht auf einen guten Ausgang verspricht. In diesem Zusammenhang ist aber für die Angst überhaupt keine Stelle; alles, was geschieht, würde ebensowohl und wahrscheinlich besser vollzogen werden, wenn es nicht zur Angstentwicklung käme. Sie sehen ja auch, wenn die Angst übermäßig stark ausfällt, dann erweist sie sich als äußerst unzweckmäßig, sie lähmt dann jede Aktion, auch die der Flucht. Für gewöhnlich besteht die Reaktion auf die Gefahr aus einer Vermengung von Angstaffekt und Abwehraktion. Das geschreckte Tier ängstigt sich und flieht, aber das Zweckmäßige daran ist die „Flucht", nicht das „sich ängstigen".

Man fühlt sich also versucht zu behaupten, daß die Angstentwicklung niemals etwas Zweckmäßiges ist. Vielleicht verhilft es zu besserer Einsicht, wenn man sich die Angstsituation sorgfältiger zerlegt. Das erste an ihr ist die Bereitschaft auf die Gefahr, die sich in gesteigerter sensorischer Aufmerksamkeit und motorischer Spannung äußert. Diese Erwartungsbereitschaft ist unbedenklich als vorteilhaft anzuerkennen, ja ihr Wegfall mag für ernste Folgen verantwortlich gemacht werden. Aus ihr geht nun einerseits die motorische Aktion hervor, zunächst Flucht, auf einer höheren Stufe tätige Abwehr, anderseits das, was wir als den Angstzustand empfinden. Je mehr sich die Angstentwicklung auf einen bloßen Ansatz, auf ein Signal einschränkt, desto ungestörter vollzieht sich die Umsetzung der Angstbereitschaft in Aktion, desto zweckmäßiger gestaltet sich der ganze Ablauf. Die *Angstbereitschaft* scheint mir also das Zweckmäßige, die *Angstentwicklung* das Zweckwidrige an dem, was wir Angst heißen, zu sein.

Ich vermeide es, auf die Frage näher einzugehen, ob unser Sprachgebrauch mit Angst, Furcht, Schreck das Nämliche oder deutlich Verschiedenes bezeichnen will. Ich meine nur, Angst bezieht sich auf den Zustand und sieht vom Objekt ab, während Furcht die Aufmerksamkeit gerade auf das Objekt richtet. Schreck scheint hingegen einen besonderen Sinn zu haben, nämlich die Wirkung einer Gefahr hervorzuheben, welche nicht von einer Angstbereitschaft empfangen wird. So daß man sagen könnte, der Mensch schütze sich durch die Angst vor dem Schreck.

Die gewisse Vieldeutigkeit und Unbestimmtheit im Gebrauche des Wortes „Angst" wird Ihnen nicht entgangen sein. Zumeist versteht man unter Angst den subjektiven Zustand, in den man durch die Wahrnehmung der „Angstentwicklung" gerät, und heißt diesen einen Affekt. Was ist nun im dynamischen Sinne ein Affekt? Jedenfalls etwas sehr Zusammengesetztes. Ein Affekt umschließt erstens bestimmte motorische Innervationen oder Abfuhren, zweitens gewisse Empfindungen, und zwar von zweierlei Art, die Wahrnehmungen der stattgehabten motorischen Aktionen und die direkten Lust- und Unlustempfindungen, die dem Affekt, wie man sagt, den Grundton geben. Ich glaube aber nicht, daß mit dieser Aufzählung das Wesen des Affektes getroffen ist. Bei einigen Affekten glaubt man tiefer zu blicken und zu erkennen, daß der Kern, welcher das genannte Ensemble zusammenhält, die Wiederholung eines bestimmten bedeutungsvollen Erlebnisses ist. Dies Erlebnis könnte nur ein sehr frühzeitiger Eindruck von sehr allgemeiner Natur sein, der in die Vorgeschichte nicht des Individuums, sondern der Art zu verlegen ist. Um mich verständlicher zu machen, der Affektzustand wäre ebenso gebaut wie ein hysterischer Anfall, wie dieser der Niederschlag einer Reminiszenz. Der hysterische Anfall ist also vergleichbar einem neugebildeten individuellen Affekt, der normale Affekt dem Ausdruck einer generellen, zur Erbschaft gewordenen Hysterie.

Nehmen Sie nicht an, daß dasjenige, was ich Ihnen hier über die Affekte gesagt habe, ein anerkanntes Gut der Normalpsychologie ist. Es sind im Gegenteil Auffassungen, die auf dem Boden der Psychoanalyse erwachsen und nur dort heimisch sind. Was Sie in der Psychologie über die Affekte erfahren können, z. B. die *James-Langesche* Theorie, ist für uns Psychoanalytiker geradezu unverständlich und undiskutierbar. Für sehr gesichert halten wir aber unser Wissen um die Affekte auch nicht; es ist ein erster Versuch, sich auf diesem dunkeln Gebiet zu orientieren. Ich setze nun fort: Beim Angstaffekt glauben wir zu wissen, welchen frühzeitigen Eindruck er als Wiederholung wiederbringt. Wir sagen uns, es ist der *Geburtsakt*, bei welchem jene Gruppierung von Unlustempfindungen, Abfuhrregungen und Körpersensationen zustande kommt, die das Vorbild für die Wirkung einer Lebensgefahr geworden ist und seither als Angstzustand von uns wiederholt wird. Die enorme Reizsteigerung durch die Unterbrechung der Bluterneuerung (der inneren Atmung) war damals die Ursache des Angsterlebnisses, die erste Angst also eine toxische. Der Name Angst – *angustiae*, Enge – betont den Charakter der Beengung im Atmen, die damals als Folge der realen Situation vorhanden war und heute im Affekt fast regelmäßig wiederhergestellt wird. Wir werden es auch als beziehungsreich erkennen, daß jener erste Angstzustand aus der Trennung von der Mutter hervorging. Natürlich sind wir der Überzeugung, die Disposition zur Wiederholung des ersten Angstzustandes sei durch die Reihe unzählbarer Generationen dem Organismus so gründlich einverleibt, daß ein einzelnes Individuum dem Angstaffekt nicht entgehen kann, auch wenn es wie der sagenhafte *Macduff* „aus seiner Mutter Leib geschnitten wurde", den Geburtsakt selbst also nicht erfahren hat. Was bei anderen als Säugetieren das Vorbild des Angstzustandes geworden ist, können wir nicht sagen. Dafür wissen wir auch nicht, welcher Empfindungskomplex bei diesen Geschöpfen unserer Angst äquivalent ist.

Es wird Sie vielleicht interessieren zu hören, wie man auf eine solche Idee kommen kann, wie daß der Geburtsakt die Quelle und das Vorbild des Angstaffektes ist. Die Spekulation hat den geringsten Anteil daran; ich habe vielmehr bei dem naiven Denken des Volkes eine Anleihe gemacht. Als wir vor langen Jahren junge Spitalärzte um den Mittagstisch im Wirtshause saßen, erzählte ein Assistent der geburtshilflichen Klinik, was für lustige Geschichte sich bei der letzten Hebammenprüfung zugetragen. Eine Kandidatin wurde gefragt, was es bedeute, wenn sich bei der Geburt Mekonium (Kindspech, Exkremente) im abgehenden Wasser zeigen, und sie antwortete prompt: Daß das Kind Angst habe. Sie wurde ausgelacht und war durchgefallen. Aber ich nahm im stillen ihre Partei und begann zu ahnen, daß das arme Weib aus dem Volke unbeirrten Sinnes einen wichtigen Zusammenhang bloßgelegt hatte.

Übergehen wir nun zur neurotischen Angst, welche neue Erscheinungsformen und Verhältnisse zeigt uns die Angst bei den Nervösen? Da ist viel zu beschreiben. Wir finden erstens eine allgemeine Ängstlichkeit, eine sozusagen frei flottierende Angst, die bereit ist, sich an jeden irgendwie passenden Vorstellungsinhalt anzuhängen die das Urteil beeinflußt, die Erwartungen auswählt, auf jede Gelegenheit lauert, um sich rechtfertigen zu lassen. Wir heißen diesen Zustand „Erwartungsangst" oder „ängstliche Erwartung". Personen die von dieser Art Angst geplagt werden, sehen von allen Möglichkeiten immer die schrecklichste voraus, deuten jeden Zufall als Anzeige eines Unheils, nützen jede Unsicherheit im schlimmen Sinne aus. Die Neigung zu solcher Unheilserwartung findet sich als Charakterzug bei vielen Menschen, die man sonst nicht als krank bezeichnen kann, man schilt sie überängstlich oder pessimistisch; ein auffälliges Maß von Erwartungsangst gehört aber regelmäßig einer nervösen Affektion an, die ich als „*Angstneurose*" benannt habe und zu den Aktualneurosen rechne.

Eine zweite Form der Angst ist im Gegensatze zu der eben beschriebenen vielmehr psychisch gebunden und an gewisse Objekte oder Situationen geknüpft. Es ist die Angst der überaus mannigfaltigen und oft sehr sonderbaren „Phobien". Stanley Hall, der angesehene amerikanische Psychologe, hat sich erst kürzlich die Mühe genommen, uns die ganze Reihe dieser Phobien in prunkender griechischer Namengebung vorzuführen. Das klingt wie die Aufzählung der zehn ägyptischen Plagen, nur daß ihre Anzahl weit über die Zehn hinausgeht. Hören Sie, was alles Objekt oder Inhalt einer Phobie werden kann: Finsternis, freie Luft, offene Plätze, Katzen, Spinnen, Raupen, Schlangen, Mäuse, Gewitter, scharfe Spitzen, Blut, geschlossene Räume, Menschengedränge, Einsamkeit, Überschreiten von Brücken; See- und Eisenbahnfahrt usw. Bei einem ersten Versuch der Orientierung in diesem Gewimmel liegt es nahe, drei Gruppen zu unterscheiden. Manche der gefürchteten Objekte und Situationen haben auch für uns Normale etwas Unheimliches, eine Beziehung zur Gefahr, und diese Phobien erscheinen uns darum nicht unbegreiflich, wiewohl in ihrer Stärke sehr übertrieben. So empfinden die meisten von uns ein widerwärtiges Gefühl beim Zusammentreffen mit einer Schlange. Die Schlangenphobie, kann man sagen, ist eine allgemein menschliche, und *Ch. Darwin* hat sehr eindrucksvoll beschrieben, wie er sich der Angst vor einer auf ihn losfahrenden Schlange nicht erwehren konnte, wiewohl er sich durch eine dicke Glasscheibe vor ihr geschützt wußte. Zu einer zweiten Gruppe stellen wir die Fälle, in denen noch eine Beziehung zu einer Gefahr besteht, wobei wir aber gewöhnt sind, diese Gefahr geringzuschätzen und sie nicht voranzustellen. Hierher gehören die meisten Situationsphobien. Wir wissen, daß es auf der Eisenbahnfahrt eine Chance des Verunglückens mehr gibt, als wenn wir zu Hause bleiben, nämlich die des Eisenbahnzusammenstoßes, wissen auch, daß ein Schiff untergehen kann, wobei man dann in der Regel ertrinkt, aber wir denken nicht an diese Gefahren und reisen angstfrei mit Eisenbahn und Schiff. Es ist auch nicht zu leugnen, daß man in den Fluß stürzen würde, wenn die Brücke in dem Moment einstürzte, in dem man sie passiert, aber das geschieht so überaus selten, daß es als Gefahr gar nicht in Betracht kommt. Auch die Einsamkeit hat ihre Gefahren, und wir vermeiden sie auch unter gewissen Umständen; es ist aber nicht die Rede davon, daß wir sie unter irgendwelcher Bedingung auch nur einen Moment lang nicht vertragen. Ähnliches gilt für das Menschengedränge, für den geschlossenen Raum, das Gewitter u. dgl. Was uns an diesen Phobien der Neurotiker befremdet, ist überhaupt nicht so sehr der Inhalt als die Intensität derselben. Die Angst der Phobien ist geradezu inappellabel! Und manchmal bekommen wir den Eindruck, als ängstigten sich die Neurotiker gar nicht vor denselben Dingen und Situationen, die unter gewissen Umständen auch bei uns Angst hervorrufen können, und die sie mit denselben Namen belegen.

Es erübrigt uns eine dritte Gruppe von Phobien, denen unser Verständnis überhaupt nicht mehr nachkommt. Wenn ein starker, erwachsener Mann vor Angst nicht durch eine Straße oder über einen Platz der ihm so wohlvertrauten Heimatstadt gehen kann, wenn eine gesunde, gut entwickelte Frau in eine besinnungslose Angst verfällt, weil eine Katze an ihren Kleidersaum gestreift hat oder ein Mäuschen durchs Zimmer gehuscht ist, wie sollen wir da die Verbindung mit der Gefahr herstellen, die offenbar doch für die Phobischen besteht? Bei den hierher gehörigen Tierphobien kann es sich nicht um die Steigerung allgemein menschlicher Antipathien handeln, denn es gibt wie zur Demonstration des Gegensatzes zahlreiche Menschen, die an keiner Katze vorbeigehen können, ohne sie zu locken und zu streicheln. Die von den Frauen so gefürchtete Maus ist gleichzeitig ein Zärtlichkeitsname erster Ordnung; manches Mädchen, das sich mit Befriedigung von seinem Geliebten so nennen hört, schreit doch entsetzt auf, wenn es das niedliche Tierchen dieses Namens erblickt. Für den Mann mit Straßen- oder Platzangst drängt sich uns die einzige Erklärung auf, daß er sich benehme wie ein kleines Kind. Ein Kind wird durch die Erziehung direkt angehalten, solche Situationen als gefährlich zu vermeiden, und unser Agoraphobiker ist wirklich vor seiner Angst geschützt, wenn man ihn über den Platz begleitet.

Die beiden hier beschriebenen Formen der Angst, die frei flottierende Erwartungsangst und die an Phobien gebundene, sind unabhängig voneinander. Die eine ist nicht etwa eine höhere Stufe der anderen, sie kommen auch nur ausnahmsweise und dann wie zufällig miteinander vor. Die stärkste allgemeine Ängstlichkeit braucht sich nicht in Phobien zu äußern; Personen, deren ganzes Leben durch eine Agoraphobie eingeschränkt wird, können von der pessimistischen Erwartungsangst völlig frei sein. Manche der Phobien, z. B. Platzangst,

Eisenbahnangst, werden nachweisbar erst in reiferen Jahren erworben, andere, wie Angst vor Dunkelheit, Gewitter, Tieren, scheinen von Anfang an bestanden zu haben. Die der ersteren Art haben die Bedeutung von schweren Krankheiten; die letzteren erscheinen eher wie Sonderbarkeiten, Launen. Wer eine von diesen letzteren zeigt, bei dem darf man in der Regel noch andere, ähnliche vermuten. Ich muß hinzufügen, daß wir diese Phobien sämtlich zur *Angsthysterie* rechnen, d. h. also sie als eine der bekannten Konversionshysterie sehr verwandte Affektion betrachten.

Die dritte der Formen neurotischer Angst stellt uns vor das Rätsel, daß wir den Zusammenhang zwischen Angst und drohender Gefahr völlig aus den Augen verlieren. Diese Angst tritt z. B. bei der Hysterie auf als Begleitung der hysterischen Symptome, oder unter beliebigen Bedingungen der Aufregung, wo wir zwar eine Affektäußerung erwarten würden, aber gerade den Angstaffekt am wenigsten, oder losgelöst von allen Bedingungen, für uns und den Kranken gleich unverständlich, als freier Angstanfall. Von einer Gefahr oder einem Anlaß, der durch Übertreibung dazu erhoben werden könnte, ist dann weit und breit keine Rede. Bei diesen spontanen Anfällen erfahren wir dann, daß der Komplex, den wir als Angstzustand bezeichnen, einer Aufsplitterung fähig ist. Das Ganze des Anfalles kann durch ein einzelnes, intensiv ausgebildetes Symptom vertreten werden, durch ein Zittern, einen Schwindel, eine Herzpalpitation, eine Atemnot, und das Gemeingefühl, an dem wir die Angst erkennen, kann dabei fehlen oder undeutlich geworden sein. Und doch sind diese Zustände, die wir als „Angstäquivalente" beschreiben, in allen klinischen und ätiologischen Beziehungen der Angst gleichzustellen.

Nun erheben sich zwei Fragen. Kann man die neurotische Angst, bei welcher die Gefahr keine oder eine so geringe Rolle spielt, in Zusammenhang mit der Realangst bringen, welche durchwegs eine Reaktion auf die Gefahr ist? Und wie läßt sich die neurotische Angst verstehen? Wir werden doch zunächst die Erwartung festhalten wollen: wo Angst ist, muß auch etwas vorhanden sein, vor dem man sich ängstigt.

Für das Verständnis der neurotischen Angst ergeben sich nun aus der klinischen Beobachtung mehrere Hinweise, deren Bedeutung ich vor Ihnen erörtern will.

a) Es ist nicht schwer festzustellen, daß die Erwartungsangst oder allgemeine Ängstlichkeit in enger Abhängigkeit von bestimmten Vorgängen im Sexualleben, sagen wir: von gewissen Verwendungen der Libido, steht. Der einfachste und lehrreichste Fall dieser Art ergibt sich bei Personen, die sich der sogenannten frustranen Erregung aussetzen, d. h. bei denen heftige sexuelle Erregungen keine genügende Abfuhr erfahren, nicht zu einem befriedigenden Abschluß geführt werden. Also z. B. bei Männern während des Brautstandes, und bei Frauen, deren Männer ungenügend potent sind oder die den Geschlechtsakt aus Vorsicht verkürzt oder verkümmert ausführen. Unter diesen Umständen schwindet die libidinöse Erregung und an ihrer Stelle tritt Angst auf, sowohl in der Form der Erwartungsangst als auch in Anfällen und Anfallsäquivalenten. Die vorsichtige Unterbrechung des Geschlechtsaktes wird, wenn sie als sexuelles Regime geübt wird, so regelmäßig Ursache der Angstneurose bei Männern, besonders aber bei Frauen, daß es sich in der ärztlichen Praxis empfiehlt, bei derartigen Fällen in erster Linie nach dieser Ätiologie zu forschen. Man kann dann auch ungezählte Male die Erfahrung machen, daß die Angstneurose erlischt, wenn der sexuelle Mißbrauch abgestellt wird.

Die Tatsache eines Zusammenhanges zwischen sexueller Zurückhaltung und Angstzuständen wird, soviel ich weiß, auch von Ärzten, die der Psychoanalyse fernestehen, nicht mehr bestritten. Allein ich kann mir wohl denken, daß der Versuch nicht unterlassen wird, die Beziehung umzukehren, indem man die Auffassung vertritt, es handle sich dabei um Personen, die von vornherein zur Ängstlichkeit neigen und darum auch in sexuellen Dingen Zurückhaltung üben. Dagegen spricht aber mit Entschiedenheit das Verhalten der Frauen, deren Sexualbetätigung ja wesentlich passiver Natur ist, d. h. durch die Behandlung von seiten des Mannes bestimmt wird. Je temperamentvoller, also je geneigter zum Sexualverkehr und befähigter zur Befriedigung eine Frau ist, desto sicherer wird sie auf die Impotenz des Mannes oder auf den Coitus interruptus mit Angsterscheinungen reagieren, während solche Mißhandlung bei anästhetischen oder wenig libidinösen Frauen eine weit geringere Rolle spielt.

Dieselbe Bedeutung für die Entstehung von Angstzuständen hat die jetzt von den Ärzten so warm empfohlene sexuelle Abstinenz natürlich nur dann, wenn die Libido, der die befriedigende Abfuhr versagt wird, entsprechend stark und nicht zum größten Teil durch Sublimierung erledigt ist. Die Entscheidung über den Krankheitserfolg liegt ja immer bei den quantitativen Faktoren. Auch wo nicht Krankheit sondern Charaktergestaltung in Betracht kommt, erkennt man leicht, daß sexuelle Einschränkung mit einer gewissen Ängstlichkeit und Bedenklichkeit Hand in Hand geht, während Unerschrockenheit und kecker Wagemut ein freies Gewährenlassen der sexuellen Bedürftigkeit mit sich bringen. So sehr sich diese Beziehungen durch mannigfache Kultureinflüsse abändern und komplizieren lassen, so bleibt es doch für den Durchschnitt der Menschen bestehen, daß die Angst mit der sexuellen Beschränkung zusammengehörig ist.

Ich habe Ihnen noch lange nicht alle Beobachtungen mitgeteilt, die für die behauptete genetische Beziehung zwischen Libido und Angst sprechen. Dazu gehört z. B. noch der Einfluß gewisser Lebensphasen auf die Angsterkrankungen, denen man, wie der Pubertät und der Zeit der Menopause, eine erhebliche Steigerung in der Produktion der Libido zuschreiben darf. In manchen Zuständen von Aufregung kann man auch die Vermengung von Libido und Angst und die endliche Ersetzung der Libido durch die Angst direkt beobachten. Der Eindruck, den man von all diesen Tatsachen empfängt, ist ein zweifacher, erstens daß es sich um eine Anhäufung von Libido handelt, die von ihrer normalen Verwendung abgehalten wird, zweitens, daß man sich dabei durchaus auf dem Gebiete somatischer Vorgänge befindet. Wie aus der Libido die Angst entsteht, ist zunächst nicht ersichtlich; man stellt nur fest, daß Libido vermißt und an ihrer Statt Angst beobachtet wird.

b) Einen zweiten Fingerzeig entnehmen wir aus der Analyse der Psychoneurosen, speziell der Hysterie. Wir haben gehört, daß bei dieser Affektion häufig Angst in Begleitung der Symptome auftritt, aber auch ungebundene Angst, die sich als Anfall oder als Dauerzustand äußert. Die Kranken wissen nicht zu sagen, wovor sie sich ängstigen, und verknüpfen sie durch eine unverkennbare sekundäre Bearbeitung mit den nächstliegenden Phobien, wie: Sterben, Verrücktwerden, Schlaganfall. Wenn wir die Situation, aus welcher die Angst oder von Angst begleitete Symptome hervorgegangen sind, der Analyse unterziehen, so können wir in der Regel angeben, welcher normale psychische Ablauf unterblieben ist und sich durch das Angstphänomen ersetzt hat. Drücken wir uns anders aus: Wir konstruieren den unbewußten Vorgang so, als ob er keine Verdrängung erfahren und sich ungehindert zum Bewußtsein fortgesetzt hätte. Dieser Vorgang wäre auch von einem bestimmten Affekt begleitet gewesen, und nun erfahren wir zu unserer Überraschung, daß dieser den normalen Ablauf begleitende Affekt nach der Verdrängung in jedem Falle durch Angst ersetzt wird, gleichgültig, was seine eigene Qualität ist. Wenn wir also einen hysterischen Angstzustand vor uns haben, so kann sein unbewußtes Korrelat eine Regung von ähnlichem Charakter sein, also von Angst, Scham, Verlegenheit, ebensowohl eine positiv libidinöse Erregung oder eine feindselig aggressive, wie Wut und Ärger. Die Angst ist also die allgemein gangbare Münze, gegen welche alle Affektregungen eingetauscht werden oder werden können, wenn der dazugehörige Vorstellungsinhalt der Verdrängung unterlegen ist.

c) Eine dritte Erfahrung machen wir bei den Kranken mit Zwangshandlungen, die in bemerkenswerter Weise von der Angst verschont zu sein scheinen. Wenn wir sie an der Ausführung ihrer Zwangshandlung, ihres Waschens, ihres Zeremoniells zu hindern versuchen, oder wenn sie selbst den Versuch wagen, einen ihrer Zwänge aufzugeben, so werden sie durch eine entsetzliche Angst zur Gefügigkeit gegen den Zwang genötigt. Wir verstehen, daß die Angst durch die Zwangshandlung gedeckt war, und daß diese nur ausgeführt wurde, um die

Angst zu ersparen. Es wird also bei der Zwangsneurose die Angst, die sich sonst einstellen müßte, durch Symptombildung ersetzt, und wenn wir uns zur Hysterie wenden, finden wir bei dieser Neurose eine ähnliche Beziehung: als Erfolg des Verdrängungsvorganges entweder reine Angstentwicklung oder Angst mit Symptombildung oder vollkommenere Symptombildung ohne Angst. Es schiene also in einem abstrakten Sinne nicht unrichtig zu sagen, daß Symptome überhaupt nur gebildet werden, um der sonst unvermeidlichen Angstentwicklung zu entgehen. Durch diese Auffassung wird die Angst gleichsam in den Mittelpunkt unseres Interesses für die Neurosenprobleme gerückt.

Aus den Beobachtungen an der Angstneurose hatten wir geschlossen, daß die Ablenkung der Libido von ihrer normalen Verwendung, welche die Angst entstehen läßt, auf dem Boden der somatischen Vorgänge erfolgt. Aus den Analysen der Hysterie und der Zwangsneurose ergibt sich der Zusatz, daß die nämliche Ablenkung mit demselben Ergebnis auch die Wirkung einer Verweigerung der psychischen Instanzen sein kann. Soviel wissen wir also über die Entstehung der neurotischen Angst; es klingt noch ziemlich unbestimmt. Ich sehe aber vorläufig keinen Weg, der weiterführen würde. Die zweite Aufgabe, die wir uns gestellt haben, die Herstellung einer Verbindung zwischen der neurotischen Angst, die abnorm verwendete Libido ist, und der Realangst, welche einer Reaktion auf die Gefahr entspricht, scheint noch schwieriger lösbar. Man möchte glauben, es handle sich da um ganz disparate Dinge, und doch haben wir kein Mittel, Realangst und neurotische Angst in der Empfindung voneinander zu unterscheiden.

Die gesuchte Verbindung stellt sich endlich her, wenn wir den oft behaupteten Gegensatz zwischen Ich und Libido zur Voraussetzung nehmen. Wie wir wissen, ist die Angstentwicklung die Reaktion des Ichs auf die Gefahr und das Signal für die Einleitung der Flucht; da liegt uns denn die Auffassung nahe, daß bei der neurotischen Angst das Ich einen ebensolchen Fluchtversuch vor dem Anspruch seiner Libido unternimmt, diese innere Gefahr so behandelt, als ob sie eine äußere wäre. Damit wäre die Erwartung erfüllt, daß dort, wo sich Angst zeigt, auch etwas vorhanden ist, wovor man sich ängstigt. Die Analogie ließe sich aber weiter fortführen. So wie der Fluchtversuch vor der äußeren Gefahr abgelöst wird durch Standhalten und zweckmäßige Maßnahmen zur Verteidigung, so weicht auch die neurotische Angstentwicklung der Symptombildung, welche eine Bindung der Angst herbeiführt.

Die Schwierigkeit des Verständnisses liegt jetzt an anderer Stelle. Die Angst, welche eine Flucht des Ichs vor seiner Libido bedeutet, soll doch aus dieser Libido selbst hervorgegangen sein. Das ist undurchsichtig und enthält die Mahnung nicht zu vergessen, daß die Libido einer Person doch im Grunde zu ihr gehört und sich ihr nicht wie etwas Äußerliches entgegenstellen kann. Es ist die topische Dynamik der Angstentwicklung, die uns noch dunkel ist, was für seelische Energien dabei ausgegeben werden und von welchen psychischen Systemen her. Ich kann Ihnen nicht versprechen, auch diese Frage zu beantworten, aber wir wollen es nicht unterlassen, zwei andere Spuren zu verfolgen und uns dabei wieder der direkten Beobachtung und der analytischen Forschung zu bedienen, um unserer Spekulation zu Hilfe zu kommen. Wir wenden uns zur Entstehung der Angst beim Kinde und zur Herkunft der neurotischen Angst, welche an Phobien gebunden ist.

Die Ängstlichkeit der Kinder ist etwas sehr Gewöhnliches, und die Unterscheidung, ob sie neurotische oder Realangst ist, scheint recht schwierig. Ja, der Wert dieser Unterscheidung wird durch das Verhalten der Kinder in Frage gestellt. Denn einerseits verwundern wir uns nicht, wenn sich das Kind vor allen fremden Personen, neuen Situationen und Gegenständen ängstigt, und erklären uns diese Reaktion sehr leicht durch seine Schwäche und Unwissenheit. Wir schreiben also dem Kinde eine starke Neigung zur Realangst zu und würden es für ganz zweckmäßig ansehen, wenn es diese Ängstlichkeit als Erbschaft mitgebracht hätte. Das Kind würde hierin nur das Verhalten des Urmenschen und des heutigen Primitiven wiederholen, der infolge seiner Unwissenheit und Hilflosigkeit vor allem Neuen Angst hat und vor so viel Vertrautem, was uns heute keine Angst mehr einflößt. Auch entspräche es durchaus unserer Erwartung, wenn die Phobien des Kindes wenigstens zum Teil noch dieselben wären, die wir jenen Urzeiten der menschlichen Entwicklung zutrauen dürfen.

Anderseits können wir nicht übersehen, daß nicht alle Kinder in gleichem Maße ängstlich sind, und daß gerade die Kinder, welche eine besondere Scheu vor allen möglichen Objekten und Situationen äußern, sich späterhin als Nervöse erweisen. Die neurotische Disposition verrät sich also auch durch eine ausgesprochene Neigung zur Realangst, die Ängstlichkeit erscheint als das Primäre, und man gelangt zum Schlusse, das Kind und später der Heranwachsende ängstigen sich vor der Höhe ihrer Libido, weil sie sich eben vor allem ängstigen. Die Entstehung der Angst aus der Libido wäre hiemit abgelehnt, und wenn man den Bedingungen der Realangst nachforschte, gelangte man konsequent zu der Auffassung, daß das Bewußtsein der eigenen Schwäche und Hilflosigkeit – Minderwertigkeit in der Terminologie von *A. Adler* – auch der letzte Grund der Neurose ist, wenn es sich aus der Kinderzeit ins reifere Leben fortsetzen kann.

Das klingt so einfach und bestechend, daß es ein Anrecht auf unsere Aufmerksamkeit hat. Es würde allerdings eine Verschiebung des Rätsels der Nervosität mit sich bringen. Der Fortbestand des Minderwertigkeitsgefühls- und damit der Angstbedingung und der Symptombildung – scheint so gut gesichert, daß es vielmehr einer Erklärung bedarf, wenn ausnahmsweise das, was wir als Gesund-heit kennen, zustande kommen sollte. Was läßt aber eine sorgfältige Beobach-tung der Ängstlichkeit der Kinder erkennen? Das kleine Kind ängstigt sich zu-allererst vor fremden Personen; Situationen werden erst dadurch bedeutsam, daß sie Personen enthalten, und Gegenstände kommen überhaupt erst später in Betracht. Vor diesen Fremden ängstigt sich das Kind aber nicht etwa darum, weil es ihnen böse Absichten zutraut und seine Schwäche mit deren Stärke ver-gleicht, sie also als Gefahren für seine Existenz, Sicherheit und Schmerzfreiheit agnosziert. Ein derart mißtrauisches, von dem weltbeherrschenden Aggressi-onstrieb geschrecktes Kind ist eine recht verunglückte theoretische Konstruk-tion. Sondern das Kind erschrickt vor der fremden Gestalt, weil es auf den Anblick der vertrauten und geliebten Person, im Grunde der Mutter, eingestellt ist. Es ist seine Enttäuschung und Sehnsucht, welche sich in Angst umsetzt, also unverwendbar gewordene Libido, die derzeit nicht in Schwebe gehalten werden kann, sondern als Angst abgeführt wird. Es kann auch kaum zufällig sein, daß in dieser für die kindliche Angst vorbildlichen Situation die Bedingung des ersten Angstzustandes während des Geburtsaktes, nämlich die Trennung von der Mut-ter, wiederholt wird.

Die ersten Situationsphobien der Kinder sind die vor der Dunkelheit und der Einsamkeit; die erstere bleibt oft durchs Leben bestehen, beiden gemeinsam ist das Vermissen der geliebten Pflegeperson, der Mutter also. Ein Kind, das sich in der Dunkelheit ängstigte, hörte ich ins Nebenzimmer rufen: „Tante, sprich doch zu mir, ich fürchte mich." „Aber was hast Du davon? Du siehst mich ja nicht"; darauf das Kind: „Wenn jemand spricht, wird es heller." Die Sehnsucht in der Dunkelheit wird also zur Angst vor der Dunkelheit umgebildet.

Weit entfernt, daß die neurotische Angst nur sekundär und ein Spezialfall der Realangst wäre, sehen wir vielmehr beim kleinen Kinde, daß sich etwas als Real-angst gebärdet, was mit der neurotischen Angst den wesentlichen Zug der Ent-stehung aus unverwendeter Libido gemein hat. Von richtiger Realangst scheint das Kind wenig mitzubringen. In all den Situationen, die später die Bedingungen von Phobien werden können, auf Höhen, schmalen Stegen über dem Wasser, auf der Eisenbahnfahrt und im Schiff, zeigt das Kind keine Angst, und zwar um so weniger, je unwissender es ist. Es wäre sehr wünschenswert, wenn es mehr von solchen lebenschützenden Instinkten zur Erbschaft bekommen hätte; die Aufgabe der Überwachung, die es daran verhindern muß, sich einer Gefahr nach der anderen auszusetzen, wäre dadurch sehr erleichtert. In Wirklichkeit aber überschätzt das Kind anfänglich seine Kräfte und benimmt sich angstfrei, weil es die Gefahren nicht kennt. Es wird an den Rand des Wassers laufen, auf die Fensterbrüstung steigen, mit scharfen Gegenständen und mit dem Feuer spielen, kurz alles tun, was ihm Schaden bringen und seinen Pflegern Sorge bereiten muß. Es ist durchaus das Werk der Erziehung, wenn endlich die Realangst bei ihm erwacht, da man ihm nicht erlauben kann, die belehrende Erfahrung selbst zu machen.

Wenn es nun Kinder gibt, die dieser Erziehung zur Angst ein Stück weit entgegenkommen, und die dann auch selbst Gefahren finden, vor denen man sie nicht gewarnt hat, so reicht für sie die Erklärung aus, daß sie ein größeres Maß von libidinöser Bedürftigkeit in ihrer Konstitution mitgebracht haben oder frühzeitig mit libidinöser Befriedigung verwöhnt worden sind. Kein Wunder, wenn sich unter diesen Kindern auch die späteren Nervösen befinden; wir wissen ja, die größte Erleichterung für die Entstehung einer Neurose liegt in der Unfähigkeit, eine ansehnlichere Libidostauung durch längere Zeit zu ertragen. Sie merken, daß hier auch das konstitutionelle Moment zu seinem Recht kommt, dem wir seine Rechte ja nie bestreiten wollen. Wir verwahren uns nur dagegen, wenn jemand über diesem Anspruch alle anderen vernachlässigt und das konstitutionelle Moment auch dort einführt, wo es nach den vereinten Ergebnissen von Beobachtung und Analyse nicht hingehört oder an die letzte Stelle zu rükken hat.

Lassen Sie uns aus den Beobachtungen über die Ängstlichkeit der Kinder die Summe ziehen: Die infantile Angst hat sehr wenig mit der Realangst zu schaffen, ist dagegen der neurotischen Angst der Erwachsenen nahe verwandt. Sie entsteht wie diese aus unverwendeter Libido und ersetzt das vermißte Liebesobjekt durch einen äußeren Gegenstand oder eine Situation.

Nun werden Sie es gerne hören, daß uns die Analyse der *Phobien* nicht mehr viel Neues zu lehren hat. Bei diesen geht nämlich dasselbe vor wie bei der Kinderangst; es wird unausgesetzt unverwendbare Libido in eine scheinbare Realangst umgewandelt und so eine winzige äußere Gefahr zur Vertretung der Libidoansprüche eingesetzt. Die Übereinstimmung hat nichts Befremdliches, denn die infantilen Phobien sind nicht nur das Vorbild für die späteren, die wir zur „Angsthysterie" rechnen, sondern die direkte Vorbedingung und das Vorspiel derselben. Jede hysterische Phobie geht auf eine Kinderangst zurück und setzt sie fort, auch wenn sie einen anderen Inhalt hat und also anders benannt werden muß. Der Unterschied der beiden Affektionen liegt im Mechanismus. Beim Erwachsenen reicht es für die Verwandlung der Libido in Angst nicht mehr hin, daß die Libido als Sehnsucht augenblicklich unverwendbar geworden ist. Er hat es längst erlernt, solche Libido schwebend zu erhalten oder anders zu verwenden. Aber wenn die Libido einer psychischen Regung angehört, welche die Verdrängung erfahren hat, dann sind ähnliche Verhältnisse wiederhergestellt wie beim Kind, das noch keine Scheidung zwischen Bewußtem und Unbewußtem besitzt, und durch die Regression auf die infantile Phobie ist gleichsam der Paß eröffnet, über den sich die Verwandlung der Libido in Angst bequem vollziehen kann. Wir haben ja, wie Sie sich erinnern, viel von der Verdrängung gehandelt, aber dabei immer nur das Schicksal der zu verdrängenden Vorstellung verfolgt, natürlich weil dieses leichter zu erkennen und darzustellen war. Was mit dem Affekt geschieht, der an der verdrängten Vorstellung hing, das haben wir immer beiseite gelassen, und wir erfahren erst jetzt, daß es das nächste Schicksal dieses Affektes ist, in Angst verwandelt zu werden, in welcher Qualität immer er sich sonst bei normalem Ablauf gezeigt hätte. Diese Affektverwandlung ist aber das bei weitem wichtigere Stück des Verdrängungsvorganges. Es ist nicht so leicht davon zu reden, weil wir die Existenz unbewußter Affekte nicht in demselben Sinne behaupten können wie die unbewußter Vorstellungen. Eine Vorstellung bleibt bis auf einen Unterschied dasselbe, ob sie bewußt oder unbewußt ist; wir können angeben, was einer unbewußten Vorstellung entspricht. Ein Affekt aber ist ein Abfuhrvorgang, ganz anders zu beurteilen als eine Vorstellung; was ihm im Unbewußten entspricht, ist ohne tiefergehende Überlegungen und Klärungen unserer Vorrausetzungen über die psychischen Vorgänge nicht zu sagen. Das können wir hier nicht unternehmen. Wir wollen aber den Eindruck hochhalten, den wir gewonnen haben, daß die Angstentwicklung innig an das System des Unbewußten geknüpft ist.

Ich sagte die Verwandlung in Angst, besser: die Abfuhr in der Form der Angst, sei das nächste Schicksal der von der Verdrängung betroffenen Libido. Ich muß hinzufügen: nicht das einzige oder endgültige. Es sind bei den Neurosen Prozesse im Gange, welche sich bemühen, diese Angstentwicklung zu binden, und denen dies auch auf verschiedenen Wegen gelingt. Bei den Phobien z. B. kann man deutlich zwei Phasen des neurotischen Vorganges unterscheiden. Die erste besorgt die Verdrängung und die Überführung der Libido in Angst, welche an eine äußere Gefahr gebunden wird. Die zweite besteht in dem Aufbau all jener Vorsichten und Sicherungen, durch welche eine Bemühung mit dieser wie eine Äußerlichkeit behandelten Gefahr vermieden werden soll. Die Verdrängung entspricht einem Fluchtversuch des Ichs vor der als Gefahr empfundenen Libido. Die Phobie kann man einer Verschanzung gegen die äußere Gefahr vergleichen, die nun die gefürchtete Libido vertritt. Die Schwäche des Verteidigungssystems bei den Phobien liegt natürlich darin, daß die Festung, die sich nach außen hin so verstärkt hat, von innen her angreifbar geblieben ist. Die Projektion der Libidogefahr nach außen kann nie gut gelingen. Bei den anderen Neurosen sind darum andere Systeme der Verteidigung gegen die Möglichkeit der Angstentwicklung im Gebrauch. Das ist ein sehr interessantes Stück der Neurosenpsychologie, leider führt es uns zu weit und setzt gründlichere Spezialkenntnisse voraus. Ich will nur noch eines beifügen. Ich habe Ihnen doch bereits von der „Gegenbesetzung" gesprochen, die das Ich bei einer Verdrängung aufwendet und dauernd unterhalten muß, damit die Verdrängung Bestand habe. Dieser Gegenbesetzung fällt die Aufgabe zu, die verschiedenen Formen der Verteidigung gegen die Angstentwicklung nach der Verdrängung durchzuführen.

Kehren wir zu den Phobien zurück. Ich darf nun sagen, Sie sehen ein, wie unzureichend es ist, wenn man an ihnen nur den Inhalt erklären will, sich für nichts anderes interessiert, als woher es kommt, daß dies oder jenes Objekt oder eine beliebige Situation zum Gegenstand der Phobie gemacht wird. Der Inhalt einer Phobie hat für diese ungefähr dieselbe Bedeutung wie die manifeste Traumfassade für den Traum. Es ist mit den notwendigen Einschränkungen zuzugeben, daß unter diesen Inhalten der Phobien sich manche befinden, die, wie *Stanley Hall* hervorhebt, durch phylogenetische Erbschaft zu Angstobjekten geeignet sind. Ja es stimmt dazu, daß viele dieser Angstdinge ihre Verbindung mit der Gefahr nur durch eine symbolische Beziehung herstellen können.

Wir haben uns so überzeugt, welche geradezu zentral zu nennende Stelle das Angstproblem in den Fragen der Neurosenpsychologie einnimmt. Wir haben einen starken Eindruck davon empfangen, wie die Angstentwicklung mit den Schicksalen der Libido und dem System des Unbewußten verknüpft ist. Nur einen Punkt empfanden wir als unverbunden, als eine Lücke in unserer Auffassung, die eine doch schwer bestreitbare Tatsache, daß die Realangst als eine Äußerung der Selbsterhaltungstriebe des Ichs gewertet werden muß.

XXVI. *Vorlesung*
Die Libidotheorie und der Narzißmus

Meine Damen und Herren! Wir haben wiederholt und erst vor kurzem wieder mit der Sonderung der Ichtriebe und der Sexualtriebe zu tun gehabt. Zuerst hat uns die Verdrängung gezeigt, daß die beiden in Gegensatz zueinander treten können; daß dann die Sexualtriebe formell unterliegen und genötigt sind, sich auf regressiven Umwegen Befriedigung zu holen, wobei sie dann in ihrer Unbezwingbarkeit eine Entschädigung für ihre Niederlage finden. Sodann haben wir gelernt, daß die beiden von Anfang an ein verschiedenes Verhältnis zur Erzieherin Not haben, so daß sie nicht dieselbe Entwicklung durchmachen und nicht in die nämliche Beziehung zum Realitätsprinzip geraten. Endlich glauben wir zu erkennen, daß die Sexualtriebe durch weit engere Bande mit dem Affektzustand der Angst verknüpft sind als die Ichtriebe, ein Resultat, welches nur noch in einem wichtigen Punkte unvollständig erscheint. Wir wollen darum zu seiner

Verstärkung noch die bemerkenswerte Tatsache heranziehen, daß die Unbefriedigung von Hunger und Durst, der zwei elementarsten Selbsterhaltungstriebe, niemals deren Umschlag in Angst zur Folge hat, während die Umsetzung von unbefriedigter Libido in Angst, wie wir gehört haben, zu den bestbekannten und am häufigsten beobachteten Phänomenen gehört.

An unserem guten Recht, Ich- und Sexualtriebe zu sondern, kann doch wohl nicht gerüttelt werden. Es ist ja mit der Existenz des Sexuallebens als einer besonderen Betätigung des Individuums gegeben. Es kann sich nur fragen, welche Bedeutung wir dieser Sonderung beilegen, für wie tiefeinschneidend wir sie halten wollen. Die Beantwortung dieser Frage wird sich aber nach dem Ergebnis der Feststellung richten, inwiefern sich die Sexualtriebe in ihren somatischen und seelischen Äußerungen anders verhalten als die anderen, die wir ihnen gegenüberstellen, und wie bedeutsam die Folgen sind, die sich aus diesen Differenzen ergeben. Eine übrigens nicht recht faßbare Wesensverschiedenheit der beiden Triebgruppen zu behaupten, dazu fehlt uns natürlich jedes Motiv. Beide treten uns nur als Benennungen für Energiequellen des Individuums entgegen, und die Diskussion ob sie im Grunde eins oder wesensverschieden sind, und wenn eines, wann sie sich voneinander getrennt haben, kann nicht an den Begriffen geführt werden, sondern muß sich an die biologischen Tatsachen hinter ihnen halten. Darüber wissen wir vorläufig zu wenig, und wüßten wir selbst mehr, es käme für unsere analytische Aufgabe nicht in Betracht.

Wir profitieren offenbar auch sehr wenig, wenn wir nach dem Vorgang von *Jung* die uranfängliche Einheit aller Triebe betonen und die in allem sich äußernde Energie „Libido" nennen. Da sich die Sexualfunktion durch keinerlei Kunststück aus dem Seelenleben eliminieren läßt, sehen wir uns dann genötigt, von sexueller und von asexueller Libido zu sprechen. Der Name Libido bleibt aber mit Recht für die Triebkräfte des Sexuallebens vorbehalten, wie wir es bisher geübt haben.

Ich meine also, die Frage, wie weit die unzweifelhaft berechtigte Sonderung von Sexual- und Selbsterhaltungstrieben fortzusetzen ist, hat für die Psychoanalyse nicht viel Belang; sie ist auch nicht kompetent dafür. Von seiten der Biologie ergeben sich allerdings verschiedene Anhaltspunkte dafür, daß sie etwas Wichtiges bedeutet. Die Sexualität ist ja die einzige Funktion des lebenden Organismus, welche über das Individuum hinausgeht und seine Anknüpfung an die Gattung besorgt. Es ist unverkennbar, daß ihre Ausübung dem Einzelwesen nicht immer Nutzen bringt wie seine anderen Leistungen, sondern ihn um den Preis einer ungewöhnlich hohen Lust in Gefahren bringt, die sein Leben bedrohen und es oft genug verwirken. Es werden auch wahrscheinlich ganz besondere, von allen anderen abweichende Stoffwechselvorgänge erforderlich sein, um einen Anteil des individuellen Lebens als Disposition für die Nachkommenschaft zu erhalten. Und endlich ist das Einzelwesen, das sich selbst als Hauptsache und seine Sexualität als ein Mittel zu seiner Befriedigung wie andere betrachtet, in biologischer Anschauung nur eine Episode in einer Generationsreihe, ein kurzlebiges Anhängsel an ein mit virtueller Unsterblichkeit begabtes Keimplasma, gleichsam der zeitweilige Inhaber eines ihn überdauernden Fideikommisses.

Indes braucht es für die psychoanalytische Aufklärung der Neurosen nicht so weitreichender Gesichtspunkte. Mit Hilfe der gesonderten Verfolgung von Sexual- und Ichtrieben haben wir den Schlüssel zum Verständnis der Gruppe der Übertragungsneurosen gewonnen. Wir konnten sie auf die grundlegende Situation zurückführen, daß die Sexualtriebe in Zwist mit den Erhaltungstrieben geraten oder biologisch – wenn auch ungenauer ausgedrückt –, daß die eine Position des Ichs als selbständiges Einzelwesen mit der anderen als Glied einer Generationsreihe in Widerstreit tritt. Zu solcher Entzweiung kommt es vielleicht nur beim Menschen, und darum mag im ganzen und großen die Neurose sein Vorrecht vor den Tieren sein. Die überstarke Entwicklung seiner Libido und die vielleicht gerade dadurch ermöglichte Ausbildung eines reich gegliederten Seelenlebens scheinen die Bedingungen für die Entstehung eines solchen Konflikts geschaffen zu haben. Es ist ohne weiteres ersichtlich, daß dies auch die Bedingungen der großen Fortschritte sind, die der Mensch über seine Gemeinschaft mit den Tieren hinaus gemacht hat, so daß seine Fähigkeit zur Neurose nur die Kehrseite seiner sonstigen Begabung wäre. Aber auch das sind nur Spekulationen, die uns von unserer nächsten Aufgabe ablenken.

Es war bisher die Voraussetzung unserer Arbeit, daß wir Ich- und Sexualtriebe nach ihren Äußerungen voneinander unterscheiden können. Bei Übertragungsneurosen gelang dies ohne Schwierigkeit. Wir nannten die Energiebesetzungen, die das Ich den Objekten seiner Sexualstrebungen zuwendet, „*Libido*", alle anderen, die von den Selbsterhaltungstrieben ausgeschickt werden, „*Interesse*" und konnten uns durch die Verfolgung der Libidobesetzungen, ihrer Umwandlungen und ihrer endlichen Schicksale eine erste Einsicht in das Getriebe der seelischen Kräfte verschaffen. Die Übertragungsneurosen boten uns hierfür den günstigsten Stoff. Das Ich aber, seine Zusammensetzung aus verschiedenen Organisationen, deren Aufbau und Funktionsweise, blieb uns verhüllt, und wir durften vermuten, daß erst die Analyse anderer neurotischer Störungen uns diese Einsicht bringen könnte.

Wir haben frühzeitig damit begonnen, die psychoanalytischen Anschauungen auf diese anderen Affektionen auszudehnen. Schon 1908 sprach *K. Abraham* nach einem Gedankenaustausch mit mir den Satz aus, es sei der Hauptcharakter der (zu den Psychosen gerechneten) Dementia praecox, daß ihr die Libidobesetzung der Objekte abgehe. (*Die psychosexuellen Differenzen der Hysterie und der Dementia praecox.*) Dann erhob sich aber die Frage, was geschieht mit der von den Objekten abgewandten Libido der Dementen? *Abraham* zögerte nicht, die Antwort zu geben: sie wird auf das Ich zurückgewandt, und diese *reflexive Rückwendung ist die Quelle des Größenwahns der Dementia praecox*. Der Größenwahn ist durchaus der im Liebesleben bekannten Sexualüberschätzung des Objektes zu vergleichen. Wir haben so zum erstenmal einen Zug einer psychotischen Affektion durch die Beziehung auf das normale Liebesleben verstehen gelernt.

Ich sage es Ihnen gleich, diese ersten Auffassungen von *Abraham* haben sich in der Psychoanalyse erhalten und sind die Grundlage für unsere Stellungnahme zu den Psychosen geworden. Man machte sich also langsam mit der Vorstellung vertraut, daß die Libido, die wir an den Objekten haftend finden, die der Ausdruck eines Bestrebens ist, an diesen Objekten eine Befriedigung zu gewinnen, auch von diesen Objekten ablassen und an ihrer Statt das eigene Ich setzen kann, und man baute diese Vorstellung allmählich immer konsequenter aus. Den Namen für diese Unterbringung der Libido – *Narzißmus* – entlehnten wir einer von P. *Näcke* beschriebenen Perversion, bei welcher das erwachsene Individuum den eigenen Leib mit all den Zärtlichkeiten bedenkt, die man sonst für ein fremdes Sexualobjekt aufwendet.

Man sagt sich dann alsbald, wenn es eine solche Fixierung der Libido an den eigenen Leib und die eigene Person anstatt an ein Objekt gibt, so kann dies kein ausnahmsweises und kein geringfügiges Vorkommnis sein. Es ist vielmehr wahrscheinlich, daß dieser Narzißmus der allgemeine und ursprüngliche Zustand ist, aus welchem sich erst später die Objektliebe herausbildete, ohne daß darum der Narzißmus zu verschwinden brauchte. Man mußte sich ja aus der Entwicklungsgeschichte der Objektlibido daran erinnern, daß viele Sexualtriebe sich anfänglich am eigenen Körper, wie wir sagen: *autoerotisch* befriedigen, und daß diese Fähigkeit zum Autoerotismus das Zurückbleiben der Sexualität in der Erziehung zum Realitätsprinzip begründet. So war also der Autoerotismus die Sexualbetätigung des narzißtischen Stadiums der Libidounterbringung.

Um es kurz zu fassen, wir machten uns von dem Verhältnis der Ichlibido zur Objektlibido eine Vorstellung, die ich Ihnen durch ein Gleichnis aus der Zoologie veranschaulichen kann. Denken Sie an jene einfachsten Lebewesen, die aus einem wenig differenzierten Klümpchen protoplasmatischer Substanz bestehen. Sie strecken Fortsätze aus, Pseudopodien genannt, in welche sie ihre Leibessubstanz hinüberfließen lassen. Sie können diese Fortsätze aber auch wieder einziehen und sich zum Klumpen ballen. Das Ausstrecken der Fortsätze vergleichen wir nun der Aussendung von Libido auf die Objekte, während die Hauptmenge der Libido im Ich verbleiben kann, und wir nehmen an, daß unter normalen Verhältnissen Ichlibido ungehindert in Objektlibido umgesetzt und diese wieder ins Ich aufgenommen werden kann.

Mit Hilfe dieser Vorstellungen können wir nun eine ganze Anzahl von seelischen Zuständen erklären oder, bescheidener ausgedrückt, in der Sprache der Libidotheorie beschreiben, Zustände, die wir dem normalen Leben zurechnen müssen, wie das psychische Verhalten in der Verliebtheit, bei organischem Kranksein, im Schlaf. Wir haben für den Schlafzustand die Annahme gemacht, daß er auf Abwendung von der Außenwelt und Einstellung auf den Schlafwunsch beruhe. Was sich als nächtliche Seelentätigkeit im Traume äußerte, fanden wir im Dienste eines Schlafwunsches und überdies von durchaus egoistischen Motiven beherrscht. Wir führen jetzt im Sinne der Libidotheorie aus, daß der Schlaf ein Zustand ist, in welchem alle Objektbesetzungen, die libidinösen ebensowohl wie die egoistischen, aufgegeben und ins Ich zurückgezogen werden. Ob damit nicht ein neues Licht auf die Erholung durch den Schlaf und auf die Natur der Ermüdung überhaupt geworfen wird? Das Bild der seligen Isolierung im Intrauterinleben, welches uns der Schlafende allnächtlich wieder heraufbeschwört, wird so auch nach der psychischen Seite vervollständigt. Beim Schlafenden hat sich der Urzustand der Libidoverteilung wiederhergestellt, der volle Narzißmus, bei dem Libido und Ichinteresse noch vereint und ununterscheidbar in dem sich selbst genügenden Ich wohnen.

Hier ist Raum für zwei Bemerkungen. Erstens, wie unterscheiden sich Narzißmus und Egoismus begrifflich? Nun, ich meine, Narzißmus ist die libidinöse Ergänzung zum Egoismus. Wenn man von Egoismus spricht, hat man nur den Nutzen für das Individuum ins Auge gefaßt; sagt man Narzißmus, so zieht man auch seine libidinöse Befriedigung in Betracht. Als praktische Motive lassen sich die beiden ein ganzes Stück weit gesondert verfolgen. Man kann absolut egoistisch sein und doch starke libidinöse Objektbesetzungen unterhalten, insofern die libidinöse Befriedigung am Objekt zu den Bedürfnissen des Ichs gehört. Der Egoismus wird dann darauf achten, daß die Strebung nach dem Objekt dem Ich keinen Schaden bringe. Man kann egoistisch sein und dabei auch überstark narzißtisch, d. h. ein sehr geringes Objektbedürfnis haben und dies wiederum entweder in der direkten Sexualbefriedigung oder auch in jenen höheren, vom Sexualbedürfnis abgeleiteten Strebungen, die wir gelegentlich als „Liebe" in einen Gegensatz zur „Sinnlichkeit" zu bringen pflegen. Der Egoismus ist in all diesen Beziehungen das Selbstverständliche, Konstante, der Narzißmus das variable Element. Der Gegensatz von Egoismus, *Altruismus* deckt sich begrifflich nicht mit libidinöser Objektbesetzung, er sondert sich von ihr durch den Wegfall der Strebungen nach sexueller Befriedigung. In der vollen Verliebtheit trifft aber der Altruismus mit der libidinösen Objektbesetzung zusammen. Das Sexualobjekt zieht in der Regel einen Anteil des Narzißmus des Ichs auf sich, was als die sogenannte „Sexualüberschätzung" des Objektes bemerkbar wird. Kommt noch die altruistische Überleitung vom Egoismus auf das Sexualobjekt hinzu, so wird das Sexualobjekt übermächtig; es hat das Ich gleichsam aufgesogen.

Ich denke, Sie werden es als Erholung empfinden, wenn ich Ihnen nach der im Grunde trockenen Phantastik der Wissenschaft eine poetische Darstellung des ökonomischen Gegensatzes von Narzißmus und Verliebtheit vorlege. Ich entnehme sie dem *Westöstlichen Diwan Goethes*:

> *Suleika*: Volk und Knecht und Überwinder
> Sie gestehn zu jeder Zeit:
> Höchstes Glück der Erdenkinder
> Sei nur die Persönlichkeit.
> Jedes Leben sei zu führen,
> Wenn man sich nicht selbst vermißt;
> Alles könne man verlieren,
> Wenn man bliebe, was man ist.

> *Hatem*: Kann wohl sein! So wird gemeinet;
> Doch ich bin auf andrer Spur:
> Alles Erdenglück vereinet
> Find' ich in Suleika nur.
> Wie sie sich an mich verschwendet,
> Bin ich mir ein wertes Ich;
> Hätte sie sich weggewendet,
> Augenblicks verlör' ich mich.
> Nun mit Hatem wär's zu Ende;
> Doch schon hab' ich umgelost;
> Ich verkörpere mich behende
> In den Holden, den sie kost.

Die zweite Bemerkung ist eine Ergänzung zur Traumtheorie. Wir können uns die Entstehung des Traumes nicht erklären, wenn wir nicht die Annahme einfügen, daß das verdrängte Unbewußte eine gewisse Unabhängigkeit vom Ich gewonnen hat, so daß es sich dem Schlafwunsch nicht fügt und seine Besetzungen behält, auch wenn alle vom Ich abhängigen Objektbesetzungen zugunsten des Schlafes eingezogen werden. Erst dann ist zu verstehen, daß dies Unbewußte sich die nächtliche Aufhebung oder Herabsetzung der Zensur zunutze machen kann, und daß es sich der Tagesreste zu bemächtigen weiß, um mit ihrem Stoff einen verbotenen Traumwunsch zu bilden. Anderseits mögen schon die Tagesreste ein Stück ihrer Resistenz gegen die vom Schlafwunsch verfügte Libidoeinziehung einer bereits bestehenden Verbindung mit diesem verdrängten Unbewußten verdanken. Diesen dynamisch wichtigen Zug wollen wir also in unsere Auffassung von der Traumbildung nachträglich einfügen.

Organische Erkrankung, schmerzhafte Reizung, Entzündung von Organen schafft einen Zustand, der deutlich eine Ablösung der Libido von ihren Objekten zur Folge hat. Die eingezogene Libido findet sich im Ich wieder als verstärkte Besetzung des erkrankten Körperteiles. Ja man kann die Behauptung wagen, daß unter diesen Bedingungen die Abziehung der Libido von ihren Objekten auffälliger ist als die Abwendung des egoistischen Interesses von der Außenwelt. Von hier aus scheint sich ein Weg zum Verständnis der Hypochondrie zu eröffnen, bei welcher ein Organ in gleicher Weise das Ich beschäftigt, ohne für unsere Wahrnehmung krank zu sein. Aber ich widerstehe der Versuchung, hier weiterzugehen oder andere Situationen zu erörtern, die uns durch die Annahme einer Wanderung der Objektlibido in das Ich verständlich oder darstellbar werden, weil es mich drängt, zwei Einwendungen zu begegnen, die, wie ich weiß, jetzt Ihr Gehör haben. Sie wollen mich erstens zur Rede stellen, warum ich beim Schlaf, in der Krankheit und in den ähnlichen Situationen durchaus Libido und Interesse, Sexualtriebe und Ichtriebe unterscheiden will, wo sich die Beobachtungen durchwegs mit der Annahme einer einzigen und einheitlichen Energie erledigen lassen, die, frei beweglich, bald das Objekt, bald das Ich besetzt, sowohl in den Dienst des einen wie des anderen Triebes tritt. Und zweitens, wie ich mich getrauen kann, die Ablösung der Libido vom Objekt als Quelle eines pathologischen Zustandes zu behandeln, wenn solche Umsetzung der Objektlibido in Ichlibido – oder allgemeiner in Ichenergie – zu den normalen und täglich, allnächtlich, wiederholten Vorgängen in der seelischen Dynamik gehört.

Darauf ist zu erwidern: Ihr erster Einwand klingt gut. Die Erörterung der Zustände des Schlafes, des Krankseins, der Verliebtheit hätte uns an sich wahrscheinlich niemals zur Unterscheidung einer Ichlibido von einer Objektlibido oder der Libido vom Interesse geführt. Aber Sie vernachlässigen dabei die Untersuchungen, von denen wir ausgegangen sind, und in deren Licht wir jetzt die in Rede stehenden seelischen Situationen betrachten. Die Unterscheidung von Libido und Interesse, also von Sexual- und Selbsterhaltungstrieben, ist uns durch die Einsicht in den Konflikt aufgedrängt worden, aus welchem die Übertragungsneurosen hervorgehen. Wir können sie seitdem nicht wieder aufgeben. Die Annahme, daß sich Objektlibido in Ichlibido umsetzen kann, daß man also mit einer Ichlibido zu rechnen hat, ist uns als die einzige erschienen, welche das Rätsel der sogenannten narzißtischen Neurosen, z. B. der Dementia praecox, lösen vermag, von deren Ähnlichkeiten und Verschiedenheiten im Vergleich mit Hysterie und Zwang Rechenschaft geben kann. Auf Krankheit, Schlaf und Verliebtheit wenden wir nun an, was wir anderwärts als unabweisbar bewährt gefunden haben. Wir dürfen mit solchen Anwendungen fortfahren und sehen, wie weit wir damit reichen. Die einzige Behauptung, die nicht direkter Niederschlag unserer analytischen Erfahrung ist, geht dahin, daß Libido Libido bleibt, ob sie nun auf Objekte oder auf das eigene Ich gewendet wird, und sich niemals in egoistisches Interesse umsetzt und ebenso das Umgekehrte. Diese Behauptung ist aber gleichwertig mit der bereits kritisch gewürdigten Sonderung von Sexual- und Ichtrieben, an der wir bis zum möglichen Scheitern aus heuristischen Motiven festhalten wollen.

Auch Ihre zweite Einwendung greift eine berechtigte Frage auf, aber sie zielt in falsche Richtung. Gewiß ist die Einziehung der Objektlibido ins Ich nicht direkt pathogen; wir sehen ja, daß sie jedesmal vor dem Schlafengehen vorgenommen wird, um mit dem Wachen wieder rückgängig zu werden. Das Protoplasmatierchen zieht seine Fortsätze ein, um sie beim nächsten Anlaß wieder auszuschicken. Aber etwas ganz anderes ist es, wenn ein bestimmter, sehr energischer Prozeß die Abziehung der Libido von den Objekten erzwingt. Die narzißtisch gewordene Libido kann dann den Rückweg zu den Objekten nicht finden, und diese Behinderung in der Beweglichkeit der Libido wird allerdings pathogen. Es scheint, daß die Anhäufung der narzißtischen Libido über ein gewisses Maß hinaus nicht vertragen wird. Wir können uns auch vorstellen, daß es eben darum zur Objektbesetzung gekommen ist, daß das Ich seine Libido ausschicken mußte, um nicht an ihrer Stauung zu erkranken. Wenn es in unserem Plane läge, uns mit der Dementia praecox eingehender zu beschäftigen, würde ich Ihnen zeigen, daß jener Prozeß, der die Libido von den Objekten ablöst und ihr den Rückweg zu ihnen absperrt, dem Verdrängungsprozeß nahesteht, als ein Seitenstück zu ihm aufzufassen ist. Vor allem aber würden Sie bekannten Boden unter Ihren Füßen spüren, indem Sie erfahren, daß die Bedingungen dieses Prozesses fast identisch sind – soviel wir bis jetzt erkennen – mit denen der Verdrängung. Der Konflikt scheint der nämliche zu sein und sich zwischen denselben Mächten abzuspielen. Wenn der Ausgang ein so anderer ist als z. B. bei der Hysterie, so kann der Grund davon nur in einer Verschiedenheit der Disposition liegen. Die Libidoentwicklung hat bei diesen Kranken ihre schwache Stelle an einer anderen Phase; die maßgebende Fixierung, welche, wie Sie sich erinnern, den Durchbruch zur Symptombildung gestattet, liegt anderswo, wahrscheinlich im Stadium des primitiven Narzißmus, zu welchem die Dementia praecox in ihrem Endausgang zurückkehrt. Es ist ganz bemerkenswert, daß wir für alle narzißtischen Neurosen Fixierungsstellen der Libido annehmen müssen, welche in weit frühere Phasen der Entwicklung zurückreichen als bei der Hysterie oder der Zwangsneurose. Sie haben aber gehört, daß die Begriffe, die wir im Studium der Übertragungsneurosen erworben haben, auch zur Orientierung in den praktisch so viel schwereren narzißtischen Neurosen ausreichen. Die Gemeinsamkeiten gehen sehr weit; es ist im Grunde dasselbe Erscheinungsgebiet. Sie können sich aber auch vorstellen, wie aussichtslos die Aufklärung dieser schon der Psychiatrie zufallenden Affektionen sich für den gestaltet, der nicht die analytische Kenntnis der Übertragungsneurosen für diese Aufgabe mitbringt.

Das Symptombild der Dementia praecox, das übrigens sehr wechselvoll ist, wird nicht ausschließlich durch die Symptome bestimmt, welche aus der Abdrängung der Libido von den Objekten und deren Anhäufung als narzißtische Libido im Ich hervorgehen. Einen breiten Raum nehmen vielmehr andere Phänomene ein, die sich auf das Bestreben der Libido zurückführen, wieder zu den Objekten zu gelangen, die also einem Restitutions- oder Heilungsversuch entsprechen. Diese Symptome sind sogar die auffälligeren, die lärmenden; sie zeigen eine unzweifelhafte Ähnlichkeit mit denen der Hysterie oder seltener der Zwangsneurose, sind aber doch in jedem Punkte anders. Es scheint, daß die Libido bei der Dementia praecox in ihrem Bemühen, wieder zu den Objekten, d. h. zu den Vorstellungen der Objekte zu kommen, wirklich etwas von ihnen erhascht, aber gleichsam nur ihre Schatten, ich meine, die ihnen zugehörigen Wortvorstellungen. Ich kann hier nicht mehr darüber sagen, aber ich meine, dies Benehmen der rückstrebenden Libido hat uns gestattet, eine Einsicht in das zu gewinnen, was wirklich den Unterschied zwischen einer bewußten und einer unbewußten Vorstellung ausmacht.

Ich habe Sie nun in das Gebiet geführt, auf welchem die nächsten Fortschritte der analytischen Arbeit zu erwarten sind. Seitdem wir uns getrauen, den Begriff der Ichlibido zu handhaben, sind uns die narzißtischen Neurosen zugänglich geworden; es hat sich die Aufgabe ergeben, eine dynamische Aufklärung dieser Affektionen zu gewinnen und gleichzeitig unsere Kenntnis des Seelenlebens durch das Verständnis des Ichs zu vervollständigen. Die Ichpsychologie, die wir anstreben, soll nicht auf die Daten unserer Selbstwahrnehmungen, sondern wie bei der Libido auf die Analyse der Störungen und Zerstörungen des Ichs begründet sein. Wahrscheinlich werden wir von unserer bisherigen Kenntnis der Libidoschicksale, die wir aus dem Studium der Übertragungsneurosen geschöpft haben, gering denken, wenn jene größere Arbeit geleistet ist. Aber dafür sind wir in ihr auch noch nicht weit gekommen. Die narzißtischen Neurosen sind für die Technik, welche uns bei den Übertragungsneurosen gedient hat, kaum angreifbar. Sie werden bald hören, warum. Es geht uns mit ihnen immer so, daß wir nach kurzem Vordringen vor eine Mauer zu stehen kommen, die uns Halt gebietet. Sie wissen, auch bei den Übertragungsneurosen sind wir auf solche Widerstandsschranken gestoßen, aber wir konnten sie Stück für Stück abtragen. Bei den narzißtischen Neurosen ist der Widerstand unüberwindbar; wir dürfen höchstens einen neugierigen Blick über die Höhe der Mauer werfen, um zu erspähen, was jenseits derselben vor sich geht. Unsere technischen Methoden müssen also durch andere ersetzt werden; wir wissen noch nicht, ob uns ein solcher Ersatz gelingen wird. Es fehlt uns allerdings auch bei diesen Kranken nicht an Material. Sie geben vielerlei Äußerungen von sich, wenn auch nicht als Antworten auf unsere Fragen, und wir sind vorläufig darauf angewiesen, diese Äußerungen mit Hilfe des Verständnisses, das wir an den Symptomen der Übertragungsneurosen gewonnen haben, zu deuten. Die Übereinstimmung ist groß genug, um uns einen Anfangsgewinn zuzusichern. Wie weit diese Technik reichen wird, bleibt dahingestellt.

Andere Schwierigkeiten kommen hinzu, um unseren Fortschritt aufzuhalten. Die narzißtischen Affektionen und die an sie anschließenden Psychosen können nur von Beobachtern enträtselt werden, die sich durch das analytische Studium der Übertragungsneurosen geschult haben. Aber unsere Psychiater studieren keine Psychoanalyse und wir Psychoanalytiker sehen zu wenig psychiatrische Fälle. Es muß erst ein Geschlecht von Psychiatern herangewachsen sein, welches durch die Schule der Psychoanalyse als vorbereitender Wissenschaft gegangen ist. Der Anfang dazu wird gegenwärtig in Amerika gemacht, wo sehr viele leitende Psychiater den Studenten die psychoanalytischen Lehren vortragen, und wo Anstaltsbesitzer und Irrenhausdirektoren sich bemühen, ihre Kranken im Sinne dieser Lehren zu beobachten. Immerhin ist es auch uns hier einige Male geglückt, einen Blick über die narzißtische Mauer zu werfen, und ich will Ihnen im Folgenden einiges berichten, was wir erhascht zu haben glauben.

Die Krankheitsform der Paranoia, der chronischen systematischen Verrücktheit, nimmt in den Klassifikationsversuchen der heutigen Psychiatrie eine schwankende Stellung ein. An ihrer nahen Verwandtschaft mit der Dementia praecox ist indes kein Zweifel. Ich habe mir einmal den Vorschlag erlaubt, Paranoia und Dementia praecox unter der gemeinsamen Bezeichnung der *Paraphrenie* zusammenzufassen. Die Formen der Paranoia werden nach ihrem Inhalt als: Größenwahn, Verfolgungswahn, Liebeswahn (Erotomanie), Eifersuchtswahn usw. beschrieben. Erklärungsversuche werden wir von der Psychiatrie nicht erwarten. Als Beispiel eines solchen, allerdings ein veraltetes und nicht ganz vollwertiges Beispiel, erwähne ich Ihnen den Versuch, ein Symptom mittels einer intellektuellen Rationalisierung aus einem anderen abzuleiten: Der Kranke, der sich aus primärer Neigung verfolgt glaubt, soll aus dieser Verfolgung den Schluß ziehen, er müsse doch eine ganz besonders wichtige Persönlichkeit sein, und darum den Größenwahn entwickeln. Für unsere analytische Auffassung ist der Größenwahn die unmittelbare Folge der Ichvergrößerung durch die Einziehung der libidinösen Objektbesetzungen, ein sekundärer Narzißmus als Wiederkehr des ursprünglichen frühinfantilen. An den Fällen von Verfolgungswahn haben wir aber einiges beobachtet, was uns veranlaßte, eine gewisse Spur zu verfolgen. Es fiel uns zunächst auf, daß in der überwiegenden Mehrzahl der Fälle der Verfolger von demselben Geschlecht war wie der Verfolgte. Das war immer noch einer harmlosen Erklärung fähig, aber in einigen gut studierten Fällen zeigte es sich klar, daß die in normalen Zeiten am besten geliebte Person des gleichen Geschlechtes sich seit der Erkrankung zum Verfolger umgewandelt hatte. Eine weitere Entwicklung wird dadurch möglich, daß die geliebte Person nach bekannten Affinitäten durch eine andere ersetzt wird, z. B. der Vater durch den Lehrer, den Vorgesetzten. Wir zogen aus solchen, sich immer vermehrenden Erfahrungen den Schluß, daß die Paranoia persecutoria die Form ist, in der sich das Individuum gegen eine überstark gewordene homosexuelle Regung zur Wehre setzt. Die Verwandlung der Zärtlichkeit in Haß, die bekanntlich zur ernsthaften Lebensbedrohung für das geliebte und gehaßte Objekt werden kann, entspricht dann der Umsetzung libidinöser Regungen in Angst, die ein regelmäßiges Ergebnis des Verdrängungsvorganges ist. Hören Sie z. B. den wiederum letzten Fall meiner diesbezüglichen Beobachtungen. Ein junger Arzt mußte aus seinem Heimatsort verschickt werden, weil er den Sohn eines dortigen Universitätsprofessors, der bis dahin sein bester Freund gewesen war, am Leben bedroht hatte. Er schrieb diesem einstigen Freund wahrhaft teuflische Absichten und eine dämonische Macht zu. Er war schuld an allem Unglück, das in den letzten Jahren die Familie des Kranken getroffen hatte, an jedem familiären und sozialen Mißgeschick. Aber nicht genug damit, der böse Freund und sein Vater, der Professor, hatten auch den Krieg verursacht, die Russen ins Land gerufen. Er hatte sein Leben tausendmal verwirkt, und unser Kranker war überzeugt, daß mit dem Tode des Missetäters alles Unheil zu Ende gebracht wäre. Und doch war seine alte Zärtlichkeit für ihn noch so stark, daß sie seine Hand gelähmt hatte, als sich ihm einmal die Gelegenheit bot, den Feind aus nächster Nähe niederzuschießen. In den kurzen Besprechungen, die ich mit dem Kranken hatte, kam zum Vorschein, daß das freundschaftliche Verhältnis zwischen den beiden weit in die Gymnasialjahre zurückreichte. Wenigstens einmal hatte es die Grenzen der Freundschaft überschritten; ein nächtliches Beisammensein war ihnen der Anlaß zu vollem sexuellen Verkehr geworden. Unser Patient hatte nie die Gefühlsbeziehung zu den Frauen gewonnen, die seiner Altersphase und seiner einnehmenden Persönlichkeit entsprochen hätte. Er war einmal mit einem schönen und vornehmen Mädchen verlobt, aber dieses brach das Verlöbnis ab, weil es bei seinem Bräutigam keine Zärtlichkeit fand. Jahre später brach seine Krankheit gerade in dem Momente aus, als es ihm zum erstenmal geglückt war, ein Weib voll zu befriedigen. Als diese Frau ihn dankbar und hingebungsvoll umarmte, bekam er plötzlich einen rätselhaften Schmerz, der wie ein scharfer Schnitt um die Schädeldecke lief. Er deutete sich diese Sensation später, als ob an ihm der Schnitt ausgeführt wurde, mit dem man bei einer Sektion das Gehirn bloßlegt, und da sein Freund pathologischer Anatom geworden war, entdeckte er langsam, daß nur dieser ihm diese letzte Frau zur Versuchung geschickt haben könne. Von da an gingen ihm auch die Augen über die anderen Verfolgungen auf, deren Opfer er durch das Betreiben des einstigen Freundes werden sollte.

Wie ist es nun aber mit den Fällen, bei denen der Verfolger nicht desselben Geschlechtes ist wie der Verfolgte, deren Anschein also unserer Erklärung einer Abwehr homosexueller Libido widerspricht? Ich habe vor einiger Zeit Gelegenheit gehabt, einen solchen Fall zu untersuchen, und habe aus dem scheinbaren Widerspruch eine Bestätigung entnehmen können. Das junge Mädchen, welches sich von dem Manne verfolgt glaubte, dem sie zwei zärtliche Zusammenkünfte zugestanden, hatte in der Tat zuerst eine Wahnidee gegen eine Frau gerichtet, die man als Mutterersatz auffassen kann. Erst nach, der zweiten Zusammenkunft machte sie den Fortschritt, dieselbe Wahnidee von der Frau abzulösen und auf den Mann zu übertragen. Die Bedingung des gleichen Geschlechtes für den Verfolger war also ursprünglich auch in diesem Falle eingehalten worden. In ihrer Klage vor dem Rechtsfreund und dem Arzt hatte die Patientin dieses Vorstadium ihres Wahnes nicht erwähnt und so den Anschein eines Widerspruches gegen unser Verständnis der Paranoia erweckt.

Die homosexuelle Objektwahl liegt dem Narzißmus ursprünglich näher als die heterosexuelle. Wenn es dann gilt, eine unerwünscht starke homosexuelle Regung abzuweisen, so ist der Rückweg zum Narzißmus besonders erleichtert. Ich habe bisher sehr wenig Gelegenheit gehabt, Ihnen von den Grundlagen des Liebeslebens, soweit wir sie erkannt haben, zu sprechen, kann es auch jetzt nicht nachholen. Ich will nur so viel herausheben, daß die Objektwahl, der Fortschritt in der Libidoentwicklung, der nach dem narzißtischen Stadium gemacht wird, nach zwei verschiedenen Typen erfolgen kann. Entweder nach dem narzißtischen Typus, indem an die Stelle des eigenen Ichs ein ihm möglichst ähnliches tritt, oder nach dem Anlehnungstypus, indem die Personen, die durch Befriedigung der anderen Lebensbedürfnisse wertvoll geworden sind, auch von der Libido zu Objekten gewählt werden. Eine starke Libidofixierung an den narzißtischen Typus der Objektwahl rechnen wir auch in die Dispositon zur manifesten Homosexualität ein.

Sie erinnern sich, daß ich Ihnen in der ersten Zusammenkunft dieses Semesters von einem Fall von Eifersuchtswahn bei einer Frau erzählt habe. Nun da wir so nahe dem Ende sind, möchten Sie gewiß gerne hören, wie wir psychoanalytisch eine Wahnidee erklären. Aber ich habe Ihnen dazu weniger zu sagen, als Sie erwarten. Die Unangreifbarkeit der Wahnidee durch logische Argumente und reale Erfahrungen erklärt sich ebenso wie die eines Zwanges durch die Beziehung zum Unbewußten, welches durch die Wahnidee oder Zwangsidee repräsentiert und niedergehalten wird. Der Unterschied zwischen beiden ist in der verschiedenen Topik und Dynamik der beiden Affektionen begründet.

Wie bei der Paranoia, so haben wir auch bei der Melancholie, von der übrigens sehr verschiedene klinische Formen beschrieben werden, eine Stelle gefunden, an welcher ein Einblick in die innere Struktur der Affektion möglich wird. Wir haben erkannt, daß die Selbstvorwürfe, mit denen sich diese Melancholiker in der erbarmungslosesten Weise quälen, eigentlich einer anderen Person gelten, dem Sexualobjekt, welches sie verloren haben, oder das ihnen durch seine Schuld entwertet worden ist. Daraus konnten wir schließen, der Melancholiker habe zwar seine Libido von dem Objekt zurückgezogen, aber durch einen Vorgang, den man „narzißtische Identifizierung" heißen muß, sei das Objekt im Ich selbst errichtet, gleichsam auf das Ich projiziert worden. Ich kann Ihnen hier nur eine bildliche Schilderung, nicht eine topisch-dynamisch geordnete Beschreibung geben. Nun wird das eigene Ich wie das aufgegebene Objekt behandelt und erleidet alle die Aggressionen und Äußerungen der Rachsucht, die dem Objekt zugedacht waren. Auch die Selbstmordneigung der Melancholiker wird durch die Erwägung begreiflicher, daß die Erbitterung des Kranken mit demselben Schlage das eigene Ich wie das geliebtgehaßte Objekt trifft. Bei der Melancholie wie bei anderen narzißtischen Affektionen kommt in sehr ausgeprägter Weise ein Zug des Gefühlslebens zum Vorschein, den wir seit *Bleuler* als *Ambivalenz* zu bezeichnen gewohnt sind. Wir meinen damit die Richtung entgegengesetzter, zärtlicher und feindseliger Gefühle gegen dieselbe Person. Ich bin im Verlaufe dieser Besprechungen leider nicht in die Lage gekommen, Ihnen mehr von der Gefühlsambivalenz zu erzählen.

Außer der narzißtischen Identifizierung gibt es eine hysterische, die uns seit sehr viel längerer Zeit bekannt ist. Ich wollte, es wäre schon möglich, Ihnen die Verschiedenheiten der beiden durch einige klargestellte Bestimmungen zu erläutern. Von den periodischen und zyklischen Formen der Melancholie kann ich Ihnen etwas mitteilen, was Sie gewiß gerne hören werden. Es ist nämlich unter günstigen Umständen möglich – ich habe die Erfahrung zweimal gemacht durch analytische Behandlung in den freien Zwischenzeiten der Wiederkehr des Zustandes in der gleichen oder entgegengesetzten Stimmungslage vorzubeugen. Man erfährt dabei, daß es sich auch bei der Melancholie und Manie um eine besondere Art der Erledigung eines Konfliktes handelt, dessen Voraussetzungen durchaus mit denen der anderen Neurosen übereinstimmen. Sie können sich denken, wieviel es auf diesem Gebiete noch für die Psychoanalyse zu erfahren gibt.

Ich sagte Ihnen auch, daß wir durch die Analyse der narzißtischen Affektionen eine Kenntnis von der Zusammensetzung unseres Ichs und seinem Aufbau aus Instanzen zu gewinnen hoffen. An einer Stelle haben wir den Anfang dazu gemacht. Aus der Analyse des Beobachtungswahnes haben wir den Schluß gezogen, daß es im Ich wirklich eine Instanz gibt, die unausgesetzt beobachtet, kritisiert und vergleicht und sich solcherart dem anderen Anteil des Ichs entgegenstellt. Wir meinen also, daß der Kranke uns eine noch nicht genug gewürdigte Wahrheit verrät, wenn er sich beklagt, daß jeder seiner Schritte ausgespäht und beobachtet, jeder seiner Gedanken gemeldet und kritisiert wird. Er irrt nur darin, daß er diese unbequeme Macht als etwas ihm Fremdes nach außen verlegt. Er verspürt das Walten einer Instanz in seinem Ich, welche sein aktuelles Ich und jede seiner Betätigungen an einem *Ideal-Ich* mißt, das er sich im Laufe seiner Entwicklung geschaffen hat. Wir meinen auch, diese Schöpfung geschah in der Absicht, jene Selbstzufriedenheit wiederherzustellen, die mit dem primären infantilen Narzißmus verbunden war, die aber seither so viel Störungen und Kränkungen erfahren hat. Die selbstbeobachtende Instanz kennen wir als den Ichzensor, das Gewissen; sie ist dieselbe, die nächtlicherweile die Traumzensur ausübt, von der die Verdrängungen gegen unzulässige Wunschregungen ausgehen. Wenn sie beim Beobachtungswahn zerfällt, so deckt sie uns dabei ihre Herkunft auf aus den Einflüssen von Eltern, Erziehern und sozialer Umgebung, aus der Identifizierung mit einzelnen dieser vorbildlichen Personen.

Dies wären einige der Ergebnisse, welche uns die Anwendung der Psychoanalyse auf die narzißtischen Affektionen bisher geliefert hat.

Es sind gewiß noch zu wenige, und sie entbehren oft noch jener Schärfe, die erst durch sichere Vertrautheit auf einem neuen Gebiete erreicht werden kann. Wir verdanken sie alle der Ausnützung des Begriffes der Ichlibido oder narzißtischen Libido, mit dessen Hilfe wir die Auffassungen, die sich bei den Übertragungsneurosen bewährt haben, auf die narzißtischen Neurosen erstrecken. Nun werden Sie aber die Frage stellen: ist es möglich, daß es uns gelingt, alle Störungen der narzißtischen Affektionen und der Psychosen der Libidotheorie unterzuordnen, daß wir überall den libidinösen Faktor des Seelenlebens als den an der Erkrankung schuldigen erkennen und niemals eine Abänderung in der Funktion der Selbsterhaltungstriebe verantwortlich zu machen brauchen? Nun, meine Damen und Herren, diese Entscheidung scheint mir nicht dringlich und vor allem nicht spruchreif zu sein. Wir können sie ruhig dem Fortschritt der wissenschaftlichen Arbeit überlassen. Ich würde mich nicht verwundern, wenn sich das Vermögen der pathogenen Wirkung wirklich als ein Vorrecht der libidinösen Triebe herausstellte, so daß die Libidotheorie auf der ganzen Linie von den einfachsten Aktualneurosen bis zur schwersten psychotischen Entfremdung des Individuums ihren Triumph feiern könnte. Kennen wir es doch als charakteristischen Zug der Libido, daß sie der Unterordnung unter die Realität der Welt, die Ananke, widerstrebt. Aber ich halte es für überaus wahrscheinlich, daß die Ichtriebe durch die pathogenen Anregungen der Libido sekundär mitgerissen und zur Funktionsstörung genötigt werden. Und ich kann kein Scheitern unserer Forschungsrichtung darin erblicken, wenn uns die Erkenntnis bevorsteht, daß bei den schweren Psychosen die Ichtriebe selbst in primärer Weise irregeführt werden; die Zukunft wird es, Sie wenigstens, lehren. Lassen Sie mich aber noch für einen Moment zur Angst zurückkehren, um eine letzte Dunkelheit, die wir dort gelassen haben, zu erleuchten. Wir sagten, es stimme uns nicht zu der sonst so gut erkannten Beziehung zwischen Angst und Libido, daß die Realangst angesichts einer Gefahr die Äußerung der Selbsterhaltungtriebe sein sollte, was sich aber doch kaum bestreiten läßt. Wie wäre es aber, wenn der Angstaffekt nicht von den egoistischen Ichtrieben, sondern von der Ichlibido bestritten würde? Der Angstzustand ist doch auf alle Fälle unzweckmäßig, und seine Unzweckmäßigkeit wird offenkundig, wenn er einen höheren Grad erreicht. Er stört dann die Aktion, sei es der Flucht oder der Abwehr, die allein zweckmäßig ist und der Selbsterhaltung dient. Wenn wir also den affektiven Anteil der Realangst der Ichlibido, die Aktion dabei dem Icherhaltungtrieb zuschreiben, haben wir jede theoretische Schwierigkeit beseitigt. Sie werden übrigens doch nicht im Ernst glauben, daß man sich flüchte, weil man Angst verspürt? Nein, man verspürt die Angst und man ergreift die Flucht aus dem gemeinsamen Motiv, das durch die Wahrnehmung der Gefahr geweckt wird. Menschen, die große Lebensgefahren bestanden haben, erzählen, sie haben sich gar nicht geängstigt, bloß gehandelt, z. B. das Gewehr auf das Raubtier angelegt, und das war gewiß das Zweckmäßigste.

XXVII. *Vorlesung*
Die Übertragung

Meine Damen und Herren! Da wir uns jetzt dem Abschluß unserer Besprechungen nähern, wird eine bestimmte Erwartung bei Ihnen rege werden, die Sie nicht irreführen soll. Sie denken es sich wohl, daß ich Sie nicht durch Dick und Dünn des psychoanalytischen Stoffes geführt habe, um Sie am Ende zu entlassen, ohne Ihnen ein Wort von der Therapie zu sagen, auf welcher doch die Möglichkeit beruht, überhaupt Psychoanalyse zu treiben. Ich kann Ihnen dieses Thema auch unmöglich vorenthalten, denn dabei sollen Sie aus der Beobachtung eine neue Tatsache kennenlernen, ohne welche das Verständnis der von uns untersuchten Erkrankungen in fühlbarster Weise unvollständig bliebe.

Ich weiß, Sie erwarten keine Anleitung in der Technik, wie man die Analyse zu therapeutischen Zwecken ausüben soll. Sie wollen nur im allgemeinsten wissen, auf welchem Wege die psychoanalytische Therapie wirkt und was sie ungefähr leistet. Und das zu erfahren, haben Sie ein unbestreitbares Recht. Ich will es Ihnen aber nicht mitteilen, sondern bestehe darauf, daß Sie es selbst erraten.

Denken Sie nach! Sie haben alles Wesentliche von den Bedingungen der Erkrankung sowie alle die Faktoren, die bei der erkrankten Person zur Geltung kommen, kennengelernt. Wo bleibt da ein Raum für eine therapeutische Einwirkung? Da ist zunächst die hereditäre Disposition; – wir kommen nicht oft auf sie zu sprechen, weil sie von anderer Seite energisch betont wird und wir nichts Neues zu ihr zu sagen haben. Aber glauben Sie nicht, daß wir sie unterschätzen; gerade als Therapeuten bekommen wir ihre Macht deutlich genug zu spüren. Jedenfalls können wir nichts an ihr ändern; sie bleibt auch für uns etwas Gegebenes, was unserer Bemühung Schranken setzt. Dann der Einfluß der frühen Kindererlebnisse, den wir in der Analyse voranzustellen gewohnt sind; sie gehören der Vergangenheit an, wir können sie nicht ungeschehen machen. Dann all das, was wir als die „reale Versagung" zusammengefaßt haben, als das Unglück des Lebens, aus dem die Entbehrung an Liebe hervorgeht, die Armut, der Familienzwist, das Ungeschick in der Ehewahl, die Ungunst der sozialen Verhältnisse und die Strenge der sittlichen Anforderungen, unter deren Druck eine Person steht. Da wären freilich Handhaben genug für eine sehr wirksame Therapie, aber es müßte eine Therapie sein, wie sie nach der Wiener Volkssage Kaiser Josef geübt hat, das wohltätige Eingreifen eines Mächtigen, vor dessen Willen Menschen sich beugen und Schwierigkeiten verschwinden. Aber wer sind wir, daß wir solches Wohltun als Mittel in unsere Therapie aufnehmen könnten? Selbst arm und gesellschaftlich ohnmächtig, genötigt von unserer ärztlichen Tätigkeit unseren Unterhalt zu bestreiten, sind wir nicht einmal in der Lage, unsere Bemühung auch dem Mittellosen zuzuwenden, wie es doch andere Ärzte bei anderen Behandlungsmethoden können. Unsere Therapie ist dafür zu zeitraubend und zu langwierig. Aber vielleicht klammern Sie sich an eines der angeführten Momente und glauben dort den Angriffspunkt für unsere Beeinflussung gefunden zu haben. Wenn die sittliche Beschränkung, die von der Gesellschaft gefordert wird, ihren Anteil an der dem Kranken auferlegten Entbehrung hat, so kann ihm ja die Behandlung den Mut oder direkt die Anweisung geben, sich über diese Schranken hinauszusetzen, sich Befriedigung und Genesung zu holen unter Verzicht auf die Erfüllung eines von der Gesellschaft hochgehaltenen, doch so oft nicht eingehaltenen Ideals. Man wird also dadurch gesund, daß man sich sexuell „auslebt". Allerdings fällt dabei auf die analytische Behandlung der Schatten, daß sie nicht der allgemeinen

Sittlichkeit dient. Was sie dem Einzelnen zuwendet, hat sie der Allgemeinheit entzogen.

Aber, meine Damen und Herren, wer hat Sie denn so falsch berichtet? Es ist nicht die Rede davon, daß der Rat, sich sexuell auszuleben, in der analytischen Therapie eine Rolle spielen könnte. Schon darum nicht, weil wir selbst verkündet haben, bei den Kranken bestehe ein hartnäckiger Konflikt zwischen der libidinösen Regung und der Sexualverdrängung, zwischen der sinnlichen und der asketischen Richtung. Dieser Konflikt wird dadurch nicht aufgehoben, daß man einer dieser Richtungen zum Sieg über die gegnerische verhilft. Wir sehen es ja, daß beim Nervösen die Askese die Oberhand behalten hat. Die Folge davon ist gerade, daß sich die unterdrückte Sexualstrebung in Symptomen Luft schafft. Wenn wir jetzt im Gegenteil der Sinnlichkeit den Sieg verschaffen würden, so müßte sich die beiseite geschobene Sexualverdrängung durch Symptome ersetzen. Keine der beiden Entscheidungen kann den inneren Konflikt beenden, jedesmal bliebe ein Anteil unbefriedigt. Es gibt nur wenige Fälle, in denen der Konflikt so labil ist, daß ein Moment wie die Parteinahme des Arztes den Ausschlag geben kann, und diese Fälle bedürfen eigentlich keiner analytischen Behandlung. Personen, bei welchen dem Arzt ein solcher Einfluß zufallen kann, hätten denselben Weg auch ohne den Arzt gefunden. Sie wissen doch, wenn ein abstinenter junger Mann sich zum illegitimen Sexualverkehr entschließt oder eine unbefriedigte Frau bei einem anderen Manne Entschädigung sucht, so haben sie in der Regel nicht auf die Erlaubnis eines Arztes oder gar des Analytikers gewartet.

Man übersieht an dieser Sachlage gewöhnlich den einen wesentlichen Punkt, daß der pathogene Konflikt der Neurotiker nicht mit einem normalen Kampf seelischer Regungen, die auf demselben psychologischen Boden stehen, zu verwechseln ist. Es ist ein Widerstreit zwischen Mächten, von denen die eine es zur Stufe des Vorbewußten und Bewußten gebracht hat, die andere auf der Stufe des Unbewußten zurückgehalten worden ist. Darum kann der Konflikt zu keinem Austrag gebracht werden; die Streitenden kommen so wenig zueinander wie in dem bekannten Beispiel der Eisbär und der Walfisch. Eine wirkliche Entscheidung kann erst fallen, wenn sich die beiden auf demselben Boden treffen. Ich denke, dies zu ermöglichen, ist die einzige Aufgabe der Therapie.

Und überdies kann ich Ihnen versichern, daß Sie falsch berichtet sind, wenn Sie annehmen, Rat und Leitung in den Angelegenheiten des Lebens sei ein integrierendes Stück der analytischen Beeinflussung. Im Gegenteil, wir lehnen eine solche Mentorrolle nach Möglichkeit ab, wollen nichts lieber erreichen, als daß der Kranke selbständig seine Entscheidungen treffe. In dieser Absicht fordern wir auch, daß er alle lebenswichtigen Entschlüsse über Berufswahl, wirtschaftliche Unternehmungen, Eheschließung oder Trennung über die Dauer der Behandlung zurückstelle und erst nach Beendigung derselben zur Ausführung bringe. Gestehen Sie nur, das ist alles anders, als Sie es sich vorgestellt haben. Nur bei gewissen sehr jugendlichen oder ganz hilf- und haltlosen Personen können wir die gewollte Beschränkung nicht durchsetzen. Bei ihnen müssen wir die Leistung des Arztes mit der des Erziehers kombinieren; wir sind uns dann unserer Verantwortung wohl bewußt und benehmen uns mit der notwendigen Vorsicht.

Aus dem Eifer, mit dem ich mich gegen den Vorwurf verteidige, daß der Nervöse in der analytischen Kur zum Sichausleben angeleitet wird, dürfen Sie aber nicht den Schluß ziehen, daß wir zu Gunsten der gesellschaftlichen Sittsamkeit auf ihn wirken. Das liegt uns zum mindesten ebenso ferne. Wir sind zwar keine Reformer, sondern bloß Beobachter, aber wir können nicht umhin, mit kritischen Augen zu beobachten, und haben es unmöglich gefunden, für die konventionelle Sexualmoral Partei zu nehmen, die Art, wie die Gesellschaft die Probleme des Sexuallebens praktisch zu ordnen versucht, hoch einzuschätzen. Wir können es der Gesellschaft glatt vorrechnen, daß das was sie ihre Sittlichkeit heißt, mehr Opfer kostet, als es wert ist, und daß ihr Verfahren weder auf Wahrhaftigkeit noch von Klugheit zeugt. Wir ersparen es unseren Patienten nicht, diese Kritik mitanzuhören, wir gewöhnen sie an vorurteilsfreie Erwägung der sexuellen Angelegenheiten wie aller anderen, und wenn sie, nach Vollendung ihrer Kur selbständig geworden, sich aus eigenem Ermessen zu irgendeiner mittleren Position zwischen dem vollen Ausleben und der unbedingten Askese entschließen, fühlen wir unser Gewissen durch keinen dieser Ausgänge belastet. Wir sagen uns, wer die Erziehung zur Wahrheit gegen sich selbst mit Erfolg durchgemacht hat, der ist gegen die Gefahr der Unsittlichkeit dauernd geschützt, mag sein Maßstab der Sittlichkeit auch von dem in der Gesellschaft gebräuchlichen irgendwie abweichen. Übrigens, hüten wir uns davor, die Bedeutung der Abstinenzfrage für die Beeinflussung der Neurosen zu überschätzen. Nur in einer Minderzahl kann der pathogenen Situation der Versagung mit darauffolgender Libidostauung durch die Art von Sexualverkehr ein Ende gemacht werden, die mit geringer Mühe zu erreichen ist.

Durch die Gestattung des sexuellen Auslebens können Sie also die therapeutische Wirkung der Psychoanalyse nicht erklären. Sehen Sie sich nach anderem um. Ich denke, während ich diese Ihre Mutmaßung abwies, hat eine Bemerkung von mir Sie auf die richtige Spur geführt. Es muß wohl die Ersetzung des Unbewußten durch Bewußtes, die Übersetzung des Unbewußten in Bewußtes sein, wodurch wir nützen. Richtig, das ist es auch. Indem wir das Unbewußte zum Bewußten fortsetzen, heben wir die Verdrängungen auf, beseitigen wir die

Bedingungen für die Symptombildung, verwandeln wir den pathogenen Konflikt in einen normalen, der irgendwie eine Entscheidung finden muß. Nichts anderes als diese eine psychische Veränderung rufen wir beim Kranken hervor: so weit diese reicht, so weit trägt unsere Hilfeleistung. Wo keine Verdrängung oder ein ihr analoger psychischer Vorgang rückgängig zu machen ist, da hat auch unsere Therapie nichts zu suchen.

Wir können das Ziel unserer Bemühung in verschiedenen Formeln ausdrükken: Bewußtmachen des Unbewußten, Aufhebung der Verdrängungen, Ausfüllung der amnestischen Lücken, das kommt alles auf das gleiche hinaus. Aber vielleicht werden Sie von diesem Bekenntnis unbefriedigt sein. Sie haben sich unter dem Gesundwerden eines Nervösen etwas anderes vorgestellt, daß er ein anderer Mensch werde, nachdem er sich der mühseligen Arbeit einer Psychoanalyse unterzogen hat, und dann soll das ganze Ergebnis sein, daß er etwas weniger Unbewußtes und etwas mehr Bewußtes in sich hat als vorher. Nun, Sie unterschätzen wahrscheinlich die Bedeutung einer solchen inneren Veränderung. Der geheilte Nervöse ist wirklich ein anderer Mensch geworden, im Grunde ist er aber natürlich derselbe geblieben, d. h. er ist so geworden, wie er bestenfalls unter den günstigsten Bedingungen hätte werden können. Aber das ist sehr viel. Wenn Sie dann hören, was man alles tun muß und welcher Anstrengung es bedarf, um jene anscheinend geringfügige Veränderung in seinem Seelenleben durchzusetzen, wird Ihnen die Bedeutung eines solchen Unterschiedes im psychischen Niveau wohl glaubhaft erscheinen.

Ich schweife für einen Augenblick ab, um zu fragen, ob Sie wissen, was man eine kausale Therapie nennt? So heißt man nämlich ein Verfahren, welches nicht die Krankheitserscheinungen zum Angriffspunkt nimmt, sondern sich die Beseitigung der Krankheitsursachen vorsetzt. Ist nun unsere psychoanalytische eine kausale Therapie oder nicht? Die Antwort ist nicht einfach, gibt aber vielleicht Gelegenheit, uns von dem Unwert einer solchen Fragestellung zu überzeugen. Insoferne die analytische Therapie sich nicht die Beseitigung der Symptome zur nächsten Aufgabe setzt, benimmt sie sich wie eine kausale. In anderer Hinsicht können Sie sagen, sie sei es nicht. Wir haben nämlich die Kausalverkettung längst über die Verdrängungen hinaus verfolgt bis zu den Triebanlagen, deren relativen Intensitäten in der Konstitution und den Abweichungen ihres Entwicklungsganges. Nehmen Sie nun an, es wäre uns etwa auf chemischem Wege möglich, in dies Getriebe einzugreifen, die Quantität der jeweils vorhandenen Libido zu erhöhen oder herabzusetzen oder den einen Trieb auf Kosten eines anderen zu verstärken, so wäre dies eine im eigentlichen Sinne kausale Therapie, für welche unsere Analyse die unentbehrliche Vorarbeit der Rekognoszierung geleistet hätte. Von solcher Beeinflussung der Libidovorgänge ist derzeit, wie Sie wissen, keine Rede; mit unserer psychischen Therapie greifen wir an einer anderen Stelle des Zusammenhanges an, nicht gerade an den uns ersichtlichen Wurzeln der Phänomene, aber doch weit genug weg von den Symptomen, an einer Stelle, die uns durch sehr merkwürdige Verhältnisse zugänglich geworden ist.

Was müssen wir also tun, um das Unbewußte bei unserem Patienten durch Bewußtes zu ersetzen? Wir haben einmal gemeint, das ginge ganz einfach, wir brauchten nur dies Unbewußte zu erraten und es ihm vorzusagen. Aber wir wissen schon, das war ein kurzsichtiger Irrtum. Unser Wissen um das Unbewußte ist nicht gleichwertig mit seinem Wissen; wenn wir ihm unser Wissen mitteilen, so hat er es nicht an *Stelle* seines Unbewußten, sondern neben demselben, und es ist sehr wenig geändert. Wir müssen uns vielmehr dieses Unbewußte *topisch* vorstellen, müssen es in seiner Erinnerung dort aufsuchen, wo es durch eine Verdrängung zustande gekommen ist. Diese Verdrängung ist zu beseitigen, dann kann sich der Ersatz des Unbewußten durch Bewußtes glatt vollziehen. Wie hebt man nun eine solche Verdrängung auf? Unsere Aufgabe tritt hier in eine zweite Phase. Zuerst das Aufsuchen der Verdrängung, dann die Beseitigung des Widerstandes, welcher diese Verdrängung aufrecht hält.

Wie schafft man den Widerstand weg? In der nämlichen Weise: indem man ihn errät und dem Patienten vorhält. Der Widerstand stammt ja auch aus einer Verdrängung, aus der nämlichen, die wir zu lösen suchen, oder aus einer früher vorgefallenen. Er wird ja von der Gegenbesetzung hergestellt, die sich zur Verdrängung der anstößigen Regung erhob. Wir tun also jetzt dasselbe, was wir schon anfangs tun wollten, deuten, erraten und es mitteilen; aber wir tun es jetzt an der richtigen Stelle. Die Gegenbesetzung oder der Widerstand gehört nicht dem Unbewußten, sondern dem Ich an, welches unser Mitarbeiter ist, und dies, selbst wenn sie nicht bewußt sein sollte. Wir wissen, es handelt sich hier um den Doppelsinn des Wortes „unbewußt", einerseits als Phänomen, anderseits als System. Das scheint sehr schwierig und dunkel; aber nicht wahr, es ist doch nur Wiederholung? Wir sind längst darauf vorbereitet. Wir erwarten, daß dieser Widerstand aufgegeben, die Gegenbesetzung eingezogen werden wird, wenn wir dem Ich die Erkenntnis desselben durch unsere Deutung ermöglicht haben. Mit welchen Triebkräften arbeiten wir denn in einem solchen Falle? Erstens mit dem Streben des Patienten gesund zu werden, das ihn bewogen hat, sich in die gemeinschaftliche Arbeit mit uns zu fügen, und zweitens mit der Hilfe seiner Intelligenz, welche wir durch unsere Deutung unterstützen. Es ist kein Zweifel, daß die Intelligenz des Kranken es leichter hat, den Widerstand zu erkennen und die dem Verdrängten entsprechende Übersetzung zu finden, wenn wir ihr die dazu passenden Erwartungsvorstellungen gegeben haben. Wenn ich Ihnen sage: schauen Sie auf den Himmel, da ist ein Luftballon zu sehen, so werden Sie ihn auch viel leichter finden, als wenn ich Sie bloß auffordere hinaufzuschauen, ob Sie irgend etwas entdecken. Auch der Student, der die ersten Male ins Mikroskop guckt, wird vom Lehrer unterrichtet, was er sehen soll, sonst sieht er es überhaupt nicht, obwohl es da und sichtbar ist.

Und nun die Tatsache. Bei einer ganzen Anzahl von Formen nervöser Erkrankung, bei den Hysterien, Angstzuständen, Zwangsneurosen trifft unsere Voraussetzung zu. Durch solches Aufsuchen der Verdrängung, Aufdecken der Widerstände, Andeuten des Verdrängten gelingt es wirklich, die Aufgabe zu lösen, also die Widerstände zu überwinden, die Verdrängung aufzuheben und das Unbewußte in Bewußtes zu verwandeln. Dabei gewinnen wir den klarsten Eindruck davon, wie sich um die Überwindung eines jeden Widerstandes ein heftiger Kampf in der Seele des Patienten abspielt, ein normaler Seelenkampf auf gleichem psychologischen Boden zwischen den Motiven, welche die Gegenbesetzung aufrechthalten wollen, und denen, die bereit sind, sie aufzugeben. Die ersteren sind die alten Motive, die seinerzeit die Verdrängung durchgesetzt haben; unter den letzteren befinden sich die neu hinzugekommenen, die hoffentlich den Konflikt in unserem Sinne entscheiden werden. Es ist uns gelungen, den alten Verdrängungskonflikt wieder aufzufrischen, den damals erledigten Prozeß zur Revision zu bringen. Als neues Material bringen wir erstens hinzu die Mahnung, daß die frühere Entscheidung zur Krankheit geführt hat, und das Versprechen, daß eine andere den Weg zur Genesung bahnen wird, zweitens die großartige Veränderung aller Verhältnisse seit dem Zeitpunkt jener ersten Abweisung. Damals war das Ich schwächlich, infantil, und hatte vielleicht Grund, die Libidoforderung als Gefahr zu ächten. Heute ist es erstarkt und erfahren und hat überdies in dem Arzt einen Helfer zur Seite. So dürfen wir erwarten, den aufgefrischten Konflikt zu einem besseren Ausgang als dem in Verdrängung zu leiten, und wie gesagt, bei den Hysterien, Angst- und Zwangsneurosen gibt der Erfolg uns prinzipiell recht.

Nun gibt es aber andere Krankheitsformen, bei denen trotz der Gleichheit der Verhältnisse unser therapeutisches Vorgehen niemals Erfolg bringt. Es hat sich auch bei ihnen um einen ursprünglichen Konflikt zwischen dem Ich und der Libido gehandelt, der zur Verdrängung geführt hat – mag diese auch topisch anders zu charakterisieren sein –, es ist auch hier möglich, die Stellen aufzuspüren, an denen im Leben des Kranken die Verdrängungen vorgefallen sind, wir wenden das nämliche Verfahren an, sind zu denselben Versprechungen bereit, leisten dieselbe Hilfe durch Mitteilung von Erwartungsvorstellungen, und wiederum läuft die Zeitdifferenz zwischen der Gegenwart und jenen Verdrängungen zu Gunsten eines anderen Ausganges des Konflikts. Und doch gelingt es uns nicht, einen Widerstand aufzuheben oder eine Verdrängung zu beseitigen. Diese

Patienten, Paranoiker, Melancholiker, mit Dementia praecox Behaftete, bleiben im ganzen ungerührt und gegen die psychoanalytische Therapie gefeit. Woher kann das kommen? Nicht von dem Mangel an Intelligenz; ein gewisses Maß von intellektueller Leistungsfähigkeit wird bei unseren Patienten natürlich erforderlich sein, aber daran fehlt es z. B. den so scharfsinnig kombinierenden Paranoikern sicherlich nicht. Auch von den anderen Triebkräften können wir keine vermissen. Die Melancholiker z. B. haben das Bewußtsein, krank zu sein und darum so schwer zu leiden, das den Paranoikern abgeht, in sehr hohem Maße, aber sie sind darum nicht zugänglicher. Wir stehen hier vor einer Tatsache, die wir nicht verstehen, und die uns darum auch zweifeln heißt, ob wir den möglichen Erfolg bei den anderen Neurosen wirklich in all seinen Bedingungen verstanden haben.

Bleiben wir bei der Beschäftigung mit unseren Hysterikern und Zwangsneurotikern, so tritt uns alsbald eine zweite Tatsache entgegen, auf die wir in keiner Weise vorbereitet waren. Nach einer Weile müssen wir nämlich bemerken, daß diese Kranken sich gegen uns in ganz besonderer Art benehmen. Wir glaubten ja, uns von allen bei der Kur in Betracht kommenden Triebkräften Rechenschaft gegeben zu haben, die Situation zwischen uns und dem Patienten voll rationalisiert zu haben, so daß sie sich übersehen läßt wie ein Rechenexempel, und dann scheint sich doch etwas einzuschleichen, was in dieser Rechnung nicht in Anschlag gebracht worden ist. Dieses unerwartete Neue ist selbst vielgestaltig, ich werde zunächst die häufigere und leichter verständliche seiner Erscheinungsformen beschreiben.

Wir bemerken also, daß der Patient, der nichts anderes suchen soll als einen Ausweg aus seinen Leidenskonflikten, ein besonderes Interesse für die Person des Arztes entwickelt. Alles, was mit dieser Person zusammenhängt, scheint ihm bedeutungsvoller zu sein als seine eigenen Angelegenheiten und ihn von seinem Kranksein abzulenken. Der Verkehr mit ihm gestaltet sich demnach für eine Weile sehr angenehm; er ist besonders verbindlich, sucht sich, wo er kann, dankbar zu erweisen, zeigt Feinheiten und Vorzüge seines Wesens, die wir vielleicht nicht bei ihm gesucht hätten. Der Arzt faßt dann auch eine günstige Meinung vom Patienten und preist den Zufall, der ihm gestattet hat, gerade einer besonders wertvollen Persönlichkeit Hilfe zu leisten. Hat der Arzt Gelegenheit, mit Angehörigen des Patienten zu sprechen, so hört er mit Vergnügen, daß dies Gefallen gegenseitig ist. Der Patient wird zu Hause nicht müde, den Arzt zu loben, immer neue Vorzüge an ihm zu rühmen. „Er schwärmt für Sie, er vertraut Ihnen blind; alles, was Sie sagen, ist für ihn wie eine Offenbarung", erzählen die Angehörigen. Hie und da sieht einer aus diesem Chorus schärfer und äußert: Es wird schon langweilig, wie er von nichts anderem spricht als von Ihnen und immer nur Sie im Munde führt.

Wir wollen hoffen, daß der Arzt bescheiden genug ist, diese Schätzung seiner Persönlichkeit durch den Patienten auf die Hoffnungen zurückzuführen, die er ihm machen kann, und auf die Erweiterung seines intellektuellen Horizonts durch die überraschenden und befreienden Eröffnungen, die die Kur mit sich bringt. Die Analyse macht unter diesen Bedingungen auch prächtige Fortschritte, der Patient versteht, was man ihm andeutet, vertieft sich in die Aufgaben, die ihm von der Kur gestellt werden, das Material von Erinnerungen und Einfällen strömt ihm reichlich zu, er überrascht den Arzt durch die Sicherheit und Triftigkeit seiner Deutungen, und dieser kann nur mit Genugtuung feststellen, wie bereitwillig ein Kranker alle die psychologischen Neuheiten aufnimmt, die bei den Gesunden in der Welt draußen den erbittertsten Widerspruch zu erregen pflegen. Dem guten Einvernehmen während der analytischen Arbeit entspricht auch eine objektive, von allen Seiten anerkannte Besserung des Krankheitszustandes.

So schönes Wetter kann es aber nicht immer geben. Eines Tages trübt es sich. Es stellen sich Schwierigkeiten in der Behandlung ein; der Patient behauptet, es falle ihm nichts mehr ein. Man hat den deutlichsten Eindruck, daß sein Interesse nicht mehr bei der Arbeit ist, und daß er sich leichten Sinnes über die ihm gegebene Vorschrift hinaussetzt, alles zu sagen, was ihm durch den Sinn fährt, und keiner kritischen Abhaltung dagegen nachzugeben. Er benimmt sich wie außerhalb der Kur, so als ob er jenen Vertrag mit dem Arzt nicht abgeschlossen hätte; er ist offenbar von etwas eingenommen, was er aber für sich behalten will. Das ist eine für die Behandlung gefährliche Situation. Man steht unverkennbar vor einem gewaltigen Widerstand. Aber was ist da vorgefallen?

Wenn man imstande ist, die Situation wieder zu klären, so erkennt man als die Ursache der Störung, daß der Patient intensive zärtliche Gefühle auf den Arzt übertragen hat, zu denen ihn weder das Benehmen des Arztes noch die in der Kur entstandene Beziehung berechtigt. In welcher Form sich diese Zärtlichkeit äußert und welche Ziele sie anstrebt, das hängt natürlich von den persönlichen Verhältnissen der beiden Beteiligten ab. Handelt es sich um ein junges Mädchen und einen jüngeren Mann, so werden wir den Eindruck einer normalen Verliebtheit bekommen, werden es begreiflich finden, daß sich ein Mädchen in einen Mann verliebt, mit dem es viel allein sein und Intimes besprechen kann, der ihm in der vorteilhaften Position des überlegenen Helfers entgegentritt, und werden darüber wahrscheinlich übersehen, daß bei dem neurotischen Mädchen eher eine Störung der Liebesfähigkeit zu erwarten wäre. Je weiter sich dann die persönlichen Verhältnisse von Arzt und Patient von diesem angenommenen Fall entfernen, desto mehr wird es uns befremden, wenn wir trotzdem immer wieder dieselbe Gefühlsbeziehung hergestellt finden. Es mag noch angehen, wenn die junge, in der Ehe unglückliche Frau von einer ernsten Leidenschaft für ihren selbst noch freien Arzt erfaßt scheint, wenn sie bereit ist, die Scheidung ihrer Ehe anzustreben, um ihm anzugehören, oder im Falle sozialer Hemmnisse selbst kein Bedenken äußert, ein heimliches Liebesverhältnis mit ihm einzugehen. Dergleichen kommt ja auch sonst außerhalb der Psychoanalyse vor. Man hört nun aber unter diesen Umständen mit Erstaunen Äußerungen von seiten der Frauen und Mädchen, welche eine ganz bestimmte Stellungnahme zum therapeutischen Problem bekunden: sie hätten immer gewußt, daß sie nur durch die Liebe gesund werden können, und von Beginn der Behandlung an erwartet, daß ihnen durch diesen Verkehr endlich geschenkt werde, was ihnen das Leben bisher vorenthalten. Nur dieser Hoffnung wegen hätten sie sich so viel Mühe in der Kur gegeben und alle Schwierigkeiten der Mitteilung überwunden. Wir werden für uns hinzusetzen: und alles, was sonst zu glauben schwer fällt, so leicht verstanden. Aber ein solches Geständnis überrascht uns; es wirft unsere Berechnungen über den Haufen. Könnte es sein, daß wir den wichtigsten Posten aus unserem Ansatz weggelassen haben?

Und wirklich, je weiter wir in der Erfahrung kommen, desto weniger können wir dieser für unsere Wissenschaftlichkeit beschämenden Korrektur widerstreben. Die ersten Male konnte man etwa glauben, die analytische Kur sei auf eine Störung durch ein zufälliges, d. h. nicht in ihrer Absicht liegendes und von ihr nicht hervorgerufenes Ereignis gestoßen. Aber wenn sich eine solche zärtliche Bindung des Patienten an den Arzt regelmäßig, bei jedem neuen Falle wiederholt, wenn sie unter den ungünstigsten Bedingungen, bei geradezu grotesken Mißverhältnissen immer wieder zum Vorschein kommt, auch bei der gealterten Frau, auch gegen den graubärtigen Mann, auch dort, wo nach unserem Urteil keinerlei Verlockungen bestehen, dann müssen wir doch die Idee eines störenden Zufalles aufgeben und erkennen, daß es sich um ein Phänomen handelt, welches mit dem Wesen des Krankseins selbst im Innersten zusammenhängt.

Die neue Tatsache, welche wir also widerstrebend anerkennen, heißen wir die *Übertragung*. Wir meinen eine Übertragung von Gefühlen auf die Person des Arztes, weil wir nicht glauben, daß die Situation der Kur eine Entstehung solcher Gefühle rechtfertigen könne. Vielmehr vermuten wir, daß die ganze Gefühlsbereitschaft anderswoher stammt, in der Kranken vorbereitet war und bei der Gelegenheit der analytischen Behandlung auf die Person des Arztes übertragen wird. Die Übertragung kann als stürmische Liebesforderung auftreten oder in gemäßigteren Formen; an Stelle des Wunsches, Geliebte zu sein, kann zwischen dem jungen Mädchen und dem alten Mann der Wunsch auftauchen, als bevorzugte Tochter angenommen zu werden, das libidinöse Streben kann sich zum Vorschlag einer unzertrennlichen, aber ideal unsinnlichen Freundschaft mildern.

Manche Frauen verstehen es, die Übertragung zu sublimieren und an ihr zu modeln, bis sie eine Art von Existenzfähigkeit gewinnt; andere müssen sie in ihrer rohen, ursprünglichen, zumeist unmöglichen Gestalt äußern. Aber es ist im Grunde immer das gleiche und läßt die Herkunft aus derselben Quelle nie verkennen.

Ehe wir uns fragen, wo wir die neue Tatsache der Übertragung unterbringen wollen, wollen wir ihre Beschreibung vervollständigen. Wie ist es denn bei männlichen Patienten? Da dürfte man doch hoffen, der lästigen Einmengung der Geschlechtsverschiedenheit und Geschlechtsanziehung zu entgehen. Nun, nicht viel anders als bei weiblichen, muß die Antwort lauten. Dieselbe Bindung an den Arzt, dieselbe Überschätzung seiner Eigenschaften, das nämliche Aufgehen in dessen Interessen, die gleiche Eifersucht gegen alle, die ihm im Leben nahestehen. Die sublimierten Formen der Übertragung sind zwischen Mann und Mann in dem Maße häufiger und die direkte Sexualforderung seltener, in welchem die manifeste Homosexualität gegen die anderen Verwendungen dieser Triebkomponente zurücktritt. Bei seinen männlichen Patienten beobachtet der Arzt auch häufiger als bei Frauen eine Erscheinungsform der Übertragung, welche auf den ersten Blick allem bisher Beschriebenen zu widersprechen scheint, die feindselige oder negative Übertragung.

Machen wir uns zunächst klar, daß die Übertragung sich vom Anfang der Behandlung an beim Patienten ergibt und eine Weile die stärkste Triebfeder der Arbeit darstellt. Man verspürt nichts von ihr und braucht sich auch nicht um sie zu bekümmern, solange sie zu Gunsten der gemeinsam betriebenen Analyse wirkt. Wandelt sie sich dann zum Widerstand, so muß man ihr Aufmerksamkeit zuwenden und erkennt, daß sie unter zwei verschiedenen und entgegengesetzten Bedingungen ihr Verhältnis zur Kur geändert hat, erstens wenn sie als zärtliche Neigung so stark geworden ist, so deutlich die Zeichen ihrer Herkunft aus dem Sexualbedürfnis verraten hat, daß sie ein inneres Widerstreben gegen sich wachrufen muß, und zweitens, wenn sie aus feindseligen anstatt aus zärtlichen Regungen besteht.

Die feindseligen Gefühle kommen in der Regel später als die zärtlichen und hinter ihnen zum Vorschein; in ihrem gleichzeitigen Bestand ergeben sie eine gute Spiegelung der Gefühlsambivalenz, welche in den meisten unserer intimen Beziehungen zu anderen Menschen herrscht. Die feindlichen Gefühle bedeuten ebenso eine Gefühlsbindung wie die zärtlichen, ebenso wie der Trotz dieselbe Abhängigkeit bedeutet wie der Gehorsam, wenn auch mit entgegengesetzten Vorzeichen. Daß die feindlichen Gefühle gegen den Arzt den Namen einer „*Übertragung*" verdienen, kann uns nicht zweifelhaft sein, denn zu ihrer Entstehung gibt die Situation der Kur gewiß keinen zureichenden Anlaß; die notwendige Auffassung der negativen Übertragung versichert uns so, daß wir in der Beurteilung der positiven oder zärtlichen nicht irregegangen sind.

Woher die Übertragung stammt, welche Schwierigkeiten sie uns bereitet, wie wir sie überwinden, und welchen Nutzen wir schließlich aus ihr ziehen, das ist ausführlich in einer technischen Unterweisung zur Analyse zu behandeln und soll heute von mir nur gestreift werden. Es ist ausgeschlossen, daß wir den aus der Übertragung folgenden Forderungen des Patienten nachgeben, es wäre widersinnig, sie unfreundlich oder gar entrüstet abzuweisen; wir überwinden die Übertragung, indem wir dem Kranken nachweisen, daß seine Gefühle nicht aus der gegenwärtigen Situation stammen und nicht der Person des Arztes gelten, sondern daß sie wiederholen, was bei ihm bereits früher einmal vorgefallen ist. Auf solche Weise nötigen wir ihn, seine Wiederholung in Erinnerung zu verwandeln. Dann wird die Übertragung, die, ob zärtlich oder feindselig, in jedem Falle die stärkste Bedrohung der Kur zu bedeuten schien, zum besten Werkzeug derselben, mit dessen Hilfe sich die verschlossensten Fächer des Seelenlebens eröffnen lassen. Ich möchte Ihnen aber einige Worte sagen, um Sie von dem Befremden über das Auftreten dieses unerwarteten Phänomens zu befreien. Wir wollen doch nicht vergessen, daß die Krankheit des Patienten, den wir zur Analyse übernehmen, nichts Abgeschlossenes, Erstarrtes ist, sondern weiterwächst und ihre Entwicklung fortsetzt wie ein lebendes Wesen. Der Beginn der Behandlung macht dieser Entwicklung kein Ende, aber wenn die Kur sich erst des Kranken bemächtigt hat, dann ergibt es sich, daß die gesamte Neuproduktion der Krankheit sich auf eine einzige Stelle wirft, nämlich auf das Verhältnis zum Arzt. Die Übertragung wird so der Cambiumschicht zwischen Holz und Rinde eines Baumes vergleichbar, von welcher Gewebsneubildung und Dickenwachstum des Stammes ausgehen. Hat sich die Übertragung erst zu dieser Bedeutung aufgeschwungen, so tritt die Arbeit an den Erinnerungen des Kranken weit zurück. Es ist dann nicht unrichtig zu sagen, daß man es nicht mehr mit der früheren Krankheit des Patienten zu tun hat, sondern mit einer neugeschaffenen und umgeschaffenen Neurose, welche die erstere ersetzt. Diese Neuauflage der alten Affektion hat man von Anfang an verfolgt, man hat sie entstehen und wachsen gesehen und findet sich in ihr besonders gut zurecht, weil man selbst als Objekt in ihrem Mittelpunkt steht. Alle Symptome des Kranken haben ihre ursprüngliche Bedeutung aufgegeben und sich auf einen neuen Sinn eingerichtet, der in einer Beziehung zur Übertragung besteht. Oder es sind nur solche Symptome bestehen geblieben, denen eine solche Umarbeitung gelingen konnte. Die Bewältigung dieser neuen künstlichen Neurose fällt aber zusammen mit der Erledigung der in die Kur mitgebrachten Krankheit, mit der Lösung unserer therapeutischen Aufgabe. Der Mensch, der im Verhältnis zum Arzt normal und frei von der Wirkung verdrängter Triebregungen geworden ist, bleibt auch so in seinem Eigenleben, wenn der Arzt sich wieder ausgeschaltet hat.

Diese außerordentliche, für die Kur geradezu zentrale Bedeutung hat die Übertragung bei den Hysterien, Angsthysterien und Zwangsneurosen, die darum mit Recht als „*Übertragungsneurosen*" zusammengefaßt werden. Wer sich aus der analytischen Arbeit den vollen Eindruck von der Tatsache der Übertragung geholt hat, der kann nicht mehr bezweifeln, von welcher Art die unterdrückten Regungen sind, die sich in den Symptomen dieser Neurosen Ausdruck verschaffen, und verlangt nach keinem kräftigeren Beweis für deren libidinöse Natur. Wir dürfen sagen, unsere Überzeugung von der Bedeutung der Symptome als libidinöse Ersatzbefriedigungen ist erst durch die Einreihung der Übertragung endgültig gefestigt worden.

Nun haben wir allen Grund, unsere frühere dynamische Auffassung des Heilungsvorganges zu verbessern und sie mit der neuen Einsicht in Einklang zu bringen. Wenn der Kranke den Normalkonflikt mit den Widerständen durchzukämpfen hat, die wir ihm in der Analyse aufgedeckt haben, so bedarf er eines mächtigen Antriebes, der die Entscheidung in dem von uns gewünschten, zur Genesung führenden Sinne beeinflußt. Sonst könnte es geschehen, daß er sich für die Wiederholung des früheren Ausganges entscheidet und das ins Bewußtsein Gehobene wieder in die Verdrängung gleiten läßt. Den Ausschlag in diesem Kampfe gibt dann nicht seine intellektuelle Einsicht – die ist weder stark noch frei genug für solche Leistung –, sondern einzig sein Verhältnis zum Arzt. Soweit seine Übertragung von positivem Vorzeichen ist, bekleidet sie den Arzt mit Autorität, setzt sie sich in Glauben an seine Mitteilungen und Auffassungen um. Ohne solche Übertragung, oder wenn sie negativ ist, würde er den Arzt und dessen Argumente nicht einmal zu Gehör kommen lassen. Der Glaube wiederholt dabei seine eigene Entstehungsgeschichte; er ist ein Abkömmling der Liebe und hat zuerst der Argumente nicht bedurft. Erst später hat er ihnen so viel eingeräumt, daß er sie in prüfende Betrachtung zieht, wenn sie von einer ihm lieben Person vorgebracht werden. Argumente ohne solche Stütze haben nicht gegolten, gelten bei den meisten Menschen niemals im Leben etwas. Der Mensch ist also im allgemeinen auch von der intellektuellen Seite her nur insoweit zugänglich, als er der libidinösen Objektbesetzung fähig ist, und wir haben guten Grund, in dem Ausmaß seines Narzißmus eine Schranke für seine Beeinflußbarkeit auch für die beste analytische Technik zu erkennen und zu fürchten.

Die Fähigkeit, libidinöse Objektbesetzungen auch auf Personen zu richten, muß ja allen normalen Menschen zugesprochen werden. Die Übertragungsneigung der genannten Neurotiker ist nur eine außerordentliche Steigerung dieser allgemeinen Eigenschaft. Nun wäre es doch sehr sonderbar, wenn ein menschlicher Charakterzug von solcher Verbreitung und Bedeutung nie bemerkt und nie verwertet worden wäre. Das ist auch wirklich geschehen. *Bernheim* hat die Lehre von den hypnotischen Erscheinungen mit unbeirrtem Scharfblick auf den Satz begründet, daß alle Menschen irgendwie suggerierbar, „suggestibel" sind. Seine Suggestibilität ist nichts anderes als die Neigung zur Übertragung, etwas zu enge gefaßt, so daß die negative Übertragung keinen Raum darin fand. Aber *Bernheim* konnte nie sagen, was die Suggestion eigentlich ist und wie sie zustande kommt. Sie war für ihn eine Grundtatsache, für deren Herkunft er keinen Nachweis geben konnte. Er hat die Abhängigkeit der „suggestibilité" von der Sexualität, von der Betätigung der Libido nicht erkannt. Und wir müssen gewahr werden, daß wir in unserer Technik die Hypnose nur aufgegeben haben, um die Suggestion in der Gestalt der Übertragung wiederzuentdecken.

Jetzt halte ich aber ein und lasse Ihnen das Wort. Ich merke, eine Einwendung schwillt bei Ihnen so mächtig an, daß sie Ihnen die Fähigkeit rauben würde zuzuhören, würde man sie nicht zu Worte kommen lassen: „Also Sie haben endlich zugestanden, daß Sie mit der Hilfskraft der Suggestion arbeiten wie die Hypnotiker. Das haben wir uns ja schon lange gedacht. Aber dann, wozu der Umweg über die Erinnerungen der Vergangenheit, die Aufdeckung des Unbewußten, die Deutung und Rückübersetzung der Entstellungen, der ungeheure Aufwand an Mühe, Zeit und Geld, wenn das einzig Wirksame doch nur die Suggestion ist? Warum suggerieren Sie nicht direkt gegen die Symptome, wie es die anderen tun, die ehrlichen Hypnotiseure? Und ferner, wenn Sie sich entschuldigen wollen, auf dem Umweg, den Sie gehen, haben Sie zahlreiche bedeutsame psychologische Funde gemacht, die sich bei der direkten Suggestion verbergen: wer steht denn jetzt für die Sicherheit dieser Funde ein? Sind die nicht auch ein Ergebnis der Suggestion, der unbeabsichtigten nämlich; können Sie denn nicht dem Kranken auch auf diesem Gebiete aufdrängen, was Sie wollen und was ihnen richtig scheint?"

Was Sie mir da einwerfen, ist ungemein interessant und muß beantwortet werden. Aber heute kann ich's nicht mehr, es fehlt uns die Zeit. Auf nächstes Mal also. Sie werden sehen, ich stehe Ihnen Rede. Für heute muß ich noch das Begonnene zu Ende bringen. Ich habe versprochen, Ihnen mit Hilfe der Tatsache der Übertragung verständlich zu machen, warum unsere therapeutische Bemühung bei den narzißtischen Neurosen keinen Erfolg hat.

Ich kann es mit wenigen Worten tun, und Sie werden sehen, wie einfach sich das Rätsel löst, und wie gut alles zusammenstimmt. Die Beobachtung läßt erkennen, daß die an narzißtischen Neurosen Erkrankten keine Übertragungsfähigkeit haben oder nur ungenügende Reste davon. Sie lehnen den Arzt ab, nicht in Feindseligkeit, sondern in Gleichgültigkeit. Darum sind sie auch nicht durch ihn zu beeinflussen; was er sagt, läßt sie kalt, macht ihnen keinen Eindruck, darum kann sich der Heilungsmechanismus, den wir bei den anderen durchsetzen, die Erneuerung des pathogenen Konfliktes und die Überwindung des Verdrängungswiderstandes bei ihnen nicht herstellen. Sie bleiben, wie sie sind. Sie haben häufig bereits Herstellungsversuche auf eigene Faust unternommen, die zu pathologischen Ergebnissen geführt haben; wir können nichts daran ändern.

Auf Grund unserer klinischen Eindrücke von diesen Kranken hatten wir behauptet, bei ihnen müsse die Objektbesetzung aufgegeben und die Objektlibido in Ichlibido umgesetzt worden sein. Durch diesen Charakter hatten wir sie von der ersten Gruppe von Neurotikern (Hysterie, Angst- und Zwangsneurose) geschieden. Ihr Verhalten beim therapeutischen Versuch bestätigt nun diese Vermutung. Sie zeigen keine Übertragung und darum sind sie auch für unsere Bemühung unzugänglich, durch uns nicht heilbar.

XXVIII. *Vorlesung*
Die analytische Therapie

Meine Damen und Herren! Sie wissen, worüber wir heute sprechen werden. Sie haben mich gefragt, warum wir uns in der psychoanalytischen Therapie nicht der direkten Suggestion bedienen, wenn wir zugeben, daß unser Einfluß wesentlich auf Übertragung, d. i. auf Suggestion, beruht, und haben daran den Zweifel geknüpft, ob wir bei einer solchen Vorherrschaft der Suggestion noch für die Objektivität unserer psychologischen Funde einstehen können. Ich habe versprochen, Ihnen ausführliche Antwort zu geben.

Direkte Suggestion, das ist Suggestion gegen die Äußerung der Symptome gerichtet, Kampf zwischen Ihrer Autorität und den Motiven des Krankseins. Sie kümmern sich dabei um diese Motive nicht, fordern vom Kranken nur, daß er deren Äußerung in Symptomen unterdrücke. Es macht dann keinen prinzipiellen Unterschied, ob Sie den Kranken in Hypnose versetzen oder nicht. *Bernheim* hat wiederum mit der ihn auszeichnenden Schärfe behauptet, daß die Suggestion das Wesentliche an den Erscheinungen des Hypnotismus sei, die Hypnose aber selbst schon ein Erfolg der Suggestion, ein suggerierter Zustand, und er hat mit Vorliebe die Suggestion im Wachen geübt, die dasselbe leisten kann wie die Suggestion in der Hypnose.

Was wollen Sie nun in dieser Frage zuerst anhören, die Aussagung der Erfahrung oder theoretische Überlegungen?

Beginnen wir mit der ersteren. Ich war Schüler von *Bernheim*, den ich 1889 in Nancy aufsuchte und dessen Buch über die Suggestion ich ins Deutsche übersetzt habe. Ich habe Jahre hindurch die hypnotische Behandlung geübt, zunächst mit Verbotsuggestion und später mit der *Breuerschen* Ausforschung des Patienten kombiniert. Ich darf also über die Erfolge der hypnotischen oder suggestiven Therapie aus guter Erfahrung sprechen. Wenn nach einem alten Ärztewort eine ideale Therapie rasch, verläßlich und für den Kranken nicht unangenehm sein soll, so erfüllte die *Bernheimsche* Methode allerdings zwei dieser Anforderungen. Sie ließ sich viel rascher, daß heißt unsagbar rascher, durchführen als die analytische, und sie brachte dem Kranken weder Mühe noch Beschwerden. Für den Arzt wurde es auf die Dauer – monoton; bei jedem Fall in gleicher Weise, mit dem nämlichen Zeremoniell den verschiedenartigsten Symptomen die Existenz zu verbieten, ohne von deren Sinn und Bedeutung etwas erfassen zu können. Es war eine Handlangerarbeit, keine wissenschaftliche Tätigkeit und erinnerte an Magie, Beschwörung und Hokuspokus; aber das kam ja gegen das Interesse des Kranken nicht in Betracht. Am dritten fehlte es; verläßlich war das Verfahren nach keiner Richtung. Bei dem einen ließ es sich anwenden, bei dem anderen nicht; bei einem gelang vieles, beim anderen sehr wenig, man wußte nie warum. Ärger als diese Launenhaftigkeit des Verfahrens war der Mangel an Dauer der Erfolge. Nach einiger Zeit war, wenn man von den Kranken wieder hörte, das alte Leiden wieder da, oder es hatte sich durch ein neues ersetzt. Man konnte von neuem hypnotisieren. Im Hintergrunde stand die von erfahrener Seite ausgesprochene Mahnung, den Kranken nicht durch häufige Wiederholung der Hypnose um seine Selbständigkeit zu bringen und ihn an diese Therapie zu gewöhnen wie an ein Narkotikum. Zugegeben, manchmal gelang es auch ganz nach Wunsch; nach wenigen Bemühungen hatte man vollen und dauernden Erfolg. Aber die Bedingungen eines so günstigen Ausganges blieben unbekannt. Einmal geschah es mir, daß ein schwerer Zustand, den ich durch kurze hypnotische Behandlung gänzlich beseitigt hatte, unverändert wiederkehrte, nachdem mir die Kranke ohne mein Dazutun gram geworden war, daß ich ihn nach der Versöhnung von neuem und weit gründlicher zum Verschwinden brachte, und daß er doch wiederkam, nachdem sie sich mir ein zweites Mal entfremdet hatte. Ein andermal erlebte ich, daß eine Kranke, der ich wiederholt von nervösen Zuständen durch Hypnose geholfen hatte, mir während der Behandlung eines besonders hartnäckigen Zufalles plötzlich die Arme um den Hals schlang. Das nötigte einen doch, sich mit der Frage nach Natur und Herkunft seiner suggestiven Autorität, ob man wollte oder nicht, zu beschäftigen.

Soweit die Erfahrungen. Sie zeigen uns, daß wir mit dem Verzicht auf die direkte Suggestion nichts Unersetzliches aufgegeben haben. Nun lassen sie uns einige Erwägungen daran knüpfen. Die Ausübung der hypnotischen Therapie legt dem Patienten wie dem Arzt nur eine sehr geringfügige Arbeitsleistung auf.

Diese Therapie ist in schönster Übereinstimmung mit einer Einschätzung der Neurosen, zu der sich noch die Mehrzahl der Ärzte bekennt. Der Arzt sagt dem Nervösen: Es fehlt Ihnen ja nichts, es ist nur nervös, und darum kann ich auch Ihre Beschwerden mit einigen Worten in wenigen Minuten wegblasen. Es widerstrebt aber unserem energetischen Denken, daß man durch eine winzige Kraftanstrengung eine große Last sollte bewegen können, wenn man sie direkt und ohne fremde Hilfe geeigneter Vorrichtungen angreift. Soweit die Verhältnisse vergleichbar sind, lehrt auch die Erfahrung, daß dieses Kunststück bei den Neurosen nicht gelingt. Ich weiß aber, dieses Argument ist nicht unangreifbar; es gibt auch „Auslösungen".

Im Lichte der Erkenntnis, welche wir aus der Psychoanalyse gewonnen haben, können wir den Unterschied zwischen der hypnotischen und der psychoanalytischen Suggestion in folgender Art beschreiben: Die hypnotische Therapie sucht etwas im Seelenleben zu verdecken und zu übertünchen, die analytische etwas freizulegen und zu entfernen. Die erstere arbeitet wie eine Kosmetik, die letztere wie eine Chirurgie. Die erstere benützt die Suggestion, um die Symptome zu verbieten, sie verstärkt die Verdrängungen, läßt aber sonst alle Vorgänge, die zur Symptombildung geführt haben, ungeändert. Die analytische Therapie greift weiter wurzelwärts an, bei den Konflikten, aus denen die Symptome hervorgegangen sind, und bedient sich der Suggestion, um den Ausgang dieser Konflikte abzuändern. Die hypnotische Therapie läßt den Patienten untätig und ungeändert, darum auch in gleicher Weise widerstandslos gegen jeden neuen Anlaß zur Erkrankung. Die analytische Kur legt dem Arzt wie dem Kranken schwere Arbeitsleistung auf, die zur Aufhebung innerer Widerstände verbraucht wird. Durch die Überwindung dieser Widerstände wird das Seelenleben des Kranken dauernd verändert, auf eine höhere Stufe der Entwicklung gehoben und bleibt gegen neue Erkrankungsmöglichkeiten geschützt. Diese Überwindungsarbeit ist die wesentliche Leistung der analytischen Kur, der Kranke hat sie zu vollziehen, und der Arzt ermöglicht sie ihm durch die Beihilfe der im Sinne einer *Erziehung* wirkenden Suggestion. Man hat darum auch mit Recht gesagt, die psychoanalytische Behandlung sei eine Art von *Nacherziehung*.

Ich hoffe, Ihnen nun klargemacht zu haben, worin sich unsere Art, die Suggestion therapeutisch zu verwenden, von der bei der hypnotischen Therapie allein möglichen unterscheidet. Sie verstehen auch durch die Zurückführung der Suggestion auf die Übertragung die Launenhaftigkeit, die uns an der hypnotischen Therapie auffiel, während die analytische bis zu ihren Schranken berechenbar bleibt. Bei der Anwendung der Hypnose sind wir von dem Zustande der Übertragungsfähigkeit des Kranken abhängig, ohne daß wir auf diese selbst einen Einfluß üben könnten. Die Übertragung des zu Hypnotisierenden mag negativ oder, wie zu allermeist, ambivalent sein, er kann sich durch besondere Einstellungen gegen seine Übertragung geschützt haben; wir erfahren nichts davon. In der Psychoanalyse arbeiten wir an der Übertragung selbst, lösen auf, was ihr entgegensteht, richten uns das Instrument zu, mit dem wir einwirken wollen. So wird es uns möglich, aus der Macht der Suggestion einen ganz anderen Nutzen zu ziehen; wir bekommen sie in die Hand; nicht der Kranke suggeriert sich allein, wie es in seinem Belieben steht, sondern wir lenken seine Suggestion, soweit er ihrem Einfluß überhaupt zugänglich ist.

Nun werden Sie sagen, gleichgültig, ob wir die treibende Kraft unserer Analyse Übertragung oder Suggestion heißen, es besteht doch die Gefahr, daß die Beeinflussung des Patienten die objektive Sicherheit unserer Befunde zweifelhaft macht. Was der Therapie zugute kommt, bringt die Forschung zu Schaden. Es ist die Einwendung, welche am häufigsten gegen die Psychoanalyse erhoben worden ist, und man muß zugestehen, wenn sie auch unzutreffend ist, so kann man sie doch nicht als unverständig abweisen. Wäre sie aber berechtigt, so würde die Psychoanalyse doch nichts anderes als eine besonders gut verkappte, besonders wirksame Art der Suggestionsbehandlung sein, und wir dürften alle ihre Behauptungen über Lebenseinflüsse, psychische Dynamik, Unbewußtes leicht nehmen. So meinen es auch die Gegner; besonders alles, was sich auf die Bedeutung der sexuellen Erlebnisse bezieht, wenn nicht gar diese selbst, sollen wir den Kranken „eingeredet" haben, nachdem uns in der eigenen verderbten Phantasie solche Kombinationen gewachsen sind. Die Widerlegung dieser Anwürfe gelingt leichter durch die Berufung auf die Erfahrung als mit Hilfe der Theorie. Wer selbst Psychoanalysen ausgeführt hat, der konnte sich ungezählte Male davon überzeugen, daß es unmöglich ist, den Kranken in solcher Weise zu suggerieren. Es hat natürlich keine Schwierigkeit, ihn zum Anhänger einer gewissen Theorie zu machen und ihn so auch an einem möglichen Irrtum des Arztes teilnehmen zu lassen. Er verhält sich dabei wie ein anderer, wie ein Schüler, aber man hat dadurch auch nur seine Intelligenz, nicht seine Krankheit beeinflußt. Die Lösung seiner Konflikte und die Überwindung seiner Widerstände glückt doch nur, wenn man ihm solche Erwartungsvorstellungen gegeben hat, die mit der Wirklichkeit in ihm übereinstimmen. Was an den Vermutungen des Arztes unzutreffend war, das fällt im Laufe der Analyse wieder heraus, muß zurückgezogen und durch Richtigeres ersetzt werden. Durch eine sorgfältige Technik sucht man das Zustandekommen von vorläufigen Suggestionserfolgen zu verhüten; aber es ist auch unbedenklich, wenn sich solche einstellen, denn man begnügt sich nicht mit dem ersten Erfolg. Man hält die Analyse nicht für beendigt, wenn nicht die Dunkelheiten des Falles aufgeklärt, die Erinnerungslücken ausgefüllt, die Gelegenheiten der Verdrängungen aufgefunden sind. Man erblickt in Erfolgen, die sich zu früh einstellen, eher Hindernisse als Förderungen der analytischen Arbeit und zerstört diese Erfolge wieder, indem man die Übertragung, auf der sie beruhen, immer wieder auflöst. Im Grunde ist es dieser letzte Zug, welcher die analytische Behandlung von der rein suggestiven scheidet und die analytischen Ergebnisse von dem Verdacht befreit, suggestive Erfolge zu sein. Bei jeder anderen suggestiven Behandlung wird die Übertragung sorgfältig geschont, unberührt gelassen; bei der analytischen ist sie selbst Gegenstand der Behandlung und wird in jeder ihrer Erscheinungsformen zersetzt. Zum Schlusse einer analytischen Kur muß die Übertragung selbst abgetragen sein, und wenn der Erfolg jetzt sich einstellt oder erhält, so beruht er nicht auf der Suggestion, sondern auf der mit ihrer Hilfe vollbrachten Leistung der Überwindung innerer Widerstände, auf der in dem Kranken erzielten inneren Veränderung.

Der Entstehung von Einzelsuggestionen wirkt wohl entgegen, daß wir während der Kur unausgesetzt gegen Widerstände anzukämpfen haben, die sich in negative (feindselige) Übertragungen zu verwandeln wissen. Wir werden es auch nicht versäumen, uns darauf zu berufen, daß eine große Anzahl von Einzelergebnissen der Analyse, die man sonst als Produkte der Suggestion verdächtigen würde, uns von anderer einwandfreier Seite bestätigt werden. Unsere Gewährsmänner sind in diesem Falle die Dementen und Paranoiker, die über den Verdacht suggestiver Beeinflussung natürlich hoch erhaben sind. Was uns diese Kranken an Symbolübersetzungen und Phantasien erzählen, die bei ihnen zum Bewußtsein durchgedrungen sind, deckt sich getreulich mit den Ergebnissen unserer Untersuchungen an dem Unbewußten der Übertragungsneurotiker und bekräftigt so die objektive Richtigkeit unserer oft bezweifelten Deutungen. Ich glaube, Sie werden nicht irregehen, wenn Sie in diesen Punkten der Analyse Ihr Zutrauen schenken.

Wir wollen jetzt unsere Darstellung vom Mechanismus der Heilung vervollständigen, indem wir sie in die Formeln der Libidotheorie kleiden. Der Neurotiker ist genuß- und leistungsunfähig, das erstere, weil seine Libido auf kein reales Objekt gerichtet ist, das letztere, weil er sehr viel von seiner sonstigen Energie aufwenden muß, um die Libido in der Verdrängung zu erhalten und sich ihres Ansturmes zu erwehren. Er würde gesund, wenn der Konflikt zwischen seinem Ich und seiner Libido ein Ende hätte und sein Ich wieder die Verfügung über seine Libido besäße. Die therapeutische Aufgabe besteht also darin, die Libido aus ihren derzeitigen, dem Ich entzogenen Bindungen zu lösen und sie wieder dem Ich dienstbar zu machen. Wo steckt nun die Libido des Neurotikers? Leicht zu finden; sie ist an die Symptome gebunden, die ihr die derzeit einzig mögliche Ersatzbefriedigung gewähren. Man muß also der Symptome Herr werden, sie auflösen, gerade dasselbe, was der Kranke von uns fordert. Zur Lösung der

Symptome wird es nötig, bis auf deren Entstehung zurückzugehen, den Konflikt, aus dem sie hervorgegangen sind, zu erneuern und ihn mit Hilfe solcher Triebkräfte, die seinerzeit nicht verfügbar waren, zu einem anderen Ausgang zu lenken. Diese Revision des Verdrängungsprozesses läßt sich mir zum Teil an den Erinnerungsspuren der Vorgänge vollziehen, welche zur Verdrängung geführt haben. Das entscheidende Stück der Arbeit wird geleistet, indem man im Verhältnis zum Arzt, in der „Übertragung", Neuauflagen jener alten Konflikte schafft, in denen sich der Kranke benehmen möchte, wie er sich seinerzeit benommen hat, während man ihn durch das Aufgebot aller verfügbaren seelischen Kräfte zu einer anderen Entscheidung nötigt. Die Übertragung wird also das Schlachtfeld, auf welchem sich alle miteinander ringenden Kräfte treffen sollen.

Alle Libido wie alles Widerstreben gegen sie wird auf das eine Verhältnis zum Arzt gesammelt; dabei ist es unvermeidlich, daß die Symptome von der Libido entblößt werden. An Stelle der eigenen Krankheit des Patienten tritt die künstlich hergestellte der Übertragung, die Übertragungskrankheit, an Stelle der verschiedenartigen irrealen Libidoobjekte das eine wiederum phantastische Objekt der ärztlichen Person. Der neue Kampf um dieses Objekt wird aber mit Hilfe der ärztlichen Suggestion auf die höchste psychische Stufe gehoben, er verläuft als normaler seelischer Konflikt. Durch die Vermeidung einer neuerlichen Verdrängung wird der Entfremdung zwischen Ich und Libido ein Ende gemacht, die seelische Einheit der Person wieder hergestellt. Wenn die Libido von dem zeitweiligen Objekt der ärztlichen Person wieder abgelöst wird, kann sie nicht zu ihren früheren Objekten zurückkehren, sondern steht zur Verfügung des Ichs. Die Mächte, die man während dieser therapeutischen Arbeit bekämpft hat, sind einerseits die Abneigung des Ichs gegen gewisse Richtungen der Libido, die sich als Verdrängungsneigung geäußert hat, und anderseits die Zähigkeit oder Klebrigkeit der Libido, die einmal von ihr besetzte Objekte nicht gerne verläßt.

Die therapeutische Arbeit zerlegt sich also in zwei Phasen; in der ersten wird alle Libido von den Symptomen her in die Übertragung gedrängt und dort konzentriert, in der zweiten der Kampf um dies neue Objekt durchgeführt und die Libido von ihm freigemacht. Die für den guten Ausgang entscheidende Veränderung ist die Ausschaltung der Verdrängung bei diesem erneuerten Konflikt, so daß sich die Libido nicht durch die Flucht ins Unbewußte wiederum dem Ich entziehen kann. Ermöglicht wird sie durch die Ichveränderung, welche sich unter dem Einfluß der ärztlichen Suggestion vollzieht. Das Ich wird durch die Deutungsarbeit, welche Unbewußtes in Bewußtes umsetzt, auf Kosten dieses Unbewußten vergrößert, es wird durch Belehrung gegen die Libido versöhnlich und geneigt gemacht, ihr irgendeine Befriedigung einzuräumen, und seine Scheu vor den Ansprüchen der Libido wird durch die Möglichkeit, einen Teilbetrag von ihr durch Sublimierung zu erledigen, verringert. Je besser sich die Vorgänge bei der Behandlung mit dieser idealen Beschreibung decken, desto größer wird der Erfolg der psychoanalytischen Therapie. Seine Schranke findet er an dem Mangel an Beweglichkeit der Libido, die sich sträuben kann, von ihren Objekten abzulassen, und an der Starrheit des Narzißmus, der die Objektübertragung nicht über eine gewisse Grenze anwachsen läßt. Vielleicht werfen wir ein weiteres Licht auf die Dynamik des Heilungsvorganges durch die Bemerkung, daß wir die ganze der Herrschaft des Ichs entzogene Libido auffangen, indem wir durch die Übertragung ein Stück von ihr auf uns ziehen.

Es ist auch die Mahnung nicht unangebracht, daß wir aus den Verteilungen der Libido, die sich während und durch die Behandlung herstellen, keinen direkten Schluß auf die Unterbringung der Libido während des Krankseins ziehen dürfen. Angenommen, es sei uns gelungen, den Fall durch die Herstellung und Lösung einer starken Vaterübertragung auf den Arzt glücklich zu erledigen, so ginge der Schluß fehl, daß der Kranke vorher an einer solchen unbewußten Bindung seiner Libido an den Vater gelitten hat. Die Vaterübertragung ist nur das Schlachtfeld, auf welchem wir uns der Libido bemächtigen; die Libido des Kranken ist von anderen Positionen her dorthin gelenkt worden. Dies Schlachtfeld muß nicht notwendig mit einer der wichtigen Festungen des Feindes zusammenfallen. Die Verteidigung der feindlichen Hauptstadt braucht nicht gerade vor deren Toren zu geschehen. Erst nachdem man die Übertragung wieder gelöst hat, kann man die Libidoverteilung, welche während des Krankseins bestanden hatte, in Gedanken rekonstruieren.

Vom Standpunkt der Libidotheorie können wir auch noch ein letztes Wort über den Traum sagen. Die Träume der Neurotiker dienen uns wie ihre Fehlleistungen und ihre freien Einfälle dazu, den Sinn der Symptome zu erraten und die Unterbringung der Libido aufzudecken. Sie zeigen uns in der Form der Wunscherfüllung, welche Wunschregungen der Verdrängung verfallen sind, und an welche Objekte sich die dem Ich entzogene Libido gehängt hat. Die Deutung der Träume spielt darum in der psychoanalytischen Behandlung eine große Rolle und ist in manchen Fällen durch lange Zeiten das wichtigste Mittel der Arbeit. Wir wissen bereits, daß der Schlafzustand an sich einen gewissen Nachlaß der Verdrängungen herbeiführt. Durch diese Ermäßigung des auf ihr lastenden Druckes wird es möglich, daß sich die verdrängte Regung im Traume einen viel deutlicheren Ausdruck schafft, als ihn während des Tages das Symptom gewähren kann. Das Studium des Traumes wird so zum bequemsten Zugang für die Kenntnis des verdrängten Unbewußten, dem die dem Ich entzogene Libido angehört.

Die Träume der Neurotiker sind aber in keinem wesentlichen Punkte von denen der Normalen verschieden; ja sie sind von ihnen vielleicht überhaupt nicht unterscheidbar. Es wäre widersinnig, von den Träumen Nervöser auf eine Weise Rechenschaft zu geben, welche nicht auch für die Träume Normaler Geltung hätte. Wir müssen also sagen, der Unterschied zwischen Neurose und Gesundheit gilt nur für den Tag, er setzt sich nicht ins Traumleben fort. Wir sind genötigt, eine Anzahl von Annahmen, die sich beim Neurotiker infolge des Zusammenhanges zwischen seinen Träumen und seinen Symptomen ergeben, auch auf den gesunden Menschen zu übertragen. Wir können es nicht in Abrede stellen, daß auch der Gesunde in seinem Seelenleben das besitzt, was allein die Traumbildung wie die Symptombildung ermöglicht, und müssen den Schluß ziehen, daß auch er Verdrängungen vorgenommen hat, einen gewissen Aufwand treibt, um sie zu unterhalten, daß sein System des Unbewußten verdrängte und noch energiebesetzte Regungen verbirgt, und daß *ein Anteil seiner Libido der Verfügung seines Ichs entzogen ist.* Auch der Gesunde ist also virtuell ein Neurotiker, aber der Traum scheint das einzige Symptom zu sein, das zu bilden er fähig ist. Unterwirft man sein Wachleben einer schärferen Prüfung, so entdeckt man freilich – was diesen Anschein widerlegt –, daß dies angeblich gesunde Leben von einer Unzahl geringfügiger, praktisch nicht bedeutsamer Symptombildungen durchsetzt ist.

Der Unterschied zwischen nervöser Gesundheit und Neurose schränkt sich also aufs Praktische ein und bestimmt sich nach dem Erfolg, ob der Person ein genügendes Maß von Genuß- und Leistungsfähigkeit verblieben ist. Er führt sich wahrscheinlich auf das relative Verhältnis zwischen den freigebliebenen und den durch Verdrängung gebundenen Energiebeträgen zurück und ist von quantitativer, nicht von qualitativer Art. Ich brauche Sie nicht daran zu mahnen, daß diese Einsicht die Überzeugung von der prinzipiellen Heilbarkeit der Neurosen, trotz ihrer Begründung in der konstitutionellen Anlage, theoretisch begründet.

Soviel dürfen wir aus der Tatsache der Identität der Träume bei Gesunden und bei Neurotikern für die Charakteristik der Gesundheit erschließen. Für den Traum selbst ergibt sich aber die weitere Folgerung, daß wir ihn nicht aus seinen Beziehungen zu den neurotischen Symptomen lösen dürfen, daß wir nicht glauben sollen, sein Wesen sei durch die Formel einer Übersetzung von Gedanken in eine archaische Ausdrucksform erschöpft, daß wir annehmen müssen, er zeige uns wirklich vorhandene Libidounterbringungen und Objektbesetzungen.

Wir sind nun bald zu Ende gekommen. Vielleicht sind Sie enttäuscht, daß ich Ihnen zum Kapitel der psychoanalytischen Therapie nur Theoretisches erzählt habe, nichts von den Bedingungen, unter denen man die Kur einschlägt, und von den Erfolgen, die sie erzielt. Ich unterlasse aber beides. Das erstere, weil ich Ihnen ja keine praktische Anleitung zur Ausübung der Psychoanalyse zu geben gedenke, und das letztere, weil mehrfache Motive mich davon abhalten. Ich habe es zu Eingang unserer Besprechungen betont, daß wir unter günstigen Umständen Heilerfolge erzielen, die hinter den schönsten auf dem Gebiete der internen Therapie nicht zurückstehen, und ich kann etwa noch hinzusetzen, daß dieselben durch kein anderes Verfahren erreicht worden wären. Würde ich mehr sagen, so käme ich in den Verdacht, daß ich die laut gewordenen Stimmen der Herabsetzung durch Reklame übertönen wollte. Es ist gegen die Psychoanalytiker wiederholt, auch auf öffentlichen Kongressen, von ärztlichen „Kollegen" die Drohung ausgesprochen worden, man werde durch eine Sammlung der analytischen Mißerfolge und Schädigungen dem leidenden Publikum die Augen über den Unwert dieser Behandlungsmethode öffnen. Aber eine solche Sammlung wäre, abgesehen von dem gehässigen, denunziatorischen Charakter der Maßregel, nicht einmal geeignet, ein richtiges Urteil über die therapeutische Wirksamkeit der Analyse zu ermöglichen. Die analytische Therapie ist, wie Sie wissen, jung; es hat lange Zeit gebraucht, bis man ihre Technik feststellen konnte, und dies konnte auch nur während der Arbeit und unter dem Einfluß der zunehmenden Erfahrung geschehen. Infolge der Schwierigkeiten der Unterweisung ist der ärztliche Anfänger in der Psychoanalyse in größerem Ausmaße als ein anderer Spezialist auf seine eigene Fähigkeit zur Fortbildung angewiesen, und die Erfolge seiner ersten Jahre werden nie die Leistungsfähigkeit der analytischen Therapie beurteilen lassen.

Viele Behandlungsversuche mißlangen in der Frühzeit der Analyse, weil sie an Fällen unternommen waren, die sich überhaupt nicht für das Verfahren eignen, und die wir heute durch unsere Indikationsstellung ausschließen. Aber diese Indikationen konnten auch nur durch den Versuch gewonnen werden. Von vornherein wußte man seinerzeit nicht, daß Paranoia und Dementia praecox ausgeprägten Formen unzugänglich sind, und hatte noch das Recht, die Methode an allerlei Affektionen zu erproben. Die meisten Mißerfolge jener ersten Jahre sind aber nicht durch die Schuld des Arztes oder wegen der ungeeigneten Objektwahl, sondern durch die Ungunst der äußeren Bedingungen zustande gekommen. Wir haben nur von den inneren Widerständen gehandelt, denen des Patienten, die notwendig und überwindbar sind. Die äußeren Widerstände, die der Analyse von den Verhältnissen des Kranken, von seiner Umgebung bereitet werden, haben ein geringes theoretisches Interesse aber die größte praktische Wichtigkeit. Die psychoanalytische Behandlung ist einem chirurgischen Eingriff gleichzusetzen und hat wie dieser den Anspruch, unter den für das Gelingen günstigsten Veranstaltungen vorgenommen zu werden. Sie wissen, welche Vorkehrungen der Chirurg dabei zu treffen pflegt: geeigneter Raum, gutes Licht,

Assistenz, Ausschließung der Angehörigen usw. Nun fragen Sie sich selbst, wie viele dieser Operationen gut ausgehen würden, wenn sie im Beisein aller Familienmitglieder stattfinden müßten, die ihre Nasen in das Operationsfeld stecken und bei jedem Messerschnitt laut aufschreien würden. Bei den psychoanalytischen Behandlungen ist die Dazwischenkunft der Angehörigen geradezu eine Gefahr, und zwar eine solche, der man nicht zu begegnen weiß. Man ist gegen die inneren Widerstände des Patienten, die man als notwendig erkennt, gerüstet, aber wie soll man sich gegen jene äußeren Widerstände wehren? Den Angehörigen des Patienten kann man durch keinerlei Aufklärung beikommen, man kann sie nicht dazu bewegen, sich von der ganzen Angelegenheit fernzuhalten, und man darf nie gemeinsame Sache mit ihnen machen, weil man dann Gefahr läuft, das Vertrauen des Kranken zu verlieren, der – übrigens mit Recht – fordert, daß sein Vertrauensmann auch seine Partei nehme. Wer überhaupt weiß, von welchen Spaltungen oft eine Familie zerklüftet wird, der kann auch als Analytiker nicht von der Wahrnehmung überrascht werden, daß die dem Kranken Nächsten mitunter weniger Interesse daran verraten, daß er gesund werde, als daß er so bleibe, wie er ist. Wo, wie so häufig, die Neurose mit Konflikten zwischen Familienmitgliedern zusammenhängt, da bedenkt sich der Gesunde nicht lange bei der Wahl zwischen seinem Interesse und dem der Wiederherstellung des Kranken. Es ist ja nicht zu verwundern, wenn der Ehemann eine Behandlung nicht gerne sieht, in welcher, wie er mit Recht vermuten darf, sein Sündenregister aufgerollt werden wird; wir verwundern uns auch nicht darüber, aber wir können uns dann keinen Vorwurf machen, wenn unsere Bemühung erfolglos bleibt und vorzeitig abgebrochen wird, weil sich der Widerstand des Mannes zu dem der kranken Frau hinzuaddiert hat. Wir hatten eben etwas unternommen, was unter den bestehenden Verhältnissen undurchführbar war.

Ich will Ihnen anstatt vieler Fälle nur einen einzigen erzählen, in dem ich durch ärztliche Rücksichten zu einer leidenden Rolle verurteilt wurde. Ich nahm – vor vielen Jahren – ein junges Mädchen in analytische Behandlung, welches schon seit längerer Zeit aus Angst nicht auf die Straße gehen und zu Hause nicht allein bleiben konnte. Die Kranke rückte langsam mit dem Geständnis heraus, daß ihre Phantasie durch zufällige Beobachtungen des zärtlichen Verkehres zwischen ihrer Mutter und einem wohlhabenden Hausfreund ergriffen worden sei. Sie war aber so ungeschickt – oder so raffiniert – der Mutter einen Wink von dem zu geben, was in den Analysenstunden besprochen wurde, indem sie ihr Benehmen gegen die Mutter änderte, darauf bestand, von keiner anderen als der Mutter gegen die Angst des Alleinseins beschützt zu werden, und ihr angstvoll die Türe vertrat, wenn sie das Haus verlassen wollte. Die Mutter war früher selbst sehr nervös gewesen, hatte aber in einer Wasserheilanstalt vor Jahren die Heilung gefunden. Setzen wir dafür ein, sie hatte in jener Anstalt die Bekanntschaft des Mannes gemacht, mit dem sie ein sie nach jeder Richtung befriedigendes Verhältnis eingehen konnte. Durch die stürmischen Anforderungen des Mädchens stutzig gemacht, verstand die Mutter plötzlich, was die Angst ihrer Tochter bedeutete. Sie ließ sich krank werden, um die Mutter zur Gefangenen zu machen und ihr die für den Verkehr mit dem Geliebten notwendige Bewegungsfreiheit zu rauben. Rasch entschlossen machte die Mutter der schädlichen Behandlung ein Ende. Das Mädchen wurde in eine Nervenheilanstalt gebracht und durch lange Jahre als „armes Opfer der Psychoanalyse" demonstriert. Ebensolange ging mir die üble Nachrede wegen des schlechten Ausganges dieser Behandlung nach. Ich bewahrte das Schweigen, weil ich mich durch die Pflicht der ärztlichen Diskretion gebunden glaubte. Lange Zeit nachher erfuhr ich von einem Kollegen, der jene Anstalt besucht und das agoraphobische Mädchen dort gesehen hatte, daß das Verhältnis zwischen ihrer Mutter und dem vermögenden Hausfreund stadtbekannt sei und wahrscheinlich die Billigung des Gatten und Vaters habe. Diesem „Geheimnis" war also die Behandlung geopfert worden.

In den Jahren vor dem Kriege, als der Zulauf aus vieler Herren Ländern mich von der Gunst oder Mißgunst der Vaterstadt unabhängig machte, befolgte ich die Regel, keinen Kranken in Behandlung zu nehmen, der nicht *sui juris*, in seinen wesentlichen Lebensbeziehungen von anderen unabhängig wäre. Das kann sich nun nicht jeder Psychoanalytiker gestatten. Vielleicht ziehen Sie aus meiner Warnung vor den Angehörigen den Schluß, man solle die Kranken zum Zwecke der Psychoanalyse aus ihren Familien nehmen, diese Therapie also auf die Insassen von Nervenheilanstalten beschränken. Allein ich könnte Ihnen hierin nicht beistimmen; es ist weit vorteilhafter, wenn die Kranken – insoferne sie nicht in einer Phase schwerer Erschöpfung sind – während der Behandlung in jenen Verhältnissen bleiben, in denen sie mit den ihnen gestellten Aufgaben zu kämpfen haben. Nur sollten die Angehörigen diesen Vorteil nicht durch ihr Benehmen wettmachen und sich überhaupt nicht der ärztlichen Bemühung feindselig widersetzen. Aber wie wollen Sie diese für uns unzugänglichen Faktoren dazu bewegen! Sie werden natürlich auch erraten, wieviel von den Aussichten einer Behandlung durch das soziale Milieu und den kulturellen Zustand einer Familie bestimmt wird.

Nicht wahr, das gibt für die Wirksamkeit der Psychoanalyse als Therapie einen trüben Prospekt, selbst wenn wir die überwiegende Mehrzahl unserer Mißerfolge durch solche Rechenschaft von den störenden äußeren Momenten aufklären können! Freunde der Analyse haben uns dann geraten, einer Sammlung von Mißerfolgen durch eine von uns entworfene Statistik der Erfolge zu begegnen. Ich bin auch darauf nicht eingegangen. Ich machte geltend, daß eine

Statistik wertlos sei, wenn die aneinander gereihten Einheiten derselben zu wenig gleichartig seien, und die Fälle von neurotischer Erkrankung, die man in Behandlung genommen hatte, waren wirklich nach den verschiedensten Richtungen nicht gleichwertig. Außerdem war der Zeitraum, den man überschauen konnte, zu kurz, um die Haltbarkeit der Heilungen zu beurteilen, und von vielen Fällen konnte man überhaupt nicht Mitteilung machen. Sie betrafen Personen, die ihre Krankheit wie ihre Behandlung geheim gehalten hatten, und deren Herstellung gleichfalls verheimlicht werden mußte. Die stärkste Abhaltung lag aber in der Einsicht, daß die Menschen sich in Dingen der Therapie höchst irrationell benehmen, so daß man keine Aussicht hat, durch verständige Mittel etwas bei ihnen auszurichten. Eine therapeutische Neuerung wird entweder mit rauschartiger Begeisterung aufgenommen, wie z. B. damals, als Koch sein erstes Tuberkulin gegen die Tuberkulose in die Öffentlichkeit brachte, oder mit abgrundtiefem Mißtrauen behandelt, wie die wirklich segensreiche *Jennersche* Impfung, die heute noch ihre unversöhnlichen Gegner hat. Gegen die Psychoanalyse lag offenbar ein Vorurteil vor. Wenn man einen schwierigen Fall hergestellt hatte, so konnte man hören: Das ist kein Beweis, der wäre auch von selbst in dieser Zeit gesund geworden. Und wenn eine Kranke, die bereits vier Zyklen von Verstimmung und Manie absolviert hatte, in einer Pause nach der Melancholie in meine Behandlung gekommen war und drei Wochen später sich wieder zu Beginn einer Manie befand, so waren alle Familienmitglieder, aber auch die zu Rate gezogene hohe ärztliche Autorität, überzeugt, daß der neuerliche Anfall nur die Folge der an ihr versuchten Analyse sein könne. Gegen Vorurteile kann man nichts tun; Sie sehen es ja jetzt wieder an den Vorurteilen, die die eine Gruppe von kriegführenden Völkern gegen die andere entwickelt hat. Das Vernünftigste ist, man wartet und überläßt sie der Zeit, welche sie abnützt. Eines Tages denken dieselben Menschen über dieselben Dinge ganz anders als bisher; warum sie nicht schon früher so gedacht haben, bleibt ein dunkles Geheimnis.

Möglicherweise ist das Vorurteil gegen die analytische Therapie schon jetzt in Abnahme begriffen. Die stete Ausbreitung der analytischen Lehren, die Zunahme analytisch behandelnder Ärzte in manchen Ländern scheint es zu verbürgen. Als ich ein junger Arzt war, geriet ich in einen ebensolchen Entrüstungssturm der Ärzte gegen die hypnotische Suggestivbehandlung, die heute von den „Nüchternen" der Psychoanalyse entgegengehalten wird. Der Hypnotismus hat aber als therapeutisches Agens nicht gehalten, was er anfangs versprach; wir Psychoanalytiker dürfen uns für seine rechtmäßigen Erben ausgeben und vergessen nicht, wie viel Aufmunterung und theoretische Aufklärung wir ihm verdanken. Die der Psychoanalyse nachgesagten Schädigungen schränken sich im wesentlichen auf vorübergehende Erscheinungen von Konfliktsteigerung ein, wenn die

Analyse ungeschickt gemacht, oder wenn sie mittendrin abgebrochen wird. Sie haben ja Rechenschaft darüber gehört, was wir mit den Kranken anstellen, und können sich ein eigenes Urteil darüber bilden, ob unsere Bemühungen geeignet sind, zu einer dauernden Schädigung zu führen. Mißbrauch der Analyse ist nach verschiedenen Richtungen möglich; zumal die Übertragung ist ein gefährliches Mittel in den Händen eines nicht gewissenhaften Arztes. Aber vor Mißbrauch ist kein ärztliches Mittel oder Verfahren geschützt; wenn ein Messer nicht schneidet, kann es auch nicht zur Heilung dienen.

Ich bin nun zu Ende, meine Damen und Herren. Es ist mehr als die gebräuchliche Redensart, wenn ich bekenne, daß die vielen Mängel der Vorträge, die ich Ihnen gehalten habe, mich selbst empfindlich bedrücken. Vor allem tut es mir leid, daß ich so oft versprochen habe, auf ein kurz berührtes Thema an anderer Stelle wieder zurückzukommen, und dann hat der Zusammenhang es nicht ergeben, daß ich mein Versprechen halten konnte. Ich habe es unternommen, Ihnen von einer noch unfertigen, in Entwicklung begriffenen Sache Bericht zu geben, und meine kürzende Zusammenfassung ist dann selbst eine unvollkommene geworden. An manchen Stellen habe ich das Material für eine Schlußfolgerung bereit gelegt und diese dann nicht selbst gezogen. Aber ich konnte es nicht beanspruchen, Sie zu Sachkundigen zu machen; ich wollte Ihnen nur Aufklärung und Anregung bringen.

NEUE FOLGE DER VORLESUNGEN
ZUR EINFÜHRUNG IN DIE PSYCHOANALYSE

Die *Vorlesungen zur Einführung in die Psychoanalyse* wurden in den beiden Winter-semestern 1915/16 und 1916/17 in einem Hörsaal der Wiener psychiatrischen Klinik vor einem aus Hörern aller Fakultäten gemischten Auditorium gehal-ten. Die Vorlesungen der ersten Hälfte wurden improvisiert und unmittelbar nachher niedergeschrieben, die der zweiten während eines dazwischenliegen-den Sommeraufenthalts in Salzburg entworfen und im folgenden Winter wort-getreu vorgetragen. Ich besaß damals noch die Gabe eines phonographischen Gedächtnisses.

Zum Unterschied hievon sind diese neuen Vorlesungen niemals gehalten worden. Mein Alter hatte mich inzwischen der Verpflichtung enthoben, die – wenn auch nur peripherische – Zugehörigkeit zur Universität durch Abhaltung von Vorlesungen zum Ausdruck zu bringen, und eine chirurgische Operation hatte mich als Redner unmöglich gemacht. Es ist also nur eine Vorspiegelung der Phantasie, wenn ich mich während der nachfolgenden Ausführungen wieder in den Hörsaal versetze; sie mag mithelfen, bei der Vertiefung in den Gegen-stand die Rücksicht auf den Leser nicht zu vergessen.

Diese neuen Vorlesungen wollen keineswegs an die Stelle der früheren treten. Sie sind überhaupt nichts Selbständiges, das erwarten kann, sich einen eigenen Leserkreis zu finden, sondern sie sind Fortsetzungen und Ergänzungen, die in ihrer Beziehung zu den früheren in drei Gruppen zerfallen. In eine erste Gruppe gehören Neubearbeitungen von Themen, die schon vor fünfzehn Jahren behan-delt worden sind, aber infolge der Vertiefung unserer Einsichten und der Ver-änderung unserer Anschauungen heute eine andere Darstellung verlangen, also kritische Revisionen. Die beiden anderen Gruppen umfassen die eigentlichen Erweiterungen, indem sie Dinge behandeln, die es entweder in der Zeit der ersten Vorlesungen in der Psychoanalyse noch nicht gab, oder von denen damals zu wenig vorhanden war, um eine besondere Kapitelüberschrift zu rechtfertigen. Es ist nicht zu vermeiden, aber auch nicht zu bedauern, daß einzelne der neuen Vorlesungen die Charaktere dieser und jener Gruppe in sich vereinigen.

Die Abhängigkeit dieser neuen Vorlesungen von den *Vorlesungen zur Einfüh-rung* kommt auch darin zum Ausdruck, daß sie deren Zählung fortsetzen. Die erste dieses Bandes wird als die XXIX. bezeichnet. Wiederum bieten sie dem Analytiker von Fach wenig Neues und wenden sich an jene große Menge Gebil-deter, denen man ein wohlwollendes, wenn auch zurückgehaltenes Interesse für die Eigenart und die Erwerbungen der jungen Wissenschaft zuschreiben möchte. Auch diesmal ist es meine leitende Absicht gewesen, dem Schein der Einfach-heit, Vollständigkeit und Abgeschlossenheit keine Opfer zu bringen, Probleme nicht zu verhüllen, Lücken und Unsicherheiten nicht zu verleugnen. Auf keinem andern Gebiet wissenschaftlicher Arbeit dürfte man sich solcher Vorsätze zu nüchterner Selbstbescheidung rühmen. Sie gelten überall als selbstverständlich, das Publikum erwartet es nicht anders. Kein Leser einer Darstellung der Astronomie wird sich enttäuscht und der Wissenschaft überlegen fühlen, wenn man ihm die Grenzen zeigt, an denen unsere Kenntnis des Weltalls ins Nebelhafte zerflattert. Nur in der Psychologie ist es anders, hier kommt die konstitutionelle Untauglichkeit des Menschen zu wissenschaftlicher Forschung in vollem Ausmaß zum Vorschein. Man scheint von der Psychologie nicht Fortschritte im Wissen zu verlangen, sondern irgendwelche andere Befriedigungen; man macht ihr aus jedem ungelösten Problem, aus jeder eingestandenen Unsicherheit einen Vorwurf.

Wer die Wissenschaft vom Seelenleben liebt, wird auch diese Unbilde hinnehmen müssen.

Wien, im Sommer 1932
Freud

XXIX. Vorlesung
Revision der Traumlehre

Meine Damen und Herren! Wenn ich Sie nach länger als fünfzehnjähriger Pause wieder zusammengerufen habe, um mit Ihnen zu besprechen, was die Zwischenzeit an Neuem, vielleicht auch Besserem, in der Psychoanalyse gebracht hat, so ist es von mehr als einem Gesichtspunkt aus recht und billig, daß wir unsere Aufmerksamkeit zuerst dem Stande der Traumlehre zuwenden. Diese nimmt in der Geschichte der Psychoanalyse eine besondere Stelle ein, bezeichnet einen Wendepunkt; mit ihr hat die Analyse den Schritt von einem psychotherapeutischen Verfahren zu einer Tiefenpsychologie vollzogen. Die Traumlehre ist seither auch das Kennzeichnendste und Eigentümlichste der jungen Wissenschaft geblieben, etwas wozu es kein Gegenstück in unserem sonstigen Wissen gibt, ein Stück Neuland, dem Volksglauben und der Mystik abgewonnen. Die Fremdartigkeit der Behauptungen, die sie aufstellen mußte, hat ihr die Rolle eines Schiboleth verliehen, dessen Anwendung entschied, wer ein Anhänger der Psychoanalyse werden konnte und wem sie endgültig unfaßbar blieb. Mir selbst war sie ein sicherer Anhalt in jenen schweren Zeiten, da die unerkannten Tatbestände der Neurosen mein ungeübtes Urteil zu verwirren pflegten. So oft ich auch an der Richtigkeit meiner schwankenden Erkenntnisse zu zweifeln begann, wenn es mir gelungen war, einen sinnlos verworrenen Traum in einen korrekten und begreiflichen seelischen Vorgang beim Träumer umzusetzen, erneuerte sich meine Zuversicht, auf der richtigen Spur zu sein.

Es hat also für uns ein besonderes Interesse, gerade am Fall der Traumlehre zu verfolgen, einerseits welche Wandlungen die Psychoanalyse in diesem Intervall erfahren, anderseits welche Fortschritte sie unterdes im Verständnis und in der Schätzung der Mitwelt gemacht hat. Ich sage es Ihnen gleich heraus, Sie werden nach beiden Richtungen enttäuscht werden.

Durchblättern Sie mit mir die Jahrgänge der *Internationalen Zeitschrift für (ärztliche) Psychoanalyse*, in denen seit 1913 die maßgebenden Arbeiten auf unserem Gebiet vereinigt sind. Sie finden in den früheren Bänden eine ständige Rubrik „Zur Traumdeutung" mit reichen Beiträgen zu den verschiedenen Punkten der Traumlehre. Aber je weiter Sie gehen, desto seltener werden solche Beiträge, die ständige Rubrik verschwindet endlich ganz. Die Analytiker benehmen sich, als hätten sie über den Traum nichts mehr zu sagen, als wäre die Traumlehre abgeschlossen. Wenn Sie aber fragen, was die ferner Stehenden von der Traumdeutung angenommen haben, die vielen Psychiater und Psychotherapeuten, die an unserem Feuer ihre Süppchen kochen – ohne übrigens so recht dankbar für die Gastfreundschaft zu sein –, die sogenannten Gebildeten, die sich auffällige

Ergebnisse der Wissenschaft anzueignen pflegen, die Literaten und das große Publikum, so ist die Antwort wenig befriedigend. Einige Formeln sind allgemein bekannt worden, darunter solche, die wir nie vertreten haben, wie der Satz, alle Träume seien sexueller Natur, aber gerade so wichtige Dinge wie die grundlegende Unterscheidung von manifestem Trauminhalt und latenten Traumgedanken, die Einsicht, daß die Angstträume der wunscherfüllenden Funktion des Traums nicht widersprechen, die Unmöglichkeit, den Traum zu deuten, wenn man nicht über die dazugehörigen Assoziationen des Träumers verfügt, vor allem aber die Erkenntnis, daß das Wesentliche am Traum der Prozeß der Traumarbeit ist, all das scheint dem allgemeinen Bewußtsein noch ungefähr so fremd zu sein wie vor dreißig Jahren. Ich darf so sagen, denn ich habe im Laufe dieser Zeit eine Unzahl von Briefen erhalten, deren Schreiber ihre Träume zur Deutung vorlegen oder Auskünfte über die Natur des Traumes verlangen, die behaupten, daß sie die *Traumdeutung* gelesen haben und dabei doch in jedem Satz ihre Verständnislosigkeit für unsere Traumlehre verraten. Das soll uns nicht abhalten, uns nochmals im Zusammenhang vorzuführen, was wir vom Traum wissen. Sie erinnern sich, das vorige Mal haben wir eine ganze Anzahl von Vorlesungen darauf verwendet, zu zeigen, wie man zum Verständnis dieses bisher unerklärten seelischen Phänomens gelangt ist.

Wenn uns also jemand, z. B. ein Patient in der Analyse, einen seiner Träume berichtet, so nehmen wir an, er habe uns hiemit eine der Mitteilungen gemacht, zu denen er sich durch den Eintritt in die analytische Behandlung verpflichtet hatte. Eine Mitteilung freilich mit ungeeigneten Mitteln, denn der Traum ist an sich keine soziale Äußerung, kein Mittel der Verständigung. Wir verstehen ja auch nicht, was uns der Träumer sagen wollte, und er selbst weiß es auch nicht besser. Nun haben wir rasch eine Entscheidung zu treffen: Entweder der Traum ist, wie uns die nichtanalytischen Ärzte versichern, ein Anzeichen dafür, daß der Träumer schlecht geschlafen hat, daß nicht alle seine Hirnpartien gleichmäßig zur Ruhe gekommen sind, daß einzelne Stellen unter dem Einfluß unbekannter Reize weiterarbeiten wollten und es nur in sehr unvollkommener Weise konnten. Wenn dem so ist, dann tuen wir recht daran, uns mit dem psychisch wertlosen Produkt der nächtlichen Störung nicht weiter zu beschäftigen. Denn was sollten wir von dessen Untersuchung für unsere Absichten Brauchbares erwarten? Oder aber – doch wir merken, wir haben uns von vornherein anders entschieden. Wir haben – zugegeben, recht willkürlich – die Voraussetzung gemacht, das Postulat aufgestellt, daß auch dieser unverständliche Traum ein vollgültiger, sinn- und wertvoller psychischer Akt sein müsse, den wir in der Analyse wie eine andere Mitteilung verwenden können. Ob wir recht haben, kann nur der Erfolg des Versuchs zeigen. Gelingt es uns, den Traum in eine solche wertvolle Äußerung umzuwandeln, so haben wir offenbar Aussicht, Neues zu erfahren, Mitteilungen von einer Art zu erhalten, wie sie uns sonst unzugänglich geblieben wären.

Nun aber erheben sich vor uns die Schwierigkeiten unserer Aufgabe und die Rätsel unseres Themas. Wie stellen wir es an, den Traum in eine solche normale Mitteilung umzuwandeln, und wie erklären wir es, daß ein Teil der Äußerungen des Patienten diese für ihn wie für uns gleich unverständliche Form angenommen hat?

Sie sehen, meine Damen und Herren, daß ich dieses Mal nicht den Weg einer genetischen, sondern den einer dogmatischen Darstellung gehe. Unser erster Schritt ist, unsere neue Einstellung zum Problem des Traums durch die Einführung zweier neuer Begriffe, Namen, festzulegen. Wir heißen, was man den Traum genannt hat, den Traumtext oder den *manifesten* Traum, und das, was wir suchen, sozusagen hinter dem Traum vermuten, die *latenten* Traumgedanken. Dann können wir unsere beiden Aufgaben in folgender Art aussprechen: Wir haben den manifesten in den latenten Traum umzuwandeln und anzugeben, wie im Seelenleben des Träumers der letztere zum ersteren geworden ist. Das erste Stück ist eine praktische Aufgabe, es fällt der *Traumdeutung* zu, braucht eine Technik; das zweite eine theoretische, es soll den angenommenen Prozeß der *Traumarbeit* erklären und kann nur eine Theorie sein. Beide, Technik der Traumdeutung und Theorie der Traumarbeit, sind neu zu schaffen.

Mit welchem Stück sollen wir nun anfangen? Ich meine, mit der Technik der Traumdeutung; es wird plastischer ausfallen und Ihnen einen lebendigeren Eindruck machen.

Also der Patient habe einen Traum erzählt, den wir deuten sollen. Wir haben gelassen zugehört, ohne dabei unser Nachdenken in Bewegung zu setzen. Was tun wir zunächst? Wir beschließen, uns um das, was wir gehört haben, um den *manifesten* Traum, möglichst wenig zu kümmern. Natürlich zeigt dieser manifeste Traum allerlei Charaktere, die uns nicht ganz gleichgültig sind. Er kann zusammenhängend sein, glatt komponiert wie eine Dichtung, oder unverständlich verworren, fast wie ein Delirium, kann absurde Elemente enthalten oder Witze und anscheinend geistreiche Schlüsse, er kann dem Träumer klar und scharf erscheinen oder trüb und verschwommen, seine Bilder mögen die volle sinnliche Stärke von Wahrnehmungen zeigen oder schattenhaft sein wie ein undeutlicher Hauch, die verschiedensten Charaktere mögen sich in demselben Traum zusammenfinden, auf verschiedene Stellen verteilt; der Traum mag endlich einen indifferenten Gefühlston zeigen oder von den stärksten freudigen oder peinlichen Erregungen begleitet werden – glauben Sie nicht, daß wir diese unendliche Mannigfaltigkeit im manifesten Traum für nichts achten, wir werden später auf sie zurückkommen und sehr vieles an ihr für die Deutung verwertbar finden, aber zunächst sehen wir von ihr ab und schlagen den Hauptweg ein, der zur Traumdeutung führt. Das heißt, wir fordern den Träumer auf, sich gleichfalls vom Eindruck des manifesten Traums frei zu machen, seine Aufmerksamkeit vom Ganzen weg auf die einzelnen Teile des Trauminhalts zu richten und uns der Reihe nach mitzuteilen, was ihm zu jedem dieser Teilstücke einfällt, welche Assoziationen sich ihm ergeben, wenn er sie einzeln ins Auge faßt.

Nicht wahr, das ist eine besondere Technik, nicht die gewöhnliche Art, eine Mitteilung oder Aussage zu behandeln? Sie erraten auch gewiß, daß hinter diesem Verfahren Voraussetzungen stecken, die noch nicht ausgesprochen worden sind. Aber gehen wir weiter. In welcher Reihenfolge lassen wir den Patienten die Teilstücke seines Traums vornehmen? Da stehen uns mehrere Wege offen. Wir können einfach der chronologischen Ordnung folgen, wie sie sich bei der Erzählung des Traums herausgestellt hat. Das ist die sozusagen strengste, klassische Methode. Oder wir können den Träumer weisen, sich zuerst die *Tagesreste* im Traum herauszusuchen, denn die Erfahrung hat uns gelehrt, daß fast in jeden Traum ein Erinnerungsrest oder eine Anspielung an eine Begebenheit des Traumtags, oft an mehrere, eingegangen ist, und wenn wir diesen Anknüpfungen folgen, haben wir oft mit einem Schlag den Übergang von der scheinbar weit entrückten Traumwelt zum realen Leben des Patienten gefunden. Oder wir heißen ihn, mit jenen Elementen des Trauminhalts den Anfang machen, die ihm durch ihre besondere Deutlichkeit und sinnliche Stärke auffallen. Wir wissen nämlich, daß es ihm bei diesen besonders leicht werden wird, Assoziationen zu bekommen. Es macht keinen Unterschied, auf welche dieser Arten wir uns den gesuchten Assoziationen nähern.

Und dann erhalten wir diese Assoziationen. Sie bringen das Verschiedenartigste, Erinnerungen an den gestrigen Tag, den Traumtag, und an längst vergangene Zeiten, Überlegungen, Diskussionen mit einem Für und Wider, Bekenntnisse und Anfragen. Manche von ihnen sprudelt der Patient heraus, vor anderen stockt er eine Weile. Die meisten zeigen eine deutliche Beziehung zu einem Element des Traums; kein Wunder, denn sie gehen ja von diesen Elementen aus, aber es kommt auch vor, daß der Patient sie mit den Worten einleitet: Das scheint gar nichts mit dem Traum zu tun zu haben; ich sage es, weil es mir einfällt.

Hört man sich diese Fülle von Einfällen an, so merkt man bald, daß sie mit dem Trauminhalt mehr gemeinsam haben als nur die Ausgangspunkte. Sie werfen ein überraschendes Licht auf alle Teile des Traums, füllen die Lücken zwischen ihnen aus, machen ihre sonderbaren Zusammenstellungen verständlich. Endlich muß man sich über das Verhältnis zwischen ihnen und dem Trauminhalt klar werden. Der Traum erscheint als ein verkürzter Auszug aus den Assoziationen, nach allerdings noch nicht durchschauten Regeln hergestellt, seine Elemente wie die aus einer Wahl hervorgegangenen Repräsentanten einer Menge. Es ist kein Zweifel, daß wir durch unsere Technik erhalten haben, was durch den Traum ersetzt wird und worin der psychische Wert des Traums zu finden ist, was aber nicht mehr die befremdenden Eigentümlichkeiten des Traums, seine Fremdartigkeit, Verworrenheit zeigt.

Aber kein Mißverständnis! Die Assoziationen zum Traum sind noch nicht die latenten Traumgedanken. Diese sind in den Assoziationen wie in einer Mutterlauge enthalten – aber doch nicht ganz vollständig enthalten. Die Assoziationen bringen einerseits viel mehr, als wir für die Formulierung der latenten Traumgedanken brauchen, nämlich alle die Ausführungen, Übergänge, Verbindungen, die der Intellekt des Patienten auf dem Wege der Annäherung an die Traumgedanken produzieren mußte. Anderseits hat die Assoziation oft gerade vor den eigentlichen Traumgedanken haltgemacht, ist ihnen nur nahegekommen, hat sie nur in den Anspielungen berührt. Wir greifen da selbsttätig ein, vervollständigen die Andeutungen, ziehen unabweisbare Schlüsse, sprechen das aus, woran der Patient in seinen Assoziationen nur gestreift hat. Das klingt dann so, als ließen wir unseren Witz und unsere Willkür mit dem Material spielen, das uns der Träumer zur Verfügung stellt, und mißbrauchten es dazu, in seine Äußerungen hineinzudeuten, was sich aus ihnen nicht herausdeuten läßt; auch ist es nicht leicht, die Rechtmäßigkeit unseres Vorgehens in einer abstrakten Darstellung zu erweisen. Aber machen Sie nur selbst eine Traumanalyse oder vertiefen Sie sich in ein gut beschriebenes Beispiel in unserer Literatur und Sie werden sich überzeugen, wie zwingend eine solche Deutungsarbeit abläuft.

Wenn wir bei der Traumdeutung im allgemeinen und in erster Linie von den Assoziationen des Träumers abhängig sind, so benehmen wir uns doch gegen gewisse Elemente des Trauminhalts ganz selbständig, vor allem darum, weil wir müssen, weil bei ihnen in der Regel die Assoziationen versagen. Wir haben frühzeitig gemerkt, daß es immer die nämlichen Inhalte sind, bei denen dies zutrifft; sie sind nicht sehr zahlreich, und gehäufte Erfahrung hat uns gelehrt, daß sie als *Symbole* für etwas anderes aufzufassen und zu deuten sind. Im Vergleich mit den anderen Traumelementen darf man ihnen eine feststehende Bedeutung zuschreiben, die aber nicht eindeutig zu sein braucht, deren Umfang durch besondere uns ungewohnte Regeln bestimmt wird. Da wir diese Symbole zu übersetzen verstehen, der Träumer aber nicht, obwohl er sie selbst gebraucht hat, kann es sich treffen, daß uns der Sinn eines Traums unmittelbar klar wird, noch vor allen Bemühungen um die Traumdeutung, sobald wir nur den Traumtext gehört haben, während der Träumer selbst noch vor einem Rätsel steht. Aber über die Symbolik, unser Wissen von ihr, die Probleme, die sie uns bietet, habe ich schon in den früheren Vorlesungen so viel erzählt, daß ich mich heute nicht zu wiederholen brauche.

Das ist also unsere Methode der Traumdeutung. Die nächste, wohlberechtigte Frage lautet: Kann man mit ihrer Hilfe alle Träume deuten? Und die Antwort ist: Nein, nicht alle, aber doch so viele, daß man der Brauchbarkeit und Berechtigung des Verfahrens sicher ist. Aber warum nicht alle? Die neuerliche Antwort hat uns etwas Wichtiges zu lehren, was bereits in die psychischen Bedingungen der Traumbildung einführt: Weil sich die Arbeit der Traumdeutung gegen einen Widerstand vollzieht, der von unscheinbaren Größen bis zur Unüberwindlichkeit – wenigstens für unsere jeweiligen Machtmittel – variiert. Die Äußerungen dieses Widerstandes kann man während der Arbeit nicht übersehen. An manchen Stellen werden die Assoziationen ohne Zögern gegeben, und schon der erste oder zweite Einfall bringt die Aufklärung. An anderen stockt und zaudert der Patient, ehe er eine Assoziation ausspricht, und dann hat man oft eine lange Kette von Einfällen anzuhören, bevor man etwas für das Verständnis des Traumes Brauchbares erhält. Je länger und umwegiger die Assoziationskette, desto stärker ist der Widerstand, meinen wir gewiß mit Recht. Auch im Vergessen der Träume verspüren wir denselben Einfluß. Es kommt oft genug vor, daß der Patient sich trotz aller Bemühung an einen seiner Träume nicht mehr besinnen kann. Nachdem wir aber in einem Stück analytischer Arbeit eine Schwierigkeit beseitigt haben, die den Patienten in seinem Verhältnis zur Analyse gestört hatte, stellt sich der vergessene Traum plötzlich wieder ein. Auch zwei andere Beobachtungen gehören hierher. Es ereignet sich sehr oft, daß von einem Traum zunächst ein Stück wegbleibt, das dann als Nachtrag angefügt wird. Das ist als ein Versuch aufzufassen, dieses Stück zu vergessen. Die Erfahrung zeigt, daß gerade dieses Stück das bedeutungsvollste ist; wir nehmen an, seiner Mitteilung stand ein stärkerer Widerstand im Wege als bei den anderen. Ferner, wir sehen oft, daß der Träumer dem Vergessen seiner Träume entgegenarbeitet, indem er den Traum unmittelbar nach dem Erwachen schriftlich fixiert. Wir können ihm sagen, das ist nutzlos, denn der Widerstand, dem er die Erhaltung des Traumtextes abgewonnen hat, verschiebt sich dann auf die Assoziation und macht den manifesten Traum für die Deutung unzugänglich. Unter diesen Verhältnissen brauchen wir uns nicht zu verwundern, wenn ein weiteres Ansteigen des Widerstands überhaupt die Assoziationen unterdrückt und dadurch die Traumdeutung vereitelt.

Wir ziehen aus alledem den Schluß, daß der Widerstand, den wir bei der Arbeit an der Traumdeutung merken, auch an der Entstehung des Traums einen Anteil haben muß. Man kann geradezu Träume, die unter geringem, und solche, die unter hohem Widerstandsdruck entstanden sind, unterscheiden. Aber dieser Druck wechselt auch innerhalb desselben Traums von Stelle zu Stelle; er ist Schuld an den Lücken, Unklarheiten, Verworrenheiten, die den Zusammenhang des schönsten Traumes unterbrechen können.

Aber was leistet da Widerstand und gegen was? Nun, der Widerstand ist uns das sichere Anzeichen eines Konflikts. Es muß eine Kraft da sein, die etwas ausdrücken will, und eine andere, die sich sträubt, diese Äußerung zuzulassen. Was dann als manifester Traum zustande kommt, mag alle die Entscheidungen zusammenfassen, zu denen sich dieser Kampf der zwei Strebungen verdichtet hat. An der einen Stelle mag es der einen Kraft gelungen sein, durchzusetzen, was sie sagen wollte, an anderen ist es der widerstrebenden Instanz geglückt, die beabsichtigte Mitteilung vollkommen auszulöschen oder durch etwas, was keine Spur von ihr verrät, zu ersetzen. Am häufigsten und für die Traumbildung am meisten charakteristisch sind die Fälle, in denen der Konflikt in ein Kompromiß ausgegangen ist, so daß die mitteilsame Instanz zwar sagen konnte, was sie wollte, aber nicht so, wie sie es wollte, sondern nur gemildert, entstellt und unkenntlich gemacht. Wenn also der Traum die Traumgedanken nicht getreu wiedergibt, wenn es einer Deutungsarbeit bedarf, um die Kluft zwischen beiden zu überbrücken, so ist das ein Erfolg der widerstrebenden, hemmenden und einschränkenden Instanz, die wir aus der Wahrnehmung des Widerstands bei der Traumdeutung erschlossen haben. Solange wir den Traum als isoliertes Phänomen unabhängig von ihm verwandten psychischen Bildungen studierten, haben wir diese Instanz den *Traumzensor* geheißen.

Sie wissen längst, daß diese Zensur keine dem Traumleben besondere Einrichtung ist. Daß der Konflikt zweier psychischer Instanzen, die wir – ungenau – als das unbewußte Verdrängte und das Bewußte bezeichnen, überhaupt unser Seelenleben beherrscht und daß der Widerstand gegen die Traumdeutung, das Anzeichen der Traumzensur, nichts anderes ist als der Verdrängungswiderstand, durch den jene beiden Instanzen sich voneinander absetzen. Sie wissen auch, daß aus dem Konflikt derselben unter bestimmten Bedingungen andere psychische Gebilde hervorgehen, die ebenso wie der Traum das Ergebnis von Kompromissen sind, und werden nicht verlangen, daß ich hier alles, was in der Einführung zur Neurosenlehre enthalten ist, vor Ihnen wiederhole, um Ihnen vorzuführen, was wir von den Bedingungen solcher Kompromißbildung wissen. Sie haben verstanden, daß der Traum ein pathologisches Produkt ist, das erste Glied der Reihe, die das hysterische Symptom, die Zwangsvorstellung, die Wahnidee umfaßt, aber vor den anderen ausgezeichnet durch seine Flüchtigkeit und seine Entstehung unter Verhältnissen, die dem normalen Leben angehören. Denn, halten wir daran fest, das Traumleben ist, wie schon *Aristoteles* gesagt hat, die Art, wie unsere Seele während des Schlafzustandes arbeitet. Der Schlafzustand stellt eine Abwendung von der realen Außenwelt her, und damit ist die Bedingung für die Entfaltung einer Psychose gegeben. Das sorgfältigste Studium der ernsthaften Psychosen wird uns keinen Zug entdecken lassen, der für diesen Krankheitszustand mehr charakteristisch wäre. Aber in der Psychose wird die Abwendung von der Realität auf zweierlei Weise hervorgerufen, entweder indem das Unbewußt-Verdrängte überstark wird, so daß es das an der Realität hängende Bewußte überwältigt, oder weil die Realität so unerträglich leidvoll geworden ist, daß sich das bedrohte Ich in verzweifelter Auflehnung dem unbewußten Triebhaften in die Arme wirft. Die harmlose Traumpsychose ist die Folge einer bewußt gewollten, nur zeitweiligen Zurückziehung von der Außenwelt, sie schwindet auch mit der Wiederaufnahme der Beziehungen zu dieser. Während der Isolierung des Schlafenden stellt sich auch eine Veränderung in der Verteilung seiner psychischen Energie her; ein Teil des Verdrängungsaufwands, der sonst zur Niederhaltung des Unbewußten gebraucht wurde, kann erspart werden, denn wenn dies seine relative Befreiung auch zur Aktivität ausnützt, findet es doch den Weg zur Motilität verschlossen und nur den unschädlichen zur halluzinatorischen Befriedigung frei. Es kann sich jetzt also ein Traum bilden; die Tatsache der Traumzensur zeigt aber, daß noch genug vom Verdrängungswiderstand auch während des Schlafs erhalten geblieben ist.

Hier eröffnet sich uns ein Weg zur Beantwortung der Frage, ob der Traum auch eine Funktion hat, ob er mit einer nützlichen Leistung betraut ist. Die reizlose Ruhe, welche der Schlafzustand herstellen möchte, wird von drei Seiten bedroht, in mehr zufälliger Weise von äußeren Reizen während des Schlafs und von Tagesinteressen, die sich nicht abbrechen lassen, in unvermeidlicher Weise von den ungesättigten verdrängten Triebregungen, die auf die Gelegenheit zur Äußerung lauern. Infolge der nächtlichen Herabsetzung der Verdrängungen bestünde die Gefahr, daß die Ruhe des Schlafs jedesmal gestört wird, so oft die äußere oder innere Anregung eine Verknüpfung mit einer der unbewußten Triebquellen erreichen kann. Der Traumvorgang läßt das Produkt eines solchen Zusammenwirkens in ein unschädliches halluzinatorisches Erlebnis einmünden und versichert so die Fortdauer des Schlafs. Es ist kein Widerspruch gegen diese Funktion, wenn der Traum zeitweilig den Schläfer unter Angstentwicklung weckt, wohl aber ein Signal, daß der Wächter die Situation für zu gefährlich hält und nicht mehr glaubt, sie bewältigen zu können. Nicht selten vernehmen wir dann noch im Schlaf die Beschwichtigung, die das Aufwachen verhüten will: Aber es ist ja nur ein Traum!

Soviel, meine Damen und Herren, wollte ich Ihnen über die Traumdeutung sagen, deren Aufgabe es ist, vom manifesten Traum zu den latenten Traumgedanken zu führen. Ist dies erreicht, so ist in der praktischen Analyse zumeist das Interesse für den Traum erloschen. Man fügt die Mitteilung, die man in der Form eines Traums erhalten hat, in die anderen ein und geht in der Analyse weiter. Wir haben ein Interesse, noch länger beim Traum zu verweilen; es lockt uns, den Prozeß zu studieren, durch den die latenten Traumgedanken in den manifesten Traum verwandelt wurden. Wir heißen ihn die Traumarbeit. Sie erinnern sich, ich habe ihn in den früheren Vorlesungen so eingehend beschrieben, daß ich mich in der heutigen Überschau auf die knappsten Zusammenfassungen beschränken darf.

Der Prozeß der Traumarbeit ist also etwas ganz Neues und Fremdartiges, dessengleichen vorher nicht bekannt worden war. Er hat uns den ersten Einblick in die Vorgänge gegeben, die sich im unbewußten System abspielen, und uns gezeigt, daß sie ganz andere sind, als was wir von unserem bewußten Denken kennen, daß sie diesem letzteren als unerhört und fehlerhaft erscheinen müßten. Die Bedeutung dieser Funde ist dann durch die Entdeckung erhöht worden, daß bei der Bildung der neurotischen Symptome dieselben Mechanismen – wir getrauen uns nicht zu sagen: Denkvorgänge – wirksam sind, die die latenten Traumgedanken in den manifesten Traum verwandelt haben.

Im folgenden werde ich eine schematisierende Darstellungsweise nicht vermeiden können. Nehmen wir an, wir überblicken in einem bestimmten Falle alle die latenten, mehr oder minder affektiv geladenen Gedanken, durch die sich nach vollzogener Traumdeutung der manifeste Traum ersetzt hat. Dann fällt uns unter ihnen ein Unterschied auf, und dieser Unterschied wird uns weit führen. Fast alle dieser Traumgedanken werden vom Träumer erkannt oder anerkannt; er gibt zu, er hat so gedacht, diesmal oder ein ander Mal, oder er hätte so denken können. Nur gegen die Annahme eines einzigen sträubt er sich; der ist ihm fremd, vielleicht sogar widerlich; möglicherweise wird er ihn in leidenschaftlicher Erregung von sich weisen. Nun wird uns klar, die anderen Gedanken sind Stücke eines bewußten, korrekter gesagt: vorbewußten Denkens; sie hätten auch im Wachleben gedacht werden können, haben sich auch wahrscheinlich tagsüber gebildet. Dieser eine verleugnete Gedanke aber, oder richtiger diese eine Regung, ist ein Kind der Nacht; sie gehört dem Unbewußten des Träumers an, wird darum von ihm verleugnet und verworfen. Sie mußte den nächtlichen Nachlaß der Verdrängung abwarten, um es zu irgendeiner Art von Ausdruck zu bringen. Immerhin ist dieser Ausdruck ein abgeschwächter, entstellter, verkleideter; ohne die Arbeit der Traumdeutung hätten wir ihn nicht gefunden. Der Verknüpfung mit den anderen einwandfreien Traumgedanken dankt diese unbewußte Regung die Gelegenheit, sich in einer unscheinbaren Verkleidung durch die Schranke der Zensur einzuschleichen; anderseits danken die vorbewußten Traumgedanken dieser selben Verknüpfung die Macht, das Seelenleben auch während des Schlafs zu beschäftigen. Denn uns bleibt kein Zweifel daran: Diese unbewußte Regung ist der eigentliche Schöpfer des Traums, sie bringt die psychische Energie für seine Bildung auf. Wie jede andere Triebregung kann sie nichts anderes anstreben als ihre eigene Befriedigung, und unsere Erfahrung im Traumdeuten zeigt uns auch, daß dies der Sinn alles Träumens ist. In jedem Traum soll ein Triebwunsch als erfüllt dargestellt werden. Die nächtliche Absperrung des Seelenlebens von der Realität, die dadurch ermöglichte Regression zu primitiven Mechanismen machen es möglich, daß diese gewünschte Triebbefriedigung halluzinatorisch als Gegenwart erlebt wird. Infolge derselben Regression werden im Traum Vorstellungen in visuelle Bilder umgesetzt, die latenten Traumgedanken also dramatisiert und illustriert.

Aus diesem Stück der Traumarbeit erhalten wir Auskunft über einige der auffälligsten und besondersten Charaktere des Traums. Ich wiederhole den Hergang der Traumbildung. Die Einleitung: der Wunsch zu schlafen, die absichtliche Abwendung von der Außenwelt. Zwei Folgen derselben für den seelischen Apparat, erstens die Möglichkeit, daß ältere und primitivere Arbeitsweisen in ihm hervortreten können, die Regression, zweitens die Herabsetzung des Verdrängungswiderstandes, der auf dem Unbewußten lastet. Als Folge dieses letzteren Moments ergibt sich die Möglichkeit zur Traumbildung, die von den Anlässen, den rege gewordenen inneren und äußeren Reizen, ausgenutzt wird. Der Traum, der so entsteht, ist bereits eine Kompromißbildung; er hat eine doppelte Funktion, er ist einerseits ichgerecht, indem er durch die Erledigung der schlafstörenden Reize dem Schlafwunsch dient, anderseits gestattet er einer verdrängten Triebregung die unter diesen Verhältnissen mögliche Befriedigung in der Form einer halluzinierten Wunscherfüllung. Der ganze vom schlafenden Ich zugelassene Prozeß der Traumbildung steht aber unter der Bedingung der Zensur, die von dem Rest der aufrechterhaltenen Verdrängung ausgeübt wird. Einfacher kann ich den Vorgang nicht darstellen, er ist nicht einfacher. Aber ich kann nun in der Beschreibung der Traumarbeit fortfahren. Nochmals zurück zu den latenten Traumgedanken! Ihr stärkstes Element ist die verdrängte Triebregung, die sich in ihnen in Anlehnung an zufällig vorhandene Reize und in Übertragung an die Tagesreste einen wenngleich gemilderten und verkleideten Ausdruck geschaffen hat. Wie jede Triebregung drängt auch diese zur Befriedigung durch die Handlung, aber der Weg zur Motilität ist ihr durch die physiologischen Einrichtungen des Schlafzustandes versperrt; sie ist genötigt, die rückläufige Richtung zur Wahrnehmung einzuschlagen und sich mit einer halluzinierten Befriedigung zu begnügen. Die latenten Traumgedanken werden also in eine Summe von Sinnesbildern und visuellen Szenen umgesetzt. Auf diesem Wege geschieht das mit ihnen, was uns so neuartig und befremdend erscheint. Alle die sprachlichen Mittel, durch welche die feineren Denkrelationen ausgedrückt werden, die Konjunktionen und Präpositionen, die Abänderungen der Deklination und Konjugation entfallen, weil die Darstellungsmittel für sie fehlen; wie in einer primitiven Sprache ohne Grammatik wird nur das Rohmaterial des Denkens ausgedrückt, Abstraktes auf das ihm zugrunde liegende Konkrete zurückgeführt. Was so erübrigt, kann leicht zusammenhanglos erscheinen. Es entspricht sowohl der archaischen Regression im seelischen Apparat wie den Anforderungen der Zensur, wenn die Darstellung von gewissen Objekten und Vorgängen durch Symbole, die dem bewußten Denken fremd geworden sind, in reichem Ausmaß verwendet wird. Aber weit darüber hinaus greifen andere Veränderungen, die mit den Elementen der Traumgedanken vorgenommen werden. Solche von ihnen, die irgendeinen Berührungspunkt auffinden lassen, werden zu neuen Einheiten *verdichtet*. Bei der Umsetzung der Gedanken in Bilder werden diejenigen unzweideutig bevorzugt, die eine derartige Zusammenlegung, Verdichtung, gestatten; als ob eine Kraft wirksam wäre, die das Material einer Pressung, Zusammendrängung, aussetzt. Infolge der Verdichtung kann dann ein Element im manifesten Traum zahlreichen Elementen in den latenten Traumgedanken entsprechen; umgekehrt kann aber auch ein Element der Traumgedanken durch mehrere Bilder im Traum vertreten werden.

Noch merkwürdiger ist der andere Vorgang der *Verschiebung* oder Akzentübertragung, der im bewußten Denken nur als Denkfehler oder als Mittel des Witzes bekannt ist. Die einzelnen Vorstellungen der Traumgedanken sind ja nicht gleichwertig, sie sind mit verschieden großen Affektbeträgen besetzt und dementsprechend vom Urteil als mehr oder minder wichtig, des Interesses würdig eingeschätzt. In der Traumarbeit werden diese Vorstellungen von den an ihnen haftenden Affekten getrennt; die Affekte werden für sich erledigt, sie können auf anderes verschoben werden, erhalten bleiben, Verwandlungen erfahren, überhaupt nicht im Traum erscheinen. Die Wichtigkeit der vom Affekt entblößten Vorstellungen kehrt im Traum als sinnliche Stärke der Traumbilder wieder, aber wir bemerken, daß dieser Akzent von bedeutsamen Elementen auf indifferente übergegangen ist, so daß im Traum als Hauptsache in den Vordergrund gerückt scheint, was in den Traumgedanken nur eine Nebenrolle spielte, und umgekehrt das Wesentliche der Traumgedanken im Traum nur eine beiläufige, wenig deutliche Darstellung findet. Kein anderes Stück der Traumarbeit trägt soviel dazu bei, den Traum für den Träumer fremdartig und unbegreiflich zu machen. Die Verschiebung ist das Hauptmittel der *Traumentstellung*, welche sich die Traumgedanken unter dem Einfluß der Zensur gefallen lassen müssen.

Nach diesen Einwirkungen auf die Traumgedanken ist der Traum fast fertiggemacht. Es tritt noch ein ziemlich inkonstantes Moment hinzu, die sogenannte sekundäre Bearbeitung, nachdem der Traum als Wahrnehmungsobjekt vor dem Bewußtsein aufgetaucht ist. Wir behandeln ihn dann so, wie wir überhaupt gewohnt sind, unsere Wahrnehmungsinhalte zu behandeln, suchen Lükken auszufüllen, Zusammenhänge einzufügen, setzen uns dabei oft genug groben Mißverständnissen aus. Aber diese gleichsam rationalisierende Tätigkeit, die im besten Falle den Traum mit einer glatten Fassade versieht, wie sie zu seinem wirklichen Inhalt nicht passen kann, kann auch unterlassen werden oder sich nur in sehr bescheidenem Maß äußern, wo dann der Traum alle seine Risse und Sprünge offen zur Schau trägt. Anderseits ist nicht zu vergessen, daß auch die Traumarbeit nicht immer gleich energisch verfährt; oft genug schränkt sie sich nur auf gewisse Stücke der Traumgedanken ein und andere von ihnen dürfen unverändert im Traum erscheinen. Dann macht es den Eindruck, als hätte man im Traum die feinsten und kompliziertesten intellektuellen Operationen ausgeführt, spekuliert, Witze gemacht, Entschlüsse gefaßt, Probleme gelöst, während all dies das Ergebnis unserer normalen geistigen Tätigkeit ist, eben sowohl am Tag vor dem Traum wie während der Nacht vorgefallen sein mag, mit der Traumarbeit nichts zu tun hat und nichts für den Traum Charakteristisches zum Vorschein bringt. Es ist auch nicht überflüssig, nochmals den Gegensatz zu betonen, der innerhalb der Traumgedanken selbst zwischen der unbewußten Triebregung und den Tagesresten besteht. Während die letzteren die ganze Mannigfaltigkeit unserer seelischen Akte aufweisen, läuft die erstere, die der eigentliche Motor der Traumbildung wird, regelmäßig in eine Wunscherfüllung aus.

Das alles hätte ich Ihnen schon vor fünfzehn Jahren sagen können, ja ich glaube, ich habe es Ihnen damals auch wirklich gesagt. Nun wollen wir zusammentragen, was etwa in dieser Zwischenzeit an Abänderungen und neuen Einsichten hinzugekommen ist.

Ich sagte Ihnen schon, ich fürchte, Sie werden finden, es ist recht wenig, und werden nicht verstehen, warum ich Ihnen auferlegt habe, das Nämliche zweimal anzuhören, und mir, es zu sagen. Aber es sind 15 Jahre dazwischen, und ich hoffe, auf diese Art am leichtesten den Kontakt mit Ihnen wiederherzustellen. Auch sind es so elementare Dinge, von so entscheidender Wichtigkeit für das Verständnis der Psychoanalyse, daß man sie gern ein zweites Mal anhören mag, und daß sie nach 15 Jahren so sehr dieselben geblieben sind, ist an und für sich wissenswert.

Sie finden in der Literatur dieser Zeit natürlich eine große Anzahl von Bestätigungen und Detailausführungen, von denen ich Ihnen nur Proben zu geben vorhabe. Auch kann ich dabei einiges, was schon früher bekannt wurde, nachholen. Es bezieht sich zumeist auf die Symbolik im Traum und die sonstigen Darstellungsweisen des Traumes. Nun hören Sie, erst ganz kürzlich haben die Mediziner an einer amerikanischen Universität sich geweigert, der Psychoanalyse den Charakter einer Wissenschaft zuzugestehen, mit der Begründung, daß sie keine experimentellen Beweise zulasse. Sie hätten denselben Einwand auch gegen die

Astronomie erheben können; das Experimentieren mit den Himmelskörpern ist ja besonders schwierig. Man bleibt da auf die Beobachtung angewiesen. Immerhin haben gerade Wiener Forscher den Anfang gemacht, unsere Traumsymbolik experimentell zu bestätigen. Ein *Dr. Schrötter* hat schon 1912 gefunden, wenn man tief hypnotisierten Personen den Auftrag gibt, von sexuellen Vorgängen zu träumen, erscheint in dem so provozierten Traum das sexuelle Material durch die uns bekannten Symbole ersetzt. Zum Beispiel: einer Frau wird aufgegeben, vom Geschlechtsverkehr mit einer Freundin zu träumen. In ihrem Traum erscheint diese Freundin mit einer *Reisetasche*, die mit einem Zettel beklebt ist: Nur für Damen. Noch eindrucksvoller sind Versuche von *Betlheim* und *Hartmann* 1924, die an Kranken mit sogenannter *Korsakoffscher* Verworrenheit arbeiteten. Sie erzählten ihnen Geschichten mit grob sexuellem Inhalt und achteten auf die Entstellungen, die bei der geforderten Reproduktion des Erzählten auftraten. Dabei kamen wiederum die uns vertrauten Symbole für Geschlechtsorgane und Geschlechtsverkehr zum Vorschein, unter anderem das Symbol der Stiege, von dem die Autoren mit Recht sagen, daß es einem bewußten Entstellungswunsch unerreichbar gewesen wäre.

H. Silberer hat in einer sehr interessanten Versuchsreihe gezeigt, daß man die Traumarbeit gleichsam in flagranti dabei überraschen kann, wie sie abstrakte Gedanken in visuelle Bilder umsetzt. Wenn er sich in Zuständen von Müdigkeit und Schlaftrunkenheit zu geistiger Arbeit nötigen wollte, dann entschwand ihm oft der Gedanke und an seiner Stelle trat eine Vision auf, die offenbar sein Ersatz war.

Ein einfaches Beispiel dafür: Ich denke daran, sagt *Silberer*, daß ich vorhabe, in einem Aufsatz eine holprige Stelle auszubessern. Vision: Ich sehe mich ein Stück Holz glatthobeln. Bei diesen Versuchen ereignete es sich häufig, daß nicht der einer Bearbeitung harrende Gedanke, sondern sein eigener subjektiver Zustand während der Bemühung zum Inhalt der Vision wurde, das Zuständliche anstatt des Gegenständlichen, was *Silberer* als „funktionales Phänomen" bezeichnet hat. Ein Beispiel wird Ihnen gleich zeigen, was gemeint ist. Der Autor bemüht sich, die Ansichten zweier Philosophen über ein gewisses Problem miteinander zu vergleichen. Aber in seiner Schläfrigkeit entschlüpft ihm die eine davon immer wieder und endlich hat er die Vision, daß er eine Auskunft von einem mürrischen Sekretär verlangt, der, über einen Schreibtisch gebeugt, ihn zuerst nicht beachtet und dann ihn unwillig und abweisend ansieht. Wahrscheinlich erklärt es sich aus den Versuchsbedingungen selbst, daß die so erzwungene Vision so häufig ein Ergebnis der Selbstbeobachtung darstellt.

Bleiben wir noch bei den Symbolen. Es gab solche, die wir erkannt zu haben glaubten, und bei denen es uns doch störte, daß wir nicht angeben konnten, wie das Symbol zu der Bedeutung gekommen war. In solchen Fällen mußten uns Bestätigungen von anderswoher, aus Sprachwissenschaft, Folklore, Mythologie, Ritual besonders willkommen sein. Ein Beispiel dieser Art war das Symbol des Mantels. Wir sagten, im Traume einer Frau bedeutet der Mantel einen Mann. Ich hoffe nun, es macht Ihnen einen Eindruck, wenn Sie hören, daß *Th. Reik* 1920 uns berichtet: „In dem höchst altertümlichen Brautzeremoniell der Beduinen bedeckt der Bräutigam die Braut mit einem besonderen *Aba* genannten Mantel und spricht dazu die rituellen Worte: ‚Es soll Dich fortan niemand bedecken als nur ich.'" (Nach *Robert Eisler: Weltenmantel und Himmelszelt*.) Wir haben auch mehrere neue Symbole aufgefunden, von denen ich Ihnen wenigstens zwei Beispiele berichten will. Nach *Abraham* 1922 ist die Spinne im Traum ein Symbol der Mutter, aber der phallischen Mutter, vor der man sich fürchtet, so daß die Angst vor der Spinne den Schrecken vor dem Mutterinzest und das Grauen vor dem weiblichen Genitale ausdrückt. Sie wissen vielleicht, daß das mythologische Gebilde des Medusenhaupts auf dasselbe Motiv des Kastrationsschrecks zurückzuführen ist. Das andere Symbol, von dem ich Ihnen sprechen will, ist das der Brücke. *Ferenczi* hat es 1921-1922 aufgeklärt. Es bedeutet ursprünglich das männliche Glied, das das Elternpaar beim Geschlechtsverkehr miteinander verbindet, aber es entwickelt sich dann zu weiteren Bedeutungen, die sich von jener ersten ableiten. Insoferne es dem männlichen Glied zu verdanken ist, daß man überhaupt aus dem Geburtswasser zur Welt kann, wird die Brücke der Übergang vom Jenseits (dem Noch-nicht-geboren-sein, dem Mutterleib) zum Diesseits (dem Leben), und da sich der Mensch auch den Tod als Rückkehr in den Mutterleib (ins Wasser) vorstellt, bekommt die Brücke auch die Bedeutung einer Beförderung in den Tod und endlich in weiterer Entfernung von ihrem Anfangssinn bezeichnet sie Übergang, Zustandsveränderung überhaupt. Dazu stimmt es dann, wenn eine Frau, die den Wunsch nicht überwunden hat, ein Mann zu sein, so häufig von Brücken träumt, die zu kurz sind, um das andere Ufer zu erreichen.

Im manifesten Inhalt der Träume kommen recht häufig Bilder und Situationen vor, die an bekannte Motive aus Märchen, Sagen und Mythen erinnern. Die Deutung solcher Träume wirft dann ein Licht auf die ursprünglichen Interessen, die diese Motive geschaffen haben, wobei wir aber natürlich nicht an den Bedeutungswandel vergessen dürfen, der im Laufe der Zeiten dieses Material betroffen hat. Unsere Deutungsarbeit deckt sozusagen den Rohstoff auf, der häufig genug im weitesten Sinne sexuell zu nennen ist, aber in späterer Bearbeitung die verschiedenartigste Verwendung fand. Solche Zurückführungen pflegen uns den Zorn aller nicht analytisch gerichteten Forscher einzutragen, als ob wir alles, was sich an späteren Entwicklungen darüber aufgebaut, leugnen oder geringschätzen wollten. Nichtsdestoweniger sind solche Einsichten lehrreich und interessant. Das gleiche gilt für die Ableitung gewisser Motive der bildenden Kunst, wenn z. B. *J. Eisler* (1919) nach der Anleitung von Träumen seiner Patienten den mit einem Knäblein spielenden Jüngling, der im Hermes des *Praxiteles* dargestellt ist, analytisch deutet. Nur noch ein Wort, aber ich kann es mir nicht versagen zu erwähnen, wie häufig gerade mythologische Themen durch die Traumdeutung Aufklärung finden. So läßt sich z. B. die Labyrinthsage als Darstellung einer analen Geburt erkennen; die verschlungenen Gänge sind der Darm, der Ariadnefaden die Nabelschnur.

Die Darstellungsweisen der Traumarbeit, ein reizvoller und kaum zu erschöpfender Stoff, sind uns durch eingehendes Studium immer vertrauter worden; ich will Ihnen auch davon einige Proben geben. So z. B. stellt der Traum die Relation der Häufigkeit durch die Vervielfältigung von Gleichartigem dar. Hören Sie den sonderbaren Traum eines jungen Mädchens an: Sie tritt in einen großen Saal ein und findet in ihm eine Person auf einem Stuhl sitzend, sechs-, achtmal, noch öfter wiederholt, die aber jedesmal ihr Vater ist. Das versteht sich leicht, wenn man aus den Nebenumständen der Deutung erfährt, daß dieser Raum den Mutterleib vorstellt. Dann wird der Traum gleichwertig mit der uns wohlbekannten Phantasie des Mädchens, das schon im Intrauterinleben mit dem Vater zusammengetroffen sein will, wenn er während der Schwangerschaft dem Mutterleib einen Besuch abstattete. Daß etwas im Traum umgekehrt, das Eintreten vom Vater auf die eigene Person verschoben ist, darf Sie nicht beirren; es hat übrigens noch seine besondere Bedeutung. Die Vervielfältigung der Vaterperson kann nur ausdrücken, daß der betreffende Vorgang sich wiederholt ereignet hat. Eigentlich müssen wir auch zugestehen, daß der Traum sich nicht viel herausnimmt, wenn er *Häufigkeit* durch *Häufung* ausdrückt. Er hat nur auf die Urbedeutung des Wortes zurückgegriffen, das uns heute eine Wiederholung in der Zeit bezeichnet, aber von einer Ansammlung im Raum hergenommen ist. Aber die Traumarbeit setzt überhaupt, wo es angeht, zeitliche Beziehungen in räumliche um und stellt sie als solche dar. Man sieht etwa im Traum eine Szene zwischen Personen, die sehr klein und weit entfernt erscheinen, als ob man sie durch das umgekehrte Ende eines Opernglases betrachten würde. Die Kleinheit wie die räumliche Entfernung bedeuten hier das gleiche, es ist die Entfernung in der Zeit gemeint, es soll verstanden werden, daß es eine Szene aus weit zurückliegender Vergangenheit ist. Ferner, Sie erinnern vielleicht, daß ich Ihnen schon in den früheren Vorlesungen gesagt und an Beispielen gezeigt habe, wir hätten gelernt, auch rein formale Züge des manifesten Traums für die Deutung zu verwerten, also in Inhalt aus den latenten Traumgedanken umzusetzen. Nun wissen Sie ja, daß alle Träume einer Nacht in denselben Zusammenhang gehören. Aber es ist nicht einmal gleichgültig, ob diese Träume dem Träumenden als ein Kontinuum erscheinen oder ob er sie in mehrere Stücke gliedert und in wie viele. Die Anzahl dieser Stücke entspricht oft ebensoviel gesonderten Mittelpunkten der Gedankenbildung in den latenten Traumgedanken oder miteinander ringenden Strömungen im Seelenleben des Träumers, von denen jede in einem besonderen Traumstück vorherrschenden, wenn auch nie ausschließlichen Ausdruck findet. Ein kurzer Vortraum und ein langer Haupttraum stehen oft zueinander in der Beziehung von Bedingung und Ausführung, wovon Sie ein sehr deutliches Beispiel in jenen alten Vorlesungen finden können. Ein Traum, den der Träumer als irgendwie eingeschoben bezeichnet, entspricht wirklich einem Nebensatz in den Traumgedanken. *Franz Alexander* hat (1925) in einer Studie über Traumpaare gezeigt, daß zwei Träume einer Nacht sich nicht selten derart in die Erfüllung der Traumaufgabe teilen, daß sie zusammen genommen eine Wunscherfüllung in zwei Etappen ergeben, was jeder Traum für sich nicht leistet. Wenn der Traumwunsch etwa eine unerlaubte Handlung an einer bestimmten Person zum Inhalt hat, so erscheint diese Person unverhüllt im ersten Traum, die Handlung aber wird nur schüchtern angedeutet. Der zweite Traum macht es dann anders. Die Handlung wird unverhüllt genannt, aber die Person unkenntlich gemacht oder durch eine indifferente ersetzt. Das macht doch wirklich den Eindruck von Schlauheit. Eine zweite und ähnliche Relation zwischen den beiden Teilen eines Traumpaares ist die, daß der eine die Bestrafung darstellt, der andere die sündige Wunscherfüllung. Also gleichsam: Wenn man die Strafe dafür auf sich nimmt, dann darf man sich das Verbotene erlauben.

Ich kann Sie nicht länger bei ähnlichen Kleinfunden aufhalten, auch nicht bei den Diskussionen, die sich auf die Verwertung der Traumdeutung in der analytischen Arbeit beziehen. Ich kann annehmen, daß Sie ungeduldig sind zu hören, welche Änderungen sich in den Grundanschauungen über Wesen und Bedeutung des Traumes vollzogen haben. Sie sind bereits darauf vorbereitet, daß gerade darüber wenig zu berichten ist. Der bestrittenste Punkt der ganzen Lehre war wohl die Behauptung, daß alle Träume Wunscherfüllungen sind. Den unvermeidlichen, immer wiederkehrenden Einwand der Laien, daß es doch so viele Angstträume gibt, haben wir bereits in den früheren Vorlesungen, ich darf es sagen, voll erledigt. Mit der Einteilung in Wunsch-, Angst- und Strafträume haben wir unsere Lehre aufrechterhalten.

Auch die Strafträume sind Wunscherfüllungen, aber nicht solche der Triebregungen, sondern der kritisierenden, zensurierenden und strafenden Instanz im Seelenleben. Wenn wir einen reinen Straftraum vor uns haben, so gestattet uns eine leichte Gedankenoperation, den Wunschtraum wieder herzustellen, auf den der Straftraum die richtige Entgegnung ist, der für den manifesten Traum durch diese Zurückweisung ersetzt wurde. Sie wissen, meine Damen und Herren, daß das Studium des Traums uns zuerst zum Verständnis der Neurosen verholfen hat. Sie werden es auch begreiflich finden, daß unsere Kenntnis der Neurosen späterhin unsere Auffassung des Traums beeinflussen konnte. Wie Sie hören werden, haben wir uns genötigt gesehen, im Seelenleben eine besondere kritisierende und verbietende Instanz anzunehmen, die wir das Über-Ich heißen. Indem wir nun auch die Traumzensur als eine Leistung dieser Instanz erkannten, wurden wir angeleitet, den Anteil des Über-Ichs an der Traumbildung sorgfältiger zu beachten.

Gegen die Wunscherfüllungstheorie des Traumes haben sich nur zwei ernsthafte Schwierigkeiten erhoben, deren Erörterung weitab führt, allerdings noch keine voll befriedigende Erledigung gefunden hat. Die erste ist durch die Tatsache gegeben, daß Personen, die ein Schockerlebnis, ein schweres psychisches Trauma durchgemacht haben, wie es so oft im Krieg der Fall war und sich auch als Begründung einer traumatischen Hysterie findet, vom Traum so regelmäßig in die traumatische Situation zurückversetzt werden. Das sollte nach unseren Annahmen über die Funktion des Traumes nicht der Fall sein. Welche Wunschregung könnte durch dieses Rückgreifen auf das höchst peinliche traumatische Erlebnis befriedigt werden? Das ist schwer zu erraten. Mit der zweiten Tatsache treffen wir in der analytischen Arbeit fast täglich zusammen; sie bedeutet auch keinen so gewichtigen Einwand wie die andere. Sie wissen, es ist eine der Aufgaben der Psychoanalyse, den Schleier der Amnesie zu lüften, der die ersten Kinderjahre verhüllt und die in ihnen enthaltenen Äußerungen des frühkindlichen Sexuallebens zur bewußten Erinnerung zu bringen. Nun sind diese ersten Sexualerlebnisse des Kindes mit schmerzlichen Eindrücken von Angst, Verbot, Enttäuschung und Bestrafung verknüpft; man versteht, daß sie verdrängt worden sind, aber dann versteht man nicht, daß sie einen so breiten Zugang zum Traumleben haben, daß sie die Muster für so viele Traumphantasien hergeben, daß die Träume von Reproduktionen dieser Infantilszenen und von Anspielungen an sie erfüllt sind. Ihr Unlustcharakter und die Wunscherfüllungstendenz der Traumarbeit scheinen sich doch schlecht miteinander zu vertragen. Aber vielleicht sehen wir in diesem Fall die Schwierigkeit zu groß. An denselben Kindheitserlebnissen haften ja alle die unvergänglichen, unerfüllten Triebwünsche, die durchs ganze Leben die Energie für die Traumbildung abgeben, denen man es wohl zutrauen kann, daß sie in ihrem gewaltigen Auftrieb auch das Material peinlich empfundener Begebenheiten an die Oberfläche drängen können. Und anderseits ist in der Art und Weise, wie dieses Material reproduziert wird, die Bemühung der Traumarbeit unverkennbar, die die Unlust durch Entstellung verleugnen, Enttäuschung in Gewährung verwandeln will. Bei den traumatischen Neurosen ist es anders, hier laufen die Träume regelmäßig in Angstentwicklung aus. Ich meine, wir sollen uns nicht scheuen zuzugestehen, daß in diesem Falle die Funktion des Traumes versagt. Ich will mich nicht auf den Satz berufen, daß die Ausnahme die Regel bestätigt; seine Weisheit erscheint mir recht zweifelhaft. Aber wohl hebt die Ausnahme die Regel nicht auf. Wenn man eine einzelne psychische Leistung wie das Träumen zum Zweck des Studiums aus dem ganzen Getriebe isoliert, hat man es sich möglich gemacht, die ihr eigenen Gesetzmäßigkeiten aufzudecken; wenn man sie wiederum ins Gefüge einsetzt, muß man gefaßt sein zu finden, daß diese Ergebnisse durch den Zusammenstoß mit anderen Mächten verdunkelt oder beeinträchtigt werden. Wir sagen, der Traum ist eine Wunscherfüllung; wenn Sie den letzten Einwänden Rechnung tragen wollen, so sagen Sie immerhin, der Traum ist der *Versuch* einer Wunscherfüllung. Für keinen, der sich in die psychische Dynamik hineinversetzen kann, haben Sie dann etwas anderes gesagt. Unter bestimmten Verhältnissen kann der Traum seine Absicht nur sehr unvollkommen durchsetzen oder muß sie überhaupt aufgeben; die unbewußte Fixierung an ein Trauma scheint unter diesen Verhinderungen der Traumfunktion obenan zu stehen. Während der Schläfer träumen muß, weil der nächtliche Nachlaß der Verdrängung den Auftrieb der traumatischen Fixierung aktiv werden läßt, versagt die Leistung seiner Traumarbeit, die die Erinnerungsspuren der traumatischen Begebenheit in eine Wunscherfüllung umwandeln möchte. Unter diesen Verhältnissen ereignet es sich, daß man schlaflos wird, aus Angst vor dem Mißglücken der Traumfunktion auf den Schlaf verzichtet. Die traumatische Neurose zeigt uns da einen extremen Fall, aber man muß auch den Kindheitserlebnissen den traumatischen Charakter zugestehen und braucht sich nicht zu verwundern, wenn sich geringfügigere Störungen der Traumleistung auch unter anderen Bedingungen ergeben.

XXX. *Vorlesung*
Traum und Okkultismus

Meine Damen und Herren! Wir werden heute einen schmalen Weg gehen, aber der kann uns zu einer weiten Aussicht führen.

Die Ankündigung, daß ich über die Beziehung des Traums zum Okkultismus sprechen werde, kann Sie kaum überraschen. Der Traum ist ja oft als die Pforte zur Welt der Mystik betrachtet worden, gilt heute noch vielen selbst als ein okkultes Phänomen. Auch wir, die ihn zum Objekt wissenschaftlicher Untersuchung gemacht haben, bestreiten nicht, daß ihn ein oder mehrere Fäden mit jenen dunklen Dingen verknüpfen. Mystik, Okkultismus, was ist mit diesen Namen gemeint? Erwarten Sie keinen Versuch von mir, diese schlecht umgrenzten Gebiete durch Definitionen zu umfassen. In einer allgemeinen und unbestimmten Weise wissen wir alle, woran wir dabei zu denken haben. Es ist eine Art von Jenseits der hellen, von unerbittlichen Gesetzen beherrschten Welt, welche die Wissenschaft für uns aufgebaut hat.

Der Okkultismus behauptet die reale Existenz jener „Dinge zwischen Himmel und Erde, von denen unsere Schulweisheit sich nichts träumen läßt". Nun, wir wollen nicht an der Engherzigkeit der Schule festhalten; wir sind bereit zu glauben, was man uns glaubwürdig macht.

Wir gedenken mit diesen Dingen zu verfahren wie mit allem anderen Material der Wissenschaft, zunächst festzustellen, ob solche Vorgänge wirklich nachweisbar sind, und dann, aber erst dann, wenn sich ihre Tatsächlichkeit nicht bezweifeln läßt, uns um ihre Erklärung zu bemühen. Aber es ist nicht zu leugnen, daß schon dieser Entschluß uns schwer gemacht wird durch intellektuelle, psychologische und historische Momente. Es ist nicht derselbe Fall, wie wenn wir an andere Untersuchungen herangehen.

Die intellektuelle Schwierigkeit zuerst! Gestatten Sie mir grobe, handgreifliche Verdeutlichungen. Nehmen wir an, es handle sich um die Frage nach der Beschaffenheit des Erdinnern. Bekanntlich wissen wir nichts Sicheres darüber. Wir vermuten, daß es aus schweren Metallen im glühenden Zustand besteht. Nun stelle einer die Behauptung auf, das Erdinnere sei mit Kohlensäure gesättigtes Wasser, also eine Art Sodawasser. Wir werden gewiß sagen, das ist sehr unwahrscheinlich, widerspricht allen unseren Erwartungen, nimmt keine Rücksicht auf jene Anhaltspunkte unseres Wissens, die uns zur Aufstellung der Metallhypothese geführt haben. Aber undenkbar ist es immerhin nicht; wenn uns jemand einen Weg zur Prüfung der Sodawasserhypothese zeigt, werden wir ihn ohne Widerstand gehen. Aber nun kommt ein anderer mit der ernsthaften Behauptung, der Erdkern bestehe aus Marmelade! Dagegen werden wir uns ganz anders verhalten. Wir werden uns sagen, Marmelade kommt in der Natur nicht vor, es ist ein Produkt der menschlichen Küche, die Existenz dieses Stoffes setzt außerdem das Vorhandensein von Obstbäumen und von deren Früchten voraus, und wir wüßten nicht, wie wir Vegetation und menschliche Kochkunst ins Erdinnere verlegen könnten; das Ergebnis dieser intellektuellen Einwendungen wird eine Schwenkung unseres Interesses sein, anstatt auf die Untersuchung einzugehen, ob wirklich der Erdkern aus Marmelade besteht, werden wir uns fragen, was es für ein Mensch sein muß, der auf eine solche Idee kommen kann, und höchstens noch ihn fragen, woher er das weiß. Der unglückliche Urheber der Marmeladetheorie wird schwer gekränkt sein und uns anklagen, daß wir ihm aus angeblich wissenschaftlichem Vorurteil die objektive Würdigung seiner Behauptung versagen. Aber es wird ihm nichts nützen. Wir verspüren, daß Vorurteile nicht immer verwerflich sind, daß sie manchmal berechtigt sind, zweckmäßig, um uns unnützen Aufwand zu ersparen. Sie sind ja nichts anderes als Analogieschlüsse nach anderen, gut begründeten Urteilen.

Eine ganze Anzahl der okkultistischen Behauptungen wirkt auf uns ähnlich wie die Marmeladehypothese, so daß wir uns berechtigt glauben, sie ohne Nachprüfung von vornherein abzuweisen. Aber es ist doch nicht so einfach. Ein Vergleich wie der von mir gewählte beweist nichts, beweist so wenig wie überhaupt Vergleiche. Es bleibt ja fraglich, ob er paßt, und man versteht, daß die Einstellung der verächtlichen Verwerfung bereits seine Auswahl bestimmt hat. Vorurteile sind manchmal zweckmäßig und berechtigt, andere Male aber irrtümlich und schädlich, und man weiß nie, wann sie das eine, wann sie das andere sind. Die Geschichte der Wissenschaften selbst ist überreich an Vorfällen, die vor einer voreiligen Verdammung warnen können. Lange Zeit galt es auch als eine unsinnige Annahme, daß die Steine, die wir heute Meteoriten heißen, aus dem Himmelsraum auf die Erde gelangt sein sollten, oder daß das Gestein der Berge, das Muschelreste einschließt, einst den Meeresgrund gebildet hätte. Übrigens ist es auch unserer Psychoanalyse nicht viel anders ergangen, als sie mit der Erschließung des Unbewußten hervortrat. Also haben wir Analytiker besonderen Grund, mit der Verwendung des intellektuellen Motivs zur Ablehnung neuer Aufstellungen vorsichtig zu sein, und müssen zugestehen, daß es uns nicht über Abneigung, Zweifel und Unsicherheit hinaus fördert.

Das zweite Moment habe ich das psychologische genannt. Ich meine damit die allgemeine Neigung der Menschen zur Leichtgläubigkeit und Wundergläubigkeit. Von allem Anfang an, wenn das Leben uns in seine strenge Zucht nimmt, regt sich in uns ein Widerstand gegen die Unerbittlichkeit und Monotonie der Denkgesetze und gegen die Anforderungen der Realitätsprüfung. Die Vernunft wird zur Feindin, die uns soviel Lustmöglichkeit vorenthält. Man entdeckt, welche Lust es bereitet, sich ihr wenigstens zeitweilig zu entziehen und sich den Verlockungen des Unsinns hinzugeben. Der Schulknabe ergötzt sich an Wortverdrehungen, der Fachgelehrte verulkt seine Tätigkeit nach einem wissenschaftlichen Kongreß, selbst der ernsthafte Mann genießt die Spiele des Witzes. Ernsthaftere Feindseligkeit gegen „Vernunft und Wissenschaft, des Menschen allerbeste Kraft" wartet ihre Gelegenheit ab, sie beeilt sich, dem Wunderdoktor oder Naturheilkünstler den Vorzug zu geben vor dem „studierten" Arzt, sie kommt den Behauptungen des Okkultismus entgegen, solange dessen angebliche Tatsachen als Durchbrechungen von Gesetz und Regel genommen werden, sie schläfert die Kritik ein, verfälscht die Wahrnehmungen, erzwingt Bestätigungen und Zustimmungen, die nicht zu rechtfertigen sind. Wer diese Neigung der

Menschen in Betracht zieht, hat allen Grund, viele Mitteilungen der okkultistischen Literatur zu entwerten.

Das dritte Bedenken nannte ich das historische und will damit aufmerksam machen, daß in der Welt des Okkultismus eigentlich nichts Neues vorgeht, daß aber in ihr alle die Zeichen, Wunder, Prophezeiungen und Geistererscheinungen neuerdings auftreten, die uns aus alten Zeiten und in alten Büchern berichtet werden und die wir längst als Ausgeburten ungezügelter Phantasie oder tendenziösen Trugs erledigt zu haben glaubten, als Produkte einer Zeit, in der die Unwissenheit der Menschheit sehr groß war und der wissenschaftliche Geist noch in seinen Kinderschuhen stak. Wenn wir als wahr annehmen, was sich nach den Mitteilungen der Okkultisten noch heute ereignet, so müssen wir auch jene Nachrichten aus dem Altertum als glaubwürdig anerkennen. Und nun besinnen wir uns, daß die Traditionen und heiligen Bücher der Völker von solchen Wundergeschichten übervoll sind und daß die Religionen ihren Anspruch auf Glaubwürdigkeit gerade auf solche außerordentliche und wunderbare Begebenheiten stützen und in ihnen die Beweise für das Wirken übermenschlicher Mächte finden. Dann wird es uns schwer, den Verdacht zu vermeiden, daß das okkultistische Interesse eigentlich ein religiöses ist, daß es zu den geheimen Motiven der okkultistischen Bewegung gehört, der durch den Fortschritt des wissenschaftlichen Denkens bedrohten Religion zu Hilfe zu kommen. Und mit der Erkenntnis eines solchen Motivs muß unser Mißtrauen wachsen und unsere Abneigung, uns in die Untersuchung der angeblichen okkulten Phänomene einzulassen.

Aber endlich muß diese Abneigung doch überwunden werden. Es handelt sich um eine Frage der Tatsächlichkeit, ob das, was die Okkultisten erzählen, wahr ist oder nicht. Das muß doch durch Beobachtung entschieden werden können. Im Grunde müssen wir den Okkultisten dankbar sein. Die Wunderberichte aus alten Zeiten sind unserer Nachprüfung entzogen. Wenn wir meinen, sie sind nicht zu beweisen, so müssen wir doch zugeben, sie sind nicht mit aller Strenge zu widerlegen. Aber was in der Gegenwart vor sich geht, wobei wir zugegen sein können, darüber müssen wir doch ein sicheres Urteil gewinnen können. Kommen wir zur Überzeugung, daß solche Wunder heute nicht vorkommen, so fürchten wir den Einwand nicht, sie könnten sich doch in alten Zeiten ereignet haben. Andere Erklärungen liegen dann viel näher. Wir haben also unsere Bedenken abgelegt und sind bereit, an der Beobachtung der okkulten Phänomene teilzunehmen.

Zum Unglück treffen wir dann auf Verhältnisse, die unserer redlichen Absicht äußerst ungünstig sind. Die Beobachtungen, von denen unser Urteil abhängen soll, werden unter Bedingungen angestellt, die unsere Sinneswahrnehmungen unsicher machen, unsere Aufmerksamkeit abstumpfen, in der Dunkelheit oder in spärlichem rotem Licht, nach langen Zeiten leerer Erwartung. Es wird uns gesagt, daß schon unsere ungläubige, also kritische Einstellung das Zustandekommen der erwarteten Phänomene zu hindern vermag. Die so hergestellte Situation ist ein wahres Zerrbild der Umstände, unter denen wir sonst wissenschaftliche Untersuchungen durchzuführen pflegen. Die Beobachtungen werden an sogenannten Medien gemacht, Personen, denen man besondere „sensitive" Fähigkeiten zuschreibt, die sich aber keineswegs durch hervorragende Eigenschaften des Geistes oder des Charakters auszeichnen, nicht von einer großen Idee oder einer ernsthaften Absicht getragen werden wie die alten Wundertäter. Im Gegenteil, sie gelten selbst bei denen, die an ihre geheimen Kräfte glauben, als besonders unzuverlässig; die meisten von ihnen sind bereits als Betrüger entlarvt worden, es liegt uns nahe zu erwarten, daß den übrigen dasselbe bevorsteht. Was sie leisten, macht den Eindruck von mutwilligen Kinderstreichen oder Taschenspielerkunststücken. Noch niemals ist in den Sitzungen mit diesen Medien etwas Brauchbares herausgekommen, etwa eine neue Kraftquelle zugänglich gemacht worden. Freilich erwartet man auch keine Förderung der Taubenzucht von dem Kunststück des Taschenspielers, der Tauben aus seinem leeren Zylinderhut zaubert. Ich kann mich leicht in die Lage eines Menschen versetzen, der die Anforderung der Objektivität erfüllen will und darum an den okkultistischen Sitzungen teilnimmt, aber nach einer Weile ermüdet und von den an ihn gestellten Zumutungen abgestoßen sich abwendet und unbelehrt zu seinen früheren Vorurteilen zurückkehrt. Man kann einem solchen vorhalten, das sei auch nicht das richtige Benehmen, Phänomenen, die man studieren wolle, dürfe man nicht vorschreiben, wie sie sein und unter welchen Bedingungen sie auftreten sollen. Es sei vielmehr geboten auszuharren und die Vorsichts- und Kontrollmaßregeln zu würdigen, durch die man sich neuerdings gegen die Unzuverlässigkeit der Medien zu schützen bemüht ist. Leider macht diese moderne Sicherungstechnik der leichten Zugänglichkeit okkultistischer Beobachtungen ein Ende. Das Studium des Okkultismus wird ein besonderer, schwieriger Beruf, eine Tätigkeit, die man nicht neben seinen sonstigen Interessen betreiben kann. Und bis die damit beschäftigten Forscher zu Entscheidungen gekommen sind, bleibt man dem Zweifel und seinen eigenen Vermutungen überlassen.

Unter diesen Vermutungen die wahrscheinlichste ist wohl die, daß es sich beim Okkultismus um einen realen Kern von noch nicht erkannten Tatsachen handelt, den Trug und Phantasiewirkung mit einer schwer durchdringbaren Hülle umsponnen haben. Aber wie können wir uns diesem Kern auch nur annähern, an welcher Stelle das Problem angreifen? Hier meine ich, kommt uns der Traum zu Hilfe, indem er uns den Wink gibt, aus all dem Wust das Thema der Telepathie herauszugreifen.

Sie wissen, Telepathie nennen wir die angebliche Tatsache, daß ein Ereignis, welches zu einer bestimmten Zeit vorfällt, etwa gleichzeitig einer räumlich entfernten Person zum Bewußtsein kommt, ohne daß die uns bekannten Wege der Mitteilung dabei in Betracht kämen. Stillschweigende Voraussetzung ist, daß dies Ereignis eine Person betrifft, an welcher die andere, der Empfänger der Nachricht, ein starkes emotionelles Interesse hat. Also z. B. die Person A erleidet einen Unfall, oder sie stirbt, und die Person B, eine ihr nahe verbundene, die Mutter, Tochter oder Geliebte, erfährt es ungefähr zur gleichen Zeit durch eine Gesichts- oder Gehörswahrnehmung; im letzteren Falle also so, als ob sie telephonisch verständigt worden wäre, was aber nicht der Fall gewesen ist, gewissermaßen ein psychisches Gegenstück zur drahtlosen Telegraphie. Ich brauche vor Ihnen nicht zu betonen, wie unwahrscheinlich solche Vorgänge sind. Auch darf man die meisten dieser Berichte mit guten Gründen ablehnen; einige bleiben übrig, bei denen dies nicht so leicht ist. Gestatten Sie mir nun, daß ich, für den Zweck meiner beabsichtigten Mitteilung, das vorsichtige Wörtchen „angeblich" weglasse und so fortsetze, als glaubte ich an die objektive Realität des telepathischen Phänomens. Aber halten Sie daran fest, daß dies nicht der Fall ist, daß ich mich auf keine Überzeugung festgelegt habe.

Ich habe Ihnen eigentlich wenig mitzuteilen, nur eine unscheinbare Tatsache. Ich will Ihre Erwartung auch gleich weiter einschränken, indem ich Ihnen sage, daß der Traum im Grunde wenig mit der Telepathie zu tun hat. Weder wirft die Telepathie ein neues Licht auf das Wesen des Traums, noch legt der Traum ein direktes Zeugnis für die Realität der Telepathie ab. Das telepathische Phänomen ist auch gar nicht an den Traum gebunden, es kann sich auch während des Wachzustands ereignen. Der einzige Grund, die Beziehung zwischen Traum und Telepathie zu erörtern, liegt darin, daß der Schlafzustand zur Aufnahme der telepathischen Botschaft besonders geeignet erscheint. Man erhält dann einen sogenannt telepathischen Traum und überzeugt sich bei dessen Analyse, daß die telepathische Nachricht dieselbe Rolle gespielt hat wie ein anderer Tagesrest und wie ein solcher von der Traumarbeit verändert und ihrer Tendenz dienstbar gemacht worden ist.

In der Analyse eines solchen telepathischen Traums ereignet sich nun das, was mir interessant genug schien, um es trotz seiner Geringfügigkeit zum Ausgangspunkt für diese Vorlesung zu wählen. Als ich im Jahre 1922 die erste Mitteilung über diesen Gegenstand machte, stand mir erst nur eine Beobachtung zur Verfügung. Seither habe ich manche ähnliche gemacht, aber ich bleibe beim ersten Beispiel, weil es sich am leichtesten darstellen läßt, und werde Sie sogleich *in medias res* einführen.

Ein offenbar intelligenter, nach seiner Behauptung keineswegs „okkultistisch angehauchter" Mann, schreibt mir über einen Traum, der ihm merkwürdig erscheint. Er schickt voraus, seine verheiratete, entfernt von ihm lebende Tochter erwarte Mitte Dezember ihre erste Niederkunft. Diese Tochter steht ihm sehr nahe, er weiß auch, daß sie sehr innig an ihm hängt. Nun träumt er in der Nacht vom 16. auf den 17. November, daß seine Frau Zwillinge geboren hat. Es folgen mancherlei Einzelheiten, die ich hier übergehen kann, die auch nicht alle Aufklärung gefunden haben. Die Frau, die im Traum Mutter der Zwillinge geworden ist, ist seine zweite Frau, die Stiefmutter der Tochter. Er wünscht sich keine Kinder von dieser Frau, der er die Eignung zur verständigen Kindererziehung abspricht, hatte auch zur Zeit des Traums den Geschlechtsverkehr mit ihr lange ausgesetzt. Was ihn veranlaßt, mir zu schreiben, ist nicht ein Zweifel an der Traumlehre, zu dem ihn der manifeste Trauminhalt berechtigt hätte, denn warum läßt der Traum im vollen Gegensatz zu seinen Wünschen diese Frau Kinder gebären? Auch zu einer Befürchtung, daß dies unerwünschte Ereignis eintreffen könnte, lag nach seiner Auskunft kein Anlaß vor. Was ihn bewog, mir von diesem Traum zu berichten, war der Umstand, daß er am 18. November früh die telegraphische Nachricht erhielt, die Tochter sei mit Zwillingen niedergekommen Das Telegramm war tags vorher aufgegeben worden, die Geburt in der Nacht vom 16. auf den 17. erfolgt, ungefähr zur gleichen Stunde, als er von der Zwillingsgeburt seiner Frau träumte. Der Träumer fragt mich, ob ich das Zusammentreffen von Traum und Ereignis für zufällig halte. Er getraut sich nicht, den Traum einen telepathischen zu nennen, denn der Unterschied zwischen Trauminhalt und Ereignis betrifft gerade das, was ihm das Wesentliche scheint, die Person der Gebärenden. Aber aus einer seiner Bemerkungen geht hervor, daß er sich über einen richtigen telepathischen Traum nicht verwundert hätte. Die Tochter, meint er, habe in ihrer schweren Stunde sicher „besonders an ihn gedacht".

Meine Damen und Herren! Ich bin sicher, Sie können sich diesen Traum bereits erklären und verstehen auch, warum ich ihn Ihnen erzählt habe. Da ist ein Mann, mit seiner zweiten Frau unzufrieden, er möchte lieber eine Frau haben wie seine Tochter aus erster Ehe. Fürs Unbewußte entfällt natürlich dieses: wie. Nun trifft ihn nächtlicherweile die telepathische Botschaft, die Tochter hat Zwillinge geboren. Die Traumarbeit bemächtigt sich dieser Nachricht, läßt den unbewußten Wunsch auf sie einwirken, der die Tochter an die Stelle der zweiten Frau setzen möchte, und so entsteht der befremdende manifeste Traum, der den Wunsch verhüllt und die Botschaft entstellt. Wir müssen sagen, erst die Traumdeutung hat uns gezeigt, daß es ein telepathischer Traum ist, die Psychoanalyse hat einen telepathischen Tatbestand aufgedeckt, den wir sonst nicht erkannt hätten.

Aber lassen Sie sich ja nicht irreführen! Trotzdem hat die Traumdeutung nichts über die objektive Wahrheit des telepathischen Tatbestands ausgesagt.

Es kann auch ein Anschein sein, der sich auf andere Weise aufklären läßt. Es ist möglich, daß die latenten Traumgedanken des Mannes gelautet haben: Heute ist ja der Tag, an dem die Entbindung erfolgen müßte, wenn die Tochter, wie ich eigentlich glaube, sich um einen Monat verrechnet hat. Und ihr Aussehen war schon damals, als ich sie zuletzt sah, so, als ob sie Zwillinge haben würde. Und meine verstorbene Frau war so kinderlieb, wie würde die sich über Zwillinge gefreut haben! (Letzteres Moment setze ich nach noch nicht erwähnten Assoziationen des Träumers ein.) In diesem Fall wären gut begründete Vermutungen des Träumers, nicht eine telepathische Botschaft der Anreiz zum Traum gewesen, der Erfolg bliebe der nämliche. Sie sehen, auch diese Traumdeutung hat nichts über die Frage ausgesagt, ob man der Telepathie objektive Realität zugestehen darf. Das ließe sich nur durch eingehende Erkundigung nach allen Verhältnissen des Vorfalles entscheiden, was leider bei diesem Beispiel ebensowenig möglich war wie bei den anderen meiner Erfahrung. Zugegeben, daß die Annahme der Telepathie die bei weitem einfachste Erklärung gibt, aber damit ist nicht viel gewonnen. Die einfachste Erklärung ist nicht immer die richtige, die Wahrheit ist sehr oft nicht einfach, und ehe man sich zu einer so weit tragenden Annahme entschließt, will man alle Vorsichten eingehalten haben.

Das Thema: Traum und Telepathie können wir jetzt verlassen, ich habe Ihnen nichts mehr darüber zu sagen. Aber beachten Sie wohl, nicht der Traum schien uns etwas über die Telepathie zu lehren, sondern die Deutung des Traumes, die psychoanalytische Bearbeitung. Somit können wir im folgenden vom Traum ganz absehen und wollen der Erwartung nachgehen, daß die Anwendung der Psychoanalyse einiges Licht auf andere, okkult geheißene Tatbestände werfen kann. Da ist z. B. das Phänomen der Induktion oder Gedankenübertragung, das der Telepathie sehr nahe steht, eigentlich ohne viel Zwang mit ihr vereinigt werden kann. Es besagt, daß seelische Vorgänge in einer Person, Vorstellungen, Erregungszustände, Willensimpulse sich durch den freien Raum auf eine andere Person übertragen können, ohne die bekannten Wege der Mitteilung durch Worte und Zeichen zu gebrauchen. Sie verstehen, wie merkwürdig, vielleicht auch praktisch bedeutsam es wäre, wenn dergleichen wirklich vorkäme. Nebenbei gesagt, es ist verwunderlich, daß gerade von diesem Phänomen in den alten Wunderberichten am wenigsten die Rede ist.

Während der psychoanalytischen Behandlung von Patienten habe ich den Eindruck bekommen, daß das Treiben der berufsmäßigen Wahrsager eine günstige Gelegenheit verbirgt, um besonders einwandfreie Beobachtungen über Gedankenübertragung anzustellen. Das sind unbedeutende oder selbst minderwertige Personen, die sich irgendeiner Hantierung hingeben, Karten aufschlagen,

Schriften und Handlinien studieren, astrologische Berechnungen anstellen und dabei ihren Besuchern die Zukunft vorhersagen, nachdem sie sich mit Stücken von deren vergangenen oder gegenwärtigen Schicksalen vertraut gezeigt haben. Ihre Klienten zeigen sich meistens recht befriedigt durch diese Leistungen und sind ihnen auch nicht gram, wenn die Prophezeiungen späterhin nicht eintreffen. Ich bin mehrerer solcher Fälle habhaft geworden, konnte sie analytisch studieren und werde Ihnen gleich das merkwürdigste dieser Beispiele erzählen. Leider wird die Beweiskraft dieser Mitteilungen durch die zahlreichen Verschweigungen beeinträchtigt, zu denen mich die Pflicht der ärztlichen Diskretion nötigt. Entstellungen habe ich aber mit strengem Vorsatz vermieden. Hören Sie also die Geschichte einer meiner Patientinnen, die ein solches Erlebnis mit einem Wahrsager gehabt hat.

Sie war die älteste einer Reihe von Geschwistern gewesen, in einer außerordentlich starken Vaterbindung aufgewachsen, hatte jung geheiratet, in der Ehe volle Befriedigung gefunden. Zu ihrem Glück fehlte nur eines, daß sie kinderlos geblieben war, ihren geliebten Mann also nicht völlig an die Stelle des Vaters rücken konnte. Als sie nach langen Jahren der Enttäuschung sich zu einer gynäkologischen Operation entschließen wollte, machte ihr der Mann die Eröffnung, daß die Schuld an ihm liege, er sei durch eine Erkrankung vor der Ehe unfähig zur Kinderzeugung geworden. Diese Enttäuschung vertrug sie schlecht, wurde neurotisch, litt offenbar an Versuchungsängsten. Um sie aufzuheitern, nahm sie der Mann auf eine Geschäftsreise nach Paris mit. Dort saßen sie eines Tages in der Halle des Hotels, als ihr eine gewisse Geschäftigkeit unter den Angestellten auffiel. Sie fragte, was es gäbe, und erfuhr, *Monsieur le professeur* sei gekommen und erteile Konsultationen in jenem Kabinett. Sie äußerte ihren Wunsch, auch einen Versuch zu machen. Der Mann schlug es ab, aber in einem unbewachten Moment war sie in den Konsultationsraum geschlüpft und stand vor dem Wahrsager. Sie war 27 Jahre alt, sah viel jünger aus, hatte den Ehering abgelegt. *Monsieur le professeur* ließ sie die Hand auf eine Tasse legen, die mit Asche gefüllt war, studierte sorgfältig den Abdruck, erzählte ihr dann allerlei von schweren Kämpfen, die ihr bevorstünden, und schloß mit der tröstlichen Versicherung, sie werde doch noch heiraten und mit 32 Jahren zwei Kinder haben. Als sie mir diese Geschichte erzählte, war sie 43 Jahre alt, schwer krank und ohne jede Aussicht jemals ein Kind zu bekommen. Die Prophezeiung war also nicht eingetroffen, doch sprach sie von ihr keineswegs mit Bitterkeit, sondern mit dem unverkennbaren Ausdruck der Befriedigung, als ob sie ein erfreuliches Erlebnis erinnern würde. Es war leicht festzustellen, daß sie nicht die leiseste Ahnung hatte, was die beiden Zahlen der Prophezeiung bedeuten könnten und ob sie überhaupt etwas bedeuteten.

Sie werden sagen, das ist eine dumme und unverständliche Geschichte, und fragen, wozu ich sie Ihnen erzählt habe. Nun, ich wäre ganz Ihrer Meinung, wenn nicht – und das ist jetzt der springende Punkt – die Analyse uns eine Deutung jener Prophezeiung ermöglichte, die gerade durch die Aufklärung der Details zwingend wirkt. Die beiden Zahlen finden nämlich ihren Platz im Leben der Mutter meiner Patientin. Diese hatte spät geheiratet, nach dreißig, und man hatte in der Familie oft dabei verweilt, daß sie sich so erfolgreich beeilt hatte, das Versäumte nachzuholen. Die beiden ersten Kinder, unsere Patientin voran, wurden mit dem kleinsten möglichen Intervall in dem gleichen Kalenderjahr geboren, und mit 32 Jahren hatte sie wirklich schon zwei Kinder. Was *Monsieur le professeur* meiner Patientin gesagt hatte, hieß also: Trösten Sie sich, Sie sind noch so jung. Sie werden noch dasselbe Schicksal haben wie Ihre Mutter, die auch lange auf Kinder warten mußte, werden zwei Kinder haben mit 32 Jahren. Aber, dasselbe Schicksal zu haben wie die Mutter, sich an ihre Stelle zu setzen, ihren Platz beim Vater einzunehmen, das war ja der stärkste Wunsch ihrer Jugend gewesen, der Wunsch, an dessen Nichterfüllung sie jetzt zu erkranken begann. Die Prophezeiung versprach ihr, daß er doch noch zur Erfüllung kommen werde; wie sollte sie gegen den Propheten anders als freundlich fühlen können? Aber halten Sie es für möglich, daß *Monsieur le professeur* mit den Daten der intimen Familiengeschichte seiner zufälligen Klientin vertraut war? Unmöglich; woher kam ihm also die Kenntnis, die ihn befähigte, den stärksten und geheimsten Wunsch der Patientin durch die Aufnahme der beiden Zahlen in seine Prophezeiung auszudrücken? Ich sehe nur zwei Möglichkeiten der Erklärung. Entweder ist die Geschichte, so wie sie mir erzählt wurde, nicht wahr, hat sich anders zugetragen oder es ist anzuerkennen, daß eine Gedankenübertragung als reales Phänomen besteht. Man kann freilich die Annahme machen, daß die Patientin nach einem Intervall von 16 Jahren die beiden Zahlen, auf die es ankommt, aus ihrem Unbewußten in jene Erinnerung eingesetzt hat. Ich habe keinen Anhaltspunkt für diese Vermutung, aber ich kann sie nicht ausschließen, und ich stelle mir vor, daß Sie eher bereit sein werden, an eine solche Auskunft zu glauben als an die Realität der Gedankenübertragung. Wenn Sie sich zu letzterem entschließen, vergessen Sie nicht daran, daß erst die Analyse den okkulten Tatbestand geschaffen, ihn aufgedeckt hat, wo er bis zur Unkenntlichkeit entstellt war.

Handelte es sich nur um *einen* solchen Fall wie der meiner Patientin, so würde man achselzuckend über ihn hinweggehen. Niemand fällt es ein, einen Glauben, der eine so entscheidende Wendung bedeutet, auf einer vereinzelten Beobachtung aufzubauen. Aber glauben Sie meiner Versicherung, es ist nicht der einzige Fall in meiner Erfahrung. Ich habe eine ganze Reihe von solchen Prophezeiungen gesammelt und von allen den Eindruck gewonnen, daß der Wahrsager nur die Gedanken der ihn befragenden Personen und ganz besonders ihre geheimen Wünsche zum Ausdruck gebracht hatte, daß man also berechtigt war, solche Prophezeiungen zu analysieren, als wären es subjektive Produktionen, Phantasien oder Träume der Betreffenden. Natürlich sind nicht alle Fälle gleich beweiskräftig und nicht in allen ist es gleich möglich, rationellere Erklärungen auszuschließen, aber es bleibt doch vom Ganzen ein starker Überschuß von Wahrscheinlichkeit zu Gunsten einer tatsächlichen Gedankenübertragung übrig. Die Wichtigkeit des Gegenstandes würde es rechtfertigen, daß ich Ihnen alle meine Fälle vorführe, aber das kann ich nicht, wegen der Weitläufigkeit der dazu nötigen Darstellung und der dabei unvermeidlichen Verletzung der schuldigen Diskretion. Ich versuche es, mein Gewissen möglichst zu beschwichtigen, wenn ich Ihnen noch einige Beispiele gebe.

Eines Tages sucht mich ein hochintelligenter junger Mann auf, ein Student vor seinen letzten Doktorprüfungen, aber nicht imstande, sie abzulegen, denn, wie er klagt, hat er alle Interessen, Konzentrationsfähigkeit, selbst die Möglichkeit geordneter Erinnerung verloren. Die Vorgeschichte dieses lähmungsartigen Zustandes ist bald aufgedeckt, er ist nach einer Leistung großer Selbstüberwindung erkrankt. Er hat eine Schwester, an der er mit intensiver, aber stets verhaltener Liebe hing, wie sie an ihm. Wie schade, daß wir beide uns nicht heiraten können, hieß es oft genug unter ihnen. Ein würdiger Mann verliebte sich in diese Schwester, sie erwiderte die Neigung, aber die Eltern gaben die Verbindung nicht zu. In dieser Notlage wandte sich das Paar an den Bruder, der ihnen auch seine Hilfe nicht versagte. Er vermittelte die Korrespondenz zwischen ihnen, seinem Einfluß gelang es auch, die Eltern endlich zur Zustimmung zu bewegen. In der Verlobungszeit ereignete sich allerdings ein Zufall, dessen Bedeutung leicht zu erraten ist. Er unternahm eine schwierige Bergpartie mit dem zukünftigen Schwager führerlos, die beiden verloren den Weg und gerieten in die Gefahr, nicht mehr heil zurückzukommen. Kurz nach der Heirat der Schwester geriet er in jenen Zustand seelischer Erschöpfung.

Durch den Einfluß der Psychoanalyse arbeitsfähig geworden, verließ er mich, um seine Prüfungen zu machen, kam aber nach deren glücklicher Erledigung im Herbst desselben Jahres für kurze Zeit zu mir zurück. Er berichtete mir dann über ein merkwürdiges Erlebnis, das er vor dem Sommer gehabt hatte. In seiner Universitätsstadt gab es eine Wahrsagerin, die sich eines großen Zulaufs erfreute. Auch die Prinzen des Herrscherhauses pflegten sie vor wichtigen Unternehmungen regelmäßig zu konsultieren. Die Art, wie sie arbeitete, war sehr einfach. Sie ließ sich die Geburtsdaten einer bestimmten Person geben, verlangte nichts anderes von ihr zu wissen, auch nicht den Namen, dann schlug sie in astrologischen Büchern nach, machte lange Berechnungen und am Ende gab sie eine

Prophezeiung über die betreffende Person von sich. Mein Patient beschloß, ihre Geheimkunst für seinen Schwager in Anspruch zu nehmen. Er besuchte sie und nannte ihr die verlangten Daten von seinem Schwager. Nachdem sie ihre Rechnungen angestellt hatte, tat sie die Prophezeiung: Diese Person wird im Juli oder August dieses Jahres an einer Krebs- oder Austernvergiftung sterben. Mein Patient schloß dann seine Erzählung mit den Worten: „Und das war ganz großartig!"

Ich hatte von Anfang an unwillig zugehört. Nach diesem Ausruf gestattete ich mir die Frage: Was finden Sie an dieser Prophezeiung so großartig? Wir sind jetzt im Spätherbst, Ihr Schwager ist nicht gestorben, das hätten Sie mir längst erzählt. Also ist die Prophezeiung nicht eingetroffen. Das allerdings nicht, meinte er, aber das Merkwürdige ist folgendes. Mein Schwager ist ein leidenschaftlicher Liebhaber von Krebsen und Austern und hat sich im vorigen Sommer – also *vor* dem Besuch bei der Wahrsagerin – eine Austernvergiftung zugezogen, an der er fast gestorben wäre. Was sollte ich darauf sagen? Ich konnte mich nur ärgern, daß der hochgebildete Mann, der überdies eine erfolgreiche Analyse hinter sich hatte, den Zusammenhang nicht besser durchschaute. Ich für meinen Teil, ehe ich daran glaube, daß man aus astrologischen Tafeln den Eintritt einer Krebs- oder Austernvergiftung berechnen kann, will lieber annehmen, daß mein Patient den Haß gegen den Rivalen noch immer nicht überwunden hatte, an dessen Verdrängung er seinerzeit erkrankt war, und daß die Astrologin einfach seine eigene Erwartung aussprach: solche Liebhabereien gibt man nicht auf und eines Tages wird er doch daran zu Grunde gehen. Ich gestehe, daß ich für diesen Fall keine andere Erklärung weiß außer vielleicht, daß mein Patient sich einen Scherz mit mir erlaubt hat. Aber er gab mir weder damals noch später Grund zu diesem Verdacht und schien, was er sagte, ernsthaft zu meinen.

Ein anderer Fall. Ein junger Mann in angesehener Stellung unterhält ein Verhältnis mit einer Lebedame, in dem sich ein merkwürdiger Zwang durchsetzt. Von Zeit zu Zeit muß er die Geliebte durch spottende und höhnende Reden kränken, bis sie in helle Verzweiflung gerät. Hat er sie so weit gebracht, so ist er erleichtert, er versöhnt sich mit ihr und beschenkt sie. Aber er möchte jetzt frei von ihr werden, der Zwang ist ihm unheimlich, er merkt, daß sein eigener Ruf unter diesem Verhältnis leidet, er will eine eigene Frau haben, eine Familie gründen. Nur daß er mit eigener Kraft nicht von der Lebedame loskommt, er nimmt dazu die Hilfe der Analyse in Anspruch. Nach einer solchen Beschimpfungsszene, schon während der Analyse, läßt er sich von ihr ein Kärtchen schreiben, das er einem Schriftkundigen vorlegt. Die Auskunft, die er von ihm erhält, lautet: Das ist die Schrift eines Menschen in äußerster Verzweiflung, die Person wird sich gewiß in den allernächsten Tagen umbringen. Das geschieht zwar nicht, die

Dame bleibt am Leben, aber der Analyse gelingt es, seine Fesseln zu lockern; er verläßt die Dame und wendet sich einem jungen Mädchen zu, von dem er erwartet, daß es eine brave Frau für ihn werden kann. Bald nachher erscheint ein Traum, der nur auf einen beginnenden Zweifel an dem Wert dieses Mädchens gedeutet werden kann. Er nimmt auch von ihr eine Schriftprobe, die er derselben Autorität vorlegt, und hört ein Urteil über ihre Schrift, das seine Besorgnisse bestätigt. Er gibt also die Absicht, sie zu seiner Frau zu machen, auf.

Um die Gutachten des Schriftkundigen, zumal das erste, zu würdigen, muß man etwas von der Geheimgeschichte unseres Mannes wissen. Im frühen Jünglingsalter hatte er sich, seiner leidenschaftlichen Natur entsprechend, bis zur Raserei in eine junge Frau verliebt, die immerhin älter war als er. Von ihr abgewiesene, machte er einen Selbstmordversuch, an dessen ernster Absicht man nicht zweifeln kann. Nur durch ein Ungefähr entging er dem Tode und erst nach langer Pflege war er hergestellt. Aber diese wilde Tat machte auf die geliebte Frau einen tiefen Eindruck, sie schenkte ihm ihre Gunst, er wurde ihr Liebhaber, blieb ihr von da an heimlich verbunden und diente ihr in echt ritterlicher Weise. Nach mehr als zwei Dezennien, als sie beide gealtert waren, die Frau natürlich mehr als er, erwachte in ihm das Bedürfnis, sich von ihr abzulösen, frei zu werden, ein eigenes Leben zu führen, selbst ein Haus und eine Familie zu gründen. Und gleichzeitig mit diesem Überdruß stellte sich bei ihm das lange unterdrückte Bedürfnis nach Rache an der Geliebten ein. Hatte er sich einst umbringen wollen, weil sie ihn verschmäht hatte, so wollte er jetzt die Genugtuung haben, daß sie den Tod suchte, weil er sie verließ. Aber seine Liebe war noch immer zu stark, als daß dieser Wunsch ihm bewußt werden konnte; auch war er nicht imstande, ihr genug Böses anzutun, um sie in den Tod zu treiben. In dieser Gemütslage nahm er die Lebedame gewissermaßen als Prügelknaben auf, um *in corpore vili* seinen Rachedurst zu befriedigen, und gestattete sich an ihr alle Quälereien, von denen er erwarten konnte, sie würden bei ihr den Erfolg haben, den er bei der geliebten Frau erwünschte. Daß die Rache eigentlich dieser letzteren galt, verriet sich nur durch den Umstand, daß er die Frau zur Mitwisserin und Ratgeberin in seinem Liebesverhältnis machte, anstatt ihr seinen Abfall zu verbergen. Die Arme, die längst von der Geberin zur Empfängerin herabgesunken war, litt unter seiner Vertraulichkeit wahrscheinlich mehr als die Lebedame unter seiner Brutalität. Der Zwang, über den er sich bei der Ersatzperson beklagte, und der ihn in die Analyse trieb, war natürlich von der alten Geliebten her auf sie übertragen; diese letztere war es, von der er sich frei machen wollte und nicht konnte. Ich bin kein Schriftenkenner und halte nicht viel von der Kunst, aus der Schrift den Charakter zu erraten, noch weniger glaube ich an die Möglichkeit, auf diesem Wege die Zukunft des Schreibers vorherzusagen. Sie sehen aber, wie immer man über den Wert der Graphologie denken mag, es ist unverkennbar, daß der Sachverständige, wenn er versprach, daß der Schreiber der ihm vorgelegten Probe sich in den nächsten Tagen umbringen werde, wiederum nur einen starken geheimen Wunsch der ihn befragenden Person ans Licht gezogen hatte. Etwas Ähnliches geschah dann auch beim zweiten Gutachten, nur daß hier nicht ein unbewußter Wunsch in Betracht kam, sondern daß die keimenden Zweifel und Besorgnisse des Befragenden durch den Mund des Schriftkundigen einen klaren Ausdruck fanden. Meinem Patienten gelang es übrigens, mit Hilfe der Analyse eine Liebeswahl zu treffen außerhalb des Zauberkreises, in den er gebannt gewesen war.

Meine Damen und Herren! Sie haben nun gehört, was die Traumdeutung und die Psychoanalyse überhaupt für den Okkultismus leistet. Sie haben an Beispielen gesehen, daß durch ihre Anwendung okkulte Tatbestände klargemacht werden, die sonst unkenntlich geblieben wären. Die Frage, die Sie gewiß am meisten interessiert, ob man an die objektive Realität dieser Befunde glauben darf, kann die Psychoanalyse nicht direkt beantworten, aber das mit ihrer Hilfe zu Tage geförderte Material macht wenigstens einen der Bejahung günstigen Eindruck. Dabei wird Ihr Interesse nicht haltmachen. Sie werden wissen wollen, zu welchen Schlüssen jenes ungleich reichere Material berechtigt, an dem die Psychoanalyse keinen Anteil hat. Dahin kann ich Ihnen aber nicht folgen, es ist nicht mehr mein Gebiet. Das einzige, was ich noch tun kann, wäre, daß ich Ihnen von Beobachtungen erzähle, die wenigstens die eine Beziehung zur Analyse haben, daß sie während der analytischen Behandlung gemacht, vielleicht auch durch ihren Einfluß ermöglicht wurden. Ich werde Ihnen ein solches Beispiel mitteilen, dasjenige, welches mir den stärksten Eindruck hinterlassen hat, werde sehr ausführlich sein, Ihre Aufmerksamkeit für eine Menge von Einzelheiten in Anspruch nehmen und dabei doch vieles unterdrücken müssen, was die überzeugende Kraft der Beobachtung sehr gesteigert hätte. Es ist ein Beispiel, in dem der Tatbestand klar zu Tage tritt und nicht durch die Analyse entwickelt zu werden braucht. Bei seiner Diskussion werden wir die Hilfe der Analyse aber nicht entbehren können. Ich sage es Ihnen aber vorher, auch dieses Beispiel von anscheinender Gedankenübertragung in der analytischen Situation ist nicht gegen alle Bedenken gefeit, gestattet keine unbedingte Parteinahme für die Realität des okkulten Phänomens.

Also hören Sie: An einem Herbsttag des Jahres 1919, etwa um ¾11 Uhr a. m., gibt der eben aus London eingetroffene *Dr. David Forsyth* eine Karte für mich ab, während ich mit einem Patienten arbeite. (Mein geehrter Kollege von der London University wird es sicherlich nicht als Indiskretion auffassen, wenn ich so verrate, daß er sich von mir durch einige Monate in die Künste der psychoanalytischen Technik einführen ließ.) Ich habe nur Zeit, ihn zu begrüßen und für später zu bestellen. Dr. Forsyth hat Anspruch auf mein besonderes Interesse; er ist der erste Ausländer, der nach der Absperrung der Kriegsjahre zu mir kommt, der eine bessere Zeit eröffnen soll. Bald nachher, um 11 Uhr, kommt einer meiner Patienten, Herr P., ein geistreicher und liebenswürdiger Mann, im Alter zwischen 4o und 5o, der mich seinerzeit wegen Schwierigkeiten beim Weibe aufgesucht hatte. Sein Fall versprach keinen therapeutischen Erfolg; ich hatte ihm längst vorgeschlagen, die Behandlung einzustellen, aber er hatte deren Fortsetzung gewünscht, offenbar weil er sich in einer wohltemperierten Vater-Übertragung auf mich behaglich fühlte. Geld spielte um diese Zeit keine Rolle, da zu wenig davon vorhanden war; die Stunden, die ich mit ihm verbrachte, waren auch für mich Anregung und Erholung, und so wurde, mit Hinwegsetzung über die strengen Regeln des ärztlichen Betriebs, die analytische Bemühung bis zu einem in Aussicht genommenen Termin weitergeführt.

An diesem Tag kam P. auf seine Versuche zurück, die Liebesbeziehungen zu Frauen aufzunehmen, und erwähnte wieder einmal das schöne, pikante, arme Mädchen, bei dem er Erfolg haben könnte, wenn nicht schon die Tatsache ihrer Virginität ihn von jedem ernsthaften Unternehmen abschrecken würde. Er hatte schon oft von ihr gesprochen, heute erzählte er zum ersten Mal, daß sie, die natürlich von den wirklichen Gründen seiner Verhinderung keine Ahnung hat, ihn den Herrn von *Vorsicht* zu nennen pflegt. Diese Mitteilung frappiert mich, die Karte des *Dr. Forsyth* ist mir zur Hand, ich zeige sie ihm.

Dies der Tatbestand. Ich erwarte, er wird Ihnen armselig erscheinen, aber hören Sie nur weiter zu, es steckt mehr dahinter.

P. hatte einige seiner jungen Jahre in England verlebt und daher ein dauerndes Interesse für englische Literatur bewahrt. Er besitzt eine reiche englische Bibliothek, pflegte mir Bücher aus ihr zu bringen, und ich verdanke ihm die Bekanntschaft mit Autoren wie *Bennett* und *Galsworthy*, von denen ich bis dahin wenig gelesen hatte. Eines Tages lieh er mir einen Roman von *Galsworthy* mit dem Titel *The man of property*, der im Schoß einer vom Dichter erfundenen Familie *Forsyte* spielt. Galsworthy ist offenbar von dieser seiner Schöpfung selbst gefangengenommen worden, denn er hat in späteren Erzählungen wiederholt auf Personen dieser Familie zurückgegriffen und endlich alle auf sie bezüglichen Erdichtungen unter dem Namen *The Forsyte Saga* gesammelt. Erst wenige Tage vor der Begebenheit, die ich erzähle, hatte mir P. einen neuen Band aus dieser Reihe gebracht. Der Name *Forsyte* und alles Typische, was der Dichter in ihm verkörpern wollte, hatte auch in meinen Unterhaltungen mit P. eine Rolle gespielt, er war zu einem Stück der Geheimsprache geworden, die sich bei regelmäßigem Verkehr so leicht zwischen zwei Personen ausbildet. Nun ist der Name

Forsyte in jenen Romanen von dem meines Besuchers *Forsyth* wenig verschieden, für deutsche Aussprache kaum zu unterscheiden, und das sinnvolle englische Wort, das wir eben so aussprechen würden, wäre *foresight*, zu übersetzen: Voraussicht oder Vorsicht. P. hatte also tatsächlich aus seinen persönlichen Beziehungen den gleichen Namen herausgeholt, der zur selben Zeit infolge eines ihm unbekannten Ereignisses mich beschäftigte.

Nicht wahr, das sieht schon besser aus. Aber ich meine, wir werden einen stärkeren Eindruck von dem auffälligen Phänomen und sogar etwas wie einen Einblick in die Bedingungen seiner Entstehung gewinnen, wenn wir zwei andere Assoziationen analytisch beleuchten, die P. in der nämlichen Stunde vorbrachte.

Erstens: An einem Tag der vorigen Woche hatte ich Herrn P. um 11 Uhr vergeblich erwartet und war dann ausgegangen, um Dr. Anton von Freund in seiner Pension zu besuchen. Ich war überrascht zu finden, daß Herr P. in einem anderen Stockwerk des Hauses wohnte, das die Pension beherbergte. Mit Beziehung darauf hatte ich P. später erzählt, daß ich ihm sozusagen einen Besuch in seinem Hause gemacht hatte; ich weiß aber mit Bestimmtheit, daß ich den Namen der Person, die ich in der Pension besuchte, nicht genannt habe. Und nun stellt er bald nach der Erwähnung des Herrn v. Vorsicht an mich die Frage: Ist die *Freud-Ottorego*, die an der Volksuniversität englische Kurse abhält, vielleicht Ihre Tochter? Und zum ersten Male in unserem langen Verkehr läßt er meinem Namen die Entstellung widerfahren, an die mich Behörden, Ämter und Schriftsetzer allerdings gewöhnt haben; er sagt anstatt *Freud – Freund*.

Zweitens: Am Ende derselben Stunde erzählt er einen Traum, aus dem er mit Angst erwacht ist, einen richtigen Alptraum, meint er. Er fügt hinzu, daß er unlängst das englische Wort dafür vergessen und einem Fragenden die Auskunft gegeben, Alptraum heiße im Englischen „*a mare's nest*". Das sei natürlich ein Unsinn, *a mare's nest* bedeute eine unglaubliche, eine Räubergeschichte, die Übersetzung von Alptraum laute „*night-mare*". Dieser Einfall scheint mit dem Früheren nichts anderes gemein zu haben als das Element: englisch; mich muß er aber an einen kleinen Vorfall etwa einen Monat vorher erinnern. P. saß bei mir im Zimmer, als unvermutet ein anderer lieber Gast aus London, *Dr. Ernest Jones*, nach langer Trennung bei mir eintrat. Ich winkte ihm, ins andere Zimmer zu gehen, bis ich mit P. abgeredet hatte. Der erkannte ihn aber sofort nach seiner im Wartezimmer hängenden Photographie und sprach sogar den Wunsch aus, ihm vorgestellt zu werden. Nun ist Jones der Verfasser einer Monographie über den Alptraum – *night-mare*; ich wußte nicht, ob sie P. bekannt geworden war. Er vermied es, analytische Bücher zu lesen.

Ich möchte vor Ihnen zunächst untersuchen, welches analytische Verständnis sich für den Zusammenhang von P. s Einfällen und für ihre Motivierung gewinnen läßt. P. war auf den Namen Forsyte oder Forsyth ähnlich wie ich eingestellt, er bedeutete ihm dasselbe, ich verdankte ihm überhaupt die Bekanntschaft mit diesem Namen. Der merkwürdige Tatbestand war, daß er diesen Namen unvermittelt in die Analyse brachte, die kürzeste Zeit, nachdem er mir durch ein neues Ereignis, die Ankunft des Londoner Arztes, in einem anderen Sinne bedeutungsvoll geworden war. Aber vielleicht nicht minder interessant als die Tatsache selbst ist die Art, wie der Name in seiner Analysenstunde auftrat. Er sagte nicht etwa: Jetzt fällt mir der Name Forsyte aus den Ihnen bekannten Romanen ein, sondern er wußte ihn ohne jede bewußte Beziehung zu dieser Quelle mit seinen eigenen Erlebnissen zu verflechten und brachte ihn von daher zum Vorschein, was längst hätte geschehen können und bisher nicht geschehen war. Dann aber sagte er: Ich bin auch ein Forsyth, das Mädchen nennt mich ja so. Es ist schwer, die Mischung von eifersüchtigem Anspruch und wehmütiger Selbstherabsetzung zu verkennen, die sich in dieser Äußerung Ausdruck schafft. Man wird nicht irregehen, wenn man sie etwa so vervollständigt: Es kränkt mich, daß Ihre Gedanken sich so intensiv mit dem Ankömmling beschäftigen. Kehren Sie doch zu mir zurück, ich bin ja auch ein *Forsyth* – allerdings nur ein Herr von *Vorsicht*, wie das Mädchen sagt. Und nun greift sein Gedankengang am Assoziationsfaden des Elements: englisch auf zwei frühere Gelegenheiten zurück, die die gleiche Eifersucht rege machen konnten. „Vor einigen Tagen haben Sie einen Besuch in meinem Haus gemacht, aber leider nicht bei mir, bei einem Herrn v. *Freund*." Dieser Gedanke läßt ihn den Namen Freud in Freund verfälschen. Die *Freud-Ottorego* im Vorlesungsverzeichnis muß herhalten, weil sie als Lehrerin des Englischen die manifeste Assoziation vermittelt. Und dann schließt sich die Erinnerung an einen anderen Besucher einige Wochen vorher an, auf den er gewiß ebenso eifersüchtig war, dem er sich aber gleichfalls nicht gewachsen fühlen konnte, denn der Dr. Jones verstand es, eine Abhandlung über den Alptraum zu schreiben, während er solche Träume höchstens selbst produzierte. Auch die Erwähnung seines Irrtums in der Bedeutung von „*a mare's nest*" gehört in denselben Zusammenhang, sie kann nur sagen wollen: Ich bin ja doch kein richtiger Engländer, so wenig wie ich ein richtiger Forsyth bin.

Ich kann nun seine Eifersuchtsregungen weder als unangemessen noch als unverständlich bezeichnen. Er war darauf vorbereitet worden, daß seine Analyse und damit unser Verkehr ein Ende finden werden, sobald wieder fremde Schüler und Patienten nach Wien kämen, und so geschah es auch wirklich bald hernach. Aber was wir bisher geleistet haben, war ein Stück analytischer Arbeit, die Aufklärung von drei in derselben Stunde vorgebrachten, von demselben Motiv gespeisten Einfällen, und es hat nicht viel mit der anderen Frage zu tun, ob diese Einfälle ohne Gedankenübertragung ableitbar sind oder nicht. Letztere stellt sich zu jedem der drei Einfälle ein und zerlegt sich somit in drei Einzel-fragen: Konnte P. wissen, daß *Dr. Forsyth* eben seinen ersten Besuch bei mir gemacht hatte? Konnte er wissen, welches der Name der Person war, die ich in seinem Hause besucht hatte? Wußte er, daß Dr. Jones eine Abhandlung über den Alptraum geschrieben hatte? Oder war es nur mein Wissen um diese Dinge, das sich in seinen Einfällen verriet? Von der Beantwortung dieser drei Ein-zelfragen wird es abhängen, ob meine Beobachtung einen Schluß zu Gunsten der Gedankenübertragung erlaubt. Lassen wir die erste Frage noch eine Weile beiseite, die beiden anderen sind leichter zu behandeln. Der Fall des Besuchs in der Pension macht auf den ersten Blick einen besonders zuverlässigen Ein-druck. Ich bin sicher, daß ich in meiner kurzen, scherzenden Erwähnung des Besuchs in seinem Haus keinen Namen genannt habe; ich halte es für sehr unwahrscheinlich, daß P. sich in der Pension nach dem Namen der betreffenden Person erkundigt hat, ich glaube eher, daß ihm die Existenz derselben völlig unbekannt geblieben ist. Aber die Beweiskraft dieses Falles wird durch eine Zufälligkeit gründlich zerstört. Der Mann, den ich in der Pension besucht hatte, hieß nicht nur *Freund*, er war auch uns allen ein wahrer Freund. Es war *Dr. Anton v. Freund*, dessen Spende die Gründung unseres Verlags ermöglicht hatte. Sein früher Tod wie der unseres *Karl Abraham* einige Jahre später waren die schwer-sten Unglücksfälle, die die Entwicklung der Psychoanalyse betroffen haben. Ich mag also Herrn P. damals gesagt haben: Ich habe in Ihrem Hause *einen Freund* besucht, und mit dieser Möglichkeit entfällt das okkultistische Interesse an sei-ner zweiten Assoziation.

Auch der Eindruck des dritten Einfalles verflüchtigt sich bald. Konnte P. wis-sen, daß *Jones* eine Abhandlung über den Alptraum veröffentlicht hat, da er nie analytische Literatur las? Ja, er konnte es wissen. Er besaß Bücher aus unserem Verlag, konnte immerhin die Titel der auf den Umschlägen angekündigten Neu-erscheinungen gesehen haben. Es ist nicht zu erweisen, aber auch nicht abzu-weisen. Auf diesem Weg werden wir also zu keiner Entscheidung kommen. Ich muß bedauern, daß meine Beobachtung an dem nämlichen Fehler leidet wie so viele ähnliche. Sie ist zu spät niedergeschrieben und ist diskutiert worden zu einer Zeit, da ich Herrn P. nicht mehr sah und ihn nicht weiter befragen konnte.

Kehren wir also zum ersten Vorfall zurück, der den scheinbaren Tatbestand der Gedankenübertragung auch isoliert aufrechthält. Konnte P. wissen, daß Doktor Forsyth eine Viertelstunde vor ihm bei mir gewesen war? Konnte er überhaupt von seiner Existenz oder Anwesenheit in Wien wissen? Der Neigung, beides glatt zu verneinen, darf man nicht nachgeben. Ich sehe doch einen Weg, der zu einer teilweisen Bejahung führt. Ich könnte doch Herrn P. die Mitteilung gemacht haben, daß ich einen Arzt aus England zum Unterricht in der Analyse erwarte, als erste Taube nach der Sintflut. Das könnte im Sommer 1919 gewesen sein; Dr. Forsyth hatte sich Monate vor seinem Eintreffen brieflich mit mir verständigt. Ich mag sogar seinen Namen genannt haben, obwohl mir das sehr unwahrscheinlich ist. Bei der anderweitigen Bedeutung dieses Namens für uns beide hätte sich an die Namensnennung eine Unterhaltung knüpfen müssen, von der mir etwas im Gedächtnis geblieben wäre. Immerhin mag es geschehen sein und ich es dann gründlich vergessen haben, so daß mich der Herr von Vorsicht in der Analysenstunde wie ein Wunder berühren konnte. Wenn man sich für einen Skeptiker hält, tut man gut daran, gelegentlich auch an seiner Skepsis zu zweifeln. Vielleicht gibt es auch bei mir die geheime Neigung zum Wunderbaren, die der Schaffung okkulter Tatbestände so entgegenkommt.

Ist so ein Stück des Wunderbaren aus dem Weg geräumt, so harrt unser noch ein anderes Stück, das schwierigste von allen. Angenommen, Herr P. habe gewußt, es gebe einen Dr. Forsyth und er werde im Herbst in Wien erwartet, wie erklärt es sich, daß er für ihn gerade am Tage seiner Ankunft und unmittelbar nach seinem ersten Besuch empfänglich wird? Man kann sagen, das ist Zufall, d. h. man läßt es unerklärt – aber ich habe jene zwei anderen Einfälle von P. gerade darum erörtert, um den Zufall auszuschließen, um Ihnen zu zeigen, daß er wirklich mit eifersüchtigen Gedanken über Leute, die mich besuchen und die ich besuche, beschäftigt war; oder man kann, um das Äußerste des Möglichen nicht zu vernachlässigen, die Annahme versuchen, P. habe eine besondere Erregung an mir gemerkt, von der ich freilich nichts weiß, und aus ihr seinen Schluß gezogen. Oder Herr P., der ja nur eine Viertelstunde nach dem Engländer ankam, sei ihm auf dem kleinen Stück des beiden gemeinsamen Weges begegnet, habe ihn nach seinem charakteristisch englischen Aussehen erkannt und, beständig auf seine eifersüchtige Erwartung eingestellt, gedacht: Also das ist der Dr. Forsyth, mit dessen Ankunft meine Analyse zu Ende kommen soll. Und wahrscheinlich kommt er gerade jetzt vom Professor. Weiter kann ich mit diesen rationalistischen Mutmaßungen nicht gehen. Es bleibt wiederum bei einem *non liquet*, aber ich muß es bekennen, nach meiner Empfindung neigt sich die Waagschale auch hier zu Gunsten der Gedankenübertragung. Übrigens bin ich gewiß nicht der Einzige, der in die Lage gekommen ist, solche „okkulte" Vorkommnisse in der analytischen Situation zu erleben. *Helene Deutsch* hat 1926 ähnliche Beobachtungen bekannt gemacht und deren Bedingtheit durch die Beziehungen der Übertragung zwischen Patienten und Analytiker studiert.

Ich bin überzeugt, Sie werden mit meiner Einstellung zu diesem Problem: nicht völlig überzeugt und doch zur Überzeugung bereit, nicht sehr zufrieden sein. Vielleicht sagen Sie sich: Das ist wieder so ein Fall, daß ein Mensch, der sein Leben lang rechtschaffen als Naturforscher gearbeitet hat, im Alter schwachsinnig, fromm und leichtgläubig wird. Ich weiß, einige große Namen gehören in diese Reihe, aber mich sollen Sie nicht dazu rechnen. Fromm wenigstens bin ich nicht geworden, ich hoffe, auch nicht leichtgläubig. Nur, wenn man sich sein Leben lang gebückt gehalten hat, um einem schmerzhaften Zusammenstoß mit den Tatsachen auszuweichen, so behält man auch im Alter den krummen Rük-ken, der sich vor neuen Tatsächlichkeiten beugt. Ihnen wäre es gewiß lieber, ich hielte an einem gemäßigten Theismus fest und zeigte mich unerbittlich in der Ablehnung alles Okkulten. Aber ich bin unfähig, um Gunst zu werben, ich muß Ihnen nahelegen, über die objektive Möglichkeit der Gedankenübertragung und damit auch der Telepathie freundlicher zu denken.

Sie vergessen nicht, daß ich diese Probleme hier nur insoweit behandelt habe, als man sich ihnen von der Psychoanalyse her annähern kann. Als sie vor länger als zehn Jahren zuerst in meinen Gesichtskreis traten, verspürte auch ich die Angst vor einer Bedrohung unserer wissenschaftlichen Weltanschauung, die im Falle, als sich Stücke des Okkultismus bewahrheiten, dem Spiritismus oder der Mystik den Platz räumen müßte. Ich denke heute anders; ich meine, es zeugt von keiner großen Zuversicht zur Wissenschaft, wenn man ihr nicht zutraut, daß sie auch aufnehmen und verarbeiten kann, was sich etwa an den okkulten Behaup-tungen als wahr herausstellt. Und was besonders die Gedankenübertragung betrifft, so scheint sie die Ausdehnung der wissenschaftlichen – Gegner sagen: mechanistischen – Denkweise auf das so schwer faßbare Geistige geradezu zu begünstigen. Der telepathische Vorgang soll ja darin bestehen, daß ein seelischer Akt der einen Person den nämlichen seelischen Akt bei einer anderen Person anregt. Was zwischen den beiden seelischen Akten liegt, kann leicht ein physika-lischer Vorgang sein, in den sich das Psychische an einem Ende umsetzt und der sich am anderen Ende wieder in das gleiche Psychische umsetzt. Die Analogie mit anderen Umsetzungen wie beim Sprechen und Hören am Telephon wäre dann unverkennbar. Und denken Sie, wenn man dieses physikalischen Äquiva-lents des psychischen Akts habhaft werden könnte! Ich möchte sagen, durch die Einschiebung des Unbewußten zwischen das Physikalische und das bis dahin „psychisch" Genannte hat uns die Psychoanalyse für die Annahme solcher Vor-gänge wie die Telepathie vorbereitet. Gewöhnt man sich erst an die Vorstellung der Telepathie, so kann man mit ihr viel ausrichten, allerdings vorläufig nur in der Phantasie. Man weiß bekanntlich nicht, wie der Gesamtwille in den großen Insektenstaaten zustande kommt. Möglicherweise geschieht es auf dem Wege solch direkter psychischer Übertragung. Man wird auf die Vermutung geführt, daß dies der ursprüngliche, archaische Weg der Verständigung unter den Ein-zelwesen ist, der im Lauf der phylogenetischen Entwicklung durch die bessere Methode der Mitteilung mit Hilfe von Zeichen zurückgedrängt wird, die man mit den Sinnesorganen aufnimmt. Aber die ältere Methode könnte im Hintergrund erhalten bleiben und sich unter gewissen Bedingungen noch durchsetzen, z. B. auch in leidenschaftlich erregten Massen. Das ist alles noch unsicher und voll von ungelösten Rätseln, aber es ist kein Grund zum Erschrecken.

Wenn es eine Telepathie als realen Vorgang gibt, so kann man trotz ihrer schweren Erweisbarkeit vermuten, daß sie ein recht häufiges Phänomen ist. Es würde unseren Erwartungen entsprechen, wenn wir sie gerade im Seelenleben des Kindes aufzeigen könnten. Man wird da an die häufige Angstvorstellung der Kinder erinnert, daß die Eltern alle ihre Gedanken kennen, ohne daß sie sie ihnen mitgeteilt hätten, das volle Gegenstück und vielleicht die Quelle des Glaubens Erwachsener an die Allwissenheit Gottes. Vor kurzem hat eine vertrauenswürdige Frau, *Dorothy Burlingham*, in einem Aufsatz *Kinderanalyse und Mutter* Beobachtungen mitgeteilt, die, wenn sie sich bestätigen lassen, dem restlichen Zweifel an der Realität der Gedankenübertragung ein Ende machen müssen. Sie machte sich die nicht mehr seltene Situation zunutze, daß sich Mutter und Kind gleichzeitig in Analyse befinden, und berichtet aus derselben merkwürdige Vorfälle wie den folgenden: Eines Tages erzählt die Mutter in ihrer Analysenstunde von einem Goldstück, das in einer ihrer Kinderszenen eine bestimmte Rolle spielt. Gleich darauf, nachdem sie nach Hause gekommen ist, kommt ihr kleiner, etwa zehnjähriger Junge zu ihr ins Zimmer und bringt ihr ein Goldstück, das sie für ihn aufbewahren soll. Sie fragt ihn erstaunt, woher er es hat. Er hat es zu seinem Geburtstag bekommen, aber der Geburtstag des Kindes liegt mehrere Monate zurück und es ist kein Anlaß, warum sich das Kind gerade jetzt an das Goldstück erinnert haben sollte. Die Mutter verständigt die Analytikerin des Kindes von dem Zusammentreffen und bittet sie, beim Kind nach der Begründung jener Handlung zu forschen. Aber die Analyse des Kindes bringt keinen Aufschluß, die Handlung hatte sich wie ein Fremdkörper in das Leben des Kindes an jenem Tage eingedrängt. Einige Wochen später sitzt die Mutter am Schreibtisch, um sich, wozu man sie gemahnt hatte, eine Notiz über das geschilderte Erlebnis zu machen. Da kommt der Knabe herein und verlangt das Goldstück zurück, er möchte es in seine analytische Stunde mitnehmen, um es zu zeigen. Wiederum kann die Analyse des Kindes keinen Zugang zu diesem Wunsch auffinden.

Und damit wären wir zur Psychoanalyse zurückgekommen, von der wir ausgegangen sind.

XXXI. Vorlesung
Die Zerlegung der psychischen Persönlichkeit

Meine Damen und Herren! Ich weiß, Sie kennen für Ihre eigenen Beziehungen, ob es sich um Personen oder um Dinge handelt, die Bedeutung des Ausgangspunktes. So war es auch mit der Psychoanalyse: Für die Entwicklung, die sie nahm, für die Aufnahme, die sie fand, ist es nicht gleichgültig gewesen, daß sie ihre Arbeit am Symptom begann, am Ichfremdesten, das sich in der Seele vorfindet. Das Symptom stammt vom Verdrängten ab, ist gleichsam der Vertreter desselben vor dem Ich, das Verdrängte ist aber für das Ich Ausland, inneres Ausland, so wie die Realität – gestatten Sie den ungewohnten Ausdruck – äußeres Ausland ist. Vom Symptom her führte der Weg zum Unbewußten, zum Triebleben, zur Sexualität, und das war die Zeit, da die Psychoanalyse die geistvollen Einwendungen, zu hören bekam, der Mensch sei nicht bloß ein Sexualwesen, er kenne auch edlere und höhere Regungen. Man hätte hinzusetzen können, gehoben durch das Bewußtsein dieser höheren Regungen nehme er sich öfters das Recht heraus, Unsinn zu denken und Tatsachen zu vernachlässigen.

Sie wissen es besser, es hat von allem Anfang an bei uns geheißen, der Mensch erkranke an dem Konflikt zwischen den Ansprüchen des Trieblebens und dem Widerstand, der sich in ihm dagegen erhebt, und wir hatten keinen Augenblick an diese widerstehende, abweisende, verdrängende Instanz vergessen, die wir uns mit ihren besonderen Kräften, den Ichtrieben, ausgestattet dachten und die eben mit dem Ich der populären Psychologie zusammenfällt. Nur daß es bei dem mühsamen Fortschreiten der wissenschaftlichen Arbeit auch der Psychoanalyse nicht möglich war, alle Gebiete gleichzeitig zu studieren und sich über alle Probleme in einem Atem zu äußern. Endlich war man so weit gekommen, daß man seine Aufmerksamkeit vom Verdrängten weg auf das Verdrängende richten konnte, und stand vor diesem Ich, das so selbstverständlich zu sein schien, mit der sicheren Erwartung, auch hier Dinge zu finden, auf die man nicht vorbereitet sein konnte; aber es war nicht leicht, einen ersten Zugang zu finden. Das ist es, worüber ich Ihnen heute berichten will!

Ich muß aber doch meiner Vermutung Ausdruck geben, daß diese meine Darstellung der Ichpsychologie anders auf Sie wirken wird als die Einführung in die psychische Unterwelt, die ihr vorausgegangen ist. Warum das der Fall sein sollte, weiß ich nicht sicher zu sagen. Ich meinte zuerst, Sie würden herausfinden, daß ich Ihnen vorhin hauptsächlich Tatsachen berichtet hatte, wenn auch fremdartige und sonderbare, während Sie diesmal vorwiegend Auffassungen, also Spekulationen, zu hören bekommen. Aber es trifft nicht zu, bei besserer Erwägung muß ich behaupten, daß der Anteil der gedanklichen Verarbeitung des tatsächlichen Materials in unserer Ichpsychologie nicht viel größer ist als er in der Neurosenpsychologie war. Auch andere Begründungen meiner Erwartung mußte ich verwerfen; ich meine jetzt, es liegt irgendwie am Charakter des Stoffes selbst und an unserer Ungewohntheit, mit ihm umzugehen. Immerhin, ich werde nicht erstaunt sein, wenn Sie sich in Ihrem Urteil noch zurückhaltender und vorsichtiger zeigen als bisher.

Die Situation, in der wir uns zu Beginn unserer Untersuchung befinden, soll uns selbst den Weg weisen. Wir wollen das Ich zum Gegenstand dieser Untersuchung machen, unser eigenstes Ich. Aber kann man das? Das Ich ist ja doch das eigentlichste Subjekt, wie soll es zum Objekt werden? Nun, es ist kein Zweifel, daß man dies kann. Das Ich kann sich selbst zum Objekt nehmen, sich behandeln wie andere Objekte, sich beobachten, kritisieren, Gott weiß was noch alles mit sich selbst anstellen. Dabei stellt sich ein Teil des Ichs dem übrigen gegenüber. Das Ich ist also spaltbar, es spaltet sich während mancher seiner Funktionen, wenigstens vorübergehend. Die Teilstücke können sich nachher wieder vereinigen. Das ist gerade keine Neuigkeit, vielleicht eine ungewohnte Betonung allgemein bekannter Dinge. Anderseits sind wir mit der Auffassung vertraut, daß die Pathologie uns durch ihre Vergrößerungen und Vergröberungen auf normale Verhältnisse aufmerksam machen kann, die uns sonst entgangen wären. Wo sie uns einen Bruch oder Riß zeigt, kann normalerweise eine Gliederung vorhanden sein. Wenn wir einen Kristall zu Boden werfen, zerbricht er, aber nicht willkürlich, er zerfällt dabei nach seinen Spaltrichtungen in Stücke, deren Abgrenzung, obwohl unsichtbar, doch durch die Struktur des Kristalls vorher bestimmt war. Solche rissige und gesprungene Strukturen sind auch die Geisteskranken. Etwas von der ehrfürchtigen Scheu, die alte Völker den Wahnsinnigen bezeugten, können auch wir ihnen nicht versagen. Sie haben sich von der äußeren Realität abgewendet, aber eben darum wissen sie mehr von der inneren, psychischen Realität und können uns manches verraten, was uns sonst unzugänglich wäre. Von einer Gruppe dieser Kranken sagen wir, sie leiden an Beobachtungswahn. Sie klagen uns, daß sie unausgesetzt und bis in ihr intimstes Tun von der Beobachtung unbekannter Mächte, wahrscheinlich doch Personen, belästigt werden, und hören halluzinatorisch, wie diese Personen die Ergebnisse ihrer Beobachtung verkünden: Jetzt will er das sagen, jetzt kleidet er sich an um auszugehen usw. Diese Beobachtung ist noch nicht dasselbe wie eine Verfolgung, aber sie ist nicht weit davon, sie setzt voraus, daß man ihnen mißtraut, daß man erwartet, sie bei verbotenen Handlungen zu ertappen, für die sie gestraft werden sollen. Wie wäre es, wenn diese Wahnsinnigen Recht hätten, wenn bei uns allen eine solche beobachtende und strafandrohende Instanz im Ich vorhanden wäre, die sich bei ihnen nur scharf vom Ich gesondert hätte und irrtümlicherweise in die äußere Realität verschoben worden wäre?

Ich weiß nicht, ob es Ihnen ebenso ergehen wird wie mir. Seitdem ich unter dem starken Eindruck dieses Krankheitsbildes die Idee gefaßt hatte, daß die Sonderung einer beobachtenden Instanz vom übrigen Ich ein regelmäßiger Zug in der Struktur des Ichs sein könnte, hat sie mich nicht mehr verlassen, und ich war getrieben, nach den weiteren Charakteren und Beziehungen dieser so abgesonderten Instanz zu forschen. Der nächste Schritt ist bald getan. Schon der Inhalt des Beobachtungswahns legt es nahe, daß das Beobachten nur eine Vorbereitung ist für das Richten und Strafen, und somit erraten wir, daß eine andere Funktion dieser Instanz das sein muß, was wir unser Gewissen nennen. Es gibt kaum etwas anderes in uns, was wir so regelmäßig von unserem Ich sondern und so leicht ihm entgegenstellen wie gerade das Gewissen. Ich verspüre die Neigung, etwas zu tun, wovon ich mir Lust verspreche, aber ich unterlasse es mit der Begründung: mein Gewissen erlaubt es nicht. Oder ich habe mich von der übergroßen Lusterwartung bewegen lassen, etwas zu tun, wogegen die Stimme des Gewissens Einspruch erhob, und nach der Tat straft mich mein Gewissen mit peinlichen Vorwürfen, läßt mich die Reue ob der Tat empfinden. Ich könnte einfach sagen, die besondere Instanz, die ich im Ich zu unterscheiden beginne, ist das Gewissen, aber es ist vorsichtiger, diese Instanz selbständig zu halten und anzunehmen, das Gewissen sei eine ihrer Funktionen, und die Selbstbeobachtung, die als Voraussetzung für die richterliche Tätigkeit des Gewissens unentbehrlich ist, sei eine andere. Und da es zur Anerkennung einer gesonderten Existenz gehört, daß man dem Ding einen eigenen Namen gibt, will ich diese Instanz im Ich von nun an als das *„Über-Ich"* bezeichnen.

Jetzt bin ich darauf gefaßt, daß Sie mich höhnisch fragen, ob unsere Ichpsychologie überhaupt darauf hinausläuft, gebräuchliche Abstraktionen wörtlich zu nehmen und zu vergröbern, sie aus Begriffen in Dinge zu verwandeln, womit nicht viel gewonnen wäre. Ich antworte, es wird schwer halten, in der Ichpsychologie dem Allbekannten auszuweichen, es wird mehr auf neue Auffassungen und Anordnungen ankommen als auf Neuentdeckungen. Bleiben Sie also vorläufig bei Ihrer herabsetzenden Kritik und warten Sie die weiteren Ausführungen ab. Die Tatsachen der Pathologie geben unseren Bemühungen einen Hintergrund, den Sie für die Populärpsychologie vergebens suchen würden. Ich setze fort. Kaum daß wir uns mit der Idee eines solchen Über-Ichs befreundet haben, das eine gewisse Selbständigkeit genießt, seine eigenen Absichten verfolgt und in seinem Energiebesitz vom Ich unabhängig ist, drängt sich uns ein Krankheitsbild auf, das die Strenge, ja die Grausamkeit dieser Instanz und die Wandlungen in ihrer Beziehung zum Ich auffällig verdeutlicht. Ich meine den Zustand der

Melancholie, genauer des melancholischen Anfalls, von dem ja auch Sie genug gehört haben, auch wenn Sie nicht Psychiater sind. An diesem Leiden, von dessen Verursachung und Mechanismus wir viel zu wenig wissen, ist der auffälligste Zug die Art, wie das Über-Ich – sagen Sie nur im stillen: das Gewissen – das Ich behandelt. Während der Melancholiker in gesunden Zeiten mehr oder weniger streng gegen sich sein kann, wie ein anderer, wird im melancholischen Anfall das Über-Ich überstreng, beschimpft, erniedrigt, mißhandelt das arme Ich, läßt es die schwersten Strafen erwarten, macht ihm Vorwürfe wegen längst vergangener Handlungen, die zu ihrer Zeit leicht genommen wurden, als hätte es das ganze Intervall über Anklagen gesammelt und nur seine gegenwärtige Erstarkung abgewartet, um mit ihnen hervorzutreten und auf Grund dieser Anklagen zu verurteilen. Das Über-Ich legt den strengsten moralischen Maßstab an das ihm hilflos preisgegebene Ich an, es vertritt ja überhaupt den Anspruch der Moralität, und wir erfassen mit einem Blick, daß unser moralisches Schuldgefühl der Ausdruck der Spannung zwischen Ich und Über-Ich ist. Es ist eine sehr merkwürdige Erfahrung, die Moralität, die uns angeblich von Gott verliehen und so tief eingepflanzt wurde, als periodisches Phänomen zu sehen. Denn nach einer gewissen Anzahl von Monaten ist der ganze moralische Spuk vorüber, die Kritik des Über-Ichs schweigt, das Ich ist rehabilitiert und genießt wieder alle Menschenrechte bis zum nächsten Anfall. Ja bei manchen Formen der Erkrankung findet in den Zwischenzeiten etwas Gegenteiliges statt; das Ich befindet sich in einem seligen Rauschzustand, es triumphiert, als hätte das Über-Ich alle Kraft verloren oder wäre mit dem Ich zusammengeflossen, und dieses freigewordene, manische Ich gestattet sich wirklich hemmungslos die Befriedigung aller seiner Gelüste. Vorgänge, reich an ungelösten Rätseln!

Sie werden gewiß mehr als eine bloße Illustration erwarten, wenn ich Ihnen ankündige, daß wir über die Bildung des Über-Ichs, also über die Entstehung des Gewissens, mancherlei gelernt haben. In Anlehnung an einen bekannten Ausspruchs *Kants*, der das Gewissen in uns mit dem gestirnten Himmel zusammenbringt, könnte ein Frommer wohl versucht sein, diese beiden als die Meisterstücke der Schöpfung zu verehren. Die Gestirne sind gewiß großartig, aber was das Gewissen betrifft, so hat Gott hierin ungleichmäßige und nachlässige Arbeit geleistet, denn eine große Überzahl von Menschen hat davon nur ein bescheidenes Maß oder kaum so viel, als noch der Rede wert ist, mitbekommen. Wir verkennen das Stück psychologischer Wahrheit keineswegs, das in der Behauptung, das Gewissen sei göttlicher Herkunft, enthalten ist, aber der Satz bedarf der Deutung. Wenn das Gewissen auch etwas „in uns" ist, so ist es doch nicht von Anfang an. Es ist so recht ein Gegensatz zum Sexualleben, das wirklich vom Anfang des Lebens an da ist und nicht erst später hinzukommt. Aber das kleine Kind ist bekanntlich amoralisch, es besitzt keine inneren Hemmungen gegen seine nach Lust strebenden Impulse. Die Rolle, die späterhin das Über-Ich übernimmt, wird zuerst von einer äußeren Macht, von der elterlichen Autorität, gespielt. Der Elterneinfluß regiert das Kind durch Gewährung von Liebesbeweisen und durch Androhung von Strafen, die dem Kinde den Liebesverlust beweisen und an sich gefürchtet werden müssen. Diese Realangst ist der Vorläufer der späteren Gewissensangst; solange sie herrscht, braucht man von Über-Ich und von Gewissen nicht zu reden. Erst in weiterer Folge bildet sich die sekundäre Situation aus, die wir allzu bereitwillig für die normale halten, daß die äußere Abhaltung verinnerlicht wird, daß an die Stelle der Elterninstanz das Über-Ich tritt, welches nun das Ich genau so beobachtet, lenkt und bedroht wie früher die Eltern das Kind.

Das Über-Ich, das solcherart die Macht, die Leistung und selbst die Methoden der Elterninstanz übernimmt, ist aber nicht nur der Rechtsnachfolger, sondern wirklich der legitime Leibeserbe derselben. Es geht direkt aus ihr hervor, wir werden bald erfahren, durch welchen Vorgang. Zunächst müssen wir jedoch bei einer Unstimmigkeit zwischen beiden verweilen. Das Über-Ich scheint in einseitiger Auswahl nur die Härte und Strenge der Eltern, ihre verbietende und strafende Funktion aufgegriffen zu haben, während deren liebevolle Fürsorge keine Aufnahme und Fortsetzung findet. Haben die Eltern wirklich ein strenges Regiment geführt, so glauben wir es leicht begreiflich zu finden, wenn sich auch beim Kind ein strenges Über-Ich entwickelt, aber die Erfahrung zeigt, gegen unsere Erwartung, daß das Über-Ich denselben Charakter unerbittlicher Härte erwerben kann, auch wenn die Erziehung milde und gütig war, Drohungen und Strafen möglichst vermieden hat. Wir werden auf diesen Widerspruch später zurückkommen, wenn wir die Triebumsetzungen bei der Bildung des Über-Ichs behandeln.

Von der Umwandlung der Elternbeziehung in das Über-Ich kann ich Ihnen nicht soviel sagen, wie ich gerne möchte, zum Teil weil dieser Vorgang so verwickelt ist, daß seine Darstellung sich nicht in den Rahmen einer Einführung fügt, wie ich sie Ihnen geben will, zum anderen Teil weil wir selbst nicht glauben, ihn voll durchschaut zu haben. Begnügen Sie sich also mit den folgenden Andeutungen. Die Grundlage dieses Vorganges ist eine sogenannte Identifizierung, d. h. eine Angleichung eines Ichs an ein fremdes, in deren Folge dies erste Ich sich in bestimmten Hinsichten so benimmt wie das andere, es nachahmt, gewissermaßen in sich aufnimmt. Man hat die Identifizierung nicht unpassend mit der oralen, kannibalistischen Einverleibung der fremden Person verglichen. Die Identifizierung ist eine sehr wichtige Form der Bindung an die andere Person, wahrscheinlich die ursprünglichste, nicht dasselbe wie eine Objektwahl.

Man kann den Unterschied etwa so ausdrücken: Wenn der Knabe sich mit dem Vater identifiziert, so will er so *sein* wie der Vater: wenn er ihn zum Objekt seiner Wahl macht, so will er ihn *haben*, besitzen; im ersten Fall wird sein Ich nach dem Vorbild des Vaters verändert, im zweiten Falle ist dies nicht notwendig. Identifizierung und Objektwahl sind in weitem Ausmaß unabhängig voneinander; man kann sich aber auch mit der nämlichen Person identifizieren, sein Ich nach ihr verändern, die man z. B. zum Sexualobjekt genommen hat. Man sagt, daß die Beeinflussung des Ichs durch das Sexualobjekt besonders häufig bei Frauen vorkommt und für die Weiblichkeit charakteristisch ist. Von der bei weitem lehrreichsten Beziehung zwischen Identifizierung und Objektwahl muß ich Ihnen schon einmal in den früheren Vorlesungen gesprochen haben. Sie ist so leicht an Kindern wie an Erwachsenen, normalen und kranken Menschen zu beobachten. Wenn man ein Objekt verloren hat oder es aufgeben mußte, so entschädigt man sich oft genug dadurch, daß man sich mit ihm identifiziert, es in seinem Ich wieder aufrichtet, so daß hier die Objektwahl gleichsam zur Identifizierung regrediert.

Ich bin von diesen Ausführungen über die Identifizierung selbst durchaus nicht befriedigt, aber genug, wenn Sie mir zugeben können, daß die Einsetzung des Über-Ichs als ein gelungener Fall von Identifizierung mit der Elterninstanz beschrieben werden kann. Die für diese Auffassung entscheidende Tatsache ist nun, daß diese Neuschöpfung einer überlegenen Instanz im Ich aufs innigste mit dem Schicksal des Ödipuskomplexes verknüpft ist, so daß das Über-Ich als der Erbe dieser für die Kindheit so bedeutungsvollen Gefühlsbindung erscheint. Wir verstehen, mit dem Auflassen des Ödipuskomplexes mußte das Kind auf die intensiven Objektbesetzungen verzichten, die es bei den Eltern untergebracht hatte, und zur Entschädigung für diesen Objektverlust werden die wahrscheinlich längst vorhandenen Identifizierungen mit den Eltern in seinem Ich so sehr verstärkt. Solche Identifizierungen als Niederschläge aufgegebener Objektbesetzungen werden sich später im Leben des Kindes oft genug wiederholen, aber es entspricht durchaus dem Gefühlswert dieses ersten Falles einer solchen Umsetzung, daß deren Ergebnis eine Sonderstellung im Ich eingeräumt wird. Eingehende Untersuchung belehrt uns auch, daß das Über-Ich in seiner Stärke und Ausbildung verkümmert, wenn die Überwindung des Ödipuskomplexes nur unvollkommen gelingt. Im Laufe der Entwicklung nimmt das Über-Ich auch die Einflüsse jener Personen an, die an die Stelle der Eltern getreten sind, also von Erziehern, Lehrern, idealen Vorbildern. Es entfernt sich normalerweise immer mehr von den ursprünglichen Elternindividuen, es wird sozusagen unpersönlicher. Wir wollen auch nicht daran vergessen, daß das Kind seine Eltern in verschiedenen Lebenszeiten verschieden einschätzt. Zur Zeit, da der Ödipuskomplex dem Über-Ich den Platz räumt, sind sie etwas ganz Großartiges, später büßen sie sehr viel ein. Es kommen dann auch Identifizierungen mit diesen späteren Eltern zustande, sie liefern sogar regelmäßig wichtige Beiträge zur Charakterbildung, aber sie betreffen dann nur das Ich, beeinflussen nicht mehr das Über-Ich, das durch die frühesten Elternimagines bestimmt worden ist.

Ich hoffe, Sie haben bereits den Eindruck empfangen, daß die Aufstellung des Über-Ichs wirklich ein Strukturverhältnis beschreibt und nicht einfach eine Abstraktion wie die des Gewissens personifiziert. Wir haben noch eine wichtige Funktion zu erwähnen, die wir diesem Über-Ich zuteilen. Es ist auch der Träger des Ichideals, an dem das Ich sich mißt, dem es nachstrebt, dessen Anspruch auf immer weitergehende Vervollkommnung es zu erfüllen bemüht ist. Kein Zweifel, dieses Ichideal ist der Niederschlag der alten Elternvorstellung, der Ausdruck der Bewunderung jener Vollkommenheit, die das Kind ihnen damals zuschrieb. Ich weiß, Sie haben viel von dem Gefühl der Minderwertigkeit gehört, das gerade die Neurotiker auszeichnen soll. Es spukt besonders in der sogenannt schönen Literatur. Ein Schriftsteller, der das Wort Minderwertigkeitskomplex gebraucht, glaubt damit allen Anforderungen der Psychoanalyse Genüge getan und seine Darstellung auf ein höheres psychologisches Niveau gehoben zu haben. In Wirklichkeit wird das Kunstwort Minderwertigkeitskomplex in der Psychoanalyse kaum verwendet. Es bedeutet uns nichts Einfaches, geschweige denn etwas Elementares. Es auf die Selbstwahrnehmung etwaiger Organverkümmerungen zurückzuführen, wie die Schule der sogenannten Individualpsychologen zu tun beliebt, erscheint uns ein kurzsichtiger Irrtum. Das Gefühl der Minderwertigkeit hat starke erotische Wurzeln. Das Kind fühlt sich minderwertig, wenn es merkt, daß es nicht geliebt wird, und ebenso der Erwachsene. Das einzige Organ, das wirklich als minderwertig betrachtet wird, ist der verkümmerte Penis, die Klitoris des Mädchens. Aber der Hauptanteil des Minderwertigkeitsgefühls stammt aus der Beziehung des Ichs zu seinem Über-Ich, ist ebenso wie das Schuldgefühl ein Ausdruck der Spannung zwischen beiden. Minderwertigkeitsgefühl und Schuldgefühl sind überhaupt schwer auseinanderzuhalten. Vielleicht täte man gut daran, im ersteren die erotische Ergänzung zum moralischen Minderwertigkeitsgefühl zu sehen. Wir haben dieser Frage der begrifflichen Abgrenzung in der Psychoanalyse wenig Aufmerksamkeit geschenkt.

Gerade weil der Minderwertigkeitskomplex so populär geworden ist, gestatte ich mir, Sie hier mit einer kleinen Abschweifung zu unterhalten. Eine historische Persönlichkeit unserer Zeit, die noch lebt, aber gegenwärtig in den Hintergrund gerückt ist, hat von einer Schädigung während der Geburt eine gewisse Verkümmerung eines Gliedes behalten. Ein sehr bekannter Schriftsteller unserer Tage, der am liebsten Biographien hervorragender Personen bearbeitet, hat auch das

Leben dieses von mir bezeichneten Mannes behandelt. Nun mag es ja schwer sein, das Bedürfnis nach psychologischer Vertiefung zu unterdrücken, wenn man eine Biographie schreibt. Unser Autor hat darum den Versuch gewagt, die ganze Charakterentwicklung des Helden über dem Minderwertigkeitsgefühl, das jener körperliche Defekt wachrufen mußte, aufzubauen. Er hat dabei eine kleine, aber nicht unwichtige Tatsache übersehen. Es ist gewöhnlich, daß Mütter, denen das Schicksal ein krankes oder sonst benachteiligtes Kind geschenkt hat, es für diese ungerechte Zurücksetzung durch ein Übermaß von Liebe zu entschädigen suchen. In dem zur Rede stehenden Falle benahm sich die stolze Mutter anders, sie entzog dem Kind ihre Liebe wegen seines Gebrechens. Als aus dem Kinde ein großmächtiger Mann geworden war, bewies dieser durch seine Handlungen unzweideutig, daß er der Mutter nie verziehen hatte. Wenn Sie sich auf die Bedeutung der Mutterliebe für das kindliche Seelenleben besinnen, werden Sie die Minderwertigkeitstheorie des Biographen wohl in Ihren Gedanken korrigieren.

Kehren wir zum Über-Ich zurück! Wir haben ihm die Selbstbeobachtung, das Gewissen und die Idealfunktion zugeteilt. Aus unseren Ausführungen über seine Entstehung geht hervor, daß es eine unsäglich wichtige biologische wie eine schicksalsvolle psychologische Tatsache zu Voraussetzungen hat, nämlich die lange Abhängigkeit des Menschenkindes von seinen Eltern und den Ödipuskomplex, die beide wieder innig miteinander verknüpft sind. Das Über-Ich ist für uns die Vertretung aller moralischen Beschränkungen, der Anwalt des Strebens nach Vervollkommnung, kurz das, was uns von dem sogenannt Höheren im Menschenleben psychologisch greifbar geworden ist. Da es selbst auf den Einfluß der Eltern, Erzieher und dergleichen zurückgeht, erfahren wir noch mehr von seiner Bedeutung, wenn wir uns zu diesen seinen Quellen wenden. In der Regel folgen die Eltern und die ihnen analogen Autoritäten in der Erziehung des Kindes den Vorschriften des eigenen Über-Ichs. Wie immer sich ihr Ich mit ihrem Über-Ich auseinandergesetzt haben mag, in der Erziehung des Kindes sind sie streng und anspruchsvoll. Sie haben die Schwierigkeiten ihrer eigenen Kindheit vergessen, sind zufrieden, sich nun voll mit den eigenen Eltern identifizieren zu können, die ihnen seinerzeit die schweren Einschränkungen auferlegt haben. So wird das Über-Ich des Kindes eigentlich nicht nach dem Vorbild der Eltern, sondern des elterlichen Über-Ichs aufgebaut; es erfüllt sich mit dem gleichen Inhalt, es wird zum Träger der Tradition, all der zeitbeständigen Wertungen, die sich auf diesem Wege über Generationen fortgepflanzt haben. Sie erraten leicht, welch wichtige Hilfen für das Verständnis des sozialen Verhaltens der Menschen, z. B. für das der Verwahrlosung, vielleicht auch welch praktische Winke für die Erziehung sich aus der Berücksichtigung des Über-Ichs ergeben.

Wahrscheinlich sündigen die sogenannt materialistischen Geschichtsauffassungen darin, daß sie diesen Faktor unterschätzen. Sie tun ihn mit der Bemerkung ab, daß die „Ideologien" der Menschen nichts anderes sind als Ergebnis und Überbau ihrer aktuellen ökonomischen Verhältnisse. Das ist die Wahrheit, aber sehr wahrscheinlich nicht die ganze Wahrheit. Die Menschheit lebt nie ganz in der Gegenwart, in den Ideologien des Über-Ichs lebt die Vergangenheit, die Tradition der Rasse und des Volkes fort, die den Einflüssen der Gegenwart, neuen Veränderungen, nur langsam weicht, und solange sie durch das Über-Ich wirkt, eine mächtige, von den ökonomischen Verhältnissen unabhängige Rolle im Menschenleben spielt.

Im Jahre 1921 habe ich versucht, die Differenzierung von Ich und Über-Ich beim Studium der Massenpsychologie zu verwenden. Ich gelangte zu einer Formel wie: Eine psychologische Masse ist eine Vereinigung von Einzelnen, die die nämliche Person in ihr Über-Ich eingeführt und sich auf Grund dieser Gemeinsamkeit in ihrem Ich miteinander identifiziert haben. Sie gilt natürlich nur für Massen, die einen Führer haben. Besäßen wir mehr Anwendungen dieser Art, so würde die Annahme des Über-Ichs das letzte Stück Befremden für uns verlieren und wir würden von jener Befangenheit gänzlich frei werden, die uns doch noch befällt, wenn wir uns, an die Unterweltatmosphäre gewöhnt, in den oberflächlicheren, höheren Schichten des seelischen Apparats bewegen. Wir glauben selbstverständlich nicht, daß wir mit der Sonderung des Über-Ichs das letzte Wort zur Ichpsychologie gesprochen haben. Es ist eher ein erster Anfang, aber in diesem Falle ist nicht nur der Anfang schwer.

Aber nun wartet unser eine andere Aufgabe, am sozusagen entgegengesetzten Ende des Ichs. Sie wird von einer Beobachtung während der analytischen Arbeit gestellt, einer Beobachtung, die eigentlich sehr alt ist. Wie es schon manchmal geht, hat es lange gebraucht, bis man sich zu ihrer Würdigung entschloß. Wie Sie wissen, ist eigentlich die ganze psychoanalytische Theorie über der Wahrnehmung des Widerstands aufgebaut, den uns der Patient bei dem Versuch, ihm sein Unbewußtes bewußt zu machen, leistet. Das objektive Zeichen des Widerstands ist, daß seine Einfälle versagen oder sich weit von dem behandelten Thema entfernen. Er kann den Widerstand auch subjektiv daran erkennen, daß er peinliche Empfindungen verspürt, wenn er sich dem Thema annähert. Aber dies letzte Zeichen kann auch wegbleiben. Dann sagen wir dem Patienten, daß wir aus seinem Verhalten schließen, er befinde sich jetzt im Widerstande, und er antwortet, er wisse nichts davon, er merke nur die Erschwerung der Einfälle. Es zeigt sich, daß wir recht hatten, aber dann war sein Widerstand auch unbewußt, ebenso unbewußt wie das Verdrängte, an dessen Hebung wir arbeiteten. Man hätte längst die Frage aufwerfen sollen: von welchem Teil seines Seelenlebens geht ein solcher unbewußter Widerstand aus? Der Anfänger in der Psychoanalyse wird rasch mit der Antwort zur Hand sein: Es ist eben der Widerstand des Unbewußten. Eine zweideutige, unbrauchbare Antwort! Wenn damit gemeint ist, er gehe vom Verdrängten aus, so müssen wir sagen: Gewiß nicht! Dem Verdrängten müssen wir eher einen starken Auftrieb zuschreiben, einen Drang, zum Bewußtsein durchzudringen. Der Widerstand kann nur eine Äußerung des Ichs sein, das seinerzeit die Verdrängung durchgeführt hat und sie jetzt aufrechthalten will. So haben wir's auch früher immer aufgefaßt. Seitdem wir eine besondere Instanz im Ich annehmen, die die einschränkenden und abweisenden Forderungen vertritt, das Über-Ich, können wir sagen, die Verdrängung sei das Werk dieses Über-Ichs, es führe sie entweder selbst durch oder in seinem Auftrag das ihm gehorsame Ich. Wenn nun der Fall vorliegt, daß der Widerstand in der Analyse dem Patienten nicht bewußt wird, so heißt das entweder, daß das Über-Ich und das Ich in ganz wichtigen Situationen unbewußt arbeiten können oder, was noch bedeutsamer wäre, daß Anteile von beiden, Ich und Über-Ich selbst, unbewußt sind. In beiden Fällen haben wir von der unerfreulichen Einsicht Kenntnis zu nehmen, daß (Über-) Ich und bewußt einerseits, Verdrängtes und unbewußt anderseits keineswegs zusammenfallen.

Meine Damen und Herren! Ich empfinde das Bedürfnis, eine Atempause zu machen, die auch Sie als wohltuend begrüßen werden, und mich, ehe ich fortsetze, bei Ihnen zu entschuldigen. Ich will Ihnen Nachträge zu einer Einführung in die Psychoanalyse geben, die ich vor fünfzehn Jahren begonnen habe, und muß mich benehmen, als hätten auch Sie in dieser Zwischenzeit nichts anderes als Psychoanalyse getrieben. Ich weiß, das ist eine ungehörige Zumutung, aber ich bin hilflos, ich kann es nicht anders machen. Es hängt wohl daran, daß es überhaupt so schwer ist, dem, der nicht selbst Psychoanalytiker ist, einen Einblick in die Psychoanalyse zu geben. Sie können mir glauben, daß wir nicht gern den Anschein erwecken, als seien wir Geheimbündler und betreiben eine Geheimwissenschaft. Und doch mußten wir erkennen und als unsere Überzeugung verkünden, das niemand das Recht hat, in die Psychoanalyse dreinzureden, wenn er sich nicht bestimmte Erfahrungen erworben hat, die man nur durch eine Analyse an seiner eigenen Person erwerben kann. Als ich Ihnen vor fünfzehn Jahren meine Vorlesungen gab, suchte ich Sie mit gewissen spekulativen Stücken unserer Theorie zu verschonen, aber gerade an die knüpfen die Neuerwerbungen an, von denen ich heute zu sprechen habe.

Ich kehre zum Thema zurück. In dem Zweifel, ob Ich und Über-Ich selbst unbewußt sein oder nur unbewußte Wirkungen entfalten können, haben wir uns mit guten Gründen für die erstere Möglichkeit entschieden. Ja, große Anteile des Ichs und Über-Ichs können unbewußt bleiben, sind normalerweise unbewußt.

Das heißt, die Person weiß nichts von deren Inhalten und es bedarf eines Aufwands an Mühe, sie ihr bewußt zu machen. Es trifft zu, daß Ich und bewußt, Verdrängt und unbewußt nicht zusammenfallen. Wir empfinden das Bedürfnis, unsere Einstellung zum Problem bewußt-unbewußt gründlich zu revidieren. Zunächst sind wir geneigt, den Wert des Kriteriums der Bewußtheit, da es sich als so unzuverlässig erwiesen hat, recht herabzusetzen. Aber wir täten Unrecht daran. Es ist damit wie mit unserem Leben; es ist nicht viel wert, aber es ist alles, was wir haben. Ohne die Leuchte der Bewußtseinsqualität wären wir im Dunkel der Tiefenpsychologie verloren; aber wir dürfen versuchen, uns neu zu orientieren.

Was man bewußt heißen soll, brauchen wir nicht zu erörtern, es ist jedem Zweifel entzogen. Die älteste und beste Bedeutung des Wortes „unbewußt" ist die deskriptive; wir nennen unbewußt einen psychischen Vorgang, dessen Existenz wir annehmen müssen, etwa weil wir ihn aus seinen Wirkungen erschließen, von dem wir aber nichts wissen. Wir haben dann zu ihm dieselbe Beziehung wie zu einem psychischen Vorgang bei einem anderen Menschen, nur daß er eben einer unserer eigenen ist. Wenn wir noch korrekter sein wollen, werden wir den Satz dahin modifizieren, daß wir einen Vorgang unbewußt heißen, wenn wir annehmen müssen, er sei *derzeit* aktiviert, obwohl wir *derzeit* nichts von ihm wissen. Diese Einschränkung läßt uns daran denken, daß die meisten bewußten Vorgänge nur kurze Zeit bewußt sind; sehr bald werden sie *latent*, können aber leicht wiederum bewußt werden. Wir könnten auch sagen, sie seien unbewußt geworden, wenn es überhaupt sicher wäre, daß sie im Zustand der Latenz noch etwas Psychisches sind. Soweit hätten wir nichts Neues erfahren, auch nicht das Recht erworben, den Begriff eines Unbewußten in die Psychologie einzuführen. Dann kommt aber die neue Erfahrung, die wir schon an den Fehlleistungen machen können. Wir sehen uns z. B. zur Erklärung eines Versprechens genötigt anzunehmen, daß sich bei dem Betreffenden eine bestimmte Redeabsicht gebildet hatte. Wir erraten sie mit Sicherheit aus der vorgefallenen Störung der Rede, aber sie hatte sich nicht durchgesetzt, sie war also unbewußt. Wenn wir sie nachträglich dem Redner vorführen, kann er sie als eine ihm vertraute anerkennen, dann war sie nur zeitweilig unbewußt, oder sie als ihm fremd verleugnen, dann war sie dauernd unbewußt. Aus dieser Erfahrung schöpfen wir rückgreifend das Recht, auch das als latent Bezeichnete für ein Unbewußtes zu erklären. Die Berücksichtigung dieser dynamischen Verhältnisse gestattet uns jetzt, zweierlei Unbewußtes zu unterscheiden, eines, das leicht, unter häufig hergestellten Bedingungen, sich in Bewußtes umwandelt, ein anderes, bei dem diese Umsetzung schwer, nur unter erheblichem Müheaufwand, möglicherweise niemals erfolgt. Um der Zweideutigkeit zu entgehen, ob wir das eine oder das andere Unbewußte meinen, das Wort im deskriptiven oder im dynamischen Sinn gebrauchen, wenden wir ein erlaubtes, einfaches Auskunftsmittel an. Wir heißen jenes Unbewußte, das nur latent ist und so leicht bewußt wird, das Vorbewußte, behalten die Bezeichnung „unbewußt" dem anderen vor. Wir haben nun drei Termini: bewußt, vorbewußt, unbewußt, mit denen wir in der Beschreibung der seelischen Phänomene unser Auskommen finden. Nochmals, rein deskriptiv ist auch das Vorbewußte unbewußt, aber wir bezeichnen es nicht so, außer in lokkerer Darstellung oder wenn wir die Existenz unbewußter Vorgänge überhaupt im Seelenleben zu verteidigen haben.

Sie werden mir hoffentlich zugeben, das sei so weit nicht gar arg und erlaube eine bequeme Handhabung. Ja, aber leider hat die psychoanalytische Arbeit sich gedrängt gefunden, das Wort unbewußt noch in einem anderen, dritten, Sinn zu verwenden, und das mag allerdings Verwirrung gestiftet haben. Unter dem neuen und starken Eindruck, daß ein weites und wichtiges Gebiet des Seelenlebens der Kenntnis des Ichs normalerweise entzogen ist, so daß die Vorgänge darin als unbewußte im richtigen dynamischen Sinn anerkannt werden müssen, haben wir den Terminus „unbewußt" auch in einem topischen oder systematischen Sinn verstanden, von einem System des Vorbewußten und des Unbewußten gesprochen, von einem Konflikt des Ichs mit dem System *Ubw*, das Wort immer mehr eher eine seelische Provinz bedeuten lassen als eine Qualität des Seelischen. Die eigentlich unbequeme Entdeckung, daß auch Anteile des Ichs und Über-Ichs im dynamischen Sinne unbewußt sind, wirkt hier wie eine Erleichterung, gestattet uns, eine Komplikation wegzuräumen. Wir sehen, wir haben kein Recht, das ichfremde Seelengebiet das System *Ubw* zu nennen, da die Unbewußtheit nicht sein ausschließender Charakter ist. Gut, so wollen wir „unbewußt" nicht mehr im systematischen Sinn gebrauchen und dem bisher so Bezeichneten einen besseren, nicht mehr mißverständlichen Namen geben. In Anlehnung an den Sprachgebrauch bei *Nietzsche* und infolge einer Anregung von *G. Groddeck* heißen wir es fortan das *Es*. Dies unpersönliche Fürwort scheint besonders geeignet, den Hauptcharakter dieser Seelenprovinz, ihre Ichfremdheit, auszudrücken. Über-Ich, Ich und Es sind nun die drei Reiche, Gebiete, Provinzen, in die wir den Seelenapparat der Person zerlegen, mit deren gegenseitigen Beziehungen wir uns im weiteren beschäftigen wollen.

Vorher nur eine kurze Einschaltung. Ich vermute, Sie sind unzufrieden damit, daß die drei Qualitäten der Bewußtheit und die drei Provinzen des seelischen Apparats sich nicht zu drei friedlichen Paaren zusammengefunden haben, und sehen darin etwas wie eine Trübung unserer Resultate. Ich meine aber, wir sollten es nicht bedauern und sollten uns sagen, daß wir kein Recht hatten, eine so glatte Anordnung zu erwarten. Lassen Sie mich eine Vergleichung bringen;

Vergleiche entscheiden nichts, das ist wahr, aber sie können machen, daß man sich heimischer fühlt. Ich imaginiere ein Land mit mannigfaltiger Bodengestaltung, Hügelland, Ebene und Seenketten, mit gemischter Bevölkerung – es wohnen darin Deutsche, Magyaren und Slowaken, die auch verschiedene Tätigkeiten betreiben. Nun könnte die Verteilung so sein, daß im Hügelland die Deutschen wohnen, die Viehzüchter sind, im Flachland die Magyaren, die Getreide und Wein bauen, an den Seen die Slowaken, die Fische fangen und Schilf flechten. Wenn diese Verteilung glatt und reinlich wäre, würde ein *Wilson* seine Freude an ihr haben; es wäre auch bequem für den Vortrag in der Geographiestunde. Es ist aber wahrscheinlich, daß Sie weniger Ordnung und mehr Vermengung finden, wenn Sie die Gegend bereisen. Deutsche, Magyaren und Slowaken leben überall durcheinander, im Hügelland gibt es auch Äcker, in der Ebene wird auch Vieh gehalten. Einiges ist natürlich so, wie Sie es erwartet haben, denn auf Bergen kann man keine Fische fangen, im Wasser wächst kein Wein. Ja, das Bild der Gegend, das Sie mitgebracht haben, mag im großen und ganzen zutreffend sein; im einzelnen werden Sie sich Abweichungen gefallen lassen.

Sie erwarten nicht, daß ich Ihnen vom *Es* außer dem neuen Namen viel Neues mitzuteilen habe. Es ist der dunkle, unzugängliche Teil unserer Persönlichkeit; das wenige, was wir von ihm wissen, haben wir durch das Studium der Traumarbeit und der neurotischen Symptombildung erfahren und das meiste davon hat negativen Charakter, läßt sich nur als Gegensatz zum Ich beschreiben. Wir nähern uns dem Es mit Vergleichen, nennen es ein Chaos, einen Kessel voll brodelnder Erregungen. Wir stellen uns vor, es sei am Ende gegen das Somatische offen, nehme da die Triebbedürfnisse in sich auf, die in ihm ihren psychischen Ausdruck finden, wir können aber nicht sagen, in welchem Substrat. Von den Trieben her erfüllt es sich mit Energie, aber es hat keine Organisation, bringt keinen Gesamtwillen auf, nur das Bestreben, den Triebbedürfnissen unter Einhaltung des Lustprinzips Befriedigung zu schaffen. Für die Vorgänge im Es gelten die logischen Denkgesetze nicht, vor allem nicht der Satz des Widerspruchs. Gegensätzliche Regungen bestehen nebeneinander, ohne einander aufzuheben oder sich voneinander abzuziehen, höchstens daß sie unter dem herrschenden ökonomischen Zwang zur Abfuhr der Energie zu Kompromißbildungen zusammentreten. Es gibt im Es nichts, was man der Negation gleichstellen könnte, auch nimmt man mit Überraschung die Ausnahme von dem Satz der Philosophen wahr, daß Raum und Zeit notwendige Formen unserer seelischen Akte seien. Im Es findet sich nichts, was der Zeitvorstellung entspricht, keine Anerkennung eines zeitlichen Ablaufs und, was höchst merkwürdig ist und seiner Würdigung im philosophischen Denken wartet, keine Veränderung des seelischen Vorgangs durch den Zeitablauf. Wunschregungen, die das Es nie überschritten haben, aber auch Eindrücke, die durch Verdrängung ins Es versenkt worden sind, sind virtuell unsterblich, verhalten sich nach Dezennien, als ob sie neu vorgefallen wären. Als Vergangenheit erkannt, entwertet und ihrer Energiebesetzung beraubt können sie erst werden, wenn sie durch die analytische Arbeit bewußt geworden sind, und darauf beruht nicht zum kleinsten Teil die therapeutische Wirkung der analytischen Behandlung.

Ich habe immer wieder den Eindruck, daß wir aus dieser über jedem Zweifel feststehenden Tatsache der Unveränderlichkeit des Verdrängten durch die Zeit viel zu wenig für unsere Theorie gemacht haben. Da scheint sich doch ein Zugang zu den tiefsten Einsichten zu eröffnen. Leider bin auch ich da nicht weiter gekommen.

Selbstverständlich kennt das Es keine Wertungen, kein Gut und Böse, keine Moral. Das ökonomische oder, wenn Sie wollen, quantitative Moment, mit dem Lustprinzip innig verknüpft, beherrscht alle Vorgänge. Triebbesetzungen, die nach Abfuhr verlangen, das, meinen wir, sei alles im Es. Es scheint sogar, daß sich die Energie dieser Triebregungen in einem andern Zustand befindet als in den andern seelischen Bezirken, weit leichter beweglich und abfuhrfähig ist, denn sonst würden nicht jene Verschiebungen und Verdichtungen vorfallen, die für das Es charakteristisch sind und die so vollkommen von der Qualität des Besetzten – im Ich würden wir es eine Vorstellung nennen – absehen. Man gäbe was darum, wenn man von diesen Dingen mehr verstehen könnte! Sie sehen übrigens, daß wir in der Lage sind, vom Es noch andere Eigenschaften anzugeben, als daß es unbewußt ist, und Sie erkennen eine Möglichkeit, daß Teile vom Ich und Über-Ich unbewußt seien, ohne die nämlichen primitiven und irrationellen Charaktere zu besitzen. Zu einer Charakteristik des eigentlichen Ichs, insofern es sich vom Es und vom Über-Ich sondern läßt, gelangen wir am ehesten, wenn wir seine Beziehung zum äußersten oberflächlichen Stück des seelischen Apparats ins Auge fassen, das wir als das System *W-Bw* bezeichnen. Dieses System ist der Außenwelt zugewendet, es vermittelt die Wahrnehmungen von ihr, in ihm entsteht während seiner Funktion das Phänomen des Bewußtseins. Es ist das Sinnesorgan des ganzen Apparats, empfänglich übrigens nicht nur für Erregungen, die von außen, sondern auch für solche, die aus dem Inneren des Seelenlebens herankommen. Die Auffassung bedarf kaum einer Rechtfertigung, daß das Ich jener Teil des Es ist, der durch die Nähe und den Einfluß der Außenwelt modifiziert wurde, zur Reizaufnahme und zum Reizschutz eingerichtet, vergleichbar der Rindenschicht, mit der sich ein Klümpchen lebender Substanz umgibt. Die Beziehung zur Außenwelt ist für das Ich entscheidend geworden, es hat die Aufgabe übernommen, sie bei dem Es zu vertreten, zum Heil des Es, das ohne Rücksicht auf diese übergewaltige

Außenmacht im blinden Streben nach Triebbefriedigung der Vernichtung nicht entgehen würde. In der Erfüllung dieser Funktion muß das Ich die Außenwelt beobachten, eine getreue Abbildung von ihr in den Erinnerungsspuren seiner Wahrnehmungen niederlegen, durch die Tätigkeit der Realitätsprüfung fernhalten, was an diesem Bild der Außenwelt Zutat aus inneren Erregungsquellen ist. Im Auftrag des Es beherrscht das Ich die Zugänge zur Motilität, aber es hat zwischen Bedürfnis und Handlung den Aufschub der Denkarbeit eingeschaltet, während dessen es die Erinnerungsreste der Erfahrung verwertet. Auf solche Weise hat es das Lustprinzip entthront, das uneingeschränkt den Ablauf der Vorgänge im Es beherrscht und es durch das Realitätsprinzip ersetzt, das mehr Sicherheit und größeren Erfolg verspricht.

Auch die so schwer zu beschreibende Beziehung zur Zeit wird dem Ich durch das Wahrnehmungssystem vermittelt; es ist kaum zweifelhaft, daß die Arbeitsweise dieses Systems der Zeitvorstellung den Ursprung gibt. Was das Ich zum Unterschied vom Es aber ganz besonders auszeichnet, ist ein Zug zur Synthese seiner Inhalte, zur Zusammenfassung und Vereinheitlichung seiner seelischen Vorgänge, der dem Es völlig abgeht. Wenn wir nächstens einmal von den Trieben im Seelenleben handeln, wird es uns hoffentlich gelingen, diesen wesentlichen Charakter des Ichs auf seine Quelle zurückzuführen. Er allein stellt jenen hohen Grad von Organisation her, dessen das Ich bei seinen besten Leistungen bedarf. Es entwickelt sich von der Triebwahrnehmung zur Triebbeherrschung, aber die letztere wird nur dadurch erreicht, daß die Triebrepräsentanz in einen größeren Verband eingeordnet, in einen Zusammenhang aufgenommen wird. Wenn wir uns populären Redeweisen anpassen, dürfen wir sagen, daß das Ich im Seelenleben Vernunft und Besonnenheit vertritt, das Es aber die ungezähmten Leidenschaften.

Wir haben uns bisher durch die Aufzählung der Vorzüge und Fähigkeiten des Ichs imponieren lassen; es ist jetzt Zeit, auch der Kehrseite zu gedenken. Das Ich ist doch nur ein Stück vom Es, ein durch die Nähe der gefahrdrohenden Außenwelt zweckmäßig verändertes Stück. In dynamischer Hinsicht ist es schwach, seine Energien hat es dem Es entlehnt, und wir sind nicht ganz ohne Einsicht in die Methoden, man könnte sagen: in die Schliche, durch die es dem Es weitere Energiebeträge entzieht. Ein solcher Weg ist zum Beispiel auch die Identifizierung mit beibehaltenen oder aufgegebenen Objekten. Die Objektbesetzungen gehen von den Triebansprüchen des Es aus. Das Ich hat sie zunächst zu registrieren. Aber indem es sich mit dem Objekt identifiziert, empfiehlt es sich dem Es an Stelle des Objekts, will es die Libido des Es auf sich lenken. Wir haben schon gehört, daß das Ich im Lauf des Lebens eine große Anzahl von solchen Niederschlägen ehemaliger Objektbesetzungen in sich aufnimmt. Im ganzen muß das Ich die Absichten des Es durchführen, es erfüllt seine Aufgabe, wenn es die Umstände ausfindig macht, unter denen diese Absichten am besten erreicht werden können. Man könnte das Verhältnis des Ichs zum Es mit dem des Reiters zu seinem Pferd vergleichen. Das Pferd gibt die Energie für die Lokomotion her, der Reiter hat das Vorrecht, das Ziel zu bestimmen, die Bewegung des starken Tieres zu leiten. Aber zwischen Ich und Es ereignet sich allzu häufig der nicht ideale Fall, daß der Reiter das Roß dahin führen muß, wohin es selbst gehen will.

Von einem Teil des Es hat sich das Ich durch Verdrängungswiderstände geschieden. Aber die Verdrängung setzt sich nicht in das Es fort. Das Verdrängte fließt mit dem übrigen Es zusammen.

Ein Sprichwort warnt davor, gleichzeitig zwei Herren zu dienen. Das arme Ich hat es noch schwerer, es dient drei gestrengen Herren, ist bemüht, deren Ansprüche und Forderungen in Einklang miteinander zu bringen. Diese Ansprüche gehen immer auseinander, scheinen oft unvereinbar zu sein; kein Wunder, wenn das Ich so oft an seiner Aufgabe scheitert. Die drei Zwingherren sind die Außenwelt, das Über-Ich und das Es. Wenn man die Anstrengungen des Ichs verfolgt, ihnen gleichzeitig gerecht zu werden, besser gesagt: ihnen gleichzeitig zu gehorchen, kann man nicht bereuen, dieses Ich personifiziert, es als ein besonderes Wesen hingestellt zu haben. Es fühlt sich von drei Seiten her eingeengt, von dreierlei Gefahren bedroht, auf die es im Falle der Bedrängnis mit Angstentwicklung reagiert. Durch seine Herkunft aus den Erfahrungen des Wahrnehmungssystems ist es dazu bestimmt, die Anforderungen der Außenwelt zu vertreten, aber es will auch der getreue Diener des Es sein, im Einvernehmen mit ihm bleiben, sich ihm als Objekt empfehlen, seine Libido auf sich ziehen. In seinem Vermittlungsbestreben zwischen Es und Realität ist es oft genötigt, die *ubw* Gebote des Es mit seinen *vbw* Rationalisierungen zu bekleiden, die Konflikte des Es mit der Realität zu vertuschen, mit diplomatischer Unaufrichtigkeit eine Rücksichtnahme auf die Realität vorzuspiegeln, auch wenn das Es starr und unnachgiebig geblieben ist. Anderseits wird es auf Schritt und Tritt von dem gestrengen Über-Ich beobachtet, das ihm bestimmte Normen seines Verhaltens vorhält, ohne Rücksicht auf die Schwierigkeiten von Seiten des Es und der Außenwelt zu nehmen, und es im Falle der Nichteinhaltung mit den Spannungsgefühlen der Minderwertigkeit und des Schuldbewußtseins bestraft. So vom Es getrieben, vom Über-Ich eingeengt, von der Realität zurückgestoßen, ringt das Ich um die Bewältigung seiner ökonomischen Aufgabe, die Harmonie unter den Kräften und Einflüssen herzustellen, die in ihm und auf es wirken, und wir verstehen, warum wir so oft den Ausruf nicht unterdrücken können: Das Leben ist nicht leicht! Wenn das Ich seine Schwäche einbekennen muß, bricht es in Angst aus, Realangst vor der Außenwelt, Gewissensangst vor dem Über-Ich, neurotische Angst vor der Stärke der Leidenschaften im Es.

Die Strukturverhältnisse der seelischen Persönlichkeit, die ich vor Ihnen entwickelt habe, möchte ich in einer anspruchslosen Zeichnung darstellen, die ich Ihnen hier vorlege.

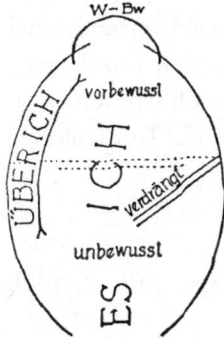

Sie sehen hier, das Über-Ich taucht in das Es ein; als Erbe des Ödipuskomplexes hat es ja intime Zusammenhänge mit ihm; es liegt weiter ab vom Wahrnehmungssystem als das Ich. Das Es verkehrt mit der Außenwelt nur über das Ich, wenigstens in diesem Schema. Es ist gewiß heute schwer zu sagen, inwieweit die Zeichnung richtig ist; in einem Punkt ist sie es gewiß nicht. Der Raum, den das unbewußte Es einnimmt, müßte unvergleichlich größer sein als der des Ichs oder des Vorbewußten. Ich bitte, verbessern Sie das in Ihren Gedanken.

Und nun zum Abschluß dieser gewiß anstrengenden und vielleicht nicht einleuchtenden Ausführungen noch eine Mahnung! Sie denken bei dieser Sonderung der Persönlichkeit in Ich, Über-Ich und Es gewiß nicht an scharfe Grenzen, wie sie künstlich in der politischen Geographie gezogen worden sind. Der Eigenart des Psychischen können wir nicht durch lineare Konturen gerecht werden wie in der Zeichnung oder in der primitiven Malerei, eher durch verschwimmende Farbenfelder wie bei den modernen Malern. Nachdem wir gesondert haben, müssen wir das Gesonderte wieder zusammenfließen lassen. Urteilen Sie nicht zu hart über einen ersten Versuch, das so schwer erfaßbare Psychische anschaulich zu machen. Es ist sehr wahrscheinlich, daß die Ausbildung dieser Sonderungen bei verschiedenen Personen großen Variationen unterliegt, möglich, daß sie bei der Funktion selbst verändert und zeitweilig rückgebildet werden. Besonders für die phylogenetisch letzte und heikelste, die Differenzierung von Ich und Über-Ich, scheint dergleichen zuzutreffen. Es ist unzweifelhaft, daß das gleiche durch psychische Erkrankung hervorgerufen wird. Man kann sich auch gut vorstellen, daß es gewissen mystischen Praktiken gelingen mag, die normalen Beziehungen zwischen den einzelnen seelischen Bezirken umzuwerfen, so daß z. B. die Wahrnehmung Verhältnisse im tiefen Ich und im Es erfassen kann, die ihr sonst unzugänglich waren. Ob man auf diesem Weg der letzten Weisheiten habhaft werden wird, von denen man alles Heil erwartet, darf man getrost bezweifeln. Immerhin wollen wir zugeben, daß die therapeutischen Bemühungen der Psychoanalyse sich einen ähnlichen Angriffspunkt gewählt haben. Ihre Absicht ist ja, das Ich zu stärken, es vom Über-Ich unabhängiger zu machen, sein Wahrnehmungsfeld zu erweitern und seine Organisation auszubauen, so daß es sich neue Stücke des Es aneignen kann. Wo Es war, soll Ich werden.

Es ist Kulturarbeit etwa wie die Trockenlegung der Zuydersee.

XXXII. *Vorlesung*
Angst und Triebleben

Meine Damen und Herren! Sie werden nicht überrascht sein zu hören, daß ich Ihnen manche Neuheiten von unserer Auffassung der Angst und der Grundtriebe des Seelenlebens zu berichten habe, auch nicht, daß keine derselben als endgültige Lösung der schwebenden Probleme gelten will. In bestimmter Absicht spreche ich hier von Auffassungen. Es sind die schwierigsten Aufgaben, die uns gestellt werden, aber die Schwierigkeit liegt nicht etwa an der Unzulänglichkeit der Beobachtungen, es sind gerade die häufigsten und vertrautesten Phänomene, die uns jene Rätsel aufgeben; auch nicht an der Entlegenheit der Spekulationen, zu denen sie anregen; spekulative Verarbeitung kommt auf diesem Gebiet wenig in Betracht. Sondern es handelt sich wirklich um Auffassungen, d. h. darum, die richtigen abstrakten Vorstellungen einzuführen, deren Anwendung auf den Rohstoff der Beobachtung Ordnung und Durchsichtigkeit in ihm entstehen läßt.

Der *Angst* habe ich bereits eine Vorlesung der früheren Reihe, die fünfundzwanzigste, gewidmet. Ich muß deren Inhalt in Verkürzung wiederholen. Wir haben gesagt, Angst sei ein Affektzustand, also eine Vereinigung von bestimmten Empfindungen der Lust-Unlust-Reihe mit den ihnen entsprechenden Abfuhrinnervationen und deren Wahrnehmung, wahrscheinlich aber der Niederschlag eines gewissen bedeutungsvollen Ereignisses, durch Vererbung einverleibt, also vergleichbar dem individuell erworbenen hysterischen Anfall. Als jenes Ereignis, das eine solche Affektspur hinterlassen, haben wir den Vorgang der Geburt in Anspruch genommen, bei dem die der Angst eigenen Beeinflussungen von Herztätigkeit und Atmung zweckmäßig waren. Die allererste Angst wäre also eine toxische gewesen. Wir sind dann von der Unterscheidung zwischen Realangst und neurotischer Angst ausgegangen, die erstere eine uns begreiflich scheinende Reaktion auf die Gefahr, d. h. auf erwartete Schädigung von außen, die andere durchaus rätselhaft, wie zwecklos. In einer Analyse der Realangst haben wir sie auf einen Zustand gesteigerter sensorischer Aufmerksamkeit und motorischer Spannung reduziert, den wir *Angstbereitschaft* heißen. Aus dieser entwickle sich die Angstreaktion. In der seien zwei Ausgänge möglich. Entweder die *Angstentwicklung*, die Wiederholung des alten traumatischen Erlebnisses, beschränkt sich auf ein Signal, dann kann die übrige Reaktion sich der neuen Gefahrlage anpassen, in Flucht oder Verteidigung ausgehen, oder das Alte behält die Oberhand, die gesamte Reaktion erschöpft sich in der Angstentwicklung und dann wird der Affektzustand lähmend und für die Gegenwart unzweckmäßig.

Wir haben uns dann zur neurotischen Angst gewendet und gesagt, daß wir sie unter dreierlei Verhältnissen beobachten. Erstens als frei flottierende, allgemeine Ängstlichkeit, bereit, sich vorübergehend mit jeder neu auftauchenden Möglichkeit zu verknüpfen, als sogenannte Erwartungsangst, wie z. B. bei der typischen Angstneurose. Zweitens fest gebunden an bestimmte Vorstellungsinhalte in den sogenannten Phobien, bei denen wir eine Beziehung zur äußeren Gefahr zwar noch erkennen mögen, aber die Angst vor ihr für maßlos übertrieben halten müssen. Endlich drittens die Angst bei der Hysterie und anderen Formen schwerer Neurosen, die entweder Symptome begleitet oder unabhängig auftritt als Anfall oder länger anhaltender Zustand, immer aber ohne ersichtliche Begründung durch eine äußere Gefahr. Wir haben uns dann die zwei Fragen vorgelegt: Wovor fürchtet man sich bei neurotischer Angst? Und: Wie kann man diese mit der Realangst vor äußeren Gefahren zusammenbringen?

Unsere Untersuchungen sind keineswegs erfolglos geblieben, wir haben einige wichtige Aufschlüsse gewonnen. In Bezug auf die ängstliche Erwartung hat uns die klinische Erfahrung einen regelmäßigen Zusammenhang mit dem Libidohaushalt im Sexualleben kennen gelehrt. Die gewöhnlichste Ursache der Angstneurose ist die frustrane Erregung. Es wird eine libidinöse Erregung hervorgerufen, aber nicht befriedigt, nicht verwendet; an Stelle dieser von ihrer Verwendung abgelenkten Libido tritt dann die Ängstlichkeit auf. Ich glaubte mich sogar berechtigt zu sagen, diese unbefriedigte Libido verwandle sich direkt in Angst. Diese Auffassung fand eine Unterstützung in gewissen ganz regelmäßigen Phobien der kleinen Kinder. Viele dieser Phobien sind uns durchaus rätselhaft, andere aber, wie die Angst im Alleinsein und die vor fremden Personen, lassen eine sichere Erklärung zu. Die Einsamkeit sowie das fremde Gesicht erwecken die Sehnsucht nach der vertrauten Mutter; das Kind kann diese libidinöse Erregung nicht beherrschen, nicht in Schwebe erhalten, sondern verwandelt sie in Angst. Diese Kinderangst ist also nicht der Realangst, sondern der neurotischen zuzurechnen. Die Kinderphobien und die Angsterwartung der Angstneurose geben uns zwei Beispiele für die eine Art, wie neurotische Angst entsteht: Durch direkte Umwandlung der Libido. Einen zweiten Mechanismus werden wir sofort kennenlernen; es wird sich zeigen, daß er vom ersten nicht sehr verschieden ist.

Für die Angst bei der Hysterie und anderen Neurosen machen wir nämlich den Vorgang der Verdrängung verantwortlich. Wir meinen, wir können diesen vollständiger als vorhin beschreiben, wenn wir das Schicksal der zu verdrängenden Vorstellung von dem des ihr anhaftenden Libidobetrags gesondert halten. Es ist die Vorstellung, die die Verdrängung erfährt, eventuell zum Unkenntlichen entstellt wird; ihr Affektbetrag aber wird regelmäßig in Angst verwandelt und zwar gleichgültig, von welcher Art er sein mag, ob Aggression oder Liebe. Nun macht es keinen wesentlichen Unterschied, aus welchem Grund ein Libidobetrag unverwendbar geworden ist, ob aus infantiler Schwäche des Ichs wie bei den Kinderphobien, infolge somatischer Vorgänge im Sexualleben wie bei der Angstneurose, oder durch Verdrängung wie bei der Hysterie. Die beiden Mechanismen der Entstehung neurotischer Angst fallen also eigentlich zusammen.

Während dieser Untersuchungen sind wir auf eine höchst bedeutsame Beziehung zwischen Angstentwicklung und Symptombildung aufmerksam geworden, nämlich, daß die beiden einander vertreten und ablösen. Der Agoraphobe z. B. beginnt seine Leidensgeschichte mit einem Angstanfall auf der Straße. Dieser würde sich jedesmal wiederholen, wenn er wieder auf die Straße ginge. Er schafft nun das Symptom der Straßenangst, das man auch eine Hemmung, Funktionseinschränkung des Ichs heißen kann, und erspart sich dadurch den Angstanfall. Das Umgekehrte sieht man, wenn man sich, wie es z. B. bei Zwangshandlungen möglich ist, in die Symptombildung einmengt. Hindert man den Kranken, sein Waschzeremoniell auszuführen, so gerät er in einen schwer erträglichen Angstzustand, gegen den ihn offenbar sein Symptom geschützt hatte. Und zwar scheint es, daß die Angstentwicklung das Frühere, die Symptombildung das Spätere ist, als ob die Symptome geschaffen würden, um den Ausbruch des Angstzustandes zu vermeiden. Und dazu stimmt es auch, daß die ersten Neurosen des Kindesalters Phobien sind, Zustände, an denen man so deutlich erkennt, wie eine anfängliche Angstentwicklung durch die spätere Symptombildung abgelöst wird: man empfängt den Eindruck, daß man von diesen Beziehungen her den besten Zugang zum Verständnis der neurotischen Angst finden wird. Gleichzeitig ist es uns auch gelungen, die Frage zu beantworten, wovor man sich bei neurotischer Angst fürchtet, und so die Verbindung zwischen neurotischer und Realangst herzustellen. Das, wovor man sich fürchtet, ist offenbar die eigene Libido. Der

Unterschied von der Situation der Realangst liegt in zwei Punkten, daß die Gefahr eine innerliche ist anstatt einer äußeren und daß sie nicht bewußt erkannt wird.

Bei den Phobien kann man sehr deutlich erkennen, wie diese innerliche Gefahr in eine äußerliche umgesetzt, also neurotische Angst in scheinbare Realangst verwandelt wird. Nehmen wir, um einen oft sehr komplizierten Sachverhalt zu vereinfachen, an, daß der Agoraphobe sich regelmäßig vor den Regungen der Versuchung fürchte, die in ihm durch die Begegnungen auf der Straße geweckt werden. In seiner Phobie nimmt er eine Verschiebung vor und ängstigt sich nun vor einer äußeren Situation. Sein Gewinn dabei ist offenbar, daß er meint, sich so besser schützen zu können. Vor einer äußeren Gefahr kann man sich durch die Flucht retten, der Fluchtversuch vor einer inneren Gefahr ist ein schwieriges Unternehmen.

Am Schlusse meiner damaligen Vorlesung über die Angst habe ich selbst dem Urteil Ausdruck gegeben, daß diese verschiedenen Ergebnisse unserer Untersuchung nicht etwa einander widersprechen, aber doch irgendwie nicht zusammenstimmen. Die Angst ist als Affektzustand die Reproduktion eines alten gefahrdrohenden Ereignisses, die Angst steht im Dienst der Selbsterhaltung und ist ein Signal einer neuen Gefahr, sie entsteht aus irgendwie unverwendbar gewordener Libido, auch bei dem Prozeß der Verdrängung, sie wird durch die Symptombildung abgelöst, gleichsam psychisch gebunden – man verspürt, daß hier etwas fehlt, was aus Stücken eine Einheit macht.

Meine Damen und Herren! Jene Zerlegung der seelischen Persönlichkeit in ein Über-Ich, Ich und Es, die ich Ihnen in der letzten Vorlesung vorgetragen, hat uns auch eine neue Orientierung im Angstproblem aufgenötigt. Mit dem Satz, das Ich ist die alleinige Angststätte, nur das Ich kann Angst produzieren und verspüren, haben wir eine neue, feste Position bezogen, von der aus manche Verhältnisse ein anderes Ansehen zeigen. Und wirklich, wir wüßten nicht, was für Sinn es hätte, von einer „Angst des Es" zu sprechen, oder dem Über-Ich die Fähigkeit zur Ängstlichkeit zuzuschreiben. Hingegen haben wir es als eine erwünschte Entsprechung begrüßt, daß die drei Hauptarten der Angst, die Realangst, die neurotische und die Gewissensangst sich so zwanglos auf die drei Abhängigkeiten des Ichs, von der Außenwelt, vom Es und vom Über-Ich, beziehen lassen. Mit dieser neuen Auffassung ist auch die Funktion der Angst als Signal zur Anzeige einer Gefahrsituation, die uns ja vorher nicht fremd war, in den Vordergrund getreten, die Frage, aus welchem Stoff die Angst gemacht wird, hat an Interesse verloren und die Beziehungen zwischen Realangst und neurotischer Angst haben sich in überraschender Weise geklärt und vereinfacht. Es ist übrigens bemerkenswert, daß wir jetzt die anscheinend komplizierten Fälle von Entstehung der Angst besser verstehen als die für einfach gehaltenen.

Wir haben nämlich neuerlich untersucht, wie die Angst bei gewissen Phobien entsteht, die wir der Angsthysterie zurechnen, und Fälle gewählt, bei denen es sich um die typische Verdrängung der Wunschregungen aus dem Ödipuskomplex handelte. Unserer Erwartung nach hätten wir finden sollen, daß es die libidinöse Besetzung des Mutterobjekts ist, die sich infolge der Verdrängung in Angst verwandelt und nun im symptomatischen Ausdruck als an den Vaterersatz geknüpft auftritt. Ich kann Ihnen die einzelnen Schritte einer solchen Untersuchung nicht vorführen, genug, das überraschende Resultat war das Gegenteil unserer Erwartung. Nicht die Verdrängung schafft die Angst, sondern die Angst ist früher da, die Angst macht die Verdrängung! Aber was für Angst kann es sein? Nur die Angst vor einer drohenden äußeren Gefahr, also eine Realangst. Es ist richtig, der Knabe bekommt Angst vor einem Anspruch seiner Libido, in diesem Fall vor der Liebe zu seiner Mutter, es ist also wirklich ein Fall von neurotischer Angst. Aber diese Verliebtheit erscheint ihm nur darum als eine innere Gefahr, der er sich durch den Verzicht auf dieses Objekt entziehen muß, weil sie eine äußere Gefahrsituation heraufbeschwört. Und in allen Fällen, die wir untersuchen, erhalten wir dasselbe Resultat. Bekennen wir es nur, wir waren nicht darauf gefaßt, daß sich die innere Triebgefahr als eine Bedingung und Vorbereitung einer äußeren, realen Gefahrsituation herausstellen würde.

Wir haben aber noch gar nicht gesagt, was die reale Gefahr ist, die das Kind als Folge seiner Mutterverliebtheit fürchtet. Es ist die Strafe der Kastration, der Verlust seines Gliedes. Natürlich werden Sie einwerfen, das sei doch keine reale Gefahr. Unsere Knaben werden doch nicht kastriert, weil sie in der Phase des Ödipuskomplexes in die Mutter verliebt sind. Aber das ist nicht so einfach abzutun. Vor allem kommt es nicht darauf an, ob die Kastration wirklich geübt wird; entscheidend ist, daß die Gefahr eine von außen drohende ist, und daß das Kind an sie glaubt. Dazu hat es einigen Anlaß, denn man droht ihm oft genug mit dem Abschneiden des Gliedes während seiner phallischen Phase, in der Zeit seiner frühen Onanie, und Andeutungen dieser Strafe dürften regelmäßig eine phylogenetische Verstärkung bei ihm finden. Wir vermuten, in den Urzeiten der menschlichen Familie wurde die Kastration vom eifersüchtigen und grausamen Vater wirklich an den heranwachsenden Knaben vollzogen, und die Beschneidung, die bei den Primitiven so häufig ein Bestandteil des Mannbarkeitsrituals ist, sei ein gut kenntlicher Rest von ihr. Wir wissen, wie weit wir uns damit von der allgemeinen Ansicht entfernen, aber wir müssen daran festhalten, daß die Kastrationsangst einer der häufigsten und stärksten Motoren der Verdrängung und damit der Neurosenbildung ist. Analysen von Fällen, in denen zwar nicht die Kastration, aber wohl die Beschneidung bei Knaben als Therapie oder als Strafe für die Onanie vollzogen wurde, was in der anglo-amerikanischen Gesellschaft gar nicht so selten geschah, haben unserer Überzeugung die letzte Sicherheit gegeben. Es ist eine große Verlockung, an dieser Stelle näher auf den Kastrationskomplex einzugehen, aber wir wollen bei unserem Thema bleiben. Die Kastrationsangst ist natürlich nicht das einzige Motiv der Verdrängung, sie hat ja bereits bei den Frauen keine Stätte, die zwar einen Kastrationskomplex haben, aber keine Kastrationsangst haben können. An ihre Stelle tritt beim anderen Geschlecht die Angst vor dem Liebesverlust, ersichtlich eine Fortbildung der Angst des Säuglings, wenn er die Mutter vermißt. Sie verstehen, welche reale Gefahrsituation durch diese Angst angezeigt wird. Wenn die Mutter abwesend ist oder dem Kind ihre Liebe entzogen hat, ist es ja der Befriedigung seiner Bedürfnisse nicht mehr sicher, möglicherweise den peinlichsten Spannungsgefühlen ausgesetzt. Weisen Sie die Idee nicht ab, daß diese Angstbedingungen im Grunde die Situation der ursprünglichen Geburtsangst wiederholen, die ja auch eine Trennung von der Mutter bedeutete. Ja wenn Sie einem Gedankengang von *Ferenczi* folgen, können Sie auch die Kastrationsangst dieser Reihe anschließen, denn der Verlust des männlichen Gliedes hat ja die Unmöglichkeit einer Wiedervereinigung mit der Mutter oder dem Ersatz für sie im Sexualakt zur Folge. Ich erwähne Ihnen nebenbei, die so häufige Phantasie der Rückkehr in den Mutterleib ist der Ersatz dieses Koituswunsches. Es gäbe hier noch soviel interessante Dinge und überraschende Zusammenhänge zu berichten, aber ich kann nicht über den Rahmen einer Einführung in die Psychoanalyse hinausgehen, will Sie nur noch aufmerksam machen, wie hier psychologische Ermittlungen bis zu biologischen Tatsachen vorstoßen.

Otto Rank, dem die Psychoanalyse viele schöne Beiträge verdankt, hat auch das Verdienst, die Bedeutung des Geburtsakts und der Trennung von der Mutter nachdrücklich betont zu haben. Allerdings fanden wir es alle unmöglich, die extremen Folgerungen anzunehmen, die er aus diesem Moment für die Theorie der Neurosen und sogar für die analytische Therapie gezogen hat. Den Kern seiner Lehre, daß das Angsterlebnis der Geburt das Vorbild aller späteren Gefahrsituationen ist, hatte er bereits vorgefunden. Wenn wir bei diesen verweilen, werden wir sagen können, daß eigentlich jedem Entwicklungsalter eine bestimmte Angstbedingung, also Gefahrsituation, als ihm adäquat zugeteilt ist. Die Gefahr der psychischen Hilflosigkeit paßt zum Stadium der frühen Unreife des Ichs, die Gefahr des Objekt- (Liebes-)verlusts zur Unselbständigkeit der ersten Kinderjahre, die Kastrationsgefahr zur phallischen Phase, endlich die Angst vor dem Über-Ich, die eine besondere Stellung einnimmt, zur Latenzzeit. Mit dem Lauf der Entwicklung sollen die alten Angstbedingungen fallengelassen werden, da die ihnen entsprechenden Gefahrsituationen durch die Erstarkung des Ichs entwertet werden. Aber das ist nur in sehr unvollkommener Weise der Fall. Viele

Menschen können die Angst vor dem Liebesverlust nicht überwinden, sie werden nie unabhängig genug von der Liebe anderer und setzen in diesem Punkt ihr infantiles Verhalten fort. Die Angst vor dem Über-Ich soll normalerweise kein Ende finden, da sie als Gewissensangst in den sozialen Beziehungen unentbehrlich ist, und der Einzelne nur in den seltensten Fällen von der menschlichen Gemeinschaft unabhängig werden kann. Einige der alten Gefahrsituationen verstehen es auch, sich in späte Zeiten hinüberzuretten, indem sie ihre Angstbedingungen zeitgemäß modifizieren. So erhält sich z. B. die Kastrationsgefahr unter der Maske der Syphilophobie. Man weiß zwar als Erwachsener, daß die Kastration nicht mehr als Strafe für das Gewährenlassen sexueller Gelüste üblich ist, aber man hat dafür erfahren, daß solche Triebfreiheit mit schweren Erkrankungen bedroht ist. Es ist kein Zweifel, daß die Personen, die wir Neurotiker heißen, in ihrem Verhalten zur Gefahr infantil bleiben und verjährte Angstbedingungen nicht überwunden haben. Nehmen wir dies als tatsächlichen Beitrag zur Charakteristik der Neurotiker an; warum es so ist, kann man nicht so schnell sagen.

Ich hoffe, Sie haben nicht die Übersicht verloren und wissen noch, daß wir dabei sind, die Beziehungen zwischen Angst und Verdrängung zu untersuchen. Wir haben dabei zwei Dinge neu erfahren, erstens, daß die Angst die Verdrängung macht, nicht, wie wir meinten, umgekehrt, und daß eine gefürchtete Triebsituation im Grunde auf eine äußere Gefahrsituation zurückgeht. Die nächste Frage wird lauten: Wie stellen wir uns jetzt den Vorgang einer Verdrängung unter dem Einfluß der Angst vor? Ich denke so: Das Ich merkt, daß die Befriedigung eines auftauchenden Triebanspruchs eine der wohl erinnerten Gefahrsituationen heraufbeschwören würde. Diese Triebbesetzung muß also irgendwie unterdrückt, aufgehoben, ohnmächtig gemacht werden. Wir wissen, diese Aufgabe gelingt dem Ich, wenn es stark ist und die betreffende Triebregung in seine Organisation einbezogen hat. Der Fall der Verdrängung ist aber der, daß die Triebregung noch dem Es angehört und das Ich sich schwach fühlt. Dann hilft sich das Ich durch eine Technik, die im Grunde mit der des normalen Denkens identisch ist. Das Denken ist ein probeweises Handeln mit kleinen Energiemengen, ähnlich wie die Verschiebungen kleiner Figuren auf der Landkarte, ehe der Feldherr seine Truppenmassen in Bewegung setzt. Das Ich antizipiert also die Befriedigung der bedenklichen Triebregung und erlaubt ihr, die Unlustempfindungen zu Beginn der gefürchteten Gefahrsituation zu reproduzieren. Damit ist der Automatismus des Lust-Unlust-Prinzips ins Spiel gebracht, der nun die Verdrängung der gefährlichen Triebregung durchführt.

Halt! werden Sie mir zurufen; da können wir nicht weiter mitgehen! Sie haben Recht, ich muß noch einiges dazu tun, bevor es Ihnen annehmbar erscheinen kann. Zunächst das Zugeständnis, daß ich versucht habe, in die Sprache unseres normalen Denkens zu übersetzen, was in Wirklichkeit ein gewiß nicht bewußter oder vorbewußter Vorgang zwischen Energiebeträgen an einem unvorstellbaren Substrat sein muß. Aber das ist kein starker Einwand; man kann es ja nicht anders machen. Wichtiger ist, daß wir klar unterscheiden, was bei der Verdrängung im Ich und was im Es vorgeht. Was das Ich tut, haben wir eben gesagt. Es wendet eine Probebesetzung an und weckt den Lust-Unlust-Automatismus durch das Angstsignal. Dann sind mehrere Reaktionen möglich oder eine Vermengung von ihnen in wechselnden Beträgen. Entweder der Angstanfall wird voll entwickelt und das Ich zieht sich gänzlich von der anstößigen Erregung zurück; oder es setzt ihr an Stelle der Probebesetzung eine Gegenbesetzung entgegen und diese tritt mit der Energie der verdrängten Regung zur Symptombildung zusammen oder wird als Reaktionsbildung, als Verstärkung bestimmter Dispositionen, als bleibende Veränderung ins Ich aufgenommen. Je mehr die Angstentwicklung auf ein bloßes Signal beschränkt werden kann, desto mehr verwendet das Ich auf die Abwehraktionen, die einer psychischen Bindung des Verdrängten gleichkommen, desto eher nähert sich auch der Vorgang einer normalen Verarbeitung an, gewiß ohne sie zu erreichen. Nebenbei, wir wollen hier einen Augenblick verweilen. Sie haben gewiß schon selbst angenommen, daß jenes schwer Definierbare, das man *Charakter* heißt, durchaus dem Ich zuzuteilen ist. Einiges, was diesen Charakter schafft, haben wir schon erhascht. Vor allem die Einverleibung der früheren Elterninstanz als Über-Ich, wohl das wichtigste, entscheidende Stück, sodann die Identifizierungen mit beiden Eltern der späteren Zeit und anderen einflußreichen Personen und die gleichen Identifizierungen als Niederschläge aufgelassener Objektbeziehungen. Fügen wir jetzt als nie fehlende Beiträge zur Charakterbildung die Reaktionsbildungen hinzu, die das Ich zuerst in seinen Verdrängungen, später, bei den Zurückweisungen unerwünschter Triebregungen, durch normalere Mittel erwirbt.

Nun kehren wir zurück und wenden uns zum Es. Was bei der Verdrängung an der bekämpften Triebregung vorgeht, ist nicht mehr so leicht zu erraten. Unser Interesse fragt ja hauptsächlich, was geschieht mit der Energie, der libidinösen Ladung dieser Erregung, wie wird sie verwendet? Sie erinnern sich, die frühere Annahme war, gerade sie werde durch die Verdrängung in Angst verwandelt. Das getrauen wir uns nicht mehr zu sagen; die bescheidene Antwort wird vielmehr lauten: wahrscheinlich ist ihr Schicksal nicht jedesmal das gleiche.

Wahrscheinlich besteht eine intime Entsprechung zwischen dem jemaligen Vorgang im Ich und dem im Es an der verdrängten Regung, die uns bekannt werden sollte. Seitdem wir nämlich das Lust-Unlust-Prinzip, das durch das Angstsignal geweckt wird, in die Verdrängung haben eingreifen lassen, dürfen wir unsere Erwartungen abändern. Dies Prinzip regiert die Vorgänge im Es ganz unumschränkt. Wir können ihm zutrauen, daß es recht tief greifende Veränderungen an der betreffenden Triebregung zustande bringt. Wir sind darauf gefaßt, daß es sehr verschiedene Erfolge der Verdrängung geben wird, mehr oder weniger weitgehende. In manchen Fällen mag die verdrängte Triebregung ihre Libidobesetzung behalten, im Es unverändert fortbestehen, wenn auch unter dem ständigen Druck des Ichs. Andere Male scheint es vorzukommen, daß sie eine vollständige Zerstörung erfährt, bei der ihre Libido endgültig in andere Bahnen übergeleitet wird. Ich meinte, es geschehe so bei der normalen Erledigung des Ödipuskomplexes, der also im wünschenswerten Falle nicht einfach verdrängt, sondern im Es zerstört wird. Die klinische Erfahrung hat uns ferner gezeigt, daß in vielen Fällen anstatt des gewohnten Verdrängungserfolgs eine Libidoerniedrigung statt hat, eine Regression der Libidoorganisation zu einer früheren Stufe. Das kann natürlich nur im Es vor sich gehen, und wenn es geschieht, dann unter dem Einfluß desselben Konflikts, der durch das Angstsignal eingeleitet wird. Das auffälligste Beispiel dieser Art gibt die Zwangsneurose, bei der Libidoregression und Verdrängung zusammenwirken.

Meine Damen und Herren! Ich besorge, diese Ausführungen werden Ihnen schwer faßbar erscheinen, und Sie werden erraten, daß sie nicht erschöpfend dargestellt sind. Ich bedaure, Ihr Mißvergnügen erregen zu müssen. Ich kann mir aber kein anderes Ziel setzen, als daß Sie einen Eindruck empfangen von der Art unserer Ergebnisse und den Schwierigkeiten ihrer Erarbeitung. Je tiefer wir in das Studium der seelischen Vorgänge eindringen, desto mehr erkennen wir deren Reichhaltigkeit und Verwicklung. Manche einfache Formel, die uns anfangs zu entsprechen schien, hat sich später als unzureichend herausgestellt. Wir werden nicht müde, sie abzuändern und zu verbessern. In der Vorlesung über Traumtheorie habe ich Sie in ein Gebiet geführt, auf dem sich in fünfzehn Jahren kaum ein neuer Fund ergeben hatte; hier, wo wir von der Angst handeln, sehen Sie alles in Fluß und Wandlung begriffen. Diese neuen Dinge sind auch noch nicht gründlich durchgearbeitet worden, vielleicht macht ihre Darstellung auch darum Schwierigkeiten. Halten Sie aus, wir werden das Thema der Angst bald verlassen können; ich behaupte nicht, daß es dann zu unserer Befriedigung erledigt sein wird. Hoffentlich sind wir doch um ein Stückchen weiter gekommen. Und unterwegs haben wir allerlei neue Einsichten erworben. So werden wir auch jetzt durch das Studium der Angst veranlaßt, unserer Schilderung des Ichs einen neuen Zug hinzuzufügen. Wir haben gesagt, das Ich sei schwach gegen das Es, sei sein getreuer Diener, bemüht, dessen Befehle durchzuführen, dessen Forderungen zu erfüllen. Wir denken nicht daran, diesen Satz zurückzunehmen. Aber anderseits ist dies Ich doch der besser organisierte, gegen die Realität orientierte Teil des Es. Wir dürfen die Sonderung beider nicht zu sehr übertreiben, auch nicht überrascht sein, wenn dem Ich seinerseits ein Einfluß auf die Vorgänge im Es zustünde. Ich meine, diesen Einfluß übt das Ich aus, indem es mittels des Angstsignals das fast allmächtige Lust-Unlust-Prinzip in Tätigkeit bringt. Allerdings unmittelbar darauf zeigt es wieder seine Schwäche, denn durch den Akt der Verdrängung verzichtet es auf ein Stück seiner Organisation, muß zulassen, daß die verdrängte Triebregung dauernd seinem Einfluß entzogen bleibt.

Und jetzt nur noch eine Bemerkung zum Angstproblem! Die neurotische Angst hat sich uns unter unseren Händen in Realangst verwandelt, in Angst vor bestimmten äußeren Gefahrsituationen. Aber dabei kann es nicht bleiben, wir müssen einen weiteren Schritt machen, der aber ein Schritt zurück sein wird. Wir fragen uns, was ist denn eigentlich das Gefährliche, das Gefürchtete an einer solchen Gefahrsituation? Offenbar nicht die objektiv zu beurteilende Schädigung der Person, die psychologisch gar nichts zu bedeuten brauchte, sondern was von ihr im Seelenleben angerichtet wird. Die Geburt z. B., unser Vorbild für den Angstzustand, kann doch kaum an sich als eine Schädigung betrachtet werden, wenngleich die Gefahr von Schädigungen dabei sein mag. Das Wesentliche an der Geburt wie an jeder Gefahrsituation ist, daß sie im seelischen Erleben einen Zustand von hochgespannter Erregung hervorruft, der als Unlust verspürt wird und dessen man durch Entladung nicht Herr werden kann. Heißen wir einen solchen Zustand, an dem die Bemühungen des Lustprinzips scheitern, einen *traumatischen* Moment, so sind wir über die Reihe neurotische Angst-Realangst-Gefahrsituation zu dem einfachen Satz gelangt: das Gefürchtete, der Gegenstand der Angst, ist jedesmal das Auftreten eines traumatischen Moments, der nicht nach der Norm des Lustprinzips erledigt werden kann. Wir verstehen sofort, durch die Begabung mit dem Lustprinzip sind wir nicht gegen objektive Schädigungen gesichert worden, sondern nur gegen eine bestimmte Schädigung unserer psychischen Ökonomie. Vom Lustprinzip zum Selbsterhaltungstrieb ist noch ein weiter Weg, es fehlt viel daran, daß beider Absichten sich vom Anfang an decken. Wir sehen aber auch noch etwas anderes; vielleicht ist dies die Lösung, die wir suchen. Nämlich, daß es sich hier überall um die Frage der relativen Quantitäten handelt. Nur die Größe der Erregungssumme macht einen Eindruck zum traumatischen Moment, lähmt die Leistung des Lustprinzips, gibt der Gefahrsituation ihre Bedeutung. Und wenn es sich so verhält, wenn sich diese Rätsel durch eine so nüchterne Auskunft beheben, warum sollte es nicht möglich sein, daß derartige traumatische Momente sich im Seelenleben ohne Beziehung auf die angenommenen Gefahrsituationen ereignen, bei denen also die Angst nicht als Signal geweckt wird, sondern neu mit frischer Begründung entsteht? Die klinische Erfahrung sagt mit Bestimmtheit aus, daß es wirklich so ist.

Nur die späteren Verdrängungen zeigen den Mechanismus, den wir beschrieben haben, bei dem die Angst als Signal einer früheren Gefahrsituation wachgerufen wird; die ersten und ursprünglichen entstehen direkt bei dem Zusammentreffen des Ichs mit einem übergroßen Libidoanspruch aus traumatischen Momenten, sie bilden ihre Angst neu, allerdings nach dem Geburtsvorbild. Dasselbe mag für die Angstentwicklung bei Angstneurose durch somatische Schädigung der Sexualfunktion gelten. Daß es die Libido selbst ist, die dabei in Angst verwandelt wird, werden wir nicht mehr behaupten. Aber gegen eine zweifache Herkunft der Angst, einmal als direkte Folge des traumatischen Moments, das andere Mal als Signal, daß die Wiederholung eines solchen droht, sehe ich keinen Einwand.

Meine Damen und Herren! Nun sind Sie gewiß froh, daß Sie nichts mehr über die Angst anzuhören brauchen. Aber Sie haben nichts davon, es kommt nichts Besseres nach. Ich habe den Vorsatz, Sie noch heute auf das Gebiet der Libidotheorie oder Trieblehre zu führen, wo sich gleichfalls manches neu gestaltet hat. Ich will nicht sagen, daß wir hierin große Fortschritte gemacht haben, so daß es Ihnen jede Mühe lohnen würde, davon Kenntnis zu nehmen. Nein, es ist ein Feld, auf dem wir mühsam nach Orientierung und Einsichten ringen; Sie sollen nur Zeugen unserer Bemühung werden. Auch hier muß ich auf manches zurückgreifen, was ich Ihnen früher vorgetragen habe.

Die Trieblehre ist sozusagen unsere Mythologie. Die Triebe sind mythische Wesen, großartig in ihrer Unbestimmtheit. Wir können in unserer Arbeit keinen Augenblick von ihnen absehen und sind dabei nie sicher, sie scharf zu sehen. Sie wissen, wie sich das populäre Denken mit den Trieben auseinandersetzt. Man nimmt so viele und so verschiedenartige Triebe an, als man eben braucht, einen Geltungs-, Nachahmungs-, Spiel-, Geselligkeitstrieb und viele dergleichen mehr. Man nimmt sie gleichsam auf, läßt jeden seine besondere Arbeit tun und entläßt sie dann wieder. Uns hat immer die Ahnung gerührt, daß hinter diesen vielen kleinen ausgeliehenen Trieben sich etwas Ernsthaftes und Gewaltiges verbirgt, dem wir uns vorsichtig annähern möchten. Unser erster Schritt war bescheiden genug. Wir sagten uns, man gehe wahrscheinlich nicht irre, wenn man zunächst zwei Haupttriebe, Triebarten oder Triebgruppen unterscheide, nach den zwei großen Bedürfnissen: Hunger und Liebe. So eifersüchtig wir sonst die Unabhängigkeit der Psychologie von jeder anderen Wissenschaft verteidigen, hier stehe man doch im Schatten der unerschütterlichen biologischen Tatsache, daß das lebende Einzelwesen zwei Absichten diene, der Selbsterhaltung und der Arterhaltung, die unabhängig voneinander scheinen, unseres Wissens noch keine gemeinsame Ableitung erfahren haben, deren Interessen einander im tierischen Leben oft widerstreiten. Man treibe hier eigentlich biologische Psychologie, studiere die psychischen Begleiterscheinungen biologischer

Vorgänge. Als Vertreter dieser Auffassung sind die „Ichtriebe" und die „Sexual-triebe" in die Psychoanalyse eingezogen. Zu den ersteren rechneten wir alles, was mit der Erhaltung, Behauptung, Vergrößerung der Person zu tun hat. Den letzteren mußten wir die Reichhaltigkeit leihen, die das infantile und das per-verse Sexualleben verlangen. Da wir bei der Untersuchung der Neurosen das Ich als die einschränkende, verdrängende Macht kennenlernten, die Sexualstre-bungen als das Eingeschränkte, Verdrängte, glaubten wir nicht nur die Verschie-denheit, sondern auch den Konflikt zwischen beiden Triebgruppen mit Händen zu greifen. Gegenstand unseres Studiums waren zunächst nur die Sexualtriebe, deren Energie wir „Libido" benannten. An ihnen versuchten wir unsere Vor-stellungen, was ein Trieb sei und was man ihm zuschreiben dürfe, zu klären. Dies ist die Stelle der Libidotheorie.

Ein Trieb unterscheidet sich also von einem Reiz darin, daß er aus Reizquel-len im Körperinnern stammt, wie eine konstante Kraft wirkt und daß die Per-son sich ihm nicht durch die Flucht entziehen kann, wie es beim äußeren Reiz möglich ist. Man kann am Trieb Quelle, Objekt und Ziel unterscheiden. Die Quelle ist ein Erregungszustand im Körperlichen, das Ziel die Aufhebung dieser Erregung, auf dem Wege von der Quelle zum Ziel wird der Trieb psychisch wirksam. Wir stellen ihn vor als einen gewissen Energiebetrag, der nach einer bestimmten Richtung drängt. Von diesem Drängen hat er den Namen: Trieb. Man spricht von aktiven und passiven Trieben, sollte richtiger sagen: aktiven und passiven Triebzielen; auch zur Erreichung eines passiven Zieles bedarf es eines Aufwands von Aktivität. Das Ziel kann am eigenen Körper erreicht werden, in der Regel ist ein äußeres Objekt eingeschoben, an dem der Trieb sein äußeres Ziel erreicht; sein inneres bleibt jedesmal die als Befriedigung empfundene Kör-perveränderung. Ob die Beziehung zur somatischen Quelle dem Trieb eine Spe-zifität verleiht und welche, ist uns nicht klargeworden. Daß Triebregungen aus einer Quelle sich solchen aus anderen Quellen anschließen und deren weiteres Schicksal teilen, daß überhaupt eine Triebbefriedigung durch eine andere ersetzt werden kann, sind nach dem Zeugnis der analytischen Erfahrung unzweifelhafte Tatsachen. Gestehen wir nur, daß wir sie nicht besonders gut verstehen. Auch die Beziehung des Triebs zu Ziel und Objekt läßt Abänderungen zu, beide kön-nen gegen andere vertauscht werden, die Beziehung zum Objekt ist immerhin leichter zu lockern. Eine gewisse Art von Modifikation des Ziels und Wechsel des Objekts, bei der unsere soziale Wertung in Betracht kommt, zeichnen wir als *Sublimierung* aus. Wir haben außerdem noch Grund, *zielgehemmte* Triebe zu unterscheiden, Triebregungen aus gut bekannten Quellen mit unzweideutigem Ziel, die aber auf dem Weg zur Befriedigung haltmachen, so daß eine dauernde Objektbesetzung und eine anhaltende Strebung zustande kommt. Solcher Art

ist z. B. die Zärtlichkeitsbeziehung, die unzweifelhaft aus den Quellen sexueller Bedürftigkeit herrührt und regelmäßig auf deren Befriedigung verzichtet.
Sie sehen, wieviel von den Eigenschaften und Schicksalen der Triebe sich noch
unserem Verständnis entzieht; wir sollten hier auch eines Unterschieds gedenken, der sich zwischen Sexualtrieben und Selbsterhaltungstrieben zeigt und der
theoretisch höchst bedeutsam wäre, wenn er die ganze Gruppe beträfe. Die
Sexualtriebe fallen uns auf durch ihre Plastizität, die Fähigkeit, ihre Ziele zu
wechseln, durch ihre Vertretbarkeit, indem sich eine Triebbefriedigung durch
eine andere ersetzen läßt, und durch ihre Aufschiebbarkeit, von der uns eben die
zielgehemmten Triebe ein gutes Beispiel gegeben haben. Diese Eigenschaften
möchten wir den Selbsterhaltungstrieben absprechen und von ihnen aussagen,
daß sie unbeugsam, unaufschiebbar, in ganz anderer Weise imperativ sind und
zur Verdrängung wie zur Angst ein ganz anderes Verhältnis haben. Allein die
nächste Überlegung sagt uns, daß diese Ausnahmsstellung nicht allen Ichtrieben,
nur dem Hunger und dem Durst zukommt und offenbar durch eine Besonderheit der Triebquellen begründet ist. Ein gutes Stück des verwirrenden Eindrucks
kommt noch daher, daß wir nicht gesondert betrachtet haben, welche Veränderungen die ursprünglich dem Es angehörigen Triebregungen unter dem Einfluß
des organisierten Ichs erfahren.

Auf festerem Boden bewegen wir uns, wenn wir untersuchen, auf welche
Weise das Triebleben der Sexualfunktion dient. Hier haben wir ganz entscheidende Einsichten erworben, die Ihnen auch nicht mehr neu sind. Es ist also
nicht so, daß man einen Sexualtrieb erkennt, der von Anfang an die Strebung
nach dem Ziel der Sexualfunktion, der Vereinigung der beiden Geschlechtszel-
len, trägt. Sondern wir sehen eine große Anzahl von Partialtrieben, von verschiedenen Körperstellen und Regionen her, die ziemlich unabhängig voneinander nach Befriedigung streben und diese Befriedigung in etwas finden, was wir
Organlust heißen können. Die Genitalien sind die spätesten unter diesen *erogenen
Zonen,* ihrer Organlust wird man den Namen: *sexuelle* Lust nicht mehr verweigern. Nicht alle dieser nach Lust strebenden Regungen werden in die schließli-
che Organisation der Sexualfunktion aufgenommen. Manche von ihnen werden
als unbrauchbar beseitigt, durch Verdrängung oder anderswie, einige werden in
der vorhin erwähnten merkwürdigen Weise von ihrem Ziel abgelenkt und zur
Verstärkung anderer Regungen verwendet, noch andere bleiben in Nebenrol-
len erhalten, dienen zur Durchführung einleitender Akte, zur Erzeugung von
Vorlust. Sie haben gehört, daß sich in dieser lang hingezogenen Entwicklung
mehrere Phasen einer vorläufigen Organisation erkennen lassen, auch wie sich
aus dieser Geschichte der Sexualfunktion ihre Abirrungen und Verkümmerun-
gen erklären. Die erste dieser *prägenitalen* Phasen heißen wir die *orale,* weil ent-

sprechend der Art, wie der Säugling ernährt wird, die erogene Mundzone auch beherrscht, was man die sexuelle Tätigkeit dieser Lebensperiode heißen darf. Auf einer zweiten Stufe drängen sich die *sadistischen* und die *analen* Impulse vor, gewiß im Zusammenhang mit dem Auftreten der Zähne, der Erstarkung der Muskulatur und der Beherrschung der Sphinkterfunktionen. Wir haben gerade über diese auffällige Entwicklungsstufe viel interessante Einzelheiten erfahren. Als dritte erscheint die *phallische* Phase, in der bei beiden Geschlechtern das männliche Glied und, was ihm beim Mädchen entspricht, eine nicht mehr zu übersehende Bedeutung gewinnt. Den Namen der *genitalen* Phase haben wir der endgültigen Sexualorganisation vorbehalten, die sich nach der Pubertät herstellt, in der erst das weibliche Genitale die Anerkennung findet, die das männliche längst erworben hatte.

Soweit ist das alles abgeblaßte Wiederholung. Und glauben Sie nicht, daß all das, was ich diesmal nicht erwähnt habe, auch nicht mehr gilt. Es bedurfte dieser Wiederholung, um den Bericht über Fortschritte in unseren Einsichten daran anzuknüpfen. Wir können uns rühmen, daß wir gerade über die frühen Organisationen der Libido viel Neues erfahren und die Bedeutung des Alten klarer erfaßt haben, was ich Ihnen wenigstens an einzelnen Proben zeigen will. *Abraham* hat 1924 dargetan, daß man an der sadistisch-analen Phase zwei Stufen unterscheiden kann. Auf der früheren dieser beiden walten die destruktiven Tendenzen des Vernichtens und Verlierens vor, auf der späteren die objekt freundlichen des Festhaltens und Besitzens. In der Mitte dieser Phase tritt also zuerst die Rücksicht auf das Objekt auf als Vorläufer einer späteren Liebesbesetzung. Ebenso berechtigt ist es, eine solche Unterteilung auch für die erste orale Phase anzunehmen. Auf der ersten Unterstufe handelt es sich nur um die orale Einverleibung, es fehlt auch jede Ambivalenz in der Beziehung zum Objekt der Mutterbrust. Die zweite Stufe, durch das Auftreten der Beißtätigkeit ausgezeichnet, kann als die *oralsadistische* bezeichnet werden; sie zeigt zum erstenmal die Erscheinungen der Ambivalenz, die dann in der nächsten, der sadistisch-analen Phase so viel deutlicher werden. Der Wert dieser neuen Unterscheidungen zeigt sich besonders, wenn man bei bestimmten Neurosen – Zwangsneurose, Melancholie – nach den Dispositionsstellen in der Libidoentwicklung sucht. Rufen Sie sich hier ins Gedächtnis zurück, was wir über den Zusammenhang von Libidofixierung, Disposition und Regression erfahren haben.

Unsere Einstellung zu den Phasen der Libidoorganisation hat sich überhaupt ein wenig verschoben. Wenn wir früher vor allem betonten, wie die eine derselben vor der nächsten vergeht, so gehört unsere Aufmerksamkeit jetzt den Tatsachen, die uns zeigen, wieviel von jeder früheren Phase neben und hinter den späteren Gestaltungen erhalten bleibt und sich eine dauernde Vertretung im

Libidohaushalt und im Charakter der Person erwirbt. Noch bedeutsamer sind Studien geworden, die uns gelehrt haben, wie häufig sich unter pathologischen Bedingungen Regressionen zu früheren Phasen ereignen, und daß bestimmte Regressionen für bestimmte Krankheitsformen charakteristisch sind. Aber das kann ich hier nicht behandeln; es gehört in eine spezielle Neurosenpsychologie.

Triebumsetzungen und ähnliche Vorgänge haben wir besonders an der Analerotik, den Erregungen aus den Quellen der erogenen Analzone, studieren können und waren überrascht, wie vielfältigen Verwendungen diese Triebregungen zugeführt werden. Es ist vielleicht nicht leicht, sich von der Geringschätzung frei zu machen, die im Laufe der Entwicklung gerade diese Zone betroffen hat. Lassen wir uns darum von *Abraham* daran mahnen, daß der Anus embryologisch dem Urmund entspricht, welcher bis zum Darmende herabgewandert ist. Wir erfahren dann, daß mit der Entwertung des eigenen Kots, der Exkremente, dieses Triebinteresse aus analer Quelle auf Objekte übergeht, die als *Geschenk* gegeben werden können. Und dies mit Recht, denn der Kot war das erste Geschenk, das der Säugling machen konnte, dessen er sich aus Liebe zu seiner Pflegerin entäußerte. Im weiteren, durchaus analog dem Bedeutungswandel in der Sprachentwicklung, setzt sich dies alte Kotinteresse in die Wertschätzung von *Gold* und *Geld* um, gibt aber auch seinen Beitrag zur affektiven Besetzung von *Kind* und von *Penis*. Nach der Überzeugung aller Kinder, die ja lange Zeit an der Kloakentheorie festhalten, wird das Kind wie ein Stück Kot aus dem Darm geboren; die Defäkation ist das Vorbild des Geburtsaktes. Aber auch der Penis hat seinen Vorläufer in der Kotsäule, die das Schleimhautrohr des Darmes ausfüllt und reizt. Wenn das Kind, widerwillig genug, zur Kenntnis genommen hat, daß es menschliche Wesen gibt, die dieses Glied nicht besitzen, erscheint ihm der Penis als etwas vom Körper Ablösbares und rückt in unverkennbare Analogie zum Exkrement, das ja das erste Stück Leiblichkeit war, auf das man verzichten mußte. Ein großes Stück Analerotik wird so in Penisbesetzung überführt, aber das Interesse an diesem Körperteil hat außer der analerotischen eine vielleicht noch mächtigere orale Wurzel, denn nach der Einstellung des Säugens erbt der Penis auch von der Brustwarze des mütterlichen Organs.

Es ist unmöglich, sich in den Phantasien, den vom Unbewußten beeinflußten Einfällen und in der Symptomsprache des Menschen zurechtzufinden, wenn man diese tiefliegenden Beziehungen nicht kennt. Kot-Geld-Geschenk-Kind-Penis werden hier wie gleichbedeutend behandelt, auch durch gemeinsame Symbole vertreten.

Vergessen Sie auch nicht, daß ich Ihnen nur sehr unvollständige Mitteilungen machen konnte. Ich kann etwa eilig hinzufügen, daß auch das später erwachende Interesse an der Vagina hauptsächlich analerotischer Herkunft ist. Es ist nicht verwunderlich, denn die Vagina selbst ist nach einem guten Wort von *Lou Andreas-Salomé* dem Enddarm „abgemietet"; im Leben der Homosexuellen, die ein gewisses Stück der Sexualentwicklung nicht mitgemacht haben, wird sie auch wieder durch diesen vertreten. In Träumen kommt häufig eine Lokalität vor, die früher ein einziger Raum war und jetzt durch eine Wand in zwei geteilt ist oder auch umgekehrt. Damit ist immer das Verhältnis der Vagina zum Darm gemeint. Wir können auch schön verfolgen, wie beim Mädchen normalerweise der ganz und gar unweibliche Wunsch nach dem Besitz eines Penis sich in den Wunsch nach einem Kind und dann nach einem Mann als Träger des Penis und Spender des Kindes umwandelt, so daß auch hier sichtbar wird, wie ein Stück ursprünglich anal-erotischen Interesses die Aufnahme in die spätere Genitalorganisation erwirbt.

Während solcher Studien an den prägenitalen Phasen der Libido haben sich uns auch einige neue Einblicke in die Charakterbildung ergeben. Wir sind auf eine Trias von Eigenschaften aufmerksam geworden, die ziemlich regelmäßig beisammen sind: Ordentlichkeit, Sparsamkeit und Eigensinn, und haben aus der Analyse solcher Personen erschlossen, daß diese Eigenschaften aus der Aufzehrung und andersartigen Verwendung ihrer Analerotik hervorgegangen sind. Wir sprechen also von einem *Analcharakter*, wo wir diese auffällige Vereinigung finden, und bringen den Analcharakter in einen gewissen Gegensatz zur unaufgearbeiteten Analerotik. Eine ähnliche, vielleicht noch festere Beziehung fanden wir zwischen dem Ehrgeiz und der Urethralerotik. Eine merkwürdige Anspielung auf diesen Zusammenhang entnahmen wir der Sage, daß Alexander der Große in derselben Nacht geboren wurde, in der ein gewisser *Herostrat* aus eitler Ruhmsucht den viel bewunderten Tempel der Artemis zu Ephesos in Brand steckte. Als ob den Alten ein solcher Zusammenhang nicht unbekannt gewesen wäre! Wie viel das Urinieren mit Feuer und Feuerlöschen zu tun hat, wissen Sie ja. Natürlich erwarten wir, daß auch andere Charaktereigenschaften sich in ähnlicher Weise als Niederschläge oder Reaktionsbildungen bestimmter prägenitaler Libidoformationen ergeben werden, können es aber noch nicht aufzeigen.

Nun ist es aber an der Zeit, daß ich in der Geschichte wie im Thema zurückgreife und die allgemeinsten Probleme des Trieblebens wieder aufnehme. Unserer Libidotheorie lag zunächst der Gegensatz von Ichtrieben und Sexualtrieben zugrunde. Als wir dann später begannen, das Ich selbst näher zu studieren und den Gesichtspunkt des Narzißmus erfaßten, verlor diese Unterscheidung selbst ihren Boden. In seltenen Fällen kann man erkennen, daß das Ich sich selbst zum Objekt nimmt, sich benimmt, als ob es in sich selbst verliebt wäre. Daher der der griechischen Sage entlehnte *Narzißmus*. Aber das ist nur eine extreme Übersteigerung eines normalen Sachverhalts. Man lernt verstehen, daß das Ich immer das Hauptreservoir der Libido ist, von dem libidinöse Besetzungen der Objekte ausgehen, und in das dieselben wieder zurückkehren, während der Großteil dieser Libido stetig im Ich verbleibt. Es wird also unausgesetzt Ichlibido in Objektlibido umgewandelt und Objektlibido in Ichlibido. Dann können die beiden aber ihrer Natur nach nicht verschieden sein, dann hat es keinen Sinn, die Energie der einen von der der anderen zu sondern, man kann die Bezeichnung Libido fallen lassen oder sie als gleichbedeutend mit psychischer Energie überhaupt gebrauchen.

Wir sind nicht lange auf diesem Standpunkt verblieben. Die Ahnung von einer Gegensätzlichkeit innerhalb des Trieblebens hat sich bald einen anderen, noch schärferen Ausdruck verschafft. Diese Neuheit in der Trieblehre möchte ich aber nicht vor Ihnen ableiten; auch sie ruht im wesentlichen auf biologischen Erwägungen; ich werde sie Ihnen als fertiges Produkt vorführen. Wir nehmen an, daß es zwei wesensverschiedene Arten von Trieben gibt, die Sexualtriebe, im weitesten Sinne verstanden, den Eros, wenn Sie diese Benennung vorziehen, und die *Aggressionstriebe*, deren Ziel die Destruktion ist. Wenn Sie es so hören, werden Sie es kaum als Neuheit gelten lassen; es scheint ein Versuch zur theoretischen Verklärung des banalen Gegensatzes zwischen Lieben und Hassen, der vielleicht mit jener anderen Polarität von Anziehung und Abstoßung zusammenfällt, welche die Physik für die anorganische Welt annimmt. Aber es ist merkwürdig, daß diese Aufstellung doch von vielen als Neuerung empfunden wird, und zwar als eine sehr unerwünschte, die möglichst bald wieder beseitigt werden sollte. Ich nehme an, daß ein starkes affektives Moment sich in dieser Ablehnung durchsetzt. Warum haben wir selbst so lange Zeit gebraucht, ehe wir uns zur Anerkennung eines Aggressionstriebs entschlossen, warum nicht Tatsachen, die offen zutage liegen und jedermann bekannt sind, ohne Zögern für die Theorie verwertet? Wahrscheinlich würde es auf geringen Widerstand stoßen, wenn man den Tieren einen Trieb mit solchem Ziel zuschreiben wollte. Aber ihn in die menschliche Konstitution aufzunehmen, erscheint frevelhaft; es widerspricht zu vielen religiösen Voraussetzungen und sozialen Konventionen. Nein, der Mensch muß von Natur aus gut oder wenigstens gutmütig sein. Wenn er sich gelegentlich brutal, gewalttätig, grausam zeigt, so sind das vorübergehende Trübungen seines Gefühlslebens, meist provoziert, vielleicht nur Folge der unzweckmäßigen Gesellschaftsordnungen, die er sich bisher gegeben hat.

Leider spricht, was uns die Geschichte berichtet und was wir selbst erlebt haben, nicht in diesem Sinne, sondern rechtfertigt eher das Urteil, daß der Glaube an die „Güte" der menschlichen Natur eine jener schlimmen Illusionen ist, von denen die Menschen eine Verschönerung und Erleichterung ihres Lebens erwarten, während sie in Wirklichkeit nur Schaden bringen. Wir brauchen diese Polemik nicht fortzusetzen, denn nicht wegen der Lehren von Geschichte und Lebenserfahrung haben wir die Annahme eines besonderen Aggressions- und Destruktionstriebs beim Menschen befürwortet, sondern es geschah auf Grund allgemeiner Erwägungen, zu denen uns die Würdigung der Phänomene des *Sadismus* und des *Masochismus* führte. Sie wissen, wir heißen es Sadismus, wenn die sexuelle Befriedigung an die Bedingung geknüpft ist, daß das Sexualobjekt Schmerzen, Mißhandlungen und Demütigungen erleide, Masochismus, wenn das Bedürfnis besteht, selbst dieses mißhandelte Objekt zu sein. Sie wissen auch, daß ein gewisser Zusatz dieser beiden Strebungen in die normale Sexualbeziehung aufgenommen ist, und daß wir sie als Perversionen bezeichnen, wenn sie die anderen Sexualziele zurückdrängen und ihre eigenen Ziele an deren Stelle setzen. Es wird Ihnen auch kaum entgangen sein, daß der Sadismus zur Männlichkeit, der Masochismus zur Weiblichkeit eine intimere Beziehung unterhält, als ob hier eine geheime Verwandtschaft bestünde, obwohl ich Ihnen sogleich sagen muß, daß wir nicht auf diesem Weg weiter gekommen sind. Beide, Sadismus wie Masochismus, sind für die Libidotheorie recht rätselhafte Phänomene, der Masochismus ganz besonders, und es ist nur in der Ordnung, wenn das, was für die eine Theorie den Stein des Anstoßes gebildet hat, für die sie ersetzende den Eckstein abgeben sollte.

Wir meinen also, daß wir im Sadismus und im Masochismus zwei ausgezeichnete Beispiele von der Vermischung beider Triebarten, des Eros mit der Aggression, vor uns haben, und machen nun die Annahme, daß dies Verhältnis vorbildlich ist, daß alle Triebregungen, die wir studieren können, aus solchen Mischungen oder Legierungen der beiden Triebarten bestehen. Natürlich in den verschiedenartigsten Mischungsverhältnissen. Dabei würden die erotischen Triebe die Mannigfaltigkeit ihrer Sexualziele in die Mischung einführen, während die anderen nur Milderungen und Abstufungen ihrer eintönigen Tendenz zuließen. Durch diese Annahme haben wir uns die Aussicht auf Untersuchungen eröffnet, die einmal eine große Bedeutung für das Verständnis pathologischer Vorgänge bekommen können. Denn Mischungen mögen auch zerfallen und solchen Triebentmischungen darf man die schwersten Folgen für die Funktion zutrauen. Aber diese Gesichtspunkte sind noch zu neu; niemand hat bisher versucht, sie in der Arbeit zu verwerten.

Wir kehren zu dem besonderen Problem zurück, das uns der Masochismus aufgibt. Sehen wir für den Augenblick von seiner erotischen Komponente ab, so bürgt er uns für die Existenz einer Strebung, welche die Selbstzerstörung zum Ziel hat. Wenn es auch für den Destruktionstrieb zutrifft, daß das Ich – aber wir meinen hier vielmehr das Es, die ganze Person – ursprünglich alle Triebregungen in sich schließt, so ergibt sich die Auffassung, daß der Masochismus älter ist als der Sadismus, der Sadismus aber ist nach außen gewendeter Destruktionstrieb, der damit den Charakter der Aggression erwirbt. Soundsoviel vom ursprünglichen Destruktionstrieb mag noch im Inneren verbleiben; es scheint, daß unsere Wahrnehmung seiner nur unter diesen zwei Bedingungen habhaft wird, wenn er sich mit erotischen Trieben zum Masochismus verbindet, oder wenn er sich als Aggression – mit größerem oder geringerem erotischen Zusatz – gegen die Außenwelt wendet. Nun drängt sich uns die Bedeutung der Möglichkeit auf, daß die Aggression in der Außenwelt Befriedigung nicht finden kann, weil sie auf reale Hindernisse stößt. Sie wird dann vielleicht zurücktreten, das Ausmaß der im Inneren waltenden Selbstdestruktion vermehren. Wir werden hören, daß dies wirklich so geschieht und wie wichtig dieser Vorgang ist. Verhinderte Aggression scheint eine schwere Schädigung zu bedeuten; es sieht wirklich so aus, als müßten wir anderes und andere zerstören, um uns nicht selbst zu zerstören, um uns vor der Tendenz zur Selbstdestruktion zu bewahren. Gewiß eine traurige Eröffnung für den Ethiker!

Aber der Ethiker wird sich noch auf lange hinaus mit der Unwahrscheinlichkeit unserer Spekulationen trösten. Ein sonderbarer Trieb, der sich mit der Zerstörung seines eigenen organischen Heims befaßt! Die Dichter sprechen zwar von solchen Dingen, aber Dichter sind unverantwortlich, sie genießen das Vorrecht der poetischen Lizenz. Allerdings sind ähnliche Vorstellungen auch der Physiologie nicht fremd, z. B. die der Magenschleimhaut, die sich selbst verdaut. Aber es ist zuzugeben, daß unser Selbstzerstörungstrieb einer breiteren Unterstützung bedarf. Eine Annahme von solcher Tragweite kann man doch nicht bloß darum wagen, weil einige arme Narren ihre Sexualbefriedigung an eine sonderbare Bedingung geknüpft haben. Ich meine, ein vertieftes Studium der Triebe wird uns geben, was wir brauchen. Die Triebe regieren nicht allein das seelische, sondern auch das vegetative Leben, und diese organischen Triebe zeigen einen Charakterzug, der unser stärkstes Interesse verdient. Ob es ein allgemeiner Charakter der Triebe ist, werden wir erst später beurteilen können. Sie enthüllen sich nämlich als Bestreben, einen früheren Zustand wiederherzustellen. Wir können annehmen, vom Moment an, da ein solcher einmal erreichter Zustand gestört worden, entsteht ein Trieb, ihn neu zu schaffen, und bringt Phänomene hervor, die wir als *Wiederholungszwang* bezeichnen können. So ist die Embryologie ein einziges Stück Wiederholungszwang, weit hinauf in die Tierreihe erstreckt sich ein Vermögen, verlorene Organe neu zu bilden, und der Heiltrieb, dem wir, neben den therapeutischen Hilfeleistungen, unsere Genesungen verdanken, dürfte der Rest dieser bei niederen Tieren so großartig entwickelten Fähigkeit sein. Die Laichwanderungen der Fische, vielleicht die Vögelflüge, möglicherweise alles, was wir bei den Tieren als Instinktäußerung bezeichnen, erfolgt unter dem Gebot des Wiederholungszwangs, der die *konservative Natur* der Triebe zum Ausdruck bringt. Auch auf seelischem Gebiet brauchen wir nicht lange nach Äußerungen desselben zu suchen. Es ist uns aufgefallen, daß die vergessenen und verdrängten Erlebnisse der früheren Kindheit sich während der analytischen Arbeit in Träumen und Reaktionen, besonders in denen der Übertragung reproduzieren, obwohl ihre Wiedererweckung dem Interesse des Lustprinzips zuwiderläuft, und wir haben uns die Erklärung gegeben, daß in diesen Fällen ein Wiederholungszwang sich selbst über das Lustprinzip hinaussetzt. Auch außerhalb der Analyse kann man Ähnliches beobachten. Es gibt Menschen, die in ihrem Leben ohne Korrektur immer die nämlichen Reaktionen zu ihrem Schaden wiederholen, oder die selbst von einem unerbittlichen Schicksal verfolgt scheinen, während doch eine genauere Untersuchung lehrt, daß sie sich dieses Schicksal unwissentlich selbst bereiten. Wir schreiben dann dem Wiederholungszwang den *dämonischen* Charakter zu.

Was kann aber dieser konservative Zug der Triebe für das Verständnis unserer Selbstzerstörung leisten? Welchen früheren Zustand wollte ein solcher Trieb wiederherstellen? Nun, die Antwort liegt nicht ferne und eröffnet weite Perspektiven. Wenn es wahr ist, daß – in unvordenklicher Zeit und auf unvorstellbare Weise – einmal aus unbelebter Materie das Leben hervorgegangen ist, so muß nach unserer Voraussetzung damals ein Trieb entstanden sein, der das Leben wieder aufheben, den anorganischen Zustand wieder herstellen will. Erkennen wir in diesem Trieb die Selbstdestruktion unserer Annahme wieder, so dürfen wir diese als Ausdruck eines *Todestriebes* erfassen, der in keinem Lebensprozeß vermißt werden kann. Und nun scheiden sich uns die Triebe, an die wir glauben, in die zwei Gruppen der erotischen, die immer mehr lebende Substanz zu größeren Einheiten zusammenballen wollen, und der Todestriebe, die sich diesem Streben widersetzen und das Lebende in den anorganischen Zustand zurückführen. Aus dem Miteinander- und Gegeneinanderwirken der beiden gehen die Lebenserscheinungen hervor, denen der Tod ein Ende setzt.

Sie werden vielleicht achselzuckend sagen: Das ist nicht Naturwissenschaft, das ist *Schopenhauersche* Philosophie. Aber warum, meine Damen und Herren, sollte nicht ein kühner Denker erraten haben, was dann nüchterne und mühselige Detailforschung bestätigt? Und dann, alles ist schon einmal gesagt worden und vor *Schopenhauer* haben viele Ähnliches gesagt. Und weiter, was wir sagen, ist nicht einmal richtiger Schopenhauer. Wir behaupten nicht, der Tod sei das einzige Ziel des Lebens; wir übersehen nicht neben dem Tod das Leben. Wir anerkennen zwei Grundtriebe und lassen jedem sein eigenes Ziel. Wie sich die beiden im Lebensprozeß vermengen, wie der Todestrieb den Absichten des Eros dienstbar gemacht wird, zumal in seiner Wendung nach außen als Aggression, das sind Aufgaben, die der Forschung der Zukunft überlassen bleiben. Wir kommen nicht weiter als bis zur Stelle, wo sich eine solche Aussicht vor uns auftut. Auch die Frage, ob der konservative Charakter nicht allen Trieben ausnahmslos eignet, ob nicht auch die erotischen Triebe einen früheren Zustand wiederbringen wollen, wenn sie die Synthese des Lebenden zu größeren Einheiten anstreben, auch diese Frage werden wir unbeantwortet lassen müssen.

Wir haben uns ein wenig weit von unserer Basis entfernt. Ich will Ihnen nachträglich mitteilen, welches der Ausgangspunkt dieser Überlegungen zur Trieblehre war. Derselbe, der uns zur Revision der Beziehung zwischen dem Ich und dem Unbewußten geführt hat, der Eindruck aus der analytischen Arbeit, daß der Patient, der Widerstand leistet, so oft von diesem Widerstand nichts weiß. Aber nicht nur die Tatsache des Widerstands ist ihm unbewußt, auch die Motive desselben sind es. Wir mußten nach diesen Motiven oder diesem Motiv forschen und fanden es zu unserer Überraschung in einem starken Strafbedürfnis, das wir nur den masochistischen Wünschen anreihen konnten. Die praktische Bedeutung dieses Fundes steht hinter seiner theoretischen nicht zurück, denn dies Strafbedürfnis ist der schlimmste Feind unserer therapeutischen Bemühung. Es wird durch das Leiden befriedigt, das mit der Neurose verbunden ist, und hält darum am Kranksein fest. Es scheint, daß dieses Moment, das unbewußte Strafbedürfnis, an jeder neurotischen Erkrankung beteiligt ist. Geradezu überzeugend wirken hier Fälle, in denen sich das neurotische Leiden durch ein andersartiges ablösen läßt. Ich will Ihnen von einer solchen Erfahrung berichten. Es war mir einmal gelungen, ein älteres Mädchen von dem Symptomkomplex zu befreien, der sie durch etwa 15 Jahre zu einer qualvollen Existenz verurteilt und von der Teilnahme am Leben ausgeschlossen hatte. Sie empfand sich nun als gesund und stürzte sich in eine eifrige Tätigkeit, um ihre nicht geringfügigen Talente zu entwickeln und sich noch ein Stück Geltung, Genuß und Erfolg zu erhaschen. Aber jeder ihrer Versuche endete damit, daß man sie wissen ließ oder daß sie selbst einsah, sie sei zu alt geworden, um auf diesem Gebiet etwas zu erreichen. Nach jedem solchen Ausgang wäre der Rückfall in die Krankheit das nächste gewesen, aber das konnte sie nicht mehr zustande bringen; anstatt dessen ereigneten sich ihr jedesmal Unfälle, die sie für eine Zeit lang außer Tätigkeit setzten und leiden ließen. Sie war gefallen und hatte sich einen Fuß verstaucht oder ein Knie verletzt, bei irgendeiner Hantierung eine Hand beschädigt. Aufmerksam gemacht, wie groß ihr eigener Anteil an diesen anscheinenden Zufällen sein könnte, änderte sie sozusagen ihre Technik. Anstatt der Unfälle traten bei den gleichen Veranlassungen leichte Erkrankungen auf, Katarrhe, Anginen, grippeartige Zustände, rheumatische Schwellungen, bis endlich mit der Resignation, zu der sie sich entschloß, der ganze Spuk vorüber war.

Über die Herkunft dieses unbewußten Strafbedürfnisses, meinen wir, ist kein Zweifel. Es benimmt sich wie ein Stück des Gewissens, wie die Fortsetzung unseres Gewissens ins Unbewußte, es wird auch dieselbe Herkunft haben wie das Gewissen, also einem Stück Aggression entsprechen, das verinnerlicht und vom Über-Ich übernommen wurde. Würden die Worte nur besser zusammenpassen, so wäre es für alle praktischen Belange nur gerechtfertigt, es „unbewußtes Schuldgefühl" zu heißen. Theoretisch sind wir eigentlich im Zweifel, ob wir annehmen sollen, daß alle aus der Außenwelt zurückgekehrte Aggression vom Über-Ich gebunden und somit gegen das Ich gewendet werde, oder daß ein Teil von ihr seine stumme und unheimliche Tätigkeit als freier Destruktionstrieb im Ich und Es ausübe. Wahrscheinlicher ist eine solche Verteilung, doch wissen wir nichts weiter darüber. Bei der ersten Einsetzung des Über-Ichs ist gewiß zur Ausstattung dieser Instanz jenes Stück Aggression gegen die Eltern verwendet worden, dem das Kind infolge seiner Liebesfixierung wie der äußeren Schwierigkeiten keine Abfuhr nach außen schaffen konnte, und darum braucht die Strenge des Über-Ichs nicht einfach der Härte der Erziehung zu entsprechen. Es ist sehr wohl möglich, daß bei späteren Anlässen zur Unterdrückung der Aggression der Trieb denselben Weg nimmt, der ihm in jenem entscheidenden Zeitpunkte eröffnet wurde.

Personen, bei denen dies unbewußte Schuldgefühl übermächtig ist, verraten sich in der analytischen Behandlung durch die prognostisch so unliebsame negative therapeutische Reaktion. Wenn man ihnen eine Symptomlösung mitgeteilt hat, auf die normalerweise ein wenigstens zeitweiliges Schwinden des Symptoms folgen sollte, erzielt man bei ihnen im Gegenteil eine momentane Verstärkung des Symptoms und des Leidens. Es reicht oft hin, sie für ihr Benehmen in der Kur zu beloben, einige hoffnungsvolle Worte über den Fortschritt der Analyse zu äußern, um eine unverkennbare Verschlimmerung ihres Befindens herbeizuführen. Der Nicht-Analytiker würde sagen, er vermisse den „Genesungswillen"; nach analytischer Denkweise sehen Sie in diesem Benehmen eine Äußerung des unbewußten Schuldgefühls, dem Kranksein mit seinen Leiden und Verhinderungen eben recht ist. Die Probleme, die das unbewußte Schuldgefühl aufgerollt hat, seine Beziehungen zu Moral, Pädagogik, Kriminalität und Verwahrlosung sind gegenwärtig das bevorzugte Arbeitsgebiet der Psychoanalytiker. An unerwarteter Stelle sind wir hier aus der psychischen Unterwelt in den offenen Markt eingebrochen. Ich kann Sie nicht weiter führen, aber mit einem Gedankengang muß ich Sie noch aufhalten, ehe ich Sie für diesmal verabschiede. Es ist uns geläufig geworden zu sagen, daß unsere Kultur auf Kosten sexueller Strebungen aufgebaut ist, die von der Gesellschaft gehemmt, zum Teil zwar verdrängt, zum anderen Teil aber für neue Ziele nutzbar gemacht werden. Wir haben auch bei allem Stolz auf unsere kulturellen Errungenschaften zugestanden, daß es uns nicht leicht wird, die Anforderungen dieser Kultur zu erfüllen, uns in ihr wohl zu fühlen, weil die uns auferlegten Triebbeschränkungen eine schwere psychische Belastung bedeuten. Nun, was wir für die Sexualtriebe erkannt haben, gilt im gleichen, vielleicht in noch höherem Maße, für die anderen, die Aggressionstriebe. Diese sind es vor allem, die das Zusammenleben der Menschen erschweren und dessen Fortdauer bedrohen; Einschränkung seiner Aggression ist das erste, vielleicht das schwerste Opfer, das die Gesellschaft vom Einzelnen zu fordern hat. Wir haben erfahren, in wie ingeniöser Weise diese Bändigung des Widerspenstigen vollzogen wird. Die Einsetzung des Über-Ichs, das die gefährlichen aggressiven Regungen an sich reißt, bringt gleichsam eine Besatzung in die zum Aufruhr geneigte Stätte. Aber anderseits, rein psychologisch betrachtet, muß man bekennen, das Ich fühlt sich nicht wohl dabei, wenn es so den Bedürfnissen der Gesellschaft geopfert wird, wenn es sich den destruktiven Tendenzen der Aggression unterwerfen muß, die es gern selbst gegen andere betätigt hätte. Es ist wie eine Fortsetzung jenes Dilemmas vom Fressen und Gefressen werden, das die organische Lebewelt beherrscht, aufs psychische Gebiet. Zum Glück sind die Aggressionstriebe niemals allein, immer mit den erotischen legiert. Diese letzteren haben unter den Bedingungen der vom Menschen geschaffenen Kultur vieles zu mildern und zu verhüten.

XXXIII. *Vorlesung*
Die Weiblichkeit

Meine Damen und Herren! Die ganze Zeit über, während ich mich vorbereite, mit Ihnen zu sprechen, ringe ich mit einer inneren Schwierigkeit. Ich fühle mich sozusagen meiner Lizenz nicht sicher. Es ist ja richtig, daß die Psychoanalyse sich in fünfzehn Arbeitsjahren verändert und bereichert hat, aber darum könnte doch eine Einführung in die Psychoanalyse unverändert und unergänzt bleiben. Immer schwebt es mir vor, daß diesen Vorträgen die Daseinsberechtigung fehlt. Den Analytikern sage ich zu wenig und überhaupt nichts Neues, Ihnen aber zu viel und solche Dinge, für deren Verständnis Sie nicht ausgerüstet sind, die nicht für Sie gehören. Ich habe nach Entschuldigungen ausgeschaut und jede einzelne Vorlesung durch eine andere Begründung rechtfertigen wollen. Die erste, über die Traumtheorie, sollte Sie mit einem Schlage wieder mitten in die analytische Atmosphäre versetzen und Ihnen zeigen, wie haltbar sich unsere Anschauungen erwiesen haben. An der zweiten, die die Wege vom Traum zum sogenannten Okkultismus verfolgt, reizte mich die Gelegenheit, ein freies Wort über ein

Arbeitsgebiet zu sagen, auf dem heute vorurteilsvolle Erwartungen gegen leidenschaftliche Widerstände kämpfen, und ich durfte hoffen, Ihr am Beispiel der Psychoanalyse zur Toleranz erzogenes Urteil werde mir die Begleitung auf diesen Ausflug nicht verweigern. Die dritte Vorlesung, die über die Zerlegung der Persönlichkeit, stellte gewiß die härtesten Zumutungen an Sie, so fremdartig war ihr Inhalt, aber ich konnte diesen ersten Ansatz einer Ichpsychologie Ihnen unmöglich vorenthalten, und wenn wir ihn vor fünfzehn Jahren besessen hätten, hätte ich ihn schon damals erwähnen müssen. Die letzte Vorlesung endlich, der Sie wahrscheinlich nur unter großer Anspannung gefolgt sind, brachte notwendige Berichtigungen, neue Lösungsversuche der wichtigsten Rätselfragen, und meine Einführung wäre zu einer Irreführung geworden, wenn ich darüber geschwiegen hätte. Sie sehen, wenn man es unternimmt, sich zu entschuldigen, kommt es am Ende darauf hinaus, daß alles unvermeidlich war, alles Verhängnis. Ich unterwerfe mich; ich bitte Sie, tun Sie es auch.

Auch die heutige Vorlesung sollte keine Aufnahme in eine Einführung finden, aber sie kann Ihnen eine Probe einer analytischen Detailarbeit geben und ich kann zweierlei zu ihrer Empfehlung sagen. Sie bringt nichts als beobachtete Tatsachen, fast ohne Beisatz von Spekulation, und sie beschäftigt sich mit einem Thema, das Anspruch auf Ihr Interesse hat wie kaum ein anderes. Über das Rätsel der Weiblichkeit haben die Menschen zu allen Zeiten gegrübelt:

> „Häupter in Hieroglyphenmützen,
> Häupter in Turban und schwarzem Barett,
> Perückenhäupter und tausend andere
> Arme, schwitzende Menschenhäupter – – –"
> (*Heine*, Nordsee.)

Auch Sie werden sich von diesem Grübeln nicht ausgeschlossen haben, insoferne Sie Männer sind; von den Frauen unter Ihnen erwartet man es nicht, sie sind selbst dieses Rätsel. Männlich oder weiblich ist die erste Unterscheidung, die Sie machen, wenn Sie mit einem anderen menschlichen Wesen zusammentreffen, und Sie sind gewöhnt, diese Unterscheidung mit unbedenklicher Sicherheit zu machen. Die anatomische Wissenschaft teilt Ihre Sicherheit in einem Punkt und nicht weit darüber hinaus. Männlich ist das männliche Geschlechtsprodukt, das Spermatozoon und sein Träger, weiblich das Ei und der Organismus, der es beherbergt. Bei beiden Geschlechtern haben sich Organe gebildet, die ausschließlich den Geschlechtsfunktionen dienen, wahrscheinlich aus der nämlichen Anlage zu zwei verschiedenen Gestaltungen entwickelt. Bei beiden zeigen außerdem die anderen Organe, die Körperformen und Gewebe eine Beeinflussung durch das Geschlecht, aber diese ist inkonstant und ihr Ausmaß wechselnd, die sogenannten sekundären Geschlechtscharaktere. Und dann sagt Ihnen die Wissenschaft etwas, was Ihren Erwartungen zuwiderläuft und wahrscheinlich geeignet ist, Ihre Gefühle zu verwirren. Sie macht Sie darauf aufmerksam, daß Teile des männlichen Geschlechtsapparats sich auch am Körper des Weibes finden, wenngleich in verkümmertem Zustand, und das gleiche im anderen Falle. Sie sieht in diesem Vorkommen das Anzeichen einer Zwiegeschlechtigkeit, *Bisexualität*, als ob das Individuum nicht Mann oder Weib wäre, sondern jedesmal beides, nur von dem einen so viel mehr als vom andern. Sie werden dann aufgefordert, sich mit der Idee vertraut zu machen, daß das Verhältnis, nach dem sich Männliches und Weibliches im Einzelwesen vermengt, ganz erheblichen Schwankungen unterliegt. Da aber doch, von aller seltensten Fällen abgesehen, bei einer Person nur einerlei Geschlechtsprodukte – Eier oder Samenzellen – vorhanden sind, müssen Sie an der entscheidenden Bedeutung dieser Elemente irre werden und den Schluß ziehen, das, was die Männlichkeit oder die Weiblichkeit ausmache, sei ein unbekannter Charakter, den die Anatomie nicht erfassen kann.

Kann es vielleicht die Psychologie? Wir sind gewohnt, männlich und weiblich auch als seelische Qualitäten zu gebrauchen, und haben ebenso den Gesichtspunkt der Bisexualität auf das Seelenleben übertragen. Wir sprechen also davon, daß ein Mensch, ob Männchen oder Weibchen, sich in diesem Punkt männlich, in jenem weiblich benehme. Aber Sie werden bald einsehen, das ist bloß Gefügigkeit gegen die Anatomie und gegen die Konvention. Sie können den Begriffen männlich und weiblich *keinen* neuen Inhalt geben. Die Unterscheidung ist keine psychologische; wenn Sie männlich sagen, meinen Sie in der Regel „aktiv", und wenn Sie weiblich sagen, „passiv". Nun ist es richtig, daß eine solche Beziehung besteht. Die männliche Geschlechtszelle ist aktiv beweglich, sucht die weibliche auf und diese, das Ei, ist unbeweglich, passiv erwartend. Dies Verhalten der geschlechtlichen Elementarorganismen ist sogar vorbildlich für das Benehmen der Geschlechtsindividuen beim Sexualverkehr. Das Männchen verfolgt das Weibchen zum Zweck der sexuellen Vereinigung, greift es an, dringt in dasselbe ein. Aber damit haben Sie eben für die Psychologie den Charakter des Männlichen auf das Moment der Aggression reduziert. Sie werden zweifeln, ob Sie damit etwas Wesentliches getroffen haben, wenn Sie erwägen, daß in manchen Tierklassen die Weibchen die stärkeren und aggressiven sind, die Männchen nur aktiv bei dem einen Akt der geschlechtlichen Vereinigung. So ist es z. B. bei den Spinnen. Auch die Funktionen der Brutpflege und Aufzucht, die uns als so exquisit weiblich erscheinen, sind bei Tieren nicht regelmäßig an das weibliche Geschlecht geknüpft. Bei recht hochstehenden Arten beobachtet man, daß die Geschlechter sich in die Aufgabe der Brutpflege teilen oder selbst, daß das Männchen sich allein ihr widmet. Selbst auf dem Gebiet des menschlichen Sexuallebens merken Sie bald, wie unzureichend es ist, das männliche Benehmen durch Aktivität, das weibliche durch Passivität zu decken. Die Mutter ist in jedem Sinn aktiv gegen das Kind, selbst vom Saugakt können Sie ebensowohl sagen, sie säugt das Kind als sie läßt sich vom Kinde säugen. Je weiter Sie sich dann vom engeren sexuellen Gebiet entfernen, desto deutlicher wird jener „Überdeckungsfehler". Frauen können große Aktivität nach verschiedenen Richtungen entfalten, Männer können nicht mit ihresgleichen zusammenleben, wenn sie nicht ein hohes Maß von passiver Gefügigkeit entwickeln. Wenn Sie jetzt sagen, diese Tatsachen enthielten eben den Beweis, daß Männer wie Weiber im psychologischen Sinn bisexuell sind, so entnehme ich daraus, daß Sie bei sich beschlossen haben, „aktiv" mit „männlich", „passiv" mit „weiblich" zusammenfallen zu lassen. Aber ich rate Ihnen davon ab. Es erscheint mir unzweckmäßig und es bringt keine neue Erkenntnis.

Man könnte daran denken, die Weiblichkeit psychologisch durch die Bevorzugung passiver Ziele zu charakterisieren. Das ist natürlich nicht dasselbe wie die Passivität; es mag ein großes Stück Aktivität notwendig sein, um ein passives Ziel durchzusetzen. Vielleicht geht es so zu, daß sich beim Weib von ihrem Anteil an der Sexualfunktion her eine Bevorzugung passiven Verhaltens und passiver Zielstrebungen ein Stück weit ins Leben hinein erstreckt, mehr oder weniger weit, je nachdem sich diese Vorbildlichkeit des Sexuallebens begrenzt oder ausbreitet. Dabei müssen wir aber achthaben, den Einfluß der sozialen Ordnungen nicht zu unterschätzen, die das Weib gleichfalls in passive Situationen drängen. Das ist alles noch sehr ungeklärt. Eine besonders konstante Beziehung zwischen Weiblichkeit und Triebleben wollen wir nicht übersehen. Die dem Weib konstitutionell vorgeschriebene und sozial auferlegte Unterdrückung seiner Aggression begünstigt die Ausbildung starker masochistischer Regungen, denen es ja gelingt, die nach innen gewendeten destruktiven Tendenzen erotisch zu binden. Der Masochismus ist also, wie man sagt, echt weiblich. Wenn Sie aber dem Masochismus, wie so häufig, bei Männern begegnen, was bleibt Ihnen übrig, als zu sagen, diese Männer zeigen sehr deutliche weibliche Züge?

Nun sind Sie bereits vorbereitet darauf, daß auch die Psychologie das Rätsel der Weiblichkeit nicht lösen wird. Diese Aufklärung muß wohl anderswoher kommen und kann nicht kommen, ehe wir erfahren haben, wie die Differenzierung der lebenden Wesen in zwei Geschlechter überhaupt entstanden ist. Nichts wissen wir darüber und die Zweigeschlechtlichkeit ist doch ein so auffälliger Charakter des organischen Lebens, durch den es sich scharf von der unbelebten Natur scheidet. Unterdes finden wir an jenen menschlichen Individuen, die durch den Besitz von weiblichen Genitalien als manifest oder vorwiegend weiblich charakterisiert sind, genug zu studieren. Der Eigenart der Psychoanalyse entspricht es dann, daß sie nicht beschreiben will, was das Weib ist – das wäre eine für sie kaum lösbare Aufgabe –, sondern untersucht, wie es wird, wie sich das Weib aus dem bisexuell veranlagten Kind entwickelt. Wir haben darüber einiges in letzter Zeit erfahren, dank dem Umstande, daß mehrere unserer trefflichen Kolleginnen in der Analyse begonnen haben, diese Frage zu bearbeiten. Die Diskussion darüber hat aus dem Unterschied der Geschlechter einen besonderen Reiz bezogen, denn jedesmal, wenn eine Vergleichung zu Ungunsten ihres Geschlechts auszufallen schien, konnten unsere Damen den Verdacht äußern, daß wir, die männlichen Analytiker, gewisse tief eingewurzelte Vorurteile gegen die Weiblichkeit nicht überwunden hätten, was sich nun durch die Parteilichkeit unserer Forschung strafte. Wir hatten es dagegen auf dem Boden der Bisexualität leicht, jede Unhöflichkeit zu vermeiden. Wir brauchten nur zu sagen: Das gilt nicht für Sie. Sie sind eine Ausnahme, in diesem Punkt mehr männlich als weiblich.

Mit zwei Erwartungen treten wir auch an die Untersuchung der weiblichen Sexualentwicklung heran: Die erste, daß auch hier die Konstitution sich nicht ohne Sträuben in die Funktion fügen wird. Die andere, daß die entscheidenden Wendungen bereits vor der Pubertät angebahnt oder vollzogen sein werden. Beide sind bald bestätigt. Des weiteren sagt uns der Vergleich mit den Verhältnissen beim Knaben, daß die Entwicklung des kleinen Mädchens zum normalen Weib die schwierigere und kompliziertere ist, denn sie umfaßt zwei Aufgaben mehr, zu denen die Entwicklung des Mannes kein Gegenstück zeigt. Verfolgen wir die Parallele von ihrem Anfang an. Gewiß ist schon das Material bei Knabe und Mädchen verschieden; um das festzustellen, braucht es keine Psychoanalyse. Der Unterschied in der Bildung der Genitalien wird von anderen körperlichen Verschiedenheiten begleitet, die zu bekannt sind, als daß sie der Erwähnung bedürften. Auch in der Triebanlage treten Differenzen hervor, die das spätere Wesen des Weibes ahnen lassen. Das kleine Mädchen ist in der Regel weniger aggressiv, trotzig und selbstgenügsam, es scheint mehr Bedürfnis nach Zärtlichkeit zu haben, die man ihm erweisen soll, darum abhängiger und gefügiger zu sein. Daß es sich leichter und schneller zur Beherrschung der Exkretionen erziehen läßt, ist sehr wahrscheinlich nur die Folge dieser Gefügigkeit; Harn und Stuhl sind ja die ersten Geschenke, die das Kind seinen Pflegepersonen macht, deren Beherrschung die erste Konzession, die sich das kindliche Triebleben abringen läßt. Man empfängt auch den Eindruck, daß das kleine Mädchen intelligenter, lebhafter ist als der gleichaltrige Knabe, es kommt der Außenwelt mehr entgegen, macht zur gleichen Zeit stärkere Objektbesetzungen. Ich weiß nicht, ob dieser Vorsprung der Entwicklung durch exakte Feststellungen erhärtet worden ist, jedenfalls steht es fest, daß das Mädchen nicht intellektuell rückständig genannt werden kann Aber diese Geschlechtsunterschiede kommen nicht sehr in Betracht, sie können durch individuelle Variationen aufgewogen werden. Für die Absichten, die wir zunächst verfolgen, können wir sie vernachlässigen.

Die frühen Phasen der Libidoentwicklung scheinen beide Geschlechter in gleicher Weise durchzumachen. Man hätte erwarten können, daß sich beim Mädchen bereits in der sadistisch-analen Phase ein Zurückbleiben der Aggression äußert, aber das trifft nicht ein. Die Analyse des Kinderspiels hat unseren weiblichen Analytikern gezeigt, daß die aggressiven Impulse der kleinen Mädchen an Reichlichkeit und Heftigkeit nichts zu wünschen übrig lassen. Mit dem Eintritt in die phallische Phase treten die Unterschiede der Geschlechter vollends gegen die Übereinstimmungen zurück. Wir müssen nun anerkennen, das kleine Mädchen sei ein kleiner Mann. Diese Phase ist beim Knaben bekanntlich dadurch ausgezeichnet, daß er sich von seinem kleinen Penis lustvolle Sensationen zu verschaffen weiß und dessen erregten Zustand mit seinen Vorstellungen von sexuellem Verkehr zusammenbringt. Das nämliche tut das Mädchen mit ihrer noch kleineren Klitoris. Es scheint, daß sich bei ihr alle onanistischen Akte an diesem Penisäquivalent abspielen, daß die eigentlich weibliche Vagina noch für beide Geschlechter unentdeckt ist. Vereinzelte Stimmen berichten zwar auch von frühzeitigen vaginalen Sensationen, aber es dürfte nicht leicht sein, solche von analen oder Vorhofsensationen zu unterscheiden; auf keinen Fall können sie eine große Rolle spielen. Wir dürfen daran festhalten, daß in der phallischen Phase des Mädchens die Klitoris die leitende erogene Zone ist. Aber so soll es ja nicht bleiben, mit der Wendung zur Weiblichkeit soll die Klitoris ihre Empfindlichkeit und damit ihre Bedeutung ganz oder teilweise an die Vagina abtreten, und dies wäre die eine der beiden Aufgaben, die von der Entwicklung des Weibes zu lösen sind, während der glücklichere Mann zur Zeit der Geschlechtsreife nur fortzusetzen braucht, was er in der Periode der sexuellen Frühblüte vorgeübt hatte.

Wir werden auf die Rolle der Klitoris noch zurückkommen, wenden uns jetzt zur zweiten Aufgabe, mit der die Entwicklung des Mädchens belastet ist. Das erste Liebesobjekt des Knaben ist die Mutter, sie bleibt es auch in der Formation des Ödipuskomplexes, im Grunde genommen durchs ganze Leben hindurch. Auch fürs Mädchen muß die Mutter – und die mit ihr verschmelzenden Gestalten der Amme, Pflegerin – das erste Objekt sein; die ersten Objektbesetzungen erfolgen ja in Anlehnung an die Befriedigung der großen und einfachen Lebensbedürfnisse, und die Verhältnisse der Kinderpflege sind für beide Geschlechter die gleichen. In der Ödipussituation ist aber für das Mädchen der Vater das Liebesobjekt geworden, und wir erwarten, daß sie bei normalem Ablauf der

Entwicklung vom Vaterobjekt aus den Weg zur endgültigen Objektwahl finden wird. Das Mädchen soll also im Wandel der Zeiten erogene Zone und Objekt tauschen, die beide der Knabe beibehält. Es entsteht dann die Frage, wie geht das vor sich, im besonderen: wie kommt das Mädchen von der Mutter zur Bindung an den Vater, oder mit anderen Worten: aus ihrer männlichen in die ihr biologisch bestimmte weibliche Phase?

Nun wäre es eine Lösung von idealer Einfachheit, wenn wir annehmen dürften, von einem bestimmten Alter an mache sich der elementare Einfluß der gegengeschlechtlichen Anziehung geltend und dränge das kleine Weib zum Mann, während dasselbe Gesetz dem Knaben das Beharren bei der Mutter gestatte. Ja man könnte hinzunehmen, daß die Kinder dabei den Winken folgen, die ihnen die geschlechtliche Bevorzugung der Eltern gibt. Aber so gut sollen wir es nicht haben, wir wissen kaum, ob wir an jene geheimnisvolle, analytisch nicht weiter zersetzbare Macht, von der die Dichter soviel schwärmen, im Ernst glauben dürfen. Wir haben eine Auskunft ganz anderer Art aus mühevollen Untersuchungen gewonnen, für welche wenigstens das Material leicht zu beschaffen war. Sie müssen nämlich wissen, daß die Zahl der Frauen, die bis in späte Zeiten in der zärtlichen Abhängigkeit vom Vaterobjekt, ja noch vom realen Vater verbleiben, eine sehr große ist. An solchen Frauen mit intensiver und lang andauernder Vaterbindung haben wir überraschende Feststellungen gemacht. Wir wußten natürlich, daß es ein Vorstadium von Mutterbindung gegeben hatte, aber wir wußten nicht, daß es so inhaltsreich sein, so lang anhalten, so viel Anlässe zu Fixierungen und Dispositionen hinterlassen könne. Während dieser Zeit ist der Vater nur ein lästiger Rivale; in manchen Fällen überdauert die Mutterbindung das vierte Jahr. Fast alles, was wir später in der Vaterbeziehung finden, war schon in ihr vorhanden und ist nachher auf den Vater übertragen worden. Kurz, wir gewinnen die Überzeugung, daß man das Weib nicht verstehen kann, wenn man nicht diese Phase der *präödipalen Mutterbindung* würdigt.

Nun wollen wir gerne wissen, welches die libidinösen Beziehungen des Mädchens zur Mutter sind. Die Antwort lautet: sie sind sehr mannigfaltig. Da sie durch alle drei Phasen der kindlichen Sexualität gehen, nehmen sie auch die Charaktere der einzelnen Phasen an, drücken sich durch orale, sadistisch-anale und phallische Wünsche aus. Diese Wünsche vertreten sowohl aktive als passive Regungen; wenn man sie auf die später auftretende Differenzierung der Geschlechter bezieht, was man aber möglichst vermeiden soll, kann man sie männliche und weibliche heißen. Sie sind überdies voll ambivalent, ebensowohl zärtlicher als feindselig-aggressiver Natur. Die letzteren kommen oft erst zum Vorschein, nachdem sie in Angstvorstellungen verwandelt worden sind. Es ist nicht immer leicht, die Formulierung dieser frühen Sexualwünsche aufzuzeigen;

am deutlichsten drückt sich der Wunsch aus, der Mutter ein Kind zu machen, wie der ihm entsprechende, ihr ein Kind zu gebären, beide der phallischen Zeit angehörig, befremdend genug, aber durch die analytische Beobachtung über jeden Zweifel festgestellt. Der Reiz dieser Untersuchungen liegt in den überraschenden Einzelfunden, die sie uns bringen. So z. B. entdeckt man die Angst, umgebracht oder vergiftet zu werden, die später den Kern einer paranoischen Erkrankung bilden kann, schon in dieser präödipalen Zeit auf die Mutter bezogen. Oder ein anderer Fall: Sie erinnern sich an eine interessante Episode aus der Geschichte der analytischen Forschung, die mir viele peinliche Stunden verursacht hat. In der Zeit, da das Hauptinteresse auf die Aufdeckung sexueller Kindheitstraumen gerichtet war, erzählten mir fast alle meine weiblichen Patienten, daß sie vom Vater verführt worden waren. Ich mußte endlich zur Einsicht kommen, daß diese Berichte unwahr seien, und lernte so verstehen, daß die hysterischen Symptome sich von Phantasien, nicht von realen Begebenheiten ableiten. Später erst konnte ich in dieser Phantasie von der Verführung durch den Vater den Ausdruck des typischen Ödipuskomplexes beim Weibe erkennen. Und nun findet man in der präödipalen Vorgeschichte der Mädchen die Verführungsphantasie wieder, aber die Verführerin ist regelmäßig die Mutter. Hier aber berührt die Phantasie den Boden der Wirklichkeit, denn es war wirklich die Mutter, die bei den Verrichtungen der Körperpflege Lustempfindungen am Genitale hervorrufen, vielleicht sogar zuerst erwecken mußte.

Ich erwarte, daß Sie zu dem Verdacht bereit seien, diese Schilderung von der Reichhaltigkeit und der Stärke der sexuellen Beziehungen des kleinen Mädchens zu seiner Mutter sei sehr überzeichnet. Man hat doch Gelegenheit, kleine Mädchen zu sehen, und merkt ihnen nichts dergleichen an. Aber der Einwand trifft nicht zu; man kann genug an den Kindern sehen, wenn man zu beobachten versteht, und überdies wollen Sie bedenken, wie wenig von seinen sexuellen Wünschen das Kind zu vorbewußtem Ausdruck bringen oder gar mitteilen kann. Wir bedienen uns dann nur eines guten Rechts, wenn wir nachträglich die Residuen und Konsequenzen dieser Gefühlswelt an Personen studieren, bei denen diese Entwicklungsvorgänge eine besonders deutliche oder selbst eine übermäßige Ausbildung erreicht hatten. Die Pathologie hat uns ja immer den Dienst geleistet, durch Isolierung und Übertreibung Verhältnisse kenntlich zu machen, die in der Normalität verdeckt geblieben wären. Und da unsere Untersuchungen keineswegs an schwer abnormen Menschen ausgeführt worden sind, meine ich, wir dürfen ihre Ergebnisse für glaubwürdig halten.

Wir werden jetzt unser Interesse auf die eine Frage richten, woran denn diese mächtige Mutterbindung des Mädchens zugrunde geht. Wir wissen, das ist ihr gewöhnliches Schicksal; sie ist dazu bestimmt, der Vaterbindung den

Platz zu räumen. Da stoßen wir auf eine Tatsache, die uns den weiteren Weg weist. Es handelt sich bei diesem Schritt in der Entwicklung nicht um einen einfachen Wechsel des Objekts. Die Abwendung von der Mutter geschieht im Zeichen der Feindseligkeit, die Mutterbindung geht in Haß aus. Ein solcher Haß kann sehr auffällig werden und durchs ganze Leben anhalten, er kann später sorgfältig überkompensiert werden, in der Regel wird ein Teil von ihm überwunden, ein anderer Teil bleibt bestehen. Darauf haben die Begebenheiten späterer Jahre natürlich starken Einfluß. Wir beschränken uns aber darauf, ihn zur Zeit der Wendung zum Vater zu studieren und nach seinen Motivierungen zu befragen. Wir hören dann eine lange Liste von Anklagen und Beschwerden gegen die Mutter, die die feindseligen Gefühle des Kindes rechtfertigen sollen, von sehr verschiedenem Wert, deren Würdigung wir nicht unterlassen werden. Manche sind offenkundige Rationalisierungen, die wirklichen Quellen der Feindschaft haben wir zu finden. Ich hoffe, Sie werden Anteil daran nehmen, wenn ich Sie diesmal durch alle Details einer psychoanalytischen Untersuchung führe.

Der Vorwurf gegen die Mutter, der am weitesten zurückgreift, lautet, daß sie dem Kind zu wenig Milch gespendet hat, was ihr als Mangel an Liebe ausgelegt wird. Nun hat dieser Vorwurf in unseren Familien eine gewisse Berechtigung. Die Mütter haben oft nicht genug Nahrung für das Kind und begnügen sich damit, es einige Monate, ein halbes oder dreiviertel Jahr zu säugen. Bei primitiven Völkern werden die Kinder bis zu zwei und drei Jahren an der Mutterbrust genährt. Die Gestalt der nährenden Amme wird in der Regel mit der Mutter verschmolzen; wo dies nicht geschehen ist, wandelt sich der Vorwurf in den anderen, daß sie die Amme, die das Kind so bereitwillig nährte, zu früh weggeschickt hat. Aber was immer der wirkliche Sachverhalt gewesen sein mag, es ist unmöglich, daß der Vorwurf des Kindes so oft berechtigt ist, als man ihm begegnet. Es scheint vielmehr, daß die Gier des Kindes nach seiner ersten Nahrung überhaupt unstillbar ist, daß es den Verlust der Mutterbrust niemals verschmerzt. Ich wäre gar nicht überrascht, wenn die Analyse eines Primitiven, der noch an der Mutterbrust saugen durfte, als er schon laufen und sprechen konnte, denselben Vorwurf zutage fördern würde. Mit der Entziehung der Brust hängt wahrscheinlich auch die Angst vor Vergiftung zusammen. Gift ist die Nahrung, die einen krank macht. Vielleicht führt das Kind auch seine frühen Erkrankungen auf diese Versagung zurück. Es gehört bereits ein gut Stück intellektueller Schulung dazu, um an Zufall zu glauben; der Primitive, der Ungebildete, gewiß auch das Kind, wissen für alles, was geschieht, einen Grund anzugeben. Vielleicht war es ursprünglich ein Motiv im Sinne des Animismus. In manchen Schichten unserer Bevölkerung kann noch heute niemand sterben, der nicht von einem anderen umgebracht worden wäre, am besten vom Doktor. Und die regelmäßige neurotische Reaktion auf den Tod einer nahestehenden Person ist doch die Selbstbeschuldigung, daß man selbst diesen Tod verursacht hat.

Die nächste Anklage gegen die Mutter flammt auf, wenn das nächste Kind in der Kinderstube erscheint. Wenn möglich, hält sie den Zusammenhang mit der oralen Versagung fest. Die Mutter konnte oder wollte dem Kind nicht mehr Milch geben, weil sie die Nahrung für das neu Angekommene brauchte. Im Falle, daß die beiden Kinder so nahe beisammen sind, daß die Laktation durch die zweite Gravidität geschädigt wird, erwirbt ja dieser Vorwurf eine reale Begründung, und merkwürdigerweise ist das Kind auch bei einer Altersdifferenz von nur 11 Monaten nicht zu jung, um den Sachverhalt zur Kenntnis zu nehmen. Aber nicht allein die Milchnahrung mißgönnt das Kind dem unerwünschten Eindringling und Rivalen, sondern ebenso alle anderen Zeichen der mütterlichen Fürsorge. Es fühlt sich entthront, beraubt, in seinen Rechten geschädigt, wirft einen eifersüchtigen Haß auf das Geschwisterchen und entwickelt einen Groll auf die ungetreue Mutter, der sich sehr oft in einer unliebsamen Veränderung seines Benehmens Ausdruck schafft. Es wird etwa „schlimm", reizbar, unfolgsam und macht seine Erwerbungen in der Beherrschung der Ausscheidungen rückgängig. Das ist alles längst bekannt und wird als selbstverständlich hingenommen, aber wir machen uns selten die richtige Vorstellung von der Stärke dieser eifersüchtigen Regungen, von der Zähigkeit, mit der sie haften bleiben, sowie von der Größe ihres Einflusses auf die spätere Entwicklung. Besonders, da dieser Eifersucht in den späteren Kinderjahren immer neue Nahrung zugeführt wird und die ganze Erschütterung sich bei jedem neuen Geschwisterchen wiederholt. Es ändert auch nicht viel daran, wenn das Kind etwa der bevorzugte Liebling der Mutter bleibt; die Liebesansprüche des Kindes sind unmäßig, fordern Ausschließlichkeit, lassen keine Teilung zu.

Eine reichliche Quelle für die Feindseligkeit des Kindes gegen die Mutter ergeben seine mannigfachen, je nach der Libidophase wechselnden Sexualwünsche, die meist nicht befriedigt werden können. Die stärkste dieser Versagungen ereignet sich in der phallischen Zeit, wenn die Mutter die lustvolle Betätigung am Genitale verbietet – oft unter harten Drohungen und mit allen Zeichen des Unwillens –, zu der sie doch das Kind selbst angeleitet hatte. Man sollte meinen, das wären Motive genug, die Abwendung des Mädchens von der Mutter zu begründen. Man würde dann urteilen, diese Entzweiung folge unvermeidlicherweise aus der Natur der kindlichen Sexualität, aus der Unmäßigkeit der Liebesansprüche und der Unerfüllbarkeit der Sexualwünsche. Ja vielleicht denkt man, diese erste Liebesbeziehung des Kindes sei zum Untergang verurteilt, eben darum, weil sie die erste ist, denn diese frühzeitigen Objektbesetzungen sind regelmäßig im hohen Grade ambivalent; neben der starken Liebe ist immer eine starke Aggressionsneigung vorhanden, und je leidenschaftlicher das Kind sein Objekt liebt, desto empfindlicher wird es gegen Enttäuschungen und Versagungen von dessen Seite. Endlich muß die Liebe der angehäuften Feindseligkeit erliegen. Oder man kann eine solche ursprüngliche Ambivalenz der Liebesbesetzungen ablehnen und darauf hinweisen, daß es die besondere Natur des Mutter-Kind-Verhältnisses ist, die mit der gleichen Unvermeidlichkeit zur Störung der kindlichen Liebe führt, denn auch die mildeste Erziehung kann nicht anders als Zwang ausüben und Einschränkungen einführen, und jeder solche Eingriff in seine Freiheit muß beim Kind als Reaktion die Neigung zur Auflehnung und Aggression hervorrufen. Ich meine, die Diskussion dieser Möglichkeiten könnte sehr interessant werden, aber da stellt sich plötzlich ein Einwand ein, der unser Interesse in eine andere Richtung drängt. Alle diese Momente, die Zurücksetzungen, Liebesenttäuschungen, die Eifersucht, die Verführung mit nachfolgendem Verbot, kommen doch auch im Verhältnis des Knaben zur Mutter zur Wirksamkeit und sind doch nicht imstande, ihn dem Mutterobjekt zu entfremden. Wenn wir nicht etwas finden, was für das Mädchen spezifisch ist, beim Knaben nicht oder nicht so vorkommt, haben wir den Ausgang der Mutterbindung beim Mädchen nicht erklärt.

Ich meine, wir haben dies spezifische Moment gefunden, und zwar an erwarteter Stelle, wenn auch in überraschender Form. An erwarteter Stelle, sage ich, denn es liegt im Kastrationskomplex. Der anatomische Unterschied muß sich doch in psychischen Folgen ausprägen. Eine Überraschung war es aber, aus den Analysen zu erfahren, daß das Mädchen die Mutter für seinen Penismangel verantwortlich macht und ihr diese Benachteiligung nicht verzeiht.

Sie hören, wir schreiben auch dem Weib einen Kastrationskomplex zu. Mit gutem Grund, aber er kann nicht denselben Inhalt haben wie beim Knaben. Bei diesem entsteht der Kastrationskomplex, nachdem er durch den Anblick eines weiblichen Genitales erfahren hat, daß das von ihm so hoch geschätzte Glied nicht notwendig mit dem Körper beisammen sein muß. Er entsinnt sich dann der Drohungen, die er sich durch seine Beschäftigung mit dem Glied zugezogen, fängt an, ihnen Glauben zu schenken, und gerät von da an unter den Einfluß der *Kastrationsangst*, die der mächtigste Motor seiner weiteren Entwicklung wird. Auch der Kastrationskomplex des Mädchens wird durch den Anblick des anderen Genitales eröffnet. Es merkt sofort den Unterschied und – man muß es zugestehen – auch seine Bedeutung. Es fühlt sich schwer beeinträchtigt, äußert oft, es möchte „auch so etwas haben" und verfällt nun dem *Penisneid*, der unvertilgbare Spuren in seiner Entwicklung und Charakterbildung hinterlassen, auch im günstigsten Fall nicht ohne schweren psychischen Aufwand überwunden werden wird. Daß das Mädchen die Tatsache ihres Penismangels anerkennt, will nicht etwa besagen, daß sie sich ihr leichthin unterwirft. Im Gegenteil, sie hält noch lange an dem Wunsch fest, auch so etwas zu bekommen, glaubt an diese Möglichkeit bis in unwahrscheinlich weite Jahre, und noch zu Zeiten, wenn das Wissen um die Realität die Erfüllung dieses Wunsches längst als unerreichbar beiseite geworfen hat, kann die Analyse nachweisen, daß er im Unbewußten erhalten geblieben ist und eine ansehnliche Energiebesetzung bewahrt hat. Der Wunsch, den ersehnten Penis endlich doch zu bekommen, kann noch seinen Beitrag zu den Motiven leisten, die das gereifte Weib in die Analyse drängen, und was sie verständigerweise von der Analyse erwarten kann, etwa die Fähigkeit, einen intellektuellen Beruf auszuüben, läßt sich oft als eine sublimierte Abwandlung dieses verdrängten Wunsches erkennen.

An der Bedeutsamkeit des Penisneides kann man nicht gut zweifeln. Hören Sie sich als ein Beispiel männlicher Ungerechtigkeit die Behauptung an, daß Neid und Eifersucht im Seelenleben der Frauen eine noch größere Rolle spielen als bei den Männern. Nicht daß diese Eigenschaften bei Männern vermißt würden oder daß sie bei Frauen keine andere Wurzel hätten als den Penisneid, aber wir sind geneigt, das Mehr bei den Frauen diesem letzteren Einfluß zuzuschreiben. Es hat sich aber bei manchen Analytikern die Neigung ergeben, jenen ersten Schub von Penisneid, in der phallischen Phase, in seiner Bedeutung herabzudrücken. Sie meinen, was man von dieser Einstellung bei der Frau findet, sei der Hauptsache nach eine sekundäre Bildung, die bei Gelegenheit späterer Konflikte durch Regression auf jene frühinfantile Regung zustande gekommen. Nun ist das ein allgemeines Problem der Tiefenpsychologie. Bei vielen pathologischen – oder auch nur ungewöhnlichen – Triebeinstellungen, z. B. bei allen sexuellen Perversionen, fragt es sich, wieviel von deren Stärke den frühinfantilen Fixierungen, wieviel dem Einfluß späterer Erlebnisse und Entwicklungen zuzuteilen ist. Es handelt sich dabei fast immer um Ergänzungsreihen, wie wir sie bei der Erörterung der Neurosenätiologie angenommen haben. Beide Momente teilen sich in wechselndem Ausmaß in die Verursachung; ein Minder auf der einen Seite wird durch ein Mehr auf der anderen wettgemacht. Das Infantile ist in allen Fällen richtunggebend, ausschlaggebend nicht immer, aber doch oftmals. Gerade im Fall des Penisneides möchte ich mit Entschiedenheit für das Übergewicht des infantilen Moments eintreten.

Die Entdeckung seiner Kastration ist ein Wendepunkt in der Entwicklung des Mädchens. Drei Entwicklungsrichtungen gehen von ihr aus; die eine führt zur Sexualhemmung oder zur Neurose, die nächste zur Charakterveränderung im Sinne eines Männlichkeitskomplexes, die letzte endlich zur normalen Weiblichkeit. Über alle drei haben wir ziemlich viel, wenn auch nicht alles erfahren.

Der wesentliche Inhalt der ersten ist, daß das kleine Mädchen, welches bisher männlich gelebt hatte, sich durch Erregung seiner Klitoris Lust zu verschaffen wußte und diese Betätigung mit seinen oft aktiven Sexualwünschen, die der Mutter galten, in Beziehung brachte, sich durch den Einfluß des Penisneides den Genuß seiner phallischen Sexualität verderben läßt. Durch den Vergleich mit dem so viel besser ausgestatteten Knaben in seiner Selbstliebe gekränkt, verzichtet es auf die masturbatorische Befriedigung an der Klitoris, verwirft seine Liebe zur Mutter und verdrängt dabei nicht selten ein gutes Stück seiner Sexualstrebungen überhaupt. Die Abwendung von der Mutter erfolgt wohl nicht mit einem Schlag, denn das Mädchen hält seine Kastration zuerst für ein individuelles Unglück, erst allmählich dehnt sie dieselbe auf andere weibliche Wesen, endlich auch auf die Mutter aus. Ihre Liebe hatte der phallischen Mutter gegolten; mit der Entdeckung, daß die Mutter kastriert ist, wird es möglich, sie als Liebesobjekt fallen zu lassen, so daß die lange angesammelten Motive zur Feindseligkeit die Oberhand gewinnen. Das heißt also, daß durch die Entdeckung der Penislosigkeit das Weib dem Mädchen ebenso entwertet wird wie dem Knaben und später vielleicht dem Manne.

Sie wissen alle, welche überragende ätiologische Bedeutung unsere Neurotiker ihrer Onanie einräumen. Sie machen sie für alle ihre Beschwerden verantwortlich, und wir haben große Mühe, sie glauben zu machen, daß sie im Irrtum sind. Aber eigentlich sollten wir ihnen zugestehen, daß sie im Recht sind, denn die Onanie ist die Exekutive der kindlichen Sexualität, an deren Fehlentwicklung sie allerdings leiden. Nun beschuldigen die Neurotiker meist die Onanie der Pubertätszeit; die frühkindliche, auf die es in Wirklichkeit ankommt, haben sie meist vergessen. Ich wollte, ich hätte einmal die Gelegenheit, Ihnen ausführlich darzulegen, wie wichtig alle tatsächlichen Einzelheiten der frühen Onanie für die spätere Neurose oder den Charakter des Einzelnen werden, ob sie entdeckt wurde oder nicht, wie die Eltern sie bekämpften oder zuließen, ob es ihm selbst gelang, sie zu unterdrücken. Das alles hat unvergängliche Spuren in seiner Entwicklung hinterlassen. Aber ich bin vielmehr froh, daß ich dies nicht zu tun brauche; es wäre eine schwere, langwierige Aufgabe und am Ende würden Sie mich in Verlegenheit bringen, weil Sie ganz gewiß praktische Ratschläge von mir forderten, wie man sich als Elternteil oder als Erzieher gegen die Onanie der kleinen Kinder verhalten soll. In der Entwicklung der Mädchen, die ich Ihnen vorführe, hören Sie nun ein Beispiel dafür, daß das Kind sich selbst um die Befreiung von der Onanie bemüht. Aber es gelingt ihm nicht immer. Wo der Penisneid einen starken Impuls gegen die klitoridische Onanie erweckt hat und diese doch nicht weichen will, entspinnt sich ein heftiger Befreiungskampf, in dem das Mädchen gleichsam die Rolle der jetzt abgesetzten Mutter selbst aufnimmt und seine ganze Unzufriedenheit mit der minderwertigen Klitoris im Widerstreben gegen die Befriedigung an ihr zum Ausdruck bringt. Noch viele Jahre später, wenn die onanistische Betätigung längst unterdrückt ist, setzt sich ein Interesse fort, das wir als Abwehr einer noch immer gefürchteten Versuchung deuten müssen. Es äußert sich im Auftauchen von Sympathie für Personen, denen man ähnliche Schwierigkeiten zumutet, es geht als Motiv in die Eheschließung ein, ja es kann die Wahl des Ehe- oder Liebespartners bestimmen. Die Erledigung der frühkindlichen Masturbation ist wahrlich keine leichte oder gleichgültige Sache.

Mit dem Aufgeben der klitoridischen Masturbation wird auf ein Stück Aktivität verzichtet. Die Passivität hat nun die Oberhand, die Wendung zum Vater wird vorwiegend mit Hilfe passiver Triebregungen vollzogen. Sie erkennen, daß ein solcher Entwicklungsschub, der die phallische Aktivität aus dem Weg räumt, der Weiblichkeit den Boden ebnet. Wenn dabei nicht zuviel durch Verdrängung verlorengeht, kann diese Weiblichkeit normal ausfallen. Der Wunsch, mit dem sich das Mädchen an den Vater wendet, ist wohl ursprünglich der Wunsch nach dem Penis, den ihr die Mutter versagt hat und den sie nun vom Vater erwartet. Die weibliche Situation ist aber erst hergestellt, wenn sich der Wunsch nach dem Penis durch den nach dem Kind ersetzt, das Kind also nach alter symbolischer Äquivalenz an die Stelle des Penis tritt. Es entgeht uns nicht, daß sich das Mädchen schon früher, in der ungestörten phallischen Phase, ein Kind gewünscht hatte; das war ja der Sinn ihres Spieles mit Puppen. Aber dies Spiel war nicht eigentlich der Ausdruck ihrer Weiblichkeit, es diente der Mutteridentifizierung in der Absicht der Ersetzung der Passivität durch Aktivität. Sie spielte die Mutter und die Puppe war sie selbst; nun konnte sie an dem Kind all das tun, was die Mutter an ihr zu tun pflegte. Erst mit dem Einmünden des Peniswunsches wird das Puppenkind ein Kind vom Vater und von da an das stärkste weibliche Wunschziel. Das Glück ist groß, wenn dieser Kinderwunsch später einmal seine reale Erfüllung findet, ganz besonders aber, wenn das Kind ein Knäblein ist, das den ersehnten Penis mitbringt. In der Zusammenstellung „Ein Kind vom Vater" ruht der Akzent häufig genug auf dem Kind und läßt den Vater unbetont. So schimmert der alte männliche Wunsch nach dem Besitz des Penis noch durch die vollendete Weiblichkeit durch. Aber vielleicht sollten wir diesen Peniswunsch eher als einen exquisit weiblichen anerkennen.

Mit der Übertragung des Kind-Penis-Wunsches auf den Vater ist das Mädchen in die Situation des Ödipuskomplexes eingetreten. Die Feindseligkeit gegen die Mutter, die nicht erst neu geschaffen zu werden brauchte, erfährt jetzt eine große Verstärkung, denn sie wird zur Rivalin, die vom Vater all das erhält, was das Mädchen von ihm begehrt. Der Ödipuskomplex des Mädchens hat uns lange den Einblick in dessen präödipale Mutterbindung verhüllt, die doch so wichtig ist und so nachhaltige Fixierungen hinterläßt. Für das Mädchen ist die Ödipussituation der Ausgang einer langen und schwierigen Entwicklung, eine Art vorläufiger Erledigung, eine Ruheposition, die man nicht so bald verläßt, besonders da der Beginn der Latenzzeit nicht fern ist. Und nun fällt uns im Verhältnis des Ödipuskomplexes zum Kastrationskomplex ein Unterschied zwischen den Geschlechtern auf, der wahrscheinlich folgenschwer ist. Der Ödipuskomplex des Knaben, in dem er seine Mutter begehrt und seinen Vater als Rivalen beseitigen möchte, entwickelt sich natürlich aus der Phase seiner phallischen Sexualität. Die Kastrationsdrohung zwingt ihn aber, diese Einstellung aufzugeben. Unter dem Eindruck der Gefahr, den Penis zu verlieren, wird der Ödipuskomplex verlassen, verdrängt, im normalsten Falle gründlich zerstört, und als sein Erbe ein strenges Über-Ich eingesetzt. Was beim Mädchen geschieht, ist beinahe das Gegenteil. Der Kastrationskomplex bereitet den Ödipuskomplex vor anstatt ihn zu zerstören, durch den Einfluß des Penisneides wird das Mädchen aus der Mutterbindung vertrieben und läuft in die Ödipussituation wie in einen Hafen ein. Mit dem Wegfall der Kastrationsangst entfällt das Hauptmotiv, das den Knaben gedrängt hatte, den Ödipuskomplex zu überwinden. Das Mädchen verbleibt in ihm unbestimmt lange, baut ihn nur spät und dann unvollkommen ab. Die Bildung des Über-Ichs muß unter diesen Verhältnissen leiden, es kann nicht die Stärke und die Unabhängigkeit erreichen, die ihm seine kulturelle Bedeutung verleihen und – Feministen hören es nicht gerne, wenn man auf die Auswirkungen dieses Moments für den durchschnittlichen weiblichen Charakter hinweist.

Um nun zurückzugreifen: als die zweite der möglichen Reaktionen nach der Entdeckung der weiblichen Kastration haben wir die Entwicklung eines starken Männlichkeitskomplexes erwähnt. Damit ist gemeint, daß das Mädchen sich gleichsam weigert, die unliebsame Tatsache anzuerkennen, in trotziger Auflehnung seine bisherige Männlichkeit noch übertreibt, an seiner klitoridischen Betätigung festhält und seine Zuflucht zu einer Identifizierung mit der phallischen Mutter oder dem Vater nimmt. Was kann für diesen Ausgang entscheidend sein? Wir können uns nichts anderes vorstellen als einen konstitutionellen Faktor, ein größeres Ausmaß von Aktivität, wie es sonst für das Männchen charakteristisch ist. Das Wesentliche des Vorganges ist doch, daß an dieser Stelle der Entwicklung der Passivitätsschub vermieden wird, der die Wendung zur Weiblichkeit eröffnet. Als die äußerste Leistung dieses Männlichkeitskomplexes erscheint uns die Beeinflussung der Objektwahl im Sinne einer manifesten Homosexualität. Die analytische Erfahrung lehrt uns zwar, daß die weibliche Homosexualität selten oder nie die infantile Männlichkeit gradlinig fortsetzt. Es scheint dazuzugehören, daß auch solche Mädchen für eine Weile den Vater zum Objekt nehmen und sich in die Ödipussituation begeben. Dann aber werden sie durch die unausbleiblichen Enttäuschungen am Vater zur Regression auf ihren frühen Männlichkeitskomplex gedrängt. Man darf die Bedeutung dieser Enttäuschungen nicht überschätzen; sie bleiben auch dem zur Weiblichkeit bestimmten Mädchen nicht erspart, ohne den gleichen Erfolg zu haben. Die Übermacht des konstitutionellen Moments scheint unbestreitbar, aber die zwei Phasen in der Entwicklung der weiblichen Homosexualität spiegeln sich sehr schön in den Praktiken der Homosexuellen, die ebensooft und ebenso deutlich Mutter und Kind miteinander spielen wie Mann und Weib.

Was ich Ihnen da erzählt habe, ist sozusagen die Vorgeschichte des Weibes. Es ist eine Erwerbung der allerletzten Jahre, mag Ihnen als Probe analytischer Kleinarbeit interessant gewesen sein. Da die Frau selbst das Thema ist, gestatte ich mir, diesmal einige Frauen namentlich zu erwähnen, denen diese Untersuchung wichtige Beiträge verdankt.

Dr. Ruth Mack Brunswick hat als die erste einen Fall von Neurose beschrieben, der auf eine Fixierung im präödipalen Stadium zurückging und die Ödipussituation überhaupt nicht erreicht hatte. Er hatte die Form einer Eifersuchtsparanoia und erwies sich der Therapie zugänglich. *Dr. Jeanne Lampl-de Groot* hat die so unglaubwürdige phallische Aktivität des Mädchens gegen die Mutter in gesicherten Beobachtungen festgestellt, *Dr. Helene Deutsch* gezeigt, daß die Liebesakte homosexueller Frauen die Mutter-Kind-Beziehungen reproduzieren.

Das weitere Verhalten der Weiblichkeit durch die Pubertät bis in die Zeit der Reife zu verfolgen, liegt nicht in meiner Absicht. Unsere Einsichten wären auch unzureichend dafür. Einige Züge werde ich im nachfolgenden zusammenstellen. An die Vorgeschichte anknüpfend, will ich hier nur hervorheben, daß die Entfaltung der Weiblichkeit der Störung durch die Resterscheinungen der männlichen Vorzeit ausgesetzt bleibt. Regressionen zu den Fixierungen jener präödipalen Phasen ereignen sich sehr häufig; in manchen Lebensläufen kommt es zu einem wiederholten Alternieren von Zeiten, in denen die Männlichkeit oder die Weiblichkeit die Oberhand gewonnen hat. Ein Stück dessen, was wir Männer das „Rätsel des Weibes" heißen, leitet sich vielleicht von diesem Ausdruck der Bisexualität im weiblichen Leben ab. Aber eine andere Frage scheint während dieser Untersuchungen spruchreif geworden zu sein. Wir haben die Triebkraft des Sexuallebens Libido genannt. Das Sexualleben wird von der Polarität Männlich-Weiblich beherrscht; also liegt es nahe, das Verhältnis der Libido zu diesem Gegensatz ins Auge zu fassen. Es wäre nicht überraschend, wenn sich herausstellte, daß jeder Sexualität ihre besondere Libido zugeordnet wäre, so daß eine Art von Libido die Ziele des männlichen, eine andere die des weiblichen Sexuallebens verfolgen würde. Aber nichts dergleichen ist der Fall. Es gibt nur eine Libido, die in den Dienst der männlichen wie der weiblichen Sexualfunktion gestellt wird. Wir können ihr selbst kein Geschlecht geben; wenn wir sie nach der konventionellen Gleichstellung von Aktivität und Männlichkeit selbst männlich heißen wollen, dürfen wir nicht vergessen, daß sie auch Strebungen mit passiven Zielen vertritt. Immerhin, die Zusammenstellung „weibliche Libido" läßt jede Rechtfertigung vermissen. Es ist dann unser Eindruck, daß der Libido mehr Zwang angetan wurde, wenn sie in den Dienst der weiblichen Funktion gepreßt ist, und daß – um teleologisch zu reden – die Natur ihren Ansprüchen weniger sorgfältig Rechnung trägt als im Falle der Männlichkeit. Und das mag – wiederum teleologisch gedacht – seinen Grund darin haben, daß die Durchsetzung des biologischen Ziels der Aggression des Mannes anvertraut und von der Zustimmung des Weibes einigermaßen unabhängig gemacht worden ist.

Die sexuelle Frigidität des Weibes, deren Häufigkeit diese Zurücksetzung zu bestätigen scheint, ist ein erst ungenügend verstandenes Phänomen. Manchmal psychogen und dann der Beeinflussung zugänglich, legt sie in anderen Fällen die Annahme einer konstitutionellen Bedingtheit, selbst den Beitrag eines anatomischen Faktors, nahe.

Ich habe versprochen, Ihnen noch einige psychische Besonderheiten der reifen Weiblichkeit vorzuführen, wie sie uns in der analytischen Beobachtung entgegentreten. Mehr als durchschnittlichen Wahrheitswert nehmen wir für diese Behauptungen nicht in Anspruch; auch ist es nicht immer leicht auseinanderzuhalten, was dem Einfluß der Sexualfunktion und was der sozialen Züchtung zuzuschreiben ist. Wir schreiben also der Weiblichkeit ein höheres Maß von Narzißmus zu, das noch ihre Objektwahl beeinflußt, so daß geliebt zu werden dem Weib ein stärkeres Bedürfnis ist als zu lieben. An der körperlichen Eitelkeit des Weibes ist noch die Wirkung des Penisneides mitbeteiligt, da sie ihre Reize als späte Entschädigung für die ursprüngliche sexuelle Minderwertigkeit um so höher einschätzen muß. Der Scham, die als eine exquisit weibliche Eigenschaft gilt, aber weit mehr konventionell ist, als man denken sollte, schreiben wir die ursprüngliche Absicht zu, den Defekt des Genitales zu verdecken. Wir vergessen nicht, daß sie späterhin andere Funktionen übernommen hat. Man meint, daß die Frauen zu den Entdeckungen und Erfindungen der Kulturgeschichte wenig Beiträge geleistet haben, aber vielleicht haben sie doch eine Technik erfunden, die des Flechtens und Webens. Wenn dem so ist, so wäre man versucht, das unbewußte Motiv dieser Leistung zu erraten. Die Natur selbst hätte das Vorbild für diese Nachahmung gegeben, indem sie mit der Geschlechtsreife die Genitalbehaarung wachsen ließ, die das Genitale verhüllt. Der Schritt, der dann noch zu tun war, bestand darin, die Fasern aneinander haften zu machen, die am Körper in der Haut staken und nur miteinander verfilzt waren. Wenn Sie diesen Einfall als phantastisch zurückweisen und mir den Einfluß des Penismangels auf die Gestaltung der Weiblichkeit als eine fixe Idee anrechnen, bin ich natürlich wehrlos.

Die Bedingungen der Objektwahl des Weibes sind häufig genug durch soziale Verhältnisse unkenntlich gemacht. Wo sie sich frei zeigen darf, erfolgt sie oft nach dem narzißtischen Ideal des Mannes, der zu werden das Mädchen gewünscht hatte. Ist das Mädchen in der Vaterbindung, also im Ödipuskomplex, verblieben, so wählt es nach dem Vatertypus. Da bei der Wendung von der Mutter zum Vater die Feindseligkeit der ambivalenten Gefühlsbeziehung bei der Mutter verblieben ist, sollte eine solche Wahl eine glückliche Ehe versichern. Aber sehr oft tritt der Ausgang ein, der eine solche Erledigung des Ambivalenzkonflikts im allgemeinen bedroht. Die zurückgelassene Feindseligkeit kommt der positiven Bindung nach und greift auf das neue Objekt über. Der Ehemann, der zunächst vom Vater geerbt hatte, tritt mit der Zeit auch das Muttererbe an. So kann es leicht geschehen, daß die zweite Hälfte des Lebens einer Frau von dem Kampf gegen ihren Mann erfüllt wird wie die kürzere erste von der Auflehnung gegen ihre Mutter. Nachdem die Reaktion ausgelebt worden ist, kann sich eine zweite Ehe leicht sehr viel befriedigender gestalten. Eine andere Wandlung im Wesen der Frau, für die die Liebenden nicht vorbereitet sind, mag eintreten, nachdem in der Ehe das erste Kind geboren worden ist. Unter dem Eindruck der eigenen Mutterschaft kann eine Identifizierung mit der eigenen Mutter wiederbelebt werden, gegen die sich das Weib bis zur Ehe gesträubt hatte, und alle verfügbare Libido an sich reißen, so daß der Wiederholungszwang eine unglückliche Ehe der Eltern reproduziert. Daß das alte Moment des Penismangels seine Kraft noch immer nicht eingebüßt hat, zeigt sich in der verschiedenen Reaktion der Mutter auf die Geburt eines Sohnes oder einer Tochter. Nur das Verhältnis zum Sohn bringt der Mutter uneingeschränkte Befriedigung; es ist überhaupt die vollkommenste, am ehesten ambivalenzfreie aller menschlichen Beziehungen. Auf den Sohn kann die Mutter den Ehrgeiz übertragen, den sie bei sich unterdrücken mußte, von ihm die Befriedigung all dessen erwarten, was ihr von ihrem Männlichkeitskomplex verblieben ist. Selbst die Ehe ist nicht eher versichert, als bis es der Frau gelungen ist, ihren Mann auch zu ihrem Kind zu machen und die Mutter gegen ihn zu agieren.

Die Mutteridentifizierung des Weibes läßt zwei Schichten erkennen, die prädipale, die auf der zärtlichen Bindung an die Mutter beruht und sie zum Vorbild nimmt, und die spätere aus dem Ödipuskomplex, die die Mutter beseitigen und beim Vater ersetzen will. Von beiden bleibt viel für die Zukunft übrig, man hat wohl ein Recht zu sagen, keine wird im Laufe der Entwicklung in ausreichendem Maße überwunden. Aber die Phase der zärtlichen prädipalen Bindung ist die für die Zukunft des Weibes entscheidende; in ihr bereitet sich die Erwerbung, jener Eigenschaften vor, mit denen sie später ihrer Rolle in der Sexualfunktion genügen und ihre unschätzbaren sozialen Leistungen bestreiten wird. In dieser Identifizierung gewinnt sie auch die Anziehung für den Mann, die dessen ödipale Mutterbindung zur Verliebtheit entfacht. Nur daß dann so häufig erst der Sohn das erhält, um was er für sich geworben hatte. Man hat den Eindruck, die Liebe des Mannes und die der Frau sind um eine psychologische Phasendifferenz auseinander.

Daß man dem Weib wenig Sinn für Gerechtigkeit zuerkennen muß, hängt wohl mit dem Überwiegen des Neids in ihrem Seelenleben zusammen, denn die Gerechtigkeitsforderung ist eine Verarbeitung des Neids, gibt die Bedingung an, unter der man ihn fahren lassen kann. Wir sagen auch von den Frauen aus, daß ihre sozialen Interessen schwächer und ihre Fähigkeit zur Triebsublimierung geringer sind als die der Männer. Das erstere leitet sich wohl vom dissozialen Charakter ab, der allen Sexualbeziehungen unzweifelhaft eignet. Liebende finden aneinander Genüge und noch die Familie widerstrebt der Aufnahme in umfassendere Verbände. Die Eignung zur Sublimierung ist den größten individuellen Schwankungen unterworfen. Hingegen kann ich es nicht unterlassen, einen Eindruck zu erwähnen, den man immer wieder in der analytischen Tätigkeit empfängt. Ein Mann um die Dreißig erscheint als ein jugendliches, eher unfertiges Individuum, von dem wir erwarten, daß es die Möglichkeiten der Entwicklung, die ihm die Analyse eröffnet, kräftig ausnützen wird. Eine Frau um die gleiche Lebenszeit aber erschreckt uns häufig durch ihre psychische Starrheit und Unveränderlichkeit. Ihre Libido hat endgültige Positionen eingenommen und scheint unfähig, sie gegen andere zu verlassen. Wege zu weiterer Entwicklung ergeben sich nicht; es ist, als wäre der ganze Prozeß bereits abgelaufen, bliebe von nun an unbeeinflußbar, ja als hätte die schwierige Entwicklung zur Weiblichkeit die Möglichkeiten der Person erschöpft. Wir beklagen diesen Sachverhalt als Therapeuten, selbst wenn es uns gelingt, dem Leiden durch die Erledigung des neurotischen Konflikts ein Ende zu machen.

Das ist alles, was ich Ihnen über die Weiblichkeit zu sagen hatte. Es ist gewiß unvollständig und fragmentarisch, klingt auch nicht immer freundlich. Vergessen Sie aber nicht, daß wir das Weib nur insofern beschrieben haben, als sein Wesen durch seine Sexualfunktion bestimmt wird. Dieser Einfluß geht freilich sehr weit, aber wir behalten im Auge, daß die einzelne Frau auch sonst ein menschliches Wesen sein mag. Wollen Sie mehr über die Weiblichkeit wissen, so befragen Sie Ihre eigenen Lebenserfahrungen, oder Sie wenden sich an die Dichter, oder Sie warten, bis die Wissenschaft Ihnen tiefere und besser zusammenhängende Auskünfte geben kann.

XXXIV. Vorlesung
Aufklärungen, Anwendungen, Orientierungen

Meine Damen und Herren! Darf ich einmal, sozusagen des trockenen Tones satt, über Dinge vor Ihnen reden, die sehr wenig theoretische Bedeutung haben, die Sie aber doch nahe angehen, insoferne Sie der Psychoanalyse freundlich gesinnt sind? Setzen wir z. B. den Fall, daß Sie in Ihren Mußestunden einen deutschen, englischen oder amerikanischen Roman zur Hand nehmen, in dem Sie eine Schilderung der Menschen und der Zustände von heute zu finden erwarten. Nach wenigen Seiten stoßen Sie auf eine erste Äußerung über Psychoanalyse und dann bald auf weitere, auch wenn der Zusammenhang es nicht zu erfordern scheint. Sie müssen nicht meinen, daß es sich dabei um Anwendungen der Tiefenpsychologie zum besseren Verständnis der Personen im Text oder ihrer Taten handelt; es gibt allerdings auch ernsthaftere Dichtungen, in denen das wirklich versucht wird. Nein, es sind meist spöttische Bemerkungen, mit denen der Verfasser des Romans seine Belesenheit oder seine intellektuelle Überlegenheit dartun will. Nicht immer bekommen Sie auch den Eindruck, daß er das wirklich kennt, worüber er sich ausspricht. Oder Sie gehen zu Ihrer Erholung in eine gesellige Vereinigung; es muß nicht gerade in Wien sein. Nach kurzer Zeit geht das Gespräch auf die Psychoanalyse, Sie hören die verschiedensten Leute ihr Urteil abgeben, meist im Tone unbeirrter Sicherheit. Dies Urteil ist ganz gewöhnlich ein geringschätzendes, oft eine Schmähung, zum mindesten wieder eine Spötterei. Wenn Sie so unvorsichtig sind zu verraten, daß Sie etwas von dem Gegenstand verstehen, fallen alle über Sie her, verlangen Auskünfte und Erklärungen und geben Ihnen nach kurzer Zeit die Überzeugung, daß alle diese strengen Urteile vor jeder Information gefällt worden waren, daß kaum einer von diesen Gegnern je ein analytisches Buch zur Hand genommen hat, oder wenn doch, daß er nicht über den ersten Widerstand beim Zusammentreffen mit dem neuen Stoff hinweggekommen ist.

Von einer Einführung in die Psychoanalyse erwarten Sie vielleicht auch eine Anweisung, welche Argumente man zur Richtigstellung der offenkundigen Irrtümer über die Analyse verwenden, welche Bücher man zur besseren Information empfehlen, oder selbst, welche Beispiele aus Ihrer Lektüre oder Erfahrung Sie in der Diskussion anrufen sollen, um die Einstellung der Gesellschaft zu ändern. Ich bitte Sie, tun Sie nichts von alledem. Es wäre unnütz; am besten Sie verbergen überhaupt Ihr besseres Wissen. Wenn das nicht mehr möglich ist, so beschränken Sie sich darauf zu sagen, Sie meinen, soweit Sie orientiert sind, daß die Psychoanalyse ein besonderer Wissenszweig sei, recht schwer zu verstehen und zu beurteilen, daß sie sich mit sehr ernsthaften Dingen beschäftige, so daß man ihr mit ein paar Scherzen nicht nahekomme, und daß man sich für gesellschaftliche Unterhaltungen lieber ein anderes Spielzeug aussuchen solle. Natürlich beteiligen Sie sich auch nicht an Deutungsversuchen, wenn unvorsichtige Leute ihre Träume erzählen, und widerstehen auch der Versuchung, durch Berichte von Heilungen um Gunst für die Analyse zu werben.

Sie können aber die Frage aufwerfen, warum diese Leute, sowohl die Bücher schreiben als die Konversation machen, sich so inkorrekt benehmen, und Sie werden zur Annahme neigen, daß dies nicht nur an den Leuten, sondern auch an der Psychoanalyse liegt. Das meine ich auch; was Ihnen in Literatur und Gesellschaft als Vorurteil entgegentritt, ist die Nachwirkung eines früheren Urteils – nämlich des Urteils, das die Vertreter der offiziellen Wissenschaft über die junge Psychoanalyse gefällt hatten. Ich habe mich schon einmal in einer historischen Darstellung darüber beklagt und werde es nicht wieder tun – vielleicht war schon dies eine Mal zuviel –, aber wirklich, es gab keine Verletzung der Logik, aber auch keine des Anstands und guten Geschmacks, die sich die wissenschaftlichen Gegner der Psychoanalyse damals nicht gestattet hätten. Es war eine Situation, wie sie im Mittelalter verwirklicht war, wenn ein Missetäter oder auch nur ein politischer Gegner an den Pranger gestellt und der Mißhandlung durch den Pöbel preisgegeben wurde. Und Sie machen es sich vielleicht nicht klar, wie weit hinauf in unserer Gesellschaft die Pöbelhaftigkeit reicht und welchen Unfug sich die Menschen erlauben, wenn sie sich als Massenbestandteil und der persönlichen Verantwortung überhoben fühlen. Ich war zu Beginn jener Zeiten ziemlich allein, sah bald ein, daß Polemisieren keine Aussicht habe, daß aber auch das Sich-beklagen und die Anrufung besserer Geister sinnlos sei, da es ja keine Instanzen gäbe, bei denen die Klage anzubringen wäre. Somit ging ich einen anderen Weg; ich machte die erste Anwendung der Psychoanalyse, indem ich mir das Benehmen der Masse als Phänomen desselben Widerstands aufklärte, den ich bei den einzelnen Patienten zu bekämpfen hatte, enthielt mich selbst der Polemik und beeinflußte meine Anhänger, als sie allmählich hinzukamen, nach derselben Richtung. Das Verfahren war gut, der Bann, in den damals die Analyse getan wurde, ist seither aufgehoben worden, aber wie ein verlassener Glaube als Aberglaube fortlebt, eine von der Wissenschaft aufgegebene Theorie als Volksmeinung erhalten bleibt, so setzt sich heute jene ursprüngliche Ächtung der Psychoanalyse durch wissenschaftliche Kreise in der spöttischen Geringschätzung der Bücher schreibenden oder Konversation machenden Laien fort. Darüber werden Sie sich also nicht mehr verwundern.

Nun erwarten Sie aber nicht, die frohe Botschaft zu hören, der Kampf um die Analyse sei zu Ende und habe mit ihrer Anerkennung als Wissenschaft, ihrer Zulassung als Lehrstoff zur Universität geendet. Es ist keine Rede davon, er setzt sich fort, nur in mehr gesitteten Formen. Neu ist auch, daß sich in der wissenschaftlichen Gesellschaft eine Art von Pufferschicht zwischen der Analyse und ihren Gegnern gebildet hat, Leute, die etwas an der Analyse gelten lassen, es auch unter ergötzlichen Verklausulierungen bekennen, dafür anderes ablehnen, wie sie nicht laut genug verkünden können. Was sie bei dieser Auswahl bestimmt, ist nicht leicht zu erraten. Es scheinen persönliche Sympathien zu sein. Der eine nimmt Anstoß an der Sexualität, der andere am Unbewußten; besonders unbeliebt scheint die Tatsache der Symbolik zu sein. Daß das Gebäude der Psychoanalyse, obwohl unfertig, doch schon heute eine Einheit darstellt, aus der nicht jeder nach seiner Willkür Elemente herausbrechen kann, scheint für diese Eklektiker nicht in Betracht zu kommen. Von keinem dieser Halb- oder Viertelanhänger konnte ich den Eindruck bekommen, daß ihre Ablehnung auf Nachprüfung begründet war. Auch manche hervorragende Männer gehören zu dieser Kategorie. Sie sind freilich entschuldigt durch die Tatsache, daß ihre Zeit wie ihr Interesse anderen Dingen gehören, nämlich jenen, in deren Bewältigung sie so Bedeutendes geleistet haben. Aber sollten sie dann nicht lieber mit ihrem Urteil zurückhalten, anstatt so entschieden Partei zu nehmen? Bei einem dieser Großen gelang mir einmal eine rasche Bekehrung. Es war ein weltberühmter Kritiker, der den geistigen Strömungen der Zeit mit wohlwollendem Verständnis und prophetischem Scharfblick gefolgt war. Ich lernte ihn erst kennen, als er das achtzigste Jahr überschritten hatte, aber er war noch immer bezaubernd im Gespräch. Sie werden leicht erraten, wen ich meine. Ich war es auch nicht, der auf die Psychoanalyse zu reden kam. Er tat es, indem er sich auf die bescheidenste Weise an mir maß. „Ich bin nur ein Literat", sagte er, „aber Sie sind ein Naturforscher und Entdecker. Aber das eine muß ich Ihnen sagen: ich habe nie sexuelle Gefühle für meine Mutter gehabt." „Aber das brauchen Sie ja gar nicht gewußt zu haben", war meine Erwiderung, „das sind ja für den Erwachsenen unbewußte Vorgänge." „Ach, so meinen Sie das", sagte er erleichtert und drückte meine Hand. Wir plauderten noch einige Stunden im besten Einvernehmen. Ich hörte später, daß er in dem kurzen Lebensrest, der ihm noch vergönnt war, sich wiederholt freundlich über die Analyse äußerte und gerne das ihm neue Wort „Verdrängung" gebrauchte.

Ein bekannter Spruch mahnt, man soll von seinen Feinden lernen. Ich gestehe, daß mir dies nie gelungen ist, aber ich dachte doch, es könnte für Sie lehrreich werden, wenn ich mit Ihnen eine Musterung aller der Vorwürfe und Einwendungen vornähme, die die Gegner der Psychoanalyse gegen sie erhoben haben, und dann auf die so leicht aufzudeckenden Ungerechtigkeiten und Verstöße gegen die Logik hinwiese. Aber *„on second thoughts"* habe ich mir gesagt, das würde gar nicht interessant, sondern ermüdend und peinlich werden und gerade das sein, was ich in all diesen Jahren sorgfältig vermieden habe. Entschuldigen Sie mich also, wenn ich diesen Weg nicht weiter verfolge und Sie mit den Urteilen unserer sogenannt wissenschaftlichen Gegner verschone. Handelt es sich doch fast immer um Personen, deren einziger Befähigungsnachweis die Unbefangenheit ist, die sie sich durch Fernhaltung von den Erfahrungen der Psychoanalyse bewahrt haben. Aber ich weiß, so leichten Kaufs werden Sie mich nicht in anderen Fällen entlassen. Sie werden mir vorhalten: Es gibt doch soviel Personen, für die Ihre letzte Bemerkung nicht zutrifft. Diese sind der analytischen Erfahrung nicht ausgewichen, haben Patienten analysiert, sind vielleicht selbst analysiert worden, waren sogar eine Zeit lang Ihre Mitarbeiter und sind doch zu anderen Auffassungen und Theorien gekommen, auf Grund deren sie von Ihnen abgefallen sind und selbständige Schulen der Psychoanalyse begründet haben. Über die Möglichkeit und Bedeutung dieser in der Geschichte der Analyse so häufigen Abfallsbewegungen sollten Sie uns Aufklärung geben.

Ja, ich will es versuchen; in Kürze zwar, denn es kommt dabei weniger für das Verständnis der Analyse heraus, als Sie erwarten mögen. Ich weiß, Sie denken in erster Linie an die *Adlersche* Individualpsychologie, die z. B. in Amerika als eine gleichberechtigte Nebenlinie unserer Psychoanalyse betrachtet und regelmäßig mit ihr zusammen genannt wird. In Wirklichkeit hat sie sehr wenig mit ihr zu tun, führt aber infolge gewisser historischer Umstände eine Art von parasitärer Existenz auf ihre Kosten. Auf ihren Gründer treffen die Bedingungen, die wir für die Gegner dieser Gruppe angenommen haben, nur in geringem Ausmaß zu. Der Name selbst ist unpassend, scheint ein Produkt der Verlegenheit; wir können uns seine berechtigte Verwendung als Gegensatz zu Massenpsychologie nicht stören lassen; auch was wir treiben ist zumeist und vor allem Psychologie des menschlichen Individuums. In eine objektive Kritik der Adlerschen Individualpsychologie werde ich heute nicht eingehen, sie liegt nicht im Plan dieser Einführung, auch habe ich sie schon einmal versucht und habe wenig Anlaß, etwas an ihr zu ändern. Den Eindruck, den sie hervorruft, will ich aber durch eine kleine Begebenheit in den Jahren vor der Analyse illustrieren.

In der Nähe der mährischen Kleinstadt, in der ich geboren bin und die ich als Kind von drei Jahren verlassen habe, befindet sich ein bescheidener Kurort, schön im Grünen gelegen. In den Gymnasialjahren war ich mehrmals auf Ferien dort. Etwa zwei Jahrzehnte später wurde die Erkrankung einer nahen Verwandten der Anlaß, diesen Ort wiederzusehen. In einer Unterhaltung mit dem Kurarzt, der meiner Verwandten Beistand geleistet hatte, erkundigte ich mich auch nach seinen Beziehungen zu den – ich glaube – slowakischen Bauern, die im Winter seine einzige Klientel bildeten. Er erzählte, die ärztliche Tätigkeit spiele sich in folgender Weise ab: Zur Stunde seiner Ordination kommen die Patienten in sein Zimmer und stellen sich in einer Reihe auf. Einer nach dem anderen tritt dann hervor und klagt über seine Beschwerden. Er hat Kreuzschmerzen oder Magenkrämpfe oder Müdigkeit in den Beinen usw. Dann untersucht er ihn und nachdem er sich orientiert hat, ruft er ihm die Diagnose zu, in jedem Fall die nämliche. Er übersetzte mir das Wort, es heiße soviel wie „verhext". Ich fragte erstaunt, ob die Bauern denn keinen Anstoß daran nehmen, daß er bei allen Kranken denselben Befund habe. „O nein", erwiderte er, „sie sind sehr zufrieden damit, es ist das, was sie erwartet haben. Jeder, der in die Reihe zurücktritt, deutet den anderen durch Mienen und Gebärden: „Ja, das ist einer, der's versteht." Wenig ahnte ich damals, unter welchen Verhältnissen ich einer analogen Situation wieder begegnen würde.

Ob nämlich einer ein Homosexueller ist oder ein Nekrophile, ein verängstigter Hysteriker, ein abgesperrter Zwangsneurotiker oder ein tobender Wahnsinniger, in jedem Fall wird der Individualpsychologe Adlerscher Richtung als das treibende Motiv seines Zustandes angeben, daß er sich zur Geltung bringen, seine Minderwertigkeit überkompensieren, oben bleiben, von der weiblichen auf die männliche Linie gelangen will. Etwas ganz Ähnliches hatten wir als junge Studenten auf der Klinik gehört, wenn einmal ein Fall von Hysterie vorgestellt wurde: Die Hysterischen erzeugen ihre Symptome, um sich interessant zu machen, die Aufmerksamkeit auf sich zu ziehen. Wie doch alte Weisheiten immer wiederkehren! Aber dieses Stückchen Psychologie schien uns schon damals die Rätsel der Hysterie nicht zu decken, es ließ z. B. unerklärt, warum die Kranken sich keiner anderen Mittel zur Erreichung ihrer Absicht bedienen. Etwas an dieser Lehre der Individualpsychologen muß natürlich richtig sein, ein Partikelchen für das Ganze. Der Selbsterhaltungstrieb wird versuchen, sich jede Situation zunutze zu machen, das Ich wird auch das Kranksein zum Vorteil wenden wollen. Man nennt das in der Psychoanalyse den „sekundären Krankheitsgewinn". Freilich, wenn man an die Tatsachen des Masochismus denkt, des unbewußten Strafbedürfnisses und der neurotischen Selbstschädigung, die die Annahme von Triebregungen nahelegen, welche der Selbsterhaltung zuwiderlaufen, wird man auch an der Allgemeingültigkeit jener banalen Wahrheit irre, auf der das Lehrgebäude der Individualpsychologie erbaut ist. Aber der großen Menge muß eine solche Lehre hoch willkommen sein, die keine Komplikationen anerkennt, keine neuen, schwer faßbaren Begriffe einführt, vom Unbewußten nichts weiß, das auf Allen lastende Problem der Sexualität mit einem Hieb beseitigt, sich auf die Aufdeckung der Schliche beschränkt, mit denen man sich das Leben bequem machen will. Denn die Menge ist selbst bequem, verlangt zur Erklärung nicht mehr als einen Grund, dankt der Wissenschaft nicht für ihre Weitläufigkeiten, will einfache Lösungen haben und Probleme erledigt wissen. Erwägt man, wie sehr die Individualpsychologie diesen Anforderungen entgegenkommt, so kann man die Erinnerung an einen Satz im *Wallenstein* nicht zurückdrängen:

> „Wär' der Gedank' nicht so verwünscht gescheidt,
> Man wär' versucht, ihn herzlich dumm zu nennen."

Die Kritik der Fachkreise, so unerbittlich gegen die Psychoanalyse, hat die Individualpsychologie im allgemeinen mit Samthandschuhen angefaßt. Es hat sich zwar in Amerika ereignet, daß einer der angesehensten Psychiater einen Aufsatz gegen *Adler* veröffentlichte, den er „*Enough*" überschrieb, in dem er seinem Überdruß an dem „Wiederholungszwang" der Individualpsychologen energischen Ausdruck gab. Wenn andere sich weit liebenswürdiger benommen haben, so hat wohl die Gegnerschaft gegen die Analyse viel dazu getan.

Über andere Schulen, die von unserer Psychoanalyse abgezweigt haben, brauche ich nicht viel zu sagen. Daß es geschehen ist, läßt sich weder für noch gegen den Wahrheitsgehalt der Psychoanalyse verwerten. Denken Sie an die starken affektiven Momente, die es Vielen schwer machen, sich einzuordnen oder unterzuordnen, und an die noch größere Schwierigkeit, die der Spruch *quot capita tot sensus* mit Recht betont. Wenn die Meinungsverschiedenheiten ein gewisses Maß überschritten hatten, wurde es das Zweckmäßigste, sich zu trennen und von da an verschiedene Wege zu gehen, besonders wenn die theoretische Differenz eine Änderung des praktischen Handelns zur Folge hatte. Nehmen Sie z. B. an, daß ein Analytiker den Einfluß der persönlichen Vergangenheit geringschätzt und die Verursachung der Neurosen ausschließlich in gegenwärtigen Motiven und auf die Zukunft gerichteten Erwartungen sucht. Dann wird er auch die Analyse der Kindheit vernachlässigen, überhaupt eine andere Technik einschlagen und den Ausfall der Ergebnisse aus der Kindheitsanalyse durch Steigerung seines lehrhaften Einflusses und durch direkte Hinweise auf bestimmte Lebensziele wettmachen müssen. Wir anderen werden dann sagen: Das mag eine Schule der Weisheit sein, ist aber keine Analyse mehr. Oder ein anderer mag zur Einsicht gekommen sein, daß das Angsterlebnis der Geburt den Keim zu allen späteren neurotischen Störungen legt; dann mag es ihm rechtmäßig erscheinen, die Analyse auf die Wirkungen dieses einen Eindrucks einzuschränken und therapeutischen Erfolg von einer drei- bis viermonatigen Behandlung zu versprechen. Sie merken, ich habe zwei Beispiele gewählt, die von diametral entgegengesetzten Voraussetzungen ausgehen. Es ist ein fast allgemeiner Charakter dieser „Abfallsbewegungen", daß eine jede sich eines Stücks aus dem Motivenreichtum der Psychoanalyse bemächtigt und sich auf Grund dieser Besitzergreifung selbständig macht, etwa des Machttriebs, des ethischen Konflikts, der Mutter, der Genitalität usw. Wenn es Ihnen scheint, daß solche Sezessionen in der Geschichte der

Psychoanalyse heute schon häufiger sind als bei anderen geistigen Bewegungen, so weiß ich nicht, ob ich Ihnen Recht geben soll. Wenn es so ist, so muß man die innigen Beziehungen zwischen theoretischen Ansichten und therapeutischem Handeln dafür verantwortlich machen, die in der Psychoanalyse bestehen. Meinungsverschiedenheiten allein würden weit länger ertragen werden. Man liebt es, uns Psychoanalytikern Intoleranz vorzuwerfen. Die einzige Äußerung dieser häßlichen Eigenschaft war eben die Trennung von den anders Denkenden. Sonst wurde ihnen nichts angetan; im Gegenteile, sie sind auf die Butterseite gefallen, haben es seither besser als vorhin, denn bei ihrem Ausscheiden haben sie sich gewöhnlich von einer der Belastungen frei gemacht, unter denen wir keuchen – vom Odium der kindlichen Sexualität etwa oder von der Lächerlichkeit der Symbolik – und gelten jetzt der Umwelt als halbswegs ehrlich, was wir, die Zurückgebliebenen, noch immer nicht sind. Auch haben sie sich – bis auf eine bemerkenswerte Ausnahme – selbst ausgeschlossen.

Was für Ansprüche erheben Sie noch im Namen der Toleranz? Daß, wenn jemand eine Meinung geäußert hat, die wir für grundfalsch halten, wir ihm sagen: „Danke Ihnen schön, daß Sie diesen Widerspruch geäußert haben. Sie schützen uns gegen die Gefahr der Selbstgefälligkeit und geben uns Gelegenheit, den Amerikanern zu beweisen, daß wir wirklich so *„broadminded"* sind, wie sie es immer wünschen. Wir glauben zwar kein Wort von dem, was Sie sagen, aber das macht nichts. Wahrscheinlich haben Sie ebenso recht wie wir. Wer kann denn überhaupt wissen, wer recht hat? Erlauben Sie uns, daß wir trotz der Gegnerschaft Ihre Ansicht in der Literatur vertreten. Wir hoffen, Sie werden die Liebenswürdigkeit haben, sich dafür für unsere einzusetzen, die Sie verwerfen." Dies wird offenbar in der Zukunft die Gepflogenheit im wissenschaftlichen Betrieb werden, wenn sich der Mißbrauch der *Einsteinschen* Relativität vollends durchgesetzt hat. Es ist wahr, vorläufig haben wir es noch nicht so weit gebracht. Wir beschränken uns nach alter Manier darauf, nur unsere eigenen Überzeugungen zu vertreten, setzen uns der Gefahr des Irrtums aus, weil man sich dagegen nicht schützen kann, und lehnen ab, was uns widerspricht. Von dem Recht, unsere Meinungen abzuändern, wenn wir glauben, etwas Besseres gefunden zu haben, haben wir in der Psychoanalyse reichlich Gebrauch gemacht.

Es war eine der ersten Anwendungen der Psychoanalyse, daß sie uns die Gegnerschaft verstehen lehrte, die uns die Mitwelt bewies, weil wir Psychoanalyse trieben. Andere Anwendungen, von objektiver Natur, können ein allgemeineres Interesse beanspruchen. Unsere erste Absicht war ja, die Störungen des menschlichen Seelenlebens zu verstehen, weil eine merkwürdige Erfahrung gezeigt hatte, daß hier Verständnis und Heilung beinahe zusammenfallen, daß ein gangbarer Weg von dem einen zum anderen führt. Es war auch lange Zeit die einzige Absicht. Aber dann erkannten wir die nahen Beziehungen, ja die innere Identität zwischen den pathologischen und den sogenannt normalen Vorgängen, die Psychoanalyse wurde zur Tiefenpsychologie, und da nichts, was Menschen schaffen oder treiben, ohne Mithilfe der Psychologie verständlich ist, ergaben sich die Anwendungen der Psychoanalyse auf zahlreiche Wissensgebiete, besonders geisteswissenschaftliche, von selbst, drängten sich auf und forderten Bearbeitung. Leider stießen diese Aufgaben auf Hindernisse, die, in der Sachlage begründet, auch heute noch nicht überwunden sind. Eine solche Anwendung setzt fachliche Kenntnisse voraus, die der Analytiker nicht besitzt, während diejenigen, die sie besitzen, die Fachleute, von Analyse nichts wissen und vielleicht nichts wissen wollen. Es hat sich also ergeben, daß die Analytiker als Dilettanten mit mehr oder weniger zureichender Ausrüstung, oft in Eile zusammengerafft, Einfälle in jene Wissensgebiete unternommen haben, wie Mythologie, Kulturgeschichte, Ethnologie, Religionswissenschaft usw. Sie wurden von den dort ansässigen Forschern nicht besser behandelt als Eindringlinge überhaupt, ihre Methoden wie ihre Resultate, soweit sie Aufmerksamkeit fanden, zunächst abgelehnt. Aber diese Verhältnisse sind in stetiger Besserung, auf allen Gebieten wächst die Anzahl der Personen, die Psychoanalyse studieren, um sie in ihrem Spezialfach zu verwerten, als Kolonisten die Pioniere abzulösen. Wir dürfen hier eine reiche Ernte an neuen Einsichten erwarten. Anwendungen der Analyse sind auch immer Bestätigungen derselben. Dort, wo die wissenschaftliche Arbeit von einer praktischen Betätigung weiter entfernt ist, werden wohl auch die unvermeidlichen Meinungskämpfe weniger erbittert ausfallen.

Ich empfinde es als eine starke Versuchung, Sie durch all die Anwendungen der Psychoanalyse auf die Geisteswissenschaften zu führen. Es sind Dinge, wissenswert für jeden Menschen mit geistigen Interessen, und eine Zeitlang nichts von Abnormität und Krankheit zu hören, wäre eine verdiente Erholung. Aber ich muß darauf verzichten, es führte uns wiederum über den Rahmen dieser Vorträge hinaus und, ehrlich gestanden, ich wäre der Aufgabe auch nicht gewachsen. Auf einigen dieser Gebiete habe ich zwar selbst den ersten Schritt getan, aber heute übersehe ich die Fülle nicht mehr und hätte viel zu studieren, um zu bewältigen, was seit meinen Anfängen hinzugekommen ist. Die unter Ihnen, die durch meine Absage enttäuscht sind, mögen sich an unserer Zeitschrift *Imago* schadlos halten, die für die nicht medizinischen Anwendungen der Analyse bestimmt ist.

Nur an einem Thema kann ich nicht so leicht vorbeigehen, nicht weil ich besonders viel davon verstehe oder selbst soviel dazugetan habe. Ganz im Gegenteil, ich habe mich kaum je damit beschäftigt. Aber es ist so überaus wichtig, so reich an Hoffnungen für die Zukunft, vielleicht das Wichtigste von allem, was die Analyse betreibt. Ich, meine die Anwendung der Psychoanalyse auf die Pädagogik, die Erziehung der nächsten Generation. Ich freue mich wenigstens sagen zu können, daß meine Tochter *Anna Freud* sich diese Arbeit zur Lebensaufgabe gesetzt hat, mein Versäumnis auf solche Art wiedergutmacht. Der Weg, der zu dieser Anwendung geführt hat, ist leicht zu übersehen. Wenn wir in der Behandlung eines erwachsenen Neurotikers der Determinierung seiner Symptome nachspürten, wurden wir regelmäßig bis in seine frühe Kindheit zurückgeleitet. Die Kenntnis der späteren Ätiologien reichte weder für das Verständnis noch für die therapeutische Wirkung aus. So wurden wir genötigt, uns mit den psychischen Besonderheiten des Kindesalters bekanntzumachen, und erfuhren eine Menge von Dingen, die anders als durch Analyse nicht zu erfahren waren, konnten auch viele allgemein geglaubte Meinungen über die Kindheit richtigstellen. Wir erkannten, daß den ersten Kinderjahren (etwa bis fünf) aus mehreren Gründen eine besondere Bedeutung zukommt. Erstens, weil sie die Frühblüte der Sexualität enthalten, die für das Sexualleben der Reifezeit entscheidende Anregungen hinterläßt. Zweitens, weil die Eindrücke dieser Zeit auf ein unfertiges und schwaches Ich treffen, auf das sie wie Traumen wirken. Das Ich kann sich der Affektstürme, die sie hervorrufen, nicht anders als durch Verdrängung erwehren und erwirbt solcherart im Kindesalter alle Dispositionen zu späteren Erkrankungen und Funktionsstörungen. Wir haben verstanden, die Schwierigkeit der Kindheit liegt darin, daß das Kind in einer kurzen Spanne Zeit sich die Resultate einer Kulturentwicklung aneignen soll, die sich über Jahrzehntausende erstreckt, Triebbeherrschung und soziale Anpassung, wenigstens die ersten Stücke von beiden. Nur einen Teil dieser Veränderung kann es durch seine eigene Entwicklung erreichen, vieles muß ihm von der Erziehung aufgedrängt werden. Wir verwundern uns nicht, wenn das Kind diese Aufgabe oft nur unvollkommen bewältigt. Viele Kinder machen in diesen frühen Zeiten Zustände durch, die man den Neurosen gleichstellen darf, gewiß alle, die späterhin manifest erkranken. Bei manchen Kindern wartet die neurotische Erkrankung nicht die Zeit der Reife ab, sie bricht schon in der Kinderzeit aus und macht Eltern und Ärzten zu schaffen.

Wir haben kein Bedenken getragen, die analytische Therapie bei solchen Kindern anzuwenden, die entweder unzweideutige neurotische Symptome zeigen oder auf dem Weg zu einer ungünstigen Charakterentwicklung waren. Die Besorgnis, dem Kind durch die Analyse zu schaden, der Gegner der Analyse Ausdruck gegeben haben, erwies sich als unbegründet. Unser Gewinn bei diesen Unternehmungen war, daß wir am lebenden Objekt bestätigen konnten, was wir beim Erwachsenen sozusagen aus historischen Dokumenten erschlossen hatten. Aber auch der Gewinn für die Kinder war sehr erfreulich. Es ergab sich, daß das Kind ein sehr günstiges Objekt für die analytische Therapie ist; die Erfolge sind gründliche und halten an. Natürlich muß man die für Erwachsene ausgearbeitete Technik der Behandlung für das Kind weitgehend abändern. Das Kind ist psychologisch ein anderes Objekt als der Erwachsene, es besitzt noch kein Über-Ich, die Methode der freien Assoziation trägt nicht weit, die Übertragung spielt, da die realen Eltern noch vorhanden sind, eine andere Rolle. Die inneren Widerstände, die wir beim Erwachsenen bekämpfen, sind beim Kind zumeist durch äußere Schwierigkeiten ersetzt. Wenn sich die Eltern zu Trägern des Widerstandes machen, wird oft das Ziel der Analyse oder diese selbst gefährdet, daher ist es oft notwendig, mit der Analyse des Kindes ein Stück analytischer Beeinflussung der Eltern zu verbinden. Anderseits werden die unvermeidlichen Abweichungen der Kinderanalyse von der Erwachsener durch den Umstand verringert, daß manche unserer Patienten soviel infantile Charakterzüge bewahrt haben, daß der Analytiker, wiederum in Anpassung an das Objekt, nicht umhin kann, sich bei ihnen gewisser Techniken der Kinderanalyse zu bedienen. Es hat sich von selbst ergeben, daß die Kinderanalyse die Domäne weiblicher Analytiker geworden ist, und dabei wird es wohl bleiben.

Die Einsicht, daß die meisten unserer Kinder in ihrer Entwicklung eine neurotische Phase durchmachen, trägt den Keim einer hygienischen Forderung in sich. Man kann die Frage aufwerfen, ob es nicht zweckmäßig wäre, dem Kind mit einer Analyse zu Hilfe zu kommen, auch wenn es keine Anzeichen von Störung zeigt, als eine Maßregel der Fürsorge für seine Gesundheit, so wie man heute gesunde Kinder gegen Diphtherie impft, ohne abzuwarten, ob sie an Diphtherie erkranken. Die Diskussion dieser Frage hat heute nur ein akademisches Interesse; ich kann mir gestatten, sie vor Ihnen zu erörtern; der großen Menge unserer Zeitgenossen würde schon das Projekt als ein ungeheurer Frevel erscheinen, und bei der Stellung der meisten Elternpersonen zur Analyse muß man derzeit jede Hoffnung auf dessen Durchführung aufgeben. Eine solche Prophylaxe der Nervosität, die wahrscheinlich sehr wirksam sein würde, setzt auch eine ganz andere Verfassung der Gesellschaft voraus. Das Stichwort für die Anwendung der Psychoanalyse auf die Erziehung fällt heute an anderer Stelle. Machen wir uns klar, was die nächste Aufgabe der Erziehung ist. Das Kind soll Triebbeherrschung lernen. Ihm die Freiheit geben, daß es uneingeschränkt allen seinen Impulsen folgt, ist unmöglich. Es wäre ein sehr lehrreiches Experiment für Kinderpsychologen, aber die Eltern könnten dabei nicht leben und die Kinder selbst würden zu großem Schaden kommen, wie es sich zum Teil sofort, zum anderen Teil in späteren Jahren zeigen würde. Die Erziehung muß also hemmen, verbieten, unterdrücken und hat dies auch zu allen Zeiten reichlich besorgt. Aber aus der Analyse haben wir erfahren, daß gerade diese Triebunterdrückung die Gefahr der neurotischen Erkrankung mit sich bringt. Sie erinnern sich, wir haben eingehend untersucht, auf welchen Wegen dies geschieht. Die Erziehung hat also ihren Weg zu suchen zwischen der Scylla des Gewähren- lassens und der Charybdis des Versagens. Wenn die Aufgabe nicht überhaupt unlösbar ist, muß ein Optimum für die Erziehung aufzufinden sein, wie sie am meisten leisten und am wenigsten schaden kann. Es wird sich darum handeln zu entscheiden, wieviel man verbieten darf, zu welchen Zeiten und mit welchen Mitteln. Und dann hat man noch in Rechnung zu setzen, daß die Objekte der erziehlichen Beeinflussung sehr verschiedene konstitutionelle Veranlagungen mitbringen, so daß das nämliche Vorgehen des Erziehers unmöglich für alle Kinder gleich gut sein kann. Die nächste Erwägung lehrt, daß die Erziehung bisher ihre Aufgabe sehr schlecht erfüllt und den Kindern großen Schaden zuge- fügt hat. Wenn sie das Optimum findet und ihre Aufgabe in idealer Weise löst, dann kann sie hoffen, den einen Faktor in der Ätiologie der Erkrankung, den Einfluß der akzidentellen Kindheitstraumen, auszulöschen. Den anderen, die Macht einer unbotmäßigen Triebkonstitution, kann sie auf keinen Fall besei- tigen. Überlegt man nun die schwierigen Aufgaben, die dem Erzieher gestellt sind, die konstitutionelle Eigenart des Kindes zu erkennen, aus kleinen Anzei- chen zu erraten, was sich in seinem unfertigen Seelenleben abspielt, ihm das richtige Maß von Liebe zuzuteilen und doch ein wirksames Stück Autorität auf- rechtzuhalten, so sagt man sich, die einzig zweckmäßige Vorbereitung für den Beruf des Erziehers ist eine gründliche psychoanalytische Schulung. Am besten ist es, wenn er selbst analysiert worden ist, denn ohne Erfahrung an der eigenen Person kann man sich die Analyse doch nicht zu eigen machen. Die Analyse der Lehrer und Erzieher scheint eine wirksamere prophylaktische Maßregel als die der Kinder selbst, auch setzen sich ihrer Durchführung geringere Schwierigkei- ten entgegen.

Nur nebenbei sei einer indirekten Förderung der Kindererziehung durch die Analyse gedacht, die mit der Zeit zu größerem Einfluß kommen kann. Eltern, die selbst eine Analyse erfahren haben und ihr viel verdanken, darunter die Ein- sicht in die Fehler ihrer eigenen Erziehung, werden ihre Kinder mit besserem Verständnis behandeln und ihnen vieles ersparen, was ihnen selbst nicht erspart geblieben war. Parallel mit den Bemühungen der Analytiker um die Beeinflus- sung der Erziehung laufen andere Untersuchungen über die Entstehung und Verhütung der Verwahrlosung und der Kriminalität. Auch hier öffne ich Ihnen nur die Türe und zeige Ihnen die Gemächer dahinter, führe Sie aber nicht hin- ein. Ich weiß, wenn Ihr Interesse der Psychoanalyse treu bleibt, werden Sie über diese Dinge viel Neues und Wertvolles hören können. Ich mag aber das Thema der Erziehung nicht verlassen, ohne eines bestimmten Gesichtspunktes zu gedenken. Es ist – und gewiß mit Recht – gesagt worden, jede Erziehung sei eine parteiisch gerichtete, strebe an, daß sich das Kind der bestehenden Gesellschaftsordnung einordne, ohne Rücksicht darauf, wie wertvoll oder wie haltbar diese an sich sei. Wenn man von den Mängeln unserer gegenwärtigen sozialen Einrichtungen überzeugt ist, kann man es nicht rechtfertigen, die psychoanalytisch gerichtete Erziehung noch in ihren Dienst zu stellen. Man muß ihr ein anderes, höheres Ziel setzen, das sich von den herrschenden sozialen Anforderungen frei gemacht hat. Ich meine aber, dies Argument ist hier nicht am Platz. Die Forderung geht über die Funktionsberechtigung der Analyse hinaus. Auch der Arzt, der zur Behandlung einer Pneumonie gerufen wird, hat sich nicht darum zu kümmern, ob der Erkrankte ein braver Mann, ein Selbstmörder oder ein Verbrecher ist, ob er verdient am Leben zu bleiben und ob man es ihm wünschen soll. Auch dies andere Ziel, das man der Erziehung setzen will, wird ein parteiisches sein, und es ist nicht Sache des Analytikers, zwischen den Parteien zu entscheiden. Ich sehe ganz ab davon, daß man der Psychoanalyse jeden Einfluß auf die Erziehung verweigern wird, wenn sie sich zu Absichten bekennt, die mit der bestehenden sozialen Ordnung unvereinbar sind. Die psychoanalytische Erziehung nimmt eine ungebetene Verantwortung auf sich, wenn sie sich vorsetzt, ihren Zögling zum Aufrührer zu modeln. Sie hat das ihrige getan, wenn sie ihn möglichst gesund und leistungsfähig entläßt. In ihr selbst sind genug revolutionäre Momente enthalten, um zu versichern, daß der von ihr Erzogene im späteren Leben sich nicht auf die Seite des Rückschritts und der Unterdrückung stellen wird. Ich meine sogar, revolutionäre Kinder sind in keiner Hinsicht wünschenswert.

Meine Damen und Herren! Ich habe noch vor, Ihnen einige Worte über die Psychoanalyse als Therapie zu sagen. Das Theoretische darüber habe ich schon vor 15 Jahren besprochen und kann es heute auch nicht anders formulieren; die Erfahrung dieser Zwischenzeit soll nun auch zu Worte kommen. Sie wissen, die Psychoanalyse ist als Therapie entstanden, sie ist weit darüber hinausgewachsen, hat aber ihren Mutterboden nicht aufgegeben und ist für ihre Vertiefung und Weiterentwicklung immer noch an den Umgang mit Kranken gebunden. Die gehäuften Eindrücke, aus denen wir unsere Theorien entwickeln, können auf andere Weise nicht gewonnen werden. Die Mißerfolge, die wir als Therapeuten erfahren, stellen uns immer wieder neue Aufgaben, die Anforderungen des realen Lebens sind ein wirksamer Schutz gegen das Überwuchern der Spekulation, die wir in unserer Arbeit doch auch nicht entbehren können. Mit welchen Mitteln die Psychoanalyse den Kranken hilft, wenn sie hilft, und auf welchen Wegen, das haben wir schon vor Zeiten erörtert; heute wollen wir fragen, wieviel sie leistet.

Sie wissen vielleicht, ich war nie ein therapeutischer Enthusiast; es ist keine Gefahr, daß ich diesen Vortrag zu Anpreisungen mißbrauche. Ich sage lieber zu wenig als zu viel. Zur Zeit, als ich noch der einzige Analytiker war, pflegte ich von Personen, die meiner Sache angeblich freundlich gesinnt waren, zu hören: Das ist alles recht schön und geistreich, aber zeigen Sie mir einen Fall, den Sie durch Analyse geheilt haben. Das war eine der vielen Formeln, die einander im Lauf der Zeiten in der Funktion abgelöst haben, die unbequeme Neuheit beiseite zu schieben. Sie ist heute ebenso veraltet wie viele andere – der Stoß von Dankbriefen geheilter Patienten findet sich auch in der Mappe des Analytikers. Dabei macht die Analogie nicht Halt. Die Psychoanalyse ist wirklich eine Therapie wie andere auch. Sie hat ihre Triumphe wie ihre Niederlagen, ihre Schwierigkeiten, Einschränkungen, Indikationen. Zu einer gewissen Zeit lautete eine Anklage gegen die Analyse, sie sei als Therapie nicht ernst zu nehmen, denn sie getraue sich nicht, eine Statistik ihrer Erfolge bekanntzugeben. Seither hat das von *Dr. Max Eitingon* gegründete psychoanalytische Institut in Berlin einen Rechenschaftsbericht über sein erstes Jahrzehnt veröffentlicht. Die Heilerfolge geben weder einen Grund, damit zu prahlen, noch sich ihrer zu schämen. Aber solche Statistiken sind überhaupt nicht lehrreich, das verarbeitete Material ist so heterogen, daß nur sehr große Zahlen etwas besagen würden. Man tut besser, seine Einzelerfahrungen zu befragen. Da möchte ich sagen, ich glaube nicht, daß unsere Heilerfolge es mit denen von Lourdes aufnehmen können. Es gibt soviel mehr Menschen, die an die Wunder der heiligen Jungfrau, als die an die Existenz des Unbewußten glauben. Wenden wir uns zur irdischen Konkurrenz, so haben wir die psychoanalytische Therapie mit den anderen Methoden der Psychotherapie zusammenzustellen. Organische physikalische Behandlungen neurotischer Zustände braucht man heute kaum zu erwähnen. Als psychotherapeutisches Verfahren steht die Analyse nicht im Gegensatz zu den anderen Methoden dieses ärztlichen Spezialfachs; sie entwertet sie nicht, schließt sie nicht aus. Es ginge in der Theorie sehr gut zusammen, daß ein Arzt, der sich Psychotherapeut nennen will, die Analyse neben allen anderen Heilmethoden bei seinen Kranken verwendet, je nach der Eigenart des Falles und der Gunst oder Ungunst äußerer Verhältnisse. In der Wirklichkeit ist es die Technik, die die Spezialisierung der ärztlichen Tätigkeit erzwingt. So mußten sich auch Chirurgie und Orthopädie voneinander sondern. Die psychoanalytische Tätigkeit ist schwierig und anspruchsvoll, sie läßt sich nicht gut handhaben wie die Brille, die man beim Lesen aufsetzt und fürs Spazierengehen ablegt. In der Regel hat die Psychoanalyse den Arzt entweder ganz oder gar nicht. Die Psychotherapeuten, die sich gelegentlich auch der Analyse bedienen, stehen nach meiner Kenntnis nicht auf sicherem analytischen Boden; sie haben nicht die ganze Analyse angenommen, sondern sie verwässert, vielleicht „entgiftet"; man kann sie nicht zu den Analytikern zählen. Ich meine, das ist bedauerlich; aber ein Zusammenwirken in der ärztlichen Tätigkeit eines Analytikers mit einem Psychotherapeuten, der sich auf die anderen Methoden des Fachs beschränkt, wäre durchaus zweckmäßig.

Mit den anderen Verfahren der Psychotherapie verglichen, ist die Psychoanalyse das über jeden Zweifel mächtigste. Es ist auch recht und billig so, sie ist auch das mühevollste und zeitraubendste, man wird sie in leichten Fällen nicht anwenden; man kann mit ihr in geeigneten Fällen Störungen beseitigen, Änderungen hervorrufen, auf die man in voranalytischen Zeiten nicht zu hoffen wagte. Aber sie hat auch ihre sehr fühlbaren Schranken. Der therapeutische Ehrgeiz mancher meiner Anhänger hat sich die größte Mühe gegeben, über diese Hindernisse hinwegzukommen, so daß alle neurotischen Störungen durch die Psychoanalyse heilbar würden. Sie haben versucht, die analytische Arbeit in eine verkürzte Dauer zu zwängen, die Übertragung so zu steigern, daß sie allen Widerständen überlegen wird, andere Arten der Beeinflussung mit ihr zu vereinigen, um die Heilung zu erzwingen. Diese Bemühungen sind gewiß lobenswert, aber ich meine, sie sind vergeblich. Sie bringen auch die Gefahr mit sich, daß man selbst aus der Analyse hinausgedrängt wird und in ein uferloses Experimentieren gerät. Die Erwartung, alles Neurotische heilen zu können, ist mir der Abkunft verdächtig von jenem Laienglauben, daß die Neurosen etwas ganz Überflüssiges sind, was überhaupt kein Recht hat zu existieren. In Wahrheit sind sie schwere, konstitutionell fixierte Affektionen, die sich selten auf einige Ausbrüche beschränken, meist über lange Lebensperioden oder das ganze Leben anhalten. Die analytische Erfahrung, daß man sie weitgehend beeinflussen kann, wenn man sich der historischen Krankheitsanlässe und der akzidentellen Hilfsmomente bemächtigt, hat uns veranlaßt, den konstitutionellen Faktor in der therapeutischen Praxis zu vernachlässigen; wir können ihm ja auch nichts anhaben; in der Theorie sollten wir seiner immer gedenken. Schon die durchgängige Unzugänglichkeit der Psychosen für die analytische Therapie sollte bei deren naher Verwandtschaft mit den Neurosen unsere Ansprüche bei diesen letzteren einschränken. Die therapeutische Wirksamkeit der Psychoanalyse bleibt durch eine Reihe von bedeutsamen und kaum angreifbaren Momenten beengt. Beim Kind, wo man auf die größten Erfolge rechnen könnte, sind es die äußerlichen Schwierigkeiten der Elternsituation, die aber doch zum Kindsein gehören. Beim Erwachsenen sind es in erster Linie zwei Momente, das Maß von psychischer Erstarrung und die Krankheitsform mit allem, was sie an tieferen Bestimmungen deckt. Das erste Moment wird mit Unrecht oft übersehen. So groß die Plastizität des seelischen Lebens und die Möglichkeit der Auffrischung alter Zustände auch ist, es läßt sich nicht alles wieder beleben. Manche Veränderungen scheinen endgültig, entsprechen Narbenbildungen nach abgelaufenen Prozessen. Andere Male empfängt man den Eindruck einer allgemeinen Erstarrung des Seelenlebens; die psychischen Vorgänge, die man sehr wohl auf andere Wege weisen könnte, scheinen unfähig, die alten Wege zu verlassen. Aber vielleicht ist das dasselbe wie vorhin, nur anders gesehen. Gar zu häufig glaubt man zu verspüren, daß es der Therapie nur an der erforderlichen Triebkraft fehlt, um die Änderung durchzusetzen. Eine bestimmte Abhängigkeit, eine gewisse Triebkomponente ist zu stark im Vergleich mit den Gegenkräften, die wir mobil machen können. Ganz allgemein ist es so bei den Psychosen. Wir verstehen sie soweit, daß wir wohl wüßten, wo die Hebel anzusetzen wären, aber sie könnten die Last nicht bewegen. Hier knüpft sogar die Zukunftshoffnung an, daß die Kenntnis der Hormonwirkungen – Sie wissen, was das ist – uns die Mittel leiht, mit den quantitativen Faktoren der Erkrankungen erfolgreich zu ringen, aber heute sind wir davon weit entfernt. Ich verstehe, daß die Unsicherheit in all diesen Verhältnissen einen ständigen Antrieb gibt, die Technik der Analyse und besonders der Übertragung zu vervollkommnen. Besonders der Anfänger in der Analyse wird bei einem Mißerfolg im Zweifel bleiben, ob er die Eigenheiten des Falles oder seine ungeschickte Handhabung des therapeutischen Verfahrens beschuldigen soll. Aber ich sagte schon, ich glaube nicht, daß man durch die Bemühungen nach dieser Richtung viel erreichen kann.

Die andere Einschränkung der analytischen Erfolge wird durch die Krankheitsform gegeben. Sie wissen schon, das Anwendungsgebiet der analytischen Therapie sind die Übertragungsneurosen, Phobien, Hysterien, Zwangsneurosen, außerdem noch Abnormitäten des Charakters, die an Stelle solcher Erkrankungen entwickelt worden sind. Alles, was anders ist, narzißtische, psychotische Zustände, ist mehr oder weniger ungeeignet. Nun wäre es ja durchaus legitim, sich durch sorgfältige Ausschließung solcher Fälle vor Mißerfolgen zu schützen. Die Statistiken der Analyse würden durch diese Vorsicht eine große Aufbesserung erfahren. Ja, aber das hat einen Haken. Unsere Diagnosen erfolgen sehr häufig erst nachträglich, sie sind von der Art wie die Hexenprobe des Schottenkönigs, von der ich bei *Victor Hugo* gelesen habe. Dieser König behauptete, im Besitz einer unfehlbaren Methode zu sein, um eine Hexe zu erkennen. Er ließ sie in einem Kessel kochenden Wassers abbrühen und kostete dann die Suppe. Danach konnte er sagen: das war eine Hexe, oder: nein, das war keine. Ähnlich ist es bei uns, nur daß wir die Geschädigten sind. Wir können den Patienten, der zur Behandlung, oder ebenso den Kandidaten, der zur Ausbildung kommt, nicht beurteilen, ehe wir ihn durch einige Wochen oder Monate analytisch studiert haben. Wir kaufen tatsächlich die Katze im Sack. Der Patient brachte unbestimmte, allgemeine Beschwerden mit, die eine sichere Diagnose nicht gestatteten. Nach dieser Probezeit mag sich herausstellen, daß es ein ungeeigneter Fall ist. Wir schicken dann den Kandidaten weg, versuchen dann beim Patienten noch eine Weile, ob wir ihn nicht in günstigerem Licht sehen können. Der Patient rächt sich dadurch, daß er die Liste unserer Mißerfolge vergrößert, der abgewiesene Kandidat, wenn er ein Paranoider ist, etwa indem er selbst psychoanalytische Bücher verfaßt. Sie sehen, unsere Vorsicht hat uns nichts genützt.

Ich besorge, diese detaillierten Ausführungen gehen über Ihr Interesse hinaus. Aber noch mehr müßte es mir leid tun, wenn Sie meinen sollten, es sei meine Absicht, Ihre Achtung vor der Psychoanalyse als Therapie herabzusetzen. Vielleicht habe ich es wirklich ungeschickt angefangen; ich wollte nämlich das Gegenteil, die therapeutischen Beschränkungen der Analyse durch den Hinweis auf deren Unvermeidlichkeit entschuldigen. In derselben Absicht wende ich mich zu einem anderen Punkt, zum Vorwurf, daß die analytische Behandlung unverhältnismäßig lange Zeiten in Anspruch nimmt. Darauf ist zu sagen, psychische Veränderungen vollziehen sich eben nur langsam; wenn sie rasch, plötzlich, eintreten, ist es ein übles Zeichen. Es ist wahr, die Behandlung einer schwereren Neurose zieht sich leicht über mehrere Jahre, aber legen Sie sich im Fall des Erfolgs die Frage vor, wie lange das Leiden gedauert hätte. Wahrscheinlich ein Dezennium für jedes Jahr Behandlung, das heißt das Kranksein wäre, wie wir es so oft an unbehandelten Kranken sehen, überhaupt nie erloschen. In manchen Fällen haben wir Grund, eine Analyse nach vielen Jahren wieder aufzunehmen, das Leben hatte auf neue Anlässe neue krankhafte Reaktionen entwickelt, in der Zwischenzeit war unser Patient gesund gewesen. Die erste Analyse hatte eben nicht alle seine pathologischen Dispositionen zum Vorschein gebracht, und es war natürlich, daß die Analyse eingestellt wurde, nachdem der Erfolg erreicht war. Es gibt auch schwer benachteiligte Menschen, die man ihr ganzes Leben über in analytischer Obhut hält und von Zeit zu Zeit wieder in Analyse nimmt, aber diese Personen wären sonst überhaupt nicht existenzfähig, und man muß froh sein, daß man sie mit dieser fraktionierten und rekurrierenden Behandlung aufrechthalten kann.

Auch die Analyse von Charakterstörungen nimmt lange Behandlungszeiten in Anspruch, aber sie ist oft erfolgreich, und kennen Sie eine andere Therapie, mit der man diese Aufgabe auch nur in Angriff nehmen könnte? Therapeutischer Ehrgeiz mag sich durch diese Angaben unbefriedigt fühlen, allein wir haben am Beispiel der Tuberkulose und des Lupus gelernt, daß man Erfolg erst haben kann, wenn man die Therapie den Charakteren des Leidens angepaßt hat.

Ich sagte Ihnen, die Psychoanalyse begann als eine Therapie, aber nicht als Therapie wollte ich sie Ihrem Interesse empfehlen, sondern wegen ihres Wahrheitsgehalts, wegen der Aufschlüsse, die sie uns gibt über das, was dem Menschen am nächsten geht, sein eigenes Wesen, und wegen der Zusammenhänge, die sie zwischen den verschiedensten seiner Betätigungen aufdeckt. Als Therapie ist sie eine unter vielen, freilich eine *prima inter pares.* Wenn sie nicht ihren therapeutischen Wert hätte, wäre sie nicht an Kranken gefunden und durch mehr als dreißig Jahre entwickelt worden.

XXXV. Vorlesung
Über eine Weltanschauung

Meine Damen und Herren! Bei unserem letzten Beisammensein haben wir uns mit kleinen Alltagssorgen beschäftigt, gleichsam unser bescheidenes eigenes Haus bestellt. Nun wollen wir einen kühnen Anlauf nehmen und uns an die Beantwortung einer Frage wagen, die wiederholt von anderer Seite gestellt worden ist, ob die Psychoanalyse zu einer bestimmten Weltanschauung führt und zu welcher.

Weltanschauung ist, besorge ich, ein spezifisch deutscher Begriff, dessen Übersetzung in fremde Sprachen Schwierigkeiten machen dürfte. Wenn ich eine Definition davon versuche, wird sie Ihnen gewiß ungeschickt erscheinen. Ich meine also, eine Weltanschauung ist eine intellektuelle Konstruktion, die alle Probleme unseres Daseins aus einer übergeordneten Annahme einheitlich löst, in der demnach keine Frage offen bleibt und alles, was unser Interesse hat, seinen bestimmten Platz findet. Es ist leicht zu verstehen, daß der Besitz einer solchen Weltanschauung zu den Idealwünschen der Menschen gehört. Im Glauben an sie kann man sich im Leben sicher fühlen, wissen, was man anstreben soll, wie man seine Affekte und Interessen am zweckmäßigsten unterbringen kann.

Wenn das der Charakter einer Weltanschauung ist, so wird die Antwort für die Psychoanalyse leicht. Als eine Spezialwissenschaft, ein Zweig der Psychologie – Tiefenpsychologie oder Psychologie des Unbewußten –, ist sie ganz ungeeignet, eine eigene Weltanschauung zu bilden, sie muß die der Wissenschaft annehmen. Die wissenschaftliche Weltanschauung entfernt sich aber bereits merklich von unserer Definition. Die Einheitlichkeit der Welterklärung wird zwar auch von ihr angenommen, aber nur als ein Programm, dessen Erfüllung in die Zukunft verschoben ist. Sonst ist sie durch negative Charaktere ausgezeichnet, durch die Einschränkung auf das derzeit Wißbare und die scharfe Ablehnung gewisser, ihr fremder Elemente. Sie behauptet, daß es keine andere Quelle der Weltkenntnis gibt als die intellektuelle Bearbeitung sorgfältig überprüfter Beobachtungen, also was man Forschung heißt, daneben keine Kenntnis aus Offenbarung, Intuition oder Divination. Es scheint, daß diese Auffassung in den letztvergangenen Jahrhunderten der allgemeinen Anerkennung sehr nahe war. Unserem Jahrhundert blieb es vorbehalten, den überheblichen Einwand zu finden, eine solche Weltanschauung sei ebenso armselig wie trostlos, übersehe die Ansprüche des Menschengeistes und die Bedürfnisse der menschlichen Seele.

Man kann diesen Einwand nicht energisch genug zurückweisen. Er ist ganz haltlos, denn Geist und Seele sind in genau der nämlichen Weise Objekte der wissenschaftlichen Forschung wie irgendwelche menschenfremden Dinge. Die Psychoanalyse hat ein besonderes Anrecht, hier das Wort für die wissenschaftliche Weltanschauung zu führen, weil man ihr nicht den Vorwurf machen kann, daß sie das Seelische im Weltbild vernachlässigt habe. Ihr Beitrag zur Wissenschaft besteht gerade in der Ausdehnung der Forschung auf das seelische Gebiet. Ohne eine solche Psychologie wäre allerdings die Wissenschaft sehr unvollständig. Nimmt man aber die Erforschung der intellektuellen und emotionellen Funktionen des Menschen (und der Tiere) in die Wissenschaft auf, so zeigt sich, daß an der Gesamteinstellung der Wissenschaft nichts geändert wird, es ergeben sich keine neuen Quellen des Wissens oder Methoden des Forschens. Intuition und Divination wären solche, wenn sie existierten, aber man darf sie beruhigt zu den Illusionen rechnen, den Erfüllungen von Wunschregungen. Man erkennt auch leicht, daß jene Anforderungen an eine Weltanschauung nur affektiv begründet sind. Die Wissenschaft nimmt zur Kenntnis, daß das menschliche Seelenleben solche Forderungen erschafft, ist bereit, deren Quellen nachzuprüfen, hat aber nicht den geringsten Anlaß, sie als berechtigt anzuerkennen. Sie sieht sich im Gegenteil gemahnt, alles was Illusion, Ergebnis solcher Affektforderung ist, sorgfältig vom Wissen zu scheiden.

Das bedeutet keineswegs, diese Wünsche verächtlich beiseite zu schieben oder ihren Wert fürs Menschenleben zu unterschätzen. Man ist bereit zu verfolgen, welche Erfüllungen dieselben sich in den Leistungen der Kunst, in den Systemen der Religion und der Philosophie geschaffen haben, aber man kann doch nicht übersehen, daß es unrechtmäßig und in hohem Grade unzweckmäßig wäre, die Übertragung dieser Ansprüche auf das Gebiet der Erkenntnis zuzulassen. Denn damit öffnet man die Wege, die ins Reich der Psychose, sei es der individuellen oder der Massenpsychose, führen, und entzieht jenen Strebungen wertvolle Energien, die sich der Wirklichkeit zuwenden, um, soweit es möglich ist, Wünsche und Bedürfnisse in ihr zu befriedigen.

Vom Standpunkt der Wissenschaft aus ist es unvermeidlich, hier Kritik zu üben und mit Ablehnungen und Zurückweisungen vorzugehen. Es ist unzulässig zu sagen, die Wissenschaft ist ein Gebiet menschlicher Geistestätigkeit, Religion und Philosophie sind andere, ihr zum mindesten gleichwertig, und die Wissenschaft hat diesen beiden nichts dareinzureden; sie haben alle gleichen Anspruch auf Wahrheit und jedem Menschen steht es frei, zu wählen, woher er seine Überzeugung nehmen und wohin er seinen Glauben verlegen will. Eine solche Anschauung gilt als besonders vornehm, tolerant, umfassend und frei von engherzigen Vorurteilen. Leider ist sie nicht haltbar, sie hat Anteil an allen Schädlichkeiten einer ganz unwissenschaftlichen Weltanschauung und kommt ihr praktisch gleich. Es ist nun einmal so, daß die Wahrheit nicht tolerant sein kann, keine Kompromisse und Einschränkungen zuläßt, daß die Forschung alle Gebiete menschlicher Tätigkeit als ihr eigen betrachtet und unerbittlich kritisch werden muß, wenn eine andere Macht ein Stück davon für sich beschlagnahmen will.

Von den drei Mächten, die der Wissenschaft Grund und Boden bestreiten können, ist die Religion allein der ernsthafte Feind. Die Kunst ist fast immer harmlos und wohltätig, sie will nichts anderes sein als Illusion. Außer bei wenigen Personen, die, wie man sagt, von der Kunst besessen sind, wagt sie keine Übergriffe ins Reich der Realität. Die Philosophie ist der Wissenschaft nicht gegensätzlich, sie gebärdet sich selbst wie eine Wissenschaft, arbeitet zum Teil mit den gleichen Methoden, entfernt sich aber von ihr, indem sie an der Illusion festhält, ein lückenloses und zusammenhängendes Weltbild liefern zu können, das doch bei jedem neuen Fortschritt unseres Wissens zusammenbrechen muß. Methodisch geht sie darin irre, daß sie den Erkenntniswert unserer logischen Operationen überschätzt und etwa noch andere Wissensquellen wie die Intuition anerkennt. Und oft genug meint man, der Spott des Dichters (*H. Heine*) sei nicht unberechtigt, wenn er vom Philosophen sagt:

> „Mit seinen Nachtmützen und Schlafrockfetzen
> Stopft er die Lücken des Weltenbaus."

Aber die Philosophie hat keinen unmittelbaren Einfluß auf die große Menge von Menschen, sie ist das Interesse einer geringen Anzahl selbst von der dünnen Oberschicht der Intellektuellen, für alle anderen kaum faßbar. Dahingegen ist die Religion eine ungeheure Macht, die über die stärksten Emotionen der Menschen verfügt. Es ist bekannt, daß sie früher einmal alles umfaßte, was als Geistigkeit im Menschenleben eine Rolle spielt, daß sie die Stelle der Wissenschaft einnahm, als es noch kaum eine Wissenschaft gab, und daß sie eine Weltanschauung von unvergleichlicher Folgerichtigkeit und Geschlossenheit geschaffen hat, die, wiewohl erschüttert, heute noch fortbesteht.

Will man sich vom großartigen Wesen der Religion Rechenschaft geben, so muß man sich vorhalten, was sie den Menschen zu leisten unternimmt. Sie gibt ihnen Aufschluß über Herkunft und Entstehung der Welt, sie versichert ihnen Schutz und endliches Glück in den Wechselfällen des Lebens und sie lenkt ihre Gesinnungen und Handlungen durch Vorschriften, die sie mit ihrer ganzen Autorität vertritt. Sie erfüllt also drei Funktionen. In der ersten befriedigt sie die menschliche Wißbegierde, tut dasselbe, was mit ihren Mitteln die Wissenschaft versucht, und tritt hier in Rivalität mit ihr. Ihrer zweiten Funktion verdankt sie wohl den größten Anteil ihres Einflusses. Wenn sie die Angst der Menschen vor den Gefahren und Wechselfällen des Lebens beschwichtigt, sie des guten Ausganges versichert, ihnen Trost im Unglück spendet, kann die Wissenschaft es nicht mit ihr aufnehmen. Diese lehrt zwar, wie man gewisse Gefahren vermeiden, manche Leiden erfolgreich bekämpfen kann; es wäre sehr unrecht zu bestreiten, daß sie den Menschen eine mächtige Helferin ist, aber in vielen Lagen muß sie den Menschen seinem Leid überlassen und weiß ihm nur zur Unterwerfung zu raten. In ihrer dritten Funktion, wenn sie Vorschriften gibt, Verbote und Einschränkungen erläßt, entfernt sie sich von der Wissenschaft am meisten. Denn diese begnügt sich damit, zu untersuchen und festzustellen. Aus ihren Anwendungen leiten sich allerdings Regeln und Ratschläge für das Verhalten im Leben ab. Unter Umständen sind es dieselben, die von der Religion geboten werden, aber dann mit anderer Begründung.

Das Zusammentreffen dieser drei Inhalte der Religion ist nicht ganz durchsichtig. Was soll die Aufklärung über die Entstehung der Welt mit der Einschärfung bestimmter ethischer Vorschriften zu tun haben? Die Zusicherungen von Schutz und Beglückung sind mit den ethischen Anforderungen inniger verknüpft. Sie sind der Lohn für die Erfüllung dieser Gebote; nur wer sich ihnen fügt, darf auf diese Wohltaten rechnen, auf den Ungehorsamen warten Strafen. Übrigens gibt es bei der Wissenschaft etwas Ähnliches. Wer ihre Anwendungen mißachtet, meint sie, setzt sich Schädigungen aus.

Man versteht das merkwürdige Zusammensein von Belehrung, Tröstung und Anforderung in der Religion erst, wenn man diese einer genetischen Analyse unterzieht. Diese darf von dem auffälligsten Punkt des Ensembles, von der Belehrung über die Weltentstehung ausgehen, denn warum sollte eine Kosmogonie ein regelmäßiger Bestandteil des religiösen Systems sein? Die Lehre ist also, daß die Welt von einem menschenähnlichen, aber in allen Stücken, Macht, Weisheit, Stärke der Leidenschaft vergrößerten Wesen, einem idealisierten Übermenschen geschaffen wurde. Tiere als Weltschöpfer weisen auf den Einfluß des Totemismus hin, den wir später wenigstens mit einer Bemerkung streifen werden. Es ist interessant, daß dieser Weltschöpfer immer nur einer ist, auch wo an viele Götter geglaubt wird. Ebenso, daß es zumeist ein Mann ist, obwohl es keineswegs an Andeutungen weiblicher Gottheiten fehlt und manche Mythologien die Weltschöpfung gerade damit beginnen lassen, daß ein Manngott eine weibliche Gottheit, die zum Ungeheuer erniedrigt ist, beseitigt. Die interessantesten Einzelprobleme schließen hier an, aber wir müssen eilen. Der weitere Weg ist uns leicht kenntlich gemacht, indem dieser Gott-Schöpfer direkt Vater geheißen wird. Die Psychoanalyse schließt, es ist wirklich der Vater, so großartig, wie er einmal dem kleinen Kind erschienen war. Der religiöse Mensch stellt sich die Schöpfung der Welt so vor wie seine eigene Entstehung.

Dann erklärt sich leicht, wie die tröstlichen Versicherungen und die strengen ethischen Forderungen mit der Kosmogonie zusammenkommen. Denn dieselbe Person, der das Kind seine Existenz verdankt, der Vater (richtiger wohl, die aus Vater und Mutter zusammengesetzte Elterninstanz) hat auch das schwache, hilflose, allen in der Außenwelt lauernden Gefahren ausgesetzte Kind beschützt und bewacht; in seiner Obhut hat es sich sicher gefühlt. Selbst erwachsen geworden, weiß sich der Mensch zwar im Besitz größerer Kräfte, aber auch seine Einsicht in die Gefahren des Lebens hat zugenommen, und er schließt mit Recht, daß er im Grunde noch ebenso hilflos und ungeschützt geblieben ist wie in der Kindheit, daß er der Welt gegenüber noch immer Kind ist. Er mag also auch jetzt nicht auf den Schutz verzichten, den er als Kind genossen hat. Längst hat er aber auch erkannt, daß sein Vater ein in seiner Macht eng beschränktes, nicht mit allen Vorzügen ausgestattetes Wesen ist. Darum greift er auf das Erinnerungsbild des von ihm so überschätzten Vaters der Kinderzeit zurück, erhebt es zur Gottheit und rückt es in die Gegenwart und in die Realität. Die affektive Stärke dieses Erinnerungsbildes und die Fortdauer seiner Schutzbedürftigkeit tragen miteinander seinen Glauben an Gott.

Auch der dritte Hauptpunkt des religiösen Programms, die ethische Forderung, fügt sich ungezwungen in diese Kindheitssituation ein. Ich erinnere Sie an den berühmten Ausspruch *Kants*, der den gestirnten Himmel und das Sittengesetz in unserer Brust in einem Atem nennt. So befremdend diese Zusammenstellung klingt – denn was mögen die Himmelskörper mit der Frage zu tun haben, ob ein Menschenkind ein anderes liebt oder totschlägt? –, so streift sie doch an eine große psychologische Wahrheit. Derselbe Vater (die Elterninstanz), der dem Kind das Leben gegeben und es vor den Gefahren desselben behütet hat, belehrte es auch, was es tun darf und was es unterlassen soll, wies es an, sich bestimmte Einschränkungen seiner Triebwünsche gefallen zu lassen, ließ es wissen, welche Rücksichten auf Eltern und Geschwister von ihm erwartet werden, wenn es ein geduldetes und gern gesehenes Mitglied des Familienkreises und später größerer Verbände werden will. Durch ein System von Liebesprämien und Strafen wird das Kind zur Kenntnis seiner sozialen Pflichten erzogen, wird es belehrt, daß seine Lebenssicherheit davon abhängt, daß die Eltern und dann auch die Anderen es lieben und an seine Liebe zu ihnen glauben können. Alle diese Verhältnisse trägt dann der Mensch unverändert in die Religion ein. Die Verbote und Forderungen der Eltern leben als sittliches Gewissen in seiner Brust weiter; mit Hilfe desselben Systems von Lohn und Strafe regiert Gott die Menschenwelt, von der Erfüllung der ethischen Forderungen hängt es ab, welches Maß von Schutz und Glücksbefriedigung dem Einzelnen zugewiesen wird; in der Liebe zu Gott und im Bewußtsein, von ihm geliebt zu werden, ist die Sicherheit begründet, mit der man sich gegen die Gefahren der Außenwelt wie der menschlichen Mitwelt wappnet. Endlich hat man sich im Gebet einen direkten Einfluß auf den göttlichen Willen und damit einen Anteil an der göttlichen Allmacht gesichert.

Ich weiß, während Sie mir zuhörten, haben sich Ihnen zahlreiche Fragestellungen aufgedrängt, auf die Sie gerne die Antwort hören möchten. Ich kann es hier und heute nicht unternehmen, aber ich bin zuversichtlich, daß keine dieser Detailuntersuchungen unseren Satz erschüttern würde, die religiöse Weltanschauung sei durch die Situation unserer Kindheit determiniert. Umso merkwürdiger dann, daß sie trotz ihres infantilen Charakters doch einen Vorläufer hat. Es gab ohne Zweifel eine Zeit ohne Religion, ohne Götter. Man heißt sie den Animismus. Die Welt war auch damals voll von menschenähnlichen geistigen Wesen, Dämonen nennen wir sie, alle Objekte der Außenwelt waren der Sitz von ihnen oder vielleicht identisch mit ihnen, aber es gab keine Übermacht, die sie alle erschaffen hatte und auch weiter beherrschte und an die man sich um Schutz und Abhilfe wenden konnte. Die Dämonen des Animismus waren den Menschen zumeist feindlich gesinnt, aber es scheint, daß der Mensch sich damals mehr zutraute als später. Er litt gewiß beständig unter schwerster Angst vor diesen bösen Geistern, aber er erwehrte sich ihrer durch bestimmte Handlungen, denen er die Kraft zuschrieb, sie zu verjagen. Auch hielt er sich sonst nicht für machtlos. Wenn er an die Natur einen Wunsch zu stellen hatte, z. B. Regen wollte, so richtete er nicht ein Gebet an den Wettergott, sondern er übte einen Zauber, von dem er eine direkte Beeinflussung der Natur erwartete, machte selbst etwas dem Regen ähnliches. Im Kampf gegen die Mächte der Umwelt war seine erste Waffe die *Magie*, die erste Vorläuferin unserer heutigen Technik. Wir nehmen an, daß das Vertrauen in die Magie sich von der Überschätzung der eigenen intellektuellen Operationen ableitet, von dem Glauben an die „Allmacht der Gedanken", den wir übrigens bei unseren Zwangsneurotikern wiederfinden. Wir könnten uns vorstellen, daß die Menschen jener Zeit besonders stolz auf ihre Erwerbungen in der Sprache waren, mit denen eine große Erleichterung des Denkens einhergehen mußte. Sie verliehen dem Wort Zauberkraft. Dieser Zug wurde später von der Religion übernommen. „Und Gott sprach: es werde Licht, und es ward Licht." Übrigens zeigt die Tatsache der magischen Handlungen, daß der animistische Mensch sich nicht einfach auf die Kraft seiner Wünsche verließ. Er erwartete den Erfolg vielmehr von der Ausführung eines Aktes, der die Natur zur Nachahmung veranlassen sollte. Wenn er Regen wollte, schüttete er selbst Wasser aus; wenn er den Boden zur Fruchtbarkeit anregen wollte, gab er ihm das Schauspiel eines Geschlechtsverkehrs auf dem Felde.

Sie wissen, wie schwer etwas untergeht, was sich einmal psychischen Ausdruck verschafft hat. Sie werden also nicht überrascht sein zu hören, daß viele Äußerungen des Animismus sich bis auf den heutigen Tag erhalten haben, meist als sogenannter Aberglaube, neben und hinter der Religion. Aber mehr noch, Sie werden das Urteil kaum abweisen können, daß unsere Philosophie wesentliche Züge der animistischen Denkweise bewahrt hat, die Überschätzung des Wortzaubers, den Glauben, daß die realen Vorgänge in der Welt die Wege gehen, die unser Denken ihnen anweisen will. Es wäre freilich ein Animismus ohne magische Handlungen. Anderseits dürfen wir erwarten, daß es schon in jenem Zeitalter irgendeine Art von Ethik gegeben hat, Vorschriften für den Verkehr der Menschen untereinander, aber nichts spricht dafür, daß sie inniger an den animistischen Glauben geknüpft waren. Wahrscheinlich waren sie der unmittelbare Ausdruck der Machtverhältnisse und praktischen Bedürfnisse.

Was den Übergang vom Animismus zur Religion erzwungen hat, wäre sehr wissenswert, aber Sie können sich vorstellen, welches Dunkel heute noch diese Urzeiten der Entwicklungsgeschichte des Menschengeistes verhüllt. Es scheint Tatsache, daß die erste Erscheinungsform der Religion der merkwürdige Totemismus war, die Tierverehrung, in dessen Gefolge auch die ersten ethischen Gebote, die Tabus, auftraten. Ich habe seinerzeit in einem Buche *Totem und Tabu* eine Vermutung ausgearbeitet, die diese Wandlung auf einen Umsturz in den Verhältnissen der menschlichen Familie zurückführt. Die Hauptleistung der Religion im Vergleich zum Animismus liegt in der psychischen Bindung der Dämonenangst. Doch hat sich als Überlebsel der Vorzeit der böse Geist eine Stelle im System der Religion gewahrt.

Ist dies die Vorgeschichte der religiösen Weltanschauung, so wenden wir uns jetzt zu dem, was seither geschehen und noch unter unseren Augen vor sich geht. Der wissenschaftliche Geist, an der Beobachtung der Naturvorgänge erstarkt, hat im Laufe der Zeiten begonnen, die Religion wie eine menschliche Angelegenheit zu behandeln und sie einer kritischen Prüfung zu unterziehen. Der konnte sie nicht standhalten. Es waren zunächst ihre Wunderberichte, die Befremden und Unglauben hervorriefen, weil sie allem widersprachen, was die nüchterne Beobachtung gelehrt hatte, und überdeutlich den Einfluß menschlicher Phantasietätigkeit verrieten. Dann mußten ihre Lehren zur Erklärung der bestehenden Welt Ablehnung finden, denn sie zeugten von einer Unwissenheit, die den Stempel alter Zeiten an sich trug und der man sich dank gesteigerter Vertrautheit mit den Naturgesetzen überlegen wußte. Daß die Welt durch Zeugungs- oder Schöpfungsakte entstanden sein sollte, analog der Entstehung des einzelnen Menschen, erschien nicht mehr als die nächste, selbstverständliche Annahme, seitdem sich dem Denken die Unterscheidung von belebten und seelenvollen Wesen und einer unbelebten Natur aufgedrängt hatte, mit der das Festhalten am ursprünglichen Animismus unmöglich wurde. Nicht zu übersehen ist auch der Einfluß des vergleichenden Studiums verschiedener religiöser Systeme und der Eindruck ihrer gegenseitigen Ausschließung und ihrer Intoleranz gegeneinander.

An diesen Vorübungen erstarkt, hat der wissenschaftliche Geist endlich den Mut gewonnen, sich an die Prüfung der bedeutsamsten und affektiv wertvollsten Stücke der religiösen Weltanschauung zu wagen. Man hätte es immer sehen können, aber man getraute sich erst spät es auszusprechen, daß auch die Behauptungen der Religion, die dem Menschen Schutz und Glück versprechen, wenn er nur gewisse ethische Anforderungen erfüllt, sich als unglaubwürdig erweisen. Es scheint nicht zuzutreffen, daß es eine Macht im Weltall gibt, die mit elterlicher Sorgfalt über das Wohlergehen des Einzelnen wacht und alles, was ihn betrifft, zu glücklichem Ende leitet. Vielmehr sind die Schicksale der Menschen weder mit der Annahme der Weltgüte noch mit der – ihr zum Teil widersprechenden – einer Weltgerechtigkeit zu vereinen. Erdbeben, Sturmfluten, Feuersbrünste machen keinen Unterschied zwischen dem Guten und Frommen und dem Bösewicht oder dem Ungläubigen. Auch wo nicht die unbelebte Natur in Betracht kommt und insoferne das Schicksal des einzelnen Menschen von seinen Beziehungen zu den anderen Menschen abhängt, ist es keineswegs die Regel, daß die Tugend belohnt wird und das Böse seine Strafe findet, sondern oft genug reißt der Gewalttätige, Schlaue, Rücksichtslose die beneideten Güter der Welt an sich und der Fromme geht leer aus. Dunkle, fühllose und lieblose Mächte bestimmen das menschliche Schicksal; das System von Belohnungen und Strafen, dem die Religion die Weltherrschaft zugeschrieben hat, scheint nicht zu existieren. Hier ist wiederum ein Anlaß, ein Stück der Beseelung, das sich aus dem Animismus in die Religion gerettet hatte, fallen zu lassen.

Den letzten Beitrag zur Kritik der religiösen Weltanschauung hat die Psychoanalyse geleistet, indem sie auf den Ursprung der Religion aus der kindlichen Hilflosigkeit hinwies und ihre Inhalte aus den ins reife Leben fortgesetzten Wünschen und Bedürfnissen der Kinderzeit ableitete. Das bedeutete nicht gerade eine Widerlegung der Religion, aber es war doch eine notwendige Abrundung unseres Wissens um sie und wenigstens in einem Punkt ein Widerspruch, da sie selbst göttliche Abkunft für sich in Anspruch nimmt. Freilich hat sie damit nicht unrecht, wenn man unsere Deutung Gottes annimmt.

Das zusammenfassende Urteil der Wissenschaft über die religiöse Weltanschauung lautet also: Während die einzelnen Religionen miteinander hadern, welche von ihnen im Besitz der Wahrheit sei, meinen wir, daß der Wahrheitsgehalt der Religion überhaupt vernachlässigt werden darf. Religion ist ein Versuch, die Sinneswelt, in die wir gestellt sind, mittels der Wunschwelt zu bewältigen, die wir infolge biologischer und psychologischer Notwendigkeiten in uns entwickelt haben. Aber sie kann es nicht leisten. Ihre Lehren tragen das Gepräge der Zeiten, in denen sie entstanden sind, der unwissenden Kinderzeiten der Menschheit. Ihre Tröstungen verdienen kein Vertrauen. Die Erfahrung lehrt uns: Die Welt ist keine Kinderstube. Die ethischen Forderungen, denen die Religion Nachdruck verleihen will, verlangen vielmehr eine andere Begründung, denn sie sind der menschlichen Gesellschaft unentbehrlich und es ist gefährlich, ihre Befolgung an die religiöse Gläubigkeit zu knüpfen. Versucht man, die Religion in den Entwicklungsgang der Menschheit einzureihen, so erscheint sie nicht als ein Dauererwerb, sondern als ein Gegenstück der Neurose, die der einzelne Kulturmensch auf seinem Wege von der Kindheit zur Reife durchzumachen hat.

Es steht Ihnen natürlich frei, an dieser meiner Darstellung Kritik zu üben; ich werde Ihnen dabei selbst entgegenkommen. Was ich Ihnen über die allmähliche Abbröckelung der religiösen Weltanschauung gesagt habe, war gewiß in seiner Verkürzung unvollständig; die Reihenfolge der einzelnen Vorgänge war nicht ganz richtig angegeben, das Zusammenwirken verschiedener Kräfte beim Erwachen des wissenschaftlichen Geistes wurde nicht verfolgt. Ich habe auch die Veränderungen außer acht gelassen, die sich in der religiösen Weltanschauung selbst während der Zeit ihrer unbestrittenen Herrschaft und dann unter dem Einfluß der erwachenden Kritik vollzogen haben. Endlich habe ich meine Erörterung streng genommen auf eine einzige Gestaltung der Religion, die der abendländischen Völker, eingeschränkt. Ich habe mir sozusagen ein Phantom geschaffen zum Zweck einer beschleunigten, möglichst eindrucksvollen Demonstration. Lassen wir die Frage beiseite, ob mein Wissen überhaupt hingereicht hätte, es besser und vollständiger zu machen. Ich weiß, alles, was ich Ihnen gesagt habe, können Sie anderswo finden, besser finden, nichts davon ist neu. Lassen Sie mich die Überzeugung aussprechen, daß die sorgfältigste Bearbeitung des Stoffs der Religionsprobleme unser Ergebnis nicht erschüttern würde.

Sie wissen, daß der Kampf des wissenschaftlichen Geistes gegen die religiöse Weltanschauung nicht zu Ende gekommen ist, er spielt sich noch in der Gegenwart unter unseren Augen ab. So wenig sonst die Psychoanalyse von der Waffe der Polemik Gebrauch macht, so wollen wir es uns doch nicht versagen, in diesen

Streit Einsicht zu nehmen. Wir erreichen dabei vielleicht eine weitere Klärung unserer Stellung zu den Weltanschauungen. Sie werden sehen, wie leicht sich einige der Argumente, die die Anhänger der Religion vorbringen, zurückweisen lassen: andere mögen sich allerdings der Widerlegung entziehen.

Die erste Einwendung, die man hört, lautet, es sei eine Vermessenheit der Wissenschaft, die Religion zum Gegenstand ihrer Untersuchungen zu nehmen, denn diese sei etwas Souveränes, jeder menschlichen Verstandestätigkeit Überlegenes, dem man mit klügelnder Kritik nicht nahekommen darf. Mit anderen Worten, die Wissenschaft ist zur Beurteilung der Religion nicht zuständig. Sie sei sonst ganz brauchbar und schätzenswert, solange sie sich auf ihr Gebiet beschränkt, aber die Religion sei nicht ihr Gebiet, da habe sie nichts zu suchen. Läßt man sich durch diese barsche Abweisung nicht abhalten und fragt weiter, worauf sich dieser Anspruch auf eine Ausnahmestellung unter allen menschlichen Angelegenheiten gründet, so erhält man zur Antwort, wenn man überhaupt einer Antwort gewürdigt wird, die Religion darf nicht mit menschlichem Maß gemessen werden, denn sie ist göttlicher Herkunft, uns durch Offenbarung von einem Geist gegeben, den der Menschengeist nicht zu begreifen vermag. Man sollte meinen, nichts sei leichter abzuweisen als dieses Argument, es ist doch eine offenkundige *petitio principii*, ein *begging the question*, ich weiß keinen guten Ausdruck dafür im Deutschen. Es wird eben in Frage gestellt, ob es einen göttlichen Geist und seine Offenbarung gibt, und da ist es sicherlich keine Entscheidung, wenn gesagt wird, das könne man nicht fragen, denn die Gottheit darf nicht in Frage gestellt werden. Es ist hier wie gelegentlich in der analytischen Arbeit. Wenn ein sonst verständiger Patient eine bestimmte Zumutung mit einer besonders dummen Begründung zurückweist, so verbürgt diese logische Schwäche die Existenz eines besonders starken Motivs zum Widerspruch, das nur affektiver Natur, eine Gefühlsbindung sein kann.

Man kann auch eine andere Antwort erhalten, in der ein solches Motiv offen eingestanden wird. Die Religion darf nicht kritisch geprüft werden, weil sie das Höchste, Wertvollste, Erhabenste ist, was der menschliche Geist hervorgebracht hat, weil sie den tiefsten Gefühlen Ausdruck gibt, allein die Welt erträglich und das Leben menschenwürdig macht. Darauf braucht man nicht zu antworten, indem man die Einschätzung der Religion bestreitet, sondern indem man die Aufmerksamkeit auf einen anderen Sachverhalt richtet. Man betont, daß es sich gar nicht um einen Übergriff des wissenschaftlichen Geistes auf das Gebiet der Religion handelt, sondern im Gegenteil um einen Übergriff der Religion auf die Sphäre des wissenschaftlichen Denkens. Was immer Wert und Bedeutung der Religion sein mögen, sie hat kein Recht, das Denken irgendwie zu beschränken, also auch nicht das Recht, sich selbst von der Anwendung des Denkens auszunehmen.

Das wissenschaftliche Denken ist in seinem Wesen nicht verschieden von der normalen Denktätigkeit, die wir alle, Gläubige wie Ungläubige, bei der Besorgung unserer Angelegenheiten im Leben verwenden. Es hat sich nur in einigen Zügen besonders gestaltet, es interessiert sich auch für Dinge, die keinen unmittelbaren, greifbaren Nutzen haben, es bemüht sich, individuelle Faktoren und affektive Beeinflussungen sorgfältig fernzuhalten, prüft die Sinneswahrnehmungen, auf die es seine Schlüsse baut, strenger auf ihre Zuverlässigkeit, schafft sich neue Wahrnehmungen, die mit den Mitteln des Alltags nicht zu erreichen sind, und isoliert die Bedingungen dieser Neuerfahrungen in absichtlich variierten Versuchen. Sein Bestreben ist, die Übereinstimmung mit der Realität zu erreichen, d. h. mit dem, was außerhalb von uns, unabhängig von uns besteht und, wie uns die Erfahrung gelehrt hat, für die Erfüllung oder Vereitelung unserer Wünsche maßgebend ist. Diese Übereinstimmung mit der realen Außenwelt heißen wir Wahrheit. Sie bleibt das Ziel der wissenschaftlichen Arbeit, auch wenn wir deren praktischen Wert außer Augen lassen. Wenn also die Religion behauptet, daß sie die Wissenschaft ersetzen kann, daß sie darum, weil sie wohltuend und erhebend ist, auch wahr sein muß, so ist das in der Tat ein Übergriff, den man im allgemeinsten Interesse zurückweisen sollte. Es ist eine starke Zumutung an den Menschen, der gelernt hat, seine gewöhnlichen Geschäfte nach den Regeln der Erfahrung und unter Rücksicht auf die Realität zu führen, daß er die Besorgung gerade seiner intimsten Interessen einer Instanz übertragen sollte, die die Befreiung von den Vorschriften des rationellen Denkens als ihr Vorrecht in Anspruch nimmt. Und was den Schutz betrifft, den die Religion ihren Gläubigen verspricht, so meine ich, niemand von uns würde auch nur in ein Automobil einsteigen wollen, dessen Lenker erklärt, er fahre unbeirrt durch die Regeln des Straßenverkehrs nach den Impulsen seiner von hohem Schwung getragenen Phantasie.

Das Denkverbot, das die Religion im Dienste ihrer Selbsterhaltung ausgehen läßt, ist auch keineswegs ungefährlich, weder für den Einzelnen noch für die menschliche Gemeinschaft. Die analytische Erfahrung hat uns gelehrt, daß ein solches Verbot, wenn auch ursprünglich auf ein bestimmtes Gebiet beschränkt, die Neigung hat sich auszubreiten und dann eine Ursache schwerer Hemmungen in der Lebenshaltung der Person wird. Diese Wirkung kann man auch am weiblichen Geschlecht beobachten als Folge des Verbots, sich auch nur im Denken mit seiner Sexualität zu beschäftigen. Die Schädlichkeit der religiösen Denkhemmung vermag die Biographik in der Lebensgeschichte fast aller hervorragenden Individuen vergangener Zeiten nachzuweisen. Anderseits gehört der Intellekt – oder nennen wir ihn bei seinem uns vertrauten Namen: die Vernunft – zu den Mächten, von denen man am ehesten einen einigenden Einfluß auf die

Menschen erwarten darf, die Menschen, die so schwer zusammenzuhalten und darum kaum zu regieren sind. Man stelle sich vor, wie unmöglich die menschliche Gesellschaft würde, wenn jedermann auch nur sein eigenes Einmaleins und seine besondere Längen- und Gewichtseinheit hätte. Es ist unsere beste Zukunftshoffnung, daß der Intellekt – der wissenschaftliche Geist, die Vernunft – mit der Zeit die Diktatur im menschlichen Seelenleben erringen wird. Das Wesen der Vernunft bürgt dafür, daß sie dann nicht unterlassen wird, den menschlichen Gefühlsregungen und was von ihnen bestimmt wird, die ihnen gebührende Stellung einzuräumen. Aber der gemeinsame Zwang einer solchen Herrschaft der Vernunft wird sich als das stärkste einigende Band unter den Menschen erweisen und weitere Einigungen anbahnen. Was sich, wie das Denkverbot der Religion, einer solchen Entwicklung widersetzt, ist eine Gefahr für die Zukunft der Menschheit.

Man kann nun fragen: Warum macht die Religion diesem für sie aussichtslosen Streit nicht ein Ende, indem sie frei heraus erklärt: „Es ist richtig, daß ich Euch das nicht geben kann, was man gemeinhin Wahrheit nennt; dafür müßt Ihr Euch an die Wissenschaft halten. Aber was ich zu geben habe, ist ungleich schöner, trostreicher und erhebender als alles, was Ihr von der Wissenschaft bekommen könnt. Und darum sage ich Euch, es ist wahr in einem anderen, höheren Sinn." Die Antwort ist leicht zu finden. Die Religion kann dieses Zugeständnis nicht machen, weil sie damit jeden Einfluß auf die Menge einbüßen würde. Der gemeine Mann kennt nur eine Wahrheit im gemeinen Sinn des Wortes. Was eine höhere oder höchste Wahrheit sein soll, kann er sich nicht vorstellen. Die Wahrheit erscheint ihm so wenig der Steigerung fähig wie der Tod, und den Sprung vom Schönen zum Wahren kann er nicht mitmachen. Vielleicht denken Sie mit mir, er tut recht daran.

Der Kampf ist also nicht zu Ende. Die Anhänger der religiösen Weltanschauung handeln nach dem alten Satz: Die beste Verteidigung ist der Angriff. Sie fragen: Wer ist denn diese Wissenschaft, die sich anmaßt unsere Religion zu entwerten, die Millionen von Menschen durch lange Jahrtausende Heil und Trost gespendet hat? Was hat sie ihrerseits bereits geleistet? Was können wir ferner von ihr erwarten? Trost und Erhebung zu bringen, dazu ist sie nach eigenem Geständnis unfähig. Sehen wir also davon ab, obwohl das kein leichter Verzicht ist. Aber was ist's mit ihren Lehren? Kann sie uns sagen, wie die Welt geworden ist und welchem Schicksal sie entgegengeht? Kann sie uns auch nur ein zusammenhängendes Weltbild zeichnen, uns zeigen, wohin die unerklärten Phänomene des Lebens gehören, wie die geistigen Kräfte auf die träge Materie zu wirken vermögen? Wenn sie das könnte, würden wir ihr unsere Achtung nicht versagen. Aber nichts von alledem, kein Problem dieser Art hat sie noch gelöst. Sie gibt uns

Bruchstücke angeblicher Erkenntnis, die sie nicht zur Übereinstimmung miteinander bringen kann, sammelt Beobachtungen von Regelmäßigkeiten im Ablauf der Geschehnisse, die sie mit dem Namen von Gesetzen auszeichnet und ihren gewagten Deutungen unterwirft. Und mit welch geringem Grad von Sicherheit stattet sie ihre Ergebnisse aus! Alles, was sie lehrt, gilt nur vorläufig; was man heute als höchste Weisheit anpreist, wird morgen verworfen und wiederum nur probeweise durch anderes ersetzt. Der letzte Irrtum heißt dann Wahrheit. Und dieser Wahrheit sollen wir unser höchstes Gut zum Opfer bringen!

Meine Damen und Herren! Ich denke, insofern Sie selbst der hier angegriffenen wissenschaftlichen Weltanschauung anhängen, werden Sie durch diese Kritik nicht allzutief erschüttert worden sein. Im kaiserlichen Österreich fiel einst ein Wort, an das ich hier erinnern möchte. Der alte Herr schrie einmal die Abordnung einer ihm unbequemen Partei an: Das ist keine gewöhnliche Opposition mehr, das ist faktiöse Opposition. So ähnlich werden Sie finden, die Vorwürfe gegen die Wissenschaft, daß sie die Welträtsel noch nicht gelöst, sind in ungerechter und gehässiger Weise übertrieben; für diese großen Leistungen hat sie bisher wirklich zu wenig Zeit gehabt. Die Wissenschaft ist sehr jung, eine spät entwickelte menschliche Tätigkeit. Halten wir uns vor, um nur einige Daten auszuwählen, es sind etwa 300 Jahre vergangen, seit *Kepler* die Gesetze der Planetenbewegung fand, die Lebenszeit *Newtons*, der das Licht in seine Farben zerlegte und die Lehre von der Schwerkraft aufstellte, ging 1727 zu Ende, also vor wenig mehr als 200 Jahren, kurz vor der französischen Revolution erkannte *Lavoisier* den Sauerstoff. Ein Menschendasein ist sehr kurz im Vergleich zur Dauer der Menschheitsentwicklung, ich mag heute ein sehr alter Mann sein, aber immerhin, ich war schon am Leben, als *Ch. Darwin* sein Werk über die Entstehung der Arten der Öffentlichkeit übergab. In dem gleichen Jahr 1859 wurde der Entdekker des Radiums, *Pierre Curie*, geboren. Und wenn Sie weiter zurückgehen, zu den Anfängen der exakten Naturwissenschaft bei den Griechen, zu *Archimedes*, *Aristarch von Samos* (um 250 v. Chr.), dem Vorläufer des *Kopernikus*, oder selbst zu den ersten Ansätzen der Astronomie bei den Babyloniern, so decken Sie damit nur einen kleinen Bruchteil des Zeitraums, den die Anthropologie für die Entwicklung des Menschen von seiner affenähnlichen Urform aus in Anspruch nimmt, und der gewiß mehr als ein Jahrhunderttausend umfaßt. Und vergessen wir nicht, das letzte Jahrhundert hat eine solche Fülle von neuen Entdeckungen, eine so große Beschleunigung des wissenschaftlichen Fortschritts gebracht, daß wir allen Grund haben, der Zukunft der Wissenschaft mit Zuversicht entgegenzusehen.

Den anderen Ausstellungen müssen wir in gewissem Umfang recht geben. So ist eben der Weg der Wissenschaft, langsam, tastend, mühselig. Es ist nicht zu leugnen und zu ändern. Kein Wunder, daß die Herren von der anderen Seite unzufrieden sind; sie sind verwöhnt, bei der Offenbarung haben sie es leichter gehabt. Der Fortschritt in der wissenschaftlichen Arbeit vollzieht sich ganz ähnlich wie in einer Analyse. Man bringt Erwartungen in die Arbeit mit, aber man muß sie zurückdrängen. Man erfährt durch die Beobachtung bald hier, bald dort etwas Neues, die Stücke passen zunächst nicht zusammen. Man stellt Vermutungen auf, macht Hilfskonstruktionen, die man zurücknimmt, wenn sie sich nicht bestätigen, man braucht viel Geduld, Bereitschaft für alle Möglichkeiten, verzichtet auf frühe Überzeugungen, um nicht unter deren Zwang neue, unerwartete Momente zu übersehen, und am Ende lohnt sich der ganze Aufwand, die zerstreuten Funde fügen sich zusammen, man gewinnt den Einblick in ein ganzes Stück des seelischen Geschehens, hat die Aufgabe erledigt und ist nun frei für die nächste. Nur die Hilfe, die das Experiment der Forschung leistet, muß man in der Analyse entbehren.

An jener Kritik der Wissenschaft ist auch ein gutes Stück Übertreibung. Es ist nicht wahr, daß sie blind von einem Versuch zum andern torkelt, einen Irrtum mit einem anderen vertauscht. In der Regel arbeitet sie wie der Künstler am Tonmodell, wenn er am rohen Entwurf unermüdlich ändert, aufträgt und wegnimmt, bis er einen ihn befriedigenden Grad von Ähnlichkeit mit dem gesehenen oder vorgestellten Objekt erreicht hat. Auch gibt es, wenigstens in den älteren und reiferen Wissenschaften, schon heute einen soliden Grundstock, der nur modifiziert und ausgebaut, aber nicht mehr abgetragen wird. Es sieht nicht so arg aus im wissenschaftlichen Betrieb.

Und endlich, was wollen diese leidenschaftlichen Verunglimpfungen der Wissenschaft bezwecken? Trotz ihrer heutigen Unvollkommenheit und der ihr anhaftenden Schwierigkeiten bleibt sie uns unentbehrlich und ist durch nichts anderes zu ersetzen. Sie ist ungeahnter Vervollkommnungen fähig, die religiöse Weltanschauung ist es nicht. Diese ist in allen wesentlichen Stücken fertig; wenn sie ein Irrtum war, muß sie es für immer bleiben. Keine Verkleinerung der Wissenschaft kann auch etwas an der Tatsache ändern, daß sie versucht, unserer Abhängigkeit von der realen Außenwelt gerecht zu werden, während die Religion Illusion ist und ihre Stärke aus dem Entgegenkommen gegen unsere Triebwunschregungen bezieht.

Ich habe die Verpflichtung, noch anderer Weltanschauungen zu gedenken, die sich im Gegensatz zur wissenschaftlichen befinden; ich tue es aber ungern, da ich weiß, daß mir die richtige Kompetenz zu deren Beurteilung abgeht. Nehmen Sie also die folgenden Bemerkungen unter dem Eindruck dieses Bekenntnisses auf, und wenn Ihr Interesse geweckt worden ist, suchen Sie bessere Belehrung von anderer Seite.

An erster Stelle wären hier die verschiedenen philosophischen Systeme zu nennen, die es gewagt haben, das Bild der Welt zu zeichnen, wie es sich im Geist des meist weltabgewandten Denkers spiegelte. Aber eine allgemeine Charakteristik der Philosophie und ihrer Methoden zu geben, habe ich bereits versucht und zur Würdigung der einzelnen Systeme bin ich wohl so ungeeignet wie selten jemand. Wenden Sie sich also mit mir zu zwei anderen Erscheinungen, an denen man gerade in unserer Zeit nicht vorbeigehen kann.

Die eine dieser Weltanschauungen ist gleichsam ein Gegenstück zum politischen Anarchismus, vielleicht eine Ausstrahlung von ihm. Es hat solche intellektuelle Nihilisten gewiß schon früher gegeben, aber gegenwärtig scheint ihnen die Relativitätstheorie der modernen Physik zu Kopf gestiegen zu sein. Sie gehen zwar von der Wissenschaft aus, aber sie verstehen es, sie zur Selbstaufhebung, zum Selbstmord zu drängen, tragen ihr die Aufgabe auf, sich selbst durch Widerlegung ihrer Ansprüche aus dem Weg zu räumen. Oft gewinnt man dabei den Eindruck, dieser Nihilismus sei nur eine zeitweilige Einstellung, die bis zur Erledigung jener Aufgabe festgehalten wird. Hat man die Wissenschaft beseitigt, so mag auf dem freigewordenen Raum sich irgendein Mystizismus oder doch wieder die alte religiöse Weltanschauung ausbreiten. Nach der anarchistischen Lehre gibt es überhaupt keine Wahrheit, keine gesicherte Erkenntnis der Außenwelt. Was wir für wissenschaftliche Wahrheit ausgeben, ist doch nur das Produkt unserer eigenen Bedürfnisse, wie sie sich unter den wechselnden äußeren Bedingungen äußern müssen, also wiederum Illusion. Im Grunde finden wir doch nur, was wir brauchen, sehen nur, was wir sehen wollen. Wir können nicht anders. Da das Kriterium der Wahrheit, die Übereinstimmung mit der Außenwelt, entfällt, ist es recht gleichgültig, welchen Meinungen wir anhängen. Alle sind gleich wahr und gleich falsch. Und niemand hat das Recht, den Andern des Irrtums zu zeihen.

Für einen erkenntnistheoretisch gerichteten Geist könnte es eine Verlockung sein nachzuspüren, auf welchen Wegen, durch welche Sophismen es den Anarchisten gelingt, der Wissenschaft solche Endergebnisse abzulocken. Man müßte da auf Situationen stoßen, ähnlich wie sie sich aus dem bekannten Beispiel ableiten: Ein Kreter sagt: Alle Kreter sind Lügner, usw. Aber mir fehlen Lust und Fähigkeit, mich da tiefer einzulassen. Ich kann nur sagen, die anarchistische Lehre klingt so großartig überlegen, solange sie sich auf Meinungen über abstrakte Dinge bezieht; sie versagt beim ersten Schritt ins praktische Leben. Nun werden die Handlungen der Menschen von ihren Meinungen, Kenntnissen, geleitet, und es ist derselbe wissenschaftliche Geist, der über den Bau der Atome oder die Abstammung des Menschen spekuliert und der die Konstruktion einer tragfähigen Brücke entwirft. Wäre es wirklich gleichgültig, was wir meinen, gäbe es keine Kenntnisse, die unter unseren Meinungen durch ihre Übereinstimmung mit der Wirklichkeit ausgezeichnet sind, so dürften wir Brücken ebensowohl aus Pappe bauen wie aus Stein, dem Kranken ein Dezigramm Morphin einspritzen anstatt eines Zentigramms, Tränengas zur Narkose nehmen an Stelle von Äther. Aber auch die intellektuellen Anarchisten würden solche praktische Anwendungen ihrer Theorie energisch ablehnen.

Die andere Gegnerschaft ist weit ernster zu nehmen, auch bedaure ich in diesem Fall am lebhaftesten die Unzulänglichkeit meiner Orientierung. Ich vermute, Sie wissen von dieser Sache mehr als ich und Sie haben längst Stellung für oder gegen den Marxismus genommen. Die Untersuchungen von *K. Marx* über die ökonomische Struktur der Gesellschaft und den Einfluß der verschiedenen Wirtschaftsformen auf alle Gebiete des Menschenlebens haben in unserer Zeit eine unbestreitbare Autorität gewonnen. Inwieweit sie im einzelnen das Richtige treffen oder irregehen, kann ich natürlich nicht wissen. Ich höre, daß es auch anderen, besser Unterrichteten nicht leicht wird. In der Marxschen Theorie haben mich Sätze befremdet wie, daß die Entwicklung der Gesellschaftsformen ein naturgeschichtlicher Prozeß sei, oder daß die Wandlungen in der sozialen Schichtung auf dem Weg eines dialektischen Prozesses auseinander hervorgehen. Ich bin gar nicht sicher, daß ich diese Behauptungen richtig verstehe, sie klingen auch nicht „materialistisch", sondern eher wie ein Niederschlag jener dunkeln *Hegelschen* Philosophie, durch deren Schule auch *Marx* gegangen ist. Ich weiß nicht, wie ich von meiner Laienmeinung frei werden kann, die gewohnt ist, die Klassenbildung in der Gesellschaft auf die Kämpfe zurückzuführen, die sich seit dem Beginn der Geschichte zwischen den um ein Geringes verschiedenen Menschenhorden abspielten. Die sozialen Unterschiede, meinte ich, waren ursprünglich Stammes- oder Rassenunterschiede. Psychologische Faktoren, wie das Ausmaß der konstitutionellen Aggressionslust, aber auch die Festigkeit der Organisation innerhalb der Horde, und materielle, wie der Besitz der besseren Waffen, entschieden den Sieg. Im Zusammenleben auf demselben Boden wurden die Sieger die Herren, die Besiegten die Sklaven. Dabei ist nichts von Naturgesetz oder Begriffswandlung zu entdecken, hingegen ist der Einfluß unverkennbar, den die fortschreitende Beherrschung der Naturkräfte auf die sozialen Beziehungen der Menschen übt, indem sie die neugewonnenen Machtmittel immer auch in den Dienst ihrer Aggression stellen und gegeneinander verwenden. Die Einführung des Metalls, der Bronze, des Eisens hat ganzen Kulturepochen und ihren sozialen Institutionen ein Ende gemacht. Ich glaube wirklich, daß das Schießpulver, die Feuerwaffe Rittertum und Adelsherrschaft aufgehoben hat und daß der russische Despotismus bereits vor dem verlorenen Krieg verurteilt war, da keine Inzucht innerhalb der Europa beherrschenden Familien ein Geschlecht von Zaren hätte erzeugen können, fähig, der Sprengkraft des Dynamits zu widerstehen.

Ja, vielleicht zahlen wir mit der gegenwärtigen, an den Weltkrieg anschließenden Wirtschaftskrise auch nur den Preis für den letzten großartigen Sieg über die Natur, die Eroberung des Luftraums. Das klingt nicht sehr einleuchtend, aber wenigstens die ersten Glieder des Zusammenhangs sind klar zu erkennen. Die Politik Englands fußte auf der Sicherheit, die ihm das seine Küsten umspülende Meer verbürgte. Im Moment, da *Blériot* den Kanal im Aeroplan überflogen hatte, war diese schützende Isolierung durchbrochen, und in jener Nacht, als in Friedenszeiten und zu Übungszwecken ein deutscher Zeppelin über London kreiste, war wohl der Krieg gegen Deutschland beschlossene Sache.[1] Auch die Drohung des Unterseeboots ist dabei nicht zu vergessen.

Ich schäme mich beinahe, ein Thema von solcher Wichtigkeit und Kompliziertheit vor Ihnen mit so wenigen unzureichenden Bemerkungen zu behandeln, weiß auch, daß ich Ihnen nichts gesagt habe, was Ihnen neu ist. Es liegt mir nur daran, Sie aufmerksam zu machen, daß das Verhältnis des Menschen zur Beherrschung der Natur, der er seine Waffen zum Kampf gegen seinesgleichen entnimmt, notwendigerweise auch seine ökonomischen Einrichtungen beeinflussen muß. Wir scheinen uns weit von den Problemen der Weltanschauung entfernt zu haben, aber wir werden bald wieder zur Stelle sein. Die Stärke des Marxismus liegt offenbar nicht in seiner Auffassung der Geschichte und der darauf gegründeten Vorhersage der Zukunft, sondern in dem scharfsinnigen Nachweis des zwingenden Einflusses, den die ökonomischen Verhältnisse der Menschen auf ihre intellektuellen, ethischen und künstlerischen Einstellungen haben. Eine Reihe von Zusammenhängen und Abhängigkeiten wurden damit aufgedeckt, die bis dahin fast völlig verkannt worden waren. Aber man kann nicht annehmen, daß die ökonomischen Motive die einzigen sind, die das Verhalten der Menschen in der Gesellschaft bestimmen. Schon die unzweifelhafte Tatsache, daß verschiedene Personen, Rassen, Völker unter den nämlichen Wirtschaftsbedingungen sich verschieden benehmen, schließt die Alleinherrschaft der ökonomischen Momente aus. Man versteht überhaupt nicht, wie man psychologische Faktoren übergehen kann, wo es sich um die Reaktionen lebender Menschenwesen handelt, denn nicht nur, daß solche bereits an der Herstellung jener ökonomischen Verhältnisse beteiligt waren, auch unter deren Herrschaft können Menschen nicht anders als ihre ursprünglichen Triebregungen ins Spiel bringen, ihren Selbsterhaltungstrieb, ihre Aggressionslust, ihr Liebesbedürfnis, ihren Drang nach Lusterwerb und Unlustvermeidung. In einer früheren Unter-

---

[1] So wurde es mir im ersten Kriegsjahr von vertrauenswürdiger Seite mitgeteilt.

suchung haben wir auch den bedeutsamen Anspruch des Über-Ichs geltend gemacht, das Tradition und Idealbildungen der Vergangenheit vertritt und den Antrieben aus einer neuen ökonomischen Situation eine Zeitlang Widerstand leisten wird. Endlich wollen wir nicht vergessen, daß über die Menschenmasse, die den ökonomischen Notwendigkeiten unterworfen ist, auch der Prozeß der Kulturentwicklung – Zivilisation sagen andere – abläuft, der gewiß von allen anderen Faktoren beeinflußt wird, aber sicherlich in seinem Ursprung von ihnen unabhängig ist, einem organischen Vorgang vergleichbar, und sehr wohl imstande, seinerseits auf die anderen Momente einzuwirken. Er verschiebt die Triebziele und macht, daß die Menschen sich gegen das sträuben, was ihnen bisher erträglich war; auch scheint die fortschreitende Erstarkung des wissenschaftlichen Geistes ein wesentliches Stück von ihm zu sein. Wenn jemand imstande wäre, im einzelnen nachzuweisen, wie sich diese verschiedenen Momente, die allgemeine menschliche Triebanlage, ihre rassenhaften Variationen und ihre kulturellen Umbildungen unter den Bedingungen der sozialen Einordnung, der Berufstätigkeit und Erwerbsmöglichkeiten gebärden, einander hemmen und fördern, wenn jemand das leisten könnte, dann würde er die Ergänzung des Marxismus zu einer wirklichen Gesellschaftskunde gegeben haben. Denn auch die Soziologie, die vom Verhalten der Menschen in der Gesellschaft handelt, kann nichts anderes sein als angewandte Psychologie. Streng genommen gibt es ja nur zwei Wissenschaften, Psychologie, reine und angewandte, und Naturkunde.

Mit der neugewonnenen Einsicht in die weitreichende Bedeutung ökonomischer Verhältnisse ergab sich die Versuchung, deren Abänderung nicht der historischen Entwicklung zu überlassen, sondern sie durch revolutionären Eingriff selbst durchzusetzen. In seiner Verwirklichung im russischen Bolschewismus hat nun der theoretische Marxismus die Energie, Geschlossenheit und Ausschließlichkeit einer Weltanschauung gewonnen, gleichzeitig aber auch eine unheimliche Ähnlichkeit mit dem, was er bekämpft. Ursprünglich selbst ein Stück Wissenschaft, in seiner Durchführung auf Wissenschaft und Technik aufgebaut, hat er doch ein Denkverbot geschaffen, das ebenso unerbittlich ist wie seinerzeit das der Religion. Eine kritische Untersuchung der marxistischen Theorie ist untersagt, Zweifel an ihrer Richtigkeit werden so geahndet wie einst die Ketzerei von der katholischen Kirche. Die Werke von *Marx* haben als Quelle einer Offenbarung die Stelle der Bibel und des Korans eingenommen, obwohl sie nicht freier von Widersprüchen und Dunkelheiten sein sollen als diese älteren heiligen Bücher.

Und obwohl der praktische Marxismus mit allen idealistischen Systemen und Illusionen erbarmungslos aufgeräumt hat, hat er doch selbst Illusionen entwickelt, die nicht weniger fragwürdig und unbeweisbar sind als die früheren. Er hofft, im

Laufe weniger Generationen die menschliche Natur so zu verändern, daß sich ein fast reibungsloses Zusammenleben der Menschen in der neuen Gesellschaftsordnung ergibt und daß sie die Aufgaben der Arbeit zwangsfrei auf sich nehmen. Unterdes verlegt er die in der Gesellschaft unerläßlichen Triebeinschränkungen an andere Stellen und lenkt die aggressiven Neigungen, die jede menschliche Gemeinschaft bedrohen, nach außen ab, stürzt sich auf die Feindseligkeit der Armen gegen die Reichen, der bisher Ohnmächtigen gegen die früheren Machthaber. Aber eine solche Umwandlung der menschlichen Natur ist sehr unwahrscheinlich. Der Enthusiasmus, mit dem die Menge gegenwärtig der bolschewistischen Anregung folgt, solange die neue Ordnung unfertig und von außen bedroht ist, gibt keine Sicherheit für eine Zukunft, in der sie ausgebaut und ungefährdet wäre. Ganz ähnlich wie die Religion muß auch der Bolschewismus seine Gläubigen für die Leiden und Entbehrungen des gegenwärtigen Lebens durch das Versprechen eines besseren Jenseits entschädigen, in dem es kein unbefriedigtes Bedürfnis mehr geben wird. Dies Paradies soll allerdings ein diesseitiges sein, auf Erden eingerichtet und in absehbarer Zeit eröffnet werden. Aber erinnern wir uns, auch die Juden, deren Religion nichts von einem jenseitigen Leben weiß, haben die Ankunft des Messias auf Erden erwartet, und das christliche Mittelalter hat wiederholt geglaubt, daß das Reich Gottes nahe bevorsteht.

Es ist nicht zweifelhaft, wie die Antwort des Bolschewismus auf diese Vorhalte lauten wird. Er wird sagen: Solange die Menschen in ihrer Natur noch nicht umgewandelt sind, muß man sich der Mittel bedienen, die heute auf sie wirken. Man kann den Zwang in ihrer Erziehung nicht entbehren, das Denkverbot, die Anwendung der Gewalt bis zum Blutvergießen, und wenn man nicht jene Illusionen in ihnen erweckte, würde man sie nicht dazu bringen, sich diesem Zwang zu fügen. Und er könnte höflich ersuchen, ihm doch zu sagen, wie man es anders machen könnte. Damit wären wir geschlagen. Ich wüßte keinen Rat zu geben. Ich würde gestehen, daß die Bedingungen dieses Experiments mich und meinesgleichen abgehalten hätten, es zu unternehmen, aber wir sind nicht die einzigen, auf die es ankommt. Es gibt auch Männer der Tat, unerschütterlich in ihren Überzeugungen, unzugänglich dem Zweifel, unempfindlich für die Leiden Anderer, wenn sie ihren Absichten im Wege sind. Solchen Männern verdanken wir es, daß der großartige Versuch einer solchen Neuordnung jetzt in Rußland wirklich durchgeführt wird. In einer Zeit, da große Nationen verkünden, sie erwarten ihr Heil nur vom Festhalten an der christlichen Frömmigkeit, wirkt die Umwälzung in Rußland – trotz aller unerfreulichen Einzelzüge – doch wie die Botschaft einer besseren Zukunft. Leider ergibt sich weder aus unserem Zweifel noch aus dem fanatischen Glauben der Anderen ein Wink, wie der Versuch ausgehen wird. Die Zukunft wird es lehren, vielleicht wird sie zeigen, daß der

Versuch vorzeitig unternommen wurde, daß eine durchgreifende Änderung der sozialen Ordnung wenig Aussicht auf Erfolg hat, solange nicht neue Entdeckungen unsere Beherrschung der Naturkräfte gesteigert und damit die Befriedigung unserer Bedürfnisse erleichtert haben. Erst dann mag es möglich werden, daß eine neue Gesellschaftsordnung nicht nur die materielle Not der Massen verbannt, sondern auch die kulturellen Ansprüche des Einzelnen erhört. Mit den Schwierigkeiten, welche die Unbändigkeit der menschlichen Natur jeder Art von sozialer Gemeinschaft bereitet, werden wir freilich auch dann noch unabsehbar lange zu ringen haben.

Meine Damen und Herren! Lassen Sie mich zum Schluß zusammenfassen, was ich über die Beziehung der Psychoanalyse zur Frage der Weltanschauung zu sagen hatte. Die Psychoanalyse, meine ich, ist unfähig, eine ihr besondere Weltanschauung zu erschaffen. Sie braucht es nicht, sie ist ein Stück Wissenschaft und kann sich der wissenschaftlichen Weltanschauung anschließen. Diese verdient aber kaum den großtönenden Namen, denn sie schaut nicht alles an, sie ist zu unvollendet, erhebt keinen Anspruch auf Geschlossenheit und Systembildung. Das wissenschaftliche Denken ist noch sehr jung unter den Menschen, hat zu viele der großen Probleme noch nicht bewältigen können. Eine auf die Wissenschaft aufgebaute Weltanschauung hat außer der Betonung der realen Außenwelt wesentlich negative Züge, wie die Bescheidung zur Wahrheit, die Ablehnung der Illusionen. Wer von unseren Mitmenschen mit diesem Zustand der Dinge unzufrieden ist, wer zu seiner augenblicklichen Beschwichtigung mehr verlangt, der mag es sich beschaffen, wo er es findet. Wir werden es ihm nicht verübeln, können ihm nicht helfen, aber auch seinetwegen nicht anders denken.

ZUR PSYCHOPATHOLOGIE DES ALLTAGSLEBENS

GESICHTSPUNKTE DER ENTWICKLUNG UND REGRESSION. ÄTIOLOGIE